Monika Gause

Adobe Illustrator

Das umfassende Handbuch

Rheinwerk
Design

Liebe Leserin, lieber Leser,

Sie kennen sich bereits grundsätzlich mit Adobe Illustrator aus, wollen aber tiefer in die Geheimnisse der Vektorsoftware einsteigen? Oder Sie arbeiten bereits mit anderen Adobe-Programmen und wollen nun auch den Illustrator in Ihr Portfolio aufnehmen? Dann halten Sie das richtige Buch in den Händen!

Klar strukturiert und leicht verständlich erläutert es wirklich alle Werkzeuge und Funktionen des Programms und zeigt Ihnen, wie Sie mit Illustrator kreativ arbeiten können. Dank der durchdachten Struktur des Buchs und des ausführlichen Index finden Sie hier eine Lösung für jedes Problem. Ambitionierte Einsteiger können sich systematisch durch das Buch arbeiten und sich anhand der zahlreichen Praxisworkshops direkt an eigene Zeichenprojekte begeben. Denn Sie arbeiten nicht nur die Workshops nach, sondern können das Gelernte auch gleich auf Ihre Vektorarbeiten übertragen. Zudem verrät unsere Autorin Monika Gause geniale Tipps und Tricks aus der Praxis, die Ihnen wirklich weiterhelfen werden!

Eine wahre Fundgrube ist auch die Webseite zum Buch. Unter *www.rheinwerk-verlag.de/4984* finden Sie alle Workshopdateien des Buchs zum Mitmachen, Tastenkürzel und PDF-Dateien mit nützlichen Zusatzinfos zum Download!

Sollten Sie trotz der sorgfältigen Arbeit von Autorin und Verlag noch weiterführende Hinweise, Anregungen, Kritik oder Lob haben, freuen Frau Gause und ich uns über Ihre E-Mail.

Viel Erfolg bei der Arbeit mit diesem Buch!

Ihre Ruth Lahres
Lektorat Rheinwerk Design
ruth.lahres@rheinwerk-verlag.de

www.rheinwerk-verlag.de
Rheinwerk Verlag • Rheinwerkallee 4 • 53227 Bonn

Auf einen Blick

Inhalt

TEIL I Programmoberfläche und grundlegende Einstellungen

1 Die Arbeitsumgebung in Illustrator

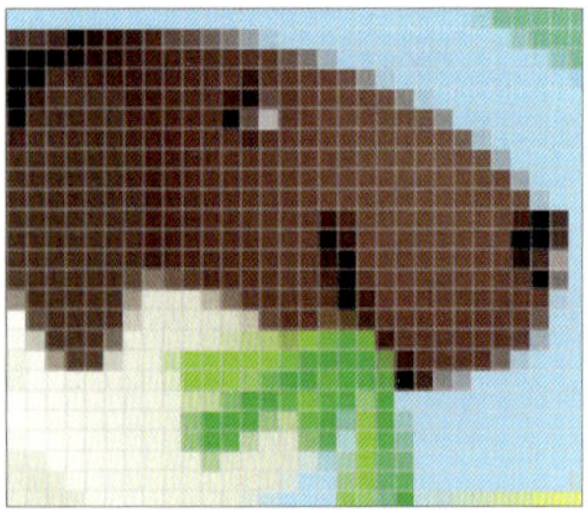

2 Vektorgrafik-Grundlagen

3 Arbeiten mit Dokumenten

TEIL II Objekte erstellen

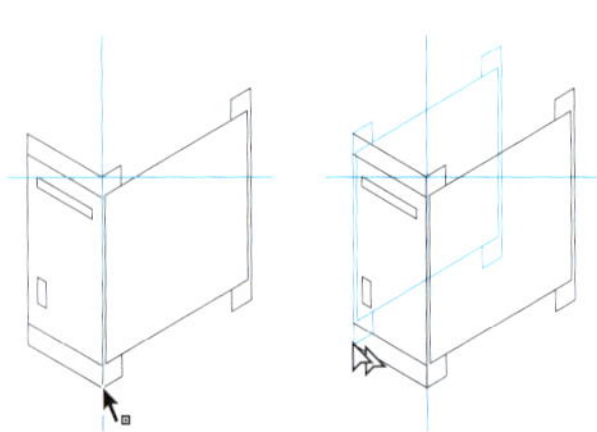

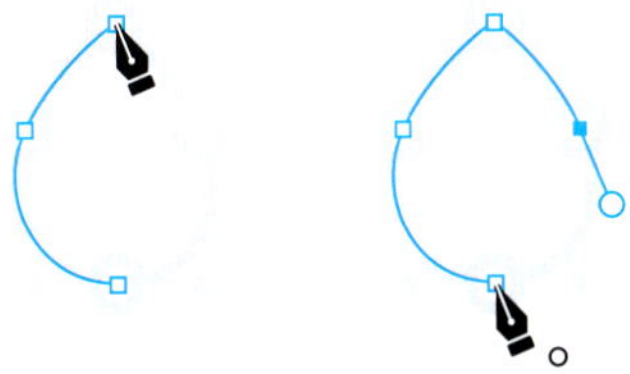

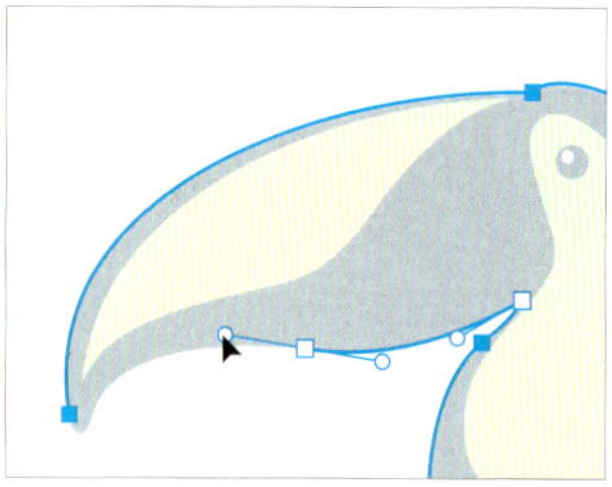

5 Pfade konstruieren und bearbeiten

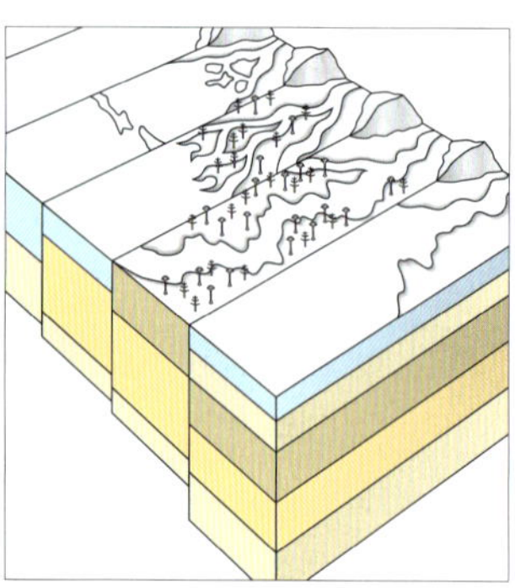

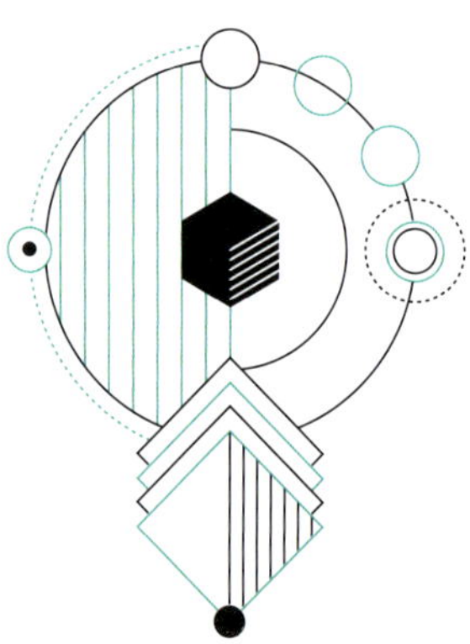

7 Farbe

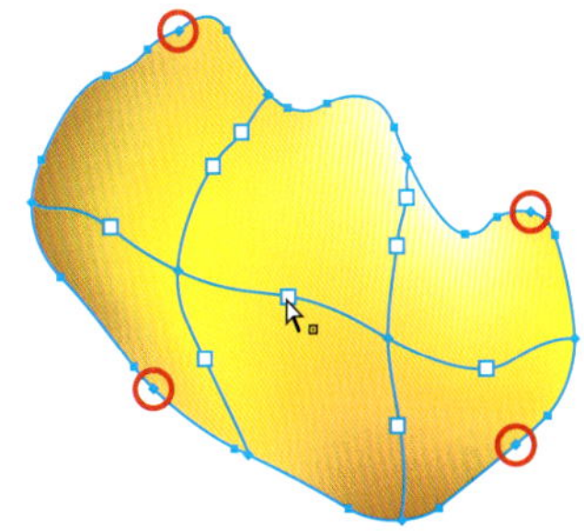

8 Mit Konturen und Pinseln arbeiten

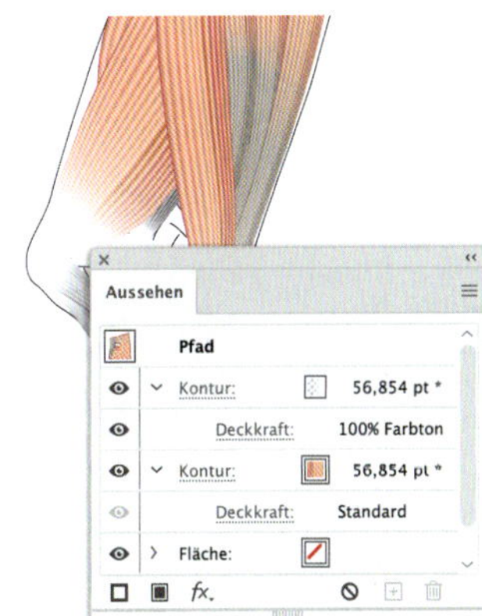

9 Verläufe und Verlaufsgitter

TEIL III Objekte organisieren und bearbeiten

10 Vektorobjekte bearbeiten und kombinieren

Morgenstund
CoffeeToGo
mild geröstet

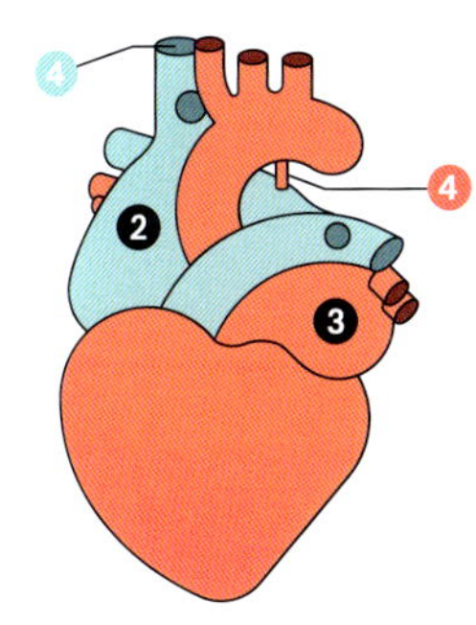

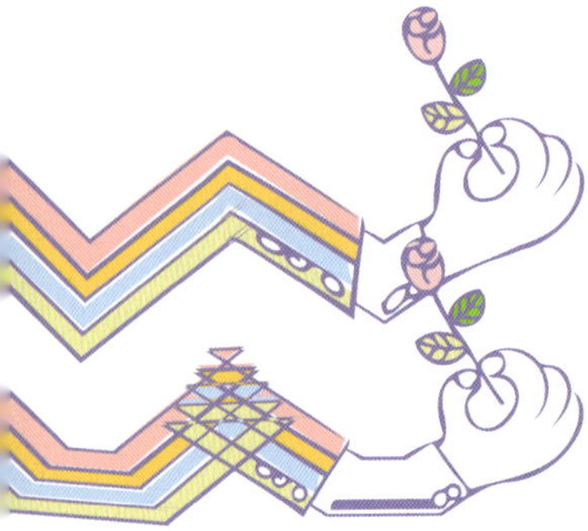

HOTEL
Foto
Kiosk
KINO
SAVOY
C@FE
PARKHAUS
TAXI

13 Spezial-Effekte

Nordsee

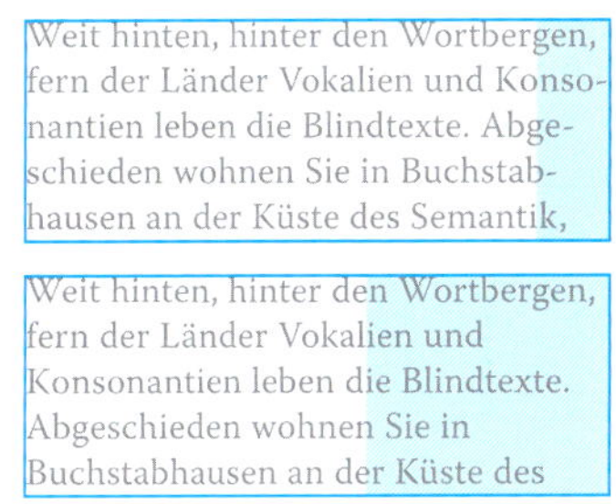
Weit hinten, hinter den Wortbergen, fern der Länder Vokalien und Konso- nantien leben die Blindtexte. Abge- schieden wohnen Sie in Buchstab- hausen an der Küste des Semantik,
Weit hinten, hinter den Wortbergen, fern der Länder Vokalien und Konsonantien leben die Blindtexte. Abgeschieden wohnen Sie in Buchstabhausen an der Küste des

15 Diagramme

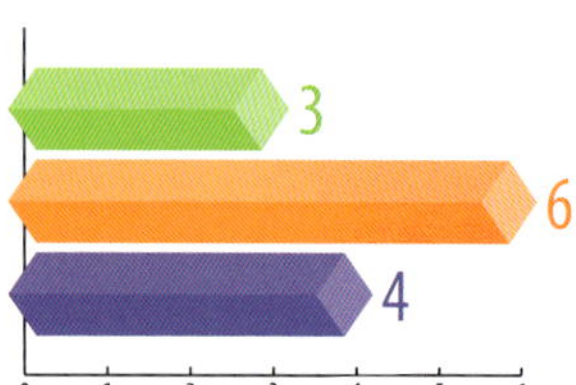

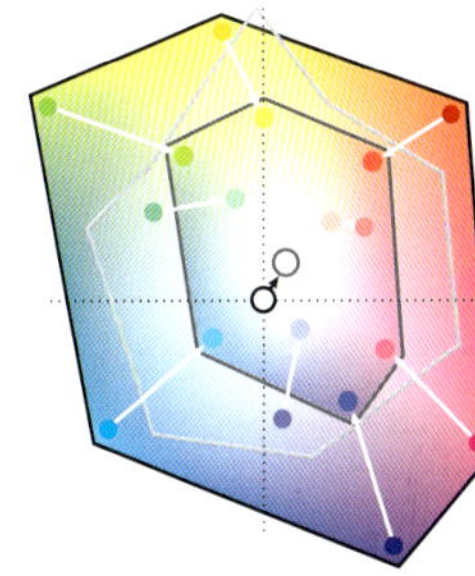

16 Muster, Raster und Schraffuren

17 Objektkopien organisieren: Symbole und Globale Bearbeitung

18 Perspektivische Darstellungen und 3D-Live-Effekte

19 Mit Pixel- und anderen Fremddaten arbeiten

TEIL V Ausgabe und Optimierung

20 Austausch, Weiterverarbeitung, Druck

21 Web- und Bildschirmgrafik

22 Personalisieren und erweitern

23 Plug-ins für Illustrator

Checklisten

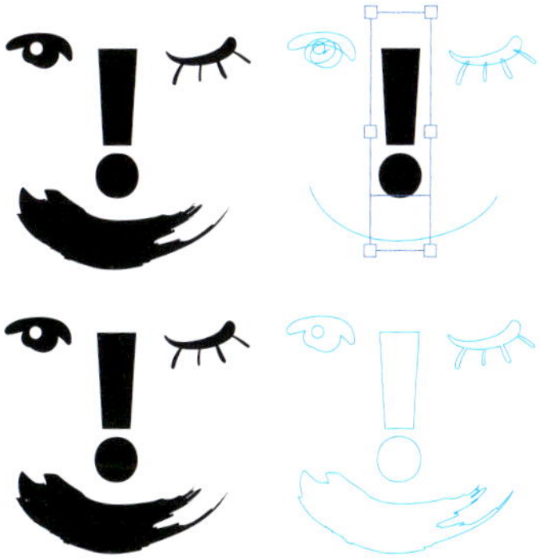

Der Buch-Download

Auf der Webseite zum Buch *www.rheinwerk-verlag.de/4984* können Sie sämtliche Beispieldateien herunterladen.

Halten Sie Ihr Buchexemplar bereit, damit Sie die Materialien freischalten können.

Beispieldateien

In diesem Ordner finden Sie – nach Kapiteln geordnet – Materialien zum Buch, z. B. Beispieldateien der Abbildungen, deren Aufbau Sie studieren können. Darüber hinaus sind die Übungsdateien für die Schritt-für-Schritt-Anleitungen dort abgelegt. Ein Teil der Dateien ist kompatibel zu Version CS6.

Das detaillierte Verzeichnis der Abbildungen mit kurzen Erklärungen und einem Verweis auf die zugehörige Seite finden Sie ebenfalls im Download.

Zusatzkapitel

In diesem Ordner haben wir einige Zusatzinfos für Sie gesammelt, denn Illustrator bietet noch weitere spannende Funktionen. Sie finden in diesem Verzeichnis eine Erste Hilfe mit Erklärungen zu den häufigsten Anwenderfragen und Fehlermeldungen sowie nützliche Tastaturkürzel-Übersichten. Die PDFs können Sie ausdrucken oder direkt am Bildschirm lesen.

Nutzung

Die Dateien und Zusatzkapitel werden für Ihren persönlichen Gebrauch zum Nachvollziehen der Schritt-für-Schritt-Anleitungen und zum Selbststudium zur Verfügung gestellt.

Workshops

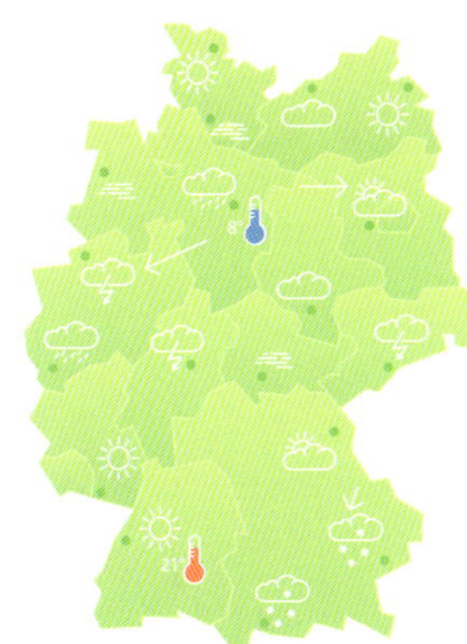

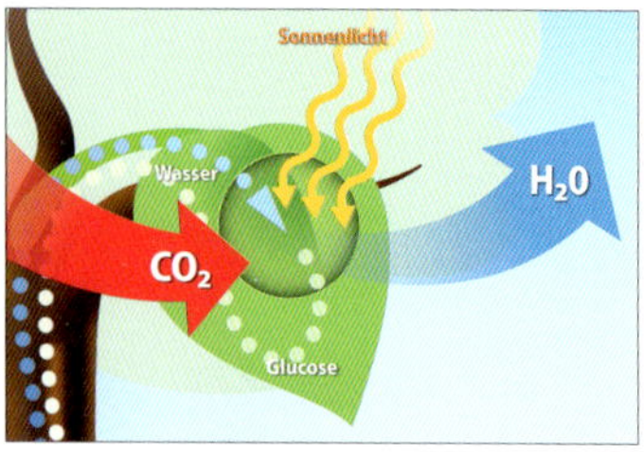
Sonnenlicht
Wasser
H_2O
CO_2
Glucose

DEO
FOR MEN

Vorwort

Vektorprogramme faszinieren mich, da sie mich mit ihren Funktionen nicht nur auf der kreativen Ebene fordern, sondern auch logisch durchblickt werden wollen. Wenn man beide Ebenen zusammenbringt, dann kann man mit Vektorsoftware »zaubern«.

Gebrauch des Praxisbuchs

Auch wenn ich dieses Buch in erster Linie als Handbuch und Nachschlagewerk geschrieben habe, können Sie damit selbstverständlich Illustrator erlernen. In diesem Fall folgen Sie dem Praxisbuch von vorne bis hinten – es beginnt mit den Vektor-Grundlagen und geht dann über die einfachen Werkzeuge und Funktionen hin zu immer komplexeren Dingen.

In fast jedem Kapitel finden Sie Schritt-für-Schritt-Anleitungen, mit denen Sie die besprochenen Funktionen anhand praktischer Beispiele vertiefen können. Neben den hervorgehobenen Workshops gibt es viele nicht ganz so ausführlich gefasste Anleitungen, sodass tatsächlich sehr viele Techniken abgedeckt sind. Die Workshops können vielleicht nicht exakt Ihre Aufgabenstellung lösen, aber Sie lernen hiermit die Techniken kennen, um die von Ihnen geplanten Effekte zu erzielen.

Checklisten fassen besondere Fragestellungen kurz und übersichtlich zusammen. Sie können die Listen auch zum praxisnahen Einstieg in ein Thema verwenden und sich dieses anhand der Stichworte erarbeiten.

Tipps und Hinweise

In farbigen **Tipp-** und **Hinweis-Boxen** finden Sie nützliche Anmerkungen aller Art. Die Randnotizen beschleunigen Ihren Workflow, weisen auf besondere Stolpersteine hin oder geben Zusatzinformationen für Fortgeschrittene.

Abbildungen

Die Abbildungen zeigen besprochene Funktionen möglichst isoliert und demonstrieren dabei deren praktischen Einsatz. Vor allem wenn Sie nicht wissen, wie die Funktion heißen könnte, mit der sich eine Grafik realisieren ließe, sollen Ihnen die Abbildungen dabei helfen, einen bestimmten Effekt oder eine Vorgehensweise schneller zu finden.

Viele Abbildungen finden Sie als Illustrator-Dokumente zum »Auseinandernehmen« in einem Download zu diesem Buch, geordnet nach den Kapitelnummern. Analysieren Sie die Dokumente, um ihren Aufbau zu verstehen.

Kontakt

Über die Website des Rheinwerk-Verlags oder per E-Mail an den Verlag können Sie auch Kontakt mit mir aufnehmen, um Fragen, Anregungen und Kritik loszuwerden.

Viele Tipps zu Illustrator habe ich auf meiner Website *www.vektorgarten.de* gesammelt. Ich bin natürlich neugierig und interessiere mich sehr für Ihre Herangehensweise, Ihre Erfahrungen mit Illustrator und mit meinem Buch und für die Arbeiten, die Sie mit beider Hilfe erstellen. Ich freue mich auf Ihre Post.

Dank

Auf die eine oder andere Art haben mich einige Menschen bei der Arbeit an diesem Buch unterstützt. Vielen Dank an das Team des Rheinwerk-Verlags, allen voran meine Lektorin Ruth Lahres, die mich in den letzten Monaten betreut hat.

Ein großes Danke dem Team der Illustrator-Entwickler und -Produktmanager für anregende Diskussionen und die guten Erklärungen.

Danke den DiskutantInnen in der Adobe User Community, meinen LeserInnen und den TeilnehmerInnen meiner Schulungen, Video-Trainings und Vorträge für den anregenden Austausch, Euer/Ihr Lob und Eure/Ihre Kritik.

Herzlichen Dank an meine Familie und Freunde für Euer Verständnis und Euer Drandenken und ganz besonders Klaus für Deine Unterstützung und Deinen Rat – auch wenn ich mich nicht immer dran halte.

Monika Gause

TEIL I

Programmoberfläche und grundlegende Einstellungen

Kapitel 1
Die Arbeitsumgebung in Illustrator

Die Creative Cloud ist inzwischen so selbstverständlich, dass die Bezeichnung »CC« aus den Programmbezeichnungen wieder verschwunden ist – sie hat jedoch bereits die Bedienung der Software und die Art, wie wir in Teams zusammenarbeiten, verändert. Die Verbindung »in die Wolke« und die berührungsbasierten, tastaturlosen Bedienungskonzepte von Tablets sind aus unseren Workflows nicht mehr wegzudenken.

1.1 Der Arbeitsbereich

Der Arbeitsbereich mit der Zeichenfläche, der Menüleiste, dem Werkzeugbedienfeld und dem Steuerungsbedienfeld bildet zusammen mit diversen weiteren Bedienfeldern die Elemente in Illustrator, die Ihnen zur Erstellung Ihrer Illustration oder Ihres Layouts zur Verfügung stehen, in denen Sie Einstellungen vornehmen und Vorgaben sowie Eigenschaften Ihrer Grafikelemente verwalten.

▲ **Abbildung 1.1**
Illustrator-Icon

1.1.1 Dokumentfenster

Illustrator öffnet seine Dateien in Dokumentfenstern, in denen die Grafik oder ein Ausschnitt davon in einer zwischen 3 und 6.400 % frei wählbaren Vergrößerungsstufe dargestellt wird (s. Abbildung 1.2 auf der folgenden Seite).

Zeichenflächen definieren die Teile der Grafik, die gedruckt oder in andere Dateien exportiert werden sollen. Die Größe der Zeichenflächen bestimmen Sie beim Erstellen eines neuen Dokuments oder zu einem späteren Zeitpunkt im Zeichenflächen-Modus (s. Abschnitt 3.3). Die jeweils **aktive Zeichenfläche** ❻ ist schwarz umrandet. Den Wechsel zwischen aktiven Zeichenflächen bemerken Sie beim Zeichnen nicht – die aktive Zeichenfläche ist jedoch für den Export einiger Formate wichtig.

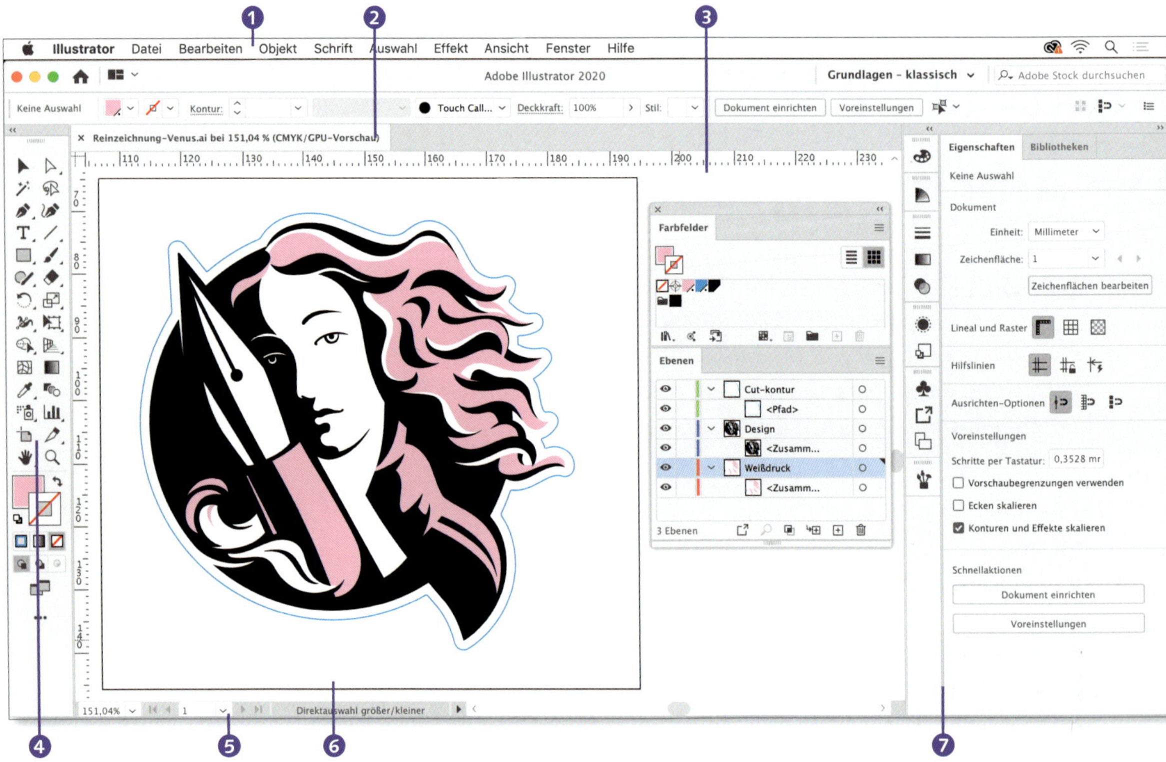

▲ **Abbildung 1.2**
Illustrator-Arbeitsoberfläche (Mac-Version). Das hier sichtbare Werkzeugbedienfeld ist die erweiterte Version mit allen Werkzeugen in zweispaltiger Darstellung.

Der Raum um die Zeichenflächen herum ist die voreingestellt grau dargestellte **Arbeitsfläche** ❸ oder **Montagefläche**. Diese Fläche bildet das Dokument; Sie können im ganzen Bereich Zeichnungen anfertigen oder »zwischenlagern«. Gedruckt oder in anderen Programmen platziert werden können nur die Teile, die innerhalb von Zeichenflächen liegen.

Am unteren Rand des Dokumentfensters sehen Sie auf der linken Seite die **Statusleiste** ❺; hier werden u. a. die Vergrößerungs- bzw. Zoomstufe sowie verschiedene andere Informationen über das Dokument angezeigt (Statusleiste s. Abschnitt 3.2.3).

Die Anzeige des **Dokumenttitelbalkens** ❷ und der **Menüleiste** ❶ lässt sich ausblenden – dies geschieht auch oft unabsichtlich. Drücken Sie die Taste [F], um durch die drei unterschiedlichen Bildschirmmodi zu wechseln.

Viele Funktionen und Befehle sind in Bedienfelder ❼ ausgelagert, die als schwebende Paletten frei platziert werden können. Am linken Rand des Bildschirms finden Sie die **Werkzeuge** ❹ zur Erstellung, Bearbeitung und Auswahl von Vektorobjekten, zusammengefasst im **Werkzeugbedienfeld**.

Helligkeit der Oberfläche

Voreingestellt ist die Oberfläche des Programms dunkel. Sie können dies ändern, indem Sie VOREINSTELLUNGEN • BENUTZEROBERFLÄCHE aufrufen und dort mit einem Klick auf eines der Quadrate eine andere Helligkeit einstellen. Die Helligkeit der Arbeitsfläche können Sie auch unabhängig von der Farbe der Benutzeroberfläche in Weiß darstellen lassen, indem Sie die gleichnamige Option unter ARBEITSFLÄCHENFARBE aktivieren.
Die Icons liegen in angepasster Form für dunkle und helle Benutzeroberflächen vor, um eine gute Erkennbarkeit sicherzustellen.

1.1.2 Das Werkzeugbedienfeld

Das Werkzeugbedienfeld blenden Sie mit einer Auswahl aus dem Menü unter Fenster • Werkzeugleisten ein oder aus – in diesem Menü werden sowohl die Standardkonfigurationen Einfach und Erweitert als auch Ihre benutzerdefinierten Werkzeugbedienfelder aufgelistet (s. Abschnitt 1.1.10). Je nach Bildschirmgröße und persönlichen Vorlieben können Sie das Werkzeugbedienfeld ein- oder zweispaltig anzeigen lassen – zum Umschalten zwischen den beiden Modi klicken Sie auf den Button mit dem Doppelpfeil am oberen Rand des Bedienfeldes × « oder « (wenn das Bedienfeld angedockt ist).

Wie alle anderen Bedienfelder können Sie auch dieses mit dem Mauszeiger am oberen Rand bzw. an der »geriffelten« Fläche »anfassen« und verschieben.

Wenn Sie den Cursor über dem Feld eines Werkzeugs still halten, wird der Name des Werkzeugs als Tooltip – in der deutschen Version »QuickInfo« genannt – eingeblendet.

Um ein Werkzeug auszuwählen, klicken Sie mit der Maus darauf oder verwenden den Tastaturbefehl, der mit dem Namen angezeigt wird. Das aktive Tool ist durch eine dunkle Unterlegung und eine Umrandung hervorgehoben.

Auf vielen Werkzeug-Buttons ist rechts unten ein kleines Dreieck zu finden. Wenn Sie auf den Button klicken und die Maustaste gedrückt halten, werden weitere Werkzeuge angezeigt, die zusammen mit dem angezeigten eine Gruppe bilden. Bewegen Sie den Cursor mit gedrückter Maustaste bis zu dem gewünschten Werkzeug, um es nach dem Loslassen zu aktivieren.

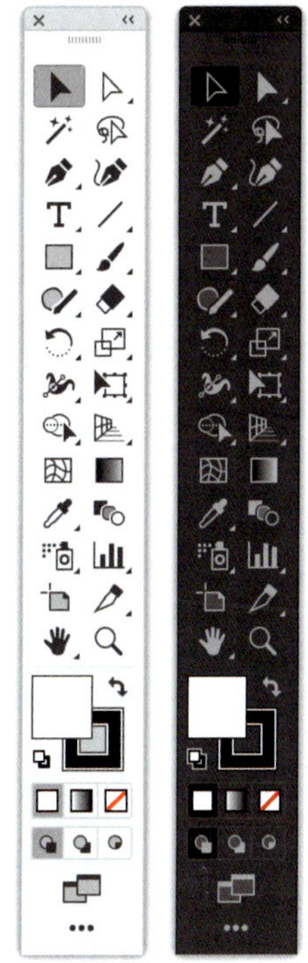

▲ **Abbildung 1.3**
Zweispaltiges Werkzeugbedienfeld in der hellsten und einer dunklen Einstellung der Oberfläche

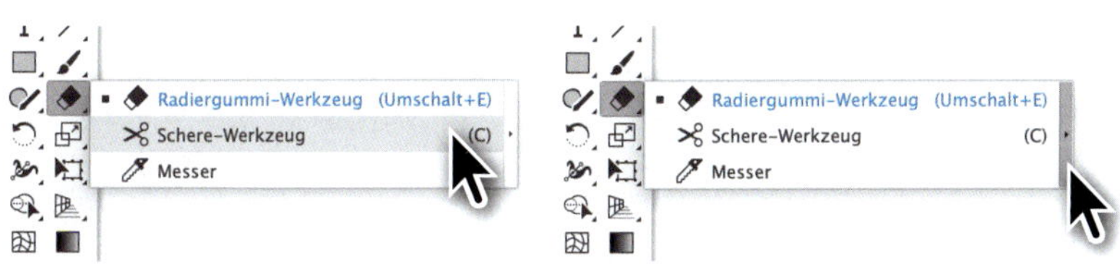

◄ **Abbildung 1.4**
Wählen Sie ein Werkzeug aus einer Gruppe, oder lassen Sie die Werkzeuggruppe als separates Bedienfeld darstellen.

Lassen Sie die Maustaste los, wenn sich der Cursor auf dem Pfeil am Ende des Bedienfeldes befindet, wird die Werkzeuggruppe als eigenständiges Bedienfeld »abgerissen«. Durch Klicken und Ziehen der Titelleiste lässt sie sich verschieben und mit einem Klick auf den Doppelpfeil zwischen horizontaler und vertikaler Anordnung wechseln. Die Werkzeuggruppen können Sie an andere Bedienfelder seitlich »andocken« und mit einem Klick in das Schließfeld wieder ausblenden.

Alle Werkzeug-Cursor haben spezifische aktive Punkte – »Hotspots«. Bei den Stift-Werkzeugen ist dies die Stiftspitze links unten, bei anderen

Versteckte Werkzeuge

Mit ⌥/Alt-Klick können Sie bequem durch die Werkzeuge der Gruppe wechseln.

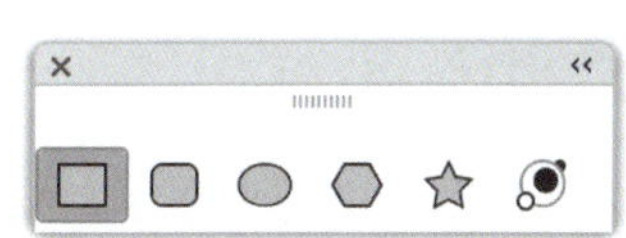

▲ **Abbildung 1.5**
Die Gruppe der Form-Werkzeuge

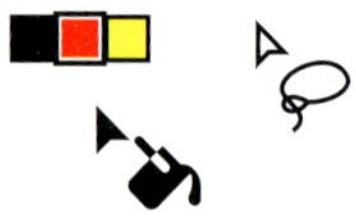

▲ **Abbildung 1.6**
Hotspot dieser Werkzeuge ist jeweils die Pfeilspitze.

Werkzeugen die Mitte des Cursors – ist im Cursor-Symbol ein Pfeil, dann ist es die Pfeilspitze.

Plug-in-Bedienfelder

Plug-ins installieren ihre Bedienfelder direkt im Menü Fenster. Add-ons werden unter Fenster • Erweiterungen abgelegt.

Tooltips (de)aktivieren

Die Anzeige von Tooltips steuern Sie, indem Sie unter Voreinstellungen • Allgemein die Option QuickInfo anzeigen aktivieren bzw. deaktivieren.

1.1.3 Bedienfelder (Paletten)

Die meisten Objekteigenschaften, alle Farb- und Muster-Bibliotheken, viele Werkzeug-Optionen und etliche Operationen werden über **Bedienfelder** aufgerufen und gesteuert.

Rufen Sie die Bedienfelder, die Sie für eine Operation benötigen, aus dem Menü Fenster oder über den Shortcut auf, der im Menü Fenster jeweils hinter dem Bedienfeldnamen angezeigt wird. Per Voreinstellung sind gebräuchliche Bedienfelder im »Dock« am rechten Bildschirmrand verankert (mehr zum Dock auf den folgenden Seiten). Je nach der unter Fenster • Arbeitsbereich gewählten Option handelt es sich dabei um unterschiedliche Zusammenstellungen von Bedienfeldern.

Ein Häkchen vor dem Eintrag im Menü Fenster bedeutet, dass das Bedienfeld aktiv ist. Viele Bedienfelder sind in Gruppen zusammengestellt und werden als Gruppe geöffnet. Um eine Bedienfeldgruppe wieder zu schließen, klicken Sie auf den Schließen-Button ❷. Anstatt sie zu schließen, können Sie Bedienfeldgruppen auch auf ihr Symbol reduzieren – »minimieren« –, indem Sie auf den Doppelpfeil-Button ❻ klicken (bzw. mit einem Doppelklick auf die dunkle Titelleiste des Bedienfeldes). Betätigen Sie den Button erneut, wird die Gruppe wieder komplett dargestellt.

Um ein Bedienfeld über den Bildschirm zu bewegen, klicken und ziehen Sie die Titelleiste seines Fensters ❹.

Einige Bedienfelder lassen sich in ihrer Größe verändern, z. B. das Verlauf-Bedienfeld. Klicken und ziehen Sie dafür rechts unten an der Ecke ❽ oder für eine nur vertikale Größenänderung in der Mitte ❼ des Bedienfeldfensters.

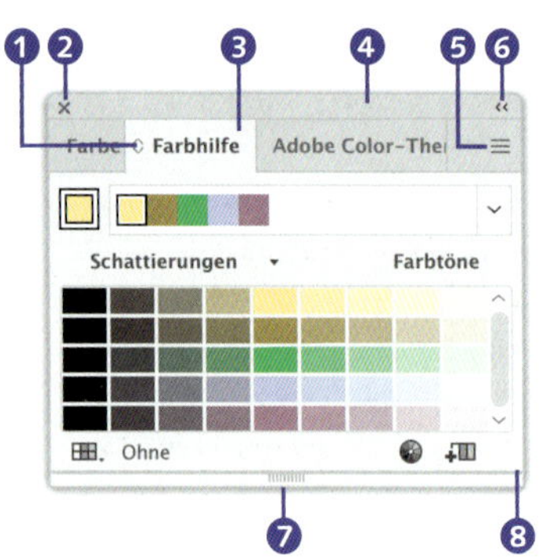

▲ **Abbildung 1.7**
Bedienfeldgruppe am Mac

Bedienfelder organisieren | In der Standardansicht finden Sie in Illustrator mehrere Bedienfelder platzsparend zu Gruppen zusammengefasst. Wenn Sie ein Bedienfeld aus einer Gruppe in den Vordergrund holen wollen, klicken Sie auf den Reiter mit ihrem Namen ❸. Mit einem Rechtsklick (Mac `ctrl` + Klick) auf den Reiter rufen Sie ein Kontextmenü auf, in dem Sie neben den bereits erwähnten Optionen außerdem den Befehl zum Schließen eines einzelnen Bedienfeldes geben können. Um ein Bedienfeld aus einer Gruppe zu entfernen, ziehen Sie dessen Reiter aus der Gruppe heraus.

Musteroptionen

Das Musteroptionen-Bedienfeld können Sie zwar ganz normal verschieben und gruppieren, sein Inhalt ist jedoch nur im Musterbearbeitungsmodus aktiv.

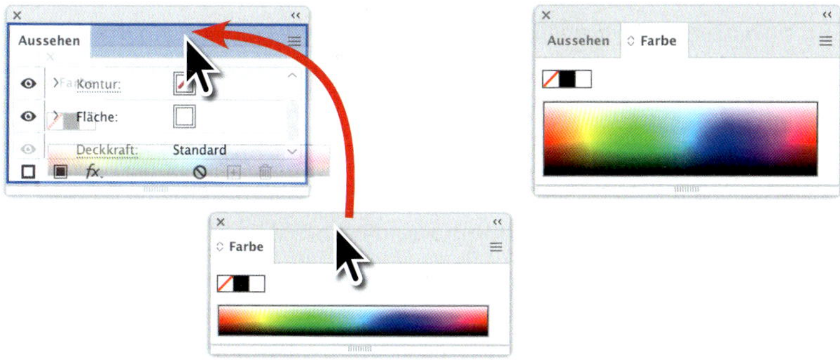

◀ **Abbildung 1.8**
Gruppieren des Farbe-Bedienfeldes mit dem Aussehen-Bedienfeld. Ziehen Sie den Reiter in den Kopfbereich des Bedienfeldes.

Gedockte Bedienfeldgruppen

Diese verschieben Sie, indem Sie die »Griffleiste« oberhalb der Gruppe anfassen und verschieben.

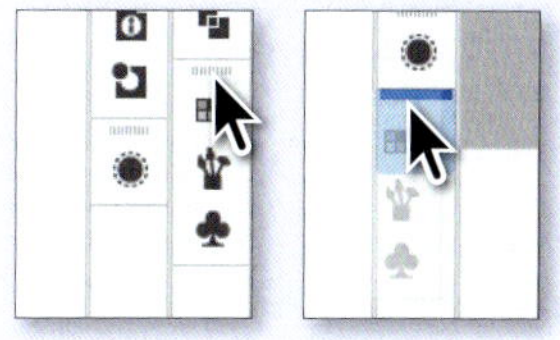

Wenn Sie den Reiter eines Bedienfeldes in den Kopfbereich eines anderen Bedienfeldes oder einer anderen Gruppe hineinziehen – der Bereich wird dabei blau hervorgehoben –, bildet das Programm eine neue Gruppe aus diesen beiden Bedienfeldern bzw. fügt das Bedienfeld der bestehenden Gruppe hinzu (s. Abbildung 1.8).

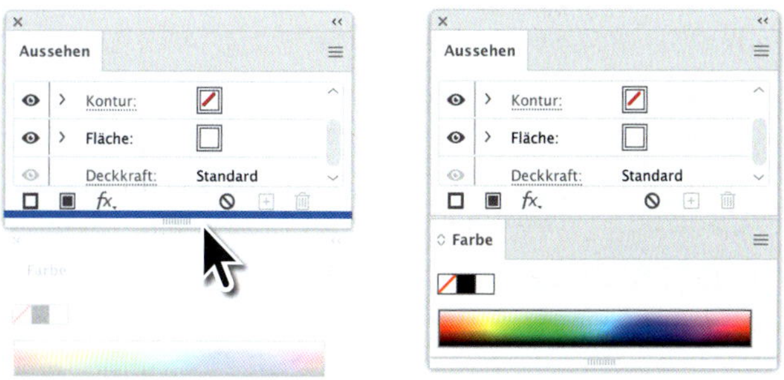

◀ **Abbildung 1.9**
Verankern des Farbe-Bedienfeldes am Aussehen-Bedienfeld

Unter ein einzelnes Bedienfeld oder unter eine Bedienfeldgruppe können Sie weitere Bedienfelder »andocken«, indem Sie deren Reiter in den unteren Bereich (bei den Funktionsbuttons) des anderen Bedienfeldfensters ziehen. Auf diese Art verankerte Bedienfelder bewegen sich dann beim Verschieben des »Mutterbedienfeldes« mit (s. Abbildung 1.9).

Jeweils ein Doppelklick auf den Reiter ❸ (bzw. den hellgrauen Titelbereich) wechselt zwischen der Standardansicht der Bedienfelder mit allen Optionen und der Darstellung, bei der nur die Titelleiste sichtbar ist, hin und her. Einige Bedienfelder lassen sich in mehreren Schritten minimieren; klicken Sie dazu auf den Button ❶ im Reiter.

Alle Bedienfelder verfügen über ein eigenes Bedienfeldmenü, das Optionen für das Bedienfeld und oft auch weitere Funktionen anbietet. Rufen Sie dieses Menü mit einem Klick auf den Menü-Button ❺ auf.

Gruppieren/Verankern verhindern

Möchten Sie ein unabsichtliches Gruppieren oder Verankern von Bedienfeldern verhindern, drücken Sie beim Schieben des Bedienfeldes ⌘/Strg.

Alle Bedienfelder verstecken | Drücken Sie ⇆, um alle Bedienfelder auszublenden. Um sie wieder anzuzeigen, drücken Sie die Tabulatortaste erneut.

Bedienfelder nach vorn holen

Ein Bedienfeld können Sie auch noch in den Vordergrund holen, wenn Sie eine Farbe oder Grundobjekte für ein Symbol oder einen Pinsel auf seinen Reiter ziehen.

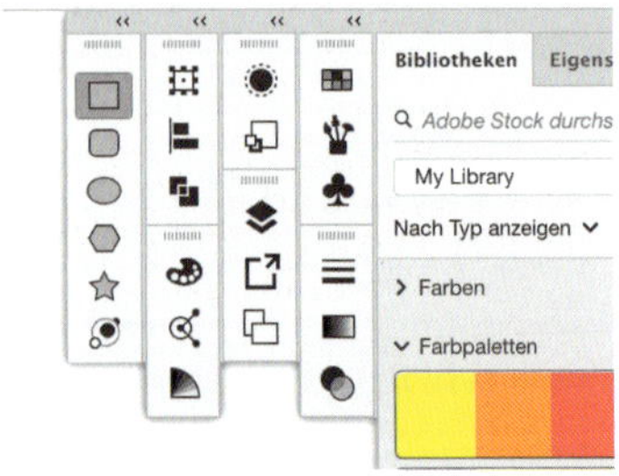

▲ **Abbildung 1.10**
Mehrere Andockbereiche können nebeneinander angeordnet sein (ganz links: eine Werkzeuggruppe).

Bedienfelder andocken | Am linken und rechten Bildschirmrand können Bedienfelder verankert werden. Das »Andocken« ermöglicht es, die Bedienfelder auf die Symbol-Darstellung zu reduzieren, um Platz auf dem Bildschirm zu gewinnen und dennoch bei Bedarf schnell auf die Arbeitsmittel zugreifen zu können. Die Dockfunktionalität kommt Ihnen vor allem entgegen, wenn nur ein Monitor zur Verfügung steht, z. B. an einem Notebook.

Die Steuerung der Dockanzeige nehmen Sie mit den Symbolen in der grauen Titelleiste des Docks vor. Klicken Sie auf den Titelbalken bzw. auf den Button Auf Symbole minimieren «, um den Andockbereich zu erweitern oder ihn auf Symbole zu verkleinern. Oder aktivieren Sie die Option Bedienfelder automatisch auf Symbole minimieren unter Voreinstellungen • Benutzeroberfläche: Dann werden Bedienfelder minimiert, sobald Sie neben ihre Fläche klicken. Klicken und ziehen Sie am linken Rand des Docks – der Cursor zeigt ↔ –, um die Breite der Andockfelder zu verändern. Ein in Symbolform dargestelltes Bedienfeld zeigen Sie an, indem Sie auf sein Symbol klicken.

▼ **Abbildung 1.11**
Bedienfelder im Dock (von links): auf Symbole reduziert, Symbole mit Titel, Andockbereich erweitert, Anzeige eines einzelnen Bedienfeldes

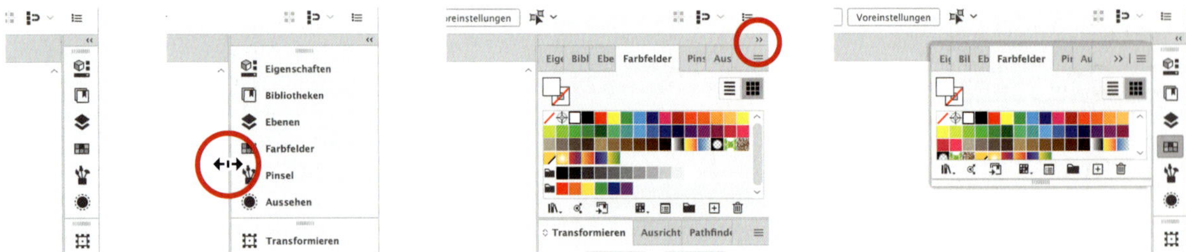

Um Bedienfelder in den Andockbereich zu bewegen, ziehen Sie ihren Reiter oder – bei einer Bedienfeldgruppe – den Kopfbereich an den rechten oder linken Bildschirmrand bzw. in ein bereits bestehendes Dock. Sie können Bedienfelder sowohl in den auf Symbole reduzierten als auch in den erweiterten Andockbereich verschieben – die Bedienfeldanzeige im Dock passt sich der Darstellung an.

▲ **Abbildung 1.12**
Verankern von Bedienfeldern im Dock (von links): Erstellen eines neuen Andockbereichs, Verankern eines einzelnen Bedienfeldes, Verankern eines Bedienfeldes in einer Bedienfeldgruppe

1.1.4 Das Eigenschaften-Bedienfeld

Das Eigenschaften-Bedienfeld fasst Einstellungen aus diversen Dialogboxen, Bedienfeldern oder Menüs an einer Stelle zusammen und stellt sie situationsabhängig zur Verfügung. Je nachdem, welches Objekt ausgewählt und welches Werkzeug aktiv ist, erhalten Sie darin jeweils die wichtigsten Möglichkeiten – sowie einen Link zu Detaileinstellungen.

Das Eigenschaften-Bedienfeld ist nach der Installation standardmäßig am rechten Bildschirmrand angedockt – falls nicht, rufen Sie es über Fenster • Eigenschaften auf, im Dock. Sie können es wie jedes Bedienfeld frei verschieben.

Steuerungsbedienfeld unnötig?

Das Eigenschaften-Bedienfeld ist die Weiterentwicklung des Steuerungsbedienfeldes. Sein Format kann jedoch auf sehr kleinen Monitoren stören und es gibt Unterschiede bei den angebotenen Optionen, etwa wenn eine Form ausgewählt ist.

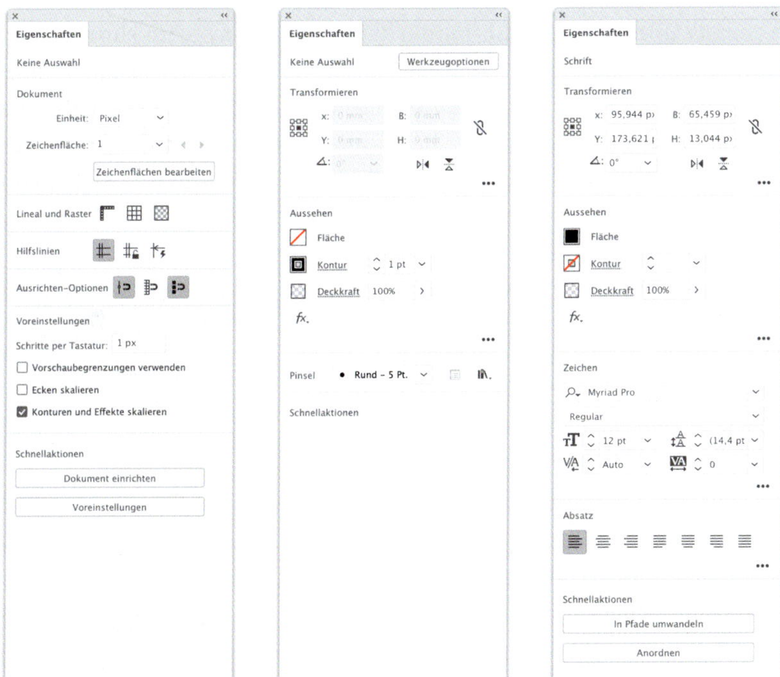

◀ Abbildung 1.13
Ist kein Objekt ausgewählt, aber das Auswahl-Werkzeug aktiv (links), dann stellen Sie im Eigenschaften-Bedienfeld die Attribute des Dokuments ein, wie die Anzahl der Zeichenflächen, Lineale und Dokumentenraster oder die Einrast-Optionen. Wechseln Sie zu einem anderen Werkzeug (Mitte), dann können Sie dessen Optionen (falls vorhanden) direkt aufrufen. Außerdem lässt sich Kontur und Fläche für das folgende Objekt einstellen. Wenn ein oder mehrere Objekte aktiv sind (rechts), stehen je nach Art der Objekte (hier Schrift) unterschiedliche Optionen im Mittelteil des Eigenschaften-Bedienfeldes zur Verfügung (hier Schriftformatierungen). Im unteren Bereich finden Sie Schnellaktionen, mit denen Sie Funktionen aufrufen können, die anderenfalls eventuell tief in Menüs versteckt wären.

Im Eigenschaften-Bedienfeld rufen Sie Menüs, Dialogboxen und Popups so wie in anderen Bedienfeldern mit einem Klick auf Buttons, Farbfeld-Miniaturen oder unterstrichene Begriffe auf.

Eine Besonderheit stellt der Button Mehr Optionen ••• dar. Mit ihm gehen Sie zu den vollständigen Versionen der jeweils im Eigenschaften-Bedienfeld integrierten reduzierten Bedienfelder.

Bedienfelder über das Steuerungsbedienfeld aufrufen

Wenn Sie doch einmal die detaillierteren Einstellungsmöglichkeiten benötigen, klicken Sie auf einen unterstrichenen Eintrag im Steuerungsbedienfeld, um das passende Bedienfeld aufzurufen.

1.1.5 Das Steuerungsbedienfeld

Das Steuerungsbedienfeld ist der »Vorgänger« des Eigenschaften-Bedienfeldes und bietet ebenfalls kontextabhängig wichtige Einstellmöglichkeiten an. Beim ersten Start von Illustrator ist das Steuerungsbedienfeld ausgeblendet Sie können es unter FENSTER • STEUERUNG oder mit dem Arbeitsbereich GRUNDLAGEN – KLASSISCH aufrufen. Sie können es am linken Rand an der angedeuteten Fensterleiste anfassen und wie andere Bedienfelder an jeden beliebigen Ort auf dem Bildschirm verschieben.

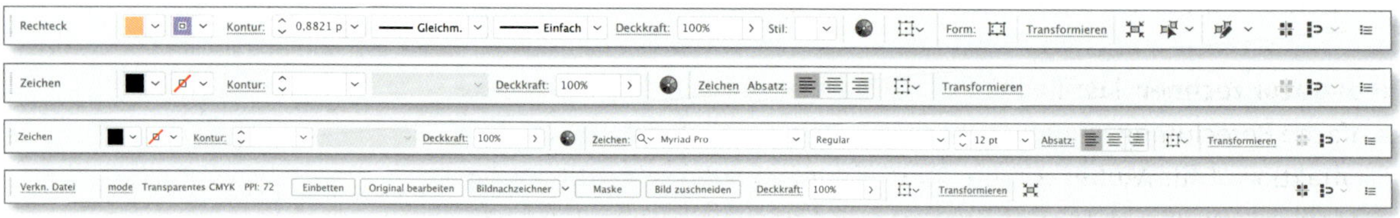

▲ **Abbildung 1.14**
Das Steuerungsbedienfeld zeigt kontextbezogen – je nach ausgewähltem Objekt – wichtige Funktionen an. Von oben sind aktiviert: RECHTECK, TEXTOBJEKT (kleiner Monitor), TEXTOBJEKT (großer Monitor), VERKNÜPFTES BILD.

Das Steuerungsbedienfeld passt sich an die Breite Ihres Bildschirms an, indem es Optionen auslässt, für die kein Platz mehr ist. Sie können aber auch selbst Einfluss darauf nehmen, welche Optionen angezeigt werden. Rufen Sie dazu in der Leiste ganz rechts das Bedienfeldmenü ≡ auf, und entfernen Sie das Häkchen vor den Optionen, die Sie nicht benötigen, indem Sie die entsprechenden Menüpunkte auswählen. Ein erneuter Aufruf der Menüposition fügt die Option wieder zum Steuerungsbedienfeld hinzu.

Die Helligkeit der Bedienelemente und Bedienfelder passt sich an die allgemeine Benutzeroberfläche an. Rufen Sie VOREINSTELLUNGEN • BENUTZEROBERFLÄCHE auf, und wählen Sie eine der Optionen.

▲ **Abbildung 1.15**
Dunkle Darstellung der Bedienelemente

1.1.6 Werte in Bedienfeldern einrichten

Für Einstellungen, die Sie in Bedienfeldern vornehmen, stehen Ihnen meistens verschiedene Wege offen. Entweder wählen Sie eine Position aus einem Ausklappmenü, oder Sie betätigen einen Schieberegler; oft bietet Illustrator auch Eingabefelder an, in die Sie alphanumerische Werte eintragen können.

Eingabemöglichkeiten | In Eingabefeldern können Sie Werte auf verschiedene Arten verändern:

- Eingeben: Geben Sie den Wert direkt ins Eingabefeld ein. Mit ⇥ bestätigen Sie die Eingabe und fokussieren das nächste Feld.
- Pfeiltasten: Klicken Sie in das Eingabefeld, und verwenden Sie die Cursortasten ↑ und ↓, um Werte zu erhöhen bzw. zu senken.
- Scrollrad: Positionieren Sie den Cursor über dem Eingabefeld (Sie müssen nicht hineinklicken, um es zu fokussieren), und drehen Sie das Scrollrad Ihrer Maus zu sich hin, um Werte zu senken, und in die andere Richtung, um Werte zu erhöhen.

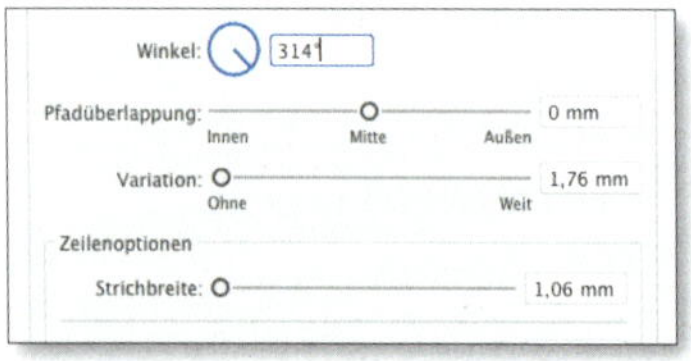

▲ **Abbildung 1.16**
Winkel- und Schieberegler sowie jeweils zugehörige Eingabefelder in der Dialogbox des Scribble-Effekts

- Bedienelemente: Einige Felder sind zusätzlich mit einem Popup-Menü, einem Schieberegler oder einem Rad ausgestattet, mit denen Sie die Werte auswählen können.
- Beschleunigt eingeben: Drücken Sie die Umschalttaste [⇧], um Werte um das Zehnfache zu ändern.

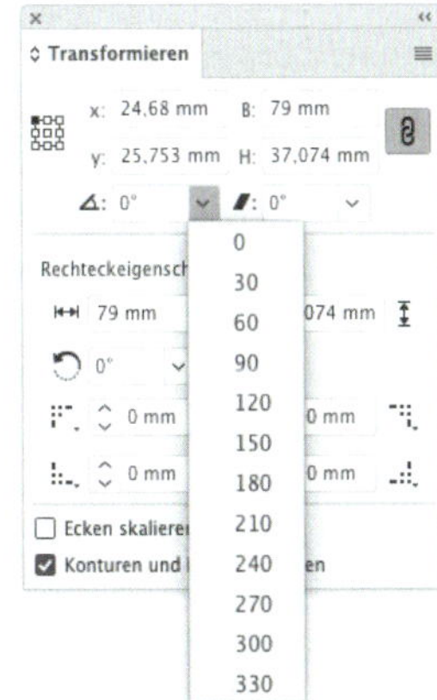

▲ **Abbildung 1.17**
Popup-Menü im Transformieren-Bedienfeld

Illustrator rechnen lassen | Sie können solche Eingabefelder auch für einfache Berechnungen nutzen, mit den Operatoren + für Addition, – für Subtraktion, * für Multiplikation, / für Division sowie % für Prozentberechnung. Um den aktuellen Wert in die Kalkulation einzubeziehen, setzen Sie die Einfügemarke vor oder nach diesem Wert und geben einen mathematischen Ausdruck dazu ein. Bestätigen Sie mit [↵].

Maßeinheiten in den Eingabefeldern | In den Eingabefeldern werden üblicherweise die Maßeinheiten verwendet, die Sie als Vorgaben in den Voreinstellungen oder im aktuellen Dokument bestimmt haben. Möchten Sie in einzelnen Fällen andere Einheiten verwenden, können Sie diese direkt in Eingabefelder eintragen – Illustrator rechnet die Werte nach der Eingabebestätigung in die voreingestellte Maßeinheit um.

Die Maßeinheiten geben Sie mit einer der Abkürzungen ein, die in Tabelle 1.1 aufgeführt sind.

Maßeinheit	Abkürzung
Millimeter	mm
0,25 Millimeter	Q
Zentimeter	cm
Zoll (Inch)	"
Punkt	Pt
Pica	Pc
Pixel	Px

▲ **Tabelle 1.1**
Abkürzungen für Maßeinheiten

1.1.7 Voreinstellungen

Am Mac finden Sie die Illustrator-Voreinstellungen im Menü ILLUSTRATOR • VOREINSTELLUNGEN, unter Windows über das Menü BEARBEITEN. Im gesamten Buch referenziere ich die Voreinstellungen daher ohne den übergeordneten Menüpfad. Die Beschreibung der Voreinstellungen finden Sie jeweils bei den Funktionen, die davon betroffen sind.

Bestimmte Werte in den Voreinstellungen, wie z. B. die SCHRITTE PER TASTATUR, können Sie nicht mehr auf 0 setzen.

1.1.8 Kontextmenü

Das Kontextmenü stellt Ihnen situationsabhängig die jeweils gebräuchlichsten Menübefehle zur Verfügung. Am Mac rufen Sie es auf, indem Sie [ctrl] gedrückt halten und die Maustaste klicken. Bei Verwendung einer Mehr-Tasten-Maus bzw. unter Windows erscheint das Kontextmenü mit einem Klick auf die rechte Maustaste.

Aufgrund der teilweise tief verschachtelten Menübefehle ist das Kontextmenü eine praktische Einrichtung. Damit Sie sich an seine Verwendung gewöhnen, sollten Sie es in den unterschiedlichsten Situationen

▲ **Abbildung 1.18**
Ein Kontextmenü

einfach »auf Verdacht« hin aufrufen und Befehle darüber auswählen, soweit sie zur Verfügung stehen.

Shortcuts und Sonderzeichen

Manche Sonderzeichen funktionieren leider nicht in Tastaturbefehlen.

1.1.9 Menübefehle verwenden

Viele Befehle und Steuerungsmöglichkeiten finden Sie in Illustrators Bedienfeldern – vor allem im Werkzeugbedienfeld. Dennoch sind einige Funktionen nur über Menübefehle zu erreichen.

Menüeinträge mit »...«

Menüeinträge, hinter deren Namen eine Ellipse – drei Punkte ... – folgt, werden nicht direkt ausgeführt, sondern rufen eine Dialogbox auf.

Shortcuts | Für viele Menübefehle sind Tastaturkürzel oder »Shortcuts« eingerichtet – diese sind jeweils hinter dem Menüeintrag angegeben – auch in diesem Buch. Es kann jedoch vorkommen, dass ein Shortcut in der deutschen Programmversion nicht funktioniert. Tastaturbefehle können Sie an Ihre Bedürfnisse anpassen (s. Abschnitt 22.1.5).

Plug-ins?

Auch Werkzeuge von Plug-ins können eigenen Werkzeugbedienfeldern hinzugefügt werden.

Untermenüs | Ein Pfeil ▶ hinter einem Menüeintrag kennzeichnet diesen Eintrag als den Oberbegriff einer Gruppe von Befehlen, die Sie aus einem Untermenü auswählen.

1.1.10 Werkzeugbedienfelder anpassen

Werkzeugleiste bearbeiten

Das Popup mit allen Werkzeugen dient ausschließlich der Konfiguration eigener Werkzeugbedienfelder. Sie können die darin aufgelisteten Werkzeuge nicht direkt für die Arbeit verwenden.

Beim ersten Starten ist Illustrator mit einem stark reduzierten Werkzeugbedienfeld ausgestattet. Darüber müssen Sie nicht erschrecken, Sie können alle Werkzeuge einfach aufrufen und sich auch individuelle Werkzeugbedienfelder für unterschiedliche Aufgaben konfigurieren.

Einfache und erweiterte Werkzeugleiste | Um vom reduzierten auf den vollen Werkzeugumfang umzuschalten, rufen Sie entweder einen anderen Arbeitsbereich, z. B. Grundlagen – klassisch, auf oder gehen auf Fenster • Werkzeugleisten • Erweitert.

Versteckte Werkzeuge aufrufen

Das Herausziehen der Werkzeuge aus dem Bedienfeld stört ein wenig das Aufrufen der versteckten Werkzeuge: Sie müssen immer etwas länger warten. Alternativ können Sie die versteckten Werkzeuge mit [⌥]/[Alt]-Klick auf ein Werkzeug aufrufen.

Werkzeugleisten bearbeiten | Ein bestehendes Werkzeugbedienfeld können Sie jederzeit individuell konfigurieren, indem Sie auf den Button Werkzeugleiste bearbeiten ••• ganz unten im Bedienfeld klicken. Sie können auch die Standard-Bedienfelder Einfach und Erweitert bearbeiten, besser ist es jedoch, sich eigene Bedienfelder anzulegen.

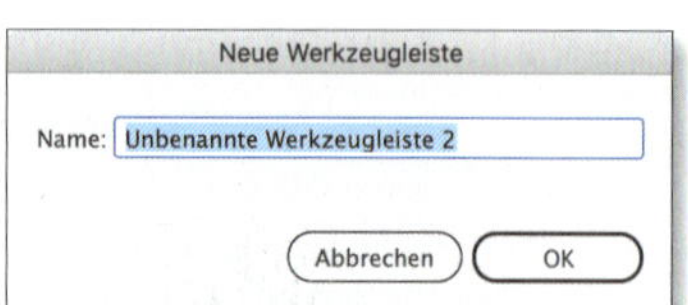

▲ **Abbildung 1.19**
Dialogbox Neue Werkzeugleiste

Eigene Werkzeugbedienfelder anlegen | Um ein eigenes Werkzeugbedienfeld zu »bestücken«, gehen Sie folgendermaßen vor:

1. Rufen Sie Fenster • Werkzeugleisten • Neue Werkzeugleiste auf. Geben Sie dem Bedienfeld einen Namen, unter dem es später im

Menü aufgelistet wird. Illustrator erstellt ein leeres neues Werkzeugbedienfeld.

2. Falls Sie eine zweispaltige Anordnung der Werkzeuge wünschen, klicken Sie auf den kleinen Doppelpfeil ›› in der neuen Werkzeugleiste.
3. Positionieren Sie dieses neue Bedienfeld möglichst weit oben im Illustrator-Fenster, und klicken Sie dann auf den Button Werkzeugleiste bearbeiten •••. Dies öffnet ein Popup-Fenster, in dem eine komplette Werkzeugliste angezeigt wird.
4. Scrollen Sie durch die Liste der Werkzeuge, und ziehen Sie das erste Werkzeug, das Sie Ihrem Bedienfeld hinzufügen wollen, aus Illustrators Werkzeugen auf die mit dem + gekennzeichnete Fläche. Das Werkzeugsymbol wird im Popup ausgegraut – damit zeigt Illustrator an, dass es bereits in Ihrem individuellen Werkzeugbedienfeld enthalten ist.

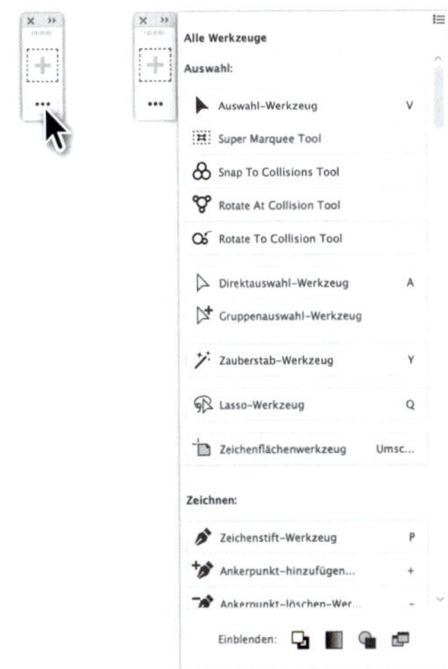

▲ **Abbildung 1.20**
Werkzeugleiste bearbeiten

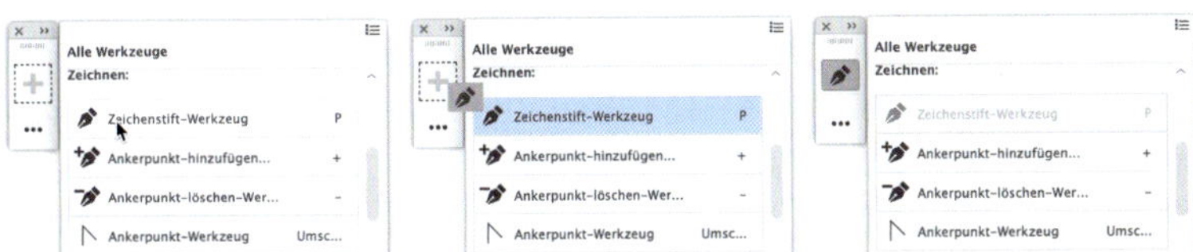

◄ **Abbildung 1.21**
Hinzufügen des ersten Werkzeugs

5. Ziehen Sie weitere Werkzeuge an die gewünschte Position ober- oder unterhalb bereits vorhandener Werkzeuge in Ihrem eigenen Bedienfeld. Bereits vorhandene Werkzeuge passen ihre Positionen in Echtzeit an, falls Sie sie verdrängen.
6. Ändern Sie die Anordnung der Werkzeuge, indem Sie die Symbole verschieben.
7. Werkzeuggruppen erzeugen Sie, indem Sie Werkzeuge direkt auf andere Werkzeuge ziehen. Ein feiner blauer Rahmen zeigt an, dass Sie eine Werkzeuggruppe erzeugen.
8. Wählen Sie mit den Buttons unter Einblenden ganz unten im Werkzeug-Popup die Anzeige der Fläche/Kontur- und Färbungs-Steuerelemente, der Zeichen- und Bildschirmmodi.
9. Klicken Sie auf die Zeichenfläche, um die Bearbeitung abzuschließen. Die Werkzeuge sind dann für die Bearbeitung gesperrt. Wollen Sie weitere Veränderungen vornehmen, müssen Sie wieder auf den Button ••• klicken.

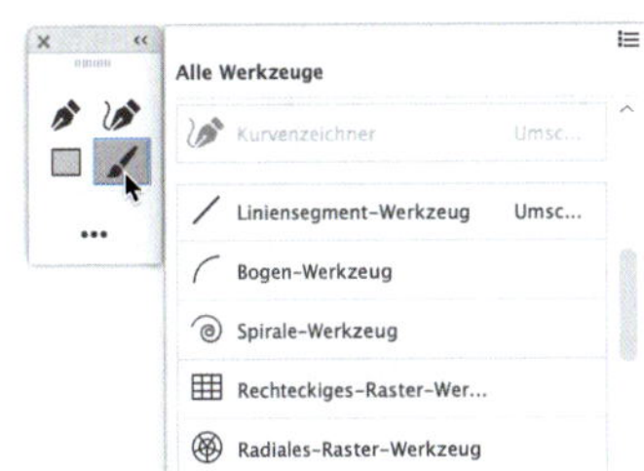

▲ **Abbildung 1.22**
Beim Verschieben der Werkzeuge zeigt der blaue Rahmen an, dass Sie eine Werkzeuggruppe bilden.

Werkzeuge in einem Werkzeugbedienfeld verwalten | Die in einem eigenen Werkzeugbedienfeld angeordneten Werkzeuge können Sie nachträglich editieren, wenn ein Dokument geöffnet ist. Dazu klicken Sie zunächst auf den Button Werkzeugleiste bearbeiten •••.

- **Werkzeuge verschieben**: Um die Reihenfolge der Werkzeuge zu ändern, verschieben Sie das Symbol an die gewünschte Position. Die

Mehrere Werkzeugbedienfelder anlegen

Verwenden Sie die Dialogbox Werkzeugleisten verwalten, um mehrere neue Werkzeugbedienfelder »in einem Rutsch« anzulegen.

bereits vorhandenen Werkzeuge passen ihre Positionen in Echtzeit an, falls sie verdrängt werden.

Abbildung 1.23 ▶
Verschieben der Werkzeuge innerhalb eigener Bedienfelder

- **Werkzeuge löschen**: Um ein Werkzeug aus dem Werkzeugbedienfeld zu entfernen, ziehen Sie sein Symbol aus dem Bedienfeld heraus. Der Cursor zeigt dann ein Minus an.

Abbildung 1.24 ▶
Löschen von Werkzeugen aus eigenen Bedienfeldern

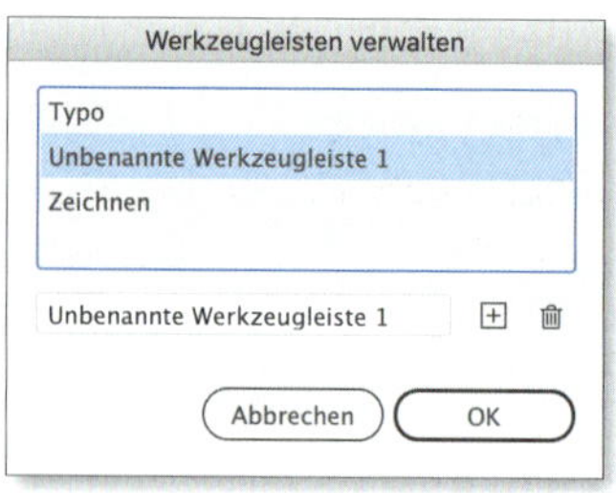

▲ Abbildung 1.25
Dialogbox Werkzeugleisten verwalten

Eigene Werkzeugbedienfelder verwalten und löschen | Ihre eigenen Werkzeugbedienfelder werden unter Fenster • Werkzeugleisten im Menü aufgelistet. Um sie neu zu benennen oder zu löschen, rufen Sie Fenster • Werkzeuge • Werkzeugleisten verwalten auf.

Aktivieren Sie den Namen eines Werkzeugbedienfeldes, und geben Sie einen neuen Namen ein, um diese Werkzeugleiste umzubenennen. Sind die Werkzeuge in einen Arbeitsbereich eingebunden, dann findet Illustrator sie danach jedoch nicht mehr.

Um das Werkzeugbedienfeld zu löschen, klicken Sie auf den Button Werkzeugleiste löschen.

Um ein Werkzeugbedienfeld zu duplizieren, aktivieren Sie seinen Namen und klicken auf Neue Werkzeugleiste.

Darstellung der Werkzeugbedienfelder | Eigene Werkzeugbedienfelder können wie das allgemeine Werkzeugbedienfeld ein- oder zweispaltig angezeigt werden. Wechseln Sie zwischen den Darstellungen, indem Sie auf den Doppelpfeil klicken.

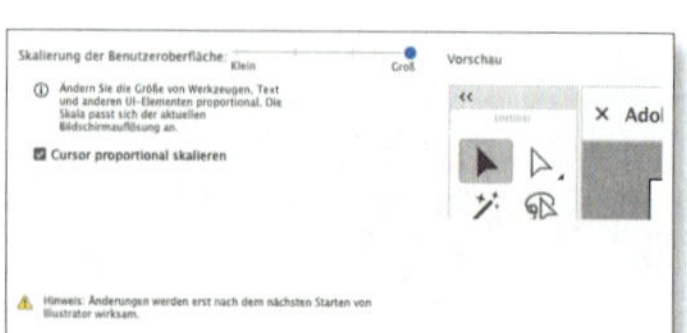

▲ Abbildung 1.26
Voreinstellung für das Skalieren der Benutzeroberfläche

Eigene Werkzeugbedienfelder in Arbeitsbereiche einbinden | Um ein eigenes Werkzeugbedienfeld in einen eigenen Arbeitsbereich einzubinden, richten Sie den Arbeitsbereich mit dem eigenen Werkzeugbedienfeld ein und speichern ihn dann wie in Abschnitt 22.1.1 beschrieben.

1.1.11 Die Benutzeroberfläche skalieren

Auf modernen, hochaufgelösten Monitoren ist die Darstellung der Benutzeroberfläche häufig zu klein, sodass Icons schwer erkennbar sind. Ab

Auflösungen von 1.440 Pixeln Breite können Sie unter VOREINSTELLUNGEN • BENUTZEROBERFLÄCHE die Größe von User-Interface-Elementen wie Icons oder Dialogboxen mit einem Regler einstellen. Je größer der Monitor, desto mehr Stufen stehen zur Verfügung. Die Einstellung beeinflusst nicht alle Elemente, z. B. bleibt die Filtergalerie klein. Nach dem Ändern der Einstellung ist ein Programmneustart erforderlich.

1.2 Der Touch-Arbeitsbereich

Auf Windows-basierten Geräten, die durch Berührung des Bildschirms gesteuert werden können (Touch-Steuerung), können Sie einen dafür optimierten Arbeitsbereich verwenden. Im Touch-Arbeitsbereich stehen lediglich die Werkzeuge und Funktionen zur Verfügung, die typischerweise für Freihand-Arbeiten wie Skizzen und Layouts verwendet werden. Auf einem touchfähigen Gerät aktiviert sich der Arbeitsbereich selbsttätig, sobald keine Tastatur angeschlossen ist, oder Sie verwenden den Button in der Anwendungsleiste.

◀ **Abbildung 1.27**
Der Touch-Arbeitsbereich auf einem Surface Pro

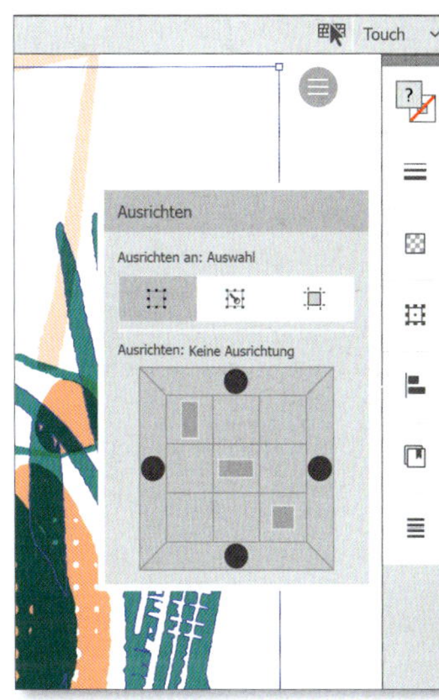

▲ **Abbildung 1.28**
Das Ausrichten-Bedienfeld im Touch-Arbeitsbereich

Sie können mit einem Klick auf den Button oder durch Auswahl eines anderen Arbeitsbereichs jederzeit in die Tastaturbedienung wechseln.

Navigation im Dokument | Multitouch-Gesten zum Zoomen und Verschieben funktionieren.

Bedienfelder | Die Bedienfelder öffnen Sie aus der Leiste am rechten Bildschirmrand. Es kann immer nur ein Bedienfeld gleichzeitig geöffnet sein.

Werkzeug-Optionen | Am linken Rand sind die Werkzeuge angeordnet. Ein kleines Dreieck zeigt untergeordnete Werkzeuge an, die mit einem Klick aufgeklappt werden. Klicken Sie dann auf ein Werkzeug, um es auszuwählen. In einer zweiten Spalte werden anschließend die Werkzeug-Optionen angezeigt. Hier können Sie z. B. die Größe der Werkzeugspitze oder den Arbeitsmodus des Werkzeugs einstellen.

Die Werkzeuge besitzen Bedienelemente, die besonders im Hinblick auf Touch-Eingaben gestaltet wurden und auch in den mobilen Apps zum Einsatz kommen. Ihre Anfasser besitzen eine entsprechende Größe, und Variationen stehen per Klick auf einen Button zur Verfügung. Die Kurvenlineale werden mit den roten »Griffen« gedreht.

▼ Abbildung 1.29
Besondere Touch-Bedienelemente einiger Werkzeuge

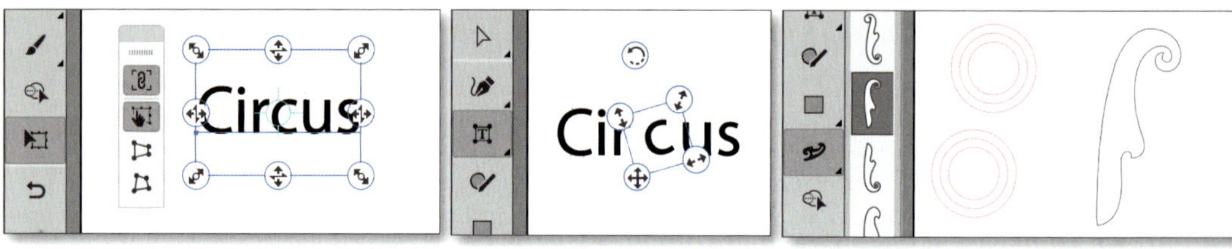

Objektbearbeitung | Ist ein Objekt aktiviert, dann bestehen für dieses Objekt allgemeine Bearbeitungsmöglichkeiten wie das Kopieren, Ausschneiden oder Sperren. Sie werden mit einem Widget ☰ aufgerufen, das an jedem aktivierten Objekt eingeblendet wird. Klicken Sie auf das Widget, um die Bearbeitungsfunktionen anzuzeigen.

▼ Abbildung 1.30
Aufrufen der Bearbeitungsfunktionen für ausgewählte Objekte

1.3 Bibliotheken verwenden

Illustrator wird mit vielen frei nutzbaren Farbfeldern, Pinseln, Symbolen und Grafikstilen installiert. Die mit Illustrator gelieferten fertigen Farbfeldbibliotheken enthalten Volltonbibliotheken, wie z. B. Pantone und HKS, außerdem themenzentrierte Zusammenstellungen, wie Natur oder Lebensmittel, sowie Verläufe und Muster.

Wo sind Pantone und HKS?

Die Bibliotheken der verschiedenen Farbhersteller finden Sie unter der Rubrik Farbtafeln.

1.3.1 Bibliothek laden

Bei der Installation des Programms werden die vorgefertigten Bibliotheken im Illustrator-Ordner unter .../ADOBE ILLUSTRATOR [VERSION]/PRESETS/DE_DE und dort in die entsprechenden Unterordner abgespeichert. Das Bibliotheken-Menü können Sie unter FENSTER • FARBFELD- bzw. GRAFIKSTIL- , PINSEL- oder SYMBOL-BIBLIOTHEKEN anzeigen oder im Bedienfeldmenü ≡ des jeweiligen Bedienfeldes unter z. B. FARBFELDBIBLIOTHEK ÖFFNEN oder mit dem gleichnamigen Button unten links im Bedienfeld. Wählen Sie dann eine der aufgeführten Bibliotheken aus.

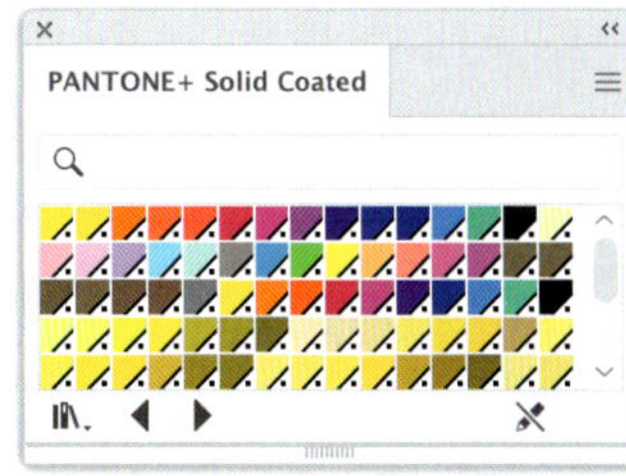

▲ **Abbildung 1.31**
Eine Pantone-Farbbibliothek

Bibliotheken werden in einer eigenen Bedienfeldgruppe geöffnet. Bibliotheken gleicher Art, die Sie zusätzlich aufrufen, fügt Illustrator ebenfalls dieser Bedienfeldgruppe hinzu.

Möchten Sie eine Bibliothek nach jedem Start von Illustrator automatisch anzeigen lassen, wählen Sie die Funktion GLEICHE POSITION aus dem Bedienfeldmenü ≡. Der Menüpunkt wird mit einem Häkchen versehen. Wenn Sie das Bedienfeld nicht mehr benötigen, gehen Sie noch einmal auf GLEICHE POSITION.

Bibliotheken durchblättern | Durch die vorhandenen Bibliotheken »browsen« Sie mit folgenden Optionen:

- AUS DEM MENÜ WÄHLEN: Soll eine im Bibliothek-Bedienfeld angezeigte Farbfeldbibliothek durch eine andere ersetzt werden, rufen Sie die Farbbibliothek mit dem Menü im Bibliothek-Bedienfeld auf.
- VORHERIGE/NÄCHSTE BIBLIOTHEK LADEN ◀ ▶: Mit den Pfeil-Buttons laden Sie die Bibliotheken der Reihenfolge nach.

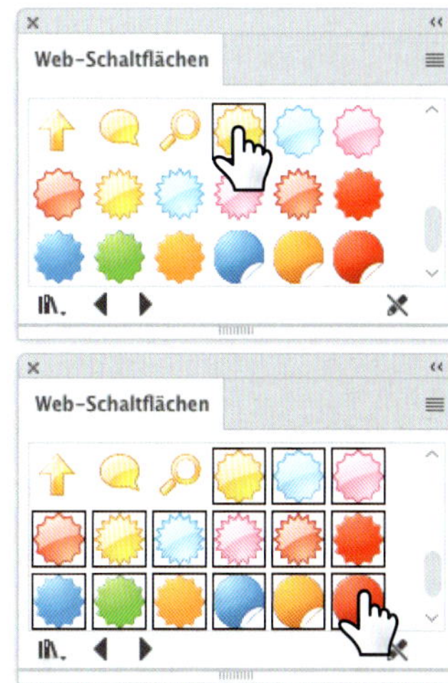

▲ **Abbildung 1.32**
Klicken Sie das erste und zusammen mit der Taste ⇧ das letzte gewünschte Farbfeld an, um auch die dazwischenliegenden Farbfelder mit auszuwählen.

1.3.2 Inhalte aus Bibliotheken ins Dokument übernehmen

Um ein Farbfeld, einen Pinsel, einen Grafikstil oder ein Symbol aus einer der Bibliotheken in das jeweilige Bedienfeld des aktuellen Dokuments zu übernehmen, gibt es mehrere Wege:

- Ein Klick auf ein Element in einer Bibliothek fügt dieses dem Bedienfeld hinzu.
- Aktivieren Sie die gewünschten Felder in der Bibliothek (s. Abbildung 1.32). Wählen Sie anschließend aus dem Bedienfeldmenü der Bibliothek den Menüpunkt ZU FARBFELDERN/GRAFIKSTILEN/PINSELN/SYMBOLEN HINZUFÜGEN.
- Ziehen Sie das oder die gewünschten Elemente aus der Bibliothek in das Bedienfeld.
- Weisen Sie einem Objekt ein Farbfeld, einen Grafikstil oder einen Pinsel aus der Bibliothek zu, oder ziehen Sie ein Symbol auf die Zeichenfläche. Damit wird dieses automatisch in das Bedienfeld übernommen.

Gleiche Position

Der Befehl GLEICHE POSITION gilt nicht für die *ganze* Bedienfeldgruppe, sondern nur für die jeweils aktive Bibliothek. Die Funktion steht auch für Verlaufs- und Muster-Bibliotheken zur Verfügung, jedoch nur für Bibliotheken, die in den Standard-Ordnern unter VORGABEN oder im Benutzer-Ordner gespeichert wurden.

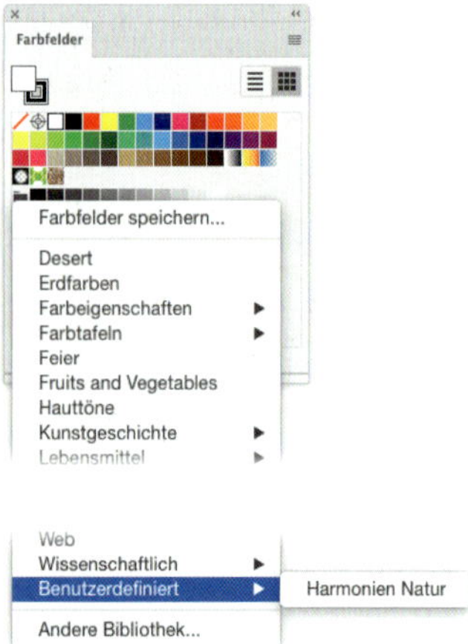

▲ **Abbildung 1.33**
Auswählen einer eigenen Bibliothek aus dem Menü BENUTZERDEFINIERT

AI-Datei als Bibliothek öffnen

Sie können jede Illustrator-Datei über den Befehl ANDERE BIBLIOTHEK öffnen, um die darin vorhandenen Farbfelder, Pixel, Symbole oder Grafikstile wie eine Bibliothek zu verwenden.

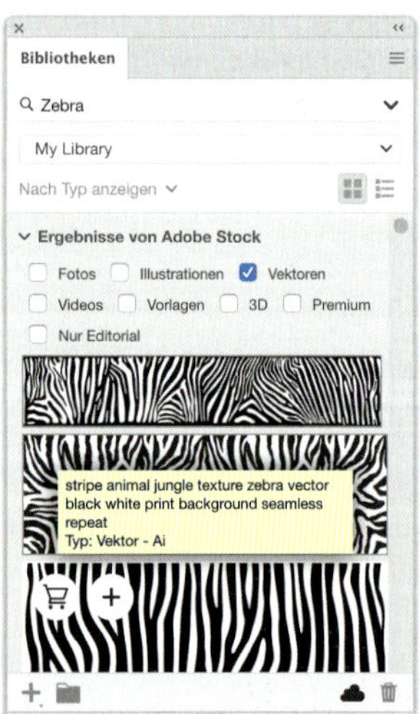

▲ **Abbildung 1.34**
Durchsuchen von Adobe Stock im Bibliotheken-Bedienfeld

Überflüssiges entfernen | Bevor Sie gezielt Elemente aus Bibliotheken hinzufügen, sollten Sie das jeweilige Bedienfeld aufräumen und nicht Benutztes oder nicht Benötigtes darauf entfernen. Aktivieren Sie diese Elemente, oder wählen Sie ALLE NICHT VERWENDETEN AUSWÄHLEN aus dem Bedienfeldmenü, und klicken Sie auf den Button LÖSCHEN.

1.3.3 Anzeigeoptionen von Bibliotheken und Bedienfeldern

Wie die entsprechenden Bedienfelder lassen sich auch die Bibliotheken als Liste oder Miniaturen anzeigen. In Pinsel-Bibliotheken und dem Pinsel-Bedienfeld können Sie nur bestimmte Pinselarten anzeigen lassen und in Grafikstil-Bibliotheken die Vorschau von Quadrat auf Text ändern. Die Befehle dazu finden Sie im Bedienfeldmenü.

1.3.4 Eigene Bibliotheken speichern

Farbfelder, Pinsel, Grafikstile und Symbole werden nur im jeweiligen Dokument gespeichert. Wenn Sie sie dokumentübergreifend einfach nutzen wollen, können Sie den Inhalt des jeweiligen Bedienfeldes als Bibliothek speichern. Löschen Sie zunächst alle Elemente aus dem jeweiligen Bedienfeld, die nicht in die Bibliothek gespeichert werden sollen. Rufen Sie anschließend BIBLIOTHEK SPEICHERN aus dem Bedienfeldmenü des jeweiligen Bedienfeldes auf. Wenn Sie in den von Illustrator vorgeschlagenen Ordner speichern, dann können Sie die Bibliothek später einfach aus dem Menü unter BENUTZERDEFINIERT aufrufen. Anderenfalls müssen Sie über den Auswahl-Dialog unter BIBLIOTHEK ÖFFNEN • ANDERE BIBLIOTHEK gehen.

1.4 CC-Bibliotheken verwenden

Creative-Cloud-Bibliotheken sind programmübergreifende Bibliotheken für unterschiedliche Arten von Inhalten, die auf den Adobe-Servern zentral verwaltet werden. Sie können also von jedem Gerät, auf dem Sie mit Ihrer Adobe-ID eingeloggt sind, auf dieselben Bibliotheken zugreifen, sofern ein Internet-Zugang besteht. Die Bibliotheken können geteilt werden, sodass eine Zusammenarbeit auf Basis derselben Inhalte (Assets) möglich ist.

CC-Bibliotheken werden im Bibliotheken-Bedienfeld verwaltet, das standardmäßig angezeigt wird. Sie können darin Farbfelder, Farbharmonien, Text, Zeichen- und Absatzformate, Vektor- und Pixelgrafiken,

Muster, Pinsel, Looks (Farbstimmungen), (3D-)Modelle und Animationen verwalten.

1.4.1 Elemente in Illustrator verwenden

Die Bibliotheken enthalten Inhalte für alle Creative-Cloud-Anwendungen. Sie können jedoch nicht alle Elemente in allen Anwendungen verwenden oder einfügen. Gedimmt dargestellte Elemente können Sie in Illustrator nicht benutzen.

▲ **Abbildung 1.35**
Durchsuchen der Bibliotheken

Inhalt verwenden | Um ein Farbfeld, ein Textformat oder einen Pinsel zu verwenden, aktivieren Sie ein Element in Ihrer Illustrator-Datei und klicken auf das Bibliothekselement, um es dem ausgewählten Objekt zuzuweisen. Farbharmonien klicken Sie mit der rechten Maustaste an und wählen ZU FARBFELDERN HINZUFÜGEN aus dem Kontextmenü, um sie als Farbgruppe in Ihr Farbfelder-Bedienfeld zu laden.

Eine Grafik oder ein Bild ziehen Sie aus dem Bibliotheken-Bedienfeld direkt auf die Zeichenfläche. Die Elemente werden dabei verknüpft und dann regelmäßig mit dem Bibliotheksinhalt synchronisiert. Wenn Sie Grafiken immer einbetten wollen, ziehen Sie sie mit gedrückter ⌥/Alt-Taste auf die Zeichenfläche.

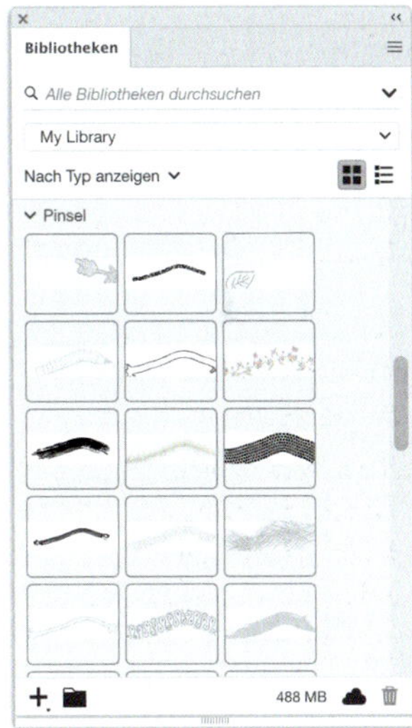

▲ **Abbildung 1.36**
Nur einige Pinsel lassen sich in Illustrator verwenden – die anderen sind ausgegraut.

Live-Effekte in CC-Bibliothekselementen | Grafik mit Live-Effekten oder Grafikstilen oder Live-Eigenschaften (wie z. B. Interaktiv malen) müssen Sie mit gedrückter ⌥/Alt-Taste auf die Zeichenfläche ziehen. Nur so sind die Live-Eigenschaften bearbeitbar.

Suchen | Sie können durch die Bibliothek scrollen, um Inhalte anhand ihres Namens zu finden. Geben Sie den Namen ins Suchfeld ein, und wählen Sie aus dem Menü, ob Sie die AKTUELLE BIBLIOTHEK oder ALLE BIBLIOTHEKEN durchsuchen möchten.

Adobe Stock | Auch die Verwaltung von Elementen, die Sie in Adobe Stock lizenzieren, erfolgt über die Bibliotheken. Um Adobe Stock zu durchsuchen, geben Sie den Suchbegriff in das Suchfeld des Bibliotheken-Bedienfeldes ein und spezifizieren die gewünschte Inhaltsart. Die Ergebnisse werden wieder ins Bibliotheken-Bedienfeld gespielt. Bewegen Sie den Cursor über die Vorschaubilder, um die Inhaltsart als Tooltip und zwei Buttons zum direkten Lizenzieren 🛒 sowie zum Download einer Vorschau + anzuzeigen. Mit einem Klick auf das kleine Kreuz ⊗ rechts im Suchfeld löschen Sie den oder die Suchbegriffe.

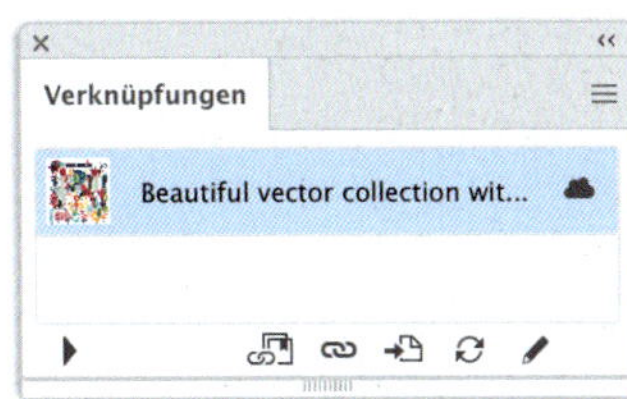

▲ **Abbildung 1.37**
Verknüpft aus einer Bibliothek platziertes Element im Verknüpfungen-Bedienfeld

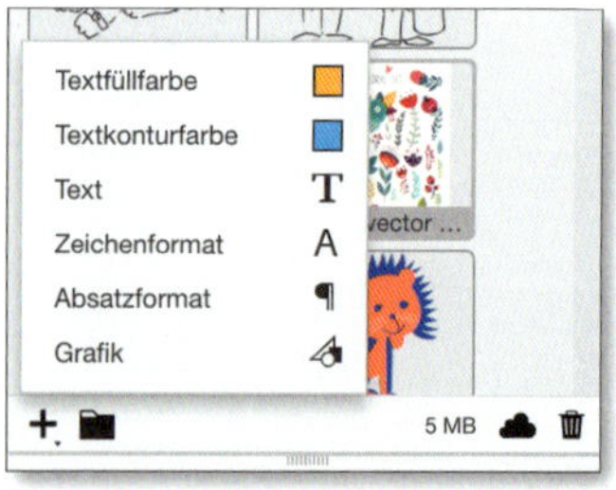

▲ **Abbildung 1.38**
Hinzufügen von Elementen zur aktuellen Bibliothek

1.4.2 Bibliothek anlegen und Elemente hinzufügen

Voreingestellt ist in Ihrem Konto die Bibliothek »Meine Bibliothek« angelegt. Um eine neue Bibliothek zu erstellen, gehen Sie ins Menü des Bibliotheken-Bedienfeldes und wählen Neue Bibliothek. Geben Sie der Bibliothek einen Namen.

Um einer Bibliothek ein Element hinzuzufügen, haben Sie – je nach Inhaltsart – folgende Möglichkeiten:

- Drag & Drop: Ziehen Sie Grafiken direkt ins Bibliotheken-Bedienfeld. Sie werden der ausgewählten Bibliothek hinzugefügt.
- Button Inhalt hinzufügen: Sind Objekte ausgewählt, klicken Sie auf den Button Inhalt hinzufügen +. Im Popup-Menü wählen Sie aus, welche Bibliotheksinhalte Sie erzeugen möchten, und klicken auf Hinzufügen.
- Illustrator-Dialogboxen: Beim Erzeugen eines neuen Farbfeldes oder beim Anlegen eines neues Absatz- oder Zeichenformats ist voreingestellt die Option Zu meiner Bibliothek hinzufügen aktiv. Damit wird der jeweilige Inhalt in der ausgewählten Bibliothek gespeichert. Deaktivieren Sie diese Option, um das zu unterbinden. Illustrator behält die Einstellung programmweit bei.
- Mobile Apps: Einige Inhalte – vor allem Pinsel – lassen sich nur in den mobilen Apps erstellen.
- Grafikstile, Muster, Verläufe oder Pinsel zur Bibliothek hinzufügen: Auch wenn Sie Grafikstile, Muster, Verläufe oder Pinsel nicht als solche aus Illustrator in einer Bibliothek speichern können, lässt sich ein kleiner Umweg einsetzen: Weisen Sie die Eigenschaften einem Objekt zu, und speichern Sie es als Grafik in der Bibliothek. Beim Platzieren des Objekts in einem anderen Dokument müssen Sie dann ⌥/Alt drücken, um es eingebettet zu platzieren, dann wird der Grafikstil diesem Dokument hinzugefügt.

CC-Bibliothek und Bibliothek

Zwischen den »normalen« Bibliotheken und den CC-Bibliotheken gibt es keinen direkten Übergang, Sie können also z. B. eine Farbfeld-Bibliothek nicht direkt als CC-Bibliothek verwenden.

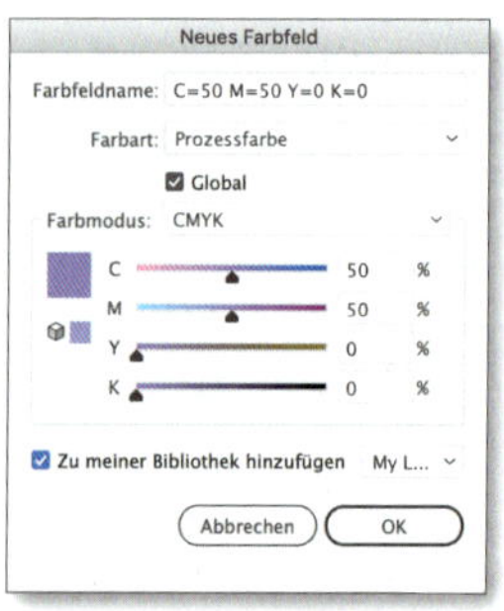

▲ **Abbildung 1.39**
Hinzufügen eines Farbfeldes zu einer Bibliothek

Gemeinsam mit Bibliotheken arbeiten | Sie können Ihre Bibliothek mit Kollegen teilen und diesen dazu unterschiedliche Benutzerrechte einräumen. Wählen Sie die betreffende Bibliothek im Bibliotheken-Bedienfeld aus, und rufen Sie im Bedienfeldmenü den entsprechenden Befehl auf. Sie werden dann zur Creative-Cloud-Website geleitet, um die Einladung durchzuführen:

- Zusammenarbeiten: Laden Sie Kollegen ein, die diese Bibliothek »abonnieren«, d. h., die Bibliothek wird permanent abgeglichen, und sie haben jederzeit den aktuellsten Stand zur Verfügung. Sie können jedem Beteiligten entweder Schreib- oder lediglich Leserechte einräumen. Kooperationspartner mit Schreibrechten können Bibliothekselemente hinzufügen, verändern oder löschen.

Farbprofile und Bibliotheken

Farben werden nur als Werte in Bibliotheken gespeichert, die Profile gehen verloren. Werden die Farben mit einem anderen Farbprofil als ursprünglich eingesetzt, dann sehen sie anders aus.

- Verknüpfung freigeben: Hier machen Sie Ihre Bibliothek öffentlich sichtbar – wer den URL kennt, kann diese Bibliothek mit oder ohne persönliche Einladung herunterladen. Wenn Sie Folgen zulassen aktivieren, erhalten die Benutzer die Aktualisierungen der Bibliothek. Anderenfalls können Benutzer lediglich den derzeitigen Stand in ihr eigenes Konto laden.

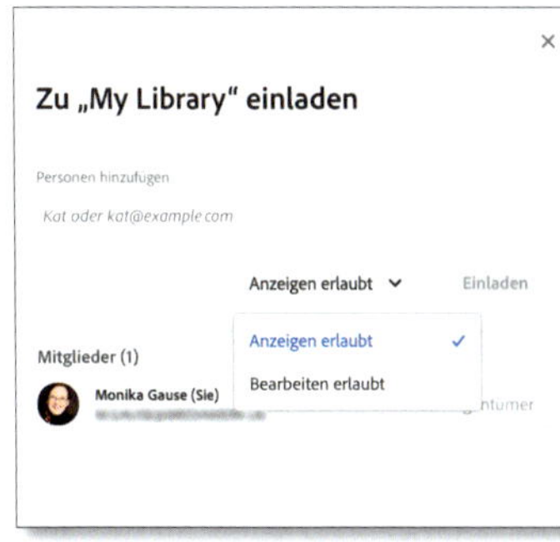

▲ **Abbildung 1.40**
Zusammenarbeiten mit einer Bibliothek

1.4.3 Elemente verwalten und bearbeiten

Klicken Sie ein Bibliothekselement mit der rechten Maustaste an, um die Befehle für die Verwaltung der Elemente aufzurufen. Sie können Elemente duplizieren, löschen sowie in andere Bibliotheken verschieben oder kopieren.

Einige Elemente können Sie bearbeiten, z. B. die Definitionen von Farbfeldern ändern oder Grafiken bearbeiten. Dazu doppelklicken Sie ein Element, um es im Ursprungsprogramm zu öffnen.

Speicherort der Bibliothekselemente

Bibliothekselemente werden mit Ihrer Festplatte synchronisiert. Sie finden sie in Ihrem Benutzerordner unter Library/Application Support/Adobe/Creative Cloud Libraries/LIBS (Mac) bzw. AppData\Roaming\Adobe\Creative Cloud Libraries\LIBS (Win).

1.5 Der Anwendungsrahmen

Mit dem Anwendungsrahmen bietet Adobe eine einheitliche Oberfläche für alle Creative-Cloud-Programme über Betriebssystemgrenzen hinweg. Mac-Anwender finden im Anwendungsrahmen zusätzliche Möglichkeiten, die mit den Systemfenstern allein nicht möglich waren. PC-Nutzer benutzen Software seit jeher in diesem Rahmen, und die folgenden Abschnitte treffen auf den PC teilweise nicht zu.

1.5.1 Den Anwendungsrahmen verwenden

Der Anwendungsrahmen vereinigt alle getabbten (s. Abschnitt 1.1.3) Illustrator-Fenster und -Bedienfelder in einem großen Fenster, das sich komplett verschieben oder aus- bzw. einblenden lässt.

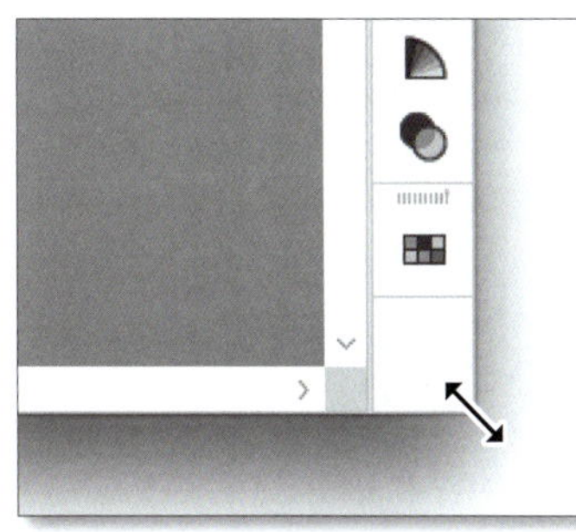

▲ **Abbildung 1.41**
Die Größe des Anwendungsrahmens können Sie bestimmen, indem Sie seine Außenkanten oder Ecken entsprechend Ihren Bedürfnissen verschieben. So können Sie z. B. auf großen Bildschirmen zwei Programme nebeneinander im Blick behalten.

Auf dem Mac ist der Anwendungsrahmen per Voreinstellung ausgeschaltet. Mac-User aktivieren ihn, indem sie das Häkchen vor Fenster • Anwendungsrahmen setzen.

Klicken und ziehen Sie jetzt in der Anwendungsleiste ❸ (s. Abbildung 1.42), um den Anwendungsrahmen zu verschieben. Klicken Sie den Schließen-, Ausblenden- und Minimieren-Button ❶, um die damit verbundenen Aktionen auszuführen. Als Mac-Anwender haben Sie die Wahl: Falls Sie den Anwendungsrahmen nicht benutzen, können Sie auch die Anwendungsleiste mit Fenster • Anwendungsleiste ausblenden.

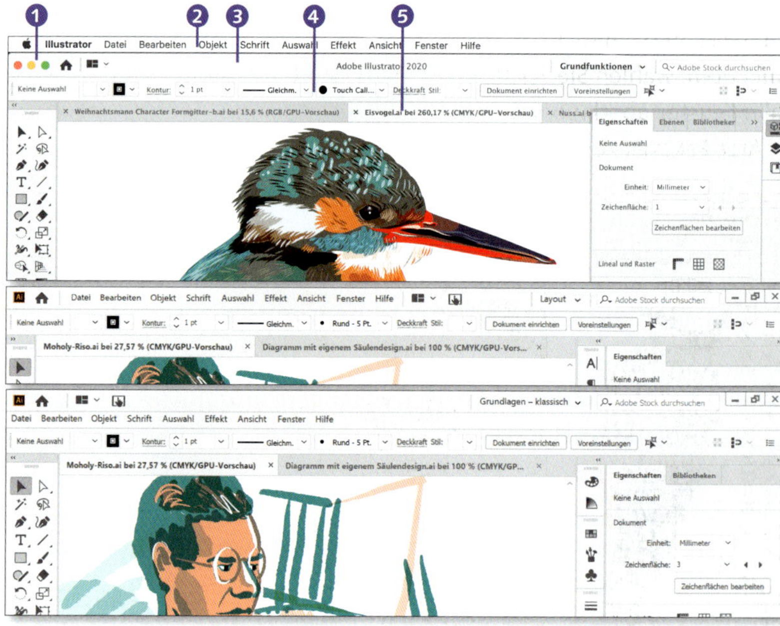

Abbildung 1.42 ▶
Der Anwendungsrahmen mit der Menüleiste ②, der Anwendungsleiste ③ und darin den Buttons für die Fenstersteuerung ①, dem Steuerungsbedienfeld ④ sowie einigen getabbten Dokumenten ⑤; unter Windows befindet sich die Menüleiste je nach Platzangebot entweder in der Anwendungsleiste oder darunter.

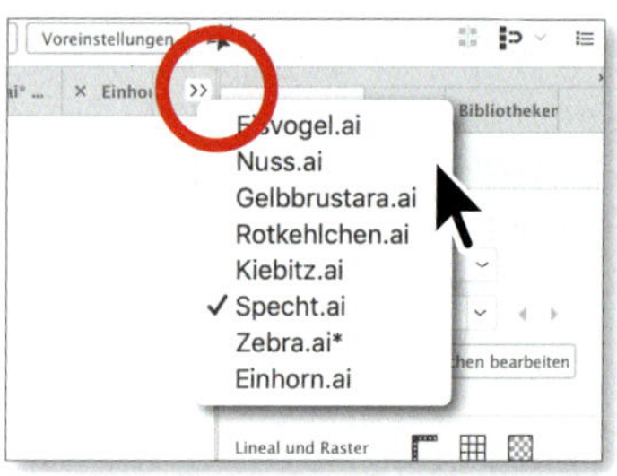

▲ **Abbildung 1.43**
Aufrufen nicht mehr darstellbarer Fenster

1.5.2 Dokumentfenster

Dokumentfenster können Sie »tabben« – als Registerkarten anordnen –, sodass die Fenster in einem großen Rahmen zusammenhängen. Dies lässt sich für einige oder für alle offenen Dokumentfenster einstellen. Sie haben jedoch auch die Möglichkeit, Dokumente immer in unabhängigen Fenstern zu öffnen.

Zwischen Fenstern wechseln | Getabbte Fenster liegen wie unabhängige Fenster übereinander. Wechseln Sie zwischen den Fenstern, indem Sie auf den gewünschten Reiter klicken – »blättern« können Sie mit ⌘ + ⇧ + ´ bzw. mit Strg + ⇥. Sind mehr Fenster geöffnet, als Reiter in den Anwendungsrahmen hineinpassen, wird ein Pfeil » angezeigt. Klicken Sie darauf, um ein Menü aller Fenster aufzurufen (s. Abbildung 1.43).

Objekte zwischen Dokumenten kopieren

Sind Dokumentfenster getabbt, ist es möglich, Objekte durch Verschieben auf ein anderes Tab in das zugehörige Dokument zu kopieren. Ein nicht getabbtes Dokument darf nicht versteckt sein, wenn Sie Objekte hineinziehen wollen.

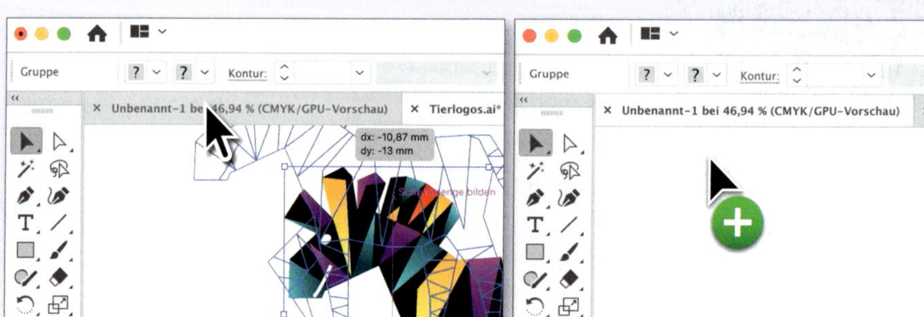

Fenster anordnen | Wenn Sie die Fenster nebeneinander anordnen möchten, wählen Sie Fenster • Anordnen • Nebeneinander. Um wieder alle Fenster überlappend darzustellen, wählen Sie Fenster • Anordnen • Alle Fenster zusammenführen.

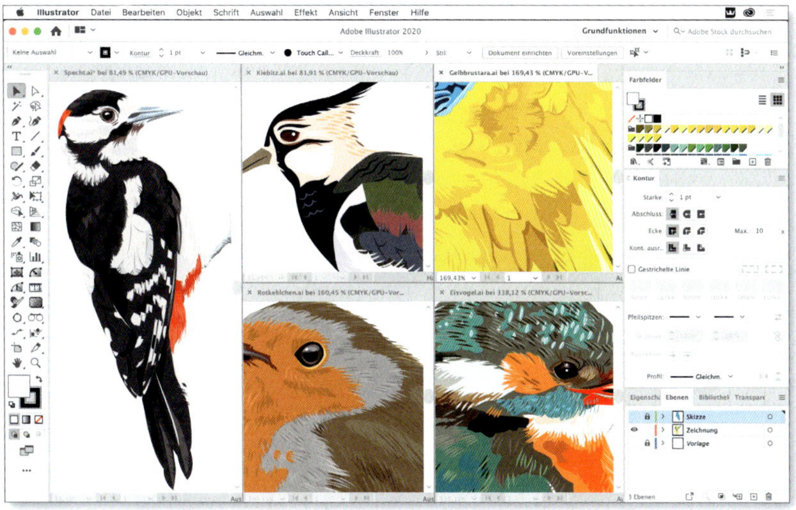

◀ **Abbildung 1.44**
Nebeneinanderliegende Dokumentfenster können Sie z. B. verwenden, um die Objekte aus einzelnen Illustrator-Dateien in ein umfangreicheres Layout zu übernehmen oder um Details zwischen den einzelnen Dateien abzugleichen.

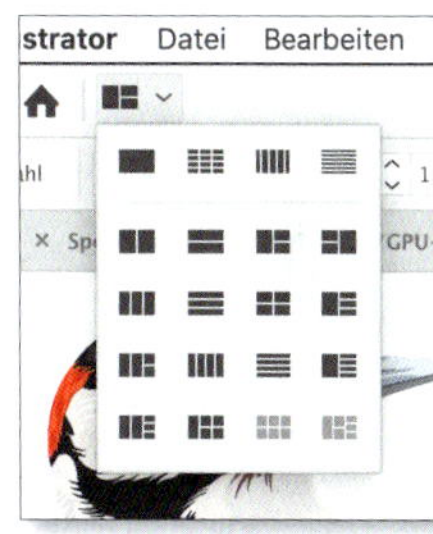

▲ **Abbildung 1.45**
Auswahl des Aufteilungsschemas unter Dokumente anordnen

Noch interessanter werden nebeneinanderliegende Fenster in Verbindung mit dem Befehl Fenster • Neues Fenster. Rufen Sie mehrere Fenster eines Dokuments auf, und lassen Sie in den Fenstern unterschiedliche Zoomstufen oder Ansichtsarten anzeigen.

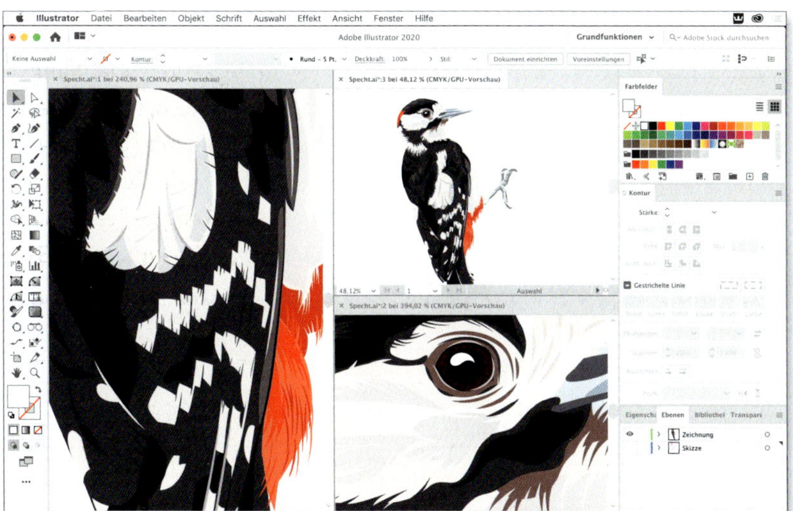

◀ **Abbildung 1.46**
Nebeneinanderliegende Dokumentfenster desselben Dokuments

Die Anordnung der Fenster auf dem Bildschirm bestimmen Sie entweder, indem Sie die Unterteilungen mit dem Cursor verschieben, oder durch

Dateien nicht in Tabs öffnen

Wenn Sie neue Dokumente immer in unabhängigen »schwebenden« Fenstern öffnen möchten, deaktivieren Sie unter Voreinstellungen • Benutzeroberfläche die Option Dokumente als Registerkarten öffnen.

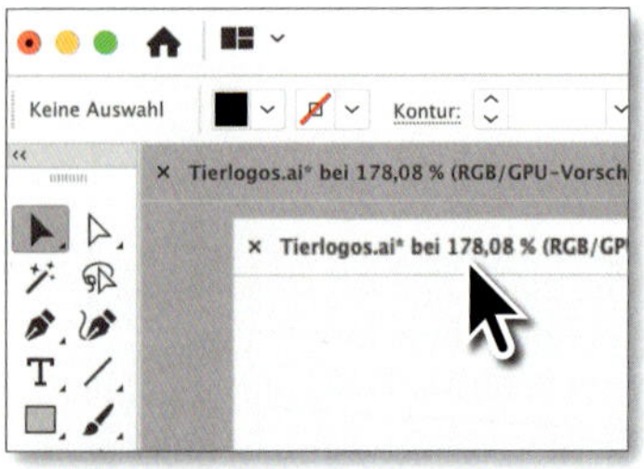

▲ **Abbildung 1.47**
Ein Fenster verschiebbar machen

Auswahl eines Aufteilungsschemas im Menü DOKUMENTE ANORDNEN in der Anwendungsleiste.

Fenster verbinden und voneinander lösen | Um ein Fenster aus der getabbten Darstellung herauszulösen, wählen Sie FENSTER • ANORDNEN • IN FENSTER VERSCHIEBBAR MACHEN oder ziehen seinen Reiter aus der Titelleiste heraus. Um ein Fenster beim Verschieben nicht unabsichtlich zu tabben, halten Sie [⌘]/[Strg] gedrückt.

Ziehen Sie die Titelleiste des Fensters wieder in die Tab-Reihe hinein, bzw. ziehen Sie es in den Titelbereich eines anderen Fensters, um eine neue Fenstergruppe zu erzeugen – lassen Sie die Maustaste los, wenn der blaue Rahmen angezeigt wird. Wählen Sie FENSTER • ANORDNEN • ALLE FENSTER ZUSAMMENFÜHREN, um wieder alle Dokumentfenster zu gruppieren.

Abbildung 1.48 ▶
»Tabben« zweier Dokumente durch Verschieben der Titelleiste eines der Fenster

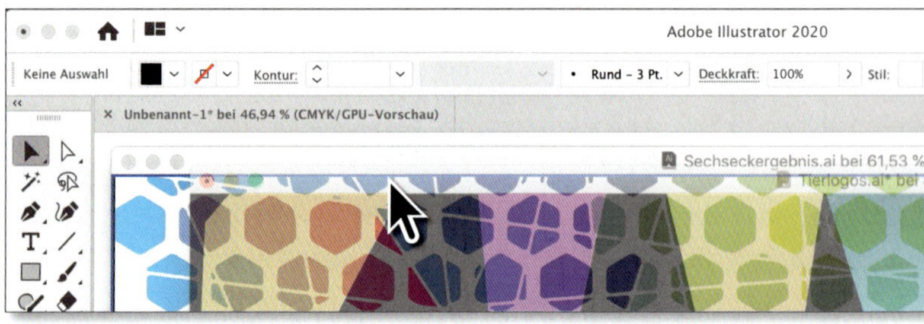

Zwischenablage Speicherformat

Die Zwischenablage kann als AICB (Adobe Illustrator Clip-Board), als PDF oder als SVG gespeichert werden – dies wählen Sie einfach unter VOREINSTELLUNGEN • DATEIEN VERARBEITEN UND ZWISCHENABLAGE. Diese Einstellung ist wichtig für das Kopieren von Objekten zwischen Illustrator und anderen Programmen wie Photoshop, InDesign, After Effects, Office- und Webentwicklungssoftware.

1.6 Illustrator beenden

Am schnellsten beenden Sie Illustrator mit [⌘]/[Strg]+[Q]. Beim Beenden des Programms erfolgen einige Routineaufgaben, und die noch geöffneten Dateien müssen geschlossen werden.

Offene Dateien | Gespeicherte Dateien werden automatisch geschlossen. Falls Sie die letzten Änderungen an offenen Dateien noch nicht gespeichert haben, gibt Illustrator Ihnen dazu noch einmal Gelegenheit, indem es bei jeder betroffenen Datei nachfragt.

Abbildung 1.49 ▶
Behandlung offener, nicht gesicherter Dateien beim Beenden des Programms

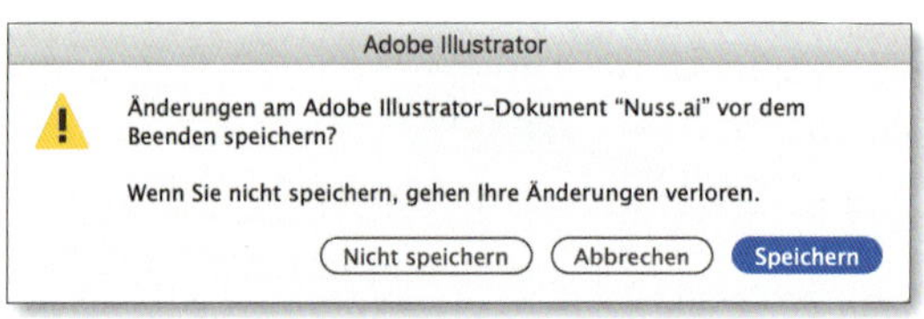

Sie können die Änderungen verwerfen, indem Sie auf NICHT SPEICHERN klicken, oder das Beenden des Programms mit ABBRECHEN stoppen. Wenn

Sie die Änderungen erhalten wollen, wählen Sie SPEICHERN – es ist an dieser Stelle jedoch nicht möglich, die Änderungen unter einem neuen Namen zu speichern (analog SPEICHERN UNTER). Es kann daher sinnvoll sein, Illustrator erst zu beenden, wenn alle Dateien geschlossen sind.

Zwischenablage | Eine weitere Aufgabe ist das Löschen bzw. Speichern der Zwischenablage, also derjenigen Inhalte, die Sie kopiert oder ausgeschnitten haben. Wird die Zwischenablage gelöscht, beendet Illustrator schneller. Allerdings stehen die Inhalte der Zwischenablage dann nicht mehr zur Verfügung, um sie in andere Programme einzufügen. Auch hier lässt Illustrator Ihnen die Wahl.

Warndialoge zurücksetzen

Wenn Sie die Einstellung für die Zwischenablage ändern wollen, die Meldung aber unterdrückt haben, können Sie Warndialoge unter VOREINSTELLUNGEN • ALLGEMEIN zurücksetzen.

▲ **Abbildung 1.50**
Behandlung der Zwischenablage beim Beenden des Programms

Aktivieren Sie NICHT WIEDER ANZEIGEN, behandelt Illustrator die Zwischenablage immer so, wie Sie es hier auswählen.

1.7 Abgesicherter Modus

Bei Programmstart führt Illustrator eine Selbstanalyse durch. Wird dabei eine kaputte Schrift, ein nicht funktionierender Gerätetreiber oder ein inkompatibles Drittanbieter-Plug-in gefunden, dann zeigt Illustrator eine Warnung an. Sie können einen erneuten Start versuchen, bei dem eine genaue Diagnose durchgeführt wird. Tritt der Konflikt weiterhin auf, dann startet Illustrator in den abgesicherten Modus, das den Konflikt erzeugende Element wird jedoch nicht geladen. Eine Dialogbox zeigt eine Liste von potenziellen Problemen, sodass Sie sie beheben können.

Wenn Illustrator im abgesicherten Modus gestartet ist, können Sie zur Not weiterarbeiten, sofern Sie die nicht geladenen Elemente nicht benötigen. Falls Illustrator mit geöffneten Dokumenten abgestürzt war, lassen Sie zunächst die Dateiwiederherstellung laufen und speichern die geretteten Dokumente – am besten unter einem neuen Namen.

Dann beheben Sie den Fehler: Installieren Sie fehlerhafte Schriften erneut, entfernen Sie inkompatible Plug-ins, bzw. installieren Sie sie ebenfalls erneut, und aktualisieren Sie Gerätetreiber.

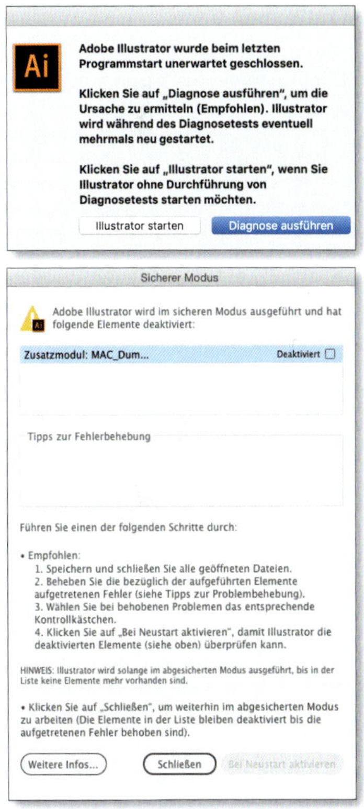

▲ **Abbildung 1.51**
Warnung bei Konflikten beim Starten von Illustrator (oben); Dialogbox SICHERER MODUS (unten)

1.8 Adobe Bridge

▲ **Abbildung 1.52**
Das Programm-Icon von Adobe Bridge

Mit allen Adobe-Programmen und mit der Creative Cloud erhalten Sie Adobe Bridge, eine mächtige Dateiverwaltung, ein Automationswerkzeug, das eine Verbindung zwischen den Programmen der Cloud bildet.

Illustrator-Dateien in Bridge anzeigen | In Bridge ist eine Vorschaufunktion für Adobe-Dateien und die verbreiteten Austauschformate integriert. Die zu Ihren Dateien angelegten Metadaten können Sie anzeigen und als Sortier- sowie als Suchkriterium verwenden – zu Ihren Illustrator-Dateien werden auch verwendete Prozessfarben (Platten) und angelegte Farbfelder angezeigt.

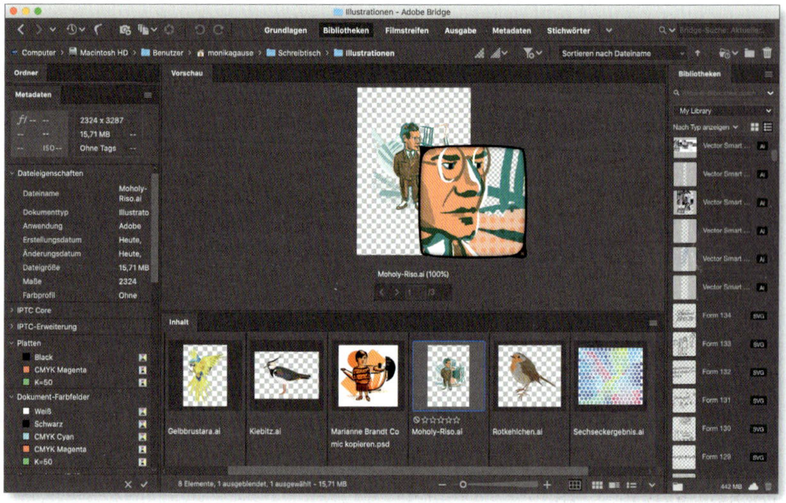

Abbildung 1.53 ►
Adobe Bridge: Anzeige von Illustrator-Dateien und deren Eigenschaften

Illustrator aufrufen | Haben Sie in Bridge eine Illustrator-Datei aktiviert, öffnen Sie sie entweder durch einen Doppelklick oder indem Sie DATEI • ÖFFNEN MIT • ADOBE ILLUSTRATOR wählen.

In Illustrator platzieren | Möchten Sie eine im Dateibrowser ausgewählte Datei in einer Illustrator-Datei platzieren, rufen Sie DATEI • PLATZIEREN • IN ILLUSTRATOR aus dem Menü auf.

Skripte und Stapelverarbeitung | Bei der Installation wurden bereits einige programmbezogene Skripte eingerichtet. Diese rufen Sie im Menü WERKZEUGE • ILLUSTRATOR auf.

Farbmanagement | Das Farbmanagement für alle Creative-Cloud-Anwendungen synchronisieren Sie in Bridge unter BEARBEITEN • FARBEINSTELLUNGEN (Farbmanagement s. Abschnitt 7.2).

Kapitel 2
Vektorgrafik-Grundlagen

Illustrator gehört zur Gruppe der vektorbasierten Grafiksoftware. Das bedeutet, dass Linien und Flächen durch mathematische Funktionen beschrieben werden und nicht mittels einzelner Bildpunkte bzw. Pixel, die eine bestimmte Farbe besitzen. Auf diese Art definierte Formen sind die einzelnen Objekte, aus denen die gesamte Grafik aufgebaut wird.

2.1 Warum Vektorgrafik?

Wenn Sie schon einmal auf dem Computer ein Bild bearbeitet haben, kennen Sie sicher pixelbasierte Grafikformate, wie sie beispielsweise Digitalkameras oder Scanner liefern. Bei starker Vergrößerung erkennen Sie am Treppeneffekt den Aufbau dieser Bilder aus lauter einzelnen nebeneinanderliegenden Bildpunkten in unterschiedlichen Farben und Helligkeitsstufen, die die abgebildeten Formen erzeugen. Der verarbeitende Computer erkennt die abgebildeten Formen jedoch nicht.

In der Vektorgrafik dagegen, bei der alle Objekte mit mathematischen Funktionen beschrieben und gespeichert sind, wird das dargestellte Bild erst im Moment der Ausgabe auf dem Bildschirm oder auf einem Drucker in ein Koordinatensystem von Bildpunkten umgerechnet – und zwar immer in der Auflösung, die das Ausgabegerät darstellen kann. Der Computer kann einzelne abgebildete Objekte unabhängig voneinander referenzieren und Berechnungen mit ihnen ausführen. Daraus ergibt sich eine Reihe von Vorteilen:

- **Vergrößerungen und hochaufgelöste Ausdrucke**: Vergrößerungen erfolgen durch Neuberechnungen der Kurve und werden erst dann in Pixel umgewandelt. Eine Vektorgrafik ist damit frei skalierbar.
- **Kombinieren, Transformieren, Verformen**: Mit Vektorobjekten können Sie »rechnen«. Die Formen lassen sich z. B. voneinander subtra-

▲ **Abbildung 2.1**
Vektorgrafik (oben) im Vergleich zu Rastergrafik (unten), jeweils mit Ausschnittvergrößerung

Auswahlen

Nicht nur die Bearbeitung an sich ist einfach, auch die Auswahl der Objekte für die Bearbeitung kann durch die Software nach diversen Kriterien vorgenommen werden und muss nicht manuell erfolgen.

▲ **Abbildung 2.2**
Eine Vektorgrafik wird beim Zoomen immer neu in der höchstmöglichen Auflösung berechnet (oben). Beim Umwandeln in Pixel wird die zu dem Zeitpunkt vorliegende Auflösung eingefroren und beim Hineinzoomen werden nur noch die vorhandenen Pixel vergrößert.

Pixelumwandlung

Vor allem, wenn Sie detailreiche Grafik in kleinen Dimensionen speichern, beachten Sie, dass eine entsprechende Anzahl Pixel vorhanden sein muss, um alle Details aufzunehmen.

hieren bzw. miteinander addieren, drehen, spiegeln oder in beliebige Formen verzerren. Als Ergebnis erhalten Sie wieder exakte Pfade.

- **Korrektur, Weiterverwendung, Variation**: Ist etwas nicht gelungen, muss man nicht ganz von vorn anfangen, sondern kann den Verlauf von Pfaden, die Kombination der Formen, die Anordnung der Elemente zueinander oder ihr Erscheinungsbild korrigieren. Einzelne Teile können auch abgewandelt in anderen Arbeiten verwendet werden. Mit Vektorobjekten ist dies problemlos möglich, da ihre Eigenschaften wie Flächen, Konturen oder Effekte nicht fest an ihre Form gebunden sind.
- **Kleine Dateien**: Reduzierte Formen benötigen als Vektorgrafik nicht viel Speicherplatz und entsprechend weniger Bandbreite beim Übertragen über das Netz oder mobile Verbindungen.
- **Interaktion und Animation**: Objekte in vektorbasierten Dateiformaten können animiert und programmiert werden. Im Web werden SVG-Dateien mithilfe von JavaScript und CSS so zu interaktiven Grafiken, Benutzeroberflächen oder Animationen.
- **Ansteuerung von Plottern u.Ä.**: Großformatige Beschriftungen oder Folien für den Flexdruck auf Bekleidung werden mit Plottern geschnitten. Diese auch als »Kurvenschreiber« bezeichneten Geräte schneiden entlang der Pfade.
- **CAD und 3D-Software**: Diese Art Software arbeitet mit Formen in dreidimensionalen Räumen und kann über Austauschformate die Vektorkurven weiterverarbeiten.
- **Umwandlung in Pixel**: Vektorobjekte lassen sich sehr einfach in Pixel umwandeln, umgekehrt ist dies jedoch nicht der Fall. Vektorgrafik ist also erheblich flexibler als Pixelgrafik. Dies ist wichtig, wenn bei der Erstellung einer Grafik noch nicht alle Weiterverarbeitungsszenarien bekannt sind, z.B. bei Logos.

2.1.1 Grenzen

Selbstverständlich gibt es Motive und Grafiken, die sich nicht sinnvoll oder wirtschaftlich als Vektorgrafik umsetzen lassen. Ebenso lassen sich viele Motive vielleicht effizient als reine Vektorgrafik umsetzen, dann aber nicht auf dem gewünschten Weg produzieren, z.B. plotten. Nicht alles, was in Illustrator erstellt wurde, ist außerdem automatisch eine reine Vektorgrafik – vor allem, wenn Effekte zum Einsatz kamen.

Daher müssen Sie bei der Anfrage nach einer Vektorgrafik immer die Weiterverarbeitung genau erfragen und die sich daraus ergebenden Restriktionen im Blick behalten.

2.2 Funktionsweise von Vektorgrafik

Kommen Sie mit auf einen kleinen Ausflug in die Welt der Geometrie, um besser zu verstehen, wie Vektorelemente konstruiert werden, und sehen Sie sich einige Eigenheiten in der Bedienungslogik von Vektorgrafikprogrammen an.

▲ **Abbildung 2.3**
Pierre Bézier in Bézierpfaden

2.2.1 Formen erstellen

Es gibt verschiedene Vorgehensweisen, um Formen mathematisch zu definieren. Gemeinsam ist ihnen, dass immer die Außenbegrenzung einer Form bzw. der Verlauf einer Linie berechnet wird, unterschiedlich allerdings sind die Algorithmen, die dazu verwendet werden.

Illustrator arbeitet nach der Methode, die der französische Ingenieur Pierre Bézier Anfang 1960 für seine Arbeit bei Renault entwickelt hat. Das bedeutet, dass die Form jeder Linie mit einem Kurvenalgorithmus beschrieben wird, der nach seinem Erfinder **Bézierkurve** genannt wird. In Illustrator werden alle Linien, die aus einzelnen oder mehreren Kurven aufgebaut sind, als **Pfade** bezeichnet.

Gerade Linien: Strecken | »Gehen Sie vom Leuchtturm 400 Meter geradeaus in Richtung Nordwest« beschreibt eine Strecke, also eine gerade Verbindung zwischen zwei Punkten. Diese »relative« Beschreibung mithilfe eines Startpunkts, eines Winkels – hier in Form der Himmelsrichtung – und der Streckenlänge verwendet inzwischen auch Illustrator in seinen interaktiven Formen. Absolut bestimmt wird eine Strecke, indem man Anfangs- und Endpunkt in einem Koordinatensystem definiert.

▲ **Abbildung 2.4**
Streckenbeschreibung durch Angabe von Winkel (Richtung) und Länge

Geometrische Figuren | Wenn Sie mit mathematischen Angaben Strecken platzieren können, dann ist es damit auch möglich, Quadrate, Rechtecke, Sterne und andere geometrische Figuren darzustellen.

Eine weitere Herausforderung ist die Beschreibung eines Kreises, denn dabei reicht das Angeben von Ursprüngen, Dimensionen und Winkeln nicht mehr aus, da der Kreis aus einer gekrümmten Linie besteht. Die Krümmung ist jedoch eindeutig durch den Radius des Kreises zu definieren.

[Pixel]
Das Kunstwort aus den Begriffen »Picture« und »Element« bezeichnet einen Bildpunkt als kleinste Einheit einer Bilddatei.

Mit den angesprochenen Algorithmen lassen sich viele verschiedene Objekte darstellen, indem geometrische Figuren aneinandergereiht werden. Allerdings versagen diese Methoden bei unregelmäßigen Krümmungen – hier kommt Herr Bézier ins Spiel.

Casteljau-Algorithmus
Die Kurvennäherung mithilfe der Unterteilungen wird nach Paul de Casteljau benannt. Er hatte noch vor Bézier eine äquivalente Methode entdeckt. Sein Arbeitgeber Citroën behandelte seine Entdeckung allerdings als Firmengeheimnis. Daher erntete Pierre Bézier den Ruhm.

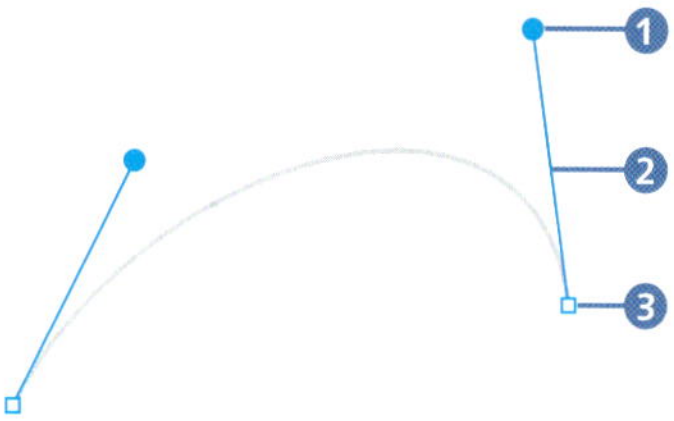

▲ **Abbildung 2.5**
Ankerpunkte 3, Grifflinien 2 und Griffpunkte 1

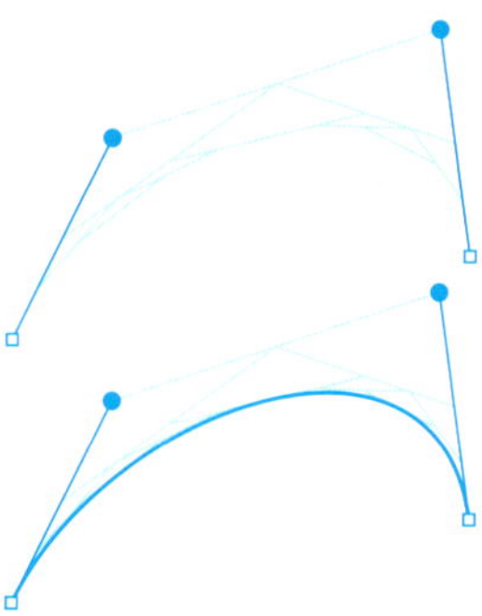

▲ **Abbildung 2.6**
Kurvennäherung

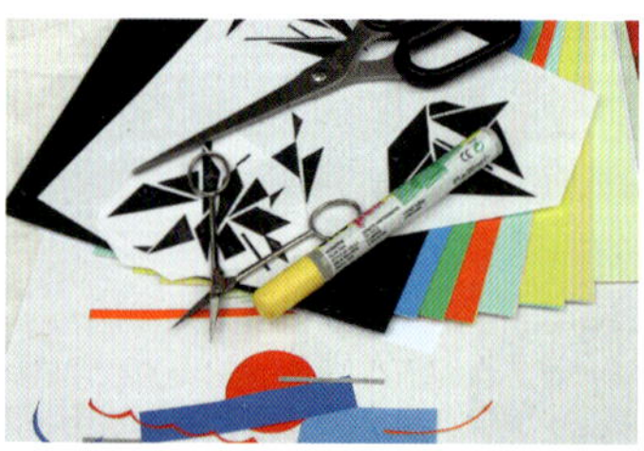

▲ **Abbildung 2.7**
Die Arbeitsweise mit Vektorformen ist vergleichbar mit Collagen aus farbigen Papierformen.

Freie Pfade | Um zu verstehen, wie Pierre Bézier beliebige gekrümmte Linien definiert, sehen wir uns einen Kurvenverlauf zwischen zwei Punkten an. Er verwendet dabei eine mathematische Methode mit vier Punkten, um eine Näherung jeder darzustellenden Kurve berechenbar zu machen. Zwei dieser Punkte stellen die Begrenzungspunkte der Kurve dar, die beiden anderen sind die Endpunkte der Kurventangenten aus den Begrenzungspunkten.

In Illustrator – wie in den meisten Vektorprogrammen – bestimmen Sie den Kurvenverlauf intuitiv, indem Sie an den Tangenten-Endpunkten ziehen. Die Punkte werden in Illustrator **Griffpunkte**, die Tangenten **Grifflinien** genannt.

Sehen wir uns an, wie Herr Bézier das Problem gelöst hat. Ich gebrauche dazu die in Illustrator verwendeten Ausdrücke Ankerpunkte, Grifflinien und Griffpunkte (s. Abbildung 2.5).

Wenn man aus zwei Ankerpunkten zwei Grifflinien herauszieht, ergeben sich an deren Enden zwei Griffpunkte. Werden nun die Strecken zwischen Ankerpunkten und den zugehörigen Griffpunkten sowie die Strecke zwischen den beiden Griffpunkten halbiert und die entstehenden Punkte miteinander verbunden, ergibt sich eine »Kurve« mit fünf Ecken (s. Abbildung 2.6). Setzt man diese Halbierung der entstehenden Strecken mehrfach fort, kann man bereits den exakteren Verlauf der Kurve erahnen. Um die Krümmung exakt zu beschreiben, müsste man die Halbierung der Strecken unendlich oft fortsetzen. Aber dann würden wir mit Vektorzeichnungen nie fertig werden. Also hört das Programm eben irgendwann damit auf und gibt sich mit einer annähernden Beschreibung der Kurve zufrieden, die aber immer noch exakt genug ist, um ordentlich damit arbeiten zu können.

Verbindungen | Ankerpunkte besitzen immer zwei angrenzende Pfadsegmente. Das Anschließen eines dritten Segments ist nicht möglich. Soll eine Verbindung wie bei einem T oder Y hergestellt werden, müssen Sie die Konturenden so wählen, dass das Aufeinandertreffen nicht auffällt. Das Konstruieren eines Flowcharts ist aufgrund dieser Bedingung erheblich erschwert.

2.2.2 Objekte

Vektorsoftware referenziert die Teile eines Bildes nicht als eine Anhäufung von Pixeln, sondern speichert die logischen Einheiten des Bildes als Objekte. Das kleinste mögliche Objekt ist ein einzelner Punkt. Normalerweise besteht ein Objekt mindestens aus einem Pfad, also aus mehreren Punkten. Objekte können miteinander zu komplexeren oder umfangreicheren Objekten kombiniert werden. Alle Kombinationen müssen durch Befehle ausgelöst werden – Objekte, die übereinandergelegt werden, kombinieren sich nicht (wie in der rasterorientierten Grafik) automatisch, sondern bleiben in einem »Stapel« als eigenständige Objekte bestehen.

Vektorformen werden erst sichtbar, wenn sie Eigenschaften wie Fläche, Muster, Kontur oder Pinselspitzen besitzen. Diese Eigenschaften können jederzeit verändert werden, indem Sie entweder Optionen einstellen, Farben ändern oder Effekte zuweisen.

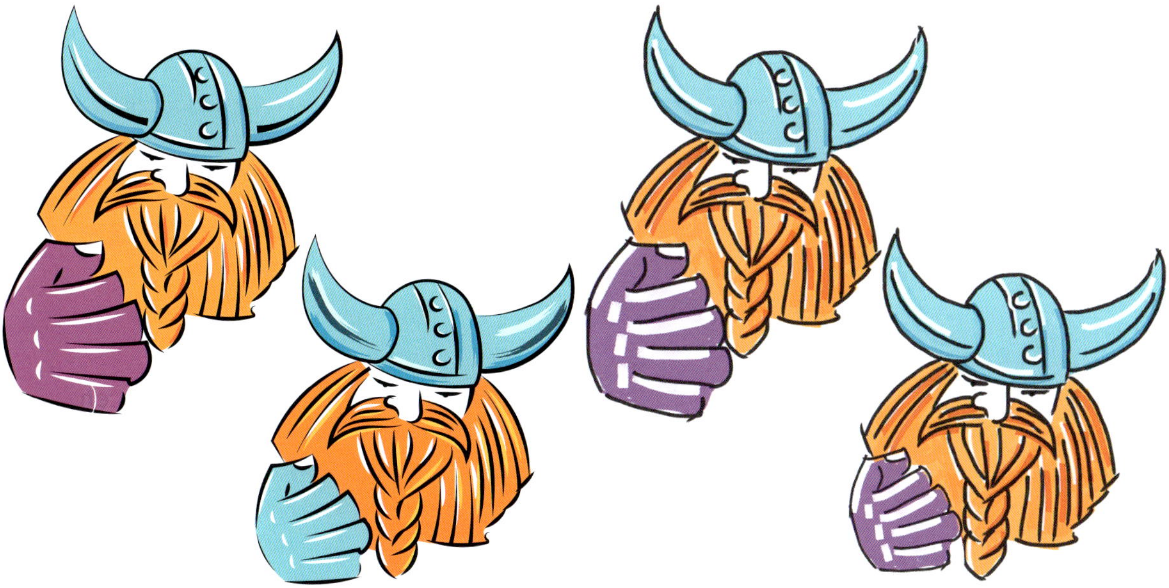

▲ Abbildung 2.8
Bearbeitung einer Vektorgrafik (links) im Vergleich zu einer Rastergrafik (rechts): Die Farben (Bart, Hand) sowie die Konturen und Pfade (Helm) können problemlos verändert werden. Die Hand wurde einzeln skaliert und gedreht und ihre Konturstärke nachträglich angepasst. Ist eine Rastergrafik auf Ebenen aufgeteilt, lassen sich einige dieser Bearbeitungen noch relativ problemlos durchführen, die Anpassung der Konturstärke ist jedoch nicht einfach, und die Striche (Helm) müssten neu gemalt werden. Die Qualität der Vektorgrafik ändert sich nicht. Die Rastergrafik leidet dagegen bei jedem Schritt.

2.2.3 Farbflächen

Möchten Sie einen Bereich des Dokuments, z. B. den Bereich hinter Ihrer Zeichnung, mit Farbe versehen, müssen Sie immer ein Objekt in der entsprechenden Form zeichnen und mit der Eigenschaft »Flächenfarbe« versehen.

Es ist in der Konzeption von Vektorgrafik eigentlich nicht vorgesehen, einen durch mehrere Objekte begrenzten Bereich zu füllen, wie dies in der pixelbasierten Grafik möglich ist (s. dazu auch den Kasten »Interaktiv malen« rechts). Und es ist nicht nötig, mit dem Buntstift-Werkzeug einen Bereich durch »Stricheln« auszumalen (s. Abbildung 2.10), wie Sie es auf

Interaktiv malen

Die Konstruktion von Vektorobjekten mit offenen Pfaden ist dank der Funktion INTERAKTIV MALEN möglich (s. Kapitel 10).

▲ **Abbildung 2.9**
Füllwerkzeug in Photoshop

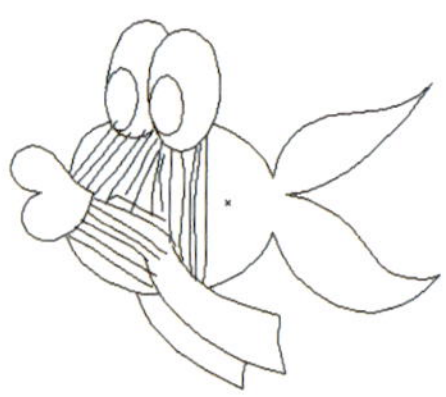

▲ **Abbildung 2.10**
Gestrichelte Füllung in der Pfadansicht

▲ **Abbildung 2.11**
Borstenpinselkonturen und Objekte mit Deckkraftmasken auf dem Transparenzraster

▲ **Abbildung 2.12**
Platzieren im Layout: pixelbasiertes Bild (links), Vektorgrafik (rechts)

dem Papier machen würden. Stattdessen wird ein Umriss gezeichnet oder aus vorhandenen Objekten konstruiert und mit einer Flächenfarbe versehen.

2.2.4 Eigenschaften

Die Merkmale eines Objekts werden als »Eigenschaften« des Objekts behandelt. Dadurch kann nicht nur die Form, sondern auch ihr Erscheinungsbild viel einfacher und vor allem jederzeit auch nachträglich bearbeitet werden, ohne sich um die anderen Objekte kümmern zu müssen.

Moderne Vektorsoftware ist in der Lage, einem Objekt nicht nur eine Strichstärke als Kontur und eine Farbe als Füllung der Fläche zuzuweisen, sondern kann auch Verläufe, Muster, Transparenz, unregelmäßige Pinselstriche und diverse Effekte als Eigenschaft verarbeiten. Darüber hinaus kann ein Objekt in Illustrator nicht nur eine einzige Eigenschaft aus jeder Gattung haben, sondern durchaus mehrere, die sich gegenseitig beeinflussen.

2.2.5 Papierhintergrund

Anders als in einer Bildbearbeitungssoftware ist in Vektorgrafikprogrammen die Zeichenfläche insgesamt »durchsichtig« – die Zeichenfläche ist kein Objekt. In Illustrator gibt es auch keine nicht transparente »Hintergrundebene« wie in Photoshop. Das merken Sie u.a. dann, wenn Sie eine Illustrator-Datei in einem Layout platzieren: Außerhalb der Fläche des Objekts sehen Sie den Hintergrund.

Die Transparenz in einem Illustrator-Dokument können Sie sich anzeigen lassen, indem Sie Ansicht • Transparenzraster einblenden wählen – ⌘/Strg+⇧+D. Voreingestellt besteht dieses Raster aus einem grau-weißen bzw. (für Videovorlagen) dunkelgrauen Karomuster; dies können Sie jedoch unter Datei • Dokument einrichten im Bereich Transparenz ändern. Das Raster ist nicht druckend und dient nur der Bildschirmanzeige. Aktivieren Sie das Transparenzraster, um Ihre Grafik zu untersuchen, wenn sich transparente Objekte nicht verhalten, wie Sie es erwarten.

Farbe Weiß | Die Prozessfarbe Weiß (mehr zu Prozess- und Volltonfarben finden Sie in Kapitel 7), die als CMYK mit jeweils 0% definiert ist, entspricht der Papierfarbe. Wo sie angewendet ist, wird also nicht gedruckt. Mit Weiß versehene Objekte überdecken jedoch darunterliegende andere Objekte.

Schritt für Schritt
Objekte sinnvoll anlegen

▲ **Abbildung 2.13**
Skizze

1 Der falsche Weg: Linien einfach nachzeichnen

Der erste Schritt beim Vektorisieren besteht darin, die bestehenden Formen mit dem Zeichenstift nachzuzeichnen. Werden jedoch die Linien in dieser Skizze einzeln und getrennt voneinander konstruiert, dann entstehen beim Anlegen der Flächen Probleme (s. Abbildung 2.14), denn die Fläche kann nur in dem vom Pfad umschlossenen Raum angelegt werden (zum Füllen offener und geschlossener Pfade s. Kapitel 7).

▲ **Abbildung 2.14**
Falsch konstruiertes Objekt

2 Korrekte Planung der Zeichnung

Daher muss beim Zeichnen der Grundobjekte bereits bedacht werden, welche Objekte später wie gefüllt werden sollen und wie diese Objekte gegebenenfalls noch verformt oder nachträglich transformiert werden müssen. Diese werden als ganze, in der Regel auch geschlossene Flächen angelegt. Der Konturverlauf muss dafür hinter anderen Objekten fortgeführt werden. Im Beispiel gilt dies für den Körper, die Augen, die hintere Flosse und das Maul.

▲ **Abbildung 2.15**
Geplante Variationen der Figur müssen von Anfang an mitgedacht werden.

3 »Unterbrechen« der Kontur

Das Unterbrechen der Konturen – z. B. an den Augen – wird in diesem Fall dadurch erreicht, dass entsprechende Objekte in der Stapelreihenfolge darüberliegen und mit ihrer Flächenfarbe die dahinterliegenden Konturen verdecken.

▲ **Abbildung 2.16**
Sinnvoll angelegte Objekte (links und Mitte) lassen sich, wie gewünscht, füllen (rechts).

4 Genauigkeit

Das Überdecken eines Objekts durch ein anderes ist auch nützlich, um saubere »Abschlüsse« von Elementen zu gestalten. Diese müssen nicht exakt konstruiert werden, sondern erhalten durch die Anordnung im Objektstapel eine saubere Kante, wie in diesem Beispiel die hintere Brustflosse (s. Abbildung 2.17). Obenliegende Objekte sparen die darunterliegenden beim Druck aus (lesen Sie dazu mehr in Abschnitt 20.3).

▲ **Abbildung 2.17**
Hintere Brustflosse

▲ **Abbildung 2.18**
Kombinieren von Objekten

▲ **Abbildung 2.19**
Das Objekt wird ausgespart.

5 Spätere Änderungen
Ein Vorteil dieser Vorgehensweise besteht darin, dass später noch Änderungen an Details ausgeführt werden können. Auch wenn Variationen (s. Abbildung 2.15) oder Animationen der Figuren erstellt werden sollen, ist es nötig, die Zeichnung dafür in ihre einzelnen Bestandteile aufzutrennen.

Falls Sie zu einem späteren Zeitpunkt doch noch Elemente zu einem gesamten Bereich kombinieren müssen, können Sie dies ohne Weiteres nachholen (s. Abbildung 2.18).

6 Umgebung füllen, Fläche in Weiß
Auch wenn das dargestellte Objekt aus einer Fläche ausgespart werden soll, verwenden Sie diese Konstruktionsart. Der Fischkörper wird mit einer weißen Fläche gefüllt (s. »Farbe Weiß« in Abschnitt 2.2.5). Dazu erstellen Sie ein Rechteck, das in den Hintergrund gestellt wird und die gewünschte Farbe erhält (s. Abbildung 2.19).

2.2.6 Seitenbeschreibung

In einer Illustrator-Datei werden die Objekte mit ihren Eigenschaften in einem absoluten Koordinatensystem angeordnet und gespeichert. Durch diese Art der Seitenbeschreibung bleiben alle in dem Dokument integrierten Objekte frei im Zugriff und editierbar.

Außerdem werden in diesem Koordinatensystem eine oder mehrere Zeichenflächen angelegt. Dies sind die Bereiche des Dokuments, die zu druckende Elemente enthalten.

2.2.7 Rückschritte und Protokoll

Das Widerrufen von Befehlen ist in Illustrator wie in den meisten anderen Vektorprogrammen anders implementiert als in Bildbearbeitungsprogrammen (s. Abschnitt 3.6). Das hat seinen Grund u.a. darin, dass aufgrund der objektorientierten Arbeitsweise (mit Objekteigenschaften und Effekten) viele Arbeitsschritte ohnehin jederzeit reversibel sind, indem Effekte von einem Objekt entfernt oder Einstellungen für einen Pinselstrich geändert werden. Das ist auch unabhängig von den in der Zwischenzeit durchgeführten Arbeitsschritten möglich.

Kapitel 3

Arbeiten mit Dokumenten

Die besondere Funktionalität eines Programms spiegelt sich natürlich in der Art wider, wie Dokumente angelegt und eingerichtet werden, und darin, welche Hilfsmittel für die Arbeit mit dem Programm vorhanden sind.

3.1 Dokumente erstellen und öffnen

Wenn Sie Dokumente neu erstellen und mit den Ansichtsoptionen und Vorgaben effizient arbeiten wollen, ist es wichtig, zu verstehen, wie Illustrator die jeweiligen Einstellungen speichert und was sie bewirken.

▲ **Abbildung 3.1**
Illustrator-Datei- und Vorlagen-Icon

3.1.1 Neues Dokument erstellen

Es gibt zwei Möglichkeiten zur Erstellung neuer Dokumente: Erzeugen Sie ein vollkommen neues Dokument, so erhalten Sie eine Datei, die einige Standardvorgaben z. B. in Pinseln oder Farbfeldern sowie als Voreinstellungen für die Ansicht oder bestimmte Funktionen enthält.

Alternativ lässt sich eine Datei aus einer Vorlage erstellen. Eine Vorlagendatei ist wie ein Zeichenblock, von dem Sie ein Blatt abreißen, um darauf zu arbeiten. Eine aus einer Vorlage erzeugte Datei kann neben Farbfeldern, Pinseln und Symbolen Zeichenflächen in unterschiedlichen Größen sowie Teile der Zeichnung auf der oder den Zeichenflächen enthalten (zum Arbeiten mit Vorlagendateien und Dokumentprofilen s. Abschnitt 22.1.2 und Abschnitt 22.1.3).

Vorlagendateien

Der Ordner »Coole Extras« wurde radikal reduziert. Er enthält nur noch leere Vorlagen und keine fertig gestalteten Beispiele mehr. In der Dialogbox Neues Dokument haben Sie direkten Zugriff auf kostenlose wie kostenpflichtige Vorlagendateien aus Adobe Stock.

Neue Datei erstellen | Um eine neue Datei zu erstellen, wählen Sie Datei • Neu – ⌘/Strg+N. Anschließend geben Sie Ihre Optionen in eine Dialogbox ein. Voreingestellt ist eine Dialogbox, die neben den Standardvorgaben einen direkten Zugang zu Vorlagen aus Adobe Stock bereitstellt:

Abbildung 3.2 ▶
Die Dialogbox Neues Dokument

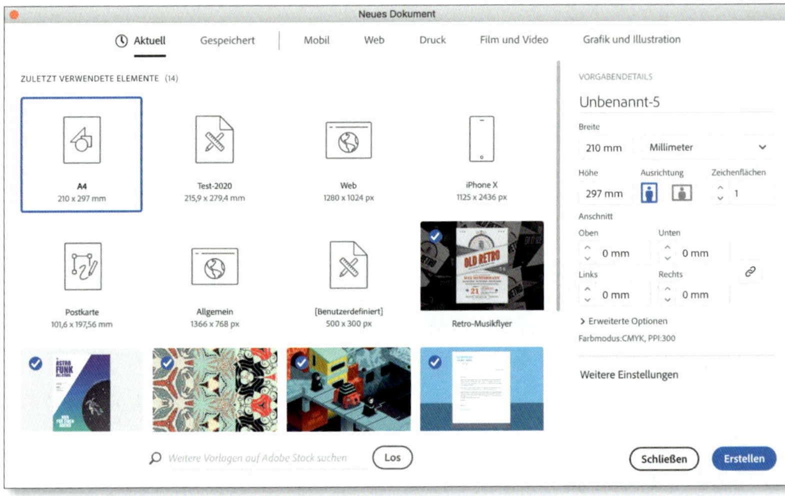

Bereich »Gespeichert«

In diesem Bereich werden leider nicht Ihre selbst erstellten Dokumentprofile aufgelistet, sondern diejenigen, die Sie aus Adobe Stock lizenziert haben.

Weitere Optionen

Erstellen Sie ein neues Dokument mit dem Dokumentprofil Film und Video, dann können Sie zusätzlich das Transparenzraster bestimmen.

Die neue Dialogbox bietet Ihnen eventuell nicht alle benötigten Einstellungen an. Wenn Sie dann auf Weitere Einstellungen klicken oder unter Voreinstellungen • Allgemein die Option Gewohnte Benutzeroberfläche »Datei Neu« verwenden aktiviert haben, erhalten Sie die folgende, detailliertere Dialogbox:

Abbildung 3.3 ▶
Die Gewohnte Benutzeroberfläche »Datei Neu«

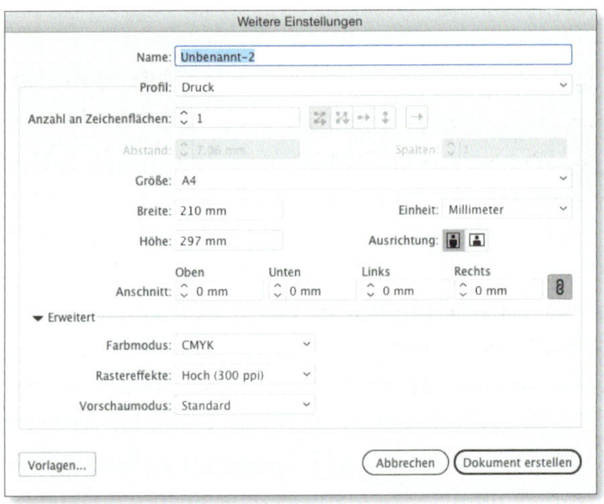

Wahl des Farbmodus

Wählen Sie den Farbmodus im Hinblick auf die Weiterverarbeitung des Dokuments. Das ist in der Regel CMYK, falls das Dokument gedruckt wird, RGB für bildschirmbasierte Ausgabemedien. Medienneutrales Arbeiten (im RGB-Modus) ist für Vektorgrafik nicht zu empfehlen, denn bei der Farbkonvertierung mit ICC-Profilen entstünde buntes Schwarz. Feine, exakte Linien, wie sie häufig in der Vektorgrafik anzutreffen sind, wären damit nicht sauber zu drucken.

- Profil: Wählen Sie eines aus den fünf Standard- oder aus selbst erstellten Dokumentprofilen, die bereits die wichtigsten Einstellungen im Hinblick auf verschiedene Ausgabemedien enthalten.
- Anzahl an Zeichenflächen: Mehrere Seiten (bis zu 1.000) können Sie durch Eingabe der Anzahl erzeugen. Auf diesem Weg erhalten Sie jedoch nur Zeichenflächen identischer Größe.
- Anordnung: Wählen Sie mit den Buttons die Anordnung der Zeichenflächen. Diese bestimmt über deren fortlaufende Nummerierung (die sich jedoch ändern lässt). Die Anordnung erfolgt in Richtung

nach rechts. Dies können Sie mit dem Pfeil umstellen, sodass die Anordnung umgekehrt erfolgt.

- ABSTAND: Hier geben Sie den gewünschten Abstand ein, den die Zeichenflächen (zuzüglich der Beschnittzugabe) voneinander haben sollen.
- GRÖSSE: Geben Sie hier die Größe der einzelnen Zeichenfläche(n) an. Im Ausklappmenü finden Sie einige für die jeweiligen Ausgabemedien gebräuchliche vordefinierte Formate. Geben Sie die Maße direkt in die Felder BREITE und HÖHE ein, falls Ihr gewünschtes Format nicht im Menü ist.
  Für eine einzelne Zeichenfläche akzeptiert Adobe Illustrator Werte von 1 bis 16.383 Pt, das entspricht 0,36 bis 5.779,55 mm. Sie können also Ausgabeformate bis zu etwa 5,80 m Breite und Höhe anlegen.
- EINHEIT: Geben Sie hier die Maßeinheit für das Dokument ein, die in den Seitenlinealen und in Dialogboxen verwendet werden soll. Die Angabe betrifft nur die allgemeine Maßeinheit, z. B. zur Positionierung von Elementen – die Angabe von Schriftgrößen und die Breite von Konturen werden nicht beeinflusst.
- AUSRICHTUNG: Klicken Sie auf die Buttons für Hoch- oder Querformat, falls Sie die Angaben für Höhe und Breite gegeneinander austauschen möchten.
- ANSCHNITT: Ein dort eingegebener Wert wird für alle Zeichenflächen des Dokuments identisch als sichtbare Begrenzung angelegt. Deaktivieren Sie das Kettensymbol, um unterschiedliche Werte für OBEN, UNTEN, LINKS und RECHTS einzugeben. Beim Drucken oder Speichern eines PDFs können Sie auf den eingestellten Wert zugreifen. Mehr zum Thema Beschnittzugabe finden Sie in Abschnitt 20.3.4.
- FARBMODUS: Ein Illustrator-Dokument wird immer in einem der beiden Farbmodi CMYK oder RGB angelegt. Der Farbmodus sollte an dieser Stelle nicht geändert werden. Stattdessen wählen Sie ein Dokumentprofil im passenden Farbmodus; anderenfalls werden Farbfelddefinitionen umgewandelt. Wird der Farbmodus an dieser Stelle geändert, erscheint eine Warnung ⚠.
- RASTEREFFEKTE: In diesem Feld bestimmen Sie die Auflösung, die für die Berechnung von Rastereffekten verwendet wird (s. Abschnitt 13.4.1). Für den Druck wählen Sie HOCH (300 PPI).
- VORSCHAUMODUS: Der Vorschaumodus ist die Anzeigeart, in der Sie am Dokument arbeiten. Für bildschirmbasierte Medien ist PIXEL geeignet – den Modus ÜBERDRUCKEN sollten Sie nur vorübergehend einsetzen, da er sehr rechenintensiv ist.

»Normale« Dateien als Vorlage

In der Dialogbox NEU AUS VORLAGE können Sie jede Illustrator-Datei auswählen – nicht nur als Dateityp »Vorlage« gespeicherte Dokumente.
»Normale« Illustrator-Dateien werden als Kopie geöffnet, die Sie unter einem neuen Namen speichern müssen.
Umgekehrt wird beim Öffnen von Vorlagendateien immer eine Kopie erzeugt, selbst wenn Sie das Dokument über den Dialog ÖFFNEN auswählen.

Maximalgröße mehrerer Seiten

Illustrators Arbeitsfläche misst etwa 5,80 m in der Breite und Höhe. Falls Sie über die Dialogbox mehrere Seiten anlegen, müssen diese – nebeneinandergelegt – auf diese Fläche passen. Anderenfalls erhalten Sie einen entsprechenden Warnhinweis.

An Pixelraster ausrichten?

Die Option NEUE OBJEKTE AN PIXELRASTER AUSRICHTEN existiert nicht mehr. Die Funktion wurde komplett überarbeitet, sodass sie Objekte nicht mehr zerstört (s. Abschnitt 21.1.2). Alte Dokumente, in denen die Ausrichtung neuer Objekte am Pixelraster aktiv ist, werden beim Öffnen auf das neue Verhalten umgestellt.

FreeHand-Dateien öffnen?

FreeHand-Dateien können mithilfe des Plug-ins »Tensai FreeHand« geöffnet werden. Es ist erhältlich unter *www.tensai.co.uk/ai*.

Ohne Dialogbox | Möchten Sie mit den Einstellungen, die Sie für das zuletzt erstellte neue Dokument verwendet haben, eine weitere Datei erzeugen, drücken Sie [⌘]+[⌥]+[N] bzw. [Strg]+[Alt]+[N].

Neu aus Vorlage | Um eine neue Datei auf Basis einer Vorlage zu erstellen, wählen Sie Datei • Neu aus Vorlage – [⌘]/[Strg]+[⇧]+[N]. Standardmäßig zeigt Illustrator in dieser Dialogbox nicht wie im Öffnen-Dialog den zuletzt benutzten Ordner an, sondern den Vorlagenordner im Illustrator-Verzeichnis. Navigieren Sie zur gewünschten Datei, und klicken Sie auf den Neu-Button. Es wird eine neue Datei erstellt (Vorlagen s. Abschnitt 22.1.2).

Vorlagen durchsuchen

Falls Sie Vorlagen für einen besonderen Zweck suchen, geben Sie Ihre Suchworte unten in das Suchfeld ein – um nach Vorlagen zu suchen, geben Sie entsprechende Suchbegriffe (wie z. B. »Layout« oder »Vorlage«) ebenfalls ein, denn dies geschieht nicht automatisch. Sie werden dann auf die Website von Adobe Stock geleitet, um die Ergebnisse durchzublättern.

Vorlagen aus Adobe Stock verwenden | Vorlagen aus Adobe Stock werden in der Dialogbox Neues Dokument unter den Leeren Dokumentvorgaben gelistet. Wählen Sie den gewünschten Bereich (Mobil, Web etc.), um passende Vorlagen durchzublättern. Es werden überwiegend kostenlose Vorlagen angezeigt, es kann jedoch auch vorkommen, dass kostenpflichtige Vorlagen erscheinen.

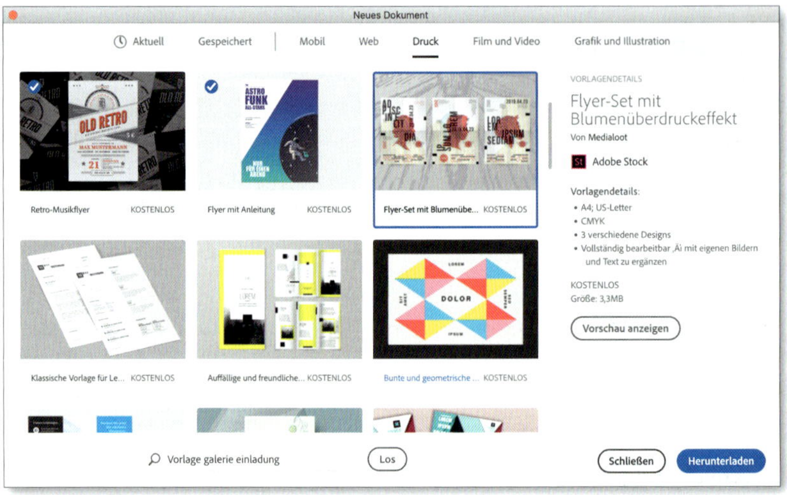

Abbildung 3.4 ▶
Adobe-Stock-Fertiglayouts aus dem Bereich Druck in der Dialogbox Neues Dokument mit Anzeige der Details einer Vorlage

1. Klicken Sie auf eine Vorlage, um sich Detailinformationen zum Inhalt und zur Lizenz anzusehen.
2. Wenn Sie dann auf Herunterladen klicken, wird die Vorlage gegebenenfalls kostenpflichtig lizenziert und in Ihre CC-Bibliotheken geladen.
3. Der Button Herunterladen wechselt zu Öffnen. Klicken Sie darauf, um die Vorlage in Illustrator zu verwenden. Für eine Verwendung zu einem späteren Zeitpunkt finden Sie die Vorlage dann im Bereich Gespeichert.

Lizenzbedingungen

Diese Vorlagen sind zwar kostenlos, aber sie unterliegen dennoch Bedingungen. Da Adobe Stock die Ersteller der Vorlagen bezahlt, wird die korrekte Nutzung auch ständig überprüft. Die Lizenzbedingungen für die jeweilige Vorlage finden Sie auf der Adobe-Stock-Website. Dazu klicken Sie auf den blauen Text unter Lizenztyp. Sie kommen dann auf eine Seite, auf der Sie sich die genauen Bedingungen jedes Lizenztyps ansehen können.

3.1.2 Dokument öffnen

Um ein Dokument zu öffnen, wählen Sie Datei • Öffnen – ⌘/Strg+O. Navigieren Sie zum gewünschten Dokument, und bestätigen Sie mit OK.

Handelt es sich um alte Illustrator-Dateien oder Fremdformate, enthalten diese eventuell Farbdefinitionen verschiedener Farbmodi. In diesem Fall zeigt Illustrator eine Dialogbox mit einem Warnhinweis, und Sie müssen sich für einen Farbmodus entscheiden. Die Farben des anderen Modus werden konvertiert.

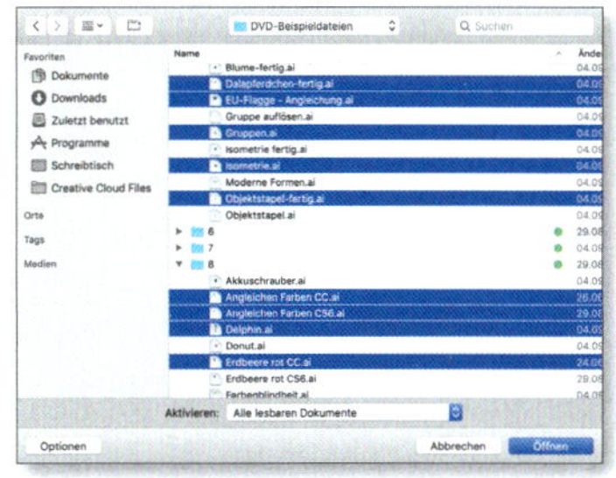

▲ **Abbildung 3.5**
Es ist möglich, mehrere Dateien gemeinsam zu öffnen – aktivieren Sie weitere Dateien, indem Sie ⇧ bzw. für nicht aufeinanderfolgende Dateien ⌘/Strg drücken und die Dokumente anklicken.

Zuletzt verwendete Dateien | Um eines der zuletzt verwendeten Dokumente erneut zu öffnen, wählen Sie es aus dem Menü Datei • Letzte Dateien öffnen.

Voreingestellt ist in Illustrator der Startbildschirm aktiviert. Durch ihn haben Sie einen übersichtlichen Zugriff auf die zuletzt geöffneten Dateien. Den Startbildschirm können Sie ausschalten, indem Sie in Voreinstellungen • Allgemein die Option Startbildschirm anzeigen, wenn keine Dokumente geöffnet sind deaktivieren.

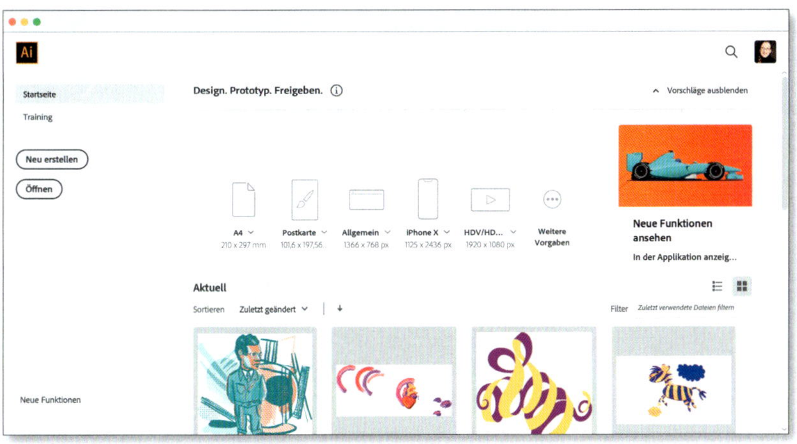

◀ **Abbildung 3.6**
Der Startbildschirm mit einem Schnellzugriff auf die Dokumentprofile und den zuletzt bearbeiteten Dateien (deren Anzahl Sie in Voreinstellungen • Dateien verarbeiten und Zwischenablage bestimmen)

Durchsuchen | Der Befehl Datei • Bridge durchsuchen – ⌘+⌥+O bzw. Strg+Alt+O – öffnet Adobe Bridge, eine Software, mit der Sie Ihre Dokumente verwalten können.

Aktuelle Dokumente durchsuchen

Unter Filter geben Sie Bestandteile des Dateinamens ein, nach denen Sie suchen möchten. Außerdem lässt sich die Anzeige der Dateien nach Kriterien wie Name, Art oder Datum der letzten Bearbeitung sortieren.

3.1.3 Dokumenteinstellungen ändern

Um nachträglich die Optionen eines Dokuments zu ändern, wählen Sie Datei • Dokument einrichten – ⌘+⌥+P bzw. Strg+Alt+P – oder klicken auf den Button Dokument einrichten im Steuerungsbedienfeld.

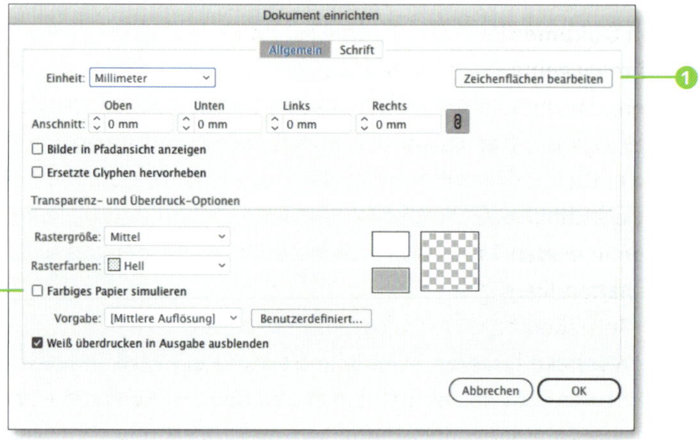

Abbildung 3.7 ▶
Optionen für die Beschnittzugabe sowie für die Darstellung des Transparenzrasters im Dialog Dokument einrichten

Weiß überdrucken ausblenden

Mit der Option Weiss überdrucken in Ausgabe ausblenden wird die Einstellung Überdrucken für Objekte in Prozessweiß beim Drucken oder beim Speichern einer PDF-Datei entfernt. Sie bleibt in der AI-Datei bestehen. Die Option ist voreingestellt für neue Dokumente sowie für Dokumente, die Sie aus alten Versionen konvertieren.

In dieser Dialogbox können Sie jedoch nur einige der Dokumenteinstellungen ändern, wie z. B. die Größe der Beschnittzugabe, Transparenz- oder Typografieoptionen.

Um die Größe einzelner Zeichenflächen zu ändern, klicken Sie auf den Button Zeichenflächen bearbeiten ❶ (s. Abschnitt 3.3).

3.1.4 Papierfarbe simulieren

Wird Ihre Grafik auf farbigem Papier produziert, können Sie bereits am Bildschirm die Auswirkung der Papierfarbe auf die Druckfarbe simulieren. In der Optionsgruppe Transparenz aktivieren Sie Farbiges Papier simulieren ❷ und klicken in das obere der beiden Farbfelder, um den Farbwähler aufzurufen. Richten Sie dort die gewünschte Farbe ein. Die Farbe wird nur am Bildschirm angezeigt – nicht gedruckt –, es gibt in Illustrator keine »Hintergrundfarbe«. Damit diese Simulation am Monitor korrekt dargestellt wird, aktivieren Sie Ansicht • Überdruckenvorschau. Für die Simulation von deckenden Farben (z. B. im Siebdruck) ist diese Simulation nicht geeignet.

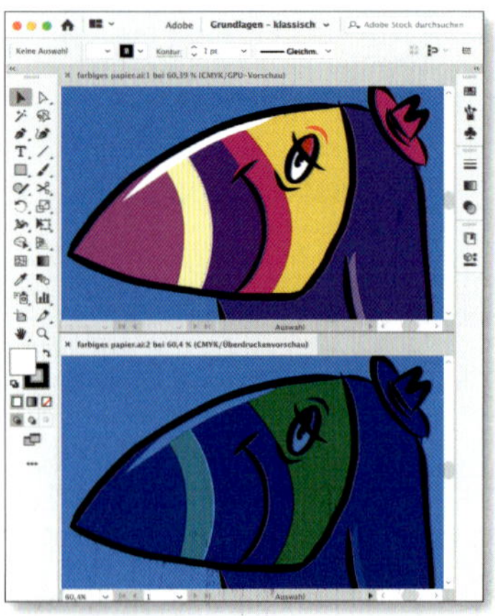

▲ **Abbildung 3.8**
Farbiges Papier simulieren ohne (oben) und mit (unten) aktivierter Überdruckenvorschau

3.1.5 Farbmanagement beim Öffnen

Farbmanagement ist in Illustrator seit einigen Versionen ein fest integrierter Bestandteil. Die Voreinstellung für das Farbmanagement in Illustrator wie in allen Anwendungen der Creative Cloud ist aktiviert.

Farbfeld »Weiß«

Das Standardfarbfeld Weiss – definiert als C0 M0 Y0 K0 – entspricht eigentlich der Papierfarbe, da eben keine Farben gedruckt werden. Daher ist es auch nicht mehr weiß, wenn Sie die Papierfarbe ändern.

Erstellen eines neuen Dokuments | Erstellen Sie ein neues Dokument, wird dem Dokument das dem Dokumentfarbraum entsprechende Farbprofil zugewiesen, sofern die Farbmanagement-Richtlinien entsprechend eingestellt sind (Farbmanagement s. Kapitel 7).

Öffnen von Dokumenten | Bei aktiviertem und entsprechend eingerichtetem Farbmanagement erscheint eine Warnung, sobald Sie ein Dokument öffnen, das mit keinem (s. Abbildung 3.9) oder einem anderen als dem aktuell von Illustrator verwendeten Farbprofil (s. Abbildung 3.10) versehen ist. Das Farbprofil gibt an, für welche Ausgabesituation das Dokument erstellt wurde.

Sie haben in beiden Fällen drei Möglichkeiten, den Farbprofil-Konflikt zu lösen – halten Sie gegebenenfalls Rücksprache mit den weiterverarbeitenden Betrieben bzw. mit dem Ersteller des Dokuments:

- Eingebettetes Profil verwenden bzw. Beibehalten (Kein Farbmanagement): Behalten Sie das eingebettete bzw. kein Profil. Diese Option ist in den meisten Fällen zu empfehlen. Zu einem späteren Zeitpunkt ist es immer noch möglich, ein anderes Profil zuzuweisen.
- Farben des Dokuments in den Arbeitsfarbraum konvertieren: Das eingebettete Profil wird verworfen, und stattdessen wird das in den Farbmanagement-Richtlinien eingestellte Profil eingebettet. Die Farbwerte werden so verändert, dass die Farbdarstellung möglichst identisch mit der ursprünglichen Darstellung bleibt. Diese Einstellung ist für Vektorgrafik problematisch.
- Eingebettetes Profil löschen: Das eingebettete Profil wird entfernt – Farben im Dokument werden daher auf Basis der Farbeinstellungen am Bildschirm angezeigt, aber nicht ihre Werte konvertiert.
- Profil zuweisen (nur bei fehlendem Profil): War bisher kein Profil eingebettet, können Sie entweder das Profil des Arbeitsfarbraums zuweisen oder ein Profil frei auswählen. Dabei ändern sich die Farbwerte nicht, die Darstellung der Farben auf dem Bildschirm und im Ausdruck zeigt gegebenenfalls einen deutlichen Unterschied.

Farbmanagement: »Aus«

Haben Sie unter Bearbeiten • Farbeinstellungen in den Farbmanagement-Richtlinien für CMYK oder RGB die Option Aus gewählt, wird kein Farbprofil eingebettet (CMYK bzw. RGB ohne Tags).

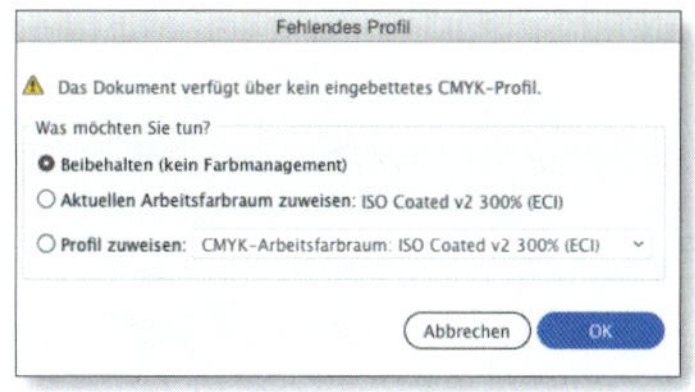

▲ **Abbildung 3.9**
Warnung bei nicht vorhandenem Farbprofil

▲ **Abbildung 3.10**
Warnung bei Farbprofil-Konflikt

Farbprofil ändern | Möchten Sie einem Dokument ein anderes Farbprofil zuweisen, wählen Sie Bearbeiten • Profil zuweisen. Die Optionen entsprechen den Einstellungen, die Ihnen zur Verfügung stehen, wenn Sie ein Dokument ohne Farbprofil öffnen.

»In den Arbeitsfarbraum konvertieren«

Wenn Sie diese Option wählen, werden die Farbwerte konvertiert. Dabei wird reines Schwarz bunt, und reine Farben erhalten gegebenenfalls unerwünschte Beimischungen.

3.2 Im Dokument navigieren

Illustrator-Dokumente bestehen nicht nur aus den druckbaren Flächen – um die Zeichenflächen herum ist zusätzlicher Raum. Die Navigation innerhalb eines Illustrator-Dokuments unterscheidet sich von der Handhabung in anderen Programmen.

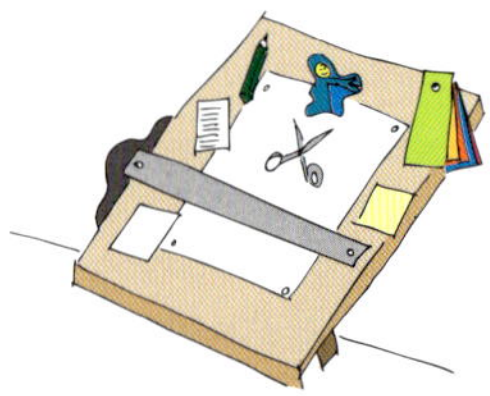

▲ **Abbildung 3.11**
Wie bei der Arbeit am Reißbrett haben Sie um Ihr Illustrator-Dokument reichlich Fläche zum Ablegen zur Verfügung.

▲ **Abbildung 3.12**
Arbeitsfläche ❶, Statusleiste ❷, Zeichenfläche ❸, Seitenformat ❹, druckbarer Bereich ❺, aktive Zeichenfläche ❻, Anschnitt ❼

▲ **Abbildung 3.13**
Ohne (oben) und mit Ansicht zuschneiden (unten): nur noch Objekte innerhalb von Zeichenflächen sind sichtbar.

3.2.1 Zeichenfläche

Das Dokumentformat, das Sie in der Dialogbox Neues Dokument eingerichtet haben, sehen Sie als symbolisches »Blatt« – bzw. als mehrere Blätter, wenn es mehrere Seiten gibt – vor sich im Dokumentfenster liegen ❸, ❻. Diese »Blätter« – sie werden *Zeichenflächen* genannt – stellen den Bereich der Datei dar, in dem Sie Grafiken platzieren können, die gedruckt oder exportiert werden sollen.

Begrenzung ausblenden | Falls Sie lieber ohne die Anzeige des Zeichenflächen-Begrenzungsrahmens arbeiten und Ihre Grafik später an das Format anpassen möchten, blenden Sie die Zeichenfläche aus, indem Sie Ansicht • Zeichenfläche ausblenden wählen.

Tatsächlich druckbare Fläche anzeigen | Die Größe einer Zeichenfläche und das Papierformat Ihres Druckers stimmen nicht immer überein. Wählen Sie Ansicht • Druckaufteilung einblenden, um das im derzeit ausgewählten Drucker vorhandene Papierformat auf der Zeichenfläche anzuzeigen. Es wird mithilfe zweier gestrichelter Linien dargestellt: Die äußere dieser beiden Linien ❹ kennzeichnet das eingestellte Papierformat, die innere ❺ die Fläche, die der Drucker auf diesem Format bedrucken kann (Drucken s. Abschnitt 20.4).

3.2.2 Arbeitsfläche/Montagefläche (Canvas)

Im gesamten Bereich eines Illustrator-Dokuments – der Arbeitsfläche ❶ – können Sie zeichnen (auch mit Unterstützung von Hilfslinien) oder Teile Ihrer Grafik »aufbewahren«.

Beim Scrollen im Dokument kann es passieren, dass plötzlich eine leere Fläche vor Ihnen liegt. Dann ist meist nicht Ihre Zeichnung gelöscht – Sie blicken nur auf einen unbenutzten Teil der Arbeitsfläche. Haben Sie auf einer Zeichenfläche gearbeitet, holen Sie die Grafik auf der aktiven Zeichenfläche am schnellsten wieder mit ⌘/Strg+0 in den Mittelpunkt. Mit ⌘+⌥+0 bzw. Strg+Alt+0 blenden Sie alle Zeichenflächen ein.

Ansicht zuschneiden | Beim Erstellen von Grafik gibt es viele Gründe, Objekte über die Zeichenfläche hinaus zu zeichnen, nicht zuletzt für die notwendige Beschnittzugabe. Sie können einfach zur Ansicht des Endformats wechseln, indem Sie Ansicht • Ansicht zuschneiden wählen. Alle Objektteile, die außerhalb von Zeichenflächen liegen, werden damit automatisch ausgeblendet. Um wieder alles zu sehen, wählen Sie den Befehl noch einmal, um das Häkchen zu deaktivieren.

3.2.3 Statusleiste

Am unteren linken Rand des Dokumentfensters sehen Sie die Statusleiste ②. In der Statusleiste wird die Vergrößerungsstufe angezeigt, und es steht ein Aufklappmenü zur Verfügung, um die Zoomstufe zu wechseln. In einem weiteren Aufklappmenü blättern Sie durch das Dokument. Darüber hinaus können Sie sich eine weitere Statusinformation anzeigen lassen – rufen Sie ein Menü der möglichen Informationen auf, indem Sie auf den Pfeil rechts neben dem Anzeigetext klicken.

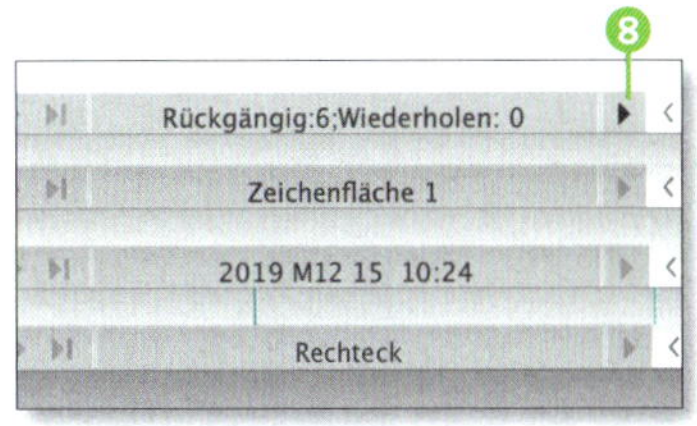

▲ **Abbildung 3.14**
Die Statusleisten der Dokumente zeigen die Anzahl der Rückgängig-Schritte, den Namen der Zeichenfläche, Datum und Uhrzeit und das aktuelle Werkzeug (von oben). Ein Klick auf den Pfeil ⑧ öffnet das Aufklappmenü.

3.2.4 Vergrößerungsstufe verändern/zoomen

Jede Stelle Ihrer Illustrator-Datei können Sie in beliebigen Vergrößerungsstufen zwischen 3,13 und 64.000 % betrachten, also z. B. wie mit einer Lupe heranzoomen, um Details zu bearbeiten.

Zoom-Werkzeug | Wählen Sie das Zoom-Werkzeug – Shortcut Z –, um die Ansicht eines Bereichs zu vergrößern oder zu verkleinern. Klicken Sie in die Mitte des Bereichs, an den Sie heranzoomen möchten. Zoomen Sie wieder heraus, indem Sie ⌥/Alt drücken und klicken.

Während Sie ein beliebiges Werkzeug verwenden, drücken und halten Sie ⌘/Strg+Leertaste, um temporär zum Zoom-Werkzeug zu wechseln. Drücken Sie zusätzlich ⌥/Alt, um herauszuzoomen.

Voreingestellt arbeitet Illustrator mit dem animierten Zoom, d. h., wenn Sie klicken und ziehen, wird die Ansicht direkt beim Ziehen nach rechts stufenlos vergrößert und direkt beim Ziehen nach links stufenlos verkleinert.

Zeichenfläche in Fenster einpassen: Objekte weg

Wenn nach dem Aufrufen des Befehls In Fenster einpassen nichts zu sehen ist, kann es sein, dass Sie neben der oder den Zeichenflächen gearbeitet haben. Zoomen Sie aus der Datei heraus, um die Objekte zu finden.

Animierten Zoom deaktivieren | Den animierten Zoom deaktivieren Sie unter Voreinstellungen • Leistung – entfernen Sie einfach das Häkchen. Sie können das Zoom-Werkzeug dann mit einem Auswahlrahmen benutzen: Um schneller eine große Vergrößerung zu erhalten, klicken und ziehen Sie einen Auswahlrahmen um den Bereich, den Sie vergrößern möchten. Um den Auswahlrahmen während des Aufziehens zu verschieben, halten Sie die Leertaste und schieben den Rahmen.

Zoomen per Scrollrad

Falls Sie eine Maus mit Scrollrad verwenden, drücken Sie ⌥/Alt und bewegen das Scrollrad, um die Vergrößerungsstufe zu verändern. Drücken Sie zusätzlich ⇧, um in größeren Schritten zu zoomen.

Menübefehl | Wählen Sie Ansicht • Einzoomen (⌘/Strg++) bzw. Ansicht • Auszoomen (⌘/Strg+-), um die Ansicht in voreingestellten Sprüngen zu vergrößern oder zu verkleinern. Die Ansicht verschiebt sich dabei, um ausgewählte Objekte im Fenster zu zentrieren.

Die Ansicht der Zeichenfläche lässt sich mit dem Befehl Ansicht • In Fenster einpassen – ⌘/Strg+0 – an die Größe des Dokumentfensters anpassen.

Ausgewählte Objekte zentrieren

Wenn Sie die ausgewählten Objekte beim Zoomen nicht im Fenster zentrieren wollen, deaktivieren Sie Auf Auswahl zoomen unter Voreinstellungen • Auswahl- und Ankerpunktanzeige.

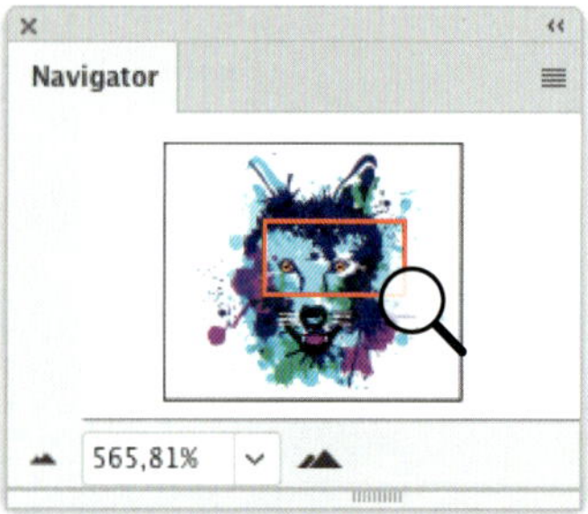

▲ **Abbildung 3.15**
Das Navigator-Bedienfeld: Drücken Sie ⌘/Strg, um mit der eingeblendeten Lupe direkt im Bedienfeld einen Vergrößerungsbereich aufzuziehen.

Mit dem Scrollrad die Ansicht verschieben

Drücken und halten Sie ⌘/Strg, um horizontal zu scrollen. Halten Sie zusätzlich ⇧ gedrückt, um den Scrollvorgang zu beschleunigen.

▲ **Abbildung 3.16**
VORSCHAU (oben), PFADANSICHT (unten)

Originalgröße/Druckgröße | Möchten Sie eine Darstellung, die der Originalgröße der Zeichnung auf der aktiven Zeichenfläche entspricht, wählen Sie ANSICHT • ORIGINALGRÖSSE – ⌘/Strg+1. Voreingestellt erhalten Sie damit eine relativ genaue Entsprechung des Endformats. Da dabei die Monitordarstellung interpoliert wird, müssen Sie eine Voreinstellung ändern, wenn Sie für das Screendesign eine pixelgenaue Umsetzung benötigen. Unter VOREINSTELLUNGEN • ALLGEMEIN deaktivieren Sie die Option DRUCKGRÖSSE BEI 100 % ANZEIGEN. Beim Arbeiten in der PIXELVORSCHAU ist die DRUCKGRÖSSE automatisch deaktiviert.

Navigator-Bedienfeld | Rufen Sie das Navigator-Bedienfeld unter FENSTER • NAVIGATOR – im Dock – auf, und stellen Sie die Vergrößerungsstufe mithilfe des Schiebereglers ein. Oder aktivieren Sie den aktuellen Wert, der links neben dem Regler angezeigt wird, mit einem Doppelklick, und geben Sie einen neuen ein. Verschieben Sie die Ansicht, indem Sie auf den roten Rahmen klicken und ziehen.

Das Navigator-Bedienfeld zeigt immer die Vorschau Ihres Dokuments an – selbst wenn Sie in der Pfadansicht arbeiten. Über das Bedienfeldmenü haben Sie die Möglichkeit, alle Elemente auszublenden, die nicht auf einer Zeichenfläche liegen. Die Farbdarstellung kann von der Arbeitsfläche abweichen.

Statusleiste | Wählen Sie in der Statusleiste die gewünschte Vergrößerungsstufe aus dem Ausklappmenü, oder geben Sie sie direkt in das Feld ein.

3.2.5 Ansicht verschieben

Um Zeichenflächen oder die Arbeitsfläche innerhalb des Dokumentfensters zu verschieben, können Sie alternativ zu den Bildlaufleisten (Scrollbars) das Hand-Werkzeug verwenden.

Wählen Sie die Hand aus dem Werkzeugbedienfeld – H –, und klicken und ziehen Sie mit dem Werkzeug, um die Zeichenfläche zu verschieben.

Während Sie ein anderes Werkzeug benutzen, können Sie immer temporär zum Hand-Werkzeug wechseln, indem Sie die Leertaste drücken und halten. Mit ⌥ kommen Sie vom Text- zum Hand-Werkzeug.

3.2.6 Vorschau und Pfadansicht

Normalerweise stellt Illustrator Ihre Grafik im Vorschaumodus dar. Im Vorschaumodus sind alle Aussehen-Eigenschaften von Objekten und

Ebenen wie Farb- und Verlaufsflächen, Linienstärken, Transparenzen und Effekte sichtbar.

Einige Arbeiten lassen sich schneller und besser erledigen, wenn Sie Konturen, Effekte und Flächen nicht anzeigen lassen, sondern nur die Pfade, aus denen Ihre Illustrationen bestehen. In diesem Darstellungsmodus überdecken die Objekte einander nicht. Da keine komplexen Eigenschaften berechnet werden müssen, wird der Bildschirmaufbau beschleunigt.

Um zur Pfaddarstellung zu wechseln, wählen Sie ANSICHT • PFADANSICHT – [⌘]/[Strg]+[Y]. In der Pfadansicht wechselt der Menüeintrag zu VORSCHAU. Wählen Sie diesen Eintrag VORSCHAU aus, oder verwenden Sie den Shortcut erneut, um wieder die farbige Version anzuzeigen. Wenn kein Objekt aktiviert ist, erreichen Sie den Befehl zum Wechseln zwischen Vorschau und Pfadansicht auch im Kontextmenü.

Einzelne Ebenen in Pfadansicht

Sie können auch nur die Objekte einzelner Ebenen als Pfade anzeigen lassen, das ist praktisch für das manuelle Nachzeichnen von Vorlagen (s. Abschnitt 11.1.1).

3.2.7 Präsentationsmodus

Wenn Sie Ihre Arbeitsergebnisse spontan sauber präsentieren möchten, ist es nicht nötig, zu diesem Zweck extra ein PDF zu erzeugen. Stattdessen gehen Sie auf ANSICHT • PRÄSENTATIONSMODUS. Im Präsentationsmodus wird die komplette Oberfläche ausgeblendet, und Sie sehen nur noch einzelne Zeichenflächen vor schwarzem Hintergrund. Mit [<] und [>] blättern Sie durch die Zeichenflächen, und mit [Esc] verlassen Sie den Präsentationsmodus.

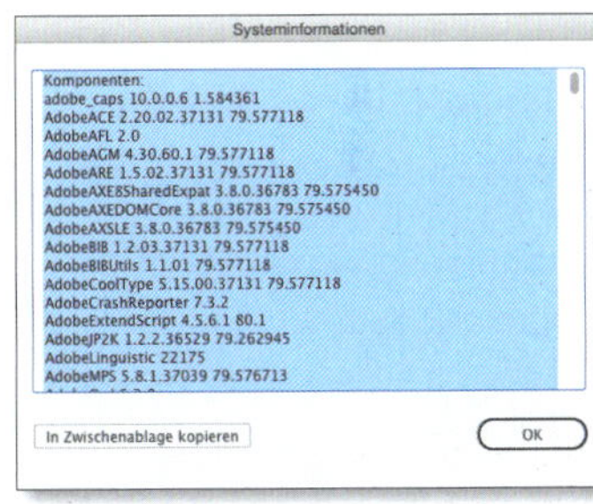

▲ **Abbildung 3.17**
Diese Systeminformationen können Sie ebenfalls über VOREINSTELLUNGEN • LEISTUNG aufrufen.

3.2.8 GPU/CPU-Vorschau

Auf Grafikkarten sind leistungsfähige Prozessoren verbaut, die auf die Berechnung (das Rendern) und die Darstellung von Bildern spezialisiert sind und dies sehr schnell erledigen. Die Prozessoren einer Reihe von Grafikkarten kann Illustrator in seine Arbeit einbeziehen und bestimmte Aufgaben darauf auslagern. Ob Ihre Grafikkarte kompatibel ist, zeigt Illustrator unter VOREINSTELLUNGEN • LEISTUNG an.

Darstellungsfehler | Das Rendern auf der GPU führt immer noch zu Darstellungsfehlern, z. B. bei der Anzeige von Konturen mit Breitenprofilen oder bei Aussparungsgruppen. Bevor Sie bei einer unerwarteten Darstellung einen Fehler im Dokument suchen, wählen Sie ANSICHT • MIT CPU ANZEIGEN, um die Berechnung nicht mehr auf der Grafikkarte durchzuführen. Die Anzeige wird jedoch immer wieder auf die GPU zurückgestellt, z. B. wenn Sie von der Pfadansicht wieder in die Vorschau gehen.

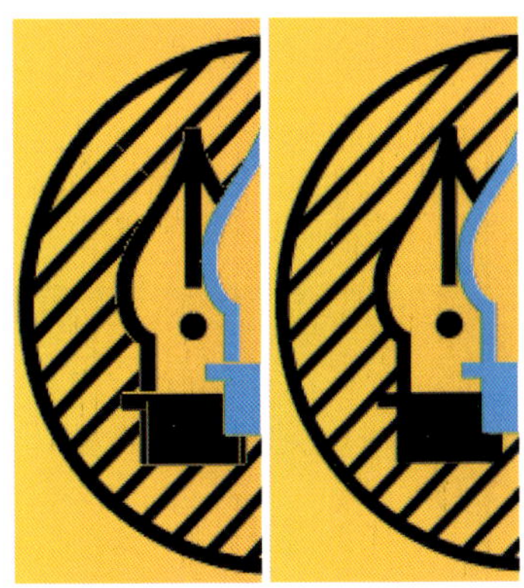

▲ **Abbildung 3.18**
Darstellungsfehler einer Aussparungsgruppe mit aktivierter GPU-VORSCHAU (links); ohne Fehler in der VORSCHAU AUF CPU (rechts)

Geänderte Farbdarstellung

In der Überdruckenvorschau werden auch Farben anders berechnet, Volltonfarben z. B. auf Basis der Lab-Werte.

▲ **Abbildung 3.19**
Objekte überdrucken

Pixelraster bei der Ausgabe

Wenn Sie bei der Ausgabe einer pixelbasierten Datei eine andere Auflösung als 72 ppi wählen, werden Pixel neu berechnet, und Kanten sind gegebenenfalls nicht mehr exakt.

▲ **Abbildung 3.20**
An Pixel ausrichten: nicht aktiviert (links), aktiviert (rechts)

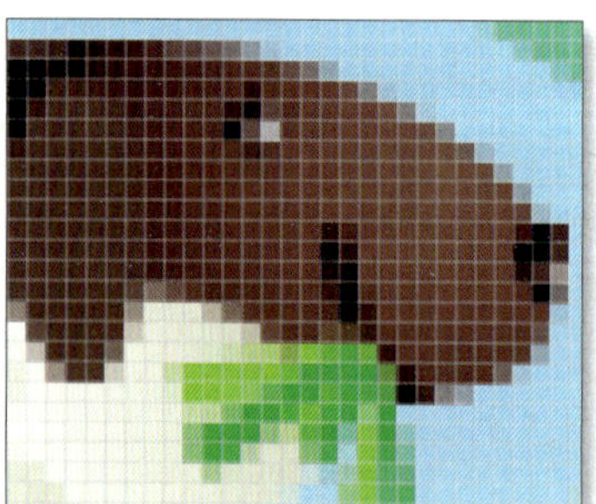

▲ **Abbildung 3.21**
Das über einer Zoomstufe von 600 % angezeigte Pixelraster

GPU komplett deaktivieren | Sie können die Verwendung der GPU in Illustrator komplett ausschalten, indem Sie unter Voreinstellungen • Leistung die Option GPU-Leistung deaktivieren.

3.2.9 Überdruckenvorschau

Die Überdruckenvorschau simuliert zusätzlich zur normalen Vorschau, wie sich die Überdrucken-Eigenschaft einzelner Objekte auswirkt, wenn Sie Ihre Grafik im Offsetverfahren drucken (Überdrucken funktioniert unter Umständen nicht so, wie Sie es erwarten, lesen Sie daher bitte mehr in Abschnitt 20.3.3).

Selbstverständlich stellt die Ansicht nur eine Näherung des Druckergebnisses dar – sie ist umso besser, je exakter Ihre Arbeitsumgebung kalibriert ist.

Um Ihre Illustration in der Überdruckenvorschau anzuzeigen, wählen Sie Ansicht • Überdruckenvorschau – ⌘+⌥+⇧+Y bzw. Strg+Alt+⇧+Y.

3.2.10 Pixelvorschau

In der Pixelvorschau sehen Sie, wie Ihre Objekte in das Pixelraster eingepasst werden.

Die Pixelvorschau zeigen Sie an, indem Sie Ansicht • Pixelvorschau – Shortcut ⌘/Strg+⇧+Y – aus dem Menü wählen. Illustrator aktiviert Ansicht • An Pixel ausrichten dann automatisch – Sie können es jedoch deaktivieren (mehr zur Webgrafik s. Abschnitt 21.1).

Illustrator kann Pfade auch automatisch so ausrichten, dass sie optimal im Pixelraster liegen (s. Abschnitt 21.1.2). Die Option Bildmaterial an Pixelraster ausrichten ist in Web- und Mobil-Dokumenten voreingestellt. Nachträglich können Sie mit zwei Buttons im Steuerungsbedienfeld ausgewählte Objekte oder alle neuen Objekte am Pixelraster ausrichten.

Ab einer Zoomstufe von 600 % kann das zugrunde liegende Pixelraster als Karomuster mit dünnen Linien dargestellt werden – die Option Pixelraster anzeigen (bei Zoom über 600 %) finden Sie unter Voreinstellungen • Hilfslinien und Raster.

3.2.11 Dokumentansicht speichern

Eine einmal eingerichtete Ansicht eines Dokuments in einer bestimmten Vergrößerungsstufe und in dem gewählten Ansichtsmodus – Pfadansicht oder Vorschau – können Sie im Dokument abspeichern.

Ansicht speichern | Um eine eingerichtete Ansicht zu speichern, wählen Sie Ansicht • Neue Ansicht. Geben Sie anschließend einen Namen in die Dialogbox ein, und klicken Sie auf OK. Sie können bis zu 25 Ansichten je Dokument speichern.

In einer Ansicht wird nicht nur die Zoomstufe, sondern auch die Ebenensichtbarkeit gespeichert. Auf diesem kleinen Umweg können Sie unterschiedliche Ebenenkompositionen – wie Sie sie z. B. aus Photoshop kennen – einfach verwalten.

Achtung! Vermeiden Sie die Verwendung von Zeichen wie Klammern (), Schrägstrichen / oder Bindestrichen -. Illustrator kann nicht alle Sonderzeichen im Menü darstellen.

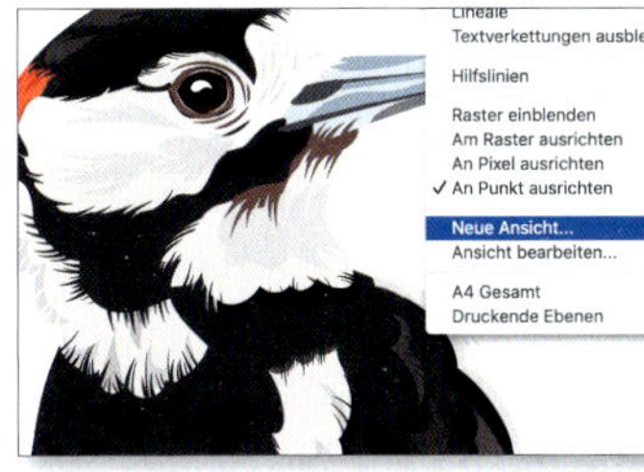

▲ **Abbildung 3.22**
Gespeicherte Ansichten im Menü

Ansicht aufrufen | Rufen Sie die Ansichten auf, indem Sie ihre Namen im Menü Ansicht auswählen.

Ansichten verwalten | Um Ansichten umzubenennen oder zu löschen, wählen Sie Ansicht • Ansicht bearbeiten. Aktivieren Sie den Namen der Ansicht in der Liste, und klicken Sie auf den Button Löschen, oder geben Sie die gewünschte Änderung in das Textfeld ein.

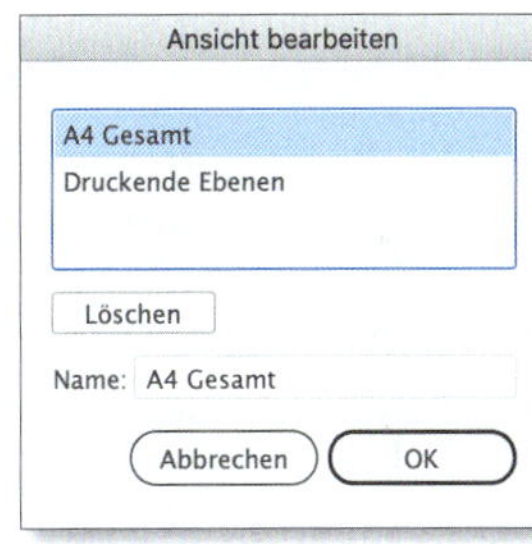

▲ **Abbildung 3.23**
Ansicht bearbeiten

3.2.12 Mehrere Dokumentfenster öffnen

Von einem Dokument lassen sich gleichzeitig mehrere Fenster öffnen. So können Sie in verschiedenen Fenstern an unterschiedlichen Details der Zeichnung oder in anderen Darstellungsmodi arbeiten, anstatt häufig die Ansicht verschieben zu müssen.

Öffnen Sie ein neues Fenster, indem Sie Fenster • Neues Fenster auswählen. Sie haben die Möglichkeit, mehrere Fenster automatisch auf dem Bildschirm anzuordnen. Wählen Sie Fenster • Anordnen • Überlappend oder Fenster • Anordnen • Nebeneinander, um die Fenster auf dem Bildschirm anzuordnen (s. Abschnitt 1.5.2).

Die Position der beim Speichern des Dokuments geöffneten Fenster wird gesichert und beim nächsten Öffnen wieder genau so angeordnet – auch beim Übertragen der Datei auf die andere Plattform.

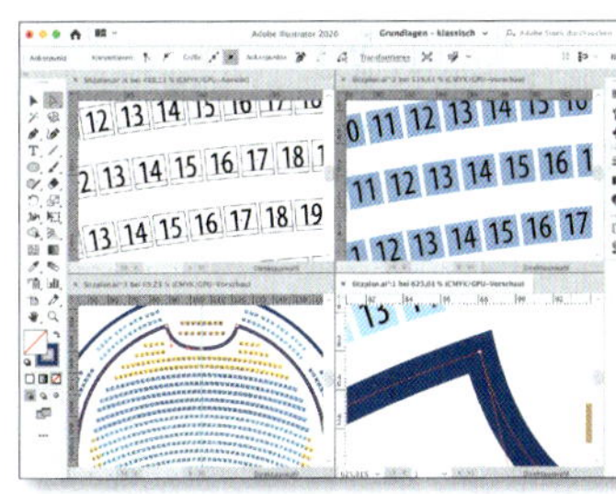

▲ **Abbildung 3.24**
Fenster nebeneinander anordnen

3.3 »Mehrseitige« Dokumente mit Zeichenflächen

Zeichenflächen definieren Teile in Ihrer Grafik, die separat ausgegeben – gedruckt oder exportiert – werden können. Zeichenflächen können Sie einsetzen, um mehrseitige Dokumente anzulegen, unterschiedliche

▲ **Abbildung 3.25**
Bearbeitung von Zeichenflächen im Zeichenflächen-Modus

Alternativen eines Designs in einer Datei zu entwickeln oder um mehrere zu einem Werk gehörende Elemente vorzubereiten – wie Icons für eine App. Sie können bis zu 1.000 Zeichenflächen unterschiedlicher Größen anlegen, die sich auch überlappen dürfen. Mit dem Zeichenflächen-Bedienfeld lassen sich Zeichenflächen bequem verwalten.

3.3.1 Zeichenflächen-Modus aufrufen und verlassen

Wählen Sie das Zeichenflächen-Werkzeug – ⇧+0 –, oder klicken Sie in der Dialogbox DOKUMENT EINRICHTEN auf den Button ZEICHENFLÄCHEN BEARBEITEN, um in den Zeichenflächen-Modus zu gelangen.

Zeichenflächen-Modus verlassen | Beenden Sie den Zeichenflächen-Modus, indem Sie ein anderes Werkzeug auswählen oder Esc drücken.

Grauer Hintergrund

Die Farbe der Arbeitsfläche außerhalb der Zeichenflächen bestimmen Sie unter VOREINSTELLUNGEN • BENUTZEROBERFLÄCHE mit der Option ARBEITSFLÄCHENFARBE.

3.3.2 Zeichenflächen-Bedienfeld

Im Zeichenflächen-Bedienfeld erhalten Sie eine Übersicht über alle Zeichenflächen Ihres Dokuments, können diese verwalten und die Reihenfolge verändern. Rufen Sie das Zeichenflächen-Bedienfeld unter FENSTER • ZEICHENFLÄCHEN auf – im Dock .

Das Bedienfeld listet die Zeichenflächen mit einer fortlaufenden Seitenzahl ❶ auf, unter der Sie die Zeichenfläche auch beim Drucken oder Speichern wiederfinden. Darüber hinaus zeigt die Liste den Namen (den Sie direkt im Bedienfeld ändern können) ❺ und die Formatlage ❸ an. Die aktive Zeichenfläche ist hervorgehoben ❷.

Mit den Buttons am unteren Rand des Bedienfeldes ordnen Sie die Zeichenflächen neu auf der Arbeitsfläche an ❹, legen neue Zeichenflächen an ❽ oder löschen bestehende ❾. Durch Verschieben der Einträge in der Liste oder mit den Buttons NACH OBEN ❻ und NACH UNTEN ❼ können Sie die Reihenfolge der Zeichenflächen verändern.

Hoch- und Querformat

Zwischen den beiden Ausrichtungen wechseln Sie mit den Buttons und im Eigenschaften- oder Steuerungsbedienfeld.

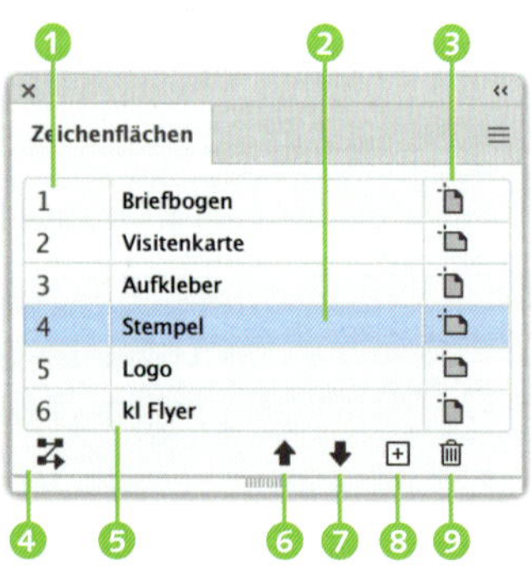

▲ **Abbildung 3.26**
Das Zeichenflächen-Bedienfeld

Zeichenflächen mit Namen versehen | Das Zeichenflächen-Bedienfeld zeigt keine Vorschausymbole. Damit Sie die Einträge besser dem Inhalt zuordnen können, geben Sie Zeichenflächen Namen. Den Namen können Sie außer im Bedienfeld auch noch in den ZEICHENFLÄCHENOPTIONEN (s. Abschnitt 3.3.6) oder im Zeichenflächen-Modus ändern.

Zeichenflächen-Reihenfolge und »Seitenzahl« | Die fortlaufende Nummerierung der Zeichenflächen erfolgt normalerweise in der Reihenfolge ihrer Erstellung, d. h., eine neue Zeichenfläche erhält die nächsthöhere Nummer. Entsprechend der Nummerierung sind die Zeichenflächen im

Bedienfeld aufgelistet. Ändern Sie die Reihenfolge in der Liste, dann erhalten die Zeichenflächen neue Nummern.

Dazu klicken und ziehen Sie eine Zeichenfläche an die gewünschte Stelle, oder Sie aktivieren einen Eintrag in der Liste und verwenden die Buttons NACH OBEN und NACH UNTEN, um die Zeichenfläche eine Position nach vorn oder nach hinten zu verschieben.

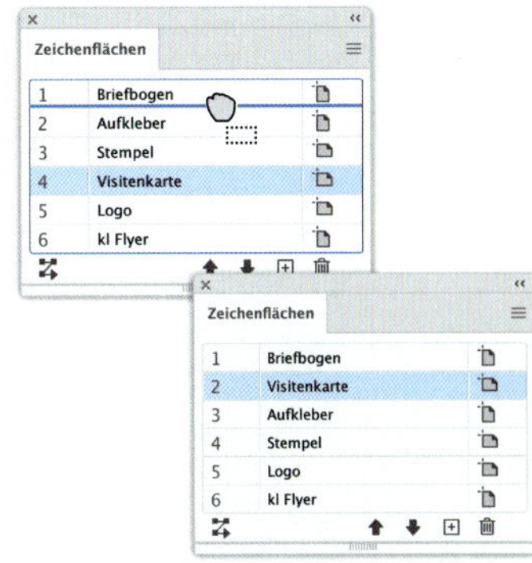

▲ **Abbildung 3.27**
Umsortieren und Neunummerierung der Zeichenflächen mithilfe des Zeichenflächen-Bedienfeldes

3.3.3 Neue Zeichenflächen erstellen

Neben der Option, mehrere nebeneinanderliegende Zeichenflächen identischer Größe beim Erstellen der Datei anzulegen (s. Abschnitt 3.1.1), können Sie Zeichenflächen auch zu einem späteren Zeitpunkt definieren bzw. vorhandene editieren.

Mit dem Zeichenflächen-Werkzeug | Ziehen Sie mit dem Cursor ein Rechteck an der gewünschten Position in der gewünschten Größe auf der Arbeitsfläche auf. Sofern ANSICHT • INTELLIGENTE HILFSLINIEN aktiv ist, zeigen diese die Außenkanten bestehender Zeichenflächen an, sodass Sie eine neue Zeichenfläche daran ausrichten können.

Zeichenfläche genau anpassen

Wenn Sie mit dem Zeichenflächen-Werkzeug auf ein Objekt auf der Zeichenfläche klicken (anstatt zu klicken und zu ziehen), wird eine Zeichenfläche in der Größe des Objekts erzeugt. Wenn Sie das Objekt dagegen doppelklicken, wird die aktive Zeichenfläche daran angepasst.

Mit dem Zeichenflächen-Bedienfeld | Aktivieren Sie im Zeichenflächen-Bedienfeld eine Zeichenfläche, deren Maße Sie übernehmen möchten, und wählen Sie NEUE ZEICHENFLÄCHE aus dem Bedienfeldmenü, oder klicken Sie auf den gleichnamigen Button. Die Position der neuen Zeichenfläche wird automatisch bestimmt.

Aus einem Rechteck umwandeln | Ein oder mehrere horizontal auf der Zeichenfläche liegende Rechtecke können Sie in Zeichenflächen konvertieren, indem Sie den gleichnamigen Befehl aus dem Menü des Zeichenflächen-Bedienfeldes oder unter OBJEKT • ZEICHENFLÄCHEN aufrufen. Die Rechtecke sollten einfache Pfade oder interaktive Rechtecke sein.

Zeichenflächen-Bedienfeld und Zeichenflächen-Modus

Um Änderungen mithilfe des Zeichenflächen-Bedienfeldes durchzuführen, müssen Sie nicht in den Zeichenflächen-Modus wechseln.

Mit dem Platzierungscursor | Aktivieren Sie mit dem Zeichenflächen-Werkzeug eine bestehende Zeichenfläche. Anschließend klicken Sie auf den Button NEUE ZEICHENFLÄCHE im Steuerungsbedienfeld. Es wird eine neue Zeichenfläche in derselben Größe entweder direkt neben der bestehenden Zeichenfläche oder an der nächsten freien Position angelegt.

Innerhalb einer bestehenden Zeichenfläche | Soll eine Zeichenfläche innerhalb einer anderen liegen, dann klicken Sie entweder ein vorhandenes Objekt an oder verschieben eine Zeichenfläche nach dem Erstellen an die gewünschte Position.

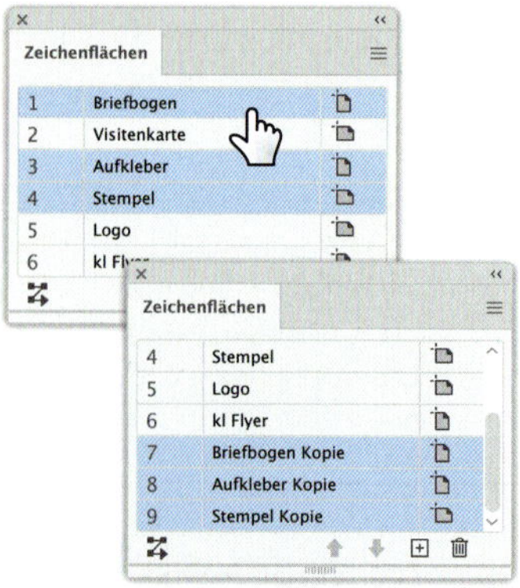

▲ **Abbildung 3.28**
Mehrere Zeichenflächen wurden ausgewählt (oben) und dupliziert (unten).

3.3.4 Zeichenfläche duplizieren

Bestehende Zeichenflächen duplizieren Sie, indem Sie sie im Zeichenflächen-Modus erst anklicken – mit ⇧ wählen Sie mehrere aus –, dann ⌥/Alt gedrückt halten und die Zeichenflächen verschieben. Sie haben die Wahl, ob dabei die Objekte dupliziert werden, die ganz oder teilweise auf den Zeichenflächen liegen. Dazu klicken Sie auf den Button Bildmaterial mit Zeichenfläche verschieben/kopieren.

Alternativ klicken Sie sie im Zeichenflächen-Bedienfeld an – halten Sie ⌘/Strg gedrückt, um nicht aufeinanderfolgende Einträge zu aktivieren – und rufen Zeichenflächen duplizieren aus dem Bedienfeldmenü auf.

3.3.5 Zeichenflächen kopieren und einfügen

Im Zeichenflächen-Modus können Sie ausgewählte Zeichenflächen kopieren und in dasselbe oder andere Dokumente einfügen. Ist Bildmaterial mit Zeichenfläche verschieben aktiv, wird der Inhalt mitkopiert.

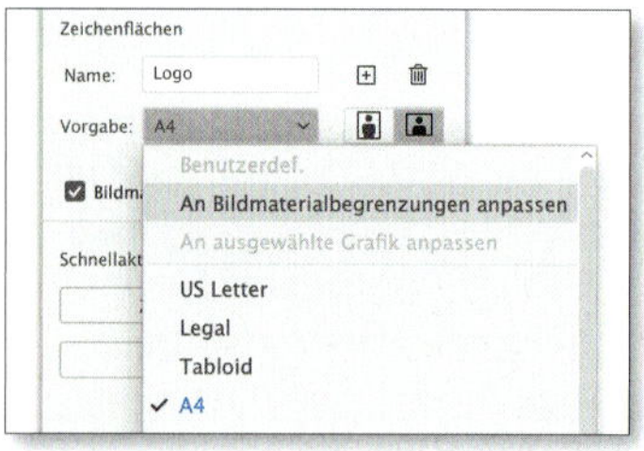

▲ **Abbildung 3.29**
Anpassen der Zeichenfläche per Menü Vorgaben im Eigenschaften-Bedienfeld

▼ **Abbildung 3.30**
Die Zeichenfläche kann an die komplette Grafik auf der Zeichenfläche (links) oder an ausgewählte Objekte (rechts) angepasst werden.

3.3.6 Zeichenfläche skalieren

Aktivieren Sie eine Zeichenfläche im Zeichenflächen-Modus, und ziehen Sie an einer Kante oder Ecke, um die Größe anzupassen.

An die Größe einer Grafik anpassen | Eine Zeichenfläche können Sie automatisch an die Größe des Begrenzungsrahmens einer darin enthaltenen Grafik anpassen. Falls Sie für die Anpassung nicht die gesamte Grafik, sondern nur bestimmte Elemente verwenden wollen, aktivieren Sie diese. Wählen Sie dann aus dem Menü Vorgaben im Eigenschaften- oder Steuerungsbedienfeld bzw. aus dem Menü Vorg. in den Zeichenflächenoptionen den Eintrag An Bildmaterialbegrenzungen anpassen bzw. An ausgewählte Grafik anpassen. Unabhängig davon, ob die gleichnamige Option (unter Voreinstellungen • Allgemein) gesetzt ist, werden die Vorschaubegrenzungen des Objekts verwendet.

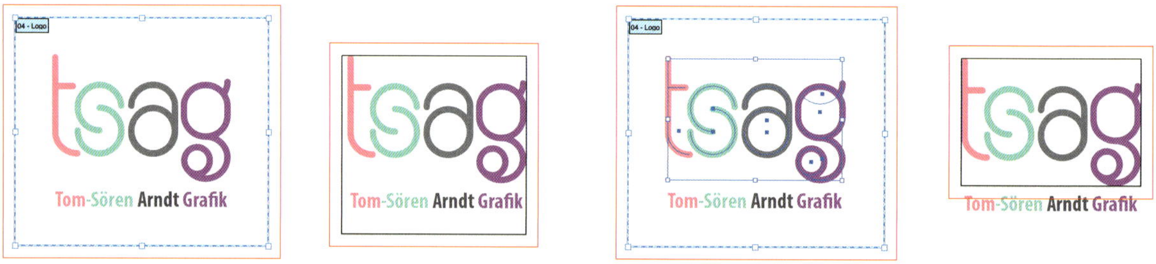

Größe numerisch eingeben | Klicken Sie auf eine Zeichenfläche, und wählen Sie mit dem Symbol URSPRUNG den Bezugspunkt für die Größenänderung aus. Dann wählen Sie eines der voreingestellten Maße aus dem Menü VORGABEN im Steuerungsbedienfeld.

Alternativ geben Sie die gewünschte Position in die Eingabefelder x bzw. y und die Maße in die Felder B und H im Eigenschaften- bzw. im Steuerungsbedienfeld ein.

Zeichenfläche und Objekte skalieren?

Objekte sind unabhängig von Zeichenflächen, und daher gibt es keine Möglichkeit, eine Zeichenfläche zusammen mit den darauf liegenden Objekten zu skalieren.

3.3.7 Zeichenflächenoptionen

Um die Optionen für eine Zeichenfläche oder für das Zeichenflächen-Werkzeug aufzurufen, haben Sie mehrere Möglichkeiten:

- ▶ Aktivieren Sie eine oder mehrere Zeichenflächen, und doppelklicken Sie auf das Zeichenflächen-Werkzeug.
- ▶ Klicken Sie auf den Button ZEICHENFLÄCHENOPTIONEN im Eigenschaften- bzw. im Steuerungsbedienfeld.
- ▶ Doppelklicken Sie auf das Format-Symbol der gewünschten Zeichenfläche im Zeichenflächen-Bedienfeld.
- ▶ Rufen Sie ZEICHENFLÄCHENOPTIONEN aus dem Bedienfeldmenü des Zeichenflächen-Bedienfeldes auf.

Mehrere Zeichenflächen umbenennen

Wählen Sie im Zeichenflächenmodus mehrere Zeichenflächen aus, und geben Sie einen neuen Namen im Eigenschaften- oder Steuerungsbedienfeld ein. Alle aktivierten Zeichenflächen erhalten diesen Namen und eine laufende Nummer.

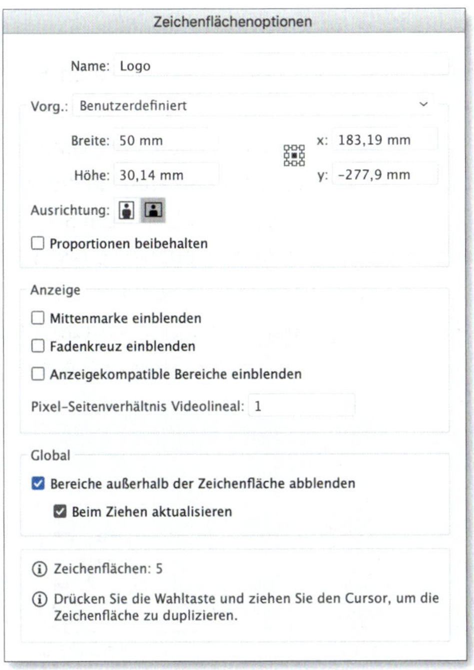

◀ **Abbildung 3.31**
Die Dialogbox ZEICHENFLÄCHENOPTIONEN

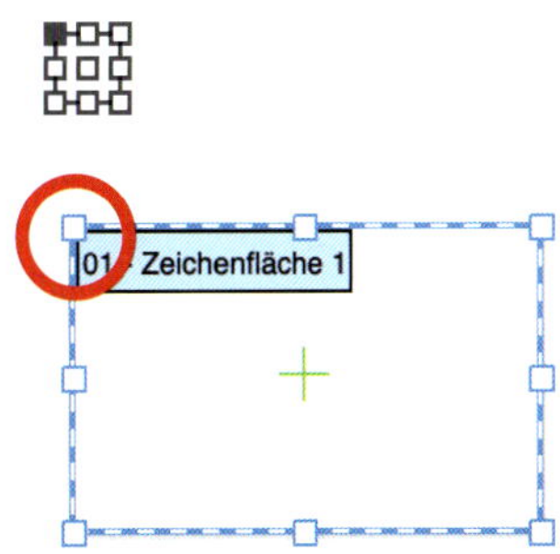

▲ **Abbildung 3.32**
Das Ursprungsymbol wird Ihnen an vielen Stellen wieder begegnen: Die neun Kästchen entsprechen den Anfassern des Zeichenflächenrahmens. Klicken Sie auf ein Kästchen, ist der entsprechende Punkt eines Objekts der Bezugspunkt für Skalierungen oder Positionsbestimmungen.

- ▶ VORG.: Wählen Sie aus dem Menü eine gebräuchliche Größe, oder geben Sie die Maße unter BREITE bzw. HÖHE ein. Möchten Sie beim

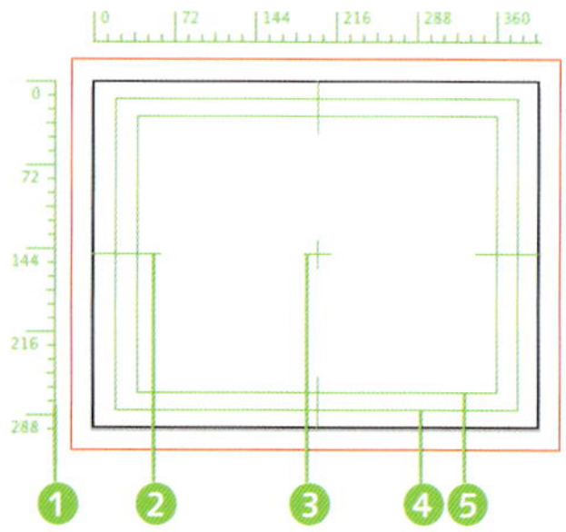

▲ **Abbildung 3.33**
Anzeigeoptionen einer Zeichenfläche: Videolineale ❶, Fadenkreuz ❷, Mittenmarke ❸, anzeigekompatible Bereiche (aktionssicherer Bereich ❹, titelsicherer Bereich ❺)

Eingeben einer neuen Größe die Proportionen erhalten, aktivieren Sie die entsprechende Option.

- Ursprung: Bestimmen Sie mit dem Symbol den Bezugspunkt für eine Größenänderung oder Position. Klicken Sie auf die Ecke, Kante oder in die Mitte, um die Zeichenfläche anhand dieses Punkts zu skalieren oder zu positionieren.
- Position: Legen Sie unter x und y die Position der Zeichenfläche auf der Arbeitsfläche bezogen auf den Ursprung fest.
- Anzeige: Zusätzlich zu den Begrenzungen der Zeichenfläche blenden Sie weitere Informationen ein (s. Abbildung 3.35).
- Pixel-Seitenverhältnis Videolineal: Diesen Wert geben Sie für die Videolineale ein, damit diese unabhängig von der Maßeinheit des Dokuments gerätespezifische Pixel anzeigen (Video s. Abschnitt 21.6).
- Bereiche ausserhalb der Zeichenfläche abblenden: Ist das Zeichenflächen-Werkzeug ausgewählt, wird nur die Fläche innerhalb der aktiven Zeichenfläche in normaler Helligkeit dargestellt – der übrige Bereich des Dokuments ist abgedunkelt. Wählen Sie außerdem, ob diese Anzeige beim Bewegen einer Zeichenfläche in Echtzeit aktualisiert werden soll.

Mehrere Zeichenflächen auswählen

Mehrere Zeichenflächen können Sie mit dem Zeichenflächen-Werkzeug aktivieren, indem Sie [⇧] gedrückt halten. Die Zeichenflächen lassen sich anschließend gemeinsam verschieben oder duplizieren.

3.3.8 Auf der Arbeitsfläche neu anordnen

Die Anordnung der Zeichenflächen im Dokument können Sie bestimmen, indem Sie sie mit dem Zeichenflächen-Werkzeug verschieben. Mit gedrückter [⇧]-Taste können Sie weitere Zeichenflächen auswählen und gemeinsam verschieben. Alternativ lassen Sie die Zeichenflächen automatisch anhand ihrer Nummerierung anordnen. Sortieren Sie sie zunächst nach Bedarf im Zeichenflächen-Bedienfeld.

▼ **Abbildung 3.34**
Neuanordnen von Zeichenflächen

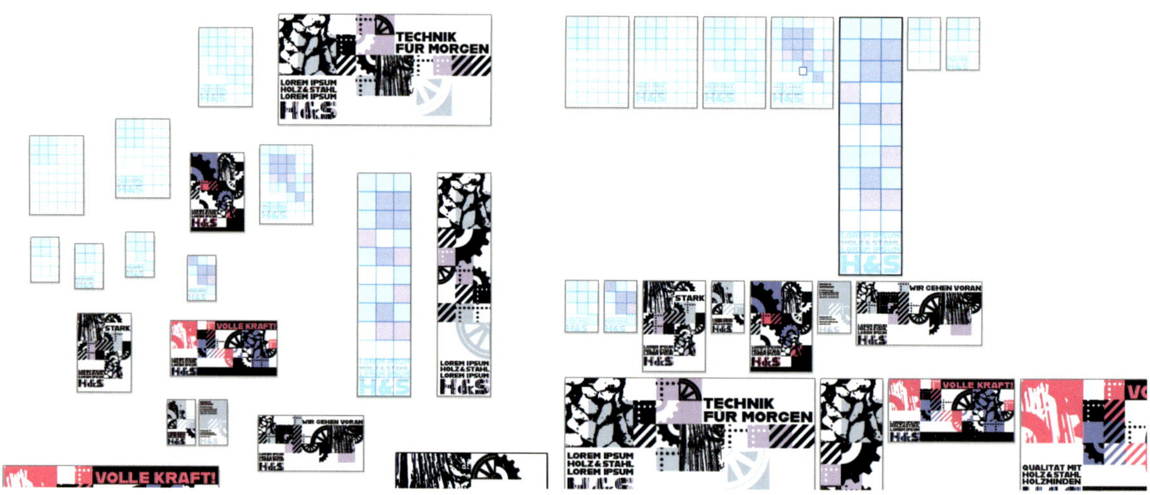

Anschließend rufen Sie Alle Zeichenflächen neu anordnen aus dem Bedienfeldmenü auf oder klicken auf Alle neu anordnen im Eigenschaften-Bedienfeld.

Die Optionen Layout, Spalten und Abstand entsprechen denen beim Anlegen eines neuen Dokuments. Wenn Sie die vorhandenen Objekte mit ihren Zeichenflächen verschieben wollen, aktivieren Sie Bildmaterial mit Zeichenfläche verschieben. Objekte, die mehreren Zeichenflächen zugeordnet sind, verhalten sich dabei unerwartet (s. Kasten »Anordnen und nicht eindeutig zuordnete Objekte«).

In den Voreinstellungen bestimmen SIe unter Auswahl und Ankerpunkt-Anzeige, ob sich gesperrte und ausgeblendete Grafiken ebenfalls mit der Zeichenfläche verschieben.

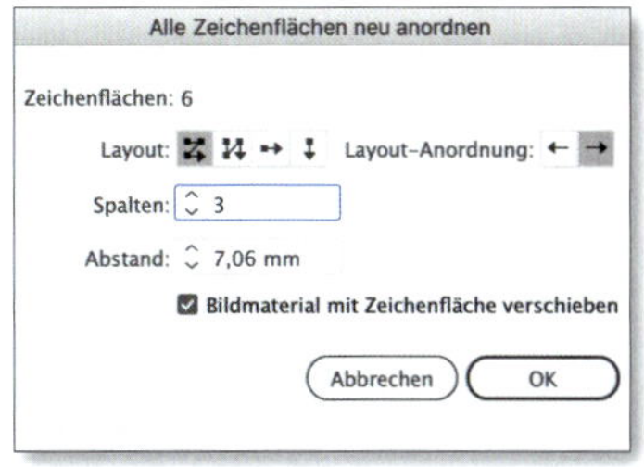

▲ **Abbildung 3.35**
Dialogbox Zeichenflächen neu anordnen

Anordnen und nicht eindeutig zugeordnete Objekte

Wenn sich Objekte nicht eindeutig zuordnen lassen, d.h. im Bereich mehrerer Zeichenflächen liegen, kommt es zu unerwarteten Ergebnissen. Zeichenflächen innerhalb anderer Zeichenflächen werden nicht neu angeordnet, und Teile der Zeichnung werden unter Umständen der falschen Zeichenfläche zugerechnet und daher ebenfalls nicht wie gewünscht verschoben.

3.3.9 Zeichenfläche löschen

Zum Löschen von Zeichenflächen gibt es mehrere Möglichkeiten: Wählen Sie das Zeichenflächen-Werkzeug, aktivieren Sie eine Zeichenfläche, klicken Sie auf den Button Zeichenfläche löschen oder drücken Sie ←. Auch den Löschen-Button im Zeichenflächen-Bedienfeld können Sie verwenden. Objekte, die auf den Zeichenflächen lagen, bleiben erhalten.

Leere Zeichenflächen löschen | Mithilfe des Zeichenflächen-Bedienfeldes können Sie gezielt Zeichenflächen, die keine Objekte enthalten, löschen. Wählen Sie dazu dann Leere Zeichenflächen löschen aus dem Bedienfeldmenü.

3.3.10 Zwischen Zeichenflächen blättern

Die aktive Zeichenfläche ist im Bearbeitungsmodus mit einem schwarzen Rahmen versehen, während die übrigen Zeichenflächen in einem etwas helleren Grau umrandet sind. Wenn Sie ein Objekt aktivieren oder mit dem Auswahl-Werkzeug auf eine Zeichenfläche klicken, wird diese automatisch aktiviert. Durch einen Doppelklick neben den Namen eines Eintrags im Zeichenflächen-Bedienfeld navigieren Sie ebenfalls zu dieser Zeichenfläche. Sie wird automatisch ins Fenster eingepasst.

Alternativ verwenden Sie das Menü in der Statusleiste, um gezielt zu einzelnen Zeichenflächen zu springen, bzw. »blättern« Sie mit den Pfeil-Buttons ⏮, ◀, ▶, ⏭ oder mit ⇧ und ⇞, ⇟ bzw. Bild↑, Bild↓. Auf einem Macbook blättern Sie mit fn+⇧+↑ bzw. ↓.

Im Zeichenflächen-Modus wechseln Sie zwischen den Zeichenflächen mit ⌥/Alt und →, ↓ bzw. ←, ↑.

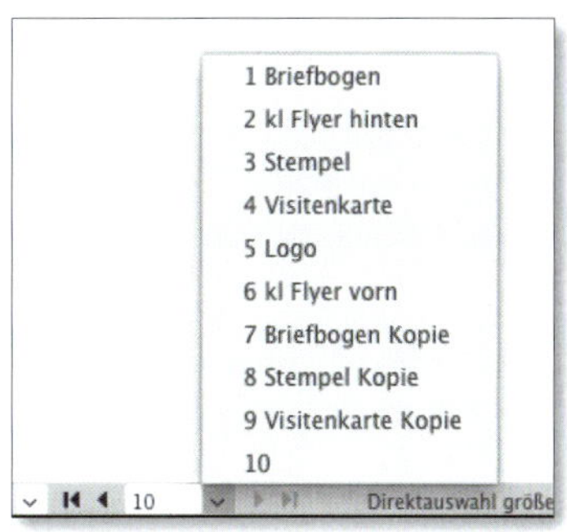

▲ **Abbildung 3.36**
Auswählen einer Zeichenfläche aus dem Menü in der Statusleiste

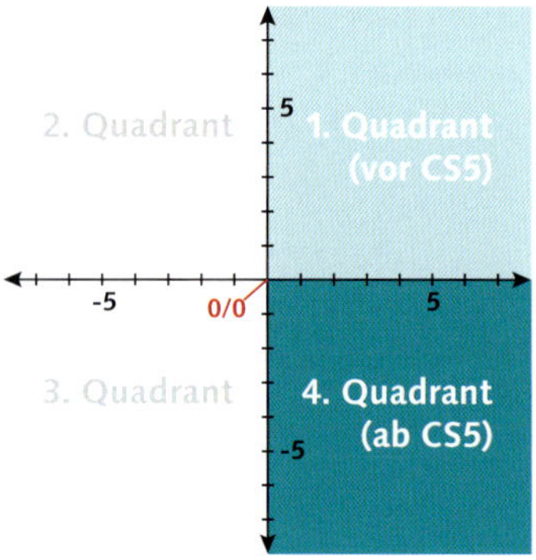

▲ **Abbildung 3.37**
Illustrators Koordinatensystem befindet sich im vierten Quadranten.

Voreinstellung Quadranten?

In den Voreinstellungen können Sie den Quadranten leider nicht ändern. Es ist jedoch möglich, Illustrator mit einem kleinen Hack in der Prefs-Datei auf das alte Verhalten »zurückzustellen«. Dies können Sie mit einem simplen Texteditor durchführen. Eine Beschreibung des Hacks finden Sie unter *www.vektorgarten.de/illustrator-cs5.html#quadrant14*.

▲ **Abbildung 3.38**
VOREINSTELLUNGEN • EINHEIT

Lineale in allen offenen Dateien

Aktivieren Sie die Option LINEALE IN ALLEN DOKUMENTEN ANZEIGEN/AUSBLENDEN unter VOREINSTELLUNGEN • ALLGEMEIN, um die Anzeige der Lineale in allen offenen Dateien synchron zu steuern.

3.3.11 Einzelne Zeichenflächen drucken oder speichern

Für den Ausdruck oder beim Speichern, Exportieren und für Bildschirme exportieren können Sie die Zeichenflächen bestimmen, die berücksichtigt werden sollen (s. Kapitel 20 und Kapitel 21). Beim Speichern in AI-Dateien können Sie wahlweise jede Zeichenfläche als einzelne Datei oder eine Datei mit allen Objekten erstellen (s. Abschnitt 3.7).

3.4 Maßeinheiten und Lineale

In Illustrator arbeiten Sie immer mit absoluten Maßen in einem definierten Koordinatensystem. Das Dokumentformat gibt die Größenverhältnisse vor.

3.4.1 Koordinatensystem

Illustrators Koordinatensystem arbeitet seit Version CS5 wie InDesign und Photoshop (und wie von Webseiten gewohnt) im vierten Quadranten des kartesischen Koordinatensystems (das Sie vielleicht noch aus dem Mathematikunterricht kennen). Das bedeutet, dass der Nullpunkt des Dokuments bzw. einzelner Zeichenflächen standardmäßig in der oberen linken Ecke liegt und Sie z. B. positive Werte eingeben müssen, um ein Objekt nach unten zu verschieben. Auch wenn Sie den Nullpunkt in die linke untere Ecke verschieben, bleibt das Koordinatensystem natürlich bestehen (s. auch den Hinweiskasten links).

Einige (alte) Skripte funktionieren eventuell nicht wie erwartet oder geben falsche Werte aus.

3.4.2 Voreinstellungen Maßeinheiten

Die Maßeinheiten für drei verschiedene Aufgabenbereiche können Sie getrennt anpassen. Maßeinheiten legen Sie unter VOREINSTELLUNGEN • EINHEIT – [⌘]+[⇧]+[⌥]+[N] bzw. [Strg]+[Alt]+[1] – fest.

- ALLGEMEIN: Die hier angegebene Maßeinheit wird in den Linealen dargestellt – sofern das Dokument nicht bereits eine andere Einheit verwendet – und ist die Grundlage des Dokumentrasters. Sie wird für Größenangaben, Abstände und Positionierungen von Objekten verwendet.
- KONTUR: In dieser Einheit bestimmen Sie die Konturstärken. Die Werte im Konturstärkenmenü werden der gewählten Einheit angepasst und nicht einfach aus der Einheit Punkt umgerechnet.

- Schrift/Asiatische Schrift: Hier legen Sie fest, in welcher Einheit Sie Schriftgrößen definieren möchten. Das Auswahlmenü Asiatische Schrift kann nur dann verwendet werden, wenn Sie unter Voreinstellungen • Schrift das Kästchen Asiatische Optionen einblenden aktivieren.

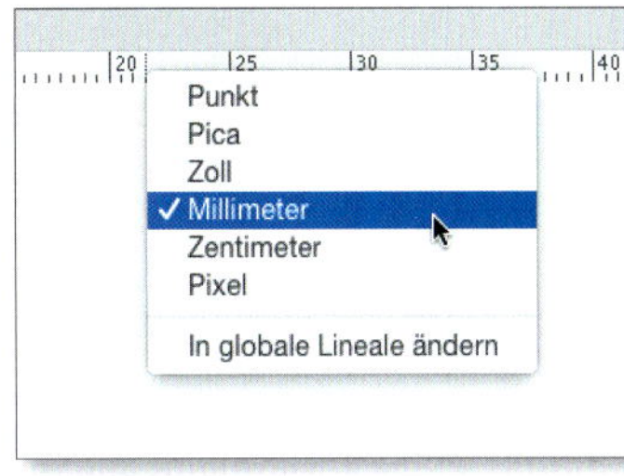

▲ **Abbildung 3.39**
Mit Rechtsklick bzw. ctrl + Klick (Ein-Tasten-Maus am Mac) auf das Lineal rufen Sie ein Menü auf, in dem Sie die Maßeinheit auswählen können.

3.4.3 Maßeinheiten des Dokuments ändern

Die in den Voreinstellungen bestimmten Maßeinheiten werden für alle neuen Dokumente übernommen. Möchten Sie die allgemeine Maßeinheit eines Dokuments nachträglich ändern, wählen Sie Datei • Dokument einrichten – Shortcut ⌘+⌥+P bzw. Strg+Alt+P.

In dem Aufklappmenü unter Einheit legen Sie die neue Maßeinheit nur für dieses Dokument fest.

Lineale in alten Dokumenten

Der Nullpunkt in alten Dokumenten wird nicht verändert – das Koordinatensystem wechselt jedoch in den vierten Quadranten, sobald Sie diese Dokumente in Illustrator CS5 oder höher öffnen.

3.4.4 Lineale

Am Rand des Dokumentfensters können Sie sich Lineale einblenden lassen, die Skalen in der aktuellen Maßeinheit anzeigen. Die Lineale beziehen sich entweder auf einzelne Zeichenflächen (Zeichenflächenlineale) oder auf das gesamte Dokument (globale Lineale). Wählen Sie Ansicht • Lineale einblenden – Shortcut ⌘/Strg+R –, um die Anzeige der Lineale zu aktivieren. Wenn Sie mit der Option Zeichenflächenlineale arbeiten, passt sich die Darstellung der Werte in den Linealen jeweils an, wenn Sie zu einer anderen Zeichenfläche wechseln. Die Art der Lineale wird vom gewählten Dokumentprofil bestimmt.

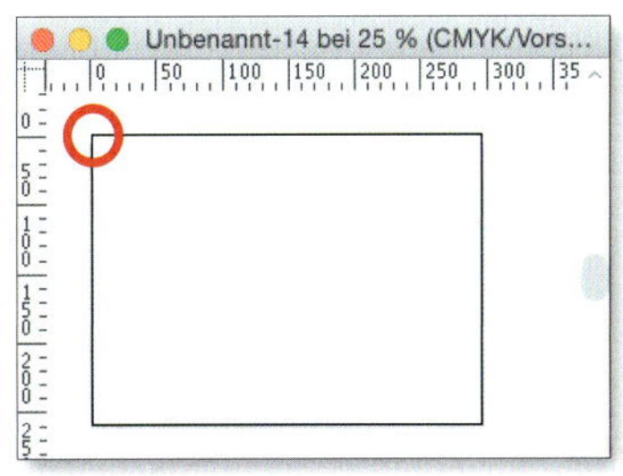

▲ **Abbildung 3.40**
Standardmäßig liegt der Nullpunkt oben links.

Zwischen globalen und Zeichenflächenlinealen wechseln | Wenn Sie von Zeichenflächen- auf globale Lineale umstellen möchten, wählen Sie Ansicht • Lineale • In globale Lineale ändern – ⌘+⌥+R bzw. Strg+Alt+R. Damit erhalten Sie ein Koordinatensystem, das alle Zeichenflächen umfasst. Der Menüeintrag wechselt zu In Zeichenflächenlineale ändern, sodass Sie zurückwechseln können. Illustrator merkt sich die letzte Nullpunktposition des jeweils anderen Linealmodus und stellt dahin zurück.

Nullpunkt verschieben | Der Standardnullpunkt der Lineale – also der Punkt, an dem beide Lineale den Wert 0 anzeigen – befindet sich jeweils in der linken oberen Ecke der Zeichenflächen, bei globalen Linealen ungefähr in der Mitte des Dokuments.

Falls Sie zu Konstruktionszwecken den Nullpunkt an einer anderen Stelle benötigen, können Sie ihn frei positionieren. Klicken Sie in das Feld

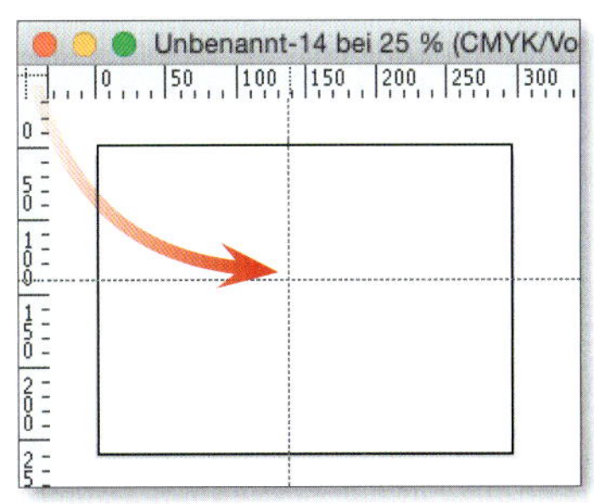

▲ **Abbildung 3.41**
Nullpunkt verschieben

▲ **Abbildung 3.42**
Wird bei globalen Linealen der Nullpunkt verschoben, dann ändert sich die Position von Mustern auf Objekten, egal, ob die Voreinstellung MUSTER TRANSFORMIEREN aktiviert ist oder nicht.

Muster und die Linealposition

Wenn Sie mit Zeichenflächenlinealen arbeiten, verändern sich Musterflächen nicht mehr, sobald Sie den Nullpunkt verschieben. Arbeiten Sie dagegen mit globalen Linealen, passiert dies weiterhin.

links oben im Dokumentfenster, an dem die beiden Lineale sich treffen, und ziehen Sie zu der Stelle, an der Sie den Nullpunkt positionieren möchten. Während Sie ziehen, zeigt ein Fadenkreuz die neue Position des Nullpunkts an.

Für die Positionierung des Nullpunkts können Sie alle Hilfen verwenden, die Ihnen zur Positionierung von Objekten in Illustrator zur Verfügung stehen, wie Hilfslinien oder das Ausrichten an Ankerpunkten (s. Abschnitt 3.5.4) und Pixeln (s. Abschnitt 21.1.2).

Wenn Sie mit globalen Linealen arbeiten und den Nullpunkt verändern, verschieben sich Muster, die Sie Objekten zugewiesen haben.

Ebenso ändert sich mit globalen Linealen bei einer Nullpunktverschiebung das zugrunde gelegte Pixelraster des Dokuments (Pixelraster s. Abschnitt 21.1.2) und damit auch die Umrechnung von Vektorobjekten und ihren Eigenschaften ins Pixelraster. Das Arbeiten mit Zeichenflächenlinealen ist daher vor allem im Hinblick auf diese beiden Aspekte zu empfehlen. Überprüfen und korrigieren Sie dennoch die Nullpunkte der Zeichenflächen, bevor Sie beginnen, Objekte zu zeichnen.

Nullpunkt zurücksetzen | Um den Nullpunkt zurückzusetzen, doppelklicken Sie auf die Kreuzungsstelle der Lineale links oben im Dokumentfenster. Wenn Sie mit Zeichenflächenlinealen arbeiten, wählen Sie vorher die gewünschte Zeichenfläche aus.

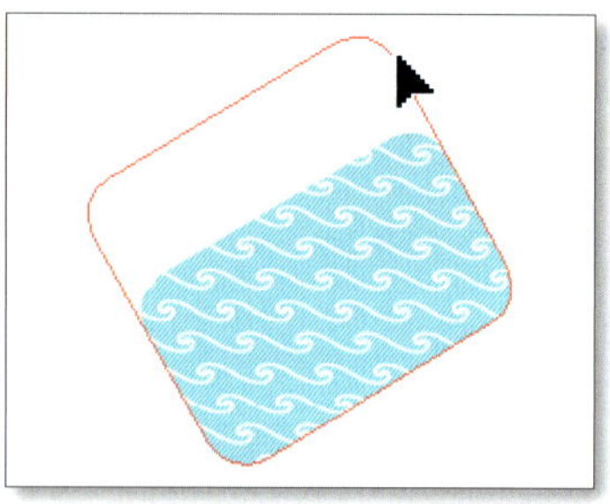

▲ **Abbildung 3.43**
Vor allem das Editieren von Objekten in isometrischen Zeichnungen (hier Größenänderung) wird mit einer angepassten Bildachse vereinfacht.

3.4.5 Bildachse

Per Voreinstellung arbeitet Illustrator mit einer waagerechten Grundachse für die Konstruktion und Transformation von Objekten. Dies können Sie unter VOREINSTELLUNGEN • ALLGEMEIN ändern. Geben Sie einen anderen Winkel unter BILDACHSE ein, und Elemente werden daraufhin in dieser Lage erstellt.

3.4.6 Positionen, Maße und Informationen anzeigen

Positionen und einige Objekteigenschaften sowie die Parameter von Transformationen, die Sie durchführen, werden im Info-Bedienfeld angezeigt. Rufen Sie dieses unter FENSTER • INFO auf – ⌘/Strg+F8, im Dock .

Die Maße im Bedienfeld berechnet Illustrator in der eingestellten Einheit, Farbwerte entsprechend dem Dokumentfarbmodus.

Objektinformationen | Im oberen Bereich sehen Sie die Position (X- und Y-Werte) des ausgewählten Objekts und seine Abmessungen (B- und H-

Linealwerte in Dialogfeldern

Illustrator übernimmt die mit dem Lineal gemessenen Werte in Transformieren-Dialogboxen: Abstände werden in der VERSCHIEBEN- und der Winkel in der DREHEN-Dialogbox eingestellt.

Angaben). Die Werte berücksichtigen die Position und die Abmessungen der Pfade. Möchten Sie die Stärke von Konturen oder durch Effekte entstandene Flächen in die Messung einschließen, aktivieren Sie VORSCHAUBEGRENZUNGEN VERWENDEN unter VOREINSTELLUNGEN • ALLGEMEIN (s. Abbildung 3.45).

Wählen Sie OPTIONEN EINBLENDEN im Bedienfeldmenü, um außerdem die Farbwerte oder das Muster von Füllung und Kontur des aktivierten Objekts im unteren Bereich des Bedienfeldes anzuzeigen.

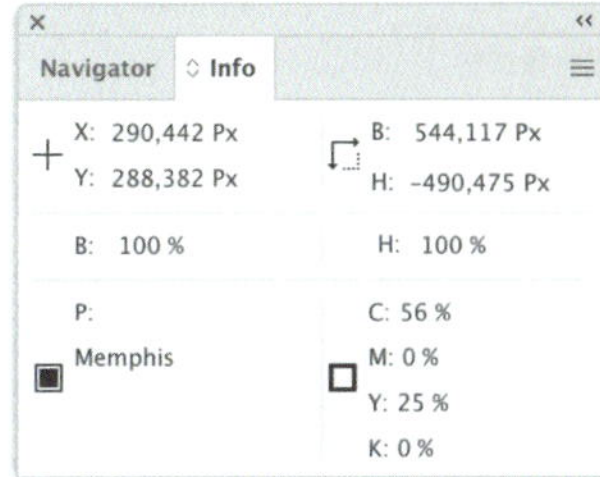

▲ **Abbildung 3.44**
Das Info-Bedienfeld während einer Skalierung mit optionaler Anzeige der Farbwerte

Transformationen | Verwenden Sie Transformations- oder Mess-Werkzeuge, werden deren Parameter in der mittleren Reihe des Info-Bedienfeldes eingeblendet:

- D: Stellt die zurückgelegte Distanz beim Verschieben bzw. den Abstand eines Punkts zum vorher gesetzten Punkt dar.
- B/H: Hier sehen Sie den Vergrößerungsfaktor beim Skalieren.
- ∡: Dieses Symbol kennzeichnet den Drehwinkel bei der Verwendung des Drehen-Werkzeugs sowie den Winkel, wenn Sie das Verlauf- oder Mess-Werkzeug verwenden oder ein Objekt verschieben.
- Verwenden Sie das Spiegeln-Werkzeug, zeigt das Symbol den Spiegelungswinkel.
- Wenn Sie das Verbiegen-Werkzeug verwenden, wird hier der Winkel der Verbiegungsachse angezeigt.
- ▰: Dieses Symbol kennzeichnet den Umfang der Verbiegung, wenn Sie das Verbiegen-Werkzeug verwenden.

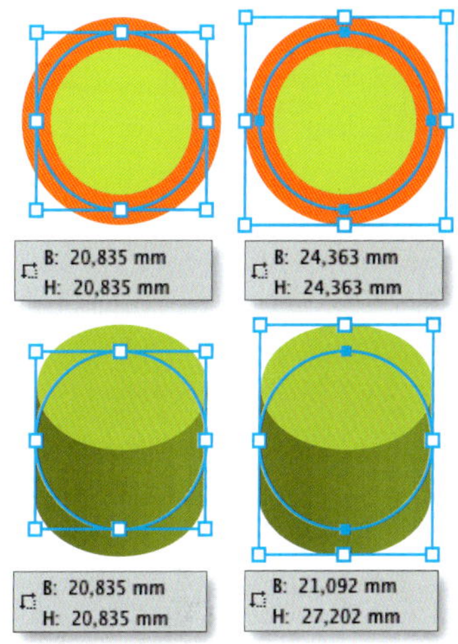

▲ **Abbildung 3.45**
Ohne (links) und mit (rechts) VORSCHAUBEGRENZUNGEN VERWENDEN

3.4.7 Abstände messen

Die Abstände zwischen Objekten oder die Winkelung einer Kante können Sie mit dem Mess-Werkzeug ermitteln.

Wählen Sie das Mess-Werkzeug, klicken Sie auf den ersten Messpunkt, und ziehen Sie das Werkzeug zum zweiten Messpunkt. Pfade und Punkte wirken »magnetisch« und lassen den zweiten Messpunkt innerhalb einer engen Toleranz einrasten – den ersten leider nicht.

Im Info-Bedienfeld werden die X- und Y-Koordinaten des ersten Messpunkts, die gemessene Breite B und Höhe H, die ermittelte Distanz A und der Winkel ∡ zwischen den beiden Messpunkten angezeigt. Die Werte bleiben stehen, bis Sie ein neues Werkzeug wählen oder mit einem Tastaturbefehl temporär ein Werkzeug aktivieren.

Wenn es auf Genauigkeit ankommt, ist das Mess-Werkzeug nicht geeignet. Viel besser lässt es sich mit dem Liniensegment-Werkzeug messen – die gemessene Länge und den Winkel finden Sie im Transformieren-Bedienfeld, wenn Sie die gezeichnete Linie aktivieren.

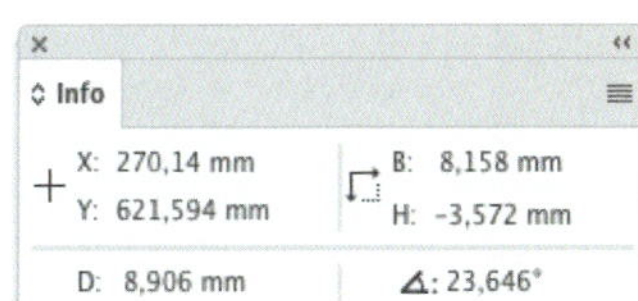

▲ **Abbildung 3.46**
Das Info-Bedienfeld zeigt die mit dem Mess-Werkzeug ermittelten Werte an.

Störrische Werkzeuge

Wenn Sie das Gefühl haben, dass Sie Punkte nicht mehr dort setzen können, wo Sie wollen, kann das daran liegen, dass Am Raster ausrichten oder An Pixel ausrichten aktiviert ist.

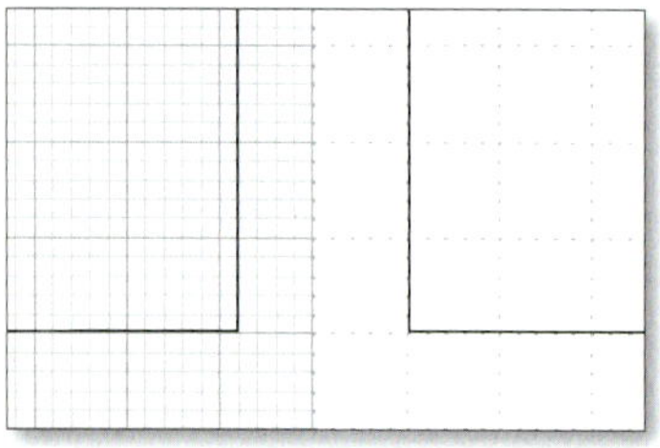

▲ **Abbildung 3.47**
Dokumentraster als Linien und als Punkte

Intelligente Hilfslinien

Ist Am Raster ausrichten aktiviert, können Sie nicht mit intelligenten Hilfslinien arbeiten.

▲ **Abbildung 3.48**
Im Dokumentenraster entwickelter Schriftzug

Hilfslinien verschwinden beim Aktivieren

Wenn die Ansichtsoption Ecken ausblenden aktiv ist und Sie eine Hilfslinie aktivieren, so wird diese unsichtbar.

3.5 Raster und Hilfslinien

Zahlreiche Funktionen erleichtern Ihnen das exakte Positionieren, Verschieben und Ausrichten von Objekten. Neben den hier aufgeführten Rastern und Hilfslinien besteht die Möglichkeit, die Position eines oder mehrerer Objekte an anderen Objekten zu orientieren.

3.5.1 Raster

Als Konstruktionshilfe können Sie sich das Dokumentraster anzeigen lassen. Das Raster liegt über oder unter Ihrer Grafik und wird nicht gedruckt.

Wenn Sie das Raster benötigen, wählen Sie Ansicht • Raster einblenden – ⌘+< (auf Windows müssen Sie die Kurzbefehle für das Raster neu einrichten). Die Rasterweite, die Farbe und die Art, in der das Raster angezeigt wird, definieren Sie unter Voreinstellungen • Hilfslinien und Raster (mit einem Doppelklick auf das Mess-Werkzeug sind Sie schneller dort). Unter Stil haben Sie die Wahl zwischen den sehr deutlichen Linien und den weniger aufdringlichen Punkten.

Der Wert Rasterlinie alle legt die Hauptunterteilungen fest – im Eingabefeld Unterteilungen wird das Raster verfeinert: Geben Sie hier einen Wert größer als 1 ein, um die jeweilige Anzahl zusätzlicher Rasterfelder zu erzeugen. Die Option Raster im Hintergrund positioniert das Raster hinter den Grafikobjekten.

Am Raster ausrichten | Sie können Ihre Objekte mithilfe des Rasters positionieren; dafür muss das Raster nicht sichtbar sein.

Um das Raster als Positionierungshilfe zu verwenden, wählen Sie Ansicht • Am Raster ausrichten – ⌘+⇧+<. Punkte und Pfade werden damit vom Raster »angezogen«, sobald sie in der Nähe des Rasters bewegt werden. Die Anziehung wirkt nicht auf die Außenbegrenzung des Objekts – z. B. durch eine starke Kontur –, sondern auf den Pfad.

3.5.2 Hilfslinien

Häufig ist das Dokumentraster zu unflexibel, und Sie benötigen Ausrichtungshilfen in unregelmäßigen Abständen. Für diesen Zweck sind Hilfslinien gedacht. Hilfslinien können gerade Linien oder freie Vektorformen sein, und Sie können sie nicht nur auf, sondern auch außerhalb der Zeichenfläche nach Bedarf frei positionieren. Wenn Sie sie gerade nicht benötigen, blenden Sie sie einfach aus. Wie das Raster werden auch Hilfslinien nicht gedruckt.

Mit dem Lineal erzeugen | Um eine Hilfslinie zu generieren, gehen Sie wie folgt vor:

1. Blenden Sie die Lineale ein, falls sie nicht sichtbar sind – ⌘/Strg+R.
2. Soll die Hilfslinie an einem Ankerpunkt eines Objekts ausgerichtet werden, aktivieren Sie die Option Ansicht • An Punkt ausrichten, falls sie nicht bereits aktiv ist.
3. Wenn Sie mehrere Ebenen eingerichtet haben: Wählen Sie die Ebene aus, auf der die Hilfslinie erstellt werden soll.
4. Möchten Sie eine horizontale Hilfslinie erstellen, klicken Sie in das Lineal am oberen Fensterrand (für eine vertikale Hilfslinie klicken Sie in das Lineal am linken Fensterrand) und ziehen bis zur gewünschten Stelle im Dokument. Sobald Sie mit dem Cursor den Linealbereich verlassen, wird eine gepunktete Vorschau der Linie angezeigt.
   Soll die Hilfslinie an einem Ankerpunkt einrasten, ziehen Sie auf diesen Punkt, bis sich der Cursor in ▷ ändert.

Hilfslinien und Ebenen

Hilfslinien werden als Objekte der aktuellen Arbeitsebene zugeordnet und im Ebenen-Bedienfeld angezeigt. Um im Ebenen-Bedienfeld die Übersicht zu behalten, richten Sie eine eigene Ebene für alle Hilfslinien ein (Ebenen s. Abschnitt 11.1).

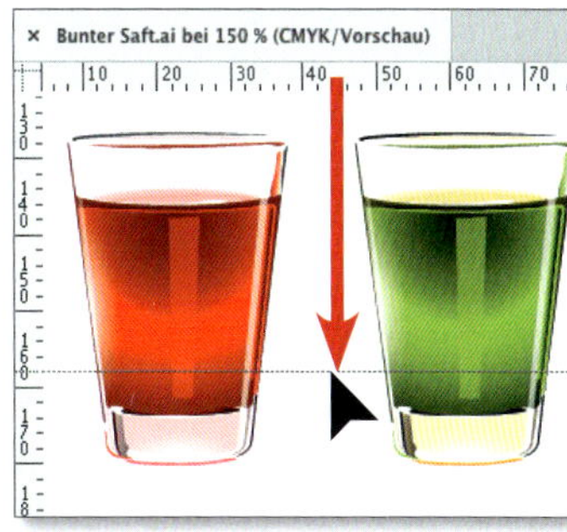

▲ **Abbildung 3.49**
Hilfslinie aus dem Lineal ziehen

Modifikationsmöglichkeiten | Drücken Sie ⇧ beim Ziehen der Hilfslinie, um diese an den in der aktuellen Zoomstufe angezeigten Linealunterteilungen einzurasten. Drücken Sie beim Ziehen ⌥/Alt, um die Ausrichtung der Hilfslinie von vertikal auf horizontal und umgekehrt zu ändern. Doppelklicken Sie auf ein Lineal, um an dieser Stelle eine Hilfslinie zu erstellen (eine senkrechte Hilfslinie erstellen Sie also aus dem waagerechten Lineal und umgekehrt).

Hilfslinien und Auswahl

Hilfslinien sind Objekte. Das bedeutet, dass Hilfslinien mit ausgewählt werden, wenn Sie Objekte mit einem Auswahlrechteck selektieren. Wählen Sie Objekte dagegen mit dem Lasso aus, bleiben Hilfslinien inaktiv.

Senkrechte und waagerechte Hilfslinien erstellen | Hilfslinien, die sich in einem Punkt kreuzen, erstellen Sie aus dem Linealnullpunkt. Drücken Sie ⌘/Strg, klicken Sie in den Linealnullpunkt, und ziehen Sie die beiden Hilfslinien an den gewünschten Kreuzungspunkt. Gebildet werden zwei einzelne Hilfslinien.

Hilfslinie auf einer Zeichenfläche | Wechseln Sie zum Zeichenflächen-Werkzeug, aktivieren Sie eine Zeichenfläche, und ziehen Sie eine Hilfslinie, um diese nur auf der ausgewählten Zeichenfläche zu erstellen. Löschen Sie die Zeichenfläche, bleibt die Hilfslinie jedoch erhalten.

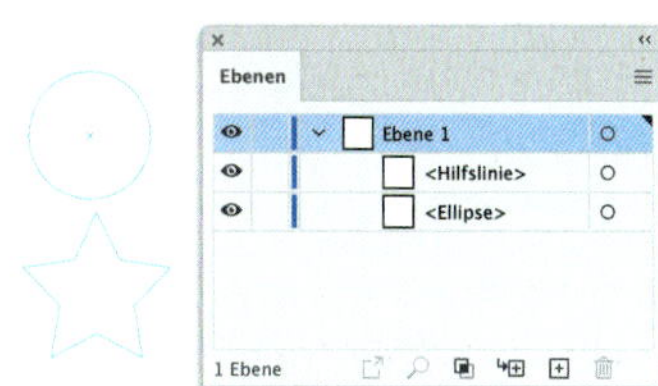

▲ **Abbildung 3.50**
Aus einem Objekt umgewandelte Hilfslinien werden im Ebenen-Bedienfeld als ‹Hilfslinie› gelistet, es sei denn, es handelt sich um interaktive Formen (hier: Ellipse).

Aus einem Objekt erzeugen | Aktivieren Sie das Objekt, und wählen Sie Ansicht • Hilfslinien • Hilfslinien erstellen – ⌘+5 bzw. Strg+Num 5.

Sperren/Lösen | Hilfslinien sind nach dem Erstellen nicht fixiert. Um sie vor Veränderungen zu schützen, aktivieren Sie Ansicht • Hilfslinien •

▲ **Abbildung 3.51**
Hilfslinie durch Eingabe eines Wertes im Steuerungsbedienfeld exakt positionieren

Weitreichende Folgen falsch gelöschter Hilfslinien

Wenn Sie Hilfslinien mit dem Direktauswahl-Werkzeug (weißer Pfeil) auswählen und dann löschen, bleiben zwei Ankerpunkte an den äußeren Rändern der Arbeitsfläche bestehen. Wenn Sie später alles auswählen und verschieben oder in ein anderes Dokument kopieren möchten, erhalten Sie die abgebildete Fehlermeldung. Wählen Sie daher Hilfslinien mit dem Auswahl-Werkzeug (schwarzer Pfeil) aus, wenn Sie sie löschen möchten. Wenn Sie den hier gezeigten Warnhinweis erhalten haben, können Sie die einzelnen Ankerpunkte mit Objekt • Pfad • Aufräumen entfernen.

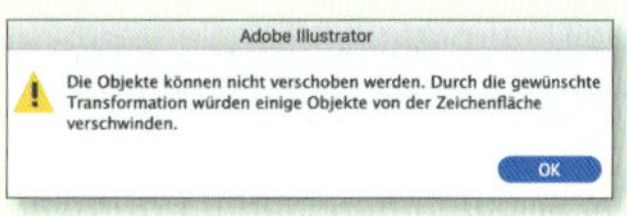

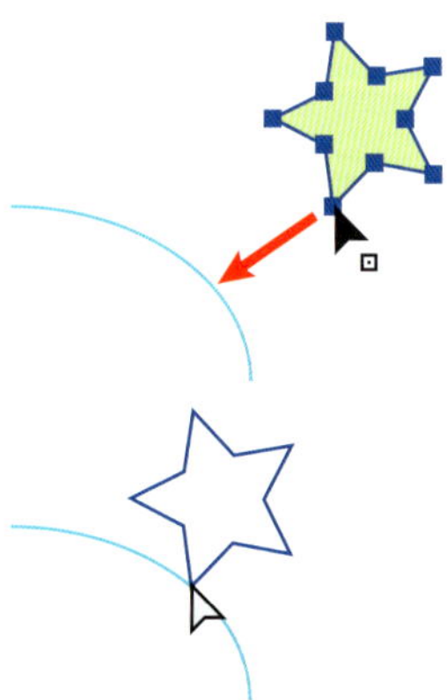

▲ **Abbildung 3.52**
Objekte an Hilfslinien ausrichten

Hilfslinien sperren – ⌘+⌥+, bzw. Strg+Alt+,. Möchten Sie die Hilfslinien editieren, deaktivieren Sie die Sperrung wieder.

Ein- und Ausblenden | Mit ⌘/Strg+, können Sie Hilfslinien verstecken und wieder anzeigen.

Positionieren | Um eine Hilfslinie exakt zu positionieren, aktivieren Sie sie, indem Sie darauf klicken. Geben Sie dann die horizontale oder vertikale Position im Steuerungsbedienfeld oder im Transformieren-Bedienfeld in das Eingabefeld x bzw. y ein.

Duplizieren | Um eine Hilfslinie zu duplizieren, deaktivieren Sie zunächst gegebenenfalls die Fixierung. Anschließend halten Sie ⌥/Alt gedrückt und klicken und ziehen die Hilfslinie, um eine Kopie an der gewünschten Position zu erzeugen.

Anzeige ändern | Unter Voreinstellungen • Hilfslinien und Raster können Sie Farbe und Anzeigeart der Hilfslinien bestimmen.

Zurückwandeln | Aktivieren Sie eine Hilfslinie und wählen Ansicht • Hilfslinien • Hilfslinien zurückwandeln – ⌘+⌥+5 bzw. Strg+Alt+5 –, um aus einer Hilfslinie ein Vektorobjekt zu erzeugen. Alternativ drücken Sie ⌘+⌥+⇧ bzw. Strg+Alt+⇧ und doppelklicken auf die Hilfslinie.

Löschen | Um alle Hilfslinien im Dokument zu löschen, wählen Sie Ansicht • Hilfslinien • Hilfslinien löschen. Möchten Sie einzelne Hilfslinien löschen, deaktivieren Sie zunächst die Fixierung, wählen die Hilfslinie mit dem Auswahl-Werkzeug ▶ aus und drücken ←.

3.5.3 Objekte an Hilfslinien ausrichten

Damit Sie die Hilfslinien zum Ausrichten verwenden können, müssen Sie die Option Ansicht • Am Punkt ausrichten aktivieren – ⌘+⌥+< bzw. Strg+Alt++. Die Ausrichtung von Objekten an Hilfslinien erfolgt nach der Position des Cursors beim Verschieben des Objekts, es sei denn, Sie aktivieren magnetische Hilfslinien. Dann rasten die Begrenzungsrahmen der Objekte an Hilfslinien ein.

Sie müssen gegebenenfalls die Anzeige des Begrenzungsrahmens deaktivieren – Ansicht • Begrenzungsrahmen ausblenden –, damit Sie beim Ziehen an einem Punkt nicht unabsichtlich das Objekt verformen, anstatt es zu verschieben (Begrenzungsrahmen s. Abschnitt 4.3.1).

Klicken Sie also die Stelle an, die Sie an der Hilfslinie ausrichten möchten, und ziehen Sie sie an die Hilfslinie, ohne die Maustaste zwischendurch loszulassen. Befindet sich der Cursor innerhalb der Anziehungsdistanz, wechselt das Cursor-Symbol, und das Objekt wird an der Hilfslinie ausgerichtet.

Ausrichten

In vielen Fällen empfiehlt sich die Verwendung von Illustrators umfangreichen Ausrichten-Funktionen (s. Abschnitt 4.8).

3.5.4 Objekte an Punkten ausrichten

Ist die Option Am Punkt ausrichten aktiviert, können Sie Objekte nicht nur an Hilfslinien, sondern auch an den Anker- und Mittelpunkten anderer Objekte ausrichten.

Voreinstellung Einrasttoleranz | Den Bereich, innerhalb dessen die »Anziehungskraft« von Hilfslinien und Objekten wirksam ist, regeln Sie unter Voreinstellungen • Auswahl und Ankerpunkt-Anzeige. Geben Sie einen Wert zwischen 1 und 8 in das Eingabefeld An Punkt ausrichten ein. Je höher der Wert ist, desto stärker ist die Anziehung.

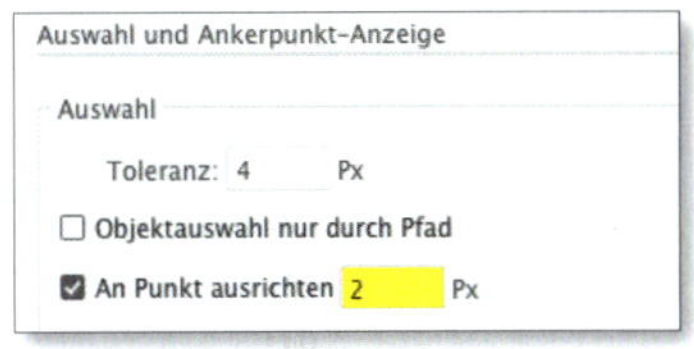

▲ **Abbildung 3.53**
Voreinstellung zur Einrasttoleranz

3.5.5 Intelligente Hilfslinien/Smart Guides

Intelligente Hilfslinien sind eine Art Arbeitsmodus von Illustrator, in dem Objekte aufeinander »magnetisch« reagieren und auf diese Art einfach aneinander ausgerichtet werden können. Die intelligenten Hilfslinien schalten Sie ein, indem Sie Ansicht • Intelligente Hilfslinien wählen – ⌘/Strg+U. Standardmäßig nicht aktiviert sind Konstruktionslinien, die es ermöglichen, Objekte in frei einstellbaren Winkeln an anderen Objekten auszurichten.

Wenn Sie Objekte mit den Form-Werkzeugen oder mit dem Zeichenstift erstellen oder Objekte bearbeiten, zeigen die intelligenten Hilfslinien Ausrichtungslinien zu anderen Punkten des aktivierten Objekts, zu bereits bestehenden anderen Objekten oder deren Ankerpunkten, zu Hilfslinien sowie zur Geometrie der Zeichenfläche an.

Da die intelligenten Hilfslinien auf viele Punkte und Objektkanten reagieren, sollten Sie das auszurichtende Objekt entweder direkt an dem Punkt »anfassen«, den Sie ausrichten wollen (s. dazu den folgenden Absatz »Modifikationsmöglichkeit«), oder deutlich davon entfernt. So vermeiden Sie, dass sich widersprüchliche Ausrichtungshilfen auf engem Raum überlagern und die Arbeit unübersichtlich machen.

Viele Objekte

Befinden sich sehr viele Objekte in Ihrer Datei, z. B. nach dem Umwandeln von Angleichungen, können intelligente Hilfslinien den Bildschirmaufbau beim Bearbeiten deutlich bremsen.

Intelligente Hilfslinien funktionieren nicht

Ist die Option Am Raster ausrichten aktiviert, können intelligente Hilfslinien nicht benutzt werden.

Modifikationsmöglichkeit | Drücken und halten Sie ⌘/Strg, um beim Verschieben von Objekten den angeklickten Punkt mithilfe von intelligenten Hilfslinien auszurichten.

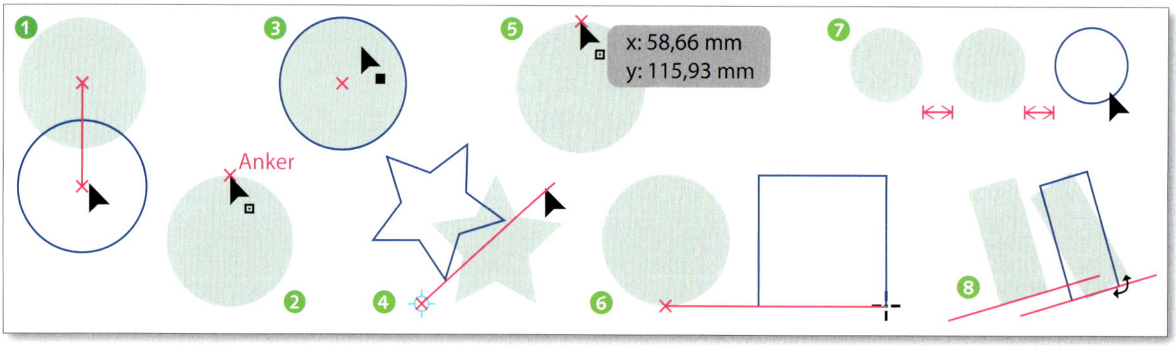

▲ **Abbildung 3.54**
Intelligente Hilfslinien: Ausrichtungslinien ❶, Ankerpunkt-/Pfadbeschriftungen ❷, Objekthervorhebung ❸, Transformieren-Werkzeuge ❹, Messbeschriftungen ❺, Konstruktionslinien ❻, Abstands-Hilfslinien ❼, Drehwinkelhilfslinien ❽ (diese Hilfslinien lassen sich nicht mit einer eigenen Option deaktivieren)

Optionen | Die Optionen für die intelligenten Hilfslinien legen Sie unter VOREINSTELLUNGEN • INTELLIGENTE HILFSLINIEN fest. Neben der FARBE der Linien und der Pfadbeschriftungen haben Sie folgende Optionen:

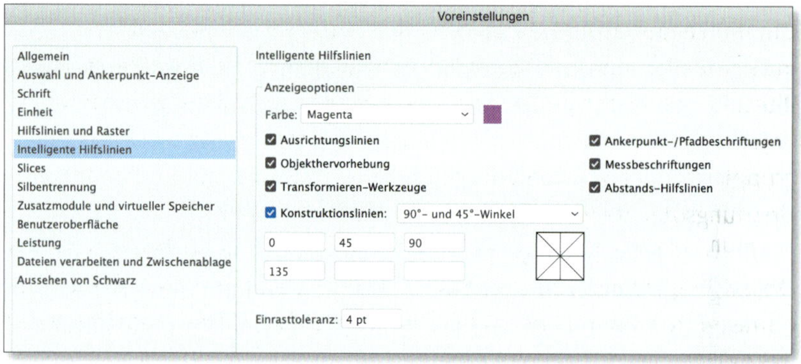

Abbildung 3.55 ▶
Voreinstellungen für intelligente Hilfslinien – zur Erklärung der Begriffe s. Abbildung 3.54

- AUSRICHTUNGSLINIEN: Die Ausrichtungslinien helfen beim Ausrichten von Objekten an den Positionen und Abmessungen anderer Objekte.
- OBJEKTHERVORHEBUNG: Diese Option hebt diejenigen Objekte hervor, die gerade magnetisch wirken.
- TRANSFORMIEREN-WERKZEUGE: Ist diese Option aktiviert, können Sie die intelligenten Hilfslinien auch beim Transformieren – Drehen, Spiegeln, Verbiegen, Skalieren – verwenden.
- ANKERPUNKT-/PFADBESCHRIFTUNGEN: Zu den Hilfslinien wird eine textliche Erklärung angezeigt, z. B. die Positionen von Ankerpunkten, (virtuellen) Schnittpunkten oder Ausrichtungswinkel.
- MESSBESCHRIFTUNGEN: Beim Erstellen von Objekten werden deren Maße, beim Verschieben Winkel und Abstände in einem grauen Kästchen angezeigt.
- ABSTANDS-HILFSLINIEN: Beim Verschieben von Objekten markieren diese Hilfslinien einheitliche Abstände, die sich im Verhältnis zu anderen Objekten ergeben.

Konstruktionslinien

Besonders nützlich ist das Konstruktionslinien-Feature der intelligenten Hilfslinien für die Erstellung isometrischer Zeichnungen.
Daher finden Sie im Winkel-Menü einige Voreinstellungen mit den entsprechenden Winkeln.

Genauigkeit

Die Messbeschriftungen werden gekürzt und sind daher gegebenenfalls nicht ausreichend genau für Ihre Zwecke.

- Konstruktionslinien: Geben Sie bis zu sechs Winkel an, in denen Konstruktionslinien erzeugt werden. Wählen Sie entweder aus den vordefinierten Zusammenstellungen, oder geben Sie Winkel frei ein.

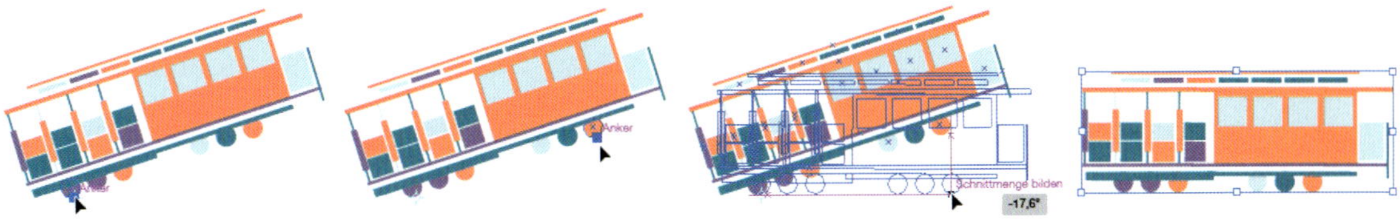

▲ **Abbildung 3.56**
Horizontales Ausrichten einer Grafik mit dem Drehen-Werkzeug: Der Mittelpunkt wird auf einen Referenzpunkt gesetzt und anschließend am anderen Referenzpunkt die Drehung ausgeführt, bis die Konstruktionslinien die Ausrichtung anzeigen.

- Einrasttoleranz: Geben Sie eine Distanz an, innerhalb deren der Cursor von einem Objekt angezogen wird.

3.5.6 Layoutraster erstellen: »In Raster teilen«

Um ein Layoutraster zu erstellen, also automatisch eine Seite in regelmäßige Zeilen und Spalten mit Abständen einzuteilen, können Sie in Illustrator In Raster teilen nutzen. Es erzeugt aus beliebigen Ursprungsobjekten (diese müssen nicht zwingend rechteckig sein) mehrere nicht gruppierte oder verbundene, regelmäßig angeordnete Rechtecke. Die Ursprungsobjekte werden bei der Operation gelöscht.

Um ein Layoutraster generieren zu lassen, erstellen Sie zunächst ein Objekt in der linken oberen Ecke des Bereichs, über den sich das Layoutraster ausdehnen soll – also z. B. die Zeichenfläche abzüglich eines Randabstands. Aktivieren Sie das Objekt, und wählen Sie Objekt • Pfad • In Raster teilen, um den Befehl anzuwenden. In der Dialogbox geben Sie die Anzahl der Rechtecke, deren Ausmaße und Abstände ein:

Hilfslinien neben dem Objekt

Es kann passieren, dass die hinzugefügten Hilfslinien neben dem Objekt positioniert werden – und dies nicht nur, wenn das Ursprungsobjekt neben einer Zeichenfläche liegt.

◀ **Abbildung 3.57**
Die Dialogbox In Raster teilen

- Anzahl: Geben Sie die Anzahl der Zeilen und Spalten ein. Sobald Sie mehr als die Standardeinstellung 1 eingeben, werden die übrigen Eingabefelder aktiviert.
- Höhe/Breite/Abstand: Geben Sie alternativ Höhe bzw. Breite oder den jeweiligen Abstand ein. Der andere Wert wird anhand von Anzahl und Gesamthöhe/-breite errechnet.

▲ **Abbildung 3.58**
Das Ausgangsobjekt muss nicht rechteckig sein.

▲ **Abbildung 3.59**
In Raster teilen kann ein Layoutraster erzeugen.

- Gesamthöhe/-breite: Die Standardeinstellung sind die Ausmaße des Begrenzungsrahmens der Ursprungsobjekte. Um das Layoutraster zu erstellen, geben Sie hier die Höhe und die Breite der zu bedruckenden Fläche ein.
- Hilfslinien hinzufügen: Diese Option erzeugt Hilfslinien an den Kanten der Rechtecke. Es sind keine »echten« Hilfslinien, sondern eine Gruppe normaler Pfade.

Wenn Sie Werte eingeben, die zu groß sind, um das aktivierte Objekt logisch in ein Raster zu teilen, werden zunächst die jeweils anderen Werte reduziert, und wenn das nicht mehr möglich ist, setzt Illustrator die eingegebenen Werte automatisch zurück.

Um das Layoutraster fertigzustellen, löschen Sie die erzeugten Rechtecke, aktivieren die Gruppe der »Hilfslinien«-Pfade und wählen Ansicht • Hilfslinien • Hilfslinien erstellen, damit die Pfade in echte Hilfslinien umgewandelt werden.

Nach dem Speichern widerrufen

Der Widerrufen-Befehl kann sogar aufgerufen werden, nachdem Sie eine Datei gespeichert – aber noch nicht geschlossen – haben.

3.6 Widerrufen und wiederherstellen

Im Gegensatz zu Photoshop und anderen Bildbearbeitungsprogrammen gibt es in Illustrator kein Protokoll- oder History-Bedienfeld. Durch die zuletzt angewendeten Funktionen bewegen Sie sich mit dem Befehl Rückgängig.

▲ **Abbildung 3.60**
Anzeige der Rückgängig-Schritte in der Statusleiste

Rückgängig | Einer der wichtigsten Befehle macht den vorherigen Arbeitsschritt rückgängig: Wählen Sie Bearbeiten • Rückgängig – ⌘/Strg+Z.

Wenn Sie ⌘/Strg+Z erneut drücken, werden weiter zurückliegende Schritte widerrufen. Die Anzahl der widerrufbaren Arbeitsschritte ist durch den verfügbaren Arbeitsspeicher begrenzt und kann nicht eingestellt werden. In den meisten Fällen wird der Befehl, den Sie widerrufen, im Menüeintrag aufgeführt.

Sollte es nicht möglich sein, Schritte zu widerrufen oder wiederherzustellen, sind die Befehle im Menü grau dargestellt. Die Anzahl der aktuell widerrufbaren Schritte können Sie sich in der Statusleiste anzeigen lassen: Wählen Sie dazu die Option Einblenden • Anzahl Rückgängig-Schritte aus dem Menü der Statusleiste.

Letzte Version: Kurzbefehl

Erfahrungsgemäß wird der Kurzbefehl für Letzte Version – ⌘+Alt+Z bzw. Strg+Alt+Z – sehr häufig unabsichtlich aufgerufen. Da dies zu erheblichen Verlusten führen kann, kann es sinnvoll sein, den Kurzbefehl zu entfernen (s. Abschnitt 22.1.5).

Wiederholen | Widerrufene Arbeitsschritte können Sie auch wiederherstellen. Wählen Sie dazu Bearbeiten • Wiederholen – ⌘/Strg+⇧+Z.

Letzte Version der Datei | Möchten Sie zu dem Arbeitsstand zurückkehren, an dem Sie die Datei zuletzt gespeichert haben, wählen Sie DATEI • ZURÜCK ZUR LETZTEN VERSION – ⌘+⌥+Z bzw. F12 (Win). Da Sie mit diesem Befehl einen beträchtlichen Teil Ihrer Arbeit verlieren könnten (dieser Befehl ist nicht widerrufbar), fragt Illustrator noch einmal nach, ob Sie das wirklich wollen.

Wenn Sie also eine Variante Ihrer Illustration ausprobieren möchten, ist es wahrscheinlich besser, zu diesem Zweck ein Duplikat zu erstellen – z. B. mit dem Befehl DATEI • KOPIE SPEICHERN –, anstatt später zur letzten Version zurückkehren zu müssen.

▲ **Abbildung 3.61**
Warnung vor dem Verlust aller Änderungen, die nach dem letzten Speichern der Datei erfolgt sind. Das kann gegebenenfalls ein halber Tag Arbeit oder noch viel mehr sein!

Alternative

Statt zur letzten Version zurückzukehren, speichern Sie den aktuellen Stand unter einem neuen Namen und öffnen die Datei der Vorversion.

3.7 Dokumente speichern

Beim Speichern – wie beim Exportieren – schreibt Illustrator Ihre Grafik in eine Datei. Der Unterschied zwischen beiden Optionen besteht in der Datenstruktur der Dateien. Dateiformate werden in »nativ« und »nicht nativ« aufgeteilt. Native Formate zeichnen sich dadurch aus, dass ein Programm darin alle Merkmale des Dateiinhalts speichern und wieder so auslesen kann, dass sie voll editierbar sind. Nicht native Dateiformate dienen zum Austausch mit anderen Programmen.

3.7.1 Speichern

Sie haben mehrere Möglichkeiten, Ihre Illustrator-Grafik zu speichern. Mit dem Befehl SPEICHERN UNTER erzeugen Sie eine neue Datei auf Ihrem Speichermedium – die gesicherte Grafik wird nach dem Speichervorgang auf dem Bildschirm angezeigt. Möchten Sie dagegen eine Kopie der bearbeiteten Grafik erstellen und anschließend am Original weiterarbeiten, wählen Sie KOPIE SPEICHERN. Der Befehl SPEICHERN steht nur zur Verfügung, wenn die Datei bereits auf dem Speichermedium angelegt ist.

Das einzige tatsächlich native Dateiformat ist AI. Illustrator verfolgt eine sehr spezielle Strategie, um die Dateiformate PDF, EPS und SVG ebenfalls nativ zu gestalten: In diese Dateiformate wird eine komplette AI-Datei als »Private Data Fork« eingebettet. Dies geschieht allerdings nur, wenn Sie die Option ILLUSTRATOR-BEARBEITUNGSFUNKTIONEN BEIBEHALTEN aktivieren bzw. für das EPS die höchste Version auswählen.

Beim Öffnen der Datei in derselben oder einer höheren Illustrator-Version wird anschließend diese eingebettete Datei geöffnet. Wird diese Datei hingegen in Illustrator oder einer anderen Anwendung platziert, dann wird auf den EPS-, PDF- oder SVG-Zweig zugegriffen.

Netzwerke und Speichersticks

Kaputte Dateien werden in Illustrator in der Regel durch das direkte Arbeiten auf Netzlaufwerken verursacht. Speichern Sie möglichst nicht direkt auf Servern und öffnen Sie nicht direkt von Servern.

EPS, PDF, SVG

Die Dateiformate EPS, PDF und SVG werden in Kapitel 20 und Kapitel 21 besprochen.

»Für Ausgabe sammeln«

Mehr zu dieser Funktion finden Sie in Abschnitt 20.5.

SVG: Achtung!

Obwohl SVG in Illustrator zu den »nativen« Speicherformaten gehört, bleiben die Objekte darin nur dann voll editierbar, wenn Sie es mit aktivierten Illustrator-Bearbeitungsfunktionen speichern. Das verdoppelt die Dateigröße und ist daher meist unpraktisch. Darüber hinaus ist SVG nicht für das Roundtripping geeignet, d.h., Sie können ein SVG nicht in einem anderen Editor bearbeiten und es dann wieder in Illustrator öffnen. Illustrator ist bekanntermaßen nicht gut darin, SVG zu interpretieren.

Was wird gespeichert?

Vergleich der Dateiformate AI, PDF und EPS. Jedes dieser Formate besteht eigentlich (sofern die Option gewählt wurde) aus zwei Dateien mit jeweils spezifischen Merkmalen.

AI: Dateipart für das Öffnen der Datei in Illustrator, mehrseitig, Bilder sind optional eingebettet, enthält Illustrator-Live-Objekte. Transparenz bleibt erhalten.

PDF: Dateipart für das Platzieren in Illustrator und anderen Programmen, mehrseitig, Schriften sind eingebettet (sofern technisch möglich), Bilder sind eingebettet. Transparenz bleibt erhalten.

EPS: Dateipart für das Platzieren in Illustrator und anderen Programmen, Schriften sind optional eingebettet (sofern technisch möglich), Bilder sind optional eingebettet. Transparenz ist verflacht.

Verbotene Zeichen

Sowohl in Windows als auch in macOS gibt es Zeichen, die das Betriebssystem intern benötigt und die daher in Datei- und Ordnernamen untersagt sind. Illustrator akzeptiert diese Zeichen nicht im Dateinamen.

Absturz beim Speichern

Sollte während des Speichervorgangs ein Programmabsturz auftreten, führt dies meist zum Verlust der gesamten Datei. Speichern Sie also regelmäßig Zwischenstände mit SPEICHERN UNTER.

Um eine neue Datei auf dem Speichermedium zu erzeugen, wählen Sie DATEI • SPEICHERN UNTER (⌘/Strg+⇧+S) oder DATEI • KOPIE SPEICHERN (⌘+⌥+S bzw. Strg+Alt+S).

1. Wählen Sie den gewünschten Befehl.
2. Navigieren Sie zum gewünschten Speicherort, geben Sie einen Dateinamen ein, und wählen Sie das Dateiformat ADOBE ILLUSTRATOR (AI). Vermeiden Sie Sonderzeichen und Symbole im Datei- sowie in Ordnernamen, sie können zu Problemen führen.
3. Klicken Sie auf den Button SICHERN/SPEICHERN.
4. Legen Sie die Formatoptionen fest.

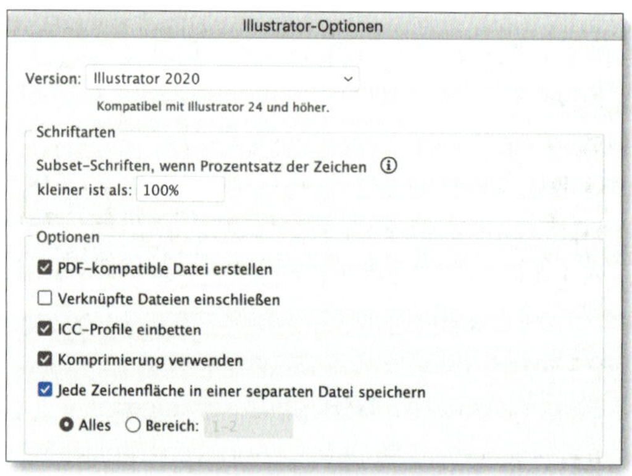

Abbildung 3.62 ▶
Die Dialogbox ILLUSTRATOR-OPTIONEN: Die Transparenz-Optionen der Dialogbox (nicht in der Abbildung zu sehen) werden in Kapitel 12 besprochen.

Sie haben folgende Optionen:

- VERSION: Wählen Sie aus dem Menü, mit welcher Illustrator-Version die Datei kompatibel sein soll. Speichern Sie Ihre Datei auf jeden Fall einmal in der aktuellen Version. Benötigen Sie außerdem eine Datei, die mit einer älteren Programmversion kompatibel ist, speichern Sie sie zusätzlich (s. dazu Tabelle 3.1 auf Seite 98).

- SCHRIFTARTEN: Für die Verwendung einer Illustrator-Datei in Layoutsoftware sind die eingesetzten Schriften in den PDF-Zweig der Datei eingebettet. Mit dieser Option definieren Sie, ob Illustrator den gesamten Font oder nur die verwendeten Zeichen einbettet. Im Eingabefeld legen Sie fest, wie hoch der Anteil der verwendeten Zeichen an einem Font sein muss, damit der komplette Font eingebettet wird. Mit dem Wert 0% wird die Schrift komplett eingebettet. Hat ein Font sehr viele Zeichen – OpenType-Fonts können über 65.000 Zeichen enthalten –, würde die Datei mit einer komplett eingebetteten Schrift unnötig groß, da Sie nur selten alle Zeichen verwenden.
- PDF-KOMPATIBLE DATEI ERSTELLEN: Wenn Sie die Datei auch in anderen Programmen der Creative Cloud verwenden möchten, um sie z. B. in InDesign zu platzieren oder in Photoshop zu öffnen, aktivieren Sie diese Option. Sind viele Bilder in Ihrem Dokument platziert (verknüpft), kann sich durch die PDF-Kompatibilität eine viel größere Datei ergeben, da alle Bilder in den PDF-Part eingebettet werden.
- VERKNÜPFTE DATEIEN EINSCHLIESSEN: Wählen Sie diese Option, dann werden externe Dateien, die Sie platziert haben, in die Illustrator-Datei eingebettet. Diese Option ist praktisch für die Weitergabe fertiggestellter Dateien – es werden dabei jedoch alle verknüpften Dateien in den Dokumentfarbmodus konvertiert. Sie sollten sie daher nur wählen, wenn Sie die externen Dateien nicht mehr weiterbearbeiten müssen.
- ICC-PROFILE EINBETTEN: Die eingestellten Farbprofile werden im Dokument gespeichert. Haben Sie dem Dokument ein Farbprofil zugewiesen, ist diese Option aktiviert.
  Deaktivieren Sie ICC-PROFILE EINBETTEN, wenn Sie das Farbprofil nicht in die Datei einbetten möchten.
- KOMPRIMIERUNG VERWENDEN: Die Komprimierung erzeugt eine merklich kleinere Datei, allerdings dauert der Speichervorgang länger. Adobe empfiehlt, die Option zu deaktivieren, falls das Speichern länger als acht Minuten dauert. In derartigen Fällen bringt das Deaktivieren der PDF-Kompatibilität jedoch häufig eher eine Besserung als das Deaktivieren der Komprimierung.
- JEDE ZEICHENFLÄCHE IN EINER SEPARATEN DATEI SPEICHERN: Falls Sie jede Zeichenfläche als eigenständige Datei benötigen, aktivieren Sie diese Option und geben die betreffenden Seiten ein. Egal, ob das Ursprungsdokument vorher gespeichert war oder nicht, es wird neben den Einzelseitendokumenten immer auch ein mehrseitiges erzeugt.

Datenverlust möglich

Da ältere Versionen teilweise nur sehr wenige Features unterstützen, die Sie in Illustrator selbstverständlich benutzen, verlieren Sie beim Speichern in älteren Versionen die Editierbarkeit wenigstens einiger Objekte.

Eingebettete Schriften

Die eingebetteten Schriften stehen Ihnen für die Bearbeitung der Datei nicht zur Verfügung. Zu diesem Zweck müssen die Schriften auf Ihrem System installiert sein.
Sie können jedoch Texte in Pfade umwandeln: Dazu platzieren Sie das PDF in einer neuen Illustrator-Datei und rufen OBJEKT • TRANSPARENZ REDUZIEREN auf. Aktivieren Sie TEXT IN PFADE UMWANDELN.

PDF-kompatibel speichern?

Wenn eine Illustrator-Datei sich nicht mehr öffnen lässt, ist es in manchen Fällen trotzdem möglich, die Inhalte mithilfe des PDF-Parts der Datei zumindest teilweise zu retten. Dazu platzieren Sie die problematische Datei in einem neuen Illustrator-Dokument.

Sicherungskopien

Auch wenn Illustrator ein stabiles Programm ist, gilt wie überall: Bewahren Sie Zwischenstände auf, und speichern Sie sorgfältig.

Speichern im Hintergrund

Nur AI-Dateien können im Hintergrund gespeichert werden, und dies auch nur dann, wenn keine Plug-ins verwendet wurden.

3.7.2 Im Hintergrund speichern

Wenn Sie den Speicherdialog geschlossen haben, wird das Dokument im Hintergrund gespeichert, d. h., Sie können während des Vorgangs an dieser oder einer anderen Datei weiterarbeiten. In der Anwendungsleiste zeigt ein Fortschrittskreis die Dauer des Vorgangs an. Klicken Sie darauf, um eine Liste der Dateien anzusehen, die aktuell gespeichert werden. Klicken Sie auf das Kreuz neben einem Eintrag, um den Speichervorgang des Dokuments abzubrechen. Falls Sie versuchen, das Dokument zu schließen, bevor der Speichervorgang abgeschlossen ist, erscheint ein Warnhinweis.

▼ Tabelle 3.1
Nicht alle Objekte können beim Speichern in alte Versionen erhalten bleiben. Welche Objekte funktionieren in welcher Version?

Was geschieht mit Objekten beim Speichern in eine alte Dateiversion?

Objekte	CC	CS6	CS5	CS4	CS3	CS2
Textobjekte	OK	OK	OK	OK, aber je nach Textart kann es Umbruchänderungen geben.		
Interaktive Ecken	Interaktive Ecken sind keine »Live«-Eigenschaft. Es erfolgt keine Umwandlung von Ecken.					
Interaktive Formen	OK	Interaktive Formen (Rechteck, Linie, Ellipse, Polygon) werden in einfache Pfade umgewandelt.				
Verläufe	OK	OK	OK	OK	Umwandlung erfolgt, wenn ein Verlauf mehrere der Features oval, verschobener Ursprung oder gedreht nutzt.	
Transparente Verläufe	OK	OK	OK	OK	Verläufe werden mit einer Deckkraftmaske versehen.	
Freihandverläufe	Beim Speichern in CS6 und niedriger wird immer in »Grafik aus Drittprogrammen« umgewandelt. Beim Speichern in CC bleiben die Verläufe bearbeitbar, aber nur mit Illustrator CC 2019.					
Gitter	OK	OK	OK	OK	OK	OK
Transparente Gitter	OK	OK	OK	Gitter werden mit einer Deckkraftmaske versehen.		
Bildpinsel	OK	OK	OK	Sind die Grundformen mit der Füllregel Nicht-Null und mit nicht angepassten Ecken versehen und ohne Größenanpassung zwischen Hilfslinien, bleiben Pinselpfade erhalten.		
Rasterpinsel	OK	Rasterbasierte Pinsel werden in Rasterbilder umgewandelt.				
Musterpinsel	OK	Musterpinsel mit automatischen Ecken werden umgewandelt; »normale« Musterpinsel: OK.				
Muster	OK	OK	OK	OK	OK	OK
Pfeilspitzen	OK	OK	OK	Pfeilspitzen werden umgewandelt.		
Gestrichelte Konturen	OK	OK	OK	Konturen werden umgewandelt, wenn sie auf Ecken ausgerichtet sind.		
Variable Breitenprofile	OK	OK	OK	Konturen mit variablen Breitenprofilen werden umgewandelt.		
Schlagschatten	OK	OK	Der Effekt wird in ein Pixelbild umgewandelt.			
Weiche Kante Schein nach innen	OK	OK	OK	OK	OK	OK
Schein nach außen	OK	OK	Der Effekt wird in ein Pixelbild umgewandelt.			
Gaußscher WZ	OK	OK	Der Effekt wird in ein Pixelbild umgewandelt.			

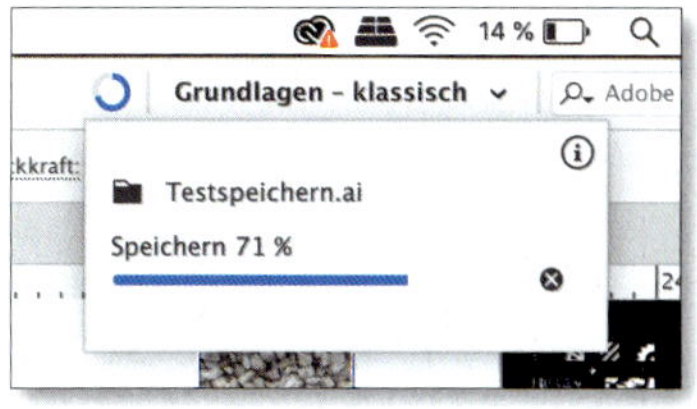

▲ **Abbildung 3.63**
Mit einem Klick auf die Fortschrittsanzeige erhalten Sie die Dateiliste.

Exportieren | Mit der Funktion Für Bildschirme exportieren können JPEG- und PNG-Dateien ebenfalls im Hintergrund exportiert werden.

Optionen | Das Speichern und Exportieren im Hintergrund können Sie unterbinden, indem Sie unter Voreinstellungen • Dateien verarbeiten und Zwischenablage die Option Im Hintergrund speichern bzw. exportieren deaktivieren. Das kann erforderlich sein, wenn Sie auf Servern oder in synchronisierte Ordner speichern.

3.7.3 Zwischenspeichern

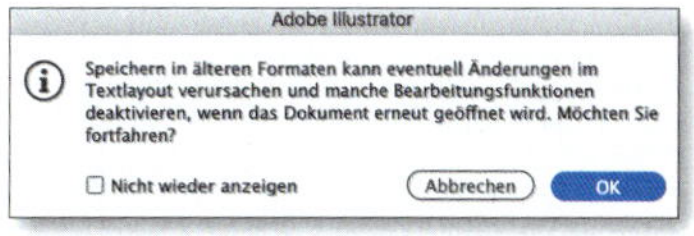

▲ **Abbildung 3.64**
Einfaches Überspeichern einer aus älteren Versionen konvertierten Datei löst eine Fehlermeldung aus. Achtung! Diese Fehlermeldung ist der einzige Hinweis auf das Problem, den Sie von Illustrator erhalten können. Sie sollten die Meldung auf keinen Fall permanent mit Nicht wieder anzeigen deaktivieren.

Ist die Datei einmal gespeichert, lassen sich Zwischenstände einfach mit dem Befehl Datei • Speichern – ⌘/Strg+S – sichern. Das ist praktisch. Mit der Zeit wird die Datei durch dieses Verfahren jedoch größer als nötig.

Daher sollten Sie von Zeit zu Zeit, mindestens aber bei Fertigstellung des Dokuments, den Befehl Speichern unter verwenden, um eine komplett neue, kompaktere Datei zu schreiben. Wenn Sie auf Sicherheit bedacht sind, speichern Sie diese Datei außerdem unter einem neuen Namen.

Achtung! Wenn Sie eine Datei aus einer älteren Illustrator-Version öffnen und einfach zwischenspeichern, dann wird diese Datei in die alte Dateiversion gespeichert. Dabei werden Objekte umgewandelt, die Effekte oder Funktionalitäten der höheren Version enthalten. Das bedeutet, dass diese Objekte nach dem Schließen und Wiederöffnen der Datei nicht mehr voll editierbar sind. Alte Dateien sollten Sie daher immer erst einmal per Speichern unter sichern.

Platzieren einer bestimmten Zeichenfläche in InDesign

Möchten Sie eine bestimmte Zeichenfläche einer AI-Datei in InDesign platzieren, rufen Sie Datei • Platzieren über das Menü auf. Aktivieren Sie im Platzieren-Dialog Importoptionen anzeigen.
In der folgenden Dialogbox (s. Abbildung rechts) haben Sie dann die Möglichkeit, eine Zeichenfläche auszuwählen.

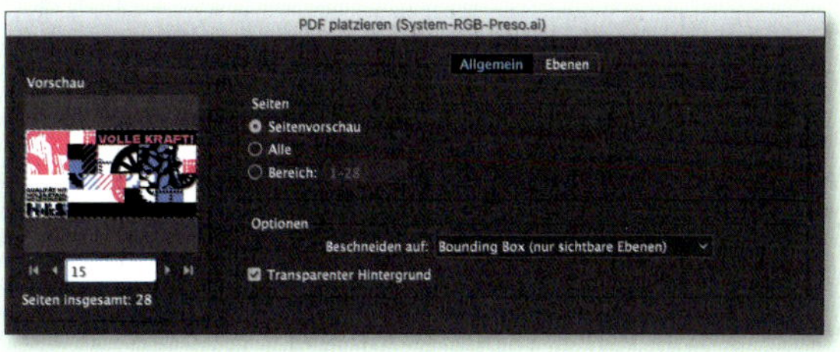

3.7.4 Exportieren

Illustrator besitzt drei Exportfunktionen – zwei dieser Funktionen sind speziell für den Export für bildschirmbasierte Medien zuständig. Den Export in TIF, PSD oder DXF finden Sie unter Datei • Exportieren • Exportieren als (s. Kapitel 19).

Retten ungespeicherter Dateien

Wenn Sie Dateien absichtlich oder unabsichtlich schließen, ohne sie gespeichert zu haben und ohne, dass ein Absturz erfolgte, kann auch die Wiederherstellungsfunktion die Datei nicht mehr retten.

3.7.5 Datenwiederherstellung

Illustrator kann automatisch Zwischensicherungen Ihrer Datei in einem speziellen Wiederherstellungsformat erstellen, damit Sie bei einem Absturz nur wenig Arbeit verlieren. Stellen Sie die Optionen unter Voreinstellungen • Dateien verarbeiten und Zwischenablage ein. Überprüfen Sie den Status dieser Einstellung nach jedem Absturz, denn nach gescheiterten Wiederherstellungsversuchen wird die Option automatisch deaktiviert.

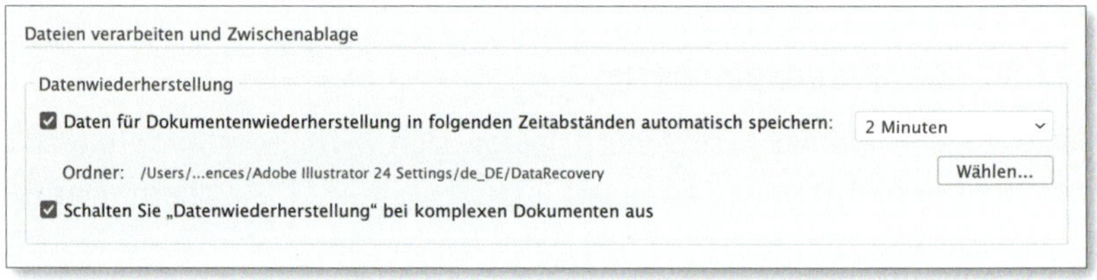

Abbildung 3.65 ▶
Die Voreinstellungen für die Dokumentenwiederherstellung

- Daten für...: Setzen Sie das Häkchen, um die Wiederherstellung zu aktivieren. Starten Sie Illustrator neu, nachdem Sie alle Optionen eingerichtet haben.
- Zeitabstände: Geben Sie hier ein, in welchem Zeitintervall Illustrator einen Arbeitsstand speichern soll.
- Ordner: Wählen Sie mit einem Klick auf Wählen den Zielordner aus. Voreingestellt ist der Illustrator-Preferences-Ordner.
- Ausschalten bei komplexen Dokumenten: Vor allem, wenn Sie sehr große oder komplexe Dateien bearbeiten, kann die automatische Speicherung Ihren Arbeitsfluss ausbremsen. Sie können mit dieser Option daher unterbinden, dass solche Dateien automatisch gesichert werden.

Retten von gelöschten Dateien

Verlassen Sie sich nicht allein auf diese Funktion! Vor allem bei umfangreichen Dokumenten kann sie versagen. Arbeiten Sie mit mehreren Versionen einer Datei, und setzen Sie zusätzlich Backup-Software ein. Auch in Illustrator kann es sinnvoll sein, mit zusätzlichen Sicherungsmechanismen zu arbeiten, wenn Sie sich nicht darauf verlassen wollen, dass Sie an regelmäßige Sicherungen denken. Das Plug-in Autosaviour gibt es in einer kostenlosen Version, und es arbeitet mit einem anderen Sicherungsmechanismus als die Wiederherstellung, sodass Sie eine Redundanz in Ihrer Vorgehensweise haben.

3.7.6 Metadaten speichern

Um Ihre Dokumente besser katalogisieren, recherchieren und verwalten zu können und um den Workflow über Unternehmensgrenzen hinweg zu optimieren, setzen viele Arbeitsgruppen auf Metadaten.

Mithilfe der von Adobe entwickelten XMP-Technologie (e**X**tensible **M**etadata **P**latform) lassen sich umfangreiche Metainformationen in Dokumente der Dateiformate Illustrator, PDF, EPS, SVG, GIF, JPEG, Photoshop oder TIFF einbetten und in Publishing-Workflows austauschen.

Möchten Sie XMP-Informationen zu Ihrer Illustrator-Datei abspeichern, rufen Sie Datei • Dateiinformationen – ⌘+⌥+⇧+I bzw. Strg+Alt+⇧+I – auf. Tragen Sie Ihre Angaben in die entsprechenden Dialogfelder ein:

Abgesicherter Modus

Ist ein Absturz auf Unverträglichkeiten zurückzuführen, dann startet Illustrator nach einem Neustart in den abgesicherten Modus (s. Abschnitt 1.7).

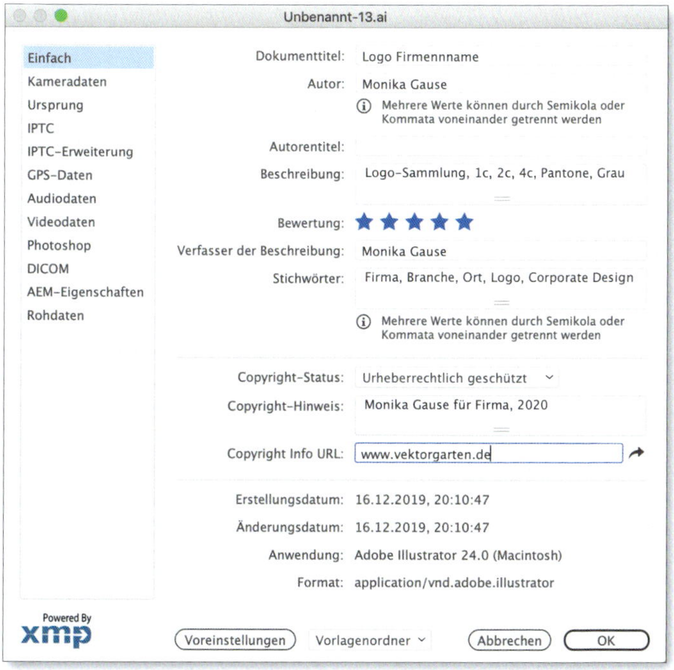

◀ **Abbildung 3.66**
Dialogbox Dateiinformationen

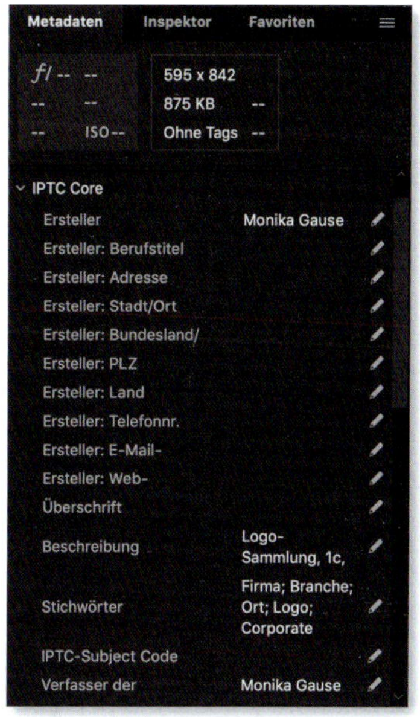

▲ **Abbildung 3.67**
Anzeige der Metadaten in Adobe Bridge

- Einfach: Der Bereich Einfach enthält Informationen zum Dokumentinhalt und -autor sowie Informationen zu Nutzungsrechten. Möchten Sie Informationen zu Nutzungsrechten speichern, wählen Sie aus dem Menü Copyright-Status die Option Urheberrechtlich geschützt oder Public Domain und geben die gewünschten Informationen in die entsprechenden Felder ein.
- Ursprung: Unter Ursprung stehen Informationen zum Bearbeitungsverlauf der Datei zur Verfügung. Im Aufklappmenü Dringlichkeit kennzeichnen Sie die redaktionelle Priorität des Dokuments.

Metadaten speichern | Sollen die eingegebenen Daten außerhalb der Illustrator-Datei gespeichert werden, rufen Sie den Eintrag Exportieren aus dem Menü Vorlagenordner am unteren Rand der Dialogbox auf.

Metadaten-Vorlage | Die Dateiinformationen lassen sich schneller anlegen, wenn Sie mit Metadaten-Vorlagen arbeiten. Erstellen Sie einen Satz allgemeiner Informationen innerhalb der Dateiinformationen-Dialogbox, und exportieren Sie diesen als Vorlage. Rufen Sie dann Importieren auf, und wählen Sie diese Datei, um ihre Metadaten in die aktuelle Datei zu übernehmen.

Urheberrechtlich geschützt

Der Eintrag in den Dateiinformationen bewirkt keinen technischen Schutz Ihres Dokuments. Es handelt sich hier lediglich um eine Zusammenstellung von Daten, die z. B. von Redaktionssystemen oder Datenbanken automatisiert ausgelesen und verwendet werden können.

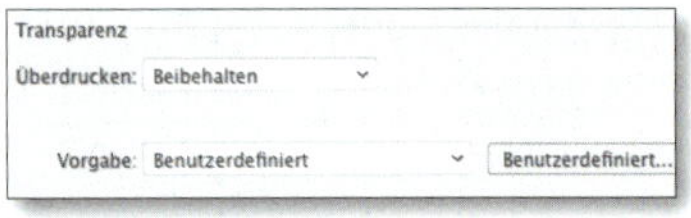

▲ **Abbildung 3.68**
Enthält Ihre Datei Transparenz, muss diese beim Speichern ins EPS-Format reduziert werden. Die Optionen sind nur bei vorhandener Transparenz aktiv (zu Transparenz s. Kapitel 12).

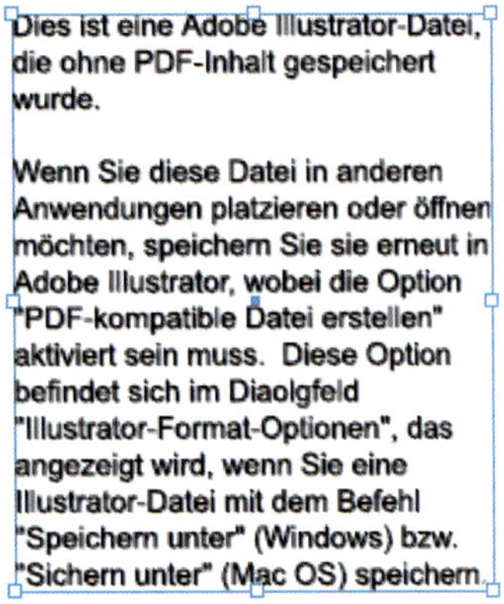

▲ **Abbildung 3.69**
Warnung beim Platzieren einer Illustrator-Datei ohne PDF-Kompatibilität in InDesign

▲ **Abbildung 3.70**
Die Sichtbarkeit der Ebenen von Illustrator-Dateien können Sie in InDesign mit den OBJEKTEBENENOPTIONEN steuern.

Checkliste: Auswahl des Dateiformats

Welches Dateiformat Sie auswählen, hängt davon ab, was mit dieser Datei geschehen und in welchem Workflow das Dokument weiterverarbeitet werden soll. Besprechen Sie die benötigten Dateiformate mit Ihrem Kunden und den weiterverarbeitenden Betrieben. Welche Merkmale bieten die einzelnen Dateiformate?

AI | Als natives Speicherformat von Illustrator erhält AI die Editierbarkeit Ihrer Elemente. Nur Illustrator kann eine AI-Datei wieder zur Bearbeitung öffnen. Zusätzlich müssen Sie die Version beachten: Damit die volle Editierbarkeit erhalten bleibt, müssen Sie eine passende Version wählen und können das Dokument auch nur mit dieser oder einer höheren Version öffnen. **Egal, wie Ihre Datei weiterverwendet wird, speichern Sie zum Zweck der Archivierung Ihre Dokumente immer im nativen Format.**
AI ist das empfohlene Format zum Platzieren der Datei in **InDesign** – für den Austausch mit InDesign (und Photoshop) ist in AI-Dateien eine zusätzliche Version des Dateiinhalts als PDF 1.5 gespeichert. Zur Minimierung der Dateigröße können Sie das Speichern des PDF deaktivieren (Option PDF-KOMPATIBLE DATEI ERSTELLEN), der Dateiaustausch innerhalb der Creative Cloud basiert jedoch auf der PDF-Kompatibilität. Wenn ein Illustrator-Dokument sich nicht mehr öffnen lässt, kann der Dateiinhalt häufig über den PDF-Zweig zumindest teilweise gerettet werden. Auch in **Animate** können Sie AI-Dateien unter Erhaltung aller Ebenen, Symbole, Texte und vieler Objekte weiterverarbeiten.

Ältere Version | Manchmal fragen Kooperationspartner nach Dateien für ältere Illustrator-Versionen. Speichern Sie am besten eine AI-Datei für genau die benötigte Version, denn dabei bleiben noch die meisten Objekte editierbar. Ein Austausch von Dateien zwischen unterschiedlichen Versionen ist dauerhaft nicht zu empfehlen, da es zu viele Verluste geben kann und der Workflow fehleranfällig ist (s. die Warnung zum Speichern in Abschnitt 3.7.2).

EPS | Das frühere Arbeitspferd der Druckvorstufe, EPS, kann von den meisten Applikationen zumindest platziert und korrekt ausgegeben werden – **gilt jedoch inzwischen als veraltet**. Ein EPS kann keine Live-Transparenz oder Aussehen-Eigenschaften wie Pinsel und Effekte enthalten; daher werden diese reduziert. Vor dem Speichern eines EPS müssen Sie also auf korrekte Transparenzreduzierungs-Einstellungen achten. In einem EPS ist zusätzlich eine native Version der Datei enthalten, auf die zugegriffen wird, wenn Sie das EPS in Illustrator öffnen – allerdings ist die volle Editierbarkeit von der gewählten EPS-Version abhängig.

PDF | Für den Austausch Ihrer Dateien mit Kunden und Dienstleistern hat sich das PDF-Format etabliert. Einige Illustrator-Features werden von PDF nicht unterstützt, sodass beim Speichern in diesem Format bei bestimmten Objektarten immer eine Reduzierung stattfindet – um diese Tatsache zu kompensieren, kann ein PDF eine native Version der Datei enthalten (Option ILLUSTRATOR-BEARBEITUNGSFUNKTIONEN BEIBEHALTEN), auf die zugegriffen wird, wenn das PDF in Illustrator geöffnet wird. Ab PDF-Version 1.4 wird Live-Transparenz erhalten.

PDF/X | PDF/X-Formate sind durch Standards definiert und können validiert – also auf die Einhaltung der Vorgaben geprüft – werden. PDF/X-1a und PDF/X-3 enthalten reduzierte Transparenz. In PDF/X-4 bleibt Transparenz erhalten. In ein PDF/X kann keine native Illustrator-Datei eingebettet werden.

TEIL II

Objekte erstellen

Kapitel 4
Geometrische Objekte und Transformationen

Die zunächst wenig spektakulären geometrischen Objekte sind eine wichtige Basis, auf der Sie durch Transformation und Kombination wesentlich komplexere Formen entwickeln können. Zum einen sparen Sie durch diese Vorgehensweise Zeit, und zum anderen sind die mit den Werkzeugen erstellten Formen viel exakter als handgezeichnete.

4.1 Form- und Linien-Werkzeuge

Illustrator bietet Ihnen zwei Gruppen von Werkzeugen, mit denen Sie einfache geometrische Objekte erstellen können: Objekte mit offenen Pfaden – die **Linien** – und Objekte, die von einem geschlossenen Pfad begrenzt werden – die **Formen**.

▲ **Abbildung 4.1**
Linien-Werkzeuge

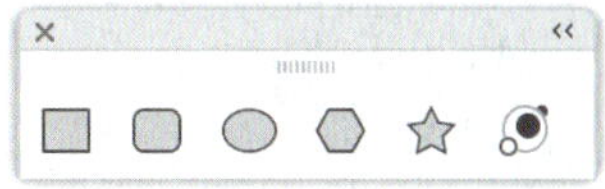

▲ **Abbildung 4.2**
Form-Werkzeuge

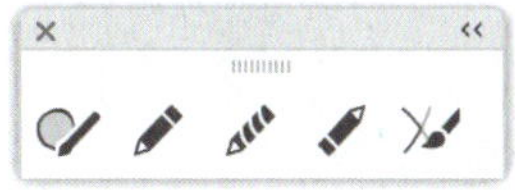

▲ **Abbildung 4.3**
Auch mit dem Shaper-Werkzeug (links) erstellen Sie geometrische Formen.

◄ **Abbildung 4.4**
Einsatz der Form-Werkzeuge für geometrische Grundformen

Werkzeugbedienfeld: Füllfarbe

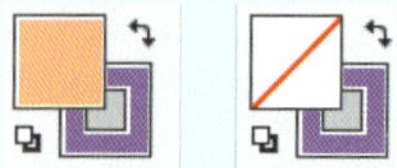

Im Werkzeugbedienfeld sehen Sie die aktuelle Füllfarbe – die Fläche. Rechts: Dieses Symbol erscheint, wenn keine Fläche ausgewählt ist (Farben, Flächen und Konturen s. Abschnitt 7.4.2).

Übersicht

Eine Übersicht der Modifikationsmöglichkeiten finden Sie ab Seite 111.

Einige der erstellten Formen – Rechtecke, Ellipsen, Liniensegmente und Polygone – sind nach der Erstellung »interaktiv«, d.h., ihre Eigenschaften wie Drehung, Dimensionen, Anzahl der Ecken oder Eckenrundung sind editierbar. Die anderen Formen sind ganz normale Pfade, deren Optionen sich nicht mehr durch Eingabe von Parametern anpassen lassen. Die »interaktiven Formen« können Sie alternativ zu den jeweiligen Form-Werkzeugen auch mit dem Shaper-Werkzeug durch Ausführung festgelegter Zeichenbewegungen – also »gestengesteuert« – erstellen. Das ist vor allem für die Touch-Bedienung gedacht, funktioniert jedoch auch mit der Maus.

Die Werkzeuge für Linien und Formen finden Sie im Bedienfeld unter dem Liniensegment- bzw. unter dem Rechteck-Werkzeug. Mit diesen Werkzeugen lassen sich einfach geometrische Objekte erzeugen, die Sie dann wie selbst erstellte Pfade bearbeiten können:

1. Werkzeug auswählen
2. Startposition für das Objekt durch Klicken festlegen
3. mit gedrückter Maustaste das Objekt aufziehen, bis es die gewünschte Größe erreicht hat

Modifizierungstasten | Wenn Sie beim »Aufziehen« bestimmte Tasten auf der Tastatur gedrückt halten, können Sie einige der Parameter interaktiv steuern. Die Tasten wirken bei den meisten Werkzeugen gleich oder ähnlich. Um die Erzeugung eines Objekts abzuschließen, lassen Sie zuerst die Maustaste und dann erst die Modifizierungstasten los.

Modifizierungstasten wirken auch dann noch, wenn die Erzeugung des Objekts bereits begonnen hat. Verschiedene Tasten zusammen angewandt, kombinieren deren Wirkungen.

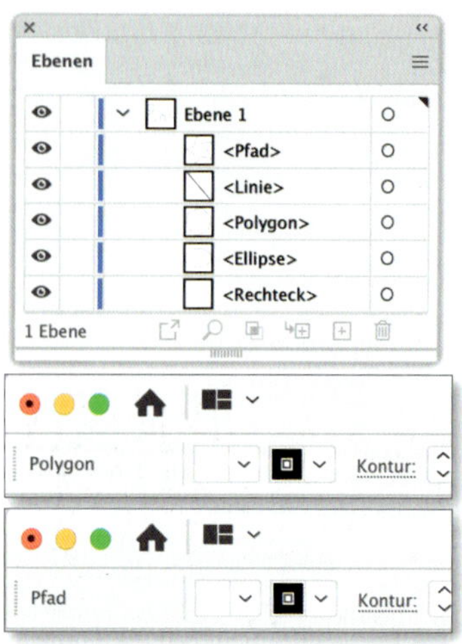

▲ **Abbildung 4.5**
Interaktive Formen werden im Ebenen- und im Steuerungsbedienfeld als LINIE, ELLIPSE, RECHTECK und POLYGON angezeigt. Die mit den anderen Form-Werkzeugen erstellten Objekte sind PFADE.

Numerische Eingabe | Um die Form eines Objekts numerisch zu bestimmen, klicken Sie nur an den gewünschten Startpunkt auf der Arbeitsfläche und lassen die Maustaste wieder los. In der darauf erscheinenden Dialogbox tragen Sie die Parameter ein.

Einstellungen, die Sie mithilfe von Tastenkombinationen oder im Dialogfeld vornehmen, werden als Grundeinstellung für das nächste Objekt übernommen, das mit dem jeweiligen Werkzeug erzeugt wird.

Gestengesteuerte Eingabe | Führen Sie mit dem Shaper-Werkzeug eine der definierten Zeichengesten aus, um damit eine der »interaktiven Formen« Rechteck, Ellipse, Linie/Liniensegment oder Polygon zu erstellen. Das Shaper-Werkzeug können Sie anschließend direkt verwenden, um die erstellten Formen zu komplexeren Gebilden zu konstruieren (s. Abschnitt 10.4).

4.1.1 Gerade – Liniensegment

Wählen Sie das Werkzeug mit dem Shortcut ⇧+:. Eine Gerade erstellen Sie, indem Sie auf den Startpunkt klicken und in die gewünschte Richtung ziehen.

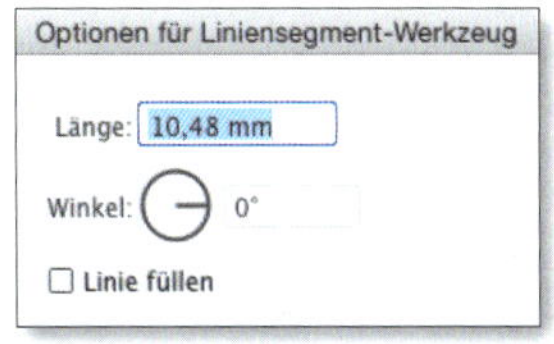

▲ **Abbildung 4.6**
Dialogbox Optionen für Liniensegment-Werkzeug

Numerisch | Neben der Eingabe von Länge und Winkel der Linie kann die Option Linie füllen angekreuzt werden, mit der ein Objekt in der aktuell eingestellten Füllfarbe erzeugt wird. Diese Option hat bei Geraden keine sichtbaren Auswirkungen, kann jedoch von Bedeutung sein, wenn Sie später Pathfinder-Funktionen anwenden wollen.

4.1.2 Bogen

Mit dem Werkzeug für Bogensegmente erzeugen Sie Viertelbögen oder geschlossene dreieckige Formen mit einer konkav oder konvex gewölbten Seite. Die Eingabe der Optionen ist dagegen leider wenig intuitiv.

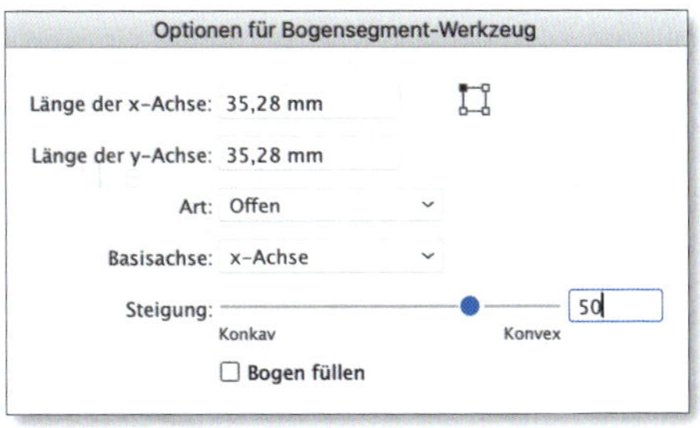

◀ **Abbildung 4.7**
Dialogbox Optionen für Bogensegment-Werkzeug

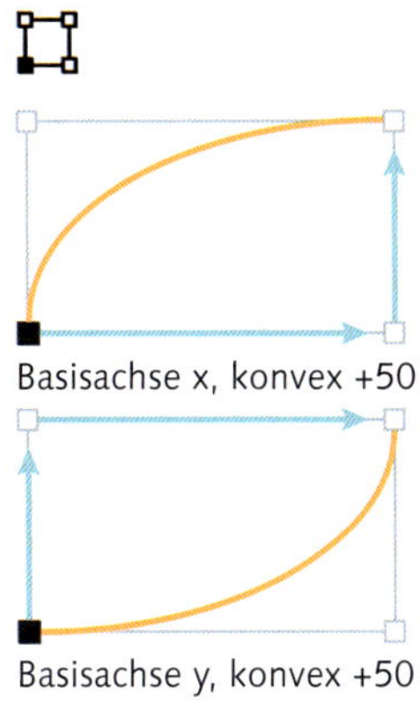

▲ **Abbildung 4.8**
Beispielkonstruktionen aus dem Referenzpunkt unten links

- Der Referenzpunkt legt den Start der Kurve innerhalb des Begrenzungsrahmens fest. Um den Referenzpunkt auszuwählen, klicken Sie einen der vier Punkte an. Er wird dann schwarz hervorgehoben.
- Länge der x-/y-Achse bestimmt die Größe des Bogensegments durch Angabe der horizontalen (x-Achse) und vertikalen (y-Achse) Dimension des Begrenzungsrahmens.
- Art: Dieses Menü gibt an, ob eine offene Kurve oder eine geschlossene Form gezeichnet wird.
- Basisachse legt die Achse fest, die als Erste aufgezogen wird. Die andere Achse wird dann im rechten Winkel darauf konstruiert. Das Bogensegment wird zwischen dem Referenzpunkt und dem Ende der zuletzt gesetzten Achse gezeichnet.
- Steigung bestimmt, ob das Vierteloval konkav oder konvex gezeichnet wird. Ein Wert von 0 erzeugt eine Gerade. Mit positiven Werten bis +100 ist die Kurve konvex, mit negativen Werten bis –100 ist sie konkav. Ein Wert von +50 oder –50 erzeugt einen regelmäßigen Kreisbogen.

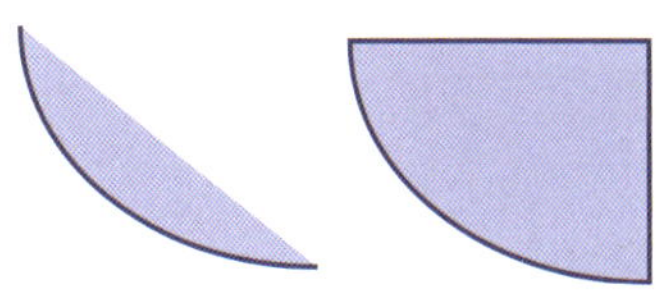

▲ **Abbildung 4.9**
Offenes (links) und geschlossenes (rechts) Bogensegment; beide wurden gefüllt. Um einen offenen Pfad zu füllen, schließt Illustrator ihn »virtuell« durch Verbinden der beiden Endpunkte.

▲ **Abbildung 4.10**
Um eine archimedische Spirale wie diese mit konzentrischem, gleichmäßigem Radius umzusetzen, gibt es ein Skript (zu Skripten s. Abschnitt 22.3.1).

- Bogen füllen: Wenn dieses Kontrollkästchen angekreuzt ist, wird das Objekt mit der aktuell eingestellten Farbe gefüllt. Illustrator füllt auch offene Pfade, nicht nur geschlossene Formen.

4.1.3 Spirale

Die geometrisch korrekte Konstruktion von Spiralen ist ohne dieses Werkzeug sehr schwierig. Sie können jedoch nur Spiralen konstruieren, deren Windungen sich nach innen verjüngen – ein gleichmäßiger Abstand lässt sich auf diesem Weg nicht realisieren.

Klicken Sie auf Ihrer Arbeitsfläche den Punkt an, an dem die Spirale beginnen soll. Anschließende Bewegungen der Maus verändern die Größe und die Ausrichtung des Objekts.

Numerisch | Eingabe der Optionen in die Dialogbox:

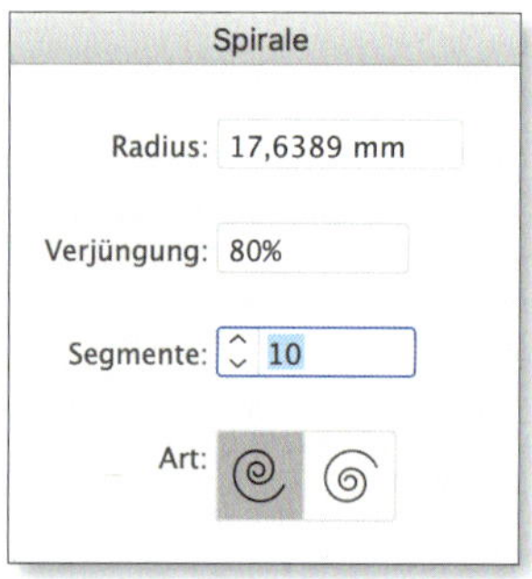

◄ **Abbildung 4.11**
Dialogbox Spirale

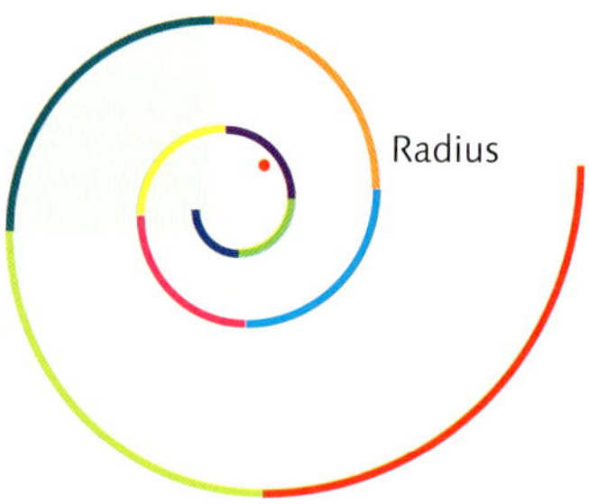

▲ **Abbildung 4.12**
Aufbau einer Spirale

- Radius: Bestimmt die Größe der Spirale. Dabei entspricht der Radius der Höhe bzw. Breite des ersten (äußeren) Segments. Dieses ist in Abbildung 4.12 rot dargestellt.
- Verjüngung: Mit einem Wert zwischen 5 und 150 % bestimmen Sie die Dichte der Windungen. Um den unter Verjüngung eingegebenen Prozentwert wird das jeweils folgende Segment im Verhältnis zum vorhergehenden verkleinert.
  Mit einem Wert von 100 entsteht ein Kreis, bei dem alle Spiralelemente quasi übereinanderliegen. Ein Wert von 5 erzeugt eine maximale Lichte, damit entsteht nur ein Bogensegment.
- Segmente: Gibt an, aus wie vielen Teilsegmenten die Spirale aufgebaut wird. Ein Teilsegment ist eine Viertelwindung in der Spirale. Nach jedem Segment folgt ein Ankerpunkt.
- Art: Hier können Sie auswählen, ob die Spirale links oder rechts gewunden gezeichnet wird.

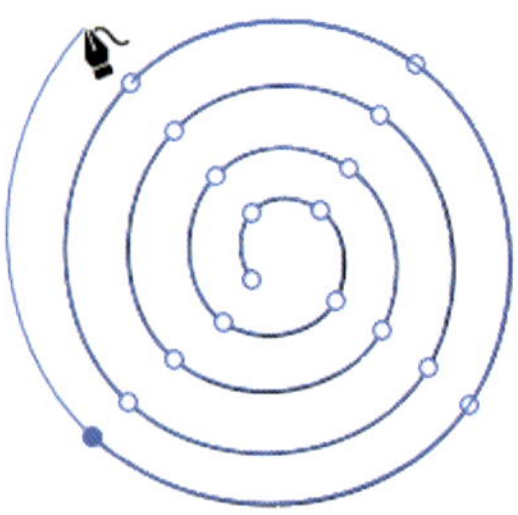

▲ **Abbildung 4.13**
Um leicht unregelmäßige Spiralen mit einem »manuellen Touch« zu erstellen, verwenden Sie das Kurvenzeichner-Werkzeug.

4.1.4 Rechteckige oder radiale Raster

Mit diesen Werkzeugen erstellen Sie Rechtecke oder Ovale, die durch Linien unterteilt sind. Wenn Sie einzelne Rasterkästchen mit Farbe füllen möchten, verwenden Sie die Funktion INTERAKTIV MALEN (s. Abschnitt 10.5). Die Aufteilung kann gleichmäßig oder logarithmisch sein. Ohne Modifizierung werden Objekte mit gleichmäßiger Aufteilung erzeugt.

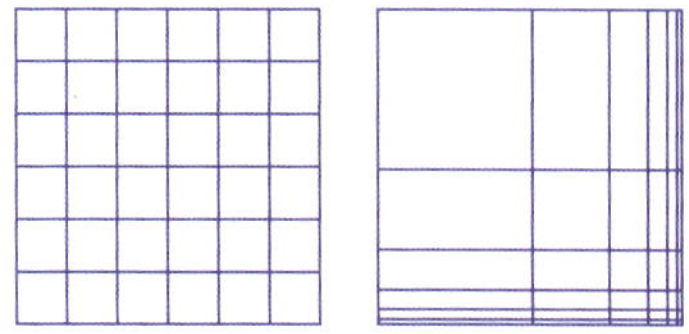

▲ **Abbildung 4.14**
Rechteckiges Raster: gleichmäßige und logarithmische Aufteilung

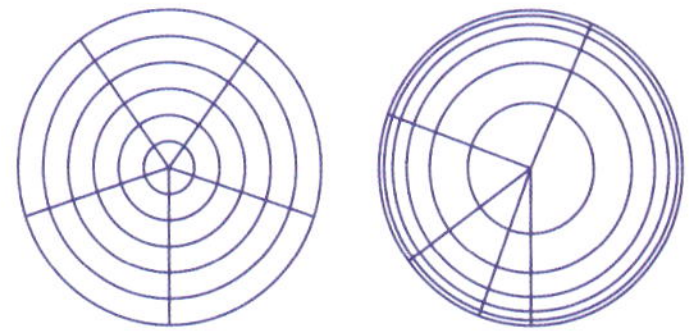

▲ **Abbildung 4.15**
Radiales Raster: gleichmäßige und logarithmische Aufteilung

Numerisch | Optionen in den Dialogboxen:

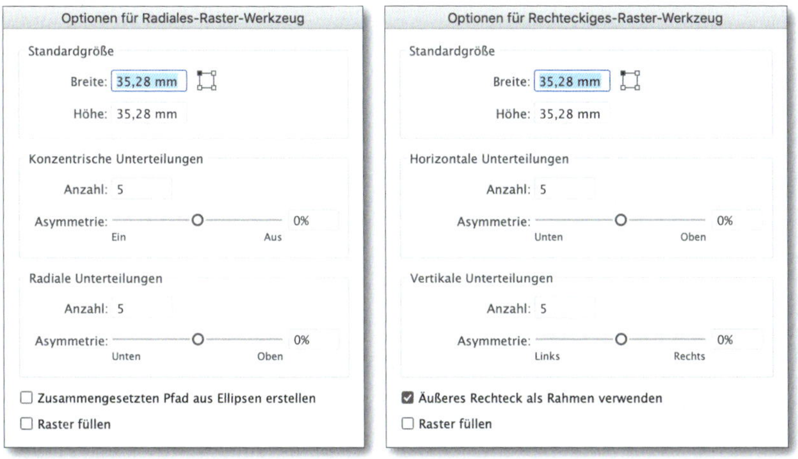

▲ **Abbildung 4.16**
Dialogboxen OPTIONEN FÜR RADIALES-RASTER- und RECHTECKIGES-RASTER-WERKZEUG

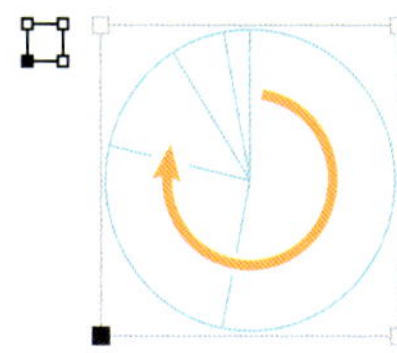

▲ **Abbildung 4.17**
Radiale Asymmetrie: Die Tortenstücke werden bei positiven Werten im Uhrzeigersinn kleiner.

- Der Referenzpunkt ⌑ bestimmt, in welche Richtung das Raster konstruiert wird. Auch radiale Raster werden nicht vom Mittelpunkt, sondern vom Referenzpunkt aus erzeugt.
  Achtung! Belassen Sie den Referenzpunkt oben links, da sonst die Positionsangaben in den Dialogboxen in die Irre führen!
- BREITE/HÖHE: Diese Einträge definieren die Größe des Objekts, indem sie die Maße des Begrenzungsrahmens festlegen.
- UNTERTEILUNGEN • ANZAHL: Beim Rechteck-Raster geben Sie die Anzahl der Zeilen (horizontal) und der Spalten (vertikal) ein, die innerhalb des Objekts erzeugt werden. Beim radialen Raster wird entsprechend die Anzahl der Ringe (konzentrisch) und der Tortenstücke (radial) gewählt.
- UNTERTEILUNGEN • ASYMMETRIE: Die Größe der Unterteilungssegmente kann gleichmäßig sein – dies entspricht einem Asymmetriewert von 0%. Bei anderen Asymmetriewerten erfolgt die Unterteilung logarithmisch. Die maximal einstellbare Asymmetrie liegt bei 500%. Zum Testen beginnen Sie am besten mit Werten zwischen 50 und 80%.

▲ **Abbildung 4.18**
Beide Raster-Werkzeuge sind am interessantesten, wenn Sie eine Art an Unterteilungen ausschalten – wie z.B. hier für die Flaggen.

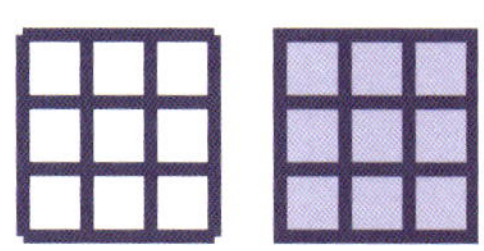

▲ **Abbildung 4.19**
Äußeres Rechteck als Rahmen: Statt vier einzelner Linien links ist rechts ein Rahmen.

▲ **Abbildung 4.20**
Ein radiales Raster als Grundlage für die Konstruktion eines »Japanische Postersonne«-Designs; gefüllt sind die Segmente mit zwei gegenläufigen radialen Verläufen.

▲ **Abbildung 4.21**
Mit der Option Zusammengesetzter Pfad können die Zwischenräume zwischen den Ellipsen abwechselnd gefüllt und durchsichtig sein.

▲ **Abbildung 4.22**
Nachträglich können Sie Ellipsen und Rechtecke weiter anpassen (s. Abschnitt 4.2).

Die Angaben Oben und Unten sowie Rechts und Links im rechteckigen Raster beziehen sich auf den Referenzpunkt. Unten und Links bedeutet eine größere Dichte in Richtung des Referenzpunkts.

Bei der radialen Asymmetrie des radialen Rasters bewirken positive Werte, dass die Tortenstücke (radiale Unterteilungen), bezogen auf den Referenzpunkt, im Uhrzeigersinn kleiner werden. Die Verdichtung der Ringe (konzentrisches Raster) erfolgt mit positiven Werten von innen nach außen, mit negativen Werten entsprechend von außen nach innen.

- Äusseres Rechteck als Rahmen verwenden: Mit diesem Kontrollkästchen können Sie beim rechteckigen Raster bestimmen, dass die Außenbegrenzung nicht als vier einzelne Linien, sondern als Rechteckform generiert wird.
- Raster füllen: Sie können dieses Objekt dann auch automatisch mit der aktuell eingestellten Füllung versehen.
- Zusammengesetzten Pfad aus Ellipsen erstellen: Ohne dieses Kontrollkästchen aktiviert zu haben, werden die ineinander verschachtelten Ovale/Kreise nur gruppiert. Die Generierung eines zusammengesetzten Pfades ist sinnvoll, wenn Sie die erzeugten Rasterringe abwechselnd füllen wollen (s. Abschnitt 10.1.1)

4.1.5 Rechteck/Quadrat/Abgerundetes Rechteck und Ellipse/Kreis

Wählen Sie das Rechteck-Werkzeug durch einen Klick auf sein Symbol im Werkzeugbedienfeld oder mit [M]. Das Ellipse-Werkzeug erreichen Sie mit [L]. Klicken und ziehen Sie mit diesen Werkzeugen ein Rechteck bzw. ein Oval auf. In den jeweiligen Optionen können Sie Breite und Höhe der Formen bestimmen. Klicken Sie auf den Button Proportionen erhalten, und geben Sie dann entweder Höhe oder Breite ein, um die aktuellen Größenverhältnisse der jeweiligen Form beizubehalten.

Für das abgerundete Rechteck bestimmen Sie darüber hinaus den Radius der Eckenrundung. Mit Rechteck- und Abgerundetem-Rechteck-Werkzeug erzeugen Sie jeweils dieselbe Objektart: interaktive Rechtecke.

Abbildung 4.23 ▶
Dialogbox Abgerundetes Rechteck

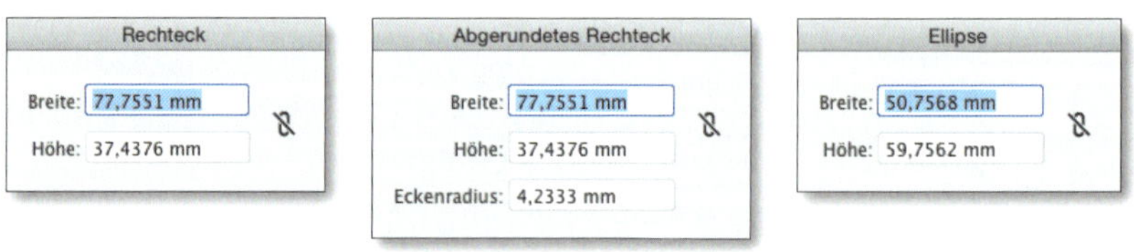

Übersicht: Geschlossene-Form-Werkzeuge

Taste	Rechteck	Abgerundetes Rechteck	Kreis	Polygon	Stern
Leertaste	Verschieben des Objekts	Verschieben des Objekts	Verschieben des Objekts	Verschieben des Objekts	Verschieben des Objekts
⇧	Erzeugt ein Quadrat	Erzeugt eine quadratische Form	Erzeugt einen Kreis	Richtet das Objekt waagerecht aus	Richtet die oberste Spitze senkrecht aus
⌥/Alt	Zeichnen des Objekts vom Mittelpunkt aus	Zeichnen des Objekts vom Mittelpunkt aus	Zeichnen des Objekts vom Mittelpunkt aus		Die Kanten zur jeweils übernächsten Spitze erscheinen durchgezogen
</Ö	Erzeugt viele Objekte aus demselben Ursprungspunkt	Erzeugt viele Objekte aus demselben Ursprungspunkt	Erzeugt viele Objekte aus demselben Ursprungspunkt	Erzeugt viele Objekte aus demselben Ursprungspunkt	Erzeugt viele Objekte aus demselben Ursprungspunkt
⌘/Strg					Lässt den Innenradius einrasten, damit Zacken verlängert oder verkürzt werden können
Cursor bewegen				Dreht das Objekt	Dreht das Objekt
↑		Vergrößert den Eckenradius		Erhöht die Anzahl der Polygon-Seiten	Erhöht die Anzahl der Zacken
↓		Verkleinert den Eckenradius		Senkt die Anzahl der Polygon-Seiten	Senkt die Anzahl der Zacken
→		Verwendet den höchstmöglichen Eckenradius			
←		Setzt den Eckenradius auf 0 (normales Rechteck)			

Anmerkungen zur Tabelle »Geschlossene-Form-Werkzeuge«

Abgerundetes Rechteck | Die Tasten ↑ und ↓ zum Verändern des Radius der abgerundeten Ecken wirken nur, wenn die Maus nicht bewegt wird. Durch Einstellen des größtmöglichen Eckenradius wird an der kürzeren Seite ein Halbkreis erzeugt.
Den Standardeckenradius richten Sie unter Voreinstellungen • Allgemein ein.

Stern | Mit ⌥/Alt erzeugen Sie einen Stern, bei dem die Kanten zur jeweils übernächsten Spitze durchgezogen erscheinen (1).

Grafiktabletts | Je nach Hersteller, Produkt und Treiber kann es beim Verwenden der Modifikationstasten mit Grafiktabletts Probleme geben bis hin zur Unbrauchbarkeit. Gegebenenfalls muss eine andere Maus angeschlossen werden.

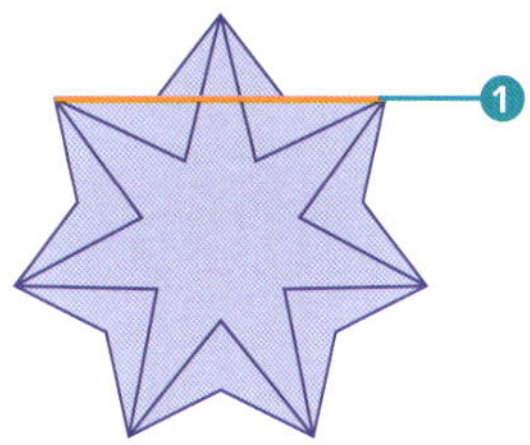

▲ **Abbildung 4.24**
Zackenformen eines Sterns

Übersicht: Offene-Form-Werkzeuge

Taste	Linie	Bogen	Spirale	Rechteckiges Raster	Radiales Raster
Leertaste	Verschieben des Objekts	Verschieben des Objekts	Verschieben des Objekts	Verschieben des Objekts	Verschieben des Objekts
⇧	Linien werden an 45°-Winkeln ausgerichtet	Bogen haben eine symmetrische Kurve	Richtet die Spirale in 45°-Winkeln aus	Erzeugt ein Quadrat	Erzeugt einen Kreis
⌥/Alt	Zeichnen der Linie aus dem Mittelpunkt	Zeichnen des Bogens aus dem Mittelpunkt	Erhöht oder senkt je nach Bewegungsrichtung des Cursors die Anzahl der Windungen	Zeichnen des Rasters vom Mittelpunkt aus	Zeichnen des Rasters vom Mittelpunkt aus
</Ö	Erzeugt viele Objekte aus demselben Ursprungspunkt	Erzeugt viele Objekte aus demselben Ursprungspunkt	Erzeugt viele Objekte aus demselben Ursprungspunkt	Erzeugt viele Objekte aus demselben Ursprungspunkt	Erzeugt viele Objekte aus demselben Ursprungspunkt
⌘/Strg			Verändert die Dichte der Windungen je nach Bewegungsrichtung des Cursors		
Cursor bewegen			Dreht die Spirale		
↑		Gestaltet die Kurve steiler	Erhöht die Anzahl der Segmente	Erhöht die Anzahl horizontaler Teilungen	Erhöht die Anzahl der Ringe
↓		Gestaltet die Kurve flacher	Senkt die Anzahl der Segmente	Senkt die Anzahl horizontaler Teilungen	Senkt die Anzahl der Ringe
→			Widerruft ⌘/Strg	Erhöht die Anzahl vertikaler Teilungen	Erhöht die Anzahl der Segmente
←				Senkt die Anzahl vertikaler Teilungen	Senkt die Anzahl der Segmente
C		Wechselt zwischen offener Kurve und geschlossener Form		Verändert die Aufteilung der Spalten logarithmisch	Verändert die Aufteilung der Ringe logarithmisch
F		Wechselt die Basisachse zwischen X und Y		Verändert die Aufteilung der Zeilen logarithmisch	Verändert die Aufteilung der Segmente logarithmisch
R			Kehrt die Windungsrichtung der Spirale um		
V				Verändert die Aufteilung der Zeilen logarithmisch	Verändert die Aufteilung der Segmente logarithmisch
X		Wechselt zwischen konkaver und konvexer Kurve		Verändert die Aufteilung der Spalten logarithmisch	Verändert die Aufteilung der Ringe logarithmisch

Anmerkungen zur Tabelle »Offene Form-Werkzeuge«

Tastenkombinationen | Drücken Sie mehrere Tasten zusammen, so addieren sich deren Wirkungen.

Leertaste | Mit der Leertaste kann das gesamte Objekt während des Erstellens verschoben werden. Wird die Leertaste, nicht aber die Maustaste losgelassen, nachdem das Objekt neu positioniert ist, kann an der Form des Objekts weitergearbeitet werden.

Bogen | Ein symmetrischer Bogen ❶ lässt sich um seinen Scheitelpunkt spiegeln. Die Stärke der Krümmung bestimmt, ob der Bogen steiler oder flacher ❹ ist. Die Option KONKAVE und KONVEXE KURVE ❸ wirkt sich nur bei geschlossenen Formen aus. Die Modifikationstaste [C] für eine geschlossene Form können Sie sich gut merken, wenn Sie an das englische Wort »closed« denken ❷.

Spirale | Die Anzahl der Windungen können Sie mit den Modifikationstasten [↑] oder [↓] nur verändern, wenn gleichzeitig die Maus bewegt wird ❻. Ein Tastendruck bewirkt eine Veränderung um eine Viertelwindung. Die Segmente werden am Mittelpunkt hinzugefügt oder gelöscht.

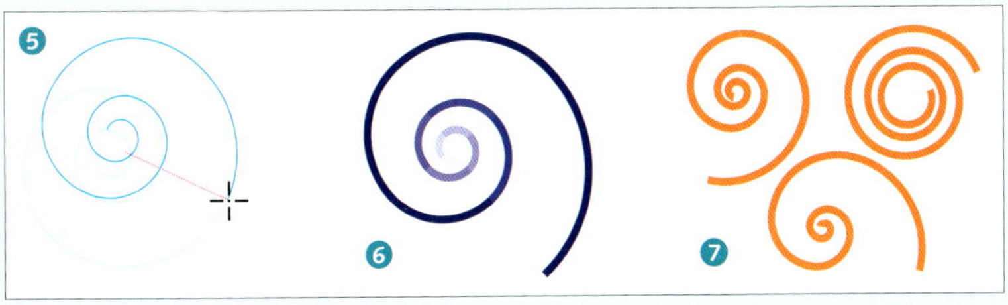

Soll mit [⌘]/[Strg] die Dichte der Windungen ❼ verändert werden, müssen Sie die Maus bewegen. Vom Mittelpunkt weg wird die Spirale lichter, in umgekehrter Richtung nimmt die Dichte zu.
Die Umkehrung der Richtung ❺ erfolgt durch eine Spiegelung der Spirale entlang der Achse zwischen Cursor und Mittelpunkt.

Rechteckiges und radiales Raster | Hier kann sowohl die Anzahl der horizontalen ❽ bzw. vertikalen ❾ Unterteilungen geändert werden als auch deren Aufteilung.
Die Aufteilung der Spalten oder Ringe wird mit jedem Druck der Tasten [C] bzw. [X] logarithmisch um 10 % ❿ nach links oder rechts bzw. innen oder außen gestaucht. Die Aufteilung der Reihen bzw. der radialen Segmente ⓫ mit [F] bzw. [V] erfolgt entsprechend.

Grafiktabletts | Je nach Hersteller, Produkt und Treiber kann es beim Verwenden der Modifikationstasten mit Grafiktabletts Probleme geben bis hin zur Unbrauchbarkeit. Gegebenenfalls muss eine andere Maus angeschlossen werden.

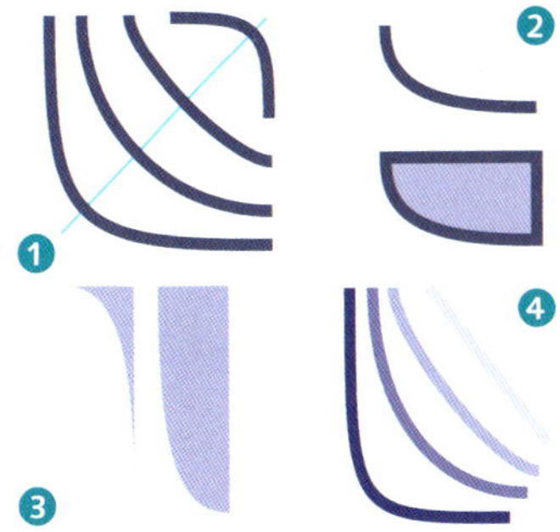

▲ **Abbildung 4.25**
Modifikationsmöglichkeiten bei der Arbeit mit dem Bogen-Werkzeug

▲ **Abbildung 4.26**
Mit [<] (Mac)/[Ö] (Win) entsteht diese Vervielfältigung.

▲ **Abbildung 4.27**
Mit [<] (Mac)/[Ö] (Win) und zusätzlich gedrückter Leertaste können diese Formen erstellt werden (rechts: eingefärbt mit VORNE -> HINTEN ANGLEICHEN, s. Abschnitt 7.10.5)

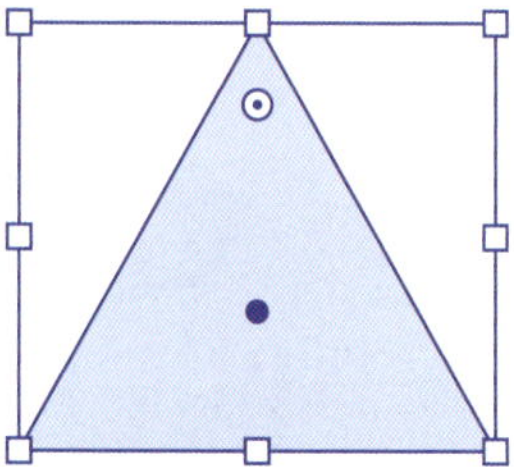

▲ **Abbildung 4.28**
Die angezeigte Mitte eines interaktiven Dreiecks entspricht dem Konstruktionsmittelpunkt.

4.1.6 Polygon

Mit dem Polygon-Werkzeug erstellen Sie gleichmäßige Vielecke – nachträglich lassen sich Polygone stauchen, ohne dabei umgewandelt zu werden. Ein Polygon wird immer vom Mittelpunkt aus erzeugt. Der angezeigte Mittelpunkt der Form entspricht der geometrischen Mitte.

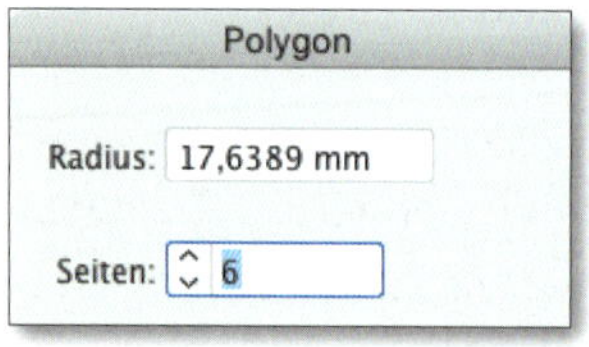

◄ **Abbildung 4.29**
Dialogbox Polygon

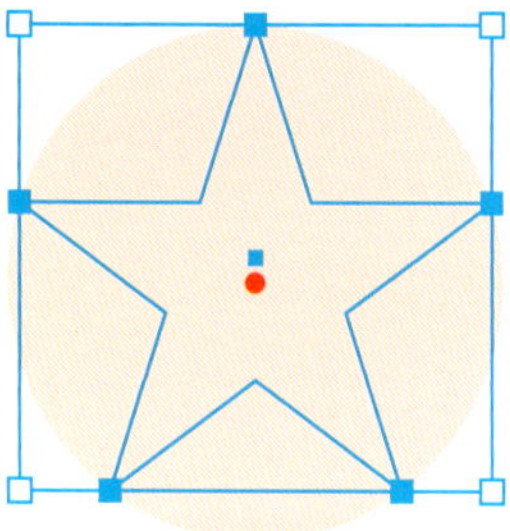

▲ **Abbildung 4.30**
Konstruktionsmittelpunkt des Fünfecks (rot) im Vergleich zu dem auf der Zeichenfläche angezeigten Mittelpunkt (türkis)

4.1.7 Stern

Das Aussehen des Sterns wird durch den Innenradius (1 Radius 1) und den Außenradius (2 Radius 2) definiert.

Klicken Sie mit dem Stern-Werkzeug-Cursor auf die Zeichenfläche, um den Dialog für die numerische Eingabe aufzurufen.

Achtung! Der Mittelpunkt, den Illustrator nach der Erstellung des Objekts anzeigt, ist der Mittelpunkt des Begrenzungsrahmens. Dieser entspricht bei Sternen mit ungerader Eckenanzahl oder bei gedrehten Formen nicht dem geometrischen Zentrum. Wenn Sie den Mittelpunkt zu Konstruktionszwecken benötigen, beachten Sie bitte den Hinweiskasten links.

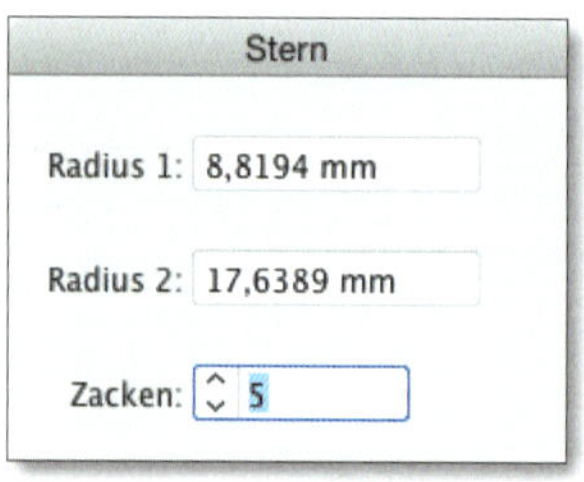

Abbildung 4.31 ►
Dialogbox Stern

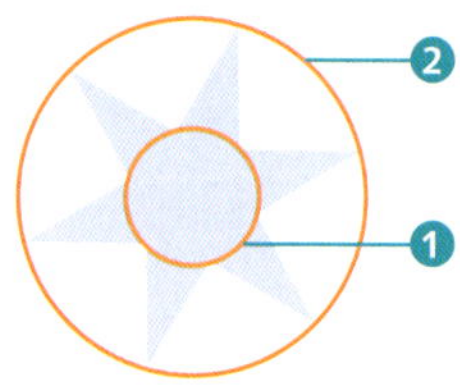

Stern mit Mittelpunkt

Falls Sie den geometrischen Mittelpunkt eines Sterns zu Konstruktionszwecken benötigen, gehen Sie wie folgt vor:

1. Setzen Sie einen Punkt mit dem Zeichenstift.
2. Verwenden Sie diesen Punkt als Mittelpunkt für die Konstruktion des Sterns.
3. Gruppieren Sie den Ankerpunkt aus Schritt 1 und den Stern. In der Pfadansicht wird der Ankerpunkt als Kreuz angezeigt.

4.2 Interaktive Formen

Geometrische Formen werden durch Parameter wie Breite, Höhe und Radius definiert, anstatt die Positionen einzelner Ankerpunkte und Kurventangenten festzulegen. Durch Änderung der Formparameter sind geometrische Formen auch später noch einfach und exakt zu bearbeiten. In Illustrator sind bisher nur wenige Formen auf diese Art zu erstellen und zu bearbeiten: Liniensegmente, Rechtecke (mit Eckenrundungen), Ellipsen und Polygone.

4.2.1 Formen zeichnen

Wenn Sie eine Form mit dem entsprechenden Werkzeug (s. Abschnitt 4.1) aufziehen, wird automatisch eine interaktive Form erstellt. Darüber hinaus können Sie das Shaper-Werkzeug verwenden oder mit anderen Methoden konstruierte Formen in interaktive Formen umwandeln.

Mit dem Shaper-Werkzeug | Das Shaper-Werkzeug erkennt bestimmte Bewegungsabläufe und setzt sie in Formen um; dadurch können Sie mit diesem Werkzeug verschiedene Formen zeichnen, ohne das Werkzeug wechseln zu müssen. Abweichende Bewegungsabläufe versucht Illustrator in das Schema einzupassen.

Mit dem Shaper-Werkzeug erstellte Formen besitzen immer eine hellgraue Fläche und eine schwarze Kontur.

Konstruktionsgesten

Mit dem Shaper-Werkzeug können Sie nicht nur zeichnen, sondern mithilfe weiterer Gesten auch Formen kombinieren (s. Abschnitt 10.4). Eine Geste, die nicht als Zeichengeste erkannt wird, wird gegebenenfalls als Konstruktionsgeste interpretiert (z. B. wird nicht ein Stern gezeichnet, sondern eine Form gelöscht).

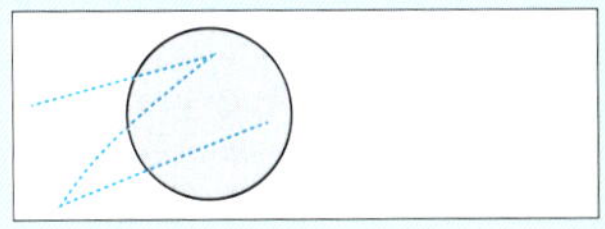

◀ **Abbildung 4.32**
Diese Varianten der Formen können per Gesteneingabe gezeichnet werden. Dabei ist es gleichgültig, an welcher Stelle Sie die Linie ansetzen. Probieren Sie aus, wie Illustrator Ihre Zeichnung am besten erkennt und umsetzt.

In Form umwandeln | Wenn Sie Ellipsen, Polygone, Linien oder (abgerundete) Rechtecke aus alten Dateien mit der Eingabe von Parametern dynamisch verändern möchten, dann können Sie diese Formen – sofern sie exakt konstruiert wurden – in interaktive Formen umwandeln. Wählen Sie Objekt • Form • In Form umwandeln.

4.2.2 Live-Eigenschaften bearbeiten

Die Eigenschaften der Formen können Sie nachträglich einfach verändern, z. B. Eckenradien oder Länge einer Linie. Sie haben zwei Möglichkeiten:

Intuitiv mit den Widgets | Interaktive Formen sind an ihrem Begrenzungsrahmen mit besonderen Anfassern versehen, mit denen sich die Eigenschaften verändern lassen. Verwenden Sie dazu das Auswahl-Werkzeug, das Shaper-Werkzeug oder eines der Werkzeuge für interaktive Formen, Sie können z. B. die Eigenschaften einer Ellipse mit dem Polygon-Werkzeug bearbeiten.

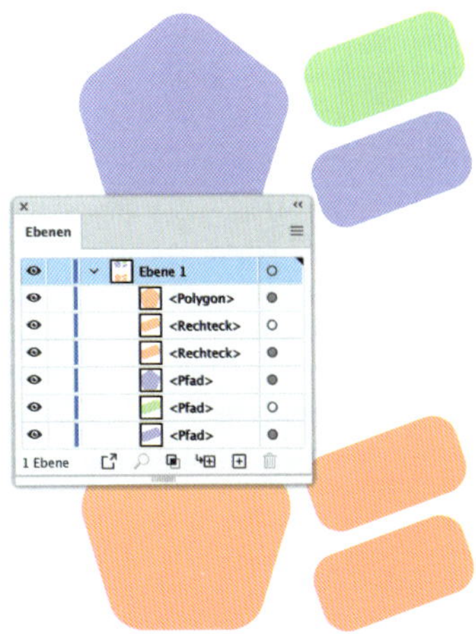

▲ **Abbildung 4.33**
Objekte mit dem Ecken-abrunden-Effekt (violett) werden zwar korrekt in Formen umgewandelt, der Ecken-abrunden-Effekt wird jedoch nicht in einen Ecken-Parameter übersetzt. Sie sollten den Ecken-abrunden-Effekt umwandeln, um interaktive Ecken zu erhalten.

▲ **Abbildung 4.34**
Aus- und Einblenden der Form-Widgets

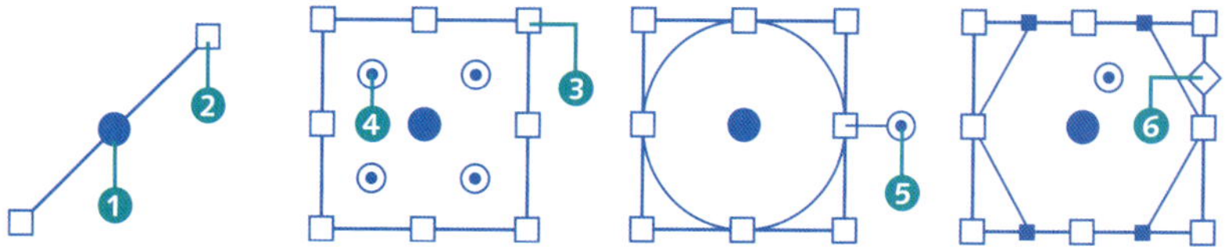

Abbildung 4.35
Mit den Widgets werden die Formparameter interaktiv gestaltet.

Sie können folgende Operationen mit den Widgets durchführen:

- **Verschieben** ❶: Greifen Sie an diesem Widget oder an einer der Kanten des Begrenzungsrahmens – der Cursor zeigt –, um die Form zu verschieben.
- **Verlängern der Linie** ❷: Greifen Sie ein Liniensegment an einem der Endpunkte, um die Länge zu verändern. Die Linie rastet dabei am bestehenden Winkel ein, Sie können jedoch auch den Winkel verändern.
- **Skalieren und Drehen** ❸: Greifen Sie an einem der weißen Widgets, um die Form zu skalieren, der Cursor zeigt ↗, ↕ oder ↔. Bewegen Sie den Cursor etwas weiter nach außen, sodass sein Symbol zu ⤸ wechselt, um die Form zu drehen. Mit ⌥/Alt skalieren Sie von der Mitte aus.
- **Ecken gestalten** ❹: Mit diesem Widget gestalten Sie die Ecke. Der Cursor wechselt zu (s. Abschnitt 5.6.9).
- **Kreissektor** ❺: Mit diesem Widget können Sie einen Kreis oder eine Ellipse wie eine Torte anschneiden. Der Cursor zeigt .
- **Eckenanzahl verändern** ❻: Bewegen Sie dieses Widget, um die Anzahl der Ecken zu ändern. Der Cursor zeigt +/–.

Mehrere Formen direkt nacheinander zeichnen

Wenn Sie eine weitere Form vor oder sehr nahe neben einer bestehenden zeichnen möchten, muss entweder die erste Form zunächst deaktiviert werden, oder Sie blenden die Form-Widgets aus. Anderenfalls würden Sie die bestehende Form bearbeiten.

Widgets ein- und ausblenden | Die Widgets werden mit dem Button Form-Widgets ausblenden im Steuerungsbedienfeld ein- und ausgeblendet. Um die Widgets anzeigen zu können, muss außerdem der Begrenzungsrahmen eingeblendet sein: Ansicht • Begrenzungsrahmen einblenden – ⌘/Strg+⇧+B.

▲ **Abbildung 4.36**
Einsatz von Kreissektoren als Pupillen im Cartoon

Formen auswählen

Gleichartige Formen, also z. B. alle Rechtecke, wählen Sie aus, indem Sie ein Rechteck anklicken und dann Auswahl • Gleich • Form wählen.

Per Eingabe im Transformieren-Bedienfeld | Ein Bereich im Transformieren-Bedienfeld beinhaltet die Parameter der ausgewählten interaktiven Form. Geben Sie hier Ihre gewünschten Werte ein.

Vor allem die Dimensionen der Form sind nicht zu verwechseln mit der Breite und Höhe des Objekts im oberen Bereich: Formdimensionen ändern sich z. B. nicht, wenn das Objekt gedreht wird oder eine fettere Kontur erhält. Damit lassen sich auch mehrere ausgewählte Formen auf identische Breiten oder Höhen setzen.

Mit der Option Bei Formerstellung anzeigen aus dem Menü des Transformieren-Bedienfeldes blenden Sie das Bedienfeld automatisch ein, sobald eine interaktive Form erzeugt wird.

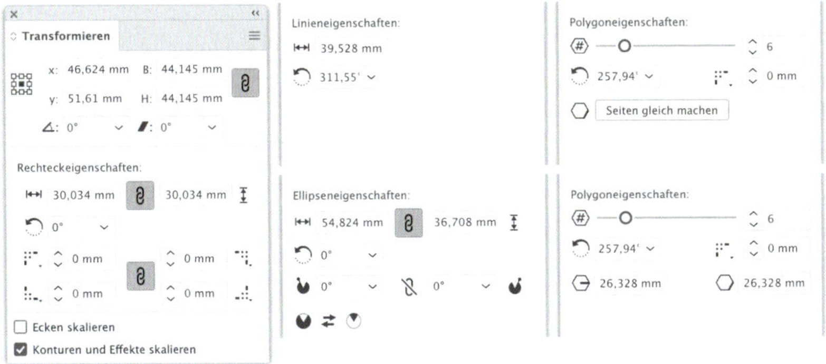

◀ **Abbildung 4.37**
Form-Parameter im Transformieren-Bedienfeld

Formeinstellungen kopieren

Es gibt leider keinen Weg, die Formeinstellungen zu speichern oder auf andere Formen zu übertragen.

Einige Optionen finden Sie in ähnlicher Weise bei mehreren Formen, andere sind individuell:

- **Dimensionen**: Geben Sie die Breite und Höhe der Form bzw. die Länge des Liniensegments ein.
- **Radius** oder **Kantenlänge**: Ein Polygon können Sie durch Angabe seines Radius oder seiner Kantenlänge definieren. Wurde das Polygon unproportional skaliert, dann müssen Sie zuvor mit dem gleichnamigen Button die SEITEN GLEICH MACHEN.
- **Anzahl der Ecken**: Geben Sie die Anzahl der Ecken mit dem Schieberegler, den Pfeil-Buttons oder direkt ins Eingabefeld ein.
- **Winkel**: Drehen Sie eine Form durch Eingabe ihres Drehwinkels.
- **Eckenform** und **-radius**:Geben Sie den Radius ein, und wählen Sie eine von drei Eckenformen aus dem Menü. Ein Rechteck kann unterschiedliche Ecken besitzen, beim Polygon sind die Ecken synchron.
- **Kreisstart**- und **-endwinkel**: Einen Kreissektor definieren Sie durch Eingabe des Start- und des Endwinkels. Sie können anschließend mit dem Button KREIS UMKEHREN die Form invertieren. Wenn Sie den ausgeschnittenen Winkel um den Mittelpunkt drehen möchten, klicken Sie eines der Widgets an, drücken dann [⌘]/[Strg] und bewegen den Cursor um die Form.

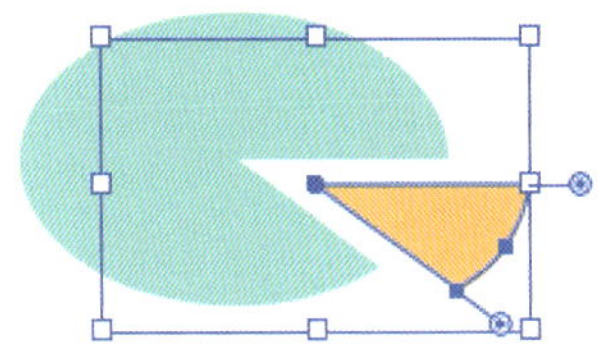

▲ **Abbildung 4.38**
Umkehren eines Kreissektors

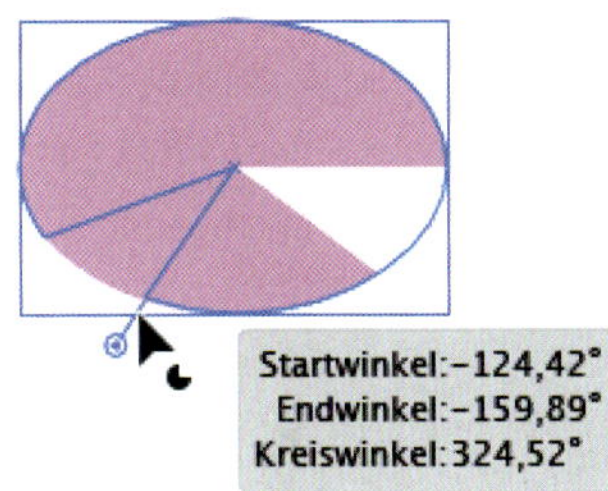

▲ **Abbildung 4.39**
Drehen des gesamten Kreissektors an eine andere Stelle der Form

4.2.3 Formen umwandeln

Interaktive Formen werden von Illustrator gegebenenfalls automatisch umgewandelt, falls dies für eine Weiterbearbeitung erforderlich ist. Wenn Sie jedoch z. B. für Transformationen den Begrenzungsrahmen zurücksetzen möchten, ist eine vorherige manuelle Umwandlung erforderlich. Um eine interaktive Form in einen normalen Pfad umzuwandeln, wählen Sie OBJEKT • FORM • FORM UMWANDELN.

Ein umgewandeltes abgerundetes Rechteck können Sie jedoch nicht mehr unporportional skalieren, ohne dabei die Rundungen zu verzerren.

Von Ellipse zu Rechteck

Interaktive Formen können nicht in andere interaktive Formen konvertiert werden. Wenn Sie Effekte verwenden, ist es möglich, Ellipsen in Rechtecke (und umgekehrt) umzuwandeln (s. Abschnitt 13.2.1).

4.3 Objekte, Pfade und Punkte auswählen

▲ **Abbildung 4.40**
Auswahl-Werkzeug, Direktauswahl-Werkzeug und Gruppenauswahl-Werkzeug

Bevor Sie ein Element – ein Objekt, einen Pfad oder einen Ankerpunkt – in einem Dokument bearbeiten können, müssen Sie Illustrator dieses Element »zeigen«. Das geschieht durch Auswählen (oder »Aktivieren«). Illustrator kann mit seinen drei Auswahl-Werkzeugen (neben Lasso und Zauberstab) verwirrend sein.

4.3.1 Objekte auswählen

Pfadanzeige

Die Hervorhebung der Pfade von ausgewählten Objekten wird durch Ansicht • Ecken ausblenden bzw. Ecken einblenden gesteuert.

Mit dem (schwarzen) Auswahl-Werkzeug [V] aktivieren Sie das gesamte Objekt bzw. mehrere Objekte. Seine einzelnen Ankerpunkte können Sie nicht mit dem Auswahl-Werkzeug auswählen, dazu benötigen Sie das Direktauswahl-Werkzeug [A] (mehr zum Direktauswahl-Werkzeug finden Sie in Abschnitt 4.3.2 und Abschnitt 5.4).

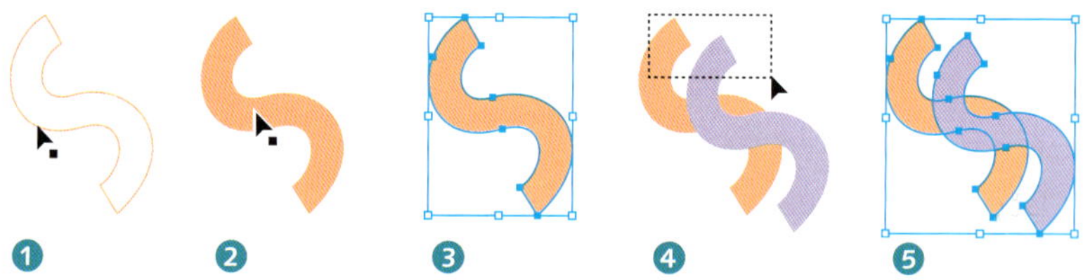

Abbildung 4.41 ▶
Mit dem Cursor-Symbol zeigt Illustrator bereits beim »Überfahren« der Objekte an, dass ein Objekt aktiviert werden kann.

Um ein Objekt mit dem Auswahl-Werkzeug (schwarzer Pfeil) zu aktivieren, müssen Sie bei ungefüllten Objekten direkt den Pfad anklicken ❶. Bei gefüllten Objekten können Sie hierfür auf die Fläche klicken ❷. Durch eine Outline und die Hervorhebung der Punkte in der Farbe der Ebene zeigt Illustrator an, dass das Objekt nun aktiv ist ❸. Mit [⇧] lassen sich **mehrere Objekte nacheinander auswählen** und zusammen aktivieren.

Auswahlrechteck und Hilfslinien

Bei der Verwendung des Auswahlrechtecks aktivieren Sie auch Hilfslinien, die im Arbeitsbereich liegen. Möchten Sie die Aktivierung von Hilfslinien vermeiden, verwenden Sie das Lasso (s. Abschnitt 5.5) statt des Auswahlrechtecks oder sperren die Hilfslinien.

Die gleiche Wirkung erzielen Sie mit einem Auswahlrechteck, das Sie mit dem Auswahl-Werkzeug über mehrere Elemente aufziehen ❹. Illustrator aktiviert dabei alle Objekte, die von dem Auswahlrechteck berührt werden. Dieses Verhalten lässt sich nicht umstellen.

Achtung! Das Auswahlrechteck darf nicht auf der Fläche einer Figur oder auf einem Pfad beginnen, da Sie sonst dieses Objekt ungewollt verschieben. Um ein Objekt wieder aus der Auswahl herauszunehmen, drücken Sie [⇧] und klicken das entsprechende Objekt erneut an.

Objektauswahl nur durch Pfad

In der Grundeinstellung aktiviert Illustrator gefüllte Objekte, wenn Sie auf die Fläche klicken. Haben Sie sehr viele Objekte, kann es damit schwierig werden, einzelne auszuwählen. Um das Verhalten umzustellen, wählen Sie Voreinstellungen • Auswahl und Ankerpunkt-Anzeige, und aktivieren Sie die Option Objektauswahl nur durch Pfad.

4.3.2 Punkte, Pfadsegmente, Griffe auswählen

Mit dem (weißen) Direktauswahl-Werkzeug ([A]) aktivieren Sie Pfadsegmente, Punkte oder Griffe.

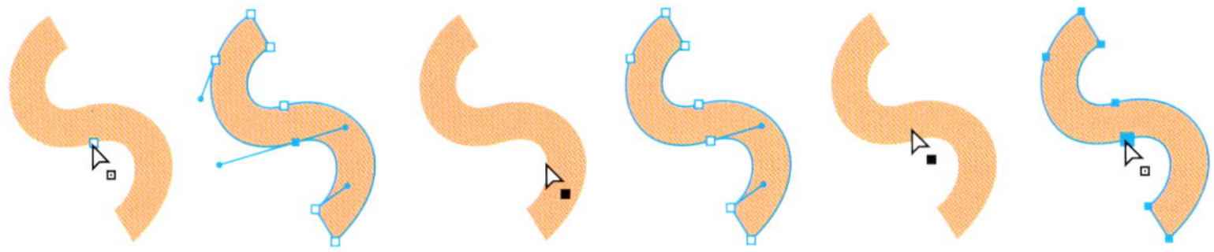

❻ ❼ ❽ ❾ ❿

▲ **Abbildung 4.42**
Aktivieren von Ankerpunkten und Pfadsegmenten: Auch hier zeigt das Cursor-Symbol an, was Sie auswählen können.

Ankerpunkte aktivieren Sie mit dem Direktauswahl-Werkzeug [▷], indem Sie direkt auf den Punkt klicken ❻ (er wird unter dem Cursor hervorgehoben – Voreinstellung s. Abschnitt 5.2.2). Der aktivierte Punkt wird mit seinen Griffen hervorgehoben ❼ – er ist im Gegensatz zu den anderen Punkten des Pfades gefüllt (s. Abschnitt 5.4.2). Um ein Pfadsegment – den Bereich zwischen zwei Punkten – auszuwählen, muss das Objekt deaktiviert sein. Dann klicken Sie auf das Pfadsegment ❽. Achten Sie darauf, genau den Pfad zu treffen. Mit dem Direktauswahl-Werkzeug ist es (wie mit dem Auswahl-Werkzeug) auch möglich, das Objekt zu aktivieren ❾; dazu klicken Sie auf dessen Fläche.

Ist das Objekt bereits aktiviert, können Sie immer noch einzelne Punkte auswählen. Dazu klicken Sie auf den gewünschten Punkt (der unter dem Cursor hervorgehoben wird) ❿. Mehrere Punkte wählen Sie aus, indem Sie [⇧] gedrückt halten und die Punkte anklicken (ebenfalls mit [⇧] nehmen Sie einen Punkt wieder aus der Auswahl heraus).

Auswahl-Alternativen

Beschäftigen Sie sich auch mit den Alternativen Zauberstab (s. Abschnitt 8.5.1), Lasso (s. Abschnitt 5.5), der Auswahl gleicher Elemente per Menü (s. Abschnitt 8.5.2) sowie der globalen Bearbeitung von Objekten (s. Abschnitt 17.6).

Pfade und Punkte in der Gruppe

Um ein einzelnes Objekt, einen Pfad oder seine Punkte innerhalb einer Gruppe zu aktivieren, verwenden Sie ebenfalls das Direktauswahl-Werkzeug.

Der Begrenzungsrahmen

Wenn Objekte ausgewählt sind, zeigt Illustrator nicht nur die Pfade, sondern auch einen Rechteckrahmen um die Grundfläche aller ausgewählten Objekte an, den Begrenzungsrahmen ❺. An der Größe dieses Rahmens orientieren sich die Größen- und Positionsangaben für Objekte, z. B. im Transformieren-Bedienfeld ⓮. Je nach Einstellung werden Konturstärken oder Effekte, wie z. B. Schlagschatten, vom Begrenzungsrahmen eingeschlossen ⓫ oder nicht ⓬, unter Voreinstellungen • Allgemein steuert dies die Option Vorschaubegrenzungen verwenden.

Wenn Sie an den Anfassern des Begrenzungsrahmens ziehen, transformieren Sie das Objekt (s. Abschnitt 4.7). Auch das Ursprungsymbol ⓭ für den Bezugspunkt von Transformationen bezieht sich auf den Begrenzungsrahmen. Nach einer Drehung des Objekts ist der Begrenzungsrahmen ebenfalls verdreht ⓯, mit Objekt • Transformieren • Begrenzungsrahmen zurücksetzen bringen Sie ihn wieder in die Waagerechte ⓰.
Bei einigen Operationen kann der Begrenzungsrahmen stören, dann können Sie ihn mit Ansicht • Begrenzungsrahmen ausblenden bzw. [⌘]/[Strg]+[⇧]+[B] verstecken.

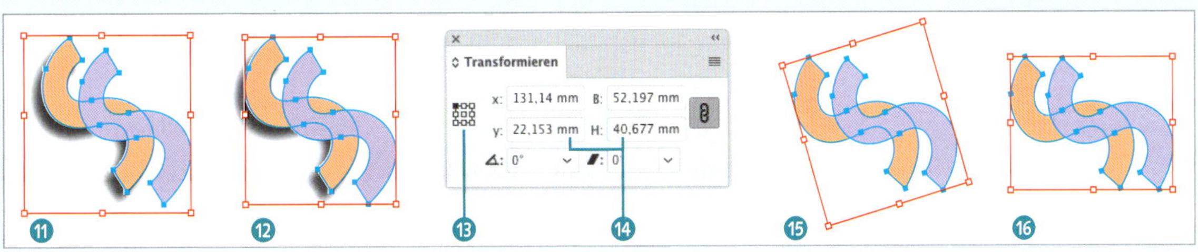

Auch mit dem Direktauswahl-Werkzeug können Sie ein Auswahlrechteck über mehrere Punkte aufziehen. Wenn Sie jedoch mit dem Direktauswahl-Werkzeug ein Auswahlrechteck um das gesamte Objekt ziehen, wählen Sie das Objekt aus.

Für Fortgeschrittene: alle Ankerpunkte eines Objekts auswählen

Sobald alle einzelnen Ankerpunkte eines Objekts ausgewählt sind, verhält sich Illustrator so, als wäre das Objekt ausgewählt. Dazu ein einfacher Versuch: Wenn Sie alle Ankerpunkte eines Kreises auswählen (links) und diese mit dem Ausrichten-Bedienfeld oben ausrichten (s. Abschnitt 4.8), müssten im Ergebnis theoretisch alle Punkte in einer Reihe stehen (Mitte). Praktisch passiert jedoch gar nichts, denn Illustrator hat die Auswahl nach seiner Logik nicht auf »alle einzelnen Punkte«, sondern auf »das Objekt« gesetzt, und ein einzelnes Objekt bewegt sich nicht, wenn man es an seiner oberen Kante ausrichtet (rechts).

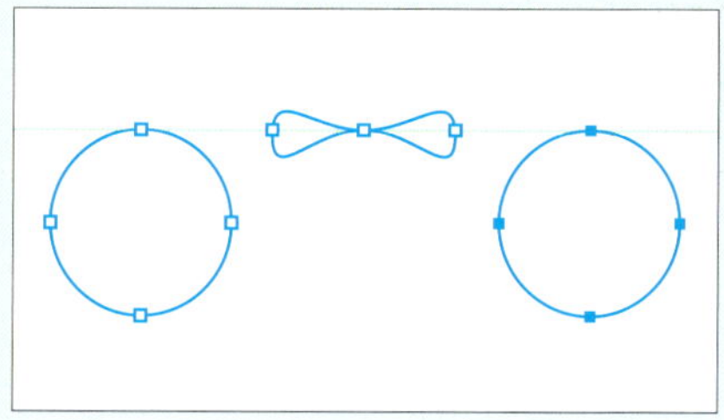

4.3.3 Objekte in einer Gruppe auswählen

Um innerhalb der Hierarchie einer Gruppe (s. Abbildung 4.44) auszuwählen, verwenden Sie das Gruppenauswahl-Werkzeug.

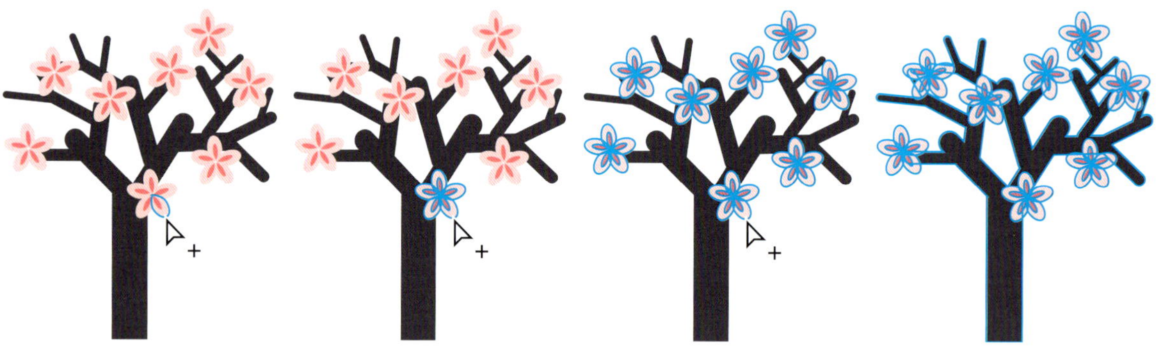

▲ **Abbildung 4.44**
Darstellung einer verschachtelten Gruppe im Ebenen-Bedienfeld

▲ **Abbildung 4.43**
Aktivieren von Objekten mit dem Gruppenauswahl-Werkzeug

Mit diesem Auswahlpfeil arbeiten Sie sich »von innen nach außen« durch die Gruppenhierarchie. Ein Klick mit dem Gruppenauswahl-Werkzeug auf ein Objekt einer Gruppe aktiviert dieses Objekt, jeder weitere Klick auf dasselbe Objekt wählt die nächste hierarchisch übergeordnete Gruppe dazu aus.

4.3.4 Objekte vor oder hinter anderen auswählen

Ist ein Objekt durch ein anderes **verdeckt**, können Sie es aktivieren, indem Sie ⌘/Strg gedrückt halten und auf die Fläche des verdeckten Objekts klicken. Mit dem ersten Klick aktiviert Illustrator das vorderste

Objekt, und es wird das Cursor-Symbol für HINTERE AUSWÄHLEN angezeigt. Halten Sie ⌘/Strg und klicken erneut, wird mit jedem weiteren Klick das nächste Objekt im Stapel ausgewählt.

Die Auswahl dahinterliegender Objekte muss in VOREINSTELLUNGEN • AUSWAHL- UND ANKERPUNKT-ANZEIGE aktiviert sein.

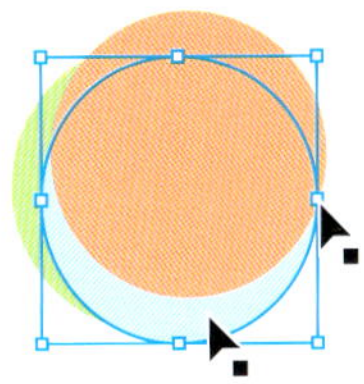

▲ **Abbildung 4.45**
Um das dahinter ausgewählte Objekt zu bearbeiten, müssen Sie dann dennoch seine sichtbare Fläche, seinen Pfad oder den Begrenzungsrahmen »anfassen«. Alternativ gehen Sie in den Isolationsmodus, den Sie per Rechtsklick aus dem Kontextmenü auswählen können.

Temporärer Werkzeugwechsel

Wenn Sie für jede Auswahl das passende Auswahl-Werkzeug aus dem Werkzeugbedienfeld holten, kämen viele Mauskilometer zusammen. Es ist daher möglich, temporär zwischen den Werkzeugen zu wechseln. Am vielseitigsten einsetzbar ist das Direktauswahl-Werkzeug, da Sie mit ihm bereits ohne Modifikationstasten – je nachdem, wohin Sie klicken – das Objekt oder einzelne Punkte auswählen können. Mit diesen Tasten wechseln Sie zwischen den Auswahl-Werkzeugen:

	⌘/Strg	
	⌥/Alt	
	⌥/Alt	
	⌘/Strg	zuletzt verwendetes Werkzeug: oder
	⌘+⌥/Strg+Alt	jeweils anderes Werkzeug: oder

Über das Kontextmenü | Eine weitere Möglichkeit zum Auswählen verdeckter Objekte besteht darin, dass Sie das vordere auswählen, an eine Stelle klicken, die innerhalb des gewünschten Objekts liegt, und aus dem Kontextmenü den Befehl AUSWAHL • NÄCHSTES OBJEKT DARUNTER anwenden. Das funktioniert auch in umgekehrter Richtung mit AUSWAHL • NÄCHSTES OBJEKT DARÜBER.

Der gleichnamige Befehl aus dem Hauptmenü aktiviert dagegen das jeweils nächste Objekt in der Stapelreihenfolge – unabhängig vom Klickpunkt.

▲ **Abbildung 4.46**
Um mit dem Klickpunkt den roten Kreis auszuwählen, verwenden Sie das Kontextmenü. Über das Hauptmenü würde der violette Kreis ausgewählt.

4.3.5 Auswahlen mit Menübefehlen verändern

Das einzelne Anklicken der gewünschten Objekte kann mühsam sein. Ein kleiner Umweg kann Sie schneller zur gewünschten Auswahl führen.

Alles auswählen | Alle Objekte im Dokument wählen Sie aus, indem Sie ⌘/Strg+A drücken oder über das Menü AUSWAHL • ALLES AUSWÄHLEN aufrufen. Es werden die Objekte auf allen Zeichenflächen aktiviert. Mit ⌘+⌥+A bzw. Strg+Alt+A wählen Sie alle Objekte auf der aktiven Zeichenfläche aus.

Hinweis: »Alles auswählen«

Sind Hilfslinien nicht gesperrt, werden sie bei Verwendung des Befehls ALLES AUSWÄHLEN ebenfalls aktiviert.

▲ **Abbildung 4.47**
Menü Auswahl mit eigenen gespeicherten Auswahlen

▲ **Abbildung 4.48**
Bearbeitung gespeicherter Auswahlen

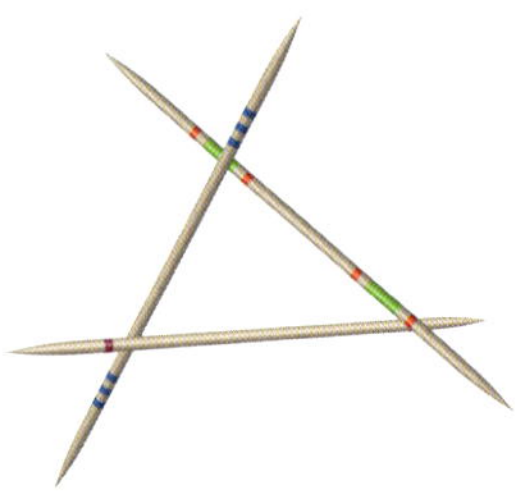

▲ **Abbildung 4.49**
Eine nicht eindeutige Stapelreihenfolge wie beim Mikado können Sie nur simulieren (s. Abschnitt 12.2).

▲ **Abbildung 4.50**
Normal und Dahinter zeichnen im Werkzeugbedienfeld

Auswahl umkehren | Unter Umständen sind gerade die Objekte einfacher mit der Maus zu erreichen, die Sie eigentlich nicht auswählen möchten. In diesem Fall könnte der Befehl Auswahl • Auswahl umkehren Abhilfe schaffen. Mit seiner Hilfe ist es möglich, die aktuell aktivierten Objekte zu deaktivieren und dafür alle nicht ausgewählten Objekte auszuwählen. Dieser Befehl wirkt über alle Zeichenflächen.

Auswahl aufheben | Möchten Sie alle Objekte deselektieren, klicken Sie mit dem Auswahl-Werkzeug einfach auf einen leeren Platz auf der Zeichenfläche oder verwenden den Befehl Auswahl • Auswahl aufheben – Shortcut ⌘+⇧+A bzw. Strg+⇧+A.

4.3.6 Auswahlen speichern

Falls Sie häufiger dieselben Objekte selektieren müssen, lohnt es sich, die vorgenommene Auswahl zur späteren Verwendung in der Datei zu speichern. Dies ist auch bei einer Auswahl möglich, die Objekte auf mehreren Ebenen einschließt (s. Abschnitt 11.3.1) .

Wenn Sie Ihre Auswahl erstellt haben, wählen Sie Auswahl • Auswahl speichern. Geben Sie einen Namen in die Dialogbox ein. Die Auswahl wird anschließend unter diesem Namen im Auswahl-Menü aufgelistet (s. Abbildung 4.47).

Benötigen Sie eine Auswahl nicht mehr oder möchten Sie Auswahlen umbenennen, rufen Sie die Dialogbox unter Auswahl • Auswahl bearbeiten auf. Dort können Sie die gespeicherten Auswahlen bearbeiten.

4.4 Objekte in der Stapelreihenfolge anordnen

Wie beim Arbeiten mit ausgeschnittenen Papierformen liegen alle Objekte im Dokument eindeutig übereinander. Das bedeutet, dass von gefüllten Formen, die an gleichen oder ähnlichen Positionen auf der Arbeitsfläche liegen, immer nur die vorderste komplett sichtbar ist.

4.4.1 Davor oder Dahinter zeichnen

Illustrator behandelt Ihre Arbeitsfläche normalerweise wie einen Posteingangskorb: Es legt ein neues Objekt immer obendrauf. Sie können dieses Verhalten jedoch umkehren, indem Sie auf den Button Dahinter zeichnen im Werkzeugbedienfeld klicken. Dann werden nicht nur neu gezeichnete Formen hinten angeordnet. Auch wenn Sie Objekte per

⌥/Alt und Ziehen vervielfältigen oder sie in das Dokument einfügen, stellt Illustrator die neuen Objekte hinter das aktivierte bzw. alle anderen Objekte. Um wieder zurückzuwechseln, klicken Sie NORMAL ZEICHNEN. Der »Gedrückt-Status« der Buttons zeigt den Zeichenmodus an. Durch die drei Modi (INNEN ZEICHNEN s. Abschnitt 11.4.1) wechseln Sie mit ⇧+D.

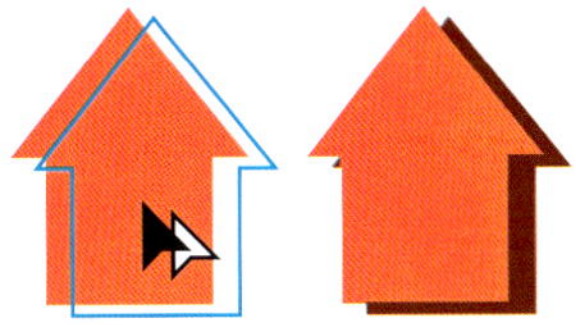

▲ **Abbildung 4.51**
Duplizieren eines Objekts durch ⌥/Alt-Klicken und Ziehen im Modus DAHINTER ZEICHNEN

4.4.2 Die Stapelreihenfolge ändern

Wie im Posteingangskorb auch können Sie Ihre Illustrator-Objekte neu stapeln. Wählen Sie das Objekt aus, dessen Anordnung Sie im Stapel verändern möchten, und rufen Sie dann über das Menü OBJEKT • ANORDNEN bzw. im Kontextmenü unter ANORDNEN die gewünschte Option auf. Sie können Objekte jeweils um einen Schritt nach vorn oder hinten schieben oder ganz nach vorn bzw. ganz nach hinten bringen.

Wenn Sie mit mehreren Ebenen arbeiten (s. Abschnitt 11.1), erfolgt diese Neuanordnung nur innerhalb der aktiven Ebene.

Alternativen: Stapelreihenfolge

Im Ebenen-Bedienfeld können Sie sehr anschaulich die Stapelreihenfolge umsortieren (s. Abschnitt 11.3.2). Auch mit DAVOR bzw. DAHINTER EINFÜGEN ist eine Umsortierung möglich (s. Abschnitt 4.6.2).

▲ **Abbildung 4.52**
Zeichnet man einen Pfad, dann gibt es bei Überschneidungen ebenfalls eine eindeutige »Stapelung«.

Schritt für Schritt
Stapelreihenfolge ändern

1 Aufgabe

Öffnen Sie die Datei »Herz.ai« aus dem Download. Die Illustration ist mit überlappenden Objekten aufgebaut, und diese müssen jetzt in die richtige Stapelreihenfolge gebracht werden.

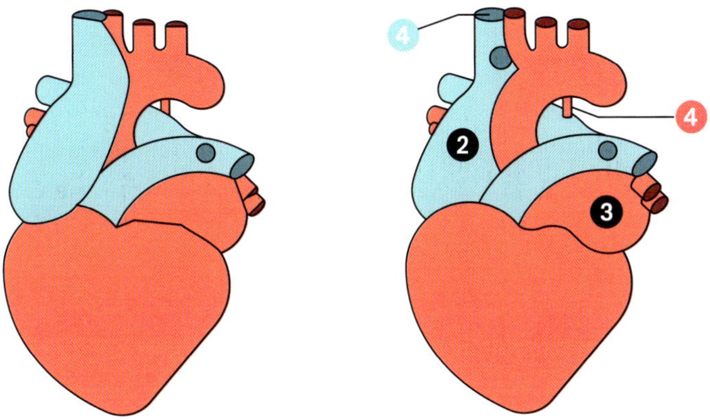

◄ **Abbildung 4.53**
Plan vorher (links) und nachher (rechts); die Ziffern bezeichnen die Schritte.

2 Problem 1: Blaue »Obere Hohlvene« links oben

Das blaue Objekt links oben überdeckt mehrere andere Blutbahnen. Es bestehen zwei Möglichkeiten: Sie können alles andere auswählen und nach vorn stellen – dabei gehen jedoch eventuell Objekte verloren und es muss anschließend weiter aufgeräumt werden.

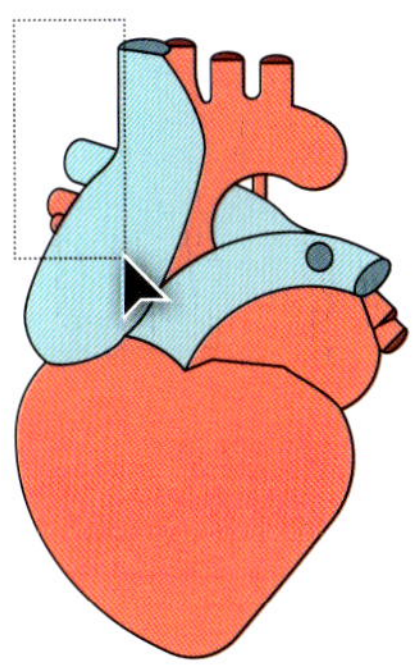

▲ **Abbildung 4.54**
Auswahl der Hohlvene

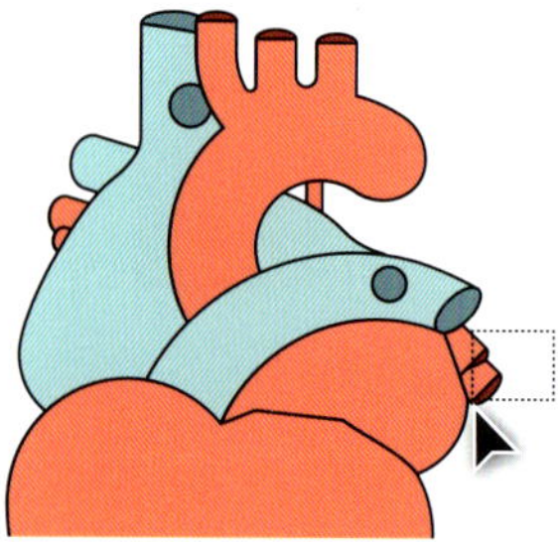

▲ **Abbildung 4.55**
Auswahl der kleinen Venen rechts

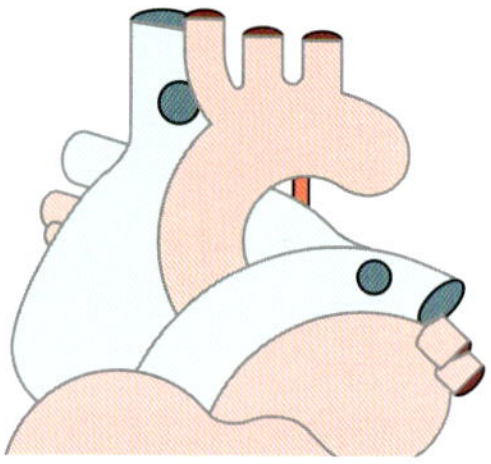

▲ **Abbildung 4.56**
Die kleinen Öffnungen müssen nun noch angeordnet werden.

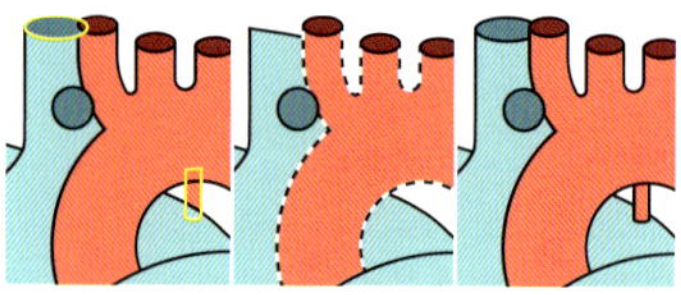

▲ **Abbildung 4.57**
Die links in gelb markierten Objekte werden ausgeschnitten, dann die Aorta (Mitte: gestrichelt) markiert und die Objekte dahinter eingefügt.

In unserem Fall ist es einfacher: Die »Hohlvene« kann – zusammen mit den Lungenvenen links von ihr – ganz unten in den Objektstapel eingeordnet werden.

Aktivieren Sie also diese Objekte, indem Sie ein Auswahlrechteck darüber aufziehen (s.Abbildung 4.54) – Objekte müssen nur von dem Rechteck berührt werden, daher ziehen Sie es ganz knapp. Wählen Sie anschließend OBJEKT • ANORDNEN • IN DEN HINTERGRUND oder ⌘/Strg+⇧+(. Dabei wird gleichzeitig ein bisher verstecktes Objekt sichtbar.

3 Problem 2: Roter »Linker Vorhof« rechts

Die beiden kleinen Venen müssen über dem Vorhof liegen. Wählen Sie sie zunächst wieder mit einem knappen Auswahlrechteck aus. Sie müssen es von rechts nach links aufziehen, denn Sie dürfen nicht auf den Objekten beginnen, um diese nicht zu verschieben. Anschließend rufen Sie OBJEKT • ANORDNEN • IN DEN VORDERGRUND – ⌘/Strg+⇧+) – auf.

Dann wählen Sie zusätzlich den Vorhof aus, indem Sie ⇧ drücken und darauf klicken, und stellen alles gemeinsam erneut in den Vordergrund.

4 Problem 3: Details gezielt vor anderen Objekten anordnen

Nun müssen noch alle Öffnungen nach vorne geholt werden. Beginnen Sie mit den blauen: Klicken Sie eine Ellipse an und gehen Sie auf AUSWAHL • GLEICH • FLÄCHENFARBE. Mit ⌘/Strg+X schneiden Sie die Objekte aus und fügen sie mit ⌘/Strg+F an derselben Stelle, aber ganz vorne ein. Ebenso verfahren Sie mit den roten Öffnungen. Das kleine rote Band und die Öffnung der oberen Hohlvene müssen jetzt noch vor bzw. hinter ganz bestimmte andere Objekte gestellt werden. Wählen Sie das rote Objekt und die Öffnung der oberen Hohlvene aus, und schneiden Sie sie mit ⌘/Strg+X aus. Dann klicken Sie auf die rote, gebogene Aorta und fügen die beiden Objekte mit ⌘/Strg+B dahinter ein.

4.5 Objekte gruppieren

Wenn Sie mehrere unterschiedliche Objekte dauerhaft oder auf Zeit als Einheit behandeln wollen, können Sie diese zu einer Gruppe zusammenfügen. Dadurch wird die Anordnung der Objekte zueinander gesichert, und Sie sparen sich das mühsame Aktivieren einzelner Objekte, wenn Sie alle zusammen transformieren möchten (geht es jedoch ausschießlich darum, sich das Auswählen zu vereinfachen, dann können Sie alternativ auch eine Auswahl speichern – s. Abschnitt 4.3.6). Darüber hinaus liegen alle Objekte einer Gruppe an aufeinanderfolgenden Positionen in der

Gruppen und Pathfinder

Gruppierte Objekte verhalten sich unter Umständen nicht, wie Sie es erwarten, wenn Sie Pathfinder anwenden. In vielen Fällen sind zusammengesetzte Pfade besser (s. Abschnitt 10.1.1).

Stapelreihenfolge. Durch eine Gruppierung lassen sich also Probleme der Anordnung lösen bzw. vermeiden – es ist allerdings nicht möglich, nicht zur Gruppe gehörende Objekte zwischen die Elemente der Gruppe zu stapeln, und die Elemente einer Gruppe befinden sich immer auf derselben Ebene.

Gruppe erstellen | Um eine Gruppe zusammenzufügen, aktivieren Sie die entsprechenden Objekte und wählen dann Objekt • Gruppieren – [⌘]/[Strg]+[G]. Gruppen können hierarchisch verschachtelt werden, d. h., Gruppen können Teil einer anderen, übergeordneten Gruppe sein.

▲ **Abbildung 4.58**
Gruppen können weiter mit anderen Gruppen und mit einzelnen Objekten zu übergeordneten Gruppen zusammengefasst werden.

Ein Objekt hinzufügen | Um einer Gruppe ein Objekt hinzuzufügen, ist es nicht nötig, die Gruppe aufzulösen. Stattdessen positionieren Sie das Element an der gewünschten Stelle, schneiden es aus und aktivieren (mit dem Gruppenauswahl- oder dem Direktauswahl-Werkzeug) das Objekt innerhalb der Gruppe, vor dem das Element eingefügt werden soll. Wählen Sie anschließend Bearbeiten • Davor einfügen.

Alternativ verwenden Sie das Ebenen-Bedienfeld (s. Abschnitt 11.2.7) oder den Isolationsmodus (s. Abschnitt 11.5).

Gruppe auflösen | Eine aktivierte Gruppe kann mit dem Menü Objekt • Gruppierung aufheben – [⌘]/[Strg]+[⇧]+[G] – wieder getrennt werden. Damit wird die jeweils hierarchisch erste Gruppe aufgehoben, aber tiefer verschachtelte Gruppen bleiben bestehen.

Wenn Sie eine Gruppe auflösen, werden die Objekte nicht wieder auf die Ebenen »zurückgelegt«, auf denen sie vor der Gruppierung lagen. Illustrator »merkt« sich diese Information nicht.

Besitzt eine Gruppe eigene Aussehen-Eigenschaften (s. Abschnitt 11.6.5), dann gehen diese Eigenschaften verloren, sobald Sie die Gruppe auflösen, und die Objekte auf der Zeichenfläche ändern ihr Erscheinungsbild gegebenenfalls erheblich.

▲ **Abbildung 4.59**
Vor (links) und nach (rechts) dem Auflösen der Gruppe – der Schlagschatten ist als Eigenschaft der Gruppe ebenfalls entfernt worden.

Teile in Gruppen bearbeiten

Um die einer Gruppe untergeordneten Elemente zu bearbeiten, können Sie den Isolationsmodus verwenden (s. Abschnitt 11.5). In diesem Bearbeitungsmodus ist nur das gewünschte Objekt auf der Zeichenfläche bearbeitbar und seine Gruppierung temporär aufgehoben – alle anderen Objekte sind jetzt nicht zugänglich und abgedimmt.

4.6 Objekte bearbeiten

4.6.1 Löschen

Aktivierte Objekte können mit Bearbeiten • Löschen oder mit der Löschtaste von der Arbeitsfläche entfernt werden. Haben Sie unabsichtlich ein Element gelöscht, widerrufen Sie den Arbeitsschritt. Spätestens nach dem Schließen der Datei lassen sich gelöschte Objekte nur noch aus Sicherungskopien der Datei »zurückholen«.

Zwischenablage

Die Zwischenablage können Sie auch benutzen, um Objekte zwischen Illustrator und anderen Programmen auszutauschen (s. Abschnitt 19.1.2 und Abschnitt 20.1.3). Gegebenenfalls muss das Format der Zwischenablage in VOREINSTELLUNGEN • DATEIEN VERARBEITEN UND ZWISCHENABLAGE umgestellt werden, wenn Sie Objekte in andere Applikationen einfügen möchten. Sehen Sie sich dazu die Hinweise in den jeweiligen Abschnitten an.

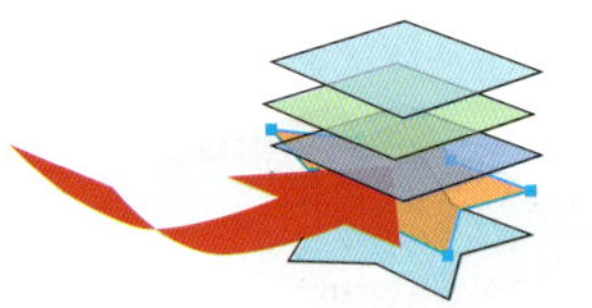

▲ **Abbildung 4.60**
DAVOR EINFÜGEN fügt in einem Stapel das Objekt aus der Zwischenablage vor dem aktiven Objekt ein, es sei denn, EBENEN BEIM EINFÜGEN MERKEN ist aktiv. Diese Option hat Vorrang.

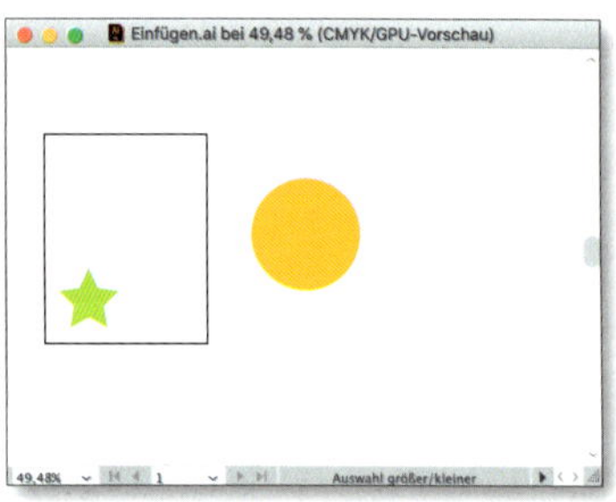

▲ **Abbildung 4.61**
Ein ganz normal eingefügtes Objekt (gelb) liegt in der Mitte des Dokumentfensters – ein davor eingefügtes Element (grün) liegt an seinem ursprünglichen Platz auf der Zeichenfläche (schwarzer Rahmen).

4.6.2 Copy & Paste

Mithilfe der Zwischenablage können Sie Objekte sowohl innerhalb eines Illustrator-Dokuments wie auch zwischen zwei Dokumenten und sogar zwischen verschiedenen Applikationen austauschen.

Kopieren und Ausschneiden | Aktivieren Sie das Objekt, und wählen Sie BEARBEITEN • KOPIEREN bzw. AUSSCHNEIDEN. Auf der Tastatur benutzen Sie ⌘/Strg+C zum Kopieren und ⌘/Strg+X, um Objekte auszuschneiden.

Einfügen | Wenn Sie ein Objekt aus der Zwischenablage in ein Dokument einfügen möchten, wählen Sie BEARBEITEN • EINFÜGEN – ⌘/Strg+V. Das eingefügte Objekt wird in der Mitte des aktuellen Fensters platziert – nicht in der Mitte der Arbeitsfläche oder des Dokuments. In der Stapelreihenfolge der Objekte wird es ganz vorn oder ganz hinten (je nach Zeichenmodus, s. Abschnitt 4.4.1) auf der aktuellen Ebene angeordnet. Fügen Sie ein Objekt in ein Dokument ein, wird bei dieser Aktion die Zwischenablage nicht geleert – stattdessen können Sie weitere Kopien des Objekts einfügen.

Davor und Dahinter einfügen | Wenn Sie ein Objekt vor einem anderen im Stapel einfügen möchten, aktivieren Sie dieses und wählen BEARBEITEN • DAVOR EINFÜGEN – ⌘/Strg+F. Entsprechend funktioniert es, ein Objekt hinter einem anderen zu platzieren, mit BEARBEITEN • DAHINTER EINFÜGEN oder ⌘/Strg+B.

Ist kein Objekt auf der Arbeitsfläche aktiviert, wenn Sie einen der beiden Befehle benutzen, wird das Objekt aus der Zwischenablage mit DAVOR EINFÜGEN ganz vorn bzw. mit DAHINTER EINFÜGEN ganz hinten auf der aktiven Zeichenfläche angeordnet. Das eingefügte Objekt wird relativ zur aktiven Zeichenfläche so positioniert, wie es sich zu der beim Kopieren aktiven Zeichenfläche (im anderen Dokument) verhielt.

An Originalposition einfügen | Auch mit diesem Befehl – ⌘/Strg+⇧+V – fügen Sie ein Objekt relativ zur aktiven Zeichenfläche an der gleichen Position ein, die es im Ursprungsdokument hatte. Dabei spielt es keine Rolle, ob Sie mit globalen oder mit Zeichenflächenlinealen (s. Abschnitt 3.4.4) arbeiten.

In alle Zeichenflächen einfügen | Möchten Sie ein Objekt auf allen Zeichenflächen an derselben Position einfügen, wählen Sie diesen Befehl – ⌘+⌥+⇧+X bzw. Strg+Alt+⇧+X. Falls Sie ein Objekt innerhalb desselben Dokuments auf mehrere Zeichenflächen verteilen möchten, sollten Sie es nicht kopieren, sondern ausschneiden. Andernfalls würden Sie zwei übereinanderliegende Objekte erhalten. Da es in Illustrator keine Musterseiten gibt, erreichen Sie mit dieser Funktion zumindest ein ähnliches Ergebnis, wenn Sie außerdem das Objekt vorher in ein Symbol umwandeln (s. Kapitel 17).

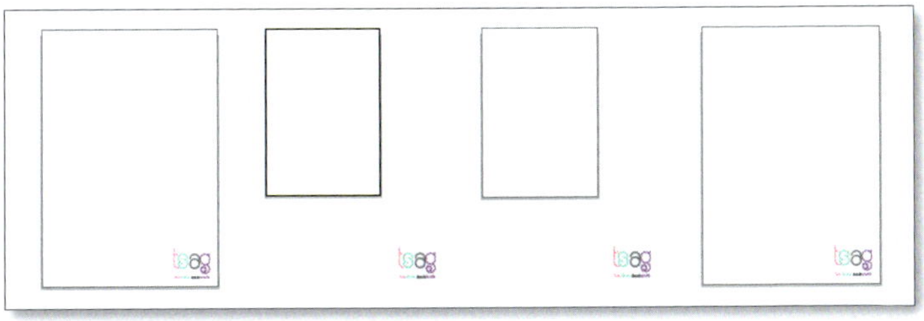

◀ **Abbildung 4.62**
Beim Einfügen in alle Zeichenflächen verwendet Illustrator die linke obere Ecke der Zeichenflächen als Bezugspunkt für die Position des Objekts.

4.6.3 Duplizieren

Die Methode des Kopierens und Einsetzens lässt sich bequem zum Kopieren von Objekten verwenden. Einfacher geht es allerdings, wenn Sie ein oder mehrere Objekte aktivieren und mit gedrückter ⌥/Alt-Taste an eine andere Position ziehen. Dabei bleibt das ursprünglich ausgewählte Objekt an seinem Platz, und eine Kopie wird verschoben. Auch in den Dialogboxen der Transformationswerkzeuge können Sie anwählen, dass eine Kopie statt des Originals bearbeitet wird (s. Abschnitt 4.7).

4.6.4 Ausblenden und Einblenden

Sie können einzelne aktivierte Objekte mit dem Menü OBJEKT • AUSBLENDEN • AUSWAHL ausblenden – ⌘/Strg+3. Die Objekte werden versteckt und können mit dem Auswahl-Werkzeug nicht mehr versehentlich aktiviert werden. Wenn Ihnen beim Bearbeiten von Objekten darüberliegende Objekte im Weg sind, hilft der Menüpunkt OBJEKT • AUSBLENDEN • SÄMTLICHES BILDMATERIAL DARÜBER weiter. Alternativ können Sie auch mit dem Kurzbefehl ⌘/Strg+⌥/Alt+⇧+4 alle nicht ausgewählten Objekte ausblenden.

Um ausgeblendete Objekte wieder sichtbar zu machen, wählen Sie OBJEKT • ALLES EINBLENDEN – ⌘/Strg+⌥/Alt+3.

4.6.5 Fixieren

Wenn Sie die Position und die aktuellen Eigenschaften eines Objekts schützen möchten oder wenn dieses Objekt die Bearbeitung anderer Objekte behindert, wählen Sie nach der Aktivierung OBJEKT • FIXIEREN • AUSWAHL – ⌘/Strg+2. Mit dem Kurzbefehl ⌘/Strg+⌥/

Arbeiten mit zusammengeführten Fenstern

Ziehen Sie ein Objekt auf den Reiter eines anderen Dokuments, um es in dieses Dokument zu kopieren (s. Abschnitt 1.5.2). Diese Methode kann auch helfen, wenn das Objekt zu groß für die Zwischenablage ist.

»Klonen«

Illustrator hat keinen eigenständigen Befehl für das »Klonen« von Objekten. Benutzen Sie dazu entweder KOPIEREN und DAVOR EINFÜGEN oder im Transformationsdialog den Button KOPIEREN zusammen mit Nullwerten in den Eingabefeldern.

Hinweis: Haupt-Ebenen

ALLES EINBLENDEN und ALLE ENTSPERREN haben keinen Einfluss auf die Einstellungen der Sichtbarkeit oder Fixierung in der obersten Hierarchie des Ebenen-Bedienfeldes, also der Haupt-Ebenen (s. Abschnitt 11.2.2).

Vorsicht!

Auch wenn sich gesperrte und ausgeblendete Objekte nicht mehr auf der Zeichenfläche aktivieren lassen, können sie über das Ebenen-Bedienfeld dennoch versehentlich mit ausgewählt und in der Folge auch bearbeitet werden (s. Abschnitt 11.1.1).

Alt + ⇧ + 2 können Sie alle nicht ausgewählten Objekte sperren. Sie können gesperrte Objekte nicht mehr auf der Zeichenfläche aktivieren und versehentlich ändern.

Mit Objekt • Alle entsperren – ⌘/Strg + ⌥/Alt + 2 – werden alle Fixierungen wieder aufgehoben.

Transformationswerte

Die intelligenten Hilfslinien zeigen den Skalierungsfaktor, Winkel und die Spiegelungsachse an. Wenn Sie diese Anzeige nicht wünschen, deaktivieren Sie unter Voreinstellungen • Intelligente Hilfslinien die Option Messbeschriftungen.

4.7 Objekte transformieren

Verschieben, Drehen, Spiegeln, Skalieren, Verbiegen und Verzerren sind die Standardumformungen, die Illustrator für Objekte anbietet. Es ist nicht notwendig, Vektorobjekte sofort in ihrer endgültigen Form zu erstellen, da sie ohne Qualitätseinbußen transformierbar sind. Das vereinfacht Entwurf und Konstruktion. Die verschiedenen Möglichkeiten, Objekte zu transformieren, sind:

- mithilfe des Begrenzungsrahmens
- mit den spezifischen Transformationswerkzeugen
- mit dem Shaper-, dem Liniensegment- , dem Ellipse-, dem Rechteck- und dem Polygon-Werkzeug (für interaktive Formen)
- über die Menübefehle unter Objekt • Transformieren oder Transformieren im Kontextmenü
- mit dem Frei-transformieren-Werkzeug
- mit dem Transformieren-Bedienfeld sowie den Transformieren-Bereichen im Eigenschaften- und im Steuerungsbedienfeld

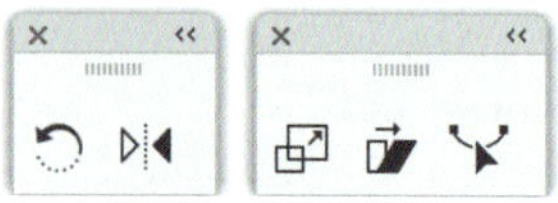

▲ **Abbildung 4.63**
Transformationswerkzeuge (von links): Drehen, Spiegeln, Skalieren, Verbiegen und das nicht zu den Transformationen gehörige Formändern-Werkzeug (s. Abschnitt 5.6.10)

▲ **Abbildung 4.64**
Position eines Objekts im Steuerungsbedienfeld (Ausschnitt), links das Referenzpunktsymbol

Referenzpunkt | Alle Transformationen beziehen sich auf einen Referenzpunkt, der für die Berechnung der Transformation so etwas wie der Nullpunkt ist. Bei einer Drehung ist es beispielsweise der Punkt, um den die Drehung vorgenommen wird.

Voreingestellt als Referenzpunkt ist der rechnerische Mittelpunkt des Begrenzungsrahmens (s. Abschnitt 4.3.1) eines Objekts, bei interaktiven Formen der Mittelpunkt der Form (s. Abschnitt 4.2.2) und bei Symbolinstanzen der Referenzpunkt des Symbols (s. Abschnitt 17.5). Sie können den Referenzpunkt aber auch selbst bestimmen.

▲ **Abbildung 4.65**
Drehen um einen frei gewählten Referenzpunkt ist eine Methode, um Zifferblätter zu erstellen.

Wenn Sie mehrere Transformationen direkt hintereinander verwenden, wird der einmal definierte Referenzpunkt auf die folgenden Umformungen übertragen.

Es ist umständlich, den Referenzpunkt für eine Transformation nachträglich in ein exaktes Verhältnis zum Objekt (z. B. einen bestimmten Abstand) zu bringen. Wenn Sie diese Genauigkeit benötigen, markieren Sie am besten den gewünschten Mittelpunkt mit Hilfslinien, konstruieren dann das Objekt und transformieren es anschließend.

Mehrere Vorgehensweisen

Sie erreichen dasselbe Ergebnis oft auf verschiedenen Wegen. Probieren Sie alle aus – so können Sie jeweils eine zur Aufgabe passende Methode anwenden.

Objektmittelpunkt | Den Mittelpunkt von Objekten, die Sie mit den Werkzeugen für interaktive Formen (Liniensegment, Ellipse, Rechteck, Polygon) erstellen, zeigt Illustrator standardmäßig an. Sie können jedoch für jedes Objekt individuell bestimmen, ob der Mittelpunkt seines Begrenzungsrahmens (der in den wenigsten Fällen dem geometrischen Mittelpunkt des Objekts entspricht) eingeblendet werden soll. Dazu verwenden Sie das Attribute-Bedienfeld – [⌘]/[Strg]+[F11] – und klicken auf den Button MITTE AUSBLENDEN bzw. MITTE EINBLENDEN.

Da der Mittelpunkt »magnetisch« ist, können Sie ihn verwenden, um Objekte z. B. beim Verschieben daran auszurichten.

▲ **Abbildung 4.66**
Wenn ein Objekt aktiviert und ein Werkzeug ausgewählt ist, wird der Referenzpunkt angezeigt. Original ist er in der Mitte des Begrenzungsrahmens des Objekts.

Begrenzungsrahmen | Der Begrenzungsrahmen (s. Abschnitt 4.3.1) ist an den Ecken und in der Mitte der Seiten mit »Anfassern« versehen, die zur Durchführung der Transformation verwendet werden.

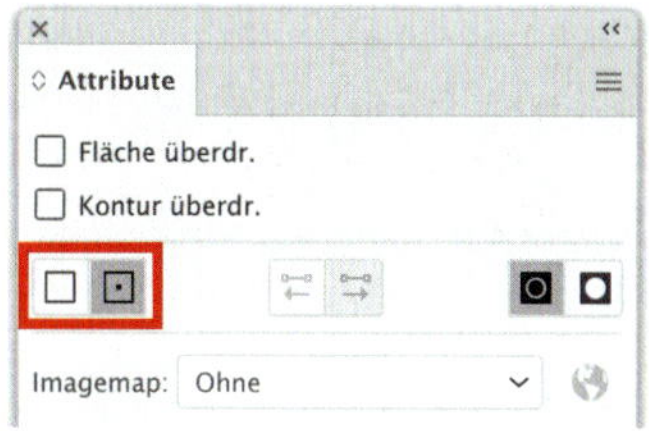

▲ **Abbildung 4.67**
MITTE AUS- und EINBLENDEN im Attribute-Bedienfeld

Kopie | Verwenden Sie den Tastatur-Modifizierer [⌥]/[Alt] bzw. den Button KOPIEREN, um ein Duplikat des Objekts zu transformieren.

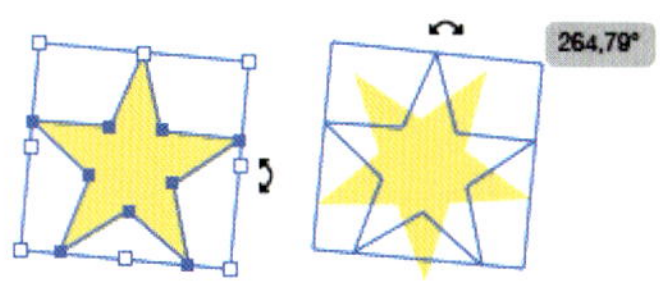

▲ **Abbildung 4.68**
Verwendung des Begrenzungsrahmens zum Drehen eines Objekts

Schritt für Schritt
Eine »Sacred Geometry«-Grafik zeichnen

1 Neues Dokument und erste Objekte

Erstellen Sie ein neues Illustrator-Dokument. Aktivieren Sie die intelligenten Hilfslinien – [⌘]/[Strg]+[U]. Zeichnen Sie mit dem Ellipse-Werkzeug bei gedrückter [⇧]-Taste einen Kreis mit einem Durchmesser von etwa 60 mm. Weisen Sie mit der Taste [D] die Standardeigenschaften zu. Dann bewegen Sie den Cursor in die Mitte des Kreises. Die intelligenten Hilfslinien zeigen MITTE an. Drücken Sie [⌥]/[Alt] und [⇧], und ziehen Sie einen weiteren, etwas kleineren Kreis von der Mitte aus auf.

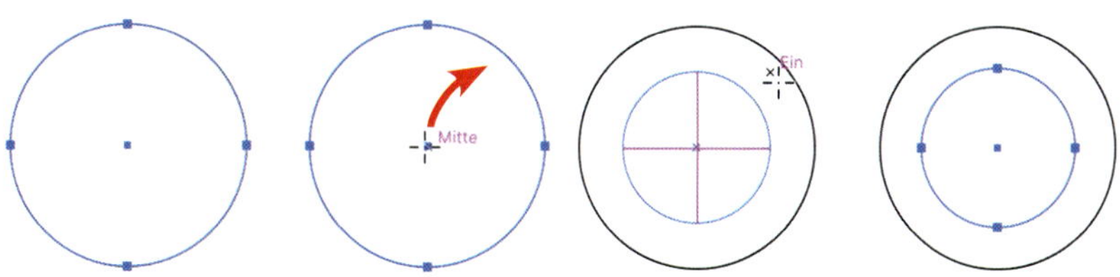

▲ **Abbildung 4.69**
Aufziehen und Färben des Kreises

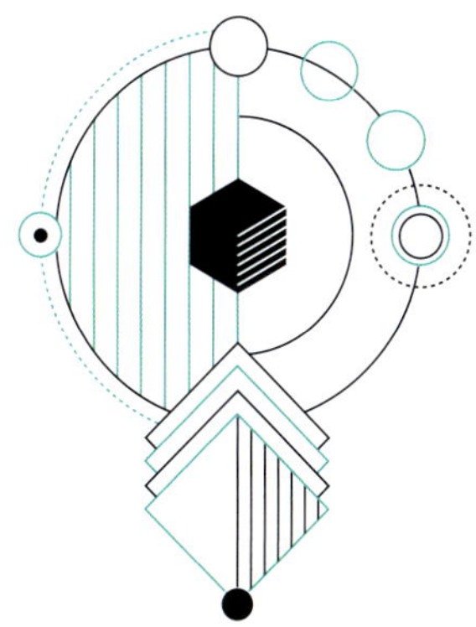

▲ **Abbildung 4.70**
So wird das Design aussehen.

2 Kreise entlang des Rands

Bewegen Sie nun den Cursor über die Stelle, an der der rechte Ankerpunkt des äußeren Kreises liegt. Die intelligenten Hilfslinien zeigen

ANKER an. Ziehen Sie wieder mit ⌥/Alt und ⇧ einen Kreis aus der Mitte heraus auf.

Dann nehmen Sie das Drehen-Werkzeug. Bewegen Sie es in die Mitte des großen Kreises, die Sie wieder mit den Hilfslinien finden. Drücken Sie ⌥/Alt, und klicken Sie mit dem Werkzeug. Es erscheint die Drehen-Dialogbox. Geben Sie 30° ein, und klicken Sie auf KOPIEREN. Mit ⌘/Strg+D wiederholen Sie diese Drehung noch zweimal.

▼ Abbildung 4.71
Kreise entlang des Rands

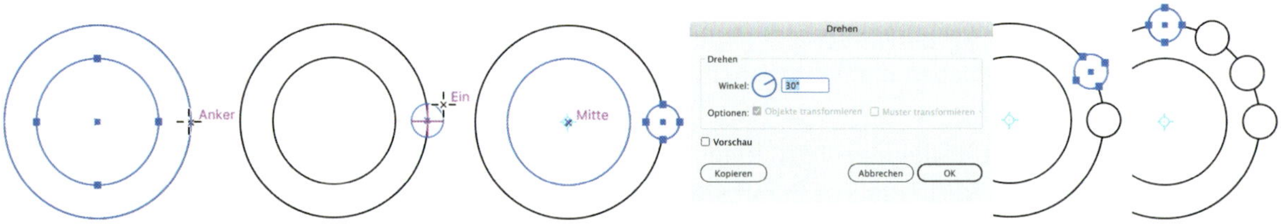

Ausblenden der Maßangaben

Die intelligenten Hilfslinien blenden ein störendes Pop-up mit Maßangaben ein. Sie können es in VOREINSTELLUNGEN • INTELLIGENTE HILFSLINIEN deaktivieren, indem Sie das Häkchen bei MESSBESCHRIFTUNGEN herausnehmen.

3 Innen zeichnen und intuitiv transformieren

Wechseln Sie zum Auswahl-Werkzeug, und aktivieren Sie den großen Kreis. Im Werkzeugbedienfeld klicken Sie auf den Button INNEN ZEICHNEN. Dann nehmen Sie das Liniensegment-Werkzeug und bewegen den Cursor auf den oberen Ankerpunkt des Kreises. Drücken Sie ⇧, und ziehen Sie senkrecht nach unten. Gehen Sie zurück zum Auswahl-Werkzeug. Bei gedrückter ⌥/Alt- und ⇧-Taste schieben Sie die Linie nach links, um eine versetzte Kopie zu erstellen. Den Abstand schätzen Sie ab. Wiederholen Sie die Transformation wieder mit ⌘/Strg+D. Zum Abschluss doppelklicken Sie auf eine leere Stelle der Zeichenfläche.

▼ Abbildung 4.72
Linien im Kreis

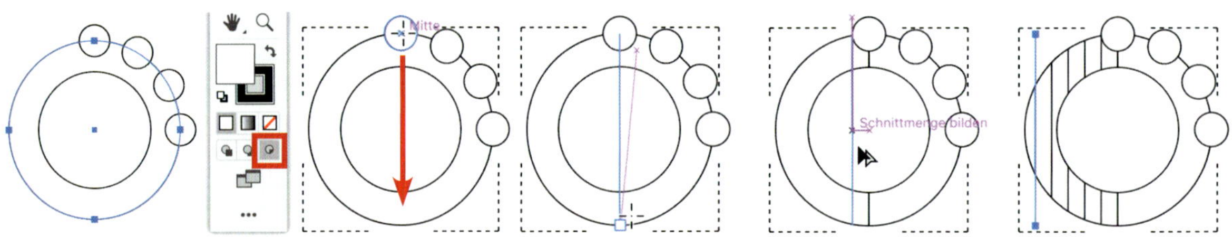

Begrenzungsrahmen

Der Begrenzungsrahmen wird häufig per Shortcut unabsichtlich ausgeblendet. Dann gehen Sie auf ANSICHT • BEGRENZUNGSRAHMEN EINBLENDEN.

4 Intuitiv transformieren

Mit dem Rechteck-Werkzeug ziehen Sie nun mit ⇧ ein Quadrat auf. Greifen Sie es an seinem Begrenzungsrahmen an einer Ecke, und drehen Sie es um 45° – dazu drücken Sie ⇧. Verschieben Sie es dann mittig unter den großen Kreis, und lassen Sie ein wenig Platz.

Mit gedrückter ⌥/Alt- und ⇧-Taste erzeugen Sie eine senkrecht versetzte Kopie und wieder mit ⌘/Strg+D einige weitere Kopien. Falls Ihnen die Stapelung nicht gefällt, wählen Sie diesen Stapel Rechtecke mit einem Auswahlrechteck aus und drehen ihn um 180°, indem Sie am Begrenzungsrahmen ziehen und dabei ⇧ drücken.

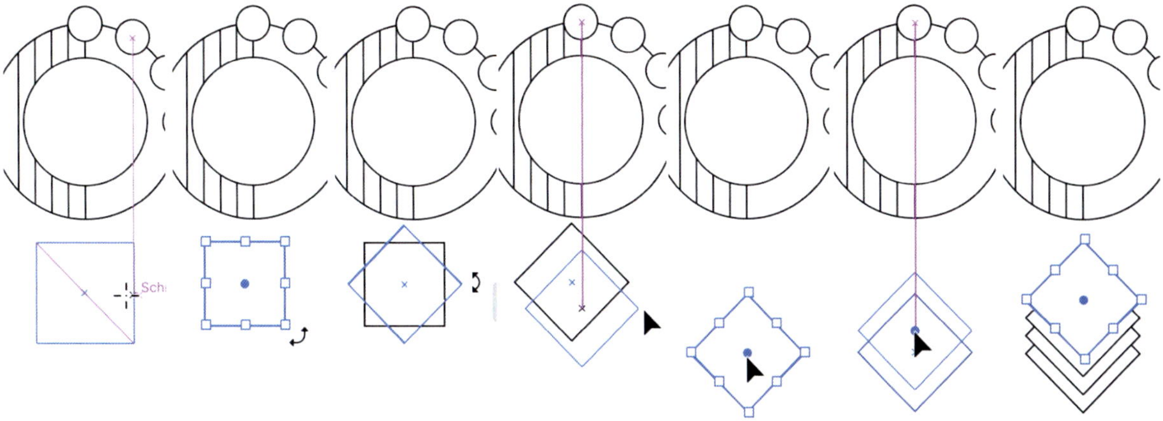

▲ **Abbildung 4.73**
Das Quadrat wird nach dem Zeichnen gedreht, und beim Verschieben auf die Mitte helfen die intelligenten Hilfslinien. Greifen Sie das Quadrat in seiner Mitte, um es zu verschieben.

5 Kreis halbieren

Nun wird noch der innere Kreis halbiert. Dazu nehmen Sie das Direktauswahl-Werkzeug und klicken auf den linken Ankerpunkt. Mit der Löschtaste entfernen Sie ihn. Dabei wird der Kreis durchgeschnitten. Was nun noch stört, ist seine weiße Fläche. In der Kontur-Fläche-Miniatur im Werkzeugbedienfeld holen Sie die Fläche in den Fokus und klicken dann auf den Button Ohne.

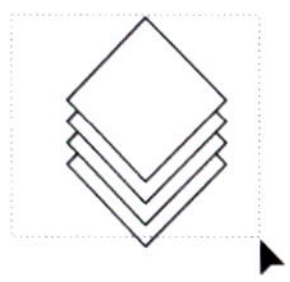

▲ **Abbildung 4.74**
Auswahl von Objekten mit einem Auswahlrechteck

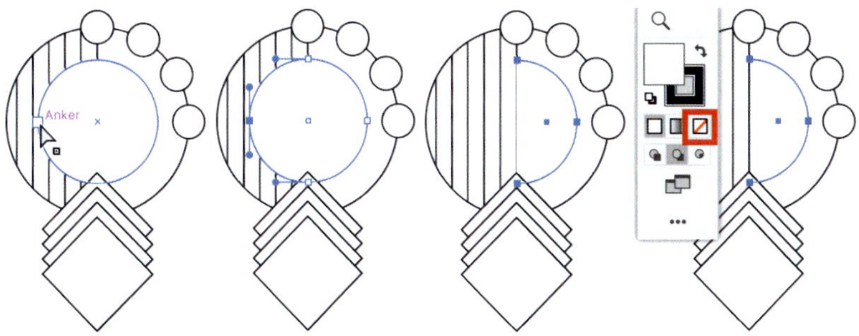

▲ **Abbildung 4.75**
Löscht man einen Ankerpunkt mit der Löschtaste, dann werden die beiden angrenzenden Pfadsegmente ebenfalls entfernt, und der Pfad wird geöffnet (s. Abschnitt 5.6.8).

6 Fertigstellen

Nach diesen Methoden können Sie nun weitere geometrische Objekte hinzufügen und transformieren.

Dahinter zeichnen

Anstatt den Stapel Quadrate nachträglich zu drehen, können Sie die Kopien auch gleich hinter den Objekten anlegen, indem Sie im Werkzeugbedienfeld Dahinter zeichnen aktivieren.

Illustrator rechnen lassen

In den Eingabefeldern können Sie auch Berechnungen vornehmen lassen: Setzen Sie den Cursor hinter die bereits eingetragene Zahl, und geben Sie eine der Rechenarten +, -, *, / sowie eine Zahl ein.

4.7.1 Objekte verschieben

Um ein Objekt zu verschieben, klicken Sie es mit dem Auswahl-Werkzeug an und ziehen es an die gewünschte Position. Aktivierte Objekte können auch mit den Cursortasten ↑, ↓, → und ← bewegt werden.

▲ **Abbildung 4.76**
Die Dialogbox Verschieben

Die Cursortasten funktionieren nicht

Wenn Sie ein Objekt mit den Cursortasten verschieben wollen, es sich aber auf der Zeichenfläche nicht bewegt, überprüfen Sie unter Voreinstellungen • Allgemein die Option Schritte per Tastatur. Steht diese auf einem sehr kleinen Wert, ist eine Verschiebung nicht erkennbar. Diese Option enthält den Standardwert für die Verschiebung mit den Cursortasten. Verschieben die Cursortasten das Objekt in eine falsche Richtung, dann überprüfen Sie die Bildachse: Diese sollte auf 0° eingestellt sein, damit die Cursortasten wie erwartet funktionieren.

Numerische Eingabe | Wählen Sie das Auswahl-Werkzeug, aktivieren Sie das zu verschiebende Objekt, und drücken Sie ↵ oder die Eingabetaste, um die Dialogbox aufzurufen – alternativ doppelklicken Sie auf das Auswahl-Werkzeug oder wählen aus dem Menü Objekt • Transformieren • Verschieben, Shortcut ⌘/Strg+⇧+M. Die Verschiebung des Objekts erfolgt relativ zur bisherigen Position.

Um ein Objekt absolut an einer bestimmten Stelle auf der Arbeitsfläche neu zu positionieren, müssen Sie das Steuerungs- oder das Transformieren-Bedienfeld benutzen (s. Abschnitt 4.7.9).

Objekt oder Muster?

Mit den Kontrollkästchen Objekte und Muster in der Dialogbox der Transformationswerkzeuge bestimmen Sie, ob Sie nur das Objekt, nur das Muster des Objekts oder beides transformieren wollen. Mehr zum Transformieren von Mustern finden Sie in Kapitel 16.

Modifikationstasten für alle Transformationswerkzeuge

Mit den Werkzeugen für Drehen, Spiegeln, Skalieren und Verbiegen können Sie Objekte manuell oder durch die Eingabe der Parameter in der jeweils zugehörigen Dialogbox umformen. Rufen Sie die Dialogbox auf, indem Sie bei gedrückter Taste ⌥/Alt einen Punkt auf der Zeichenfläche anklicken, dann wird dieser Punkt als Mittelpunkt der Transformation verwendet. Beim manuellen Transformieren mit den Werkzeugen haben Sie folgende Modifizierungsmöglichkeiten:

- ⇧ erlaubt, je nach gewähltem Werkzeug, in 45°-Schritten vorzugehen bzw. die Objektproportionen beizubehalten.
- Wenn Sie ⌥/Alt drücken, nachdem Sie die Transformation begonnen haben, transformieren Sie eine Kopie des Objekts.

▲ **Abbildung 4.77**
Die Dialogbox Drehen

4.7.2 Objekte drehen

Wählen Sie das Drehen-Werkzeug im Werkzeugbedienfeld, oder drücken Sie R. Nach dem Anklicken des Referenzpunkts führen Sie das Drehen-Werkzeug auf der Arbeitsfläche um den Referenzpunkt herum, um ein aktiviertes Objekt zu drehen. Drücken Sie ⌥/Alt, und klicken Sie einen Referenzpunkt an, um diesen als Mittelpunkt für eine numerische Drehung per Dialogbox zu verwenden. Illustrator speichert den Drehwinkel von Objekten, solange der Begrenzungsrahmen nicht zurückgesetzt wird.

Negativ oder positiv?

Möchten Sie ein Objekt in dieselbe Richtung drehen, die das Werkzeug-Icon anzeigt, dann geben Sie einen positiven Wert ein.

Mit dem Begrenzungsrahmen | Um ein Objekt mit dem Begrenzungsrahmen zu drehen, bewegen Sie den Auswahl-Cursor an der Außenkante des Rahmens entlang. Wenn der Cursor ein Drehen-Symbol bzw. anzeigt, können Sie klicken und den Cursor ziehen, um das Objekt zu drehen.

Numerische Eingabe | Durch Eingabe des Winkels in der Dialogbox drehen Sie Objekte um den definierten Referenzpunkt. Negative Winkel bewirken eine Drehung im Uhrzeigersinn, positive gegen ihn.

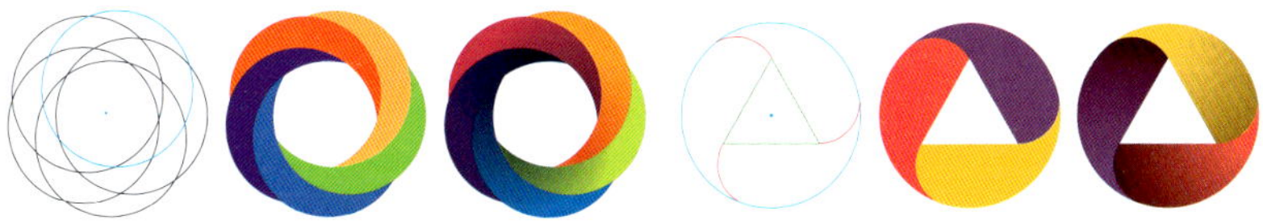

▲ **Abbildung 4.78**
Diese Grafik besteht aus Grundformen, die gedreht und dupliziert wurden. Mit dem Formerstellungswerkzeug können dann die komplexen Objekte gebildet werden.

4.7.3 Objekte spiegeln

Wählen Sie das Spiegeln-Werkzeug aus dem Werkzeugbedienfeld, oder drücken Sie [O]. Entlang einer virtuellen Achse, die durch den Referenzpunkt verläuft, wird das Objekt gespiegelt. Beim manuellen Spiegeln bewegen Sie mit dem Cursor diese Achse und relativ dazu das Objekt.

Numerische Eingabe | Die virtuelle Achse verläuft durch den Referenzpunkt. Sie haben die Möglichkeit, entweder eine horizontale, eine vertikale oder eine Achse im frei definierbaren Winkel von –360 bis 360° anzugeben.

Eine Achse von 0° verläuft vom Referenzpunkt aus horizontal nach links, andere Werte werden gegen den Uhrzeigersinn von dieser Position aus berechnet.

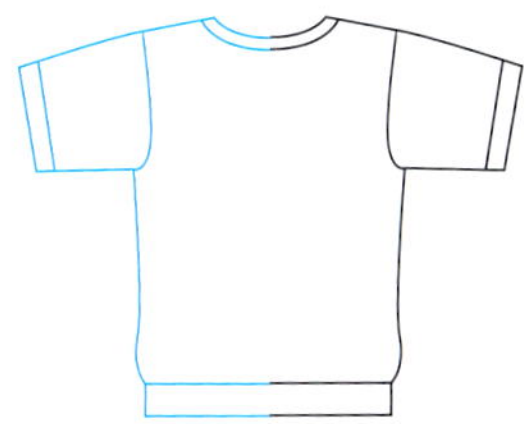

▲ **Abbildung 4.79**
Durch das Spiegeln und Duplizieren erstellen Sie ein exakt symmetrisches Objekt – und sparen Zeit. Noch mehr Zeit sparen Sie, wenn Sie zu diesem Zweck den Transformieren-Effekt verwenden (s. Abschnitt 13.2.4).

▲ **Abbildung 4.80**
Die Dialogbox SPIEGELN

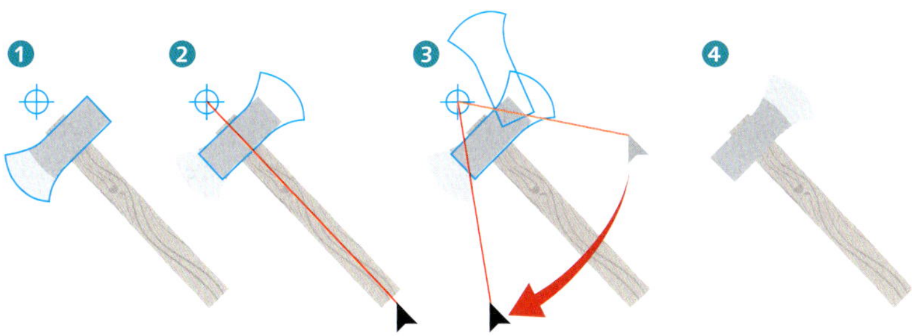

▲ **Abbildung 4.81**
Spiegeln eines Objekts (blau umrandet) um den bezeichneten Referenzpunkt, der durch den ersten Klick mit dem Werkzeug bestimmt wird ①. Der zweite Klick bestimmt den Winkel der Spiegelungsachse ②. Falls die Maustaste nicht gelöst wird, kann der Achsenwinkel noch gedreht werden ③ (Ergebnis ④).

▲ **Abbildung 4.82**
Ziehen Sie den Cursor auf die gegenüberliegende Seite, um ein Objekt beim Skalieren gleichzeitig zu spiegeln. Mit ⇧ würde die Skalierung nur horizontal ausgeführt.

▲ **Abbildung 4.83**
Die Dialogbox Skalieren

▲ **Abbildung 4.84**
Originalobjekt mit angewandter Kontur (schwarz), Konturen und Effekte sind mit skaliert (blau), Konturen und Effekte sind nicht mit skaliert (orange).

▲ **Abbildung 4.85**
Die Dialogbox Pfad verschieben

4.7.4 Objekte skalieren

Wählen Sie das Skalieren-Werkzeug aus dem Werkzeugbedienfeld, oder drücken Sie S. Dieses Werkzeug dient dazu, die Größe eines Objekts oder einer Objektgruppe zu verändern.

Wenn Sie nach dem Klicken den Cursor zur gegenüberliegenden Seite des Referenzpunkts bewegen, wird das Objekt zusätzlich gespiegelt (s. Abbildung 4.82).

Sie haben folgende Modifizierungsmöglichkeiten:

- Ohne Modifizierung wird das Objekt je nach Cursorbewegung ungleichmäßig in Höhe und Breite verändert.
- ⇧ erhält die Proportionen des Objekts, sofern Sie in einem 45°-Winkel ziehen. Horizontale Cursorbewegungen verbreitern das Objekt nur, vertikale verändern nur die Höhe.

Mit dem Begrenzungsrahmen | Bewegen Sie den Cursor über die Anfasser, bis er eines der folgenden Symbole anzeigt:

- ↕ oder ↔, um nur die Breite bzw. Höhe zu verändern
- ⤡, um Höhe und Breite des Objekts zu verändern

Wenn eines dieser Zeichen erscheint, können Sie klicken und ziehen. Die entsprechende Transformation wird sofort angezeigt. Sie haben folgende Modifizierungsmöglichkeiten:

- ⇧ erhält beim Skalieren die Proportionen des Objekts, egal, in welche Richtung Sie den Cursor bewegen.
- ⌥/Alt verwendet den Objektmittelpunkt als Referenzpunkt bei der Skalierung.

Numerische Eingabe | Das Kontrollkästchen Konturen und Effekte skalieren muss aktiviert werden, wenn Sie die Konturen und Effekte zusammen mit dem Objekt skalieren wollen, damit beispielsweise Linien beim Vergrößern entsprechend dicker werden. Ob diese Option automatisch aktiviert wird, richtet sich nach der gleichnamigen Einstellung unter Voreinstellungen • Allgemein oder im Transformieren-Bedienfeld (s. Abbildung 4.84).

4.7.5 Objekte gleichmäßig nach allen Seiten skalieren

Ein Sonderfall der Skalierung tritt ein, wenn Sie eine unregelmäßige Fläche gleichmäßig nach allen Seiten erweitern oder »schrumpfen« möchten – so wie eine zerlaufende Flüssigkeit oder ein eingelaufenes Kleidungsstück. Für dieses Problem können Sie nicht das Skalieren-Werkzeug verwenden, sondern müssen die Pfade »verschieben«.

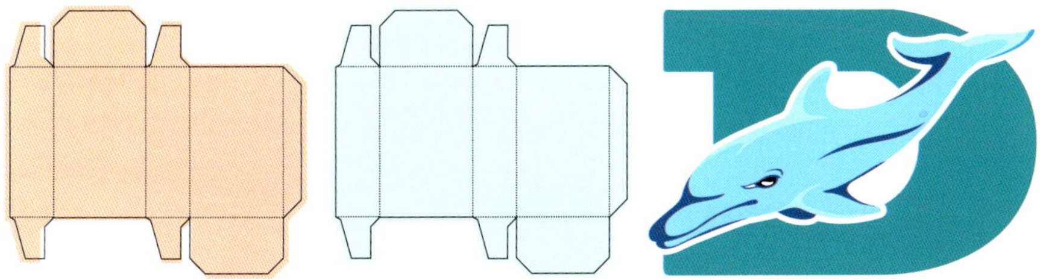

◀ **Abbildung 4.86**
Skalieren (links) und Pfad verschieben (Mitte): Diese Art Skalierung wird z. B. gebraucht, um eine Beschnittzugabe oder einen Abstand zu anderen Objekten zu erzeugen.

Aktivieren Sie das Objekt, und wählen Sie den Menübefehl Objekt • Pfad • Pfad verschieben aus. Der Befehl lässt sich sowohl auf offene Pfade als auch auf geschlossene Formen anwenden – wirkt jedoch bei offenen Pfaden anders. Wenn Sie ihn auf eine Gruppe anwenden, wird jeder in der Gruppe enthaltene Pfad bearbeitet – Illustrator erzeugt automatisch eine Kopie des Pfades. Der Befehl kann auch als (nichtdestruktiver) Effekt angewandt werden (s. Abschnitt 13.2.7).

Nach dem Menüaufruf geben Sie die Werte in die Dialogbox ein:

- Versatz: Geben Sie positive Werte ein, um die Fläche zu erweitern, und negative, um sie schrumpfen zu lassen.
- Linienecken und Gehrungsgrenze: s. Abschnitt 8.1, »Standard-Konturoptionen«

Offene Pfade verschieben

Pfad verschieben, auf einen offenen Pfad angewendet, erweitert diesen zu einer Fläche (rechts).

4.7.6 Objekte verbiegen (Scheren)

Wenn Sie das Verbiegen-Werkzeug manuell verwenden, erfolgt die Verbiegung in die Richtung, die sich aus dem Referenzpunkt und der Cursorposition ergibt. Kleine Werkzeugbewegungen können zu extremen Verzerrungen führen. Mit [⇧] beschränken Sie den Transformationswinkel auf die Horizontale, die Vertikale bzw. auf 45°-Winkel.

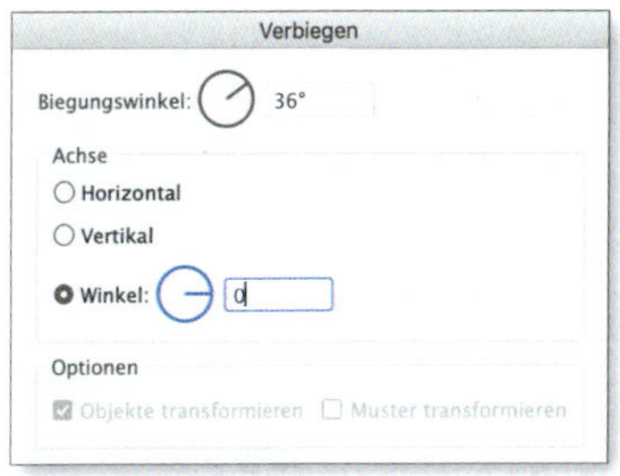

▲ **Abbildung 4.87**
Die Dialogbox Verbiegen

Numerische Eingabe | Die Verbiegen-Operation verformt das Objekt in Richtung einer definierbaren Achse um einen wählbaren Verbiegungswinkel. Die Achse gibt die Richtung (also die Ausrichtung der Schere), der Winkel die Stärke der Verbiegung (also den Winkel der Scherenhälften zueinander) vor.

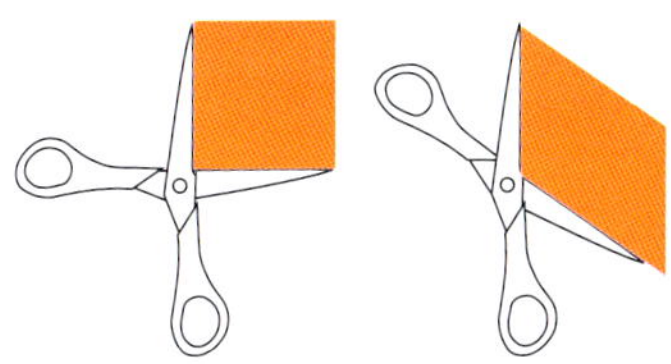

▲ **Abbildung 4.88**
Objekte scheren

Schritt für Schritt
Isometrische Zeichnung eines Computers

1 Datei und Hilfslinien

Öffnen Sie die Datei »Isometrie.ai«. Zeigen Sie die Lineale an, indem Sie Ansicht • Lineale einblenden wählen oder [⌘]/[Strg]+[R] drücken. Aktivieren Sie außerdem Ansicht • Intelligente Hilfslinien. Erstellen Sie

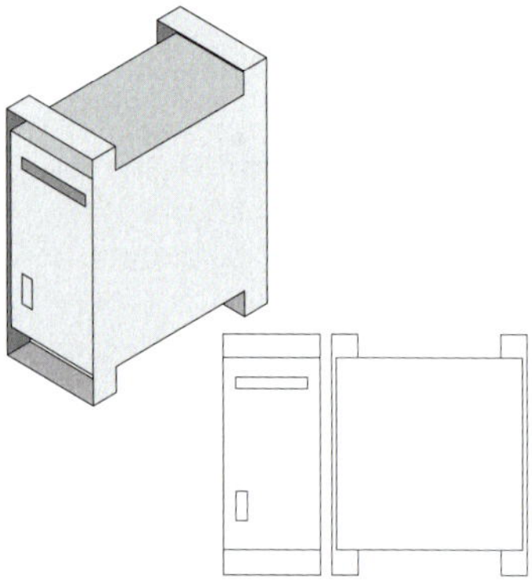

▲ **Abbildung 4.89**
Ergebnis und Ausgangsobjekte

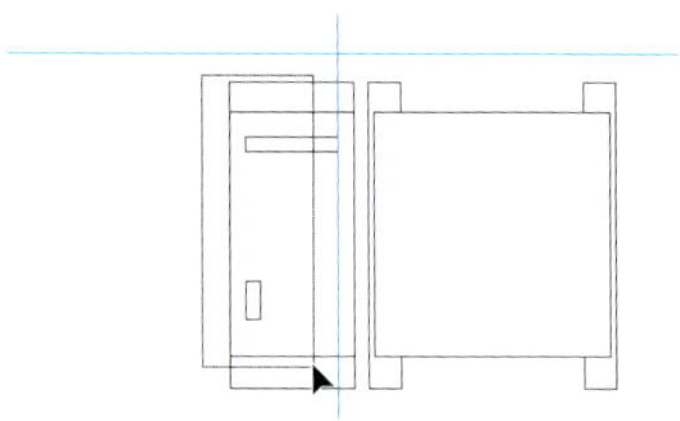

▲ **Abbildung 4.90**
Auswählen der Objekte mit einem Auswahlrechteck zum Gruppieren

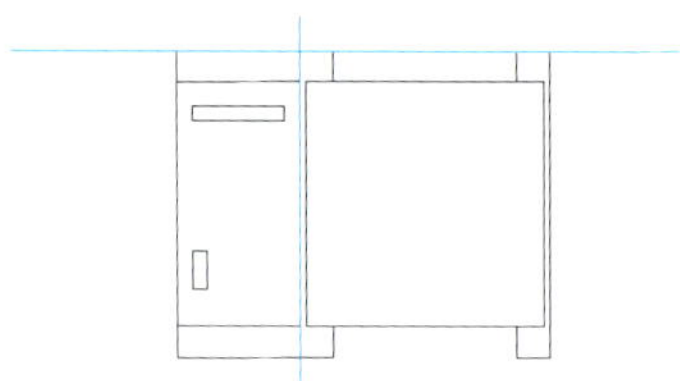

▲ **Abbildung 4.91**
Grundausrichtung der Objekte an den Hilfslinien

sich Hilfslinien, indem Sie [⌘]/[Strg] drücken, auf den Linealursprung links oben im Dokumentfenster klicken und ungefähr in die Mitte des Blattes ziehen (s. Abschnitt 3.5.2). Sperren Sie die Hilfslinien.

2 Grundformen positionieren

Die Datei enthält die Ausgangselemente für die Zeichnung in der Aufsicht. Gruppieren Sie nun die Objekte. Dazu aktivieren Sie jeweils die zusammengehörenden Objekte, indem Sie ein Auswahlrechteck darum aufziehen. Prüfen Sie, dass wirklich nur Objekte ausgewählt wurden, die zu der Seite gehören, dann drücken Sie [⌘]/[Strg]+[G]. Klicken und ziehen Sie die Objekte dann an die Hilfslinien (s. Abbildung 4.91).

3 Design der Flächen

Falls Sie den Computer noch detaillierter ausarbeiten wollen, muss dies geschehen, bevor Sie ihn isometrisch verzerren. Um Objekte hinzuzufügen, doppelklicken Sie auf die betreffende Gruppe, um in den Isolationsmodus zu gelangen. Dann fügen Sie die gewünschten Elemente hinzu.

4 Transformieren der Objekte

Beginnen Sie mit der großen Fläche – diese wird in der isometrischen Ansicht die rechte Seite sein. Aktivieren Sie die gesamte Gruppe mit dem Auswahl-Werkzeug ▶. Dann wählen Sie das Drehen-Werkzeug ↺ und klicken auf den Referenzpunkt: die Kreuzung der beiden Hilfslinien. Klicken und ziehen Sie mit dem Werkzeug an der anderen Seite des Objekts. Halten Sie dabei [⇧], um die Drehung auf 45°-Winkel einzuschränken. Drehen Sie das Objekt um 45° gegen den Uhrzeigersinn. Dann wählen Sie das Skalieren-Werkzeug ⧉. Halten Sie [⌥]/[Alt], klicken Sie auf den Referenzpunkt, und geben Sie bei HORIZONTAL »58 %« und bei VERTIKAL »100 %« in die Dialogbox ein. Wechseln Sie zurück zum Drehen-Werkzeug ↺, drücken Sie erneut [⌥]/[Alt], und klicken Sie auf den Referenzpunkt. Geben Sie »–30°« für die Drehung ein.

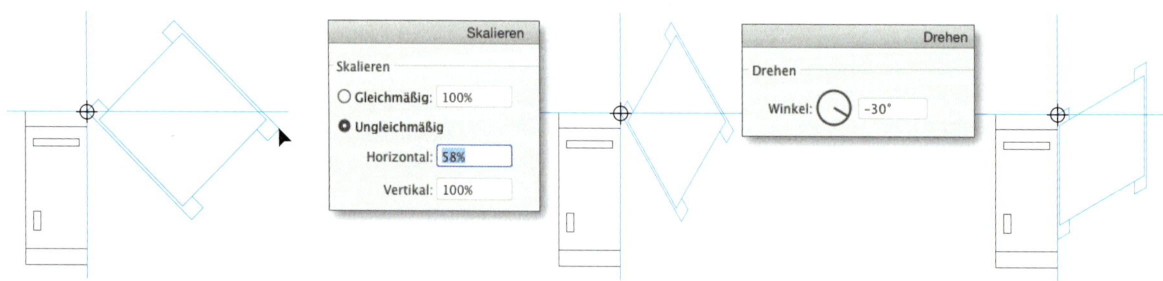

▲ **Abbildung 4.92**
Drehung und Skalierung des Seitenteils

Aktivieren Sie jetzt das andere Teil links. Drehen Sie es 45° im Uhrzeigersinn um den Schnittpunkt der Hilfslinien. Wechseln Sie zum Skalieren-Werkzeug, klicken Sie mit gedrückter ⌥/Alt-Taste den Referenzpunkt, und skalieren Sie das Objekt horizontal um 58 %. Dann wechseln Sie wieder zum Drehen-Werkzeug, klicken den Referenzpunkt und klicken mit dem Drehen-Werkzeug auf die untere Ecke. Diese ziehen Sie an die Kante des rechten Objekts. Dank der intelligenten Hilfslinien rastet sie dort ein.

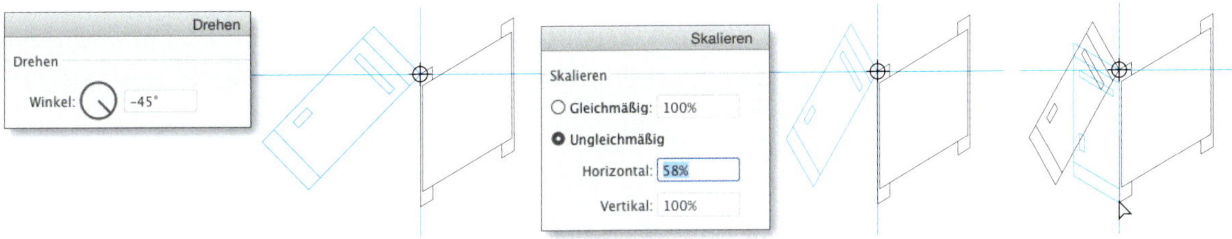

▲ **Abbildung 4.93**
Drehung und Skalierung des Frontteils

5 Duplizieren des Seitenteils

Aktivieren Sie mit ⇧+D den Modus Dahinter zeichnen. Dann klicken Sie mit dem Auswahl-Werkzeug auf den unteren Ankerpunkt des Seitenteils, drücken ⌥/Alt und schieben das Objekt auf den linken hinteren Punkt des Vorderteils (s. Abbildung 4.93). Für diese Art Nachbearbeitung in isometrischen Zeichnungen wird es häufig nötig sein, die Bildachse umzustellen – dazu verwenden Sie die Voreinstellungen (in dieser Zeichnung würden Sie die Winkel 30° bzw. 60° verwenden).

6 Verschieben des Vorderteils

Die Vorderseite muss ein wenig nach innen verschoben werden. Heben Sie die Gruppierung mit ⌘/Strg+⇧+G auf. Dann wählen Sie das Rechteck und die beiden Bedienelemente aus. Blenden Sie mit ⌘/Strg+⇧+B den Begrenzungsrahmen aus, greifen Sie die Objekte an der unteren linken Ecke, und schieben Sie diese auf die Ecke des Hilfsobjekts im Seitenteil (s. Abbildung 4.94).

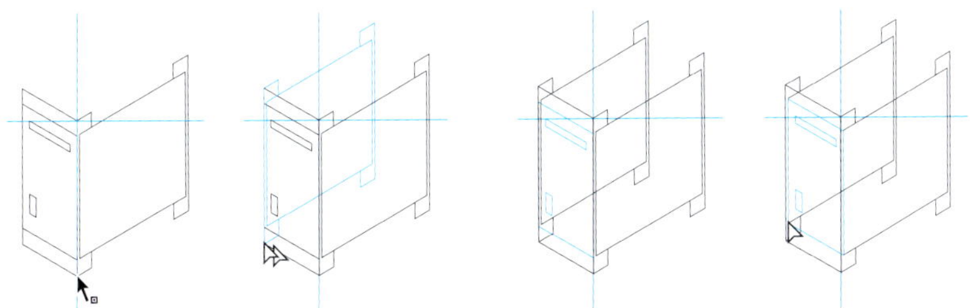

◀ **Abbildung 4.94**
Duplizieren des Seitenteils und Verschieben der Front nach »innen«

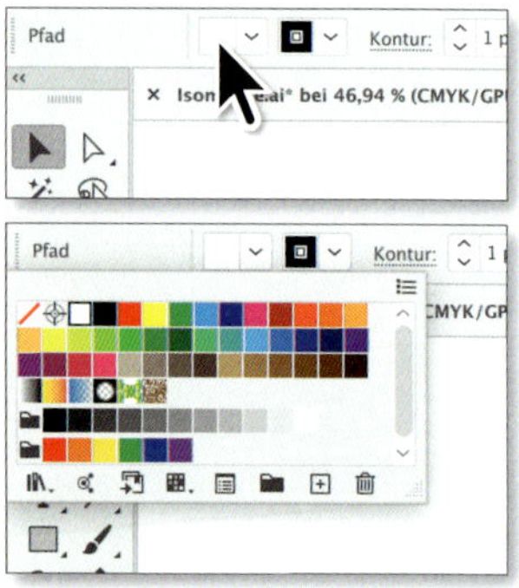

▲ **Abbildung 4.95**
Einfärben der Fläche mit Farbfeldern, die direkt im Steuerungsbedienfeld gewählt werden

7 Einfärben der Objekte

Jetzt heben Sie alle verbliebenen Gruppierungen auf. Die Objekte müssen nun mit Flächenfarben gefüllt werden. Verwenden Sie dazu das Popup-Menü für Flächenfarben im Steuerungsbedienfeld.

8 Ergänzen der Zeichnung anhand der vorhandenen Teile

Nach dem Einfärben fällt auf, dass die Stapelreihenfolge noch nicht richtig passt. Korrigieren Sie die Stapelreihenfolge. Nun müssen noch einige Objekte auf der Oberseite gezeichnet werden. Sie können mit dem Zeichenstift-Werkzeug einige Punkte setzen oder zunächst Rechtecke aufziehen und deren Ankerpunkte mit dem Direktauswahl-Werkzeug verschieben.

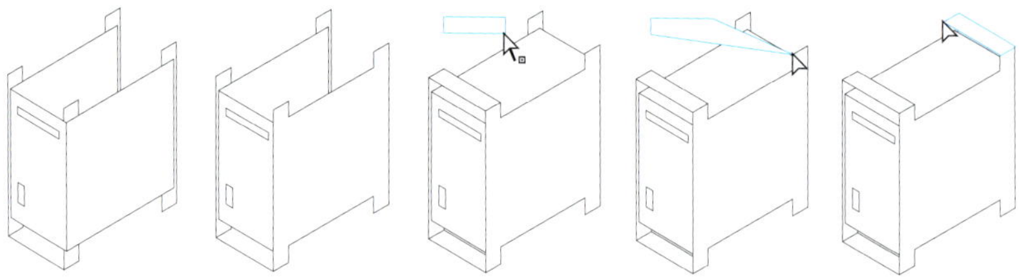

Abbildung 4.96 ▶
Abschließende Arbeiten: Einfärben, Korrigieren der Stapelreihenfolge und Ergänzen der Oberseite durch Anpassen von Rechtecken

4.7.7 Das Frei-transformieren-Werkzeug

Eines für alles – das Frei-transformieren-Werkzeug bietet Ihnen kombiniert alle Funktionen des Begrenzungsrahmens und zusätzlich die Möglichkeit, Objekte zu verzerren. Dieses Werkzeug ist sinnvoll, wenn Sie lieber mit deaktiviertem Begrenzungsrahmen arbeiten. Es funktioniert auch mit Touch-Oberflächen.

Aktivieren Sie die Objekte, die Sie transformieren möchten, zunächst mit dem Auswahl-Werkzeug, und wählen Sie erst dann das Frei-transformieren-Werkzeug aus – E. Jetzt wird für die ausgewählten Objekte automatisch ein Begrenzungsrahmen angezeigt, und zusätzliche Bedienelemente werden auf der Zeichenfläche eingeblendet.

▲ **Abbildung 4.97**
Eingebettete Rasterbilder können Sie mit dem Werkzeug lediglich skalieren, drehen oder neigen. Für perspektivische oder freie Verzerrungen werden sie mit einer Verzerrungshülle versehen und anschließend lassen sie sich auf dem Umweg über diese Hülle verformen.

Frei transformieren mit dem Touch-Interface | Für eine Touch-Eingabe unerlässlich und für Einsteiger etwas einfacher ist das Verzerren durch Anklicken der Verzerrungsmodi.

1. Aktivieren Sie das Objekt, und wählen Sie das Frei-transformieren-Werkzeug aus.
2. Voreingestellt ist der Modus Frei transformieren. Mit einem Klick auf eines der beiden anderen Symbole Perspektivisch verzerren und Frei verzerren wählen Sie diese aus.

3. Dann bewegen Sie den Cursor über den Begrenzungsrahmen und ziehen an einer Kante oder Ecke, um das Objekt zu transformieren. Das Cursor-Symbol zeigt Ihnen dabei, welche Operationen ausgeführt werden. Durch Anklicken des Symbols BESCHRÄNKEN können Sie bei FREI TRANSFORMIEREN und FREI VERZERREN zusätzlich die Arbeitsweise so einschränken, als wäre ⇧ gedrückt.

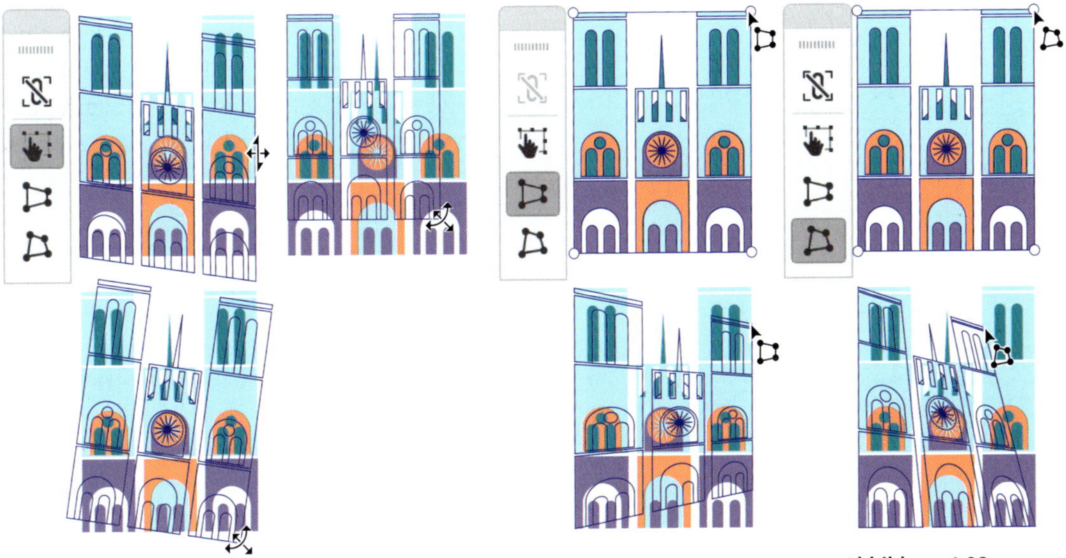

▲ **Abbildung 4.98**
Wählen Sie den passenden Transformationsmodus aus, führen Sie den Cursor über eine Ecke oder Kante des Begrenzungsrahmens, und klicken und ziehen Sie, um das Objekt zu verformen. Drücken Sie ⌥/Alt, damit um den Mittelpunkt gedreht oder skaliert wird.

Modifikationstasten statt Touch-Interface | Das Werkzeug funktioniert weiterhin mit Modifikationstasten. Vor allem, wenn Sie mehrere unterschiedliche Transformationen und Verzerrungen vornehmen müssen, ermöglicht dies einen effizienten Workflow – wichtig ist die richtige Reihenfolge der Tasten:

- Um ein Objekt perspektivisch zu verzerren, klicken Sie zuerst auf einen Eck-Anfasser, drücken erst dann ⌘/Strg+⇧ oder ⌘+⌥+⇧ bzw. Strg+Alt+⇧ für eine gleichmäßig perspektivische Verzerrung und ziehen in horizontaler oder vertikaler Richtung. Achtung! Halten Sie unbedingt die Reihenfolge ein, da sonst der Begrenzungsrahmen mit seinen Anfassern nicht mehr sichtbar ist!
- Um ein Objekt zu verbiegen, klicken Sie auf einen Seiten-Anfasser und ziehen das Objekt in die gewünschte Form. Klicken Sie auf den Anfasser an der Ober- oder Unterseite für horizontales Verbiegen und auf der linken oder rechten Seite für vertikales Verbiegen. Mit ⇧ erhalten Sie beim horizontalen Verbiegen die Höhe und beim vertikalen Verbiegen die Breite des Objekts.

▲ **Abbildung 4.99**
Perspektivische Verzerrung mit dem Frei-transformieren-Werkzeug: ungleichmäßig (links), gleichmäßig (Mitte), Verbiegen (rechts)

Verzerren in älteren Versionen

Eine Anleitung zum Umgang mit dem Frei-transformieren-Werkzeug in älteren Versionen finden Sie im Download.

Frei transformieren und der Begrenzungsrahmen | Seit Illustrator 2020 (Version 24.1) setzt sich beim perspektivischen und beim freien Verzerren der Transformationsrahmen nicht mehr in die rechtwinklige Form zurück, sondern bleibt nach dem Anwenden der Transformation (und unter Umständen sogar nach dem Deaktivieren und Wiederauswählen des Objekts) bestehen, sodass Sie in mehreren Schritten exakt transformieren können.

▲ **Abbildung 4.100**
Objekte lassen sich in mehreren Schritten exakt verzerren, indem Sie die Ecken des Transformationsrahmens greifen. Nach dem Verzerren beibt der Rahmen bestehen, sodass Sie die nächste Verzerrung anschließen können.

Begrenzungsrahmen anwenden

Wie Sie mit einem Begrenzungsrahmen die Transformationen Verschieben, Drehen, Spiegeln und Skalieren durchführen, ist bei den jeweiligen Operationen beschrieben.

4.7.8 Begrenzungsrahmen zurücksetzen

Der Begrenzungsrahmen (oder Transformationsrahmen) wird nicht automatisch in eine rechtwinklige Form zurückgesetzt, für manche Transformationen ist dies jedoch unerlässlich. Daher können Sie mit Objekt • Transformieren • Begrenzungsrahmen zurücksetzen den Begrenzungsrahmen horizontal ausrichten. Interaktive Formen müssen umgewandelt

Übersicht: Methoden zum Verzerren von Objekten

Das Frei-transformieren-Werkzeug ist zum Glück nicht die einzige Möglichkeit, Objekte zu verzerren. Hinzu kommen Verzerrungshüllen (s. Abschnitt 10.8) und das Perspektivenraster (s. Abschnitt 18.1). Aber auch sie sind nicht für jedes Objekt geeignet, sodass Sie die Methode je nach Objektart wählen müssen.

Text	Texte können Sie mit dem Perspektivenraster exakt verformen, sie bleiben dabei sogar editierbar. Mit Verzerrungshüllen sind sehr freie Verformungen möglich.
Bilder	Eingebettete Bilder (s. Kapitel 19) können mit Verzerrungshüllen frei verformt werden. Verzerrungshüllen mit beliebigen Inhalten lassen sich mit dem Frei-transformieren-Werkzeug bearbeiten.
Konturen	Konturen passen sich innerhalb von Verzerrungshüllen an die Verzerrung an, allerdings nur unter Zuhilfenahme des Konturlinie-Effekts.
Live-Effekte	Live-Effekte lassen sich mit Verzerrungshüllen verformen.
Muster	Muster können Sie mit Verzerrungshüllen verformen, wenn die entsprechende Hüllen-Option aktiv ist.
Verläufe	Lineare Verläufe sind ebenfalls nur mit Hüllen zu verformen.

werden, bevor Sie den Befehl anwenden können: OBJEKT • FORM • FORM UMWANDELN.

4.7.9 Das Transformieren-Bedienfeld

Die Transformationen VERSCHIEBEN, SKALIEREN, DREHEN, VERBIEGEN sowie VERTIKAL und HORIZONTAL SPIEGELN können Sie numerisch auch im Transformieren-Bedienfeld vornehmen: FENSTER • TRANSFORMIEREN.

Sobald Sie ein oder mehrere Objekte auswählen, werden im Bedienfeld die Parameter des zugehörigen Begrenzungsrahmens, bezogen auf den definierten Referenzpunkt, angezeigt. Auf diesen Referenzpunkt beziehen sich auch die Transformationen, die Sie mithilfe des Bedienfeldes vornehmen. Um eine andere Stelle des Objekts als Referenz zu verwenden, klicken Sie auf eines der kleinen Kästchen im Ursprungsymbol des Transformieren-Bedienfeldes.

- **Verschieben**: Diese Operation erfolgt *absolut*, indem Sie die neue Position des Objekts im Koordinatensystem angeben. Legen Sie den Referenzpunkt 1 fest, und geben Sie die X- und Y-Koordinate in das entsprechende Feld 3 ein.
- **Skalieren**: Geben Sie die gewünschten Werte in die Kästchen B (Breite) und H (Höhe) ein 5. Wenn Sie beim Skalieren die Proportionen beibehalten möchten, aktivieren Sie das Kettensymbol rechts daneben. Dann muss nur einer der beiden Werte eingegeben werden, und der andere wird automatisch berechnet. Alternativ geben Sie einen Wert ein, drücken ⌘/Strg und ↵. Der andere Wert wird proportional eingetragen.
- **Drehen**: Geben Sie den Wert in das Feld neben dem Winkelsymbol 2 ein. Negative Werte drehen im, positive gegen den Uhrzeigersinn.
- **Verbiegen**: An dieser Stelle können Sie durch Eingeben des Verbiegungswinkels 4 das Objekt nur horizontal verbiegen (neigen).
- **Spiegeln**: Mit dem Transformieren-Bedienfeld können Sie ohne Variationen nur um 180° spiegeln, indem Sie im Bedienfeldmenü HORIZONTAL oder VERTIKAL SPIEGELN aufrufen.

Modifizierungsmöglichkeiten | Direkt im Bedienfeldmenü bzw. wenn Sie über das Bedienfeldmenü die Optionen anzeigen lassen, haben Sie folgende Optionen:

- Für alle Transformationen, die das Transformieren-Bedienfeld anbietet, können Sie auswählen, ob Sie das Objekt, sein Muster oder beides zusammen transformieren möchten. Standardmäßig ist die Option NUR OBJEKT TRANSFORMIEREN aktiviert.

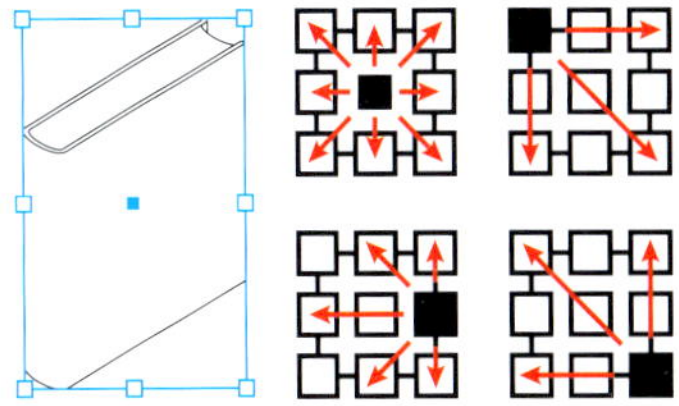

▲ **Abbildung 4.101**
Die Quadrate im Ursprungsymbol entsprechen je einem Anfasser des Begrenzungsrahmens (links: blau). Transformationen werden bezogen auf das angeklickte Quadrat durchgeführt.

Koordinatensystem

Für Informationen zu Illustrators Koordinatensystem s. Abschnitt 3.4.

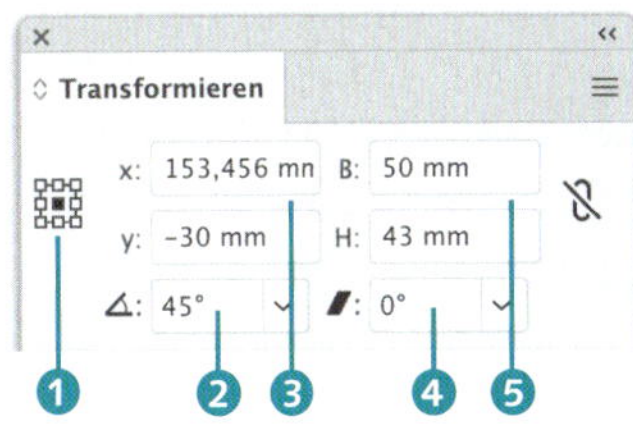

▲ **Abbildung 4.102**
Das Transformieren-Bedienfeld und der Referenzpunkt – die meisten dieser Optionen finden Sie auch im Eigenschaften-Bedienfeld.

▲ **Abbildung 4.103**
Der Bereich FORMEIGENSCHAFTEN ist nur für interaktive Formen relevant. Er zeigt auch für gedrehte Formen deren korrekte Maße – die Werte B und H sind dagegen die Maße des Begrenzungsrahmens.

Die Größe setzt sich immer zurück!

Wenn in den Voreinstellungen die Option VORSCHAUBEGRENZUNGEN VERWENDEN aktiv ist, kann Illustrator nicht exakt auf eine bestimmte Größe skalieren, da die Berechnung der Größe inklusive der zu erwartenden Konturstärken zu komplex wäre. Sie müssen entweder diese Option deaktivieren oder sich an den gewünschten Wert »herantasten«.

Transformieren-Effekt

In vielen Zusammenhängen ist der Transformieren-Effekt dem Befehl ERNEUT TRANSFORMIEREN vorzuziehen (zu Effekten s. Kapitel 13).

▲ **Abbildung 4.104**
Wir verwenden einen Stern als Grundform.

▲ **Abbildung 4.105**
Sollen die Sterne wie in der Flagge der EU gleich ausgerichtet sein, dann müssen Sie sie mithilfe einer Angleichung ausrichten (s. Abschnitt 10.7.1).

- KONTUREN UND EFFEKTE SKALIEREN: Beim Skalieren mit dem Transformieren-Bedienfeld haben Sie wie beim Skalieren per Dialogbox auch die Option, Konturen und Effekte mit dem Objekt zu skalieren.
- ECKEN SKALIEREN: Interaktive Ecken werden proportional skaliert.
- REGISTRIERUNGSPUNKT FÜR SYMBOL VERWENDEN: Wenn Sie Symbolinstanzen bearbeiten, wird mit dieser Option der Registrierungspunkt des Symbols statt des Referenzpunkts als Bezug verwendet.

4.7.10 Erneut transformieren

Um die letzte Transformation mit denselben Einstellungen auf dasselbe oder ein anderes Objekt erneut anzuwenden, wählen Sie im Menü OBJEKT • TRANSFORMIEREN • ERNEUT TRANSFORMIEREN – Shortcut [⌘]/[Strg]+[D]. Sollten Sie bei der letzten Transformation statt des Originals eine Kopie erzeugt und bearbeitet haben, wird auch mit dieser Option eine Kopie erstellt und transformiert.

Schritt für Schritt
Erneut transformieren

In dieser kleinen Übung setzen wir ERNEUT TRANSFORMIEREN ein, um Objekte wie in einem Zifferblatt kreisförmig anzuordnen. Zunächst erzeugen Sie eine Grundform.

1 Die Grundform

Sie können Ihre Grundform beliebig komplex gestalten. Wenn Sie mehrere Objekte kombinieren, gruppieren Sie sie, bevor Sie fortfahren.

2 Die Transformation

Für ein Zifferblatt werden zwölf Objekte gebraucht. Den Drehwinkel lassen wir von Illustrator ausrechnen. Um die erste Drehung aufzuzeichnen, aktivieren Sie das Grundobjekt und wählen das Drehen-Werkzeug aus.

Drücken Sie [⌥]/[Alt], und klicken Sie als neuen Referenzpunkt den zukünftigen Mittelpunkt des zu erzeugenden Zifferblattes an. Geben Sie »360/12« als Wert für die Drehung ein, und benutzen Sie zur Bestätigung nicht OK, sondern den Button KOPIEREN.

3 Die weiteren Schritte

Um das Zifferblatt fertigzustellen, wiederholen Sie OBJEKT • TRANSFORMIEREN • ERNEUT TRANSFORMIEREN oder [⌘]/[Strg]+[D], bis das Zifferblatt komplett ist, also noch zehnmal.

Sie können den Befehl Erneut transformieren auch dann anwenden, wenn Sie die Ausgangstransformation manuell, also nicht numerisch erzeugt haben.

▲ **Abbildung 4.106**
Lassen Sie Illustrator den Drehwinkel berechnen. Nicht vergessen: Wählen Sie den Mittelpunkt des Ziffernblattes als neuen Referenzpunkt!

4.7.11 Einzeln transformieren

Wenn Sie mehrere Objekte gleichzeitig transformieren, werden diese bei einer Umwandlung wie eine Gruppe behandelt, auch wenn die Objekte nicht gruppiert sind. Das heißt, sie werden relativ zu einem gemeinsamen Referenzpunkt transformiert.

Wenn für jedes Objekt sein eigener Referenzpunkt gelten soll, verwenden Sie Objekt • Transformieren • Einzeln transformieren.

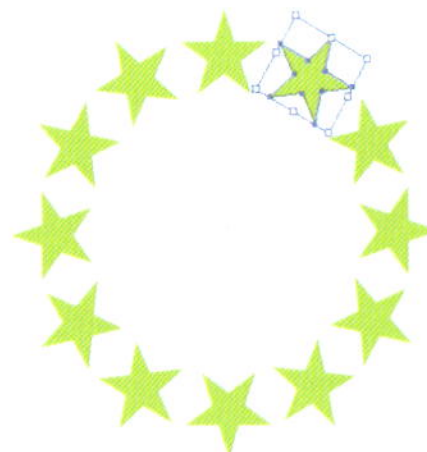

▲ **Abbildung 4.107**
Das »Zifferblatt«

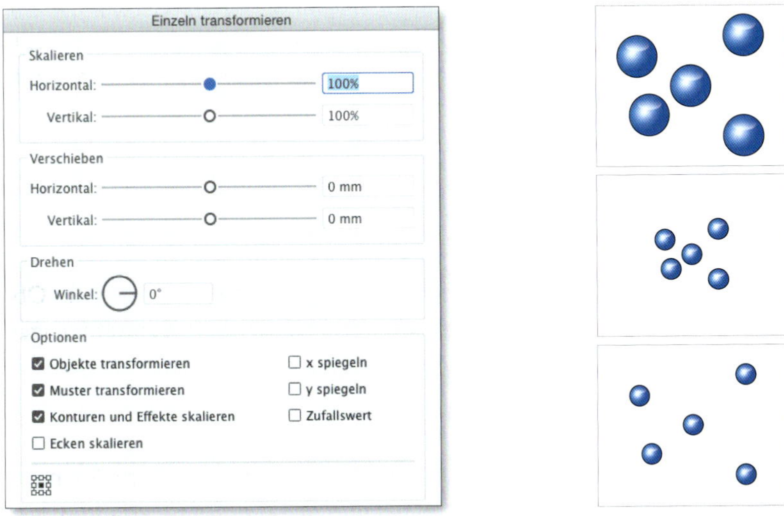

◀ **Abbildung 4.108**
Dialogbox Einzeln transformieren (links) und Unterschied beim Transformieren (rechts): Skalieren (Mitte) und Einzeln transformieren mit Skalieren (unten) – oben: Ausgangsobjekte

Sie haben damit die Möglichkeit, Objekte einzeln um den gleichen Wert zu vergrößern, zu verschieben und zu drehen oder mit dem Button Kopieren statt OK zu duplizieren und die Kopien entsprechend umzuwandeln. Mit den Schiebereglern unter Skalieren und Verschieben lassen sich nur sehr geringe Werte einstellen, die Funktion akzeptiert jedoch die direkte Eingabe von Skalierungen zwischen –4.000 und +4.000 % und Verschiebungen zwischen –1.411,1111 und +1.411,1111 mm.

Sehr interessant für die Illustration von Naturmotiven ist die Option Zufallswert, um beispielsweise eine realistischer anmutende Zufallsverteilung und -ausrichtung zu erreichen. Zu diesem Zweck vervielfältigen Sie Objekte zunächst regelmäßig über eine Fläche und wenden anschließend die Funktion Einzeln transformieren mit der Option Zufallswert auf alle Objekte an.

▲ **Abbildung 4.109**
Zusammen um 10° gedreht (Mitte), einzeln um 10° gedreht (rechts)

Weitere Optionen

Auch in der Dialogbox Einzeln transformieren können Sie das Skalierungsverhalten von Konturen und Effekten ändern, und Sie können auch das Objekt und sein Muster getrennt transformieren.

Abbildung 4.110 ▶
Regelmäßig angeordnete Ausgangsobjekte (links) wurden mit Einzeln transformieren nur zufällig gedreht (Mitte) und zufällig gedreht, skaliert und verschoben (rechts). Der zufällige Wert wird zwischen 1 und dem eingegebenen Wert generiert.

Symbolinstanzen einzeln transformieren

Symbolsätze (s. Abschnitt 17.3) können Sie mit der Funktion nicht bearbeiten. Wenn Sie jedoch einen Symbolsatz zunächst mit Objekt • Umwandeln in einzelne Instanzen aufsplitten und die Gruppe auflösen, dann können Sie die Instanzen anschließend einzeln transformieren.

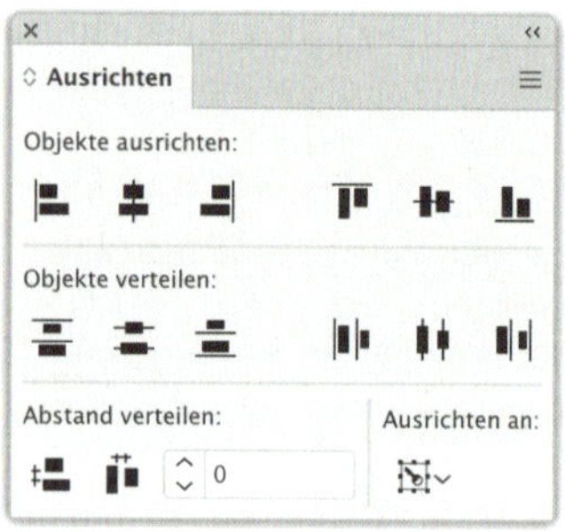

▲ Abbildung 4.111
Das Ausrichten-Bedienfeld – Sie finden viele der Optionen auch im Steuerungsbedienfeld.

4.8 Ausrichten und Verteilen

Sehr praktisch ist die Möglichkeit, Objekte und einzelne Ankerpunkte (s. Abschnitt 5.6.4) aneinander auszurichten oder zu verteilen. Sie können sich so zunächst ganz auf den Entwurf konzentrieren.

4.8.1 Objekte ausrichten

Objekte werden mit dem Ausrichten-Bedienfeld ausgerichtet. Wählen Sie Fenster • Ausrichten, um das Bedienfeld aufzurufen – ⇧+F7; im Dock klicken Sie auf das Symbol.

Wählen Sie mindestens zwei Objekte aus, und klicken Sie in der oberen Zeile des Ausrichten-Bedienfeldes (Objekte ausrichten) das gewünschte Symbol an, um die Objekte entsprechend dem abgebildeten Symbol zueinander auszurichten (s. Infokasten »Ausrichten-Bedienfeld« auf Seite 148). Normalerweise erfolgt die Ausrichtung anhand des Begrenzungsrahmens (s. Abschnitt 4.3.1) – dieser Modus wird als Ausrichten an Auswahl bezeichnet. Es besteht aber auch die Möglichkeit, ein Referenzobjekt zu bestimmen, dessen Position die Basis für die Ausrichtung ist. Die dritte Option ist das Ausrichten an der Zeichenfläche.

▲ Abbildung 4.112
Links: Originalobjekte und an der Zeichenfläche ausgerichtet,
rechts: Bestimmung eines Objekts, an dem die Ausrichtung erfolgt

Sollen Objekte sowohl waagerecht als auch senkrecht ausgerichtet werden, müssen Sie die horizontale und die vertikale Ausrichtung nacheinander ausführen.

Optionen | Direkt auf dem Bedienfeld sowie im Bedienfeldmenü können Sie folgende Optionen und Einstellungen vornehmen:

- Ausrichten an: Hier wechseln Sie zwischen den »Operationsmodi« der Ausrichten-Funktionen An Auswahl ausrichten, An Zeichenfläche ausrichten, An Basisobjekt ausrichten bzw. An Basisankerpunkt ausrichten (wenn einzelne Ankerpunkte ausgewählt sind).
  Ein Symbol kennzeichnet die gewählte Ausrichtungsart, die sofort aktiv ist und angewendet wird. Wenn Sie die Objekte deaktivieren, springt die Einstellung automatisch von An Basisobjekt ausrichten auf An Auswahl ausrichten zurück. Die Option An Zeichenfläche ausrichten bleibt allerdings bestehen – diese müssen Sie manuell umstellen, wenn Sie nicht mehr an der Zeichenfläche ausrichten möchten.
- Vorschaubegrenzungen verwenden: Als Grundeinstellung werden Objekte anhand ihrer Objektgrenzen – also des Pfades – ausgerichtet. Wenn Objekte eine starke Außenlinie oder Schatten aufweisen, führt diese Einstellung nicht immer zum gewünschten Ergebnis. Mit aktivierter Option Vorschaubegrenzungen verwenden werden die sichtbaren Außenbegrenzungen zum Ausrichten von Objekten verwendet, also mit Linienstärken und/oder Effekten.

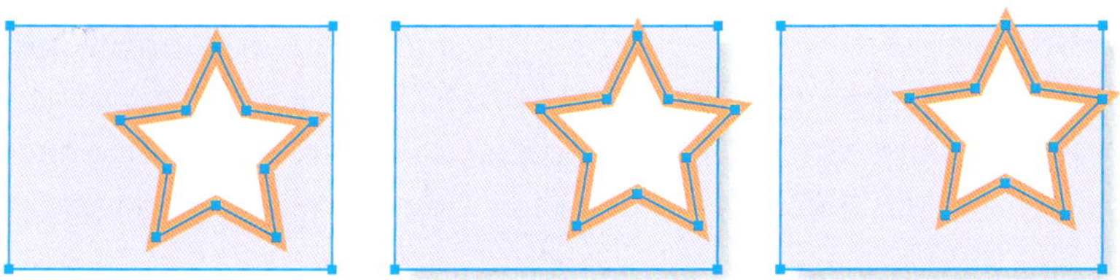

▲ **Abbildung 4.115**
Mit der Option Vorschaubegrenzungen verwenden werden z. B. die Linienstärke und der Schlagschatten-Effekt berücksichtigt: Objekte rechts und oben ausgerichtet (links und Mitte mit Option Vorschaubegrenzungen verwenden).

Anordnen entlang eines Pfades

Illustrator bietet keine ausgefeilten Möglichkeiten, Objekte entlang eines Freiformpfades auszurichten. Spezialpinsel oder Angleichungen können manchmal einfachere Aufgaben dieser Art lösen.

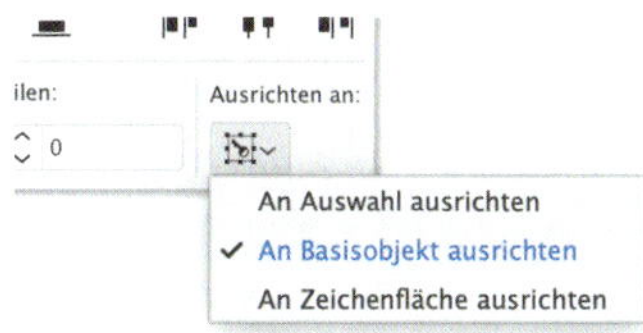

▲ **Abbildung 4.113**
Auswählen der Ausrichtungsoption im Transformieren-Bedienfeld

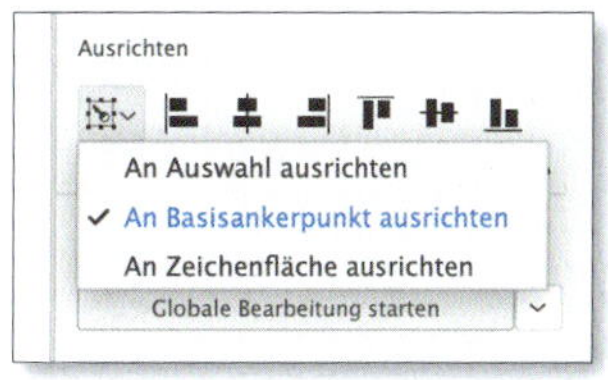

▲ **Abbildung 4.114**
Auswählen der Ausrichtungsoption im Eigenschaften-Bedienfeld

Schritt für Schritt Ausrichten

1 An der Seite ausrichten

In dieser Übung führen Sie verschiedene typische Arbeitsabläufe mit dem Ausrichten-Bedienfeld durch. Öffnen Sie die Datei »Ausrichten.ai«. Rufen Sie das Ausrichten-Bedienfeld auf, falls es nicht bereits angezeigt wird, und positionieren Sie das Bedienfeld in der Nähe der Seite.

Zunächst benötigen Sie eine Referenz für die Ausrichtung des ganzen Satzspiegels auf der Mitte der Seite: Aktivieren Sie den Text, und wählen Sie An Zeichenfläche ausrichten aus dem Menü Ausrichten an

▲ **Abbildung 4.116**
Ausgangssituation der Schritt-für-Schritt-Anleitung

▲ **Abbildung 4.117**
Ausrichtung der Headline

▲ **Abbildung 4.118**
Definieren der Headline als Basisobjekt (links) und Ausrichten daran (rechts)

▲ **Abbildung 4.119**
Ausrichten des grünen Kastens

▲ **Abbildung 4.120**
Ausrichtung am Referenzobjekt

rechts unten im Ausrichten-Bedienfeld (s. Abbildung 4.113), falls es nicht bereits ausgewählt ist. Dies erkennen Sie am Symbol, das im Icon des Menüs Ausrichten an dargestellt wird.

Um die Ausrichtung des Textes an der Zeichenfläche durchzuführen, klicken Sie auf den Button Horizontal zentriert ausrichten.

2 An Referenzobjekt ausrichten

Die »Headline« ist jetzt Ihr Referenzobjekt für die folgenden Ausrichtungen. Einige Objekte müssen rechtsbündig mit der Headline ausgerichtet werden. Aktivieren Sie die Headline, den grünen und den violetten Kasten sowie den Stern.

Wählen Sie aus dem Menü Ausrichten an die Option An Basisobjekt ausrichten. Das im Objektstapel oben liegende Objekt – der Stern – wird automatisch als Basisobjekt bestimmt und zur Kennzeichnung mit einer fetten Outline versehen. Da Sie nicht den Stern, sondern die Headline verwenden wollen, müssen Sie diese jetzt noch als Basisobjekt definieren. Klicken Sie auf die Headline, um sie als Basisobjekt zu bestimmen – drücken Sie dabei keine Modifizierungstasten –, und verwenden Sie anschließend den Button Rechts ausrichten.

In dieser Übung werden Sie mit den beteiligten Objekten keine weitere Ausrichtung durchführen. Sollten Sie jedoch für weitere Ausrichtungen mit den aktivierten Objekten ein anderes Referenzobjekt benötigen, müssen Sie vorher die Aktion Basisobjekt abbrechen aus dem Bedienfeldmenü ausführen oder ein anderes Objekt anklicken.

3 Einfache Ausrichtung

Es müssen jetzt zwei Ausrichtungen mit unterschiedlichen Objekten durchgeführt werden:

1. der türkise Kasten und die Headline: links ausrichten
2. der türkise und der grüne Kasten: oben ausrichten

Aktivieren Sie für jeden Schritt die beteiligten Objekte, und klicken Sie auf den entsprechenden Button.

4 Ausrichtung an Referenzobjekt

Abschließend richten Sie noch den violetten Kasten am Referenzobjekt türkiser Kasten aus. Aktivieren Sie die beiden Kästen, klicken Sie auf den türkisen Kasten, und wählen Sie den Button Unten ausrichten.

4.8.2 Objekte gleichmäßig verteilen

Beim Verteilen werden die betreffenden Objekte mit gleichmäßigen Abständen zueinander versehen. Die verschiedenen Möglichkeiten sind:

- Alle Objekte werden gleichmäßig über den Raum verteilt, ausgerichtet an ihren Außenkanten bzw. ihrem Mittelpunkt, begrenzt von den beiden äußersten Objekten.
- Der Raum zwischen den Objekten wird gleichmäßig aufgeteilt.
- Ein frei definierbarer Abstand wird zwischen den Objekten eingerichtet.

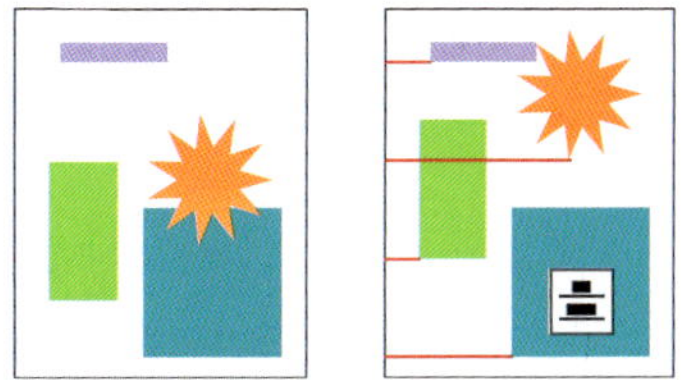

▲ **Abbildung 4.121**
Die Objekte werden anhand ihrer Außenkanten oder ihrer Mittelpunkte gleichmäßig verteilt.

Ist beim Verteilen von Objekten die Ausrichtung an der Zeichenfläche aktiviert, werden die äußeren Objekte an die jeweiligen Ränder verschoben.

Aneinanderstoßen

Um Objekte exakt aneinanderstoßen zu lassen, verwenden Sie die Funktion ABSTAND VERTEILEN mit dem Wert 0.

Objekte verteilen | Im Ausrichten-Bedienfeld sind die Symbole in der zweiten und dritten Reihe, OBJEKTE VERTEILEN und ABSTAND VERTEILEN, für das Verteilen von Objekten zuständig.

Aktivieren Sie die Objekte, die verteilt werden sollen. Achten Sie darauf, dass in dem Wertefeld AUTO eingetragen ist, und klicken Sie dann den gewünschten Button im Ausrichten-Bedienfeld an.

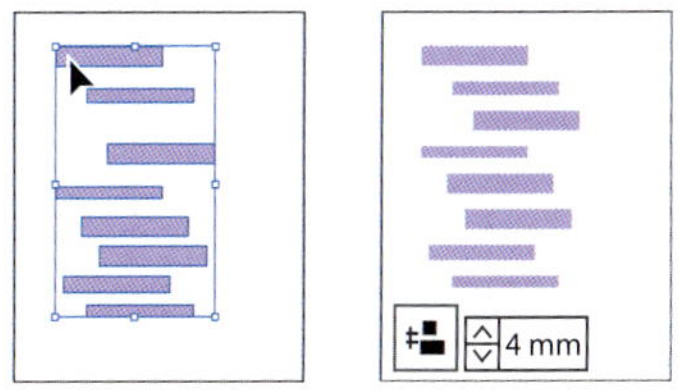

▲ **Abbildung 4.122**
Beim Verteilen der Objekte mit frei definiertem Abstand muss ein Referenzobjekt bestimmt werden.

Verteilen eines definierten Abstands | Um einen definierten Abstand zwischen den Objekten zu verteilen, gehen Sie folgendermaßen vor:

1. Aktivieren Sie die Objekte, die Sie verteilen möchten.
2. Wählen Sie aus dem Menü AUSRICHTEN AN die Option AN BASISOBJEKT AUSRICHTEN. Das im Stapel oben liegende Objekt wird hervorgehoben, und erst jetzt wird das Feld für die Eingabe des Abstands aktiv.
3. Klicken Sie auf das Objekt, von dem aus der Abstand verteilt werden soll. Es wird hervorgehoben.
4. Tragen Sie den gewünschten Abstand in das Feld AUTO im Bedienfeld ein.
5. Klicken Sie den gewünschten Button HORIZONTAL VERTEILEN: ABSTAND bzw. VERTIKAL VERTEILEN: ABSTAND im Ausrichten-Bedienfeld an, um den Abstand zwischen den Objekten einzurichten.

4.8.3 Ausrichten von Schnittmasken

Ein mit einer Schnittmaske versehenes Objekt wird korrekt anhand der Schnittmaske ausgerichtet (zu Schnittmasken s. Abschnitt 11.4).

▲ **Abbildung 4.123**
Ein beschnittenes Objekt (blau) wird korrekt an der Oberkante der Schnittmaske mit einem zweiten Objekt (rechts) ausgerichtet.

4.8.4 Ausrichten von gruppierten Objekten

Isolieren Sie Gruppen oder zusammengesetzte Formen (Isolationsmodus s. Abschnitt 11.5), und richten Sie dann die Bestandteile aneinander aus. Es ist nicht möglich, einzelne Objekte, die Bestandteile verschiedener Gruppen sind, aneinander auszurichten.

Ausrichten-Bedienfeld

Ausrichtung (ohne Referenzobjekt)
Die Mittenausrichtungen und erfolgen bezogen auf die rechnerische horizontale bzw. vertikale Mitte des virtuellen Rechtecks, das alle aktivierten Objekte umschließt. Bei Randausrichtungen erfolgt die Anordnung der ausgewählten Kanten aller aktivierten Objekte an der entsprechenden Kante des virtuellen Begrenzungsrechtecks (in der Grafik rot gekennzeichnet).

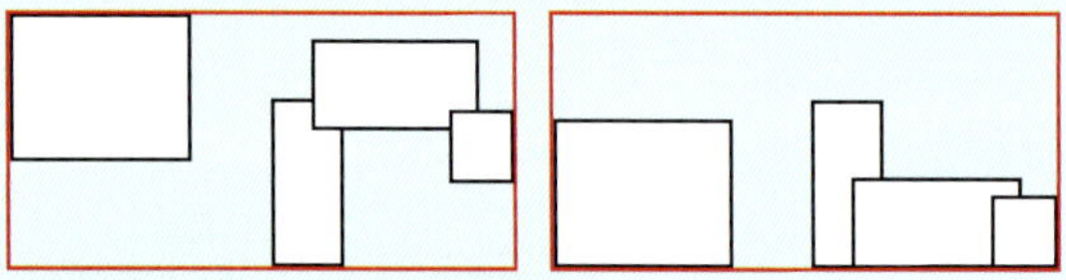

Ausrichtung (mit Referenzobjekt)
Statt auf das virtuelle umgebende Rechteck bezieht sich die Definition der Mitte bzw. der Kanten auf das Referenzobjekt (in der Grafik grün). Das heißt, seine Mitte oder seine untere Kante bestimmt die Position der Mitte oder der unteren Kanten aller ausgerichteten Objekte.

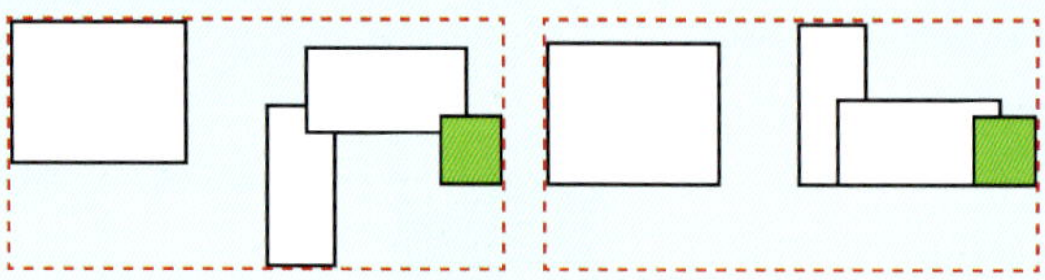

Verteilung (ohne Referenzobjekt)
Die Mittelpunkte bzw. Kanten aller aktivierten Objekte werden gleichmäßig zwischen den Extrempositionen verteilt.
Für die Ermittlung der Extrempositionen werden jedoch nicht die Gesamtobjekte, sondern nur ihre jeweils auszurichtenden Kanten (rot) bewertet.

Verteilung (mit Referenzobjekt)
Zwischen den Mittelpunkten oder Kanten der beteiligten Objekte wird der im Eingabefeld definierte Abstand eingerichtet.

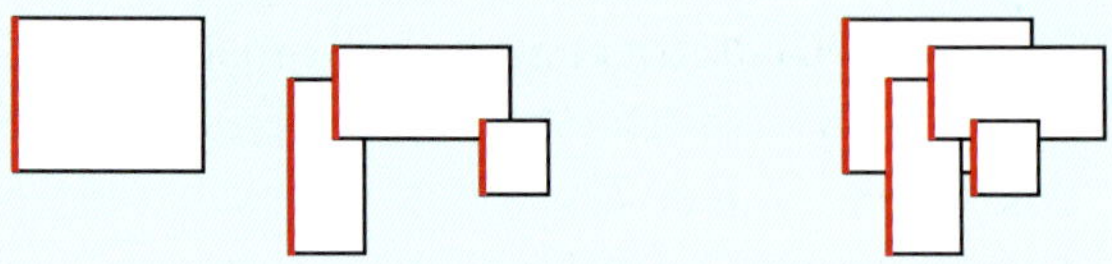

Abstand verteilen (ohne Referenzobjekt)
Die aktivierten Objekte werden in horizontaler oder vertikaler Richtung so auf der Fläche des virtuellen Rechtecks verteilt, dass ein gleichmäßiger Abstand zwischen ihnen entsteht. Die Durchführung ist nur sinnvoll, wenn ausreichend Platz vorhanden ist, um alle Objekte neben- oder übereinander anzuordnen.

Abstand verteilen (mit Referenzobjekt)
Zwischen den Außenbegrenzungen der beteiligten Objekte wird der im Eingabefeld definierte Abstand eingerichtet.

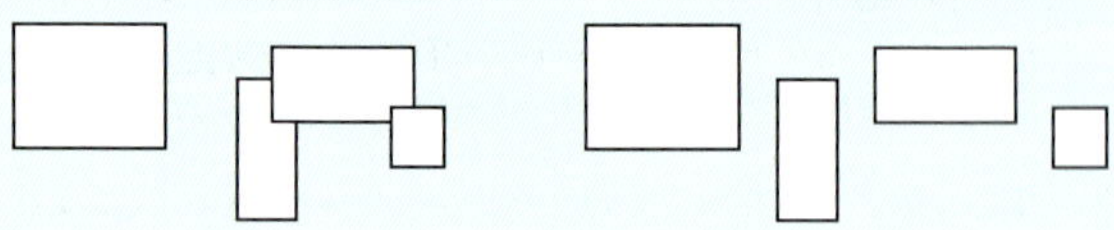

Kapitel 5
Pfade konstruieren und bearbeiten

Im vorigen Kapitel haben Sie gelernt, wie Sie mit den Werkzeugen von Illustrator Formen erzeugen und Objekte transformieren. Dabei sind – ganz unbemerkt – Pfade ins Spiel gekommen. Pfade bilden in Illustrator, wie in allen Vektorprogrammen, die Grundlage aller Formen. Das Zeichenstift-Werkzeug (oder die »Zeichenfeder«) ist die native Methode, um Pfade Punkt für Punkt aufzubauen.

5.1 Die Anatomie eines Pfades

Die wesentlichen Bestandteile eines Pfades sind die **Ankerpunkte**, durch die er geformt wird. Der Teil eines Pfades zwischen zwei Punkten wird **Pfadsegment** ❺ genannt.

Bei geschlossenen Pfaden sind Anfangs- und Endpunkt identisch und auf der Zeichenfläche nicht zu unterscheiden – bei offenen Pfaden handelt es sich um einzelne Punkte; oft ist das fehlende Pfadsegment bei offenen Pfaden deutlich sichtbar. Die beiden nicht verbundenen Punkte an den Enden eines offenen Pfades werden als **Endpunkte** ❶ bezeichnet – auch wenn eigentlich einer von ihnen ein Anfangspunkt ist, denn Pfade haben eine Richtung. Illustrator arbeitet mit zwei Typen von Ankerpunkten:

- **Eckpunkte** ❹, an denen der Pfad seinen Verlauf abrupt ändert, also eine Ecke ausbildet
- **Übergangspunkte** ❸ oder »Kurvenpunkte«, an denen der Pfad kontinuierlich ins benachbarte Pfadsegment übergeht

Den Kurvenverlauf zwischen den Ankerpunkten bestimmen Kurventangenten, die **Grifflinien** ❷, deren Länge und Ausrichtung durch Bewegen der **Griffpunkte** an ihrem Ende beeinflusst werden können.

Pfade können keine »Abzweigungen« besitzen – in einem Punkt treffen immer nur zwei Pfadsegmente aufeinander.

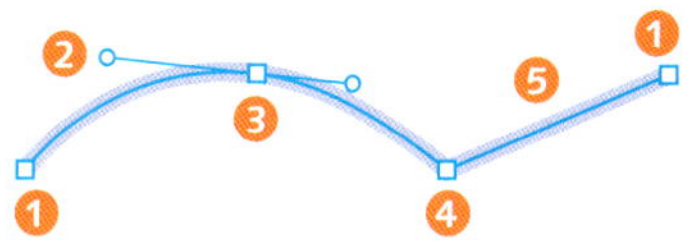

▲ **Abbildung 5.1**
Bestandteile eines Pfades

▲ **Abbildung 5.2**
Geschlossener Pfad (violett) und zwei offene Pfade (orange)

▲ **Abbildung 5.3**
Zeichen-Werkzeuge, von links: ZEICHENSTIFT, ANKERPUNKT HINZUFÜGEN, ANKERPUNKT LÖSCHEN, ANKERPUNKT, KURVENZEICHNER

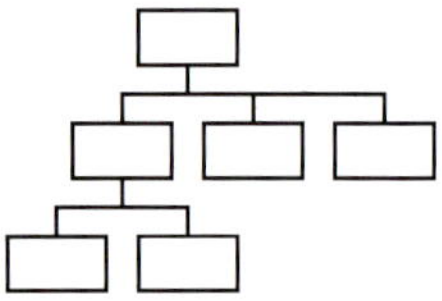

▲ **Abbildung 5.4**
Linien können nicht mit geschlossenen Pfaden verbunden werden, wie es für Flowcharts praktisch wäre.

5.2 Pfade erstellen

5.2.1 Werkzeuge zum Zeichnen

Anders als beim Zeichnen auf Papier werden beim Konstruieren mit dem Zeichenstift-Werkzeug die Linien nicht gezogen, sondern es werden einzelne Ankerpunkte gesetzt, die Illustrator dann verbindet.

Sie erzeugen sowohl Eckpunkte als auch Übergangspunkte mit demselben Werkzeug; lediglich das Vorgehen, wie Sie mit dem Werkzeug den Punkt setzen, bestimmt darüber, welche Art von Ankerpunkt generiert wird. Nachträglich lässt sich ein Eckpunkt in einen Übergangspunkt konvertieren und umgekehrt.

Neben dem Zeichenstift-Werkzeug finden Sie Spezialwerkzeuge für das Hinzufügen, Löschen und Konvertieren von Punkten. Alle diese Spezialwerkzeuge lassen sich auch temporär durch Modifizierungstasten erreichen. Der Cursor des Zeichenstift-Werkzeugs zeigt Ihnen anhand seines Symbols, welche Aktion an der jeweiligen Stelle unter dem Cursor mit einem Klick möglich ist (s. Tabelle 5.1).

Werkzeug-Cursor	
neuen Pfad beginnen	
Pfad weiterzeichnen	
Punkt auf einem Pfadsegment hinzufügen	
Punkt von einem Pfad löschen	
Punkt konvertieren	
Pfad an einem Endpunkt weiterführen	
an einen bestehenden Pfad anschließen	
Pfad schließen	

▲ **Tabelle 5.1**
Modifikationstasten für Zeichenstift-Werkzeuge

5.2.2 Vorbereitungen

Die standardmäßig von Illustrator angezeigten Ankerpunkte und Griffe sind sehr klein und daher nur schwer zu greifen. Sie können jedoch für die Größe der Punkte zwischen drei Optionen auswählen. Als zusätzliche Hilfe können Sie mit dem »Gummiband« eine Vorschau für den Pfadverlauf anzeigen. Rufen Sie Voreinstellungen • Auswahl und Ankerpunkt-Anzeige auf, um die Punktgröße einzustellen.

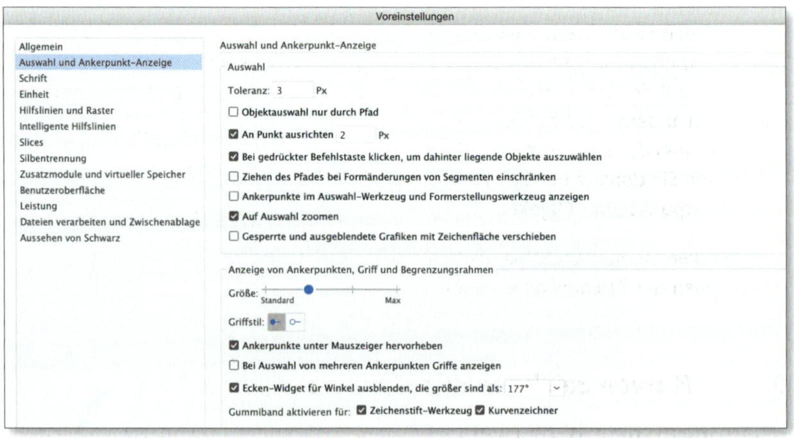

Abbildung 5.5 ▶
Voreinstellungen für die Ankerpunkt-Anzeige

Dahinter auswählen

Zum Auswählen dahinterliegender Objekte s. Abschnitt 4.3.4

- Größe: Sie haben die Möglichkeit, die Größe der Ankerpunkte und Griffe in vier Stufen zwischen Standard und Max einzustellen.

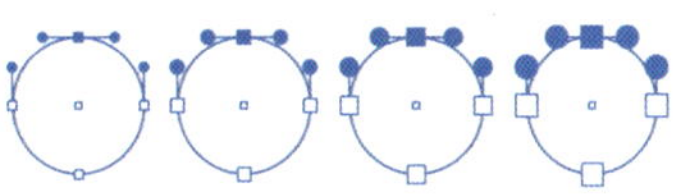

▲ **Abbildung 5.6**
Vier Darstellungsgrößen von Ankerpunkten und Griffen

- Griffstil: Griffe können ausgefüllt oder hohl dargestellt werden – wählen Sie aus, wie Sie Griffe und Punkte am besten unterscheiden können.
- Ankerpunkte unter Mauszeiger hervorheben: Befindet sich ein Ankerpunkt unter dem Cursor des Direktauswahl-Werkzeugs, können Sie diesen zusätzlich hervorheben lassen – dies ist hilfreich, wenn Sie einen Punkt finden müssen, solange kein Objekt aktiviert ist.
- Gummiband aktivieren für: Das Gummiband ist eine Live-Vorschau des nächsten Pfadsegments, die angezeigt wird, noch bevor Sie mit dem Zeichenstift den Ankerpunkt gesetzt haben. Bestimmen Sie hier, für welches der beiden Werkzeuge Zeichenstift und Kurvenzeichner (Krümmungs-Werkzeug) das Gummiband zum Einsatz kommt.

▲ **Abbildung 5.7**
In welcher Reihenfolge Sie die Punkte setzen, bestimmt die Richtung des Pfades. Die Pfadrichtung wirkt sich auf Pfeilspitzen, die Kontur von Pinselstrichen oder auf die Ausrichtung eines Pfadtextes aus.

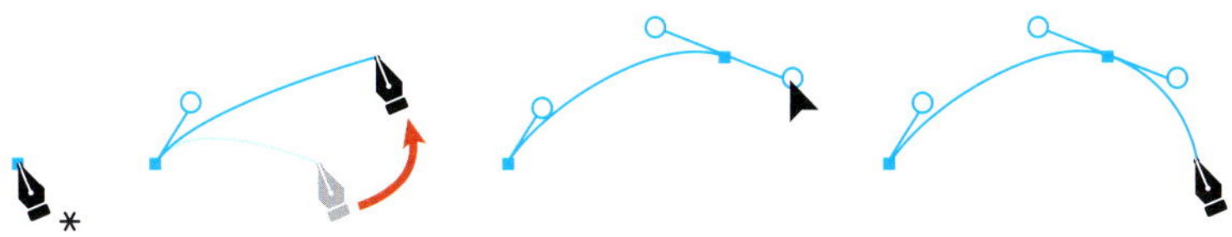

◀ **Abbildung 5.8**
Das Gummiband beim Zeichnen mit dem Zeichenstift-Werkzeug

5.2.3 Eckpunkte anlegen

Die einfachsten Formen, die Sie in Vektorprogrammen erzeugen können, sind offene Linien oder Polygone, also Pfade aus geraden Segmenten, die nur aus Eckpunkten ohne Grifflinien bestehen. Ein Polygon, also eine vieleckige Form, erzeugen Sie mit folgenden Arbeitsschritten:

Vektorpfade zeichnen

In Abschnitt 5.8 finden Sie wichtige Hinweise, wie Sie effektiv Pfade ziehen können.

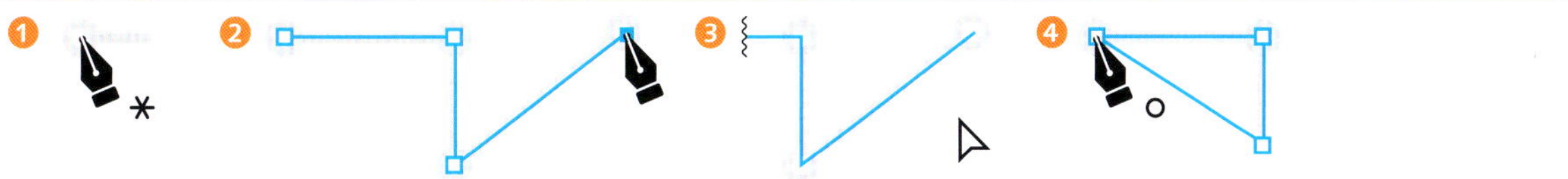

1 Wählen Sie das Zeichenstift-Werkzeug aus, und bewegen Sie es an eine Position auf der Zeichenfläche, an der sich kein anderer Pfad befindet; der Cursor muss das Symbol anzeigen. Erzeugen Sie durch einen kurzen Klick den Startpunkt Ihres Objekts.

2 Klicken Sie nun nacheinander auf die Stellen der Zeichenfläche, an denen Sie die folgenden Eckpunkte Ihres Polygons setzen wollen. Der Cursor muss dabei das Symbol anzeigen.

Um die Eingabe eines Pfades zu beenden, haben Sie zwei Möglichkeiten:

3 Um das Objekt als offenen Pfad abzuschließen, halten Sie ⌘/Strg gedrückt und klicken auf eine leere Stelle der Arbeitsfläche. Alternativ können Sie auch ein neues Werkzeug auswählen oder die Taste P drücken.

4 Klicken Sie wieder auf den Startpunkt, dann entsteht ein geschlossener Pfad. Der Cursor ändert sich dabei in .

5.2.4 Kurven zeichnen mit Übergangspunkten

Übergangspunkte bilden keine Ecken aus, sondern ermöglichen einen homogenen Übergang zwischen zwei Kurventeilen. Wie zwei Kurvensegmente in einem Kurvenpunkt ineinander übergehen, bestimmen die

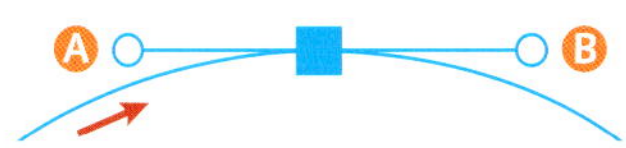

▲ **Abbildung 5.9**
In Pfadrichtung (Pfeil) ist A der hinführende, B der wegführende Griff.

Länge und Richtung ihrer Tangenten. Die eine Tangente bestimmt die Form der Kurve zum vorher gesetzten Punkt (»hinführender Griff«), die andere Grifflinie legt den Kurvenverlauf zum nachfolgenden Ankerpunkt fest (»wegführender Griff«). So erzeugen Sie einen Übergangspunkt:

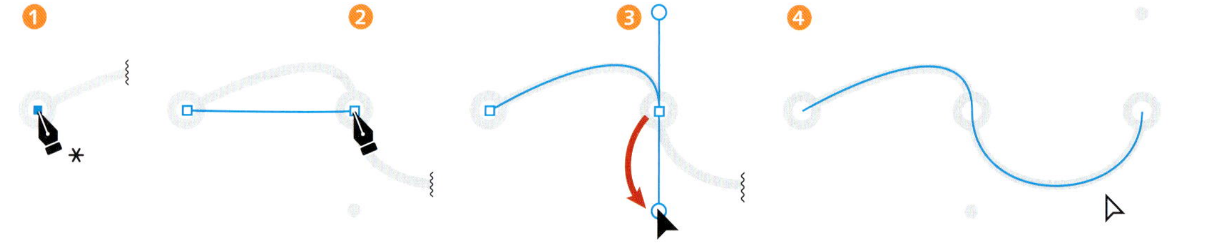

❶ Erstellen Sie den Startpunkt des Pfades mit einem Klick.

❷ Setzen Sie den folgenden Ankerpunkt mit einem Klick, lassen Sie die Maustaste jedoch nicht los, sondern …

❸ … ziehen Sie den Cursor mit gedrückter Maustaste vom Klickpunkt weg. Damit erstellen Sie die Tangenten, die den Kurvenverlauf bestimmen. Die (zunächst gleich langen) Grifflinien sollten Sie immer in Pfadrichtung ziehen, da sonst eine Schleife im Pfad entsteht (s. Abbildung 5.10). Die folgenden Kurvenpunkte erstellen Sie auf die gleiche Art. Möchten Sie zwischendurch einen Eckpunkt setzen, gehen Sie vor, wie in Abschnitt 5.2.3 beschrieben.

❹ Um die Zeichnung zu beenden, halten Sie [⌘]/[Strg] gedrückt und klicken neben den Pfad, oder klicken Sie den Startpunkt, um den Pfad zu schließen.

Abbildung 5.10 ►
Herausziehen der Griffe im Vergleich: Werden die Griffe gegen die Pfadrichtung herausgezogen ❶, entsteht beim Weiterführen des Pfades eine Schleife ❷. Beim Herausziehen in Richtung des Pfades ❸ wird der Pfad glatt weitergeführt ❹.

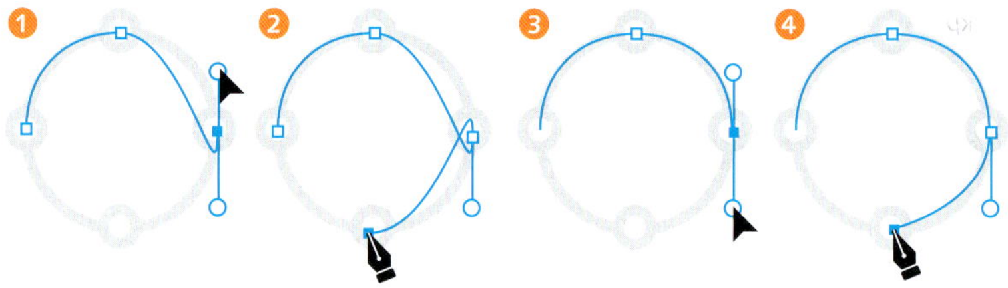

Übergangspunkt als Startpunkt | Sie können einen Übergangspunkt auch bereits als Startpunkt erzeugen. Gehen Sie dabei wie folgt vor:

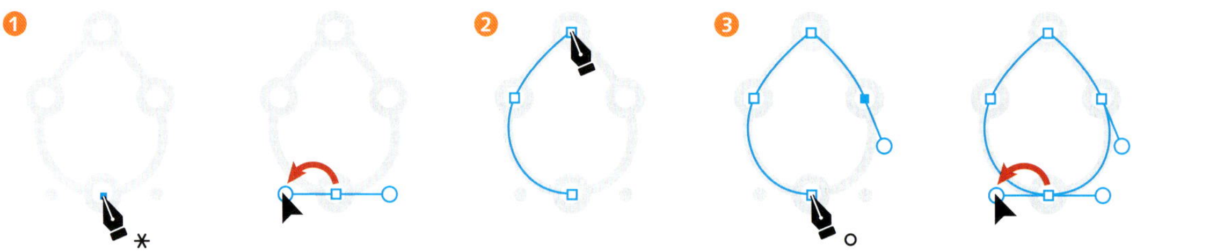

❶ Setzen Sie den Startpunkt, und lassen Sie die Maustaste nicht los, sondern ziehen Sie gleich die Griff-linien heraus.

❷ Erstellen Sie die folgenden Punkte als Eck- oder als Übergangspunkte.

❸ Um einen geschlossenen Pfad zu erstellen, ziehen Sie beim abschließenden Klick auf den Startpunkt noch einmal die Grifflinien aus dem Startpunkt, damit zu beiden Seiten ein Kurvensegment ausgebildet wird.

5.2.5 Kombinationspunkte oder »gebrochene Ankerpunkte«: Eckpunkte zwischen Kurvensegmenten

Ein Eckpunkt muss nicht unbedingt von zwei geraden Pfadsegmenten eingeschlossen sein, er kann auch einem Kurvensegment folgen oder vor einem Kurvensegment angeordnet sein. Dann besitzt auch der Eckpunkt eine oder zwei Tangenten. Die Tangenten des Eckpunkts lassen sich jedoch im Gegensatz zu denen des Kurvenpunkts unabhängig voneinander bewegen. In Illustrator gibt es keine eigene Bezeichnung für diese Art Punkte, manche Anwender bezeichnen sie als »gebrochene Ankerpunkte« oder als »Kombinationspunkte«.

Gehen Sie wie folgt vor, um Kombinationspunkte zu zeichnen:

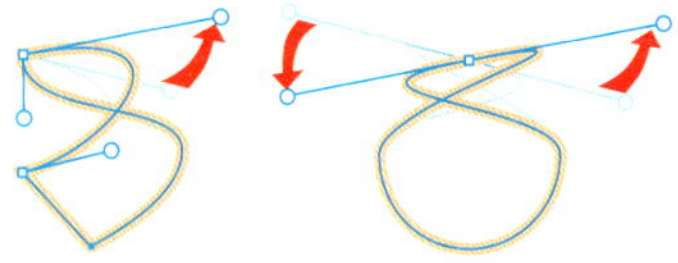

▲ **Abbildung 5.11**
Unterschied zwischen Eck- und Kurvenpunkten: Die Tangenten von Eckpunkten (links) lassen sich unabhängig voneinander bewegen.

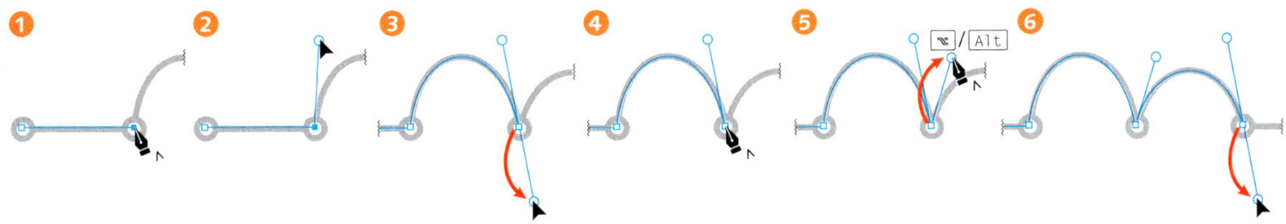

1 Zunächst erstellen Sie eine Gerade mit einem Startpunkt und einem Eckpunkt. Lassen Sie die Maustaste los, und bewegen Sie den Cursor über den zuletzt gesetzten Ankerpunkt. Der Cursor zeigt hierbei einen kleinen Pfeil neben der Zeichenfeder.

2 Klicken Sie auf den Punkt, und ziehen Sie mit gedrückter Maustaste die Grifflinie aus dem Ankerpunkt heraus. Dann lassen Sie die Maustaste los. Diese Aktion verändert Ihre Zeichnung zunächst nicht.

3 Der nächste Punkt soll zwar ein Eckpunkt werden, Sie benötigen aber die beiden Grifflinien, daher setzen Sie einen Übergangspunkt durch Klicken und Ziehen. Nun sehen Sie das Kurvensegment, das Sie in Schritt 2 begonnen haben.

4 Klicken Sie mit dem Cursor einmal auf den eben erstellten Punkt. Die wegführende Grifflinie wird entfernt. Sie könnten nun ein gerades Pfadsegment anschließen.

5 Um ein weiteres Kurvensegment anzuschließen, aber den Eckpunkt zu erhalten, halten Sie ⌥/Alt gedrückt und ziehen die Grifflinie aus dem Punkt.

6 Führen Sie die Linie weiter, indem Sie einen weiteren Kurvenpunkt setzen. Den Griff könnten Sie nun »in einem Rutsch« abbrechen, indem Sie noch bei gedrückter Maustaste ⌥/Alt drücken und den Cursor in eine andere Richtung ziehen.

Modifikationsmöglichkeiten | Werkzeugwechsel sollten Sie bei der Arbeit mit den Zeichen-Werkzeugen vermeiden. Verwenden Sie stattdessen Modifikationstasten zum Wechseln zwischen den Werkzeugen. Auch zum Zoomen und zum Verschieben der Ansicht gibt es Modifikationstasten für temporäre Werkzeugwechsel. Zoomen Sie zum Zeichnen an das Motiv heran, sodass Sie immer die etwa zwei bis drei folgenden Pfadsegmente im Blick haben. Zum Nacharbeiten der Pfade kann es nötig sein, noch näher heranzuzoomen. Wichtig: Achten Sie darauf, beim Einsatz der Modifikationstasten nicht versehentlich das Objekt oder den Ankerpunkt zu deaktivieren, an dem Sie gerade zeichnen.

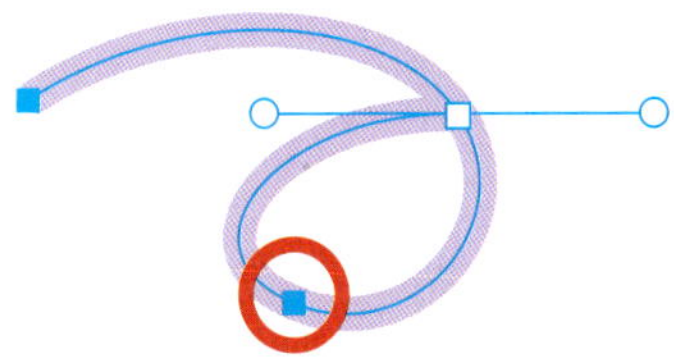

▲ **Abbildung 5.12**
Mindestens ein Punkt muss zwischen den beiden übereinanderliegenden Punkten liegen, wenn Sie eine Schleife bilden wollen.

Werkzeug	Anwendung der Modifikationstasten	Auswirkung
Zeichenstift	⇧ beim Setzen eines Punkts durch Mausklick	Pfadsegment waagerecht, senkrecht oder im 45°-Winkel erzeugen
Zeichenstift	⇧ beim Ziehen eines Griffpunkts	Griff waagerecht, senkrecht oder im 45°-Winkel ziehen
Zeichenstift	⇧ und auf vorhandenen Ankerpunkt (keinen Endpunkt) klicken	einen neuen Punkt direkt über den bestehenden Ankerpunkt setzen (Schleife im Pfad), s. Abbildung 5.12
Zeichenstift	Leertaste während des Setzens eines Punkts	diesen Punkt verschieben
Zeichenstift	⌘/Strg	temporär zum Direktauswahl-Werkzeug
Zeichenstift	⌘/Strg beim Ziehen der Griffpunkte eines Kurvenpunkts	die Länge des wegführenden Griffs kann unabhängig vom anderen Griff definiert werden
Zeichenstift	⌥/Alt	temporär zum Ankerpunkt-Werkzeug
Zeichenstift	⌥/Alt beim Ziehen eines Griffpunkts	den Griff »abbrechen« und einen Eckpunkt erzeugen
Zeichenstift	Leertaste	temporär zum Hand-Werkzeug für das Verschieben des Fensterinhalts
Zeichenstift	⌘/Strg + Leertaste	temporär zum Zoom-Werkzeug (Lupe); zusätzlich ⌥/Alt drücken, um auszuzoomen

▲ **Tabelle 5.2**
Modifikationstasten für Zeichenstift-Werkzeuge

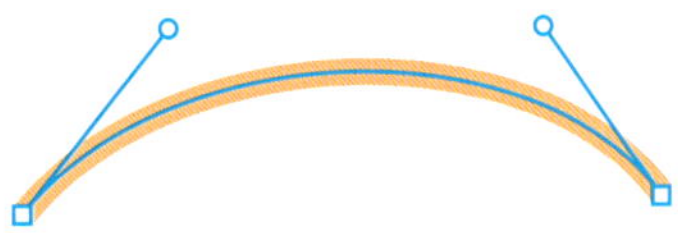

▲ **Abbildung 5.13**
Die Krümmung eines Kurvensegments wird durch die Grifflinien der beiden benachbarten Ankerpunkte bestimmt. Einen Kurvenverlauf können Sie nur sauber zeichnen, wenn Sie ihn mit beiden Tangenten steuern.

5.2.6 Korrekturen durchführen

Häufig werden Sie direkt beim Zeichnen eines Pfades ungünstig gesetzte Punkte bemerken. Leider stellen sich Fehler meistens erst im Zusammenspiel mehrerer Punkte heraus.

Die Arbeit mit dem Zeichenstift geht besser von der Hand, wenn Sie sie »in einem Rutsch« durchführen – d. h., wenn Sie im ersten Durchgang den Pfad erstellen und erst im zweiten Durchgang die Ankerpunkte und Grifflinien mithilfe des Direktauswahl- und des Ankerpunkt-Werkzeugs justieren.

Als sinnvoll erweist sich manchmal das Widerrufen des gerade erstellten Punkts. Dazu wählen Sie im Menü BEARBEITEN • RÜCKGÄNGIG: ZEICHENSTIFT – ⌘/Strg+Z. Der zuletzt gesetzte Punkt wird samt Pfadsegment entfernt, und der davor gesetzte Ankerpunkt wird aktiviert, sodass Sie sofort wieder ein neues Segment anschließen können.

Bequemer zeichnen

Trotz aller Modifikationstasten und temporärer Werkzeugwechsel: Falls Ihnen Illustrators Zeichen-Werkzeuge zu umständlich sind, probieren Sie Plug-ins mit alternativen Zeichen-Werkzeugen, s. Kapitel 23.

Schritt für Schritt
Einen stilisierten Tukan zeichnen

Beim Erstellen von Pfaden mit dem Zeichenstift wird meist nach einer Vorlage gearbeitet, da man sonst die Proportionen des Gesamtobjekts allzu leicht aus dem Blick verliert. So halten Sie es auch in dieser Übung.

1 Planung

Öffnen Sie die Illustrator-Datei »Tukan-Vorlage.ai«. Die Vorlage für die Zeichnung ist bereits in der Datei enthalten. Sehen Sie sich die Vorlage an, und planen Sie, wie Sie die Zeichnung aus Einzelteilen aufbauen und wo Sie Punkte setzen wollen. In diesem Fall ist es günstig, folgende Teile einzeln zu zeichnen: die schwarzen, gelbgrünen und roten Flächen, den Ast und die Füße. Sie können Einzelteile zu einem späteren Zeitpunkt zu einer Form kombinieren.

Beim Nachzeichnen ist es vorläufig nicht so wichtig, dass Sie die vorgegebene Form genau treffen. Es kommt eher darauf an, dass Sie alle Punkte korrekt als Eck- oder Übergangspunkte setzen und möglichst die benötigten Grifflinien sofort mit erzeugen, denn so sparen Sie sich beim »Nacharbeiten« viel Mühe.

▲ **Abbildung 5.14**
Dieses Übungsmotiv wird nachgezeichnet.

2 Vorbereitungen

Rufen Sie Voreinstellungen • Auswahl- und Ankerpunkt-Anzeige auf, und stellen Sie unter Anzeige von Ankerpunkten die Grösse auf eine höhere Einstellung. So treffen Sie die Punkte besser.

In der Übungsdatei sind bereits zwei Ebenen angelegt: eine Vorlagenebene (s. Abschnitt 11.1.2) und eine weitere für die Zeichnung. Diese Organisation hat den Vorteil, dass Sie beim Zeichnen in der Pfadansicht arbeiten können und weder von Flächen noch von zu starken Konturen gestört werden. Mit ⌘/Strg+Y gehen Sie in die Pfadansicht. In der Vorlagenebene bleibt trotzdem das Bild zu sehen.

Workflow-Alternative

In Abschnitt 5.6.7 sehen Sie noch eine andere Arbeitsweise.

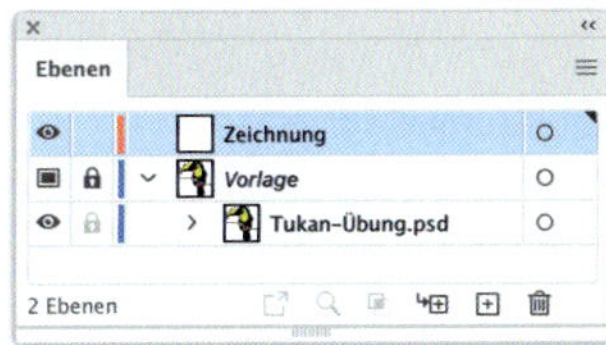

▲ **Abbildung 5.15**
Die Ebenen in der Vorlagendatei

3 Viele Kurven-, wenige Eckpunkte

Punkte sollten an den Stellen gesetzt werden, an denen die Kurve ihre Steigung ändert (s. Abschnitt 5.7.8). Mit den in Abbildung 5.16 markierten Punkten können Sie die Form konstruieren. Wählen Sie das Zeichenstift-Werkzeug, und beginnen Sie an der Schnabelspitze – hier wird ein Kurvenpunkt benötigt, der einen sehr langen und einen sehr kurzen Griff besitzt –, und zeichnen Sie im Uhrzeigersinn. Die Richtung, in der Sie zeichnen, wählen Sie nach Motiv und Ihren persönlichen Vorlieben – sie hat keine Bedeutung für das Ergebnis. Klicken Sie mit dem Zeichenstift-Werkzeug den ersten Punkt, halten Sie die Maustaste gedrückt, und ziehen Sie die Griffe ein wenig heraus. Während des Ziehens können Sie mit ⌘/Strg den wegführenden Griff noch etwas länger als den hinführenden Griff ziehen. Wenn Sie den Pfad schließen, müssen Sie beide Grifflinien ohnehin erneut anpassen. Es lohnt daher nicht, jetzt bereits sehr genau zu arbeiten. Den Kurvenpunkt sollten Sie jedoch anlegen, denn das wäre nachträglich etwas komplizierter.

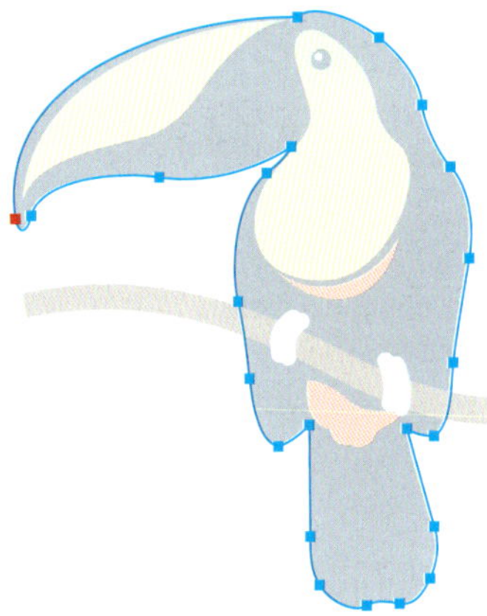

▲ **Abbildung 5.16**
Mit Punkten an diesen Positionen lässt sich die Form zeichnen (Startpunkt in Rot).

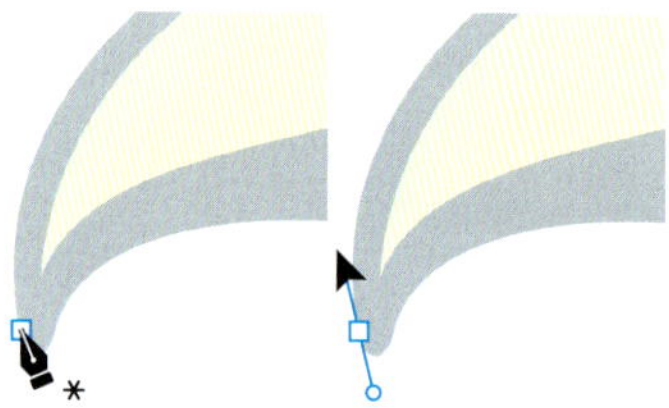

▲ **Abbildung 5.17**
Der Kurvenpunkt muss erzeugt werden, die Griffe brauchen jedoch nicht genau angelegt zu werden.

4 Eckpunkte mit Kurvensegmenten zu beiden Seiten

Am anderen Ende des Schnabels sitzt ein Eckpunkt – der zu beiden Seiten Kurven besitzt. Sie klicken also auf die Ecke und ziehen direkt die Griffe heraus. Achten Sie auf das in der Pfadrichtung nach hinten zeigende Pfadsegment, und ziehen Sie den Griff passend heraus: etwa ein Drittel der Pfadlänge. Lassen Sie die Maustaste jetzt nicht gleich los, sondern lernen Sie eine Abkürzung kennen: Sobald der nach hinten zeigende Griff »sitzt«, drücken Sie ⌥/Alt, um temporär zum Ankerpunkt-Werkzeug zu wechseln (der Cursor wechselt sein Symbol nicht!), und ziehen Sie damit den vorderen Griff in Richtung des Pfades – wieder auf etwa ein Drittel der Pfadlänge. Der Griff wurde abgebrochen, der Punkt ist jetzt ein Eckpunkt.

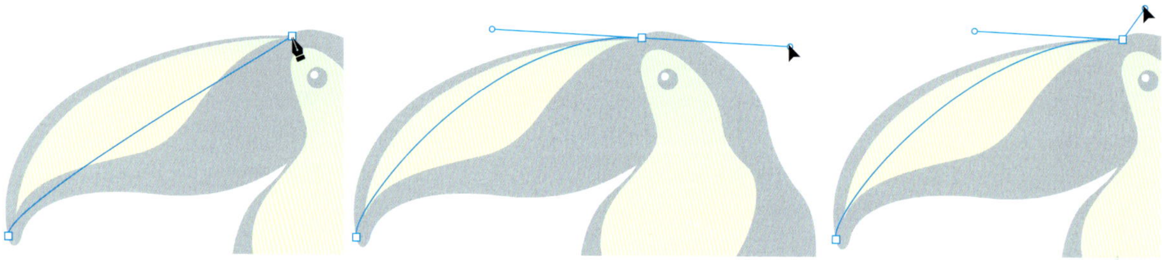

▲ **Abbildung 5.18**
Am Übergang vom Schnabel zum Kopf setzen Sie einen Eckpunkt mit zwei Kurvensegmenten.

▲ **Abbildung 5.19**
Die Kurvenpunkte bis zur Flügelspitze

5 Die Arbeitsfläche im Fenster verschieben

Bei den folgenden Punkten müssen Sie sicher etwas weiter nach oben scrollen. Benutzen Sie entweder die Scrollbalken, oder drücken und halten Sie die Leertaste, und verschieben Sie mit dem Handcursor die Zeichenfläche auf dem Monitor. Klicken Sie erst, wenn die Hand erschienen ist, und lassen Sie nach dem Verschieben erst die Maustaste, dann die Leertaste los. Ansonsten würden Sie einen Ankerpunkt setzen.

6 Etliche Kurvenpunkte ... und die Flügelspitze

Es folgen fünf Kurvenpunkte. Sie klicken jeweils auf die gewünschte Stelle, halten und ziehen die Griffe heraus, um einen Kurvenpunkt zu erstellen. Die Griffe sollten ungefähr so lang sein wie ein Drittel des Pfadsegments, an das sie grenzen.

Abbildung 5.20 ▶
Beim Klicken und Ziehen eines Kurvenpunkts wird die Maustaste die ganze Zeit gedrückt.

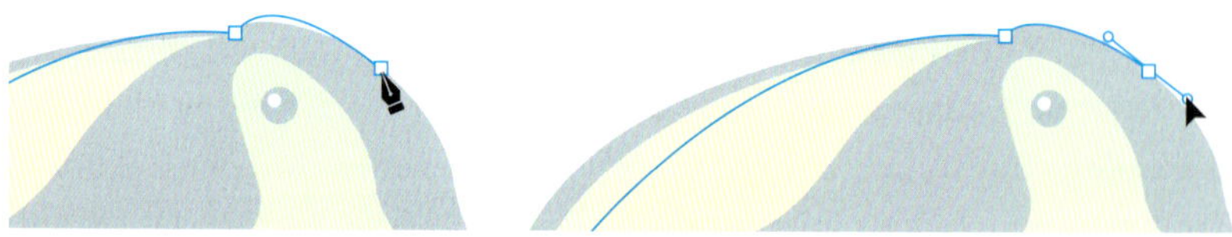

Die Flügelspitze wird dann wieder ein Eckpunkt mit zwei anschließenden gebogenen Segmenten. Beginnen Sie ihn also wie einen Kurvenpunkt (achten Sie auf das nach hinten zeigende Pfadsegment), drücken Sie dann [⌥]/[Alt], um temporär zum Ankerpunkt-Werkzeug zu wechseln, und »brechen« Sie den bereits vorhandenen Griff ab.

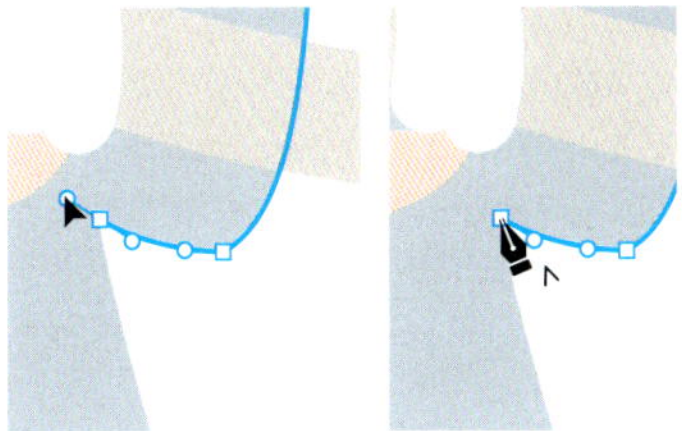

▲ **Abbildung 5.21**
Schwanzwurzel: Hier achten Sie vor allem darauf, den nach hinten zeigenden Griff passend zu setzen, und löschen anschließend den nicht benötigten Griff.

7 Schwanz mit Geraden

Auch der folgende Punkt ist ein Eckpunkt, zu dem zwar eine Kurve hinführt, dessen folgendes Segment jedoch eine Gerade ist. Daher beginnen Sie den Punkt wie einen Kurvenpunkt und achten darauf, den nach hinten zeigenden Griff richtig zu setzen. Dann lassen Sie die Maustaste los und klicken anschließend noch einmal auf den soeben gesetzten Punkt. Der nach vorn zeigende Griff wird dadurch gelöscht.

Der nächste Punkt ist ein Eckpunkt mit einer anschließenden Kurve. Klicken Sie, um diesen Punkt zu setzen, dann klicken Sie erneut auf den Punkt und ziehen eine Grifflinie heraus. Achten Sie darauf, dass diese Grifflinie in einer Flucht mit dem geraden Pfadsegment liegt.

Symmetrien

Die Seiten dieses Tukanmotivs sind lediglich ähnlich aufgebaut. Falls ein Motiv spiegelbildlich konstruiert ist, sollten Sie selbstverständlich die Spiegelachse ermitteln und dann nur eine Seite zeichnen.

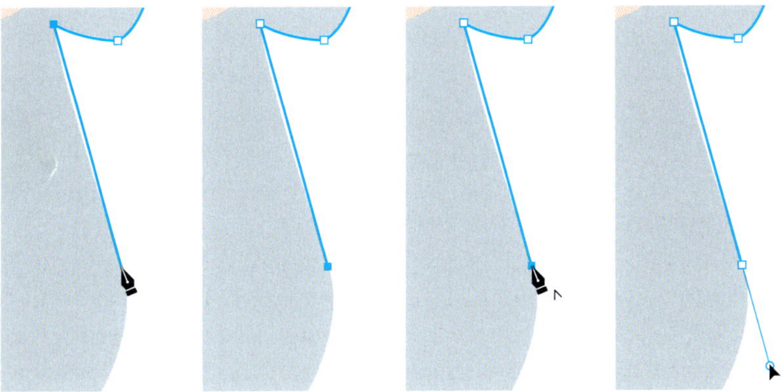

◀ **Abbildung 5.22**
Ein Pfadsegment wird als Gerade ausgeführt.

8 Weiter wie gehabt

Die folgenden Punkte sind Kurvenpunkte. Auf der anderen Seite des Vogelkörpers müssen Sie dann wieder die gleichen Arten von Punkten setzen.

9 Und wieder zum Schnabel

Am Ansatzpunkt des Schnabels geht es nun in die letzte Runde. Beginnen Sie den Punkt wieder als Eckpunkt, und brechen Sie dann den Griff ab. Es folgt dann ein Kurvenpunkt an der Stelle, an der die S-Kurve die Richtung wechselt, und ein weiterer Kurvenpunkt an der Schnabelspitze. Seine Griffe sind unterschiedlich lang – am besten ziehen Sie sie zunächst in der Länge des nach hinten zeigenden Griffs. Dann lassen Sie die Maustaste nicht los und drücken [⌘]/[Strg], um den nach vorn zeigenden Griff länger zu ziehen. Der Punkt bleibt ein Kurvenpunkt, und die beiden Griffe bewegen sich weiterhin abhängig voneinander.

Ups!

Falls Sie beim Verschieben der Arbeitsfläche im Fenster doch versehentlich einen Ankerpunkt setzen, widerrufen Sie den Schritt sofort mit [⌘]/[Strg]+[Z]. Normalerweise können Sie anschließend weiterzeichnen, als wäre nichts gewesen. Achten Sie trotzdem auf den Cursor: Zeigt dieser ein kleines Sternchen, würden Sie einen neuen Pfad anfangen. In diesem Fall müssen Sie noch einmal auf den vorherigen Punkt klicken und dort auch die Grifflinie noch einmal ziehen (s. dazu Abschnitt 5.7.3).

10 Anpassungen

Falls nötig, können Sie auch vom Zeichenstift mit [⌘]/[Strg] temporär zum Direktauswahl-Werkzeug wechseln, um etwa Punkte zu verschieben oder die Griffe weiter zurückliegender Punkte anzupassen, bevor Sie weiterarbeiten.

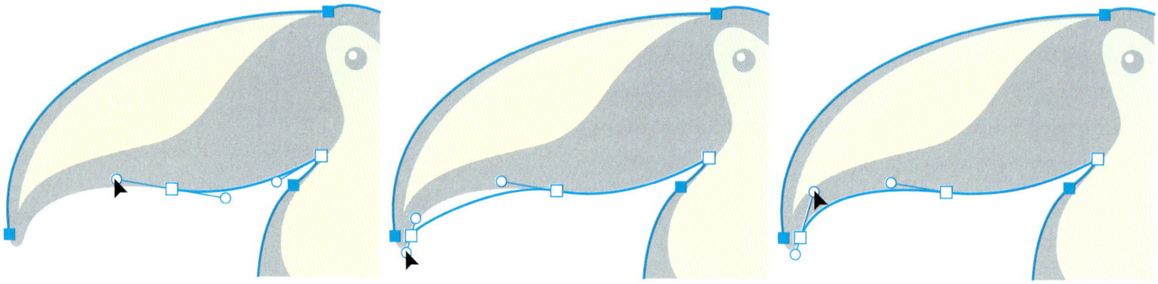

▼ **Abbildung 5.23**
Mit dem temporär aufgerufenen Direktauswahl-Werkzeug können Sie einzelne Griffe gleich korrigieren.

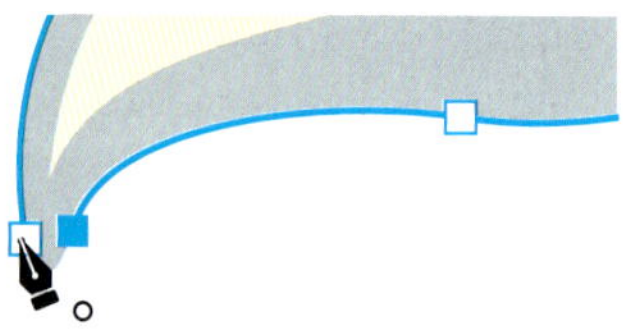

▲ **Abbildung 5.24**
Dieser Cursor zeigt an, dass der Pfad hier mit einem Klick geschlossen wird.

11 Pfad schließen

Jetzt sind Sie wieder am Startpunkt angekommen. Bewegen Sie den Cursor über den Startpunkt – der Cursor signalisiert, dass Sie den Pfad hier schließen können. Klicken Sie auf den Startpunkt, und ziehen Sie nun die Länge des hinführenden Griffs. Sie können nachträglich auch noch den wegführenden Griff korrigieren, indem Sie mit [⌘]/[Strg] temporär zum Direktauswahl-Werkzeug wechseln.

Einen neuen Pfad beginnen

Wenn Sie einen neuen Pfad beginnen möchten, deaktivieren Sie sicherheitshalber vorher alle noch ausgewählten Pfade. Wenn ein offener Pfad aktiviert ist, kann es sein, dass Sie diesen versehentlich fortführen, anstatt einen neuen Pfad zu zeichnen.

12 Weitere Formen

Der Tukan besteht aus einigen weiteren Formen. Die Methoden, um diese Formen zu zeichnen, entsprechen denen, die Sie bereits kennengelernt haben. Lediglich die Erstellung einer Form mit einem Eckpunkt als Startpunkt werden wir uns noch am Beispiel der gelben Innenform des Schnabels ansehen.

Diesen Pfad beginnen Sie an der unteren Ecke. Klicken Sie, um den ersten Punkt zu setzen, lassen Sie die Maustaste jedoch nicht los, drücken Sie [⌥]/[Alt], um temporär zum Ankerpunkt-Werkzeug zu wechseln, und ziehen Sie erst dann den Griff heraus.

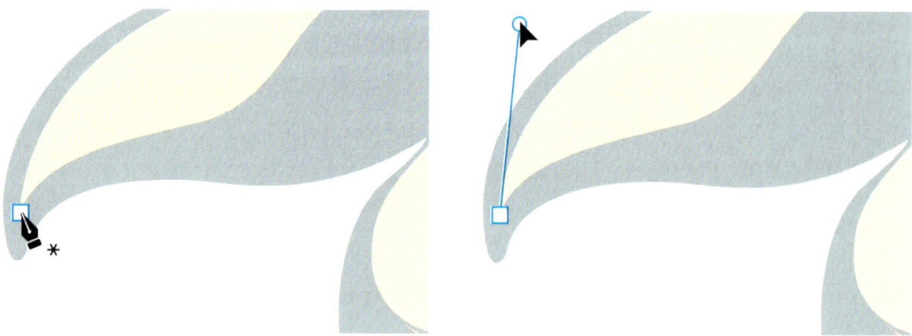

Abbildung 5.25 ▶
Einen Startpunkt als Eckpunkt setzen: erst klicken, dann [⌥]/[Alt] drücken, dann ziehen

Setzen Sie dann an der anderen Ecke zunächst einen Kurvenpunkt, drücken beim Ziehen der Griffe ebenfalls ⌥/Alt und brechen den Griff ab. Setzen Sie anschließend an der Unterseite dieser Form noch zwei Kurvenpunkte. Jetzt kommen Sie zurück zum Anfangspunkt. Bewegen Sie den Cursor darüber – er zeigt das Symbol ✒°. Wenn Sie ihn anklicken und den Griff herausziehen, merken Sie, dass Sie zu Beginn tatsächlich einen Eckpunkt erzeugt haben.

▼ Abbildung 5.26
Zeichnen der Innenform des Schnabels: Dass der Startpunkt ein Eckpunkt ist, sieht man beim Schließen des Pfades.

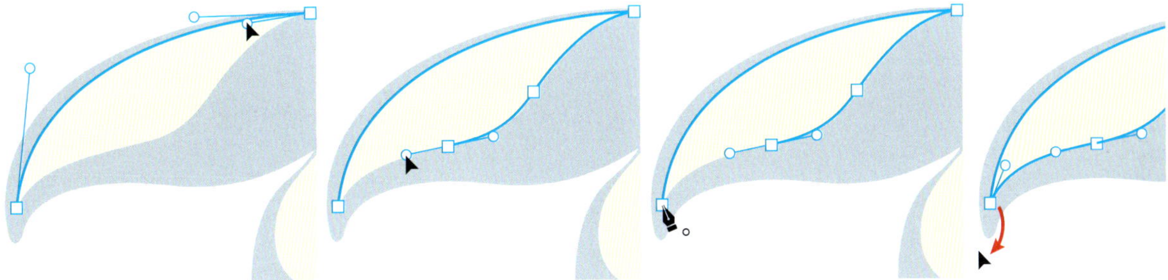

13 Konturen für sich arbeiten lassen

An den Füßen des Vogels können Sie sich Arbeit sparen, wenn Sie nicht außen um die Form herumfahren, sondern nur einen offenen Pfad zeichnen und die Form durch eine starke Kontur mit abgerundeten Enden erzeugen. Das ist hier möglich, weil die Füße über die gesamte Länge eine einheitliche Stärke haben.

Zeichnen Sie also einen Pfad in der Mitte der rechten Zehe. Dann geben Sie eine stärkere Kontur im Steuerungsbedienfeld ein – mit einem Klick auf das Wort Kontur rufen Sie das Kontur-Bedienfeld auf und aktivieren dort die runden Enden. Zoomen Sie an das Bein heran (mit ⌘/Strg+Leertaste erhalten Sie die Lupe), und probieren Sie aus, mit welcher Konturstärke Sie die gewünschte Dicke erreichen (Umwandeln von Konturen in Flächen s. Abschnitt 10.6.1).

Wenn die eine Zehe fertiggestellt ist, wechseln Sie zum Auswahl-Werkzeug, halten ⌥/Alt gedrückt und klicken und verschieben die Zehe, um eine Kopie zu erzeugen.

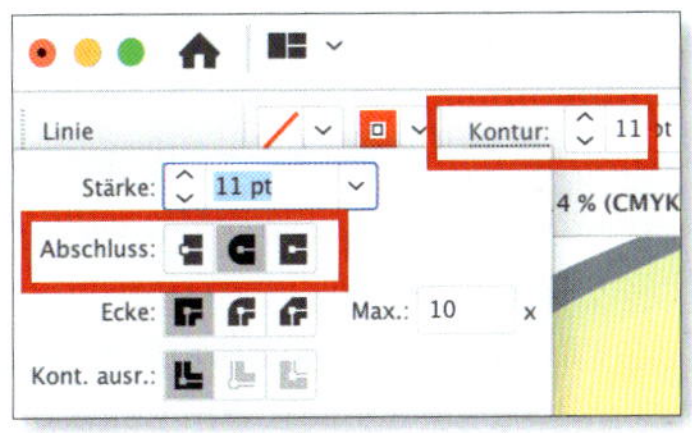

▲ Abbildung 5.27
Einstellen der Kontur direkt im Steuerungsbedienfeld und Aufrufen des Kontur-Bedienfeldes

▼ Abbildung 5.28
Die Zehen wurden mit einer fetten Kontur versehen – jeweils zwei Zehen sind gleich.

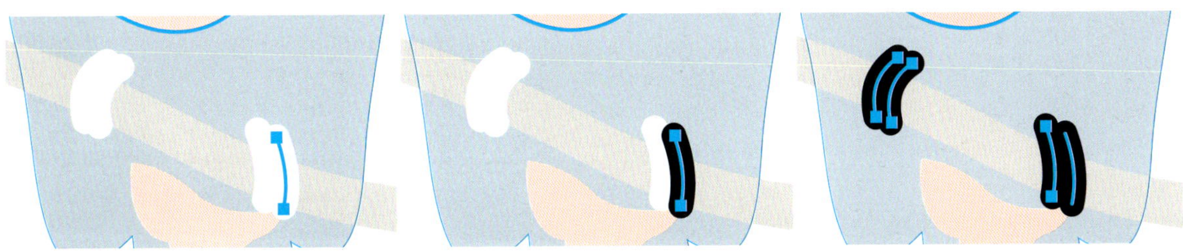

Anschließend werden die Zehen mit Objekt • Pfad • Konturlinie in eine Fläche umgewandelt.

Vorlagenfarbe

Die Abbildungen hier im Buch zeigen eine sehr helle Vorlage. Diese wurde nur gewählt, damit der Pfad, die Punkte und die Griffe im Druck besser zu erkennen sind. Für das Nachzeichnen ist häufig eine kontrastreichere Vorlage besser geeignet. Um die Helligkeit der Vorlage einzustellen, rufen Sie die Ebenenoptionen auf (s. Abschnitt 11.2.2).

14 Konturstärken nutzen

Für den Ast nutzen Sie die gleiche Vorgehensweise und führen diese anschließend noch weiter. Zeichnen Sie den Ast, und weisen Sie ihm eine passende Konturstärke zu.

Dann wählen Sie Objekt • Pfad • Konturlinie. Der Ast wird in eine Fläche umgewandelt. Mit [⇧]+[X] vertauschen Sie Flächen- und Konturfarbe.

Jetzt wählen Sie das Direktauswahl-Werkzeug, aktivieren die einzelnen Ankerpunkte und verschieben diese, um die gewünschte Form zu erreichen.

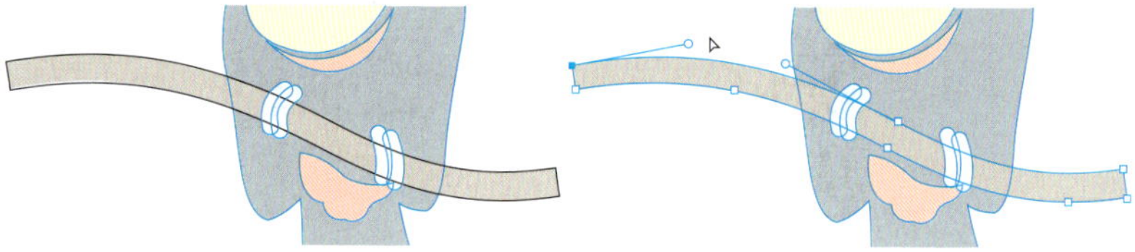

Abbildung 5.29 ▶
Eine Kontur wird in eine Fläche umgewandelt und anschließend verformt.

5.3 Mit dem Kurvenzeichner arbeiten

Kurvenzeichner & Gummiband

Beim Arbeiten mit dem Kurvenzeichner empfiehlt es sich, den Gummibandmodus unter Voreinstellungen • Auswahl- und Ankerpunkt-Anzeige zu aktivieren. Der Verlauf des Pfades lässt sich damit besser planen.

Das Kurvenzeichner-Werkzeug ist ein Zeichen-Werkzeug, dessen eingebaute »Intelligenz« anhand der gesetzten Punkte und deren Art den Pfadverlauf automatisch annähern kann. Damit erlaubt es, saubere Pfade mit lediglich einfachen Mausklicks zu konstruieren – etwas mehr Ankerpunkte als beim Arbeiten mit dem Zeichenstift werden jedoch benötigt. Mit einem Werkzeug werden Punkte gesetzt, umgewandelt und verschoben.

Punkte setzen | Mit dem Kurvenzeichner setzen Sie Kurven- und Eckpunkte. Grifflinien werden automatisch entsprechend gebildet. Klicken Sie mit dem Werkzeug einmal, um einen Kurvenpunkt (markiert mit dem Symbol ○) zu setzen, mit einem Doppelklick setzen Sie einen Eckpunkt (markiert mit ⊙). Um einen Pfad zu beenden, drücken Sie [Esc] oder rufen mit [⌘]/[Strg] temporär das Auswahl-Werkzeug auf und klicken auf die Zeichenfläche.

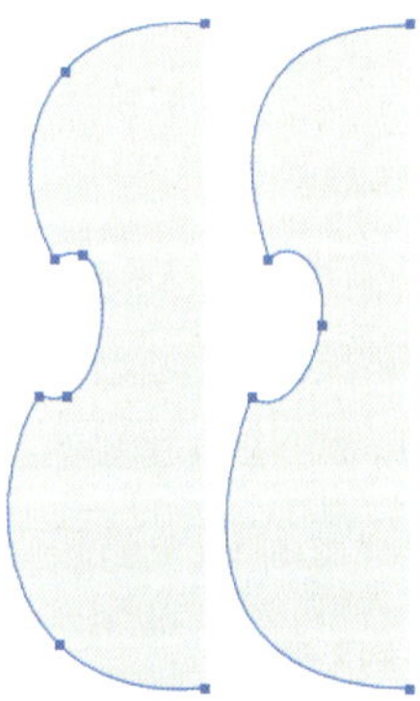

▲ **Abbildung 5.30**
Wenn Sie mit dem Kurvenzeichner arbeiten (links), benötigen Sie mehr Punkte, als wenn Sie denselben Pfadverlauf mit dem Zeichenstift konstruieren (rechts).

Pfade fortführen | Auch Pfade, die nicht mit dem Kurvenzeichner erstellt wurden, können mit ihm bearbeitet und fortgeführt werden. Sobald der Kurvenzeichner gewählt und ein Pfad selektiert ist, wird automatisch der Endpunkt des Pfades aktiv, dem Pfad werden Ankerpunkte hinzugefügt und Sie können mit dem Kurvenzeichner die folgenden Punkte setzen. Das vorhergehende Pfadsegment wird gegebenenfalls verformt.

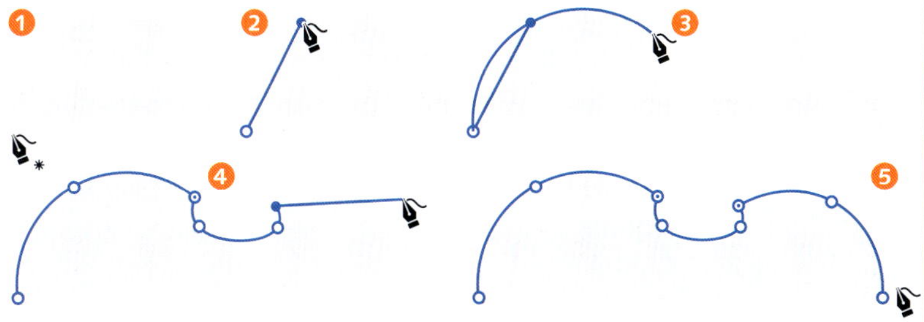

1 Setzen Sie den ersten Punkt mit einem Klick oder Doppelklick (für einen Eckpunkt).

2 Mit einem Klick setzen Sie einen Kurvenpunkt, der Pfad wird jedoch noch verändert, wenn Sie den nächsten Punkt setzen, und erst jetzt gebogen 3.

4 Eck- und Kurvenpunkte werden unterschiedlich gekennzeichnet.

5 Mit Esc beenden Sie den Pfad.

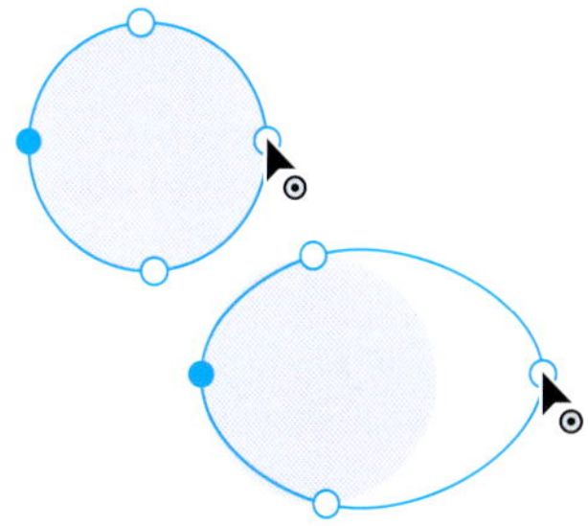

▲ **Abbildung 5.31**
Verschieben eines Punkts mit dem Kurvenzeichner: Dabei werden auch weit entfernte Pfadsegmente verändert.

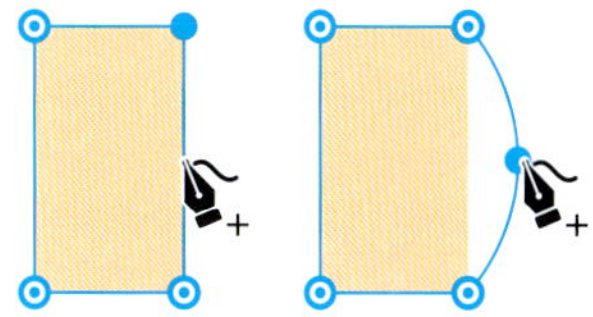

▲ **Abbildung 5.32**
Hinzufügen eines Punkts mit dem Kurvenzeichner: Sie können den gesetzten Punkt direkt verschieben.

Punkte umwandeln, hinzufügen und verschieben | Bestehende Pfade können Sie mit dem Kurvenzeichner bearbeiten.

- **Punkte verschieben**: Bewegen Sie den Cursor über einen Punkt eines aktivierten Pfades – der Cursor zeigt . Klicken und verschieben Sie den Punkt. Falls ein Kurvenpunkt angrenzt, werden dessen angrenzende Pfadsegmente ebenfalls verformt.
- **Punkte umwandeln**: Um Eck- in Übergangspunkte umzuwandeln (oder umgekehrt), doppelklicken Sie sie. Illustrator erstellt dabei automatisch die für den Kurvenverlauf benötigten Griffe.
- **Punkte hinzufügen**: Um Punkte hinzuzufügen, bewegen Sie das Werkzeug auf das Pfadsegment – der Cursor zeigt –, jetzt klicken Sie. Lassen Sie die Maustaste nicht los, um den Punkt sofort zu verschieben.

5.4 Punkte und Pfadsegmente auswählen

Pfade sind nach dem Erstellen selten in der optischen Form, die gewünscht ist. Zum Nacharbeiten müssen Sie Punkte bewegen oder umwandeln, Grifflinien nachrichten und Pfadsegmente verformen. Voraussetzung dafür ist, dass die entsprechenden Ankerpunkte bzw. Pfadsegmente ausgewählt werden.

Bei der Arbeit mit den Auswahl-Werkzeugen gibt Ihnen – wie beim Zeichenstift – der Cursor wertvolle Hinweise darauf, welche Aktion Sie an einer bestimmten Stelle ausführen können (s. auch Abbildung 4.41 und Abbildung 4.42 auf Seite 118 und Seite 119).

Beim Bewegen von Objekten unterscheidet sich die Cursorform nicht vom Auswahl-Cursor, der jeweilige Cursor ist lediglich kleiner.

Werkzeug-Cursor	
Auswahl-Werkzeug-Cursor	
das Objekt aktivieren	
das Objekt an einem seiner Ankerpunkte »greifen«	
Direktauswahl-Werkzeug-Cursor	
ein Pfadsegment oder das komplette Objekt aktivieren	
einen Ankerpunkt aktivieren und verschieben	
Verschieben eines Objekts, Ankerpunkts oder Griffs	
Einrasten an einem Punkt beim Verschieben	
Duplizieren eines Objekts	
Einrasten an einem Punkt beim Duplizieren	

▲ **Tabelle 5.3**
Cursor der Auswahl-Werkzeuge

5.4.1 Vorschau oder Pfadansicht

Meist zeichnen Sie im Vorschaumodus. Pfade, die in der Vorschau verdeckt sind, können Sie in der Pfadansicht bearbeiten, dann sind die Farben, Konturen und Füllungen der Objekte nicht aktiv.

Abbildung 5.33 ▶
In der Pfadansicht erkennen Sie auch von breiten Konturen den Pfadverlauf, Sie können Konturen von Flächen unterscheiden, und die Füllung stört nicht bei der Auswahl von Ankerpunkten.

Auch für die Arbeit mit dem Auswahlrechteck oder dem Lasso an gefüllten Flächen oder breiten Konturen kann es sinnvoll sein, in die Pfadansicht zu wechseln und zur Weiterbearbeitung Ihrer Auswahl in den Vorschaumodus zurückzukehren – in beide Richtungen: [⌘]/[Strg]+[Y]. Auswahlen gehen dabei nicht verloren.

Auswahl wird nicht angezeigt

Wenn Sie zwar etwas ausgewählt haben, die Auswahl jedoch nicht angezeigt wird, haben Sie vielleicht unabsichtlich die Ecken ausgeblendet.

Wählen Sie Ansicht • Ecken einblenden, um die Anzeige wieder zu aktivieren.

5.4.2 Aktive Pfade, Pfadsegmente und Ankerpunkte

Illustrator zeigt in der Bildschirmdarstellung an, welche Pfade, Ankerpunkte und Grifflinien aktiv sind und bearbeitet werden können.

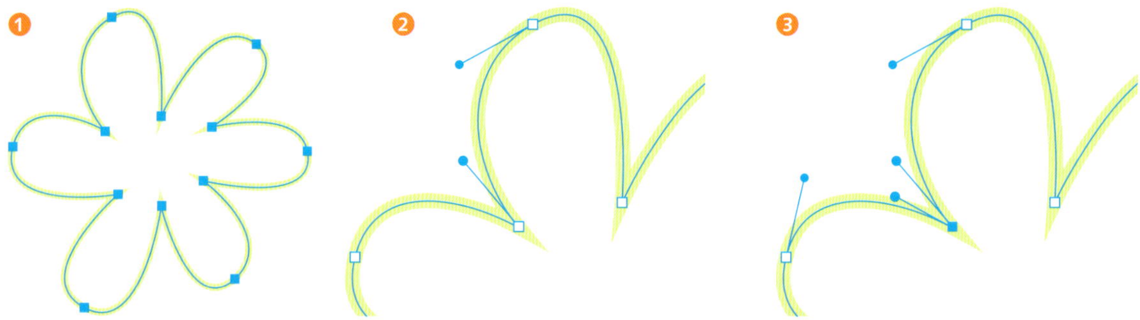

1 Ist ein Objekt ausgewählt, werden alle seine Ankerpunkte als gefüllte Quadrate angezeigt. Sie können einzelne Punkte oder deren Grifflinien nicht verändern.

2 Wenn ein Pfadsegment ausgewählt ist, sind alle Ankerpunkte des Objekts nicht gefüllt. Die Grifflinien, die die Form des aktiven Segments bestimmen, sind sichtbar.

3 Ein aktiver Ankerpunkt wird als gefülltes Quadrat angezeigt. Die anderen Punkte des Objekts sind ungefüllt. Die Griffe des aktiven Punkts und der benachbarten Pfadsegmente sind sichtbar.

Anzeige der Grifflinien | Per Voreinstellung zeigt Illustrator nur die Grifflinien eines einzeln ausgewählten Punkts je Objekt an. Sind an einem Objekt mehrere Punkte ausgewählt, werden nur die Grifflinien dargestellt, die jeweils an die äußeren Pfadsegmente dieser Auswahl angrenzen. Möchten Sie die Grifflinien aller ausgewählten Punkte anzeigen lassen, aktivieren Sie unter Voreinstellungen • Auswahl und Ankerpunkt-Anzeige die Option Bei Auswahl von mehreren Ankerpunkten Griffe anzeigen.

Dieselbe Einstellung können Sie auch über die Buttons Griffe im Steuerungsbedienfeld vornehmen, die eingeblendet werden, sobald Ankerpunkte ausgewählt sind. Drücken Sie den Button Griffe einblenden (links) bzw. den Button Griffe ausblenden (rechts).

▲ **Abbildung 5.34**
Buttons zum Einblenden aller Griffe im Steuerungsbedienfeld

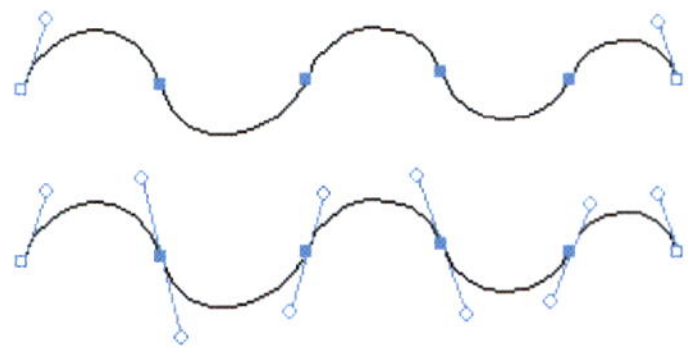

▲ **Abbildung 5.35**
Voreingestellte Darstellung der Grifflinien (oben) und mit Anzeige aller Griffe (unten)

Auswahl von Pfadsegmenten über das Menü | Über das Auswahl-Menü haben Sie weitere Möglichkeiten, Punkte auszuwählen. Aktivieren Sie ein Objekt, und wählen Sie die Funktion Auswahl • Objekt • Grifflinien. Damit werden alle Pfadsegmente des Objekts aktiviert.

Dieser Befehl ist nützlich, wenn Sie ein Objekt in einem Schritt an allen Ankerpunkten zerschneiden möchten: Schneiden Sie zu diesem Zweck das Objekt nach dem Auswählen der Grifflinien aus ⌘/Strg+X, und fügen Sie es wieder ein ⌘/Strg+F.

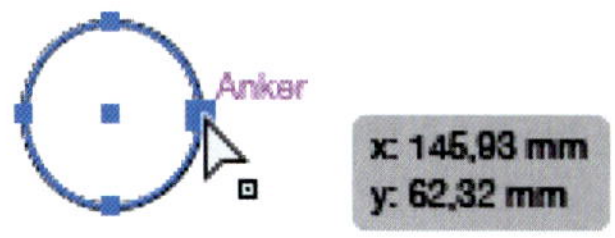

▲ **Abbildung 5.36**
Smart Guides zeigen Pfade, Punkte sowie Grifflinien an, und sie machen alle Objekte magnetisch.

5.4.3 Smart Guides – intelligente Hilfslinien

Eine andere Möglichkeit, um Pfade – auch verborgene – zu identifizieren, ist die Option Ansicht • Intelligente Hilfslinien (s. Abschnitt 3.5.5). Wenn Sie diesen Modus einschalten, zeigt Illustrator alle Pfade unter dem Cursor an sowie in der Standardeinstellung die Position von Ankerpunkten. Der Shortcut zum Ein- und Ausschalten ist ⌘/Strg+U.

Intelligente Hilfslinien stehen nicht zur Verfügung, wenn die Option Am Raster ausrichten aktiv ist.

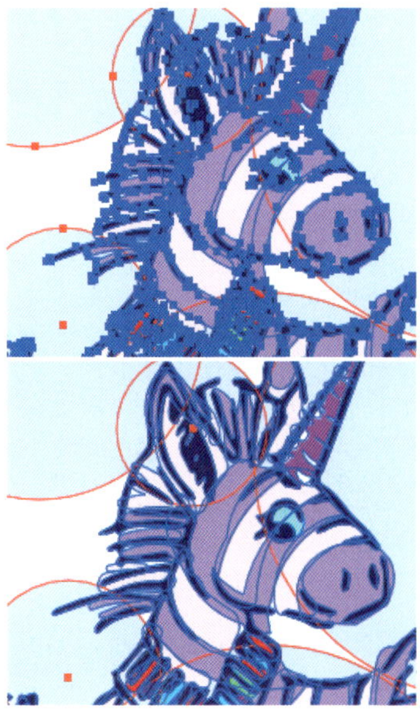

▲ **Abbildung 5.37**
Mit (oben) und ohne (unten) Anzeige der Ankerpunkte

5.4.4 Pfade und Punkte ein- und ausblenden

Besitzen Objekte besonders viele Ankerpunkte oder sind mehrere Objekte ausgewählt, deren Pfade und Punkte einander überlagern, dann kann die Darstellung aller Punkte und Pfade bei der Bearbeitung sehr stören. Vor allem Farben lassen sich kaum beurteilen. Die Darstellung der Punkte lässt sich für die Arbeit mit bestimmten Werkzeugen unterdrücken, indem Sie unter Voreinstellungen • Auswahl- und Ankerpunkt-Anzeige die Option Ankerpunkte im Auswahl-Werkzeug und Formerstellungswerkzeug anzeigen deaktivieren.

Darüber hinaus kann die Anzeige von Pfaden und Ankerpunkten komplett unterdrückt werden. Wenn Sie die Anzeige der Grifflinien, Pfade und Punkte stört, wählen Sie die Menüoption Ansicht • Ecken ausblenden.

▲ **Abbildung 5.38**
Sind die Pfade komplett ausgeblendet, ist das Beurteilen von Farben und der Position der Objekte noch besser möglich.

Sie haben dann zwar keinen Anhaltspunkt mehr, welche Elemente Ihrer Grafik gerade aktiv sind, unter dem Cursor liegende Ankerpunkte werden trotzdem weiterhin hervorgehoben. Bei ausgeblendeten Ecken ist auch die Textauswahl nicht zu sehen.

Aufgrund des zum Ausblenden von Applikationen (am Mac) oder von Auswahlen (in Photoshop) sehr gebräuchlichen Shortcuts [⌘]/[Strg]+[H] wird die Pfadanzeige häufig unabsichtlich ausgeblendet. Möchten Sie sie wieder einblenden, rufen Sie ANSICHT • ECKEN EINBLENDEN auf.

5.5 Freihand-Auswahl mit dem Lasso

Neben dem Auswahlrechteck, das Sie mit den Auswahl-Werkzeugen über mehrere Objekte aufziehen können, gibt es das Lasso-Werkzeug zur freihändigen Auswahl einzelner oder mehrerer Punkte bzw. Pfadsegmente – je nachdem, wie Sie das Werkzeug führen.

Lasso-Werkzeug | Um einzelne oder mehrere Ankerpunkte mit dem Lasso zu aktivieren, gehen Sie wie folgt vor:

1, 3 Wählen Sie das Lasso-Werkzeug – [Q] –, und klicken und ziehen Sie es um das oder die Objektteile herum, als würden Sie diese einkreisen. Der Cursor muss nicht bis zum Startpunkt zurückgezogen werden.

Illustrator schließt die Auswahl auf dem kürzesten Weg, wenn Sie die Maustaste loslassen.

2 Damit das Objekt ausgewählt wird (und nicht einzelne Punkte), umrunden Sie das gesamte Objekt mit dem Lasso.

4 Sofern Sie mit dem Lasso nur Teile eines oder mehrerer Objekte erfassen, werden nur die Ankerpunkte aktiviert, die sich innerhalb der Lasso-Auswahl befinden. Um die mit dem Lasso aktivierten Punkte zu verschieben, verwenden Sie das Direktauswahl-Werkzeug.

Werkzeug-Hotspot
Der aktive Punkt des Werkzeugs ist die Pfeilspitze.

Modifikationsmöglichkeiten | Lasso-Werkzeug

- Mit [⇧] fügen Sie Ankerpunkte zur Auswahl hinzu.
- Mit [⌥]/[Alt] werden ausgewählte Punkte wieder von der Auswahl ausgenommen und sind nicht mehr aktiv.

5.6 Punkte und Pfadsegmente bearbeiten

Viele Funktionen lassen sich nicht nur auf das gesamte Objekt, sondern auch auf einzeln ausgewählte Ankerpunkte anwenden – und es gibt spezifische Werkzeuge für die Bearbeitung einzelner Punkte. Sie können einzelne oder mehrere Ankerpunkte zusammen bewegen oder anderweitig transformieren, um die Form eines Pfades zu ändern. Pfadsegmente lassen sich direkt anfassen und bearbeiten, oder das Segment wird mithilfe der Grifflinien in die richtige Form gebracht.

Pfeiltasten funktionieren nicht

Wenn sich ein Objekt bei Betätigung der Pfeiltasten nicht oder nicht merkbar bewegt, prüfen Sie, ob unter der Option Schritte per Tastatur unter Voreinstellungen • Allgemein der kleinstmögliche Wert von 0,000036 mm eingetragen ist.

5.6.1 Ankerpunkte bewegen

Um einen Ankerpunkt zu bewegen, aktivieren Sie ihn mit dem Direktauswahl-Werkzeug und ziehen ihn an die gewünschte Position. Solange nicht bereits das gesamte Objekt aktiviert ist, können Sie in einem Zug einen Punkt auswählen und verschieben, ohne die Maustaste zwischendurch loszulassen.

Ist das Objekt dagegen selektiert und möchten Sie einen Ankerpunkt bewegen, klicken Sie den Punkt einmal mit dem Direktauswahl-Werkzeug an und klicken und ziehen den Punkt in einem zweiten Schritt.

Alternativ lassen sich aktivierte Ankerpunkte mit den Pfeiltasten ↑, ↓, → und ←, dem Ausrichten-Bedienfeld, der Funktion Objekt • Verschieben oder per Eingabe der neuen Position in das Transformieren- oder das Steuerungsbedienfeld bewegen.

Alle Ankerpunkte eines Objekts

Wenn Sie alle Ankerpunkte eines Objekts auswählen, wird das Objekt ausgewählt. Illustrator unterscheidet nicht zwischen diesen beiden Auswahlmethoden. Anschließende Bearbeitungen können daher zu unerwarteten Ergebnissen führen.

Modifikationsmöglichkeiten | Ankerpunkte bewegen
Mit der ⇧-Taste verschieben Sie Ankerpunkte in festen 45°-Winkeln. Da diese Taste gleichzeitig dazu dient, mehrere Punkte auszuwählen, müssen Sie die Modifikationstaste und die Maus in der richtigen Reihenfolge bedienen. Dies erreichen Sie, wenn Sie die Umschalttaste erst drücken, wenn Sie schon begonnen haben, die Objekte zu verschieben, und sie erst nach der Maustaste loslassen.

Auswahl-Werkzeug temporär

Wie in vielen anderen Grafikprogrammen lässt sich auch in Illustrator das Auswahl-Werkzeug temporär aufrufen, während Sie ein anderes Werkzeug benutzen. Allerdings wechseln Sie dabei immer zum zuletzt verwendeten Auswahl-Werkzeug – das kann neben dem Direktauswahl-Werkzeug auch eines der beiden anderen Auswahl-Werkzeuge sein. Lediglich vom Zeichenstift-Werkzeug wechseln Sie mit ⌘/Strg immer temporär zum Direktauswahl-Werkzeug.

5.6.2 Punkte transformieren

Nicht nur komplette Formen, auch mehrere Ankerpunkte, die Sie zusammen ausgewählt haben, können Sie gemeinsam mit den Transformationswerkzeugen bearbeiten. Sehr praktisch ist diese Vorgehensweise beispielsweise beim »Abknicken« einer Form.

Um das Bein aus der Datei »Punkte gemeinsam transformieren.ai« zu beugen, verfahren Sie wie folgt:

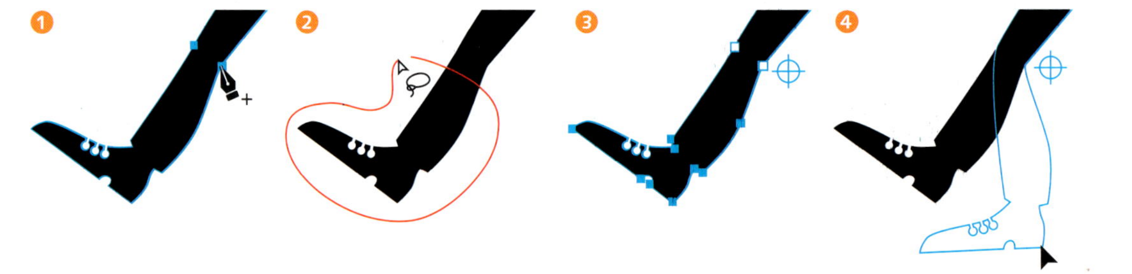

1 Erstellen Sie, falls nötig, Kurvenpunkte an der geplanten Beugestelle.

2 Aktivieren Sie mit dem Lasso oder mit dem Direktauswahl-Werkzeug die Ankerpunkte auf dem Teil des Pfades, der umgebogen werden soll.

3 Mit dem Drehen-Werkzeug klicken Sie einen Referenzpunkt.

4 Dann klicken Sie mit dem Drehen-Werkzeug und ziehen die Beugung in die richtige Position.

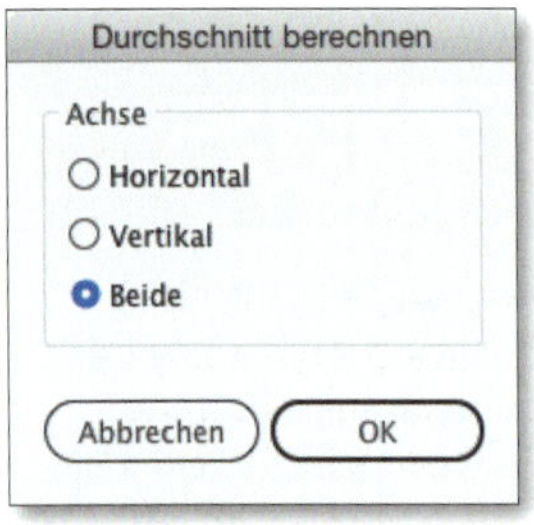

▲ **Abbildung 5.39**
Die Dialogbox DURCHSCHNITT BERECHNEN

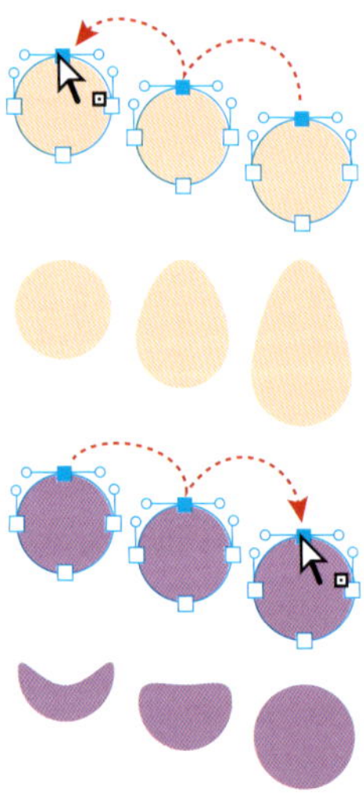

▲ **Abbildung 5.40**
Ausrichten der aktivierten Punkte: Bezugspunkt links (gelb), Bezugspunkt rechts (grün)

5.6.3 Punkte horizontal und/oder vertikal zentrieren

Mit der Funktion DURCHSCHNITT BERECHNEN können Sie mehrere Punkte eines oder mehrerer Objekte horizontal und/oder vertikal auf eine jeweilige Mittelachse zentrieren.

Aktivieren Sie die auszurichtenden Objekte oder Punkte, und rufen Sie den Menübefehl OBJEKT • PFAD • DURCHSCHNITT BERECHNEN auf – [⌘]+[⌥]+[J] bzw. [Strg]+[Alt]+[J].

Geben Sie mit den Optionsbuttons die Richtung der ACHSE an, entlang derer die Ankerpunkte gemittelt werden sollen. Um Punkte nur in vertikaler Richtung zu verschieben, geben Sie eine waagerechte Achse an und umgekehrt. Verwenden Sie diese Funktion anstelle des Ausrichtens z. B., um eine Linie, die nur aus zwei Punkten besteht, »gerade zu rücken«.

Da Illustrator einen Durchschnitt bildet, werden zumindest die Punkte in den Extrempositionen verschoben.

5.6.4 Punkte ausrichten und anordnen

Die Funktionen des Ausrichten-Bedienfeldes (s. Abschnitt 4.8) können Sie auch auf Punkte anwenden. Es ist jedoch nicht möglich, alle Punkte eines Pfades zusammen auszurichten (s. Hinweis »Alle Ankerpunkte eines Objekts auswählen« auf Seite 120). Um Punkte aneinander auszurichten, gehen Sie wie folgt vor:

1. Aktivieren Sie die Punkte mit dem Direktauswahl-Werkzeug oder dem Lasso.
2. Wählen Sie den Bezug im Menü AUSRICHTEN AN. Wählen Sie hier BASISANKERPUNKT, dann dient der zuletzt ausgewählte Punkt als Bezugspunkt, d. h., seine Position verändert sich nicht.
3. Rufen Sie die gewünschte Ausrichtungsart mit einem Klick auf den entsprechenden Button im Ausrichten-Bedienfeld oder im Steuerungs-

bedienfeld auf. Die Option Vorschaubegrenzungen verwenden wird ignoriert.

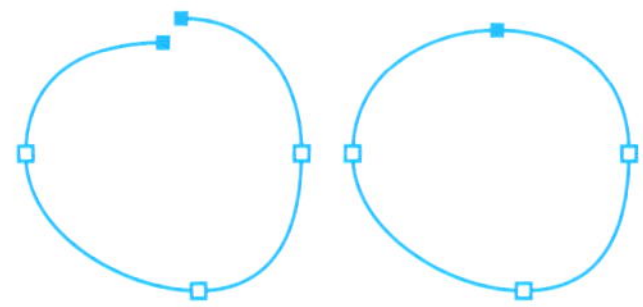

▲ **Abbildung 5.41**
Mit Durchschnitt berechnen lassen sich zwei Ankerpunkte vor dem Zusammenfügen auf dieselbe Position bringen.

5.6.5 Mit Grifflinien den Kurvenverlauf anpassen

Selten wird der Kurvenverlauf eines Pfades, den Sie neu erstellen, sofort Ihren Anforderungen entsprechen. Meistens müssen die einzelnen Segmente nachträglich angepasst werden. Dazu verändern Sie die Grifflinien an den Ankerpunkten, indem Sie die zugehörigen Griffpunkte bewegen.

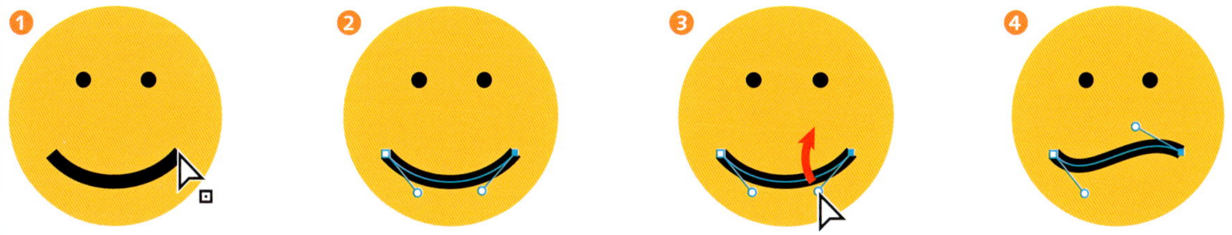

1 Bewegen Sie das Direktauswahl-Werkzeug über den Pfad. Direkt über einem Ankerpunkt zeigt der Cursor das Symbol. Über einem Pfadsegment oder der Fläche des Objekts zeigt der Cursor an.

2 Klicken Sie auf ein Pfadsegment, um die zugehörigen Grifflinien der beiden benachbarten Punkte anzuzeigen. Mit einem Klick auf einen Punkt werden die Grifflinien beidseitig dieses Ankerpunkts sichtbar.

3 Bewegen Sie nun die Grifflinien mithilfe der Griffpunkte, und verändern Sie so die Krümmung des Kurvensegments 4.

Werden nach dem Aktivieren eines Punkts oder eines Segments keine Grifflinien angezeigt, sind diese noch im Ankerpunkt versteckt. Lesen Sie dazu mehr im nächsten Abschnitt.

Griff »abbrechen« mit dem Direktauswahl-Werkzeug

Auch mit dem Direktauswahl-Werkzeug können Sie Griffe »abbrechen«, wenn Sie es mit gedrücktem ⌥/Alt verwenden.

5.6.6 Eckpunkte und Übergangspunkte konvertieren

Auch das nachträgliche Umwandeln von Ecken in Kurven und zurück, um Ihre Designs gezielt anzupassen oder wenn Sie einmal versehentlich den falschen Typ eines Ankerpunkts gesetzt haben, ist kein Problem.

Um einen Eckpunkt in einen Kurvenpunkt umzuwandeln und umgekehrt, verwenden Sie das Ankerpunkt-Werkzeug oder den Zeichenstift zusammen mit ⌥/Alt.

Während Sie das Ankerpunkt-Werkzeug nur jeweils an einem Punkt einsetzen können, lassen sich die Funktionsbuttons Ausgewählte Ankerpunkte in Ecke und in Übergang konvertieren aus dem Steuerungsbedienfeld auf mehrere Punkte gleichzeitig anwenden.

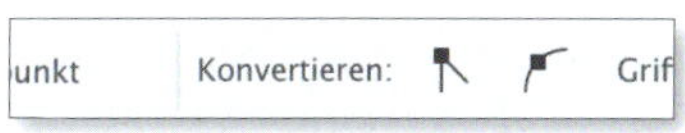

▲ **Abbildung 5.42**
Ankerpunkt-konvertieren-Funktionen im Steuerungsbedienfeld

Umwandlungsfunktionen | Aktivieren Sie einen oder mehrere Punkte, und rufen Sie Ausgewählte Ankerpunkte in Ecke konvertieren bzw.

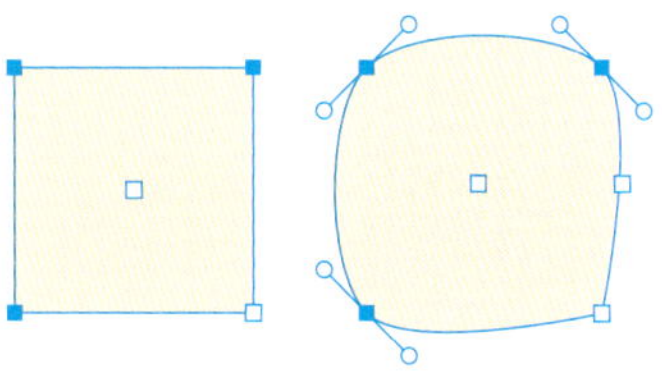

▲ **Abbildung 5.43**
Eckpunkte in Übergangspunkte umgewandelt

Ausgewählte Ankerpunkte in Übergang konvertieren durch einen Klick auf den jeweiligen Button im Steuerungsbedienfeld auf.

Bei der Erzeugung von Eckpunkten werden die Griffe in den Punkt zurückgeschoben. Wandeln Sie Eckpunkte in Übergangspunkte um, generiert Illustrator automatisch Grifflinien, die zum Verlauf der angrenzenden Pfadsegmente passen.

Eckpunkt umwandeln | Um einen Eckpunkt in einen Kurvenpunkt umzuwandeln, gehen Sie so vor:

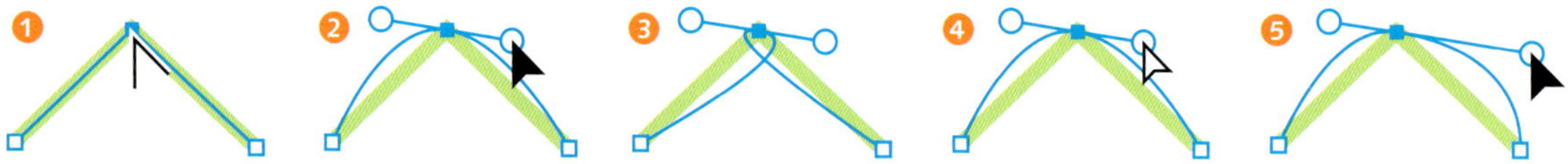

1 Aktivieren Sie den Pfad, und bewegen Sie das Ankerpunkt-Werkzeug über den Punkt.

2 Klicken und ziehen Sie damit die Griffe in Pfadrichtung aus dem Ankerpunkt. Lassen Sie dann die Maustaste los. Illustrator erzeugt gleich lange Grifflinien nach beiden Seiten.

3 Bei einem bereits bestehenden Objekt müssen Sie ausprobieren, ob die Kurve nach dem Herausziehen der Kurventangente weiterhin glatt verläuft. Bildet der Pfad eine Schleife, steht die Grifflinie gegen die Pfadrichtung!

4 Falls Sie für die benachbarten Segmente unterschiedlich lange Tangenten benötigen, richten Sie die Griffe mit dem Direktauswahl-Werkzeug nach 5.

Übergangspunkt umwandeln | Wenn Sie einen Kurvenpunkt in einen Eckpunkt umwandeln wollen, sind folgende Schritte notwendig:

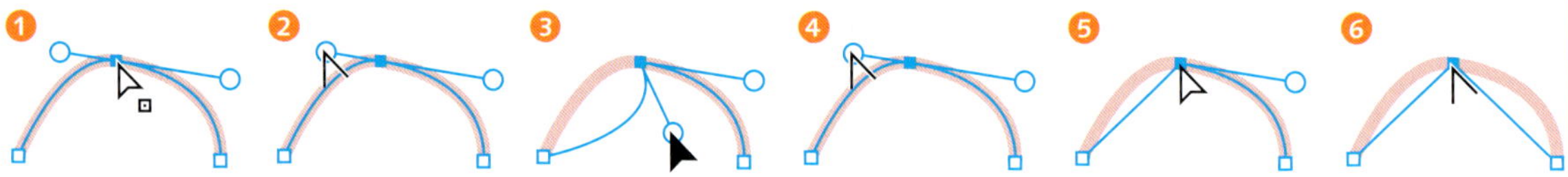

1 Aktivieren Sie den Ankerpunkt mit dem Direktauswahl-Werkzeug. Dabei werden die Grifflinien sichtbar. Das Vorgehen richtet sich danach, wie die beiden benachbarten Pfadsegmente gestaltet werden sollen:

2 Möchten Sie eines oder beide angrenzenden Pfadsegmente in Kurven umwandeln, müssen Sie die Grifflinien lediglich »abbrechen«. Bewegen Sie mit dem Ankerpunkt-Werkzeug einen der Griffpunkte. Dadurch wird an dem Punkt eine Ecke ausgebildet, denn die gegenüberliegende Tangente bleibt in ihrer ursprünglichen Position 3. Möchten Sie den anderen Griff ebenfalls verändern, richten Sie die Tangente mit dem Direktauswahl-Werkzeug nach.

4 Soll eines der benachbarten Pfadsegmente eine Gerade werden, gehen Sie genauso vor. Die zu dem geraden Pfadsegment gehörige Tangente wird jedoch nicht mehr benötigt. Deshalb müssen Sie den Griff in den Ankerpunkt zurückschieben und dabei den Punkt genau treffen.

5 Achten Sie deshalb auf das Symbol des Cursors, der Ihnen mit einem weißen Pfeil anzeigt, wenn Sie über dem Ankerpunkt sind und die Maustaste loslassen können. Alternativ wählen Sie das Ankerpunkt-Werkzeug (es funktioniert nicht mit dem temporär aufgerufenen Werkzeug) und klicken auf den Griff, um ihn in den Punkt zu schieben.

6 Falls Sie einen Eckpunkt ohne Grifflinien benötigen, weil beide angrenzenden Pfadsegmente gerade verlaufen sollen, klicken Sie mit dem Ankerpunkt-Werkzeug nur kurz auf den Ankerpunkt, dann verschwinden beide Grifflinien automatisch.

In Kurvenpunkt umwandeln | Soll eine vorhandene Grifflinie beim Umwandeln eines Eckpunkts in einen Kurvenpunkt original erhalten bleiben, aktivieren Sie den betreffenden Ankerpunkt. Dann nehmen Sie das Ankerpunkt-Werkzeug, drücken [⌥]/[Alt] und bewegen das Werkzeug auf den Griff, der bei der Umwandlung angepasst werden soll. Der Cursor zeigt das Symbol ↖. Klicken Sie mit weiterhin gedrückter [⌥]/[Alt]-Taste auf den Griff.

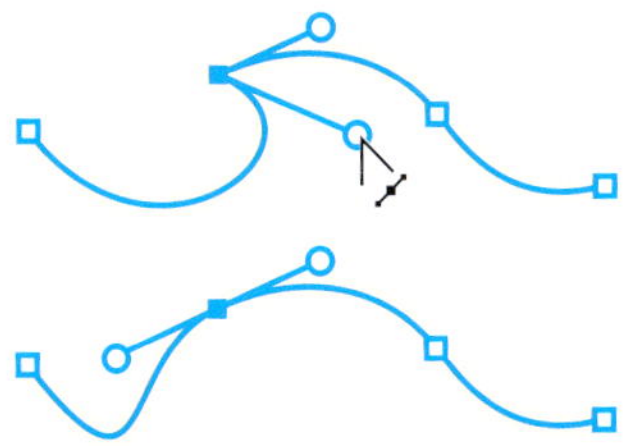

▲ **Abbildung 5.44**
Umwandeln eines Eckpunkts in einen Kurvenpunkt mit Beibehalten eines Griffs

5.6.7 Direktes Verformen von Pfadsegmenten

Anstatt die Form eines Kurvensegments über die Grifflinien zu manipulieren, können Sie das Segment auch direkt bearbeiten. Je nachdem, ob unter Voreinstellungen • Auswahl- und Ankerpunkt-Anzeige die Option Ziehen des Pfades bei Formänderung von Segmenten einschränken aktiviert ist, sind zwei unterschiedliche Methoden möglich:

Pfadsegmente verschieben | Wenn Sie bereits gekrümmte Pfadsegmente lediglich verschieben, d.h. die Längen der beteiligten Griffe, aber nicht deren Lage und Winkelung verändern wollen, aktivieren Sie Ziehen des Pfades bei Formänderung von Segmenten einschränken. Anschließend greifen Sie das gewünschte Pfadsegment entweder mit dem Direktauswahl- oder dem Ankerpunkt-Werkzeug und verschieben es. Der Pfad muss dazu nicht ausgewählt sein.

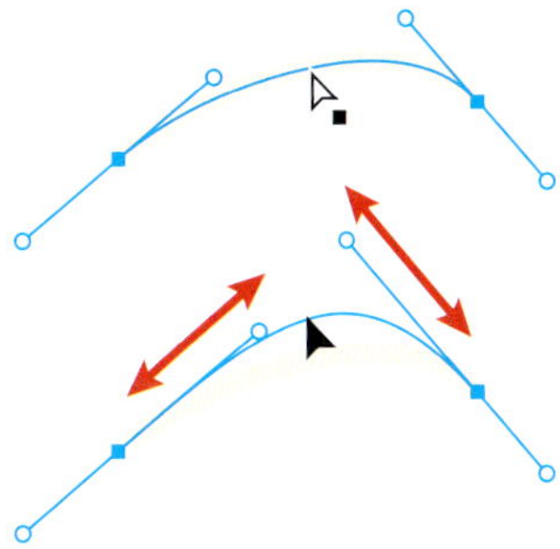

▲ **Abbildung 5.45**
Beim Verschieben eines Pfadsegments werden die Winkel der Griffe nicht verändert.

Freies Verformen von Pfadsegmenten | Ist die Option nicht aktiviert, können Sie mit dem Ankerpunkt-Werkzeug – dem früheren Ankerpunktkonvertieren-Werkzeug – ein Pfadsegment greifen und frei verformen. Mit dem Direktauswahl-Werkzeug können Sie bereits gekrümmte Pfadsegmente frei verformen. Gehen Sie wie folgt vor:

1. Nehmen Sie das Ankerpunkt-Werkzeug [↖] – wenn das Zeichenstift-Werkzeug ausgewählt ist, drücken Sie [⌥]/[Alt], um das Werkzeug temporär aufzurufen –, und bewegen Sie es über ein Pfadsegment. Der Cursor wechselt zu ↖.
2. Klicken und ziehen Sie das betreffende Pfadsegment, um es zu verformen. Ankerpunkte werden dabei nicht konvertiert, d.h., Eckpunkte sowie Kurvenpunkte bleiben jeweils bestehen.

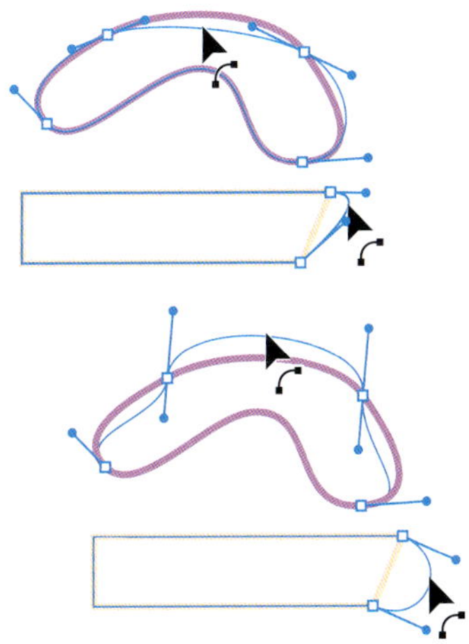

▲ **Abbildung 5.46**
Verformen eines gekrümmten (violett) und geraden (orange) Pfadsegments: ohne (oben) und mit (unten) gedrückter Taste [⇧]

Modifikationsmöglichkeiten | Drücken Sie [⇧], um das Segment im Halbkreis zu verformen. Die beiden Griffe werden senkrecht zum Pfadsegment in identischer Länge generiert.

Drücken Sie bei Benutzung des Ankerpunkt-Werkzeugs [⌥]/[Alt], um eine Kopie des Pfadsegments zu erzeugen, die Sie dann bearbeiten.

Vektorisierung einfach | In einer alternativen Methode bei der Vektorisierung wird die Vorlagenform zunächst mit einem Polygon umfahren. Im nächsten Schritt passt man die Pfadsegmente an die Vorlage an. So ist es für Anfänger einfacher und ermöglicht auch vielen erfahrenen Anwendern eine schnellere Arbeitsweise. Gehen Sie wie folgt vor:

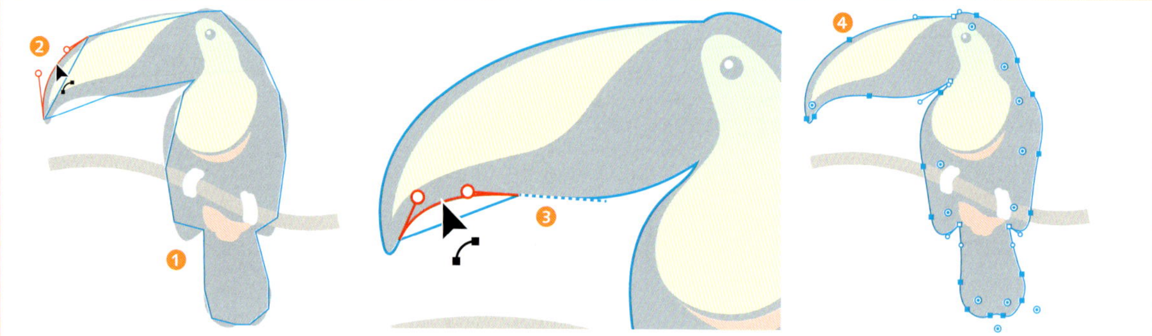

1 Mit dem Zeichenstift-Werkzeug setzen Sie Eckpunkte an die benötigten Stellen. Für das Gelingen der Zeichnung sind trotz aller Verbesserungen auch die richtigen Stellen entscheidend. Achten Sie darauf, nicht mehr Punkte zu setzen, als Sie brauchen – das Anpassen der Kurven wird dadurch nicht einfacher.

2 Wenn Sie das Objekt einmal umfahren haben, halten Sie [⌥]/[Alt] gedrückt, um temporär zum Ankerpunkt-Werkzeug zu wechseln, und ziehen damit an den Pfadsegmenten des Polygons, um sie an die Vorlage anzupassen.

3 Viele Punkte müssten eigentlich Kurven- statt Eckpunkte sein. Achten Sie in diesem Schritt lediglich darauf, dass die Griffe der betreffenden Punkte bereits möglichst genau eine Linie bilden.

4 Im letzten Schritt aktivieren Sie mit dem Direktauswahl- oder dem Lasso-Werkzeug die Punkte, die in Übergangspunkte umgewandelt werden sollen, und klicken auf den Button Ausgewählte Ankerpunkte in Übergang konvertieren im Steuerungsbedienfeld. Sie müssen abschließend unter Umständen noch einige Pfadsegmente feinjustieren, weil sie sich durch die Konvertierung verschoben haben.

Automatisch Punkte löschen

Das Verhalten des Zeichenstifts, über einem aktiven Pfad temporär das Ankerpunkt-hinzufügen-Werkzeug oder das Ankerpunkt-löschen-Werkzeug bereitzustellen, können Sie mit der Option Autom. hinzuf./Löschen aus unter Voreinstellungen • Allgemein deaktivieren.

Löschen mit der Löschtaste

Das Löschen von Ankerpunkten mit der Löschtaste kann dazu führen, dass einzelne Ankerpunkte ohne Funktion in der Grafik zurückbleiben!

5.6.8 Pfadsegmente oder Ankerpunkte löschen

Je nach der gewählten Methode beim Löschen von Pfadsegmenten oder Ankerpunkten erhalten Sie unterschiedliche Resultate:

- **Pfadsegment löschen**: Klicken Sie mit dem Direktauswahl-Werkzeug auf ein Pfadsegment, und wählen Sie Bearbeiten • Löschen, oder drücken Sie die Löschtaste. Illustrator entfernt das Pfadsegment, die angrenzenden Ankerpunkte bleiben erhalten. Der Pfad ist aufgetrennt.
- **Ankerpunkt mit der Löschtaste entfernen**: Aktivieren Sie einen Punkt mit dem Direktauswahl-Werkzeug, und drücken Sie die Löschtaste. Der Punkt und die beiden angrenzenden Pfadsegmente werden entfernt, die benachbarten Ankerpunkte bleiben jedoch erhalten. Der Pfad ist nach dieser Operation aufgetrennt.
- **Ankerpunkt-löschen-Werkzeug**: Um nur den Ankerpunkt zu löschen, ohne den Pfad aufzutrennen, verwenden Sie das Ankerpunkt-löschen-Werkzeug. Wenn Sie beim Anklickendes Punkts mit dem Werkzeug [⇧] drücken, versucht Illustrator, den Pfadverlauf beizubehalten.

- **Ankerpunkt-löschen-Funktion**: Sollen mehrere Ankerpunkte in einem Schritt gelöscht werden, aktivieren Sie sie mit dem Direktauswahl- oder dem Lasso-Werkzeug und verwenden den Button AUSGEWÄHLTE ANKERPUNKTE ENTFERNEN im Steuerungsbedienfeld. Auch mit dieser Funktion wird der Pfad nicht getrennt.
  Achtung! Der Punkt wird nicht »intelligent« gelöscht, d.h., die angrenzenden Griffe werden nicht angepasst, und der Pfadverlauf ändert sich.
- **Einzelnen Ankerpunkt (ohne Pfad) löschen**: Ankerpunkte, die nicht Bestandteil eines Pfades sind, haben meist keine Funktion. Diese herrenlosen Überbleibsel sind nur in der Pfadansicht als kleine Kreuzchen zu erkennen. Im Laufe der Arbeit sammeln sich erfahrungsgemäß unbemerkt etliche davon an.
  Zum Aufräumen einer Grafik gehört es deswegen auch, solche verwaisten Punkte zu löschen. Führen Sie dazu AUSWAHL • OBJEKT • EINZELNE ANKERPUNKTE aus, um alle Einzelpunkte zu aktivieren und noch einmal zu prüfen, und entfernen Sie diese anschließend mit der Löschtaste.

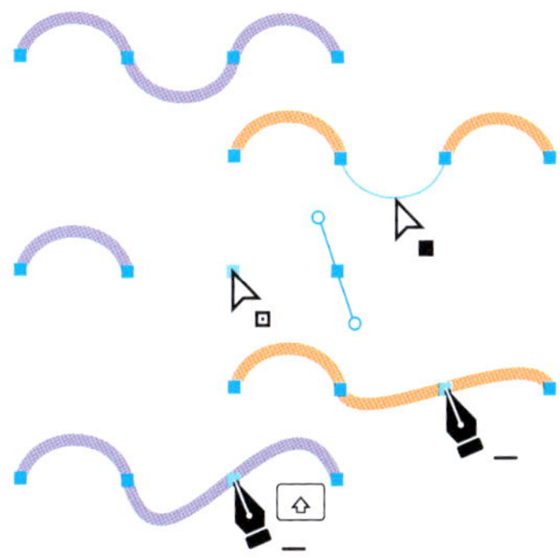

▲ **Abbildung 5.47**
Von oben: Original, Löschen eines Pfadsegments, Löschen eines Ankerpunkts mit der Löschtaste, Anwendung des Ankerpunkt-löschen-Werkzeugs, Ankerpunkt-löschen-Werkzeug mit ⇧

5.6.9 Ecken gestalten: Interaktive Ecken

Mit der Funktion INTERAKTIVE ECKEN können Sie sowohl Ecken individuell abrunden bzw. abfasen als auch alle Ecken einheitlich runden, und es ist möglich, vorhandene Eckenrundungen in interaktive Ecken zu konvertieren, um sie künftig einfacher ändern zu können.

▲ **Abbildung 5.48**
Rechteck mit unterschiedlichen interaktiven Ecken

Ecken abrunden | Das Abrunden von Ecken nehmen Sie mit dem Direktauswahl-Werkzeug vor. Ist das Direktauswahl-Werkzeug aktiv und ein Objekt ausgewählt, dann werden an allen Eckpunkten, die unterhalb eines definierbaren Schwellenwerts liegen, Widgets angezeigt. Sie können die Ecken auf zwei Arten interaktiv gestalten:

- Durch das Bewegen dieser Widgets werden Ecken gerundet. Eine Cursoränderung zum Symbol zeigt an, dass Sie die Eckenform bearbeiten. Ziehen Sie das Widget weg von der Ecke, um den Radius der Rundung zu vergrößern.
- Rufen Sie die zugehörige Dialogbox (s. den Abschnitt »Eckenoptionen exakt eingeben«) auf, um die Ecken interaktiv zu gestalten. Dazu doppelklicken Sie auf das Widget oder klicken auf den Link ECKEN im Steuerungsbedienfeld.

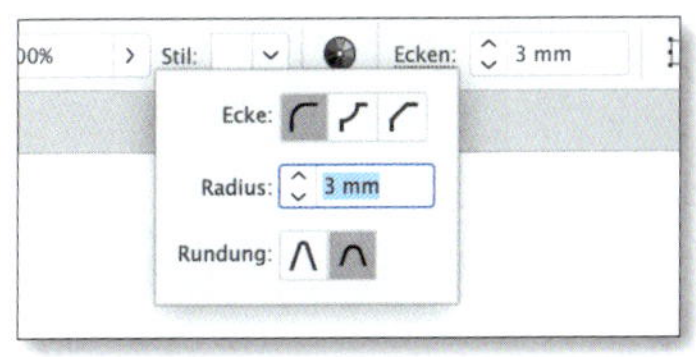

▲ **Abbildung 5.49**
Eckenoptionen im Steuerungsbedienfeld

Illustrator bildet neue Ankerpunkte beim Runden einer Ecke, daher kann der Radius nur so weit erhöht werden, bis andere Ankerpunkte im Weg stehen. Illustrator stellt die Rundung dann in Rot dar.

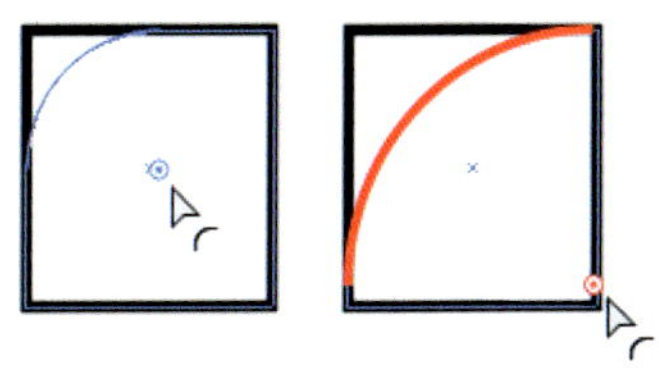

▲ **Abbildung 5.50**
Höchstmöglicher Radius (rechts)

Um einzelne Ecken abzurunden, wählen Sie sie mit dem Direktauswahl-Werkzeug aus und verschieben oder doppelklicken ein angezeigtes Widget.

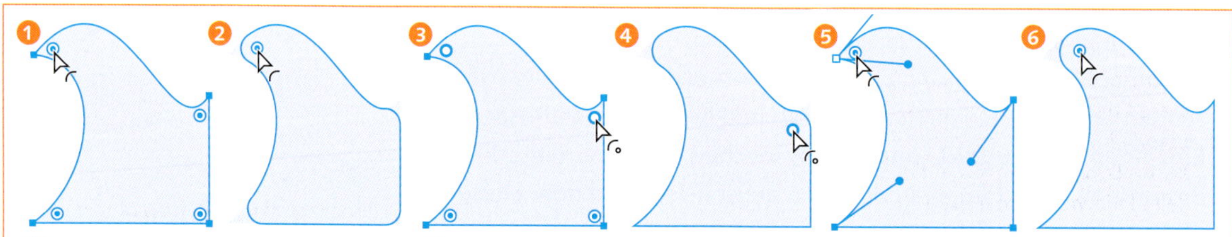

1 Ist ein Objekt ausgewählt und das Direktauswahl-Werkzeug aktiv, werden an allen Eckpunkten, die innerhalb des voreingestellten Schwellenwerts liegen, Ecken-Widgets angezeigt.

2 Wenn Sie ein Widget verschieben, werden alle Ecken gleichmäßig gerundet. Alternativ aktivieren Sie zunächst eines (oder mit ⇧ mehrere 3) der Widgets und runden nur diese 4.

5 Ist ein einzelner Eckpunkt ausgewählt, dann wird nur an diesem Punkt ein Ecken-Widget eingeblendet.

6 Wird dieses Widget verschoben, dann wird nur diese Ecke gerundet.

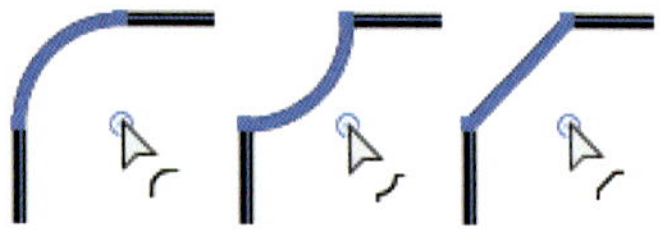

▲ **Abbildung 5.51**
Wechseln der Eckenform

Form der Ecken verändern: Fase, Rundung nach innen | Klicken Sie bei gedrückter ⌥/Alt-Taste auf das Widget oder drücken Sie beim Verschieben des Widgets die Tasten ↓ oder ↑, können Sie die Form der Ecken von gerundet über nach innen gerundet bis zu abgefast wechseln. Das Cursor-Symbol passt sich an.

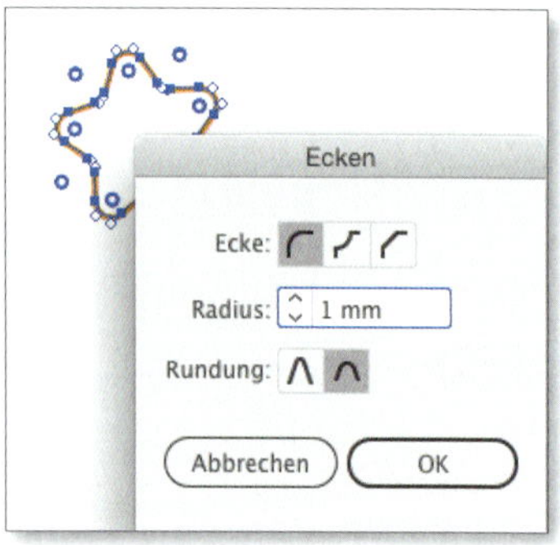

▲ **Abbildung 5.52**
Dialogbox Ecken

Eckenoptionen exakt eingeben | Durch einen Doppelklick auf das Widget oder alternativ im Steuerungsbedienfeld rufen Sie eine Dialogbox auf, in die Sie die Optionen exakt eingeben und so Ecken interaktiv gestalten können.

- Ecke: Hier wählen Sie die Eckenform zwischen Abgerundet, Invertiert abgerundet und Abgeschrägt (Fase).
- Radius: Hier geben Sie den gewünschten Radius ein.
- Abrunden: Wählen Sie, wie der Radius für die nach innen oder außen gerundeten Ecken berechnet wird. Mit der Option Absolut erhalten Sie exakte Viertelkreise, deren Radius unabhängig vom Eckwinkel immer dem eingegebenen Wert entspricht. Die Option Relativ erzeugt Rundungen wie der Ecken-abrunden-Effekt. Abhängig vom ursprünglichen Eckwinkel fallen die Rundungen unterschiedlich stark aus.

Ecken-abrunden-Effekt umwandeln?

Leider ist es nicht möglich, den Ecken-abrunden-Effekt direkt in interaktive Ecken zu überführen. Auf die entsprechenden Objekte muss zunächst Aussehen umwandeln angewandt werden.

Vorhandene Eckenformen in interaktive Ecken umwandeln | Wurden die Ecken eines Objekts mithilfe anderer Funktionen gerundet – z.B. aus älteren Dateien übernommen –, dann kann Illustrator diese in interaktive Ecken umwandeln. Wurde der Effekt Ecken abrunden verwendet, müssen Sie diesen jedoch umwandeln. Das erlaubt Ihnen eine größere Flexibilität inklusive der Möglichkeit, spitze Ecken wiederherzustellen.

Wahl der Mittel zum Gestalten von Ecken

Zum Abrunden von Ecken stehen Ihnen nun mehrere Möglichkeiten zur Verfügung. Neben den interaktiven Ecken haben Sie die Wahl zwischen dem Ecken-abrunden-Effekt, dem Round-Any-Corners-Skript und den Plug-ins VectorScribe, Xtream Path und CADtools.

- Interaktive Ecken: Mit dieser Methode sind Ihre Ecken live editierbar, Sie können die Methode auf einzelne Ecken eines Pfads anwenden, und es lassen sich bestehende Eckenrundungen in die interaktive Form umwandeln, jedoch nicht die des Ecken-abrunden-Effekts. Sie haben auch die Wahl zwischen mehreren Eckenformen.
- Ecken-abrunden-Effekt: Der Effekt ist live editierbar, es entstehen nicht immer saubere Kreisausschnitte, und der Radius entspricht nicht immer dem eingegebenen Wert. Es werden immer alle Ecken gerundet (andere Formen sind nicht möglich), und es werden oft gebogene Pfadsegmente stark beeinträchtigt.
- Skript: Das Round-Any-Corners-Skript erzeugt nur Rundungen, die nicht live editierbar sind.
- Plug-ins: Das Anlegen von Ecken ist nur eine Funktion der Plug-ins. Sie bieten alle Optionen von Illustrators interaktiven Ecken, müssen jedoch zusätzlich gekauft werden.

Voreinstellung | Unter VOREINSTELLUNGEN • AUSWAHL- UND ANKERPUNKT-ANZEIGE können Sie einen Schwellenwert für Eckwinkel angeben, oberhalb dessen keine Widgets angezeigt werden.

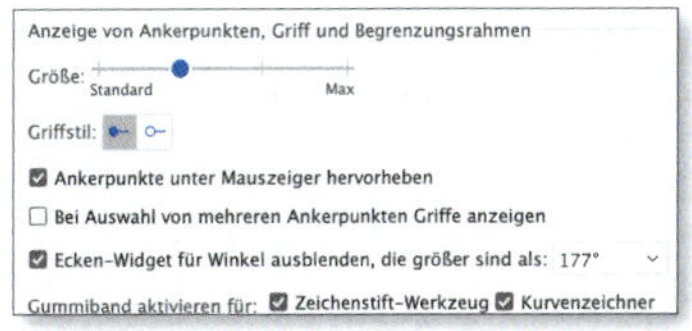

▲ **Abbildung 5.53**
Voreinstellung zum Ausblenden des Widgets

Interaktive Ecken bearbeiten | Die beim Erstellen der Ecke gebildeten Ankerpunkte können Sie verschieben. Bei bestimmten Veränderungen kann die Live-Eigenschaft der interaktiven Ecke verloren gehen. Illustrator zeigt anschließend das Ecken-Widget nicht mehr an.

Interaktive Ecken zurückwandeln | Wurden Eckenrundungen oder -schrägungen interaktiv erstellt oder besteht eine vorhandene Rundung aus einem exakten Kreisausschnitt, dann wird das Widget angezeigt. Sie können es verwenden, um die Rundung wieder zurückzuführen. In den meisten Fällen kann die ursprüngliche Eckenform auch nach Schließen und Öffnen der Datei wiederhergestellt werden.

Interaktive Formen und Ecken

Die Ecken interaktiver Rechtecke und Polygone können Sie auch mit dem Auswahl-Werkzeug gestalten.

Interaktive Ecken umwandeln | Ein Umwandeln der interaktiven Ecken ist nicht möglich, da es sich um eine grundsätzliche Arbeitsweise von Illustrator handelt, gerundete Ecken zu erkennen und eine interaktive Gestaltung der Ecke anzubieten. Sie können lediglich die Widgets der interaktiven Ecken ausblenden, indem Sie die Option im Menü unter ANSICHT • ECKEN-WIDGET AUSBLENDEN aufrufen.

Kein Ecken-Widget?

Wenn kein Ecken-Widget angezeigt wird, kann das auch daher kommen, dass zwei Ankerpunkte direkt übereinanderliegen.

5.6.10 Arbeiten mit dem Form-ändern-Werkzeug

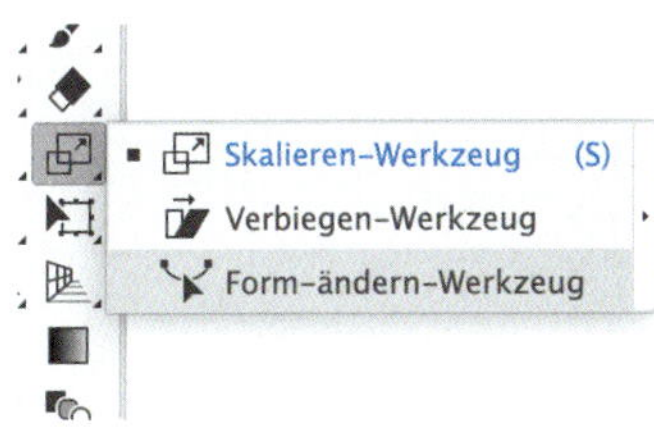

▲ **Abbildung 5.54**
Das Form-ändern-Werkzeug im Werkzeugbedienfeld

Mit dem Drehen-Werkzeug ist es ohne Schwierigkeiten möglich, die Krümmung eines einigermaßen geraden Pfades zu verändern, wie das Beispiel in Abschnitt 5.6.2 zeigt. Ist ein Pfad allerdings mit Details versehen, wie beispielsweise der Rand eines Blattes oder die Kante einer

Briefmarke, benötigen Sie das Form-ändern-Werkzeug . Damit passen sich die Details des Pfades der Formänderung mit an.

① Wählen Sie zunächst die Ankerpunkte bzw. die Pfadsegmente aus, die von der Verformung betroffen sein sollen, wobei diese auch zu verschiedenen Objekten gehören können. Aktivieren Sie aber Objekte nicht als Ganzes! Am besten geht das mit dem Lasso oder einem Auswahlrechteck, das vom Direktauswahl-Werkzeug erzeugt wird.

② Klicken Sie mit dem Form-ändern-Werkzeug auf die Stelle des Pfades, die als Fokus für die Verformung dienen soll; dabei setzt Illustrator dort einen Punkt mit einem Rahmen. Mit ⇧ setzen Sie mehrere Fokuspunkte ③.

④ Klicken und ziehen Sie anschließend einen der Fokuspunkte. Wenn Sie dabei ⇧ gedrückt halten, werden Werkzeugbewegungen in 45°-Winkeln erzwungen.

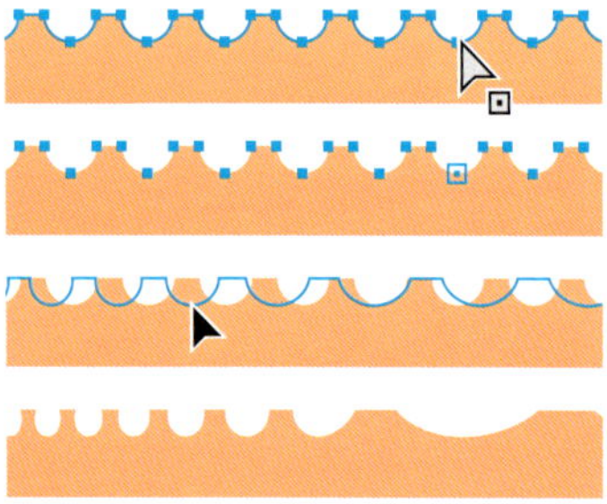

▲ **Abbildung 5.55**
Mit der ⇧-Taste erreichen Sie eine Beschränkung der Verformung beispielsweise in horizontaler Richtung.

Modifikationsmöglichkeit | Mit ⇧ beschränken Sie die Verformung mit dem Form-ändern-Werkzeug auf 45°-Winkel.

5.7 Pfade ergänzen und kombinieren

Objekte werden meist nicht »in einem Stück« konstruiert; oft müssen Pfade durch Ankerpunkte ergänzt oder mehrere einzelne Teile zu einem gesamten Pfad zusammengesetzt werden.

5.7.1 Auf einem Pfad Ankerpunkte hinzufügen

Wenn ein Pfadverlauf nicht so ganz Ihren Vorstellungen entspricht, ist es manchmal notwendig, hier oder dort einen Ankerpunkt auf dem Pfad hinzuzufügen. Beachten Sie dabei aber, dass Ihnen zusätzliche Punkte zwar mehr Detailkontrolle geben, andererseits können zu viele Ankerpunkte aber auch Probleme verursachen, weil es schwieriger wird, lange, homogene Kurvenschwünge gleichmäßig und ohne Dellen zu erzeugen.

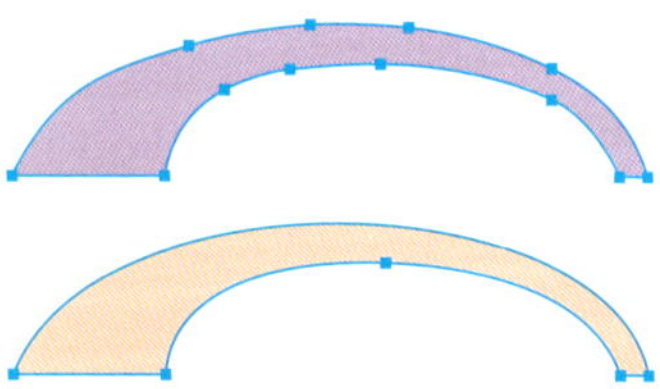

▲ **Abbildung 5.56**
Pfade mit vielen Punkten (oben) sind schwierig als Ganzes nachzurichten.

Die Werkzeuge | Zwei Werkzeuge können Sie alternativ benutzen, um einen Pfad durch Ankerpunkte zu ergänzen:

- **Zeichenstift** : Über einem aktiven Pfad verwandelt sich der Zeichenstift automatisch in das temporäre Ankerpunkt-hinzufügen-Werkzeug (sofern die Voreinstellung AUTOM. HINZUF./LÖSCHEN AUS deaktiviert ist). Der Cursor zeigt das mit dem Symbol an. Um einen Ankerpunkt hinzuzufügen, klicken Sie an der gewünschten Stelle auf den aus-

gewählten Pfad. Der neue Punkt wird auch in Kurvensegmenten so eingefügt, dass sich die Krümmung nicht verändert.
Achtung! Wenn Sie den Pfad vorher nicht aktivieren, erzeugen Sie dabei einen neuen Pfad, anstatt nur einen zusätzlichen Punkt auf einem bestehenden Pfad anzulegen!

- **Ankerpunkt-hinzufügen-Werkzeug** : Arbeiten Sie wie mit dem Zeichenstift. Wenn Sie mit dem Ankerpunkt-hinzufügen-Werkzeug direkt arbeiten, ist es allerdings nicht notwendig, den Pfad vorher zu aktivieren. Sie müssen lediglich den richtigen Pfad ziemlich genau treffen.

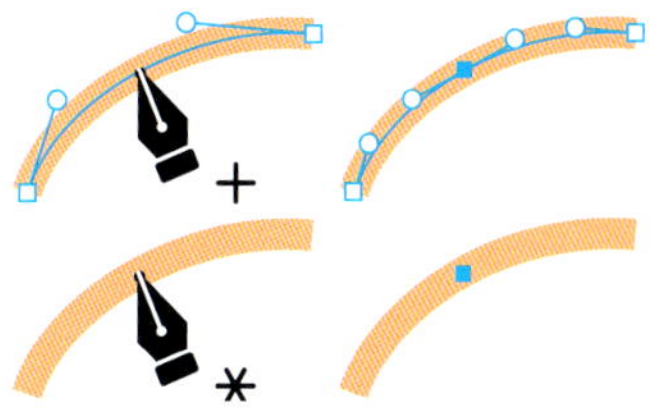

▲ **Abbildung 5.57**
Ob ein neuer Punkt (oben) oder ein neuer Pfad entsteht (unten), erkennen Sie am Cursor-Symbol des Zeichenstifts.

Kurvenzeichner

Auch mit dem Kurvenzeichner können Sie Punkte auf Pfaden hinzufügen (s. Abschnitt 5.3).

Eck- oder Kurvenpunkt | Setzen Sie einen Ankerpunkt nachträglich auf einen bestehenden Pfad, verwendet Illustrator automatisch den passenden Ankerpunkttyp. Auf einem Pfadsegment, das eine Gerade bildet, wird der neue Punkt als Eckpunkt definiert. Setzen Sie nachträglich einen Ankerpunkt auf ein Segment, das auch nur die geringste Krümmung aufweist, erzeugt Illustrator einen Übergangspunkt. Die zugehörigen Grifflinien passt das Programm automatisch an, sodass der Pfadverlauf nach dem Setzen des Punkts genauso aussieht wie vorher.

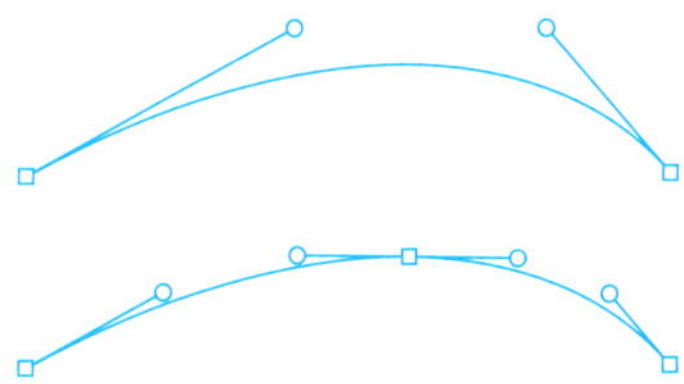

▲ **Abbildung 5.58**
Illustrator setzt den korrekten Übergangspunkt und kürzt die vorhandenen Grifflinien.

5.7.2 Ankerpunkte automatisch hinzufügen

Ein Sonderfall ist es, wenn Sie auf allen Segmenten eines Pfades jeweils zwischen zwei Ankerpunkten einen zusätzlichen Punkt benötigen, z. B. als zusätzliche Fixierpunkte, bevor Sie Verflüssigen-Operationen (s. Abschnitt 6.5) anwenden.

Dafür ist die Menüfunktion Objekt • Pfad • Ankerpunkte hinzufügen vorgesehen, die Sie auf aktivierte Objekte anwenden. Eine mehrfache Benutzung dieses Befehls teilt die vorher entstandenen Pfadsegmente weiter auf.

Bei unregelmäßig gekrümmten Pfadsegmenten (z. B. von Ovalen) werden die Ankerpunkte nicht auf der Hälfte des Pfadsegments zwischen den bestehenden Punkten hinzugefügt. Falls Sie dies benötigen, ist der Einsatz von Skripten nötig.

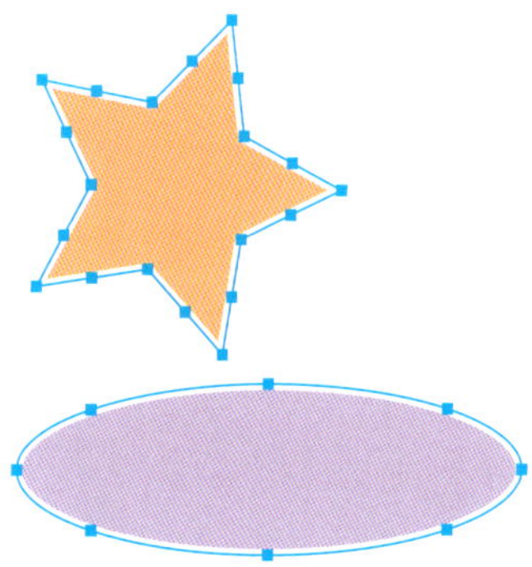

▲ **Abbildung 5.59**
Ankerpunkte wurden mit der entsprechenden Menüfunktion hinzugefügt.

5.7.3 Pfade verlängern bzw. weiterführen

Sie können an einem der Endpunkte eines bestehenden Pfades ein neues Pfadsegment ansetzen. Außerdem wird das Zeichnen eines Pfades mit dem Zeichenstift oft versehentlich unterbrochen. Dann müssen Sie ebenfalls so vorgehen, als hätten Sie diesen Pfad bereits deaktiviert, und das Zeichnen neu aufnehmen. Dazu gehen Sie wie folgt vor:

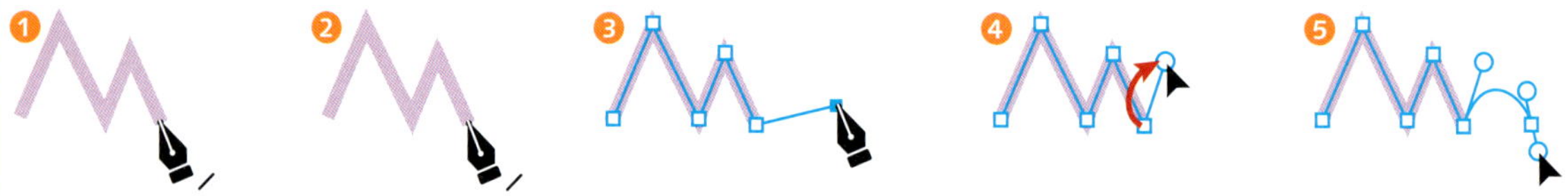

Wenn der Endpunkt, an dem Sie den Pfad verlängern wollen, ohne Markierung schwer zu treffen ist, z. B. bei breiten Konturen, aktivieren Sie zuerst das Objekt.

1 Wählen Sie den Zeichenstift, und bewegen Sie ihn über einen Endpunkt – der Cursor zeigt.

2 Klicken Sie auf den Endpunkt, oder klicken und ziehen Sie 4, um die Grifflinie für eine Krümmung gleich mit zu generieren.

3 und 5 Erzeugen Sie weitere Ankerpunkte wie beim Erstellen eines neuen Pfades.

Achtung! Beim Verlängern eines Pfades mit dieser Methode wird möglicherweise die Pfadrichtung geändert. Sie verläuft nach dem Ansetzen des Pfades in Richtung des geklickten Endpunkts und weiter zu den ergänzten Ankerpunkten.

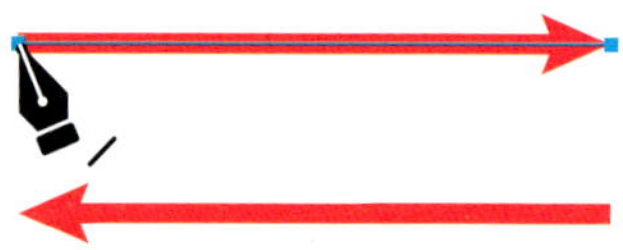

▲ **Abbildung 5.60**
Pfadrichtung umkehren

5.7.4 Die Pfadrichtung umkehren

Die Pfadrichtung entspricht normalerweise der Reihenfolge, in der die Punkte eines Pfades gesetzt wurden. Sie beeinflusst das Aussehen von richtungsabhängigen Konturen, wie z. B. Pinseln oder Breitenprofilen sowie Pfeilspitzen, den Verlauf von Pfadtexten und hat Einfluss auf zusammengesetzte Pfade. Illustrator bietet nur wenig offensichtlichen Einfluss auf die Pfadrichtung, stattdessen lässt sich die Richtung von Pinselkonturen und Pfadtexten mit den Optionen im Pinsel-Bedienfeld bzw. den Pfadtextoptionen steuern. »Löcher« in zusammengesetzten Pfaden werden mit einer passenden Füllregel erzeugt (s. Abschnitt 10.1.1), und in diesem Zusammenhang steuern Sie die Pfadrichtung mit den Optionen im Attribute-Bedienfeld.

Möchten Sie aufgrund gewohnter Arbeitsweisen trotzdem das Verhalten von Pfadtexten oder Pinselstrichen mithilfe der Pfadrichtung beeinflussen, verwenden Sie bei offenen Pfaden das Zeichenstift-Werkzeug: Klicken Sie mit diesem Werkzeug einfach auf den Endpunkt, in dessen Richtung der Pfad verlaufen soll. Dabei darf jedoch nicht der andere Endpunkt aktiv sein, da ansonsten der Pfad geschlossen wird.

Isolationsmodus

Wenn in einer Datei sehr viele Pfade dicht nebeneinanderliegen, können Sie den Pfad isolieren, den Sie bearbeiten möchten, um nicht versehentlich andere zu aktivieren. Das ist auch möglich, wenn der Pfad nicht gruppiert ist.

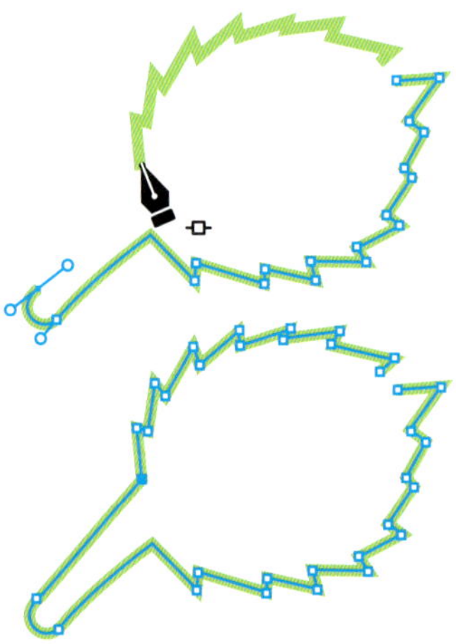

▲ **Abbildung 5.61**
Klicken Sie auf den Endpunkt eines offenen Pfades, und schließen Sie an diesen an.

5.7.5 Neuen Pfad mit einem bestehenden Pfad verbinden

Das Anhängen eines Pfades funktioniert, indem Sie zuerst einen neuen Pfad zeichnen. Treffen Sie dann beim Zeichnen eines Pfades auf den Endpunkt eines vorhandenen offenen Pfades, werden beide miteinander verbunden. Und so wird's gemacht:

1. Zeichnen Sie mit dem Zeichenstift einen neuen Pfad, und lassen Sie den zuletzt gesetzten Ankerpunkt aktiv.

2. Bewegen Sie das Werkzeug über den Endpunkt eines bereits bestehenden offenen Pfades, bis der Cursor einen Endpunkt mit dem Symbol ✒ₒ anzeigt.
3. Klicken Sie auf dieses Pfadende. Die Pfadrichtung und damit richtungsabhängige Eigenschaften können sich dabei umkehren.

Richtung geschlossener Pfade

Die Richtung geschlossener Pfade lässt sich am besten mit Skripten oder Plug-ins (z. B. VectorScribe) umkehren.

5.7.6 Offene oder geschlossene Pfade?

Illustrator-Pfade können offen oder geschlossen sein. Das Dokumentinformationen-Bedienfeld zeigt an, ob ein Pfad geschlossen ist. Aktivieren Sie dazu den Pfad, und wählen Sie im Bedienfeldmenü des Dokumentinformationen-Bedienfeldes den Eintrag OBJEKTE.

Offene Pfade sind an jedem Ende durch Punkte begrenzt, bei geschlossenen Pfaden sind Anfangs- und Endpunkt identisch. Welcher Punkt der Anfangs- bzw. Endpunkt ist, sehen Sie, wenn Sie einem geschlossenen Pfad Pfeilspitzen zuweisen.

Clipart-Anbieter

Wenn Sie Ihre Illustrationen bei Clipart-Anbietern wie iStock, Adobe Stock oder Fotolia einreichen, werden Dateien häufig daraufhin getestet, ob alle Pfade geschlossen sind.

◄ **Abbildung 5.62**
Während der Pfad »virtuell« geschlossen wird, um ihn zu füllen, wird die Kontur nur auf den tatsächlich vorhandenen Pfad gelegt. Denken Sie daher beim Zeichnen der Pfade die Füllung immer mit, dann können Sie sich oft das Erstellen getrennter Pfade für Flächen und Konturen ersparen.

Nach der Illustrator-Begriffserklärung ist »der Bereich, der innerhalb eines Pfades ist«, die Fläche eines Objekts, die gefüllt werden kann. Um diesen Raum zu definieren, werden bei offenen Pfaden die beiden Endpunkte virtuell mit einer Geraden verbunden. In Illustrator können also sowohl geschlossene als auch offene Pfade mit einer Füllung versehen werden – aber …

… Achtung! Nicht jedes andere Vektorprogramm behandelt offene Pfade so wie Illustrator, und offene Pfade verursachen mit manchen Bearbeitungen unerwartete Probleme. Wenn Sie Dateien erstellen, die für den Austausch bestimmt sind, empfiehlt es sich, alle Pfade zu schließen, die gefüllt werden sollen oder eine geschlossene Kontur bilden.

Einfacher »ausmalen«

Weitergehende Füllmöglichkeiten eröffnet Ihnen INTERAKTIV MALEN (s. Abschnitt 10.4).

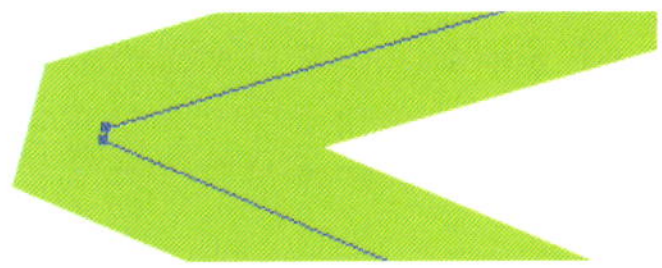

▲ **Abbildung 5.63**
Egal, wie nahe zwei Punkte beieinanderliegen, wenn die Ankerpunkte nicht exakt übereinander platziert sind, wird beim Zusammenfügen eine Linie dazwischen erzeugt.

5.7.7 Pfade schließen

Damit Sie sich spätere Korrekturen ersparen, ist es nützlich, Pfade sofort bei der Erstellung zu schließen, indem Sie als letzten Schritt noch einmal auf den Startpunkt klicken.

Schneller zusammenfügen

Aktivieren Sie zwei nicht aufeinanderliegende Endpunkte des gleichen Pfades oder von zwei verschiedenen Pfaden und drücken ⌘+⇧+⌥+J bzw. Strg+⇧+Alt+J, dann werden die beiden Punkte in einem Zug übereinander positioniert und zu einem Punkt zusammengefügt, ohne eine Dialogbox aufzurufen. Der vereinte Ankerpunkt wird ein Eckpunkt.

Es ist aber auch möglich, einen Pfad nachträglich per Menübefehl zu schließen – jedoch immer nur jeweils einen Pfad. Falls mehrere offene Pfade aktiv sind, wenn Sie den Zusammenfügen-Befehl anwenden, werden deren jeweils nächste Ankerpunkte miteinander verbunden.

Aktivieren Sie das Objekt mit dem Auswahl-Werkzeug. Alternativ können Sie auch die beiden offenen Endpunkte mit dem Direktauswahl-Werkzeug bzw. mit dem Lasso auswählen. Anschließend wählen Sie Objekt • Pfad • Zusammenfügen – ⌘/Strg+J – oder verwenden den Button Ausgewählte Endpunkte verbinden aus dem Steuerungsbedienfeld. Zwischen den Endpunkten entsteht eine Gerade als Verbindung; die ehemaligen Endpunkte werden zu Eckpunkten.

Wenn beide Endpunkte exakt übereinanderliegen, vereint Illustrator sie mit dem obigen Menübefehl zu einem einzigen Eckpunkt, auch dann, wenn die vorhandenen Griffe in einer Flucht liegen. Wenn Sie die Wahl haben möchten, ob ein Kurven- oder ein Eckpunkt entsteht, aktivieren Sie die beiden Endpunkte und rufen den Zusammenfügen-Befehl mit ⌘+⇧+⌥+J bzw. Strg+⇧+Alt+J auf.

Um Punkte übereinanderzulegen, bevor Sie den Pfad schließen, wählen Sie einen Endpunkt aus und schieben ihn über den anderen Endpunkt, bis der Cursor das Symbol anzeigt, oder verwenden Sie Objekt • Pfad • Durchschnitt berechnen (s. Abschnitt 5.6.3).

▼ **Abbildung 5.64**
Um die Herzform zu schließen, lassen Sie zunächst die Ankerpunkte übereinanderrechnen. Anschließend fügen Sie die Punkte mit ⌘+⇧+⌥+J bzw. Strg+⇧+Alt+J zusammen. An dieser Stelle muss eine Ecke entstehen.

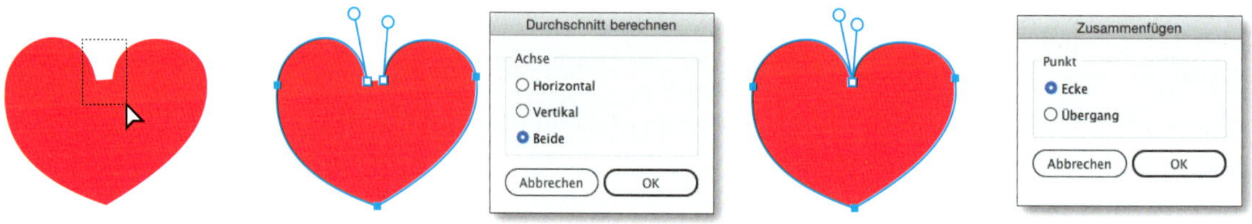

1 Klicken Sie den Endpunkt eines Pfades mit dem Auswahl-Werkzeug an – der Cursor zeigt.

2 Ziehen Sie über den Endpunkt des Pfades, mit dem er zusammengefügt werden soll, bis das Symbol als Cursor erscheint.
Achtung! Sie müssen den Pfad an dem zu positionierenden Endpunkt »anfassen«, da diese Anzeige nur an der Cursorposition erfolgt!

3 Führen Sie dies für weitere Pfade durch, die Sie verbinden möchten.

4 Aktivieren Sie nun alle Pfade, die Sie verbinden möchten – z. B. indem Sie ein Auswahlrechteck aufziehen –, und rufen Sie Objekt • Pfad • Zusammenfügen auf – ⌘/Strg+J.

5 Die Pfade werden mit Eckpunkten verbunden. Wenn Sie die jeweiligen Punktarten bestimmen wollen, verbinden Sie die Pfade einzeln, wie in Abschnitt 5.7.7 beschrieben. Der resultierende Pfad erhält die Eigenschaften des obersten Pfades der Auswahl – die Eigenschaften der anderen Pfade gehen verloren.

5.7.8 Endpunkte von mehreren Pfaden zusammenfügen

Auch Endpunkte von mehreren offenen Pfaden lassen sich per Menü zusammenfügen. Illustrator fügt auch Pfade aus verschiedenen Gruppen oder Unterebenen zusammen. Sollten die Endpunkte der Pfade nicht übereinanderliegen, werden jeweils Verbindungen zwischen den am nächsten nebeneinanderliegenden Punkten erstellt. Sie können die Lage der Pfade auch vorher anpassen (s. dazu die Anleitung auf S. 176 unten).

Objekte teilen

Um Objekte zu teilen, aktivieren Sie einen Punkt mit dem Direktauswahl-Werkzeug und schneiden diesen mitsamt den angrenzenden Pfadsegmenten aus.

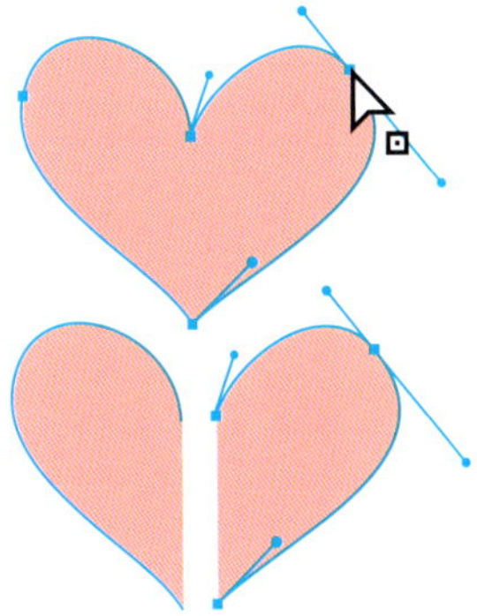

5.7.9 Pfade zerschneiden

Zum Auftrennen von Pfaden verwenden Sie entweder das Schere-Werkzeug oder den Funktionsbutton im Steuerungsbedienfeld.

Schere-Werkzeug | Mit dem Schere-Werkzeug können Sie einen Pfad an jeder beliebigen Stelle trennen. Der Pfad muss dazu nicht aktiviert sein. Bewegen Sie das Schere-Werkzeug über die gewünschte Position, und klicken Sie damit auf den Pfad. Nach dem Schneiden eines geschlossenen Pfades erhalten Sie einen offenen Pfad.

Nach dem Schneiden eines offenen Pfades sind zwei offene Pfade vorhanden. An den Schnittstellen liegen jeweils zwei Ankerpunkte exakt übereinander.

Wenn Sie Ankerpunkte mit dem Schere-Werkzeug genau treffen wollen, sollten Sie die Menüoption Ansicht • Intelligente Hilfslinien aktivieren. Um einen Pfad genau an Ankerpunkten zu trennen, ist die Funktion Pfad an ausgewählten Ankerpunkten ausschneiden (s. folgenden Abschnitt) jedoch besser geeignet.

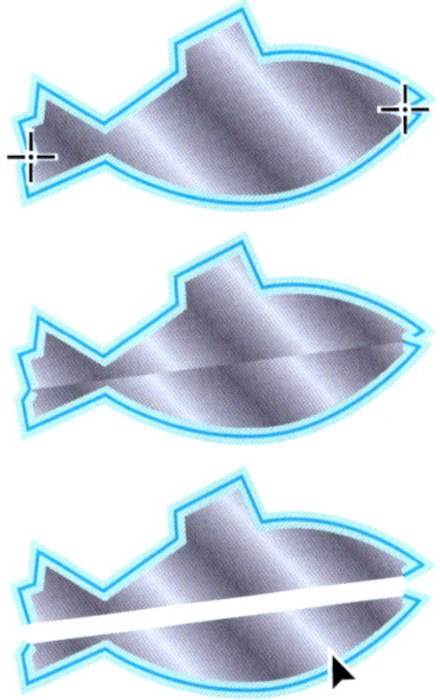

▲ **Abbildung 5.65**
Nach dem ersten Schnitt ist der Pfad offen, nach dem zweiten Schnitt sind es zwei Pfade. Verlaufsfüllungen werden beiden Objekten zugewiesen.

Pfad an ausgewählten Ankerpunkten ausschneiden | Aktivieren Sie die Ankerpunkte, an denen Sie den Pfad auftrennen möchten, und verwenden Sie den Button im Steuerungsbedienfeld.

5.7.10 Sich selbst überschneidende Pfade – Füllregeln

Die meisten Pfade umlaufen ein Objekt, ohne sich dabei selbst in den Weg zu kommen. Sie können Schleifen jedoch gezielt einsetzen, um »Löcher« in einer Form zu erzeugen, d.h. einen Bereich, der von der zugewiesenen Füllung ausgenommen ist.

Diese Löcher entstehen nicht automatisch an einer Schleife, sondern Sie müssen dazu die entsprechende Füllregel-Eigenschaft im Attribute-Bedienfeld festlegen. So gehen Sie dabei vor:

▲ **Abbildung 5.66**
Attribute-Bedienfeld: Füllregeln

Rufen Sie Fenster • Attribute auf – [⌘]/[Strg]+[F11]. Die Füllregel bestimmen Sie mit zwei Buttons: Nicht-Null und Gerade-Ungerade (s. Abbildung 5.66 und Abschnitt 10.1.1).

5.8 Strategien zum Zeichnen von Vektorpfaden

Vielleicht ist bei Ihnen nun nach dem Lesen dieses Kapitels der Eindruck entstanden, dass das Konstruieren von Vektorobjekten schrecklich kompliziert ist. Das wäre tatsächlich der Fall, wenn Sie jede Form vom ersten bis zum letzten Ankerpunkt mit dem Zeichenstift-Werkzeug erzeugen müssten, aber so ist es glücklicherweise nicht. Es gibt viele Strategien, wie Sie sich die Arbeit erleichtern können – und mit der Zeit stellt sich auch die nötige Übung beim Verwenden der Zeichenfeder ein.

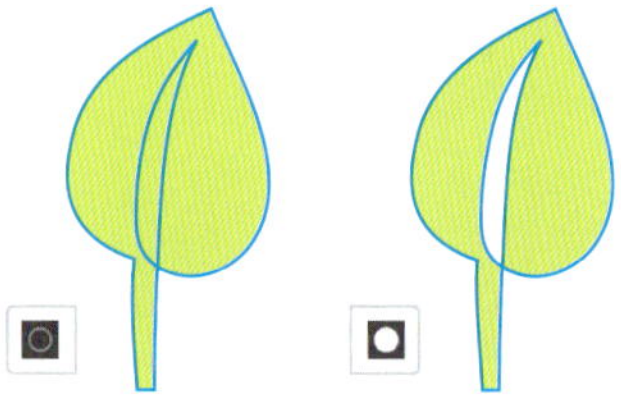

▲ **Abbildung 5.67**
Füllregel: Nicht-Null (links), Gerade-Ungerade (rechts)

5.8.1 Handskizzen als Grundlage

Viele Entwürfe für Zeichnungen und Layouts entstehen als »Daumennagel-Skizze« auf dem Zeichenblock oder auf mobilen Geräten. Solche Vorlagen in Illustrator »freihändig« anzufertigen ist nicht so einfach. Digitalisieren Sie deshalb Ihre Handskizzen, und übertragen Sie Ihre Skizzen von mobilen Geräten, und fügen Sie die Fotos, Scans oder andere Daten in Ihre Illustrator-Datei als Zeichenhilfe auf einer Vorlagenebene ein (zu Vorlagenebenen s. Abschnitt 11.1.2, zu Pixelbildern s. Abschnitt 19.2). Die Vorlagenebene können Sie einfach per Kurzbefehl [⌘]/[Strg]+[⇧]+[W] aus- und wieder einblenden, um so Ihre Zeichnung mit der Vorlage zu vergleichen.

▲ **Abbildung 5.68**
Analoge Skizze, mehrfach in Adobe Illustrator Draw (bzw. seinen Vorgängern) digital überarbeitet, dann in Illustrator final gezeichnet

5.8.2 Effizient arbeiten mit Vorlagen

Bearbeiten Sie die Vorlagen, die Sie vektorisieren. Erhöhen Sie vorab den Kontrast, um Details besser erkennen zu können, und entfernen Sie Rauschen oder Störungen. Je höher der Kontrast der Vorlage ist und je schärfer deren Kanten sind, desto exakter können Sie Ihre Pfade ausrichten.

Für einige Arbeiten kann es auch sinnvoll sein, in Illustrator zwei unterschiedlich bearbeitete Vorlagen passgenau übereinander zu platzieren und je nach Bedarf einzublenden.

Bei (fotorealistischen) Illustrationen, die Sie nach Fotovorlagen erstellen, ist vielleicht das folgende Vorgehen nützlich: Verwenden Sie in Photoshop den Posterisieren-Befehl unter Bild • Korrekturen • Ton-

TRENNUNG, und passen Sie die Anzahl der Stufen nach Bedarf an, um die bestimmenden Farbflächen der Vorlage erkennbar zu machen. Die so entstandenen Flächen können Ihnen als Anhaltspunkt für die Formgebung in Ihrer Illustration dienen. Wenn Sie die tongetrennte und die normale Version in der Illustrator-Datei als Vorlage direkt übereinander platzieren, können Sie nach Bedarf hin- und herwechseln.

▲ **Abbildung 5.69**
Fotovorlage (links), tongetrennt (rechts)

5.8.3 Form-Werkzeuge benutzen

Benutzen Sie Illustrators Form-Werkzeuge, um sich die Arbeit zu vereinfachen (Form-Werkzeuge s. Abschnitt 4.1). Viele Formen, die Sie selbst mühsam konstruieren müssten, generiert das Programm nach der Eingabe einiger Parameter ganz automatisch. Andere Objekte lassen sich ableiten, indem Sie die Grundformen mit den Transformieren-Werkzeugen bearbeiten. Solche generierten Objekte können Sie anschließend wie selbst gezeichnete Pfade bearbeiten oder zerschneiden, falls Sie nur Teile davon benötigen. Oder Sie kombinieren verschiedene einfache Formen zu einer komplexeren (Kombinieren s. Kapitel 10, Checkliste »(Logo-) Vektorisierung« s. Seite 686).

▲ **Abbildung 5.70**
Viele Grafikteile lassen sich mit den Form-Werkzeugen aufbauen.

5.8.4 Welche Formen zeichnen?

In Illustrator ist es nicht möglich, mehr als zwei Pfadsegmente in einem Ankerpunkt zu verbinden. Daher können sich Probleme ergeben, wenn Sie nicht nur Konturen benötigen, sondern unabhängig davon auch Flächen füllen müssen. In einem begrenzten Rahmen lässt sich noch damit arbeiten, dass Pfade »virtuell« geschlossen werden, um ein Objekt zu füllen. Bei komplexeren Zeichnungen müssen Sie gegebenenfalls mehrere Objekte stapeln, um die benötigten Flächen und Konturen erzeugen zu können.

Interaktiv malen

Beziehen Sie auch die Funktion INTERAKTIV MALEN in Ihre Konzeption ein. Sie vereinfacht gerade die schwierigen Konstruktionen mit Konturen und Flächen.

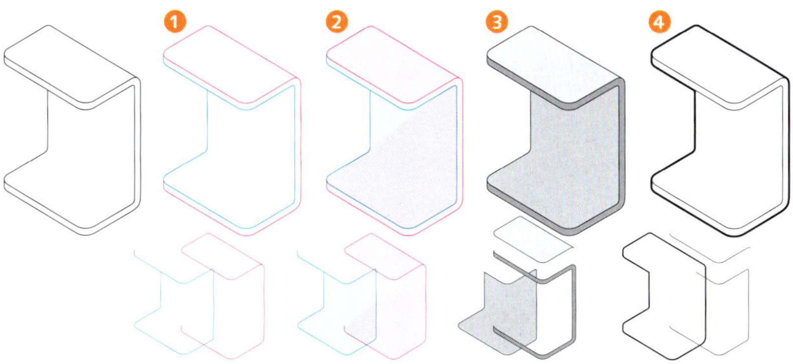

◄ **Abbildung 5.71**
Je nachdem, wie eine Grafik ausgestaltet werden soll, müssen die Pfade angelegt werden. Wenn Sie lediglich Konturen brauchen, achten Sie nur auf saubere Übergänge 1. Müssen dagegen Flächen gefüllt werden, dann können Sie nicht dieselben Pfade verwenden 2, sondern brauchen die entsprechenden Flächen als Umrisse 3. Soll der Umriss des Objekts in einer stärkeren Kontur dargestellt werden, dann benötigen Sie andere Objekte 4.

5.8.5 Erst denken, dann zeichnen

Bei komplexeren Konstruktionen erleichtern Sie sich die Arbeit, indem Sie darüber nachdenken, wie Sie Illustrators Konstruktionsfunktionen (z. B. die Pathfinder-Operationen, Shaper-Gruppen oder die Funktion INTERAKTIV MALEN) einsetzen können. Damit sparen Sie sich viel Arbeit.

Es müssen jedoch auch hier einige Bedingungen gegeben sein – so funktionieren z. B. einige Pathfinder nicht oder nur eingeschränkt mit offenen Pfaden (s. Abschnitt 10.2). Lernen Sie diese Funktionen eingehend kennen, so können Sie auch im Produktionsstress ihr ganzes Potenzial ausschöpfen.

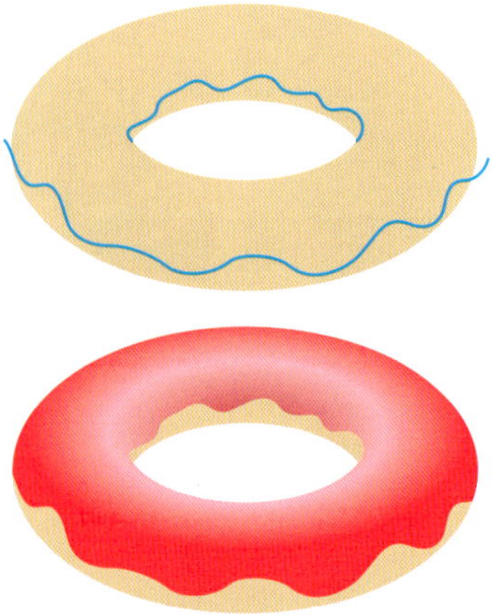

▲ **Abbildung 5.72**
INTERAKTIV MALEN hilft, um offene Pfade als füllbare Formen zu nutzen.

5.8.6 Schwungvoll und handgezeichnet

Verwenden Sie das Bleistift-, Pinsel- oder Tropfenpinsel-Werkzeug, um einen handgezeichneten »Look« zu erreichen. Zeichnen Sie auf einem Grafiktablett schnell und mit hohen Glättungseinstellungen, wenn schwungvolle Formen gefragt sind. Arbeiten Sie mit höherer Genauigkeit, um natürliche Formen exakt nachzuzeichnen.

Auch Pfade, die Sie mit diesen »Freihand-Werkzeugen« erstellen, können Sie mit dem Zeichenstift nachbearbeiten (Buntstift und Pinsel s. Abschnitt 6.1).

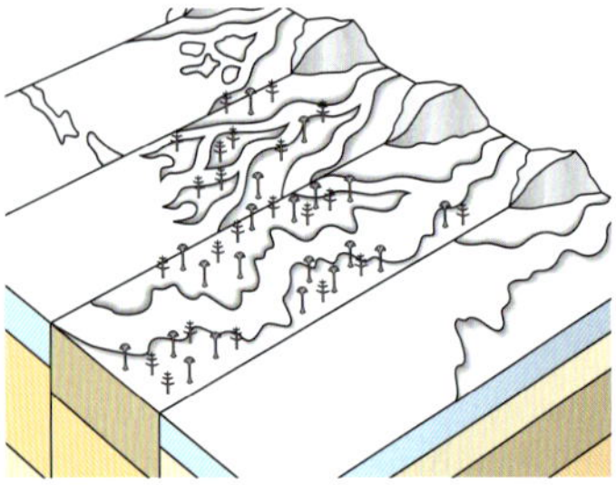

▲ **Abbildung 5.73**
Natürliche Formen lassen sich schneller mit dem Zeichenstift zeichnen als konstruieren.

5.8.7 Kreuzende Formen (z. B. in Schriften und Logos)

Je ungenauer und grober skizziert eine Vorlage ist, desto wichtiger ist es, gleichzeitig flexibel zu bleiben und saubere Formen und Übergänge zu erzeugen. Zeichnen Sie jede der kreuzenden Formen für sich, und kombinieren Sie sie erst später in einem zweiten Schritt mithilfe von Pathfinder-Funktionen oder als zusammengesetzte Formen (s. Abschnitt 10.2). So erreichen Sie, dass die Kurven jeweils durchgehend sind und sauber wirken.

Abbildung 5.74 ▶
Formen mit überkreuzenden Linien werden zusammenhängend gezeichnet (links). Dabei entstehen »Brüche« der Kurven (übertriebene Darstellung). Im Vergleich: Zeichnen der Einzelformen und Kombinieren als zusammengesetzte Form (Mitte und rechts – eine zusätzliche Form deckt den Strich an der Nase ab). Die Kurven »brechen« nicht, und Änderungen (wie z. B. rechts) sind einfacher durchzuführen.

Darüber hinaus haben Sie auf diese Art eine bessere Möglichkeit, Korrekturen an Strichstärken oder der exakten Positionierung der Einzelformen auszuführen.

Handelt es sich um einen einzelnen Pfad, der sich selbst überkreuzt, achten Sie auf die korrekte Füllregel (s. Abschnitt 10.1.1), um »Löcher« an den Überschneidungsstellen zu vermeiden.

Wie zeichnen?

Die Übung auf Seite 63 zeigt grundsätzliche Strategien für den Aufbau von Vektorgrafiken.

5.8.8 Aufeinandertreffende Linien

In Illustrator ist es nicht möglich, mehr als zwei Pfadsegmente in einem Ankerpunkt zu verbinden. Daraus ergeben sich Probleme in einigen Illustrationen, die auf anderem Weg gelöst werden müssen.

Wenn es vor allem darum geht, einen Punkt genau an einen bestehenden Pfad zu setzen, aktivieren Sie die intelligenten Hilfslinien, die Sie dabei unterstützen, den Pfad genau zu treffen.

Manchmal beginnen jedoch erst beim genauen Arbeiten die Probleme, z.B., wenn zwei Ecken aufeinanderstoßen (s. Abbildung 5.75).

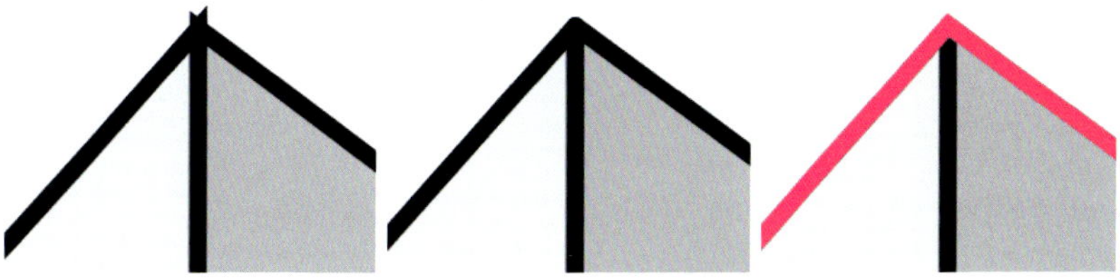

◀ **Abbildung 5.75**
Die überkreuzten Ecken (links) können vermieden werden, wenn Sie die abgerundete Eckenform zuweisen (Mitte). Falls unbedingt außen eine Ecke benötigt wird, müssen Sie eine Kontur um das gesamte Objekt legen (rechts) – dies geht auch auf dem Weg über Aussehen-Eigenschaften für Gruppen (s. Kapitel 11).

Eine andere Lösung müssen Sie finden, wenn ein Pfad in sehr spitzem Winkel auf einen anderen trifft.

▲ **Abbildung 5.76**
Da hier ein offener Pfad auf die Kurve trifft, können Sie zu einer anderen Lösung greifen und eine spezielle Pfeilspitze zuweisen, die angeschrägt ist.

5.8.9 Wie viele Punkte dürfen es denn sein?

Das Motto für gelungene Pfade sollte sein: »So viele Ankerpunkte wie nötig, aber so wenige wie möglich«. Das ist einfach gesagt, aber gerade für Anfänger nicht immer so einfach zu beurteilen. Da kann es eine gute Hilfe sein, mit den entsprechenden Illustrator-Funktionen Pfade in kleinen Schritten zu vereinfachen und zu beobachten, wo automatisch

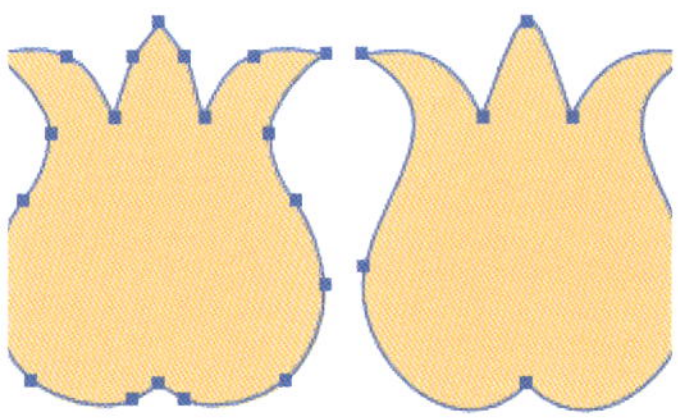

▲ **Abbildung 5.77**
Der Pfad (links) wurde mit Objekt • Pfad • Vereinfachen bearbeitet (rechts). Ankerpunkte werden von der Funktion ökonomisch gesetzt.

Punkte gesetzt werden, solange die Form eines Pfades optisch nicht merklich leidet.

Zu viele Punkte erhöhen die Dateigröße und die Komplexität Ihrer Pfade. Bei zu vielen Punkten können Ihre Dateien unter Umständen von einigen Geräten nicht mehr verarbeitet werden.

Zu viele Ankerpunkte sind ebenfalls ungeeignet für den Export von SVG-Dateien, nicht nur, weil sie die Dateigröße erhöhen, sondern weil die Formen durch Exportoptionen (Reduzierung der Anzahl der Nachkommastellen für Positionsangaben) deutlich leiden können.

Theoretisch können Sie jede Kurve aus zwei Punkten erzeugen. Praktisch gelingt das nicht immer, wenn Kurven mathematisch nicht so regelmäßig sind, wie es auf den ersten Blick aussieht. Punkte sollten Sie zu beiden Seiten einer Kurve setzen – an der Stelle, an der der Pfad beginnt, seine Richtung zu ändern. Dies ist an Eckpunkten einfach zu entscheiden. Bei Kurven, die ihre Steigung ändern, gehört Erfahrung dazu.

▲ **Abbildung 5.78**
Dieselbe Form im SVG mit einer Nachkommastelle: links mit wenigen, rechts mit vielen Ankerpunkten und Griffen

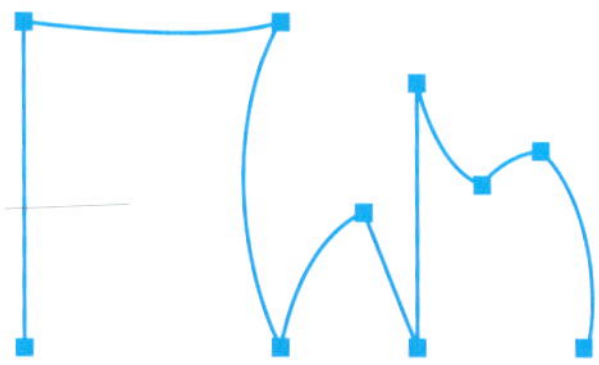

▲ **Abbildung 5.79**
An einer Ecke muss ein Punkt gesetzt werden – der Pfad ändert abrupt seine Richtung.

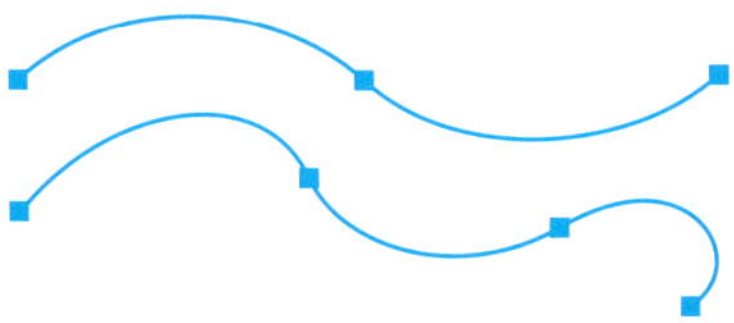

▲ **Abbildung 5.80**
Auch bei einer Schlangenlinie fällt die Entscheidung leicht: Wo der Pfad in eine andere Richtung abbiegt, muss ein Punkt gesetzt werden.

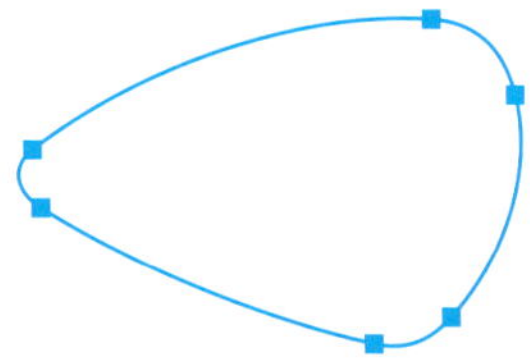

▲ **Abbildung 5.81**
Schwierig wird es, wenn der Pfad nicht seine Richtung, sondern nur seine Steigung ändert. Hier muss der Punkt gefunden werden, an dem die Änderung stattfindet.

Wenn Sie merken, dass sich durch Verändern der Griffe ein bestimmtes Kurvensegment nicht, wie gewünscht (oder der Vorlage entsprechend), biegen lässt, suchen Sie eine andere Position für einen oder beide beteiligten Ankerpunkte.

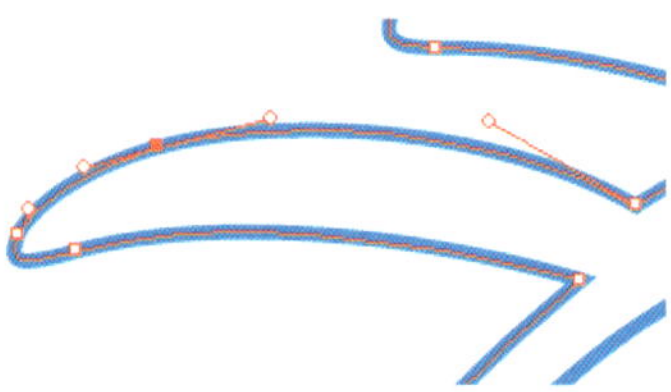

▲ **Abbildung 5.82**
Die Länge der Grifflinien entspricht etwa einem Drittel der Länge des Pfadsegments.

5.8.10 Verwendung der Grifflinien

Zur Definition einer Kurve benötigen Sie die Grifflinien aus den Punkten beidseitig des Pfadsegments. Gewöhnen Sie sich deshalb daran, immer beide Tangenten zu setzen.

Grifflinien sollten etwa so lang sein wie ein Drittel der Kurve, die sie steuern. Wenn ein Kurvensegment auf eine Gerade folgt, sollte die Grifflinie die Richtung der Geraden fortsetzen, damit am Übergang keine Ecke entsteht, und damit einen »Konnektorpunkt« simulieren. Wenn Sie merken, dass Sie extrem lange Grifflinien setzen müssen, um eine Kurve zu erzeugen, sollten Sie zusätzliche Ankerpunkte anlegen.

Verwenden Sie Grifflinien nur dort, wo sie benötigt werden. Gerade Pfadsegmente benötigen keine Grifflinien – sind dennoch Griffe vorhanden, kann dies ebenfalls zu Fehlern führen, etwa bei der Nachbearbeitung mit Effekten, z. B. mit einem 3D-Effekt.

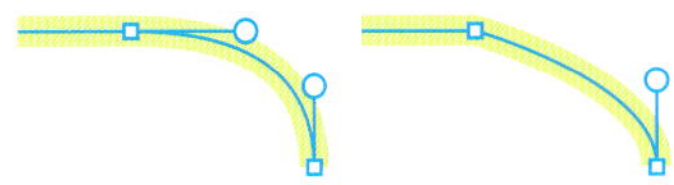

▲ **Abbildung 5.83**
Übergang von einer Geraden in eine Kurve: »Konnektorpunkt«

Griffe im 90°-Winkel | In den letzten Jahren in Mode gekommen sind Vektorpfade, die so angelegt sind, dass alle Griffe entweder horizontal oder vertikal angelegt sind. Das kann in manchen Fällen durchaus Vorteile bieten, z. B. beim Gestalten von Buchstaben, Schriftelementen (Lettering) oder Logos. Wenn dabei nachträglich parallel verlaufende Pfade angepasst werden müssen, dann ist das mit entsprechend gesetzten Punkten erheblich einfacher.

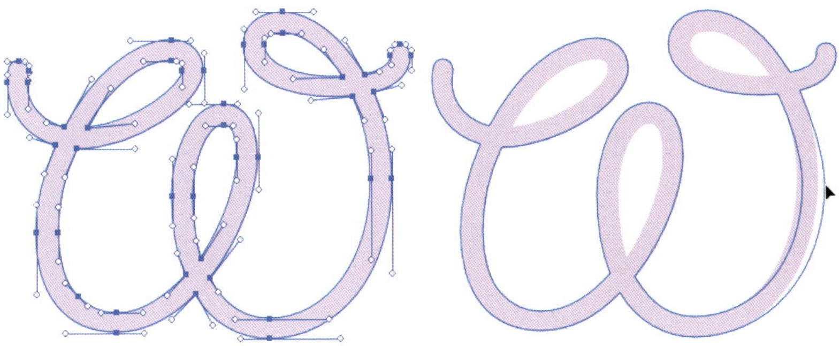

▲ **Abbildung 5.84**
Anpassen einer Linie, die mit parallel gesetzten Punkten konstruiert wurde (die Ankerpunkte sitzen jeweils an den Extrempositionen der Kurven oben, unten, rechts und links).

Machen Sie aber kein Gesetz daraus, denn so gesetzte Punkte können auch zu extremen Griffen führen, die dann wieder ungünstig zu bearbeiten sind.

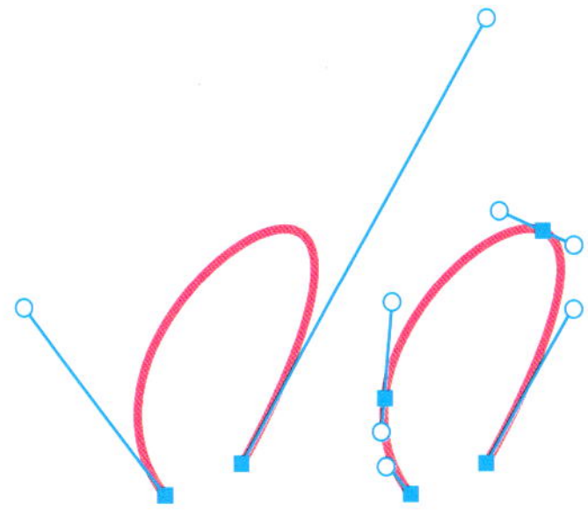

▲ **Abbildung 5.85**
Eine extreme Grifflinien-Konstruktion erschwert die Arbeit in hohen Zoomstufen.

5.8.11 Prüfen

Um zu prüfen, ob Ihre eigenen Formen gelungen sind, drucken Sie Ihre Grafik spiegelverkehrt aus. In der spiegelverkehrten Ansicht erkennen Sie viele Problemfälle besser.

Haben Sie Logos oder Schriften gezeichnet, drucken Sie diese in unterschiedlichen Größen aus.

▲ **Abbildung 5.86**
In der Ebenenfarbe werden Pfade hervorgehoben.

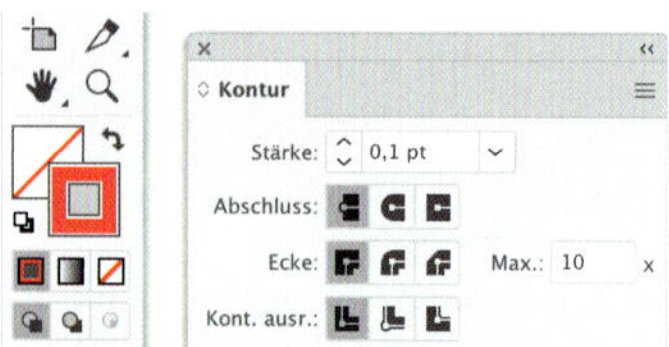

▲ **Abbildung 5.87**
Zeichnen Sie mit der Fläche Ohne und einer dünnen Kontur in einer Kontrastfarbe zum jeweiligen Hintergrund.

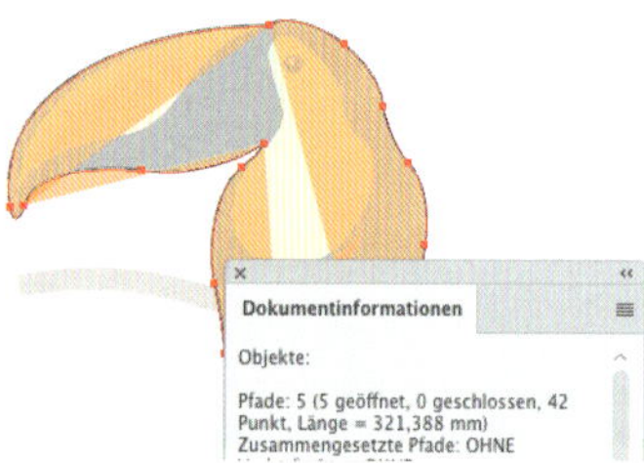

▲ **Abbildung 5.88**
Nicht verbundene einzelne Pfade werden zum Problem, wenn Sie das Objekt füllen wollen.

Weitere Tipps

Beachten Sie auch die Checkliste »(Logo-)Vektorisierung« auf Seite 686 mit weiteren Hinweisen.

Checkliste: Mit dem Zeichenstift arbeiten

Vorlagenebene | Falls Sie ein Pixelbild als Vorlage verwenden, richten Sie eine Vorlagenebene ein. Arbeiten Sie nach einer Vektorskizze, hellen Sie deren Farbe auf, und sperren Sie die entsprechende Ebene (Ebenen s. Abschnitt 11.1). Die Vorlagenebene lässt sich mit dem Shortcut ⌘/Strg+⇧+W einfach aus- und einblenden, um Ihr Ergebnis besser beurteilen und vergleichen zu können.

Aufteilung in Ebenen | Richten Sie Ebenen für die einzelnen Teile der Illustration ein, sodass Sie einzelne Elemente einfach ausblenden und fertiggestellte Bereiche sperren können.

Ebenenfarbe | Pfade werden in der Farbe der Ebene hervorgehoben. Stellen Sie diese so ein, dass sich der Pfad gut von dahinterliegenden Vorlagen abhebt.

Hilfslinien | Nutzen Sie Hilfslinien und intelligente Hilfslinien (s. Abschnitt 3.5.5), um sich die Konstruktion zu vereinfachen.

Kontur und Fläche | Für das Zeichnen mit dem Zeichenstift nutzen Sie die Möglichkeit, einzelne Ebenen in der Pfadansicht anzeigen zu lassen (s. Abschnitt 11.1.1). Wenn Sie lieber in der Vorschau zeichnen möchten, arbeiten Sie mit der Fläche Ohne sowie einer dünnen Kontur (bis 0,2 Punkt) in einer gut mit den Vorlagen kontrastierenden Farbe (s. Abschnitt 7.4.2).

Erst zeichnen | Zeichnen Sie den Pfad zwar so genau wie möglich; kleinere Unreinheiten korrigieren Sie jedoch erst in einem zweiten Durchgang. Dies erspart Ihnen Werkzeugwechsel und minimiert das Risiko, den Pfadverlauf unabsichtlich zu unterbrechen.

Shortcuts | Nutzen Sie die Modifikationstasten zum Werkzeugwechsel. Wenn Ihnen diese Arbeitsweise noch zu ungewohnt ist, reißen Sie das Zeichenstift-Untermenü aus dem Werkzeugbedienfeld ab und positionieren es in der Nähe Ihrer Zeichnung.

Pfade schließen | Wenn Sie eine flächige Form zeichnen, schließen Sie den Pfad. Offene Pfade können bei Pathfinder-Operationen und beim Austausch mit anderen Programmen und Anwendern unerwartete Ergebnisse verursachen.

Konstruktionsfunktionen | Nutzen Sie die Formwerkzeuge und die Konstruktion mit dem Pathfinder sowie das Umwandeln von Konturen in Flächen so oft wie möglich (s. Abschnitt 4.1, Abschnitt 10.2 und Abschnitt 10.5.1), um sich mühsame Zeichenarbeit zu erleichtern. Wandeln Sie jedoch keine Konturen um, wenn es nicht unbedingt nötig ist.

Fertige Ebenen fixieren | Sobald Sie einen Abschnitt Ihrer Zeichnung fertiggestellt haben, sperren Sie seine Ebene, um unabsichtliche Änderungen zu vermeiden.

Übung macht den Meister | Die Arbeit mit dem Zeichenstift braucht viel Fingerfertigkeit und Erfahrung für die richtige Position der Ankerpunkte. Haben Sie also Geduld, und trainieren Sie es häufig. Es wird Ihnen später locker und flüssig von der Hand gehen.

Motivation | Wenn Sie es sich aussuchen können, nehmen Sie sich als erstes Projekt ein einfaches Motiv vor, das Ihnen gefällt. Steigern Sie nach und nach die Komplexität der Vorlagen. So haben Sie regelmäßig Erfolgserlebnisse.

Kapitel 6
Freihand-Werkzeuge

Die Werkzeuge Buntstift, Pinsel, Radiergummi oder die Verflüssigen-Werkzeuge bieten eine grundsätzlich andere Herangehensweise an die Erstellung einer Grafik als das Zeichenstift-Werkzeug. Diese Werkzeuge mit der Maus zu bedienen ist nicht immer ganz bequem, daher unterstützt Illustrator auch Grafiktabletts, die den Gebrauch der digitalisierten Zeichenstifte, Pinsel etc. mit einem »natürlichen Feeling« versehen.

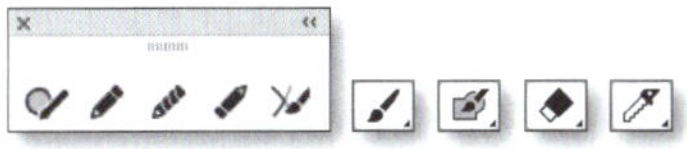

▲ **Abbildung 6.1**
Freihand-Werkzeuge: Shaper-Werkzeug (s. Kapitel 4 und Kapitel 10), Buntstift, Glätten, Löschen, Zusammenfügen (s. Kapitel 5), Pinsel, Tropfenpinsel, Radiergummi, Messer

6.1 Freihand-Linien zeichnen

Mit Werkzeugen, die einen Freihand-Pfad erzeugen, ziehen Sie eine Linie so, wie Sie es auf einem Blatt Papier machen würden, erhalten aber einen Vektorpfad mit Ankerpunkten und Griffen, den Sie mit allen üblichen Werkzeugen bearbeiten können.

▲ **Abbildung 6.2**
Illustrator berechnet die Punkte für den Freihand-Pfad, den Sie zeichnen.

6.1.1 Das Buntstift-Werkzeug

Mit dem Buntstift lassen sich Formen nicht exakt konstruieren, er ist jedoch nützlich, um organische oder unregelmäßige Formen zu zeichnen.

◄ **Abbildung 6.3**
Ideales Anwendungsgebiet für das Buntstift-Werkzeug sind organische Formen wie Skizzen und Illustrationen oder ein handgezeichneter Look von Icons.

Mit dem Buntstift zeichnen | Um mit dem Buntstift einen neuen Pfad zu zeichnen, führen Sie folgende Schritte aus:

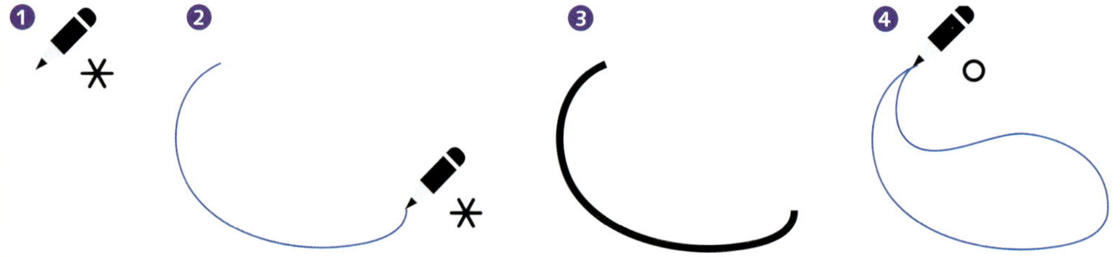

❶ Setzen Sie den Cursor des Buntstift-Werkzeugs – N – mit der Maus oder dem Stift des Grafiktabletts an die Stelle der Arbeitsfläche, an der Sie den Pfad beginnen wollen. Achten Sie dabei auf das Cursor-Symbol, damit Sie nicht einen bestehenden, noch aktivierten Pfad ändern!

❷ Beginnen Sie, den Pfad zu zeichnen. Während Sie die Linie entstehen lassen, wird ihr Verlauf gestrichelt angezeigt. Mauseingabe: Klicken und ziehen Sie den Pfad. Anschließend lassen Sie einfach die Maustaste los. Grafiktablett: Setzen Sie den Stift auf das Grafiktablett, und ziehen Sie den Pfad. Zum Beenden heben Sie den Stift vom Tablett ab.

❸ Illustrator berechnet den Pfad. Je nach der eingestellten Genauigkeit erzeugt das Programm Korrekturen am Pfadverlauf.

❹ Um einen geschlossenen Pfad zu zeichnen, muss die Option PFADE SCHLIESSEN aktiviert sein und der Cursor sich innerhalb der Toleranz befinden. Sehr kurze Pfade werden nie geschlossen. Achten Sie auf den Cursor.

Gerade Segmente zeichnen | Sie können, ohne abzusetzen, gerade Segmente zeichnen und diese an 45°-Winkeln ausrichten. Es ist wichtig, erst ganz zum Schluss die Maustaste zu lösen oder den Stift vom Grafiktablett zu heben, da anderenfalls der Pfad unterbrochen wird. Insofern unterscheidet sich Illustrator von vergleichbaren Optionen beim Umgang mit Photoshops Lasso-Werkzeug. Gehen Sie folgendermaßen vor:

Geraden mit dem Pinsel?

Mit dem Pinsel-Werkzeug können Sie keine geraden Pfadsegmente ziehen.

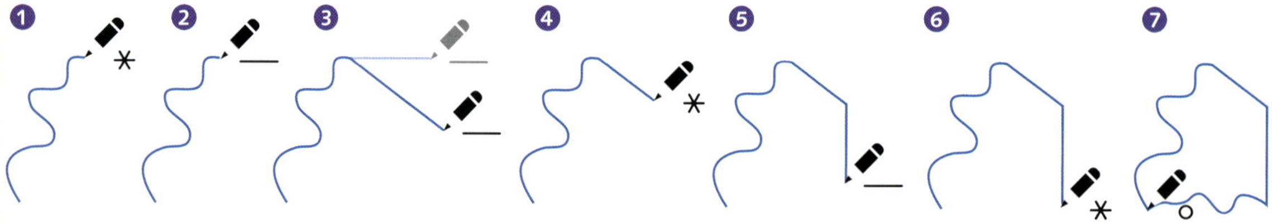

❶ Setzen Sie den Cursor an, klicken und ziehen Sie, um den Pfad zu zeichnen.

❷ Um zu einem geraden Segment zu wechseln, lassen Sie die Maustaste nicht los bzw. heben Sie nicht den Stift vom Grafiktablett. Drücken Sie ⌥/Alt – das Cursor-Symbol wechselt –, und ziehen Sie mit dem Werkzeug weiter wie vorher.

❸ Beim Ziehen wird nun die Länge und Ausrichtung eines geraden Pfadsegments verändert.

❹ Richten Sie dieses Pfadsegment passend ein, und halten Sie dann den Cursor in dieser Position. Lösen Sie die Taste ⌥/Alt.

❺ Sie können nun »normal« mit dem Buntstift weiterzeichnen oder erneut ein gerades Pfadsegment ansetzen. Soll dieses Pfadsegment außerdem im 45°-Winkel ausgerichtet werden, drücken Sie zusätzlich ⇧ und ziehen Sie.

❻ Ziehen Sie auch dieses Pfadsegment, und lösen Sie dann zunächst ⇧, anschließend ⌥/Alt.

❼ Um den Pfad zu schließen, ziehen Sie nun den Cursor zum Ausgangspunkt. Der Cursor wechselt entsprechend. Lassen Sie die Maustaste los bzw. heben Sie den Stift vom Grafiktablett.

Pfad korrigieren | Mit dem Buntstift-Werkzeug können Sie bestehende Pfade – egal, wie die Pfade ursprünglich erstellt wurden – intuitiv verändern und den Pfadverlauf korrigieren:

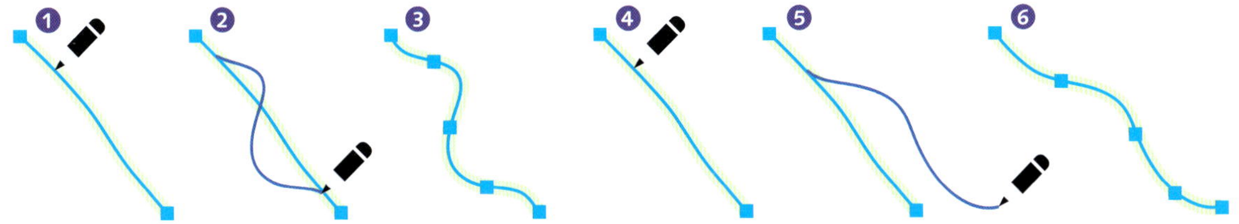

❶ Bewegen Sie das Buntstift-Werkzeug an die Stelle des aktivierten Pfades, die Sie korrigieren möchten, bis das Symbol ✎ angezeigt wird. In den Buntstift-Optionen muss eingestellt sein, dass aktivierte Pfade bearbeitet werden. Auch die Nähe des Cursors zum Pfad definieren Sie dort.

❷ Teil im Pfadverlauf ersetzen: Klicken Sie an der Stelle auf den Pfad, an der die Korrektur beginnen soll, und beenden Sie die Eingabe an einer anderen Stelle über dem Pfad.

❸ Der Linienteil zwischen Korrekturanfang und Korrekturende wird durch den neuen Pfadverlauf ersetzt. Der Rest der Linie bleibt unangetastet.

❹ und ❺ Pfadanfang oder Pfadende ersetzen: Führen Sie die Korrekturlinie vom ursprünglichen Pfad weg, und enden Sie nicht auf dem Pfad.

❻ Der alte Pfadverlauf wird ab dem Korrekturstartpunkt bis zu seinem bisherigen Pfadende gelöscht und durch die neu generierte Linie ersetzt.

Pfade ergänzen | Um mit dem Buntstift-Werkzeug an einen bestehenden Pfad einen neu gezeichneten Pfadteil anzusetzen, sind folgende Schritte notwendig:

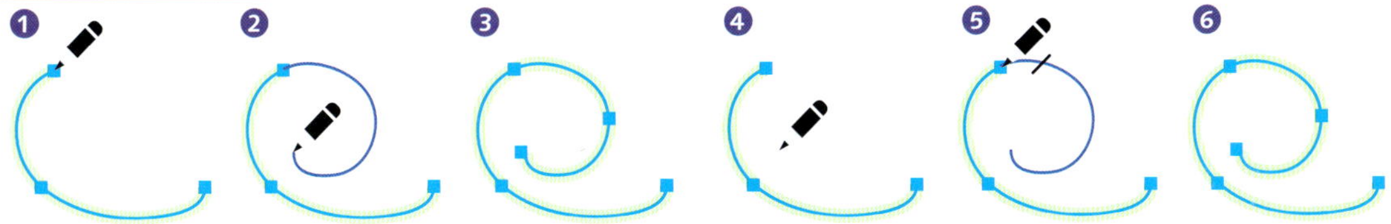

Aktivieren Sie den bestehenden Pfad, und rufen Sie das Buntstift-Werkzeug auf – N. Sie haben nun zwei Möglichkeiten, an den Pfad anzusetzen:

❶ Setzen Sie mit dem Cursor an einem der beiden bestehenden Endpunkte des aktivierten Pfades an, und zeichnen Sie den neuen Pfadteil ❷. Illustrator verbindet die neue Linie automatisch mit dem bestehenden Pfad ❸.

❹ Setzen Sie mit dem Cursor an einer beliebigen Stelle der Arbeitsfläche an, und beginnen Sie, den neuen Pfadteil zu zeichnen.

❺ Ziehen Sie die Linie bis zu einem der Endpunkte des aktivierten Pfades. Der Cursor ändert das Symbol in ✎. Lassen Sie die Maustaste los. Illustrator verbindet die neue Linie mit der bestehenden zu einem gesamten Pfad ❻.

Pfade verbinden | Die Methoden aus dem vorherigen Abschnitt können Sie kombinieren, um eine Verbindung zwischen zwei bereits existierenden Pfaden herzustellen:

Keine Pfadvorschau?

Unter Umständen wird die gezeichnete Linie nicht als gestrichelte Vorschau angezeigt: dann öffnen Sie das Info-Bedienfeld.

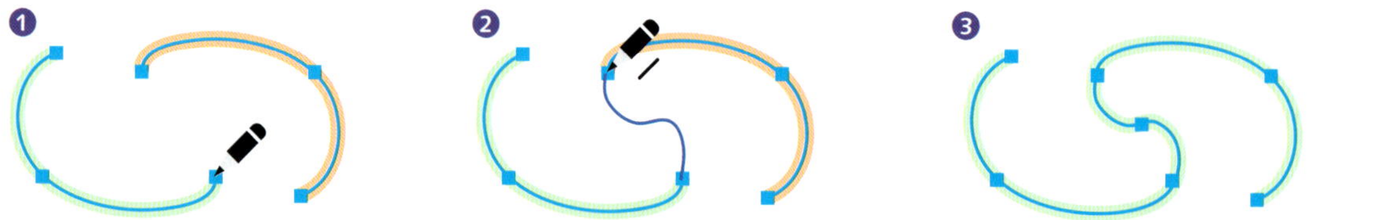

❶ Setzen Sie mit dem Buntstift-Werkzeug an einem Endpunkt der beiden aktivierten Pfade an.

❷ Zeichnen Sie die Verbindungslinie bis zu einem Endpunkt des anderen Pfades. Wenn der Cursor sein Symbol in ändert, lassen Sie die Maustaste los.

❸ Illustrator verbindet die neue Linie mit den bestehenden Linien zu einem gesamten Pfad.

Buntstift und Breitenprofile

Um mehreren Buntstiftpfaden automatisch nach dem Zeichnen dasselbe Breitenprofil oder andere Eigenschaften zuzuweisen, deaktivieren Sie die Option Neues Bild hat Grundform im Aussehen-Bedienfeld (s. Kapitel 11).

Modifikationsmöglichkeiten | Drücken Sie ⌥/Alt während des Zeichnens, um, ohne den Zeichenfluss zu unterbrechen, gerade Segmente zu zeichnen.

Drücken und halten Sie ⌥/Alt, bevor Sie mit dem Zeichnen beginnen, um vom Buntstift-Werkzeug temporär zum Glätten-Werkzeug zu wechseln. Dazu muss die entsprechende Option aktiviert sein.

Voreinstellungen | Mit einem Doppelklick auf das Buntstift-Werkzeug im Werkzeugbedienfeld rufen Sie die Dialogbox Optionen für Buntstift-Werkzeug auf.

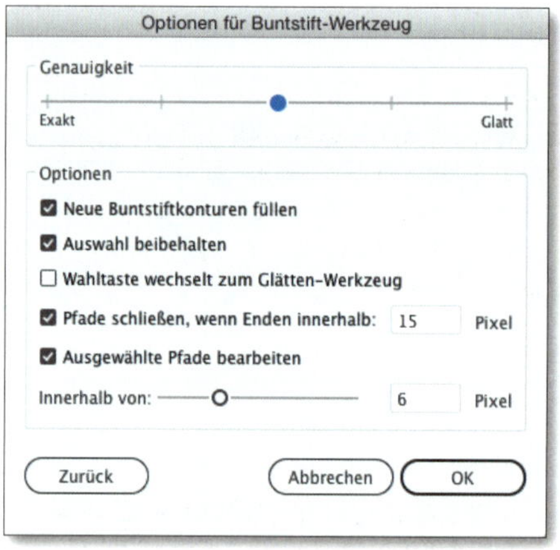

Abbildung 6.4 ▶
Die Dialogbox Optionen für Buntstift-Werkzeug

- Genauigkeit: Die Genauigkeit, mit der Ihre Handbewegung in einen Pfad umgesetzt wird, setzt sich aus zwei Vorgängen zusammen: der Abtastgenauigkeit, d.h. ab welchem räumlichen Abstand zum vorherigen ein neuer Ankerpunkt gesetzt werden soll, und einer nachträglichen Glättung des Pfades. Je exakter Sie den Regler einstellen, umso dichter werden Ankerpunkte gesetzt und umso weniger wird nachträglich geglättet. Darüber hinaus sind für die Genauigkeit die Zeichengeschwindigkeit und die Zoomstufe maßgebend, bei einem schnelleren Strich entstehen glattere Pfade mit weniger Punkten.

Genauigkeit und Zoomstufe

Die Genauigkeit variiert mit der Zoomstufe, in der Sie in Ihrem Dokument arbeiten: In höheren Vergrößerungsstufen orientiert sich der gezeichnete Pfad enger an Ihrer Stiftführung.

- NEUE BUNTSTIFTKONTUREN FÜLLEN: Aktivieren Sie diese Option, um jeden neu erstellten Pfad mit der aktuell eingestellten Füllung zu versehen. Ist im Werkzeugbedienfeld OHNE voreingestellt, wird dem neuen Objekt trotz dieser Option natürlich keine Fläche zugeordnet.
- AUSWAHL BEIBEHALTEN: Mit diesem Kontrollkästchen bestimmen Sie, ob ein Buntstift-Pfad nach Beendigung der Eingabe aktiv bleiben soll.
- WAHLTASTE WECHSELT ZUM GLÄTTEN-WERKZEUG: Verwenden Sie diese Option, wenn Sie temporär zum Glätten-Werkzeug wechseln möchten. Dazu müssen Sie ⌥/Alt drücken, bevor Sie mit dem Zeichnen beginnen.
- PFADE SCHLIESSEN, WENN ENDEN INNERHALB: Um zu erzwingen, dass ein Pfad geschlossen wird, sobald sich der Cursor innerhalb einer Maximaldistanz zum Anfangspunkt befindet, aktivieren Sie diese Option. Die gewünschte Distanz geben Sie in Pixeln ein. Das Objekt muss mindestens 1 × 1 mm groß sein, damit es auf diese Art geschlossen werden kann.
- AUSGEWÄHLTE PFADE BEARBEITEN: Deaktivieren Sie diese Option, wenn Sie vermeiden möchten, dass gegebenenfalls ein noch aktivierter Pfad verändert wird, sobald Sie mit dem Buntstift eine neue Linie in seiner unmittelbaren Nähe ansetzen.

Freihand-Tools und Einrasten

Ein Merkmal verbindet alle Freihand-Tools, egal, womit sie eingegeben werden: Sie rasten nicht an Hilfslinien ein.

Buntstift oder Pinsel?

Das Buntstift-Werkzeug wertet im Gegensatz zum Pinsel-Werkzeug Zusatzinformationen, wie den Druck oder die Stiftneigung etc., beim Einsatz eines Grafiktabletts nicht aus, und es weist dem Pfad auch nicht zwingend einen Pinsel zu.

Viele Striche zeichnen

Falls Sie viele neue Pfade dicht nebeneinander erzeugen müssen, wie es beim Zeichnen von Schraffuren der Fall ist, haben Sie zwei Möglichkeiten, um nicht ständig versehentlich den eben gezeichneten Pfad durch einen neuen zu ersetzen: Entweder Sie schalten in den Voreinstellungen die Option AUSGEWÄHLTE PFADE BEARBEITEN grundsätzlich aus, oder Sie lassen Illustrator einen neu gezeichneten Pfad immer sofort nach seiner Fertigstellung deaktivieren.

6.1.2 Das Pinsel-Werkzeug

Der wichtigste Unterschied zwischen Pinsel und Buntstift ist die Fähigkeit des Pinsel-Werkzeugs, Druck und Neigung eines Stifts auf dem Grafiktablett auszuwerten, in Kontur-Eigenschaften umzusetzen und diese Parameter mit dem Pfad zu speichern.

Einstellungen im Pinsel-Bedienfeld | Dem Pinsel-Werkzeug aus dem Werkzeugbedienfeld sind die Einstellmöglichkeiten im Pinsel-Bedienfeld zugeordnet. Das Bedienfeld rufen Sie mit FENSTER • PINSEL auf – F5, im Dock. Im Pinsel-Bedienfeld legen Sie fest, mit welcher Pinselspitze das Werkzeug arbeiten soll und wie die Eingabe mit einem Grafiktablett umgesetzt wird.

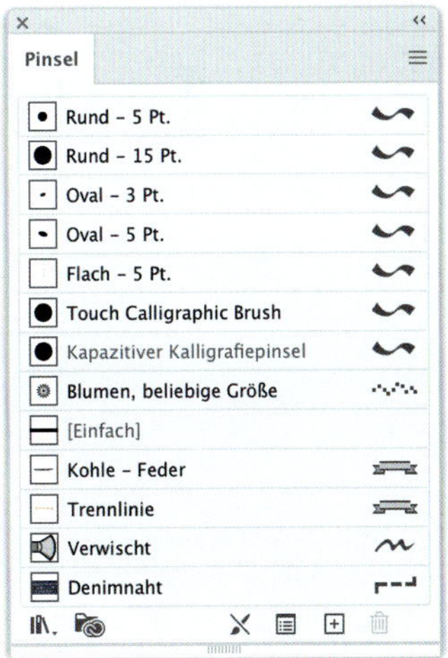

▲ **Abbildung 6.5**
Das Pinsel-Bedienfeld in der Ansicht LISTE

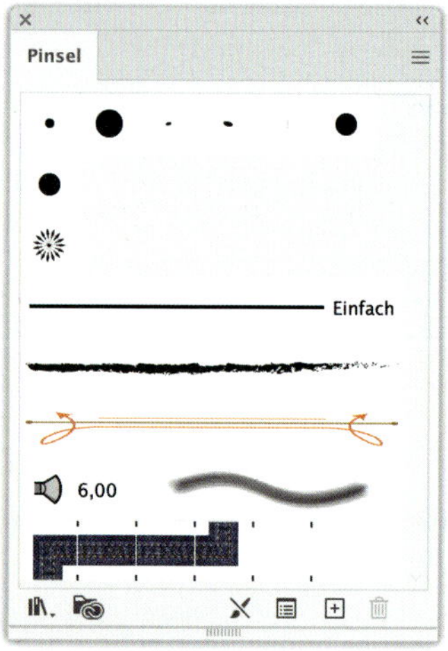

▲ **Abbildung 6.6**
Das Pinsel-Bedienfeld in der Miniaturansicht

Pinsel zeichnet nicht

Wenn statt des normalen Pinsel-Cursors das Symbol ⃠ erscheint und Sie daher den Pinsel nicht benutzen können, liegt dies oft daran, dass das Pinsel-Bedienfeld keine Pinsel enthält. Laden Sie diese aus einer Bibliothek.

▲ **Abbildung 6.7**
Mit verschiedenen Kalligrafiepinseln gezeichnete Skizze

Im Pinsel-Bedienfeld stehen unterschiedliche Pinsel-Kategorien zur Verfügung. Sie können die Darstellung wählen zwischen der MINIATURANSICHT, in der die Pinselspitzen besser zu erkennen sind, und der LISTENANSICHT, in der die Pinsel-Kategorien angezeigt werden. Am rechten Symbol in der Liste erkennen Sie, welche Pinselspitze zu welcher Pinsel-Kategorie gehört: Kalligrafiepinsel ,Bildpinsel , Musterpinsel , Spezialpinsel oder Borstenpinsel .

In diesem Abschnitt beschäftigen wir uns mit den Kalligrafiepinseln. Wenn Sie nur die Kalligrafiepinselspitzen im Bedienfeld anzeigen möchten, wählen Sie EINBLENDEN: KALLIGRAFIEPINSEL aus dem Bedienfeldmenü ≡ des Pinsel-Bedienfeldes und deaktivieren die restlichen. Mehr zu den anderen Pinsel-Kategorien finden Sie in Abschnitt 8.4.

Pfaden, die Sie mit dem Pinsel-Werkzeug zeichnen, wird von Illustrator immer eine Pinselkontur zugewiesen. Das Programm verwendet dazu entweder die aktuell eingestellte Pinselkontur oder – falls Sie keine ausgewählt haben – die erste Kontur im Pinsel-Bedienfeld. Die Option EINFACH kann zu diesem Zweck nicht verwendet werden.

Mit dem Pinsel einen Pfad erstellen | Um mit dem Pinsel-Werkzeug einen neuen Pfad zu erstellen, gehen Sie wie folgt vor:

1. Rufen Sie das Pinsel-Werkzeug auf – [B].
2. Wählen Sie eine Kalligrafiepinselspitze aus dem Pinsel-Bedienfeld. Mit der Pinselspitze EINFACH können Sie nicht zeichnen, sie dient nur zum Entfernen einer Pinselkontur. Wenn Sie mit einem variablen Breitenprofil zeichnen wollen, verwenden Sie das Buntstift-Werkzeug.
3. Führen Sie den Cursor an die Stelle der Arbeitsfläche, an der der Pinselstrich beginnen soll. Der Cursor zeigt das Symbol .
4. Zeichnen Sie jetzt den Pfad:
   - Mit der Maus: Klicken Sie, und ziehen Sie die Linie. Um die Eingabe zu beenden, lassen Sie die Maustaste los.
   - Mit dem Grafiktablett: Setzen Sie den Stift mit leichtem Druck auf das Grafiktablett, und ziehen Sie die Linie. Wenn Sie die Eingabe beenden wollen, heben Sie den Stift vom Tablett ab.

   Der Pfad wird in Echtzeit auf dem Bildschirm dargestellt (diese Darstellung erhalten Sie nur mit Kalligrafiepinseln).
5. Je nach eingestellter GENAUIGKEIT führt Illustrator entsprechende Korrekturen am Pfadverlauf durch.

Pfad nachbearbeiten und verbinden | Mit dem Pinsel-Werkzeug können Sie nicht nur Pfade ändern, die Sie mit dem Pinsel gezeichnet haben, denn sobald Sie z. B. einer konstruierten geometrischen Form eine Pinselspitze aus dem Pinsel-Bedienfeld als Kontur zuweisen, besteht die Möglichkeit, auch diesen Pfad mit dem Pinsel-Werkzeug zu editieren.

Die Arbeitsschritte, um Pfade mit dem Pinsel-Werkzeug nachzubearbeiten, zu korrigieren oder fortzuführen, entsprechen weitgehend denen des Buntstift-Werkzeugs (s. Abschnitt 6.1.1). Zusätzlich werden die Parameter bei der Stifteingabe mit dem Grafiktablett erfasst.

▲ **Abbildung 6.8**
Verwendung eines Pinsels zum Skizzieren (oben, in Grau), Ausführung mit Bildpinseln, Kolorierung mit Kalligrafiepinseln

Modifikationsmöglichkeiten | Drücken Sie ⇧, bevor Sie beginnen, den Pfad zu malen, um einen geraden Strich horizontal, vertikal oder im 45°-Winkel geneigt zu ziehen.

Um einen geschlossenen Pfad mit dem Pinsel anzulegen, drücken und halten Sie ⌥/Alt, nachdem Sie begonnen haben, den Pfad zu zeichnen. Dabei ändert sich das Cursor-Symbol in ✓○.

Drücken und halten Sie ⌥/Alt, bevor Sie mit dem Zeichnen beginnen, um vom Pinsel-Werkzeug temporär zum Glätten-Werkzeug zu wechseln.

Pinselpfad in Fläche wandeln

Möchten Sie einen mit dem Kalligrafiepinsel erzeugten Pfad detaillierter bearbeiten und ihn zu diesem Zweck umwandeln, wählen Sie den Befehl Objekt • Aussehen umwandeln.

Voreinstellungen | Mit einem Doppelklick auf das Werkzeug im Werkzeugbedienfeld rufen Sie die Dialogbox Optionen für Pinsel-Werkzeug auf. Die Eingabemöglichkeiten entsprechen denen des Buntstift-Werkzeugs, die Sie weiter oben erläutert finden.

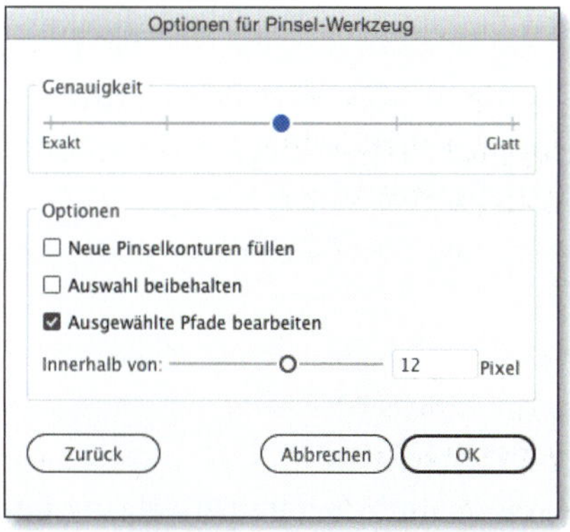

◀ **Abbildung 6.9**
Die Dialogbox Optionen für Pinsel-Werkzeug

6.1.3 Kalligrafische Pinsel

Die Kalligrafiepinsel finden Sie in der Auswahl der Pinselspitzen im Pinsel-Bedienfeld. Alternativ öffnen Sie eine Bibliothek mit dem Befehl Pinsel-Bibliothek öffnen • Künstlerisch • Kalligrafisch im Bedienfeldmenü ≡ oder mit dem Button Menü Pinsel-Bibliotheken ⑊.

Klicken Sie in eine der Auswahlzeilen oder auf eine Miniatur, um eine Pinselspitze auszuwählen (Zuweisen und Editieren von Pinselspitzen s. Abschnitt 8.4.1 ff.).

▲ **Abbildung 6.10**
Mit Transparenzeinstellungen simulieren Sie Aquarell- oder Marker-Illustrationen.

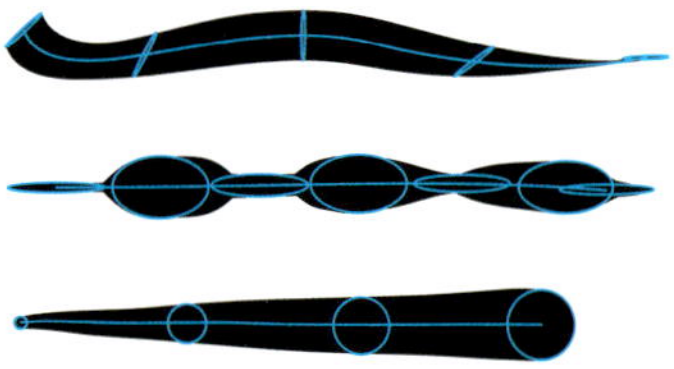

▲ **Abbildung 6.11**
Die Eigenschaften einer Pinselspitze – WINKEL, RUNDHEIT, GRÖSSE – und ihre jeweilige Wirkung auf den Pinselstrich

Mit einem Doppelklick neben dem Namen rufen Sie die optionalen Einstellmöglichkeiten zu der Pinselspitze auf. Für kalligrafische Pinselspitzen wird damit die Dialogbox KALLIGRAFIEPINSELOPTIONEN geöffnet.

Optionen | Mit den KALLIGRAFIEPINSELOPTIONEN steuern Sie die Form und das Verhalten der Pinselspitze entsprechend der Handhabung Ihres Stifts. Druck, Neigungswinkel, Ortung und Drehung des Stifts auf dem Grafiktablett werden als Parameter mit dem Pfad gespeichert, sodass Sie auch einen fertig gezeichneten Pfad durch Änderungen der Pinseloptionen verändern können.

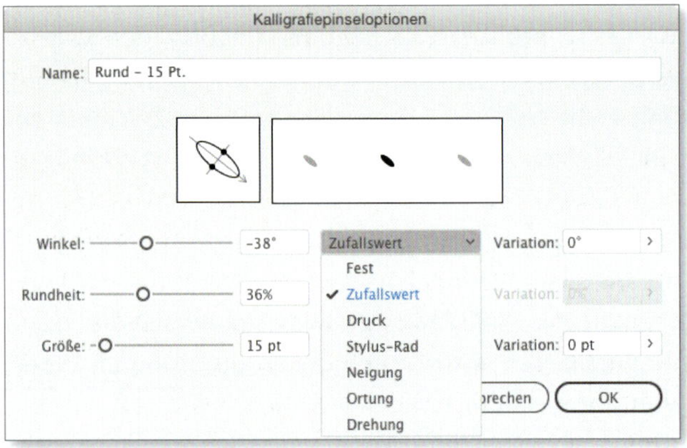

Abbildung 6.12 ▶
Die Dialogbox KALLIGRAFIEPINSELOPTIONEN

Stift-Optionen nutzen

Die speziellen Stiftfunktionen DRUCK, STYLUS-RAD, NEIGUNG, ORTUNG und DREHUNG werden im Menü nur aktiv, wenn ein Treiber für ein Grafiktablett auf Ihrem Computer installiert ist.
Beim Zeichnen mit der Maus können Sie die speziellen Stiftfunktionen jedoch auch dann nicht nutzen oder simulieren, wenn ein Treiber installiert ist.

- NAME: Zur einfachen Identifizierung können Sie jeder Pinselspitze einen Namen zuordnen. Die Namen können Sie auch direkt im Pinsel-Bedienfeld ändern, ohne die Dialogbox zu öffnen. Dazu doppelklicken Sie den bestehenden Namen.
- Koordinatendarstellung der Pinselspitze: Die Form der Pinselspitze können Sie durch Manipulation des Piktogramms oder numerisch in den entsprechenden Eingabefeldern verändern. Um die Pinselspitze intuitiv zu editieren, ziehen Sie an den schwarzen Punkten oder drehen das Koordinatenkreuz.
- WINKEL: Mit diesem Eingabefeld definieren Sie den Winkel, in dem die Spitze auf dem Blatt zeichnet. Dieser Winkel beeinflusst die entstehende Konturenstärke nur, wenn die Spitze nicht rund ist.
- RUNDHEIT: Diese Eingabe bestimmt die gewünschte Form der Pinselspitze zwischen einem gleichmäßigen Kreis und einem flachen Oval. Flache Spitzen verhalten sich wie Breitfedern, runde ermöglichen keine Änderungen in der Konturenstärke.
- GRÖSSE: Mit der Pinselgröße legen Sie fest, wie dick die Kontur wird. Der Wert STÄRKE im Kontur-Bedienfeld vervielfacht die Breite der Kontur zusätzlich. Während die Stärkeeinstellung aber auf die gesamte Kontur wirkt, können Sie mit einer variablen Pinselgröße und der

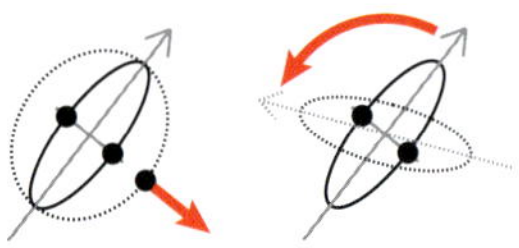

▲ **Abbildung 6.13**
Anpassen mit der Koordinatendarstellung

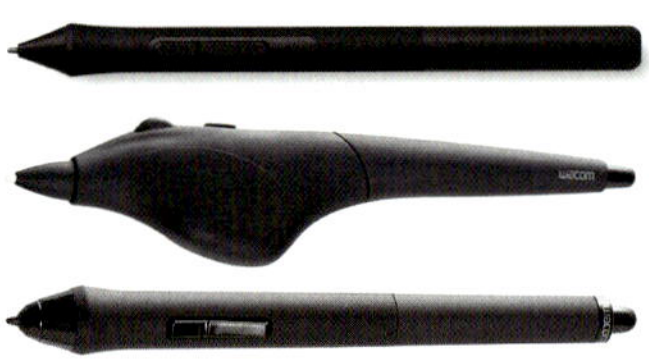

▲ **Abbildung 6.14**
Wacom »Stift 4K«, »Airbrush« und »GripPen« (Fotos: Wacom)

Verwendung eines Grafiktabletts eine sehr dynamische Linienführung erreichen.

- VARIATION: Wenn eine Pinseleigenschaft variieren soll, müssen Sie hier einen Wert größer als 0 eingeben, damit eine Variation wirksam wird. Je höher der Wert ist, desto größer ist der Einfluss der Stiftführung auf die generierte Kontur.
  Bei Verwendung der Maus variieren Größe, Rundung und Winkel während des Zeichnens nicht.

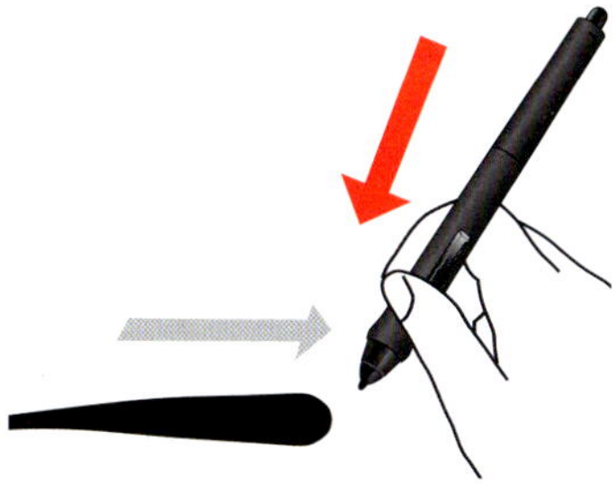

▲ **Abbildung 6.15**
Die Pinselspitze reagiert auf veränderten Druck des Stifts auf das Grafiktablett.

Optionen für die Stifteingabe | Für die drei Pinseleigenschaften GRÖSSE, RUNDHEIT und WINKEL bestimmen Sie in einem Ausklappmenü, durch welchen Parameter des Grafiktabletts Sie die jeweilige Option steuern wollen. Bei jeder Stiftbewegung lassen sich damit drei verschiedene Eigenschaften des Pinselstrichs gleichzeitig steuern.

Einige dieser Einstellungen nützen Ihnen nur bei der Arbeit mit bestimmten Tabletts. Für die Einstellungen DREHUNG und STYLUS-RAD benötigen Sie darüber hinaus bestimmte Eingabestifte: bei Wacom-Tabletts z. B. den »GripPen« oder den »Airbrush« (s. Abbildung 6.14). Mit speziellen Stiftspitzen reagieren die Stifte noch besser auf den ausgeübten Druck oder vermitteln ein natürlicheres Oberflächengefühl.

▲ **Abbildung 6.16**
NEIGUNG: Der Winkel des Stifts (hier: »ArtMarker«) zum Tablett steuert die Dynamik.

Folgende Optionen sind jeweils in den Ausklappmenüs für GRÖSSE, RUNDHEIT und WINKEL verfügbar:

- FIXIERT: Mit dieser Einstellung fixieren Sie den im Eingabefeld definierten Wert und unterbinden damit willkürliche Einflüsse. Wenn Sie ein Gefühl für die Stiftführung mit den Auswirkungen auf die Linienstärke bekommen wollen, testen Sie sich einfach durch alle Steuerungsmöglichkeiten hindurch, indem Sie jeweils zwei Pinseleigenschaften fixieren und nur eine der Eingaben variieren.
- ZUFALLSWERT: Die Eigenschaft, für die Sie diese Option wählen, steuert Illustrator mit einem Zufallswert, der sich während des Zeichnens nicht verändert. Erst bei einem neuen Ansetzen des Stifts wird vom Programm eine andere zufällige Einstellung vorgenommen.

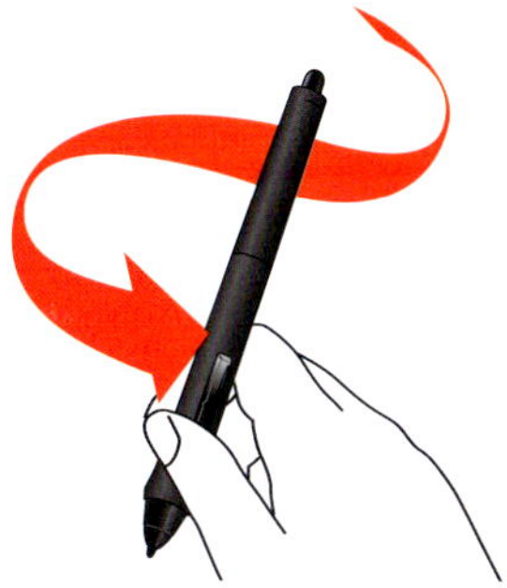

▲ **Abbildung 6.17**
ORTUNG: Die Richtung der Neigung steuert die Veränderung der Pinselspitze.

- DRUCK: Bei dieser Auswahl steuern Sie die dynamische Veränderung der jeweiligen Pinseleigenschaft durch den Druck, den Sie mit dem Stift auf das Tablett ausüben (s. Abbildung 6.15).
  Höherer Druck bewirkt für den WINKEL der Pinselspitze eine Drehung gegen den Uhrzeigersinn, für die RUNDHEIT ein runderes Aussehen, und die GRÖSSE wird erhöht.
- STYLUS-RAD: Das Stylus-Rad ist ein spezielles Merkmal des Eingabe-Werkzeugs »Wacom Airbrush«. Damit können Sie die Pinseleigenschaft durch Drehung an diesem Regler steuern, der mit einem Scrollrad vergleichbar ist. Der eingestellte Wert wird absolut definiert.

▲ **Abbildung 6.18**
DREHUNG: Der Stift wird um seine Längsachse gedreht.

▲ **Abbildung 6.19**
Überlagern sich zwei Borstenpinselkonturen (oben), dann wird die Kreuzung in der Regel dunkler, als wenn eine Borstenpinselkontur sich selbst überschneidet (unten). Zur Transparenzinteraktion des Borstenpinsels s. Abschnitt 12.1.6.

- NEIGUNG: Wählen Sie NEIGUNG, wenn Sie WINKEL, RUNDHEIT oder GRÖSSE beim Zeichnen durch Veränderung des Neigungswinkels des Stifts variieren möchten (s. Abbildung 6.16).
  Eine stärkere Stiftneigung wirkt wie ein stärkerer Druck.
- ORTUNG: Die ORTUNG ist die Richtung, in die der Stift während des Zeichnens geneigt wird (s. Abbildung 6.17).
  Falls Sie den Parameter ORTUNG zur Steuerung der GRÖSSE verwenden, können relativ abrupte Änderungen der Linienstärke erfolgen.
  Gute Ergebnisse mit sehr weichen Übergängen erhalten Sie bei der Steuerung des WINKELS durch den Parameter ORTUNG. Neigen Sie den Stift nach rechts oder nach vorn, wird der Winkel gegen den Uhrzeigersinn gedreht, bei einer Neigung nach links oder hinten wird er im Uhrzeigersinn gedreht.
- DREHUNG: Wenn Sie während des Zeichnens den Stift um seine Längsachse drehen, wird GRÖSSE, WINKEL oder RUNDHEIT verändert (s. Abbildung 6.18). Diese Funktion können Sie nur mit dem »Wacom GripPen« oder einem vergleichbaren Stift benutzen.

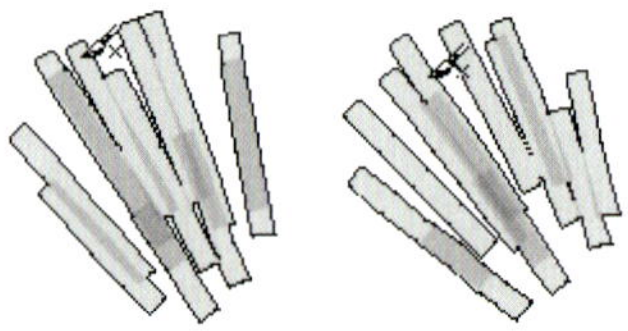

▲ **Abbildung 6.20**
Diese Vorschau bekommen Sie nur mit einem Grafiktablett: Halten Sie den Stift etwas über dem Grafiktablett, drehen und neigen ihn, dann können Sie die Änderungen am Cursor beobachten.

6.2 »Natürlich« malen mit dem Borstenpinsel

Eigentlich würde man annehmen, dass dieses Werkzeug eher zu Photoshop gehört (dort existiert es ebenfalls). Für alle, die mit Pinseln nicht so geübt umgehen können, besitzt Illustrators Borstenpinsel jedoch mindestens einen unschlagbaren Vorteil: Es können sowohl die Pfade als auch die Einstellungen des Pinsels jederzeit nachbearbeitet werden.

Der Borstenpinsel (engl. »Bristle Brush«) ist eigentlich »nur« eine zusätzliche Pinselspitze für das Pinsel-Werkzeug. Im Gegensatz zum Kalligrafiepinsel, der einen Pfad nach spezifischen Vorgaben verformt, sind die Borstenpinsel eine physikalische Engine wie z. B. in einem computerbasierten Autorennspiel: Sie geben Parameter vor, nach denen sich die Werkzeugspitze verhalten soll, und danach wird ein natürliches Medium simuliert, das dann die Linie erstellt.

Die Pinselform besteht aus mehreren, einander transparent überlagernden Formen. Verteilung, Größe und Intensität dieser Formen werden mittelbar durch ihre Vorgaben bestimmt. Die Borstenpinsel werten anhand ihrer Parameter aus, wie sich jeweils Druck, Neigung und Drehung des Stifts auf dem Grafiktablett auswirken: Besitzt der Pinsel härtere Borsten, dann wirkt sich dieselbe Druckintensität anders aus als bei weichen Borsten.

▲ **Abbildung 6.21**
Vorschau (oben) und endgültig berechneter Pfad (unten)

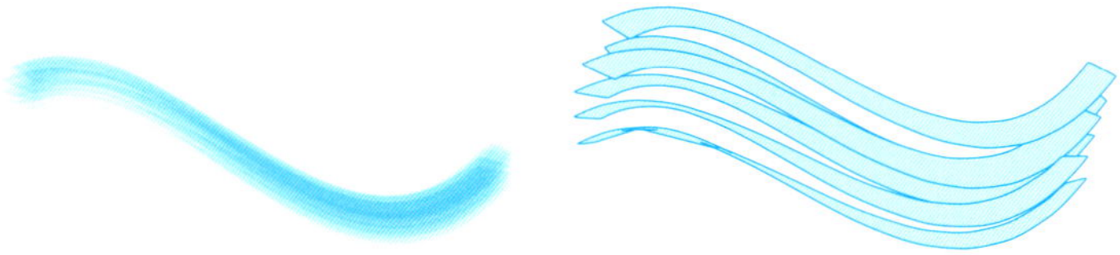

▲ **Abbildung 6.22**
Wandelt man eine Pinselkontur um (mit Objekt • Aussehen umwandeln), ist zu erkennen, wie der Borstenpinsel mit einander überlagernden Formen arbeitet (rechts). Zur Demonstration wurden einige Elemente gelöscht, und der Abstand wurde vergrößert.

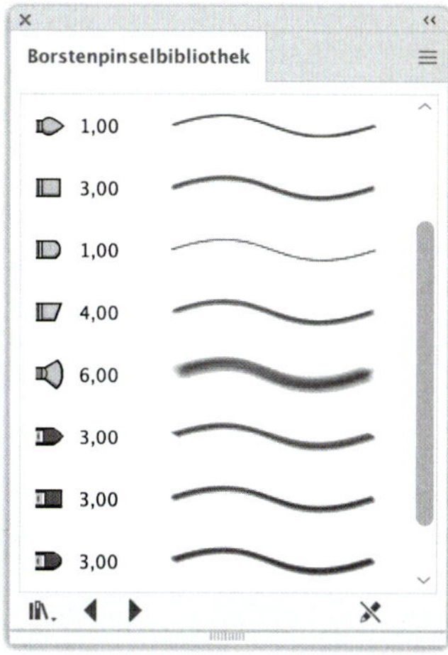

▲ **Abbildung 6.23**
Eine Bibliothek mit Beispielpinseln finden Sie unter dem Button Menü »Pinsel-Bibliotheken«.

Mit dem Borstenpinsel malen | Wie alle anderen Pinselspitzen kann auch ein Borstenpinsel jedem bestehenden Pfad zugewiesen werden. Um direkt mit dem Pinsel-Werkzeug und einem Borstenpinsel zu malen, gehen Sie wie folgt vor:

1. Wählen Sie das Pinsel-Werkzeug, und rufen Sie das Pinsel-Bedienfeld auf – F5.
2. Im Pinsel-Bedienfeld aktivieren Sie eine Borstenpinsel-Vorgabe oder richten einen neuen Borstenpinsel ein (s. den folgenden Abschnitt). Wenn Sie eine bereits vorhandene Pinselspitze verwenden möchten, können Sie diese auch aus dem Menü Ausgangspunkt für Pinsel im Steuerungsbedienfeld aufrufen. Wählen Sie eine Konturfarbe.
3. Bewegen Sie den Pinsel über eine leere Fläche auf der Zeichenfläche – der Cursor zeigt.
   Sie können auch aktivierte Pfade an einem Endpunkt fortführen, wenn die entsprechende Pinseloption eingestellt ist.
4. Malen Sie die Pinselstriche durch Klicken und Ziehen des Pinsel-Cursors über die Zeichenfläche. Es wird eine Vorschau der Physik-Simulation angezeigt.
5. Sobald Sie die Maustaste loslassen bzw. den Stift vom Tablett abheben, wird der Pfad berechnet und dargestellt. Die endgültige Version unterscheidet sich meist erheblich von der Vorschau.
6. Wenn Ihnen ein Pfad nicht gefällt, können Sie einzelne Ankerpunkte und Griffe mit dem Direktauswahl-Werkzeug nachrichten oder die Einstellungen für den Pinsel bzw. den ausgewählten Pfad ändern (s. dazu Abschnitt 8.4.3).

▲ **Abbildung 6.24**
Mit Borstenpinseln können Sie weiche Oberflächen gestalten.

Innen zeichnen | Eine besonders interessante Möglichkeit besteht darin, mit dem Borstenpinsel vorhandene Flächen »anzumalen«:

1. Dazu wählen Sie einen geschlossenen Pfad aus.
2. Gehen Sie in den Modus Innen zeichnen, indem Sie den gleichnamigen Button im Werkzeugbedienfeld anklicken.

▲ **Abbildung 6.25**
Borstenpinselkonturen können mit Verläufen versehen werden, diese lassen sich jedoch nicht längs oder quer zum Pfad anordnen.

Borstenpinsel in Photoshop

Die Nachbearbeitungsmöglichkeit einzelner Pfade ist der hauptsächliche Unterschied zum Borstenpinsel in Photoshop.

3. Nehmen Sie das Pinsel-Werkzeug mit einer Borstenpinselspitze sowie eine Konturfarbe, und malen Sie damit direkt in der Form (s. Abbildung 6.26).
4. Um den Modus Innen zeichnen zu verlassen, verwenden Sie den Kurzbefehl ⇧+D.

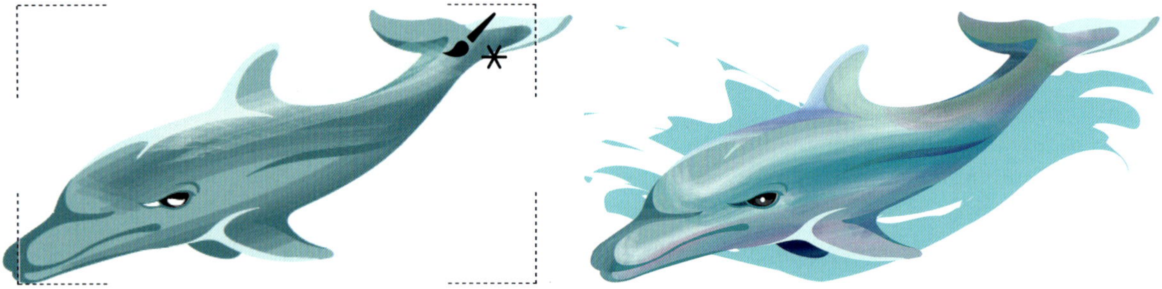

▲ **Abbildung 6.26**
Das Objekt, in dem Sie zeichnen, wird durch die gestrichelten Ecken gekennzeichnet. Es bildet die Schnittmaske über den Pinselstrichen.

Einstellungen testen

Zeichnen Sie einen Pfad, vervielfältigen Sie ihn, und weisen Sie den Kopien unterschiedlich eingestellte Borstenpinsel zu. So können Sie am besten sehen, welche Auswirkungen Variationen in den Optionen auf die Kontur haben.

Borstenpinseloptionen | Eine Borstenpinsel-Vorgabe finden Sie im Pinsel-Bedienfeld der meisten Dokumentprofile. Doppelklicken Sie neben dem Namen dieser Vorgabe, um die Optionen zu bearbeiten. Alternativ erstellen Sie einen neuen Pinsel. Dazu klicken Sie auf den Button Neuer Pinsel. Als Option wählen Sie Borstenpinsel. In der folgenden Dialogbox geben Sie die Einstellungen ein. Die Werte, die Sie eingeben, steuern die Physik-Simulation des virtuellen Pinsels. Um eine bessere Vorstellung von deren Auswirkungen zu erhalten, hilft es, sich reale Pinsel vorzustellen oder zu untersuchen.

▲ **Abbildung 6.27**
Die Physik-Engine des Borstenpinsels: Je nachdem, wie Sie den Stift auf ein Grafiktablett setzen, entstehen sehr unterschiedliche Striche mit derselben Pinselspitze.

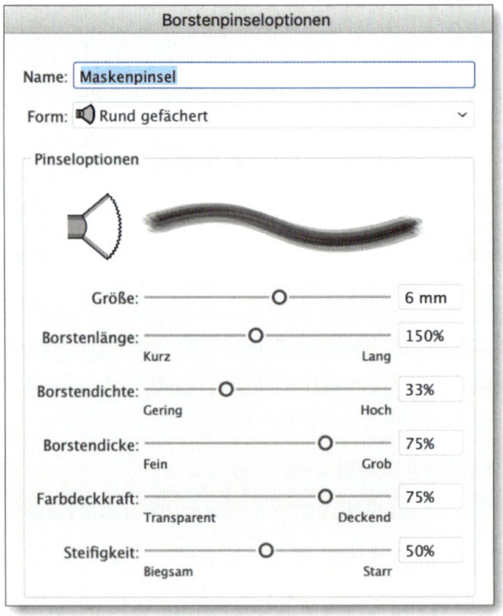

◀ **Abbildung 6.28**
Die Dialogbox Borstenpinseloptionen

- Form: In diesem Menü finden Sie einige Formvorgaben, die das grundsätzliche Verhalten des Pinsels steuern. Jede dieser Formen gibt es in der Art Rund und Flach. Die Namen der Vorgaben entsprechen den Bezeichnungen »realer« Pinsel, das Symbol zeigt diese zusätzlich.
- Grösse: Hier bestimmen Sie den Durchmesser des Pinsels – gemessen an der Stelle, an der die Haare bzw. Borsten gehalten werden. Die Größe können Sie auch direkt beim Arbeiten mit dem Pinsel auf der Zeichenfläche mit den Tasten [<] und [⇧]+[<] ändern.
- Borstenlänge: Dieser Wert betrifft die Länge der Borsten. Kleine Werte resultieren in »gestrichelt« wirkenden Konturen.
- Borstendichte: Beschreibt die Anzahl der Borsten. Die Parameter Dichte und Dicke sind voneinander abhängig: Eine höhere Dichte verursacht schlankere Borsten.
- Borstendicke: Bezeichnet die Stärke der einzelnen Borsten.
- Farbdeckkraft: Die Deckkraft der Farbe in den einzelnen Borsten, sie variiert auch zwischen den Borsten. Die Opazität lässt sich beim Zeichnen auch ohne Öffnen der Dialogbox mithilfe der Tasten [1] bis [0] einstellen.
- Steifigkeit: Die Steifigkeit der Borsten hat Auswirkungen auf die Dynamik des Strichs, selbst dann, wenn Sie mit der Maus arbeiten. Ein höherer Wert bewirkt einen Strich von gleichmäßigerer Stärke.

▲ **Abbildung 6.29**
Die Auswirkungen Ihrer Einstellungen sehen Sie, wenn Sie mit ausgewähltem Pinsel einmal auf die Zeichenfläche klicken: hier Vergleich der Dichte-Einstellungen niedrig (links) und hoch (rechts).

▲ **Abbildung 6.30**
Kurze Borsten

Deckkraft mit [0] bis [9]

Die Deckkraft können Sie entweder durch zwei Ziffern eingeben (es zählen immer die beiden zuletzt getippten Ziffern) oder mit Kürzeln für die Zehner – also z. B. 5 für den Wert 50.

Borstenpinsel und Ausgabe | Beim Arbeiten mit dem Borstenpinsel entsteht eine sehr komplexe Transparenz. Daher gibt Illustrator beim Speichern, Drucken oder Reduzieren der Transparenz auch eine entsprechende Warnung aus, sobald Sie mehr als 30 Borstenpinselkonturen einsetzen. Nehmen Sie diese Warnung ernst, und klicken Sie sie nicht einfach weg. Ist Ihre Grafik aufgrund einer sehr hohen Zahl an Borstenpinselkonturen komplex, sollten Sie sie vor dem Drucken komplett in ein Pixelbild umwandeln – selbstverständlich eine Kopie der Datei, nicht das Original (Transparenzreduzierung s. Abschnitt 12.4).

6.3 Flächen malen mit dem Tropfenpinsel

Für Anwender, die eher malerisch oder skizzenhaft arbeiten wollen, kann es kompliziert werden, wenn Formen eine Füllung erhalten sollen. Zu diesem Zweck müssen die richtigen Pfade geschlossen sein – darauf achtet man jedoch beim Skizzieren häufig nicht. Ein Ausweg ist hier das Tropfenpinsel-Werkzeug: Es ermöglicht das skizzenhafte Arbeiten und erleichtert das Erstellen geschlossener Pfade. Allerdings ist es nicht möglich, damit geometrisch exakte Formen zu erstellen.

Tropfenpinsel universell

Mit dem Tropfenpinsel können Sie alle bestehenden Flächen bearbeiten, egal, mit welchem Werkzeug diese ursprünglich erzeugt wurden – vorausgesetzt, die Flächen besitzen keine Kontur.

Mit dem Tropfenpinsel-Werkzeug (engl. »Blob-Brush«) können Sie kalligrafisch arbeiten oder die Möglichkeiten eines Grafiktabletts nutzen, und – es werden gleich Flächen erzeugt. Der Tropfenpinsel ist damit das Pendant zum Radiergummi-Werkzeug (s. Abschnitt 6.4.5), mit dem Sie die erzeugten Flächen korrigieren. Darüber hinaus können Sie übereinanderliegende Formen mit gleichen Eigenschaften (Fläche, Transparenz, Stile) kombinieren.

▼ **Abbildung 6.31**
Anders als ein Kalligrafiepinsel (Mitte, Pfadansicht) erzeugt der Tropfenpinsel (rechts) direkt Flächen und vereinigt gleichfarbige Flächen bereits beim Malen miteinander.

Flächen- oder Konturfarbe?

Der Tropfenpinsel malt nur Flächen, verwendet dazu jedoch die als Kontur eingestellte Farbe. Ist keine Konturfarbe eingestellt, verwendet er die Flächenfarbe. Ist auch keine Flächenfarbe gewählt, verwendet er die zuletzt benutzte Farbe.

Fläche malen | So arbeiten Sie mit dem Tropfenpinsel:

1. Wählen Sie das Tropfenpinsel-Werkzeug – ⇧+B.
2. Doppelklicken Sie auf sein Symbol im Werkzeugbedienfeld, um die Formeigenschaften einzustellen, oder wählen Sie einen Kalligrafiepinsel im Pinsel-Bedienfeld.
3. Wenn Sie sicherstellen wollen, dass bestehende Flächen (z. B. eine Vorskizze) nicht verändert werden, sperren Sie die Objekte oder deren Ebene. Dies ist dann unerlässlich, wenn Sie mit einer bereits verwendeten Farbe arbeiten wollen.
4. Legen Sie in einem der entsprechenden Bedienfelder eine Farbe für die Kontur (s. den nebenstehenden Hinweiskasten) fest. Möchten Sie einen Grafikstil anwenden, wählen Sie auch diesen aus dem Grafikstile-Bedienfeld.
5. Beginnen Sie die Zeichnung. Die Form muss nicht »in einem Rutsch« gezeichnet werden. Setzen Sie das Werkzeug zwischenzeitlich ab und führen die Zeichnung dann fort, fügt Illustrator die Formen automatisch zusammen, solange Sie die Farbe nicht ändern. Mit < und ⇧+< verkleinern bzw. vergrößern Sie den Werkzeugdurchmesser bei der Arbeit.
6. Führen Sie Korrekturen entweder mit dem Radiergummi-Werkzeug durch, oder wählen Sie das Direktauswahl- oder das Zeichenstift-Werkzeug, und bearbeiten Sie die Pfade.

▲ **Abbildung 6.32**
Korrekturen mit dem Zeichenstift- und Direktauswahl-Werkzeug (rechts unten) sind meist exakter, glatter und schneller erledigt als Korrekturen mit Radiergummi und Tropfenpinsel (links unten).

Optionen | Doppelklicken Sie das Tropfenpinsel-Werkzeug im Werkzeugbedienfeld, um seine Voreinstellungen zu definieren. Die Beschreibung der Optionen für die Genauigkeit finden Sie weiter oben beim Buntstift-Werkzeug (s. Seite 191), die der Standard-Pinseloptionen beim Pinsel-Werkzeug (s. Seite 194).

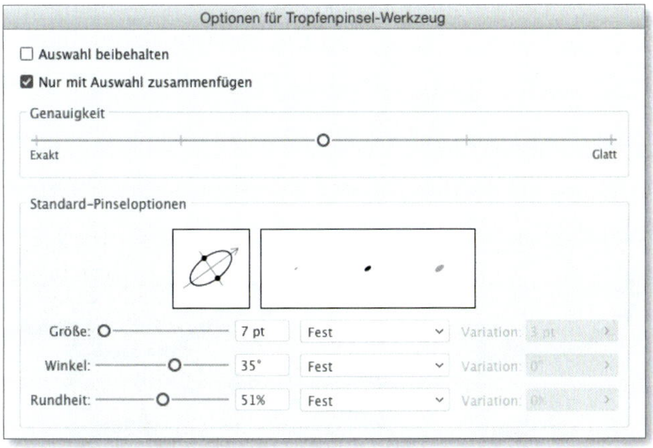

◀ **Abbildung 6.33**
Die Dialogbox Optionen für Tropfenpinsel-Werkzeug

▲ **Abbildung 6.34**
Die Arbeitsweise des Tropfenpinsels (und des Radiergummis) ist der Arbeitsweise der Vektorpinsel der mobilen App Adobe Fresco sehr ähnlich, beide sind daher gut geeignet, um Fresco-Vektorillustrationen nahtlos weiterzubearbeiten.

- Auswahl beibehalten: Setzen Sie hier ein Häkchen, wird die eben gezeichnete bzw. bearbeitete Pinselfläche nicht deaktiviert. So können Sie sehen, welche Objekte zusammengefügt wurden, und es lässt sich in Verbindung mit der folgenden Option steuern, wie der Tropfenpinsel Objekte verbindet.
- Nur mit Auswahl zusammenfügen: Kreuzen Sie diese Option an, werden nur die auf der Zeichenfläche selektierten Objekte beim Zusammenfügen neuer mit bestehenden Flächen berücksichtigt. Die beiden Optionen können Sie miteinander kombinieren.

◀ **Abbildung 6.35**
Von links: keine der Optionen, Auswahl beibehalten, Nur mit Auswahl zusammenfügen, beide Optionen

- Standard-Pinseloptionen: Die hier getroffenen Optionen werden ignoriert, sobald Sie im Pinsel-Bedienfeld einen Kalligrafiepinsel anklicken.

Arbeitsweise des Tropfenpinsels | Damit Sie später weniger Überraschungen erleben, probieren Sie die grundsätzlichen Prinzipien des Tropfenpinsels aus:

- Mit dem Tropfenpinsel-Werkzeug können alle Vektorpfade bearbeitet werden, die keine Kontur besitzen.

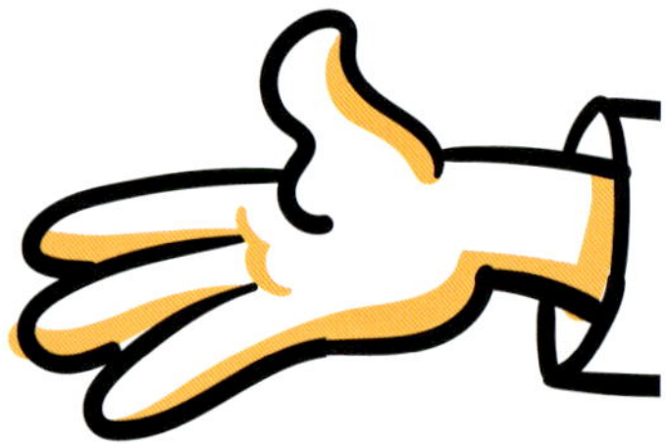

▲ **Abbildung 6.36**
Tropfenpinsel: Ausgangssituation

- Das Tropfenpinsel-Werkzeug kann auch in eine Gruppe hineinwirken. Schneiden Sie zwei Gruppen, erfolgt nur eine Bearbeitung der Objekte der obersten Gruppe. Symbolinstanzen werden nicht bearbeitet.
- Wenn Sie Objekte bearbeiten möchten, stellen Sie für die Arbeit mit dem Tropfenpinsel dieselbe Farbe und sonstige Aussehen-Eigenschaften bzw. Grafikstile ein.
- Es werden nur gleichfarbige Objekte zusammengefügt, die in der Stapelreihenfolge direkt übereinanderliegen. Liegt ein Objekt mit anderen Eigenschaften dazwischen, erzeugt Illustrator ein gesondertes Objekt aus dem Pinselstrich.

▲ **Abbildung 6.38**
Verbinden von Objekten durch Übermalen mit dem Tropfenpinsel; geänderte Stapelreihenfolge der Objekte

▲ **Abbildung 6.37**
Da ein andersfarbiges Objekt zwischen dem neuen und dem bestehenden Pfad liegt, werden die Flächen nicht zusammengefügt.

- Es werden alle geschnittenen Pfade miteinander vereinigt, die übereinstimmende Eigenschaften besitzen.
- Zusammengefügt wird mit dem vordersten Objekt. Es findet also eine Veränderung der Stapelreihenfolge statt – vergleichbar mit dem Gruppieren.

Grafikstile für den Tropfenpinsel | Rufen Sie das Grafikstile-Bedienfeld auf, und laden Sie über den Button Menü »Grafikstil-Bibliotheken« den Zusatz für Tropfenpinsel. Dort finden Sie einige Grafikstile speziell für den Einsatz in illustrativen Arbeiten, die Techniken wie Aquarell- oder Ölmalerei andeuten, indem die Ränder weichgezeichnet, die Deckkraft reduziert oder die Formen plastisch gestaltet werden.

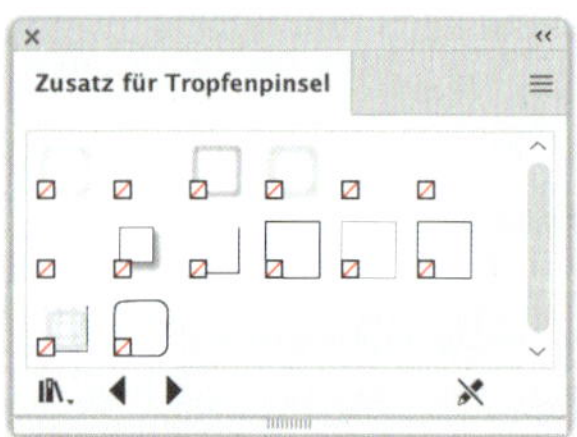

▲ **Abbildung 6.39**
Die Grafikstil-Bibliothek Zusatz für Tropfenpinsel: Wie alle Grafikstile können Sie auch diese als Basis für eigene Kreationen verwenden.

6.4 Objekte intuitiv bearbeiten und Pfade vereinfachen

Selbstverständlich lassen sich alle mit Freihand-Werkzeugen erstellten Pfade mit den Zeichenstift-Werkzeugen bearbeiten und korrigieren. Illustrator bietet jedoch mit Glätten oder Zusammenfügen auch Werkzeuge, mit denen Sie Objekte genauso intuitiv bearbeiten, wie Sie sie mit Pinsel und Buntstift zeichnen können.

▲ **Abbildung 6.40**
Die Objekte im Symbol wurden mit dem Buntstift-Werkzeug gezeichnet und anschließend mit Zeichenstift-Werkzeugen bereinigt.

6.4.1 Das Glätten-Werkzeug

Mit dem Glätten-Werkzeug können Sie nachträglich Unebenheiten aus Pfaden entfernen. Mit diesem Werkzeug bestimmen Sie diejenigen Abschnitte des Pfades, die geglättet werden sollen. Die Linienführung des Werkzeugs selbst hat keine Auswirkung auf die Glättung. Damit überhaupt geglättet wird, müssen Sie das Werkzeug jedoch auf dem Pfad entweder an- oder absetzen. Eine wiederholte Anwendung des Werkzeugs auf dieselbe Stelle des Pfades verursacht weitere Vereinfachungen, wenn die ersten Glättungen nicht so stark waren.

Das Werkzeug führen Sie dann entlang der Teile des aktivierten Pfades, die geglättet werden sollen. Dabei müssen Sie nicht besonders exakt den Pfad treffen, abhängig von der Werkzeugführung können jedoch unterschiedliche Ergebnisse entstehen.

Glättung und Zoomstufe

Die Stärke der Glättung ist auch abhängig von der Zoomstufe, in der Sie arbeiten – die Wirkung des Werkzeugs ist in einer niedrigen Zoomstufe stärker.

Pfad glätten | So arbeiten Sie mit dem Glätten-Werkzeug:

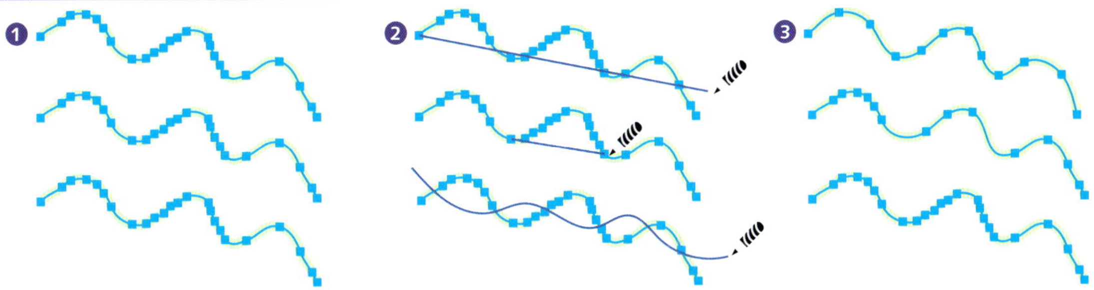

❶ Aktivieren Sie den Pfad, den Sie glätten möchten, und nehmen Sie das Glätten-Werkzeug. Vom Buntstift- oder Pinsel-Werkzeug können Sie mit ⌥/Alt vorübergehend zum Glätten-Werkzeug wechseln.

❷ Setzen Sie das Werkzeug dort am Pfad an, wo Sie mit dem Glätten starten wollen. Klicken Sie, und ziehen Sie den Cursor so weit am Pfad entlang, wie Sie ihn bearbeiten wollen.

❸ Das Programm berechnet den »geglätteten« Pfadverlauf. Falls Sie das Werkzeug zu weit entfernt vom Pfad an- oder abgesetzt haben, erfolgt keine Änderung (unten).

Voreinstellungen | Mit einem Doppelklick auf das Werkzeug im Werkzeugbedienfeld rufen Sie die Optionen für Glätten-Werkzeug auf. Sie können die Werte per Schieberegler oder numerisch eingeben.
Genauigkeit: Stellen Sie von Exakt bis Glatt die Stärke ein; Pfade werden stärker geglättet, je weiter rechts der Regler eingestellt ist.

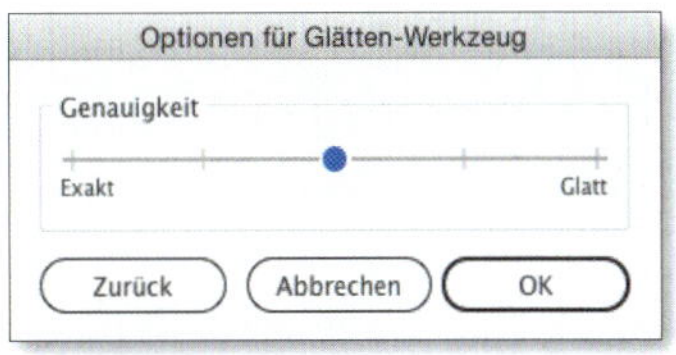

▲ **Abbildung 6.41**
Die Dialogbox Optionen für Glätten-Werkzeug

Lesen Sie zu den Optionen auch die Hinweise zu der entsprechenden Einstellung für das Buntstift-Werkzeug weiter oben (s. Abschnitt 6.1.1).

▲ **Abbildung 6.42**
VEREINFACHEN kann auf einzelne ausgewählte Punkte angewandt werden.

Zu viele Punkte

Die Weiterverarbeitung kann z. B. zu Problemen führen, wenn die Datei an andere Programme weitergegeben wird (wie CAD, 3D-Modelling) oder eine Ausgabe auf einem Plotter oder Laserschneider stattfindet.

6.4.2 Pfade vereinfachen

Aus verschiedenen Gründen können Pfade mehr Punkte enthalten, als zur Beschreibung ihrer Form notwendig sind. Das erschwert die Nachbearbeitung und führt manchmal zu Schwierigkeiten bei der Ausgabe der Datei.

Die Anzahl der Ankerpunkte können Sie von Illustrator reduzieren lassen. Aktivieren Sie dazu den Pfad oder einen Pfadabschnitt (z. B. können Sie die Eckpunkte eines Pfades von der Auswahl ausschließen, um sie vor Veränderungen zu schützen), und wählen Sie im Menü OBJEKT • PFAD • VEREINFACHEN. Auf der Zeichenfläche wird daraufhin ein Regler eingeblendet, in dem Sie die Vereinfachung einstellen.

Basisoptionen | Stellen Sie den Regler nach links für eine minimale und nach rechts für eine maximale Anzahl Ankerpunkte. Mit dem Button AUTOMATISCH VEREINFACHEN berechnet Illustrator die optimale Vereinfachung auf Basis künstlicher Intelligenz. Die eingestellten Werte werden sofort auf den Pfad angewandt – falls Sie die Vereinfachung widerrufen wollen, verwenden Sie entweder anschließend BEARBEITEN • RÜCKGÄNGIG oder gehen Sie in die VEREINFACHEN-Dialogbox. Darin finden Sie den ABBRECHEN-Button und fortgeschrittene Einstellmöglichkeiten. Mit dem Button MEHR OPTIONEN rufen Sie sie auf.

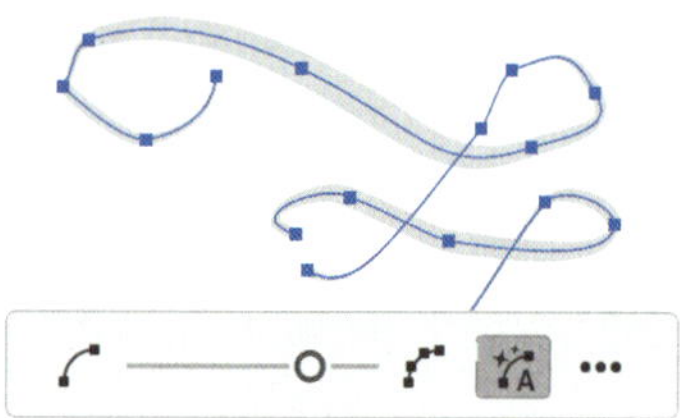

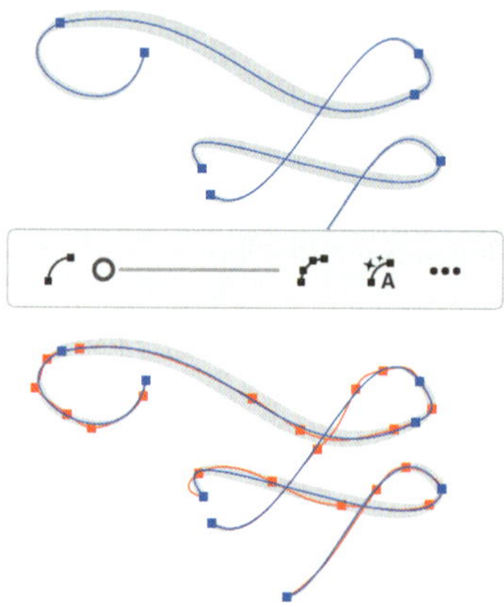

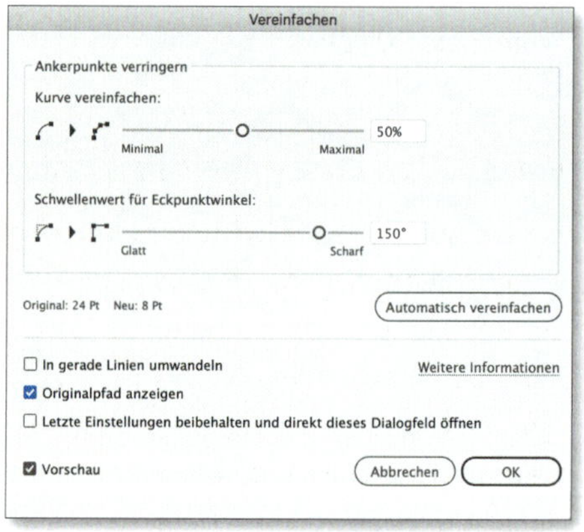

▲▶ **Abbildung 6.43**
Der Schieberegler VEREINFACHEN (oben und Mitte), die Dialogbox VEREINFACHEN (rechts) und ORIGINALPFAD ANZEIGEN (unten Mitte)

Detailoptionen | Pfade vereinfachen

- KURVE VEREINFACHEN: Außer Anfangs- und Endpunkt werden alle – bzw. alle aktivierten – Ankerpunkte verändert. Mit diesem Regler bestimmen Sie, wie genau sich der neue Pfadverlauf am alten orientieren soll. MINIMAL erzeugt dabei die stärkste, MAXIMAL die geringste Vereinfachung.
  Die Anzahl der Punkte (ORIGINAL und AKTUELL) wird angezeigt, wenn Sie die VORSCHAU aktivieren.

- Schwellenwert für Eckpunktwinkel: Durch Eingabe eines Schwellenwertes größer als 0 können Sie die Position von Eckpunkten vor Veränderungen sichern. Mit einem kleinen Wert werden nur Eckpunkte erhalten, an denen der Pfad seine Richtung deutlich ändert. Je größer der Wert ist, desto mehr Eckpunkte bleiben bestehen. Es sei denn, die Einstellung Gerade Linien ist gesetzt – dann bleiben mehr Eckpunkte erhalten, je kleiner Sie den Schwellenwert wählen (zu Eckpunkten s. Abschnitt 5.2.3).

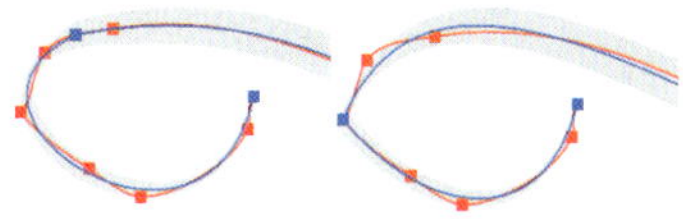

▲ **Abbildung 6.44**
Schwellenwert für Eckpunktwinkel 99° (links) und 101° (rechts), Originalpfad in Rot

- Gerade Linien: Mit dieser Option erstellen Sie gerade Linien zwischen den Punkten des Pfades, die bei der Vereinfachung verbleiben.
  Die Einstellung kann eine große Hilfe bei der Optimierung von geometrischen Zeichnungen sein, die Sie mit dem Bildnachzeichner vektorisieren. Diese Option wirkt sich immer auf den gesamten Pfad aus.

▲ **Abbildung 6.45**
Gerade Linien

- Originalpfad anzeigen: Aktivieren Sie diese Option, wird die Originalform des Pfades in Rot dargestellt. Durch den direkten Vergleich finden Sie schneller Werte, die die ursprüngliche Form des Objekts nicht beeinträchtigen.
- Letzte Einstellungen behalten und direkt dieses Dialogfeld öffnen: Aktivieren Sie diese Option, wenn Sie beim nächsten Aufruf des Vereinfachen-Befehls nicht den Schieberegler, sondern direkt die Detaileinstellungen in der Dialogbox anwenden möchten. Das wird gespeichert und bleibt nach einem Neustart erhalten.

Shaper-Werkzeug

Zu diesem Werkzeug lesen Sie bitte in Kapitel 4 und Kapitel 10.

6.4.3 Das Zusammenfügen-Werkzeug

Dieses Werkzeug wird zwar angewandt wie ein Freihand-Werkzeug, erzeugt jedoch geometrisch genau berechnete Pfade. Sie verwenden es, um Pfade zusammenzufügen bzw. zu schließen, deren Endpunkte nahe beieinanderliegen oder die sich sogar kreuzen. Die Pfade werden demnach entweder bis zu ihrem Kreuzungspunkt verlängert, oder es werden überstehende Enden beschnitten.

Wählen Sie das Werkzeug aus, und ziehen Sie damit über die Pfade, die Sie zusammenfügen wollen. Die Pfade müssen nicht ausgewählt sein. Liegen mehr als zwei offene Pfade in dem Bereich, in dem Sie das Werkzeug verwenden, sollten Sie die beiden Pfade auswählen, die Sie zusammenfügen wollen.

Lücken zwischen den Pfadenden werden geschlossen, indem die Pfade bis zum Treffpunkt fortgeführt werden. Überstehende Pfadenden werden dagegen beschnitten.

Pfade, die sich nicht bis zu einem Treffpunkt verlängern lassen oder deren Enden mehr als ca. 10 mm voneinander entfernt sind, werden nicht zusammengefügt.

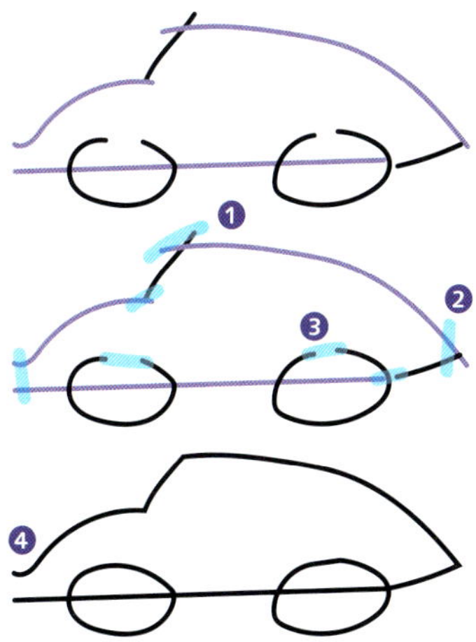

▲ **Abbildung 6.46**
Ziehen Sie das Zusammenfügen-Werkzeug über die Enden ❶, den Eckwinkel ❷ oder zwischen den Enden ❸, um sie zusammenzufügen. Wenn sich die Pfade in der Verlängerung nicht treffen ❹, werden sie nicht verbunden.

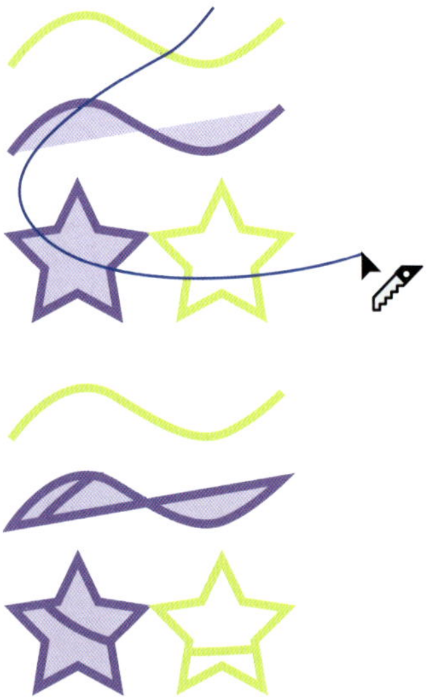

▲ **Abbildung 6.47**
Je ein geschlossener (Stern) und zwei offene Pfade (Wellen) mit (violett) und ohne (grün) Füllung werden zerschnitten.

6.4.4 Das Messer-Werkzeug

Mit dem Messer-Werkzeug, das Sie in einer Gruppe mit dem Radiergummi- und dem Schere-Werkzeug finden, arbeiten Sie wie mit einem Skalpell. Klicken und ziehen Sie den gewünschten Schnitt über die Objekte. Illustrator zerschneidet die Objekte und bildet dabei neue geschlossene Pfade, die jeweils die Aussehen-Eigenschaften des Quellobjekts besitzen.

Es werden nur aktivierte Objekte zerschnitten, die entweder mit einer Füllung versehen und/oder geschlossen sind. Haben Sie kein Objekt ausgewählt, werden alle gefüllten und/oder geschlossenen Objekte zerschnitten, durch die der Schnitt führt, egal, auf welcher Ebene sie liegen – soweit sie nicht fixiert oder ausgeblendet sind!

Die neuen Objekte sind nicht gruppiert oder anderweitig verbunden, sodass Sie sie nach dem Schneiden sofort weiterverarbeiten können.

Modifikationsmöglichkeit | Messer-Werkzeug

- Mit ⌥/Alt erzeugen Sie einen geraden Schnitt. Führen Sie dabei den Schnitt so, wie Sie das Liniensegment-Werkzeug handhaben (s. Abschnitt 4.1.1).
- Drücken und halten Sie ⌥+⇧/Alt+⇧, um gerade Schnitte in 45°-Winkeln auszuführen. Selbst wenn diese Möglichkeit einen Eindruck von Genauigkeit suggeriert: Auch damit lässt sich das Werkzeug nicht an Punkten, Objekten oder Hilfslinien ausrichten.

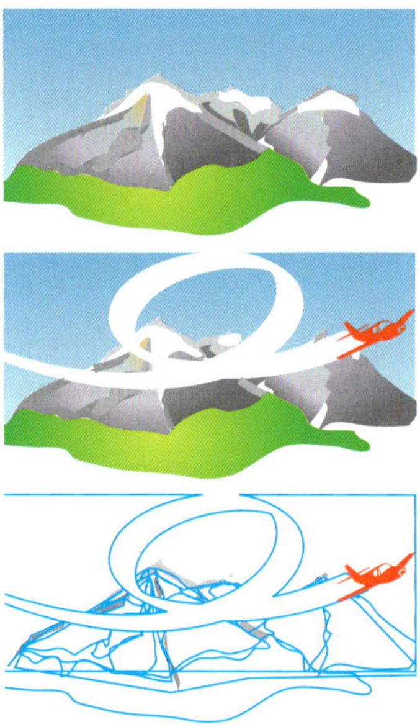

▲ **Abbildung 6.48**
Das Radiergummi-Werkzeug zerteilt offene und geschlossene Pfade (unten: Pfadansicht).

6.4.5 Das Radiergummi-Werkzeug

Der Radiergummi arbeitet entweder an aktivierten oder an allen Objekten, durch die Sie das Werkzeug führen. Im Unterschied zum Messer-Werkzeug lassen sich mit dem Radiergummi auch offene ungefüllte Pfade zerschneiden. Das Radieren von offenen Pfaden führt jedoch häufig zu unerwünschten Verformungen der Restpfade (s. Abbildung 6.49).

Optionen | Öffnen Sie die Werkzeug-Optionen mit einem Doppelklick auf das Werkzeug oder mit der Taste ↵. Die Einstellmöglichkeiten entsprechen denen der Kalligrafiepinsel.

Modifikationsmöglichkeiten | Radiergummi-Werkzeug

- Mit ⇧ erzeugen Sie Linien im 45°-Winkel.
- Halten Sie ⌥/Alt gedrückt, um eine Rechteckform aufzuziehen, die von den Objekten entfernt wird. Die Rechteckform kann nicht an Hilfslinien ausgerichtet werden.
- Drücken Sie < oder ⇧+< zum Verkleinern bzw. Vergrößern der Werkzeugspitze.

Arbeitsweise des Radiergummi-Werkzeugs | Der Radiergummi verhält sich beim Radieren von Pfaden mit Eigenschaften wie Effekten oder Konturen manchmal nicht so, wie Sie es vielleicht erwarten.

▲ **Abbildung 6.49**
Ursprünglich gerade Linien wurden nach dem Durchtrennen mit dem Radiergummi merklich verformt.

▲ **Abbildung 6.50**
Radieren mehrerer mit Konturen, Pinseln und Effekten versehener Objekte (Mitte); Radieren nach Umwandlung der Formen (rechts); Ausgangsformen (links)

Das Radiergummi-Werkzeug wandelt nicht vor dem Bearbeiten automatisch das Aussehen um (Aussehen umwandeln s. Abschnitt 11.6.8), sondern radiert die Grundformen der Objekte. Wenn also wie in diesem Beispiel ein Pfad zweigeteilt wird, wird anschließend beiden Hälften der Pinsel zugewiesen; besitzt eine geschlossene Form eine Kontur, wird diese nach dem Teilen mit dem Radiergummi um beide Hälften komplett herumgeführt. Mit dem Radiergummi können Sie einige Objekte nicht bearbeiten, wie z. B. Text, platzierte Pixelbilder oder Symbolinstanzen (Symbole s. Kapitel 17).

Radiergummi und Wacom

Wenn Sie den drucksensitiven Stift eines Grafiktabletts (der eine Radiergummi-Option besitzt) umdrehen, wird automatisch das Radiergummi-Werkzeug gewählt. Die Anzeige im Werkzeugbedienfeld springt nicht um.

6.4.6 Das Löschen-Werkzeug

Mit dem Löschen-Werkzeug können Sie unabhängig von vorhandenen Ankerpunkten einzelne Bereiche eines Pfades entfernen. Im Unterschied zum Radiergummi-Werkzeug bearbeiten Sie mit dem Löschen-Werkzeug auch bei geschlossenen Pfaden den Pfad und schneiden nicht die Fläche.

Bessere Kontrolle

Andere Methoden für das Zerteilen von Objekten oder das Erzeugen von Löchern lassen sich wesentlich präziser kontrollieren. Sehen Sie sich dazu die Arbeit mit dem Zeichenstift (s. Kapitel 5), Konstruktionsfunktionen (s. Kapitel 10) und Transparenz (s. Kapitel 11) an.

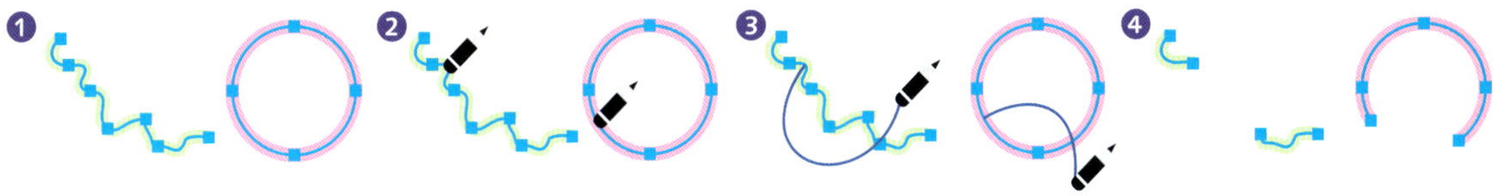

1 Aktivieren Sie einen offenen (grün) oder geschlossenen (pink) Pfad, und nehmen Sie das Löschen-Werkzeug.

2 Setzen Sie das Werkzeug auf dem Pfad an – dabei müssen Sie den Pfad ziemlich genau treffen. Beim Arbeiten mit dem Werkzeug ist es nicht mehr nötig, dem Pfadverlauf exakt zu folgen.

3 Klicken und ziehen Sie das Werkzeug über den Bereich des Pfades, den Sie löschen möchten.

4 Setzen Sie das Werkzeug ab – Illustrator berechnet den Pfad.

6.5 Objekte intuitiv deformieren mit den Verflüssigen-Werkzeugen

▲ **Abbildung 6.51**
Verflüssigen-Werkzeuge: Verkrümmen, Strudel, Zusammenziehen, Aufblasen, Ausbuchten, Kristallisieren, Zerknittern (ganz links: Breitenwerkzeug)

Mit den Verflüssigen-Werkzeugen, die Sie unter dem Breitenwerkzeug finden, können Sie Vektorformen sehr intuitiv verformen. Das funktioniert nicht nur mit einzelnen Pfaden, sondern mit kompletten Objekten, Verzerrungshüllen, Gittern u. a.

Pfade reagieren schnell auf Bewegungen mit diesen Tools. Die verformten Pfade werden im Übergang zu den nicht deformierten Teilen der Objekte weich geglättet, sodass sich die Verflüssigen-Werkzeuge sehr gut eignen, um natürliche oder dynamische Formen aus geometrischen Figuren zu erzeugen.

▲ **Abbildung 6.52**
Mit den Verflüssigen-Werkzeugen können Sie Formen sehr stark verändern und so chaotische Formen schnell erzeugen (links). Es ist ebenfalls möglich, mit diesen Werkzeugen Bereiche einer Zeichnung subtil zu verändern, um Detailkorrekturen vorzunehmen (rechts).

▲ **Abbildung 6.53**
Verwendet an Verzerrungshüllen, können Sie eine kontrolliertere Verzerrung erzielen (oben: Aufblasen; unten: Strudel; im Vergleich links mit und rechts ohne Verzerrungshülle).

6.5.1 Arbeitsweise der Werkzeuge

Die Verflüssigen-Werkzeuge verformen die Objekte, die ausgewählt wurden. Beim Klicken mit dem Werkzeug wird der bearbeitete Pfad dünn farbig angezeigt.

Falls keine Objekte aktiviert sind, verflüssigen Sie die Objekte, die sich beim Klicken innerhalb des Wirkungsradius des Werkzeug-Cursors befinden, und zwar egal, auf welcher Ebene. Die Verflüssigen-Werkzeuge können Sie auf Pfade sowie auf Verzerrungshüllen, Verlaufsgitter und eingebettete Bilder anwenden.

Abhängig von der Größe des Wirkungsradius sind nicht die kompletten Objekte von der Verformung betroffen, sondern nur einzelne Pfadsegmente. Wenn Sie sichergehen möchten, dass nur bestimmte Objekte oder Objektteile in die Verflüssigen-Operation einbezogen werden, wählen Sie diese vorher aus.

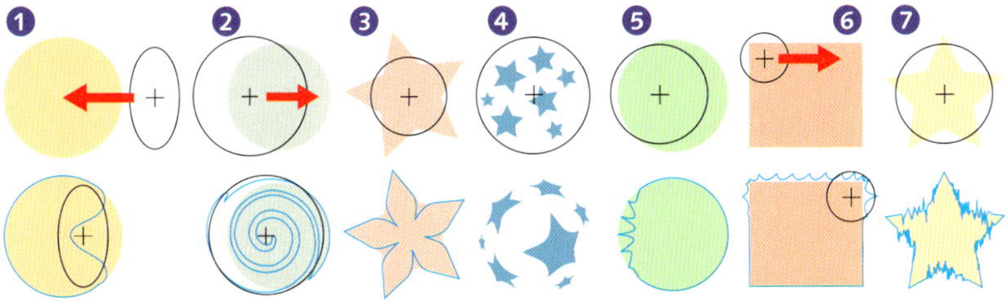

◀ **Abbildung 6.54**
Wirkweise der Verflüssigen-Werkzeuge

Das Verkrümmen-Werkzeug | Mit diesem Werkzeug – ⇧+R – erzeugen Sie in den von der Operation betroffenen Pfaden ovale Dellen in der Richtung, in der Sie das Werkzeug bewegen.

Die Einbeulung des Pfades ist umso größer, je näher der Mittelpunkt des Werkzeugs dem bearbeiteten Pfad kommt ❶.

▲ **Abbildung 6.55**
Mit dem Verkrümmen-Werkzeug bearbeitete Kopien einer komplexeren Form (rechts unten)

Das Strudel-Werkzeug | Das Strudel-Werkzeug verwirbelt Pfade in einer Art virtuellem Mixer. Pfade, die sich im Wirkungsbereich des Werkzeugs befinden, werden in Richtung des Werkzeug-Mittelpunkts gezogen und in einer Spirale um ihn gewickelt ❷.

Das Zusammenziehen-Werkzeug | Das Zusammenziehen-Werkzeug zieht Pfade und Punkte, die sich in seinem Radius befinden, wie ein Magnet in seinen Mittelpunkt ❸.

▲ **Abbildung 6.56**
Verzerrungen mit dem Verkrümmen- und dem Aufblasen-Werkzeug

Das Aufblasen-Werkzeug | Das Aufblasen-Werkzeug verschiebt Punkte und Pfadsegmente von seinem Mittelpunkt nach außen, sodass eine optische Wirkung wie beim Aufblasen eines bedruckten Luftballons entsteht. Die Verformung beschränkt sich auf den »heißen« Bereich der Werkzeugspitze ❹.

Das Ausbuchten-Werkzeug | Das Ausbuchten-Werkzeug formt viele kleine Kurven in einen Pfad, indem es den Pfad an einigen Punkten fixiert und die Segmente zwischen diesen Punkten in seinen Mittelpunkt zieht ❺.

▲ **Abbildung 6.57**
Eingebettete Bilder können mit den Verflüssigen-Werkzeugen (hier: AUFBLASEN) verformt werden.

Das Kristallisieren-Werkzeug | Das Kristallisieren-Werkzeug arbeitet umgekehrt: Es erzeugt Ankerpunkte auf dem Pfad und bewegt diese Punkte als Spitzen von seinem Wirkungsradius weg. Die zwischen den Punkten liegenden Pfadsegmente werden gebogen ❻.

Das Zerknittern-Werkzeug | Das Zerknittern-Werkzeug faltet einen Pfad wie eine seismische Messkurve ❼.

Optionen für alle Werkzeuge!

Bitte beachten Sie, dass Grösse, Winkel und Intensität, die Sie für eines der Verflüssigen-Werkzeuge eingeben, in alle anderen übernommen werden.
Wenn die beiden Parameter für das Ergebnis in Ihrer Grafik wichtig sind, sollten Sie sie überprüfen, bevor Sie das Werkzeug anwenden.

Überblick: Verflüssigen	
Verkrümmen	
Strudel	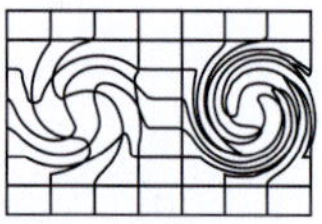
Zusammen-ziehen	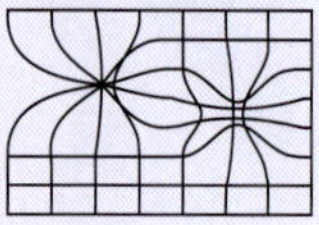
Aufblasen	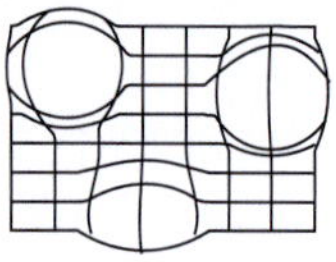
Ausbuchten	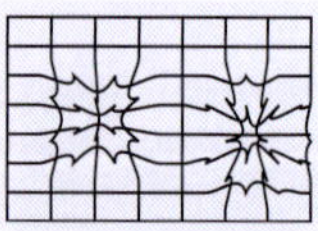
Kristalli-sieren	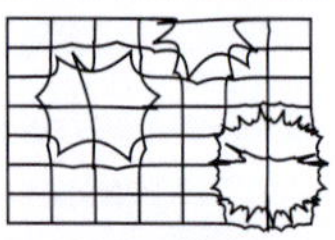
Zerknittern	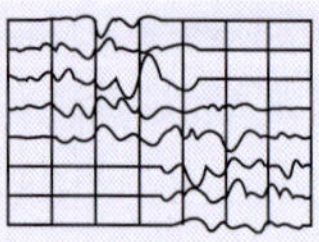

▲ **Tabelle 6.1**
Die Verflüssigen-Werkzeuge und ihre Wirkweisen

6.5.2 Verflüssigen-Werkzeuge zum Deformieren anwenden

Die Art des Gebrauchs ist bei allen Verflüssigen-Werkzeugen gleich:

1. Wählen Sie ein Verflüssigen-Werkzeug im Werkzeugbedienfeld aus.
2. Der Wirkungskreis der Werkzeugspitze wird als Oval unter dem Cursor angezeigt. Sie können die Größe des »heißen« Bereichs der Spitze nach Ihren Wünschen anpassen, indem Sie zusammen mit der Modifikationstaste ⌥/Alt die Maus klicken und ziehen – der Cursor zeigt das Symbol ✛. Drücken Sie zusätzlich ⇧, erhalten Sie eine runde Werkzeugspitze.
3. Nun kommen wir zum Verformen:
   - Aktivierte Pfade: Aktivieren Sie eines oder mehrere Objekte oder einzelne Pfadsegmente. Klicken und ziehen Sie mit dem Werkzeug über die Pfade, oder halten Sie einfach die Maustaste über den aktivierten Objektteilen gedrückt, ohne das Werkzeug zu bewegen.
   - Keine Pfade sind aktiviert: Wenn keine Objekte aktiviert sind, bewegen Sie die Werkzeugspitze über die Objekte, die Sie verflüssigen möchten. Klicken Sie erst über den Objekten, und beginnen Sie dann zu ziehen.
     Achtung! Dabei werden alle Objekte auf allen Ebenen deformiert, die sich im »heißen« Bereich der Werkzeugspitze befinden, sofern sie nicht ausgeblendet oder fixiert sind!
4. Wenn das jeweilige Werkzeug in Aktion ist, bewegen sich die Pfadsegmente der von der Verflüssigung betroffenen Objekte mit dem Werkzeug. Kreuzen Sie mit dem Cursor weitere aktivierte Pfadsegmente, werden diese ebenfalls in die Bearbeitung einbezogen.
5. Um die Anwendung des Werkzeugs zu beenden, lassen Sie die Maustaste los bzw. heben den Stift vom Grafiktablett ab.
6. Wiederholen Sie gegebenenfalls die Schritte ab 3, denn in manchen Fällen ist ein mehrfaches Ansetzen des Werkzeugs in Folge wirkungsvoller als eine lange Anwendung.

Modifikationsmöglichkeiten | Verflüssigen-Werkzeuge

- ⇧: Beschränkt die Werkzeugbewegung auf waagerechte oder senkrechte Winkel.
- Cursorbewegung: Da die Werkzeuge mit einer kleinen Verzögerung arbeiten, erzeugt ein verändertes Bewegungstempo der Werkzeuge andere Ergebnisse.

Optionen | Mit einem Doppelklick auf eines der Verflüssigen-Werkzeuge im Werkzeugbedienfeld rufen Sie die zugehörigen Optionen auf. Die Einstellungen gelten für alle Werkzeuge (s. den Hinweis links oben).

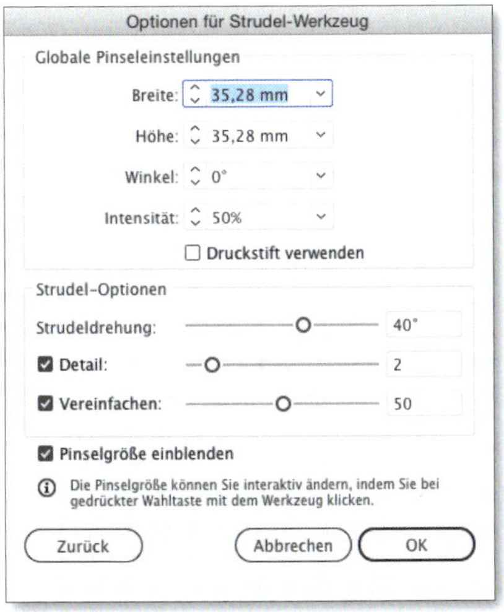

◀ **Abbildung 6.58**
Die Dialogbox Optionen für Strudel-Werkzeug

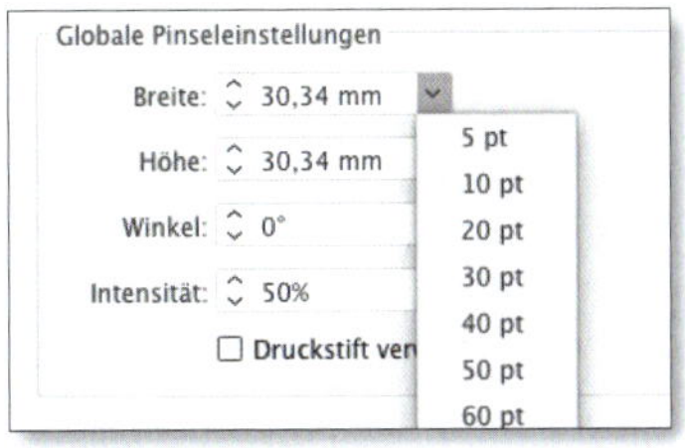

▲ **Abbildung 6.59**
Auch wenn Sie mit der allgemeinen Maßeinheit Millimeter arbeiten, werden die Vorgaben in Punkt aufgelistet.

- Breite und Höhe: Hier geben Sie die Breite und Höhe des ovalen Wirkungsbereichs der Werkzeugspitze durch Auswahl aus dem Menü oder Eingabe ins Textfeld ein.
  Die Maßeinheiten aus Voreinstellungen • Einheit im Bereich Allgemein werden für die Eingabe von Maßen verwendet – die Vorgaben im Popup-Menü sind leider in Punkt aufgelistet.
  Bei allen Werkzeugen können Sie die Form und damit den »heißen« Bereich der Werkzeugspitze auch manuell anpassen – s. dazu die Anleitung auf Seite 210.
- Winkel: Stellen Sie eine ovale Spitze durch Eingabe des Winkels schräg.
- Intensität: Bei Mauseingabe bestimmt dieser Wert, wie schnell die Verformung durch das Werkzeug erfolgt.
  Wenn Sie nur geringe Deformationen erreichen möchten, müssen Sie einen sehr niedrigen Intensitätswert einstellen.
  Bei der Eingabe mit einem Stift auf dem Grafiktablett muss das Kontrollkästchen Druckstift verwenden aktiviert werden. Die numerische Werteingabe wird damit abgeschaltet, denn dann bestimmt der auf den Stift ausgeübte Druck die Intensität der Verformung.
- Pinselgrösse einblenden: Das schwarze Oval unter dem Cursor vermittelt Ihnen ein Gefühl dafür, welche Pfade in den Wirkungsbereich des Werkzeugs einbezogen werden (s. auch Breite/Höhe). Deaktivieren Sie die Anzeige durch Entfernen des Häkchens.
- Detail: Mit diesem Wert geben Sie an, wie detailliert die Verformung sein soll. Ein höherer Wert generiert eine feingliedrigere Verformung. Das heißt, die Anzahl der zusätzlich erzeugten Ankerpunkte ist größer als bei einem niedrigen Wert.
- Zusätzliche Option der Werkzeuge Verkrümmen, Strudel, Zusammenziehen und Aufblasen:

Durch die Werkzeuge wechseln

Wenn Sie ein Werkzeug aus einer Werkzeuggruppe im Werkzeugbedienfeld mit gedrückter ⌥/Alt-Taste anklicken, wechseln Sie zum folgenden Werkzeug der Gruppe.

▲ **Abbildung 6.60**
Die Verflüssigen-Werkzeuge (hier: Aufblasen) arbeiten bei exakt nebeneinanderliegenden Objekten sichtbar ungenau (oben). Achten Sie daher bereits im Vorfeld auf sinnvolle Überlappungen der Objekte (unten).

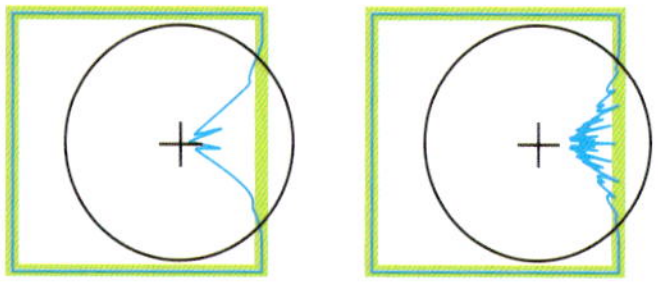

▲ **Abbildung 6.61**
Verschiedene Stufen der Komplexität

▲ **Abbildung 6.62**
Von oben: Pinsel verschiebt Ankerpunkt, Pinsel verschiebt wegführende Griffe

▲ **Abbildung 6.63**
Sollen komplexere Zeichnungen in Details verändert werden, dann wäre es zwar sauberer, die Bereiche neu aufzubauen, dies lässt sich jedoch häufig im Zeitplan nicht realisieren.

  - Vereinfachen: Mit dieser Option geben Sie an, wie stark der Pfad nach der Verflüssigen-Operation optimiert wird. Beim Vereinfachen wird die Anzahl der Punkte reduziert, die den Pfad bilden. Mit dem Schieberegler steuern Sie die Genauigkeit: Höhere Werte erzeugen weniger Punkte und damit glattere Pfade.
- Zusätzliche Option des Strudel-Werkzeugs:
  - Strudeldrehung: Je höher der Wert der Strudeldrehung ist, desto stärker und schneller erfolgt die Drehung. Positive Werte bewirken eine Drehung gegen den Uhrzeigersinn, negative Werte im Uhrzeigersinn.
- Zusätzliche Optionen der Werkzeuge Ausbuchten, Kristallisieren und Zerknittern:
  - Komplexität steuert die Reaktionszeit des Werkzeugs – ein höherer Wert lässt das Werkzeug in kürzeren Abständen reagieren. Ein sehr niedriger Komplexitätswert bewirkt keine Änderung, wenn keine Ankerpunkte im Wirkungsbereich des Werkzeugs liegen.
  - Pinsel verschiebt Ankerpunkt: Mit dieser Option bestimmen Sie, ob das Werkzeug Ankerpunkte, die bereits auf dem Pfad vorhanden sind, verschieben darf. Wenn Sie Pinsel verschiebt Ankerpunkt aktivieren, erzielen Sie extremere Verformungen des Pfades.
  - Pinsel verschiebt hinführende/wegführende Griffe: Steuern Sie hiermit, welche Grifflinien verändert werden – die Bezeichnungen »hinführend« bzw. »wegführend« beziehen sich auf die Pfadrichtungen (s. Abschnitt 5.2.4).
- Zusätzliche Optionen des Werkzeugs Zerknittern:
  - Horizontal/Vertikal: Mit diesen Werten geben Sie an, wie stark die Verformung in horizontaler bzw. vertikaler Richtung erfolgen soll.

  Beim Zerknittern-Werkzeug wirkt die Bewegungsrichtung der Werkzeugspitze nicht auf die Richtung der Verformung!

6.6 Objekte mit dem Formgitter bearbeiten

Änderungen an Objekten, die aus mehreren Pfaden bestehen, z. B. von figürlichen Illustrationen, sind in Illustrator kaum durchzuführen. Verflüssigen-Werkzeuge lassen sich schwierig kontrollieren, und Verzerrungshüllen sind nicht in eine Form zu bringen, die etwa Arme und Beine besitzt. Hier kommt das Formgitter-Werkzeug ins Spiel, mit dem Objekte ähnlich wie Biegepuppen verformt werden können. Es funktioniert wie das gleichnamige Werkzeug in Photoshop oder das Marionetten-Werkzeug in After Effects.

Werkzeug verwenden | Um die Objekte zu verformen, aktivieren Sie die betreffenden Objekte und wählen dann das Formgitter-Werkzeug. Mit dem Werkzeug setzen Sie Pins bzw. Griffe, indem Sie an der betreffenden Stelle klicken. Pins dienen einerseits zum Fixieren von Stellen, die sich nicht verändern sollen, und zum Formen von Bereichen in die gewünschte Position.

1. Bewegen Sie das Formgitter-Werkzeug über die ausgewählten Objekte – der Cursor zeigt. Setzen Sie Pins an den Stellen, die Sie formen möchten, und fixieren Sie Bereiche, die Sie nicht verändern möchten, ebenfalls mit Pins. Sobald Sie den ersten Pin gesetzt haben, wird das ausgewählte Objekt mit einem Netz aus Gitterlinien überzogen.
2. Stellen Sie im Eigenschaften- oder im Steuerungsbedienfeld unter Gitter erweitern den Wirkradius des Gitters ein.
3. Bewegen Sie das Formgitter-Werkzeug über die gesetzten Pins – der Cursor zeigt. Klicken Sie einen oder mit ⇧ mehrere Pins an, und verschieben Sie sie in die gewünschte Position.
4. Um einen aktivierten Pin zu deaktivieren, drücken Sie ⇧ und klicken ihn erneut an.
5. Ist ein einzelner Pin ausgewählt, wird ein gestrichelter Rand angezeigt, an dem Sie ziehen können, um den betreffenden Bereich zu drehen – der Cursor zeigt.
6. Einen ungünstig gesetzten Pin können Sie nicht verschieben, ohne die Objekte zu verformen. Stattdessen klicken Sie ihn mit dem Formgitter-Werkzeug an und löschen ihn mit der Löschtaste. Dann setzen Sie einen neuen Pin.
7. Um die Bearbeitung zu beenden, deaktivieren Sie das Objekt, oder drücken Sie Esc.

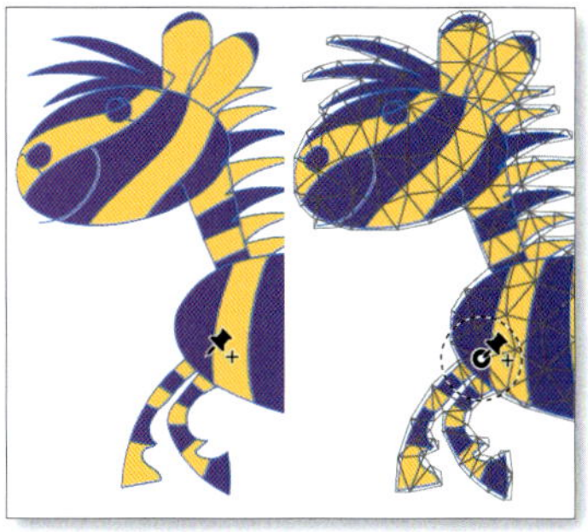

▲ **Abbildung 6.64**
Motiv mit eingeblendetem Formgitter und erstem Pin

▲ **Abbildung 6.65**
Formgitter-Optionen im Eigenschaften-Bedienfeld

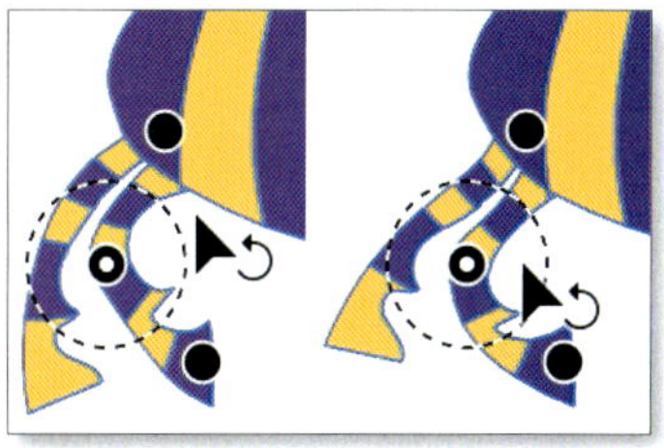

▲ **Abbildung 6.66**
Soll ein Bein wie mit einem Gelenk gedreht werden, dann darf kein zweiter Pin gesetzt sein (rechts).

Optionen | Die Anzeige und das Verhalten des Formgitters lässt sich konfigurieren. Im Eigenschaften- und im Steuerungsbedienfeld werden die Optionen eingeblendet, sobald ein Objekt und das Formgitter-Werkzeug ausgewählt sind.

- Alle Pins auswählen: Mit diesem Button können Sie automatisch alle Pins des Formgitters auswählen, um sie gemeinsam zu bearbeiten.
- Gitter erweitern: Hier stellen Sie den Wirkradius des Gitters mit einem Wert zwischen 1 und 100 Pixel ein und können es z. B. über Lücken und Löcher im Objekt verbinden.
- Gitter anzeigen: Mit dieser Option können Sie das Gitter ausblenden. Während Sie einen Pin verschieben, wird es automatisch versteckt.
- Automatische Pins: Sobald das Formgitter-Werkzeug und ein Objekt ausgewählt sind, werden standardmäßig automatisch die ersten Pins auf Basis von künstlicher Intelligenz gesetzt. Das klappt nicht immer

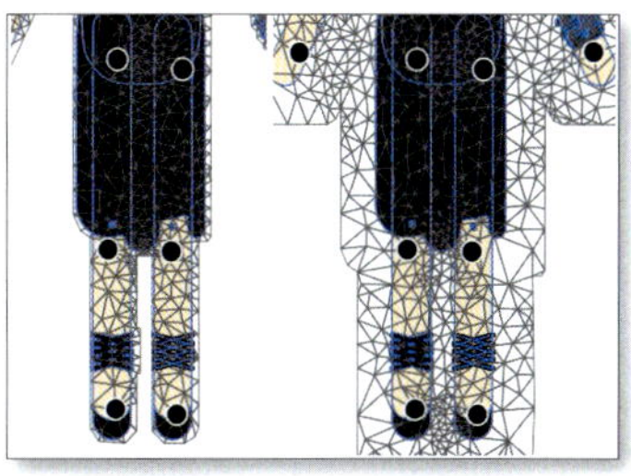

▲ **Abbildung 6.67**
Gitter erweitert (rechts)

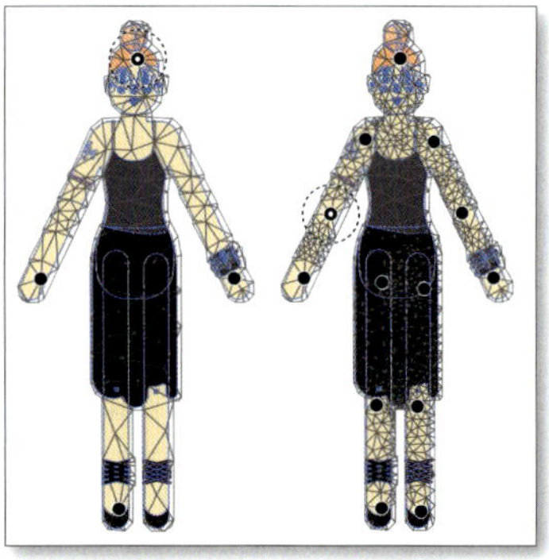

▲ **Abbildung 6.68**
»Inhaltssensitive« Pins (links); mindestens benötigte Pins für die Verformung der Arme und Beine (rechts)

▲ **Abbildung 6.69**
Die Bänder am rechten Bein wurden nicht in Pfade umgewandelt und verrutschen beim Verformen.

Alternativen zum Formgitter

Verformungen lassen sich alternativ mit den Verflüssigen-Werkzeugen (s. Abschnitt 6.5) oder Verzerrungshüllen (s. Abschnitt 10.8) ausführen. Einzelne Arme und Beine können Sie mit Bildpinseln (s. Abschnitt 8.4.4) bewegen.

gut, daher können Sie es deaktivieren, indem Sie unter VOREINSTELLUNGEN • ALLGEMEIN die Option INHALTSSENSITIVE STANDARDEINSTELLUNGEN AKTIVIEREN ausschalten.

Ergebnis | Das Formgitter ist keine Live-Eigenschaft (wie etwa Verzerrungshüllen), stattdessen wird die Formänderung direkt auf Objekte angewandt – Sie können die Formänderung also nach dem Schließen der Datei nicht mehr widerrufen. Die Positionen der Pins werden jedoch gespeichert und stehen auch nach dem erneuten Öffnen der Datei wieder zur Verfügung. Eine Anwendung des Formgitter-Werkzeugs hat weitere Auswirkungen auf die Objektstruktur:

- Alle ausgewählten Objekte werden bei der Formänderung gruppiert und damit auch von ihren ursprünglichen Ebenen entfernt.
- Symbolinstanzen werden vom Symbol getrennt.
- Text wird in Pfade umgewandelt.
- Interaktive Malgruppen, Pinsel oder Aussehen-Eigenschaften werden nicht umgewandelt. Die Formänderungen können jedoch dazu führen, dass in interaktiven Malgruppen zusätzliche Lücken entstehen und die Malgruppen daher bearbeitet werden müssen.

Tipps | Falls Sie Objekte (wie etwa Arme und Beine) mithilfe fetter Konturen aufgebaut haben, wandeln Sie diese gegebenenfalls um, um sauberere Ergebnisse zu erhalten.

Je mehr Pins Sie setzen, umso feiner können Sie die Form des Objekts bestimmen, aber umso schlechter wird auch die Glättung der geänderten Formen ausfallen.

Anstatt eine gesamte Figur zu verformen, kann es ebenfalls sinnvoll sein, nur bestimmte Körperteile zu verformen. Dies ist dann unumgänglich, wenn sich Formen überkreuzen. Entstehen die Überkreuzungen erst beim Arbeiten mit dem Formgitter, dann kann Illustrator die überlagernden Objekte entsprechend bearbeiten, solange Sie nachträglich an den betroffenen Stellen keine Pins hinzufügen. Sobald Sie das Objekt deaktivieren, kann das Ergebnis überraschend ausfallen, denn die Stapelreihenfolge der Objekte bleibt bestehen.

Versteifungen wie in Animations-Software können Sie nicht setzen; hier hilft es nur, mehrere Pins zu verwenden und gemeinsam zu verformen.

Generell sollten Sie mit dem Gitter nur kleine Änderungen durchführen, da die Änderungen sich nie so nahtlos in eine Illustration einfügen, wie es zu wünschen wäre.

Kapitel 7
Farbe

Erst durch den Einsatz von Farbe auf Konturen oder Flächen werden Pfade sichtbar. Mit Farbmanagement und Farbharmoniefunktionen unterstützt Illustrator Sie sowohl beim produktionssicheren Einsatz als auch beim kreativen Umgang mit Farbe.

Um Farbe in Ihren Dokumenten gezielt einsetzen und sich auf die farbgetreue Verarbeitung bis zur Ausgabe verlassen zu können, ist es wichtig, zu verstehen, wie Farbe in Illustrator funktioniert.

Exkurs: Lab-Farbmodell (eigentlich L*a*b) Im Gegensatz zu anderen Farbmodellen beschreibt das Lab-Modell, wie Farben aussehen, und nicht, wie ein Gerät sie mischt.
Daher wird dieser Standard der CIE (Commission Internationale d'Eclairage) von Farbmanagementsystemen als Referenz verwendet. In Illustrator können Sie Lab verwenden, um Volltonfarben zu erstellen und am Bildschirm darzustellen.

7.1 Farbmodelle

Farbmodelle machen Farben messbar und zuverlässig beschreibbar, damit sie in unseren täglich gebrauchten Medien exakt reproduzierbar sind. Farben werden in diesen Modellen auf unterschiedlichste Weise kategorisiert und mit numerischen Werten geordnet. Von vielen Farbmodellen existieren wiederum verschiedene Varianten, die Farbräume. Sie werden definiert durch den begrenzten Farbumfang, den bestimmte Geräte oder Vermittlungsmethoden darstellen können. Die numerischen Werte, die die Farben beschreiben, beziehen sich jeweils auf einen solchen Farbraum. Gleiche Werte charakterisieren deshalb in einem anderen Farbraum ganz andere Farben.

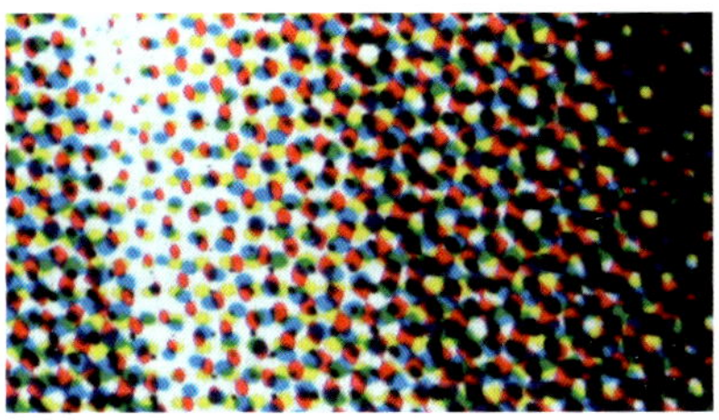
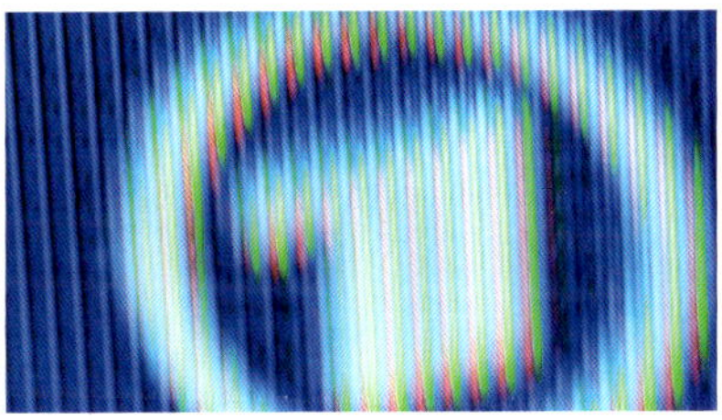

◂ **Abbildung 7.1**
Im Druck werden Mischfarben erzeugt, indem unterschiedlich große Rasterpunkte in den Druckfarben (CMYK) übereinandergedruckt werden (links).
Das RGB-Farbmodell erzeugt Farben mit farbigen Lichtquellen (rechts).

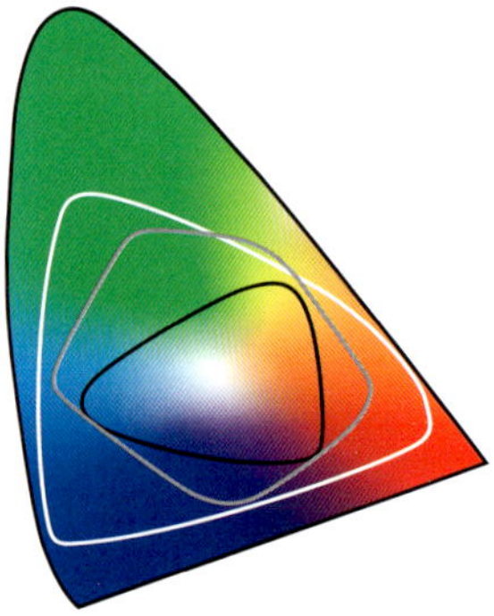

▲ **Abbildung 7.2**
Der »Schuh« stellt das vom menschlichen Auge wahrnehmbare Farbspektrum dar. Die inneren Rahmen kennzeichnen die darstellbaren Farben in verschiedenen Farbmodellen.

- Weißer Rahmen: RGB-Farbraum
- Grauer Rahmen: Pantone-Farbraum
- Schwarzer Rahmen: CMYK-Farbraum

Darstellbarer Farbraum

Der darstellbare Farbraum aus dem Umfang der von uns wahrnehmbaren Farben ist bei subtraktiver Farbmischung, und damit auch bei CMYK, wesentlich kleiner als bei der additiven Farbmischung mit aktiven Lichtquellen im Farbmodell RGB.

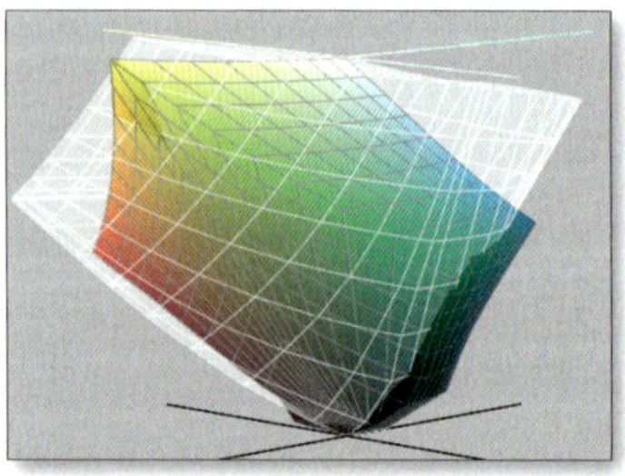

▲ **Abbildung 7.3**
Vergleich der Farbräume »Adobe RGB« und »Europe ISO Coated FOGRA 27« in Apples ColorSync-Dienstprogramm

7.1.1 RGB

Die gebräuchlichsten Farbmodelle – auch in Illustrator – sind RGB und CMYK. RGB ist ein Farbmodell zur Beschreibung additiv gemischter Farben. Aktive Lichtquellen mit gleicher Stärke in den Grundfarben Rot, Grün und Blau addieren sich im menschlichen Auge zu weißem Licht. Werden die Grundfarben in unterschiedlicher Intensität gemischt, interpretiert das Auge dies als farbiges Licht. Durch das Abschwächen einzelner Lichtquellen kann ein weiter Bereich des sichtbaren Farbspektrums erzeugt werden. Schwarz wird durch das Fehlen aller Farbinformationen wahrgenommen. Neutrales Grau entsteht, wenn die Intensität der Grundfarben gleichmäßig reduziert ist, z. B. R–G–B: 87–87–87.

7.1.2 CMYK

CMYK ist ein Farbmodell zur Beschreibung der subtraktiven Farbmischung. Aus dem Farbspektrum einer weißen Lichtquelle, das von einer Fläche reflektiert wird, filtern Farben, die auf der Fläche vorhanden sind, Bereiche des Spektrums heraus. Das Auge erreichen also nur Teile des ursprünglich weißen Lichts, die als Farbe wahrgenommen werden. Da der Teil des weißen Lichts, der bei der Reflexion absorbiert wird, mit dem Farbauftrag auf der reflektierenden Fläche beeinflusst werden kann, spricht man hier von subtraktiver Farbmischung.

Durch kleine farbige Punkte auf einer Fläche, die das weiße Licht filtern, entsteht im menschlichen Auge ein Farbeindruck, der nicht den einzelnen Farben der Punkte entspricht, sondern einer Mischung daraus. Diese Auflösungsschwäche des menschlichen Auges macht man sich beim Vierfarbdruck zunutze, indem Raster aus Punkten der Komplementärfarben zu Rot/Grün/Blau, nämlich Cyan/Magenta/Gelb, auf einen weißen Träger gedruckt werden, um so bei der Reflexion einer Lichtquelle dem Betrachter ein breites Farbspektrum zu simulieren.

Cyan, Magenta und Gelb übereinandergedruckt sollten theoretisch Schwarz ergeben. In der Praxis entsteht eher ein »schmutziges« Graubraun. Zum Ausgleich der optischen Eigenschaften der Buntfarben und um saubere Hell-Dunkel-Abstufungen erzeugen zu können, wird das schwarze Raster hinzugefügt. Daher ist für dieses Farbmodell die Bezeichnung CMYK gebräuchlich, nach den entsprechenden Farbbezeichnungen Cyan/Magenta/Yellow/Key in der englischen Sprache. Die Bezeichnung »Key« anstelle von »Black« für »Schwarz« wurde gewählt, um bei der Abkürzung »B« eine Verwechslung mit »Blue« bzw. »Blau« auszuschließen.

7.2 Farbmanagement

Farbe wird von jedem Ein- oder Ausgabegerät auf eine andere Weise erfasst oder wiedergegeben. Dabei kommen unterschiedliche Farbmodelle zur Anwendung. Sowohl die technischen Fähigkeiten der Geräte als auch die verwendeten Farbmodelle schränken den darstellbaren Farbumfang (Gamut) ein. Durch das Farbmanagement sollen nun die einzelnen Farbmodelle und der Farbumfang der beteiligten Geräte und Prozesse in Einklang gebracht werden. Farbmanagement hat die Aufgabe, Farbe konstant und vorhersehbar zu reproduzieren.

Die Optimierung der Bilddaten anhand drucktechnischer Kennlinien – wie es in der Vergangenheit üblich war – setzt voraus, dass die für Erfassung, Verarbeitung und Wiedergabe der Farbinformationen benutzten Geräte dasselbe Farbmodell verwenden. Durch den Einsatz offener, digitaler und modularer Systeme ist das aber nicht mehr sichergestellt. Farben müssen also unabhängig von gerätespezifischen Farbmodellen definiert werden. Mit dem ICC-Profil können die Steuersignale der Geräte mit einem Farbort im farbmetrischen Referenzfarbraum (XYZ oder Lab) verknüpft werden und damit den Gamut eines Geräts beschreiben.

Farbmanagement ist aktiv!

Das Farbmanagement ist per Voreinstellung aktiviert. Damit nicht eventuell für Ihren Workflow ungeeignete Optionen Ihre Arbeit ruinieren, sollten Sie sich mit dem Farbmanagement beschäftigen und sich auch mit Ihren Dienstleistern absprechen.

Weiterführende Informationen

Als weiterführende Lektüre (nicht nur) für die Behandlung abweichender Farbprofile empfehle ich den Ratgeber »PDF/X und Colormanagement« (*www.cleverprinting.de*).

7.2.1 Farbmanagement über Adobe Bridge einrichten

Adobe hat in Photoshop, InDesign und Illustrator eine gemeinsame Farbmanagement-Architektur mit identischen Einstellungen implementiert. Darüber hinaus lassen sich diese Programme synchronisieren, sodass Sie applikationsübergreifend mit konsistenten und vorhersagbaren Bildschirmfarben arbeiten können. Dies ist eine wichtige Grundlage für den reibungslosen Ablauf Ihrer Gestaltungs-, Proof- und Druck-Workflows. Setzen Sie neben Illustrator andere Anwendungen der Creative Cloud ein, dann richten Sie die Farbmanagement-Einstellungen über Adobe Bridge ein. In Bridge wählen Sie Bearbeiten • Farbeinstellungen – ⌘/Strg+⇧+K.

Hier finden Sie die Auswahl der von Adobe mitgelieferten Farbeinstellungsdateien (CSF). Wenn Sie eine der Einstellungen anklicken und anschließend mit dem Button Anwenden bestätigen, wird diese Einstellung in alle Applikationen übernommen, und sie sind synchronisiert.

Monitorkalibrierung

Die ersten Schritte bei der Einstellung des Farbmanagements sind die **Kalibrierung und Profilierung Ihres Monitors.** Am besten ist der Einsatz externer Messtechnik und Profilierungssoftware, die Sie von verschiedenen Anbietern erhalten.

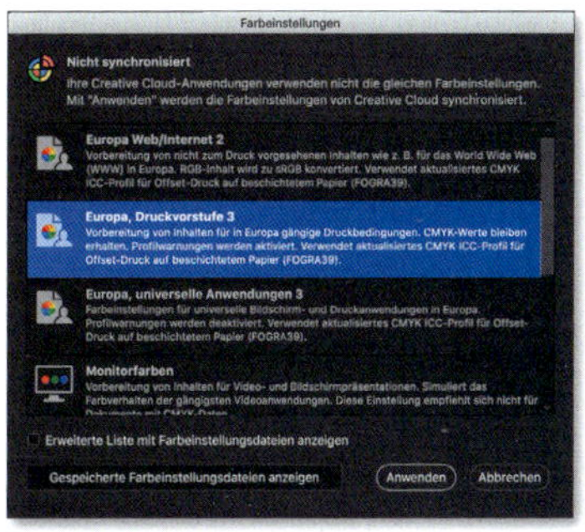

▲ **Abbildung 7.4**
Die Dialogbox Farbeinstellungen in Adobe Bridge

7.2.2 Farbeinstellungen in Illustrator

Um die Voreinstellungen für das Farbmanagement in Illustrator einzurichten, rufen Sie Bearbeiten • Farbeinstellungen auf – ⌘/Strg+⇧+K. Bewegen Sie den Mauszeiger über die Ausklappmenüs, dann wird im

Farbmanagement deaktivieren

Wählen Sie Adobe Illustrator 6.0 emulieren, um das Farbmanagement »auszuschalten«. In dieser Einstellung bettet Illustrator keine Farbprofile in Ihre Dokumente ein. Beachten Sie jedoch, dass sich das Farbmanagement nicht ganz deaktivieren lässt und auch in dieser Einstellung im Hintergrund arbeitet.

Feld Beschreibung (unten) jeweils ein kurzer Hilfetext zu den Optionen angezeigt.

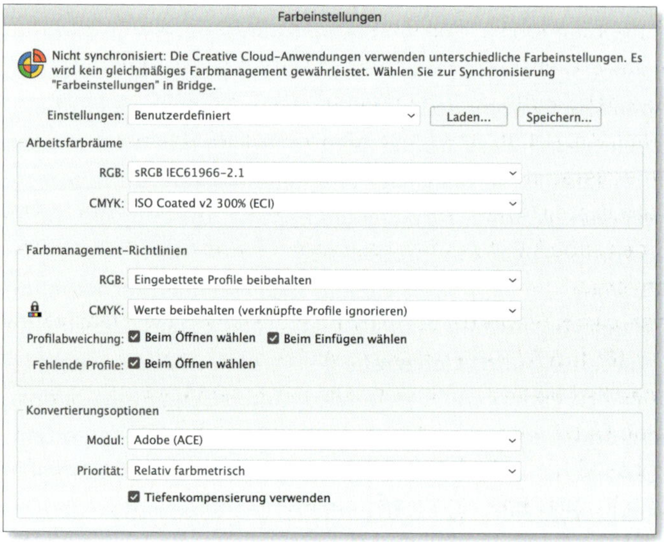

Abbildung 7.5 ▶
Die Dialogbox Farbeinstellungen

▲ **Abbildung 7.6**
Die Creative-Cloud-Anwendungen sind synchronisiert (links) bzw. nicht synchronisiert (rechts).

Synchronisierung | Das Icon signalisiert, ob die Farbeinstellungen der zur Creative Cloud gehörenden Programme identisch sind. Definieren Sie Ihre Farbmanagement-Richtlinien über Adobe Bridge, werden die Einstellungen automatisch synchronisiert. Sobald Sie lokal in einer der Applikationen Änderungen am Farbmanagement vornehmen, sind die Einstellungen der Creative Cloud-Anwendungen nicht mehr synchron.

Einstellungen | Wählen Sie eine der vorkonfigurierten Einstellungen aus dem Aufklappmenü. Diese fassen die von Adobe empfohlenen Optionen für den jeweils im Namen erkennbaren Einsatzzweck zusammen.

RGB-Arbeitsfarbraum

Wenn Sie häufig Fotos aus dem semiprofessionellen Bereich in Layouts weiterverarbeiten, kann es sinnvoll sein, sRGB als RGB-Arbeitsfarbraum einzustellen. Es ist der Standardfarbraum für Consumer-Kameras. Erhalten Sie in diesem Workflow ausnahmsweise professionelle Fotos, ist es kein Problem, da diese in der Regel mit dem korrekten Farbprofil versehen sind. RGB-Farbprofile sollten Sie dann natürlich beibehalten.

Arbeitsfarbräume | Wählen Sie hier jeweils für RGB und CMYK Ihren bevorzugten Arbeitsfarbraum aus. Der Arbeitsfarbraum ist ein Übergangsfarbraum (für die Bearbeitung des Dokuments) und wird jedem neuen Dokument automatisch zugewiesen. Darüber hinaus bestimmt er die Anzeige eines Dokuments ohne eingebettetes Profil (Untagged).

Erstellen Sie Dokumente für den Druck, sollten Sie einen möglichst großen RGB-Arbeitsfarbraum wählen, z.B. Adobe RGB (1998). Bei der Vorbereitung von Grafik für das Web empfiehlt sich der »kleinste gemeinsame Nenner« sRGB IEC61966, der den »Standardmonitor« der Web-User simuliert. Wählen Sie als RGB-Arbeitsfarbraum **nicht** das Farbprofil Ihres Monitors aus.

Als CMYK-Arbeitsfarbraum wählen Sie einen für das anvisierte Druckverfahren geeigneten Farbraum.

Farbmanagement-Richtlinien | Hier legen Sie fest, wie Illustrator Dokumente behandelt, in die kein Farbprofil oder ein vom aktuellen Arbeitsfarbraum abweichendes Profil eingebettet ist.

- Aus: Mit dieser Option werden die eingebetteten Farbprofile gelöscht. Das Profil des aktuellen Arbeitsfarbraums wird **nicht** eingebettet, aber zur Anzeige des Dokuments verwendet.
- Eingebettete Profile beibehalten: Das vom Ersteller der Datei ursprünglich eingebettete Profil bleibt erhalten.
- In Arbeitsfarbraum umwandeln: Statt des ursprünglichen Profils wird das Profil des Arbeitsfarbraums zugewiesen. Farben werden entsprechend konvertiert.
- Werte beibehalten (verknüpfte Profile ignorieren): Diese Einstellung steht Ihnen für CMYK zur Verfügung. Wählen Sie Werte beibehalten, dann werden Farbwerte nicht vom Farbmanagement konvertiert, wenn Sie z. B. eine Datei mit abweichendem Farbprofil öffnen oder Inhalte daraus in das aktuelle Dokument einfügen (s. auch den folgenden Abschnitt »Sicherer CMYK-Workflow«).

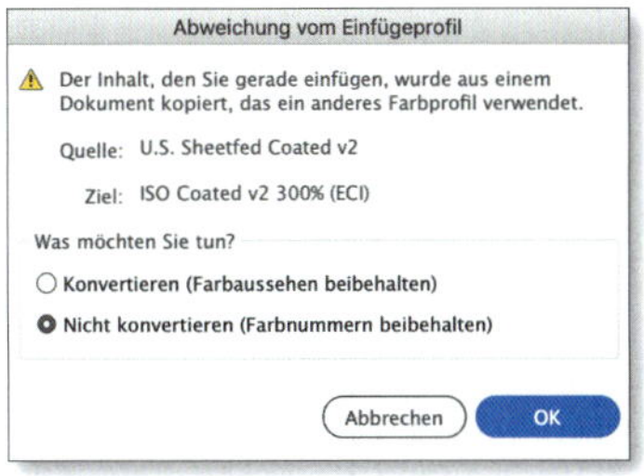

▲ **Abbildung 7.7**
Farbnummern beibehalten verhindert eine CMYK-zu-CMYK-Konvertierung beim Einfügen von Grafiken.

Da Ihnen das Farbprofil einen Anhaltspunkt darüber gibt, für welches Zielmedium das Dokument bestimmt war, ist zu empfehlen, ein abweichendes Farbprofil beim Öffnen beizubehalten bzw. ein fehlendes Profil nicht zu ersetzen. Zu einem späteren Zeitpunkt besteht immer noch die Möglichkeit, mit Bearbeiten • Profil zuweisen ein anderes Profil in die Datei einzubetten oder das Profil zu löschen.

▲ **Abbildung 7.8**
Die Farbwirkung wird immer auch durch das verwendete Papier beeinflusst. Auf Naturpapieren sehen Farben anders aus als auf Kunstdruckpapieren, wie sie für Fotokalender verwendet werden. Bestimmen Sie Farben daher möglichst nach Referenzmustern, die auf einem ähnlichen Papier gedruckt sind, wie Sie es für die Produktion geplant haben. Farbmusterbücher oder Farbwerteatlanten bekommen Sie im Fachbuchhandel.

Sicherer CMYK-Workflow | Möchten Sie sicherstellen, dass Bild- und Grafikdateien im CMYK-Farbmodus nicht durch das Farbmanagement konvertiert werden, bieten Illustrator und InDesign den »sicheren CMYK-Workflow« an. Unter Farbmanagement-Richtlinien für CMYK sollte die Einstellung Werte beibehalten (verknüpfte Profile ignorieren) ausgewählt sein.

Bei der Definition von CMYK-Farben nach einem Farbatlas wurde das Ausgabemedium bereits berücksichtigt, sodass in diesem Fall meistens keine Umwandlung der Farben gewünscht ist. Das größte Problem der Konvertierung zwischen zwei verschiedenen CMYK-Farbräumen besteht in der Umwandlung eines reinen Schwarz (CMYK 0/0/0/100) in ein Schwarz, das sich aus allen vier Druckfarben zusammensetzt. Dieses Verhalten ist vor allem bei Vektorgrafik mit vielen feinen Konturen sowie für schwarzen Fließtext unerwünscht, da im Druck auftretende Registerungenauigkeiten im schlimmsten Fall dazu führen, dass Text und Grafik unleserlich werden.

▲ **Abbildung 7.9**
Umwandlung eines reinen Schwarz in ein 4C-Schwarz

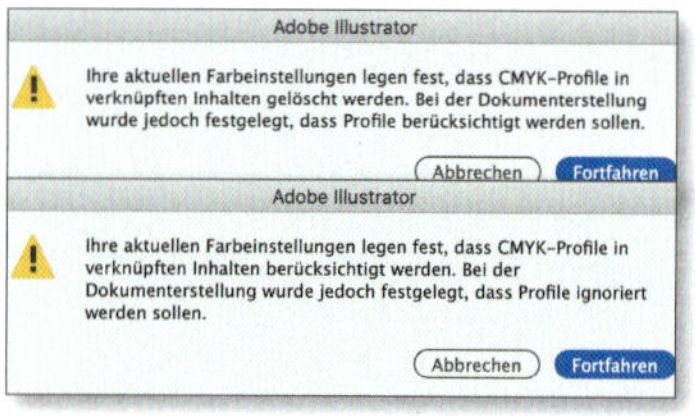

▲ **Abbildung 7.10**
Warnungen bei abweichender Einstellung für den sicheren CMYK-Workflow

Wurde bei der Erstellung der Datei die jeweils andere Einstellung Werte beibehalten bzw. Verknüpfte Profile beibehalten gewählt, zeigt Illustrator dies beim Öffnen einer Datei mit abweichendem Farbprofil ebenfalls mit einer Warnung an.

Profil-Abweichungen | Die eben besprochenen Farbmanagement-Richtlinien kommen beim Öffnen oder Platzieren eines Dokuments in Illustrator ohne weitere Nachfrage sofort zur Anwendung, es sei denn, Sie aktivieren die Optionen unter Profil-Abweichungen. Mit den Optionen erreichen Sie, dass Illustrator vor jedem Öffnen eines Dokuments mit abweichendem Farbprofil nachfragt, was geschehen soll. Ihre Farbmanagement-Richtlinien sind in dieser Dialogbox vorausgewählt.

Aktivieren Sie die Optionen Beim Öffnen bzw. Beim Einfügen wählen, um die größtmögliche Flexibilität und Kontrolle beim Umgang mit Farbprofilen zu erhalten.

Beachten Sie beim Platzieren von Grafik, dass Dokumente ihre eingebetteten Farbprofile nur behalten, wenn sie mit der Option Verknüpfen platziert werden. Betten Sie eine Grafik beim Platzieren in Ihr Illustrator-Dokument ein, so wird diese entsprechend den eingestellten Richtlinien in das Farbprofil des Illustrator-Dokuments umgewandelt.

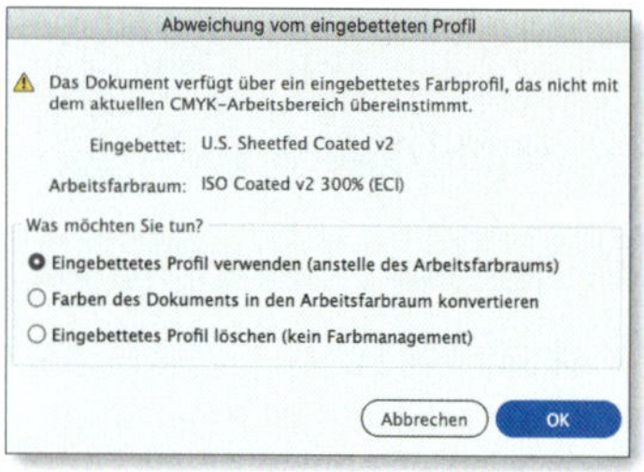

▲ **Abbildung 7.11**
Mit aktivierter Option Beim Öffnen wählen zeigt Illustrator diese Warnung, wenn Sie ein Dokument öffnen, das ein abweichendes Farbprofil besitzt.

Konvertierungsoptionen | Unter Modul wählen Sie das CMM – Color Management Module, also die Farbmanagement-Engine – aus. Diese Engine rechnet die Farben anhand der Geräteprofile in den Zielfarbraum um. CMMs unterscheiden sich in Details. Wählen Sie eines der Module aus der Liste aus, und wechseln Sie dieses nicht ohne einen triftigen Grund – so lernen Sie mit der Zeit, die Ergebnisse der Farbraumkonvertierungen immer besser einzuschätzen.

Wählen Sie hier aus den in Ihrem System installierten Engines. Die Adobe-Engine Adobe (ACE) steht Ihnen inzwischen nicht mehr nur in Adobe-Anwendungen zur Verfügung. Das Color Management Module kann auch in andere Applikationen eingebunden werden, sodass ein programmübergreifendes einheitliches Farbmanagement möglich ist.

Mit der Wahl der Priorität (Methode, Wiedergabeabsicht) geben Sie vor, wie das Farbmanagement diejenigen Farbpositionen behandeln soll, die außerhalb der Reichweite – »Color Gamut« genannt – des Zielmediums liegen (für eine detailliertere Beschreibung s. Abschnitt 20.4.5):

- Perzeptiv: Farben werden so im Zielfarbraum abgebildet, dass das Verhältnis der Abstände der Farben zueinander und damit die Kontraste erhalten bleiben.
- Sättigung: Die Sättigung der Farben wird erhalten, die Farbtöne können sich ändern. Nicht geeignet für die Druckvorstufe.

Wiedergabeabsicht?

Alternativ zum Begriff »Rendermethode« ist die Bezeichnung »Wiedergabeabsicht« gebräuchlich, die sich vom englischen »Rendering Intent« herleitet.

Graustufenprofile?

Illustrator ignoriert Graustufenprofile, wie z. B.: Dot Gain 20%.

- Relativ farbmetrisch: Farben, die außerhalb des Zielfarbraums liegen, werden auf den nächstreproduzierbaren Buntton abgebildet.
- Absolut farbmetrisch: Diese Wiedergabeabsicht eignet sich ausschließlich für das Proofen.

Tiefenkompensierung verwenden | Diese proprietäre Adobe-Einstellung sorgt dafür, dass der Schwarzpunkt des Quellfarbraums auf den Schwarzpunkt des Zielfarbraums gerechnet wird. Ist die Option aktiviert, nutzen Sie also das zur Verfügung stehende dynamische Spektrum optimal aus. Das macht sich z. B. bei der Zeichnung in dunklen Bereichen Ihrer Bilder bemerkbar.

7.2.3 Farbprofile und Dokumente

Erstellen Sie ein neues Dokument, wird das dem Dokumentfarbraum entsprechende Farbprofil in das Dokument eingebettet, sofern die Farbmanagement-Richtlinien entsprechend eingestellt sind.

Öffnen von Dokumenten mit abweichenden Profilen | Bei aktiviertem und entsprechend eingerichtetem Farbmanagement erscheint eine Warnung, sobald Sie ein Dokument öffnen, das mit keinem oder einem anderen als dem aktuell von Illustrator verwendeten Farbprofil versehen ist. Das Farbprofil gibt an, für welche Ausgabesituation das Dokument erstellt wurde.

Sie haben in beiden Fällen drei Möglichkeiten, den Farbprofil-Konflikt zu lösen – halten Sie gegebenenfalls Rücksprache mit den weiterverarbeitenden Betrieben bzw. mit dem Ersteller des Dokuments (s. auch Abbildung 7.11):

- Eingebettetes Profil verwenden bzw. Beibehalten (Kein Farbmanagement): Behalten Sie das eingebettete bzw. kein Profil. Diese Option ist in den meisten Fällen zu empfehlen. Zu einem späteren Zeitpunkt ist es immer noch möglich, ein anderes Profil zuzuweisen.
- Farben des Dokuments in den Arbeitsfarbraum konvertieren: Das eingebettete Profil wird verworfen, und stattdessen wird das in den Farbmanagement-Richtlinien eingestellte Profil eingebettet. Die Farbwerte werden so verändert, dass die Farbdarstellung möglichst identisch mit der ursprünglichen Darstellung bleibt. Falls Sie für den Druck arbeiten, müssen Sie nun die Farbwerte kontrollieren.
- Eingebettetes Profil löschen: Das eingebettete Profil wird entfernt – das Dokument unterliegt nicht mehr dem Farbmanagement.
- Profil zuweisen: War bisher kein Profil eingebettet, können Sie entweder das Profil des Arbeitsfarbraums zuweisen oder ein Profil frei

Profil speichern?

Da Vektorgrafik in den meisten Fällen im Hinblick auf einen bestimmten Ausgabeprozess hin gestaltet wird und die Farben anhand von Farbmusterbüchern gewählt werden, kann es sinnvoll sein, kein Farbprofil in die Datei einzubetten. So vermeiden Sie auf jeden Fall eine CMYK-zu-CMYK-Konvertierung, wenn die Illustrator-Datei in einem Layout platziert wird. Allerdings müssen Sie in diesem Fall unbedingt den Ausgabeprozess kennzeichnen, für den die Datei bestimmt ist, z. B. über den Dateinamen oder einen Vermerk im Dokument. Wenn Sie eigene Dokumentprofile (s. Abschnitt 22.1.3) anlegen, sollten Sie darin keine Farbprofile speichern.

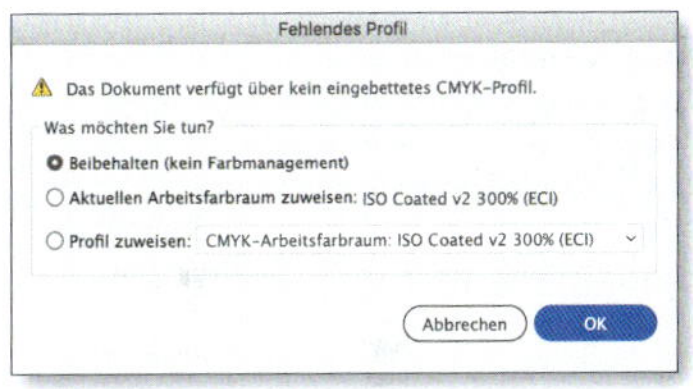

▲ **Abbildung 7.12**
Warnung bei nicht vorhandenem Farbprofil

In Profil konvertieren?

Eine Datei von einem in ein anderes Profil konvertieren können Sie nur beim Öffnen der Datei. Stellen Sie das Zielprofil in den Farbeinstellungen ein, und wählen Sie dann beim Öffnen der Datei die Option In Arbeitsfarbraum konvertieren.

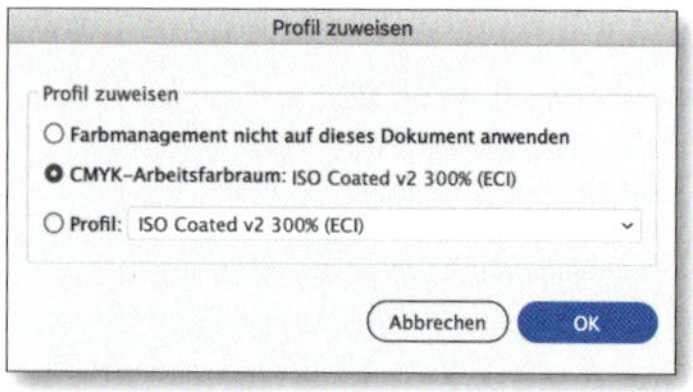

▲ **Abbildung 7.13**
Die Dialogbox Profil zuweisen – wenn Sie einer Datei ein Profil neu zuweisen oder ein Profil von einer Datei entfernen, speichern Sie die Datei mit Speichern unter, damit die Änderungen dauerhaft übernommen werden.

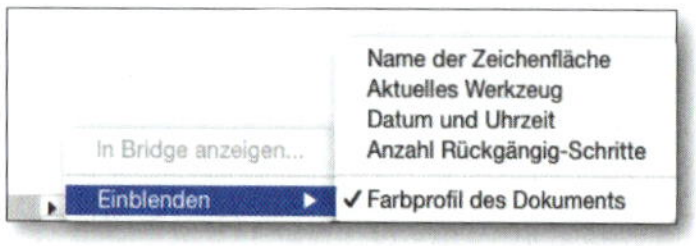

▲ **Abbildung 7.14**
Anzeige des Farbprofils in der Statusleiste

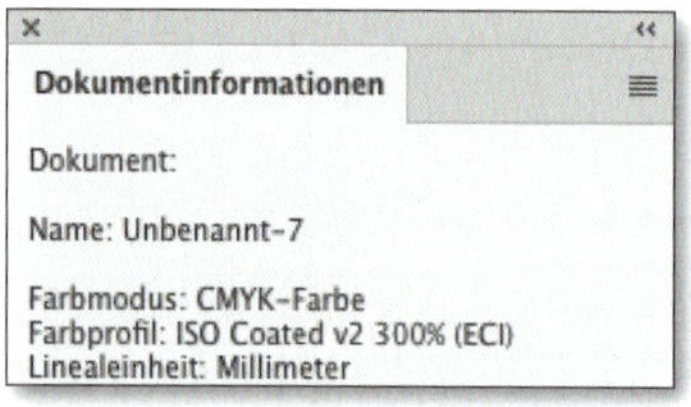

▲ **Abbildung 7.15**
Das Dokumentinformationen-Bedienfeld

Farbmodus wechseln?

Bei einem Wechsel des Dokumentfarbmodus wird jede im Dokument definierte Prozessfarbe entsprechend den in den Farbeinstellungen definierten Profilen umgerechnet. Dabei können Veränderungen der Farbdefinition entstehen, sodass die Farbe z. B. bei einer Konvertierung von CMYK nach RGB und wieder zurück zu CMYK voraussichtlich nicht mehr Ihrer ursprünglich angelegten Farbe entspricht (s. Abbildung 7.16).

auswählen. Dabei ändern sich die Farbwerte nicht, die Darstellung der Farben auf dem Bildschirm und im Ausdruck zeigt gegebenenfalls einen deutlichen Unterschied.

Platzieren von Bilddateien | Wenn Sie eine Datei mit einem abweichenden Farbprofil verknüpfen, merkt sich Illustrator nicht die Einstellungen, die Sie beim Platzieren dieser Datei für die Behandlung des Farbprofils vornehmen, sondern Sie müssen diese Einstellung bei jedem Öffnen der Illustrator-Datei erneut vornehmen. Sind mehrere Dateien platziert, ist es sehr verwirrend, dass es keinen Hinweis darüber gibt, für welches Bild Sie Einstellungen vornehmen.

Farbprofile zuweisen oder ändern | Beim Speichern können Sie das Farbprofil in das Dokument einbetten. Wurde dem Dokument ein Farbprofil zugewiesen, so ist in der Dialogbox Speichern die Option ICC-Profil speichern aktiv. Deaktivieren Sie sie, um kein Profil einzubetten.

Möchten Sie einer Datei zu einem späteren Zeitpunkt ein anderes Profil zuweisen oder ein eingebettetes Profil löschen, wählen Sie Bearbeiten • Profil zuweisen.

Wählen Sie Farbmanagement nicht auf dieses Dokument anwenden, um ein eingebettetes Profil zu entfernen, oder RGB- bzw. CMYK-Arbeitsfarbraum, um den in den Illustrator-Farbeinstellungen eingerichteten Farbraum zuzuweisen. Alternativ wählen Sie ein Profil aus dem Aufklappmenü.

Um zu erfahren, welches Farbprofil im Dokument eingebettet ist, verwenden Sie das Dokumentinformationen-Bedienfeld oder rufen den Eintrag Einblenden • Farbprofil des Dokuments in der Statusleiste links unten im Dokumentfenster auf.

7.3 Dokumentfarbmodus

Illustrator kann sowohl mit CMYK-Farbräumen als auch mit RGB-Farbräumen arbeiten, jedoch nur in einem Farbmodus pro Dokument. Der Modus ist für jedes Dokument frei wählbar.

Farbmodus für ein neues Dokument | Bereits beim Erstellen eines neuen Dokuments müssen Sie den Farbmodus bestimmen, mit dem Sie arbeiten wollen. In den Dokumentprofilen ist der Farbmodus bereits voreingestellt, und alle Farbfelder sind auf Basis dieses Modus definiert (s. Abschnitt 3.1.1), wechseln Sie daher nicht einfach den Farbmodus, sondern wählen Sie ein passendes Dokumentprofil.

Wählen Sie den Farbmodus entsprechend dem zukünftigen Einsatz Ihrer Grafik aus. CMYK sollten Sie einstellen, wenn Ihre Datei für den Druck erstellt wird, RGB dagegen, um sie in einer Bildschirmpräsentation zu verwenden. In dem so voreingestellten Farbmodus werden Farben im Dokument gespeichert – unabhängig davon, in welchem Farbmodus Sie die Farben beim Mischen definieren.

Farbmodus einstellen oder ändern | Den Dokumentfarbmodus bestimmen Sie in der Dialogbox Neues Dokument – ⌘/Strg+N.

Möchten Sie den Farbmodus eines geöffneten Dokuments ändern, wählen Sie Datei • Dokumentfarbmodus • CMYK-Farbe bzw. RGB-Farbe.

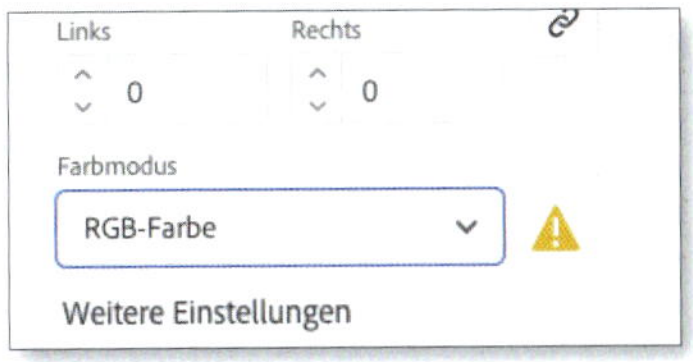

▲ **Abbildung 7.16**
Wird der Farbmodus beim Erstellen eines neuen Dokuments geändert, dann zeigt Illustrator eine Warnung an.

Medienneutraler Workflow? | Ziel in modernen, medienneutralen Workflows sollte es eigentlich sein, Grafik nur einmal in einem möglichst großen Farbraum zu erstellen und sie je nach Bedarf vom Farbmanagement in andere Farbräume umrechnen zu lassen. Rasterbilder werden daher in der Regel in RGB erstellt, bearbeitet, gespeichert und sogar platziert. Erst bei der Ausgabe ins PDF werden sie in den benötigten Farbraum konvertiert. Mit Vektorgrafik ist dies in einem auf ICC-Profilen basierenden Workflow nicht möglich, da beim Konvertieren buntes Schwarz und minimale störende Beimischungen entstehen können (s. Abbildung 7.17). Dies ließe sich nur mit Device-Link-Profilen verhindern. Der medienneutrale Workflow lässt sich also in Illustrator nicht umsetzen, da z. B. buntes Schwarz in exakten Grafiken bei nur der geringsten Passerungenauigkeit bis zur Unlesbarkeit führen kann.

▲ **Abbildung 7.17**
Aus M 25/Y 100 wird nach Umwandlung in den RGB-Modus und anschließender Rückwandlung C 1,17/M 26,56/Y 92,97.

7.4 Farben anwenden und definieren

Illustrator stellt verschiedene Funktionen zur Verfügung, Farben zu »mischen« und Farbtöne zu erzeugen. Wählen Sie die Vorgehensweise, die Ihre Kreativität unterstützt und zugleich effizient ist.

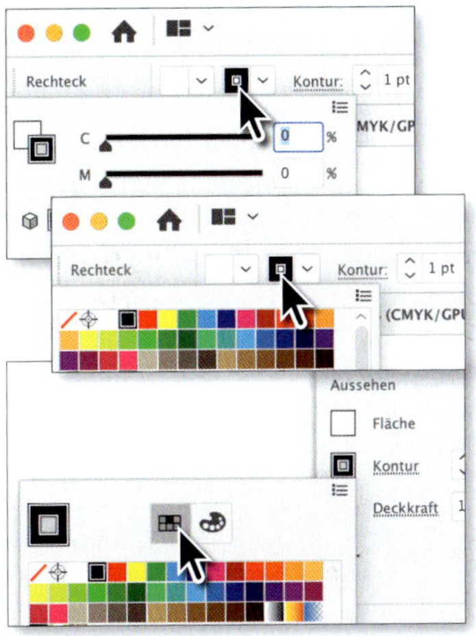

▲ **Abbildung 7.18**
Im Steuerungsbedienfeld (oben und Mitte) haben Sie einen schnellen Zugriff auf das Bedienfeld Farbfelder und, mit gedrückter Taste ⇧, auf das Farbe-Bedienfeld. Im Eigenschaften-Bedienfeld schalten Sie mit Buttons zwischen Farbe und Farbfeldern hin und her (unten).

7.4.1 Objektfarben – lokale und globale Farbfelder

In Illustrator ist Farbe eine Objekteigenschaft. Sie können die Farbe für jedes Objekt einzeln einstellen und diesem direkt zuordnen. Bei umfangreichen Grafiken wird dieses Verfahren allerdings sehr aufwendig. Meist ist es vorteilhafter, Farben im Farbfelder-Bedienfeld zu verwalten, denn dann können Sie eine einmal definierte Farbe auf mehrere Objekte anwenden und die Farbe für diese Objekte gleichzeitig ändern.

Achtung bei aktiviertem Objekt

Ist ein Objekt aktiv, werden Änderungen an den Einstellungen der Farbauswahl-Felder im Werkzeugbedienfeld direkt auf das aktivierte Objekt angewendet!

▲ **Abbildung 7.19**
Eine Kontur ist der mit Eigenschaften versehene Pfad, eine Fläche der umschlossene Raum. Bei einem offenen Pfad werden die beiden Endpunkte auf kürzestem Wege verbunden, um den Raum für die Fläche zu bestimmen.

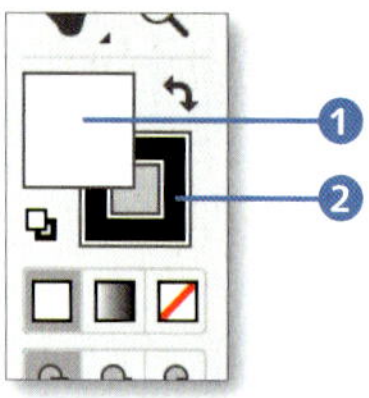

▲ **Abbildung 7.20**
Die Felder FLÄCHE und KONTUR im Werkzeugbedienfeld

Fläche und Kontur tauschen

Der Austausch der Farben für Fläche und Kontur funktioniert nicht, wenn mehrere ausgewählte Objekte unterschiedliche Flächen oder Konturen besitzen.

Illustrator unterscheidet jedoch zwischen lokalen und globalen Farbfeldern.

Lokale Farbfelder | Nach der Zuweisung eines lokalen Farbfeldes auf ein Objekt bricht die Verbindung zwischen Farbfeld und Objekt ab, sodass eine nachträgliche Änderung der Farbe in dem Farbfeld nicht automatisch auf das Objekt angewendet wird.

Globale Farbfelder | Bei globalen Farbfeldern bleibt die Verbindung zwischen Objekt und Farbfeld bestehen. Wenn Sie die Farbe in einem globalen Farbfeld ändern, wird diese Eigenschaft bei allen Objekten aktualisiert, die dieses Farbfeld verwenden (s. Abschnitt 7.5.1).

7.4.2 Kontur und Fläche

Farben können sowohl der Kontur – sie entspricht in der Regel dem Pfadverlauf – als auch dem vom Pfad umschlossenen Raum, d.h. der Fläche, zugeordnet werden. Anstelle des Begriffs »Fläche« finden Sie an einigen Stellen im Buch den alternativen Begriff »Füllung«, eine direkte Übersetzung der englischen Bezeichnung »Fill«.

Fläche bzw. Füllung | Mit einem offenen Pfad ist es eigentlich nicht möglich, eine Fläche zu definieren, trotzdem kann Illustrator einen offenen Pfad mit einer Füllung versehen. Das Programm füllt dabei die Fläche, die sich ergäbe, wenn die beiden Endpunkte des Pfades auf kürzester gerader Strecke verbunden würden. Ein Pfadsegment entlang dieser virtuellen Linie wird allerdings nicht erzeugt. Das erkennen Sie, wenn Sie dem Objekt eine Kontur zuweisen.

Fläche und Kontur im Werkzeugbedienfeld | Die Farben, die aktuell für Fläche und Kontur ausgewählt sind, bzw. die Füllung und Kontur des aktivierten Objekts werden im Werkzeugbedienfeld in den Feldern FLÄCHE ❶ und KONTUR ❷ angezeigt.

Über das Werkzeugbedienfeld haben Sie verschiedene oft gebrauchte Funktionen zum Farbhandling dauernd im Zugriff:

- Das im Werkzeugbedienfeld jeweils obenauf – also im Fokus – liegende Farbfeld können Sie ändern.
  Um das unten liegende Feld nach oben zu holen, klicken Sie es an – Shortcut zum Hin- und Herwechseln: X.
- Mit einem Klick auf den Doppelpfeil ↴ tauschen Sie die eingestellten Farben für FLÄCHE und KONTUR gegeneinander aus – ⇧+X.

- Mit einem Klick auf das Symbol setzen Sie die Aussehen-Eigenschaften von Füllung und Linie auf die Standardwerte weiße Fläche und schwarze Kontur in der Stärke 1 Punkt – D. Diesen Standard können Sie im Grafikstile-Bedienfeld ändern (s. Abschnitt 11.8.3).
- Kontur und Fläche eines Objekts müssen nicht zwangsläufig mit einer Farbe versehen sein – oft ist eine Kontur und/oder eine Füllung sogar unerwünscht. Für diese Fälle ist die Eigenschaft OHNE vorgesehen. Mit einem Klick auf das Symbol setzen Sie diese Eigenschaft für FLÄCHE bzw. KONTUR – #.
  Auch OHNE kann jederzeit gegen eine Farbe ausgetauscht werden.

Schnell zum Farbe-Bedienfeld

Das Farbe-Bedienfeld können Sie auch über das Werkzeugbedienfeld aufrufen. Klicken Sie dazu auf das Farbe-Symbol, oder tippen Sie ein Komma ,. Haben Sie vorher ein Objekt ausgewählt, das entweder keine Füllung oder eine Verlaufsfüllung enthält, wird diesem die angezeigte Farbe zugewiesen.

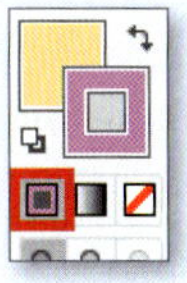

Kontur und Fläche neuer Objekte | Für ein Objekt, das Sie neu zeichnen, wendet Illustrator immer die aktuell eingerichteten Farbfelder aus dem Werkzeugbedienfeld an. Da Farbe eine Objekteigenschaft ist, kann sie jedoch jederzeit umdefiniert werden.

7.4.3 Arbeiten mit dem Farbe-Bedienfeld

Das Farbe-Bedienfeld ermöglicht es Ihnen, Farben für ein Objekt oder einen Verlauf direkt und ohne Umweg über die Farbfelder zu bestimmen. Dies kann Änderungen an den Farbdefinitionen zu einem späteren Zeitpunkt jedoch unnötig verkomplizieren. Im Gegensatz zum Farbwähler unterliegt die Farbanzeige im Farbe-Bedienfeld dem Farbmanagement und birgt daher keine Überraschungen.

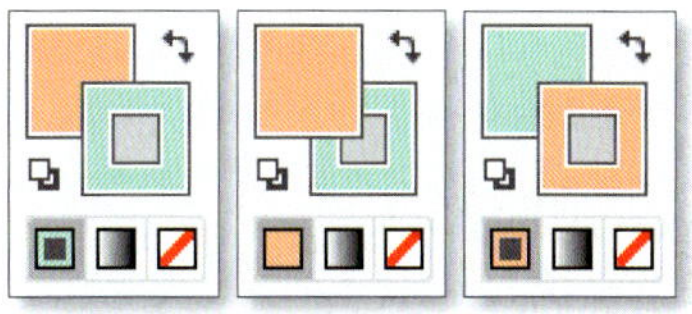

▲ **Abbildung 7.21**
Vertauschen des Fokus (Mitte) und Vertauschen der Farben von Kontur und Fläche (rechts)

Farbe-Bedienfeld anzeigen | Rufen Sie das Bedienfeld mit FENSTER • FARBE auf – F6 –, oder klicken Sie im Dock auf das Symbol .

Falls das Farbe-Bedienfeld nicht alle Optionen anzeigt, die in Abbildung 7.23 zu sehen sind, wählen Sie im Bedienfeldmenü den Befehl OPTIONEN EINBLENDEN.

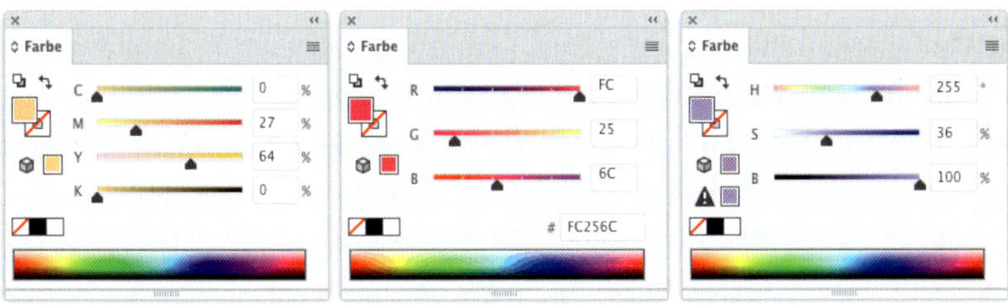

▲ **Abbildung 7.23**
Das Farbe-Bedienfeld im Modus CMYK, websicheres RGB und HSB

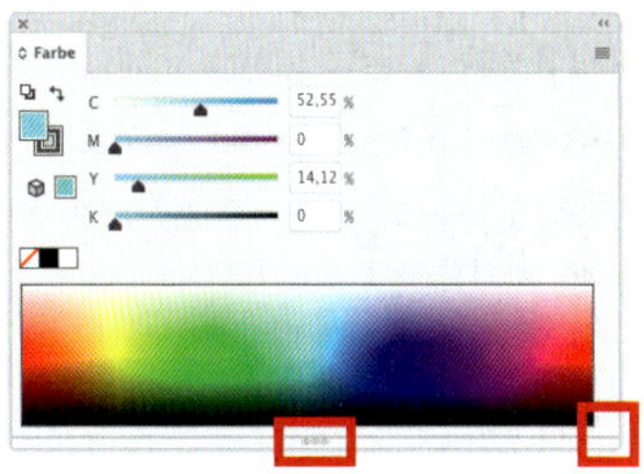

▲ **Abbildung 7.22**
Vergrößertes Farbe-Bedienfeld mit Greifrändern

Farben einstellen | Links oben im Farbe-Bedienfeld erkennen Sie die Felder KONTUR und FLÄCHE als Miniaturen wieder. Im Farbe-Bedienfeld

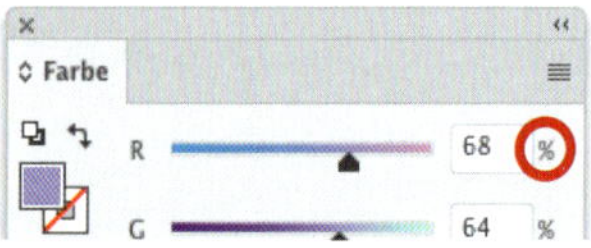

▲ **Abbildung 7.24**
Mit einem Doppelklick rechts neben dem Eingabefeld wechselt die RGB-Werteangabe zwischen Prozent und numerisch.

Farbe wird konvertiert

Egal, in welchem Farbmodell Sie die Farbe definieren, sie wird von Illustrator in den Dokumentfarbmodus konvertiert.
Dafür werden die Profile verwendet, die im Farbmanagement unter Bearbeiten • Farbeinstellungen eingestellt sind.

Per Drag & Drop zuweisen

Wenn Sie im Farbe-Bedienfeld eine Farbe gemischt haben und diese einem bestehenden, nicht ausgewählten, Objekt zuordnen möchten, ziehen Sie das Feld Kontur oder Fläche (je nachdem, für welches Sie die Farbe gemischt haben) direkt auf das Objekt, ohne dieses zu aktivieren. Zugewiesen wird die Farbe dem fokussierten Attribut (Kontur oder Fläche).

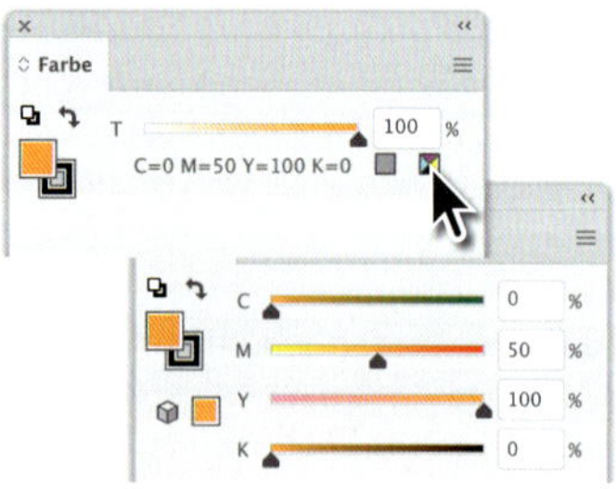

▲ **Abbildung 7.25**
Anzeigen der Farbwerte eines globalen Farbfelds

können Sie Farben numerisch oder mithilfe von Farbreglern definieren sowie durch einen Klick in die Farbspektrumleiste auswählen. Ist ein Objekt aktiv, werden Farbänderungen direkt angewendet.

- Die Einstellungen im Farbe-Bedienfeld wirken sich auf die aktuelle **Kontur oder Fläche** aus, je nachdem, welches Auswahlfeld oben liegt und damit aktiv ist. Die Aktivierung der beiden Anzeigen können Sie durch Klick oder X wechseln.
- Wählen Sie im Bedienfeldmenü das **Farbmodell**, in dem Sie Ihre Farbe definieren wollen. Auch Farben, die Sie im Farbe-Bedienfeld festlegen, werden von Illustrator in den Dokumentfarbmodus umgerechnet und so gespeichert.
- Um Ihre Farbe mit den **Farbreglern** zu bestimmen, bewegen Sie eines der kleinen Einstelldreiecke. Der Farbbalken über dem Regler zeigt jeweils an, wie die geänderte Farbe aussieht; entsprechend wird auch der Inhalt des Farbfeldes für Kontur oder Fläche geändert.
- Um Farben **numerisch** zu definieren, geben Sie die entsprechenden Werte in die Eingabefelder für H, S und B oder R, G und B bzw. C, M, Y und K ein. Je nach Farbmodell steht Ihnen ein unterschiedlicher Werteumfang zur Verfügung.
- Für **Gradeinheiten** (°) ist eine Spanne von 0 bis 360 erlaubt, bei **prozentualen Anteilen** (%) sind Werte zwischen 0 und 100 möglich. RGB-Werte richten sich nach dem dezimalen 8-Bit-Wert von 0 bis 255. Im Modus RGB können Sie alternativ mit Prozentwerten arbeiten. Doppelklicken Sie neben das Eingabefeld, um die Einheit zu ändern.
- Wenn Sie Ihren Cursor über der Farbspektrumleiste platzieren, ändert sich die Marke in ein **Pipette**-Symbol. Klicken Sie in die Leiste, um eine Farbe aufzunehmen. Die Farbspektrumleiste können Sie vergrößern, indem Sie einen der Greifränder im Farbe-Bedienfeld nach rechts bzw. nach unten ziehen.
- Um **Schwarz oder Weiß** zu definieren, klicken Sie in das entsprechende Feld links über der Farbspektrumleiste.
- Ohne, also »ohne Kontur« bzw. »ohne Fläche«, stellen Sie mit einem Klick in das Feld links über dem Spektrum ein.
- Wenn Sie eine HSB- oder RGB-Farbe definieren, die im CMYK-Farbraum nicht darstellbar ist (also außerhalb des Gamuts liegt), **warnt** Illustrator im Farbwähler mit dem Zeichen und zeigt in dem Farbfeld darunter den nächstliegenden im Vierfarbmodus druckbaren Farbton an. Sie übernehmen diese Farbe, indem Sie auf das Warndreieck klicken.
- Ist ein **globales oder ein Volltonfarbfeld** aktiv, dann zeigt das Farbe-Bedienfeld den Farbtonregler, mit dem Sie die Farbe aufhellen können. Mit einem Klick auf das Symbol wird die Prozess-Zusammensetzung

bzw. Konvertierung der Farbe in den Reglern angezeigt. Änderungen werden Objekten zugewiesen, aber nicht im Farbfeld durchgeführt.

- Ist eine **nicht websichere** Farbe ausgewählt, wird das im Farbwähler mit dem Zeichen ⬡ ebenfalls signalisiert und die nächstliegende websichere Farbe angezeigt. Die Übernahme erfolgt durch einen Klick auf den Würfel.
- **Hexadezimalwerte** tragen Sie im Modus RGB-Farbe oder Websicheres RGB in das Hex-Feld (#) ein. Sie können Hex-Werte auch über die Zwischenablage aus anderen Programmen oder HTML-Dokumenten kopieren. Illustrator versteht allerdings nur die sechsstellige Notierung von Farben, keine Kurzformen. Achten Sie beim Kopieren des Wertes aus dem HTML-Code darauf, dass das Nummernzeichen (#) nicht mit kopiert wird.

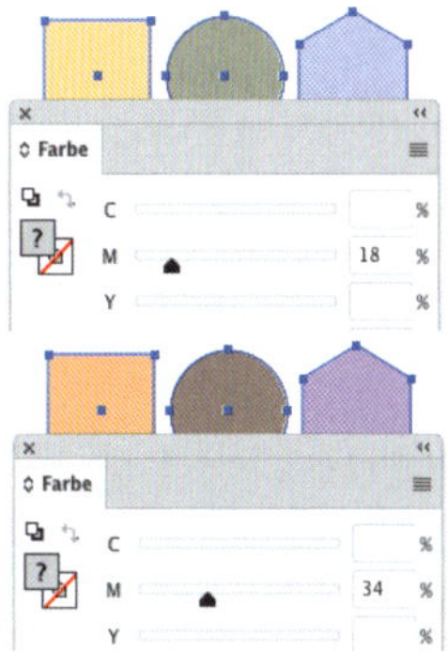

▲ **Abbildung 7.26**
Gemeinsame Farbanteile mehrerer aktivierter Objekte können geändert werden und werden angepasst, ohne die anderen Farbwerte zu verändern (unten). Interessant etwa, um gleichmäßig zu schattieren.

Modifikationsmöglichkeiten | Farbe-Bedienfeld

- ⇧ oder ⌘/Strg: Drücken Sie ⇧ und bewegen einen Farbregler, dann laufen die anderen Regler mit, sodass sich nur die Intensität der Farbe ändert. Diese Methode funktioniert nicht im HSB-Modell.
- ⇧: Drücken Sie ⇧, und klicken Sie auf die Farbspektrumleiste, um den angezeigten Farbmodus zu ändern.
- ⌥: Drücken Sie ⌥, und klicken Sie auf die Farbspektrumleiste, um die Farbe des nicht im Fokus stehenden Attributs – Fläche oder Kontur – zu bestimmen.

Zuletzt benutzte Farbe

Wenn Sie einem Objekt einen Verlauf, ein Muster oder die Eigenschaft Ohne zuweisen, wird im Farbe-Bedienfeld auch die zuletzt benutzte Farbe angezeigt. Klicken Sie gegebenenfalls darauf, um sie zu verwenden.

Optionen | Im Bedienfeldmenü ≡ können Sie zwei Operationen auf die ausgewählte Farbe anwenden – Umkehren (Invertieren) und Komplementär. Beide Befehle führen eine mathematische Berechnung des Farbwertes aus, der dem rechnerischen Inversions- bzw. Komplementärwert des eingestellten Farbtons entspricht.

⌘/Strg+Z widerruft die letzte Änderung, die Sie im Farbe-Bedienfeld vorgenommen haben.

Mit dem Befehl Neues Farbfeld erstellen öffnen Sie die gleichnamige Dialogbox. Richten Sie dort zusätzliche Optionen ein, und speichern Sie die definierte Farbe als Farbfeld.

[RGB-Websafe]
Die websicheren Farben sind eine Untergruppe aus dem RGB-Farbraum. Die Palette enthält die 216 Farben, die sowohl in der 8-Bit-Systemfarbpalette des Mac- als auch des Windows-Betriebssystems vorhanden sind. Diese Farben werden auf Monitoren im 256-Farben-Modus betriebssystem- und browserübergreifend weitgehend identisch dargestellt.
Dank des technischen Fortschritts sind websichere Farben inzwischen nur noch in wenigen Ausnahmefällen von Belang.

7.4.4 Farben mit der Pipette übertragen

Farbe, Transparenz, Kontur-Eigenschaften etc. können Sie mit dem Pipette-Werkzeug von einem Objekt auf ein anderes übertragen. Die Pipette kann nicht nur Farben, sondern alle Aussehen-Eigenschaften eines ausgewählten Objekts aufnehmen und übertragen (Pipette s. Abschnitt 11.7.1).

7.4.5 Der Farbwähler

Mit einem Doppelklick auf das Feld FLÄCHE oder das Feld KONTUR im Werkzeugbedienfeld rufen Sie die Dialogbox FARBWÄHLER auf. Die Darstellung der Farben im Farbwähler unterliegt nicht dem Farbmanagement. Die dargestellten Farben können also auf der Zeichenfläche und vor allem im gedruckten Ergebnis abweichen.

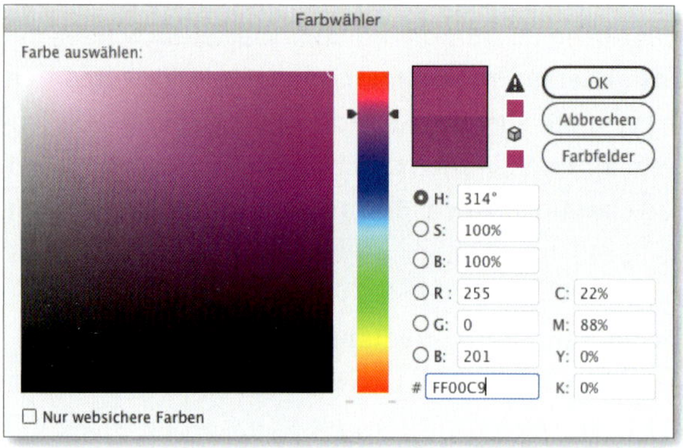

Abbildung 7.27 ▶
Der Farbwähler

[HSB- bzw. HLS-Farbmodell]
Dieses Farbmodell wurde auf der menschlichen Farbwahrnehmung aufgebaut. Farben werden durch ihre Eigenschaften Hue (Farbton), Saturation (Sättigung) und Brightness bzw. Luminance (Helligkeit) beschrieben.

Mit dem Button FARBFELDER rufen Sie eine Liste der im Farbfelder-Bedienfeld eingerichteten Farben auf.

7.5 Mit Farbfeldern arbeiten

Sie können sich viel Arbeit sparen, wenn Sie eine einmal eingerichtete Farbe als Farbfeld im aktuellen Illustrator-Dokument speichern. Zusammengehörige Farbfelder können Sie zu Farbgruppen kombinieren.

Dokumentübergreifend lassen sich Farbfelder in Bibliotheken oder Creative-Cloud-Bibliotheken organisieren, die unabhängig von den Arbeitsdateien gespeichert werden.

▲ **Abbildung 7.28**
Farbfelder-Bedienfeld in der Miniaturen-Ansicht – je nach gewähltem Dokumentprofil befinden sich unterschiedliche Farbfelder im Bedienfeld.

7.5.1 Farbfelder-Bedienfeld

Die gespeicherten Farbfelder und Farbgruppen verwalten Sie im Farbfelder-Bedienfeld. Wählen Sie FENSTER • FARBFELDER, um das Farbfelder-Bedienfeld auf dem Bildschirm anzeigen zu lassen. Im Dock klicken Sie das Symbol an.

Beim ersten Aufruf des Farbfelder-Bedienfeldes sehen Sie die darin abgelegten Farben als kleine Miniaturen. Um auch die Namen der Farbfelder und die zugehörigen Kennzeichnungen sichtbar zu machen, klicken Sie auf den Button LISTENANSICHT EINBLENDEN oder wählen aus dem Bedienfeldmenü den Darstellungsmodus LISTE aus.

Farbfeldarten | Illustrator unterscheidet mehrere Arten von Farbfeldern: Ohne (Farbe), Prozessfarbe, Globale Prozessfarbe, Volltonfarbe, Tonwert, Graustufen, Verlauf, Muster und Passermarken. In der Druckvorstufe müssen die Farbfeldarten sehr spezifisch verwendet werden, je nachdem, wie die jeweilige Farbe gedruckt wird.

- **Ohne**: Wenn Sie das Farbfeld Ohne auf einen Pfad oder auf eine Fläche anwenden, wird eine eventuell zugeordnete Kontur bzw. Füllung entfernt. Illustrator legt das Farbfeld Ohne automatisch mit jeder neuen Datei an, es kann weder gelöscht noch verändert werden.
- **Passermarken**: Ein zugewiesenes Passermarken-Farbfeld bewirkt einen 100%igen Farbauftrag auf *allen* Farbauszügen eines Dokuments – auch den Auszügen der Volltonfarben. Dieses Farbfeld wird für Passermarken gebraucht, die eine passgenaue Ausrichtung der Druckplatten erlauben. Das Passermarken-Farbfeld wird automatisch angelegt, es kann weder gelöscht noch verändert werden.
- **Prozessfarbe**: Prozessfarben (je nach Farbmodus bzw.) oder »Skalenfarben« sind Mischwerte aus den Grundfarben des jeweiligen Farbmodells des Dokuments.
  In vielfarbigen Illustrationen ist es unpraktisch und unwirtschaftlich, jeden einzelnen Farbton als einzeln vorgemischte Druckfarbe zu verwenden, daher kommen Prozessfarben zum Einsatz. Das Symbol markiert eine Prozessfarbe, die als globales Farbfeld gespeichert ist. Da die Farbmischung von Druckfarben am Bildschirm nur simuliert werden kann, sollten Sie Prozessfarben für den Druck nach einem Farbwerteatlas bestimmen.
- **Volltonfarbe**: Volltonfarben oder »Schmuckfarben« sind bereits fertig gemischt, bevor sie in die Druckmaschine gefüllt werden.
  Für jede verwendete Volltonfarbe wird eine eigene Druckplatte erzeugt, daher sollten sie mit Bedacht eingesetzt werden. Volltonfarben können Prozessfarben als zusätzliche Farbe ergänzen, um eine spezielle Farbe für ein Logo oder eine Farbe außerhalb des CMYK-Farbraums zu reproduzieren. Beispiele dafür sind Neonfarben, Metallic, einige Pastelltöne und viele sehr intensive Farben. Zu den verbreiteten Druckfarbensystemen für Volltöne zählen das HKS- und das Pantone-System. Illustrator stellt neben weiteren Systemen deren Farbtabellen als Farbbibliotheken bereit (s. Abschnitt 7.5.6).
  Volltonfarben eignen sich auch, um Separationsauszüge für eine Drucklackierung oder andere Veredelungsverfahren zu generieren.
- **Buchfarbe**: Der überwiegende Teil der Schmuckfarben ist durch die Umsetzung in CMYK nicht darstellbar, dafür sehr viel besser im Lab-Farbraum, dessen Anwendung jedoch auch nicht in jedem Zusammenhang möglich oder sinnvoll ist. Daher wurden Buchfarben einge-

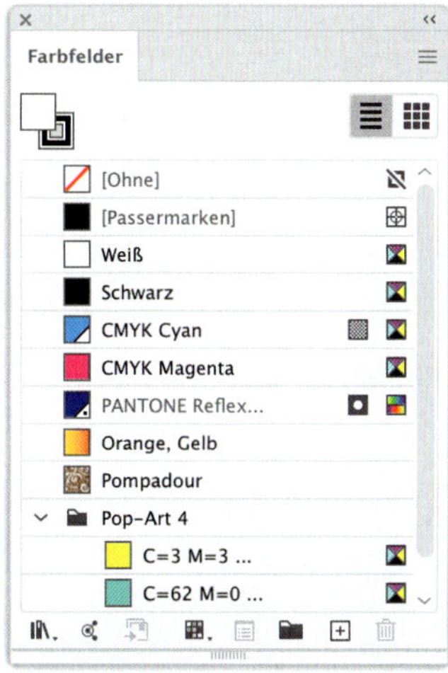

▲ **Abbildung 7.29**
Farbfelder-Bedienfeld in der Ansicht als Liste

Achtung bei Passermarken

Verwenden Sie das Passermarken-Farbfeld nicht, um »Tiefschwarz« in einer Grafik zu erzielen. Für einen flächigen Einsatz erzeugt diese Eigenschaft einen zu hohen Farbauftrag und damit Probleme beim Trocknen im Druckverfahren. Wenn Sie die Eigenschaft für Text einsetzen, besteht die Gefahr, dass die Randschärfe der Buchstaben leidet, sobald die Druckfarben nicht exakt genug übereinandergedruckt werden. Der Text wird dadurch schwerer lesbar.

Farben in [Klammern]

Farben, deren Namen in eckigen Klammern stehen, können Sie wie alle anderen eingeklammerten Vorgaben nicht löschen.

▲ **Abbildung 7.30**
Pantone- und HKS-Farbfächer

▲ **Abbildung 7.31**
Mehrere Tonwerte der Farbe Cyan (Ausschnittsvergrößerung)

▲ **Abbildung 7.32**
Verläufe werden für viele Zwecke eingesetzt: für effektvolle Poster, als subtile Unterstützung im Screendesign oder für fotorealistische Illustration.

führt. Buchfarben enthalten zwei Farbdefinitionen: die vom Hersteller vorgegebene CMYK-Übertragung und den exakteren Lab-Wert. Basierend auf verschiedenen Einstellungen kommt die eine oder die andere Definition zur Anwendung (s. Abschnitt 7.6.3).

- **Tonwert**: Ein Tonwert entsteht, wenn eine Farbe in der Intensität verringert wird, definiert durch den prozentualen Anteil seiner Grundfarbe. Werte zwischen 0 und 100 % sind möglich.
  Tonwert-Farbfelder können nur auf der Grundlage bereits bestehender globaler Farbfelder mit CMYK-Farben oder Volltonfarben erzeugt werden. Tonwert-Farbfelder bleiben mit ihrer Grundfarbe verknüpft, sodass sich auch der Tonwert automatisch ändert, wenn Sie die Grundfarbe bearbeiten.
- **Graustufen**: Graustufen sind Abstufungen zwischen Schwarz und Weiß, definiert durch den prozentualen Anteil von Schwarz. Es lassen sich Werte zwischen 0 und 100 % eingeben. Eine Kontur oder Fläche, deren Farbeigenschaft als Graustufenwert definiert ist, wird bei der Vierfarbseparation nur auf dem Schwarz-Auszug ausgegeben. Illustrator speichert Graustufen in einem eigenen Farbraum und konvertiert sie auch zum Farbraum RGB.
- **Verlauf**: Ein Verlauf ist ein gerechneter Übergang zwischen zwei oder mehr Farben (s. Abschnitt 9.1).
- **Muster**: Muster sind Rapporte aus Vektor-, Pixel- oder Textobjekten (s. Kapitel 16).
- **Farbgruppe**: Eine Farbgruppe enthält Prozess- oder Volltonfarbfelder oder eine Kombination aus beiden. Sie können entweder bestehende Farbfelder nachträglich in Farbgruppen einsortieren oder Farbgruppen mithilfe von Farbfelder-Bedienfeld und INTERAKTIVE FARBE entwickeln (s. Abschnitt 7.9).

Funktionsbuttons | Mit den Buttons am unteren Rand des Farbfelder-Bedienfeldes ist es z. B. möglich, die Liste nach den Farbfeldarten zu filtern, Bibliotheken aufzurufen oder Farbfelder aus dem Bedienfeld zu entfernen. Wenn Sie einen Filtermodus aufrufen, wird das Bedienfeld in die Ansicht (Liste oder Miniaturen) umgeschaltet, in der diese Filterung zuletzt angezeigt wurde.

- MENÜ »FARBFELDBIBLIOTHEKEN« ❶: In diesem Menü finden Sie alle im Programmordner vorinstallierten sowie Ihre selbst definierten Farbfeldbibliotheken zur Auswahl. Das Speichern eigener Bibliotheken nehmen Sie hier ebenfalls vor.
- COLOR-SCHEMATA-BEDIENFELD ÖFFNEN: Ein Klick auf diesen Button ❸ ruft das Color-Schemata-Bedienfeld (s. Abschnitt 7.8) auf, mit dem

Sie auf Farbharmonien in Adobe Color sowie den CC-Bibliotheken zugreifen oder neue Farbharmonien erstellen können.

- Ausgewählte Farbfelder meiner aktuellen Library hinzufügen : Sind Farbfelder aktiviert, können Sie sie mit diesem Button ❹ in die CC-Bibliothek übernehmen, die aktuell ausgewählt ist.
- Menü »Farbfeldarten einblenden« ❻: Wählen Sie aus dem Menü, welche Farbfeldarten im Bedienfeld angezeigt werden sollen. Der Button zeigt jeweils das Symbol des aktuellen Bedienfeldinhalts an.
- Farbfeldoptionen ❽ : Der Button ist nur aktiv, wenn ein Farbfeld ausgewählt ist. Mit diesem Befehl rufen Sie die Optionen für das ausgewählte Farbfeld auf. Den Namen des Farbfeldes können Sie per Doppelklick direkt in der Listenansicht des Bedienfeldes ändern.
- Neue Farbgruppe ❾ : Sind Farbfelder aktiviert, können Sie diese mit einem Klick auf den Button in eine Gruppe zusammenfügen. Ist kein Farbfeld aktiv, wird eine leere Gruppe erzeugt.
  Sind Objekte auf der Zeichenfläche ausgewählt, können ihre Farben in die Farbgruppe aufgenommen werden.
- Neues Farbfeld ❿ : Mit diesem Button kann ein neues Farbfeld angelegt werden (s. Abschnitt 7.5.2).
- Farbfeld löschen ⓫ : Der Papierkorb-Button ist nur aktiv, wenn Sie ein Farbfeld ausgewählt haben. Mit einem Klick auf den Button löschen Sie das aktive Farbfeld aus dem Bedienfeld.

Farbfelder sortieren | Sie können das Farbfelder-Bedienfeld nach logischen Kriterien sortieren lassen oder die Reihenfolge der Felder manuell ändern.

- Nach Name sortieren: Mit dieser Option bestimmen die Namen der Farbfelder ihre Reihenfolge im Bedienfeld.
- Nach Art sortieren: Dieser Menüpunkt im Bedienfeldmenü sortiert das Bedienfeld nach den Farbfeldarten in der folgenden Reihenfolge: Ohne, Passerkreuze, Lokale Farben, Globale Farben, Verläufe, Muster und Farbgruppen.
- Manuell sortieren: Um das Bedienfeld manuell zu sortieren, klicken Sie ein Farbfeld an und ziehen es an eine andere Position.

Keine Farbfelder?

Ist das Farbfelder-Bedienfeld leer, prüfen Sie zunächst im Menü »Farbfeldarten einblenden«, ob die Anzeige auf Farbfelder , Verlaufsfelder , Musterfelder oder Farbgruppen eingeschränkt ist. Wenn trotz der Anzeige Alle Farbfelder kein Farbfeld zu sehen ist, dann sind keine Farbfelder im Dokument angelegt. Dies passiert vor allem, wenn Sie eine Rasterdatei (ein Pixelbild) oder ein PDF direkt in Illustrator öffnen.

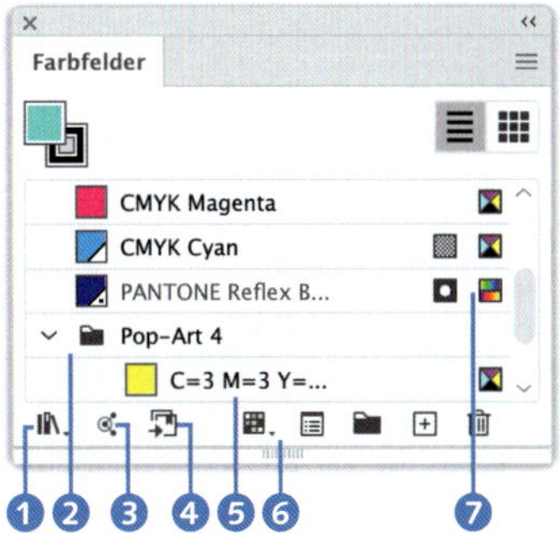

▲ **Abbildung 7.33**
In der ersten Spalte ❷ der Liste ist das Farbfeld mit der zugehörigen Farbe eingeordnet, in der zweiten Spalte ❺ finden Sie den Namen des Farbfeldes, und auf der rechten Seite der Liste ❼ werden die Kennzeichnungssymbole angezeigt. Gruppen sind eingerückt und befinden sich immer am Ende der Liste.

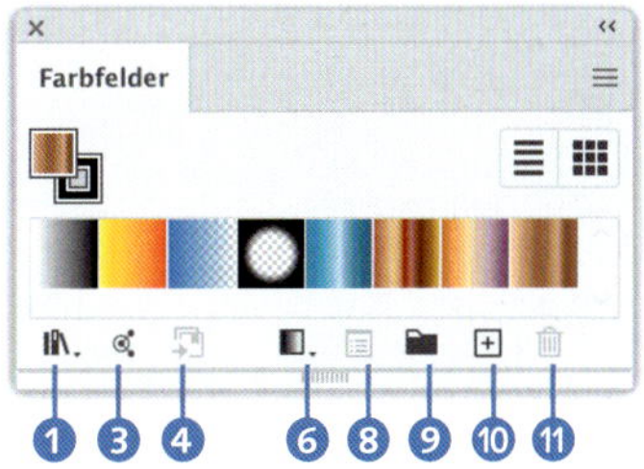

▲ **Abbildung 7.34**
Anzeige der Verlaufsfelder

Deaktivieren vor dem Sortieren

Achten Sie darauf, dass kein Objekt auf der Zeichenfläche ausgewählt ist, wenn Sie Farbfelder manuell sortieren, da sonst das jeweils angeklickte Farbfeld den Objekten zugewiesen wird.

Ansicht für alle Farbfeld-Typen

Drücken Sie [⌥]/[Alt] beim Wählen der Bedienfeldansicht (Liste oder Miniaturen), dann wird die gewählte Ansicht bei allen Farbfeld-Typen für die Einzelanzeige verwendet.

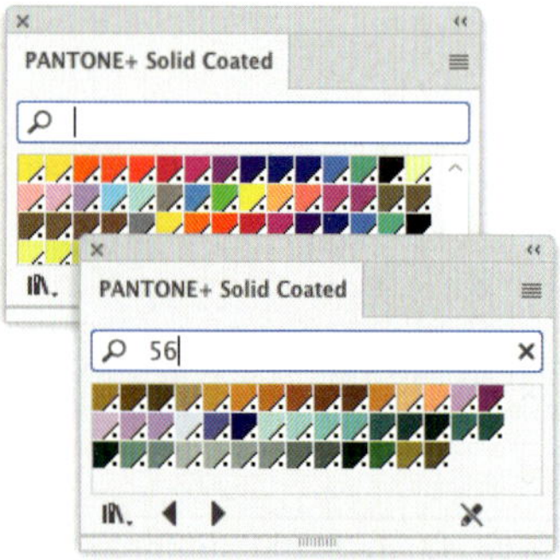

▲ **Abbildung 7.35**
Bereits bei Eingabe des ersten Buchstabens springt die Anzeige zu einem Treffer. Da die Sortierung aber einer schwer verständlichen Logik folgt, kann es zum Problem werden, wirklich die Farbe zu finden, die man sucht.

▲ **Abbildung 7.36**
Suchergebnis bei der Eingabe von Farbwerten

Keine Objekte ziehen!

Wenn Sie Objekte ins Farbfelder-Bedienfeld ziehen, werden keine Farbfelder, sondern Musterfelder angelegt.

»Neues Farbfeld« ausgegraut

Wenn sich der Befehl Neues Farbfeld nicht benutzen lässt, besitzt wahrscheinlich die aktuell aktive – im Vordergrund liegende – Fläche oder Kontur die Eigenschaft Ohne.

Farbfelder schnell finden | In Farbfeldbibliotheken ist das Suchfeld voreingestellt. Wenn Sie im Farbfelder-Bedienfeld ebenfalls das Suchfeld verwenden möchten, rufen Sie im Bedienfeldmenü Suchfeld einblenden auf. In das nun angezeigte Textfeld können Sie Teile des Namens oder Farbanteile nach dem Schema »C=10« eingeben. Es werden dann entweder nur Farbfelder angezeigt, deren Name die eingegebene Zeichenfolge beinhaltet oder die den eingegebenen Farbanteil (oder eine Kombination von Anteilen) enthalten. Bei der Angabe »C=10« werden auch Farben mit einem Cyan-Anteil von 100 gefunden. Mit einem Klick auf das Kreuz ✕ löschen Sie den eingegebenen Suchbegriff.

7.5.2 Neue Farbfelder anlegen

Wenn Sie ein neues Farbfeld im Farbfelder-Bedienfeld anlegen wollen, stehen Ihnen verschiedene Wege zur Verfügung.

Neues Farbfeld | Wählen Sie den Befehl entweder aus dem Bedienfeldmenü, oder klicken Sie den Button ⊞ am unteren Rand des Bedienfeldes an, um die Dialogbox Neues Farbfeld anzuzeigen. Der im Farbe-Bedienfeld definierte Farbwert und die Option Global sind als Vorgabe eingestellt. Die Farbe kann durch OK übernommen oder mit den Optionen der Dialogbox verändert werden. Auf diese Art können Sie Prozess- und Volltonfarben sowie Graustufen anlegen. Details zu den einzelnen Farbtypen finden Sie auf den folgenden Seiten.

Modifikationstasten	Voreinstellung in der Dialogbox
⌘/Strg	Das Farbfeld wird als Volltonfarbe angelegt.
⌥/Alt	Ohne eine Dialogbox zu öffnen, wird eine Kopie des ausgewählten Farbfeldes erzeugt.
⌥/Alt+⌘	Eine Volltonfarbe wird erzeugt, ohne die Dialogbox anzuzeigen.
⌘+⌥+⇧ bzw. Strg+Alt+⇧	Eine globale Prozessfarbe wird erstellt, ohne die Dialogbox anzuzeigen.

Farbe etc. in das Farbfelder-Bedienfeld ziehen | Farben, Tonwerte und Verläufe können aus den entsprechenden Bedienfeldern in das Farbfelder-Bedienfeld gezogen werden, um sie dort in einem eigenen Farbfeld zu speichern. Sie können auch direkt die Miniatur im Farbfelder-Bedienfeld in die Farbfelder ziehen, um ein Farbfeld zu erzeugen. Neu angelegte Farben sind zunächst als *lokale* Farbfelder definiert, die Sie gegebenenfalls mithilfe der Dialogbox Farbfeldoptionen in globale Farbfelder umdefinieren müssen. Sie können die oben beschriebenen Modifikationstasten benutzen.

Achtung! Wenn Sie ein Objekt von der Zeichenfläche ins Farbfelder-Bedienfeld ziehen, wird ein Musterfeld angelegt.

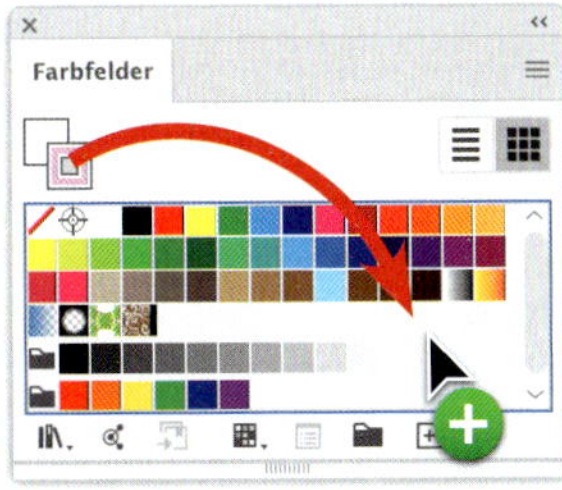

▲ **Abbildung 7.37**
Die Miniaturen in Farbe- und Farbfelder-Bedienfeld sind synchron und können direkt gezogen werden.

7.5.3 Farbfeldoptionen bzw. Neues Farbfeld

Die Dialogbox FARBFELDOPTIONEN wird geöffnet, wenn Sie auf ein Feld im Farbfelder-Bedienfeld doppelklicken oder es aktivieren und die Anweisung FARBFELDOPTIONEN im Bedienfeldmenü oder mit dem Button aufrufen.

Der Dialog NEUES FARBFELD wird angezeigt, sobald Sie per Button oder im Bedienfeldmenü ein neues Farbfeld erzeugen.

Bei Verlaufs- und Musterfeldern ist lediglich die Änderung des Farbfeldnamens möglich – dies können Sie jedoch direkt in der Listenansicht durchführen.

- FARBFELDNAME: Der Name der Farbe wird u.a. im Farbfelder-Bedienfeld angezeigt. Per Voreinstellung verwendet Illustrator die Farbdefinition als Namen. Dieser Name wird aktualisiert, wenn Sie die Definition zu einem späteren Zeitpunkt ändern. Dazu muss das Farbfeld jedoch im Dokumentfarbmodus angelegt sein und die Schreibweise der Farbdefinition intakt bleiben.
- FARBART: Mit diesem Aufklappmenü bestimmen Sie, auf welche Art die Farbe im Druck reproduziert wird. Sie haben die Wahl zwischen PROZESSFARBE und VOLLTONFARBE.
  - Im Dokumentfarbmodus CMYK-FARBE: Eine Prozessfarbe wird in die Grundfarben des Drucks Cyan, Magenta, Gelb und Schwarz zerlegt. Volltonfarben dagegen druckt man als vorgemischte Farbtöne. Von jeder Volltonfarbe wird eine separate Druckplatte erzeugt.
  - Im Dokumentfarbmodus RGB-FARBE: Wenn Sie für Bildschirm, Projektion o. Ä. gestalten, sollten Sie PROZESSFARBE wählen.
- GLOBAL: Mit diesem Kontrollkästchen bestimmen Sie, ob eine Farbe global oder lokal angelegt werden soll – standardmäßig ist die Option aktiviert. Nur bei Farbfeldern mit globalen Farben bleibt nach der Zuordnung der Farbe als Eigenschaft für ein Objekt die Verknüpfung zwischen dem Farbfeld und dem Objekt aufrechterhalten. Darüber hinaus ist es möglich, von globalen Farbfeldern Farbtöne zu erzeugen.
  - Bei der Farbart VOLLTONFARBE ist diese Option nicht aktiv, weil Volltonfarben von Illustrator grundsätzlich als globale Farben definiert werden.
  - Auf die Farbseparation hat die Option GLOBAL keine Auswirkung.

Aktivierte Farbtonfelder

Beim Erstellen eines neuen Farbfeldes sollte kein Farbtonfeld aktiviert sein, da bei aktiviertem Farbtonfeld dieses dupliziert wird, anstatt die Dialogbox zu öffnen.

Name wie Farbdefinition

Möchten Sie, dass Illustrator den Namen Ihres Farbfeldes aktualisiert, sobald Sie die Definition ändern, dann ändern Sie auf keinen Fall die Schreibweise.

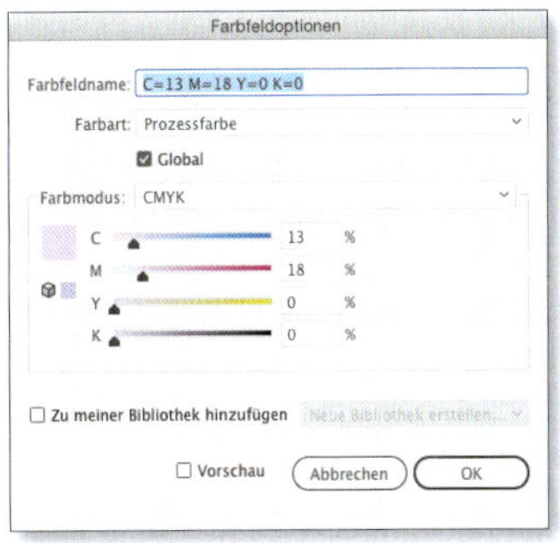

▲ **Abbildung 7.38**
Die Dialogbox FARBFELDOPTIONEN

Volltonfarben separieren

In Programmen der Adobe Creative Cloud lässt sich im Dialog Drucken für jede Volltonfarbe bestimmen, ob sie separiert werden soll. Dann werden die Farbfelddefinitionen für die Separation verwendet. Diese Möglichkeit sollten Sie jedoch nur in einem gut abgestimmten Workflow verwenden.

Höchstens 27

Zu viele Volltonfarben verteuern die Produktion. Zusätzlich besteht eine technische Beschränkung auf 27 Schmuckfarben. Wurden mehr Volltonfarben verwendet, kann es zu Problemen kommen.

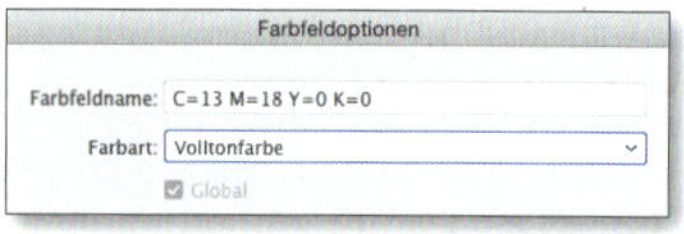

▲ **Abbildung 7.39**
Volltonfarbe, Option Global

▲ **Abbildung 7.40**
Definition eines Graustufen-Farbfeldes

- Farbmodus: Wählen Sie aus diesem Ausklappmenü, in welchem Farbmodus Sie die Farbe definieren möchten – die Anzeige der Schieberegler wechselt nach Ihrer Auswahl.
  Achtung! Wenn Sie als Farbart Prozessfarbe ausgewählt haben, rechnet Illustrator die von Ihnen definierte Farbe in den Dokumentfarbmodus um. Haben Sie dagegen Volltonfarbe aktiviert, bestimmt die Farbdefinition lediglich die Bildschirmanzeige Ihrer Farbe. Das Druckergebnis hängt ausschließlich von der Farbmischung in der Druckmaschine ab.
- Signalisierung ⚠ und ⬢: s. Abschnitt 7.4.3.
- Zu meiner Bibliothek hinzufügen: Damit legen Sie das Farbfeld zusätzlich in der CC-Bibliothek ab, die Sie mit dem Menü bestimmen können. Diese Option ist standardmäßig aktiviert – wenn Sie sie einmal deaktivieren, wird dies als Voreinstellung übernommen.
- Vorschau: Aktivieren Sie die Vorschau, um Änderungen globaler Farbfelder direkt an Objekten auf der Zeichenfläche zu sehen.

Prozessfarben definieren | Prozessfarben sollten Sie im Dokumentfarbmodus definieren. Das ist vor allem für den Druck wichtig. Viele RGB- und Volltonfarben sind zwar schön leuchtend, können jedoch nicht gedruckt werden. Das Symbol ⚠ zeigt das an.

Volltonfarbe definieren | Pantone- oder HKS-Farben legen Sie an, indem Sie die entsprechende Farbfeldbibliothek unter Farbtafeln aus dem Menü aufrufen und die Farbe auswählen.

Volltonfarben sind immer **global**, daher ist es nicht möglich, die Option zu deaktivieren. Auch wenn Sie Volltonfarben in der Datei im CMYK-Modus definieren, steuern Sie damit nicht die Farbseparation, sondern nur die Bildschirmdarstellung und die Farbmischung auf Desktop- und Proof-Druckern. Die Bildschirmdarstellung der Volltonfarbe sowie der Ausdruck auf Desktop-Druckern können deshalb nur eine angenäherte Simulation der letztendlich gedruckten Farbe sein.

Graustufen-Farbfeld definieren | Graustufen, die Sie einem Objekt als Eigenschaft zuweisen, werden bei der Vierfarbseparation nur im Auszug für die schwarze Druckplatte ausgegeben.

Ein Graustufen-Farbfeld (in der Listendarstellung ■) können Sie nur als nicht globale Prozessfarbe im Farbmodus Graustufen anlegen. Der Graustufenbalken wird angezeigt, und Sie können den Wert mit dem Regler einstellen.

100 % Grau wird im Farbmodus CMYK in reines 100 % Schwarz und im Farbmodus RGB in RGB 000 konvertiert.

Tonwert-Farbfeld definieren | Ein Tonwert-Farbfeld kann nur aus einer globalen Prozessfarbe oder aus einer Volltonfarbe erzeugt werden. Ein Tonwert-Farbfeld erzeugen Sie wie folgt:

1. Wählen Sie aus dem Farbfelder-Bedienfeld eine Volltonfarbe oder eine globale Prozessfarbe aus. Sie können auch ein Objekt aktivieren, dem Sie die gewünschte Farbe zugewiesen haben.
2. Die aktive Farbe wird im Tonwert-Farbbalken im Farbe-Bedienfeld angezeigt. Tragen Sie die Intensität in das Eingabefeld ein, oder bewegen Sie den Regler an die gewünschte Position. Sie können Tonwerte zwischen 0 und 100 % eingeben: 0 % bedeutet kein Farbauftrag, 100 % liefert volle Intensität.
3. Um ein Farbfeld des Tonwerts zu speichern, ziehen Sie seine Miniatur aus dem Farbe- ins Farbfelder-Bedienfeld oder klicken auf den Button NEUES FARBFELD unten im Farbfelder-Bedienfeld. Das Tonwert-Farbfeld erhält den Namen des Farbfeldes der Grundfarbe – die Intensität wird als Prozentwert an den Namen angefügt.

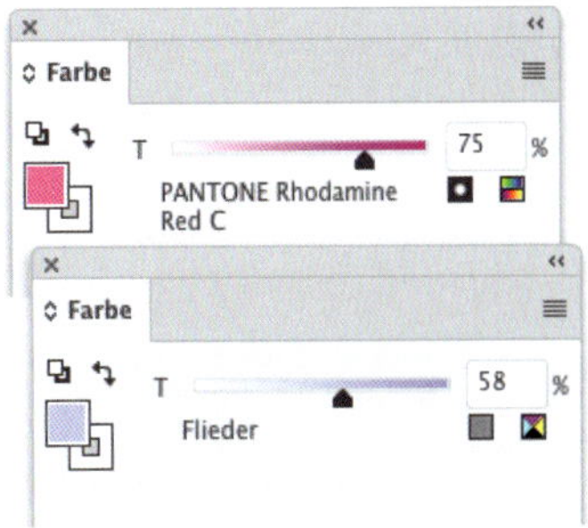

▲ **Abbildung 7.41**
Tonwert einer Vollton- und einer globalen Prozessfarbe

Änderung der Quellfarbe

Ein Tonwert-Farbfeld bleibt immer mit dem Farbfeld der Quellfarbe verbunden. Änderungen an der Definition der Quellfarbe bewirken auch eine Veränderung aller zugehörigen Tonwert-Farbfelder!

Tonwert-Farbfeld editieren | Mit einem Doppelklick auf ein Tonwert-Farbfeld wird die Dialogbox FARBFELDOPTIONEN zur *Quellfarbe* aufgerufen! Änderungen, die Sie darin vornehmen, wirken sich auf die Quellfarbe und auf *alle* damit verbundenen Tonwert-Farbfelder aus! Der Wert eines Tonwert-Farbfeldes lässt sich nicht einfach ändern.

Verlauf-Farbfeld definieren | Um ein neues Verlauf-Farbfeld anzulegen, erstellen Sie zunächst den Verlauf im Verlauf-Bedienfeld und speichern es dann auch dort mit dem Button im Verlauf-Menü. Verlauf-Farbfelder sind immer global. Zu Verläufen s. Abschnitt 9.1.

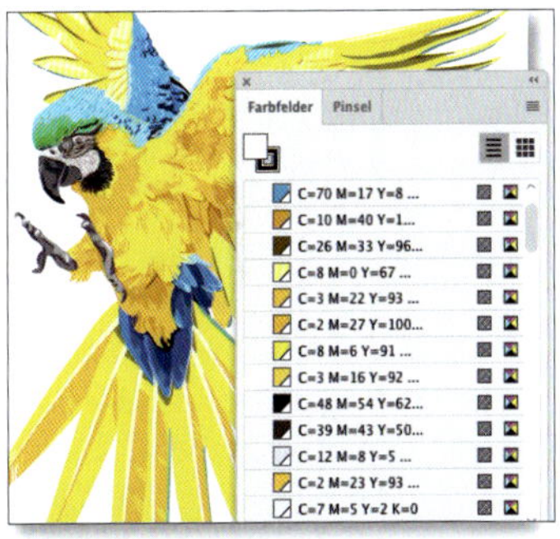

▲ **Abbildung 7.42**
Verwendete Farben hinzufügen

7.5.4 Farbfelder aus verwendeten Farben erstellen

Sie können entweder alle im Dokument verwendeten Farben oder die Farben ausgewählter Objekte als globale Farbfelder zum Farbfelder-Bedienfeld hinzufügen. Die Funktion berücksichtigt alle in Verläufen oder Verlaufsgittern definierten Farben. Es werden jedoch nicht automatisch Verlaufs- oder Musterfelder erzeugt.

Aktivieren Sie das Objekt, dessen Farben Sie als Farbfelder generieren möchten, und rufen Sie den Befehl AUSGEWÄHLTE FARBEN HINZUFÜGEN auf; oder deaktivieren Sie alle Objekte, und wählen Sie VERWENDETE FARBEN HINZUFÜGEN (in dem Fall werden auch Farben von gesperrten Objekten hinzugefügt) aus dem Bedienfeldmenü des Farbfelder-Bedienfeldes. Die Farbfelder werden erzeugt und den Objekten zugewiesen. Alternativ erstellen Sie eine Farbgruppe (s. Abschnitt 7.6.4).

Farbgruppe aus verwendeten Farben

Wenn Sie eine Farbgruppe aus verwendeten Farben erstellen (s. Abschnitt 7.6.4), können auch Schwarz und Weiß als globale Farbfelder angelegt werden.

▲ **Abbildung 7.43**
Hinzufügen von Flächen- und Konturfarben zu der ausgewählten Bibliothek

Farbmanagement

Farben in CC-Bibliotheken enthalten kein Farbprofil, sie können in verschiedenen Dokumenten also unterschiedlich aussehen.

Farbfelder in neuen Dokumenten

Farbfelder, die Sie in einem Dokument angelegt haben, werden nicht automatisch als Voreinstellung für neue Dokumente übernommen. Wenn Sie die Einstellung für neue Dokumente editieren möchten, öffnen Sie das entsprechende Dokumentprofil und legen die Farbfelder darin an (s. Abschnitt 22.1.3).

Pantone-Bibliotheken

Pantone erneuert seine Farbbibliotheken regelmäßig, d.h., dass Mischungen der Farben geändert und Farbtöne aus den Bibliotheken entfernt bzw. hinzugefügt werden. Mit dem Pantone Color Manager können Sie die aktuellen Farbbibliotheken laden.

7.5.5 Farbfelder mit den CC-Bibliotheken verwalten

In den CC-Bibliotheken (s. Abschnitt 1.4) können sowohl einzelne Farbfelder als auch Farbgruppen gespeichert und in anderen Creative-Cloud-Applikationen verwendet werden. Um ein einzelnes Farbfeld in eine Bibliothek zu speichern, verwenden Sie die Option in der Dialogbox FARBFELDOPTIONEN bzw. NEUES FARBFELD.

Um gleichzeitig die eingestellte Flächen- und Konturfarbe oder die Fläche und Kontur eines ausgewählten Objekts in die Bibliothek zu speichern, gehen Sie ins Bibliotheken-Bedienfeld und wählen die gewünschte Bibliothek im Menü oben aus. Anschließend klicken Sie auf den Button INHALT HINZUFÜGEN +. Aktivieren Sie die Option FÜLLFARBE oder KONTURFARBE und klicken Sie auf HINZUFÜGEN.

Farben aus den Bibliotheken verwenden | Um ein Farbfeld aus den Bibliotheken in einem Dokument zu verwenden, aktivieren Sie ein Objekt und klicken auf eine Farbe im Bibliotheken-Bedienfeld.

Um ein Farbfeld oder eine Farbgruppe in die Farbfelder des Dokuments zu übernehmen, rufen Sie mit einem Rechtsklick das Kontextmenü auf und wählen ZU FARBFELDERN HINZUFÜGEN.

7.5.6 Farben aus anderen Dokumenten laden

Um Farbfelder aus einer anderen Illustrator-Datei in das aktuelle Dokument zu laden, sind drei Vorgehensweisen möglich:

- Wählen Sie aus dem Bedienfeldmenü des Farbfelder-Bedienfeldes den Befehl FARBFELDBIBLIOTHEK ÖFFNEN • ANDERE BIBLIOTHEK. In dem aufgerufenen Öffnen-Dialog wählen Sie die Illustrator-Datei aus, deren Farbfelder Sie übernehmen möchten. Alle Farbfelder der anderen Datei werden in einem eigenen Bibliothek-Bedienfeld angezeigt.
- Wenn Sie nur einige Farben aus einer anderen Illustration benötigen, kopieren Sie dort die Objekte, denen die gewünschten Farbfelder zugeordnet sind, in die Zwischenablage, und fügen die Objekte ins aktuelle Dokument ein. Dabei werden globale Farbfelder automatisch in das Farbfelder-Bedienfeld eingefügt. Lokale Farbfelder müssen Sie nötigenfalls aus den Farben der Objekte erstellen. Die eingefügten Objekte können Sie nach der Übernahme der Farben löschen.
  Haben eingefügte Farbfelder den gleichen Namen, aber eine andere Farbdefinition als Farbfelder im Arbeitsdokument, tritt ein Farbfeld-Konflikt auf. Handelt es sich dabei um Volltonfarben, werden die Farbdefinitionen der aktuellen Datei beibehalten. Bei globalen Prozessfarben erscheint die Dialogbox FARBFELDKONFLIKT. Sie haben folgende Auswahl:

- FARBFELDER ZUSAMMENFÜHREN: Die Farben des aktuellen Dokuments werden beibehalten.
- FARBFELDER HINZUFÜGEN: Die Farbfelder werden dem Farbfelder-Bedienfeld hinzugefügt, und den Namen wird eine fortlaufende Nummer angehängt.

▲ **Abbildung 7.44**
Die Dialogbox FARBFELDKONFLIKT

7.6 Farbfelder anwenden

Die zentrale Speicherung von Farben, Farbtönen und Verläufen in den Farbfeldern einer Datei ist vor allem dann von Nutzen, wenn Sie Änderungen zeitsparend durchführen möchten. Für den vollen Effizienzgewinn sollten Sie Farbfelder von Anfang an einsetzen.

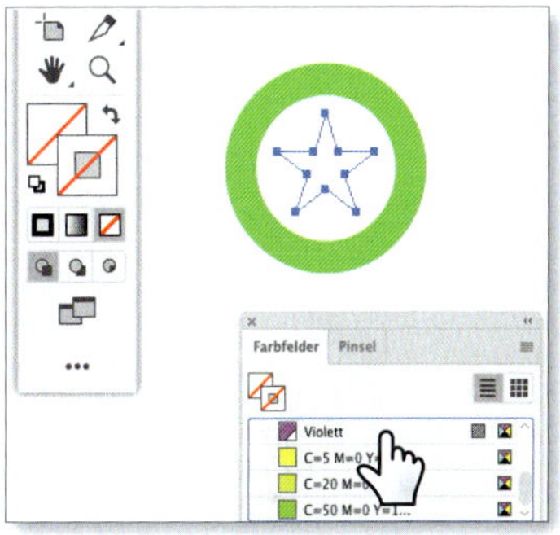

▲ **Abbildung 7.45**
Farbfelder zuweisen

7.6.1 Farbfelder zuweisen

Um ein Farbfeld der Kontur oder der Fläche eines Objekts als Eigenschaft zuzuweisen, gehen Sie so vor:

1. Wählen Sie das gewünschte Objekt aus.
2. Klicken Sie im Werkzeugbedienfeld auf das Feld FLÄCHE, sofern Sie eine Füllung zuweisen möchten, oder auf das Feld KONTUR, um die Kontur mit einer Eigenschaft zu versehen.
3. Mit einem Klick – keinem Doppelklick, denn dann würden Sie den Farbfeldnamen zum Ändern aktivieren – auf ein Farbfeld, einen Verlauf oder ein Muster im Farbfelder-Bedienfeld schließen Sie die Aktion ab.

Farben über das Steuerungsbedienfeld zuweisen | Alternativ wählen Sie das Farbfeld im Eigenschaften- oder im Steuerungsbedienfeld aus. Klicken Sie dazu in das Farbfeld des Ausklappmenüs FLÄCHE bzw. KONTUR, um die Farbfelder-Auswahl einzublenden. Durch einen erneuten Klick auf das gewünschte Farbfeld in der Auswahl weisen Sie die Eigenschaft zu.

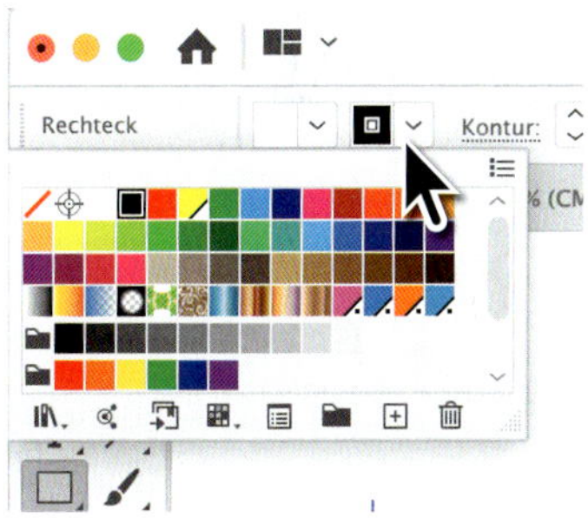

▲ **Abbildung 7.46**
Die Farbfelder-Auswahl im Steuerungsbedienfeld

7.6.2 Farbfelder organisieren

Farbfelder duplizieren | Um ein oder mehrere Farbfelder zu duplizieren, aktivieren Sie das oder die gewünschten Farbfelder und wählen den Befehl FARBFELD DUPLIZIEREN im Bedienfeldmenü ≡ aus. Alternativ ziehen Sie die Farbfelder auf den Button NEUES FARBFELD ⊞.

Farbfelder ersetzen | Um ein Farbfeld zu ersetzen, halten Sie ⌥/Alt gedrückt und ziehen eine Farbe oder einen Verlauf aus dem Farbe-, dem

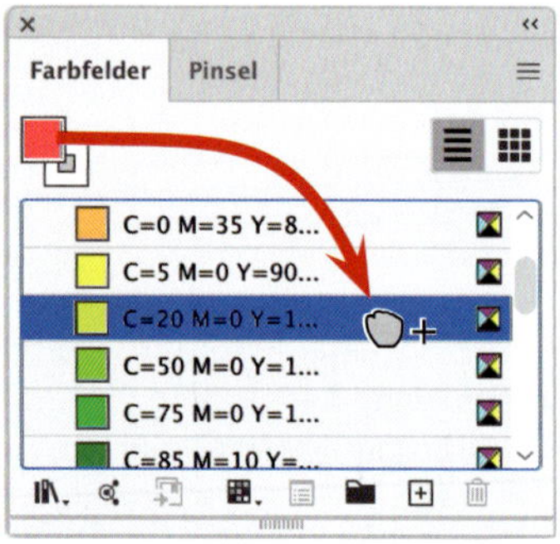

▲ **Abbildung 7.47**
Farbfeld ersetzen: Achten Sie auf die Hervorhebung!

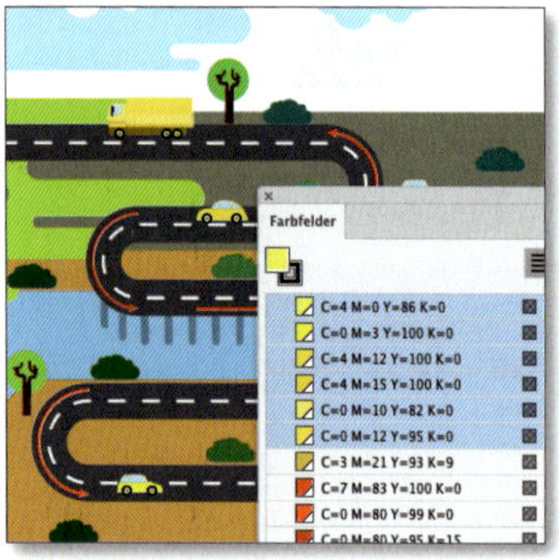

▲ **Abbildung 7.48**
Globale Farben zusammenfügen

▲ **Abbildung 7.50**
Umwandlung von HKS 45 K mit Option LAB (oben); CMYK (unten)

Farbhilfe-, dem Werkzeug- bzw. dem Verlauf-Bedienfeld oder einer Bibliothek auf das Farbfeld, das Sie ersetzen wollen. Achten Sie darauf, dass dieses durch einen Rahmen hervorgehoben wird, bevor Sie die Maustaste loslassen. Der Name des ersetzten Farbfeldes wird aktualisiert, falls Sie ihn nicht verändert haben.

Ersetzen Sie eine globale Farbe, werden die Objekte aktualisiert, die dieses Farbfeld verwenden.

Globale Farbfelder zusammenfügen | Wenn Sie gleiche oder ähnliche Farben dokumentweit vereinheitlichen möchten, z. B. um die Anzahl der Sonderfarben zu reduzieren oder verwendete Farben zu vereinheitlichen, können Sie Farbfelder mit globalen Farben bzw. Verläufe oder Muster zusammenfügen. Dazu aktivieren Sie zunächst das Farbfeld, das die anderen ersetzen soll. Anschließend wählen Sie zusätzlich die Farbfelder aus, die Sie ersetzen wollen, und rufen im Bedienfeldmenü den Befehl FARBFELDER ZUSAMMENFÜGEN auf.

Objekte, denen die ersetzten Farbfelder zugeordnet waren, werden aktualisiert.

7.6.3 Buchfarbenoptionen

Die Farbfeldbibliotheken einiger Hersteller sind mit zwei Farbdefinitionen versehen – wenn diese Farben zu einem späteren Zeitpunkt in Prozessfarben umgewandelt werden sollen, müssen Sie vorgeben, welche der beiden Farbdefinitionen zu diesem Zweck verwendet wird. Rufen Sie VOLLTONFARBEN aus dem Menü des Farbfelder-Bedienfeldes auf, um dies zu definieren.

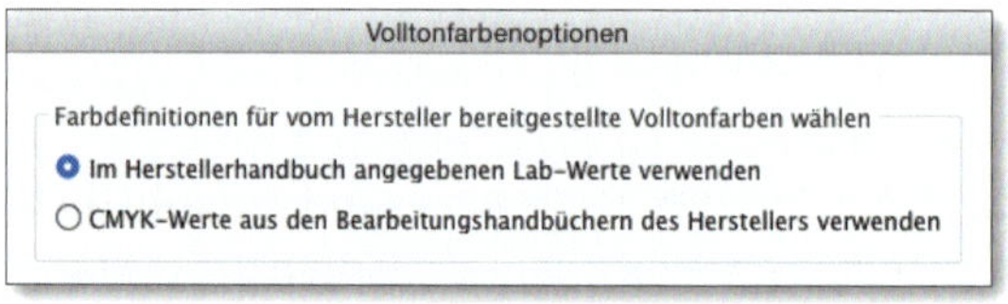

◀ **Abbildung 7.49**
VOLLTONFARBENOPTIONEN

- LAB-WERTE VERWENDEN: Diese Option führt dazu, dass Buchfarben auf Basis der vom Hersteller definierten Lab-Werte anhand der Farbmanagement-Einstellungen in CMYK-Werte umgewandelt werden. Damit erhalten Sie eine genauere Annäherung an die Volltonfarbe. Wenn Sie mit Pantone-Farben arbeiten, ist diese Einstellung vorzuziehen, denn die aktuellen Pantone +-Bibliotheken enthalten keine CMYK-Definition mehr.
- CMYK-WERTE VERWENDEN: Mit dieser Option wird die Buchfarbe anhand der CMYK-Definition des Herstellers umgewandelt.

Die CMYK-Definition ermitteln die Hersteller auch unter der Maßgabe, so wenige Prozessfarben wie möglich zu mischen. Allerdings ist die CMYK-Definition auf einen bestimmten Anwendungszweck festgeschrieben und bezieht sich bei amerikanischen Herstellern in der Regel auf den Farbraum »U.S. Web Coated«.

Buchfarben in CMYK

In Illustrator 2020 funktioniert die Option CMYK-WERTE VERWENDEN nicht zuverlässig.

Pantone +

Illustrator enthält die Pantone +-Farbbibliotheken. Wenn Sie alte Dateien öffnen, werden Pantone-Farben darin sehr wahrscheinlich anders aussehen als früher. Wie die Farben gedruckt werden, ist davon unbeeinflusst, es sei denn, Sie wandeln die Farben in Prozessfarben um. Probleme können mit diesen Farbbibliotheken entstehen, wenn Sie Rasterbilder platzieren, in denen Pantone-Farbkanäle enthalten sind, die es in Pantone + nicht mehr gibt. Diese Farben werden in Illustrator schwarz dargestellt. Um mit alten Dateien zu arbeiten, können Sie die Pantone-Bibliotheken z. B. aus Illustrator CS5 zusätzlich installieren. Für neue Arbeiten sollten Sie die aktuellen Bibliotheken verwenden.

7.6.4 Farbgruppen erstellen

Organisieren Sie beliebige zusammengehörende Farben sowie Farbharmonien mit dem Farbfelder-Bedienfeld, dem Farbhilfe-Bedienfeld oder der Funktion BILDMATERIAL NEU FÄRBEN zu Farbgruppen.

- **Farbfelder-Bedienfeld**: Aktivieren Sie mehrere Farbfelder, und rufen Sie NEUE FARBGRUPPE aus dem Menü des Farbfelder-Bedienfeldes auf, oder klicken Sie auf den gleichnamigen Button unten im Bedienfeld. Alternativ aktivieren Sie eines oder mehrere Objekte und klicken an, um eine Farbgruppe aus den in diesen Elementen verwendeten Farben zu erstellen.
- **Farbhilfe-Bedienfeld**: Die im Farbhilfe-Bedienfeld eingestellte Farbharmonie speichern Sie über das Bedienfeldmenü oder einen Klick auf den Button FARBGRUPPE IN FARBFELDBEDIENFELD SPEICHERN.
- **Bildmaterial neu färben**: In der Dialogbox BILDMATERIAL NEU FÄRBEN klicken Sie ebenfalls auf den Button NEUE FARBGRUPPE, um die eingestellte Farbharmonie als Farbgruppe zu speichern.
- **CC-Bibliotheken**: Mit einem Rechtsklick auf eine Farbgruppe in einer Bibliothek können Sie diese Farbgruppe in die Farbfelder speichern.

Überdruckenvorschau

Wenn Sie die Überdruckenvorschau oder beim Druck die Option ÜBERDRUCKEN SIMULIEREN verwenden, werden ebenfalls die Lab-Werte von Buchfarben verwendet.

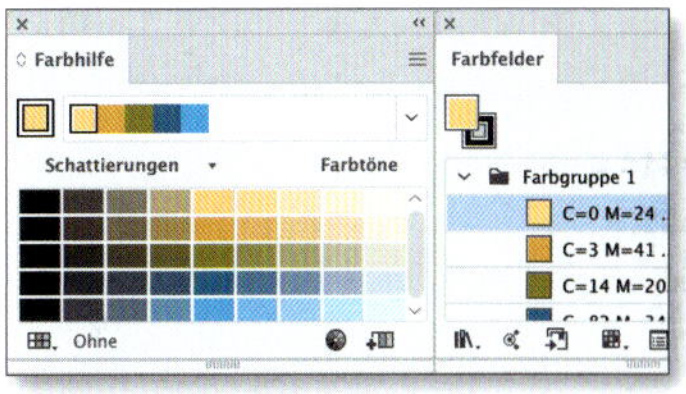

▲ **Abbildung 7.51**
Beim Speichern einer Gruppe aus dem Farbhilfe-Bedienfeld wird nur die Farbharmonie übernommen.

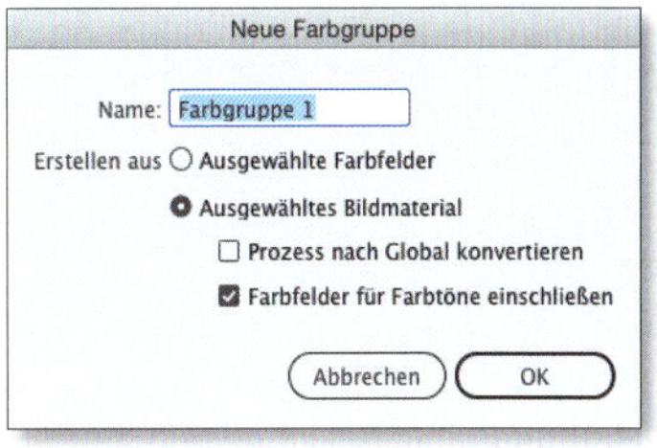

▲ **Abbildung 7.52**
Die Dialogbox NEUE FARBGRUPPE

Optionen | Wenn Sie die neue Farbgruppe aus dem Farbfelder-Bedienfeld erstellen, haben Sie folgende Optionen:

- ERSTELLEN AUS: Wählen Sie hier, ob die Farbgruppe aus ausgewählten Farbfeldern bestehen soll oder ob Sie die Farbfelder aus aktivierten Objekten (»Bildmaterial«) aufnehmen möchten. Wählen Sie Letzteres, können Sie zwei weitere Einstellungen festlegen:
  - PROZESS NACH GLOBAL KONVERTIEREN: Mit dieser Option werden globale Farbfelder erzeugt.

Mehrere Farbfelder aktivieren

Um viele hintereinanderliegende Farbfelder in einer oder mehreren Reihen zu aktivieren, klicken Sie das erste Farbfeld der Reihe an, halten [⇧] und klicken dann auf das letzte Farbfeld, das Sie auswählen wollen. Die dazwischenliegenden werden automatisch mit aktiviert.
Um mehrere Farbfelder zu aktivieren, die nicht direkt nebeneinanderliegen, klicken Sie auf das erste, drücken dann [⌘]/[Strg] und wählen nacheinander die anderen Farbfelder dazu aus.

Interaktive Farbe

Alle Farbfelder, die Sie in der Funktion BILDMATERIAL NEU FÄRBEN zum Umfärben von Objekten oder beim Experimentieren mit Farbharmonien verwenden möchten, müssen in einer Farbgruppe gespeichert sein.

Farbfelder und Speicherplatz

Unbenutzte Farbfelder – aber vor allem Musterfelder – kosten Speicherplatz, reduzieren Sie daher den Inhalt des Bedienfeldes. Farbfelder sollten nach Symbolen, Grafikstilen und Pinseln gelöscht werden, da sie in allen enthalten sein können. Verwenden Sie die Aktion NICHT VERWENDETE BEDIENFELDELEMENTE LÖSCHEN, um alles in der richtigen Reihenfolge zu entfernen.

- FARBFELDER FÜR FARBTÖNE EINSCHLIESSEN: Wenn Sie in der Grafik Farbtöne verwendet haben, werden diese als Farbfelder angelegt.

7.6.5 Farbgruppen bearbeiten

Farbgruppen lassen sich zu einem späteren Zeitpunkt ergänzen oder auflösen.

Ein Farbfeld zur Farbgruppe hinzufügen | Ziehen Sie ein bestehendes Farbfeld an die gewünschte Stelle in der Farbgruppe, oder ziehen Sie es auf das Ordnersymbol. Um gleichzeitig ein neues Farbfeld zu erstellen und es einer Farbgruppe hinzuzufügen, aktivieren Sie die Farbgruppe mit einem Klick auf das Ordnersymbol und klicken auf den Button NEUES FARBFELD.

Farbgruppen auflösen | Möchten Sie eine Farbgruppe löschen, die enthaltenen Farbfelder jedoch behalten, aktivieren Sie die Gruppe durch einen Klick auf das Ordnersymbol und wählen GRUPPIERUNG DER FARBGRUPPE AUFHEBEN aus dem Menü des Farbfelder-Bedienfeldes.

Farbgruppen löschen | Um die Farbgruppe und alle darin enthaltenen Farbfelder zu löschen, aktivieren Sie die Farbgruppe und klicken auf den Button FARBFELD LÖSCHEN. Drücken Sie dabei [⌥]/[Alt], um die Farbgruppe ohne Nachfrage zu löschen.

7.6.6 Farbfelder löschen

Aktivieren Sie das oder die Farbfelder, die Sie löschen möchten. Anschließend wählen Sie FARBFELD LÖSCHEN aus dem Bedienfeldmenü oder klicken auf FARBFELD LÖSCHEN.

Löschen Sie ein Farbfeld mit einer globalen Farbe, geht die Farbeigenschaft in Objekten, die dieses Farbfeld verwenden, nicht verloren. Sie wird vom Programm in eine Objektfarbe ohne Verbindung zu einem Farbfeld umgewandelt. Volltonfarben werden dabei in Prozessfarben konvertiert.

Nicht benutzte Farbfelder löschen | Die Übersicht im Farbfelder-Bedienfeld wird besser, wenn Sie nicht benötigte Farbfelder löschen.

Verwenden Sie aus dem Bedienfeldmenü den Befehl ALLE NICHT VERWENDETEN AUSWÄHLEN, um die in Ihrem Dokument unbenutzten Farben, Verläufe, Muster etc. zu aktivieren. Anschließend löschen Sie die aktiven Farbfelder.

7.6.7 Farbfeldbibliotheken selbst erstellen

Beim Speichern als Bibliothek werden – mit Ausnahme von PASSERMARKEN und OHNE – alle Farbfelder verwendet, die sich im Farbfelder-Bedienfeld befinden. Löschen Sie also zunächst alle Farbfelder, die Sie nicht in der Bibliothek benötigen. Anschließend wählen Sie FARBFELDBIBLIOTHEK ALS AI SPEICHERN aus dem Menü des Farbfelder-Bedienfeldes.

Speichern Sie die Bibliothek im vorgeschlagenen Standardordner, wird sie in das Farbfeldbibliotheken-Untermenü unter dem Punkt BENUTZERDEFINIERT aufgenommen (zu Bibliotheken s. Abschnitt 1.3).

Farbfeldbibliotheken besitzen kein Farbprofil. Und wenn Sie Farbfelder in Dokumenten mit einem anderen Dokumentfarbmodus verwenden, werden die Farben konvertiert.

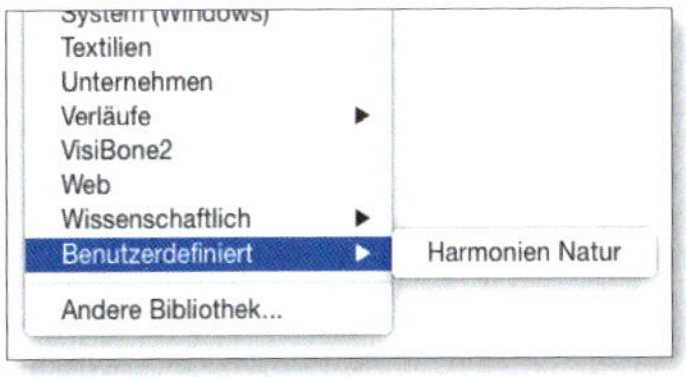

▲ **Abbildung 7.53**
Aufrufen benutzerdefinierter Bibliotheken

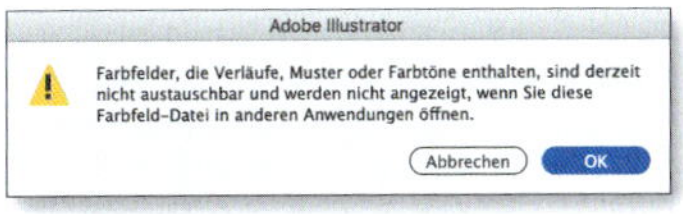

▲ **Abbildung 7.54**
Farbfeld-Austauschwarnung

ASE-Bibliotheken | Zwischen Illustrator, Photoshop und InDesign können Sie Farbfelder als ASE-Bibliotheken austauschen. Wählen Sie dazu aus dem Bedienfeldmenü des Farbfelder-Bedienfeldes des entsprechenden Programms den Punkt FARBFELDER FÜR DEN AUSTAUSCH SPEICHERN – in Illustrator wählen Sie FARBFELDBIBLIOTHEK ALS ASE SPEICHERN.

Verlaufs-, Muster- und Farbtonfelder können nicht in andere Applikationen übernommen werden und sind daher nicht in den Austauschbibliotheken enthalten.

Bibliotheken und Benutzerprofile

Der von Illustrator vorgeschlagene Standard-Speicherort für eigene Farbfelder- (sowie Pinsel-, Symbol- und Grafikstil-)Bibliotheken liegt in Ihrem Benutzerordner. Das bedeutet, dass andere Benutzer Ihres Computers diese Bibliotheken nicht verwenden können. Wenn Sie die Bibliotheken anderen Nutzern zugänglich machen möchten, sollten Sie also einen anderen Ort wählen.

7.7 Farbharmonien erarbeiten

Zu den schwierigsten Aufgaben in der Gestaltung gehört die Entwicklung von Farbschemata, die harmonische Farben für ein Layout beinhalten. Entsprechend gefragt sind Farbharmoniefunktionen.

7.7.1 Farbhilfe-Bedienfeld

Mit dem Farbhilfe-Bedienfeld entwickeln Sie Farbharmonien auf Basis der klassischen Farbharmonieregeln und eines auswählbaren Variationsschemas. Wählen Sie FENSTER • FARBHILFE aus dem Menü, um das Bedienfeld anzuzeigen. Im Dock besitzt das Bedienfeld das Symbol .

Im Bedienfeld wird zunächst nach der gewählten Harmonieregel ❷ aus einer Basisfarbe ❶ eine Farbgruppe erstellt (eine Übersicht der Harmonieregeln und der jeweils zugrunde liegenden geometrischen Beziehungen im Farbkreis sehen Sie im Kasten »Farbharmonien« auf der folgenden Seite). Anschließend baut Illustrator aus den Farben dieser Farbgruppe ❺ (oberhalb mit dem kleinen schwarzen Dreieck gekennzeichnet) das Rasterschema der Farbvariationen ❹ auf. Die Abstufungen entstehen

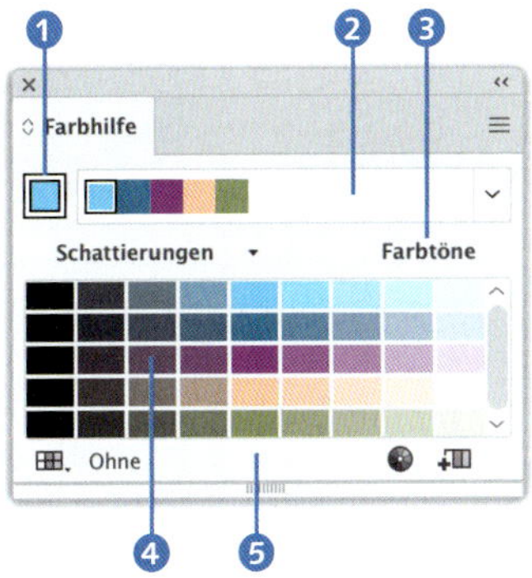

▲ **Abbildung 7.55**
Das Farbhilfe-Bedienfeld

▲ **Abbildung 7.56**
Variationsschema (von oben): Farbtöne/Schattierungen, Warm/kalt, Strahlend/gedeckt

> **Interaktive Farbe**
>
> Die Funktionen, mit denen Farbgruppen nach Harmonieregeln erstellt und bearbeitet werden, werden in Illustrator »Interaktive Farbe« – englisch »Live Color« – genannt. Ein Hauptbestandteil dieser Funktionsgruppe ist Bildmaterial neu färben.

nach den Variationsschemata Farbtöne/Schattierungen, Warm/kalt und Strahlend/gedeckt ③, die sich über das Bedienfeldmenü ≡ aufrufen lassen und über dem Rasterschema eingeblendet sind. Aus der Farbharmonie können Sie eine Farbgruppe erstellen oder die Farben des Rasters direkt auf Objekte anwenden.

Farbharmonien generieren | Farbhilfe-Bedienfeld

- Als Basisfarbe einstellen ①: Auf dem Button wird die Farbe des zuletzt ausgewählten Objekts, die im Farbe-Bedienfeld definierte oder im Farbfelder-Bedienfeld ausgewählte Farbe angezeigt. Klicken Sie darauf, um diese Farbe als Basisfarbe für die Erzeugung der Farbharmonien festzulegen. Möchten Sie die Basisfarbe ändern, wählen Sie zunächst eine andere Farbe aus und klicken den Button erneut an.
- Harmonieregeln ②: Wählen Sie aus diesem Menü die Harmonieregeln, nach denen aus der Grundfarbe eine Farbgruppe gebildet wird. Um das Menü anzuzeigen, klicken Sie auf das Pfeilsymbol ⌄.
- Auf Farbbibliothek beschränken: Aktivieren Sie eine Bibliothek aus diesem Menü, um die Auswahl der Farben in den Farbvariationen auf in dieser Farbbibliothek enthaltene Farbtöne einzugrenzen. Auf die Art ist es möglich, z. B. nur mit Pantone-Farben zu arbeiten. Wählen Sie die Option Ohne aus, um die Eingrenzung aufzuheben.
- Farben bearbeiten: Mit einem Klick auf den Button oder durch Auswahl des Befehls aus dem Bedienfeldmenü rufen Sie die Funktion Bildmaterial neu färben auf (s. Abschnitt 7.9).
- Farbgruppe in Farbfeldbedienfeld speichern: Mit diesem Befehl speichern Sie die eingestellte Farbharmonie als Farbgruppe im

> **Farbharmonien**
>
> 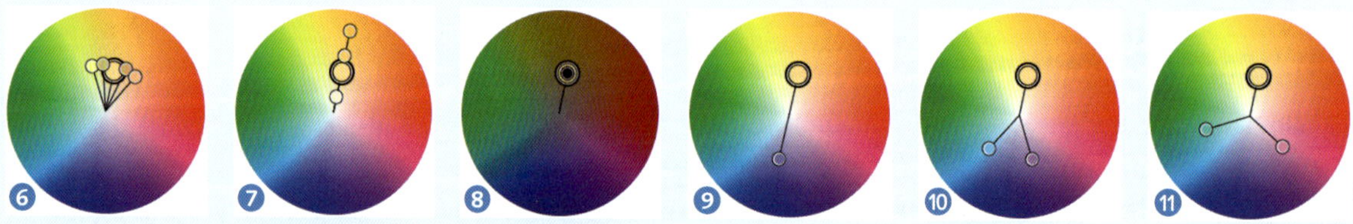
>
>
> **Analog** ⑥: Farben, die im Farbkreis sehr dicht nebeneinanderliegen
> **Monochromatisch** ⑦: Variationen der Sättigung einer Farbe
> **Schattierungen** ⑧: Die Grundfarbe wird mit Schwarz abgemischt.
> **Zusammengesetzt (Compound)**: Kombination aus »erdigen« Tönen mit Anteilen aller drei Primärfarben
>
> **Komplementär** ⑨: Die Farben liegen sich auf dem Farbkreis gegenüber.
> **Teilkomplementär** ⑩: Eine Farbe wird kombiniert mit den beiden Nachbarfarben ihrer Komplementärfarbe.
> **Hoher Kontrast**: verschiedene Formen kontrastreicher Zusammenstellungen – abgeleitet aus der Teilkomplementär-Regel
>
> **Triade** ⑪: drei Farben, die auf dem Farbkreis gleich weit voneinander entfernt sind
> **Tetrade**: vier Farben mit identischem Abstand – eine Sonderform der Doppel-Komplementär-Regel
> **Pentagramm**: fünf Farben, deren Abstand identisch ist

Farbfelder-Bedienfeld. Alternativ wählen Sie mehrere Farben in den Farbvariationen aus – drücken Sie dazu [⌘]/[Strg] – und speichern diese als Farbgruppe.

Variationsschema auswählen | Farbhilfe-Bedienfeld

- Farbtöne/Schattierungen anzeigen: Aus den Grundfarben werden Variationen zwischen den Extremen »Abgedunkelt« und »Aufgehellt« berechnet.
- Warm/kalt anzeigen: Die Variationen bewegen sich zwischen warmen (Rot) und kalten Farbtönen (Blau).
- Strahlend/gedeckt anzeigen: Mit dieser Option variiert Illustrator die Leuchtkraft der Farben.

Optionen | Farbhilfe-Bedienfeld

- Farbhilfeoptionen: Hier steuern Sie die Anzahl der Felder in den Farbvariationen und mit dem Regler die Stärke der Variation. Erhöhen Sie die Anzahl der Stufen auf bis zu 20, oder senken Sie die Stärke der Variation, um feinere Abstufungen zu erhalten.

Exkurs: The natural system of colours

Nahezu alle Farbharmonie-Tools basieren auf dem natürlichen Farbsystem. Dieses wurde 1776 von dem Engländer Moses Harris formuliert. Es versucht darzustellen, wie »materially, or by the painter's art« aus Primärfarben weitere Farben gemischt werden können. Harris unterschied zwei Harmonien: die der »prismatic colors« aus den Grundfarben Zinnoberrot, Ultramarin und Königsgelb und die Harmonie der »compound colors« der aus den Grundfarben gemischten Töne Orange, Grün und Purpur.

▲ **Abbildung 7.57**
Die Dialogbox Farbhilfeoptionen

Schritt für Schritt
Farbschema finden und anwenden

1 Auswählen einer Basisfarbe

Öffnen Sie die Datei »T-Shirt Start.ai« aus dem Download. Die Grafik soll ein anderes Farbschema erhalten. Da Sie mindestens das Farbfelder- und das Farbhilfe-Bedienfeld parallel benötigen, ziehen Sie beide aus dem Dock heraus.

Deaktivieren Sie alle Elemente der Grafik. Nehmen Sie eine Farbe mit der Pipette auf, stellen Sie sie im Farbe-Bedienfeld ein, oder klicken Sie auf ein Farbfeld. Die Farbe wird als Basisfarbe im Farbhilfe-Bedienfeld angezeigt.

▲ **Abbildung 7.58**
Eine Farbe aus der Grafik aufnehmen

2 Einstellen einer Harmonieregel

Wählen Sie eine Harmonieregel aus dem Menü – die zugehörigen Farben werden jeweils im Menü dargestellt. Entspricht eine Farbharmonie Ihren Vorstellungen, dann folgt der nächste Schritt. Falls Ihnen keine Farbkombination zusagt, können Sie jederzeit die Basisfarbe wechseln, indem Sie auf ein Feld aus den Farbvariationen klicken. Diese Farbe wird dann im Button Basisfarbe angezeigt – klicken Sie darauf, um alle Farbharmonien auf die neue Farbe berechnen zu lassen.

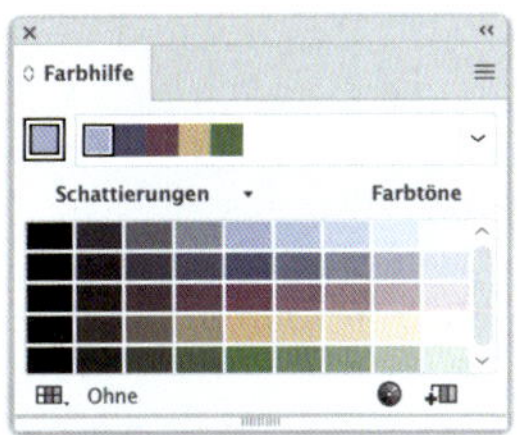

▲ **Abbildung 7.59**
Harmonieregel »Tetrade 2«

▲ **Abbildung 7.60**
Auf Farbtafeln einschränken

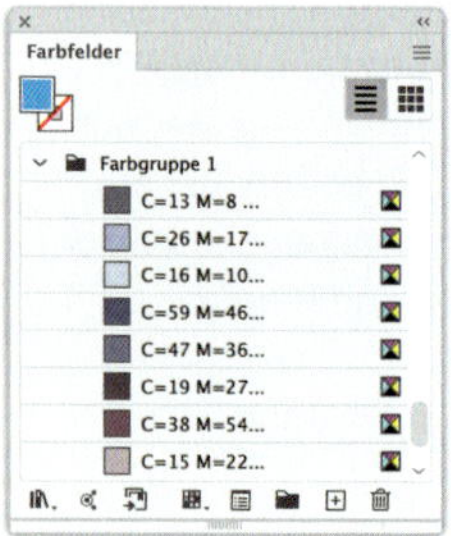

▲ **Abbildung 7.61**
Gespeicherte Farbgruppe

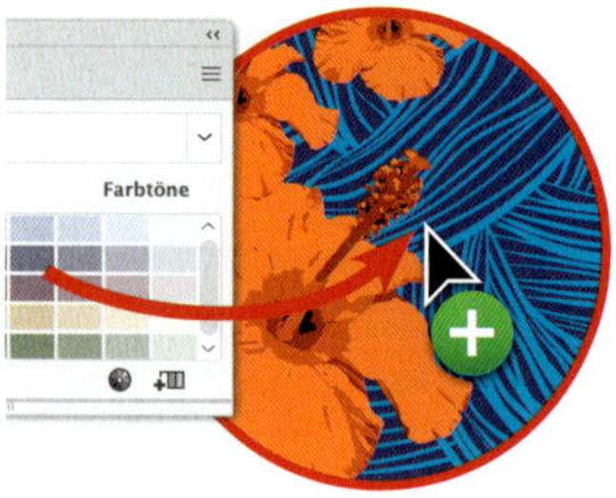

▲ **Abbildung 7.62**
Einfärben

▲ **Abbildung 7.63**
Umgefärbte Grafik

3 Variationsart bestimmen

Als weitere Möglichkeit des Experimentierens mit Farben probieren Sie die alternativen Variationsarten aus dem Menü Farbtöne/Schattierungen, Warm/kalt oder Strahlend/gedeckt.

4 Einschränken auf Farbbibliothek

Sind Sie darauf angewiesen, nur Farben aus einer bestimmten Bibliothek (z. B. HKS, Pantone), Tonalität (z. B. Barock, Erdtöne) oder für definierte Einsatzbereiche (z. B. Business, Spielzeug) zu nutzen, verwenden Sie das Menü , um die Variationen darauf einzuschränken.

5 Farbgruppe speichern

Sind Sie mit der Farbkombination zufrieden, speichern Sie die Farben als Farbgruppe, indem Sie auf den Button Farbgruppe in Farbfeldbedienfeld speichern im Farbhilfe-Bedienfeld klicken.

6 Anwenden der Farben

Sie können die Farben aber auch direkt auf die Grafik anwenden, ziehen Sie sie einfach aus den Farbvariationen auf die jeweiligen Teile – Sie müssen dafür nichts auswählen. Sie können jede Farbe aus dem Farbvariationen-Raster verwenden, denn sie harmonieren alle miteinander.

7.7.2 Barrierefreiheit von Farbkombinationen

Etwa 10 % der Menschen sind farbenblind. Daher sollten Sie darauf achten, Ihre Grafik so zu gestalten, dass die Bildaussage für alle zugänglich ist. In Illustrator können Sie sich einen Softproof anzeigen lassen, der simuliert, wie Ihre Grafik unter den beiden am weitesten verbreiteten Arten der Farbfehlsichtigkeit wirkt.

Um den Proof einzurichten, wählen Sie Ansicht • Proof einrichten • Farbenblindheit (Protanopie) bzw. Farbenblindheit (Deuteranopie). Dann wählen Sie Ansicht • Farbproof, sodass das Häkchen gesetzt ist.

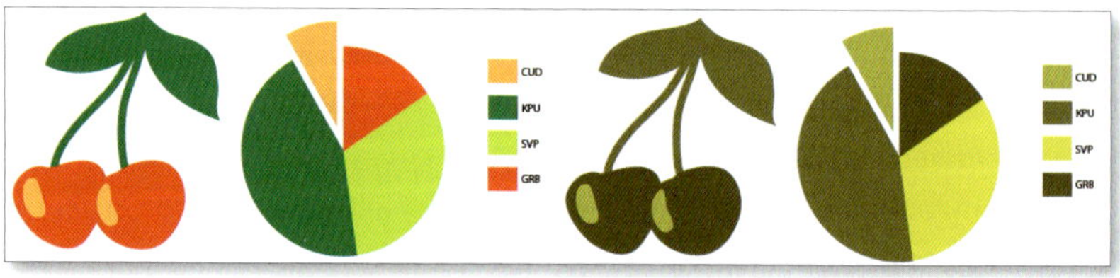

▲ **Abbildung 7.64**
Bei der Grafik jeweils links (Kirsche) ist der Inhalt anhand der Form zu erkennen. Ein Diagramm sollte jedoch eindeutig gefärbt sein, sodass die Legende exakt zuzuordnen ist.

7.8 Mit Adobe-Color-Themen arbeiten

In der Online-Community Adobe Color (früher: Kuler) erstellen und tauschen die Nutzer Farbharmonien.

7.8.1 Color-Themen-Bedienfeld

Die Verbindung zu Adobe Color stellen Sie über das Adobe-Color-Themen-Bedienfeld her. Rufen Sie es unter FENSTER • ADOBE COLOR-THEMEN auf. Im Dock besitzt das Bedienfeld das Symbol .

Sie haben damit Zugriff auf die Farbharmonien aller Nutzer sowie auf die Farbharmonien, die Sie in Ihren Bibliotheken gespeichert haben, und Sie können direkt im Bedienfeld Farbharmonien erstellen.

Achtung! Das Bedienfeld arbeitet im Farbmodus RGB. Vor allem besonders leuchtende Farben sehen in einem CMYK-Dokument anders aus.

Farbharmonien erstellen | Gehen Sie im Adobe-Color-Themen-Bedienfeld auf ERSTELLEN, wählen Sie eine Farbregel aus dem Menü , und verschieben Sie die Farben im Farbrad. Um die aktuell in Illustrator eingestellte Farbe als Basisfarbe zu verwenden, klicken Sie auf das Farbkästchen unter dem Dreieck und verwenden dann den Button .

Um eine Farbe aus der angezeigten Harmonie zur Basisfarbe für eine neue Harmonie zu bestimmen, bewegen Sie den Cursor auf ihren oberen Rand. Wenn der Tooltip ALS GRUNDFARBE VERWENDEN erscheint, klicken Sie.

Farbharmonien recherchieren | Unter ENTDECKEN durchsuchen Sie die Color-Community nach Stichworten. Unter MEINE THEMEN werden die Farbharmonien aus Ihren Bibliotheken angezeigt.

Farbharmonien importieren | Eine erstellte Farbharmonie können Sie mit SPEICH... in Ihre Bibliotheken speichern. Wenn Sie die Harmonie in die Farbfelder des Dokuments übernehmen wollen, klicken Sie auf .

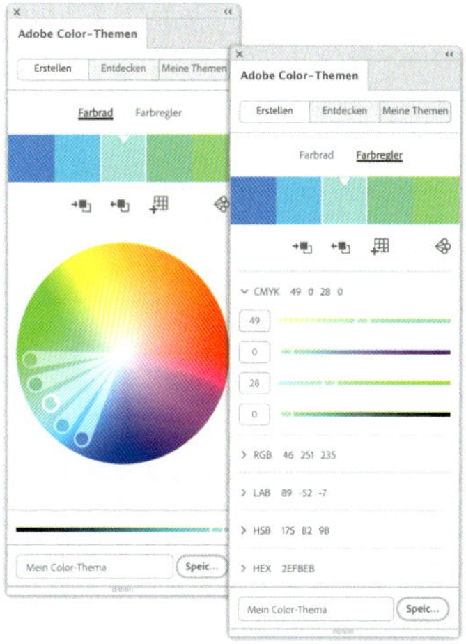

▲ **Abbildung 7.65**
Das Color-Themen-Bedienfeld in der Darstellung Farbrad (links) und Schieberegler; klicken Sie auf eine Farbe, um ihre Werte in den unterschiedlichen Farbmodi anzuzeigen.

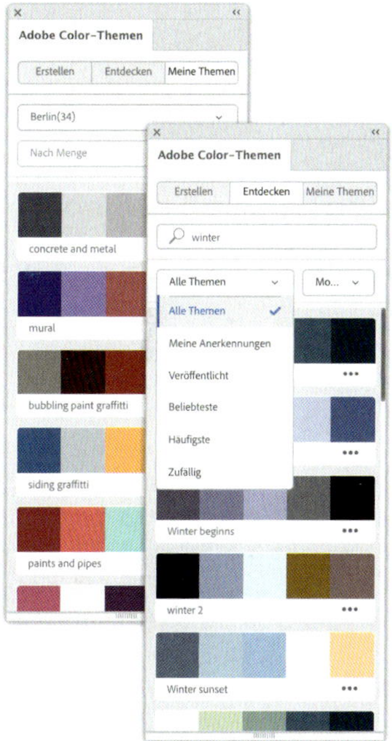

▲ **Abbildung 7.66**
Das Color-Themen-Bedienfeld mit der Anzeige der in den CC-Bibliotheken gespeicherten Farbharmonien (links) und der Funktion ENTDECKEN (rechts)

7.9 Farbharmonien anwenden

Mit der Funktion BILDMATERIAL NEU FÄRBEN haben Sie zum einen die Möglichkeit, mit Farbharmonien zu experimentieren, und zum anderen ist es eine mächtige Funktion zur Veränderung der Farben in Ihrer Grafik, z. B. können Sie mit wenigen Schritten eine in Prozessfarben aufgebaute

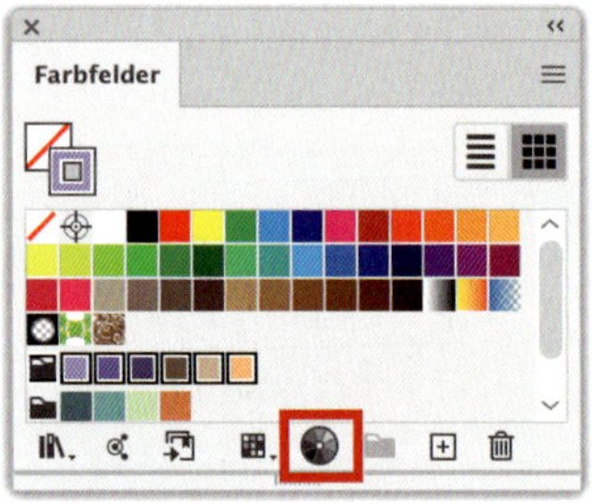

▲ **Abbildung 7.67**
Der Button Farbgruppe bearbeiten oder anwenden wird nur angezeigt, wenn eine Farbgruppe ausgewählt ist.

Illustration für den Zweifarbendruck modifizieren. Rufen Sie die Funktion mit Bearbeiten • Farben bearbeiten • Bildmaterial neu färben auf.

Funktionsmodi | Die Dialogbox Bildmaterial neu färben besitzt zwei Bereiche: Bearbeiten und Zuweisen (s. Abschnitt 7.9.2). Ist nichts auf der Zeichenfläche ausgewählt, wird nur Bearbeiten angeboten.

Harmonieregeln – Übersicht

Eine Übersicht über die Harmonieregeln finden Sie in Abschnitt 7.7.1.

7.9.1 Farbharmonien in Farbgruppen bearbeiten

Der Part Bearbeiten der Funktion Bildmaterial neu färben dient vor allem der Detailanpassung von Farbgruppen.

»Bildmaterial neu färben« im Modus »Bearbeiten« anzeigen | Um Farbgruppen zu bearbeiten, deaktivieren Sie alle Objekte und verwenden eine der folgenden Methoden, Bildmaterial neu färben aufzurufen:

- mit einem Doppelklick auf das Ordnersymbol einer Farbgruppe im Farbfelder-Bedienfeld
- durch Anklicken des Buttons Farbgruppe bearbeiten oder anwenden im Farbfelder-Bedienfeld (dieser erscheint nur, wenn eine Farbgruppe aktiviert ist)
- durch Anklicken des Buttons Farben bearbeiten oder anwenden im Farbhilfe-Bedienfeld

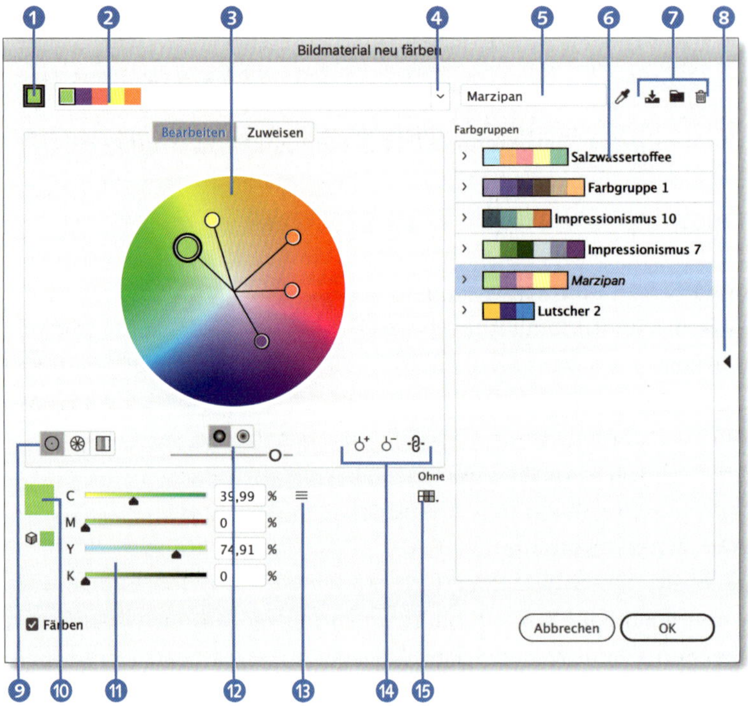

Abbildung 7.68 ▶
Die Dialogbox Bildmaterial neu färben im Modus Bearbeiten: Basisfarbe ①, Aktive Farben ②, Farbrad ③, Menü Harmonieregeln ④, Name der aktiven Farbgruppe ⑤, Farbgruppen des Dokuments ⑥, Verwalten von Farbgruppen: Änderungen speichern, Neue Farbgruppe, Farbgruppe löschen ⑦, Farbgruppenspeicher ein- und ausblenden ⑧, Anzeigeart des Farbrads: geglättet, segmentiert, Farbkontrollstreifen ⑨, Button Farbwähler ⑩, Farbregler für ausgewählte Farbe bzw. globale Einstellungsregler ⑪, Wechsel der Anzeige zwischen Sättigung/Farbton und Helligkeit/Farbton ⑫, Auswahl des Modus der Farbanpassungsregler bzw. Umschalten auf globale Farbeinstellung ⑬, Farbe hinzufügen/entfernen, Verknüpfung der Harmonie aufheben (in Balkendarstellung: Zufallsgeneratoren) ⑭, Farbfeldbibliothek zur Beschränkung der Farbgruppe auswählen ⑮

Wenn Sie BILDMATERIAL NEU FÄRBEN per Doppelklick auf eine Gruppe aufgerufen haben, werden die zugehörigen Farbfelder automatisch im Feld AKTIVE FARBEN ❷ und der Gruppenname im Feld ❺ neben dem Harmonieregelmenü ❹ angezeigt. Das Farbrad ❸ zeigt die Farben der ausgewählten Gruppe in den Kreissymbolen. Die Basisfarbe ist mit einem größeren Symbol repräsentiert als die abhängigen Farben.

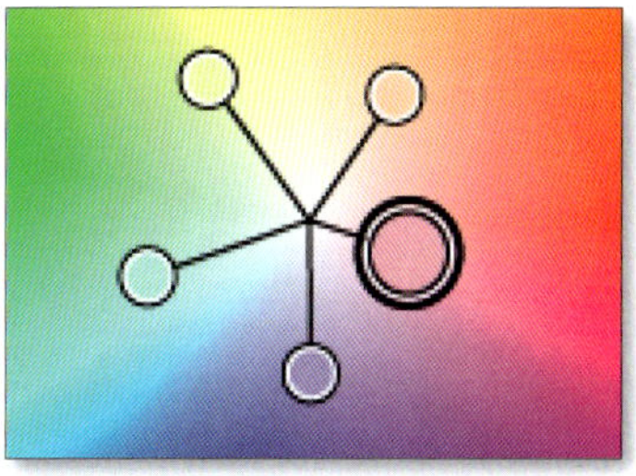

▲ **Abbildung 7.69**
Die Basisfarbe ist mit einem größeren Kreis gekennzeichnet.

Gruppe auswählen | Um eine andere Gruppe zu bearbeiten, wählen Sie diese im Farbgruppenspeicher ❻. Verwenden Sie den Button ❽ am Rand, um die Liste ein- und auszublenden.

Harmonieregel auswählen | Möchten Sie die Gruppe mit einer anderen Harmonieregel anhand der Basisfarbe neu zusammenstellen, wählen Sie die Regel im Harmonieregelmenü ❹. Die Anordnung der Farben auf dem Farbrad stellt die zugrunde liegende Regel, also das Verhältnis der Farben zueinander, anschaulich dar.

Übereinanderliegende Farben

Wenn Farben im Farbrad übereinanderliegen, wechseln Sie die Darstellungsform zwischen Helligkeit und Sättigung, um auf alle Farben zugreifen zu können.

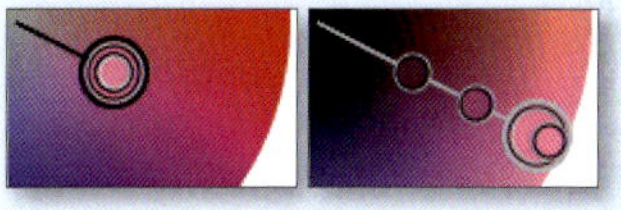

Farbraddarstellung | Für die Darstellung des Farbrads können Sie mit den Buttons ❾ zwischen drei Arten wählen:

- GEGLÄTTET: Dies ist die Standardeinstellung, in der jedes einzelne Pixel für eine andere Farbe steht.
- SEGMENTIERT: Das Farbrad wird in zwölf Segmente unterteilt, die jeweils sechs Abstufungen besitzen. Nur in den beiden Farbrad-Darstellungen lassen sich der Gruppe Farben hinzufügen.
- FARBKONTROLLSTREIFEN: Die in der aktuellen Zusammenstellung enthaltenen Farben werden als Balken dargestellt. Nur in dieser Darstellungsform können Sie Zufallsoperationen auf die Farbgruppe anwenden.
- SÄTTIGUNG UND FARBTON /HELLIGKEIT UND FARBTON AUF FARBRAD ANZEIGEN ⓬: Mit diesem Button wechseln Sie zwischen den beiden Anzeigearten auf dem Farbrad. SÄTTIGUNG UND FARBTON zeigt von der Mitte nach außen jeweils Variationen der Sättigung einer Farbe, die Helligkeit bleibt konstant. HELLIGKEIT UND FARBTON zeigt von innen nach außen Variationen der Helligkeit mit konstanter Sättigung. Mit dem Schieberegler steuern Sie die Helligkeit, falls SÄTTIGUNG/FARBTON aktiv ist, bzw. die Sättigung, falls HELLIGKEIT/FARBTON aktiv ist. Bewegen Sie den Cursor über den Regler, dann zeigt die QuickInfo an, welchen Wert Sie einstellen können.

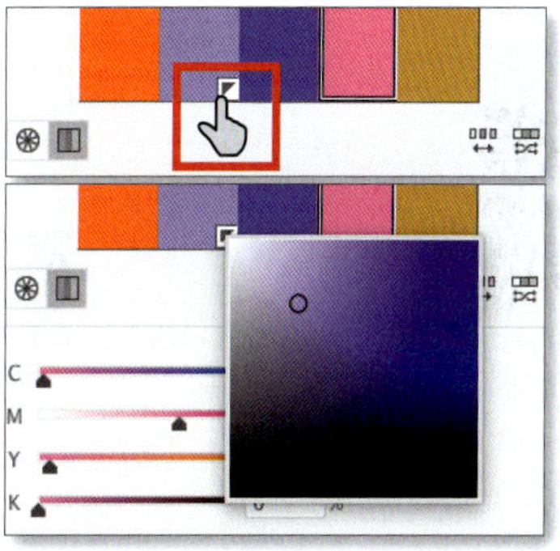

▲ **Abbildung 7.70**
Aufrufen des Farbspektrums

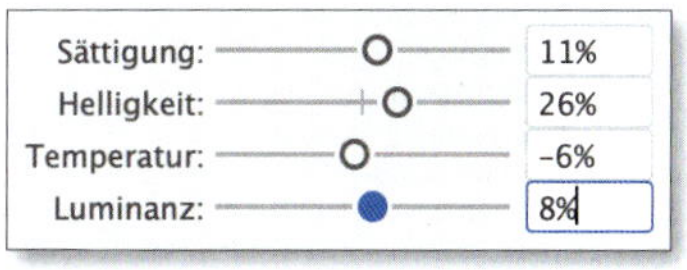

▲ **Abbildung 7.71**
Regler zur globalen Anpassung der Farben

Farbgruppen bearbeiten | Klicken und ziehen Sie eine Farbe im **Farbrad**, um sie neu zu definieren. Solange die Farben in der Gruppe miteinander verbunden sind, bewegen sich alle Farben der Gruppe entsprechend

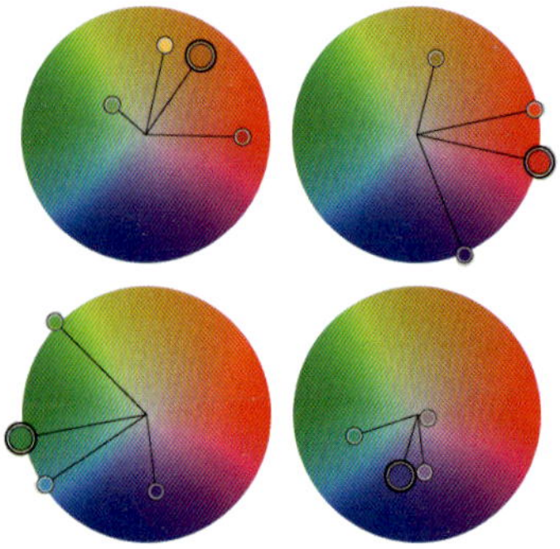

▲ **Abbildung 7.72**
Verknüpfte Farben können nur entsprechend der Harmonieregel verändert werden.

der Harmonieregel. Alternativ aktivieren Sie eine Farbe, indem Sie auf ihr Kreissymbol klicken, und stellen Sie sie mithilfe der Farbregler ⑪ (s. Abbildung 7.68) unter dem Farbrad ein. Wählen Sie aus dem Menü ⑬ den Farbraum, in dem Sie die Einstellung vornehmen möchten. Zu den Symbolen und s. Abschnitt 7.4.3. Oder doppelklicken Sie auf eine Farbe, um die Änderung im Farbwähler durchzuführen (s. Abschnitt 7.4.5).

Halten Sie den Cursor in der **Balkendarstellung** über einem Balken, erscheint ein kleines Symbol rechts unten im Balken. Klicken Sie darauf, um ein Farbspektrum aufzurufen und in diesem die Farbe neu einzustellen (s. Abbildung 7.70).

Um alle Farben einer Gruppe synchron zu bearbeiten, wählen Sie Globale Anpassung aus dem Menü ⑬. Mit den Reglern passen Sie Sättigung, Helligkeit, Farbtemperatur und Luminanz an (s. Abbildung 7.71).

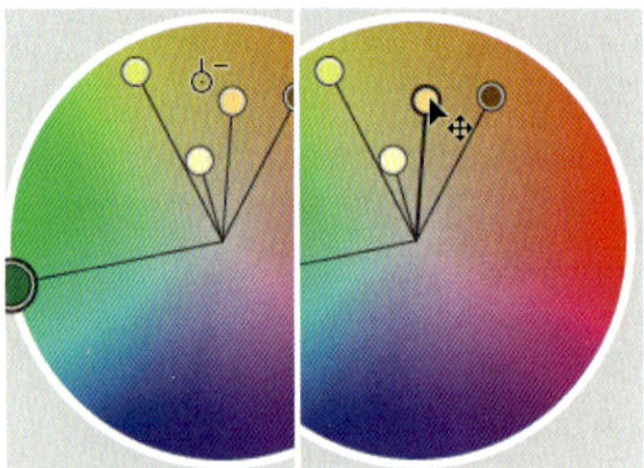

▲ **Abbildung 7.73**
Hervorheben einer Farbe vor dem Entfernen

Beziehungen in Farbgruppen bearbeiten | Die Funktionsbuttons haben folgende Auswirkungen:

- Verknüpfung der harmonischen Farben: Sollen einzelne Farben der Gruppe unabhängig von anderen bearbeitet werden, heben Sie die Verknüpfung auf, indem Sie auf das Symbol Verknüpfung aufheben klicken. Um die Verbindung wiederherzustellen, klicken Sie auf Farben verknüpfen .
- Farbe hinzufügen (nur in Farbraddarstellung): Mit diesem Tool fügen Sie der Gruppe eine Farbe hinzu. Wählen Sie zunächst das Werkzeug, und klicken Sie mit dem Cursor anschließend auf die gewünschte Farbe im Farbrad.
- Farbe entfernen (nur in Farbraddarstellung): Wählen Sie dieses Werkzeug, um eine Farbe durch Anklicken im Farbrad zu löschen. Eine Hervorhebung beim Überfahren mit dem Werkzeug zeigt die jeweils betroffene Farbe an.

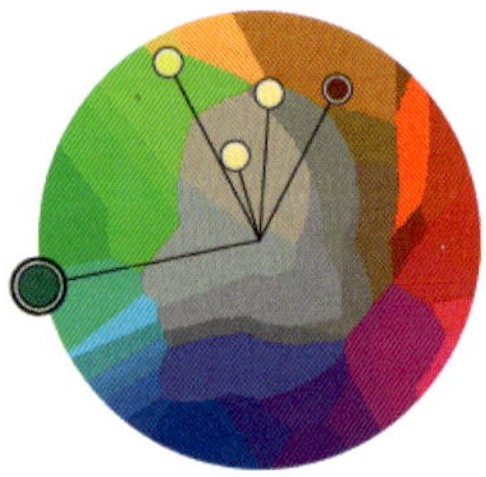

▲ **Abbildung 7.74**
Darstellung des Farbrads mit Einschränkung auf die HKS-K-Bibliothek

Einschränken der Farbauswahl | Wählen Sie einen Eintrag aus dem Menü Beschränkt auf Farben in Farbbibliothek ⑮, um die Auswahl der Farben darauf einzuschränken, z. B. eine Pantone- oder HKS-Bibliothek. Die Darstellung des Farbrads ändert sich entsprechend, und der Name der ausgewählten Bibliothek wird über dem Menü eingeblendet. Um diese Einstellung wieder aufzuheben, wählen Sie Ohne.

Farbgruppen speichern und verwalten | Aus Bildmaterial neu färben heraus haben Sie Zugriff auf die Farbgruppen im Farbfelder-Bedienfeld:

- Änderungen an Farbgruppe speichern : Wenn Sie die Farben einer Farbgruppe bearbeitet haben, dann wird ihr Name im Farbgruppenspeicher kursiv angezeigt. Mit diesem Button wird Ihre Modifikation in die bestehende Farbgruppe gesichert.

- Neue Farbgruppe : Erstellen Sie eine neue Farbgruppe aus den im Farbrad angezeigten Farben – bestehende Farbgruppen werden nicht geändert.
- Farbgruppe löschen : Löschen Sie die aktivierte Farbgruppe (auch aus dem Farbfelder-Bedienfeld).

▲ **Abbildung 7.75**
Damit Sie die Farben besser beurteilen können, blendet Illustrator die Pfade automatisch aus (rechts).

7.9.2 Farben in Objekten ändern

Mit der Funktion Bildmaterial neu färben können Sie die Farben von Objekten auf der Zeichenfläche ändern, unabhängig davon, welche (und ob überhaupt) Farbfelder definiert sind. Sie können sogar Farben in Verläufen, Verlaufsgittern, Mustern, Pinseln und Symbolen ändern. Die geänderten Verläufe und Musterfelder werden als neue Farbfelder angelegt; Symbole werden dagegen nicht dupliziert.

▲ **Abbildung 7.76**
Farbvarianten von Mustern, Illustrationen und Layouts

»Bildmaterial neu färben« im Modus »Zuweisen« anzeigen | Aktivieren Sie die Objekte, die Sie umfärben möchten, und wählen Sie:

- Verwenden Sie das Menü Bearbeiten • Farbe bearbeiten • Bildmaterial neu färben. Anders als der Name des Befehls suggeriert, kann jedoch keine Pixelgrafik bearbeitet werden.
- Klicken Sie auf den Button Farben bearbeiten oder anwenden im Farbhilfe- bzw. im Steuerungsbedienfeld oder auf den Button Neu färben im Eigenschaften-Bedienfeld.

Klicken Sie anschließend auf Zuweisen, falls der Modus nicht automatisch gewählt wurde. Illustrator blendet die Objektpfade aus (s. Abbildung 7.75) und behält nur die Anzeige des Begrenzungsrahmens bei.

Freihandverläufe

Damit Sie mit Bildmaterial neu färben auch Freihandverläufe bearbeiten können, müssen Sie mindestens die Version 24 installieren.

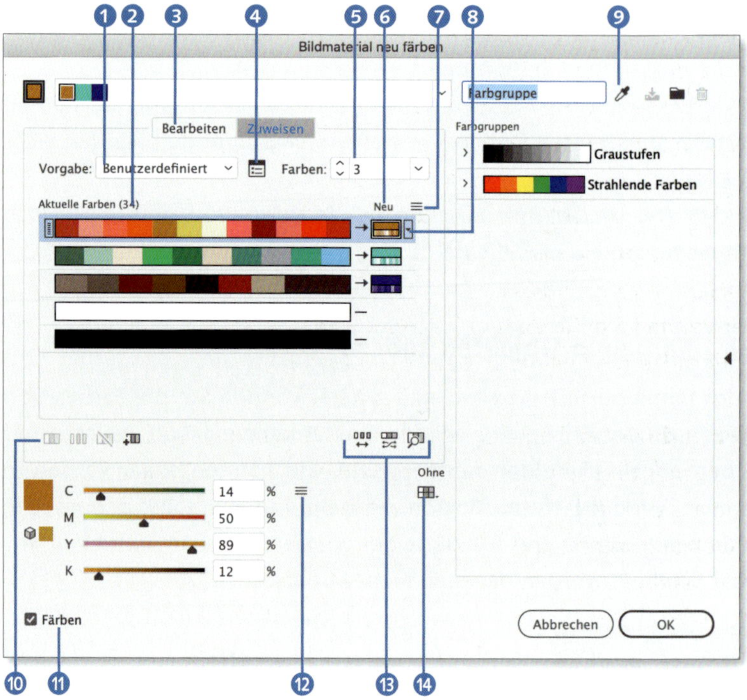

Abbildung 7.77 ▶
Dialogbox Bildmaterial neu färben im Modus Zuweisen: Farbänderungsvorgaben ❶, Spalte Aktuelle Farben ❷, Umschalten in den Modus Bearbeiten ❸, Farbreduktionsoptionen ❹, Begrenzung der Farbanzahl ❺, Spalte Neu ❻, Sortierung der neuen Farben ändern ❼, Auswahl der Einfärbemethode ❽, Aufnehmen der Farben aus der ausgewählten Grafik ❾, Buttons zum Zusammenfassen der Farben ❿, Option Färben ⓫, Menüauswahl Farbmodus für Farbregler ⓬, Zufallsgenerator und Finden von Farben ⓭, Menüauswahl Farbbibliothek ⓮

Inhalt der Spalte »Neu«

Anders als beim Aufrufen über die Farbhilfe listet die Spalte Neu die aktuellen Farben der Grafik auf, wenn Sie Bildmaterial neu färben über das Menü oder das Steuerungsbedienfeld aufrufen.

Die in Ihrer Grafik enthaltenen Farben werden in der Spalte Aktuelle Farben ❷ angezeigt. Daneben – in der Spalte Neu ❻ – sehen Sie die Liste der neuen Farben. Eine neue Farbe ersetzt jeweils die aktuellen Farben derselben Reihe, wenn beide mit dem Pfeil → verbunden sind. Ist in der Spalte Neu keine Farbe angelegt, bleibt die aktuelle Farbe unverändert erhalten.

Die Sortierreihenfolge der aktuellen Farben erfolgt wahlweise nach Farbton oder Helligkeit. Dies bestimmen Sie in den Farbreduktionsoptionen ❹. Die Sortierung der neuen Farben können Sie mit dem Sortierungsmenü ❼ – unabhängig von den aktuellen Farben – ändern.

Haben Sie Bildmaterial neu färben über das Farbhilfe-Bedienfeld aufgerufen, listet die Spalte Neu die Farben aus der in der Farbhilfe aktuell eingestellten Farbgruppe auf. Wählen Sie diesen Weg, wenn Sie ein komplett neues Farbschema anwenden möchten.

Die Option Färben ⓫ aktivieren Sie, damit Ihre Einstellungen an der Grafik auf der Zeichenfläche angewandt werden. Deaktivieren Sie die Option, bevor Sie auf OK klicken, werden die Veränderungen nur an Farbgruppen durchgeführt, und die Grafik bleibt unangetastet.

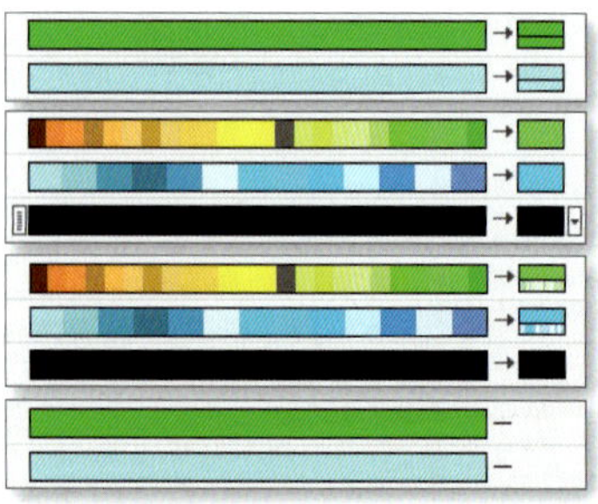

▲ Abbildung 7.78
Zuordnung neuer zu aktuellen Farben: (Von oben) keine Veränderung; jeweils mehrere aktuelle Farben werden zu einer neuen Farbe; Tonwertabstufungen oder Variationen der neuen Farben bilden verschiedene aktuelle Farben ab; es sind keine neuen Farben zugeordnet.

Umfärben | Um die Zuordnung der aktuellen und neuen Farben zu ändern, haben Sie folgende Möglichkeiten:

- Wählen Sie eine andere Harmonieregel aus dem Menü.

- Wechseln Sie in den Modus BEARBEITEN, und editieren Sie die Farben im Farbrad (s. Abschnitt 7.9.1).
- Wählen Sie eine Farbgruppe aus dem Farbgruppenspeicher.
- Wählen Sie eine der VORGABEN aus dem Menü ❶.
- Reduzieren Sie die Anzahl der FARBEN ❺.
- Ändern Sie die Sortierung in der Spalte AKTUELLE FARBEN oder NEU ❼.
- Stellen Sie die Farbkombinationen in den Balken der Spalte AKTUELLE FARBEN neu zusammen.
- Verwenden Sie die Zufalls-Buttons und ⓭.
- Ändern Sie die Definition der neuen Farben.

Zuordnung erneut anwenden?

Leider ist es nicht möglich, die Zuordnung der alten zu den neuen Farben zu speichern und an einer anderen, gleichartigen Grafik genauso anzuwenden.

Symbole vorher kopieren

Anders als Verläufe oder Musterfelder werden Symbole direkt editiert und verändert. Um die Version mit den Originalfarben zu erhalten, sollten Sie vor dem Editieren eine Kopie des Symbols erstellen. Mehr zu Symbolen finden Sie in Kapitel 17.

Farben reduzieren | Um die Anzahl der verwendeten Farben in Ihrer Grafik zu reduzieren, wählen Sie aus dem Menü FARBEN ❺ die gewünschte Menge aus oder geben eine Zahl direkt in das Feld ein. Eine Reduzierung tritt auch auf, wenn Sie eine Farbgruppe auswählen, die weniger Farben enthält als die Grafik.

BILDMATERIAL NEU FÄRBEN fasst in diesem Fall automatisch Farben in den Farbzeilen zusammen (die Zusammenfassung erfolgt auf Basis interner Kriterien), die einer neuen Farbe zugewiesen werden. Sie können die Zusammenstellungen entweder mithilfe der Sortierung der aktuellen Farben oder durch Klicken und Ziehen der Farben auf einen anderen Balken ändern.

Mit der Einstellung FÄRBUNGSMETHODE in den FARBREDUKTIONSOPTIONEN ❹ oder im Menü ❽ müssen Sie anschließend wählen, wie der zwischen den aktuellen Farben vorhandene Farb- oder Tonwertunterschied mit der neuen Farbe umgesetzt werden soll.

Sollen Schwarz, Weiß und Grau umgefärbt werden, müssen Sie dies in den FARBREDUKTIONSOPTIONEN ❹ einstellen.

▼ Abbildung 7.79
Ausgangsbild (links), Ergebnis (rechts), Umwandlungsregel (Mitte): Mehrere Farben im linken Balken werden zusammengefasst. Die Balken der neuen Farben zeigen zweigeteilt oben die exakte Farbe, unten die Abstufungen, die durch die Einfärbemethode entstehen. Der Pfeil zeigt an, dass eine Umwandlung vorgenommen wird.

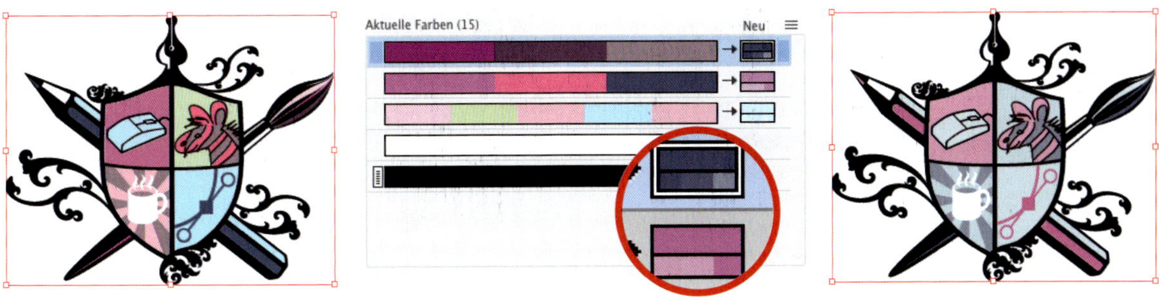

Sortierung der neuen Farben | Durch einen Klick auf den Button in der Spalte NEU ❼ rufen Sie das Sortierungsmenü auf. Eine Änderung der Sortierung der Farben verursacht eine neue Zuordnung von aktuellen zu neuen Farben.

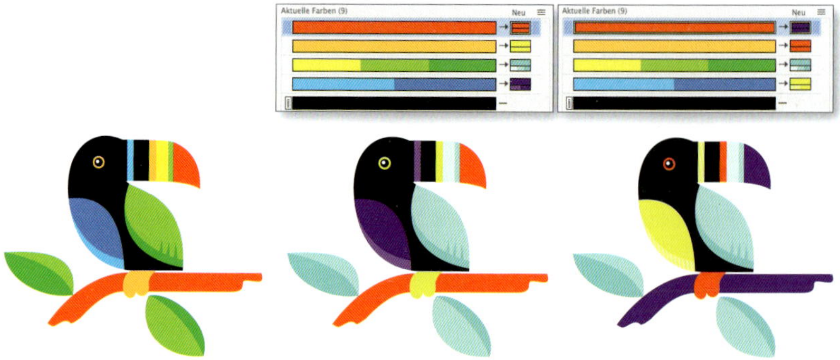

Abbildung 7.80 ▶
Änderung der Sortierung von FARBTON RÜCKWÄRTS (Mitte) auf HELLIGKEIT – DUNKEL ZU HELL (rechts)

Rückgängig nicht möglich

Sie können einzelne Schritte nicht widerrufen.

▲ Abbildung 7.81
Farbreihenfolge beliebig ändern, ohne eine neue Farbharmonie zuzuweisen

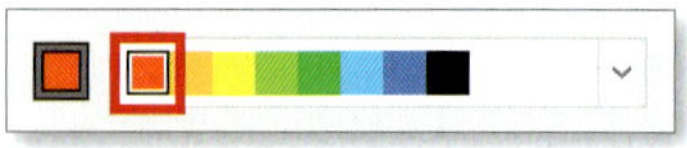

▲ Abbildung 7.82
Kennzeichnung der Basisfarbe der AKTUELLEN FARBEN – Illustrator wählt diese Farbe nach internen Kriterien aus der Grafik. Sie ist die Basisfarbe für die Farbharmonien im Menü. Eine andere Basisfarbe bestimmen Sie, indem Sie in der Zeile darauf klicken und dann noch einmal auf das Kästchen links neben der Farbzeile.

Beim Zuweisen einer Farbharmonie oder einer Farbgruppe bleibt die Reihenfolge der Farben darin vorerst erhalten. Damit das Ergebnis dem Original möglichst nahekommt, sollten Farb- oder zumindest Helligkeitswerte einander entsprechen. Passen Sie dazu die Reihenfolge von aktuellen und neuen Farben aneinander an.

Mit dem Zufallsprinzip arbeiten | Um schnell und unkompliziert verschiedene Möglichkeiten mit der eingestellten neuen Farbgruppe zu testen, verwenden Sie die Zufallsfunktionen ⓭ (s. Abbildung 7.77):

- FARBREIHENFOLGE BELIEBIG ÄNDERN : Vertauscht die Reihenfolge der neuen Farben (ohne eine Gesetzmäßigkeit).
- SÄTTIGUNG UND HELLIGKEIT WERDEN ZUFÄLLIG GEÄNDERT : Dies betrifft alle neuen Farben außer der Basisfarbe.

Aktuelle Farben auswählen | Um Optionen für einzelne Farben in den Farbzeilen »manuell« zu setzen, müssen Sie diese auswählen. Klicken Sie auf eine Farbe, um sie zu aktivieren. Die Aktivierung wird mit einem Rahmen dargestellt. Verwenden Sie ⇧, um nebeneinanderliegende, oder ⌘/Strg, um einzelne weitere Farben auszuwählen.

Farben verschieben | Illustrator sortiert aktuelle zu neuen Farben nach rein rechnerischen Kriterien. Es ist eher unwahrscheinlich, dass diese Zuordnung Ihnen auf Anhieb zusagt. Sie können die Farben jedoch durch Klicken und Ziehen manuell umsortieren.

Um eine einzelne aktuelle Farbe in eine bestehende andere Zeile zu integrieren, wählen Sie sie aus und ziehen sie an die gewünschte Stelle.

Abbildung 7.83 ▶
Manuelles Verschieben einer Farbe auf eine andere Farbzeile

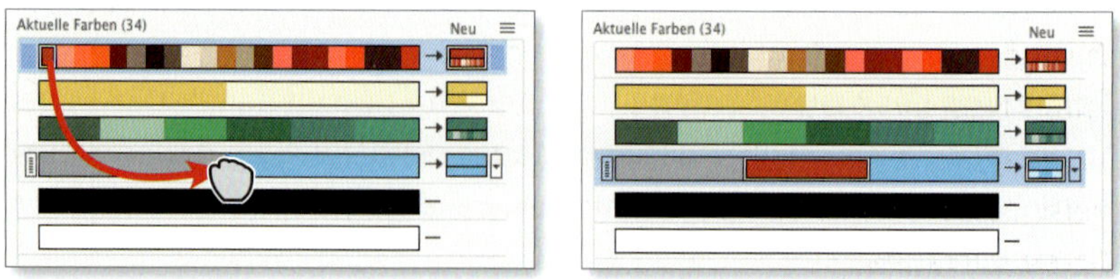

Farbzeile verschieben | Soll eine komplette Farbzeile in eine andere Zeile integriert werden, bewegen Sie die Maus links neben das Farbfeld und klicken und ziehen die Zeile mit dem Button.

Farbzeile hinzufügen | Benötigen Sie eine neue Zeile, um Farben aus anderen Zeilen herauszulösen, dann verwenden Sie dazu den Button Neue Zeile. Die neue Zeile wird immer unterhalb der letzten Zeile angelegt, und es ist zunächst keine neue Farbe zugeordnet.

Farben in neuer Zeile zusammenfassen | Sollen aus mehreren Zeilen einzelne Farben herausgelöst und in einer neuen Zeile kombiniert werden, aktivieren Sie die einzelnen Farben und klicken auf den Button Farben zu einer Zeile zusammenfügen. Es entsteht eine neue Zeile unterhalb der definierten Farbreihen, d.h. der Zeilen, denen eine neue Farbe zugewiesen ist.

Der erstellten Zeile ist zunächst keine neue Farbe zugewiesen – klicken Sie in die Spalte Neu, um eine neue Farbe zuzuweisen.

▲ **Abbildung 7.84**
Illustrationen mit vielen Elementen sind schnell umgefärbt und auf weniger Farben reduziert.

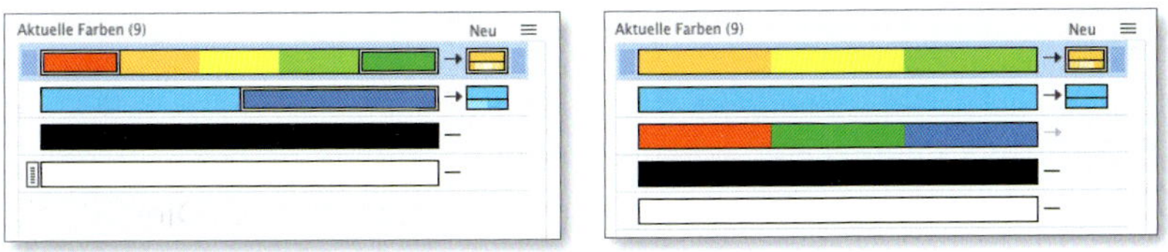

▲ **Abbildung 7.85**
Farben zu einer Zeile zusammenfügen: Die neue Zeile wird unterhalb der definierten Farbzeilen angelegt.

Farben separieren | Um einzelne oder mehrere Farben aus einer Farbzeile herauszulösen und dafür jeweils eine eigene Zeile anzulegen, aktivieren Sie die Farben und verwenden den Befehl Farben auf mehrere Zeilen aufteilen. Auch diese Zeilen werden unterhalb der definierten Farbzeilen angelegt und erhalten zunächst keine neue Farbe.

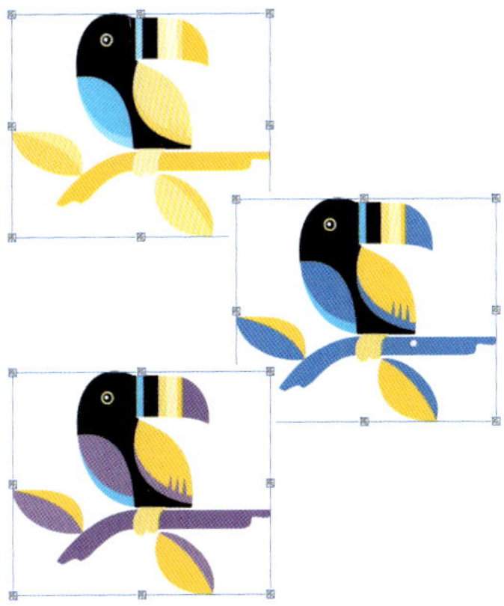

▲ **Abbildung 7.86**
Zusammenfassen von Farben in neuer Zeile und Zuweisen einer Farbe (s. Abbildung 7.83 und Abbildung 7.85)

Farbe in der Spalte »Neu« anlegen | Nachdem Sie Farben aus Zeilen herausgelöst oder neu kombiniert haben, kann es sein, dass die Anzahl der Farben in der ausgewählten Farbgruppe nicht ausreicht, um für alle Zeilen eine neue Farbe zur Verfügung zu stellen. Klicken Sie in eine leere Zeile der Spalte Neu, und bestätigen Sie die daraufhin erscheinende Dialogbox, dann wird eine neue Farbe in der obersten freien Zeile der Spalte Neu angelegt.

Legen Sie Zeilen, die Sie mit neuen Farben versehen möchten, vorzugsweise oberhalb von Schwarz und Weiß an, z.B. mit Farben auf mehrere Zeilen aufteilen.

Abbildung 7.87 ▸
Hinzufügen einer Farbe zur aktuellen Harmonie: Auch wenn Sie in eine andere Reihe klicken (links), die Farbe wird immer an der ersten freien Stelle angelegt (rechts).

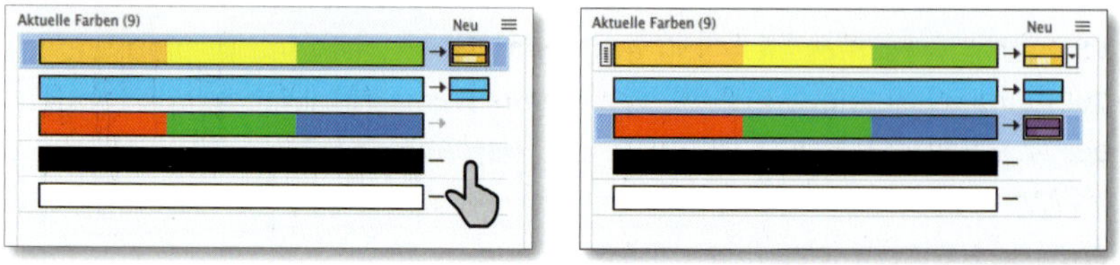

Neue Farbe einstellen | Möchten Sie die Definition einer Farbe in der Spalte NEU ändern, haben Sie folgende Möglichkeiten:

- Aktivieren Sie die Farbe, und stellen Sie sie mit den Reglern ein. Wählen Sie einen Farbmodus aus dem Menü ☰.
- Um zwei neue Farben gegeneinander auszutauschen, klicken und ziehen Sie eine Farbe auf die andere (s. Abbildung 7.88).

▾ Abbildung 7.88
Vertauschen zweier Farben in der Spalte NEU (Grafik – aktuelle Farben, links vor und rechts nach Farbtausch)

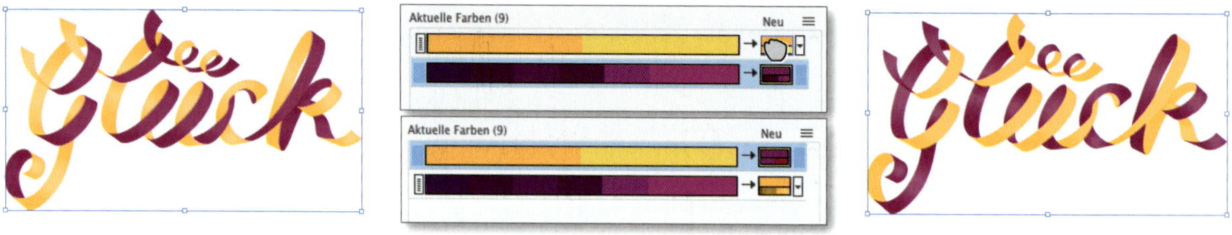

- Möchten Sie eine der aktuellen Farben als neue Farbe verwenden, klicken und ziehen Sie sie aus der Farbzeile auf die neue Farbe, die Sie ersetzen möchten.

▾ Abbildung 7.89
Ersetzen einer neuen Farbe durch eine aktuelle Farbe

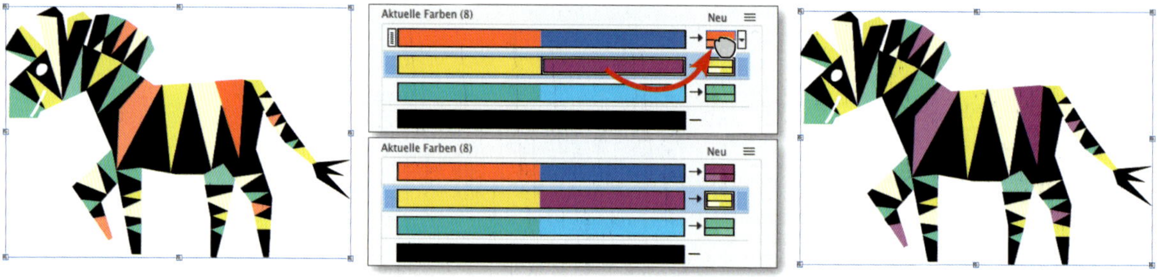

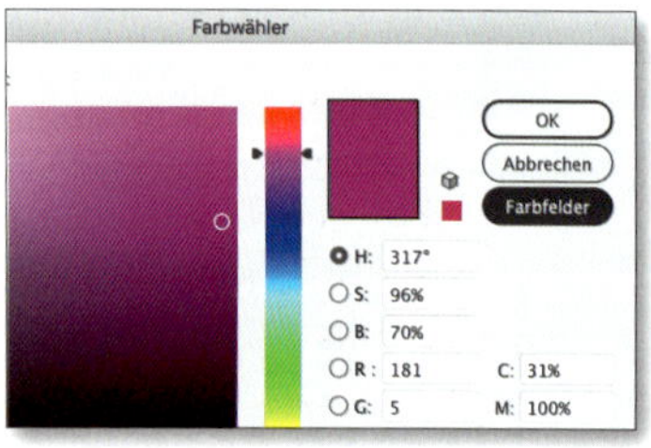

▴ Abbildung 7.90
Button FARBFELDER im Farbwähler

- Aktivieren Sie die neue Farbe, und wechseln Sie in den Modus BEARBEITEN. Im Farbrad ist die Farbe hervorgehoben, und Sie können sie verschieben. Wenn Sie nur die eine Farbe verändern möchten und nicht die komplette Harmonie, denken Sie daran, die Verknüpfung der harmonischen Farben zu lösen.
- Doppelklicken Sie auf die Farbe, und stellen Sie die gewünschte Änderung im Farbwähler ein, oder wählen Sie eine Farbe aus den Farbfeldern des Dokuments. Zu den Farbfeldern gelangen Sie mit einem Klick auf den Button FARBFELDER.

Einschränkung der Farbwahl auf Bibliotheken | Eine Einschränkung der neuen Farben auf bestimmte Farbbibliotheken nehmen Sie entweder bei Auf Bibliothek beschränken, nach der Auswahl einer Vorgabe im Menü Mit Vorgabe neu färben oder in der Dialogbox Farbreduktionsoptionen vor.

Die Option Auf Bibliothek beschränken lässt sich einsetzen, um zu einer Farbe den nächstliegenden HKS- oder Pantone-Wert zu ermitteln. Beachten Sie, dass das Ergebnis von Ihrer Einstellung in den Volltonfarbenoptionen (s. Abschnitt 7.6.3) und natürlich den Farbmanagementeinstellungen abhängt.

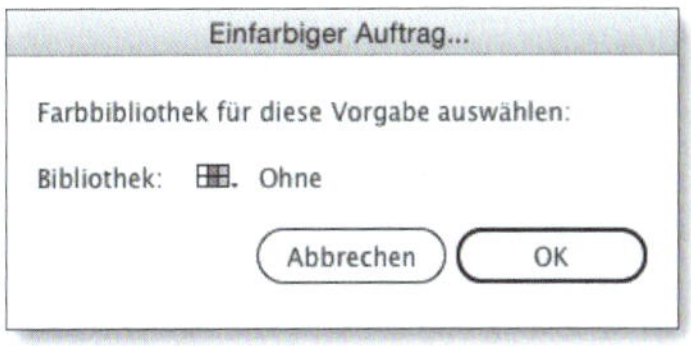

▲ **Abbildung 7.91**
Auswahl einer Farbbibliothek zu einer Vorgabe

Aktuelle Farben einstellen | Möchten Sie zu einem späteren Zeitpunkt wieder die ursprünglichen Farben der Grafik in die Spalte Neu aufnehmen, verwenden Sie den Button Farben aus ausgewähltem Bildmaterial erfassen.

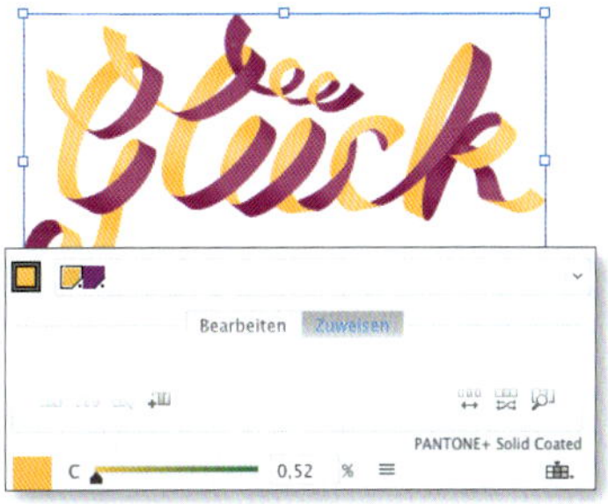

▲ **Abbildung 7.92**
Automatische Umwandlung in die nächstliegenden Pantone-Solid-Farben durch Einschränkung auf die entsprechende Bibliothek

Farben oder Farbzeilen vom Umfärben ausschließen | Wenn Sie eine Farbe nicht verändern möchten, aktivieren Sie diese Farbe und klicken auf den Button Ausgewählte Farben werden ausgeschlossen. Es ist möglich, den Befehl gleichzeitig auf mehrere ausgewählte Farben anzuwenden.

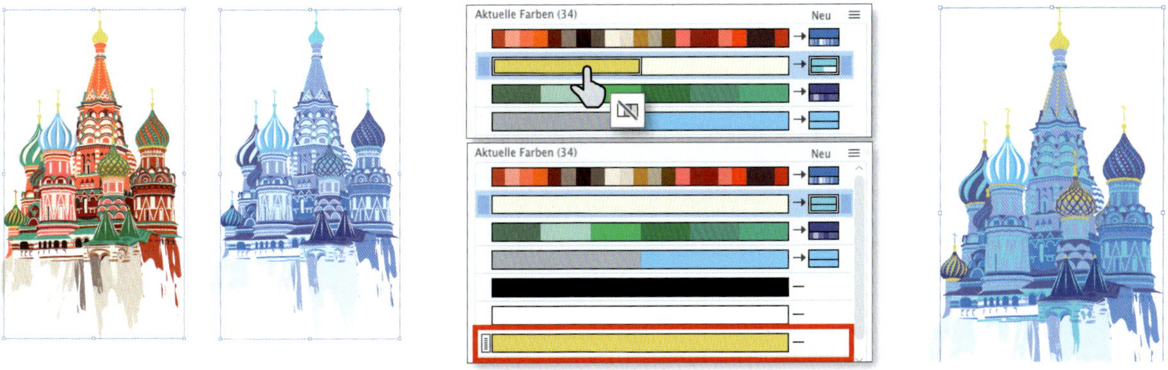

▲ **Abbildung 7.93**
Der Ockerton wird vom Umfärben ausgeschlossen: Er wurde in eine neue Zeile unten angefügt. Das Blau muss nun noch an die Helligkeit des Beige angepasst werden.

Soll eine ganze Farbzeile nicht umgefärbt werden, klicken Sie auf den Pfeil →, der die aktuelle und die neue Farbe verbindet. Der Pfeil wird zu einem Strich – klicken Sie auf diesen, um das Umfärben wieder zu aktivieren.

Noch mehr Farbbearbeitung

Für Farbbearbeitung vergleichbar wie in Photoshop sehen Sie sich das Plug-in Phantasm an (s. Kapitel 23).

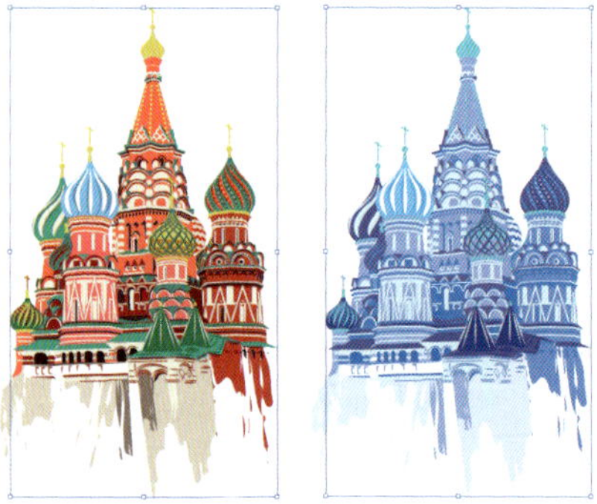

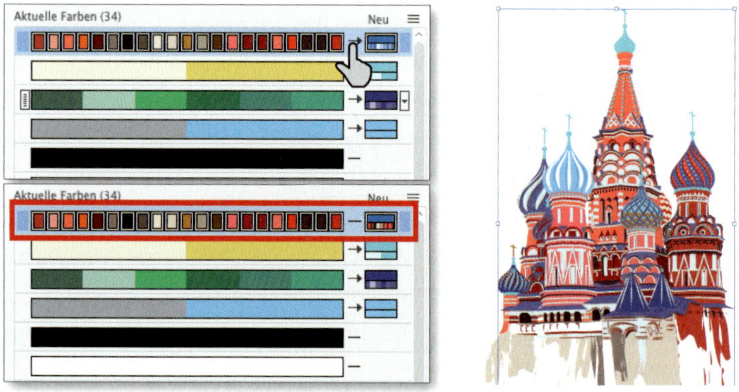

▲ **Abbildung 7.94**
Die Zeile wird vom Umfärben ausgeschlossen.

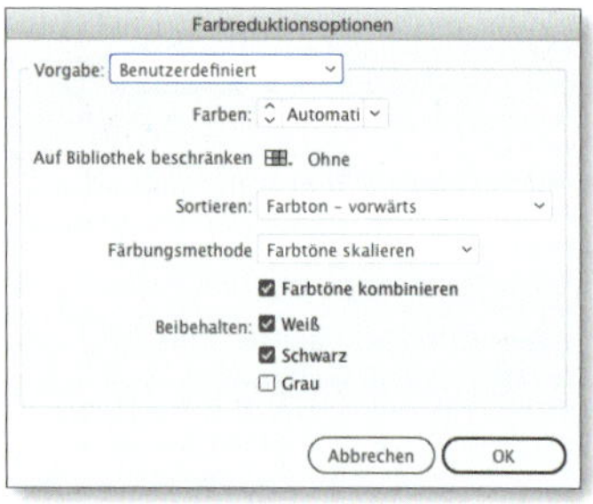

▲ **Abbildung 7.95**
Die Dialogbox Farbreduktionsoptionen/Optionen für neues Färben

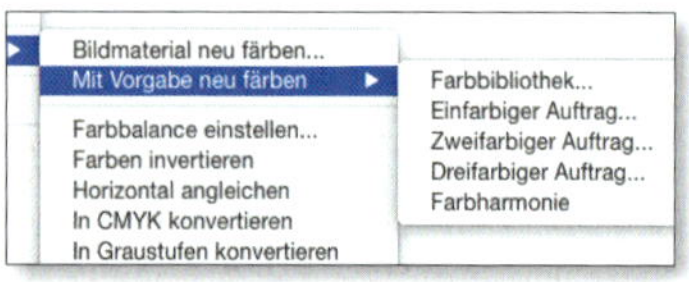

▲ **Abbildung 7.96**
Die Reduzierungsvorgaben im Menü

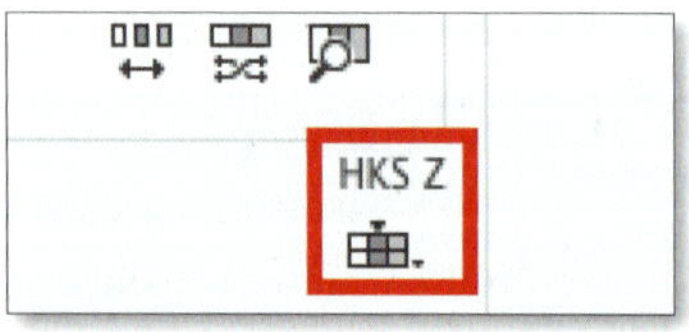

▲ **Abbildung 7.97**
Anzeige der ausgewählten Bibliothek

Farbreduktionsoptionen/Optionen für neues Färben | Die Umwandlung der Farben können Sie mit Einstellungen steuern, die teilweise global und zum Teil nur auf einzelne Farben oder Farbreihen angewendet werden. Die Einstellungen nehmen Sie einzeln über Buttons und Menüs in der Dialogbox Bildmaterial neu färben oder global für alle Farben in den Farbreduktionsoptionen vor, die Sie mit dem Button ▤ ❹ (s. Abbildung 7.77) aufrufen. Ihre Optionen werden erst beim Schließen der Farbreduktionsoptionen in die Vorschau der Grafik übernommen. Die Farbzeilen reflektieren jedoch Ihre Einstellungen sofort.

- Vorgabe: In dieser Liste finden Sie eine Reihe von typischen Farbreduzierungseinstellungen, z. B. auf ein bis drei Farben, zusammen mit passenden weiteren Optionen. Diese können Sie unverändert oder als Anhaltspunkt für die Arbeit mit Bildmaterial neu färben übernehmen. Sobald Sie einzelne Parameter ändern, wechselt die Bezeichnung im Menü zu Benutzerdefiniert.
  Alternativ finden Sie diese Vorgaben im Hauptmenü unter Bearbeiten • Farben bearbeiten • Mit Vorgabe neu färben.
- Farben: Hier bestimmen Sie die Anzahl der Farben. Die Einstellung finden Sie auch direkt in der Dialogbox Bildmaterial neu färben im gleichnamigen Menü.
- Auf Bibliothek beschränken: Wählen Sie eine Farbbibliothek, auf die die Auswahl der neuen Farben eingeschränkt werden soll. Wenn Sie hier eine Schmuckfarben-Bibliothek auswählen, verwenden Sie nicht die Färbungsmethode Farbtöne/Schattierungen oder Farbton-Verschiebung (Illustrator lässt deren Kombination mit Schmuckfarben-Bibliotheken leider ohne Warnung zu).
  Die ausgewählte Bibliothek wird angezeigt (s. Abbildung 7.97). Mit dem Button ▦ lässt sich die Auswahl ebenfalls durchführen.
- Sortieren: Durch Sortieren bestimmen Sie die Reihenfolge der Farben in der Spalte Aktuelle Farben. Sie können die Reihenfolge nach

Farbton oder Helligkeit einrichten. Mit Ihrer Auswahl beeinflussen Sie die Umwandlung der Farben.

- FÄRBUNGSMETHODE/EINFÄRBE-METHODE: Legen Sie fest, wie die Farben in einer Reihe durch die jeweils zugeordnete neue Farbe repräsentiert werden. Sie können für jede Reihe eine unterschiedliche Methode wählen (s. Abbildung 7.98).
  Soll einer Reihe eine abweichende Methode zugewiesen werden, bewegen Sie die Maus über die Reihe, und klicken Sie auf den Pfeil ˅ 8 (s. Abbildung 7.77), der rechts neben dem Farbfeld in der Spalte NEU erscheint. Deaktivieren Sie die Option AUF ALLE ANWENDEN.

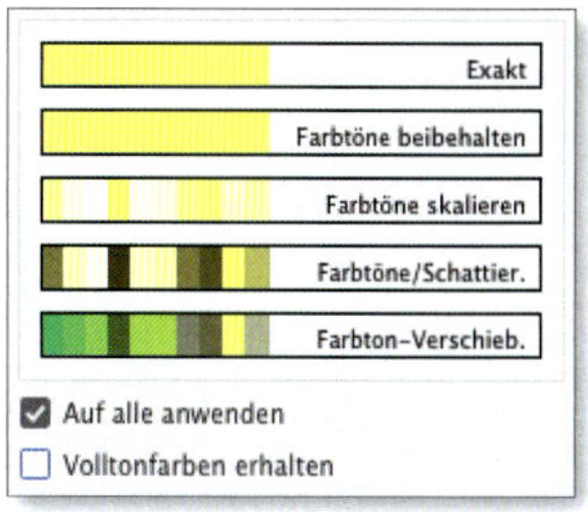

▲ **Abbildung 7.98**
Auswahl der Färbungsmethode/Einfärbemethode

▲ **Abbildung 7.99**
Reduzierung auf eine Farbe (cyan); Färbungsmethode (von links nach rechts): ORIGINAL, EXAKT, FARBTÖNE BEIBEHALTEN, FARBTÖNE SKALIEREN, FARBTÖNE/SCHATTIERUNGEN, FARBTON-VERSCHIEBUNG.

- EXAKT: Die neue Farbe wird exakt, nicht abgestuft, angewandt. Damit ist in der Regel der Verlust von Helligkeits- oder Farbunterschieden verbunden.
- FARBTÖNE BEIBEHALTEN: Wurden in der aktuellen Version der Grafik Tonwertabstufungen verwendet – wie es häufig der Fall ist, wenn globale oder Volltonfarben eingesetzt sind –, werden diese bei der Umsetzung in die neuen Farben exakt erhalten. Diese Einstellung kann zu Zeichnungsverlusten führen, wenn die neue Farbe heller ist als die dunkelste aktuelle Farbe einer Reihe.
- FARBTÖNE SKALIEREN (Standardeinstellung): Die dunkelste aktuelle Farbe einer Reihe wird durch die neue Farbe ersetzt. Alle anderen Farben dieser Reihe erhalten eine neu berechnete Tonwertabstufung der neuen Farbe.
- FARBTÖNE/SCHATTIERUNGEN (nur wenn Volltonfarben nicht erhalten werden): Mit dieser Option wird in einer Reihe zunächst die Farbe mit der mittleren Helligkeit gesucht. Diese Farbe wird durch die »reine« neue Farbe ersetzt. Hellere Farben in der Reihe erhalten Abstufungen der neuen Farbe, bei dunkleren Farben wird Schwarz hinzugefügt.

▲ **Abbildung 7.100**
FARBTONVERSCHIEBUNG: Wird diese Option angewandt, dann erhalten Sie ein Ergebnis mit meist kräftigeren Farben, die teilweise erheblich von der Harmonie abweichen (unten rechts).

Farbtöne beibehalten oder skalieren?

Ob FARBTÖNE BEIBEHALTEN oder FARBTÖNE SKALIEREN sich besser eignet, sollten Sie jeweils testen – der Unterschied zeigt sich manchmal nur in Nuancen.

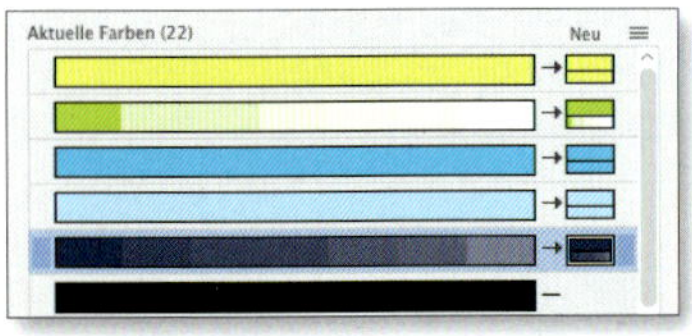

▲ **Abbildung 7.101**
FARBTÖNE KOMBINIEREN: In der mittleren Reihe wurden zusammengehörige Farbtöne gesammelt.

▲ **Abbildung 7.102**
Anzeige »gefundener« Farben vor der insgesamt gedimmten Grafik

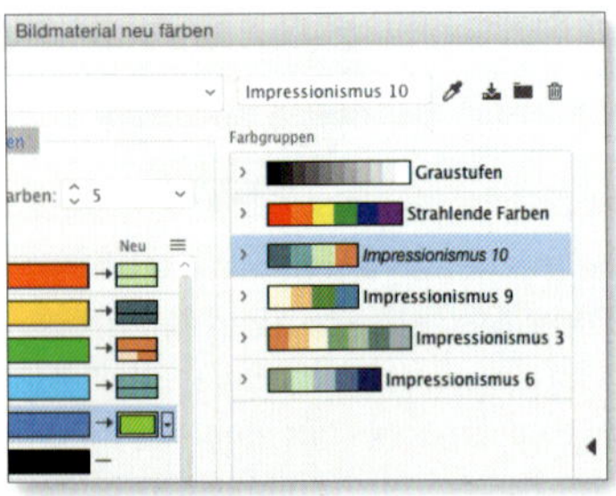

▲ **Abbildung 7.103**
Anzeige der Änderungen in einer Farbgruppe

- FARBTON-VERSCHIEBUNG (nur wenn Volltonfarben nicht erhalten werden): Zunächst wird die dominante Farbe der Zeile AKTUELLE FARBEN als Basisfarbe für die Konvertierung ermittelt. Diese Basisfarbe wird durch die neue Farbe ersetzt. Die anderen Farben werden entsprechend ihrem Verhältnis zur Basisfarbe in Farbton, Sättigung und Helligkeit verändert.
- FARBTÖNE KOMBINIEREN: Verwenden Sie diese Option, um alle Tonwerte einer globalen Farbe in einer Reihe zusammenzufassen. Die Zusammenfassung in einer Reihe nimmt Illustrator auch dann vor, wenn keine Reduzierung stattfindet. Die Option eignet sich in Verbindung mit der Färbungsmethode FARBTÖNE BEIBEHALTEN.
- BEIBEHALTEN: Hier sind die Farben aufgelistet, die typischerweise nicht umgewandelt werden – Weiß, Schwarz und Grautöne. Denken Sie daran: Wenn Sie in Verbindung mit der Vorgabe ZWEIFARBIGER AUFTRAG Grautöne oder Schwarz beibehalten, verwenden Sie eigentlich drei Druckfarben.

Originalfarbe in der Grafik anzeigen | Besonders bei sehr feinen Farbabstufungen ist es nicht immer möglich, zu erkennen, wo genau in der Grafik eine Farbe vorkommt. Um bestimmte Farben zu finden, verwenden Sie den Button KLICKEN SIE AUF DIE FARBEN, UM SIE IM BILDMATERIAL ZU FINDEN . Die bearbeitete Grafik wird insgesamt auf der Zeichenfläche abgedimmt. Wenn Sie jetzt mit dem Lupencursor eine Farbe in der Spalte AKTUELLE FARBEN anklicken, werden nur Objekte hervorgehoben, die mit dieser Farbe versehen sind. Die Anzeige der Ursprungsfarben funktioniert auch, wenn bereits Umwandlungseinstellungen vorgenommen wurden.

Klicken Sie erneut auf den Button, um den Suchmodus zu beenden.

Zurücksetzen | Möchten Sie nach umfangreichen Änderungen der Einstellungen wieder zum Ursprungszustand zurückkehren, bleibt Ihnen meist nur, den Dialog BILDMATERIAL NEU FÄRBEN mit dem Button ABBRECHEN zu schließen. Nach geringfügigen Manipulationen kann der Befehl FARBEN AUS AUSGEWÄHLTEM BILDMATERIAL ERFASSEN manchmal die Farbeinstellungen zurücksetzen. Darüber hinaus probieren Sie, aus dem Menü FARBEN den Eintrag ALLE zu wählen.
Haben Sie in der Spalte NEU die Reihenfolge der Farben einer Farbgruppe geändert, dann doppelklicken Sie auf deren Miniatur (nicht den Namen) im Farbgruppenspeicher (aufgrund der Änderung ist er kursiv dargestellt), um die ursprüngliche Reihenfolge wiederherzustellen. Die Neuzuweisungssymbole ➜ müssen aktiv sein.

Zurückwandeln? | Die Funktion ist nicht »live«. Sie können also nur mit Bearbeiten • Rückgängig Ihre Einstellungen »zurückwandeln«. Und dies auch nur, solange es die Rückschritte zulassen.

▲ **Abbildung 7.104**
Das Logo und der Cartoon-Tukan

Schritt für Schritt Farbmodus umwandeln, Farben reduzieren und Schwarz korrigieren

Der Cartoon-Tukan soll mit der Funktion Bildmaterial neu färben für den Druck aufbereitet und die Anzahl der Farben soll reduziert werden.

1 Erste Schritte

Öffnen Sie die Datei »Cartoon-Tukan.ai«. Das Dokument wurde im RGB-Farbmodus angelegt. Um es in den CMYK-Modus umzuwandeln, wählen Sie Datei • Dokumentfarbmodus • CMYK-Farbe.

Viele Farben sind nun etwas »schmutzig« geworden. Vor allem ist buntes Schwarz in der Datei – was bei dieser Grafik mit ihren feinen Konturen zu Passerproblemen führen kann.

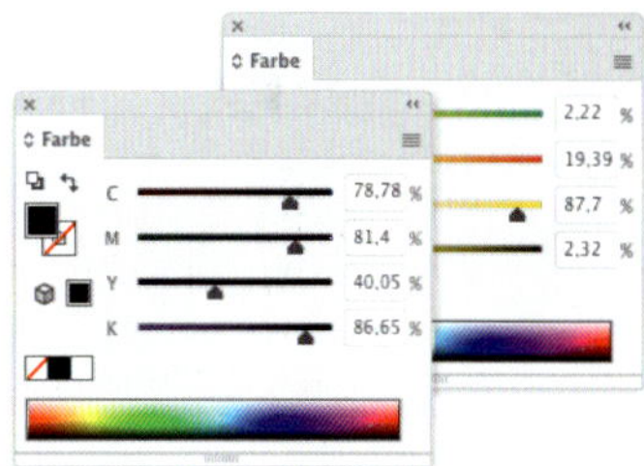

▲ **Abbildung 7.105**
Nach der Konvertierung sind Bunttöne schmutzig, und Schwarz ist bunt.

2 Farbgruppe zusammenstellen

Die Grafik soll die Farbe des Logos annehmen. Damit dies möglichst einfach durchzuführen ist, stellen Sie eine entsprechende Farbgruppe zusammen. Öffnen Sie die Datei »Tukan-Logo.ai«. Wählen Sie das Logo aus, kopieren es und fügen es in die Cartoon-Datei ein. Damit haben Sie das Farbfeld ebenfalls kopiert. Das Logo behalten Sie in der Datei als Referenz für das Umfärben. Verschieben Sie es so, dass Sie beide Grafiken gut beobachten können, und sperren Sie das Logo dann mit ⌘/Strg+2.

3 Farbgruppe anlegen

Legen Sie nun eine neue Farbgruppe an, indem Sie zunächst die beiden Farbfelder auswählen und dann auf den Button Neue Farbgruppe klicken. Nennen Sie die Farbgruppe »Logofarben«. Öffnen Sie das Farbfeld Schwarz mit einem Doppelklick, und stellen Sie seine Definition auf 0/0/0/100 %. Aktivieren Sie die Option Global.

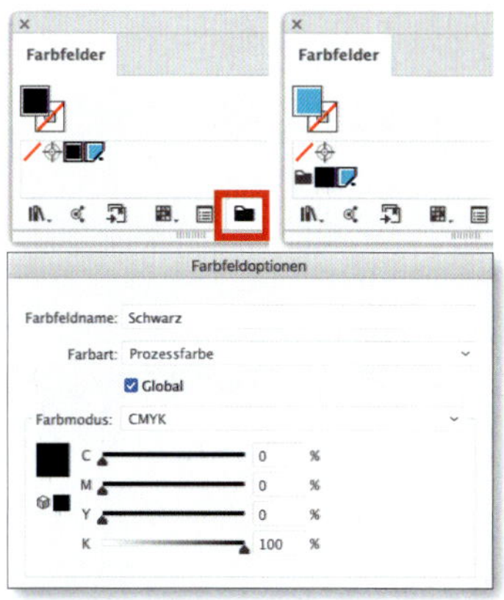

▲ **Abbildung 7.106**
Anlegen einer Farbgruppe aus bestehenden Farbfeldern; Definition von Schwarz

4 Grafik auswählen und »Bildmaterial neu färben« aufrufen

Aktivieren Sie alle Objekte der Grafik mit ⌘/Strg+A. Rufen Sie Bildmaterial neu färben auf, indem Sie auf den Button im Steuerungsbedienfeld klicken – das ist der schnellste Weg zu der Funktion.

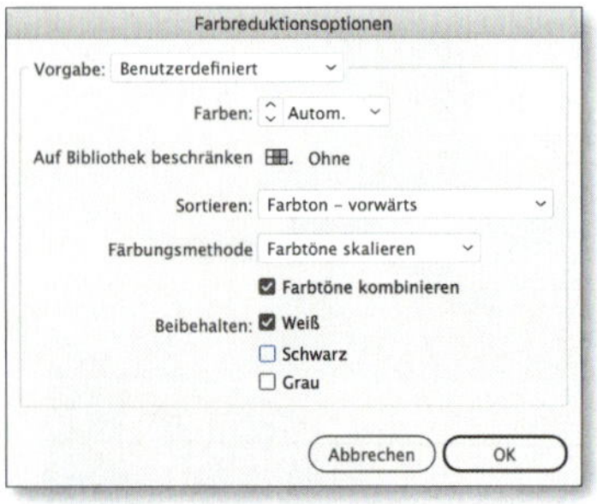

▲ **Abbildung 7.107**
FARBREDUKTIONSOPTIONEN

Falls dieser Button einmal nicht zu sehen ist, rufen Sie das Bedienfeldmenü des Steuerungsbedienfeldes auf und prüfen Sie, ob die Option BILDMATERIAL NEU FÄRBEN mit einem Häkchen versehen ist.

Rufen Sie die FARBREDUKTIONSOPTIONEN auf. Hier müssen Sie bestimmen, dass Schwarz umgefärbt werden kann. Dazu deaktivieren Sie das Häkchen vor SCHWARZ und bestätigen mit OK.

5 Neue Farben auswählen

Klicken Sie im FARBGRUPPENSPEICHER auf die Farbgruppe »Logofarben«. Die Farben werden zugewiesen, aber das Ergebnis ist alles andere als ideal. Das liegt daran, dass die Farbgruppe von einer helleren zu einer dunkleren und die Ausgangsfarben genau umgekehrt sortiert sind. Die Änderung der Sortierung der neuen Farben bringt in diesem Fall keine Besserung.

Gehen Sie noch einmal in die Farbreduzierungsoptionen, und ändern Sie die Sortierung in HELLIGKEIT – VON HELL ZU DUNKEL. Mit dieser Sortierung erhalten Sie hier eine Umsetzung, in der nur noch wenig anzupassen ist.

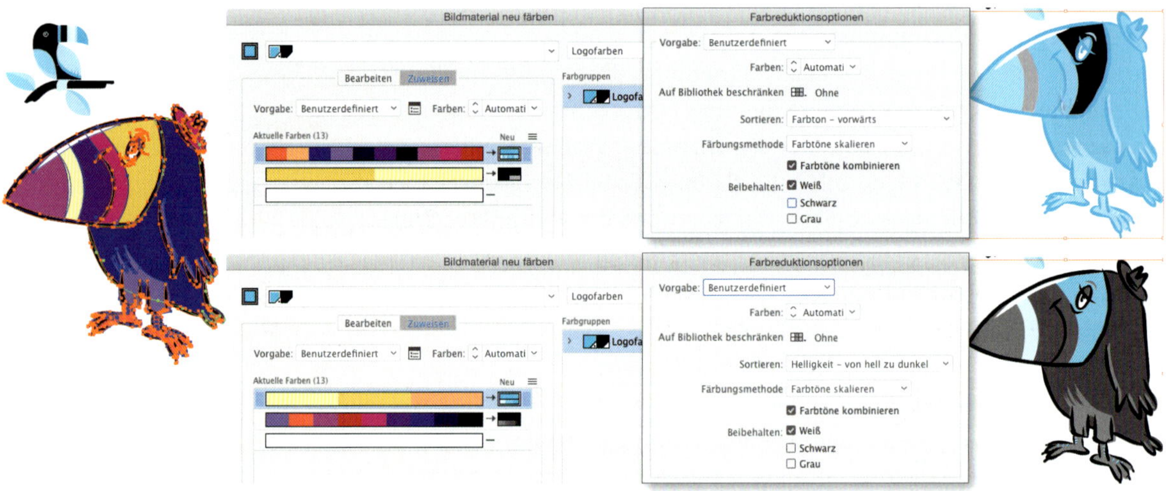

▲ **Abbildung 7.108**
Eine Änderung der Sortierung bringt uns dem Wunschergebnis schon sehr nahe.

6 Farbe durch Verschieben zuweisen

Im Schnabel sollen nun noch weitere Farben in Blautönen umgesetzt werden. Das lässt sich einfach erledigen, indem Sie sie in den Farbbalken verschieben. Die meisten der betreffenden Farben lassen sich einfach erkennen, verschieben Sie sie in den anderen Balken, damit sie blau eingefärbt werden.

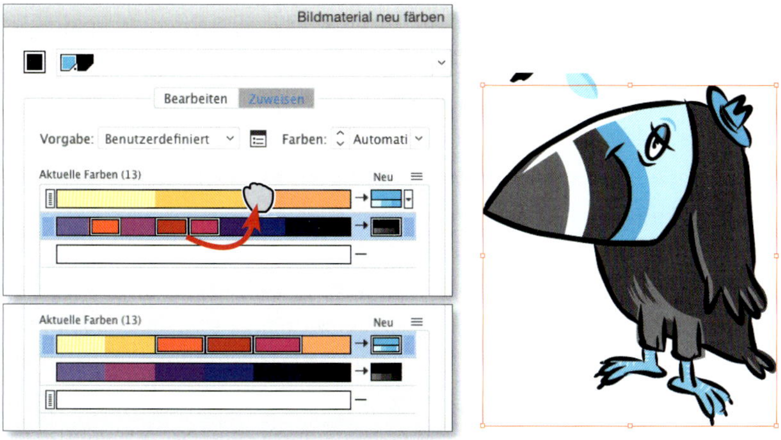

◀ **Abbildung 7.109**
Die Farben werden nacheinander mit gedrückter Taste ⇧ ausgewählt und dann verschoben.

Die Farbe der Schnabelspitze müssen Sie nun im Balken finden. Klicken Sie auf den Lupe-Button, um in den Farbe-suchen-Modus zu gelangen. Nun klicken Sie auf die Farben im Farbbalken unter Aktuelle Farben, bis Sie die richtige gefunden haben. Die ermittelte Farbe verschieben Sie in den anderen Farbbalken. Damit ist das Umfärben erledigt, und Sie können wieder auf die Lupe klicken, um den Farbe-suchen-Modus zu verlassen.

▲ **Abbildung 7.110**
So wird die Grafik mit der gefundenen Farbe auf der Zeichenfläche angezeigt.

7 Farbtöne im Ergebnis steuern

Sie haben beim Hinzufügen weiterer Farben in den blauen Balken wahrscheinlich gemerkt, dass sich Farbtöne verändert haben – sie wurden heller. Wenn Sie das nicht möchten, können Sie die Einfärbemethode umstellen. Gehen Sie dazu in die Einfärbemethode des blauen Farbbalkens, deaktivieren Sie die Option Auf alle anwenden, und aktivieren Sie die Einfärbemethode Farbtöne beibehalten.

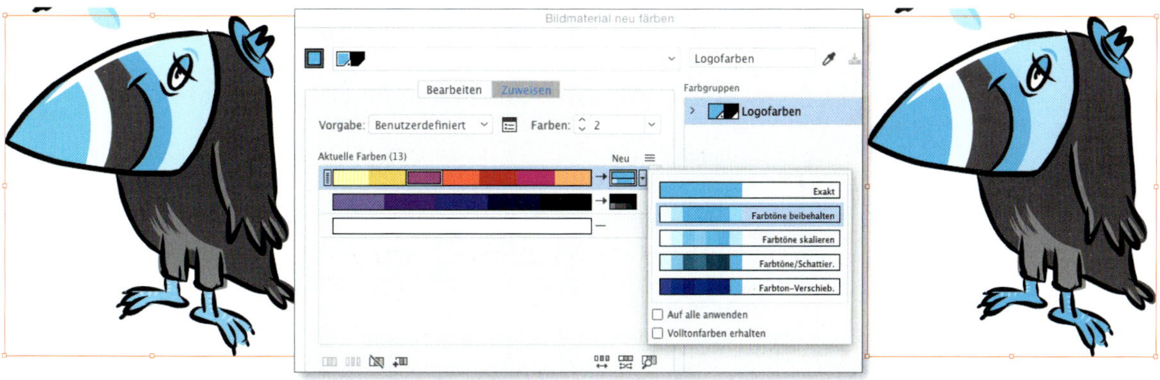

▲ **Abbildung 7.111**
Zuweisen der Einfärbemethode für den blauen Balken

Um das Schwarz korrekt umzuwandeln, können Sie die Einfärbemethode Farbtöne beibehalten jedoch nicht gebrauchen, denn das ursprüngliche

▲ **Abbildung 7.112**
Überprüfen des Schwarz-Farbtons

bunte Schwarz besitzt keinen 100 %igen Schwarzanteil und könnte das 100-K-Schwarz eventuell nicht in voller Farbdeckung erhalten.

Da die Konturfarbe die dunkelste Farbe im Balken ist, können Sie dem schwarzen Balken die Methode Farbtöne skalieren zuweisen.

Die Grafik ist jetzt fertiggestellt. Schließen Sie die Dialogbox, indem Sie mit OK bestätigen.

8 Farben prüfen

Aktivieren Sie die Linien, und prüfen Sie mit dem Farbe-Bedienfeld, ob sie 100 % Schwarz sind.

9 Separationen prüfen und Überdrucken einrichten

Rufen Sie nun das Separationenvorschau-Bedienfeld (s. Abschnitt 20.3.6) auf, und prüfen Sie, dass die Grafik tatsächlich nur in Pantone-Blau und Schwarz umgesetzt ist. Dabei sehen Sie, dass die schwarzen Objekte aussparen.

Um das Überdrucken für alle Objekte in 100 % Schwarz einzustellen, wählen Sie alles aus und rufen Bearbeiten • Farben bearbeiten • Schwarz überdrucken auf (s. Abschnitt 20.3.3). Wählen Sie darin die Option Schwarz hinzufügen, den Prozentwert 100 % und die Anwendung auf Fläche und Kontur. Das ist die Standardeinstellung.

Die Originalgrafik sollten Sie aufheben, da Interaktive Farbe keine Live-Eigenschaft ist. Speichern Sie Ihre Datei unter einem neuen Namen.

▲ **Abbildung 7.113**
Überprüfen der CMYK-Auszüge

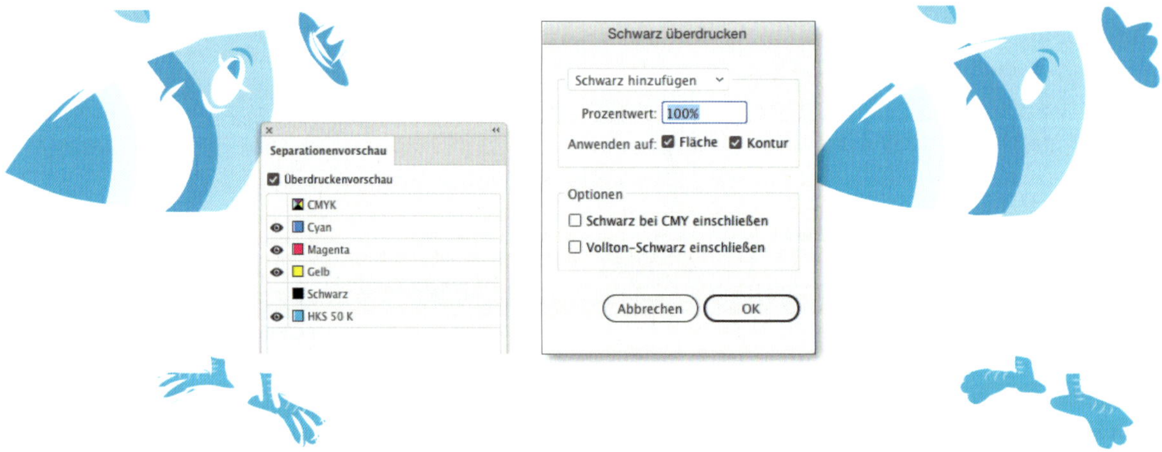

▲ **Abbildung 7.114**
Aussparendes Schwarz in der Separationenvorschau (links); Korrektur der Aussparung (rechts)

Schwarz überdrucken

Mehr Informationen finden Sie in Abschnitt 20.3.3, »Überdrucken«.

7.10 Farbfilter

Oft ist es sinnvoll oder notwendig, die Farben mehrerer Objekte gleichzeitig zu beeinflussen oder umzuwandeln, beispielsweise um eine gemeinsame »Farbwelt« zu organisieren. Die darauf spezialisierten Funktionen finden Sie unter BEARBEITEN • FARBEN BEARBEITEN. Sie können Muster, Pinsel, Verlaufsgitter sowie Freihandverläufe mit den Funktionen bearbeiten. Symbolinstanzen lassen sich nicht bearbeiten.

▲ **Abbildung 7.115**
Beim Anpassen der Farbbalance können Helligkeitskontraste innerhalb des Objekts verlorengehen.

7.10.1 Farbbalance einstellen (Farben einstellen)

Mit dieser Funktion erhalten Sie weitgehende Einwirkungsmöglichkeiten, um die Farbstimmung Ihrer Grafik zu verändern. Aktivieren Sie mehrere Objekte in Ihrer Grafik, deren Farben Sie einstellen wollen, und rufen Sie unter BEARBEITEN • FARBEN BEARBEITEN • FARBBALANCE EINSTELLEN die zugehörige Dialogbox auf.

Mit den Kontrollkästchen unten wählen Sie, ob sich die Einstellungen auf die FLÄCHE (Füllung), die KONTUR oder auf beide beziehen sollen.

Wenn Sie die Option VORSCHAU aktivieren, werden die Einstellungen direkt auf die ausgewählten Objekte angewendet.

Die anderen Einstellmöglichkeiten in der Dialogbox ändern sich je nachdem, welchen FARBMODUS Sie in dem gleichnamigen Ausklappmenü anwählen: GRAUSTUFEN, RGB, CMYK oder GLOBAL.

Globale Farben | Bei Objekten, denen eine globale Prozessfarbe oder eine Volltonfarbe als Eigenschaft zugeordnet ist, wird im Ausklappmenü FARBMODUS die Menüauswahl GLOBAL angezeigt.
Zwei Möglichkeiten stehen zur Verfügung:

- FARBTON: Mit diesem Regler verändern Sie gleichzeitig die Farbintensität aller ausgewählten Objekte.
- GLOBALE in LOKALE FARBEN umwandeln: Dazu wählen Sie in dem Ausklappmenü den FARBMODUS aus – je nach Dokumentfarbmodus CMYK oder RGB – und kreuzen die Option KONVERTIEREN an. Nun werden die Regler für die entsprechenden Grundfarben eingeblendet. Anschließend passen Sie mit den Schiebereglern die Farbmischungen gleichmäßig für alle ausgewählten Objekte an. Wenn Sie die Eingabe mit OK beenden, werden die entsprechenden Farben der Objekte in lokale Farben konvertiert, und die Verbindung zu den Farbfeldern ist gekappt.

▲ **Abbildung 7.116**
Farbfilter FARBBALANCE EINSTELLEN, Original (oben): Hier müssen Farbbereiche mit dem Zauberstab ausgewählt werden.

Lokale Farben | Bei Objekten, die lokale Farben als Eigenschaft aufweisen, verändern Sie mit den Reglern in der Dialogbox gleichzeitig die

▲ **Abbildung 7.117**
Werden (hier in einem Muster) globale Farbfelder verwendet, dann müssen Sie Konvertieren aktivieren, um mehr Optionen zu bekommen, als den Farbton anzupassen.

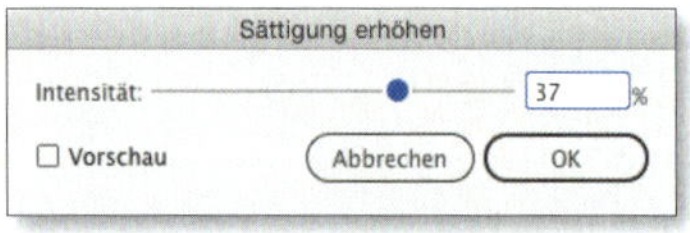

▲ **Abbildung 7.118**
Die Dialogbox Sättigung erhöhen

Anteile der einzelnen Grundfarben in den Farbmischungen aller ausgewählten Objekte. Die Regelungsmöglichkeiten richten sich nach dem Dokumentfarbmodus, entweder Cyan, Magenta, Gelb und Schwarz bei CMYK oder Rot, Grün und Blau bei RGB.

Farbe in Graustufen umwandeln | Wenn Sie farbige Objekte in grau abgestufte umwandeln möchten, wählen Sie in dem Ausklappmenü Farbmodus den Menüpunkt Graustufen aus, aktivieren die Option Konvertieren und passen gegebenenfalls mit dem Regler Schwarz den Grautonwert an. Die Farben sind danach lokal, Verbindungen zu Farbfeldern wurden aufgelöst.

7.10.2 Sättigung erhöhen (Sättigung verändern)

Diesen Filter unter Bearbeiten • Farben bearbeiten • Sättigung erhöhen setzen Sie ein, wenn Sie nur die Sättigung der Farben ausgewählter Objekte verringern oder erhöhen möchten.

Geben Sie einen Wert zwischen –100 und +100 % an, oder verwenden Sie den Schieberegler. Niedrigere Werte verringern die Sättigung, höhere Werte verstärken sie. Die Veränderung wirkt sich sowohl auf die Füllung als auch auf die Kontur aus.

▲ **Abbildung 7.119**
Eine Verringerung der Sättigung verstärkt die Tiefenwirkung der Illustration.

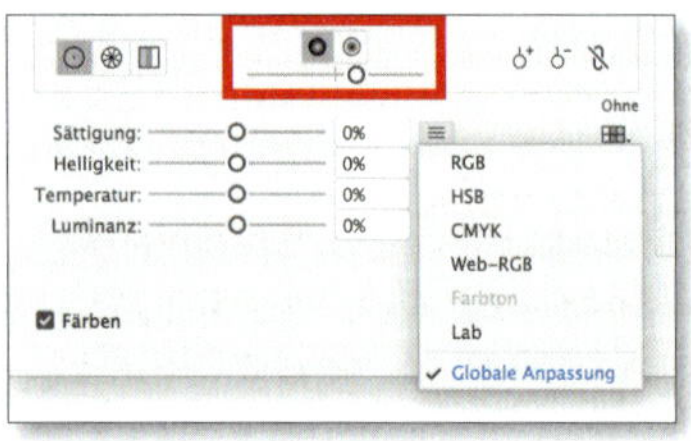

▲ **Abbildung 7.120**
Globale Anpassung und Regler für die Anpassung von Sättigung/Farbton bzw. Helligkeit/Farbton auf dem Farbrad

Eine Alternative zu Sättigung erhöhen und In Graustufen konvertieren stellt die Globale Anpassung aus dem Bereich Bearbeiten der Funktion Bildmaterial neu färben dar.

7.10.3 In Graustufen konvertieren

Dieser Befehl aus dem Menü Bearbeiten • Farben bearbeiten • In Graustufen konvertieren konvertiert die Farben der aktiven Objekte in Graustufen, basierend auf ihrem Luminanzwert, also ihrer Helligkeit.

Sie können die Funktion auch auf Muster und eingebettete Pixelbilder anwenden.

▼ **Abbildung 7.121**
In Graustufen konvertieren

Mit den Farbfiltern sowie mit Bildmaterial neu färben können Sie Textobjekte bearbeiten; falls Sie jedoch Farbfonts eingesetzt haben, müssen Sie die Texte in Pfade umwandeln.

▲ **Abbildung 7.122**
Umwandlung von Text in Graustufen (oben: Standardfont; unten: Farbfont)

7.10.4 In CMYK konvertieren, in RGB konvertieren

Abhängig vom Dokumentfarbmodus ist im Menü Bearbeiten • Farben bearbeiten einer der beiden Befehle aktiv – der Filter konvertiert Graustufen oder Volltonfarben in CMYK- bzw. RGB-Farben.

Grauumwandlung besser

Auch wenn Sie nur Farben in graue Tonwerte konvertieren möchten, ist der Filter Farben einstellen dem Graustufen-Filter vorzuziehen, da Sie dort auch gleichzeitig die Helligkeit einstellen können. Einen noch größeren Einfluss auf das Ergebnis haben Sie mit der Funktion Bildmaterial neu färben.

7.10.5 Horizontal, Vertikal, Vorne -> Hinten angleichen

Diese Filter aus dem Menü Bearbeiten • Farben bearbeiten werden auf mindestens drei Objekte angewendet – die Objekte dürfen *nicht mit globalen* Farben gefüllt sein. Sie erzeugen Farbabstufungen zwischen den Objekten an den Extrempositionen auf der Zeichenfläche in horizontaler bzw. vertikaler Richtung oder in der Stapelreihenfolge und weisen diese Abstufungen den dazwischenliegenden Objekten zu. Die Farben der Konturen bleiben unverändert.

◀ **Abbildung 7.123**
Neben grafischen Effekten (links) lassen sich mit den Angleichen-Funktionen z. B. in der Kartografie regelmäßige Farbübergänge erstellen (rechts). Hier erweist es sich auch als besonders praktisch, dass Konturen nicht angegriffen werden.

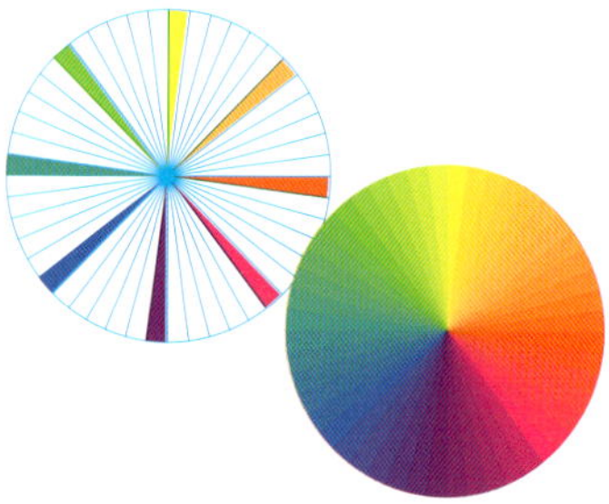

▲ **Abbildung 7.124**
Mit HORIZONTAL bzw. VERTIKAL ANGLEICHEN erzeugen Sie Farbübergänge in bereits vorhandenen Objekten.

Neben der Anwendung für kartografische Arbeiten können Sie mit den Angleichen-Funktionen auch in Einzelflächen konvertierte Verläufe umfärben. »Verlaufssimulationen«, die aus Einzelobjekten aufgebaut sind, sind zwar selten geworden, da in aktuellen Illustrator-Versionen zu diesem Zweck entweder »richtige« Verläufe, Verlaufsgitter oder Angleichungen eingesetzt werden und da diese Dokumente auch in der Regel in dieser Form ausgegeben werden können.

In Pinseln finden Sie diese Konstruktion jedoch noch vor, da in Pinseln keine Verläufe erlaubt sind (s. Abschnitt 8.4.9) und Angleichungen innerhalb eines Pinsels umgewandelt sind. Um in einer bereits umgewandelten Angleichung Farben anzupassen, können Sie die Angleichungsfilter einsetzen.

▲ **Abbildung 7.125**
Um z. B. in diesem Musterpinsel die eher schmutzige braune Grundfarbe etwas heller zu gestalten, wurden zunächst die betreffenden Elemente umgefärbt, bevor VORNE -> HINTEN ANGLEICHEN zum Einsatz kam.

▲ **Abbildung 7.126**
Original, Invertieren

7.10.6 Farben invertieren

Mit diesem Filter aus dem Menü BEARBEITEN • FARBEN BEARBEITEN erzeugen Sie ein »Negativ« Ihrer Grafik. Interessant ist das auch für platzierte Bilder, die Sie nachzeichnen wollen. Wenn diese Motive weiß und freigestellt sind, dann kann der Bildnachzeichner sie nicht vektorisieren. Betten Sie die Bilder ein, und wenden Sie BEARBEITEN • FARBEN BEARBEITEN • INVERTIEREN an, um eine vektorisierbare Fassung zu erstellen.

▲ **Abbildung 7.127**
Weiß freigestellte (links) und invertierte Version (rechts) eines PNGs auf eingeblendetem Transparenzraster

Globale und lokale Farben

Am einfachsten ist es, entweder nur globale oder nur lokale Farben gemeinsam mit Farbfiltern zu bearbeiten. Sollte es doch einmal notwendig sein, globale und lokale Farben gemischt zu editieren, müssen Sie zunächst die globalen Farben in lokale Farben umwandeln, bevor Sie alle gemeinsam einstellen können. Gehen Sie dazu so vor, wie unter »Globale Farben« beschrieben.

Kapitel 8

Mit Konturen und Pinseln arbeiten

Konturen können Sie sehr vielseitig gestalten, und Sie behalten trotzdem die volle Editierbarkeit – mit Pinseln lassen sich darüber hinaus Objekte sehr frei verformen, sodass sie eigentlich weniger ein Malwerkzeug als vielmehr ein Konstruktionswerkzeug sind.

8.1 Standard-Konturoptionen

Konturen sind Eigenschaften, die der Umriss eines Objekts besitzt, die also in der Regel direkt auf dem Pfad liegen. Konturen definieren sich z. B. über ihre Farbe (bzw. ein Muster oder einen Verlauf – zu Verläufen auf Konturen s. Abschnitt 9.1), die Strichstärke oder eine Strichelung.

▲ **Abbildung 8.1**
Verschiedene Konturmuster und Pinsel

▲ **Abbildung 8.2**
Kontur-Bedienfeld mit allen Optionen

8.1.1 Kontur-Bedienfeld

Im Kontur-Bedienfeld verwalten Sie die Strichstärke, das Linienmuster, die Ausrichtung der Kontur, die Formen der Enden und der Ecken eines Pfades sowie die Ausrichtung von Strichelungen, Pfeilspitzen und ein Breitenprofil der Kontur.

Um das Kontur-Bedienfeld anzeigen zu lassen, wählen Sie FENSTER • KONTUR – ⌘/Strg+F10 – oder klicken im Dock auf ≡.

Falls nicht alle Optionen des Bedienfeldes dargestellt sind, ändern Sie die Ansicht mit einem Doppelklick auf den Reiter oder über den entsprechenden Befehl im Bedienfeldmenü ≡. Aktivieren Sie das Objekt, und definieren Sie seine Eigenschaften, indem Sie im Kontur-Bedienfeld die gewünschten Werte angeben:

- STÄRKE: Legen Sie die Strichstärke numerisch im Eingabefeld fest, oder rufen Sie einen Eintrag aus dem Ausklappmenü auf, das Illustrator am rechten Rand des Feldes anbietet. Der Doppelpfeil links neben dem Feld erhöht bzw. reduziert den Eingabewert jeweils um einen Zähler. Die Maßeinheit des Menüs legen Sie in VOREINSTELLUNGEN • EINHEIT – ⌘+⌥+⇧+N bzw. Strg+Alt+⇧+N – fest. Die im Menü gelisteten Werte können Sie nicht konfigurieren.
  Wenn Sie die Stärke in einer anderen als der voreingestellten Maßeinheit eingeben möchten, tippen Sie deren Abkürzung (s. Tabelle 1.1 auf Seite 41) nach der Zahl ein. Illustrator rechnet den Wert sofort in die Standardmaßeinheit um.
  Achten Sie beim Eingeben eigener Einheiten darauf, dass Sie vorher den kompletten Feldinhalt aktivieren – das erreichen Sie mit einem Klick auf die Bezeichnung STÄRKE.
- ABSCHLUSS: Mit den Optionsbuttons bestimmen Sie, wie die Linienenden offener Pfade bzw. die Enden der Teillinien einer Strichelung aussehen. Drei Varianten stehen zur Auswahl:
  - ABGEFLACHT: Bei dieser Form wird die Linie direkt am Endpunkt abgeschnitten.
  - ABGERUNDET: Hier wird die Linie am Endpunkt mit dem Radius einer halben Linienstärke gerundet.
  - ÜBERSTEHEND: Das Linienende ist quadratisch und ragt eine halbe Linienstärke über die Endpunkte des Pfades hinaus.
- ECKE: Diese Optionsbuttons legen die Form der Ecken eines Pfades fest. Auch wenn es die Anordnung der Buttons nahelegt, müssen Sie Eckenformen nicht zwingend zusammen mit den optisch entsprechenden Linienenden verwenden.
  Zwischen folgenden Eckenformen können Sie wählen:
  - GEHRUNGSECKEN: Mit dieser Option werden spitze Ecken an den Eckpunkten eines Pfades erzeugt. Legen Sie in dem Eingabefeld MAX. die Gehrungsgrenze fest (s. Abbildung 8.6).
  - ABGERUNDETE ECKEN: Die Ecken eines Pfades werden gerundet.
  - ABGEFLACHTE ECKEN: Bei dieser Eckenform wird die Spitze abgeschnitten.

▲ **Abbildung 8.3**
Konturen werden üblicherweise gleichmäßig beidseitig des Pfades angelegt.

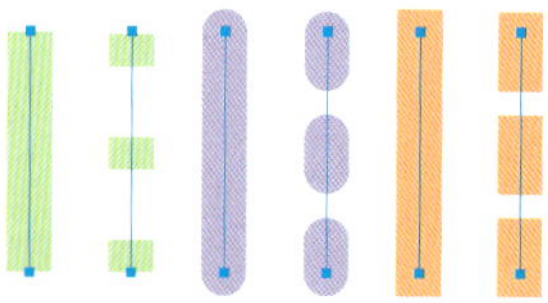

▲ **Abbildung 8.4**
Einstellungen für die Abschlüsse

Hervorstehende Linienenden?

Diese Linien sind nützlich für Zeichnungen aus CAD-Programmen, die häufig als eine Sammlung von Einzelpfaden importiert werden, sowie für die Darstellung von Diagrammachsen. Mit abgeflachten Enden fallen die aufgetrennten Pfade auf (links) – hervorstehende Enden verbergen die Schnitte (rechts).

▲ **Abbildung 8.5**
Ecken-Einstellungen

▲ **Abbildung 8.6**
Die Spitze ist 4,5-mal so lang, wie die Kontur stark ist. Bei einer Gehrungsgrenze unter 4,6 wird die Spitze also abgeflacht.

- Max. (Gehrungsgrenze): Diese Eingabe hat nur Auswirkungen auf Gehrungsecken. Pfadecken, denen diese Form zugewiesen ist, werden bei spitzen Winkeln sehr lang. Mit der Gehrungsgrenze legen Sie die Toleranzschwelle fest, ab welcher Länge Illustrator eine Ecke als abgeflachte Ecke ausbilden soll. Bis zu zwei Nachkommastellen sind möglich.
  Die Ecke wird abgeflacht, wenn die Länge der Ecke den Wert übersteigt, der sich aus der Multiplikation der eingegebenen Gehrungsgrenze mit der Linienstärke ergibt. Je höher der Wert ist, desto spitzer können die Ecken werden, bevor Illustrator die abgeflachte Form anwendet.
- Kontur ausrichten: Diese Option ist nur bei geschlossenen Pfaden aktiv und funktioniert nicht, wenn der Kontur ein Verlauf zugewiesen wurde. Üblicherweise wird in Vektorgrafiksoftware die Konturstärke von der Mitte des Pfades nach beiden Seiten angelegt. In Illustrator können Sie bestimmen, ob Sie die Kontur auf die Mitte des Pfades, auf die Innenseite oder auf die Außenseite der Form legen möchten.
  Achtung! Falls der Befehl Objekt • Pfad • Konturlinie eine ausgerichtete Kontur nicht korrekt umwandelt, verwenden Sie Objekt • Aussehen umwandeln.
- Gestrichelte Linie: Um eine gestrichelte Linie anzulegen, aktivieren Sie diese Option. In den Eingabefeldern darunter definieren Sie jeweils die Länge von Strich und Lücke.
  - Geben Sie nur einen Wert in das erste Feld ein, werden alle Teilstriche und Lücken in dieser Länge erzeugt.
  - Unterschiedliche Strich- und Lückenlängen legen Sie durch entsprechende Werte in den ersten beiden Feldern fest.
  - Da mehrere Wertfeld-Paare hintereinander angeordnet sind, können Sie damit auch kompliziertere Strichelungsarten verwirklichen.
- Strichanpassungen an den Ecken: Mit den beiden Buttons richten Sie die Strichelung am Pfad aus.
  - Behält die Länge exakt bei wendet Striche und Lücken in genau der von Ihnen definierten Länge an.
  - Richtet Striche an Ecken und Pfadenden aus gleicht die Strichelungen aller Pfadecken so an, dass sie gleichmäßig aussehen, und passt die Länge der Striche und Lücken dazwischen ein.
- Pfeilspitzen: Zu Pfeilspitzen s. Abschnitt 8.2.
- Profil: Hier wählen Sie aus einer Liste von vorhandenen Breitenprofilen, die durch Bearbeitung von Konturen mit dem Breitenwerkzeug entstehen (s. Abschnitt 8.3).

Gepunktete Linie

Eine punktierte Linie erreichen Sie mit den Optionen Abgerundete Linienenden, Gestrichelte Linie und der Eingabe »0« für den Strich. Wählen Sie die Breite der Lücke mindestens 1,5-mal so groß wie die Linienstärke.

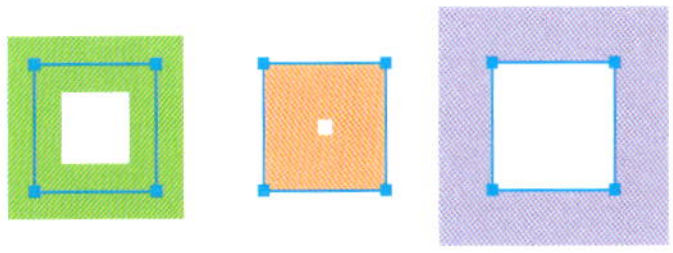

▲ **Abbildung 8.7**
Konturausrichtung

Konturstärke mit Pfeiltasten

Die Konturstärke kann mit den Pfeiltasten angepasst werden, wenn das Feld fokussiert ist. Drücken Sie dabei ⌘/Strg oder ⇧, um die Stärke in Schritten von 0,1 oder 10 zu verändern.

Konturstärke und Größenanzeige

Ob die Konturstärke bei der Berechnung der Objektgröße berücksichtigt wird, bestimmen Sie mit der Option Vorschaubegrenzungen verwenden unter Voreinstellungen • Allgemein.

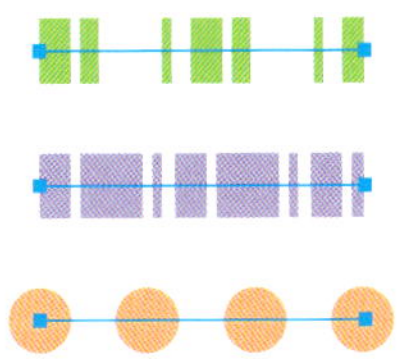

▲ **Abbildung 8.8**
Unterschiedliche Strichelungen:
grün: 10 | 3 | 6 | 20 | 3 | 6 Pt
rot: 10 | 3 | 20 | 3 | 3 | 4 Pt
orange: 0 | 34 Pt

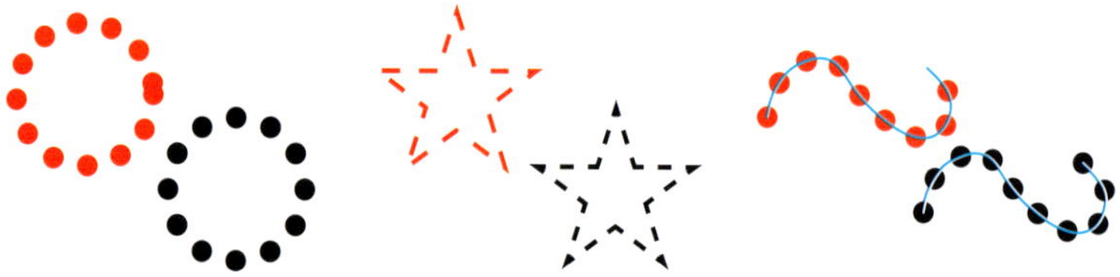

▲ **Abbildung 8.9**
Nicht an den Pfadenden und Ecken ausgerichtete (rot) und ausgerichtete (schwarz) gestrichelte Konturen

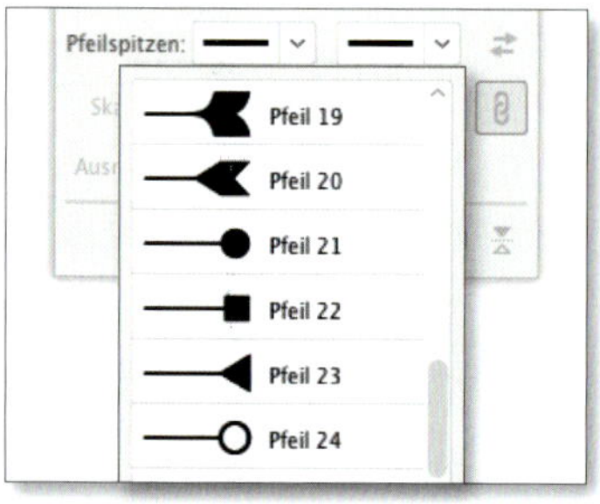

▲ **Abbildung 8.10**
Auswählen einer Pfeilspitze im Kontur-Bedienfeld

Haarlinie | Die im Kontur-Bedienfeld nicht verfügbare Konturstärke »Haarlinie« verursacht auf jedem Ausgabegerät eine Kontur in der kleinsten darstellbaren Stärke. Diese Konturen sind im Offsetdruck nicht reproduzierbar, werden jedoch manchmal von Plot-Software verwendet, um Pfade zu kennzeichnen, entlang derer geschnitten werden soll. Darüber hinaus können in platzierten oder geöffneten Dokumenten aus anderen Programmen Haarlinien enthalten sein. Illustrator zeigt im Kontur-Bedienfeld die Stärke 0 Pt an, wenn eine Haarlinie vorhanden ist. Die einzige Möglichkeit, in Illustrator Haarlinien zu erzeugen, besteht über die Pathfinder-Funktion KONTUR AUFTEILEN.

▲ **Abbildung 8.11**
Mit den exakt am Pfadende ausgerichteten Pfeilspitzen sind saubere Bemaßungspfeile ohne Umstände möglich.

8.2 Pfeilspitzen

Pfeilspitzen sind eine Kontureigenschaft. Sie werden daher ebenfalls im Kontur-Bedienfeld ausgewählt.

8.2.1 Pfeilspitzen zuweisen

Aktivieren Sie einen offenen Pfad, und wählen Sie im Kontur-Bedienfeld unter PFEILSPITZEN eine Spitze für den Ausgangspunkt oder das Pfadende oder beide aus dem jeweiligen Menü (s. Abbildung 8.10). Anschließend bestimmen Sie die Optionen für beide Spitzen:

- SKALIEREN: Geben Sie hier die Größe der Pfeilspitze im Verhältnis zur Konturstärke an. Die Größe beider Pfeilspitzen können Sie individuell eingeben oder mit dem Button VERKNÜPFT SKALIERUNG aneinanderkoppeln.
- AUSRICHTEN: Mit den beiden Buttons bestimmen Sie, wo sich die Spitze des Pfeils befindet: genau am Pfadende oder darüber hinausgehend. Für exakte Bemaßungen von Objekten können Sie die Pfeilspitze exakt auf den Endpunkt positionieren.
- PFEILSPITZE AM ANFANG UND ENDE VERTAUSCHEN: Mit diesem Button kehren Sie die Zuordnung der Pfeilspitzen auf dem Pfad um.

▲ **Abbildung 8.12**
Als Pfeilspitzen können Sie völlig freie Formen definieren – bestimmte Objekte sind als Pfeilspitzen jedoch nicht funktionsfähig. Daher wandeln Sie am besten alle Objekte um, bevor Sie daraus das Symbol erstellen.

8.2.2 Pfeilspitzen selbst erstellen

Eigene Pfeilspitzen definieren Sie in der Datei »Pfeilspitzen.ai«, die sich auf beiden Systemen jeweils im Illustrator-Programmordner befinden, auf dem Mac im Ordner Support Files\Ressources\de _ DE\Pfeilspitzen.ai und auf Windows unter Support Files\Required\Ressources\de _ DE\Pfeilspitzen.ai.

Zeichnen Sie die Form der Pfeilspitze – orientieren Sie sich dabei an den vorhandenen Spitzen –, und wandeln Sie die Grafik in ein Symbol um. Ändern oder löschen Sie nicht die in der Pfeilspitzendatei vorhandenen Standardpfeilspitzen – sie werden von älteren Dokumenten benötigt. Achten Sie darauf, in der Pfeilspitzendatei selbst keine Pfeilspitzen anzuwenden; anderenfalls würde die Datei nicht mehr funktionieren.

Speichern Sie diese Datei am besten in den Ordner Zusatzmodule, um künftig einfacher darauf zugreifen zu können. Verändern Sie nicht die Originaldatei im Ressourcenordner des Programms – sie dient dann als Backup.

Eigene Pfeilspitzendatei weitergeben?

Eine Datei, in der Sie eigene Pfeilspitzen verwendet haben, ist ohne Weiteres druckbar. Soll ein Kollege jedoch weitergehende Änderungen an den mit Pfeilspitzen versehenen Objekten durchführen, dann müssen Sie die Pfeilspitzendatei mitgeben.

8.2.3 Pfeilspitzen in alten Dokumenten

Die in früheren Versionen über den Effekt erstellten Pfeilspitzen bleiben zwar erhalten, und die Effekteinstellungen können im Aussehen-Bedienfeld geöffnet, sie können aber nicht bearbeitet werden (Aussehen-Bedienfeld s. Abschnitt 11.6.1). Eine einfache Migration Ihrer Pfeilspitzen gibt es nicht – wenn Sie sie mit den neuen Möglichkeiten anlegen möchten, müssen Sie sie über das Kontur-Bedienfeld zuweisen.

▲ **Abbildung 8.13**
Zeichnungen dieser Art waren früher ein klassisches Anwendungsbeispiel für Bildpinsel – sie lassen sich mit Breitenprofilen jedoch bequemer umsetzen.

8.3 Variable Konturstärken mit dem Breitenwerkzeug

Mit dem Breitenwerkzeug lassen sich Konturen sehr variabel und intuitiv anpassen, z. B. in Comiczeichnungen, Logos oder typografischen Arbeiten.

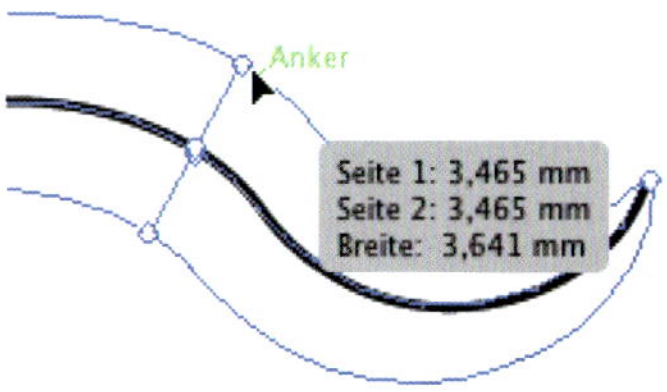

▲ **Abbildung 8.14**
Erstellen eines Breitenpunkts auf einem Pfad – in welche Richtung Sie die Anfasser ziehen müssen, ist davon abhängig, auf welche Seite des Pfades Sie geklickt haben.

8.3.1 Wie funktionieren Breitenprofile?

Mit Breitenprofilen können Sie variable Konturstärken entlang eines einzelnen Pfades realisieren. Dies wird erreicht durch eine Reihe von auf dem Pfad platzierten Breitenpunkten, an denen die Konturstärke zu beiden Seiten mit identischen Werten oder asymmetrisch definiert ist. Die Profile sind »objektneutral« – sie werden unabhängig von der Datenstruktur des Pfades (also seinen Punkten und Griffen) als relative Daten gespeichert.

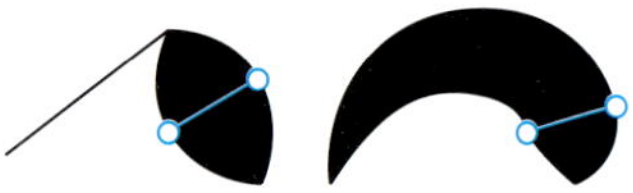

▲ **Abbildung 8.15**
Wird an der markierten Stelle ein Breitenpunkt gesetzt, so ergänzt Illustrator automatisch einen weiteren Breitenpunkt auf dem Eckpunkt im linken Beispiel. Dies passiert nicht auf dem Kurvenpfad.

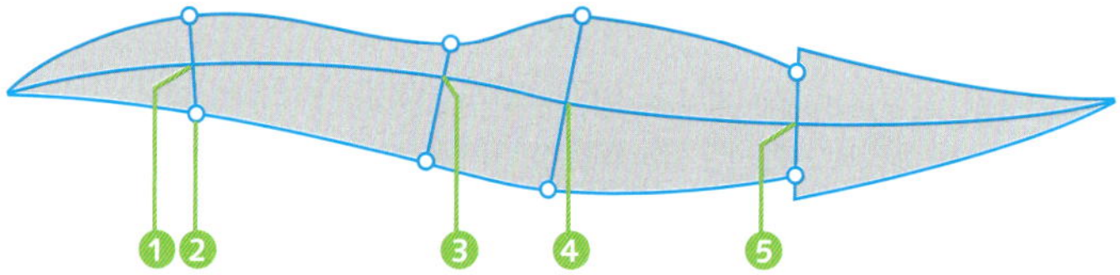

▲ **Abbildung 8.16**
Pfad mit kontinuierlichen ❶, ❹ und nicht kontinuierlichen ❺ Breitenpunkten und deren Anfassern ❷. Ein Breitenpunkt ❸ ist asymmetrisch angelegt. Gespeichert wird die Position der Breitenpunkte relativ zur Pfadlänge: Die Breite startet bei 0; etwa auf einem Sechstel der Länge verbreitert sich der Pfad auf 80 %, nach 40 % der Länge um die volle Breite nach rechts und die halbe Breite nach links etc.

▲ **Abbildung 8.17**
Einen Pfad, der ein Breitenprofil besitzt, können Sie auch mit abgerundeten Ecken und Pfadenden versehen.

Breitenprofile lassen sich nicht nur auf »normale« Konturen, sondern auch auf Bild- und Musterpinselkonturen anwenden. Die Breitenprofile werden den Pfaden mithilfe des Breitenwerkzeugs oder bereits gespeicherter Profile bzw. Grafikstile zugewiesen. Breitenprofile können im Workflow in vielen Fällen Kalligrafie- und Bildpinsel ersetzen.

8.3.2 Breitenpunkte anlegen und bearbeiten

Um die Breite von Konturen variabel zu gestalten, verwenden Sie das Breitenwerkzeug.

Achtung! Das Breitenwerkzeug und die Breitenprofile können Sie nicht an Kalligrafiepinselkonturen verwenden. An den meisten mit dem Pinsel-Werkzeug gezeichneten Pfaden funktionieren Breitenprofile also nicht, ohne dass zunächst die Konturen bearbeitet werden.

▲ **Abbildung 8.18**
Mit gedrückter ⌥/Alt-Taste können Sie einen Anfasser nur zu einer Seite herausziehen. Weitere Modifikationstasten finden Sie in Tabelle 8.1.

Breitenpunkte intuitiv anlegen | Bewegen Sie das Breitenwerkzeug – ⇧+W – über den aktivierten oder nicht ausgewählten Pfad an die Stelle, deren Breiten Sie anpassen wollen. Wenn der Cursor zu einem ▸₊ wechselt, klicken Sie auf den Pfad und ziehen die Anfasser heraus. Sobald Sie einen Breitenpunkt auf einem Pfad angelegt haben, zeigt das Aussehen-Bedienfeld einen Asterisk – ein Sternchen * – neben der Konturstärke des Objekts an. Die im Aussehen- und im Kontur-Bedienfeld angezeigte STÄRKE entspricht der Stärke an der breitesten Stelle der Kontur.

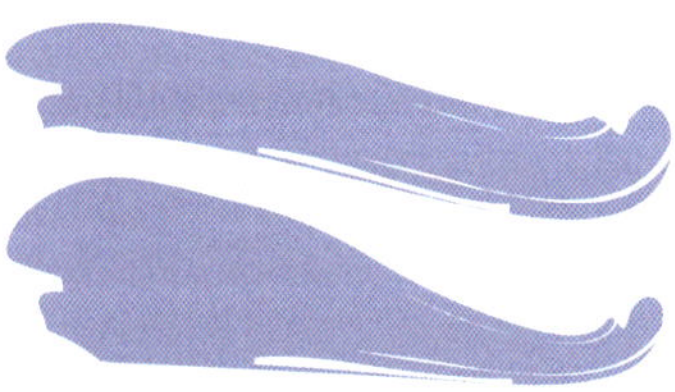

▲ **Abbildung 8.19**
Auch auf Bildpinselkonturen können Sie Breitenprofile anwenden (unten), damit können Sie diese Konturen sehr individuell anpassen.

Nicht kontinuierlichen Breitenpunkt anlegen | Um einen Breitenpunkt zu erstellen, an dem sich die Konturstärke abrupt ändert, verschieben Sie einen Breitenpunkt auf einen seiner Nachbarpunkte.

Breitenpunkte numerisch definieren | Doppelklicken Sie auf den Pfad, um einen neuen Breitenpunkt numerisch zu definieren:

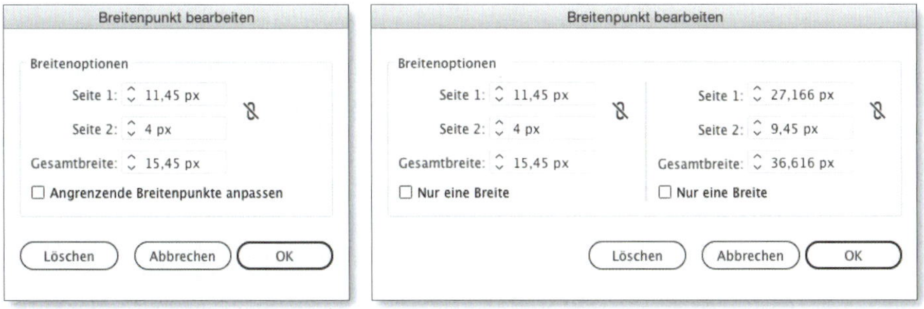

◂ **Abbildung 8.20**
Optionen für kontinuierliche (links) und nicht kontinuierliche (rechts) Breitenpunkte: Bei Letzteren lassen sich die Optionen für beide Breiten eingeben.

Breitenoptionen: Geben Sie entweder Werte für Seite 1 (in Pfadrichtung links) bzw. Seite 2 ein, oder ändern Sie die Gesamtbreite. Bei einer Änderung der Gesamtbreite passt Illustrator die Werte für Seite 1 und 2 proportional an.

- Angrenzende Breitenpunkte anpassen: Aktivieren Sie diese Option, damit benachbarte Punkte proportional ebenfalls verändert werden.
- Nur eine Breite (nur nicht kontinuierliche Breitenpunkte): Wandeln Sie den Punkt in einen kontinuierlichen Breitenpunkt um, indem Sie die Option bei der Breite aktivieren, die erhalten bleiben soll.
- Löschen: Klicken Sie auf Löschen, um den Breitenpunkt zu entfernen.

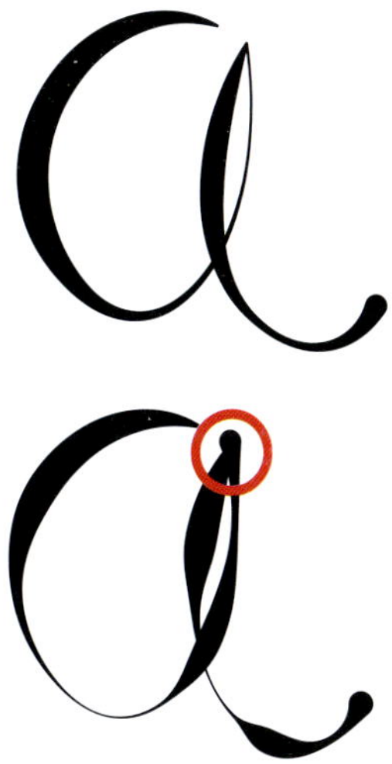

▴ **Abbildung 8.21**
Durch das Auftrennen des Pfades am markierten Punkt verschieben sich Positionen des Breitenprofils.

Breitenpunkte bearbeiten | Sie können entweder den Breitenpunkt selbst oder mithilfe der Anfasser die Breitenoptionen bearbeiten. Bewegen Sie den Cursor des Breitenwerkzeugs über einen bestehenden Breitenpunkt – der Cursor zeigt eine kleine Welle, und die Anfasser werden angezeigt:

- Breitenpunkt verschieben: Klicken und ziehen Sie den Punkt den Pfad entlang.
- Breite anpassen: Doppelklicken Sie entweder auf den Punkt, um die numerische Eingabe zu öffnen, oder klicken und ziehen Sie die Anfasser.
- Breitenpunkt löschen: Aktivieren Sie den Punkt mit dem Breitenwerkzeug, und löschen Sie den Punkt mit [←].

▾ **Tabelle 8.1**
Modifikationsmöglichkeiten beim Erstellen und Bearbeiten von Breitenpunkten

	Ohne Modifikation	[⇧]	[⌥]/[Alt]	[⌥]/[Alt]+[⇧]
Klicken und Ziehen der Anfasser	symmetrische Breitenänderung nur am betreffenden Punkt	symmetrische Breitenänderung, die auch benachbarte Punkte betrifft	Breitenänderung nur auf der Seite, an der gezogen wird	Breitenänderung für alle Punkte nur auf der Seite, an der gezogen wird
Breitenpunkt auf Pfad verschieben	Verschieben des ausgewählten Punkts – ohne Nachbarpunkte passieren zu können	Verschieben aller Punkte relativ zum ausgewählten Punkt und zum Pfad	Kopieren und Verschieben des ausgewählten Punkts	Kopieren und Verschieben des ausgewählten Punkts und Positionsanpassung der Nachbarpunkte

Breitenprofile übertragen

Breitenprofile werden in der Datei »VariableBreitenprofile« im Programmordner auf dem Mac unter SUPPORT FILES\RESSOURCES\DE_DE\ und auf Windows unter SUPPORT FILES\REQUIRED\RESSOURCES\DE_DE\ gespeichert. Diese Datei können Sie auf andere Rechner übertragen.

Den Pfad bearbeiten | Unter bestimmten Umständen fügt Illustrator dem Breitenprofil absolute Positionierungen hinzu (etwa wenn ein Eckpunkt so verschoben wird, dass sich seine Position relativ zur Pfadlänge ändert). In diesem Fall werden Breitenpunkte absolut an bestimmte Ankerpunkte gehängt. Diese absoluten Positionierungsinformationen werden auch aktualisiert, wenn Sie einzelne Punkte löschen oder hinzufügen. Führen Sie jedoch Operationen, etwa mit Pathfinder oder dem Radiergummi-Werkzeug, durch, können sich Breitenprofile extrem am Pfad verschieben. Daher sollten Sie zunächst den kompletten Pfadverlauf weitestgehend fertigstellen, bevor Sie Breitenprofile anlegen und »feintunen«.

Kontur zu einer Seite eines offenen Pfades ausrichten

Mit dem Breitenwerkzeug können Sie eine Kontur zu einer Seite eines Pfades ausrichten. Sie benötigen dafür nur ein universell anwendbares Breitenprofil. Um dieses anzulegen, gehen Sie wie folgt vor:

1. Zeichnen Sie eine Gerade mit dem Linien-Werkzeug.
2. Mit dem Breitenwerkzeug doppelklicken Sie erst den einen, dann den anderen Punkt, um die Breitenpunkte numerisch zu bearbeiten, und geben Sie jeweils 1 mm für SEITE 1 ein. SEITE 2 setzen Sie auf 0 (1).
3. Speichern Sie dieses Breitenprofil über den Button im Menü VARIABLES BREITENPROFIL, dann können Sie es zukünftig einfacher anwenden.
4. Wenn Sie es nun einem Pfad zuweisen, bestimmen Sie die Konturstärke ganz normal im Kontur-Bedienfeld (2). Falls Sie die Kontur an der anderen Seite des Pfades benötigen, spiegeln Sie das Breitenprofil mit dem Button HORIZONTAL SPIEGELN am Pfad.
5. Zu diesem Profil können Sie auch Pfeilspitzen anlegen, diese müssen jeweils um eine halbe Pfadbreite zu beiden Seiten verschoben werden. Da Sie Pfeilspitzen nicht am Pfad spiegeln können, benötigen Sie sie für beide Seiten (3).

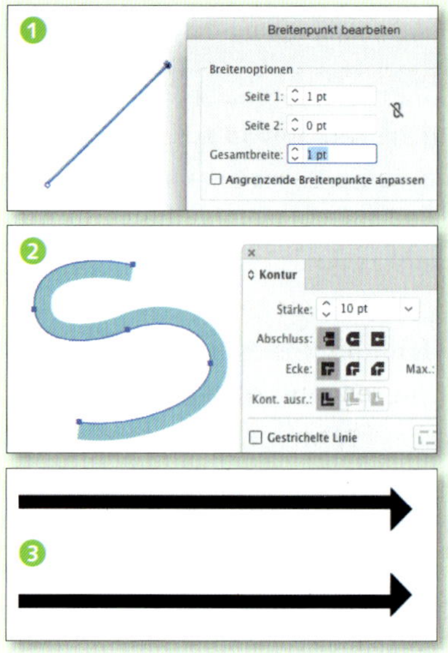

8.3.3 Speichern eines Breitenprofils

Breitenprofile sind Aussehen-Eigenschaften (s. Abschnitt 11.6). Um sie zu einem späteren Zeitpunkt auf weitere Konturen anwenden zu können, haben Sie die Möglichkeit, das Breitenprofil zusammen mit anderen Objekteigenschaften als Grafikstil zu speichern (s. Abschnitt 11.8).

Sie können auch nur das Profil zur weiteren Verwendung im Kontur-Bedienfeld speichern. Dazu rufen Sie das Menü VARIABLES BREITENPROFIL im Steuerungs- oder im Kontur-Bedienfeld mit einem Klick auf den Pfeil auf. Dann betätigen Sie den Button ZU PROFILEN HINZUFÜGEN unten in diesem Menü. In einer Dialogbox können Sie noch einen Namen eingeben. Das Profil wird programmweit gespeichert.

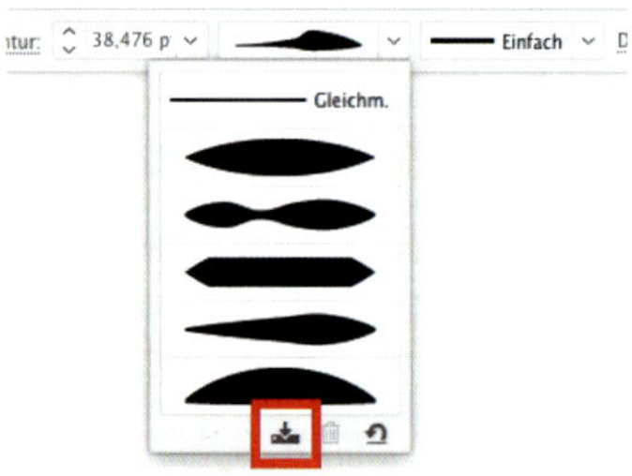

▲ **Abbildung 8.22**
Speichern eines Breitenprofils mithilfe des Menüs VARIABLES BREITENPROFIL

Profile verwalten | Das aktuell aktivierte Profil löschen Sie mit dem Button Profil löschen . Mit Profile zurücksetzen stellen Sie die Voreinstellung wieder her.

8.3.4 Breitenprofil zuweisen

Um einer Kontur ein gespeichertes Breitenprofil zuzuweisen, wählen Sie es aus dem Menü aus. Das Profil verwendet die aktuell zugewiesene Konturstärke als Basis für die Berechnung der relativen Breitenänderungen (s. Abbildung 8.22). Wenn Sie die »Kurven« des Profils nicht bemerken, müssen Sie die Konturstärke erhöhen.

Breitenprofile aufgebohrt

Sehr intuitiv können Sie variable Konturstärken mit dem Plug-in WidthScribe (s. Kapitel 23) erstellen und bearbeiten.

▲ **Abbildung 8.23**
Das Workshop-Ergebnis

Schritt für Schritt
Mit Breitenprofilen arbeiten

Ein Breitenprofil ist ideal, um kalligrafische Striche zu erzeugen. Breitenprofile lassen sich präzise korrigieren, sind nachträglich editierbar, und Sie können sie auch ohne Grafiktablett benutzen.

1 Profil aus dem Menü zuweisen

Öffnen Sie die Datei »Fuchs start.ai« aus dem Download – einige der Konturen müssen noch ein Breitenprofil erhalten. Beginnen Sie damit, die drei betreffenden Linien auszuwählen. Weisen Sie ihnen das linsenförmige Breitenprofil 1 aus dem Menü im Steuerungsbedienfeld zu. Dann passen Sie die Konturstärken an, die beiden roten Konturen erhalten eine Konturstärke von 24 Pt, die schwarze am Ohr eine Stärke von 6 Pt.

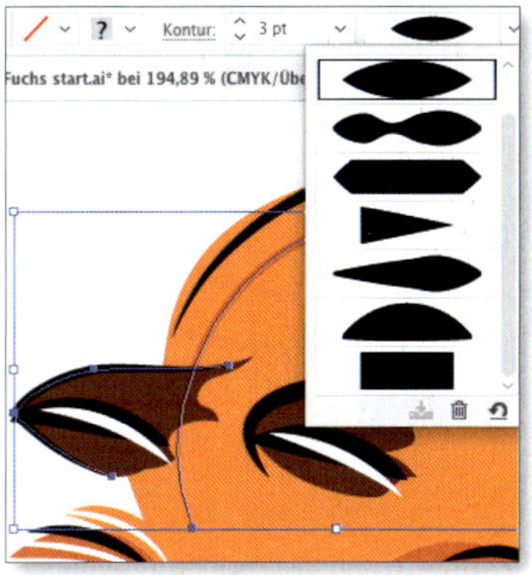

▲ **Abbildung 8.24**
Beginnen Sie mit einem vorhandenen Breitenprofil.

2 Profil ausarbeiten

Nun müssen die Breitenprofile angepasst werden, um die Dynamik der Linien zu verstärken bzw. die Kurven schöner zu gestalten. Die Kontur am Rücken des Fuchses wird nach unten verbreitert und nach oben schmaler gestaltet. Dazu verändern Sie den durch das Breitenprofil bereits gesetzten Breitenpunkt. Wenn Sie den Pfad mit dem Breitenwerkzeug überrollen, wird er weiß hervorgehoben. Da an der oberen Kante ein Pfad darüberliegt und daher eine Bearbeitung dieses Anfassers stören würde, gestalten Sie die Kontur zunächst insgesamt schmaler, indem Sie mit dem Breitenwerkzeug den unteren Anfasser nach innen zum Pfad ziehen. Dann setzen Sie erneut an diesem Anfasser an, drücken ⌥/Alt und ziehen ihn wieder nach außen, um die Kontur nur zu einer Seite zu verbreitern.

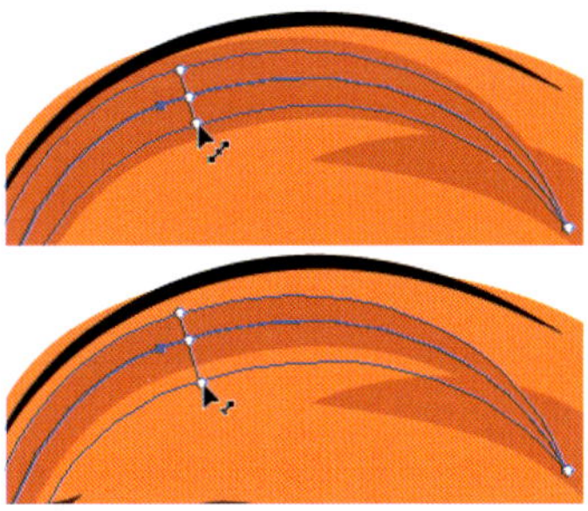

▲ **Abbildung 8.25**
Der Pfad wird zunächst insgesamt verschmälert, dann im zweiten Schritt zu einer Seite verbreitert.

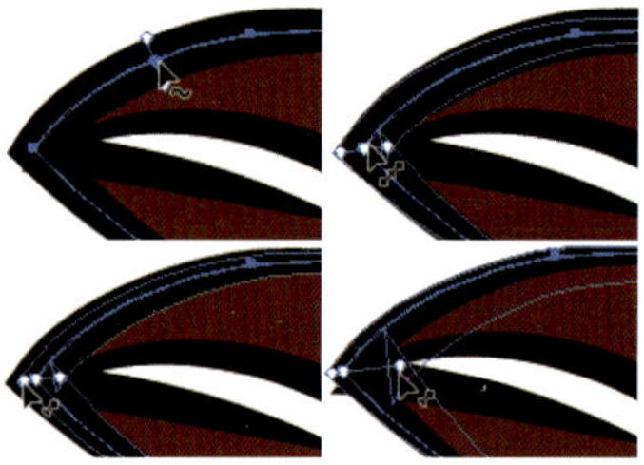

▲ **Abbildung 8.26**
Der Breitenpunkt wird auf die Ecke geschoben (oben) und die Breite asymmetrisch gestaltet (unten).

3 Breitenpunkt auf die Ecke verschieben

Beim Ohr ist die Ecke zu spitz. Hier soll ebenfalls die äußere Seite etwas schmaler und die innere breiter gestaltet werden, allerdings liegt der Breitenpunkt nicht genau auf der Spitze des Ohres. Verschieben Sie ihn mit dem Breitenwerkzeug auf die Ohrspitze.

4 Breite asymmetrisch gestalten

Anschließend verschieben Sie wieder mit gedrückter ⌥/Alt den äußeren Anfasser zum Pfad und den inneren weg vom Pfad, sodass die Konturstärke ins Innere des Ohres wächst. Achten Sie darauf, die Anfasser dabei genau zu greifen, damit Sie nicht unabsichtlich einen weiteren Breitenpunkt setzen.

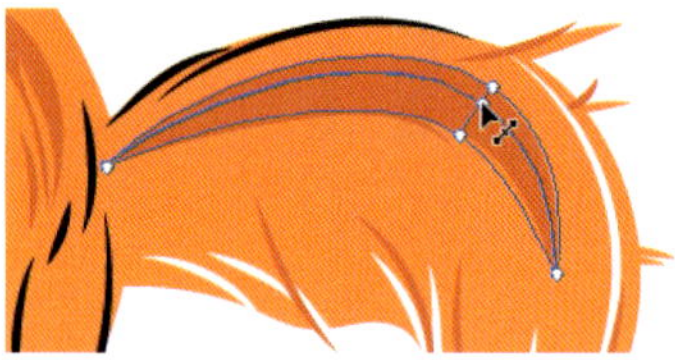

▲ **Abbildung 8.27**
Verschieben des Breitenpunkts an der Rute

5 Dynamische Rute

Die Kontur an der Rute des Fuchses soll die Dynamik des Sprungs unterstützen. Zunächst wird sie ebenfalls so angepasst, dass sie oben etwas schmaler ist als unten. Der richtige Schwung entsteht jedoch erst, wenn die Konturstärke nicht mehr gleichmäßig wächst, daher verschieben Sie diesen Breitenpunkt auf dem Pfad nach rechts, um diese Kontur etwas dynamischer zu gestalten.

▲ **Abbildung 8.28**
Zu Kalligrafiepinseln und Borstenpinseln s. Kapitel 6

8.4 Pinselkonturen

Das Prinzip von Pinseln beruht darauf, Vektorobjekte und Rasterbilder nach unterschiedlichen Gesetzmäßigkeiten entlang eines Pfades anzuordnen und zu verformen. Pinsel sind somit nicht einfach eine erweiterte Gestaltungsmöglichkeit für Kontureigenschaften, sondern ebenfalls ein Konstruktionswerkzeug.

▼ **Abbildung 8.29**
Pinsel helfen bei der Konstruktion und beim Anordnen von Objekten.

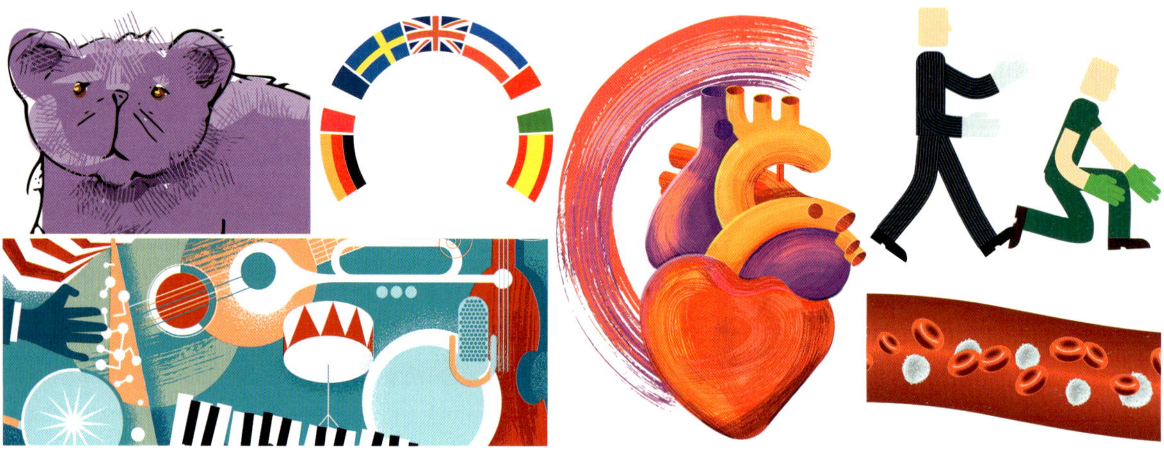

8.4.1 Pinsel-Bedienfeld

Pinselspitzen sind nicht an das Pinsel-Werkzeug gebunden, vielmehr kann jeder Vektorpfad eine Pinselspitze als Kontur-Eigenschaft annehmen. Im Pinsel-Bedienfeld verwalten Sie die Pinsel für das aktuelle Dokument, wählen Pinselspitzen für das Pinsel-Werkzeug aus und weisen Pfaden Pinselspitzen als Kontur-Eigenschaft zu. Das Bedienfeld rufen Sie mit Fenster • Pinsel auf – F5, im Dock. Die Anzeige des Pinsel-Bedienfeldes lässt sich wie die anderer Bedienfelder konfigurieren (s. Abschnitt 1.3.3).

Anzeige | Sie können im Bedienfeldmenü zwischen zwei Anzeigemodi wählen:

- In der Miniaturansicht sind die Pinselformen gut zu erkennen.
- Die Listenansicht weist auch den Namen der Pinsel und die Kennzeichnung für jeweils eine der fünf Pinselarten auf: Bildpinsel, Spezialpinsel, Musterpinsel, Kalligrafiepinsel (s. Abschnitt 6.1.3) und Borstenpinsel (s. Abschnitt 6.2).

Dokumentprofil und Pinsel

Je nach Dokumentprofil (Druck, Web, Video) ist das Pinsel-Bedienfeld mit unterschiedlichen Pinseln »bestückt«. Es sind nicht immer Beispielpinsel für alle fünf Pinselarten vorhanden, teilweise müssen sie aus einer der Pinsel-Bibliotheken übernommen werden, die mit dem Programm geliefert werden (s. Abschnitt 8.4.7).

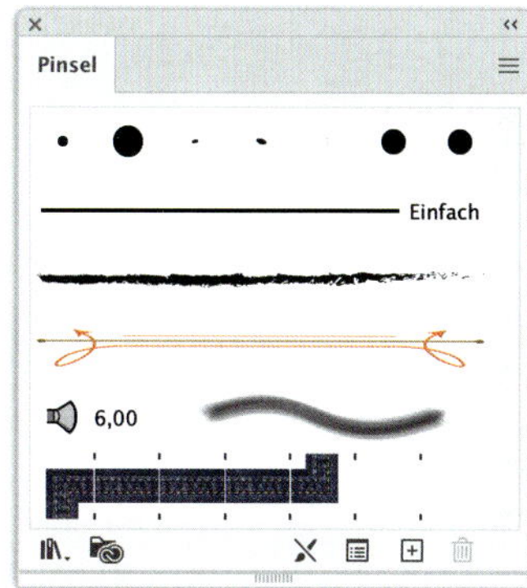

▲ **Abbildung 8.30**
Miniaturansicht des Pinsel-Bedienfeldes

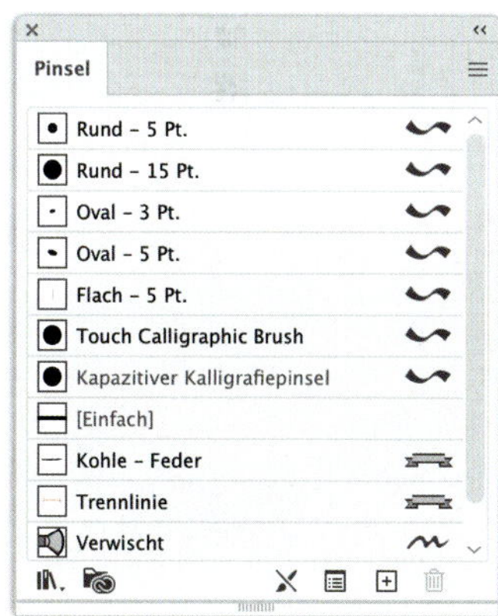

▲ **Abbildung 8.31**
Listenansicht des Pinsel-Bedienfeldes

8.4.2 Pinselkontur als Eigenschaft zuweisen

Aktivieren Sie ein Objekt, und klicken Sie auf einen Pinsel im Pinsel-Bedienfeld, um dem Objekt diese Pinselkontur zuzuweisen. Besitzt ein Objekt eine Kontur, wird diese durch die neu zugewiesene ersetzt. Sind dem Objekt bereits mehrere Konturen zugeordnet, so ersetzt die neue Kontur die im Aussehen-Bedienfeld aktivierte Kontur des Objekts (s. Abbildung 8.32; Aussehen-Bedienfeld s. Abschnitt 11.6). Ein Warndreieck im Steuerungsbedienfeld sowie im Aussehen-Bereich des Eigenschaften-Bedenfelds signalisiert, wenn eine andere als die oberste Kontur aktiv ist.

Pinselkontur von einem Objekt entfernen | Um eine Pinselkontur von einem aktivierten Objekt zu entfernen, klicken Sie auf den Button Pinselkontur entfernen oder auf die Kontur [Einfach] im Pinsel-Bedienfeld. Die Pinselkontur wird in die Standardkontur umgewandelt, die Konturfarbe und -stärke bleiben erhalten.

8.4.3 Pinselkonturen editieren – Optionen

In den Optionen zu jeder Pinselspitze und zu jeder Pinselkontur ist es möglich, sehr detailliert auf die Form des Pinsels bzw. der Pinselkontur Einfluss zu nehmen. Die meisten der Optionen sind auch auf »Pixelpinsel« anwendbar.

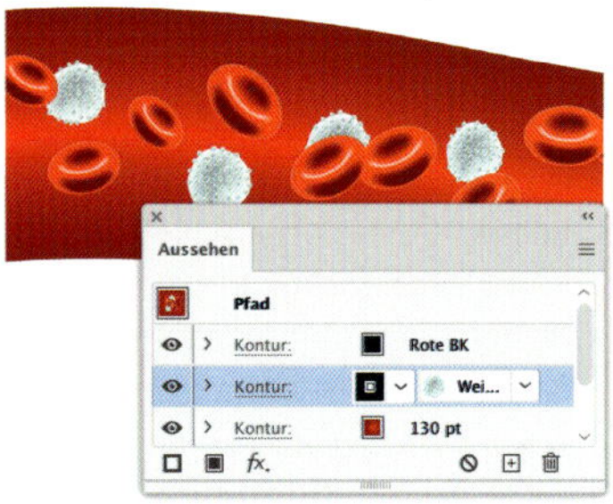

▲ **Abbildung 8.32**
Mehrere Konturen im Aussehen-Bedienfeld – aktiv ist die mittlere.

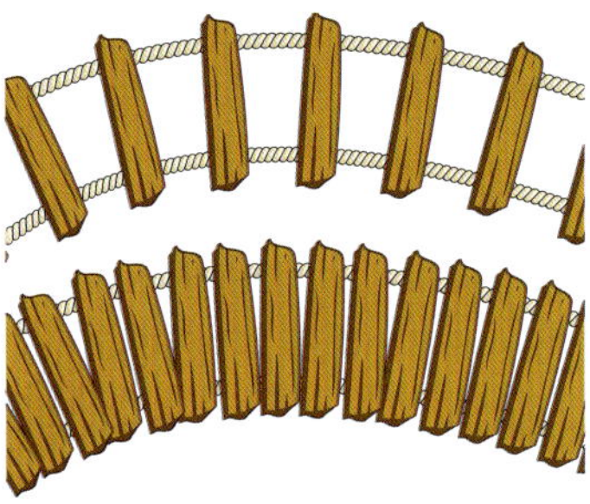

▲ **Abbildung 8.33**
Die Kontur-Optionen ermöglichen es, dieselbe Pinselspitze in einer Datei unterschiedlich einzusetzen (hier mit anderen Abständen) und damit die Bretter beider Seilbrücken mit einer einzigen Pinselspitze zu erstellen. Für die Seile kam ein weiterer Pinsel zum Einsatz.

▲ **Abbildung 8.34**
Unregelmäßigkeiten in Bildpinselkonturen können zwei Ursachen haben: einen Bug im Zickzack-Effekt (oben) sowie offene Pfade in der Pinselgrundform (unten).

Pinseloptionen | Die Optionen der Pinselspitzen rufen Sie entweder durch einen Doppelklick auf das Symbol des Pinsels im Bedienfeld auf, oder Sie aktivieren den Pinsel und wählen den Menüpunkt Pinseloptionen im Bedienfeldmenü des Pinsel-Bedienfeldes aus.

Einstellungen, die Sie in den Pinseloptionen vornehmen, gelten für den Pinsel generell, d.h., die Änderungen werden automatisch dokumentweit auf alle Objekte übernommen, die diese Pinselspitze als Eigenschaft besitzen. Auf die Optionen gehe ich im folgenden Abschnitt genauer ein.

Wenn Sie die bestehende Pinselform ebenfalls erhalten möchten, duplizieren Sie diesen Pinsel, bevor Sie die Veränderungen vornehmen. Dazu aktivieren Sie ihn und ziehen ihn auf das Symbol des Funktionsbuttons Neuer Pinsel.

Kontur-Optionen | Für Pinselkonturen einzelner Objekte können Sie verschiedene Parameter des Pinsels lokal, also nur für dieses Objekt, verändern. Aktivieren Sie das Objekt, dessen Pinselkontur Sie bearbeiten wollen, und klicken Sie den Funktionsbutton Optionen für ausgewähltes Objekt im Pinsel-Bedienfeld an.

Die Kontur-Optionen enthalten einen Teil der Einstellmöglichkeiten, die auch in den Pinseloptionen für den Pinsel global vorhanden sind.

Pinsel und Konturstärke

Bei allen Pinselkonturen bedeutet die Standardkonturstärke von 1 Punkt im Kontur-Bedienfeld, dass Illustrator die Pinselkontur in der Originalgröße der Grafik zeichnet, die der Pinselspitze zugrunde liegt. Andere Konturstärken fungieren als Multiplikationsfaktor: Eine Einstellung von 6 Punkt im Kontur-Bedienfeld bewirkt also eine sechsfache Vergrößerung der Pinselspitze, und 0,5 Punkt halbiert sie. Ein Skalierungsfaktor, der in den Pinseloptionen eingestellt ist, verändert die Konturstärke zusätzlich.

8.4.4 Bildpinsel

In vielen Bildpinseln sind Striche realer Zeichen- und Malwerkzeuge vektorisiert. Bildpinsel sind jedoch auch in naturalistischen Illustrationen oder zur Konstruktion geometrischer Objekte nützlich. Die Vektorform oder das Rasterbild werden gleichmäßig am Verlauf eines Pfades über die gesamte Länge »gestreckt«. Mit den Optionen in den Dialogboxen steuern Sie das Aussehen des Pfades.

Mit Hilfslinien können Sie Dehnungsstellen definieren. Bildpinsel lassen sich mit dem Grafiktablett steuern, und die Pinsel können mithilfe von Eckenoptionen relativ sauber um Ecken geführt werden.

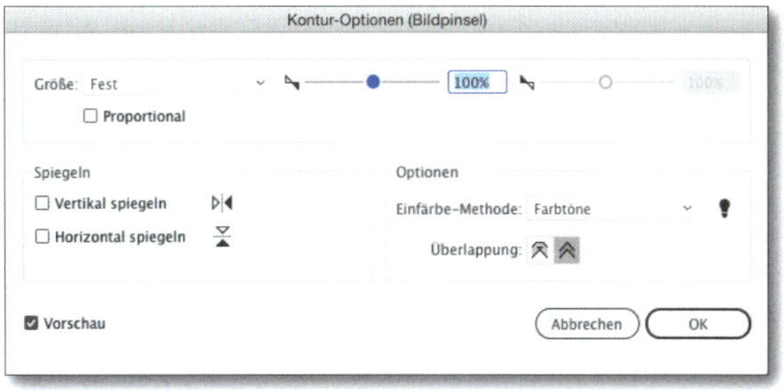

▲ **Abbildung 8.35**
Kontur-Optionen

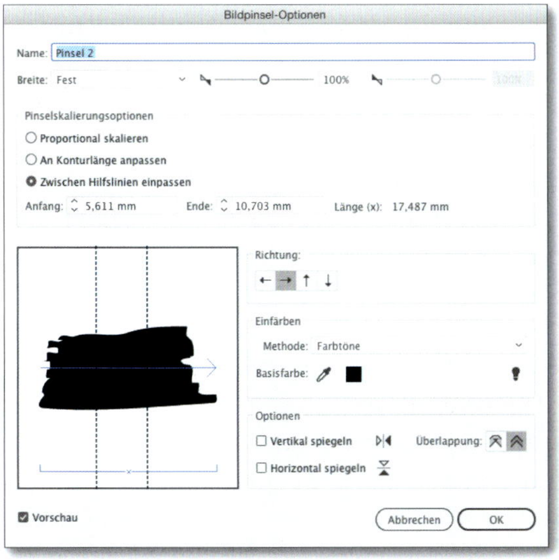

◀ **Abbildung 8.36**
Bildpinsel-Optionen

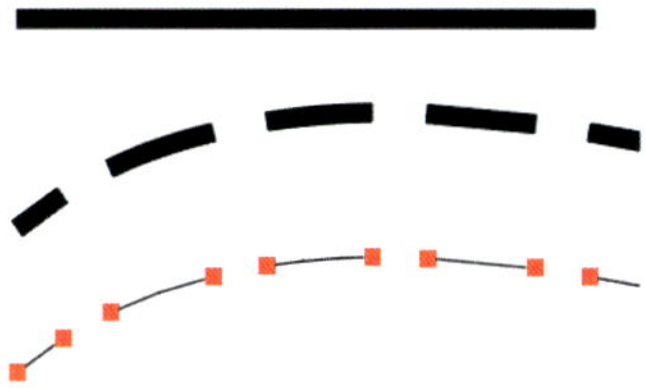

▲ **Abbildung 8.37**
Erstellen Sie einen Pinsel aus einer horizontalen Linie mit einer Kontur (oben). Weisen Sie diesen Pinsel einem Pfad zu, und definieren Sie eine Strichelung (Mitte). Diese Strichelung kann mit dem Befehl Aussehen umwandeln in einzelne Pfade umgewandelt werden (unten).

- Breite: Dieser Wert bestimmt den prozentualen Skalierungsfaktor für die Breite der Pinselspitze und damit indirekt auch die Stärke des Pinselstrichs. Er lässt sich fixieren, per Grafiktablett oder mithilfe von Breitenpunkten bzw. -profilen (s. Abschnitt 8.3) steuern. Falls Sie eine andere Option als Fest aus dem Menü wählen, müssen Sie für die Breite eine Unter- und eine Obergrenze angeben.
- Tablettoptionen-Menü: Wählen Sie, mit welcher Option des Grafiktabletts Sie die Konturstärke am Pfad variabel steuern möchten (Grafiktablett s. Abschnitt 6.1.3).
- Pinselskalierungsoptionen: Bestimmen Sie hier, wie sich die Pinselspitze an die Pfadlänge anpasst.
  - Proportional skalieren: Die Pinselkontur wird zum Anpassen an die Pfadlänge insgesamt skaliert, die Breite verändert sich also.
  - An Konturlänge anpassen: Die Pinselspitze wird nur in die Länge gezogen bzw. gestaucht, die Breite bleibt bestehen.
  - Zwischen Hilfslinien einpassen: Es wird nur der Bereich zwischen den Hilfslinien gestreckt bzw. gestaucht, die geschützten Enden werden nicht verändert. Die Dehnungsstellen definieren Sie, indem Sie die gestrichelten Hilfslinien in der Bilddarstellung verschieben. Gestalten Sie die Pinselform so kurz wie möglich, um Stauchungen zu vermeiden, und so lang wie nötig, um Dehnungen nicht zu auffällig werden zu lassen.
- Richtung: Mit diesen Optionsbuttons wählen Sie in 90°-Schritten aus, in welche Richtung die Pinselspitze auf den Pfad angewendet wird. Der blaue Pfeil im Schaubild der Pinselspitze symbolisiert die Pfadrichtung, die den Bezug für die Ausrichtung des Pinsels darstellt

▲ **Abbildung 8.38**
Mit Bildpinseln können Vektorzeichnungen einen gemalten »Look« erhalten. Er entsteht durch mehrfache farbige Überlagerungen und Transparenzinteraktion.

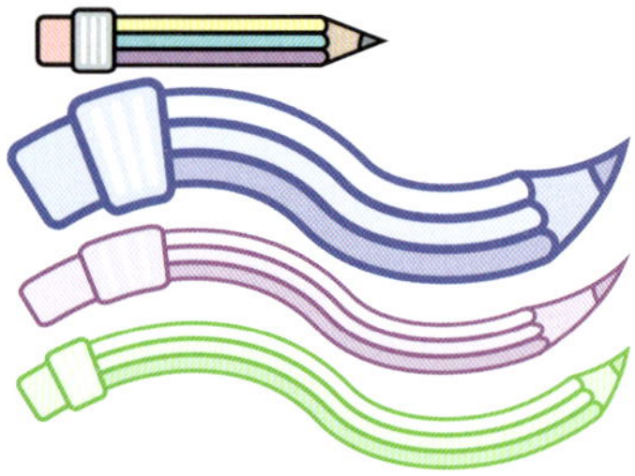

▲ **Abbildung 8.39**
Eine proportional skalierte Pinselkontur (blau) hat eine an die Pfadlänge angepasste Stärke. Eine nicht proportional skalierte Pinselkontur (violett) ist immer gleich stark. Bei einer nur zwischen Hilfslinien skalierten Kontur (grün) bleiben die Proportionen definierter Stellen (meist der Abschlüsse) erhalten (Grundform: schwarz).

(Pfadrichtung s. Abschnitt 5.2). Ändern Sie die Pfadrichtung zu einem späteren Zeitpunkt, wird sich der Pinsel der neuen Richtung anpassen.

- Vertikal spiegeln, Horizontal spiegeln: Mit diesen Optionen bestimmen Sie, ob die Pinselspitze bei der Anwendung entlang des Pfades und/oder um den Pfad gespiegelt werden soll.
- Einfärben: Normalerweise behalten Spezial-, Bild- und Musterpinsel die Farbeigenschaften, die in den jeweils zugrunde gelegten Grafiken bzw. Musterelementen festgelegt sind. Mit den Optionen unter Einfärben können Sie einen Einfluss der Konturfarbe auf die Pinsel bestimmen.
  Die Einfärben-Option ist vor allem bei schwarzen Pinselspitzen nützlich, um die daraus generierten Konturen einzufärben. Stellen Sie die Einfärbemethode Farbtöne ein (sehen Sie hierzu den Kasten »Einfärben und Farbmodus« auf Seite 283), damit die Konturfarbe den Pinsel einfärbt.
  Die Wirkung der anderen Einfärben-Optionen kann von Pinselspitze zu Pinselspitze je nach deren Ursprungsfarben stark variieren.

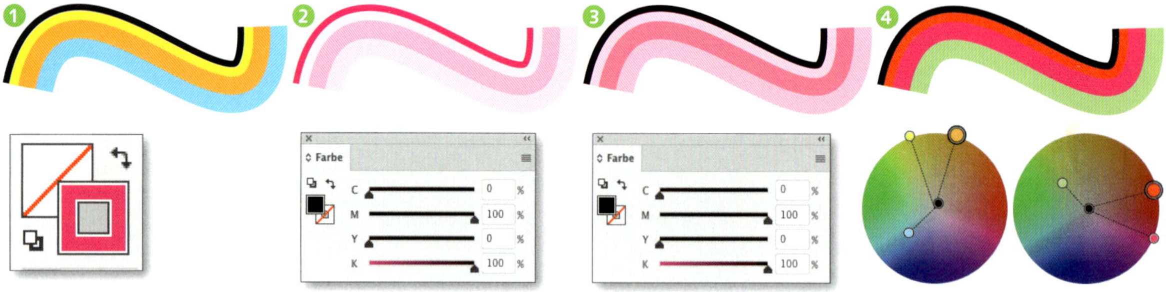

▲ **Abbildung 8.40**
Auswirkung der Einfärben-Optionen – allen Konturen wurde die Farbe 100 % Magenta zugewiesen (Pinsel ohne Einfärbung (1)). Mit der Methode Farbtöne wird der schwarze Streifen im Pinsel in genau 100 % Magenta eingefärbt, die anderen Streifen entsprechend ihrer Helligkeit (2). Farbtöne/Schattierungen färbt die im Original schwarzen Bereiche in 100 % Magenta plus 100 % Schwarz (3). Farbtonverschiebung verdreht die Ausgangsfarben im Farbrad so, dass die Basisfarbe auf die Konturfarbe (hier: Magenta) fällt (4).

▲ **Abbildung 8.41**
»Faltung« einer Bildpinselkontur: angepasst (oben) und nicht angepasst (unten)

- Überlappung: Hier definieren Sie, wie der Pinsel »gefaltet« wird. Mit der Option An Ecken anpassen erhalten Sie eine wesentlich bessere Berechnung der Ecken von Bildpinseln. Die Option ist allerdings nicht in allen Fällen die bessere. Manche Pinsel sehen mit der »alten« Methode Ecken und Kanten nicht anpassen besser aus. Falls beide Optionen kein zufriedenstellendes Ergebnis bringen, müssen Sie entweder die Ecken im Pfad in Kurven umwandeln oder, falls das nicht möglich ist, das Objekt umwandeln und die kritischen Stellen nacharbeiten.

Bildpinsel und die Füllregeln

Falls bei der Anwendung eines Bildpinsels »Löcher« auftreten, sobald der Pfad sich selbst überschneidet, sollten Sie mithilfe des Attribute-Bedienfeldes die an der Pinselgrundform verwendete Füllregel überprüfen.
Die Löcher treten auf, wenn der Pinsel mit der Füllregel GERADE-UNGERADE versehen ist – dies passiert auch, wenn die Pinselgrundform selbst kein zusammengesetzter Pfad ist. Daher sollten Sie beim Erstellen eines Pinsels immer darauf achten, der Grundform die Füllregel NICHT-NULL zuzuweisen (zu Füllregeln s. Abschnitt 10.1.1). Wenn Sie in niedrigere Versionen speichern, bleiben nur Pinselkonturen erhalten, deren Grundobjekte mit der Füllregel NICHT-NULL versehen sind.

Anwendungsbeispiele für Bildpinsel | Bildpinsel lassen sich z. B. für Mehrfachkonturen einsetzen (s. Abbildung 8.32 auf Seite 274). Als Grundformen würden Sie in diesen Fällen mehrere Rechtecke anlegen. Auch für die Imitation analoger Techniken wie Holzschnitt lässt sich das Prinzip einsetzen. Und Bildpinsel sind geeignet, um viele individualisierte Versionen einer Grundform zu erstellen, z. B. für das Zeichnen von Gräsern oder Blättern.

▼ Abbildung 8.42
Um den »Look« klassischer Techniken der Malerei zu erzielen, werden unterschiedlich gefärbte Bildpinsel in Schnittmasken gemalt und mit Füllmethoden ineinandergerechnet. Die Kanten der glatten Vektorformen werden mit weiteren Pinseln nachgezeichnet.

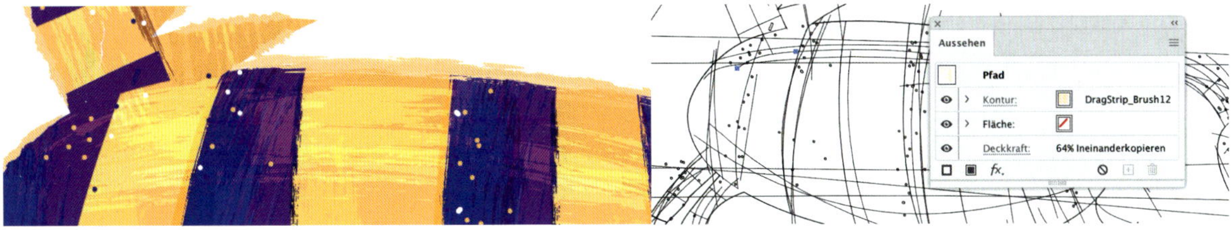

Konturen in Pinseln

In Grundformen für Pinsel sollten Sie normalerweise keine Konturen verwenden, da es damit Probleme geben kann (z. B. beim Aneinanderfügen der Elemente in Musterpinseln). Darüber hinaus verhalten sich Konturen unerwartet, wenn Sie die Konturstärke einer Pinselkontur verändern oder eine variable Konturstärke zuweisen (Regenbogen: Mitte mit Konturen, rechts Konturen umgewandelt).
Das Skalierungsverhalten von Konturen in Pinseln kann jedoch auch nützlich sein. Normalerweise werden Linien in Bild- und Musterpinseln verformt, wenn der Pfad gebogen ist. Ist die Linie jedoch eine nicht umgewandelte Kontur, dann passt sie sich nicht an die Pfadkrümmung an (Eisenbahnschienen: Mitte mit Konturen, rechts Konturen umgewandelt). Strichelungsoptionen werden nicht einfach gedehnt (Hosenbein: Mitte mit Konturen, rechts Konturen umgewandelt).

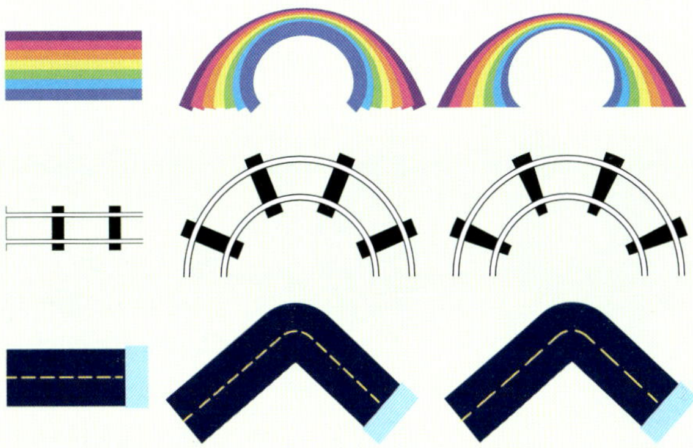

8.4.5 Spezialpinsel

Die Grafik der Pinselspitze wird im Rahmen der frei definierbaren Grenzen nach dem Zufallsprinzip entlang des Pfades verstreut. Spezialpinsel können die Stifteingabe für die Steuerung der Streuung auswerten (Grafiktablett s. Abschnitt 6.1.3). Das Breitenwerkzeug können Sie an Spezialpinselkonturen nicht anwenden.

▼ **Abbildung 8.43**
Spezialpinsel-Optionen und Kontur-Optionen

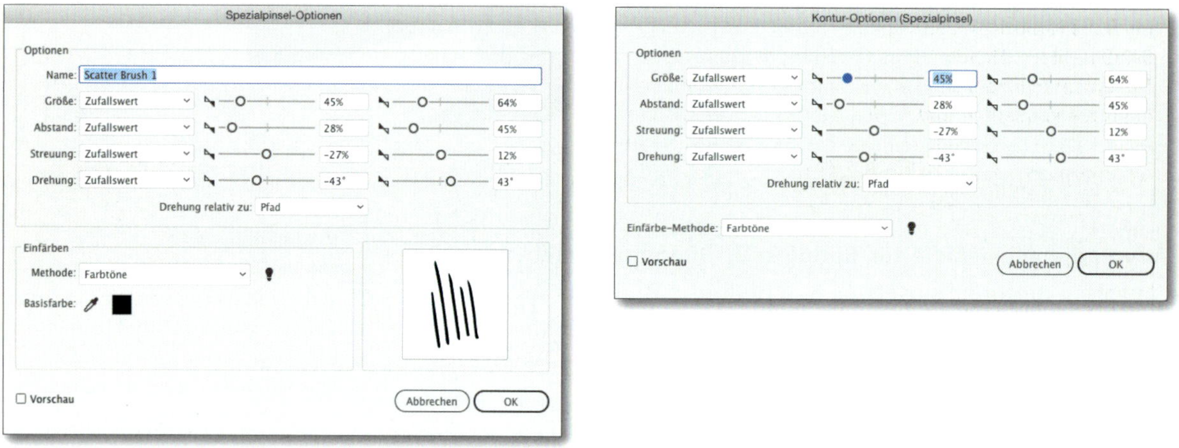

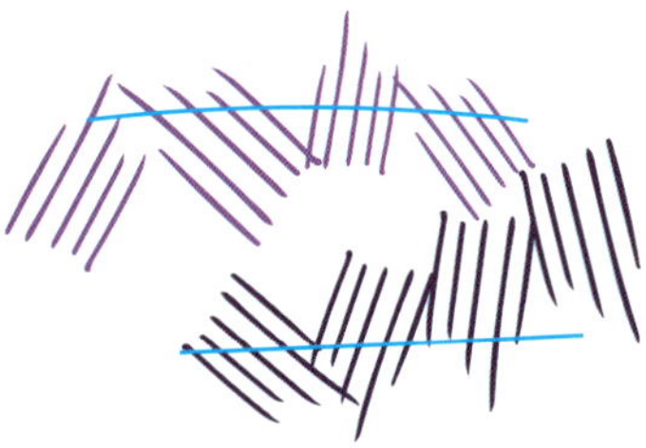

▲ **Abbildung 8.44**
Spezialpinsel mit Variation in Grösse, Abstand, Streuung, Drehung und Konturfarbe. Der Spezialpinsel verzerrt sich nicht durch die Biegung des Pfades.

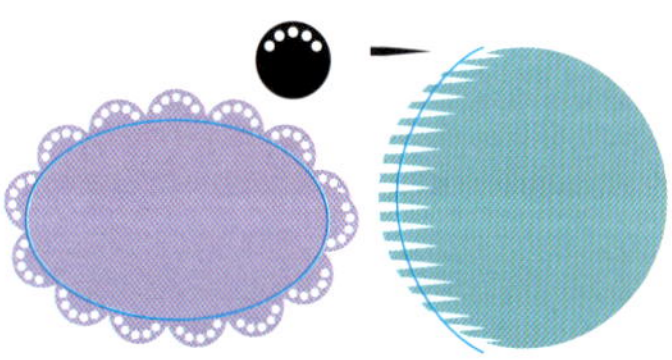

▲ **Abbildung 8.45**
Drehung relativ zum Pfad (links) und zur Seite (rechts); der Anschluss ist bei geschlossenen Pfaden oft unregelmäßig.

Die Streuung wird durch fünf Variablen definiert, die Sie alle auf einen bestimmten Wert fixieren oder durch einen Bereich beschreiben können, innerhalb dessen das Programm entweder zufällig oder per Stifteingabe variiert.

- Grösse: Wenn Sie im zugehörigen Ausklappmenü die Option Fest einstellen, legen Sie in dem Eingabefeld prozentual zur Größe der Originalgrafik des Pinsels fest, wie groß die Objekte der Pinselspitze in die Kontur ausgebracht werden sollen. Bei allen anderen Optionen gilt das linke Eingabefeld als prozentuale Untergrenze der Objektgröße für einen Zufallswert, und das rechte Eingabefeld enthält die Obergrenze.
- Abstand: Mit diesen Eingaben steuern Sie den Abstand zwischen den Objekten.
- Streuung: Diese Vorgaben beschreiben die Genauigkeit, mit der die Objekte der Pinselspitze dem Pfadverlauf folgen. Höhere Werte führen zu einer weiteren Streuung. Positive bzw. negative Werte bestimmen, zu welcher Seite des Pfades gestreut wird.
- Drehung: Hier können Sie entweder einen festen oder zufälligen Drehwinkel der Pinselgrafik um ihren Mittelpunkt einstellen.
- Drehung relativ zu: In diesem Ausklappmenü bestimmen Sie den Bezug für die Berechnung der Drehung. Erfolgt die Drehung relativ zum Pfad, kann die Grafik des Pinsels dem Pfadverlauf besser folgen.

Wenn Sie bei 0° Drehung die Pinselspitze relativ zum Pfad ausrichten, liegt die Grafik immer genau entlang des Pfades.

- EINFÄRBEN: Verhält sich wie beim Bildpinsel (s. Abbildung 8.40).

Einfärben und Farbmodus

Achten Sie beim Einfärben mithilfe der Pinseloptionen auf die Abhängigkeit vom Dokumentfarbmodus. Die Pinselform muss die Farbe 100 % Schwarz (oder Tiefschwarz) bzw. RGB 0/0/0 besitzen. Haben Sie die Pinselgrundform aus einem Dokument in einem anderen Farbmodus übernommen, wird die Farbe konvertiert und ist gegebenenfalls nicht richtig schwarz. Falls Sie Fehldarstellungen Ihrer eingefärbten Pinselkontur bemerken, überprüfen Sie also die Farbe der Pinselform. 100 % Schwarz wird nicht in RGB 000 konvertiert. Wenn Pinsel mit der Methode FARBTÖNE eingefärbt werden sollen, legen Sie sie am besten in RGB 000 an, sie funktionieren dann auch im Farbmodus CMYK.

8.4.6 Musterpinsel

Der Musterpinsel enthält bis zu fünf Musterelemente für Anfang, Ende, Kanten, innere und äußere Ecken, die in der Kontur je nach Form des Pfades angewendet werden. Die Musterelemente folgen dem Pfad exakt, d.h., die Grafiken werden gegebenenfalls gebogen.

Musterpinselkonturen können Sie mit dem Grafiktablett oder mit dem Breitenwerkzeug mit einer variablen Konturstärke versehen.

Nicht erlaubte Grundobjekte

In **allen** Pinselspitzen dürfen folgende Objekte nicht enthalten sein: Verläufe, andere Pinsel, Verlaufsgitter, Diagramme oder maskierte Objekte. Angleichungen werden automatisch umgewandelt.

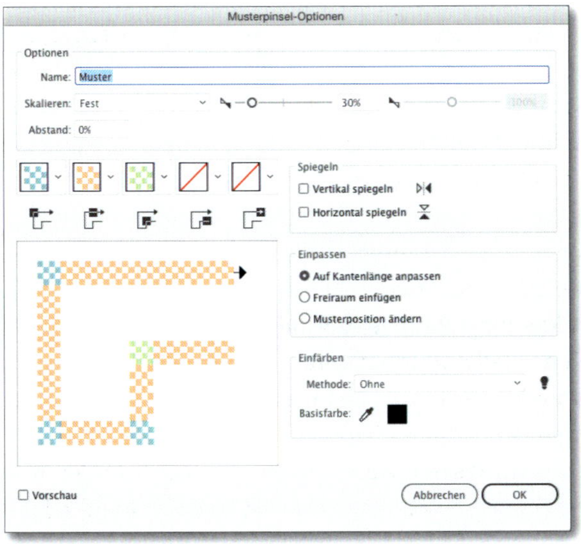

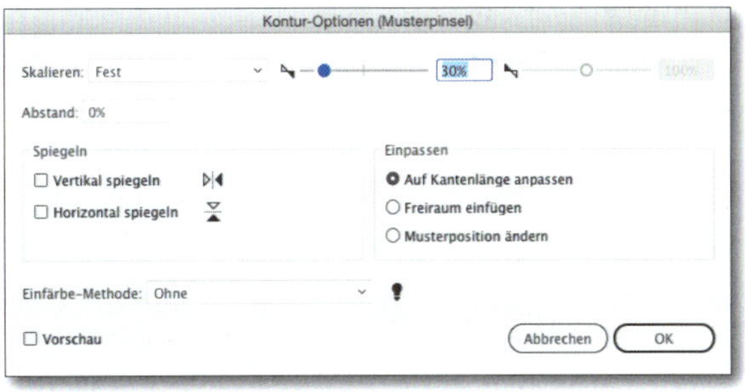

◄▲ **Abbildung 8.46**
MUSTERPINSEL-OPTIONEN und KONTUR-OPTIONEN für den Rasterpinsel aus Abbildung 8.47

Innere und äußere Ecke?

Tatsächlich geht es um die Richtung, in die der Pfad abbiegt.

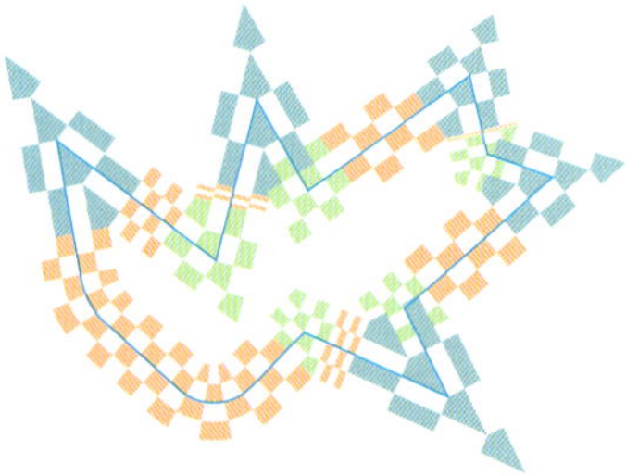

▲ **Abbildung 8.47**
Musterpinsel mit den Optionen aus Abbildung 8.46; beachten Sie die Skalierung der Elemente an unterschiedlichen Pfadsegmenten.

▲ **Abbildung 8.48**
Eine (nicht sichtbare) Fläche im Grundobjekt (oben) erzeugt Fehler (unten).

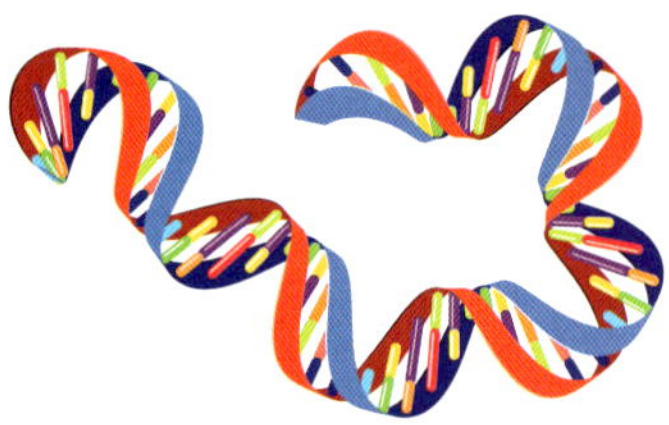

▲ **Abbildung 8.49**
Mit Musterpinseln lassen sich auch schwierige Objekte illustrieren.

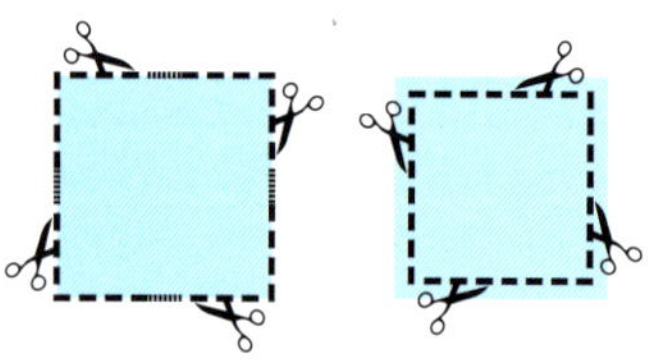

▲ **Abbildung 8.50**
Musterelemente auf Kantenlänge angepasst (links) und Musterposition geändert (rechts)

In den Pinseloptionen bestimmen Sie die Musterelemente für die Pinselspitze. Die verschiedenen Musterelemente werden auf bestimmte Abschnitte eines Pfadverlaufs angewendet. Das erste Musterfeld enthält das Kantenelement für die äußere Ecke. Im zweiten Feld folgt das Element für den normalen Pfadverlauf, die »Kante«. Anders als die anderen Felder muss es belegt sein. Mit diesen Feldern geben Sie die Musterelemente für »innere« Ecken, Pfadanfang und Pfadende vor. Mit einem Klick auf die Miniatur oder den Pfeil rufen Sie ein Pulldown-Menü auf, das die Musterfelder des Dokuments enthält sowie – bei den Eckelementen – vier Automatismen, mit denen Illustrator diese berechnen kann (s. nächsten Abschnitt »Eckelemente automatisch generieren«). Um einem der Elemente für den Musterpinsel ein Muster-Farbfeld zuzuordnen, wählen Sie aus dem Menü das gewünschte Muster aus. Nachdem Sie die Musterelemente belegt haben, wird die Verbindung zu den Musterfeldern im Farbfelder-Bedienfeld nicht weiter aufrechterhalten. Sie können diese also ändern oder löschen.

Darüber hinaus haben Sie in den Pinseloptionen Einfluss auf die folgenden Parameter:

- Größe: Mit der Option Skalieren legen Sie fest, ob die Grafiken der Musterelemente bei der Anwendung auf eine Kontur prozentual vergrößert oder verkleinert werden sollen. Zusätzlich können Sie den Abstand zwischen den einzelnen Musterelementen dehnen oder verringern. Bei 0 % berühren sich die Elemente. Die Obergrenze liegt bei 10.000 %.
- Tablettoptionen-Menü: Wählen Sie, mit welcher Option des Grafiktabletts Sie die Konturstärke am Pfad variabel steuern möchten (Grafiktablett s. Abschnitt 6.1.3).
- Spiegeln: Die Option Vertikal spiegeln hat zur Folge, dass die Musterelemente senkrecht zum Pfad gespiegelt werden. Bei Horizontal spiegeln kehrt Illustrator die Belegung der Musterelemente auf dem Pfad um.
- Einpassen: Nur in den wenigsten Fällen entspricht die Länge des Pfades einem Vielfachen der Länge der Musterelemente. Deshalb müssen Sie bestimmen, auf welche Weise Illustrator die Elemente einpassen soll: Auf Kantenlänge anpassen staucht oder streckt nach Bedarf die Elemente zwischen zwei Eckpunkten. Wenn Sie die Form der Musterelemente nicht verändern möchten, können Sie stattdessen Freiraum einfügen lassen, dann entstehen allerdings Lücken in der Kontur. Die dritte Möglichkeit – Musterposition ändern – verändert den Abstand der Musterelemente zum Pfad, dabei bleibt der Pfad in seiner ursprünglichen Lage, aber die Kontur kann als Folge weit neben dem Pfad positioniert sein.

- Einfärben: Verhält sich wie beim Bildpinsel (s. Abbildung 8.40).

Eckelemente automatisch generieren | Wenn Sie einen Musterpinsel anlegen, wird für die Äussere Ecke automatisch eine Vorauswahl der Berechnungsmethode getroffen.

Alle diese Methoden erzeugen ein oder mehrere Duplikate des Ausgangsobjekts, verformen diese gegebenenfalls und setzen sie so zusammen, dass sich eine Ecke bildet. Darüber hinaus beinhalten Musterpinsel mit automatisch generierten Ecken Automatismen zum Anpassen der Ecke, die bei der Anwendung des Pinsels am Objekt wirksam werden und die bei manuell generierten Ecken nicht vorhanden sind. In der großen Voransicht sehen Sie Ihre Pinselkontur mit der jeweiligen Ecke. Das Anzeigen der automatischen Optionen im Pulldown-Menü müssen Sie mit der Option Automatisch generierte Eckmusterelemente einblenden aktivieren.

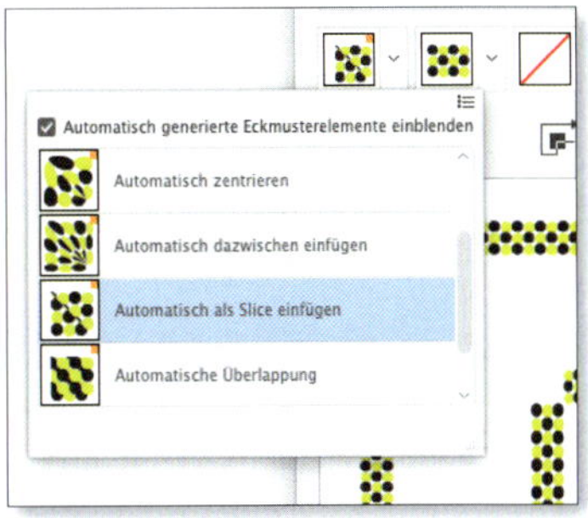

▲ **Abbildung 8.51**
Auswahl der automatischen Ecken – ihre Miniatur in der Dialogbox zeigt immer das kleine orange Quadrat in der oberen Ecke.

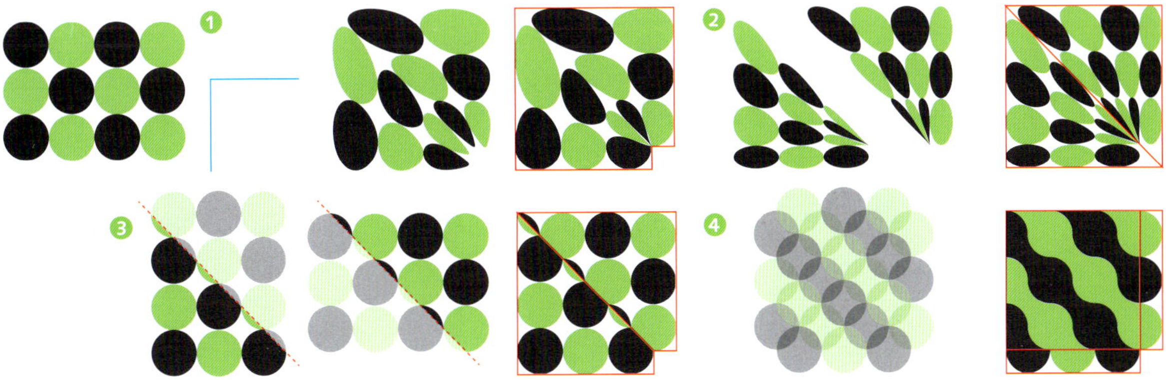

▲ **Abbildung 8.52**
Automatische Berechnung von Eckelementen: Ausgangselement (links oben), Automatisch zentrieren 1, Automatisch dazwischen einfügen 2, Automatisch als Slice einfügen 3, Automatische Überlappung 4

- Automatisch zentrieren 1: Das Grundelement wird so um die Ecke gebogen, wie es passieren würde, wenn man es als Bildpinsel an einem entsprechend gebogenen Pfad verwendet. Eventuelle Überlappungen werden automatisch beseitigt.
- Automatisch dazwischen einfügen 2: Zwei Duplikate des Ausgangselements werden auf Gehrung wie mit einer Verzerrungshülle verzerrt und in der Ecke wie ein Bilderrahmen zusammengefügt.
- Automatisch als Slice einfügen 3: Zwei Duplikate des Ausgangselements werden halbiert und wie mit einer Schnittmaske auf Gehrung beschnitten und in der Ecke zusammengefügt.
- Automatische Überlappung 4: Zwei Duplikate des Ausgangselements werden einfach im rechten Winkel übereinandergelegt und am Rand gegebenenfalls beschnitten.

Automatisch als Slice einfügen?

Die Bezeichnung dieser Methode ist sehr irreführend. Die englische Version bezeichnet diesen Typ einfach als »automatisch zerschnitten« (Auto-sliced).

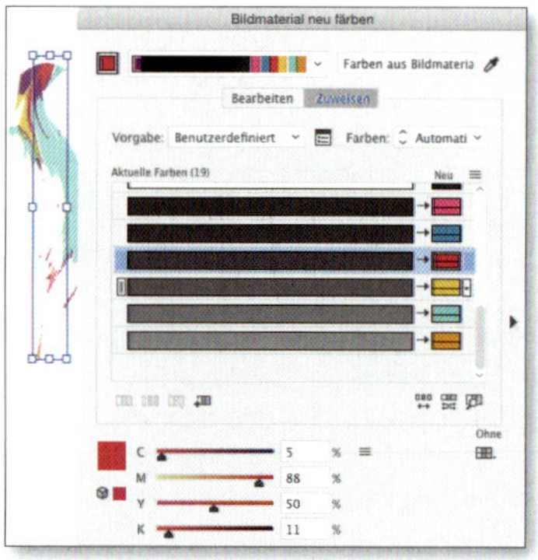

▲ **Abbildung 8.53**
Umfärben eines Pinsels aus den mitgelieferten Bibliotheken mithilfe von BILDMATERIAL NEU FÄRBEN

▲ **Abbildung 8.54**
Dieselbe Pinselgrundform (schwarzes Dreieck) angewendet auf einen Kreis als Bildpinsel (blau), Musterpinsel (grün) und Spezialpinsel (orange)

▲ **Abbildung 8.55**
Optionen für NEUER PINSEL

8.4.7 Pinsel-Bibliotheken und Pinsel in der CC-Bibliothek

Ein Verzeichnis der gespeicherten Pinsel-Bibliotheken mit vielen verschiedenen Pinselspitzen finden Sie im Bedienfeldmenü des Pinsel-Bedienfeldes unter PINSEL-BIBLIOTHEK ÖFFNEN bzw. mit einem Klick auf den Button (mehr zu Bibliotheken finden Sie in Abschnitt 1.3).

Auch in den CC-Bibliotheken gibt es einige wenige Illustrator-Pinsel. Rufen Sie sie unter FENSTER • BIBLIOTHEKEN auf, und scrollen Sie bis zum Bereich PINSEL. Die hervorgehobenen Pinsel können Sie in Illustrator verwenden. Mit einem Klick darauf fügen Sie sie dem Pinsel-Bedienfeld hinzu. Falls Sie über ein geeignetes iOS- oder Android-Gerät verfügen, können Sie mit der App Adobe Capture eigene Pinsel erstellen (mehr zu den CC-Bibliotheken finden Sie in Abschnitt 1.4).

8.4.8 Pinsel umfärben

Dank BILDMATERIAL NEU FÄRBEN ist das Umfärben bereits vorhandener Pinsel sehr einfach. Gehen Sie wie folgt vor:

1. Wenden Sie den betreffenden Pinsel an einem Objekt auf der Zeichenfläche an. Möchten Sie die Farben eines Musterpinsels ändern, ist es nicht nötig, dass alle seine Musterelemente an diesem Objekt erscheinen, um sie umzufärben.
2. Aktivieren Sie das Objekt, und rufen Sie BEARBEITEN • FARBEN BEARBEITEN • BILDMATERIAL NEU FÄRBEN auf.
3. Nehmen Sie die Farbänderungen vor (s. Abschnitt 7.9). Illustrator erzeugt automatisch ein Duplikat des Pinsels mit geänderten Farben im Pinsel-Bedienfeld.

8.4.9 Pinselspitzen selbst erstellen

Sie können selbst neue Pinselspitzen aller Arten herstellen. Entscheiden Sie sich zunächst für eine Pinselart.

Die komplexeste Pinselart ist der Musterpinsel – es ist jedoch in vielen Fällen gar nicht mehr nötig, einen Musterpinsel zu erstellen, denn Sie können beim Skalieren von Bildpinseln die Enden verschonen, und die Faltung von Bildpinseln an Ecken kann ziemlich sauber berechnet werden. Musterpinsel brauchen Sie daher meist nur noch, wenn sich das Kantenelement am Pfad nahtlos wiederholen und verformen muss (wie bei einem Seil oder einem Zopf).

Wenn Sie das Ausgangselement erstellt haben, wählen Sie NEUER PINSEL... aus dem Menü des Pinsel-Bedienfeldes, ziehen die Grafik ins Pinsel-Bedienfeld oder klicken auf den Button NEUER PINSEL. Anschließend erscheint eine Dialogbox, die die Pinselart abfragt.

Bildpinsel und Spezialpinsel | Die Pinselarten Bildpinsel und Spezialpinsel können Sie nur auswählen, wenn ein oder mehrere Objekte auf der Arbeitsfläche aktiviert sind.

Erstellen Sie deshalb zunächst die Grafik für die Pinselspitze ganz normal in Ihrem Dokument, und halten Sie sie aktiv. Pixelgrafiken lassen sich in Pinseln zwar verwenden, Verlaufsgitter und Verläufe jedoch nicht – ersetzen Sie Verläufe durch Angleichungen (s. Abschnitt 10.7).

Anschließend klicken Sie im Pinsel-Bedienfeld auf den Button Neuer Pinsel ⊞. Damit wird die Pinselspitzengrafik an die Dialogbox Bildpinsel-Optionen bzw. Spezialpinsel-Optionen übergeben, in der Sie die oben beschriebenen Einstellungen vornehmen können.

Nach der Übernahme als Pinselspitze bleibt die Verbindung zur Originalgrafik nicht bestehen, und Sie könnten diese löschen. Falls Sie bei der Erstellung der Pinselspitze Live-Funktionen oder Effekte verwendet haben, sollten Sie die Originalgrafik für eventuelle Änderungen speichern.

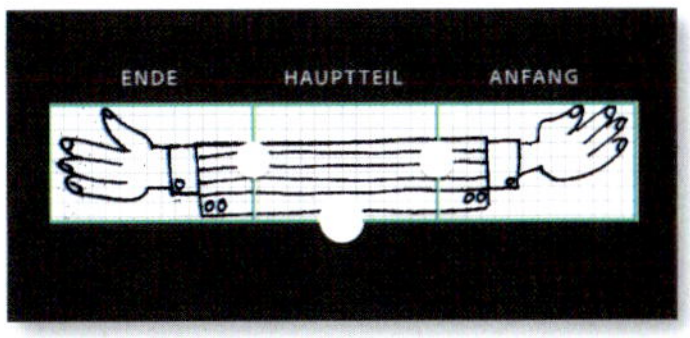

▲ **Abbildung 8.56**
Bestimmen der Dehnungspunkte eines Bildpinsels; die Grundform wurde mit der App direkt von einer Zeichnung fotografiert und bearbeitet.

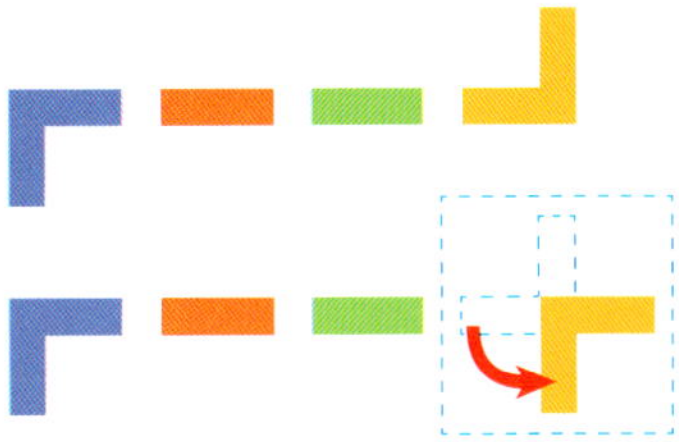

▲ **Abbildung 8.57**
Auch wenn beide Eckelemente jeweils anschließend an die Kante entworfen werden, muss eines der Elemente vor dem Generieren des Musterpinsels gedreht werden.

Musterpinsel | Musterpinsel setzen Musterelemente nahtlos aneinander, d.h., eigentlich setzen sie nicht die Grafiken aneinander, sondern ein darin enthaltenes unsichtbares Rechteck – das Begrenzungsrechteck. Bei der Erstellung der fünf Elemente für den Musterpinsel gilt es, einige Regeln zu beachten, damit bei der Anwendung alles zusammenpasst.

- Die obere Kante der Musterelemente zeigt bei der Anwendung des Pinsels immer nach außen ❶.
- Während Kantenelemente rechteckig sein können, müssen Eckelemente – bzw. deren Begrenzungsrechteck – eine quadratische Form besitzen.
- Die Kantenlängen der Elemente – bzw. deren Begrenzungsrechteck – müssen an den aneinandergrenzenden Seiten identisch sein ❷. An diese Vorschrift hält sich Illustrator bei den automatisch generierten Eckelementen leider selbst nicht. Achten Sie darauf, falls Sie einmal einen Pinsel mit automatischen Ecken zurückwandeln und dann als Basis für Ihre Designs verwenden.
- Achten Sie beim Erstellen einer Kontur, die durch alle Musterelemente durchlaufende Elemente besitzt, darauf, dass diese an den Seiten aneinander anschließen ❸.

▲ **Abbildung 8.58**
Anstatt sich die Mühe zu machen, Eckelemente zu konstruieren, können Sie auch die Ecken im Pfad abrunden. Zu vielen Motiven passt es ohnehin besser.

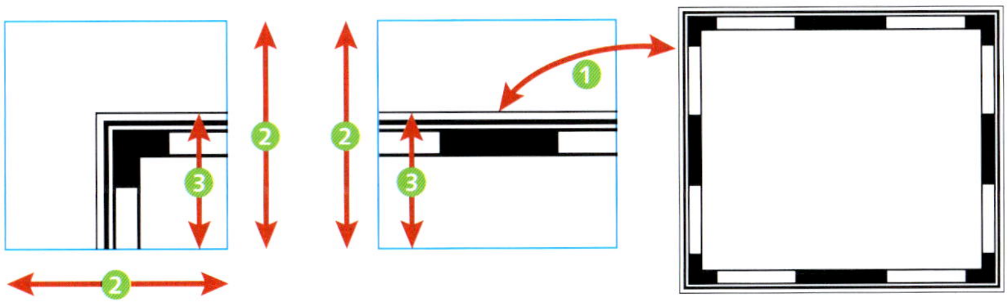

◀ **Abbildung 8.59**
Richtlinien für die Gestaltung von Musterpinsel-Elementen

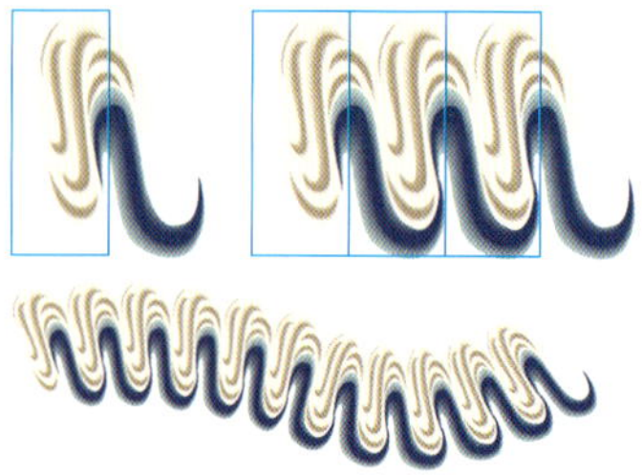

▲ **Abbildung 8.60**
Dieses Kantenelement ragt über das Begrenzungsrechteck hinaus.

- Eigentlich soll kein Element der zu einem Pinsel gehörenden Musterfelder über den Begrenzungsrahmen hinausragen, es funktioniert jedoch trotzdem und kann Ihnen bei bestimmten Pinseln (s. Abbildung 8.60) viel Arbeit abnehmen. Das Begrenzungsrechteck bestimmt darüber, wie die Elemente aneinandergefügt werden. Konstruieren Sie es sorgfältig.
- Um einen Musterpinsel zu generieren, benötigen Sie mindestens ein Kantenelement – alle anderen Elemente sind optional. Die Eckelemente können Sie entweder selbst erstellen oder von Illustrator aus dem Kantenelement generieren lassen. Wenn Sie Eckelemente manuell erstellen, müssen Sie für alle Elemente jeweils auch das unsichtbare Begrenzungsrechteck hinter allen anderen Objekten anlegen. Das Anlegen der Elemente als Musterfelder ist nicht notwendig.
- Wenn Sie Ihren Pfad um Ecken führen wollen, belegen Sie in der Dialogbox Musterpinsel-Optionen beide Ecken mit einem Muster – verwenden Sie dasselbe Musterfeld für beide Ecken, falls Sie nur ein Design vorbereitet haben. Je nachdem, in welche Richtung der Pfad abbiegt, werden die Ecken zugewiesen, d. h., wenn Sie die Pfadrichtung umkehren, wird das jeweils andere Eckelement verwendet (bei Designs wie Briefmarken, die nur eine Eckenform besitzen, ist das selbstverständlich nicht erforderlich).

Welche Ecke ist die beste?

Automatisch zentrieren und Automatisch dazwischen einfügen sind dann geeignet, wenn Ausgangselemente kein Zerschneiden vertragen. Bei Automatisch zentrieren wird das Grundelement stärker unproportional verzerrt. Beide Methoden können nicht zuverlässig verwendet werden, wenn Elemente exakt senkrecht zum Pfad stehen bleiben sollen. Für Automatisch als Slice einfügen sollte das Ausgangselement nicht allzu kleinteilig aufgebaut sein, da sonst zu viele Elemente angeschnitten werden. Automatische Überlappung ist fast immer problematisch, wenn die Musterelemente teilweise »durchsichtig« sind.

Um den Musterpinsel zu erstellen, aktivieren Sie das Kantenelement auf der Zeichenfläche und klicken auf den Button Neuer Pinsel im Pinsel-Bedienfeld. Wählen Sie die Option Musterpinsel. In der Dialogbox Musterpinsel-Optionen bestimmen Sie die Eigenschaften und wählen gegebenenfalls die automatischen Ecken aus. Sie können für beide Eckelemente unterschiedliche Methoden wählen.

Wenn Sie den Pinsel später mit Eck- und Endelementen ergänzen wollen, drücken Sie ⌥/Alt und ziehen die weiteren Elemente nacheinander an ihre Position in den Kästchen des Musterpinsels im Pinsel-Bedienfeld (aktivieren Sie dafür die Miniaturenansicht). Die Positionen sind genau festgelegt – am besten holen Sie sich einen fertigen Musterpinsel mit allen Elementen zum Vergleich ins Pinsel-Bedienfeld, damit Sie die Elemente an die richtigen Positionen ziehen können.

Abbildung 8.61 ▶
Hinzufügen des Elements »Äußere Ecke« zu einem Musterpinsel ohne Umwege über Musterfelder (links); Positionen der Elemente: innere Ecke ①, Anfang ②, Ende ③

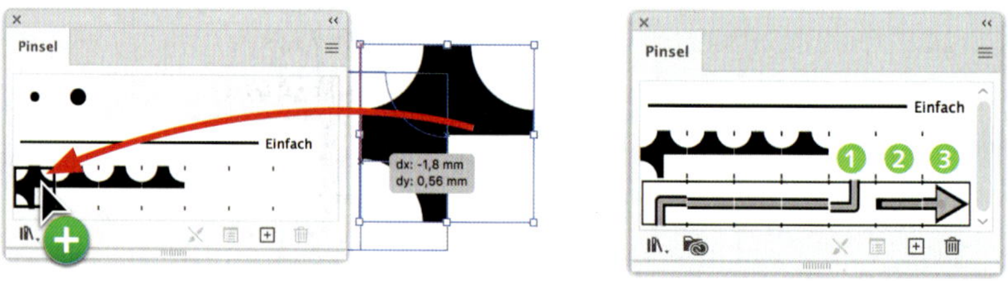

Eckengenerierung beeinflussen | Auch ohne das eigentliche Muster der Kante zu verändern, können Sie den Automatismus zum Generieren der Ecken noch beeinflussen. Wichtige Parameter dafür sind die Länge des Ausgangsobjekts sowie die Größe des Begrenzungsrechtecks. Für eine korrekte Wiederholung müssen Sie lediglich einen Rapport als Kante anlegen. Wenn Sie den Rapport jedoch bereits im Ausgangselement wiederholen, erhalten Sie ein anderes Ergebnis bei den Ecken.

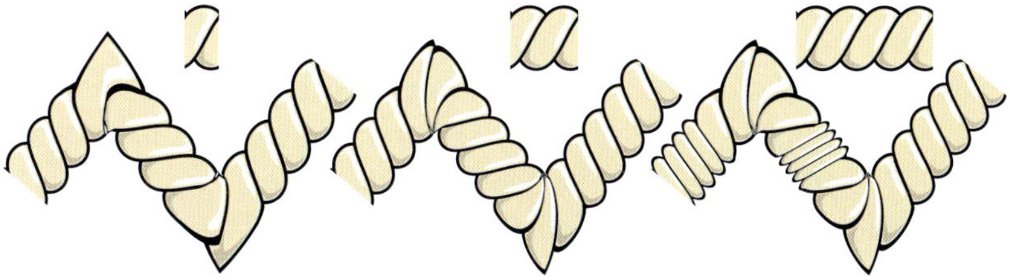

◀ Abbildung 8.62
Mit der Minimallänge (links) ist die durch Automatisches zentrieren generierte Ecke nicht optimal. Ein längeres Grundelement bewirkt eine schönere Ecke (Mitte). Ist die Kante zu lang, kann dies andere Probleme verursachen (rechts: Kantenelement ist zu lang für das Pfadsegment).

Auch die Höhe des Begrenzungsrechtecks verändert die automatisch generierten Ecken. Probieren Sie einmal, es viel höher anzulegen als nötig. Mit diesen beiden Parametern lohnt sich das Experimentieren, wenn Sie mit den automatischen Ergebnissen unzufrieden sind, da die automatisch generierten Ecken nicht sinnvoll nachzubearbeiten sind.

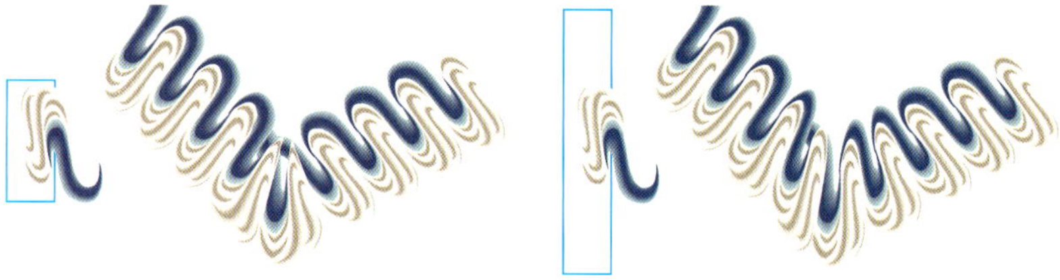

◀ Abbildung 8.63
Vergleich der automatisch berechneten Ecke bei unterschiedlich hohen Begrenzungsrechtecken der Kante (blau markiert)

Rasterbilder in Pinseln | Achten Sie darauf, dass Rasterbilder nicht größer sind als ein Megapixel (etwa 1.000 × 1.000 Pixel), sonst hat Illustrator Schwierigkeiten, die Pinselkonturen zu berechnen. Bereiten Sie das Bildmaterial möglichst exakt für die Ausgabegröße vor, Transparenzen können Sie ebenfalls nutzen. Bevor Sie die Bilder als Pinsel verwenden können, müssen Sie sie einbetten (s. Abschnitt 19.1.1).

In Bildpinseln verursacht die Skalierung zwischen Hilfslinien die Bildung von Schlieren. Das ist in künstlerisch-experimenteller Hinsicht gegebenenfalls interessant.

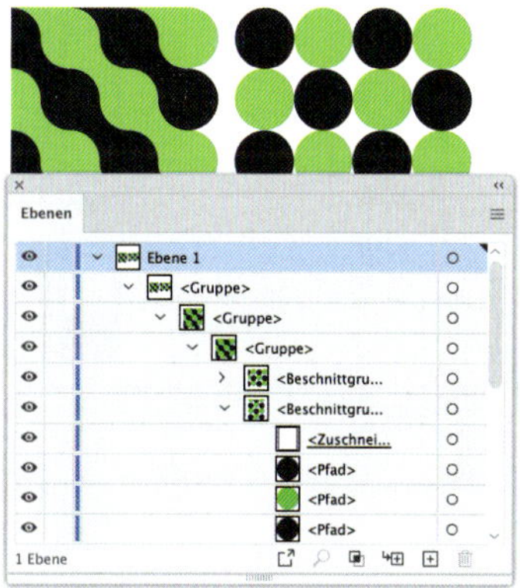

▲ Abbildung 8.64
Objekthierarchie einer per Automatische Überlappung generierten Ecke

Kanten- und Eckendesigns

Die automatischen Ecken werden immer aus dem Kantenelement gebildet und sind damit visuell abhängig. Wird das Kantenelement aktualisiert, dann erfolgt auch ein Update der Ecke.

Unterschiede zwischen Bild- und Musterpinsel

Manche Konturen können alternativ mit Bild- oder Musterpinseln erstellt werden. Ihre Entscheidung für einen Pinseltyp kann einen großen Unterschied bedeuten, wenn sich ein Pfad selbst überkreuzt: Bildpinsel (links), Musterpinsel (rechts).

8.4.10 Weiterbearbeiten von Pinseln

Um die Elemente eines Pinsels nachzubearbeiten, den Illustrator generiert hat oder den Sie als Clipart erhalten haben, ziehen Sie ihn zunächst aus dem Pinsel-Bedienfeld auf die Zeichenfläche.

1. Nun müssen Sie lediglich die entsprechenden Änderungen durchführen – untersuchen Sie die Objektstruktur auf jeden Fall mit dem Ebenen-Bedienfeld (s. Abbildung 8.64), denn es können mehrere ineinandergeschachtelte Gruppen oder Schnittmasken vorhanden sein. Arbeiten Sie gegebenenfalls im Isolationsmodus.
2. Überprüfen Sie außerdem die Begrenzungsrechtecke von (automatisch generierten) Musterpinseln, und ergänzen Sie sie, falls nötig. Eine Anleitung finden Sie in der folgenden Übung.
3. Anschließend ziehen Sie die Grafik wieder ins Pinsel-Bedienfeld – mit ⌥/Alt ersetzen Sie einen bestehenden Pinsel. Wenn Sie einen Musterpinsel neu erzeugen wollen, müssen Sie alle Elemente einzeln ins Pinsel-Bedienfeld ziehen. Dazu heben Sie deren Gruppierung auf.

▲ Abbildung 8.65
Das Ergebnis (oben) und die Ausgangselemente für den Workshop

Schritt für Schritt
Umrandung einer Landkarte mit einer Doppelkontur

Der Ecken-Automatismus besitzt diverse Einschränkungen, die es immer noch nötig machen, Musterpinsel »von Hand« zu erstellen; dies sehen wir uns anhand eines einfachen geometrischen Beispiels an. In der Datei »Musterpinsel-Workshop.ai« finden Sie die Grundelemente für die Umrandung einer Karte. Das Kanten- und das Eckelement liegen exakt »auf einer Linie«, das vereinfacht die Konstruktion erheblich.

1 Mittellinie markieren

Im ersten Schritt finden Sie die Mittellinie des Randes heraus. Damit die Randelemente später an die Ecken passen, werden Begrenzungsrechtecke erzeugt, die so ausgerichtet sein müssen, dass die Kontur genau in ihrer Mitte liegt.

Es gibt mehrere Wege, diese Mitte zu finden – wir verwenden eine Hilfskonstruktion mit einem Rechteck. Gehen Sie mit ⌘/Strg+Y in die Pfadansicht, und aktivieren Sie mit ⌘/Strg+U die intelligenten Hilfslinien. Ziehen Sie mit dem Rechteck-Werkzeug ein Rechteck von der Oberkante bis zur Unterkante des horizontalen Musters auf. An dem senkrechten Linienstück der Ecke messen Sie die Gesamtbreite auf dieselbe Art.

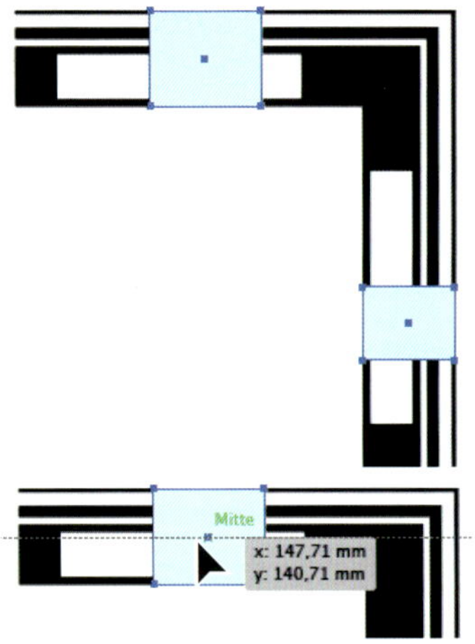

▲ Abbildung 8.66
Mit Rechtecken wird die Mitte der Kontur ausgemessen, und dann werden jeweils Hilfslinien gezogen. Die intelligenten Hilfslinien zeigen an, wenn Sie den Mittelpunkt getroffen haben.

In den Rechtecken ist der Mittelpunkt markiert. Zoomen Sie heran, und ziehen Sie jeweils Hilfslinien darauf. Die Rechtecke brauchen Sie jetzt nicht mehr und löschen sie daher.

2 Mitte der Lücke markieren

Die Musterelemente werden so gebaut, dass sich der schwarze Strich in der Mitte befindet und links und rechts davon je die Hälfte der Lücke liegt. Dazu müssen Sie nun die Mitte der horizontalen Lücken markieren. Dies nehmen Sie ebenfalls mit Rechtecken vor. Markieren Sie diese Mittelpunkte mit senkrechten Hilfslinien, und löschen Sie die Rechtecke wieder.

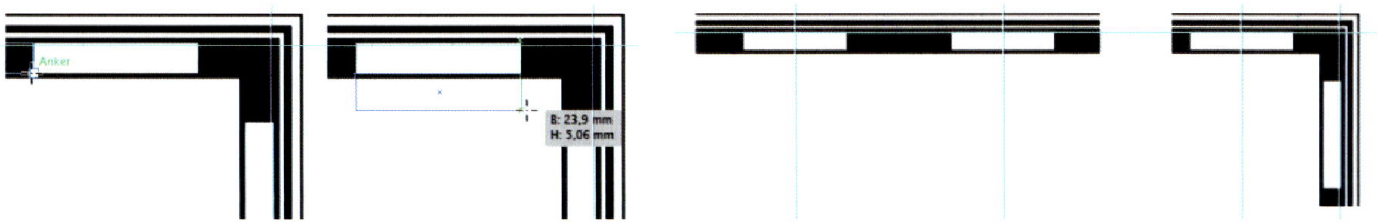

▲ Abbildung 8.67
Arbeiten mit intelligenten Hilfslinien (links und Mitte); Hilfslinien, die nach Abschluss dieses Schritts vorliegen sollten (rechts)

3 Begrenzungsrechteck für Eckelement

Das Eckelement erhält nun ein Begrenzungsrechteck, das markiert, wie die Kantenelemente angesetzt werden. Dieses Rechteck muss exakt quadratisch sein. Sie ziehen es mit dem Rechteck-Werkzeug [▭] mit gedrückter [⇧]- und [⌥]/[Alt]- Taste vom Mittelpunkt bis zu der Hilfslinie, die die Mitte der Lücke markiert. Markieren Sie anschließend die untere Kante des Rechtecks mit einer Hilfslinie.

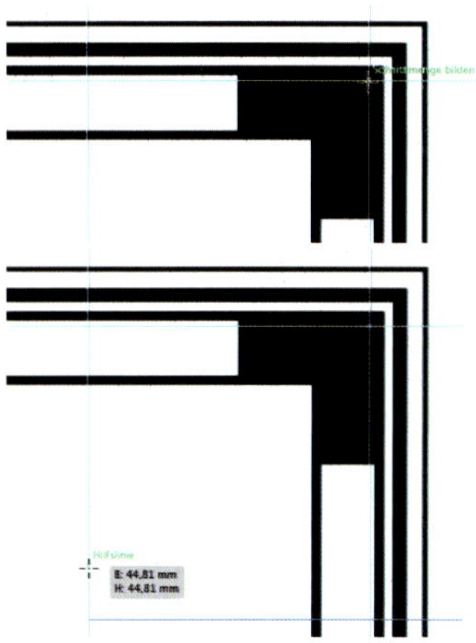

▲ Abbildung 8.68
An die Ecke müssen Sie näher heranzoomen, um die Mitte genau zu treffen.

4 Begrenzungsrechteck für die Kante

Da das Begrenzungsrechteck für die Kante dieselbe Höhe besitzen muss, können Sie das Quadrat wiederverwenden. Drücken Sie [⌥]/[Alt] und [⇧], um eine Kopie waagerecht zu verschieben, und ziehen Sie das Quadrat bis an eine der Hilfslinien heran. Anschließend passen Sie seine Breite an, sodass es exakt zwischen den beiden Hilfslinien liegt.

Beide Begrenzungsrechtecke müssen in den Hintergrund gestellt werden. Aktivieren Sie diese, schneiden Sie sie mit [⌘]/[Strg]+[X] aus, und fügen Sie sie mit [⌘]/[Strg]+[B] im Hintergrund wieder ein.

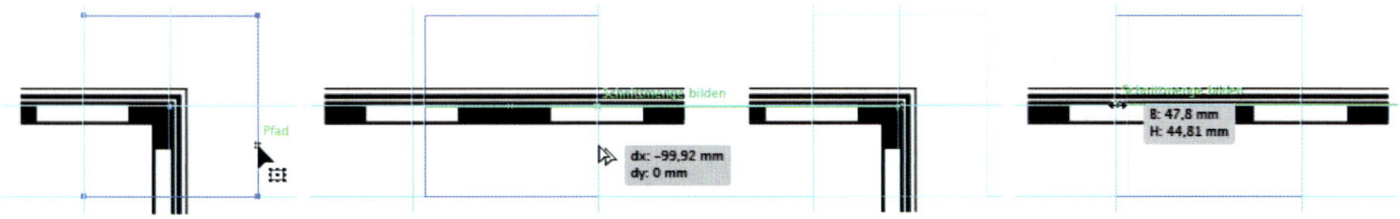

▲ Abbildung 8.69
Duplizieren und Anpassen des Begrenzungsrechtecks

Hilfslinien sperren

Damit Sie die Hilfslinien nun nicht mehr unbeabsichtigt aktivieren, können Sie sie sperren.

5 Überflüssige Objekte entfernen

Alle Elemente, die über das Begrenzungsrechteck hinausragen, müssen nun entweder gelöscht oder so skaliert werden, dass sie exakt mit ihm abschließen. Wählen Sie die jeweiligen Punkte mit dem Direktauswahl-Werkzeug aus, und verschieben Sie sie exakt waagerecht bzw. senkrecht, bis sie am Begrenzungsrechteck einrasten. Am besten gelingt dies in der Pfadansicht.

Abbildung 8.70 ▶
Anpassen der Musterpinsel-Elemente

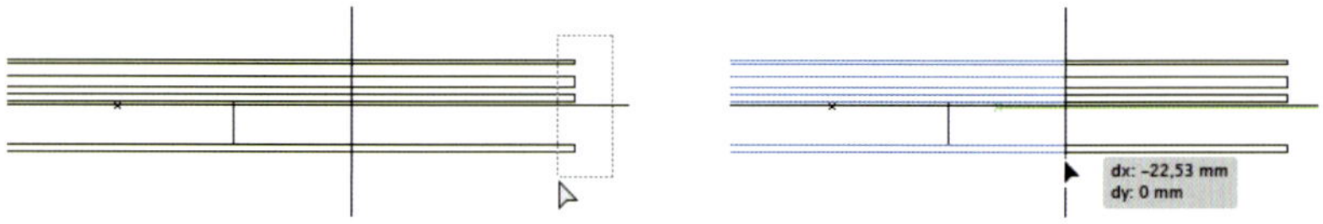

6 Eckelement drehen

Das Eckelement muss anders ausgerichtet werden, damit Illustrator es im Pinsel korrekt anordnet. Am besten erstellen Sie zunächst eine Kopie des Elements samt seinem Begrenzungsrechteck (das Original können Sie dann einfacher bearbeiten, falls es nötig sein sollte) und drehen diese dann so, dass die Ecke nach links oben zeigt. Dem Begrenzungsrechteck weisen Sie Kontur und Fläche Ohne zu.

7 Pinsel erzeugen

Um den Pinsel zu erstellen, ziehen Sie das Kantenelement (samt Begrenzungsrechteck) ins Pinsel-Bedienfeld. In der Dialogbox Neuer Pinsel wählen Sie einen Musterpinsel. Geben Sie dem Pinsel dann einen Namen, und schließen Sie die Musterpinsel-Optionen.

▼ Abbildung 8.71
Der Musterpinsel wird direkt im Pinsel-Bedienfeld zusammengestellt – in der Dialogbox geben Sie nur weitere Optionen ein.

8 Eckelement hinzufügen

Um das Eckelement hinzuzufügen, ziehen Sie es samt seinem Begrenzungsrechteck mit gedrückter Taste ⌥/Alt auf das linke freie Feld im Eintrag des eben erzeugten Pinsels.

9 Testen

Ziehen Sie nun ein Rechteck von links oben aus auf, und weisen Sie diesem den neuen Pinsel zu, um zu testen, ob alles funktioniert.

10 Das Prinzip übertragen

Einen Musterpinsel benötigen Sie entweder, wenn die Grundform entlang der Kontur wiederholt oder wenn eine Kontur kontrolliert um Ecken geführt werden soll. In der Konstruktion erweist sich ein Musterpinsel z. B. als äußerst nützlich, wenn Sie Ketten, Reißverschlüsse, Seile oder Zöpfe benötigen.

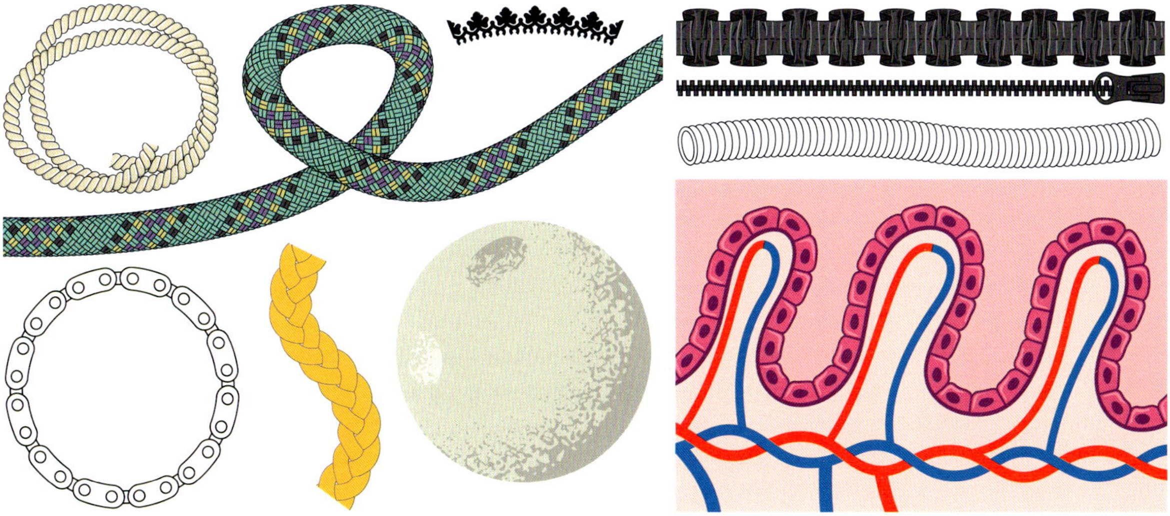

▲ **Abbildung 8.72**
Typische Anwendungsfelder für Musterpinsel

8.4.11 Pinselkonturen umwandeln

Pinselkonturen sind nicht mit jeder anderen Applikation kompatibel. Wenn Sie deshalb Pinselkonturen als eigenständige Vektorformen benötigen, die Sie weiterverarbeiten wollen, verwenden Sie den Menübefehl Objekt • Aussehen umwandeln.

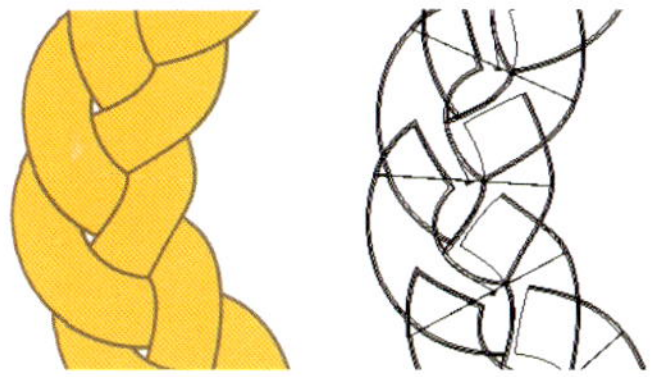

▲ **Abbildung 8.73**
Musterpinselelemente werden beim Umwandeln nicht automatisch zusammengefügt (rechts).

Prüfen | Verwenden Sie anschließend das Ebenen-Bedienfeld, um das Ergebnis zu analysieren. Prüfen Sie dabei auch, ob die unsichtbaren Rechtecke korrekt gelöscht wurden – bei der Weiterverarbeitung kann das ansonsten verwirren oder sogar zu Fehlern führen.

Optimieren | Dabei generierte Pfade können aus sehr vielen Punkten bestehen, Sie sollten sie gegebenenfalls vereinfachen (s. Abschnitt 6.4.2). Sind in einem Pinsel Raster- und Vektorelemente kombiniert, werden sie getrennt umgerechnet.

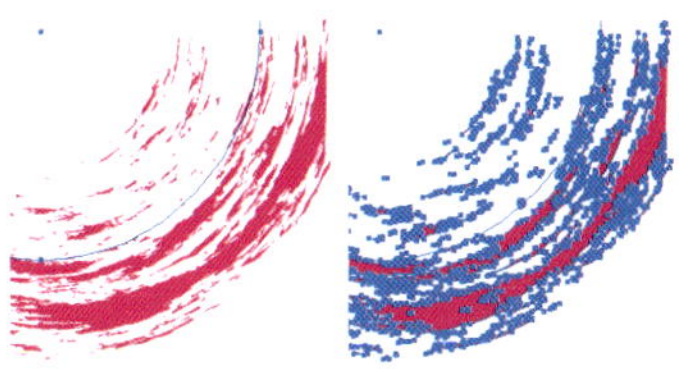

▲ **Abbildung 8.74**
Beim Umwandeln von Pinselkonturen werden oft viele Ankerpunkte erzeugt.

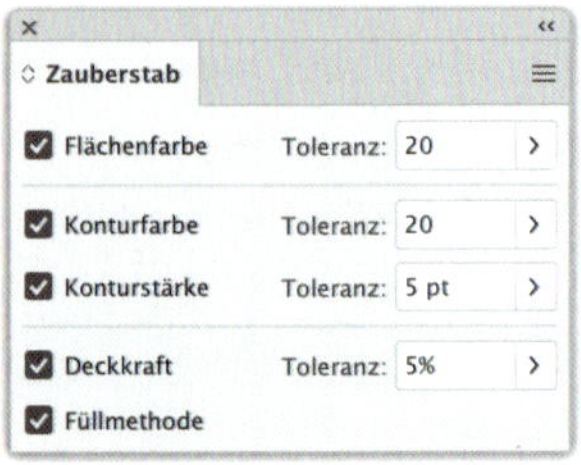

▲ **Abbildung 8.75**
Das Zauberstab-Bedienfeld

8.5 Auswahlen auf Farb- und Objektbasis

Bislang haben Sie Auswahlen manuell mit den Auswahl-Werkzeugen vorgenommen. Mit Menübefehlen und dem Zauberstab-Werkzeug ist es möglich, nach gleichen oder ähnlichen Objekteigenschaften suchen zu lassen und Objekte zu selektieren.

8.5.1 Zauberstab-Werkzeug – Objektauswahl

Wenn Sie mit dem Zauberstab-Werkzeug – Y – auf ein Objekt klicken, wählt Illustrator automatisch alle Objekte aus, die mit dem angeklickten Objekt die im Zauberstab-Bedienfeld vorgegebenen Eigenschaften teilen. Folgende Eigenschaften können einzeln oder kombiniert Basis für die Auswahl sein: FLÄCHENFARBE, KONTURFARBE, KONTURSTÄRKE, DECKKRAFT und FÜLLMETHODE.

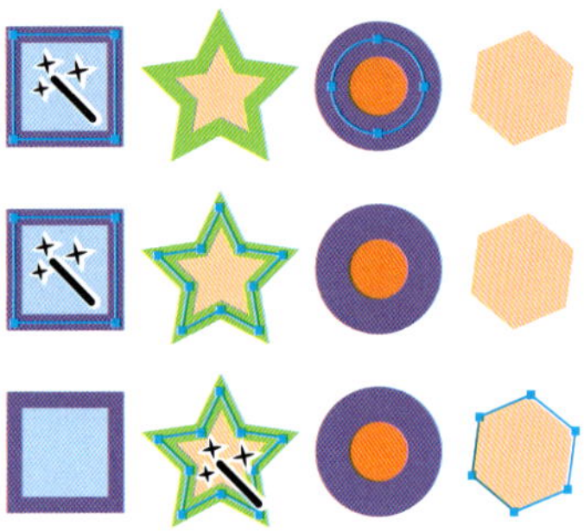

▲ **Abbildung 8.76**
Zauberstab-Auswahl (von oben): gleiche Konturfarbe, gleiche Konturstärke, gleiche Flächenfarbe

Anhand der Eigenschaften auswählen | Rufen Sie mit einem Doppelklick auf den Zauberstab im Werkzeugbedienfeld die Optionen auf, und kreuzen Sie die Attribute an, die beim Suchen mit dem ausgewählten Objekt übereinstimmen sollen. Wenn Sie eine exakt eingegrenzte Auswahl wünschen, sollten Sie deshalb die TOLERANZ jeweils auf 0 einstellen. Das Zauberstab-Bedienfeld kann während des Suchens offen bleiben. Um erneut eine Auswahl zu erstellen, klicken Sie mit dem Zauberstab auf ein Objekt, das die Attribute enthält, nach denen Sie suchen möchten.

Wenn Sie in einer Datei alle Objekte mit Konturstärken unter 0,2 Pt suchen möchten, gehen Sie wie folgt vor:

1. Zeichnen Sie ein Objekt, und geben Sie diesem eine Kontur in der STÄRKE 0,01 Pt ①.
2. Doppelklicken Sie auf das Zauberstab-Werkzeug, und aktivieren Sie im Zauberstab-Bedienfeld nur die Option KONTURSTÄRKE.
3. Geben Sie »0,18 Pt« unter TOLERANZ ein ②. Wichtig: Geben Sie die Einheit Punkt ebenfalls ein, und bestätigen Sie mit ↵. Der Wert wird in die aktuelle Maßeinheit umgerechnet.
4. Klicken Sie mit dem Zauberstab-Werkzeug auf das in Schritt 1 erstellte Objekt ③.

▼ **Abbildung 8.77**
Recherchieren und Korrigieren einer zu geringen Konturstärke in einer Datei

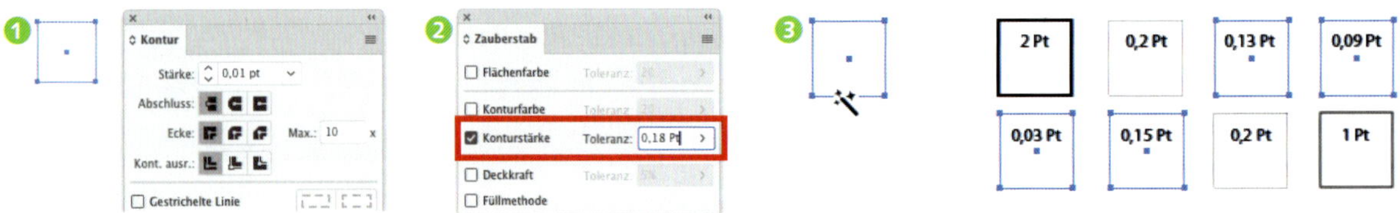

Einschränkung auf eine bestimmte Zeichenfläche | Es ist nicht möglich, das Zauberstab-Werkzeug (oder die Menübefehle) auf einzelne Zeichenflächen einzuschränken. Wenn Sie eine Einschränkung auf eine Zeichenfläche benötigen, sollten Sie entweder zusätzlich konsequent mit Ebenen arbeiten und je Zeichenfläche eine Hauptebene verwenden, die Sie bei Bedarf im Ebenen-Bedienfeld sperren. Oder Sie gehen wie folgt vor:

1. Klicken Sie auf die gewünschte Zeichenfläche, um diese zu aktivieren – die Zeichenfläche wird schwarz umrandet.
2. Rufen Sie AUSWAHL • ALLES AUF DER AKTIVEN ZEICHENFLÄCHE auf.
3. Wählen Sie AUSWAHL • AUSWAHL UMKEHREN und OBJEKT • SPERREN • AUSWAHL. Jetzt sind alle anderen Objekte fixiert.
4. Wenden Sie die gewünschten Auswahlbefehle an.

Auswahl nach Deckkraft

Der Befehl AUSWAHL • GLEICH • DECKKRAFT ignoriert gesonderte Deckkrafteinstellungen für Fläche und Kontur (zu Transparenz s. Abschnitt 12.1).

Verknüpfungsblockreihen?

Der Befehl AUSWAHL • GLEICH • VERKNÜPFUNGSBLOCKREIHEN sucht verknüpfte Flächentextobjekte (zur Typografie s. Kapitel 14).

Taste	Auswirkung
⇧	Stellen Sie gegebenenfalls erneut die Optionen ein, und drücken Sie ⇧, während Sie auf das Objekt klicken, das die gewünschten Eigenschaften besitzt, um weitere Objekte zur Auswahl hinzuzufügen.
⌥/Alt	Halten Sie ⌥/Alt gedrückt, und klicken Sie auf ein Objekt, das die Eigenschaften der Objekte aufweist, die Sie aus der Auswahl entfernen möchten.

▲ **Tabelle 8.2**
Modifikationsmöglichkeiten des Zauberstab-Werkzeugs

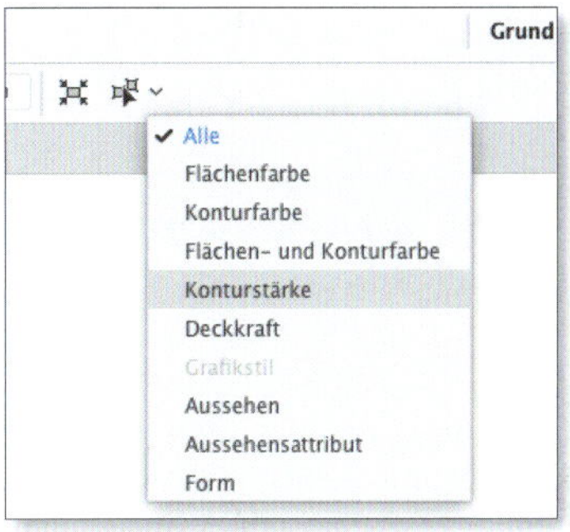

▲ **Abbildung 8.78**
Einen einfachen Zugriff auf das Auswahlmenü haben Sie über den Button ÄHNLICHE OPTIONEN AUSWÄHLEN im Steuerungsbedienfeld.

8.5.2 Objekte mit gleichen Attributen über das Menü auswählen

Ähnliche Suchmöglichkeiten, wie sie beim Zauberstab bestehen, finden Sie in der Attributliste unter AUSWAHL • GLEICH • AUSSEHEN, AUSSEHENSATTRIBUTE, FÜLLMETHODE, FLÄCHE UND KONTUR, FLÄCHENFARBE, DECKKRAFT, KONTURFARBE, KONTURSTÄRKE, GRAFIKSTIL, FORM, SYMBOLINSTANZ und VERKNÜPFUNGSBLOCKREIHEN (teilweise werden diese Eigenschaften erst in den folgenden Kapiteln erklärt). Mit diesen Menübefehlen können Sie nur Objekte mit exakt gleichen Attributen auffinden. Eine Möglichkeit, Toleranzen einzustellen, besteht nicht.

Gleiche Eigenschaften suchen | Aktivieren Sie ein Objekt, und wählen Sie im Menü einen der oben aufgeführten Befehle aus, um andere Objekte zu finden, die die entsprechende Eigenschaft mit dem aktivierten Objekt teilen. Um beispielsweise Objekte mit gleicher Konturstärke wie bei dem Referenzobjekt zu finden, wählen Sie AUSWAHL • GLEICH • KONTURSTÄRKE, oder um alle Ellipsen zu finden, wählen Sie eine aus und verwenden AUSWAHL • GLEICH • FORM.

Auswahl nach Farbton

Soll bei der Suche nach globalen Farben und Volltonfarben über das Menü auch die Farbtoneinstellung berücksichtigt werden, dann aktivieren Sie in den Voreinstellungen die Option GLEICHER FARBTON-PROZENTSATZ.

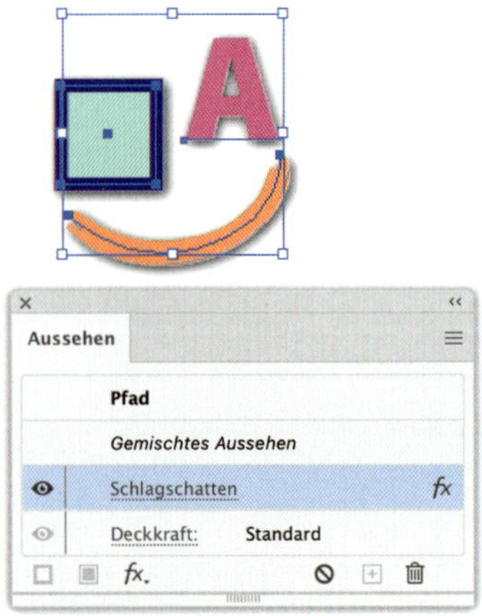

▲ **Abbildung 8.79**
Auch wenn die Objekte ansonsten unterschiedliche Eigenschaften besitzen, können Sie die identischen Attribute im Aussehen-Bedienfeld editieren.

Noch genauer suchen Sie nach Aussehen-Attributen. Dazu aktivieren Sie im Aussehen-Bedienfeld das gewünschte Attribut – eine Kontur bzw. Fläche mit sämtlichen Eigenschaften, einzelne Effekte oder Deckkrafteinstellungen – und wählen Auswahl • Gleich • Aussehensattribute. Illustrator wählt alle Objekte aus, die dieses Attribut mit denselben Optionen besitzen. Und selbst wenn die ausgewählten Objekte weitere unterschiedliche Attribute besitzen, können Sie die gesuchten Eigenschaften editieren (s. Abbildung 8.79).

Nach Eigenschaften recherchieren | Sie können mit diesen Menübefehlen aber auch recherchieren, ob Objekte mit bestimmten Eigenschaften im Dokument vorhanden sind. Dabei darf kein Objekt aktiviert sein. Richten Sie die zu suchende Eigenschaft im zugehörigen Bedienfeld ein, und wählen Sie aus dem Menü das entsprechende Attribut aus. Beispielsweise prüft Illustrator mit dem Befehl Auswahl • Gleich • Konturfarbe, ob die im Werkzeugbedienfeld oder Farbe-Bedienfeld für die Kontur bestimmte Farbe in Ihrem Dokument einem Objekt als Kontur-Eigenschaft zugewiesen ist. Gefundene Objekte werden aktiviert.

Die gleiche Auswahl auf andere Attribute anwenden | Möchten Sie auf die gleiche Weise wie vorher nach anderen Attributen suchen, aktivieren Sie ein Objekt, das die gewünschten Eigenschaften besitzt, und drücken ⌘/Strg+6, den Shortcut für den Befehl Auswahl • Erneut auswählen (anstatt erneut über Auswahl • Gleich zu gehen).

Gleiche Objekte bearbeiten | Im Modus Globale Bearbeitung findet Illustrator automatisch gleiche Objekte, und Sie können sie sofort bearbeiten. Dabei werden die Objekte nicht nur nach ihrem Aussehen, sondern auch nach ihrer Form gesucht, und Illustrator findet auch Kopien von Gruppen. Mehr dazu finden Sie in Kapitel 17.

Suche nach Symbolinstanzen

Um alle Instanzen eines bestimmten Symbols in Ihrem Dokument zu finden, differiert die Vorgehensweise etwas. In diesem Fall wählen Sie nicht das Symbol im Symbole-Bedienfeld aus, sondern aktivieren eine Instanz des Symbols, die in Ihrem Dokument platziert ist (zu Symbolen s. Kapitel 17).

Detailliertere Auswahloptionen

Die Plug-ins Select Menu und FindReplace bieten weitergehende Optionen zur Auwahl von Objekten. Mehr zu Plug-ins finden Sie in Kapitel 23.

Kapitel 9
Verläufe und Verlaufsgitter

Bereits in den Anfängen der Vektorgrafik haben Anwender fotorealistisch illustriert. Die berechneten Farbübergänge bieten jedoch viele weitere Möglichkeiten. Subtile Andeutungen von Tiefe in einer Infografik, die exakte Ausarbeitung eines Illustrationsdetails oder eine grelle Textgestaltung – Verläufe gibt es fast überall.

9.1 Verläufe

Verläufe sind berechnete Übergänge zwischen zwei und mehr Farben, die linear oder radial, also kreisförmig, angelegt sind oder zwischen frei positionierten Punkten bzw. entlang von Kurven auf einem Objekt fließen. Dabei können Sie nicht nur Anfangs- und Endfarbe vorgeben, sondern auch Zwischenfarben an frei wählbaren Positionen einfügen. Außerdem können Sie die Deckkraft der Verlaufsfarben reduzieren und einige Verlaufsarten auch Konturen zuweisen.

Verläufe werden über das Eigenschaften-, Steuerungs- oder Verlauf-Bedienfeld zugewiesen und mit dem Verlauf-Werkzeug feinjustiert.

▲ **Abbildung 9.1**
Schon Verläufe mit nur geringem Helligkeits- oder Farbkontrast erzeugen Tiefe (oben). Mit Freihandverläufen lassen sich Farben kreativ über eine Form verteilen (unten).

9.1.1 Verlauf-Bedienfeld

Im Verlauf-Bedienfeld bearbeiten Sie vorhandene Verläufe oder legen neue an. Das Bedienfeld rufen Sie mit Fenster • Verlauf auf – [⌘]/[Strg]+[F9], im Dock ◪. Sollten im Bedienfeld nicht alle Einstellmöglichkeiten zu sehen sein, wählen Sie aus dem Bedienfeldmenü ≡ den Menüpunkt Optionen einblenden.

Einstellmöglichkeiten | Wenn Sie Illustrator starten, zeigt das Verlauf-Bedienfeld einen Schwarz-Weiß-Verlauf. Sobald Sie jedoch ein Objekt aktivieren, dem ein Verlauf als Füllung zugewiesen ist, wird dieser in das Feld Verlauf ❶ und in den Verlaufsregler ❻ übernommen.

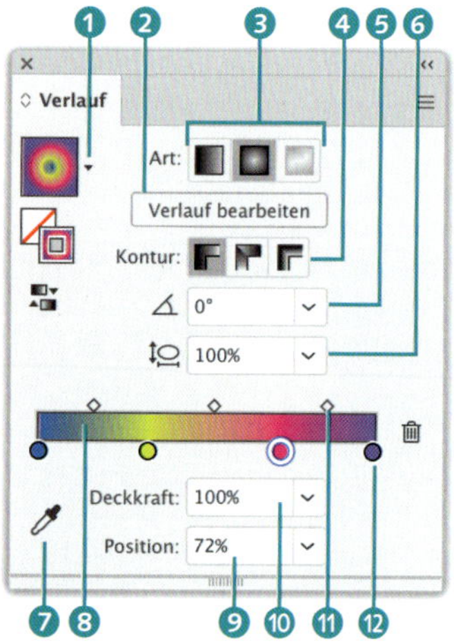

▲ **Abbildung 9.2**
Das Verlauf-Bedienfeld mit allen Optionen

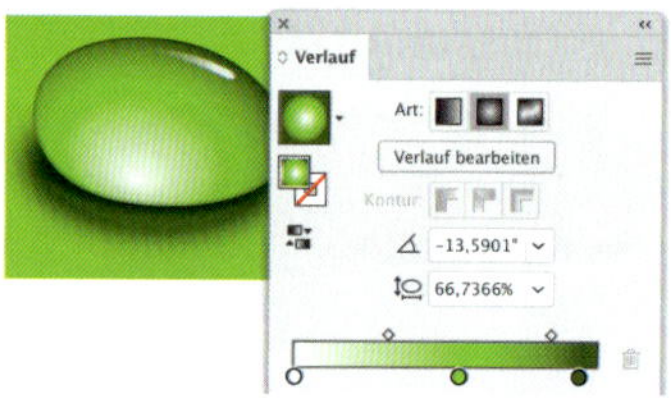

▲ **Abbildung 9.3**
Gestauchter kreisförmiger Verlauf

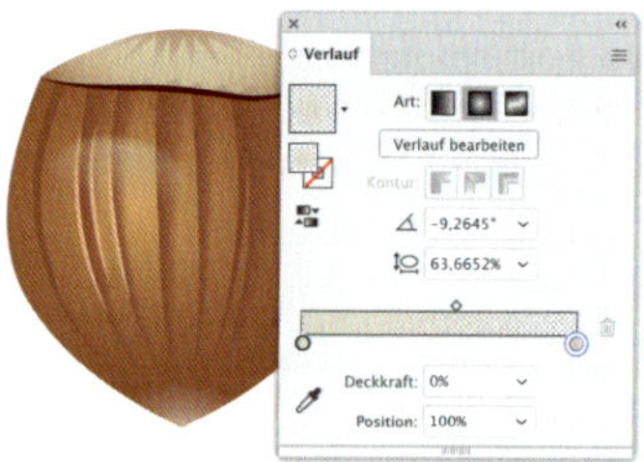

▲ **Abbildung 9.4**
Transparente Verlaufsfarbe

Verlauf umdefinieren

Um den im Verlauf-Bedienfeld angezeigten Verlauf einem Objekt zuzuweisen, das bereits eine andere Verlaufsfüllung besitzt, ziehen Sie die Verlauf-Miniatur auf das nicht aktivierte Objekt.

- VERLAUF ❶: Im Menü, das Sie mit dem Pfeil aufrufen, stehen die Verlaufsfelder aus dem Farbfelder-Bedienfeld zur Verfügung, und Sie können den aktuell eingestellten Farbverlauf als Farbfeld speichern.
- VERLAUF BEARBEITEN ❷: Klicken Sie auf den Button, um zum Verlauf-Werkzeug zu wechseln.
- ART: Mit den Buttons ❸ bestimmen Sie die Verlaufsart LINEAR, also gerade entlang einer Strecke, KREISFÖRMIG vom Mittelpunkt zur Peripherie eines gedachten Kreises oder FREIHAND zwischen frei auf dem Objekt positionierten Übergangspunkten.
- KONTUR: Mit den Buttons ❹ bestimmen Sie, wie der Verlauf auf der Kontur geführt wird: in der Kontur, entlang der Kontur oder quer zur Kontur.
- WINKEL ❺: Mit einer Gradangabe in diesem Feld geben Sie den Winkel des Verlaufs relativ zur Zeichenfläche an – dies gilt für lineare und gestauchte kreisförmige Verläufe.
  Bei einem Winkel von 0° wird ein linearer Verlauf in dem Objekt waagerecht so generiert, wie er im Verlaufsregler angezeigt ist. Positive Winkelwerte drehen den Verlauf gegen, negative Gradzahlen im Uhrzeigersinn.
  Statt der numerischen Eingabe können Sie auch das Verlauf-Werkzeug oder die Anfasser des Verlaufsoptimierers (s. Abschnitt 9.1.4) verwenden, um den Winkel des Verlaufs direkt am Objekt auf der Zeichenfläche intuitiv zu definieren.
- SEITENVERHÄLTNIS ❻: Mit einem Wert zwischen 0,5 und 32.767 % bestimmen Sie die »Rundheit« radialer Verläufe. Einen kreisförmigen Verlauf erreichen Sie mit 100 %.
- FARBWÄHLER ❼: Wählen Sie einen Übergangspunkt, und rufen Sie mit einem Klick eine besondere Pipette auf, die es erlaubt, Farben von anderen Objekten, aus Verläufen oder platzierten Bildern aufzunehmen.
- VERLAUFSREGLER ❽: Der Verlaufsregler zeigt in einem Balken eine Ansicht des Verlaufs und bietet mit den darüber und darunter angeordneten verschiebbaren Symbolen Einstellmöglichkeiten an.
- POSITION ❾: Wenn Sie einen Übergangspunkt oder einen Mittelpunkt anklicken, wird dieser aktiviert und seine Position prozentual zum Gesamtverlauf in dem Eingabefeld angezeigt. Geben Sie einen Wert ein, um die Position numerisch zu verändern. Das ist manchmal zur Feineinstellung eines Verlaufs ganz nützlich.
- DECKKRAFT ❿: Mit einem Wert von 0 bis 100 % bestimmen Sie die Deckkraft der Farbe an einem Übergangspunkt. Mit 0 % ist die Farbe vollkommen transparent.
- ÜBERGANGSPUNKT ● ⓬: Die Übergangspunkte sind als Markierungen unter dem Verlaufsregler zu finden und lassen sich entlang des Ver-

laufsbalkens verschieben. Übergangspunkte, die nicht am Anfang oder Ende des Verlaufsbalkens sitzen, kennzeichnen die Stellen des Verlaufs, an denen ein Verlaufsabschnitt endet und ein anderer beginnt, also die Punkte, an denen die im Übergangspunkt angezeigte Farbe nicht mit einer anderen Farbe des Verlaufs gemischt ist.

- Mittelpunkt ◇ ⓫: Die Mittelpunkte definieren jeweils die rechnerischen Mittelpunkte eines Übergangs, an denen der Anteil der beiden beteiligten Verlaufsfarben jeweils 50 % beträgt.

Verlauf-Bedienfeld vergrößern

Sie können einen Verlauf wesentlich genauer editieren, wenn Sie das Verlauf-Bedienfeld verbreitern. Klicken und ziehen Sie dafür das Vergrößerungsfeld des Bedienfeldes unten rechts bis zur gewünschten Breite.

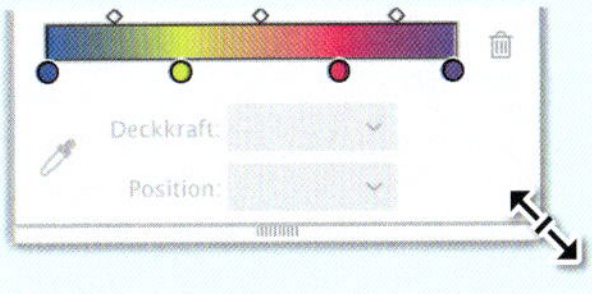

9.1.2 Arbeiten mit dem Verlaufsregler

Im Verlaufsregler stellen Sie die Farben und ihre Position ein. Alternativ verwenden Sie zum gleichen Zweck den Verlaufsoptimierer (s. Abschnitt 9.1.4).

Eine Verlaufsfarbe ändern | Um die Farbe eines Übergangspunkts zu ändern, klicken Sie auf das zugehörige Farbquadrat. Dadurch wird die derzeit dafür definierte Farbe im Farbe-Bedienfeld angezeigt, und das Farbquadrat wird hervorgehoben.

Sie können nun im Farbe-Bedienfeld die Farbe durch Verschieben der Regler oder durch die Eingabe anderer numerischer Werte konfigurieren. Doppelklicken Sie auf einen Farbregler, wird ein kombiniertes Farbe-Farbfelder-Bedienfeld als Popup-Menü eingeblendet (wechseln Sie zwischen beiden mit den Buttons und). Die Veränderung der Farbe und damit der optische Eindruck des Verlaufs wird automatisch im Verlauf-Bedienfeld aktualisiert. Um nach dem Ändern der Farbe eines Verlaufsstopps das Popup-Bedienfeld wieder zu verlassen, klicken Sie nicht auf den Verlaufsregler – damit würden Sie den aktiven Verlaufsstopp

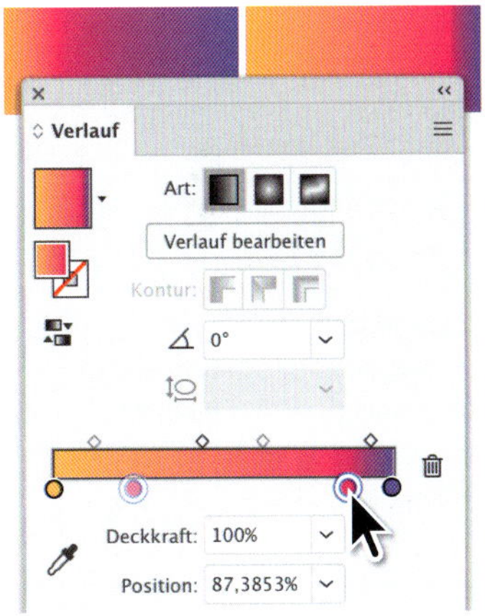

▲ **Abbildung 9.5**
Übergangspunkt verschieben

Verlaufswinkel exakt nachbauen

Beim Nachbauen eines mit einem Verlauf gefüllten Logos besteht die Schwierigkeit darin, den exakten Verlaufswinkel zu ermitteln. Nutzen Sie die Funktion Bildnachzeichner, um die Bildvorlage mit nur wenigen Farben zu vektorisieren ❶. Dabei geschieht eine Posterisierung, anhand derer sich der Verlaufswinkel sehr gut mit dem Mess-Werkzeug (noch genauer mit dem Linien-Werkzeug) ermitteln lässt ❷. Zu dem gemessenen Winkel addieren oder subtrahieren Sie (je nachdem, wie die Farben angelegt sind) 90° und haben damit die im Verlauf-Bedienfeld benötigte Angabe ❸.

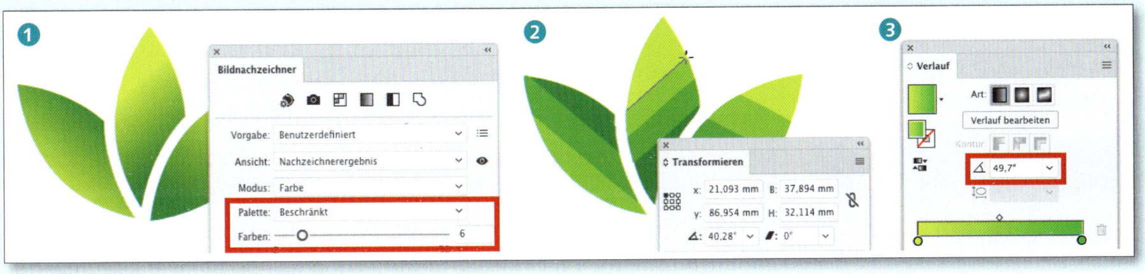

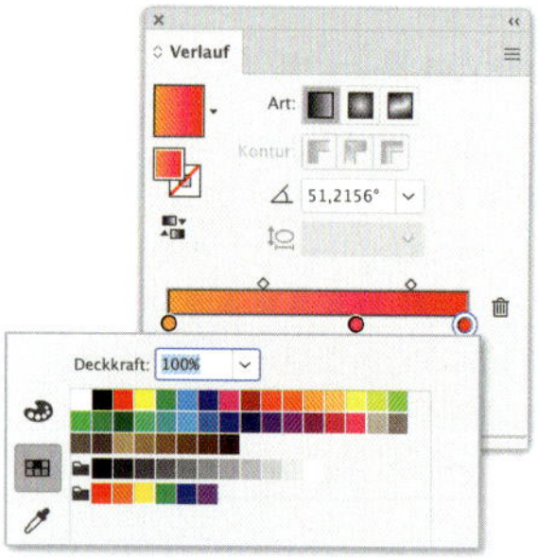

▲ **Abbildung 9.6**
Das Popup für die Farbfeldauswahl

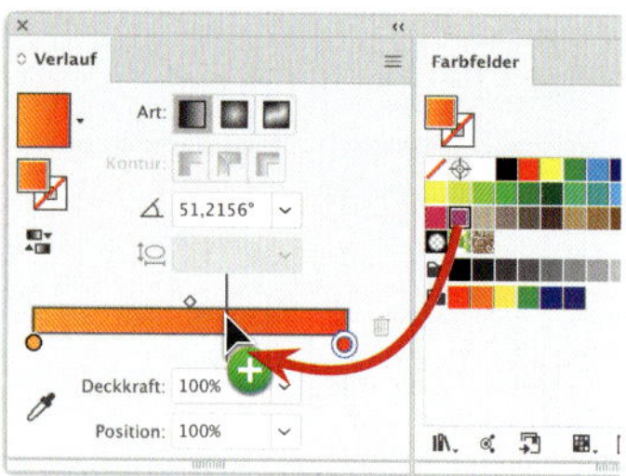

▲ **Abbildung 9.7**
Ziehen Sie ein Farbfeld auf den Verlaufsregler. Ein senkrechter Strich kennzeichnet die Position des Farbfeldes im Verlauf.

Alle Übergangspunkte löschen

Um den einfachen Schwarz-Weiß-Verlauf einzustellen, klicken Sie mit gedrückter [⌘]/[Strg]-Taste in das Verlauf-Symbol im Werkzeugbedienfeld, anstatt alle Übergangspunkte einzeln zu löschen.

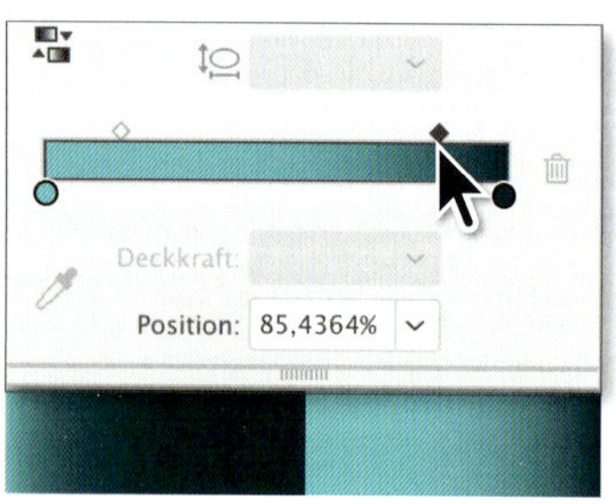

▲ **Abbildung 9.8**
Mittelpunkt verschieben

verschieben. Klicken Sie stattdessen an anderer Stelle auf das Verlauf-Bedienfeld, oder drücken Sie [Esc].

Möchten Sie dem Übergangspunkt ein Farbfeld aus dem Farbfelder-Bedienfeld zuweisen, drücken Sie die Modifizierungstaste [⌥]/[Alt] und klicken dann auf das gewünschte Farbfeld.

Verschieben Sie den Deckkraftregler, oder tippen Sie einen Wert in das Eingabefeld ein, um die Verlaufsfarbe transparent zu gestalten.

Die Position einer Farbe verschieben | Um die Position eines Übergangspunkts im Verlaufsregler zu verändern, klicken und ziehen Sie ihn an eine neue Stelle, oder Sie klicken ihn an und geben einen neuen numerischen Wert in das Feld POSITION ein (s. Abbildung 9.5).

Möchten Sie zwei Farben im Verlauf gegeneinander austauschen, halten Sie die Modifizierungstaste [⌥]/[Alt] gedrückt und ziehen einen der beiden Übergangspunkte auf den anderen.

Zwischenfarben im Verlauf einrichten und entfernen | Im Verlaufsregler fügen Sie Übergangspunkte hinzu, indem Sie eine Farbe aus dem Farbe-, dem Farbfelder- oder dem Farbhilfe-Bedienfeld an die gewünschte Position im VERLAUFSREGLER ziehen (s. Abbildung 9.7).

Um einen Übergangspunkt zu duplizieren, halten Sie [⌥]/[Alt] gedrückt, und ziehen Sie den entsprechenden Übergangspunkt an die gewünschte Position im Verlaufsregler.

Um eine Farbe aus dem Verlauf zu entfernen, ziehen Sie ihr Symbol nach unten aus dem Verlauf-Bedienfeld heraus, oder Sie aktivieren den Übergangspunkt und klicken auf den Button VERLAUFSREGLER LÖSCHEN.

Farbübergang im Verlauf verschieben | Die Position eines Mittelpunkts ◇ im Verlaufsregler verändern Sie durch Klicken und Ziehen (s. Abbildung 9.8), oder Sie klicken das Symbol an und geben einen neuen numerischen Wert in das Feld POSITION ein.

Verlauf umkehren | Klicken Sie auf den Button VERLAUF UMKEHREN, um die Reihenfolge der Verlaufsfarben umzukehren.

9.1.3 Verlauf-Werkzeug

Das Verlauf-Werkzeug können Sie verwenden, um Verlaufswinkel, -länge und -richtung festzulegen – der Verlaufsoptimierer stellt eine Ergänzung zum Verlauf-Werkzeug dar. Weder das Verlauf-Werkzeug noch der Verlaufsoptimierer funktionieren an Verläufen auf Konturen. Der Verlaufsoptimierer funktioniert nicht an Verläufen in interaktiven Malgruppen.

Verlaufswinkel ändern | Neben der Möglichkeit, den Winkel eines Verlaufs numerisch im Verlauf-Bedienfeld zu bestimmen, können Sie Verlaufswinkel und Verlaufsrichtung auch intuitiv mit dem Verlauf-Werkzeug einstellen:

1. Aktivieren Sie ein Objekt, und weisen Sie seiner Fläche einen Verlauf zu, oder wählen Sie ein Objekt, dessen Verlaufsfläche Sie ändern möchten.
2. Wählen Sie das Verlauf-Werkzeug aus – G.
3. Klicken Sie mit dem Werkzeug an die Stelle, an der der Verlauf beginnen soll, und ziehen Sie mit der Maus einen Füllpfad in die Richtung, in die sich der Verlauf erstrecken soll. Am Startpunkt setzt Illustrator den Verlauf mit der Farbe an, die im Verlaufsregler am linken Ende angezeigt wird. Dort, wo Sie die Maustaste loslassen, endet der Verlauf mit der Farbe vom rechten Rand des Verlaufsreglers.

   Bei einem kreisförmigen Verlauf bestimmen Sie den Verlaufsradius von seiner Mitte aus und ziehen einen Füllpfad bis zum Rand.

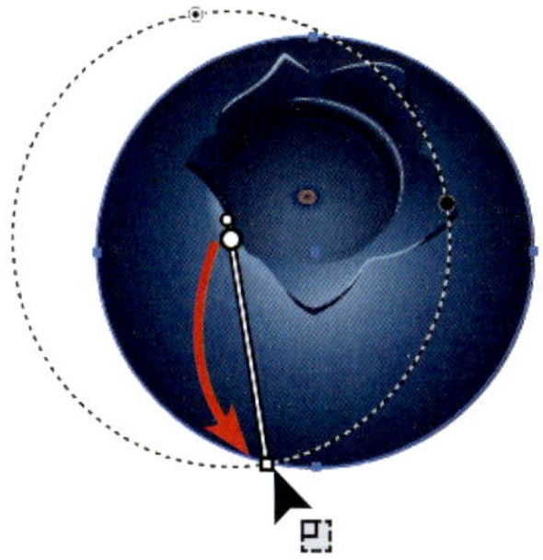

▲ **Abbildung 9.9**
Klicken und Ziehen mit dem Verlauf-Werkzeug, um die Anordnung eines Verlaufs auf dem Objekt anzupassen

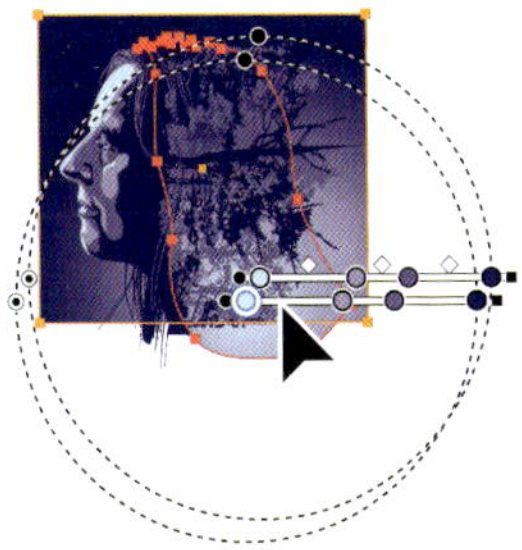

▲ **Abbildung 9.10**
Bei zwei aktiven Objekten mit Verläufen kann einer der Verlaufsoptimierer alleine bewegt und an den anderen angeglichen werden.

▲ **Abbildung 9.11**
Verläufe müssen nicht komplett innerhalb des Objekts liegen, sondern können über seine Ränder reichen. Vor allem mit kreisförmigen Verläufen lassen sich so realistische Effekte erzielen.

Verlaufsanfang und Verlaufsende bestimmen | Das Verlauf-Werkzeug bestimmt nicht nur den Winkel, sondern es definiert mit dem Start- und Endpunkt auch die Strecke, über die der Verlauf berechnet wird. Klicken Sie mit dem Verlauf-Werkzeug außerhalb der Fläche des aktivierten Objekts und/oder lassen Sie die Maustaste außerhalb des Objekts los, wird zwar der Verlauf über die gesamte Entfernung berechnet, angezeigt wird jedoch nur der Teil, der von der Fläche des Objekts begrenzt wird. Bestimmen Sie mit dem Verlauf-Werkzeug nur eine Strecke, die kleiner ist als die Ausdehnung der Objektfläche, werden die Flächenteile neben Verlaufsanfang und Verlaufsende mit der Start- bzw. der Endfarbe aufgefüllt.

Verlauf schnell zuweisen

Klicken Sie mit dem Verlauf-Werkzeug auf ein Objekt, das noch keinen Verlauf besitzt, wird der aktuell eingestellte Verlauf zugewiesen.

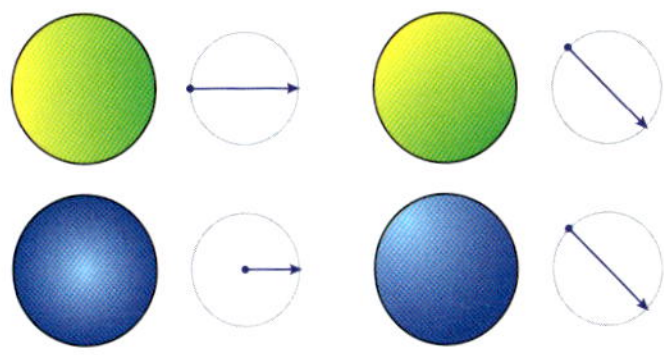

▲ **Abbildung 9.12**
Unterschiedliche Winkel desselben linearen (oben) und kreisförmigen (unten) Verlaufs an einem Objekt

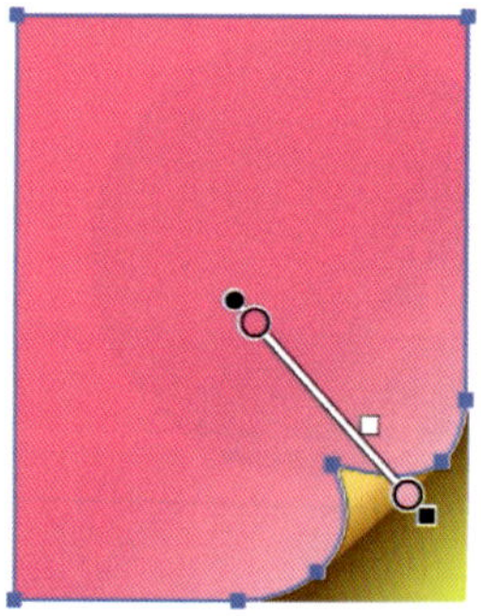

▲ **Abbildung 9.13**
Der Verlauf liegt nur über einem Teilbereich des pinkfarbenen Objekts.

Modifikationsmöglichkeit | Verlauf-Werkzeug
[⇧]: Damit beschränken Sie die Bewegung des Verlauf-Werkzeugs auf 45°-Winkel.

9.1.4 Verlaufsoptimierer verwenden

Zusätzliche Optionen des Verlauf-Werkzeugs zeigen Winkel, Länge, Rundheit (bei kreisförmigen Verläufen) und natürlich die Farben eines Verlaufs direkt am Objekt an, und Sie können alle diese Eigenschaften auch mit den Reglern editieren.

Rufen Sie ANSICHT • VERLAUFSOPTIMIERER EINBLENDEN auf, aktivieren Sie ein Objekt mit Verlaufsfläche, fokussieren Sie die Fläche, und wählen Sie das Verlauf-Werkzeug – [G] –, um die Regler anzuzeigen.

Abbildung 9.14 ▶
Verlaufsoptimierer bei linearen (links) und kreisförmigen (rechts) Verläufen: Verlaufsleiste ❷, Übergangspunkt ❸, Mittelpunkt ❹, Verlaufsanfang ❶, ❾ und -ende ❺, ❿ sowie zusätzliche Anfasser ❻, ❼, ❽, um Verlaufseigenschaften zu editieren

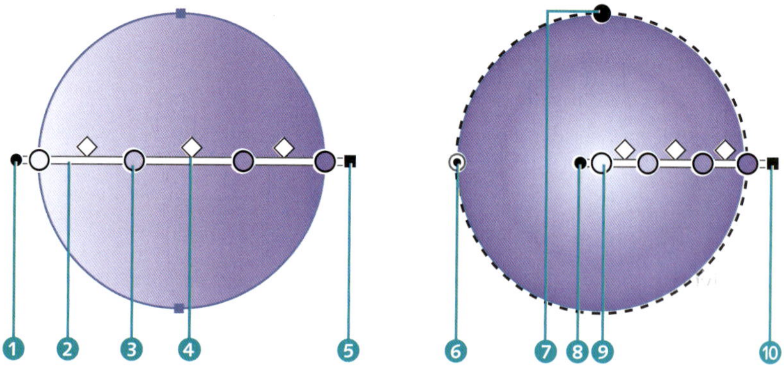

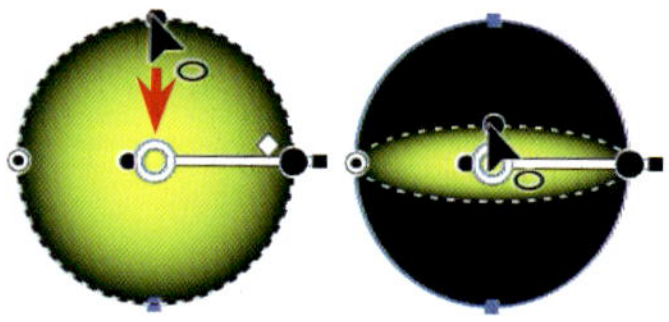

▲ **Abbildung 9.15**
Verändern der Verlaufsproportionen

Einstellmöglichkeiten | Die Verlaufsleiste ❷ mit den Übergangs- ❸ und Mittelpunkten ❹ bedienen Sie wie im Verlauf-Bedienfeld. Auch hier erreichen Sie mit einem Doppelklick auf einen Übergangspunkt das Farbe- bzw. Farbfelder-Bedienfeld als Popup.

- **Verlaufslänge**: Bewegen Sie den Cursor über das Verlaufsende ❺, ❿ (oder bei kreisförmigen Verläufen über die gegenüberliegende Seite ❻) – der Cursor nimmt das Symbol ↖ an. Klicken und ziehen Sie, um die Länge des Verlaufs zu ändern.
- **Verlaufswinkel**: Den Winkel eines linearen Verlaufs ändern Sie, indem Sie den Cursor neben den Endpunkt bewegen – der Cursor wechselt zu ↻. Klicken und ziehen Sie dort.
  Bei kreisförmigen Verläufen können Sie entlang der Außenbegrenzung (gestrichelter Rahmen) klicken und ziehen. Auch hier ändert der Cursor sein Symbol in ↻.
  Um Länge und Winkel des Verlaufs gemeinsam zu verändern, drücken Sie [⌥]/[Alt] und klicken auf das Verlaufsende. Der Cursor zeigt ↖↻.

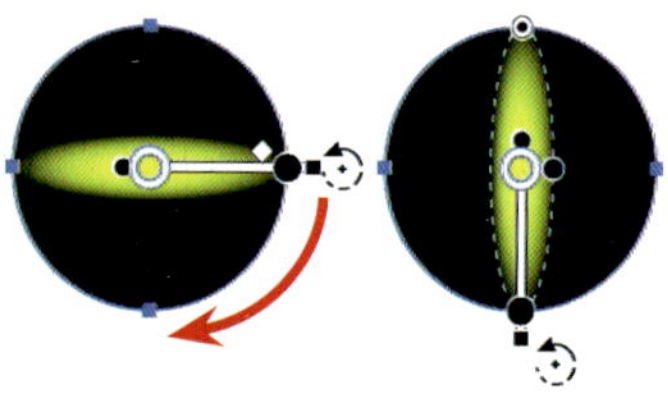

▲ **Abbildung 9.16**
Drehen des Verlaufs

- **Verlaufsposition**: Die Position des Verlaufs auf dem Objekt verschieben Sie, indem Sie an der Verlaufsleiste klicken und ziehen. Der Cursor zeigt ▸.
- **Seitenverhältnis**: Um kreisförmige Verläufe zu stauchen oder zu strecken, bewegen Sie den Cursor über den schwarzen Anfasser 7 – das Cursor-Symbol wechselt zu ▸. Klicken und ziehen Sie die Form.
- **Ursprung radialer Verläufe**: Den Ursprung radialer Verläufe können Sie aus der Mitte herausbewegen. Dazu ziehen Sie an dem Anfasser 8 neben dem Verlaufsanfang – der Cursor zeigt ▸.

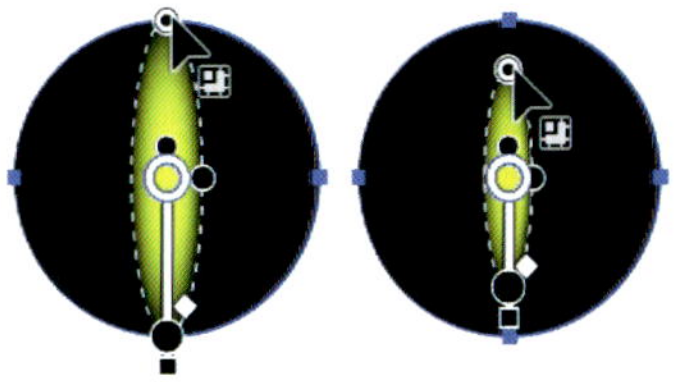

▲ **Abbildung 9.17**
Vergrößern eines Verlaufs

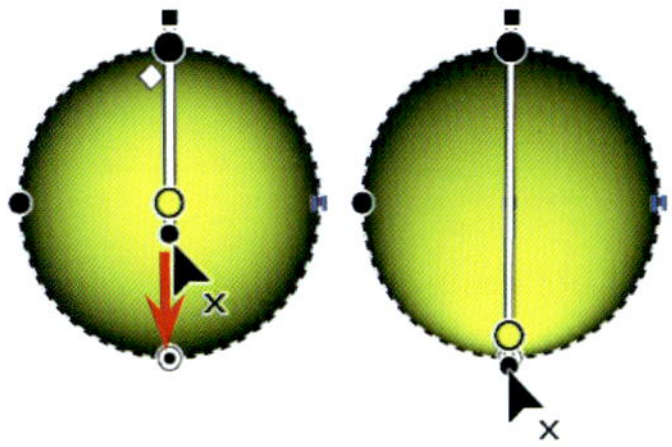

▲ **Abbildung 9.18**
Verschieben des Ursprungs

9.1.5 Verläufe an Objekten anwenden

Je nach Bedarf gibt es verschiedene Verfahren, einem Objekt einen Verlauf zuzuweisen oder einen bestehenden Verlauf zu editieren.

Neuen Verlauf zuweisen | Sie haben folgende Möglichkeiten:

- Aktivieren Sie das Objekt, wählen Sie seine Fläche oder seine Kontur aus, und klicken Sie im Farbfelder- oder einem Farbfeldbibliothek-Bedienfeld auf einen Verlauf (bzw. rufen Sie das Farbfelder-Bedienfeld aus dem Fläche- oder Konturmenü im Steuerungsbedienfeld auf).
- Ziehen Sie die Verlaufsfläche aus dem Verlauf-Bedienfeld auf das nicht aktivierte Objekt. Je nachdem, ob gerade Flächen oder Konturen fokussiert sind, wird der Verlauf entsprechend zugewiesen.
- Aktivieren Sie ein Objekt und seine Fläche bzw. Kontur, und klicken Sie oben links im Verlauf-Bedienfeld in die Verlaufsfläche, oder wählen Sie einen Verlauf aus dem Menü, um dem Objekt diesen Verlauf zuzuweisen.
- Aktivieren Sie ein Objekt und seine Fläche bzw. Kontur, und klicken SIe im Eigenschaften- oder Steuerungsbedienfeld auf einen der Buttons bei VERLAUFSART.

Verlauf schneller definieren

Um gleichzeitig einem Objekt einen neuen Verlauf zuzuweisen und das Verlauf-Bedienfeld aufzurufen, klicken Sie auf das Verlauf-Symbol im Werkzeugbedienfeld oder tippen [.].

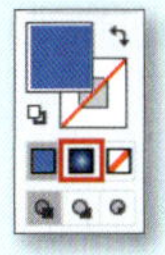

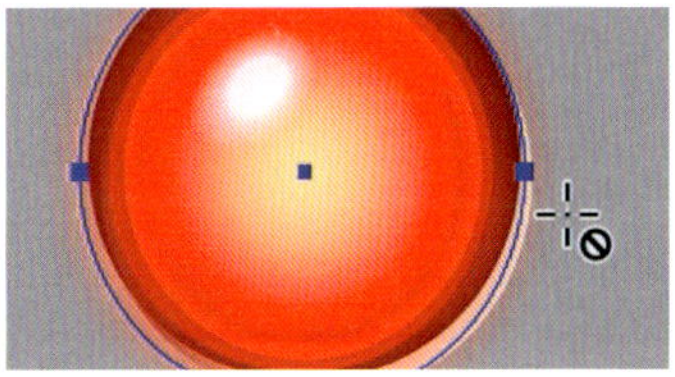

▲ **Abbildung 9.19**
Wenn der Verlauf-Cursor dieses Symbol zeigt, prüfen Sie, ob die Fläche fokussiert ist.

Einen bestehenden Verlauf editieren | Um einen Verlauf zu ändern, aktivieren Sie entweder das Objekt, dem der Verlauf zugewiesen ist, oder rufen Sie mit einem Klick ein Verlauf-Farbfeld im Farbfelder-Bedienfeld auf. Der Verlauf wird im Verlauf-Bedienfeld angezeigt. Nun können Sie den Verlauf mit allen oben bereits beschriebenen Methoden verändern.

Bitte beachten Sie, dass zwar aktivierte Objekte aktualisiert werden, der Inhalt eines ausgewählten Verlauf-Farbfeldes jedoch nicht automatisch durch den geänderten Verlauf ersetzt wird.

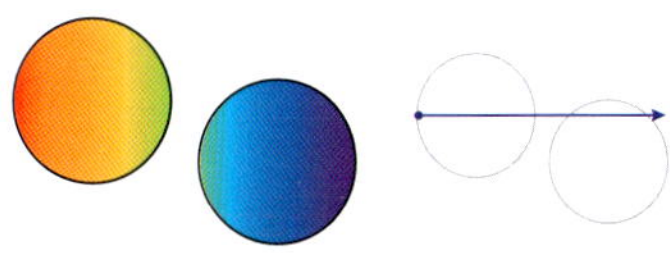

▲ **Abbildung 9.20**
Einen Verlauf über mehrere Objekte anlegen

Verlauf zurücksetzen | Winkel und Proportion können Sie durch Eingabe der Werte im Verlauf-Bedienfeld zurücksetzen, Skalierungen und die

Verschiebung des Ursprungs jedoch nicht. Wenn der Verlauf bereits als Farbfeld angelegt ist, weisen Sie dieses dem Objekt erneut zu, um alles zurückzusetzen. In anderen Fällen erzeugen Sie zunächst ein Farbfeld des Verlaufs.

Verlauf über mehrere Objekte anlegen | Um einen Verlauf über mehrere Objekte zu erzeugen, ist es in den meisten Fällen ratsam, diese Objekte vorher zu einem zusammengesetzten Pfad oder einer zusammengesetzten Form zu verbinden. Die Integrität des Verlaufs bleibt so auch beim Transformieren einzelner Objekte erhalten.

Mit dem Verlauf-Werkzeug können Sie jedoch einen Verlauf auch mehreren voneinander unabhängigen Objekten zuweisen. Dabei wird der Gesamtverlauf auf die einzelnen Objekte verteilt. Diese Verlaufsteile sind aber im Gegensatz zu zusammengesetzten Pfaden oder Formen anschließend unabhängig voneinander, sodass bei einer Transformation der einzelnen Objekte der Eindruck des Gesamtverlaufs zerstört wird.

Um einen gemeinsamen Verlauf über die Flächen mehrerer Objekte anzulegen (das Verlauf-Werkzeug kann nicht an Konturen verwendet werden), gehen Sie wie folgt vor:

1. Aktivieren Sie die Objekte, und weisen Sie ihnen den gleichen Verlauf zu.
2. Wählen Sie das Verlauf-Werkzeug, klicken Sie auf den Startpunkt an einer beliebigen Stelle, und ziehen Sie bis zum gewünschten Endpunkt über die Objekte hinweg.

▲ **Abbildung 9.21**
Verlauf über mehrere Objekte (oben) und nach dem Verschieben der Objekte (unten): Jedem Objekt wurde dieser Verlauf zugewiesen, nur die Positionen wurden synchronisiert.

9.1.6 Freihandverläufe verwenden

Freihandverläufe fließen zwischen Übergangspunkten, die frei auf einem Objekt positioniert sind oder entlang von frei definierbaren, auch gekrümmten Pfaden fließen. Die Handhabung ist sehr einfach, und als »normale« Verläufe können sie in Aussehen-Eigenschaften integriert oder als Grafikstil gespeichert werden.

▲ **Abbildung 9.22**
Mit linienförmigen Freihandverläufen kann man präzise Bögen gestalten; mit punktförmigen Freihandverläufen lassen sich ineinanderlaufende Farben sehr einfach auf Objekten verteilen.

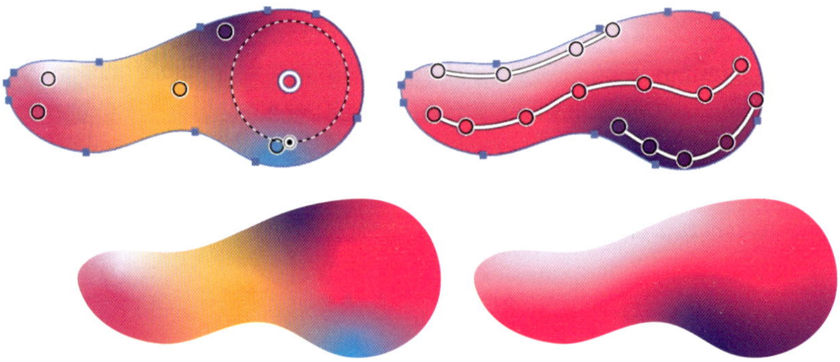

Abbildung 9.23 ▶
Punktförmige (links) und linienförmige Freihandverläufe (rechts); beide Formen können miteinander kombiniert werden.

Neuen Freihandverlauf zuweisen | Um einen Freihandverlauf zu definieren, gehen Sie wie folgt vor:

1. Aktivieren Sie ein geeignetes Objekt – Freihandverläufe können Sie nur Pfaden und zusammengesetzten Pfaden zuweisen. Fokussieren Sie die Fläche des Objekts.
2. Wählen Sie das Verlauf-Werkzeug, und klicken Sie im Eigenschaften- oder Steuerungsbedienfeld unter Verlaufsart auf den Button Freihandverlauf. Oder rufen Sie das Verlauf-Bedienfeld auf, und klicken Sie darin auf den Button Freihandverlauf.
3. Es werden automatische Übergangspunkte gesetzt. Falls Sie sie gebrauchen können, verschieben Sie sie oder doppelklicken Sie sie, um die Farben bzw. die Deckkraft im Farbe/Farbfeld-Popup zu ändern. Anderenfalls aktivieren Sie die Übergangspunkte, und löschen Sie sie mit der Löschtaste.
4. Um neue Verläufe zu definieren, wählen Sie zunächst die Art des Übergangs, indem Sie im Verlauf-, im Eigenschaften- oder im Steuerungsbedienfeld unter Zeichnen den Modus Punkte oder Linien wählen.
5. Setzen Sie neue Verlaufspunkte, indem Sie an den gewünschten Stellen klicken.
   - Punkte: Mit einem Klick setzen Sie einen Übergangspunkt, so wie Sie Farbe auf saugfähiges Papier tropfen würden. Setzen Sie weitere Punkte an den gewünschten Stellen. Aktivieren Sie einen Punkt mit dem Verlauf-Werkzeug, und verschieben Sie ihn frei in der Form. Sobald Sie den Punkt nach außen schieben, wird er gelöscht.
   - Linien: Beginnen Sie, indem Sie entweder auf einen bestehenden Punkt klicken oder einen neuen Startpunkt für die Linie setzen. Setzen Sie weitere Punkte nacheinander, indem Sie an den gewünschten Stellen klicken – der Cursor zeigt. Die Linie wird in einer Kurve durch die Punkte geführt. Sie können die Linien schließen, indem Sie auf den Anfangspunkt klicken – der Cursor zeigt –, die Linie kann jedoch weder sich selbst noch andere Linien kreuzen.
6. Beenden Sie die Arbeit, indem Sie Esc drücken.
7. Setzen Sie weitere Linien nach Bedarf in dasselbe Objekt, oder schalten Sie auf Punkte um, und kombinieren Sie beide Verlaufsformen.

Verlauf bearbeiten | Die Übergangspunkte lassen sich mit dem Verlauf-Werkzeug nachträglich auswählen und verschieben. Mit ⇧ können Sie auch mehrere Übergangspunkte (punktförmiger Verläufe) auswählen und dann verschieben.

Aktivieren Sie einen Punkt, und löschen Sie ihn mit der Löschtaste oder indem Sie im Verlauf-Bedienfeld auf Verlaufsregler löschen klicken.

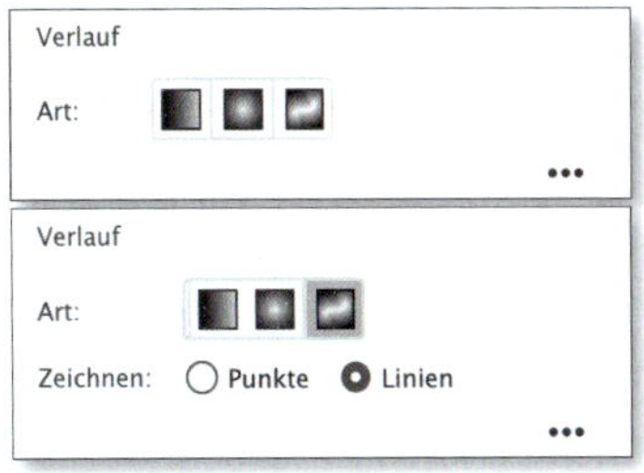

▲ **Abbildung 9.24**
Erst wenn im Eigenschaften-Bedienfeld der Freihandverlauf gewählt wurde (oben), werden die Optionen Zeichnen eingeblendet (unten).

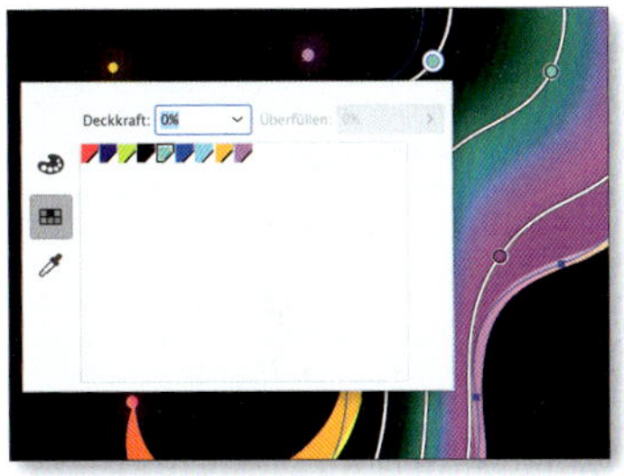

▲ **Abbildung 9.25**
Übergänge in den Hintergrund können mit reduzierter Deckkraft erzeugt werden.

▲ **Abbildung 9.26**
Diese Art Schattierungen ist mit Freihandverläufen einfach erstellt.

Ähnlichkeit mit Kurvenzeichner

Das Zeichnen von Linien für einen Freihandverlauf funktioniert ganz ähnlich wie die Arbeit mit dem Kurvenzeichner-Werkzeug (s. Abschnitt 5.3).

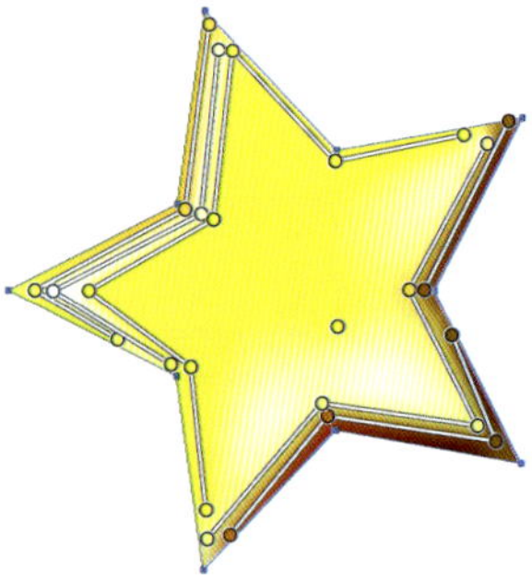

▲ **Abbildung 9.27**
Linienförmiger Freihandverlauf mit eckigen Übergangspunkten

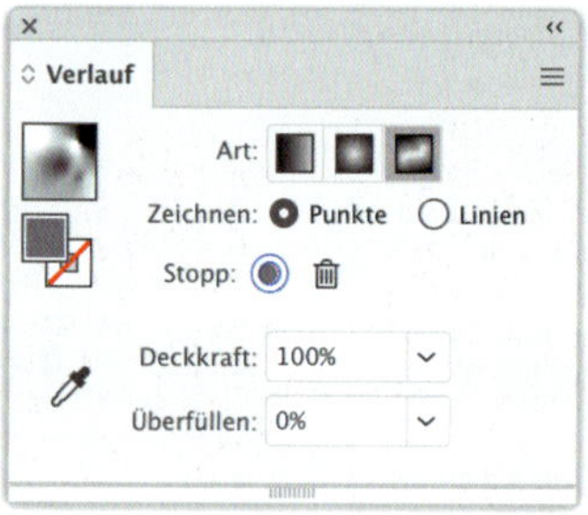

▲ **Abbildung 9.28**
Anzeige des Übergangspunkts eines punktförmigen Verlaufs

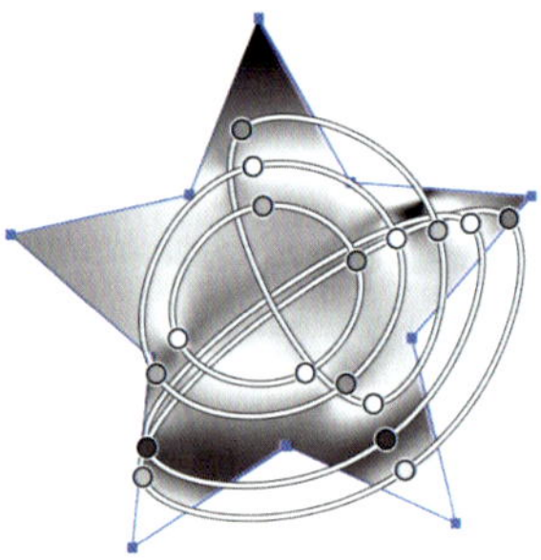

▲ **Abbildung 9.29**
Fallen beim Übertragen eines Freihandverlaufs Übergangspunkte außerhalb des Objekts, dann werden sie gelöscht. Die hier entstandenen kreuzenden Linien sind nicht editierbar.

Fügen Sie weitere Übergangspunkte zwischen den bestehenden Punkten auf einer Linie hinzu, indem Sie das Verlauf-Werkzeug auf den gewünschten Punkt bewegen –der Cursor zeigt –, und klicken Sie.

Einzelne Übergangspunkte lassen sich nachträglich verbinden. Dazu nehmen Sie das Verlauf-Werkzeug, wählen die Option LINIEN und klicken die Punkte an. Sie können keine Linien kreuzen.

Optionen | Sie haben folgende Optionen beim Setzen der Übergangspunkte:

- Eckpunkte: Drücken Sie ⌥/Alt, und klicken Sie den Punkt eines linienförmigen Verlaufs an, um eine Kurve in eine Ecke umzuwandeln und umgekehrt. Drücken Sie ⌥/Alt beim Setzen eines Punkts, um eine Ecke zu erzeugen.
- ÜBERFÜLLEN: Aktivieren Sie einen Übergangspunkt eines punktförmigen Verlaufs, dann wird eine gepunktete Linie angezeigt. Sie können an deren Anfasser – der Cursor zeigt beim Überrollen – klicken und ziehen, um diese Farbe weiter oder enger fließen zu lassen. Den Wert können Sie auch numerisch im Verlauf-Bedienfeld eingeben, er wird als ÜBERFÜLLEN bezeichnet.
- Automatische Punkte: Das Setzen der automatischen Übergangspunkte lässt sich unterbinden, indem Sie unter VOREINSTELLUNGEN • ALLGEMEIN die Option INHALTSSENSITIVE STANDARDEINSTELLUNGEN AKTIVIEREN ausschalten.

Grenzen | Bei der Verwendung von Freihandverläufen gibt es einige Einschränkungen, die zum Teil gegebenenfalls noch beseitigt werden:

- Freihandverläufe lassen sich nicht allen Objektarten zuweisen. Am verlässlichsten sind einfache Pfade. Zusammengesetzte Pfade funktionieren ebenfalls – jedoch nicht, wenn sie mehrere nicht zusammenhängende Formen bilden. In diesen besonderen Fällen können Sie jedoch auf Schnittmasken ausweichen. Freihandverläufe können auch als Deckkraftmasken eingesetzt werden.
- Freihandverläufe lassen sich in Aussehenstapeln (Aussehen s. Abschnitt 11.6) mit weiteren Flächen, Konturen oder Effekten kombinieren. Sie können sie jedoch keinen Gruppen oder Ebenen zuweisen.
- Wird ein Freihandverlauf z. B. über einen Grafikstil einer anderen Form zugewiesen, dann gehen dabei unter Umständen Übergangspunkte verloren, wenn die neue Form nicht deckungsgleich mit der Ursprungsform ist.
- Beim nachträglichen Transformieren, z. B. dem Spiegeln von Objekten, können sich Freihandverläufe überraschend verhalten.

- Freihandverläufe sind nicht über Version CC 2019 hinaus abwärtskompatibel. In niedrigeren Versionen bleiben sie zwar Vektorgrafik, werden jedoch in nicht mehr editierbare GRAFIK AUS DRITTPROGRAMMEN umgewandelt.

▲ **Abbildung 9.30**
Da Sie an Verlaufskonturen das Verlauf-Werkzeug nicht verwenden können, müssen Sie einen zusammengesetzten Pfad erstellen, um den Verlauf über alle Objekte zu ziehen.

9.1.7 Verläufe auf Konturen

Verläufe können Konturen direkt zugewiesen werden. Weite Anwendungsfelder für diese Option gibt es in der (fotorealistischen) Illustration oder beim Zeichnen von Karten und Infografik. Auch Neon-Texteffekte lassen sich damit erstellen. Noch vielseitiger wird der Konturverlauf dadurch, dass Sie ihn mit Borstenpinseln, Kalligrafiepinseln und variablen Konturstärken kombinieren und einzelne Konturfarben transparent stellen können.

▲ **Abbildung 9.31**
Beispiele für Konturverläufe in Illustrationen, Infografik und Grafik

Anwendung | Einen Verlauf auf der Kontur erzeugen Sie, indem Sie die Kontur des Objekts fokussieren und einen Verlauf auswählen. Anschließend werden im Kontur-Bedienfeld die Buttons zur Ausrichtung der Kontur aktiv. Die Bezeichnung der Verlaufsausrichtung ist etwas unklar – achten Sie daher lieber auf die Symbole der Buttons.

- VERLAUF IN KONTUR: Der Verlauf wird über die gesamte Fläche gelegt, die der Begrenzungsrahmen des Objekts umfasst. Sie können den Winkel des Verlaufs angeben.
- VERLAUF VERTIKAL AUF KONTUR: Der Verlauf folgt allen Ecken und Kurven den Pfad entlang. Diese Verlaufsform hätte man früher mit einer Angleichung erzeugt.
- VERLAUF HORIZONTAL AUF KONTUR: Der Verlauf ist quer zum Pfad ausgerichtet. Diese Verlaufsform wurde früher mit einem Pinsel hergestellt.
  - Kreisförmige Verläufe: Mit der Option HORIZONTAL bzw. VERTIKAL AUF KONTUR bewirkt ein radialer Verlauf einen hin- und zurücklaufenden Verlauf.

Mehrere Verlaufskonturen

Wenn Sie einem Pfad mehrere Konturen mit Verläufen, Breitenprofilen und gegebenenfalls mit Transparenz zuweisen, kann dies weniger leistungsfähige Rechner (z. B. mit schwachen Prozessoren und geringer RAM-Ausstattung) sehr beanspruchen. Arbeiten Sie vorsichtig, und speichern Sie regelmäßig Zwischenstände.

Ausrichtung der Kontur | Verlaufskonturen können nicht innen oder außen am Pfad ausgerichtet werden, sondern nur auf der Mitte des Pfades liegen. Falls es nötig ist, die Kontur auf dem Pfad zu verschieben, verwenden Sie entweder den Effekt PFAD VERSCHIEBEN (s. Abschnitt 13.2.7) oder das Breitenwerkzeug (s. Abschnitt 8.3).

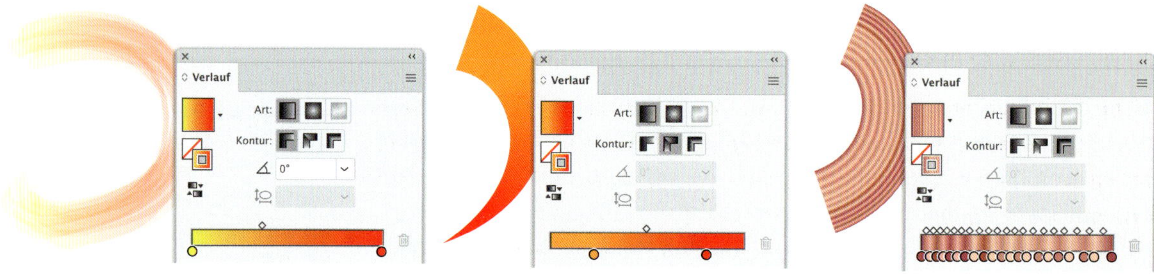

▼ **Abbildung 9.32**
Verlauf in einer Kontur (links), entlang einer Kontur (VERTIKAL; Mitte) und quer zur Kontur (HORIZONTAL; rechts)

CS5 und niedriger speichern

Beim Speichern in CS5 und niedriger wird ein Konturverlauf automatisch umgewandelt und ist nicht mehr einfach editierbar.

Kombination mit anderen Optionen | Konturverläufe können mit anderen Konturoptionen kombiniert werden. Besonders interessante Anwendungen können Sie auch entwickeln, wenn Sie über das Aussehen-Bedienfeld mehrere Konturen anlegen und diesen jeweils unterschiedliche Optionen zuweisen.

- Strichelungen: Ein Verlauf auf einer gestrichelten Kontur verläuft nicht innerhalb der einzelnen Striche, sondern immer noch in der gesamten Kontur.
- Transparente Verlaufsfarben: Wie in allen anderen Verläufen können Sie auch auf Konturen einzelne Verlaufsfarben mit reduzierter Deckkraft anlegen und dadurch Konturen »ein- und ausblenden«.
- Breitenwerkzeug: Eine variable Konturstärke verändert auch den Verlauf proportional.
- Kalligrafie- und Borstenpinsel: Von allen Pinselarten funktionieren nur Kalligrafie- und Borstenpinsel mit Konturverläufen – und auch hier nur die Verläufe in der Kontur, nicht entlang des Pfades oder quer dazu. Dennoch kommen Sie nun mit Borstenpinseln und (transparenten) Verläufen näher an die Möglichkeiten der analogen Malerei heran.

▲ **Abbildung 9.33**
Ein Verlauf quer zur Kontur als Basis für die Simulation von Stickerei

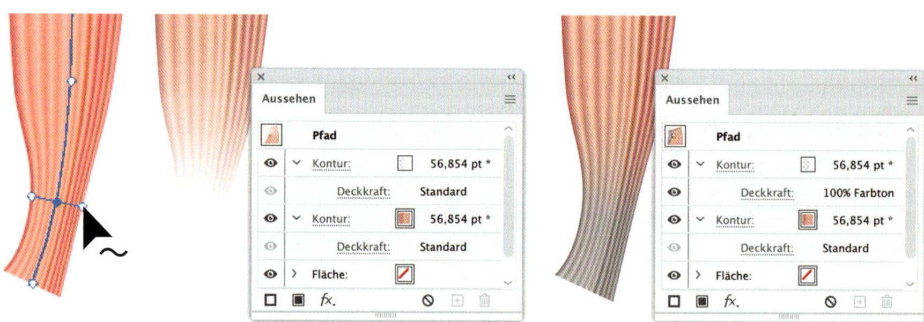

Abbildung 9.34 ▶
Der Verlauf aus Abbildung 9.32 erhält ein Breitenprofil (links) und wird dann mit einem Verlauf von Weiß nach transparent entlang der Kontur überlagert (Mitte). Der weiß-transparente Verlauf erhält die Füllmethode FARBTON (rechts).

Verlauf-Werkzeug | Die Feineinstellung der Verläufe müssen Sie in allen Fällen mit dem Verlauf-Bedienfeld vornehmen, denn das Verlauf-Werkzeug funktioniert auf Konturen nicht. Es ist daher auch nicht möglich, den gesamten Verlauf im Objekt zu verschieben, Sie können nur die Regler im Verlauf-Bedienfeld verwenden.

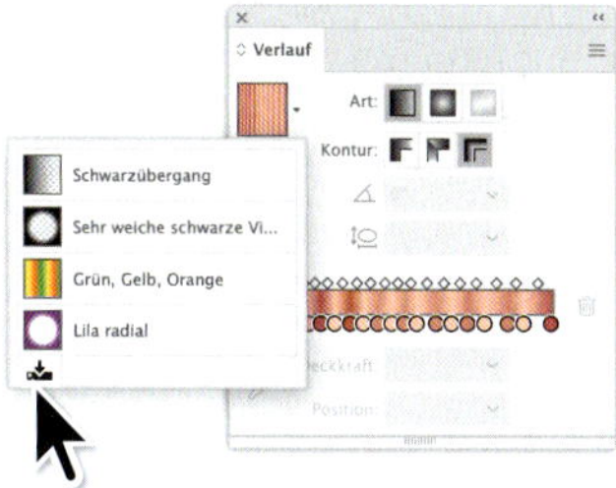

▲ **Abbildung 9.35**
Verlaufsfeld speichern

9.1.8 Verlauf in das Farbfelder-Bedienfeld übernehmen

Wenn Sie einen erstellten Verlauf im Farbfelder-Bedienfeld speichern möchten, ziehen Sie das Feld Verlauf aus dem Verlauf-Bedienfeld in das Farbfelder-Bedienfeld oder klicken auf den Button Zu Farbfeldern hinzufügen im Ausklappmenü Verlauf.

Soll ein vorhandenes Farbfeld ersetzt werden, ziehen Sie die Verlaufsfläche mit gedrückter ⌥/Alt-Taste auf das zu tauschende Farbfeld.

Verlaufswinkelung | Der Winkel des Verlaufs wird im Farbfeld gespeichert. Wenn Sie das Verlaufsfeld einem Objekt zuweisen, halten Sie ⌥/Alt gedrückt, um den gespeicherten Winkel ebenfalls zuzuweisen. In einem Grafikstil wird der Winkel neben anderen Eigenschaften des Verlaufs (Rundheit, Ursprung) gespeichert.

▲ **Abbildung 9.36**
Ein Verlauf zwischen zwei Volltonfarben in der Separationsvorschau (links: In Kontur, rechts: Vertikal auf Kontur)

9.1.9 Verläufe und Volltonfarben

Dank der integrierten DeviceN-Unterstützung ist es möglich, Verläufe zwischen Vollton- und Prozessfarben anzulegen. Der Übergang zwischen den beiden Farben ist jedoch immer etwas farblos, da ein solcher Verlauf nicht optimal berechnet werden kann, denn Illustrator kann Vollton- und Prozessfarben nicht miteinander mischen.

Flächen | Mit diesen Verläufen versehene Flächen können Sie sogar als überdruckend definieren oder die Verlaufsfarben transparent anlegen. Die Ausgabe über das Speichern eines PDFs oder das Drucken erfolgt korrekt. Beim Drucken eines Verlaufs, der Volltonfarben enthält, muss unter Ausgabe die Option Alle Volltonfarben in Prozessfarben konvertieren deaktiviert werden.

▲ **Abbildung 9.37**
Mit Einschränkungen lässt sich die Funktion auch nutzen, um einer Form folgende Verläufe zu simulieren, indem man die Konturstärke sehr dick anlegt. Sind die Ecken der Form allerdings zu eng, ergeben sich unschöne Überschneidungen.

Konturen | In Konturverläufen bleiben zwar die Volltonfarben ebenfalls erhalten, allerdings werden bei horizontalen und vertikalen Verläufen die Zwischenfarben nicht sauber gebildet, sondern die Volltonfarben werden im Übergang in Prozessfarben umgewandelt.

▲ **Abbildung 9.38**
Vorsicht bei Verwendung des Schwarz-Weiß-Verlaufs im RGB-Farbmodus: Das in dem Verlauf verwendete Graustufen-Schwarz (oben) wird je nach Farbmanagement-Einstellungen gegebenenfalls nicht in RGB 0/0/0 (unten) umgewandelt.

Abstufungen beim Druck

Beim Druck von Verläufen kann der Effekt des »Bandings« auftreten (mehr dazu in Kapitel 20). Dies lässt sich in besonders hartnäckigen Fällen nur durch das Hinzufügen von Störungen in der Bildbearbeitung lösen.

9.1.10 Verlaufsobjekte verformen

Bei den verschiedenen Möglichkeiten, Objekte zu verformen, verhalten sich zugeordnete Verlaufsfüllungen unterschiedlich:

- **Transformationen**: Lineare und kreisförmige Verlaufsfüllungen und -konturen werden mit den Objekten transformiert (s. Abschnitt 4.6). Freihandverläufe verändern sich gegebenenfalls.
- **Verzerrungshüllen**: Auf lineare Verlaufsfüllungen sowie auf Verlaufskonturen können Sie Verzerrungshüllen anwenden, Sie benötigen jedoch in vielen Fällen eine höhere Genauigkeit in den Hüllen-Optionen, um die Verläufe genau in die Hülle einzupassen – Einstellung Genauigkeit etwa 70–80 (s. Abschnitt 10.8). Aktivieren Sie die Hüllen-Option Lineare Verläufe verzerren.
- **Filter und Effekte**: Verzerrungs- und Transformationsfilter und -effekte beeinflussen die Form des Objekts und haben daher auch eine Auswirkung auf horizontal und vertikal ausgerichtete Konturverläufe, nicht jedoch auf lineare oder radiale Verlaufsfüllungen (s. Abschnitt 13.2). Freihandverläufe verändern sich gegebenenfalls bzw. der Effekt wird unterdrückt. Achtung! Findet eine Veränderung statt, dann können Sie den Verlauf nur über das Widerrufen wiederherstellen, nicht durch das Entfernen des Effekts.

▲ **Abbildung 9.39**
Berechnete Mitte (oben) im Gegensatz zu selbst definierter Mitte (unten)

9.1.11 Probleme mit dem Mittelpunkt

Vor allem bei Verläufen zwischen Farben mit einem hohen Farbkontrast tritt häufig das Problem auf, dass der Mittelpunkt des Verlaufs zu neutral ist. Das ist durch die Berechnung bedingt und lässt sich nur dadurch beheben, dass Sie einen Übergangspunkt setzen und die Farbe selbst definieren. Bei Verläufen zwischen Vollton- und Prozessfarben können Sie mit zwei Flächen arbeiten, die einander überdrucken und jeweils gegenläufig in die Transparenz gehen.

▲ **Abbildung 9.40**
Verlaufsfläche in Verlaufsgitter und Flächen umgewandelt

9.1.12 Verläufe umwandeln

Beim Umwandeln verhalten sich Verläufe unterschiedlich, je nachdem, ob sie einer Fläche oder einer Kontur zugewiesen sind.

Verlaufsflächen | Lineare und radiale Verlaufsflächen können Sie in Gitterobjekte oder in einzelne Farbobjekte umwandeln. Umgewandelte Objekte sind allerdings nicht mehr voll editierbar.

Aktivieren Sie die Verlaufsfläche, und rufen Sie über das Menü die Dialogbox Objekt • Umwandeln auf. Darin stehen zwei Möglichkeiten der Optionen zur Verfügung:

- **Verlaufsgitter**: Wenn Sie einen Verlauf in ein Gitterobjekt umwandeln, haben Sie feinere Einflussmöglichkeiten auf die Gestaltung der Verlaufsfläche (mehr zu Gitterobjekten lesen Sie in Abschnitt 9.2, »Gitterobjekte – Verlaufsgitter«).
- **Festlegen … Objekte**: Mit dieser Option wandeln Sie eine Verlaufsfläche in einzelne einfarbige Flächen um, die zusammen den Eindruck des Verlaufs wiedergeben. Diese Art, Verläufe zu erzeugen, ist zwar veraltet, kann in Illustrator aber immer noch interessant sein, wenn Sie den Eindruck eines Verlaufs in einem Pinsel haben möchten.
  In dem Eingabefeld bestimmen Sie die »Auflösung« der Umrechnung. Dabei bedeuten höhere Zahlenwerte einen homogeneren Übergang. Der Wert beschreibt die Anzahl der Einzelobjekte, in die Illustrator einen Verlaufsteil zwischen zwei definierten Übergangspunkten zerlegt. Die Zahl entspricht also nur bei einfachen Verläufen zwischen zwei Farben der Anzahl der erzeugten Flächen.
  Die Außenform des Objekts wendet Illustrator als Schnittmaske auf die Flächen an (Schnittmasken s. Abschnitt 11.4).

▲ **Abbildung 9.41**
Die Dialogbox Umwandeln

Verlaufsfelder sind global

Verlauf-Farbfelder sind global. Wenn Sie also am Inhalt des Farbfeldes Änderungen vornehmen, werden diese auf alle Objekte angewendet, denen das Farbfeld zugewiesen wurde.

Konturverläufe | Konturverläufe bleiben auch interessant, wenn man das Konstrukt umwandelt. Dazu wählen Sie Objekt • Aussehen umwandeln. Anschließend erhalten Sie je nach Ausrichtung des Verlaufs auf der Kontur eines von zwei Objekten. Ist der Verlauf in der Kontur, erhalten Sie einen mit einem Verlauf gefüllten Pfad. Bei Verläufen vertikal und horizontal auf der Kontur erhalten Sie Verlaufsgitter.

Den Konturverlauf können Sie also dazu verwenden, sich die Grundlage eines Verlaufsgitters zu konstruieren. Achten Sie darauf, die Verläufe zu diesem Zweck nur mit zwei Farben anzulegen und den Mittelpunkt nicht zu verschieben, damit das Gitter nicht zu komplex wird. Auch besondere Pfadenden sollten Sie nicht anlegen. Ergänzen Sie stattdessen lieber gezielt das Gitter, das bei der Umwandlung der Konturen entsteht.

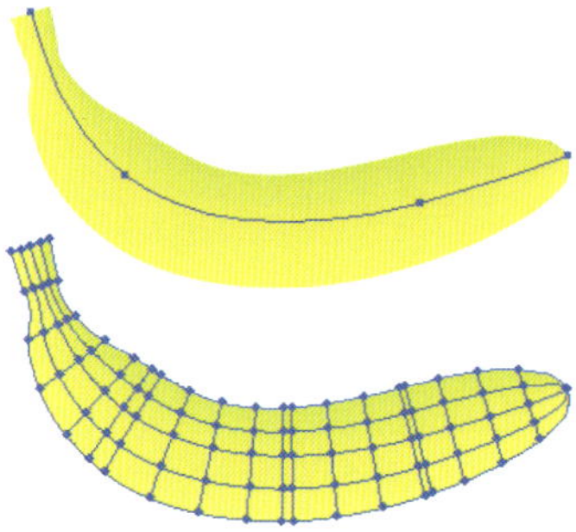

▲ **Abbildung 9.42**
Eine Kontur mit variablem Breitenprofil und einem horizontalen Verlauf wird in ein Gitter umgewandelt. Sie können daran mit dem Gitter-Werkzeug weiterarbeiten.

Schritt für Schritt
Eine kleine Infografik mit Verläufen

Infografik ist ein bedeutendes Einsatzgebiet für Illustrator. In dieser Beispielgrafik sehen wir uns einige Möglichkeiten speziell der Verläufe auf Konturen an. Öffnen Sie »Infografik-Start.ai« aus dem Download.

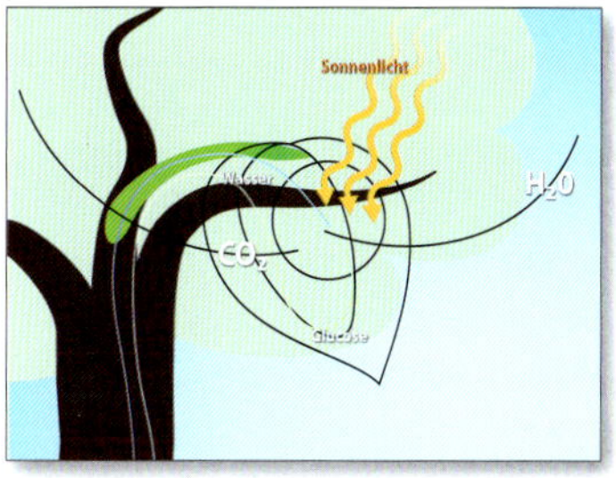

▲ **Abbildung 9.43**
Die Arbeitsdatei enthält die benötigten Pfade.

1 Ein Blatt aus zwei Objekten

Die Darstellung dreidimensionaler Objekte in der Vektorgrafik beruht auf der Kombination vieler Objekte, deren Verlaufsflächen mit ihren Hell- und Dunkelwerten Licht und Schatten nachbilden. Das Blatt in unserer

Infografik ist ein einfaches Beispiel, wie man mit nur wenigen Mitteln eine plastische Wirkung herstellt. Es besteht aus zwei Objekten. Das obere besitzt einen Verlauf, der angepasst werden muss.

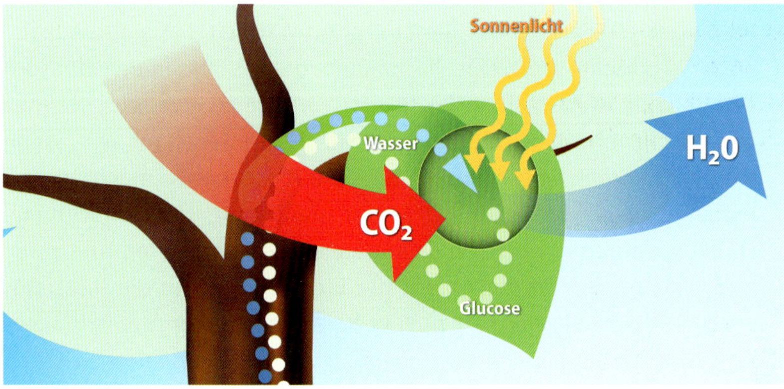

Abbildung 9.44 ▶
So soll es aussehen: Infografik mit Pfeilspitzen, Konturverläufen, variablen Konturstärken und Freihandverläufen

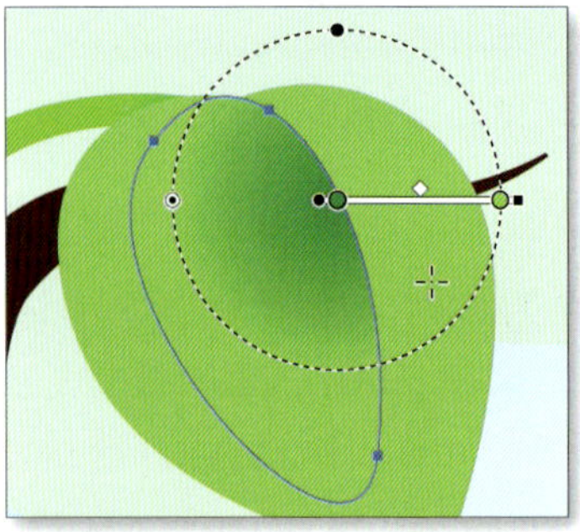

▲ Abbildung 9.45
Gestaltung des Blattes mit einem Verlauf

Das hintere, blattförmige Objekt erhält eine durchgefärbte grüne Fläche in C50/Y85. Das vordere Objekt, das die Mittelader des Blattes markiert, wird mit einem kreisförmigen Verlauf von C80/Y100/K20 bis zum Blattgrün versehen.

Mit dem Verlauf-Werkzeug positionieren Sie die Mitte des Verlaufs ungefähr auf der Mitte des Blattes und skalieren den Verlauf etwa wie in Abbildung 9.45.

2 »Lupe«

Als Nächstes nehmen Sie sich die »Lupe« vor. Sie besteht aus einem Kreis, der mit einer dünnen hellen Kontur und einem radialen Verlauf versehen ist. Die Kontur soll eine kleine Kante bilden, damit die »Versenkung« plastischer wirkt.

Weisen Sie dem Kreis zunächst eine Kontur von 0,5 Punkt Stärke in C30/Y70 zu.

Dann erhält auch der Kreis einen radialen Verlauf von außen C60/Y90/K60 in 100% Deckkraft nach innen C30/Y70 in 30% Deckkraft. So scheint das Blatt ein wenig durch. Den Mittelpunkt des Verlaufs verschieben Sie so weit wie möglich nach außen.

▲ Abbildung 9.46
Der Verlauf in der »Lupe« ist teilweise transparent.

3 Plastischer Baum

Der Baum wird mit Freihandverläufen ein wenig plastisch gestaltet. Zunächst deaktivieren Sie die Einstellung Inhaltssensitive Standardeinstellungen unter Voreinstellungen • Allgemein.

Aktivieren Sie die Form, und wählen Sie das Verlauf-Werkzeug. Im Eigenschaften- oder Steuerungsbedienfeld weisen Sie in den Verlauf-Buttons einen Freihandverlauf zu und wählen dann Linien.

Beginnen Sie mit einer Linie in der Mitte des Baums. Klicken Sie nacheinander mehrere Übergangspunkte für eine ungefähr senkrechte Linie – sie darf gerne ein paar Biegungen haben. Die Punkte sollten die Farbe des Baums aufnehmen – falls das nicht passiert, doppelklicken Sie den gesetzten Punkt und stellen die gewünschte Farbe mit den Reglern ein.

Setzen Sie dann weitere Linien daneben. Stellen Sie sich dabei die Lichtwirkung vor: An der linken Seite befindet sich normalerweise die Lichtkante, an der rechten Seite die Schattenkante.

◀ **Abbildung 9.47**
Gestartet wird mit einer Linie in der Mitte, um die Farbe mit wenig Aufwand zu »fixieren«, denn trotz des Deaktivierens der inhaltssensitiven Funktionen legt Illustrator immer noch automatische Farben in neu gesetzte Übergangspunkte. Nach und nach kommen dann weitere Linien hinzu.

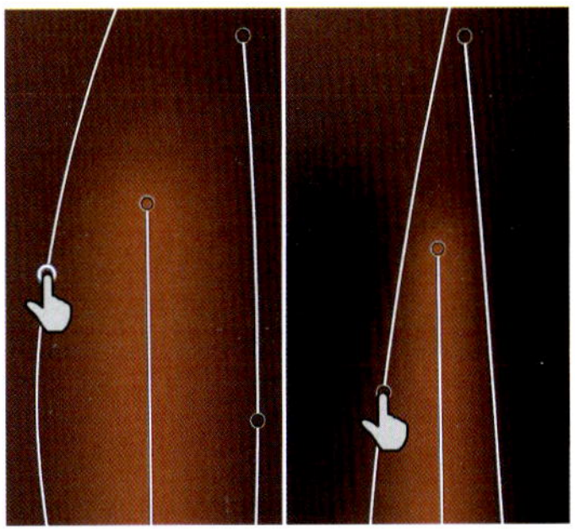

▲ **Abbildung 9.48**
Lösung durch Verengen der Nachbarlinien

4 Freihandverläufe bändigen

Freihandverläufe können Sie am Ende nicht spitz zulaufen lassen, da sich die Überfüllung der Linien nicht wie bei punktförmigen Verläufen steuern lässt. Trotzdem gibt es Möglichkeiten, den Übergang zu beeinflussen.

Zum einen können Sie die benachbarten Linien dichter heranführen und damit die Ausbreitung einschränken – selbstverständlich, ohne Linien zu kreuzen.

Zum anderen können Sie den Endpunkt einer Verlaufslinie mit einer dunkleren Farbe versehen und ihn so besser mit dem Hintergrund verschmelzen. Meist wird eine Kombination dieser Optionen zum Erfolg führen.

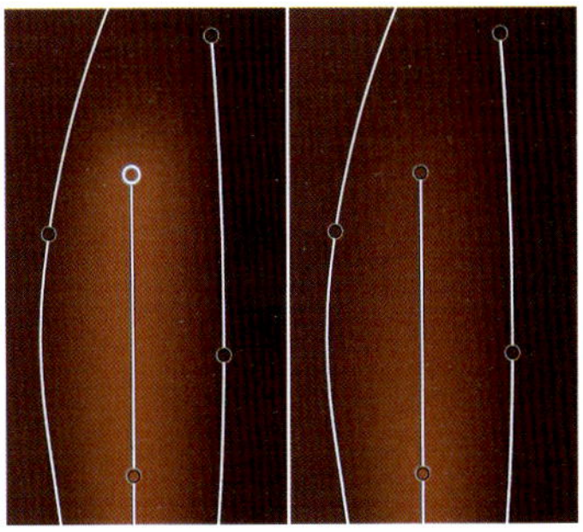

▲ **Abbildung 9.49**
Lösung mit dunklerer Farbe für den Übergangspunkt

5 Sich verjüngende Pfeile

Mit Pfeilen können Sie nicht nur Richtungen darstellen, sondern, indem Sie die Pfeile an- oder abschwellen lassen, auch eine Kraft- oder Mengenentwicklung andeuten. Mit zusätzlich eingesetzten Verläufen können Sie die Aussage verstärken oder durch transparente Verlaufsfarben den Hintergrund stärker einbeziehen und die Pfeile besser in der Grafik verorten.

In unserem Beispiel legen Sie zunächst eine Kontur von etwa 50 Punkt an beiden Pfaden an. In beiden Fällen zeigen die Pfeile nach rechts. Wählen Sie die Pfeilspitze »Pfeil 8« für das Pfadende aus (falls dieses nicht nach rechts zeigen sollte, können Sie die Pfeile mit dem Button Anfang und Ende vertauschen noch auswechseln). Die Pfeilspitzen sind viel zu groß. Geben Sie etwa 9 % für den roten und etwa 13 % für den blauen Pfeil unter Skalieren ein.

Nehmen Sie dann das Breitenwerkzeug, und passen Sie an beiden Enden des Pfades die Stärke an. Der rote Pfeil verjüngt sich, der blaue verbreitert sich zur Spitze hin.

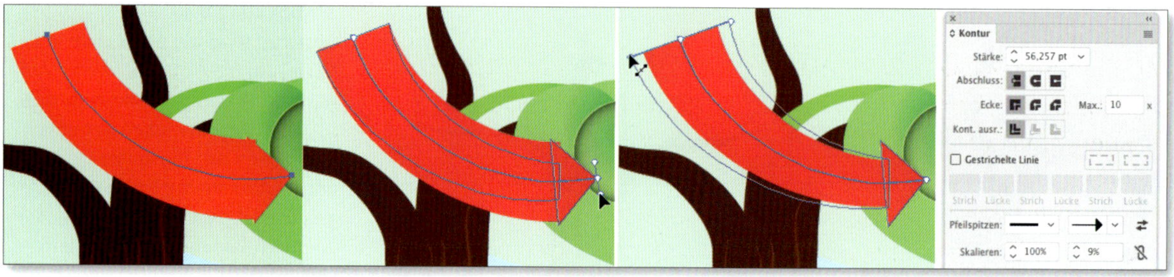

▼ Abbildung 9.50
Dem Pfad wird eine starke Kontur und eine Pfeilspitze zugewiesen. Mit dem Breitenwerkzeug erfolgt die Verjüngung. Die Pfeilspitze ist exakt am Pfadende platziert, so können Sie ihre Position sehr genau durch den Endpunkt steuern.

Beiden Pfeilen wird dann ein Verlauf jeweils von der Transparenz in die volle Deckkraft der jeweiligen Farbe zugewiesen. Das heißt, beide Verlaufsstopps erhalten dieselbe Farbe, aber eine unterschiedliche Deckkraft. Um die rote Farbe nicht noch einmal einrichten zu müssen, ziehen Sie sie direkt aus dem Konturfeld in den Verlauf. Dann duplizieren Sie den erzeugten Verlaufsstopp, indem Sie ihn bei gedrückter [⌥]/[Alt]-Taste verschieben und den nicht benötigten vorhandenen Stopp löschen. Anschließend muss nur noch die Deckkraft reduziert werden. Der Verlauf geht entlang des Pfades, also Vertikal auf Kontur.

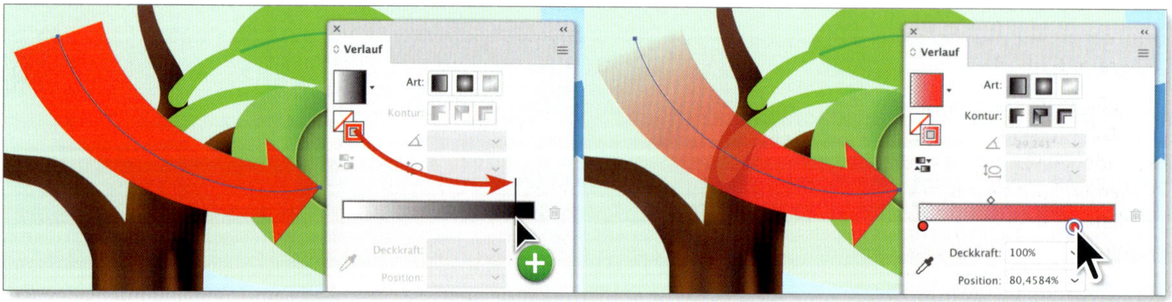

▼ Abbildung 9.51
Einstellen des Verlaufs für den Pfeil: Die rote Farbe ziehen Sie direkt in den Verlauf, duplizieren den Verlaufsstopp anschließend und stellen die Deckkraft ein.

6 Gepunktete Linien

Zum Abschluss muss noch der Transport von Wasser und Glucose durch die gepunkteten Linien dargestellt werden. Weisen Sie den beiden Pfaden eine Stärke von 7 Punkt zu. Aktivieren Sie die Strichelung, und geben Sie einen Strich von 0 Punkt und eine Lücke von 12 Punkt an.

Nun erhalten beide Pfade noch die Pfeilspitze »Pfeil 9« mit 30 % Skalieren. Für das Wasser zeigt sie in Richtung des Blattes, für die Glucose in Richtung Baumstamm.

Auch für diese beiden Pfade legen Sie dann noch einen Konturverlauf an, der für den Wasserpfeil von C 100/M 50 bis C 40 und für den Glucose-Pfeil von C 20/Y 40 bis Y 6 führt.

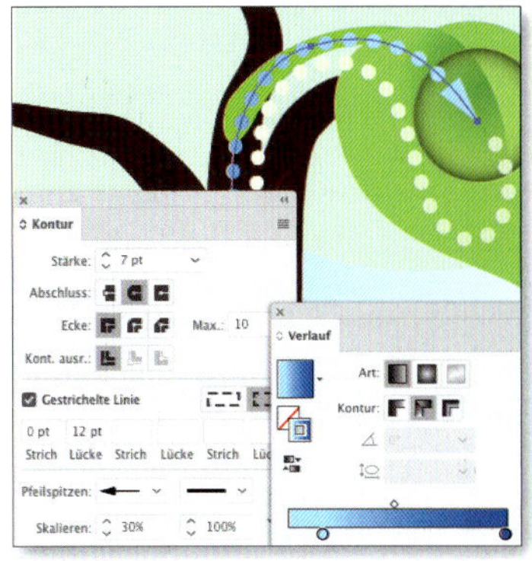

▲ **Abbildung 9.52**
Eigenschaften der gepunkteten Linie für den Wassertransport

9.2 Gitterobjekte – Verlaufsgitter

Mit Illustrator können Sie fotorealistische Illustrationen erstellen, die kaum noch von Fotografien zu unterscheiden sind. Ermöglicht wird dies zu einem großen Teil durch Verlaufsgitter, eine spezielle Art von Vektorobjekten.

Auf einem Gitterobjekt fließen mehrere Farben ineinander und bilden Verläufe in unterschiedlichen Richtungen. Stellen Sie sich das so vor, als ob Sie mit einem farbgetränkten Pinsel auf einem feuchten Aquarellpapier farbige Punkte setzen, die dann etwas auseinanderfließen und sich gegebenenfalls mit anderen Farben mischen. In Illustrator werden diese Farbtupfer mithilfe eines Gitters auf einem Objekt positioniert, einem Raster aus Vektorlinien, das Sie auch nachträglich weiter transformieren und verzerren können. Ein Gitterobjekt ist also ein mehrfarbiges Objekt, zwischen dessen Farben der Gitterpunkte bzw. Gitterlinien Illustrator nahtlose Farbverläufe generiert.

Das Raster des Gitterobjekts basiert immer auf einer rechteckigen Grundform, und wenn Sie einen beliebigen Pfad in ein Gitter umwandeln,

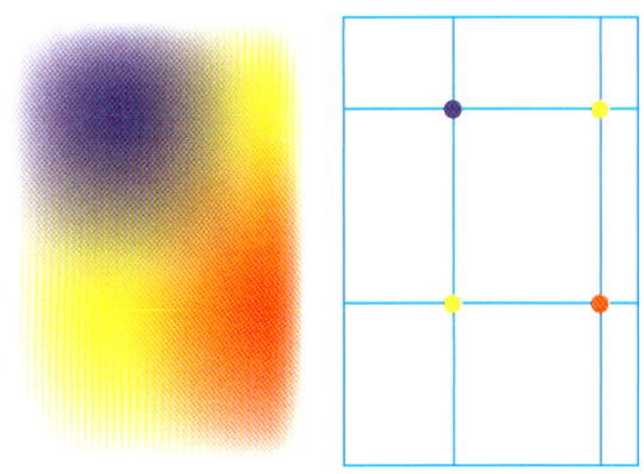

▲ **Abbildung 9.53**
Ein Gitterobjekt und seine Konstruktion – die kleinen Kreise zeigen die an den Gitterpunkten eingestellten Farben.

Bessere Kontrolle über Gitterlinien

Ein gängiger Weg, um eine gute Kontrolle über die Form der Gitterlinien zu haben, ist es, mit einem einfachen Grundobjekt zu beginnen, dieses in ein Gitter mit wenigen Zeilen und Spalten umzuwandeln und das Gitter erst anschließend mit den Zeichen-, Transformations- oder Verflüssigen-Werkzeugen zu bearbeiten, bis die Außenform den Anforderungen genügt. Danach erstellen Sie manuell die benötigten zusätzlichen Gitterlinien, die sich so automatisch und homogen in die bestehende Form einfügen. Vergleichen Sie hier ein aus einer einfachen Form konstruiertes Gitter (links) mit einem automatisch aus einem gebogenen Objekt erzeugten Gitter (rechts).

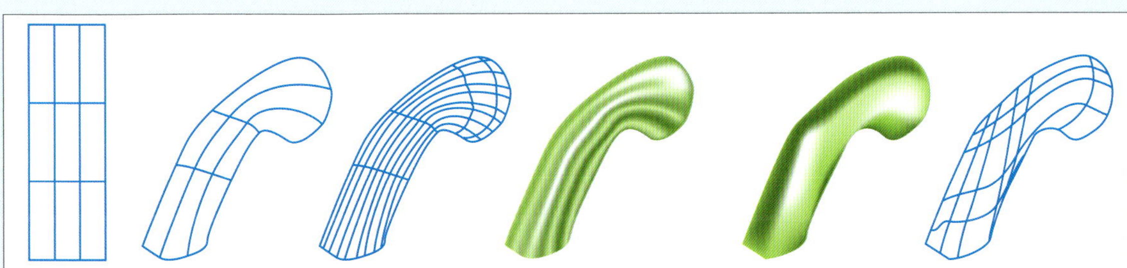

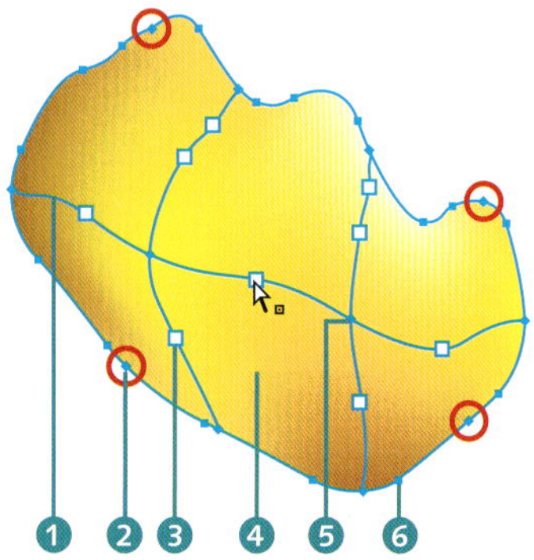

▲ **Abbildung 9.54**
Gitterlinien ①, Eckpunkte (rote Markierung) ②, Knoten (weiß) ③, Gitterfelder ④, Gitterpunkte (Raute) ⑤, Vertexpunkte (Quadrat) ⑥

▲ **Abbildung 9.55**
Die Paprika ist aus mehreren Verlaufsgittern konstruiert, das Loch im Donut entstand mithilfe einer Deckkraftmaske

Gitter besser bearbeiten

Mit dem Plug-in »Mesh Tormentor« lassen sich, neben vielen anderen Funktionen, Knoten in bearbeitbare Vertexpunkte umwandeln.

versucht Illustrator, diesen, so gut es automatisch möglich ist, in dieses rechtwinklige Raster zu formen. Dabei entsteht eine Anatomie eines Objekts mit einigen typischen Bestandteilen:

- **Eckpunkte** (Corner Nodes) ②: Zwischen diesen vier Eckpunkten wird das Gitter aufgespannt. Eckpunkte sind häufig erst zu erkennen, wenn man versucht, sie mit dem Ankerpunkt-konvertieren-Werkzeug zu bearbeiten – sie verhalten sich überraschend.
- **Gitterlinien** ①: Bezeichnen das Raster von Vektorpfaden, das das Gitter durchzieht.
- **Gitterpunkte** ⑤: Gitterpunkte bilden die Kreuzungspunkte von Gitterlinien und verbinden sie fest. An Gitterpunkten werden Farben und ihre Deckkraft definiert.
- **Gitterfelder** ④: Ein von Gitterlinien umschlossener Bereich wird als Gitterfeld bezeichnet. Gitterfelder können ausgewählt, mit Farbe versehen und bewegt oder kopiert und als neues Gitter eingefügt werden.
- **Vertexpunkte** ⑥: Mit diesen Stützpunkten kann der Verlauf der Gitterlinien detaillierter beeinflusst werden. Sie nehmen jedoch keine Farbe an.
- **Knoten** (Knots) ③: Bezeichnen automatisch gesetzte Punkte, die beim Aktivieren des Gitterobjekts nicht sichtbar sind und nur beim Überrollen mit dem Direktauswahl-Werkzeug angezeigt werden. Sie sind nicht editierbar und verhalten sich komplett unberechenbar.

9.2.1 Verlaufsgitter erzeugen

Die Grundlage für ein solches Gitterobjekt sind offene oder geschlossene Pfade – nicht jedoch zusammengesetzte Pfade, zusammengesetzte Formen oder Textobjekte. Verlaufsgitter können Sie automatisch mithilfe der Dialogbox Objekt • Verlaufsgitter erstellen oder durch Umwandlung eines Verlaufsobjekts sowie manuell mit dem Gitter-Werkzeug erzeugen.

Dem Gitterobjekt kann direkt keine Kontur zugewiesen werden. Falls Sie eine Kontur benötigen, erstellen Sie entweder eine Kopie des Objekts vor der Umwandlung in ein Gitter oder erzeugen eine neue Kontur für das Gitterobjekt mithilfe des Aussehen-Bedienfeldes. Außerdem sollte der Form vor der Umwandlung in ein Gitterobjekt die benötigte Grundfarbe zugewiesen werden.

Vom Einfachen zum Komplizierten | Illustrator versucht bei der Umwandlung eines Pfades in ein Gitter immer, diesen Pfad in das rechtwinklige Raster zu »pressen«, z. B., indem es vorhandene Eckpunkte als Ecken im Raster verwendet und dann die anderen Gitterlinien entsprechend aufspannt.

Bevor Sie ein Verlaufsgitter durch Umwandlung vom Programm generieren lassen, sollten Sie deshalb Ihr Ausgangsobjekt unter diesen Gesichtspunkten betrachten, ob seine Form für eine automatische Umwandlung in ein Gitterobjekt geeignet ist. Bei dem stark gebogenen Stiel der Paprika in Abbildung 9.55 ist es beispielsweise nicht sinnvoll, ein Verlaufsgitter automatisch aus der fertigen Außenform erstellen zu lassen (s. den Kasten »Bessere Kontrolle über Gitterlinien« auf Seite 316).

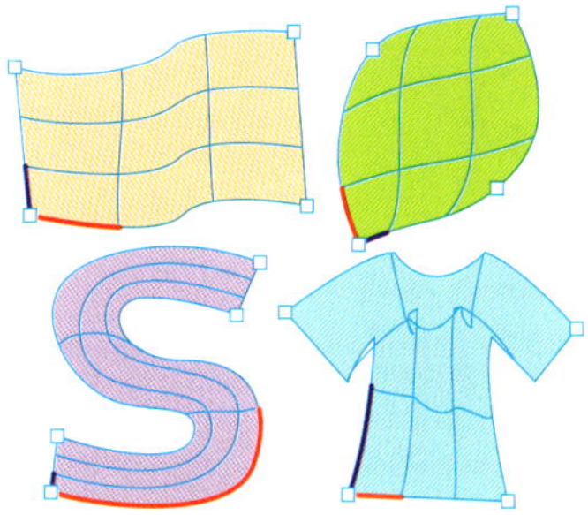

▲ **Abbildung 9.56**
Markierung der Eckpunkte verschiedener Gitter: Bei vielen Formen lassen sich vier Eckpunkte isolieren. Bei anderen Formen (z.B. unten rechts) sind nicht eindeutig vier Eckpunkte vorhanden. Das Erstellen eines Gitters ist dann schwierig.

Gitter automatisch generieren | Um ein regelmäßiges Gitter automatisch zu erzeugen, aktivieren Sie den gewünschten Pfad, den Sie in ein Gitterobjekt umwandeln möchten, und rufen Objekt • Verlaufsgitter erstellen auf. In der Dialogbox finden Sie folgende Einstellmöglichkeiten:

- Zeilen/Spalten: Mit diesen Vorgaben bestimmen Sie die gewünschte Anzahl der zu erzeugenden horizontalen und vertikalen Gitterlinien.
- Aussehen: Durch eine Option aus diesem Menü legen Sie fest, ob und wie in dem neuen Gitterobjekt ein Grundverlauf zwischen der zugewiesenen Flächenfarbe und Weiß generiert werden soll.
  - Flach: Kein Grundverlauf wird erzeugt.
  - Zur Mitte: Die Farbe verläuft vom Rand zur Mitte.
  - Zur Kante: Die Farbe verläuft von der Mitte zum Rand.
- Lichter: Mit diesem Prozentwert bestimmen Sie die Intensität von Weiß im Grundverlauf. Um die Auswirkung zu beurteilen, nehmen Sie die Option Vorschau zu Hilfe.

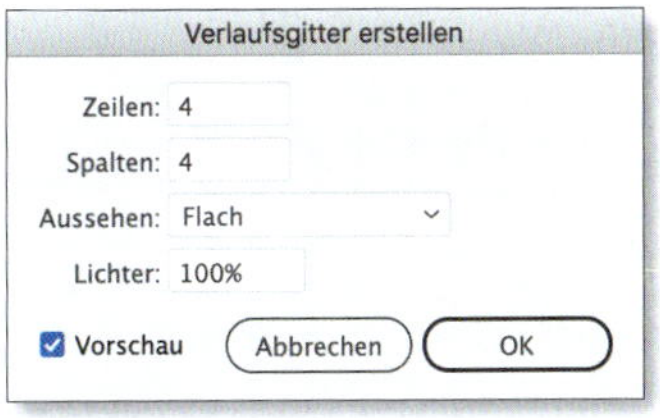

▲ **Abbildung 9.57**
Die Dialogbox Verlaufsgitter erstellen

Bessere Gitter aus vorhandenen Formen erstellen | Besitzt Ihr Objekt mehr als vier Ankerpunkte, dann können Sie mit dem Direktauswahl-Werkzeug vier Punkte auswählen, die anschließend zu den Eckpunkten des Gitters werden. So zwingen Sie Illustrator dazu, geeignete Punkte zu verwenden, anstatt automatisch Ecken zu bestimmen.

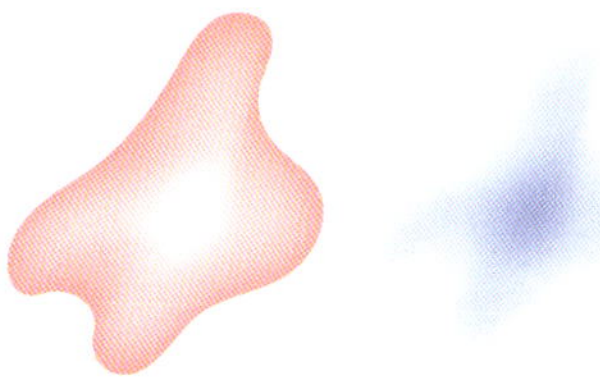

▲ **Abbildung 9.58**
Generiertes Verlaufsgitter mit einem Grundverlauf Zur Mitte (links) und Zur Kante (rechts)

◄ **Abbildung 9.59**
Umwandeln einer Form (oben, die Eckpunkte sind orange markiert) in ein Gitter: vollautomatisch (Mitte) und mit Auswahl der gewünschten Eckpunkte (unten)

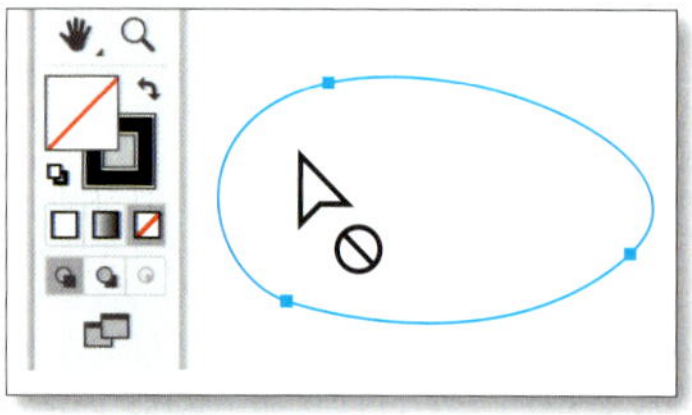

▲ **Abbildung 9.60**
An dieser Stelle eines Objekts ohne Fläche können Sie keinen Gitterpunkt setzen.

▲ **Abbildung 9.61**
Ausgangsobjekt für die Praline war ein als Verzerrungshülle erzeugter Halbkreis. Er wurde dann gespiegelt und dupliziert, um die andere Hälfte zu formen.

Komplexe Außenform

Ist die benötigte Außenform sehr komplex oder benötigen Sie ein »Loch« im Objekt, verwenden Sie eine Schnittmaske, um dem Gitterobjekt seine endgültige Form zu geben (zu Schnittmasken s. Abschnitt 11.4).

Gitter mit dem Gitter-Werkzeug erstellen | Wenn Sie ein Gitter mit unregelmäßigen Abständen zwischen Gitterlinien benötigen, sollten Sie es manuell mit dem Gitter-Werkzeug erstellen – U.

Sie müssen kein Objekt aktivieren, bevor Sie mit dem ersten Gitterpunkt beginnen. Klicken Sie mit dem Werkzeug nacheinander auf die Stellen des Zielobjekts, an denen Sie einen Gitterpunkt erzeugen möchten. Besitzt das Objekt keine Fläche oder arbeiten Sie in der Pfadansicht, müssen Sie den ersten Klick auf den Pfad setzen. Der Cursor zeigt mit dem Symbol an, ob auf dem Objekt unter der Einfügemarke ein Gitterpunkt gesetzt werden kann.

Ein Klick auf den Rand oder auf eine bestehende Gitterlinie fügt dem Gitterobjekt eine neue Spalte oder eine neue Reihe hinzu. Klicken Sie zwischen Gitterlinien, dann wird sowohl eine Spalte als auch eine Reihe generiert.

Illustrator weist jedem neuen Gitterpunkt zunächst die Farbe zu, die im Farbe- oder im Farbfelder-Bedienfeld für Fläche eingestellt ist. Soll der neue Gitterpunkt in der aktuell im Gitter verwendeten Farbe erstellt werden, drücken Sie beim Klicken des Punkts die Modifizierungstaste ⇧. Punkte, die automatisch an anderen Kreuzungsstellen mit bestehenden Gitterlinien entstehen, erhalten die an den jeweiligen Stellen bereits vorhandene Farbe.

Gitter aus Verzerrungshüllen erzeugen | Verlaufsgitter und Verzerrungshüllen sind miteinander verwandt, sodass Sie eine Verzerrungshülle als Verlaufsgitter verwenden können und umgekehrt. Das ist nützlich, denn Illustrator bietet einige Verkrümmungsarten an, deren Hüllenkonstruktion Sie extrahieren und als Basis für die Erstellung eines Verlaufsgitters benutzen können. Die automatisch generierten Hüllen sind geometrisch exakt und gleichmäßig.

Dazu erzeugen Sie aus einer einfachen Form ein Hüllenobjekt mit Verkrümmung und wählen den Menübefehl Objekt • Verzerrungshülle • Zurückwandeln, um das Gitter aus dem Objekt zu extrahieren. Der Befehl Zurückwandeln generiert zu Ihrem Ausgangsobjekt ein Gitterobjekt als Form mit einer grauen Fläche. Sie sehen seine Gitterlinien, sobald Sie das Objekt aktivieren. Dieses Gitter lässt sich wie andere Gitterobjekte auch mit weiteren Gitterlinien versehen, einfärben und umformen.

Mehr zur Herstellung, Anwendung und Zurückwandlung von Verzerrungshüllen finden Sie in Abschnitt 10.8.

Gitter aus einem Verlauf erzeugen | Wenn Sie einen Farbverlauf detaillierter beeinflussen möchten, empfiehlt es sich, einen »normalen« Verlauf in ein Verlaufsgitter umzuwandeln.

Aktivieren Sie dazu das Verlaufsobjekt, und rufen Sie Objekt • Umwandeln auf. Wählen Sie die Optionen Fläche und Verlaufsgitter.

Aus einem kreisförmigen Verlauf entsteht bei der Umwandlung ein zu einem Kreis gebogenes Rechteck. Diese Form ist deshalb so interessant, weil sie mit den Transformationswerkzeugen aus einem rechteckigen Gitterobjekt nur schwer generiert werden kann. Bei dem aus der Umwandlung entstandenen kreisförmigen Gitter sind in der Mitte vier Gitterpunkte übereinandergestapelt, die zum Bearbeiten gegebenenfalls zusammen mit einem Auswahlrechteck aktiviert werden müssen.

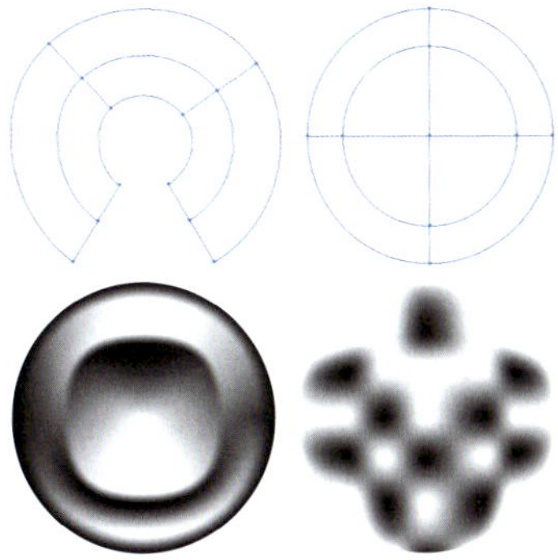

▲ **Abbildung 9.62**
Das kreisförmige Gitter (oben rechts) ist im Grunde ein zu einem Kreis gebogenes Rechteck (oben links). Mit diesem Gitter können Sie Designs umsetzen (unten links), die sich nicht mit einem Gitter verwirklichen lassen, das direkt aus einem Kreis entstanden ist (unten rechts).

9.2.2 Verlaufsgitter bearbeiten

Mit den Möglichkeiten, die sich beim Bearbeiten eines Verlaufsgitters ergeben, lassen sich sehr komplexe Verlaufsformen verwirklichen. Folgende Möglichkeiten stehen zur Verfügung, um ein Gitterobjekt zu editieren:

Gitterlinien und Gitterpunkte hinzufügen | Wie weiter oben in dem Absatz über das manuelle Erstellen von Gitterobjekten beschrieben, können Sie mit dem Gitter-Werkzeug jedem Verlaufsgitter, egal, wie es erzeugt wurde, jederzeit Gitterlinien und Gitterpunkte hinzufügen.

Gitterpunkte bearbeiten | Einzelne Gitterpunkte eines Gitterobjekts aktivieren und verschieben Sie mit dem Werkzeug Gitter, Direktauswahl oder Lasso, indem Sie darauf klicken bzw. klicken und ziehen. Möchten Sie einen Gitterpunkt exakt entlang einer Gitterlinie verschieben, verwenden Sie das Gitter-Werkzeug, halten ⇧ gedrückt und verschieben den Punkt.

Wenn ein Gitterpunkt aktiviert ist, werden seine Grifflinien angezeigt. Mit den Grifflinien bestimmen Sie die Form der Gitterlinien. Klicken und ziehen Sie die Grifflinien in die gewünschte Position. Mit gedrückter ⇧-Taste und dem Gitter-Werkzeug können Sie alle Grifflinien eines Gitterpunkts synchron bewegen. Möchten Sie Grifflinien »abbrechen«, also einen Übergangspunkt in einen Eckpunkt umwandeln, verwenden Sie das Ankerpunkt-konvertieren-Werkzeug und ziehen den Griffpunkt.

Sie müssen mit dem Gitter-Werkzeug genau auf den Gitterpunkt klicken, um ihn zu aktivieren, da sonst zusätzliche Gitterlinien erzeugt werden!

▲ **Abbildung 9.63**
Der Schokotropfen ist aus einem Gitter mit einer einfacheren Form mittels Schnittmaske freigestellt.

Treffen Sie mit dem Direktauswahl-Werkzeug in der Vorschau einen Punkt nicht exakt, wird ein gesamtes Gitterfeld mit allen zugehörigen Gitterpunkten ausgewählt und gegebenenfalls verschoben. Wenn Sie also gezielt mehrere Punkte aktivieren wollen, z. B. mit einem Auswahl-

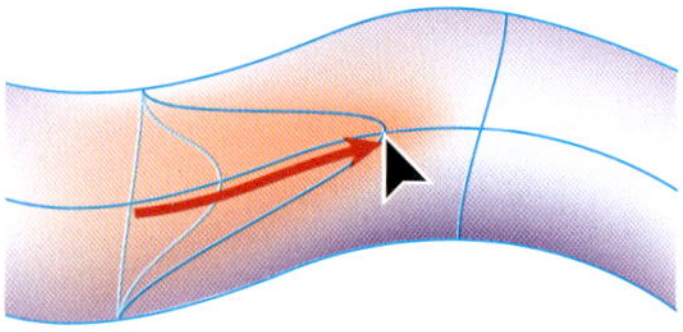

▲ **Abbildung 9.64**
Verschieben eines Gitterpunkts entlang einer Gitterlinie

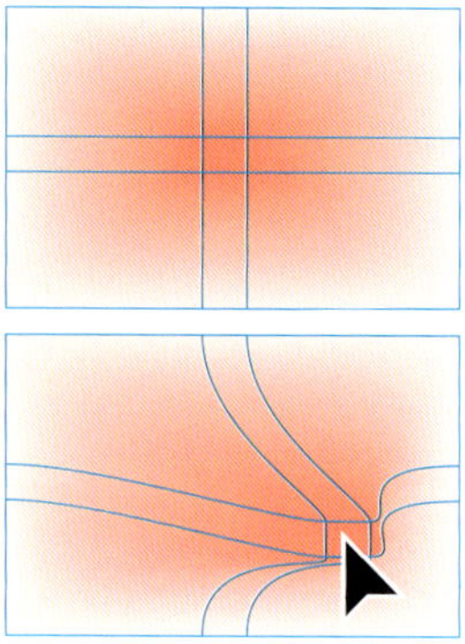

▲ **Abbildung 9.65**
Verschieben eines Gitterfeldes

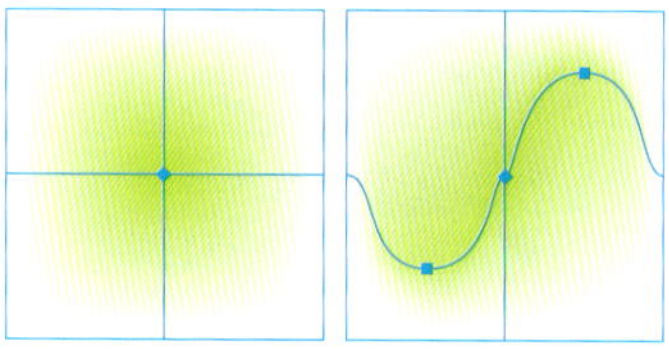

▲ **Abbildung 9.66**
Gitterlinien mit Ankerpunkten (Vertexpunkten) formen

▲ **Abbildung 9.67**
Die Verzerrungshülle wird wiederverwendet, um die Schatten als Gitter zu konstruieren.

rechteck oder mit dem Lasso-Werkzeug, ist zu empfehlen, vorher in die Pfadansicht zu wechseln.

Gitterpunkte löschen | Verwenden Sie dazu das Gitter-Werkzeug, drücken und halten Sie die Modifizierungstaste [⌥]/[Alt], und klicken Sie auf den entsprechenden Gitterpunkt, sobald das Cursor-Symbol zusätzlich ein Minuszeichen anzeigt.

Wenn Sie einen Gitterpunkt entfernen, werden auch die sich im Punkt kreuzenden Gitterlinien gelöscht.

Gitterfelder bearbeiten | Gitterfelder aktivieren Sie, indem Sie in das Feld klicken. Auch Felder können Sie verschieben – dabei werden alle begrenzenden Gitterlinien und Gitterpunkte mit verschoben. Darüber hinaus lässt sich ein ganzes Feld auch kopieren und als neues Gitterobjekt wieder in die Datei einfügen. So erhalten Sie einen sauberen Anschluss an das umgebende Gitter, falls Sie ein Detail näher ausarbeiten wollen.

Ankerpunkte hinzufügen (Vertexpunkte) | Verwenden Sie Vertexpunkte, um die Form von Gitterlinien zu beeinflussen, ohne dafür im Gitter zusätzliche Zeilen oder Spalten zu erzeugen.

Neue Ankerpunkte auf Gitterlinien setzen Sie mit dem Ankerpunkthinzufügen-Werkzeug.

Gitter mit Hüllen verzerren | Manche Formen lassen sich einfacher in gerader Ausrichtung konstruieren. Sie können das fertiggestellte Gitter anschließend mit einer Verzerrungshülle in Form bringen.

Gitterpunkte auswählen | Gitterpunkte mit derselben Farbe wählen Sie aus, indem Sie einen Punkt anklicken und dann Auswahl • Gleich • Flächenfarbe aufrufen.

Farben zuweisen | Sie können in einem Gitter Prozess- und Volltonfarben gemeinsam verwenden und bei beiden auch mit reduzierter Deckkraft arbeiten. Für den Übergang zwischen Prozess- und Volltonfarbe gilt jedoch dasselbe wie für entsprechende Verläufe (s. Abschnitt 9.1.9). Um einem aktivierten Gitterpunkt oder einem Gitterfeld eine Farbe zuzuweisen, sind drei Wege möglich:

- Farbe-Bedienfeld: Stellen Sie die Farbe im Farbe-Bedienfeld ein, die dann automatisch auf den aktiven Gitterpunkt oder auf das aktive Gitterfeld übernommen wird.
- Farbfeld: Klicken Sie mit [⌥]/[Alt] auf ein Farbfeld.

- Pipette: Wählen Sie das Pipette-Werkzeug, und klicken Sie mit ⇧ auf der Zeichenfläche eine Stelle mit der gewünschten Farbe an.
- Plug-in »Mesh Tormentor«: Wenn Sie eine Vorlage exakt mit einem Gitter fotorealistisch reproduzieren, können Sie nach der Erstellung des Gitters den Button Capture Colors verwenden, um die Farben automatisch an allen Gitterpunkten aufzunehmen.

▲ **Abbildung 9.68**
Originalverlaufsgitter (oben) und zwei mit Verzerrungshüllen versehene Gitter (Mitte und unten)

Wenn Sie mit intelligenten Hilfslinien arbeiten, können Sie die Farben sehr einfach mit dem Pipette-Werkzeug zuweisen. Gehen Sie dazu wie folgt vor:

Heben Sie alle Auswahlen auf, wählen Sie die gewünschte Füllfarbe aus, und benutzen Sie das Pipette-Werkzeug, um zusammen mit der ⌥/Alt-Taste auf den Gitterpunkt oder das Gitterfeld zu klicken, dem Sie die Farbe zuweisen möchten. Bitte beachten Sie, dass auch das Gitterobjekt nicht ausgewählt sein darf.

Shortcuts: intelligente Hilfslinien ⌘/Strg+U, alle Auswahlen aufheben ⌘/Strg+⇧+A.

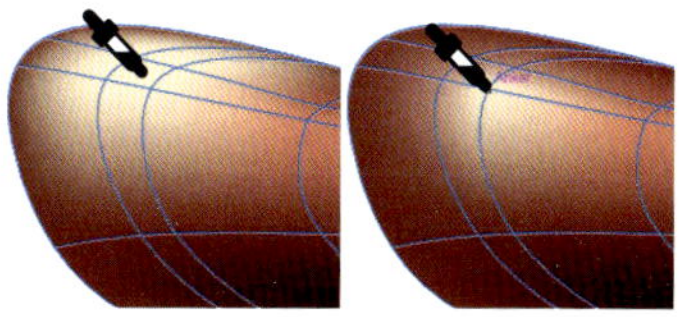

▲ **Abbildung 9.69**
Die Arbeit mit Pipette und intelligenten Hilfslinien erspart Ihnen das vorherige Auswählen von Gitterfeldern oder Gitterpunkten.

Deckkraft reduzieren | Um die Deckkraft eines Gitterpunkts zu reduzieren, aktivieren Sie den Gitterpunkt, rufen das Transparenz-Bedienfeld auf – ⌘/Strg+⇧+F10 – und stellen die gewünschte Deckkraft mit dem Regler ein.

Wenn Sie eine Datei mit transparenten Gittern in CS4 oder noch älteren Dateiversionen speichern, erstellt Illustrator dabei automatisch eine Deckkraftmaske. Die Datei bleibt also vergleichsweise gut editierbar.

Das Reduzieren der Deckkraft ist besonders interessant, um Gitterobjekte mit dem Hintergrund zu »verschmelzen«, die Sie zur Darstellung von Details zusätzlich erstellt haben. Da der Hintergrund normalerweise viele Verläufe aufweist, wäre eine Anpassung der Randfarben des oben liegenden Gitters ohne die Transparenz schwierig.

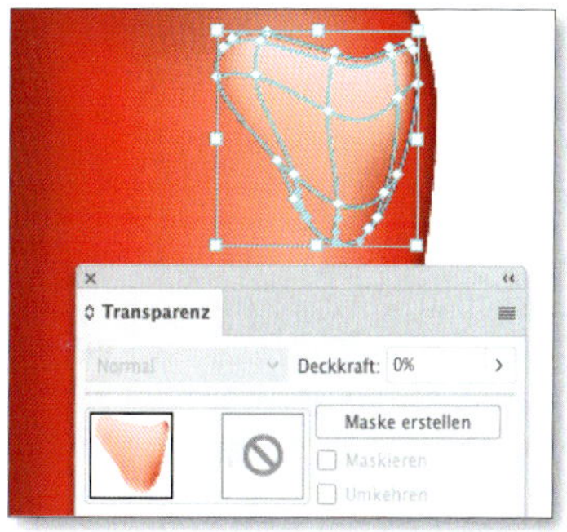

▲ **Abbildung 9.70**
Die Reflexion auf der Paprika können Sie dank transparenter Randpunkte nahtlos in den Hintergrund übergehen lassen.

◄ **Abbildung 9.71**
Am ausgewählten Punkt (sowie einigen umliegenden) wurde die Deckkraft reduziert, sodass darunterliegende Objekte sichtbar werden. Die Konstruktion direkt im Gitter erzeugt weniger Objekte und ist häufig unkomplizierter als die früher übliche Methode einer Deckkraftmaske.

▲ **Abbildung 9.72**
Das Ergebnis des Verlaufsgitter-Workshops

Schritt für Schritt
Mit Verlaufsgittern illustrieren

In diesem Workshop zeichnen Sie ein Gummibärchen mit einem Verlaufsgitter. Sie lernen bereits die Kombination von Gitterobjekten mit weiteren Techniken wie Filtern und Transparenz, denn die Details sind nachträglich mit zusätzlichen Objekten aufgesetzt.

1 Die Datei aufbauen

Wichtig für die Arbeit mit Verlaufsgittern ist der Aufbau der Datei – speziell das Anlegen geeigneter Ebenen. Im Beispiel-Dokument ist die Gummibärchen-Vorlage bereits platziert. Diese Ebene wandeln Sie in eine Vorlagenebene um, das bringt Ihnen viele Vorteile beim Wechseln der Ansicht. Doppelklicken Sie auf das Symbol der Ebene, um die Optionen aufzurufen. In den Ebenenoptionen aktivieren Sie die Einstellung Vorlage. Geben Sie dann noch »100 %« unter Bilder abblenden auf ein. Die Vorlagenebene ist auch automatisch gesperrt 🔒.

Jetzt legen Sie mit einem Klick auf den Button Neue Ebene erstellen ⊞ eine Ebene zum Zeichnen des Verlaufsgitters an. Mit ⌘/Strg + Y wechseln Sie nun in die Pfadansicht. Die Vorlage bleibt automatisch in der Vorschau.

Vorlagenebene

Eine Vorlagenebene können Sie mit dem Kurzbefehl ⌘/Strg + ⇧ + W aus- und einblenden.

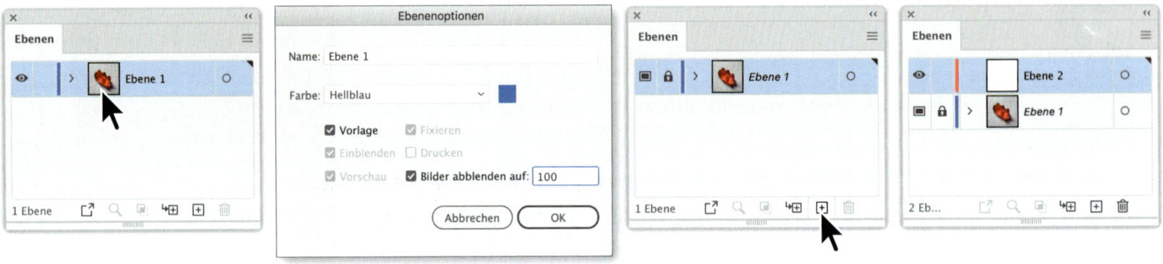

▲ **Abbildung 9.73**
Einrichten der Ebenen: Ebene 1 wird in eine Vorlagenebene umgewandelt, und es wird eine neue Ebene angelegt und in der Pfadansicht angezeigt.

Wie gehe ich mit Verlaufsgittern um?

Verlaufsgitter funktionieren in mancher Hinsicht anders als »normale« Vektorobjekte. Mit diesen Tipps fällt der Einstieg leichter.

Auch wenn Sie mit Verlaufsgittern sehr komplexe Verläufe erzeugen können, sollten Sie Ihre **Illustrationen in handhabbare Einzelobjekte aufteilen**. Darüber hinaus überlegen Sie, ob in manchen Situationen alternativ zu einem Verlaufsgitter das gewünschte Ergebnis nicht einfacher oder besser mit einem (Freihand-)Verlauf oder einer Angleichung zu erreichen ist (zu Angleichungen s. Abschnitt 10.7).

Konstruieren Sie erst das Gitter – mindestens mit einer großzügigen Verteilung der Lichter und Schatten –, und definieren Sie die Farbe an den Gitterpunkten im zweiten Schritt.

Gitterpunkte werden **in die Mitte der zu definierenden Farbfläche** (der Vorlage) gesetzt, nicht an deren Rand. Das ist anfangs irritierend, weil beim »normalen« Vektorisieren der Pfad entlang der Grenze der Farbfläche geführt wird. Beachten Sie auch den Kasten »Bessere Kontrolle über Gitterlinien« auf Seite 316.

2 Das Gitter erstellen

Die Form des Gummibärchens besitzt extreme Ausbuchtungen, sodass es nicht möglich ist, aus der detailliert ausgearbeiteten Außenform des Objekts ein sinnvolles Gitter zu erzeugen.

Statt also die Außenform des Bärchens genau nachzuzeichnen, setzen Sie Ankerpunkte gezielt an die Stellen, an denen Sie die Eckpunkte des Gitters bilden möchten. Darüber hinaus benötigen Sie noch mindestens einen zusätzlichen Ankerpunkt – wir setzen noch mehr. Weisen Sie der Form eine weiße Fläche zu – damit können Sie später beim Einfärben besser erkennen, welche Gitterpunkte noch nicht ihre endgültige Farbe erhalten haben. Aktivieren Sie dann die vier zukünftigen Eckpunkte des Gitters, und wählen Sie OBJEKT • VERLAUFSGITTER ERSTELLEN. Geben Sie je drei ZEILEN und SPALTEN ein.

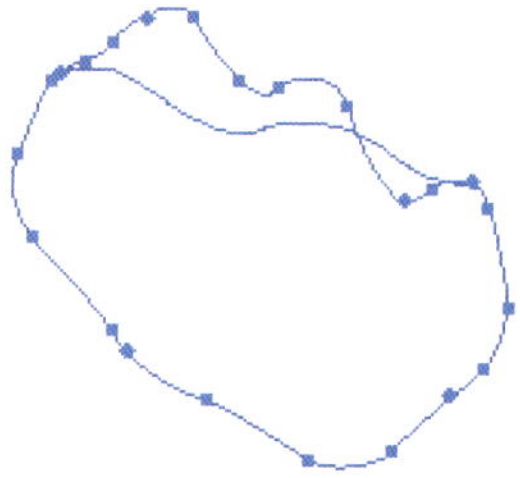

▲ **Abbildung 9.74**
Ein aus der Außenform erstelltes Gitter wäre nicht kontrollierbar.

▲ **Abbildung 9.75**
Erstellen eines Gitters aus einer freien Form mit vier ausgewählten Ankerpunkten

Gitterpunkt sicher aktivieren

Wenn Sie einen vorhandenen Gitterpunkt aktivieren wollen, benutzen Sie am besten das Direktauswahl-Werkzeug, denn damit riskieren Sie nicht, versehentlich eine neue Gitterlinie zu erzeugen.

3 Das Gitter zurechtbiegen

Verwenden Sie nun das Direktauswahl-Werkzeug, um die weiteren Punkte des Basisgitters bereits auf die benötigten Positionen zu verschieben (s. den Kasten »Wie gehe ich mit Verlaufsgittern um?« auf Seite 322). Achten Sie auch darauf, dass deren Verteilung ungefähr gleichmäßig erfolgt, damit die weiteren Gitterlinien nach Ihren Wünschen entstehen.

Biegen Sie die Gitterlinien des Basisgitters mit den Griffen des Gitters ebenfalls passend zurecht. Um Griffe »abzubrechen«, wählen Sie das Ankerpunkt-Werkzeug. Wenn die Gitterpunkte nicht ausreichen, um die benötigten Formen zu bilden, klicken Sie mit dem Ankerpunkt-hinzufügen-Werkzeug auf die Gitterlinien, um Punkte hinzuzufügen.

4 Zusätzliche Gitterlinien erzeugen

Wechseln Sie jetzt zum Gitter-Werkzeug. Klicken Sie damit auf die Gitterlinien, um zusätzliche Gitterpunkte und -linien zu erzeugen. Sofort nach dem Erstellen einer zusätzlichen Gitterlinie verschieben Sie die Punkte an die benötigten Stellen und biegen die Gitterlinien mit den Griffen zurecht.

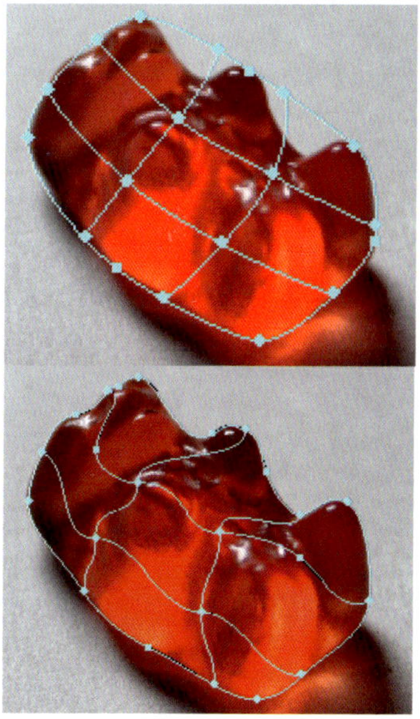

▲ **Abbildung 9.76**
Anpassen des Gitters an die Bärchenform und Positionieren der inneren Gitterpunkte

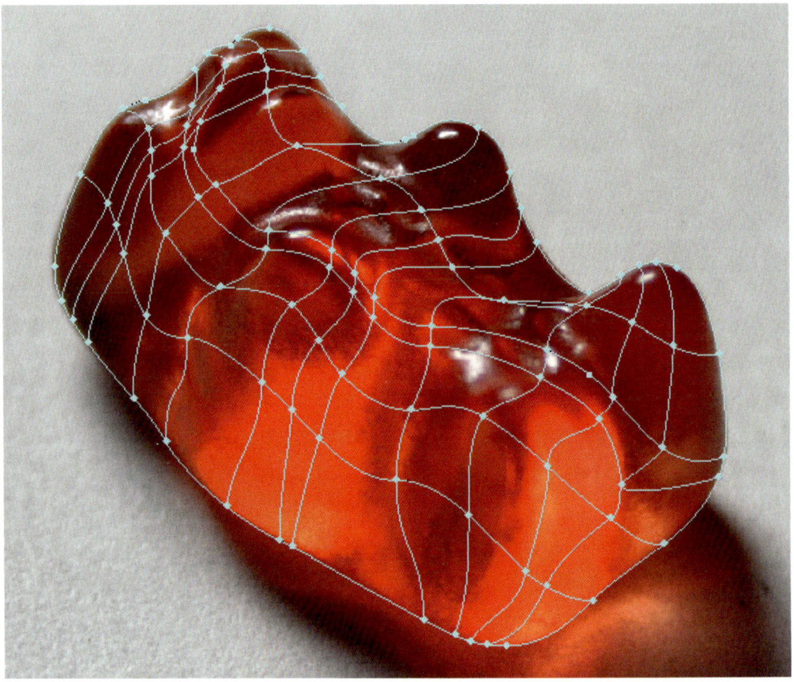

▲ **Abbildung 9.77**
Für das Einfärben fertiggestelltes Gitter: Beim Einfärben der Gitterpunkte werden Sie jedoch immer noch Stellen finden, an denen die Konstruktion nicht ganz passt. Dann müssen Punkte und Griffe verschoben werden. Zu einem späteren Zeitpunkt fügen Sie auch noch weitere Gitterlinien hinzu, um Details zu ergänzen.

Globale Farbfelder

Es kann sinnvoll sein, mit globalen Farbfeldern zu arbeiten. Falls Sie lokale Farbfelder erstellt haben, aktivieren Sie nachträglich alle Farbfelder im Bedienfeld und rufen FARBFELDOPTIONEN aus dem Bedienfeldmenü auf. Sie können dann für alle auf einmal die Option GLOBAL setzen.

5 Farben aufnehmen

Wenn die Konstruktion steht, nehmen Sie die benötigten Farben mit dem Pipette-Werkzeug aus der Fotovorlage auf. Dazu drücken Sie ⇧ und klicken auf die Stelle des Fotos, an der Sie Farbe aufnehmen wollen. Rufen Sie dann das Farbe-Bedienfeld auf, korrigieren Sie, falls nötig, die Einstellungen, und ziehen Sie die Farbminiatur aus dem Farbe- ins Farbfelder-Bedienfeld (zum Erstellen von Farbfeldern s. Abschnitt 7.5.2).

6 Einfärben

Noch in der Pfadansicht aktivieren Sie die Gitterpunkte, die Sie einfärben möchten, mit dem Direktauswahl-Werkzeug oder indem Sie sie mit dem Lasso umrunden. Dann klicken Sie auf das entsprechende Farbfeld.

Wechseln Sie während des Einfärbens immer wieder mit ⌘/Strg+Y in die Vorschau, um die Wirkung Ihrer Farbgebung zu überprüfen. Um auch die Vorschau mit der Vorlage zu vergleichen, verstecken Sie die Ebene mit Ihrer Zeichnung, indem Sie auf das Augensymbol klicken, ohne dabei zusätzliche Modifizierungstasten zu drücken.

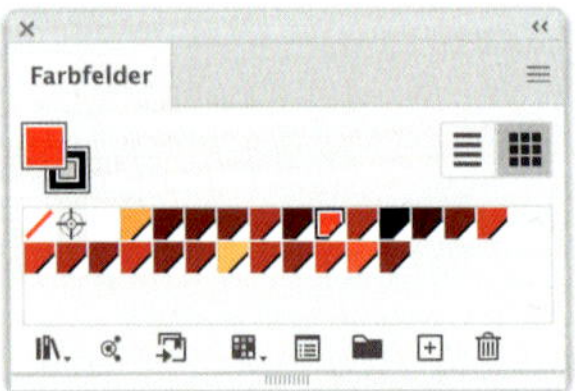

▲ **Abbildung 9.78**
Aufgenommene Farbfelder

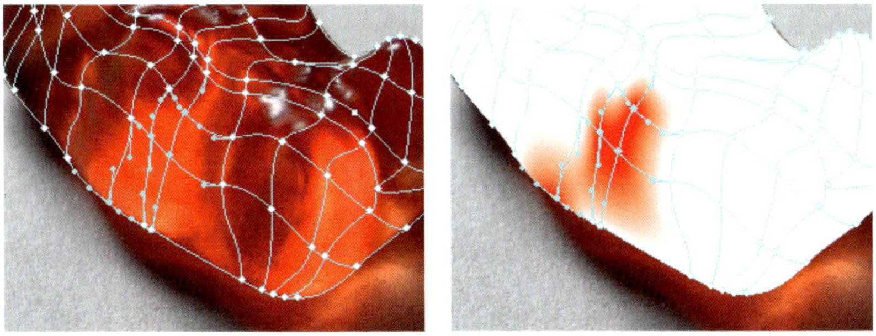

◄ **Abbildung 9.79**
Einige Punkte wurden in der Pfadansicht des Gitters ausgewählt und mit einem Farbfeld versehen (links). Rechts: Vorschau des Gitterobjekts

Die Vorschau können Sie nutzen, um unpassende Farben zu korrigieren – wählen Sie die entsprechenden Gitterpunkte in der Vorschau aus, und weisen Sie ihnen ein anderes Farbfeld zu.

Oder identifizieren Sie in der Vorschau die noch nicht mit Farbe versehenen Gitterpunkte. Wählen Sie einen weißen Gitterpunkt aus, wechseln Sie wieder in die Pfadansicht der Ebene, und weisen Sie ihm ein Farbfeld zu.

▲ **Abbildung 9.80**
Verschiedene Stadien des Einfärbens

7 Details: Zusätzliche Gitterlinien

Die Entscheidung, ob Sie für die Ergänzung von Details zusätzliche Gitterlinien anlegen oder dies über zusätzliche Objekte lösen, ist davon abhängig, wie groß ein Detail ist, ob die zusätzlichen Gitterlinien auch an anderer Stelle für Ergänzungen nützlich sind und ob das Gesamtgitter nach dem Hinzufügen noch handhabbar bleibt. Wenn Sie Gitterlinien hinzufügen, haben Sie zwei Möglichkeiten:

Entweder wählen Sie das Gitter mit dem Auswahl-Werkzeug aus und klicken anschließend mit dem Gitter-Werkzeug auf eine bestehende Gitterlinie. Hinzugefügte Gitterpunkte erhalten dann automatisch einen Mischfarbton aus den benachbarten Gitterpunkten, sodass der Farbeindruck erhalten bleibt.

Oder Sie deaktivieren das Gitter, wählen im Farbfelder-Bedienfeld die Farbe aus, die Sie verwenden möchten, und klicken dann mit dem Gitter-Werkzeug an die gewünschte Stelle im Gitter.

▼ **Abbildung 9.81**
Ein Gitterpunkt erhält beim Hinzufügen entweder eine automatische Farbe (links), oder Sie bestimmen die Farbe (rechts).

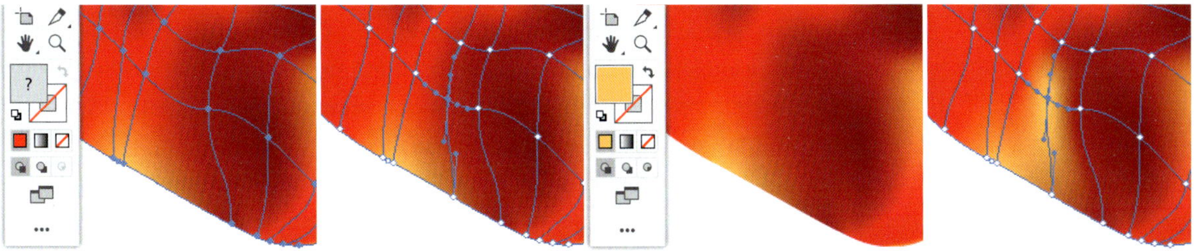

In beiden Fällen können Sie selbstverständlich die Farbe auch nachträglich noch ändern. Wenn Sie die zusätzlichen Gitterpunkte nachträglich verschieben, verändert sich allerdings das Verlaufsverhalten der Farben und damit das Aussehen der Zeichnung. Dies fällt besonders bei automatisch eingefärbten Punkten auf.

8 Details: Glanzlichter

Legen Sie eine weitere neue Ebene für die Details an. Gehen Sie so vor, wie in Schritt 1 beschrieben. Diese Details, wie Glanzlichter oder kleine Schatten, definieren Sie nicht über das Verlaufsgitter. Stattdessen zeichnen Sie sie zunächst mit dem Zeichenstift- oder Buntstift-Werkzeug »konventionell« nach – zeichnen Sie die Fläche etwas größer, falls Sie die Kante weichzeichnen möchten. Weisen Sie die passende Farbe zu. Um die Kanten weichzuzeichnen, verwenden Sie Effekt • Weichzeichnungsfilter • Gaußscher Weichzeichner. Aktivieren Sie die Vorschau, und stellen Sie den Radius der Weichzeichnung ein.

Um ein Glanzlicht besser in die Zeichnung zu integrieren, reduzieren Sie mithilfe des Transparenz-Bedienfeldes seine Deckkraft ein wenig oder verwenden die Füllmethode Negativ multiplizieren. Für kleine Schatten verwenden Sie dagegen Multiplizieren.

▼ **Abbildung 9.82**
Details werden als einzelne Objekte gezeichnet (links) und mit dem Effekt Weiche Kante sowie einer reduzierten Deckkraft und der Füllmethode Multiplizieren (für Schatten) bzw. Negativ multiplizieren (für Glanzlichter) versehen (Mitte). Rechts: fertiggestellte Zeichnung.

9.2.3 Verlaufsgitter zurückwandeln

Das Zurückwandeln von Gitterobjekten ist nicht so einfach wie bei anderen komplexen Objekten. Deshalb ist es ratsam, sofern Sie vorher bereits wissen, dass Sie die Grundform noch einmal brauchen, diese vor dem Umwandeln in ein Gitter zu duplizieren.

Wenn Sie dennoch aus einem Gitter einen normalen Pfad »zurückgewinnen« müssen, aktivieren Sie das Gitterobjekt und wählen Objekt • Pfad • Pfad verschieben mit einem Versatz von 0. Illustrator erzeugt dann die Außenform des Gitters als Pfad hinter dem Gitterobjekt.

9.2.4 Konischer Verlauf

Der konische Verlauf ist eine spezielle Art des kreisförmigen Verlaufs. In Illustrator können Sie einen konischen Verlauf nur mit Workarounds erzeugen. Einer dieser Workarounds kombiniert Verläufe, deren Umwandlung und Verzerrungshüllen. Weitere Möglichkeiten basieren auf Verlaufsgittern, Konturverläufen oder der Verwendung von Angleichungen (s. Abschnitt 10.7).

▲ **Abbildung 9.83**
Konischer Verlauf

Schritt für Schritt
Einen konischen Verlauf erstellen

Sehen wir uns den Weg über Verläufe und Verzerrungshüllen an, um einen konischen Verlauf zu erzeugen. Folgende Schritte sind notwendig:

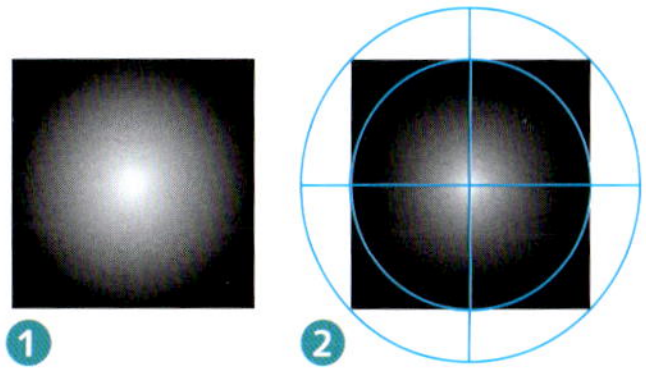

▲ **Abbildung 9.84**
Ein kreisförmiger Verlauf kann in ein interessantes Gitter umgewandelt werden.

1 Kreisförmigen Verlauf erzeugen
Füllen Sie eine Rechteckform mit einem einfachen kreisförmigen Verlauf, und weisen Sie dem Objekt die Kontur Ohne zu (1).

2 In ein Gitter umwandeln
Wandeln Sie den Verlauf mit der Menüfunktion Objekt • Umwandeln in ein Verlaufsgitter um (2).

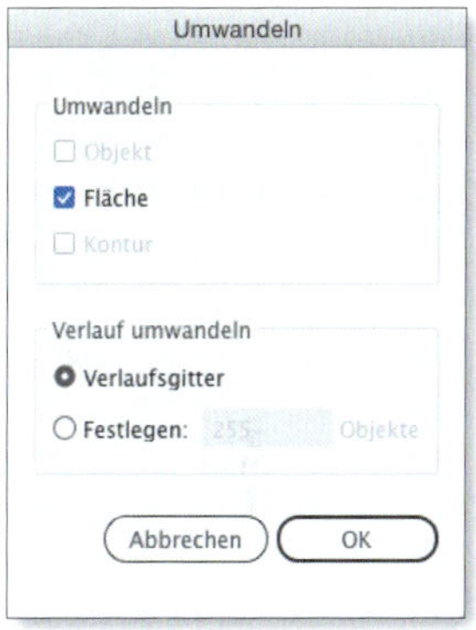

▲ **Abbildung 9.85**
Umwandeln eines Verlaufs in ein Gitter

3 Das Gitter herauslösen
Geben Sie nacheinander die Menüanweisungen Objekt • Schnittmaske • Zurückwandeln und Objekt • Gruppierung aufheben. Aktivieren Sie anschließend die Schnittmaske, und löschen Sie sie heraus. In der Pfadansicht ist die Rechteckform der Schnittmaske gut zu erkennen (s. Abbildung 9.86).

4 Neuen Verlauf erstellen
Erstellen Sie ein Rechteck mit dem gewünschten Verlauf, und positionieren Sie dieses Rechteck in der Stapelreihenfolge unter dem Gitterobjekt. Dazu verwenden Sie den Befehl Objekt • Anordnen • Nach hinten stellen (3). Der neue Verlauf muss auf der Zeichenfläche nicht unbedingt beim Gitterobjekt platziert sein.

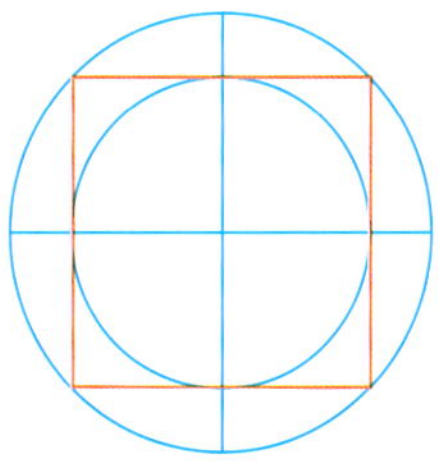

▲ **Abbildung 9.86**
Die Schnittmaske (rot)

5 In die konische Form bringen
Aktivieren Sie den Verlauf und das radiale Gitter, und wählen Sie den Menüpunkt Objekt • Verzerrungshülle • Mit oberstem Objekt erstellen. Damit die Hülle auch die Verlaufsfüllung verformt, rufen Sie Objekt • Verzerrungshülle • Hüllen-Optionen auf (4) und aktivieren die Option

Lineare Verlaufsflächen verzerren (zu Schnittmasken s. Abschnitt 11.4, zu Verzerrungshüllen s. Abschnitt 10.7).

3

4

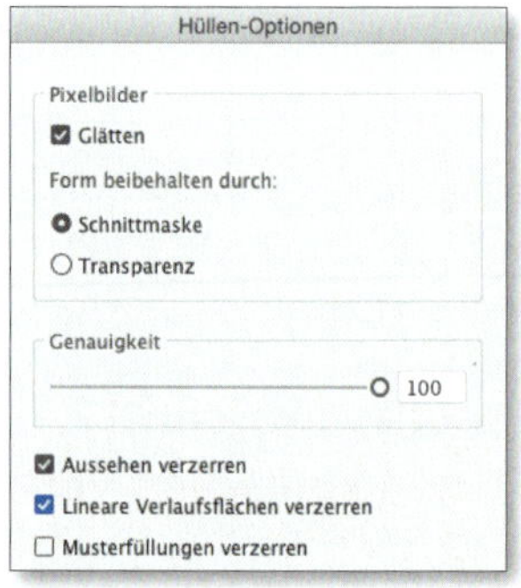

▲ **Abbildung 9.87**
Anwenden des Gitters als Hülle auf den Verlauf und Einstellen der Hüllen-Optionen

Merkmale von Verlaufsgittern

Verlaufsgitter sind eine **bewährte Methode** zur Erzeugung von freien Verläufen, es gibt inzwischen viele Tipps und Tricks. Weil sie schon so lange existieren, sind sie auch **abwärtskompatibel** und können daher auch in allen Microstockportalen angeboten werden.

Scharfe und weiche Übergänge lassen sich mit Gittern sicher umsetzen, ohne befürchten zu müssen,dass beim Verschieben eines Gitterpunkts die Funktion »spinnt«.

Dank der sich ohnehin kreuzenden Linien können auch **überkreuzende** Verläufe gezeichnet werden.

Verzerrungshüllen und Transformationen lassen sich **ohne Überraschungen** verwenden (dieser Punkt wird sicher auch bei Freihandverläufen zukünftig repariert).

Das Plug-in **Mesh Tormentor** erleichtert die Arbeit sehr.

Verlaufsgitter sind **nicht intuitiv**, erfordern viel **Geduld** und Übung, um damit überzeugende Ergebnisse zu liefern.

Merkmale von Freihandverläufen

Die Handhabung von Freihandverläufen ist sehr einfach, sind sind praktisch **intuitiv einsetzbar**. Auch das Bearbeiten bestehender Verläufe ist einfach – punktförmige allerdings einfacher als linienförmige – , da sich Farben einfach aneinander vorbeischieben lassen.

Verlaufsformen, die mit Verlaufsgittern sehr schwierig sind, wie **kreisförmige** oder in einer **Spirale** verlaufende Farbübergänge, lassen sich damit realisieren.

Punkt- und linienförmige Verläufe können **kombiniert** werden.

Objekte können direkt ohne zusätzliche Objekte mit **Konturen** und sogar weiteren Verlaufsflächen versehen werden, und aus dem Ganzen lassen sich dann auch noch **Grafikstile** herstellen.

Weil die Funktion noch so neu ist, hat sie noch **»Kinderkrankheiten«**. Kleine Bugs sorgen für Überraschungen, und die Dateien sind über die Version CC 2019 hinaus nicht editierbar.

TEIL III

Objekte organisieren und bearbeiten

Kapitel 10
Vektorobjekte bearbeiten und kombinieren

In der Entwurfsphase sollten Sie nach Möglichkeit die einfachste Form wählen, mit der ein Objekt erstellt werden kann. In den bisherigen Kapiteln haben Sie einzelne Pfade sowie geometrische Figuren, Vektorkonstruktionen und Freihandformen erstellt und bearbeitet. Mehrere dieser Formen werden dann zu komplexeren Gebilden kombiniert. Während die komplexen Formen anfangs noch locker verbunden sind, müssen sie für die endgültige Zeichnung umgewandelt werden.

10.1 Objekte kombinieren

Ein umfangreiches Arsenal an Funktionen und Methoden hilft beim Kombinieren von Objekten. Zusammengehörende Objekte werden gruppiert, um ihre Handhabung zu vereinfachen, so wirken beispielsweise Transformationen auf alle Objekte einer Gruppe gleichzeitig, und bei der Anwendung von Effekten kann eine weitere Hierarchiestufe genutzt werden (s. Abschnitt 11.6.5). Beim Gruppieren behalten jedoch alle beteiligten Objekte ihre eigenen Eigenschaften, und Pfade werden nicht verschmolzen, was beim Plotten zu fehlerhaften Ergebnissen führt. Das Gruppieren der Objekte reicht auch nicht aus, wenn Sie Löcher stanzen oder Verläufe über mehrere Objekte vereinheitlichen wollen.

▼ Abbildung 10.1
Typische Vektorkonstruktion mit fetten Konturen, Breitenprofilen und überlagernden Flächen (links: Vorschau; Mitte und rechts: Pfadansicht unterschiedlicher Stadien). Es wird nur eine Hälfte der Symmetrie gezeichnet, und Objekte werden bis zur Reinzeichnung nur in einer widerrufbaren Art miteinander kombiniert (Schritt-für-Schritt-Anleitung s. Seite 358).

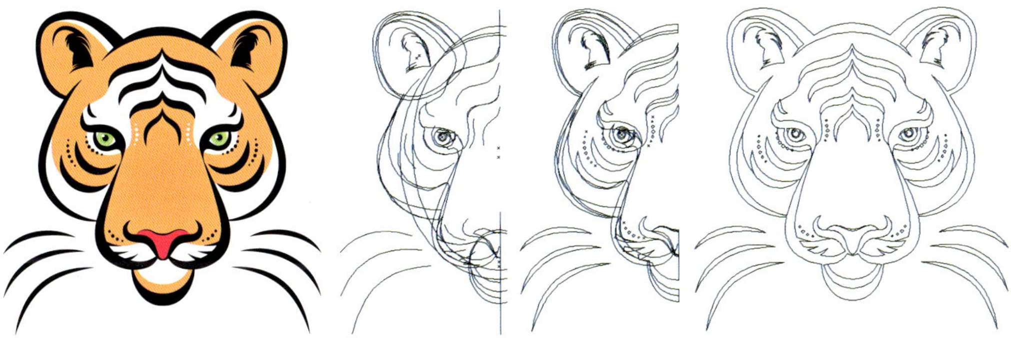

▲ **Abbildung 10.2**
Schnittmasken sind ebenfalls ein mächtiges Konstruktionswerkzeug (s. Abschnitt 11.4).

Wenn Sie in Illustrator mit Formen konstruieren, dann wird wie in der Mengenlehre eine Form zu einer anderen addiert, von ihr abgezogen, ein Bereich ausgeschlossen oder eine Schnittmenge gebildet. Unter Einbeziehung der Füllfarben der Objekte ergeben sich komplexere Interaktionen, die Illustrator automatisch berechnet. Sie können darüber hinaus so konstruieren, dass die Ausgangsobjekte erhalten bleiben und so das gesamte Gebilde bis zur letzten Minute einfach editierbar ist. Neuere Methoden haben die älteren nur unter bestimmten Voraussetzungen abgelöst. Noch immer ist es in manchen Workflows sinnvoll, mit den ursprünglichen Funktionen zu arbeiten, und daher sollten Sie die Vor- und Nachteile aller Kombinationsmethoden kennen.

▲ **Abbildung 10.3**
Mehrere Pfade werden zu einem zusammengesetzten Pfad verbunden, um Löcher zu stanzen oder Füllungen über mehrere Formen anzulegen.

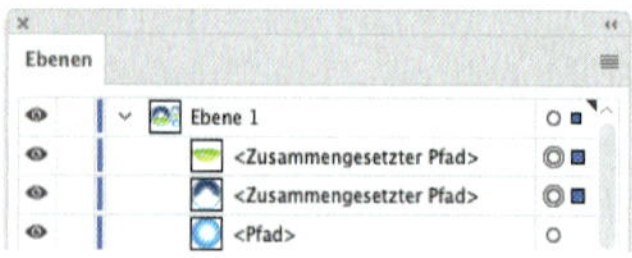

▲ **Abbildung 10.4**
Das Logo aus Abbildung 10.3 als zusammengesetzter Pfad im Ebenen-Bedienfeld

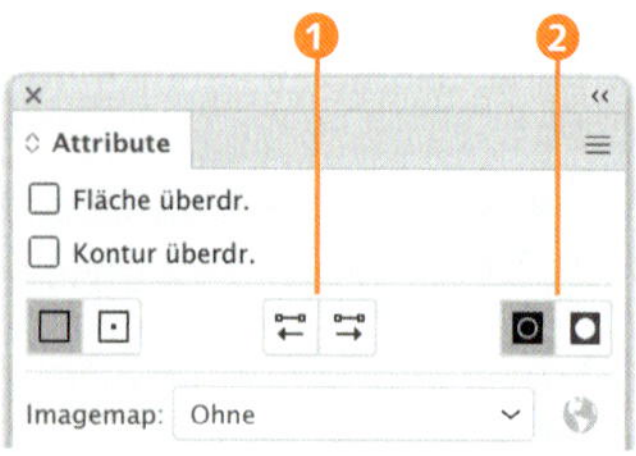

▲ **Abbildung 10.5**
Das Attribute-Bedienfeld

10.1.1 Zusammengesetzter Pfad

Zusammengesetzte Pfade dienen der Konstruktion komplexer Objekte aus einzelnen Pfaden. Sie sind problemlos über die Entwurfsphase hinaus auch zur Ausgabe oder beim Dateiaustausch mit anderen Programmen verwendbar.

Wichtige Einsatzzwecke für zusammengesetzte Pfade sind beispielsweise das »Stanzen« von Löchern in gefüllte Objekte und das Anwenden mehrerer Pfade als Schnittmaske.

Um einen zusammengesetzten Pfad zu erzeugen, aktivieren Sie die entsprechenden Pfadobjekte und wählen im Menü Objekt • Zusammengesetzter Pfad • Erstellen – Shortcut ⌘/Strg+8.

Der zusammengesetzte Pfad ist danach nur *ein* Objekt im Ebenen-Bedienfeld. Die Punkte und Pfadsegmente der ursprünglichen Pfade können Sie mit dem Direktauswahl-Werkzeug aktivieren und bearbeiten; wenn Sie die Ursprungspfade als Objekte bearbeiten möchten, versetzen Sie sie in den Isolationsmodus (s. Abschnitt 11.5).

Aussehen-Eigenschaften | Beim Zusammensetzen übernimmt das Programm die Aussehen-Eigenschaften des untersten Ausgangspfades. Eigenschaften anderer Pfade gehen verloren.

Attribute | Die Füllregel-Eigenschaft bestimmt darüber, an welchen Stellen in zusammengesetzten Pfaden Löcher entstehen, durch die dahinterliegende Objekte sichtbar werden, und an welcher Stelle die Fläche des zusammengesetzten Pfades erscheint.

Die Füllregel wählen Sie im Attribute-Bedienfeld aus ②. Eindeutig vorhersagbar sind die Ergebnisse der Füllregel-Eigenschaft Gerade-Ungerade ◘ (s. Abbildung 10.7). Die voreingestellte Eigenschaft für neu angelegte zusammengesetzte Pfade ist Nicht-Null ◙ (s. Abbildung 10.6).

Mit den Pfeilsymbolen ① schalten Sie Pfadrichtung umkehren ein oder aus. Um diese Eigenschaft für einzelne Objekte zu setzen, aktivieren Sie den betreffenden Pfad mit dem Direktauswahl-Werkzeug und klicken die gewünschte Eigenschaft an.

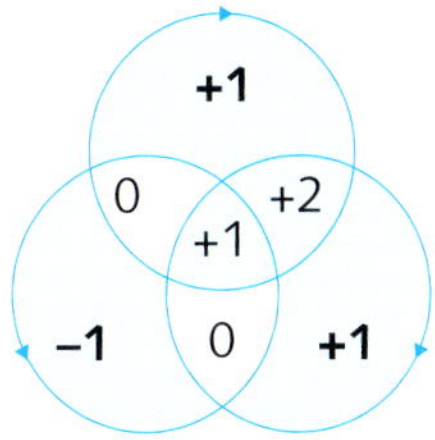

▲ **Abbildung 10.6**
Bei der Füllregel Nicht-Null wird gerechnet: Ein Pfad, der im Uhrzeigersinn verläuft, zählt mit +1, Pfade gegen den Uhrzeigersinn mit –1. Für jede Fläche berechnet Illustrator die Summe aus allen die Fläche überschneidenden Pfaden. Ist die Summe 0, dann entsteht ein Loch. Bei allen anderen Ergebnissen entsteht eine Füllung.

Auflösen | Um einen zusammengesetzten Pfad zu trennen, wählen Sie Objekt • Zusammengesetzter Pfad • Zurückwandeln.

Offene Pfade in zusammengesetzten Pfaden

Sie können offene Pfade zu einem zusammengesetzten Pfad verbinden und darin mit geschlossenen Pfaden mischen. Die Pfade werden nicht automatisch geschlossen. Für komplexe Aussehen-Eigenschaften (hier: mehrere Konturen) ergeben sich daraus interessante Lösungen (häufig sind dem jedoch Aussehen-Eigenschaften auf Gruppen oder Ebenen vorzuziehen).

10.1.2 Zusammengesetzte Form

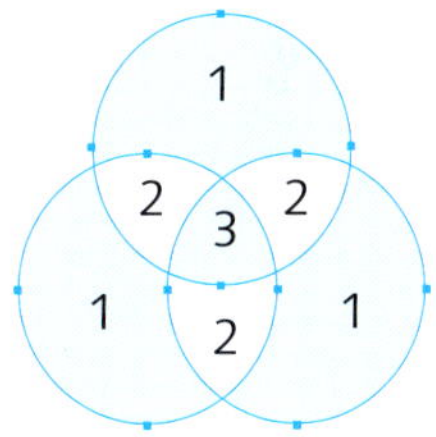

▲ **Abbildung 10.7**
Mit der Regel Gerade-Ungerade entsteht dann ein Loch, wenn eine gerade Anzahl an Objekten übereinanderliegt.

Zusammengesetzte Formen sind Live-Objekte, in denen die Originalobjekte, aus denen die sichtbare Form kombiniert wird, jeweils intakt bleiben und weiterhin voll editierbar sind. Bestandteile einer zusammengesetzten Form können geschlossene und offene Pfade (sie werden automatisch »virtuell« geschlossen), zusammengesetzte Pfade, Textobjekte, Symbole, interaktive Malgruppen oder andere zusammengesetzte Formen sein. Deshalb besteht die Möglichkeit, zusammengesetzte Formen hierarchisch sehr tief zu verschachteln. Wie alle Live-Objekte können zusammengesetzte Formen Rechenzeit beanspruchen und sind nicht direkt für alle Arten der Weiterverarbeitung geeignet.

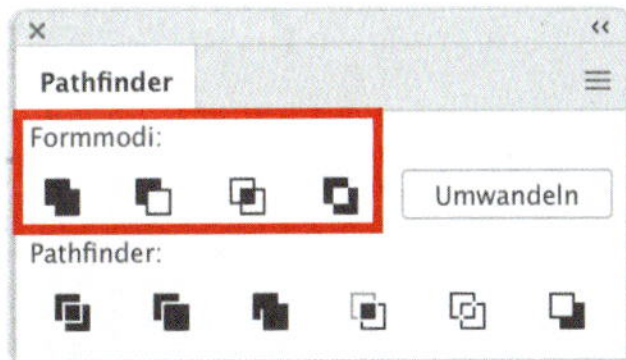

▲ **Abbildung 10.8**
Die Formmodi-Buttons im Pathfinder-Bedienfeld

Zusammengesetzte Form erstellen | Zusammengesetzte Formen erstellen Sie mit dem Pathfinder-Bedienfeld, das Sie aus dem Menü Fenster aufrufen – ⌘/Strg+⇧+F9. Aktivieren Sie die Objekte, halten Sie ⌥/Alt gedrückt, und klicken Sie auf den gewünschten Button in der oberen Reihe des Pathfinder-Bedienfeldes.

Normalerweise wirken in zusammengesetzten Formen alle Pfade als einzelne Objekte aufeinander. Soll ein Objekt aus mehreren Pfaden bestehen, sollen z. B. zwei Löcher in eine Mauer gestanzt werden, müssen diese Pfade gegebenenfalls erst jeweils zu zusammengesetzten Pfaden oder ebenfalls zu zusammengesetzten Formen verbunden werden.

Pathfinder im Menü?

Die Pathfinder-Befehle finden Sie nicht im Menü. Die Pathfinder-Effekte besitzen nur den gleichen Namen (s. Abschnitt 13.2.8).

Formmodi | Die vier verschiedenen Modi finden Sie im Pathfinder-Bedienfeld im oberen Abschnitt: Hinzufügen zum Formbereich, Sub-

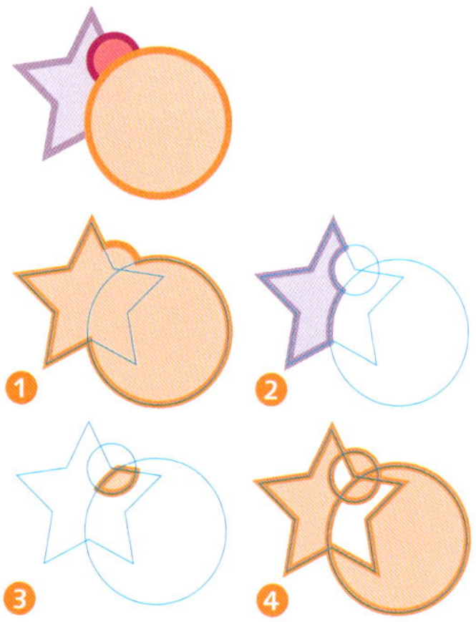

▲ **Abbildung 10.9**
Auswirkungen der Formmodi auf die Originalobjekte: Hinzufügen 1, Subtrahieren 2, Schnittmenge 3, Entfernen von überlappenden Formbereichen 4

▲ **Abbildung 10.10**
Damit die beiden Löcher korrekt in die Mauersteine gestanzt werden, müssen die Steine ein zusammengesetzter Pfad sein.

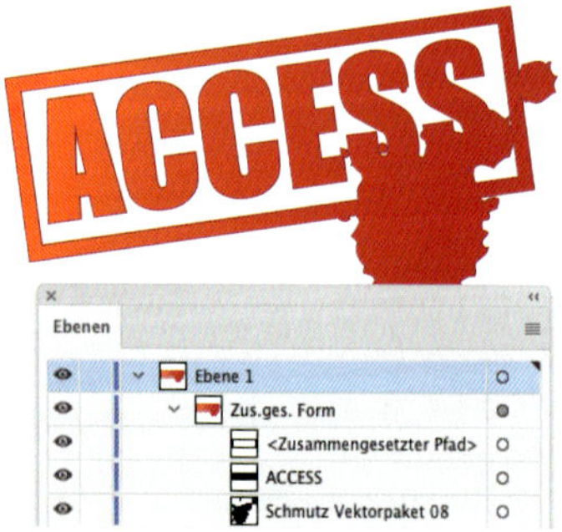

▲ **Abbildung 10.11**
Zusammengesetzte Form aus einem zusammengesetzten Pfad, einem Symbol und einem Textobjekt

trahieren vom Formbereich, Schnittmenge mit dem Formbereich und Entfernen von überlappenden Formbereichen. Diese Operationen werden allgemein als Boolesche Operationen bezeichnet.

- Hinzufügen zum Formbereich (Vereinen): Die Flächen aller aktivierten Objekte werden als eine gesamte Fläche mit den Aussehen-Eigenschaften des Objekts ausgegeben, das im Stapel an oberster Stelle liegt 1.
- Subtrahieren vom Formbereich (Stanzen): Im aktivierten Stapel wird von der Fläche des untersten Objekts die gemeinsame Fläche der davorliegenden Objekte abgezogen. Es bleibt nur die Restfläche des untersten Objekts mit dessen Aussehen-Eigenschaften übrig 2.
- Schnittmenge mit dem Formbereich: Als virtuelles Objekt wird nur die Fläche ausgegeben, die allen aktivierten Objekten gemeinsam ist. Das Aussehen wird vom obersten Objekt übernommen 3.
- Entfernen von überlappenden Formbereichen (Schnittmenge entfernen): Dieser Modus beeinflusst die aktivierten Objekte wie die Gerade-Ungerade-Füllregel. An den Stellen, an denen eine gerade Anzahl an Objekten übereinanderliegt, entsteht ein Loch in der zusammengesetzten Form. Dort, wo im aktivierten Stapel eine ungerade Anzahl an Objekten übereinander angeordnet ist, wird eine Fläche ausgegeben. Die Form nimmt die Aussehen-Eigenschaften des obersten Objekts an 4.

Formmodus ändern | Im Objektstapel einer zusammengesetzten Form besitzt jedes einzelne Objekt, mit Ausnahme des untersten, den Formmodus, den Sie für das gesamte Objekt gewählt haben. Sie können den Modus jedes einzelnen Objekts ändern, indem Sie es mit dem Direktauswahl-Werkzeug anklicken, ⌥/Alt drücken und im Pathfinder-Bedienfeld einen anderen Modus-Button anklicken.

Da das nachträgliche Ändern des Formmodus unter Umständen viel Probieren erfordert, erstellen Sie lieber zunächst kleinere Einheiten und kombinieren diese dann zu größeren, z. B. vereinen Sie zunächst drei Pfade und subtrahieren anschließend einen vierten.

Form editieren | Das Ebenen-Bedienfeld zeigt die zusammengesetzten Formen und alle zugehörigen Objekte so an, dass Sie die Zusammenhänge erkennen können. Eine Änderung der Stapelreihenfolge oder der Hierarchie der Objekte verändert das Ergebnis auf der Zeichenfläche.

Um auf einzelne Objekte Transformationen anzuwenden, aktivieren Sie das Objekt, das Sie bearbeiten möchten, mit dem Direktauswahl- oder Gruppenauswahl-Werkzeug. Danach können Sie dieses Objekt wie gewohnt transformieren.

Möchten Sie einzelnen Objekten der zusammengesetzten Form nachträglich Effekte zuweisen, müssen Sie diese Objekte im Ebenen-Bedienfeld als Ziel auswählen (s. Abschnitt 11.3).

Eigenschaften | Einzelnen Objekten in einer zusammengesetzten Form können unterschiedliche Effekte zugeordnet werden.

Form auflösen | Wenn Sie eine zusammengesetzte Form wieder auflösen möchten, wählen Sie aus dem Menü des Pathfinder-Bedienfeldes den Befehl Zusammengesetzte Form zurückwandeln. Sie erhalten wieder die ursprünglichen Objekte.

Zusammengesetzte Form umwandeln | Um eine zusammengesetzte Form auf einen Pfad oder auf einen zusammengesetzten Pfad zu reduzieren, müssen der zugrunde liegende Objektstapel und seine Einzelobjekte zerstört werden. Alle nicht sichtbaren Teile werden entfernt, und ein neues Objekt wird erstellt, das in seiner Form dem Erscheinungsbild der bisher nur berechneten Bildschirmanzeige entspricht.

Um eine zusammengesetzte Form so zu bearbeiten, verwenden Sie den Funktionsbutton Umwandeln aus dem Pathfinder-Bedienfeld oder wählen aus dem Menü des Bedienfeldes den Befehl Zusammengesetzte Form umwandeln (eine Übersicht der verschiedenen Umwandeln-Befehle finden Sie in Tabelle 10.1 auf der nächsten Seite).

Einzelobjekte auswählen

Zum Auswählen eines Objekts innerhalb der zusammengesetzten Form verwenden Sie das Gruppenauswahl-Werkzeug oder das Ebenen-Bedienfeld.

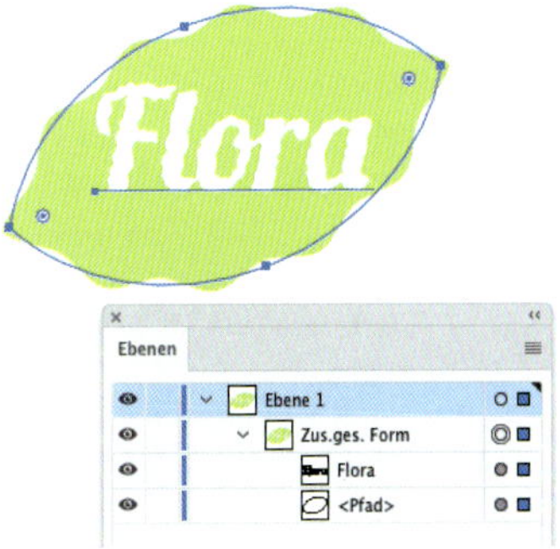

▲ **Abbildung 10.12**
Verschiedene Effekte sind einzelnen Objekten einer zusammengesetzten Form zugeordnet.

Isolationsmodus

Im Isolationsmodus können Sie nur die oberste Hierarchiestufe einer komplexen zusammengesetzten Form bearbeiten.

10.1.3 Zusammengesetzte Formen als »Rettungsring«

Wenn Sie in einem Konstruktionsprozess unterschiedliche Konstruktionen (Addieren, Subtrahieren etc.) direkt nacheinander anwenden, können zusammengesetzte Formen helfen, Probleme zu vermeiden. Wenn eine schwer überschaubare Anzahl einzelner Pfade beteiligt ist, kann es beim direkten (destruktiven) Anwenden der Formmodus-Funktionen dazu kommen, dass Objekte gelöscht werden. Dies passiert nicht, wenn Sie dieselbe Operation als zusammengesetzte Form erstellen.

◀ **Abbildung 10.13**
Raketenkörper und Flammen sind ein zusammengesetzter Pfad. Nacheinander werden davon Aussparungen für die Flossen, dann für den Antrieb subtrahiert – im Vergleich als einfache Subtraktion (orange) und als Modus einer zusammengesetzten Form (violett): Bei der Anwendung als einfache Pathfinder-Operation verschwinden Objekte. In diesem Beispiel sehr auffällig – in komplexeren Zeichnungen kann dies auch kaum merklich passieren und ist daher eine Fehlerquelle, die sich durch den Einsatz zusammengesetzter Formen vermeiden lässt.

Befehl	Anwendbar auf	Auswirkung	Vor- und Nachteile
Konturlinie	Konturen, auch Pinselkonturen, aber nicht Konturen von Textobjekten	Kontur wird in Pfade umgewandelt, bei mehreren Konturen nur die im Aussehen-Bedienfeld ausgewählte Kontur.	Automatisiert anwendbar, denn sind von mehreren ausgewählten Objekten einzelne nicht betroffen, werden sie nicht verändert.
Umwandeln	Pfade mit einfachen Aussehen-Eigenschaften, einige Live-Objekte	Je nach eingestellten Optionen; Konturen und einige Live-Objekte und -Eigenschaften werden in Pfade umgewandelt.	Kann Verlaufsgitter erstellen, trennt Symbolsätze auf, ohne Instanzen abzulösen.
[Live-Objekte] umwandeln	jeweils betroffene Live-Objekte, z. B. Angleichungen, interaktive Malgruppen, Verzerrungshüllen etc.	Die zuvor nur virtuell vorhandenen Objekte – z. B. Zwischenstufen einer Angleichung – werden als Pfade erstellt.	automatisiert anwendbar
Aussehen umwandeln	Objekte mit komplexen Aussehen-Eigenschaften, Pinselpfade, Effekte	Konturen und Flächen werden auf einzelne Objekte verteilt, Pinsel und Effekte in Pfade umgewandelt.	Automatisiert anwendbar; Schrift wird nicht umgewandelt.
Schrift in Pfade umwandeln	Textobjekte	Texte werden in Pfade umgewandelt.	Automatisiert anwendbar; besitzt das Objekt Zufallseffekte, dann verändern sich deren Einstellungen nach dem Umwandeln der Schrift.
Transparenz reduzieren	alle Objekte	Je nach Einstellungen werden Konturen und Schrift in Pfade umgewandelt, Effekte erweitert und Transparenz reduziert.	Das Aussehen der Objekte ändert sich nicht, wird immer auf alle ausgewählten Objekte angewandt. Transparenz wird immer reduziert.

▲ **Tabelle 10.1**
Umwandeln-Befehle in Illustrator

10.2 Objekte zerteilen – Pathfinder

Der Begriff »Pathfinder« ist für einen der wichtigsten Funktionsbereiche von Illustrator ziemlich irreführend, denn es wird eigentlich nichts gesucht. Es handelt sich um angewandte Mengenlehre.

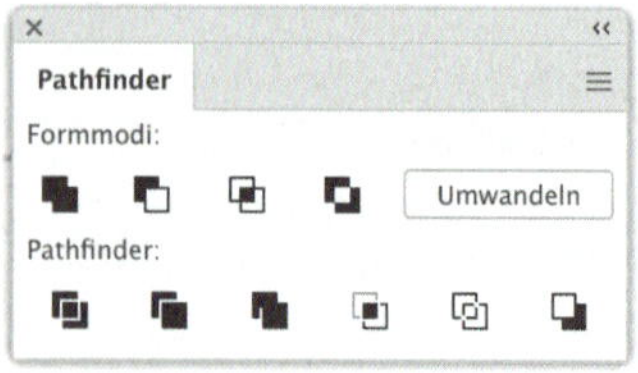

▲ **Abbildung 10.14**
Das Pathfinder-Bedienfeld: Auch die Formmodi-Buttons arbeiten wie die Pathfinder destruktiv, wenn Sie nicht ⌥/Alt drücken.

10.2.1 Pathfinder-Funktionen

Die Pathfinder-Funktionen rechnen aktivierte Objekte ineinander, sodass ein oder mehrere neue Pfade entstehen. Pathfinder-Funktionen können Sie nur auf Vektorobjekte, nicht auf Textobjekte oder platzierte Rasterbilder anwenden. Auch die Formmodi wirken wie Pathfinder, wenn Sie beim Anklicken der Buttons nicht ⌥/Alt drücken. Einige der Funktionen erfordern geschlossene Pfade, bzw. offene Pfade werden automatisch geschlossen, und für drei der Funktionen müssen die Pfade auch gefüllt sein. Vermeiden Sie Konstruktionen, in denen mehrere identische Pfade oder Pfadsegmente exakt übereinander liegen, denn dabei entstehen meist sehr viele Ankerpunkte. Die hier beschriebenen Funktionen können Sie nur im Pathfinder-Bedienfeld aufrufen, nicht im Menü.

▲ **Abbildung 10.15**
Ausgangsobjekte

Funktionsarten | Um eine Pathfinder-Funktion auf ein aktiviertes Objekt anzuwenden, klicken Sie auf einen der Buttons in der unteren Reihe des Pathfinder-Bedienfeldes:

- Fläche aufteilen : Diese Funktion teilt die Gesamtfläche aller Objekte entlang der vorhandenen Pfade auf, bis keines der Objekte mehr von einem Pfad durchschnitten wird. Offene Pfade werden, wenn nötig, automatisch geschlossen. Es entstehen neue Objekte aus geschlossenen Pfaden, die miteinander gruppiert sind. Die Aussehen-Eigenschaften der neuen Objekte richten sich jeweils nach dem entsprechenden sichtbaren Teil des Ursprungsobjekts.
- Überlappungsbereich entfernen : Die im aktivierten Objektstapel weiter oben angeordneten Objekte stanzen mit den Teilen, die von ihnen sichtbar sind, aus den darunterliegenden Objekten jene Bereiche aus, die sie verdecken. Offene Pfade werden, wenn nötig, automatisch geschlossen. Objekte behalten ihre ursprüngliche Fläche bei, Konturen werden gelöscht.
  Objekte ohne Fläche werden von der Funktion ignoriert und ohne Warnung entfernt. Gerade Linien werden berücksichtigt, wenn ihnen eine Fläche zugeordnet ist, selbst wenn diese keine Auswirkung auf die Bildschirmanzeige hat.
  Ist auf ein oben liegendes Objekt eine Transparenz oder Farbe überdrucken angewendet, entsteht aus der Überlappung eine Fläche. Die neu entstandenen Objekte sind gruppiert.
- Verdeckte Fläche entfernen : Arbeitet wie die Funktion Überlappungsbereich entfernen. Zusätzlich werden aneinandergrenzende gleichfarbige Flächen zu einem Objekt vereinigt. Konturen werden gelöscht und die neu entstandenen Objekte gruppiert. Dies ist eine wichtige Funktion, um Vektorgrafik zu »säubern« und z. B. für das Plotten vorzubereiten (mehr dazu in der Checkliste auf Seite 356).
- Schnittmengenfläche : Die neuen Objekte, die bei Anwendung dieser Funktion entstehen, werden aus den Schnittmengen gebildet, die das oberste der aktivierten Objekte mit den Teilen der darunterliegenden Objekte bildet, die sichtbar wären, wenn das oberste Objekt durchsichtig wäre. Objekte und Objektteile, die außerhalb der Form des obersten Objekts liegen, werden gelöscht. Damit wirkt dieser Pathfinder ähnlich wie eine Schnittmaske, und er wird u. a. auch benutzt, um Schnittmasken »endgültig« umzuwandeln.
  Der Restpfad des obersten Objekts bleibt bestehen, hat aber keine Kontur und keine Füllung. Der Befehl kann bei der Anwendung auf offene Pfade zu unerwarteten Ergebnissen führen. Die neu entstandenen Objekte sind gruppiert.
  Diese Funktion setzt gefüllte Objekte voraus.

▲ **Abbildung 10.16**
Schnittmenge als zusammengesetzte Form (oben) und als Pathfinder (unten); Verschieben eines Teils (jeweils rechts)

▲ **Abbildung 10.17**
Fläche aufteilen

▲ **Abbildung 10.18**
Überlappungsbereich entfernen

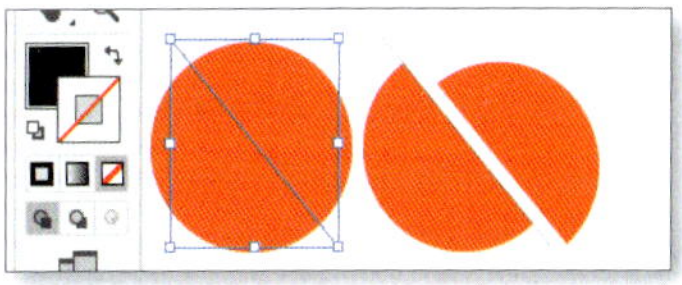

▲ **Abbildung 10.19**
Wenn die Gerade mit einer Fläche versehen ist (links), lässt sich Überlappungsbereich entfernen anwenden (rechts).

▲ **Abbildung 10.20**
Verdeckte Fläche entfernen

▲ **Abbildung 10.21**
Schnittmengenfläche

- Kontur aufteilen : Die Konturen der aktivierten Objekte werden überall an den Stellen geschnitten, an denen sie sich überschneiden. Es entstehen einzelne offene Pfade. Als Konturfarbe wird ihnen die Farbe der Füllung des ursprünglichen Objekts zugeordnet. Die Pfade haben die Konturstärke »Haarlinie« – Illustrator zeigt dies im Kontur-Bedienfeld durch den Wert 0 an.
  Diese Funktion eignet sich gut als Vorbereitung manueller Überfüllungen und ist eine Möglichkeit, in Illustrator Haarlinien zu erzeugen, die von mancher Plot-Software als Schneidepfad benötigt werden.
- Hinteres Objekt abziehen : Diese Funktion bewirkt bei den aktivierten Objekten ein umgekehrtes Stanzen. Das bedeutet, dass von der Fläche des im Stapel obersten Objekts die Flächen aller im Stapel darunterliegenden Objekte subtrahiert werden, soweit sie mit dem obersten Objekt eine Schnittmenge bilden. Illustrator schließt offene Pfade, wenn nötig, automatisch.
  Objekte und Objektteile, die außerhalb der Fläche des obersten Objekts liegen, werden gelöscht. Das neu entstandene Objekt behält die Aussehen-Eigenschaften des obersten Objekts.

Bedienfeldmenü | Pathfinder-Bedienfeld

- Überfüllen: Diese Funktion hilft bei den Druckvorbereitungen beim manuellen Überfüllen (s. Abschnitt 20.3.3).
- Wiederholen: Um die zuletzt verwendete Pathfinder-Funktion auf andere Objekte anzuwenden, können Sie den Befehl Wiederholen: ... aus dem Bedienfeldmenü verwenden.
- Zusammengesetzte Form erstellen, Zusammengesetzte Form zurückwandeln und Zusammengesetzte Form umwandeln betreffen zusammengesetzte Formen (s. Abschnitt 10.1.2).

Pathfinder-Optionen | Über das Bedienfeldmenü rufen Sie auch die Dialogbox Pathfinder-Optionen auf.

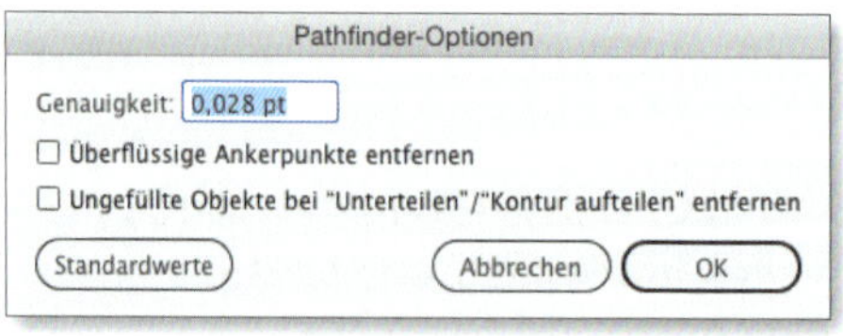

◄ **Abbildung 10.24**
Die Dialogbox Pathfinder-Optionen

- Genauigkeit: Wenn das Programm zusätzliche Ankerpunkte in Pfade einfügen muss, beispielsweise in Kurvensegmenten, können Sie bestimmen, wie genau die Funktion dabei arbeiten soll. Ein niedriger Wert erzeugt eine höhere Genauigkeit. Das bedeutet, dass bei erzeug-

Nach dem Umwandeln ...

Verwenden Sie die Funktion Verdeckte Fläche entfernen zur Optimierung umgewandelter Pinselkonturen.

▲ **Abbildung 10.22**
Kontur aufteilen

▲ **Abbildung 10.23**
Hinteres Objekt abziehen

Verdeckte Fläche entfernen

Wenn der Pathfinder Verdeckte Fläche entfernen einmal nicht wie erwartet funktioniert, überprüfen Sie, ob die Objekte wirklich dieselbe Flächenfarbe und identische Überdrucken-Einstellungen besitzen. Vor allem bei Schwarz bemerkt man die Unterschiede nicht auf den ersten Blick.

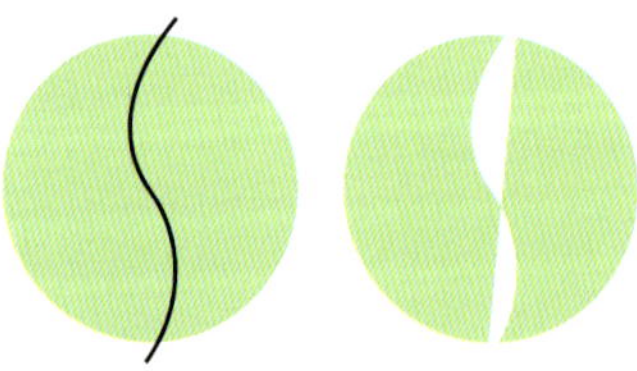

▲ **Abbildung 10.25**
Subtrahieren eines offenen Pfades: Er wird automatisch geschlossen.

ten Pfaden mehr Punkte generiert werden und damit ein präziserer Pfadverlauf entsteht.

Die Berechnung des Ergebnisses dauert bei höherer Genauigkeit länger. Sie können mit der Funktion experimentieren, denn der Button Standardwerte setzt die Einstellung zurück.

- Überflüssige Ankerpunkte entfernen: Alle Punkte, die keine Auswirkung auf die Form eines Pfades haben, werden entfernt, z. B. nicht benötigte Zwischenpunkte auf einer Geraden.
- Ungefüllte Objekte entfernen hat nur Auswirkungen auf die Funktionen Fläche aufteilen und Kontur aufteilen.

  Wenn Sie mit einer der beiden Funktionen bei derselben Aktion sowohl Objekte verwenden, die mit einer Füllung versehen sind, als auch Objekte ohne Füllung, wirken die ungefüllten Objekte zwar am Ergebnis mit, werden aber selbst gelöscht. Es kommt nicht darauf an, ob die Füllung auf dem Bildschirm sichtbar ist (auch eine gerade Linie kann eine Füllung haben), es zählt nur die zugeordnete Eigenschaft.

▲ **Abbildung 10.26**
Zwischenpunkte auf einer Geraden

»Zusammengesetzte Form erstellen«

Die Anwendung dieses Befehls aus dem Menü ist vor allem dann interessant, wenn Sie einzelne Pfade für den PSD-Export vorbereiten möchten. Nur zusammengesetzte Pfade werden beim PSD-Export in Photoshop-Formebenen umgewandelt.

Pathfinder-Anwendungen

Um eine komplexe Grafik aus der Layoutversion in die endgültige – plottfähige – Version umzuwandeln, ist der Pathfinder Verdeckte Fläche entfernen hilfreich. Mit nur einem Klick erzeugt er die optimierten Objekte. Sie liegen jedoch immer nebeneinander – es werden nie gestapelte Formen erzeugt.

Alternativ zur Funktion Interaktiv Malen lässt sich ebenfalls der Pathfinder Fläche aufteilen nutzen, um aus offenen Pfaden Flächen zu erzeugen. Achten Sie darauf, dass sich Pfade an Schnittstellen berühren oder überschneiden, denn Pathfinder-Funktionen können Lücken nicht automatisch schließen. Deaktivieren Sie die Option Ungefüllte Objekte entfernen.

Eine Schnittmaske können Sie so umwandeln, dass alle maskierten Bereiche gelöscht werden, indem Sie zunächst eventuell vorhandene Konturen umwandeln und dann den Pathfinder Schnittmengenfläche anwenden. Bei der Operation werden alle Objekte so verflacht, dass sie nebeneinander liegen.

▲ **Abbildung 10.27**
Das Radiergummi-Werkzeug, mit einer kalligrafischen Werkzeugspitze eingesetzt

10.2.2 Pathfinder-Effekte

Pathfinder-Effekte (unter EFFEKT • PATHFINDER) führen die gleichnamigen Operationen wie die Funktionen im Pathfinder-Bedienfeld als Objekteigenschaften durch. Sie können auf Gruppen, einzelne Textobjekte und ganze Ebenen angewendet werden (s. Abschnitt 13.2.8).

10.2.3 Andere Methoden, um Objekte zu zerteilen

Neben den komplexen, logisch orientierten Pathfinder-Funktionen bietet Illustrator auch einfachere Methoden, die Objekte nur zerschneiden.

Radiergummi | Mit dem Radiergummi-Werkzeug können Sie Schnitte in variabler Linienstärke durch Objekte führen (s. Abschnitt 6.4.5).

Darunter liegende Objekte aufteilen | Sie können einen Pfad bestimmen, um mit diesem wie beim Ausstechen von Keksen *alle* Objekte zu zerschneiden, die im Einflussbereich des aktivierten Pfades liegen. Es

Übersicht: Löcher stanzen

Die einfachste Art, Löcher zu stanzen, besteht darin, einen zusammengesetzten Pfad zu erstellen. Das ist zwar kompatibel mit vielen anderen Programmen, bietet jedoch nur eingeschränkte Gestaltungsmöglichkeiten.

In einer zusammengesetzten Form können Textobjekte, Symbole und Pfade mit Effekten kombiniert sein. Die Methode ist reversibel.

Mit dem Radiergummi-Werkzeug können Sie Löcher durch mehrere Vektorobjekte – keine Pixel – »malen« (s. Abschnitt 6.4.5). Die Pfade werden dabei zerschnitten. Genaues Arbeiten ist mit dem Werkzeug nicht möglich.

Schnittmasken (s. Abschnitt 11.4) sind sehr flexibel und können auf alle Objektarten angewendet werden.

Löcher mit weichen Kanten erzeugen Sie mit Deckkraftmasken (s. Abschnitt 12.2) – diese lassen sich auf Pixelbilder anwenden und auch daraus erstellen.

Mit Aussparungsgruppen (s. Abschnitt 12.1.6) können Sie sehr komplexe Transparenzinteraktionen und u.a. auch Löcher definieren. Bei dieser Methode können Sie Löcher mit vorhandenen Flächen erzeugen; das funktioniert auch innerhalb eines einzigen Objekts.

werden wirklich *alle* Objekte nicht nur unter-, sondern auch oberhalb der »Stanze« zerteilt, auch solche auf anderen Ebenen. Ausgenommen sind nur ausgeblendete und gesperrte Ebenen (s. Abschnitt 11.1).

Der Befehl wirkt sowohl mit offenen als auch mit geschlossenen Pfaden, jedoch nicht mit gruppierten oder zusammengesetzten Pfaden. Aktivieren Sie den Pfad, der als »Stanze« dienen soll, und wählen Sie im Menü Objekt • Pfad • Darunter liegende Objekte aufteilen.

Besser auswählen

Wenn Sie Schwierigkeiten haben, Objekte zu aktivieren, wechseln Sie mit ⌘/Strg+Y in die Pfadansicht. In diesem Modus können Sie Objekte nur aktivieren, indem Sie auf deren Pfad klicken. Danach wechseln Sie mit demselben Shortcut zurück in die Vorschau.

10.3 Formerstellung intuitiv

Während jedes Kind in einem Malbuch schwarze Linien als Grenze für die Farbe erkennt, ist das für Vektorsoftware nicht so einfach. Solche Programme können eigentlich nur eine Form beschreiben und, wenn nötig, mit einer Füllung versehen. Für zwei direkt aneinandergrenzende Farbflächen werden daher auch zwei Formen benötigt (s. Abschnitt 2.2.3). Pathfinder-Funktionen können bereits mit Pfaden konstruieren, aber nicht intuitiv in einem Zug Flächen mit Farben füllen und Formen erstellen. So intuitiv arbeitet das Formerstellungswerkzeug.

▲ **Abbildung 10.28**
Das Formerstellungswerkzeug ist ein einfaches Konstruktionshilfsmittel.

10.3.1 Funktionsweise des Formerstellungswerkzeugs

Mit dem Formerstellungswerkzeug können Sie Bereiche einer Zeichnung füllen, die von Pfaden begrenzt werden, auch wenn diese Linien zu verschiedenen Objekten gehören oder kleine Lücken aufweisen.

Optionen | Mit einem Doppelklick auf das Werkzeug rufen Sie die Voreinstellungen auf.

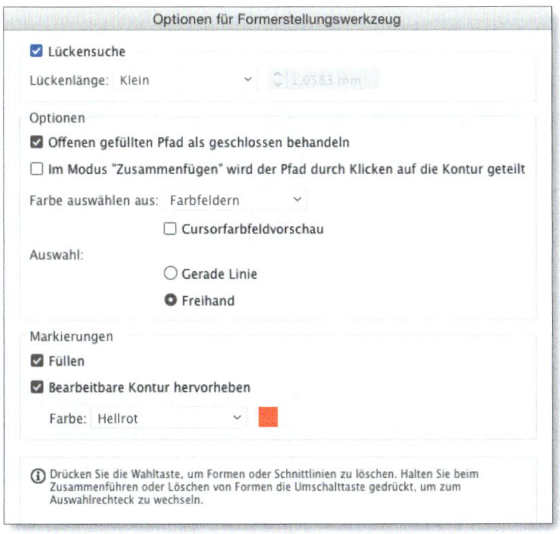

Einfachheit gewinnt

Die Arbeit mit dem Formerstellungswerkzeug geht flüssiger, wenn Sie auf Einfachheit der Ausgangsformen achten: Löschen Sie alles, was nicht nötig ist. Handelt es sich um viele Objekte, arbeiten Sie in mehreren Schritten und aktivieren nur die jeweils nötigen Elemente. Löschen Sie mit ⌥/Alt so schnell wie möglich die Bereiche, die Sie nicht brauchen. Achten Sie darauf, dass keine identischen Pfadsegmente übereinander liegen.

◀ **Abbildung 10.29**
Dialogbox Optionen für Formerstellungswerkzeug

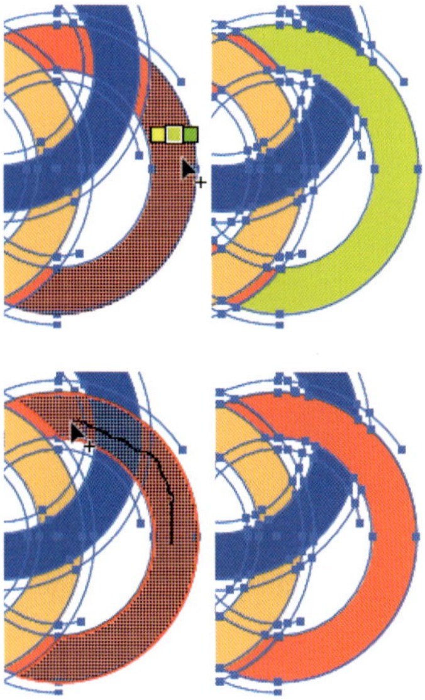

▲ **Abbildung 10.30**
Vor dem Erstellen der Form wird ein Farbfeld im Cursor gewählt (oben) oder die Farbe des zuerst angeklickten Bereichs verwendet (unten).

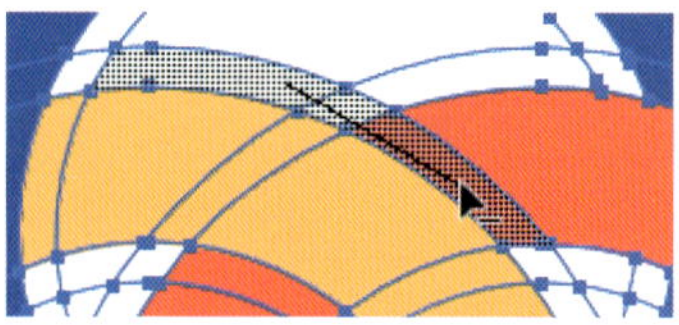

▲ **Abbildung 10.31**
Löschen von Bereichen durch Verwendung von ⌥/Alt

▲ **Abbildung 10.32**
Wurden bereits die Ausgangsformen reduziert (rechts), arbeitet das Werkzeug flüssiger.

- Lückensuche: Falls Illustrator die gewünschten Formen nicht erkennen will, kann es sein, dass Pfade nicht aufeinandertreffen. Aktivieren Sie dann die Lückensuche, und wählen Sie eine Lückenlänge (s. Abschnitt 10.5)
- Offenen gefüllten Pfad als geschlossen behandeln: Besitzt ein offener Pfad eine Fläche, dann wird er mit dieser Option so behandelt, als wäre er durch die kürzeste Verbindung zwischen beiden Endpunkten geschlossen.
- Im Modus »Zusammenfügen« ...: Mit dieser Option können Sie durch Klicken auf eine Kante diesen Abschnitt des Pfades mit Kontureigenschaften versehen oder abtrennen.
- Farbe auswählen aus: Mit dieser Option bestimmen Sie, wie die Farben zum Füllen der neuen Formen bestimmt werden.
  - Bildmaterial: Die neue Form erhält die Farbe, die der zuerst angeklickte Bereich besitzt. Diese Option funktioniert nicht immer.
  - Farbfeldern: Die Farbe wird aus den Farbfeldern gewählt. Diese Option ist noch nützlicher, wenn Sie die Cursorfarbfeldvorschau aktivieren. Diese blendet neben dem Cursor Farbfelder ein, zwischen denen Sie mit den Pfeiltasten wechseln können.
- Auswahl: Legen Sie hier fest, wie das Werkzeug geführt werden kann.
  - Gerade Linie: Sie können nur in gerader Linie über Bereiche oder Konturen ziehen (s. Abbildung 10.28). Wenn Sie in einem engen Bereich bleiben müssen, hilft diese Einschränkung (s. Abbildung 10.31).
  - Freihand: Das Werkzeug kann in freier Linie gezogen werden. Bei der Erstellung von keltischen Ringen müssen Sie z. B. nicht so häufig neu ansetzen (s. Abbildung 10.30).
- Markierungen: Die Hervorhebungen zeigen die entstehenden Formen an.
  - Füllen: Die gefüllten Bereiche werden bereits beim »Überrollen« mit dem Cursor durch ein Raster angezeigt.
  - Bearbeitbare Kontur hervorheben: Beim Klicken der Maustaste wird der entstehende Pfad hervorgehoben. Illustrator erweitert die Form jeweils um die Bereiche, die Sie mit dem Cursor kreuzen. Die Farbe der Hervorhebung bestimmen Sie im Menü.

Modifikationsmöglichkeiten

- Drücken Sie ⌥/Alt, und ziehen Sie das Werkzeug über Bereiche, um diese zu löschen.
- Mit ⇧ können Sie ein Auswahlrechteck über Bereichen aufziehen, um Formen zu bilden. Drücken Sie zusätzlich ⌥/Alt, um mit einem Auswahlrechteck Bereiche zu löschen.

10.3.2 Eine Form aus Bereichen bilden

So fügen Sie mit dem Formerstellungswerkzeug Bereiche zusammen:

1. Legen Sie eine Farbgruppe mit den Farbfeldern an, die Sie verwenden möchten, oder weisen Sie den Ausgangsobjekten die Farben zu. Aktivieren Sie die Pfade, aus denen Sie eine neue Form konstruieren möchten.
2. Doppelklicken Sie das Formerstellungswerkzeug, und stellen Sie die Optionen ein.
3. Bewegen Sie den Cursor über die aktivierten Pfade – die Rasterung zeigt die Bereiche an, die Illustrator füllen kann. »Blättern« Sie mit den Pfeiltasten, um ein Farbfeld auszuwählen, oder verwenden Sie das Farbe-Bedienfeld.
4. Klicken Sie in den gewünschten Bereich, und ziehen Sie das Werkzeug über die Bereiche, die Sie der neuen Form hinzufügen wollen. Sie können beliebige Linien ziehen.
5. Um Bereiche zu löschen, halten Sie ⌥/Alt gedrückt und klicken mit dem Cursor hinein oder klicken und ziehen über mehrere Bereiche.

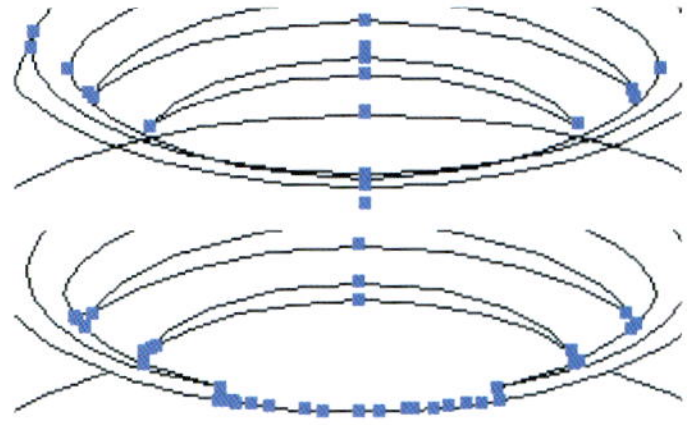

▲ **Abbildung 10.33**
Es kann passieren, dass das Formerstellungswerkzeug zu viele Punkte generiert. Um das zu vermeiden, löschen Sie alle Pfadklone, setzen dann Konturen auf Ohne, bevor Sie beginnen, und löschen abschließend möglichst schnell die Bereiche, die nicht benötigt werden.

10.3.3 Kanten einfärben und Konturen auftrennen

So trennen Sie Pfade an Schnittpunkten auf; dies kann in einem Arbeitsgang zusammen mit dem Bilden von Formen geschehen:

1. Wählen Sie die Ausgangsobjekte aus.
2. Doppelklicken Sie das Formerstellungswerkzeug, und aktivieren Sie die Optionen Im Modus »zusammenfügen« wird der Pfad … geteilt und Bearbeitbare Kontur hervorheben.
3. Stellen Sie gegebenenfalls Kontureigenschaften ein, und bewegen Sie den Cursor über die Pfade. Kanten werden zwischen den Kreuzungspunkten zweier Pfade hervorgehoben.
4. Klicken Sie auf eine Kante, um ihr Kontureigenschaften zuzuweisen. Klicken Sie mit ⌥/Alt, um Kanten zu löschen.

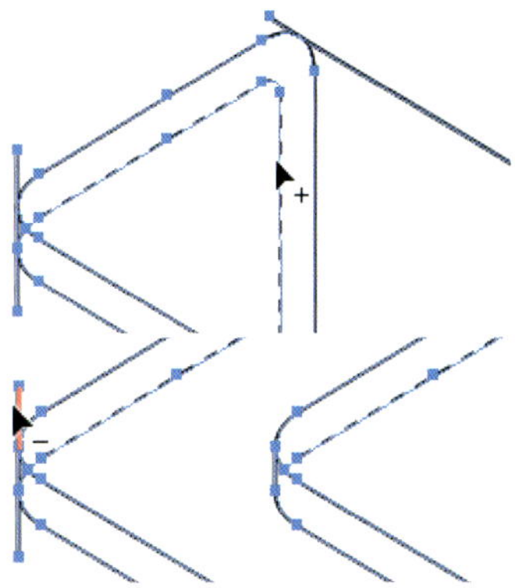

▲ **Abbildung 10.34**
Auf eine Kante können Sie eine Konturstärke, -farbe und Strichelung anwenden (oben) oder die Kante löschen (unten).

10.4 Schweizer Messer: Das Shaper-Werkzeug

Mit dem Shaper-Werkzeug können Sie mehrere Aufgaben erledigen. Abhängig von der Werkzeugführung, den aktivierten Objekten und dem, was unter dem Cursor liegt, können Sie damit Formen zeichnen (s. Abschnitt 4.2.1) oder transformieren (s. Abschnitt 4.2.2) und Formen zusammenfügen oder voneinander subtrahieren. Das Werkzeug wurde speziell im Hinblick auf eine Touch-Bedienung entwickelt, funktioniert jedoch auch mit Mausbedienung. Die erstellten Formen – Shaper-Groups

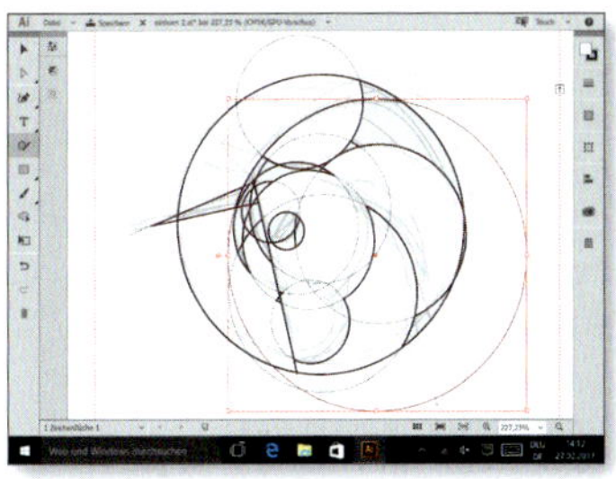

▲ **Abbildung 10.35**
Das Shaper-Werkzeug ist für den einhändigen Gebrauch konzipiert – vor allem in Touch-Umgebungen.

▲ **Abbildung 10.36**
Ausgangsobjekte für den Schwan mit darunterliegender Skizze

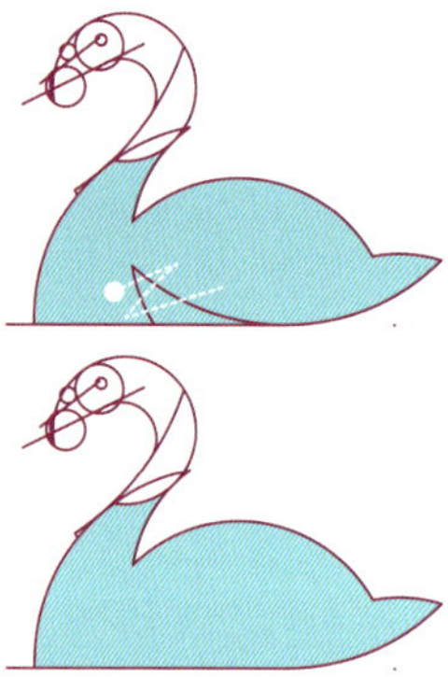

▲ **Abbildung 10.37**
Löschen innen liegender Konturen

genannt – sind »live« und editierbar, auch mit dem Interaktiv-malen-Werkzeug (s. Abschnitt 10.5).

Ausgangsformen | Shaper-Groups können aus offenen und geschlossenen Pfaden, zusammengesetzten Pfaden und Formen sowie interaktiven Malgruppen gebildet werden. Sie können diese Objekte nicht nur mit dem Shaper-Werkzeug, sondern auch mit den Form-Werkzeugen oder dem Zeichenstift erstellen. Offene, aber gefüllte Pfade werden in der Shaper-Group auf gerader Linie geschlossen.

Shaper-Group erstellen und Kombinationsgesten einsetzen | Wenn Sie nur bestimmte Objekte kombinieren wollen, wählen Sie sie aus. Anderenfalls werden alle geeigneten Objekte verwendet, die im Bereich der Cursor-Bewegung liegen. Um Objekte zu kombinieren, skribbeln Sie mindestens eine Z- oder N-Bewegung. Das Zusammenfügen und Löschen von Bereichen und das Einfärben folgen bestimmten, komplexen Regeln, die das Ergebnis manchmal schwer vorhersagbar machen:

- **Subtrahieren und Löschen**: Wenn Sie in einem überlappenden Bereich skribbeln, wird dieser bis zu seinen Grenzen, d. h. bis zu seinem eigenen Rand oder bis zum nächsten Objekt, ausgestanzt ①. Skribbeln Sie in einem Bereich, der nicht von einem weiteren Bereich überlappt wird, wird dieser gelöscht ②.

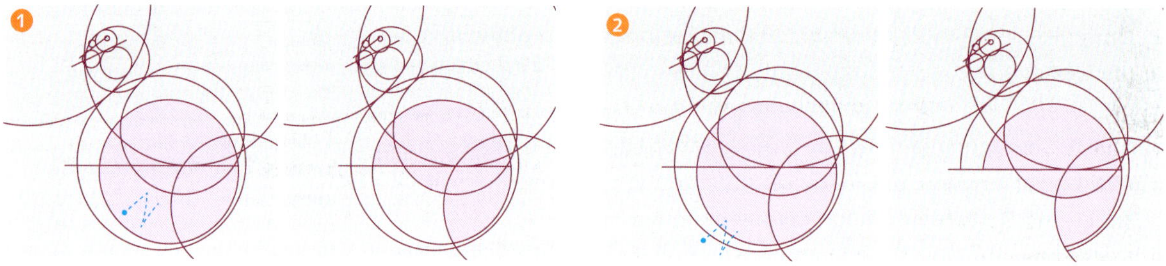

▲ **Abbildung 10.38**
Werkzeug-Funktionsweise beim Löschen von Bereichen

Auch die Stapelreihenfolge spielt eine Rolle, denn wenn Sie auf dem oben liegenden Objekt starten und in die Überlappung hineinzeichnen, wird ebenfalls der Bereich gelöscht, unabhängig von der Füllung der Objekte ③.

Abbildung 10.39 ▶
Bei einem ungünstig gewählten Startpunkt (markiert durch den blauen Punkt) kann das Löschen auch überraschend passieren.

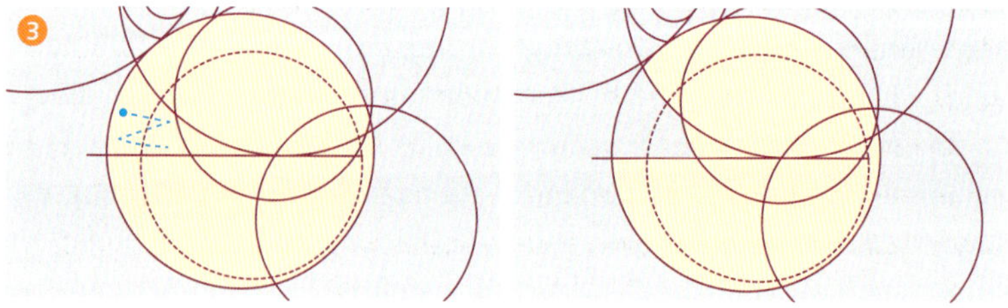

- **Zusammenfügen**: Wenn Sie vom unten liegenden Bereich in eine Überlappung hineinskribbeln, dann werden die Bereiche zusammengefügt, und die Farbe des Startpunkts wird übernommen ❹. Skribbeln Sie aus dem oben liegenden Bereich einer Überlappung in einen nicht überlappenden Bereich hinein, dann werden die Bereiche zusammengefügt, und ebenfalls wird die Farbe des Startpunkts übernommen ❺.

▼ **Abbildung 10.40**
Werkzeug-Funktionsweise beim Zusammenfügen von Bereichen

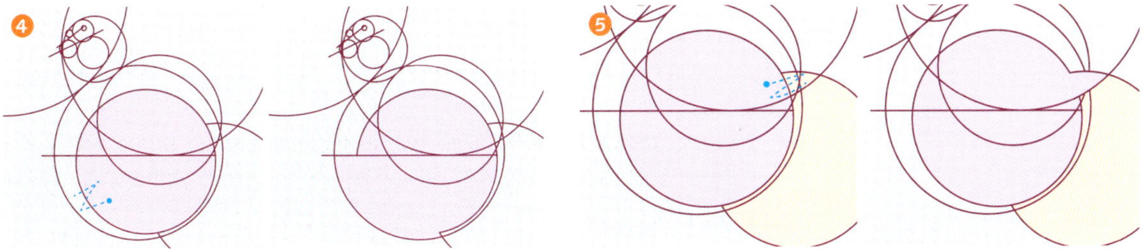

Bearbeitungsmodi der Shaper-Group | Sie können die Farben der Teilflächen oder die Ausgangsformen in zwei unterschiedlichen Bearbeitungsmodi ändern:

- **Teilflächenauswahlmodus**: Klicken oder tippen Sie eine Shaper-Group mit dem Shaper-Werkzeug an (am Rand des Begrenzungsrahmens wird ein Widget mit einem Pfeil angezeigt ❻), können Sie mit weiteren Klicks auf die vorhandenen Teilflächen diese jeweils aktivieren und umfärben ❼.
- **Konstruktionsmodus**: Aus dem Teilflächenauswahlmodus gehen Sie mit einem Klick auf das Pfeil-Widget ❽ in den Konstruktionsmodus. In diesem Modus aktivieren Sie mit weiteren Klicks die Ausgangsobjekte, um ihre Parameter zu ändern oder sie zu transformieren. Aktivierte Formen können Sie mit der Löschtaste löschen oder sie im Touch-Arbeitsbereich aus dem Begrenzungsrahmen herausziehen ❾.
- **Isolationsmodus**: Mit einem Doppelklick gelangen Sie in den Isolationsmodus, in dem Sie die Ausgangsobjekte ebenfalls bearbeiten können.
- **Interaktiv malen**: Sie können auch das Interaktiv-malen-Werkzeug verwenden, um Teilbereiche in einer Shaper-Group umzufärben.

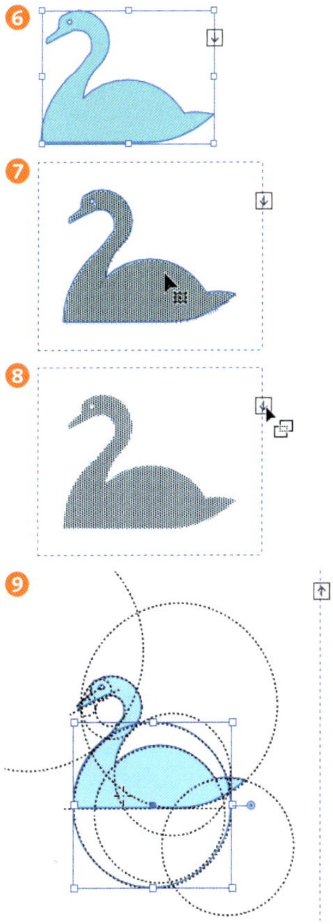

▲ **Abbildung 10.41**
Bearbeitungsmodi der Shaper-Groups

Weitere Objekte hinzufügen | Wenn Sie eine Shaper-Group oder einen Pfad zu einer anderen hinzufügen möchten, reicht es aus, dass deren Begrenzungsrahmen beim Bearbeiten die andere Shaper-Group an einer Stelle überlappt. Es kann also auch unbeabsichtigt passieren. Sie können jedoch auch die gewünschten Objekte auswählen und auf den Button Shaper-Groups zusammenfügen im Steuerungsbedienfeld klicken.

Zurückwandeln | Um die Shaper-Group aufzulösen und in ihre Ausgangsobjekte zurückzuwandeln, verwenden Sie den Befehl Objekt • Interaktiv malen • Zurückwandeln.

Umwandeln | Um die Shaper-Group endgültig zusammenzufügen, klicken Sie auf den Button Umwandeln im Steuerungsbedienfeld.

▼ **Tabelle 10.2**
Vor- und Nachteile der Konstruktionsmethoden und -werkzeuge in Illustrator

	Pro	Contra
Zusammengesetzter Pfad	Für das Stanzen von Löchern der Effizienz-Sieger: Es muss kein Werkzeug oder Bedienfeld aufgerufen werden, nur ein Kurzbefehl.	nur für einfache Formen und Operationen geeignet
Pathfinder	Mit wenigen Klicks können komplexe Konstruktionen reingezeichnet werden. Zusammengesetzte Formen sind möglich (mit den Formmodi).	Für effiziente Arbeitsweisen ist »Geheimwissen« erforderlich. Pathfinder sind unintuitiv; gerade die sehr effizienten Operationen sind meist destruktiv.
Interaktiv malen	Dank Lückensuche ist die Funktion fehlertolerant, Pfade müssen nicht exakt sein. Das Ergebnis ist als Live-Objekt editierbar; die Funktion unterstützt experimentelle Vorgehensweisen.	Umwandeln und Nacharbeiten ist erforderlich. Die Vorgehensweise ist bei Ausgangsobjekten mit vielen Pfaden aufwendig.
Formerstellungswerkzeug	Dank Lückensuche ist die Funktion fehlertolerant. Es ist kein Umwandeln erforderlich. Das Werkzeug ist intuitiv.	Aufgrund der sofortigen Umwandlung sind keine Experimente mit Formen möglich. Die Vorgehensweise ist bei Ausgangsobjekten mit vielen Pfaden aufwendig.
Shaper-Werkzeug	Mit einem Werkzeug können einige geometrische Grundformen intuitiv (und auch per Touch-Eingabe) erstellt und (auch mit anderen) Pfaden konstruiert werden.	Für komplexere Konstruktionen und Detailarbeit ist die Bedienung zu grob, und es gibt keine Lückensuche. Regeln für die Konstruktion sind komplex.

10.5 Interaktiv malen

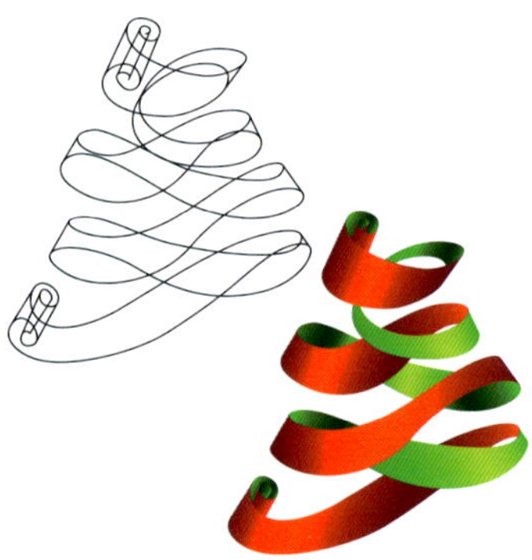

▲ **Abbildung 10.42**
Interaktiv malen ist ideal für die Konstruktion von Logos, Icons und anderer Grafik.

Der Name dieser Funktion hört sich zwar an, als käme sie direkt aus dem Stundenplan des Kindergartens, dabei handelt sich um eine äußerst mächtige Konstruktionsfunktion.

Interaktiv malen – englisch »Live Paint« – ermöglicht wie das Formerstellungswerkzeug das Füllen von Bereichen, die von mehreren Pfaden umschlossen sind, sowie das Anlegen von Kontureigenschaften auf Pfadabschnitten. Im Unterschied zu den mit dem Formerstellungswerkzeug konstruierten Formen sind Live-Paint-Objekte bzw. interaktive Malgruppen editierbar, da die Ausgangsobjekte nicht verändert werden, solange Sie das Objekt nicht umwandeln. Die füllbaren Flächen in Malgruppen werden Teilflächen genannt, die sich überschneidenden Pfade heißen Kanten.

▲ **Abbildung 10.43**
Anwendungsbeispiele für Interaktiv malen

Lücken erkennen und bearbeiten | Aktivieren Sie zunächst im Menü die Option Ansicht • Interaktive Mallücken einblenden, damit Ihnen die erkannten Lücken angezeigt werden.

Rufen Sie danach die Dialogbox Lückenoptionen auf. Sie finden sie unter Objekt • Interaktiv malen • Lückenoptionen oder mithilfe des Buttons Lückenoptionen im Steuerungsbedienfeld.

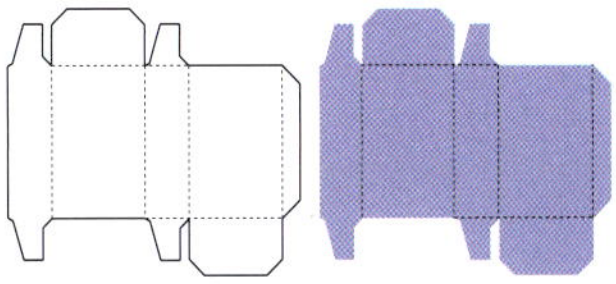

▲ **Abbildung 10.44**
Aus CAD-Programmen importierte Objekte bestehen häufig aus lauter einzelnen Pfadsegmenten. Mit Interaktiv malen können Sie sie zusammenfügen.

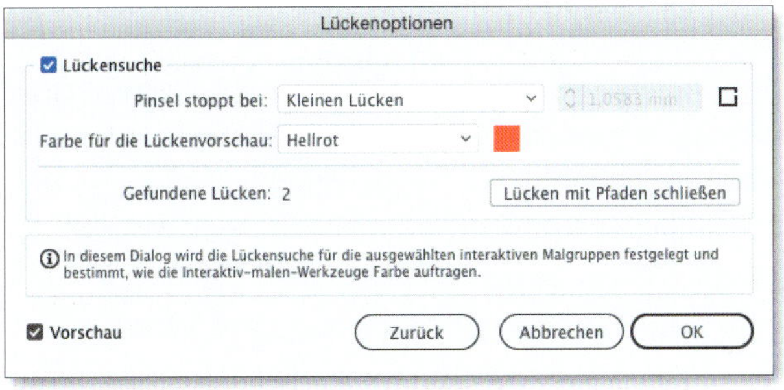

◄ **Abbildung 10.45**
Die Dialogbox Lückenoptionen

- ▶ Lückensuche: Mit dem Kontrollkästchen Lückensuche links oben können Sie die automatische Lückenerkennung starten.
- ▶ Vorschau: Aktivieren Sie die Option Vorschau, um die Auswirkung Ihrer Einstellungen in Ihrer Grafik zu sehen.
- ▶ Pinsel stoppt bei/Benutzerdefiniert: Hier stellen Sie ein, ab welcher Breite Illustrator Lücken erkennen soll. Probieren Sie verschiedene Vorgaben mithilfe der Vorschau aus. Einstellmöglichkeiten sind im Ausklappmenü Pinsel stoppt bei Kleinen, Mittelgrossen oder Grossen Lücken oder alternativ im Eingabefeld Benutzerdefiniert frei einzugebende numerische Maße. Die Lücken werden auf der kürzesten geraden Strecke überbrückt.
- ▶ Farbe für die Lückenvorschau: Passen Sie die Farbe der Lückenmarkierung so an, dass sie in der Grafik gut erkennbar ist.
- ▶ Lücken mit Pfaden schliessen: Wenn Sie die angezeigten Lücken endgültig schließen wollen, erzeugen Sie entsprechende Pfade mit dem

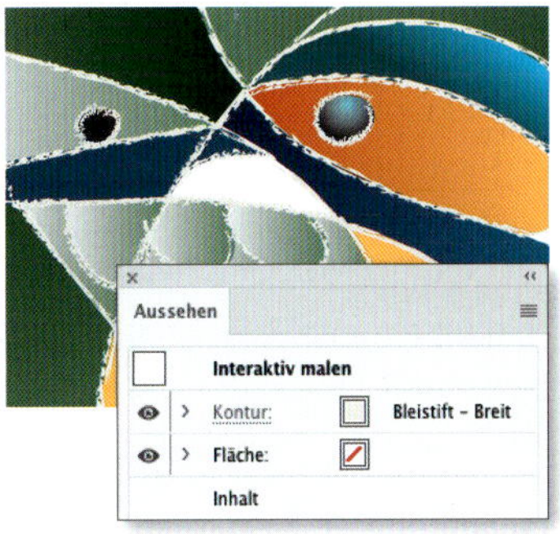

▲ **Abbildung 10.46**
Um alle Kanten einer Malgruppe mit derselben Pinselkontur zu versehen, legen Sie mithilfe des Aussehen-Bedienfeldes eine neue Kontur für die Malgruppe an und weisen ihr den Pinsel zu.

Button Lücken mit Pfaden schliessen. Wenn die »Live«-Erkennung von Lücken in Malgruppen mit sehr vielen Pfaden die Leistung von Illustrator beeinträchtigt, können Sie auch probieren, ob das dauerhafte Schließen mit dieser Option Besserung bringt. Achtung! Sie verlieren danach die automatische Erkennung und müssen bei einer Änderung in der Malgruppe auch die hier erzeugten Pfade manuell bearbeiten.

▲ **Abbildung 10.47**
»Flach« gerenderte und umgewandelte 3D-Objekte lassen sich mit Interaktiv malen bereinigen, um sie manuell mit Verläufen zu gestalten.

▲ **Abbildung 10.48**
Mit Interaktiv malen können Sie auf Basis schneller Skizzen frei illustrieren.

Interaktiv-malen-Optionen | Mit einem Doppelklick auf das Werkzeugsymbol oder über das Eigenschaften-Bedienfeld rufen Sie dann Optionen für Interaktiv-malen-Werkzeug auf.

- Optionen: Wählen Sie aus, welche der beiden Bereiche Malflächen oder Pinselstärken der Cursor anzeigen soll. Die Option Pinselstärken zeigt Kanten – also Teile von Pfaden – an. Sie müssen mindestens eine der Optionen aktivieren. Falls Sie nicht beide aktivieren, können Sie mit gedrückter Taste ⇧ zur jeweils anderen umschalten. Wie beim Formerstellungswerkzeug können Sie auch hier eine Vorschau der Farbfelder im Cursor anzeigen.
- Markieren: Wählen Sie die Farbe und Stärke der Hervorhebung aus.

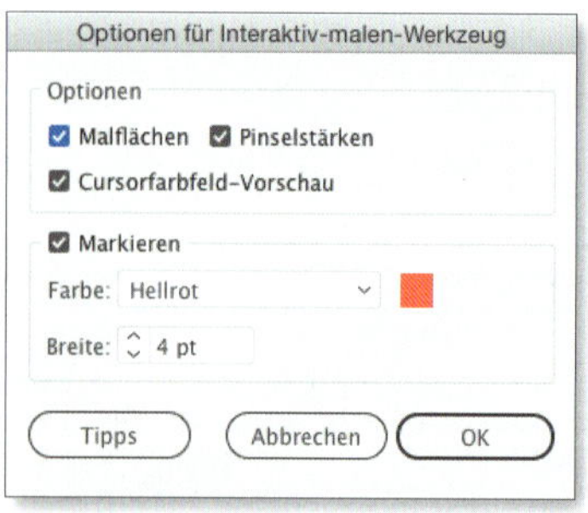

▲ **Abbildung 10.49**
Optionen für Interaktiv-malen-Werkzeug

10.5.1 Malgruppe erstellen

Um die Objekte einer Zeichnung mit der Interaktiv-malen-Funktion zusammenzufügen und zu kolorieren, gehen Sie wie folgt vor:

1. Aktivieren Sie alle Pfade, mit denen Sie konstruieren bzw. die Sie farbig gestalten wollen.
2. Erzeugen Sie eine interaktive Malgruppe, indem Sie aus dem Menü Objekt • Interaktiv malen • Erstellen auswählen, oder nehmen Sie das Interaktiv-malen-Werkzeug aus dem Werkzeugbedienfeld – K –, und klicken Sie irgendwo im Bereich der aktivierten Objekte.
3. Bestimmen Sie, ab welchem Abstand Lücken geschlossen werden sollen. Die Einstellungen setzen Sie in der Dialogbox Objekt • Interaktiv malen • Lückenoptionen.

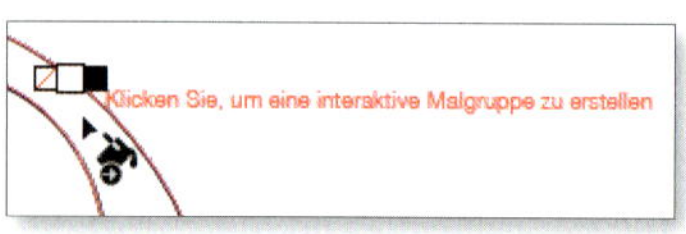

▲ **Abbildung 10.50**
Der eingeblendete Hilfetext zeigt an, dass Sie mit einem Klick eine Malgruppe erzeugen können.

4. Falls nötig, ergänzen Sie Pfade, um größere Lücken von Hand zu schließen. Dazu haben Sie zwei Möglichkeiten:
   - Doppelklicken Sie auf die interaktive Malgruppe, und fügen Sie Pfade im Isolationsmodus hinzu.
   - Zeichnen Sie die gewünschten Pfade, wählen Sie die Malgruppe und die neuen Pfade aus, und rufen Sie OBJEKT • INTERAKTIV MALEN • ZUSAMMENFÜGEN auf. Die Eigenschaften der Pfade wie Füllung oder Konturstärke bleiben erhalten. Wenn Sie mehrere interaktive Malgruppen zusammenfügen, müssen Sie auf die Einstellungen für die Lückensuche achten. Sie wird beim Zusammenfügen aktiviert. Sind Einstellungen der beteiligten Malgruppen unterschiedlich, dann werden die Einstellungen der untersten Malgruppe übernommen.

Verläufe in Malgruppen

Das Verlauf-Werkzeug können Sie zwar benutzen, um den Verlauf in einer Teilfläche zu bearbeiten, die Verlaufsoptimierer werden jedoch nicht angezeigt (Verläufe s. Abschnitt 9.1).

10.5.2 Malgruppe bearbeiten

Eine interaktive Malgruppe können Sie bequem und umfangreich editieren, da die Ursprungsobjekte weiterhin vorhanden sind.

Kanten und Teilflächen einfärben | Die Kanten und Teilflächen können Sie mit Farben, Verläufen (jedoch keinen Freihandverläufen) und Mustern versehen. Es ist nicht möglich, Pinsel, Transparenz, Effekte oder Verzerrungshüllen direkt auf Kanten oder Teilflächen anzuwenden.

1. Nehmen Sie das Interaktiv-malen-Werkzeug, und wählen Sie eine Farbe im Farbe- oder Farbfelder-Bedienfeld. Der Cursor zeigt die gewählte Farbe und – falls Sie ein Farbfeld gewählt haben – auch die beiden benachbarten Farben als Symbole an.
2. Mit den Tasten ← bzw. → wählen Sie die benachbarten Farbfelder aus. Mit den Tasten ↑ bzw. ↓ wechseln Sie durch die Farbgruppen.
3. Bewegen Sie den Cursor über die Malgruppe. Das Werkzeugsymbol zeigt einen gefüllten Eimer, wenn Sie eine Fläche füllen können, und ein Verbotssymbol signalisiert nicht füllbare Bereiche. Der aktive Punkt des Werkzeugs ist die Spitze des kleinen Pfeils.
4. Falls Sie die Werkzeugoption PINSELSTÄRKEN nicht aktiviert haben, drücken Sie ⇧, um Konturen zu gestalten. Auch hier signalisiert der Cursor mit einem Verbotssymbol, wenn Sie das Werkzeug nicht anwenden können.
5. Klicken Sie mit dem Werkzeug in die gewünschte Fläche oder auf eine Kontur, um diese zu färben. Als optische Hilfe hebt Illustrator Flächen oder Konturen unter dem Cursor, die gefüllt werden können, mit einem dicken roten Rand hervor.

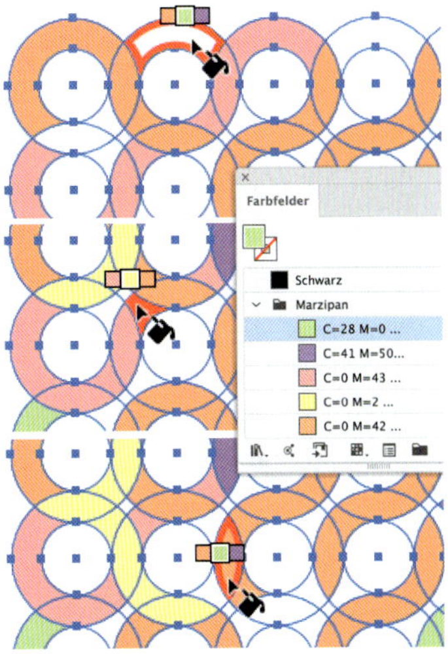

▲ **Abbildung 10.51**
Richten Sie eine Farbgruppe der geplanten Farben ein, dann können Sie mithilfe der Pfeiltasten sehr schnell zwischen den Farben wechseln, ohne das Werkzeug absetzen zu müssen.

▲ **Abbildung 10.52**
Füllung mit Mustern und Verwendung als Schnittmasken

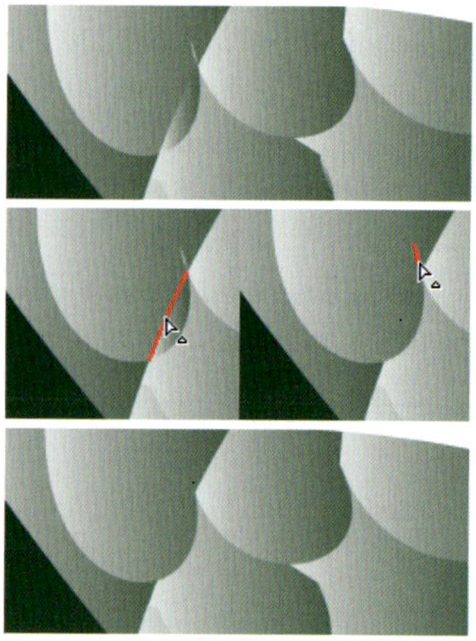

▲ **Abbildung 10.53**
Unsaubere Kanten werden aktiviert und gelöscht. Angrenzende Teilflächen werden dabei vereinigt und erhalten die Eigenschaften der vormals größeren Fläche.

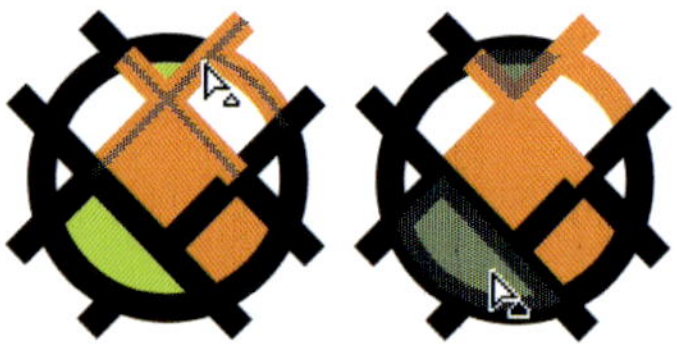

▲ **Abbildung 10.54**
Auswahl gleichfarbiger Flächen oder Konturen mit Doppelklick und Dreifachklick

▼ **Abbildung 10.55**
Der Endpunkt des Pfades am Unterlid wurde nur leicht verschoben.

Optionen und Kurzbefehle | Interaktiv-malen-Werkzeug

- Klicken und ziehen Sie das Interaktiv-malen-Werkzeug über mehrere Flächen, um diese »in einem Rutsch« zu füllen.
- Doppelklicken Sie auf eine Fläche, um alle Flächen bis zur nächsten, mit einer Kontur versehenen Kante oder bis zu einer Fläche mit einer anderen Farbe zu füllen.
- Klicken Sie dreifach auf eine Teilfläche, um alle Teilflächen der Malgruppe zu füllen, die zu dem Zeitpunkt dieselbe Füllung aufweisen.

Teilflächen und Kanten auswählen | Möchten Sie einer Teilfläche einen linearen oder kreisförmigen Verlauf zuweisen, einen Verlauf editieren oder eine Kante löschen, müssen Sie diese auswählen.

Dazu verwenden Sie das Interaktiv-malen-Auswahlwerkzeug. Dieses zeigt mit seinem Cursor an, ob eine Teilfläche oder eine Kante selektierbar ist.

Die Optionen ähneln denen des Interaktiv-malen-Werkzeugs:

- Mit ⇧ wählen Sie weitere Flächen oder Kanten aus.
- Mit einem Doppelklick auf eine Fläche oder Kontur wählen Sie direkt angrenzende Flächen bzw. Konturen mit derselben Farbe aus.
- Mit einem Dreifachklick aktivieren Sie alle gleichfarbigen Flächen oder Konturen der interaktiven Malgruppe.
- Aktivieren Sie eine Kante oder Teilfläche, und rufen Sie eine Eigenschaft unter Auswahl • Gleich auf, um entsprechende Kanten oder Teilflächen zu selektieren.

Kanten verschieben und Pfade ändern | Um innerhalb der Malgruppe einzelne Pfade zu ändern, wechseln Sie in den Isolationsmodus oder arbeiten mit dem Direktauswahl-Werkzeug. Beim Verschieben von Pfaden innerhalb einer interaktiven Malgruppe können Lücken zu groß und dadurch Teilflächen gelöscht oder geändert werden. Die Flächen oder Konturen der geänderten Teilflächen wechseln dabei in gegebenenfalls überraschender Weise. Dies kann dazu führen, dass Sie die Lückenoptionen anpassen oder weitere ergänzende Pfade zeichnen müssen.

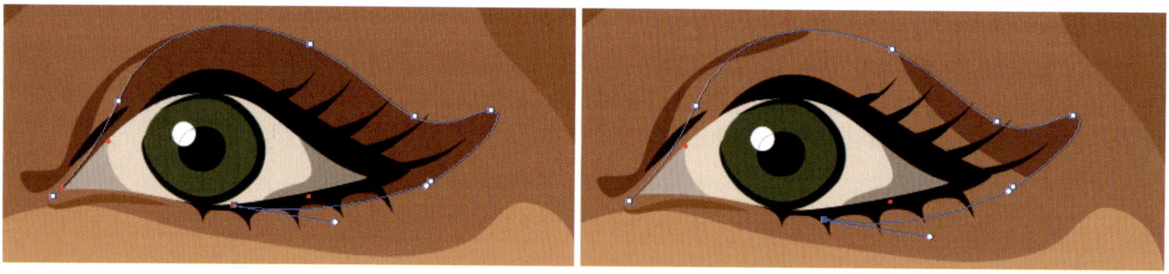

Zurückwandeln | Um die Pfade in einer interaktiven Malgruppe in den Ursprungszustand zurückzuversetzen, aktivieren Sie das Objekt und wählen OBJEKT • INTERAKTIV MALEN • ZURÜCKWANDELN. Das Objekt verliert damit alle Live-Paint-Eigenschaften, Füllungen und Konturen.

Umwandeln | Für einige Anwendungszwecke – z. B. für den Austausch mit anderen Programmen – benötigen Sie statt einer Malgruppe eine »normale« Vektorumsetzung Ihrer Zeichnung mit geschlossenen Pfaden für die Flächen und mit den zusätzlichen Konturen. Das können Sie aus einer Malgruppe automatisch erzeugen lassen, indem Sie das Objekt aktivieren und OBJEKT • INTERAKTIV MALEN • UMWANDELN ausführen. Im PDF-Part einer AI-Datei sind Malgruppen automatisch umgewandelt.

Umwandeln der Malgruppe

Beim Umwandeln der interaktiven Malgruppe werden die Kanten nicht in Flächen umgewandelt, sondern als Konturen generiert. Je nach Konturstärke werden Teilflächen überlappt. Wenn Sie Flächen benötigen, müssen Sie die Konturen zusätzlich in Pfade umwandeln. Auch ist es unter Umständen nötig, eine zu starke Überlappung der Konturen und Flächen zu korrigieren.

Schritt für Schritt »Interaktiv malen« anwenden

1 Malgruppe erstellen

Aktivieren Sie alle Pfade, die zur Malgruppe gehören sollen. Wählen Sie das Interaktiv-malen-Werkzeug aus dem Werkzeugbedienfeld, oder tippen Sie die Taste [K]. Dann klicken Sie mit dem Werkzeug in den Bereich der Zeichnung. Sobald Sie das Werkzeug über die aktivierten Objekte bewegen, erscheint ein entsprechender Hilfetext.

Die Malgruppe können Sie auch mit [⌘]+[⌥]+[X] bzw. [Strg]+[Alt]+[X] zusammenfügen.

▲ **Abbildung 10.56**
Das fertig kolorierte Zebra

2 Flächen testen

Bewegen Sie das Interaktiv-malen-Werkzeug über die Malgruppe, und beobachten Sie die fetten roten Ränder, die die füllbaren Flächen kennzeichnen. Prüfen Sie, ob alle Flächen, die Sie füllen wollen, von Illustrator richtig erkannt werden. Sollten noch Lücken bestehen, verwenden Sie die Dialogbox LÜCKENOPTIONEN, um die Erkennung anzupassen.

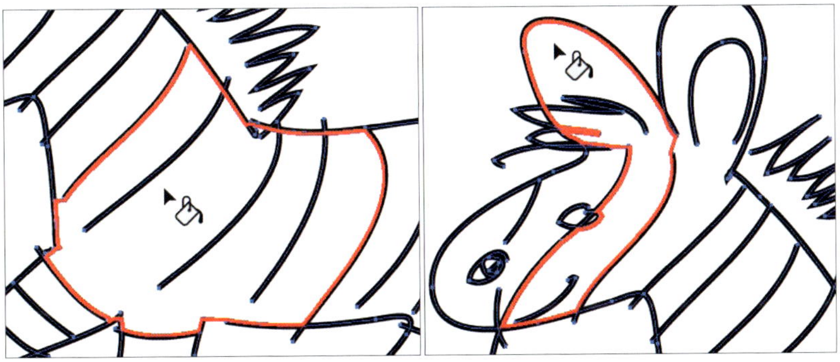

◀ **Abbildung 10.57**
Ohne entsprechende Änderung in den LÜCKENOPTIONEN werden viele Flächen zusammengefasst, die eigentlich einzeln gefüllt werden sollen.

Lücken sind nicht zu erkennen

Falls Sie die Lückenvorschau nicht von Ihrer Zeichnung unterscheiden können, passen Sie die Signalfarbe an, indem Sie eine andere Farbe aus dem Ausklappmenü wählen.

3 Lückenoptionen

Wählen Sie Objekt • Interaktiv malen • Lückenoptionen, und aktivieren Sie zunächst die Vorschau. Aktivieren Sie die Lückensuche, und wählen Sie eine Einstellung aus dem Menü. Beobachten Sie dabei die Lücken, die in Ihrer Zeichnung gekennzeichnet werden.

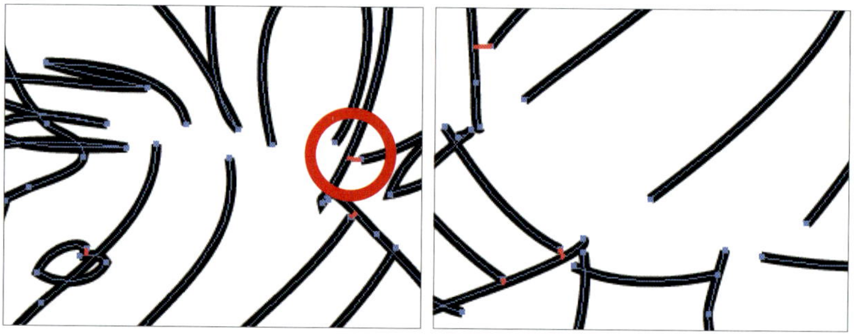

Abbildung 10.58 ▶
Lückensuche mit eigener Einstellung 3 mm. Vergleichen Sie die Stelle im roten Kreis mit Abbildung 10.59 links.

Wenn Ihnen die voreingestellten Optionen nicht ausreichen, geben Sie andere Werte in das Eingabefeld ein. Sehr hohe Werte führen unter Umständen dazu, dass kleinere Lücken nicht mehr automatisch geschlossen werden.

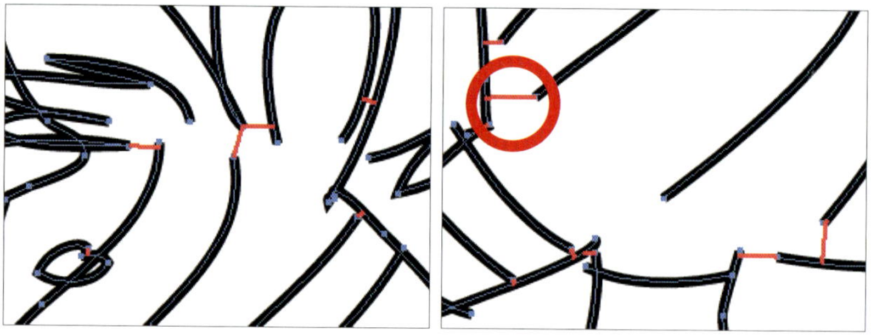

Abbildung 10.59 ▶
Lückensuche mit eigener Einstellung 7 mm. Beachten Sie die gerade Strecke im roten Kreis, die an dieser Stelle nicht gewünscht ist, und vergleichen Sie sie mit Abbildung 10.58 rechts.

In den meisten Fällen ist es besser, kleine Lücken automatisch schließen zu lassen und die größeren manuell zu bearbeiten, da für die größeren Lücken oft eine Kurve benötigt wird. Wenn Sie passende Einstellungen gefunden haben, schließen Sie den Dialog mit OK.

Die Option Lücken mit Pfaden schliessen ist in unserem Fall nicht sinnvoll, da es hier besser ist, manuelles und automatisches Lückenschließen zusammen zu verwenden.

Doppelte Pfade in Malgruppen

Während Pfadkopien (Klone) bei Pathfinder-Operationen oder bei Anwendung des Formerstellungswerkzeugs meist zu Berechnungsfehlern in Form von zu vielen Ankerpunkten führen, passiert dies in interaktiven Malgruppen nicht. Die Klone werden entdeckt und ignoriert.

4 Lücken prüfen

Prüfen Sie die Grafik erneut, indem Sie das Interaktiv-malen-Werkzeug über die kritischen Flächen bewegen und auf die roten Signalkonturen achten.

5 Malgruppe zur manuellen Nacharbeit isolieren

Aktivieren Sie ANSICHT • INTERAKTIVE MALLÜCKEN EINBLENDEN, um die geschlossenen Lücken bei der manuellen Bearbeitung im Blick zu haben. Isolieren Sie nun die Malgruppe durch einen Doppelklick oder indem Sie das Live-Paint-Objekt aktivieren und auf AUSGEWÄHLTE GRUPPE ISOLIEREN im Steuerungsbedienfeld klicken. Pfade, die Sie der isolierten Gruppe hinzufügen, werden in die Malgruppe aufgenommen.

▲ **Abbildung 10.60**
Die isolierte Gruppe wird durch den grauen Titelbalken signalisiert.

6 Große Lücken mit Pfaden schließen

In der Malgruppe können Sie nun die großen Lücken schließen, indem Sie Pfade als Grenzlinien zeichnen. Verwenden Sie dafür den Buntstift oder den Zeichenstift. Den Pinsel lässt Illustrator innerhalb einer Malgruppe nicht zu. Die auffallendste Lücke besteht am Hinterteil des Zebras. Diese Lücke muss mit einer Kurve geschlossen werden, damit die gefüllte Fläche die Form unterstützt. Zoomen Sie mit der Lupe.

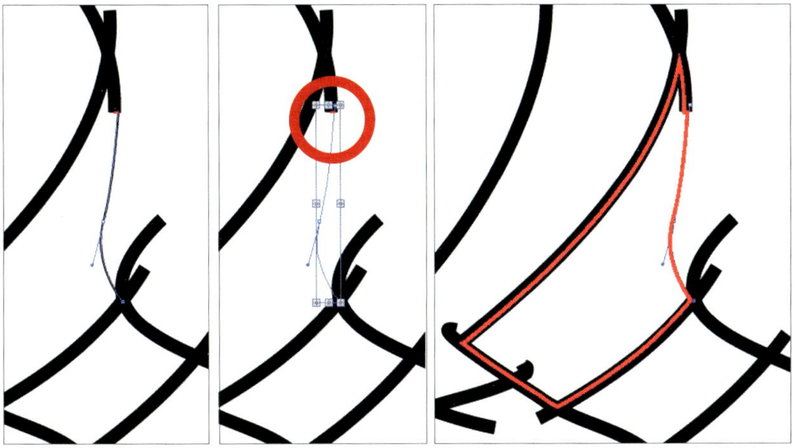

◀ **Abbildung 10.61**
Schließen der größten Lücke mit einem Pfad – achten Sie darauf, den Pfad nicht an der oberen Linie anzuschließen, sondern einen neuen Pfad zu beginnen. Im mittleren Bildausschnitt ist zu sehen, wie der kleine Abstand zum bestehenden Punkt automatisch geschlossen wird.

Legen Sie einen Pfad an – wie abgebildet. Sie müssen beim Erstellen der Endpunkte nicht genau den vorhandenen Pfad treffen, wie es beim Konstruieren eines Objekts notwendig wäre.

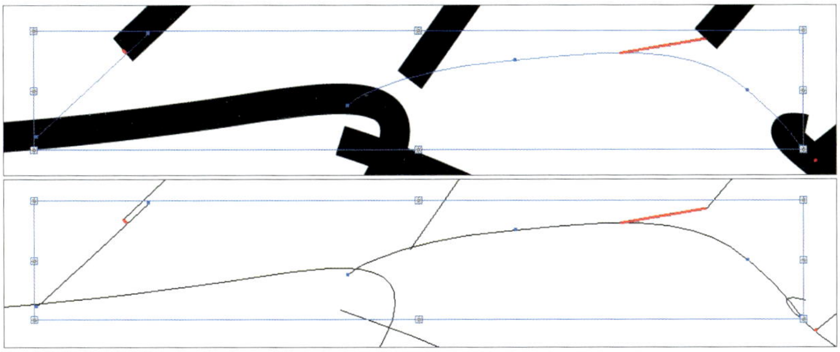

◀ **Abbildung 10.62**
In der Pfadansicht sehen Sie an diesem Beispiel, dass sich die Pfade nicht berühren müssen, um die Lücke zu schließen.

▲ **Abbildung 10.63**
Das Farbfeld für KONTUR ist aktiviert.

Da die »Lückenschließer«-Pfade selbst nicht sichtbar sein sollen, reicht es vollkommen aus, wenn die neuen Linien so nahe an die bestehenden Pfade heranreichen, dass die eingestellten LÜCKENOPTIONEN greifen.

Pfade, deren Form Ihnen nicht sofort gefällt, können Sie selbstverständlich mit den Werkzeugen ANKERPUNKTE HINZUFÜGEN und LÖSCHEN, GLÄTTEN, PUNKTE UMWANDELN etc. nachbearbeiten.

Lassen Sie den Pfad ausgewählt, und aktivieren Sie – soweit dies nicht bereits vorher erfolgt ist – im Werkzeugbedienfeld die Option OHNE KONTUR ☐.

Prüfen Sie noch einmal, ob alle Lücken geschlossen sind, bevor Sie die isolierte Gruppe mit einem Klick auf das Symbol ☐ im Steuerungsbedienfeld beenden.

Farben einstellen und aktive Malgruppen

Ist eine Malgruppe ausgewählt und das Auswahl-Werkzeug aktiv und Sie stellen eine Farbe für Kontur oder Fläche ein, dann wird diese Farbe der aktivierten Malgruppe zugewiesen. Ist dagegen das Interaktiv-malen- oder das Interaktiv-malen-Auswahlwerkzeug ausgewählt, dann passiert dies nicht.

7 Flächen füllen

Wenn keine Lücken mehr offen sind, können Sie die Teilflächen und Kanten Ihrer Malgruppe gestalten.

Um Teilflächen mit einer Farbfüllung zu versehen, deaktivieren Sie die Malgruppe, aktivieren das Farbfeld für FLÄCHE im Werkzeugbedienfeld und bestimmen eine Farbe im Farbfelder-Bedienfeld oder mischen eine neue Farbe im Farbe-Bedienfeld (zum Umgang mit Farbe und zur Aktivierung der Malgruppe s. Hinweis »Farben einstellen und aktive Malgruppen« auf dieser Seite).

Danach wählen Sie das Interaktiv-malen-Werkzeug ☐ und klicken damit in die Teilfläche, die Sie kolorieren möchten. Die Malgruppe muss dafür nicht ausgewählt sein, achten Sie aber auf das Cursor-Symbol ☐ und auf die Signalisierung durch die rote Umrandung der Fläche.

Möchten Sie dagegen Kanten einfärben oder Teilflächen nicht nur mit einer einfachen Farbfüllung versehen, müssen Sie die entsprechenden Elemente aktivieren. Dazu holen Sie sich das Interaktiv-malen-Auswahlwerkzeug ☐ aus dem Werkzeugbedienfeld und klicken die Kante oder die Teilfläche an, die Sie gestalten möchten.

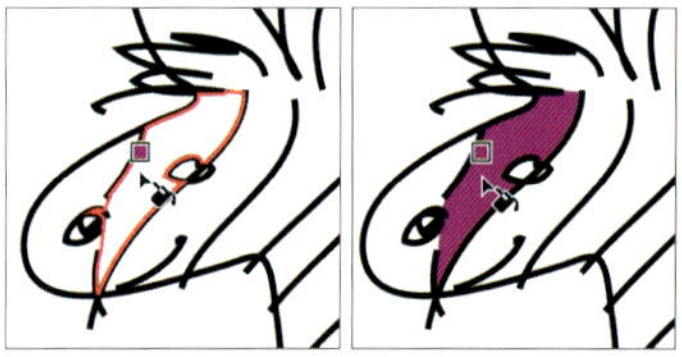

▲ **Abbildung 10.64**
Teilflächen werden mithilfe des Interaktiv-malen-Werkzeugs mit Farbe gefüllt.

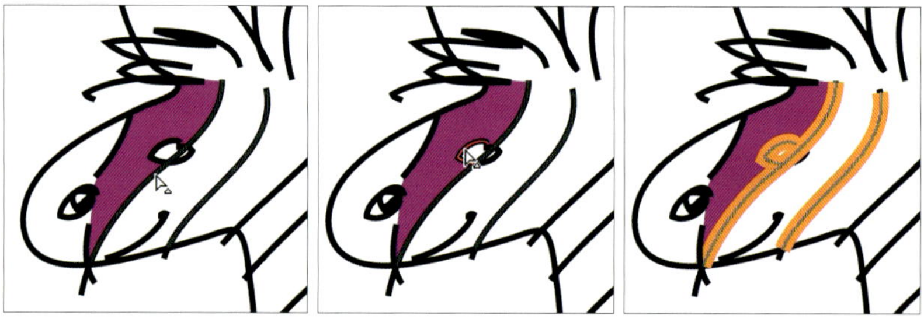

▲ **Abbildung 10.65**
Wählen Sie Kanten mit dem Interaktiv-malen-Auswahlwerkzeug aus, und ändern Sie ihre Eigenschaften.

Das Interaktiv-malen-Auswahlwerkzeug zeigt durch einen Wechsel des Cursor-Symbols an, ob Sie eine Kante oder eine Teilfläche aktivieren können. Halten Sie ⇧ gedrückt, um der Auswahl eine weitere Kante bzw. Teilfläche hinzuzufügen.

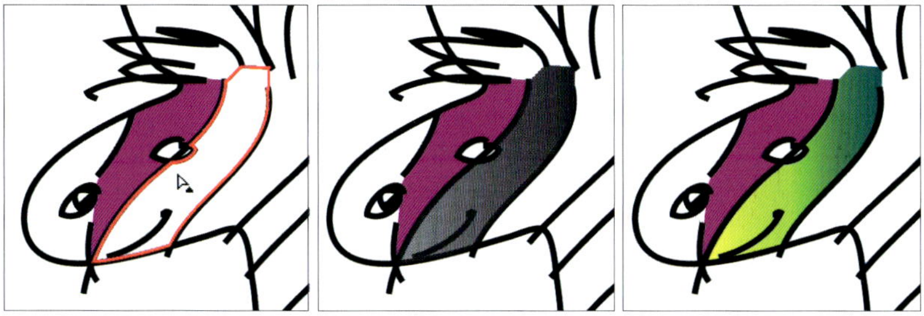

▲ **Abbildung 10.66**
Auch Teilflächen wählen Sie so aus, um sie mit komplexeren Füllungen zu versehen.

▲ **Abbildung 10.67**
Der Kopf dieses Zebras wurde nach Erstellen der Malgruppe transformiert und detailliert nachgearbeitet.

Einen Verlauf legen Sie an, indem Sie eine oder mehrere Teilflächen selektieren und im Verlauf-Bedienfeld die Art des Verlaufs sowie die gewünschten Farben bestimmen. Sollen zu einem späteren Zeitpunkt Verlaufsfarben geändert werden, nutzen Sie dafür ebenfalls das Verlauf-Bedienfeld, nicht die Funktion Bildmaterial neu färben (s. Abbildung 10.68).

Mit dem Verlauf-Werkzeug legen Sie Winkel und Länge des Verlaufs fest, indem Sie mit dem Cursor auf den Startpunkt des Verlaufs klicken und bis zum gewünschten Endpunkt ziehen. Den Verlaufsoptimierer (s. Abschnitt 9.1.4) können Sie zusammen mit interaktiven Malgruppen leider nicht verwenden.

▲ **Abbildung 10.68**
Nach dem Editieren einer Verlaufsfarbe mit Bildmaterial neu färben wurde der Verlauf den Teilflächen neu zugewiesen und die ursprüngliche Verlaufslänge ignoriert (rechts).

8 Umwandeln

Um eine Malgruppe umzuwandeln und damit Objekte zu erzeugen, die Sie auch für den Austausch mit anderen Programmen verwenden können, aktivieren Sie die betreffende Malgruppe und wählen im Menü den Befehl Objekt • Interaktiv malen • Umwandeln aus.

Teilflächen und Kanten werden damit in einzelne geschlossene Pfade mit Füllung umgewandelt. Nach der Umwandlung sind die Objekte gruppiert. Lösen Sie die Gruppe auf, um die Objekte zu analysieren.

◀ **Abbildung 10.69**
Eine umgewandelte Malgruppe

▲ **Abbildung 10.70**
T-Shirt mit Folienbedruckung: Bei starker Beanspruchung sind feine Konturen besonders gefährdet.

▲ **Abbildung 10.71**
Ob die kleinsten Elemente die Mindestgröße einhalten, prüfen Sie mit einem Kreis, der einen Durchmesser in der Mindestgröße besitzt.

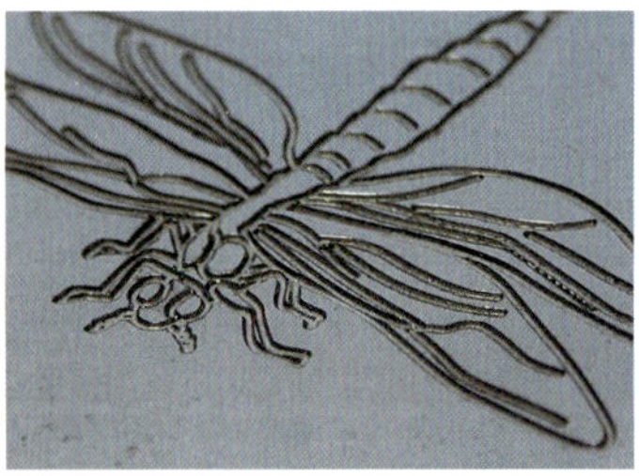

▲ **Abbildung 10.72**
Beim Fräsen wird meist ein Werkzeug in der gewünschten Stärke eingesetzt. In diesem Fall müssen Konturen nicht in Flächen umgewandelt werden, beim Entwurf muss die Werkzeugstärke jedoch berücksichtigt werden.

Checkliste: Datei für Folienplot

Absprachen | Sprechen Sie mit dem Dienstleister die Dateianforderungen ab, z. B. die Linienstärke, die Definition von Farben, den Maßstab und das Dateiformat. Suchen Sie einen frühzeitigen Kontakt, und planen Sie ausreichend Zeit für Tests ein, vor allem, wenn Sie in einer Konstellation zum ersten Mal arbeiten.

Farben | Erfragen Sie, wie Farben definiert werden sollen, und legen Sie Farbfelder entsprechend an. Arbeiten Sie mit globalen Farbfeldern.

Details | In der Regel ist eine Mindestgröße bzw. Mindestlinienstärke definiert – entweder bedingt durch das Schneiden der Folie oder aufgrund der Weiterverarbeitung und Haltbarkeit (s. Abbildung 10.70). Achten Sie beim Anlegen der kleinsten Elemente auf den Maßstab. Wenn Motive später verkleinert werden, verringert sich die Stärke von Konturen entsprechend.

Konturen | Wandeln Sie alle Konturen in Flächen um. Speichern Sie jedoch immer eine Version Ihrer Datei mit den originalen, nicht umgewandelten Objekten. Zum einen lassen sich so Änderungen einfacher durchführen, zum anderen benötigen Sie die Originaldaten vielleicht noch einmal für eine andere Anwendung (s. auch den Punkt »Fräsen« weiter unten).

Schneidelinien | Falls Ihr Motiv gedruckt und nur die Außenkontur geschnitten wird, fragen Sie, wie die Schneidelinie angelegt werden muss. Erfragen Sie die Linienstärke, die Farbe und die Bezeichnung dieser Kontur. Klären Sie auch das Anlegen von Überfüllungen, falls Ihr Motiv bis zur Schneidekontur reicht.

Schriften | Erfragen Sie die Mindestgröße für Schriften – berücksichtigen Sie besonders Serifenschriften und hier vor allem die Linienstärke der Serifen. Wandeln Sie alle Schriften in Pfade um. Für CAD-Anwendungen und das Fräsen gibt es spezielle Schriften, die nur mit einer Mittellinie aufgebaut sind – klären Sie ab, ob deren Einsatz erforderlich ist.

Kombinationen | Wandeln Sie alle zusammengesetzten Formen um. Kombinieren Sie übereinanderliegende gleichfarbige Objekte zu einer Form, z. B. mit der Pathfinder-Funktion Verdeckte Fläche entfernen.

Benachbarte Farbflächen | Erfragen Sie, ob Sie benachbarte oder übereinanderliegende verschiedenfarbige Formen aussparend oder überdruckend anlegen müssen. Falls ausgespart werden soll, sprechen Sie das Anlegen der Überfüllung ab.

Zahl der Ankerpunkte | Reduzieren Sie die Anzahl der Ankerpunkte, um die Komplexität Ihrer Grafik zu verringern und damit auch die Verarbeitungszeit zu senken.

Hilfslinien | Löschen Sie alle Hilfslinien, da sie von der Plot-Software ebenfalls als Schneidelinien interpretiert werden könnten.

Dateiformate | Speichern Sie die Datei im abgesprochenen Dateiformat. Ihre Datei wird in den meisten Fällen nicht mit Illustrator weiterverarbeitet. Falls Ihr Dienstleister Ihnen kein Austauschformat nennen kann, probieren Sie alte EPS- oder Illustrator-Formate. Generieren Sie die Austauschformate nur zusätzlich zu Ihrer nativen Illustrator-Datei.

Fräsen | Für das Fräsen gelten andere Voraussetzungen (s. Abbildung 10.72). Sprechen Sie diese ebenfalls mit Ihrem Dienstleister ab.

10.6 Linien in Flächen umwandeln

Illustrator kann Pfade mit vielen verschiedenen Konturen und Effekten versehen – aber egal, wie flächig solche Linien auf dem Bildschirm aussehen, für die Bearbeitung im Programm bleiben es Konturen, die auch nur als solche behandelt werden.

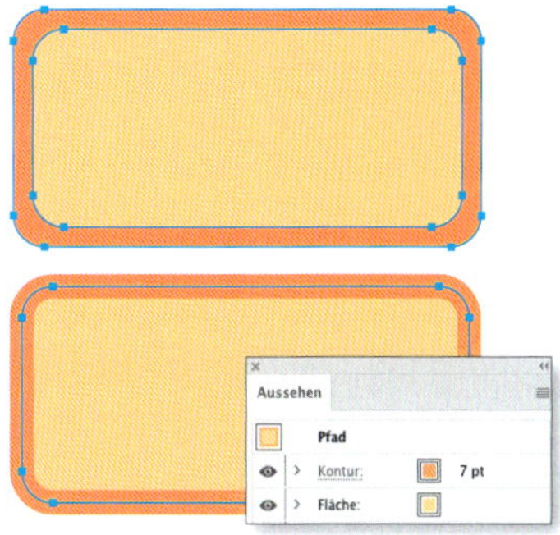

▲ **Abbildung 10.73**
Ineinanderliegende Eckenrundungen lassen sich mit einer starken Kontur einfach konstruieren (unten).

10.6.1 Die Funktion »Konturlinie«

In Entwurfsphasen ist es oft spontaner, Illustrationen, Piktogramme oder Logos zunächst aus breiten Linien aufzubauen, deren Kurvenführung viel leichter handhabbar ist als die von Flächen mit parallel verlaufenden Außenpfaden. Bei der Reinzeichnung müssen solche Quasiflächen jedoch häufig in echte Flächen mit geschlossenen Außenpfaden umgewandelt werden. Auch sind viele Weiterbearbeitungsschritte in Illustrator oder in anderen Programmen nur mit gefüllten, geschlossenen Formen möglich, z. B. die Anwendung der Pathfinder. Um »flächige Pfade« in Flächen mit Außenpfad umzuwandeln, verwenden Sie die Funktion KONTURLINIE. Damit werden Strichelungen und variable Breitenprofile (s. Abschnitt 8.3) korrekt in Flächen umgewandelt – auch unter Berücksichtigung abgerundeter Konturenden.

▼ **Abbildung 10.74**
In der Entwicklungsphase dieses Logos erwiesen sich Konturen mit Breitenprofil sowie eine Schnittmaske als sehr flexibel. Um jedoch die untere Rundung der Halme auszuführen, mussten die Konturen in Pfade umgewandelt werden.

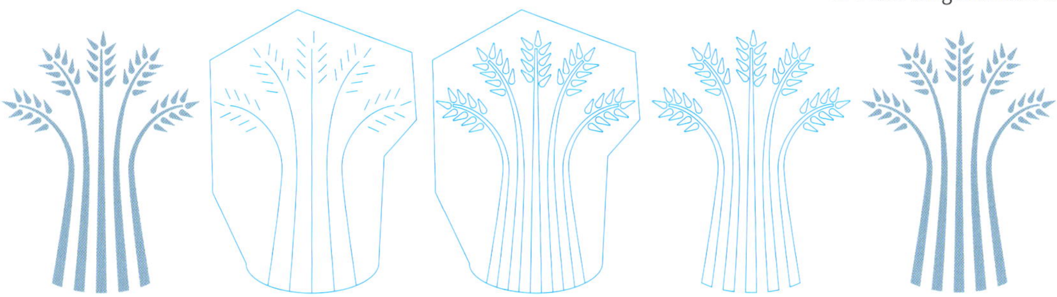

Die Funktion »Konturlinie« anwenden | Aktivieren Sie die Pfade, die Sie in Flächen umwandeln möchten, und wählen Sie OBJEKT • PFAD • KONTURLINIE. Weitere Parameter sind nicht vorgesehen. Illustrator behält die Eigenschaften wie (variable) Konturstärken, Strichelungen und Eckenformen bei. Die Funktion kann daher gleichzeitig auf mehrere Pfade mit unterschiedlichen Konturstärken angewendet werden.

Illustrator trennt einen Pfad, dem eine Füllung zugeordnet ist, in zwei Objekte auf. Die Kontur wird in eine Fläche umgewandelt, die Füllung bleibt als Objekt ohne Kontur bestehen, und beide Objekte werden miteinander gruppiert. Überschneidet ein Pfad sich selbst, entsteht automatisch ein zusammengesetzter Pfad.

Umwandeln-Funktionen

In Tabelle 10.1 auf Seite 336 finden Sie einen Vergleich der verschiedenen Umwandeln-Funktionen in Illustrator.

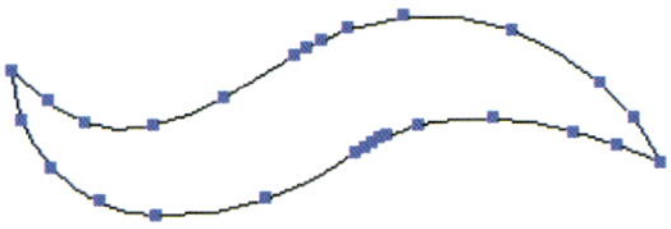

▲ **Abbildung 10.75**
Beim Umwandeln können sehr viele Punkte entstehen – verwenden Sie zur Korrektur die Funktion VEREINFACHEN oder Plug-ins.

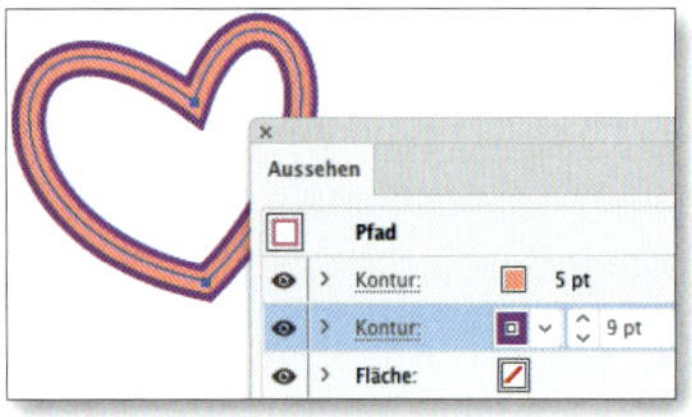

▲ **Abbildung 10.76**
Nur die ausgewählte Kontur wird umgewandelt.

Pfad mit mehreren Konturen | Ist ein Pfad mit mehreren Konturen versehen, wird nur *die* Kontur in eine Fläche umgewandelt, die im Aussehen-Bedienfeld aktiviert ist. Statt der Funktion KONTURLINIE wenden Sie in diesem Fall den Befehl OBJEKT • TRANSPARENZ REDUZIEREN an – aktivieren Sie die Option KONTUREN IN PFADE UMWANDELN.

Schritt für Schritt
Reinzeichnung eines Logos

In diesem Workshop sehen wir uns einige Methoden an, um ein bisher mit Konturen und allerlei Hilfsobjekten konstruiertes Logo reinzuzeichnen. Öffnen Sie die Datei »Tiger-Start.ai«.

1 Analyse

Beginnen Sie damit, sich die Datei anzusehen. Untersuchen Sie den Aufbau mithilfe des Ebenen-Bedienfelds, und gehen Sie in die Pfadansicht, um zu prüfen, welche Elemente umgewandelt werden müssen. Jetzt müssen Sie planen, in welcher Reihenfolge Sie vorgehen, d.h., welche Elemente für die jeweiligen Schritte umgewandelt vorliegen müssen.

Abbildung 10.77 ▶
Analyse der Datei im Ebenen-Bedienfeld und der Pfadansicht

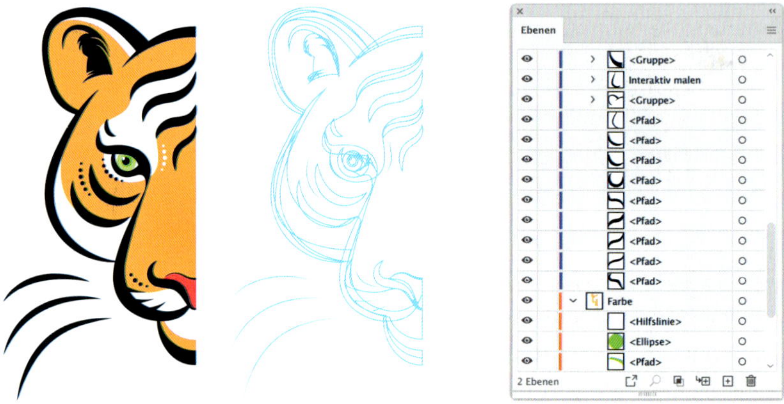

Wie bei symmetrischen Designs üblich, wurde auch von diesem Logo zunächst nur eine Hälfte gezeichnet bzw. konstruiert. Einige Elemente sind mithilfe von Konturen, Breitenprofilen und gestrichelten Konturen sowie einer interaktiven Malgruppe umgesetzt. Gleichfarbige Elemente wurden noch nicht zusammengefügt. Weiße Bereiche sind als weiße Formen aufgebaut, nicht mit einer Aussparung.

Im größten Teil der Grafik überlagern die schwarzen Elemente die farbigen – die Grafik ist auch entsprechend in Ebenen aufgeteilt. Sie müssen also im ersten Schritt die schwarzen Linien aufbereiten, damit Sie diese Formen dann verwenden können, um die farbigen Formen

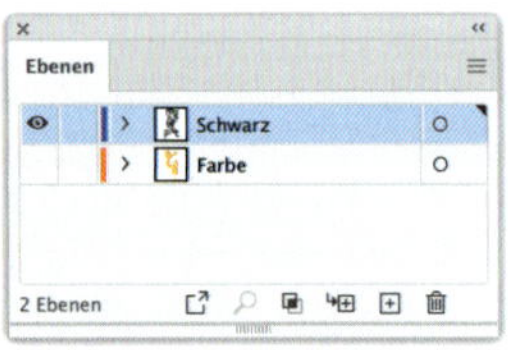

▲ **Abbildung 10.78**
Ausblenden der Ebene mit den farbigen Elementen

zuzuschneiden. Rufen Sie das Ebenen-Bedienfeld aus dem Menü FENSTER auf, und blenden Sie die Ebene »Farbe« mit einem Klick auf das Augensymbol aus.

> **Schneller umwandeln**
>
> Selbst komplexe Zeichnungen können Sie häufig in sehr wenigen Schritten umwandeln und zum Plotten vorbereiten, indem Sie zunächst die Transparenz reduzieren (und dabei Konturen umwandeln) und anschließend den Pathfinder VERDECKTE FLÄCHE ENTFERNEN anwenden. Allerdings kann es sein, dass dabei Details übersehen werden, die nicht korrekt umgesetzt wurden.

2 Schwarze Formen am Ohr

Die schwarzen Formen sind zum größten Teil bereit zum Zusammenfügen. Lediglich zwei Probleme gibt es noch: Am Ohr müssen noch einige der orangen Formen vom Schwarz subtrahiert werden, und einige Konturen sind noch nicht in Pfade umgewandelt.

Das Ohr behandeln Sie als Erstes: Wählen Sie die drei schwarzen Formen aus, aus denen es sich zusammensetzt, und verwenden Sie den Pathfinder HINZUFÜGEN, um sie zu vereinigen (1). Dabei wird die schwarze Fläche nach vorn geholt. Dies korrigieren Sie, indem Sie ANORDNEN • IN DEN HINTERGRUND mit gedrückter rechter Maustaste aus dem Kontextmenü aufrufen.

Nun müssen die orangen Flächen von der schwarzen subtrahiert werden. Wählen Sie alle Flächen des Ohrs aus, und klicken Sie im Pathfinder-Bedienfeld auf SUBTRAHIEREN (2).

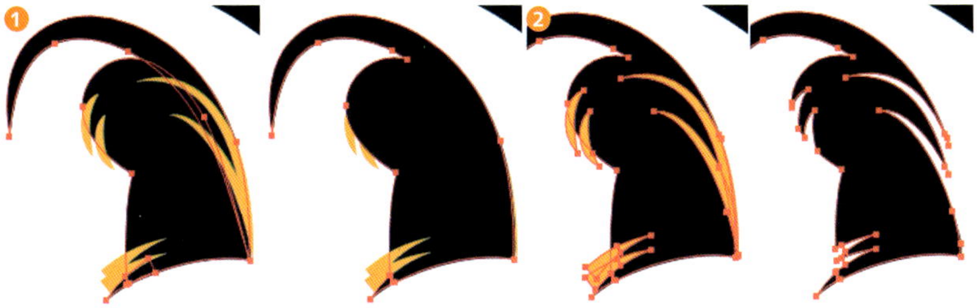

◀ **Abbildung 10.79**
Das Ohr wird so aufbereitet, dass schließlich der schwarze Bereich von einem Pfad exakt umfahren wird.

3 Konturen umwandeln

Nun werden alle verbliebenen Konturen in Flächen umgewandelt. Prüfen Sie, wo Konturen sind. Blenden Sie dazu die Ebene »Schwarz« aus und die Ebene »Farbe« ein. Dann gehen Sie mit [⌘]/[Strg]+[Y] in die Pfadansicht und wieder zurück. Die Ebene enthält keine Konturen, und Sie können sie wieder ausblenden und sich der Ebene »Schwarz« widmen.

In der Ebene »Schwarz« gehen Sie ebenfalls in die Pfadansicht und wählen darin alle offenen Pfade aus. Wählen Sie OBJEKT • PFAD • KONTURLINIE. Illustrator verwendet die jeweils eingestellten Kontur-Eigenschaften und wandelt alles um.

An einigen der Pfade entstehen viel zu viele Ankerpunkte. Sie können versuchen, dies mit OBJEKT • PFAD • VEREINFACHEN zu korrigieren. Experimentieren Sie mit den Einstellungen. Wenn Sie derartige Aufgaben häufiger erledigen müssen, lohnt sich die Anschaffung des Plug-ins VectorScribe.

▲ **Abbildung 10.80**
Überprüfen auf noch vorhandene offene Pfade

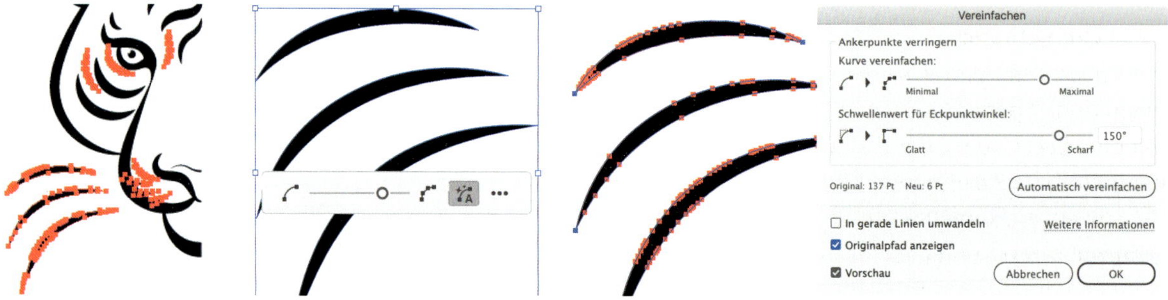

▲ **Abbildung 10.81**
Vereinfachen der umgewandelten Breitenprofile: Falls Sie mit dem Popup (Mitte) nicht den gewünschten Erfolg erzielen, klicken Sie auf die drei Punkte, um zur kompletten Dialogbox zu gelangen (rechts).

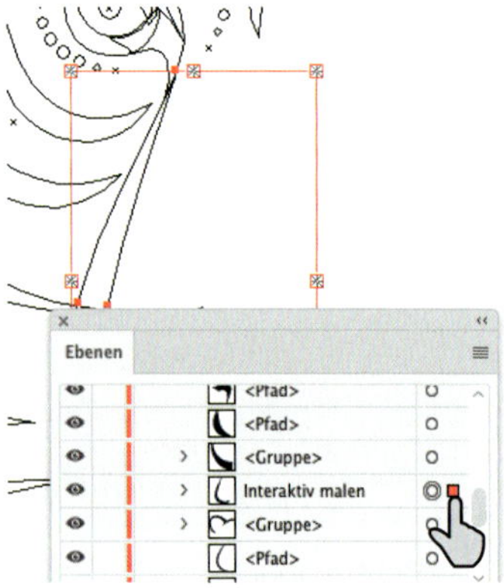

▲ **Abbildung 10.82**
Auswahl der interaktiven Malgruppe

Abbildung 10.83 ▶
Zusammenfügen der schwarzen Bereiche (links und Mitte); da dabei die Stapelreihenfolge der Objekte verändert wird, achten Sie immer auf die Details.

Logo mit Weiß

Für manche Drucktechniken kann Weiß gebraucht werden, daher sollten Sie eine Kopie aufbewahren, in der die weißen Elemente vorhanden sind.

4 Schwarz zusammenfügen

Nun müssen die schwarzen Formen zusammengefügt werden. Im ersten Schritt muss auch hier noch ein Live-Objekt beseitigt werden: Eine der Formen ist eine interaktive Malgruppe. Sie können sie im Ebenen-Bedienfeld erkennen. Klicken Sie in der Zeile ganz rechts neben den Kreis, um das Objekt auszuwählen, und klicken Sie dann auf den Button Umwandeln im Steuerungsbedienfeld.

Rufen Sie dann, während das Objekt noch ausgewählt ist, Auswahl • Gleich • Flächenfarbe auf, und verwenden Sie wieder den Pathfinder Hinzufügen. Auch dieses Objekt wurde wieder nach vorn geholt und verdeckt nun den kleinen weißen Reflex auf der Pupille. Kleinigkeiten wie diese übersieht man leicht, daher vergrößern Sie die Ansicht und vergleichen sie mit der Pfadansicht. Oder stellen Sie das Ergebnis »auf Verdacht« mit Anordnen • In den Hintergrund aus dem Kontextmenü nach hinten.

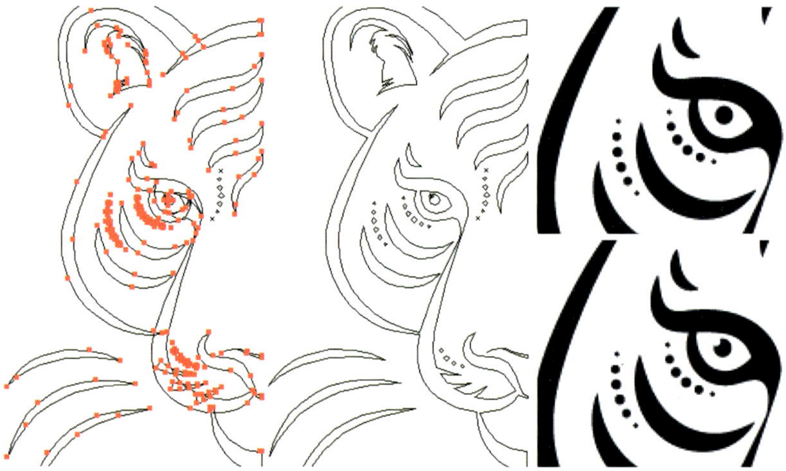

Die Pathfinder-Funktion hat die schwarzen Flächen gruppiert. Auch das kann zu einigen Fehlern führen. Daher heben Sie die Gruppe mit ⌘/Strg+⇧+G auf und erzeugen stattdessen mit ⌘/Strg+8 einen zusammengesetzten Pfad.

5 Ecken abrunden

Die schwarzen Formen sind an einigen Stellen sehr spitz. Schöner ist es, wenn diese Spitzen leicht gerundet sind. Diesen Schritt können Sie nun mit dem Ecken-abrunden-Widget durchführen. Zoomen Sie an die Grafik heran, wählen Sie eine einzelne Spitze mit dem Direktauswahl-Werkzeug aus, und doppelklicken Sie das Ecken-Widget, um die Dialogbox aufzurufen. Experimentieren Sie mit den Werten.

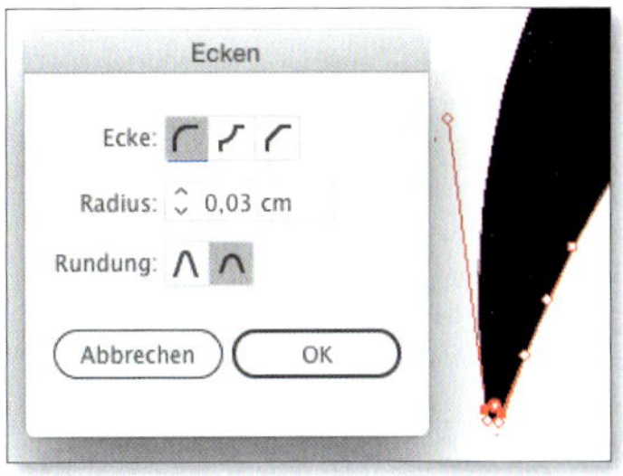

▲ **Abbildung 10.84**
Abrunden der Ecken

6 Farben ausstanzen

Nun blenden Sie im Ebenen-Bedienfeld wieder die Ebene »Farbe« ein. Alle Flächen, die sich bisher teilweise überlappen, sollen nun noch nebeneinandergelegt werden. Prüfen Sie im ersten Schritt durch den Vergleich von Pfadansicht und Vorschau, ob wirklich alle Elemente korrekt sichtbar sind, also in der Stapelreihenfolge in der korrekten Reihenfolge liegen. Dann wählen Sie alles aus – bis auf den weißen Augenreflex – und verwenden VERDECKTE FLÄCHE ENTFERNEN im Pathfinder-Bedienfeld. Das Ergebnis ist gruppiert.

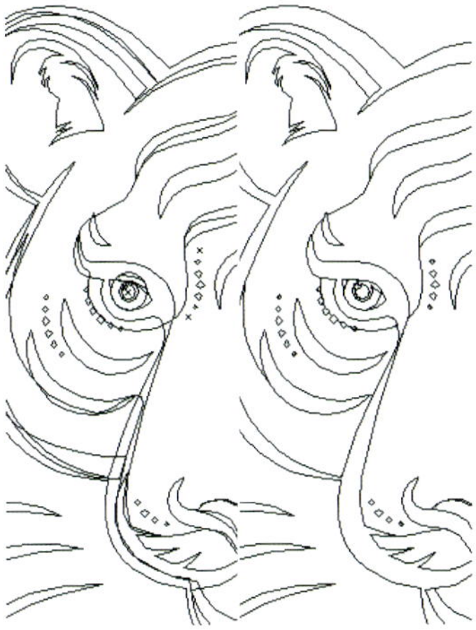

▲ **Abbildung 10.85**
Überlappende Formen (links); flachgerechnete Formen (rechts)

7 Weiß löschen

Nach dem Anwenden von VERDECKTE FLÄCHE ENTFERNEN sind viele weiße Objekte übrig geblieben. Sie sollen in dieser Version noch gelöscht werden.

Doppelklicken Sie auf das Zauberstab-Werkzeug, um die Optionen aufzurufen. Aktivieren Sie die Option FLÄCHENFARBE, und stellen Sie die TOLERANZ auf 0. Dann klicken Sie auf einen weißen Bereich. Die aktivierten Objekte löschen Sie.

8 Alles einblenden und prüfen

Prüfen Sie jetzt die Grafik erneut. Gehen Sie noch einmal in die Pfadansicht, sehen Sie sich die Ebenen genau an. Blenden Sie gegebenenfalls Elemente aus, um zu sehen, ob Duplikate vorhanden sind.

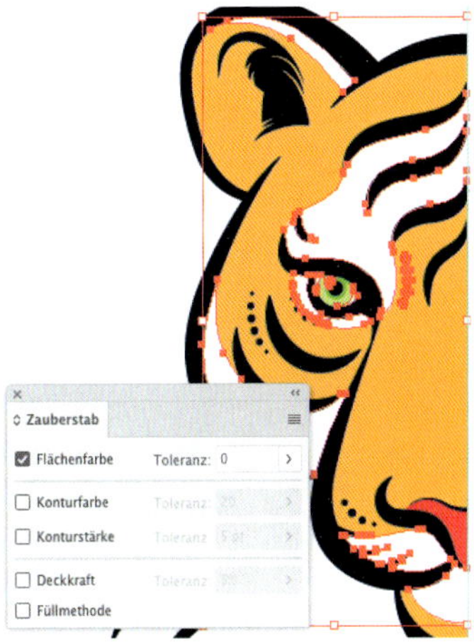

▲ **Abbildung 10.86**
Einstellung des Zauberstabs und Auswahl der weißen Bereiche

9 Spiegeln und zusammenfügen

Nun muss die andere Hälfte der Grafik erzeugt werden. Schalten Sie mit [⌘]/[Strg]+[U] die intelligenten Hilfslinien ein, falls sie nicht aktiv sind. Wählen Sie alles aus, und gehen Sie auf das Spiegeln-Werkzeug. Drücken Sie [⌥]/[Alt], und klicken Sie auf den Scheitel des Tigers, und zwar direkt auf den Ankerpunkt an der äußersten rechten Kante der Zeichnung. Sie müssen eventuell heranzoomen, um diesen Punkt sicher zu treffen. In der Spiegeln-Dialogbox wählen Sie eine vertikale Achse und klicken auf KOPIEREN.

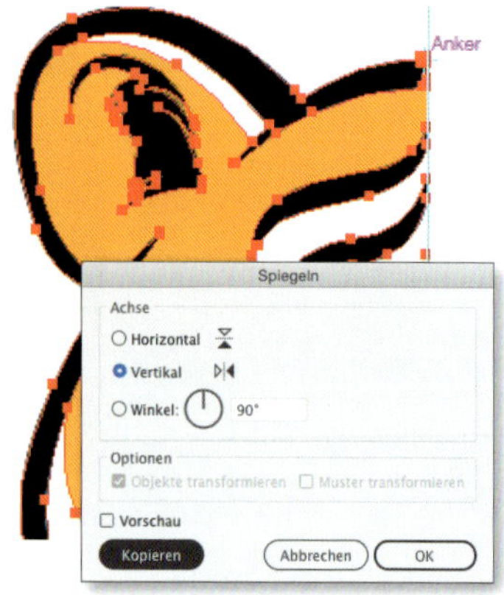

▲ **Abbildung 10.87**
Spiegeln der Designhälfte am Scheitelpunkt

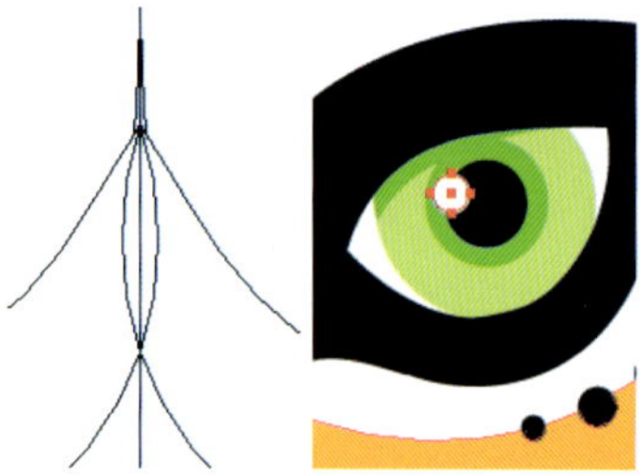

▲ **Abbildung 10.88**
Überlappung in der Mitte der Spiegelung (links); Position des Augenreflexes (rechts)

▲ **Abbildung 10.89**
Angleichungen sind eine beliebte Methode, um Spezialverläufe zu erzeugen.

Überprüfen Sie das Ergebnis in der Pfadansicht – die beiden Hälften müssen in der Mitte exakt aneinanderstoßen. Die leichte Überlappung der Streifen in der Mitte ist jedoch korrekt.

Den weißen Augenreflex auf der gespiegelten rechten Seite verschieben Sie nun noch nach links.

10 Farben zusammenfügen
Wählen Sie noch einmal alles aus, und verwenden Sie Verdeckte Fläche entfernen im Pathfinder-Bedienfeld. Anschließend wählen Sie mit dem Zauberstab die beiden weißen Augenreflexe aus und löschen sie.

10.6.2 Der Effekt »Konturlinie«

Konturlinie können Sie auch als Effekt anwenden. Wie bei allen Effekten wird die Kontur nicht sofort in eine Fläche umgewandelt, sondern bleibt editierbar (s. Abschnitt 13.2.6). Ein Anwendungsbeispiel für den Effekt finden Sie im »Kartengrafik«-Workshop in Kapitel 11 auf Seite 411.

10.7 Formen und Objekte »überblenden«

Da Pfade auf geometrischen Algorithmen basieren, ist es möglich, interpolierte Formen zwischen zwei geometrischen Figuren zu berechnen. In Illustrator wird diese Funktion Angleichen genannt. Angleichungen werden in Illustrator für die unterschiedlichsten Zwecke eingesetzt, das reicht vom Generieren von Farbmischungen und Zwischentönen über das Erstellen unregelmäßig geformter Verläufe (z. B. für fotorealistische Illustrationen) und einfacher Guillochen – die von Wertpapieren oder Urkunden bekannten Linienmuster – oder das Ausrichten von Objekten entlang frei geformter Pfade bis hin zu Animationen.

10.7.1 Pfade interpolieren – Angleichung erstellen

Sie können Angleichungen zwischen zwei und mehreren Objekten – nicht nur Einzelpfaden, sondern auch Gruppen – auf zwei verschiedene Weisen erstellen: per Menübefehl oder mit dem Angleichen-Werkzeug (s. Abbildung 10.91).

Interpolieren mit Tastatur- oder Menübefehl | Aktivieren Sie die Objekte, zwischen denen Sie interpolieren möchten, und wählen Sie Objekt • Angleichen • Erstellen – ⌘+⌥+B bzw. Strg+Alt+B. Die Berechnung der Zwischenstufen in einem Stapel mehrerer aktivierter

Objekte erfolgt immer von unten nach oben zwischen zwei übereinanderliegenden Objekten.

Interpolieren mit dem Angleichen-Werkzeug | Wählen Sie das Angleichen-Werkzeug – W –, und klicken Sie der Reihe nach auf die Objekte, zwischen denen Sie die Interpolationen erstellen möchten. Dabei ist die Stapelreihenfolge der Objekte ohne Belang. Die Objekte müssen nicht aktiviert sein. Nachdem Ihre Angleichungsgruppe vollständig ist, klicken Sie erneut auf das Angleichen-Werkzeug im Werkzeugbedienfeld, um die Aktion zu beenden. Alternativ drücken Sie ⌥/Alt, wenn Sie das letzte Objekt anklicken, um das Angleichen abzuschließen. Daraufhin wird die Dialogbox Angleichung-Optionen geöffnet (s. Abschnitt 10.7.3).

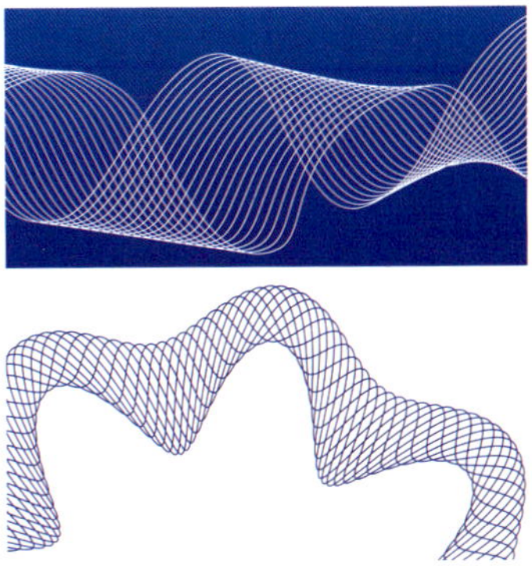

▲ **Abbildung 10.90**
Einfache Guillochen (oben). Um komplexere Formen (unten) zu erstellen, benötigen Sie Spezialsoftware, wie z. B. Excourse Excentro.

Mit Bezugspunkten angleichen | Wenn Sie mit dem Angleichen-Werkzeug einzelne Ankerpunkte der Objekte anklicken, werden diese Punkte als Referenzpunkte für die Überblendung verwendet (s. Abbildung 10.91). Als optische Hilfe wechselt das Zeigersymbol zu +, sobald das Programm einen Punkt unter dem Cursor erkennt.

Möchten Sie mehrere Punkte als Referenzpunkte verwenden, wählen Sie das Direktauswahl-Werkzeug und aktivieren damit einzelne Punkte auf dem Start- und dem Endobjekt. Achten Sie darauf, auf beiden jeweils eine identische Anzahl an Punkten auszuwählen (diese Vorgehensweise ist nicht möglich, wenn Sie gruppierte Objekte angleichen). Dann klicken Sie mit dem Angleichen-Werkzeug einen der aktivierten Punkte und sein Gegenstück auf dem anderen Objekt an.

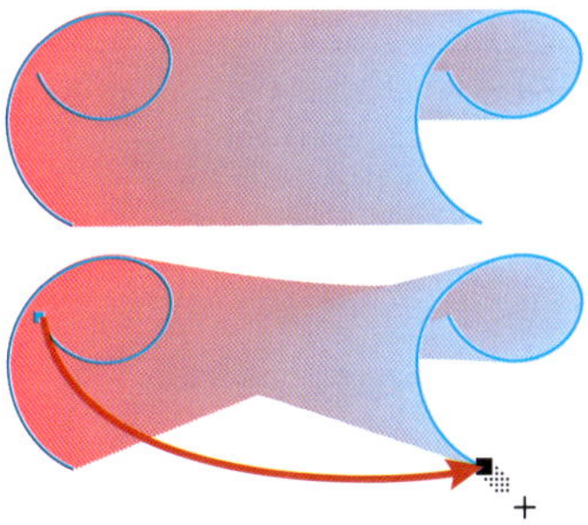

▲ **Abbildung 10.91**
Angleichen der ganzen Objekte per Menübefehl (oben), Bestimmen der Referenzpunkte mit dem Angleichen-Werkzeug (unten) – dies ist auch mit mehreren Referenzpunkten möglich, s. Anleitung »Mit Angleichungen illustrieren« auf Seite 368

Das Interpolationsergebnis bearbeiten | Beim Angleichen wird aus den interpolierten Objekten eine Angleichungsgruppe gebildet, die Sie mit dem Auswahl-Werkzeug als Ganzes aktivieren und mit Transformationswerkzeugen bearbeiten können.

Um die Quellobjekte der Angleichung zu aktivieren und zu bearbeiten, verwenden Sie das Direktauswahl-Werkzeug (s. Abschnitt 5.4) oder bearbeiten die Angleichung im Isolationsmodus.

Die Angleichungsachse bearbeiten | Illustrator erstellt einen Pfad als Achse, auf dem die Zwischenstufen angeordnet werden. Sobald die Angleichungsgruppe aktiviert ist, wird diese Achse in der Vorschau eingeblendet; in der Pfadansicht ist sie immer sichtbar. Zunächst ist die Achse eine gerade Linie, die jedoch wie jeder Pfad bearbeitet werden kann, um so die Anordnung der interpolierten Objekte zu verändern (s. Abschnitt 10.7.4). Die Verteilung der Objekte wird durch die Länge der Grifflinien bestimmt (s. Abbildung 10.92).

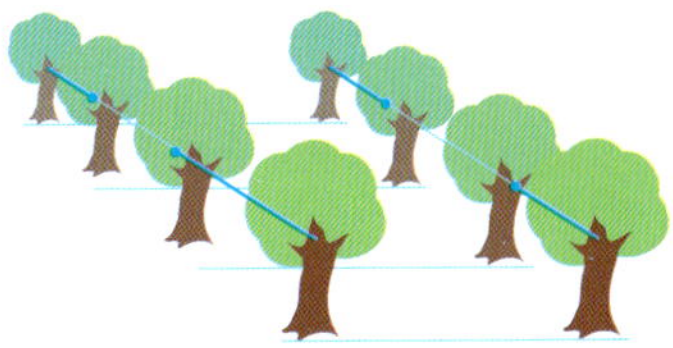

▲ **Abbildung 10.92**
Die Länge der Grifflinien der Angleichungsachse (jeweils cyan) bestimmt die Verteilung der interpolierten Objekte.

▲ **Abbildung 10.93**
Die Angleichungsachse (blau) kann ersetzt und auch später noch mit den Zeichen-Werkzeugen bearbeitet werden.

▲ **Abbildung 10.94**
Angleichung zwischen zwei gleichen Objekten: Mit wenigen Zwischenschritten werden die Objekte entlang der Achse angeordnet (oben); sehr viele Zwischenschritte erzeugen eine »Spur« (unten).

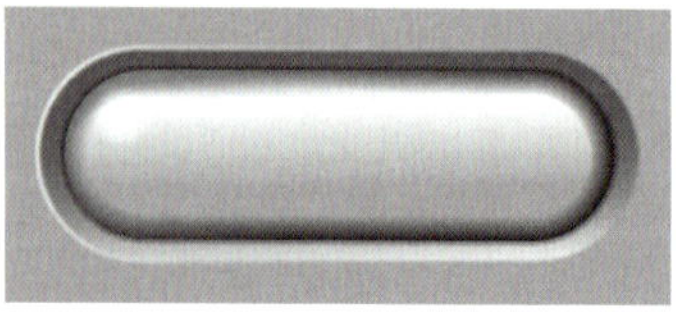

▲ **Abbildung 10.95**
Angleichungen zwischen Verlaufsobjekten

Beim Erstellen der Angleichung per Menübefehl können Sie eine Achse bestimmen, indem Sie sie als offenen Pfad zeichnen und mit den Objekten aktivieren, zwischen denen die Angleichung gerechnet werden soll.

10.7.2 Farben, Transparenz, Effekte, Symbole und Gruppen angleichen

Verschiedene Eigenschaften der überblendeten Pfade werden beim Erzeugen der Zwischenstufen unterschiedlich behandelt.

Farben angleichen | Die Berechnung der Zwischenstufen einer Angleichung farbiger Objekte erfolgt in fast allen Fällen als Prozessfarben in CMYK (Farbe s. Abschnitt 7.5). So funktionieren die verschiedenen Farbraumangleichungen:

- Zwischen einer Volltonfarbe (z. B. Pantone, HKS) und einer Prozessfarbe: Die Zwischenstufen werden als Prozessfarbe berechnet. Die Quellobjekte behalten ihren Farbraum bei.
- Zwischen einer Volltonfarbe und einer anderen Volltonfarbe: Die Zwischenstufen werden als Prozessfarben berechnet, die Quellobjekte behalten ihre ursprüngliche Volltonfarbe.
- Zwischen verschiedenen Tonwerten einer Volltonfarbe: Die Zwischenstufen werden in den dazwischenliegenden Tonwerten berechnet.

Verläufe angleichen | Das Angleichen von Verläufen ist eine interessante Möglichkeit, noch weichere Übergänge zu erstellen. Weisen Sie entweder allen beteiligten Objekten einen Verlauf zu, oder erstellen Sie Angleichungen zwischen Objekten mit Verlauf und durchgefärbten Objekten. Zwischen Objekten mit Freihandverläufen (s. Abschnitt 9.1.6) können Sie keine Angleichungen erstellen.

Zwischen verschiedenen Verlaufswinkelungen wird keine Angleichung erstellt. Sie können einen Verlauf jedoch drehen, indem Sie entweder das Objekt mit dem Transformieren-Effekt drehen oder die Angleichung an einer gebogenen Angleichungsachse ausrichten.

Transparenzen angleichen | Grundlage für die Berechnung einer Transparenz sind die Parameter Deckkraft und Füllmethode (s. Abschnitt 12.1). Angleichungen können zwar zwischen unterschiedlichen Deckkrafteinstellungen, nicht aber zwischen differierenden Füllmethoden zweier Objekte erzeugt werden.

Sind den Quellobjekten unterschiedliche Füllmethoden zugeordnet, weisen alle interpolierten Objekte die Füllmethode des in der Stapelreihenfolge oberen Objekts auf. Das untere Objekt behält seine ursprüngliche Füllmethode bei.

Die Wirkung der Transparenz auf die Überblendobjekte innerhalb der Angleichungsgruppe wird nur berechnet, wenn Sie im Transparenz-Bedienfeld die Option Aussparungsgruppe deaktivieren (Aussparungsgruppen s. Abschnitt 12.1.6).

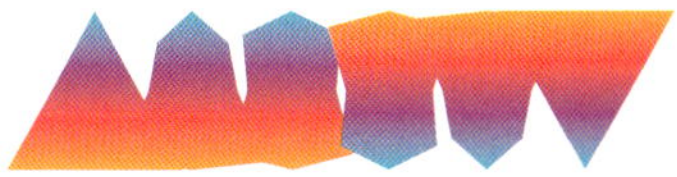

▲ **Abbildung 10.96**
Illustrator kann keine »optisch korrekte« Angleichung zwischen gedrehten Objekten erzeugen.

Effekte angleichen | Die Angleichung verschiedener Effekte zwischen zwei Objekten ist nicht immer möglich. Relativ problemlos erfolgt die Erzeugung von Zwischenschritten bei Objekten mit gleichen Effekten in unterschiedlichen Einstellungen, wie z. B. der Stärke. Die Angleichung zwischen zwei Objekten mit unterschiedlichen Einstellungen für den Transformieren-Effekt ermöglicht Ihnen, ein Objekt drehen zu lassen. Das Beispiel mit dem Verlaufsdreieck finden Sie unter »Angleichung transformieren.ai«.

Effekte, die einen Zufallsgenerator besitzen, werden innerhalb der Angleichung ebenfalls zufällig generiert. Mit dem Effekt Aufrauen lässt sich so z. B. Fell herstellen (s. Abbildung 10.99).

▲ **Abbildung 10.97**
Weisen Sie stattdessen allen Objekten den Effekt Transformieren zu. Drehen Sie die Objekte nach Bedarf über die Effektoptionen. Dann erstellen Sie die Angleichung. Durch Erhöhen der Anzahl der festgelegten Stufen und durch Zuweisen weiterer Instanzen des Transformieren-Effekts (um Objekte weiter als um 360° zu drehen) können Sie interessante Formen gestalten.

Symbole und Gruppen angleichen | Illustrator kann auch zwischen Instanzen *verschiedener* Symbole (s. Kapitel 17) überblenden. Entscheidend für die Zuordnung der Objekte zueinander ist sowohl bei Symbolinstanzen als auch bei Gruppen die Stapelreihenfolge der Objekte.

Die Einzelobjekte aus Symbolen und Gruppen, die angeglichen werden sollen, müssen an entsprechender Stelle in den jeweiligen Objektstapeln liegen. Ein Objekt, das keine Entsprechung im anderen Objektstapel besitzt, wird bis ins »Nichts« verkleinert. Illustrator beginnt mit dem Angleichen bei den untersten Objekten der Stapel.

▲ **Abbildung 10.98**
Angleichungen zwischen Gruppen können eingesetzt werden, um Objekte in einer Perspektive zu illustrieren (Tasten). Bedeutung der Stapelreihenfolge von Gruppen (blauer Vogel: Stapelreihenfolge beider Gruppen unterschiedlich)

▲ **Abbildung 10.99**
Fell lässt sich mit Verläufen und dem Effekt Aufrauen in einer Angleichung einfach erstellen.

10.7.3 Angleichung-Optionen

Die Optionen der Angleichung bestimmen, wie viele Zwischenschritte erzeugt und wie diese auf der Angleichungsachse ausgerichtet werden. Rufen Sie die Angleichung-Optionen auf, indem Sie die Angleichungsgruppe aktivieren und im Eigenschaften-Bedienfeld oder im Menü unter Objekt • Angleichen die Angleichung-Optionen auswählen. Mit oder ohne aktivierte Angleichung doppelklicken Sie auf das Angleichen-Werkzeug im Werkzeugbedienfeld.

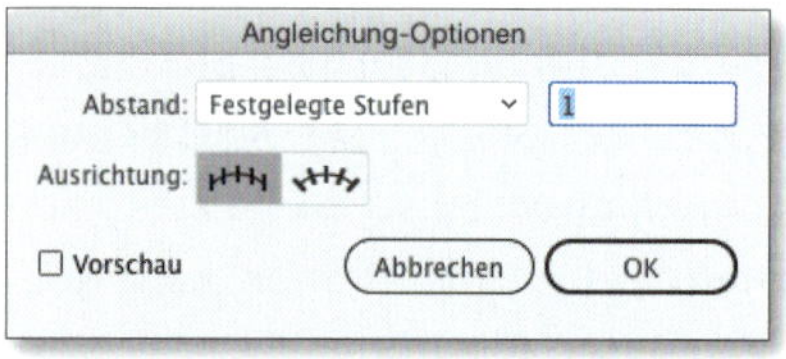

◄ **Abbildung 10.100**
Die Dialogbox Angleichung-Optionen

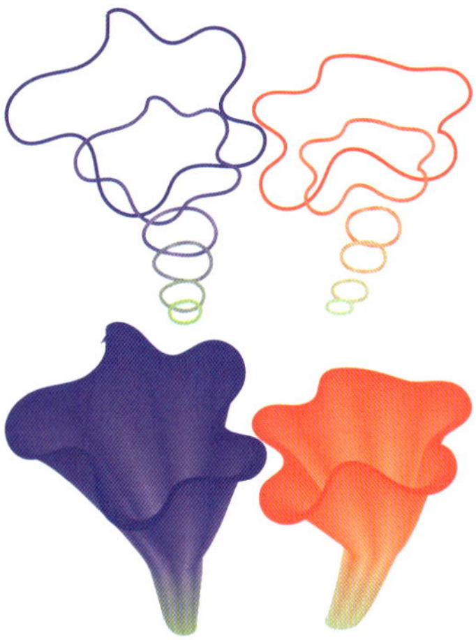

▲ **Abbildung 10.101**
Falls Illustrator nur wenige Stufen generiert, liegt das daran, dass die Einstellung Farbe glätten nicht wie erwartet greift. Stellen Sie dann in den Angleichung-Optionen die Anzahl der Stufen manuell ein.

- Abstand: In diesem Ausklappmenü legen Sie fest, auf welche Weise Illustrator die Angleichung abstuft:
  - Farbe glätten: Mit dieser Option erzeugt Illustrator die *rechnerisch* optimale Anzahl an Zwischenschritten für eine Überblendung ohne wahrnehmbare Zwischenstufen. Die Option ist vor allem für Angleichungen verschiedenfarbiger Objekte sinnvoll. Farbe glätten kann nur auf Pfade und zusammengesetzte Pfade oder Formen angewendet werden. Werden Gruppen angeglichen, erfolgt dies immer in Stufen.
  - Festgelegte Stufen: Damit können Sie selbst festlegen, wie viele Zwischenschritte Sie benötigen. Illustrator berechnet danach deren Abstände.
  - Festgelegter Abstand: Hier geben Sie einen festen räumlichen Abstand zwischen den zu interpolierenden Objekten vor. Illustrator errechnet dazu die Anzahl der Stufen.
- Ausrichtung: Mit diesen Funktionsbuttons bestimmen Sie, ob die Objekte der Angleichungsgruppe senkrecht zur Seite oder senkrecht zur Angleichungsachse ausgerichtet werden.

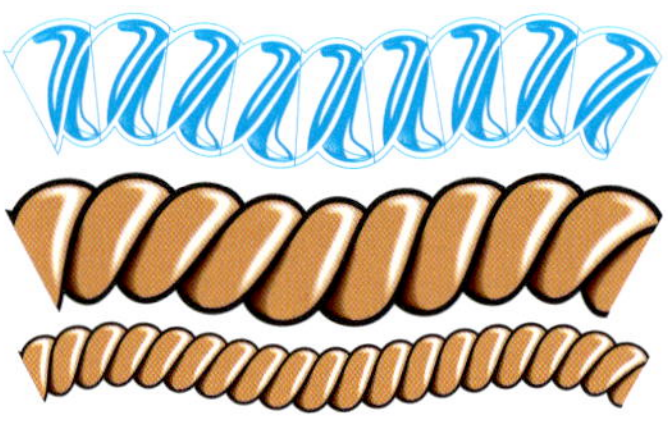

▲ **Abbildung 10.102**
Pinsel mit zwei Angleichungen in der Grundform: Automatisch entstanden mit der Option Farbe glätten 178 bzw. 221 Stufen. Ein Musterpinsel mit einer derart hohen Anzahl Objekte verursacht erhebliche Arbeitslast bereits beim Verwenden des Pinsels. In einem PDF wird der Pinsel noch dazu automatisch umgewandelt, und die vielen Objekte erzeugen weitere Probleme im RIP. Abhängig von der Darstellungsgröße in der Illustration reichen bereits 12 Stufen gegebenenfalls aus (oben: Pfadansicht mit 12 Stufen, Pinsel umgewandelt).

Wie viele Stufen braucht man? | Werden zu wenige Stufen erzeugt, dann erkennen Sie dies meist in der Vorschau anhand der »Treppen« im Farbübergang. Auch zu viele Stufen können zu Problemen bei der Navigation im Dokument sowie bei der Weiterverarbeitung führen, daher sollten Sie die Anzahl immer überprüfen, indem Sie Festgelegte Stufen auswählen. Die Anzahl der Stufen muss im Verhältnis zur Abbildungsgröße stehen: Für kleine Darstellungen benötigen Sie weniger Stufen. Falls Sie die Angleichung in einem Pinsel verwenden wollen, beziehen Sie dessen spätere Konturstärke in die Überlegung ein.

10.7.4 Fertige Angleichungsgruppen verändern

Die beim Angleichen entstandenen »Angleichungsgruppen« aus interpolierten Objekten können Sie nachträglich mit verschiedenen Menübefehlen verändern.

Aktivieren Sie die Angleichungsgruppe, und wählen Sie den gewünschten Befehl aus dem Menü Objekt • Angleichen:

- Achse umkehren: Diese Funktion kehrt die Reihenfolge der Objekte entlang der Angleichungsachse um. Der Pfad selbst wird nicht verändert ②.
- Farbrichtung umkehren: Mit diesem Befehl kehren Sie die Stapelreihenfolge in der Angleichungsgruppe um ③. Die Funktion kann mit dem Umkehren der Achse kombiniert werden ④.
- Achse ersetzen: Sie können den Angleichungspfad durch einen anderen offenen oder geschlossenen Pfad ersetzen (s. Abbildung 10.93). Aktivieren Sie die Angleichungsgruppe und den gewünschten Pfad, und wählen Sie Objekt • Angleichung • Achse ersetzen.
- Zurückwandeln: Um die Angleichung aufzulösen, aktivieren Sie die Angleichungsgruppe und wählen Objekt • Angleichen • Zurückwandeln. Der Angleichungspfad wird dabei als separates Objekt erzeugt.

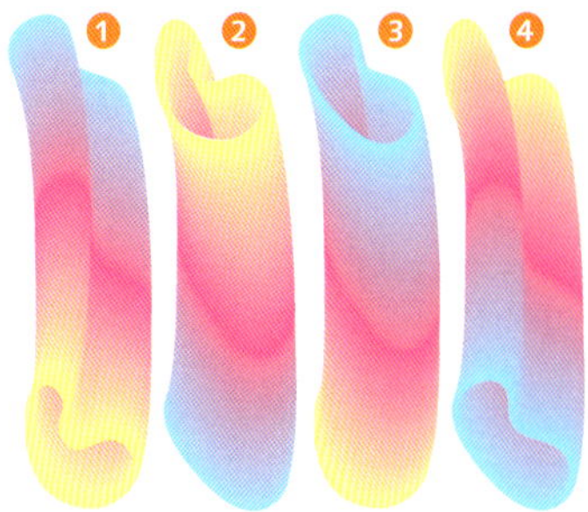

▲ **Abbildung 10.103**
Angleichung dreier Objekte entlang einer Achse ①: Achse umkehren ②, Farbrichtung umkehren ③, Achse und Farbrichtung umkehren ④

▲ **Abbildung 10.104**
Bei Konstruktionen wie dieser müssen Sie häufig mit dem Transformieren-Effekt nachhelfen, damit die Anordnung der Objekte am Pfad Ihren Wünschen entspricht.

10.7.5 Angleichungen umwandeln

In der Angleichungsgruppe haben Sie mit dem Direktauswahl-Werkzeug nur Zugriff auf die Quellobjekte. Wenn Sie die interpolierten Objekte außerhalb der Angleichungsgruppe verwenden oder bearbeiten möchten, müssen Sie die ganze Gruppe in einzelne Objekte umrechnen lassen. Aktivieren Sie die Angleichungsgruppe, und wählen Sie Objekt • Angleichen • Umwandeln (s. Abbildung 10.105).

Angleichungen sind nicht in allen Fällen als Konstruktionsmethode geeignet. Wenn eine Grafik geplottet werden soll, erfordern z.B. die Kanten von mit Angleichungen generierten Flächen erheblichen Nachbearbeitungsaufwand, da sie aus hunderten von Treppchen bestehen. Angleichungen sind für diese Fälle nicht geeignet (s. Abbildung 10.105). Für das Erzeugen von »Drop Shadows« können Sie anstelle von Angleichungen das Plug-in »opo« oder eine Methode mit 3D- und Transformieren-Effekt verwenden (s. Workshop aus Abschnitt 18.2.8).

Beim Speichern in Austauschformate sowie im PDF-Zweig einer Illustrator-Datei werden Angleichungen automatisch umgewandelt. Falls Sie die generierten Stufen nicht nachträglich bearbeiten müssen, ist das Umwandeln für diesen Fall nicht nötig.

▲ **Abbildung 10.105**
Erst nach dem Umwandeln haben Sie Zugriff auf die Zwischenstufen. Wenn Sie allerdings glatte Kanten benötigen, wäre erhebliche Nachbearbeitung erforderlich (unten: nach Zusammenfügen der Stufen bleibt eine Treppchenkante).

▲ **Abbildung 10.106**
Die fertiggestellte Illustration der Schaufel

Schritt für Schritt
Mit Angleichungen illustrieren

1 Vorlage nachzeichnen

Platzieren Sie das Foto »Schaufel-Vorlage.jpg« als VORLAGE in einer neuen Illustrator-Datei (Vorlagenebenen s. Abschnitt 11.1.2).

Zeichnen Sie zunächst die Grundformen der Grafik mit den Zeichen-Werkzeugen oder dem Buntstift. Für die Überblendung benötigen Sie in vielen Fällen nicht nur die Anfangs- und die Endstufe, sondern diverse Zwischenschritte.

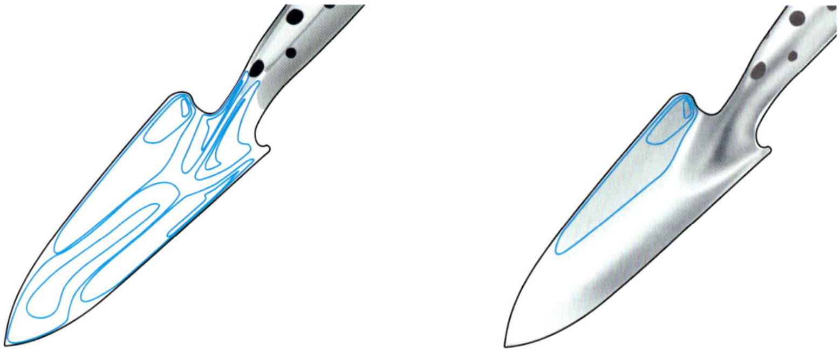

Abbildung 10.107 ▶
Links: Diese Angleichungen werden auf der Schaufelfläche erstellt. Rechts: Anders als bei Verlaufsgittern – deren Gitterpunkte jeweils ins Zentrum der Farbfläche gehören – werden die Pfade an die Ränder der Abstufungen gesetzt.

Dafür gibt es zwei Gründe: Zum einen haben Sie mit Zwischenschritten die Möglichkeit, einen detailgenauen Verlauf zu erzeugen, zum anderen können Sie die Zwischenfarben besser steuern.

Wir werden die Formen mithilfe der schwarz umrandet dargestellten Fläche beschneiden, deshalb dürfen die Formen deren Ränder überlappen (Schnittmasken s. Abschnitt 11.4).

Für Eilige

Die Datei »Schaufel.ai« enthält bereits die Formen und Farbfelder.

2 Farbfelder anlegen und Grundformen einfärben

Die Farbfelder finden Sie in der Farbgruppe SCHAUFEL. Versehen Sie jeweils alle äußeren Flächen der Angleichungen mit dem Farbfeld MITTELTON. Dieses wird später auch der Hintergrundform zugewiesen.

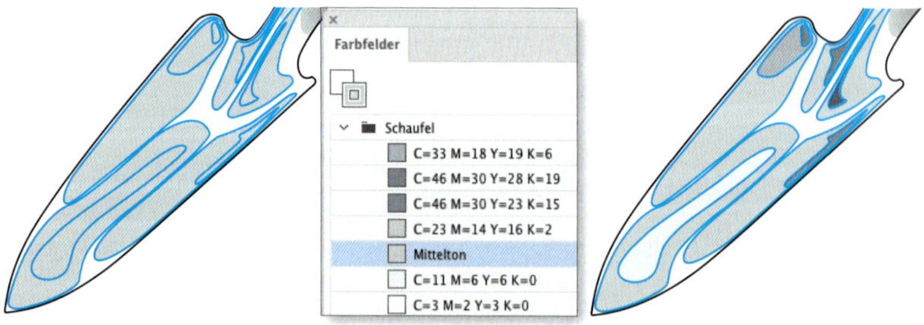

Abbildung 10.108 ▶
Farbfelder für die Angleichungen; die äußeren Formen sind mit dem MITTELTON versehen (links), die inneren mit passenden Tönen anhand der Fotovorlage.

Die inneren Flächen werden mit jeweils passenden Farben aus den übrigen Farbfeldern versehen. Orientieren Sie sich dabei an der Fotovorlage.

3 Einfache Überblendung

Die Angleichung der beiden Objekte links unten können Sie einfach erstellen: Wählen Sie beide Objekte aus, und rufen Sie OBJEKT • ANGLEICHEN • ERSTELLEN auf. Bei den anderen Objekten ist es unter Umständen nicht so einfach – probieren Sie jedoch immer erst das »einfache« Angleichen. Sollte dabei nicht das gewünschte Ergebnis herauskommen, müssen Sie detaillierter vorgehen.

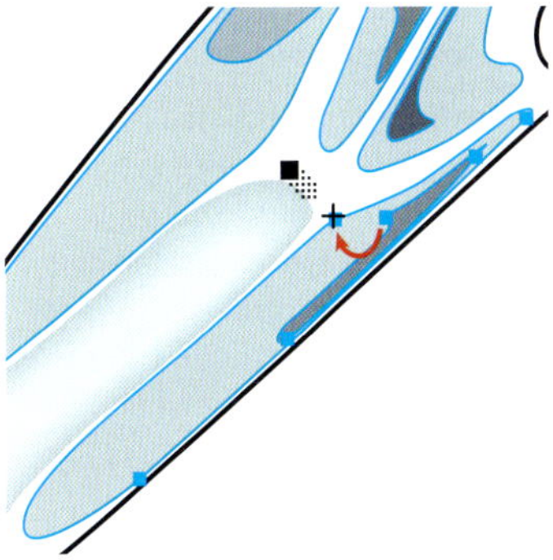

▲ **Abbildung 10.109**
Nachdem das Objekt vorn links fertiggestellt ist, nehmen Sie die Angleichung vorn rechts mit dem Angleichen-Werkzeug vor.

4 Kompliziertere Überblendung

Die beiden Objekte unten rechts überblenden Sie auf eine andere Art. Wählen Sie auf jedem Pfad mit dem Direktauswahl-Werkzeug drei Punkte aus (s. Abbildung 10.109). Anschließend klicken Sie mit dem Angleichen-Werkzeug zwei einander entsprechende Punkte an, die die Bezugspunkte für die Angleichung ergeben werden.

Dazu bewegen Sie das Werkzeug über den ersten der Punkte, bis der Cursor das Symbol ⁘* zeigt. Es ist unwesentlich, ob Sie mit dem innersten oder dem äußersten Objekt beginnen. Klicken Sie auf den Punkt, und bewegen Sie den Cursor danach über den nächsten Punkt – der Cursor ändert sich in ⁘×.

Auf dieselbe Art gehen Sie bei den beiden Angleichungen am Stielansatz vor – dort wählen Sie jedoch jeweils vier Ankerpunkte auf den Pfaden aus. Wenn Sie nach dem Erstellen der Angleichung nicht zufrieden sind, widerrufen Sie den Schritt, wählen andere Punkte aus und probieren es erneut. Das Ergebnis sehen Sie in Abbildung 10.110.

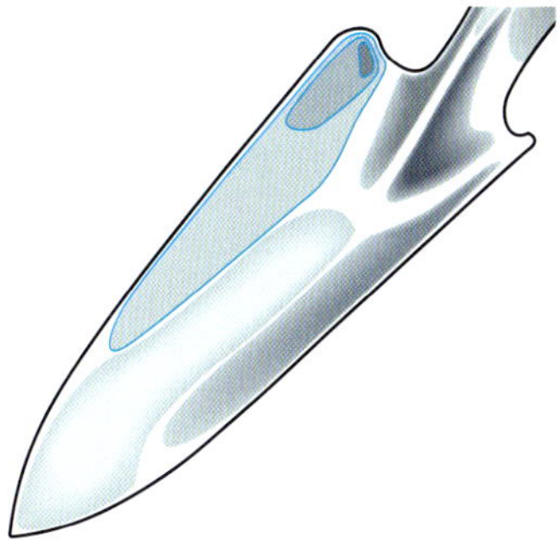

▲ **Abbildung 10.110**
Diese Angleichungen sind relativ einfach erstellt.

5 Punkte einfügen und angleichen

Wenn Sie durch Auswählen von Punkten nicht zum Ziel kommen, müssen Sie den Pfaden Punkte hinzufügen (s. Abbildung 10.111 rot). Für die letzte fehlende Angleichung reicht je ein Punkt auf den beiden äußeren Pfaden. Klicken Sie dazu mit dem Zeichenstift-Werkzeug an den gewünschten Stellen auf den aktivierten Pfad (s. Abschnitt 5.7.1).

Anschließend wählen Sie die blau gekennzeichneten Punkte mit dem Direktauswahl-Werkzeug aus und klicken mit dem Angleichen-Werkzeug zwei Bezugspunkte an.

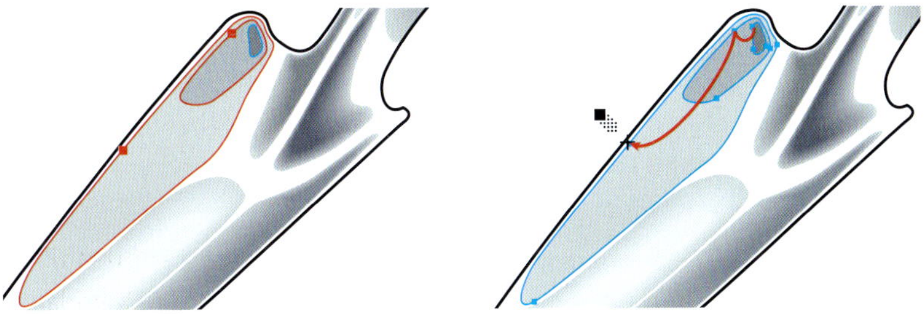

◄ **Abbildung 10.111**
Erst werden Punkte hinzugefügt (oben, rot), dann wird mit den aktivierten Punkten die Angleichung erstellt (unten, blau).

Farbmischungen

Verwenden Sie Angleichungen, um schnell Farbmischungen und Zwischentöne herzustellen. So können Sie experimentieren und den am besten passenden Ton für Ihre Illustrationen finden. Wandeln Sie die Angleichung um, und sehen Sie sich die Farbmischung im Farbe-Bedienfeld an.

6 Erstellen der Schnittmaske

Holen Sie die Außenform der Schaufel mit Objekt • Anordnen • In den Vordergrund nach vorn. Selektieren Sie zusätzlich die Angleichungen, die Sie eben erstellt haben, sowie die weiteren Angleichungen, die bereits in der Datei vorhanden waren. Wählen Sie Objekt • Schnittmaske • Erstellen, oder verwenden Sie den Shortcut ⌘/Strg+7. Das Maskenobjekt bildet mit der beschnittenen Angleichungsgruppe den Schnittsatz.

Die bei dieser Operation verloren gegangenen Aussehen-Eigenschaften des Maskenobjekts ordnen Sie wieder zu, indem Sie es mit dem Direktauswahl-Werkzeug auswählen und erneut eine schwarze Kontur mit abgerundeten Linienecken in Schwarz einstellen sowie der Fläche den Mittelton zuweisen.

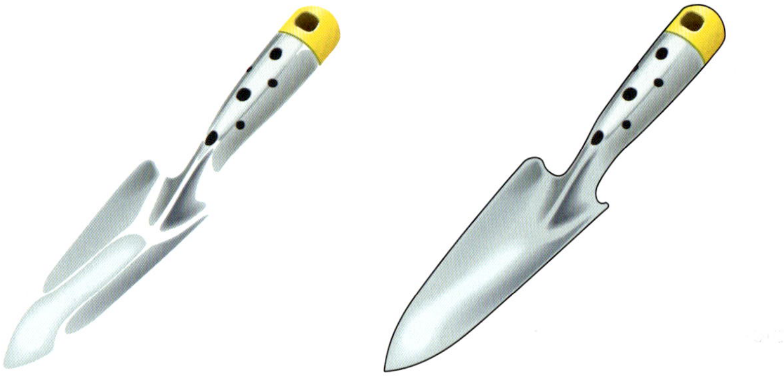

Abbildung 10.112 ▸
Die frisch erstellte Schnittmaske besitzt zunächst keine eigenen Eigenschaften (links) – wählen Sie die Maske mit dem Direktauswahl-Werkzeug aus, und weisen Sie ihr die Eigenschaften (wieder) zu.

7 Abschließende Arbeiten

Einige Objekte (die »Löcher« im Griff) liegen auf einer gesperrten Ebene. Falls Sie die Schaufel insgesamt auf der Zeichenfläche verschieben oder in ein anderes Dokument kopieren wollen, müssen Sie diese Fixierung lösen (s. Abschnitt 11.2.9).

Sehen Sie sich bei dieser Gelegenheit die bereits bestehenden Objekte an, und studieren Sie ihren Aufbau.

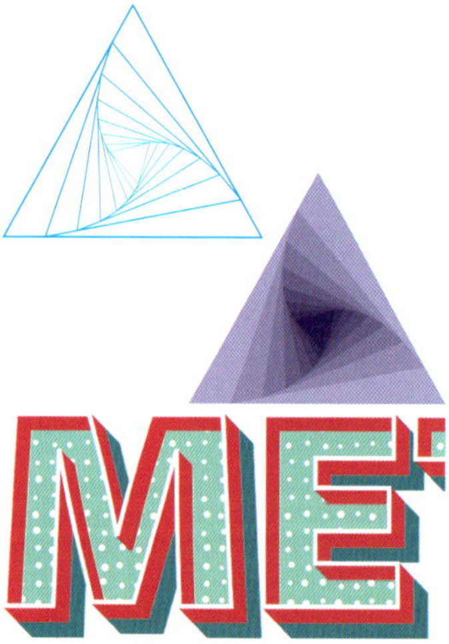

▴ Abbildung 10.113
Diese Objekte sind mit dem Transformieren-Effekt sehr einfach erstellt. Ein Vorteil des Transformieren-Effekts: Sie können einen Grafikstil erstellen. Das Problem mit den »Treppchen« nach der Umwandlung besteht jedoch ebenso wie bei einer Angleichung.

10.7.6 Alternative Transformieren-Effekt

Nicht immer sind Angleichungen die beste Methode, um das gewünschte Ergebnis zu erzielen. Wenn sich die Endform der Angleichung praktisch durch Drehungen, Verschiebungen oder Skalierungen aus der Anfangsform ergibt, ist oft der Transformieren-Effekt besser geeignet (s. Abschnitt 13.2.4) und besser zu kontrollieren als Angleichungen. Mehrere Objekte werden duch die Kopien generiert.

10.8 Objekte mit »Hüllen« verzerren

Um sehr komplexe Verzerrungen durchzuführen, können Sie Objekte mit Hüllen versehen. Eine Hülle ist entweder eine vorgegebene Stilform, ein generiertes Gitter oder eine eigene Vektorform, in die Sie Vektorobjekte, Textobjekte oder sogar eingebettete Pixelbilder »einspannen«. »Eingehüllte« Vektorgrafiken und Texte bleiben editierbar.

Hüllen sind eng verwandt mit Verlaufsgittern – beide lassen sich ineinander umwandeln. Daher treffen auch viele Anmerkungen aus Abschnitt 9.2 auf Verzerrungshüllen zu.

▲ **Abbildung 10.114**
Verkrümmung mit dem Stil Flagge, Wirbel und Torbogen sowie eine Freiform-Verzerrungshülle

10.8.1 Verzerrungshülle Verkrümmung

Bei der Verkrümmung haben Sie die Wahl zwischen verschiedenen vorgegebenen Stilformen wie Welle, Flagge, Bogen und Fischauge-Wölbungen o.Ä., um Objekte zu verzerren.

Verkrümmung anwenden | Aktivieren Sie das Objekt, das Sie verformen möchten, und wählen Sie aus dem Menü Objekt • Verzerrungshülle • Mit Verkrümmung erstellen – ⌘+⌥+⇧+W bzw. Strg+Alt+⇧+W. Die Funktion kann auch auf mehrere aktivierte Objekte gleichzeitig angewendet werden.

In der aufgerufenen Dialogbox Verkrümmen-Optionen wählen Sie in dem Aufklappmenü den Stil der Hülle aus und stellen die Stärke der Biegung und gegebenenfalls einer zusätzlichen Verzerrung ein. Wenden Sie zunächst verschiedene Stil-Arten an, um die Verkrümmungen kennenzulernen.

Pixelbilder und Hüllen

Pixelbilder müssen eingebettet werden, bevor eine Hülle darauf angewendet werden kann.

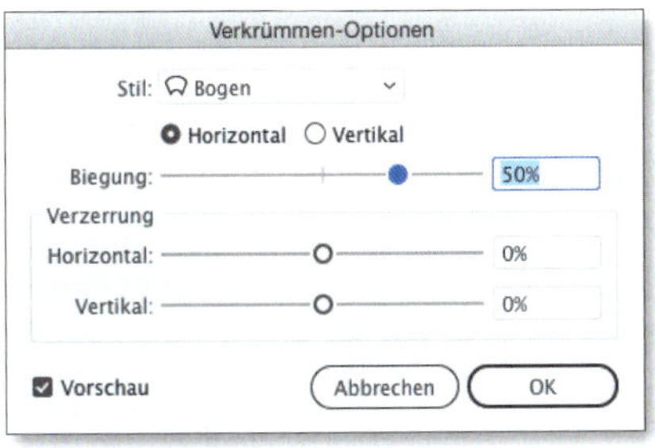

◀ **Abbildung 10.115**
Die Dialogbox Verkrümmen-Optionen

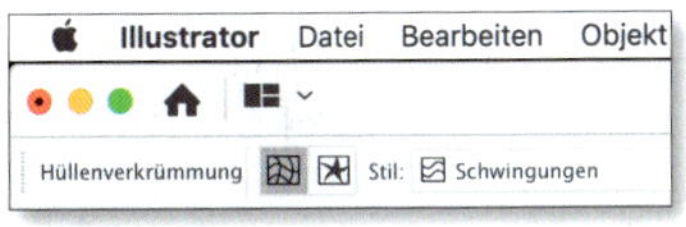

▲ **Abbildung 10.116**
Über das Steuerungsbedienfeld lassen sich die Optionen bestehender Verzerrungshüllen direkt einstellen.

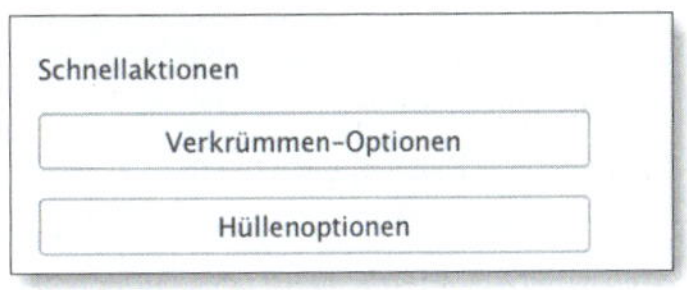

▲ **Abbildung 10.117**
Im Eigenschaften-Bedienfeld können Sie die Verkrümmen- und die Hüllenoptionen-Dialogboxen aufrufen.

- Stil: Die Namen der Stilarten sind zum größten Teil selbsterklärend, das jeweils zugeordnete Piktogramm zeigt das Schema der Verkrümmung.
- Horizontal/Vertikal: Diese Einstellung legt die Ausrichtung der Verkrümmung fest.
- Biegung: Stellen Sie entweder mit dem Regler oder numerisch die Stärke der Verkrümmung ein.

- Verzerrung: Mit den Reglern Horizontal und Vertikal bestimmen Sie eine zusätzliche waagerechte und/oder senkrechte Verzerrung der Grundverkrümmung. So erreichen Sie gegebenenfalls zusätzlich eine perspektivische Anmutung.
- Vorschau: Aktivieren Sie die Vorschau, damit die Auswirkung Ihrer Einstellungen auf das Objekt angezeigt wird.

▲ **Abbildung 10.118**
Aus den CAD-Vorlagen der Druckerei wird eine Hüllenform generiert, die dann auf das Design angewendet wird.

10.8.2 Verzerrungshülle Gitter

Alternativ können Sie Ihr Objekt in ein Hüllengitter einbetten, um es zu verformen. Ein solches Verzerrungsgitter ist jeweils an seinen Schnittpunkten im Objekt verankert.

Gitter einstellen | Um ein Objekt in ein Verzerrungsgitter zu hüllen, wählen Sie Objekt • Verzerrungshülle • Mit Gitter erstellen – ⌘+⌥+M bzw. Strg+Alt+M. In der danach angezeigten Dialogbox Hüllengitter bestimmen Sie, wie engmaschig das Verzerrungsgitter sein soll, indem Sie die Anzahl der Zeilen und Spalten, also mittelbar die Menge der wirksamen Gitterpunkte, angeben. Lassen Sie sich die Vorschau anzeigen, damit das Gitter während der Eingabe auf Ihr Objekt projiziert wird.

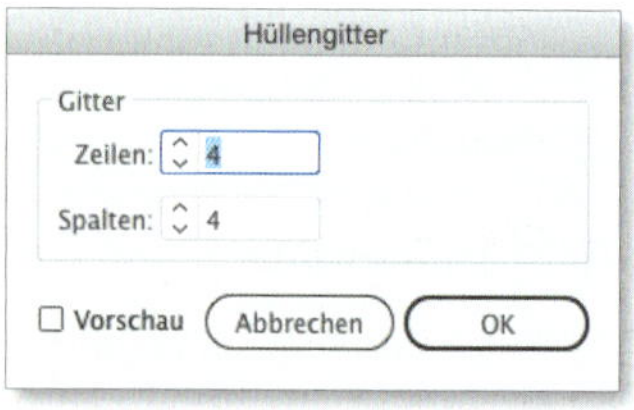

▲ **Abbildung 10.119**
Dialogbox für die Erstellung des Gitters

Gitter anwenden | Das Gitter selbst verursacht keine Veränderung Ihres Objekts. Die Verzerrung erfolgt, wenn Sie mit dem Direktauswahl-Werkzeug einzelne Punkte an den Gitter-Kreuzungen verschieben oder den Winkel und die Länge der zugehörigen Grifflinien verändern. Das Hüllengitter kann auch auf mehrere aktivierte Objekte gleichzeitig angewendet werden.

10.8.3 Eigene Verzerrungshülle

Die dritte Möglichkeit, eine Hülle zu erzeugen, besteht darin, eine eigene Vektorform als Hülle zu verwenden. Sie können dazu sowohl einen einzelnen offenen oder geschlossenen Pfad als auch ein selbst erzeugtes Gitterobjekt benutzen. Offene Pfade werden von Illustrator zu diesem Zweck geschlossen, daher sind die Resultate der Verzerrung nicht immer voraussagbar.

In einem Stapel aktivierter Objekte wird stets das oberste als Hülle eingesetzt, soweit es sich dafür eignet. Illustrator kann jedoch bestimmte Formen automatisch nicht optimal in geeignete Hüllen umwandeln. Daher sollten Sie Hüllen vorbereiten.

▲ **Abbildung 10.120**
Da Rasterbilder nicht ins Perspektivenraster gebracht werden können, werden sie mit Verzerrungshüllen perspektivisch verzerrt.

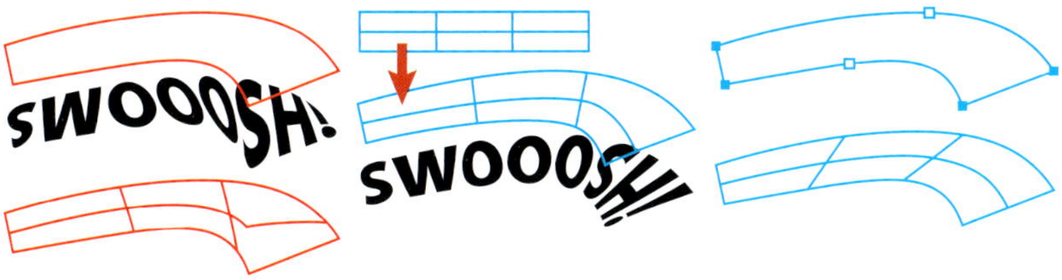

▲ **Abbildung 10.121**
Beim Verzerren von Objekten mit Freiformhüllen ist häufig ein kleiner Umweg nötig. Anstatt eine Form direkt anzuwenden (links, rot), ist es besser, zunächst ein rechteckiges Gitter zu generieren (s. Abschnitt 9.2.1), dieses in die gewünschte Form zu bringen (rechts, blau) und dann die Hülle mit dem obersten Objekt zu erstellen (Gitter und Hüllen sind eng verwandt). Die Hüllenform, die sich aus dem roten Pfad ergäbe, ist links unten dargestellt. Um derartig gebogene Formen in eine Hülle umzuwandeln, aktivieren Sie ihre vier Eckpunkte und rufen dann VERLAUFSGITTER ERSTELLEN auf (rechts). Der Pfad muss dazu mehr als vier Punkte haben.

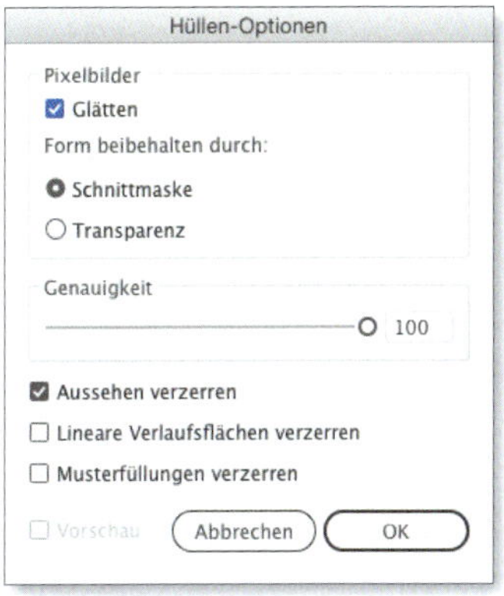

▲ **Abbildung 10.122**
Die Dialogbox HÜLLEN-OPTIONEN

Mit dem obersten Objekt verzerren | Erstellen Sie eine Form oder einen Pfad in der Stapelreihenfolge über dem Objekt, das Sie verzerren möchten. Nach dem Aktivieren der beiden Objekte wählen Sie OBJEKT • VERZERRUNGSHÜLLE • MIT OBERSTEM OBJEKT ERSTELLEN – ⌘+⌥+C bzw. Strg+Alt+C.

Damit wird das zu bearbeitende Objekt in die selbst erstellte Hülle eingebettet. Wenn Sie nun mit dem Direktauswahl-Werkzeug die Ankerpunkte der Hülle bzw. deren Grifflinien verändern, verzerren Sie entsprechend auch das eingebettete Objekt.

[Anti-Aliasing]
Beim Zeichnen einer Linie auf einem Pixelraster können nur waagerechte und senkrechte Linien sauber dargestellt werden. Schräge Linien und Kurven verursachen Treppenabstufungen.
Das Anti-Aliasing mildert den Treppeneffekt, indem es die Kantenpixel einer Linie in abgeschwächter Intensität färbt, je nachdem, wie groß der Anteil des Pixels ist, der vom Linienverlauf abgedeckt ist.

10.8.4 Gemeinsame Einstellungen für alle Verzerrungshüllen

Mit Einstellungen in der Dialogbox HÜLLEN-OPTIONEN nehmen Sie Einfluss auf die Berechnung der Verformung. Rufen Sie OBJEKT • VERZERRUNGSHÜLLE • HÜLLEN-OPTIONEN auf, oder klicken Sie auf den Button HÜLLEN-OPTIONEN im Steuerungsbedienfeld.

- PIXELBILDER – GLÄTTEN: Mit dieser Option aktivieren Sie das Anti-Aliasing für Pixelbilder. Dies führt zu besseren Resultaten bei der Verformung von Pixelbildern, aber auch zu einer zumindest leichten Weichzeichnung.
- PIXELBILDER – FORM BEIBEHALTEN DURCH: Pixelbilder haben eine rechteckige Grundform, die nicht in jedes Hüllen-Objekt optimal einzupassen ist. Um das Ergebnis zu verbessern, gibt es zwei Einstellmöglichkeiten:
  - SCHNITTMASKE – Mit dieser voreingestellten Option werden gegebenenfalls Bildteile abgeschnitten.
  - TRANSPARENZ – Mit dieser Option können Sie einen Alpha-Kanal aus Ihrem Pixelbild als Maske aufrufen.

[Alpha-Kanal]
Alpha-Kanäle werden verwendet, um Masken, also Auswahlen, in den Dateien der Pixelbilder zu speichern, zu denen sie gehören. In einem Alpha-Kanal werden die ausgewählten Bereiche als weiße Pixel und die nicht ausgewählten Bereiche als schwarze Pixel dargestellt. Graustufen bilden weiche Übergänge.

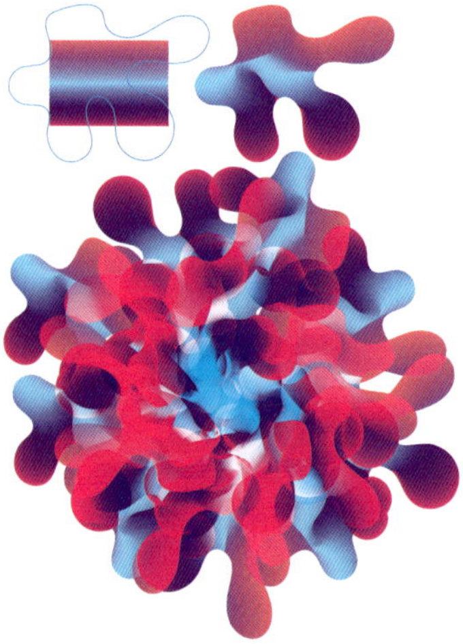

▲ **Abbildung 10.123**
Lineare Verläufe verzerren

▲ **Abbildung 10.124**
Konturen können nicht mit Hüllen verzerrt werden (oben). Weisen Sie daher der Kontur den Effekt KONTURLINIE zu, und aktivieren Sie AUSSEHEN VERZERREN.

▲ **Abbildung 10.125**
MIT ANDERER VERKRÜMMUNG ERSTELLEN

- GENAUIGKEIT: Mit dem Schieberegler oder mit der numerischen Eingabe steuern Sie, wie genau die Verzerrungsberechnung durchgeführt wird. Da Sie mit einer Hülle nicht exakt konstruieren können und die Genauigkeit Einfluss auf die Geschwindigkeit der Berechnung hat, sind höhere Werte für Vektorobjekte in den meisten Fällen eher kontraproduktiv. Vor allem beim Verzerren gekrümmter Pfade führt ein hoher Genauigkeitswert zu sehr vielen Ankerpunkten, die für eine Weiterbearbeitung nach dem Umwandeln eventuell nicht mehr handhabbar sind.
  Bei umhüllten Pixelbildern führt eine größere Genauigkeit jedoch zu sichtbar besseren Resultaten.
- AUSSEHEN VERZERREN: Sind auf das umhüllte Objekt Effekte angewendet, aktivieren Sie diese Option, um mit der Verzerrungshülle das bereits gefilterte Objekt zu verändern. Deaktivieren Sie das Kontrollkästchen, wenn die Effekte erst auf das von der Hülle verformte Objekt wirken sollen.
- LINEARE VERLAUFSFLÄCHEN VERZERREN: Ist dieses Kontrollkästchen aktiviert, werden lineare Verläufe in verzerrten Objekten mit verformt; ohne Aktivierung dieser Option wird nur der Pfad bearbeitet. Radiale Verläufe kann Illustrator nicht verzerren (s. Abschnitt 9.1). Während bei radialen Verläufen jedenfalls das Objekt verzerrt wird, geschieht bei Freihandverläufen nicht einmal das.
- MUSTERFÜLLUNGEN VERZERREN: Aktivieren Sie diese Option, wenn Sie Musterfüllungen zusammen mit dem Objektpfad verzerren wollen (s. Kapitel 16).

Konturen verzerren | Während Sie das Verzerren von Verlaufsfüllungen und Mustern über die HÜLLEN-OPTIONEN bestimmen können, ist das Verzerren von Konturen nicht unmittelbar möglich. Mit einem kleinen Umweg geht es aber doch: Weisen Sie der Kontur den EFFEKT • PFAD • KONTURLINIE zu, um die Konturstärke in die Verzerrung einzubeziehen (s. Abschnitt 13.2.6).

10.8.5 Verzerrungshüllen ändern und bearbeiten

Sowohl die Form der Hülle als auch die Form der umhüllten Objekte können Sie nachträglich mithilfe verschiedener Menübefehle weiter bearbeiten und verändern.

Mit anderer Verkrümmung erstellen | Falls Sie es sich anders überlegt haben und eine andere Verzerrung möchten, weisen Sie einfach mit dem Menü im Steuerungsbedienfeld oder über OBJEKT • VERZERRUNGSHÜLLE •

Mit anderer Verkrümmung erstellen... einen anderen Verkrümmungsstil zu. Die aktuelle Hülle geht verloren. Wählen Sie diesen Befehl auch, wenn Sie die Verkrümmen-Optionen Ihrer Hülle unter Beibehaltung des Verkrümmungsstils ändern möchten.

Mit anderem Gitter erstellen | Wie im letzten Absatz beschrieben, können Sie über das Menü ebenfalls ein anderes Gitter zuweisen: Objekt • Verzerrungshülle • Mit anderem Gitter erstellen... Aktivieren Sie die Option Hüllenform erhalten, wenn Sie innerhalb der bestehenden (bereits bearbeiteten) Hüllenform lediglich eine neue Unterteilung einrichten wollen. Um neue Unterteilungen (Gitterlinien) hinzuzufügen, können Sie jedoch auch das Gitter-Werkzeug verwenden.

▲ **Abbildung 10.126**
Mit anderem Gitter erstellen

Zurückwandeln | Mit diesem Befehl befreien Sie das Objekt aus der Hülle und wandeln es in seinen Ursprungszustand zurück. Die Hülle wird in der Form zurückgegeben, die sie zum Zeitpunkt der Rückwandlung hatte. Das gilt ebenfalls für eigene Objekte, die Sie als Verzerrungshülle einsetzen. Diese werden jedoch, wie andere Hüllenarten auch, nicht in ihren Anfangszustand zurückversetzt. Die zurückgegebene Hülle liegt als graues Objekt im jeweiligen Stapel obenauf.

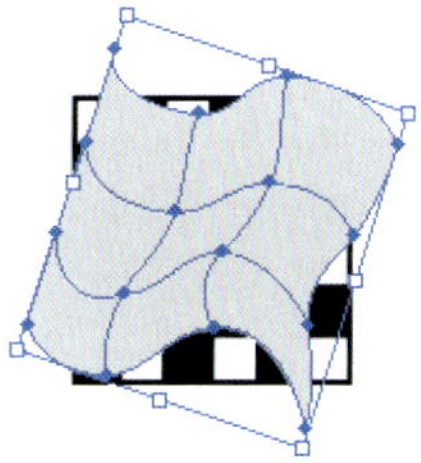

▲ **Abbildung 10.127**
Zurückgewandeltes Hüllen-Objekt

Umwandeln | Verwenden Sie diesen Befehl, um verzerrte, umhüllte Objekte zur Weiterbearbeitung umrechnen zu lassen. Nach der Umwandlung wird die Hülle gelöscht. Die verzerrten Objekte können sehr viele Ankerpunkte aufweisen und dadurch nur noch schwer zu bearbeiten sein. In einem solchen Fall machen Sie die Aktion rückgängig und vermindern in den Hüllen-Optionen den Wert für Genauigkeit.

▲ **Abbildung 10.128**
Sehr viele Ankerpunkte (rechts)

Die Hülle nachbearbeiten | Die Hüllen selbst sind Vektorobjekte, deshalb können Sie alle Hüllen-Arten nachträglich editieren. Gehen Sie wie folgt vor:

1. Aktivieren Sie die intelligenten Hilfslinien, um die Hülle besser zu erkennen.
2. Wählen Sie das umhüllte Objekt aus, und klicken Sie auf den Button Hülle bearbeiten im Steuerungsbedienfeld, oder wählen Sie Objekt • Verzerrungshülle • Hülle bearbeiten. Links im Steuerungsbedienfeld wird Hüllenverkrümmung bzw. Hülle angezeigt.
3. Benutzen Sie das Direktauswahl-Werkzeug, um die Hülle zu aktivieren und ihren Pfad sichtbar zu machen.
4. Mit dem Direktauswahl-Werkzeug können Sie nun Punkte verschieben und Grifflinien verändern. Aktivierte Ankerpunkte löschen Sie mit [←], und Gitterlinien werden mit dem Gitter-Werkzeug hinzuge-

▲ **Abbildung 10.129**
Bearbeitete Verzerrungshülle; anschließend wurde die Hülle gedreht (rechts oben).

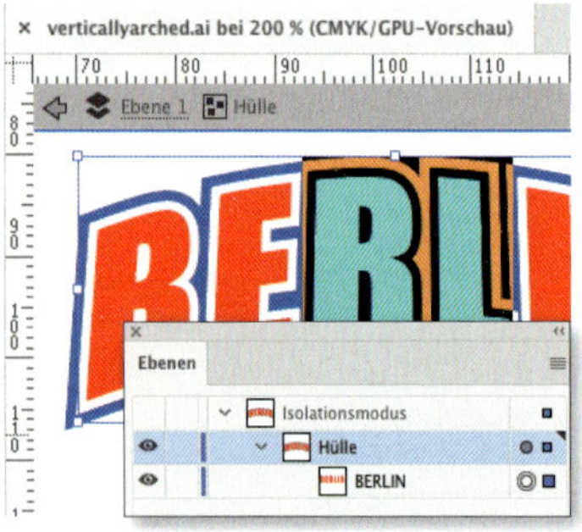

▲ **Abbildung 10.130**
Um beispielsweise einen Text zu editieren, müssen Sie den Inhalt des Hüllenobjekts bearbeiten (hier im Isolationsmodus).

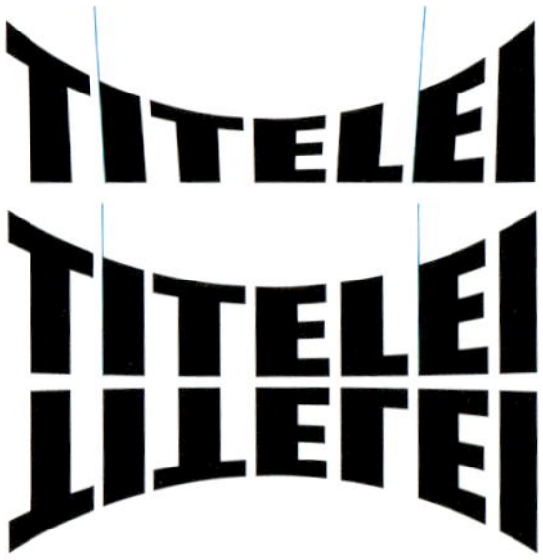

▲ **Abbildung 10.131**
Einseitige Verkrümmungen arbeiten nicht immer sauber (oben: BOGEN OBEN neigt die Buchstaben). Dupliziert und spiegelt man das Objekt und wendet dann eine beidseitige Verkrümmung an (unten: WULST), ist das Ergebnis sehr viel sauberer. Nach dem Umwandeln wird das überflüssige Objekt gelöscht.

▲ **Abbildung 10.132**
Ein Anwendungsbeispiel für Verkrümmungseffekte

fügt, indem Sie damit an der gewünschten Stelle auf den Hüllen-Pfad klicken (s. Abschnitt 5.7).

Den Inhalt einer Hülle bearbeiten | Wenn Sie Veränderungen an einem verzerrten Objekt innerhalb der Hülle vornehmen möchten, aktivieren Sie das Hüllenobjekt und verwenden den Button INHALTE BEARBEITEN im Eigenschaften- oder im Steuerungsbedienfeld oder wählen OBJEKT • VERZERRUNGSHÜLLE • INHALT BEARBEITEN. Sie können die Hüllenverkrümmung auch doppelklicken, um den Inhalt im Isolationsmodus zu bearbeiten (s. Abbildung 10.130). Das Steuerungsbedienfeld zeigt HÜLLE an.

Während Sie sich im Inhalt-bearbeiten-Modus oder im Isolationsmodus befinden, werden die umhüllten Objekte im Ebenen-Bedienfeld angezeigt (s. Abschnitt 11.5). Sie können dann einfach weitere Objekte im Ebenen-Bedienfeld in die Hülle hineinziehen.

Da Sie die Objekte häufig nicht an der Position auswählen können, an der sie in der Hülle sichtbar sind, sollten Sie entweder in der Pfadansicht arbeiten – [⌘]/[Strg]+[Y] –, oder Sie aktivieren die intelligenten Hilfslinien, wenn Sie die Auswirkung auf das verzerrte Objekt weiterhin beobachten möchten – [⌘]/[Strg]+[U].

Um die Bearbeitung der Hüllen-Inhalte zu beenden, verwenden Sie OBJEKT • VERZERRUNGSHÜLLE • HÜLLE BEARBEITEN bzw. klicken Sie auf den Button HÜLLE BEARBEITEN im Eigenschaften- oder im Steuerungsbedienfeld. Die Verzerrung wird danach entsprechend angepasst.

10.8.6 Verkrümmungen als Effekt anwenden

Unter EFFEKT • VERKRÜMMUNGSFILTER können Sie die verschiedenen Stilarten der Verkrümmung als Effekt anwenden. Einer der Vorteile besteht darin, dass sich Verkrümmungseffekte auf Konturen und Flächen getrennt anwenden lassen.

Aktivieren Sie dazu das Objekt, das Sie mit dem Effekt versehen möchten, sowie gegebenenfalls eine seiner Flächen oder Konturen im Aussehen-Bedienfeld, und wählen Sie den gewünschten Verkrümmungseffekt aus dem Menü. Sie haben für die Effekte die bereits besprochenen Verkrümmungsoptionen zur Verfügung. Um die Verkrümmungsoptionen zu einem späteren Zeitpunkt zu editieren, doppelklicken Sie den Effekt im Aussehen-Bedienfeld.

Die HÜLLEN-OPTIONEN in dem Menü unter OBJEKT • VERZERRUNGSHÜLLE haben keinen Einfluss auf Verkrümmungen, die Sie als Effekt angelegt haben.

Kapitel 11

Hierarchische Struktur: Ebenen & Aussehen

Der identische Name täuscht: Ebenen in Illustrator kann man mit Photoshop nicht vergleichen. Betrachtet man das Ebenen-Bedienfeld etwas genauer, so bildet sich in ihm die komplette Hierarchie einer Datei ab. Auch im Erscheinungsbild der Objekte – in Illustrator »Aussehen« genannt – begegnen Sie der hierarchischen Strukturierung. Um (fremde) Dokumente zu »lesen« und um rationell konstruieren zu können, ist das Verständnis von Ebenen- und Aussehen-Bedienfeld grundlegend.

11.1 Ebenen-Grundlagen

Ebenen sind Auslöser großer Missverständnisse im Umgang mit Illustrator. Anders als in der Bildbearbeitung benötigen Sie in der Vektorgrafik keine Ebenen, um Bildbestandteile dauerhaft voneinander getrennt bearbeiten zu können. In einer Illustrator-Datei können Sie tausende von Grafikelementen alleine auf der einen Ebene anlegen, die jedes Dokument enthält. Allerdings wird es dann sehr schwierig, den Überblick zu behalten. Viele einzelne Formen bilden größere Einheiten, Objekte verdecken sich gegenseitig, und es kann sehr mühsam sein, mehrere zusammengehörige Objekte auszuwählen, um sie gemeinsam transformieren zu können. Ebenen stellen neben Gruppen (s. Abschnitt 4.5) eine weitere effiziente Möglichkeit dar, Objekte zu strukturieren und zu verwalten.

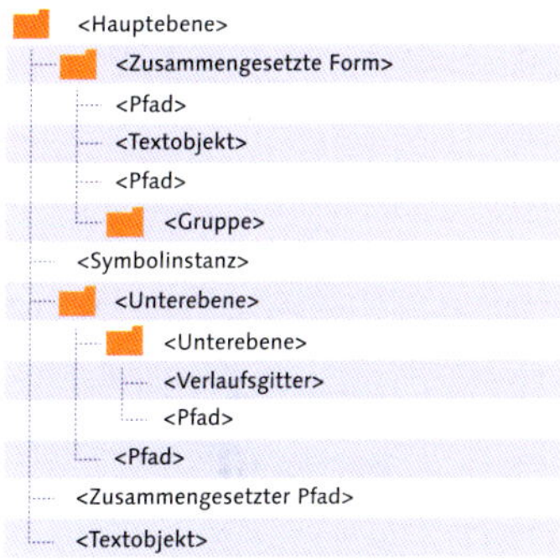

▲ Abbildung 11.1
Ebenen kommen vor allem für die Organisation und zum Errichten einer Hierarchie zum Einsatz. Aus ihrer Abfolge ergibt sich die Stapelreihenfolge der Objekte.

11.1.1 Ebenen-Bedienfeld

Die Verwaltung der Ebenen, Unterebenen und der in ihnen enthaltenen Objekte geschieht mithilfe des Ebenen-Bedienfeldes. Jedes Objekt, jede Gruppe oder Ebene stellt ein »Element« im Ebenen-Bedienfeld dar. Die Anordnung der Elemente im Bedienfeld entspricht der Stapelreihenfolge der Objekte und ihrer Hierarchie in Gruppen, Unterebenen und Ebenen. Das im Bedienfeld oben liegende Element ist auch in der Stapelreihenfolge (s. Abschnitt 4.4) auf der Zeichenfläche an oberster Stelle.

Ebenen in Animate, Character Animator & After Effects

Animate, Character Animator und After Effects erkennen in Illustrator angelegte Ebenen und übernehmen sie.

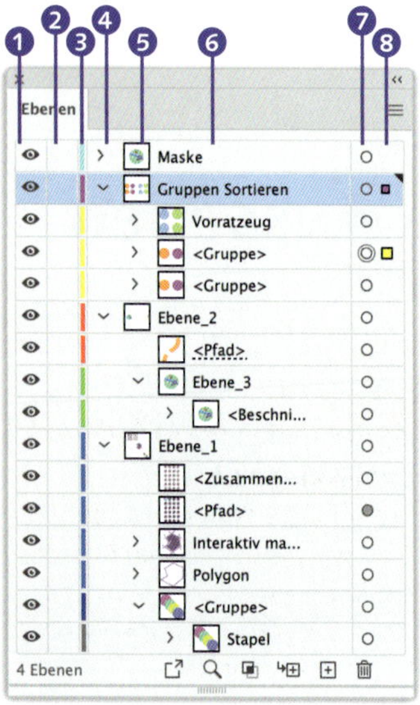

▲ **Abbildung 11.2**
Das Ebenen-Bedienfeld

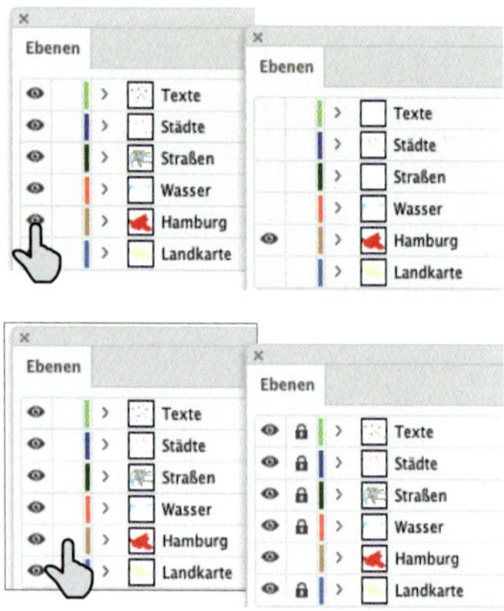

▲ **Abbildung 11.3**
[⌥]/[Alt]-Klick auf Sichtbarkeits- und Bearbeitungsspalte blendet bzw. fixiert alle bis auf die angeklickte Ebene.

Bildschirmaufbau

Das Erstellen der Miniaturen kann das Anzeigen der Unterelemente einer Ebene verlangsamen. In den Ebenenoptionen lässt sich das Anzeigen der Miniaturen abschalten.

Ebenen-Bedienfeld anzeigen | Rufen Sie das Bedienfeld auf, indem Sie Fenster • Ebenen wählen, [F7] drücken oder im Dock auf klicken.

Aufbau des Ebenen-Bedienfeldes | In jeder Zeile des Ebenen-Bedienfeldes finden Sie mehrere Interaktionsbuttons, mit denen Elemente bedient werden. Durch die Anordnung dieser Buttons ergeben sich die »Spalten« des Ebenen-Bedienfeldes.

- **Sichtbarkeit**: In der Sichtbarkeitsspalte ❶ des Bedienfeldes zeigt das Augensymbol an, dass das Element sichtbar ist. Das Outline-Symbol signalisiert die Pfaddarstellung des Elements. Eine Vorlagenebene wird durch ein eigenes Symbol gekennzeichnet.
  Klicken Sie in die Sichtbarkeitsspalte, um ein Element anzuzeigen oder zu verstecken. Ist eine Ebene oder Gruppe nicht sichtbar, sind automatisch auch die jeweils untergeordneten Elemente versteckt.
- **Ebenenfixierung**: Die Bearbeitungsspalte ❷ stellt mit dem Schlosssymbol dar, dass ein Element gesperrt ist. Dann sind die Aktivierung der Objekte oder gar Änderungen daran unmöglich. Klicken Sie in die Spalte, um die Fixierung für ein Element einzurichten oder eine vorhandene Fixierung aufzuheben.
  Elemente in gesperrten Ebenen oder Gruppen können unter bestimmten Umständen trotzdem ausgewählt und verändert werden.
- **Farbkennzeichnung**: Der Balken ❸ zeigt die in den Ebenenoptionen ausgewählte Farbe an, die zur Hervorhebung zugehöriger aktivierter Objekte auf der Zeichenfläche verwendet wird.
- **Ebeneninhalt**: Ein Pfeil ❹ bedeutet, dass ein Element weitere Elemente enthält. Klicken Sie auf den Pfeil ▸, um die untergeordneten Elemente anzuzeigen. Die Namen weiterer Elemente werden der Hierarchie entsprechend eingerückt.
  Mit einem Doppelklick auf den Namen können Sie ihn direkt im Bedienfeld bearbeiten.
- **Miniaturen**: Die Ebeneninhalte sehen Sie als Icon ❺ neben dem Ebenennamen ❻.
- **Ziel-Symbole**: Die Symbole ○ in der Zielspalte ❼ dienen dazu, Elemente als »Ziel« für die Anwendung von Grafikstilen und Effekten auszuwählen, und sie zeigen an, ob diese auf ein Element angewendet sind ●.
- **Objekt-Auswahl**: Ein farbiges Quadrat in der Auswahlspalte ❽ zeigt an, welches Element ausgewählt ist. Die Farbe des Quadrats entspricht der Farbe, in der das Element auf der Zeichenfläche hervorgehoben ist. Seine Größe zeigt an, ob alle beinhalteten Elemente aktiv sind. Das »Eselsohr« ◥ rechts oben kennzeichnet die Ebene, der neu erstellte Objekte zugeordnet werden.

Modifikationstasten: Anzeige und Fixierung im Ebenen-Bedienfeld	
⌥/Alt	Mit ⌥/Alt und Klick in die Spalten Sichtbarkeit 👁 oder Bearbeitung 🔒 eines Elements werden alle Elemente außer dem angeklickten versteckt bzw. fixiert. Mit einem erneuten Klick wird die Aktion widerrufen (s. Abbildung 11.3).
⌥/Alt	Mit ⌥/Alt und Klick auf den Pfeil ▶ einer Ebene werden alle untergeordneten Ebenen und Gruppen ebenfalls geöffnet bzw. geschlossen.
⌘/Strg	Mit ⌘/Strg und Klick auf das Sichtbarkeitssymbol 👁 einer Ebene werden alle enthaltenen Elemente in der Pfadansicht gezeigt.
⌘/Strg+⌥/Alt	Mit ⌘/Strg+⌥/Alt und Klick auf das Sichtbarkeitssymbol 👁 einer Ebene werden alle anderen Ebenen in der Pfadansicht dargestellt. Die Menübefehle Andere ausblenden, Andere Ebenen Pfadansicht und Andere sperren haben eine entsprechende Auswirkung.

▲ **Abbildung 11.4**
Sind nicht alle Objekte auf der Ebene gesperrt, dann können mit einem Klick in die Auswahlspalte der Ebene auch die gesperrten Objekte ausgewählt werden.

Bedienfeldoptionen | Wählen Sie Bedienfeldoptionen... aus dem Bedienfeldmenü des Ebenen-Bedienfeldes, um die Darstellung der Elemente im Bedienfeld zu ändern (s. Abbildung 11.5):

- Nur Ebenen einblenden: Aktivieren Sie diese Option, um die Darstellung im Ebenen-Bedienfeld auf Ebenen und Unterebenen zu beschränken. Einzelne Objekte, Gruppen und Schnittmasken werden im Bedienfeld nicht mehr aufgeführt.
- Zeilengrösse: Mit dieser Option definieren Sie die Darstellungsgröße der Zeilen im Bedienfeld. Wählen Sie entweder eine der voreingestellten Größen, oder geben Sie einen Wert zwischen 12 und 100 Pixeln frei ein. Ab einer Größe von 20 Pixeln oder Mittel werden Miniaturen der Ebenen angezeigt (s. Abbildung 11.6).
- Miniaturen: In den Miniaturen sehen Sie eine Vorschau des Elements. Legen Sie hier fest, für welche Elemente eine Miniatur angezeigt wird. Da die Berechnung der Miniaturen umfangreicher Ebenen ein wenig dauern kann, ist es möglich, sie für Objekte, Gruppen, Unterebenen und Ebenen gezielt zu deaktivieren.

▲ **Abbildung 11.5**
Optionen für das Ebenen-Bedienfeld

11.1.2 Vorlagenebenen

Vorlagenebenen sind eine spezielle Ebenenart. Dieser Typ wird weder gedruckt noch exportiert. Platzieren Sie Ihre Scribbles oder Muster in Vorlagenebenen, wenn Sie sie mit Illustrators Werkzeugen nachzeichnen wollen. Um Ihnen das Nachzeichnen zu vereinfachen, sind auf Vorlagenebenen eine reduzierte Deckkraft für Pixelbilder sowie die Ebenenfixierung voreingestellt. In der Pfadansicht werden auf Vorlagenebenen platzierte Bilder weiterhin angezeigt.

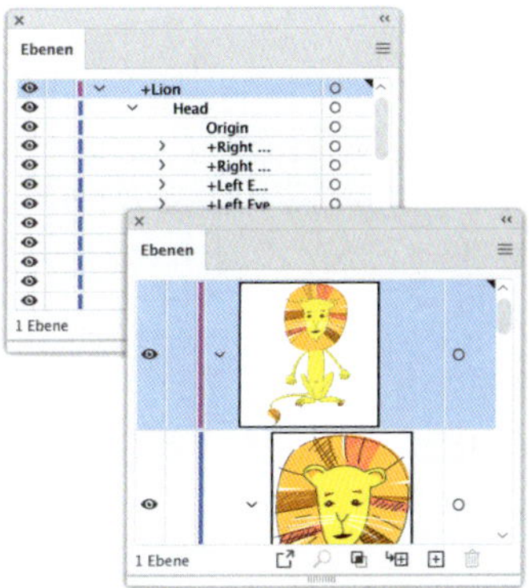

▲ **Abbildung 11.6**
Zeilengröße Klein und 100 Pixel

▲ **Abbildung 11.7**
Vorlagenebene und Illustration

Vorlagenebenen ausblenden

Praktisch an Vorlagenebenen ist, dass Sie sie mit einem Menübefehl aus- und wieder einblenden können: ⌘/Strg+⇧+W.

Eine Datei kann mehrere Vorlagenebenen enthalten. Sie erkennen sie am kursiv geschriebenen Namen und dem Vorlagensymbol ▣.

Vorlagenebenen erstellen | Vorlagenebenen lassen sich direkt beim Platzieren verknüpfter Dateien, z. B. von Bilddaten, erzeugen, wenn Sie die Option VORLAGE im Import-Dialog aktivieren. Zu einem späteren Zeitpunkt können Sie eine Ebene in eine Vorlagenebene umwandeln, indem Sie die Option VORLAGE im Ebenenoptionen-Dialog ankreuzen oder den Befehl VORLAGE aus dem Bedienfeldmenü auswählen.

11.1.3 Gruppen und andere Container-Elemente

Als Container werden Objekte bezeichnet, die weitere Objekte enthalten. Ebenen und Unterebenen sind also Container. Es gibt jedoch weitere, z. B. Gruppen, zusammengesetzte Formen sowie diverse Live-Objekte wie interaktive Malgruppen. Diese Containerobjekte können Sie mit dem Ebenen-Bedienfeld zwar nicht erzeugen, ihre Hierarchie kann aber häufig editiert werden. Gruppieren Sie Objekte, wird im Ebenen-Bedienfeld ein Element mit dem Namen »Gruppe« angezeigt. Der Pfeil **>** deutet an, dass die gruppierten Objekte untergeordnet sind.

Untergeordnete Objekte können Sie durch Verschieben aus der Gruppe oder dem Container entfernen oder mithilfe der Bedienfeldbefehle löschen. Andererseits ist es auch möglich, einer Gruppe weitere Objekte hinzuzufügen.

Ändern Sie den Namen des Gruppenelements, so ist ein Container nicht mehr so einfach von einer Ebene zu unterscheiden – die Information über die Elementart finden Sie dann im Eigenschaften- oder im Steuerungsbedienfeld (s. Abbildung 11.9).

▲ **Abbildung 11.8**
Darstellung einer Gruppe und einer umbenannten Gruppe im Ebenen-Bedienfeld

Gruppen auflösen | Gruppieren Sie Objekte von unterschiedlichen Ebenen, wird die Gruppe auf der obersten beteiligten Ebene eingerichtet. Lösen Sie eine Gruppe auf, legt Illustrator die Objekte nicht wieder auf die Ursprungsebenen, da das Programm diese Informationen nach dem Gruppieren nicht speichert (mehr zu Gruppen s. Abschnitt 4.5).

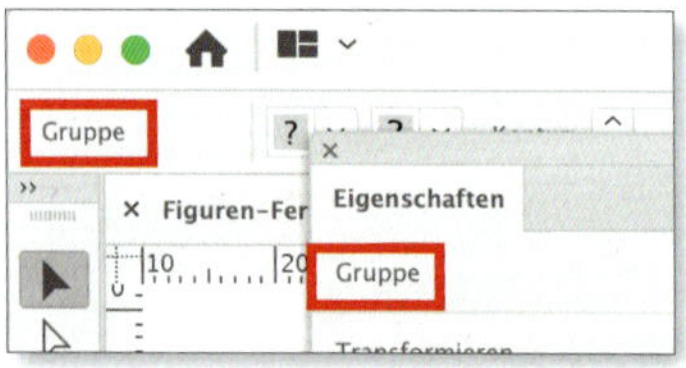

▲ **Abbildung 11.9**
Diese Kennzeichnung im Eigenschaften- und im Steuerungsbedienfeld kann nicht beeinflusst werden und zeigt immer die Objektart an.

11.2 Mit dem Ebenen-Bedienfeld arbeiten

Bei der Analyse einer Datei stellt das Ebenen-Bedienfeld die erste Anlaufstelle dar, da darin alle Objekte eingetragen sind. Im Ebenen-Bedienfeld können Sie diese Elemente jedoch nicht nur ansehen, sondern auch äußerst effizient bearbeiten.

11.2.1 Ebenen erstellen

- Neue Ebene: Klicken Sie auf den Button Neue Ebene erstellen am unteren Rand des Bedienfeldes. Wählen Sie Neue Ebene aus dem Bedienfeldmenü, wenn Sie beim Erstellen der Ebene die Ebenenoptionen (s. Abschnitt 11.2.2) einstellen wollen. Die neue Ebene wird in der Stapelreihenfolge über der aktiven Ebene angelegt.
- Neue Unterebene: Eine Unterebene unter der aktiven Ebene legen Sie an, indem Sie auf den entsprechenden Button klicken. Wählen Sie den Befehl Neue Unterebene aus dem Bedienfeldmenü, um die Optionen-Dialogbox aufzurufen.
  Aktivieren Sie eine Unterebene, und klicken Sie auf den Button Neue Ebene, um eine Unterebene auf derselben Hierarchiestufe wie die aktive Unterebene zu erzeugen.

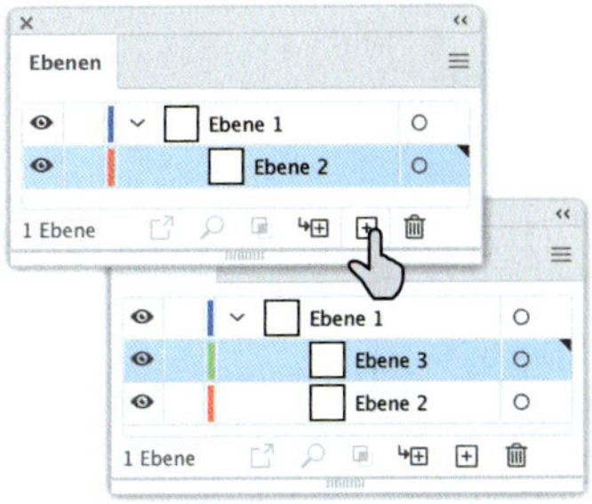

▲ **Abbildung 11.10**
Erzeugen einer neuen Unterebene auf der gleichen Hierarchiestufe

Modifikationstasten: Ebenen erstellen

⌥/Alt	Drücken Sie ⌥/Alt, und klicken Sie auf einen der Buttons oder, um die Ebenenoptionen beim Erstellen der Ebene oder Unterebene aufzurufen.
⌘/Strg	Nur für neue Ebenen: Drücken Sie ⌘/Strg beim Klicken des Buttons, um eine neue Hauptebene zu erzwingen.
⌘/Strg + ⌥/Alt	Nur für neue Ebenen: Drücken Sie ⌘/Strg+⌥/Alt beim Klicken des Buttons, um eine Ebene in der Stapelreihenfolge unter der aktivierten Ebene einzurichten.

Hilfslinien und gesperrte Ebene

Befinden sich Hilfslinien auf einer gesperrten Ebene, verlieren diese durch die Fixierung ihre Eigenschaft als Positionierungshilfe. Aktivieren Sie intelligente Hilfslinien, oder heben Sie die Ebenenfixierung auf.

11.2.2 Ebenenoptionen

Mit einem Doppelklick auf die Miniatur einer Ebene (doppelklicken Sie nicht auf ihren Namen, denn dann aktivieren Sie nur den Namen, um ihn zu ändern) oder mit dem entsprechenden Befehl im Bedienfeldmenü rufen Sie die Ebenenoptionen auf.

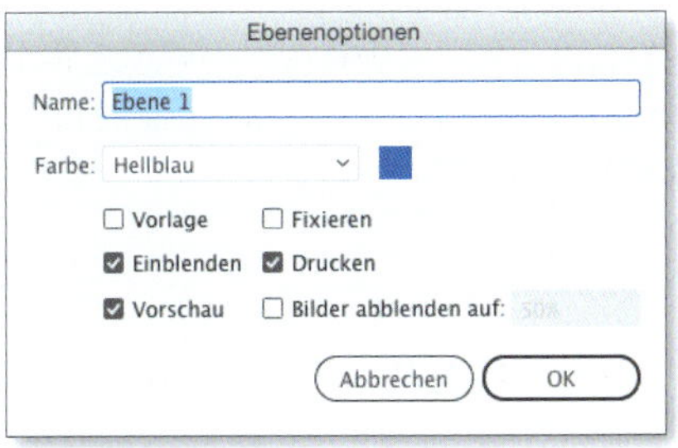

◀ **Abbildung 11.11**
Die Dialogbox Ebenenoptionen

CSS-Eigenschaften

Wenn Sie CSS-Eigenschaften aus Illustrator exportieren wollen (s. Abschnitt 21.2.4), ist es sehr zu empfehlen, die entsprechenden Objekte zu benennen. Doppelklicken Sie den Namen, und geben Sie direkt einen neuen ein.

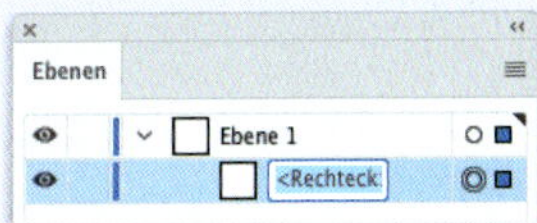

Vorlagen und die Pfadansicht

Wenn Sie in die Pfadansicht wechseln, bleiben Vorlagenebenen in der Vorschauansicht. Das ist praktisch beim manuellen Vektorisieren.

- Name: Per Voreinstellung werden Ebenen durchgezählt. Zur besseren Übersicht geben Sie einen aussagekräftigen Namen ein. Auch andere

Elemente wie Pfade und Gruppen lassen sich umbenennen. Sie können bis zu 255 Zeichen eingeben.

- Farbe: Bestimmen Sie eine Farbe, in der die zur Ebene gehörenden Objekte auf der Zeichenfläche hervorgehoben werden, wenn sie aktiviert sind. Wählen Sie eine der Farben aus dem Menü, oder klicken Sie auf das Farbfeld, um mit einem Farbwähler Farben frei zu definieren – freie Farbdefinitionen werden nicht ins Menü aufgenommen. Die Farbe zeigt Illustrator als schmalen Balken neben der Bearbeitungsspalte an (s. Abbildung 11.12).
- Vorlage: Mit dieser Option wandeln Sie die betreffende Ebene in eine Vorlagenebene um.

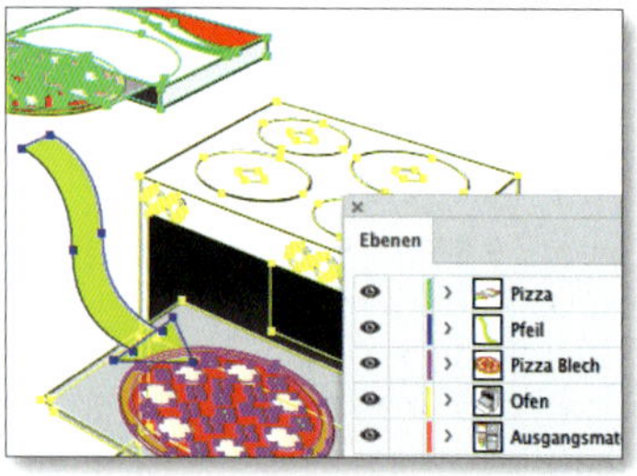

▲ **Abbildung 11.12**
Darstellung von Auswahlen in unterschiedlichen Farben

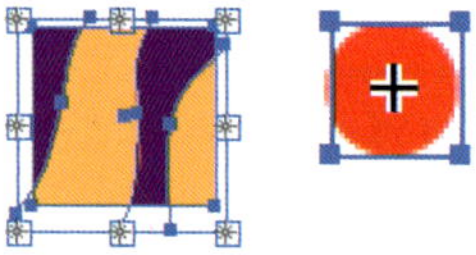

▲ **Abbildung 11.13**
Interaktive Malgruppen (links) und Symbole (rechts) sind bereits durch ihre Auswahlmarkierung auf der Zeichenfläche zu erkennen.

Checkliste: Was ist was?

Illustrator versieht jeden Eintrag im Ebenen-Bedienfeld mit der Bezeichnung des Objekts (z. B. Pfad, Gruppe, Ebene). Diese technischen Bezeichnungen werden häufig in inhaltsbezogene geändert. Wenn Sie jedoch fremde Dateien ändern müssen, ist es für die Herangehensweise wichtig, zu wissen, um welche Art von Objekt es sich handelt, denn nicht alle Werkzeuge und Funktionen können auf alle Objektarten angewandt werden, und nicht alle Vorgehensweisen passen zu allen Elementen. Sie haben verschiedene Möglichkeiten, Objekte zu identifizieren:

Auswahlmarkierung | Bereits wenn Sie ein Objekt auf der Zeichenfläche anklicken, können Sie einige Objektarten anhand der Auswahlmarkierung erkennen: So sind interaktive Malgruppen mit kleinen Sternchen in den Anfassern des Begrenzungsrahmens versehen, und Symbolinstanzen besitzen ein Kreuz innerhalb (meistens in der Mitte) ihres Bereichs (s. Abbildung 11.13).

Objektbezeichnung | Wählen Sie fragliche Einträge im Ebenen-Bedienfeld als Ziel aus (zur Ziel-Auswahl s. Abschnitt 11.3). Falls die Bezeichnung der Elemente im Ebenen-Bedienfeld geändert wurde, können Sie oben im Eigenschaften-Bedienfeld oder ganz links im Steuerungsbedienfeld die eingeblendete Objektart ablesen. Diese Bezeichnung kann vom Anwender nicht geändert werden.

Dokumentinformationen | Weitere Angaben zu ausgewählten (wahlweise auch allen) Objekten im Dokument finden Sie im Dokumentinformationen-Bedienfeld. Dort kann ebenfalls die Art der Objekte abgelesen werden (s. Abbildung 11.14).

Schnittmasken | In Illustrator gibt es zwei Arten von Schnittmasken: Eine wird Objekten zugewiesen und bildet mit diesen eine Gruppe – bezeichnet als *Beschnittgruppe* –, die andere wird der Ebene zugewiesen und ist nur an dem enthaltenen *Zuschneidungspfad* zu erkennen (zu Schnittmasken s. Abschnitt 11.4).

Deckkraftmasken | Ist der Name des Eintrags im Ebenen-Bedienfeld (gestrichelt) unterstrichen, weist dies darauf hin, dass das Objekt mit einer Deckkraftmaske versehen wurde.

Aussehen | Wenn die Objektart selbst unauffällig ist, dann kann die individuelle Form auch noch durch besondere Eigenschaften des Objekts begründet sein, z. B. zugewiesene Pinsel oder Effekte. Diese Eigenschaften lesen Sie im Aussehen-Bedienfeld ab, wenn das fragliche Element als Ziel ausgewählt ist (zu Aussehen-Eigenschaften s. Abschnitt 11.6).

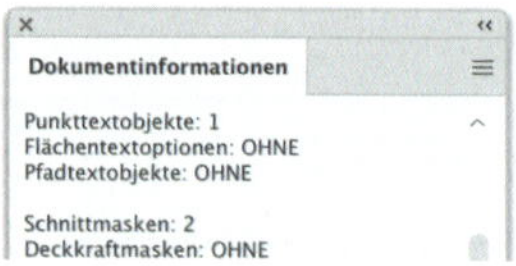

▲ **Abbildung 11.14**
Anzeige von Schnittmasken im Dokumentinformationen-Bedienfeld

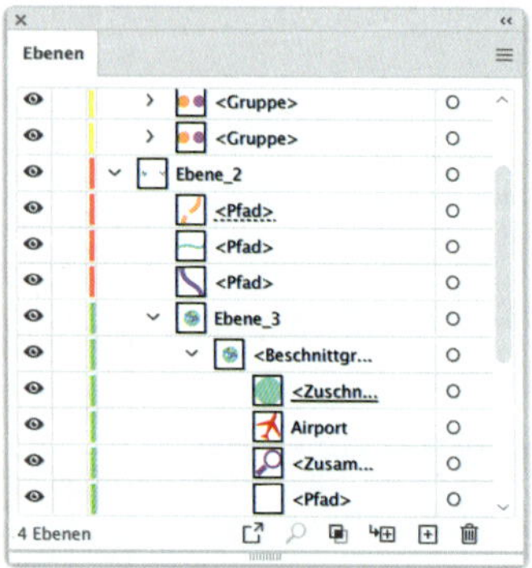

▲ **Abbildung 11.15**
Gestrichelte Unterstreichungen kennzeichnen Deckkraftmasken; Schnittmasken erkennen Sie an durchgezogenen Unterstreichungen.

- FIXIEREN: Die Fixierung einer Ebene lässt sich alternativ zur Bearbeitungsspalte auch mit dieser Option einrichten.
- EINBLENDEN: Auch die Sichtbarkeit der Ebene können Sie im Optionen-Dialog bestimmen.
- DRUCKEN: Mit dieser Option bestimmen Sie, ob die Ebene gedruckt wird. Beim Ausdrucken während des Entwurfsprozesses kann Ihnen diese Option Zeit sparen. Wenn Sie die Datei exportieren und in anderen Programmen nutzen, bleibt die Eigenschaft »nicht druckend« unter Umständen nicht erhalten.
- VORSCHAU: Diese Option legt fest, ob die Inhalte der Ebene im Vorschaumodus oder in der Pfadansicht gezeigt werden. Das Symbol ○ kennzeichnet die Pfadansicht.
- BILDER ABBLENDEN AUF: Geben Sie hier ein, wie stark die auf dieser Ebene platzierten Pixelbilder abgeblendet werden sollen. Die Abblendung betrifft nur die Bildschirmdarstellung, Ausdrucke bleiben davon unbeeinflusst. Die Abblendung von Bildern ist nützlich für das manuelle Nachzeichnen von Rastergrafik.

Ebenen nicht drucken

Wollen Sie sichergehen, dass Ebenen in einer exportierten Datei nicht drucken, erstellen Sie eine Version, in der die betreffenden Ebenen nicht enthalten sind, und exportieren Sie diese.

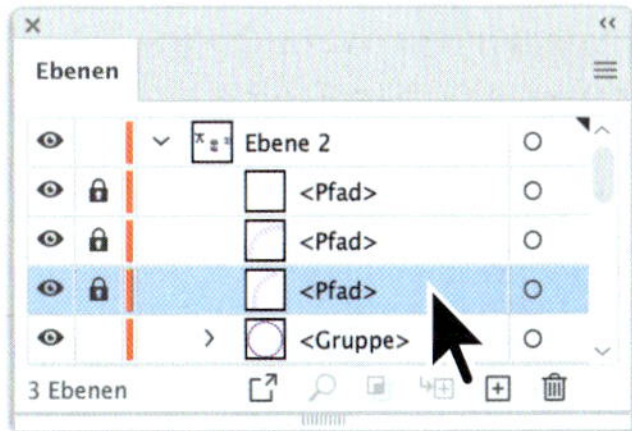

▲ **Abbildung 11.16**
Das Aktivieren gesperrter Elemente ist möglich.

11.2.3 Elemente im Ebenen-Bedienfeld auswählen

Es besteht ein Unterschied zwischen dem Auswählen eines Objekts, um es z. B. zu transformieren, und dem Aktivieren des gleichen Elements im Ebenen-Bedienfeld.

Wenn Sie ein oder mehrere Elemente im Ebenen-Bedienfeld aktivieren, können Sie darauf die Befehle des Ebenen-Bedienfeldes anwenden, um die Hierarchie der Elemente zu verändern. Sie wählen damit jedoch normalerweise nicht das Objekt auf der Zeichenfläche aus (s. Abbildung 11.17; mehr zur Auswahl der Objekte finden Sie in Abschnitt 11.3).

Klicken Sie auf die Miniatur, den Namen oder den Raum neben dem Namen, um ein Element im Ebenen-Bedienfeld zu aktivieren. Das aktivierte Element wird durch eine Einfärbung der Zeile im Bedienfeld hervorgehoben.

Auch fixierte oder ausgeblendete Elemente können Sie aktivieren und in der Hierarchie verschieben.

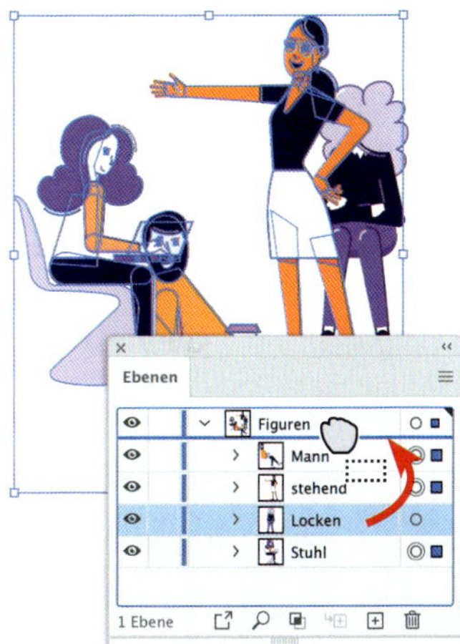

▲ **Abbildung 11.17**
Wenn Sie bereits eine Auswahl auf der Zeichenfläche vorgenommen haben, brauchen Sie diese nicht zuerst zu deaktivieren, um z. B. noch die Stapelreihenfolge zu verändern, bevor Sie mit den ausgewählten Objekten arbeiten.

Elemente im Ebenen-Bedienfeld finden | Wenn Sie Objekte, die auf der Zeichenfläche ausgewählt sind, im Ebenen-Bedienfeld lokalisieren möchten, wählen Sie OBJEKT SUCHEN, und im Ebenen-Bedienfeld werden alle Untergruppen bis hin zum aktivierten Element »aufgeklappt«. Liegen die ausgewählten Objekte auf verschiedenen Ebenen, werden nur die Elemente der im Objektstapel obersten Ebene angezeigt (s. Abbildung 11.18).

▲ **Abbildung 11.18**
Ausgewähltes Objekt auf Zeichenfläche, Ebenen-Bedienfeld vor (oben) und nach (unten) OBJEKT SUCHEN

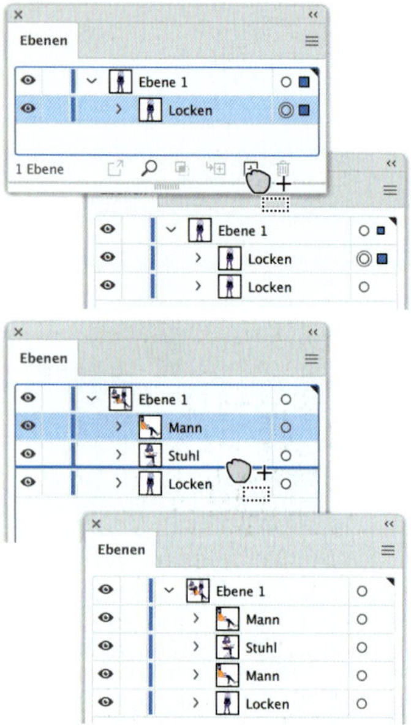

▲ **Abbildung 11.19**
Zwei Methoden, ein Element zu duplizieren

Ebenen und Speicherplatz

Ebenen kosten Speicherplatz. Daher sollten Sie die Anzahl Ihrer Ebenen reduzieren, sobald Sie sie nicht mehr benötigen.

Haben Sie in den Bedienfeld-Optionen die Einstellung NUR EBENEN EINBLENDEN aktiviert, ändert sich OBJEKT SUCHEN in EBENE SUCHEN.

Modifikationstasten: Elemente auswählen	
⇧	Mehrere aufeinanderfolgende Elemente, die sich in der gleichen Hierarchiestufe unterhalb eines Elternelements befinden, aktivieren Sie, indem Sie ⇧ drücken und den ersten und letzten gewünschten Eintrag anklicken.
⌥/Alt	Drücken Sie ⌥/Alt und klicken Sie dann auf ein Element, um es im Ebenen-Bedienfeld und gleichzeitig auf der Zeichenfläche auszuwählen.
⌘/Strg	Drücken Sie ⌘/Strg, wenn Sie Elemente auswählen möchten, die im Bedienfeld nicht direkt aufeinanderfolgen.

11.2.4 Elemente duplizieren

Möchten Sie Objekte, Gruppen oder ganze Ebenen duplizieren, aktivieren Sie sie im Ebenen-Bedienfeld, ziehen sie über das Symbol NEUE EBENE ERSTELLEN ⊞ oder wählen AUSWAHL DUPLIZIEREN aus dem Bedienfeldmenü. Alternativ drücken Sie ⌥/Alt und verschieben die Objekte in eine Gruppe, auf eine andere Ebene oder an eine andere Stelle in der Stapelreihenfolge, um ein Duplikat zu erstellen.

11.2.5 Ebenen zusammenfügen und löschen

Für den Austausch von Dateien mit Layout- und anderen Applikationen wird das PDF in die Illustrator-Datei eingebettet. Darin werden Unterebenen automatisch entfernt, und selbst PDF-Ebenen sind mit Illustrator-Ebenen nicht vergleichbar. Aber auch für den Austausch von Illustrator-Dateien in Arbeitsgruppen kann es sinnvoll sein, die Verschachtelungstiefe oder die Anzahl der Ebenen zu reduzieren.

Ebenen oder Unterebenen, die sich auf einer Hierarchiestufe unter einem gemeinsamen Elternelement befinden, lassen sich zu einer Ebene vereinen. Aktivieren Sie die Ebenen, die Sie zusammenfügen möchten, und wählen Sie AUSGEWÄHLTE ZUSAMMENFÜGEN aus dem Bedienfeldmenü. Nach dem Zusammenfügen bleibt die Ebene bestehen, die Sie zuletzt aktiviert haben. Die Stapelreihenfolge der Objekte bleibt erhalten.

Auf Hintergrundebene reduzieren | Alle Ebenen des Dokuments führen Sie zusammen, indem Sie die Ebene aktivieren, in der anschließend alle Elemente enthalten sein sollen, und dann AUF HINTERGRUNDEBENE REDUZIEREN aus dem Bedienfeldmenü wählen. Unterebenen und Gruppen bleiben erhalten.

Elemente löschen | Möchten Sie ein oder mehrere Elemente löschen, aktivieren Sie sie und klicken auf das Symbol Auswahl löschen oder wählen Auswahl löschen aus dem Bedienfeldmenü.

11.2.6 Neue Ebenen für ausgewählte Objekte erstellen

In neuer Ebene sammeln | Mit diesem Befehl verschieben Sie ausgewählte Elemente einer Ebene oder Unterebene in eine neue Ebene. Diese wird auf der Hierarchiestufe erstellt, auf der sich die ausgewählten Elemente befanden.

Ebenen für Objekte erstellen | Diese Optionen sind zwar vor allem auf die Vorbereitung von Animationen zugeschnitten, können aber auch für andere Zwecke verwendet werden. Wenn Sie Assets für After Effects in Illustrator vorbereiten, müssen Sie alle Objekte, die in After Effects auf einzelnen Ebenen liegen sollen, bereits in Illustrator auf Hauptebenen angelegt haben. Die Befehle Ebenen für Objekte erstellen (Sequenz/Aufbau) verteilen die untergeordneten Elemente einer Ebene, Gruppe oder Überblendung auf eigene Ebenen. Eine Überblendung wird nach Anwendung des Befehls in die einzelnen Stufen aufgelöst (Überblendung/Angleichung s. Abschnitt 10.7).

Aktivieren Sie eine Ebene, Unterebene oder Gruppe, um alle enthaltenen Elemente auf einzelne Ebenen zu verteilen. Das in der Stapelreihenfolge unterste Objekt legt Illustrator auf die unterste Ebene.

- Sequenz: Mit dem Befehl Ebenen für Objekte erstellen (Sequenz) wird für jedes Element eine eigene Ebene erstellt. Damit können Sie z. B. eine Figur durch das Bild bewegen.
- Aufbau: Möchten Sie dagegen simulieren, dass sich ein Gesamtbild aus den Einzelobjekten nacheinander zusammenstellt, wählen Sie Ebenen für Objekte erstellen (Aufbau). Auch hier entspricht die Anzahl der Ebenen der Anzahl der Objekte. Die Verteilung der Objekte auf die Ebenen geschieht jedoch kumulativ, d. h., das unterste Objekt des Stapels ist auf allen Ebenen vorhanden. Auf den folgenden Ebenen wird jeweils ein weiteres Objekt den bereits vorhandenen hinzugefügt.

Achtung! Illustrator legt die neuen Ebenen als Unterebenen an. Sie müssen sie aus dieser Ebene herauslösen, damit die Ebenen z. B. in After Effects erkannt werden.

Animation exportieren | Beim Export einer Illustrator-Datei als Flash (SWF) können die Ebenen automatisch in einzelne Frames einer Animation umgewandelt werden (s. Abschnitt 21.5.4).

Schreibschutz-Symbol

Ist die aktivierte Ebene fixiert oder ausgeblendet, zeigt der Cursor das Schreibschutz-Symbol, wenn Sie ein Zeichen-Werkzeug ausgewählt haben oder versuchen, das Element im Ebenen-Bedienfeld zu verschieben.

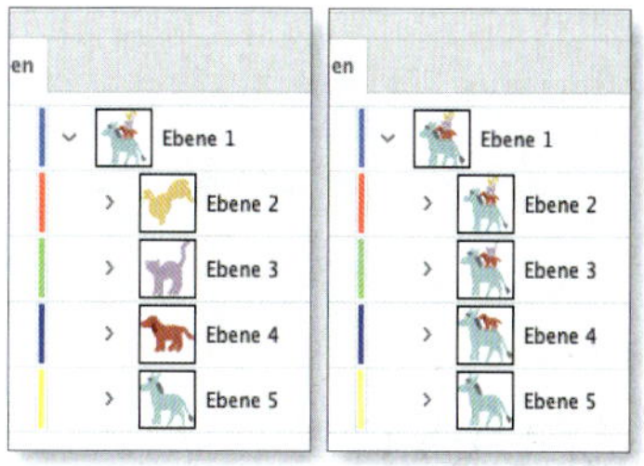

▲ **Abbildung 11.20**
Ebenen für Objekte erstellen: Sequenz (links), Aufbau (rechts)

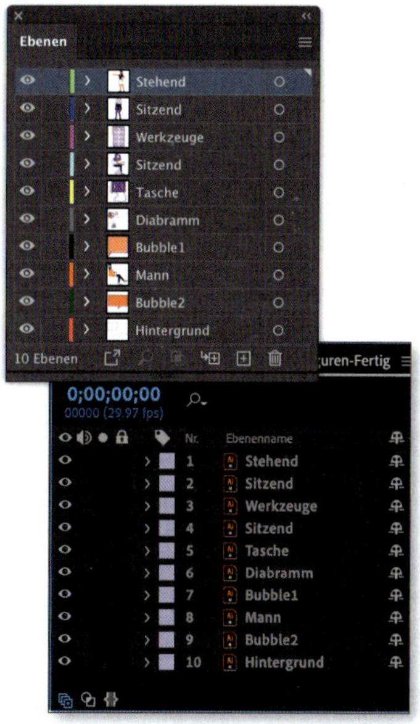

▲ **Abbildung 11.21**
Ebenen aus Illustrator (oben) in After Effects (unten)

11.2.7 Ebenen und Elemente verschieben

Die Hierarchie und die Stapelreihenfolge der Objekte lassen sich im Ebenen-Bedienfeld verändern, indem Sie Elemente an andere Positionen verschieben. Klicken und ziehen Sie den Eintrag an die gewünschte Position. Sie können ihn zwischen zwei andere Elemente oder in eine Gruppe, Ebene oder andere Container-Objekte bewegen. Die Position wird während des Ziehens jeweils hervorgehoben. Auf diese Art lassen sich auch Schnittmasken durch Entfernen oder Hinzufügen von Elementen bearbeiten.

▼ **Abbildung 11.22**
Wenn Sie die genaue Position der verschobenen Elemente bestimmen wollen, dann schieben Sie sie an die gewünschte Stelle (links). Verschieben Sie die Elemente stattdessen einfach auf eine Ebene oder Gruppe, dann werden sie an der obersten Stelle dieser Ebene oder Gruppe eingefügt.

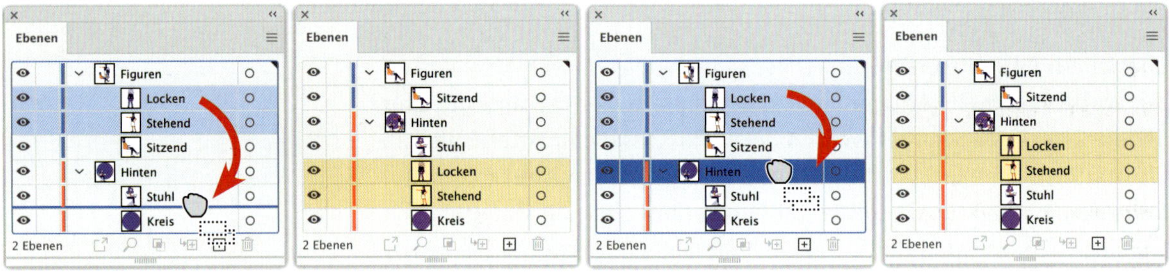

Umgekehrte Reihenfolge | Dieser Befehl aus dem Bedienfeldmenü kann die Stapelreihenfolge mehrerer aktivierter Elemente einer Hierarchiestufe – Einzelobjekte, Gruppen oder Ebenen – umkehren, sodass das vorher unterste Element oben liegt und weitere Elemente entsprechend gestapelt werden (s. Abbildung 11.23).

▲ **Abbildung 11.23**
Reihenfolge umgekehrt (rechts)

11.2.8 Ebenen beim Einfügen merken

Kopieren Sie ein Objekt aus einem Dokument über die Zwischenablage in eine andere Illustrator-Datei, wird es per Voreinstellung auf der aktiven Ebene eingefügt.

Dieses Verhalten von Illustrator können Sie ändern, sodass die Ebeneninformationen kopierter Elemente beim Einfügen erhalten bleiben. Wählen Sie Ebenen beim Einfügen merken aus dem Menü des Ebenen-Bedienfeldes, bevor Sie das Element einfügen. Die Option muss nicht bereits beim Kopieren des Elements aktiv sein. Existieren im Zieldokument die benötigten Ebenen, wird das eingefügte Element entsprechend eingeordnet. Anderenfalls erzeugt Illustrator die Ebenen beim Einfügen des Objekts. Sind die bereits vorhandenen Ebenen gesperrt, zeigt Illustrator eine Fehlermeldung an, und Sie können die Ebenen entsperren lassen.

Sind Ebenen bereits vorhanden, kann sich die Stapelreihenfolge der eingefügten Objekte ändern.

Aussehen und Einfügen

Aussehen-Attribute, die auf Ebenen der obersten Hierarchiestufe angewendet sind, werden nicht in das Zieldokument übernommen. Bewegen Sie die Ebenen in tiefere Hierarchiestufen, bevor Sie die Objekte kopieren.

Checkliste: Einsatz von Ebenen

Ebenen lassen sich einsetzen, um ein Layout zu strukturieren, den Bildschirmaufbau zu beschleunigen und rationeller zu arbeiten.

Hilfslinien | Sind viele Hilfslinien in einem Dokument eingerichtet, können sie irritieren – vor allem bei der Arbeit in großen Zoomstufen. Über das Menü Ansicht • Hilfslinien lassen sich aber nur *alle* Hilfslinien ein- oder ausblenden. Legen Sie verschiedenartige Hilfslinien auf unterschiedliche Ebenen, haben Sie die Möglichkeit, diese selektiv ein- oder auszublenden.

Pixeldaten | Pixeldaten verlangsamen den Bildschirmaufbau. Ist ein Bild aber einmal ins Layout integriert, müssen Sie es meist erst wieder zum Ausdrucken der Datei anzeigen. Wenn Sie Bilder auf einer eigenen Ebene ablegen, können Sie für diese den Vorschaumodus deaktivieren, und der Bildschirmaufbau wird beschleunigt.

Vorlagen | Legen Sie Vorlagenbilder auf eine Vorlagenebene. Wenn Sie dann zum Nachzeichnen die Pfadansicht aktivieren, werden die Bilder auf der Vorlagenebene weiterhin voll angezeigt.

Hintergrund-/Vordergrundtrennung | Bei komplexeren Illustrationen eignen sich Ebenen natürlich dazu, Hintergrund- und Vordergrundobjekte voneinander zu trennen. Sie vereinfachen sich die Arbeit durch die Möglichkeit, die Datei hierarchisch zu strukturieren und fertiggestellte Bildelemente zu fixieren und/oder auszublenden.

Alternative Versionen | Möchten Sie mehrere Layoutvorschläge vorbereiten oder benötigen Sie zusätzliche Sprachversionen, sind Ebenen in vielen Fällen der Aufteilung auf mehrere Dateien vorzuziehen. Ergeben sich Änderungen am Grundlayout, müssen Sie nur eine Datei editieren (s. Abbildung 11.24).

Export | Um eine Datei für den Export vieler einzelner Elemente vorzubereiten – z. B. Icons im Screendesign –, können Sie die Objekte jeweils auf eine eigene Ebene legen. Die Durchführung des Exports ist dann jedoch nur mit Skripten möglich.

Aussehen-Eigenschaften | Da Ebenen auch eigene Aussehen-Eigenschaften besitzen können, sind sie ein wichtiges Strukturierungselement für Dokumente, z. B. in der Kartografie (s. dazu auch die Übung am Schluss dieses Kapitels).

Mehrere Seiten | Es kann sinnvoll sein, für einzelne Seiten auch dedizierte Ebenen anzulegen, um Auswahlen nach bestimmten Kriterien zu vereinfachen. Von sich aus reichen Ebenen über alle Seiten, und die meisten Auswahlbefehle sind nicht auf bestimmte Zeichenflächen beschränkt.

Reinzeichnungselemente | Beschnitt- und Falzmarken, Stanzformen, Vorlagen für Speziallackierungen etc. können Sie praktisch auslagern, indem Sie Ebenen dafür anlegen. Häufig gehört dies zum Anforderungskatalog von Druckereien oder Kooperationspartnern. Wenn Sie Anzeigen gestalten, die ein Motiv in verschiedenen Formaten verwenden, legen Sie die Beschnittmarken der unterschiedlichen Formate auf einzelne Ebenen.

Datenbanksteuerung | Mit dem Variablentyp Sichtbarkeit können Sie auch Ebenen ein- und ausblenden. So lassen sich Ebenen datenbankbasiert anzeigen. Die Variable Sichtbarkeit können Sie für Ebenen setzen, die als Ziel ausgewählt sind (Ziel-Auswahl s. Abschnitt 11.3).

▲ **Abbildung 11.24**
Rasterbilder auf Vorlagenebenen werden in der Pfadansicht nicht ausgeblendet.

▲ **Abbildung 11.25**
Aufbau einer einfachen Packung ohne Sonderfarben oder Prägungen

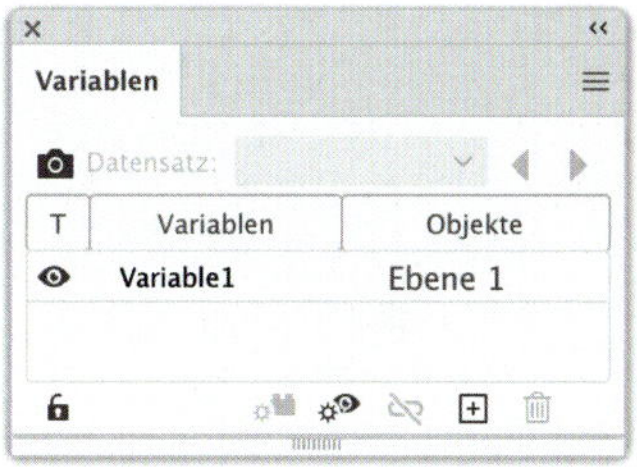

▲ **Abbildung 11.26**
Sichtbarkeitsvariable

Objektbaum anzeigen

Jetzt wird es technisch. Jedes Objekt erhält beim Speichern der Datei eine eindeutige ID-Nummer, die als Bestandteil der XMP-Daten gespeichert wird. Den Objektbaum mit diesen Daten können Sie unter DATEI • DATEIINFORMATIONEN im Reiter ROHDATEN einsehen.

11.2.9 Verstecken und Fixieren

Die Sperren- und Verstecken-Befehle im Menü OBJEKT wirken sich nicht auf Ebenen in der obersten Hierarchiestufe aus. Die Befehle ALLES LÖSEN und ALLE EINBLENDEN können ebenfalls nicht angewendet werden, um fixierte oder versteckte Ebenen der ersten Hierarchiestufe zu lösen oder einzublenden. Stattdessen müssen Sie das Augensymbol 👁 bzw. das Schloss 🔒 im Ebenen-Bedienfeld verwenden oder die Befehle ANDERE EBENEN AUSBLENDEN, ANDERE/ALLE EBENEN VORSCHAU bzw. ANDERE/ALLE EBENEN SPERREN aus dem Bedienfeldmenü. Diese Befehle können Sie auch in Aktionen aufnehmen.

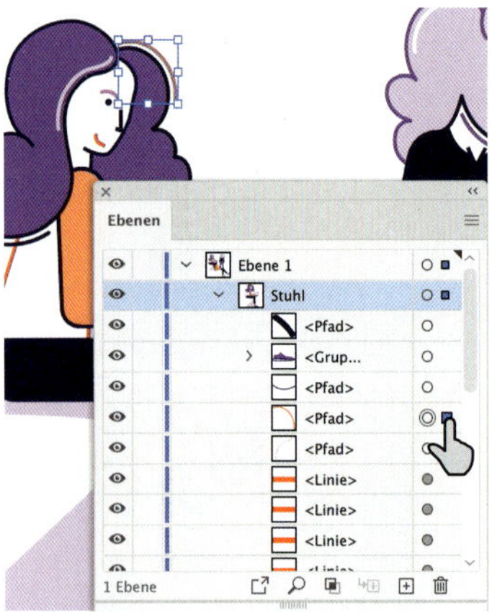

▲ **Abbildung 11.27**
Auswahl durch Klick in die Auswahlspalte

11.3 Objekt- und Ziel-Auswahl

Die Unterscheidung, die Illustrator zwischen der Auswahl von Objekten und Zielen (engl.: »Target«) macht, kann verwirren. Die hierarchische Struktur der Objekte, Ebenen und der anwendbaren Aussehen-Eigenschaften macht die Auswahl eines Ziels nötig.

11.3.1 Objekte mit dem Ebenen-Bedienfeld auswählen

Alternativ zum Anklicken der Objekte auf der Zeichenfläche können Sie ein oder mehrere Objekte auch mithilfe des Ebenen-Bedienfeldes auswählen.

Um ein einzelnes Objekt auszuwählen, klicken Sie in der Zeile seines Eintrags in die Auswahlspalte rechts neben dem Ziel-Symbol ○. Alle Objekte einer Ebene oder Gruppe aktivieren Sie, indem Sie in deren Auswahlspalte klicken. Sie können nur sichtbare Elemente aktivieren – es sei denn, auf einer Ebene sind nur einzelne Elemente ausgeblendet, dann werden sie mit der Ebene aktiviert.

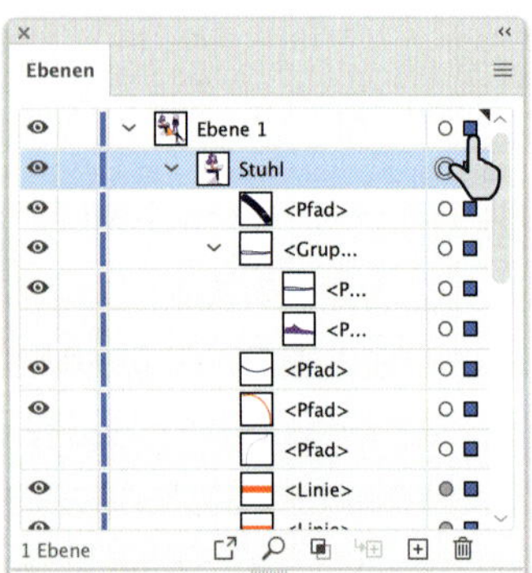

▲ **Abbildung 11.28**
Wenn Sie die gesamte Ebene aktivieren, werden ausgeblendete Objekte mitselektiert.

Modifikationstasten: Objektauswahl und Ziel-Auswahl

⇧	Halten Sie ⇧ gedrückt, um mehrere Objekte nacheinander auszuwählen bzw. als Ziel auszuwählen. Wenn Objekte ausgewählt sind, können Sie sie mit gedrückter ⇧-Taste und einem Klick auf Auswahl- oder Zielspalte von der Auswahl abziehen.
⌥/Alt	Halten Sie ⌥/Alt gedrückt, und klicken Sie auf ein Element, um alle Elemente bis auf das angeklickte aus der Auswahl bzw. der Ziel-Auswahl zu entfernen.

Auswahl-Symbol | Die Auswahl wird in der Auswahlspalte durch farbige Quadrate gekennzeichnet. Ein großes Quadrat ■ signalisiert, dass alle Objekte ausgewählt wurden, die zum Element gehören. Die Auswahl eines Objekts wird immer in allen übergeordneten Ebenen bis in die erste Hierarchiestufe angezeigt. In den Auswahlspalten der Ebenen bedeutet das kleinere Quadrat ■, dass weitere, nicht ausgewählte Objekte vorhanden sind. Wird auf Ebenen auch das große, umrandete Quadrat angezeigt, sind alle Objekte der Ebene aktiviert.

Die erste übergeordnete Ebene des aktivierten Objekts wird im Ebenen-Bedienfeld farbig hervorgehoben.

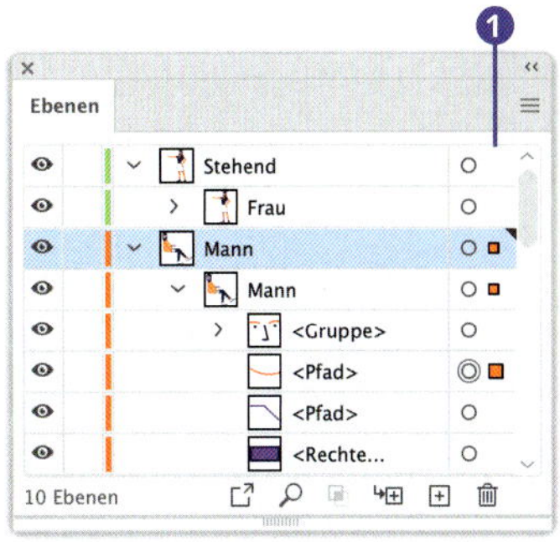

▲ **Abbildung 11.29**
Darstellung einer Objektauswahl in der Auswahlspalte ❶ des Ebenen-Bedienfeldes

Alle Objekte einer Ebene auswählen | Möchten Sie nur alle Objekte aktivieren, die auf derselben Ebene liegen wie das aktuell selektierte Objekt, wählen Sie Auswahl • Objekt • Alles auf denselben Ebenen. Wie die Bezeichnung des Befehls nahelegt, funktioniert das auch, wenn mehrere Objekte selektiert sind, die zu verschiedenen Ebenen gehören, und es werden Objekte auf mehreren Ebenen ausgewählt.

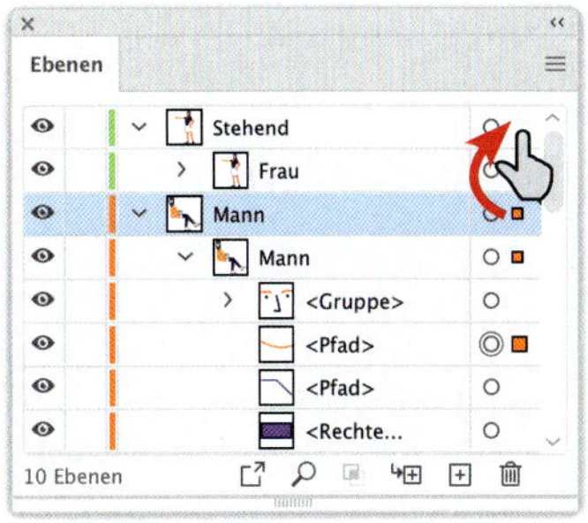

▲ **Abbildung 11.30**
Verschieben eines Objekts von »Mann« auf »Stehend«

11.3.2 Objekte verschieben und duplizieren

Um ein aktiviertes Objekt auf eine andere Ebene oder in eine Gruppe zu verschieben, klicken und ziehen Sie das Auswahl-Symbol – das kleine Quadrat auf einer übergeordneten Ebene oder das große Quadrat des Elements – auf die gewünschte Ebene. Während des Verschiebens wird ein Quadrat unter dem Cursor angezeigt – wenn Sie dabei über eine gesperrte Ebene schieben, verschwindet diese Anzeige. Wie üblich, wird das Objekt dupliziert, wenn Sie dabei ⌥/Alt gedrückt halten.

11.3.3 Ziel-Auswahl und Aussehen-Eigenschaften

Wenn Sie einen Effekt oder andere Aussehen-Eigenschaften auf ein Objekt anwenden möchten, klicken Sie üblicherweise das Objekt mit dem Auswahl-Werkzeug an und ordnen die Eigenschaft zu. Sehen Sie sich beim Auswählen einmal das Element im Ebenen-Bedienfeld an, dann können Sie beobachten, dass ein Objekt automatisch als Ziel ausgewählt wird, sobald Sie es aktivieren.

▼ **Abbildung 11.31**
Auf der Zeichenfläche aktivierte Objekte sind auch als Ziel ausgewählt (links). Das Ziel-Symbol verändert sich, wenn ein Effekt zugewiesen wurde (rechts).

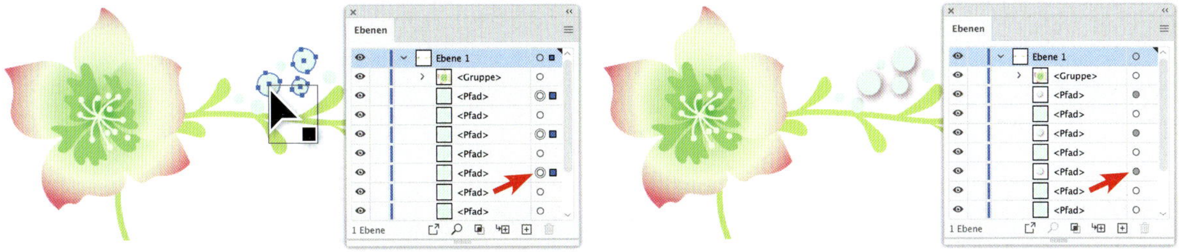

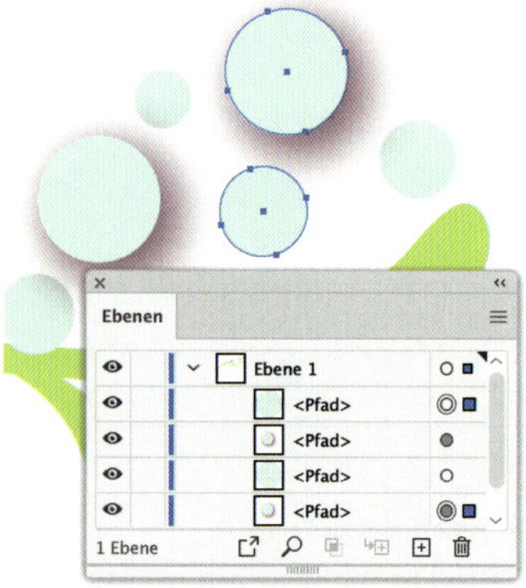

▲ **Abbildung 11.32**
Unterschiedliche Stadien des Ziel-Symbols für unterschiedliche ausgewählte und inaktive Objekte

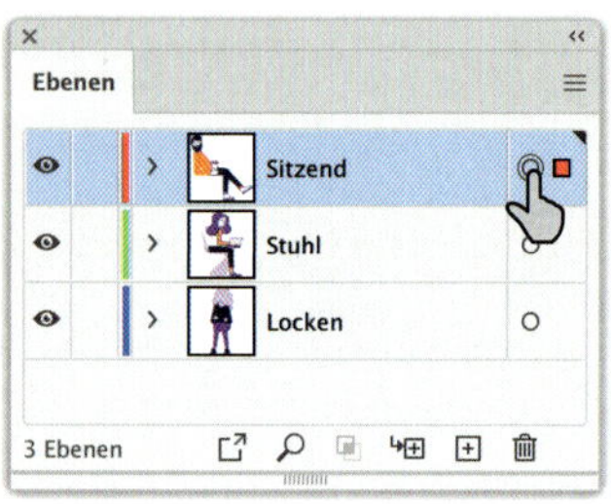

▲ **Abbildung 11.33**
Ebene als Ziel auswählen

Ziel-Symbol | Jeder Eintrag im Ebenen-Bedienfeld enthält das Ziel-Symbol. Es zeigt die Zuordnung von Aussehen-Eigenschaften und Effekten an: Seine Grundform ○ signalisiert, dass ein Element – Objekt, Gruppe oder Ebene – außer *einer* Kontur und *einer* Fläche keine weiteren Aussehen-Eigenschaften besitzt. Das Symbol wird um einen Außenring ◎ ergänzt, sobald das Element als Ziel ausgewählt ist. Die gefüllte Form ● zeigt an, dass dem Element Aussehen-Eigenschaften zugeordnet wurden. Auch für diese Form bedeutet der zusätzliche Ring ◉, dass das Element als Ziel ausgewählt ist.

Ziel auswählen | Das Ziel-Symbol dient auch als »Button« für die Ziel-Auswahl von Elementen. Dies ist die einzige Möglichkeit, Ebenen als Ziel auszuwählen, um ihnen ebenfalls Aussehen-Eigenschaften zuzuordnen. Um Elemente – Pfade, Gruppen oder Ebenen – mithilfe des Ebenen-Bedienfeldes als Ziel auszuwählen, klicken Sie auf das Ziel-Symbol ○ oder ●. Weisen Sie anschließend die gewünschten Aussehen-Eigenschaften (s. Abschnitt 11.6) zu. Die Modifikationstasten funktionieren wie bei der Objektauswahl (s. Abschnitt 4.3.1).

11.3.4 Aussehen verschieben und duplizieren

Das Ziel-Symbol können Sie verwenden, um Eigenschaften eines Elements einem anderen Element zuzuweisen. Klicken und ziehen Sie das Ziel-Symbol auf das Element, dem Sie die Eigenschaften zuordnen möchten (s. Abbildung 11.34). Alle Eigenschaften, die das »empfangende« Element bereits besitzt, werden durch die verschobenen Eigenschaften ersetzt.

Das »abgebende« Element, von dem Sie das Ziel-Symbol verschieben, verliert alle Aussehen-Eigenschaften, die über die Grundeigenschaften

Auswahl ... Ziel-Auswahl: Worin liegt der Unterschied?

Wenn beim Auswählen eines Objekts dieses auch als Ziel ausgewählt wird (und umgekehrt), warum gibt es dann überhaupt einen Unterschied zwischen Auswahl und Ziel-Auswahl? In vielen Fällen werden Sie tatsächlich keinen Unterschied bemerken. Wenn Sie jedoch Effekte zuweisen, kann der Unterschied beträchtlich sein, denn je nachdem, wie Sie das Ziel auswählen, wird der Effekt an anderer Stelle zugewiesen.

Im Beispiel sollen alle Objekte auf der Ebene einen Schlagschatten erhalten. Mit einem Klick in die Auswahlspalte werden alle einzelnen Objekte ausgewählt (links) und auch als Ziel ausgewählt. Folglich erhält jedes einzelne Objekt einen Schlagschatten.
Bei einem Klick auf das Ziel-Symbol werden zwar auch alle Objekte ausgewählt (rechts). Als Ziel wird jedoch die Ebene ausgewählt, und sie erhält folglich auch den Schlagschatten.

Kontur und Fläche hinausgehen (Aussehen-Eigenschaften s. Abschnitt 11.6).

Modifikationsmöglichkeit | Drücken Sie ⌥/Alt, um die Aussehen-Eigenschaften zu duplizieren.

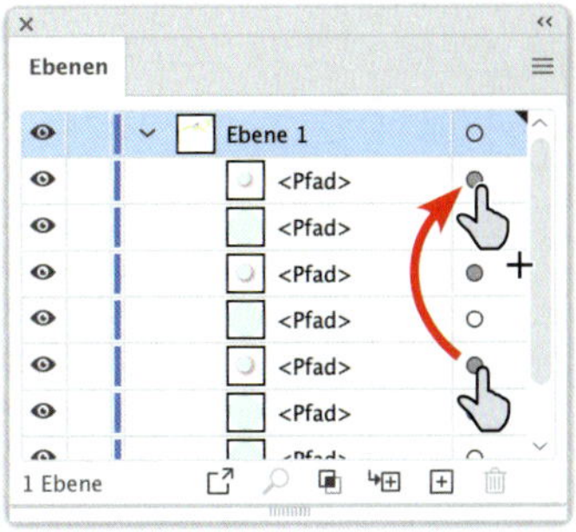

▲ **Abbildung 11.34**
Das Duplizieren der Aussehen-Eigenschaften wird durch das Plus-Zeichen am Cursor signalisiert.

11.4 Objekte mit Schnittmasken formen

Eine Schnittmaske ist ein Vektorobjekt, das wie der Ausschnitt eines Passepartouts andere Objekte »zuschneidet«, sodass von ihnen nur die Teile sichtbar sind, die innerhalb der Vektorform liegen. Das lässt sich z. B. für »Lupen« in der Infografik, zum Beschneiden von Pixelgrafiken oder zum Säubern der Kanten von Angleichungen verwenden.

▲ **Abbildung 11.35**
Mithilfe von Schnittmasken werden Grafiken oder platzierte Bilder in Formen eingepasst.

11.4.1 Schnittmasken erstellen

Das Maskenobjekt – im Ebenen-Bedienfeld als *Zuschneidungspfad* gekennzeichnet – und die beschnittenen Objekte bilden den *Schnittsatz*. Schnittsätze lassen sich objektbasiert aus einzelnen ausgewählten Elementen oder ebenenbasiert erstellen. Als Maskenobjekt können Sie alle Textobjekte sowie jeden Vektorpfad verwenden – sollen mehrere Pfade die Maske bilden, dann müssen Sie daraus zunächst einen zusammengesetzten Pfad oder eine zusammengesetzte Form erstellen (gruppieren funktioniert nicht).

▲ **Abbildung 11.36**
Anordnung der Objekte zum Erstellen einer Schnittmaske

Schnittsatz aus einzelnen Objekten | Möchten Sie den Schnittsatz aus einzelnen Objekten erstellen, ordnen Sie die Objekte so an, dass das Objekt, das das oder die anderen Objekte beschneiden soll, im Objektstapel oben liegt.

Anschließend aktivieren Sie die Objekte und wählen Objekt • Schnittmaske • Erstellen – ⌘/Strg+7. Der Schnittsatz entsteht auf der Ebene, die das Maskenobjekt enthält. Die beschnittenen Objekte werden

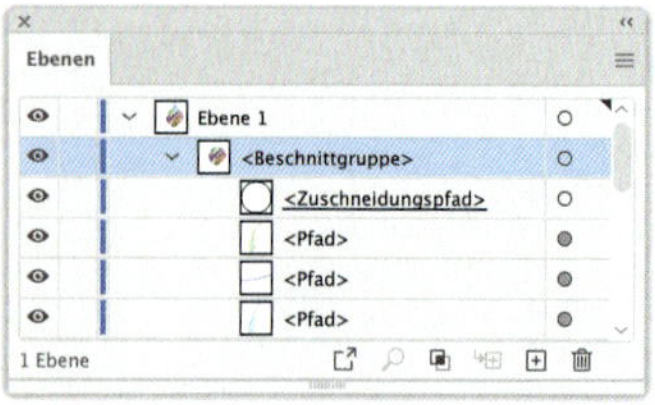

▲ **Abbildung 11.37**
Ein Schnittsatz aus einzelnen Objekten wird im Ebenen-Bedienfeld als Beschnittgruppe bezeichnet.

▲ **Abbildung 11.38**
Die gestrichelten Winkel rahmen das Objekt ein, in dem gezeichnet wird.

▲ **Abbildung 11.39**
Sollen mehrere Objekte die Maske bilden (oben), müssen Sie die Pfade zu zusammengesetzten Pfaden bzw. zusammengesetzten Formen verbinden, bevor Sie sie als Schnittmaske anwenden (unten).

dorthin verschoben. Die Elemente eines auf diese Art erzeugten Schnittsatzes sind miteinander gruppiert und werden im Ebenen-Bedienfeld als Beschnittgruppe bezeichnet.

Innen zeichnen | Auf eine sehr intuitive Art können Sie Schnittmasken erstellen, indem Sie einen Pfad auswählen und auf den Button Innen zeichnen im Werkzeugbedienfeld klicken. Illustrator deaktiviert das Objekt, und Sie können direkt in der Fläche des Objekts arbeiten, z. B. zeichnen, mit Borstenpinseln malen oder etwas aus der Zwischenablage direkt in das Objekt einfügen. Soll die Schnittmaske aus mehreren Pfaden erstellt werden, müssen Sie daraus zunächst einen zusammengesetzten Pfad erstellen (s. Abschnitt 10.1.1). Den Innen-zeichnen-Modus erreichen Sie auch mit ⇧+D – der Shortcut wechselt durch die Zeichenmodi und muss gegebenenfalls mehrfach gedrückt werden.

Wenn Sie nun eine Datei platzieren, wird sie direkt maskiert. Einfügen oder An Originalposition einfügen funktionieren ebenfalls.

Um den Innen-zeichnen-Modus zu beenden, doppelklicken Sie auf eine freie Stelle der Zeichenfläche, oder aktivieren Sie einen anderen Zeichenmodus mit einem Klick auf Normal zeichnen bzw. Dahinter zeichnen.

Schnittsatz aus einer Ebene | Um alle Objekte einer Ebene in einen Schnittsatz umzuwandeln, aktivieren Sie die Ebene (s. Abschnitt 11.2.3) im Ebenen-Bedienfeld und klicken auf den Button Schnittmaske erstellen am unteren Rand des Bedienfeldes. Das in der Stapelreihenfolge oben liegende Objekt wirkt als Schnittmaske auf alle anderen Elemente der Ebene.

Die Elemente werden nicht miteinander gruppiert und lassen sich daher weiterhin z. B. mit dem Auswahl-Werkzeug einzeln selektieren.

Die Methode können Sie auch auf eine Gruppe anwenden, das Ergebnis ist dann dasselbe wie der »Schnittsatz aus einzelnen Objekten«.

Aussehen-Eigenschaften des Maskenobjekts | Vektorobjekte, die als Masken verwendet werden, verlieren ihre Aussehen-Eigenschaften automatisch – es sei denn, es wurde der Innen-zeichnen-Modus verwendet (Aussehen-Eigenschaften s. Abschnitt 11.6).

Wählen Sie den Zuschneidungspfad eines Schnittsatzes mit dem Direktauswahl-Werkzeug aus, indem Sie direkt auf den Pfad klicken. Texte müssen mit dem Text-Werkzeug ausgewählt werden. Dann können Sie eine Kontur und eine Fläche sowie Verzerrungs- und Transformationseffekte zuordnen. Weitere Konturen, Flächen und Effekte lassen sich zwar zuweisen, haben jedoch keine sichtbaren Auswirkungen.

11.4.2 Schnittsätze editieren

Aktivieren Sie eine BESCHNITTGRUPPE, so erscheinen im Steuerungsbedienfeld die Buttons ZUSCHNEIDUNGSPFAD und INHALTE BEARBEITEN. Klicken Sie auf den Button ZUSCHNEIDUNGSPFAD BEARBEITEN, so wird der Maskenpfad aktiviert, und Sie können ihn mit den entsprechenden Werkzeugen verändern. Um die beschnittenen Objekte gemeinsam zu transformieren, klicken Sie auf den Button INHALTE BEARBEITEN oder wählen OBJEKT • SCHNITTMASKE • INHALTE BEARBEITEN. Sobald Sie einen der Buttons angeklickt haben, müssen Sie die Bearbeitung beginnen. Ein Klick auf ein anderes Objekt oder die Zeichenfläche deaktiviert den zu bearbeitenden Zuschneidungspfad oder den Inhalt.

Möchten Sie auf einzelne enthaltene Objekte zugreifen, dann verwenden Sie das Direktauswahl- oder Gruppenauswahl-Werkzeug, oder arbeiten Sie im Isolationsmodus (s. Abschnitt 11.5).

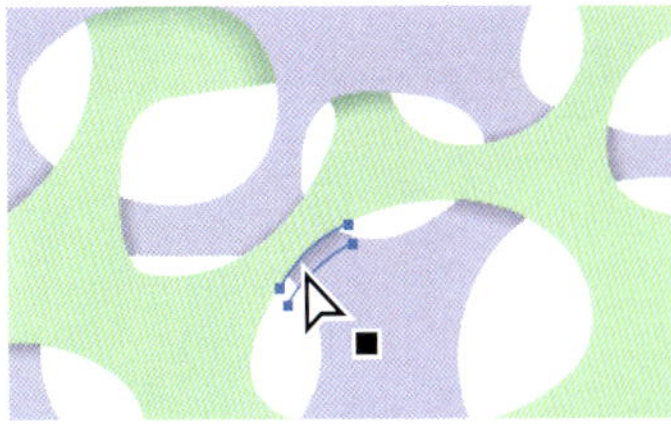

▲ **Abbildung 11.40**
Auswählen von Objekten in einer Schnittmaske mit dem Direktauswahl-Werkzeug

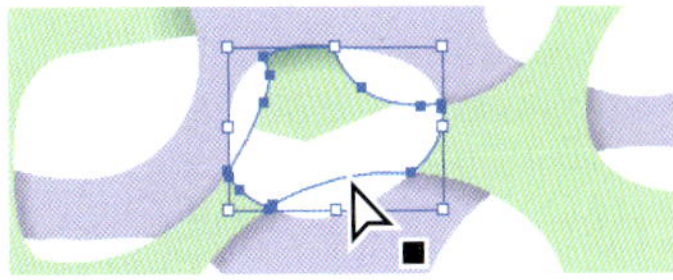

▲ **Abbildung 11.41**
Auswählen der Maske mit dem Direktauswahl-Werkzeug nach dem Erstellen

11.4.3 Mit Schnittmasken arbeiten

Um eine Schnittmaske auszuwählen, müssen Sie mit dem Auswahl-Werkzeug auf die maskierten Objekte oder auf den Pfad des Maskenobjekts klicken, nicht auf die vom Maskenobjekt umschlossene Fläche – sie ist nicht »aktiv«. Wenn Sie Schnittsätze an anderen Objekten ausrichten, erfolgt dies anhand der Dimensionen des Maskenobjekts (s. Abbildung 11.42).

Beim Auswählen von Objekten sind alle außerhalb des Maskenobjekts liegenden Objekte auf der Zeichenfläche ebenfalls nicht »aktiv« und können daher außer mit dem Lasso-Werkzeug nicht versehentlich ausgewählt werden.

Wurde die Schnittmaske auf die Ebene angewendet, sind alle beteiligten Objekte einzeln aktivierbar und editierbar.

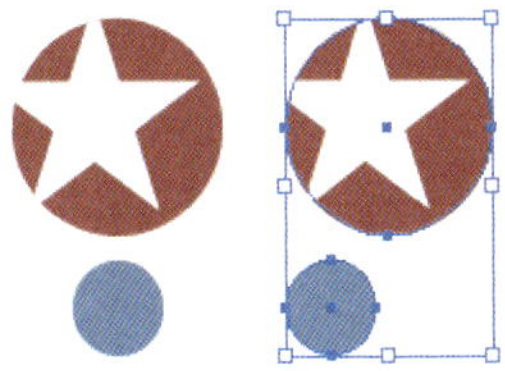

▲ **Abbildung 11.42**
Ausrichten einer Schnittmaske mit dem Ausrichten-Bedienfeld

▲ **Abbildung 11.43**
Schnittmaske als Gruppe: Mit dem Lasso-Werkzeug können Objekte außerhalb der Maske aktiviert werden (links). Mit intelligenten Hilfslinien werden sie unter dem Cursor angezeigt. Mit dem Auswahl-Werkzeug wählen Sie die Gruppe als Ganzes aus (rechts).

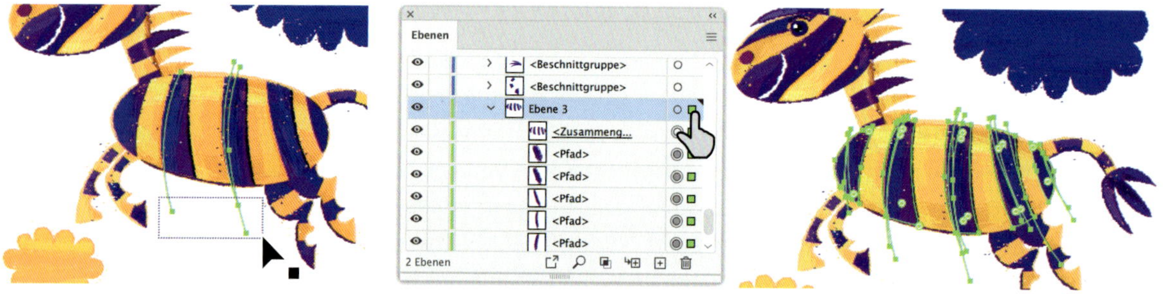

▲ **Abbildung 11.44**
Schnittmaske auf Ebene: Objekte auch außerhalb der Schnittmaske lassen sich mit dem Auswahl-Werkzeug aktivieren und einzeln bearbeiten. Soll die Maske mitsamt ihrem Inhalt ausgewählt werden, klicken Sie in die Auswahlspalte des Ebenen-Bedienfeldes.

Schnittmasken »endgültig« umwandeln

Eine Schnittmaske lässt die Geometrie eines Objekts intakt und blendet nur die unerwünschten Teile aus. Es ist nicht vorgesehen, eine Schnittmaske »umzuwandeln«, so wie Sie dies für andere Objekte, wie z. B. Verzerrungshüllen, kennen. Befinden sich nur einfache mit Flächen versehene Objekte ohne Konturen in der Beschnittgruppe, können Sie probieren, ob eine der Pathfinder-Funktionen Schnittmengenfläche, Fläche aufteilen, Überlappungsbereich entfernen oder Verdeckte Fläche entfernen das gewünschte Resultat bringt.

11.4.4 Schnittmaske zurückwandeln

Um den Schnittsatz aufzulösen und in seine Ausgangsobjekte zurückzuwandeln, aktivieren Sie den Schnittsatz und wählen Objekt • Schnittmaske • Zurückwandeln. Ebenenbasierte Schnittmasken lösen Sie mit einem Klick auf den Button Schnittmaske erstellen/zurückwandeln auf. Sind mehrere Schnittmasken ineinander verschachtelt, können Sie auch eine untergeordnete Schnittmaske mit dem Direktauswahl- oder dem Gruppenauswahl-Werkzeug auswählen und den Befehl nur für diese aufrufen. Alternativ ziehen Sie die Objekte im Ebenen-Bedienfeld aus dem Schnittsatz heraus.

Einzelne Pfade isolieren

Eine große Arbeitserleichterung ist das Isolieren eines einzelnen Pfades, der teilweise von anderen Objekten überdeckt ist, denn man kann die anderen Objekte im Isolationsmodus nicht versehentlich aktivieren.

11.5 Mit dem Isolationsmodus in tiefe Hierarchien vordringen

Im Isolationsmodus können Sie tiefer verschachtelte Gruppen, Unterebenen, zusammengesetzte Pfade und Formen, Schnittmasken, Angleichungen, Verlaufsgitter, Symbole und interaktive Malgruppen so bearbeiten, als wären sie nicht Bestandteil übergeordneter Elemente. Es lassen sich auch einzelne Pfade so bearbeiten, als wären sie allein auf der Zeichenfläche. Die Bearbeitung von Musterfeldern (Muster s. Kapitel 16) oder Symbolen (Symbole s. Kapitel 17) ist dem Isolationsmodus vergleichbar. Auch Animate- bzw. Flash-Anwender kennen diesen Bearbeitungsmodus vom Handling der Symbole.

Isolationsmodus aufrufen

Das Aufrufen des Isolationsmodus durch einen Doppelklick können Sie mithilfe der Option Zum Isolieren doppelklicken in Voreinstellungen • Allgemein unterbinden. Dann kann der Isolationsmodus nur noch mit dem Button im Steuerungsbedienfeld oder dem Befehl Ausgewählte Gruppe isolieren aus dem Kontextmenü aufgerufen werden.

11.5.1 Isolationsmodus aufrufen

In der Originaleinstellung (lesen Sie dazu auch den Hinweis »Isolationsmodus aufrufen«) rufen Sie den Isolationsmodus für ein Objekt auf, indem Sie darauf doppelklicken. Möchten Sie Änderungen in hierarchisch untergeordneten Gruppen dieses Objekts vornehmen, doppelklicken Sie wiederum auf diese. Alternativ haben Sie folgende Möglichkeiten:

- Wählen Sie das gewünschte Objekt aus, und klicken Sie auf den Button Ausgewähltes Objekt isolieren im Steuerungsbedienfeld.
- Rufen Sie Ausgewähltes Objekt isolieren im Kontextmenü über einem selektierten Objekt auf, das Sie mit einem Rechtsklick (Windows) oder ctrl+Mausklick (Mac) anzeigen (s. Abbildung 11.45).
- Aktivieren Sie einen Eintrag im Ebenen-Bedienfeld, und wählen Sie Isolationsmodus aufrufen aus dem Bedienfeldmenü.

▲ **Abbildung 11.45**
Isolieren per Kontextmenü über einer aktivierten Gruppe (andere Objektarten werden entsprechend bezeichnet)

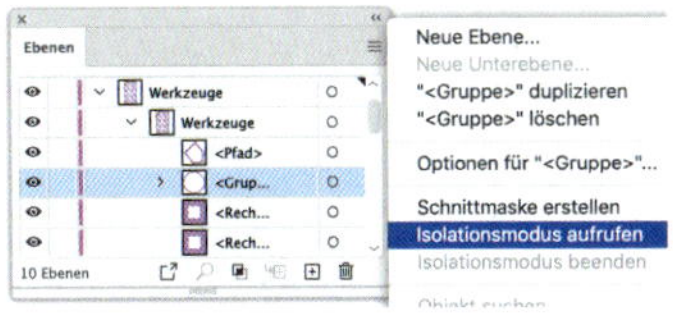

▲ **Abbildung 11.46**
Aktivieren eines Elements (hier: Pfad) im Ebenen-Bedienfeld, um den Isolationsmodus aufzurufen

11.5.2 Im Isolationsmodus arbeiten

Auf der Zeichenfläche sehen Sie das isolierte Objekt in normaler Darstellung, die anderen Objekte werden gedimmt. Im Isolationsmodus wird das Ebenen-Bedienfeld auf die isolierte Gruppe und deren untergeordnete Elemente reduziert. Die Kennzeichnungsfarbe der isolierten Ebene wird unter dem Klickpfad am oberen Dokumentrand als schmale Linie angezeigt.

Objekte, die Sie im Isolationsmodus erzeugen oder einfügen, werden der bearbeiteten Gruppe oder Hierarchiestufe hinzugefügt.

Pfadansicht | Im Isolationsmodus können Sie auch in die Pfadansicht wechseln, um Objekte noch genauer zu editieren.

Hierarchien navigieren | Im grauen Balken unterhalb der Titelleiste des Dokuments wird die Objekthierarchie als Klickpfad dargestellt. Navigieren Sie mit diesem Klickpfad durch die Objekthierarchie, indem Sie auf die Bezeichnungen übergeordneter Objekte klicken. Eine Unterstreichung hebt diese jeweils unter dem Cursor hervor.

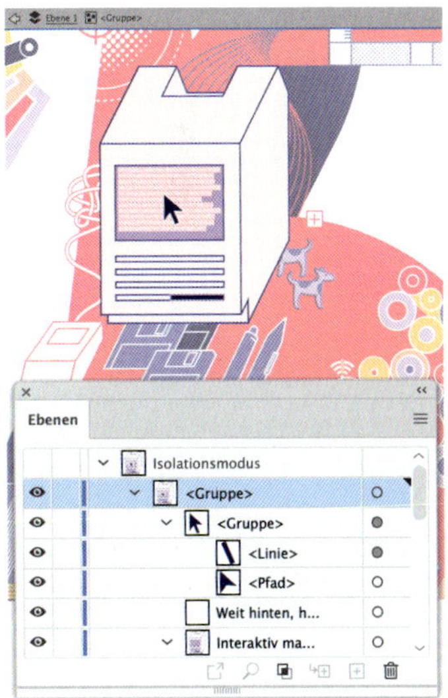

▲ **Abbildung 11.47**
Ebenen-Bedienfeld im Isolationsmodus; Dimmen der anderen Objekte auf der Zeichenfläche

11.5.3 Isolationsmodus beenden

Um den Isolationsmodus zu verlassen, haben Sie wieder mehrere Möglichkeiten:

- Klicken Sie auf den Button Isolierte Gruppe beenden im Steuerungsbedienfeld.
- Klicken Sie – gegebenenfalls mehrfach – auf den Pfeil links des Klickpfades im grauen Balken.

▲ **Abbildung 11.48**
Hierarchiepfad der isolierten Gruppe; mit einem Klick auf den Pfeil ganz links kommen Sie zur jeweils höheren Hierarchieebene.

- Doppelklicken Sie auf eine freie Stelle auf der Zeichenfläche.
- Drücken Sie [Esc].
- Wählen Sie aus dem Bedienfeldmenü des Ebenen-Bedienfeldes oder aus dem Kontextmenü Isolationsmodus beenden.

11.6 Aussehen-Eigenschaften

Ziel

Für das Verständnis des Aussehen-Bedienfeldes ist der Unterschied zwischen Auswahl und Ziel-Auswahl wichtig (s. Abschnitt 11.3).

Als Aussehen-Eigenschaften werden alle die Eigenschaften bezeichnet, die das Erscheinungsbild von Objekten verändern, ohne ihre Struktur zu beeinflussen. Dazu gehören Konturen und Flächen, Pinselkonturen, Effekte und Transparenzeinstellungen. Nicht nur Vektor- und Textobjekte, auch Gruppen und Ebenen können Sie mit Aussehen-Eigenschaften versehen. Darüber hinaus lassen sich Effekte und Transparenzoptionen den Flächen und Konturen gesondert zuweisen. So bildet sich eine komplexe Hierarchie von Attributen, die das Aussehen eines Objekts steuern.

Abbildung 11.49 ▶
Aus einem Kreispfad entsteht erst durch Zuweisen von Konturen, Flächen und Effekten bzw. Kombinationen aus allem (ganz rechts) das Erscheinungsbild der Grafik.

11.6.1 Aussehen-Bedienfeld

Am Erscheinungsbild der Grafik können Sie meist nicht erkennen, welcher Stufe der Objekthierarchie ein bestimmtes Attribut zugeordnet ist. Das Aussehen-Bedienfeld sowie (in geringerem Umfang) der Bereich Aussehen im Eigenschaften-Bedienfeld (s. Abschnitt 11.6.6) geben Auskunft darüber, wie sich die äußerliche Erscheinung des als Ziel ausgewählten Objekts zusammensetzt. Das Aussehen-Bedienfeld rufen Sie auf, indem Sie Fenster • Aussehen – [⇧]+[F6] – wählen, im Eigenschaften-Bedienfeld unter Aussehen auf ••• oder im Dock klicken.

▲ **Abbildung 11.50**
Der Bereich Aussehen im Eigenschaften-Bedienfeld mit dem Button zum Aufrufen des Aussehen-Bedienfeldes (mehr zum Eigenschaften-Bedienfeld s. Abschnitt 11.6.6 und Abschnitt 1.1.4)

Darstellung der Objekt-Eigenschaften | Aussehen-Eigenschaften eines Objekts und der Gruppen und Ebenen, die es einschließen, werden in der Reihenfolge angewendet, in der sie im Bedienfeld aufgelistet sind. Die oben liegende Eigenschaft liegt im Vordergrund der Grafik. Die Anzeige von Effekten entspricht der Reihenfolge, in der sie am Objekt angewendet werden – der oben stehende Effekt wird zuerst angewandt (mehr zur Reihenfolge und Hierarchie von Aussehen-Eigenschaften s. Abschnitt 11.6.5).

- **Ebenenhierarchie**: Oberhalb des schwarzen Trennstrichs im Bedienfeld sehen Sie die Ebenenhierarchie des Ziels ❹ (fett hervorgehoben

dargestellt). Seine Attribute zeigt das Aussehen-Bedienfeld unterhalb des Trennstrichs an.
Ein Klick auf eine andere Stufe in der Ebenenhierarchie wählt diese als Ziel aus und öffnet dessen Aussehen-Eigenschaften.

- **Aussehen-Attribute**: Die Attribute, z. B. Konturen und Flächen, werden in ihrer Stapelreihenfolge dargestellt ❸. Ist das Ziel eine Gruppe oder Ebene, listet das Aussehen-Bedienfeld einen Eintrag INHALT auf. Doppelklicken Sie auf diesen, um den Inhalt der Gruppe als Ziel auszuwählen und seine Attribute aufzulisten.
  Dies ist jedoch nur sinnvoll, wenn eine der Eigenschaften in identischer Form an allen Objekten des Inhalts vorhanden ist.
- **Miniatur**: Ein Symbol ❷ visualisiert die Aussehen-Eigenschaften an einem Quadrat. Mithilfe des Bedienfeldmenüs können Sie die Miniatur aus- oder einblenden.
- **Indikatorsymbole**: Das Transparenz-Symbol und das Kontur-Fläche-Symbol ❻ kennzeichnen, dass die entsprechenden Eigenschaften den Container-Elementen des Ziels (z. B. Gruppen oder Ebenen) zugeordnet sind.
  Das Effekt-Symbol *fx* ❺ signalisiert die Anwendung eines Effekts nicht nur an übergeordneten Gruppen oder Ebenen – es wird auch bei allen Effekten angezeigt, die dem Ziel zugewiesen sind.
- **Sichtbarkeit**: Das Auge ❶ zeigt an, ob das Aussehen-Attribut sichtbar ist. Mit einem Klick auf das Auge können Sie die Sichtbarkeit einzelner Eigenschaften ein- und ausblenden.
- **Zusätzliche Attribute**: Mit einem Klick auf den Pfeil > neben einem KONTUR- oder FLÄCHE-Eintrag im Aussehen-Bedienfeld zeigen Sie die Eigenschaften dieses Elements an ❽. Unterstrichene Einträge können Sie anklicken, um die Optionen zu überprüfen oder zu bearbeiten. Dazu werden Bedienfelder oder Dialogboxen geöffnet.
- **Neue Kontur/Fläche**: Klicken Sie auf den entsprechenden Button ❼ oder ❾, um eine zusätzliche Kontur oder Fläche für das Ziel zu erstellen.
- **Neuen Effekt hinzufügen**: Rufen Sie mit diesem Button *fx* ❿ das Effekt-Menü auf.

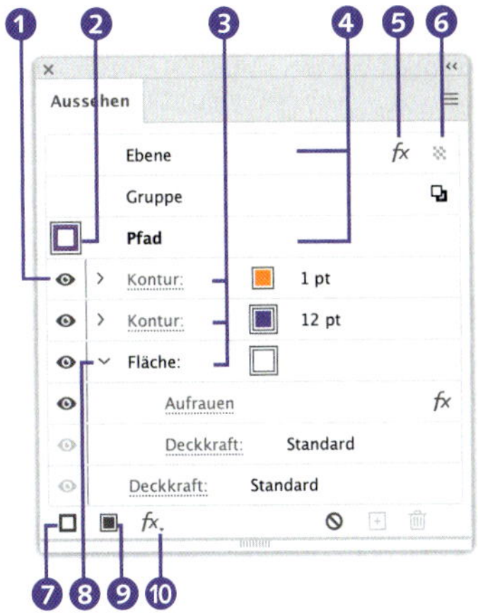

▲ **Abbildung 11.51**
Das Aussehen-Bedienfeld

Sternchen *
Der Asterisk hinter einer Konturstärke zeigt an, dass der Pfad ein Breitenprofil besitzt (s. Abschnitt 8.3).

11.6.2 Konturen und Flächen anlegen

Jedes Vektorobjekt hat eine Kontur, eine Füllung und die Standardtransparenz-Einstellung. Container-Elementen wie Ebenen und Gruppen ist voreingestellt nur die Transparenz zugeordnet. Um einem Objekt zusätzliche Konturen, Füllungen und Effekte zuzuweisen – bzw. einer Gruppe oder Ebene die Attribute neu zuzuweisen (Nutzen von Aussehen für

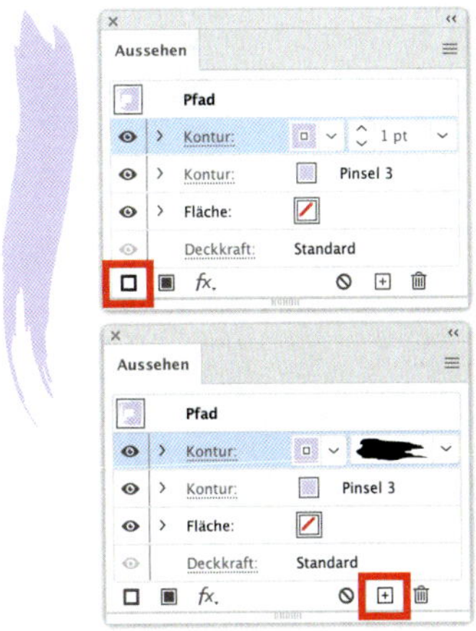

▲ **Abbildung 11.52**
Die neue Kontur (oben) besitzt im Gegensatz zur duplizierten Kontur (unten) keinen Pinselstrich; Ausgangsobjekt (links)

▲ **Abbildung 11.53**
Beim Hinzufügen der ersten Fläche wird auch eine Kontur angelegt.

▲ **Abbildung 11.54**
Doppelkontur vor und nach dem Skalieren: konstruiert aus zwei gruppierten Objekten (violett) und als zusätzliche Kontur eines Objekts (orange)

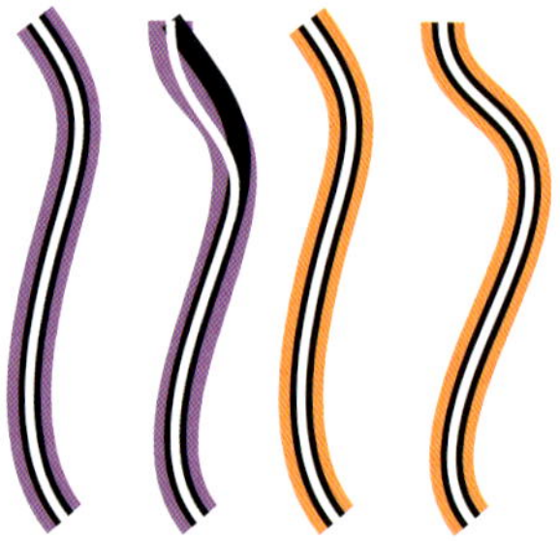

▲ **Abbildung 11.55**
Mehrfarbige Kontur vor und nach der Änderung des Pfadverlaufs: konstruiert aus drei gruppierten Objekten (violett) und als zusätzliche Konturen eines Objekts (orange)

Ebenen s. Abschnitt 11.6.5) –, können Sie sie ganz neu anlegen oder bereits vorhandene Attribute duplizieren.

Neue Kontur und Fläche | Zusätzliche Konturen und Füllungen legen Sie an, indem Sie den Button Neue Kontur hinzufügen ◻ bzw. Neue Fläche hinzufügen ◼ im Aussehen-Bedienfeld anklicken oder den Befehl aus dem Bedienfeldmenü wählen. Ist einer der vorhandenen Einträge aktiviert, wird die neue Eigenschaft darüber angelegt. Erzeugen Sie die erste Kontur oder Fläche eines Elements (z. B. für eine Gruppe oder Ebene), wird immer das jeweils andere Attribut mit angelegt.

Kontur und Fläche duplizieren | Wenn Sie einen bestehenden Eintrag aktivieren und auf den Button Ausgewähltes Objekt duplizieren ⊞ klicken oder Objekt duplizieren aus dem Menü wählen, wird eine Kopie erzeugt. Das ist vor allem dann nützlich, wenn die zu kopierende

Checkliste: Eine zusätzliche Kontur oder ein zusätzliches Objekt?

Der »Effekt«, den Sie mit einer zusätzlichen Kontur (bzw. einer weiteren Fläche) für ein Objekt erreichen, lässt sich genauso einfach (und auf den ersten Blick vielleicht sogar einfacher) mit einem Duplikat des Objekts erreichen. Warum also sollten Sie lieber das zunächst kompliziert erscheinende Aussehen-Bedienfeld benutzen, anstatt einfach das Objekt zu duplizieren?

Übersicht | Wenn Sie zusätzliche Konturen als Objekt-Eigenschaft erzeugen, dann halten Sie die Gesamtanzahl der Objekte in der Datei klein. Damit bleibt das Dokument übersichtlicher. Da Aussehen-Eigenschaften an fast allen Illustrator-Objekten angelegt werden können, ist es z. B. möglich, eine Umrandung als Eigenschaft des Textobjekts zu definieren.

Vererbung | Eine mit dem Aussehen-Bedienfeld erzeugte zusätzliche Kontur oder Fläche verhält sich abhängig vom Objekt und damit von dessen weiteren Eigenschaften. Dies zeigt sich etwa beim Transformieren der Objekte oder beim Ändern eines Pfadverlaufs.
Schon einfache rechteckige, mehrfarbige und skalierbare Rahmen lassen sich mithilfe von Aussehen-Eigenschaften komfortabler und robuster realisieren als mit zusätzlichen Objekten (s. Abbildung 11.54).

Konstruktion | Komplexe Konstruktionen können Sie mithilfe der vielfältigen Transformations- und Verformungsfunktionen von Effekten häufig viel einfacher realisieren als mit duplizierten Objekten (zu Effekten s. Kapitel 13, »Spezial-Effekte«). Beispiele dafür finden Sie unter Aussparungsgruppen in Abschnitt 12.1.6.

Flexibilität | Änderungen der Attribute, wie z. B. Abstände zwischen Konturen, lassen sich häufig einfacher und vor allem zu einem sehr späten Zeitpunkt im Projektverlauf an Aussehen-Eigenschaften als an separaten Objekten durchführen.

Übertragbarkeit | Als Aussehen generierte Konturen und Flächen sind Objekt-Eigenschaften und daher auf andere Objekte übertragbar. Sie lassen sich sogar unabhängig von der ursprünglichen Datei in einer Grafikstil-Bibliothek speichern und mit anderen Nutzern austauschen.

Eigenschaft nicht nur aus einer Farbe, sondern auch aus Effekten und Transparenzen besteht, die Sie für die neue Eigenschaft übernehmen und editieren möchten.

11.6.3 Eigenschaften zuordnen

Während Sie eine Pinselspitze nur der Kontur und eine Farbe nur einer Kontur oder einer Fläche zuweisen können, lassen sich Effekte, Füllmethoden und Deckkraft-Einstellungen sowohl dem Element – Pfad, Gruppe oder Ebene – als auch einzelnen Konturen oder Flächen zuordnen.

Möchten Sie Effekte und Transparenz für das gesamte Objekt einrichten, aktivieren Sie das Ziel, also den Eintrag oberhalb des schwarzen Trennstrichs im Aussehen-Bedienfeld: Pfad, Gruppe bzw. Ebene. Um einer bestimmten Kontur oder Fläche Aussehen-Eigenschaften zuzuweisen, aktivieren Sie deren jeweiligen Eintrag.

Wenn Sie eine Eigenschaft im Eifer des Gefechts dem falschen Attribut zugeordnet haben, ist es möglich, sie später an die richtige Stelle zu verschieben – s. den nächsten Abschnitt.

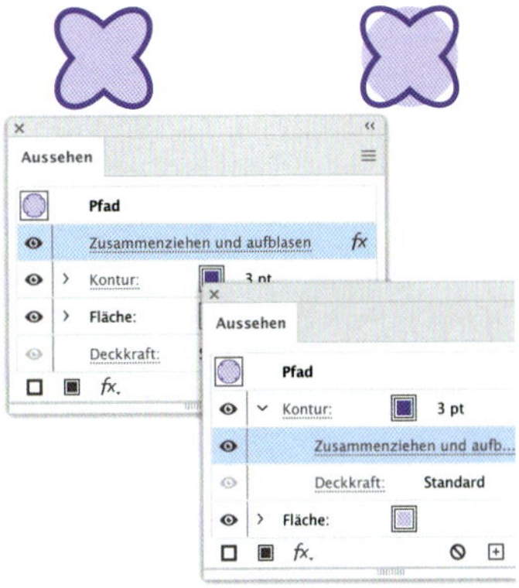

▲ **Abbildung 11.56**
Attribute (z. B. den Effekt Zusammenziehen und aufblasen) für das gesamte Objekt (links) und eine einzelne Kontur (rechts) zuweisen

Eigenschaften bearbeiten | Klicken Sie auf einen Eintrag im Aussehen-Bedienfeld, dann erscheinen kontextsensitiv zusätzliche Steuerungselemente, mit denen Sie direkt das Farbfelder- ❷ oder das Farbe-Bedienfeld und – bei Konturen – das Konturstärken-Menü ❸ aufrufen können. Unterstrichene Einträge ❶ im Aussehen-Bedienfeld können Sie anklicken, um Optionen aufzurufen. Haben Sie eine Pinselkontur angewendet, wird ein Pinselspitzen-Menü ❹ neben dem Farbfeld eines Kontur-Attributs angezeigt. Ein Doppelklick auf die freie Fläche rechts neben dem Menü ❺ öffnet die Kontur-Optionen-Dialogbox des Pinsels.

Jedes Attribut sowie das Objekt insgesamt besitzen einen Eintrag Deckkraft ❻. Mit einem Klick auf den unterstrichenen Eintrag öffnet sich das Transparenz-Bedienfeld, und Sie können Deckkraft und Füllmethode des Attributs ändern.

Haben Sie einem Objekt einen Effekt zugeordnet, dessen Einstellungen Sie verändern möchten, müssen Sie auf den unterstrichenen Eintrag des Effekts ❼ im Aussehen-Bedienfeld klicken. Es öffnet sich die Dialogbox mit den Optionen des Effekts.

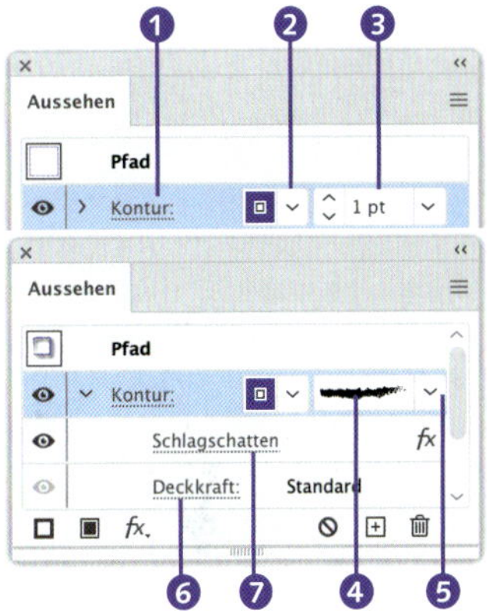

▲ **Abbildung 11.57**
Steuerungselemente zum Editieren von Eigenschaften im Aussehen-Bedienfeld

Farben statt Farbfelder

Um anstelle des Farbfelder- das Farbe-Bedienfeld aufzurufen, drücken Sie [⇧], wenn Sie die Farbminiatur im Aussehen-Bedienfeld anklicken.

Sichtbarkeit von Eigenschaften | Zum Austesten von Aussehen oder zur Beschleunigung des Bildschirmaufbaus haben Sie die Möglichkeit, einzelne Eigenschaften auszublenden. Klicken Sie dazu auf das Augensymbol 👁 im Aussehen-Bedienfeld. Um die Eigenschaft wieder einzublenden, klicken Sie erneut. Wählen Sie Alle ausgeblendeten Attribute anzeigen

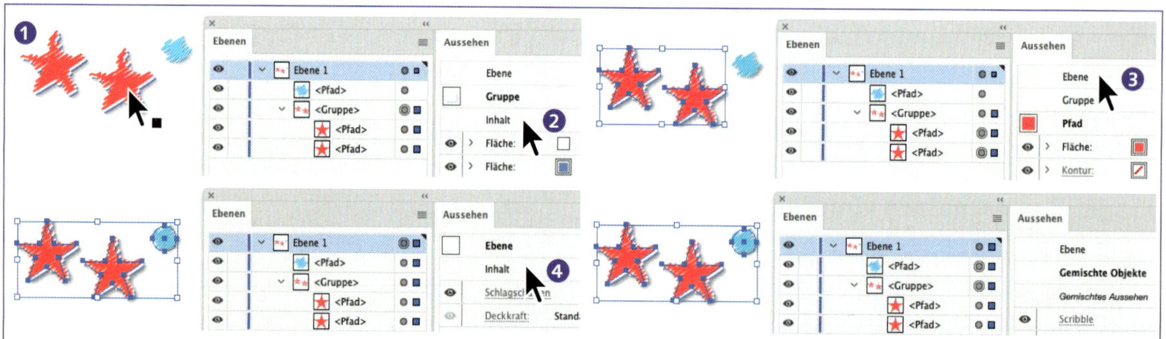

Eigenschaften von Objekten mit dem Aussehen-Bedienfeld untersuchen:
❶ Wird einer der Sterne mit dem Auswahl-Werkzeug angeklickt, dann ist die Gruppe als Ziel ausgewählt und im Aussehen-Bedienfeld hervorgehoben.

❷ Mit einem Doppelklick auf den Eintrag Inhalt im Aussehen-Bedienfeld werden die beiden Sterne als Ziele ausgewählt und im Ebenen-Bedienfeld mit dem Ziel-Symbol markiert. Da beide identische Attribute besitzen, werden diese im Aussehen-Bedienfeld detailliert dargestellt.

❸ Ein Klick auf die Ebene im Aussehen-Bedienfeld wählt sie als Ziel aus. Ihre untergeordneten Elemente werden wie bei der Gruppe als Inhalt aufgelistet. Der Schlagschatten-Effekt ist der Ebene zugewiesen.

❹ Ein Doppelklick auf den Inhalt wählt die Gruppe und den Kreis als Ziel aus und zeigt den Effekt an, der beiden zugewiesen ist. Die Einstellungen für den Effekt können bearbeitet werden.

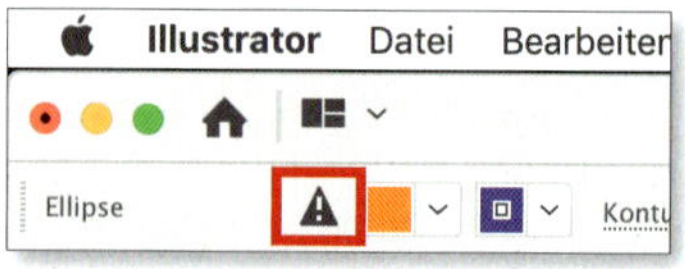

▲ **Abbildung 11.58**
Fokus-Warnung im Steuerungsbedienfeld

aus dem Bedienfeldmenü, um alle wieder anzuzeigen. Ausgeblendete Eigenschaften werden trotzdem mit dem Pipette-Werkzeug übertragen und in Grafikstile gespeichert, sind dort aber auch ausgeblendet.

Fokus nicht auf oberstem Attribut | Haben Sie im Aussehen-Bedienfeld nicht die oberste Fläche bzw. Kontur ausgewählt, zeigt Illustrator im Eigenschaften- und im Steuerungsbedienfeld einen Warnhinweis ⚠ an (s. Abbildung 11.58). Er weist Sie darauf hin, dass Sie vorgenommene Änderungen gegebenenfalls nicht sehen können. Wenn Sie den Fokus auf das obere Attribut setzen möchten, klicken Sie das Symbol an.

▲ **Abbildung 11.59**
Effekte liegen ober- und/oder unterhalb des markierten Bereichs, oder sie sind gezielt einzelnen Konturen und Flächen zugewiesen. Es ist nicht möglich, einen Effekt zwischen Konturen und Flächen einzufügen.

11.6.4 Anordnung von Konturen, Flächen und Effekten im Aussehen-Bedienfeld

Das Endergebnis einer Anwendung mehrerer Aussehen-Eigenschaften eines Objekts ist maßgeblich von der Stapelreihenfolge der Konturen und Flächen, der Reihenfolge der Effekte sowie ihrer Zuordnung zu den Konturen und Flächen des Objekts abhängig. Eine andere Reihenfolge kann ein völlig anderes Erscheinungsbild ergeben.

Die einzelnen Einträge eines Objekts im Aussehen-Bedienfeld werden von oben nach unten und von innen nach außen abgearbeitet. Der folgende Eintrag wirkt auf das Ergebnis der vorherigen Operation. Eigenschaften, die einer Kontur oder Füllung zugewiesen sind, wirken auf die betreffende Kontur und auf Effekte, die danach kommen, z.B. einen

Schlagschatten. Werden Effekte dem gesamten Objekt zugewiesen, dann können sie nur vor oder nach dessen Konturen und Flächen angeordnet werden, nicht zwischen ihnen (s. Abbildung 11.59).

Im Bereich AUSSEHEN des Eigenschaften-Bedienfeldes können Sie Hierarchien nicht einstellen und nur eingeschränkt und gegebenenfalls fehlerbehaftet kontrollieren (s. Abschnitt 11.6.6).

Gleiche Attribute bearbeiten

Sind nur einzelne Attribute bei mehreren aktiven Objekten identisch, so lassen sich diese Attribute im Aussehen-Bedienfeld bearbeiten.

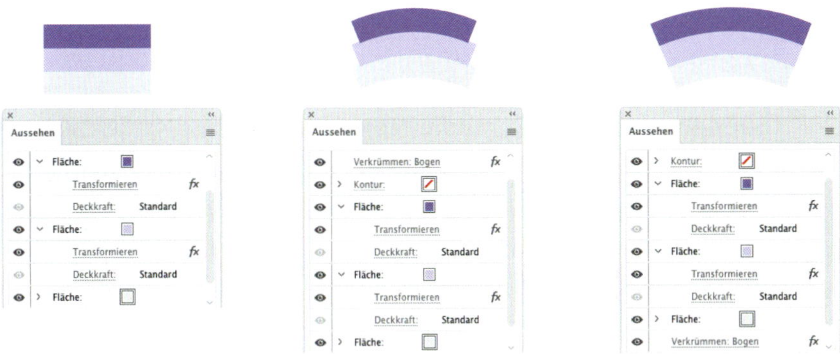

▲ **Abbildung 11.60**
Reihenfolge von Effekten (von links): ein Rechteck mit drei Flächen, die per Transformieren-Effekt (s. Abschnitt 13.2.4) verschoben wurden; BOGEN auf das Grundobjekt angewendet (also vor dem Anlegen und Transformieren der Flächen); BOGEN auf das Gesamtobjekt angewendet (nach der Transformation); BOGEN nur auf eine der Flächen angewendet

Pre- und Post-Effekte | Einige Effekte werden automatisch ganz oben im Aussehen-Bedienfeld angewandt, andere ganz unten. Diese Anordnung hat nichts damit zu tun, welches Element aktiviert war, sondern ist in die Effekte implementiert. Die Anwendung vieler Effekte ist (normalerweise) nur an bestimmten Stellen sinnvoll, und entsprechend sind die Effekte als Pre-Effekte oder Post-Effekte konfiguriert

Aussehen-Attribute anordnen | So, wie Sie die Einträge im Ebenen-Bedienfeld in der Stapelreihenfolge und der Hierarchie »verschieben« können, lassen sich fast alle Attribute im Aussehen-Bedienfeld einem anderen Eintrag zuordnen. Klicken und ziehen Sie ein Kontur-, Fläche- oder Effekt-Attribut auf eine Trennungslinie, um es an einen anderen Platz in der Stapelreihenfolge zu verschieben. Wichtig: Klicken Sie dabei nicht auf die Bezeichnung des Eintrags, sondern auf eine leere Stelle der Zeile – gegebenenfalls müssen Sie das Bedienfeld verbreitern.

Effekt-Attribute *fx* lassen sich auf Kontur- oder Flächeneinträge ziehen, um sie speziell diesen Attributen zuzuordnen. Die Ausnahme bildet die Deckkraft-Einstellung – diese müssen Sie bei jedem Attribut einzeln verändern. Möchten Sie die Transparenz des Objekts oder eines Attributs

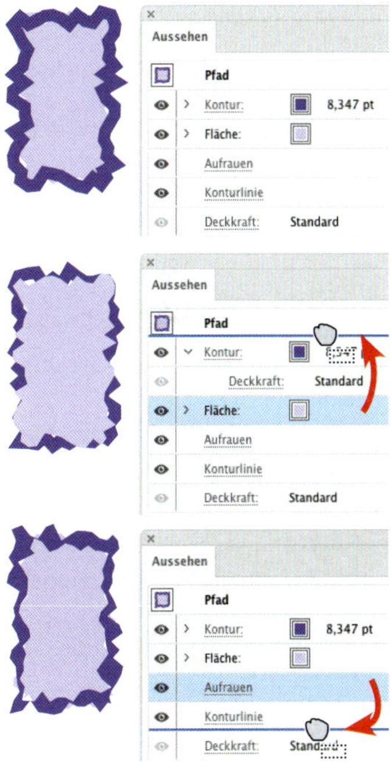

▲ **Abbildung 11.61**
Verschieben der Fläche in den Vordergrund (Mitte) und des Effekts AUFRAUEN hinter KONTURLINIE (unten); Ergebnisse (links)

Effekt Konturlinie

Effekte können in eine andere Abfolge gebracht werden, um die Wirkung zu ändern. Eine Ausnahme stellt der Effekt KONTURLINIE dar: Wenn Sie möchten, dass er vor anderen Effekten angewandt wird, müssen Sie ihn als Erstes zuweisen.

auf den Grundzustand setzen, aktivieren Sie den Eintrag DECKKRAFT und klicken auf LÖSCHEN .

Modifizierungsmöglichkeiten | Aussehen-Attribute anordnen

- Drücken Sie ⌥/Alt, um einen Eintrag zu duplizieren.
- Drücken Sie ⇧, um mehrere Einträge zu aktivieren und sie anschließend gemeinsam zu verschieben oder zu duplizieren.

11.6.5 Aussehen-Eigenschaften und Container-Elemente (Ebenen, Gruppen, Symbole, Textobjekte, Live-Objekte)

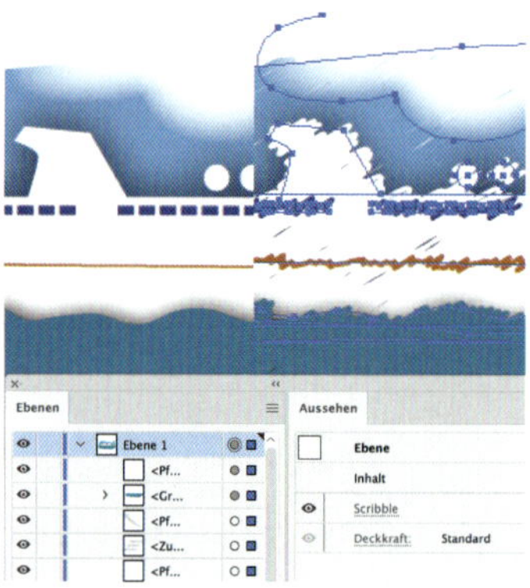

▲ **Abbildung 11.62**
Alle Objekte einer Ebene erhalten das Aussehen der Ebene (hier: SCRIBBLE-Effekt) zusätzlich zu ihren bestehenden Eigenschaften.

Container-Elemente sind Elemente, die Unterobjekte besitzen. Das trifft auf Ebenen und Gruppen zu, aber auch auf Symbole (s. Kapitel 16), Textobjekte (s. Kapitel 14) und Live-Objekte wie interaktive Malgruppen oder zusammengesetzte Formen. Sie bilden zusätzliche Hierarchiestufen in einem Illustrator-Dokument.

Alle Objekte, die auf einer Ebene (oder in einer Gruppe oder einem anderen Container) erstellt, auf sie verschoben oder kopiert werden, erhalten automatisch die Aussehen-Eigenschaften der Ebene zusätzlich zu Eigenschaften, die ihnen selbst zugeordnet sind (s. Abbildung 11.61). Durch die Zuordnung der Eigenschaften zu einer Ebene statt zu den einzelnen Objekten können Sie sich das Erstellen gleichartiger Objekte erleichtern. Das Objekt verliert die der Ebene zugewiesenen Eigenschaften, sobald Sie es auf eine andere Ebene verschieben.

Sehr nutzbringend können Sie das bei der Gestaltung von Straßen- und Anreiseplänen für sich einsetzen. Ist das Aussehen der Ebene zugewiesen, bilden sich Kreuzungen fast von selbst.

Abbildung 11.63 ▶
Zwei sich kreuzende Pfade erhalten jeweils eine Dreifach-Kontur (Mitte). Dieselbe Kontur als Eigenschaft der Ebene erzeugt eine Kreuzung statt einer Überführung (rechts).

Haben die Pfade neben der Ebene oder Gruppe eigene Konturen, Flächen oder Effekte, entscheidet die Stapelreihenfolge von Inhalt und Gruppen- bzw. Ebenen-Eigenschaften über die Wirkung der Attribute auf das Erscheinungsbild des Objekts.

Die Anwendung der Effekte erfolgt von innen nach außen. Effekte eines einzelnen Pfades werden also ausgeführt, bevor die Effekte von Gruppen oder Ebenen wirken. So können die äußeren Effekte auf den Ergebnissen der inneren aufbauen und Abfolgen von Effekten, die sich innerhalb eines Objekts nicht erstellen lassen, über die Hierarchie umge-

Achtung: Aufheben der Gruppe

Besitzt eine Gruppe Eigenschaften, gehen diese Attribute verloren, sobald Sie die Gruppierung lösen. Erstellen Sie einen Grafikstil aus den Eigenschaften, bevor Sie die Gruppierung aufheben. Am Ziel-Symbol im Ebenen-Bedienfeld erkennen Sie, ob die Gruppe Aussehen-Eigenschaften besitzt.

setzt werden (ein Beispiel finden Sie in der Schritt-für-Schritt-Anleitung am Ende dieses Kapitels in Schritt 9).

Wenn Sie die Aussehen-Eigenschaften dieser Objekte aufrufen, erscheint im Aussehen-Bedienfeld der zusätzliche Eintrag INHALT – er steht für die untergeordneten Objekte. Die Position dieses Eintrags innerhalb des Attributstapels entscheidet darüber, ob die individuellen Objekte in einer Gruppe die Attribute überdecken, die der Gruppe zugewiesen wurden, oder umgekehrt.

Grafikstile per Drag & Drop

Ziehen Sie die Miniatur aus dem Aussehen-Bedienfeld auf ein Objekt auf der Zeichenfläche, um dieses mit den Eigenschaften zu versehen. Das Objekt muss nicht ausgewählt sein.

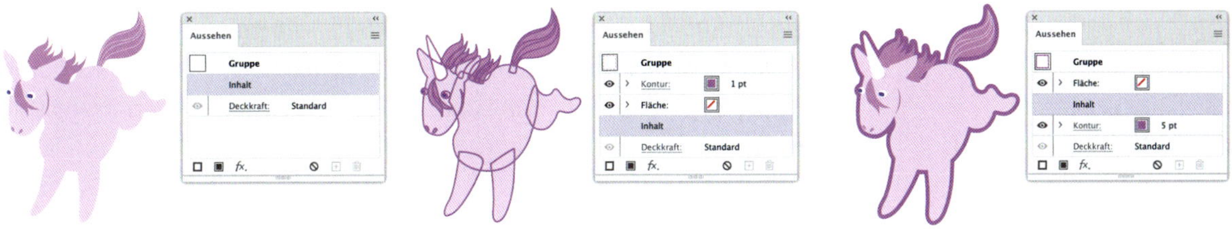

▲ **Abbildung 11.64**
Eine Gruppe mit zusätzlich hinzugefügter Kontur (links: Original). Achten Sie auf den Eintrag INHALT.

Einem Container eine neue Flächenfarbe zuweisen | Weisen Sie einer Gruppe oder Ebene, die bisher keine eigene Fläche besitzt, eine neue Flächen- oder Konturfarbe zu, dann werden diese Eigenschaften direkt den gruppierten Objekten zugeordnet (s. Abbildung 11.65).

▲ **Abbildung 11.65**
Besitzt eine Gruppe keine Fläche und keine Kontur, werden ihr zugewiesene Farben an die gruppierten Objekte »weitergereicht« und deren bestehende Eigenschaften ersetzt.

11.6.6 Aussehen im Eigenschaften-Bedienfeld bearbeiten

Auch im Eigenschaften-Bedienfeld können Sie Flächen, Konturen, Deckkraft und Effekte zuweisen und das Aussehen von Objekten überprüfen. Die Anzeige ist jedoch stark eingeschränkt und kann irreführend sein.

Bereich »Aussehen« | Ganz oben im Eigenschaften-Bedienfeld wird das Ziel angezeigt: das ausgewählte Objekt bzw. eine Ebene ❶. Ist ein Objekt aktiv, finden Sie den Bereich AUSSEHEN immer an zweiter Stelle ❷ im Eigenschaften-Bedienfeld. Dort werden jeweils eine Kontur und eine Fläche sowie ein Deckkraftregler ❸ angezeigt – die Reihenfolge von Fläche und Kontur passt sich jedoch nicht wie im Aussehen-Bedienfeld der tatsächlichen Reihenfolge der Attribute an. Über den Button fx. ❹ rufen Sie das EFFEKT-Menü auf, mit dem Button 🗑 ❺ löschen Sie einen einzelnen Effekt. Mit dem Button ••• ❻ öffnen Sie das Aussehen-Bedienfeld. Wurde dem Objekt ein Pinsel zugewiesen, dann erscheint ein zusätzlicher Bereich PINSEL unter dem Bereich AUSSEHEN.

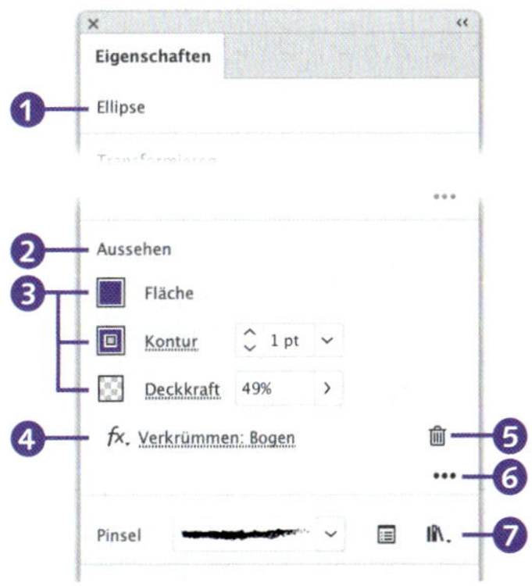

▲ **Abbildung 11.66**
Der Bereich AUSSEHEN im Eigenschaften-Bedienfeld

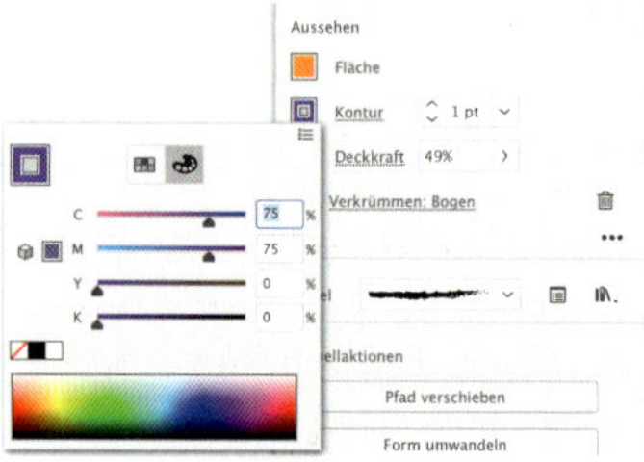

▲ **Abbildung 11.67**
Einstellen der Farben im Popup

▲ **Abbildung 11.68**
Darstellung eines komplexen Aussehens im Aussehen-Bedienfeld (links) im Vergleich mit der Anzeige im Eigenschaften-Bedienfeld mit Warnsymbolen (rechts)

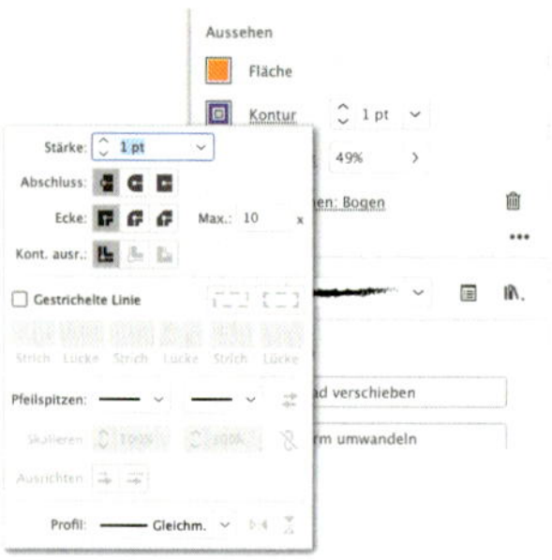

▲ **Abbildung 11.69**
Einstellen der Kontur im Popup

Aussehen immer umwandeln?

Wenn Sie eine AI-Datei speichern, um sie im Layout zu platzieren, müssen Sie nicht zuvor das Aussehen umwandeln, denn im PDF-Part der gespeicherten Datei ist automatisch das Aussehen umgewandelt (zum Speichern s. Abschnitt 3.7).

Eigenschaften zuweisen | Mit einem Klick auf die Farbminiaturen neben FLÄCHE und KONTUR rufen Sie ein Farbe- bzw. Farbfelder-Popup auf, in dem Sie die Farben bestimmen können. Die eingestellte Deckkraft bzw. Effekte werden dem Objekt zugewiesen, nicht einzelnen Konturen oder Flächen – es sei denn, Sie haben diese im Aussehen-Bedienfeld ausgewählt. Die Arbeitsweise mit beiden Bedienfeldern wäre jedoch unnötig kompliziert.

Warnsymbole | Besitzt ein Objekt mehrere Konturen oder Flächen, dann erkennen Sie das am Symbol ⓘ. Falls im Aussehen-Bedienfeld eine der unten liegenden Konturen oder Flächen aktiv ist, dann wird deren Farbe auch im Eigenschaften-Bedienfeld angezeigt. Das Warndreieck ⚠ signalisiert dies. Klicken Sie darauf, um die oberste Kontur bzw. Fläche auszuwählen. Falls ein Objekt mehrere Effekte besitzt, wird kein Löschen-Symbol angezeigt.

Detailoptionen und weitere Bedienfelder aufrufen | Mit einem Klick auf die unterstrichenen Begriffe rufen Sie die Optionen von Effekten bzw. das Kontur- und das Transparenz-Bedienfeld auf, in denen Sie weitere Details einstellen können. Wenn Sie mit mehreren Konturen oder Flächen bzw. mit Effekten auf einzelnen Konturen oder Flächen arbeiten oder komplexe Dateien überprüfen wollen oder wenn die Reihenfolge von Aussehen-Attributen geändert werden muss, rufen Sie mit einem Klick auf den Button ••• das Aussehen-Bedienfeld auf.

11.6.7 Eigenschaften für neue Objekte

Objekte, die Sie neu auf der Zeichenfläche erstellen, können entweder alle Eigenschaften des zuletzt aktivierten Objekts übernehmen oder nur mit dessen Basisattributen (Kontur, Fläche und Standardtransparenz) versehen werden. Aktivieren Sie im Bedienfeldmenü den Eintrag NEUES BILD HAT GRUNDFORM, wenn neue Elemente nur die Basisattribute erhalten sollen.

11.6.8 Auswahl auf Basis von Eigenschaften

Objekte, deren Aussehen mit dem des aktivierten Objekts identisch sind, wählen Sie mit AUSWAHL • GLEICH • AUSSEHEN aus. Möchten Sie alle Objekte finden, die mindestens ein identisches Attribut besitzen, rufen Sie AUSWAHL • GLEICH • AUSSEHENSATTRIBUTE auf. Ausgewählt werden nur Objekte, deren Attribute mit identischen Einstellungen (z. B. Konturstärke, Effekt-Optionen) versehen sind.

11.6.9 Aussehen umwandeln

Für den Export in andere Programme, eine spezielle Weiterbearbeitung oder wenn Sie beim Ausdrucken auf Probleme stoßen, kann es hilfreich sein, die komplexe Struktur der Aussehen-Eigenschaften eines Objekts auf einzelne Objekte zu verteilen und Effekte in Pfade oder sogar Pixelbilder umzurechnen. Bevor Sie die finalen Versionen von Logos oder Dateien für den Folienplot speichern, müssen Sie das Aussehen sogar umwandeln (und anschließend die Ergebnisse gegebenenfalls optimieren, z. B. Formen zusammenfügen).

Diesem Zweck dient der Befehl Objekt • Aussehen umwandeln. Ist ein Objekt z. B. mit mehreren Konturen versehen, werden mehrere Objekte mit je einer Kontur erstellt. Je nach Aussehen-Attribut wirkt der Befehl anders:

- Einfache Konturen und Flächen verteilt das Programm auf separate Objekte.
- Pinselkonturen werden in Formen umgewandelt.
- Die zunächst »virtuellen« Auswirkungen der Effekte, die die Objektform verändern, berechnet Illustrator als Formen.
- Pixelbasierte Stilisierungseffekte wie Schatten und Schein werden als Rasterbild berechnet.

Konturen in Flächen wandeln

Bei Aussehen umwandeln werden nicht automatisch alle Konturen in Flächen verwandelt. Um Konturen in Flächen umzuwandeln, verwenden Sie zusätzlich den Befehl Objekt • Umwandeln.
Beides in einem Schritt können Sie mit Objekt • Transparenz reduzieren erreichen. Einen Vergleich der Umwandeln-Befehle in Illustrator finden Sie in Tabelle 10.1 auf Seite 336.

▲ **Abbildung 11.70**
Aussehen umwandeln: Pfadansicht (unten) – normale Konturen werden nicht in Flächen umgewandelt (links).

11.6.10 Aussehen-Attribute vom Objekt entfernen

Auf Grundform reduzieren | Um alle Eigenschaften außer den in der Grundform enthaltenen von einem Objekt zu entfernen, wählen Sie Auf Grundform reduzieren aus dem Bedienfeldmenü.

Die Grundform besteht aus einer Kontur, einer Fläche und der Standardtransparenz. In der Stapelreihenfolge liegt die Kontur über der Fläche. Die Standardtransparenz ist definiert als Füllmethode Normal, Deckkraft 100 %. Zusätzliche Optionen – wie z. B. Aussparungsgruppe, Füllmethode isolieren – sind deaktiviert (zu Transparenz s. Kapitel 12).

▲ **Abbildung 11.71**
Reduzieren auf die Grundform

Aussehen löschen | Löschen Sie einzelne Aussehen-Attribute, indem Sie sie aktivieren und Objekt entfernen aus dem Bedienfeldmenü wählen, auf den Button Ausgewähltes Objekt löschen 🗑 am unteren Rand des Bedienfeldes klicken oder den Eintrag auf das Symbol ziehen.

Möchten Sie alle Attribute eines Objekts löschen, wählen Sie Aussehen löschen aus dem Bedienfeldmenü oder klicken auf den Button Aussehen löschen ⊘. Dabei gehen alle Attribute verloren, und die Basiseigenschaften Kontur und Fläche werden auf Ohne gesetzt.

Ein Attribut aus einer Ebene oder Gruppe entfernen

Haben Sie einer Ebene oder Gruppe eine Kontur und eine Füllung zugewiesen und möchten Sie nur eines dieser Attribute entfernen, dürfen Sie den Eintrag nicht löschen, denn der andere würde ebenfalls gelöscht. Setzen Sie stattdessen das nicht benötigte Attribut auf Ohne.

▲ **Abbildung 11.72**
Objekteigenschaften übertragen

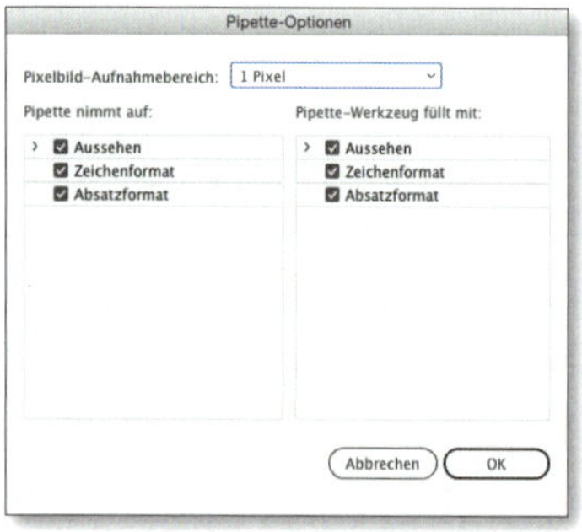

▲ **Abbildung 11.73**
Mit diesen Optionen überträgt das Pipette-Werkzeug alle Aussehen-Eigenschaften – wenn Sie Aussehen aufklappen, ist dies nicht mehr der Fall.

▲ **Abbildung 11.74**
Pipettengenauigkeit: Rot: 1 Pixel, Blau: 3×3 Pixel, Grün: 5×5 Pixel

11.7 Aussehen-Eigenschaften mit der Pipette übertragen

Möchten Sie ein Objekt genauso wie ein anderes Objekt gestalten, können Sie die Aussehen-Attribute des Musterobjekts aufrufen und in derselben Form bei dem anderen Objekt einrichten.

Illustrator bietet jedoch ein Hilfsmittel, um Eigenschaften automatisch aufzunehmen und auf andere Objekte zu übertragen: das Pipette-Werkzeug. Darüber hinaus können Sie mit der Pipette Farben aus platzierten Pixelbildern, vom Desktop und aus Fenstern anderer Programme aufnehmen.

Abhängig von Ihrem Betriebssystem müssen Sie Illustrator gegebenenfalls das Recht einräumen, Ihren Bildschirm aufzunehmen, damit die Pipette Farben aus Bildern erfassen kann.

11.7.1 Attribute übernehmen

Um Eigenschaften eines anderen Objekts zu übernehmen, gehen Sie wie folgt vor:

1. Aktivieren Sie das oder die Objekte, deren Eigenschaften Sie verändern wollen.
2. Wählen Sie das Pipette-Werkzeug, oder drücken Sie I.(Achtung! Benutzen Sie den Shortcut nicht, wenn Sie Text ausgewählt haben.)
3. Klicken Sie mit dem Pipetten-Cursor auf das Objekt, dessen Eigenschaften Sie übernehmen möchten.

Attribute auf mehrere Objekte übertragen | So übertragen Sie Eigenschaften von einem Objekt auf andere Objekte:

1. Klicken Sie mit dem Cursor des Pipette-Werkzeugs auf das Objekt, dessen Eigenschaften Sie aufnehmen möchten.
2. Drücken und halten Sie ⌥/Alt – der Pipetten-Cursor verändert sich in eine spiegelverkehrte Form –, und klicken Sie auf das oder nacheinander auf die Objekte, auf die Sie die aufgenommenen Eigenschaften übertragen möchten.

Optionen | Per Doppelklick auf das Pipette-Werkzeug im Werkzeugbedienfeld erreichen Sie die Optionen. Hier stellen Sie ein, welche Eigenschaften aufgenommen und welche auf andere Objekte übertragen werden.

Außerdem können Sie die Genauigkeit des Farbaufnahme-Werkzeugs für Pixelbilder einstellen: Es nimmt entweder exakt die Farbe des angeklickten Pixels auf oder bildet einen Durchschnitt aus den Farben der Umgebungspixel.

11.7.2 Farbe aufnehmen

Sie können auch nur eine Farbe aufnehmen – das kann die Farbe einer Kontur, einer Fläche, eine Farbe von einer bestimmten Stelle eines Verlaufs oder eine Farbe aus einer platzierten Rastergrafik sein – und sie für die Füllung oder Kontur eines aktivierten Objekts übernehmen. Gehen Sie wie folgt vor, um nur die Farbe aufzunehmen und zu übertragen:

1. Falls Sie ein Objekt einfärben möchten, wählen Sie es aus.
2. Aktivieren Sie im Werkzeugbedienfeld das Farbauswahlfeld KONTUR oder FLÄCHE – je nachdem, auf welches der beiden Sie die Farbe übertragen möchten.
3. Wählen Sie die Pipette.
4. Halten Sie [⇧], und klicken Sie mit dem Pipetten-Cursor auf die Farbe, die Sie übernehmen möchten. Beim Klick »füllt« sich der Cursor mit Farbe – zeigt er außerdem ein kleines Quadrat, so heißt dies, dass die Farbe nur im RGB-Modus aufgenommen werden konnte und daher in den Farbmodus des Dokuments konvertiert wurde. Die angewendete Farbe stimmt also nicht exakt mit der aufgenommenen Farbe überein.

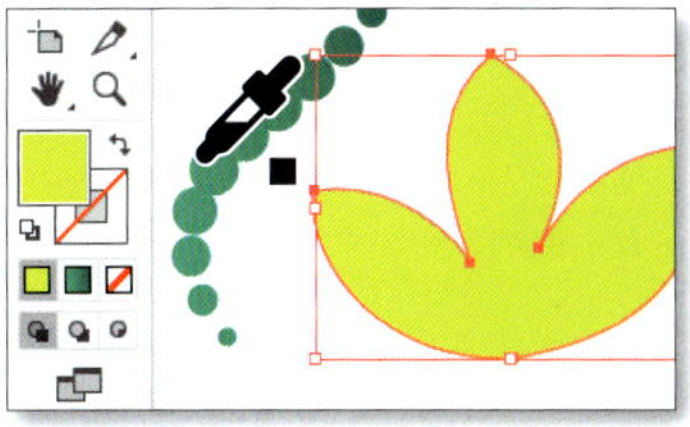

▲ **Abbildung 11.75**
Ist die Fläche fokussiert, dann können Sie mit gedrückter [⇧]-Taste eine Farbe aus einer Kontur (hier: ein Verlauf) aufnehmen.

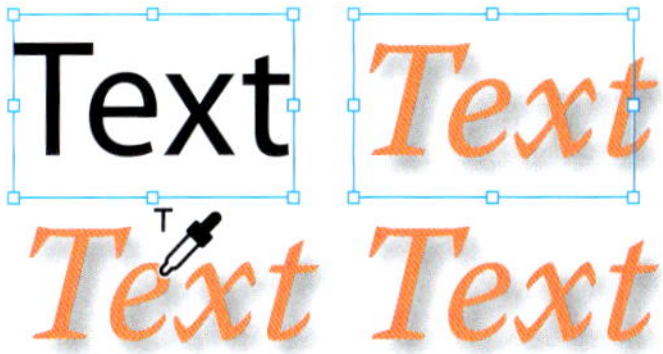

▲ **Abbildung 11.76**
Übertragen von Zeichenformatierungen mit dem Pipette-Werkzeug

Ist kein Objekt aktiv, dann werden die Eigenschaften des mit der Pipette angeklickten Objekts zur Voreinstellung für das nächste Objekt.

> **Die Pipette arbeitet nicht wie in Photoshop**
>
> Illustrators Pipette dient vor allem dazu, Aussehen-Eigenschaften von Vektorobjekt zu Vektorobjekt zu übertragen, sie ist kein Farbmessinstrument. Wenn Sie exakte Werte aus platzierten Bildern benötigen, messen Sie daher lieber mit der Pipette in Photoshop. Sie können auch im Farbwähler oder beim Eingeben der Werte eines Farbfeldes nicht direkt die Pipette benutzen, um Farben von der Zeichenfläche aufzunehmen.

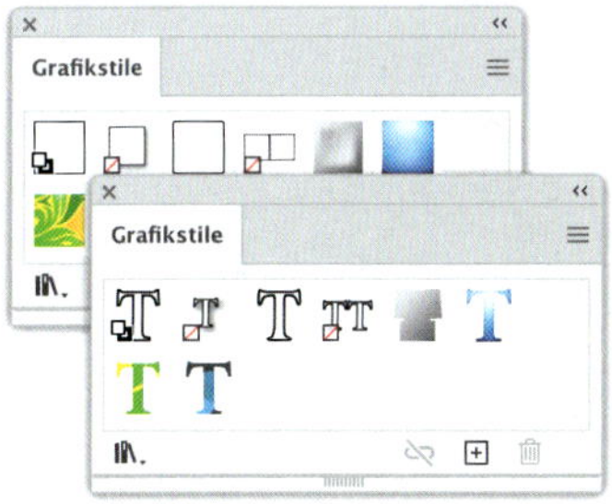

▲ **Abbildung 11.77**
Das Grafikstile-Bedienfeld mit Vorschau als Quadrat (oben) und als Text (unten)

11.8 Aussehen-Eigenschaften als Grafikstile speichern

Weitaus effektiver als mit dem Pipette-Werkzeug gestaltet sich die Arbeit mit Grafikstilen.

In einem Grafikstil speichern Sie eine Zusammenstellung von Aussehen-Eigenschaften, damit diese für zukünftige Objekte einfach wiederverwendbar sind. Das spart Ihnen nicht nur Zeit, sondern wahrt auch ein exakt einheitliches Aussehen.

Wenn Sie Grafikstile auf Objekte anwenden, behalten diese die Verbindung zum Grafikstil, sodass Änderungen an der Definition des Stils

> **Nach Grafikstil auswählen**
>
> Möchten Sie alle Objekte aktivieren, die einen bestimmten Grafikstil besitzen, aktivieren Sie entweder den Grafikstil im Bedienfeld oder ein Objekt, dem er zugeordnet ist, und wählen AUSWAHL • GLEICH • STIL.

an allen Objekten übernommen werden, die diesen Stil verwenden. Grafikstile können Sie wie Farbfelder nicht nur innerhalb einer Datei, sondern mittels Bibliotheken auch über Dokumente hinweg anwenden.

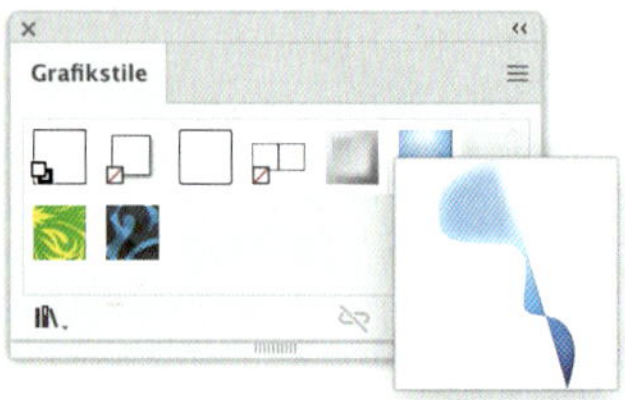

▲ **Abbildung 11.78**
Die vergrößerte Vorschau eines Stils zeigt die Form des Objekts.

11.8.1 Grafikstile-Bedienfeld

Grafikstile werden mit dem Grafikstile-Bedienfeld verwaltet. Rufen Sie das Bedienfeld mit FENSTER • GRAFIKSTILE auf – ⇧+F5, im Dock. Die Darstellungsart und Sortierung des Grafikstile-Bedienfeldes wählen Sie aus dem Menü.

- **Miniaturen**: Voreingestellt zeigt das Grafikstile-Bedienfeld die Einträge in Reihen nebeneinander als Miniaturen an. Ob die Miniaturen ein einfaches Quadrat oder einen Buchstaben als Anwendungsbeispiel verwenden, wählen Sie im Bedienfeldmenü unter QUADRAT FÜR VORSCHAU VERWENDEN bzw. TEXT FÜR VORSCHAU VERWENDEN. Das Symbol zeigt an, dass der Grafikstil die Fläche und Kontur OHNE besitzt.
- **Vergrößerte Vorschau**: Mit ctrl+Mausklick (Mac) bzw. mit einem Klick mit der rechten Maustaste (Win und Mac) auf die Miniatur zeigen Sie eine vergrößerte Vorschau des Grafikstils an.

▲ **Abbildung 11.79**
Der Grafikstil des Objekts wird im Aussehen-Bedienfeld angezeigt.

Grafikstil-Bibliotheken verwenden | Grafikstil-Bibliotheken rufen Sie im Menü FENSTER • GRAFIKSTIL-BIBLIOTHEKEN auf oder mit GRAFIKSTIL-BIBLIOTHEK ÖFFNEN aus dem Menü des Grafikstile-Bedienfeldes bzw. mit dem Button MENÜ GRAFIKSTIL-BIBLIOTHEKEN unten im Bedienfeld (Bibliotheken s. Abschnitt 1.3).

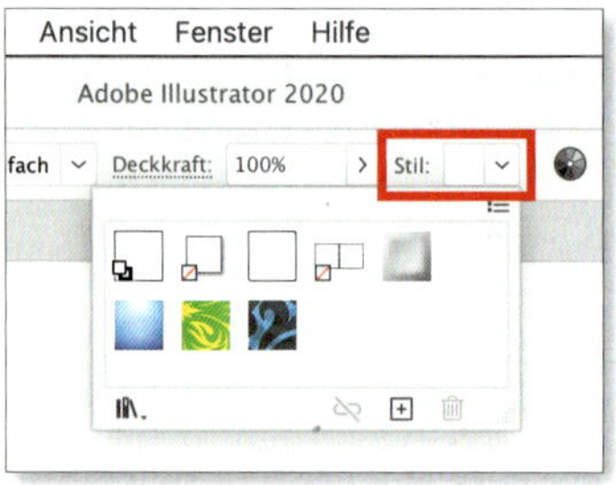

▲ **Abbildung 11.80**
Grafikstile im Steuerungsbedienfeld

11.8.2 Grafikstil zuweisen

Möchten Sie einem Objekt einen Grafikstil zuweisen, aktivieren Sie das Objekt bzw. wählen eine Ebene als Ziel aus und klicken auf einen Stil aus dem Grafikstile-Bedienfeld, einer Grafikstil-Bibliothek oder im Steuerungsbedienfeld unter STIL.

Die Eigenschaften des Grafikstils ersetzen die bestehenden Aussehen-Eigenschaften des Objekts.

▲ **Abbildung 11.81**
Zeichenfarbe überschreiben (rechts)

Grafikstil und Textobjekte | Beim Anwenden eines Grafikstils auf ein Textobjekt haben Sie die Wahl, ob die Originalschriftfarbe erhalten bleiben oder der Grafikstil die Schriftfarbe bestimmen soll. Aktivieren Sie die Option ZEICHENFARBE ÜBERSCHREIBEN im Bedienfeldmenü, damit der Grafikstil die Schriftfarbe bestimmt. Die Auswirkung dieser Option ist manchmal nicht vorhersehbar, häufig erhalten die Zeichen die Farbe OHNE (zur »Anatomie« eines Textobjekts s. Abschnitt 14.8.2).

Modifikationsmöglichkeit | Drücken Sie ⌥/Alt und klicken Sie auf einen Grafikstil, um diesen zu den vorhandenen Aussehen-Attributen des Objekts hinzuzufügen, anstatt bestehende Eigenschaften zu ersetzen. Das Objekt besitzt dann jedoch keine Verbindung zu einem Grafikstil.

Verbindung lösen | Möchten Sie die Verbindung zwischen Objekt und Grafikstil lösen, klicken Sie auf den Button Verbindung mit Grafikstil aufheben. Alternativ verändern Sie eines der Aussehen-Attribute des Objekts. Das Objekt behält die Aussehen-Eigenschaften, wird aber nicht mehr aktualisiert, wenn Sie die Grafikstil-Definition editieren.

Grafikstil vom Objekt entfernen | Einen Grafikstil entfernen Sie vom Objekt, indem Sie dem Objekt den Standard-Grafikstil zuweisen. Damit werden alle Aussehen-Eigenschaften gelöscht, und das Objekt erhält die Grundattribute.

Grafikstile zum Hinzufügen

Grafikstile, die keine eigene Flächen- oder Konturfarbe besitzen, sind für diese Anwendung geradezu prädestiniert. Sie erkennen derartige Stile an dem Symbol neben ihrer Miniatur.

Muster in Grafikstilen

Verwenden Sie Muster-Farbfelder in Ihren Grafikstilen, brauchen Sie sich um diese beim Speichern der Bibliothek nicht zu kümmern. Der Grafikstil enthält die nötigen Informationen.

11.8.3 Grafikstil erstellen

Um einen neuen Grafikstil zu erstellen, richten Sie zunächst die Aussehen-Attribute ein oder aktivieren ein Objekt, das diese Attribute besitzt. Wählen Sie Neuer Grafikstil aus dem Bedienfeldmenü, oder klicken Sie auf den Button Neuer Grafikstil. Sie können auch das Objekt ins Grafikstile-Bedienfeld ziehen.

Wenn Sie einen neuen Grafikstil aus den Eigenschaften eines aktivierten Objekts erstellen, wird der neue Stil diesem Objekt automatisch zugeordnet.

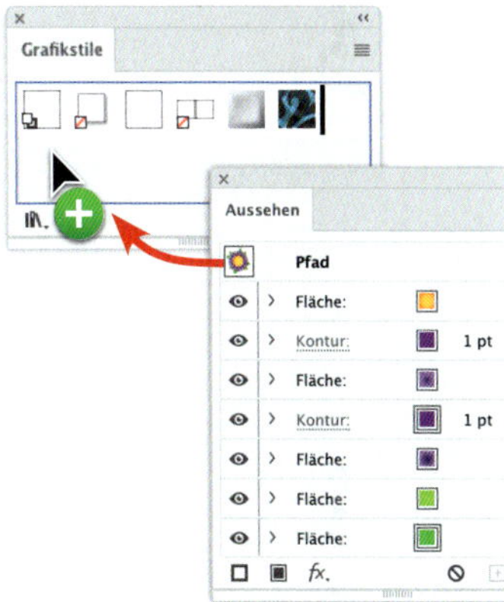

▲ **Abbildung 11.32**
Erstellen eines Grafikstils durch Ziehen der Miniatur aus dem Aussehen-Bedienfeld ins Grafikstile-Bedienfeld

Modifikationsmöglichkeit | Grafikstil erstellen

- Drücken Sie ⌥/Alt, und klicken Sie auf den Button Neuer Grafikstil, um die Optionen-Dialogbox aufzurufen.
- Drücken Sie ⌥/Alt, und ziehen Sie ein Objekt auf einen vorhandenen Stil, um diesen zu ersetzen (s. auch Abschnitt 11.8.4).

Grafikstil-Optionen | In den Grafikstil-Optionen haben Sie nur die Möglichkeit, dem Grafikstil einen Namen zu geben. In der Listenansicht des Grafikstile-Bedienfeldes können Sie dies auch direkt vornehmen.

Grafikstil duplizieren | Erzeugen Sie die Kopie eines vorhandenen Grafikstils, indem Sie diesen aktivieren und Grafikstil duplizieren aus dem Menü wählen oder auf den Button Neuer Grafikstil klicken.

Skalierter Grafikstil

Wurden die Einstellungen eines Grafikstils gemeinsam mit dem Objekt skaliert und möchten Sie den Grafikstil mitsamt der Skalierung als neuen Stil definieren, dann ziehen Sie das Objekt mit den skalierten Eigenschaften ins Grafikstile-Bedienfeld.

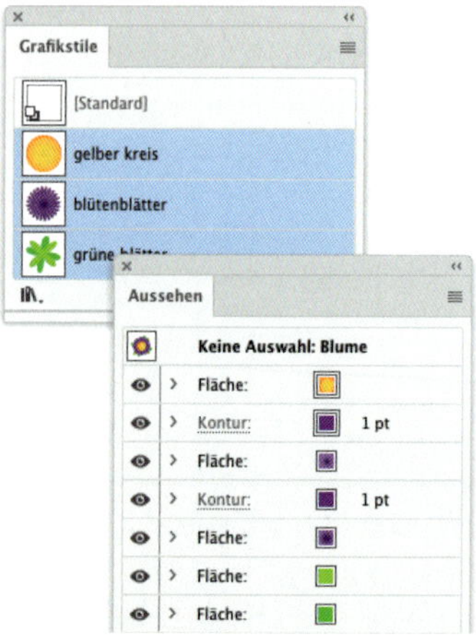

▲ **Abbildung 11.83**
Die Kombination der drei Grafikstile (oben) ergibt das Aussehen (unten).

Grafikstile kombinieren | Möchten Sie einen neuen Grafikstil erstellen, der die Attribute mehrerer bestehender Stile in sich vereint, können Sie sie mit einem Menübefehl zusammenfügen:

1. Da der neue Stil die Aussehen-Attribute der zusammengefügten Grafikstile in der Reihenfolge enthält, die sie im Bedienfeld hatten, müssen Sie die Stile gegebenenfalls anordnen.
2. Aktivieren Sie die betreffenden Grafikstile anschließend im Bedienfeld – drücken Sie ⌘/Strg, um nicht direkt aufeinanderfolgende Einträge auszuwählen.
3. Rufen Sie dann Grafikstile zusammenfügen aus dem Menü des Grafikstile-Bedienfeldes auf. Geben Sie dem neuen Stil in der Dialogbox einen Namen.

Grafikstil löschen | Einen Grafikstil löschen Sie, indem Sie ihn aktivieren und Grafikstil löschen aus dem Bedienfeldmenü wählen oder auf den Button Grafikstil löschen 🗑 klicken. Bestätigen Sie die Dialogbox mit OK. Möchten Sie die Abfrage umgehen, ziehen Sie den Eintrag oder die Miniatur auf den Button.

Falls der Grafikstil auf Objekte angewendet war, behalten diese Objekte die Aussehen-Attribute. Es besteht jedoch keine Verknüpfung mehr mit einem Grafikstil.

Alles aufräumen

Mit der Aktion Standardaktionen • Nicht verwendete Bedienfeldelemente löschen können Sie neben Grafikstilen auch nicht benutzte Symbole, Pinsel und Farbfelder automatisch entfernen.

Grafikstile aufräumen | Möchten Sie das Bedienfeld »aufräumen«, verwenden Sie den Befehl Alle nicht verwendeten auswählen aus dem Bedienfeldmenü, um automatisch alle Grafikstile zu aktivieren, die Sie keinem Objekt zugewiesen haben. Anschließend löschen Sie diese Stile. Den Grafikstil [Standard] können Sie (wie alle Bibliothekselemente in eckigen Klammern) nicht löschen.

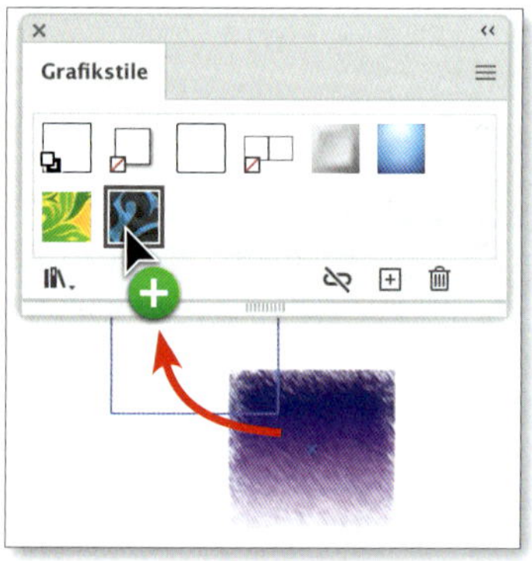

▲ **Abbildung 11.84**
Wenn Sie einen Grafikstil ersetzen, wird der betreffende Eintrag hervorgehoben.

11.8.4 Attribute eines Grafikstils ändern

Einzelne Attribute eines Grafikstils können Sie nicht ändern. Es ist nur möglich, den gesamten Stil durch einen neuen zu ersetzen, der die geänderten Attribute enthält. Sie haben verschiedene Möglichkeiten:

- **Grafikstil durch Grafikstil ersetzen**: Um einen Grafikstil durch einen anderen Grafikstil zu ersetzen, drücken Sie ⌥/Alt und ziehen im Grafikstile-Bedienfeld den gewünschten Eintrag auf den Stil, den Sie ersetzen möchten. Mit dieser Methode lassen sich unterschiedliche, bereits an Objekten angewendete Aussehen-Attribute vereinheitlichen (s. Abbildung 11.84).
- **Mit Aussehen-Miniatur neu definieren**: Ändern Sie die Attribute an einem Objekt, oder aktivieren Sie ein Objekt, das die nötigen Attribute

besitzt. Drücken Sie [⌥]/[Alt], und ziehen Sie die Miniatur aus dem Aussehen-Bedienfeld auf den zu ersetzenden Grafikstil.

- **Bedienfeldmenü Aussehen-Bedienfeld**: Aktivieren Sie den Grafikstil, der ersetzt werden soll, sowie ein Objekt, das die neuen Attribute besitzt. Wählen Sie GRAFIKSTIL NEU DEFINIEREN aus dem Bedienfeldmenü des Aussehen-Bedienfeldes.

Standardeigenschaften ändern

Auch die Standardeigenschaften schwarze Kontur und weiße Fläche sind ein Grafikstil – bezeichnet als [STANDARD] –, und Sie können diese Eigenschaften ändern. Dazu gehen Sie ebenso vor wie beim Ändern aller anderen Grafikstile und ersetzen die Attribute des Grafikstils [STANDARD] durch eigene. Wenn Sie diese Änderung in einem neuen Dokumentprofil vornehmen, dann haben Sie diese neuen Standardeigenschaften in allen neuen Dateien, die auf dem Dokumentprofil basieren (zu Dokumentprofilen s. Kapitel 22).

Schritt für Schritt
Kartengrafik effizient umsetzen

In dieser Übung lernen Sie den Umgang mit Ebenen, Aussehen, Grafikstilen und Schnittmasken kennen sowie Vorgehensweisen, um Straßen zu zeichnen.

1 Vorlage importieren und Vorlagenebene einrichten

Wählen Sie DATEI • PLATZIEREN, und selektieren Sie die Vorlagendatei »Strassenplan-Vorlage.tif« aus dem Download. Aktivieren Sie die Option VORLAGE in der Dialogbox, damit automatisch eine Vorlagenebene für die Grafik und eine neue Ebene für die Vektorisierung erzeugt wird. Die Vorlagenzeichnung wird abgeblendet und die Ebene gesperrt.

2 Ebenen für Grafik definieren

Richten Sie die weiteren benötigten Ebenen ein. Es muss mindestens je eine Ebene für alle Landkartenelemente und die Straßen vorhanden sein. In der Ebene »Straßen« richten Sie außerdem je eine Unterebene für die Autobahnen und die Bundesstraßen ein.

Dazu aktivieren Sie die Ebene »Straßen«, drücken [⌥]/[Alt] und klicken einmal auf den Button NEUE UNTEREBENE ERSTELLEN. Geben Sie »Bundesstraßen« ein, und bestätigen Sie. Dann drücken Sie erneut [⌥]/[Alt] und klicken auf den Button NEUE EBENE ERSTELLEN. Da die Unterebene aktiviert war, wird eine weitere Unterebene erstellt. Dieser geben Sie den Namen »Autobahn«.

Schriftgrößen

Wenn es die maximale Dokumentgröße nicht überschreitet, sollten Sie die Karte im benötigten Format anlegen. So lassen sich Schriftgrößen besser einschätzen, und Sie laufen nicht Gefahr, Schriften unlesbar klein oder viel zu groß anzulegen.

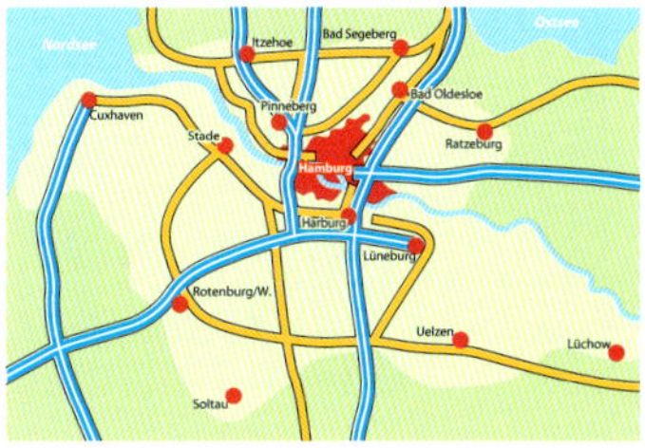

▲ **Abbildung 11.85**
Kartengrafik

Farbfelder anlegen

Wenn eine derartige Karte für eine Publikation gezeichnet wird, für die es ein gestalterisches Konzept und entsprechende Farbvorgaben gibt, ist es sinnvoll, von diesen Farben in Schritt 3 Farbfelder anzulegen bzw. eine Farbfeldbibliothek zu öffnen und die Farbfelder zu übernehmen.

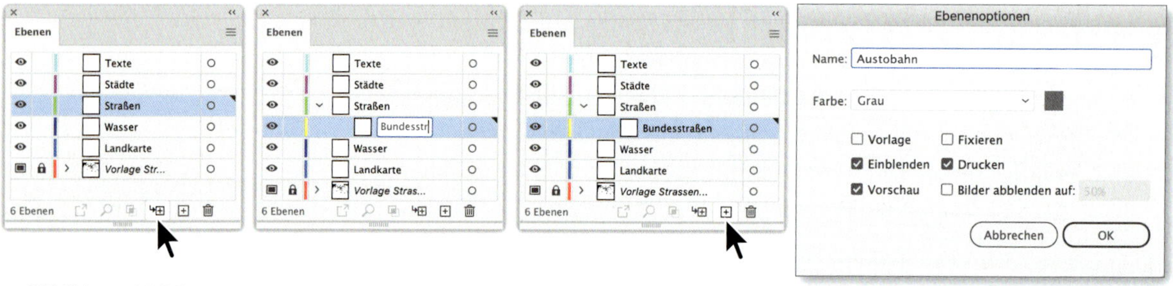

▲ **Abbildung 11.86**
Erstellen der Unterebenen für die Straßen. Die Namen können Sie entweder direkt im Ebenen-Bedienfeld oder in den Ebenenoptionen eingeben.

Auf dieselbe Art erstellen Sie Ebenen und Unterebenen für die Texte. Die fertiggestellte Ebenenstruktur sehen Sie in Abbildung 11.87.

3 Erste Objekte nachzeichnen

Wenn Sie sich hinsichtlich des endgültigen Seitenverhältnisses Ihrer Karte nicht sicher sind, ist es sinnvoll, die Grundfläche etwas großzügiger anzulegen und sie gegebenenfalls später mit Schnittmasken zu beschneiden.

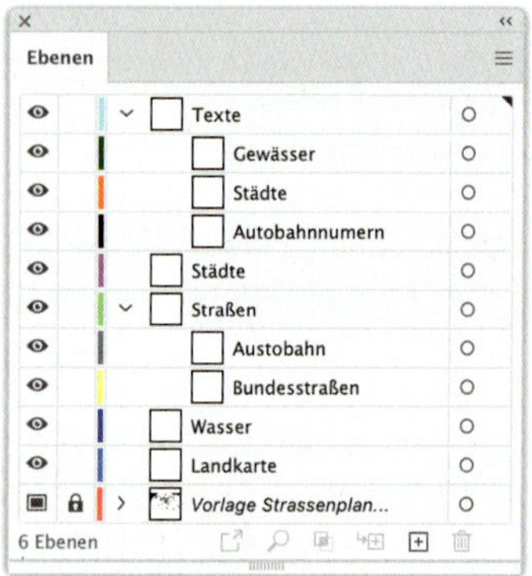

▲ **Abbildung 11.87**
Fertiggestellte Ebenenstruktur der Grafik

4 Wasserflächen

In der Übung beginnen Sie auf der Ebene »Wasser« mit dem Nachzeichnen der Wasserflächen. Den Oberlauf des Flusses sollten Sie zunächst als einen Pfad mit einer starken Kontur anlegen und erst dann in eine Fläche umwandeln, wenn Sie mit dem Flussverlauf zufrieden sind und dessen Stärke an das Design Ihrer Karte angepasst haben. Den Unterlauf mit Mündung und Nordsee zeichnen Sie gleich als Fläche – alternativ können Sie mit variablen Konturstärken (Breitenprofile s. Abschnitt 8.3) arbeiten und diese später umwandeln.

Abbildung 11.88 ▶
Der Oberlauf des Flusses ist zunächst nur eine Kontur.

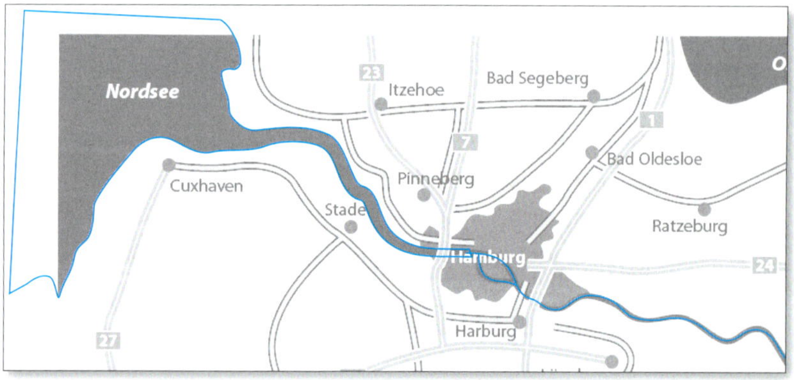

Passen Sie gegebenenfalls die Stärke des Oberlaufs an, und wählen Sie dann Objekt • Pfad • Konturlinie. Anschließend aktivieren Sie zusätzlich den Unterlauf und klicken im Pathfinder-Bedienfeld auf Vereinen, um beide zu einem Objekt zusammenzufügen. Zeichnen Sie danach die Ostsee.

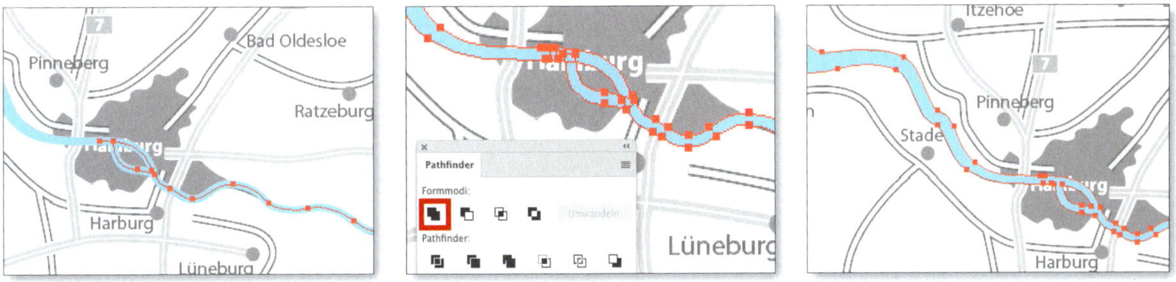

▲ **Abbildung 11.89**
Die Kontur wird umgewandelt (links) und dann mit dem Unterlauf vereinigt (Mitte).

5 Weitere Kartenelemente

Zeichnen Sie den Stadtumriss und abschließend den Umriss der helleren Fläche, der die Metropolregion darstellt, jeweils auf den dafür vorgesehenen Ebenen. Beide Ebenen blenden Sie anschließend aus, damit diese beim weiteren Zeichnen nicht im Weg sind. Klicken Sie dazu auf das Augensymbol 👁.

Die Objekte sind in der falschen Reihenfolge: Sie benötigen noch eine Ebene für den Stadtumriss unterhalb der Ebene »Wasser«. Erstellen Sie diese, und verschieben Sie den Stadtumriss dorthin.

▲ **Abbildung 11.90**
Stadtumriss auf eine eigene Ebene verschieben

6 Straßen entwerfen

Legen Sie einige Autobahnen und Bundesstraßen auf den jeweiligen Ebenen als Linien an.

Verwenden Sie die bereits vorhandenen Straßen, um deren Optik zu entwerfen. Den Straßen werden Sie die in Plänen übliche Kennzeichnung geben – damit Sie die Konturstärken zum Design passend anlegen können, benötigen Sie die Beispielstraßen.

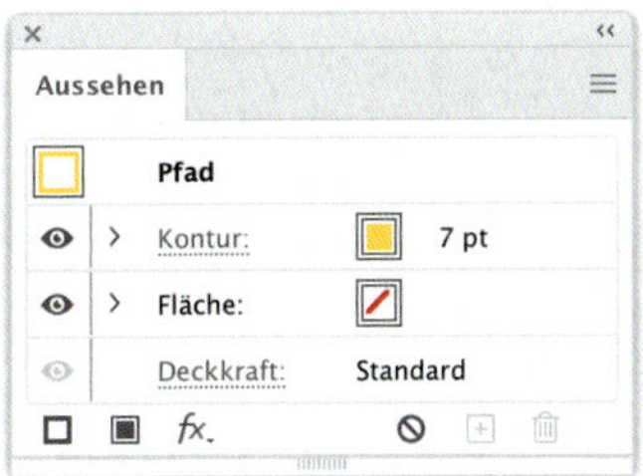

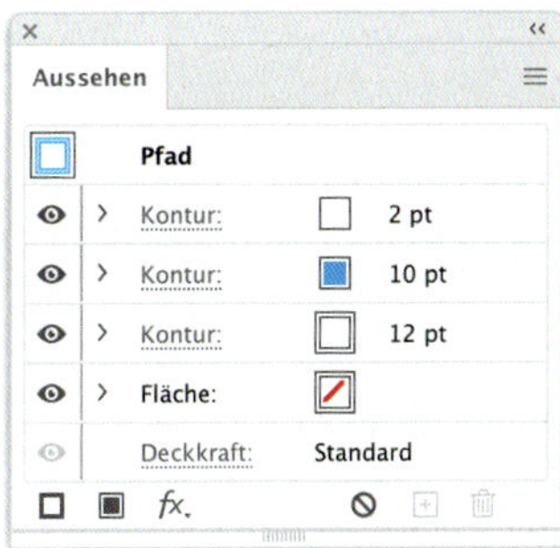

▲ **Abbildung 11.91**
Aussehen-Eigenschaften der Straßen: dargestellt in der Grafik (links) und im Aussehen-Bedienfeld (Mitte und rechts)

Reihenfolge der Konturen

Achten Sie auf die Reihenfolge der Konturen – vergleichen Sie dazu Abbildung 11.91.

Aktivieren Sie eine der »Autobahnen«, und weisen Sie ihr eine weiße Kontur in der Stärke von 12 Pt zu. Erzeugen Sie anschließend mit dem Aussehen-Bedienfeld eine weitere Kontur darüber, die Sie in 100 % Cyan einfärben, Stärke 10 Pt, und noch eine dritte Kontur – weiß, 2 Pt. Wählen Sie eine »Bundesstraße« aus, und weisen Sie ihr eine gelbe Kontur – M25/Y100 – in 7 Pt zu.

▲ **Abbildung 11.92**
Grafikstil erzeugen

7 Grafikstile einrichten

Um die Eigenschaften zukünftig einfacher zuweisen zu können, richten Sie Grafikstile ein. Aktivieren Sie dazu eines der eben mit Konturen versehenen Straßenobjekte, drücken Sie [⌥]/[Alt], und klicken Sie auf den Button Neuer Grafikstil im Grafikstile-Bedienfeld. Geben Sie dem Stil einen aussagekräftigen Namen. Verfahren Sie genauso mit dem anderen Straßenobjekt.

8 Grafikstile zuweisen

Erstellen Sie die Pfade für die restlichen Straßen auf den entsprechenden Ebenen.

Anschließend aktivieren Sie jeweils alle Objekte auf einer Ebene, indem Sie in die Auswahlspalte der Ebene im Ebenen-Bedienfeld klicken. Löschen Sie die Aussehen-Eigenschaften, die Sie den Straßen testweise zugewiesen hatten, indem Sie auf den Button Aussehen löschen im Aussehen-Bedienfeld klicken.

Wählen Sie dann die Ebene als Ziel aus, indem Sie auf das Ziel-Symbol neben ihrem Namen klicken, und weisen Sie der Ebene den Grafikstil zu, indem Sie im Grafikstile-Bedienfeld auf sein Symbol klicken. So werden Straßenkreuzungen fast »von selbst« erzeugt.

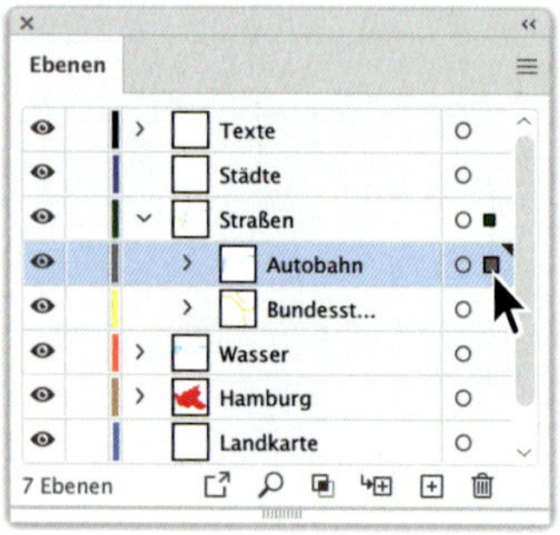

▲ **Abbildung 11.93**
Auswählen aller Pfade auf der Ebene »Autobahn«

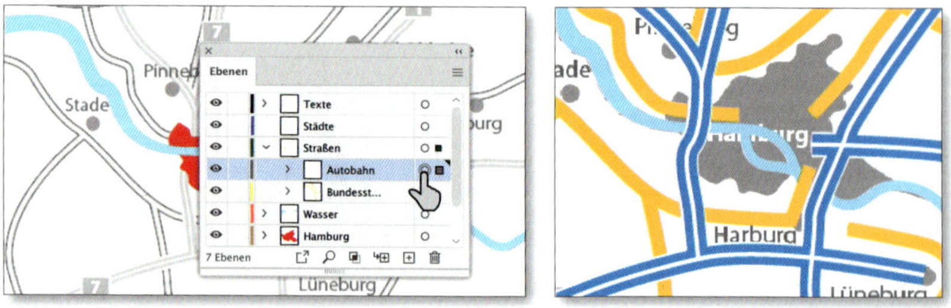

▲ **Abbildung 11.94**
Auswählen der Ebene als Ziel (links); Kreuzungen nach dem Zuweisen der Grafikstile (rechts)

9 Für Fortgeschrittene: Outline erzeugen

In diesem Zwischenschritt wird eine zusätzliche gemeinsame Outline für alle Straßen gebildet. An dieser Stelle ist es nötig, einen kleinen Zwischenschritt einzufügen und einen zusätzlichen Effekt zuzuweisen

(s. Abschnitt 11.6.5). Wählen Sie die Ebene »Bundesstraßen« als Ziel aus. Rufen Sie das Aussehen-Bedienfeld auf, und aktivieren Sie den Eintrag der gelben Kontur. Weisen Sie dieser EFFEKT • PFAD • KONTURLINIE zu. Diesen Effekt weisen Sie ebenso der unteren weißen Kontur der Ebene »Autobahn« zu.

Anschließend wählen Sie die (übergeordnete) Ebene »Straßen« als Ziel aus. Über das Bedienfeldmenü des Aussehen-Bedienfeldes erzeugen Sie eine neue Kontur.

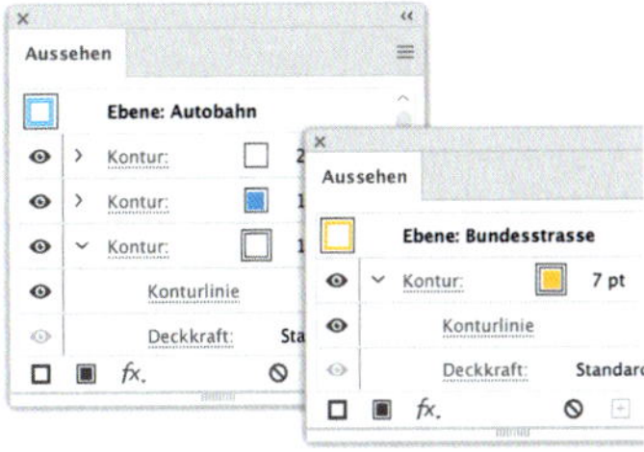

▲ **Abbildung 11.95**
Zusätzlicher KONTURLINIE-Effekt

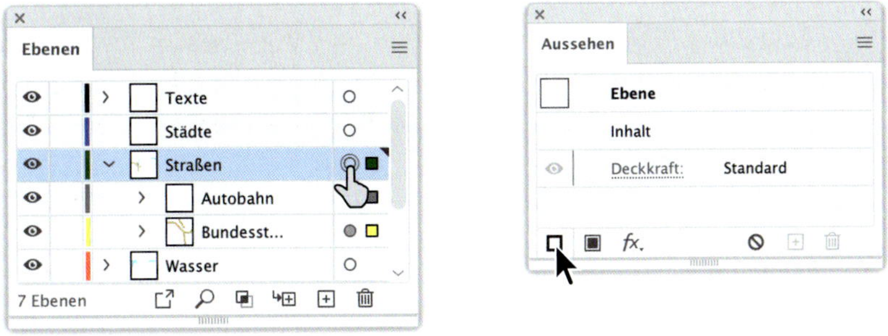

▲ **Abbildung 11.96**
Erstellen einer neuen Kontur für die »Straßen«

Geben Sie dieser neuen Kontur die Farbe Schwarz. Ziehen Sie die Kontur im Aussehen-Bedienfeld unter den Eintrag INHALT.

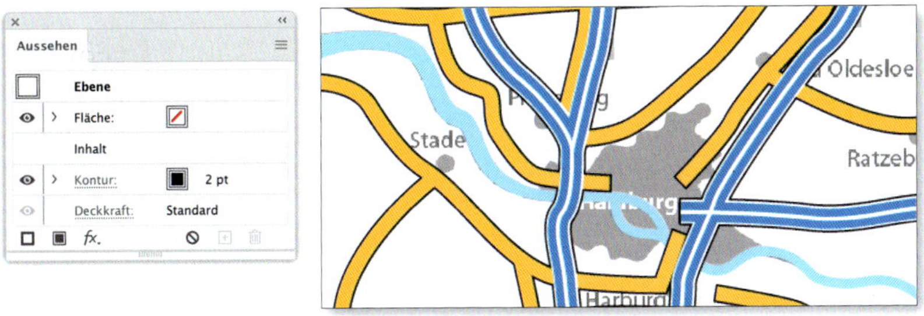

▲ **Abbildung 11.97**
Die neue Kontur umrahmt alle Straßen mit einer gemeinsamen schwarzen Linie. Dies funktioniert nur, wenn den untergeordneten Ebenen zuvor der Effekt KONTURLINIE zugewiesen wurde.

10 Zeichnung ausarbeiten

Jetzt erstellen Sie die Städte als Punkte und die Texte der zugehörigen Städtenamen und der Gewässer.

Einige Städtenamen liegen unglücklich über Straßen. Damit sich diese Namen von den Straßen abheben, verwenden Sie wieder das Aussehen-Bedienfeld und weisen den Textobjekten eine neue Kontur zu, die Sie unter den Eintrag ZEICHEN schieben.

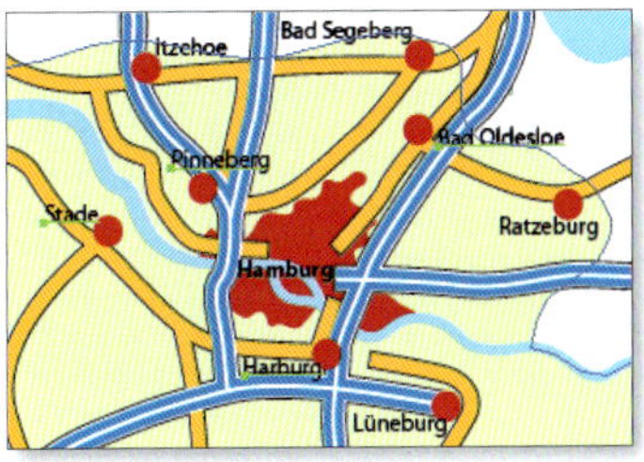

▲ **Abbildung 11.98**
Einige Texte stehen nicht gut vor dem Hintergrund.

Der Kontur geben Sie die Farbe der dahinterliegenden Fläche. Wählen Sie die Konturstärke so, dass sich der Text gut abhebt. Wählen Sie außerdem die runde Eckenform, diese sieht an etwas spitzer zulaufenden Ecken schöner aus.

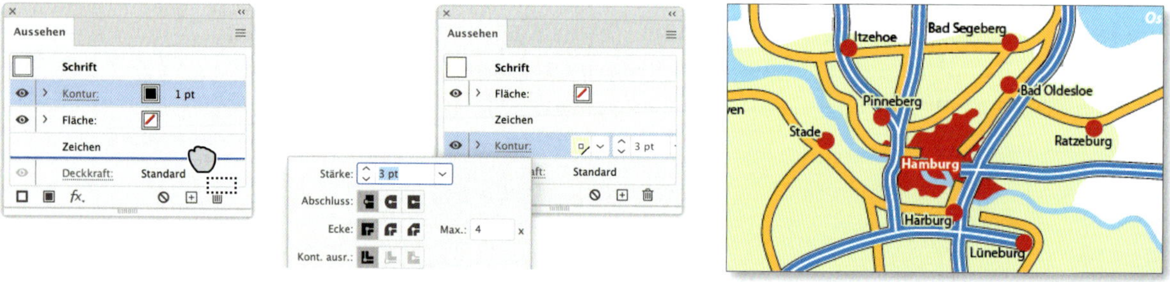

▲ **Abbildung 11.99**
Die zusätzliche Kontur für die Beschriftungstexte wird unter die ZEICHEN verschoben und mit Farbe und Konturstärke versehen.

▲ **Abbildung 11.100**
Alternative Ebenenhierarchie für das Anlegen der Konturen um die Texte mit Aussparungsgruppen

11 Exkurs für Fortgeschrittene: Textumrandungen mit Aussparungsgruppen

Anstatt die zusätzlichen Konturen für die Texte in einer festen Farbe anzulegen, könnten Sie hier auch mit Aussparungsgruppen (s. Abschnitt 12.1.6) arbeiten, damit die Konturen auch auf unterschiedlich gefärbten Hintergründen aussparen. Es wäre in dem Fall jedoch eine andere Ebenenhierarchie nötig: Die Schnittmaske, die Sie im nächsten Schritt anlegen werden, und die grünen Hintergrundelemente müssen auf eine weitere Ebene oberhalb der Ebene »Kartengrafik« (die als Aussparungsgruppe definiert wird) gelegt werden. Um die Aussparungsgruppe anzulegen, definieren Sie die Deckkraft der in Schritt 10 angelegten Konturen als 0%. Dann wird die Ebene KARTENGRAFIK als Ziel ausgewählt und die Option AUSSPARUNGSGRUPPE im Transparenz-Bedienfeld aktiviert. Eine Beispieldatei finden Sie im Download.

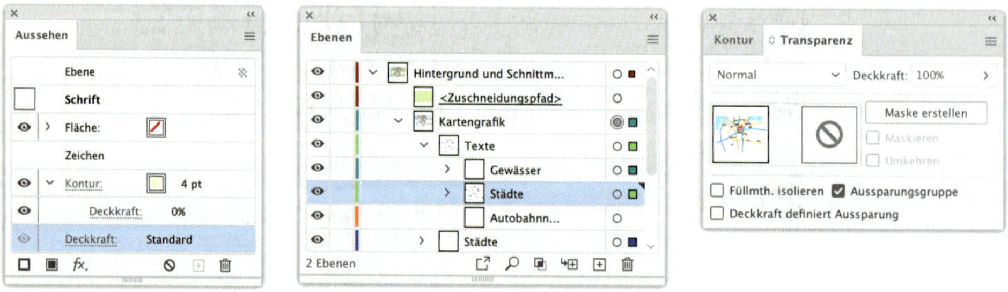

▲ **Abbildung 11.101**
Die Konturen der Textobjekte werden auf 0% Deckkraft eingestellt (links), dann wird die Ebene »Kartengrafik« als Ziel ausgewählt (Mitte) und als Aussparungsgruppe definiert (rechts).

12 Beschneiden

Im letzten Schritt sollen noch alle Elemente an der Außenkante sauber beschnitten werden. Da alle auf ihren jeweiligen Ebenen verbleiben müssen, können Sie nicht einfach eine Schnittmaske für die Objekte anlegen. Die Schnittmaske, die Sie über das Menü Objekt erstellen, erzeugt eine Gruppe. Innerhalb einer Gruppe können in Illustrator jedoch keine Ebenen enthalten sein – diese Konstruktion ist in Illustrator nicht vorgesehen. Auf Ebenen basieren jedoch alle Eigenschaften, die Sie bisher für die Straßen angelegt haben.

Stattdessen arbeiten Sie hier mit einer zusätzlichen Ebene, die in der Hierarchie eine Stufe über allen anderen Ebenen liegt. Auf diese Ebene wird eine andere Art von Schnittmaske angewendet: eine ebenenbasierte Schnittmaske (s. dazu Abschnitt 11.4.1).
Blenden Sie alle Ebenen ein, deren Objekte beschnitten werden müssen. Erstellen Sie jetzt eine weitere Ebene in der obersten Hierarchiestufe. Wählen Sie im Ebenen-Bedienfeld alle Ebenen aus, und verschieben Sie diese in die neue Ebene.

Erstellen Sie auf der neuen Ebene ein Rechteck in der passenden Größe über allen Objekten. Aktivieren Sie die neue Ebene im Ebenen-Bedienfeld, und klicken Sie auf den Button Schnittmaske erstellen.

Bildschirmdarstellung von Aussparungsgruppen

Falls Aussparungsgruppen nicht sauber angezeigt werden, probieren Sie, die Bildschirmvorschau unter Ansicht auf Vorschau auf CPU umzustellen.

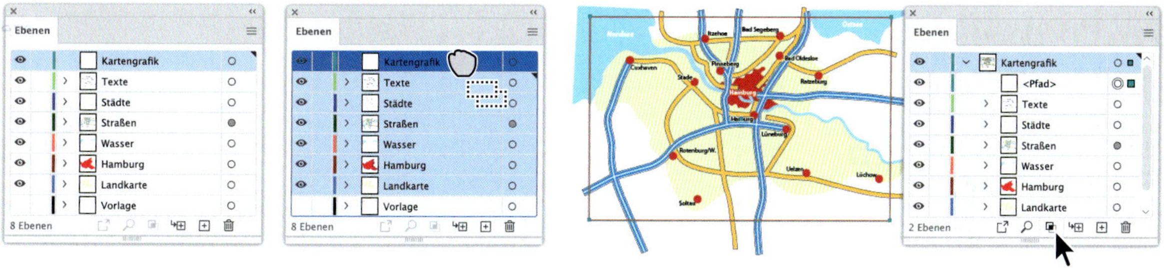

▲ **Abbildung 11.102**
Von links: Erstellen einer neuen Ebene, Verschieben aller Grafikebenen in die neue (nun übergeordnete) Ebene, Zeichnen des Rechtecks, Definieren einer Schnittmaske für die Ebene

Wählen Sie das Maskenobjekt mit dem Direktauswahl-Werkzeug aus, und weisen Sie ihm eine Fläche zu. Diese Fläche wird an den bisher noch nicht mit einer Fläche belegten Stellen sichtbar – also der Landmasse außerhalb des hellgrünen Bereichs.

▲ **Abbildung 11.103**
Die Zacken dieses Buttons lassen sich nicht aktivieren, denn sie sind das Ergebnis von Effekten.

▲ **Abbildung 11.104**
Hier handelt es sich um mehrere offene Pfade. Daher nimmt das »Objekt« keine Füllung an.

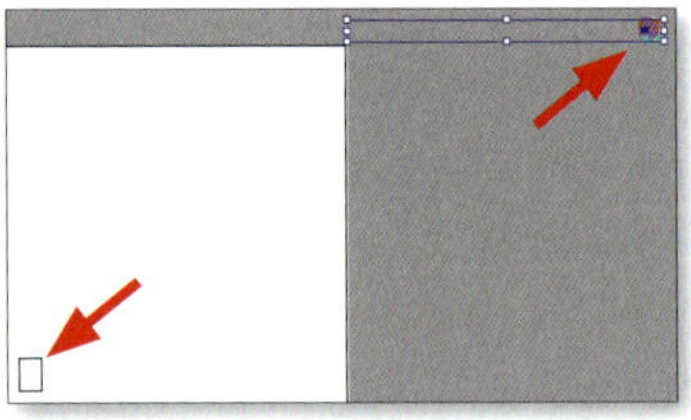

▲ **Abbildung 11.105**
Beim Öffnen von Fremdformaten kann es schon mal passieren, dass Objekte (o. rechts) weit außerhalb der Zeichenfläche (u. links) liegen.

▲ **Abbildung 11.106**
Das im Drucken-Dialog eingerichtete Papierformat (gestrichelte Linie) deckt nur die Hälfte der Zeichenfläche ab.

Checkliste: Objekte lassen sich nicht bearbeiten

Wenn Objekte »verschwinden«, sich nicht mehr aktivieren und bearbeiten lassen oder wenn Sie eine fremde Datei analysieren möchten, ist es nötig, den Dingen auf den Grund zu gehen. Die aufgelisteten (fett gedruckten) Symptome sind nur die gebräuchlichsten Beispiele. Die Methoden gelten selbstverständlich auch für andere Problemfälle.

Meine Objekte sind nicht mehr da | Sehen Sie im Ebenen-Bedienfeld nach, ob die Sichtbarkeit aller Ebenen aktiviert und die Fixierung deaktiviert ist. Suchen Sie dort direkt nach dem Eintrag Ihres Objekts.
Oder wechseln Sie mit [⌘]/[Strg]+[Y] aus der Vorschau in die Pfadansicht – so sehen Sie auch Objekte, die mit der Farbe Weiss oder Ohne versehen sind bzw. außerhalb ihrer Schnittmaske liegen.

Ich kann keine einzelnen Punkte aktivieren | Prüfen Sie mit dem Aussehen-Bedienfeld, ob die vermeintliche Form nur das Resultat eines auf das Objekt oder die Ebene angewendeten Effekts ist. Sehen Sie im Ebenen-Bedienfeld nach, ob das Objekt fixiert ist.

Der Transformationsrahmen ist weg | Falls Sie den Begrenzungsrahmen vermissen, prüfen Sie im Menü Ansicht, ob seine Anzeige vielleicht ausgeblendet ist.

Kein Objekt lässt sich aktivieren | Lassen sich Objekte scheinbar nicht aktivieren, obwohl sie nicht fixiert sind, so ist meist nur die Anzeige der Aktivierung ausgeblendet. Wählen Sie Ansicht • Ecken einblenden. Eine andere Möglichkeit ist, dass Sie die Voreinstellung Objektauswahl nur über Pfad aktiviert haben. Diese bewirkt, dass ein Klick auf die Objektfläche nicht ausreicht, um das Element zu selektieren.

Das Objekt lässt sich nicht füllen | Verwenden Sie das Dokumentinformationen-Bedienfeld (Option Objekte), um zu prüfen, ob es sich wirklich um einen geschlossenen Pfad und nicht um mehrere offene handelt. Sehen Sie in der Zielspalte des Ebenen-Bedienfeldes nach, ob dem Objekt spezielle Aussehen-Eigenschaften zugewiesen sind.

Es sind keine Objekte auf der Zeichenfläche | Sie wählen Ansicht • Alle in Fenster einpassen, und es werden keine Objekte angezeigt? Vielleicht haben Sie aus Versehen nicht auf der Zeichenfläche, sondern auf der Montagefläche gezeichnet. Dies kann vor allem dann passieren, wenn Sie die Anzeige der Zeichenflächenbegrenzung ausblenden. Zoomen Sie aus dem Dokument heraus, oder sehen Sie im Ebenen-Bedienfeld nach.

Es werden nur Teile der Objekte gedruckt oder der Ausdruck ist ganz leer | Blenden Sie die Zeichenfläche ein, und prüfen Sie, ob die Elemente darauf liegen. Sehen Sie mit eingeblendeter Druckaufteilung nach, ob die Zeichenfläche richtig auf dem Papierformat ausgerichtet ist.

Das Objekt lässt sich nicht bearbeiten | Das Eigenschaften- oder das Steuerungsbedienfeld zeigen die Objektart an, sobald ein Objekt ausgewählt ist. So lässt sich einfach überprüfen, ob Objekte aktiviert werden und um welche Objekte es sich handelt. Sie können nicht alle Operationen an jedem Objekt ausführen. Lesen Sie die Hinweise in Fehlermeldungen sorgfältig – in den Voreinstellungen können Sie Alle Warndialogfelder zurücksetzen, falls Sie Fehlermeldungen unterdrückt haben. Als Zusatzkapitel zu diesem Buch erhalten Sie unter *www.rheinwerk-verlag.de/4984* eine Übersicht über Illustrators Fehlermeldungen.

Kapitel 12
Transparenzen und Masken

Transparenzen begegnen Ihnen in Illustrator an vielen Stellen – vielleicht sogar, ohne dass Sie es merken. Natürlich arbeiten Sie mit Transparenz, wenn Sie mit dem Transparenz-Bedienfeld die Deckkraft eines Objekts reduzieren, eine Füllmethode oder eine Deckkraftmaske zuweisen. Transparenz können Sie nicht nur illustrativ, sondern auch sehr effizient zu Konstruktionszwecken einsetzen.

▲ **Abbildung 12.1**
Die Einsatzmöglichkeiten für Transparenz sind vielfältig (von links): reduzierte Deckkraft und Füllmethoden in Illustrationen, Deckkraftmasken

12.1 Deckkraft und Füllmethode

Die Einstellungen für Deckkraft und Füllmethode, die Zuweisung von Deckkraftmasken und die Einstellungen der Optionen für gruppierte Objekte mit Transparenzeigenschaften nehmen Sie mithilfe des Transparenz-Bedienfeldes vor.

12.1.1 Transparenz-Bedienfeld

Rufen Sie das Bedienfeld mit dem Befehl FENSTER • TRANSPARENZ – ⌘/Strg+⇧+F10, im Dock – auf. Blenden Sie die Optionen über das Bedienfeldmenü ein, falls sie versteckt sind.

Dokumente und Transparenz

Ein Illustrator-Dokument besitzt selbst keine Hintergrundfarbe (mehr dazu in Kapitel 2).

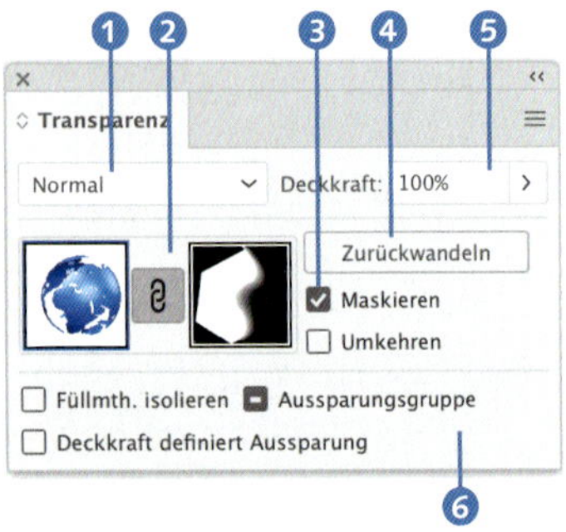

▲ **Abbildung 12.2**
Das Transparenz-Bedienfeld (bei aktiviertem Objekt mit Deckkraftkraftmaske)

Auswahl nach Deckkraft

Deckkraft- oder Füllmethode-Einstellungen, die lediglich einer Kontur oder Fläche zugewiesen sind, werden bei Auswahl • Gleich • Deckkraft nicht berücksichtigt. Die Auswahl vergleicht nur Einstellungen für das Objekt.

Füllmethoden per Tastatur

Die Menüauswahl im Transparenz-Bedienfeld können Sie mit Tastaturbefehlen (s. Abschnitt 22.1.5) belegen. Praktisch ist z. B. die Möglichkeit, einen Befehl für das »Zappen« durch das Füllmethoden-Menü anzulegen. Dann können Sie per Tastatur die jeweils nächste bzw. vorherige Füllmethode auswählen.

Weitere Infos zu Füllmethoden

Die Bezeichnungen und die Wirkung der Füllmethoden entsprechen denen der Füllmethoden in Photoshop und anderen Bildbearbeitungsprogrammen. Und sie sind gut dokumentiert. Falls Sie sich näher für die Algorithmen interessieren, haben wir daher auch die englischen Bezeichnungen der Füllmethoden – engl. »Blending Modes« – aufgeführt.

- Füllmethode: Die Füllmethoden ❶ bestimmen den Algorithmus, nach dem aus übereinanderliegenden Farben der Farbeindruck berechnet wird. Normal ist die Grundeinstellung. Alternative Füllmethoden zeigen nur dann eine Wirkung, wenn sie Objekten zugewiesen werden, die über anderen Objekten liegen.
- Deckkraft: Durch die Deckkraft ❺ haben Sie die Möglichkeit, die Füllmethode weiter zu steuern, indem Sie mit einem Wert von 0 bis 100 % vorgeben, welchen Anteil die Farbe eines Objekts an der Ergebnisfarbe hat. Mit der Füllmethode Normal und einer Deckkraft von weniger als 100 % erzeugen Sie ein durchscheinendes Objekt. Verwenden Sie die Deckkrafteinstellung nicht, um ein einfarbiges Objekt »aufzuhellen«. Zu diesem Zweck ist eine Tonwerteinstellung besser geeignet (s. Abschnitt 7.5.1).
- Maske erstellen/Zurückwandeln: Mit diesem Button ❹, weisen Sie einem Objekt eine Deckkraftmaske zu bzw. entfernen sie wieder.
- Miniatur: In dem Miniatur-Feld ❷ werden das ausgewählte Objekt und die darauf wirkende Deckkraftmaske angezeigt – falls für das Objekt eine Maske eingerichtet ist.
- Masken-Optionen: Die Einstellungen ❸ für die Deckkraftmaske sind anwählbar, sobald ein maskiertes Objekt aktiviert wurde.
- Optionen für Gruppen: Falls Sie Objekte gruppieren, denen Transparenzeinstellungen zugeordnet sind, können Sie mit den drei Optionen ❻ bestimmen, wie sich die Transparenzeinstellungen dieser Objekte innerhalb der Gruppe und in Bezug auf Objekte außerhalb der Gruppe auswirken.

12.1.2 Füllmethoden

Die Optionen im Menü Füllmethode sind gruppiert. Nach der Option Normal folgen vier Gruppen, die anhand der Auswirkung der Methoden zusammengestellt sind: abdunkelnd, aufhellend, kontrastverändernd und vergleichend. Die letzte Gruppe fasst Berechnungen mit Farbton, Sättigung und Luminanz zusammen, deren Auswirkungen auf die Farben der Objekte jedoch nicht vergleichbar sind.

Die Wirkung der Füllmethoden unterscheidet sich je nach dem Farbmodus des Dokuments. In der Regel sind die Auswirkungen der Füllmethoden im RGB-Modus stärker als im CMYK-Modus. Einige Füllmethoden zeigen jedoch im CMYK-Modus überhaupt keine Wirkung.

Bezeichnungen | Die Farbe, die unter dem mit einer Füllmethode versehenen Objekt liegt, bezeichnet man als **Grundfarbe**.

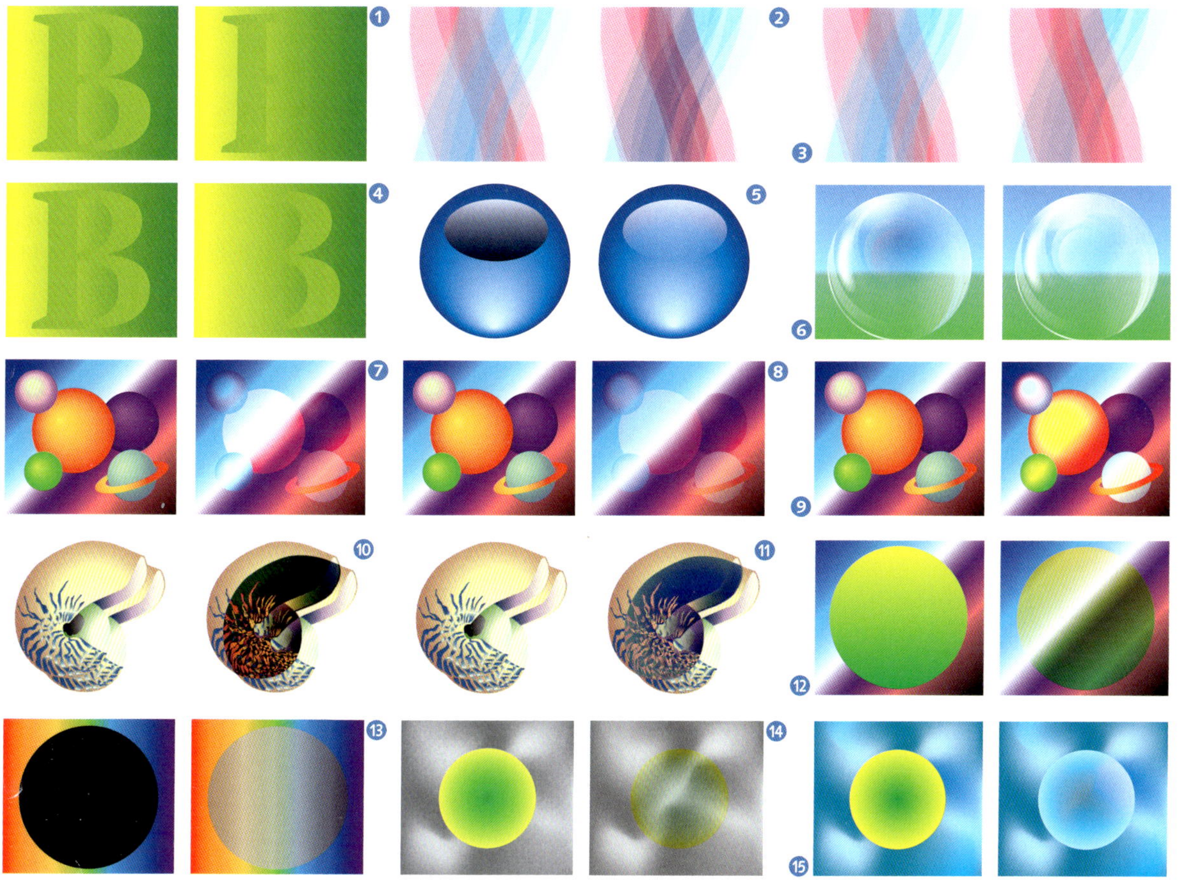

▲ **Abbildung 12.3**
Abdunkeln ❶, Multiplizieren ❷, Farbig nachbelichten ❸, Aufhellen ❹, Negativ multiplizieren ❺, Farbig abwedeln ❻, Ineinanderkopieren (RGB) ❼, Weiches Licht (RGB) ❽, Hartes Licht (RGB) ❾, Differenz (RGB) ❿, Ausschluss (RGB) ⓫, Farbton ⓬, Sättigung (RGB) ⓭, Farbe (RGB) ⓮, Luminanz ⓯

Angleichungsfarbe nennt man die Farbe, die das mit der Füllmethode versehene Objekt ursprünglich besitzt. Flächen, auf denen ein mit einer Füllmethode versehenes Objekt andere Objekte überlappt, zeigen die **Ergebnisfarbe** (s. Abbildung 12.5 auf der folgenden Seite).

- **Normal**: Bei dieser Methode liegen die Flächen opak (deckend) übereinander. Nur die eingestellte Deckkraft kann zu einer Veränderung der Farben führen. Die Option Normal ist die Standardfüllmethode für neu erstellte Objekte und Ebenen.
- **Abdunkeln**: Die jeweils dunklere von Grund- und Angleichungsfarbe bildet die Ergebnisfarbe. Die Farben beeinflussen sich aber nicht.
- **Multiplizieren**: Die Wirkung dieser Berechnung entspricht dem mehrfachen Übermalen einer Fläche mit Aquarellfarben. Die Ergebnisfarbe

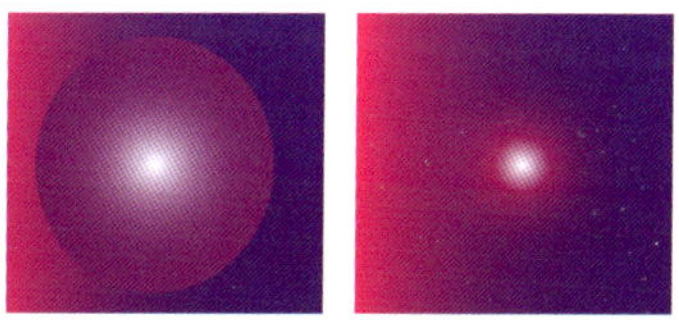

▲ **Abbildung 12.4**
Spitzlicht mit der Füllmethode Hartes Licht

Transparenzanzeige

Das Aussehen-Bedienfeld zeigt in der Objekthierarchie vorhandene Transparenzen durch das Transparenz-Symbol an.

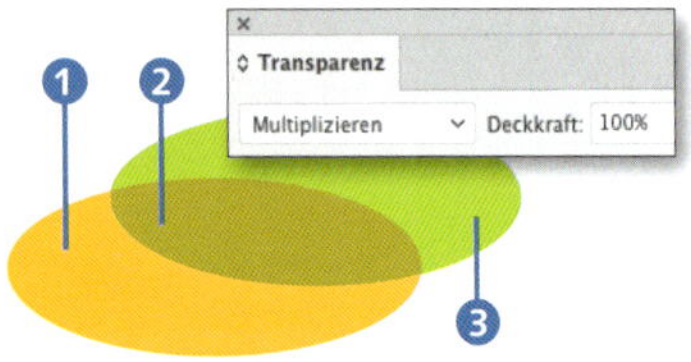

▲ **Abbildung 12.5**
Bezeichnungen: Grundfarbe ❶, Angleichungsfarbe ❸, Ergebnisfarbe ❷

Füllmethoden	Blending Modes
Normal	Normal
Abdunkeln	Darken
Multiplizieren	Multiply
Farbig nachbelicht.	Color Burn
Aufhellen	Lighten
Neg. multiplizieren	Screen
Farbig abwedeln	Color Dodge
Ineinanderkopieren	Overlay
Weiches Licht	Soft Light
Hartes Licht	Hard Light
Differenz	Difference
Ausschluss	Exclusion
Farbton	Hue
Sättigung	Saturation
Farbe	Color
Luminanz	Luminosity

▲ **Tabelle 12.1**
Füllmethoden, deutsche und englische Bezeichnungen

▲ **Abbildung 12.6**
Ein graues Objekt mit Struktur und INEINANDERKOPIEREN erzeugt die Rasterung.

ist immer dunkler als die Ursprungsfarben. Das Multiplizieren mit Schwarz ergibt Schwarz, mit Weiß entsteht keine Veränderung.

- **Farbig nachbelichten**: Diese Füllmethode können Sie sich als eine verstärkte Multiplikation vorstellen. Je dunkler die Angleichungsfarbe, desto dunkler wird die Ergebnisfarbe. Weiß erzeugt keine Änderung. Im RGB-Modus hat diese Füllmethode eine wesentlich stärkere Wirkung als im CMYK-Modus. Verwenden Sie im CMYK-Modus 100% Cyan, Magenta oder Gelb als Grundfarbe, werden diese nicht verändert.
- **Aufhellen**: Analog zu der Abdunkeln-Methode bildet hier die jeweils hellere Farbe die Ergebnisfarbe.
- **Negativ multiplizieren**: Wenn Sie mit zwei Diaprojektoren auf eine Fläche projizieren, entspricht das der Wirkung von NEGATIV MULTIPLIZIEREN. Die Ergebnisfarbe ist heller als die Grundfarbe – mit der Angleichungsfarbe Schwarz bleibt die Grundfarbe erhalten, mit Weiß entsteht Weiß.
- **Farbig abwedeln**: Die Methode ist die Umkehrung von FARBIG NACHBELICHTEN. Die Angleichungsfarbe hellt die Grundfarbe auf. Je heller sie ist, desto stärker ist die Wirkung. Schwarz hat keine Auswirkung auf die Grundfarbe.
  Im CMYK-Modus werden 100% Gelb, Magenta oder Cyan nicht durch die Angleichungsfarbe beeinflusst.
- **Ineinanderkopieren**: Ist die Angleichungsfarbe heller als die Grundfarbe, verwendet Illustrator die Methode NEGATIV MULTIPLIZIEREN – ist die Angleichungsfarbe dunkler, MULTIPLIZIEREN. Die Zeichnung des Ursprungsbildes – Schatten und Spitzlichter – bleibt erhalten.
- **Weiches Licht**: Wie der Name sagt, entspricht die Wirkung dem Anstrahlen der Grafik mit diffusem Licht. Es ist ein abgeschwächtes INEINANDERKOPIEREN – die Grundfarben bleiben weitgehend erhalten.
- **Hartes Licht**: HARTES LICHT simuliert das Anstrahlen des Grundbildes mit einem Scheinwerfer. Mit dieser Methode erhalten Sie die Zeichnung des Angleichungsbildes. Das Grundbild moduliert dessen Kontrast. Verwenden Sie HARTES LICHT z. B., um Spitzlichter und Schatten zu setzen.
- **Differenz** (nur im RGB-Modus): Ist die Angleichungsfarbe heller, wird die Grundfarbe invertiert; ist die Grundfarbe heller, wird die Angleichungsfarbe invertiert. Sind Grund- und Angleichungsfarbe identisch, entsteht Schwarz.
- **Ausschluss**: AUSSCHLUSS erzeugt eine kontrastärmere Wirkung als DIFFERENZ – wie diese aber auch nur im RGB-Modus.
- **Farbton**: Die Ergebnisfarbe erhält den Farbton der Angleichungsfarbe und die Sättigung der Grundfarbe. Die Helligkeit der Ergebnisfarbe entspricht dem Grauwert, der entstünde, wenn die Grundfarbe in

Graustufen umgewandelt würde. Die Grundfarbe Grau wird nicht verändert.

- **Sättigung**: Bei dieser Methode hat die Ergebnisfarbe die Sättigung der Angleichungsfarbe, dafür Farbton und Helligkeit der Grundfarbe. Sind sowohl Grund- als auch Angleichungsfarbe »reine« Farben, erfolgt keine Änderung.
- **Farbe**: Farbton und Sättigung der Ergebnisfarbe werden von der Angleichungsfarbe übernommen. Die Helligkeit entspricht dem Grauwert der Grundfarbe.
  Im RGB-Modus können Sie diese Methode verwenden, um Graustufenbilder mit überlagerten Farbflächen zu kolorieren. Im CMYK-Modus werden Grautöne als Grundfarben nicht verändert.
- **Luminanz**: Dies ist praktisch die Umkehrung der Füllmethode FARBE. Farbton und Sättigung der Ergebnisfarbe entsprechen den Werten der Grundfarbe. Die Helligkeit wird vom Grauwert der Angleichungsfarbe übernommen.

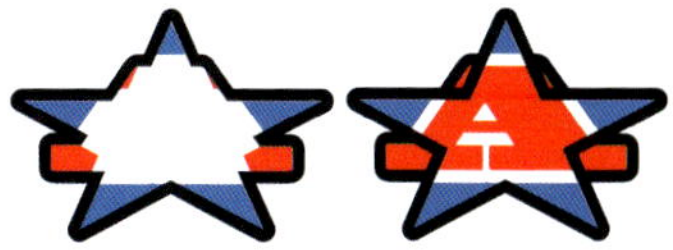

▲ **Abbildung 12.7**
Volltonfarben (Schmuckfarben) können Sie nicht mit allen Füllmethoden wie erwartet verwenden. Hier: NEGATIV MULTIPLIZIEREN (links), FARBTON (rechts).

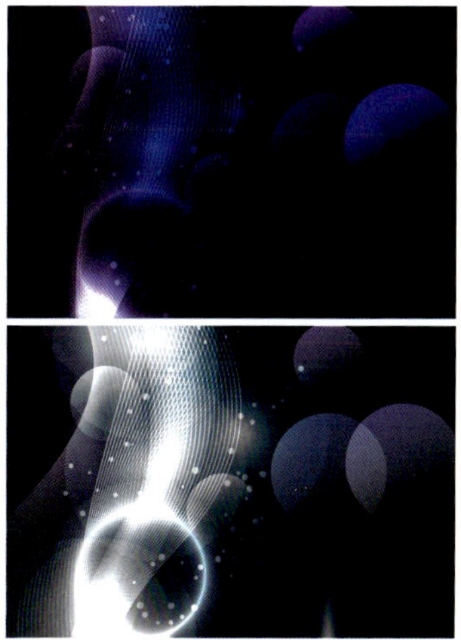

▲ **Abbildung 12.8**
Viele Füllmethoden wirken in beiden Farbmodi (RGB: oben; CMYK: unten) unterschiedlich.

12.1.3 Transparenzen zuweisen

Deckkraft und Füllmethode lassen sich auf Ebenen, Gruppen, Objekte und unabhängig voneinander auf deren Konturen und Füllungen anwenden. Einstellungen, die Sie für eine Ebene und ein Objekt vorgenommen haben, verhalten sich kumulativ. Das kann bei Füllmethoden zu unerwünschten Resultaten führen.

Möchten Sie einem Objekt oder einer Gruppe eine Transparenzeinstellung zuweisen, wählen Sie das Objekt oder die Gruppe aus und nehmen die Einstellung mithilfe des Transparenz-Bedienfeldes vor. Zielgenauer gehen Sie vor, indem Sie das Ebenen- und das Aussehen-Bedienfeld (s. Abschnitt 11.1.1 und Abschnitt 11.6.1) verwenden, um Transparenzeinstellungen zu definieren. Gehen Sie wie folgt vor:

1. Wählen Sie das Objekt, die Gruppe oder Ebene als Ziel aus.
2. Klicken Sie im Aussehen-Bedienfeld auf den Eintrag DECKKRAFT des Objekts, seiner Fläche oder seiner Kontur, um das Transparenz-Bedienfeld aufzurufen. Wählen Sie die Füllmethode, und/oder geben Sie eine DECKKRAFT ein.

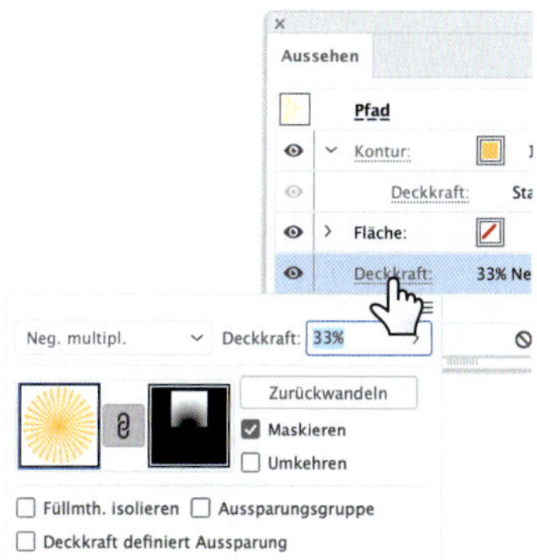

▲ **Abbildung 12.9**
Mit einem Klick auf DECKKRAFT rufen Sie das Transparenz-Bedienfeld auf.

12.1.4 Probleme mit Schwarz und Weiß im Farbmodus CMYK

Im Farbmodus CMYK arbeiten viele Füllmethoden, z. B. NEGATIV MULTIPLIZIEREN und AUFHELLEN, nicht wie erwartet, wenn Schwarz (100 % K) beteiligt ist: Es spart aus. Probieren Sie in diesen Fällen ein sattes Schwarz (achten Sie auf den maximalen Farbauftrag).

Die beiden genannten Füllmethoden zeigen darüber hinaus keine Wirkung, wenn keine Hintergrundfläche in der Grafik vorhanden ist. Legen Sie eine weiße Fläche in den Hintergrund.

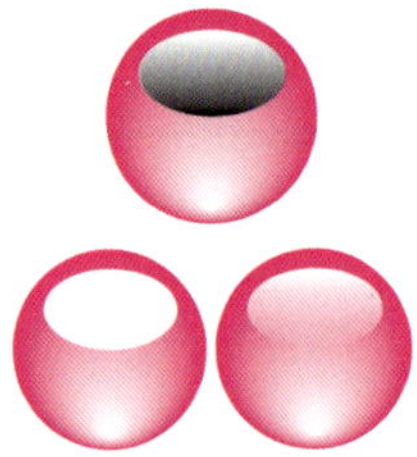

▲ **Abbildung 12.10**
Leuchten mit der Füllmethode NEGATIV MULTIPLIZIEREN und ein Blendenfleck auf Schwarz; 100 % K (Mitte); Tiefschwarz (rechts); ohne Füllmethode (links)

Glänzender Button (ganz rechts) umgesetzt als: ein Schwarz-Weiß-Verlauf (NEGATIV MULTIPLIZIEREN) auf farbigem Hintergrund; 100 % K zu Weiß (unten links); Tiefschwarz zu Weiß (unten rechts); ohne Füllmethode (oben)

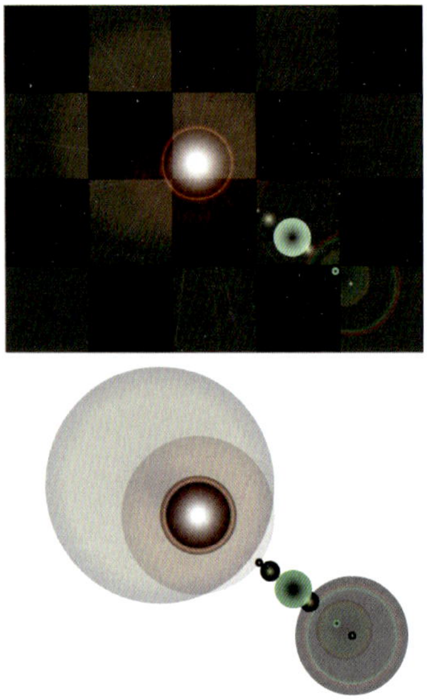

▲ **Abbildung 12.11**
Mit Füllmethoden lassen sich Leuchteffekte einfach herstellen. Die Wirkung beruht jedoch darauf, dass ein Objekt im Hintergrund liegt. In Stock-Dateien wird häufig ein Transparenzraster imitiert (oben). Die Objekte lassen sich jedoch nicht ohne Hintergrund exportieren (unten), um sie z. B. als transparentes PNG auf Webseiten zu verwenden.

12.1.5 Objekte mit einer bestimmten Deckkraft oder Füllmethode auswählen

Alle Objekte, die eine vorgegebene oder die gleiche Deckkraft oder Füllmethode wie ein bestimmtes Objekt besitzen, wählen Sie folgendermaßen aus:

1. Aktivieren Sie ein Objekt, das die gewünschte Einstellung besitzt, oder deaktivieren Sie alle Objekte, und geben Sie die Einstellung – Deckkraft oder Füllmethode – im Transparenz-Bedienfeld ein.
2. Wählen Sie AUSWAHL • GLEICH • DECKKRAFT bzw. FÜLLMETHODE.

12.1.6 Transparenz und Gruppen

Ein Objekt, das mit Transparenz versehen ist, verursacht Wechselwirkungen mit allen unter ihm liegenden Objekten. Ist das Objekt jedoch Teil einer Gruppe oder liegt es auf einer eigenen Ebene, können Sie die Wechselwirkungen einschränken.

Das Transparenz-Bedienfeld bietet die Optionen FÜLLMETHODE ISOLIEREN und AUSSPARUNGSGRUPPE. Aktivieren Sie die Gruppe, oder wählen Sie die Ebene als Ziel aus, und definieren Sie anschließend die Optionen im Transparenz-Bedienfeld.

Füllmethode isolieren | Aktivieren Sie diese Option, um die Wirkung der Füllmethode auf Objekte innerhalb der Gruppe oder Ebene zu beschränken. Im Beispiel von Abbildung 12.11 (oben) werden verschiedene

Überlagerungen innerhalb der Gruppe des Display-Elements ausgeführt, aber beeinflussen nicht die im Hintergrund liegende Weltkarte.

Es wird jedoch nur die Füllmethode isoliert – die Deckkrafteinstellung betrifft auch Objekte, die nicht zur Gruppe gehören.

Objekte, die in der Stapelreihenfolge über den mit einer Füllmethode versehenen Objekten liegen, sind von den Auswirkungen der Transparenz unbeeinflusst.

▲ **Abbildung 12.12**
Füllmethode isoliert (unten): Verschiedene Füllmethoden interagieren nicht mit dem Hintergrund, sondern lediglich untereinander.

Aussparungsgruppe | Mit dieser Option lassen sich die Objekte innerhalb der Gruppe von den Berechnungen der Deckkraft und der Füllmethode ausschließen, d. h., nur Objekte außerhalb der Gruppe sind betroffen. Sie können Aussparungsgruppen nicht nur aus Gruppen, sondern auch aus einzelnen Objekten sowie aus Ebenen oder dem gesamten Dokument in Zusammenarbeit mit Objekten in einer InDesign-Datei erstellen. Aussparungsgruppen sind damit ein sehr mächtiges Konstruktions»werkzeug«.

Besonders interessant ist die Vorgehensweise, ein oder mehrere Objekte bzw. Flächen und Konturen einzelner Objekte mit einer Deckkraft von 0 % zu versehen und dann eine Aussparungsgruppe zu definieren. Auf diese Art können Sie »Löcher« mit vorhandenen Elementen stanzen und benötigen keine zusätzlichen Objekte zum Maskieren. Änderungen an einer Konstruktion werden damit weniger fehleranfällig und wesentlich komfortabler.

▼ **Abbildung 12.13**
Einsatz von Aussparungsgruppen innerhalb von Gruppen, Textobjekten, einer Angleichung und einem Pinsel: Bis auf links und rechts oben arbeiten diese Beispiele mit einer Deckkraft von 0 % im Objekt- oder Aussehenstapel (Dokumente zum Untersuchen im Download).

Die Option kann einen von drei Zuständen annehmen. Diese Zustände wechseln jeweils nach einem Mausklick:

Transparenz überprüfen

Die Transparenz können Sie sich mit Ansicht • Transparenzraster einblenden anzeigen lassen – ⌘/Strg+⇧+D. Das voreingestellte Karomuster können Sie unter Datei • Dokument einrichten ändern.

▲ **Abbildung 12.14**
Die Option Isolierte Füllmethode auf Seite (rechts)

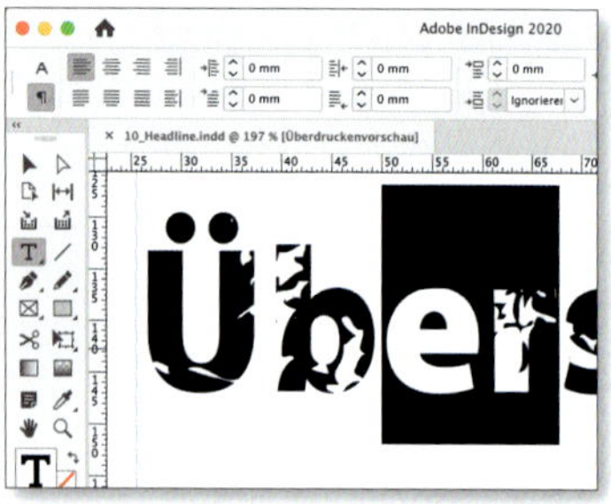

▲ **Abbildung 12.15**
Mit Aussparungsgruppe auf Seite lässt sich in InDesign editierbarer Text maskieren.

▲ **Abbildung 12.16**
Das Aussehen-Bedienfeld mit Transparenz-Symbolen

- Deaktiviert ☐: Füllmethode und Deckkraft werden auf alle Objekte innerhalb wie außerhalb der Gruppe berechnet.
- Aktiviert ☑: Die zur Gruppe gehörenden Objekte haben keine Wechselwirkungen untereinander und werden behandelt, als wären sie opak. Die vorhandenen Transparenzeinstellungen werden stattdessen direkt auf alle Objekte angewandt, die in der Stapelreihenfolge unter der Gruppe liegen. Dies ist die Standardeinstellung für Angleichungen (s. Abschnitt 10.7).
- Neutral ⊟: Verwenden Sie die Einstellung Neutral, um die Aussparungsoption einer übergeordneten Gruppe oder Ebene nicht zu beeinflussen. Die Einstellung ist wichtig für ineinander verschachtelte Gruppen. Bei neuen Gruppen oder Ebenen setzt Illustrator automatisch diese Einstellung.

Optionen | Beide Einstellungen lassen sich für die oberste Ebene der Objekthierarchie – also für das gesamte Dokument – anwenden. Es werden dann alle Objekte in der Datei so behandelt, als wären sie gruppiert und entsprechend ausgespart oder als wäre die Füllmethode isoliert. Die Option wirkt nicht einfach mit Transparenzeinstellungen innerhalb von Objekten (wie z. B. in der folgenden Schritt-für-Schritt-Anleitung). Mit Isolierte Füllmethode auf Seite können Sie bei der Weiterverarbeitung Ihrer Grafik in Adobe InDesign z. B. sehr einfach für sämtliche Objekte in der Illustrator-Datei unterbinden, dass ihre Füllmethoden auch auf Objekte in der InDesign-Datei wirken. Beide Optionen sollten mit Vorsicht verwendet und mit der Überdrucken- und Separationenvorschau ausführlich geprüft werden, denn das Ergebnis nach der Transparenzreduzierung weicht von der »normalen« Vorschau ab.

Um die jeweilige Einstellung für die ganze Seite zu setzen, wählen Sie aus dem Bedienfeldmenü Isolierte Füllmethode auf Seite bzw. Aussparungsgruppe auf Seite.

12.1.7 Transparenzeinstellungen zurücksetzen

Die Transparenzeinstellungen eines Objekts sowie der übergeordneten Gruppen und Ebenen können nicht zusammen gelöscht werden. Stattdessen müssen Sie jedes einzelne Element der Objekthierarchie aktivieren bzw. als Ziel auswählen, um die Transparenzeinstellungen auf den Standardwert – Normal mit 100 % Deckkraft – zurückzusetzen. Denken Sie daran, auch die Optionen Füllmethode isolieren und Aussparungsgruppe anzupassen. Ist Transparenz die einzige Aussehen-Eigenschaft z. B. einer Gruppe, können Sie sich Arbeit ersparen, indem Sie auf den Button Aussehen löschen ⦸ im Aussehen-Bedienfeld klicken.

Schritt für Schritt
Aussparungsgruppen im Einsatz

Wie Sie mit Aussparungsgruppen nichtdestruktiv Formen konstruieren können, die anderweitig wesentlich komplizierter aufzubauen wären, sehen wir uns in diesem Beispiel an.

▲ **Abbildung 12.17**
Die Ausgangssituation in der Datei »T-Shirt.ai«

1 Das Problem

In der Datei »T-Shirt.ai« sehen Sie ein Logo vor einem grauen Hintergrund. Dieses Logo soll nun so konstruiert werden, dass es vor beliebigen Hintergründen funktioniert, ohne dass zusätzliche Objekte für Masken erstellt werden müssen. Wir müssen also erreichen, dass die grauen Flächen »durchsichtig« werden, und damit außerdem durch die Schraffur stanzen.

GPU-Vorschau

Aussparungsgruppen funktionieren nicht immer in der GPU-Vorschau. Um Irritationen zu vermeiden, wählen Sie ANSICHT • VORSCHAU AUF CPU, wenn Sie mit Aussparungsgruppen arbeiten.

2 Objekte auswählen

Wir werden Aussparungsgruppen verwenden, um das Ergebnis zu erzielen. Sie bauen darauf auf, dass die stanzenden Bereiche eine Deckkraft von 0 % besitzen. Die stanzenden Bereiche sind die Flächen der Federn. Wählen Sie eine dieser Federn mit dem Direktauswahl-Werkzeug aus, und rufen Sie AUSWAHL • GLEICH • FLÄCHENFARBE auf. Alle Federn besitzen dieselbe Flächenfarbe und werden aktiviert. Im Aussehen-Bedienfeld wird die gemeinsame Fläche angezeigt.

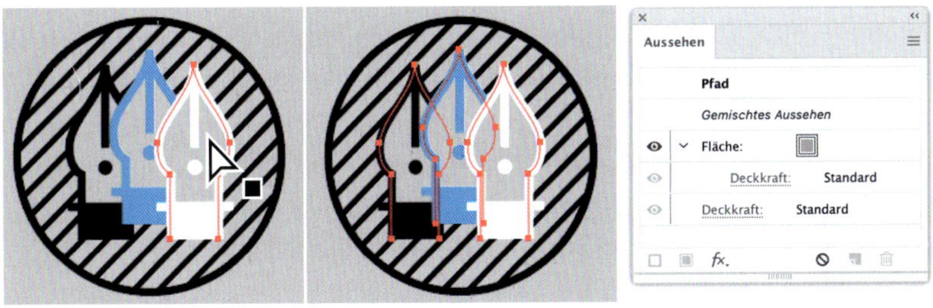

◀ **Abbildung 12.18**
Auswählen aller Federflächen und Anzeige ihrer Eigenschaften im Aussehen-Bedienfeld

3 Deckkraft einstellen

Die Deckkraft darf nun nicht für das gesamte Objekt, sondern lediglich für die Fläche reduziert werden. Sie müssen dies im Aussehen-Bedienfeld vornehmen – anderenfalls können Sie sich nicht sicher sein, es korrekt einzustellen. Klicken Sie im Aussehen-Bedienfeld auf den kleinen Pfeil links der Fläche, um den Inhalt aufzuklappen, falls dies nicht bereits automatisch geschehen ist.

Dann finden Sie zwei DECKKRAFT-Einträge: einen (eingerückten) direkt unter der Fläche und einen weiteren ganz unten. Klicken Sie auf den eingerückten unter der Fläche, um darin das Transparenz-Bedienfeld aufzurufen, und geben Sie darin eine DECKKRAFT von 0 % ein.

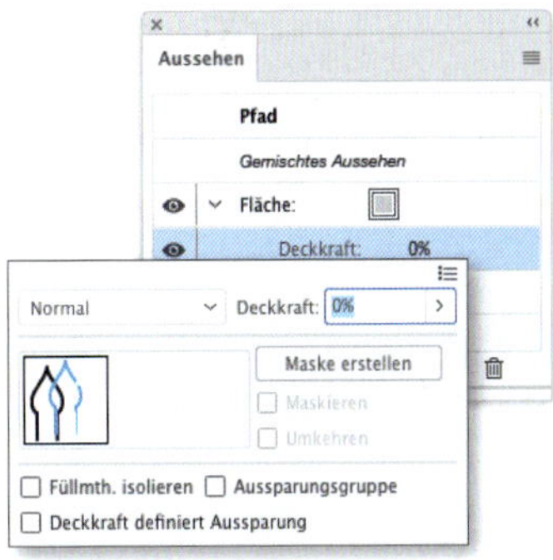

▲ **Abbildung 12.19**
Es wird die Deckkraft der Fläche auf 0 % reduziert. Der untere DECKKRAFT-Eintrag würde die Deckkraft des gesamten Objekts (inklusive der Kontur) verändern.

▼ **Abbildung 12.20**
Ziehen Sie mit dem Auswahl-Werkzeug ein Auswahlrechteck auf, um die Objekte zu aktivieren. Für die Gruppe entsteht erneut ein DECKKRAFT-Eintrag. Achten Sie darauf, nicht die Deckkraft zu ändern. Es muss lediglich AUSSPARUNGSGRUPPE angeklickt werden, sodass das Häkchen erscheint.

4 Durch den gesamten Objektstapel stanzen

Die Konturen sind nun weiterhin voll sichtbar, während die Flächen unsichtbar sind. Allerdings scheinen alle dahinterliegenden Objekte durch die Federn hindurch. Es soll jedoch durch den Objektstapel bis zum Hintergrundobjekt gestanzt werden. Um das zu erreichen, wählen Sie die Federn mit dem schraffierten Kreis aus und gruppieren sie.

Für die Gruppe rufen Sie dann wieder im Aussehen-Bedienfeld den DECKKRAFT-Eintrag auf und aktivieren die Option AUSSPARUNGSGRUPPE.

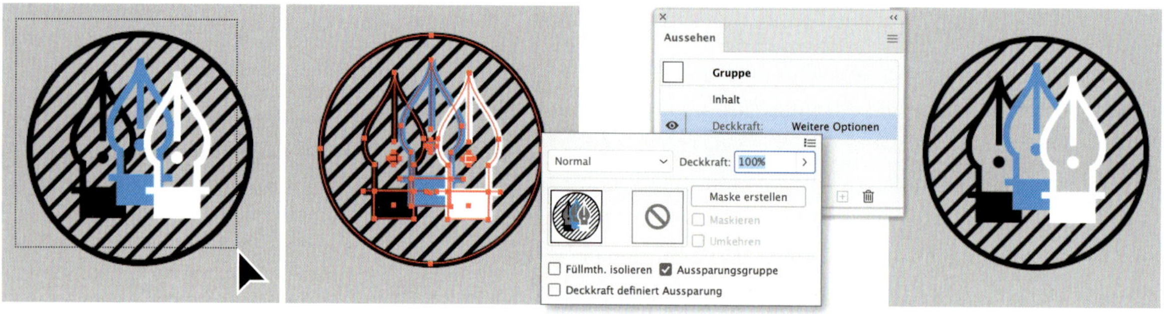

Das nun fertiggestellte Zeichen können Sie jetzt auch über das T-Shirt ziehen oder über einem Muster verwenden.

▲ **Abbildung 12.21**
Das fertiggestellte Zeichen

Abbildung 12.22 ►
Eine Aussparungsgruppe kann auch lediglich ein Objekt mit mehreren Konturen sein. Daraus lässt sich ein Grafikstil erstellen.

5 Ein Pfad statt mehrerer Pfade

Im Modedesign bietet sich eine weitere Aussparungsgruppen-Technik zur Darstellung von Doppelnähten an. Hier werden einem Pfad zwei Konturen zugewiesen: die untere besitzt eine Strichelung, die obere ist ein wenig leichter, ohne Strichelung und mit der DECKKRAFT 0% versehen. Den gesamten Pfad können Sie als Aussparungsgruppe definieren – mehrere Konturen oder Flächen wirken in diesem Fall wie eine Gruppe.

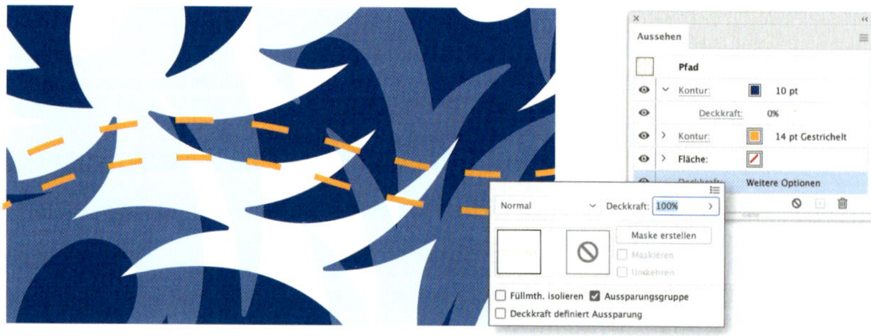

6 Lösungen für typografische Elemente und Layout

Verpackungs- und Logodesigner können mit Aussparungsgruppen interessante typografische Lösungen konstruieren, bei denen sich auch nachträglich noch die Schriftart, die Laufweite, der Text oder der Abstand zwischen der Schrift und ihrer Schattenkante ändern lässt (um den Abstand zwischen Schrift und Schattenkante einzustellen, kommt hier der Transformieren-Effekt zum Einsatz).

▲ **Abbildung 12.23**
Zwei weitere Flächen werden jeweils mit dem Transformieren-Effekt verschoben; die mittlere wird mit einer Deckkraft von 0% ausgespart. Aussehen-Eigenschaften der Textobjekte (ganz rechts): im untersten Deckkraft-Eintrag wurde die Aussparungsgruppe angelegt.

In Layouts können Sie mit der Methode Schrift, Flächen und Hintergrundfotos miteinander verbinden, denn Aussparungsgruppen funktionieren auch zwischen Flächentexten und ihren (eingefärbten) Flächen; mehr zu den Hierarchien von Textobjekten finden Sie in Abschnitt 14.8.

▼ **Abbildung 12.24**
Hier sind Deckkrafteinstellungen für die Fläche des Flächentextes sowie für die Zeichen selbst eingesetzt. Das ganze Textobjekt ist eine Aussparungsgruppe.

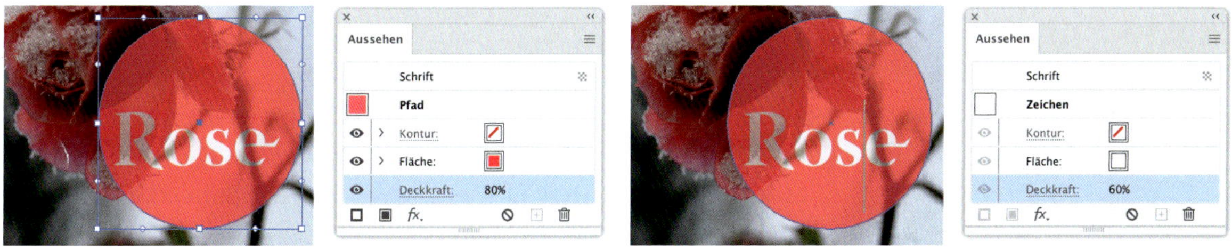

Aussparungsgruppen: Wie funktioniert's?

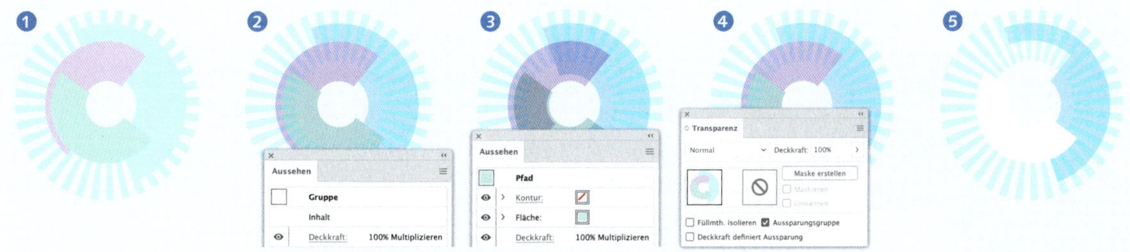

Die Halbkreise überlagern einander und den Hintergrund (gestrichelter Kreis) ❶. Gruppiert man nun die Halbkreise und stellt die Gruppe auf Multiplizieren, durchscheinen sich diese Objekte nicht gegenseitig ❷. Wird dagegen jeder einzelne Halbkreis auf Multiplizieren gestellt, dann durchscheinen sie einander, und der Hintergrund scheint ebenfalls durch ❸. Werden die einzeln zu multiplizierenden Halbkreise gruppiert und die Gruppe als Aussparungsgruppe definiert, erhält man dasselbe Ergebnis wie mit einer zu multiplizierenden Gruppe ❹. In der Aussparungsgruppe können aber nun für jedes Objekt unterschiedliche Füllmethoden und Deckkraftstärken angelegt werden ❺.

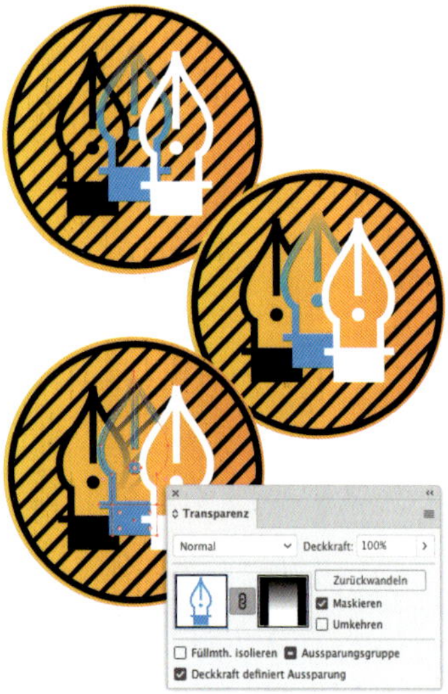

▲ **Abbildung 12.25**
Soll in dem T-Shirt-Motiv aus dem Workshop die mittlere Feder eine Transparenz erhalten (oben), dann stanzt es bei Erstellung einer Aussparungsgruppe durch alle hindurch (Mitte). Mit der Option Deckkraft definiert Aussparung bleibt die transparente Überlagerung innerhalb der Gruppe erhalten (unten).

12.1.8 Deckkraft definiert Aussparung

Aussparungsgruppen werden verwendet, um komplexe Maskierungen vornehmen zu können, ohne für die Masken separate Objekte erstellen zu müssen. Die aussparenden Objekte in einer Aussparungsgruppe können sogar per Effekt automatisch aus ohnehin vorhandenen Objekten generiert werden. Das macht Aussparungsgruppen zu sehr effizienten Vorgehensweisen. Der Nachteil einer Aussparungsgruppe ist, dass alle darin enthaltenen deckkraftreduzierten oder mit einer Füllmethode versehenen Objekte durch die Gruppe stanzen.

Wenn ein beteiligtes Objekt, eine einzelne Fläche oder Kontur zwar transparent sein, aber nicht aussparen soll, dann muss man dieser die Option Deckkraft definiert Aussparung zuweisen. Die Option nimmt einzelne Objekte, Flächen oder Konturen von der Wirkung der Aussparungsgruppe aus. Sie wirken dann so, als wären sie nicht Teil der Aussparungsgruppe, sind aber dennoch in deren Objektstapel enthalten.

Die Option funktioniert nur in Verbindung mit anderen Füllmethoden als Normal, mit einer Deckkraftmaske oder mit transparenten Verläufen. Sie funktioniert nicht in Textobjekten.

12.2 Deckkraftmasken

Eine Deckkraftmaske ermöglicht es, einem Objekt eine uneinheitliche Opazität zuzuweisen, indem ein Maskenobjekt die Deckkraft vorgibt. Dies ist vergleichbar mit Ebenenmasken in der Bildbearbeitung oder Alpha-Kanälen im Videobereich.

Wie beim Alpha-Kanal steuert der Grauwert des Maskenobjekts die »Durchsichtigkeit« der Grafik. An den schwarzen Stellen der Maske ist das Grafikobjekt durchsichtig, an weißen Stellen deckend. Grautöne unterschiedlicher Intensität variieren die Deckkraft.

Eine Deckkraftmaske lässt sich aus allen Illustrator-Objekten herstellen, wie z. B. aus Textobjekten, Verlaufsgittern, platzierten Bildern sowie mit Mustern und Verläufen versehenen Objekten. Konturen müssen nicht umgewandelt werden. Sowohl die Maske als auch die Gruppe der maskierten Objekte lassen sich jederzeit im Nachhinein editieren und ergänzen.

▲ **Abbildung 12.26**
Deckkraftmasken bieten interessante Optionen in Illustrationen.

12.2.1 Deckkraftmaske erstellen

Eine Deckkraftmaske für Objekte oder Gruppen können Sie erstellen, indem Sie ein bestehendes Objekt umwandeln oder die Maske im »Maskierungsmodus« konstruieren. Sie benötigen die Anzeige der Miniaturen im Transparenz-Bedienfeld – wählen Sie Miniaturen einblenden, falls sie nicht bereits angezeigt werden.

▲ **Abbildung 12.27**
Die Deckkraftmaske erzeugt einen weichen Übergang des Regenbogenobjekts in den Hintergrund.

Objekt in Maske umwandeln | Dies ist der einfachste Weg, Objekte zu maskieren. Diese Methode müssen Sie außerdem wählen, wenn Sie mehrere Elemente zusammen mit einer Maske versehen möchten:

1. Um eine Kombination mehrerer Objekte als Maske zu verwenden, müssen diese zunächst gruppiert werden. Denn nur einzelne Objekte oder Gruppen lassen sich in ein Maskenobjekt umwandeln.
2. Die Maske aus Abbildung 12.28 besteht aus drei Objekten: in Pfade umgewandelten Buchstaben, die jeweils mit einem Verlauf von Weiß nach Schwarz versehen wurden.
3. Positionieren Sie das Maskenobjekt an der gewünschten Stelle in der Stapelreihenfolge über dem oder den zu maskierenden Objekten 1. Das Maskenobjekt muss nicht auf derselben Ebene liegen wie das maskierte Objekt.
4. Aktivieren Sie das Maskenobjekt und das oder die zu maskierenden Objekte – hier handelt es sich um einen Pinselpfad.
5. Klicken Sie auf den Button Maske erstellen im Transparenz-Bedienfeld 2 (der Button wechselt anschließend zu Zurückwandeln). Im Ebenen-Bedienfeld wird das maskierte Objekt durch eine gestrichelte Unterstreichung gekennzeichnet 3 (in verschiedenen Versionen und abhängig von der eingestellten Breite des Bedienfelds kann die Unterstreichung auch durchgezogen sein).

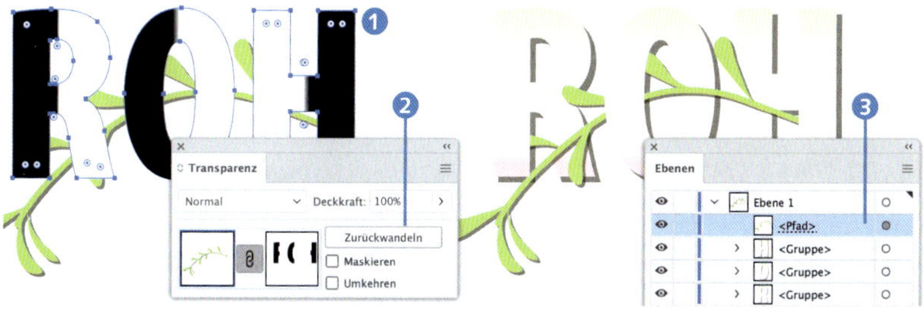

◄ **Abbildung 12.28**
Umwandeln vorhandener Objekte in eine Deckkraftmaske

Leere Maske für Objekte oder Ebenen erstellen | Wenn Sie eine Ebene mit einer Deckkraftmaske versehen möchten, müssen Sie die folgende Methode verwenden. Sie können aber auch Einzelobjekte auf diese Art mit einer Maske versehen. Und so geht's:

1. Falls Sie bereits ein Maskenobjekt vorbereitet haben, kopieren Sie es in die Zwischenablage oder schneiden es aus.
2. Aktivieren Sie ein einzelnes Objekt oder eine Gruppe, bzw. wählen Sie das zu maskierende Objekt, die Gruppe oder Ebene im Ebenen-Bedienfeld als Ziel aus (s. Abschnitt 11.3.3).

Transparente Gitter vor CS5

Illustrator-Versionen vor CS5 können noch keine transparenten Gitterpunkte im Verlaufsgitter definieren – die Deckkraftmaske ist dafür der gebräuchliche Workaround. Beim Speichern in eine ältere Version wird automatisch eine Deckkraftmaske erzeugt.

▲ **Abbildung 12.29**
Anzeige des Maskierungsmodus im Titelbalken; in diesem Modus haben Sie nur Zugriff auf die betreffenden Maskenobjekte, andere Objekte sind nicht aktiv.

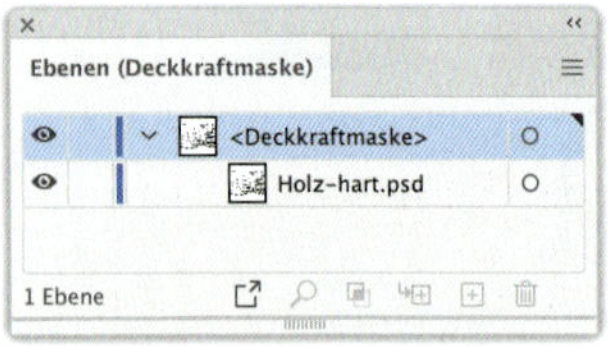

▲ **Abbildung 12.30**
Ebenen-Bedienfeld im Maskierungsmodus

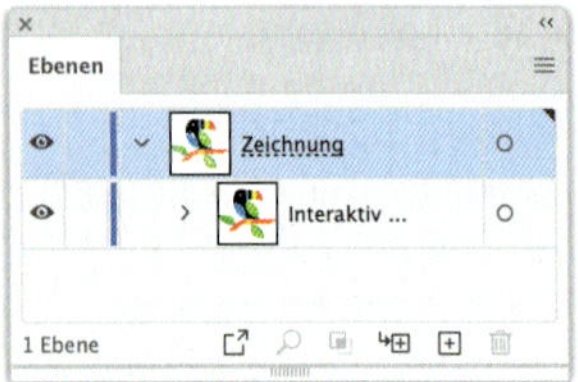

▲ **Abbildung 12.31**
Die Ebene »Zeichnung« ist mit einer Deckkraftmaske versehen, zu erkennen an der gestrichelten Unterstreichung.

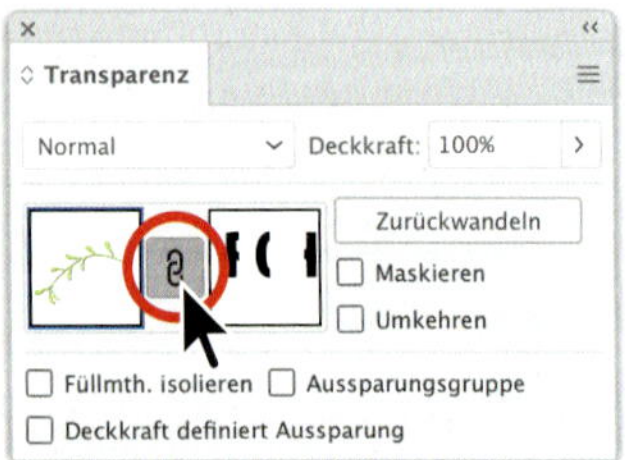

▲ **Abbildung 12.32**
Deckkraftmaskenverknüpfung aufheben

3. Klicken Sie den Button Maske erstellen im Transparenz-Bedienfeld, wählen Sie Deckkraftmaske erstellen aus dessen Bedienfeldmenü, oder doppelklicken Sie auf den Platz rechts neben der Objektminiatur. Illustrator erzeugt eine leere Maske. Mit einem Klick auf die Maskenminiatur wechseln Sie in den Maskierungsmodus (s. Abschnitt 12.2.4).
4. Der Modus wird im Titelbalken durch den Begriff <Deckkraftmaske> angezeigt, der an den Dateinamen angehängt wird (s. Abbildung 12.29), sowie durch die Umrandung der Maskenminiatur im Transparenz-Bedienfeld. Im Ebenen-Bedienfeld steht nur eine Ebene zur Verfügung – sie ist als <Deckkraftmaske> gekennzeichnet.
5. Erstellen Sie die Maske mit den Werkzeugen von Illustrator, oder fügen Sie das vorbereitete Maskenobjekt aus der Zwischenablage ein. Um es an derselben Position einzufügen, wählen Sie Bearbeiten • An Originalposition einfügen.
6. Beenden Sie den Maskierungsmodus mit einem Klick auf die Miniatur des maskierten Objekts. Im Ebenen-Bedienfeld erkennen Sie die maskierte Ebene oder das maskierte Objekt an der gestrichelten Unterstreichung.

12.2.2 Verknüpfung von Objekt und Deckkraftmaske

Die Miniatur eines Maskenobjekts wird neben der Miniatur des maskierten Objekts im Transparenz-Bedienfeld angezeigt. Per Voreinstellung sind Objekt und Maske miteinander verknüpft – dies erkennen Sie an dem gedrückten Ketten-Button zwischen den beiden Miniaturen. Die Verknüpfung bedingt, dass das Maskenobjekt transformiert wird, wenn Sie das maskierte Objekt drehen, skalieren, spiegeln oder verbiegen.

Umgekehrt ist das nicht der Fall – wenn Sie im Maskierungsmodus die Maske transformieren, bleibt das maskierte Objekt davon unbeeinflusst.

Klicken Sie auf den Ketten-Button – er wechselt sein Symbol dann zu –, oder wählen Sie Deckkraftmaskenverknüpfung aufheben aus dem Bedienfeldmenü, um die Verknüpfung zwischen Maske und maskiertem Objekt zu lösen. Die Maske bleibt dann in ihrer Position, wenn Sie das maskierte Objekt bearbeiten. Klicken Sie erneut auf den Button, oder wählen Sie Deckkraftmaske verknüpfen aus dem Bedienfeldmenü, um die Verknüpfung wieder einzurichten.

12.2.3 Optionen für Deckkraftmasken

Die beiden Optionen Maskieren und Invertieren wollen Ihnen die Arbeit erleichtern. So können Sie Masken auf die Art konstruieren, wie es Ihnen am einfachsten erscheint, weil bereits Objekte vorhanden sind, auf die

Sie aufbauen können, weil Sie schwarze Objekte sehen können oder weil Sie bestimmte Maskenteile gar nicht erst zeichnen müssen, sondern die Maske auch zum Zuschneiden verwenden.

Mit der Maske freistellen (Maskieren) | Eine neue Deckkraftmaske richtet Illustrator standardmäßig so ein, dass das Maskenobjekt nicht nur über seinen Grauwert die Opazität des maskierten Objekts bestimmt, sondern dass dieses durch die Außenform des Maskenobjekts gleichzeitig freigestellt wird. Zu erkennen ist dies am schwarzen Hintergrund der Maskenminiatur.

Das ist vor allem dann irritierend, wenn Sie mit schwarzen Elementen maskieren, denn das maskierte Objekt ist dadurch komplett unsichtbar – es wird nicht nur der gewünschte Teil ausgeblendet. Möchten Sie die Deckkraftmaske nicht als Freistellungsmaske verwenden, deaktivieren Sie die Option MASKIEREN im Transparenz-Bedienfeld.

Wenn Sie alle neuen Deckkraftmasken nicht als Freistellmasken verwenden wollen, deaktivieren Sie im Bedienfeldmenü die Option NEUE DECKKRAFTMASKEN SIND SCHNITTMASKEN. Die Option ist programmbezogen, Illustrator verwendet sie also für jedes neue Dokument sowie für bestehende Dokumente, die Sie öffnen.

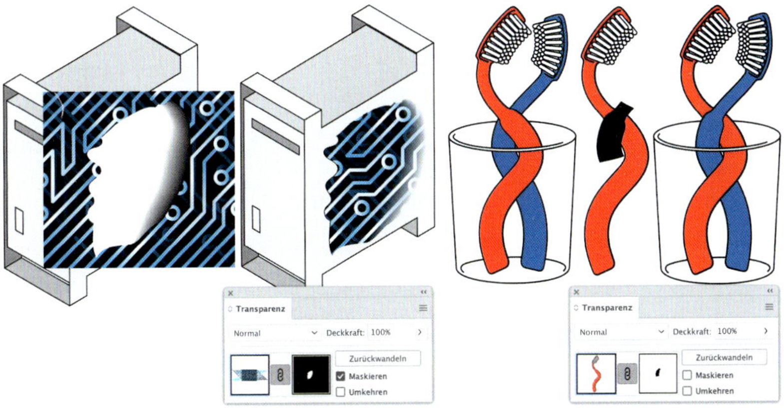

◀ **Abbildung 12.33**
Die Maske links muss mit der Option MASKIEREN verwendet werden, damit das Muster beschnitten wird. Das ist bei den Zahnbürsten (rechts) unerwünscht: Hier soll nur ein kleines Stück der roten Bürste versteckt werden, der übrige Teil komplett sichtbar sein.

Deckkraftmaske invertieren | Möchten Sie die Maske umkehren, d.h. Bereiche maskieren, die sichtbar sind, und verborgene Bereiche anzeigen, aktivieren Sie die Option INVERTIEREN im Transparenz-Bedienfeld. Die Option kehrt die Helligkeitswerte der Maske um. Die Maske selbst wird nicht verändert, daher können Sie ihr normales Verhalten wiederherstellen, indem Sie die Option deaktivieren.

Möchten Sie die Invertierung für jede neue Maske automatisch aktivieren, wählen Sie die Option NEUE DECKKRAFTMASKEN SIND INVERTIERT aus dem Bedienfeldmenü.

Schwarz-Definition beachten

Wenn Sie Schwarz-Weiß-Verläufe in RGB-Dateien in einer Deckkraftmaske verwenden, achten Sie darauf, dass das darin definierte Schwarz RGB 0/0/0 entspricht. Ein Graustufenschwarz in einer Deckkraftmaske erzeugt keinen Übergang zu kompletter Transparenz (links). Diese Farbe müssten Sie manuell in RGB 0/0/0 konvertieren.

Deckkraftmasken statt Schnittmasken

Besonders komplexe Objekte aus sehr vielen Einzelpfaden können häufig nicht als Schnittmasken verwendet werden. In diesen Fällen probieren Sie stattdessen eine Deckkraftmaske.

▲ **Abbildung 12.34**
Beispiele für die Verwendung von Pixelbildern als Deckkraftmaske finden Sie in Kapitel 14 und Kapitel 19.

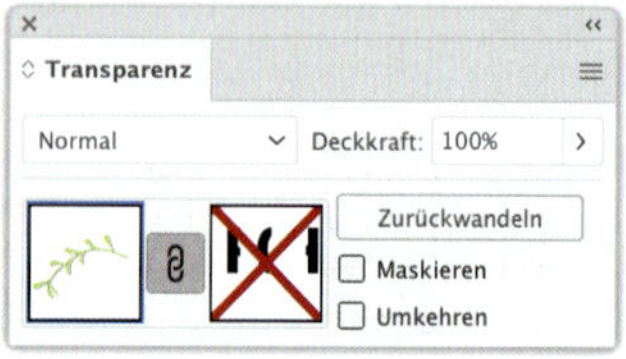

▲ **Abbildung 12.35**
Deckkraftmaske deaktiviert

Deckkraftmaske deaktivieren | Soll die Deckkraftmaske zwar erhalten bleiben, jedoch – vorübergehend – deaktiviert werden, aktivieren Sie das Objekt bzw. wählen es im Ebenen-Bedienfeld als Ziel aus und wählen Deckkraftmaske deaktivieren aus dem Menü des Transparenz-Bedienfeldes. Alternativ drücken Sie ⇧ und klicken auf die Maskenminiatur. Die deaktivierte Maske wird durch ein rotes Kreuz in der Miniatur gekennzeichnet.

Wählen Sie Deckkraftmaske aktivieren, bzw. drücken Sie ⇧ und klicken dann erneut auf die Miniatur, um die Maske wieder zu aktivieren.

Flexibel mit Masken arbeiten

Das Schöne an Deckkraftmasken ist, dass Sie Objekte nicht umwandeln müssen. Konturen, Schrift, Gitter, Pinsel, Symbole, Pixelbilder können verwendet werden. Sie müssen nichts in Pfade umwandeln, und es bleibt damit alles flexibel editierbar.

12.2.4 Deckkraftmaske bearbeiten

Wenn Sie die Maske eines Objekts bearbeiten möchten, aktivieren Sie das maskierte Objekt bzw. wählen es im Ebenen-Bedienfeld als Ziel aus. Im Transparenz-Bedienfeld klicken Sie auf die Maskenminiatur, um in den Deckkraftmaskenmodus zu wechseln. In diesem Modus lassen sich Maskenobjekte editieren und neue Objekte zur Maske hinzufügen.

▲ **Abbildung 12.36**
In den Deckkraftmaskenmodus wechseln

Modifikationsmöglichkeiten

- Halten Sie ⌥/Alt gedrückt, und klicken Sie auf die Maskenminiatur, um nur das Maskenobjekt auf der Zeichenfläche anzuzeigen und andere Objekte auszublenden.
- Wählen Sie Ansicht • Pfadansicht – ⌘/Strg+Y, um Maskenobjekte in der Pfadansicht zu bearbeiten.

12.2.5 Maskengruppe bearbeiten und ergänzen

Mehrere mit einer gemeinsamen Deckkraftmaske versehene Objekte werden beim Erstellen der Maske gruppiert. Einzelne Objekte aus dieser Gruppe müssen Sie mit dem Direktauswahl-, dem Gruppenauswahl-Werkzeug oder dem Lasso aktivieren, um sie zu bearbeiten. Möchten Sie die Maskierungsgruppe um weitere Objekte ergänzen, haben Sie zwei Möglichkeiten:

- Erstellen Sie zunächst die neuen Objekte, und verwenden Sie anschließend das Ebenen-Bedienfeld, um diese Objekte in die Gruppe und an die passende Position zu verschieben (s. Abschnitt 11.2.7).
- Doppelklicken Sie auf die maskierte Gruppe auf der Zeichenfläche, um sie zu »isolieren«. Anschließend arbeiten Sie mit den Objekten, als wären sie nicht gruppiert (s. Abschnitt 11.5).

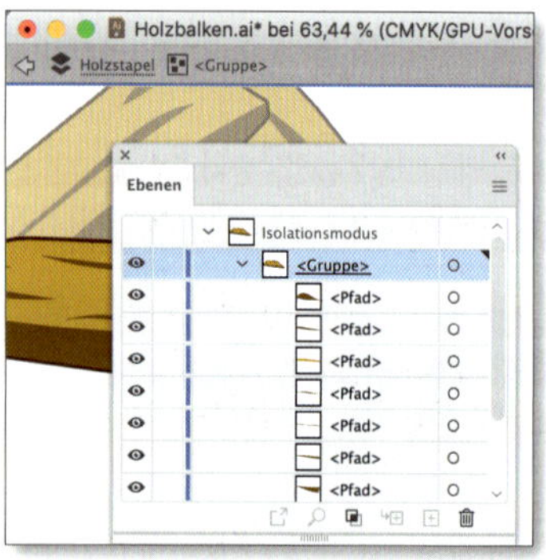

▲ **Abbildung 12.37**
Isolationsmodus: Titelbalken der Datei und Ebenen-Bedienfeld

12.2.6 Deckkraftmaske vom Objekt entfernen

Möchten Sie die Maske vom Objekt entfernen, wählen Sie das Objekt im Ebenen-Bedienfeld als Ziel aus und klicken dann auf den Button Zurückwandeln oder wählen aus dem Menü des Transparenz-Bedienfeldes Deckkraftmaske zurückwandeln.

Das oder die zur Maske gehörenden Objekte werden in »normale« Vektorobjekte umgewandelt und in der Stapelreihenfolge über dem maskierten Objekt positioniert.

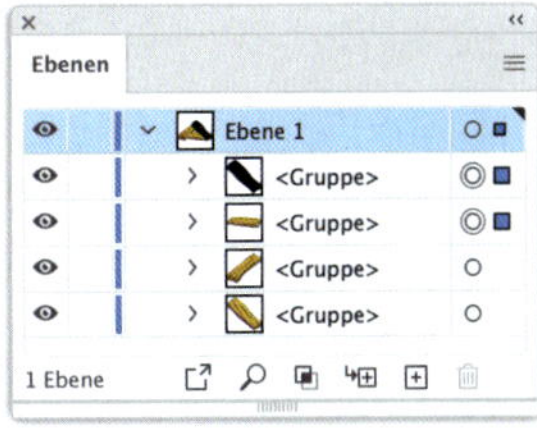

▲ **Abbildung 12.38**
Nach dem Umwandeln einer Maske

Schritt für Schritt
Mit Deckkraftmasken arbeiten

Neben dem Umsetzen von weichen Übergängen gehört das »Durchbrechen« der Stapelreihenfolge zu den häufigsten Anwendungsfällen für Deckkraftmasken: Wenn ein Objekt gleichzeitig über und unter einem anderen liegen soll – und das editierbar –, kommen Sie mit Masken einfach zum Ziel. Öffnen Sie die Datei »Tattoo-Start.ai«.

▲ **Abbildung 12.39**
Die Ausgangssituation

1 Aufbau der Zeichnung

Die beiden Schlangen wurden bereits als Bildpinsel angelegt und den Pfaden zugewiesen. Wenn Sie den Pinsel untersuchen wollen, verwenden Sie das Pinsel-Bedienfeld (Pinsel s. Abschnitt 8.4).

2 Erzeugen eines Objekts für die Maske und Umwandeln

Die violette Schlange muss an einigen Kreuzungsstellen unterbrochen werden, damit die Umschlingung glaubhaft aussieht. Die Maske dazu wird aus einer Kopie der anderen Schlange erstellt. Aktivieren Sie die grüne Schlange, kopieren Sie sie, und deaktivieren Sie dann die aktivierte Schlange. Nun fügen Sie den Inhalt der Zwischenablage mit ⌘/Strg+F davor ein, um die Kopie an derselben Stelle zu erstellen.

Nun muss die Schlange umgewandelt werden, damit sie sich zerschneiden lässt. Wählen Sie Objekt • Aussehen umwandeln. Sie können jetzt die Pfade ganz normal bearbeiten.

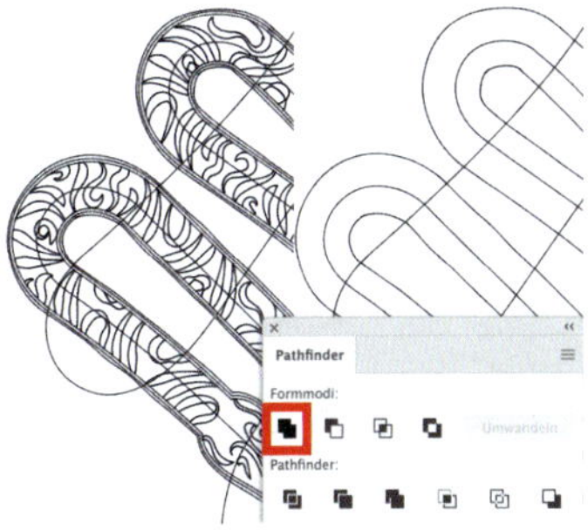

▲ **Abbildung 12.40**
Pinsel umwandeln und vereinen

3 Vereinfachen des Maskenobjekts

Es sind allerdings Pfade für jedes einzelne Objekt des Schlangenhaut-Musters erstellt worden. Um die vereinfachte Form für die Maske zu erstellen, fügen Sie alle diese Objekte mit dem Pathfinder Vereinen aus dem Pathfinder-Bedienfeld zusammen. Das Ergebnis füllen Sie mit Schwarz. In einer RGB-Datei muss dies RGB 000 sein. In dieser Datei können Sie das schwarze Farbfeld verwenden, ein tiefes Schwarz verursacht jedoch auch keine Probleme.

▲ **Abbildung 12.41**
Mit Schwarz füllen

▲ **Abbildung 12.42**
Die Maske muss gar nicht sehr genau geschnitten werden.

4 Zerschneiden der Maske

Die Schlange muss nur an jedem zweiten Kreuzungspunkt maskiert werden. Daher zerschneiden Sie die schwarze Schlange nun. Wählen Sie nur die schwarze Form aus, und schneiden Sie mit dem Messer-Werkzeug wie in Abbildung 11.42 gezeigt (zum Messer-Werkzeug s. Abschnitt 6.4.4).

5 Maske zuweisen

Wenn Sie genau wissen, wie Sie die beiden Schlangen miteinander verschlingen wollen, können Sie nun bereits die Elemente an den Stellen löschen, an denen die violette Schlange oben liegen soll. Wenn Sie noch ausprobieren wollen, behalten Sie alle Elemente. Aktivieren Sie die schwarzen Objekte, indem Sie eins anklicken und dann AUSWAHL • GLEICH • FLÄCHENFARBE aufrufen, und gruppieren Sie sie mit [⌘]/[Strg]+[G]. Wählen Sie dann zusätzlich mit gedrückter [⇧]-Taste die violette Schlange aus, und klicken Sie im Transparenz-Bedienfeld auf MASKE ERSTELLEN. Deaktivieren Sie die Option MASKIEREN.

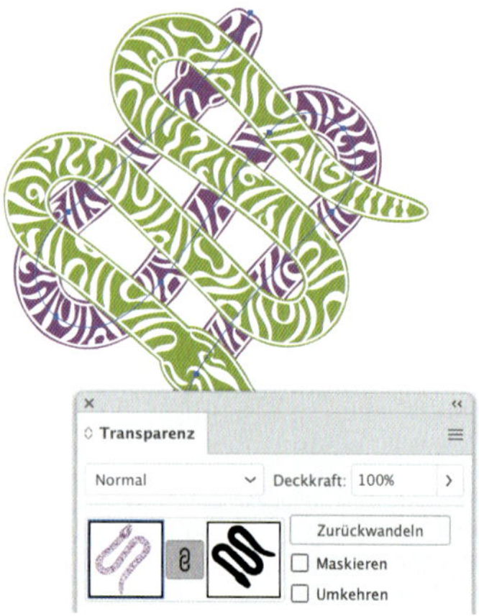

▲ **Abbildung 12.43**
Zuweisen der Maske auf die violette Schlange

6 Maske bearbeiten

Es sieht jetzt so aus, als würde die grüne Schlange oben liegen. Das wird geändert, indem Sie nun die Maske bearbeiten. Klicken Sie im Transparenz-Bedienfeld auf die Masken-Miniatur, um in den Deckkraftmaskenmodus zu gelangen – im Titelbalken des Dokuments wird es angezeigt, und Sie können nur noch Elemente der Maske aktivieren.

Mit dem Direktauswahl-Werkzeug klicken Sie einzelne Elemente der Maske an und füllen sie mit Weiß. Die entsprechenden Bereiche der violetten Schlange erscheinen wieder über der grünen Schlange.

Testen Sie nun, welche Schlange wo sichtbar sein soll, indem Sie den entsprechenden Maskenteil weiß oder schwarz füllen.

▲ **Abbildung 12.44**
Auswählen einzelner Objekte der Maske mit dem Direktauswahl-Werkzeug im Deckkraftmaskenmodus, um sie mit Weiß zu füllen.

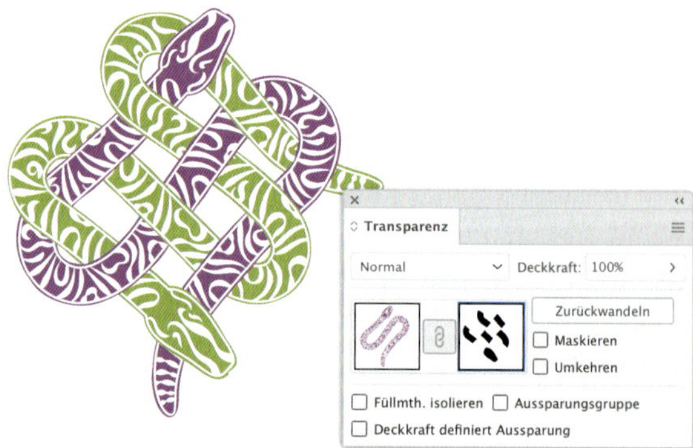

▲ **Abbildung 12.45**
Nach Fertigstellung sieht die Maske wie ein Schachbrett aus, und die Schlangen sind ineinander verwoben.

7 Abschließen

Wenn Sie zufrieden sind, können Sie natürlich die weißen Objekte in der Maske löschen, damit alles eindeutig ist und unerwünschte Änderungen jedenfalls nicht einfach sind. Klicken Sie dann wieder auf die Miniatur des maskierten Objekts, um den Deckkraftmaskenmodus zu verlassen. Experimentieren Sie nun mit Farbvarianten der Schlangen. Die Positionen der Schlangen lassen sich nur sehr eingeschränkt verändern – die violette Schlange noch besser als die grüne. Dazu lösen Sie die Verkettung von Maske und Objekt und bewegen einzelne Ankerpunkte oder Griffe.

▲ **Abbildung 12.46**
Farbvariante des Motivs

12.3 »Transparenz«-Effekte

Mithilfe von Effekten lässt sich eine transparente Optik auch durch die Transparenzsimulation herstellen. Die beiden hier vorgestellten Effekte haben keine große Bedeutung in Illustrator, da viel mächtigere Funktionen mit echter Transparenz und eine stabile Weiterverarbeitung von Transparenz zur Verfügung stehen.

Pathfinder-Effekte

Mehr zur Anwendung von Pathfinder-Effekten s. Abschnitt 13.2.8

Hart mischen und Weich mischen | Um Objekte weich oder hart zu mischen, aktivieren Sie sie, gruppieren sie und wählen Effekt • Pathfinder • Weich bzw. Hart mischen aus dem Menü.

Diese beiden Effekte imitieren nur die Optik einer Transparenz, indem sie die Überschneidungsfläche mit Farbmischungen versehen, die aus den Farben der beteiligten Objekte generiert wurden. Hart mischen und Weich mischen sollten nur auf Objekte mit einfachen Farbfüllungen angewendet werden. Sind Objekte mit Verlaufsfüllungen versehen oder bereits Verformungs- oder andere Effekte darauf angewendet worden, müssen Sie statt dieser Effekte »echte« Transparenzen zuweisen, d. h. mit der Reduzierung der Deckkraft und/oder einer geeigneten Füllmethode arbeiten.

▲ **Abbildung 12.47**
Bei Weich mischen scheinen jeweils die hinteren Objekte durch die vorderen hindurch.

Während Weich mischen den oberen Objekten eine in der Stärke einstellbare Transparenzoptik verleiht, färbt Hart mischen die Schnittmenge der Objekte in einer Farbe, die aus den jeweils dunkelsten Werten der einzelnen Druckfarben gemischt ist, die die Originalobjekte besitzen.

▲ **Abbildung 12.48**
Hart mischen – sind Verlaufsflächen beteiligt (rechts), haben weder Weich mischen noch Hart mischen sichtbare Auswirkungen.

Die am Bildschirm angezeigten Mischfarben können nicht mit dem Pipette-Werkzeug aufgenommen werden.

Optionen | Nach dem Aufrufen des Effekts Weich mischen tragen Sie die Stärke in der Dialogbox unter Deckkraft ein. Ein höherer Wert verstärkt den Eindruck von Transparenz.

Mischen mit nur einem Objekt

Besitzt ein Objekt mehrere Konturen oder Flächen, können die Effekte Hart und Weich mischen manchmal ebenfalls verwendet werden, z. B. mit Textobjekten.

▲ **Abbildung 12.49**
Transparenzreduzierung

12.4 Transparenzen reduzieren

Innerhalb der Applikationen der Creative Cloud wird Transparenz »live« verwendet, d. h. im Moment der Ausgabe berechnet. Für den Druck oder den Austausch mit Programmen, die keine Live-Transparenz beherrschen, müssen die Transparenz-Effekte jedoch häufig noch auf eine andere Art dargestellt werden. Dienstleister, die die APPE (Adobe PDF Print Engine) einsetzen, können transparente PDF/X-4 verarbeiten.

Den Prozess der Umwandlung der betroffenen Objekte bezeichnet man als *Transparenzreduzierung* oder auf Englisch als *Flattening*.

Der Begriff *Flattening* bezeichnet den Vorgang sehr plastisch: Ursprünglich einander überlagernde Objekte werden derart zerschnitten, dass daraus nebeneinanderliegende Objekte entstehen. Wo die Objekte mit Mitteln der Vektorgrafik darstellbar sind, werden Vektorobjekte erstellt. Ist der optische Eindruck mit Vektorobjekten nicht reproduzierbar, wird er in Bitmap-Elemente – also pixelbasierte Grafik – umgesetzt.

Die Herausforderung besteht darin, den Eindruck der Überlagerung exakt so zu reproduzieren, wie er mit den Transparenzeinstellungen entworfen wurde, und dabei Daten in ausreichender Qualität für den gewählten Weiterverarbeitungsprozess zu erzeugen. Eine in Illustrator integrierte Software – der »Flattener« – ist für die Reduzierung zuständig.

Transparenzreduzierung können Sie zum einen für ausgewählte Objekte manuell über das Menü anwenden. Zum anderen können Reduzierungsvorgaben erstellt und beim Drucken sowie beim Speichern und Exportieren in bestimmte Dateiformate auf die ganze Datei angewandt werden.

InDesign

In InDesign sollten Sie keine transparenzreduzierten Dokumente verwenden, sondern stattdessen die Reduzierung erst bei der Ausgabe aus InDesign vornehmen.

12.4.1 Transparenzquellen

Von Transparenzreduzierung betroffen sind Objekte, deren Aussehen Transparenz enthält, sowie Elemente, die in der Stapelreihenfolge unter Transparenzquellen liegen oder deren Abstand zu transparenten Objekten weniger als 1 Punkt beträgt. Transparente Objekte sind:

- Elemente, deren Deckkraft reduziert ist oder die eine andere Füllmethode als NORMAL besitzen – einschließlich Verläufen und Verlaufsgittern, deren Einzelfarben in ihrer Deckkraft reduziert wurden
- Objekte, die mit einer Deckkraftmaske versehen sind
- mit den Effekten SCHLAGSCHATTEN, WEICHE KANTE und SCHEIN NACH AUSSEN oder INNEN versehene Elemente
- mit Photoshop-Effekten versehene Elemente, wenn sie mit transparentem Hintergrund berechnet werden (s. hierzu Abschnitt 13.4.1 »Dokument-Rastereffekt-Einstellungen«)

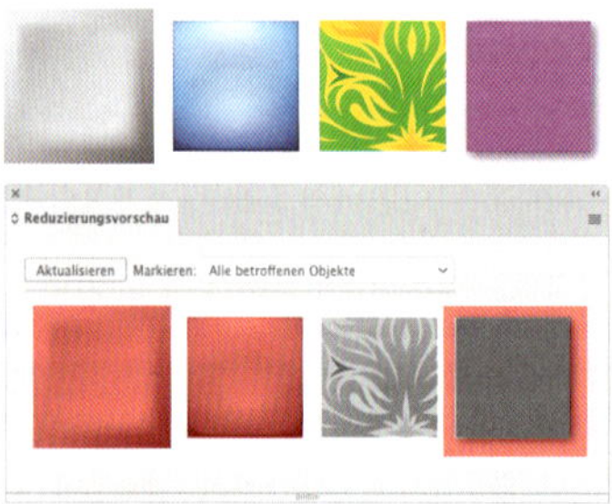

▲ **Abbildung 12.50**
Einige der Grafikstile des Dokumentprofils DRUCK enthalten Transparenz.

- platzierte Vektor- oder Pixel-Dateien, die Transparenzen enthalten (das ist z. B. möglich in PSD, PDF, PNG oder TIF)
- angewendete Muster, Stile, Pinsel oder Symbole, die die aufgeführten Eigenschaften besitzen – vor allem Borstenpinsel

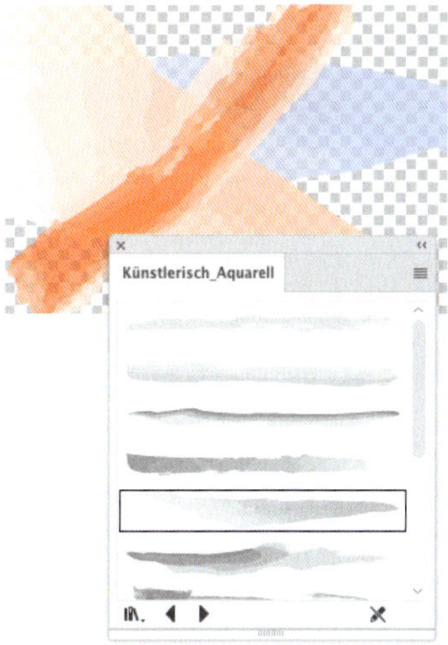

▲ **Abbildung 12.51**
Auch die Pinsel aus der alten Bildpinsel-Bibliothek »Künstlerisch_Aquarell« enthalten Transparenz.

Transparenz reduzieren ohne Transparenz | In Illustrator können Sie die Transparenzreduzierung anwenden, ohne dass überhaupt Transparenz vorhanden ist. In diesem Zusammenhang wirkt der Befehl OBJEKT • TRANSPARENZ REDUZIEREN wie eine sehr effiziente Umwandlungsfunktion (s. Abschnitt 12.4.8). Im Gegensatz zu den diversen Umwandlungsbefehlen für einzelne Objektarten lässt sich mit der Transparenzreduzierung alles auf einmal umwandeln: Effekte, Hüllen, diverse Live-Objekte wie z. B. interaktive Malgruppen, Konturen und Text. Auch Textobjekte in verknüpften PDFs können mit diesem Trick in Pfade konvertiert werden, ohne dass Sie die Schrift installiert haben müssen.

12.4.2 Arbeitsweise des Flatteners

Jedes transparente Objekt in einer Grafik muss daraufhin beurteilt werden, wie am besten mit ihm zu verfahren ist.

Am vorteilhaftesten ist, wenn die ursprüngliche Form des Elements bewahrt werden kann – z. B. Textobjekte als solche erhalten bleiben. Ist das nicht möglich, dann sollten sie in eine verwandte Form – also Text in Vektorobjekte – umgewandelt werden. Erst als letzten Ausweg zieht der Flattener die Rasterung als pixelbasierte Grafik in Betracht.

Welche Methode den Vorzug hat und mit welchen Einstellungen sie angewandt wird, bestimmen Sie durch das Definieren einiger Vorgaben. So lässt sich die Transparenzreduzierung auf den Weiterverarbeitungsprozess und die Art der von Transparenz betroffenen Objekte individuell zuschneiden.

Reduzierung testen

Das Angenehme an Illustrator ist, dass Sie mit OBJEKT • TRANSPARENZ REDUZIEREN unkompliziert testen können, wie Illustrator Objekte beim Reduzieren behandelt. Nach dem Ausführen des Befehls sehen Sie die Objekte direkt in Illustrator (s. Abschnitt 12.4.8).

12.4.3 Problemfälle

- **Auflösung**: Wird in einem Dokument eine Transparenzreduzierung durchgeführt, kann es passieren, dass einzelne Bereiche eines Objekts vor dem Ausdrucken oder Belichten, andere Teile desselben Objekts jedoch erst im Moment des Drucks gerastert werden.
  Wählen Sie eine zu niedrige Auflösung für die Transparenzreduzierung, sind die während der Reduzierung gerasterten Bereiche zu erkennen (s. Abbildung 12.52). Eine zu hohe Auflösung erzeugt dagegen sehr große Dateien, gegebenenfalls ohne gleichzeitig einen Qualitätsvorteil zu bieten.

▲ **Abbildung 12.52**
Zu niedrige Auflösung

▲ **Abbildung 12.53**
Konturen teilweise als Flächen

Text und Transparenz

Nach Möglichkeit sollten Sie die Interaktion von längeren Lesetexten mit transparenten Objekten vermeiden.
Achten Sie darauf, diese Texte im Objektstapel ganz oben anzulegen – am besten auf einer eigenen Ebene.

Separationen in Acrobat

Bei komplexen Transparenzinteraktionen (oder wenn Ihnen die Separationenvorschau in Illustrator nicht ausreicht) verwenden Sie nach dem Erstellen des PDFs die Separationenvorschau von Acrobat – so lässt sich die korrekte Umsetzung überprüfen. Die Überprüfung ist vor allem dann wichtig, wenn Sie platzierte Duplex- und Mehrkanal-Bilder mit Transparenz verwenden.

- **In Flächen umgewandelte Linien**: Wird eine Kontur nur teilweise in eine Fläche umgewandelt, kann es an der Trennstelle zwischen beiden Teilen der Kontur zu einem sichtbaren Sprung kommen, da PostScript-Geräte Konturen anders berechnen als Flächen (s. Abbildung 12.53). Um das Problem zu umgehen, sollten Sie versuchen, alle Konturen in Flächen umzuwandeln.
- **Farbsprünge**: Wenn nur ein Teil eines Vektorobjekts gerastert wird, ist es möglich, dass an der Grenze zwischen dem gerasterten und dem nicht in Pixeldaten umgesetzten Teil sichtbare Farbsprünge entstehen – auf Englisch »Color Stitching« genannt. Dies entsteht dadurch, dass Farben in Pixelbildern von PostScript-RIPs gegebenenfalls anders interpretiert werden als in Vektorobjekten angelegte Farben.
- **Text**: Werden nur einzelne Glyphen in einem Textobjekt in Pfade umgewandelt, sollten Sie darauf achten, dass der verwendete Zeichensatz auf den Drucker geladen wird, damit sichergestellt ist, dass für den Druck der nicht umgewandelten Zeichen der korrekte Font verwendet wird.
  Noch besser ist es allerdings, statt einzelner Bereiche das gesamte Textobjekt in Pfade umzuwandeln, da auch unter Verwendung des korrekten Zeichensatzes Unterschiede in der Berechnung der Buchstabenformen auftreten können (s. Abschnitt 14.9.1).
- **Überdrucken**: Bei der Transparenzreduzierung werden überdruckende Bereiche in der Regel in nicht überdruckende Formen umgewandelt. Wurden in den transparenten Bereichen Schmuckfarben verwendet, kann es aber auch passieren, dass der Flattener überdruckende Bereiche einrichtet. Achten Sie darauf, dass der PostScript-RIP diese ausgeben kann. Beim Drucken eines Composite-Proofs aus Acrobat oder InDesign aktivieren Sie die Option Überdrucken: Simulieren.
- **Schmuckfarben**: Dateien, in denen transparente Bereiche und Schmuckfarben zusammenwirken, müssen Sie für die Verwendung im Layout in neueren Dateiformaten – AI ab Version 10, PDF ab 1.4 – speichern, um zu vermeiden, dass Schmuckfarben in CMYK umgewandelt werden. Illustrator gibt eine Warnung aus, wenn Sie Transparenzen und Schmuckfarben gemeinsam verwenden – ein aus diesen Dateien erstelltes PDF sollte immer genau daraufhin überprüft werden, ob Schmuckfarben korrekt erhalten bleiben und die transparenten Überlagerungen das erwartete Ergebnis liefern.
- **Farbmanagement**: Die Transparenzreduzierung findet in einem für alle Objekte gemeinsamen Farbraum statt. In Illustrator entspricht der Transparenzreduzierungsfarbraum dem Dokumentfarbraum. Vor der Reduzierung wird der Farbraum der an der Transparenz beteiligten platzierten Grafiken überprüft, und die Bilder werden gegebenenfalls

in den Dokumentfarbraum umgerechnet. Dabei kommen die in den Farbeinstellungen vorgenommenen Optionen zum Einsatz, sie sollten unbedingt korrekt eingerichtet sein.

- **Pixelbasierte Effekte**: Die Effekte SCHATTEN, WEICHE KANTE und SCHEIN NACH AUSSEN/INNEN sowie alle Photoshop-Effekte und gegebenenfalls die 3D-Effekte (s. Abschnitt 18.2) werden mit den Einstellungen in den Dokument-Rastereffekt-Einstellungen in Pixelbilder umgewandelt, bevor der Flattener die betroffenen Bereiche reduziert. Richten Sie die Einstellungen entsprechend ein (s. Abschnitt 13.4).
- **Borstenpinsel**: Sobald Sie in einer Datei mehr als 30 Borstenpinselkonturen eingesetzt haben, erhalten Sie beim Speichern eine Warnung, dass diese Datei im Falle einer Transparenzreduzierung (z. B. beim Schreiben eines PDFs aus dem Layoutprogramm) zu komplex werden könnte. Den darin enthaltenen Vorschlag, die Borstenpinselpfade in ein Pixelbild zu konvertieren (s. Abschnitt 6.2), sollten Sie bereits dann in Erwägung ziehen, wenn Sie es mit weit weniger Borstenpinselkonturen zu tun haben.

Bildauflösung und Transparenz

Bilder, die zusammen in einer transparenten Region platziert sind, sollten in einer einheitlichen Auflösung vorliegen (der in den Reduzierungsoptionen eingestellten Auflösung), um zu vermeiden, dass automatisches Upsampling (eine Erhöhung der Auflösung) stattfindet. Diese automatische Neuberechnung würde der Bildqualität eventuell schaden.

◄ **Abbildung 12.54**
Bereits zwei Borstenpinselpfade können bei einer Transparenzreduzierung 1.015 Pfade erzeugen.

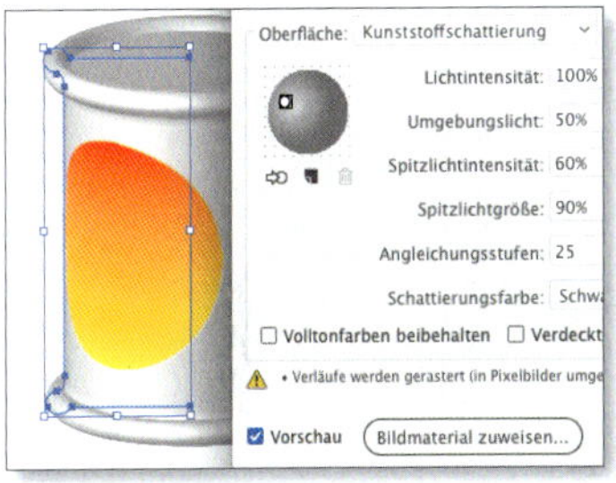

▲ **Abbildung 12.55**
3D-Objekte werden gerastert, obwohl in den Ausgangsformen keine Rasterelemente vorhanden waren.

- **OPI**: Arbeiten Sie in einem OPI-Workflow mit niedrig aufgelösten Bildern im Layout, müssen Sie diese vor der Transparenzreduzierung gegen die hochaufgelösten Daten austauschen (»Fatten before you flatten«).

12.4.4 Einstellungen für die Transparenzreduzierung

In den Dialogboxen DOKUMENT EINRICHTEN, SPEICHERN, DRUCKEN, TRANSPARENZ REDUZIEREN, TRANSPARENZREDUZIERUNGSVORGABEN und REDUZIERUNGSVORSCHAU haben Sie folgende Möglichkeiten, die Umwandlung der transparenten Objekte zu beeinflussen:

Rücksprache mit dem Dienstleister

Sprechen Sie die Einstellungen – vor allem die Auflösung – mit Ihrem Dienstleister ab, oder fragen Sie nach einer Voreinstellungsdatei.

Abbildung 12.56 ▶
Optionen für Objekt • Transparenz reduzieren

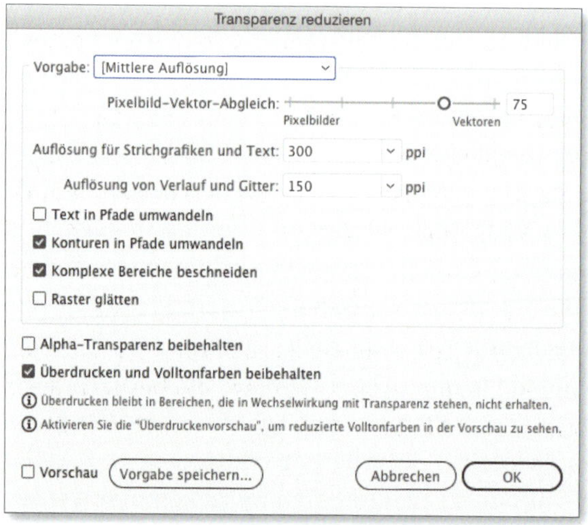

Reduzierungsvorschau

Verwenden Sie das Reduzierungsvorschau-Bedienfeld, um sich die von der jeweiligen Einstellung betroffenen Bereiche anzeigen zu lassen. Auch aus dem Reduzierungsvorschau-Bedienfeld lassen sich Vorgaben speichern. Wählen Sie den Eintrag aus dem Bedienfeldmenü, wenn Sie mit Ihren im Bedienfeld vorgenommenen Einstellungen zufrieden sind.

- Name (nur Transparenzreduzierungsvorgaben): Unter diesem Namen wird Ihre Vorgabe in den Menüs der anfangs genannten Dialogboxen aufgeführt.
- Pixelbild-Vektor-Abgleich: Mit diesem Regler bestimmen Sie eine Art Schwellenwert, der festlegt, ab welchem Grad von Komplexität Objekte in Pixel umgesetzt werden.
  Setzen Sie den Wert auf 0, um den kompletten, von Transparenz betroffenen Bereich zu rastern.
  Mit dem Wert 100 versucht der Flattener, möglichst alle Bereiche als Vektorobjekte zu generieren. Diese Einstellung liefert die bestmögliche Qualität, kann jedoch sehr zeitintensiv sein. Einige Objekte lassen sich darüber hinaus nicht als Vektorobjekte darstellen.
  Einstellungen von 1 bis 99 rastern nur Teilbereiche. Stehen nur wenige einfache Objekte in Wechselwirkung, kann es passieren, dass Sie keine Unterschiede zwischen verschiedenen Reglerpositionen bemerken.
- Auflösung für Strichgrafiken und Text: In der hier vorgegebenen Auflösung rastert der Flattener Vektor- und Textelemente. Auf Desktop-Druckern bis 600 dpi sollten Sie für die beste Qualität die Geräteauflösung verwenden.
  Die höchste Auflösung würde jedoch bei Belichtern zu sehr großen Dateien und langen Bearbeitungszeiten führen – probieren Sie, exakt die Hälfte der Geräteauflösung einzustellen.
- Auflösung von Verlauf und Gitter: Diese Einstellung bestimmt die Auflösung für die Rasterung von Verläufen und Verlaufsgitterobjekten (s. Abbildung 12.57).
  Für diese Objekte wählen Sie die Einstellung, die Sie für Bildmaterial verwenden – üblicherweise um 300 ppi. Falls in Ihrer Grafik lediglich

▲ Abbildung 12.57
Oben: Verlaufsgitter 60 ppi/Text 120 ppi, unten: Verlaufsgitter 300 ppi/Text 1.200 ppi

wenig detailreiche Verläufe reduziert werden müssen, können auch niedrigere Werte ausreichen.

- Text in Pfade umwandeln: Aktivieren Sie diese Option, um alle Textobjekte in Pfade zu konvertieren. So lassen sich Probleme vermeiden, die bei der Umwandlung nur einzelner Glyphen entstehen können (s. Abbildung 12.58 und Abschnitt 12.4.3).
- Konturen in Pfade umwandeln: Der Flattener wandelt alle Konturen in Pfade um, wenn Sie diese Option wählen.
- Komplexe Bereiche beschneiden: Mit dieser Option wird um eine gerasterte Fläche ein Beschneidungspfad angelegt. So besitzen diese Flächen saubere Außenkanten, und der Anschluss an nicht reduzierte Bereiche passt besser.

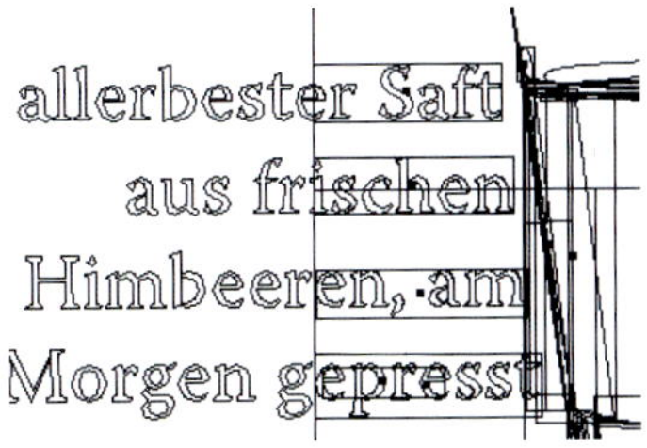

▲ **Abbildung 12.58**
Das Umwandeln wird auch für Zeichen erzwungen, die nicht im Bereich der Transparenz liegen.

◀ **Abbildung 12.59**
Komplexe Bereiche beschneiden bewirkt, dass die in Pixel umgewandelten Bereiche (jeweils rechts) zusätzlich mit Schnittmasken versehen werden.

- Raster glätten: Diese Einstellung bewirkt eine Kantenglättung der in Pixel umgewandelten Bereiche, die dadurch vor allem in kleineren Abbildungsgrößen oder geringen Auflösungen deutlich besser dargestellt werden (s. Abbildung 12.60).
- Alpha-Transparenz beibehalten (nur Objekt • Transparenz reduzieren): Objekte, denen andere Füllmethoden als Normal zugewiesen sind, werden reduziert, nur Alpha-Transparenzen – also Deckkrafteinstellungen – bleiben bestehen. Diese Einstellung wird manchmal beim Verflachen von Aussparungsgruppen gebraucht und ist wichtig für den Export in Dateiformate, die Füllmethoden nicht unterstützen (in alten Versionen gehört dazu auch SVG).
- Überdrucken und Volltonfarben beibehalten (nur Objekt • Transparenz reduzieren): Diese Einstellung entspricht der Option Überdrucken beibehalten aus dem Dialog Drucken (s. Abschnitt 20.4).

▲ **Abbildung 12.60**
Raster glätten (rechts)

Aussparungsgruppen umwandeln

Auch für das Umwandeln von Aussparungsgruppen (s. Seite 424) kann die Option Alpha-Transparenz beibehalten nötig sein, wenn kein Objekt unter der Aussparung liegt. Beachten Sie jedoch, dass anschließend auch noch die ungefüllten Objekte gelöscht werden müssen, falls Sie die Grafik z. B. zum Plotten vorbereiten.

12.4.5 Transparenzreduzierungsvorgaben einrichten

Ihre Einstellungen können Sie als Vorgaben speichern, die zukünftig im Auswahlmenü Vorgabe in allen betroffenen Dialogboxen zur Verfügung

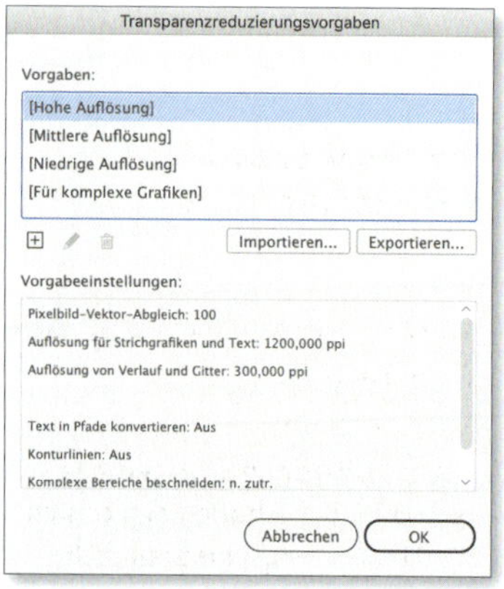

▲ **Abbildung 12.61**
Transparenzreduzierungsvorgaben

stehen. Ebenfalls lassen sich Vorgabendateien laden, die Sie von Dienstleistern erhalten haben.

Rufen Sie Bearbeiten • Transparenzreduzierungsvorgaben... auf, um die Vorgaben zu verwalten. In der Liste unter Vorgaben sehen Sie alle gespeicherten oder geladenen Einstellungen. Per Voreinstellung sind nur die Illustrator-Standardvorgaben – in den eckigen Klammern – vorhanden. Diese lassen sich weder editieren noch löschen.

Mit einem einfachen Klick auf eine Vorgabe zeigt die Dialogbox die Einstellungen im Textfeld an. Doppelklicken Sie auf einen Eintrag, um ihn zu bearbeiten.

Möchten Sie Einstellungen aus einer Datei laden, klicken Sie auf Importieren und selektieren Sie die gewünschte Datei.

Einen neuen Eintrag legen Sie an, indem Sie auf den entsprechenden Button ⊞ klicken. Anschließend richten Sie die gewünschten Optionen in der Dialogbox ein (s. den vorhergehenden Abschnitt).

Reduzierungsvorgaben für Dateien bestimmen | Wenn Sie ein Dateiformat speichern bzw. exportieren, das keine Live-Transparenz beherrscht, oder wenn Sie transparente Elemente in die Zwischenablage kopieren, werden die Transparenzeinstellungen aus der Dialogbox Dokument einrichten für die Reduzierung verwendet.

Wählen Sie Datei • Dokument einrichten – ⌘+⌥+P bzw. Strg+Alt+P –, und bestimmen Sie im Optionenbereich Transparenz eine Vorgabe aus dem Aufklappmenü, oder klicken Sie auf den Button Benutzerdefiniert..., um die Einstellungen anzupassen.

▲ **Abbildung 12.62**
Transparenz-Wechselwirkung: Aussparungsgruppe ①, Volltonfarben, teilweise transparent überlagert ②, Kontur mit Deckkraftmaske ③, transparentes Gitter ④, Muster, teilweise transparent überlagert ⑤, Text, teilweise transparent überlagert ⑥, transparent überlagerter Verlauf ⑦, Schlagschatten ⑧, transparentes PSD ⑨, verknüpftes EPS ⑩

12.4.6 Reduzierungsvorschau

Um Objekte in Ihrer Datei zu identifizieren, die von Transparenzreduzierung mit den gewählten Einstellungen betroffen sind, rufen Sie das Reduzierungsvorschau-Bedienfeld unter Fenster • Reduzierungsvorschau auf – im Dock. Wählen Sie Optionen einblenden aus dem Bedienfeldmenü, um die Transparenzreduzierungseinstellungen im Bedienfeld anzuzeigen.

Gehen Sie wie folgt vor, um eine Reduzierungsvorschau Ihrer Grafik zu generieren:

1. Wählen Sie Ihre Transparenzreduzierungseinstellungen.
2. Klicken Sie auf den Button Aktualisieren.
3. Wählen Sie eine Option aus dem Menü Markieren.
   Aktivieren Sie die Option Detaillierte Vorschau aus dem Bedienfeldmenü, um alle Einträge im Menü Markieren anzuzeigen. Die Erläuterungen zum Menü lesen Sie weiter unten.

4. Nehmen Sie gegebenenfalls Änderungen an den Einstellungen vor. Nach jeder Änderung müssen Sie die Vorschau aktualisieren.

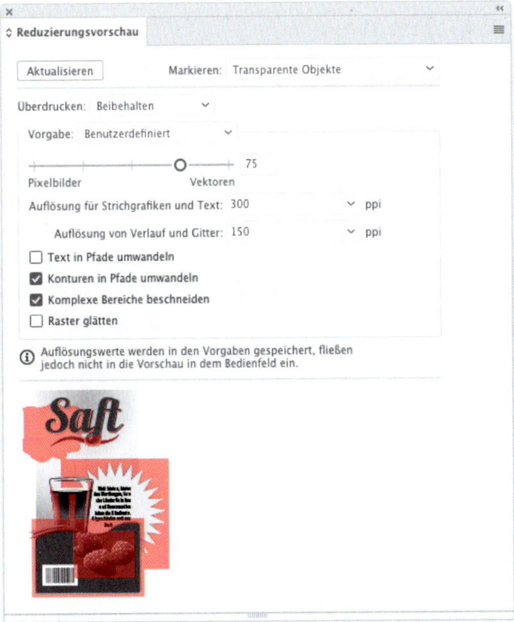

◀ **Abbildung 12.63**
Reduzierungsvorschau

Soft-Proof?

Für den Soft-Proof von Volltonfarben, Überdrucken-Eigenschaften und Füllmethoden eignet sich die Reduzierungsvorschau nicht.

Volltonfarben und Transparenz

Wenn Sie Volltonfarben mit Transparenz verwenden, sollten Sie die Ergebnisse regelmäßig mit der Überdruckenvorschau vergleichen. Prüfen Sie auch die Separationenvorschau.

Beispieldatei

Das hier verwendete Beispiel finden Sie als Datei im Download: »Transparenzinteraktion.ai«.

Markieren-Auswahl | Wählen Sie eine der Optionen im Menü Markieren, um die jeweils betroffenen Bereiche in einem rötlichen Farbton anzeigen zu lassen.

- Ohne (Farbvorschau): Diese Vorschau enthält keine Hervorhebungen.
- Gerasterte komplexe Bereiche: Wählen Sie diese Option, um die Bereiche anzuzeigen, die aufgrund der Einstellung unter Pixelbild-Vektor-Abgleich von der Rasterung betroffen sind.
- Transparente Objekte: Mit dieser Auswahl hebt Illustrator alle Objekte hervor, die Transparenz-Quellen sind (s. Abbildung 12.64) sowie überdruckende Elemente.
- Alle betroffenen Objekte: Zeigt alle Objekte, die Wechselwirkungen mit Transparenz aufweisen.
- Betroffene verknüpfte EPS-Dateien: Platzierte EPS-Dateien, die von Transparenz betroffen sind, werden hervorgehoben.
- Umgewandelte Muster: Mit dieser Einstellung weist Illustrator auf Muster hin, die aufgrund von Transparenzwirkungen umgewandelt werden müssen (Muster s. Kapitel 16).
- In Pfade umgewandelte Konturen: Die Option zeigt Linien an, die in Flächen konvertiert werden – entweder aufgrund von Wechselwirkungen mit Transparenz oder weil die Option Konturen in Pfade umwandeln ausgewählt ist.

▲ **Abbildung 12.64**
Das Muster kann in zweierlei Hinsicht Probleme bereiten: Zum einen wird es selbst umgewandelt (links), und zum anderen enthält es Konturen, die ebenfalls von Transparenz betroffen sind (rechts).

- In Pfade umgewandelter Text (nur Detaillierte Vorschau): Die Hervorhebung betrifft Texte, die in Pfade umgewandelt werden – aufgrund einer Transparenz-Interaktion oder weil die Option Text in Pfade umwandeln aktiviert ist.
- Alle Pixelbildbereiche (nur Detaillierte Vorschau): Wählen Sie diese Option, um alle Bereiche hervorzuheben, die in Pixelbilder konvertiert werden.

  Platzierte Pixelbilder, die nicht von Transparenz betroffen sind, zeigt die Vorschau nicht an.

Abbildung 12.65 ▶
Alle Pixelbildbereiche: Hier wurde ein nicht transparentes JPEG hinzugefügt – es wird nicht hervorgehoben (rechts).

Optionen | Falls Ihnen die Darstellungsgröße der Grafik im Vorschaubereich des Bedienfeldes nicht ausreicht, klicken und ziehen Sie das Vergrößerungsfeld unten rechts im Bedienfeld.

Um Details genauer zu betrachten, bewegen Sie den Cursor über den Vorschaubereich – das Cursor-Symbol zeigt eine Lupe. Klicken Sie mit der Lupe auf den Bereich, der vergrößert werden soll. Möchten Sie wieder herauszoomen, drücken Sie ⌥/Alt und klicken mit der Verkleinerungslupe auf die Grafik.

Sie können den Vorschaubereich jedoch auch verschieben. Drücken Sie dafür die Leertaste – der Cursor zeigt die Greifhand –, und klicken und ziehen Sie die Vorschau.

Weiße Linien im PDF

Wenn Sie eine Datei mit reduzierter Transparenz in Adobe Acrobat überprüfen, sind häufig feine weiße Linien zu sehen. Es handelt sich dabei in den meisten Fällen nur um ein Problem der Bildschirmdarstellung.

12.4.7 Beispiele

An Beispielen sehen wir uns die Auswirkungen verschiedener Optionen an – zum Vergleich öffnen Sie die Datei »Transparenzinteraktion.ai« aus dem Download. Prüfen Sie Dateien wie diese zuvor im Separationenvorschau-Bedienfeld, um sie auf vorhandene Sonderfarben hin zu überprüfen. Auf diese Objekte müssen Sie besonders achten. Prüfen Sie auch, welche Füllmethoden und Effekte zum Einsatz kommen, z. B. kann ein Schlagschatten (die verwendete Füllmethode ist standardmäßig Multiplizieren) umgewandelt werden und können Sonderfarben dabei erhalten bleiben. Mit anderen Füllmethoden ist das nicht möglich. Die Reduzierungsvorschau zeigt diese Unterschiede nicht an.

Pixelbild-Vektor-Abgleich | Unterschiedliche Schwellenwerte wirken sich auf die Umrechnung der Vektorgrafik in Pixelbilder aus – die Vorschau zeigt GERASTERTE KOMPLEXE BEREICHE.

▲ **Abbildung 12.66**
PIXELBILD-VEKTOR-ABGLEICH (von links): 0, 5, 46 und 100; zu sehen sind relativ große Unterschiede zwischen 0, 5 und 46, danach jedoch keine Differenz mehr.

Je niedriger der Wert unter PIXELBILD-VEKTOR-ABGLEICH ist, desto mehr Bereiche werden hervorgehoben und folglich in Pixelbilder konvertiert; dies bedeutet übrigens nicht zwingend, dass dabei die Volltonfarbe umgewandelt wird.

Umgewandelter Text | Die Texte werden nur teilweise transparent überlagert – die Vorschau zeigt IN PFADE UMGEWANDELTEN TEXT. Daher werden sie mit der Standardeinstellung auch nur teilweise in Pfade umgewandelt. Setzen Sie jedoch die Option TEXT IN PFADE UMWANDELN, dann erzwingen Sie eine vollständige Konvertierung von Text in Pfade.

◄ **Abbildung 12.67**
TEXT IN PFADE UMWANDELN: Links ohne, rechts mit dieser Einstellung

Umgewandelte Muster und Konturen | Dieses Beispiel zeigt, dass Sie eine transparente Grafik sehr genau untersuchen sollten, um die Auswirkungen der Einstellungen richtig beurteilen zu können. Das hier verwendete Muster besteht aus Konturen. Bei der Transparenzverflachung wird das Muster umgewandelt, wie die Vorschau zeigt. Auch wenn Sie die Vorschau der umgewandelten Konturen anzeigen, sehen Sie eine Hervorhebung im Bereich des Musters. Es würden also Teile der aus dem Muster umgewandelten Konturen darüber hinaus in Pfade umgewandelt werden. Das kann nicht nur aus optischen Gründen ein Problem werden, daher sollten Sie hier auch noch die Option Konturen in Pfade umwandeln aktivieren, dann werden die Konturen komplett umgewandelt. Eine nur teilweise Umwandlung der Konturen kann gegebenenfalls zu Abstürzen führen.

Abbildung 12.68 ▶
Anzeige der umgewandelten Muster (links), in Pfade umgewandelten Konturen (Mitte) und mit der Option Konturen in Pfade umwandeln (rechts)

12.4.8 Objekte manuell reduzieren

Sicherung mit Live-Transparenz

Speichern Sie auf jeden Fall eine Version Ihrer Datei mit Live-Transparenz für den Fall, dass Sie zu einem späteren Zeitpunkt Änderungen durchführen müssen.

Da beim Reduzieren die Bearbeitungsmöglichkeit zumindest einiger Objekte verloren geht, sollte das manuelle Reduzieren eine Ausnahme bleiben. Wenn Sie SWF- oder SVG-Dateien exportieren wollen, kann es aber notwendig sein, transparente Elemente auf diese Weise zu präparieren. Und es gibt einige ganz anders gelagerte Aufgaben, in deren Zusammenhang die Transparenzreduzierung nützlich ist.

Aktivieren Sie alle Objekte, die Sie reduzieren möchten, und wählen Sie Objekt • Transparenz reduzieren aus dem Menü. Geben Sie Ihre Einstellungen in die Dialogbox ein.

12.5 Transparenz speichern

Schriften in PDFs umwandeln

Wenn Sie in Illustrator ein PDF bearbeiten müssen und nicht über die Schriften verfügen, dann können Sie das PDF verknüpfen, anschließend die Transparenz reduzieren und dabei die Schrift in Pfade umwandeln. Texte sind anschließend natürlich nicht mehr editierbar, andere Elemente jedoch schon.

Ob Transparenz »live« oder reduziert gespeichert wird, hat nicht nur eine Bedeutung für die Editierbarkeit der Transparenz. Live-Transparenz ermöglicht eine Wechselwirkung zwischen den transparenten Objekten der Illustration und Elementen in einer Layoutdatei. Die Transparenzreduzierung sollte im Workflow so spät wie möglich stattfinden, das wäre z. B. beim Erstellen des PDFs aus dem Layoutprogramm oder noch besser bei einem PDF/X-4-basierten Workflow im RIP.
Möchten Sie mit Live-Transparenz arbeiten, müssen Sie klären, ob Ihr Layoutprogramm dazu in der Lage ist. Die beste Unterstützung für Live-Transparenz besteht innerhalb der Programme der Creative Cloud. Sind

Dateien für den Austausch mit Programmen anderer Hersteller bestimmt, muss die Transparenz gegebenenfalls reduziert werden. Ob Live-Transparenz überhaupt gespeichert werden kann, ist abhängig vom Dateiformat.

12.5.1 AI (Illustrator)

Speichern Sie eine Datei im Illustrator-Format ab Version 9, bleiben Transparenzen »live« erhalten und sind beim erneuten Öffnen weiterhin editierbar. Auch das eingebettete PDF, das für das Platzieren im Layout verwendet wird, enthält Live-Transparenz. Beim Speichern in älteren Formaten können Sie mit der Option Pfade beibehalten Transparenzen löschen oder mit Aussehen und Überdrucken beibehalten die Transparenz nach den ausgewählten Vorgaben reduzieren.

▲ **Abbildung 12.69**
In InDesign wurden direkt in die Satzdatei ein PSD und ein Textrahmen platziert. Darüber liegen eine Illustrator AI9-Datei (oben) und ein EPS (unten).

12.5.2 EPS

Das EPS-Format unterstützt keine Live-Transparenz. Dass transparente Objekte in einem aus Illustrator gespeicherten EPS beim erneuten Öffnen in Illustrator editierbar sind, hat nur damit zu tun, dass dann auf das standardmäßig eingebettete AI-Dokument zugegriffen wird (s. Abschnitt 3.7.1).

Eine Wechselwirkung zwischen transparenten Illustrationsobjekten in einem platzierten EPS und anderen Elementen in der Layoutdatei ist jedoch ausgeschlossen.

▲ **Abbildung 12.70**
AI CC (oben) und PDF/X-1 (unten)

12.5.3 PDF

Ab PDF 1.4 (Acrobat 5) unterstützt das PDF-Format Live-Transparenz – allerdings nur, wenn Sie die Datei speichern. Beim Erstellen eines PDFs über den Befehl Drucken mit dem Acrobat Distiller werden alle Transparenzen reduziert, da Live-Transparenz nicht in PostScript beschrieben werden kann.

Speichern Sie ein PDF 1.3, besteht die Möglichkeit, über ein eingebettetes AI-Dokument die Editierbarkeit der Transparenz beim erneuten Öffnen in Illustrator zu erhalten (nicht verfügbar in PDF/X). PDF 1.3 kann jedoch keine Live-Transparenz darstellen – sie wird verflacht. Beim Speichern von PDF/X-4 bleibt Transparenz erhalten.

Um die voll editierbare Datei zu speichern, aktivieren Sie die Option Illustrator-Bearbeitungsfunktionen beibehalten auf der Seite Allgemein (s. Abschnitt 20.2.1). In diesem PDF ist eine AI-Datei eingebettet, die Illustrator für die Bearbeitung verwendet.

▲ **Abbildung 12.71**
Objekte, die nicht von Transparenz betroffen sein sollen, liegen auf der obersten Ebene.

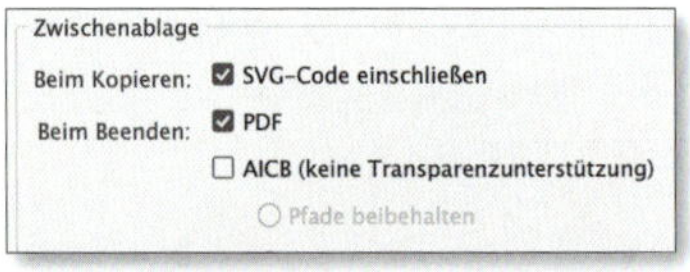

▲ **Abbildung 12.72**
Deaktivierte Option AICB (Adobe Illustrator Clipboard) in den Voreinstellungen

▲ **Abbildung 12.73**
Überdrucken simulieren (oben rechts) bei einem PDF 1.3 mit Sonderfarben; Option in Acrobat

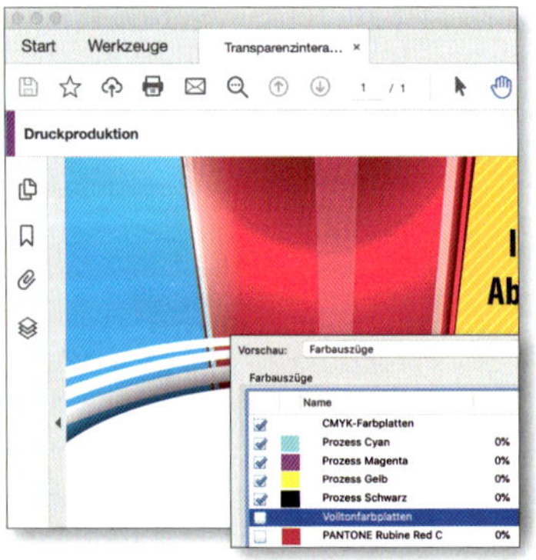

▲ **Abbildung 12.74**
Prüfen eines PDFs mit Acrobat

Checkliste: Transparenz

Rücksprache | Sprechen Sie mit Ihrem Dienstleister ab, in welcher Form Sie Dokumente liefern sollen. Erkundigen Sie sich bei PDFs auch nach der Version, denn nicht alle PDF-Versionen unterstützen Transparenz. Inzwischen unterstützen viele Dienstleister PDF/X-4, in dem Transparenz nicht verflacht werden muss.

Live-Transparenz separat halten | Setzen Sie Ebenen konsequent ein, um Objekte mit Live-Transparenz von nicht transparenten Objekten zu trennen. Setzen Sie Fließtext auf die oberste Ebene, damit er nicht von Transparenz betroffen ist.

Vorschau | Testen Sie Ihre Grafik mit der Überdruckenvorschau bzw. der Separationenvorschau und die Reduzierungsoptionen mithilfe der Reduzierungsvorschau.

Text in Pfade konvertieren | Falls Texte von Live-Transparenz betroffen sind, aktivieren Sie die Option Text in Pfade umwandeln, damit der Text einheitlich behandelt wird. Das Gleiche gilt für Konturen.

RIP-Software auf den neuesten Stand bringen | Arbeiten Sie möglichst mit den aktuellen Treiberversionen für Drucker und RIPs.

Farbkorrekturen im Druckertreiber | Deaktivieren Sie die Farbkorrektur-Funktionen (nicht Farbmanagement) der Druckertreibersoftware, wenn Sie Dateien mit Live-Transparenz ausgeben.

Platzieren im Layout | Wenn die Layoutsoftware es ermöglicht, platzieren Sie native Illustrator-Dateien (mit eingebettetem PDF-Part) oder speichern ein PDF mit Transparenz. InDesign ist z. B. in der Lage, Dateien mit Live-Transparenz zu verarbeiten.

Über die Zwischenablage einfügen | Sollen Objekte mit Live-Transparenz über die Zwischenablage in InDesign eingefügt werden, deaktivieren Sie unter Voreinstellungen • Dateien verarbeiten und Zwischenablage die Option AICB. Besser ist es jedoch, eine AI- oder PDF-Datei zu speichern und diese in InDesign zu platzieren. Photoshop-Inhalte, die Sie über die Zwischenablage in Illustrator einfügen, behalten in neueren Versionen ihre Transparenz (sofern sie in Bildebenen, nicht jedoch über Masken freigestellt wurden), das Speichern als PSD oder TIF (in Web-Workflows auch PNG) ist jedoch vor allem dann ratsam, wenn zu einem späteren Zeitpunkt noch Änderungen anfallen können.

Sonderfarben und Transparenz | Bei der gemeinsamen Verwendung von Volltonfarben und Transparenz aktivieren Sie die Option Überdrucken und Volltonfarben beibehalten, und prüfen Sie Dateien vor der Weitergabe mit der Ausgabevorschau von Acrobat. Für die korrekte Anzeige und den Ausdruck eines Composite-Proofs aktivieren Sie Überdrucken simulieren. Dasselbe gilt für platzierte verknüpfte DCS-Dateien, die mit Transparenz interagieren – statt DCS-Dateien sollten Sie allerdings lieber PSD-Dateien verwenden, Volltonfarben lassen sich verwenden.

OPI-Workflows | Ersetzen Sie die niedrig aufgelösten Bilder vor der Transparenzreduzierung durch Bilder in hoher Auflösung (»Fatten before you flatten«).

Überprüfen | Aktivieren Sie das Transparenzraster, um Ihre Grafik zu untersuchen, wenn sich transparente Objekte nicht verhalten, wie Sie es erwarten. Die Transparenz in Ihrem Dokument können Sie anzeigen, indem Sie Ansicht • Transparenzraster einblenden wählen – [⌘]/[Strg]+[⇧]+[D]. Das Raster ist nicht druckend und dient nur zur Bildschirmanzeige.

Kapitel 13
Spezial-Effekte

Effekte sowie einige Spezialwerkzeuge und -funktionen bieten zahlreiche Operationen aus der Abteilung »Augenpulver« an, vor allem sind sie jedoch nützliche Hilfsmittel für ganz alltägliche Gestaltungsaufgaben.

13.1 Allgemeines zu Effekten

Je geübter Sie mit dem Ebenen- und dem Aussehen-Bedienfeld (s. Kapitel 11) arbeiten, desto mehr Nutzen ziehen Sie aus der Anwendung von Effekten.

▼ Abbildung 13.1
Verschiedene Filter und Effekte im Einsatz

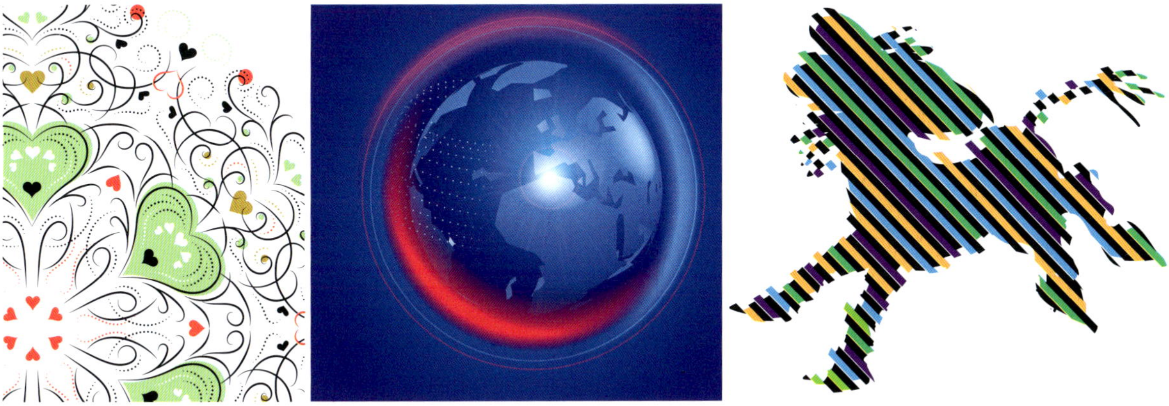

13.1.1 Arbeitsweise von Effekten

Ein Effekt ist eine Aussehen-Eigenschaft, die zwar den optischen Eindruck des Elements verändert, seine Konstruktion jedoch intakt lässt. Sie können die Parameter eines auf ein Objekt angewendeten Effekts jederzeit ändern; Effekte sind also »live«. Auch die mit dem gleichnamigen Werkzeug erstellten Blendenflecke sind »live«, und ihre Optionen

Illustrator und Effekte

In Illustrator müssen nach wie vor die meisten visuellen Effekte manuell (und mühsam) aus Objekten konstruiert werden. Der effiziente Einsatz von Effekten dagegen spart zwar Zeit und Arbeit, ist visuell aber häufig unspektakulär.

Beispielmaterial

Die Quelldokumente des größten Teils der in diesem Kapitel gezeigten Abbildungen finden Sie im Download. Untersuchen Sie den Aufbau der Dokumente genau, und sehen Sie sich auch die Optionen der einzelnen Effekte an.

Details besser erkennen

Wenn ein Objekt aktiviert ist, können die durch einen Effekt entstehenden Details von den hervorgehobenen Objektkanten verdeckt sein, sodass die Einstellung der Optionen schwierig ist. Wählen Sie ANSICHT • ECKEN AUSBLENDEN – Shortcut ⌘/Strg+H, um die Objektkanten aus- und einzublenden.

lassen sich zu einem späteren Zeitpunkt verändern. Die Arbeitsweise mit Live-Effekten ist damit sehr flexibel, da Änderungen noch sehr spät im Produktionsprozess durchgeführt werden können.

Nur noch wenige Funktionen – wie das Objektmosaik – arbeiten »destruktiv«, sodass sofort nach der Anwendung Zugriff auf die neu entstandene Form besteht und einzelne Ankerpunkte individuell verändert werden können. Auch mit Effekten versehene Objekte können Sie nachbearbeiten. Es muss nur vorher der Befehl OBJEKT • AUSSEHEN UMWANDELN angewendet werden.

Effekte lassen sich – auch zusammen mit anderen Aussehen-Eigenschaften – als Grafikstil speichern und auf diese Art komfortabel anwenden (Grafikstile s. Abschnitt 11.8).

13.1.2 Effekte zuweisen

Effekte lassen sich einem einzelnen Objekt – bzw. nur dessen Kontur oder Fläche –, einer Gruppe (oder einem anderen Container, z. B. zusammengesetzten Formen) zuweisen. Aktivieren Sie das Objekt auf der Zeichenfläche, bzw. wählen Sie es im Ebenen-Bedienfeld als Ziel aus (engl.: »Target«). Möchten Sie den Effekt nur der Kontur oder der Fläche zuweisen, wählen Sie den entsprechenden Eintrag im Aussehen-Bedienfeld aus. Anschließend wählen Sie den Effekt aus dem Hauptmenü oder dem Menü im Aussehen-Bedienfeld unter dem Button NEUEN EFFEKT ZUWEISEN fx und richten die Parameter ein.

Alternativ wenden Sie den Effekt auf eine Ebene an. Wählen Sie die Ebene durch einen Klick auf das Ziel-Symbol im Ebenen-Bedienfeld aus (s. Abschnitt 11.3.3), und wählen Sie dann den Effekt, der der Ebene zugeordnet ist, aber sich auf alle enthaltenen Objekte auswirkt.

▲ **Abbildung 13.2**
Klicken Sie auf das Ziel-Symbol, um eine Ebene als Ziel auszuwählen.

Filter verwenden

Drittanbieter-Plug-ins liegen teilweise auch als Filter vor. Im Gegensatz zu Effekten wenden Filter ihre Operationen direkt auf die Objekte an und verformen damit deren Geometrie bzw. wandeln (im Fall von pixelbasierten Filtern) Objekte direkt in Pixelgrafiken um. Filter können Sie nur auf das Objekt als Ganzes (nicht einzelne Flächen oder Konturen) anwenden. Selektieren Sie das Objekt, und wählen Sie den Filter aus dem Menü unter OBJEKT • FILTER. Für die meisten Filter müssen Sie anschließend die gewünschten Optionen definieren. Verwenden Sie – wenn möglich – die Vorschau, um die Auswirkung Ihrer Einstellungen direkt einzuschätzen. Falls Sie nach Anwendung des Filters nicht zufrieden sind, müssen Sie den Befehl widerrufen und mit anderen Einstellungen erneut anwenden.

Effekte für alle Objekte

Über einen kleinen Umweg können Sie nahezu jedes Illustrator-Objekt mit Effekten versehen: Erzeugen Sie mithilfe des Aussehen-Bedienfeldes eine zusätzliche Fläche oder Kontur für das Objekt, und weisen Sie dieser den Effekt zu.

Effekt erneut anwenden | Illustrator merkt sich den letzten verwendeten Effekt und die Einstellungen, die Sie vorgenommen haben. Möchten Sie denselben Filter oder Effekt an einem anderen Objekt erneut anwenden, bestehen zwei Möglichkeiten:

- Mit denselben Einstellungen anwenden: Wählen Sie Effekt • <Name des Effekts> anwenden – Shortcut ⌘/Strg + ⇧ + E.
- Mit anderen Einstellungen anwenden: Wählen Sie Effekt • <Name des Effekts> – oder verwenden Sie den Shortcut ⌘ + ⌥ + ⇧ + E bzw. Strg + Alt + ⇧ + E. Geben Sie anschließend Ihre Optionen in die Dialogbox ein.

Effekte und die Aussehen-Hierarchie

Wie sich Effekte in der Reihenfolge und der Hierarchie der Konturen und Flächen von Objekten, Gruppen und Ebenen verhalten, lesen Sie bitte in Abschnitt 11.6.5.

13.1.3 Effekte editieren

Um die Einstellungen für Effekte nachträglich zu editieren, doppelklicken Sie auf den entsprechenden Eintrag im Aussehen-Bedienfeld:

1. Rufen Sie das Aussehen-Bedienfeld mit Fenster • Aussehen auf.
2. Wählen Sie das Objekt oder die Ebene als Ziel aus.
3. Klicken Sie auf den unterstrichenen Effekt in der Liste des Aussehen-Bedienfeldes. Falls der Effekt auf eine Fläche oder eine Kontur angewendet wurde, zeigen Sie deren Eigenschaften vorher mit einem Klick auf den Pfeil an.

Als Ziel auswählen

Die Zielauswahl ist ein grundlegendes Konzept für die Anwendung von Effekten. Sehen Sie sich daher in Abschnitt 11.3.3 an, wie Sie Elemente als Ziel auswählen.

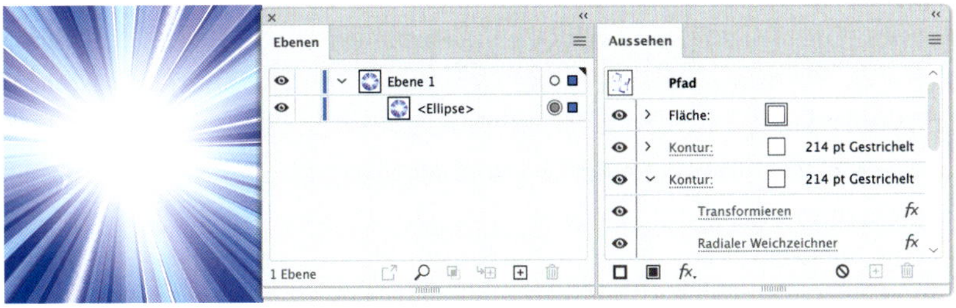

◀ **Abbildung 13.3**
Das Objekt wurde als Ziel ausgewählt (Mitte) – jetzt werden mit einem Klick auf den unterstrichenen Effekt dessen Optionen aufgerufen.

13.1.4 Effekte vom Objekt löschen

Um einen Effekt von einem Objekt zu entfernen, aktivieren Sie das Objekt und rufen das Aussehen-Bedienfeld auf – Shortcut ⇧ + F6. Aktivieren Sie den Effekt im Aussehen-Bedienfeld, und klicken Sie auf den Button Ausgewähltes Objekt löschen 🗑. Möchten Sie alle Effekte sowie zusätzliche Flächen und Konturen löschen, klicken Sie auf Aussehen löschen ⊘.

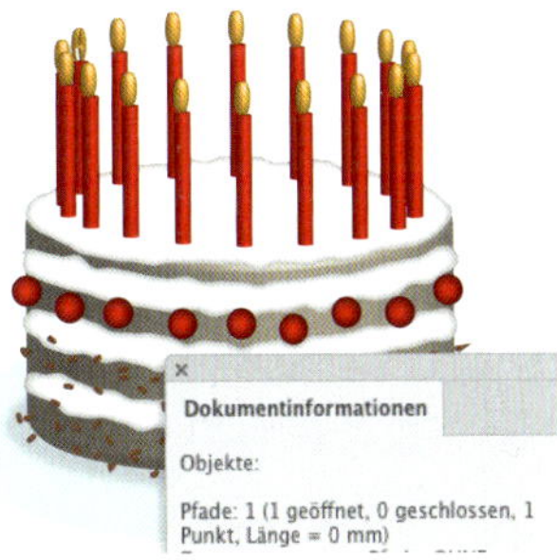

▲ **Abbildung 13.4**
Grundlage dieser Illustration ist ein einzelner Ankerpunkt. Alle Formen sind durch Effekte entstanden und lassen sich daher auch nicht mit Werkzeugen bearbeiten.

13.1.5 Effekte umwandeln

Die Optionen eines Live-Effekts sind zwar editierbar, nicht aber die bei der Anwendung des Effekts entstehenden Formen. Möchten Sie z. B. einzelne Punkte eines entstehenden Pfades mit Auswahl- und Zeichen-Werkzeugen bearbeiten, müssen Sie das Objekt umwandeln – Objekt •

Aussehen umwandeln. Beim Umwandeln entstehen mehrere Formen, die zusammen das Aussehen des Ursprungsobjekts darstellen.

Beim Speichern in Austauschformate oder eines PDFs werden Effekte automatisch umgewandelt, da andere Software mit diesen proprietären Funktionen nicht arbeiten kann.

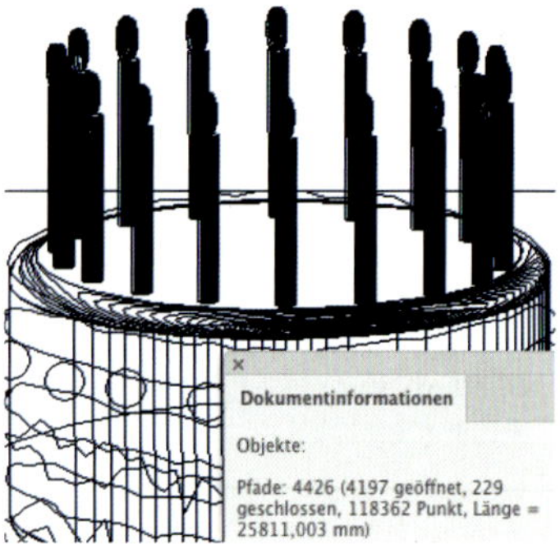

▲ **Abbildung 13.5**
Nach dem Umwandeln entstehen aus den Eigenschaften eigenständige Objekte.

Effekte und der CSS-Export

Beim CSS-Export werden nur die wenigsten Effekte als CSS-Eigenschaften berücksichtigt. Achten Sie auf die Signalisierung ⚠ im CSS-Eigenschaften-Bedienfeld.

13.2 Konstruktionseffekte

Die Effekte aus diesem Bereich sind unspektakulär, dafür sehr nützlich beim Konstruieren. Dank dieser Effekte können Sie sich häufig das Umwandeln von Grundformen zu einem allzu frühen Zeitpunkt ersparen.

13.2.1 In Form umwandeln

Mit diesem Effekt erstellen Sie aus jedem beliebigen Objekt eine der Formen Rechteck, Abgerundetes Rechteck, Ellipse. Das klingt zunächst überflüssig – es wäre ja durchaus möglich, ein neues Objekt mit dem entsprechenden Werkzeug herzustellen.

Sinnvoll ist die Anwendung des Effekts beim Erzeugen zusätzlicher Formen, die sich an der Größe des »Mutterobjekts« orientieren. So lassen sich z. B. Buttons generieren, die sich immer der benötigten Textlänge anpassen.

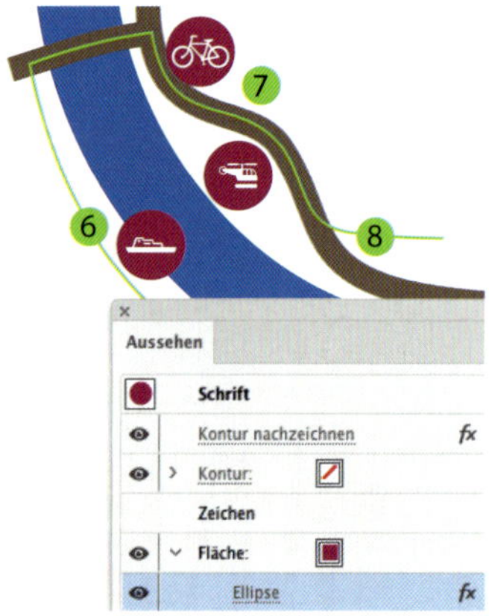

▲ **Abbildung 13.6**
Symbole oder Nummerierungen für Karten aus Schrift-Elementen

Die aus dem Menü gewählte Form lässt sich mit dem Aufklappmenü Form auch noch in der Optionen-Dialogbox ändern.

Die Maße der Form können Sie absolut oder relativ angeben. Wählen Sie die entsprechende Option, und tragen Sie anschließend entweder feste Maße oder die hinzuzufügende Breite und Höhe in die Eingabefelder ein. Als Eingaben werden Werte zwischen 0,0004 und 5779,9111 mm für Absolut bzw. –5644,4443 und +5644,4443 mm akzeptiert.

Haben Sie die Form Abgerundetes Rechteck gewählt, müssen Sie darüber hinaus den Eckenradius angeben.

Abbildung 13.7 ▶
Form-Optionen (links); In Form umwandeln ist die Basis, wenn Pfade eine ganz andere Form bekommen sollen (rechts: Das Ausgangsobjekt ist ein Textobjekt).

13.2.2 Ecken abrunden

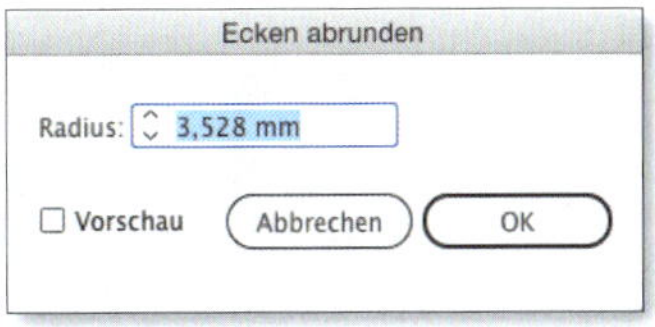

▲ **Abbildung 13.8**
Optionen ECKEN ABRUNDEN: Die Berechnung des Radius entspricht der Einstellung RELATIV der interaktiven Ecken (s. Abschnitt 5.6.9).

Dieser Effekt aus der Gruppe der STILISIERUNGSFILTER erzeugt an allen Eckpunkten eines Pfades Rundungen. In den meisten Anwendungsfällen sind interaktive Ecken dem Ecken-abrunden-Effekt vorzuziehen. Lediglich, wenn Sie eine einzelne Fläche eines Objekts abrunden wollen oder einen Grafikstil benötigen, ist dieser Effekt unumgänglich.

Soll der Eckenradius auch beim Skalieren der zugrunde liegenden Form seinen exakten Wert behalten, muss die Option KONTUREN UND EFFEKTE SKALIEREN in den Voreinstellungen deaktiviert sein.

Die Anwendung des Effekts ECKEN ABRUNDEN auf Pfade mit Kurvensegmenten kann unerwartete Auswirkungen haben. Häufig hilft eine vorherige Anwendung des Effekts AUFRAUEN (s. Abschnitt 13.3.2).

▲ **Abbildung 13.9**
Auswirkung des Effekts ECKEN ABRUNDEN auf die Grundform (links): Die ursprünglich kurvenförmigen Segmente werden begradigt (Mitte). Der Effekt AUFRAUEN verhindert dies (rechts).

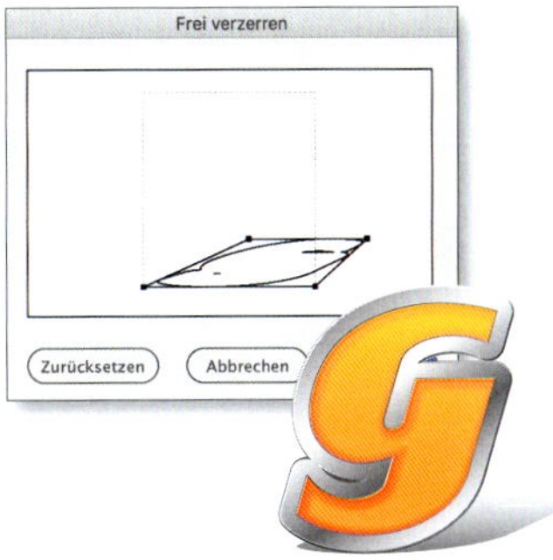

▲ **Abbildung 13.10**
Schatten für ein Textobjekt mit FREI VERZERREN – seine Bedienung ist mit dem Plug-in »Stylism« viel intuitiver direkt am Objekt möglich.

13.2.3 Frei verzerren

Dieser Effekt aus dem Untermenü EFFEKT • VERZERRUNGS- UND TRANSFORMATIONSFILTER hat die gleichen Auswirkungen wie das Verbiegen-Werkzeug. Anstatt die Anfasser des Objekt-Begrenzungsrahmens direkt zu bewegen, ziehen Sie am Rahmen in der Dialogbox.

Da Sie mit dem Effekt IN FORM UMWANDELN keine Dreiecke erzeugen können, wäre dies für den Effekt FREI VERZERREN nur ein Beispiel eines Einsatzes. Oder Sie nutzen FREI VERZERREN als Grundlage für dreidimensional wirkende Schatten.

13.2.4 Transformieren

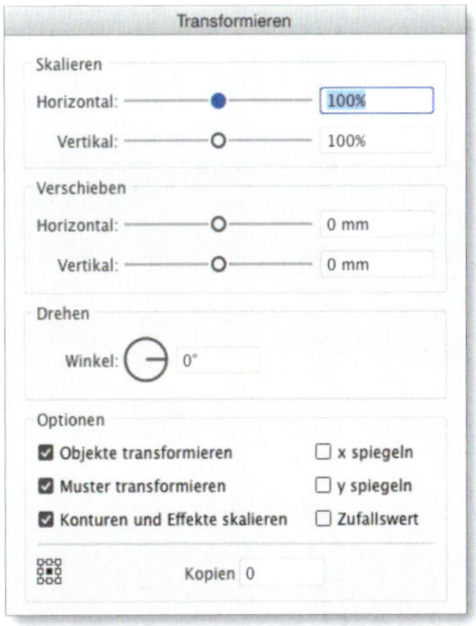

▲ **Abbildung 13.11**
Transformieren-Effekt

Der Transformieren-Effekt unter EFFEKT • VERZERRUNGS- UND TRANSFORMATIONSFILTER erinnert an den Befehl EINZELN TRANSFORMIEREN (s. Abschnitt 4.7.11). Höhere Werte, als sich mit den Schiebereglern einstellen lassen, können Sie direkt in die Felder eintippen, z. B. bis zu 1.000 Kopien. Sehr wichtig für die Auswirkung des Effekts ist die Position des Referenzpunkts, die Sie mit dem Referenzpunktsymbol in Bezug zum Objekt setzen.

▲ **Abbildung 13.12**
Schatten, der sich einem bearbeitbaren Textobjekt dynamisch anpasst – den Workshop finden Sie in Abschnitt 12.1.6.

Der Transformieren-Effekt ist nicht für das exakte Positionieren gedacht, da Sie alle Optionen in relativen Einheiten angeben. Nützlich ist dieser Effekt z. B. für die Erstellung interessanter Schatten für Schriften oder die Vervielfältigung des Grundobjekts zu einem Raster.

Interessant ist der Transformieren-Effekt auch, wenn Sie ihn verwenden, um eine 3D-Extrusion weiterzubearbeiten (die Schritt-für-Schritt-Anleitung dazu finden Sie in Abschnitt 18.2.8).

Mit einer Erweiterung der Technik »Symmetrisch gestalten« (siehe Kasten) können Sie Mandalas ohne zusätzliche Plug-ins konstruieren.

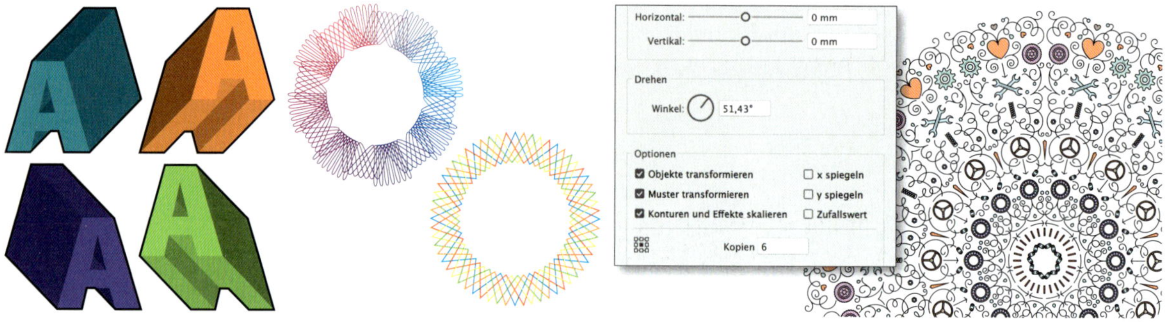

▲ **Abbildung 13.13**
Der Transformieren-Effekt ist vielseitig einsetzbar. Er wird benötigt, um einzelne Flächen oder Konturen zu transformieren (Mitte) oder um (virtuelle) Kopien zu erstellen (rechts). Die Mandalas sind live editierbar, d. h., Sie sehen bei jeder Änderung sofort ein Ergebnis (es ist der Einsatz unsichtbarer Hilfsobjekte nötig).

Symmetrisch gestalten

Beim Erarbeiten einer Form ist es für die perfekte Symmetrie sinnvoll, nur eine Hälfte zu zeichnen und anschließend zu spiegeln. Wenn Sie dabei außerdem die Wirkung der Gesamtform berücksichtigen wollen, wenden Sie den Transformieren-Effekt auf die halbe Form an. Anschließend können Sie diese »feintunen«. Der Effekt muss im Aussehen-Bedienfeld ganz oben stehen, also vor Konturen, Flächen und eventuellen weiteren Effekten (zum Anordnen von Aussehen-Eigenschaften s. Abschnitt 11.6.4).

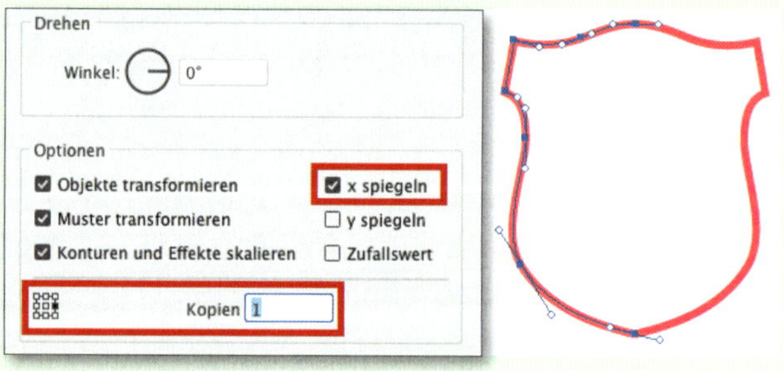

Freiere Referenzpunkte beim Transformieren | Der Referenzpunkt ist an das Objekt, die Gruppe bzw. Ebene gebunden. Um einen davon abweichenden Referenzpunkt zu erhalten, benötigen Sie unsichtbare Hilfsobjekte. Soll der Referenzpunkt verlässlich an einem bestimmten Ort liegen, kann man ein sehr großes Hilfsobjekt verwenden und den Effekt der Ebene zuweisen. Wenn Sie den Referenzpunkt in weiterer Entfernung setzen wollen, dann können Sie mit »Hilfspunkten« arbeiten:

1. Setzen Sie durch einen Klick mit dem Zeichenstift-Werkzeug einen einzelnen Ankerpunkt in der gewünschten Entfernung zum Objekt – für Abbildung 13.14 wurde er genau mittig zum Objekt ausgerichtet.
2. Gruppieren Sie das Objekt mit dem Ankerpunkt, und weisen Sie der Gruppe den Transformieren-Effekt zu.
3. Setzen Sie den Ursprung entsprechend der Position des »Hilfspunktes«. Auch mit dieser Methode können Sie nur eine der vorgegebenen neun Positionen wählen, die Entfernung zum Ausgangsobjekt lässt sich jedoch freier wählen.

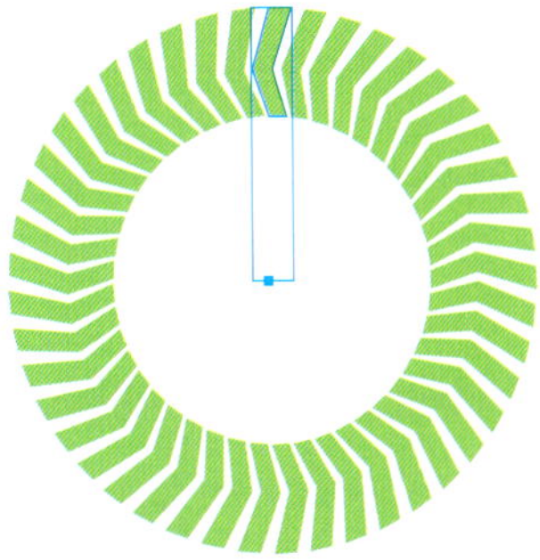

▲ **Abbildung 13.14**
Transformieren um einen außerhalb des Objekts oder der Gruppe liegenden Ursprung

13.2.5 Kontur nachzeichnen

Dieser Effekt – Sie rufen ihn unter EFFEKT • PFAD • KONTUR NACHZEICHNEN auf – zeichnet die Form eines Objekts nach und erstellt daraus einen Pfad. Der Effekt KONTUR NACHZEICHNEN ist ein »Pre-Effekt« (s. Abschnitt 11.6.4). Er zeigt nur eine Wirkung, wenn er vor weiteren Kontur- oder Flächeneigenschaften angewendet wird – dies geschieht automatisch. Es ist ein typischer »Hilfseffekt« und wird in der Regel verwendet, um anschließend bei der Anwendung weiterer Effekte ein bestimmtes Ergebnis zu erhalten. Werden auf ihn folgend keine Konturen oder Flächen definiert, kann es sein, dass das Objekt unsichtbar wird.

Angewendet auf Textobjekte, entspricht KONTUR NACHZEICHNEN dem Befehl SCHRIFT • IN PFADE UMWANDELN. Der Text bleibt dank des Effekts jedoch editierbar. Eine Beispielanwendung ist das vertikale Ausrichten von Textobjekten an einer Grafik (s. Abschnitt 14.9.1). Auch Probleme mit verformten Texten, die beim Anwenden von Texten als Schnittmasken auftreten, können mit KONTUR NACHZEICHNEN gelöst werden.

Ein weiteres interessantes Einsatzgebiet sind eingebettete transparente Pixelbilder oder Verlaufsgitterobjekte, die Sie mithilfe dieses Effekts unter Berücksichtigung der Transparenz mit einer Kontur versehen können. Der Effekt wird üblicherweise auf zusätzliche Konturen angewendet: Legen Sie im Aussehen-Bedienfeld eine neue Kontur an, und weisen Sie dieser den Effekt KONTUR NACHZEICHNEN zu.

▲ **Abbildung 13.15**
Konturierte transparente Pixelbilder: Auch wenn der Effekt hier nach den Kontur-Eigenschaften aufgelistet wird, erfolgt seine Anwendung vorher. Die Fehler im oberen Bild entstehen, weil das Bild auf der Zeichenfläche gedreht wurde.

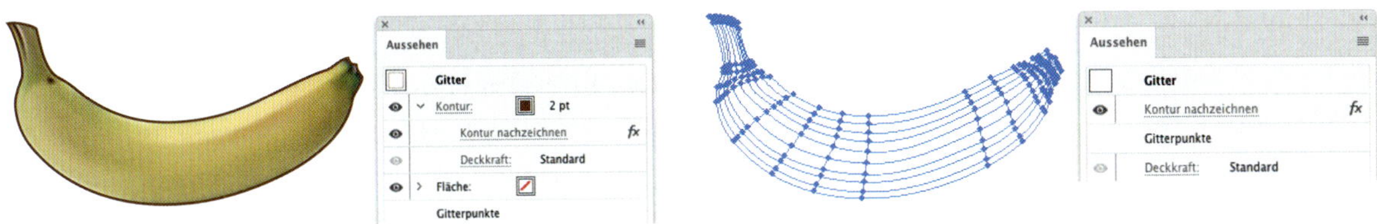

▲ **Abbildung 13.16**
Mithilfe von KONTUR NACHZEICHNEN kann auch ein Gitter eine Kontur erhalten (links). Wird gar keine Kontur angewandt, verschwindet auch das Gitterobjekt (rechts).

13.2.6 Konturlinie

Auch dieser Effekt ist ein »Hilfseffekt«. Viele Objekte lassen sich besser mithilfe einer Kontur konstruieren, vor allem, wenn man zusätzlich die Möglichkeiten des Breitenwerkzeugs oder Strichelungen einsetzt. Es ist in solchen Fällen auch sinnvoll, die Kontur so lange wie möglich zu erhalten und nicht umzuwandeln, denn Änderungen lassen sich dann einfacher umsetzen. Schwierig wird es, wenn noch eine Outline erzeugt, die Fläche des Objekts mit weiteren Effekten verformt oder Pathfinder-Effekte angewandt werden sollen. Mithilfe des Konturlinie-Effekts – Sie finden ihn unter EFFEKT • PFAD • KONTURLINIE – wandeln Sie eine Kontur in eine Fläche um.

Konturlinie-Hierarchie

KONTURLINIE muss manchmal in einer tieferen Hierarchiestufe angewandt werden als die Aussehen-Eigenschaft, die darauf aufbaut. Um die umrandeten Flüsse aus Abbildung 13.17 zu konstruieren, ist KONTURLINIE den Pfaden zugewiesen und die weiße Kontur der Ebene.

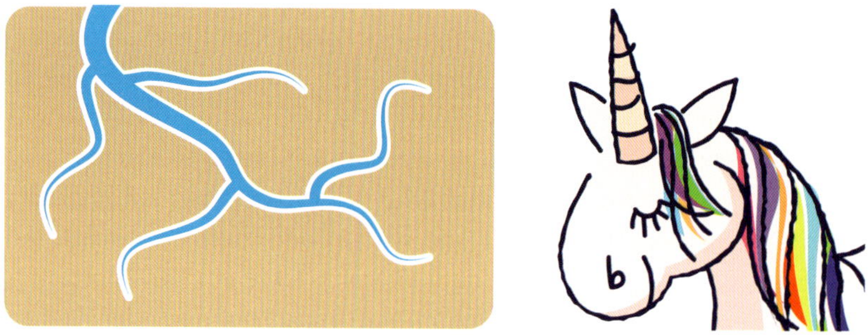

Abbildung 13.17 ▸
Anwendungsfälle des Effekts Konturlinie: Eine Kontur soll noch einmal konturiert werden (links – einen ähnlichen Fall finden Sie in der Schritt-für-Schritt-Anleitung auf Seite 411 in Schritt 9); eine Kontur soll mit einem zufällig »rauen« Rand versehen werden, als wäre sie eine Fläche (rechts).

Zum Effekt KONTURLINIE gibt es keine Optionen. Die Breite der Kontur richtet sich nach der eingestellten Linienstärke des betroffenen Pfades.

Im Gegensatz zu KONTUR NACHZEICHNEN muss KONTURLINIE als »Post-Effekt« (s. Abschnitt 11.6.4) nach einer Kontur angewendet werden, da der Effekt deren Eigenschaften als Basis für seine Berechnung verwendet – Illustrator erledigt das automatisch.

Schnittmarken

Den SCHNITTMARKEN-Effekt finden Sie in Abschnitt 20.3.7.

13.2.7 Pfad verschieben

Dieser Effekt hat unterschiedliche Auswirkungen, je nachdem, ob Sie ihn auf einen geschlossenen oder einen offenen Pfad anwenden. Wählen Sie EFFEKT • PFAD • PFAD VERSCHIEBEN. Geschlossene Pfade werden nach allen Seiten gleichmäßig erweitert oder (bei negativen Werten) geschrumpft – aus offenen Pfaden entsteht bei der Anwendung des Effekts eine geschlossene Form.

Sie können den Effekt PFAD VERSCHIEBEN z. B. einsetzen, um Objekte mit einer Umrandung zu versehen (ein Beispiel finden Sie in der folgenden Schritt-für-Schritt-Anleitung), und deren Abstand zum Objekt gezielt steuern.

▲ Abbildung 13.18
PFAD VERSCHIEBEN an einem offenen (links) und einem geschlossenen Pfad (rechts). Die Ausgangsobjekte sind in Grau dargestellt.

13.2.8 Pathfinder

Pathfinder-Effekte sind für die Anwendung auf Ebenen, Gruppen und Textobjekten vorgesehen, also auf Objekten, die mehrere Pfade enthalten. Ein Pathfinder-Effekt bestimmt, wie die einzelnen Formen aufeinander wirken. Das Ergebnis entspricht meist dem der jeweils gleichnamigen Pathfinder-Funktion.

Ein Beispiel einer Anwendung für Pathfinder-Effekte ist die Erstellung von Konturen für Symbole (s. Abschnitt 17.2.4).

Wenn ein Objekt mehrere Flächen oder Konturen besitzt oder wenn diese durch den Transformieren-Effekt erzeugt werden, existieren ebenfalls mehrere – wenn auch virtuelle – Pfade. Daher ergibt die Anwendung einiger Pathfinder-Effekte auf einzelne Objekte in Konstellationen mit mehreren Flächen oder Konturen bzw. dem Transformieren-Effekt nützliche und interessante Lösungen. In diesen Objektstilen werden Pathfinder-Effekte als »Bindeglied« eingesetzt, um aus den Ergebnissen der angewendeten Effekte eine Gesamtform zu erstellen (s. dazu auch die folgende Schritt-für-Schritt-Anleitung »Konturierter Text«).

Falls Sie sich einmal nicht sicher sind, welcher Pathfinder-Effekt der passende für die Aufgabe ist: Weisen Sie zunächst irgendeinen zu. Dann rufen Sie die Effekteinstellungen über das Aussehen-Bedienfeld auf, aktivieren die Vorschau und probieren alle Pathfinder durch.

▲ **Abbildung 13.19**
Zweifarben-Text durch Pathfinder-Effekt, Farbe der ZEICHEN: Blau (oben); gemeinsame gestrichelte Kontur mit Abstand zu den Objekten in der Gruppe (unten)

Pathfinder-Funktionen oder Pathfinder-Effekte?

Die Pathfinder-Effekte werden häufig mit den nur über das Pathfinder-Bedienfeld zugänglichen Pathfinder-Funktionen verwechselt. Es handelt sich jedoch um zwei verschiedene Dinge. Wird eine Pathfinder-Funktion auf mehrere Objekte angewendet, dann werden die betreffenden Formen miteinander verrechnet und neue Pfade generiert (bzw. in einigen Fällen eine zusammengesetzte Form erstellt). Die Zuweisung eines Pathfinder-Effekts auf mehrere Objekte hat jeweils nur Auswirkung auf jedes Einzelne dieser Objekte.

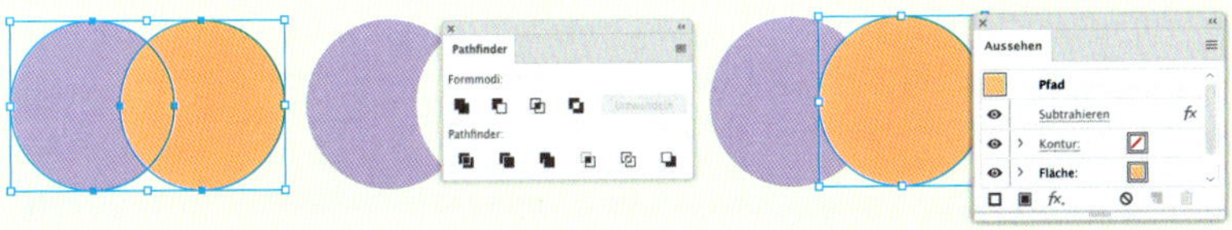

13.2.9 Pfeilspitzen

Dieser Effekt erscheint nur im Aussehen-Bedienfeld, wenn Sie alte Dateien (CS4 und älter) öffnen, in denen er noch als Live-Effekt auf Objekte angewandt ist. Das Editieren der Optionen kann abhängig von der verwendeten Illustrator-Version zum automatischen Entfernen des Effekts führen. Neue Pfeilspitzen legen Sie über das Kontur-Bedienfeld an (s. Abschnitt 8.2).

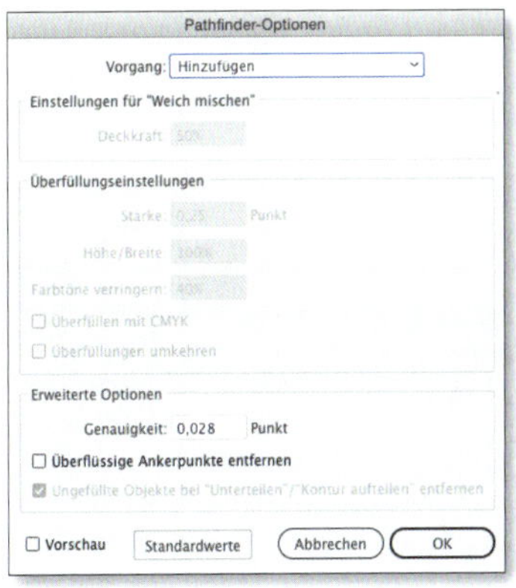

▲ **Abbildung 13.20**
Optionen der Pathfinder-Effekte

▲ **Abbildung 13.21**
Ergebnis der Übung

▲ **Abbildung 13.22**
Der Text mit seiner grauen Fläche

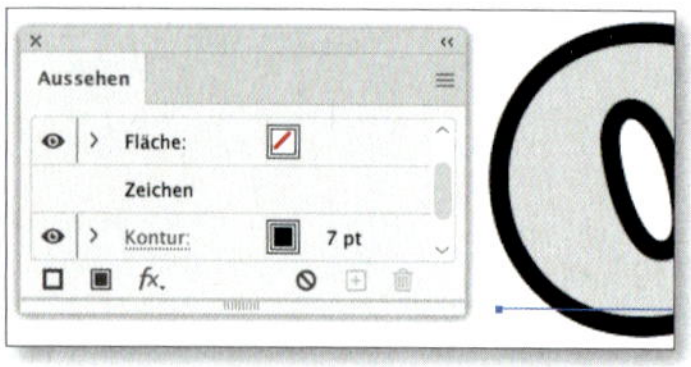

▲ **Abbildung 13.23**
Die unterste Kontur

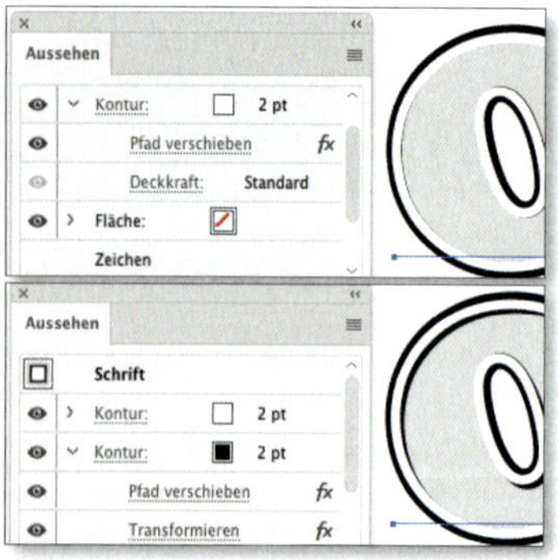

▲ **Abbildung 13.24**
Die dreidimensionale Wirkung entsteht durch die versetzte schwarze Kontur.

Schritt für Schritt
Konturierter Text

In dieser Übung erstellen Sie einen mehrfach konturierten, editierbaren Text – einsetzbar z. B. für Logos oder Überschriften.

1 Textobjekt erstellen und Kontur hinter dem Text

Erstellen Sie ein Textobjekt in einer fetten Schriftart – im Beispiel handelt es sich um »Cooper Black« in 65 Punkt. Dieses Textobjekt bildet die innere Form des Designs. Der Text erhält eine hellgraue Fläche – so sehen Sie den Unterschied zu den folgenden weißen Konturen besser.

Mit einem Klick auf Neue Kontur hinzufügen im Aussehen-Bedienfeld erstellen Sie nun eine Kontur für das Textobjekt. Weisen Sie der Kontur die Farbe Schwarz und eine Stärke von 7 Punkt zu, und verschieben Sie sie unter den Eintrag Zeichen (s. Abschnitt 11.6).

2 Weiße Kontur vorn

Mit einem Klick auf Neue Kontur hinzufügen erzeugen Sie nun eine weitere Kontur. Sie erhält die Farbe Weiß und eine Stärke von 2 Punkt.

Damit sie die Form der Buchstaben nicht beeinträchtigt, müssen Sie sie nach außen verschieben; dies geschieht mit Effekt • Pfad • Pfad verschieben. Weisen Sie den Effekt nur der weißen Kontur zu, und geben Sie »1 Pt« als Versatz der Verschiebung ein.

3 »Schattenkante«

Damit die weiße Kontur dreidimensional hervorstehend wirkt, erhält sie einen schwarzen Schatten. Er wird mit einer weiteren Kontur erzeugt.

Die weiße Kontur ist noch aktiviert – klicken Sie auf den Button Ausgewähltes Objekt duplizieren. Von den beiden nun vorhandenen weißen Konturen geben Sie der unteren die Farbe Schwarz. Weisen Sie ihr dann den Effekt • Verzerrungs- und Transformationsfilter • Transformieren zu, und verschieben Sie sie horizontal und vertikal jeweils um 0,35 mm.

4 Graue Kante und Abschluss

Die äußere schwarze Kontur soll nun noch mit einer schmalen, helleren Linie verziert werden. Dazu legen Sie mit einem Klick auf Neue Kontur hinzufügen eine weitere Kontur an. Sie erhält eine Stärke von 0,5 Punkt und einen graugelblichen Farbton aus den Standardfarbfeldern.

Mit Effekt • Pfad • Pfad verschieben wird diese Kontur um 1,6 mm nach außen verschoben. Nun ist noch jeder Buchstabe einzeln umrandet, und die Umrandungen überschneiden einander. Um eine gemeinsame Umrandung zu erstellen, weisen Sie nur dieser Kontur nacheinander

EFFEKT • PATHFINDER • ÜBERLAPPUNGSBEREICH ENTFERNEN und EFFEKT • PATHFINDER • HINZUFÜGEN zu.

▲ **Abbildung 13.25**
Die äußere Umrandung verläuft noch um jeden einzelnen Buchstaben – zwei Pathfinder-Effekte korrigieren dies.

Um die Schrift wellenförmig zu verbiegen, weisen Sie dem Textobjekt noch einen Verzerrungseffekt zu. Klicken Sie auf den Eintrag TEXT ganz oben im Aussehen-Bedienfeld, und wählen Sie dann EFFEKT • VERZERRUNGSFILTER • FLAGGE. Stellen Sie die Verzerrung nach der Vorschau ein.

Doppelklicken Sie den Eintrag ZEICHEN, damit Sie noch die Fläche von Grau auf Weiß ändern können.

▲ **Abbildung 13.26**
Der Scribble-Effekt schafft einen gezeichneten Eindruck.

13.3 Zeichnerische Effekte

Diese Gruppe von Effekten verändert die Linienführung oder – wie im Fall des Scribble-Effekts – erzeugt Linien in einer Fläche. Durch allerlei Zufallsalgorithmen lässt sich mit diesen Filtern etwas »handgemachte« raue Optik in Vektorzeichnungen bringen.

13.3.1 Scribble-Effekt

Der Scribble-Effekt – aufzurufen unter EFFEKT • STILISIERUNGSFILTER • SCRIBBLE – füllt Formen mit einer Linienschraffur. Eine Vielzahl von Parametern ermöglicht sehr unterschiedliche Visualisierungen: vom Kinderbild bis zur technischen Zeichnung.

In den mitgelieferten Grafikstilen finden Sie eine Sammlung von Aussehen-Eigenschaften, die auf dem Scribble-Effekt basieren – rufen Sie die Grafikstil-Bibliothek unter FENSTER • GRAFIKSTIL-BIBLIOTHEKEN • SCRIBBLE-EFFEKTE auf.

Den Scribble-Effekt können Sie sowohl auf die Fläche als auch auf die Kontur eines Objekts anwenden. Weisen Sie den Scribble-Effekt dem Objekt insgesamt zu, wirkt er auf alle vorhandenen Flächen und Konturen. Dazu muss er im Aussehen-Bedienfeld ganz unten, also nach den Flächen und Konturen, angeordnet sein.

▲ **Abbildung 13.27**
Der Scribble-Effekt (links) ist nicht immer die erste Wahl, um einen gescribbelten Look zu erzielen, da seine Wellen immer quer zum Pfad ausgeführt werden. Alternativen sind der Aufrauen-Effekt (Mitte, mit mehreren Konturen) oder Pinsel (rechts, Bildpinsel – s. Abschnitt 8.4.4).

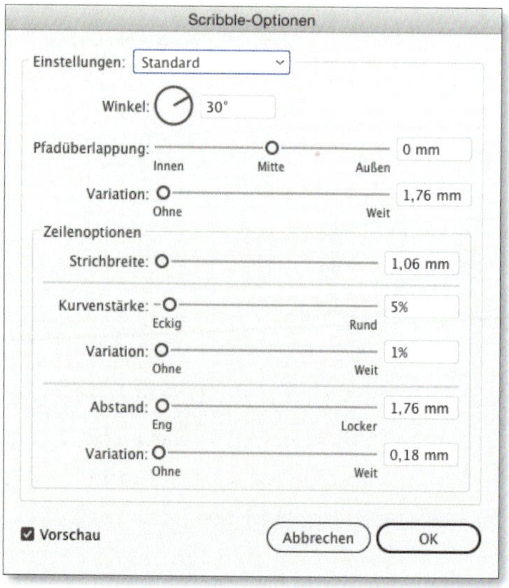

◄ **Abbildung 13.28**
Scribble-Optionen

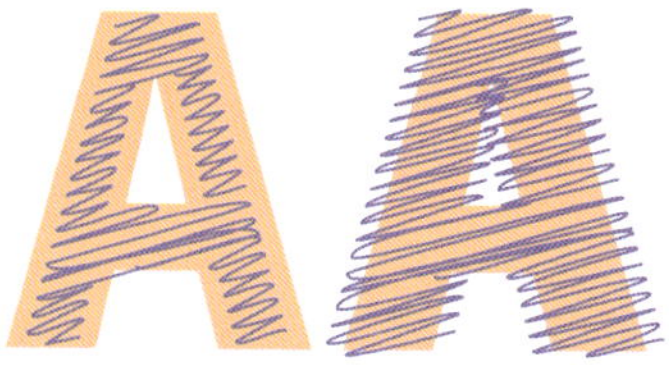

▲ **Abbildung 13.29**
Pfadüberlappung

▲ **Abbildung 13.30**
Kurvenstärke eckig und rund

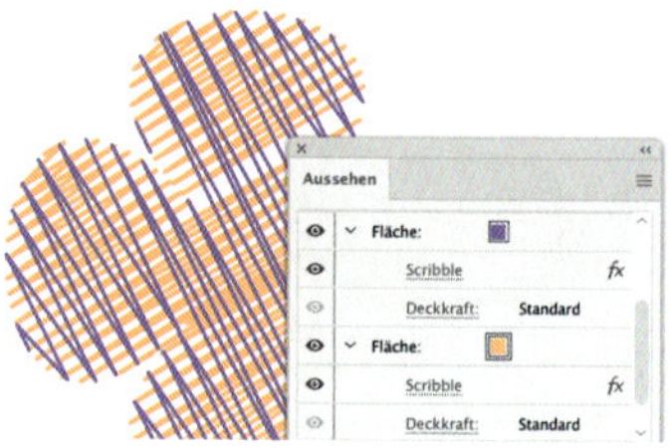

▲ **Abbildung 13.31**
Eine Kreuzschraffur erreichen Sie mit zwei Flächen, die jeweils einen Scribble-Effekt haben.

▲ **Abbildung 13.32**
Oben: Scribble »Kinderzeichnung«, umgewandelt; unten: mit Pinselkonturen

- Einstellungen: Aus diesem Menü rufen Sie komplette Einstellungssets auf. Nutzen Sie die Voreinstellungen, um auf deren Basis ein Design nach Ihren Vorstellungen zu entwickeln.
- Winkel: Geben Sie die Richtung der Schraffur an. Der Winkel wird in Werten von –179 bis 180° definiert.
- Pfadüberlappung: Legen Sie fest, wie genau die Schraffur die Objektgrenzen treffen soll. Mit dem Wert 0 findet die Richtungsänderung exakt an der Begrenzung statt, und ein negativer Wert bewirkt einen Abstand nach innen. Mit einem positiven Wert erlauben Sie ein »Übermalen« der Objektform.
- Strichbreite: Geben Sie die Stärke der Schraffurlinien an.
- Kurvenstärke: Dieser Wert definiert den Kurvenradius bei der Richtungsänderung. Mit dem Wert 0 wird eine Ecke erzeugt, höhere Werte generieren Kurven.
- Abstand: Hier legen Sie die Dichte der Schraffur fest, indem Sie den Abstand zwischen den einzelnen Linien angeben. Dichtere Schraffuren verursachen längere Berechnungszeiten beim Bildschirmaufbau.
- Variation: Definieren Sie hier einen Toleranzbereich, innerhalb dessen der jeweilige Wert über- oder unterschritten werden darf – das sorgt für unregelmäßige Schraffuren.

Scribble umwandeln | Soll Ihre Scribble-Textur eher gemalt als gezeichnet aussehen, bietet sich die Anwendung einer Pinselkontur an. Der durch den Scribble-Effekt generierten Linie können Sie jedoch keine Pinselkontur zuordnen – zunächst müssen Sie das mit dem Scribble-Effekt versehene Objekt umwandeln:

Aktivieren Sie es, und wählen Sie OBJEKT • AUSSEHEN UMWANDELN. Die Aussehen-Eigenschaften des Objekts werden in einzelne Elemente umgewandelt und gruppiert – aus der Scribble-»Füllung« entsteht dabei ein Pfad. Diesen aktivieren Sie und weisen ihm eine Pinselkontur zu.

Scribble-Pinsel live

Im Download finden Sie ein Dokument, das zeigt, wie Sie den Pinsel einem SCRIBBLE zuweisen können, ohne es vorher umzuwandeln.

13.3.2 Zickzack und Aufrauen

Während der Zickzack-Effekt regelmäßige Zacken oder Wellen in einem Pfad generiert, erzeugt der Aufrauen-Effekt unregelmäßige Zacken. Die Verteilung der Zacken über eine gegebene Distanz wird bei beiden Effekten anders berechnet. Davon abgesehen, gleichen sich die Optionen. Sie finden beide Effekte im Untermenü unter EFFEKT • VERZERRUNGS- UND TRANSFORMATIONSFILTER.

▲ **Abbildung 13.33**
Mit dem Zickzack-Effekt aus einer Geraden erzeugte Wellenlinien

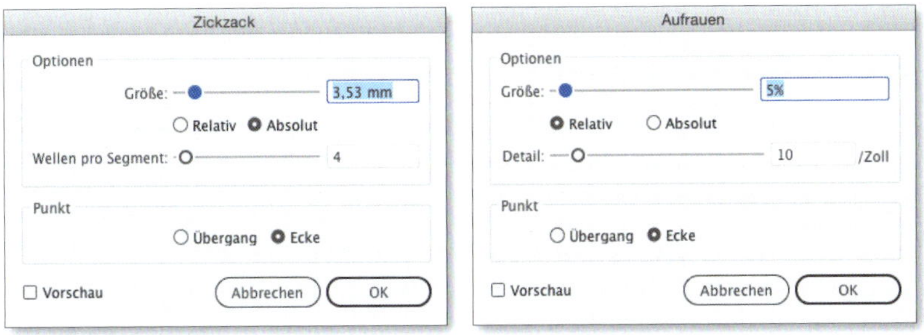

◀ **Abbildung 13.34**
ZICKZACK- und AUFRAUEN-Optionen

- GRÖSSE: Wählen Sie den Ausschlag (ZICKZACK) bzw. den Maximalwert des Ausschlags (AUFRAUEN). In beiden Fällen können Sie diesen Wert ABSOLUT oder RELATIV zur Länge des betroffenen Pfades angeben.
- WELLEN PRO SEGMENT/DETAIL: Hier legen Sie die Dichte der Zacken fest. Für den Zickzack-Effekt definieren Sie die Anzahl der Wellen pro Pfadsegment. In den einzelnen Abschnitten des Gesamtpfades kann die Zackendichte daher unterschiedlich ausfallen.
  Der Wert DETAIL im Aufrauen-Effekt erzeugt eine Verteilung der Zacken bezogen auf die Pfadlänge in ZOLL (Inch), unabhängig von den gesetzten Ankerpunkten, die den Pfad in Segmente aufteilen. Hier ist die Dichte der Zacken daher über die gesamte Länge gleichmäßig.
- PUNKT: Ob Wellen oder Zacken entstehen, hängt von der Art der verwendeten Ankerpunkte ab. Legen Sie dies mit der Option ÜBERGANG oder ECKE fest.

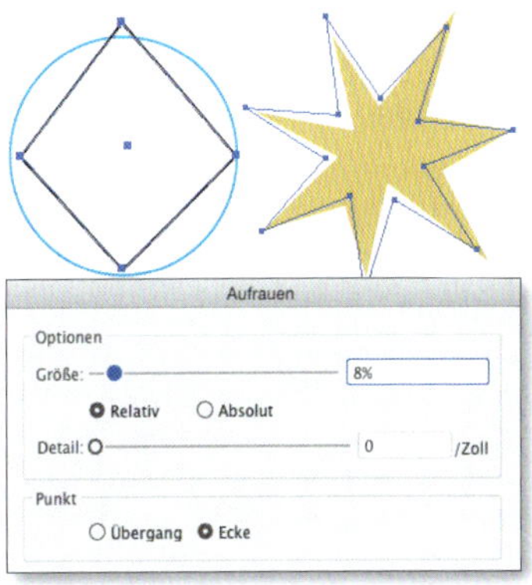

▲ **Abbildung 13.35**
Setzen Sie den Wert DETAIL auf 0, verschiebt AUFRAUEN vorhandene Punkte. Damit können Sie Unregelmäßigkeiten in Formen erzeugen.

Der Aufrauen-Effekt wird – bezogen auf die Gesamtlänge des Pfades – gleichmäßig angewendet. Das führt dazu, dass auch er ein sehr nützlicher »Zwischeneffekt« ist. Wenn Sie die GRÖSSE auf 0 % setzen, können Sie ihn einsetzen, um Punkte gleichmäßig zu verteilen oder (virtuell) benötigte

Punkte hinzuzufügen. Wie der Aufrauen-Effekt funktioniert, sehen Sie, wenn Sie ein Objekt umwandeln, das mit dem Effekt versehen ist.

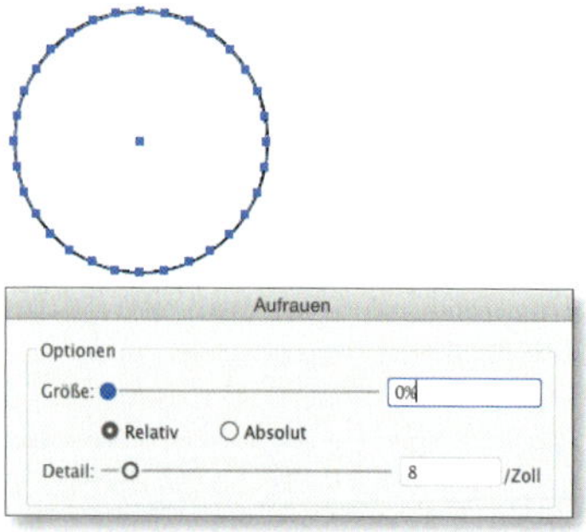

▲ **Abbildung 13.36**
Die Auswirkung von Aufrauen mit der Grösse 0% sieht man nach dem Umwandeln.

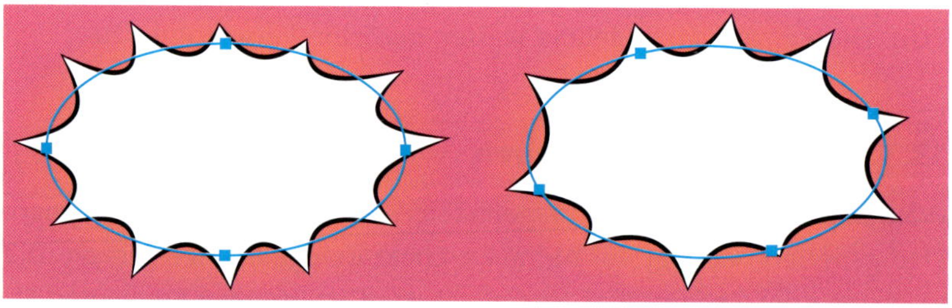

▲ **Abbildung 13.37**
Auch wenn die Verteilung der Spitzen gleichmäßig über die Gesamtlänge des Pfades erfolgt, richtet sich ihre Position beim Aufrauen-Effekt (wie auch beim Zickzack-Effekt) nach der Position der Ankerpunkte auf dem Pfad. Das Oval rechts entstand aus einem Kreis, der erst gedreht und dann gestaucht wurde.

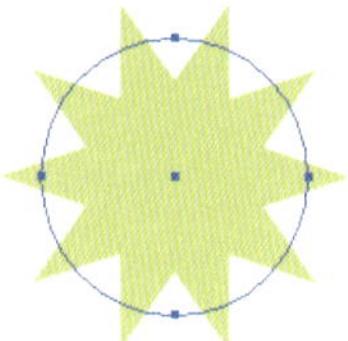

▲ **Abbildung 13.38**
Ein »live« editierbarer Stern aus einem Kreis mit dem Effekt Zickzack

Kombination von Zickzack und Aufrauen | Da der Zickzack-Effekt die Unterteilungen pro Pfadsegment vornimmt, kann das Ergebnis unregelmäßig ausfallen (s. Abbildung 13.39 – violette Linie). In Kombination mit Aufrauen lassen sich regelmäßige Wellen generieren (orange Linie).

Weisen Sie dem Pfad zunächst den Aufrauen-Effekt mit einer Stärke von 0 zu. Damit erzeugt er keine sichtbaren Veränderungen am Pfad, setzt jedoch seine eigenen Unterteilungen. Anschließend wenden Sie den Zickzack-Effekt an.

▲▶ **Abbildung 13.39**
Anwenden von Zickzack- und Aufrauen-Effekt zur Erzeugung gleichmäßiger Wellen (rechts); nicht erwünschtes Ergebnis (Mitte); verwendete Effekte (oben).

Ähnlich setzen Sie den Aufrauen-Effekt auch in Kombination mit anderen Effekten ein. Beispiele dazu finden Sie bei den Effekten Ecken abrunden, Wirbel und Zusammenziehen und aufblasen.

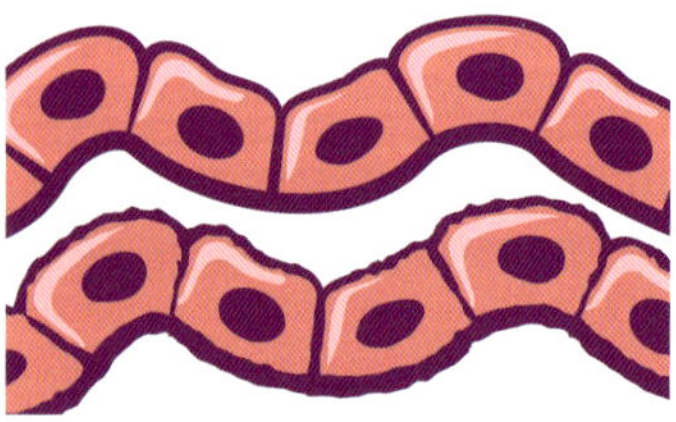

▲ **Abbildung 13.40**
Aufrauen nach einem Pinsel

13.3.3 Tweak

Durch Verschiebung von Ankerpunkten und/oder Grifflinien nach einem Zufallsalgorithmus innerhalb der eingegebenen Toleranzwerte wird die Form eines Pfades verändert.

Rufen Sie Tweak unter Effekt • Verzerrungs- und Transformationsfilter • Tweak auf:

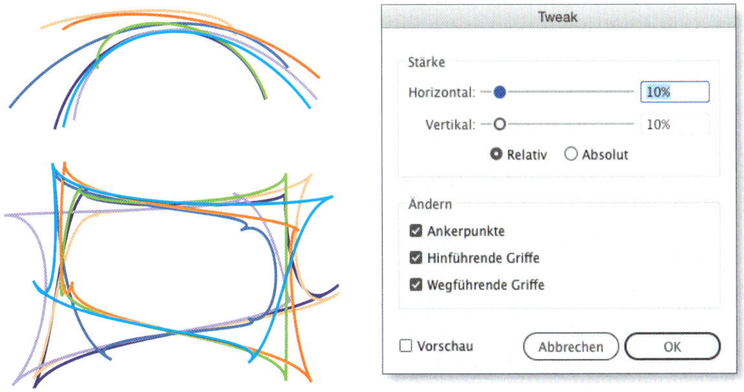

▲ **Abbildung 13.42**
Wird der Tweak-Effekt mit denselben Einstellungen auf die Konturen eines Objekts angewendet, können sich die entstandenen Formen stark unterscheiden.

▲ **Abbildung 13.41**
Wird TWEAK nach dem Transformieren und nach einem Pinsel angewandt, dann kann es die durch das Transformieren entstandenen Kopien der Pinselform verändern und so einen zufälligen Charakter in die Zeichnung bringen.

Geben Sie den Toleranzbereich relativ zur Länge des Pfadsegments ein, oder bestimmen Sie einen absoluten Wert getrennt für die horizontale und vertikale Verformung.

Möchten Sie eine senkrechte oder waagerechte Linie verformen (wie in Abbildung 13.42 oben), müssen Sie mit absoluten Werten arbeiten, um eine Wirkung zu erzielen.

Unter ÄNDERN müssen Sie mindestens eine Option aktivieren – eine Erläuterung der Optionen finden Sie in Abschnitt 5.2.4.

▲ **Abbildung 13.43**
Wirbel-Effekt

13.3.4 Wirbel

Dieser Effekt wirkt ähnlich wie das Strudel-Werkzeug aus der Gruppe der Verflüssigen-Tools. Wählen Sie ihn unter EFFEKT • VERZERRUNGS- UND TRANSFORMATIONSFILTER • WIRBEL aus.

Die Dialogbox akzeptiert Werte von –3.600 bis +3.600°. Ab einer bestimmten Stärke der Verwirbelung – etwa 600° – wird die Form der Objekte durch sichtbare Polygonpfade gebildet.

Wirbel-Effekt glätten

Auch um mit dem Wirbel-Effekt versehene Objekte etwas zu glätten, lässt sich der Aufrauen-Effekt einsetzen. Wenden Sie ihn vor dem Wirbel mit einer GRÖSSE von 0% und der Option ÜBERGANGSPUNKTE an. DETAILS setzen Sie anhand der Vorschau.

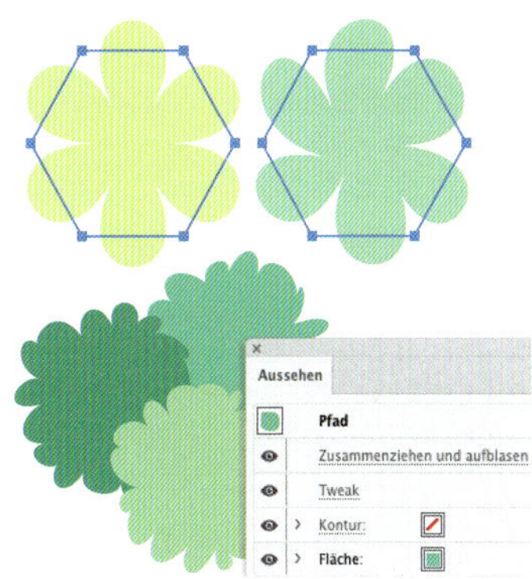

▲ **Abbildung 13.44**
Aus einem regelmäßigen Objekt erzeugt der Aufblasen-Effekt ein ebenso regelmäßiges Ergebnis. Kombinieren Sie AUFBLASEN mit TWEAK, z.B. um aus 16-seitigen Polygonen einige Büsche für einen Landschaftsplan zu erstellen.

13.3.5 Zusammenziehen und aufblasen

Dieser Effekt wirkt nur auf Pfade, die eine Krümmung aufweisen oder ihre Richtung an einem Eckpunkt ändern. Bei der Anwendung werden die Ankerpunkte des Pfades und die dazwischenliegenden Segmente gegeneinander verschoben. Benötigen Sie zusätzliche Ankerpunkte (wie in Abbildung 13.47), wenden Sie zusätzlich den Effekt Aufrauen mit einer Grösse von 0% an.

Wählen Sie Zusammenziehen und aufblasen unter Effekt • Verzerrungs- und Transformationsfilter.

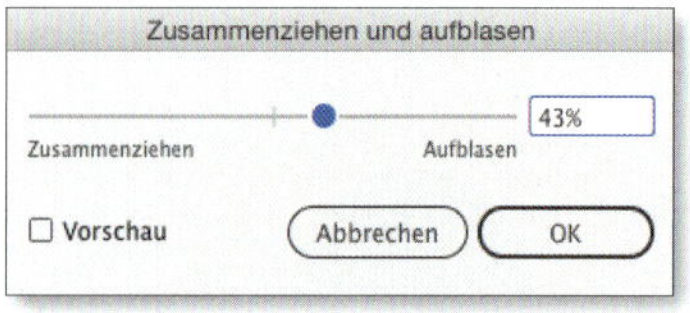

▲ **Abbildung 13.45**
Optionen Zusammenziehen und aufblasen

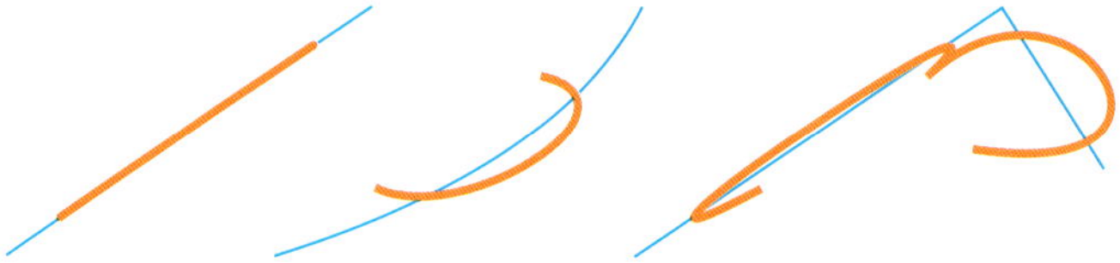

▲ **Abbildung 13.46**
Effekt Zusammenziehen und aufblasen auf einem geraden (links) und einem gekrümmten Pfadsegment (Mitte) sowie einem abgeknickten Pfad (rechts)

▲ **Abbildung 13.47**
Die Effekte Aufrauen und Zusammenziehen und aufblasen erzeugen den Button aus einem Kreis.

- Zusammenziehen: Mit Werten von –200 bis 0% werden Ankerpunkte nach »außen« verschoben und Pfadsegmente nach »innen« gezogen.
- Aufblasen: Wenn Sie den Regler nach rechts schieben oder Werte von 0 bis 200% eingeben, zieht der Effekt Ankerpunkte nach »innen« und verschiebt Pfadsegmente nach »außen«.

▲ **Abbildung 13.48**
Das Einschussloch verwendet drei Effekte zum Erzeugen der gerissenen Kante.

13.3.6 Verkrümmungsfilter

Die Effekte unter Effekt • Verkrümmungsfilter entsprechen den Verzerrungshüllen (s. Abschnitt 10.8). Vorteil der Verzerrung per Effekt: Das Editieren eines solchen Objekts ist etwas unkomplizierter als mit einer Verzerrungshülle. Hinzu kommt, dass sich beim Zuweisen von Verkrümmungen als Effekte unterschiedliche Verkrümmungsarten miteinander kombinieren lassen. Und Sie können die Verkrümmungsfilter in Grafikstile einbinden – Optionen für die Genauigkeit, Verläufe oder Muster stehen jedoch nicht zur Verfügung, und es lässt sich auch nicht die Hülle nachträglich bearbeiten und verfeinern.

▲ **Abbildung 13.49**
Der Text wurde gebogen. Um den gestickten Look anzudeuten, wurde zusätzlich der Scribble-Effekt angewendet.

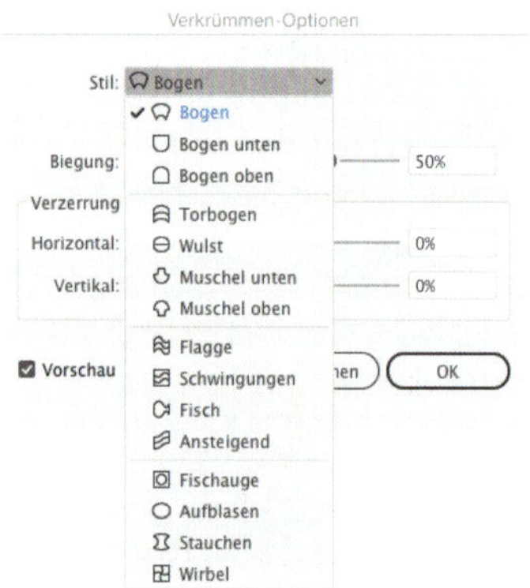

▲ **Abbildung 13.50**
Optionen der Verkrümmen-Effekte

Schwingungen, Fischauge und Wirbel | Anders als die anderen Stile verformen diese drei keine rechteckigen, aufrecht stehenden Formen.

Checkliste: Effekt-Grafiken analysieren

Dank des Aussehen-Bedienfeldes ist das Analysieren eines komplexen Objekts einfach (Aussehen-Bedienfeld s. Abschnitt 11.6). Wenn Sie neugierig sind, wie Effekte an einem Objekt verwendet wurden, um ein bestimmtes Aussehen zu erzielen, folgen Sie diesen Tipps:

Objekte | Gehen Sie in die Pfadansicht, und sehen Sie sich die Ausgangsformen an.

Objekt-Hierarchie | Analysieren Sie mithilfe des Ebenen-Bedienfeldes, in welcher Stapelreihenfolge und Hierarchie die Objekte angeordnet sind. Denken Sie daran, auch Ebenen und Gruppen »aufzuklappen«, denn häufig bauen Effekte aufeinander auf.
Finden Sie anhand der Ziel-Symbole ● heraus, welche Objekte besondere Aussehen-Eigenschaften besitzen. Klicken Sie im Ebenen-Bedienfeld auf ein Ziel-Symbol, um sich die Aussehen-Eigenschaften anzusehen (Ebenen s. Abschnitt 11.1, Ziel-Auswahl s. Abschnitt 11.3.3).

Beteiligte Eigenschaften | Untersuchen Sie die angewendeten Füllungen, Konturen, Transparenzeigenschaften und Effekte. Sehen Sie im Aussehen-Bedienfeld die Einstellungen nach, indem Sie auf die unterstrichenen Begriffe klicken und dadurch die Optionen anzeigen. Beachten Sie vor allem die Anwendungsreihenfolge und die Hierarchien: Ist der Effekt dem gesamten Objekt oder nur einer Kontur (einer Fläche) zugeordnet?
Das Aussehen-Bedienfeld zeigt auch an, ob übergeordnete Elemente zusätzlich Effekte oder Transparenz besitzen. Diese Einträge finden Sie ganz oben im Bedienfeld über dem fett hervorgehobenen Eintrag mit der Miniatur des Objekts. Sie sind mit entsprechenden Symbolen versehen, wenn sie eigene Effekte besitzen (s. Abbildung 13.52).

Optionen editieren | Sind Sie sich über die Auswirkung einer Eigenschaft nicht sicher, weisen Sie dieser andere Eigenschaften zu: Ändern Sie die Farbe, die Konturstärke oder die Effekt-Optionen. Achten Sie auf Kleinigkeiten, wie die mit dem Referenzpunkt-Symbol des Transformieren-Effekts vorgenommene Ausrichtung (s. Abbildung 13.53).

Eigenschaften ändern | Falls Sie den Sinn einer Eigenschaft infrage stellen, dann deaktivieren Sie probeweise deren Sichtbarkeit, indem Sie auf das Augensymbol 👁 klicken (s. Abbildung 13.54), oder ändern Sie die Reihenfolge bzw. die Hierarchie der Anwendung, indem Sie z.B. den Effekt statt einer Gruppe deren Inhalt zuweisen oder die Eigenschaft einer Gruppe von unterhalb des Inhalts darüber verschieben.
Um Ihre Version besser mit dem Original vergleichen zu können, arbeiten Sie an einem Duplikat des Objekts.

Tests | Übertragen Sie die Eigenschaften auf andere Objekte, um die Auswirkungen genauer zu untersuchen, z.B. auf einen offenen statt einen geschlossenen Pfad, auf ein Polygon oder einen Stern anstelle eines Kreises oder auf eine Gruppe anstelle eines einzelnen Objekts.

Umwandeln | Falls Sie gar nicht herausfinden können, welche Auswirkungen genau ein Effekt verursacht, isolieren Sie ihn an einem neuen Objekt, und wandeln Sie die Grafik um. Unter Umständen soll dieser Effekt nur einige Punkte hinzufügen, ohne das Objekt selbst zu verformen (s. Abschnitt 13.3.2).

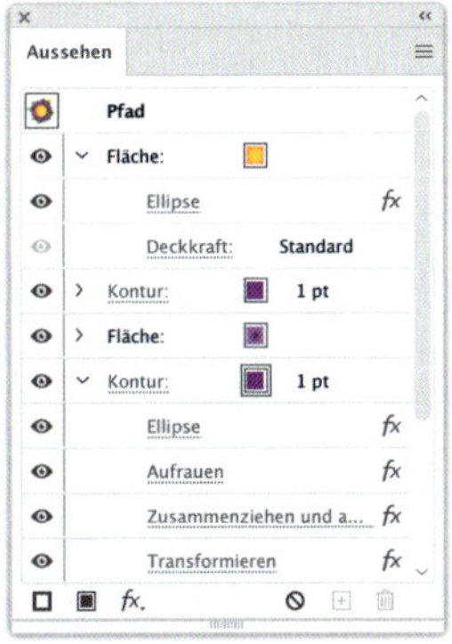

▲ **Abbildung 13.51**
Aus einem einzelnen Ankerpunkt kann mit Konturen und Füllungen mit eigenen Eigenschaften eine Illustration entstehen.

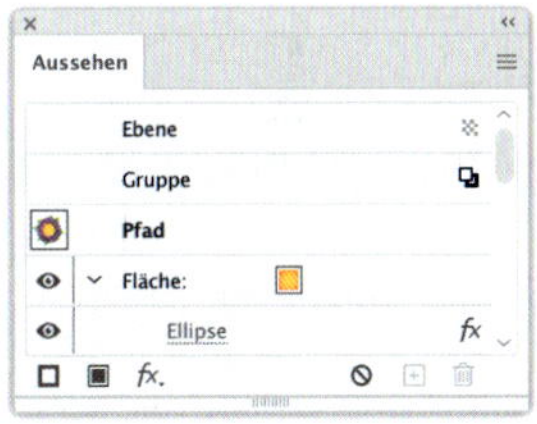

▲ **Abbildung 13.52**
Übergeordnete Eigenschaften

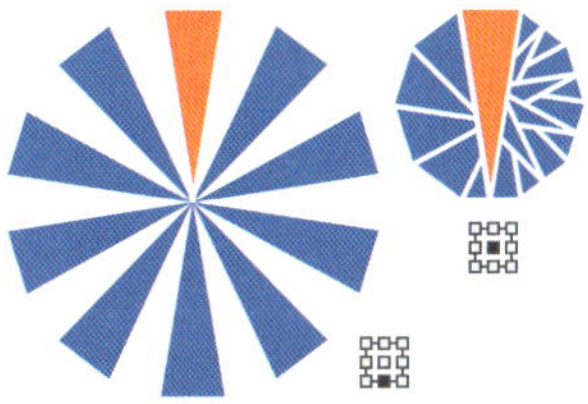

▲ **Abbildung 13.53**
Auswirkung des Referenzpunkts beim Transformieren-Effekt

▲ **Abbildung 13.54**
Links mit Aufrauen (Grösse 0 %) und Zusammenziehen und aufblasen, rechts nur mit Zusammenziehen und aufblasen

Erst wenn Sie derartige Objekte leicht drehen, findet eine sichtbare Verkrümmung der äußeren Objektkante statt.

Abbildung 13.55 ▶
Verformen rechteckiger Objekte im Vergleich

▲ **Abbildung 13.56**
Die »Klötzchen« sind ein Zeichen für eine zu niedrige Rastereffektauflösung.

13.4 Pixelbasierte Effekte

Etliche aus Photoshop und anderen Programmen bekannte Bildbearbeitungsfilter stehen Ihnen als Effekte für die Anwendung auf Vektor- und auf platzierte Pixeldaten zur Verfügung. Die Funktionen sind sowohl im Dokumentfarbmodus RGB als auch in CMYK nutzbar. Wenn Sie diese Effekte nutzen, müssen Sie sich auch mit den Rastereffekt-Einstellungen befassen (s. Abschnitt 13.4.1). Beachten Sie, dass bei diesen Effekten Transparenz zum Einsatz kommt, zu deren Verarbeitung Sie Voreinstellungen definieren müssen, die für den angestrebten Weiterverarbeitungsprozess geeignet sind (Transparenzreduzierung s. Abschnitt 12.4).

Farbmoduswechsel

Haben Sie im Dokumentfarbmodus RGB ein Objekt mit einem Photoshop-Effekt versehen und wechseln in den Modus CMYK (oder umgekehrt), kann sich das Ergebnis des Effekts verändern.

Abbildung 13.57 ▶
Mit dem Farbraster-Effekt können Sie Pop-Art-Motive gestalten. Damit diese Ergebnisse herauskommen, sind Umwege mit weiteren Filtern bzw. einer Deckkraftmaske erforderlich.

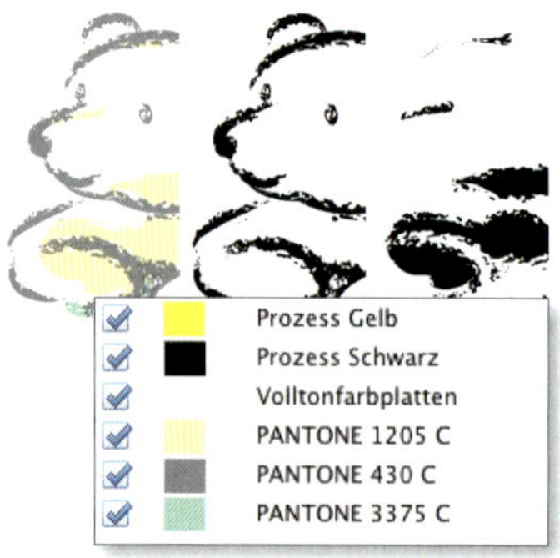

▲ **Abbildung 13.58**
Mit Effekt versehenes Volltonfarbenobjekt, Separation (in Acrobat)

Dank DeviceN ist die Anwendung von Photoshop-Filtern auf Volltonfarbenobjekte und Duplexbilder möglich – die Objekte werden korrekt separiert. Je nachdem, in welchem Dokumentfarbmodus und mit welchen Farbtypen (Vollton- oder Prozessfarbe) Sie arbeiten, können die Ergebnisse des Filterns unterschiedlich ausfallen.

Effekte können Sie verknüpften Bildern zuweisen; falls Sie den Effekt umwandeln, wird das bearbeitete Bild eingebettet. Im PDF-Part einer AI-Datei ist nur die gefilterte Version des Bildes eingebettet.

13.4.1 Dokument-Rastereffekt-Einstellungen

Die Einstellungen in dieser Dialogbox bestimmen die Auflösung und Qualität der von den rasterbasierten Effekten in Pixelbilder umgewandelten Vektorobjekte. Eine Umwandlung in Pixel kann auch bei der Verwendung des 3D-Effekts vorkommen – es erscheint in diesem Fall in der 3D-Dialogbox ein entsprechender Warnhinweis. Daher sollten Sie die Einstellungen vor Beginn Ihrer Arbeit – spätestens jedoch vor der Ausgabe Ihrer Dokumente auf Druckern oder in PDF-, EPS- und Bilddateien – überprüfen und gegebenenfalls an die Anforderungen des Projekts anpassen (s. Kapitel 20 bzw. Kapitel 21).

Auf die Bearbeitung platzierter Rasterbilder haben die meisten Einstellungen keinen Einfluss – diese werden in ihrer vorliegenden Auflösung bearbeitet, die im Steuerungsbedienfeld für ein ausgewähltes Bild angezeigt wird. Sie können jedoch durch die Auswahl des Farbmodells GRAUSTUFEN oder BITMAP ein Farbbild in einen dieser Modi umwandeln und dabei auch die Auflösung verändern:

- FARBMODELL: Hier haben Sie die Wahl, Rastereffekte in vier Farbmodellen berechnen zu lassen: je nach gewähltem Dokumentfarbmodus in RGB bzw. CMYK, darüber hinaus kann die Pixelbildumwandlung in GRAUSTUFEN oder BITMAP (Schwarzweiß) erfolgen.
- AUFLÖSUNG: Bestimmen Sie die Auflösung für die Umwandlung von Vektor- in Pixelbilder (durch Effekte) und die Darstellung rasterbasierter Effekte wie Schlagschatten und Schein. Die Auflösung bezieht sich auf die Maße der Objekte im Dokument – wenn Sie Ihre Illustration in 100%-Größe weiterverarbeiten, arbeiten Sie direkt mit der benötigten Auflösung. Anderenfalls berechnen Sie den Skalierungsfaktor ein. Nicht nur eine zu geringe, sondern auch eine zu hohe Auflösung kann bei der Weiterbearbeitung Probleme erzeugen.
- HINTERGRUND: Mit den Optionsbuttons wählen Sie, wie sich die Transparenz der Vektorelemente – die durch die Außenbegrenzung der Objektform definiert ist – im Rasterbild darstellt: mit weißen Pixeln oder durch Transparenz (s. Abbildung 13.61).

  Aktivieren Sie das Transparenzraster im Menü ANSICHT, um eine Vorschau der transparenten Bereiche zu erhalten:
  - WEISS: Der rechteckige Begrenzungsrahmen des Objekts wird weiß hinterlegt und der Effekt mit diesem Hintergrund berechnet.
  - TRANSPARENT: Das mit dem Effekt versehene Objekt wird entlang seiner (in der Regel frei geformten) sichtbaren Außenbegrenzung transparent freigestellt. »Löcher« innerhalb der Fläche des Objekts werden jedoch nicht immer korrekt berechnet.

    Im Farbmodell BITMAP verwenden Sie die Einstellung TRANSPARENT, um die weißen Pixel der Bitmaps transparent darzustellen.

Rastereffektauflösung

Die wichtigste Einstellung in dieser Dialogbox, die AUFLÖSUNG, finden Sie auch in der Dialogbox NEUES DOKUMENT.

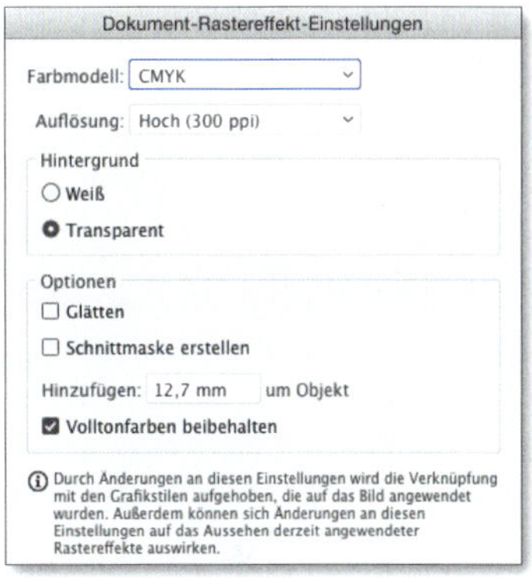

▲ **Abbildung 13.59**
DOKUMENT-RASTEREFFEKT-EINSTELLUNGEN

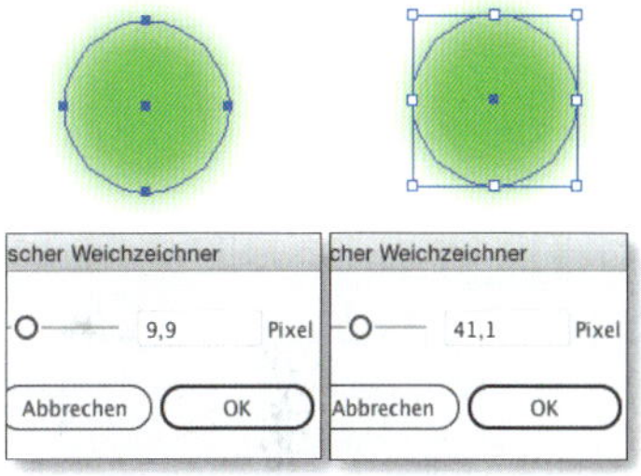

▲ **Abbildung 13.60**
Bei Änderung der Rastereffektauflösung werden die Effekteinstellungen vieler Effekte umgerechnet, sodass das Erscheinungsbild des Objekts gleich bleibt.

Konvertierung in Graustufen

Die Umwandlung eines Farbbildes in ein Graustufen- oder Bitmap-Bild sollten Sie möglichst in Bildbearbeitungsprogrammen vornehmen, da Sie dort den Farbkontrast in einen entsprechenden Schwarz-Weiß-Kontrast umsetzen können.

▲ **Abbildung 13.61**
Gaussscher Weichzeichner – Hintergrund transparent (oben), Hintergrund weiß (unten)

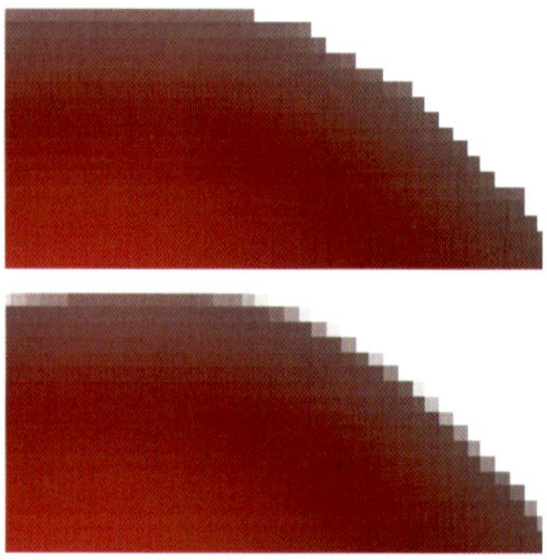

▲ **Abbildung 13.62**
Außenkante eines Objekts mit Effekt Sumi-E ohne Glätten (oben), mit Glätten (unten)

- Glätten: Mit dieser Option aktivieren Sie die Kantenglättung (Anti-Aliasing) von Vektorobjekten, wenn Rastereffekte darauf angewendet werden. Die Option Glätten bringt nur an den Objektaußenkanten eine sichtbare Veränderung, nur wenig bis gar nicht im Inneren des mit einem Effekt versehenen Objekts.
- Schnittmaske erstellen: Während mit Hintergrund transparent die Objekte in der eingestellten Auflösung transparent freigestellt und gegebenenfalls am Rand geglättet werden, werden mit Schnittmaske der oder die Pfade des Basisobjekts als Schnittmaske angewandt. Diese Option ist vor allem dann der Einstellung Transparent vorzuziehen, wenn weitere Elemente unter dem mit dem Effekt versehenen Element liegen.
- Hinzufügen: Um das Objekt wird eine Fläche in der angegebenen Größe hinzugefügt. Dies benötigen Sie für Effekte, die die Außenform des Objekts vergrößern, wie den Gaußschen Weichzeichner. Um in diesem Fall sicherzustellen, dass die mit dem Effekt erzeugte weiche Kante nahtlos in den Hintergrund übergeht, müssen Sie einen ausreichend großen Bereich hinzufügen. Der genaue Wert richtet sich nach Ihren Einstellungen im Effekt, daher reicht die Standardvorgabe von 12,7 mm nicht immer.
- Volltonfarben beibehalten: Sonderfarben bleiben erhalten, wenn Sie pixelbasierte oder Photoshop-Effekte darauf anwenden. Konvertieren Sie jedoch die Volltonfarben zu einem späteren Zeitpunkt (z. B. im Layoutprogramm) in Prozessfarben, kann dies sichtbare Auswirkungen haben. Daher können Sie durch Deaktivierung dieser Option bestimmen, dass bei einer Interaktion von Volltonfarben und pixelbasierten Effekten die Konvertierung bereits in Illustrator erfolgt.
  Behalten Sie Volltonfarben bei, dann bleiben die Farbdefinitionen bestehen, und der optische Eindruck wird z. B. im Fall eines Schlagschattens durch Überdrucken dargestellt.

13.4.2 Effekte und Auflösung

Werte, die Sie für die Photoshop-Effekte eingeben, sind absolute Pixelwerte. Sie beziehen sich auf die Dokument-Rastereffekt-Einstellungen. Das Aussehen der mit Photoshop-Effekten versehenen Objekte verändert sich nicht sehr stark, sobald Sie die aktuell eingestellten Optionen mit anderen Dokument-Rastereffekt-Einstellungen verwenden, Änderungen bei Effekten wie dem Buntglas-Mosaik oder Körnungen können dennoch deutlich sichtbar sein. Viele Werte werden automatisch umgerechnet.

Die pixelbasierten Illustrator-Effekte (Weiche Kante, Schein nach innen/aussen und Schlagschatten) arbeiten mit auflösungsunabhängigen

Dimensionen. Sowohl das Erscheinungsbild der Objekte als auch die Werte selbst ändern sich bei einer Änderung der Auflösung nicht.

Rastereffekt-Auflösung und Rechenzeit

Auch wenn die Berechnung der gebräuchlichsten Effekte Schlagschatten, Weichzeichnung und Schein verbessert wurde, kann es bei sehr komplexen oder großen Objekten Geschwindigkeitseinbußen geben, wenn Sie permanent mit hoher Auflösung arbeiten. Sie können entweder die angewendeten Effekte mithilfe des Aussehen-Bedienfeldes unsichtbar schalten, indem Sie auf das Auge 👁 klicken, oder die Rastereffektauflösung niedriger einstellen.

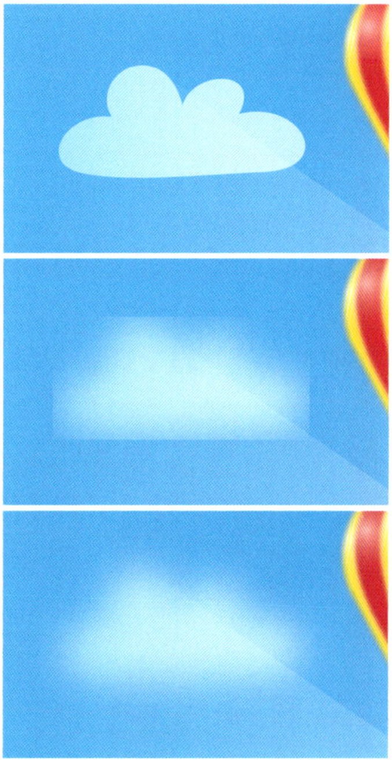

▲ **Abbildung 13.63**
Originalobjekt (oben), mit Effekt Gaussscher Weichzeichner (Mitte und unten) – Option Hinzufügen: nicht ausreichend (Mitte), ausreichend (unten)

13.4.3 In Pixelbild umwandeln

Illustrator bietet diese Operation sowohl als Funktion unter Objekt • In Pixelbild umwandeln als auch als Effekt unter Effekt • In Pixelbild umwandeln an. Mit der Funktion werden editierbare Illustrator-Objekte in nicht mehr bearbeitbare Rasterbilder umgewandelt. Sie können dies nur noch mit einem Rückschritt widerrufen. Mit dem Effekt bleiben die Basisobjekte auch nach dem Speichern und Wiederöffnen editierbar.

Sie benötigen diese Umwandlung z. B., wenn Ihre Objektkonstruktion so komplex ist, dass sie bei der Ausgabe auf dem Drucker Fehler verursacht, oder wenn der Export in bestimmte (meist sehr alte und einfache) Dateiformate fehlschlägt. Auch für die Ausgabe von Borstenpinseln ist häufig das Umwandeln in Pixel notwendig.

Eine typische Anwendung für den Effekt ist die Beseitigung der feinen weißen Linien in Mustern, interaktiven Malgruppen und anderen Live-Objekten für den Export in Rasterformate wie z. B. PSD-Dateien: Die Glättung Supersampling beseitigt diese Linien in den meisten Fällen. Weitere Einsatzbereiche sind die Umwandlung in Graustufen oder das Downsampling (Senken der Auflösung) eingebetteter Pixelbilder, z. B. um beim Vektorisieren glattere Pfade zu erhalten.

Die Optionen entsprechen den Dokument-Rastereffekt-Einstellungen, eine zusätzliche Option besteht beim Glätten, das Sie hier aus einem Aufklappmenü wählen. Das Anti-Aliasing lässt sich für Bildmaterial oder für Schrift optimieren (s. Abschnitt 14.9).

Umwandlung als Effekt?

Dieser Effekt kann Ihnen das Duplizieren der Datei ersparen. Im PDF-Zweig der Datei sind die Objekte in Pixel umgewandelt, im AI-Zweig nicht.

Volltonfarben | Dank der DeviceN-Unterstützung bleiben Volltonfarben beim Umwandeln von Vektor- in Pixelgrafik erhalten.

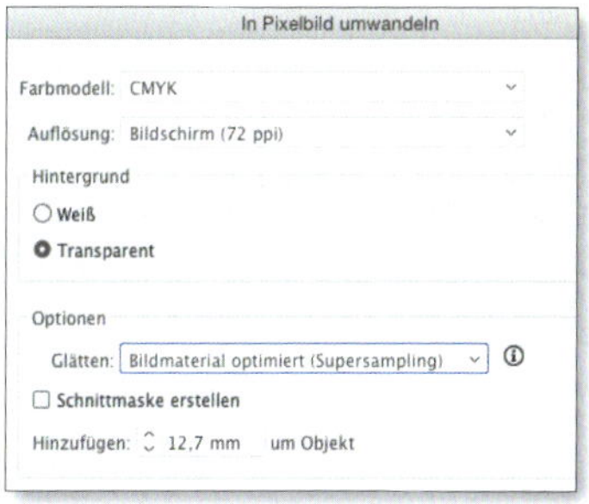

▲ **Abbildung 13.64**
In Pixelbild umwandeln

13.4.4 Gaußscher Weichzeichner

Der Gaussche Weichzeichner – unter Effekt • Weichzeichnungsfilter • Gaussscher Weichzeichner – wirkt zunächst nur wie einer unter vielen

Größenbeschränkung

Falls der Effekt In Pixelbild umwandeln bei einer sehr großen querformatigen Grafik nicht angewendet werden kann, probieren Sie, die Grafik um 90° zu drehen und wenden dann den Effekt an.

▲ **Abbildung 13.66**
Diese kleine Borstenpinsel-Illustration besteht nach dem Reduzieren der Transparenz aus 185.000 Pfaden; eine Umwandlung in Pixel ist hier vorzuziehen.

Datenverlust beim Speichern!

Wird eine Illustrator-Datei nur per ⌘/Strg+S gesichert, dann speichert Illustrator immer in das ursprüngliche Dateiformat. Dabei besteht die Gefahr, dass Effekte umgewandelt werden.

▲ **Abbildung 13.67**
Aussehen-Eigenschaften eines Objekts aus einer alten Illustrator-Datei

Photoshop-Effekten. Er bildet jedoch auch die Grundlage für die Effekte Schlagschatten und Schein nach innen bzw. Schein nach aussen.

Der Effekt erzeugt (im Gegensatz zum Effekt Weiche Kante) eine Weichzeichnung des gesamten Objekts bzw. der gesamten Gruppe oder Ebene – auch der inneren Bereiche.

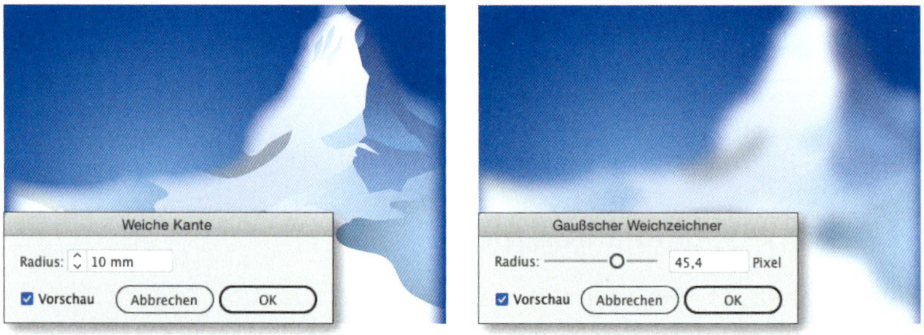

▲ **Abbildung 13.65**
Einstellungen für den Effekt Gaussscher Weichzeichner (rechts): Die Weichzeichnung erfolgt sowohl an den Kanten als auch innerhalb des Objekts. Im Vergleich dazu (links): Einstellungen für den Effekt Weiche Kante: Die Weichzeichnung erfolgt nur entlang der Kante des Objekts (die dabei nicht nach außen »verwischt« wird).

Abwärtskompatibilität | Öffnen Sie eine Datei, die von einer älteren Version als CS6 gespeichert wurde, dann erscheint im Aussehen-Bedienfeld der Eintrag Alter Gaussscher Weichzeichner, falls Sie ein entsprechendes Objekt bearbeiten. Sobald Sie diesen Effekt oder die Effekte Schlagschatten und Schein bearbeiten, müssen Sie die Datei per Speichern unter ins aktuelle Dateiformat speichern. Beim einfachen Speichern würden diese Effekte automatisch umgewandelt.

13.4.5 Weiche Kante

Der Effekt Weiche Kante erzeugt einen allmählichen Übergang eines Objekts oder einer Gruppe zum Hintergrund, indem die Deckkraft des Objekts an dessen Außenkante allmählich sinkt.

Als Außenkante wird die Grenze der Fläche betrachtet, die ein Objekt oder eine Gruppe durch Füllung und/oder Kontur bedeckt. Das heißt, Sie können auch eine Kontur mit einer weichen Kante versehen. Die Breite des Übergangs bestimmen Sie in den Optionen des Effekts.

13.4.6 Schlagschatten

Der Schlagschatten-Effekt dient vor allem dem Zweck, den optischen Eindruck eines Schattens der Objektform zu erzeugen – ob tatsächlich eine »Schatten«-Wirkung entsteht, bestimmen jedoch die zugewiesene

Farbe und Füllmethode. Der Einfachheit halber bezeichnen wir den Effekt im Weiteren als »Schatten«.

Die Farbe des Schattens, seinen Versatz zum Objekt und den Grad der Weichzeichnung definieren Sie in den Optionen, wenn Sie einem Objekt den Effekt zuweisen – Ihre Einstellungen können Sie jedoch zu einem späteren Zeitpunkt editieren.

Selektieren Sie das Objekt oder die Gruppe, oder wählen Sie die Ebene als Ziel aus. Falls Sie den Effekt nur der Fläche oder der Kontur eines Objekts zuweisen möchten, wählen Sie diese im Aussehen-Bedienfeld aus. Rufen Sie anschließend EFFEKT • STILISIERUNGSFILTER • SCHLAGSCHATTEN auf.

▲ **Abbildung 13.68**
Ein Bokeh-Lichterspiel mit einem Spezialpinsel, Transparenzeinstellungen und dem Effekt WEICHE KANTE

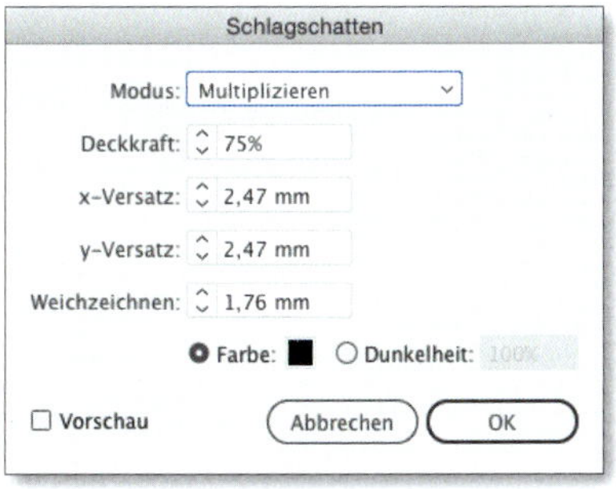

◀ **Abbildung 13.69**
Einstellungen für den Schlagschatten-Effekt

- MODUS: Wählen Sie aus diesem Menü die Füllmethode, mit der der Schatten in die hinter ihm liegenden Objekte gerechnet wird. Beachten Sie außerdem die Wechselwirkungen mit der Füllmethode, die dem Objekt zugewiesen ist: Sie wird in Illustrator auch auf den Schatten angewendet.
- DECKKRAFT: Bestimmen Sie die Stärke der Schattierung.
- X/Y-VERSATZ: Die Position des Schattens relativ zum Objekt bestimmen Sie durch Eingabe eines Abstands zwischen –352,77 und 352,77 mm. Negative Werte bewirken eine Verschiebung nach oben bzw. links.
- WEICHZEICHNEN: Die Option erzeugt eine weiche Kante des Schattens. Bestimmen Sie den Grad der Weichzeichnung durch Eingabe eines Werts zwischen 0 und 50,8 mm. Mit harter Kante – Wert 0 – entstehen bei einer eventuellen Umwandlung Vektorobjekte.
- FARBE: Die Farbe des Schattens können Sie mit dem Farbwähler oder durch Auswahl eines Farbfeldes bestimmen. Wenn Sie eine Volltonfarbe verwenden möchten, muss diese zuvor als Farbfeld definiert worden sein.
- DUNKELHEIT: Diese Option bewirkt, dass Füllung und Kontur des Objekts im Schatten abgebildet werden – etwa wie Glasfenster, deren Muster sich auf Objekten abzeichnen, wenn Licht durch sie fällt. Muster- oder Verlaufsfüllungen werden jedoch nicht in den Schatten übernommen.

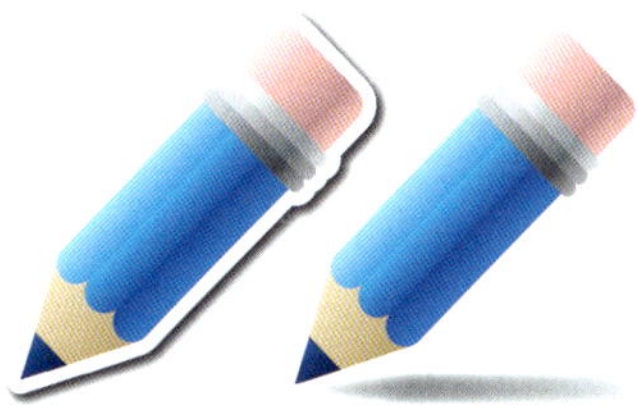

▲ **Abbildung 13.70**
Der Schlagschatten-Effekt erzeugt nur die Version links – für einen Schatten wie rechts benötigen Sie ein weiteres Objekt.

▲ **Abbildung 13.71**
Effekte SCHLAGSCHATTEN und SCHEIN NACH INNEN mit unterschiedlichen Füllmethoden in CMYK; Hintergrund (von oben nach unten): Weiß, Grau, Ohne.

▲ **Abbildung 13.72**
Mit der Option DUNKELHEIT nimmt der Schatten die Farbe der Objekte an (rechts) – dies jedoch nicht, wenn sie mit Verläufen gefüllt sind (links).

Geben Sie einen Wert zwischen 0 und 100 % ein, um die Balance zwischen Schwarzanteil und Ursprungsfarbe zu bestimmen. Bei einem Wert von 0 % wird dem Schatten kein Schwarz zugegeben, und bei einem Wert von 100 % enthält der Schatten nur Schwarz.

Schattiertes Objekt drehen

Wenn Sie ein Objekt mit Schlagschatten auf der Zeichenfläche drehen, bewegt sich dessen Schlagschatten nicht mit – wie Sie es vielleicht erwartet hätten. Stattdessen wird der Schatten in dieselbe Richtung geworfen wie bisher. Um dieses Problem zu umgehen, erstellen Sie ein statisches Symbol und drehen dieses.

Dies gilt auch für andere Effekte – z. B. den Transformieren-Effekt –, die Frage ergibt sich jedoch im Zusammenhang mit Schatten am häufigsten.

Große Schatten

Das Berechnen von Schatten für große Objekte kann Illustrator stark beanspruchen und lange beschäftigen – ein Abbruch ist jedoch möglich. Seien Sie vorsichtig bei Objekten, die größer als 1.000 mm sind.

▲ **Abbildung 13.73**
SCHEIN NACH INNEN

13.4.7 Schein nach außen

Mit diesem Effekt erzeugen Sie eine schattenähnliche Fläche, die sich allerdings vom Objekt nach allen Seiten gleichmäßig ausdehnt. Ob der Eindruck eines »Scheins« entsteht, hängt von der ausgewählten Farbe, dem Modus und der Farbe der dahinterliegenden Objekte ab – voreingestellt ist der Modus NEGATIV MULTIPLIZIEREN, der einen Schein vergleichbar mit einem Neon-Effekt erzeugt (Optionen s. Abschnitt 13.4.6).

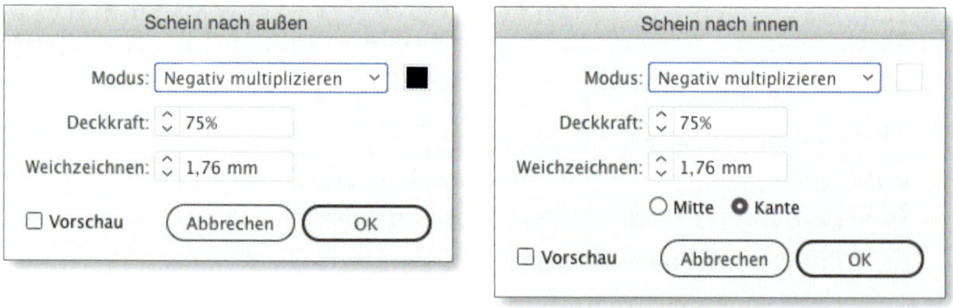

Abbildung 13.74 ▶
Einstellungen für die Effekte SCHEIN NACH AUSSEN und SCHEIN NACH INNEN

13.4.8 Schein nach innen

Dieser Effekt verursacht ein Objekt, das dem vorherigen entspricht, der Schein ist jedoch ins Innere des Objekts ausgerichtet. SCHEIN NACH INNEN ist nicht nur für Neon-Effekte nützlich – vor allem wird er gern verwendet, um Objekte plastisch hervortreten zu lassen (zu den Optionen s. Abschnitt 13.4.6).

Volltonfarben

Wenn Sie den Farbwähler über das Farbfeld aufgerufen haben, klicken Sie darin auf den Button FARBFELDER und wählen die Farbe aus der Liste aus (s. Abschnitt 7.4.5).

Die Farbe des Scheins wählen Sie im Farbwähler aus. Mit KANTE legen Sie den Schein von der Außenkante des Objekts nach innen an – mit MITTE in umgekehrter Ausrichtung.

Achtung! Speichern in alte Versionen: Schlagschatten und Schein

Da der Kern der Effekte SCHLAGSCHATTEN und SCHEIN NACH AUSSEN und INNEN grundlegend verändert wurde, sind die Effekte nicht kompatibel mit älteren Illustrator-Versionen als CS6. Wenn Sie eine ältere Datei öffnen und einen darin enthaltenen Schlagschatten oder Schein ändern (oder auch nur die Dialogbox öffnen und mit OK bestätigen), kann die Datei nicht mehr editierbar in Version CS5 oder älter gespeichert werden (mehr zum Speichern s. Abschnitt 3.7).

▲ **Abbildung 13.75**
SCHEIN NACH AUSSEN für Landkarten

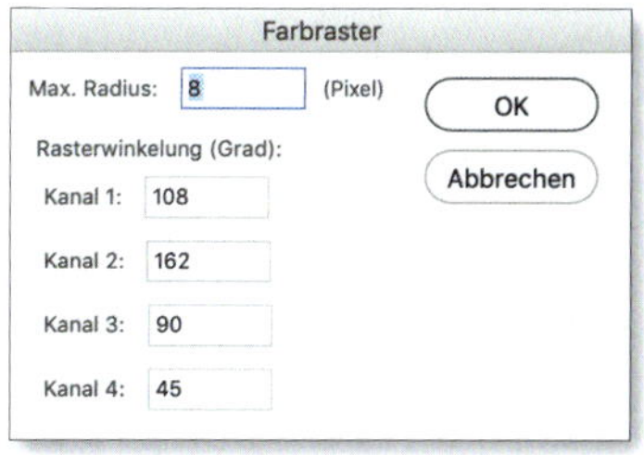

▲ **Abbildung 13.76**
Einstellungen für FARBRASTER

13.4.9 Farbraster (Halbtonraster)

Dieser beliebte Photoshop-Effekt, den Sie unter EFFEKT • VERGRÖBERUNGSFILTER • FARBRASTER aufrufen, setzt ein komplettes Objekt oder einzelne Flächen bzw. Konturen in ein Pseudo-Halbtonraster auf Basis der jeweils definierten Objektfarben um. Die Regeln für das Generieren der Rasterpunkte geben Sie in die Dialogbox ein:

- MAX. RADIUS: Definieren Sie die maximale Größe eines Rasterpunkts und damit die Feinheit des Rasters. Die Größe bezieht sich auf die Dokumentrasterauflösung, ab einer Auflösung von 300 ppi wird jedoch das Raster nicht mehr feiner, sondern die einzelnen Rasterpunkte glatter umgesetzt.
- RASTERWINKELUNG: Hier bestimmen Sie die Winkelung der Farbauszüge. Es können nur vier Kanäle eingestellt werden – den Winkel für Volltonfarben bestimmt Illustrator automatisch.

In Pixelbild umwandeln | Mit diesem Effekt in der Reihenfolge vor dem Farbraster können Sie das Ergebnis beeinflussen:

- Farbmodus: Falls Sie eine Umsetzung ausschließlich im Schwarzkanal erzwingen wollen, setzen Sie das FARBMODELL auf GRAUSTUFEN.
- Transparenz: Transparente Bereiche in der Grafik wie z. B. eine Weichzeichnung erzeugen unerwünschte Ergebnisse. Um Transparenz nur für einzelne Objekte oder sogar Flächen bzw. Konturen zu beseitigen, setzen Sie den Hintergrund auf WEISS.

▲ **Abbildung 13.77**
FARBRASTER direkt auf transparenter Weichzeichnung (oben); mit Pixelbildumwandlung (MItte); Anwendung als Deckkraftmaske (unten)

Einfärben | Sollen Rasterpunkte eingefärbt werden, dann erzeugen Sie zunächst schwarze Rasterpunkte in der gewünschten Form und wenden diese anschließend als Deckkraftmaske auf eine Farbfläche an.

Vektorraster | Das Farbraster lässt sich nach dem Umwandeln automatisch nachzeichnen, saubere Vektorraster erhalten Sie jedoch mit Plug-ins.

Im Layout vergrößern

Denken Sie daran, dass Sie Illustrator-Dateien im Layoutprogramm nicht einfach vergrößern können, sobald Sie die auflösungsabhängigen Photoshop-Effekte darin angewendet haben.

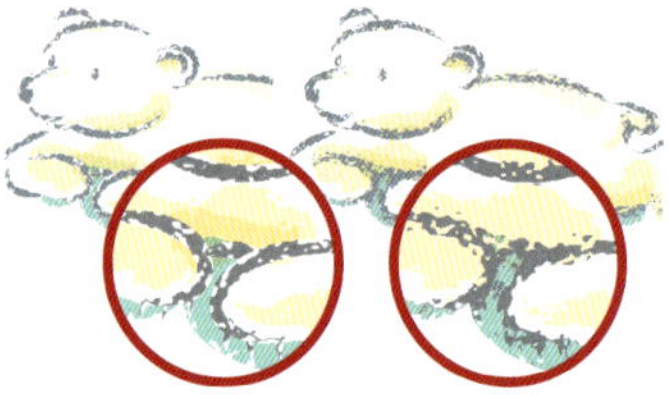

▲ **Abbildung 13.78**
Mehrere Objekte müssen gruppiert werden, bevor Sie einen Photoshop-Filter anwenden (rechts), da sich anderenfalls die Farbbereiche nicht richtig verbinden (links). Alternativ wählen Sie die Ebene als Ziel aus.

13.4.10 Photoshop-Filter

Gehen Sie wie folgt vor, um einem oder mehreren Pixelbildern oder Vektorobjekten einen Photoshop-Effekt zuzuweisen:

1. Wählen Sie ein Objekt aus. Sollen mehrere Vektorobjekte gemeinsam mit einem Effekt versehen werden, gruppieren Sie sie. Oder:
   - Wählen Sie eine Kontur oder Fläche im Aussehen-Bedienfeld aus.
   - Wählen Sie eine Ebene als Ziel aus, um den Effekt allen Objekten auf dieser Ebene zuzuweisen (Ziel-Auswahl s. Abschnitt 11.3.3).
   - Platzieren Sie ein Bild (s. Abschnitt 19.1.4).
2. Wählen Sie den Effekt direkt aus dem Menü Effekt • Photoshop-Effekte, oder selektieren Sie Effekt • Effekte-Galerie. Nicht alle Effekte können Sie über die Effekte-Galerie aufrufen – die Weichzeichnungs-, Vergröberungs- oder Videofilter finden Sie dort nicht.
3. Stellen Sie die Optionen des jeweiligen Effekts ein.
4. Klicken Sie auf den Button OK.

Effekte-Galerie | Photoshop-Plug-ins sind in dieser praktischen »Galerie« zusammengefasst, sodass Sie einfach zwischen verschiedenen Effekten hin- und herwechseln und die Wirkungen vergleichen können.

Die Galerie wird beim Auswählen der meisten Effekte automatisch geöffnet. Rufen Sie die Galerie direkt auf mit Effekt • Effekte-Galerie...

▼ **Abbildung 13.79**
Dialogbox Effekte-Galerie

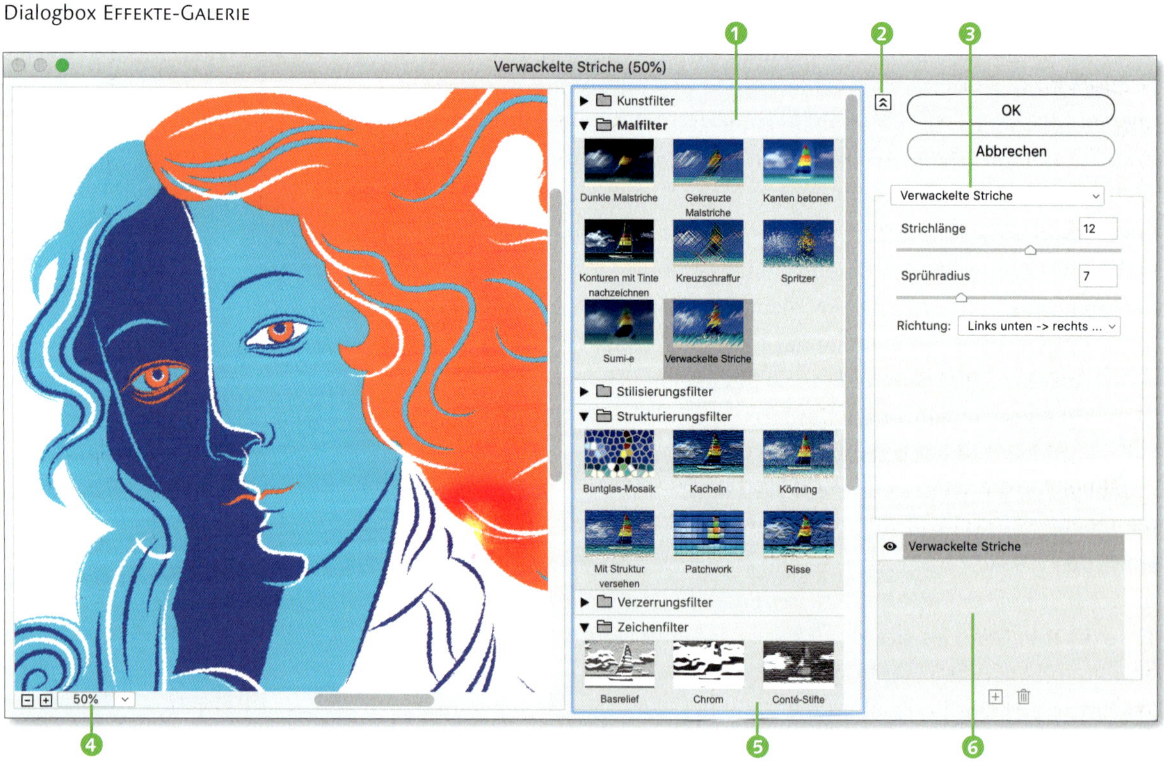

Im Aufklappmenü 4 stellen Sie die Zoomstufe der Vorschau ein. Es ist auch möglich, die Dialogbox auf die volle Bildschirmgröße zu maximieren. Das Vorschaubild lässt sich vergrößern, indem Sie durch einen Klick auf den Pfeil-Button 2 die Filterminiaturen vorübergehend ausblenden.

Den anzuwendenden Filter wählen Sie in der Mitte der Dialogbox, indem Sie auf die Vorschau-Miniaturen 5 klicken – öffnen und schließen Sie die Filtergruppen durch einen Klick auf den Eintrag 1.

Alternativ selektieren Sie einen Filter aus dem Menü 3, in dem die Namen aller Filter aufgelistet sind. Auch wenn die Box 6 es nahelegt: Es lassen sich in der Effekte-Galerie keine Effekte hinzufügen. Dies können Sie jedoch problemlos über das Aussehen-Bedienfeld vornehmen.

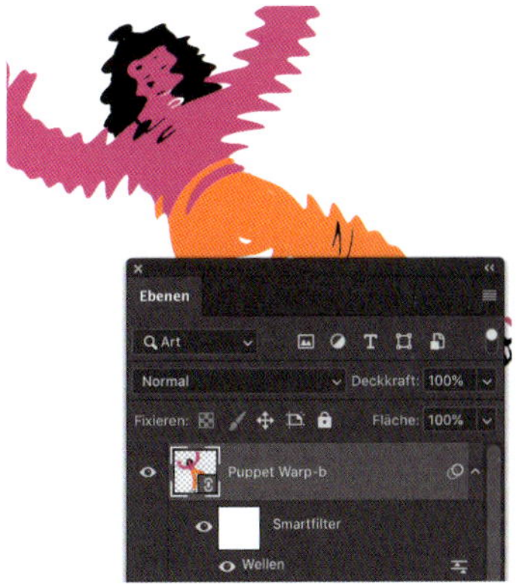

▲ **Abbildung 13.80**
Sie können Illustrator-Zeichnungen auch als Smart-Objekt in Photoshop-Dateien einfügen (s. Abschnitt 20.1.4) und dort mit Smart-Filtern versehen. Diese sind wie Illustrator-Effekte jederzeit editierbar.

Photoshop-Effekte und SVG | Vermeiden Sie Photoshop-Effekte (wie auch pixelbasierte Effekte), wenn Sie eine SVG-Datei exportieren wollen. Mit diesen Effekten versehene Objekte werden beim SVG-Export in Rasterdaten umgewandelt, die im SVG Viewer nicht skalierbar sind.

▲ **Abbildung 13.81**
Die fertiggestellte Explosion

Schritt für Schritt
Eine Explosion aus einem Objekt

1 Planung und Grundobjekt

In dieser Übung zeichnen Sie eine Explosion, die nur aus einer einzigen Grundform besteht – alle Details werden wir mithilfe von Aussehen-Eigenschaften und Effekten generieren. Warum macht man so etwas? Weil es geht. Dieses Projekt ist eine Fingerübung. Die verwendeten Techniken haben zwar alle einen praktischen Nutzen an anderer Stelle, in der hier präsentierten Form dienen sie jedoch nur dafür, die Möglichkeiten auszuloten und die Gedanken spielen zu lassen.

Um nun die Explosion zu planen, ist es zunächst wichtig, das oder die Elemente zu identifizieren, die sich nicht oder jedenfalls nicht einfach durch Effekte konstruieren lassen. In diesem Fall sind es die Sterne. Da die Sterne aber alle dieselbe Form besitzen, können wir von einem einzelnen gezeichneten Stern ausgehen.

Öffnen Sie die Datei »Explosion-Start.ai«, und ziehen Sie den Stern mit dem Stern-Werkzeug in einer Breite und Höhe von je etwa 5 mm auf. Die Datei enthält darüber hinaus ein Breitenprofil, das Sie später brauchen.

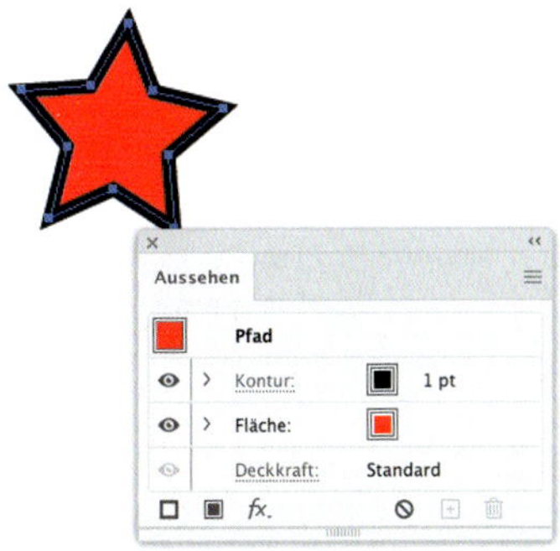

▲ **Abbildung 13.82**
Starten Sie mit einem Stern.

2 Stern duplizieren

Sie benötigen mehrere Kopien des Sterns, die im Kreis angeordnet sind. Wählen Sie im Aussehen-Bedienfeld die Fläche aus, geben Sie ihr eine leuchtende Farbe, und wenden Sie EFFEKT • VERZERRUNGS- UND TRANS-

Elemente verschieben

Das Ergebnis beruht auf einer korrekten Reihenfolge der Flächen, Konturen und der darauf angewandten Effekte. Diese Reihenfolge können Sie im Aussehen- wie im Ebenen-Bedienfeld ändern, indem Sie die Einträge verschieben. Mit den Tasten ⌥/Alt lassen sich Elemente auch kopieren (s. Kapitel 11).

Formationsfilter • Transformieren an. In den Optionen stellen Sie »7« Kopien ein. Die kreisförmige Anordnung erreichen Sie durch Verschiebung und Drehung. Nehmen Sie die Werte aus Abbildung 13.83 als Ausgangspunkt für Ihre eigenen Experimente.

3 Sternkreis zentrieren

Die Sterne liegen nun seitlich vom Ausgangsobjekt. Das ist für die weitere Vorgehensweise unpraktisch. Daher rufen Sie den Transformieren-Effekt erneut auf und bewegen die Sterne damit so, dass sie das Ausgangsobjekt umrunden.

▲ **Abbildung 13.83**
Mit zwei Transformieren-Effekten wird nacheinander der Sternkreis erzeugt und dann verschoben.

4 Sternkontur

Auch die Kontur des Sterns muss nun so bearbeitet werden, dass sie die virtuellen Kopien umrandet. Dazu können Sie im Aussehen-Bedienfeld die beiden Transformieren-Effekte mit ⌥/Alt auf die Kontur verschieben, um sie zu duplizieren. Die Kontur ist nun noch leicht verschoben; das beseitigen Sie, indem Sie sie mit dem Kontur-Bedienfeld nach innen ausrichten.

Abbildung 13.84 ▶
Die beiden Transformieren-Effekte werden auf die Kontur kopiert.

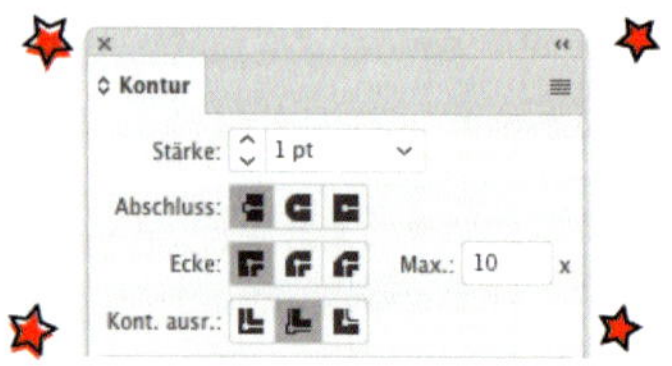

▲ **Abbildung 13.85**
Durch Ausrichten der Kontur nach innen wird der Versatz korrigiert.

5 Weitere Sterne

Erzeugen Sie mit einem Klick auf den Button im Aussehen-Bedienfeld eine weitere Fläche, und geben Sie der zweiten Fläche eine andere Farbe als der ersten. Sie können nun entweder einen neuen Transformieren-Effekt zuweisen und alternative Werte erneut eingeben, oder Sie duplizieren die bereits vorhandenen Effekte und verändern deren Werte, um weitere Sterne zu generieren. Für die Kontur probieren Sie hier eine alternative Methode aus: Duplizieren Sie die eben erzeugte Fläche, und geben Sie der hinteren von beiden die Farbe Schwarz. Sie ist zunächst nicht zu sehen. Um sie sichtbar zu machen, müssen Sie sie gleichmäßig nach außen vergrößern. Dazu weisen Sie ihr den Effekt • Pfad • Pfad verschieben zu. Verwenden Sie einen Versatz von 1 Punkt. Der Pfad-verschieben-Effekt darf nicht vor den beiden Transformieren-Effekten angeordnet sein.

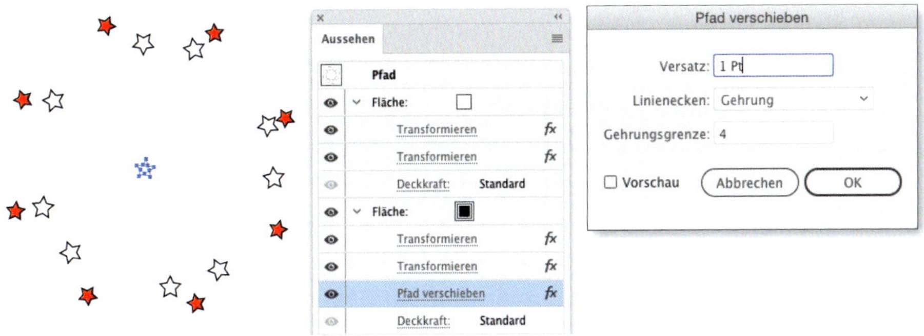

◀ **Abbildung 13.86**
Die Kontur für den zweiten Sternenkranz ist eigentlich keine Kontur, sondern eine verschobene Fläche. In die Effekt-Optionen geben Sie einfach die Einheit Pt ein, Illustrator rechnet den Wert um.

6 Platzende Blasen

Beginnen Sie auch hier zunächst mit einer Blase. Für diese erstellen Sie eine neue Fläche, die im Aussehen-Bedienfeld unter den anderen Flächen liegen muss. Der Fläche wird Effekt • In Form umwandeln • Ellipse zugewiesen. Aktivieren Sie die Vorschau, und erstellen Sie die Ellipse etwas kleiner als den Sternkreis (s. Abbildung 13.87). Weisen Sie der Fläche dann den Effekt • Transformations- und Verzerrungsfilter • Zusammenziehen und aufblasen zu. Stellen Sie zunächst den Wert –20 ein – den Wert müssen Sie später eventuell noch anpassen. Um weitere Zacken zu erzeugen, wenden Sie nun noch den Effekt Aufrauen an. Stellen Sie eine Grösse von 0% ein. Den Wert Detail setzen Sie auf 3.

▼ **Abbildung 13.87**
Einstellungen für die Effekte der platzenden Blase. Die Werte passen Sie noch individuell an, sobald der Grundaufbau der Blase steht. Wenn Sie anschließend noch den Tweak-Effekt mit niedrigen Werten zuweisen, lässt sich die Explosion etwas unregelmäßiger gestalten (s. Abbildung 13.89).

▲ **Abbildung 13.88**
In dieser Reihenfolge müssen die Effekte auf die neue Fläche angewandt werden.

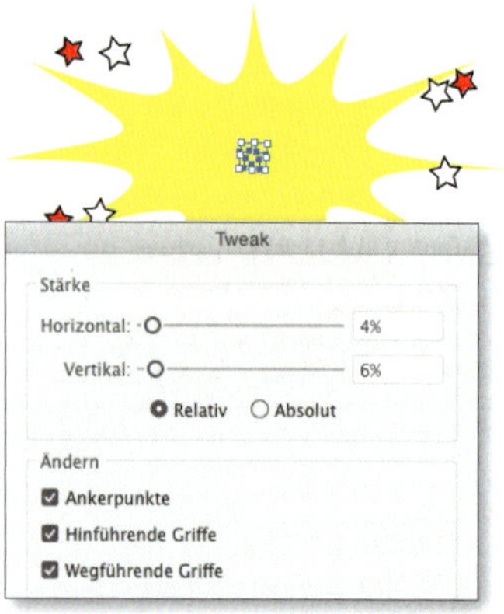

▲ **Abbildung 13.89**
Einstellungen für den Tweak-Effekt; die Option ANKERPUNKTE können Sie deaktivieren, falls Ihnen die Wirkung zu stark ist.

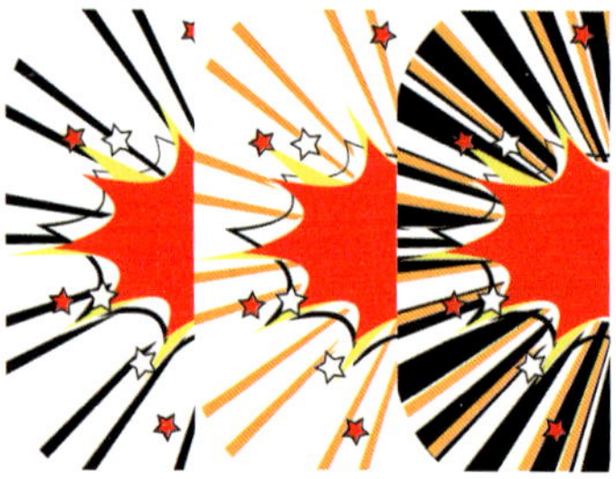

▲ **Abbildung 13.91**
Mehrere Strahlen, die in unterschiedlicher Farbe, Stärke und Drehung übereinandergestapelt sind, vermitteln die »zufällige« Illusion.

Der AUFRAUEN-Effekt muss nach dem IN-FORM-UMWANDELN-Effekt und vor ZUSAMMENZIEHEN UND AUFBLASEN angeordnet werden. Verschieben Sie ihn im Aussehen-Bedienfeld an diese Stelle. Passen Sie nun die Werte in beiden Effekten an, falls nötig.

7 Weitere Blasen

Duplizieren Sie die Fläche mit allen Effekten, indem Sie sie im Aussehen-Bedienfeld über den Button AUSGEWÄHLTES OBJEKT DUPLIZIEREN ⊞ ziehen. Geben Sie der neuen Fläche eine andere Farbe, und passen Sie die Einstellungen an, sodass sich die Form von der ersten unterscheidet. Erstellen Sie weitere Formen mit derselben Vorgehensweise nach Bedarf.

8 Variable Konturstärke

Eine der Blasen erstellen Sie nicht als Fläche, sondern als Kontur. Kopieren Sie die Eigenschaften einer der Blasenflächen auf diese Kontur. Dann aktivieren Sie den in der Datei bereits angelegten Pfad mit der gewellten Konturstärke und speichern sein Profil im Menü VARIABLES BREITENPROFIL im Steuerungsbedienfeld. Anschließend aktivieren Sie wieder die Explosion und weisen das gespeicherte Breitenprofil zu. Sie können das Breitenwerkzeug nicht direkt an der durch Effekte erzeugten Blase anwenden.

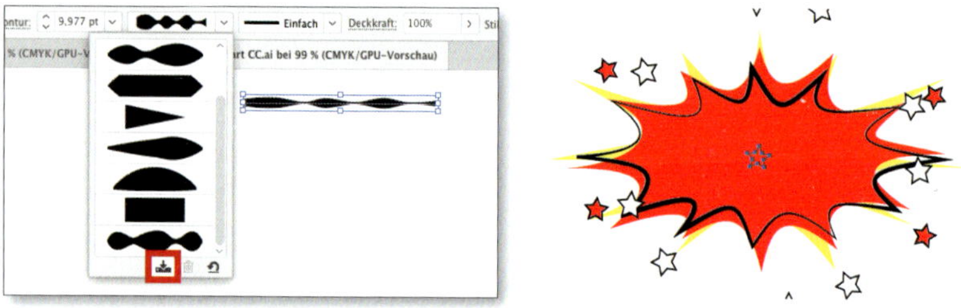

▲ **Abbildung 13.90**
Anlegen der variablen Konturstärke als Breitenprofil (links) und nach dem Zuweisen zu der Kontur (rechts)

9 Strahlenförmige Linien

Für die Grundkonstruktion fehlen nun noch die strahlenförmigen Linien. Für sie erstellen Sie eine weitere Fläche, die Sie im Stapel der Flächen und Konturen nach unten verschieben. Die Fläche erhält den EFFEKT • IN FORM UMWANDELN • RECHTECK. Anschließend wird dieses Rechteck mit EFFEKT • TRANSFORMATIONS- UND VERZERRUNGSFILTER • FREI VERZERREN einmal in sich verdreht, sodass es in der Mitte spitz zusammenläuft. Mit dem Transformieren-Effekt erstellen Sie schließlich weitere Kopien, die gedreht werden. Dann wenden Sie noch EFFEKT • VERKRÜMMUNGSFILTER • FISCHAUGE an, um die Strahlen etwas in die Ecken auszudehnen.

10 Unregelmäßige Strahlen

Erstellen Sie mehrere dieser Strahlen mit unterschiedlich breiten Rechtecken und teilweise in der Hintergrundfarbe, sodass Sie sie stapeln können (s. Abbildung 13.91). Damit erzielen Sie eine unregelmäßige Anordnung der Strahlen, wie es für eine Explosion nötig ist.

▼ Abbildung 13.92
Der Aufbau einer Fläche von Strahlen

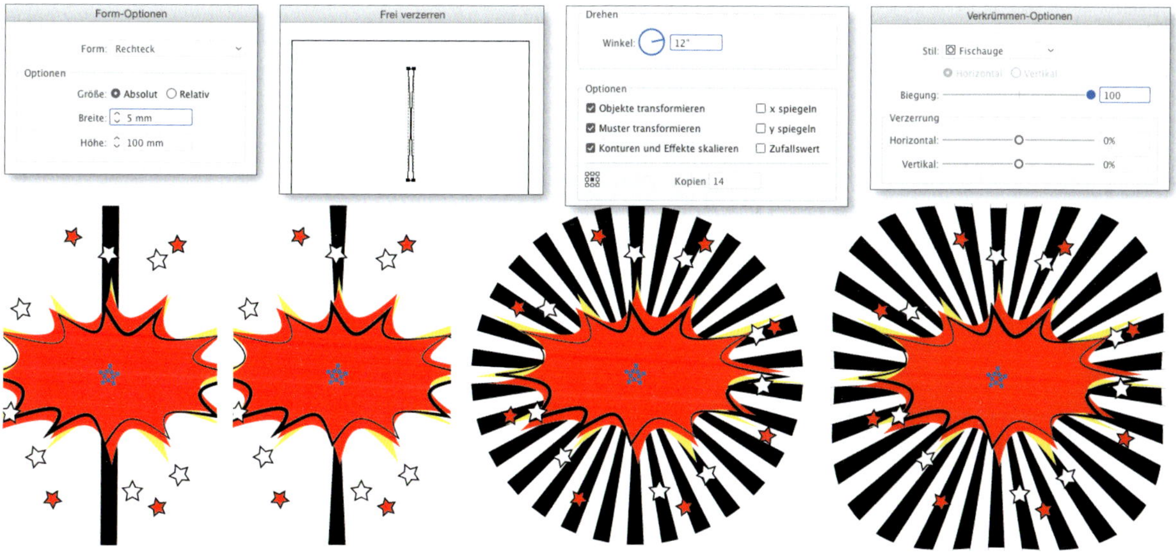

11 Hintergrund

Legen Sie noch eine letzte Fläche in den Hintergrund. Mit dem EFFEKT • IN FORM UMWANDELN • RECHTECK erzeugen Sie auch die benötigte Größe.

12 Grafikstil erstellen

Von dieser komplexen Aussehen-Eigenschaft erstellen Sie nun noch einen Grafikstil, indem Sie den Stern ins Grafikstile-Bedienfeld ziehen. Sie können so ganz einfach weitere Explosionen an anderen Objekten erzeugen. Da Sie hier die Größen der mit dem IN-FORM-UMWANDELN-Effekt erzeugten Rechtecke und Ellipsen in absoluten Werten angegeben haben, müssen die Ausgangsobjekte für diesen Effekt eine vergleichbare Größe besitzen. Verwenden Sie relative Größenangaben, wenn Sie flexibler sein wollen.

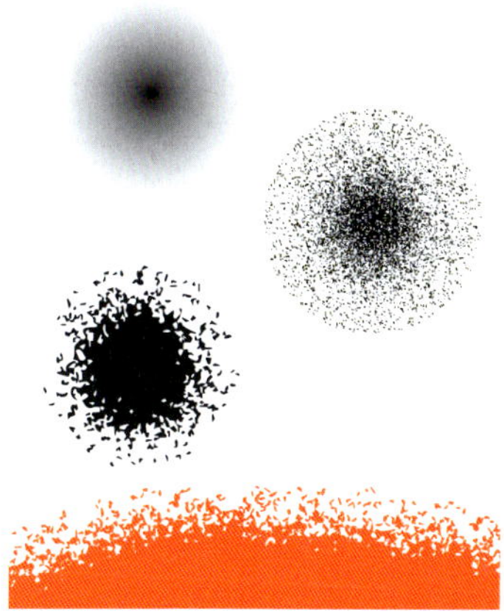

▲ Abbildung 13.93
Ein Kreis mit einem Schwarz-Weiß-Verlauf erhält einen MEZZOTINT-Effekt, wird dann in ein Pixelbild umgewandelt und mit dem Bildnachzeichner vektorisiert. Aus dem Ergebnis wird ein Spezialpinsel mit zufälliger Drehung erstellt. Mit diesem Spezialpinsel können Sie die aufgerauten Ränder zeichnen.

13.5 Special Effects

Die folgenden »Special Effects« sind streng genommen keine Illustrator-Effekte, sondern diverse Funktionen, die zum Teil einen eng eingegrenzten Einsatzbereich haben.

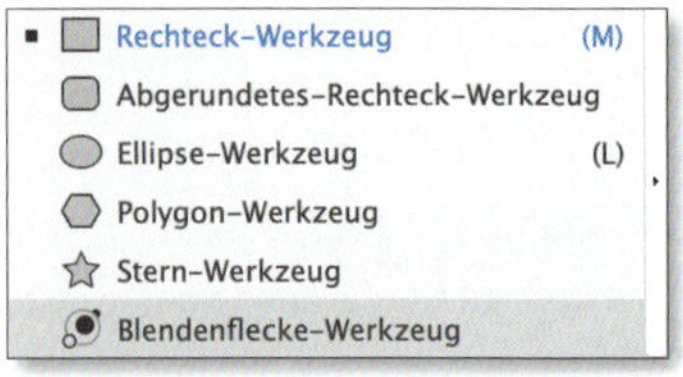

▲ **Abbildung 13.94**
Das Blendenflecke-Werkzeug ganz unten in der Reihe der Werkzeuge für geschlossene Formen

13.5.1 Blendenflecke

Dieser Spezialeffekt wird mit dem entsprechenden Werkzeug aufgetragen – Sie finden es bei den Form-Werkzeugen im Werkzeugbedienfeld:

1. Wählen Sie das Blendenflecke-Werkzeug aus dem Werkzeugbedienfeld.
2. Falls Ihr Blendenflecke-Objekt Ringe (s. Abbildung 13.95) erhalten soll, doppelklicken Sie auf das Werkzeug, um die Optionen aufzurufen. Aktivieren Sie die Einstellung Ringe, falls sie nicht ausgewählt ist, und klicken Sie auf OK.
3. Klicken Sie auf den gewünschten Mittelpunkt, und ziehen Sie die Größe des Lichtkranzes auf.
4. Klicken und ziehen Sie, um den Pfad mit den Ringen zu erstellen. Drücken Sie dabei ↑ bzw. ↓, um die Anzahl der Ringe zu erhöhen bzw. zu senken. Sind Sie mit dem Ergebnis nicht zufrieden, widerrufen Sie einen Schritt und ziehen den Pfad erneut.

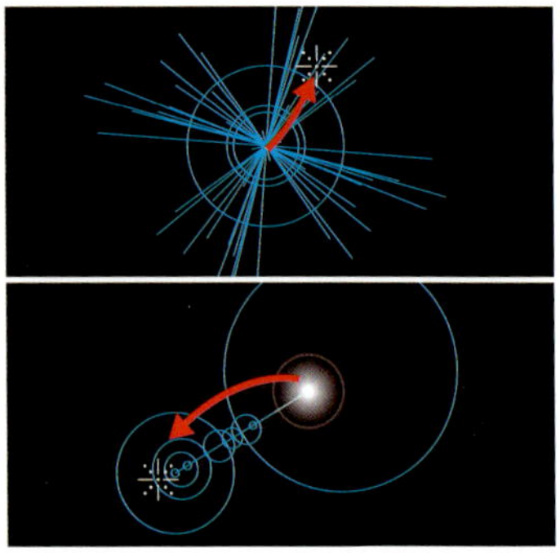

▲ **Abbildung 13.95**
Ringe werden in einem zweiten Schritt generiert.

Das Werkzeug generiert ein Objekt »Blendenflecke«, dessen Eigenschaften Sie mit den Optionen für Blendenflecke-Werkzeug steuern können.

Optionen | Aktivieren Sie das Blendenflecke-Objekt auf der Zeichenfläche, und doppelklicken Sie auf das Werkzeug, um die Optionen des Objekts einzustellen. Ist kein Objekt aktiviert, stellen Sie hier das Werkzeug ein.

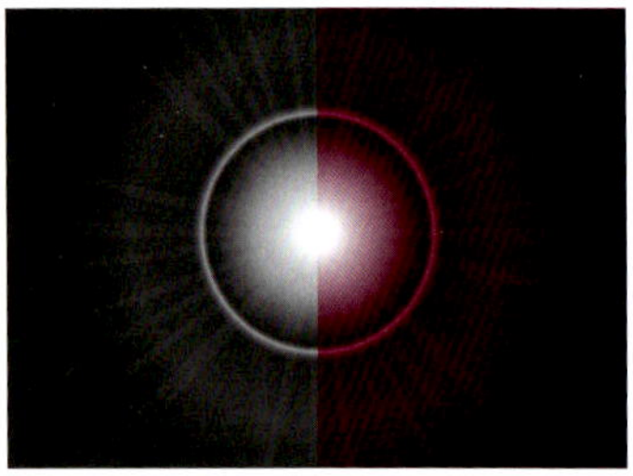

▲ **Abbildung 13.96**
Farbmodus CMYK: Blendenfleck auf 100 K und 100 M/100 K

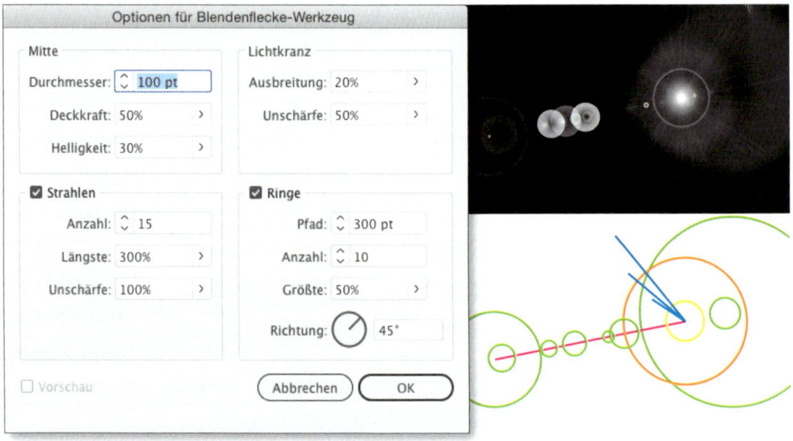

Abbildung 13.97 ▶
Die Optionen-Dialogbox (links) des Blendenflecke-Werkzeugs erreichen Sie mit einem Doppelklick auf das Werkzeug; Schema der Blendenflecke (rechts): Mitte (gelb), Lichtkranz (orange), Strahlen (blau), Ringe (grün), Pfad (magenta)

- Unter Mitte, Lichtkranz, Strahlen und Ringe legen Sie die jeweiligen Eigenschaften der Elemente fest. Strahlen und Ringe können Sie deaktivieren.
- Ringe definieren Sie durch die Länge und Richtung des gezogenen Pfades. Für ein bestehendes Blendenflecke-Objekt können Sie sie hier auch nachträglich anlegen bzw. ändern.

Farben | Der Farbeindruck des Blendenflecks ist vom Untergrund und vom verwendeten Farbmodus abhängig. Im Farbmodus CMYK erscheinen Blendenflecke auf einem reinen schwarzen Hintergrund immer in Graustufen, da sie die Füllmethode Negativ multiplizieren verwenden. Sollen die Blendenflecke einen Farbton erhalten, müssen Sie dem Hintergrundschwarz bunte Farben beimischen.

Die Blendenflecke selbst können Sie mit Bearbeiten • Farben bearbeiten • Bildmaterial neu färben umfärben, ohne sie zuvor umzuwandeln. Dies ist jedoch nur im Farbmodus RGB sinnvoll.

▲ **Abbildung 13.98**
Blendenflecke in einer Vektor-Illustration

Umwandeln | Ein Blendenflecke-Objekt können Sie mit dem Befehl Objekt • Umwandeln... in seine Einzelteile zerlegen – sie lassen sich dann unabhängig transformieren oder mit Eigenschaften versehen, jedoch nicht mehr mit Blendenflecke-Optionen editieren.

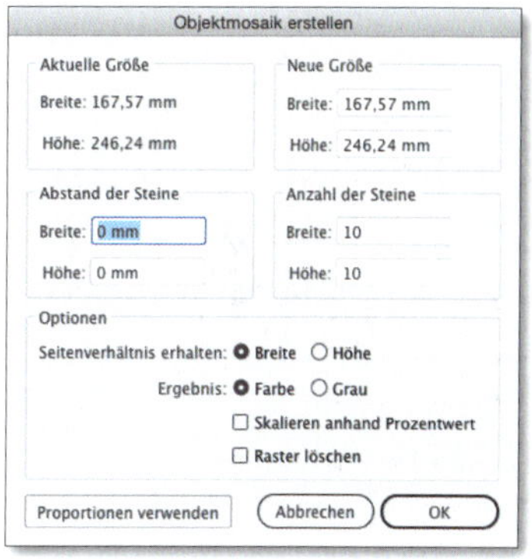

▲ **Abbildung 13.99**
Optionen des Objektmosaik

13.5.2 Objektmosaik

Dieser Filter stellt eine ganz andere Art dar, ein Pixelbild zu vektorisieren. Er erzeugt das typische Pixelmuster zu niedrig aufgelöster Rastergrafik – gebildet aus Vektorpfaden. Damit lassen sich interessante Gestaltungselemente erstellen. Ein Objektmosaik können Sie nur aus eingebetteten Pixelbildern erstellen – wandeln Sie Vektorgrafik vorher um.
Rufen Sie das Mosaik unter Objekt • Objektmosaik erstellen auf.

- Aktuelle Grösse: Hier wird die Größe des Bildes in der eingestellten Maßeinheit angezeigt.
- Neue Grösse: Möchten Sie das Mosaik in einer anderen Größe erstellen, geben Sie die Maße hier ein. Sie können den Wert auch prozentual zur alten Größe angeben. Aktivieren Sie dafür die Option Skalieren anhand Prozentwert.
- Abstand der Steine: Per Voreinstellung stoßen die Steine direkt aneinander. Geben Sie hier einen Wert ein, der als Zwischenraum zwischen den Elementen dient.
- Anzahl der Steine: Mit diesen Werten bestimmen Sie indirekt die Größe der einzelnen »Pixel«. Wenn Sie quadratische Steine erzeugen möchten, geben Sie z. B. die Anzahl der Steine für die Breite an, aktivieren die Option Breite unter Seitenverhältnis erhalten und klicken auf den Button Proportionen verwenden.
  Sie müssen übrigens keine quadratischen Steine erzeugen – wenn Sie einen der Werte ganz niedrig wählen, können Sie »Linien« anstelle von »Pixeln« generieren lassen.
- Ergebnis: Wählen Sie, ob das Ergebnis in Farbe oder Graustufen umgesetzt werden soll.

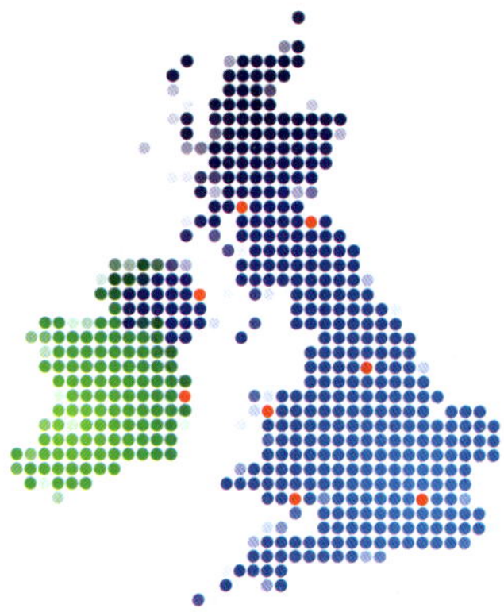

▲ **Abbildung 13.100**
Das Bild wird zunächst in ein Raster umgewandelt. Anschließend erhalten die Rasterkästchen den Ellipse-Effekt, um sie in Kreise zu konvertieren.

▲ **Abbildung 13.101**
ANZAHL DER STEINE entspricht den Proportionen des Bildes (oben); ANZAHL DER STEINE nicht proportional zu den Bildmaßen (unten)

Genauigkeit

Die Funktion hat einige Jahre auf dem Buckel. Sie kann nicht Hunderte oder gar Tausende von Steinen je Spalte bzw. Reihe generieren. Falls Sie große Ergebnisse benötigen, zerschneiden Sie die Vorlagenbilder und erzeugen das Mosaik einzeln.

- RASTER LÖSCHEN: Aktivieren Sie diese Option, um das Rasterbild nach der Erstellung des Mosaiks zu löschen.

Punktraster mit dem Mosaik-Filter | Zusammen mit dem Effekt IN FORM UMWANDELN können Sie den MOSAIK-Filter einsetzen, um ein farbiges Punktraster zu erstellen. Gehen Sie wie folgt vor:

1. Platzieren Sie eine Vorlage – deaktivieren Sie die Option VERKNÜPFEN. Es ist wichtig, dass die Vorlage nicht in Gruppen oder Schnittmasken verschachtelt ist. Rufen Sie daher das Ebenen-Bedienfeld auf, um Ihr Objekt zu prüfen.
   Falls Sie eine Vektorgrafik als Vorlage verwenden wollen, rastern Sie diese zunächst mit OBJEKT • IN PIXELBILD UMWANDELN.
2. Wenden Sie auf das Bild den MOSAIK-Filter an. Richten Sie die Optionen zur Erzeugung von quadratischen Mosaikteilen ein, indem Sie auf den Button PROPORTIONEN VERWENDEN klicken.
3. Als Ergebnis erhalten Sie eine Gruppe. Den Effekt müssen Sie im nächsten Schritt jedoch auf die Einzelobjekte anwenden. Um diese auszuwählen, aktivieren Sie zunächst die Gruppe. Rufen Sie dann das Aussehen-Bedienfeld auf – ⇧+F6 –, und doppelklicken Sie dort auf den Eintrag INHALT.
4. Wählen Sie jetzt EFFEKT • IN FORM UMWANDELN • ELLIPSE aus. Richten Sie in den Optionen eine zusätzliche Breite und Höhe mit einem negativen Wert ein – wie groß dieser ausfallen muss, ist von der Größe Ihrer Mosaiksteinchen abhängig.
5. Sollen die Punkte außerdem abhängig von ihrer Helligkeit skaliert werden, wandeln Sie das Aussehen um und wenden anschließend das Skript »SizeByLuminance« von John Wundes (*www.wundes.com*) auf die Punkte an.

Abbildung 13.102 ▶
Beispielanwendungen: »Pixelexplosion« (links mit anschließendem Verschieben und Skalieren der Teile per EINZELN TRANSFORMIEREN) und Punktraster (rechts)

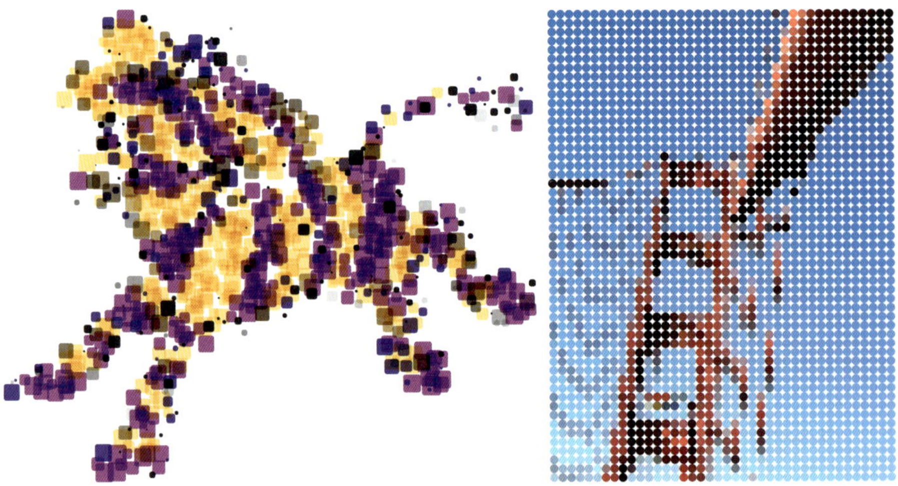

13.6 SVG-Filter

Diese Gruppe von Filtern ist für den Einsatz in Webgrafiken bestimmt. Ein SVG-Filter beschreibt einen Satz von Eigenschaften der **Extended Modelling Language (XML)**. Diese Eigenschaften werden als mathematische Funktionen bei der Darstellung der Grafik, z. B. im Browser, angewendet. Durch Anpassung der Routinen in der Datei »Adobe SVG-Filter.svg« oder mithilfe des Aussehen-Bedienfeldes können Sie eine andere Filterwirkung erzeugen (SVG-Export s. Abschnitt 21.4).

Es gibt 17 Basisfilter, die mit verschiedenen Variablen konfiguriert werden können, darunter Filter zum Ineinanderrechnen von Farben und Farbkanälen, Versetzungsfilter, Beleuchtung, Schatten, Weichzeichner, Kachelmuster oder Turbulenzen. Im Code sind sie anhand der Bezeichnung »fe« vor ihrem Namen zu erkennen. Durch Kombinationen dieser Filter können Sie komplexe Veränderungen erzielen.

Einige der Effekte können nur mithilfe eines SVG-Renderers dargestellt werden – Sie können das Ergebnis also erst nach dem Speichern der SVG-Datei in einer SVG-fähigen Applikation, z. B. einem Webbrowser, betrachten. SVG-Filter werden zwar von den meisten Webbrowsern unterstützt, Sie sollten dennoch umfangreiche Tests durchführen und sich frühzeitig mit den beteiligten Webentwicklern absprechen, wenn Sie SVG-Filter in Webgrafiken einsetzen wollen – vor allem in großen Projekten.

SVG-Filter anpassen | Um die Optionen eines SVG-Filters zu editieren oder die Filter zu verwalten, gehen Sie wie folgt vor:

1. Weisen Sie einem Objekt einen SVG-Filter zu.
2. Doppelklicken Sie auf den Filter im Aussehen-Bedienfeld.
3. In der Dialogbox SVG-Filter anwenden haben Sie folgende Möglichkeiten:

Reihenfolge mit SVG-Filtern

Um die Rasterung des Objekts beim Export eines SVG zu vermeiden, müssen Sie einen SVG-Filter immer als letzten Effekt zuweisen – er muss also im Aussehen-Bedienfeld unten (über dem Eintrag Deckkraft) stehen.

Basisfilter

Eine Beschreibung der Basisfilter und deren Optionen finden Sie unter *www.w3.org/TR/filter-effects-1/#FilterPrimitivesOverview*.

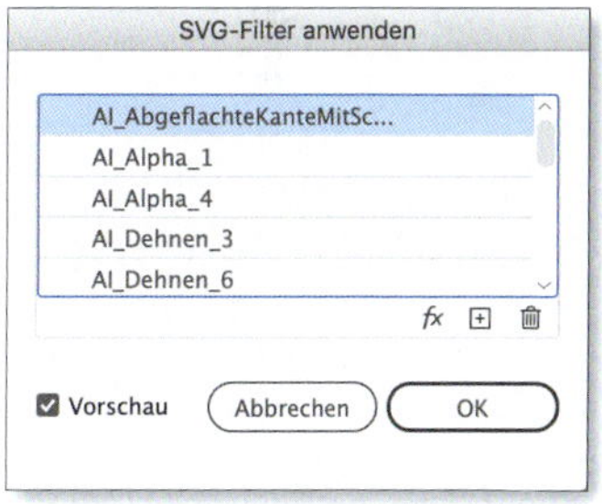

▲ **Abbildung 13.103**
Die Dialogbox SVG-Filter anwenden

◀ **Abbildung 13.104**
XML-Code eines SVG-Filters – falls Sie den Code bearbeiten möchten, achten Sie darauf, dass in Ihrem Betriebssystem die Korrektur von Zollzeichen in typografische Anführungszeichen deaktiviert ist.

▲ **Abbildung 13.105**
Filter-Region in Objektgröße (violett) und erweiterte Region (orange)

▲ **Abbildung 13.106**
Verschiedene SVG-Filter im Beispiel – Originalobjekte (klein, Mitte); einige SVG-Filter arbeiten basierend auf der Farbe der Objekte, andere kreieren eigene Farben.

SVG-Effekte und die Zwischenablage

Ein Objekt, das SVG-Effekte besitzt, kann in die Zwischenablage kopiert und in HTML-Code eingefügt werden – die Effekte werden ebenfalls als Code eingefügt (s. Kapitel 21).

- Klicken Sie auf den Button SVG-FILTER BEARBEITEN, um den XML-Code in einem internen Editor aufzurufen.
- Klicken Sie auf den Button NEUER SVG-FILTER, um einen eigenen Filter zu programmieren.
- Weisen Sie einen neuen Filter zu, indem Sie darauf klicken.

Filter-Region | Wie rasterbasierte Effekte besitzen auch SVG-Filter einen Bereich, in dem sie ausgeführt werden. Das ist überlicherweise der Begrenzungsrahmen des Objekts. Bei einer Weichzeichnung wird dann natürlich der Effekt beschnitten. Um das zu verhindern, muss die Region erweitert werden. Das geschieht direkt im <FILTER>-Element des Codes durch die Eingabe von WIDTH und HEIGHT sowie durch Eingabe negativer Werte in x und y.

Umwandeln | SVG-Effekte sind eigentlich nicht dazu gedacht, umgewandelt zu werden, denn sie sollen bei der Verwendung im Web Dateigröße sparen. Falls Sie jedoch einen besonderen Effekt in Ihrem Print-Projekt erzielen möchten, der sich nur mit SVG-Effekten erreichen lässt, sollten Sie die Grafik vor dem Export des PDF umwandeln, damit Sie die volle Kontrolle behalten. Beim Umwandeln von SVG-Effekten (z. B. mit AUSSEHEN UMWANDELN) wird immer das gesamte Objekt in Pixel konvertiert. Illustrator verwendet dazu die in den DOKUMENT-RASTEREFFEKT-EINSTELLUNGEN ausgewählte Auflösung. Auch die Glättung müssen Sie dort aktivieren.

TEIL IV
Spezialobjekte

Kapitel 14

Text und Typografie

Illustrator besitzt einige der fortgeschrittenen Werkzeuge zur Zeichen- und Absatzformatierung, wie sie auch in InDesign vorhanden sind. Die Formatierung längerer Textpassagen ist aber eher ein Randthema für die Arbeit mit dem Programm. Die vorhandenen Möglichkeiten sind dennoch eine Arbeitserleichterung für die Erstellung von Arbeiten, die auch mikrotypografisch überzeugen.

Exkurs: Zitate
Urheber der als Blindtext verwendeten Zitate in diesem Kapitel sind Paul Rand (»To design is …«, »First make it red …«), Erik Spiekermann (»The one thing …«) und Adolph Freiherr von Knigge.

14.1 Textobjekte erzeugen

Illustrator unterscheidet drei Arten von Textobjekten: Punkttext, Flächentext und Pfadtext.

- **Punkttext**: Der Text startet an dem Punkt, den Sie mit dem Text-Werkzeug anklicken, und fließt von dort, bis ein Umbruch eingegeben wird. Punkttext eignet sich aufgrund der fest eingegebenen Umbrüche nur für kurze Texte, ist jedoch sehr nützlich für Fälle, in denen Sie Übersatztext aufgrund des hohen Aufwands unbedingt vermeiden müssen, z. B. in Beschriftungen von Karten und Infografik.
- **Flächentext**: Ein Flächentextobjekt wird durch einen äußeren »Rahmen« begrenzt. Der Rahmen wird entweder mit dem Text-Werkzeug

▲ **Abbildung 14.1**
Text-Werkzeuge: Gewöhnen Sie sich von Anfang an das Arbeiten mit den Modifikationstasten [⌥]/[Alt] und [⇧] an, dann benötigen Sie nur das normale Text-Werkzeug und das Touch-Type-Textwerkzeug (rechts).

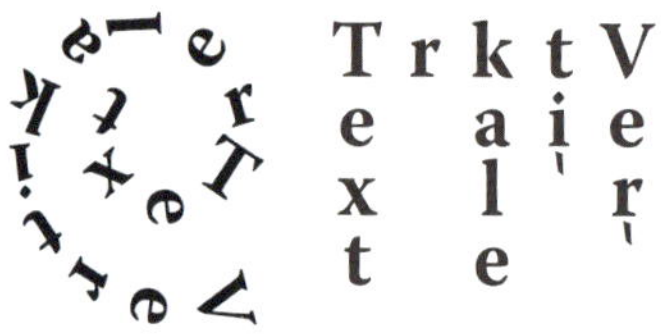

▲ **Abbildung 14.2**
Vertikaler Pfad- und Flächentext

oder durch ein Vektorobjekt definiert. Der Textumbruch erfolgt an den Begrenzungen der Fläche. Mehrere Flächentextobjekte können miteinander verkettet werden, um längere Textabschnitte zu setzen.

- **Pfadtext**: Pfadtext läuft in einer Zeile auf einem offenen oder geschlossenen Vektorpfad in dessen Pfadrichtung (in der Regel die Richtung, in der Sie den Pfad gezeichnet haben). Auch Pfadtextobjekte können Sie miteinander verketten.

Horizontal <-> vertikal

Haben Sie ein Text-Werkzeug ausgewählt und möchten vorübergehend zu seinem vertikalen oder horizontalen Gegenstück wechseln, drücken Sie [⇧].

14.1.1 Textausrichtung

Alle Text-Werkzeuge hält Illustrator für horizontale und für vertikale Textausrichtung vor. Horizontal ausgerichteter Text verläuft von links nach rechts in der westeuropäischen bzw. von rechts nach links in der arabischen und südasiatischen Schreibweise, vertikale Textausrichtung dient dem Setzen ostasiatischer Sprachen. Setzen Sie vertikal ausgerichteten Text, werden die Buchstaben übereinandergesetzt. Umbrüche erfolgen von rechts nach links.

Die Textausrichtung können Sie jederzeit auch nachträglich ändern. Aktivieren Sie das Textobjekt, und wählen Sie Schrift • Textausrichtung • Horizontal bzw. Vertikal.

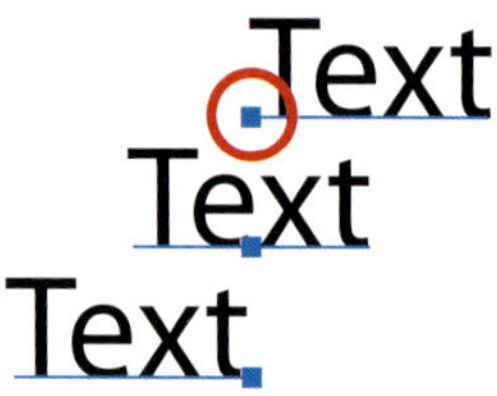

▲ **Abbildung 14.3**
Der markierte Punkt ist der angeklickte Startpunkt des Textobjekts. Die Textausrichtung (linksbündig, rechtsbündig, zentriert) bezieht sich bei einem Punkttext auf den Punkt, den Sie mit dem Text-Werkzeug angeklickt haben.

14.1.2 Platzhaltertext (Blindtext)

Neu erstellte Textobjekte werden automatisch mit Platzhaltertext gefüllt. Sie können dieses Verhalten unter Voreinstellungen • Schrift ändern, indem Sie Neue Textobjekte mit Platzhaltertext füllen deaktivieren. Den Inhalt des Blindtexts für Flächentextobjekte bestimmen Sie, indem Sie im Illustrator-Programmordner eine Text-Datei mit dem Namen »Placeholder.txt« und dem gewünschten Textinhalt speichern.

Um Textobjekte nachträglich mit Platzhaltertext aufzufüllen, verwenden Sie den Befehl Schrift • Mit Platzhaltertext füllen.

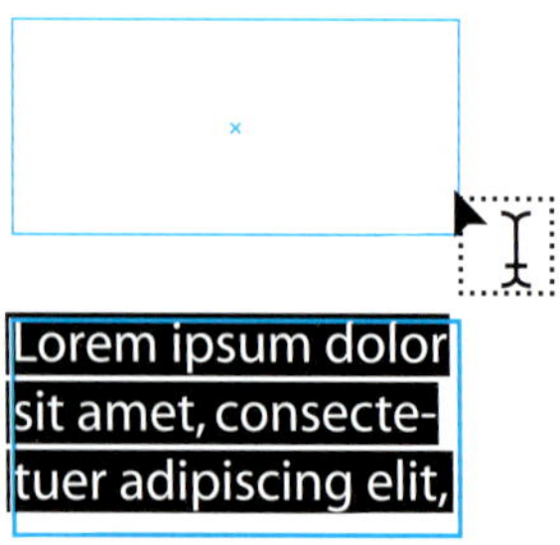

▲ **Abbildung 14.4**
Flächentextobjekt aufziehen; direkt nach dem Erstellen ist das Textobjekt mit Blindtext gefüllt, wenn die entsprechende Voreinstellung aktiviert ist.

14.1.3 Punkttext erstellen

Um Punkttext zu erstellen, wählen Sie das Text-Werkzeug [T] – [T]. Bewegen Sie es auf eine Stelle der Zeichenfläche, an der kein Vektorobjekt liegt. Der Cursor zeigt ein [I] (oder [⊢] bei vertikalem Text). Klicken Sie mit dem Text-Werkzeug, und ersetzen Sie das »Lorem ipsum« durch Ihren Text. Einen Umbruch erzeugen Sie mit [↵].

Wenn Sie anschließend ein weiteres Textobjekt erstellen wollen, klicken Sie zweimal an eine freie Stelle auf der Zeichenfläche.

Um nach der Texteingabe das Textobjekt zu aktivieren, wählen Sie das Auswahl-Werkzeug und klicken auf den Text oder drücken [Esc].

14.1.4 Flächentext erstellen

Einen Flächentext können Sie erzeugen, indem Sie eine neue Rechteckfläche erstellen oder einen Pfad umwandeln.

Textobjekt neu erstellen | Um ein rechteckiges Flächentextobjekt zu erstellen, bewegen Sie das Text-Werkzeug über eine freie Stelle auf der Zeichenfläche – der Cursor zeigt das -Symbol. Ziehen Sie ein Rechteck auf. Nachdem Sie die Maustaste losgelassen haben, wird das Textobjekt mit Platzhaltertext gefüllt, der vorausgewählt ist und durch Ihre Eingabe ersetzt wird.

Vektorobjekt in Textobjekt umwandeln | Wählen Sie das Text-Werkzeug, um einen geschlossenen Pfad in ein Flächentextobjekt umzuwandeln; handelt es sich um einen offenen Pfad, drücken Sie zusätzlich ⌥/Alt.

Bewegen Sie das Werkzeug über den Pfad – der Cursor zeigt das -Symbol. Klicken Sie, um den Pfad in ein Flächentextobjekt umzuwandeln. Seine Fläche und Kontur werden gelöscht, und das Objekt wird mit Blindtext gefüllt, der vorausgewählt ist. Ihre Texteingabe ersetzt ihn.

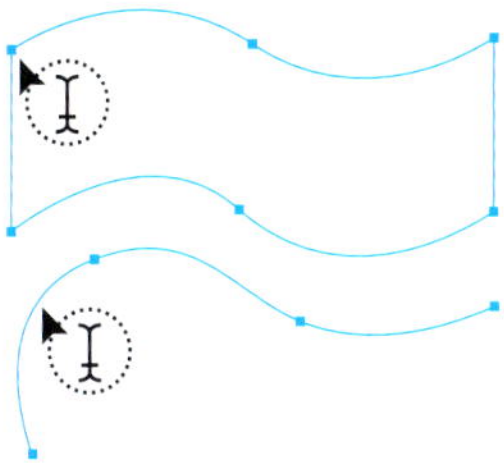

▲ **Abbildung 14.5**
Aus geschlossenen und offenen Vektorpfaden können Sie mit dem»normalen« Text-Werkzeug Flächentextobjekte erzeugen.

14.1.5 Punkttext in Flächentext umwandeln

Sie können Punkttext in Flächentext umwandeln (und zurück). Dazu wird an der rechten Kante des Begrenzungsrahmens von Punkt- und Flächentexten ein punktförmiges Widget angezeigt, das Sie mit dem Auswahl-Werkzeug doppelklicken müssen. Alternativ verwenden Sie den Menübefehl SCHRIFT • IN PUNKTTEXT (FLÄCHENTEXT) UMWANDELN.

Der vorhandene Umbruch wird beim Umwandeln übernommen. Beim Umwandeln von Punkt- in Flächentext bleiben die vorhandenen Absätze im Text erhalten. Wenn Sie einen Flächen- in einen Punkttext umwandeln, werden Zeilenumbrüche eingefügt; so können Absatzformatierungen beibehalten werden. Leider werden vorhandene Zeilenumbrüche in Absätze umgewandelt.

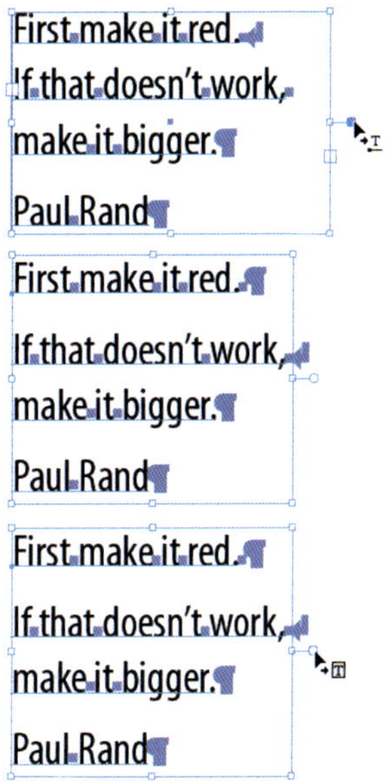

▲ **Abbildung 14.6**
Umwandlung von Flächentext (oben) in Punkttext (Mitte) und Anzeige des Cursors für die Umwandlung in Flächentext (unten)

14.1.6 Pfadtext erstellen

Sie müssen zunächst den Pfad erstellen, auf dem Ihr Text laufen soll. Mit dem Text-Werkzeug wandeln Sie den Pfad anschließend in ein Pfadtextobjekt um. Handelt es sich um einen geschlossenen Pfad, müssen Sie ⌥/Alt drücken, wenn Sie mit dem Text-Werkzeug arbeiten.

Bewegen Sie das Werkzeug über den Pfad – der Cursor zeigt das -Symbol. Klicken Sie an der Stelle auf den Pfad, an der der Text beginnen soll – der Text lässt sich jedoch auch im Nachhinein noch auf dem

Pfadtextpfade zurückgewinnen

Pfadtextobjekte lassen sich nicht zurückwandeln. Möchten Sie den in einem Pfadtext verwendeten Pfad zurückgewinnen, klicken Sie mit dem Gruppenauswahl-Werkzeug exakt auf den Pfad. Anschließend können Sie ihn kopieren und wieder einfügen.

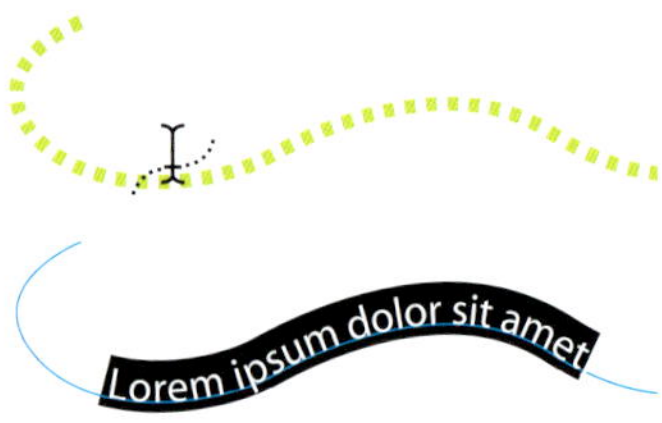

▲ **Abbildung 14.7**
Wird ein Vektorpfad in ein Textobjekt umgewandelt, verliert er seine Aussehen-Eigenschaften.

Pfad verschieben (s. Abschnitt 14.2.6). Illustrator fügt Blindtext ein, den Sie sofort mit Ihrer Eingabe ersetzen können.

Alle Aussehen-Eigenschaften des Pfades werden beim Umwandeln in ein Pfadtextobjekt gelöscht. Nachdem Sie das Pfadtextobjekt erzeugt haben, können Sie dem Pfad erneut eine Fläche oder Kontur zuweisen.

14.2 Textobjekte bearbeiten

Textobjekte lassen sich nach der Erstellung auf viele Arten verändern und miteinander verbinden. Sie müssen je nach Art des Textobjekts anders vorgehen, um das ganze Objekt zu transformieren.

Frei transformieren

Alternativ zu den dedizierten Transformieren-Werkzeugen können Sie auch das Frei-transformieren-Werkzeug verwenden.

14.2.1 Flächentextobjekte bearbeiten

Sie können Flächentexte transformieren oder die Optionen bearbeiten.

Flächentexte transformieren | Soll die Transformation die Fläche gemeinsam mit dem Text betreffen, geht das nur mit den Transformieren-Werkzeugen. Aktivieren Sie das Flächentextobjekt mit dem Auswahl-Werkzeug, wählen Sie das gewünschte Transformieren-Werkzeug, und führen Sie die Formänderung durch.

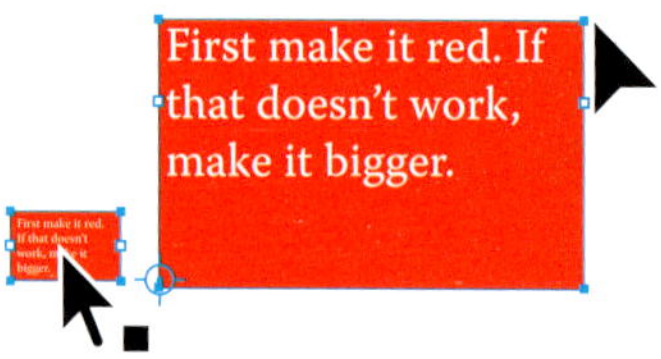

▲ **Abbildung 14.8**
Flächentext transformieren

Textbereich des Flächentextes skalieren | Die Größe eines Flächentextobjekts ändern Sie mit dem Begrenzungsrahmen. Falls er nicht bereits angezeigt wird, wählen Sie Ansicht • Begrenzungsrahmen einblenden – ⌘/Strg+⇧+B.

Aktivieren Sie das Flächentextobjekt mit dem Auswahl-Werkzeug, und ziehen Sie den Begrenzungsrahmen mit den Anfassern in die gewünschte Größe. Alternativ wählen Sie Schrift • Flächentextoptionen... und geben die Maße in Breite und Höhe ein.

Flächentext an die Textlänge anpassen | Aktivieren Sie das Flächentextobjekt mit dem Auswahl-Werkzeug, und doppelklicken Sie auf das Widget am unteren Rand des Textrahmens, um seine Länge automatisch an die Textlänge anzupassen.

Um die Rahmenhöhe laufend bei Veränderungen an den Text anzupassen, aktivieren Sie die Option Automatische Größenanpassung in den Flächentextoptionen.

Unter Voreinstellungen • Schrift aktivieren Sie Automatische Größenanpassung des neuen Flächentextes, wenn Sie jeden neu angelegten Flächentext mit einer automatischen Anpassung versehen wollen.

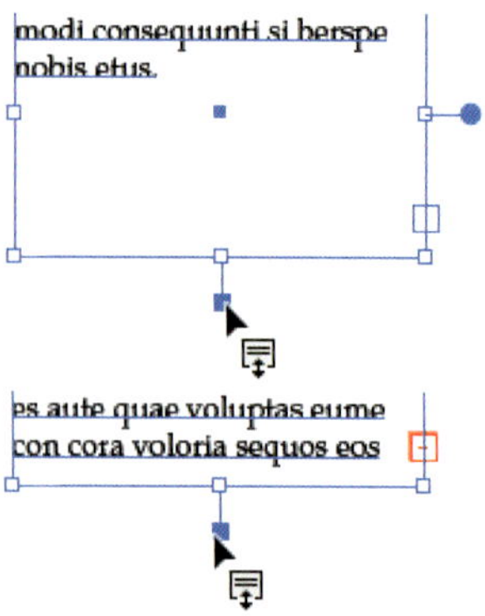

▲ **Abbildung 14.9**
Ein Flächentext kann automatisch sowohl gekürzt (oben) als auch verlängert werden (unten).

Flächentextform transformieren | Um die Form mit Transformieren-Werkzeugen zu bearbeiten, ohne die Textrichtung zu verändern, deaktivieren Sie das Textobjekt, wählen Sie das Gruppenauswahl-Werkzeug, und klicken Sie auf den Begrenzungspfad – der komplette Pfad wird ausgewählt. Wechseln Sie anschließend zum gewünschten Transformieren-Werkzeug, und führen Sie die Veränderungen durch.

Auswahl • Flächentextoptionen

Der Befehl AUSWAHL • OBJEKT • FLÄCHENTEXTOPTIONEN wählt natürlich keine Flächentextoptionen aus, sondern Flächentextobjekte.

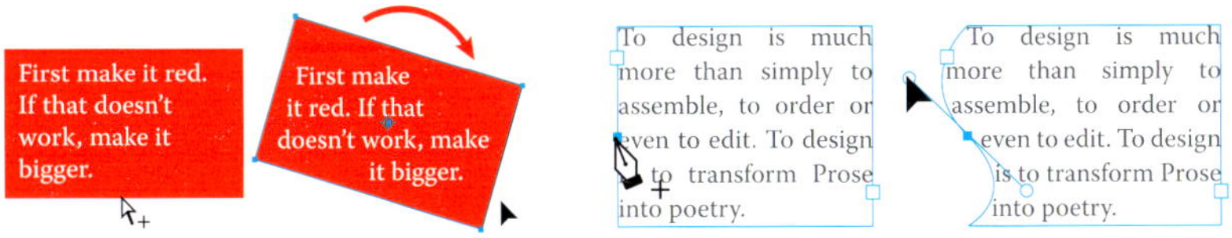

◀ **Abbildung 14.10**
Transformieren der Begrenzungsfläche (links) und Bearbeiten der Flächenform (rechts)

Flächentextform bearbeiten | Flächentext-Begrenzungen lassen sich nachträglich frei gestalten. Die bessere Übersicht haben Sie, wenn Sie unter ANSICHT den Begrenzungsrahmen ausblenden.

Aktivieren Sie das Flächentextobjekt, seinen Begrenzungspfad oder seine einzelnen Ankerpunkte (mit dem Direktauswahl-Werkzeug), und bearbeiten Sie den Pfad mit den Zeichen-Werkzeugen (mehr zum Zeichnen von Vektorpfaden finden Sie in Kapitel 5).

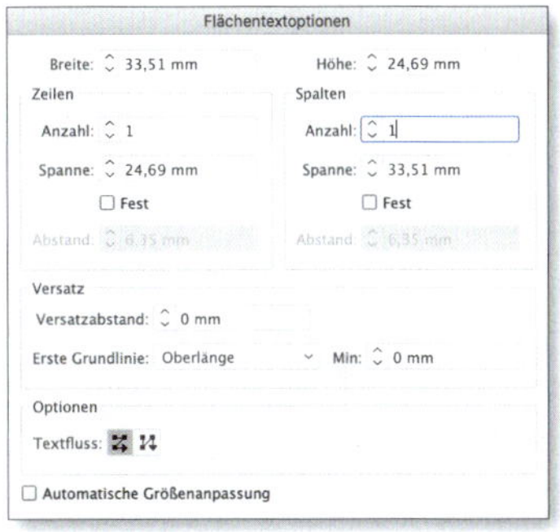

▲ **Abbildung 14.11**
Die Dialogbox FLÄCHENTEXT-OPTIONEN

14.2.2 Flächentexteigenschaften einrichten

Aktivieren Sie das Flächentextobjekt mit dem Auswahl-Werkzeug, und rufen Sie SCHRIFT • FLÄCHENTEXTOPTIONEN… auf.

Randabstand | Einen gleichmäßigen Abstand von allen Rändern des Objekts geben Sie unter VERSATZABSTAND ein. Beim Skalieren eines Textobjekts verändert sich der Abstand nicht – Sie müssen ihn manuell an die neuen Objektdimensionen anpassen.

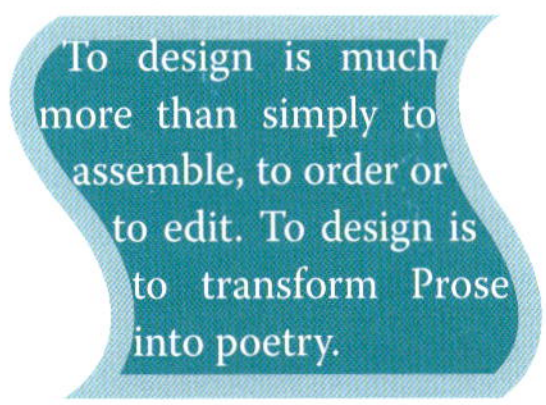

▲ **Abbildung 14.12**
Ein gleichmäßiger Randabstand verhindert, dass Text auf farbigen Flächen an den Rand stößt.

Abstand der ersten Zeile | Um nur den Abstand der ersten Zeile zur Oberkante des Objekts zu verändern, wählen Sie eine Option aus dem Auswahlmenü unter ERSTE GRUNDLINIE:

- OBERLÄNGE: Die Oberlängen der Schrift stoßen an die Oberkante des Textobjekts. Die Voreinstellung für Flächentexte.
- GROSSBUCHSTABENHÖHE: Die Oberkante des Textobjekts berührt die Oberkante der gerade abschließenden Großbuchstaben.
- ZEILENABSTAND: Der Abstand der Grundlinie der ersten Zeile bis zur Oberkante des Textobjekts entspricht dem im Zeichen-Bedienfeld eingestellten Zeilenabstand.
- x-HÖHE: Die Oberkante der Kleinbuchstaben stößt an die Oberkante des Textobjekts.

Optionen schneller aufrufen

Ist ein Flächentextobjekt oder ein Pfadtextobjekt ausgewählt, können Sie mit einem Doppelklick auf das Text-Werkzeug die Dialogbox der entsprechenden Optionen öffnen.

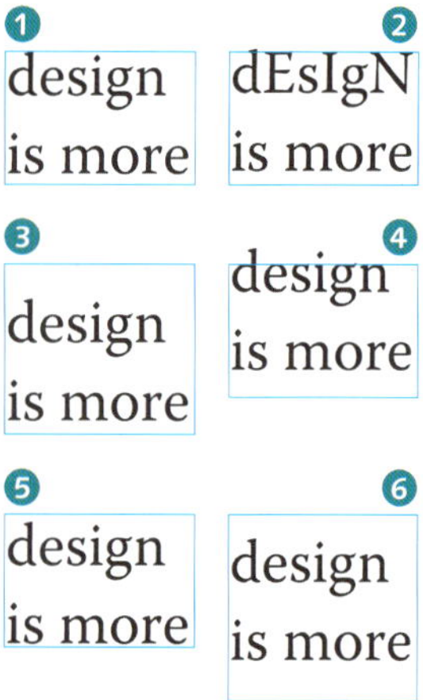

▲ **Abbildung 14.13**
Erste Grundlinie: Oberlänge ❶, Großbuchstabenhöhe ❷, Zeilenabstand ❸, x-Höhe ❹, Geviert-Höhe ❺, Fixiert ❻

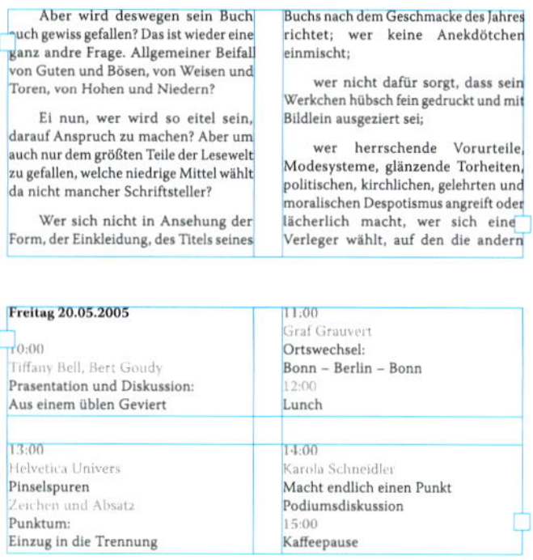

▲ **Abbildung 14.14**
Aufteilung eines Flächentextes in Spalten (oben) und in Zeilen und Spalten (unten)

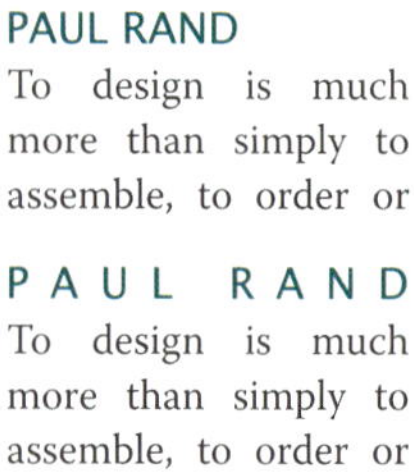

▲ **Abbildung 14.15**
Anpassen der Überschrift an die Textbreite

- Geviert-Höhe: Diese Option ist vor allem für asiatische Schriften gedacht. Sie erzeugt einen Abstand in der Höhe eines Gevierts – also der eingestellten Schriftgröße – zwischen erster Grundlinie und Objekt-Oberkante.
- Fixiert: Geben Sie einen Wert in das Feld Min ein, um den Abstand zwischen der Grundlinie der ersten Zeile und der Oberkante des Textobjekts zu bestimmen.
- Alt: Diese Einstellung emuliert alte Illustrator-Versionen.
- Min: Der im Feld Min eingesetzte Wert wird dann verwendet, wenn die durch die Optionen erreichbaren Werte kleiner wären.

Spalten und Zeilen einrichten | Flächentextobjekte können Sie in Spalten und/oder Zeilen unterteilen lassen. Die Spaltenbreite und Zeilenhöhe sind immer gleichmäßig und werden durch die Anzahl der Spalten und Zeilen und durch die Breite der Zwischenräume bestimmt.

Möchten Sie ein vorhandenes Textobjekt in eine bestimmte Anzahl Spalten unterteilen, geben Sie nur die Anzahl und den Abstand ein. Die Spanne wird automatisch an die Größe des Objekts angepasst.

- Anzahl: Legen Sie fest, wie viele Zeilen bzw. Spalten Sie benötigen.
- Spanne: In diesen Feldern definieren Sie die Höhe der Zeilen bzw. die Breite der Spalten. Wenn Sie beim Einrichten von Spalten und Zeilen einen Wert in ein Spanne-Feld eingeben, wird die Größe des Textobjekts wie benötigt angepasst.
- Abstand: In dieses Feld geben Sie den Abstand zwischen den Zeilen bzw. Spalten ein.
- Fest: Ist diese Option aktiviert, dann werden die Werte aller drei Optionen im Bereich Zeilen bzw. Spalten erzwungen, indem Illustrator die Größe des Objekts ändert.
- Textfluss: Bestimmen Sie hier, in welcher Reihenfolge der Text durch die Reihen und Spalten fließen soll: Nach Zeilen oder Nach Spalten.

14.2.3 Textbreite an Flächenbreite anpassen

Eine Überschrift können Sie exakt an die Breite Ihres Flächentextes anpassen. Der einzupassende Text kann entweder zwischen zwei Absatzschaltungen oder zwischen zwei Zeilenumbrüchen stehen. Aktivieren Sie den Textbereich, den Sie einpassen möchten, und wählen Sie Schrift • Überschrift einpassen. Die Funktion automatisiert lediglich die Laufweitenanpassung. Wenn Sie später Schriftformatierungen vornehmen oder die Größe des Textobjekts verändern, müssen Sie den Befehl erneut anwenden.

14.2.4 Objekte umfließen

Den Textfluss steuern Sie nicht nur über die Begrenzung des Flächentextobjekts. Sie können den Text um andere Objekte herumfließen lassen.

Pixelbilder | Die Kanten der in Pixelbildern dargestellten Motive erkennt Illustrator, wenn sie auf einer Ebene freigestellt sind (s. Abbildung 14.16) oder einen Beschneidungspfad besitzen – diese Bilder müssen eingebettet werden. Sind die Motivkanten sehr unregelmäßig, sollten Sie Ihre Motive besser mithilfe von Schnittmasken (s. Abschnitt 11.4) in Illustrator freistellen (s. Abbildung 14.17). Der Versatz zwischen glatten Kanten und Text ist auf diese Art besser zu steuern. Da Text ohnehin nur zeilenweise um das Motiv fließen kann, benötigen Sie keine allzu exakte Freistellung.

▲ **Abbildung 14.16**
Auf einer Photoshop-Ebene freigestelltes Motiv

Effekte | Die Auswirkungen von Effekten auf die Außenform eines Objekts werden in die Berechnung des Abstands zum Text einbezogen.

▲ **Abbildung 14.17**
Mit einer Illustrator-Schnittmaske freigestelltes Motiv

Stapelreihenfolge und Hierarchie | Texte, die andere Objekte umfließen sollen, dürfen nicht gruppiert sein. Ordnen Sie Textumfluss-Objekte und Texte auf derselben Ebene an – die Textumfluss-Objekte liegen in der Stapelreihenfolge über den Texten (Stapelreihenfolge s. Abschnitt 4.4).

Liegen Texte über den Textumfluss-Objekten, sind sie von deren Wirkung ausgenommen. Verschieben Sie Texte, die keine Objekte umfließen sollen, trotzdem auf andere Ebenen, um die Übersicht in Ihren Dokumenten zu verbessern (Ebenen s. Abschnitt 11.1). Um ein Textumfluss-Objekt zu erzeugen, gehen Sie so vor:

1. Positionieren Sie den Text und die Textumfluss-Objekte.
2. Ordnen Sie die Hierarchie und die Stapelreihenfolge der Objekte. Überprüfen Sie beides mithilfe des Ebenen-Bedienfelds.
3. Aktivieren Sie das oder die Textumfluss-Objekte, und wählen Sie Objekt • Textumfluss • Erstellen.
4. Rufen Sie Objekt • Textumfluss • Textumflussoptionen... auf, und bestimmen Sie die Parameter entweder für alle Ihre Textumfluss-Objekte identisch oder für jedes individuell – in diesem Fall müssen die Objekte einzeln aktiviert werden (s. Abbildung 14.19):
   - Versatz: Legen Sie den Abstand zwischen Text und Textumfluss-Objekt fest.
   - Umfließen umkehren: Aktivieren Sie diese Option, um den Text innerhalb des Textumfluss-Objekts fließen zu lassen.

▲ **Abbildung 14.18**
Texte unter einem Textumfluss-Objekt (Beschnittgruppe) laufen um das Element herum.

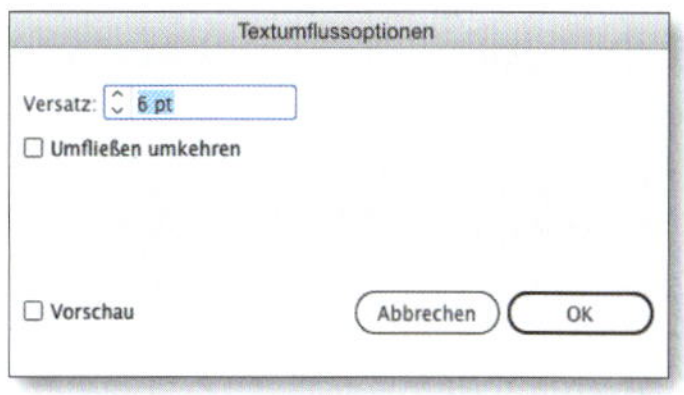

▲ **Abbildung 14.19**
Die Dialogbox Textumflussoptionen

Textumfluss aufheben | Um die Umfließen-Eigenschaft eines Objekts aufzuheben, aktivieren Sie das Umfließen-Objekt und wählen Objekt • Textumfluss • Zurückwandeln.

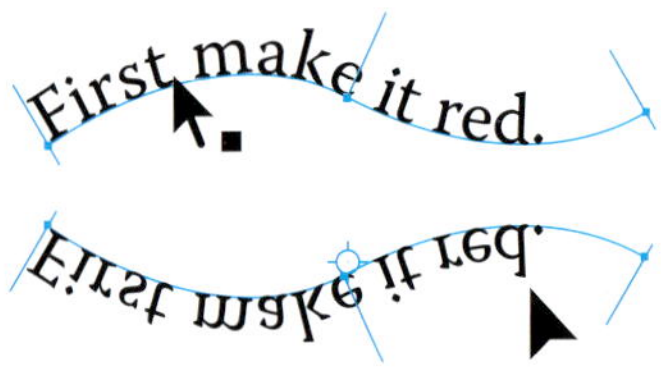

▲ **Abbildung 14.20**
Pfadtext transformieren (hier: spiegeln)

14.2.5 Punkttext- und Pfadtextobjekte transformieren

Diese beiden Objektarten lassen sich mithilfe des Begrenzungsrahmens bearbeiten. Aktivieren Sie dessen Anzeige, wählen Sie das Textobjekt mit dem Auswahl-Werkzeug aus, und führen Sie die gewünschte Transformation durch (zum Begrenzungsrahmen s. Abschnitt 4.3.1). Alternativ verwenden Sie die Transformieren-Werkzeuge (s. Abbildung 14.20).

▲ **Abbildung 14.21**
Pfadtext mit allen Klammern

14.2.6 Text am Pfad verschieben

Wenn Sie einen Pfadtext mit dem Auswahl-Werkzeug aktivieren, sehen Sie drei senkrecht zum Pfad stehende Linien. Diese werden als **Klammern** bezeichnet (s. Abbildung 14.21).

Bewegen Sie das Auswahl-Werkzeug über die Klammern. Die erste Klammer markiert den Textanfang: Über ihr zeigt der Cursor das -Symbol. Eine weitere Klammer wird bei der Erstellung des Textpfades ans Ende des Pfades gesetzt. Sie markiert das Ende des Textbereichs: Der Cursor zeigt . In der Mitte zwischen diesen beiden Klammern markiert die dritte Klammer die Textmitte: Der Cursor zeigt .

▲ **Abbildung 14.22**
Textbereich begrenzen

Textbereich verändern | Bewegen Sie die Anfangs- und Endklammer, indem Sie auf der Linie klicken und ziehen, um den Textbereich auf dem Pfad zu erweitern oder einzugrenzen (s. Abbildung 14.22).

Klicken Sie in das Kästchen auf der Anfangs- bzw. Endklammer, um den Pfadtext mit anderen Textobjekten zu verketten (s. Abschnitt 14.2.9, »Verkettete Textobjekte«).

▲ **Abbildung 14.23**
Text auf dem Pfad verschieben

Text verschieben | Um den Text auf dem Pfad zu verschieben, klicken und ziehen Sie die mittlere Klammer (s. Abbildung 14.23). Schränken Sie die Bewegung ein – um den Text nicht aus Versehen um den Pfad zu spiegeln –, indem Sie dabei ⌘/Strg drücken. Sie können auch die Textausrichtung auf linksbündig, rechtsbündig oder zentriert umstellen.

▲ **Abbildung 14.24**
Text um einen Pfad spiegeln

Text um den Pfad spiegeln | Um den Text auf der anderen Seite des Pfades laufen zu lassen – als ob Sie die Pfadrichtung umkehren würden –, ziehen Sie die mittlere Klammer auf die andere Seite des Pfades oder wählen Schrift • Pfadtext • Pfadtextoptionen… und aktivieren die Option Spiegeln (s. Abbildung 14.24).

▲ **Abbildung 14.25**
Negativer Grundlinienversatz

Vertikale Position des Pfadtextes | Um den Abstand der Textgrundlinie zum Pfad zu ändern, geben Sie einen Grundlinienversatz im Zeichen-Bedienfeld ein. Oder Sie wählen in Schrift • Pfadtext • Pfadtextoptionen eine andere Option unter An Pfad ausrichten (s. Abbildung 14.26).

14.2.7 Abstand der Zeichen eines Pfadtextes

Die Laufweite eines Pfadtextes muss fast immer angeglichen werden. Ist der Kurvenverlauf einheitlich, wie z. B. bei einem Kreis, können Sie die Laufweite im Zeichen-Bedienfeld einheitlich anpassen.

Wenn Ihr Pfad sehr enge Kurven beschreibt, kommt es vor, dass die Zeichenabstände in der Kurve viel zu groß sind. In manchen Fällen hilft dagegen die Option ABSTAND unter SCHRIFT • PFADTEXT • PFADTEXTOPTIONEN. Damit wird der Buchstabenabstand in Kurven angeglichen. Ein höherer Wert verringert den Buchstabenzwischenraum an engen Kurven.

Falls das nicht zu einem optimalen Schriftbild führt, bleibt Ihnen nur, die Laufweite individuell für die einzelnen Textbereiche über das Zeichen-Bedienfeld anzupassen (s. Abbildung 14.27).

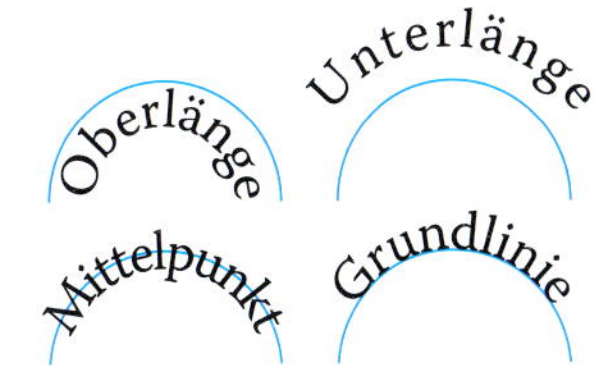

▲ **Abbildung 14.26**
Vertikale Ausrichtung des Textes am Pfad: OBERLÄNGE, UNTERLÄNGE, MITTE, GRUNDLINIE

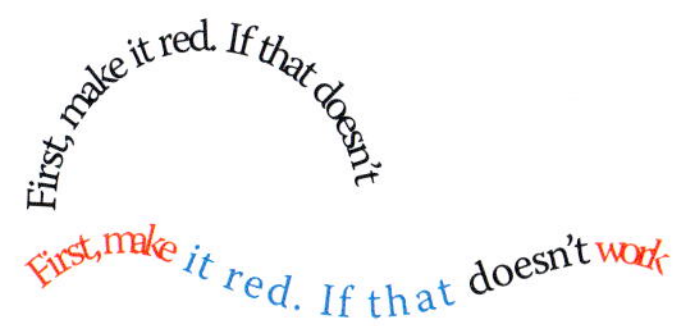

▲ **Abbildung 14.27**
Text an einem Kreis können Sie einheitlich behandeln, Text an einer Schlangenlinie nicht.

▲ **Abbildung 14.28**
Weitergehende Gestaltungsmöglichkeiten haben Sie mit Verzerrungshüllen – hier TORBOGEN.

Verzerrten Text zurücksetzen

Bei Punkt- und Pfadtexten verzerren Sie häufig den Text, wenn Sie das Textobjekt skalieren. Einen unproportional verzerrten Text setzen Sie mit folgendem Befehl zurück: [⌘]+[⇧]+[X] bzw. [Strg]+[⇧]+[X].

14.2.8 Ausrichten der Zeichen auf dem Pfad

Wie die Zeichen zum Pfad angeordnet sind, ob und wie sie verzerrt werden, steuern Sie unter SCHRIFT • PFADTEXT sowie in den PFADTEXTOPTIONEN. Die Grundeinstellung ist REGENBOGEN. Die Optionen gelten immer für den gesamten Pfadtext. Um sie anzuwenden, aktivieren Sie das Pfadtextobjekt oder positionieren den Cursor im Text und wählen die Option aus dem Menü unter SCHRIFT • PFADTEXT.

▲ **Abbildung 14.29**
Optionen für die Ausrichtung von Text auf einem Pfad

Schritt für Schritt
Schrift auf einem Stempel

Diese Aufgabe ist ein »Dauerbrenner« – nicht nur für die Gestaltung von Stempeln.

1 Grundform erstellen

Zeichnen Sie einen Kreis von etwa 35 mm Durchmesser mit dem Ellipse-Werkzeug – dabei müssen Sie [⇧] gedrückt halten.

Die beiden Texte sollen in entgegengesetzten Richtungen entlang der Kreisform laufen, was sich in Illustrator nicht mit einem Textpfad realisieren lässt. Aktivieren Sie daher mit dem Direktauswahl-Werkzeug die Ankerpunkte links und rechts. Dann klicken Sie auf den Button

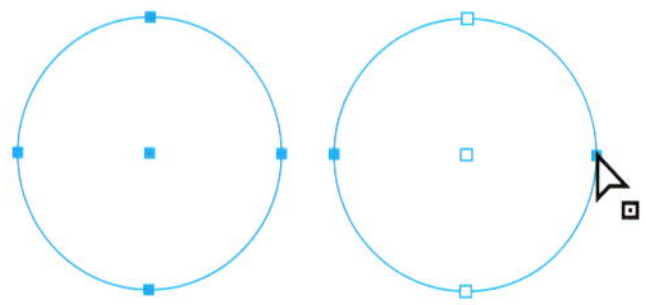

▲ **Abbildung 14.30**
Zwei gegenüberliegende Punkte auf dem Kreis werden aktiviert, und der Pfad wird an diesen getrennt.

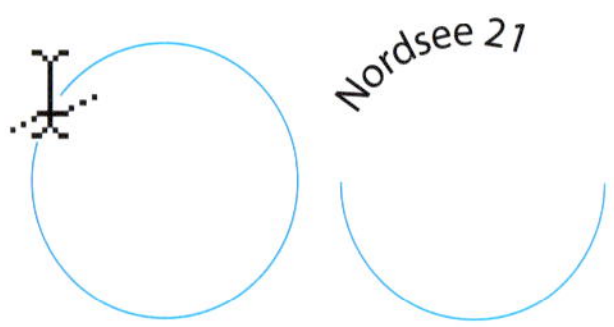

▲ **Abbildung 14.31**
Der obere Pfad wurde in einen Textpfad umgewandelt.

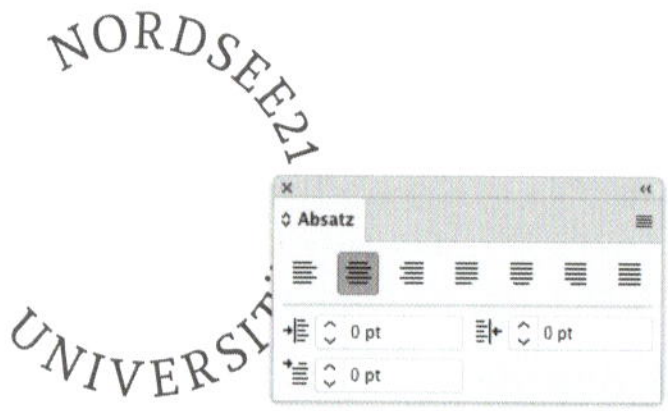

▲ **Abbildung 14.32**
Formatierung der Texte

PFAD AN AUSGEWÄHLTEN ANKERPUNKTEN AUSSCHNEIDEN, um den Kreis in zwei Hälften zu schneiden.

2 In Textpfade umwandeln

Bewegen Sie das Text-Werkzeug auf die obere Hälfte, klicken Sie, wenn das Textpfad-Cursorsymbol erscheint, und geben Sie den Text ein. Gehen Sie ebenso mit der unteren Hälfte vor.

3 Text formatieren

Wählen Sie die Zeichen mit dem Text-Werkzeug aus oder das Textobjekt mit dem Auswahl-Werkzeug, und formatieren Sie die Texte mit dem Zeichen-Bedienfeld. Klicken Sie außerdem im Absatz-Bedienfeld auf ZENTRIEREN. Verwenden Sie SCHRIFT • GROSS-/KLEINSCHREIBUNG ÄNDERN • GROSSBUCHSTABEN, um den Text in Versalien zu setzen.

4 Pfadtexte auf dem Pfad verschieben

Öffnen Sie die Datei »Buch.ai«, und kopieren Sie die Grafik in Ihre Datei. Verschieben Sie das Objekt in die Mitte. Aktivieren Sie einen Text mit dem Auswahl-Werkzeug, und verschieben Sie diesen mithilfe der Pfadtextklammern auf dem Pfad. Wiederholen Sie dies am anderen Text.

Abbildung 14.33 ▶
Verschieben der Texte auf dem Pfad mithilfe der Pfadtextklammern

5 Pfadtexte auf dem Pfad spiegeln

Einer der Texte muss am Pfad gespiegelt werden. Welcher es ist, hängt von der Richtung ab, in der der Kreis aufgezogen wurde. In unserem Fall ist es der untere Text. Aktivieren Sie das Textobjekt, und rufen Sie SCHRIFT • PFADTEXT • PFADTEXTOPTIONEN auf. Aktivieren Sie die Option SPIEGELN, und wählen Sie AN PFAD AUSRICHTEN: OBERLÄNGE.

◀ **Abbildung 14.34**
Die Dialogbox PFADTEXTOPTIONEN

Pfadtext mit Verzerrung

Soll sich der Pfadtext außerdem entsprechend der Pfadkrümmung verzerren, dann erzeugen Sie einen Bildpinsel aus einer Textzeile. Da Pinsel keine Texte enthalten dürfen, muss der Text vorher in Pfade umgewandelt werden.

6 Symmetrischer Abstand beider Texte

Der Abstand der Texte beider Pfade muss vereinheitlicht werden.

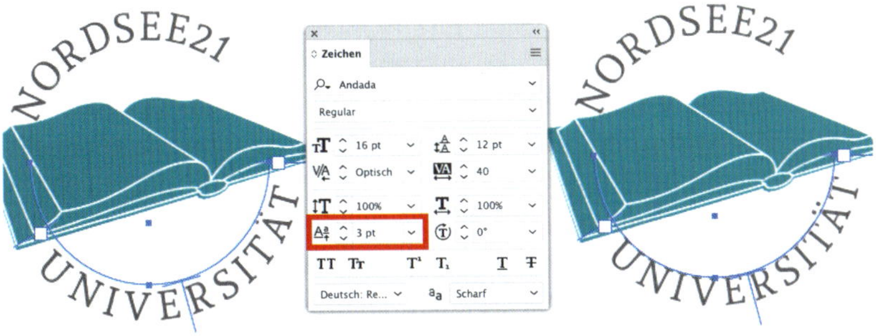

◄ **Abbildung 14.35**
Anpassen des Abstands zum Pfad mit dem Grundlinienversatz

Den Abstand des Textes zum Pfad stellen Sie im Zeichen-Bedienfeld ein, indem Sie den Grundlinienversatz erhöhen. Falls die Einstellung ausgeblendet ist, wählen Sie Optionen einblenden aus dem Bedienfeldmenü.

Pfadtextoptionen aufrufen

Aktivieren Sie ein Pfadtextobjekt, und doppelklicken Sie auf das Pfadtext-Werkzeug, um die Pfadtextoptionen aufzurufen.

Alle Textobjekte auswählen

Möchten Sie alle Textobjekte eines Dokuments aktivieren, wählen Sie Auswahl • Objekt • Alle Textobjekte.

Textpfad auswählen

Um den Textpfad eines Pfadtextobjekts oder den Begrenzungspfad eines Flächentextobjekts auszuwählen, verwenden Sie das Direktauswahl- oder das Gruppenauswahl-Werkzeug. Deaktivieren Sie die Auswahl, falls das Textobjekt aktiviert ist. Bewegen Sie das Direkt- oder Gruppenauswahl-Werkzeug über den Pfad. Erleichtern Sie sich die Auswahl eines Textpfades, indem Sie in die Pfadansicht wechseln (⌘/Strg+Y) oder die intelligenten Hilfslinien aktivieren (⌘/Strg+U).

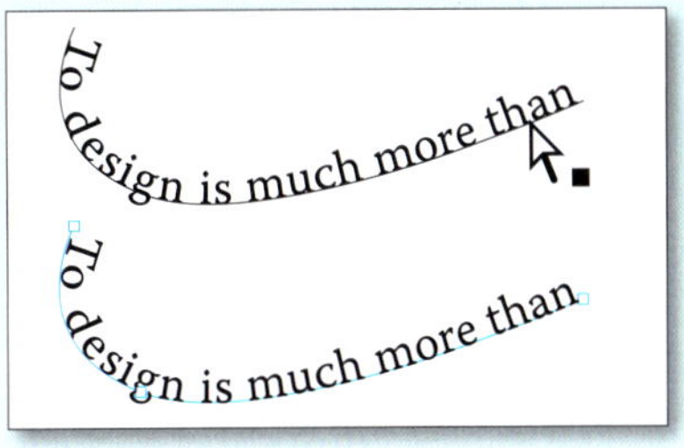

14.2.9 Verkettete Textobjekte

Mehrere Flächen- oder Pfadtexte können Sie miteinander verketten, der Text fließt dann je nach Platzbedarf weiter. Wenn Sie ein Flächentext- oder ein Pfadtextobjekt mit dem Auswahl-Werkzeug aktivieren, sehen Sie zwei Quadrate – »Eingang« und »Ausgang« genannt. Sind diese Quadrate leer ☐, ist der Platz im Objekt ausreichend. Ein Pfeil ▶ in einem der Quadrate zeigt an, dass das Textobjekt mit einem anderen verknüpft ist. Ein rotes Pluszeichen ⊞ im Ausgang signalisiert, dass Text vorhanden ist, der nicht in die Fläche passte – »Übersatz«, also »zusätzlicher Text«.

Textverkettungen legen Sie mit vorhandenen Vektorobjekten an, oder Sie erstellen die neuen Objekte beim Verketten.

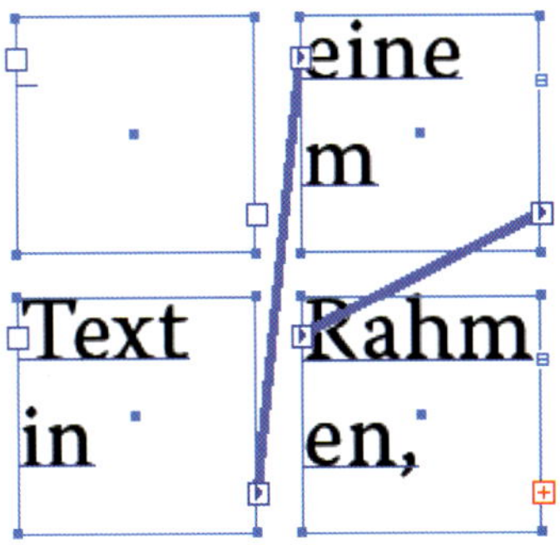

▲ **Abbildung 14.36**
Ein einzelnes und mehrere verkettete Flächentextobjekte mit Übersatztext

Verketten vorhandener Vektorobjekte | Um Textobjekte mit vorhandenen Vektorobjekten zu verketten, gehen Sie so vor:

1. Wählen Sie das Auswahl-Werkzeug, und aktivieren Sie ein Pfadtext- oder Flächentextobjekt. Klicken Sie auf den Eingang oder den Ausgang des Textobjekts. Das Cursor-Symbol wandelt sich in .

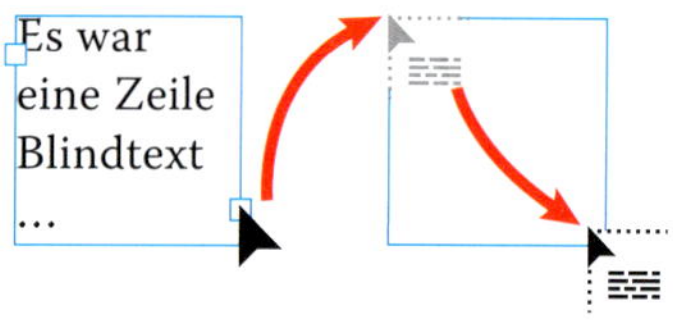

▲ **Abbildung 14.37**
Ein neues Textobjekt an ein vorhandenes anhängen

2. Bewegen Sie den Cursor über den Pfad des Vektorobjekts, das Sie mit dem Textobjekt verketten möchten. Wenn der Cursor bzw. bei bereits vorhandenen Textobjekten zeigt, klicken Sie, um das Textobjekt mit dem Vektorobjekt zu verketten. Dabei werden aus geschlossenen Pfaden immer Flächentextobjekte, aus offenen Pfaden werden Pfadtextobjekte.
3. Eventuell vorhandene Konturen und Flächen werden entfernt.

Verketten per Menü | Aktivieren Sie die Vektorobjekte, aus denen Sie den verketteten Text erstellen möchten und gegebenenfalls ein (nicht bereits verkettetes) Textobjekt, das Sie mit den Objekten verknüpfen möchten, und wählen Sie Schrift • Verketteter Text • Erstellen.

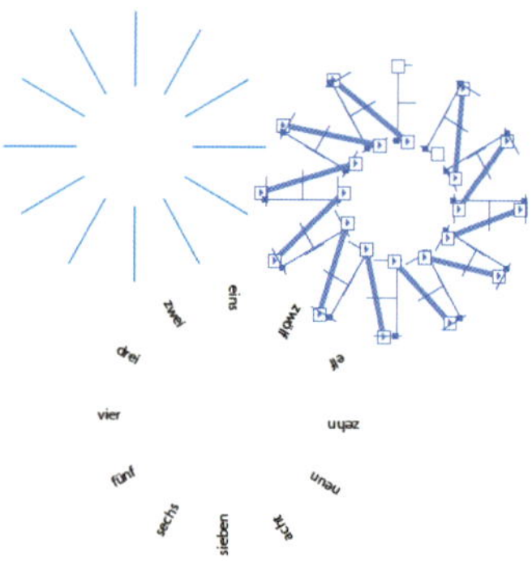

▲ **Abbildung 14.38**
Strahlenförmig angeordnete Linien werden per Menübefehl zu einem verketteten Textobjekt. Dann wird ein absatzgetrennter Text eingefügt (unten).

Erzeugen neuer Textobjekte | Etwas anders gehen Sie vor, um beim Verketten ein neues Textobjekt zu erzeugen:
1. Aktivieren Sie ein Pfadtext- oder Flächentextobjekt mit dem Auswahl-Werkzeug, und klicken Sie auf den Ein- oder Ausgang.
2. Mit dem neuen Cursorsymbol klicken Sie entweder, um ein Duplikat des vorhandenen Textobjekts – Pfadtext oder Flächentext – zu erzeugen, oder Sie klicken und ziehen ein Rechteck in der gewünschten Größe auf, um einen Textrahmen zu erzeugen.

Modifizierungsmöglichkeit | Solange Sie bei jedem Klick ⌥/Alt gedrückt halten – der Cursor zeigt bzw. über einem Objekt –, können Sie, ohne abzusetzen, Objekte miteinander verketten.

Verkettungen anzeigen | Besonders wenn Sie mit vielen verketteten Textobjekten arbeiten, unterstützt es die Übersichtlichkeit, die Verkettungen anzuzeigen. Wählen Sie dafür Ansicht • Textverkettungen einblenden – ⌘/Strg+⇧+Y.

Textobjekte zwischen verkettete Objekte einfügen | Ein Textobjekt können Sie nicht nur am Anfang oder Ende einer Kette, sondern auch zwischen bereits verkettete Textobjekte einhängen. Aktivieren Sie das Objekt, vor dessen Eingang oder nach dessen Ausgang Sie ein weiteres Objekt einhängen wollen, und gehen Sie so vor wie in »Verkettete Textobjekte« beschrieben.

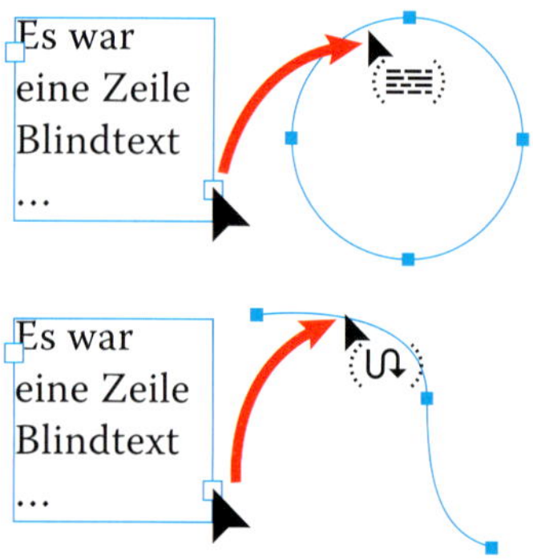

▲ **Abbildung 14.39**
Ein Textobjekt mit vorhandenen Pfaden verketten – unten mit gedrückter Taste ⌥/Alt für weitere Verkettungen

Alle Textobjekte einer Kette auswählen | Müssen Sie alle Textobjekte einer Kette zusammen bewegen oder bearbeiten, nehmen Sie das Auswahl-Werkzeug, aktivieren eines der zur Kette gehörenden Textobjekte und wählen Sie Auswahl • Gleich • Verknüpfungsblockreihen.

Verkettungen lösen | Es gibt drei Möglichkeiten, Verkettungen zu lösen:

1. Wenn Sie die Verkettung unterbrechen möchten, aktivieren Sie eines der Objekte an einer Seite der zu lösenden Verkettung mit dem Auswahl-Werkzeug. Doppelklicken Sie dann auf seinen Ein- oder Ausgang. Die Verkettung wird gelöst, und der Text verbleibt in dem Objekt, das sich vor der jetzt gelösten Verkettung befand.
2. Um ein Objekt aus der Verkettung herauszulösen und den Text in das folgende Objekt weiterfließen zu lassen, aktivieren Sie das herauszulösende Objekt und wählen Schrift • Verketteter Text • Auswahl zurückwandeln.
3. Möchten Sie alle Verkettungen lösen und den Text in den Objekten lassen, aktivieren Sie ein Objekt aus der Kette mit dem Auswahl-Werkzeug und wählen Schrift • Verketteter Text • Verkettung entfernen.

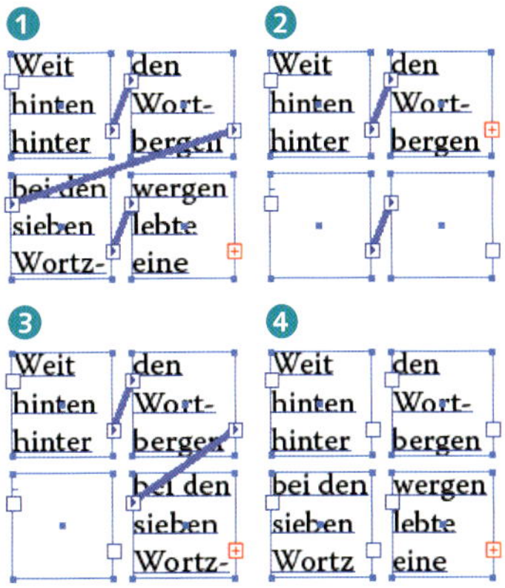

▲ **Abbildung 14.40**
Original ❶, Verkettung unterbrechen ❷, Objekt herauslösen ❸, Verkettung entfernen ❹

14.3 Texte importieren

Meist erfassen Sie Texte nicht in Illustrator, sondern importieren sie. Illustrator interpretiert die gängigen Dateiformate – und Texte lassen sich über die Zwischenablage einfügen.

14.3.1 Kopieren/Einfügen

Wenn Sie Texte aus anderen Anwendungen kopieren und in Illustrator einfügen, wird ein Punkttextobjekt erzeugt. Benötigen Sie ein Flächentextobjekt, erstellen Sie zuerst das Textobjekt und fügen den Text an der Einfügemarke ein.

Textformatierung kopieren | Stellen Sie innerhalb Ihres Dokuments komplette Absätze mit Kopieren und Einfügen um, werden Absatz- und Zeichenformatierungen von der Quelle mit übertragen und bleiben erhalten, auch wenn am Einfügeziel eine andere Formatierung eingerichtet ist.

14.3.2 Text laden

Illustrator kann Texte aus Dateien der Formate Microsoft Word (für Windows 97 bis 2007 sowie Mac 2004 und 2008), RTF und TXT in verschiedenen Kodierungen importieren. Anders als z. B. InDesign importiert Illustrator nicht in Word-Dokumente eingebundene Bilder. Falls Sie beim Importieren von DOC- und RTF-Dateien deren Textformatierungen erhalten wollen, achten Sie darauf, dass die verwendeten Schriften in identischen Font-Formaten auf Ihrem System installiert sind.

Formatierte Texte kopieren

Wenn Sie Texte aus Photoshop kopieren und sie in Illustrator einfügen, so bleibt die Textformatierung erhalten. Leider gibt es diesen Komfort in der Kooperation mit InDesign nicht – verwenden Sie stattdessen die CC-Bibliotheken.

Kopieren in andere Programme

Falls das Kopieren aus Illustrator in andere Programme misslingt, deaktivieren Sie die Option SVG-Code einschliessen unter Voreinstellungen • Dateien verarbeiten und Zwischenablage; dies kann manchmal helfen.

Clipboard-Systemerweiterungen

Etliche Systemerweiterungen »verbessern« die Zwischenablage, können jedoch Probleme beim Kopieren und Einfügen in Illustrator verursachen. Deaktivieren Sie diese Erweiterungen, falls es Fehler gibt.

In Objekte platzieren

Sie können Textdokumente in vorhandene Textobjekte platzieren. Dazu klicken Sie nach dem Bestätigen der Import-Dialoge mit dem Cursor auf den betreffenden Pfad.

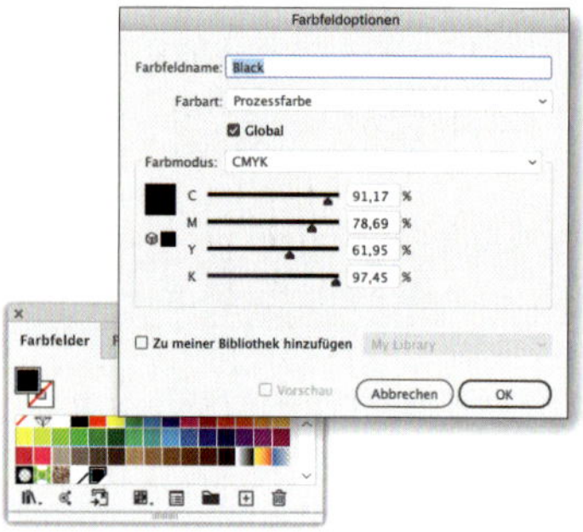

▲ **Abbildung 14.41**
Schwarz in einer importierten RTF-Datei

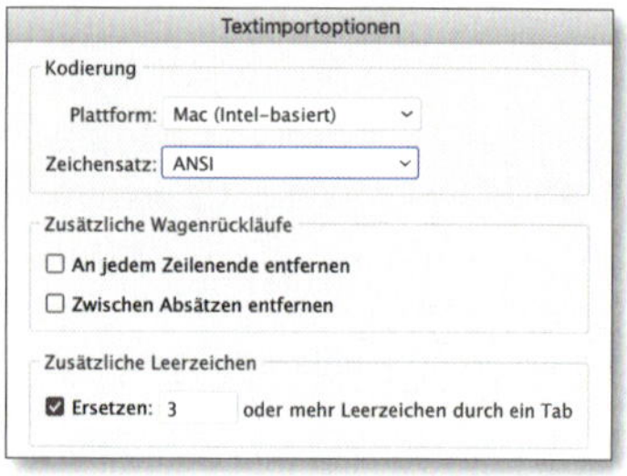

▲ **Abbildung 14.42**
Optionen für den Import von TXT-Dateien

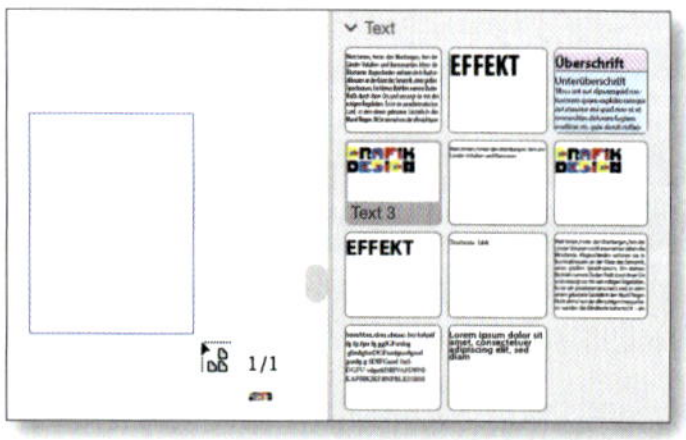

▲ **Abbildung 14.43**
Text wird aus der Bibliothek auf die Zeichenfläche gezogen, dann erstellen Sie einen Flächentext.

Um einen Text zu importieren, rufen Sie Datei • Platzieren... auf und wählen die Textdatei in der Dialogbox aus. Klicken Sie auf den Button Platzieren; anschließend werden die Importoptionen angezeigt.

DOC und RTF | Für DOC- und RTF-Dateien können Sie hier u. a. bestimmen, ob Textformatierungen erhalten bleiben sollen. Behalten Sie Textformatierungen bei, werden auch die Farben übernommen. Importieren Sie Texte in CMYK-Dokumente, entstehen Probleme durch die importierte Farbe »Schwarz« oder »Black«. Die importierte Farbe ist kein reines, sondern »buntes« Schwarz. Ändern Sie die Farbfeld-Definition – da das Farbfeld global ist, werden alle Objekte aktualisiert (s. Abschnitt 7.5.3).

TXT | Beim Import einer TXT-Datei haben Sie folgende Optionen:

- Kodierung: Geben Sie hier den Zeichensatz an, mit dem der Text erstellt wurde, sowie die anzuwendende Sprache.
- Zusätzliche Wagenrückläufe: In TXT-Dateien werden Leerzeilen verwendet, um Absätze herauszustellen. In Illustrator können Sie Abstände zwischen Absätzen anders erzeugen, daher ist es beim Import von TXT-Dateien möglich, die zusätzlichen Absätze zu entfernen.
- Zusätzliche Leerzeichen: Beim Speichern im TXT-Format werden Tabulator-Steuerzeichen in eine bestimmte Anzahl Leerzeichen umgewandelt. Mit Zusätzliche Leerzeichen werden die Leerzeichen in Tabulatoren zurückgewandelt (zu Tabulatoren s. Abschnitt 14.6.4).

14.3.3 Textdateien öffnen

Über Datei • Öffnen können Sie Microsoft Word (Windows 97 bis 2007 sowie Mac 2004 und 2008), RTF und TXT öffnen. Die Dateien liegen dann im RGB-Farbmodus vor – konvertieren Sie den Modus, falls nötig.

14.3.4 Texte über die CC-Bibliotheken austauschen

Sie können Textobjekte zwischen Illustrator und InDesign über die CC-Bibliotheken austauschen. Ziehen Sie ein Textobjekt ins Bibliotheken-Bedienfeld, um den Text in der Bibliothek zu speichern, oder ziehen Sie es aus dem Bedienfeld auf die Zeichenfläche, um daraus ein Textobjekt zu erstellen. Formatierungen bleiben, soweit möglich, erhalten.

14.3.5 Texte aus alten Illustrator-Dateien – Legacy Text

Illustrator 10 und frühere Versionen behandelten Text anders als neuere Versionen. Texte aus alten Dateien kann Illustrator darstellen und ausgeben. Möchten Sie Text aus alten Dateien jedoch bearbeiten, müssen Sie ihn in die neue Version konvertieren.

Beim Öffnen einer betroffenen Datei zeigt Illustrator einen Warnhinweis. Mit Aktualisieren können Sie alle Textobjekte aktualisieren. Klicken Sie auf OK, um den »alten Text« in der Datei zu belassen.

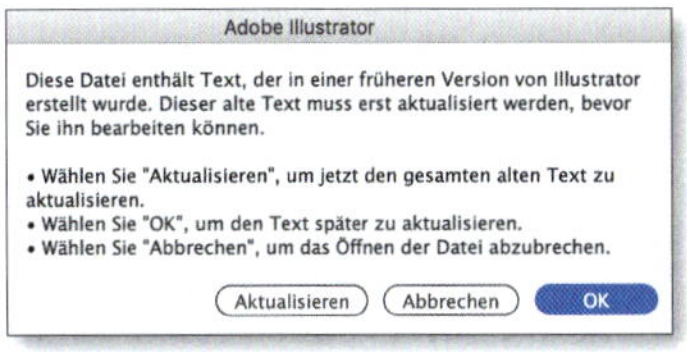

▲ **Abbildung 14.44**
»Alter Text«-Warnung

Text aktualisieren | Zu einem späteren Zeitpunkt können Sie dann den gesamten oder ausgewählten alten Text aktualisieren. Wählen Sie dazu entweder Schrift • Alter Text • Ganzen alten Text aktualisieren, oder aktivieren Sie einzelne Textobjekte, und wählen Sie Schrift • Alter Text • Ausgewählten alten Text aktualisieren.

- Kopie des alten Textes beim Aktualisieren: Um das Originallayout nach dem Aktualisieren wiederherzustellen, können Sie automatisch eine Kopie des alten Textes erstellen. Dafür doppelklicken Sie mit dem Auswahl-Werkzeug auf den alten Text. In der Dialogbox klicken Sie auf den Button Textobjekt kopieren.
- Kopien anzeigen und löschen: Wählen Sie Schrift • Alter Text • Kopien ausblenden bzw. Kopien einblenden. Aktivieren Sie die Kopien mit Schrift • Alter Text • Kopien auswählen, und löschen Sie sie mit dem Befehl Schrift • Alter Text • Kopien löschen.

Pfadtext aus älteren Dateien

Pfadtexte werden vor allem an Pfaden mit extremen Biegungen inzwischen signifikant besser ausgeglichen. Die Veränderung bewirkt allerdings auch, dass beim Import alter Dokumente und beim Export in alte Formate Pfadtexte abweichend gesetzt werden.

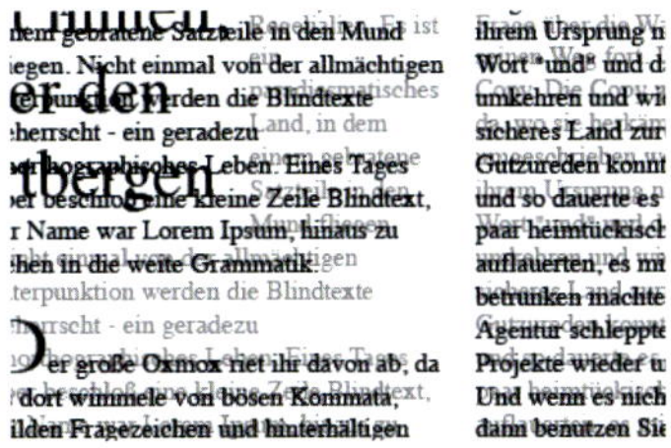

▲ **Abbildung 14.45**
Kopie des alten Textes unter dem aktualisierten Objekt

14.3.6 Fremdsprachentexte

Wenn Sie nichtlateinischen Text in Ihr Dokument einfügen, verhindert die Option Schutz für fehlende Glyphen aktivieren aus Voreinstellungen • Schrift, dass in der aktuell eingestellten Schrift nicht vorhandene Zeichen ersetzt werden und der Text durch die Ersetzung unleserlich wird.

Ist eine Schrift ausgewählt, mit der die im Text enthaltenen Zeichen dargestellt werden können, wird der Font verwendet.

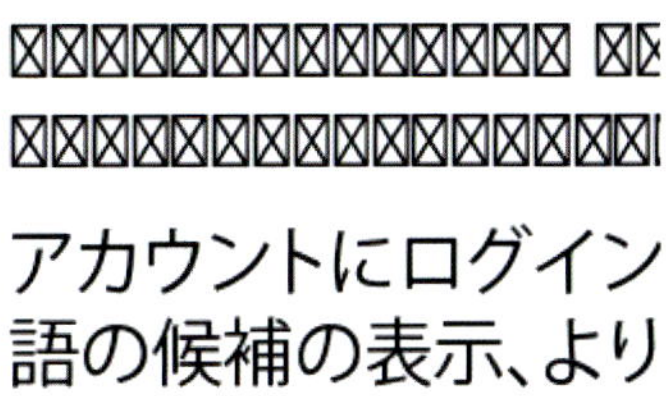

▲ **Abbildung 14.46**
Japanischer Text, eingefügt in ein mit lateinischer Schrift formatiertes Textobjekt: ohne (oben) und mit Schutz für fehlende Glyphen (unten)

14.4 Textinhalte editieren

Illustrator ist kein Textverarbeitungsprogramm, dennoch gibt es einige Einstellungen und Funktionen, die auch für die Formatierung wichtige Optionen bieten.

14.4.1 Nicht druckbare Zeichen

Nicht druckbare Zeichen sind z. B. Absatzmarken, Zeilenumbrüche, Tabulatoren und Leerzeichen. Auch wenn sie im Ausdruck nicht sichtbar sind, haben sie einen Einfluss auf den Textumbruch. Daher ist es sinnvoll,

▲ **Abbildung 14.47**
Nicht druckende Zeichen: Tabulator, Leerzeichen, Zeilenumbruch, bedingte Trennstriche, Absatzmarken

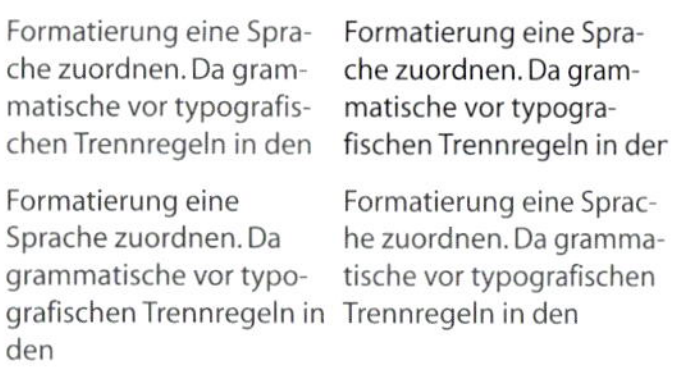

▲ **Abbildung 14.48**
Spracheinstellung (von links oben): Französisch/Kanadisch, Deutsch, Englisch, Lettisch

> **Neue Wörterbücher**
>
> Illustrator setzt seit Version CS6 statt der Proximity- die Open-Source-Hunspell-Wörterbücher ein. Eigene Wörterbücher lassen sich jedoch nicht hinzufügen.

zu wissen, wo welche Zeichen sind. Aktivieren Sie SCHRIFT • VERBORGENE ZEICHEN EINBLENDEN – [⌘]+[⌥]+[I] bzw. [Strg]+[Alt]+[I] –, um die Zeichen anzuzeigen.

14.4.2 Sprachen zuweisen

Illustrator arbeitet mit Wörterbüchern für verschiedene Sprachen, auf denen sowohl die Rechtschreibprüfung als auch die Trennregeln basieren. Welches Wörterbuch benutzt wird, bestimmen Sie, indem Sie Texten neben der Formatierung eine Sprache zuordnen. Da grammatische vor typografischen Trennregeln in den Umbruch eines Textes eingreifen, sollten Sie die Sprache immer zuordnen, bevor Sie die Silbentrennungseinstellungen im Absatz-Bedienfeld vornehmen. Die Wörterbücher und mit ihnen zusammenhängende Einstellungen nehmen Sie an drei Stellen vor:

- **Einstellung der Sprache**: Um die Rechtschreibprüfung und die Trennregeln für einen Text zu bestimmen, wählen Sie die SPRACHE aus dem Menü im Zeichen-Bedienfeld. Die Sprache, die automatisch für alle neuen Dokumente voreingestellt wird, bestimmen Sie im [NORMALEN ZEICHENFORMAT] des betreffenden neuen Dokumentprofils.
- **Bearbeitung der Wörterbücher**: Die installierten Wörterbücher können Sie (in einem geringen Umfang) an Ihre Bedürfnisse anpassen. Rufen Sie VOREINSTELLUNGEN • WÖRTERBUCH UND SILBENTRENNUNG auf, und bearbeiten Sie die Wörterbücher (s. Abschnitt 14.4.9).
- **Anführungszeichen**: Für jede installierte Sprache können Sie typografische Anführungszeichen voreinstellen (s. folgenden Abschnitt).

> **Zeichen auswählen, Text-Cursor verwenden**
>
> Sobald Sie ein Text-Werkzeug über ein Textobjekt bewegen, nimmt es das Text-Symbol I an, je nach Textausrichtung. Diese Cursors zeigen an, dass Sie mit einem Klick kein neues Textobjekt erzeugen, sondern ein bestehendes editieren.
> **Einfügemarke setzen |** Möchten Sie einem Text weitere Zeichen hinzufügen, klicken Sie mit dem Text-Cursor I an die gewünschte Stelle, und tippen Sie die Zeichen ein.
> **Zeichen auswählen |** Um eines oder mehrere Zeichen auszuwählen, klicken und ziehen Sie mit dem Text-Cursor I über die betreffenden Zeichen. Erweitern Sie die Auswahl, indem Sie [⇧] drücken und ans Ende des auszuwählenden Textes klicken. Sie können nur zusammenhängende Textbereiche auswählen.
> **Zeichen nicht hervorgehoben |** Wenn Sie mit dem Cursor Zeichen ausgewählt haben, aber keine Auswahl angezeigt wird, dann rufen Sie ANSICHT • ECKEN EINBLENDEN auf.
>
> **Optionen |** Mit einem Doppelklick wählen Sie ein Wort aus, mit einem Dreifachklick einen Absatz.
> Wenn Sie den Cursor an einer Stelle in den Text setzen und [⌘]/[Strg]+[A] drücken, werden alle Zeichen des Textobjekts ausgewählt – ist das Objekt mit anderen verkettet, werden alle Zeichen in der Verkettung ausgewählt.
> Ist unter VOREINSTELLUNGEN • SCHRIFT die Option TEXTOBJEKTAUSWAHL NUR ÜBER PFAD aktiv, müssen Sie das Text-Werkzeug in Einrastdistanz zur Schriftgrundlinie bzw. des Flächentextrahmens verwenden, um Texte aktivieren zu können.

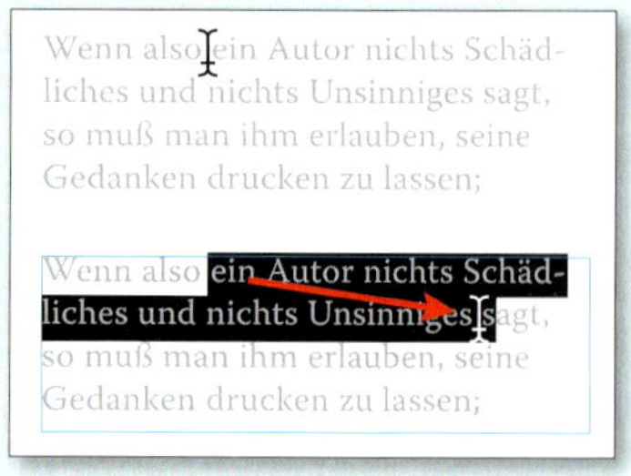

14.4.3 Anführungszeichen definieren

Typografisch korrekte Anführungszeichen sind ein Zeichen für die Qualität gestalterischer Arbeit – sie sind aber nicht einfach per Tastatur einzutippen. Einfacher ist es, ⇧+2 zu verwenden. Illustrator kann diese Zeichen automatisch beim Eintippen in typografische Anführungszeichen umwandeln. Wählen Sie DATEI • DOKUMENT EINRICHTEN..., aktivieren Sie TYPOGRAFISCHE ANFÜHRUNGSZEICHEN VERWENDEN, und wählen Sie eine Sprache aus dem Menü. Für jede Sprache sind DOPPELTE und EINFACHE ANFÜHRUNGSZEICHEN voreingestellt, die Sie jedoch im Menü ändern können.

Wenn typografische Anführungszeichen aktiviert sind, können Sie keine Zollzeichen mehr tippen. Verwenden Sie entweder das Glyphen-Bedienfeld, um Zollzeichen einzugeben, oder deaktivieren Sie die Option TYPOGRAFISCHE ANFÜHRUNGSZEICHEN, und geben Sie die typografischen Anführungszeichen per Tastatur ein.

Eingabe Mac	Zeichen
⌥+⇧+W	„
⌥+2	“
⌥+⇧+Q	»
⌥+Q	«

Eingabe Windows	Zeichen
Alt+Num 0132	„
Alt+Num 0147	“
Alt+Num 0187	»
Alt+Num 0171	«

▲ **Tabelle 14.1**
Typografische Anführungszeichen unter Mac und Windows

14.4.4 Groß- und Kleinschreibung ändern

Um die Groß- und Kleinschreibung von Texten zu ändern, aktivieren Sie die betreffenden Textstellen, und wählen Sie eine der Optionen aus dem Menü SCHRIFT • GROSS-/KLEINSCHREIBUNG ÄNDERN. Die Untermenübegriffe sind selbsterklärend.

14.4.5 Satz- und Sonderzeichen

Nur wenige Anwender können sich die Kurzbefehle aller Sonderzeichen merken. Illustrator besitzt daher Menübefehle für die gebräuchlichsten SONDERZEICHEN, LEERRAUMZEICHEN und UMBRUCHZEICHEN in den jeweiligen Untermenüs im Menü SCHRIFT.

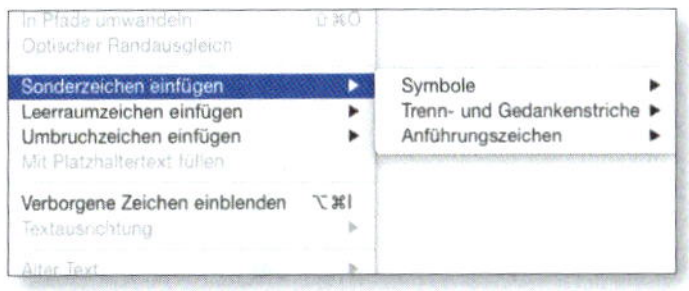

▲ **Abbildung 14.49**
Einfügen von Sonderzeichen über das Menü SCHRIFT

Wenn Ihnen Texte angeliefert werden, enthalten diese in den wenigsten Fällen typografische Satzzeichen. Daher können Sie Texte nachträglich über den Befehl SCHRIFT • SATZ-/SONDERZEICHEN automatisch mit typografischen Sonderzeichen ausstatten, falls diese in der verwendeten Schrift vorhanden sind.

OpenType-Schriften

Wenn Sie OpenType-Schriften verwenden, sollten Sie für die Umwandlung von Ligaturen und Bruchzahlen das OpenType-Bedienfeld nutzen.

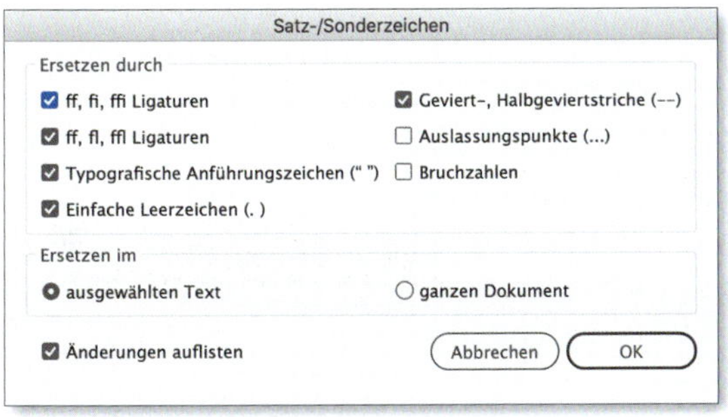

◀ **Abbildung 14.50**
Die Dialogbox SATZ-/SONDERZEICHEN

Streiflicht
Schilfinsel

▲ **Abbildung 14.51**
In diesen Fällen dürften z. B. keine Ligaturen verwendet werden.

Text-Werkzeug schnell aufrufen

Bei einem Doppelklick mit dem Auswahl-Werkzeug auf ein Textobjekt wechselt Illustrator automatisch zum Text-Werkzeug und setzt eine Einfügemarke in den Text.

Wählen Sie, welche Zeichen ersetzt werden sollen:

- ff, fi, ffi bzw. ff, fl, ffl Ligaturen: Diese Buchstabenkombinationen im Text werden durch die entsprechenden Ligaturen ersetzt.
  Die Satzregeln des deutschen Sprachraums definieren etliche Ausnahmen, in denen keine Ligaturen verwendet werden dürfen – diese Fälle berücksichtigt Illustrator nicht.
- Typografische Anführungszeichen: Zollzeichen werden in angelsächsische Anführungszeichen umgewandelt. Die Option ist daher für den deutschen Sprachraum nicht brauchbar.
- Einfache Leerzeichen: Sind nach einem Punkt mehrere Leerzeichen vorhanden, werden sie bis auf eines gelöscht.
- Geviert-, Halbgeviertstriche: Diese Option transformiert zwei Bindestriche -- in einen Halbgeviertstrich – und drei Bindestriche --- in einen Geviertstrich —.
- Auslassungspunkte: Das Auslassungszeichen (auch »Dreipunkt« oder »Ellipse« genannt) einer Schrift unterscheidet sich zum Teil erheblich von drei hintereinandergesetzten Punkten. Die Option Auslassungspunkte ersetzt drei Punkte durch ein Auslassungszeichen.
- Bruchzahlen: Mehrere Ziffern, die durch einen Schrägstrich getrennt sind, werden durch das entsprechende Bruchzeichen ersetzt, wenn es in der Schrift vorhanden ist.
- Ersetzen im: Sie haben die Wahl, ob Sie den ausgewählten Text oder den Text des gesamten Dokuments korrigieren möchten.
- Änderungen auflisten: Aktivieren Sie diese Option, dann meldet Illustrator nach Durchführung des Befehls die erfolgten Änderungen.

Ende ...
Ende …

▲ **Abbildung 14.52**
Auslassungspunkte (unten)

Temporär zum Hand-Werkzeug

Wenn Sie während der Textbearbeitung mit dem Text-Werkzeug temporär das Hand-Werkzeug benötigen, können Sie zu diesem Zweck nicht die Leertaste drücken, denn dann würden Sie Leerzeichen eingeben. Verwenden Sie stattdessen [⌥]/[Alt] für den temporären Wechsel zum Hand-Werkzeug.

14.4.6 OpenType

Das moderne Schriftformat OpenType vereinfacht den Umgang mit Schriften, denn es ist plattformübergreifend – Sie können also dieselbe Fontdatei auf MacOS und Windows verwenden. Für den Fremdsprachensatz oder typografische Feinheiten wie Ligaturen, Kapitälchen, Mediävalziffern und Zierbuchstaben ist OpenType ebenfalls sehr gut geeignet. Die typografischen Sonderformen bilden die »Layout-Features«, mit denen die Schrift ausgestattet ist. Besonders an OpenType ist, dass alle Zeichen in einer Datei enthalten sind. Darüber hinaus unterstützt das Format durch Integration von SVG-Vektorformen mehrfarbige Schriften, und die neueste Ergänzung des Standards stellen Variable Fonts dar, deren Glyphen entlang definierter Achsen interpoliert werden können, d. h., unterschiedliche Schriftschnitte sind in einem Font enthalten.

Schriftarten blättern

Ist ein Textobjekt ausgewählt, können Sie mit den Pfeiltasten durch die Schriftarten blättern. Das Textobjekt zeigt die Schrift sofort an.

Da OpenType auf dem Unicode-Standard basiert, um die Zeichenkodierungen und ihre grafische Repräsentation – die Glyphen – im Font zu verbinden, können in einer OpenType-Schrift über 65.000 Zeichen (statt 256 in einer herkömmlichen Schrift) enthalten sein.

▲ **Abbildung 14.53**
Schwungschriften und stilistische Varianten in kursiven Schnitten (Adobe Caslon Pro) ❶; kontextbedingte Varianten/Formatvarianten (Caflish Script Pro) ❷; alternative Glyphen für t und g (WarnockPro) ❸; Layout-Features: Standardligaturen, bedingte Ligaturen, Mediävalziffern ❹; Tabellenziffern (türkis) mit einheitlicher Breite ❺; kontextbedingte und stilistische Varianten (Bickham Script Pro) ❻; Farbfonts ❼; variabler Font (Acumin Variable Concept) ❽

OpenType-Bedienfeld | Auf alle alternativen Glyphen einer OpenType-Schrift greifen Sie über das OpenType-Bedienfeld zu. Rufen Sie es auf mit Fenster • Schrift • OpenType – [⌘]+[⌥]+[⇧]+[T] bzw. [Strg]+[Alt]+[⇧]+[T], im Dock [O].

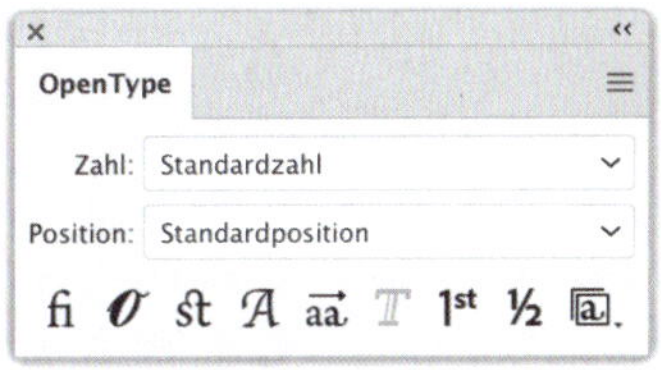

▲ **Abbildung 14.54**
Das OpenType-Bedienfeld

Aktivieren Sie das Textobjekt oder die Zeichen, deren OpenType-Optionen Sie anwenden möchten, und wählen Sie aus dem OpenType-Bedienfeld die passende Option aus den Gruppen.

- Zahl: Hier finden Sie die Alternativen für die Darstellung von Ziffern und Zahlen – Mediäval- und Tabellenziffern.
- Position: Diese Varianten enthalten hoch- und tiefgestellte Zahlen sowie Bruchziffern.
- Schriftvarianten-Buttons: Mit den Buttons rufen Sie die gleichen Varianten auf, die auch über das Bedienfeldmenü zugänglich sind. Es handelt sich dabei um Standardligaturen [fi], kontextbedingte Varianten [O], bedingte Ligaturen [st], Schwungschriften [A], Formatvarianten (stilistische Varianten) [aa], Titelschriftvarianten [T], Ordinalzeichen [1st] und Brüche [½]. Buttons, deren Funktion in der ausgewählten Schrift nicht verfügbar ist, sind hellgrau – inaktiv – dargestellt.
- Formatsätze: In Formatsätzen können Font-Entwickler alternative Glyphen zusammenfassen, sodass Anwender sie genauso einfach wie die

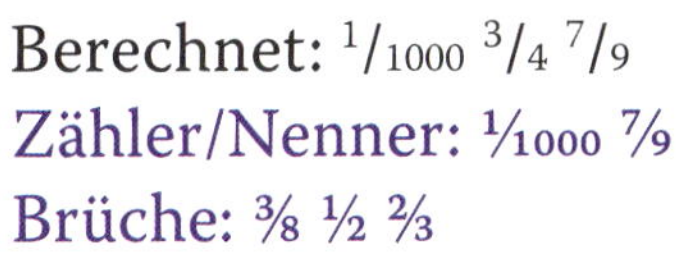

▲ **Abbildung 14.55**
OpenType-Optionen »Position« (untere Zeilen) im Kontrast zu berechneten Bruchziffern (obere Zeile)

Schriftvarianten ganzen Absätzen zuweisen können. Stellt der verwendete Font Formatsätze zur Verfügung, dann wählen Sie sie mit .

Farbfonts und die PDF-Ausgabe

Wenn Sie Farbfonts in PDF einbetten (und nicht vorher in Pfade umwandeln), kann es zu Problemen bei der Ausgabe kommen. Sprechen Sie die Verwendung der Schriften mit der Weiterverarbeitung ab.

14.4.7 Glyphen-Bedienfeld

Viele Schriften enthalten Zeichen, die keine Tastaturkürzel haben. Bei reinen Ornamentschriften ist es zudem nützlich, einen Überblick über die enthaltenen Formen zu bekommen. Im Glyphen-Bedienfeld sehen Sie alle Zeichen einer Schrift. Rufen Sie das Bedienfeld mit FENSTER • SCHRIFT • GLYPHEN, SCHRIFT • GLYPHEN oder im Dock mit dem Symbol auf.

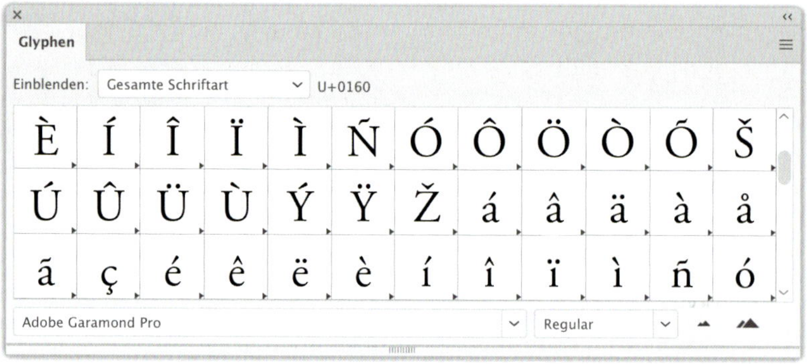

Abbildung 14.56 ▶
Das Glyphen-Bedienfeld

[Font]
Schriften werden als »Fonts« in verschiedenen Formaten gespeichert. In den Schriftmenüs unter SCHRIFT • SCHRIFTART und im Zeichen-Bedienfeld erkennen Sie das Schriftformat: OpenType, OpenType Variabel, OpenType SVG (Farbfont), PostScript Type 1, TrueType, Cloudbasiert (Adobe Fonts).

Im Schriftartmenü am unteren Rand des Bedienfeldes wird die eingestellte Schrift angezeigt. Wenn Sie eine neue Schriftart auswählen, wird diese als Voreinstellung für neuen Text übernommen bzw. verändert die Formatierung ausgewählter Zeichen.

Die Darstellung der Glyphen der ausgewählten Schrift können Sie durch die Steuerungen des Bedienfeldes beeinflussen:

- Kleiner-größer-Buttons : Klicken Sie auf den jeweiligen Button, um die Darstellung der Zeichen im Bedienfeld in festgelegten Schritten zu vergrößern oder zu verkleinern.
- EINBLENDEN: Der Funktionsumfang des Menüs am oberen Rand des Bedienfeldes variiert je nach eingestellter Schriftart. Ist eine OpenType-Schrift mit »Layout-Features« ausgestattet, so können Sie die zu einzelnen Features gehörenden Zeichen im Bedienfeld anzeigen lassen, indem Sie die entsprechende Option aus dem Menü wählen.

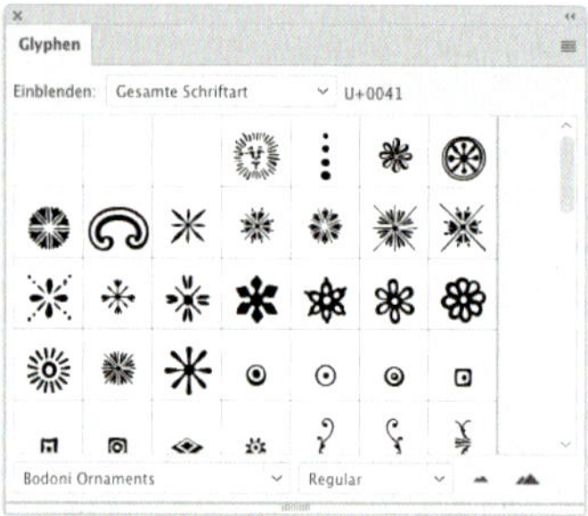

▲ **Abbildung 14.57**
Symbol-Zeichensatz

Zeichen auswählen | Um mit dem Glyphen-Bedienfeld ein Zeichen zu setzen, platzieren Sie den Text-Cursor an der gewünschten Stelle im Textobjekt und doppelklicken auf das Zeichen im Glyphen-Bedienfeld.

Bedienfeld zurücksetzen

Der Befehl BEDIENFELD ZURÜCKSETZEN aus dem Bedienfeldmenü setzt die Darstellungsgröße der Glyphen auf die Voreinstellung zurück.

Alternativen (nur für OpenType-Schriften) | Aktivieren Sie einen Buchstaben in Ihrem Text, so werden direkt an der Cursorposition die in der

Schrift vorhandenen Alternativen für das ausgewählte Zeichen angezeigt. Mit einem Klick auf eine der Alternativen ersetzen Sie die Auswahl.

Außerdem wird das ausgewählte Zeichen im Glyphen-Bedienfeld hervorgehoben. Ein kleines Dreieck rechts unten in einem Glyphen-Feld deutet an, dass für dieses Zeichen alternative Formen vorhanden sind. Klicken Sie lange auf das Glyphen-Feld, um ein Auswahlfeld mit den Alternativen für die Glyphe anzuzeigen. Wählen Sie das gewünschte Zeichen aus dem Auswahlfeld, um den aktivierten Buchstaben zu ersetzen.

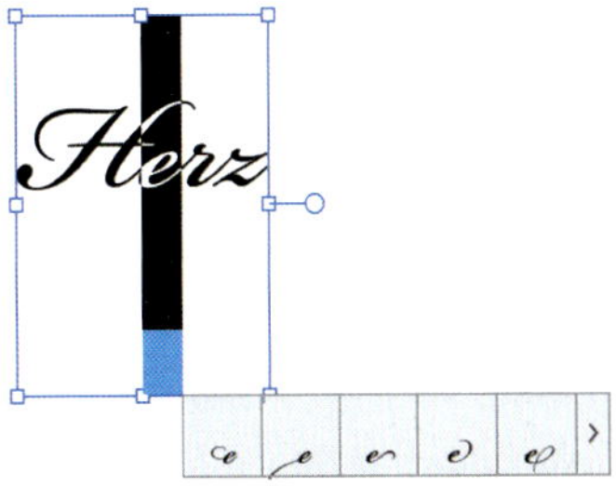

▲ **Abbildung 14.58**
Anzeige von OpenType-Alternativen direkt am ausgewählten Zeichen

14.4.8 Rechtschreibprüfung

Illustrator kann die Rechtschreibung Ihrer Texte in mehreren Sprachen prüfen. Durch das Zuweisen einer SPRACHE im Zeichen-Bedienfeld wählen Sie das Wörterbuch (s. Abschnitt 14.5). Rufen Sie die Rechtschreibprüfung bei aktiviertem Textobjekt per Rechtsklick aus dem Kontextmenü auf, oder wählen Sie BEARBEITEN • RECHTSCHREIBPRÜFUNG – [⌘]/[Strg]+[I].

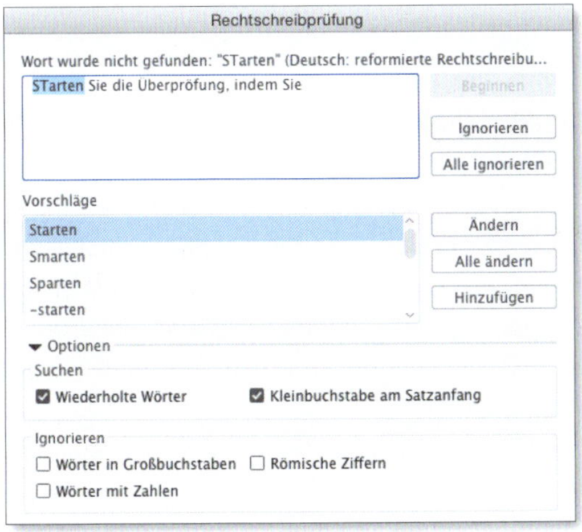

◄ **Abbildung 14.59**
Die Dialogbox RECHTSCHREIBPRÜFUNG mit allen Optionen

Klicken Sie auf den Pfeil-Button OPTIONEN, um zu bestimmen, welche Kriterien in die Prüfung eingeschlossen werden sollen:

- SUCHEN: Geben Sie hier an, ob Illustrator die genannten Optionen als Fehler erkennen soll.
  - WIEDERHOLTE WÖRTER: Nur dann, wenn diese Option aktiviert ist, erkennt Illustrator zwei identische Wörter in Folge, die korrekt geschrieben sind, als Fehler.
- IGNORIEREN: Aktivieren Sie die Optionen in diesem Block, wenn Illustrator diese Inhalte nicht als Fehler erkennen soll.

Starten Sie die Überprüfung, indem Sie auf den Button BEGINNEN klicken. Illustrator hebt fehlerhafte Wörter hervor und zeigt den Satzzusammenhang an. Sie haben folgende Möglichkeiten:

Arabisch und Südasiatisch

Die arabische und südasiatische Schreibweise müssen Sie zunächst unter VOREINSTELLUNGEN • SCHRIFT aktivieren (INDISCHE OPTIONEN EINBLENDEN). Dann können Sie den EINZEILEN- oder den ALLE-ZEILEN-SETZER für arabische & südasiatische Zeichen im Menü des Absatz-Bedienfeldes aktivieren. Texte können Sie entweder aus Textdokumenten einfügen oder direkt in Illustrator eingeben. Dazu müssen Sie die Tastatur auf eine unterstützte Sprache umstellen.

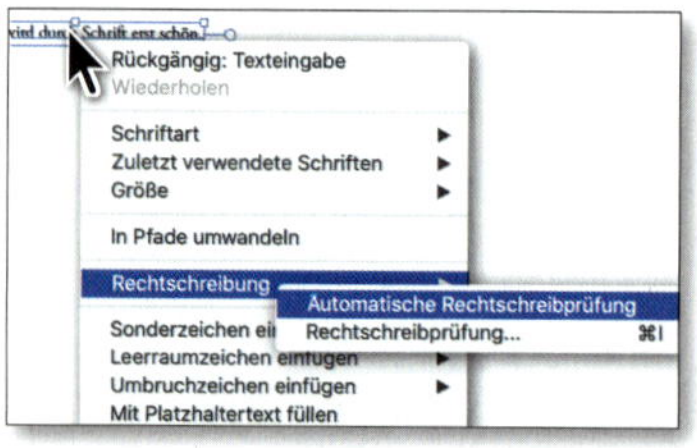

▲ **Abbildung 14.60**
Aufrufen der Rechtschreibkorrektur über das Kontextmenü

Duden-Korrektur?

Anders als in InDesign steht in Illustrator keine Duden-Korrektur zur Verfügung und kann auch nicht nachgerüstet werden. Sie haben daher auch keine besonderen Einstellungen für die Korrektur, z. B. »Konservativ« oder »Presse«, und keine »ästhetischen« Trennregeln.

- Mit IGNORIEREN setzen Sie die Prüfung fort, ohne das Wort zu ändern.
- Klicken Sie auf ALLE IGNORIEREN, um dieses Wort während dieses Prüfungsdurchgangs nicht mehr als Fehler anzeigen zu lassen. Bei einer erneuten Prüfung wird es wieder bemängelt.
- Wählen Sie eine der Schreibweisen unter VORSCHLÄGE, oder korrigieren Sie die Rechtschreibung des hervorgehobenen Wortes im oberen Eingabefeld, und klicken Sie auf ÄNDERN, um dieses eine Vorkommen des Wortes zu berichtigen.
- Korrigieren Sie das Wort, und ersetzen Sie alle Vorkommen des Wortes auf einmal durch Ihre Schreibweise mit ALLE ÄNDERN.
- Wenn die Rechtschreibung korrekt ist und Sie das Wort häufiger verwenden, nehmen Sie es in Ihr EIGENES WÖRTERBUCH auf, indem Sie auf HINZUFÜGEN klicken. Damit wird das Wort nicht mehr bemängelt.
- Klicken Sie auf FERTIG, um die Prüfung zu beenden.

Dynamische Rechtschreibprüfung | Die Rechtschreibprüfung können Sie nicht nur nachträglich, z. B. nach dem Einfügen eines Texts, sondern auch während des Schreibens durchführen lassen. Dazu aktivieren Sie AUTOMATISCHE RECHTSCHREIBPRÜFUNG im Kontextmenü oder unter BEARBEITEN • RECHTSCHREIBUNG. Die Prüfung erfolgt nach den Regeln, die Sie in der Dialogbox definiert haben. Fundstellen in allen Texten des Dokuments werden rot unterstrichen.

- Korrektur: Mit aktivem Text-Werkzeug rufen Sie Korrekturvorschläge per Rechtsklick auf ein markiertes Wort im Kontextmenü auf. Wählen Sie einen der Vorschläge aus, wird das Wort ersetzt und der Cursor dahintergesetzt; Sie können sofort weiterschreiben. Alternativ ignorieren Sie einzelne oder alle Fundstellen.
- Prüfung beenden: Deaktivieren Sie AUTOMATISCHE RECHTSCHREIBPRÜFUNG im Menü.

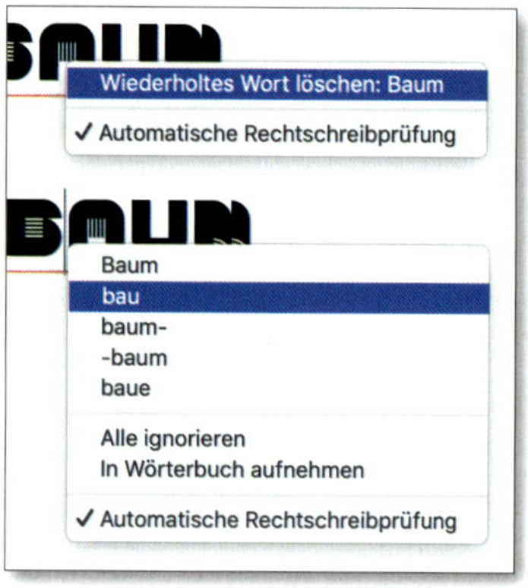

▲ **Abbildung 14.61**
Ausführen von Korrekturen mithilfe der dynamischen Rechtschreibkorrektur

Wörterbuch bearbeiten | Das EIGENE WÖRTERBUCH können Sie editieren, um z. B. eine größere Anzahl Begriffe im Voraus aufzunehmen oder die während einer Rechtschreibprüfung versehentlich hinzugefügten Wörter wieder zu löschen. Rufen Sie dazu BEARBEITEN • EIGENES WÖRTERBUCH BEARBEITEN... auf:

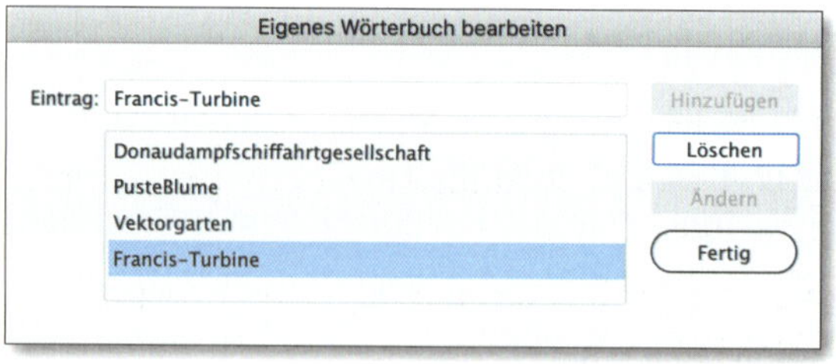

Abbildung 14.62 ▶
Die Dialogbox EIGENES WÖRTERBUCH BEARBEITEN

- Um ein Wort in das eigene Wörterbuch einzutragen, geben Sie das Wort unter EINTRAG ein und klicken auf HINZUFÜGEN.
- Vorhandene Wörter wählen Sie aus, indem Sie in der alphabetischen Liste im unteren Feld darauf klicken.
- Aktivieren Sie ein Wort, und klicken Sie auf LÖSCHEN, um es aus dem Wörterbuch zu entfernen.
- Falsche Einträge korrigieren Sie, indem Sie das Wort aktivieren, im Feld EINTRAG die Fehler berichtigen und anschließend auf ÄNDERN klicken.
- Beenden Sie die Bearbeitung mit dem Button FERTIG.

User-Dictionaries

Die Benutzerwörterbücher sind Text-Dateien, die Sie in Ihrem Benutzerordner finden. Mac OS: *Application Support/Adobe/Linguistics/UserDictionaries/ATE User Dictionary/all/added.txt* Windows: *AppData\LocalLow\Adobe\Linguistics\Dictionaries\ATE User Dictionary\all\added.txt*

14.4.9 Suchen und ersetzen

Sie können nach Texten suchen und Fundstellen ersetzen. Um Text im gesamten Dokument zu suchen, heben Sie alle Auswahlen auf. Aktivieren Sie ein Textobjekt oder einzelne Zeichen, um nur diese zu durchsuchen. Rufen Sie anschließend BEARBEITEN • SUCHEN UND ERSETZEN auf.

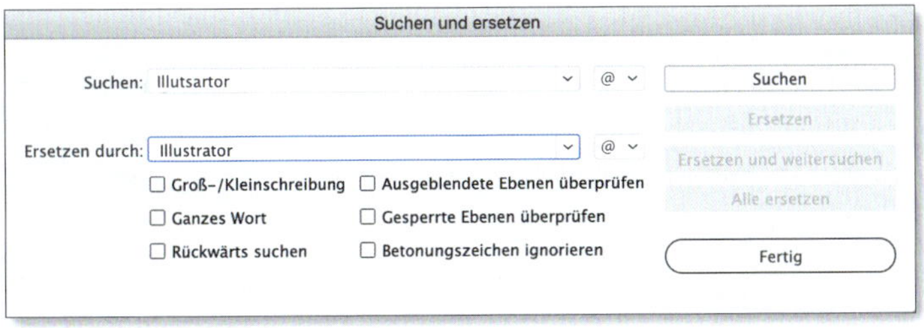

▲ **Abbildung 14.63**
Die Dialogbox SUCHEN UND ERSETZEN

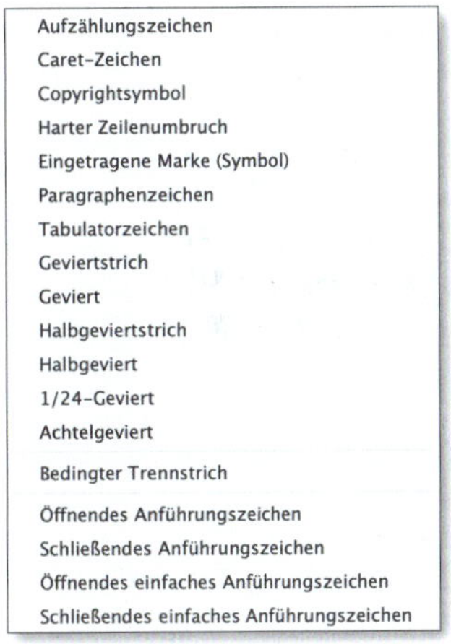

▲ **Abbildung 14.64**
Über SUCHEN UND ERSETZEN lassen sich viele Sonderzeichen bequem im Text verwenden.

Geben Sie den gesuchten Text sowie den Text, durch den Sie gefundene Stellen ersetzen lassen möchten, in die Eingabefelder ein. Alternativ wählen Sie ein Sonderzeichen aus dem Aufklappmenü @ ⌄.

Klicken Sie auf den Button SUCHEN, um die erste Fundstelle anzuzeigen. Erst dann sind die weiteren Buttons aktiv:

- ERSETZEN: Ersetzt den gefundenen Text durch den eingegebenen.
- ERSETZEN UND WEITERSUCHEN: Ersetzt den gefundenen Text und sucht die nächste Stelle.
- ALLE ERSETZEN: Ersetzt alle Fundstellen auf einmal.
- FERTIG: Klicken Sie auf den Button, um die Suche zu beenden.

Optionen | Suchen und ersetzen

- GROSS-/KLEINSCHREIBUNG: Die Groß- und Kleinschreibung muss exakt mit dem Suchbegriff übereinstimmen.
- GANZES WORT: Sucht die eingegebene Zeichenfolge nur als eigenständiges Wort, nicht als Wortbestandteil.

Halbgeviert-Leerzeichen und -Trennstriche etc.

Viele besondere Zeichen, die sich früher nur über SUCHEN UND ERSETZEN in Texte einfügen ließen, können Sie jetzt über das Menü SCHRIFT • SONDERZEICHEN bzw. LEERRAUMZEICHEN bzw. UMBRUCHZEICHEN EINFÜGEN erreichen.

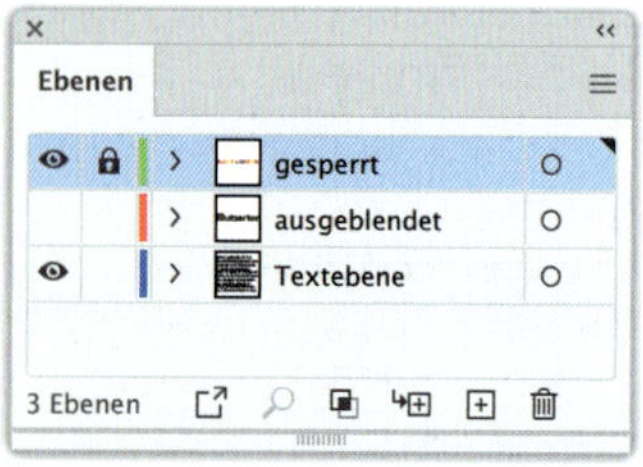

▲ **Abbildung 14.65**
Darstellung von fixierten und ausgeblendeten Ebenen (zu Ebenen s. Abschnitt 11.1)

- Rückwärts suchen: Illustrator beginnt die Suche unten in der Stapelreihenfolge der Objekte.
- Ausgeblendete Ebenen überprüfen: Aktivieren Sie die Option, um auch in ausgeblendeten Ebenen nach dem Text zu suchen. Die Textobjekte werden während der Suche vorübergehend eingeblendet, der Status der Ebenen im Bedienfeld wird nicht geändert.
- Gesperrte Ebenen überprüfen: Mit dieser Option können Sie auch gesperrte (fixierte) Ebenen durchsuchen und ändern. Die Ebene wird dabei nicht entsperrt.
- Betonungszeichen ignorieren (nur verfügbar, wenn Indische Optionen aktiv sind) : Mit dieser Option werden Umlautzeichen, Accents und ähnliche Betonungszeichen bei der Suche nicht berücksichtigt. Es werden also z. B. die Wörter »été« bzw. »Häuser« gefunden, wenn Sie nach »ete« bzw. »Hauser« suchen und umgekehrt.

Schrift vermessen

Höhen messen | Die gebräuchliche Maßeinheit für die Schriftgröße – oder den *Schriftgrad* – ist der Punkt. Illustrator verwendet den DTP-Punkt. Er ist aus der Einheit Zoll/Inch abgeleitet, und 1 Punkt entspricht 1/72 Zoll, also gerundet 0,353 mm. Falls Sie typografische Maße lieber in einer anderen Maßeinheit bestimmen möchten, rufen Sie Voreinstellungen • Einheit auf und wählen sie aus dem Menü unter Text.
Unterschiedliche Schriften sehen auch bei gleichem Schriftgrad häufig unterschiedlich groß aus. Das hat jedoch nichts mit Illustrator zu tun – im Font ist festgelegt, wie groß die dargestellten Zeichen im Verhältnis zur schriftgradbestimmenden Kegelhöhe (s. Abbildung rechts unten) sind.

Oberlänge ❶
Mittellänge ❷
Unterlänge ❺
Versalhöhe ❸
Zeilenabstand ❻
Schriftkegel ❹
Durchschuss ❼

Breiten messen | Die Breite des Abstands zwischen Buchstaben misst Illustrator in 1/1.000 Geviert. Die Einheit Geviert bezieht sich auf die Schriftgröße – das Geviert hat bei einer 10-Punkt-Schrift eine Breite von 10 Punkt, also 10 × 0,353 mm = 3,53 mm.

Zeilenabstand | Der Zwischenraum zwischen den Textzeilen trägt maßgeblich zur Lesbarkeit eines Textes bei. Der Begriff *Zeilenabstand* (ZAB) bezeichnet den Abstand von einer Grundlinie zur nächsten. Der Zeilenabstand wird üblicherweise wie der Schriftgrad in Punkt gemessen.

Laufweite und Kerning | Horizontale Abstände zwischen Buchstaben und Wörtern beeinflussen Sie auf zweierlei Weise: Die Laufweite ist einem Zeichen zugeordnet und bestimmt den Abstand dieses Zeichens zu seinen Nachbarn. Das Kerning ist eine Distanzanpassung zwischen Buchstabenpaaren, deren Abstände nicht automatisch definiert werden können. Qualitätsschriften enthalten *Kerning-Tabellen* mit Einstellungen für problematische Buchstabenpaare.

Schriftgrößenbegrenzung

Wenn Sie größere Schriftgrade als 1.296 Punkt benötigen, weisen Sie dem Textobjekt den Effekt Transformieren zu.

14.5 Zeichen formatieren

Zeichenformatierungen sind Einstellungen, die das Aussehen einzelner Buchstaben oder Wörter durch Festlegung von Schriftart und -größe, Zeilen- und Zeichenabständen u. a. bestimmen.

Das Zeichen-Bedienfeld | Das Zeichen-Bedienfeld enthält alle Optionen für die Formatierung von Zeichen. Einige Formatierungen können Sie auch über das Eigenschaften-Bedienfeld und über das Schrift-Menü zuweisen.

Rufen Sie das Zeichen-Bedienfeld auf, indem Sie Fenster • Schrift • Zeichen (⌘/Strg+T) wählen oder (bei ausgewähltem Textobjekt) auf den Eintrag Zeichen im Steuerungsbedienfeld klicken. Im Dock klicken Sie auf das Symbol A|.

Falls das Zeichen-Bedienfeld nicht alle Optionen anzeigt, wählen Sie Optionen einblenden aus dem Bedienfeldmenü ≡.

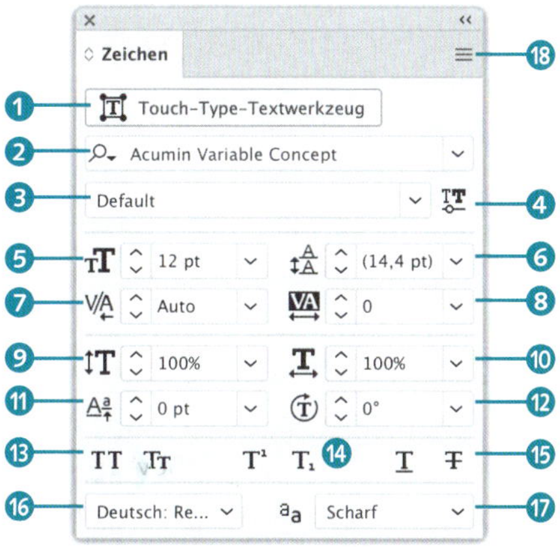

◀ **Abbildung 14.66**
Das Zeichen-Bedienfeld mit allen Optionen

Schriftfamilie ② und Schriftschnitt ③ stellen Sie getrennt ein. Falls es sich um einen variablen Font handelt, stellen Sie die Design-Achsen unter dem Button ④ ein. Es folgen der Schriftgrad ⑤ (Schriftgröße), der Zeilenabstand ⑥ und die horizontalen Abstände Kerning ⑦ und Laufweite ⑧.

Illustrator erlaubt eine horizontale ⑨ und vertikale ⑩ Skalierung von Zeichen, Sie können die Grundlinie einzelner Zeichen verschieben ⑪ und einzelne Buchstaben innerhalb eines Textobjekts drehen ⑫. Zeichen können in Großbuchstaben oder Kapitälchen umgewandelt ⑬, hoch- oder tiefgestellt ⑭ sowie unterstrichen bzw. durchgestrichen werden ⑮ und Sie können das Anti-Aliasing ⑰ für die Umrechnung in Pixel wählen. Die Sprache ⑯ bestimmt die Trennregeln und die Rechtschreibprüfung. Weitere Formatierungsoptionen finden Sie im Menü ⑱ des Zeichen-Bedienfeldes. Einige der Formatierungen können Sie auch direkt im Textobjekt intuitiv mit dem Touch-Type-Textwerkzeug ① vornehmen.

14.5.1 Grundlegende Formatierungen

Schriftfamilie | Mit dieser Einstellung weisen Sie einem Text eine auf Ihrem System installierte Schriftart zu. Aktivieren Sie das Textobjekt oder

Standardschriftart ändern

Wenn Sie für alle neuen Dokumente eine andere Standardschriftart einrichten möchten, finden Sie dazu eine Anleitung in Abschnitt 14.7, »Zeichen- und Absatzformate«.

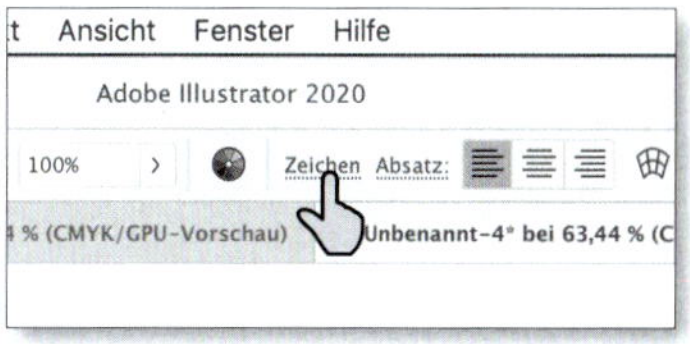

▲ **Abbildung 14.67**
Aufrufen des Zeichen-Bedienfeldes über das Steuerungsbedienfeld bei aktivem Textobjekt

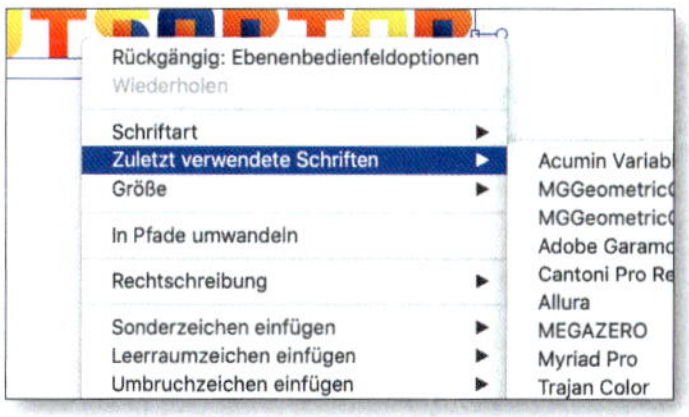

▲ **Abbildung 14.68**
Das Kontextmenü enthält häufig gebrauchte Befehle für Textobjekte.

Emojis setzen

Um Emojis zu setzen, weisen Sie die Schrift zunächst einem leeren Textobjekt zu und geben erst dann die Zeichen ein (z. B. über das Glyphen-Bedienfeld).

▲ **Abbildung 14.69**
Halbfette und künstlich gefettete sowie kursive und schräg gestellte Schrift

[Schriftschnitt]
Als Schriftschnitte bezeichnet man Varianten einer Schriftart, die zusammen eine Schriftfamilie bilden. Schräglaufende Schriftschnitte werden *kursiv* oder *italic* genannt. Eine andere Schriftschnittvariable ist die Strichstärke, die je nach Schriftart von *extra light* bis *black* reichen kann. Die dritte Variante wird durch die Zeichenbreite definiert: Für einige Schriften sind *condensed*- und *extended*-Schnitte erhältlich.

Light Condensed
Light Condensed Italic
SemiCondensed
SemiCondensed Italic
Semibold
Semibold Italic
Black SemiExtended
Black SemiExtended Italic

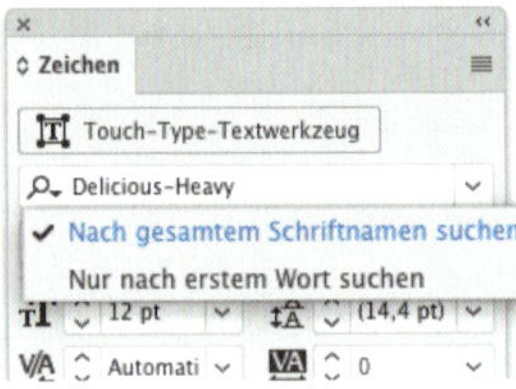

▲ **Abbildung 14.70**
Wahl des Suchmodus

▲ **Abbildung 14.71**
Filtermöglichkeiten und Anzeigesteuerung des Schriftartenmenüs im Zeichen-Bedienfeld

einzelne Zeichen, und wählen Sie eine Schriftart im Schriftfamilien-Menü. Ein Pfeil ❯▶ am Schriftnamen zeigt das Untermenü für die Auswahl des Schriftschnitts an – beim Aufrufen des Schriftartmenüs in Bedienfeldern reicht es, zunächst die Schriftart zuzuweisen. Im Schriftschnitt-Menü listet Illustrator die zur Familie gehörigen Schnitte, wenn der Font entsprechend angelegt wurde. Rechnerisches Fettsetzen oder Schrägstellen, wie es einige Textverarbeitungsprogramme anbieten, ist nicht möglich.

Unter Schrift • Zuletzt verwendete Schriften listet Illustrator die zuletzt gewählten Fonts auf. Wie viele Schriften das Menü zeigt, bestimmen Sie in Voreinstellungen • Schrift. Unter Anzahl der zuletzt verwendeten Schriften lässt sich ein Wert zwischen 1 und 15 bestimmen.

- **Live-Vorschau:** Ist ein Textobjekt oder sind einzelne Zeichen auf der Zeichenfläche ausgewählt, dann werden die Schriften beim Überrollen im Menü am Textobjekt angezeigt, allerdings nur, wenn Sie das Zeichen- oder das Steuerungsbedienfeld verwenden. Dies funktioniert auch, wenn Sie mit den Pfeiltasten durch das Menü scrollen.
- **Schriftart suchen**: Das Schriftenmenü können Sie auch per Tastatureingabe filtern. Das Suchergebnis wird während der Eingabe des Suchbegriffs aufgebaut und verfeinert. Groß- und Kleinschreibung wird nicht berücksichtigt. Sie können einen von zwei Suchmodi verwenden. Mit einem Klick auf die Lupe im Schriftartmenü rufen Sie ein Pulldown-Menü auf, in dem Sie den Modus bestimmen können.
  - Nach gesamtem Schriftnamen suchen: Zeichenfolgen, die Sie hier eingeben, werden innerhalb des gesamten Schriftnamens gesucht. Mit dem Suchbegriff »script« werden dann z. B. sowohl die »Bickham Script« als auch die »Scriptina« im Menü angezeigt.
  - Nur nach erstem Wort suchen: Mit dieser Methode wird nur nach den Anfangsbuchstaben des Namens gesucht. Der Suchbegriff »gara« findet z. B. alle installierten Garamonds sowie andere Schriften, deren Namen mit dieser Zeichenfolge beginnen. Einige Schrift-Foundries setzen ihren eigenen Namen vor den eigentlichen Schriftnamen, z. B. »ITC Garamond« – diese Schriften werden ebenfalls gefunden.
- **Schriftmenü filtern:** Anstatt nach einem Schriftnamen zu suchen, können Sie das Schriftmenü nach verschiedenen Kriterien filtern. Rufen Sie das Menü mit dem Pfeil rechts neben dem Schriftnamen auf, um die Filteroptionen anzuzeigen. Klicken Sie die Buttons an, um den Filter zu setzen – mit einem weiteren Klick wird der Filter deaktiviert. Sie können auch Filter miteinander kombinieren:
  - Schriftarten nach Klassifizierung filtern: Mit diesem Button rufen Sie ein Popup auf, in dem Sie mit Buttons die Schrift charakterisieren können, nach der Sie suchen, z. B. Sans Serif, Skript oder

HAND. Sie können auch ganz gezielt nach Eigenschaften suchen wie der Strichstärke oder der Zeichenbreite und Sie können spezifisch nach Schriften suchen, die z. B. nur Großbuchstaben enthalten oder Mediävalziffern besitzen. Illustrator zeigt dann jeweils nur Schriftarten im Menü an, die diesen Kriterien entsprechen. Bei der Klassifikation verlässt es sich auf Herstellerangaben. Schriften, die keiner Klassifikation entsprechen, finden Sie unter DEKORATIV M. Sie können mehrere Optionen kombinieren. Mit ALLE LÖSCHEN entfernen Sie den Filter wieder.

- BEVORZUGTE SCHRIFTARTEN: Sie können Ihre Favoriten im Schriftenmenü mit einem Klick auf das Sternchen ☆ markieren, das beim Überrollen rechts erscheint. Mit dem Filter-Button ★ schränken Sie das Schriftenmenü dann auf Ihre Favoriten ein.
- AKTIVIERTE SCHRIFTARTEN ANZEIGEN: Mit dieser Option schränken Sie das Schriftenmenü auf Schriften aus dem Cloud-Dienst Adobe Fonts (früher Typekit) ein.
- ÄHNLICHE: Gehen Sie auf eine Schriftart im Menü, und klicken Sie rechts auf ≈, um ähnlich aussehende Schriften wie die aktuell ausgewählte anzuzeigen. Gehen Sie oberhalb des Menüs auf ZURÜCK, um diese Einschränkung rückgängig zu machen.

- **Schriften aus Adobe Fonts hinzufügen:** Gehen Sie auf den Button MEHR SUCHEN, um die Schriften des Cloud-Dienstes Adobe Fonts direkt im Schriftartenmenü mit denselben Filtermöglichkeiten zu durchsuchen. Beim Überrollen mit dem Cursor sehen Sie auch für diese Schriften direkt eine Vorschau an Ihren Textobjekten.
  Um eine Schrift zu lizenzieren, klicken Sie rechts im Menü auf AKTIVIEREN. Die Schrift wird synchronisiert und steht sofort ohne Neustart zur Verfügung. Bereits aktivierte Schriften erkennen Sie am Symbol. Klicken Sie darauf, um die Schrift zu deaktivieren.
- **Font-Vorschau**: Die Schriftartenmenüs werden mit einer Vorschau angezeigt. Bei sehr vielen Schriften kann dies die Anzeige des Menüs verlangsamen. Falls Sie die Vorschau nicht benötigen, rufen Sie VOREINSTELLUNGEN • SCHRIFT auf und deaktivieren MENÜINTERNE SCHRIFTVORSCHAUEN AKTIVIEREN. Den Vorschautext wählen Sie aus dem Menü, das Sie neben AUSGEWÄHLTER TEXT finden. Die Größe der Vorschau wählen Sie mit den Buttons A.
- **Fehlende Schriften**: Öffnen Sie ein Dokument, das Schriften verwendet, die auf Ihrem Computer nicht installiert sind, wird die Dialogbox FEHLENDE SCHRIFTEN angezeigt. Sie können die Schriften darin direkt auf Adobe Fonts suchen und lizenzieren oder die Schriften durch installierte ersetzen. Die Dialogbox erreichen Sie zu einem späteren Zeitpunkt unter SCHRIFT • FEHLENDE SCHRIFTARTEN AUFLÖSEN.

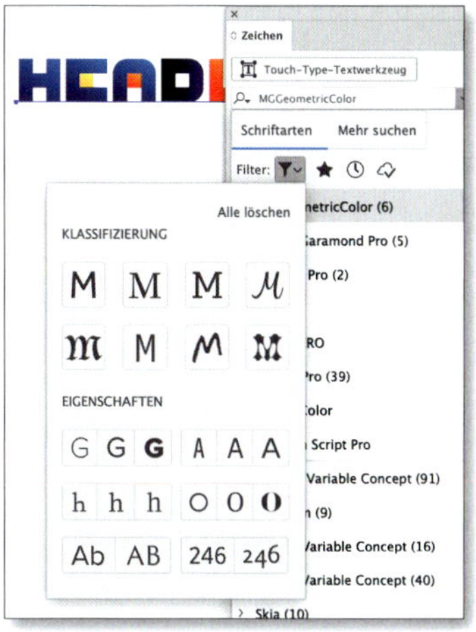

▲ **Abbildung 14.72**
Klassifizierungsfilter

Weitere Schriften laden

Wählen Sie SCHRIFT • MEHR BEI ADOBE FONTS, um Adobe Fonts im Browser zu öffnen und dort zusätzliche Schriften zu lizenzieren.

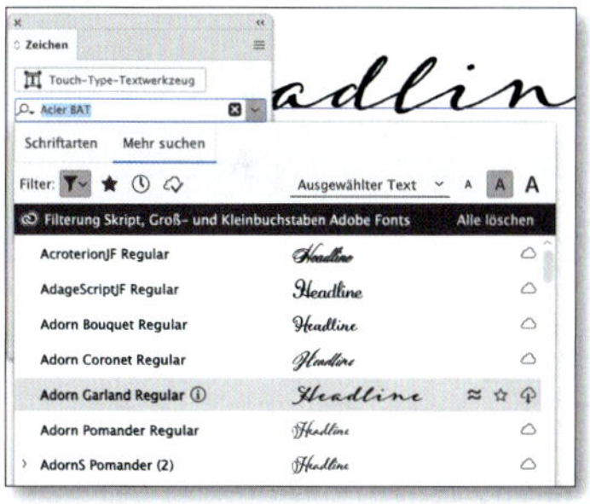

▲ **Abbildung 14.73**
Anzeige der Vorschau von Adobe Fonts direkt am Textobjekt in der Datei

Cloud-Schriften

Adobe Fonts enthält auch Schriften, die Adobe von anderen Herstellern lizenziert hat. Bei Ablauf der Verträge können diese Schriften aus dem Angebot entfernt werden.

▲ **Abbildung 14.74**
Dialogbox Fehlende Schriftarten auflösen

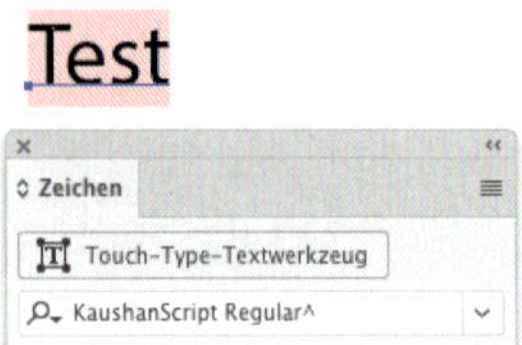

▲ **Abbildung 14.75**
Fehlende Schrift

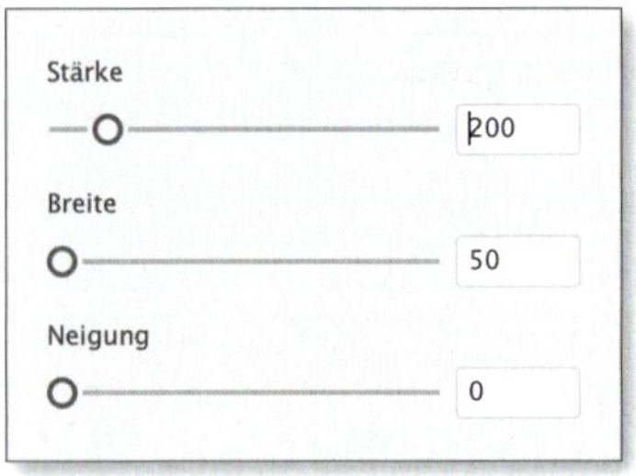

▲ **Abbildung 14.76**
Einstellen der variablen Schriftart

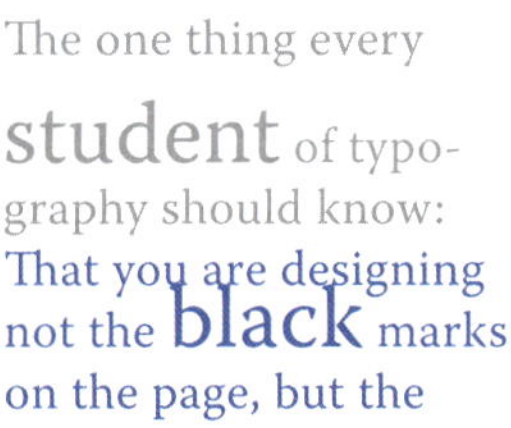

▲ **Abbildung 14.77**
Automatischer (oben) und fest definierter Zeilenabstand (unten)

Zeilenabstand = Schriftgröße

Doppelklicken Sie auf im Zeichen-Bedienfeld, um den Zeilenabstand auf denselben Wert zu setzen wie die Schriftgröße.

Wenn Sie sehen möchten, an welcher Stelle im Dokument Schriftarten ersetzt wurden, wählen Sie Voreinstellungen • Schrift, und aktivieren Sie die Einstellung Ersetzte Schriften hervorheben. Die Texte werden in Rosa hinterlegt, und Namen im Schriftenmenü werden mit einem ^ markiert.

- Schriften synchronisieren: Setzen Sie das Häkchen hinter dem Schriftnamen, und klicken Sie auf den Button Schriftarten aktivieren, um die Schriften von Adobe Fonts zu laden.
- Schriften suchen: Klicken Sie auf Schriften suchen, um die gleichnamige Dialogbox aufzurufen und damit die Schriften auf Ihrem Computer zu recherchieren.

Variable Schriftart einrichten | Haben Sie eine variable Schriftart ausgewählt, dann wird der Button Variable Schriftart eingeblendet. Klicken Sie darauf, um ein Popup aufzurufen, in dem Sie die Design-Achsen einstellen und damit das Aussehen der Schrift fein einstellen können.

Schriftgrad/Schriftgröße | Den Schriftgrad wählen Sie aus dem Menü oder geben ihn in das Eingabefeld ein. Sie können Größen zwischen 0,1 Punkt und 1.296 Punkt in 0,001-Punkt-Schritten eingeben.

Zeilenabstand | Der Zeilenabstand ist eine Eigenschaft des Zeichens. Wirksam für den Abstand zweier Textzeilen ist jeweils der größte in der unteren Zeile eingestellte Zeilenabstand. Um den Zeilenabstand einzustellen, wählen Sie mindestens ein Zeichen, besser jedoch den ganzen Absatz oder das Textobjekt aus und geben einen Wert ein.

Steht der Wert im Eingabefeld in Klammern, dann wurde der automatische Zeilenabstand zugewiesen. Die Voreinstellung für den automatischen Wert ändern Sie unter dem Eintrag Abstände aus dem Menü des Absatz-Bedienfeldes.

In einem Textblock mit automatischem Zeilenabstand kann der Abstand der Textzeilen variieren, wenn einzelne Zeichen unterschiedliche Schriftgrößen und damit einen unterschiedlichen Zeilenabstand besitzen. Dies kann besonders dann verwirren, wenn ein Leerzeichen eine abweichende Größe besitzt (s. Abbildung 14.77).

Kerning | Einige Standard-Kerning-Einstellungen können Sie sowohl auf das ganze Textobjekt, auf ausgewählte Zeichen wie auch auf ein einzelnes Buchstabenpaar anwenden. Die Eingabe bestimmter Kerning-Werte ist nur für ausgewählte Buchstabenpaare möglich.

- Automatisch/Metrisch: Verwenden Sie die Einstellung Automatisch, um die im Font gespeicherten Kerning-Tabellen zu verwenden.

- Optisch: Besitzt der Font keine oder unzureichende Kerning-Tabellen oder mischen Sie verschiedene Schriften, dann wählen Sie Optisch. Illustrator passt die Abstände nach der Form der Buchstaben an.
- Manuell: Als dritte Möglichkeit bleibt Ihnen manuelles Kerning von Buchstabenpaaren. Platzieren Sie den Text-Cursor zwischen die problematischen Zeichen, und wählen Sie einen Wert aus dem Kerning-Menü, oder tippen Sie den Wert direkt in das Eingabefeld ein.

Kerning per Shortcut

Um ohne Umweg über das Zeichen-Bedienfeld den Abstand zweier Zeichen anzupassen, platzieren Sie den Cursor zwischen den beiden Buchstaben und drücken ⌥/Alt+← zur Verringerung oder ⌥/Alt+→ zur Vergrößerung des Abstands.

Laufweite | Passen Sie die Laufweite an, indem Sie entweder den ganzen Textblock oder einzelne Buchstaben auswählen und anschließend im Zeichen-Bedienfeld unter Laufweite einen Wert eingeben. Die Laufweite wirkt sich zusätzlich zu Kerning-Einstellungen aus.

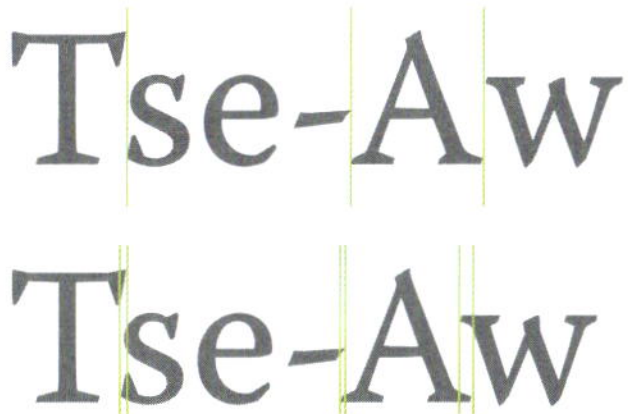

▲ **Abbildung 14.78**
Kerning zwischen problematischen Buchstabenpaaren

Sprache | Die Spracheinstellung bestimmt die Funktion der Rechtschreibprüfung und der Silbentrennung. Für einzelne Wörter und sogar einzelne Zeichen können Sie die Sprache angeben.

14.5.2 Schrift umformen, verformen und verschieben

Stauchen und Strecken | Diese beiden Einstellmöglichkeiten sollten Sie mit Vorsicht verwenden. Wenn Sie eine schmalere oder breitere Schrift benötigen, suchen Sie lieber nach einem entsprechenden Schriftschnitt oder einer anderen Schriftfamilie.

Für Typografik oder bei sehr geringem Platzangebot, z. B. im Verpackungsdesign, können Sie zu diesen extremen Mitteln greifen. Aktivieren Sie die Schriften, und geben Sie die gewünschten Werte ein – eine vertikale Skalierung verändert die Höhe der Buchstaben. Der Zeilenabstand passt sich nicht an.

▲ **Abbildung 14.79**
Condensed-Schnitt und gestauchte Schrift

Grundlinienversatz | Mit dieser Option verschieben Sie einzelne Zeichen nach oben oder unten, ohne deren Größe zu verändern.

▲ **Abbildung 14.80**
Grundlinienversatz eines Symbols

Drehung | Auch wenn Sie mehrere Zeichen aktiviert haben, werden Zeichen immer individuell um ihren jeweiligen Mittelpunkt gedreht. Das Kerning müssen Sie anschließend anpassen – je nach Drehwinkel entstehen teilweise große Lücken. Für folgende Situationen ist die Drehung nicht vorgesehen:

- **Ausrichtung**: Möchten Sie die Textausrichtung von horizontal auf vertikal – oder umgekehrt – ändern, aktivieren Sie das Textobjekt und wählen Schrift • Textausrichtung • Horizontal oder Vertikal.

▲ **Abbildung 14.81**
Unterschiedliche Drehwinkel

- **Ganzen Text drehen**: Um das ganze Textobjekt zu drehen, aktivieren Sie es mit dem Auswahl-Werkzeug und drehen es mithilfe der Transformieren-Werkzeuge.

To design is much more
than simply to assemble,
to order or ~~even~~ to edit.
To design is to transform
Prose into poetry.

▲ **Abbildung 14.82**
Unterstreichungen und Durchstreichungen haben die Farbe des Textes.

Unterstrichen T̲ und Durchgestrichen T̶ | Beim Unterstreichen wird eine Linie unter dem Text erzeugt – Sie können weder ihre Farbe noch ihre Stärke oder ihren Abstand zum Text beeinflussen. Vor allem können Sie die Linie nicht daran hindern, Unterlängen zu schneiden. Die Funktion hat einen Nutzen, um in Layouts für Webseiten Links darzustellen.

Mit der Option Durchgestrichen erzeugen Sie eine Linie, die die Texte durchstreicht. Auch ihre Stärke können Sie nicht beeinflussen.

Achtung bei Verzerrungen

Die Einstellungen, die Sie im Zeichen-Bedienfeld vornehmen, werden nicht nur auf das aktivierte Objekt angewendet, sondern auch als Voreinstellung für neuen Text, den Sie erstellen.

Kapitälchen | Kapitälchen sind Großbuchstaben, deren Höhe sich nach den Mittellängen richtet und deren Strichstärke der Strichstärke der Schrift angepasst ist. Daher lassen sich »echte« Kapitälchen nicht automatisch durch Skalierung aus Großbuchstaben erzeugen.

Um einen Text in Kapitälchen zu setzen, aktivieren Sie ihn und wählen Kapitälchen aus dem Menü des Zeichen-Bedienfeldes. Wenn Sie eine Schrift verwenden, in der Kapitälchen angelegt sind, werden diese verwendet. Ansonsten berechnet Illustrator die Kapitälchen aus den Versalien der Schrift. Die Grundlage der Berechnung ist die Voreinstellung von 70 % der Versalhöhe für die Größe der berechneten Kapitälchen. Sie können für das gesamte Dokument eine andere Voreinstellung im Bereich Schrift unter Datei • Dokument einrichten... eingeben.

Echte Kapitälchen
im Text gesetzt

Falsche Kapitälchen
im Text gesetzt

▲ **Abbildung 14.83**
Echte und gerechnete Kapitälchen – Letztere wirken im Vergleich zu mager.

Hochgestellt/tiefgestellt – Indexziffern | Für mathematische oder chemische Formeln setzen Sie Zahlen im Text, aktivieren sie und wählen Hochgestellt bzw. Tiefgestellt aus dem Bedienfeldmenü, um die Zahlen in Indexziffern umzuwandeln. Illustrator verwendet Indexziffern, sofern sie im Font angelegt sind. Enthält eine Schrift keine Indexziffern, werden sie rechnerisch erzeugt – mit denselben Nachteilen, die für Kapitälchen gelten. Die Vorgabe für die rechnerische Erzeugung von Indexziffern geben Sie im Bereich Schrift unter Datei • Dokument einrichten ein:

- Grösse: Mit diesem Wert bestimmen Sie die Skalierung im Verhältnis zur Versalhöhe.
- Position: Geben Sie hier ein, um wie viel Prozent der Schriftgröße Sie die Indexziffer von der Schriftgrundlinie nach oben bzw. unten verschieben wollen.

$NH_2CH_2CH_2OH$

$NH_2CH_2CH_2OH$

▲ **Abbildung 14.84**
Rechnerisch tiefgestellte Indexziffern (oben) im Vergleich mit echten Indexziffern

Verzerrungen zurücksetzen

Schriftverzerrungen können Sie mit dem Tastaturbefehl ⌘+⇧+X bzw. Strg+⇧+X zurücksetzen. Die Schriftgröße bleibt unberührt – die Breite wird auf 100 % gesetzt.

Mit dem Touch-Type-Textwerkzeug arbeiten | Anstatt die Parameter Schriftgröße, Drehung, Grundlinienversatz, Kerning, vertikale und horizontale Skalierung in die Eingabefelder einzutragen, können Sie das

Touch-Type-Textwerkzeug verwenden und die Zeichen in einem Textobjekt direkt verformen. Wählen Sie das Werkzeug dazu entweder aus dem Werkzeug- oder dem Zeichen-Bedienfeld aus, und klicken Sie auf ein Zeichen in einem Textobjekt (das dafür nicht bereits aktiviert sein muss). Mit dem daraufhin angezeigten Transformationsrahmen können Sie das Zeichen proportional skalieren ❶, strecken ❷, stauchen ❸, drehen ❹ und auf der Grundlinie verschieben sowie das Kerning vergrößern und verkleinern ❺. Darüber hinaus können Sie dem ausgewählten Zeichen Farben zuweisen.

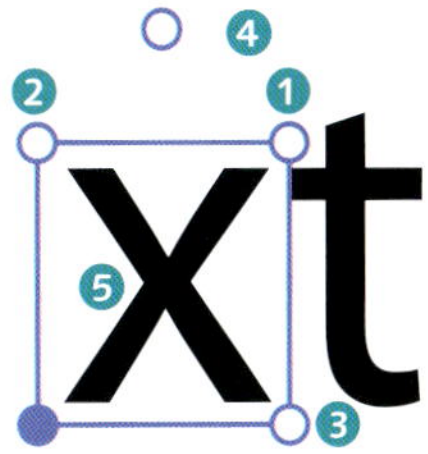

▲ **Abbildung 14.85**
Anfasser des Touch-Type-Textwerkzeugs

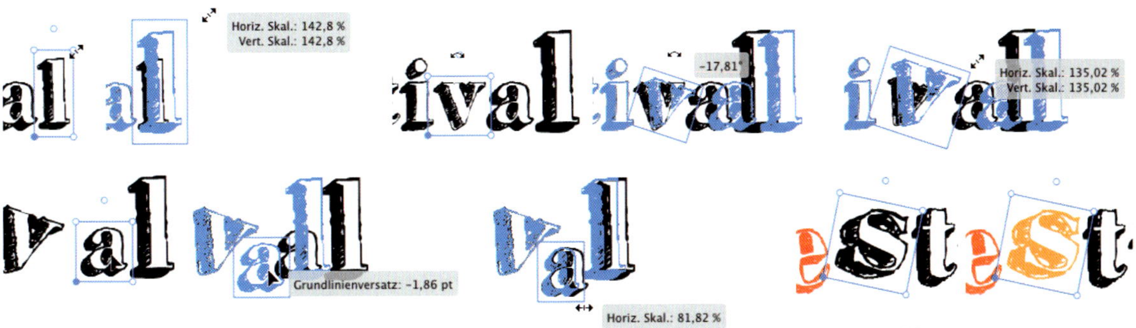

▲ **Abbildung 14.86**
Bearbeiten eines Schriftzugs mit dem Touch-Type-Textwerkzeug

Sie können jeweils nur ein Zeichen bearbeiten. Wenn Sie dieselben Transformationen an weiteren Zeichen vornehmen wollen, lassen sie sich mit dem Pipette-Werkzeug einfacher übertragen, denn es sind Eigenschaften des jeweiligen Zeichens. Wenn Sie den Text ändern, übernimmt Illustrator für die Änderungen die Eigenschaften des ersten geänderten Zeichens.

Touch-Type und Gruppen

Mit dem Touch-Type-Textwerkzeug können Sie in gruppierte Textobjekte hineingreifen, ohne zuvor in den Isolationsmodus gehen zu müssen.

14.5.3 Schriftdarstellung am Bildschirm verbessern

Systemlayout | Die Einstellung Systemlayout bewirkt, dass Buchstabenabstände immer in ganzen Pixeln ausfallen. Wenn Sie ein Screendesign entwickeln und Schriftgrößen unter 20 Punkt verwenden, sind die Texte mit den standardmäßig verwendeten gebrochenen Zeichenbreiten eventuell nicht gut lesbar. Aktivieren Sie in diesem Fall Systemlayout im Menü des Zeichen-Bedienfeldes. Diese Einstellung gilt im Gegensatz zu anderen für das gesamte Dokument.

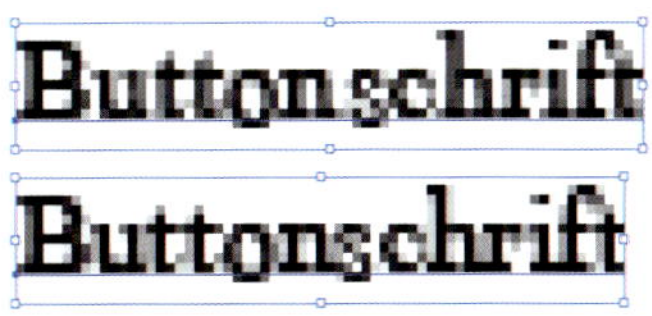

▲ **Abbildung 14.87**
Gebrochene Breiten (oben) und Systemlayout (unten)

Glättungsmethode für die Umrechnung in Pixel | Beim Exportieren der meisten Pixelformate wird auch der Text gerastert. Wie in Photoshop können Sie die Glättungsmethode für Ihre Textobjekte wählen und damit die Lesbarkeit verbessern. Die Optionen unterscheiden sich in ihrer Stärke und optischen Wirkung. Mit den Optionen Scharf und

Antialiasing

Beim Speichern in Pixelformate können Sie auch mit der Antialiasingmethode das Ergebnis verbessern (s. Abschnitt 14.9.2).

Schärfer erfolgt die Glättung nur in horizontaler Richtung, sodass die Schriftgrundlinie exakt steht.

▼ **Abbildung 14.88**
Die Glättungsoptionen Ohne, Scharf, Schärfer, Stark (von links)

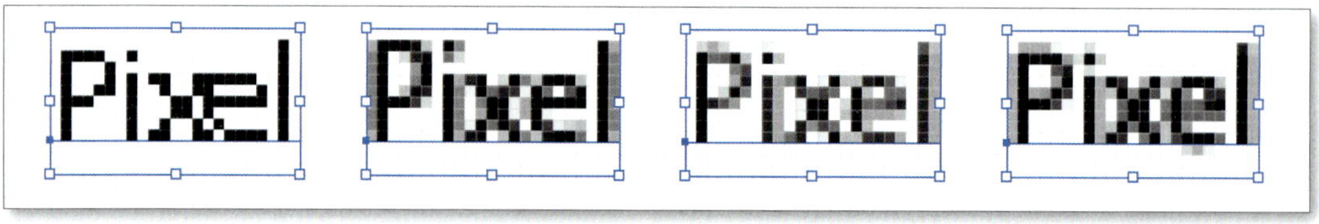

14.5.4 Satzoptionen

▲ **Abbildung 14.89**
Asiatische Optionen im Zeichen-Bedienfeld

Asiatische Schriften im Menü

Um asiatischen Schriften im Menü anzuzeigen, aktivieren Sie die Voreinstellung Schriftnamen in Englisch anzeigen.

Umbrüche verhindern | Möchten Sie verhindern, dass Silben oder Wortgruppen getrennt werden, z. B. ein Wert und die dazugehörige Maßeinheit, dann aktivieren Sie diese Gruppe und wählen Kein Umbruch aus dem Menü des Zeichen-Bedienfeldes.

Asiatische Optionen | Das Zeichen-Bedienfeld verfügt über weitere Optionen speziell für den Satz asiatischer Schriften. Um diese Optionen anzuzeigen, aktivieren Sie die Einstellung Ostasiatische Optionen einblenden unter Voreinstellungen • Schrift.

Die asiatischen Optionen können Sie auch für spezielle Satzarbeiten in lateinischen Schriftsystemen verwenden – mit der Option Warichu aus dem Bedienfeldmenü ist es möglich, eine Zeile in weitere Zeilen aufzuteilen (s. Abbildung 14.90).

▲ **Abbildung 14.90**
Dem Text wurde die Option Warichu zugewiesen. In den Warichu-Optionen stellen Sie die Anzahl der Zeilen und den Skalierungsfaktor ein.

14.5.5 Zeichenformatierungen auf andere Texte übertragen

Um eine Formatierung einfach aus einem vorhandenen Objekt zu übernehmen, verwenden Sie das Pipette-Werkzeug.

Aktivieren Sie das Textobjekt oder den Text, den Sie formatieren möchten. Wählen Sie das Pipette-Werkzeug – I –, und bewegen Sie es über den Text, dessen Formatierung Sie übernehmen möchten. Wenn das Cursor-Symbol angezeigt wird, klicken Sie auf den Text. Dessen Formatierung wird auf die aktivierte Schrift übertragen und in das Pipette-Werkzeug aufgenommen (mehr zur Pipette s. Abschnitt 11.7).

Sie können jetzt mit dem Pipette-Werkzeug durch Klicken und Ziehen andere Zeichen aktivieren, um diese ebenfalls zu formatieren.

14.5.6 Schrift suchen

Um die verwendeten Schriften in Ihrem Dokument vor der Abgabe zu vereinheitlichen oder um nicht installierte Schriften dokumentweit einfach durch Alternativen zu ersetzen, verwenden Sie Schrift • Schrift suchen. Die Funktion Schrift suchen wirkt sich leider nicht auf Schriften aus, die Sie in Diagrammen verwendet haben.

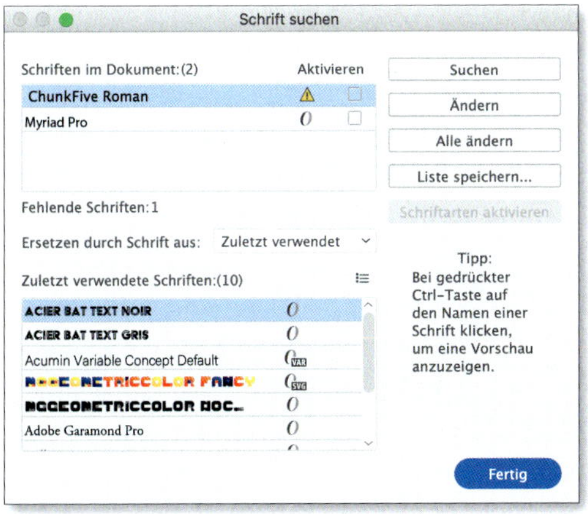

◀ **Abbildung 14.91**
Die Dialogbox Schrift suchen

Im Feld Schriften im Dokument werden die im Dokument verwendeten Schriftschnitte aufgelistet. Nicht installierte Schriften sind mit einem Warndreieck ⚠ gekennzeichnet. Die Reihenfolge ergibt sich durch die Stapelreihenfolge der Textobjekte. Klicken Sie auf einen Schriftnamen, um das jeweils erste Vorkommen dieser Schrift im Dokument hervorzuheben.

Im unteren Feld stellen Sie sich eine Liste der potenziellen Kandidaten für das Ersetzen zusammen.

- Im Menü Ersetzen durch Schrift aus haben Sie die Wahl, ob nur die Schriften im aktuellen Dokument oder alle im System installierten Schriften angezeigt werden sollen.
- Kreuzen Sie im Menü Filter verwalten ☰ an, welche Font-Formate zum Ersetzen infrage kommen.

Klicken Sie anschließend im oberen Feld auf den Namen der zu ersetzenden Schrift und im unteren Feld auf den Namen der Ersatzschrift. Beim Ersetzen wird nur die Schriftart geändert, andere Zeichenformatierungen bleiben erhalten. Das Ersetzen führen Sie mit einem der Buttons durch:

- Ändern: Mit diesem Button ersetzen Sie die Schrift an der hervorgehobenen Stelle durch die ausgewählte Ersatzschrift und suchen anschließend nach dem nächsten Vorkommen.
- Alle ändern: Ersetzt die Schrift im gesamten Dokument.
- Suchen: Sucht nach anderen Vorkommen im Dokument, ohne die Schrift zu ersetzen.
- Liste speichern: Speichern Sie eine Liste der verwendeten Schriften als Textdatei.

Werteingabe bestätigen

Wenn Sie Werte in die Eingabefelder des Zeichen-Bedienfeldes eintragen, bestätigen Sie mit ↵ oder der Enter-Taste.
Um zu bestätigen und den Fokus in das nächste Feld zu setzen, verwenden Sie ⇥.

Font-Formate

Die Liste der Fonts lässt sich nach Formaten filtern – lesen Sie die Erklärungen zu den Formaten *OpenType* und *Multiple Master* an anderer Stelle in diesem Buch.
Type 1 bezeichnet PostScript-Fonts – sie sind vor allem daran zu erkennen, dass sie aus zwei Dateien bestehen.
Der Begriff *Roman* bezieht sich auf lateinische Schriften mit alphanumerischen Zeichen.
CID (**C**haracter **ID**entifier) dagegen steht für Schriften aus dem fernöstlichen Raum wie Japan, China oder Korea.
Mit der Option Standard beschränken Sie die Liste auf Systemfonts.

Vorschau des Textobjekts

Ein Rechtsklick auf eine Schrift im Dokument zeigt eine Vorschau eines Textobjekts mit dieser Schrift an.

Löschen eines Carriage Returns

Wenn ein Wagenrücklauf zwischen zwei Absätzen herausgelöscht wird, geht eine eventuell abweichende Formatierung des zweiten Absatzes verloren, denn Illustrator wendet auf die gesamte Textpassage zwischen zwei Wagenrückläufen die Formatierung des ersten Absatzes an.

- Schriftarten aktivieren: Ist die fehlende Schrift bei Adobe Fonts vorhanden, dann aktivieren Sie sie mit diesem Button.
- Fertig: Mit diesem Button schließen Sie die Dialogbox.

14.6 Absätze formatieren

Ein Absatz ist der Text, der zwischen zwei »Wagenrückläufen« ↵ – engl. »Carriage Return« bzw. »CR« – steht. Absatzformatierungen werden auf komplette Absätze angewandt. Um einen Absatz zu formatieren, aktivieren Sie das Textobjekt – die Einstellung wirkt für alle enthaltenen Absätze – oder setzen den Text-Cursor in den Absatz.

Absatz auswählen

Die Optionen werden dem ausgewählten Absatz zugewiesen! Dies sind der oder die Absätze im aktivierten Textobjekt oder der Absatz, in dem die Einfügemarke steht bzw. Zeichen ausgewählt sind.

14.6.1 Das Absatz-Bedienfeld

Absatzformatierungen nehmen Sie im Absatz-Bedienfeld vor. Sie rufen das Bedienfeld auf, indem Sie Fenster • Schrift • Absatz wählen, oder mit ⌘+⌥+T bzw. Strg+Alt+T. Im Dock ist es das Symbol ¶.

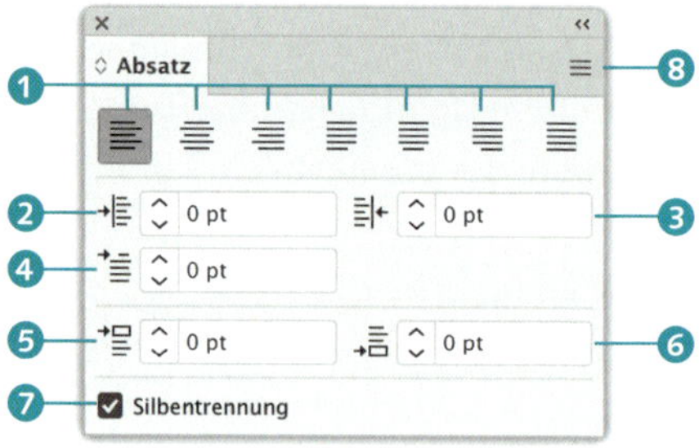

Abbildung 14.92 ▶
Das Absatz-Bedienfeld

Hauptmerkmal einer Absatzformatierung ist die Ausrichtung ❶ des Textes – diese Einstellungen finden Sie auch im Eigenschaften-Bedienfeld im Bereich Absatz. Weitere Eigenschaften eines Absatzformats sind der Abstand zum vorhergehenden ❺ oder folgenden Absatz ❻, die Größe des Texteinzugs am Beginn eines Absatzes ❹ sowie gegebenenfalls ein genereller Einzug am linken ❷ und/oder am rechten ❸ Textrand.

Verkettete Textobjekte

Wenn Sie verkettete Textobjekte formatieren, achten Sie darauf, alle Objekte der Kette auszuwählen. Wenn nur ein Textobjekt aus einer Verkettung aktiviert ist, wirkt sich die Formatierung auf alle Absätze aus, die in diesem Textobjekt beginnen, enden oder komplett enthalten sind.

14.6.2 Grundlegende Formatierungen

Textausrichtung | Die Benennung richtet sich danach, an welchem Rand eine Zeile bündig ist. Um einen Text auszurichten, wählen Sie den Absatz aus und klicken auf den gewünschten Ausrichtungs-Button im Absatz- oder im Eigenschaften-Bedienfeld.

◀ **Abbildung 14.93**
Linksbündiger, rechtsbündiger, zentrierter Satz und Blocksatz, im Layout dargestellt. Graue Balken repräsentieren jeweils eine Zeile Text.

Bei linksbündigem bzw. rechtsbündigem Text schließt der Text am linken bzw. rechten Rand ab. Auf der jeweils gegenüberliegenden Seite beginnen oder enden die Zeilen unregelmäßig. Jede Zeile ist beim zentrierten Satz einzeln mittig zum Textrahmen ausgerichtet. Im Gegensatz dazu werden im Blocksatz die Buchstaben- und Wortzwischenräume so variiert, dass der Text beidseitig am Rand bündig ist. In Illustrator können Sie vier Arten von Blocksatzeinstellungen zuweisen, die sich im Umgang mit der letzten Zeile unterscheiden. Am gebräuchlichsten ist die Einstellung Blocksatz, letzte Zeile linksbündig.

Zeilenumbruch erzwingen

Um einen Zeilenumbruch zu erzwingen, ohne einen Absatz zu erzeugen, tippen Sie [⇧]+[↵].

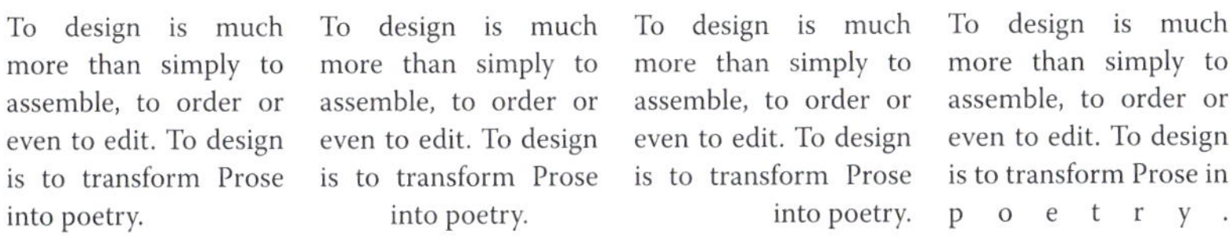

◀ **Abbildung 14.94**
Blocksatz: letzte Zeile linksbündig, letzte Zeile zentriert, letzte Zeile rechtsbündig, Blocksatz (alle Zeilen), auch »erzwungener Blocksatz« genannt

Blocksatz in Illustrator

Blocksatz funktioniert in älteren Versionen nicht immer. Vor allem in Verbindung mit dem Einzeilen-Setzer, mit im Text eingefügten bedingten Trennstrichen oder mit erzwungenen Zeilenumbrüchen sind Ergebnisse eventuell nicht optimal (grobe Fehler wie rechts sollten aber nicht mehr vorkommen). Besser funktioniert es mit dem Alle-Zeilen-Setzer und mit hängender Interpunktion. Die über den Textrahmen ragenden Zeichen der hängenden Interpunktion könnten jedoch unerwünscht sein.

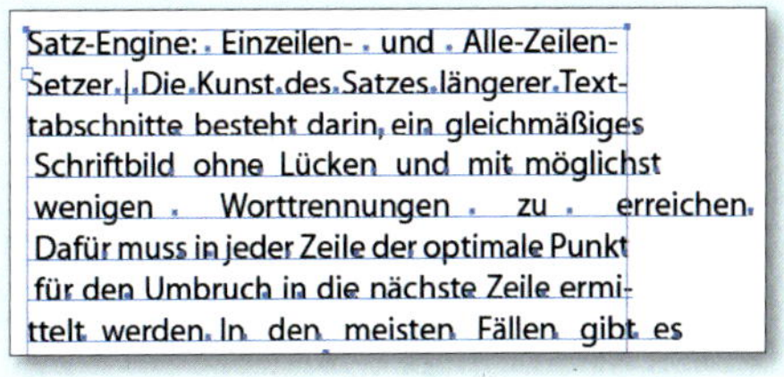

Einzüge | Mit Einzügen bestimmen Sie den Abstand des Textes zur Begrenzung des Textobjekts. Sie können Einzüge der ersten Zeile sowie generelle Einzüge am linken und rechten Rand des Absatzes einrichten.

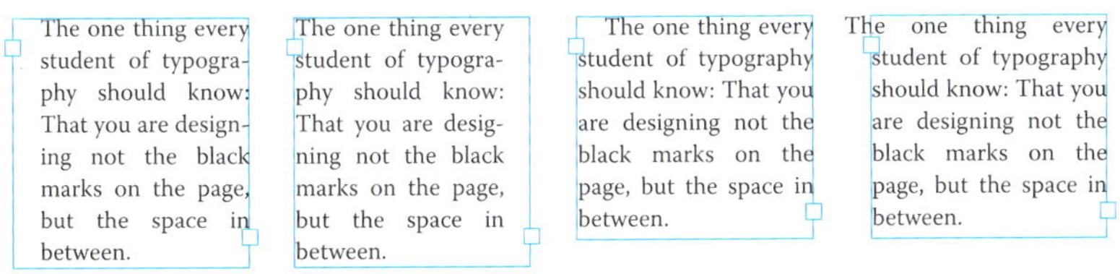

◀ **Abbildung 14.95**
Einzug links, Einzug rechts, Einzug links in erster Zeile, hängender Einzug

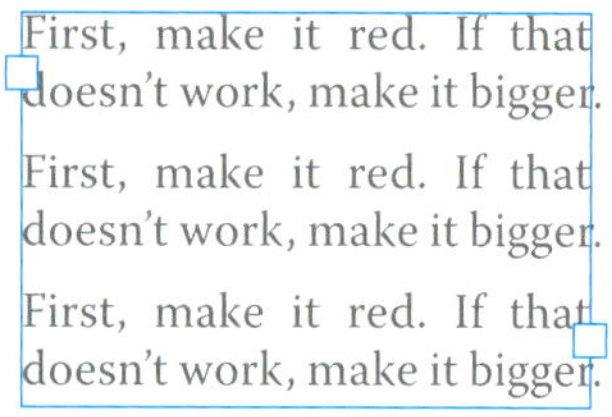

▲ **Abbildung 14.96**
Abstände zwischen Absätzen

Exkurs: TeX
In den 1980er-Jahren beschrieben Donald E. Knuth und Michael F. Plass als Erste den Schriftsatz als komplexes Informatikproblem und suchten nach Alternativen für den damaligen Ansatz, zeilenweise vorzugehen. Sie entwickelten den Algorithmus für den Zeilenumbruch, der zum Kernstück von Knuths Public-Domain-Software TeX wurde.

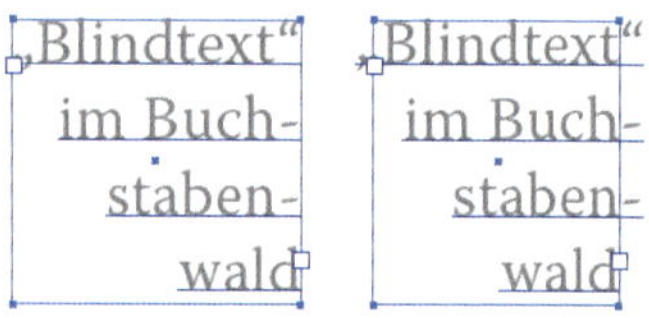

▲ **Abbildung 14.97**
Ohne (links) und mit (rechts) hängender Interpunktion – hängende Interpunktion sollten Sie nicht auf nebeneinanderstehende Blocksatzspalten anwenden, da die Zwischenräume unsauber wirken.

▲ **Abbildung 14.98**
Ohne (links) und mit (rechts) optischem Randausgleich

Um Einzüge einzurichten, geben Sie den Abstand ein, um den Sie die Zeile oder den Absatz einziehen wollen. Einen »hängenden Einzug« – also das Herausragen der ersten Zeile nach links – erreichen Sie, indem Sie einen negativen Wert unter Einzug links in erster Zeile eingeben (dies ist in Illustrator ohne einen gleichzeitigen linken Einzug möglich).

Abstände zwischen Absätzen | Um Absätze besser voneinander zu trennen, legen Sie Abstände fest, die zwischen den Absätzen zum Zeilenabstand addiert werden. Dieser Methode sollten Sie den Vorzug geben vor der Erzeugung der Abstände durch zusätzliche Zeilenschaltungen, da Sie mit Abstand vor und nach Absatz viel einfacher die Höhe des Abstands beeinflussen können.

Für einen Abstand zwischen der Oberkante des Textobjekts und dem ersten Absatz verwenden Sie Erste Grundlinie in der Dialogbox Schrift • Flächentextoptionen (s. Abschnitt 14.2.2).

14.6.3 Umbruchoptionen

Hängende Interpunktion und optischer Randausgleich | Bindestriche, Punkte, Anführungszeichen und andere Satzzeichen wirken weniger massiv als Buchstaben. Befinden sich diese Zeichen am bündigen Rand eines Absatzes, dann erscheint dieser Rand unruhig. Die »hängende Interpunktion« lässt den Spaltenrand optisch glatter aussehen. Um hängende Interpunktion auf einen Absatz anzuwenden, setzen Sie den Text-Cursor in den Absatz und wählen Hängende Interpunktion Roman aus dem Menü des Absatz-Bedienfeldes. Einige Satzzeichen ragen anschließend komplett über den Absatzrand hinaus, andere zum Teil.

Der optische Randausgleich gleicht die Ränder aller Absätze eines Textobjekts aus, indem die Kanten einiger Zeichen über den Rand des Textobjekts hinausragen. Aktivieren Sie das Objekt mit dem Auswahl-Werkzeug, und wählen Sie Schrift • Optischer Randausgleich.

Satz-Engine: Einzeilen- und Alle-Zeilen-Setzer | Die Kunst des Satzes längerer Textabschnitte besteht darin, ein gleichmäßiges Schriftbild ohne Lücken und mit möglichst wenigen Worttrennungen zu erreichen. Dafür muss in jeder Zeile der optimale Punkt für den Umbruch in die nächste Zeile ermittelt werden. In den meisten Fällen gibt es nicht den einen optimalen Punkt, sondern mehrere zweitbeste Lösungen. Mit der Option Alle-Zeilen-Setzer bestimmt Illustrator die Umbruchpunkte eines Absatzes nach den Regeln, die Sie setzen. Mit der Option Einzeilen-Setzer werden alle Zeilen einzeln behandelt.

Einzeilen-Setzer

Diese Option arbeitet nach der Methode, die im Fotosatz und in den Anfangszeiten des DTP vorherrschte. **Jede Zeile wird für sich betrachtet** und nach den in den Dialogen Silbentrennung und Abstände festgelegten Regeln in sich ausgeglichen. Dadurch können in einem an sich gut ausgeglichenen Abschnitt **einzelne Zeilen durch ungünstige Abstände** auffallen. Wenn Sie die Kontrolle über den Satz selbst in der Hand behalten möchten, sollten Sie diese Option wählen.
Der Einzeilen-Setzer geht nach folgenden Regeln vor: Beim Ausgleichen der Zeile hat die Verringerung oder Vergrößerung der Wortabstände Vorrang vor der Silbentrennung. Die Silbentrennung wird der Verringerung oder Erhöhung der Zeichenabstände vorgezogen. Ist eine Abstandsveränderung nötig, so wird der Abstand eher verringert als erhöht.

Alle-Zeilen-Setzer

Bei dieser Methode werden ein **Netz von Umbruchpunkten innerhalb eines Absatzes** sowie deren Wechselwirkungen aufeinander zusammen betrachtet, und die jeweils optimalen Punkte werden herausgefiltert. Die Filterung geschieht auf Basis von »Abwertungspunkten« für ungünstige Faktoren. Die höchste Priorität haben gleichmäßige Wort- und Zeichenabstände. Je größer die Abweichung von den gewünschten Werten ist, desto größer ist die Abwertung des Umbruchpunkts. Eine zusätzliche Abwertung gibt es für Silbentrennungen.
Der Alle-Zeilen-Setzer nimmt **mehr Rechenzeit** in Anspruch, führt in den meisten Fällen aber zu besseren Ergebnissen. Sie haben jedoch **weniger Kontrolle über einzelne Zeilen**. Nehmen Sie Textänderungen an einer Zeile vor, werden oft nicht nur die folgenden, sondern auch vorhergehende Zeilen neu umbrochen.

Silbentrennungswörterbücher | Wo die Rechtschreibregeln eine Trennung zulassen, ermittelt Illustrator anhand der Hunspell-Wörterbücher. In Voreinstellungen • Silbentrennung können Sie die Standardwörterbücher an Ihren eigenen Bedarf anpassen. Dazu wählen Sie eines der Wörterbücher aus und nehmen die Ergänzungen vor.

- **Trennungsausnahmen**: Möchten Sie ein Wort von der Trennung ausnehmen, geben Sie es in das Eingabefeld Neuer Eintrag ein und klicken auf Hinzufügen. Um das Wort wieder aus der Trennungsliste zu entfernen, aktivieren Sie es und klicken auf Löschen.

Japanisch, Arabisch, Indisch

Wenn Sie Japanisch, arabische (rechts nach links) oder südasiatische (vor allem indische Sprachen) setzen wollen, aktivieren Sie die entsprechende Option in den Voreinstellungen und wählen dann den jeweiligen spezialisierten Absatzsetzer.

Silbentrennung | Die Silbentrennungsoptionen im Menü des Absatz-Bedienfeldes bestimmen die ästhetischen Richtlinien für die Trennung von Wörtern. Die Optionen stellen Sie in Illustrator absatzweise ein. Aktivieren Sie die Vorschau, damit Sie die Auswirkung Ihrer Einstellungen auf den ausgewählten Text beobachten können.

Sprache einstellen!

Stellen Sie sicher, dass Sie die korrekte Sprache für den Absatz eingestellt haben, bevor Sie die Silbentrennung (und die Abstände) detailliert einstellen.

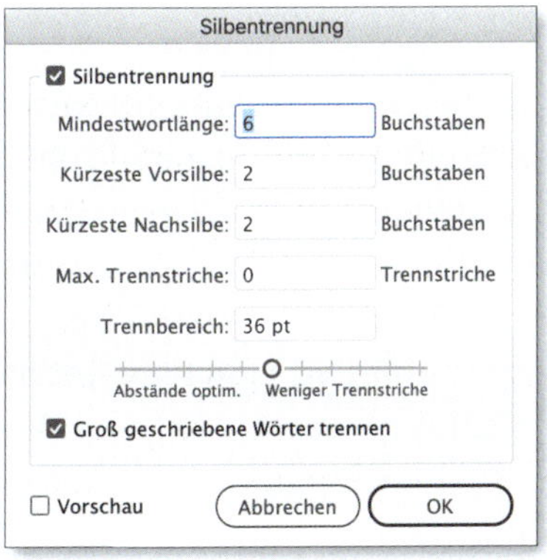

◀ **Abbildung 14.99**
Die Dialogbox Silbentrennung

Bedingte Trennstriche

Vorrang vor den in den Wörterbüchern definierten Trennungen haben die manuell im Text eingegebenen »bedingten Trennstriche« oder »weichen Trennungen«. Bedingte Trennstriche setzen Sie in Illustrator mit ⌘+⇧+- bzw. Strg+⇧+-.

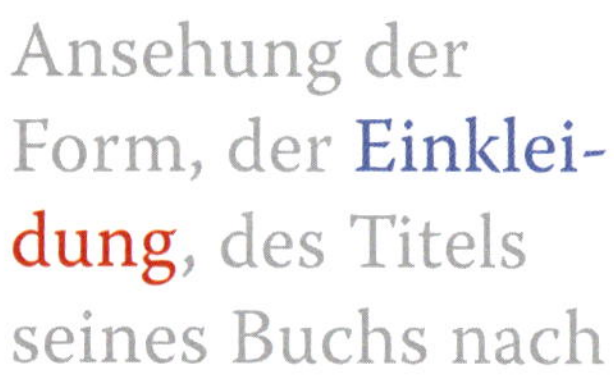

▲ **Abbildung 14.100**
Vorsilbe (blau) und Nachsilbe (rot)

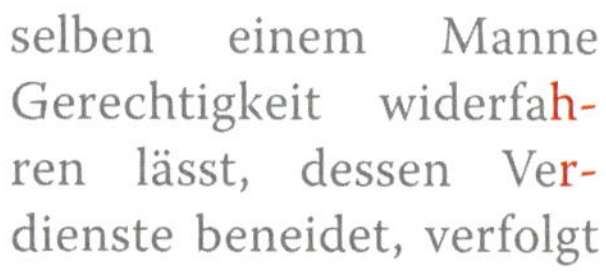

▲ **Abbildung 14.101**
Max. Trennstriche – setzen Sie den Wert auf 0, um der Satz-Engine »freie Hand« zu geben.

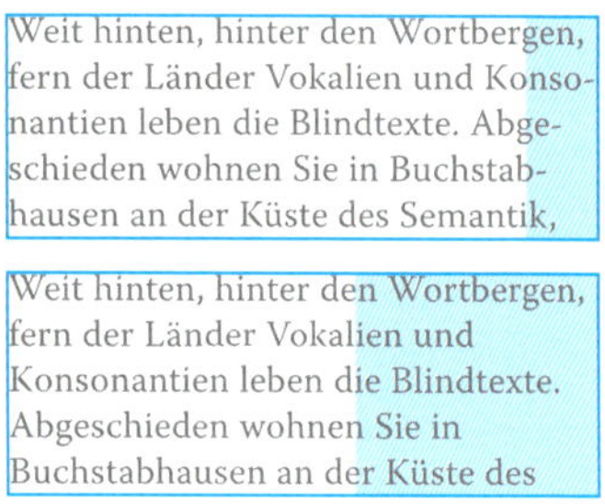

▲ **Abbildung 14.102**
TRENNBEREICH 24 (oben) und 80 Pt (unten): Erst wenn ohne Trennung der markierte Bereich »leer« bliebe, wird ein Wort getrennt.

Optimaleinstellung?

Für die Abstände gibt es keine allgemeingültige Optimaleinstellung. Die jeweiligen Werte sind abhängig von der Spaltenbreite (Anzahl der Zeichen), den Proportionen der verwendeten Schrift und dem gesetzten Text (kurze oder lange Wörter).

- SILBENTRENNUNG: Damit aktivieren Sie die Silbentrennung. Ist die Option deaktiviert, wird lediglich an Bindestrichen getrennt.
- MINDESTWORTLÄNGE: Ein Wort muss mindestens die hier angegebene Anzahl Zeichen lang sein, um überhaupt für eine Trennung in Betracht gezogen zu werden.
- KÜRZESTE VORSILBE: Geben Sie hier die Anzahl Buchstaben an, die mindestens vor dem Trennstrich stehen bleiben müssen.
- KÜRZESTE NACHSILBE: Dieser Wert bestimmt, wie lang der abgetrennte Teil des Wortes mindestens sein muss. Beide KÜRZESTE SILBE-Werte sollten jeweils nicht kleiner als 2 sein.
- MAX. TRENNSTRICHE: Hier definieren Sie, in wie vielen aufeinanderfolgenden Zeilen Trennungen auftreten dürfen. Da die Satz-Engine ohnehin Trennungen vermeidet, ist der voreingestellte Wert 2 nicht zu hoch.
- TRENNBEREICH: Diese Option betrifft nur links- und rechtsbündige sowie zentrierte Absätze, die Sie mit der Option EINZEILEN-SETZER versehen. Damit legen Sie einen Bereich am jeweils nicht ausgeglichenen Seitenrand fest – also dem rechten Rand bei linksbündigem Satz –, in dem der Text »flattern« darf. Ist ein Wort zu lang für eine Zeile, dann prüft Illustrator zunächst, ob der Weißraum zu groß wird, wenn vor dem Wort umbrochen wird. Nur wenn das der Fall ist, wird das Wort getrennt. Je breiter Sie den Trennbereich definieren, desto weniger Trennungen erfolgen also und desto stärker flattert der Text. Mit dem Wert 0 geben Sie keine Einschränkung vor.
- TRENNREGLER: Mit dem Regler beeinflussen Sie die Prioritäten der Satz-Engine – also die Vergabe der »Abwertungspunkte« –, indem Sie angeben, ob Sie eher eine Veränderung der Abstände (nach rechts schieben) oder mehr Trennungen (nach links schieben) akzeptieren. Die Option betrifft alle Satzarten.
- GROSS GESCHRIEBENE WÖRTER TRENNEN: Für den deutschen Sprachraum sollte diese Option aktiviert bleiben, da ansonsten keine Hauptwörter getrennt würden.

Abstände (früher: Ausrichtung) | Hier definieren Sie, wie Illustrator beim Ausgleichen der Zeilen mit den horizontalen Abständen umgeht. Dabei entspricht die Reihenfolge der Optionen in der Dialogbox (WORTABSTAND, ZEICHENABSTAND, GLYPHENABSTAND) dem Vorrang, den die Satz-Engine ihnen bei der Ausführung einräumt.

Aktivieren Sie zunächst die VORSCHAU, damit Ihre Einstellungen im bearbeiteten Text sofort angewendet werden.

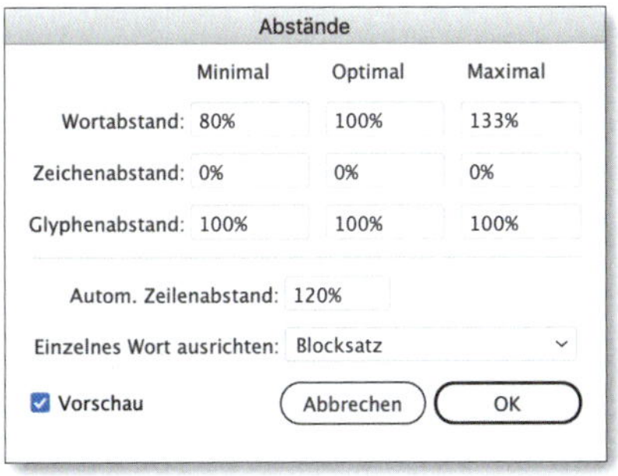

◀ **Abbildung 14.103**
Die Dialogbox ABSTÄNDE

Die horizontalen Abstände definieren Sie, indem Sie den optimalen Wert bestimmen und die Toleranz nach unten und oben begrenzen. Die prozentualen Angaben beziehen sich auf die jeweils »normalen Abstände«, die in der Font-Datei bzw. im Zeichen-Bedienfeld vorgegeben sind.

- WORTABSTAND: Mit diesen Werten geben Sie die erlaubten Abstände zwischen Wörtern als prozentualen Anteil des »normalen« Abstands an. Erlaubt sind Werte zwischen 0 und 1.000 %. Ein unveränderter Wert entspricht der Eingabe »100 %«.
- ZEICHENABSTAND: Bestimmt den Abstand zwischen einzelnen Buchstaben. Im Unterschied zu den anderen Optionen geben Sie hier die Höhe der Abweichung an. Um keine Abweichung vom »Normal«-Abstand zuzulassen, tragen Sie »0« ein. Zulässig sind Eingaben zwischen –100 und 500 %.
- GLYPHENABSTAND: Diese Bezeichnung ist irreführend. Eigentlich geht es um eine horizontale Skalierung der Buchstaben. Obwohl Ihnen allein bei dem Gedanken daran wahrscheinlich die Haare zu Berge stehen, kann sie bei hartnäckigen Satzproblemen hilfreich sein. Eine horizontale Skalierung zwischen 97 und 103 % der normalen Buchstabenbreite bemerken nur Experten, Illustrator akzeptiert Werte zwischen 50 und 200 %.
- AUTOM. ZEILENABSTAND: Hier geben Sie an, wie der automatische Zeilenabstand (s. Abschnitt 14.5.1) berechnet wird. Vorgabe ist der allgemein übliche Wert von 120 %.
- EINZELNES WORT AUSRICHTEN: Wählen Sie aus dem Ausklappmenü, wie Wörter ausgerichtet werden, die mitten im Absatz allein in einer Zeile stehen – was naturgemäß nur bei sehr schmalen Spalten auftritt. Die Ausrichtung der letzten Zeile eines Absatzes im Blocksatz ist nicht davon beeinflusst.

Aufgrund des komplexen Algorithmus zur Ermittlung der optimalen Umbruchpunkte erzielen Sie häufig bessere Ergebnisse, wenn Sie den Toleranzbereich nicht so stark einengen. Der gewünschte Wert hat für die Satz-Engine ohnehin Priorität.

Wer sich nicht in Ansehung der Form, der Einkleidung, des Titels

Wer sich nicht in Ansehung der Form, der Einkleidung, des Titels

Wer sich nicht in Ansehung der Form, der Einkleidung, des Titels seines Buchs

▲ **Abbildung 14.104**
Oben: Voreinstellung – erzeugt hier große Wortabstände, unten links: Zeichenabstände vergrößert, unten rechts: Zeichenabstände reduziert

Wer sich nicht in Ansehung der Form, der Einkleidung,

▲ **Abbildung 14.105**
Hier wurde eine Glyphenskalierung von 60 bis 150 % erlaubt.

Wenn also ein Autor nichts Schädliches und nichts Unsinniges sagt, so muß man ihm erlauben, seine Gedanken drucken zu lassen.

Wenn also ein Autor nichts Schädliches und nichts Unsinniges sagt, so muß man ihm erlauben, seine

▲ **Abbildung 14.106**
Der Zeilenabstand wirkt kleiner, wenn die Mittellänge der Schrift größer ist.

14.6.4 Tabulatoren

▲ **Abbildung 14.107**
Monospace- und Proportionalschrift

Proportionalschriften – Schriften, deren einzelne Glyphen unterschiedliche Breiten besitzen – werden mithilfe von Tabulatoren ausgerichtet. Tabulatoren sind Steuerzeichen innerhalb des Textes, die dazu dienen, in einem Absatz senkrechte Kolonnen anzulegen. Diesen Steuerzeichen werden Positionen zugewiesen, an denen sie den folgenden Text nach definierbaren Regeln ausrichten.

Die Verwendung von Tabulatoren geschieht in zwei Schritten: Die Steuerzeichen müssen mit der Tabulatortaste [⇆] in den Text gesetzt und die Positionen mithilfe des Tabulatoren-Bedienfeldes ausgerichtet werden. Solange Sie keine Positionen eingerichtet haben, verwendet Illustrator den Standardabstand von einem halben Zoll – ca. 13 mm.

Eine Position wird dem Tabulator nicht fest zugewiesen, sondern die Software weist die erste Position dem ersten Tabulator zu, die zweite dem zweiten Tabulator, usw. Ist zu wenig Platz vorhanden, wird eine Position einfach übersprungen.

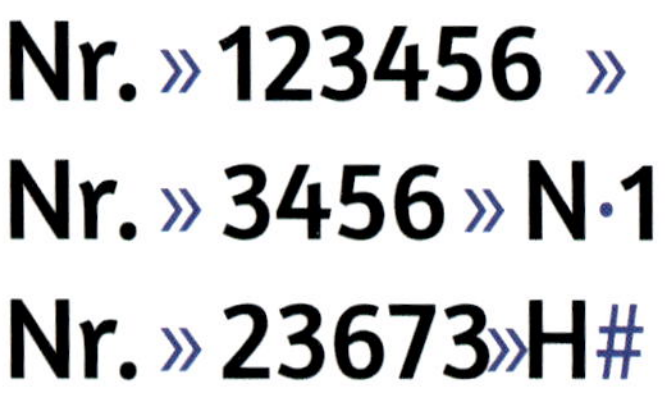

▲ **Abbildung 14.108**
Als Kennzeichnung des Tabulators hat sich bei DTP-Software ein Pfeil eingebürgert.

Tabulatoren setzen | Für das Arbeiten mit Tabulatoren sollten Sie im Menü SCHRIFT zunächst die verborgenen Zeichen einblenden – [⌘]+[⌥]+[I] bzw. [Strg]+[Alt]+[I]. Tabulatoren werden jeweils vor die auszurichtenden Zeichen gesetzt.

Positionen der Tabulatoren definieren | Rufen Sie das Tabulatoren-Bedienfeld auf, um die Tabulatoren zu positionieren: Wählen Sie FENSTER • SCHRIFT • TABULATOREN – [⌘]/[Strg]+[⇧]+[T], im Dock.

Abbildung 14.109 ▶
Das Tabulatoren-Bedienfeld

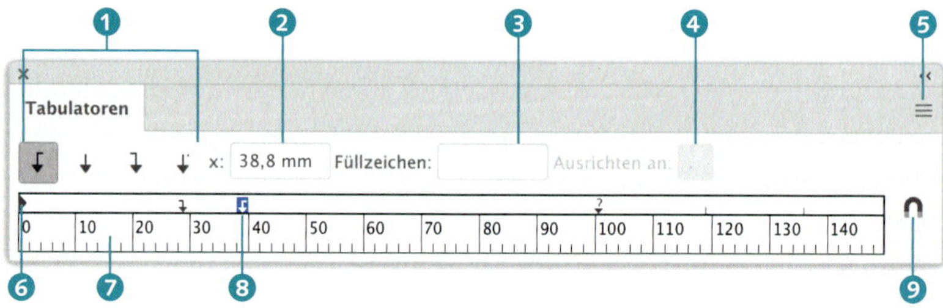

Je nach Textausrichtung hat das Tabulatoren-Bedienfeld eine horizontale (wie in der Abbildung) oder eine vertikale Form. Mit einem Klick auf den Magnet-Button ❾ können Sie das Bedienfeld exakt am aktivierten Textobjekt ausrichten. Dabei wird auch die Bedienfeldbreite angepasst. Ziehen Sie an der rechten Kante, um die Breite manuell zu ändern.

Mit den beiden Dreiecken im Tabulatorlineal legen Sie Einzüge fest ❻. Ziehen Sie das obere Dreieck, um die erste Zeile einzuziehen, das untere, um einen linken Einzug für den gesamten Absatz zu definieren. Die Einstellungen werden ins Absatz-Bedienfeld übertragen.

Tabulator und Tab Stop

Etwas Konfusion entsteht durch die Tatsache, dass man mit dem Begriff »Tabulator« sowohl das Steuerzeichen als auch die Positionsmarke bezeichnet.
In der englischen Sprache besteht ein Unterschied: Das Steuerzeichen wird als »Tab«, die Positionsmarke als »Tab Stop« bezeichnet.

Die Tabulator-Ausrichtungsbuttons ❶ legen fest, wie der Tabulator ❽ den Text anordnet:

- Richtet Text an der definierten Position linksbündig aus; nach rechts »flattert« der Text. Blocksatzeinstellungen für den Absatz werden ignoriert.
- An der Tabulatorposition wird der Text zentriert.
- Verdrängt den Text von der Tabulatorposition nach links.
- Die Ausrichtung erfolgt an einem Dezimal- oder einem anderen beliebigen definierbaren Zeichen, das Sie in das Eingabefeld AUSRICHTEN AN ❹ eintragen.

Nr. » 345 » Suppe»€·12,99¬
Nr. » 23 » Tomaten » €·6,99¬
Nr. » 568 » Salat » €·7,59#

Nr.»345 » Suppe » €·12,99¬
Nr. » 23 » Tomaten » €·6,99¬
Nr.»568 » Salat » €·7,59#

▲ **Abbildung 14.110**
Tabulatoren im Text, Rohfassung (oben) und ausgerichtet (unten)

Die Position der Tabulatoren geben Sie direkt in das Tabulatorposition-Eingabefeld ❷ ein oder klicken auf das Tabulatorlineal ❼. In beiden Fällen können Sie Maße in Schritten von 0,01 mm mit bis zu 99 Positionen je Zeile bestimmen.

Der Raum zwischen den mit Tabulatoren ausgerichteten Texten kann mit bis zu acht verschiedenen Füllzeichen überbrückt werden, die Sie im Eingabefeld ❸ festlegen.

124 Pizza 4,95
125 Pasta 6,79
126 Salat 3,56

▲ **Abbildung 14.111**
Sonderzeichen lassen sich als Füllzeichen verwenden – Sie können die gewünschten Zeichen auch via Zwischenablage in das Eingabefeld einfügen. Falls Sie wie in diesem Beispiel eine andere Schriftart für die Füllzeichen verwenden, muss dieser Font dem Tabulator zugewiesen werden, damit Sie das Füllzeichen sehen.

Optionen | Bedienfeldmenü ❺ des Tabulatoren-Bedienfeldes

- AN EINHEIT AUSRICHTEN: Aktivieren Sie diese Option im Bedienfeldmenü, um den Tabstopp beim Verschieben im Tabulatorlineal an den in der jeweiligen Zoomstufe sichtbaren Linealunterteilungen auszurichten.
- TABULATOR WIEDERHOLEN: Aktivieren Sie einen Tabstopp im Lineal, und wenden Sie diesen Menübefehl an, um das Lineal mit gleichartigen Tabulatoren aufzufüllen. Als Abstand wird der Abstand links vom ausgewählten Tabstopp bis zum Einzug oder nächsten Tabulator verwendet.
- TABULATOR LÖSCHEN: Möchten Sie einen Tabstopp löschen, ziehen Sie ihn aus dem Lineal heraus oder aktivieren ihn und verwenden diesen Befehl.
- ALLE TABULATOREN LÖSCHEN: Wählen Sie diesen Befehl, um alle Tabulatoren im Lineal durch die Standardtabulatoren im Abstand von ca. 13 mm zu ersetzen.

Modifizierungsmöglichkeit | Tabulatoren-Bedienfeld
Drücken Sie ⌘/Strg, und ziehen Sie einen Tabstopp, um diesen und alle folgenden Tabstopps im Lineal gemeinsam zu verschieben. Ziehen Sie den Tabstopp dabei aus dem Lineal heraus, werden auch alle folgenden Tabstopps entfernt.

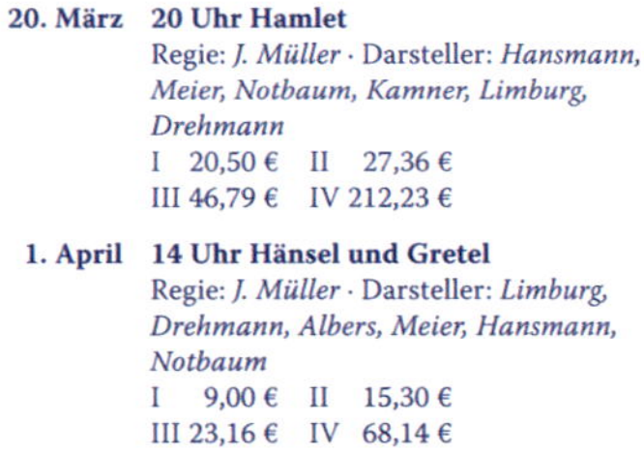

▲ **Abbildung 14.112**
Fertiges Layout

Schritt für Schritt Tabulatoren einsetzen

1 Planung

An dem Beispiel eines Theaterprogramms werden Sie mit Tabulatoren, Einzügen und Absatzabständen arbeiten. Öffnen Sie zunächst die Datei »Programm.ai«. Sie enthält den Text ohne Tabulatoren.

Abbildung 14.113 ▶
Schema für die Anwendung der Einzüge und Tabulatoren

Die Ausrichtung des Haupttextes erfolgt mit einem linken Einzug: Das Datum ist durch Definition eines negativen Erstzeileneinzugs nach links herausgerückt. Tabulatoren positionieren das Datum und den Veranstaltungstitel – darüber hinaus dienen sie hauptsächlich der Ausrichtung der Preise.

2 Textsatz

Ergänzen Sie die Tabulatoren und Zeilenumbrüche im Textsatz der Datei, und richten Sie die Breite des Flächentextobjekts ein:

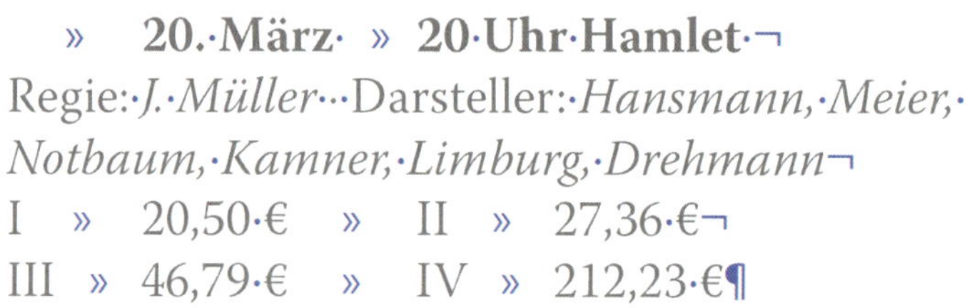

Abbildung 14.114 ▶
Position der Tabulatorzeichen, Zeilen- und Absatzschaltungen

Zeilenumbrüche – ⇧+↵ – sind nach dem Veranstaltungstitel und jeweils vor einer Preiszeile gesetzt. Die Namen umbrechen am Rand des Textrahmens automatisch. Eine Absatzschaltung ↵ erfolgt erst am Ende eines Veranstaltungsblocks.

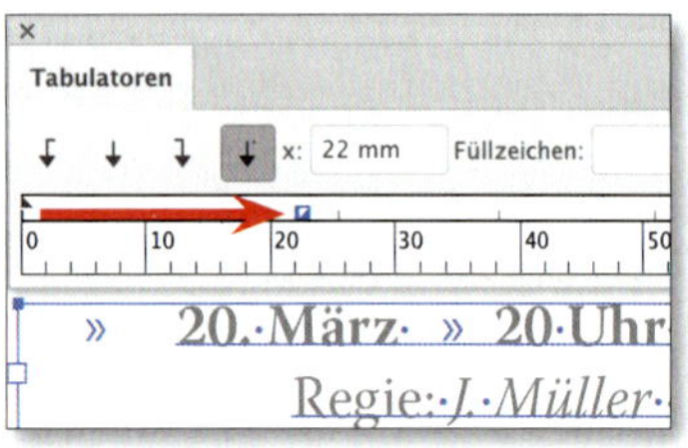

▲ **Abbildung 14.115**
Einzug definieren

3 Einzüge

Einzüge und Tabulatoren können Sie absatzweise einrichten, indem Sie den Text-Cursor in einen Absatz setzen. In diesem Fall definieren Sie die Tabulatoren jedoch für das gesamte Textobjekt.

Aktivieren Sie es mit dem Auswahl-Werkzeug, und rufen Sie mit FENSTER • SCHRIFT • TABULATOREN das Tabulatoren-Bedienfeld auf. Mit dem Magnet-Button richten Sie es am Textobjekt aus.

Zunächst richten Sie den linken Einzug und den negativen Erstzeileneinzug ein. Mit den Linealen im Tabulatoren-Bedienfeld ist das einfach. Ziehen Sie das untere Dreieck auf dem Lineal so weit nach rechts, dass links des Einzugs ausreichend Platz für das Datum entsteht. Auf diese Weise definieren Sie beide Einzüge »in einem Rutsch«. Notieren Sie sich die Position – sie wird im Tabulatorposition-Eingabefeld angezeigt (s. Abbildung 14.115).

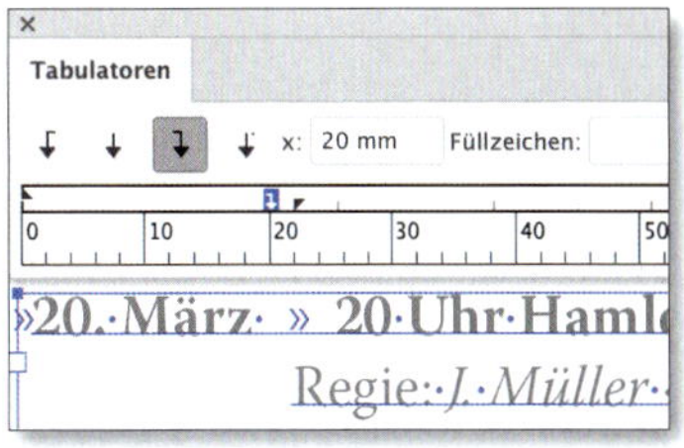

▲ **Abbildung 14.116**
Das Datum rechtsbündig ausrichten

4 Datum und Titel

Anschließend richten Sie die Daten rechtsbündig aus. Klicken Sie auf die Position auf dem Lineal: 1–2 mm links von der Einzugsmarke und dann auf den Button RECHTSBÜNDIGER TABULATOR (s. Abbildung 14.116).

Der nächste Tabulator soll den Text nicht rechts-, sondern linksbündig ausrichten. Solange der eben gesetzte Tabulator im Lineal aber noch hervorgehoben ist, ändern Sie die Ausrichtung nicht, damit würden Sie den aktiven Tabulator umdefinieren.

Die Position – direkt auf der Einzugsmarke – können Sie nicht durch Anklicken festlegen. Klicken Sie stattdessen auf eine Position neben der Einzugsmarke. Während die Tabulatormarke noch aktiviert ist, klicken Sie auf den Button LINKSBÜNDIGER TABULATOR und geben die in Schritt 3 notierte Position der Einzugsmarke in das Eingabefeld ein. Bestätigen Sie die Eingabe mit ↵ (s. Abbildung 14.117).

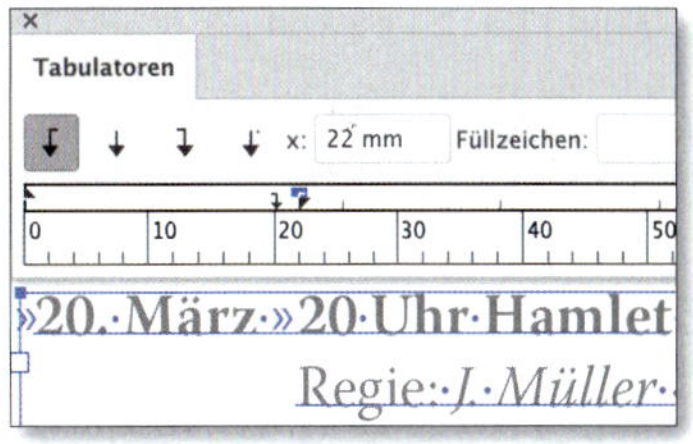

▲ **Abbildung 14.117**
Tabulator auf der Einzugsmarke

Unterschied zu InDesign

Falls Sie das Tabulator-Handling aus InDesign gewohnt sind: Dort würde dieser Tabstopp nicht benötigt – Illustrator erkennt die Einzüge nicht als Tabstopps.

5 Preise

Die Preiskategorien und Preise richten Sie mit linksbündigen und Dezimaltabulatoren aus.

Der aktive Tabstopp lässt sich nicht deaktivieren, sodass Sie erst mit einem Klick ins Lineal einen neuen rechtsbündigen setzen und diesen anschließend mit einem Klick auf in einen Dezimaltabulator umwandeln müssen.

Geben Sie ein Komma in das Feld AUSRICHTEN AN ein, und bestätigen Sie die Eingabe mit ↵. Dezimaltabulatoren sind schwierig zu positionieren. Klicken und ziehen Sie die Marke auf dem Lineal – eine senkrechte Linie zeigt die Position des Tabulators im Textblock an. Anschließend setzen Sie einen linksbündigen Tabulator für die Preiskategorie und einen weiteren Dezimaltabulator für die anderen Preise.

▲ **Abbildung 14.118**
Verschieben eines Tabulators

14.7 Zeichen- und Absatzformate

Formatnamen wählen

Wählen Sie einen Namen für das Format, der sich auf die Struktur des Textes bezieht, z. B. »Bildunterschrift«. So erkennen Sie das Format auch dann noch, wenn Sie einzelne Merkmale ändern. Lassen Sie dagegen die Formatnamen auf einer Eigenschaft basieren, wird es verwirrend, wenn Sie gerade diese Eigenschaft ändern, z. B. »Text rot« die Farbe Blau zuweisen.

Die Einstellungen, die Sie im Zeichen- und/oder Absatz-Bedienfeld vornehmen, können Sie als »Format« abspeichern und anschließend auf Texte anwenden. Dies hat mehrere Vorteile:

- Sie ersparen sich das erneute Eingeben der Optionen.
- Sie riskieren nicht, eine Einstellung zu vergessen/zu verwechseln.
- Sie können Änderungen an einer Stelle – in der Formatdefinition – vornehmen, und sie werden automatisch in den Textobjekten übernommen.

Formate werden im Zeichenformate- und im Absatzformate-Bedienfeld verwaltet. Rufen Sie die Bedienfelder über FENSTER • SCHRIFT • ZEICHENFORMATE bzw. ABSATZFORMATE auf. Im Dock finden Sie die Bedienfelder unter den Symbolen bzw. .

Darüber hinaus können Sie sowohl Zeichen- als auch Absatzformate in CC-Libraries speichern und auf diese Art mit InDesign und Photoshop austauschen sowie anderen Nutzern zur Verfügung stellen.

14.7.1 Besonderheiten der Illustrator-Textformate

Illustrators Absatz- und Zeichenformate besitzen einige Eigenheiten, die Sie kennen sollten, um die Formate effektiv einsetzen zu können.

Abhängigkeiten | Alle Absatzformate sind »Kinder« des [NORMALEN ABSATZFORMATS]. Weitere voneinander abhängige Formatgruppen lassen sich nicht anlegen.

▲ **Abbildung 14.119**
Um wie in diesem Beispiel zwei Schrifthierarchien aufbauen zu können, muss das [NORMALE ZEICHENFORMAT] einbezogen werden: Es bestimmt die Fließtextschriftart und -größe. Das [NORMALE ABSATZFORMAT] legt den Text linksbündig an. Ein weiteres Absatzformat definiert die Überschriften. Mit einem Zeichenformat wird das Überschriftenformat zur Schrift für den Titel. Ein weiteres Zeichenformat legt Auszeichnungen im Fließtext an.

Hierarchie | Das [NORMALE ZEICHENFORMAT] definiert die grundlegende Formatierung der Zeichen. Von ihm übernimmt das [NORMALE ABSATZFORMAT] alles, was es nicht selbst festlegt. Weitere Absatzformate, die Sie anlegen, übernehmen wiederum die Definitionen aus dem [NORMALEN ABSATZFORMAT], die sie nicht beinhalten. Daraus ergibt sich jedoch auch, dass Sie mit Illustrator-Formaten meist nicht bezogen auf den Inhalt semantisch korrekt auszeichnen können.

Formate entfernen | Illustrator besitzt kein Format [OHNE], Sie können Texte also nicht explizit **nicht** auszeichnen, lediglich auf das [NORMALE ZEICHENFORMAT] bzw. [NORMALE ABSATZFORMAT] zurücksetzen.

Absatzeigenschaften undefiniert | Sowohl im Zeichen- wie auch in einem Absatzformat können einzelne Optionen nicht definiert sein.

Aufgrund der unüblichen Hierarchie und der Abhängigkeit vom [NORMALEN ZEICHENFORMAT] werden Formate in Illustrator dadurch schwer berechenbar.

14.7.2 Formate verwalten

Zeichen- und Absatzformate können Sie wie Grafikstile oder andere Vorgaben verwalten. Im Vergleich zu InDesign sind die Funktionen stark eingeschränkt – ein Austausch von Formaten zwischen beiden Programmen ist über die CC-Bibliotheken möglich – allerdings beinhaltet dies nur den kleinsten gemeinsamen Nenner der Optionen.

Formate anlegen | Ein Zeichenformat definiert Attribute, die Sie im Zeichen-Bedienfeld einstellen. Ein Absatzformat enthält alle Zeichen-Formatierungen und dazu die Attribute aus dem Absatz-Bedienfeld.

Um ein Format auf Basis eines bereits formatierten Textes anzulegen, aktivieren Sie einige Zeichen, die die gewünschte Formatierung aufweisen, und wählen NEUES ZEICHENFORMAT bzw. NEUES ABSATZFORMAT aus dem jeweiligen Bedienfeldmenü.

Formate zur Bibliothek hinzufügen | Um ein vorhandenes Format einer CC-Bibliothek hinzuzufügen, aktivieren Sie es im Formate-Bedienfeld und klicken auf den Button AUSGEWÄHLTES FORMAT MEINER AKTUELLEN LIBRARY HINZUFÜGEN . Wenn Sie ein neues Format anlegen, ist die Option ZU MEINER BIBLIOTHEK HINZUFÜGEN in der Format-Dialogbox voreingestellt. Wenn Sie dies nicht wünschen, deaktivieren Sie sie.

Formate editieren | Möchten Sie ein Format editieren, heben Sie alle Auswahlen auf (damit Sie nicht unabsichtlich Formate zuweisen) und doppelklicken auf den Namen des Formats im jeweiligen Formate-Bedienfeld. Oder aktivieren Sie das Format, und wählen Sie ZEICHEN- bzw. ABSATZFORMATOPTIONEN... aus dem Bedienfeldmenü. Aktivieren Sie VORSCHAU, um Änderungen an den Texten anzuzeigen, denen Sie das Format zugewiesen haben.

Formate laden | Formate aus anderen Illustrator-Dokumenten können Sie in Ihr aktuelles Dokument laden. Dazu wählen Sie aus dem Bedienfeldmenü des Zeichenformate- bzw. Absatzformate-Bedienfeldes den Eintrag ZEICHENFORMATE bzw. ABSATZFORMATE LADEN. Zeichen- und Absatzformate gemeinsam laden Sie mit dem Befehl ALLE FORMATE LADEN. In der Dialogbox wählen Sie das Illustrator-Dokument, das die gewünschten Formate enthält, und klicken auf ÖFFNEN. Die Formate erscheinen in den

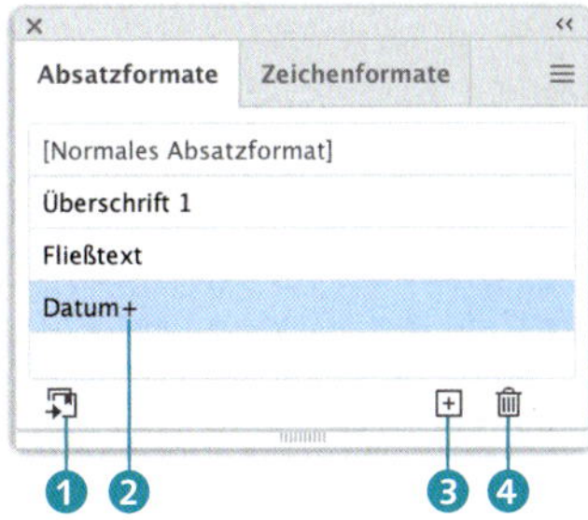

▲ **Abbildung 14.120**
Das Absatzformate-Bedienfeld: Override (Abweichung) 2, NEUES FORMAT ERSTELLEN 3, FORMAT ZUR LIBRARY HINZUFÜGEN 1, AUSGEWÄHLTE FORMATE LÖSCHEN 4

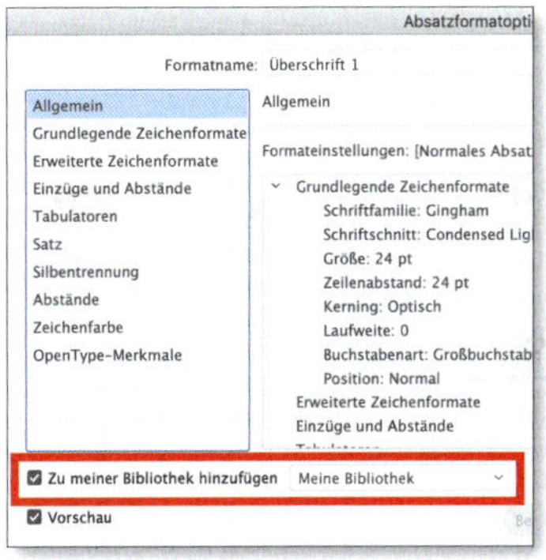

▲ **Abbildung 14.121**
Option ZU MEINER BIBLIOTHEK HINZUFÜGEN

Abwandlung eines bestehenden Formats

Um ein neues Format auf Basis eines bestehenden zu erstellen, ziehen Sie den Namen des gewünschten Formats über den Button NEUES FORMAT ERSTELLEN. Dann ändern Sie die Optionen.

Format anwenden

Weisen Sie das Format auch dem Text zu, aus dem Sie es generiert haben. Nur dann übernimmt dieser Text Änderungen, die Sie gegebenenfalls später an dem Format vornehmen.

▲ **Abbildung 14.122**
Zeichen- und Absatzformate in einer CC-Bibliothek

entsprechenden Bedienfeldern des aktuellen Dokuments. Hat eines der zu importierenden Formate einen Namen, der im aktuellen Dokument bereits vorkommt, wird dieses Format nicht importiert.

Ist in einem Zeichenformat eine Zeichenfarbe definiert, dann müssen Sie diese Farbe im neuen Dokument ebenfalls anlegen. Achten Sie darauf, dass Sie die Farbe anlegen, bevor Sie das betreffende Format importieren, denn beim Import der Formate werden die Farbfelder nicht automatisch geladen. Besonders problematisch ist das bei Volltonfarben, denn sie werden außerdem in Prozessfarben konvertiert.

Anstatt die Formate zu laden, können Sie formatierte Textobjekte kopieren und einfügen, dann werden Farbfelder geladen.

Formate aus einer CC-Bibliothek laden | In einer Bibliothek aktivieren Sie eines oder mehrere Absatzformate oder Zeichenformate und rufen mit einem Rechtsklick das Kontextmenü auf. Wählen Sie Zu Absatzformaten hinzufügen bzw. Zu Zeichenformaten hinzufügen, um die Formate in Ihr Dokument zu laden.

Formate löschen | Bevor Sie Formate löschen, heben Sie alle Auswahlen im Dokument auf. Anschließend aktivieren Sie das oder die Formate, die Sie löschen möchten. Die im Dokument nicht verwendeten Formate wählen Sie aus, indem Sie Alle nicht verwendeten auswählen aus dem Bedienfeldmenü aufrufen. Klicken Sie auf den Button Ausgewählte Formate löschen, um die Formate zu löschen. Zeichen- und Absatzformate müssen getrennt gelöscht werden.

Standardschriftart ändern

Auch die Standardschriftart, die jedem neuen Text zugewiesen wird, basiert auf einer Formatdefinition. Wenn Sie den Standardfont dauerhaft ändern möchten, öffnen Sie die entsprechende Vorlagendatei (für Druck, Web, Film etc.) aus dem Ordner Application Support/Adobe/Adobe Illustrator [Version]/de_DE/New Document Profiles (Mac OS) bzw. App Data\Roaming\Adobe\Adobe Illustrator [Version] Settings\de_DE\New Document Profiles (Win) jeweils in Ihrem Benutzerordner.
In dem Dokument rufen Sie das Zeichenformate-Bedienfeld auf und bearbeiten den Eintrag [Normales Zeichenformat]. Wählen Sie die gewünschten Zeichenformatierungen aus, und speichern Sie das Format und die Datei. Schließen Sie die Datei – ein Neustart von Illustrator ist nicht erforderlich.

14.7.3 Formate anwenden

Zeichenformate lassen sich auf einzelne Zeichen, Zeichenketten oder Textobjekte anwenden. Absatzformate können Sie Absätzen oder Textobjekten zuweisen. Weisen Sie einer Zeichenfolge ein Zeichenformat zu, indem Sie die Zeichen aktivieren und im Zeichenformate-Bedienfeld auf den gewünschten Eintrag klicken.

Um einem Absatz ein Absatzformat zuzuweisen, setzen Sie die Textmarke in den Absatz und klicken auf den gewünschten Eintrag im Absatzformate-Bedienfeld.

Override – Abweichung | Nehmen Sie nach der Zuweisung eines Formats über das Zeichen-, OpenType- oder Absatz-Bedienfeld Änderungen an der Formatierung eines Zeichens oder Absatzes vor, so erzeugen Sie ein »Override« (eine Abweichung) des zugewiesenen Formats. Ein Pluszeichen hinter dem Formatnamen im Formate-Bedienfeld zeigt dies an

(s. Abbildung 14.120). Möchten Sie das Override in die Formatdefinition übernehmen, aktivieren Sie das Format und wählen ZEICHENFORMAT bzw. ABSATZFORMAT NEU DEFINIEREN aus dem Bedienfeldmenü. Soll andererseits der Text wieder die im Format definierten Eigenschaften annehmen, wählen Sie ABWEICHUNGEN LÖSCHEN aus dem Bedienfeldmenü oder drücken [⌥]/[Alt] und klicken auf den Formatnamen.

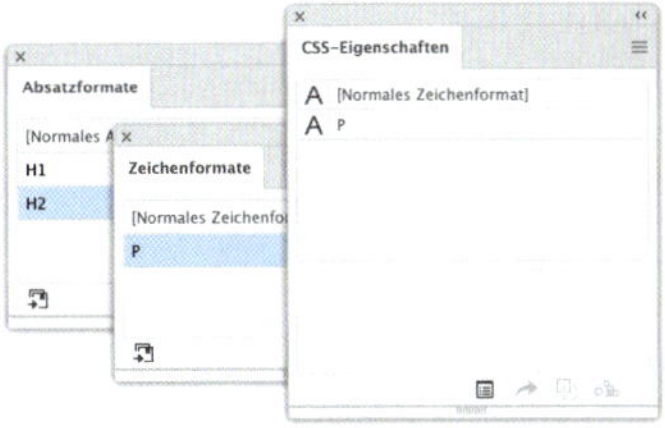

▲ **Abbildung 14.123**
Im Dokument wurden Absatz- und Zeichenformate verwendet, das CSS-Eigenschaften-Bedienfeld enthält jedoch nur Zeichenformate.

Formate und CSS-Eigenschaften | Beim Export von CSS-Eigenschaften über das gleichnamige Bedienfeld werden nur Zeichenformate berücksichtigt, Absatzformate ignoriert Illustrator (zu Web s. Kapitel 21).

14.8 Mit Texten gestalten

Textobjekte besitzen eine besondere Hierarchie, die Sie kennen sollten, wenn Sie alle Möglichkeiten ausschöpfen wollen, Texte mit Eigenschaften wie Flächen, Verläufen, Konturen und Effekten zu versehen und dabei editierbar zu erhalten.

▲ **Abbildung 14.124**
Von oben: editierbarer Text mit Verläufen, Gestaltung eines Textobjekts mit mehreren Konturen und Mustern, 3D-Extrudieren

14.8.1 Einfache Aussehen-Optionen

Textobjekte erhalten voreingestellt die im Zeichenformat [NORMALES ZEICHENFORMAT] eingestellte Flächen- und Konturfarbe (s. dazu Hinweis »Standardschriftart ändern«). Um Schrift anders einzufärben oder ihr eine Kontur zuzuordnen, verfahren Sie genauso wie bei jedem anderen Illustrator-Objekt. Aktivieren Sie das Textobjekt oder mit dem Text-Werkzeug einzelne Buchstaben, und bestimmen Sie z. B. im Farbfelder-Bedienfeld eine Farbe oder ein Muster (keinen Verlauf) für die Fläche. Jetzt sehen wir uns die Eigenschaften auf dem Textobjekt einmal im Aussehen-Bedienfeld genauer an. Ist das Textobjekt aktiviert, sind im Aussehen-Bedienfeld keine Eigenschaften sichtbar, das Bedienfeld enthält nur den Eintrag ZEICHEN.

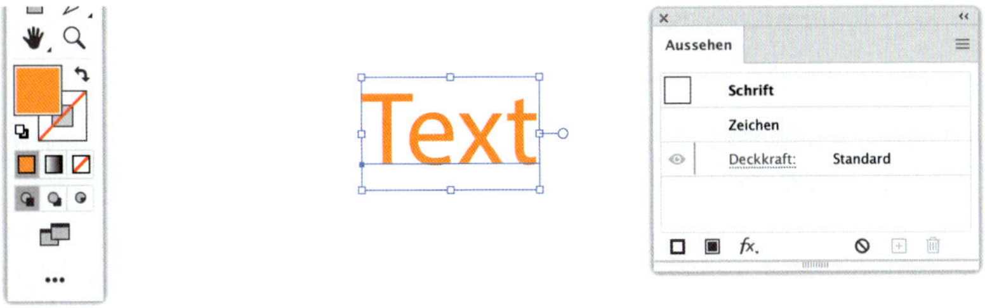

◀ **Abbildung 14.125**
Die Flächenfarbe des Textes wird zwar im Werkzeugbedienfeld angezeigt, im Aussehen-Bedienfeld ist jedoch nur der Eintrag ZEICHEN enthalten, keine Eigenschaften.

Um die Objekte zu verstehen, zeichnen Sie zum Vergleich ein Rechteck und weisen ihm ebenfalls eine farbige Fläche zu. Anschließend gruppieren Sie das Rechteck ([⌘]/[Strg]+[G]).

Sie sehen nun wie beim Textobjekt im Werkzeugbedienfeld die farbige Fläche, im Aussehen-Bedienfeld jedoch nur noch den Eintrag INHALT. Doppelklicken Sie den Eintrag INHALT, dann wird die farbige Fläche wieder angezeigt. Nun doppelklicken Sie auch den Eintrag ZEICHEN bei Ihrem Textobjekt, und Sie sehen dort ebenfalls dessen Fläche.

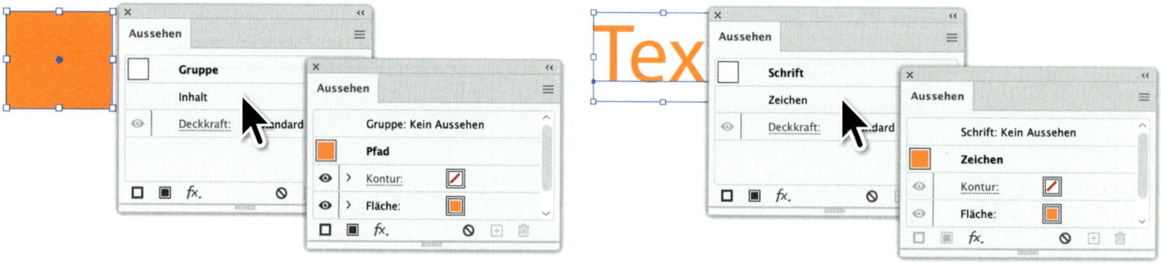

▲ **Abbildung 14.126**
Im Vergleich eines Textobjekts mit dem gruppierten Rechteck sehen Sie die Verwandtschaft: Textobjekte sind »Behälter« für die Zeichen.

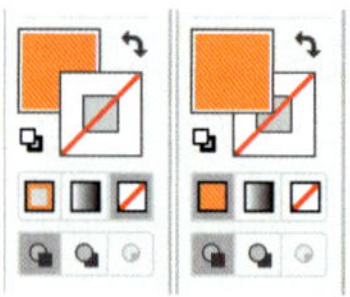

▲ **Abbildung 14.127**
Wechseln Sie zum Text-Werkzeug, dann fokussiert Illustrator die Fläche (wenn keine Kontur zugewiesen ist). Es reicht nicht, ein Textobjekt mit einem anderen Werkzeug auszuwählen.

Ein Textobjekt ist also – ähnlich wie eine Gruppe – ein Container, der den Inhalt – die Zeichen – enthält. Wenn Sie Schriften auf die gewohnte Weise formatieren, werden die Eigenschaften den Zeichen zugewiesen. Den Zeichen können Sie jedoch nur durchgefärbte sowie Musterflächen und -konturen zuweisen.

Fokussieren von Fläche und Kontur | Wenn Sie ein Objekt bearbeitet haben, behielt Illustrator früher die Fokussierung von Fläche oder Kontur bei. Wenn Sie dann ein Textobjekt bearbeiteten, konnte das dazu führen, dass unbeabsichtigt eine Kontur angelegt wurde. Inzwischen verhält es sich anders: Ist als Konturfarbe OHNE eingestellt und die Fläche nicht aktiv, wird beim Wechsel auf das Text-Werkzeug die Fläche statt der Kontur fokussiert.

▲ **Abbildung 14.128**
Der TRANSFORMIEREN-Effekt erzeugt Kopien der Konturen in sehr geringen Abständen – dies bewirkt den 3D-Look. Das Verfahren ist für die Ausgabe in Pixel problemlos.

14.8.2 Komplexe Aussehen-Optionen

Soll ein Text mit Verläufen, Mehrfachkonturen, Pinseln oder Effekten versehen werden oder sollen Kontur und Fläche unterschiedliche Transparenzeinstellungen erhalten, müssen Sie mit Eigenschaften des Textobjekts arbeiten. Um dem Textobjekt, also der SCHRIFT, diese Eigenschaften zuordnen zu können, müssen Sie eine Kontur und Fläche für die SCHRIFT anlegen. Klicken Sie im Aussehen-Bedienfeld auf den Button NEUE FLÄCHE HINZUFÜGEN oder NEUE KONTUR HINZUFÜGEN.

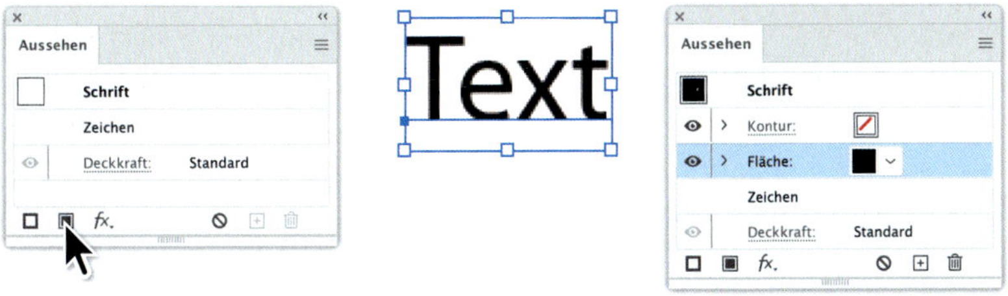

▲ **Abbildung 14.129**
Das Textobjekt hat jetzt ein eigenes Aussehen, für das alle Möglichkeiten der Farben, Muster, Verläufe und Effekte bereitstehen.

▲ **Abbildung 14.130**
Auch eine Sprechblase kann eine Texteigenschaft sein.

▲ **Abbildung 14.131**
Einen Workshop zu Mehrfachkonturen finden Sie in Kapitel 13.

▲ **Abbildung 14.132**
Schrift mit einem Verlauf – der Effekt PFAD VERSCHIEBEN dient dazu, das Zeichen etwas fetter zu gestalten.

▲ **Abbildung 14.133**
Text als Schnittmaske für ein Angleichungsobjekt

Im Aussehen-Bedienfeld wird durch die zwischen Schrift und Zeichen eingefügten Zeilen FLÄCHE und KONTUR erkennbar, dass die SCHRIFT ab sofort ein eigenes Aussehen hat. Wenn Sie fortan auf das gesamte Textobjekt eine neue Aussehen-Eigenschaft anwenden, wird diese nicht wie vorher an die einzelnen Zeichen weitergereicht, sondern direkt dem Aussehen der Schrift zugeordnet. Die entsprechenden Eigenschaften der einzelnen Zeichen bleiben unangetastet.

Der Schrift können mehrere Flächen und Konturen zugeordnet werden, und anders als Kontur und Fläche der ZEICHEN können Sie die Reihenfolge der Eigenschaften der SCHRIFT verändern. Beachten Sie, dass im Werkzeugbedienfeld, im Eigenschaften- und im Steuerungsbedienfeld nur die Eigenschaften der im Aussehen-Bedienfeld jeweils aktiven FLÄCHE oder KONTUR angezeigt werden (zu Aussehen-Eigenschaften s. Abschnitt 11.6). Um eine andere Fläche oder Kontur zu ändern, müssen Sie die zugehörige Zeile im Aussehen-Bedienfeld aktivieren.

Schrift mit Verläufen gestalten | Die beschriebene Vorgehensweise wird benötigt, um eine Schrift mit einem Verlauf zu versehen, ohne sie dazu in Pfade umwandeln zu müssen. Wählen Sie NEUE FLÄCHE HINZUFÜGEN aus dem Bedienfeldmenü. Diese Fläche gestalten Sie mit dem gewünschten Verlauf. Möchten Sie dagegen komplexere Verläufe anlegen, können Sie diese mithilfe einer Angleichung oder eines Gitterobjekts erzeugen. Dann legen Sie den Schriftzug als Schnittmaske auf das Gitter oder die Angleichung (s. Abschnitt 14.8.7).

Konturschrift | Normalerweise beeinträchtigt eine Kontur die Form eines Buchstabens, da sie von der Mitte aus berechnet wird (s. Abbildung 14.134). Da sich auch die Ausrichtung der Kontur am Pfad nicht ändern lässt (s. Abschnitt 8.1.1), müssen Sie zu einem Trick greifen: Weisen Sie dem Text zunächst die gewünschte Füllung zu. Anschließend rufen Sie das Aussehen-Bedienfeld auf und wählen NEUE KONTUR HINZUFÜGEN aus dem Bedienfeldmenü. Die Kontur müssen Sie im Bedienfeld unter den

▲ **Abbildung 14.134**
»Normale« Kontur auf den Zeichen (oben); zusätzliche Kontur auf der Schrift (unten, mit Aussehen-Bedienfeld)

Eintrag ZEICHEN schieben. Weisen Sie dieser Kontur die gewünschte Farbe und Stärke zu.

14.8.3 Pfad- und Flächentexte

Der Vektorpfad eines Textpfades oder eines Flächentextes gehört ebenfalls zum Textobjekt, wird aber bezüglich der Aussehen-Eigenschaften separat behandelt.

▲ **Abbildung 14.135**
Dem Textpfad lassen sich nachträglich Konturen zuweisen.

Textpfade | Obwohl Illustrator bei der Umwandlung eines Pfades in einen Textpfad alle vorhandenen Aussehen-Eigenschaften löscht, können Sie ihn nachträglich wieder mit allen möglichen Eigenschaften versehen.

Aktivieren Sie dazu den Textpfad mit dem Direktauswahl-Werkzeug , und ordnen Sie ihm mit den entsprechenden Bedienfeldern die gewünschten Aussehen-Eigenschaften zu.

Flächentexte | Auch auf den Begrenzungspfad eines Flächentextes können Sie Kontur- und Flächeneigenschaften sowie Effekte und Transparenzeinstellungen anwenden.

Hinweis

Haben Sie bereits die SCHRIFT mit Konturen und Flächen versehen, sind Kontur und/oder Fläche des Text- oder Begrenzungspfades nicht sichtbar.

Transparente Fläche eines Flächentextes | Wenn Sie den »Textrahmen« mit dem Direktauswahl-Werkzeug auswählen, können Sie ihm Eigenschaften zuweisen, die sich nicht auf den Text auswirken. Möchten Sie das Beispiel aus Abbildung 14.136 nachbauen, gehen Sie wie folgt vor:

1. Erstellen Sie einen Flächentext, und formatieren Sie den Text. Zur Flächenbegrenzung sollten Sie unter SCHRIFT • FLÄCHENTEXTOPTIONEN einen VERSATZABSTAND eingeben.
2. Anschließend wählen Sie die Begrenzung des Flächentextes mit dem Direktauswahl-Werkzeug aus.
3. Rufen Sie das Aussehen-Bedienfeld auf, und weisen Sie der Fläche eine Farbe zu. Anschließend verwenden Sie das Transparenz-Bedienfeld, um die Deckkraft der Fläche einzustellen.

▲ **Abbildung 14.136**
Transparente Fläche

14.8.4 Überdrucken von Schwarz

Setzen Sie schwarze Schrift auf farbigen Untergrund, so empfiehlt es sich zur Vermeidung von »Blitzern« bei Passerungenauigkeiten, schwarze Schriften grundsätzlich zu »überdrucken«, d.h., ihre Form im Untergrund nicht auszusparen.

Einige Programme richten das Überdrucken schwarzer Schriften automatisch ein. Illustrator dagegen »spart sie aus« – Sie müssen also manuell das Überdrucken einstellen (s. Abschnitt 20.3.3).

▲ **Abbildung 14.137**
Ungenauigkeiten beim Übereinanderdrucken der einzelnen Farben bewirken, dass das Papier durch die bedruckte Fläche »blitzt«.

14.8.5 Spezialeffekte

Auf Textobjekte, ihre Füllungen oder Konturen können Sie Effekte anwenden. Die Texte bleiben editierbar.

Pathfinder | Einen eng gesetzten Text können Sie mit einer Outline versehen, indem Sie Effekt • Pathfinder • Hinzufügen auf das Textobjekt anwenden (Workshop s. Seite 460).

Wenn Sie mehrere Textobjekte mit einem Pathfinder-Effekt verbinden wollen, müssen Sie sie zunächst gruppieren.

Zusammengesetzte Formen | Anstelle der Pathfinder-Effekte Hinzufügen, Schnittmenge bilden, Schnittmenge entfernen und Subtrahieren können Sie zusammengesetzte Formen bilden (s. Abschnitt 10.1.2). Um eine zusammengesetzte Form aus mehreren Textobjekten zu erstellen, gruppieren Sie die Textobjekte nicht.

Verzerrungen | Text können mit Hüllen verformt werden, ohne dass Sie sie vorher in Pfade umwandeln müssen. Ist ein Textobjekt ausgewählt, dann stehen im Steuerungsbedienfeld zwei Optionen zur Erstellung von Hüllen zur Verfügung. Wählen Sie aus dem Menü neben dem Button die gewünschte Option, und klicken Sie anschließend auf den Button, um die entsprechende Dialogbox aufzurufen (zur Erstellung von Hüllen s. Abschnitt 10.8).

Verzerrungshüllen sind schwer zu kontrollieren, und bei Buchstaben bemerkt man es leider sehr schnell, wenn senkrechte Linien eine Delle haben oder Strichstärken nicht mehr einheitlich sind. Hüllen sind also nur für sehr einfache Verformungen geeignet. Komplexere Verbiegungen sollten Sie nach Skizzen exakt zeichnen oder aus geometrischen Formen aufbauen.

▲ **Abbildung 14.138**
Gemeinsame Kontur um zwei miteinander gruppierte Textobjekte

▲ **Abbildung 14.139**
Ist Text ausgewählt, sind die Verzerrungshüllen über einen Button im Steuerungsbedienfeld aufrufbar.

▼ **Abbildung 14.140**
Nach Skizzen neu gezeichnete (links) und aus Grundformen konstruierte Letterings (rechts)

▲ **Abbildung 14.141**
Ein Button, der sich veränderten Textmengen anpasst, und seine Aussehen-Eigenschaften

▲ **Abbildung 14.142**
Text als Schnittmaske für ein Foto – um ein Foto direkt in den Text zu platzieren, wählen Sie den Modus INNEN ZEICHNEN (s. Abschnitt 11.4.1).

▲ **Abbildung 14.143**
Grunge-Schrift: Fotovorlagen finden Sie im Download.

14.8.6 Button erstellen

Einen Button, der sich automatisch an die Textlänge anpasst, erstellen Sie ebenfalls mit Aussehen-Eigenschaften:

1. Erzeugen Sie ein Punkttextobjekt, und geben Sie eine Beschriftung für Ihren Button ein.
2. Rufen Sie das Aussehen-Bedienfeld auf, und wählen Sie NEUE FLÄCHE HINZUFÜGEN aus dem Bedienfeldmenü. Schieben Sie die neue Fläche unter den Eintrag ZEICHEN im Bedienfeld.
3. Aktivieren Sie den Eintrag FLÄCHE im Aussehen-Bedienfeld. Weisen Sie eine Farbe zu – diese ist zunächst nicht sichtbar.
4. Wählen Sie EFFEKT • IN FORM UMWANDELN • ABGERUNDETES RECHTECK. In der Dialogbox aktivieren Sie die Option RELATIV, damit sich der Button an unterschiedliche Textlängen anpasst. Mit aktiver VORSCHAU geben Sie Ihre Optionen ein.
5. Die Fläche können Sie mit weiteren Effekten versehen.

14.8.7 Text als Masken verwenden

Textobjekte lassen sich wie Vektorobjekte als Schnittmasken verwenden. Platzieren Sie den Text, wie gewünscht, über der Vektorgrafik oder dem Pixelbild, aktivieren Sie das Textobjekt und das Bild, und wählen Sie OBJEKT • SCHNITTMASKE • ERSTELLEN – ⌘/Strg+7. Der Text ist weiterhin editierbar. Möchten Sie die Schnittmaske auflösen, aktivieren Sie das Objekt und wählen OBJEKT • SCHNITTMASKE • ZURÜCKWANDELN (s. Abschnitt 11.4.4).

Wenn Sie Texte als Schnittmaske verwenden, sollten Sie ihre Fläche auf OHNE setzen, da es ansonsten zu Blitzern kommen kann, denn Fläche und Maske sind nicht deckungsgleich.

14.8.8 Grunge-Look

Für die Schrift im Grunge-Look benötigen Sie zunächst ein Foto einer geeigneten Struktur, z.B. Baumrinde, Rost oder altes Holz.

1. Verwenden Sie den BILDNACHZEICHNER (s. Abschnitt 19.5), um aus dem Foto eine Schwarz-Weiß-Grafik zu generieren. Alternativ verwenden Sie die Rastergrafik als Deckkraftmaske – das gesamte Objekt ist dann jedoch auflösungsabhängig.
2. Das Nachzeichnerergebnis legen Sie in der Stapelreihenfolge über die Schrift.
3. Aktivieren Sie Schrift und Grafik, und rufen Sie das Transparenz-Bedienfeld auf. Wählen Sie DECKKRAFTMASKE ERSTELLEN aus dem Bedienfeldmenü (s. Abschnitt 12.2.1).

▲ **Abbildung 14.144**
Eine Baumrindenstruktur erzeugt den Grunge-Look. Alternativ können Sie für vergleichbare Ergebnisse auch Schnittmasken oder Pathfinder-Funktionen verwenden. Bei der Umsetzung mithilfe einer Deckkraftmaske ist der Schritt des Vektorisierens nicht obligatorisch – Sie könnten auch das Foto als Maske verwenden.

Dekkraftmaske statt Schnittmaske

Besonders komplexe (zusammengesetzte) Pfade können manchmal nicht als Schnittmaske angewandt werden. Deckkraftmasken funktionieren dagegen.

14.9 Von Text zu Grafik

Bisher haben wir uns damit beschäftigt, mit typografischen Mitteln Schrift und Textobjekte zu formatieren und zu gestalten. Gerade Illustrator wird aber auch vielfältig dazu verwendet, die Buchstabenformen selbst als Gestaltungsmittel, z. B. für Logos oder Typo-Grafik, zu verwenden und sie zu diesem Zweck umzuformen.

▲ **Abbildung 14.145**
Typografik

14.9.1 Text in Pfade umwandeln

Da Schriften aus Vektorpfaden erstellt sind, ist es kein Problem, sie wieder in Vektorpfade »umzuwandeln«. Dabei geht die Bearbeitungsmöglichkeit der Textinhalte natürlich verloren. Es gibt verschiedene Gründe, Text in Vektorpfade umzuwandeln. Zum einen haben Sie erweiterte Gestaltungsoptionen. Zum anderen ist es für einige Weiterverarbeitungsprozesse (z. B. Plotten) unumgänglich, mit Pfaden zu arbeiten. Bei Logoschriften ist mit umgewandelten Schriften die Integrität des Erscheinungsbildes am besten gewahrt. Allein zum Zweck des Datenaustauschs mit Druckereien und anderen weiterverarbeitenden Betrieben sollte die Umwandlung vermieden werden.

Aktivieren Sie die Textobjekte, und wählen Sie Schrift • In Pfade umwandeln – ⌘/Strg+⇧+0. Die einzelnen Zeichen des in Pfade umgewandelten Textes sind gruppiert. Falls ein Buchstabe nicht nur eine Außen-, sondern auch eine Innenform besitzt oder aus mehreren Teilen besteht (z. B. a, d, g, i, ü), sind beide Formen als zusammengesetzte Form verbunden.

Besitzt das Textobjekt Effekte, verwenden Sie besser Objekt • Transparenz reduzieren und aktivieren die Option Text in Pfade umwandeln (s. Abschnitt 12.4).

Schrift in Pfade umwandeln?

Das Umwandeln von Schrift in Pfade sollten Sie, wenn möglich, vermeiden. Das Umwandeln kann dazu führen, dass Schrift nicht mehr in optimaler Qualität belichtet oder gedruckt werden kann.

▲ **Abbildung 14.146**
Bearbeiteter Schriftzug

Schrift im PDF

Beim PDF-Import kommt es ebenfalls vor, dass Textzeilen in Pfade umgewandelt werden. Das lässt sich nicht unterbinden.

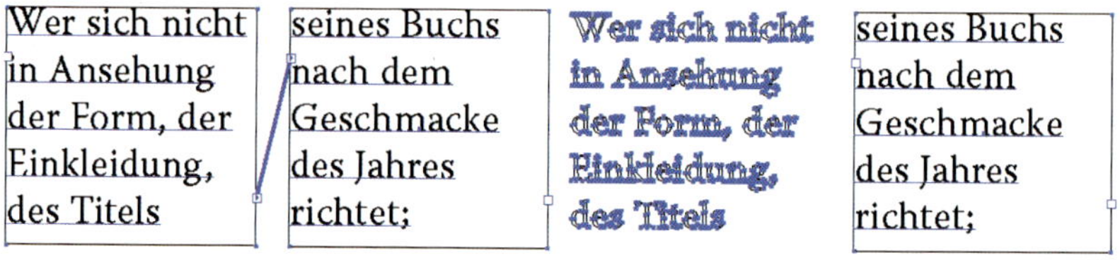

▲ **Abbildung 14.147**
Achten Sie darauf, dass Sie alle Textrahmen einer Kette aktivieren, wenn Sie sie in Pfade umwandeln.

Live-Effekt »Kontur nachzeichnen« | Anstatt den Text endgültig in Pfade zu konvertieren, können Sie dem Textobjekt die Umwandlung mit Effekt • Pfad • Kontur nachzeichnen »live« zuweisen. Der Vorteil besteht darin, dass der Text in der Arbeitsdatei editierbar bleibt, aber beim Exportieren sowie beim Speichern der Datei z. B. als PDF umgewandelt wird. Als sehr nützlich kann sich dieser Effekt beim vertikalen Ausrichten von Textzeilen an anderen Objekten erweisen. Normalerweise bildet die Kegelhöhe des Textobjekts seine Ober- und Untergrenze und damit die Referenz für das Ausrichten. Diesen Automatismus müssen Sie aber umgehen, wenn ein Text nur in Versalien gesetzt ist:

1. Weisen Sie dem Textobjekt den Effekt Kontur nachzeichnen zu.
2. Rufen Sie das Ausrichten-Bedienfeld auf, und aktivieren Sie Vorschau-begrenzungen verwenden im Bedienfeldmenü.
3. Wählen Sie das Text- und das Grafikobjekt aus, und klicken Sie auf den Button Vertikal zentriert ausrichten.

▲ **Abbildung 14.148**
Der am Symbol vertikal auf Mitte ausgerichtete Versaltext (Mitte) wirkt optisch zu hoch. Ist er mit dem Effekt Kontur nachzeichnen versehen, stimmt der Eindruck (Begrenzungsrahmen der Texte in Hellblau).

Schritt für Schritt
Eine Reliefschrift erstellen und grafisch gestalten

Für diese Art von Texteffekt ist Illustrators 3D-Effekt aufgrund der fest verdrahteten Perspektiveinstellung und seiner Rechenfehler nicht sehr gut geeignet.

▲ **Abbildung 14.149**
Erhabener Text – das Ergebnis des Workshops

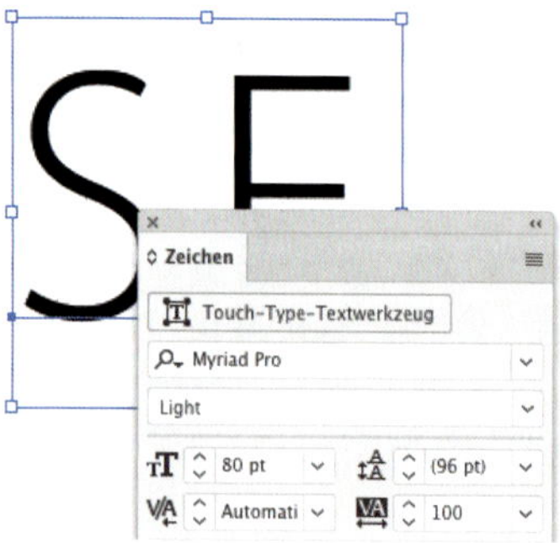

▲ **Abbildung 14.150**
Das Textobjekt

1 Schrift setzen und umwandeln

Setzen Sie den gewünschten Text aus einer leichten Schrift, z. B. Myriad Pro Light. Sie müssen bereits eine sehr große Laufweite einstellen, damit ausreichend Platz für die spätere Erweiterung der Zeichen vorhanden ist. Unser Beispiel ist angepasst auf eine Laufweite von 100 und eine Schriftgröße von 80 Punkt.

Das Anpassen der Laufweite ist vor allem dann wichtig, wenn es sich um einen etwas längeren Text handelt, damit Sie nicht jeden Buchstaben einzeln verschieben müssen.

▲ **Abbildung 14.151**
Die Zeichen werden erweitert.

2 Schrift in Pfade umwandeln und Kante erstellen

Wählen Sie Schrift • In Pfade umwandeln. Weisen Sie den umgewandelten Buchstaben eine leichte Kontur zu. Dann wenden Sie Objekt • Pfad • Pfad verschieben an. Aktivieren Sie die Vorschau, und stellen Sie einen Versatz von etwa 2,7 mm ein.

3 Korrekturen der Pfade

Die Funktion Pfad verschieben arbeitet nicht nach ästhetischen Gesichtspunkten. Daher korrigieren Sie den generierten Pfad, falls nötig (s. Abbildung 14.152).

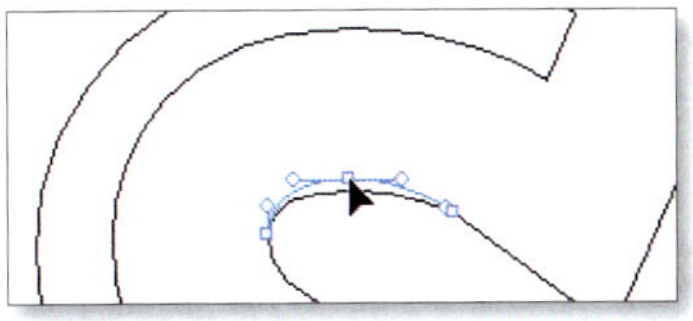

▲ **Abbildung 14.152**
Kleine Korrekturen am Pfad sind eventuell nötig.

4 Ecken verbinden

Aktivieren Sie intelligente Hilfslinien. Nehmen Sie das Linien-Werkzeug, und ziehen Sie Verbindungslinien zwischen den jeweiligen Ecken. Achten Sie darauf, dass das Linien-Werkzeug exakt an den Punkten bzw. den Pfaden einrastet – die intelligenten Hilfslinien kennzeichnen dies.

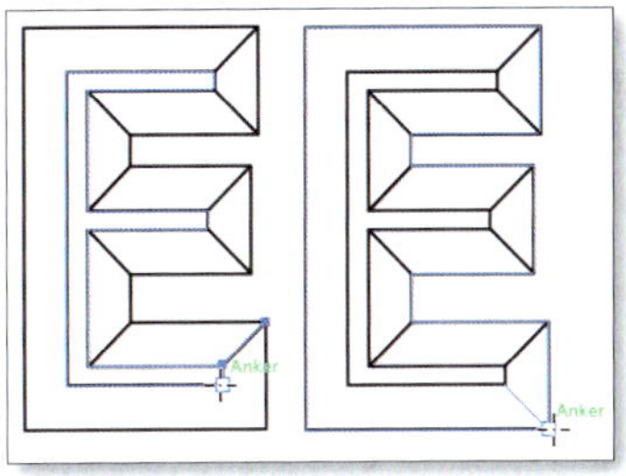

▲ **Abbildung 14.153**
Verbinden der Ecken am E

5 Füllbare Flächen bilden

Jetzt bilden Sie die Flächen, die gefüllt werden sollen. Dazu aktivieren Sie alle Elemente, nehmen das Interaktiv-malen-Werkzeug, wählen ein Farbfeld aus und klicken in einzelne, durch Linien getrennte Bereiche, um sie mit der Farbe zu versehen. Bereiche, die gefüllt werden können, werden mit einer fetten Umrandung hervorgehoben (einen detaillierten Workshop zu »Interaktiv malen« finden Sie in Abschnitt 10.5.1). Wechseln Sie zu einem anderen Farbfeld, oder stellen Sie eine Farbe im Farbe-Bedienfeld ein, und färben Sie die übrigen Bereiche.

Beachten Sie beim Einfärben den Lichteinfall und die plastische Wirkung der Formen, und verwenden Sie Ihre gewählten Farben entsprechend, sodass Licht und Schatten stimmig erscheinen.

▲ **Abbildung 14.154**
Die Verläufe aus der Farbfelder-Bibliothek können bearbeitet werden, um eine Chrom-Version zu gestalten.

▲ **Abbildung 14.155**
Supersampling (jeweils oben) und Hinting (jeweils unten)

6 Mit Verläufen füllen

Anstatt der plakativen können Sie aus denselben Formen auch eine realistisch aussehende Version erstellen, indem Sie die Flächen mit Verläufen füllen (ein Beispiel finden Sie im Downloadmaterial zum Buch – untersuchen Sie die darin enthaltenen Verläufe mit dem Verlauf-Werkzeug und aktivierten Verlaufsoptimierern). Fertige metallische Verläufe finden Sie in der Farbfeld-Bibliothek Verläufe • Metalle. Sie sind eine gute Grundlage – bei Bedarf erstellen Sie Ihre eigenen Variationen.

14.9.2 Glättung von Text beim Speichern in Bitmap-Formate und beim Umwandeln in Pixelbilder

Beim Exportieren Ihrer Grafik in ein pixelbasiertes Format wie JPG, TIF, BMP und beim Anwenden des Befehls Objekt • In Pixelbild umwandeln bzw. des gleichnamigen Effekts stehen Ihnen mehrere Glättungsoptionen – das Anti-Aliasing – zur Verfügung. Besonders bei Texten in kleinen Größen sollten Sie auf eine optimale Einstellung achten. Wählen Sie unter folgenden Optionen:

- Ohne: Diese Option deaktiviert die Glättung für das Objekt. Verwenden Sie diese Option z. B. für die Simulation von Fließtext in Webseiten-Layouts.
- Bildmaterial optimiert (Supersampling): Das ist die »normale« Anti-Aliasing-Methode, wie sie beim Export mit aktivierter Glättungsoption erfolgt. Sie ist für Vektorobjekte geeignet.
- Schrift optimiert (Hinted): Bei dieser Methode findet ein »Hinting« der Schrift statt, d. h., die Buchstabengröße wird vorberechnet und in einem zweiten Durchgang auf das Pixelraster hin optimiert. Als Ergebnis werden die »Stämme« eines Zeichens, soweit das möglich ist, auf ganzen Pixeln dargestellt.
  Sowohl die Lesbarkeit als auch der optische Eindruck profitieren von diesem Verfahren.

Kapitel 15
Diagramme

Illustrators Diagramme sind schon sehr in die Jahre gekommen, eine State-of-the-Art-Infografik bedarf sehr viel mühsamer Nacharbeit. Die Funktion besitzt dennoch etliche Stellschrauben, die sich nicht auf den ersten Blick erschließen.

15.1 Ein Diagramm erstellen

Wenn Sie ein Diagramm erstellen möchten, wählen Sie zunächst das passende Diagramm-Werkzeug aus dem Werkzeugbedienfeld. Ziehen Sie anschließend ein Rechteck in der gewünschten Größe mit diesem Werkzeug auf, indem Sie den Punkt für eine Ecke anklicken und zur schräg gegenüberliegenden Ecke ziehen, oder klicken Sie mit dem Werkzeug auf die Zeichenfläche, und geben Sie die gewünschte Breite und Höhe in eine Dialogbox ein.

Bei Säulen-, Balken-, Linien- und Flächendiagrammen entspricht die Grundfläche derjenigen Fläche, die durch die Koordinatenachsen begrenzt wird. Die Achsenbeschriftung und die Legende werden außerhalb des mit dem Werkzeug definierten Feldes angebracht.

Wie Sie die Größe und die Proportionen eines Diagramms zu einem späteren Zeitpunkt noch ändern können, lesen Sie in Abschnitt 15.8. Wie Sie den Diagrammtyp nachträglich ändern können, lesen Sie in Abschnitt 15.2.

Nachdem Sie das Rechteck definiert haben, öffnet sich das Dateneingabefeld. Wie die Daten eingegeben werden müssen und welche Formatierungsmöglichkeiten für Ihr Diagramm bestehen, lesen Sie unter den Beschreibungen der einzelnen Diagrammarten.

▲ **Abbildung 15.1**
Nachbearbeitetes Kreisdiagramm

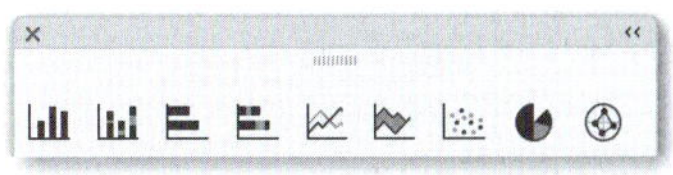

▲ **Abbildung 15.2**
Die Diagramm-Werkzeuge: Säulendiagramm, Gestapeltes Säulendiagramm, Balkendiagramm, Gestapeltes Balkendiagramm, Liniendiagramm, Flächendiagramm, Streudiagramm, Kreisdiagramm, Netzdiagramm

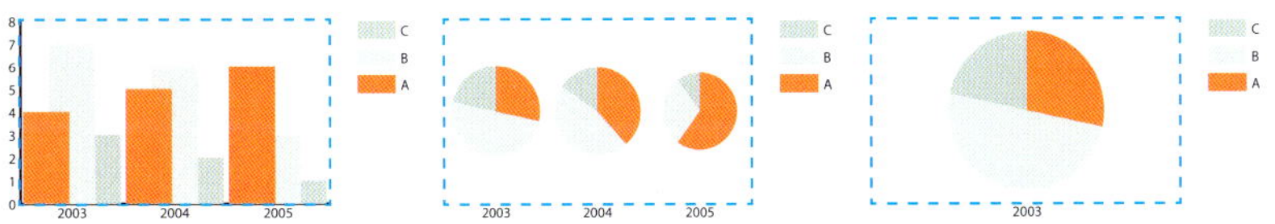

◀ **Abbildung 15.3**
Die in der Abbildung blau gestrichelte Linie umreißt das mit dem Diagramm-Werkzeug aufgezogene Rechteck.

15.1.1 Das »Arbeitsblatt« für die Dateneingabe

Die Daten für alle Diagrammtypen geben Sie in die Datentabelle ein.

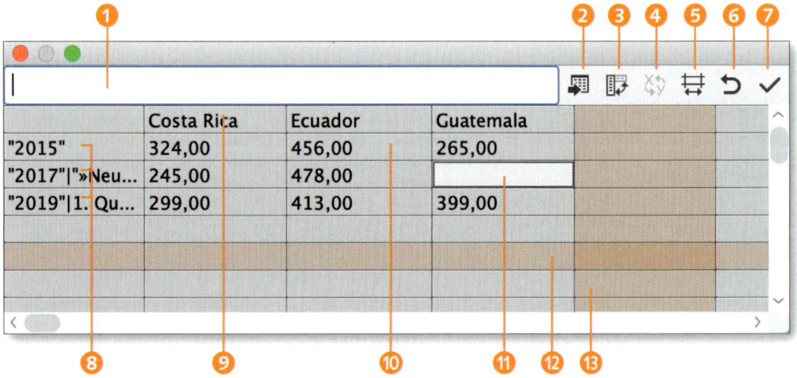

Abbildung 15.4 ▶
Datentabelle, das »Arbeitsblatt« der Diagramm-Werkzeuge

Eingabe Mac	Zeichen
⌥+⇧+W	„
⌥+2	“
⌥+⇧+Q	»
⌥+Q	«

Eingabe Windows	Zeichen
Alt+Num 0132	„
Alt+Num 0147	“
Alt+Num 0187	»
Alt+Num 0171	«

▲ Tabelle 15.1
Typografische Anführungszeichen unter Mac und Windows

Die Datentabelle wird als eigenes Fenster geöffnet. In der oberen Leiste sind einige Buttons, dann folgt das Arbeitsblatt. Es besteht aus Zeilen ⑫ und Spalten ⑬ einzelner Datenfelder ⑩. Die Bezeichnungen an der Y-Achse des Diagramms werden Kategorien ⑧ genannt, die Bezeichnungen an der X-Achse heißen Legenden ⑨. Um Daten einzugeben, aktivieren Sie das gewünschte Datenfeld, indem Sie darauf klicken ⑪ – die Texteinfügemarke wird in das Eingabefeld ① gesetzt. Dann geben Sie den Wert ein.

Funktionsbuttons | Die Buttons ② bis ⑦ bieten zusätzliche Steuerungsmöglichkeiten bei der Dateneingabe (s. Abschnitt 15.1.2). Mit einem Klick auf den Button Zellen einstellen ⑤ öffnen Sie die Optionen-Dialogbox (s. Abbildung 15.5).

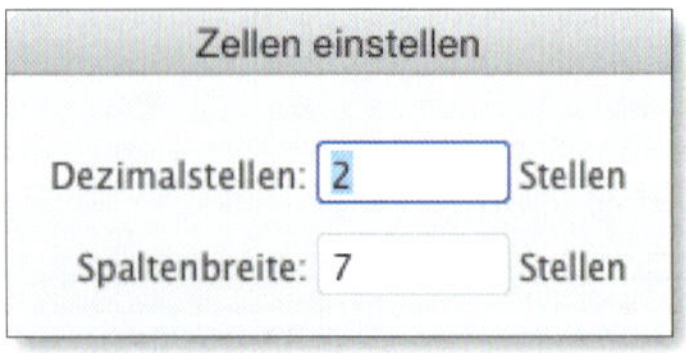

▲ Abbildung 15.5
Optionen Zellen einstellen (früher Zellformat)

Optionen | In der Standardeinstellung werden Dezimalzahlen auf zwei Stellen hinter dem Komma gerundet. Geben Sie einen Wert zwischen 0 und 10 in das Feld Dezimalstellen ein, um die Anzahl der Dezimalstellen zu definieren.

Der Wert im Eingabefeld Spaltenbreite steuert die Darstellung der Spalten im Arbeitsblatt. Möchten Sie nur die Breite *einer* Spalte im Arbeitsblatt verändern, klicken und ziehen Sie die Trennlinie der betreffenden Spalte.

Testdaten

Viele Testdaten für alle Diagrammtypen finden Sie auf der Website des Statistischen Bundesamts: *www.destatis.de*.

Kategorien und Legenden | Die Bezeichnungen der Kategorien und Legenden werden in der ersten Spalte bzw. Zeile des Arbeitsblattes eingetragen.

Möchten Sie nur Zahlen als Bezeichnungen verwenden, schließen Sie diese in Zoll-(Inch-)Zeichen " ein (s. Abbildung 15.6) – sollen die Zahlen außerdem in Anführungszeichen stehen, umschließen Sie sie zuerst mit typografischen Anführungszeichen (s. Abbildung 15.7, zu Anführungszeichen s. Tabelle 15.1). Wenn Sie Zahlen und Buchstaben kombinieren, müssen Sie die Bezeichnungen nicht mit Zollzeichen kennzeichnen.

Umbrüche erzwingen Sie in Bezeichnungen, indem Sie einen senkrechten Strich (»Pipe«) – Alt+7 (Mac) bzw. Alt Gr+< (Windows) – an die Stelle setzen, an der Sie mit dem Text in die nächste Zeile wechseln möchten (s. Abbildung 15.9).

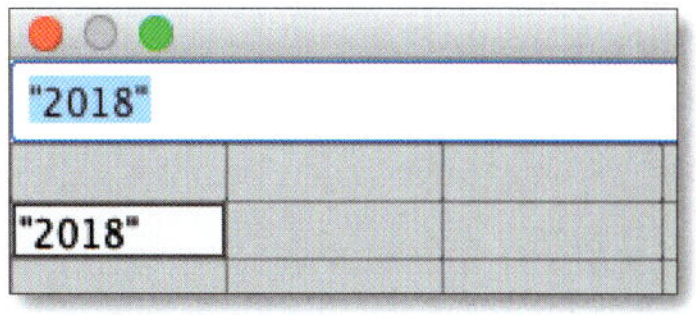

▲ **Abbildung 15.6**
Zahlen in Anführungszeichen werden nicht in Balken umgesetzt.

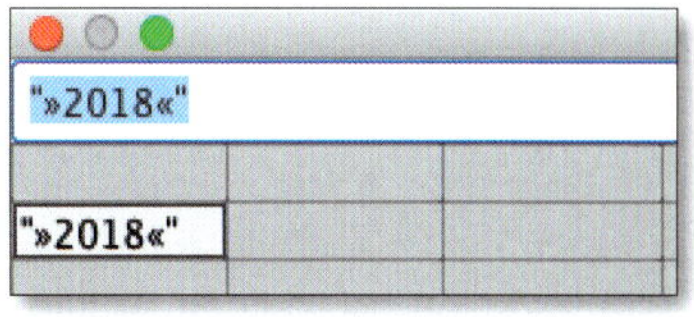

▲ **Abbildung 15.7**
Anführungszeichen um Zahlen in der Legende

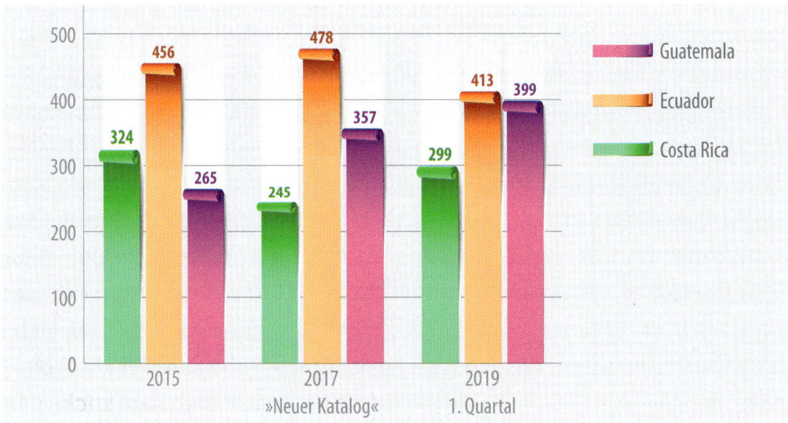

◄ **Abbildung 15.8**
Das Diagramm aus der Datentabelle von der gegenüberliegenden Seite

15.1.2 Dateneingabe

Wenn die Tabelle geöffnet wird, ist das Datenfeld links oben aktiviert, sodass Sie gleich mit der Eingabe beginnen können.

Mit ⇥ wechseln Sie zum nächsten Datenfeld der Zeile, mit ↵ wechseln Sie zum nächsten Datenfeld der Spalte. Mit den Pfeiltasten wechseln Sie zum nächsten Datenfeld in der jeweiligen Pfeilrichtung. Diagrammdaten dürfen außer Dezimalkommata keine nicht numerischen Zeichen enthalten – z. B. Punkte, um Tausender zu trennen. Insgesamt können Sie in Ihren Tabellen bis etwa 32.000 Zeilen bzw. Spalten eingeben.

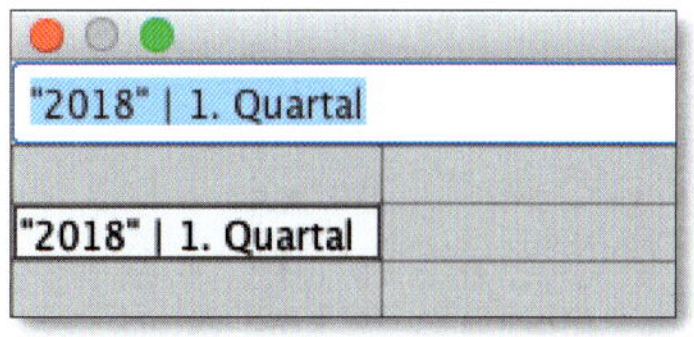

▲ **Abbildung 15.9**
Ein senkrechter Strich (»Pipe«) bewirkt einen Zeilenumbruch.

Daten ändern | Um Daten zu ändern, klicken Sie auf das Feld, dessen Daten Sie ändern möchten, und ändern den Wert im Eingabefeld.

Daten importieren | Aktivieren Sie die Zelle, die den ersten importierten Wert aufnehmen soll, und klicken Sie auf den Import-Button ❷, um eine Datentabelle zu importieren, die Sie in einer Tabellenkalkulation oder einer Textverarbeitung erstellt haben.

Tabellendaten, die Sie importieren möchten, müssen als tabseparierte Textdateien (.txt) gespeichert sein. Erzeugen Sie die Daten in Tabellenkal-

Wichtig: Datentabelle schließen!

Wenn die Datentabelle noch offen ist, können Sie die Diagrammattribute oder -designs nicht aus dem Menü wählen – die Optionen sind ausgegraut.

kulationen, so werden sie beim Export als .txt korrekt formatiert. Wenn Sie die Dateien in Textprogrammen schreiben, trennen Sie die Zellen durch ⇥ und die Zeilen durch ↵.

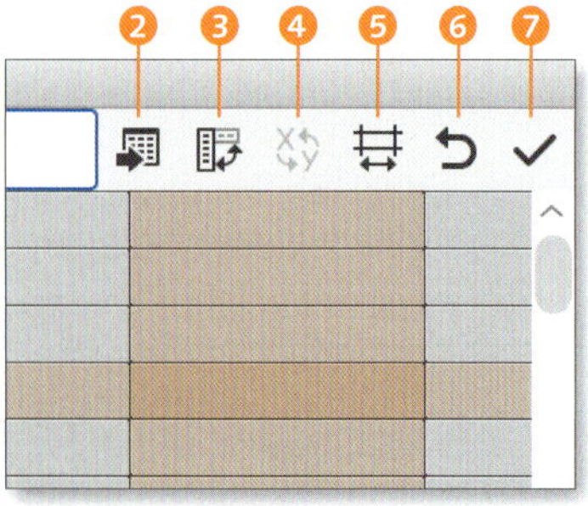

▲ **Abbildung 15.10**
Die Funktionsbuttons der Datentabelle

Copy & Paste | Sie können Daten auch über die Zwischenablage einfügen. Kopieren Sie die Daten aus der Tabellenkalkulation, aktivieren Sie die Zelle, die den ersten Wert aufnehmen soll, und fügen Sie die Daten ein.

Zeilen und Spalten vertauschen | Wenn Sie nach dem Erzeugen des Diagramms merken, dass Sie die Daten achsenverkehrt eingegeben haben, vertauschen Sie sie, indem Sie auf den Button Reihe/Spalte vertauschen ❸ bzw. bei Punktdiagrammen x/y vertauschen ❹ klicken.

Eingabe bestätigen | Um Ihre Dateneingabe auf die Diagrammdarstellung anzuwenden, drücken Sie ⌅/Enter oder klicken auf den Button Anwenden ❼. Das »Arbeitsblatt« wird nicht automatisch geschlossen. Schließen Sie es, indem Sie auf den Schließen-Button des Fensters klicken.

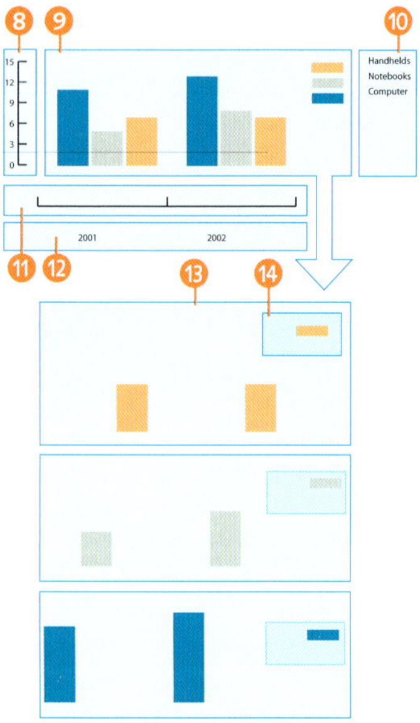

▲ **Abbildung 15.11**
Hierarchie der Diagrammbestandteile: Wertachse mit Teilstrichwerten ❽, Diagramm ❾, Legendentexte ❿, Kategorieachse ⓫, Achsenwerte ⓬, Datenreihe ⓭, Legende ⓮

Eingabe widerrufen | Sie können Ihre Schritte bis zu dem Punkt widerrufen, an dem Sie das letzte Mal eine Eingabe bestätigt haben. Klicken Sie dafür auf den Button Zurück zur letzten Version ❻.

15.1.3 Diagrammelemente

Wenn Sie mit Diagrammen arbeiten, ist es hilfreich, zu verstehen, wie die einzelnen Elemente eines Diagramms miteinander verbunden sind. Dies benötigen Sie, um gezielt Teile eines Diagramms auszuwählen, die formatiert werden sollen. Ein Diagramm ist ein hierarchisch aufgebautes, gruppiertes Live-Objekt – es wird nur nicht als »Gruppe« bezeichnet. Das Diagramm ist mit der Datentabelle verbunden und dadurch jederzeit editierbar, solange Sie die Gruppierung nicht lösen. Die grafischen Repräsentanten der Datenreihen (also der Daten, die zu einer Kategorie gehören) sind zuerst miteinander und dann mit der zugehörigen Legende gruppiert. Die Bezeichnungen der X- und der Y-Achse bilden jeweils miteinander und darüber hinaus mit der zugehörigen Achse eine Gruppe. Die Texte in der Legende sind miteinander gruppiert. Alle bilden zusammen die Diagrammgruppe.

Einzelne Elemente oder Untergruppen in einem Diagramm selektieren Sie mit dem Gruppenauswahl-Werkzeug – das funktioniert auch, wenn das Diagramm nicht in eine Grafik umgewandelt wurde.

15.2 Kreisdiagramme

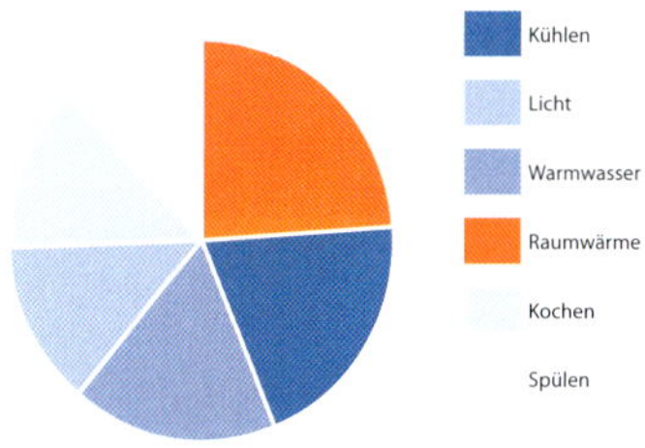

▲ **Abbildung 15.12**
Kreisdiagramm

Aus einer Datentabelle eines Kreis- oder Tortendiagramms können Sie nicht nur ein, sondern auch mehrere zusammenhängende Kreisdiagramme erzeugen. Die Unterschiede in den Summen der Gesamtdaten werden durch Größenunterschiede der Kreise dargestellt.

Dateneingabe | Für ein einfaches Kreisdiagramm müssen Sie lediglich zwei Zeilen eingeben: die Legenden und die zugehörigen Daten. Beginnen Sie in der linken Spalte mit den Legenden und Werten.

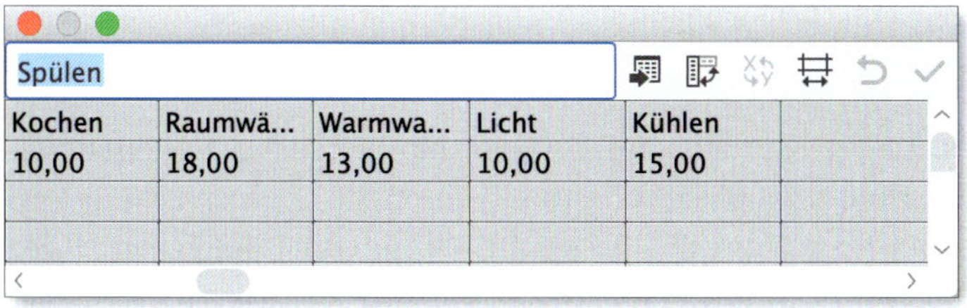

◀ **Abbildung 15.13**
Eingabe der Werte für das Kreisdiagramm aus Abbildung 15.12

Geben Sie Daten in weiteren Zeilen ein, werden zusätzliche Kreisdiagramme erzeugt. Wenn Sie diese weiteren Kreise jeweils mit Kategorien bezeichnen möchten, geben Sie die Namen der Kategorien in die linke Spalte ein.

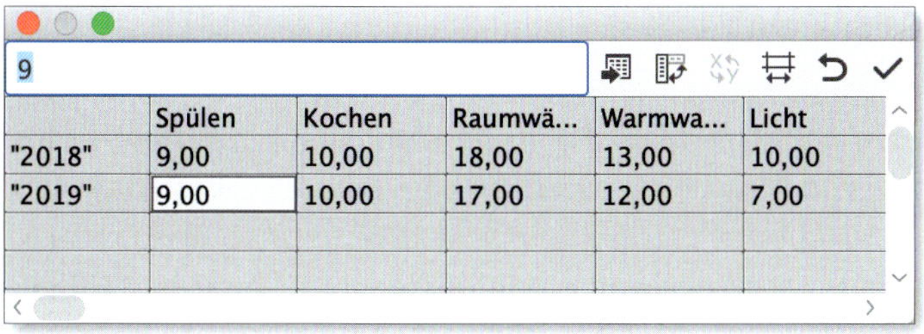

◀ **Abbildung 15.14**
Eingabe der Werte für eine Gruppe von Kreisdiagrammen

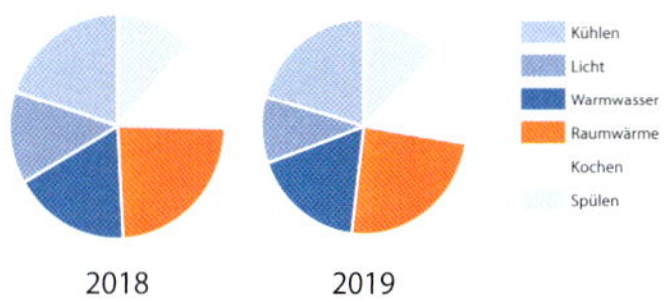

▲ **Abbildung 15.15**
Darstellung der Werte aus Abbildung 15.14

Diagrammattribute | Die Anordnung der Legende sowie die Reihenfolge der Kreissegmente steuern Sie mit den Diagrammattributen. Um diese Dialogbox aufzurufen, aktivieren Sie das Diagramm und schließen das Arbeitsblatt. Anschließend wählen Sie Objekt • Diagramm • Art oder doppelklicken auf das Diagramm-Werkzeug im Werkzeugbedienfeld – dabei muss nicht das zum Diagrammtyp passende Werkzeug ausgewählt sein. Alternativ klicken Sie auf den Button Diagrammattribute im Eigenschaften-Bedienfeld.

Falls Sie keine Änderungen an der Diagrammart vornehmen möchten, richten Sie zunächst die Einstellungen im Bereich Optionen ein und erst anschließend im Bereich Stil.

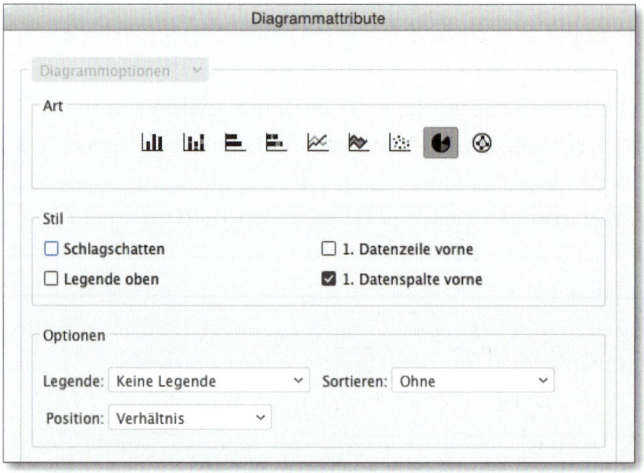

Abbildung 15.16 ▶
Diagrammattribute für Kreisdiagramme

> **Radiales Raster**
>
> Wenn Sie nur ein Objekt erzeugen wollen, das wie eine »Torte« aussieht, verwenden Sie das Radiale-Raster-Werkzeug (s. Abschnitt 4.1.4); es ist unkomplizierter und unter bestimmten Umständen auch genauer als das Kreisdiagramm.

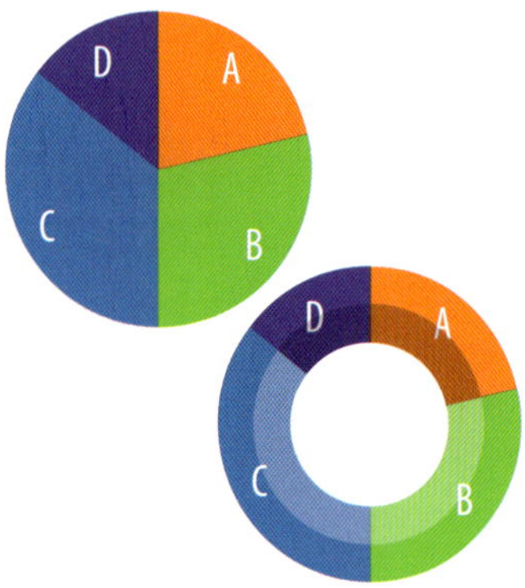

▲ **Abbildung 15.17**
Legende in Segmenten (bearbeitet)

▲ **Abbildung 15.18**
Position Gestapelt

- Art: Klicken Sie auf einen der Buttons, um die Daten mit einem anderen Diagrammtyp zu formatieren.
- Legende oben: Wählen Sie diese Option, um die Legende oberhalb des Diagramms – anstatt rechts – zu positionieren. Es muss Normale Legende ausgewählt sein.
- 1. Datenzeile vorne: Aktivieren Sie diese Option, um bei gestapelten Kreisen die Stapelreihenfolge umzukehren.
- 1. Datenspalte vorne: Diese Option hat keine Auswirkungen auf Kreisdiagramme.
- Schlagschatten fügt eine einfache runde schwarze Fläche hinter dem Diagramm ein.
- Legende: Wählen Sie im Ausklappmenü unter Legende, ob eine Normale Legende außerhalb der Fläche des Diagramms positioniert wird, die Legende in Segmenten angezeigt oder Keine Legende dargestellt wird.
- Position: Das Menü Position erlaubt die Anordnung mehrerer Kreisdiagramme.
  - Die normale Option Verhältnis stellt die Kreise nebeneinander dar. Ihre Größe entspricht proportional der Summe der Daten eines Diagramms.
  - Wählen Sie Gleichmässig, um alle Kreise in gleicher Größe nebeneinanderzustellen.
  - Mit der Auswahl Gestapelt werden die Kreise aufeinandergestapelt. Normalerweise liegt das Diagramm vorn, das die letzte Datenzeile repräsentiert.
- Sortieren: Wählen Sie eine Option aus dem Ausklappmenü Sortieren, um die Reihenfolge der »Tortenstücke« festzulegen.
  - Alle sortiert die Segmente in jedem Kreisdiagramm jeweils im Uhrzeigersinn vom größten zum kleinsten Wert. Der größte Wert wird

im ersten Segment angezeigt – rechts neben der 12-Uhr-Position (s. Abbildung 15.19 oben).

- Mit der Option ERSTE werden zunächst die Segmente des ersten Diagramms nach den einzelnen Werten sortiert. Die anderen Diagramme folgen dieser Sortierung.
- Wählen Sie OHNE, um die Segmente nach der Reihenfolge der Eingabe in der Tabelle zu sortieren.

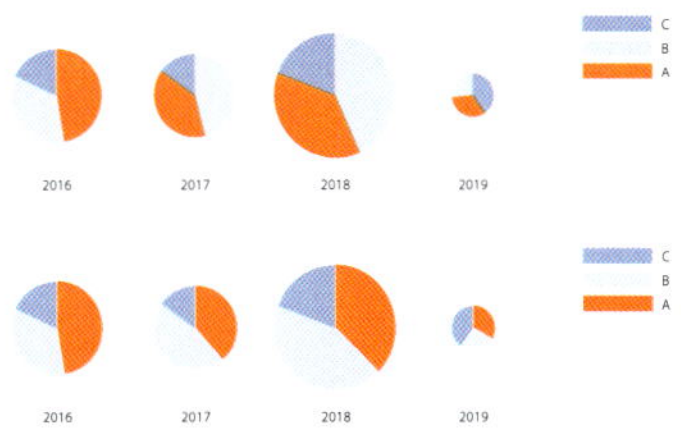

▲ **Abbildung 15.19**
Sortierungsoption ALLE (oben) und OHNE (unten)

15.2.1 Farben und Schriften ändern

Ein neues Diagramm wird automatisch mit Grautönen versehen. Sie können jedoch neue Füllfarben, Verläufe, Muster und Konturen zuordnen. Um einem Segment und der zugehörigen Legende eine neue Füllung und Kontur zu geben, wählen Sie das Gruppenauswahl-Werkzeug und klicken auf das zugehörige Rechteck in der Legende. Dieses Rechteck wird ausgewählt. Klicken Sie mit dem Werkzeug noch einmal auf das gleiche Symbol, und es wird die Gruppe der zugehörigen Segmente ausgewählt (s. Abschnitt 4.3.3). Jetzt weisen Sie allen Objekten die gewünschte Fläche und Kontur zu.

Um alle Beschriftungen auf einmal zu ändern, aktivieren Sie das Diagramm mit dem Auswahl-Werkzeug und weisen neue Textformatierungen zu. Um nur die Beschriftungen der Legende oder der einzelnen Diagramme zu ändern, klicken Sie mit dem Gruppenauswahl-Werkzeug so oft auf einen der zugehörigen Texte, bis alle Texte in der Legende oder unterhalb der Diagramme ausgewählt sind.

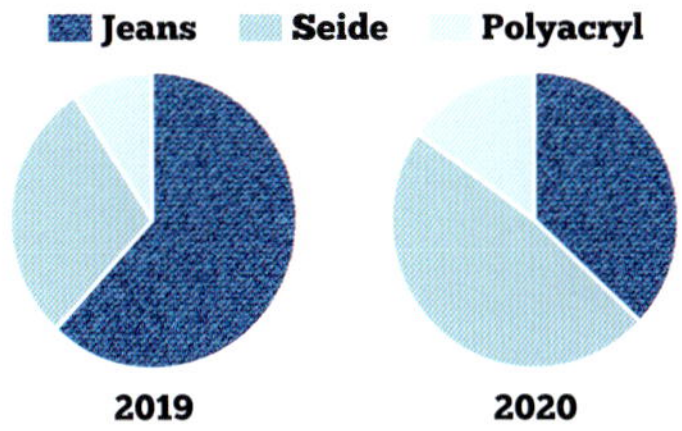

▲ **Abbildung 15.20**
Eigene Muster und Konturen sowie Schriften

Gruppenauswahl-Werkzeug

Bei der Verwendung des Gruppenauswahl-Werkzeugs müssen Sie eine kleine Pause zwischen den Klicks einhalten, damit das Betriebssystem keinen Doppelklick vermutet. Beim Anklicken von Texten kann es sogar sinnvoll sein, den Cursor zwischen den Klicks etwas zu bewegen.

15.3 Säulen- und Balkendiagramme

15.3.1 Vertikales Balkendiagramm oder Säulendiagramm

Bei dieser Art Diagramm werden Werte durch Säulen unterschiedlicher Höhe repräsentiert. Alle Säulen stehen dabei nebeneinander. Die Werte einer Zeile in der Datentabelle bilden eine Wertegruppe. Die Säulen, die sie abbilden, können durch Abstände von den Nachbargruppen abgegrenzt werden.

Dateneingabe | Tragen Sie zunächst die Bezeichnungen in die Tabelle ein. Die Kategorien werden entlang der X-Achse abgebildet. Die Werte bestimmen die Höhe der Säulen. Positive und negative Werte können in einem Diagramm gemischt werden (s. Abbildung 15.23).

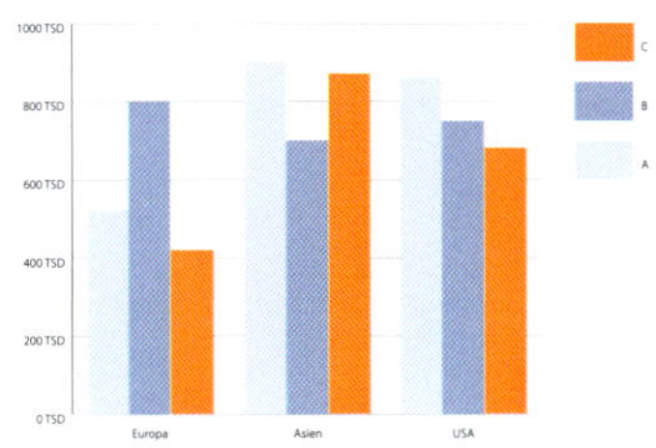

▲ **Abbildung 15.21**
Darstellung der Werte als Säulendiagramm

Abbildung 15.22 ▶
Eingabe der Daten für das Säulendiagramm aus Abbildung 15.21

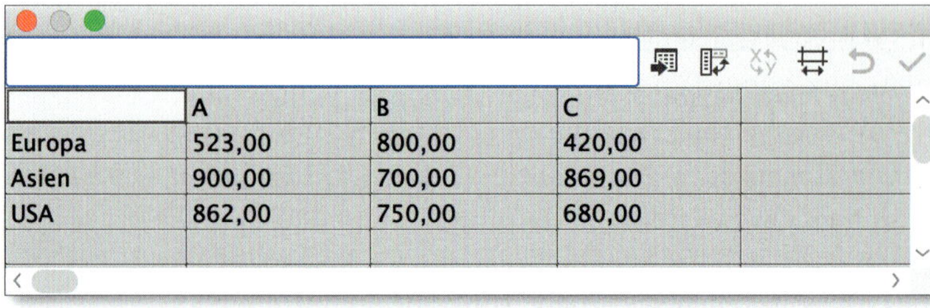

	A	B	C
Europa	523,00	800,00	420,00
Asien	900,00	700,00	869,00
USA	862,00	750,00	680,00

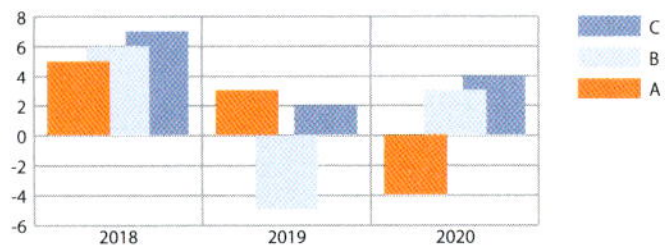

▲ Abbildung 15.23
Negative Werte in einem Säulendiagramm

Diagrammattribute | Bei dieser Diagrammart können Sie Breite und Abstände der Säulen sowie die Darstellung der Werte auf den Achsen einstellen. Aktivieren Sie das Diagramm mit dem Auswahl-Werkzeug, schließen Sie das »Arbeitsblatt«, und wählen Sie Objekt • Diagramm • Art, oder rufen Sie diesen Befehl aus dem Kontextmenü auf bzw. gehen Sie auf Diagrammattribute im Eigenschaften-Bedienfeld.

Abbildung 15.24 ▶
Diagrammoptionen-Seite der Diagrammattribute eines Säulendiagramms

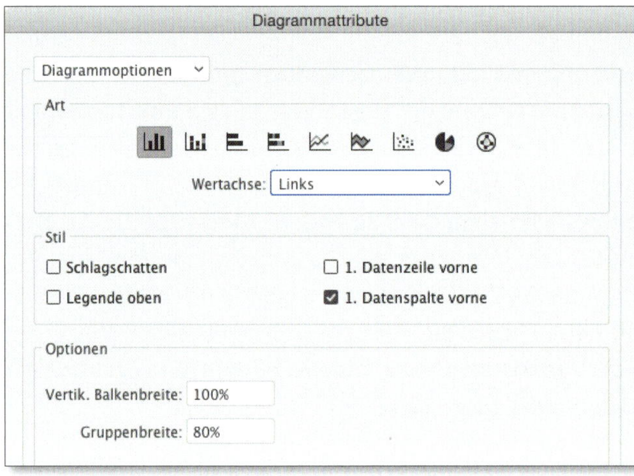

Werte in Balken und Säulen

Sollen in den Balken oder Säulen eines Diagramms Werte angezeigt werden, setzen Sie zu diesem Zweck ein eigenes Balkendesign ein.

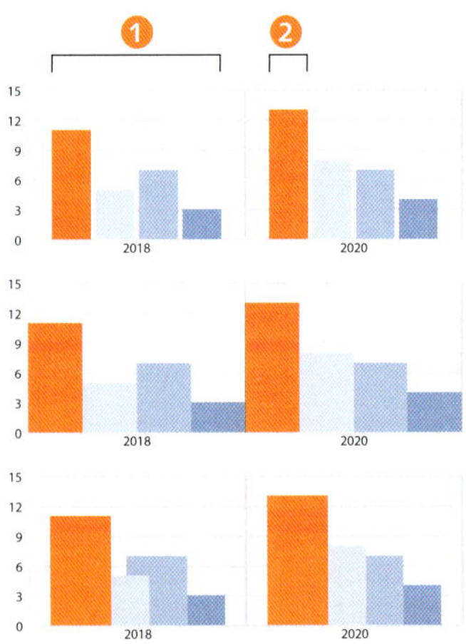

▲ Abbildung 15.25
Balkenbreite ② und Gruppenbreite ① jeweils unter 100 % (oben), beide 100 % (Mitte), Balkenbreite über 100 % und Gruppenbreite unter 100 % (unten)

Die Dialogbox besteht aus drei Seiten, die Sie über das Ausklappmenü oben links wechseln können. Zuerst öffnet sich die Seite Diagrammoptionen.

- Wertachse: Bestimmen Sie mit dem Ausklappmenü, ob Sie die Y-Achse nur links, rechts oder an beiden Seiten anzeigen lassen möchten. Es ist möglich, auf den Skalen beider Seiten unterschiedliche Werte aufzutragen. Zur Vorbereitung dieser Anzeige müssen Sie zunächst für das gesamte Diagramm die Option Auf beiden Seiten auswählen.
- Optionen: Richten Sie hier die Breite der einzelnen Säulen ② in dem Feld Vertik. Balkenbreite sowie die Breite einer Wertegruppe ① in Gruppenbreite ein, indem Sie Werte zwischen 1 und 1.000 % in das Textfeld eintragen. Bei Werten von 100 % stoßen die Säulen aneinander, bei Werten unter 100 % entstehen Lücken zwischen den Säulen oder Gruppen, Werte über 100 % erzeugen Überlappungen.

- 1. Datenspalte vorne: Damit durch die Überlappungen keine Säulen hinter anderen versteckt werden, aktivieren Sie unter Stil die Option 1. Datenspalte vorne, um die Stapelreihenfolge der Säulen umzukehren.
- Legende oben: Die Legende wird waagerecht über dem Diagramm angezeigt.

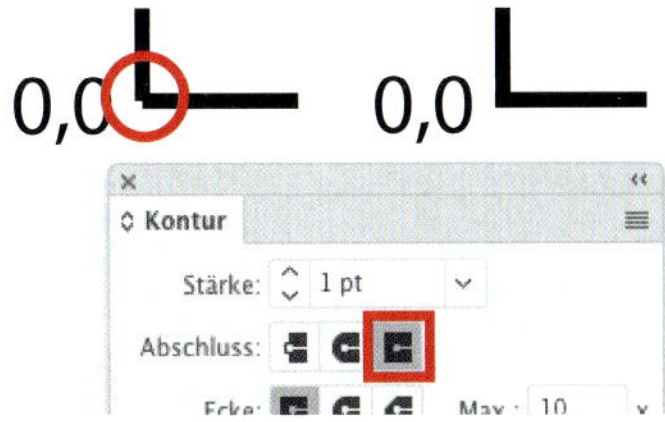

▲ **Abbildung 15.26**
Das Problem der nicht geschlossenen Ecke am Nullpunkt (links) lösen Sie am besten, indem Sie den Konturen beider Achsen die überstehende Endenform zuweisen.

Wählen Sie Wertachse aus dem Menü, um die Y-Achse zu formatieren.

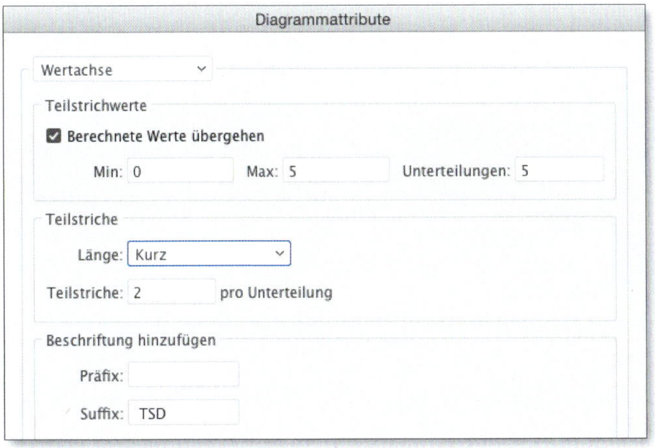

◀ **Abbildung 15.27**
Wertachse-Seite der Diagrammattribute eines Säulendiagramms

- Teilstrichwerte: Normalerweise endet die Skala auf der Wertachse (Y-Achse) mit der nächsten geraden Zahl über dem höchsten eingegebenen Wert. Benötigen Sie eine andere Einteilung, aktivieren Sie zunächst Berechnete Werte übergehen. Tragen Sie anschließend den gewünschten Nullpunkt in das Eingabefeld Min ein und den höchsten Wert in das Feld Max. Falls Sie unter Min einen Wert eingeben, der höher ist als der kleinste Wert in Ihrer Datentabelle, werden die unter diesem Wert liegenden Daten unterhalb der X-Achse erzeugt. Wenn Sie in das Max-Feld einen Wert eintragen, der niedriger als der höchste Wert in Ihrer Tabelle ist, überragt die Höhe der Säulen die Wertachse. In das Feld Unterteilungen geben Sie die gewünschte Anzahl Zwischenräume – nicht Teilstriche – ein. An diesen Unterteilungen werden die Werte aufgetragen.
- Teilstriche: Mit dem Ausklappmenü legen Sie die Länge der Unterteilungsstriche fest. Wählen Sie aus, ob Sie keine, kurze Striche (früher Hauptteilstriche) oder Linien quer über das Diagramm (Gitternetzlinien) anzeigen lassen.
- Teilstriche pro Unterteilung: In das Eingabefeld geben Sie einen Wert ab 2 ein, um weitere Unterteilungen zu erzeugen. An diesen Strichen werden keine Werte angezeigt.

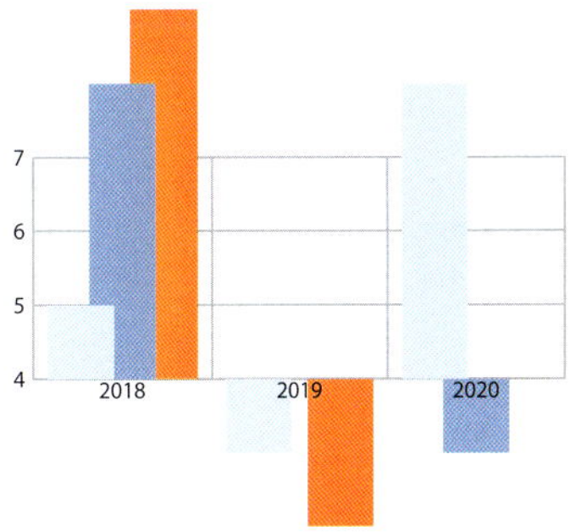

▲ **Abbildung 15.28**
Berechnete Werte übergehen: Der Min-Wert liegt über dem niedrigsten Tabellenwert – der Max-Wert unter dem höchsten.

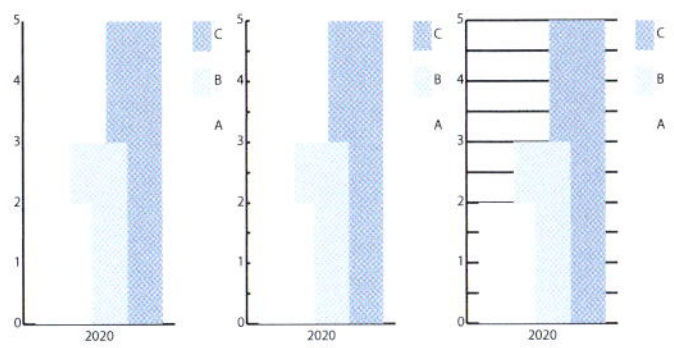

▲ **Abbildung 15.29**
Teilstriche: Keine, Kurz, Gitternetzlinien

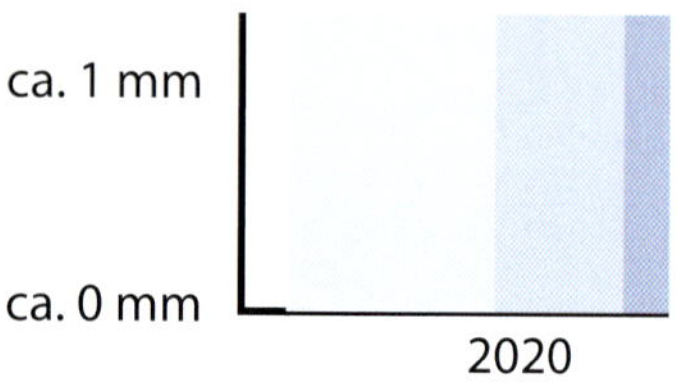

▲ **Abbildung 15.30**
Präfix (»ca.«) und Suffix (»mm«)

- ▶ Beschriftung hinzufügen: Per Voreinstellung werden an der Wertachse nur die Werte ohne Maßeinheit angezeigt. Die Einheit können Sie hier ergänzen. Geben Sie in das Feld Präfix Zeichen ein, die vor dem Wert angezeigt werden sollen. In das Feld Suffix tragen Sie Ergänzungen ein, die hinter dem Wert stehen. Falls Sie Leerzeichen zwischen dem Wert und dem Präfix bzw. dem Suffix benötigen, geben Sie diese ebenfalls hier ein.

Unter Kategorieachse bestimmen Sie das Aussehen der X-Achse des Diagramms.

Abbildung 15.31 ▶
Die Kategorieachse-Seite der Diagrammattribute eines Säulendiagramms

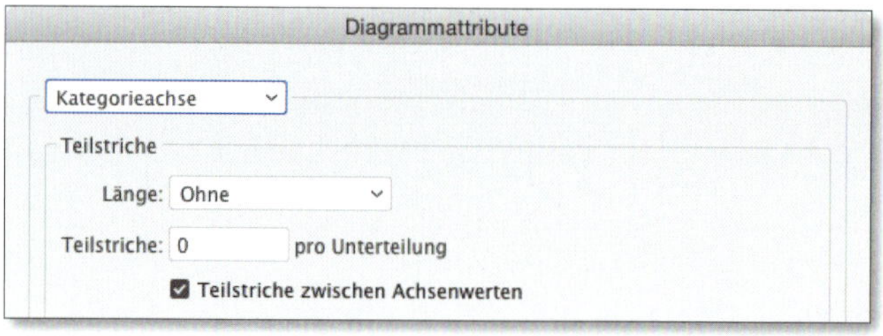

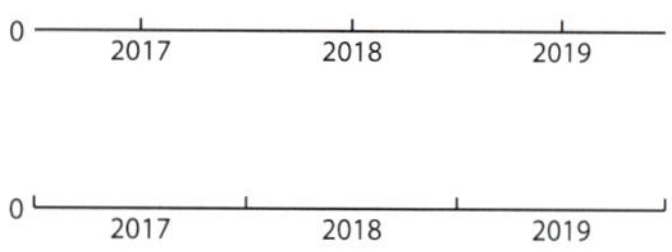

▲ **Abbildung 15.32**
Teilstriche an (oben) und zwischen (unten) Achsenwerten

- ▶ Mit den Optionen für Teilstriche bestimmen Sie die Anzahl und das Aussehen von Unterteilungen zwischen den Säulen und Gruppen. Die Option, senkrechte Unterteilungen im Diagramm zu erstellen, hat bei diesem Diagrammtyp nur eine Bedeutung für die Optik – das Verständnis fördert sie nicht unbedingt. Die Optionen unter Länge und Teilstriche entsprechen denen auf der Wertachse-Seite.
- ▶ Teilstriche zwischen Achsenwerten: Falls Sie die Wertegruppen in Säulendiagrammen zusätzlich durch Gitternetzlinien trennen möchten, wählen Sie diese Option, um die Teilstriche jeweils mittig zwischen den Werten anzulegen.

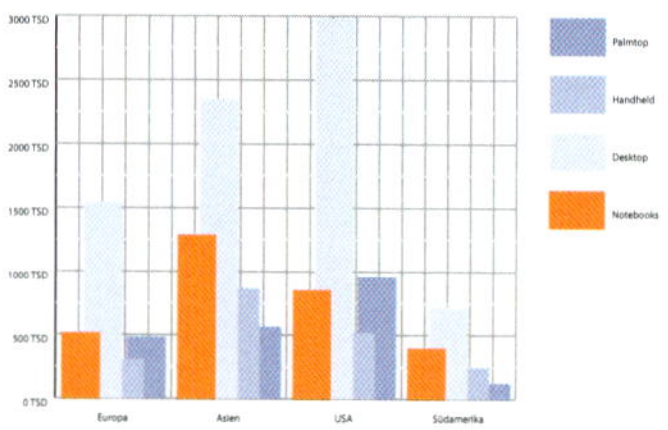

▲ **Abbildung 15.33**
Senkrechte Teilstriche

15.3.2 Gestapeltes vertikales Balkendiagramm

Wenn Sie zu dieser Diagrammart wechseln, nachdem Sie die Werte für einen anderen Diagrammtyp eingegeben haben, wird die Höhe des Diagramms nicht verändert – die Höhe der Säulen wird proportional an die Höhe des Diagramms angepasst.

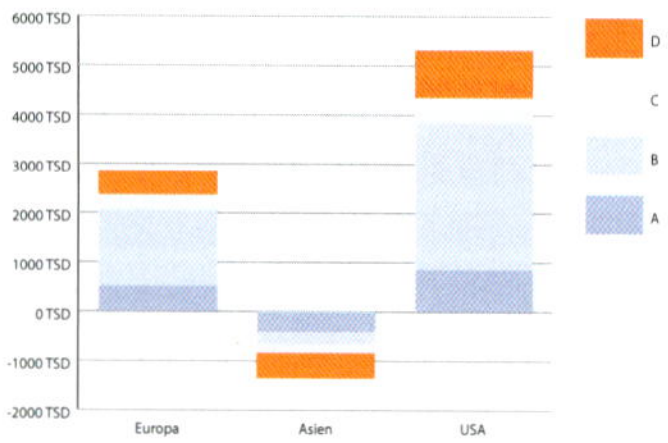

▲ **Abbildung 15.34**
Negative Werte in einer Zeile des gestapelten Säulendiagramms

Dateneingabe | Geben Sie Ihre Daten wie für das Säulendiagramm ein. Die Daten einer Zeile bilden einen Säulenstapel. Positive und negative Werte können Sie nicht beliebig mischen. Zeilenweise müssen die Vorzeichen der Werte identisch sein.

Diagrammattribute | Die Optionen entsprechen denen der Balkendiagramme. Um Verwirrung zu vermeiden, sollten Sie unter DIAGRAMMOPTIONEN die BALKENBREITE entweder durch die Breite des einzelnen Balkens oder die Breite der Gruppe steuern. Setzen Sie den anderen Wert auf »100%«.

Diagrammart	Einsatzzweck	Werte
Kreisdiagramme 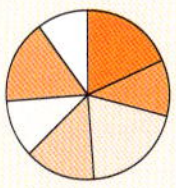	Dieser Diagrammtyp stellt Mengenverhältnisse sehr anschaulich dar. Bei der Präsentation von Wahlergebnissen hat ihn sicher jeder schon einmal gesehen. Die Anteile einzelner Werte am Gesamtwert werden als »Tortenstücke« im Kreis abgebildet.	nur positive oder nur negative Werte
Säulen- und Balkendiagramme 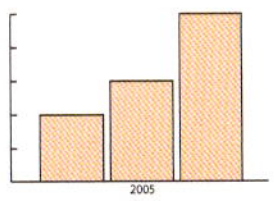	Säulen- und Balkendiagramme repräsentieren einen Wert durch die Höhe einer Säule bzw. die Breite eines Balkens. So lassen sich sowohl Vergleiche verschiedener Werte als auch die Entwicklung eines Wertes einfach visualisieren.	Negative und positive Werte können gemischt werden.
gestapelte Säulen- und Balkendiagramme 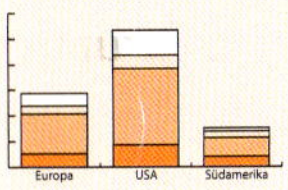	Bei diesem Diagrammtyp werden Säulen einer Wertegruppe gestapelt. So ist es möglich, die Gesamtergebnisse besser zu vergleichen – zusätzlich haben Sie einen besseren Überblick über den Anteil einzelner Werte am Gesamtwert einer Wertegruppe.	Positive und negative Werte können Sie nicht beliebig mischen. Zeilenweise müssen die Vorzeichen der Werte identisch sein.
(gestapelte) horizontale Balkendiagramme	Auf den »liegenden« Balken ist eine direkte Beschriftung möglich.	s. (gestapelte) Säulen und Balkendiagramme
Linien- und Flächendiagramme 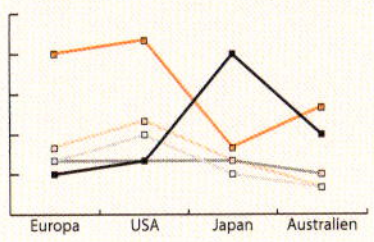	Mit diesem Diagrammtyp werden Entwicklungen von Werten dargestellt. Fieberkurven oder Börsenkurse sind ein typischer Anwendungsbereich. Illustrator addiert Werte in Flächendiagrammen, sodass der Verlauf der Werte einer Datenreihe schwer zu interpretieren ist.	Negative und positive Werte können gemischt werden. Bei Flächendiagrammen muss das Vorzeichen je Zeile in der Tabelle einheitlich sein.
Streudiagramme 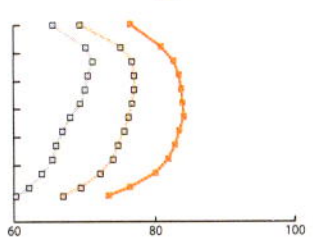	Streudiagramme helfen dabei, Regelmäßigkeiten oder Tendenzen in Daten zu erkennen und Abhängigkeiten zwischen Wertepaaren zu entdecken. Sie werden z. B. zur Auswertung physikalischer Versuche verwendet.	Negative und positive Werte können gemischt werden. Streudiagramme erfordern jedoch Datenpaare, um Datenpunkte an Koordinaten abzubilden.
Netzdiagramme 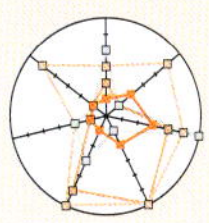	Dieser Diagrammtyp ist gut für den Vergleich von Ist-/Soll-Werten geeignet. Auch in der Marktforschung oder zur Visualisierung von Profilen, die sich als Fläche in einem Koordinatensystem von Eigenschaften abbilden, verwendet man Netzdiagramme.	Sie können positive und negative Werte mischen. Übersichtlicher und besser lesbar sind Netzdiagramme allerdings mit Werten eines Vorzeichens.

▲ **Tabelle 15.2**
Vergleich der Diagrammtypen nach Einsatzzwecken und verwendbarem Datenmaterial

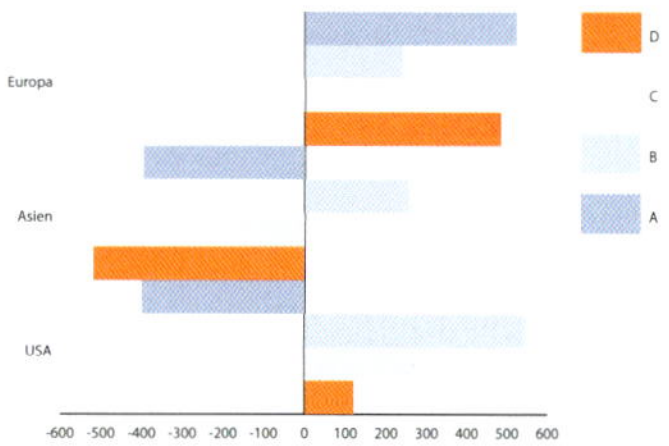

▲ **Abbildung 15.35**
Positive und negative Werte können beim horizontalen Balkendiagramm gemischt werden.

Fläche und Kontur für Säulen

Gehen Sie so vor, wie beim Kreisdiagramm beschrieben, um Farben und Füllungen der Säulen und Balken sowie die in den Beschriftungen verwendeten Schriftarten zu ändern.

15.3.3 Horizontales Balkendiagramm

Analog zum Säulendiagramm werden hier die Längen der Balken verglichen. Die Wertachse ist bei dieser Diagrammart die X-Achse.

Dateneingabe | Geben Sie Ihre Daten wie für das Säulendiagramm ein. Sie können positive und negative Werte mischen.

Diagrammattribute | Die Optionen entsprechen denen der Säulendiagramme (s. Seite 552). Die Höhe der Balken und die Höhe einer Balkengruppe werden durch die Optionen Horiz. Balkenbreite und Gruppenbreite auf der Seite Diagrammoptionen unter Objekt • Diagramm • Art gesteuert.

15.3.4 Gestapeltes horizontales Balkendiagramm

Analog zum gestapelten Säulendiagramm werden hier die Balken aneinandergereiht.

Abbildung 15.36 ▶
In gestapelten Balkendiagrammen lassen sich Mengen gut vergleichen (Quelle der Daten: WWF).

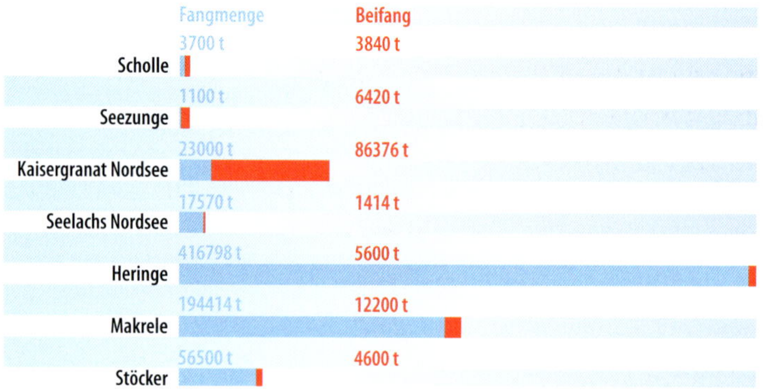

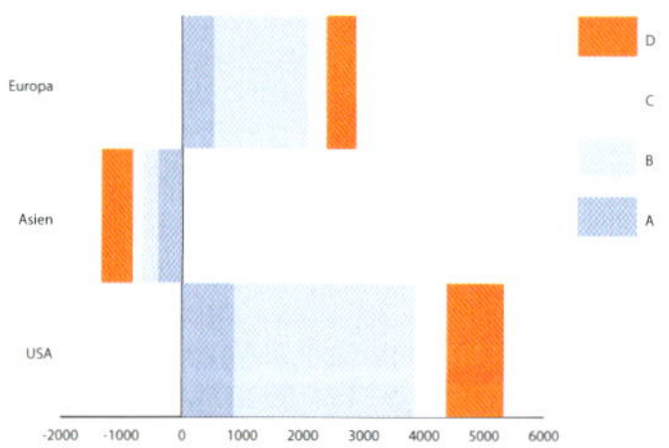

▲ **Abbildung 15.37**
Negative Werte in einer Zeile des gestapelten horizontalen Balkendiagramms

Dateneingabe | Geben Sie Ihre Daten wie für das Säulendiagramm ein.

Diagrammattribute | Die Optionen entsprechen denen der Säulendiagramme (s. Seite 552). Die Höhe der Balken und die Höhe einer Balkengruppe werden durch die Optionen Horiz. Balkenbreite und Gruppenbreite auf der Seite Diagrammoptionen unter Objekt • Diagramm • Art gesteuert.

Negative Werte und Designs

Eigene Balkendesigns werden gespiegelt, um negative Werte darzustellen.

15.3.5 Eigene Balkendesigns

Beim Gestalten Ihrer Säulen- und Balkendiagramme sind Sie nicht auf das Zuweisen anderer Farben und Füllungen beschränkt. Sie können Formen entwerfen und diese einzelnen Datenreihen zuweisen. Balkendesigns können einfache Logos oder Symbole bis hin zu komplexeren Illustrationen mit Mustern und Text, Effekten oder Verzerrungshüllen sein. In der Übung auf der nächsten Seite zeige ich Ihnen alle Schritte.

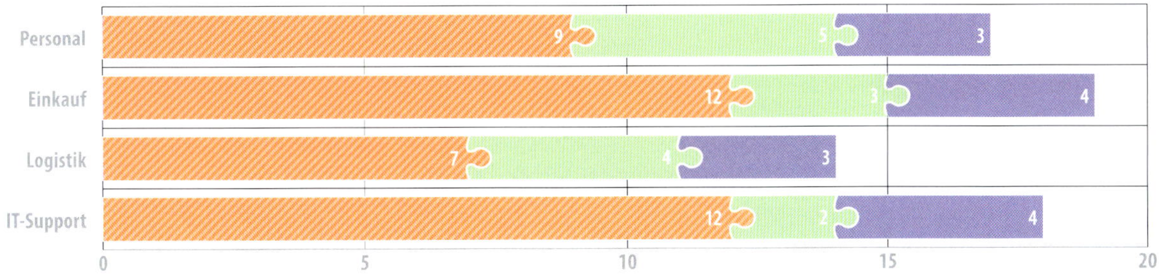

▲ **Abbildung 15.38**
Horizontales Balkendiagramm mit einem eigenen Balkendesign

Werte im Balken anzeigen | Mithilfe eines eigenen Balkendesigns ist es möglich, den dargestellten genauen Wert direkt im oder am Balken anzuzeigen.

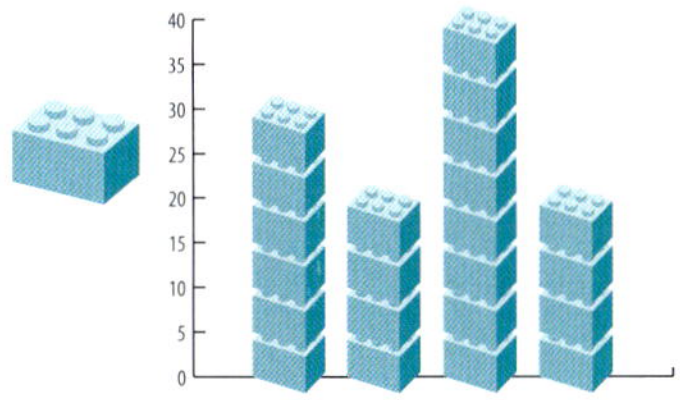

▲ **Abbildung 15.39**
Das Begrenzungsrechteck gibt außerdem vor, wie Ihr Balkendesign bei Auswahl der Option WIEDERHOLEND gestapelt wird.

Begrenzungsrechteck | Ohne weitere Eingriffe würde Illustrator die Gesamthöhe Ihres Balkendesigns auf den darzustellenden Wert skalieren. Dadurch entstehen zwei große Nachteile. Zum einen werden Schriften – z. B. die angezeigten Werte – verzerrt. Zum anderen kann aber je nach Design auch ein falscher Eindruck der Werte entstehen, da Balken kleiner wirken, als sie sind.

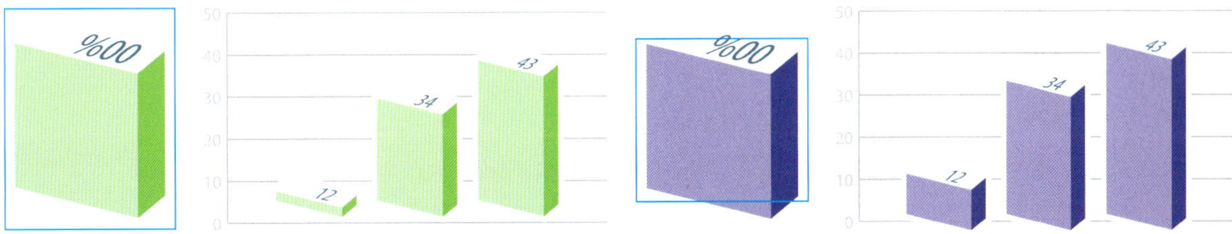

▲ **Abbildung 15.40**
Die Gesamthöhe des Balkendesigns wird skaliert (links). Dadurch wirken die Balken zu klein. Im rechten Diagramm wirken die Balkenlängen optisch korrekt (Begrenzungsrechteck in Blau).

Mithilfe eines Begrenzungsrechtecks – eines Rechtecks ohne Kontur und Füllung – steuern Sie die Skalierung des eigenen Designs. Das Begrenzungsrechteck liegt hinter Ihrem Design – zusätzlich können Sie durch Gruppieren einzelne Teile des Designs vor Verzerrung schützen, z. B. die Werte.

Dezimalwerte im Balken

Leider gibt es Probleme beim Anzeigen von Dezimalwerten – hier benutzt Illustrator nicht die Kommatrennung, sondern trennt die Werte nach amerikanischer Art mit einem Punkt.

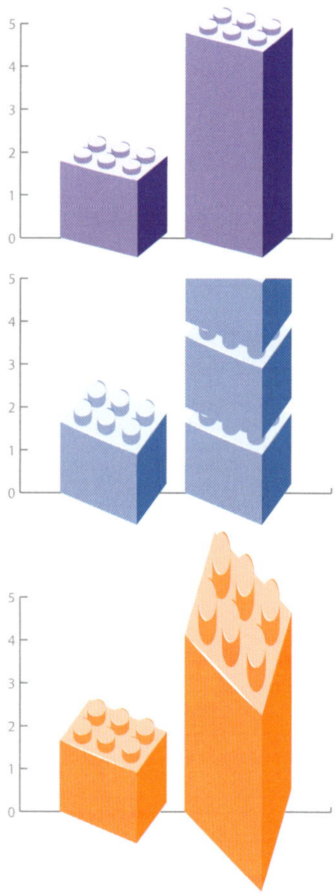

▲ **Abbildung 15.41**
Von oben: FLIESSEND, WIEDERHOLEND, VERTIKAL SKALIERT; zu gleichmäßig skalierten Balken s. Hinweis oben »Aus einer Mücke einen Elefanten machen«

▲ **Abbildung 15.42**
Das fertiggestellte Diagramm

Aus einer Mücke einen Elefanten machen

Menschen werten die Fläche der Balken als Repräsentant der Menge. Seien Sie daher mit der Option GLEICHMÄSSIG SKALIERT vorsichtig. Im Beispiel hat sich die Zahl der Elefanten verdoppelt. Durch die proportionale Skalierung der Grafik entsteht jedoch der Eindruck einer Vervierfachung.

Balkendesigns zuweisen | Sie können entweder das gesamte Diagramm mit einem einheitlichen Balkendesign versehen oder jeweils den Balken, die zu einer Kategorie gehören, das gleiche Design zuweisen. Aktivieren Sie das gesamte Diagramm oder mit dem Gruppenauswahl-Werkzeug die Balken einer Kategorie, und rufen Sie OBJEKT • DIAGRAMM • BALKEN auf. Wie sich Ihre Designs an die unterschiedlichen Längen der Säulen bzw. Balken anpassen, wählen Sie aus mehreren Möglichkeiten aus:

- VERTIKAL SKALIERT: Für die Anpassung an die Länge der Säulen oder Balken wird das Design nur in der Höhe skaliert.
- GLEICHMÄSSIG SKALIERT: Die Größenanpassung erfolgt proportional in Höhe und Breite. Wenn der Abstand zwischen den Säulen nicht reicht, überlappen sich die Formen.
- WIEDERHOLEND: Die Grundform des Designs wird gestapelt. Dafür müssen Sie bestimmen, wie viele Einheiten durch eine Form repräsentiert werden. Außerdem legen Sie fest, ob ein Design abgeschnitten oder vertikal skaliert wird, wenn Teile einer Einheit dargestellt werden müssen.
- FLIESSEND: Das Design wird an einer bestimmten Stelle gestreckt. Diese Stelle bestimmen Sie bei der Konstruktion des Designs.

Schritt für Schritt
Ein Balkendesign erstellen, zuweisen und mit Farbfeldern weiterbearbeiten

1 Ein Diagramm erstellen

Öffnen Sie die Datei »Daten.txt« aus dem Download in einem Texteditor, und kopieren Sie ihren Inhalt in die Zwischenablage. Ziehen Sie in Illustrator mit dem Vertikales-Balkendiagramm-Werkzeug ein neues Diagramm auf, und fügen Sie die Werte aus der Zwischenablage in die Datentabelle ein. Alternativ tragen Sie Ihre eigenen Daten ein.

2 Das Begrenzungsrechteck

Erstellen Sie ein Rechteck, das als Referenz für die Größenanpassung Ihres Balkendesigns an die Balkengröße dient. Um das Design besser an das Diagramm anzupassen, wählen Sie das Direktauswahl-Werkzeug, aktivieren den kleinsten Balken des Diagramms, kopieren ihn und verwenden ihn als Begrenzungsrechteck. Stellen Sie sicher, dass das Rechteck das hinterste Objekt ist, indem Sie OBJEKT • ANORDNEN • IN DEN HINTERGRUND wählen.

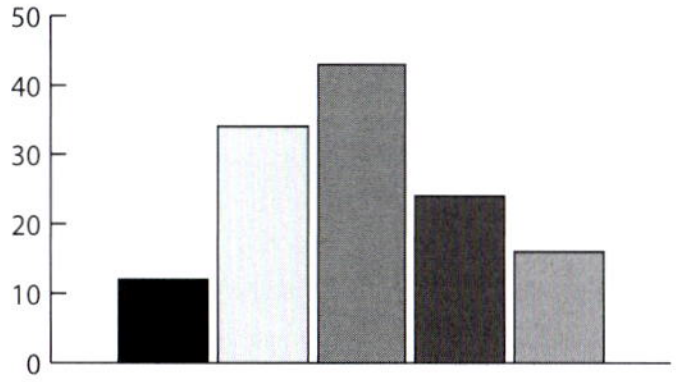

▲ **Abbildung 15.43**
Diagramm mit Standardformatierung nach Eingabe der Daten

3 Balkendesign erstellen

Die Größe des eben erstellten Begrenzungsrechtecks wird bei der Anwendung im Diagramm an die Größe der Balken angepasst, und das Balkendesign-Objekt folgt der Anpassung nach den Regeln, die Sie später definieren. Das Balkendesign muss nicht zwingend in das Begrenzungsrechteck eingepasst werden – in Abbildung 15.40 und Abbildung 15.41 finden Sie Beispiele für Designs, die das Rechteck überragen. Denken Sie aber daran, dass es nicht sinnvoll ist, das Balkendesign sehr viel größer als das Begrenzungsrechteck anzulegen.

▲ **Abbildung 15.44**
Die Block-Grafik

Erstellen Sie Ihr Balkendesign, oder verwenden Sie ein vorhandenes Design, und passen Sie die Größe an – die Balkengrafik (s. Abbildung 15.44) finden Sie im Download im Dokument »Block-Grafik.ai«. Nach Fertigstellung der Grafik setzen Sie die Fläche und Kontur des Begrenzungsrechtecks auf OHNE. In einem Balkendesign könnten Sie auch Musterfelder verwenden – einem der Designs ist ein Muster als zweite Fläche zugewiesen.

In dieser Übung benötigen Sie ein fließendes Design und die Anzeige von Werten – sollten Sie auf beides in einem anderen Fall verzichten wollen, springen Sie direkt zu Schritt 6.

Standardbegrenzungsrechteck

Falls Sie einmal ohne Begrenzungsrechteck arbeiten, bestimmen die Gesamtbreite und -höhe aller zugehörigen Objekte (inklusive Hilfslinie) die Proportionen des Balkendesigns.

Werte perspektivisch

Sollen die Werte wie im Beispiel perspektivisch verzerrt dargestellt werden, funktioniert dies nur, wenn Sie das Textobjekt mit dem Verbiegen-Werkzeug bearbeiten.

4 Optional: Werte anzeigen lassen

Möchten Sie in Ihrem Diagrammdesign Werte anzeigen lassen, wählen Sie das Text-Werkzeug, und klicken Sie auf die Stelle, an der der Text erscheinen soll. Sie können Texte im oder neben dem Begrenzungsrechteck anzeigen lassen.

Geben Sie [%] und anschließend zwei Ziffern zwischen 0 und 9 ein. Mit der ersten Ziffer bestimmen Sie die Anzahl an Stellen vor dem Komma – geben Sie hier 0 ein, dann verwendet Illustrator automatisch die benötigte Anzahl.

▲ **Abbildung 15.45**
Mit »%01« generieren Sie eine Nachkommastelle.

Mit der zweiten Ziffer steuern Sie die Anzahl der Stellen nach dem Komma. Die Stellen werden immer angezeigt, d. h., dem Wert werden entweder Nullen hinzugefügt, oder Nachkommastellen werden gerundet.

Richten Sie die Zeichenattribute nach Bedarf ein. Falls Sie Texte am Komma ausrichten möchten, richten Sie den Absatz rechtsbündig aus (s. Abschnitt 14.6.2). Textobjekte in Balkendesigns können Sie mit den Transformationswerkzeugen verzerren, jedoch keine Effekte oder Hüllen anwenden. Überprüfen Sie noch einmal mit dem Ebenen-Bedienfeld, dass das Textobjekt ganz oben liegt.

5 Optional: Ein fließendes Design erstellen

Der Pseudo-3D-Balken aus dieser Übung würde bei unterschiedlichen Balkenlängen falsch dargestellt, wenn man ihn einfach in die Länge zöge (s. Abbildung 15.46). Daher ist ein fließendes Design besser geeignet. Bei diesem geschieht die Größenanpassung durch Strecken oder Stauchen an einer Stelle. Oberhalb oder unterhalb dieser Stelle bleibt der Balken unverändert. Den Dehnungspunkt bestimmen Sie durch eine horizontale Linie. Erstellen Sie diese Linie exakt horizontal mit dem Liniensegment- oder dem Zeichenstift-Werkzeug.

Wählen Sie das Begrenzungsrechteck, das Balkendesign und die Linie, und gruppieren Sie sie. Aktivieren Sie anschließend mit dem Direktauswahl-Werkzeug nur die Linie innerhalb der Gruppe. Rufen Sie ANSICHT • HILFSLINIEN • HILFSLINIEN ERSTELLEN auf. Die Linie wird in eine Hilfslinie umgewandelt und entsprechend dargestellt. Deaktivieren Sie dann ANSICHT • HILFSLINIEN • HILFSLINIEN SPERREN, falls es nicht bereits deaktiviert ist. Prüfen Sie, ob die Hilfslinie tatsächlich nicht mehr fixiert ist und sich mit dem Design bewegt, wenn Sie die Gruppe mit dem Auswahl-Werkzeug verschieben. Weiter geht es mit Schritt 7.

6 Gruppieren

Wählen Sie das Begrenzungsrechteck und alle Bestandteile Ihres Designs – jedoch nicht das Textobjekt für die Anzeige der Werte – aus, und gruppieren Sie sie.

7 Ein neues Diagrammdesign anlegen

Aktivieren Sie die Elemente Ihres Diagrammdesigns: die eben erstellte Gruppe und das Textobjekt für die Darstellung der Werte. Wählen Sie anschließend OBJEKT • DIAGRAMM • DESIGNS.

Klicken Sie auf den Button NEUES DESIGN – Ihr Design wird im Vorschau-Feld angezeigt (s. Abbildung 15.47). Anhand der Vorschau ist die Anwendung eines Begrenzungsrechtecks nicht mehr zu erkennen.

Danach klicken Sie auf den Button UMBENENNEN. Geben Sie einen Namen für das Design in die Dialogbox ein. Bestätigen Sie erst den Namen, anschließend die Diagrammdesign-Dialogbox mit OK.

Live-Effekte im Balkendesign?

Wenn Sie in Ihrem Entwurf Live-Effekte, Angleichungen oder Pinsel verwendet haben oder interaktive Malgruppen sowie Abpausobjekte enthalten sind, wandelt Illustrator diese automatisch bei der Definition des Balkendesigns um. Verzerrungshüllen sollten Sie allerdings selbst umwandeln.

Standarddehnungspunkt

Ist der Dehnungspunkt nicht mit einer Hilfslinie markiert, nimmt Illustrator die Mitte des Objekts.

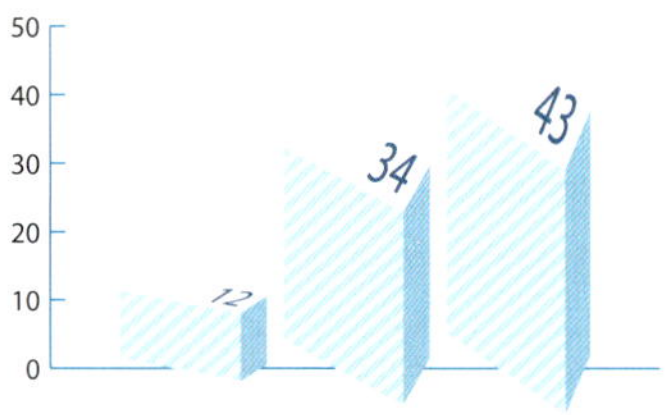

▲ **Abbildung 15.46**
Das Balkendesign vertikal skaliert

Jede Datenreihe mit eigenem Design

Um jeder Datenreihe ein eigenes Balkendesign zuzuweisen, wählen Sie das Gruppenauswahl-Werkzeug. Klicken Sie mit dem Werkzeug auf die Legende der Datenreihe, die das Design erhalten soll. Klicken Sie erneut auf die Legende, um alle Balken auszuwählen, die zur Datenreihe gehören. Ist keine Legende vorhanden, dann verfahren Sie so mit einem der Balken.

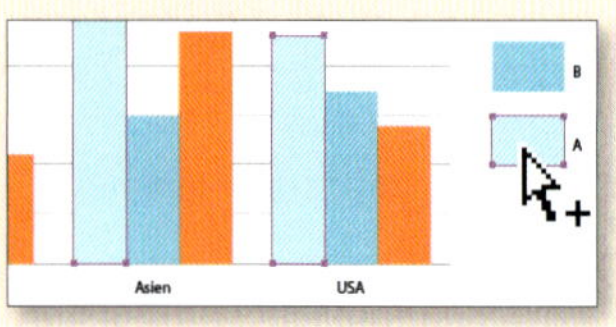

◀◀ **Abbildung 15.47**
Diagrammdesign neu anlegen und verwalten

◀ **Abbildung 15.48**
Den Balken Diagrammdesigns zuweisen

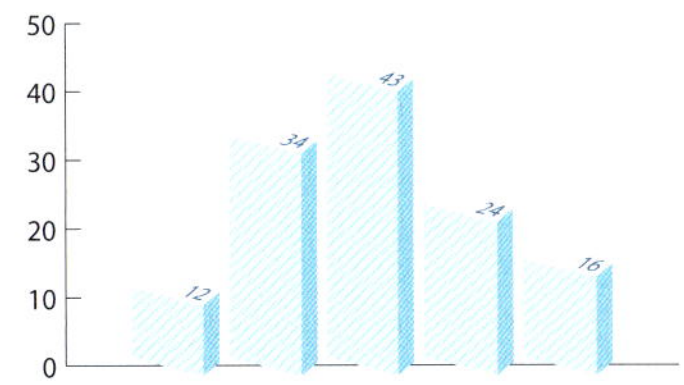

▲ **Abbildung 15.49**
Nach Zuweisen des Blockdesigns

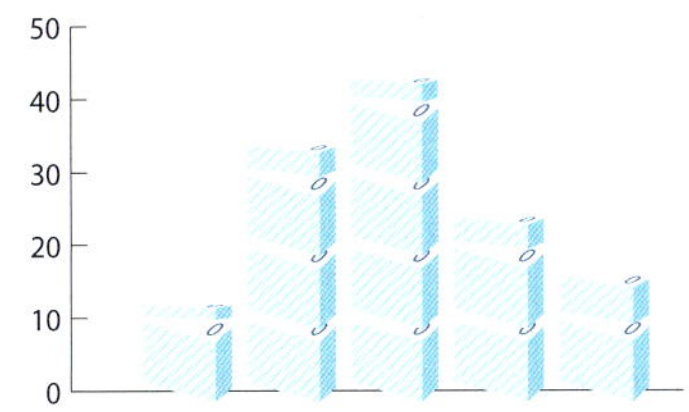

▲ **Abbildung 15.50**
Mit wiederholendem Design, Bruchteile skaliert

8 Das Design anwenden

In dieser Übung soll das Design allen Säulen oder Balken zugewiesen werden. Aktivieren Sie das Diagramm mit dem Auswahl-Werkzeug.

Wählen Sie Objekt • Diagramm • Balken, sowohl, wenn Sie das Design dem gesamten Diagramm zuweisen, als auch, wenn Sie es nur auf eine Datenreihe anwenden möchten. In der Liste unter Design wählen können Sie auf alle Balkendesigns zugreifen, die in dieser Datei sowie in allen anderen geöffneten Dokumenten gespeichert sind.

Wählen Sie Ihr Design aus der Liste der vorhandenen Designs, indem Sie auf seinen Namen klicken. Bestimmen Sie mit dem Ausklappmenü unter Balken, wie sich Ihr Design an die Länge der Balken anpassen soll – in diesem Fall verwenden Sie die Option Fliessend (s. Abbildung 15.48).

Sollten Sie einmal die Option Wiederholend benötigen, tragen Sie in das Feld bei Designteil repräsentiert ein, wie viele Einheiten Ihr Design darstellt, und wählen Sie aus dem Ausklappmenü Bei Bruchteilen, ob Ihr Design skaliert oder abgeschnitten werden soll, falls nur Teile der definierten Einheit dargestellt werden.

Die Option Design für Legende drehen sollte für diese Übung deaktiviert sein. Bestätigen Sie Ihre Eingaben mit OK.

9 Einige Balken mit anderen Designs versehen

Einige Balken sollen mit einem anderen Design hervorgehoben werden. Der größte Balken wird mit dem orangen Design und der kleinste mit dem etwas dunkleren blauen Design versehen.

Diese beiden Balken müssen Sie jeweils einzeln auswählen, dabei jedoch alle vorhandenen Balkenteile »erwischen«. Klicken Sie mit dem Gruppenauswahl-Werkzeug mehrfach auf einen Balken, bis er komplett selektiert ist. Erst dann rufen Sie Objekt • Diagramme • Balken auf.

Symbole als Balken

Symbole können als Diagrammbalken verwendet werden. 9-Slice-Hilfslinien übernehmen die Funktion der Hilfslinie und funktionieren mit einem vertikal skalierten Balkendesign. Allerdings gibt es Einschränkungen beim Verwenden von Mustern, Text und einem Begrenzungsrechteck.

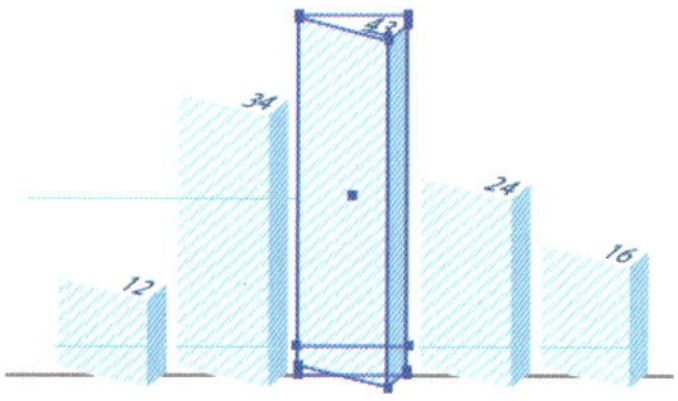

▲ **Abbildung 15.51**
Um einen Balken mit dem eigenen Balkendesign vollständig auszuwählen, muss hier vier Mal mit dem Gruppenauswahl-Werkzeug geklickt werden. Das ist abhängig von der Tiefe der Hierarchie.

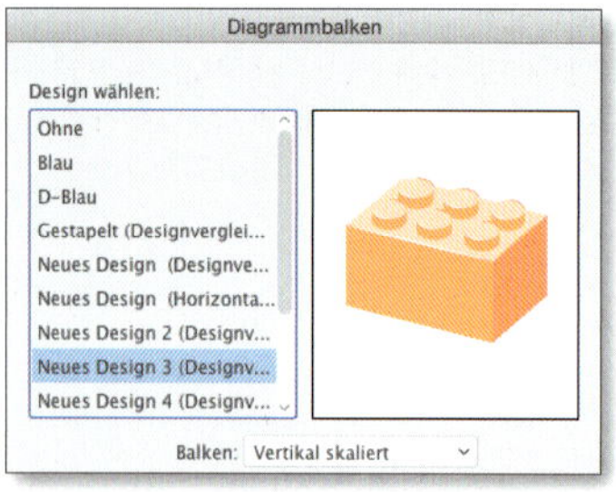

▲ **Abbildung 15.52**
Die Dialogbox DIAGRAMMBALKEN listet die Balkendesigns aller geöffneten Dateien auf.

▲ **Abbildung 15.53**
Horizontale Balkendiagramme können ebenfalls mit eigenen Balken versehen werden (unten). Diese müssen vertikal definiert werden (oben).

Wählen Sie in der Dialogbox dann das andere Balkendesign aus, und weisen Sie es wieder mit der Option FLIESSEND zu.

10 Den Diagrammhintergrund gestalten
Die Kategorieachse des Diagramms wählen Sie ebenfalls mit dem Direktauswahl-Werkzeug aus und erhöhen die Konturstärke. Ergänzen Sie dann das Diagramm um Hintergrundelemente, die Sie als Grafik anlegen und mit OBJEKT • ANORDNEN • IN DEN HINTERGRUND nach hinten stellen.

15.3.6 Diagrammdesigns aus anderen Dokumenten laden

Möchten Sie ein Balken- oder Punktedesign aus einer anderen Illustrator-Datei in Ihrem aktuellen Dokument verwenden, wählen Sie FENSTER • FARBFELDER-BIBLIOTHEKEN • ANDERE BIBLIOTHEK... Navigieren Sie zum gewünschten Dokument, und klicken Sie auf OK. Die Farbfeld-Bibliothek wird in einem neuen Fenster geöffnet, Sie benötigen sie jedoch nicht. Aktivieren Sie das Diagramm, dem Sie das Design zuweisen möchten, wählen Sie OBJEKT • DIAGRAMM • BALKEN... bzw. PUNKTE..., und rufen Sie den Eintrag des Balken- oder Punktedesigns aus dem Menü auf.

Sie können jedoch in der Dialogbox DIAGRAMMBALKEN auch einfach auf die Designs in geöffneten Dateien zugreifen.

15.3.7 Diagrammdesigns ändern

Falls Sie ein bestehendes Balken- oder Punktedesign ändern möchten, können Sie die Änderung einfach an der Originaldatei durchführen und ein neues Diagrammdesign anlegen. Besteht die Original-Illustration jedoch nicht mehr, müssen Sie das Design aus den Balkenvorlagen zurückwandeln:

1. Deaktivieren Sie alles im Dokument – [⌘]/[Strg]+[⇧]+[A].
2. Rufen Sie OBJEKT • DIAGRAMM • DESIGNS auf – ohne ein aktiviertes Objekt ist dieser Menüpunkt nur dann aktiv, wenn Diagrammdesigns in der Datei vorhanden sind.
3. Wählen Sie das zu bearbeitende Design aus der Liste aus.
4. Klicken Sie auf den Button DESIGN EINFÜGEN. Bestätigen Sie mit OK. Das Design wird als normales Vektorobjekt ins Dokument eingefügt.
5. Wenn Sie die Änderungen durchgeführt haben, erzeugen Sie ein neues Diagrammdesign.

15.4 Linien- und Flächendiagramme

Trotz der Ähnlichkeit behandeln die Diagramme Werte unterschiedlich.

15.4.1 Liniendiagramm

Die im Koordinatensystem aufgetragenen Werte werden durch Linien miteinander verbunden.

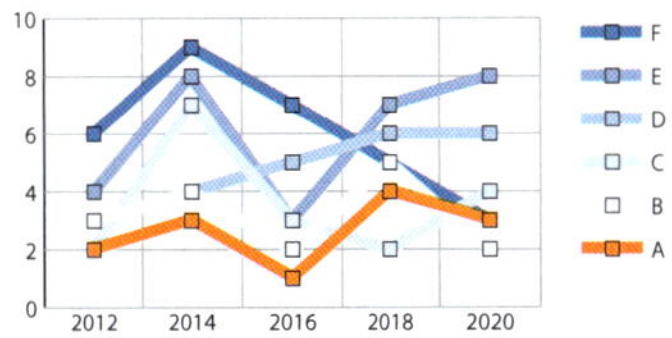

▲ **Abbildung 15.54**
Liniendiagramm

Dateneingabe | Beginnen Sie auch hier mit den Achsenbeschriftungen in der ersten Zeile bzw. Spalte. Eine Datenspalte in der Tabelle wird als eine Linie im Diagramm dargestellt.

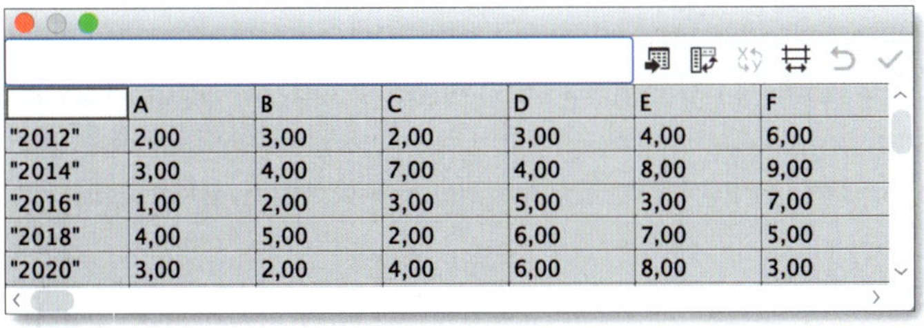

	A	B	C	D	E	F
"2012"	2,00	3,00	2,00	3,00	4,00	6,00
"2014"	3,00	4,00	7,00	4,00	8,00	9,00
"2016"	1,00	2,00	3,00	5,00	3,00	7,00
"2018"	4,00	5,00	2,00	6,00	7,00	5,00
"2020"	3,00	2,00	4,00	6,00	8,00	3,00

◀ **Abbildung 15.55**
Dateneingabe für das Liniendiagramm aus Abbildung 15.54

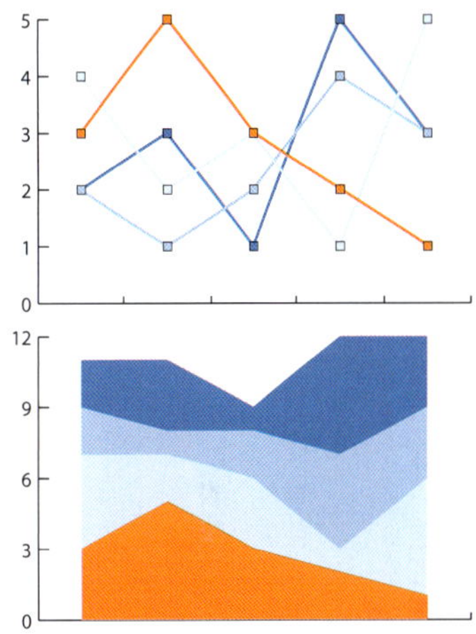

▲ **Abbildung 15.56**
Dieselben Werte in einem Linien- und einem Flächendiagramm: Wertänderungen sind in Letzterem schwer nachzuvollziehen.

Diagrammattribute | Aktivieren Sie das Liniendiagramm, schließen Sie das Dateneingabefenster, und wählen Sie Objekt • Diagramm • Art, gehen Sie im Eigenschaften-Bedienfeld auf Diagrammattribute, oder doppelklicken Sie auf das Diagramm-Werkzeug, um die Optionen für das Diagramm und die Achsen aufzurufen.

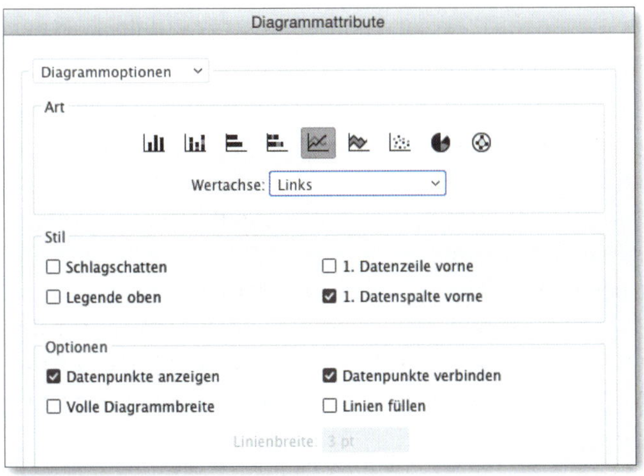

◀ **Abbildung 15.57**
Diagrammoptionen-Seite der Diagrammattribute eines Liniendiagramms

- Art: Hier können Sie einen anderen Diagrammtyp auswählen und die Position der Wertachse – also der Y-Achse – bestimmen.
- Legende oben: Zeigt die Legende oberhalb des Diagramms an.

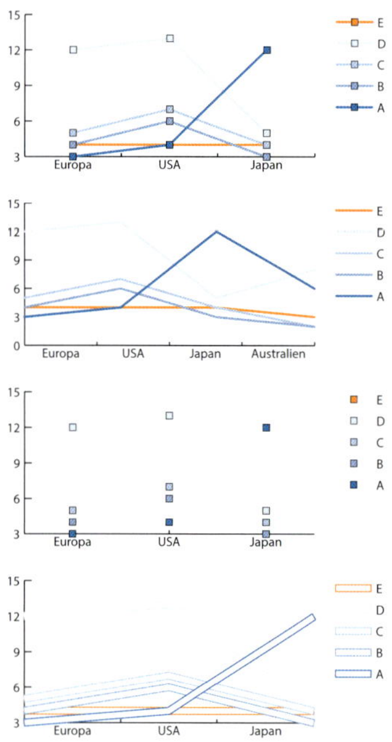

▲ **Abbildung 15.58**
Von oben: nur Farbänderungen; Datenpunkte nicht angezeigt und volle Diagrammbreite; keine Verbindungen; Linien gefüllt (und Kontur zugewiesen) und volle Diagrammbreite

- 1. Datenspalte vorne: Falls durch ungünstige Wertekombinationen Linien versteckt sein sollten, können Sie die Stapelreihenfolge der Linien umkehren, indem Sie die Option 1. Datenspalte vorne aktivieren.
- Die Option 1. Datenzeile vorne hat keine Auswirkungen auf diesen Diagrammtyp.
- Mit Datenpunkte anzeigen wählen Sie, ob die eingetragenen Werte durch Punkte dargestellt werden sollen. Diese Punkte lassen sich mit eigenen Designs versehen.
- Datenpunkte verbinden: Deaktivieren Sie diese Option, um die Anzeige von Linien zu unterbinden.
- Mit der Option Linien füllen wandeln Sie die Linien in Flächen um – diese können Sie z. B. mit Verläufen füllen. Bestimmen Sie die Breite der Linien, indem Sie einen Wert in das Feld Linienbreite eingeben.
- Die Option Volle Diagrammbreite erzeugt Linien, die direkt an der linken Achse beginnen und die volle Breite der X-Achse ausnutzen. Da die Unterteilungen der X-Achse nicht angeglichen werden, erzeugt diese Option etwas Verwirrung, wenn nur wenige Daten vorhanden sind.

Die Einstellmöglichkeiten der Seiten Wertachse und Kategorieachse entsprechen denjenigen der Säulen- und Balkendiagramme (s. Seite 552).

15.4.2 Farben und Schriften ändern

Farben | Im Unterschied zu Kreis- und Balkendiagrammen sind es beim Liniendiagramm zwei Objekte, deren Farben Sie ändern müssen: der Datenpunkt und die Linie. Verwenden Sie das Gruppenauswahl-Werkzeug, und klicken Sie zweimal hintereinander – aber nicht in Doppelklickgeschwindigkeit – auf einen der Punkte: Jetzt müssen alle Datenpunkte auf der Linie und der Punkt in der Legende ausgewählt sein. Anschließend wählen Sie Fläche und Kontur für den Punkt. Verfahren Sie genauso mit der Linie, wenn Sie sie umfärben möchten.

Schriften | Gehen Sie wie unter Abschnitt 15.2 beschrieben vor, um Schriften zu ändern.

Datenpunkte

Wenn Datenpunkte rund werden sollen, aktivieren Sie die Datenpunkte der betreffenden Kurve mit dem Gruppenauswahl-Werkzeug und wenden Effekt • In Form umwandeln • Ellipse mit der zusätzlichen Breite und Höhe von 0 an.
Erstellen Sie von diesem Effekt einen Grafikstil, dann lässt er sich noch besser anwenden, und das Diagramm »vergisst« ihn vor allem nicht, wenn Sie die Daten ändern.

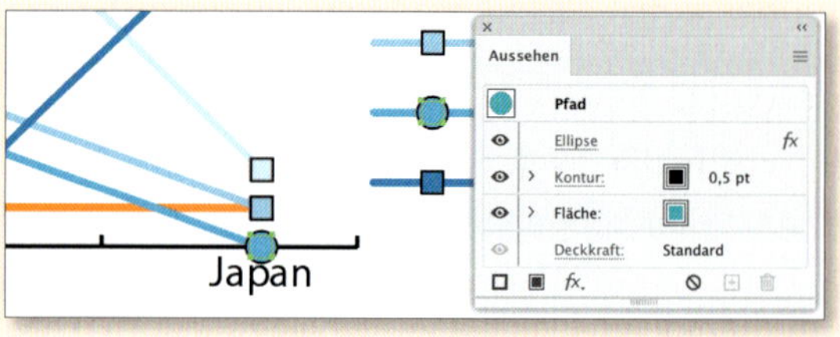

15.4.3 Eigene Punktedesigns

Ähnlich wie für die Balken eines Balkendiagramms können Sie auch für die Datenpunkte eines Liniendiagramms eigene Formen entwerfen und zuweisen. Gehen Sie dabei wie folgt vor:

1. Entwerfen Sie das Punktedesign – den Tropfen finden Sie im Download im Dokument »Datenpunkte.ai«.
2. Aktivieren Sie in den Attributen Ihres Diagramms die Option Datenpunkte anzeigen.
3. Passen Sie die Größe des Designs an, indem Sie es vor das Diagramm schieben und so skalieren, dass es zu den vorhandenen Linien und den Abständen zwischen den Punkten passt.
4. Verschieben Sie Ihr Punktedesign an eine freie Stelle auf der Zeichenfläche.
5. Wählen Sie das Direktauswahl-Werkzeug, aktivieren Sie einen der vorhandenen Datenpunkte in dem Diagramm, und kopieren Sie ihn in die Zwischenablage – ⌘/Strg+C.
6. Fügen Sie den Datenpunkt an der Stelle wieder ein, an der Ihr neues Punktedesign liegt. Seine Position bestimmt die relative Position des Designs zu den Datenpunkten im Diagramm. Wählen Sie Objekt • Anordnen • In den Hintergrund. Weisen Sie Ohne für Füllung und Kontur zu.
7. Auch wenn Sie ein größeres Quadrat verwenden, wird Illustrator die Größe des Punktedesigns bei der Anwendung im Diagramm immer so skalieren, dass das hinterste Rechteck 6×6 Punkt groß ist.
8. Aktivieren Sie den Punkt und das neue Design, und gruppieren Sie beide.
9. Wählen Sie, während die Gruppe aktiviert ist, Objekt • Diagramm • Designs, und klicken Sie in der Dialogbox auf den Button Neues Design. Anschließend klicken Sie auf Umbenennen und geben einen aussagekräftigen Namen ein.
10. Punktedesigns können Sie entweder einheitlich dem gesamten Diagramm oder einzelnen Kurven zuweisen.
11. Um das neue Design dem gesamten Diagramm zuzuweisen, aktivieren Sie dieses mit dem Auswahl-Werkzeug.
12. Möchten Sie dagegen einzelnen Kurven unterschiedliche Punktedesigns zuweisen, aktivieren Sie die Punkte und die Legende einer Kurve mithilfe des Gruppenauswahl-Werkzeugs.
13. Wählen Sie Objekt • Diagramm • Punkte. Klicken Sie den Namen Ihres neuen Designs in der Auswahlliste an, und bestätigen Sie mit OK.

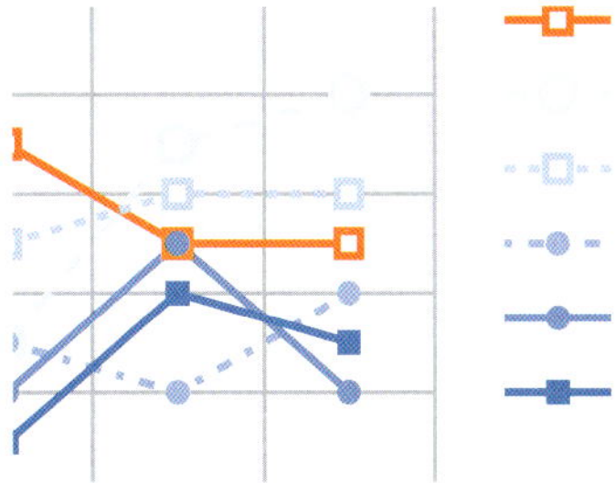

▲ **Abbildung 15.59**
Gestaltung von Datenpunkten und Linien

▲ **Abbildung 15.60**
Größenanpassung des Designs vor dem Diagramm

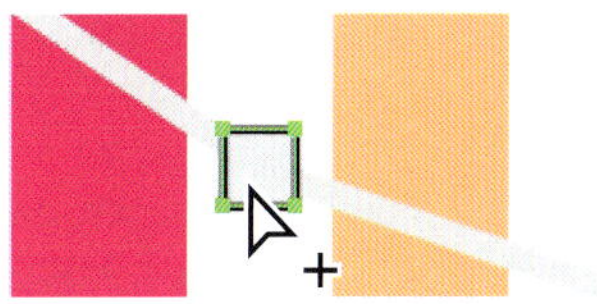

▲ **Abbildung 15.61**
Datenpunkt aus dem Diagramm kopieren und …

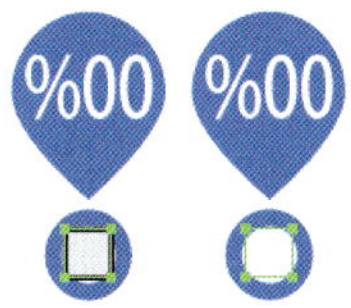

▲ **Abbildung 15.62**
… auf das Design legen

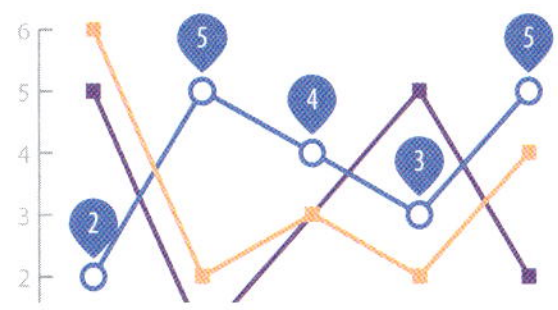

▲ **Abbildung 15.63**
Einheitliche neue Punkte im gesamten Diagramm

15.4.4 Flächendiagramm

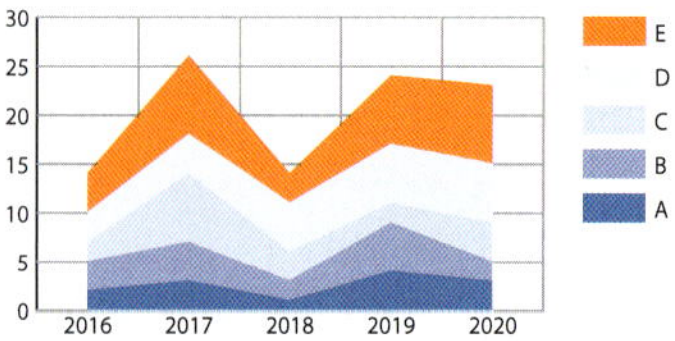

▲ **Abbildung 15.64**
Flächendiagramm

Bei diesem Diagrammtyp werden die Werte durch Linien verbunden und die Flächen unterhalb der Linien gefüllt. Um sicherzustellen, dass keine Fläche hinter einer anderen versteckt ist, wird jeder an einem Datenpunkt aufgetragene Wert – wie bei einem gestapelten Balkendiagramm – zum entsprechenden Wert der darunterliegenden Kurve addiert.

Mit Flächendiagrammen lässt sich nicht nur die Entwicklung der Werte, sondern auch die Gesamtmenge, die durch die Flächen repräsentiert wird, vergleichen.

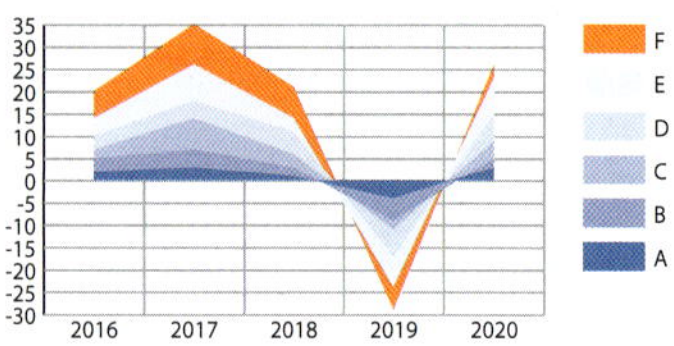

▲ **Abbildung 15.65**
Negative Werte in einer Zeile

Dateneingabe | Geben Sie die Werte wie für ein Liniendiagramm ein.

Diagrammattribute | Die Auswirkungen der Optionen unter OBJEKT • DIAGRAMM • ART entsprechen denjenigen der Säulendiagramme.

Die Umkehrung der Stapelreihenfolge durch die Option 1. DATENZEILE VORNE ist wenig zielführend, da alle Flächen hinter der größten versteckt werden.

Fehlende Schriften in Diagrammen

Wenn Sie in einem Diagramm Schriften verwendet haben, die nicht auf dem Computer installiert sind, dann werden diese Schriften nicht in SCHRIFT • SCHRIFTART SUCHEN aufgelistet und können daher nicht mit dieser Dialogbox ersetzt werden. Die Schriften werden jedoch im Dokumentinformationen-Bedienfeld aufgelistet, und Illustrator zeigt beim Öffnen des Dokuments eine Warnung an.

15.5 Kombinierte Diagramme

Verschiedene Diagrammtypen können Sie in einem Diagramm verbinden, d.h., alle Daten werden in einer Datentabelle verwaltet, aber unterschiedlich dargestellt.

Bis auf Streudiagramme können alle Diagrammtypen miteinander kombiniert werden. Für die Praxis sind wahrscheinlich nur die Kombinationen von Säulen- oder Balkendiagrammen mit Liniendiagrammen sowie von Kreisdiagrammen mit Liniendiagrammen von Bedeutung. Für den Linienpart in diesem Diagramm sollten Sie zwei Datensätze anlegen, da anderenfalls die entsprechende Wertachse unten nicht mit 0 beginnt.

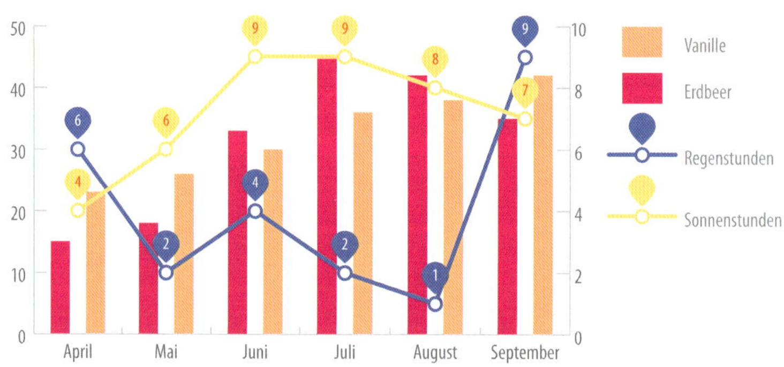

Abbildung 15.66 ▶
Zwei Diagrammtypen in einem Diagramm mit eigenen Designs

Um eine Kombination aus einem Balken- oder Kreisdiagramm mit einem Liniendiagramm zu erstellen, formatieren Sie Ihr Diagramm zunächst als Balken- bzw. Kreisdiagramm. Achten Sie darauf, dass die Daten, die Sie später als Linien darstellen möchten, an vorderster Stelle abgebildet werden und dass es mindestens zwei Datensätze sind.

Falls Sie für jedes Diagramm eine eigene Wertachse verwenden möchten, formatieren Sie Ihr Diagramm in den jeweiligen Diagrammoptionen mit Wertachsen an beiden Seiten (das Beispiel finden Sie im Download). Anschließend gehen Sie wie folgt vor:

1. Wählen Sie das Gruppenauswahl-Werkzeug, und klicken Sie auf die Legende der Datenreihe, die Sie umformatieren möchten. Die Legende wird aktiviert. Klicken Sie erneut, um die zugehörigen Balken bzw. Segmente zusätzlich zur Legende zu aktivieren.
2. Rufen Sie OBJEKT • DIAGRAMM • ART auf, und wählen Sie LINIENDIAGRAMM als Diagrammtyp aus.
3. Wählen Sie aus dem Menü WERTACHSE, auf welcher Achse Sie die Werte des Liniendiagramms anzeigen möchten. Definieren Sie die Optionen für die Anzeige der Linie – mit oder ohne DATENPUNKTE ANZEIGEN bzw. LINIEN FÜLLEN. Das Anzeigen der Datenpunkte ist nötig, falls Sie später ein eigenes Punktedesign anwenden wollen. Bestätigen Sie mit OK.
4. Wenden Sie gegebenenfalls individuelle Balken- oder Punktedesigns an, wie bereits in Abschnitt 15.3.5 beschrieben.

Weitere Diagrammtypen?

Illustrators Vielfalt an Diagrammtypen ist leider begrenzt. Wenn Sie Wünsche haben, die über die hier beschriebenen Diagrammtypen hinausgehen, bleibt nur das Übernehmen von fertigen Diagrammen aus anderen Programmen (wie Excel oder Apple Pages). Diese können Sie in einigen Fällen (aus Excel nur in älteren Versionen) über die Zwischenablage in Illustrator importieren, alternativ auf dem Weg über ein PDF. Die Daten sind dann natürlich in Illustrator nicht mehr editierbar. Mehr Vielfalt bieten Onlinedienste wie »infogr.am« oder Skriptbibliotheken wie »D3.js«.

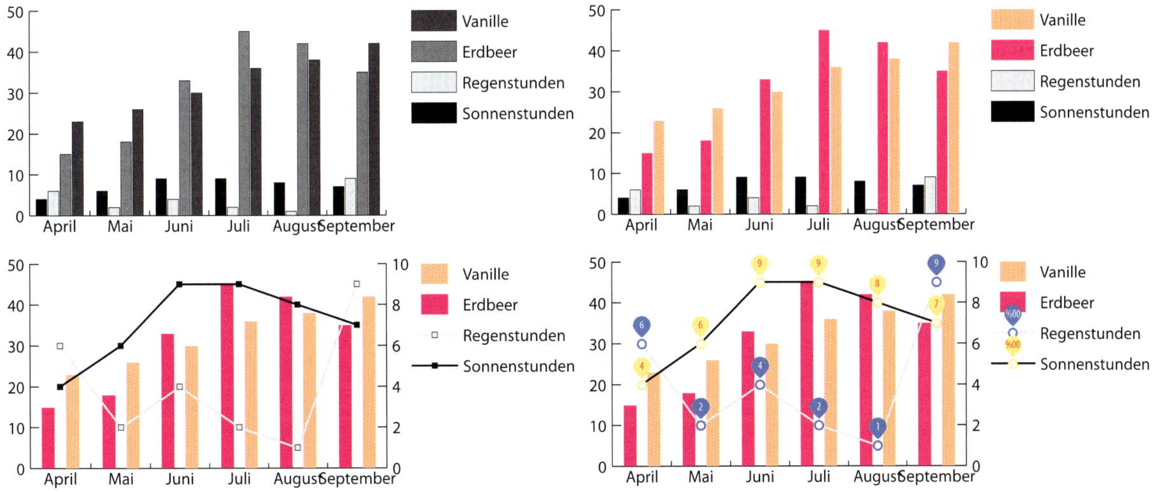

▲ **Abbildung 15.67**
So entsteht aus einem einfachen Balkendiagramm ein kombiniertes Balken- und Liniendiagramm.

15.6 Streu- oder Punktdiagramme

Im Unterschied zu anderen Diagrammtypen werden bei dieser Art an beiden Achsen Werte abgetragen. An Koordinatenpaaren entstehen Datenpunkte.

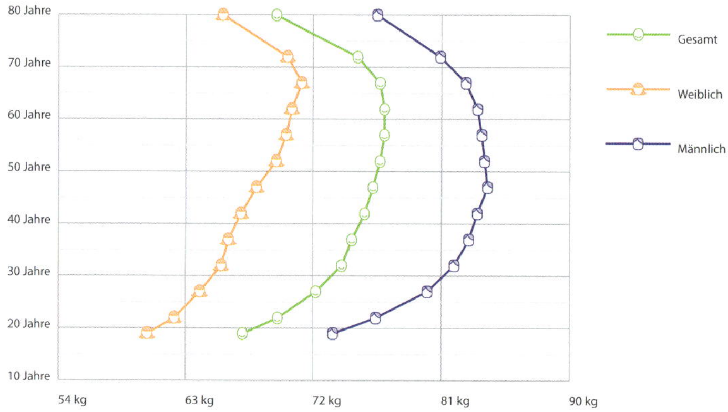

Abbildung 15.68 ▸
Ein Streudiagramm hilft beim Aufspüren von Regelmäßigkeiten und Abhängigkeiten, hier dem Verhältnis zwischen Alter und Gewicht der deutschen Bevölkerung.

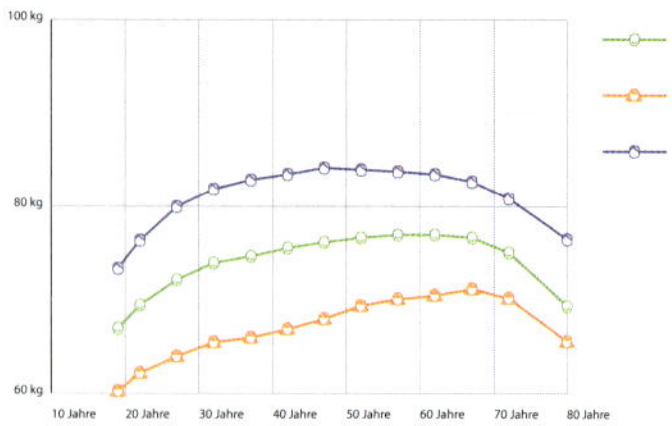

▲ Abbildung 15.69
Auswirkung von X/Y VERTAUSCHEN auf die Tabelle aus Abbildung 15.71 – die Suffixe wurden in den Diagrammoptionen ebenfalls getauscht.

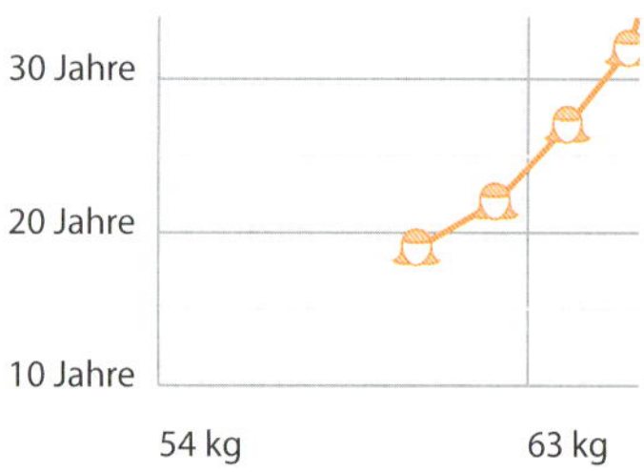

▲ Abbildung 15.70
SUFFIX in der Achsenbeschriftung

Dateneingabe | Die Daten für ein Streudiagramm müssen Sie grundsätzlich anders eingeben als für andere Diagrammtypen. Es ist auch nicht möglich, eine falsche Dateneingabe per Achsentausch zu korrigieren.

Tragen Sie zunächst in der ersten Zeile beginnend in der ersten Zelle über jeder zweiten Spalte die Beschriftungen für Ihre einzelnen Datenreihen ein. Eine Datenreihe besteht jeweils aus Wertepaaren, die in Spalten nebeneinander eingetragen werden – die Werte in der linken der beiden Spalten werden an der Y-Achse abgebildet. Zu einem späteren Zeitpunkt können Sie die Belegung wechseln, indem Sie den Button X/Y VERTAUSCHEN klicken. Anschließend müssen Sie gegebenenfalls Suffixe in den Beschriftungen von Wert- und Kategorieachse ebenfalls austauschen.

In der zweiten Zeile der Tabelle tragen Sie die Überschriften für diese Wertepaare ein – in den Achsen des Diagramms tauchen diese nicht auf. In den folgenden Zeilen geben Sie die Daten ein.

Männlich

Männlich		Weiblich		Gesamt	
Alter	Gewicht	Alter	Gewicht	Alter	Gewicht
19,00	73,40	19,00	60,30	19,00	67,00
22,00	76,40	22,00	62,20	22,00	69,50
27,00	80,00	27,00	64,00	27,00	72,20
32,00	81,90	32,00	65,50	32,00	74,00
37,00	82,90	37,00	66,00	37,00	74,70
42,00	83,50	42,00	66,90	42,00	75,60
47,00	84,20	47,00	68,00	47,00	76,20

▲ Abbildung 15.71
Die Datentabelle für das Diagramm aus Abbildung 15.70

Die Beschriftungen »Jahre« und »kg« im Beispieldiagramm der vorhergehenden Seite wurden mit SUFFIX in den DIAGRAMMATTRIBUTEN realisiert.

Diagrammattribute | Die Optionen für die Darstellung der Punkte und Linien entsprechen denjenigen der Liniendiagramme (s. Abschnitt 15.4.1). Die Wert- und Kategorienachsenattribute entsprechen denen der Säulen- und Balkendiagramme (s. Abschnitt 15.3.1).

Eigene Punktedesigns | Die Standardpunkte können Sie auch bei Streudiagrammen durch eigene Designs ersetzen – die Vorgehensweise entspricht derjenigen beim Liniendiagramm (s. Abschnitt 15.4.3).

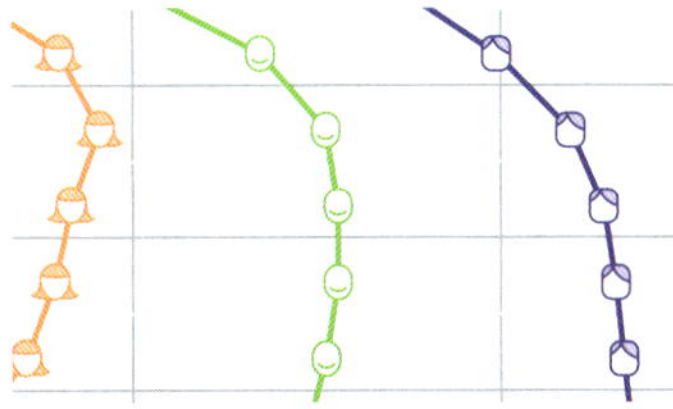

▲ **Abbildung 15.72**
Eigene Punktedesigns im Streudiagramm

15.7 Netz- oder Radardiagramme

Die Achsen aller Werte werden kreisförmig im gleichen Abstand um einen Nullpunkt verteilt. Die Ergebnisse der einzelnen Datenreihen trägt man auf diesen Achsen ein und verbindet jeweils die Werte einer Datenreihe untereinander. Da sich nun typische Verteilungen und Profile bilden, sind die Unterschiede zwischen den Datenreihen relativ zu einem Nullpunkt gut miteinander zu vergleichen und »Ausreißer« aus dem jeweiligen Muster schnell gefunden.

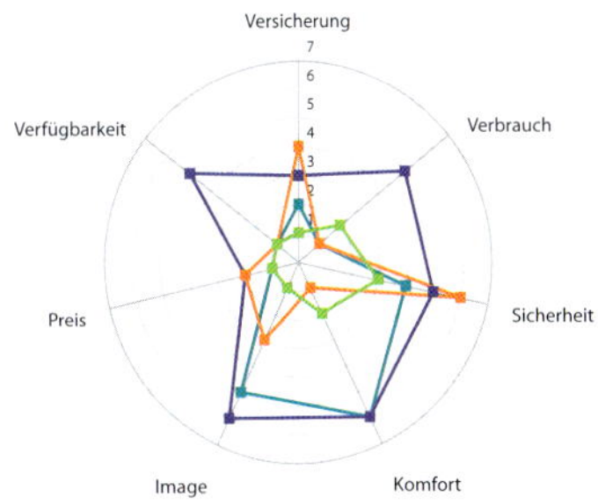

▲ **Abbildung 15.73**
Eine typische Anwendung eines Netzdiagramms in der Marktforschung

Dateneingabe | Geben Sie die Daten wie für Balken- oder Liniendiagramme ein. Die zu vergleichenden Eigenschaften tragen Sie in der linken Spalte ein. Die Beschriftungen der Legende werden in der oberen Zeile eingegeben. Auf der verkehrten Achse eingegebene Daten können Sie mit dem Button REIHE/SPALTE VERTAUSCHEN jederzeit korrigieren.

Versicherung

Versicherung	1,00	4,00	3,00	2,00
Verbrauch	2,00	1,00	5,00	1,00
Sicherheit	3,00	6,00	5,00	4,00
Komfort	2,00	1,00	6,00	6,00
Image	1,00	3,00	6,00	5,00
Preis	1,00	2,00	2,00	1,00
Verfügbarkeit	1,00	1,00	5,00	1,00

◄ **Abbildung 15.74**
Dateneingabe für Netzdiagramme

Diagrammattribute | Die Einstellmöglichkeiten entsprechen denen des Liniendiagramms. Wertachsen sind bei diesem Diagrammtyp radiale Achsen vom Kreismittelpunkt nach außen. Für Kategorieachsen stehen keine Optionen zur Verfügung.

15.8 Diagramme weiterbearbeiten

In den bisherigen Abschnitten haben Sie bereits gesehen, wie Sie Diagrammen andere Füllfarben, Konturen, Balken oder Schriften zuweisen können. In den meisten Fällen reichen diese Möglichkeiten nicht, denn die Diagrammfunktion hat seit ihrer Einführung in Illustrator 3 kein wesentliches Update mehr erfahren, und ihre Möglichkeiten entsprechen daher nicht mehr aktuellen Ansprüchen an eine ansprechende Gestaltung von Infografiken.

Durch die Verwendung von Effekten können Sie noch ein wenig »abfangen«, häufig kommen Sie jedoch nicht darum herum, zu tricksen oder das Diagramm umzuwandeln.

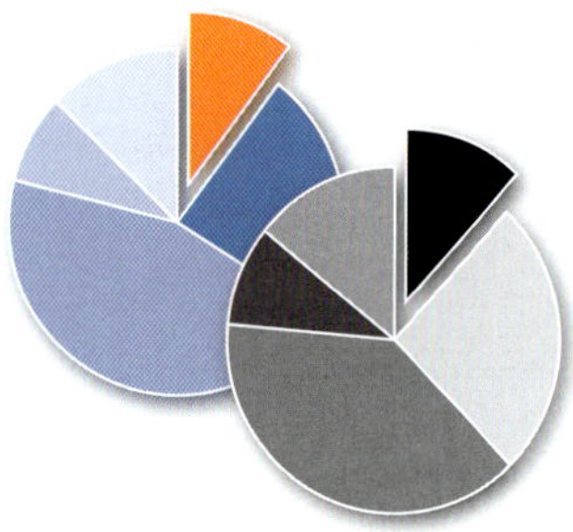

▲ **Abbildung 15.75**
Nach einer Änderung an der Datentabelle hat das Diagramm einige Formatierungen eingebüßt.

15.8.1 Allgemeine Hinweise zur Diagrammbearbeitung

Eine Änderung an den Diagrammdaten oder -attributen kann zu unerwarteten Ergebnissen führen: Häufig verliert das Diagramm nach Änderungen etliche Eigenschaften wie Farben, Effekte oder eine Skalierung. In ganz extremen Fällen sind die Balken nach der Änderung der Daten wieder grau.

Dies vermeiden Sie, indem Sie die Bearbeitung mit Werkzeugen und Funktionen unterlassen, die nach Illustrator 5 eingeführt wurden, z. B. können Sie folgende Maßnahmen ergreifen:

- Farben: Weisen Sie Farben nicht per Drag & Drop, sondern mit dem Farbfelder-Bedienfeld zu.
- Skalieren: Skalieren Sie das Diagramm mit dem Skalieren-Werkzeug statt mit dem Transformieren- oder dem Steuerungsbedienfeld.
- Effekte: Erstellen Sie Grafikstile von Ihren Effekten, und weisen Sie sie den Balken zu. Dies hat auch den Vorteil, dass Sie die Eigenschaften einfach erneut zuweisen können, falls sie trotz aller Vorsichtsmaßnahmen entfernt werden.

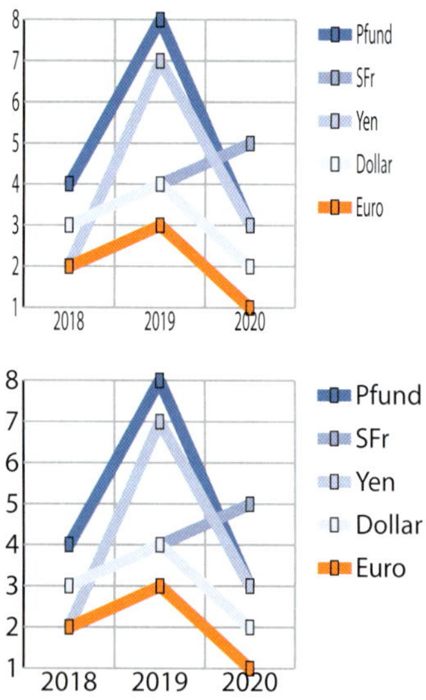

▲ **Abbildung 15.76**
»Zurücksetzen« der unproportional skalierten Schrift

15.8.2 Diagramme skalieren

Die Größe eines Diagramms lässt sich im Nachhinein mithilfe des Skalieren-Werkzeugs ändern (s. Abschnitt 15.8.1). Die Skalierung betrifft auch die Schriften, die Sie daher im Anschluss an die Skalierung neu formatieren müssen. Verzerrte Schriften nach einer nicht proportionalen Skalierung eines Diagramms korrigieren Sie nach dem Skalieren mit ⌘+⇧+X bzw. Strg+⇧+X. Diese Korrektur können Sie selbstverständlich nicht nur auf Diagramme, sondern auf Textobjekte generell anwenden.

15.8.3 3D-Diagramme

Sie können sehr einfach Tortendiagramme oder dreidimensionale Liniendiagramme erzeugen, indem Sie den 3D-Effekt auf das komplette Diagramm anwenden. Der Clou daran ist: Die Daten können editierbar bleiben.

Mit ein wenig Aufwand können Sie Beschriftungen verbergen, die nach Anwendung des 3D-Effekts unleserlich sind, da der 3D-Effekt auf das komplette Diagramm angewendet wird. Beschriftungen sollten Sie also unabhängig erstellen. Mithilfe des Perspektivenrasters (s. Abschnitt 18.1) könnten Sie sie sogar an die Perspektive des Diagramms anpassen. Damit die Originaltexte des Diagramms versteckt sind, wählen Sie sie mit dem Gruppenauswahl-Werkzeug aus und weisen ihnen die Füllung Ohne zu. Teilstriche verstecken Sie mithilfe der Diagrammattribute.

Bessere Nachbearbeitungsmöglichkeiten haben Sie allerdings, wenn Sie das Diagramm mitsamt seinem 3D-Effekt umwandeln.

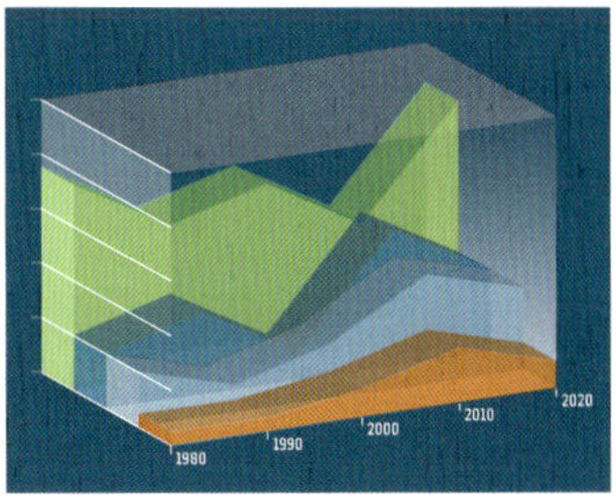

▲ **Abbildung 15.77**
Diese Umsetzung basiert auf einem Liniendiagramm, dessen Linien zu Flächen ergänzt wurden. Dann erfolgte eine Anwendung des 3D-Effekts Extrudieren, anschließend umwandeln und nachbearbeiten.

15.8.4 Effekte

Auch alle weiteren Effekte lassen sich Diagrammen zuweisen. So können Sie z. B. mit dem Aufrauen und dem Scribble-Effekt einen »handgemachten« Look erstellen. Mit Photoshop-Effekten können Sie ein »malerisches Aussehen« generieren.

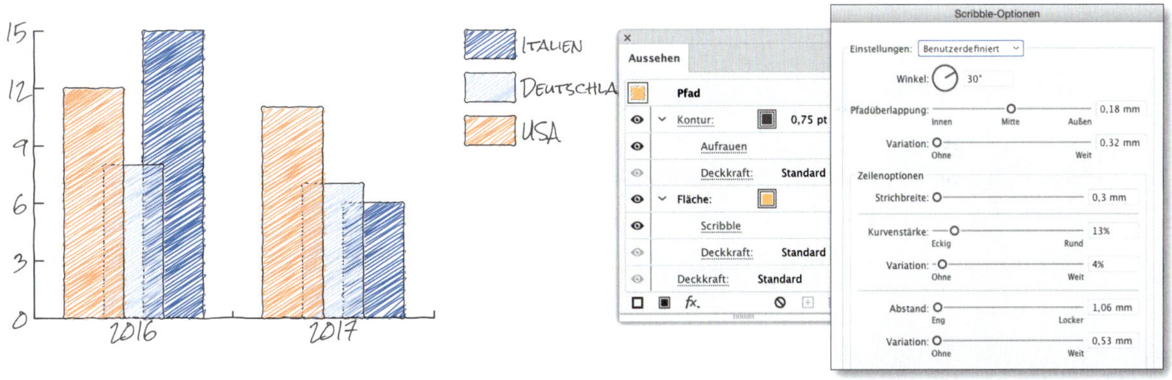

▲ **Abbildung 15.78**
In diesem Beispiel sind alle Konturen mit dem Aufrauen-Effekt versehen, die Flächen der Balken wirken dank Scribble-Effekt wie schraffiert. Die Beschriftung erfolgte mit einem Handschrift-Font.

15.8.5 Corporate-Design-Vorgaben und Illustrator-Diagramme

Nicht nur in der Unternehmenskommunikation, auch in Zeitungen und Magazinen gibt es strenge Vorgaben, wie Diagramme jeweils auszusehen haben. Die Vorgaben betreffen die Gestaltung der Achsen und deren Unterteilungen, die Gestaltung von Legenden in Segmenten sowie darauf verweisende Hinweispfeile, spezielle Auszeichnungen außerhalb des

▲ **Abbildung 15.79**
Mit dem Skript »SetAllTheThings« von John Wundes können Balkenbreiten nach dem Umwandeln auf exakte Werte gesetzt werden. Alternativ wenden Sie Objekt • Form • In Form umwandeln auf die umgewandelten Balken an und passen deren Breite in den Rechteckeigenschaften im Transformieren-Bedienfeld an.

Diagramms, fest definierte Balkenbreiten, die Formatierung von Werten in Diagrammbalken und diverse weitere Merkmale. Die meisten dieser Vorgaben liegen außerhalb der Reichweite von Illustrators Diagrammoptionen. In der Regel läuft die Vorgehensweise also darauf hinaus, nur das Datenskelett (die Unterteilung eines Kreisdiagramms oder die Höhe von Säulen) von Illustrator generieren zu lassen, es dann, falls nötig, umzuwandeln und an die Vorgaben anzupassen. Bei Kreisdiagrammen helfen oft einfache Ergänzungen: ein Mittelkreis oder weiße Konturen, die einen Teil überdecken. Es können auch Teile der nicht umgewandelten Formen kopiert und wieder eingesetzt werden.

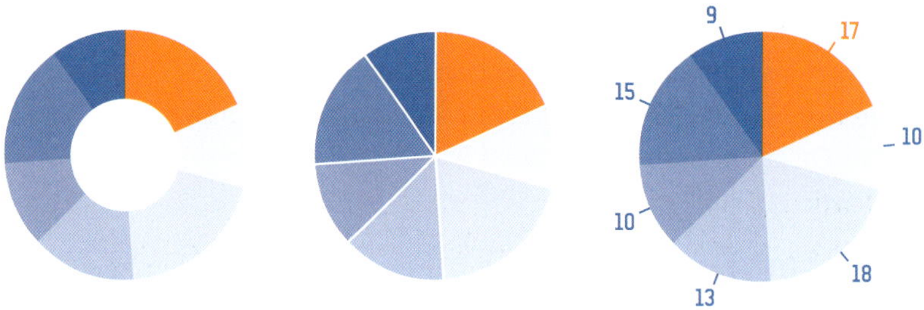

▲ **Abbildung 15.80**
Alle Kreisdiagramme sind nicht umgewandelt. Links: In der Vorlage liegt ein Musterdiagramm in der benötigten Größe sowie ein weißer Kreis. Es müssen nur die Daten geändert und eventuell Teile eingefärbt werden. Mitte: Das Diagramm erhält weiße Konturen. Rechts: Die Musterdatei enthält Textobjekte, die an die Daten angepasst werden, Hilfslinien markieren ihren Abstand zum Diagramm.

15.8.6 Dynamische Daten

Diagrammdaten können Sie mit Datentabellen verknüpfen und so die Werte einfach aktualisieren oder die Diagramme in dynamische Bilderzeugungssysteme einbinden (zu Variablen s. Abschnitt 22.4, zur dynamischen Bilderzeugung s. Abschnitt 21.4, »SVG«).

Um Diagramme dynamisch zu machen, wie es für viele webbasierte Anwendungen und Präsentationen gefragt ist, existieren jedoch komfortablere und umfassendere Möglichkeiten in diversen Programmiersprachen, die bereits an die Bedürfnisse des Webs angepasst sind.

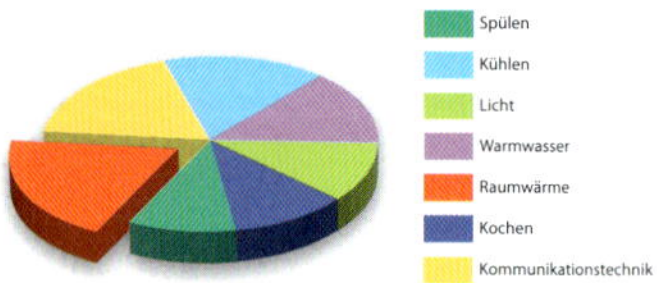

▲ **Abbildung 15.81**
Das Ergebnis des Workshops

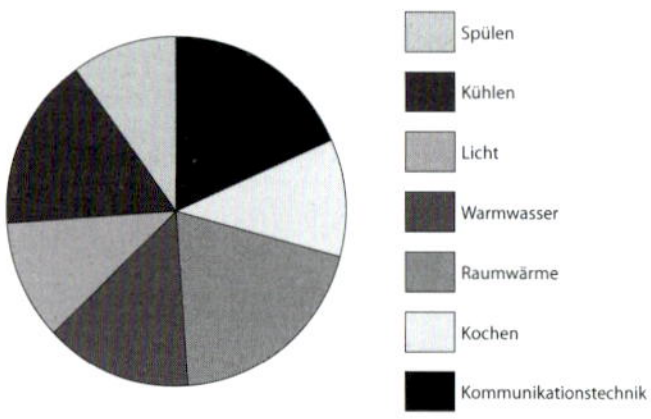

▲ **Abbildung 15.82**
Ausgangsdiagramm

Schritt für Schritt
3D-Tortendiagramm

1 Diagrammdaten eingeben
Öffnen Sie die Datei »Energieverbrauch.txt« aus dem Download in einem Textbearbeitungsprogramm wie TextEdit oder Notepad. Aktivieren

Sie alles, und kopieren Sie die Daten. In Illustrator ziehen Sie ein neues Kreisdiagramm auf und fügen die Daten aus der Zwischenablage in das Datenfenster ein. Bestätigen Sie die Eingabe, und schließen Sie das Datenfenster.

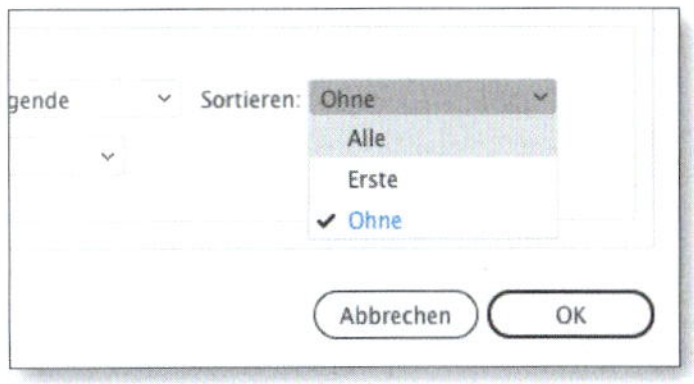

▲ **Abbildung 15.83**
Ändern der Sortierung der Diagrammsegmente

2 Reihenfolge der Segmente

Die Segmente des Kreisdiagramms sind nun in der Reihenfolge angeordnet, wie die Daten in die Tabelle eingetragen waren. So ist im Diagramm allerdings schwerer auszumachen, welche Menge größer ist. Wenn Sie die Segmente nach Größe sortieren, wird dies einfacher. Dazu rufen Sie die Diagrammoptionen über das Kontextmenü im Eintrag ART auf. In der Dialogbox wählen Sie SORTIEREN: ALLE.

Die Reihenfolge der Einträge in der Legende bleibt unverändert. Diese können Sie nur im Datenblatt bzw. bereits in der Ursprungsdatei ändern.

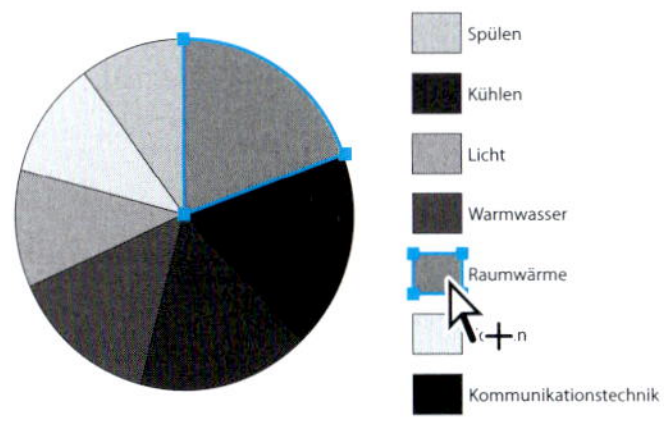

▲ **Abbildung 15.84**
Aktivieren eines Datensatzes mit dem Gruppenauswahl-Werkzeug

3 Farben definieren

Wählen Sie einen Datensatz (bestehend aus dem Diagrammanteil und der Legende) aus, indem Sie mit dem Gruppenauswahl-Werkzeug zweimal langsam hintereinander auf die Legende klicken. Weisen Sie dem Datensatz eine Farbe zu. Gehen Sie auf diese Art bei allen Datensätzen vor, um diese unterschiedlich einzufärben.

Abschließend aktivieren Sie das komplette Diagramm mit dem Auswahl-Werkzeug und setzen die Kontur auf OHNE.

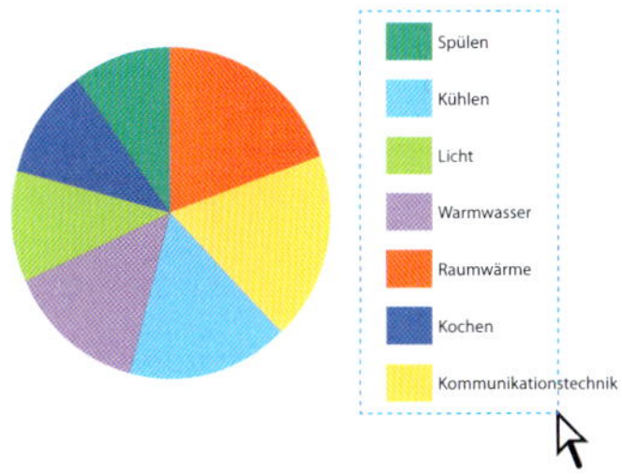

▲ **Abbildung 15.85**
Aktivieren der Legende mit dem Direktauswahl-Werkzeug

4 Legende

Ziehen Sie mit dem Direktauswahl-Werkzeug ein Auswahlrechteck über der Legende auf. Kopieren Sie diese Elemente mit BEARBEITEN • KOPIEREN – [⌘]/[Strg]+[C] – in die Zwischenablage. Rufen Sie anschließend die DIAGRAMMOPTIONEN auf, und deaktivieren Sie die Anzeige der Legende. Fügen Sie die kopierte Legende aus der Zwischenablage wieder ein.

Die Legende ist jetzt nicht mehr Teil des Diagramms. Sie lässt sich unabhängig von diesem bearbeiten und ist ihrerseits von den Formatierungen des Diagramms – vor allem dem 3D-Effekt – nicht betroffen. Die Höhe der Farbmarken in der Legende reduzieren Sie mit der Funktion EINZELN TRANSFORMIEREN.

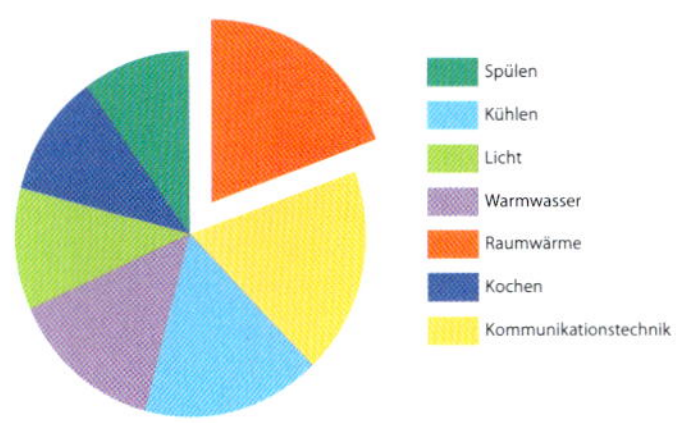

▲ **Abbildung 15.86**
Die Legende wurde kompakter gestaltet. Ein Teilstück ist herausgezogen.

5 Teil herausziehen

Mit dem Direktauswahl-Werkzeug aktivieren Sie das »Tortenstück«, das in der Darstellung hervorgehoben werden soll, und ziehen es aus der Mitte nach außen.

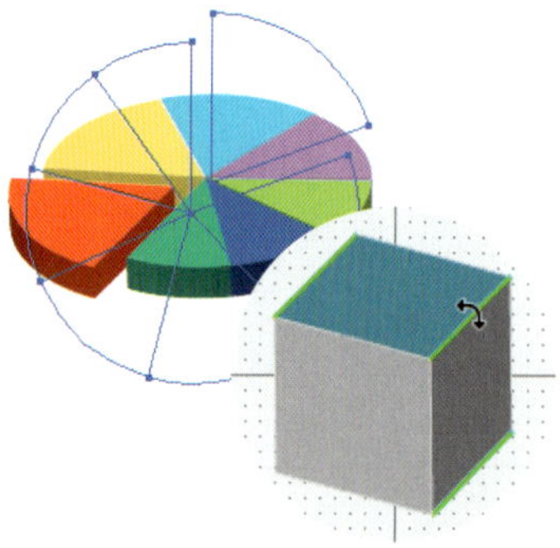

▲ **Abbildung 15.87**
Ausrichten des 3D-Objekts im Raum

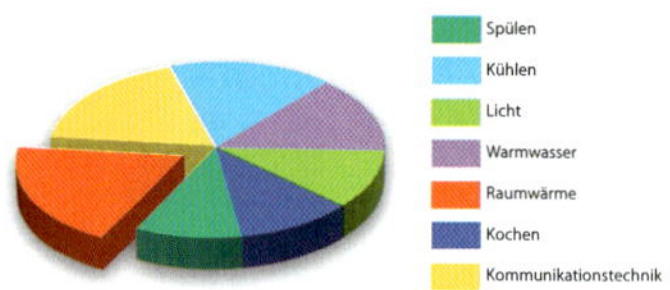

▲ **Abbildung 15.88**
Das Tortendiagramm mit Schatten

Achtung: Gruppierung lösen

Nach dem Lösen der Gruppierung sind die Diagrammdaten nicht mehr editierbar.
Haben Sie die Gruppierung eines Diagramms unabsichtlich gelöst, widerrufen Sie den Arbeitsschritt mit Bearbeiten • Rückgängig.

6 3D-Effekt

Klicken Sie mit dem Auswahl-Werkzeug auf das Diagramm, um es insgesamt auszuwählen. Rufen Sie Effekt • 3D • Extrudieren und abgeflachte Kante auf (s. Abschnitt 18.2.2).

In der Dialogbox aktivieren Sie die Vorschau und geben unter Tiefe der Extrusion einen Wert um 20 Punkt ein. Die dreidimensionale Drehung des Objekts richten Sie mithilfe des Würfels ein.

7 Schatten

Mit einem Schatten verleihen Sie der Darstellung etwas Tiefe. Wählen Sie Effekt • Stilisierungsfilter • Schlagschatten (s. Abschnitt 13.4.6). Aktivieren Sie auch in dieser Dialogbox die Vorschau, und stellen Sie die Optionen nach Bedarf ein.

15.8.7 Diagramme »umwandeln« und nachbearbeiten

Benötigen Sie die Teile des Diagramms als Vektorobjekte, um sie mit Optionen weiterzubearbeiten, die Ihnen für Diagramme nicht zur Verfügung stehen, aktivieren Sie das Diagramm mit dem Auswahl-Werkzeug und wählen Objekt • Gruppierung aufheben – Shortcut ⌘/Strg+⇧+G.

Die Beschriftungen, Diagrammgitternetze und Diagrammteile sind jeweils gruppiert. Lösen Sie diese weiteren Gruppierungen nach Bedarf.

Nachbearbeitung | Nach dem Umwandeln stehen Ihnen dann alle Möglichkeiten zur Bearbeitung von Vektorelementen zur Verfügung, so können Sie z. B. die Stapelreihenfolge von Balken und Achsen ändern, Teile des Diagramms als Schnittmasken verwenden, Funktionen wie Einzeln transformieren oder Skripte benutzen und Elemente frei positionieren.

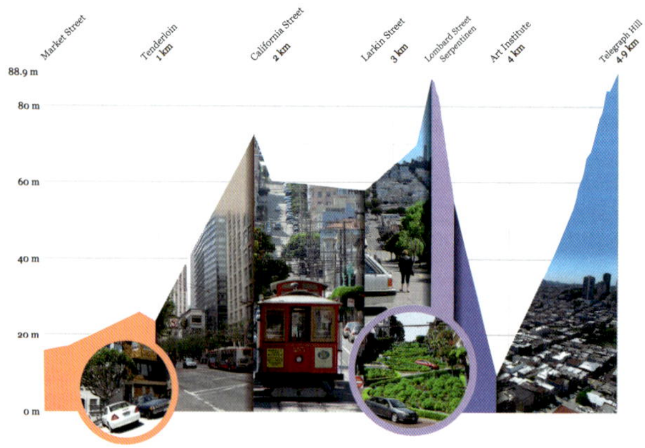

Abbildung 15.89 ▶
Ein umgewandeltes Diagramm mit in die Flächen eingefügten Bildern

Kapitel 16

Muster, Raster und Schraffuren

Regelmäßige Schraffuren, Raster und Objekttexturen, z. B. für Mode- und Textildesign, technische Illustrationen sowie Planzeichnungen in der Architektur, Geologie und Kartografie, können Sie mit Mustern erstellen. Dank des Musterbearbeitungsmodus sind Experimente mit Mustern sehr einfach geworden.

16.1 Füllmuster verwenden

Ein Muster ist ein Rapport, bestehend aus mehreren Objekten, der eine Objekttextur ergibt. Füllmuster werden als Musterfelder im Farbfelder-Bedienfeld des Dokuments bzw. in einer Farbfelder-Bibliothek verwaltet (s. Abschnitt 7.5). Musterfelder können Sie sowohl der Fläche als auch der Kontur eines Objekts zuweisen. Darüber hinaus bieten Illustrator und einige Plug-ins und Skripte weitere Methoden, Rasterungen zu erzeugen, sodass sich viele unterschiedliche Darstellungsstile entwickeln lassen – von gescribbelt bis streng geometrisch, zufallsbasiert oder als Halbtonraster auf Basis der Helligkeitswerte einer Vorlage.

▼ Abbildung 16.1
Beispiele für die Anwendung von Mustern

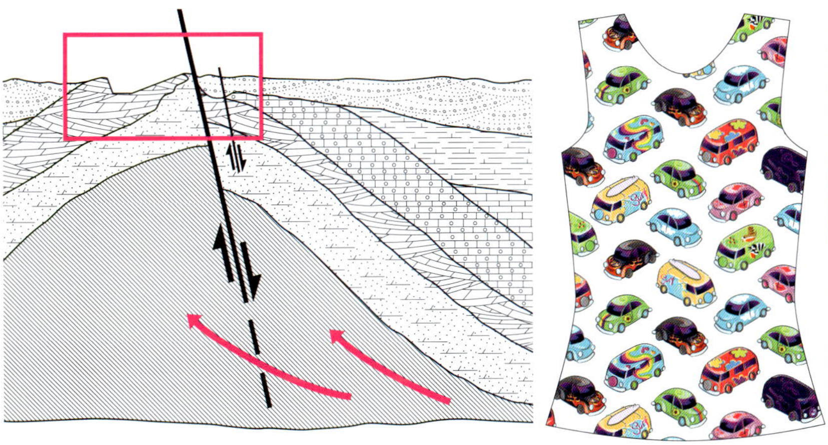

16.1.1 Muster zuweisen

Möchten Sie eine Form mit einem Muster füllen, aktivieren Sie das Objekt, fokussieren FLÄCHE oder KONTUR – z. B. im Werkzeugbedienfeld – und klicken im Farbfelder-Bedienfeld auf das gewünschte Muster. Das Musterfeld wird dann – wie Keramikfliesen aneinandergelegt – auf der Fläche oder der Kontur des Objekts wiederholt.

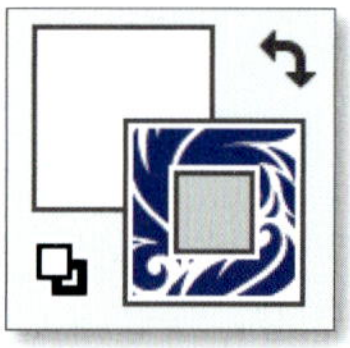

▲ **Abbildung 16.2**
Falls Sie ein zugewiesenes Muster auf der Zeichenfläche nicht sehen, liegt es häufig daran, dass das Muster der Kontur zugewiesen wurde.

Konturen und Muster | Auf Konturen können Sie sowohl Musterfelder als auch Musterpinsel anwenden. Beim Anwenden eines Musterfeldes wird die Kontur wie eine Fläche behandelt und das Muster einfach wiederholt. Musterpinsel bieten fortgeschrittene Möglichkeiten (s. Abschnitt 8.4.6) zur Gestaltung von Linien.

▲ **Abbildung 16.3**
Musterfelder auf Konturen (1. und 2. von links); Musterpinsel (1. und 2. von rechts)

▲ **Abbildung 16.4**
Muster im Farbfelder-Bedienfeld

Feine weiße Linien in der Musterfläche

Diese Linien sind normalerweise nur durch das Glätten der Vektorobjekte in der Bildschirmdarstellung bedingt und sollten daher im Druck nicht mehr auftreten. Deaktivieren Sie die Option GEGLÄTTETES BILDMATERIAL unter VOREINSTELLUNGEN • ALLGEMEIN, um zu überprüfen, ob die Linien nicht aufgrund eines fehlerhaften Musters entstehen.

Weitere Musterfelder laden | Die Standarddokumentprofile enthalten nur wenige Musterfelder. Weitere können Sie als Farbfeldbibliotheken laden (Bibliotheken s. Abschnitt 1.3).

Unter EINFACHE GRAFIKEN finden Sie Rasterpunkte und -linien à la Roy Lichtenstein sowie für Landkarten geeignete Muster und einige plakative, florale Muster unter MUSTER • DEKORATIV • VONSTER-MUSTER.

▲ **Abbildung 16.5**
Eine Auswahl der Vonster-Muster (Designer: Von Glitschka)

16.1.2 Musterausrichtung

Die Ausrichtung des Musters bezieht sich zunächst auf den Linealnullpunkt des Dokuments – nicht die jeweiligen Nullpunkte einzelner Zeichenflächen. Von dort aus wiederholt Illustrator die Rapporte entlang der X-Achse nebeneinander und entlang der Y-Achse übereinander. Die Ausrichtung der Musterfüllung am Objekt ergibt sich daher daraus, an welcher Stelle der Zeichenfläche es sich befindet, wenn Sie die Füllung zuweisen.

Muster für geologische Karten

Umfangreiche Bibliotheken mit Mustern für geologische Karten hat das U.S. Geological Survey unter *http://pubs.usgs.gov/of/1999/of99-430.*

16.1.3 Muster transformieren

Ist das Muster dem Objekt zugewiesen, dann bestimmt eine Voreinstellungsoption darüber, wie sich das Muster verhält, wenn Sie das Objekt transformieren oder wenn Sie den Linealursprung verändern.

Muster mit Objekten transformieren | Beim Transformieren eines Objekts haben Sie die Wahl, ob Sie die Musterfüllung zusammen mit dem Objekt umformen möchten. Eine Grundeinstellung für Ihre Arbeit mit Illustrator nehmen Sie in den Voreinstellungen vor. Rufen Sie Voreinstellungen • Allgemein auf, und aktivieren oder deaktivieren Sie die Option Muster transformieren (s. Abbildung 16.7 und Abbildung 16.8).

- Option deaktiviert: Die Ausrichtung des Musters ist weiterhin an die Zeichenfläche gebunden. Wenn das Objekt transformiert wird, ist das Muster davon nicht betroffen.
- Option aktiviert: Das Muster ist an das Objekt gebunden und wird mit ihm zusammen transformiert – bewegt, gedreht, skaliert, gespiegelt.

Die Einstellung wird in die Optionen von Transformieren-Bedienfeld und -Werkzeugen übernommen. Sie können sie dort für jede Transformation individuell einstellen (Transformieren s. Abschnitt 4.7).

Nur Muster transformieren | Viele Muster (z. B. Schraffuren) lassen sich in horizontaler oder vertikaler Ausrichtung viel einfacher entwickeln. Die Drehung erfolgt dann erst bei der Anwendung am Objekt. Sowohl mit dem Transformieren-Bedienfeld als auch mit den Transformieren-Werkzeugen können Sie das Muster unabhängig vom Objekt transformieren.

- Transformieren-Bedienfeld: Aktivieren Sie im Menü des Transformieren-Bedienfeldes die Option Nur Muster transformieren.
  Aktivieren Sie das Objekt, und geben Sie die gewünschten Werte ein. Denken Sie daran, die Option im Bedienfeldmenü vor der nächsten Transformation zu überprüfen – Illustrator zeigt ein kleines Warndreieck im Bedienfeld, um Sie darauf hinzuweisen, dass Nur Muster transformieren aktiv ist.
- Transformieren-Werkzeuge: Mit den Transformieren-Werkzeugen haben Sie zwei Möglichkeiten:
  1. Per Eingabe: Aktivieren Sie das Objekt, und doppelklicken Sie auf das gewünschte Werkzeug im Werkzeugbedienfeld, um die Dialogbox aufzurufen. Deaktivieren Sie unter Optionen alle bis auf Muster transformieren, und geben Sie die gewünschten Werte ein.
  2. Intuitiv: Aktivieren Sie das Objekt, und wählen Sie ein Transformieren-Werkzeug oder (zum Verschieben) das Auswahl-Werkzeug.

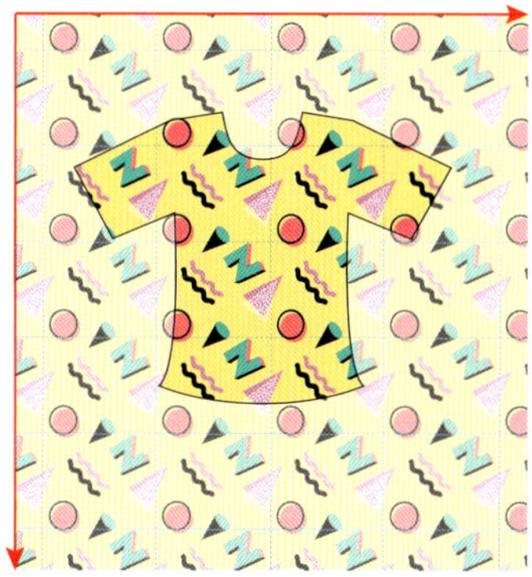

▲ **Abbildung 16.6**
Das Muster wird am Linealnullpunkt ausgerichtet.

▲ **Abbildung 16.7**
Die Option Muster transformieren in den Voreinstellungen

▲ **Abbildung 16.8**
Das Objekt aus Abbildung 16.6 ohne (links) und mit (rechts) aktivierter Option Muster transformieren

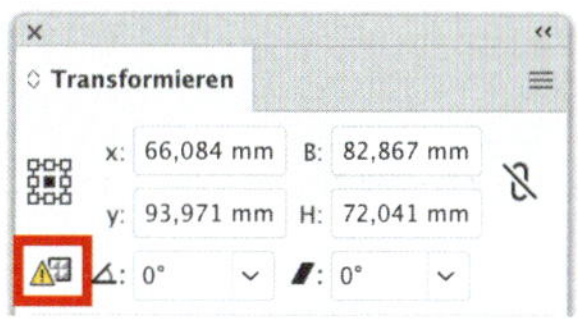

▲ **Abbildung 16.9**
Warnhinweis bei Nur Muster transformieren

▲ **Abbildung 16.10**
Die Dialogbox Drehen

Drücken Sie die Taste [<] (Mac)/[^] (Windows – bitte beachten Sie den Hinweis), während Sie die Transformation ausführen.

Wenn Sie einem Objekt mit einem transformierten Muster anschließend ein anderes Muster zuweisen, dann übernimmt das andere Muster die Transformation. Um das Muster in seinem Originalzustand zuzuweisen, müssen Sie das Muster zurücksetzen (s. unten) oder dem Objekt eine Farbe oder einen Verlauf zuweisen, bevor Sie ein neues Muster anwenden.

Win: Muster transformieren

Unter Windows funktioniert das intuitive Bearbeiten von Mustern mit den Transformieren-Werkzeugen nur, wenn Sie vorher die Tastaturbelegung in den Betriebssystem-Einstellungen auf US-Englisch umstellen.

Verändern der Linealkoordinaten | Wenn Sie statt des Objekts die Koordinaten verändern, können sich Muster ebenfalls auf dem Objekt verschieben. Das Verändern der Koordinaten kann auf verschiedene Arten geschehen:

- Verschieben der Zeichenfläche im Dokument
- Ändern des Linealursprungs
- Wechsel zwischen globalen und Zeichenflächenlinealen
- Einfügen in dasselbe Dokument oder in andere Dateien

Musterbeeinflussende Operationen und Funktionen	»Muster transf.« aktiv	»Muster transf.« inaktiv
Linealursprung verschieben; globale Lineale	**!**	**!**
Linealursprung verschieben; Zeichenflächenlineale	–	–
Zeichenflächen verschieben/kopieren	–	–
Objekt kopieren/ausschneiden und einfügen	–	!
Objekt an dieselbe Position/in alle Zeichenflächen einfügen	–	!
Kopieren und in eine neue Datei einfügen	–	!

▲ **Tabelle 16.1**
Unter den mit einem »!« gekennzeichneten Bedingungen verschiebt sich das Muster, wenn Sie die »kritischen« Operationen durchführen. Fett gekennzeichnet sind Operationen, die immer Musterverschiebungen verursachen.

Muster in einem Symbol | Ist das Muster innerhalb eines Symbols angewandt, dann verschiebt es sich unter den oben aufgelisteten Bedingungen nicht mehr. Leider gibt es eine Ausnahme: Muster in Symbolen verschieben sich, wenn die Symbolinstanz kopiert und in ein neues Dokument eingefügt wird.

Einfügen in andere Datei

Das Problem der Musterverschiebung lässt sich in einigen älteren Versionen nur umgehen, wenn Sie das Muster umwandeln, bevor Sie es kopieren und in die andere Datei einfügen. Alternativ platzieren Sie die Illustrator-Datei, die das Objekt mit dem Muster enthält, in das andere Dokument. Achten Sie darauf, die Option Verknüpfen zu aktivieren.

Muster zurücksetzen | Um den Originalstatus eines Musters wiederherzustellen und die Transformationen zu widerrufen, aktivieren Sie das Objekt und weisen ihm das Musterfeld erneut zu. Dabei wird das Muster natürlich erneut am Linealursprung ausgerichtet. Wenn das Objekt inzwischen an einer anderen Stelle der Zeichenfläche positioniert ist, entsteht nicht mehr die Originalanordnung des Musters.

16.1.4 Muster verändern

Muster sind meist nicht die einzige Objekteigenschaft, die Sie anwenden. Daher sind im Zusammenspiel von Mustern mit anderen Optionen einige Details zu beachten, damit alles wie erwartet funktioniert.

Keine Muster?

Falls in Ihrem Farbfelder-Bedienfeld keine Muster zu sehen sind, überprüfen Sie die Anzeigeoptionen unter Menü »Farbfeldarten einblenden«.

Muster und Verzerrungen | Wenn Sie ein Objekt mit einer Verzerrungshülle verformen, können Sie unter Objekt • Verzerrungshülle • Hüllen-Optionen einstellen, dass Illustrator das Muster gemeinsam mit dem Objekt verzerren soll. Mit den Verkrümmungseffekten unter Effekt • Verkrümmungsfilter ist es nicht möglich, Musterfüllungen zu verzerren (Verzerrungshüllen s. Abschnitt 10.8).

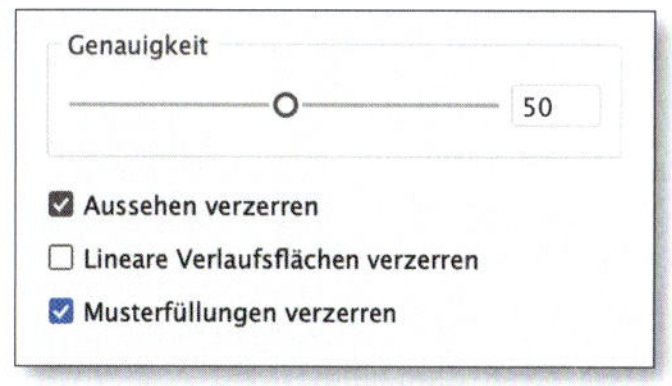

▲ **Abbildung 16.11**
Hüllen-Optionen (Ausschnitt)

Muster und 3D-Effekte | Die beiden 3D-Effekte Extrudieren und Kreiseln behandeln das Muster wie gruppierte Ausgangsobjekte. In der Regel ist das nicht gewünscht. Extrudieren oder kreiseln Sie daher Objekte ohne Muster, und applizieren Sie das Muster als Bildmaterial auf das 3D-Objekt (s. Abschnitt 18.3).

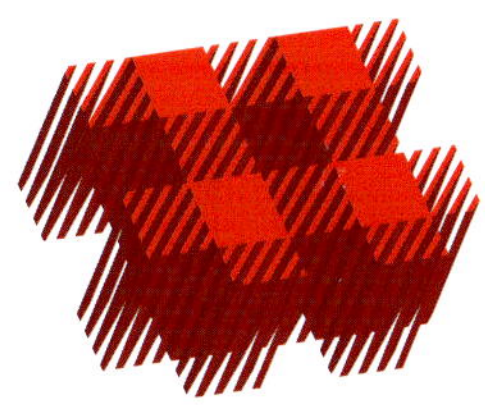

▲ **Abbildung 16.12**
3D-Effekte werden auf Musterfüllungen angewendet, als wären es Vektorformen.

16.1.5 Musterfüllung umwandeln

Möchten Sie die Musterfüllung eines Objekts in Pfade umwandeln, aktivieren Sie das Objekt und wählen Objekt • Umwandeln – das ist z. B. dann nötig, wenn Sie Muster innerhalb von anderen Mustern verwenden wollen (zu erlaubten Objekten innerhalb von Mustern s. Abschnitt 16.2.2). Bestimmen Sie in der Dialogbox, ob Sie die Fläche oder die Kontur umwandeln möchten (voreingestellt sind alle auf die Objekteigenschaften zutreffenden Optionen), und klicken Sie auf OK.

Illustrator erzeugt die für die Füllung benötigten Musterelemente als Vektorformen, auf die die Form des Objekts als Schnittmaske angewendet ist. Rufen Sie das Ebenen-Bedienfeld auf, um die Gruppe zu analysieren.

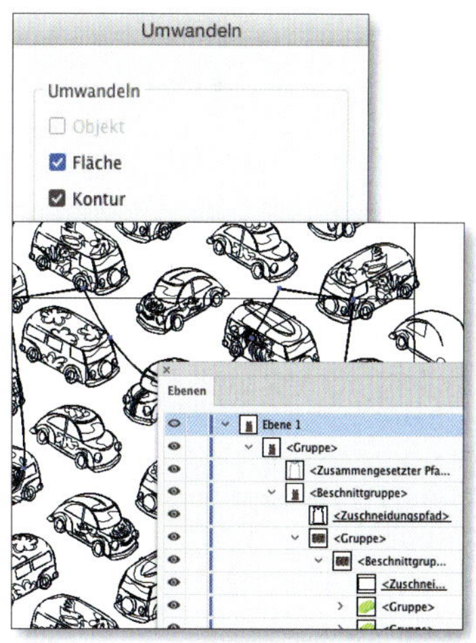

▲ **Abbildung 16.13**
Dialogbox Umwandeln (oben); umgewandelte Musterfüllung im Ebenen-Bedienfeld (unten)

16.1.6 Muster und Speicherplatz

Nicht verwendete Muster-Farbfelder tragen nicht unwesentlich zur Dateigröße eines Dokuments bei. Ganz unbemerkt werden Musterfelder aus Bibliotheken dem Farbfelder-Bedienfeld hinzugefügt, sobald Sie sie testweise auf ein Objekt anwenden. Um Speicherplatz einzusparen, löschen Sie alle nicht verwendeten Musterfelder aus dem Farbfelder-Bedienfeld. Wählen Sie im Bedienfeldmenü den Eintrag Alle nicht verwendeten auswählen, und klicken Sie anschließend auf den Button Farbfeld löschen.

Lücken in gemusterten Flächen

Dieses Problem sollte bei Mustern, die mit der neuen Musterfunktion erstellt werden, nicht mehr auftreten. Wenn Sie Muster aber nach der herkömmlichen Art erstellen und Ihr Muster nach der Anwendung am Objekt Lücken zeigt, liegt dies meistens an der fehlenden Musterfeldbegrenzung.

Das Ausgangsobjekt links besitzt Elemente, die über die violette Grundfläche hinausreichen. Daher müssen Sie hinter den Elementen ein Rechteck in derselben Größe wie die violette Fläche, jedoch ohne Kontur und Fläche, anlegen.

Ebene kristallografische Gruppe

Wenn Sie die genannten Begriffe im Web recherchieren, finden Sie sehr viele Quellen, die die Gruppen detailliert und gut illustriert beschreiben. Interessant ist z. B. der Eintrag in der Wikipedia. Anwendungsbeispiele sind auch bei M. C. Escher oder den Ornamenten der Alhambra zu finden.

16.2 Eigene Muster entwickeln

Die meisten Muster wiederholen sich nicht einfach wie aneinandergesetzte Keramikfliesen, sondern die Musterelemente sind gedreht, gespiegelt oder verschoben (oder alles zusammen). Diese Wiederholungen zu konstruieren und in die einfache Kachelung von Musterfeldern zu übersetzen, stellt die Schwierigkeit beim Entwerfen von Mustern dar.

Abbildung 16.14 ▸
Versetztes Muster (Gruppe p1, links); gedreht und versetzt (Gruppe p3, Mitte) und ein gedrehtes, gespiegeltes und versetztes Muster (Gruppe p4g, rechts)

Madpattern

Muster nach allen 17 Regeln können Sie mithilfe der Illustrator-Vorlagen »Madpattern« erstellen. Diese Vorlagen nutzen Transformieren-Effekte, Schnittmasken und Zeichenflächen, um aus Grundformen Muster zu erstellen. Um mit Mustern zu experimentieren und einen Zugang zur Logik zu finden, ist der Einsatz der unter *www.madpattern.com* kostenlos erhältlichen Vorlagen sehr zu empfehlen.

16.2.1 Mustertheorie

Die Musterung eines zweidimensionalen Objekts ist ein mathematisches Problem, das als Parkettierung, Symmetriegruppe oder »ebene kristallografische Gruppe« bezeichnet wird (engl. Wallpaper Group). Um eine Fläche lückenlos und überlappungsfrei mit gleichförmigen Grundobjekten zu füllen, gibt es 17 unterschiedliche Regeln.

Da Illustrator auch im Musterbearbeitungsmodus keine Spiegelungen oder Drehungen von Musterelementen durchführen kann, ist nur ein kleiner Teil dieser Musterlogiken einfach umsetzbar. Die anderen Parkettierungen müssen Sie weiterhin entweder mithilfe von anderen

Funktionen selbst »austüfteln« oder auf Drittanbietersoftware, wie etwa die Plug-ins SymmetryWorks, Xtream Path (beide s. Kapitel 23) oder die Vorlagensammlung »Madpattern« (s. Hinweisbox auf Seite 580), zurückgreifen, um ans Ziel zu kommen.

Im Musterbearbeitungsmodus in Illustrator können Sie folgende Versatzarten erzeugen:

Raster | Das Musterelement wird rechtwinklig aneinandergefügt wie bei einer Kachelung.

◀ **Abbildung 16.15**
Das Muster (links) besteht aus Kacheln, die rechtwinklig aneinanderliegen. Das Musterelement (Mitte, blau markiert) entspricht hier auch Illustrators Musterfeld (Mitte, rot). Die Konstruktion der Ausgangsobjekte sollte aber in der einfachsten Form erfolgen (rechts).

Horizontaler/Vertikaler Versatz (Ziegel) | Hier wird das Musterelement entweder in horizontaler oder in vertikaler Richtung versetzt aneinandergefügt wie Mauersteine.

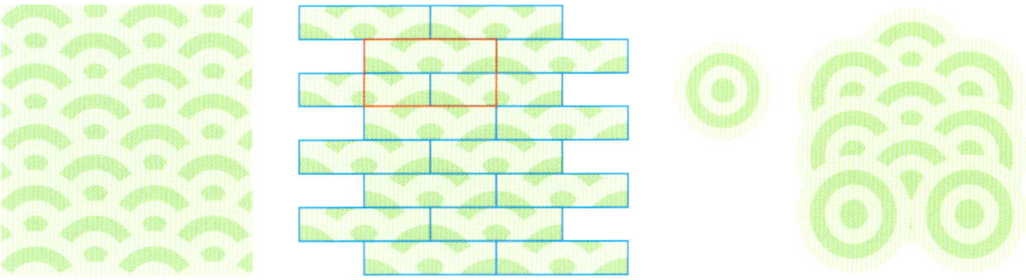

◀ **Abbildung 16.16**
Das kleinste wiederholbare Element (Mitte, blau markiert) lässt sich hier nur versetzt aneinanderfügen. Das Musterfeld muss daher größer sein, damit eine rechtwinklige Kachelung möglich ist (Mitte, rot markiert). Erstellt wurde das Muster ebenfalls aus noch einfacheren Formen, die gestapelt sind (rechts).

Sechsseitiger Versatz (Hexagon) | Bei dieser Art ergibt sich ein Wabenmuster. Die Wabe kann entweder mit einer Kante (vertikal) oder mit einer Spitze nach oben (horizontal) ausgerichtet sein. Im Beispiel unten sehen Sie eine mit der Kante nach oben ausgerichtete Wabenform.

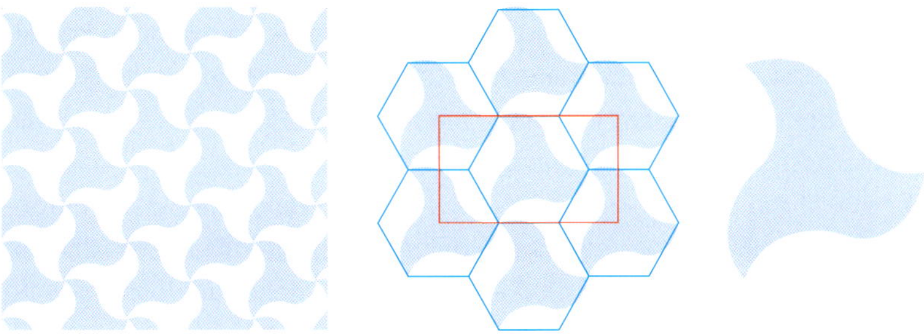

◀ **Abbildung 16.17**
Hier sind die Musterelemente im Wabenmuster aneinandergelegt (Mitte, blau markiert). Das Musterfeld kann nur rechteckig sein (Mitte, rot markiert). Das Konstruktionselement ist bereits im Muster gut zu erkennen (rechts).

16.2.2 Aufbau eines Musters in Illustrator

Alle Muster haben bestimmte Gemeinsamkeiten, die auch mit dem Musterbearbeitungsmodus Bestand haben.

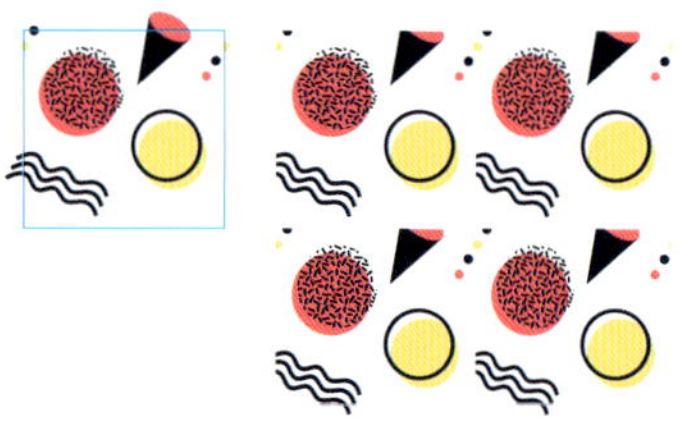

▲ **Abbildung 16.18**
Objekte oder Teile von Objekten, die außerhalb der Musterfeldbegrenzung (hier blau markiert) liegen, werden abgeschnitten.

Kachelung und Musterfeldbegrenzung | Werden Objekte in ein Muster konvertiert, bestimmt ein unsichtbares Begrenzungsrechteck im Hintergrund der Mustergrafik, wie die Objekte beschnitten und aneinandergefügt werden. Wenn Sie das Muster nach der herkömmlichen Methode erstellen, müssen Sie dieses Rechteck selbst anlegen. Arbeiten Sie mit dem Musteroptionen-Bedienfeld, legt Illustrator das Rechteck automatisch an und optimiert es für eine gute Darstellung im Farbfelder-Bedienfeld, d. h., es werden gegebenenfalls Wiederholungen im Musterfeld hinzugefügt, damit es ungefähr quadratisch ist.

▲ **Abbildung 16.19**
Innerhalb des Musters ist ein weiteres Muster – das muss umgewandelt werden.

Erlaubte Objekte in Mustern | Neben einfachen Pfaden kann ein Muster Transparenz, Verläufe, Pixelbilder, Textobjekte und Angleichungen, jedoch keine Objekte enthalten, die selbst mit einer Musterfüllung versehen sind. Pinselkonturen, mit Effekten versehene Objekte, Verlaufkonturen, variable Breitenprofile und Angleichungen wandelt Illustrator automatisch um, sobald Sie davon ein Musterfeld erstellen bzw. im Musterbearbeitungsmodus auf FERTIG klicken.

Versuchen Sie, ein Objekt mit einem Muster zu verwenden, erscheint eine Warnung, und Sie müssen es umwandeln, bevor Sie daraus ein Muster erstellen.

Für Änderungen gewappnet

Speichern Sie die Originalelemente (z. B. Pinsel oder Effekte) eines Musters, denn Änderungen an der umgewandelten Form im Musterfeld könnten aufwendig werden.

Musterelement-Kante und Musterfeldbegrenzung | Wie Sie bereits vorher gesehen haben, entspricht das sich wiederholende Musterelement nur im Fall der Kachel auch dem späteren Musterfeld. Im Musterbearbeitungsmodus können Sie die Musterelement-Kante mit dem Musterelement-Werkzeug direkt verändern – die Anfasser und Widgets werden angezeigt, sobald Sie das Musterelement-Werkzeug auswählen. Auch die spätere Musterfeldbegrenzung können Sie sich anzeigen lassen.

Die Musterelement-Kante ❺ zeigt die Grenzen des sich wiederholenden Artworks an. Um die Größe des Musterelements zu verändern, greifen Sie seine Anfasser ❻ oder direkt die Kante. Mit dem rautenförmigen Versatz-Widget ❹ steuern Sie die Verschiebung der Musterelemente bei horizontalem oder vertikalem Versatz. Optional können Sie die Musterfeldbegrenzung ❷ einblenden lassen. Alles, was innerhalb der Begrenzung angezeigt wird ❸, ist Teil des Musterfeldes. Objekte, die Sie im Musterbearbeitungsmodus auf der Arbeitsfläche ❶ außerhalb von Musterelement und Musterfeld erstellt haben, gehen verloren, sobald Sie den Modus verlassen.

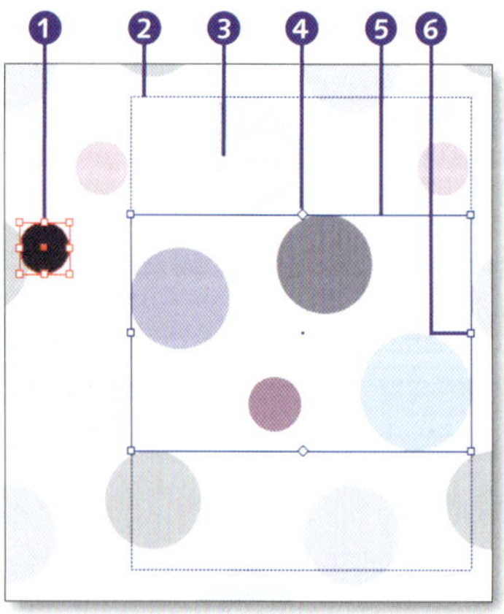

▲ **Abbildung 16.20**
Interaktive Anpassung des Musterelements mit dem Werkzeug

16.2.3 Muster erstellen

Muster können Sie entweder – wie immer – einfach ins Farbfelder-Bedienfeld ziehen oder durch Eingeben der Optionen im Musterbearbeitungsmodus anlegen.

Traditionelle Methode | Wenn Sie eine Mustergrafik, d.h. die Grafikelemente und die unsichtbare Musterfeldbegrenzung, aus alten Dateien in neue Dokumente übertragen wollen oder wenn Sie einfache Muster auf die herkömmliche Art erstellen wollen, dann gehen Sie wie folgt vor:

1. Zeichnen Sie die Grafik, und entwickeln Sie den Rapport Ihres Musters. Erstellen Sie die dazu passende Musterfeldbegrenzung.
2. Stellen Sie sicher, dass die Musterfeldbegrenzung im Hintergrund liegt und die Fläche und Kontur Ohne ▨ besitzt.
3. Aktivieren Sie alle Elemente, die zur Mustergrafik gehören, und ziehen Sie alles ins Farbfelder-Bedienfeld.
4. Ziehen Sie eine Form auf, und testen Sie das neue Muster.

Im Musterbearbeitungsmodus | Mit den neuen Funktionen geht es einfacher:

1. Erstellen Sie die Ausgangsobjekte, und aktivieren Sie sie auf der Zeichenfläche.
   Alternativ können Sie auch ohne Ausgangsobjekte in den Musterbearbeitungsmodus (Pattern Editing Mode: PEM) gehen.
2. Rufen Sie Objekt • Muster • Erstellen auf (oder wählen Sie diesen Befehl aus dem Menü des Musteroptionen-Bedienfeldes). Illustrator isoliert die Musterelemente auf der Zeichenfläche und öffnet das Musteroptionen-Bedienfeld.
3. Passen Sie die Vorschauoptionen an, indem Sie die Anzahl der Kopien aus dem Menü wählen (diese Kopien dienen nur der Vorschau des Musters) und die Stärke der Abblendung einstellen.
4. Wählen Sie den Musterelementtyp, also die Art der Wiederholung. Geben Sie alle weiteren Optionen ein, oder nehmen Sie das Musterelement-Werkzeug mit einem Klick auf den Button im Musteroptionen-Bedienfeld, und stellen Sie die Begrenzungen des Musterelements intuitiv auf der Zeichenfläche ein.
   Im Musterbearbeitungsmodus können Sie sowohl das Musterelement als auch die Objekte bearbeiten, die das Muster bilden.
5. Anhand Ihrer Musterelemente und der eingestellten Wiederholung generiert Illustrator den Rapport.
6. Falls Sie einen Zwischenstand speichern möchten, klicken Sie in der Brotkrumenzeile am oberen Rand des Dokuments auf Kopie speichern.

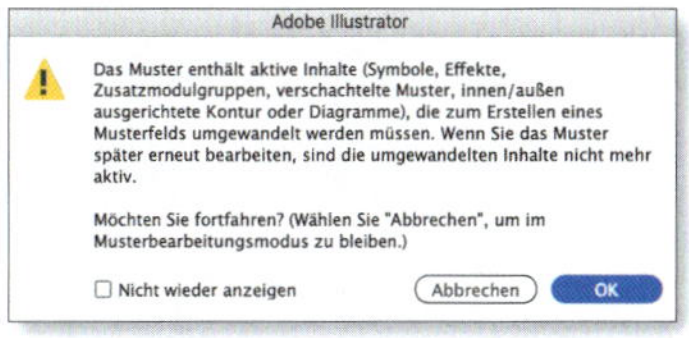

▲ **Abbildung 16.21**
Wenn beim Beenden des Musterbearbeitungsmodus Elemente umgewandelt werden müssen, zeigt Illustrator eine Warnung an.

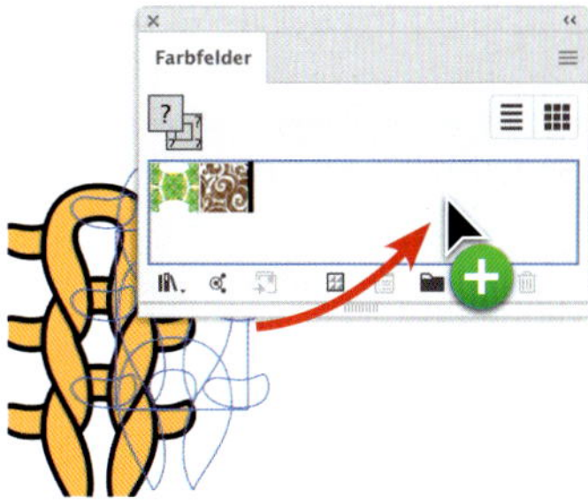

▲ **Abbildung 16.22**
Das Muster samt Musterfeldbegrenzung wird ins Farbfelder-Bedienfeld gezogen.

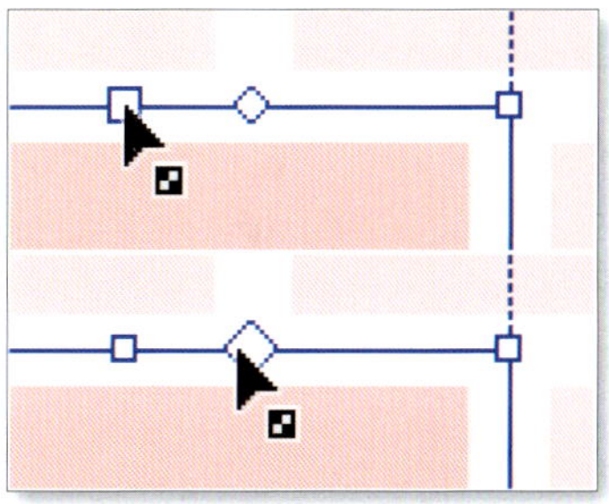

▲ **Abbildung 16.23**
Mit den quadratischen Anfassern wird das Element skaliert, mit den rautenförmigen der Versatz verschoben – die Anfasser werden unter dem Cursor hervorgehoben.

Musterfelder nicht anwenden

Im Musterbearbeitungsmodus können Sie Musterfelder zwar anklicken, sie werden jedoch nicht dem Objekt zugewiesen.

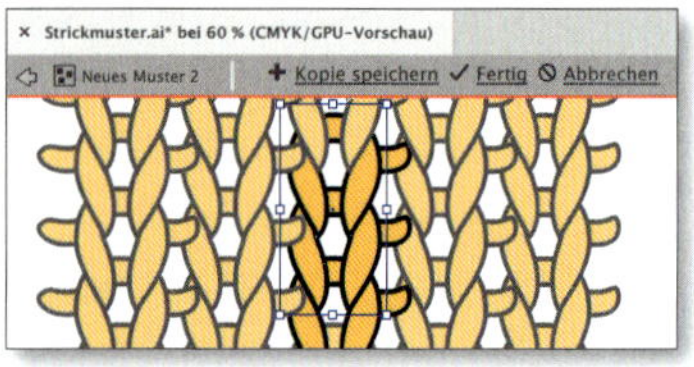

▲ **Abbildung 16.24**
Die Brotkrumennavigation am oberen Rand des Dokuments; das Muster lässt sich mit diesen Ausgangselementen nicht auf diesem Weg erstellen.

7. Mit einem Doppelklick auf eine leere Stelle der Zeichenfläche speichern Sie den letzten Stand und beenden den Musterbearbeitungsmodus.
8. Vor dem Aufruf des Musterbearbeitungsmodus vorhandene Objekte bleiben auf der Zeichenfläche erhalten – Objekte, die Sie erst im Musterbearbeitungsmodus gezeichnet haben, werden nur im Musterfeld gespeichert (oder gelöscht, falls sie außerhalb des Musterelements liegen).
9. Erstellen Sie nun ein neues Objekt, und testen Sie das Muster.

Musteroptionen und Arbeitsbereiche

Das Musteroptionen-Bedienfeld kann an andere Bedienfelder und an den Bildschirmrand angedockt und auch so in Arbeitsbereiche gespeichert werden. Dann besitzt es dieses Symbol:

16.2.4 Das Musteroptionen-Bedienfeld

Im Musteroptionen-Bedienfeld bestimmen Sie die Optionen für das Muster numerisch und rufen das Musterelement-Werkzeug auf.

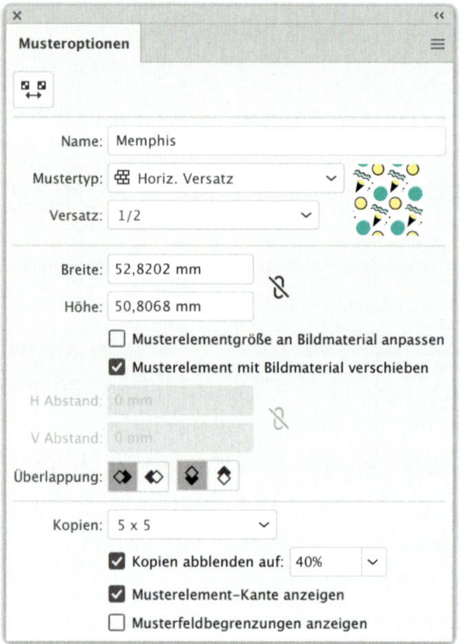

Abbildung 16.25 ▶
Das Musteroptionen-Bedienfeld

- Musterelement-Werkzeug: Im Musterbearbeitungsmodus können Sie die meisten Illustrator-Werkzeuge und -Funktionen einsetzen, um die Grafik des Musters zu erstellen oder zu verändern. Zusätzlich steht Ihnen nur im Musterbearbeitungsmodus das Musterelement-Werkzeug zur Verfügung, um die Musterelement-Kante zu bearbeiten.
- Name: Geben Sie dem Muster bereits im Bearbeitungsmodus einen Namen.
- Musterelementtyp: Hier wählen Sie die Art der Wiederholung zwischen den Optionen Raster, Horiz./Vert. Versatz und 6-seitig horizontal/vertikal aus (zu den Optionen s. Abbildung 16.15 bis 16.17).

▲ **Abbildung 16.26**
Muster für Illustrationsdetails

- Versatz: Wählen Sie hier den Versatzabstand aus dem Menü. Alternativ können Sie den Abstand auch mit dem Widget am Musterelementrahmen einstellen.
- Breite/Höhe: Geben Sie die Breite und Höhe des Musterelements numerisch ein.
- Musterelementgrösse an Bildmaterial anpassen: Aktivieren Sie diese Option, um zu erreichen, dass sich das Musterelement automatisch immer so anpasst, dass es im Musterbearbeitungsmodus verschobene oder neu erstellte Objekte einschließt. Die Mitte des Musterelements bewegt sich dabei nicht in ihrem Verhältnis zur Mitte der Musterobjekte. Diese und die folgende Option können bei jedem Schritt zu größeren Änderungen im Erscheinungsbild des Musters führen.
- Musterelement mit Bildmaterial verschieben: Wenn diese Option aktiv ist und alle Objekte im Musterbearbeitungsmodus bewegt werden, dann passt sich das Musterelement automatisch der neuen Position an.
- H-Abstand, V-Abstand: Die beiden Eingabefelder für den horizontalen und vertikalen Abstand werden aktiv, sobald Sie die Option Musterelementgrösse an Bildmaterial anpassen aktivieren. Anschließend können Sie unter Abstand auch negative Werte eingeben.
- Überlappung: Sobald Objekte über die Musterelement-Kante hinausragen, müssen Sie einstellen, in welcher Richtung Überlappungen angeordnet werden sollen. Mit den Buttons , , , legen Sie deren Richtung in beiden Dimensionen fest.
- Kopien: Die Optionen in diesem Bereich betreffen nur die Anzeige des Musters im Musterbearbeitungsmodus. Wählen Sie die Anzahl der Kopien in der Vorschau des Musters aus dem Menü aus.
- Kopien abblenden auf: Damit Sie die virtuell erzeugten Kopien von den eigentlich vorhandenen Objekten unterscheiden können, ist es möglich, die Kopien abzublenden. Falls Sie mit Mustern in Grautönen arbeiten, kann das Abblenden irritieren.
- Musterelement-Kante anzeigen: Wenn Sie die Wirkung Ihres Musters beurteilen möchten, kann die Umrandung des Musterelements stören, daher können Sie sie hier ausblenden. Mit ausgeblendeter Kante, ausgeblendeten Musterfeldbegrenzungen und nicht abgeblendeter Darstellung der Kopien erhalten Sie eine Anzeige des Musters so, wie es am Objekt aussehen würde. Die Musterelement-Kante wird immer angezeigt, sobald Sie das Werkzeug auswählen.
- Musterfeldbegrenzungen anzeigen: Die Musterfeldbegrenzungen sind normalerweise nicht aktiviert. Wenn Sie sehen möchten, welchen Rapport Illustrator aus Ihren Einstellungen berechnet, aktivieren Sie die Anzeige der Musterfeldbegrenzungen.

▲ **Abbildung 16.27**
Dasselbe Musterelement mit unterschiedlichen Ziegelversatz-Abständen. Ein anderer Ziegelversatz bedeutet auch, dass das Musterfeld andere Dimensionen besitzt.

▲ **Abbildung 16.28**
Vor (links) und nach (rechts) Aktivieren der automatischen Anpassung der Musterelementgröße

▲ **Abbildung 16.29**
Die Überlappungsrichtung ist wichtig, wenn Muster sowohl einen Hintergrund als auch überlappende Elemente besitzen.

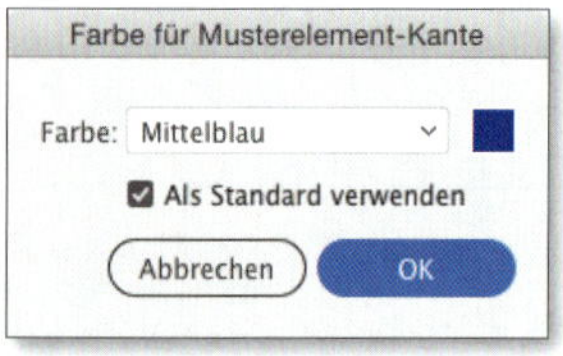

▲ **Abbildung 16.30**
Im Bedienfeldmenü der Musteroptionen können Sie die Farbe der Kante anpassen, damit sie von den Musterfarben besser zu unterscheiden ist.

▲ **Abbildung 16.31**
Mit abgeblendeten Kopien und ausgeblendetem Musterelementrahmen (oben); mit voll aufgeblendeten Kopien und eingeblendetem Musterelement (unten)

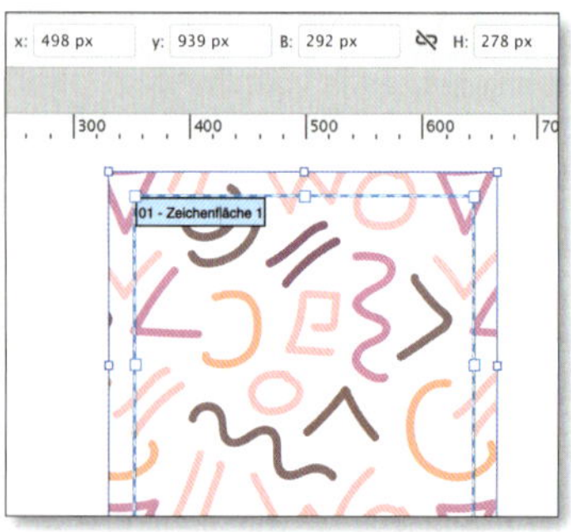

▲ **Abbildung 16.32**
Die Zeichenfläche muss beim Speichern für das Web exakt im Pixelraster liegen.

16.2.5 Musterfelder speichern

Beim Aufrufen des Musterbearbeitungsmodus wird ein Musterfeld angelegt. Wenn Sie den Musterbearbeitungsmodus mit einem Klick auf Fertig (in der Brotkrumenleiste) beenden, wird das Musterfeld auf den letzten Stand aktualisiert.

Zwischenstände speichern | Wenn Sie verschiedene Zwischenstände Ihres Musters auch ausdrucken und zu einem späteren Zeitpunkt vergleichen möchten, ist es nicht nötig, dafür den Musterbearbeitungsmodus zu verlassen. Klicken Sie in der Brotkrumenzeile auf Kopie speichern, um den Zwischenstand zu sichern. Sie arbeiten dann am Originalmuster weiter, **nicht** an der Kopie.

Farbfelder als Bibliothek speichern | Wie alle Farbfelder (und wie Symbole, Pinsel oder Grafikstile) werden auch Musterfelder nur in der aktuellen Datei gespeichert (und auch erst dann, wenn Sie die Datei speichern). Wenn Sie die Muster unabhängig speichern wollen, erstellen Sie eine Bibliothek (s. Abschnitt 1.3).

Als Hintergrund für Webseiten speichern | Damit Sie Ihr Muster in Rasterformate exportieren können, um es z. B. auf Webseiten einzubinden oder auf Stoff zu drucken, erstellen Sie eine Zeichenfläche, die exakt so groß ist wie das Musterfeld. Achten Sie darauf, dass die Zeichenfläche exakt im Pixelraster liegt. Ziehen Sie ein Rechteck auf, das ein wenig größer ist als die Zeichenfläche, und füllen Sie dieses Rechteck mit dem Muster. Exportieren Sie die Zeichenfläche. Um eine Neuberechnung und damit unscharfe Kanten zu vermeiden, verwenden Sie eine Auflösung von 72 ppi oder Vielfache davon. Diese Grafik lässt sich kacheln und als Hintergrund verwenden (Erstellen von Screendesigns s. Kapitel 21).

16.2.6 Muster bearbeiten

Muster umfärben | Die Funktion Bildmaterial neu färben ermöglicht ein unkompliziertes Umfärben von Musterfeldern. Dazu weisen Sie das Muster einem Objekt zu, aktivieren dieses und rufen Bearbeiten • Farben bearbeiten • Bildmaterial neu färben auf (Farben ändern s. Abschnitt 7.9.2). Sobald Sie die Dialogbox mit OK schließen, wird ein Duplikat des Musterfeldes mit den geänderten Farben erzeugt.

Umfassendere Bearbeitungen | Möchten Sie über Farbänderungen hinausgehende Bearbeitungen an Musterfeldern vornehmen, müssen Sie diese an den Bestandteilen der Mustergrafik durchführen. Dazu doppelklicken Sie auf das Muster im Farbfelder-Bedienfeld, um in den Musterbearbeitungsmodus zu gelangen. Falls Sie die ursprüngliche Version des Musters weiterhin behalten möchten, erstellen Sie entweder vorher eine Kopie im Farbfelder-Bedienfeld oder speichern diese als ersten Schritt im Musterbearbeitungsmodus.

▲ **Abbildung 16.33**
Umgefärbtes Muster (rechts)

Bearbeitung herkömmlich erstellter Musterfelder | Wenn Sie alte Muster bearbeiten, achten Sie genau auf deren Konstruktion. Das Ebenen-Bedienfeld ist auch im Musterbearbeitungsmodus aktiv – es sollte daher einen festen Platz auf Ihrer Arbeitsfläche haben:

- Schnittmasken: Zunächst erscheint es meist so, als könnte kein Objekt aktiviert werden. Das liegt daran, dass die Musterfeldbegrenzung als Schnittmaske angelegt ist – Illustrator zeigt auch eine entsprechende Warnung an, wenn Sie beginnen, das Muster zu bearbeiten. Sehen Sie sich das Muster im Ebenen-Bedienfeld an, und heben Sie die Schnittmaske auf.
- Randobjekte: Mit der herkömmlichen Methode mussten die überstehenden Objekte jeweils zweimal – auf den beiden gegenüberliegenden Seiten der Musterfeldbegrenzung – angelegt werden. Im Musterbearbeitungsmodus benötigen Sie jeweils eines der Duplikate nicht mehr. Löschen Sie die betroffenen Objekte daher, damit sie nicht stören und damit Speicherplatz gespart wird.

▲ **Abbildung 16.34**
In früheren Versionen mussten Sie von Objekten, die über den Rand reichen, immer Duplikate auf der anderen Seite erzeugen – die sind nun überflüssig. Beim Öffnen des alten Musters bemerken Sie sie häufig nicht, da sie automatisch abgedimmt werden. Gehen Sie in die Pfadansicht, um solche Elemente zu entdecken.

16.2.7 Musterfelderoptimierung

Die Verwendung von Mustern ist für sich regelmäßig wiederholende Objekte effizienter als das Duplizieren derselben Objekte, aber auch Muster können noch optimiert werden.

Performance | Die programmtechnische Verarbeitung von Musterfüllungen ist von zwei Faktoren abhängig: von der Anzahl und Komplexität der zum Musterfeld gehörenden Elemente und von der Anzahl der für die Füllung des Objekts benötigten Musterwiederholungen. Weniger Vektorobjekte mit möglichst wenigen Ankerpunkten und eine geringe Anzahl an Wiederholungen des Musterfeldes auf dem Objekt sind effizienter. In die Musterfelder einfacher Füllungen (wie Punkt oder Linienmuster) können Sie daher mehrere Rapporte integrieren, um die optimale Balance zu finden. Eine weitere Optimierung erreichen Sie, wenn Objekte mit gleichen Aussehen-Attributen an aufeinanderfolgender Position in der Stapelreihenfolge der Objekte liegen – gruppieren Sie sie zu diesem Zweck (Aussehen s. Abschnitt 11.6).

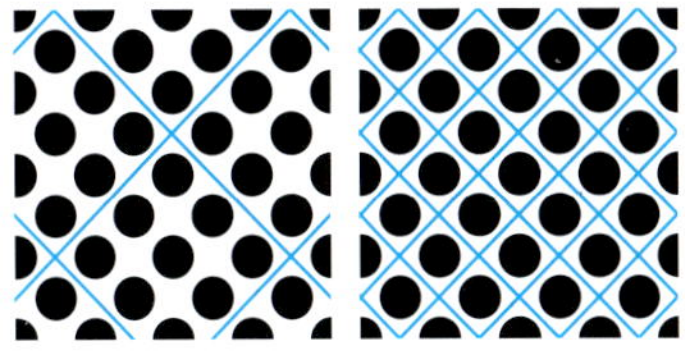

▲ **Abbildung 16.35**
Je kleiner der Rapport ist, desto mehr Musterfelder sind nötig, um eine Fläche zu füllen.

▲ **Abbildung 16.36**
Aus nur einem Musterfeld lassen sich unterschiedliche Muster erstellen, wenn man es geschickt anlegt.

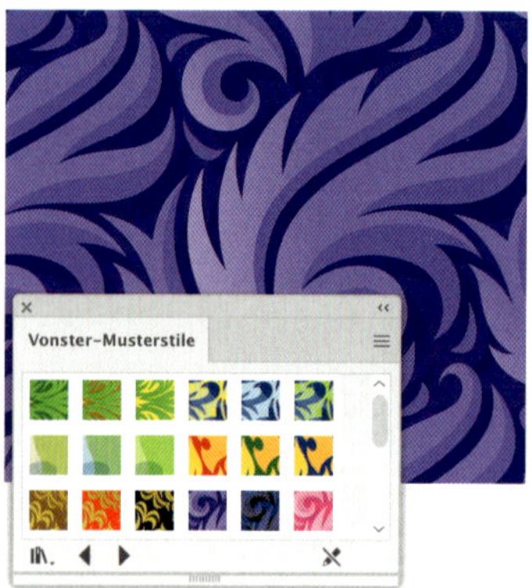

▲ **Abbildung 16.37**
Beispiele für Überlagerungen von Mustern finden Sie in den »Vonster-Musterstilen«.

Effekte »retten«

Wenn Sie innerhalb des Musterbearbeitungsmodus mit Effekten gearbeitet haben und das betreffende Objekt mit seinen Live-Objekten erhalten wollen, dann kopieren Sie es in die Zwischenablage, wechseln zu einer anderen Datei und fügen das Objekt dort ein.

Einfachheit | Auch wenn die Erstellung von Mustern erheblich einfacher geworden ist, können Sie mit einer durchdachten Arbeitsweise weitere Mühen einsparen. Legen Sie Muster immer in der einfachsten möglichen Form an, für Streifenmuster ist das z. B. die horizontale oder vertikale Ausrichtung – das erspart Ihnen einige Rechenarbeit beim Ermitteln von Abständen zwischen den Streifen oder beim Berechnen von Transformationen im Musterbearbeitungsmodus. Muster können nach der Anwendung am Objekt transformiert, also im Beispiel der Streifenmuster gedreht werden.

Flexible Workflows | Vor allem, wenn Sie Serien mit Mustern gestalten, die sich lediglich durch die Farbe unterscheiden, kann es interessant sein, die Muster so zu optimieren, dass sich durch die Kombination mehrerer Flächen am Objekt und nur weniger Grundmuster die Farbwechsel ergeben.

So können Sie – anstatt rote, blaue und gelbe Streifenmuster anzulegen – nur ein weiß gestreiftes Muster erstellen, denn ein Muster deckt nur an den Stellen, an denen es opake Objekte enthält. In anderen Bereichen ist der Hintergrund sichtbar. Wenn Sie am Objekt hinter den weißen Streifen jeweils eine Farbfläche erzeugen, erhalten Sie dasselbe Ergebnis.

Kreative Variationen | Sie können in Ihren Illustrationen mit überlagerten Mustern und »Löchern« arbeiten. Wenn Sie die Opazität der Muster in Ihre Planung einbeziehen, lassen sich zum einen sehr flexible Muster entwickeln, zum anderen entstehen durch die Überlagerungen weitaus komplexere und gegebenenfalls interessantere Muster. Musterungen, die aus mehreren sich überlagernden Musterflächen bestehen, können Sie als Grafikstil speichern (Grafikstile s. Abschnitt 11.8).

Genauigkeit | Um im Musterbearbeitungsmodus exakt vorgehen zu können, lassen sich Werte für Größen und Abstände im Musteroptionen-Bedienfeld eingeben. Darüber hinaus funktionieren intelligente Hilfslinien und alle anderen Einrastmechanismen. Erstellen Sie sich also die Hilfslinien und Hilfsobjekte, die Sie benötigen.

Im Musterbearbeitungsmodus stehen jedoch die Hilfslinien des Dokuments nicht zur Verfügung. Wenn Sie Hilfsmarkierungen benötigen, die Sie vorher angelegt haben, müssen Sie diese als Objekte zunächst mit ins Muster übernehmen (Sie können sie gegebenenfalls später löschen). Im Musterbearbeitungsmodus können Sie ebenfalls Hilfslinien erzeugen – diese stehen dann außerhalb nicht mehr zur Verfügung, werden jedoch im Musterfeld gespeichert, sodass die Änderungen vorhanden sind.

Wenn ein Bedienfeld in einer Gruppe nicht im Vordergrund liegt

Ein Muster lässt sich nicht so einfach auf das Farbfelder-Bedienfeld ziehen, wenn es in einer Gruppe »versteckt« ist. Ziehen Sie die Grafik, die Sie in ein Muster, Pinsel oder Symbol umwandeln möchten, auf den Reiter des Bedienfeldes, und warten Sie, bis es in den Vordergrund geholt wird. Nun ziehen Sie ins Bedienfeld, um Farbfeld, Pinsel oder Symbol zu definieren. Sind die Bedienfelder auf Symbole minimiert, ziehen Sie die Grafik auf das Symbol des Bedienfeldes.

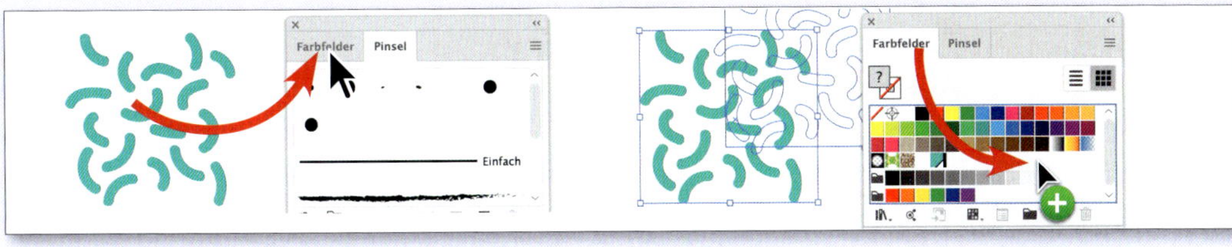

Schritt für Schritt
Ein Maschendraht als Muster

▲ **Abbildung 16.38**
Ergebnis des Workshops: ein Maschendrahtzaun

Muster können auch in Illustrationen vielfältig eingesetzt werden. Dieser Maschendrahtzaun ist ein Beispiel für eine illustrative Anwendung sowie für die exakte Konstruktion eines Musters gleichermaßen.

1 Analyse des Rapports und Ermitteln des Musterelements

Wenn Sie, wie hier, ein Muster nach einer Vorlage konstruieren, dann versuchen Sie im ersten Schritt, darin sich wiederholende Elemente zu finden und die Logik der Wiederholung zu identifizieren.

In manchen Mustern kann man unterschiedliche Möglichkeiten der Wiederholung identifizieren – dann muss die Wiederholung gewählt werden, die sich mit Illustrators Musterfunktion besser abbilden lässt.

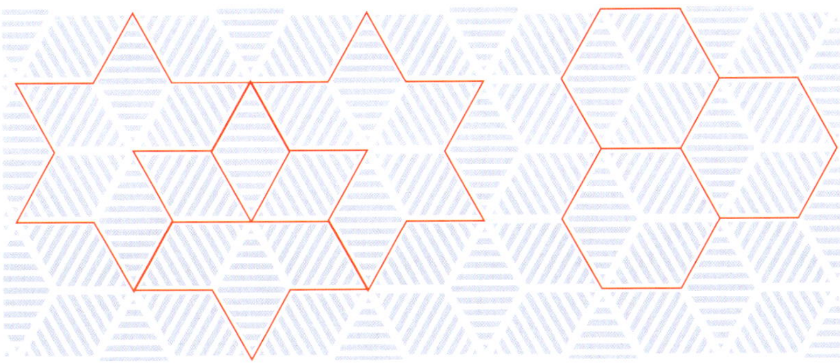

◀ **Abbildung 16.39**
Bei manchen Mustern ist das Musterelement nicht eindeutig – so wie in diesem Beispiel: Man kann sowohl mehrere Sterne als auch Polygone darin sehen.

In dem Zaunbeispiel wiederholt sich die Kreuzung, und sie wird wie Mauerwerk versetzt rapportiert.

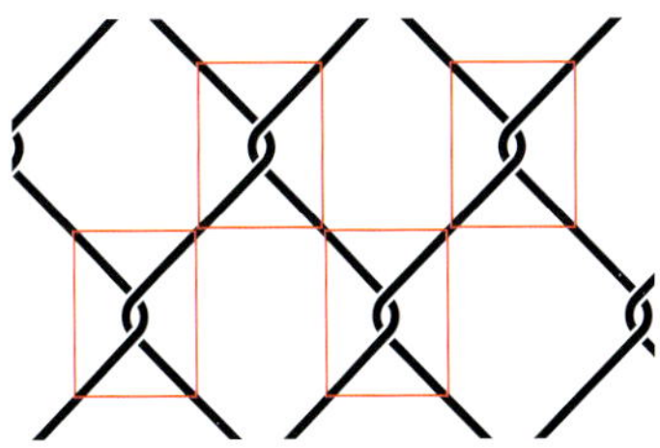

▲ **Abbildung 16.40**
Das sich wiederholende Element wird vertikal versetzt aneinandergefügt.

2 Grundform zeichnen

Die Grundform ist aus zwei Winkeln einfach konstruiert, die Sie entweder mit dem Direktauswahl-Werkzeug abrunden oder mit dem Effekt Ecken abrunden versehen – die Überlappung bauen Sie mit Aussparungsgruppen (ein Beispiel dazu finden Sie in der Schritt-für-Schritt-Anleitung auf Seite 435).

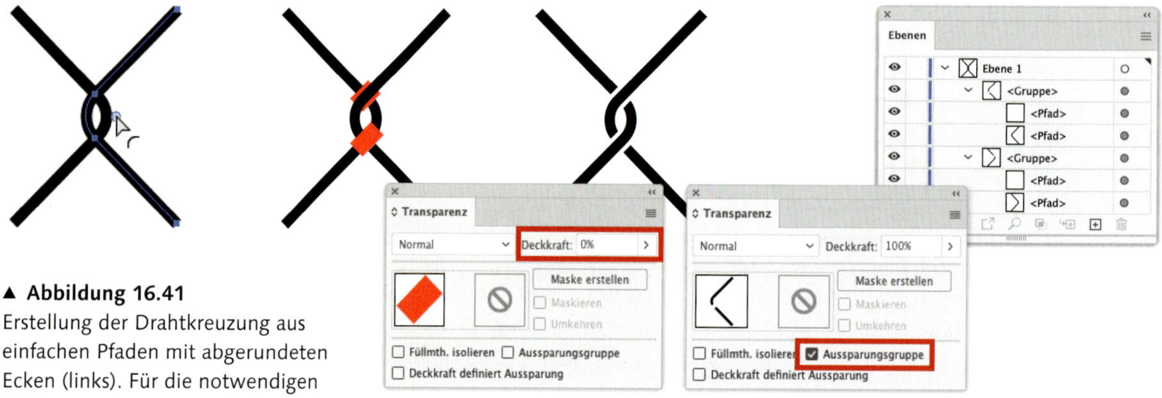

▲ **Abbildung 16.41**
Erstellung der Drahtkreuzung aus einfachen Pfaden mit abgerundeten Ecken (links). Für die notwendigen Lücken werden weitere dicke Pfade gezeichnet, die mit einer Aussparungsgruppe gestanzt werden.

3 Exakte Konstruktion des Musterelements

Wählen Sie nun die Drähte aus, und rufen Sie den Musterbearbeitungsmodus mit Objekt • Muster • Erstellen auf. Mit den intelligenten Hilfslinien können Sie den Musterelementrahmen exakt an den Pfaden ausrichten – das ist nötig, damit keine Stufen zu sehen sind. In den Voreinstellungen für die intelligenten Hilfslinien müssen zu diesem Zweck die Optionen Transformieren-Werkzeuge und Konstruktionslinien aktiv sein. Dann ziehen Sie den Musterelementrahmen in dieser Reihenfolge (achten Sie darauf, dass die intelligenten Hilfslinien immer den Pfad bzw. eine exakte horizontale bzw. vertikale Verschiebung der Hilfslinie anzeigen):

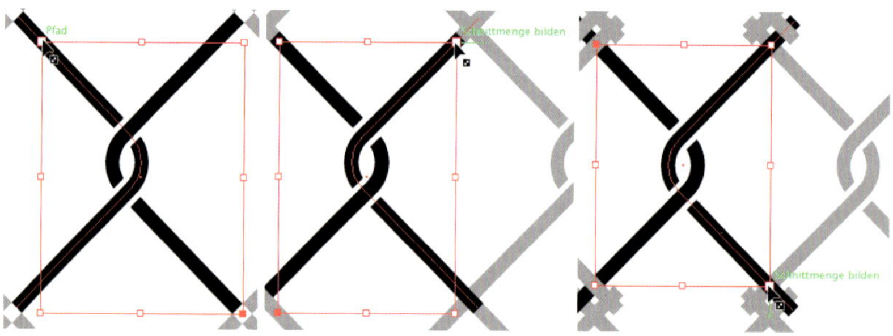

▲ **Abbildung 16.42**
Schrittweises Anpassen der Ecken des Musterelementrahmens: Alle Ecken müssen exakt auf den Pfaden sitzen, damit die Ansätze stimmen.

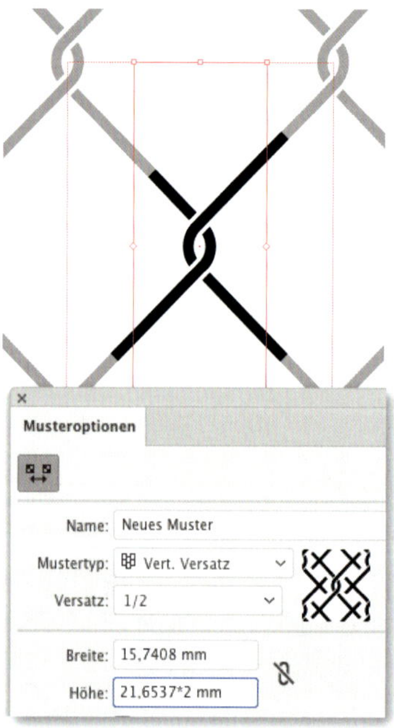

▲ **Abbildung 16.43**
Einstellungen für das Musterelement

Anschließend muss das Musterelement noch von der Mitte aus 200% skaliert werden. Die Skalierung aus der Mitte ist Standard. Geben Sie bei dem Wert im Feld Höhe »*2« ein, um die Skalierung auszulösen. Wählen Sie für das Muster den Musterelementtyp • Vert. Versatz.

16.3 Schraffuren und Strukturen mit anderen Mitteln umsetzen

In manchen Fällen ist die Verwendung eines Musters nicht die optimale Lösung, um sich wiederholende Elemente darzustellen oder eine Fläche mit einem Raster oder einer Schraffur zu füllen. Als Alternative zu Mustern können Sie andere Methoden verwenden.

▲ **Abbildung 16.44**
Schraffur mit einem Scribble-Effekt

16.3.1 Transformieren-Effekt

In manchen Fällen ist ein Muster weniger geeignet, um eine Fläche mit sich wiederholenden Elementen zu füllen, z. B. wenn Sie zwingend ganze Rapportelemente benötigen oder wenn beim Wiederholen auch transformiert werden soll. In diesen Fällen kann die Verwendung des Transformieren-Effekts wesentlich vorteilhafter sein (zum Transformieren-Effekt s. Abschnitt 13.2.4).

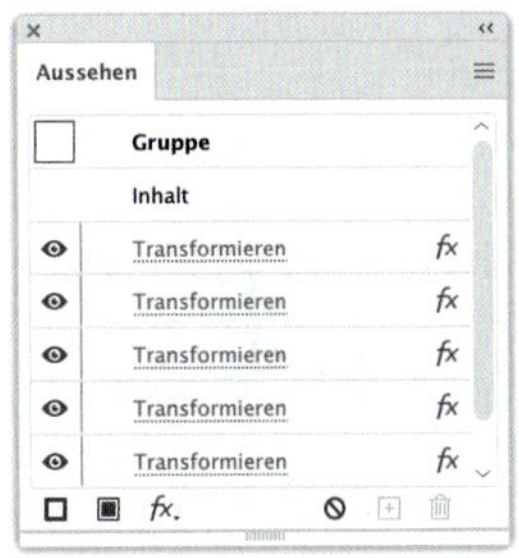

◀ ▲ **Abbildung 16.45**
Mehrere Transformieren-Effekte in Folge können Muster mit Spiegelsymmetrien erzeugen.

16.3.2 Scribble-Effekt

Auf vorhandene Flächen können Sie den Scribble-Effekt anwenden. Mit ihm lässt sich eine Vielzahl unterschiedlich wirkender Schraffuren erzeugen. Je nachdem, wie locker Sie die Parameter einstellen, wirkt die Zeichnung eher wie eine Skizze oder wie eine strenge Studie (Scribble-Effekt s. Abschnitt 13.3.1).

16.3.3 Objektmosaik

Mit dem Objektmosaik teilen Sie eine Rastergrafik in einzelne Vektorkästchen auf. Diese Kästchen können weiterverarbeitet werden, sodass Sie entweder die Mosaikrasterung verwenden oder viel freiere Strukturen erstellen können, indem Sie die generierten Karos durch andere Objekte ersetzen bzw. mithilfe von Effekten umformen (Objektmosaik s. Abschnitt 13.5.2, Skripte s. Abschnitt 22.3.1).

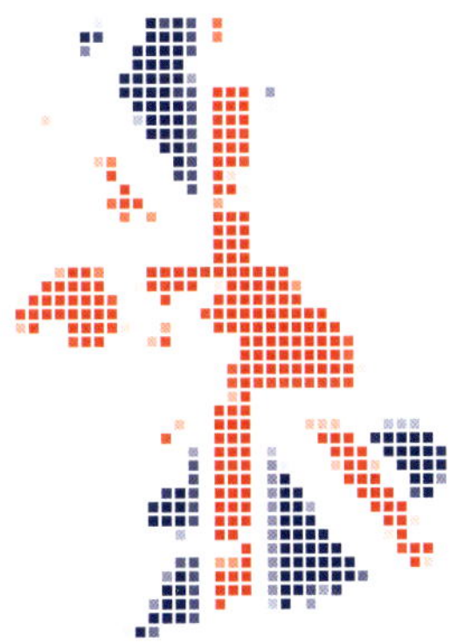

▲ **Abbildung 16.46**
Eine gerasterte Landkarte

16.3.4 Handgemachte Strukturen

Falls Sie einen handgemachten Look bevorzugen, können Sie kupferstich- oder holzschnittähnliche Strukturen mit Pinseln oder variablen Breitenprofilen und Angleichungen erzeugen. So erzeugte Strukturen können auch einen dreidimensionalen Eindruck der Oberfläche vermitteln.

Um diese Linien exakt auf Ränder zuzuschneiden, verwenden Sie Schnittmasken.

▲ **Abbildung 16.47**
Mit dem Plug-in Phantasm generierte Orangenstruktur

▲ **Abbildung 16.48**
Angleichungen zwischen Pfaden mit variablem Breitenprofil oder einem Bildpinsel ergeben einen handgemachten Schraffurlook wie im Holzschnitt oder Kupferstich. Die Nachbearbeitung wie oben rechts ist allerdings nur mit Plug-ins möglich (s. Kapitel 23).

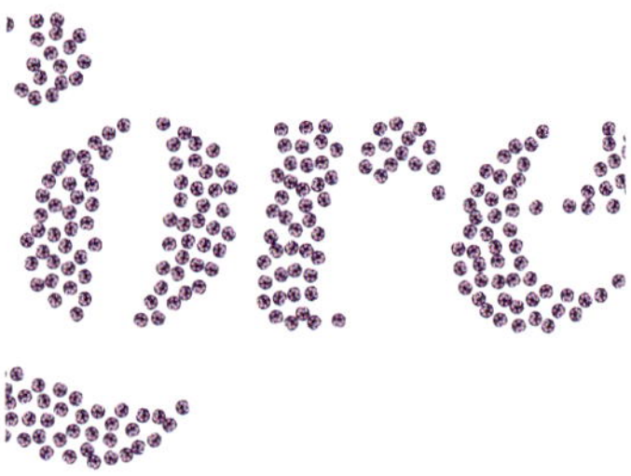

▲ **Abbildung 16.49**
Mit dem Plug-in Stipplism erzeugte Strass-Struktur

16.3.5 Generative Schraffuren

Strukturen, die nach bestimmten Gesetzmäßigkeiten berechnet werden, sind die Domäne von Drittanbietersoftware. Eine Reihe von Plug-ins und Skripten erlaubt die Erstellung von vektorbasierten Halbtonrastern aus Pixel- oder Vektorvorlagen, z. B. das Plug-in Phantasm CS (zu Skripten s. Abschnitt 22.3.1, zu Plug-ins s. Kapitel 23).

▲ **Abbildung 16.50**
Komplett manuell erstelltes Muster aus transparent überlagernden Formen

16.3.6 Transparente Überlagerungen

Geht es darum, organische Strukturen mit Vektorgrafik zu verbinden, dann können Sie gescannte oder fotografierte Vorlagen verwenden und sie mit Ihrer Grafik transparent überlagern, indem Sie entsprechende Füllmethoden einsetzen. Eine andere Möglichkeit besteht darin, eine Fotostruktur als Deckkraftmaske auf Vektorobjekte anzuwenden (Deckkraftmasken s. Abschnitt 12.2).

Kapitel 17

Objektkopien organisieren: Symbole und Globale Bearbeitung

Symbole stellen eine Fortführung der objektorientierten Arbeitsweise von Vektorgrafiksoftware dar, indem durch ihren Einsatz Gleiches nur einmal in der Datei gespeichert sein muss. Illustrator benutzt Symbole außerdem in 3D-Objekten und Pfeilspitzen. Darüber hinaus gibt es eine neue Methode zur Bearbeitung gleicher Objekte (die im Hintergrund auch Symbole nutzt).

17.1 Wie funktionieren Symbole?

Sie erstellen und speichern eine Grafik einmal, dann vereinfachen Symbol-Spezialwerkzeuge die mehrfache Verwendung der Grafik. Wo diese im Dokument eingesetzt ist, wird nur noch auf das zentral gespeicherte Original verwiesen oder – wie es Programmierer ausdrücken – »eine Instanz erzeugt«. Bei dieser Arbeitsweise schlagen Sie mehrere Fliegen mit einer Klappe: Die Illustration großer Mengen gleichartiger Objekte wird wesentlich erleichtert, die Konsistenz der Gestaltung in großen Teams kann besser gesichert werden und Sie sparen Speicherplatz.

Symbole ≠ Clipart

Auch wenn die mitgelieferten Symbol-Bibliotheken voll mit Clipart-Motiven sind: Das ist nicht das Haupteinsatzgebiet von Symbolen.

▼ Abbildung 17.1
Einsatz von Symbolen in der Infografik, beim Perspektivenraster, in Layoutrastern und zur Vorbereitung des Animate-Exports

»Musterseite« mit Symbolen

Illustrator hat zwar mehrere »Seiten«, es gibt jedoch keine Möglichkeit, Musterseiten (Vorlagen) zu definieren. Legen Sie alle Elemente, die Sie normalerweise in einer Musterseite definieren würden, in einem Symbol an, und platzieren Sie eine Instanz auf jeder Zeichenfläche.

▲ **Abbildung 17.2**
Darstellung von Symbolsatz und einzelner Instanz im Ebenen-Bedienfeld

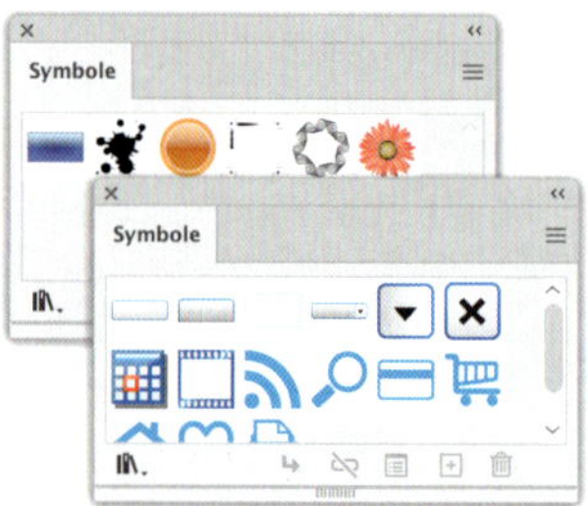

▲ **Abbildung 17.3**
Symbole-Bedienfeld in der Miniaturen-Ansicht – in den Dokumentprofilen sind jeweils unterschiedliche Symbole enthalten: DRUCK (oben) und MOBIL (unten).

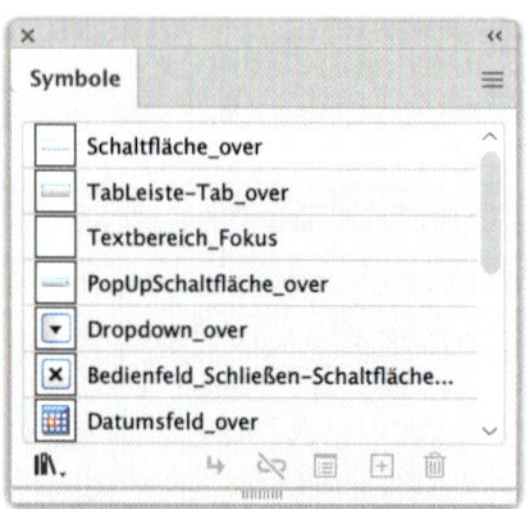

▲ **Abbildung 17.4**
Symbole-Bedienfeld in der Listenansicht

Letzteres ist vor allem wichtig, wenn Sie Ihre Illustrator-Dateien in Animate weiterverwenden oder als SVG exportieren. Sowohl das SWF- als auch das SVG-Format arbeiten mit vergleichbaren Systemen von Grafikinstanzen und können daher die Symbole von Illustrator nutzen.

Ein Symbol platzieren Sie als **einzelne Instanz** oder zusammen mit weiteren Instanzen in einem **Symbolsatz** – dies geht nur mit den Symbol-Werkzeugen.

Einzelne Symbolinstanzen | Einzelne Symbolinstanzen werden vor allem zur einfacheren Auswahl und Aktualisierung der Grafik sowie für eine einheitliche Gestaltung einer Reihe von Projekten benötigt. Typische Beispiele sind Kennzeichnungen in Karten und Plänen. Auch zur Erstellung von Animationen, für 3D-Objekte oder im Perspektivenraster benötigen Sie meist einzelne Symbolinstanzen.

Symbolsätze | Symbolsätze vereinigen (sehr) viele Instanzen eines oder mehrerer Symbole. Der Symbolsatz ist ein Element im Ebenen-Bedienfeld, das auch nicht »geöffnet« oder im Isolationsmodus bearbeitet werden kann. Symbolsätze werden vor allem zur speicherplatzsparenden Illustration verwendet, um Dinge wie Sand, Laub oder Strukturen darzustellen.

17.2 Symbole verwalten

Symbole werden im Symbole-Bedienfeld verwaltet. Es gehört zur Natur der Instanzen, dass sie die Verbindung zum Symbol im Symbole-Bedienfeld behalten. Daher erfolgt eine Aktualisierung der Grafik auf der Zeichenfläche, sobald Sie das Symbol verändern.

17.2.1 Symbole-Bedienfeld

Um das Symbole-Bedienfeld aufzurufen, wählen Sie FENSTER • SYMBOLE – Shortcut [⌘]/[Strg]+[⇧]+[F11] –, oder klicken Sie auf ♣ im Dock.

Symbole auswählen | Klicken Sie auf eine Miniatur oder den Namen eines Symbols im Bedienfeld, um es auszuwählen.

Modifikationsmöglichkeiten | Symbole auswählen

- [⇧]: Mit [⇧] können Sie aufeinanderfolgende Symbole auswählen.
- [⌘]/[Strg]: Möchten Sie mehrere nicht aufeinanderfolgende Symbole auswählen, drücken Sie [⌘]/[Strg] und klicken auf zusätzliche Symbole.

Alle nicht verwendeten auswählen | Symbole tragen zwar zur Reduzierung der Datenmenge bei, unbenutzte Symbole jedoch nicht. Unbenutzte Symbole wählen Sie mit dem Bedienfeldmenübefehl ALLE NICHT VERWENDETEN AUSWÄHLEN aus.

Symbol duplizieren | Um eine Kopie des Symbols zu erzeugen, wählen Sie ein Symbol im Symbole-Bedienfeld oder auf der Zeichenfläche aus und klicken auf den Button NEUES SYMBOL oder rufen den Befehl SYMBOL DUPLIZIEREN aus dem Bedienfeldmenü auf.

Symbol-Bibliotheken laden | In den Standarddokumentprofilen finden Sie nur wenige der mit Illustrator ausgelieferten Symbole. Weitere Symbol-Bibliotheken rufen Sie im Untermenü von FENSTER • SYMBOL-BIBLIOTHEKEN oder mit dem Button MENÜ SYMBOL-BIBLIOTHEKEN... im Symbole-Bedienfeld auf. Der Umgang mit Symbol-Bibliotheken entspricht dem bei anderen Bibliotheken (s. Abschnitt 1.3).

Sobald Sie ein Symbol in einer Bibliothek anklicken, wird es dem Symbole-Bedienfeld des aktuellen Dokuments hinzugefügt. Mehrere Symbole aus einer Bibliothek übernehmen Sie, indem Sie die gewünschten Symbole auswählen und im Menü des Bibliothek-Bedienfeldes DEN SYMBOLEN HINZUFÜGEN aufrufen (s. Abbildung 17.5).

Symbol löschen | Aktivieren Sie einen oder mehrere Einträge im Bedienfeld, und wählen Sie den Befehl SYMBOL LÖSCHEN aus dem Bedienfeldmenü, oder klicken Sie auf den Button SYMBOL LÖSCHEN am unteren Bedienfeldrand, um die Symbole zu löschen. Existieren Instanzen der zu löschenden Symbole auf der Zeichenfläche, müssen die Instanzen entweder gelöscht oder umgewandelt werden. Bestehende Symbolinstanzen erkennt Illustrator selbsttätig und warnt Sie mit einer Dialogbox (s. Abbildung 17.7) – Sie können den Löschvorgang in diesem Fall abbrechen, die Instanzen löschen oder umwandeln lassen.

◀ **Abbildung 17.7**
Warnung beim Löschen verwendeter Symbole

17.2.2 Symbol auf der Zeichenfläche platzieren

Um eine der Symbolgrafiken in Ihrer Illustration zu benutzen, aktivieren Sie das Symbol im Bedienfeld und klicken auf den Button SYMBOLINSTANZ

Symbole und Dateigröße

Jedes Symbol aus einer Bibliothek, das Sie ausprobieren, wird automatisch in das Symbole-Bedienfeld übernommen und bleibt dort, auch wenn Sie die Instanz löschen.

▲ **Abbildung 17.5**
Symbole aus einer Bibliothek übernehmen

▲ **Abbildung 17.6**
Um eine platzierte Symbolinstanz auszuwählen, müssen Sie auf ihre Fläche klicken. Sie kommen also auch an darunterliegende Objekte heran, wenn diese unter dem Symbol herausschauen.

Instanznamen

Platzierten Symbolinstanzen kann ein Instanzname zugewiesen werden. Das ist wichtig für die Weiterverarbeitung in Animate oder im SVG (s. Abschnitt 21.4).

Instanz schnell platzieren

Am schnellsten geht es, indem Sie die Miniatur aus dem Symbole- oder einem Bibliothek-Bedienfeld auf die Zeichenfläche ziehen. Den Befehl aus dem Bedienfeldmenü können Sie in eine Aktion einbinden.

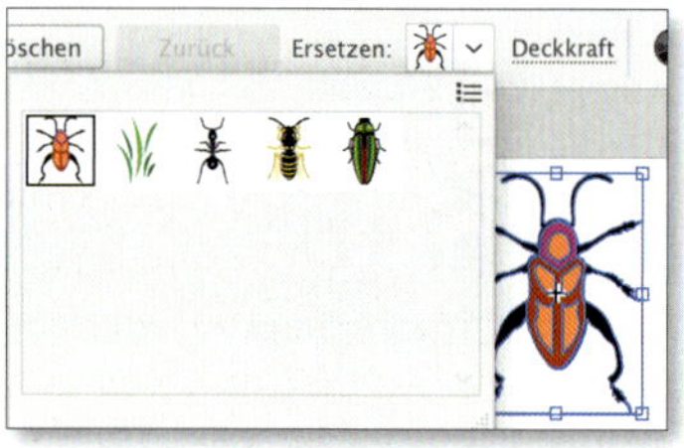

▲ **Abbildung 17.8**
Aktivieren Sie die Grafik, und verwenden Sie das Menü ERSETZEN im Steuerungsbedienfeld, um der Instanz ein neues Symbol zuzuweisen.

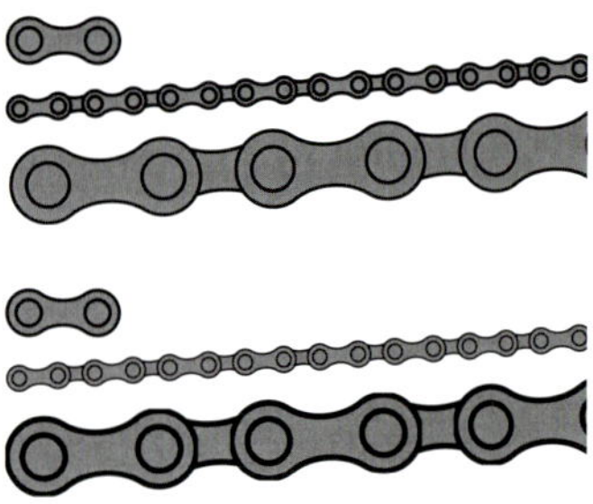

▲ **Abbildung 17.9**
Symbolinstanzen mit unabhängig von der Skalierung einheitlichen Konturen (oben) im Vergleich zu Symbolinstanzen mit abhängig von der Größe skalierten Konturstärken (unten)

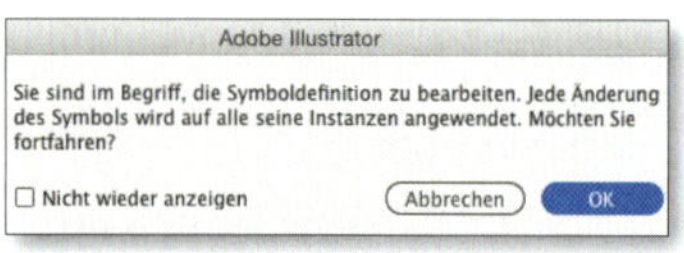

▲ **Abbildung 17.10**
Warnhinweis beim Doppelklicken einer Symbolinstanz auf der Zeichenfläche

PLATZIEREN, wählen den Befehl aus dem Bedienfeldmenü oder ziehen das Symbol auf die Zeichenfläche. Anders als mit dem Symbol-aufsprühen-Werkzeug platzieren Sie so exakt eine Instanz.

Instanzen und Symbolsätze eines Symbols auswählen | Die Instanzen eines Symbols und die Symbolsätze, in denen es enthalten ist, aktivieren Sie, indem Sie das Symbol im Symbole-Bedienfeld auswählen und anschließend den Befehl ALLE INSTANZEN AUSWÄHLEN aus dem Bedienfeldmenü anwenden.

Möchten Sie ausschließlich einzelne Instanzen des Symbols aktivieren, klicken Sie auf eine Symbolinstanz – keinen Symbolsatz – auf der Zeichenfläche und wählen aus dem Menü AUSWAHL • GLEICH • SYMBOLINSTANZ.

Einer Instanz ein neues Symbol zuordnen | Möchten Sie die Instanz eines Symbols mit einem anderen Symbol verbinden, aktivieren Sie die Instanz auf der Zeichenfläche. Anschließend wählen Sie ein neues Symbol unter ERSETZEN aus dem Steuerungsbedienfeld.

17.2.3 Symbole transformieren

Einzeln platzierte Symbolinstanzen und ganze Symbolsätze können Sie mit dem Begrenzungsrahmen oder den Transformationswerkzeugen – Spiegeln, Drehen etc. – bearbeiten.

Einzelne Bestandteile in einem Symbolsatz können Sie nicht – wie bei einer Gruppe – individuell mit Auswahl-Werkzeugen selektieren. Daher können Sie den Symbolsatz nur insgesamt transformieren.

Transformationen zurücksetzen | Sollen die Veränderungen widerrufen werden, die Sie an einer Symbolinstanz mit den Symbol- oder Transformationswerkzeugen vorgenommen haben, aktivieren Sie die Instanz (der Befehl funktioniert nicht an Symbolsätzen) und klicken auf den Button ZURÜCK im Steuerungsbedienfeld. Der Symbolinstanz wird wieder das Original-Symbol zugewiesen.

Skalierung und Konturen | Konturen innerhalb eines Symbols passen sich normalerweise proportional an die Skalierung an. Wenn Sie auf einheitliche Konturstärken angewiesen sind – etwa in der technischen Illustration –, ist dieses Verhalten kontraproduktiv. Sie haben nun drei Möglichkeiten: Sie können die Konturen nicht im Symbol anlegen, sondern später als Grafikstil zuweisen, Sie aktivieren die 9-Slice-Skalierung (s. Abschnitt 17.5.2), oder Sie legen ein dynamisches Symbol an. Der »Schutz« von Konturstärken beim Skalieren der Symbolinstanz ist ein

Nebeneffekt der 9-Slice-Skalierung; dynamische Symbole (s. Abschnitt 17.4) verhalten sich entsprechend der Voreinstellung Konturen und Effekte skalieren.

Grafikstile und dynamische Symbole

Dynamischen Symbolinstanzen können Grafikstile nicht nur insgesamt zugewiesen werden, sondern auch ihren einzelnen Bestandteilen (s. Abschnitt 17.4).

17.2.4 Symbole bearbeiten

Die Arbeit mit Symbolen ist auch dadurch effektiv, dass Sie nicht für alle Veränderungen die Symbolverknüpfung lösen müssen.

Symbole, Aussehen und Grafikstile | Symbolinstanzen können mit Aussehen-Eigenschaften insgesamt umgefärbt oder konturiert werden. Effizienter wird dies mit einem Grafikstil. Weisen Sie einer Instanz oder einem Symbolsatz den Grafikstil auf dem Weg über das Grafikstile-Bedienfeld zu – also indem Sie das Objekt aktivieren und den Stil anklicken –, erfolgt die Anwendung des Stils wie auf eine Gruppe (Aussehen s. Abschnitt 11.6). Je nach Position des Inhalt-Eintrags im Attributstapel während der Definition des Grafikstils werden die Eigenschaften auf das Symbol angewendet.

▼ Abbildung 17.11
Um einer Symbolinstanz eine Kontur zuzuweisen, reicht es meist nicht aus, einfach eine Kontur anzulegen (links), sondern der Kontur muss der Pathfinder-Effekt Überlappungsbereich entfernen zugewiesen werden (Mitte und rechts). Eine Flächenfarbe können Sie ebenfalls zuweisen (rechts).

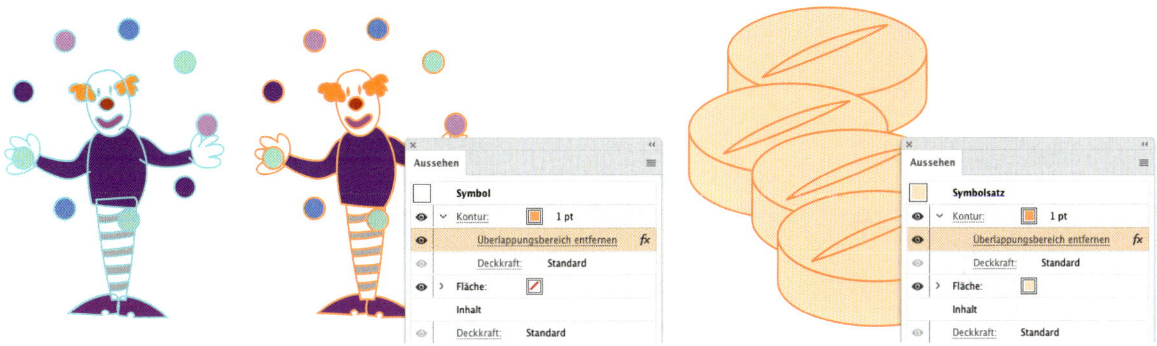

Symbole umfärben | Möchten Sie nicht nur die Instanzen des Symbols einfärben (s. Abschnitt 17.3.7), sondern die Grundelemente des Symbols umfärben, verwenden Sie die Funktion Bildmaterial neu färben (s. Abschnitt 7.9.2). Gehen Sie wie folgt vor:

1. Platzieren Sie eine Instanz des Symbols auf der Zeichenfläche. Achtung! Anders als bei Pinseln und Mustern führt Illustrator die Änderungen nicht automatisch an einem Duplikat des Symbols durch. Falls Sie also die ursprüngliche Fassung ebenfalls benötigen, duplizieren Sie das Symbol vorher.
2. Aktivieren Sie die Instanz, und rufen Sie Bearbeiten • Farben bearbeiten • Bildmaterial neu färben auf.
3. Führen Sie die gewünschten Änderungen durch.

Symbol-gestalten-Werkzeug

Mit dem Symbol-gestalten-Werkzeug haben Sie keinen Einfluss auf die Einordnung des Grafikstils in der Aussehen-Hierarchie. Wenden Sie einen Grafikstil mit dem Symbol-gestalten-Werkzeug an, legt Illustrator die für Kontur und Fläche definierten Attribute **immer** über den Eintrag Inhalt. Einige Effekte lassen sich gar nicht mit dem Werkzeug zuweisen, z. B. Pathfinder-Effekte.

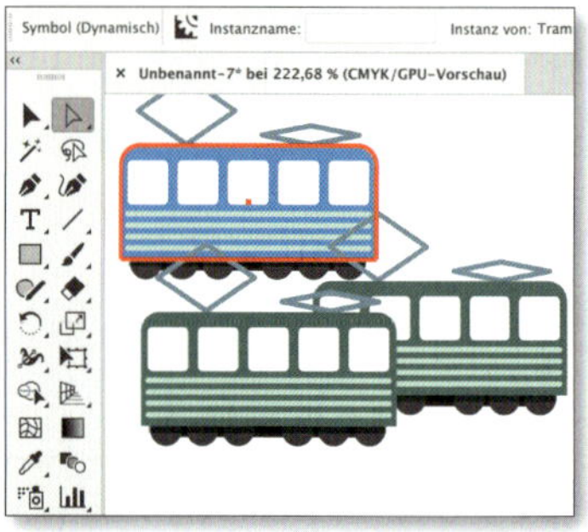

▲ **Abbildung 17.12**
Umfärben eines Elements in einer Instanz eines dynamischen Symbols

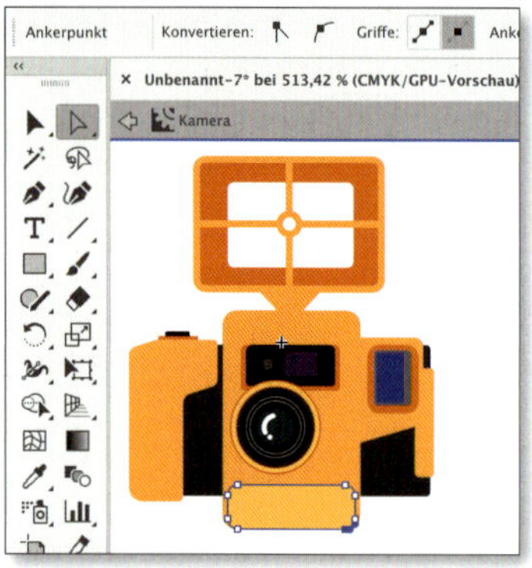

▲ **Abbildung 17.13**
Bearbeiten eines Symbols im Isolationsmodus

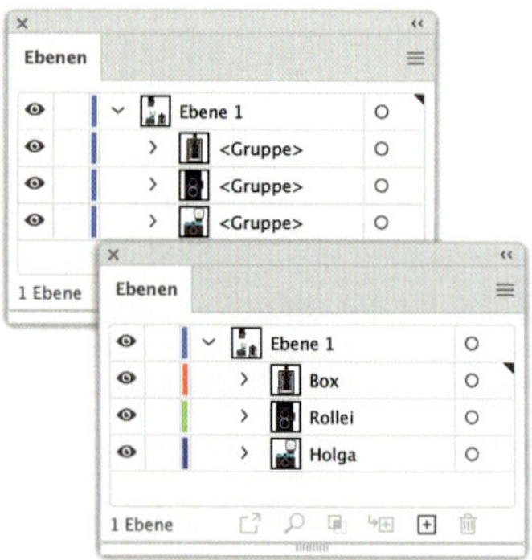

▲ **Abbildung 17.14**
Beim Lösen der Verknüpfung einzelner Symbolinstanzen entstehen Ebenen bzw. Gruppen für jedes einzelne Symbol, je nachdem, ob es statisch oder dynamisch war.

Einzelne Symbolinstanzen individuell gestalten | Ist ein Symbol als DYNAMISCHES SYMBOL definiert, dann können Sie seine Bestandteile in einzelnen Symbolinstanzen mit dem Direktauswahl-Werkzeug auswählen und mit individuellen Aussehen-Eigenschaften, also Konturen, Flächen, Transparenz und Effekten, versehen. Sie können die Bestandteile des Symbols jedoch nicht transformieren (s. Abschnitt 17.4).

Bestehende Symbole umarbeiten | Symbole bearbeiten Sie ganz unkompliziert: Doppelklicken Sie entweder auf eine Instanz des Symbols auf der Zeichenfläche oder auf das Icon des Symbols im Symbole-Bedienfeld. Die Grafik wird daraufhin im Isolationsmodus (s. Abschnitt 11.5) angezeigt, und Sie können die gewünschten Änderungen durchführen. Wenn Sie fertig sind, beenden Sie den Isolationsmodus – z. B. mit einem Doppelklick neben die Grafik. Die Änderungen werden für alle Instanzen des Symbols übernommen.

Verknüpfung mit Symbol aufheben | Nicht alle Werkzeuge können Sie auf Symbolinstanzen anwenden. Möchten Sie die kompletten Bearbeitungsmöglichkeiten herstellen, müssen Sie die Instanz vom Symbol lösen und sie damit in ein editierbares Objekt umwandeln.

Wählen Sie die Instanz auf der Zeichenfläche aus, und wählen Sie VERKNÜPFUNG MIT SYMBOL AUFHEBEN aus dem Bedienfeldmenü bzw. den gleichnamigen Button. Alternativ verwenden Sie den Button VERKNÜPFUNG LÖSCHEN im Steuerungsbedienfeld.

Beim Umwandeln von statischen Symbolinstanzen werden Unterebenen und beim Umwandeln von dynamischen Symbolinstanzen werden Gruppen für die einzelnen Symbole erstellt.

Entstehung von Ebenen beim Umwandeln von Symbolen unterdrücken

Die zusätzlich gebildeten Ebenen stören meistens. Natürlich können Sie nachträglich im Ebenen-Bedienfeld die vorherige Symbolgrafik aus der Ebene entfernen. Da das umständlich ist, sollten Sie lieber dafür sorgen, dass diese Ebenen gar nicht erst entstehen.

Dazu gruppieren Sie die betreffende Symbolinstanz (auch wenn es sich nur um eine Instanz handelt), bevor Sie die Verknüpfung zum Symbol lösen. Ebenen können Gruppen nicht hierachisch untergeordnet werden und entstehen daher nicht.

Verknüpfung aufheben im Symbolsatz | Bei der Anwendung des Befehls VERKNÜPFUNG AUFHEBEN werden alle in einem Symbolsatz enthaltenen Symbolinstanzen umgewandelt. Möchten Sie nur *eine* Instanz aus dem Symbolsatz editieren und die restlichen als Instanzen erhalten, wenden Sie auf einen Symbolsatz zunächst den Befehl OBJEKT • UMWANDELN an – aktivieren Sie nur die Option OBJEKT. So erzeugen Sie eine Gruppe von Instanzen. Wählen Sie aus dieser Gruppe die Instanz aus, die Sie umwandeln möchten, und heben Sie erst dann die Verknüpfung mit dem Symbol auf.

▲ **Abbildung 17.15**
Die Dialogbox Umwandeln

17.3 Symbol-Werkzeuge

Mit den Mitteln des Symbole-Bedienfeldes können Sie nur jeweils eine Symbolinstanz auf der Zeichenfläche platzieren.

Mit den Symbol-Werkzeugen erzeugen Sie Symbolsätze aus mehreren Symbolinstanzen und bearbeiten deren Bestandteile. Möchten Sie den kompletten Symbolsatz modifizieren, verwenden Sie dazu die Transformationswerkzeuge oder die Funktionen des Aussehen-, Grafikstile- und Transparenz-Bedienfeldes.

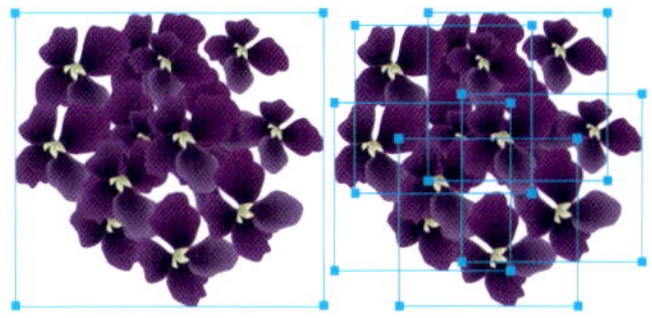

▲ **Abbildung 17.16**
Umgewandelter Symbolsatz

Gemischter Symbolsatz | Die Instanzen in einem Symbolsatz müssen nicht zum selben Symbol gehören. Gehören sie zu verschiedenen Symbolen, bezeichnet man den Satz als »gemischten Symbolsatz« (s. Abbildung 17.17).

Beachten Sie beim Arbeiten mit gemischten Symbolsätzen, dass die Symbol-Werkzeuge nur jeweils die Instanzen derjenigen Symbole bearbeiten, die im Symbole-Bedienfeld aktiviert sind. Sie können also in der Illustration einer Blumenwiese, die aus Symbolinstanzen eines Grashalms sowie verschiedener Blumenarten besteht, gezielt die Instanzen einer Blumenart verändern.

▲ **Abbildung 17.17**
Gemischter Symbolsatz – aktivieren Sie im Symbole-Bedienfeld das Symbol, dessen Instanzen Sie mit den Symbol-Werkzeugen bearbeiten möchten.

17.3.1 Gemeinsamkeiten der Symbol-Werkzeuge

Die Symbol-Werkzeuge sind im Werkzeugbedienfeld unter der »Sprühdose« angeordnet. Auch dieses Werkzeugmenü lässt sich »abreißen« und frei auf der Zeichenfläche positionieren (s. Abbildung 17.18).

Verwenden Sie das Werkzeug Symbol aufsprühen zum Erstellen der Symbolsätze, und beeinflussen Sie mit den Bearbeitungswerkzeugen die Position, die Stapelreihenfolge, die Dichte, die Skalierung, Drehung, Farbe, Transparenz und den Grafikstil einzelner oder mehrerer Symbolinstanzen in einem Symbolsatz.

Optionen | In der gemeinsamen Dialogbox der Symbol-Werkzeuge stellen Sie die Optionen für alle Tools ein. Doppelklicken Sie auf eines der Werkzeuge, um die Optionen aufzurufen.

▲ **Abbildung 17.18**
Symbol-Werkzeuge (engl. Symbolism Tools) als Bedienfeld

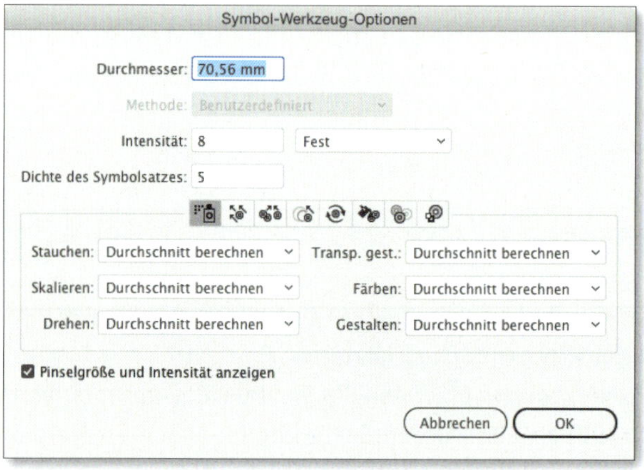

▲ **Abbildung 17.19**
Optionen des Symbol-aufsprühen-Werkzeugs

Pinselgröße?

Die Pinselgröße ist bei den Symbol-Werkzeugen eher eine Art »Einflussbereich«, in dem das jeweilige Werkzeug seine Wirkung entfaltet.

Im oberen Bereich finden Sie einige Optionen, die für alle Symbol-Werkzeuge eingestellt werden. Die zuletzt an einem Symbolsatz verwendeten Einstellungen für Durchmesser, Intensität und Dichte des Symbolsatzes sind in diesem Satz gespeichert und werden bei seiner erneuten Bearbeitung als Werkzeug-Voreinstellung verwendet:

- Durchmesser: Mit einer Eingabe in diesem Dialogfeld steuern Sie den Werkzeugdurchmesser. Klicken Sie auf den Pfeil, und verwenden Sie den Schieberegler, oder geben Sie Werte zwischen 0,36 und 352,42 mm (1 bis 999 Punkt) ein.
- Intensität: Mit diesem Wert legen Sie den Wirkungsgrad des Werkzeugs fest; für die »Sprühdose« das Tempo, in dem Instanzen erzeugt werden, oder für das Symbol-färben-Werkzeug die Intensität einer Farbveränderung. Ein höherer Wert verursacht eine schnellere und damit stärkere Wirkung.
  Sie haben die Wahl, die Intensität Fixiert mit einer Eingabe zwischen 1 und 10 oder durch die Verwendung des Stifts auf dem Grafiktablett zu steuern. Wählen Sie in diesem Fall aus dem Menü, mit welcher Grafiktablettoption – Druck, Stylus-Rad, Neigung etc. – Sie die Intensität steuern möchten (Grafiktablett s. Abschnitt 6.1.3).
- Dichte des Symbolsatzes: Dieser Wert beeinflusst, wie eng die Instanzen im Symbolsatz platziert sind. Geben Sie einen Wert von 1 bis 10 ein – ein höherer Wert rückt die Instanzen näher zusammen.
  Symbolsätze, die Sie neu erstellen, erhalten den aktuell eingestellten Dichtewert. Um die Dichte eines ausgewählten Symbolsatzes zu verändern, aktivieren Sie den Symbolsatz, rufen die Symbol-Werkzeug-Optionen auf und stellen einen anderen Wert ein.
- Pinselgrösse und Intensität anzeigen: Aktivieren Sie dieses Kontrollkästchen, dann zeigt Illustrator den Durchmesser des Werkzeugs mit

▲ **Abbildung 17.20**
»Aufsprühen« der Instanzen und Anwendung des Färben-Werkzeugs – unten: Darstellung der Werkzeugführung und des Drucks auf das Grafiktablett

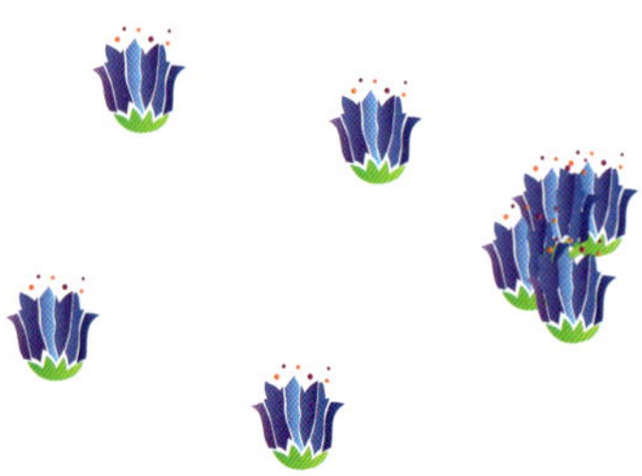

▲ **Abbildung 17.21**
Dichtewert 1 und 10

einem Kreis um den Cursor an, dessen Farbe die Intensität widerspiegelt – von Hellgrau für geringe bis Schwarz für starke Intensität.

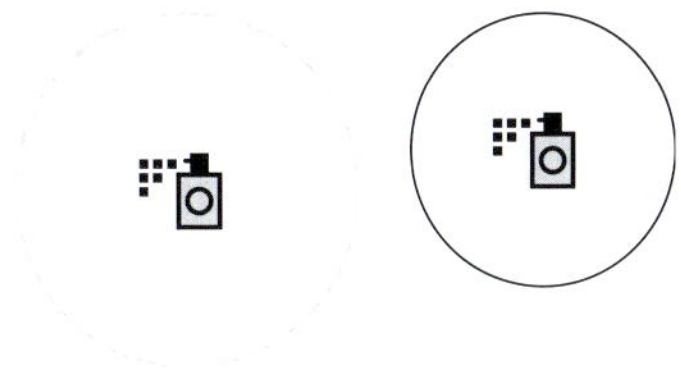

▲ **Abbildung 17.22**
Anzeige von Werkzeugdimension und -stärke durch den Cursor

In der Button-Reihe darunter wählen Sie das Werkzeug aus, dessen individuelle Optionen Sie einstellen möchten. Die jeweiligen Optionen werden bei den einzelnen Werkzeugen besprochen.

Werkzeuge anwenden | Die Anwendung aller Symbol-Werkzeuge erfolgt nach demselben Prinzip:

1. Aktivieren Sie einen Symbolsatz – dies kann lediglich beim Symbol-aufsprühen-Werkzeug entfallen.
2. Wählen Sie im Symbole-Bedienfeld das oder die Symbole aus, deren Instanzen Sie bearbeiten bzw. auftragen möchten.
3. Wählen Sie das Werkzeug im Werkzeugbedienfeld. Für das Symbol-stauchen-, Symbol-drehen-, Symbol-färben-, Symbol-gestalten- und das Symbol-transparent-gestalten-Werkzeug wählen Sie auch die METHODE.
4. Bewegen Sie den Werkzeugcursor über den Bereich, auf den Sie Symbole auftragen möchten, bzw. über die Symbole, die Sie bearbeiten möchten, und klicken und ziehen Sie den Mauszeiger in die gewünschte Richtung.

▲ **Abbildung 17.23**
Für die Verwendung der Symbol-Werkzeuge muss immer ein Symbol im Symbole-Bedienfeld ausgewählt sein, anderenfalls erscheint eine Fehlermeldung.

17.3.2 Symbol-aufsprühen-Werkzeug

Mit der »Sprühdose« erstellen Sie Symbolsätze oder fügen weitere Symbole zu bestehenden Sätzen hinzu. Wählen Sie das Werkzeug SYMBOL AUFSPRÜHEN im Werkzeugbedienfeld – Shortcut ⇧+S – und ein Symbol im Symbole-Bedienfeld oder in einer Bibliothek aus. Klicken oder klicken und ziehen Sie den Cursor auf der Zeichenfläche, um die Instanzen des Symbols aufzutragen.

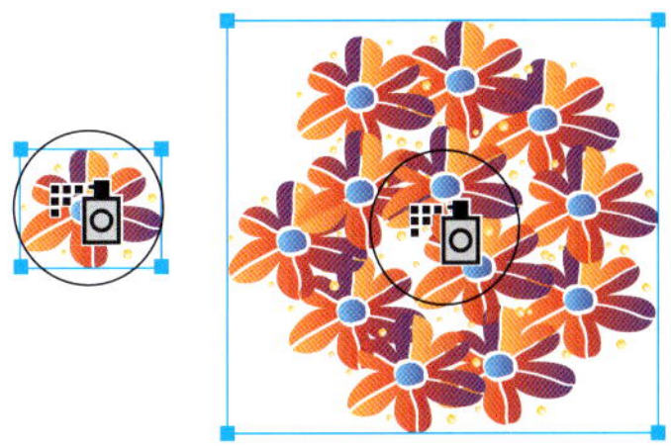

▲ **Abbildung 17.24**
Bei einem längeren Klick auf einen Punkt »fließen« die Instanzen auseinander.

Um exakt eine Instanz eines Symbols zu erzeugen, verwenden Sie stattdessen den Button SYMBOLINSTANZ PLATZIEREN im Symbole-Bedienfeld.

Beim »Sprühen« der Instanzen ordnen sich diese selbstständig zueinander, um eine gleichmäßige Flächendeckung im Rahmen des Grenzwertes für die DICHTE zu erreichen.

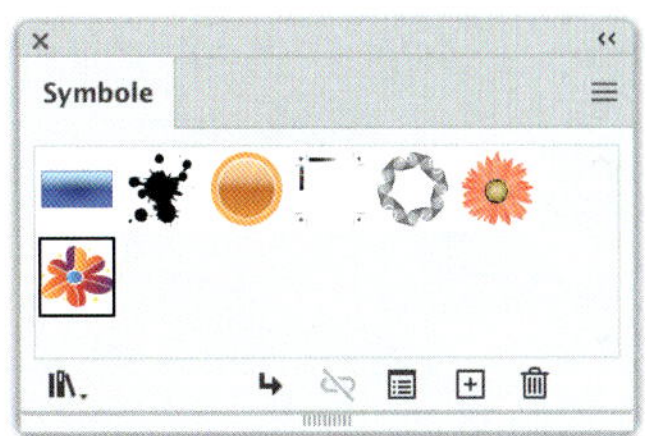

▲ **Abbildung 17.25**
Das ausgewählte Symbol wird auf der Zeichenfläche platziert.

Optionen | Neben den allgemeinen Optionen geben Sie für das Symbol-aufsprühen-Werkzeug an, wie die veränderbaren Eigenschaften einer Symbolinstanz jeweils definiert werden sollen. Mithilfe der Symbolbearbeitungswerkzeuge können Sie dieselben Eigenschaften zu einem späteren Zeitpunkt ändern.

Abbildung 17.26 ▶
Optionen des Symbol-aufsprühen-Werkzeugs (Ausschnitt)

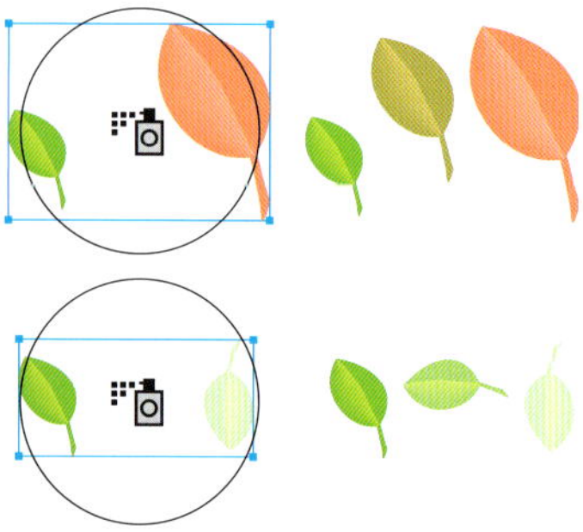

▲ **Abbildung 17.27**
DURCHSCHNITT BERECHNEN – jeweils links: Anwendung des Werkzeugs zwischen bestehenden Instanzen, jeweils rechts: Ergebnis

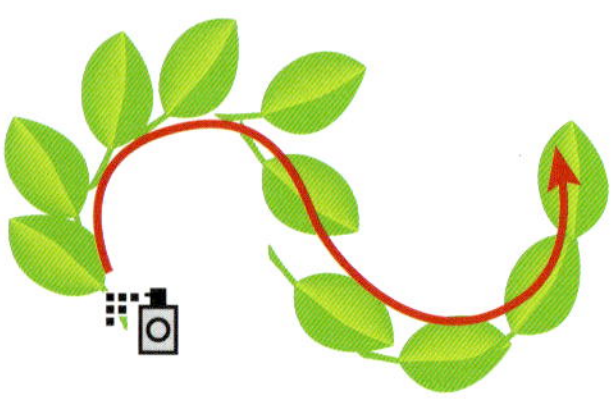

▲ **Abbildung 17.28**
So passt sich die Drehung der Instanzen an die Bewegungsrichtung des Cursors an, wenn Sie BENUTZERDEFINIERT einstellen.

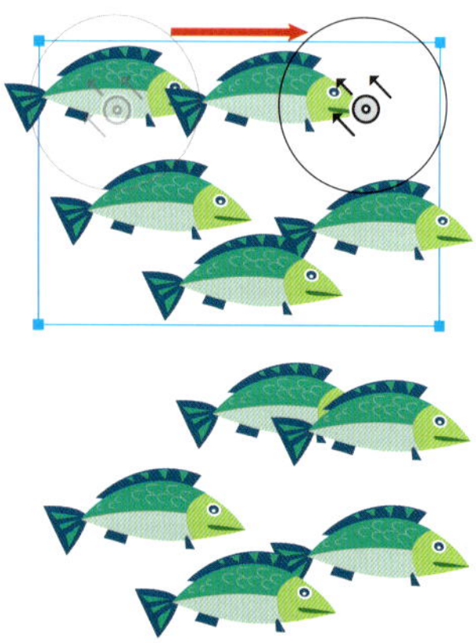

▲ **Abbildung 17.29**
Instanzen bewegen mit dem Symbol-verschieben-Werkzeug

Sie haben zwei Möglichkeiten, das STAUCHEN, SKALIEREN, DREHEN, transparent Gestalten (TRANSP. GEST.), FÄRBEN und GESTALTEN von Symbolen zu definieren:

- DURCHSCHNITT BERECHNEN: Um den Wert der jeweiligen Eigenschaft zu ermitteln, wird ein Durchschnitt aus den Eigenschaften bereits im Symbolsatz vorhandener Symbolinstanzen ermittelt. Den Durchschnitt bildet das Programm aus den im Werkzeugdurchmesser liegenden Instanzen des Symbols, das Sie im Symbole-Bedienfeld ausgewählt haben.
- BENUTZERDEFINIERT: Mit dieser Option werden die Parameter für die Eigenschaften durch verschiedene Einstellungen definiert:
  - STAUCHEN (Dichte) und SKALIEREN: Dichte und Größe der Instanzen basieren auf der Größe der Symbolgrafik.
  - DREHEN: Die Ausrichtung der Symbolinstanzen richtet sich nach der Richtung der Bewegung, die Sie mit dem Cursor ausführen (s. Abbildung 17.28). Bewegen Sie die Maus nicht, entspricht die Ausrichtung der des Symbols.
  - TRANSP. GEST.: Die Instanzen besitzen eine Deckkraft von 100 %.
  - FÄRBEN: Illustrator verwendet die aktuell eingerichtete Flächenfarbe zum Einfärben der Grafik.
  - GESTALTEN: Die Instanzen werden mit dem im Grafikstile-Bedienfeld ausgewählten Stil versehen.

17.3.3 Symbol-verschieben-Werkzeug

Mit diesem Werkzeug verschieben Sie Symbolinstanzen und verändern die Stapelreihenfolge innerhalb eines Symbolsatzes. In gemischten Symbolsätzen werden zwar primär die Instanzen ausgewählter Symbole, aber zum Ausgleichen der Dichte auch andere Instanzen verschoben, die sich innerhalb des Werkzeugdurchmessers befinden.

17.3.4 Symbol-stauchen-Werkzeug

Das Symbol-stauchen-Werkzeug verwenden Sie, um die Dichte der Instanzen innerhalb eines Symbolsatzes zu bearbeiten, also um die Grafikelemente vom Cursor weg- oder zum Cursor hinzubewegen. Um die Instanzen zueinanderzuziehen, klicken Sie mit dem Cursor auf die

Position, zu der sich die Symbolinstanzen bewegen sollen. Möchten Sie die Instanzen voneinander wegbewegen, halten Sie ⌥/Alt gedrückt und klicken.

Achtung! Vor allem in dichten Symbolsätzen wirkt das Werkzeug sehr stark. Beginnen Sie daher mit niedrigen Intensitätswerten, wenn Sie nur geringfügige Änderungen vornehmen möchten.

Dichte des Symbolsatzes

Möchten Sie die allgemeine Dichte eines Symbolsatzes verändern, aktivieren Sie den Symbolsatz und rufen die Symbol-Werkzeug-Optionen auf. Verändern Sie den Wert unter Dichte des Symbolsatzes.

Optionen | Neben den allgemeinen Werkzeug-Optionen stellen Sie in den Symbol-Werkzeug-Optionen ein, auf welche Art die Dichteänderung ermittelt wird. Die ausgewählte Option wird automatisch ebenso für die Werkzeuge Symbol skalieren, drehen, transparent gestalten und gestalten übernommen.

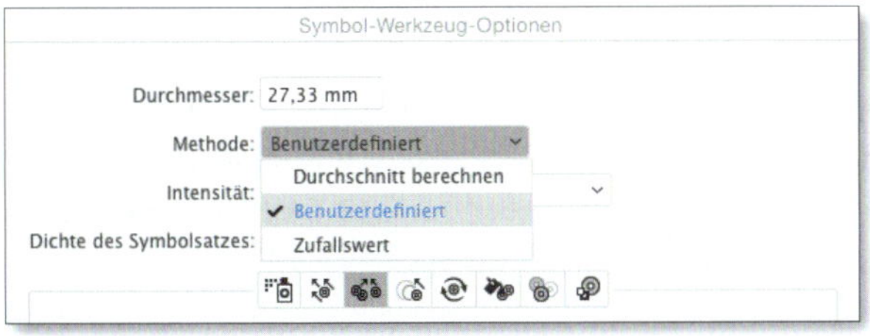

◀ **Abbildung 17.30**
Auswahl der Methode in den Werkzeug-Optionen

Wählen Sie im Menü Methode eine Option:

- Durchschnitt berechnen: Mit dieser Option erzielen Sie ein an die Umgebung angepasstes Ergebnis. Wählen Sie sie z. B. zum nachträglichen Glätten von Übergängen zwischen bearbeiteten und nicht bearbeiteten Bereichen.
- Benutzerdefiniert: Die Wirkung der Bearbeitung ist mit dieser Option am besten zu steuern und in der Regel stärker als mit der Option Durchschnitt berechnen, da nur die Werkzeugbewegung berücksichtigt wird.
  Wählen Sie Benutzerdefiniert dann, wenn Sie die Eigenschaften Färben, Transparent gestalten und Gestalten wieder komplett von Symbolinstanzen entfernen möchten.
- Zufallswert: Mit dieser Option steuert ein Zufallswert die Veränderung der Instanzen innerhalb des Werkzeugdurchmessers. Der Zufallswert wird verändert, während Sie die Maustaste gedrückt halten, sodass die Instanzen z. B. beim Skalieren abwechselnd größer und kleiner werden.

▲ **Abbildung 17.31**
Skalieren mit der Option Durchschnitt berechnen – rechts: Ergebnis

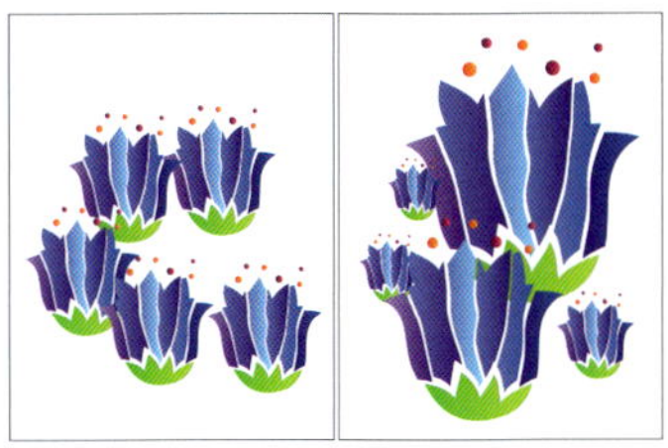

▲ **Abbildung 17.32**
Skalieren mit der Option Zufallswert – rechts: Ergebnis

17.3.5 Symbol-skalieren-Werkzeug

Dieses Werkzeug setzen Sie ein, um die Größe von Symbolinstanzen nachträglich anzupassen.

▲ **Abbildung 17.33**
Nichtproportionale Skalierung

Optionen | Für das Symbol-skalieren-Werkzeug können Sie neben den allgemeinen Optionen und der Methode – lesen Sie dazu die Beschreibung beim Symbol-stauchen-Werkzeug – zwei weitere Optionen definieren:

Abbildung 17.34 ▶
Symbol-Werkzeug-Optionen des Symbol-skalieren-Werkzeugs

- Proportionale Skalierung: Wählen Sie diese Option, wenn Sie die Proportionen der Formen erhalten möchten. Deaktivieren Sie die Option, wenn Sie die Richtung der Skalierung durch die Mausbewegung bestimmen möchten. Bei diagonalen Bewegungen werden die Instanzen darüber hinaus verbogen (s. Abbildung 17.33).
- Skalieren wirkt sich auf Dichte aus: Aktivieren Sie diese Option, verändert sich beim Skalieren auch die Position der Instanzen. Ist die Option deaktiviert, werden die Instanzen jeweils bezogen auf ihren Mittelpunkt skaliert (s. Abbildung 17.35).

▲ **Abbildung 17.35**
Verkleinern von Instanzen unter Beibehaltung der Dichte

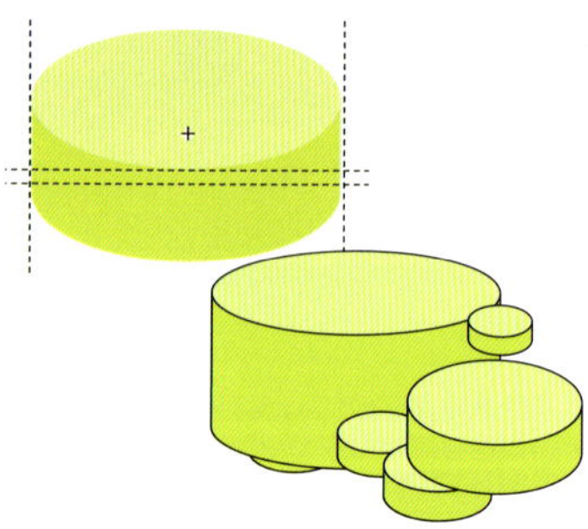

▲ **Abbildung 17.36**
Das Symbol-skalieren-Werkzeug berücksichtigt 9-Slice-Hilfslinien.

Färben und Dateigröße

Das Färben von Symbolen erzeugt deutlich größere Dateien – ist die Dateigröße wichtig (z. B. bei Webprojekten), verwenden Sie die Funktion nicht.

17.3.6 Symbol-drehen-Werkzeug

Mit diesem Werkzeug drehen Sie die Ausrichtung von Symbolinstanzen in Richtung der Cursorbewegung. Kleine Pfeile über den Grafikelementen zeigen wie Kompassnadeln die Richtung an, während Sie den Cursor darüberbewegen. Klicken und ziehen Sie den Cursor in die Richtung über die Instanzen, in die Sie diese ausrichten möchten.

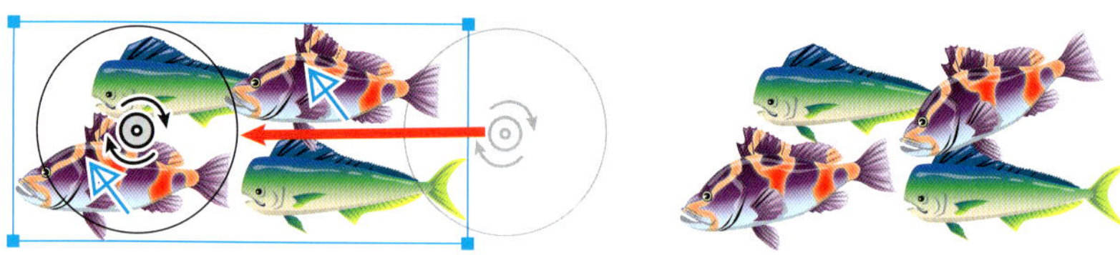

▲ **Abbildung 17.37**
Anwendung des Symbol-drehen-Werkzeugs

17.3.7 Symbol-färben-Werkzeug

Mit dem Symbol-färben-Werkzeug kolorieren Sie Symbolinstanzen in der Flächenfarbe, die Sie eingestellt haben. Schwarze und weiße Flächen der Symbolinstanzen werden nicht verändert, die Färbung sehr heller oder sehr dunkler Flächen ist naturgemäß nicht sehr auffällig. Sie erhalten als Ergebnis CMYK-Farben, auch wenn Sie eine Volltonfarbe für die Fläche eingestellt haben. Eine bessere Kontrolle über die Färbung haben Sie, wenn Sie mit kleinen Intensitätswerten arbeiten und das Werkzeug dafür öfter anwenden.

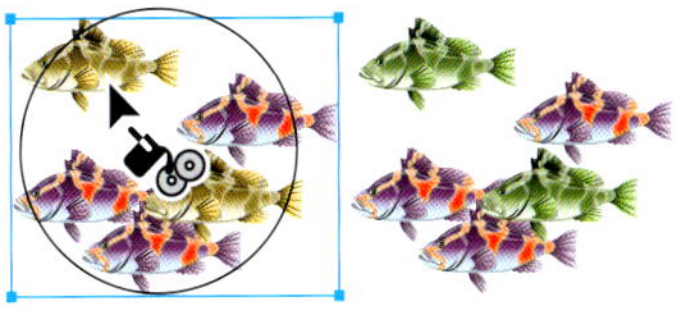

▲ **Abbildung 17.38**
Bereits gelb gefärbte Instanzen werden grün umgefärbt – einzelnes Anklicken ersparen Sie sich mithilfe der [⇧]-Taste.

▲ **Abbildung 17.39**
Beim Färben (hier: Magenta) bleibt die Luminanz erhalten, der Farbton wird verändert.

17.3.8 Symbol-transparent-gestalten-Werkzeug

Mit dem Symbol-transparent-gestalten-Werkzeug stellen Sie die Deckkraft der Instanzen ein und gestalten sie damit durchscheinend bzw. erhöhen die Deckkraft wieder.

▲ **Abbildung 17.40**
Anwendung des Symbol-transparent-gestalten-Werkzeugs

Symbol-Werkzeug	[<]	[⇧]	[⌥]/[Alt]
alle	Reduziert den Werkzeugdurchmesser – [⇧]+[<] vergrößert ihn.		
Verschieben		Instanzen werden in der Stapelreihenfolge nach vorn geholt. Mit [⌥]/[Alt]+[⇧] schieben Sie sie nach hinten.	
Stauchen			Instanzen werden voneinander wegbewegt.
Skalieren		Die Dichte des Symbolsatzes bleibt beim Skalieren erhalten. Beim Verkleinern werden zusätzliche Instanzen erzeugt; beim Vergrößern werden Instanzen gelöscht (gegebenenfalls sehr schnell).	Instanzen werden verkleinert.
Färben		Nur bereits vorher eingefärbten Symbolinstanzen wird eine andere Farbe zugewiesen.	Die Färbung wird wieder reduziert.
Transp. gestalten			Die Deckkraft wird wieder erhöht.
Gestalten		Nur bereits vorher mit einem Grafikstil versehenen Symbolinstanzen wird ein anderer Grafikstil zugewiesen.	Grafikstile werden wieder von den Instanzen entfernt.

▲ **Tabelle 17.1**
Modifikationstasten für die Symbol-Werkzeuge

Stapelreihenfolge anpassen

Passen Sie gegebenenfalls die Stapelreihenfolge der Instanzen an, nachdem Sie die Deckkraft reduziert haben, damit der optische Eindruck wieder »stimmig« ist.

17.3.9 Symbol-gestalten-Werkzeug

Das Symbol-gestalten-Werkzeug ermöglicht es, einer Instanz Grafikstile in definierbarer Intensität zuzuweisen. Wie alle Eigenschaften kann auch die Intensität innerhalb eines Symbolsatzes variieren. Wählen Sie eine niedrige Intensität des Werkzeugs, wenn Sie die graduelle Anpassung exakter steuern möchten.

Achtung! Haben Sie eines der Symbol-Werkzeuge ausgewählt, wenn Sie einen Grafikstil anklicken, wechselt Illustrator automatisch zum Symbol-gestalten-Werkzeug. Ist jedoch irgendein anderes Werkzeug aktiv, wenn Sie einen Grafikstil anklicken, wird der Stil sofort auf den kompletten ausgewählten Symbolsatz angewendet.

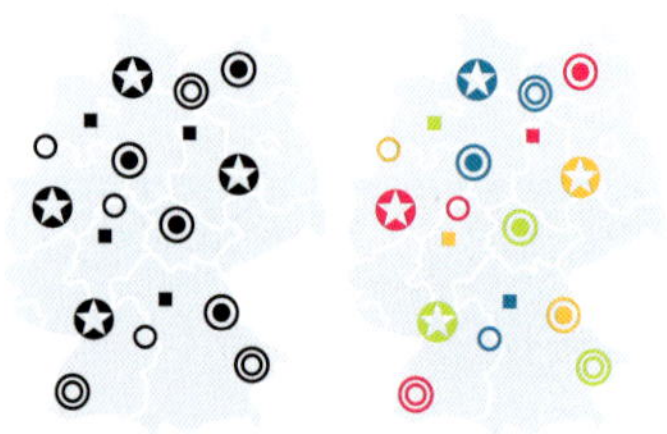

▲ **Abbildung 17.41**
Die Instanzen schwarz gefüllter Symbole lassen sich einfärben, indem Sie einen Grafikstil zuweisen.

Alternative: Spezialpinsel

Wenn Sie über einem Areal der Zeichenfläche unregelmäßig Objekte verteilen möchten, haben Sie neben dem Aufsprühen von Symbolen auch die Möglichkeit, einen Spezialpinsel einzusetzen. Dabei werden die Objekte entlang eines Pinselpfades verteilt (Spezialpinsel s. Abschnitt 8.4.5). Wenn Sie einen Spezialpinsel einsetzen, kann die Verteilung der Objekte in manchen Fällen genauer gesteuert werden als mit dem Symbol-aufsprühen-Werkzeug.

17.4 Mit dynamischen Symbolen arbeiten

Häufig benötigen Sie zwar dieselben Formen mehrfach in Ihrer Grafik, aber in unterschiedlichen Farben. Nun lassen sich zwar komplette Symbole entweder per Aussehen-Eigenschaften oder mit den Symbol-Werkzeugen mit Füllungen, Konturen oder Effekten versehen, aber was tun Sie, wenn Sie nur den Kopf eines Schraubensymbols färben wollen? Dynamische Symbole ermöglichen es Ihnen, einzelne Objekte innerhalb einer platzierten Symbolinstanz mit individuellen Flächen, Konturen oder Konturstärken, Deckkrafteinstellungen oder Effekten zu versehen. Wenn Sie die Pfade im Symbol bearbeiten, werden die Änderungen dennoch in den Symbolinstanzen übernommen.

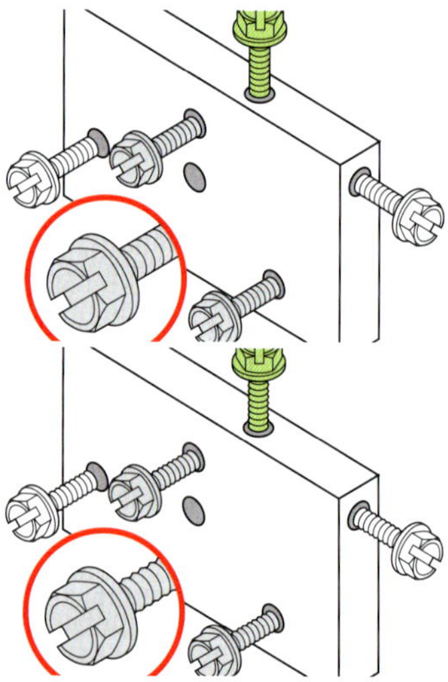

▲ **Abbildung 17.42**
Die unterschiedlich gefärbten Schrauben basieren auf einem Symbol. Änderungen sind so sehr effizient möglich.

Dynamisches Symbol erstellen | Dynamische Symbole helfen dabei, Korrekturen an Formen kurzfristig durchführen zu können und dabei keine Elemente zu übersehen. Erstellen Sie die Objekte so, dass Sie die gewünschten Änderungen vornehmen können und möglichst wenige ähnliche Symbole benötigen.

Aktivieren Sie die fertiggestellte Grafik, und verwenden Sie den Kurzbefehl F8, oder ziehen Sie die Grafik ins Symbole-Bedienfeld. Die

Option Dynamisches Symbol ist voreingestellt. Aktivieren Sie weitere Optionen je nach Bedarf (s. Abschnitt 17.5).

- Unterstützte Objekte: Nicht alle in einem Symbol möglicherweise enthaltenen Objekte lassen sich später dynamisch bearbeiten: Textobjekte oder Verlaufsgitter können Sie nicht dynamisch verändern. Die Eigenschaften interaktiver Formen bleiben zwar im Symbol erhalten, lassen sich aber nicht dynamisch für einzelne Symbolinstanzen ändern. Interaktive Malgruppen werden bereits beim Erstellen des dynamischen Symbols automatisch umgewandelt.

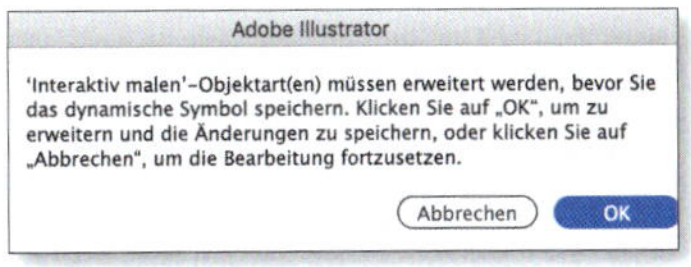

▲ **Abbildung 17.43**
Warnung beim Erstellen eines dynamischen Symbols aus einer interaktiven Malgruppe. Hier müssen Sie Abbrechen, wenn Sie das Umwandeln der Grafik verhindern wollen.

Instanzen bearbeiten | Um die platzierten Symbolinstanzen bearbeiten zu können, müssen Sie sie einzeln im Dokument platzieren, nicht in einem mit dem Symbol-aufsprühen-Werkzeug erzeugten Symbolsatz. Wählen Sie anschließend mit dem Direktauswahl-Werkzeug ein oder mehrere Objekte im Symbol aus, indem Sie sie mit gedrückter Taste ⇧ anklicken oder ein Auswahlrechteck aufziehen. Sie können Pfade in mehreren Symbolen auswählen, um ihnen Aussehen-Eigenschaften zuzuweisen, es ist jedoch nicht möglich, Gruppen innerhalb eines Symbols auszuwählen.

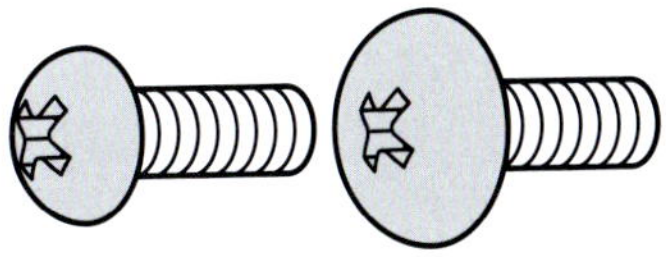

▲ **Abbildung 17.44**
Mit dem Transformieren-Effekt können Sie einzelne Objekte in einer Symbolinstanz skalieren, drehen oder bewegen.

Instanzen skalieren und die Linienstärke | Beim Skalieren von Instanzen statischer Symbole wird die Linienstärke immer mitskaliert (es sei denn, 9-Slice-Scaling ist aktiv). Dies ist in dynamischen Symbolen nicht der Fall, und sie berücksichtigen die Voreinstellung Konturen und Effekte skalieren. Konturen werden nur skaliert, wenn diese Voreinstellung aktiv ist. Wenn Sie eine Symbolinstanz ohne diese Option skaliert haben, achten Sie darauf, dass die Option bei jeder weiteren Bearbeitung des Symbols oder der Symbolinstanz (inklusive duplizieren) deaktiviert ist.

Skalieren dynamischer Symbole

Falls Ihr Workflow davon abhängt, dass Konturstärken dynamischer Symbole sich vorhersagbar verhalten, führen Sie umfangreiche Tests durch.

Symbolgrafik bearbeiten | Sollen einzelne Bestandteile des Symbols transformiert, verzerrt, bewegt, gelöscht oder neue Elemente hinzugefügt werden, dann müssen Sie dies nach wie vor im Symbol selbst vornehmen, und die Änderungen betreffen dann alle platzierten Instanzen des Symbols. Um das Symbol zu bearbeiten, doppelklicken Sie es im Symbole-Bedienfeld, oder doppelklicken Sie eine Symbolinstanz auf der Zeichenfläche. Die individuellen Eigenschaften bleiben auch bei Anpassungen von Stapelreihenfolge und Hierarchie im Symbol bestehen. Die Konturstärke wird jedoch angepasst, falls eine Skalierung der Symbolinstanz vorgenommen wurde.

- Fläche und Kontur: Änderungen an Fläche oder Kontur eines Pfads der Symbolinstanz überschreiben immer Fläche und Kontur dieses Pfads im Symbol. Wenn Sie also die Flächenfarbe der Symbolinstanz ändern und später dem Pfad im Symbol eine neue Kontur zuweisen,

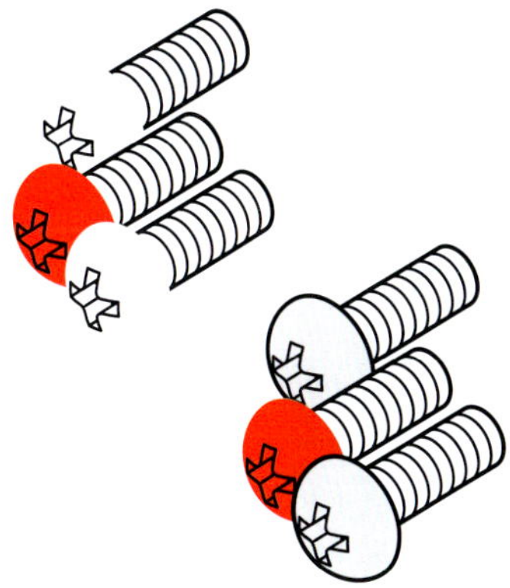

▲ **Abbildung 17.45**
In einer Symbolinstanz hat ein Pfad eine rote Fläche erhalten. Die folgende Änderung im Symbol wird anschließend nicht auf diese Instanz übertragen, da die Fläche gleichzeitig die Kontur überschreibt.

dann erscheint diese nicht an der geänderten Symbolinstanz (s. Abbildung 17.45).

Dynamische Symbole exportieren | Dynamische Symbole sind eine proprietäre Illustrator-Funktion. Beim Export in SVG werden sie in einfache Vektorobjekte umgewandelt und verlieren ihre Symbolnatur. In Animate bleiben sie zwar als Symbole erhalten, verlieren aber alle Eigenschaften, die Sie den Symbolinstanzen dynamisch zugewiesen haben.

Symbole und Drucken

»Nested Symbols« – also in Symbolen enthaltene Symbole – können beim Ausdrucken Probleme bereiten.

Symbole aus platzierten Bildern

Betten Sie platzierte Pixelbilder und Grafiken ein – anschließend lassen sich davon Symbole erzeugen. Aktivieren Sie das Bild, und klicken Sie auf den Button EINBETTEN im Steuerungsbedienfeld.

17.5 Eigene Symbole entwickeln

Symbole lassen sich aus fast allen Illustrator-Objekten erzeugen – ausgenommen sind verknüpfte Pixelbilder und Grafiken sowie Diagramme. Sind die in Symbolen enthaltenen Objekte mit Live-Effekten, Pinselkonturen oder Angleichungen versehen oder sind sie selbst Symbole, bleiben diese aktiven Eigenschaften erhalten.

17.5.1 Neues Symbol erstellen

Erstellen Sie zunächst die Grafik, die Sie als Symbol verwenden möchten. Wählen Sie anschließend alle zur Grafik gehörenden Objekte aus, und klicken Sie auf den Button NEUES SYMBOL, oder ziehen Sie die Grafik in das Bedienfeld – Shortcut F8. Die Originalgrafik wird durch eine Instanz des erstellten Symbols ersetzt.

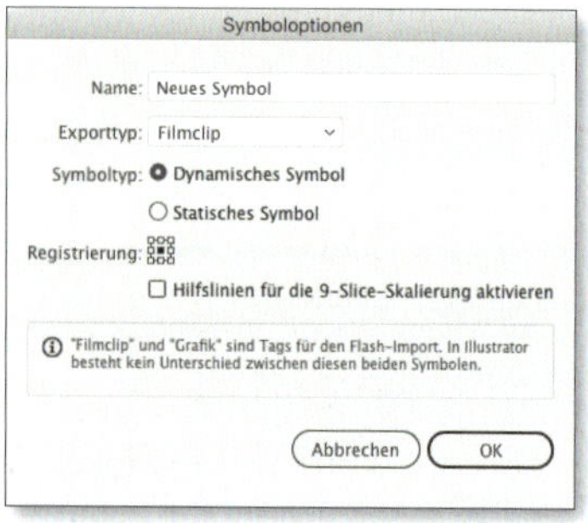

▲ **Abbildung 17.46**
Die Dialogbox SYMBOLOPTIONEN

Symboloptionen | Beim Erzeugen eines neuen Symbols erscheint die Dialogbox SYMBOLOPTIONEN. Um später eine Einstellung zu ändern, rufen Sie die Optionen aus dem Bedienfeldmenü oder mit dem Button SYMBOLOPTIONEN auf.

- NAME: Der Name des Symbols dient seiner Identifikation im Dokument.
- EXPORTTYP: Einen EXPORTTYP müssen Sie nur dann einstellen, wenn eine Weiterbearbeitung in Animate geplant ist (s. Abschnitt 21.5).
- SYMBOLTYP: Hier bestimmen Sie, ob das Symbol DYNAMISCH ist und Sie damit die Eigenschaften einzelner Bestandteile in jeder platzierten Symbolinstanz individuell anpassen können (s. Abschnitt 17.4). Soll das Symbol später jedoch in Animate oder in einem SVG verwendet werden, wählen Sie STATISCHES SYMBOL.
- REGISTRIERUNG: Der Registrierungspunkt ist der Bezugspunkt des Symbols. Klicken Sie einen der Punkte im Ursprung-Symbol an, um diesen als Registrierungspunkt zu bestimmen.

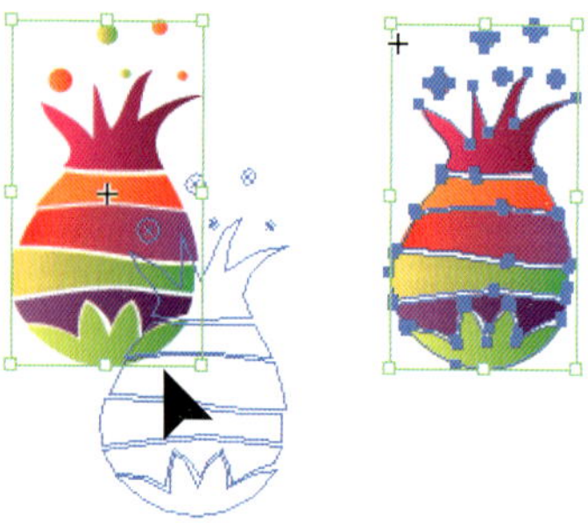

▲ **Abbildung 17.47**
Um den Registrierungspunkt (in der Symbolinstanz auf der Zeichenfläche als Kreuz gekennzeichnet) zu verschieben, bearbeiten Sie das Symbol im Isolationsmodus und verschieben die Grafik im Verhältnis zum Registrierungspunkt.

- Hilfslinien für die 9-Slice-Skalierung aktivieren: Mit den Hilfslinien können Sie »Sollbruchstellen« für Skalierungen anlegen – zunächst müssen die Hilfslinien aktiviert werden (s. Abschnitt 17.5.2).

Originalgrafik nicht umwandeln

Ziehen Sie z. B. interaktive Malgruppen mit gedrückter Taste [⇧] ins Symbole-Bedienfeld, wenn Sie dynamische Symbole erstellen.

Modifikationsmöglichkeiten | Symbole erstellen

- [⌥]/[Alt]: Drücken Sie [⌥]/[Alt], und ziehen Sie die Grafik auf die Miniatur eines bestehenden Symbols, um dieses Symbol zu ersetzen. Alle Instanzen dieses Symbols werden aktualisiert.
- [⇧]: Drücken Sie [⇧], und ziehen Sie die Grafik ins Symbole-Bedienfeld, um zu verhindern, dass die Originalgrafik zu einer Instanz des Symbols wird.

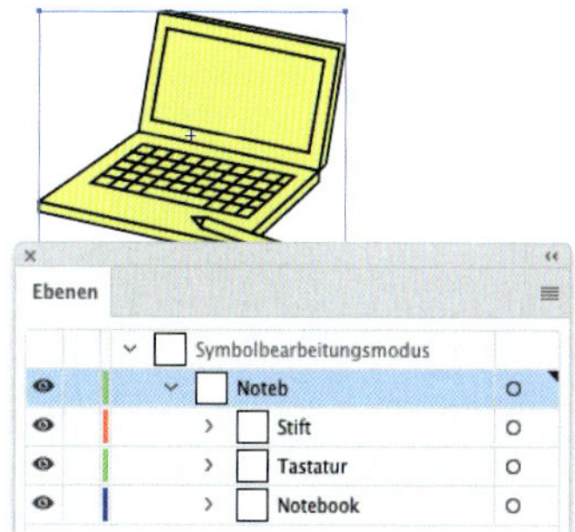

▲ **Abbildung 17.48**
Symbol mit Ebenen im Isolationsmodus

Registrierungspunkt | Dieser »Fixpunkt« des Symbols entspricht dem Registrierungspunkt in Animate. Er hat jedoch auch Auswirkungen in Illustrator. Transformationen, die Sie mit den Symbol-Werkzeugen vornehmen, verwenden den Punkt als Bezugspunkt, wenn die Option Registrierungspunkt für Symbol verwenden aus dem Menü des Transformieren-Bedienfeldes aktiviert ist.

Außerdem verändert sich die Position von Symbolinstanzen nicht, wenn Sie Änderungen am Symbol vornehmen. Wenn Sie zu einem späteren Zeitpunkt den Registrierungspunkt verändern wollen, ihn z. B. auf einen markanten Punkt der Grafik setzen wollen, müssen Sie die Objekte im Symbol verschieben.

▲ **Abbildung 17.49**
Aus nur einem Symbol (mit 9-Slice-Hilfslinien) können Sie eine Vielzahl unterschiedlicher Objekte generieren.

Ebenen in Symbolen | Wenn Sie die Ausgangsgrafik auf mehreren Unterebenen aufgebaut haben, bleiben diese erhalten, wenn Sie ein Symbol erstellen. Beim späteren Editieren des Symbols können Sie neue Ebenen darin anlegen (Ebenen s. Abschnitt 11.1).

Symbol ersetzen | Um ein Symbol zu ersetzen, aktivieren Sie die Grafik auf der Zeichenfläche sowie das zu ersetzende Symbol im Symbole-Bedienfeld und wählen Symbol neu definieren aus dem Bedienfeldmenü. Alle Instanzen des Symbols werden aktualisiert. Die Position des Registrierungspunkts wird übernommen.

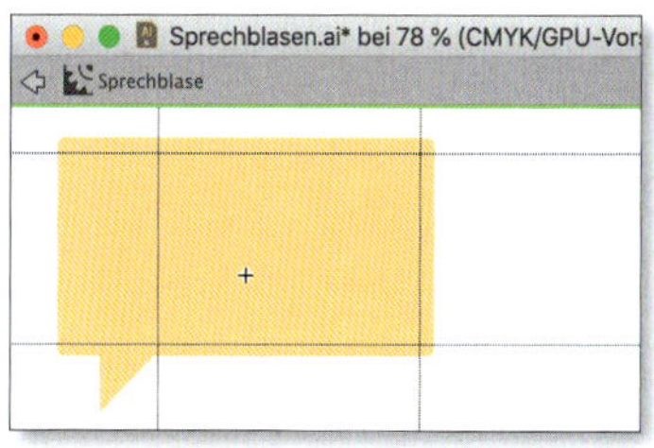

▲ **Abbildung 17.50**
Bearbeiten der 9-Slice-Hilfslinien im Isolationsmodus

17.5.2 9-Slice-Skalierung

Diese intelligente Art, Objekte zu skalieren, können Sie direkt in Illustrator nutzen, und sie bleibt erhalten, wenn Sie Symbole in Animate weiterbearbeiten.

Die intelligente Skalierung basiert auf einer Unterteilung des Symbols in neun Bereiche, die bei der Größenänderung jeweils unterschiedlich behandelt werden. Dadurch ist es möglich, selbst bei nichtproportionaler Skalierung Eckenformen und Linienstärken von Umrandungen intakt zu erhalten.

Die Unterteilung der Bereiche geschieht mit Hilfslinien.

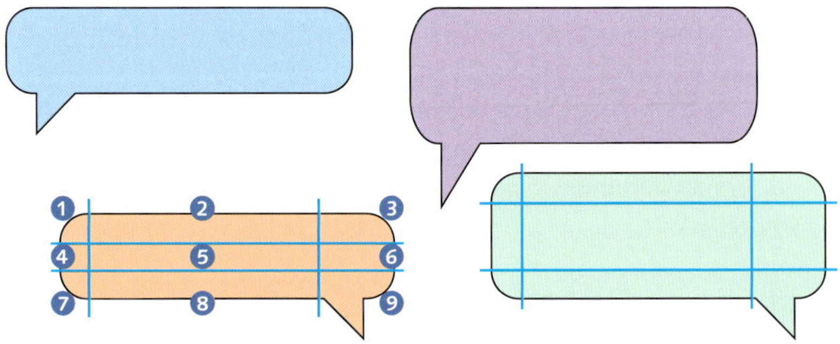

Abbildung 17.51 ▶
Obere Reihe: normale Skalierung; untere Reihe: 9-Slice-Skalierungsbereiche – ❶, ❸, ❼, ❾ nicht skalierend, ❷, ❽ nur horizontal skalierend, ❹, ❻ nur vertikal skalierend, ❺ horizontal und vertikal skalierend

Symbole und Animate

Animate übernimmt die Einstellungen Name, Art, Registrierung und 9-Slice-Hilfslinien sowie den Namen, den Sie der Instanz gegeben haben (s. Abschnitt 21.5).

Gehen Sie wie folgt vor, um eine Grafik als Symbol mit 9-Slice-Skalierungshilfslinien zu erstellen:

1. Aktivieren Sie die Grafik, und drücken Sie F8. In den Symboloptionen richten Sie die Einstellungen Filmclip und Hilfslinien für die 9-Slice-Skalierung aktivieren ein. Bestätigen Sie mit OK.
2. Doppelklicken Sie auf das Symbol im Symbole-Bedienfeld oder auf eine Instanz des Symbols auf der Zeichenfläche.
3. Ziehen Sie die gestrichelt dargestellten Hilfslinien an die gewünschte Position. Arbeiten Sie dabei gegebenenfalls in der Zoomeinstellung, um die Hilfslinien genau einzurichten.
4. Verlassen Sie den Isolationsmodus mit einem Doppelklick auf eine freie Stelle der Zeichenfläche.

▼ Abbildung 17.52
Symbole mit 9-Slice-Skalierung (jeweils oben); Skalierungen der Symbolinstanzen auf der Zeichenfläche (jeweils unten)

Mit 9-Slice-Hilfslinien Konturstärken »schützen« | Ein nützlicher Nebeneffekt von 9-Slice-Hilfslinien ist, dass sie die proportionale Skalierung von Konturstärken mit der Symbolinstanz verhindern – unabhängig davon, ob die Option Konturen und Effekte skalieren gesetzt ist oder nicht. Damit beliebige Objekte dennoch »normal« skaliert werden, müssen die 9-Slice-Hilfslinien komplett außerhalb der Objekte des Symbols liegen (s. Abbildung 17.52).

Symbole in CC-Bibliotheken

Symbolinstanzen bleiben in CC-Bibliotheken erhalten. Um sie als Symbolinstanz in ein Dokument zu platzieren, müssen Sie sie platzieren und einbetten. Dabei wird immer ein neues Symbol im Symbole-Bedienfeld angelegt. Dynamische Symbole verhalten sich überraschend, wenn Sie sie beim Platzieren skalieren.

17.5.3 Symbol-Bibliotheken speichern

Aus dem Symbole-Bedienfeld Ihres Dokuments können Sie auch eine eigene Symbol-Bibliothek erzeugen. Stellen Sie dafür die gewünschten Symbole im Bedienfeld zusammen, und löschen Sie nicht benötigte Symbole.

Anschließend wählen Sie Symbol-Bibliothek speichern... aus dem Menü des Symbole-Bedienfeldes. Wenn Sie die Bibliothek im vorgeschlagenen Standardordner speichern, wird sie in das Symbol-Bibliotheken-Untermenü unter dem Punkt Benutzerdefiniert aufgenommen. Sie können jedoch auch einen anderen Ort wählen – dies ist notwendig, wenn andere Benutzer Ihres Computers die Bibliotheken ebenfalls verwenden sollen (s. den Hinweis »Bibliotheken und Benutzerprofile« auf Seite 241).

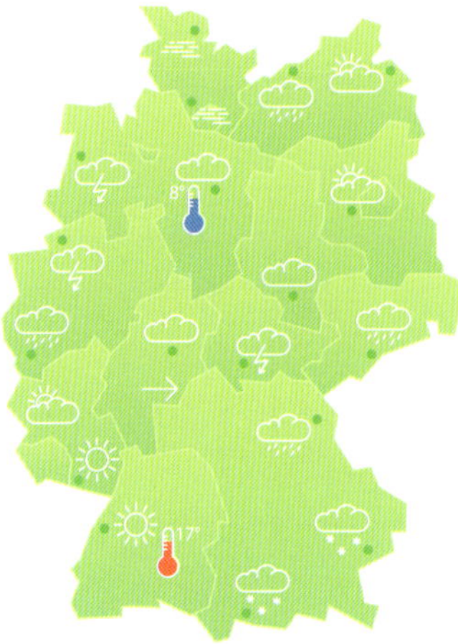

▲ **Abbildung 17.53**
Die fertiggestellte Wetterkarte

Schritt für Schritt
Symbole erstellen und anwenden

In dieser Übung erstellen Sie Symbole mit unterschiedlichen Optionen und wenden sie in einer Infografik an. Öffnen Sie die Datei »Wetter.ai«, sie enthält bereits die Grundformen für die Symbole.

1 Symbole erstellen

Ziehen Sie nacheinander die Grafiken auf das Symbole-Bedienfeld, oder drücken Sie F8, um Symbole zu erzeugen. Die Wettersymbole legen Sie als Statische Symbole an, das Thermometer dagegen als Dynamisches Symbol.

▼ **Abbildung 17.54**
Erstellung des Symbols mit der Regen-Grafik (links); Symboloptionen für die Thermometer-Grafik (rechts)

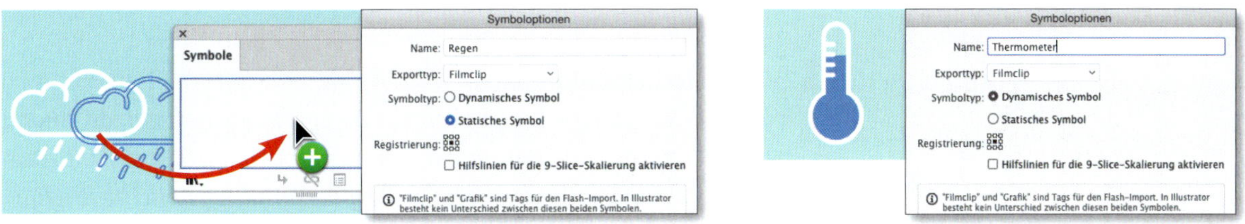

Den Pfeil definieren Sie als Statisches Symbol, aktivieren aber die Einstellung Hilfslinien für die 9-Slice-Skalierung. Geben Sie allen Symbolen erkennbare Namen, denn die weißen Symbolgrafiken sind im Symbole-

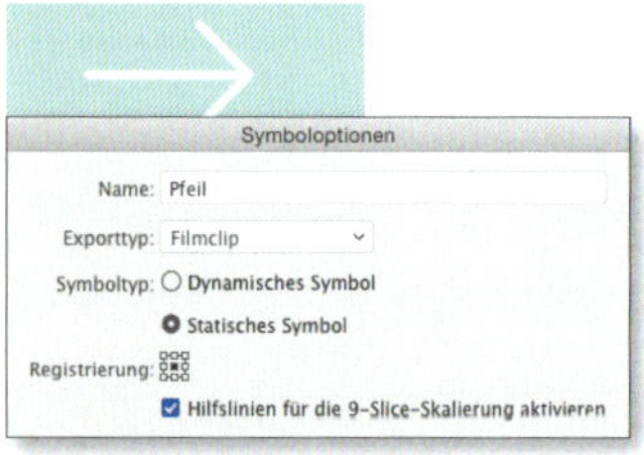

▲ **Abbildung 17.55**
Symboloptionen der Pfeil-Grafik

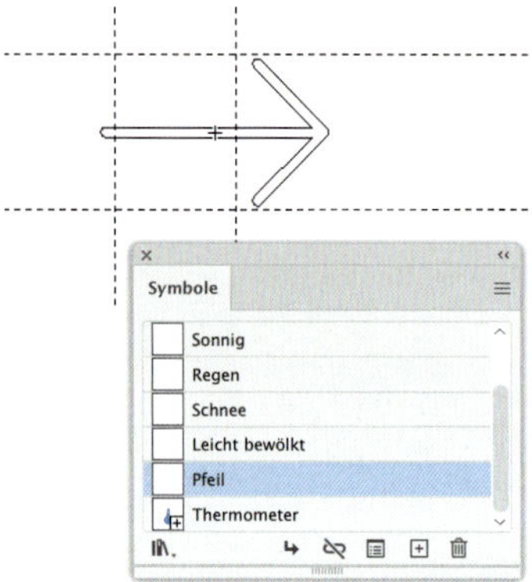

▲ **Abbildung 17.56**
Einrichten der 9-Slice-Hilfslinien für den Pfeil

Bedienfeld nicht zu erkennen. Ändern Sie die Darstellung des Symbole-Bedienfeldes im Bedienfeldmenü in Kleine Liste.

2 9-Slice-Hilfslinien einstellen

Die 9-Slice-Hilfslinien müssen Sie nach dem Erstellen des Symbols einrichten. Sie dienen dazu, das Skalieren der Pfeilspitze zu unterdrücken, wenn Sie den Pfeil kürzen oder verlängern. Dazu doppelklicken Sie das betreffende Symbol im Symbole-Bedienfeld, um in den Isolationsmodus zu gelangen. Arbeiten Sie dann am besten in der Pfadansicht, und verschieben Sie die 9-Slice-Hilfslinien wie in Abbildung 17.56. Mit einem Doppelklick neben das Objekt beenden Sie den Symbolbearbeitungsmodus.

3 Instanzen auf die Zeichenfläche auftragen

Auf der Karte soll an den markierten Orten das Wetter angezeigt werden. Ziehen Sie jeweils eine passende Grafik aus dem Symbole-Bedienfeld in die Nähe eines Ortes. Die Grafiken, aus denen Sie die Symbole erstellt haben, wurden bereits in Symbolinstanzen umgewandelt. Sie können sie auch auf die Karte verschieben. Wenn Sie mehrere Instanzen einer Grafik benötigen, müssen Sie sie nicht jedes Mal neu aus dem Symbole-Bedienfeld ziehen, sondern können bereits platzierte Symbolinstanzen duplizieren, indem Sie ⌥/Alt drücken und sie verschieben.

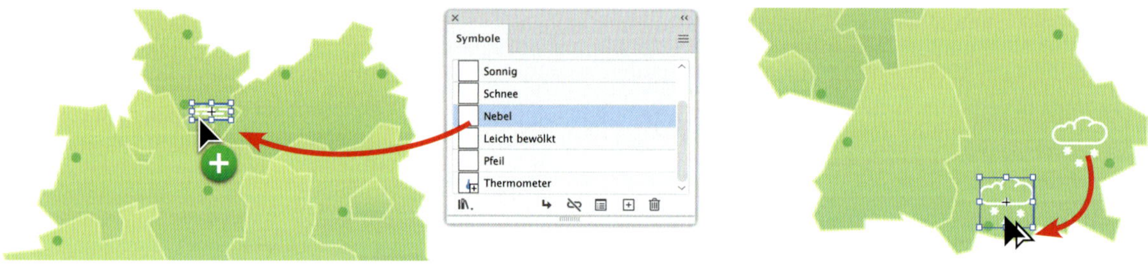

▲ **Abbildung 17.57**
Platzieren einer Symbolinstanz aus dem Symbole-Bedienfeld (links); Duplizieren einer platzierten Symbolinstanz (rechts)

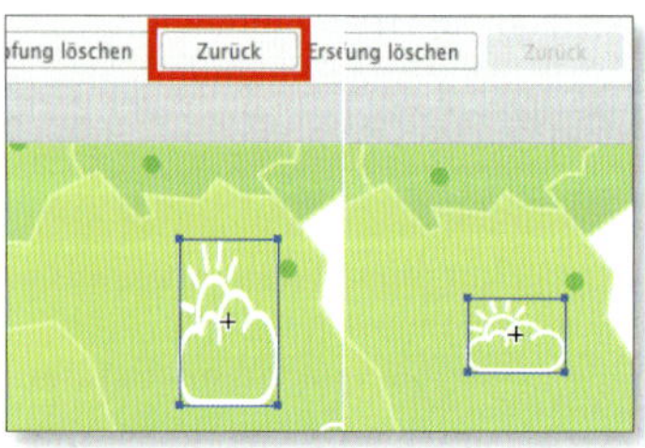

▲ **Abbildung 17.58**
Zurücksetzen einer versehentlich verzerrten Symbolinstanz

4 Verzerrte Symbolinstanz

Falls Sie beim Verschieben unabsichtlich die Symbolinstanz verzerren und es erst später bemerken, können Sie die Symbolinstanz mit dem Button Zurück (im Steuerungsbedienfeld) in den Ursprungszustand versetzen.

5 Pfeile hinzufügen

Die Pfeile zeigen die Windrichtung sowie durch eine unterschiedliche Länge die Windstärke an. Ziehen Sie wieder jeweils Pfeile auf die Grafik, und verändern Sie deren Länge, indem Sie an einer Seite des Begrenzungsrahmens ziehen. Dank der 9-Slice-Hilfslinien werden nur die Striche verlängert, es findet keine Verzerrung statt. Die Pfeile drehen Sie anschließend ebenfalls mithilfe des Begrenzungsrahmens.

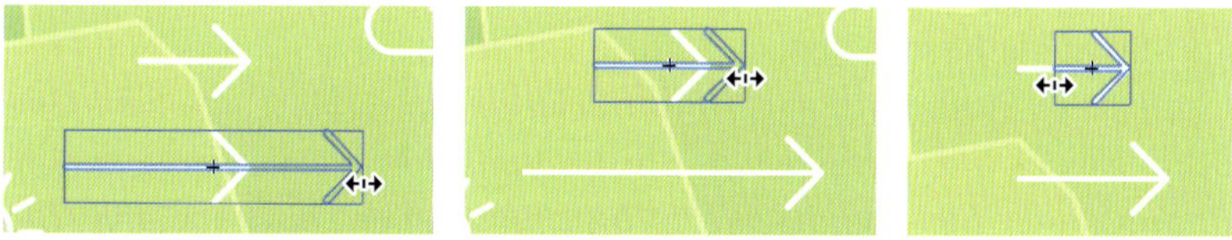

▲ **Abbildung 17.59**
Anpassen der Länge der Pfeile

▲ **Abbildung 17.60**
Die platzierten Thermometer

6 Höchste und niedrigste Temperatur mit dem Thermometer anzeigen

Nun ziehen Sie das Thermometer an die beiden Orte, an denen die höchste und die niedrigste Temperatur vorliegt.

Eine Instanz des Thermometers muss umgefärbt werden, um dies korrekt anzuzeigen. Mit dem Direktauswahl-Werkzeug aktivieren Sie die blaue Fläche, indem Sie auf ihren Pfad klicken, und weisen ihr das rote Farbfeld zu. Die vorgenommene Auswahl ist gegebenenfalls nicht sichtbar, Sie sollten jedoch im Transparenz-Bedienfeld die Miniatur des Objekts sehen.

▼ **Abbildung 17.61**
In der Instanz eines dynamischen Symbols können Teile umgefärbt werden.

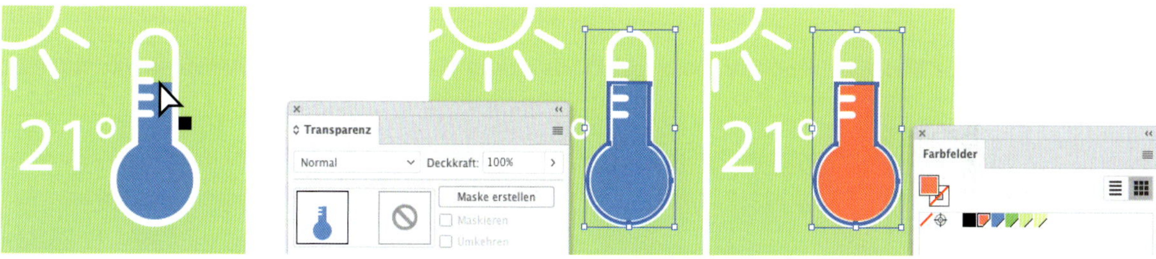

Auch in einem dynamischen Symbol könnten Texte nicht individuell angepasst werden, daher setzen Sie die Temperaturen jeweils als eigenes Textobjekt.

7 Symbole der Symbolinstanzen austauschen

Um nun für die nächste Ausgabe der Wetterkarte die Symbole zu aktualisieren, wählen Sie eine Symbolinstanz auf der Zeichenfläche und ein Symbol im Symbole-Bedienfeld aus und rufen dann den Befehl SYMBOL ERSETZEN aus dem Menü des Symbole-Bedienfeldes auf.

Soll allen identischen Symbolinstanzen dasselbe neue Symbol zugewiesen werden, wählen Sie eine Instanz aus, rufen dann AUSWAHL • GLEICH • SYMBOLINSTANZ auf und ersetzen das Symbol. Der Bezugspunkt für die

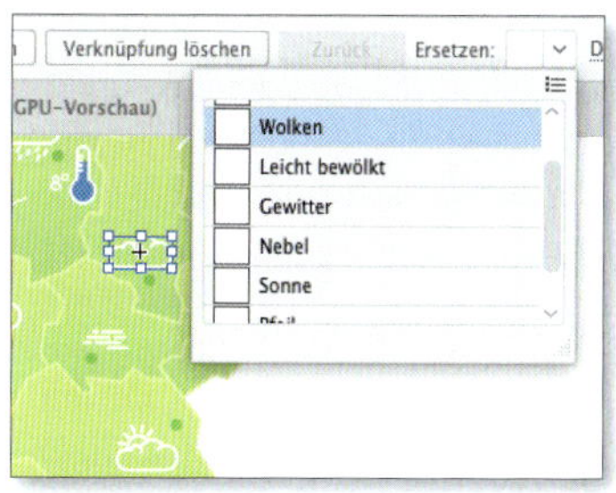

▲ **Abbildung 17.62**
Alternativ wählen Sie das Ersatzsymbol aus dem Menü ERSETZEN im Steuerungsbedienfeld.

Position des neuen Symbols ist der Referenzpunkt. Wenn Sie Symbole im Hinblick auf das Ersetzen gestalten, können Sie vorher ausprobieren, an welcher Stelle der Referenzpunkt jeweils sitzen muss, damit das ausgetauschte Symbol passt.

8 Symbole bearbeiten

Das Schnee-Symbol soll nun noch ein wenig überarbeitet werden. Eine Schneeflocke wird hinzugefügt. Um die Symboldefinition zu bearbeiten, doppelklicken Sie eine der Symbolinstanzen auf der Zeichenfläche. Die Warnung bestätigen Sie mit OK.

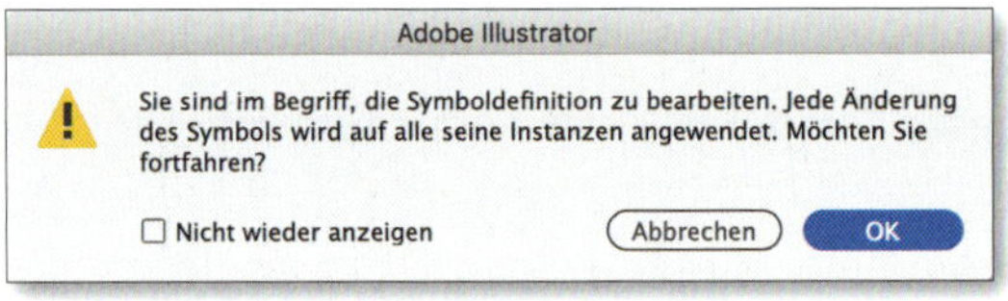

Abbildung 17.63 ▶
Warnung nach dem Doppelklick auf eine Symbolinstanz

Mit gedrückter Taste ⌥/Alt verschieben Sie eine der Schneeflocken, um sie zu duplizieren. Arrangieren Sie dann alle Schneeflocken, sodass die Grafik harmonisch aussieht. Verlassen Sie den Symbolbearbeitungsmodus mit einem Doppelklick neben die Grafik. Alle weiteren Instanzen dieses Symbols werden aktualisiert.

Abbildung 17.64 ▶
Bearbeitung des Symbols (links); aktualisierte Symbolinstanzen (rechts)

Adobe Sensei
Adobes Bemühungen rund um die Künstliche Intelligenz finden unter dem Label Sensei statt, ein Begriff aus dem japanisch-chinesisch-koreanischen Sprachraum, der »Lehrer« bedeutet. In Illustrator sind neben der globalen Bearbeitung auch Teile der Funktionen Formgitter, Kurvenzeichner und Freihandverlauf Ergebnisse der Sensei-Forschung. Weitere Informationen zu Sensei-Projekten in Adobe-Produkten finden Sie unter *www.adobe.com/de/sensei.html*.

17.6 Gleiche Objekte finden und bearbeiten

Wenn Sie mehrere oder sogar sehr viele identische Objekte an verschiedenen Stellen in Ihren Dokumenten benötigen, dann sind Symbole natürlich eine effiziente Methode, die Objekte zu verwalten. Wenn Sie aber nicht daran gedacht haben, Symbole einzurichten, oder wenn Sie ein Dokument von Kollegen »geerbt« haben, das ohne Symbole angelegt wurde und in dem die betreffenden Objekte bearbeitet werden müssen, können Sie die globale Bearbeitung einsetzen.

Ist ein Objekt oder eine Gruppe ausgewählt, dann können Sie mithilfe der globalen Bearbeitung gleiche Objekte im Dokument suchen und für die synchrone Bearbeitung markieren. Künstliche Intelligenz analysiert das Ausgangsobjekt, vergleicht es mit anderen Objekten in der Datei und markiert gleiche Objekte. Die KI findet normalerweise auch Objekte, die proportional skaliert oder gedreht wurden. Alle Bearbeitungen am ursprünglich ausgewählten Objekt werden anschließend auf die anderen Objekte übernommen.

Um die globale Bearbeitung zu starten, gehen Sie wie folgt vor:

1. Wählen Sie ein Objekt oder eine Gruppe aus – dabei muss es sich um native Illustrator-Objekte handeln, platzierte Dateien oder Rasterbilder funktionieren nicht.

2. Klicken Sie im Eigenschaften-Bedienfeld auf Globale Bearbeitung starten, oder rufen Sie diesen Befehl aus dem Menü Auswahl auf. Im Steuerungsbedienfeld verwenden Sie den Button .

3. Rufen Sie mit dem kleinen Pfeil neben den Buttons im Eigenschaften- oder im Steuerungsbedienfeld das Popup Globale Bearbeitungsoptionen auf, und definieren Sie darin die Suchkriterien. Die Objektmarkierung wird nach einer Änderung aktualisiert.
4. Bearbeiten Sie das weiterhin ausgewählte Ausgangsobjekt mit Illustrators Werkzeugen. Sie können auch Objekte hinzufügen oder löschen.

Gruppen global bearbeiten

Damit alle Gruppen gefunden werden, ist auch die Stapelreihenfolge wichtig: Sie muss identisch sein.

▲ **Abbildung 17.65**
Das Umfärben der Kathedralen ist eine typische Aufgabe für die globale Bearbeitung, da die Form das einzige Unterscheidungskriterium ist.

◀ **Abbildung 17.66**
Ausgewählt ist hier eine Gruppe.

◀ **Abbildung 17.67**
Die Funktion hat die einzigen gleichen Objekte gefunden. Alle anderen Objekte sind entweder nicht mehr gruppiert oder es wurden Konturen in Pfade umgewandelt. Daher sind die Objekte nicht mehr gleich.

Globale Bearbeitungsoptionen

Sie können auch erst die Optionen einstellen und dann die globale Bearbeitung starten.

5. Um die Bearbeitung zu beenden, deaktivieren Sie das Objekt oder drücken Sie [Esc].

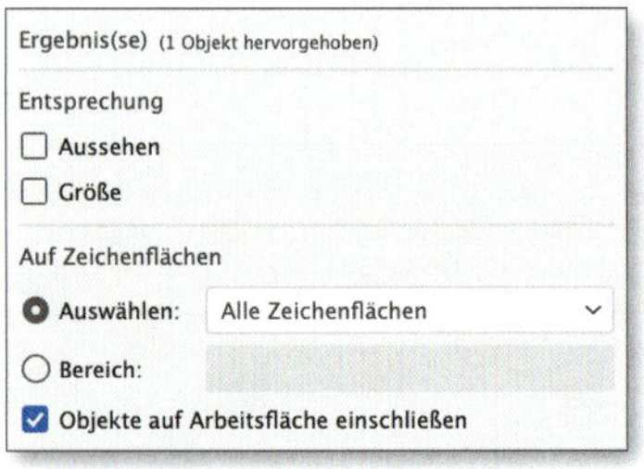

▲ **Abbildung 17.68**
Optionen für die globale Bearbeitung

Optionen | In den GLOBALEN BEARBEITUNGSOPTIONEN haben Sie folgende Einstellmöglichkeiten:

- ERGEBNIS(SE): Illustrator zeigt an, wie viele Objekte den Kriterien entsprechen und aufgrund der Analyse des Ausgangsobjekts gefunden wurden. Nutzen Sie diese Anzeige, um einzuschätzen, ob das Ergebnis plausibel ist. Falls Illustrator nicht alle Objekte markiert hat und Sie mit der Bearbeitung beginnen, ist der Aufwand umsonst.
- ENTSPRECHUNG: Schränken Sie hier die Kriterien für die Ähnlichkeit ein:
  - AUSSEHEN: Mit dieser Option basiert die Auswahl nicht nur auf der Form des Objekts, sondern auch das Erscheinungsbild muss identisch sein. Unter Umständen lässt sich diese Option nicht deaktivieren, z. B. bei interaktiven Malgruppen. Verlaufsgitter dagegen müssen identische Farben besitzen, auch wenn AUSSEHEN nicht aktiviert ist.
  - GRÖSSE: Wenn Sie diese Option aktivieren, werden nur Objekte gefunden, die eine identsiche Größe besitzen.
- AUF ZEICHENFLÄCHEN: Mit den Optionen in diesem Bereich lässt sich einschränken, wo im Dokument gesucht wird. Sie können Zeichenflächen nach Formatlage (HOCHFORMAT, QUERFORMAT, QUADRATISCH) oder einen Bereich von Nummern vorgeben, und Sie können Objekte außerhalb von Zeichenflächen ausschließen, wenn Sie das Häkchen OBJEKTE AUF ARBEITSFLÄCHE EINSCHLIESSEN entfernen.

Alternativen zur globalen Bearbeitung

Neben dem konsequenten Einsatz von Symbolen können Sie mit dem Auswahl-Menü nach Objekten mit identischen Eigenschaften suchen oder das Plug-in FindReplace für komplexere Suchen nach zusätzlichen Bedingungen verwenden.

Einschränkungen | Die Funktion arbeitet ziemlich gut. Je komplexer die Objekte, umso eher kann sie jedoch scheitern. Vor allem, wenn die Objekte gedreht und skaliert wurden, vielleicht sogar mehrfach, können winzige Veränderungen dazu führen, dass gleiche Objekte von der Funktion nicht mehr als identisch wahrgenommen werden. Besser, als sich auf die globale Bearbeitung zu verlassen, ist daher natürlich eine gute Vorbereitung.

Es ist nicht möglich, die markierten Objekte in Symbolinstanzen umzuwandeln, um damit zukünftig effizienter und verlässlich arbeiten zu können.

Verlaufsgitter global bearbeiten

Unterscheidet sich in Verlaufsgittern nur eine Farbe, dann kann es sein, dass dies in den abweichenden Objekten ungefragt geändert wird, und Illustrator sie dann markiert.

Kapitel 18

Perspektivische Darstellungen und 3D-Live-Effekte

Illustrator ist ein 2D-Programm. Dennoch können Sie Objekte in Fluchtpunktperspektive illustrieren. Das Perspektivenraster stellt Mechanismen zur Verfügung, um Objekte an Perspektivenebenen auszurichten. Dazu können Sie 3D-Operationen auf Grundformen anwenden, diese mit Oberflächentexturen versehen und mit Lichtquellen beleuchten. Es lassen sich sogar einfache Animationen herstellen.

▲ **Abbildung 18.1**
3D-Effekte im Einsatz in Illustration, Infografik, Typografie und zur Visualisierung von Packungsdesigns

18.1 Zeichnungen in Fluchtpunktperspektive anlegen

Als »Perspektive« bezeichnet man geometrisch-mathematische Verfahren, die Darstellungen der dreidimensionalen Welt auf zweidimensionalen Medien (wie einem Blatt Papier) der menschlichen Wahrnehmung anzunähern. Dies bedeutet vor allem, dass Verkürzungen und Größenveränderungen korrekt wiedergegeben werden. Dazu wird eine Szene aus

Ein Raster je Dokument

In einem Illustrator-Dokument können Sie ein Perspektivenraster definieren. Falls Sie mehrere perspektivische Szenen in einer Datei kombinieren möchten, erstellen Sie mehrere Illustrator-Dokumente und platzieren diese (verknüpft) im Hauptdokument.

einer angenommenen Betrachterposition mithilfe von Konstruktionen aus Bildebene, Boden- und Horizontlinie sowie Fluchtpunkten nachgebildet.

Mit dem Perspektivenraster können Sie in Illustrator-Dokumenten diese Fluchtpunktperspektiven einrichten und Ihre Objekte an den drei darin gebildeten Rasterebenen – auch Fluchtebenen genannt – ausrichten. Objekte auf den Fluchtebenen werden entsprechend den Gesetzmäßigkeiten der Perspektive transformiert. Es handelt sich nicht um eine 3D-Umgebung.

▲ **Abbildung 18.2**
Die räumliche Wirkung entsteht durch die perspektivische Verzerrung und eine korrekte Stapelreihenfolge der Objekte. Objekte im Perspektivenraster werden jedoch nicht automatisch korrekt räumlich angeordnet.

18.1.1 Anatomie eines Perspektivenrasters

Um ein Perspektivenraster anzuzeigen, haben Sie folgende Möglichkeiten:

- Wählen Sie Ansicht • Perspektivenraster • Raster einblenden – [⌘]/[Strg]+[⇧]+[I].
- Wählen Sie das Perspektivenraster-Werkzeug. In beiden Fällen entsteht ein neues Raster in der Standardzweipunktperspektive, oder das für das Dokument eingerichtete Raster wird eingeblendet.
- Wählen Sie eine Vorgabe aus den Untermenüs von Ansicht • Perspektivenraster • Einpunkt-, Zweipunkt- oder Dreipunktperspektive, oder wählen Sie Ansicht • Perspektivenraster • Raster definieren, um das Raster numerisch einzurichten.

Das Raster besitzt zahlreiche Bedienelemente (Widgets), um die Perspektive einzustellen und mit Objekten im Raster zu arbeiten.

▼ **Abbildung 18.3**
Bestandteile und Bedienelemente (Widgets) des Perspektivenrasters

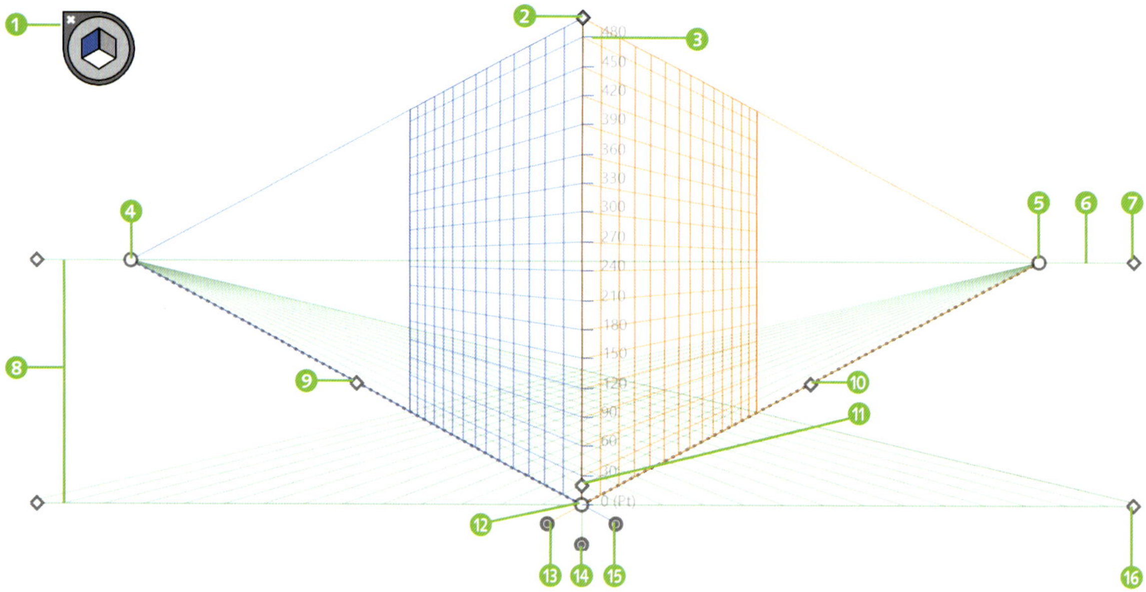

Das Raster passen Sie an, indem Sie die Widgets ◉, ○ bzw. ◇ mit dem Perspektivenraster-Werkzeug verschieben. Anhand der Bodenebene ⑯ kann das gesamte Perspektivenraster verschoben werden. Die Horizontlinie ⑥ kennzeichnet die Augenhöhe des Betrachters – die Horizonthöhe ⑧ können Sie in vertikaler Richtung mit der Horizontebene ⑦ einstellen. Durch das Verschieben des linken ④ oder des rechten ⑤ Fluchtpunkts verändern Sie den Sichtwinkel. In einer Dreipunktperspektive erhalten Sie einen weiteren Fluchtpunkt – je nach Einstellung einen Scheitelpunkt (Zenit) oder einen Fußpunkt (Nadir).

Die Rasterausdehnung in seitlicher ⑨, ⑩ oder vertikaler ② Richtung legt die Ausmaße der sichtbaren Rasterlinien fest. Prinzipiell reicht das Raster über das gesamte Dokument.

Den Maßstab und die Maßeinheit des Perspektivenrasterlineals ③ können Sie ebenso wie die Größe der Rasterzellen ⑪ definieren. Aus dem Ursprung ⑫ werden die Lineale des Rasters berechnet – der Ursprung kann verschoben werden. Mit den Widgets für die rechte ⑬, horizontale ⑭ und linke ⑮ Rasterebene können Sie die Ebenen jeweils parallel verschieben. Mit dem Ebenen-Widget ① wechseln Sie beim Zeichnen oder Zuordnen von Objekten zwischen den Rasterebenen.

Bodenebene verschieben

Die Bodenebene und damit das gesamte Perspektivenraster lässt sich nur mit dem Perspektivenraster-Werkzeug verschieben.

Fluchtpunkt

In einem Fluchtpunkt laufen alle parallelen Linien der zugehörigen Raster- oder Fluchtebene zusammen.

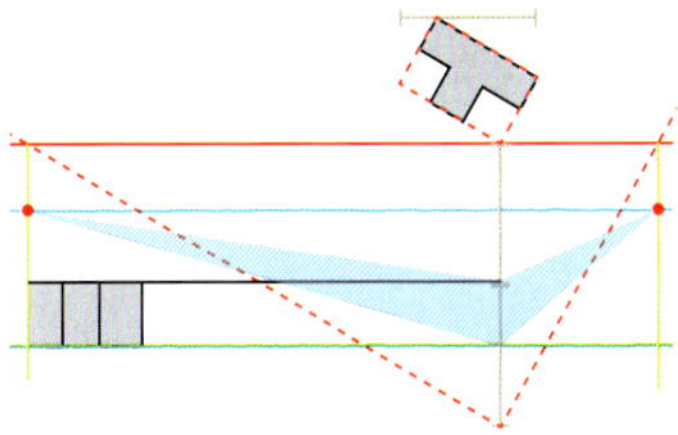

▲ **Abbildung 18.4**
Die Position der Fluchtpunkte wird normalerweise aus der Position von Bodenebene, Horizont und den Planzeichnungen hergeleitet, damit eine plausible Perspektive entsteht.

18.1.2 Perspektivenraster numerisch einrichten

Bevor Sie die ersten Objekte auf das Perspektivenraster legen, richten Sie es passend über Ansicht • Perspektivenraster • Raster definieren ein. Die Fluchtpunkte können Sie nachträglich gemeinsam mit den ihnen zugeordneten Objekten verschieben.

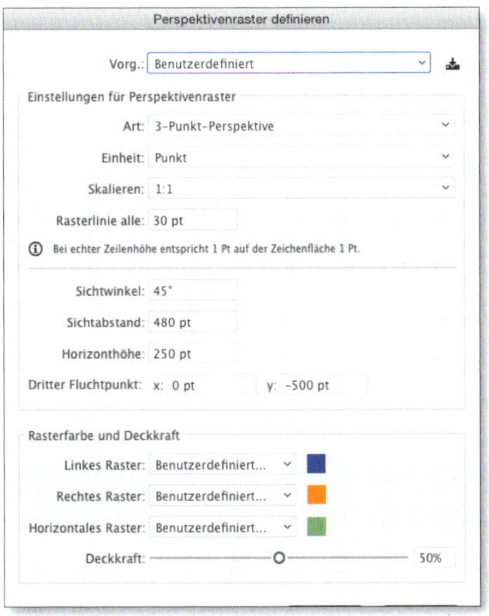

◀ **Abbildung 18.5**
Optionen zur Definition eines Perspektivenrasters

Erst Raster definieren

Nur die im Perspektivenraster angelegten Basisobjekte passen sich an ein verändertes Perspektivenraster an, nicht zusätzliche Objekte, die Sie lediglich passend dazu erstellen. Daher richten Sie erst das Perspektivenraster ein und beginnen dann, die Objekte darin zu zeichnen.

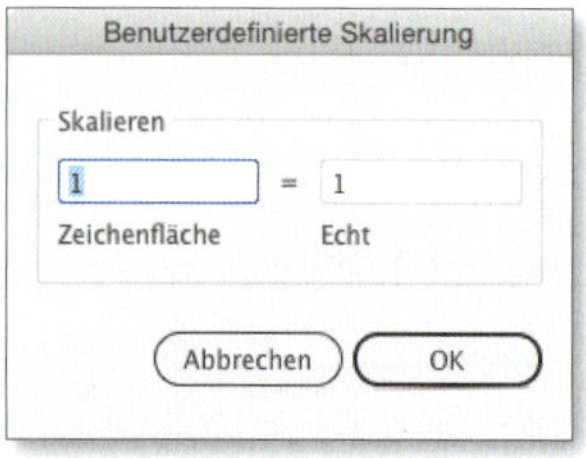

▲ **Abbildung 18.6**
Dialogbox zur Eingabe eines eigenen Maßstabs

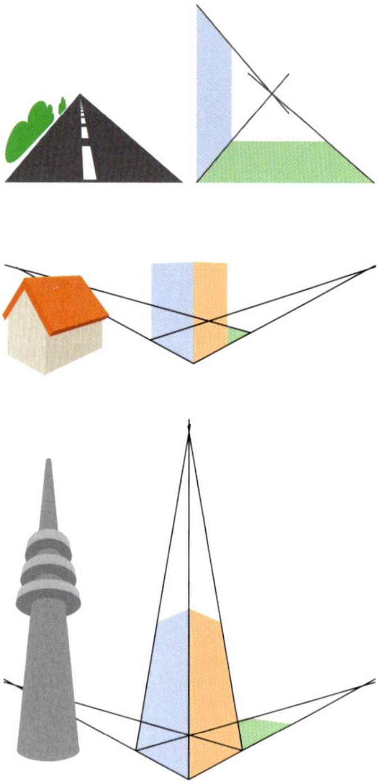

▲ **Abbildung 18.7**
Typische Objekte, wie Sie sie mit den drei Arten von Perspektivenrastern konstruieren können, und das zugrunde liegende Perspektivenraster (von oben): Einpunkt-, Zweipunkt- und Dreipunktperspektive

Intelligente Hilfslinien

Die intelligenten Hilfslinien funktionieren ebenfalls »perspektivisch«, wenn Sie im Perspektivenraster arbeiten. Dies ist sehr hilfreich.

- Vorg.: In diesem Menü werden alle gespeicherten Perspektivenraster aufgelistet. Wählen Sie ein Raster, auf dessen Basis Sie Ihr eigenes definieren möchten.
- Art: Wählen Sie die Anzahl der Fluchtpunkte aus.
- Einheit: Bestimmen Sie die Maßeinheit der Rasterlineale.
- Skalieren: Wählen Sie den Maßstab aus dem Menü, oder geben Sie das Verhältnis der Maße auf der Zeichenfläche zu den Echtmaßen unter Benutzerdefiniert frei ein.
- Rasterlinie alle: Bestimmen Sie die Größe der dargestellten Rasterzellen, die Objekte »magnetisch« anziehen können.
- Sichtwinkel: Mit diesem Wert bestimmen Sie die Positionen des linken und rechten Fluchtpunkts relativ zur Blickrichtung. Mit einem Wert von 45° befinden sich beide Fluchtpunkte im gleichen Abstand zur Blickrichtung. Wählen Sie einen höheren Wert, rückt der rechte Fluchtpunkt näher zur Blickrichtung, der linke entfernt sich davon.
- Sichtabstand: Bestimmen Sie die Entfernung des Betrachters zur Szene. Je höher der Wert ist, desto weiter entfernt voneinander liegen die Fluchtpunkte.
- Horizonthöhe: Mit dieser Option bestimmen Sie die Augenhöhe des Betrachters. Ein niedriger Wert ergibt eine »Froschperspektive«.
- Dritter Fluchtpunkt: Geben Sie die horizontale und vertikale Position des dritten Fluchtpunkts in einer Dreipunktperspektive an. Mit einem positiven Wert bildet die horizontale Ebene die »Grundfläche«, mit einem negativen Wert das »Dach«.
- Rasterfarbe und Deckkraft: Wählen Sie für die Darstellung der Rasterebenen entweder eine Farbe aus dem Menü, oder klicken Sie auf das Farbfeld, um im Farbwähler eine Farbe zu definieren. Reduzieren Sie die Deckkraft, um das Raster weniger dominant darzustellen.
- Vorgabe speichern : Das eingerichtete Raster können Sie mit dem Button unter einem eigenen Namen zur erneuten Verwendung speichern. Es steht in Ihrem Benutzerkonto programmweit zur Verfügung.

18.1.3 Perspektivenraster intuitiv anpassen

Mit dem Perspektivenraster-Werkzeug – ⇧+P – verändern Sie die Geometrie des Rasters intuitiv, indem Sie die entsprechenden Bedienelemente (s. Abbildung 18.9) verschieben.

Wenn Sie einfach Fluchtpunkte und Ebenen verschieben, kann es passieren, dass Sie »unrealistische« Perspektiven einstellen. Illustrator überprüft Ihre Einstellungen nicht auf Plausibilität.

- Verändern Sie die **Horizonthöhe**, indem Sie die Bedienelemente der Horizontlinie in vertikaler Richtung verschieben – der Cursor zeigt .

- Den linken und rechten **Fluchtpunkt** sowie den Scheitel- oder Fußpunkt können Sie ebenfalls greifen und horizontal oder frei verschieben. Der Cursor zeigt bzw. . Drücken Sie [⇧], um den Scheitel- oder den Fußpunkt nur vertikal zu verschieben.
- Die Rasterebenen können Sie, bezogen auf ihren Fluchtpunkt, auch **parallel verschieben**. Dazu ziehen Sie an den jeweiligen Ebenen-Widgets – die linke und rechte Rasterebene waagerecht, die horizontale Ebene senkrecht. Der Cursor zeigt bzw. . Die Perspektive wird dabei nicht verändert. Wenn Sie dabei [⇧] drücken, rasten die Fluchtebenen an den angezeigten Rasterlinien ein.
  Halten Sie [⌘]/[Strg] gedrückt, und doppelklicken Sie die Rasterebenen-Widgets, um die neue Position der Fluchtebene numerisch einzugeben.

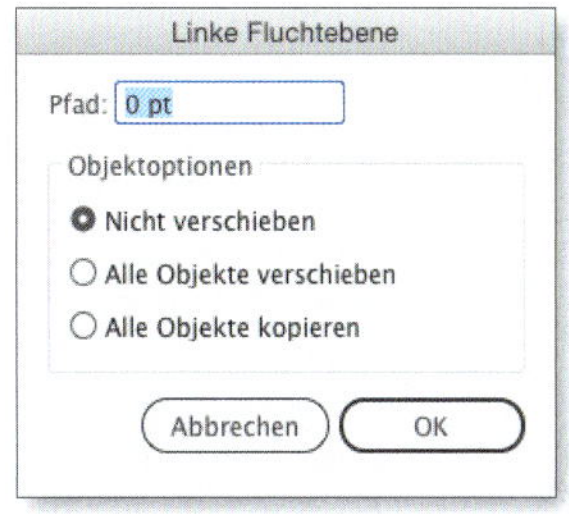

▲ **Abbildung 18.8**
Numerisches Verschieben einer Rasterebene – Sie können die Objekte oder Duplikate davon mitverschieben. Dies betrifft nur Objekte, die auf der Ebene liegen (s. »Rasterebene an Objekt ausrichten«).

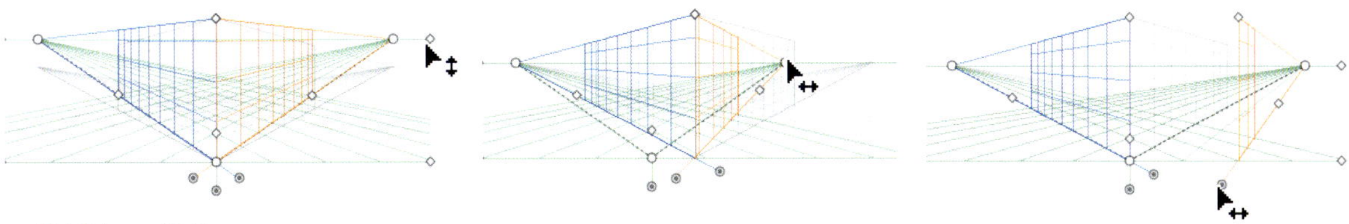

▲ **Abbildung 18.9**
Von links: Verändern der Horizonthöhe, Verschieben des Fluchtpunkts der rechten Rasterebene, paralleles Verschieben der Rasterebene

Rasterebene an Objekt ausrichten | Aktivieren Sie ein Objekt – oder mehrere Objekte auf derselben Fluchtebene –, und wählen Sie Objekt • Perspektive • Ebene an Objekt ausrichten, um die aktive Rasterebene parallel so zu verschieben, dass sie an diesem Objekt ausgerichet wird. Das brauchen Sie z. B., wenn Sie neue Objekte exakt auf die Größe bestehender, parallel liegender Objekte anpassen wollen.

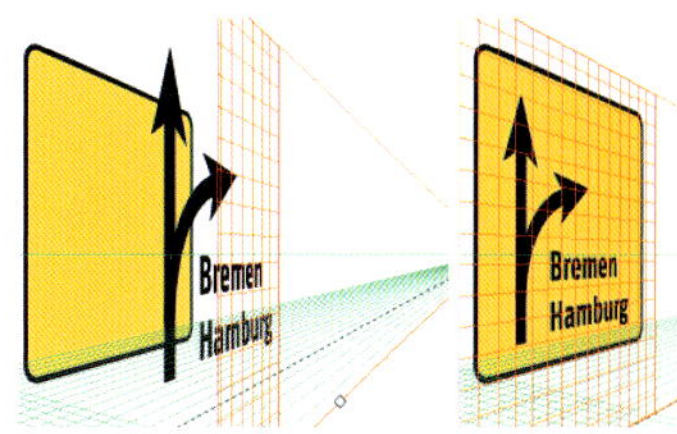

▲ **Abbildung 18.10**
Die Größen beider Elemente sind aufeinander abgestimmt. Nur wenn die Rasterebene in der korrekten Position ist, passt die Größe des Textes in der Perspektive (rechts).

Perspektivenraster fixieren | Das Perspektivenraster kann unter Ansicht • Perspektivenraster in zwei Stufen gesperrt werden:

- Bezugspunkt sperren: Wenn Sie Sichtwinkel und Sichtabstand nicht mehr verändern wollen, wählen Sie diese Option. Wenn Sie jetzt einen Fluchtpunkt verschieben, bewegt sich der andere synchron – so, als würde sich die Szene vor dem Betrachter drehen.
- Raster sperren: Mit dieser Option erreichen Sie, dass sich die Positionen des Rasters, seiner Horizontlinie und der Fluchtpunkte nicht mehr verändern lassen. Die Rasterebenen lassen sich dennoch parallel verschieben.

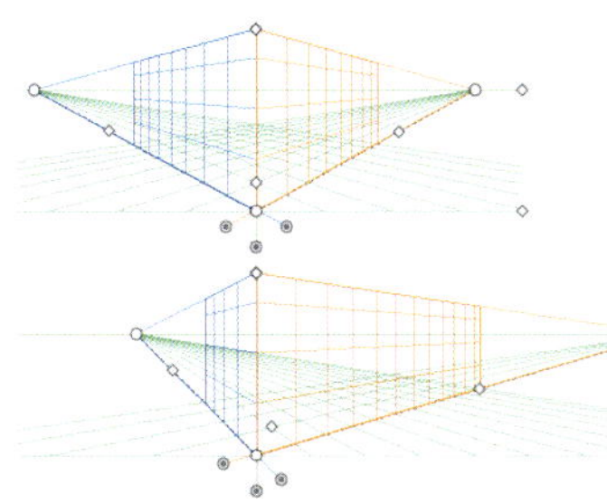

▲ **Abbildung 18.11**
Bezugspunkt gesperrt

Darstellung des Perspektivenrasters | Drücken Sie [⌥]/[Alt], und klicken Sie auf das Steuerelement der linken, rechten oder horizonta-

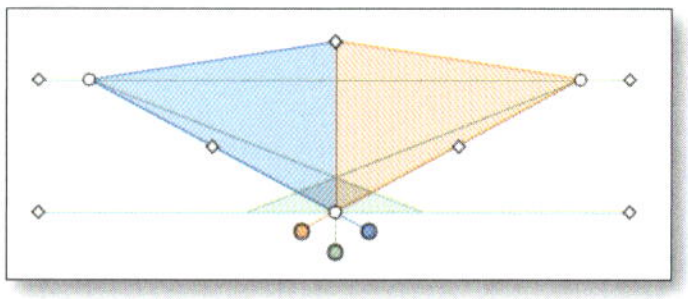

▲ **Abbildung 18.12**
Flächige Darstellung der Rasterebenen

len Rasterebene, um deren Darstellungsart zu ändern. Zur Wahl stehen Rasterlinien, eine flächige Darstellung und das Ausblenden der Ebene.

Lineale und Rasterlinien | Das Perspektivenraster besitzt sein eigenes Koordinatensystem. Wenn Sie Objekte darin platzieren und bearbeiten, werden deren Echtmaße im Transformieren- und im Steuerungsbedienfeld angezeigt.

▲ **Abbildung 18.13**
Gemessen innerhalb des Perspektivenrasters, wird die Größe aller Figuren identisch angezeigt.

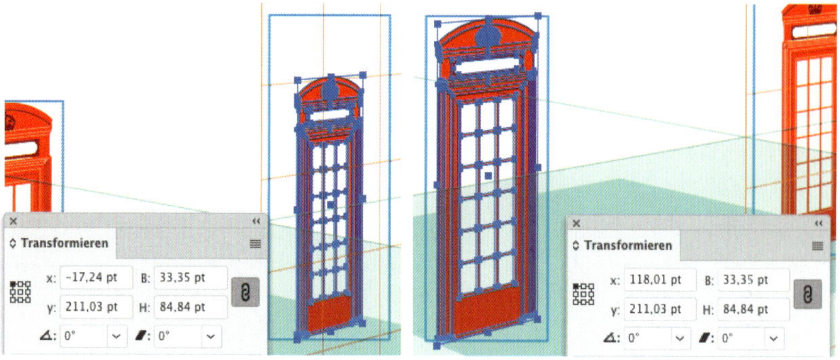

- Der **Ursprung** des Koordinatensystems ist standardmäßig in der Mitte der Bodenebene. Den Ursprung verschieben Sie mit dem Perspektivenraster-Werkzeug – der Cursor zeigt.
- Die **Größe der Rasterzellen** definieren Sie entweder in den Perspektivenraster-Optionen oder indem Sie das entsprechende Bedienelement (s. Abbildung 18.3, 11) verschieben – der Cursor zeigt. Falls Sie den Ursprung bereits verschoben haben, wird er sich mit den Rasterzellengrößen erneut verändern.
- Die **Lineale** an der vorderen Kante der linken und rechten Rasterebene blenden Sie über Ansicht • Perspektivenraster • Lineale einblenden ein.
- Um sich eine bessere Übersicht zu verschaffen (oder Platz für größere Objekte zu schaffen), können Sie die **Rasterausdehnung** auf der linken und der rechten Rasterebene durch Verschieben des entsprechenden Bedienelements verändern – die Ausdehnung des Rasters der horizontalen Ebene verändert sich synchron. Der Cursor zeigt das Symbol. Auch in Bereichen der Rasterebene, in denen keine Rasterlinien sichtbar sind, können Sie Objekte platzieren, die Positionierungshilfe durch das Einrasten entfällt dort jedoch.

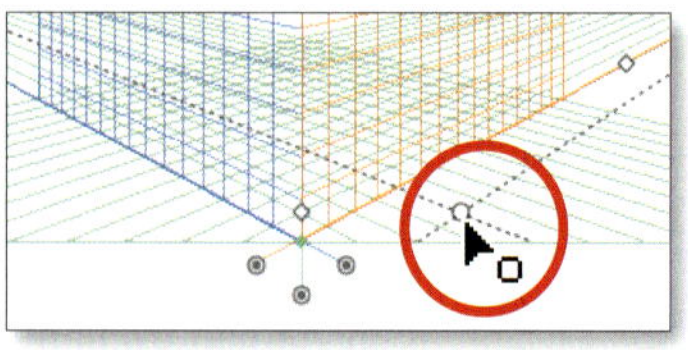

▲ **Abbildung 18.14**
Verschieben des Ursprungs

Bezugspunkt

Wenn Sie den Ursprung verschieben, sehen Sie den Bezugspunkt des Perspektivenrasters, der darunter lag. Er lässt sich selbst nicht verändern, bewegt sich jedoch mit der horizontalen Ebene, wenn Sie diese verschieben.

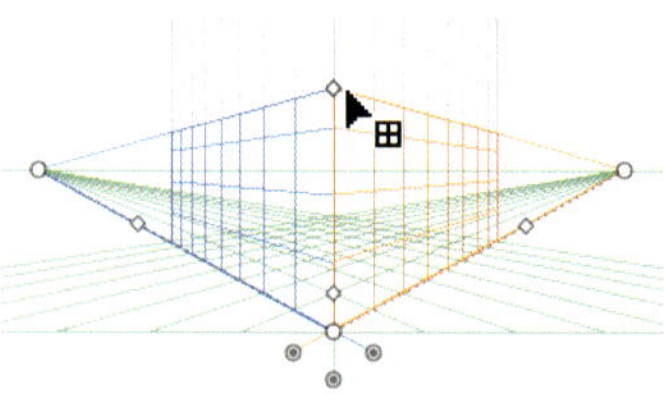

▲ **Abbildung 18.15**
Die Ausdehnung des Rasters wird in der Höhe angepasst.

18.1.4 Direkt im Perspektivenraster zeichnen

Mit den Werkzeugen für offene und geschlossene Formen (s. Abschnitt 4.1) können Sie Objekte direkt im Perspektivenraster anlegen. Alternativ können Sie Ihre Objekte in der Aufsicht zeichnen und sie anschließend mit dem Perspektivenauswahl-Werkzeug auf einer Rasterebene platzieren (s. Abschnitt 18.1.5).

1. Blenden Sie das Perspektivenraster ein – ⌘/Strg+⇧+I.
2. Wählen Sie ein Form-Werkzeug, und bestimmen Sie mit dem Ebenen-Widget oder den Tasten 1 bis 3 die Rasterebene, auf der Sie das Objekt aufziehen möchten. Der Cursor zeigt die aktive Rasterebene durch sein Symbol an: links, rechts, horizontal.
3. Bewegen Sie das Werkzeug an den Startpunkt – sofern die Option Ansicht • Perspektivenraster • Am Raster ausrichten aktiv ist, wird das Werkzeug von den Rasterlinien angezogen, wenn es sich dazu in einem Abstand von ¼ der Zellengröße befindet. Aktivieren Sie außerdem die intelligenten Hilfslinien, damit der Cursor auch an anderen Objekten einrastet.
4. Klicken und ziehen Sie mit dem Werkzeug die Form auf – während des Ziehens können Sie mithilfe der Tasten weiterhin zwischen den Rasterebenen wechseln. Alternativ klicken Sie mit dem Werkzeug auf den Startpunkt und geben die gewünschte Endgröße ein.
5. Illustrator berechnet die Darstellungsgröße des Objekts anhand des für das Perspektivenraster definierten Maßstabs.

Modifikationsmöglichkeiten | Wenn das Perspektivenraster aktiv ist, haben Sie folgende Modifikationsmöglichkeiten:

- ⌘/Strg: Mit dieser Taste wechseln Sie bei der Arbeit mit den Form-Werkzeugen temporär zum Perspektivenauswahl-Werkzeug.
- ⇧, ⌥/Alt etc.: Diese Tasten arbeiten, wie von den Form-Werkzeugen gewohnt (s. Tabellen auf Seite 111 und Seite 112).
- 1, 2, 3: Mit diesen Tasten wechseln Sie zur linken, horizontalen und rechten Ebene. Der Cursor zeigt die aktive Ebene durch sein Symbol an.
- 4: Drücken Sie die 4, um zwischendurch ein Objekt außerhalb des Perspektivenrasters zeichnen zu können.
- 5: Drücken Sie 5 zusätzlich zu ⌘/Strg, um Objekte im Perspektivenraster parallel zu verschieben.

18.1.5 Bestehende Objekte im Perspektivenraster platzieren

Diesen Weg wählen Sie, wenn z. B. komplexere Konstruktionen nötig sind, Objekte nicht mit den Formwerkzeugen erstellt werden können oder wenn Sie Texte in Perspektive darstellen wollen:

1. Zeichnen Sie ein oder mehrere Objekte ohne Perspektive, oder übernehmen Sie Objekte aus einem anderen Dokument.

▲ **Abbildung 18.16**
Mithilfe des Perspektivenrasters erstellte Szene

▲ **Abbildung 18.17**
Verschiedene Stadien des Aktive-Ebene-anzeigen-Widgets

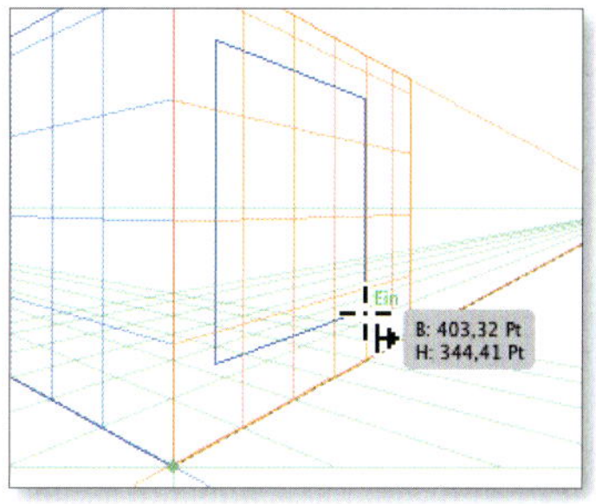

▲ **Abbildung 18.18**
Die mit dem Rechteck-Werkzeug erstellte Form wird direkt in die Perspektive gebracht.

Symbol erstellen?

Der Weg über ein Symbol mag Ihnen umständlich erscheinen, er ist jedoch vor allem dann angebracht, wenn Sie sich die Option bewahren wollen, das Objekt zu einem späteren Zeitpunkt bequem zu editieren. Da Symbole einen festen Registrierungspunkt besitzen, ist es auch nicht nötig, die Position der Symbolinstanz im Perspektivenraster nach der Bearbeitung anzupassen.

2. Erstellen Sie ein Symbol aus dem Objekt (s. Abschnitt 17.5).
3. Wählen Sie das Perspektivenauswahl-Werkzeug – [⇧]+[V] –, bestimmen Sie im Ebenen-Widget (oder mit den Zahlentasten) die Rasterebene – der Cursor zeigt die aktive Ebene durch sein Symbol für links, horizontal und rechts an –, und schieben Sie eine Symbolinstanz der Grafik an die gewünschte Position auf dem Perspektivenraster.

▼ **Abbildung 18.19**
Symbolinstanzen werden auf dem Perspektivenraster platziert.

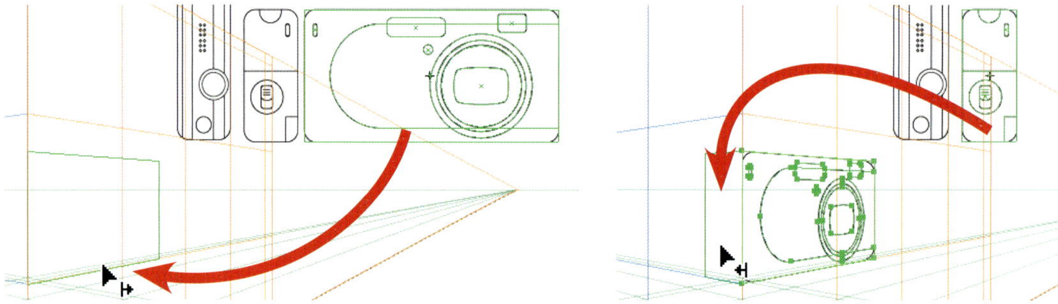

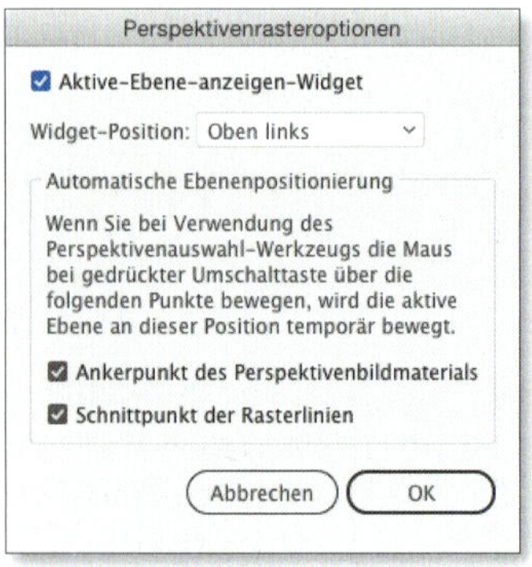

▲ **Abbildung 18.20**
Optionen des Perspektivenraster- und des Perspektivenauswahl-Werkzeugs

Objekte an Perspektivenebenen anhängen | Aktivieren Sie ein Objekt, und wählen Sie Objekt • Perspektive • Aktiver Ebene anhängen, um dieses Objekt, ohne es perspektivisch zu verzerren, ins Perspektivenraster zu bringen. Dies ist z. B. sinnvoll, wenn Sie Objekte herkömmlich perspektivisch verzerrt haben und nun in Perspektive weiterbearbeiten möchten.

Optionen der Perspektiven-Werkzeuge | Doppelklicken Sie eines der Perspektiven-Werkzeuge, um die Optionen einzustellen:

- Aktive-Ebene-anzeigen-Widget: Standardmäßig wird das Bedienelement zum Wechseln der Rasterebenen angezeigt. Deaktivieren Sie die Option, um es auszublenden.
- Widget-Position: Wenn Sie das Widget an einer anderen Stelle des Dokumentfensters anzeigen wollen, wählen Sie diese hier aus.
- Automatische Ebenenpositionierung (Inferenzmodus): Die aktive Rasterebene können Sie temporär an bestimmte Positionen verschieben, um dort ein einzelnes Objekt zu zeichnen. Dazu bewegen Sie den Cursor des Perspektivenauswahl-Werkzeugs über die entsprechende Position und drücken [⇧].
  - Ankerpunkt des Perspektivenbildmaterials: Aktivieren Sie diese Option, dann lässt sich die aktive Ebene an Ankerpunkten von Objekten ausrichten, die im Perspektivenraster ausgerichtet sind.
  - Schnittpunkt der Rasterlinien: An Stellen, an denen sich Rasterlinien schneiden, können Sie ebenfalls eine Rasterebene temporär ausrichten lassen.

Texte im Perspektivenraster

Texte können Sie nicht direkt auf eine Rasterebene setzen. Erzeugen Sie ein Textobjekt, und platzieren Sie es dann auf einer Rasterebene (s. Abschnitt 18.1.5). Das Umwandeln der Texte ist nicht nötig.

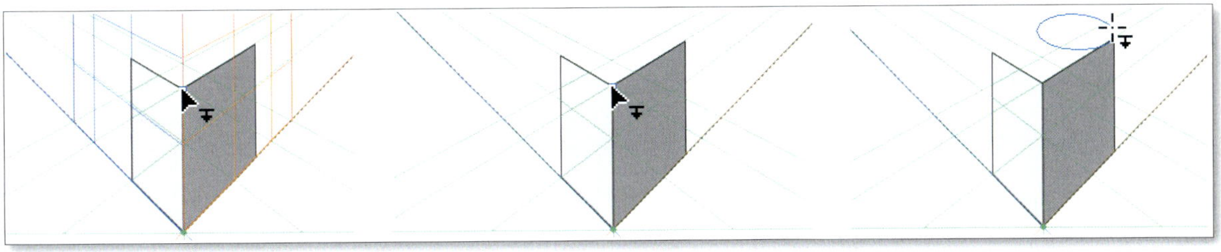

▲ **Abbildung 18.21**
Inferenzmodus: Die aktive Rasterebene wird temporär zu dem Ankerpunkt verschoben, über dem sich der Cursor befindet. Die anderen Rasterebenen werden ausgeblendet.

18.1.6 Objekte im Perspektivenraster bearbeiten

Um Objekte im Perspektivenraster auszuwählen und zu bearbeiten, verwenden Sie das Perspektivenauswahl-Werkzeug. Klicken Sie damit Objekte an, oder ziehen Sie ein Auswahlrechteck über mehrere Objekte auf, um sie zu selektieren. Sobald Sie ein Objekt auswählen, wird dessen Rasterebene ebenfalls aktiviert. Sie können Objekte auf unterschiedlichen Rasterebenen gemeinsam auswählen, aber nicht gemeinsam transformieren.

Auswahl-Werkzeug?

Verwenden Sie nicht das Auswahl- oder die Transformieren-Werkzeuge, um Perspektivenobjekte zu bearbeiten. Die Bearbeitung wäre unabhängig von der Perspektive, und das transformierte Objekt würde nicht mehr zum Perspektivenraster passen.

Objekte auf der Rasterebene bewegen | Um ein Objekt zu bewegen, wählen Sie es aus und verschieben es direkt mit dem Perspektivenauswahl-Werkzeug oder den Pfeiltasten.

Mit ⇧ schränken Sie das Verschieben auf senkrechte oder waagerechte Bewegungen ein. Halten Sie ⌥/Alt gedrückt, um eine Kopie des Objekts zu verschieben.

◀ **Abbildung 18.22**
Die in der Größe abgestimmten Fußballspieler links wurden mit dem Perspektivenauswahl-Werkzeug direkt auf geradem Weg an ihre Plätze bewegt. Dort haben sie zwar die richtige Perspektive, jedoch nicht die korrekte Größe, denn sie wurden horizontal und/oder vertikal auf ihrer ursprünglichen Perspektivenebene bewegt, befinden sich also eigentlich im Boden unter dem Fußballfeld. Um die Fußballspieler in die korrekte Lage zu bringen, müssen Sie sowohl eine parallele Bewegung durchführen – also das Objekt von seiner ursprünglichen Ebene wegbewegen – als auch eine horizontale (rechts).

Objekte skalieren | Skalieren Sie ein Objekt, indem Sie an den Anfassern seines Begrenzungsrahmens ziehen – der Cursor wechselt zu. Mit ⇧ erreichen Sie eine proportionale Skalierung (s. Abbildung 18.25).

Objekte parallel verschieben | Wenn Sie ein Objekt parallel verschieben, bewegen Sie es ausgehend von seiner Rasterebene nach vorn bzw. hinten. Wählen Sie das Objekt mit dem Perspektivenauswahl-Werkzeug aus, drücken und halten Sie die Taste 5, und verschieben Sie das Objekt. Drücken Sie ⌥/Alt, um eine Kopie des Objekts zu verschieben.

Sollen die Objekte auf einer Rasterebene gemeinsam mit der Ebene verschoben werden, drücken Sie ⇧ und verschieben die Rasterebene mit dem Widget. Mit ⌥/Alt verschieben Sie die Fluchtebene zusammen mit Kopien der darauf befindlichen Objekte (beides geht nur mit dem Perspektivenauswahl-Werkzeug).

Besonders interessant ist die Parallelverschiebung in Verbindung mit dem Modus DAHINTER ZEICHNEN. Aktivieren Sie diese Option im Werkzeugbedienfeld (s. Abschnitt 4.4.1), dann werden parallel verschobene Kopien der Objekte hinter den bestehenden angeordnet.

▼ Abbildung 18.23
Die Vorderseite der Telefonzelle wird parallel verschoben und dabei dupliziert (links). Da der Modus DAHINTER ZEICHNEN aktiv ist, wird die Kopie (auch beim erneuten Transformieren) hinter den bestehenden angelegt (Mitte). Die beiden Seiten der Telefonzelle können nicht gemeinsam parallel verschoben werden, sondern dies muss in mehreren Schritten erfolgen (rechts). Das Dach wird getrennt außerhalb des Perspektivenrasters konstruiert.

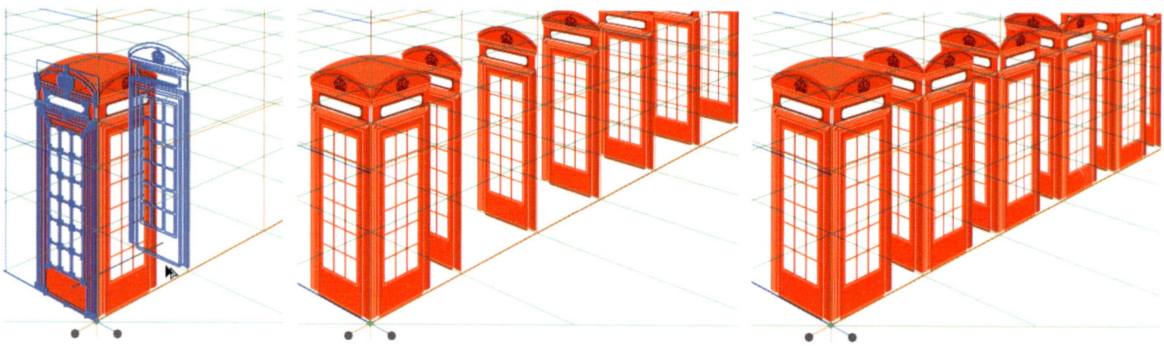

Erneut transformieren | Wenden Sie nach einer Skalierung oder Bewegung im Perspektivenraster den Befehl ERNEUT TRANSFORMIEREN an – ⌘/Strg+D –, dann erfolgt die weitere Transformation unter Berücksichtigung der Perspektive.

Objekte auf andere Rasterebenen verschieben | Verschieben Sie ein Objekt, und drücken Sie die Tasten 1 bis 3, um das Objekt einer anderen Rasterebene zuzuordnen.

Um ein Objekt zu duplizieren und auf eine andere Rasterebene zu verschieben, weisen Sie es erst mit 1 bis 3 der anderen Ebene zu und halten anschließend ⌥/Alt gedrückt, um es zu duplizieren, anstatt es zu verschieben.

▲ Abbildung 18.24
Durch ein paralleles Verschieben der einzelnen Teile können Sie aus einem radialen Raster eine Wendeltreppe konstruieren.

Symbole und Texte editieren | Dem Perspektivenraster angehängte Symbole und Texte können Sie im Isolationsmodus in unverzerrter Form bearbeiten. Ist ein solches Perspektivenobjekt ausgewählt, können Sie es isolieren, indem Sie auf das Objekt doppelklicken oder im Steuerungsbedienfeld auf den Button SYMBOL BEARBEITEN bzw. TEXT BEARBEITEN klicken. Doppelklicken Sie nach dem Bearbeiten auf eine freie Fläche.

Mit dem Zeichenstift bearbeiten | Auch wenn Sie mit dem Zeichenstift-Werkzeug keinen Pfad direkt auf einer Rasterebene neu erstellen können, ist es möglich, bestehende Rasterobjekte mit den Zeichen-Werkzeugen nachzubearbeiten, ohne sie dabei vom Raster zu lösen. Das exakte Konstruieren mit dem Zeichenstift ist einfacher, wenn Sie mit Symbolen gearbeitet haben.

Zurückwandeln? | Aufgrund der Komplexität der Funktion ist es nicht möglich, Objekte wieder vom Perspektivenraster abzulösen und in ihre Ausgangsform (ohne Perspektive) zu bringen. In einem Symbol bleibt die Ausgangsform jedoch erhalten und kann weiterhin editiert werden. Erstellen Sie daher Symbole der Grundformen, und platzieren Sie ihre Instanzen im Perspektivenraster.

18.1.7 Das Perspektivenraster mit bestehenden Objekten anpassen

Sie können das Perspektivenraster anpassen und bereits bestehende Objekte dabei »mitnehmen«. Das erlaubt Ihnen eine flexiblere Arbeitsweise mit dem Perspektivenraster.

Um das Perspektivenraster zu ändern, fixieren Sie zunächst den Bezugspunkt: ANSICHT • PERSPEKTIVENRASTER • BEZUGSPUNKT SPERREN. Die Stelle, an der die Perspektivenebenen aufeinandertreffen, wird damit zum Mittelpunkt der Bearbeitung.

Verwenden Sie anschließend das Perspektivenraster-Werkzeug, um die Horizontebene (7) (s. Abbildung 18.3) oder einen der bis zu drei Fluchtpunkte (4), (5), (17) anzupassen, indem Sie das jeweilige Widget verschieben.

Es gibt kleine Einschränkungen: Sie können keine andere Perspektivenart aus dem Menü wählen, und Sie können auch nicht das Perspektivenraster auf der Zeichenfläche verschieben (16) und dabei die vorhandenen Objekte mitführen.

Nachträgliche Veränderung der Horizonthöhe bzw. der Fluchtpunkte einer Zweipunktperspektive | Am Beispiel einer Zweipunktperspektive sieht es so aus:

1. Falls Sie Objekte anpassen wollen, die zuvor aus der Perspektive gelöst wurden, müssen Sie diese zunächst mit OBJEKT • PERSPEKTIVE • AKTIVER EBENE ANHÄNGEN wieder dem Perspektivenraster zuordnen.
2. Beginnen Sie die Bearbeitung, indem Sie ANSICHT • PERSPEKTIVENRASTER • BEZUGSPUNKT SPERREN aufrufen.

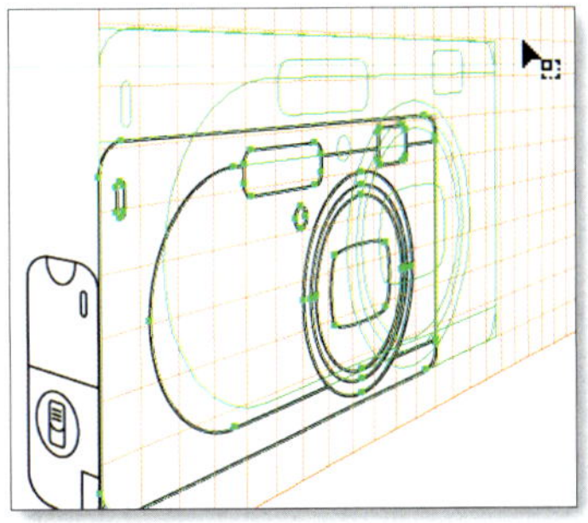

▲ **Abbildung 18.25**
Skalieren von Perspektivenobjekten: Es können nur Objekte auf derselben Rasterebene gemeinsam skaliert werden – achten Sie darauf, nur das Perspektivenauswahl-Werkzeug zu verwenden.

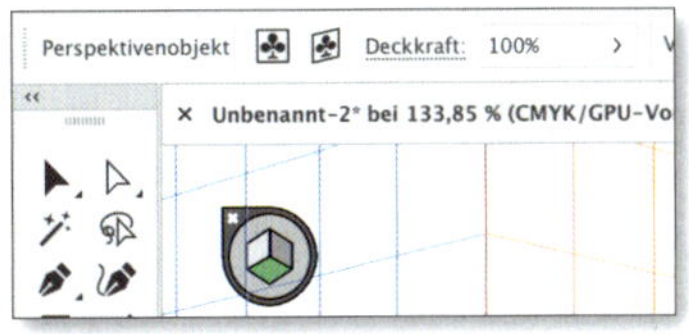

▲ **Abbildung 18.26**
Anzeige des Perspektivenobjekts im Steuerungsbedienfeld

Objekte zurückwandeln

Um Objekte wieder in ihre unverzerrte Form zurückzuwandeln, können Sie probieren, ob sich das Perspektivenraster so drehen lässt, dass die Objekte unverzerrt sind. Wenn es mit den Widgets nicht möglich ist, öffnen Sie die Dialogbox RASTER DEFINIEREN.

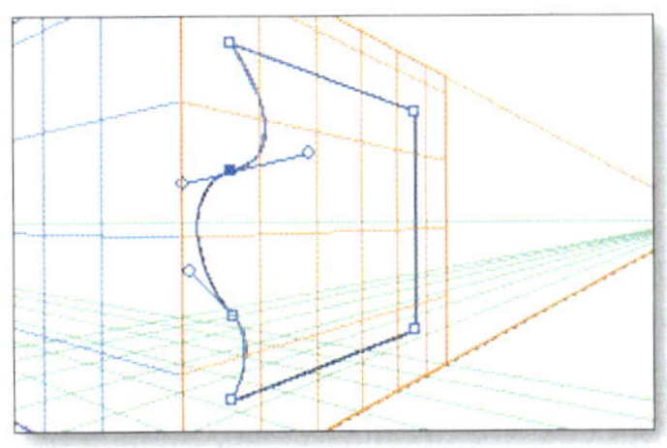

▲ **Abbildung 18.27**
Arbeiten mit dem Zeichenstift an einem Pfad auf der Rasterebene

Objekte im Perspektivenraster

Es reicht nicht aus, dass die Objekte innerhalb des Perspektivenrasters liegen – sie müssen diesem auch noch zugewiesen sein. Falls Sie Transformationen vorgenommen haben, die die Objekte von den Perspektivenebenen lösen, oder den Befehl Objekt • Perspektive • Aus Perspektive freigeben angewandt haben, werden die so bearbeiteten Objekte nicht an die neue Situation angepasst.

3. Mit dem Horizontlinien-Widget lässt sich die Horizonthöhe verändern. Sie können auch die Fluchtpunkte greifen und verschieben. In der Vorschau dreht sich die Szene um die Kante, an der sich die beiden Perspektivenebenen treffen.
4. Die bereits vorhandenen Objekte passen sich an, sobald Sie die Maustaste loslassen:

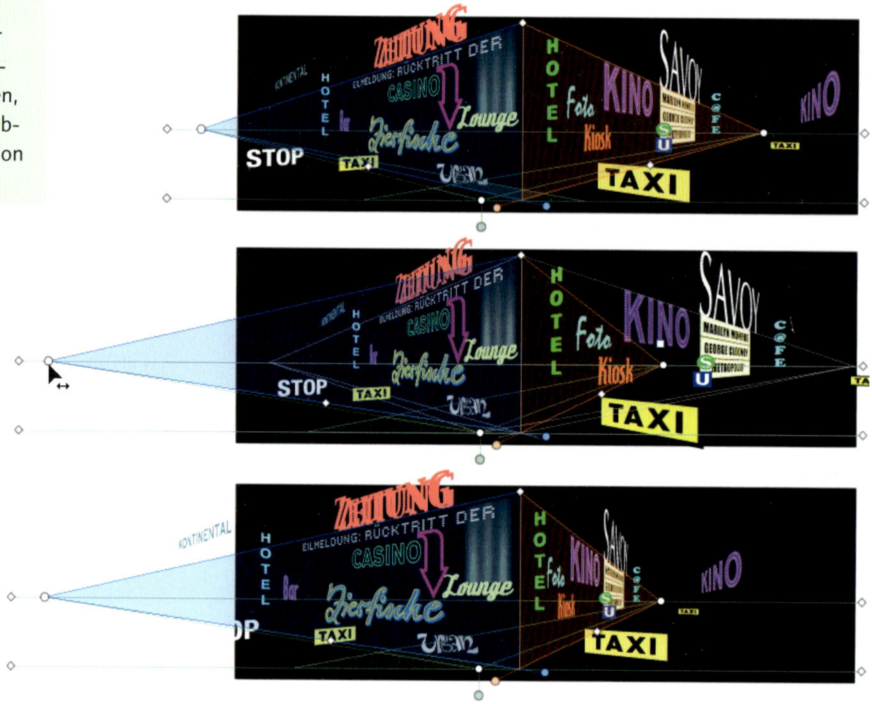

Abbildung 18.28 ▶
Verschieben der Fluchtpunkte eines Perspektivenrasters (Original: oben); die Szene wird dabei um den Bezugspunkt gedreht. Vergleichbar lässt sich die Horizonthöhe anpassen.

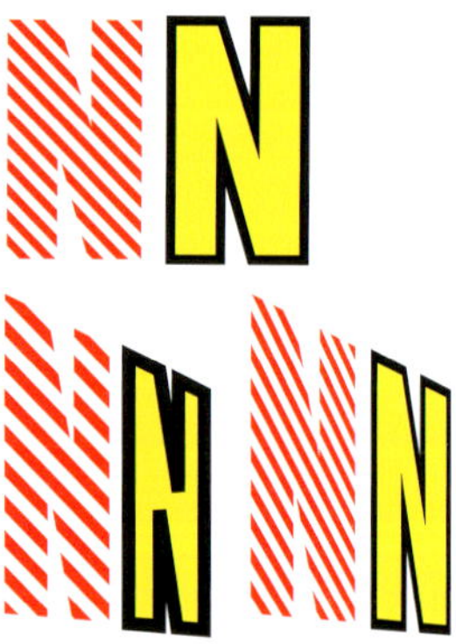

▲ **Abbildung 18.29**
Originalobjekte (oben): im Perspektivenraster platziert ohne (links unten) und mit (rechts unten) umgewandelter Kontur und umgewandeltem Muster

18.1.8 Konturen, Effekte und besondere Objekte

Perspektivenobjekte können mit Aussehen-Eigenschaften versehen werden, Konturen (dies gilt auch für Pinsel und Breitenprofile), Effekte und Muster werden im Raster jedoch nicht transfomiert, d.h., dass sich z.B. Konturstärken und Musterelemente nicht verjüngen. Muster werden im Raster auch nicht mit dem Objekt bewegt.

Wenn Sie Konturen oder Muster perspektivisch verzerren möchten, müssen Sie zunächst ein Objekt mit einer umgewandelten Kontur (s. Abschnitt 10.6.1) oder einem umgewandelten Muster (s. Abschnitt 16.1.5) erstellen und dieses dann im Perspektivenraster platzieren.

Schnittmasken – z.B. umgewandelte Muster – werden korrekt an die Perspektive angepasst, sofern die maskierten Objekte selbst geeignet sind.

Verzerrungshüllen können Sie zwar nicht im Perspektivenraster platzieren, Sie können jedoch Perspektivenobjekte mit einer Hülle versehen.

Weder verknüpfte noch eingebettete Pixelbilder lassen sich im Perspektivenraster platzieren. Falls es sich um geeignete Motive handelt, können Sie die Bilder vektorisieren und sie anschließend im Perspektivenraster platzieren. Sie können auch ein Rechteck in der Größe des Bildes im Perspektivenraster ausrichten und dieses Rechteck anschließend als Verzerrungshülle für das Bild verwenden. Alternativ verwenden Sie den 3D-Effekt Drehen.

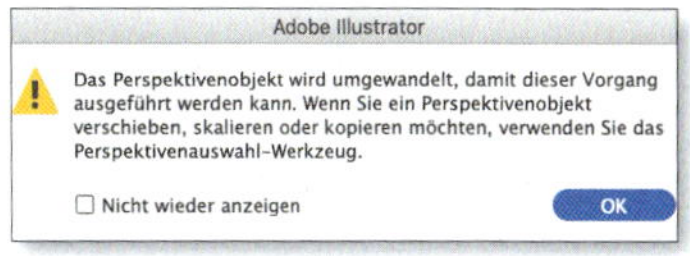

▲ **Abbildung 18.30**
Warnung beim Bearbeiten perspektivischer Objekte mit Transformieren-Werkzeugen

18.1.9 Umwandeln

Ein Perspektivenobjekt erkennen Sie an seinem Begrenzungsrahmen, wenn Sie es mit dem Perspektivenauswahl-Werkzeug aktivieren: Er besitzt gefüllte Anfasser. Mit Objekt • Perspektive • Aus Perspektive freigeben lösen Sie Objekte aus dem Perspektivenraster und erhalten die perspektivische Darstellung.

Die Anwendung mancher Illustrator-Funktionen kann ebenfalls ein Herauslösen aus dem Perspektivenraster erfordern. In dem Fall zeigt Illustrator eine Warnung an. Nicht erforderlich ist das Umwandeln, um Objekte z. B. mit nicht perspektivischen Objekten zu gruppieren.

▲ **Abbildung 18.31**
Realistische Darstellung mit Bildmappings der Erdoberfläche und darüber der Wolkenbildung (Bildmaterial © *http://visibleearth.nasa.com)*

18.1.10 Perspektivenraster und 3D-Effekte

Auch wenn die Ergebnisse ähnlich aussehen, handelt es sich um zwei verschiedene Arten räumlicher Darstellungen. Fluchtpunktperspektiven sind eine mathematisch-geometrische Methode, die menschliche Wahrnehmung der Welt nachzubauen, jedoch sind sie nur eine Näherung. 3D-Effekte setzen an der anderen Seite an: Sie erstellen dreidimensionale Modelle und imitieren eine Kamera. Kombinieren lassen sich beide Funktionen aufgrund der Unterschiede in der Methodik jedoch nicht.

18.2 3D-Objekte mit den 3D-Effekten erzeugen

Für die Konstruktion dreidimensionaler Objekte bietet Illustrator im Menü Effekt • 3D drei Operationen: Extrudieren, Kreiseln und Drehen. Die Effekte Extrudieren und Kreiseln generieren dreidimensionale Körper, deren Lage im Raum frei bestimmt werden kann. Der Drehen-Effekt rotiert zweidimensionale Objekte im Raum und erzeugt eine perspektivische Ansicht. Anders als in »echten« 3D-Programmen sind in

▲ **Abbildung 18.32**
3D-Effekte sind eine große Hilfe, um Objekte zu konstruieren, die anschließend umgewandelt und mit Verläufen gefüllt werden.

Illustrator einzelne Objekte, auf die 3D-Effekte angewendet wurden, unabhängig voneinander – die dreidimensionalen Formen haben jeweils eigene Lichtquellen, und Sie können sie nicht in einem gemeinsamen Raum kombinieren, sondern nur auf der Fläche anordnen. Das Erstellen einer dreidimensionalen Szene ist daher nur eingeschränkt möglich. Als Grundformen können Sie einfache Pfade oder bereits mit anderen Illustrator-Funktionen erstellte oder verformte Objekte – wie Verzerrungshüllen oder Diagramme – verwenden. Da die 3D-Operationen als Live-Effekte angewendet werden, sind sowohl die Grundobjekte als auch die Parameter der Effekte selbst jederzeit editierbar.

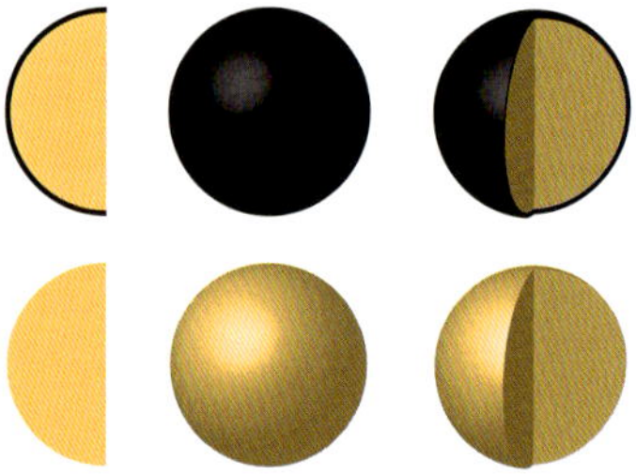

▲ **Abbildung 18.33**
Weil der Halbkreis eine schwarze Kontur besitzt, entsteht beim Kreiseln eine schwarze Kugel (oben Mitte) – keine orange. Was passiert, ist zu sehen, wenn die Kugel nur 240° gekreiselt wird (oben rechts).

18.2.1 Grundformen

Die der Grundform zugewiesenen Füllungen und Konturen übernimmt das dreidimensionale Objekt. Besitzt eine Grundform nur eine Füllung, bildet diese die Oberflächenfarbe des Körpers.

Ist darüber hinaus eine Kontur definiert, entsteht ein zusätzliches Objekt, denn Illustrator wandelt Konturen vor der Anwendung eines 3D-Effekts intern in Formen um. Daher dauert die Berechnung eines konturierten Objekts länger und kann zu unerwünschten Ergebnissen führen. Verwenden Sie deswegen möglichst Grundformen ohne Kontur.

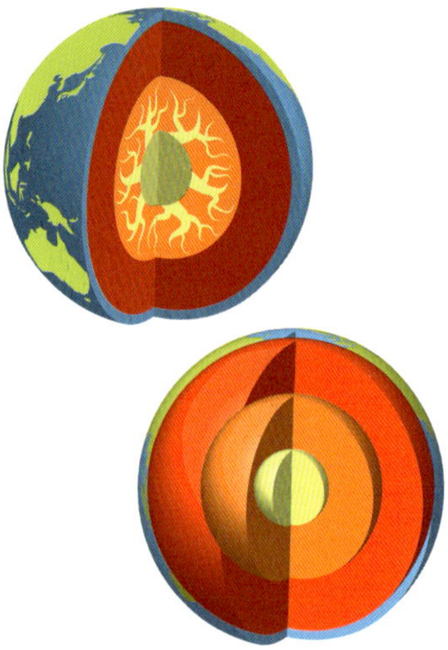

▲ **Abbildung 18.34**
Ausgangsobjekte als Gruppe (oben) und einzeln (unten) gekreiselt

Gruppen | Sie können eine korrekte räumliche Anordnung mehrerer Körper erzielen, wenn Sie die Grundformen vor der Anwendung des 3D-Effekts gruppieren, denn der Effekt wird dann der Gruppe anstatt den einzelnen Objekten zugewiesen. Selbstverständlich wirken dann die Einstellungen im 3D-Effekt auf alle Objekte.

Dasselbe Ergebnis erhalten Sie, wenn Sie den Effekt auf die Ebene anwenden, der die Objekte zugeordnet sind.

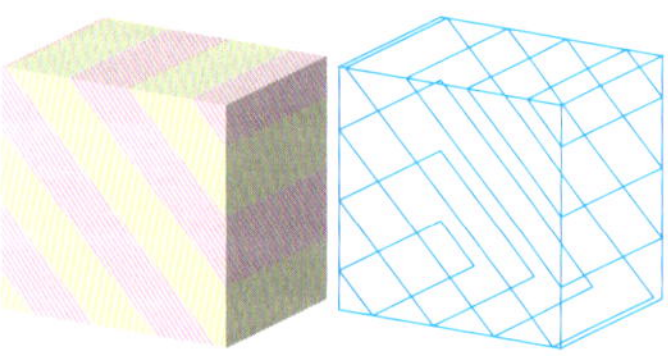

▲ **Abbildung 18.35**
Eine Musterfüllung wird mit dem Objekt extrudiert.

Transparenz | Um ein transparentes Material zu simulieren, legen Sie die Deckkrafteinstellung und gegebenenfalls eine abweichende Füllmethode für das Grundobjekt an. Beachten Sie die Optionen für verdeckte Flächen (s. Abschnitt 18.2.7).

Muster | Ist ein Objekt mit Musterfüllungen versehen, kann die Berechnung des 3D-Körpers einige Zeit in Anspruch nehmen, vor allem, wenn Sie gleichzeitig Profilkanten zugewiesen haben. Weisen Sie das Muster stattdessen der Oberfläche als Bildmaterial zu.

3D-Objekte mit Kontur

Wird ein oder werden mehrere Objekte mit Konturen extrudiert, können die Konturen zu Problemen führen, wie z. B. bei diesem Diagramm. Ohnehin ist dies meist nicht die gewünschte Form der Kontur.

Stattdessen extrudieren Sie Ausgangsobjekte ohne Kontur, gruppieren dann das 3D-Objekt und weisen der Gruppe eine neue Kontur zu. Diese Kontur verschieben Sie unter den Eintrag INHALT im Aussehen-Bedienfeld und weisen ihr außerdem den Pathfinder-Effekt HINZUFÜGEN zu.

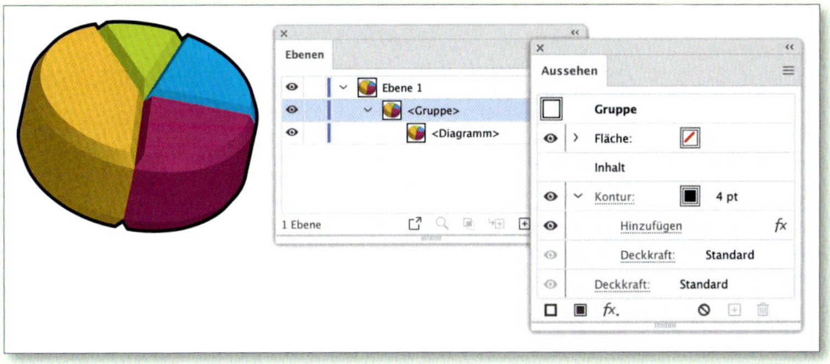

18.2.2 Extrudieren und abgeflachte Kante

Dieser Effekt verwendet die Grundform als Profil, das entlang der Z-Achse in die Tiefe gezogen wird. Die Z-Achse verläuft immer senkrecht zur Objektoberfläche, d. h. senkrecht zur Zeichenfläche.

Die Form der beim Tiefziehen entstehenden Kante können Sie bestimmen. Der Effekt heißt zwar »abgeflachte Kante«, diese Bezeichnung trifft jedoch auf die allerwenigsten der zur Verfügung stehenden Formen zu. Die Palette der Kantenformen lässt sich außerdem durch eigene Formen ergänzen.

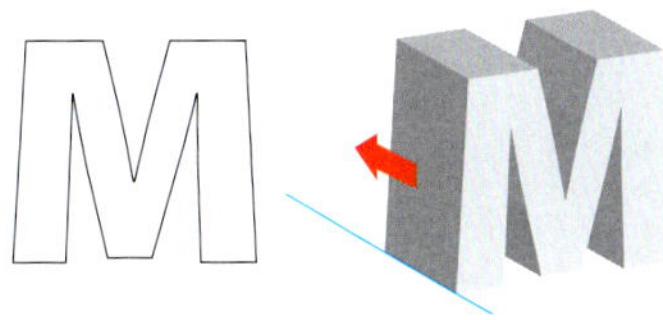

▲ **Abbildung 18.36**
Grundform und extrudiertes Objekt

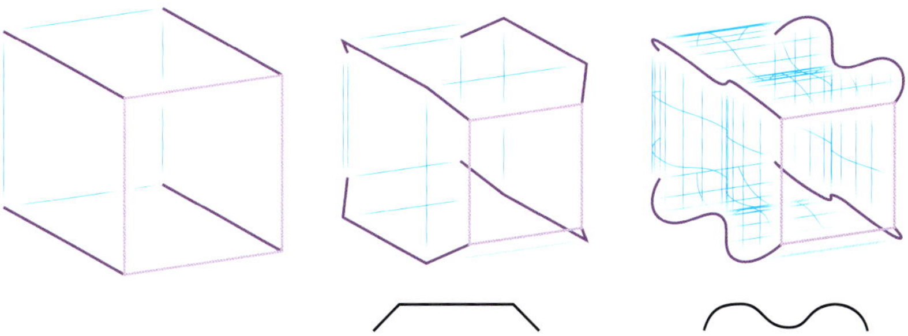

◀ **Abbildung 18.37**
Extrusion einer Grundform (jeweils lila) ohne Profilkante (links) entlang einer Geraden, mit unterschiedlichen Profilkanten (Mitte und rechts)

Um ein Objekt zu extrudieren, aktivieren Sie es bzw. wählen es als Ziel aus und wählen EFFEKT • 3D • EXTRUDIEREN UND ABGEFLACHTE KANTE… aus dem Menü. Die Optionen, mit denen Sie das Extrusionsobjekt erstellen, finden Sie in der Dialogbox unter dem Drehpositionsregler.

Abgeflachte Kante?

Die englische Originalbezeichnung dieses Effekts – »Bevel« – hätte man vielleicht zutreffender mit »Profilkante« übersetzt.

Abbildung 18.38 ▶
Extrudieren und abgeflachte Kante – Optionen (Ausschnitt)

- Tiefe der Extrusion: Geben Sie die Tiefe des Objekts mit einem Wert zwischen 0 und 2.000 Punkt bzw. 705,5 mm ein. Um die Tiefe in Millimetern festzulegen, tippen Sie die Einheit »mm« nach dem Wert ein. Nachträgliche Änderungen der Tiefe der Extrusion erfolgen immer von der Mitte aus zu beiden Seiten. Die Position des Objekts auf der Zeichenfläche muss dann also ebenfalls korrigiert werden.
- Abschluss: Mit den Abschluss-Buttons definieren Sie, ob das Objekt geschlossen (massiv) oder offen (hohl) ist.
  Offene Körper sollten Sie aus Grundobjekten erzeugen, die keine Kontur besitzen. Besitzt die Grundform eine Kontur, wird je ein Extrusionsobjekt auf beiden Seiten der Kontur angelegt.
- Abgeflachte Kante: In dem Menü bestimmen Sie das Profil des Objekts entlang der Z-Achse.
- Höhe: Geben Sie hier ein, auf welche Höhe das ausgewählte Profil skaliert werden soll. Geben Sie einen Wert zwischen 0 und 100 Punkt – oder 35,2 mm – ein.
  Beachten Sie, dass bei der Berechnung nach innen (s. den nächsten Punkt) Darstellungs- und Berechnungsfehler auftreten können, wenn die Höhe des Profils den Durchmesser der Grundfläche des Objekts übersteigt.
- Abgeflachte Kante nach aussen/nach innen: Die Höhe des Kantenprofils können Sie zur Objektgrundfläche hinzufügen oder innerhalb der Objektgrundfläche berechnen lassen. Wählen Sie mit den Buttons Abgeflachte Kante nach aussen und Abgeflachte Kante nach innen .

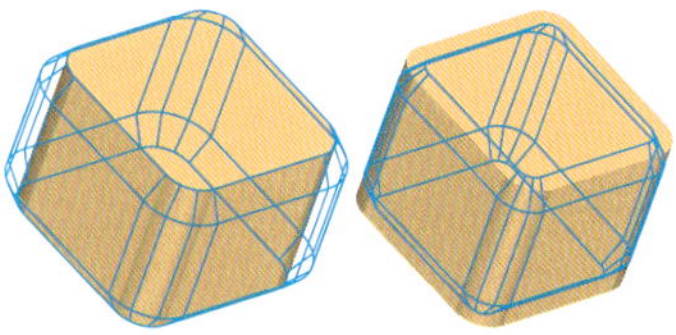

▲ Abbildung 18.39
Objekt ohne Profilkante (orange), Profilkante (blau) nach außen (links) und nach innen (rechts)

▲ Abbildung 18.40
Unterschiedliche Profilhöhe bei Abgeflachte Kante nach innen

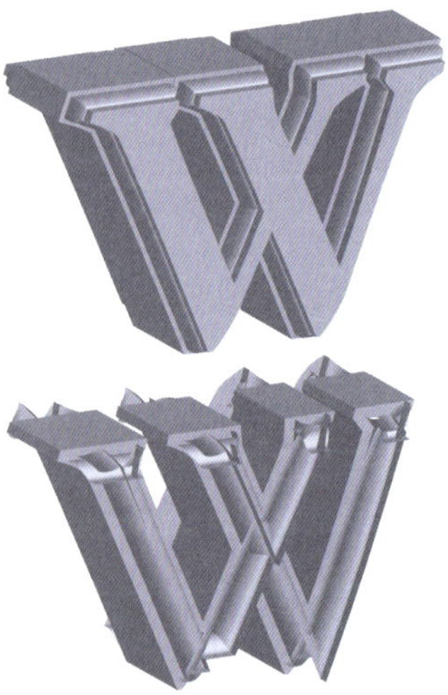

▲ Abbildung 18.41
Bei Objekten mit feinen Details tritt eine selbstüberschneidende Profilkante schnell auf (oben: Kante nach außen; unten: Kante nach innen).

18.2.3 Eigene Kantenprofile hinzufügen und verwenden

Das Menü Abgeflachte Kante in der Dialogbox 3D-Extrudieren-Optionen enthält nur eine begrenzte Anzahl an Kanten. Sie können es jedoch um eigene Kreationen ergänzen. Bei jedem Start liest Illustrator die Kantenprofile aus einer Datei im Programmordner – in dieser Datei müssen Sie Ihre eigenen Profile anlegen, damit diese beim nächsten Start des Programms im Menü zur Verfügung stehen. Gehen Sie wie folgt vor:

1. Zeichnen Sie das Profil als einzelnen offenen Pfad. Auch wenn der Hilfetext nahelegt, dass Sie den Pfad in der Kantendatei erstellen sollen, ist das nicht notwendig.

Legen Sie Ihre Kante horizontal an. Die Außenseite weist nach oben. Der Teil, der am Objekt nach vorn zeigen soll, ist an der rechten Seite.

2. Öffnen Sie die Datei »Abgeflachte Kanten.ai« aus dem Programmordner auf dem Mac in Adobe Illustrator 2020/Support Files/Resources/de_DE und auf Windows in Adobe Illustrator 2020/Support Files/Required/Resources/de_DE (bzw. eine andere Sprache, z. B. en_US).
3. Fügen Sie Ihr Kantenprofil über die Zwischenablage in die Kanten-Datei ein.
4. Rufen Sie das Symbole-Bedienfeld unter Fenster • Symbole – Shortcut ⌘/Strg+⇧+F11 – auf.
   Legen Sie Ihr Kantenprofil als neues Symbol an, indem Sie das Profil aktivieren und auf den Button Neues Symbol ⊞ klicken – Shortcut F8. Geben Sie dem Symbol einen aussagekräftigen Namen.
5. Speichern Sie die Abgeflachte-Kante-Datei im Ordner Zusatzmodule im Illustrator-Programmordner. So erreichen Sie sie das nächste Mal einfacher. Dann schließen Sie sie und beenden Illustrator. Starten Sie Illustrator erneut, und öffnen Sie die Datei, in der Sie die Kante verwenden möchten.
6. Aktivieren Sie das Objekt, dem die Kante zugewiesen werden soll. Falls Sie es bereits mit dem Effekt Extrudieren versehen haben, rufen Sie die Optionen des Effekts über das Aussehen-Bedienfeld auf. Wählen Sie das vorher eingerichtete Profil im Menü Abgeflachte Kante aus.
7. Passen Sie – falls nötig – die Höhe des Profils an, und wählen Sie mit den Buttons, ob die Kante nach außen oder innen berechnet werden soll.

▲ **Abbildung 18.42**
Grundobjekt und Profilkante (oben), mit Bildmaterial versehen (unten)

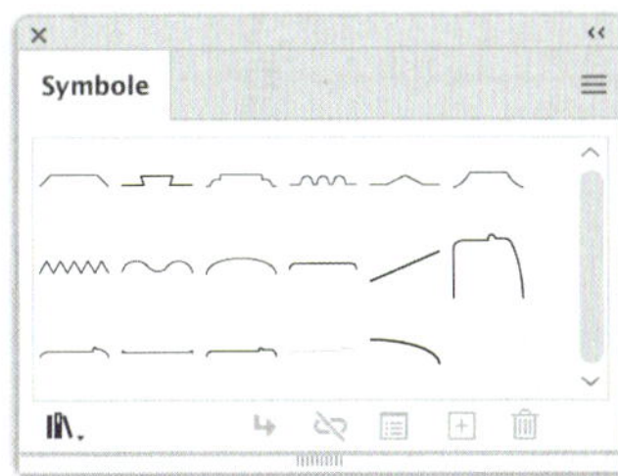

▲ **Abbildung 18.43**
Abgeflachte Kanten: Wichtig ist, was als Symbol gespeichert ist.

18.2.4 Kreiseln

Die Operation Kreiseln wird in vielen 3D-Programmen auch als »Rotation« bezeichnet. Der Körper entsteht, indem die Grundform um die Y-Achse rotiert wird. Die Position des Grundobjekts kann rechts oder links der Achse gewählt werden. Auch den Abstand des Grundobjekts zur Achse können Sie definieren – dies benötigen Sie z. B. zum Erstellen von Ring-Objekten.

Wenden Sie den Effekt gleichzeitig auf mehrere Objekte an, rotiert jedes um eine eigene Achse. Wenn Sie mehrere Objekte um eine gemeinsame Achse rotieren möchten, gruppieren Sie sie vor Anwenden des Effekts. Alternativ wenden Sie den Effekt auf die Ebene an, der die Objekte zugeordnet sind.

Um ein Objekt, eine Gruppe oder eine Ebene mit dem Effekt Kreiseln zu versehen, aktivieren Sie es bzw. wählen es als Ziel aus und rufen Effekt • 3D • Kreiseln... aus dem Menü auf. Die Optionen, mit denen

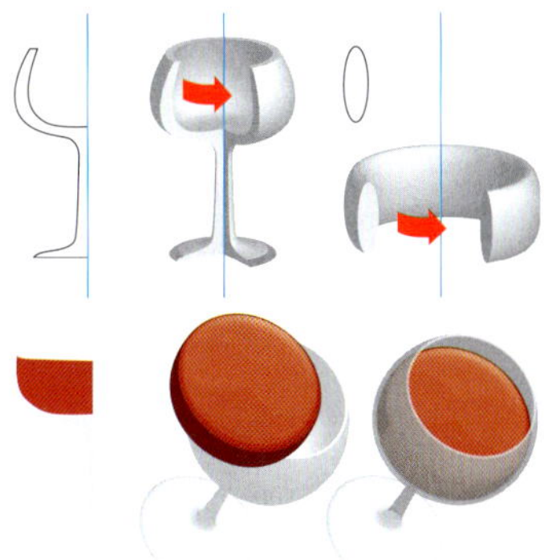

▲ **Abbildung 18.44**
Grundform und gekreiseltes Objekt (oben); Kreiseln einzelner Objekte (unten links) und einer Gruppe (unten rechts)

Sie das Rotationsobjekt erstellen, finden Sie in der Dialogbox unter dem Drehpositionsregler.

▲ **Abbildung 18.45**
Kreiseln-Optionen (Ausschnitt)

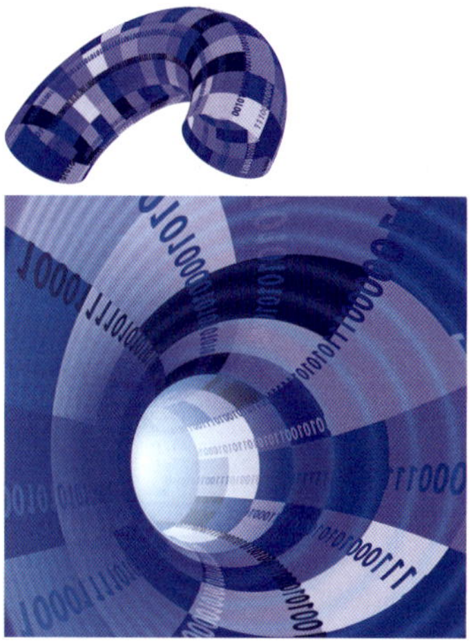

▲ **Abbildung 18.46**
Aus einem Kreiselobjekt mit offenem Abschluss und entsprechendem Bild-Mapping sowie zusätzlichen Objekten für Beleuchtungseffekte entsteht ein »Time-Tunnel«.

- Winkel: Sie können bestimmen, ob die Grundform ganz um die Achse herum kreiselt – also 360° – oder nur teilweise. Verwenden Sie den Winkelschieber, oder geben Sie einen Wert zwischen 0 und 360° in das Eingabefeld ein.
- Abschluss: Mit den Abschluss-Buttons definieren Sie, ob das Objekt geschlossen oder offen ist. Diese Option bewirkt nur dann eine Veränderung, wenn der Kreiselwinkel kleiner als 360° ist.
- Versatz ... von: Im Dialogfeld Versatz bestimmen Sie die Entfernung zwischen der Drehachse und der Grundform. Geben Sie einen Wert zwischen 0 und 1.000 Punkt – oder 352,7 mm – ein. Mit dem Aufklappmenü legen Sie fest, auf welcher Seite der Drehachse die Grundform angeordnet wird.

Objekte gefahrlos verschieben

Deaktivieren Sie die Anzeige des Begrenzungsrahmens, wenn Sie 3D-Objekte auf der Zeichenfläche verschieben.
Anderenfalls passiert es nur zu oft, dass Sie die Grundform unabsichtlich transformieren, anstatt das 3D-Objekt zu verschieben.

18.2.5 Objekte im Raum ausrichten

Die Ansicht der Objekte bestimmen Sie zum einen durch ihre Ausrichtung im Raum – in Illustrator als »Position« bezeichnet, obwohl Sie eine räumliche Position nicht definieren können. Darüber hinaus legen Sie mit der Perspektive die Brennweite Ihrer virtuellen Kamera fest. Das Verschieben eines Objekts auf der Zeichenfläche wirkt sich anders als bei »echtem 3D« nicht auf die perspektivische Darstellung aus.

Lokale und globale Achsen | Um die Position eines Objekts relativ zum Betrachter auszurichten, können Sie sowohl lokale – an das Objekt gebundene – als auch globale Achsensysteme verwenden. Prinzipiell funktioniert das Ausrichten wie das Positionieren eines Objekts auf einem Tisch: Sie können entweder das Objekt oder den Tisch bewegen, um das Objekt auf eine Kamera auszurichten. Das lokale Achsensystem bewegt sich bei der Drehung mit dem Objekt, das globale Achsensystem ist selbst fixiert, bewirkt aber – wenn Sie es verwenden – eine Drehung des Objekts sowie aller seiner Achsen.

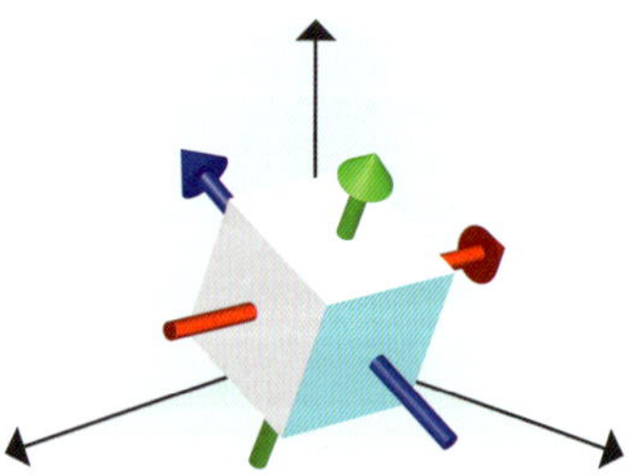

▲ **Abbildung 18.47**
Lokale (Objekt-)Achsen und globale (Welt-)Achsen

18.2.6 Drehen

Drehen beinhaltet die Ausrichtung der Objekte im Raum und die Einstellung der Perspektive einer virtuellen Betrachtungskamera. Eine Drehung lässt sich sowohl für Extrusions- und Kreiselobjekte als auch für zweidimensionale Formen einrichten.

Beim Drehen zweidimensionaler Formen wirkt sich die Drehung auf Musterfüllungen, Konturstärken und Pinselkonturen aus, die perspektivisch angepasst werden. Die perspektivische Darstellung von Verläufen gelingt in den wenigsten Fällen; Freihandverläufe werden sogar entfernt.

Um dreidimensionale Extrusions- und Rotationsobjekte zu drehen, verwenden Sie die Eingabemöglichkeiten in der Dialogbox des jeweiligen Effekts.

Ein zweidimensionales Objekt drehen Sie, indem Sie es aktivieren und EFFEKT • 3D • DREHEN aufrufen.

▲ **Abbildung 18.48**
Konturen werden perspektivisch angepasst (Mitte), der Effekt kann mit Breitenprofilen noch verstärkt werden (rechts); Ausgangsobjekt links

3D-Objekte in einer »Szene«

Wenn Sie mehrere Objekte zu einem Fluchtpunkt hin ausrichten wollen, konstruieren Sie die Perspektive einer Szene mit Hilfslinien.

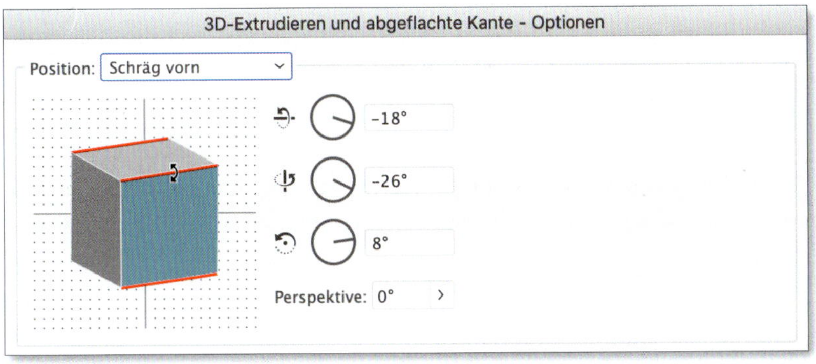

◀ **Abbildung 18.49**
3D-DREHEN-OPTIONEN (Cursor über einer Würfelkante für eine eingeschränkte Drehung um die lokale X-Achse)

- VORSCHAU: Aktivieren Sie die Vorschau, um die Positionsänderungen auf der Zeichenfläche darzustellen.
- POSITION: Einige Standardobjektpositionen sind über das Menü abrufbar. Sie enthalten sowohl die Objektausrichtung als auch die zugehörige Perspektive.
- Winkeleinstellungen: Um die Position frei einzustellen, verwenden Sie den Würfel oder geben die gewünschte Position in die Eingabefelder für die Drehung um die X-Achse, die Y-Achse und die Z-Achse ein.
- Würfel: Der Würfel repräsentiert Ihr Objekt – die Vorderseite ist blau dargestellt, die Ober- und Unterseite hellgrau, die Seitenflächen in einem mittleren Grau, die Rückseite in Dunkelgrau.
  - Freie Drehung: Klicken und ziehen Sie eine der Würfelflächen, um das Objekt frei zu drehen.
  - Eingeschränkte Drehung auf lokale Achsen: Bewegen Sie die Maus über eine Würfelkante – der Cursor zeigt den Doppelpfeil, und die Kanten werden farbig hervorgehoben; klicken und ziehen Sie, um das

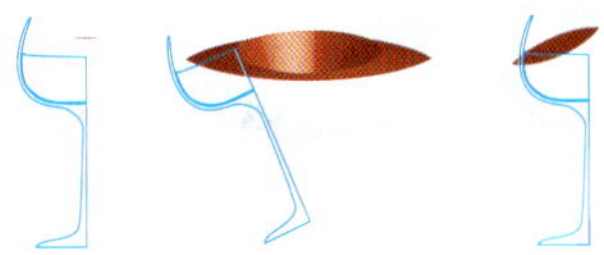

▲ **Abbildung 18.50**
Ein mit einem 3D-Effekt versehenes Objekt können Sie nicht direkt auf der Zeichenfläche drehen (Mitte), sondern nur in den Optionen des Effekts.

▲ **Abbildung 18.51**
Drehung um die lokale X-Achse (Mitte), Drehung um die globale Y-Achse (rechts)

»Brennweite« (ca.)	Perspektive
Tele 135 mm	18°
Porträt 80 mm	28°
Normal 50 mm	35°
Weitwinkel 35 mm	80°
Superweitw. 24 mm	120°

▲ **Tabelle 18.1**
Vergleich Perspektive und Objektivbrennweite

Objekt zu drehen. Die Hervorhebung der Kante zeigt Ihnen an, um welche Achse Sie das Objekt drehen – X-Achse: rot, Y-Achse: grün, Z-Achse: blau.

- Auf globale Achsen eingeschränkte Drehung: Drücken und halten Sie ⇧, und bewegen Sie die Maus in das Würfelfeld – der Cursor zeigt das Koordinatenkreuz. Klicken und ziehen Sie die Maus horizontal, um die Drehung auf die globale X-Achse, und vertikal, um die Drehung auf die globale Y-Achse zu beschränken. Bewegen Sie den Cursor außerhalb des Würfels, bis der Cursor erscheint, und klicken und ziehen Sie dann, um die globale Z-Achse zu drehen.

- Perspektive: Geben Sie einen Wert zwischen 0 und 160° ein, um die Darstellungsperspektive zu definieren. Ein Wert von 0° bewirkt eine isometrische Darstellung, und große Werte entsprechen in der Wirkung einem starken Weitwinkelobjektiv.

▲ **Abbildung 18.52**
Perspektive 0° und 160°

18.2.7 Schattierung und Beleuchtung

Mehr Optionen!
Die in diesem Abschnitt besprochenen Einstellmöglichkeiten sind erst sichtbar, wenn Sie Mehr Optionen in der Dialogbox anzeigen lassen.

Illustrator berechnet nicht nur eine dreidimensionale Geometrie, sondern passt auch die Füllung der Objekte an die Beleuchtung und die gewählte »Schattierung« an. Mit der Schattierung bestimmen Sie die Oberflächenqualität in vier Stufen von der Drahtmodelldarstellung bis zur Kunststoffschattierung.

Je nach gewählter Schattierung stehen unterschiedliche und unterschiedlich viele Beleuchtungsoptionen zur Verfügung.

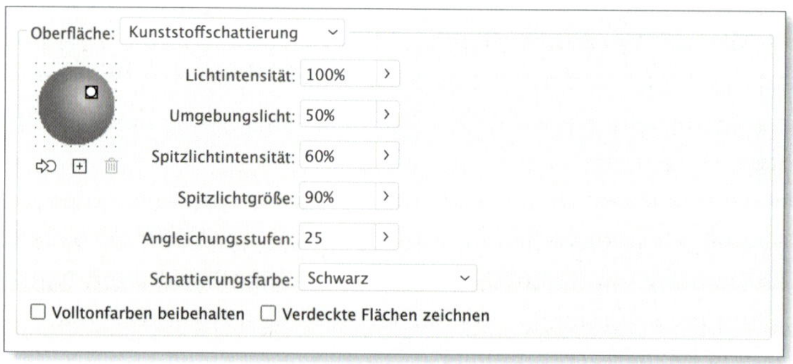

Abbildung 18.53 ▶
Lichtquellen-Dialogbox

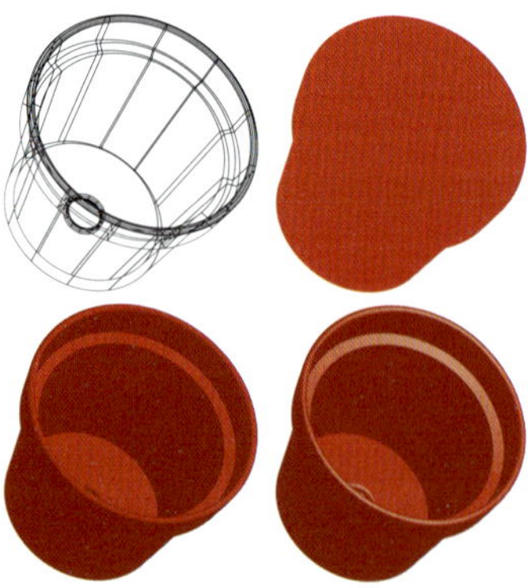

▲ **Abbildung 18.54**
Schattierungsoptionen: Drahtmodell, Keine, Diffuse, Kunststoffschattierung

- Oberfläche: Wählen Sie die Oberflächenqualität aus dem Menü (s. Abbildung 18.54). Die Auswahl beeinflusst auch die Darstellungsform des zugewiesenen Bildmaterials (s. nächster Abschnitt):
  - Drahtmodelldarstellung: Es werden die Konturen der Polygone dargestellt, aus denen sich der Körper zusammensetzt. Flächen sind transparent.

Fehldarstellungen der 3D-Effekte korrigieren

Manche Fehldarstellungen lassen sich durch leicht abweichende Werte im Regler Perspektive korrigieren. Wenn Sie bisher eine Perspektive von 0° verwenden, kann bereits der Wert 1° Besserung bringen.

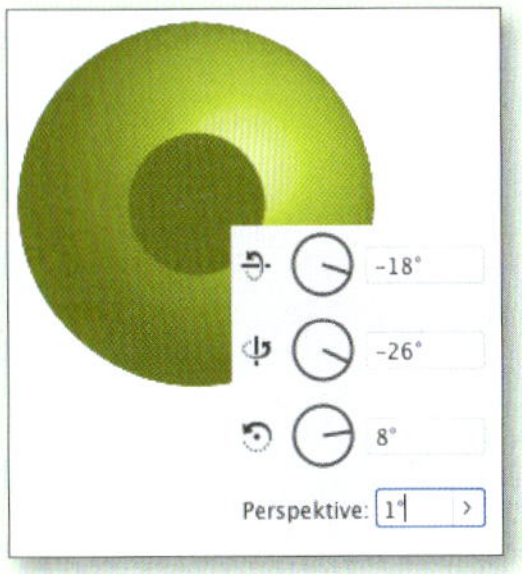

Zu wenige Punkte, fehlende und extrem gesetzte Griffe können ebenfalls zu Fehlern führen. Häufig hilft es bereits, Punkte hinzuzufügen und Griffe auf beiden Seiten des gekrümmten Pfadsegments anzulegen.

Eine zu extreme Perspektive kann nicht berechnet werden. Bei einem Wert von 160° steht die Kamera praktisch im Objekt. Auch durch eine zu große Höhe der Abgeflachten Kanten können Fehler entstehen.

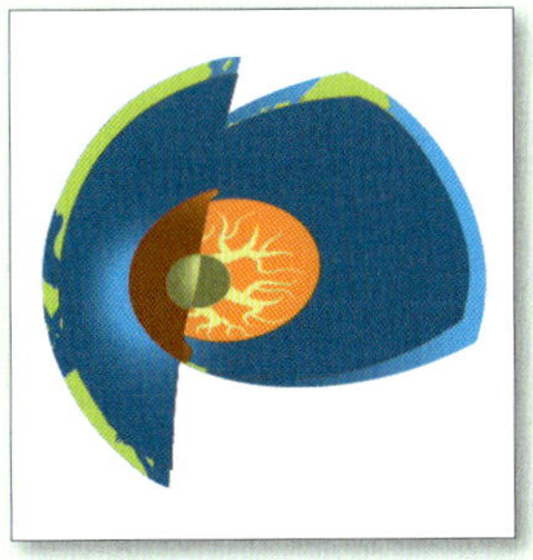

Griffe, die gerade Pfadsegmente begrenzen, sind überflüssig und führen zu Fehlberechnungen des zugewiesenen Bildmaterials. Im zugewiesenen Bildmaterial selbst können einzelne Ankerpunkte zu Irritationen führen.

   - Keine Schattierung: Das Objekt behält seine Farbe bei. Sie wird nicht durch die dreidimensionale Form oder die Beleuchtung moduliert.
   - Diffuse Schattierung: Diese Schattierung simuliert diffuse Lichtquellen. Die Objektfarbe wird entsprechend der Körperform moduliert.
   - Kunststoffschattierung: Mit dieser Option nimmt das Objekt eine reflektierende Oberfläche an – die Beleuchtungsoptionen beinhalten Spitzlichter.
- Lichtintensität: Mit einem Wert von 0 bis 100% steuern Sie die Intensität – also die Helligkeit – der ausgewählten Lichtquelle.
- Umgebungslicht: Mit der Eingabe in diesem Feld bestimmen Sie die globale Helligkeit der Szene um das Objekt, d.h., alle Seiten des Objekts sind gleichmäßig betroffen. Diese Einstellung lässt sich wie die folgenden nur allgemein für das Objekt vornehmen. Reduzieren Sie die Helligkeit des Umgebungslichts, und verstärken Sie das Spotlicht, um die Form Ihres Objekts durch Erhöhung des Kontrasts besser herauszuarbeiten.
- Spitzlichtintensität: Mit diesem Wert steuern Sie die Stärke der von den Lichtquellen erzeugten Reflexionen am Objekt. Geben Sie einen Wert zwischen 0 und 100% ein – ein größerer Wert verursacht ein glänzenderes Aussehen des Objekts.
- Spitzlichtgrösse: Mit einem Wert von 0 bis 100% bestimmen Sie die Größe des Spitzlichts.

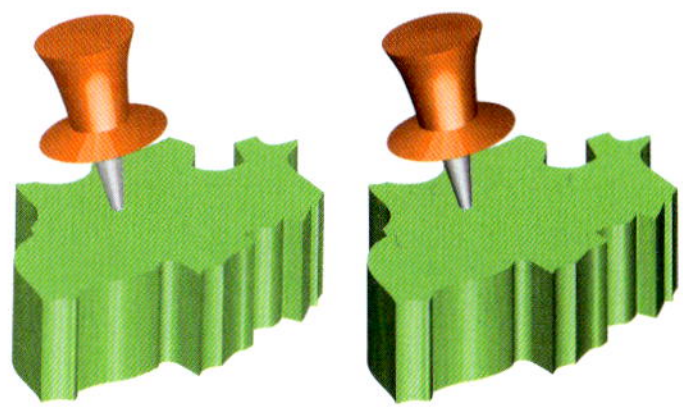

▲ **Abbildung 18.55**
Reduziertes Umgebungslicht (rechts)

▲ **Abbildung 18.56**
Spitzlichtintensität und -grösse (von links nach rechts): 60/100, 100/100, 100/80

Welches Oberflächenrendering?

Die Entscheidung für eine der Möglichkeiten hängt von der geplanten Weiterverarbeitung der Grafik ab (s. Abschnitt 18.2.9).

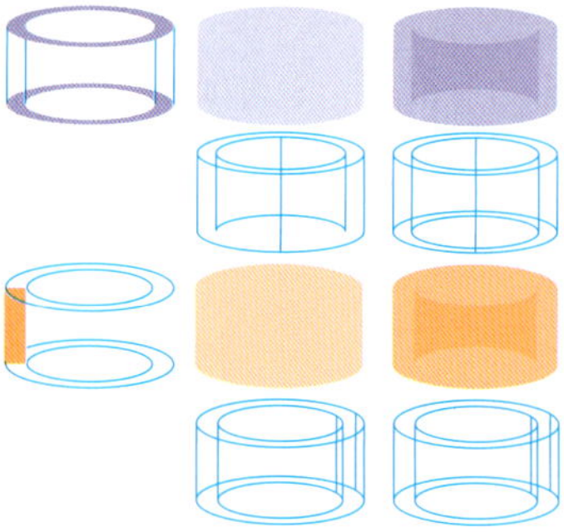

▲ **Abbildung 18.57**
Ringform extrudiert (violett) und gekreiselt (orange), Ergebnis nach dem Umwandeln (cyan), rechts: VERDECKTE FLÄCHEN ZEICHNEN aktiviert: Beim Extrudieren werden zusätzliche Flächen gezeichnet.

▲ **Abbildung 18.58**
Die Beleuchtungsmöglichkeiten sind limitiert. Licht- und Schattenkanten, transparente Materialien oder Lichtreflexe mit besonderen Formen müssen Sie mit anderen Methoden zusätzlich erstellen.

- ANGLEICHUNGSSTUFEN: Die Anzahl der Angleichungsstufen bestimmt die Glätte der Oberflächenschattierung. Geben Sie einen Wert von 1 bis 256 ein. Ein hoher Wert erzeugt glattere Übergänge, aber auch komplexere Objekte, da jede Übergangsstufe als eine Form erstellt wird (s. Abschnitt 18.2.9).
- VERDECKTE FLÄCHEN ZEICHNEN: Aktivieren Sie diese Option, wenn Sie alle Flächen des Objekts darstellen lassen möchten, auch innerhalb des Objekts liegende oder nach hinten gedrehte Bereiche. Dies wird für Extrusionen und Kreiselungen unterschiedlich berechnet, sodass in gekreiselten Objekten diese Einstellung oft kaum eine Auswirkung hat. Die verdeckten Flächen werden berechnet, wenn das Grundobjekt transparent ist oder Sie das Aussehen des Objekts umwandeln.

18.2.8 Beleuchtung positionieren

Mit der Beleuchtung erzielen Sie häufig erst die dreidimensionale Wirkung des Objekts, Lichtspots betonen Profilkanten und geben einem Objekt Atmosphäre.

Falls die Beleuchtungsoptionen beim Aufrufen der Effekt-Dialogbox nicht sichtbar sind, zeigen Sie sie an, indem Sie auf den Button MEHR OPTIONEN klicken.

Neben dem Umgebungslicht, das Ihr Objekt von allen Seiten gleich beleuchtet, können Sie mehrere Lichtspots einrichten, die auf bestimmte Bereiche Ihres Objekts zielen. Diese Lichtspots verursachen die Spitzlichter auf der KUNSTSTOFFSCHATTIERUNG.

Die Lichtspots erzeugen und positionieren Sie mithilfe der Lichtkugel – die Kugel repräsentiert das 3D-Objekt. Wenn Sie das Objekt drehen, verändern sich die Positionen der Spotlichter nicht.

Spiegelnde Objekte

Soll ein 3D-Objekt eine perspektivisch korrekte Spiegelung erhalten, müssen Sie diese als eigenes Objekt erstellen. Das Objekt und sein Spiegelbild werden gruppiert ❶ und gemeinsam mit einem 3D-Effekt – der Globus im Beispiel wurde gekreiselt – versehen ❷ (selbstverständlich müssen auch eventuelle Texturen spiegelverkehrt appliziert werden). Anschließend legen Sie eine Deckkraftmaske an, die die Spiegelung in den Hintergrund überblendet ❸ (Deckkraftmasken s. Abschnitt 12.2).

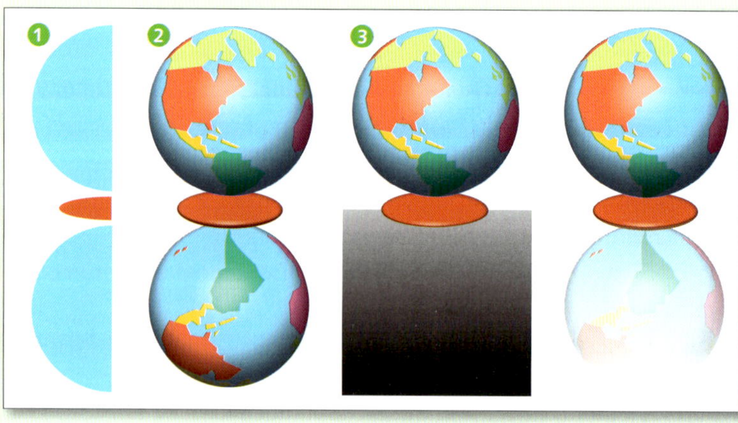

Jedes 3D-Objekt hat voreingestellt eine Spot-Lichtquelle. Sie können Lichtquellen hinzufügen und wieder löschen, die letzte Lichtquelle lässt sich jedoch nicht löschen. Spots werden durch Kreise auf der Kugel dargestellt. Weiße Kreise ○ zeigen Lichtquellen auf der Objektvorderseite, schwarze ● stehen für Spots auf der Rückseite des Objekts. Die Farbe der Kugel entspricht der eingestellten SCHATTIERUNGSFARBE.

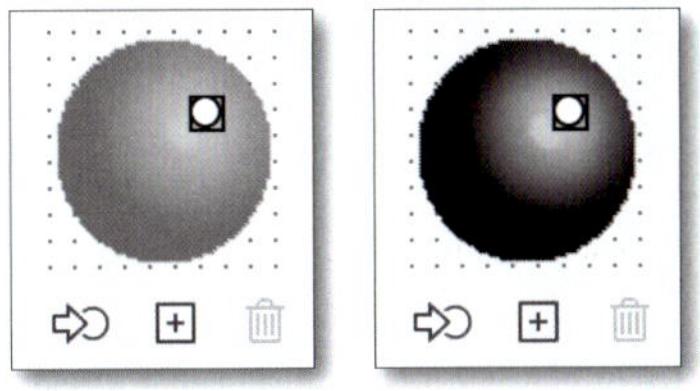

▲ **Abbildung 18.59**
Die Lichtkugel spiegelt unterschiedliche Einstellungen wider.

Spotlicht hinzufügen | Klicken Sie auf den Button NEUES LICHT, um eine neue Lichtquelle zu erzeugen. Die neue Lichtquelle ist aktiviert – angezeigt durch eine Umrandung.

Spotlicht einrichten | Aktivieren Sie eine Lichtquelle, indem Sie darauf klicken. Geben Sie einen Wert für die LICHTINTENSITÄT ein – dies ist der einzige Wert, den Sie individuell für jeden Spot einstellen können. Klicken und ziehen Sie das Lichtsymbol, um den Spot zu bewegen.

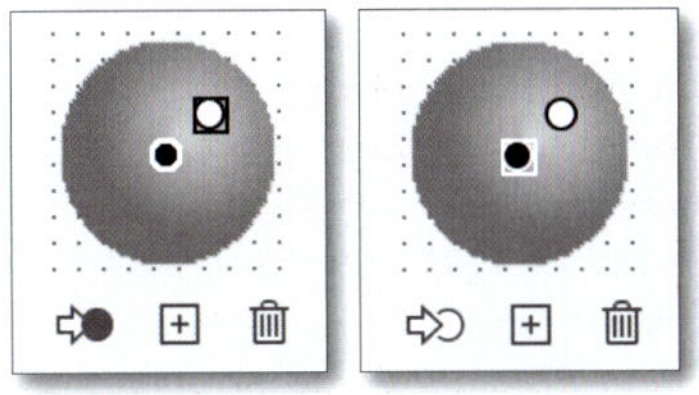

▲ **Abbildung 18.60**
Die vordere (links) und hintere (rechts) Lichtquelle ist ausgewählt – der Button zeigt nicht immer das richtige Symbol, die Anzeige des Lichts auf der Kugel ist jedoch korrekt.

Licht zur Objektrück- oder -vorderseite verschieben | Aktivieren Sie ein vorn liegendes Spotlicht ○, und klicken Sie auf den Button AUSGEWÄHLTES LICHT ZUR OBJEKTRÜCKSEITE VERSCHIEBEN – das Symbol wechselt zu ● und zeigt damit an, dass die Lichtquelle hinter dem Objekt liegt. Aktivieren Sie ein hinten liegendes Licht, und klicken Sie auf den Button AUSGEWÄHLTES LICHT ZUR OBJEKTVORDERSEITE VERSCHIEBEN, um das Licht nach vorn zu holen.

Spotlicht löschen | Möchten Sie ein Spotlicht löschen, aktivieren Sie es, und klicken Sie auf den Button LICHT LÖSCHEN, um die Lichtquelle zu entfernen.

▲ **Abbildung 18.61**
Schattierungsfarben: OHNE (rechts oben), SCHWARZ (links unten), EIGENE: Gelb (rechts unten)

Schattierungsfarbe | Wählen Sie aus dem Menü SCHATTIERUNGSFARBE, mit welcher Farbe Schatten auf dem Objekt erzeugt werden.

- OHNE: Illustrator verwendet nur unterschiedliche Luminanzwerte der Farbe des Objekts, um den Körper darzustellen.
- SCHWARZ: Der Objektfarbe werden Schwarzanteile zugegeben, um das Objekt zu schattieren. Diese Option ist voreingestellt.
- BENUTZERDEFINIERT: Wählen Sie BENUTZERDEFINIERT, und rufen Sie durch einen Klick auf das Farbfeld den Farbwähler auf, um eine Farbe zu definieren, die Illustrator für die Schattierung verwenden soll. Diese Option bewirkt, dass Volltonfarben in CMYK-Farben umgewandelt werden.
- VOLLTONFARBEN BEIBEHALTEN: Aktivieren Sie diese Option, falls Ihr Objekt eine Volltonfarbe besitzt, die Sie im Druck ausgeben möchten.

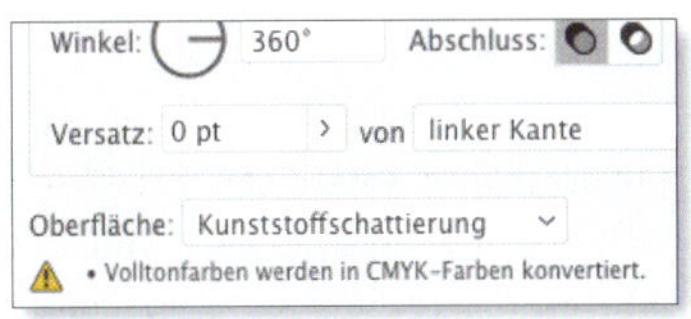

▲ **Abbildung 18.62**
Ob Volltonfarben erhalten bleiben, sehen Sie an diesem Hinweis in den Effekt-Einstellungen.

▲ **Abbildung 18.63**
Für dieses Ausgangsobjekt gestalten wir einen Effekt, wie er z. B. auf typografischen Postern zu sehen ist.

Ist eine benutzerdefinierte Schattierungsfarbe eingerichtet, können Volltonfarben nicht erhalten werden.
Haben Sie die Schattierungsfarbe Schwarz für ein Objekt mit Volltonfarbe ausgewählt und die Option Volltonfarben beibehalten aktiviert, müssen Sie im Menü Ansicht die Überdruckenvorschau aktivieren, um die Auswirkung Ihrer Einstellungen am Bildschirm zu sehen.

Schritt für Schritt »Drop Shadow«-Effekt

Der Texteffekt gehörte zu Beginn des Desktop Publishings zum Standardinventar vieler Grafik- und Textverarbeitungsprogramme. Illustrator kann so etwas nicht vollautomatisch, es ist daher eine schöne Übung, um Effekte in einer eher ungewohnten Kombination und Reihenfolge zusammenzubringen und dabei noch Details ihrer Arbeitsweise zu entdecken. Anwenden lässt sich diese Vorgehensweise nicht nur auf Text. Mit Angleichungen oder durch den Transformieren-Effekt erzeugten Objektkopien kann man ein vergleichbares Ergebnis erreichen, das jedoch aufgrund der Treppenbildung entlang der Extrusion z. B. für das Plotten problematisch ist.

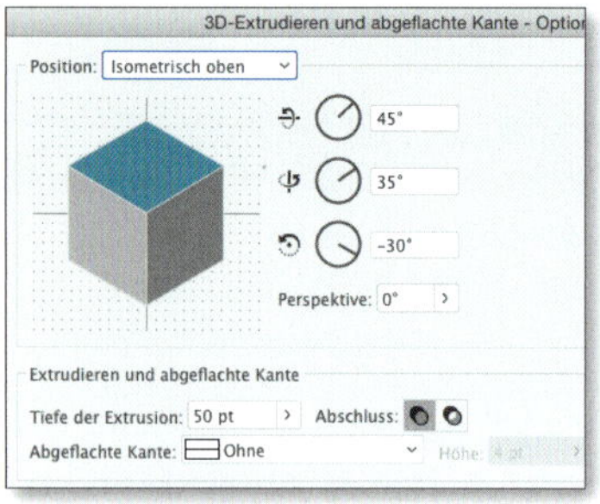

▲ **Abbildung 18.64**
Voreinstellung Isometrisch oben

1 Text setzen und extrudieren

Setzen Sie einen Text in einer fetten Schrift, im Beispiel habe ich Chunk Five verwendet. Weisen Sie dem Textobjekt Effekt • 3D • Extrudieren und abgeflachte Kante zu. Wählen Sie die Voreinstellung Isometrisch oben. Diese Voreinstellung erzeugt die Ansichten der gewünschten Seiten. Was jedoch mit dem Extrudieren-Effekt nicht möglich ist, ist eine Darstellung in unverzerrter Frontalansicht mit nach rechts unten verschobener Seitenansicht.

2 Das Prinzip

Im Isometrie-Workshop in Kapitel 5 (s. Seite 135) haben Sie aus einer flachen Darstellung mit in bestimmten Abfolgen vorgenommenen einfachen Transformationen um bestimmte Werte eine Isometrie erzeugt.

Abbildung 18.65 ►
Mit einer Drehung um –45° und einer vertikalen Skalierung auf 58% wird aus einer Frontansicht der obere Teil einer isometrischen Darstellung. Diese beiden Operationen machen wir wieder »rückgängig«.

Alles, was Sie in diesem Beispiel machen müssen, ist, eine isometrische Darstellung so zu »invertieren«, dass die Frontseite wieder flach ist. Dazu muss um bestimmte Werte skaliert und um bestimmte Winkel gedreht werden, dies alles in einer festgelegten Reihenfolge. Das Elegante an der Vorgehensweise: Dank des Transformieren-Effekts (s. Abschnitt 13.2.4) müssen Sie nichts umwandeln.

Drehungen können einfach durch eine Gegendrehung »rückgängig« gemacht werden. Bei einer Skalierung ist eine kleine Rechnung erforderlich. Um die Isometrie zu erzeugen, skalieren Sie auf 58 %. Um diese Skalierung wieder zurückzusetzen, muss auf 172,4 % skaliert werden.

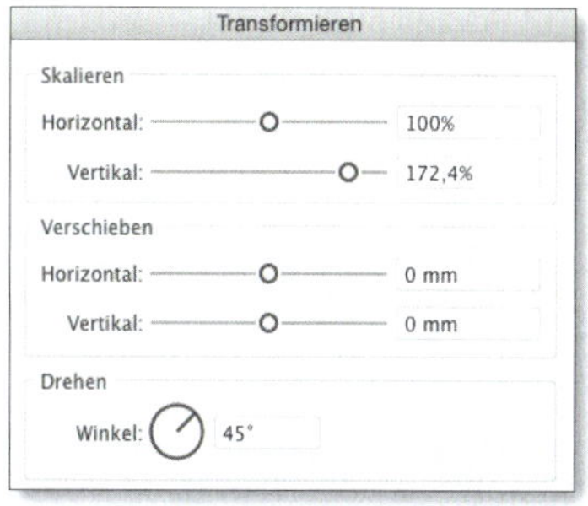

▲ **Abbildung 18.66**
Einstellungen des Transformieren-Effekts

3 Transformieren

Weisen Sie dem Textobjekt nun Effekt • Verzerrungs- und Transformationsfilter • Transformieren zu. In der Reihenfolge im Aussehen-Bedienfeld muss dieser Effekt unter dem 3D-Effekt stehen, damit er danach angewandt wird. Geben Sie eine vertikale Skalierung von 172,4 % und eine Drehung um 45° ein. Die eingegebenen Transformationen werden vom Effekt in genau der Reihenfolge von oben nach unten vorgenommen, was für unsere Zwecke genau richtig ist.

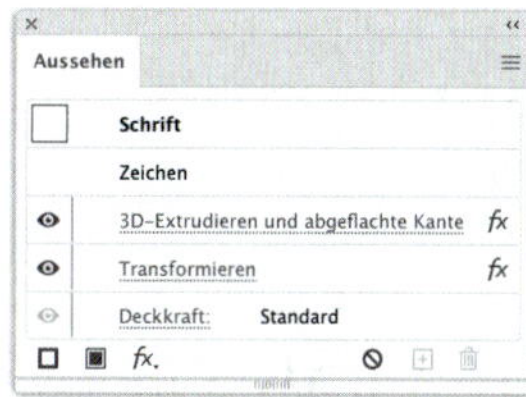

▲ **Abbildung 18.67**
Aussehen-Bedienfeld nach Anwendung des Transformieren-Effekts

◀ **Abbildung 18.68**
Nacheinander wandeln die Transformationen das 3D-Objekt in die gewünschte Form.

4 3D-Effekt anpassen

Wahrscheinlich stellen Sie jetzt fest, dass das Objekt viel zu lang gezogen ist. Daher öffnen Sie die Einstellungen des 3D-Effekts erneut, indem Sie im Aussehen-Bedienfeld auf seinen Eintrag klicken. Passen Sie die Tiefe der Extrusion anhand der Vorschau an. Wegen der Transformation können Sie nun nicht mehr mit genauen Werten arbeiten.

Das Einstellen einer Beleuchtung ist ebenfalls schwierig bis unmöglich, da die Positionen der Lichter durch die Verzerrung nicht mehr berechenbar sind. Eine Feinjustierung der Helligkeit müssen Sie vornehmen, nachdem Sie das Objekt umgewandelt haben. Um mit den umgewandelten Objekten effizienter arbeiten zu können, sollten Sie als Schattierungsart Diffuse Schattierung oder sogar Keine Schattierung wählen.

▲ **Abbildung 18.69**
Mit etwas weniger Extrusion

▲ **Abbildung 18.70**
Selbst mit der Schattierungsart Keine Schattierung entstehen immer noch sehr viele Objekte.

5 Umwandeln

Wenden Sie Objekt • Aussehen umwandeln an, um die Pfade zu bearbeiten und z. B. Schraffuren zuzuweisen oder die Farben gezielt anzulegen.

6 In andere Richtungen extrudieren

Sie können diesen Effekt mit anderen Einstellungen der Optionen sowohl der Extrusion als auch der Transformation in alle vier Richtungen anwenden. Bei zwei der Richtungen ist es genauso einfach wie bei der eben gezeigten:

▲ **Abbildung 18.71**
Auf die Positionsvorgabe Isometrisch unten folgen die Transformationen vertikale Skalierung 172,4 % und Drehung 45° (1); auf die Position 45°/–35°/30° folgen die Transformationen vertikale Skalierung 172,4 % und Drehung –45° (2).

Bei der vierten Richtung ist es etwas komplizierter. Hier müssen eine Drehung, dann eine Skalierung und anschließend wieder eine Drehung erfolgen. Aufgrund der vorgegebenen Reihenfolge, in der der Transformieren-Effekt die Optionen abarbeitet, müssen Sie zwei Transformieren-Effekte nacheinander anwenden:

Abbildung 18.72 ►
Basis ist die Position Isometrisch links. Darauf folgen ein Transformieren-Effekt mit einer Drehung um –30° und ein weiterer mit einer horizontalen Skalierung auf 172,4 % und einer Drehung um 45°.

▲ **Abbildung 18.73**
Objekt nach der Umwandlung

18.2.9 3D-Effekte in Vektorpfade umrechnen

Möchten Sie 3D-Objekte weiterbearbeiten, wandeln Sie sie in Vektorpfade um. Aktivieren Sie das Objekt, und wählen Sie Objekt • Aussehen umwandeln.

Die Verbindung der auf der Objektoberfläche applizierten Grafiken zu den Symbolen geht dabei verloren.

Auch wenn Sie die Option Unsichtbare Geometrie (s. Abschnitt 18.3.3) eingestellt haben, werden trotzdem einige eigentlich ausgeblendete Teile des Objekts als Vektorform erstellt.

Schattierungen erzeugt Illustrator nicht als Verläufe, sondern es stellt Übergänge mithilfe aneinandergereihter einfarbiger Flächen dar. Die Objekte sind also kaum mit vertretbarem Aufwand umzufärben. Dem begegnen Sie auf zwei verschiedene Arten:

- Speichern Sie eine nicht umgewandelte Version der Grafik, an der Sie Veränderungen einfacher durchführen können.
- Falls Sie die 3D-Effekte nur benutzen, um sich das Konstruieren dreidimensionaler Objekte zu vereinfachen, verwenden Sie die Option Keine Schattierung und färben das Objekt nach der Umwandlung mit Verläufen.

▲ **Abbildung 18.74**
Mit dem 3D-Effekt wurde das Buch konstruiert – koloriert ist es mit Verläufen.

3D-Objekte in anderen Programmen | Auch wenn ein 3D-Objekt in der Illustrator-Datei nicht umgewandelt wurde und daher weiterhin bearbeitbar ist, findet im PDF-Part der Datei immer eine Umwandlung statt. Zwischen den nebeneinanderliegenden einzelnen Objekten, die die Schattierung bilden, sind meistens in der Bildschirmdarstellung aufgrund der Weichzeichnung feine weiße Haarlinien zu sehen. Im Druck spielen sie im Normalfall keine Rolle. Wird eine Illustrator-Datei – d.h. das eingebettete PDF – jedoch in Photoshop geöffnet, stören diese Linien in der Regel erheblich. Wenn Sie Ihre Datei in Photoshop weiterbearbeiten wollen, haben Sie zwei Möglichkeiten:

- Exportieren Sie ein PSD oder verwenden Sie den Export für Bildschirme bzw. Web aus Illustrator, während das 3D-Objekt noch nicht umgewandelt ist. Probieren Sie, ob eine andere Glätten-Einstellung die Darstellung verbessert (Bildmaterial optimiert statt Schrift optimiert).
- Weisen Sie dem 3D-Objekt den Effekt In Pixelbild umwandeln mit der benötigten Auflösung zu, bevor Sie die Illustrator-Datei speichern. Wird die Datei im Layout platziert, sollten Sie den Effekt entfernen.
- Aktivieren Sie die Option Verdeckte Flächen zeichnen.

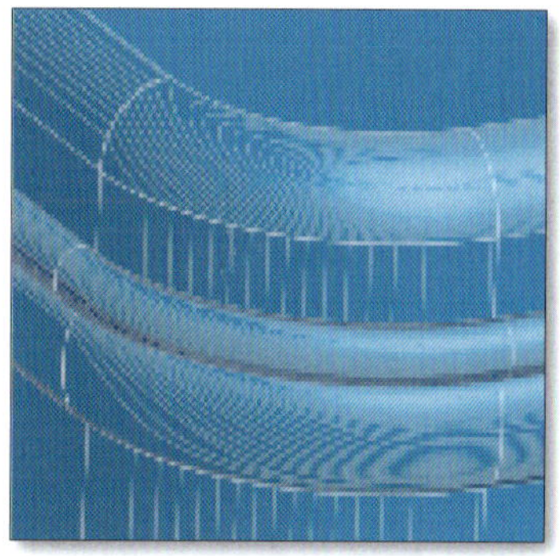

▲ **Abbildung 18.75**
Nach dem Import einer Illustrator-Datei in Photoshop sind die Kanten der einzelnen Objekte als feine Linien zu sehen.

18.3 Oberflächen-Mapping

Die Oberflächen von Extrusions- und Kreiselkörpern können Sie mit Vektor- oder Pixelbildern gestalten. So können Sie etwa Simulationen von Packungsdesigns anlegen, um sich selbst einen schnellen Eindruck zu verschaffen. Auch für Verzerrungen lässt sich die Funktion nutzen – das ist manchmal einfacher, als mit Verzerrungshüllen zu arbeiten. Falls Sie andere 3D-Software kennen, kommt Ihnen die Handhabung des Mappings

▲ **Abbildung 18.76**
Auch ein komplexes Objekt wie dieser Container kann »in einem Stück« mit Bildmaterial versehen werden, wenn man die Grundform richtig anlegt.

▲ **Abbildung 18.77**
Dasselbe Grundobjekt verursacht keine Probleme mehr beim Mapping, nachdem es gedreht wurde (unten).

Abbildung 18.78 ▶
Bilden von Flächen auf Basis der Ankerpunktart des Grundobjekts

sicher gewöhnungsbedürftig vor. Illustrator »mappt« ein Objekt nämlich nicht als Ganzes, sondern teilt es in manchmal sehr kleine Flächen auf, die einzeln mit Grafiken belegt werden müssen.

18.3.1 Flächenaufteilung

Bei einem Würfel ist die Aufteilung von Flächen einfach: Auf jede der sechs Seiten kann eine Grafik appliziert werden. Anhand der Ankerpunkte der Grundform und ihrer Profilkante bildet Illustrator die Flächen des Objekts: Ein Eckpunkt erzeugt eine Fläche, ein Kurvenpunkt nicht.

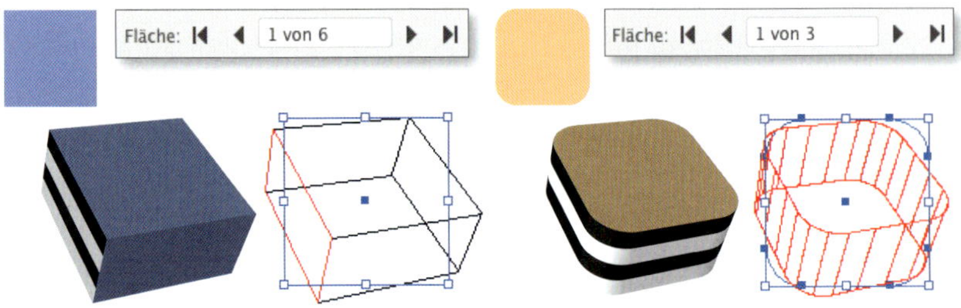

Die von Illustrator vorgenommene Aufteilung der Flächen ist trotz dieser Logik manchmal ungünstig für das Mapping. Das wirkt sich so aus, dass Sie z. B. bei extrudierten gerundeten Formen – etwa einem Flaggenobjekt – das Grafikmotiv nicht in einem Stück applizieren können. Eine leichte Drehung des Grundobjekts auf der Zeichenfläche kann insofern Abhilfe schaffen, als der Körper anders konstruiert wird und die Oberfläche aus einem Stück besteht. Die Ausrichtung des Körpers im Raum nehmen Sie in der Dialogbox des 3D-Effekts vor.

▲ **Abbildung 18.79**
Für die Präsentation Ihrer Verpackungsdesigns ist andere Software besser geeignet. Adobe Dimension ist intuitiver zu verwenden und generiert realistischere Bilder – Verpackungssimulation in Illustrator (oben) und Dimension. AI-Dateien z. B. der Etiketten können in Dimension importiert werden.

18.3.2 Bildmaterial anlegen

Grafiken, die Sie auf eine Fläche applizieren möchten, können beliebige Illustrator-Objekte sein – wie Pfade, gruppierte Objekte sowie Gitterobjekte und Pixelbilder.

Achten Sie bei der Applikation von Pixelbildern darauf, diese mit einer ausreichenden Bildauflösung vorzubereiten – vor allem wenn Sie Ihre Illustration drucken wollen. Illustrator verwendet die in der Bilddatei definierten Breiten- und Höhenangaben. Wenn Sie mit exakten Maßen beim Erstellen der Grundobjekte und beim Anwenden der 3D-Effekte arbeiten, dann lassen sich Bilddateien passend dazu berechnen.

Wie bei so vielen Illustrator-Funktionen kommen auch bei der Oberflächengestaltung wieder die Symbole zum Einsatz: Grafiken, die Sie auf eine Objektoberfläche »mappen« möchten, müssen als Symbol angelegt werden (s. Abschnitt 17.5.1).

Die Verbindung zum Symbol bleibt bestehen, daher werden Aktualisierungen, die Sie am Symbol vornehmen, auf den Objektflächen übernommen. Nachdem Sie den Inhalt des Symbols aktualisiert haben – egal, ob Vektor- oder Pixelgrafik –, müssen Sie jedoch noch einmal die Optionen des 3D-Effekts aufrufen und sofort bestätigen, um das Objekt auf der Zeichenfläche zu aktualisieren.

Rastereffektauflösung!

Wenn Sie Pixelbilder oder komplexe Grafiken (z. B. mit Verläufen) auf 3D-Objekte applizieren, achten Sie darauf, unter Effekt • Dokument-Rastereffekt-Einstellungen eine ausreichende Auflösung einzurichten.

Bildmaterial passend anlegen | Wenn Sie darauf angewiesen sind, Grafiken zu konstruieren, die exakt passen, können Sie sich bei einigen Formen von Illustrator helfen lassen.

Wenn Sie beispielsweise einen Zylinder durch Extrusion eines Kreises erzeugen, entspricht eine Umwicklung dem Umfang des Kreises. Diesen Wert ermitteln Sie mithilfe des Dokumentinformationen-Bedienfeldes: Aktivieren Sie den Kreis, und rufen Sie im Bedienfeldmenü den Eintrag Objekte auf. Neben anderen Angaben zeigt das Bedienfeld auch die Länge des Pfades an.

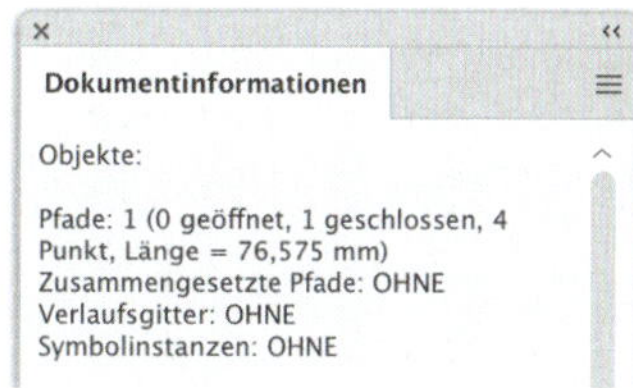

▲ **Abbildung 18.80**
Das Dokumentinformationen-Bedienfeld

18.3.3 Bildmaterial zuweisen

Möchten Sie einem Körper Bildmaterial zuweisen, rufen Sie die Effekt-Dialogbox auf und bewegen sie an eine Stelle auf dem Bildschirm, die es erlaubt, das Objekt zu sehen.

Aktivieren Sie die Vorschau, und klicken Sie auf den Button Bildmaterial zuweisen. Verschieben Sie auch diese Dialogbox so, dass Sie das Objekt auf der Zeichenfläche im Blick behalten. Aktivieren Sie in der Dialogbox Bildmaterial zuweisen ebenfalls die Vorschau, damit Änderungen »live« auf der Zeichenfläche angezeigt werden.

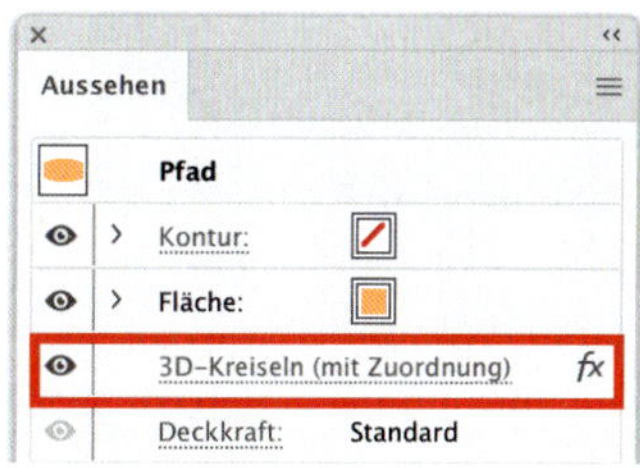

▲ **Abbildung 18.81**
Ist dem 3D-Objekt Bildmaterial zugewiesen, wird dies im Aussehen-Bedienfeld angezeigt.

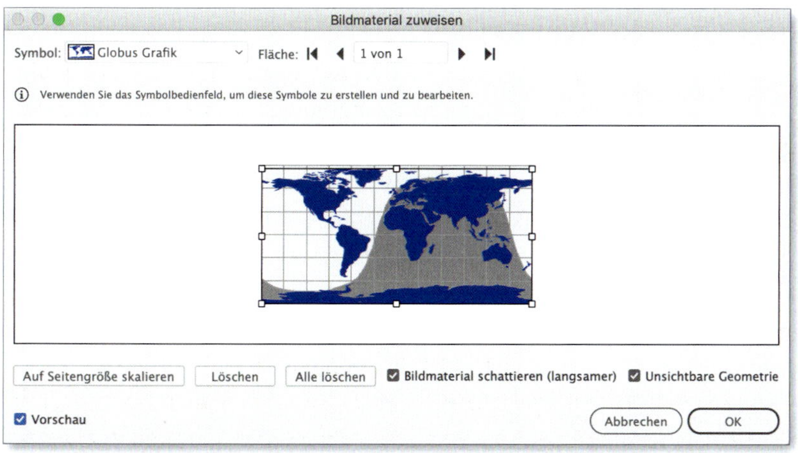

▲ **Abbildung 18.82**
Die Dialogbox Bildmaterial zuweisen

Unbeabsichtigte Änderungen

Warten Sie nach einer Größenanpassung der Grafik, bis die Vorschau aktualisiert ist, und lassen Sie erst dann die Maustaste los.

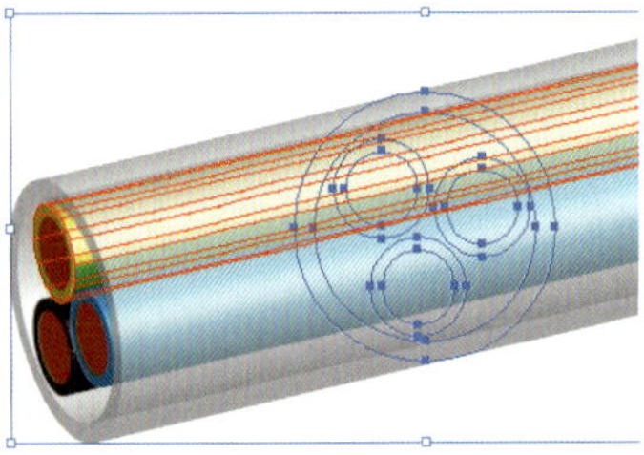

▲ **Abbildung 18.83**
Die ausgewählte Fläche wird am Objekt auf der Zeichenfläche hervorgehoben.

▲ **Abbildung 18.84**
Bildmaterial schattiert (rechts)

▲ **Abbildung 18.85**
Unsichtbare Geometrie: Nur die Grafikapplikation ist sichtbar.

- Auswahl Fläche: Beginnen Sie mit der Auswahl der Fläche, auf die die Grafik »gemappt« werden soll.
  Die belegbaren Flächen des Objekts sind nummeriert. Klicken Sie mit den Buttons ▶ ▶| ◀ |◀ durch die Flächen, oder geben Sie die Nummer der Fläche direkt ein. Im Fenster wird die Fläche dargestellt, und am Objekt erkennen Sie die ausgewählte Fläche an der roten Umrandung. Ist die Fläche in der aktuellen Drehung des Objekts sichtbar, stellt Illustrator sie im Vorschau-Fenster der Dialogbox hellgrau dar; ist sie versteckt, wird das durch eine dunkelgraue Farbe angezeigt. Flächen an Rundungen sind oft nur teilweise sichtbar, auch dies sehen Sie an der Färbung.
- Auswahl Symbol: Das Menü Symbol listet alle im Dokument angelegten Symbole auf. Wählen Sie das gewünschte Symbol aus. Es wird anschließend auf der grauen Fläche angezeigt.
- Löschen: Klicken Sie auf diesen Button, um die aktuell angezeigte Grafik von ihrer Fläche zu entfernen. Alternativ wählen Sie im Menü Symbol den Eintrag Ohne aus.
- Alle löschen: Löschen Sie mit diesem Button alle Grafiken gleichzeitig von allen Flächen.
- Bildmaterial schattieren: Aktivieren Sie diese Option, wenn die auf das Objekt applizierten Grafiken von der Schattierung und Beleuchtung des Objekts betroffen sein sollen. Die Option können Sie nur für alle Flächen zusammen aktivieren oder deaktivieren. Die Berechnung des Objekts nimmt mit dieser Option mehr Zeit in Anspruch.
- Unsichtbare Geometrie: Wählen Sie diese Option, um das 3D-Objekt auszublenden und nur das applizierte Grafikmaterial anzuzeigen. Auf diese Art verwenden Sie die Funktion Bildmaterial zuweisen wie eine Erweiterung des Verkrümmen-Befehls von Illustrator.

Grafiken auf der Fläche ausrichten und skalieren | Sobald Sie eine Grafik für eine Fläche ausgewählt haben, wird diese im Fenster mit einem Begrenzungsrahmen angezeigt. Verwenden Sie diesen Begrenzungsrahmen, um die Grafik zu positionieren, zu skalieren, zu spiegeln oder zu drehen.

Möchten Sie die Grafik an die Größe der Fläche anpassen, klicken Sie auf den Button Auf Seitengrösse skalieren.

Modifikationsmöglichkeit | Drücken Sie ⇧, um die Größe der Grafik proportional zu verändern oder Drehungen auf 45°-Schritte zu beschränken.

Bildmaterial auf Kugeln | Grafik, die einer Kugel zugewiesen werden soll (wie eine Weltkugel oder ein Fußball), muss nach dem Prinzip der

Rektangularprojektion (zu den »Polen« hin erfolgt eine immer stärkere Verzerrung) erstellt werden, damit sie nach dem Auftragen auf dem Körper »richtig« aussieht.

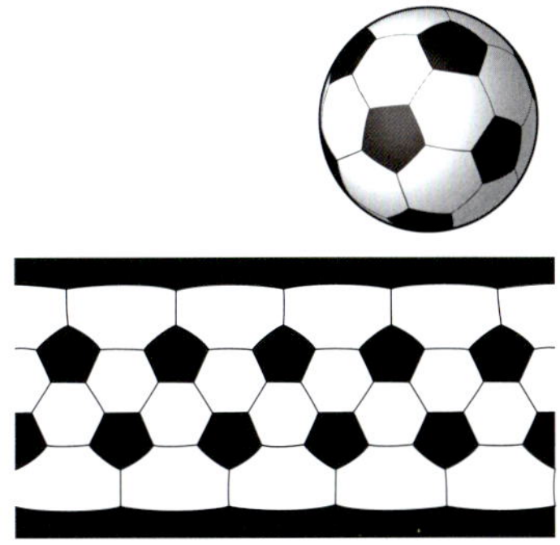

▲ **Abbildung 18.86**
Map für einen Fußball

Bildmaterial auf der Rückseite | Weisen Sie Bildmaterial auf der Rückseite eines extrudierten Objekts zu, kann ein Berechnungsfehler auftreten, der das Bild spiegelt.

Bildmaterial und Transparenz | Deckkrafteinstellungen werden auf das Bildmaterial angewandt, wenn Sie die Option Bildmaterial schattieren aktivieren.

18.3.4 3D-Effekte auf andere Objekte übertragen

▲ **Abbildung 18.87**
Aufgrund eines Bugs wird das Bildmaterial auf der Rückseite eines Objekts gespiegelt.

Wie alle Effekte lassen sich auch 3D-Effekte mithilfe des Ebenen-Bedienfeldes auf andere Objekte übertragen. Wenden Sie den 3D-Effekt mit den Einstellungen für das Bildmaterial auf ein anderes Objekt an, so kann es vorkommen, dass sich Art und Anzahl der Flächen unterscheiden.

Die Zuordnung der Grafiken zu den Flächen erfolgt anhand der Nummerierung. Fehlen Flächen mit bestimmten Nummern, entfallen die zugeordneten Grafiken.

Die Position der Grafiken ist relativ zum Mittelpunkt der Fläche definiert. Hat die neue Fläche eine andere Größe, erfolgt die Positionierung relativ zum neuen Mittelpunkt.

Schritt für Schritt
Ein Deo-Packungsdesign visualisieren

Um alle Schritte einmal an einem praktischen Beispiel anzuwenden, sehen wir uns eine Visualisierung an.

▲ **Abbildung 18.88**
Ergebnis der Übung

1 Erstellen des Grundobjekts

Der Körper der Sprayflasche wird durch Rotation, also Kreiseln, erstellt. Als Grundobjekt benötigen Sie daher eine halbe Flasche. Ein Beispielobjekt finden Sie im Download.

Da es sich um eine Glasflasche handelt, müssen Sie darin noch Transparenz anlegen. In Illustrator muss diese dem Ausgangsobjekt zugewiesen werden. Wählen Sie den Glaskörper aus, und legen Sie im Transparenz-Bedienfeld eine Deckkraft von etwa 70 % fest. Sie können auch noch andere Objekte transparent anlegen, z. B. den Deckel. Bedenken Sie dabei, dass Illustrator bei Transparenzen dazu neigt, die 3D-Darstellung falsch zu berechnen.

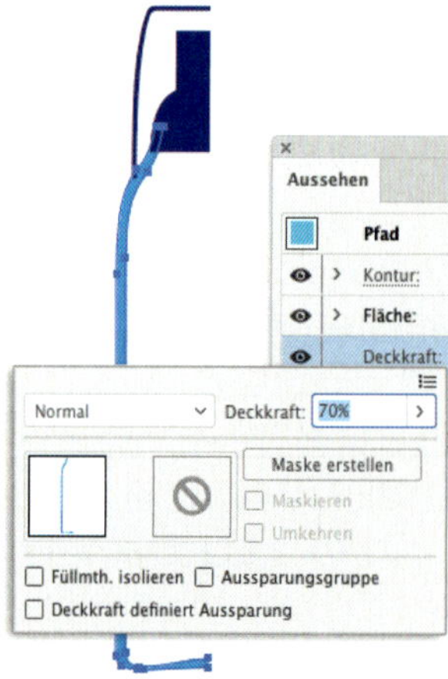

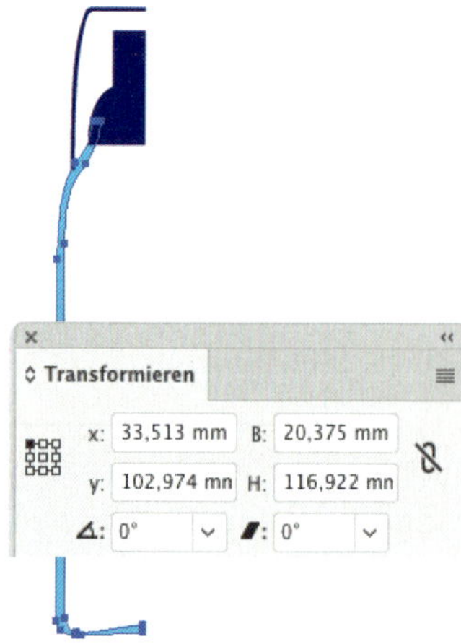

Abbildung 18.89 ▸
Reduzieren der Deckkraft des Glaskörpers (links)

Abbildung 18.90 ▸▸
Ausmessen der Breite des Glaskörpers (rechts)

2 Vorbereiten des Etiketts

Das Etikett besteht aus zwei Teilen – dem Logo für die Vorderseite und den Inhaltsangaben mit dem Barcode auf der Rückseite. Da Sie in Illustrator jeder Fläche aber nur eine Grafik zuweisen können, müssen Sie die beiden Teile schon vorher kombinieren. Sie müssen dafür jetzt den Umfang der Flasche berechnen, damit Sie die beiden Elemente passend zueinander positionieren können, sodass sie sich nach dem Zuweisen gegenüberstehen.

Aktivieren Sie den Querschnitt des Glaskörpers, und lesen Sie im Steuerungsbedienfeld seine Breite ab (s. Abbildung 18.91). Diese entspricht dem halben Durchmesser. Nun können Sie den Umfang ausrechnen oder in Illustrator einfach ablesen. Dazu erstellen Sie einen Kreis, dessen Durchmesser das Doppelte des abgelesenen Wertes beträgt. Rufen Sie dann das Dokumentinformationen-Bedienfeld auf, wählen Sie in dessen Bedienfeldmenü den Eintrag Objekte, und lesen Sie die Pfadlänge ab. Dies ist der Umfang der Deoflasche. Den Kreis können Sie löschen, wenn Sie den Wert notiert haben.

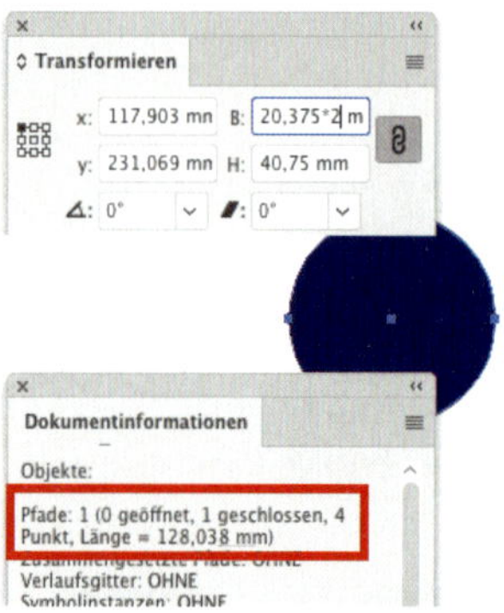

▲ Abbildung 18.91
Erstellen eines Kreises im passenden Durchmesser und Ablesen seines Umfangs

3 Erstellen des Etiketts

Legen Sie ein Rechteck in einer Breite an, die der Hälfte des Umfangs entspricht. Die Höhe des Rechtecks ist nicht relevant.

Positionieren Sie jeweils mittig das Logo auf der linken und die Inhaltsangaben auf der rechten Kante des Rechtecks. Vertikal richten Sie die beiden Elemente nach Wunsch aneinander aus. Das Rechteck können Sie nun löschen. Dann aktivieren Sie Logo und Inhaltsangaben.

Erstellen Sie nun ein Symbol aus den beiden Elementen, indem Sie sie auf das Symbole-Bedienfeld ziehen oder F8 drücken. Das Symbol sollten Sie mit einem eindeutigen Namen versehen, dann finden Sie es später schneller im Menü des 3D-Effekts.

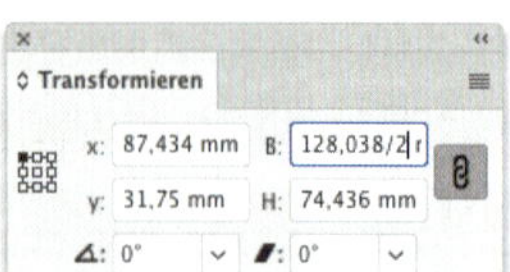

▲ Abbildung 18.92
Illustrator kann die Größe des Rechtecks berechnen.

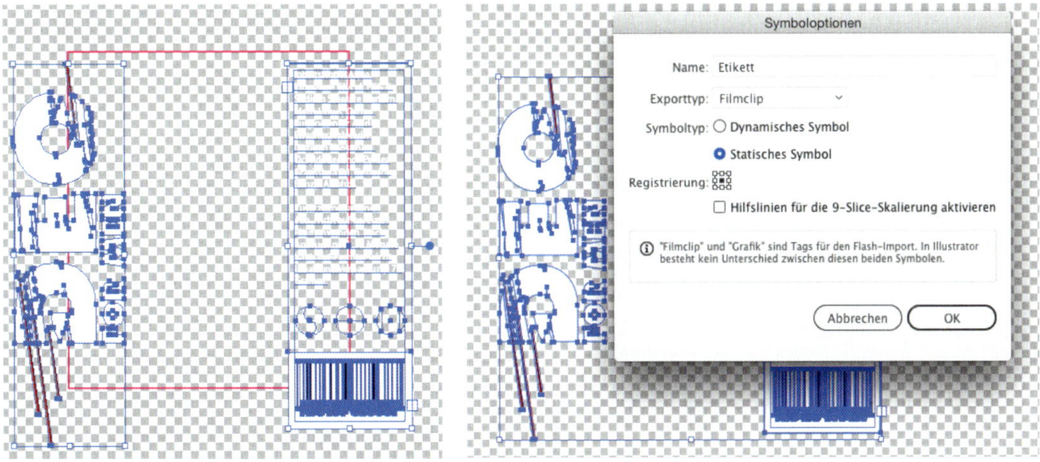

▲ **Abbildung 18.93**
Horizontale Ausrichtung der beiden Teile des Etiketts; Erstellen eines Symbols (rechts: Symboloptionen)

4 Erstellen des dreidimensionalen Objekts

Aktivieren Sie alle Elemente, die zum Körper der Deoflasche und seinem Deckel gehören, und gruppieren Sie sie, damit alle in einem gemeinsamen 3D-Raum gekreiselt werden. Wählen Sie Effekt • 3D • Kreiseln. Verschieben Sie die Dialogbox so, dass Sie das Objekt auf der Zeichenfläche sehen können.

Wählen Sie von rechter Kante aus, da die Grundobjekte so angelegt sind, dass die Rotationsachse auf der rechten Seite des Objekts liegt. Gehen Sie nun nach der Vorschau, um die Ausrichtung des Objekts im Raum sowie die Perspektive einzustellen. Die Drehung der Flasche müssen Sie eventuell nach dem Aufbringen des Etiketts noch einmal nachrichten.

Auch die Beleuchtung sollten Sie in diesem Stadium einstellen, noch bevor das Modell mit Bildern belegt ist, da die Berechnung der Vorschau schneller erfolgt. Rufen Sie die Beleuchtungsoptionen mit einem Klick auf Mehr Optionen auf.

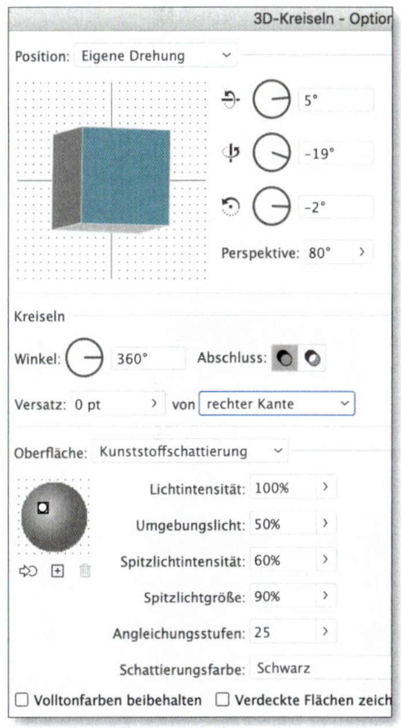

▲ **Abbildung 18.94**
3D-Optionen

5 Aufbringen der Bilder

Klicken Sie auf den Button Bildmaterial zuweisen. Die zusätzliche Dialogbox verschieben Sie ebenfalls so, dass Sie das Modell sehen können.

Jetzt wählen Sie mit den Pfeiltasten die Außenseite des Glaskörpers aus – die rote Umrandung auf der Zeichenfläche zeigt Ihnen die aktuelle Fläche an. Achten Sie genau darauf, welche Fläche auf der Zeichenfläche ausgewählt ist, die Flächen liegen nahe beieinander.

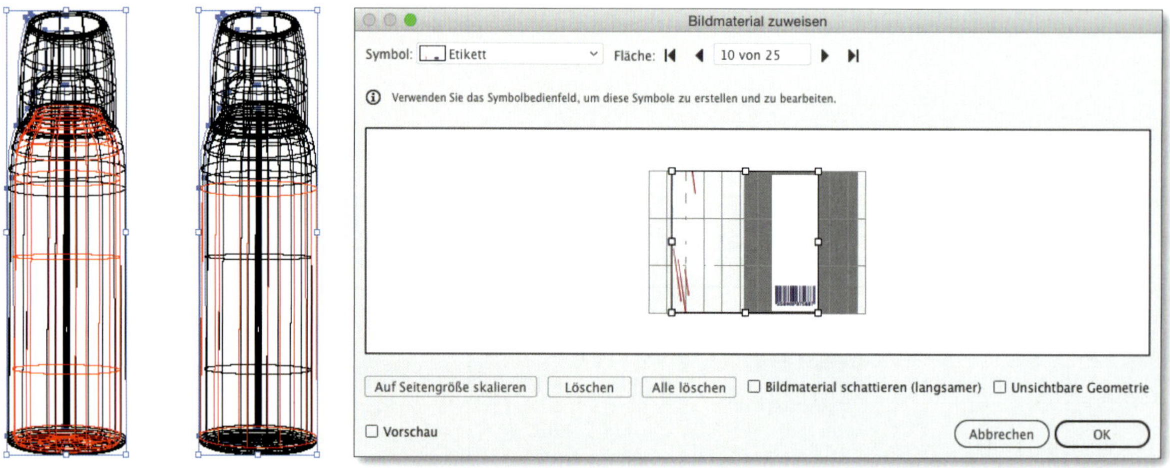

▲ **Abbildung 18.95**
Bei der Auswahl der Fläche müssen Sie auf die Details achten, da mehrere Flächen nahe beieinanderliegen (links); Auswahl des Symbols aus dem Menü (rechts).

Symbol funktioniert nicht

Wenn ein Symbol nicht auf dem Körper erscheint, prüfen Sie, ob unsichtbare einzelne Ankerpunkte enthalten sind und löschen Sie sie.

Anschließend wählen Sie aus dem Menü Symbol das Etikett aus. Es wird im großen Fenster in die Fläche eingepasst. Richten Sie das Etikett so auf der dargestellten Fläche aus, dass das Logo im hellgrauen, also im sichtbaren, Bereich liegt. Die Rückseite bewegt sich mit. Skalieren Sie das Etikett, falls es in der Höhe nicht passt.

Die Option Bildmaterial schattieren (langsamer) sollten Sie nicht verwenden, da sie sich nicht mit der Transparenz verträgt. Beenden Sie das Aufbringen des Bildmaterials mit OK. Ganz wichtig: Aktivieren Sie im 3D-Kreiseln-Dialog noch die Option Verdeckte Flächen zeichnen, damit das Druck- und Exportergebnis der Bildschirmdarstellung entspricht.

Passen Sie, falls nötig, die Drehung des Objekts und seine Beleuchtung noch einmal an, und bestätigen Sie den Effekt-Dialog mit OK.

6 Lichtreflexe

Die beiden Lichtreflexe sind Kreise. Weisen Sie ihnen den Effekt Gaußscher Weichzeichner zu.

▲ **Abbildung 18.96**
Lichtreflexe aus Extra-Objekten

7 Rastereffektauflösung

Vor der Weiterverarbeitung öffnen Sie Effekt • Dokument-Rastereffekt-Einstellungen und stellen sicher, dass die Auflösung dem für die Weiterverarbeitung benötigten Wert entspricht.

Kapitel 19
Mit Pixel- und anderen Fremddaten arbeiten

In Illustrator lassen sich Daten aus unterschiedlichen Programmen weiterverarbeiten. Sie können verschiedene Vektoraustauschformate, aber auch pixelbasierte Daten importieren. Während Sie Vektordateien in fast allen Fällen zur Weiterbearbeitung mit den Werkzeugen von Illustrator öffnen, ist diese Möglichkeit für pixelbasierte Daten natürlich eingeschränkt.

Die beiden typischen Anwendungsbereiche für Bilddaten sind folgende:

- Ein Foto oder eine Skizze dient als Vorlage für eine Vektorzeichnung – das Pixelbild wird anschließend gelöscht.
- Das Bild wird – kaum verändert – als Teil eines Layouts oder einer Illustration verwendet, z. B. auf 3D-Objekte »gemappt«, als Grunge-Struktur unter Vektorgrafikelemente gelegt oder mit Schnittmasken versehen.

▲ **Abbildung 19.1**
Auflösung 300 ppi (oben) und 72 ppi (Mitte); eine automatische Vektorisierung (unten) verbessert die Qualität des 72-ppi-Bildes nicht.

Bildauflösung | Anders als objektorientierte Vektorgrafikdateien sind pixelbasierte Grafikformate aus einem Raster aus Bildpunkten aufgebaut. Jeder dieser Punkte kann eine andere Farbe annehmen. Pixelbilder werden durch Scanner und Digitalkameras erzeugt oder in Bildbearbeitungssoftware erstellt.

Das Punktraster, das die Pixel eines Bildes aufnimmt, kann gröber oder feiner sein. Je höher aufgelöst dieses Raster ist – also je mehr Rasterpunkte auf einer Fläche liegen –, desto mehr Details sind darstellbar. Für bestimmte Anwendungszwecke müssen Ihre Bilddaten eine Mindestauflösung besitzen. Daher ist es notwendig, Bilder, die Sie in Ihre Illustrator-Datei platzieren, dem Anwendungszweck entsprechend vorzubereiten.

Wenn Bilder eine zu geringe Auflösung haben, sehen Sie den »Pixeleffekt« – eine deutliche Mosaikbildung im Ausdruck. Zu hoch aufgelöste Bilder können jedoch auch Probleme bereiten, vor allem in der Verarbeitungszeit auf dem Drucker oder im RIP (Raster Image Processor).

Voreinstellung »Geglättetes Bildmaterial«?

Die Voreinstellung Geglättetes Bildmaterial hat keinen Einfluss auf platzierte Bilder – damit beeinflussen Sie die Bildschirmdarstellung von Vektorelementen. Aufgrund der geglätteten Darstellung erscheinen zwischen direkt aneinandergrenzenden Objekten häufig »Lücken«. Deaktivieren Sie in diesen Fällen die Glättung, um zu prüfen, ob die Lücken tatsächlich vorhanden sind.

Sprechen Sie die benötigte Bildauflösung mit den Weiterverarbeitungsbetrieben ab, bevor Sie beginnen.

Illustrator zeigt Ihnen die effektive Auflösung eines ausgewählten Bildes im Steuerungsbedienfeld an. Diese Auflösung berechnet sich aus der Anzahl der Bildpixel und der auf der Zeichenfläche eingerichteten Abbildungsgröße. Diese Information hilft Ihnen, zu beurteilen, ob Sie die Bilddatei in den gewünschten Maßen verwenden können.

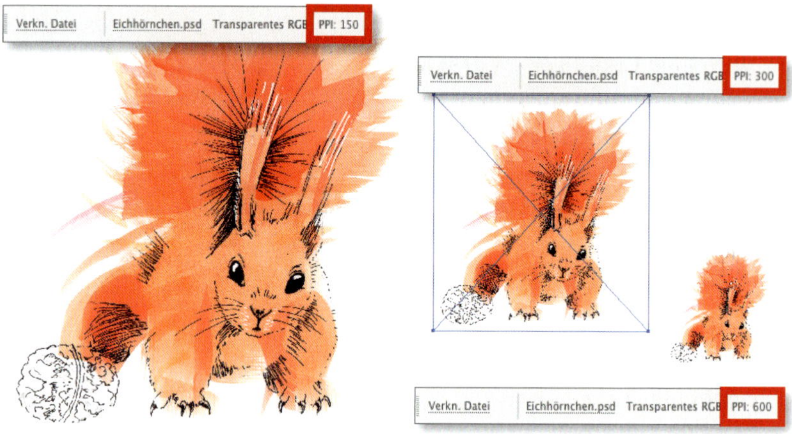

Abbildung 19.2 ▶
Anzeige der Bildauflösung im Steuerungsbedienfeld für einen in Illustrator platzierten 300-ppi-Scan bei unterschiedlichen Skalierungen

Achtung! Auch platzierte EPS- oder PDF-Dateien können Pixeldaten enthalten. Denken Sie daran, dass Sie die Auflösung dieser Bilder beim Skalieren der platzierten Dateien beeinflussen.

Gedrehte Bilder

Werden Pixelbilder in Illustrator gedreht, erhalten Sie sehr irreführende ppi-Werte für die Auflösung.

Farbe | Wenn Sie Grafiken aus anderen Programmen – vor allem pixelbasierte Dateien – in Illustrator importieren, müssen Sie auf die Farbeinstellungen (sowohl in Illustrator als auch im Ursprungsprogramm der eingebundenen Dateien) achten. Beim Platzieren von Dateien, deren eingebettetes Farbprofil sich vom Farbprofil Ihres Illustrator-Dokuments unterscheidet, ist die Behandlung der Abweichung davon abhängig, ob Sie die Datei einbetten oder verknüpfen. Eingebettete Dateien unterliegen immer dem Farbmodus und dem Farbprofil, das die Illustrator-Datei verwendet. Verknüpfen Sie Dateien, haben Sie die Wahl, das eingebettete Profil zu erhalten oder das Farbprofil Ihres Illustrator-Dokuments zu verwenden (s. Abschnitt 7.2.3 f.).

Erneute Profilwarnung

Leider merkt sich Illustrator nicht die Einstellungen, die Sie beim Platzieren der Datei in der Dialogbox der Profilwarnung vornehmen. Stattdessen wird die Profilwarnung bei jedem Öffnen der Illustrator-Datei wieder angezeigt. Da der Name des betreffenden Bildes dabei nicht genannt wird, ist die erneute Einstellung beim Öffnen dann eher ein Glücksspiel.

19.1 Externe Dateien integrieren

Wie Sie beim Importieren von Daten aus anderen Programmen vorgehen, hängt vom Verwendungszweck des Illustrator-Dokuments und den Optionen für den Umgang mit den Quellformaten ab.

19.1.1 Verknüpfen oder einbetten?

Externe Dateien können Sie in Illustrator entweder verknüpfen oder einbetten. Beide Vorgehensweisen haben ihre Anwendungsbereiche.

- **Verknüpfte Dateien** bieten Ihnen zwei Vorteile: Da sie unabhängig von der Illustrator-Datei sind, addieren sie sich nicht zur Dateigröße – jedenfalls nicht zur Größe des Illustrator-Parts. Speichern Sie eine Datei mit PDF-Kompatibilität, werden verknüpfte Bilder aber dennoch in diesen Teil der Datei eingebettet. Darüber hinaus überwacht Illustrator für Sie, ob die verknüpfte Datei aktualisiert wurde. Die platzierte Grafik kann so immer aktuell gehalten werden. Die Bearbeitungsmöglichkeiten sind allerdings begrenzt – verknüpfte Dateien können Sie lediglich mit den Transformieren-Werkzeugen skalieren, drehen, verschieben etc.
- **Eingebettete Dateien** ermöglichen Ihnen dagegen den Zugriff auf die enthaltenen Elemente, z. B. Ebenen und Vektordaten – so ist es auch möglich, Beschneidungspfade aus Photoshop-Dateien mit den Illustrator-Werkzeugen zu bearbeiten. Wenn Dateien durch viele Hände gehen, ist das Einbetten darüber hinaus ein Weg, das Projekt zusammenzuhalten.
  Die Einbettung kann einfach aufgehoben werden.

Platzieren oder einbetten?

ICC-Profile von platzierten Dateien bleiben nur erhalten, wenn Sie die Dokumente verknüpfen. Eingebettete Dateien unterliegen dem Farbmodus und dem Farbprofil der Illustrator-Datei.

Adobe Bridge

Aus Adobe Bridge können Sie Dateien per Drag & Drop platzieren. Alternativ aktivieren Sie das gewünschte Dokument und wählen das Zielprogramm im Menü Datei • Öffnen mit bzw. Platzieren. Beim Platzieren von Bildern aus Bridge in Illustrator wird allerdings die Information über das Farbprofil des Bildes nicht immer korrekt übermittelt.

19.1.2 Import der externen Daten

Sie haben fünf Möglichkeiten, externe Grafikdateien in Illustrator zu importieren: Öffnen der Dateien, Einfügen über die Zwischenablage (Copy & Paste), Platzieren in eine bereits geöffnete Illustrator-Datei, über die CC-Bibliotheken und per Drag & Drop aus dem Quelldokument »ziehen« – vor allem bei den Programmen der Creative Cloud.

Vektorformate nur einbetten

Vor allem vektorbasierte Formate wie CDR, SVG, EMF/WMF, DXF/DWG sowie das Rasterformat PCT lassen sich nur einbetten, nicht verknüpfen.

Dateien öffnen | Illustrator kann nicht nur sein natives Dateiformat AI öffnen, sondern zusätzlich diverse Austauschformate zur Bearbeitung über den Öffnen-Dialog importieren. Eine Übersicht der zahlreichen Speicherformate, die Illustrator beherrscht, erhalten Sie, indem Sie im Öffnen-Dialog – ⌘/Strg+O – das Menü Aktivieren (Mac) bzw. Dateityp (Windows) aufklappen. Beachten Sie vor allem die Versionsnummern – beim Importieren und Platzieren von Fremdformaten können Sie meistens nicht die aktuellsten Versionen verwenden.

▲ **Abbildung 19.3**
Menüpunkt Aktivieren

Keine Pinsel?

Wenn Sie eine Bilddatei in Illustrator öffnen (anstatt sie zu platzieren), haben Sie anschließend keine Pinsel oder Farbfelder.

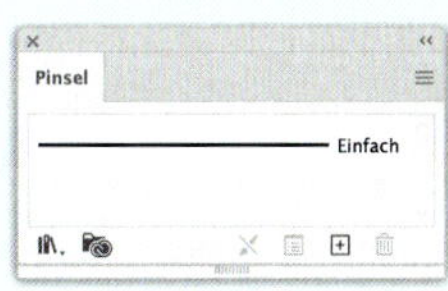

Copy & Paste | Kopieren Sie die Grafikelemente (Pixelbilder oder Vektorformen) zunächst im Erstellungsprogramm in die Zwischenablage, in Photoshop Bearbeiten • Kopieren – ⌘/Strg+C. Anschließend wechseln Sie in Ihre Illustrator-Datei und fügen die Elemente mit Bearbeiten •

DCS 2.0 und Transparenz

DCS 2.0-Dateien können verknüpft platziert werden – eine Transparenzinteraktion wird in diesem Fall korrekt verarbeitet. Vermeiden Sie jedoch, DCS-Dateien in Ihr Illustrator-Dokument einzubetten. Das DCS-Format sollte nur noch in Ausnahmefällen verwendet werden, speichern Sie stattdessen lieber eine PSD-Datei (mit Sonderfarbkanälen).

EINFÜGEN – ⌘/Strg+V – ein. Die auf diese Art importierten Elemente werden in Ihre Illustrator-Datei eingebettet. Ebenenmasken gehen dabei verloren, direkt auf der Bildebene vorgenommene Freistellungen bleiben erhalten (s. Abbildung 19.7).

Platzieren | Die Platzieren-Funktion unterstützt alle Fremdformate, die auch geöffnet werden können. Nur dann, wenn Sie Grafiken über den Platzieren-Befehl importieren, ist es bei vielen Dateiformaten möglich, diese alternativ zu verknüpfen oder einzubetten. Wählen Sie DATEI • PLATZIEREN – ⌘/Strg+⇧+P –, um eine Verknüpfung zu einer oder mehreren Grafikdateien zu erstellen oder diese einzubetten. Falls Sie mehrere Dateien auswählen, werden diese in einen Platzierungscursor (»Place Gun«) geladen.

Abbildung 19.4 ▶
Die Dialogbox PLATZIEREN

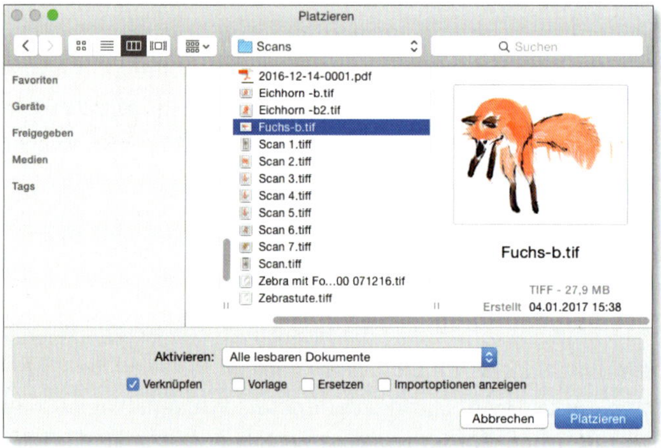

▲ Abbildung 19.5
Ebenentransparenzen, die Sie in Photoshop angelegt haben (oben), bleiben in Illustrator erhalten und wirken im Zusammenhang mit Vektorobjekten.

- VERKNÜPFEN: Ist diese Option nicht aktiviert, wird die Datei eingebettet. Wählen Sie die Option, um Ihre Grafik als Verknüpfung zu platzieren.
- VORLAGE: Möchten Sie den Inhalt der importierten Datei als Vorlage für eine Vektorgrafik verwenden, können Sie mit dieser Option direkt beim Importieren eine Vorlagenebene dafür einrichten und die Grafik darauf platzieren (s. Abschnitt 11.1.2).
- ERSETZEN: Soll eine platzierte Grafik durch eine andere Datei ersetzt werden, selektieren Sie die zu ersetzende Datei, rufen den PLATZIEREN-Befehl auf und aktivieren ERSETZEN.
- IMPORTOPTIONEN ANZEIGEN: Aktivieren Sie diese Option, um bei einigen Formaten detaillierte Einstellungen für den Import vornehmen zu können. Sind mehrere Dateien ausgewählt, dann müssen die Importoptionen für alle betreffenden Dateien eingestellt werden, bevor die erste Datei platziert werden kann.

Platzierungscursor | Der Platzierungscursor erlaubt ein effizienteres Platzieren mehrerer Dateien, indem er sie nacheinander anbietet. Dabei ist es möglich, zwischen den geladenen Dateien zu navigieren. Der Platzierungscursor zeigt die Gesamtzahl der Dateien und zu jeder einzelnen eine Vorschau und eine laufende Nummer. Mit den Pfeiltasten navigieren Sie durch mehrere in die »Place Gun« geladene Dateien. Drücken Sie ⇧ und klicken Sie, um die Importoptionen für die aktuell angezeigte Datei erneut aufzurufen. Mit Esc entfernen Sie Dateien aus dem Platzierungscursor, ohne sie auf der Zeichenfläche zu platzieren. Klicken Sie auf die Zeichenfläche, um die Datei zu platzieren. Alternativ bestimmen Sie durch Klicken und Ziehen gleich die gewünschte Größe.

▲ **Abbildung 19.6**
Platzierungscursor mit Vorschau neben einem bereits platzierten Bild

CC-Bibliotheken | Aus den CC-Bibliotheken können Sie Grafik- oder Rasterdaten in Ihre Illustrator-Datei sowohl einbetten als auch verknüpfen. Die volle Kontrolle darüber haben Sie, wenn Sie mit einem Rechtsklick auf das Element im Bedienfeld das Kontextmenü aufrufen und den entsprechenden Befehl wählen.

▲ **Abbildung 19.7**
Illustrator verwirft Ebenenmasken beim Hineinkopieren über die Zwischenablage (links). Nur freigestellte Bildebenen funktionieren (rechts).

Drag & Drop | Per Klicken und Ziehen lassen sich Elemente vor allem innerhalb der Creative Cloud austauschen. Aktivieren Sie das Element im Quellprogramm – in Bilddateien außerdem die betreffende Ebene –, und ziehen Sie es in das geöffnete Illustrator-Dokument. Aus Bilddateien können Sie auf diese Art nur jeweils eine Ebene importieren. Wie beim Copy & Paste geht die Transparenz z. B. von Bildebenen verloren.

Die Grafikelemente werden beim Drag & Drop eingebettet – es sei denn, Sie ziehen eine Datei aus Adobe Bridge in Ihr Illustrator-Dokument. Vom Desktop ins Illustrator-Dokument gezogene Dateien werden verknüpft – halten Sie ⇧ oder die Hochstelltaste ⇪ gedrückt, um die ins Dokument gezogene Datei einzubetten.

▲ **Abbildung 19.8**
Das Kontextmenü im Bibliotheken-Bedienfeld

19.1.3 Schmuckfarben in platzierten Dateien

Sonderfarben wie Pantone oder HKS können z. B. in Duplex- oder Mehrkanalbildern enthalten oder als zusätzliche Farbkanäle angelegt worden sein. Den nativen Farbraum platzierter Dateien kann Illustrator dank seiner Unterstützung für DeviceN-Farbräume erhalten.

Es ist auch möglich, dass zu platzierende PDFs Duplexbilder enthalten. Illustrator kann diese eingebetteten Schmuckfarbenbilder als Grafik aus Drittprogrammen ohne Bearbeitungsmöglichkeit erhalten und korrekt ausgeben.

Möchten Sie mit Volltonfarben arbeiten, ist es nicht mehr unbedingt zu empfehlen, den Duplex- oder Mehrkanalmodus zu verwenden. Legen

▲ **Abbildung 19.9**
Ein transparentes PSD mit einem Volltonfarbkanal ist in einer Illustrator-Datei platziert.

Sie weitere Farbkanäle an, und speichern Sie die Dateien im Bildbearbeitungsprogramm als PSD-Dateien. DCS 2.0 ist in der Regel nicht mehr nötig – sprechen Sie dies mit der Weiterverarbeitung ab. Im PSD können Sie Duplexbilder mit Alpha-Transparenz versehen (z. B. in Form einer Ebenenmaske), die in Illustrator mit Objekten interagieren kann. PSD-Dateien lassen sich im Illustrator-Dokument entweder einbetten oder verknüpfen. Die in den Bildern definierten Sonderfarben (bis zu 31 Volltonfarbkanäle) legt Illustrator als Farbfelder an, sodass Sie diese Farben in Ihrer Illustration für Vektorobjekte verwenden können.

Für die Druckvorbereitung können Sie eine Illustrator-Datei, die Duplex- oder Mehrkanalbilder enthält, als PDF speichern.

19.1.4 Photoshop- und TIFF-Dateien importieren

Illustrator kann PSD-Dateien direkt platzieren. Wenn Sie die Bildebenen erhalten möchten oder ein transparent freigestelltes Motiv in Illustrator benötigen, speichern Sie Ihre Datei als PSD oder als TIFF.

Wählen Sie eine Photoshop-Datei im Dialog PLATZIEREN, geben Sie die Importoptionen ein, und klicken Sie auf den Button PLATZIEREN. Wenn Sie die Datei einbetten, wählen Sie anschließend die Optionen für das PSD-Format:

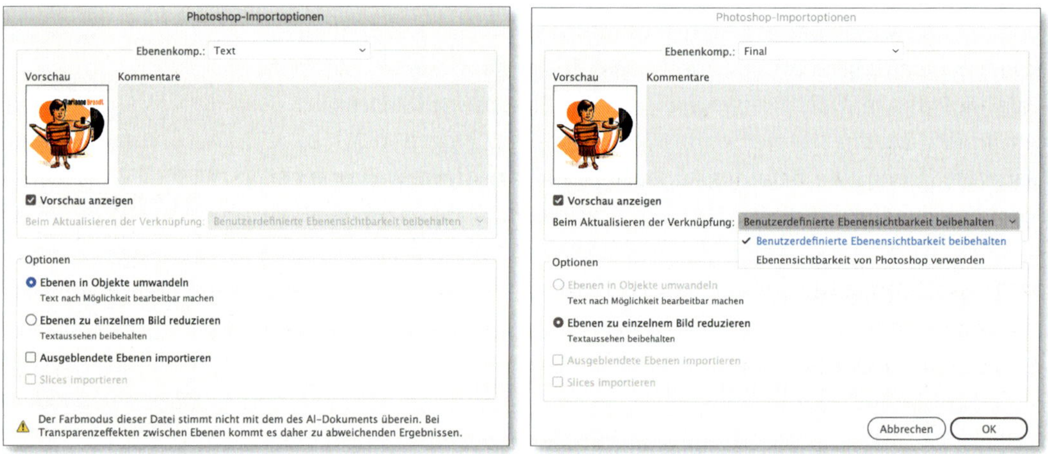

Abbildung 19.10 ▲
PHOTOSHOP-IMPORTOPTIONEN für eingebettete (links) und verknüpfte Dateien (rechts), die Ebenenkompositionen enthalten; da einige Füllmethoden im Farbmodus CMYK erheblich vom Farbmodus RGB abweichen, erscheint die Warnung unten.

- EBENENKOMPOSITION: Sind in der Photoshop-Datei Ebenenkompositionen zusammengestellt, können Sie auf diese im Aufklappmenü zugreifen. Wenn Sie die Option VORSCHAU ANZEIGEN aktivieren, sehen Sie eine Anzeige der ausgewählten Komposition.
- BEIM AKTUALISIEREN DER VERKNÜPFUNG (nur beim Verknüpfen): Wenn Sie beim Bearbeiten einer verknüpften Datei die Ebenensichtbarkeit verändern, wendet Illustrator die hier definierte Regel bei der Aktualisierung der Verknüpfung an:

- ▶ Benutzerdefinierte Ebenensichtbarkeit beibehalten: Die bei der erstmaligen Platzierung des Bildes vorliegende Ebenensichtbarkeit bleibt erhalten.
- ▶ Ebenensichtbarkeit von Photoshop verwenden: So wie die Ebenen nach der Bearbeitung in Photoshop angezeigt werden, sind sie nach dem Aktualisieren der Verknüpfung in Illustrator sichtbar.

- Ebenen in Objekte umwandeln (nur beim Einbetten): Soweit möglich, importiert Illustrator jede Ebene als einzelne Grafik und Textebenen als Textobjekte (s. Abbildung 19.12).
  Einige Füllmethoden sowie Einstellungsebenen, Aussparungen und Ebeneneffekte werden beim Einbetten mit den jeweils darunterliegenden Ebenen reduziert. Beim Einbetten eines RGB-Bilds in eine CMYK-Datei müssen Sie mit abweichenden Ergebnissen für einige Füllmethoden rechnen, z. B. Negativ multiplizieren.
- Ebenen zu einzelnem Bild reduzieren: Alle Ebenen werden beim Import auf eine einzige reduziert.
- Ausgeblendete Ebenen importieren (nur beim Einbetten): Wählen Sie diese Option, um auch Ebenen zu platzieren, die in der Originaldatei ausgeblendet sind – dieser Status bleibt in Illustrator erhalten.
- Slices importieren (nur beim Einbetten): Mit dieser Option können Sie Slices importieren (Slices s. Abschnitt 21.1.5).

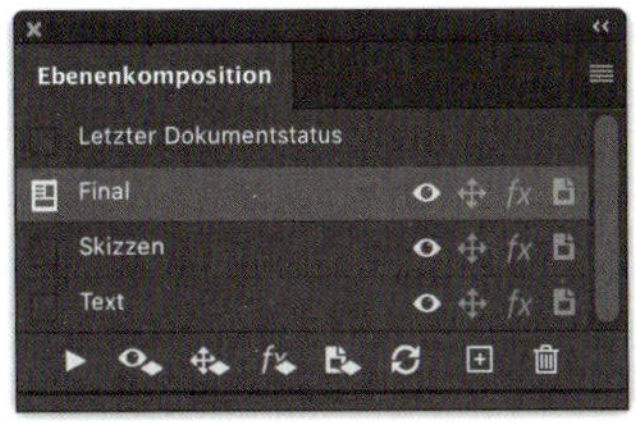

▲ **Abbildung 19.11**
Ebenenkompositionen-Bedienfeld in Photoshop

▲ **Abbildung 19.12**
Ebenen in Objekte umwandeln: Die Textebene ist in Illustrator editierbar.

Einige Bilddateien konvertiert Illustrator vor dem Einfügen – so z. B. Dateien mit 16 Bit Farbtiefe in den Kanälen. Dateien, deren Pixel-Seitenverhältnis nicht quadratisch ist, werden nichtproportional skaliert platziert. Dies kann neben Photoshop-Dateien auch Bilder aus Videoschnittprogrammen betreffen.

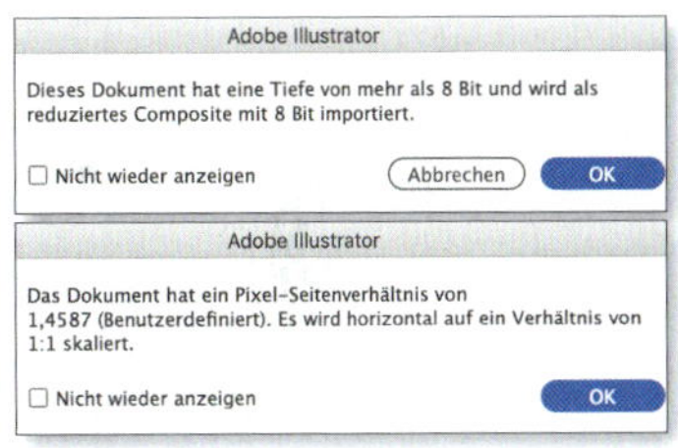

▲ **Abbildung 19.13**
Warnhinweise beim Konvertieren von Dateien

Pfade aus Photoshop | Pfade müssen in der PSD- oder TIFF-Datei als Beschneidungspfad oder Formebene angelegt sein. Wenn Sie das Bild in Illustrator einbetten, haben Sie Zugriff auf die Pfade.

19.1.5 PDF importieren

Illustrator kann fast jedes nicht passwortgesicherte PDF-Dokument so importieren, dass sich viele enthaltene Elemente bearbeiten lassen. Fehler beim Interpretieren der Inhalte durch Illustrator sind aber nicht selten.

Beim Import eines PDF in Illustrator werden darin enthaltene Bilder immer in den Farbmodus des Dokuments konvertiert – dies kann zu einem Qualitätsverlust führen. Das Bearbeiten der Originaldaten im jeweiligen Erstellungsprogramm ist dem Bearbeiten des PDFs immer vorzuziehen. Wenn es keine Möglichkeit gibt, die Originaldaten zu er-

Mehrseitiges PDF speichern

Haben Sie eine Seite eines mehrseitigen PDFs bearbeitet, dann wählen Sie Datei • Speichern, um nur diese Seite innerhalb des PDFs zu aktualisieren. Wählen Sie dagegen Datei • Speichern unter, dann wird eine einseitige Datei gesichert.

▲ **Abbildung 19.14**
Optionen PDF PLATZIEREN

halten, sind spezialisierte PDF-Editoren wie Callas PDFToolbox weitaus besser geeignet als Illustrator – jedenfalls im Bereich der Druckvorstufe.

Je nachdem, ob Sie über DATEI • PLATZIEREN oder DATEI • ÖFFNEN gehen, haben Sie andere Optionen für den Import mehrseitiger PDFs.

PDF platzieren | Nach der Auswahl der PDF-Datei bestimmen Sie in einer zweiten Dialogbox die Platzierungsoptionen. Handelt es sich um ein mehrseitiges PDF, navigieren Sie zunächst mit den Pfeil-Buttons zur gewünschten Seite (zum Speichern eines mehrseitigen PDFs s. den Hinweis auf Seite 657).

Anschließend wählen Sie aus dem Aufklappmenü, welcher Bereich des PDFs in Illustrator eingefügt werden soll. Die Einträge beziehen sich auf die »Boxen« in einer PDF-Datei, die z. B. das Endformat, die Grafikelemente und den gesamten druckenden Bereich definieren. Die ausgewählte »Box« zeigt das Vorschaubild durch einen gestrichelten Rahmen an.

▲ **Abbildung 19.15**
PDF-Boxen: Begrenzungsrahmen /Bounding Box/Bildmaterial/Art Box ①, Beschneiden/Crop Box ②, Überlappungsbereich entfernen/Trim Box ③, Anschnitt/Bleed Box ④, Medien/Media Box

PDF öffnen | Nach der Auswahl der Datei bestimmen Sie in der Dialogbox PDF-IMPORTOPTIONEN ebenfalls die Seiten, die importiert werden sollen. Sie können entweder unter BEREICH einzelne Seiten angeben oder ALLE importieren. Sofern Sie mehrere Seiten importieren, erstellt Illustrator ein neues Dokument und platziert die ausgewählten Seiten darin. Die Option PDF-SEITEN FÜR OPTIMALE LEISTUNG ALS LINKS IMPORTIEREN ist normalerweise aktiv. Sie bewirkt, dass die Seiten zunächst verknüpft sind. Wenn Sie die Inhalte bearbeiten wollen, können Sie entweder die Option deaktivieren und damit alle Seiten gleich einbetten oder die Seiten zunächst verknüpft platzieren und dann nach Bedarf mithilfe der entsprechenden Buttons einbetten (s. Abschnitt 19.2).

▲ **Abbildung 19.16**
Dialogbox PDF-IMPORTOPTIONEN

Schriften im PDF | Sobald Sie ein PDF einbetten und auch Texte bearbeiten wollen, muss die verwendete Schriftart in Ihrem System installiert sein. Es kann dennoch vorkommen, dass Sie alle Schriften neu zuweisen müssen und dass Schriften teilweise in Pfade umgewandelt werden. Darüber hinaus sind alle Zeilen einzelne Punkttexte.

Benötigen Sie lediglich Schriftzüge, dann verknüpfen Sie das PDF oder die Seiten und wenden dann OBJEKT • TRANSPARENZ REDUZIEREN an. Aktivieren Sie die Option TEXT IN PFADE UMWANDELN. So erhalten Sie zwar nicht den editierbaren Text, aber dessen Erscheinungsbild.

19.1.6 EPS-Dateien importieren

EPS-Dateien können Sie beim Platzieren in eine Illustrator-Datei sowohl einbetten als auch verknüpfen. Beim Einbetten werden die enthaltenen

Objekte in native Illustrator-Objekte umgewandelt, soweit das möglich ist. Sie sollten EPS-Dateien nur dann einbetten, wenn Sie Objekte bearbeiten wollen – Objekte, die Illustrator nicht erkennt, gehen ansonsten bei der Konvertierung verloren. Um EPS-Dateien einzubetten, öffnen Sie sie oder verwenden den Befehl PLATZIEREN und deaktivieren die Option VERKNÜPFEN. Falls die EPS-Datei als Illustrator 10 EPS oder höher erstellt und gespeichert wurde, sollten Sie sie öffnen, da dann auf den eingebetteten AI-Part der Datei zugegriffen wird (s. Abschnitt 3.7.1).

In verknüpften EPS-Dateien bleiben alle Objekte und Sonderfarben erhalten. Verwenden Sie DATEI • PLATZIEREN... mit der Option VERKNÜPFEN, um eine EPS-Datei verknüpft zu platzieren.

Verknüpfte EPS drucken

Falls Ihre Dateien mit verknüpften EPS-Dateien im Binärformat nicht richtig gedruckt werden, speichern Sie die EPS-Dateien stattdessen im ACSII-Format.

19.1.7 Daten vom Tablet: Adobe Illustrator Draw, Adobe Capture, Adobe Sketch, Adobe Fresco

Mit der mobilen App Illustrator Draw malen Sie Vektorpfade. Das ist kein genaues Zeichnen, sondern Sie arbeiten ähnlich wie mit dem Tropfenpinsel in Illustrator. Draw-Dateien können Transparenzen und mehrere Ebenen enthalten und lassen sich in Illustrator direkt öffnen. Dort können die Zeichnungen dann als Vorlagenzeichnung für eine exakte Vektorisierung verwendet oder weiterbearbeitet werden. Denken Sie daran, den Farbmodus gegebenenfalls zu konvertieren und die Farbdefinitionen an Ihren Bedarf anzupassen.

▲ **Abbildung 19.17**
Workflow durch Adobe Sketch, Capture, Draw und Illustrator – den beigen Hintergrund müssen Sie unbedingt vor dem Export eines SVG löschen, er verursacht Abstürze.

Senden aus den Apps | Aus den mobilen Apps übertragen Sie Ihre Arbeiten, indem Sie unter dem Button ÖFFNEN UND SENDEN auf ADOBE DESKTOP-APPLIKATIONEN gehen und dann ILLUSTRATOR auswählen. Die Datei wird dann auf Ihren Desktop übertragen. Illustrator wird gestartet, falls nötig, und die Datei geöffnet. Aus Fresco müssen Sie Ihre Zeichnung als PSD (pixelbasierte Arbeiten) oder PDF (vektorbasierte Arbeiten) exportieren. Leider bleiben im PDF keine Ebenen erhalten.

CC-Bibliotheken | Vektorisierungen, Muster und Pinsel, die Sie mit Adobe Capture erzeugt haben, finden Sie im Bibliotheken-Bedienfeld (s. Abschnitt 1.4).

Andere Apps | Auch mit anderen Apps können Sie Vektorgrafik auf Tablets erstellen – mit der App Inkpad zeichnen Sie z. B. wie mit Illustrators Zeichenstift. Der Datenaustausch erfolgt dann in der Regel über SVG oder PDF. Häufig bieten die Apps entweder einen E-Mail-Versand oder den Austausch über den Online-Dienst Dropbox an.

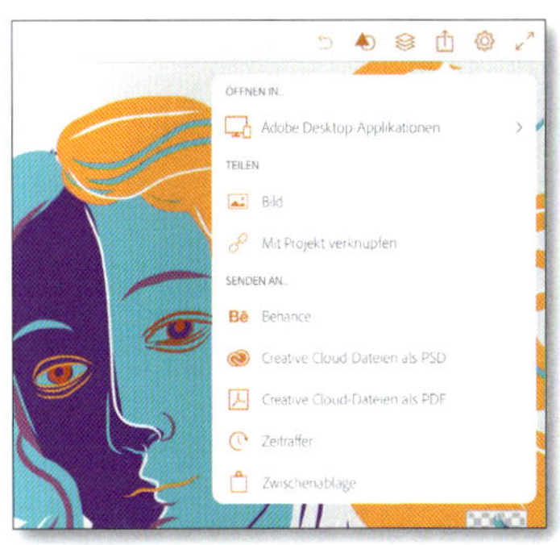

▲ **Abbildung 19.18**
Aufrufen des Menüs zum Senden von Dateien in Illustrator Draw

CorelDRAW-Export

Illustrator kann kein CDR exportieren, aktuelle CorelDRAW-Versionen können aber AI-Dateien importieren. Das funktioniert sogar, wenn kein PDF eingebettet ist.

19.1.8 CorelDRAW-Dateien importieren

Illustrator liest CDR-Dateien der Versionen 5 bis 10. Es können viele Eigenschaften erhalten werden, z. B. zusammengesetzte Pfade, Überblendungen, Pfadtexte, Konturen und Verläufe. Verzerrungshüllen sollten Sie bereits in CorelDRAW umwandeln lassen. An Objekten verwendete Farben legt Illustrator im Farbfelder-Bedienfeld an. Falls Sie über CorelDRAW X5 oder höher verfügen, probieren Sie, ob Sie bessere Ergebnisse erhalten, wenn Sie daraus ein AI exportieren.

Bilder in der Pfadansicht

In der Pfadansicht werden Bilder nur durch einen Rahmen dargestellt. Möchten Sie stattdessen das Motiv anzeigen lassen, rufen Sie Datei • Dokument einrichten auf und aktivieren die Option Bilder in Pfadansicht anzeigen.

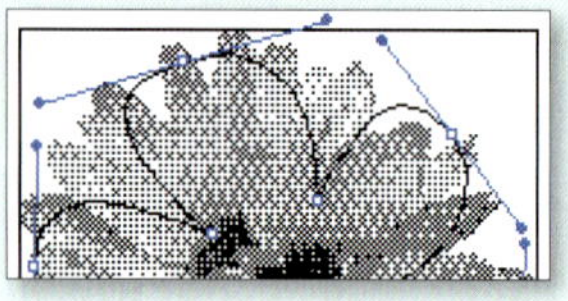

19.2 Platzierte Daten verwalten

Im Verknüpfungen-Bedienfeld erkennen Sie den Status der importierten Dateien und weiteren Informationen auf einen Blick. Wichtige Funktionen – wie z. B. das Maskieren – und Informationen haben Sie auch im Eigenschaften- und im Steuerungsbedienfeld zur Hand.

19.2.1 Eigenschaften- und Steuerungsbedienfeld

Ist eine platzierte Datei ausgewählt, dann stehen Ihnen im Eigenschaften- und im Steuerungsbedienfeld die gebräuchlichsten Funktionen im Zusammenhang mit dem jeweiligen Objekt zur Verfügung.

Aktivieren Sie z. B. ein verknüpftes Bild, können Sie es mit einem Mausklick einbetten, die Originaldatei bearbeiten, mit dem Bildnachzeichner vektorisieren, beschneiden oder maskieren. Im Steuerungsbedienfeld erhalten Sie außerdem Informationen zur Bildauflösung.

▼ **Abbildung 19.19**
Das kontextsensitive Steuerungsbedienfeld mit aktiviertem Bild; eingebettete Bilder können Sie mit dem Button Einbettung aufheben in eine TIFF- oder PSD-Datei speichern.

19.2.2 Verknüpfungen-Bedienfeld

Das Verknüpfungen-Bedienfeld listet alle verknüpften Dateien sowie eingebettete Pixelbilder auf und ermöglicht ihre komfortable Verwaltung. Rufen Sie es mit Fenster • Verknüpfungen auf – im Dock: ⚭.

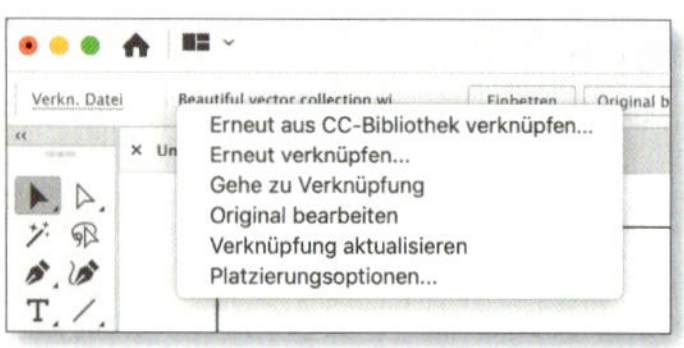

▲ **Abbildung 19.20**
Wichtige Befehle für Verknüpfungen finden Sie auch im Steuerungsbedienfeld: Klicken Sie auf den Dateinamen, um das Menü aufzuklappen.

Symbole | Jeder Eintrag im Bedienfeld entspricht einem verknüpften oder eingebetteten Bild. Wandeln Sie die Ebenen einer Photoshop-Datei beim Einbetten in Objekte um, dann werden die Ebenen zu einzelnen Einträgen im Verknüpfungen-Bedienfeld. Symbole zeigen den Status der Verknüpfung an.

- Eingebettete Pixelbilder: Während Vektordateien nach dem Einbetten aus dem Verknüpfungen-Bedienfeld entfernt werden, listet Illustrator eingebettete Pixelbilder weiterhin auf.
- Fehlende Grafik: Findet Illustrator die platzierte Datei nicht mehr an ihrem Speicherort vor, signalisiert es das mit dem Warnsymbol. Ist ein Bild bereits beim Öffnen einer Datei nicht mehr auffindbar, erhalten Sie eine Warnmeldung.
  Verwenden Sie den Befehl Erneut verknüpfen aus dem Menü des Verknüpfungen-Bedienfeldes oder den gleichnamigen Button , und verweisen Sie auf den neuen Speicherort oder eine andere Datei.
- Geänderte Grafik: Haben Sie eine Grafik außerhalb von Illustrator bearbeitet und gespeichert, muss die Verknüpfung aktualisiert werden, da es anderenfalls beim Druck zu unerwarteten Ergebnissen kommen kann.
  Verwenden Sie dazu die Funktion Verknüpfung aktualisieren aus dem Bedienfeldmenü oder den entsprechenden Button , und passen Sie anschließend gegebenenfalls die Position des Bildes auf der Zeichenfläche an.
- Bildmaterial aus CC-Bibliothek: Grafiken und Bilder aus einer CC-Bibliothek werden mit diesem Symbol gekennzeichnet. Handelt es sich um eine geteilte Bibliothek, dann kann das verknüpfte Bild auch von anderen Personen bearbeitet worden sein.
- Vorschaubild aus Adobe Stock: Die mit dem Wasserzeichen versehenen Vorschaubilder aus Adobe Stock werden im Verknüpfungen-Bedienfeld mit dem Einkaufswagen-Symbol versehen. Sie können die Bilder direkt aus dem Verknüpfungen-Bedienfeld lizenzieren, indem Sie Bild lizenzieren aus dem Bedienfeldmenü wählen. Eine Warnmeldung zeigt vorher an, wie viele Credits für das Bild verwendet werden. An diesem Punkt lässt sich der Kauf noch abbrechen.
- Transparenzinteraktion einer DCS-Datei: DCS-Dateien, die mit transparenten Objekten interagieren, drucken möglicherweise nicht korrekt, daher zeigt das Symbol eine Wechselwirkung an. Die Warnanzeige müssen Sie jedoch in den Bedienfeld-Optionen aktivieren.

Funktionsbuttons | Verknüpfungen-Bedienfeld

- Verknüpfungs-Informationen anzeigen: Sie können Zusatzinformationen über das im Bedienfeld aktivierte Bild mit einem Klick auf den Button aufrufen. Nicht alle Angaben können bei jedem Dateiformat angezeigt werden.
  - Farbraum: Der Farbraum (Schwarz/Weiss-Bitmap, Graustufen, RGB, CMYK, Mischfarbbild) wird nur für verknüpfte Rasterbilder angezeigt, nicht für PDFs.

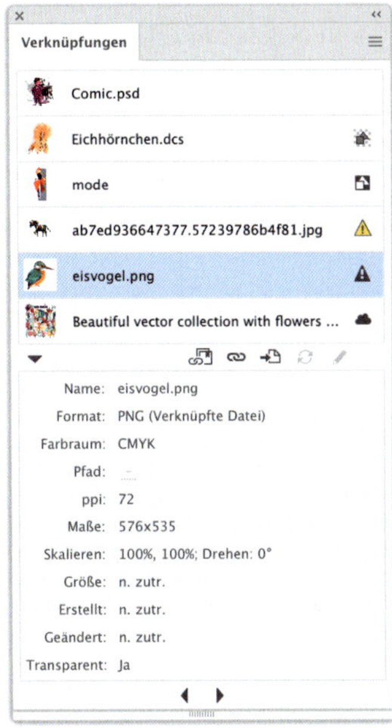

▲ **Abbildung 19.21**
Das Verknüpfungen-Bedienfeld

▲ **Abbildung 19.22**
Diese Warnung muss bestätigt werden, bevor ein Bild lizenziert wird.

[DCS]
Das DCS-Format – Abkürzung für Desktop Color Separation – ist eine Variante des EPS-Formats. Da separierte Daten gespeichert werden, kann dieses Format in (heute üblichen) Composite-Workflows zu Problemen führen.

Verknüpfungsinformationen: Skalierung

Haben Sie Bilddateien eingebettet, bezieht sich die Angabe der Skalierung auf eine Bildauflösung von 72 dpi. Falls Ihre Datei eine andere Auflösung hat, sagt diese Angabe also nichts über vorgenommene Skalierungen aus.

▲ **Abbildung 19.23**
Das Bibliotheken-Bedienfeld im Ersetzen-Modus

Erstellungsprogramm

Das Erstellungsprogramm richten Sie am Mac in den Dokumentinformationen ein, unter Windows in den Dateieigenschaften.

▲ **Abbildung 19.24**
Die Dialogbox Platzierungsoptionen

- Pfad: Sie können den Pfad ablesen und mit einem Klick auf den unterstrichenen Pfad den Ordner im Finder bzw. Explorer direkt öffnen.
- PPI: Die effektive Auflösung der platzierten Datei wird jeweils an die Skalierung angepasst.
- Masse: Die Original-Pixelmaße der Datei verändern sich nicht.
- Skalieren: Der Skalierungsfaktor – diese Angabe ist (bei eingebetteten Bildern) nicht zuverlässig.
- Transparent: Ein Ja zeigt an, dass die Datei Alpha-Transparenz besitzt.

- Erneut aus CC-Bibliotheken verknüpfen: Findet Illustrator eine Grafik nicht oder möchten Sie eine Verknüpfung durch eine andere Datei aus den Creative-Cloud-Bibliotheken ersetzen, rufen Sie mit Erneut aus CC-Bibliothek verknüpfen aus dem Bedienfeldmenü oder dem Button das Bibliotheken-Bedienfeld auf (s. Abbildung 19.23).
- Erneut verknüpfen: Um eine Verknüpfung durch eine andere Datei von Ihrer Festplatte zu ersetzen, wählen Sie Erneut verknüpfen mit dem Button oder aus dem Menü des Bedienfeldes.
- Gehe zu Verknüpfung: Um eine Grafik innerhalb Ihres Dokuments zu finden, wählen Sie diesen Befehl aus dem Bedienfeldmenü oder verwenden den Button. Illustrator setzt den Fokus des Dokumentfensters auf die Grafik.
- Original bearbeiten: Aktivieren Sie eine Grafik, und wählen Sie Original bearbeiten aus dem Bedienfeldmenü oder durch einen Klick auf den Button, um die Grafik im Erstellungsprogramm zu bearbeiten. Falls es nicht geöffnet ist, löst Illustrator den Programmstart aus. Nachdem Sie die Datei gespeichert und Illustrator wieder aufgerufen haben, müssen Sie die Verknüpfung in Illustrator aktualisieren, falls Sie nicht eingestellt haben, dass dies automatisch geschieht.
- Verknüpfung aktualisieren: Diese Funktion dient dazu, Dateien, die im Verknüpfungen-Bedienfeld als geändert markiert sind, auf den neuesten Stand zu bringen. Sie rufen die Aktualisierung für aktivierte Grafiken mit dem Button oder über das Bedienfeldmenü auf.

Bedienfeldmenü | Verknüpfungen-Bedienfeld

- Platzierungsoptionen: Mit den Platzierungsoptionen bestimmen Sie, wie sich die Grafik im Verhältnis zum Begrenzungsrahmen verhalten soll. Die Optionen wirken dann, wenn Sie den Begrenzungsrahmen nicht proportional skalieren oder mit dem Befehl Erneut verbinden eine Grafik mit anderen Proportionen zuweisen.
  Wählen Sie eine Option aus dem Aufklappmenü. Bei vielen Optionen können Sie mit dem Ausrichtungssymbol einen Referenzpunkt für

die Ausrichtung definieren. Klicken Sie dazu auf eines der Kästchen des Symbols.
Soll die Grafik nicht über den Begrenzungsrahmen hinausragen, aktivieren Sie die Option Auf Begrenzungsrahmen zuschneiden.

- Bild(er) einbetten: Aktivieren Sie ein Grafikobjekt, und wählen Sie diesen Befehl (entweder aus dem Bedienfeldmenü oder mit dem gleichnamigen Button im Eigenschaften- oder Steuerungsbedienfeld), um die Grafikdaten in die Illustrator-Datei zu integrieren – die Dateigröße kann beträchtlich zunehmen. Einige Operationen können Sie jedoch nur mit eingebetteten Daten vornehmen, z. B. in einem Pinsel verwenden oder in ein Symbol umwandeln.
- Einbettung aufheben: Speichern Sie eingebettete Bilder (auch mit Volltonfarbkanälen oder Mehrkanalbilder – jedoch keine 1-Bit-Bilder) als TIF- oder PSD-Datei. In der Illustrator-Datei sind die Bilder anschließend verknüpft. Die Funktion gibt es auch als Button im Eigenschaften- und im Steuerungsbedienfeld.
- In Bridge anzeigen: So öffnen Sie die verknüpfte Datei in Adobe Bridge.
- Verknüpfungsdateiinformationen: Die XMP-Metadaten (e**X**tensible **M**etadata **P**latform) einer verknüpften Grafikdatei können Sie hier nicht editieren, nur einsehen.

Bedienfeld-Anzeige | Mit den folgenden Optionen steuern Sie die Darstellung des Bedienfeldes:

- Einblenden: Vor allem, wenn Sie mit vielen platzierten Bildern und Grafiken arbeiten, kann es sinnvoll sein, sich nur eine bestimmte Gruppe dieser Objekte im Verknüpfungen-Bedienfeld anzeigen zu lassen, z. B. die problematischen.
  Sie haben die Wahl, Alles, Fehlende, Geänderte oder Eingebettete Objekte einblenden zu lassen.
- Sortieren: Die Einträge im Bedienfeld können Sie zwar nicht wie in anderen Bedienfeldern verschieben, sie lassen sich jedoch nach Name, Art oder Status sortieren.
- Bedienfeldoptionen: In den Bedienfeldoptionen bestimmen Sie die Größe des Miniaturbildes und aktivieren die Anzeige der Transparenz-Interaktion mit DCS-Bildern.

Verknüpfungen aktualisieren

Zur Voreinstellung für die Aktualisierung s. Abschnitt 19.2.3. Eine automatische Aktualisierung kann nur durchgeführt werden, wenn die Illustrator-Datei geöffnet ist.

Bilder maskieren

Um Bilder zu maskieren, ist eine Schnittmaske besser geeignet als die Platzierungsoptionen. Eine Schnittmaske speziell für Bilder erstellen Sie mit dem Button Maskieren im Steuerungsbedienfeld (s. Abschnitt 19.3.2).

XMP™
Adding Intelligence to Media

▲ **Abbildung 19.25**
XMP-Logo

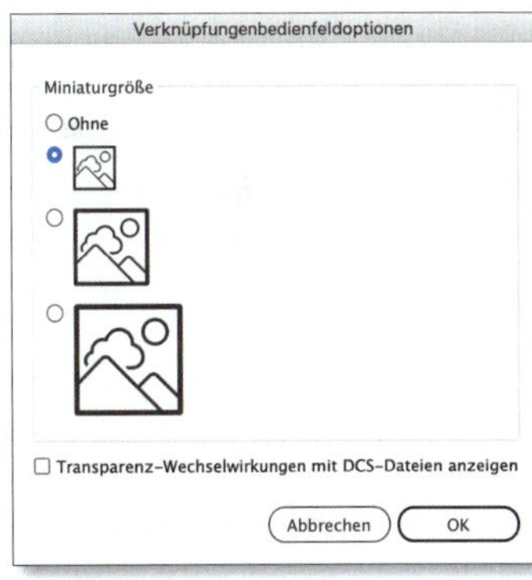

▲ **Abbildung 19.26**
Optionen des Verknüpfungen-Bedienfeldes

19.2.3 Verknüpfungen automatisch aktualisieren

Per Voreinstellung weist Illustrator beim Öffnen einer Datei oder beim Wechseln aus einem anderen Programm zu einer geöffneten Illustrator-Datei auf geänderte Verknüpfungen hin. Dieses Verhalten können Sie jedoch ändern. Rufen Sie VOREINSTELLUNGEN • DATEIEN VERARBEITEN UND ZWISCHENABLAGE auf, und wählen Sie eine Option unter VERKNÜPFUNGEN AKTUALISIEREN:

- AUTOMATISCH: Die Warnung wird unterdrückt; Illustrator aktualisiert die Verknüpfungen in geöffneten Dateien selbsttätig.
- MANUELL: Auch hier erhalten Sie keine Warnung – dafür müssen Sie das Verknüpfungen-Bedienfeld beachten, um geänderte Dateien zu bemerken, und diese dann »von Hand« aktualisieren.
- BEI ÄNDERUNG WÄHLEN: Die Voreinstellung – Illustrator zeigt die Dialogbox.

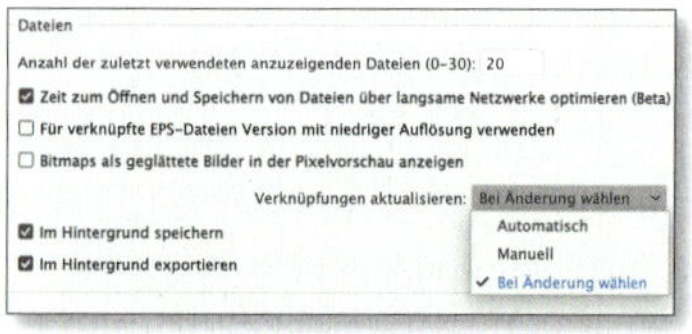

▲ **Abbildung 19.27**
Die Voreinstellung VERKNÜPFUNGEN AKTUALISIEREN

Ordner »Links«

Befindet sich ein Ordner »Links« auf derselben Ebene wie die Illustrator-Datei, dann sucht Illustrator darin automatisch nach fehlenden Verknüpfungen.

Mehrere fehlende Dateien | Fehlen beim Öffnen einer Datei mehrere Verknüpfungen, dann aktivieren Sie in der Warnung die Option AUF ALLE ANWENDEN, bevor Sie die Dateien neu verknüpfen. Befinden sich alle im selben Ordner, dann werden alle neu zugewiesen.

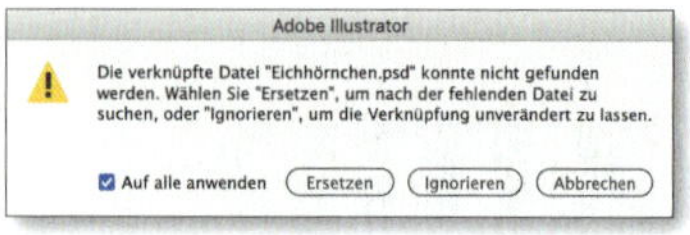

▲ **Abbildung 19.28**
Die Option AUF ALLE ANWENDEN

Verknüpfungen im Netzwerk | Illustrator arbeitet mit absoluten Dateipfaden, daher ist die Migration zu anderen Servern schwierig, und fehlende Dateien lassen sich anschließend nicht automatisch reparieren.

19.3 Bilddaten bearbeiten

Pixelgrafiken können Sie in Illustrator nicht nur vektorisieren, sondern auch in eingeschränktem Umfang bearbeiten. Die wichtigsten Funktionen sind hier das Beschneiden und das Maskieren von Bildern. Damit lässt sich Illustrator auch für das Erstellen von Layouts einsetzen – aufgrund seines besseren Farbmanagements für platzierte Bilder sollten Sie für bildlastige Layouts jedoch InDesign den Vorzug geben.

▲ **Abbildung 19.29**
Pixelbild als Map eines 3D-Objekts

19.3.1 Bilder zuschneiden

Platzierte Rasterbilder können direkt in Illustrator endgültig zugeschnitten werden. Falls die Bilder verknüpft sind, werden sie bei diesem Vorgang eingebettet, sodass keine externen Dateien verändert werden. Die Funktion lässt sich auch auf verknüpfte Vektorgrafiken oder PDFs mit gemischten Inhalten anwenden. Beim Aufrufen von BILD ZUSCHNEIDEN werden diese Dokumente dann jedoch nicht nur eingebettet, sondern auch gerastert. Zugewiesene Effekte werden nicht umgewandelt.

Achtung! Der entfernte Bereich des jeweiligen Bildes wird beim Zuschneiden endgültig und unwiederbringlich gelöscht (es sei denn, Sie widerrufen den Arbeitsschritt direkt anschließend).

Achtung: Datenverlust!

Falls nur noch das eingebettete Bild vorhanden ist, droht beim Zuschneiden ein Datenverlust, denn der abgeschnittene Teil wird gelöscht.

Zuschneidungsfunktion verwenden | Gehen Sie wie folgt vor, um ein platziertes Bild zuzuschneiden:

1. Aktivieren Sie das verknüpfte oder eingebettete Bild, und klicken Sie auf den Button Bild zuschneiden im Eigenschaften- oder im Steuerungsbedienfeld, oder rufen Sie den gleichnamigen Befehl aus dem Menü Objekt auf.
2. Falls das Bild verknüpft war, erscheint ein Hinweis, dass es nun eingebettet wird. Bestätigen Sie den Hinweis.
3. Illustrator zeigt nun die Zuschneidungs-Widgets am Bild an ❶, mit denen Sie den Ausschnitt bestimmen. Ziehen Sie an den hervorgehobenen Ecken oder Kanten – der Cursor wechselt zu ⤢, ↕ bzw. ↔ ❷. Alternativ geben Sie die Größe und Position des Zuschneidungsrahmens numerisch in die Eingabefelder im Eigenschaften- oder im Steuerungsbedienfeld ein. Sie können den Zuschneidungsrahmen nur kleiner skalieren als das Bild.
   Falls die Voreinstellung Inhaltssensitive Standardeinstellungen verwenden aktiv ist, trifft Illustrator bereits eine Auswahl basierend auf künstlicher Intelligenz.
4. Greifen Sie innerhalb des Zuschneidungsrahmens, um ihn im Bereich des Bildes zu verschieben – der Cursor zeigt ✥ ❸.
5. Geben Sie die Zielauflösung für das zugeschnittene Bild im Feld PPI ein, oder wählen Sie die Auflösung aus dem Pulldown-Menü. Sie können keine höhere als die vorhandene effektive Auflösung eingeben.
6. Mit [↵], [Enter] oder einem Klick auf Anwenden schneiden Sie das Bild zu ❹. Wenn Sie die Bildauflösung nicht geändert haben, findet kein Resampling statt, Illustrator verschiebt stattdessen den Zuschneidungsrahmen so, dass er exakt ins Pixelraster des Bildes passt.
7. Um die Operation nicht durchzuführen, klicken Sie im Eigenschaften- oder im Steuerungsbedienfeld auf Abbrechen oder drücken [Esc].

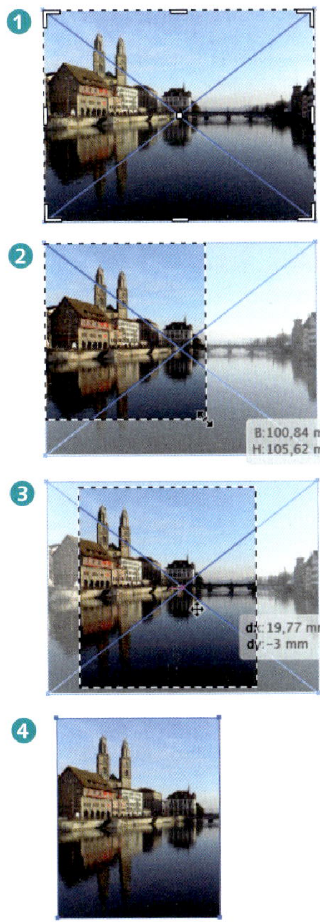

▲ **Abbildung 19.30**
Zuschneiden eines verknüpften Bildes; nach dem Zuschneiden ist das Bild eingebettet (ganz unten).

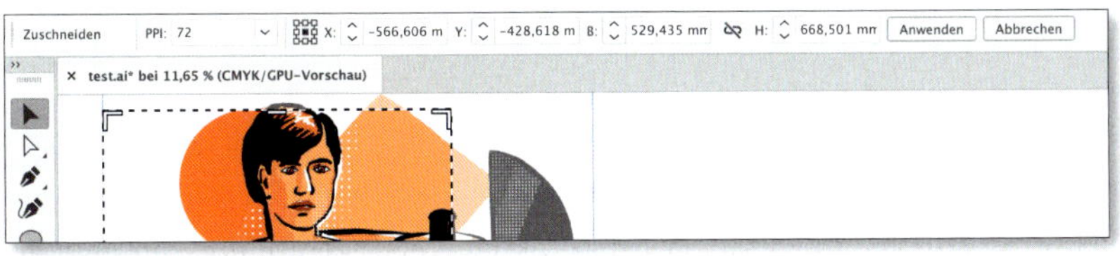

◀ **Abbildung 19.31**
Das Steuerungsbedienfeld mit den Eingabefeldern für die Zuschneidungsoptionen

Modifikationsmöglichkeiten | Drücken Sie [⇧], um die Proportionen des Bildes zu erhalten. Mit [⌥]/[Alt] skalieren Sie den Zuschneidungsrahmen von der Bildmitte aus.

Inhaltssensitives Zuschneiden | Künstliche Intelligenz versucht, bedeutsame Bildinhalte zu erkennen und freizustellen. Sie können die inhaltssensitiven Einstellungen in Voreinstellungen • Allgemein deaktivieren.

Inhaltssensitive Optionen

Die Option Inhaltssensitive Standardeinstellungen verwenden steuert auch das Verhalten von Formgittern und Freihandverläufen.

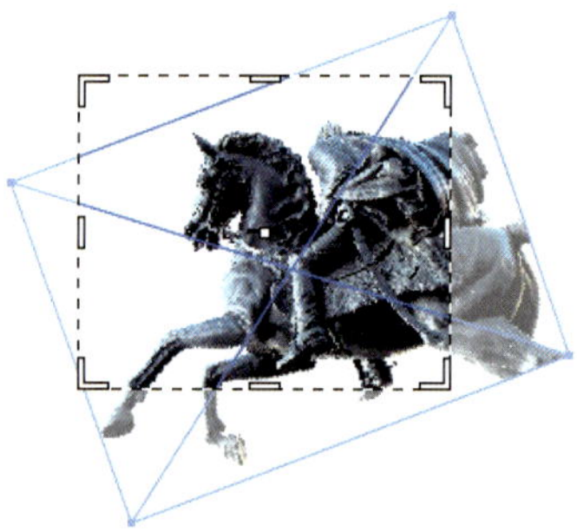

▲ **Abbildung 19.32**
Ein gedrehtes Bild kann zugeschnitten werden, der Zuschneidungsrahmen kann aber selbst nicht gedreht werden.

Einschränkungen der Funktion | Den Zuschneidungsrahmen können Sie nicht drehen – er ist immer rechtwinklig ausgerichtet und kann Bilder auch nur rechteckig zuschneiden. Sie können das Bild während des Zuschneidens nicht transformieren, ohne dabei den Zuschneidungsmodus zu verlassen.

19.3.2 Bilder maskieren

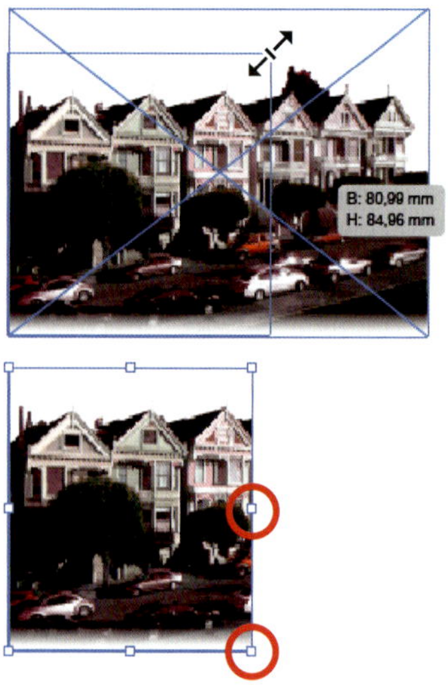

▲ **Abbildung 19.33**
Mithilfe der Anfasser (Kreise) lässt sich der Ausschnitt skalieren und drehen.

Das Beschneiden von Bildern auf das endgültige Format sollten Sie, soweit möglich, im Bildbearbeitungsprogramm vornehmen, das spart Dateigröße und Rechenzeit.

Zum Maskieren von Bildern klicken Sie auf den Button Maske im Steuerungsbedienfeld, um automatisch eine rechteckige Schnittmaske zu erzeugen. Unmittelbar nach dem Klicken des Buttons ist die Maske ausgewählt. Eine Anpassung ist nur möglich, indem Sie die Anfasser an den Ecken und Seiten des Ausschnitts verschieben. Das Objekt wird deaktiviert, sobald Sie an eine andere Stelle auf der Zeichenfläche klicken.

Alternativ wählen Sie vor dem Platzieren des Bildes die Maske aus und gehen in den Modus Innen zeichnen (s. Abschnitt 11.4.1). Dann platzieren Sie das Bild über Datei • Platzieren. Es wird in die Maske eingefügt.

In Photoshop angelegte Beschneidungspfade werden beim Einbetten von Bildern ebenfalls in Schnittmasken konvertiert.

Wenn Sie die Maske zu einem späteren Zeitpunkt verändern möchten, müssen Sie das maskierte Objekt aktivieren und den Button Maske bearbeiten anklicken (Schnittmasken s. Abschnitt 11.4).

19.3.3 Freiform-Masken auf Bilder anwenden

Möchten Sie frei geformte Masken anwenden, können Sie diese bereits in Photoshop als Beschneidungspfad oder in Illustrator als Schnitt- oder Deckkraftmaske anlegen. Mit Deckkraftmasken (s. Abschnitt 12.2) haben Sie zusätzlich die Möglichkeit, einen weichen Übergang in den Hintergrund zu erzeugen.

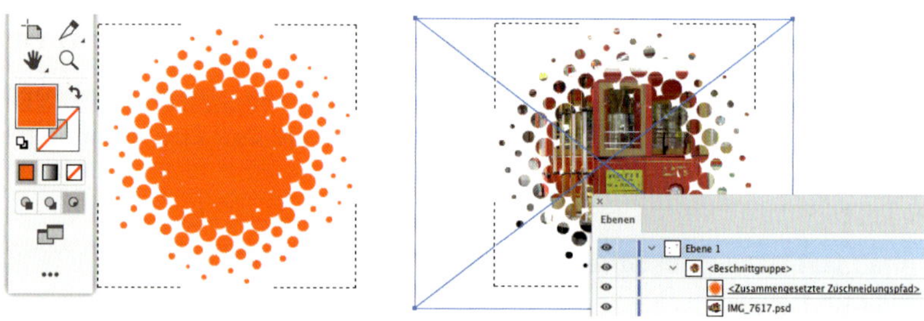

Abbildung 19.34 ▶
Wird ein Objekt in den Modus Innen zeichnen versetzt (links), dann können Sie ein Bild direkt in dieses Objekt platzieren (rechts).

19.3.4 Filter

Etliche Bildbearbeitungsfilter, deren Namen Ihnen aus Photoshop bekannt vorkommen werden, finden Sie in Illustrator im EFFEKT-Menü wieder. Die Filter stehen sowohl im Dokumentfarbmodus RGB als auch in CMYK zur Verfügung. Effekte können Sie auch verknüpften Bildern zuweisen (s. Abschnitt 13.4).

▲ **Abbildung 19.35**
Eine neue Kontur hinzufügen

Schritt für Schritt
Platzierte Bilder einrahmen

Leider können Sie platzierte Bilder nicht einfach mithilfe des Kontur-Bedienfeldes einrahmen, so wie Sie es aus Layoutprogrammen gewohnt sind. Stattdessen ist ein kleiner Umweg mit einem Effekt nötig. Einmal eingerichtet, lässt sich dieser jedoch als Grafikstil speichern und dann wiederholt anwenden.

Alternativer Effekt

Alternativ zu IN FORM UMWANDELN verwenden Sie EFFEKT • PFAD • KONTUR NACHZEICHNEN.

1 Bilddatei importieren

Erstellen Sie ein neues Dokument, und platzieren Sie eine Bilddatei – ob Sie die Datei einbetten oder verknüpfen, ist für das Einrahmen nicht relevant.

2 Eine Kontur erzeugen

Aktivieren Sie das soeben platzierte Bild. Rufen Sie das Aussehen-Bedienfeld auf, und klicken Sie auf den Button NEUE KONTUR HINZUFÜGEN ◻ (s. Abschnitt 11.6.2). Die Kontur wird über dem Bild erstellt, ist aber auf der Zeichenfläche nicht sichtbar.

Damit die Kontur sichtbar wird, benötigen Sie für diese Kontur eine eigene Form. Diese Form erzeugen Sie, indem Sie dem Eintrag KONTUR den EFFEKT • IN FORM UMWANDELN • RECHTECK zuweisen (s. Abschnitt 13.2.1). Als Optionen für den Effekt wählen Sie RELATIV mit einer ZUSÄTZLICHEN BREITE wie HÖHE von 0 mm. Die Kontur verläuft jetzt außen um das Bild.

3 Die Kontur verzieren

Die Kontur lässt sich nun wie jede andere Kontur mit weiteren Eigenschaften, z. B. Pinseln und Farben, versehen. Falls die Kontur das Bild nicht überdecken soll, verschieben Sie im Aussehen-Bedienfeld den Eintrag INHALT über den Eintrag KONTUR.

Falls Sie weitere Bilder mit diesem Rahmen versehen möchten, erstellen Sie einen Grafikstil (s. Abschnitt 11.8).

▲ **Abbildung 19.36**
Der fertiggestellte Rahmen mit den unterschiedlichen Anordnungsarten für INHALT und KONTUR

Graustufenbilder als Deckkraftmasken

Einen schönen »handgemachten« Look erzielen Sie, wenn Sie Ihre Vektorgrafik über eine Papierstruktur blenden. Dazu müssen Sie Ihre Grafik nicht erst als PSD exportieren und die Überblendung dort vornehmen. Stattdessen importieren Sie ein Graustufenbild einer geeigneten Struktur (zerknittertes Papier, leichte Holzmaserung o. Ä.) in Illustrator und wenden dies als Deckkraftmaske auf die Grafik an (s. Abschnitt 12.2).

19.3.5 Pixelgrafik mit Vektorwerkzeugen bearbeiten

Platzierte Bilder können Sie mit den Transformieren-Werkzeugen drehen, skalieren, verbiegen und spiegeln. Möchten Sie Pixelgrafik mit einer Verzerrungshülle oder den Verflüssigen-Werkzeugen bearbeiten, müssen Sie die Bilder zunächst einbetten. Extreme Verzerrungen erzeugen jedoch sehr schnell ein »pixeliges« Aussehen.

Eingebettete Bilder lassen sich auch in Pinseln verwenden oder als Symbol anlegen, sodass Sie das Bildmaterial u. a. auf die Oberfläche eines 3D-Körpers »mappen« können (s. Abbildung 19.29).

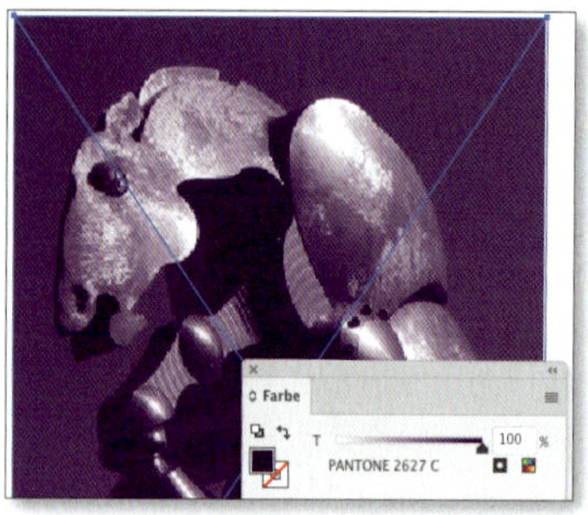

▲ **Abbildung 19.37**
Einem Graustufenbild wurde eine Volltonfarbe zugewiesen.

19.3.6 Graustufen und Bitmaps kolorieren

Falls Sie nur Graustufen- oder 1-Bit-Bilder zur Verfügung haben oder Ihre Grafik mit zwei oder drei Farben gedruckt wird, gibt es die Möglichkeit, den Bildern in Illustrator eine Farbe zuzuweisen. Zu diesem Zweck können Sie auch eine Schmuck- oder Volltonfarbe verwenden.

Aktivieren Sie dazu das Bild auf der Zeichenfläche, und weisen Sie die gewünschte Farbe als Fläche zu. Mit dieser Methode erzeugen Sie keine Duplexbilder – dies müssen Sie nach wie vor im Bildbearbeitungsprogramm vornehmen, Sie können Duplexbilder aber in Illustrator importieren (s. Abschnitt 19.1.3).

▲ **Abbildung 19.38**
Das Ergebnis des Workshops

Schritt für Schritt
Ein Fotopuzzle erstellen

In der Datei »Fotopuzzle.ai« finden Sie die Ausgangsobjekte für diesen Workshop. Das Puzzle wird zunächst konstruiert, dann ein Foto in alle Teile platziert und eingefärbt.

1 Puzzleteile konstruieren

Die Puzzleteile sind in der Datei nur einzelne offene Pfade. Im ersten Schritt verwenden Sie das Formerstellungswerkzeug, um die Puzzleteile zu »montieren«. Mit einem Doppelklick öffnen Sie die Optionen und stellen sicher, dass die Lückensuche aktiviert ist. Stellen Sie die Fläche Ohne ein, aktivieren Sie alle Pfade, und klicken Sie dann nacheinander in alle vier Teile. Beim Überrollen mit dem Cursor sollten die Teile jeweils korrekt hervorgehoben werden.

Wenn alle Teile zusammengefügt sind, geben Sie den Konturen eine leuchtende Farbe, z. B. Magenta oder Blattgrün.

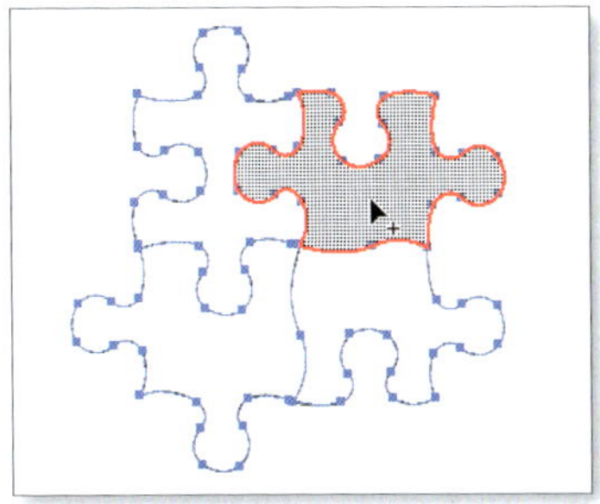

▲ **Abbildung 19.39**
Konstruktion mit dem Formerstellungswerkzeug

2 Bild platzieren

Platzieren Sie dann das Foto »Cable Cars sw.tif«, z. B., indem Sie es ins Dokument ziehen. Das Foto sollte verknüpft sein, nicht eingebettet, das spart etwas Speicherplatz. Es handelt sich um ein Graustufenbild – die unterschiedlichen Farben werden Sie später zuweisen. Stellen Sie das Bild in den Hintergrund, z. B. indem Sie es ausschneiden und dahinter einfügen. Verschieben und skalieren Sie das Bild jetzt so, dass in allen Puzzleteilen interessante Details zu sehen sind. Zum Skalieren können Sie den Begrenzungsrahmen verwenden.

▲ **Abbildung 19.40**
Größen- und Positionsanpassung des Bildes

3 Bild in Teile einfügen

Das Bild muss nun in alle Puzzleteile eingefügt werden. Das geht nur, indem in jedes Puzzleteil eine Kopie des Bildes eingefügt wird. Dazu kopieren Sie das Bild nun mit ⌘/Strg+C in die Zwischenablage. Dann aktivieren Sie das Bild und eines der Puzzleteile und erstellen mit ⌘/Strg+7 eine Schnittmaske. Anschließend fügen Sie das Bild aus der Zwischenablage dahinter ein – ⌘/Strg+B. Aktivieren Sie das Bild und das nächste Puzzleteil, und erstellen Sie wieder eine Schnittmaske. Fahren Sie fort wie eben, um alle Puzzleteile mit dem Bild zu füllen.

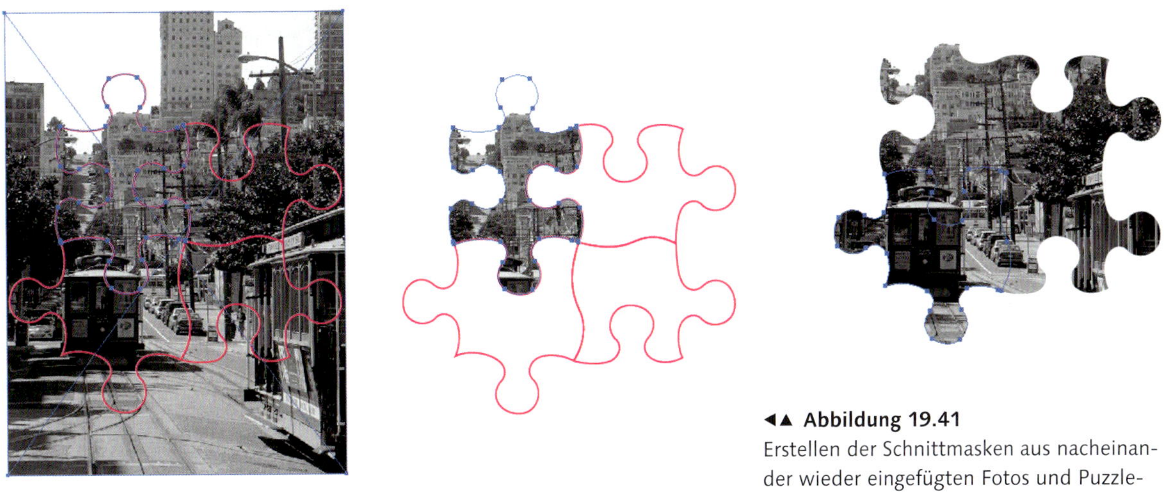

◄▲ **Abbildung 19.41**
Erstellen der Schnittmasken aus nacheinander wieder eingefügten Fotos und Puzzleformen; mit allen Schnittmasken (oben)

▲ **Abbildung 19.42**
Auswahl der Bilder in den Schnittmasken und Einfärben

4 Bilder einfärben

Mit dem Direktauswahl-Werkzeug klicken Sie nun in ein Puzzleteil, um das darin eingefügte Bild zu aktivieren. Als Auswahl wird der Begrenzungsrahmen des Bildes, nicht das Puzzleteil, angezeigt.

Dann weisen Sie dem Bild eine Flächenfarbe zu. Damit der Kontrast einigermaßen erhalten bleibt, sollte die Farbe einen relativ hohen Schwarzanteil besitzen (in diesem Beispiel habe ich zwischen 33 und 58 % verwendet). Wählen Sie anschließend die Bilder in den anderen Teilen ebenfalls aus, und weisen Sie ihnen ihre Farben zu.

5 Puzzleteile verschieben

Um die Illustration etwas aufzulockern, verschieben Sie die Puzzleteile nun etwas. Dazu wählen Sie sie mit dem Auswahl-Werkzeug aus, damit die Puzzleform und der Inhalt gemeinsam verschoben werden.

▲ **Abbildung 19.43**
Das Problem des Autotrace ist, dass Farbflächen in ungünstigen Fällen nicht gestapelt werden können. In der manuellen Vektorisierung würde dies selbstverständlich geschehen.

19.4 Pixeldaten vektorisieren

Beim Vektorisieren von Pixeldaten erstellen Sie Bézierpfade aus Flächen oder Linien, die mit Bildpixeln aufgebaut sind. Sie wandeln das pixelbasierte Bild in eine objektorientierte Grafik um.

Illustrator bietet Ihnen dafür zwei Möglichkeiten: Sie können, wie Sie in Kapitel 5 bis Kapitel 7 gelernt haben, die Objekt-, Zeichen- und Malwerkzeuge verwenden, um die benötigten Formen manuell zu konstruieren. Oder Sie nutzen die Autotrace-Funktion, die in Illustrator Bildnachzeichner (früher Interaktiv nachzeichnen) heißt. Das automatische Nachzeichnen hat einen unschlagbaren Vorteil: Es geht sehr schnell. Allerdings arbeitet die Funktion nur auf Basis einer nicht sehr intelligenten Flächenerkennung anhand der Farb- und Helligkeitsunterschiede einzelner Pixel. Wenn alles detailgenau nachgezeichnet werden würde, wären im Ergebnis einfach lauter nebeneinanderliegende Bildpixel zu sehen. Illustrator kann keine Logik darin erkennen und kann auch nur begrenzt erkennen, welche Pixel zusammengehören und eine größere Form bilden. Geschweige denn, was für eine Form.

Durch das Einstellen der Optionen müssen Sie also immer einen Kompromiss finden: zwischen der genauen Nachzeichnung, die im Extremfall jeden einzelnen Pixel zeigen würde, und einer geglätteten Idealform, die bestenfalls die dargestellten Formen erkennt.

Dennoch gleicht das Ergebnis dem prinzipiellen Aufbau einer Pixelgrafik, denn es liegen einzelne Farbflächen nebeneinander – nur dass deren Form eben durch Pfade begrenzt ist. Weil die Software nicht »weiß«, welche Flächen zusammengehören, kann sie auch keine Verläufe erstellen.

EPS nachzeichnen

Soll ein verknüpftes EPS nachgezeichnet werden, deaktivieren Sie in den Voreinstellungen die Option Für verknüpfte EPS-Dateien Version mit niedriger Auflösung verwenden.

Eine kleine Verbesserung stellt die Erkennung vollkommen umschlossener Bereiche dar. Diese werden in den meisten Fällen erkannt und können »gestapelt« umgesetzt werden.

Das automatische Nachzeichnen hat den meisten Nutzen, wenn die Vorlage wenige, klar abgegrenzte Farbtöne enthält. Beim manuellen Vektorisieren dagegen beschreiben die Farbflächen nicht nur Bereiche, deren Pixel eine bestimmte Farbe haben, sondern abgebildete Objekte. Die Flächen müssen nicht stur nebeneinandergelegt werden, und Sie können an vielen Stellen einen realistischeren dreidimensionalen Eindruck durch Verläufe erstellen. Ein weiterer Vorteil des manuellen Nachzeichnens besteht in der Erkennung geometrischer Formen – z. B. eines Kreises oder einer Geraden. Diese kann ein Mensch in einer Vorlage klar identifizieren und in der Vektorgrafik entsprechend konstruieren, selbst wenn die Vorlage die Geometrie durch Verzerrungen oder Ungenauigkeiten nicht mehr korrekt darstellt.

▲ **Abbildung 19.44**
Der Bildnachzeichner erkennt die geometrischen Formen nicht und kann in keiner Einstellung exakte Linien für diese Low-Poly-Grafik ziehen.

19.4.1 Welche Vektorisierung ist für mein Motiv geeignet?

Die Art des Bildmotivs, die Qualität der Vorlage und der Verwendungszweck der Vektorgrafik bestimmen darüber, mit welcher Methode Sie am besten vektorisieren – per Autotrace oder von Hand.

Liegen Logos oder Symbole ❶ als Vorlage vor, ist die Wahl der Mittel abhängig von deren Art. Geometrische Formen wie Kreise, regelmäßige Polygone oder regelmäßige Linien sollten Sie konstruieren. Schriftelemente bilden Sie in der besten Qualität nach, wenn Sie die Schriftart identifizieren und die Elemente neu setzen. Unregelmäßige oder handgezeichnete Elemente lassen sich automatisch vektorisieren.

Pläne ❷ (s. Abbildung 19.46) sind ein typisches Anwendungsgebiet für Vektorgrafik – häufig existiert bereits eine Vorlage, jedoch nicht in digitaler Form. Liegt ein sauberer Scan vor und enthält der Plan wenige Details wie feine Linien und vor allem keine Verläufe, lassen sie sich erstaunlich gut automatisch vektorisieren. Die Schriftelemente sollten Sie trotzdem setzen. Einfache Pläne sind aber – etwas Übung vorausgesetzt – genauso schnell von Hand nachgezeichnet.

Die fotorealistische Illustration ❸ ist kein geeignetes Feld für das automatische Nachzeichnen – mit Ausnahme kleinerer Details. Illustrators Bildnachzeichner ist zwar in der Lage, eine fünfstellige Anzahl an Farben in der Vektorisierung zu erstellen, und kann damit stufenlose Farbübergänge simulieren – die Umsetzung von Farbübergängen ist jedoch zuweilen schwer zu steuern und bringt überraschende Ergebnisse.

Aus Fotos ❹ oder anderen künstlerischen Vorlagen lassen sich mithilfe der Nachzeichnen-Funktion zum Teil eigenständige Kreationen erstellen.

❶

▲ **Abbildung 19.45**
Konstruierte Elemente in einem Logo werden manuell in besserer Qualität umgesetzt. Freie Elemente erzeugen bei einer automatischen Vektorisierung weniger Aufwand.

Comic- und andere handgezeichnete Elemente ❺ sind ebenfalls ein ideales Anwendungsgebiet für die automatischen Nachzeichnen-Funktionen, nicht jedoch, wenn sie mit weichen Verläufen oder gar als Aquarell koloriert wurden.

▼ **Abbildung 19.46**
Vorlagenarten: Plan ❷, fotorealistische Vektorillustration mit Verlaufsgittern ❸, Fotografie ❹, Comic ❺

▲ **Abbildung 19.47**
Störende Hintergründe werden unterdrückt.

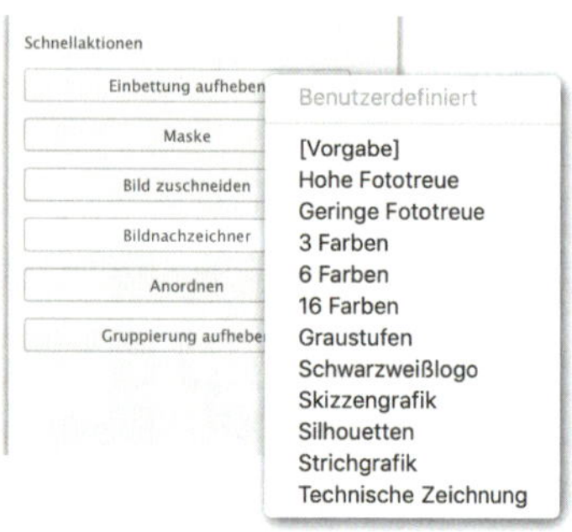

▲ **Abbildung 19.48**
Der Bildnachzeichner-Button in den Schnellaktionen des Eigenschaften-Bedienfeldes öffnet das Voreinstellungen-Menü.

19.4.2 Empfehlungen zur Aufbereitung der Bilder

Achten Sie schon bei der Erstellung des Quellmaterials darauf, dass es sich ohne Bildstörungen und -rauschen digitalisieren lässt. Verwenden Sie möglichst glattes, helles Papier, und arbeiten Sie mit dunklen Farben bzw. harten Bleistiften. Durch eine Fotokopie können Sie eine Vorlage eventuell ebenfalls bereinigen.

Der Bildnachzeichner kann beim Vektorisieren in Schwarz-Weiß aber sogar relativ dunkle Hintergründe unterdrücken. Ein weißes Motiv kann die Funktion jedoch nicht von einem transparenten Hintergrund unterscheiden. Auf diese Vorlagen können Sie Bearbeiten • Farben bearbeiten • Farben invertieren anwenden, um sie für das Nachzeichnen vorzubereiten (s. Abschnitt 7.10.6).

Der Bildnachzeichner erzeugt keine guten Ergebnisse mit 1-Bit-Vorlagen und sehr kontrastreichen Kanten. Graustufen und ein leichtes Anti-Aliasing an den Rändern bringen bessere Ergebnisse (s. Abbildung 19.50).

19.5 Der Bildnachzeichner

Der Bildnachzeichner mit seiner Vielzahl an Optionen und Parametern hilft dabei, eine große Bandbreite von Vorlagenarten in Vektorgrafik umzuwandeln. Und: Solange das Objekt nicht in Pfade umgewandelt wird, bleibt die Verbindung zwischen der Vorlage und dem Nachzeichnerergebnis bestehen, sodass zum einen Änderungen am Originalbild in der Nachzeichnung ausgeführt werden und zum anderen jederzeit Änderungen der Nachzeichneroptionen eingerichtet werden können. Die Optionen des Bildnachzeichners finden Sie in einem eigenen Bedienfeld.

19.5.1 Was passiert mit interaktiv nachgezeichneten Objekten in alten Dateien?

»Alte« Interaktiv-nachzeichnen-Objekte aus Illustrator CS2 bis CS5 sind nicht mehr mit Illustrator kompatibel. Das bedeutet natürlich nicht, dass sie unbrauchbar sind. Aber sie werden beim Öffnen der Datei in Pfade umgewandelt und sind dann nicht mehr »live«. Sie können nun die Optionen der alten Nachzeichner-Objekte zwar nicht mehr verändern, das Quellbild bleibt jedoch bei der Umwandlung erhalten, sodass Sie darauf den Bildnachzeichner anwenden können. Das Quellbild können Sie mithilfe des Ebenen-Bedienfeldes auswählen: Es liegt unterhalb des umgewandelten Objekts und ist ausgeblendet.

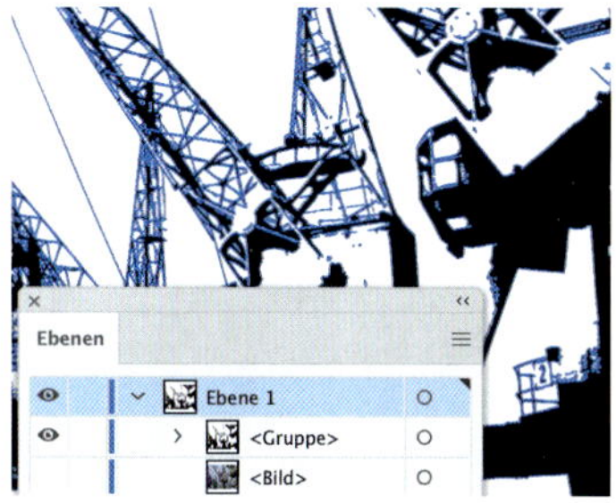

▲ **Abbildung 19.49**
Eingebettetes Bild unterhalb des mit den zuletzt vorgenommenen Einstellungen umgewandelten Live-Trace-Objekts; auch bei verknüpften Bildern funktioniert das Umwandeln der Interaktiv-nachzeichnen-Objekte, das Quellbild wird aber nur in Illustrator angezeigt, wenn die Bilddatei noch vorhanden ist.

19.5.2 Bildnachzeichner-Objekte erstellen

Platzieren Sie zunächst eine Bilddatei – sowohl verknüpft als auch eingebettet ist möglich. Aktivieren Sie das Bild auf der Zeichenfläche, und wählen Sie zwischen drei Möglichkeiten, ein Bild nachzuzeichnen:

- Mit einer gespeicherten Vorgabe: Um eine Nachzeichnervorgabe zu nutzen, wählen Sie die gewünschte Einstellung aus dem Aufklappmenü neben dem Button BILDNACHZEICHNER im Steuerungsbedienfeld oder mit einem Klick auf den Button BILDNACHZEICHNER im Eigenschaften-Bedienfeld (s. Abbildung 19.48).
- Mit vorherigem Aufrufen der Optionen: Rufen Sie das Bildnachzeichner-Bedienfeld mit FENSTER • BILDNACHZEICHNER auf – im Dock klicken Sie auf das Symbol . Wählen Sie eine Vorgabe, oder richten Sie Ihre Optionen im Bedienfeld ein, und klicken Sie auf den Button NACHZEICHNEN. Deaktivieren Sie die VORSCHAU, falls Sie mehrere Optionen einrichten möchten.
- Mit der Standardvorgabe: Klicken Sie auf den Button BILDNACHZEICHNER im Steuerungsbedienfeld (s. Abbildung 19.51). Als Ergebnis erhalten Sie eine Schwarz-Weiß-Umsetzung, die zur Nachzeichnung von Plänen, Cartoons, Lettering und Zeichnungen mit hohem Kontrast gut geeignet ist.

▲ **Abbildung 19.50**
Saubere, aber nicht zu harte Graustufenvorlagen (rechts) kann der Nachzeichner besser vektorisieren als Bitmap-Bilder (links).

Steuerungsbedienfeld | Das Steuerungsbedienfeld bietet Buttons zum Vektorisieren an – nach dem Vektorisieren ändert sich die Anzeige.

◀ **Abbildung 19.51**
Das Steuerungsbedienfeld bei aktiviertem Bild (oben) und aktiviertem nachgezeichneten Bild (unten)

▲ **Abbildung 19.52**
Verläufe werden immer in Einzelteile zerlegt. Es ist besser, die Verläufe beim Nachzeichnen zu unterdrücken, falls möglich, und sie den Objekten später zuzuweisen.

Haben Sie ein Bild aktiviert, drücken Sie entweder den Button Bildnachzeichner ❶ (s. Abb. 19.51) um die Standardeinstellung anzuwenden, oder wählen eine der Nachzeichnervorgaben aus dem Aufklappmenü ❷.

Wenn Sie ein Bild nachgezeichnet haben, mit dem Resultat aber noch nicht voll zufrieden sind, rufen Sie das Bildnachzeichner-Bedienfeld auf, um die Optionen einzustellen.

19.5.3 Bildnachzeichner-Bedienfeld: Nachzeichneroptionen

Rufen Sie das Bedienfeld auf, indem Sie Fenster • Bildnachzeichner wählen oder bei ausgewähltem nachgezeichneten Bild auf den Nachzeichneroptionen-Button im Steuerungsbedienfeld klicken (s. Abbildung 19.51). Die Optionen im Bedienfeld werden aktiv, sobald Sie ein Bild auf der Zeichenfläche auswählen.

Der Bildnachzeichner enthält keine Optionen, um die Rasterdaten zu verändern, z. B. eine Weichzeichnung anzuwenden oder die Auflösung zu verändern. Die Vektorisierungsroutinen enthalten stattdessen eine automatische Weichzeichnung, die sich jedoch nicht beeinflussen lässt.

Abbildung 19.53 ▶
Das Bildnachzeichner-Bedienfeld im Modus Schwarzweiss (links in erweiterter Ansicht, bei aktiviertem nachgezeichneten Bild), Modus Graustufen (rechts oben) und Modus Farbe (rechts unten).

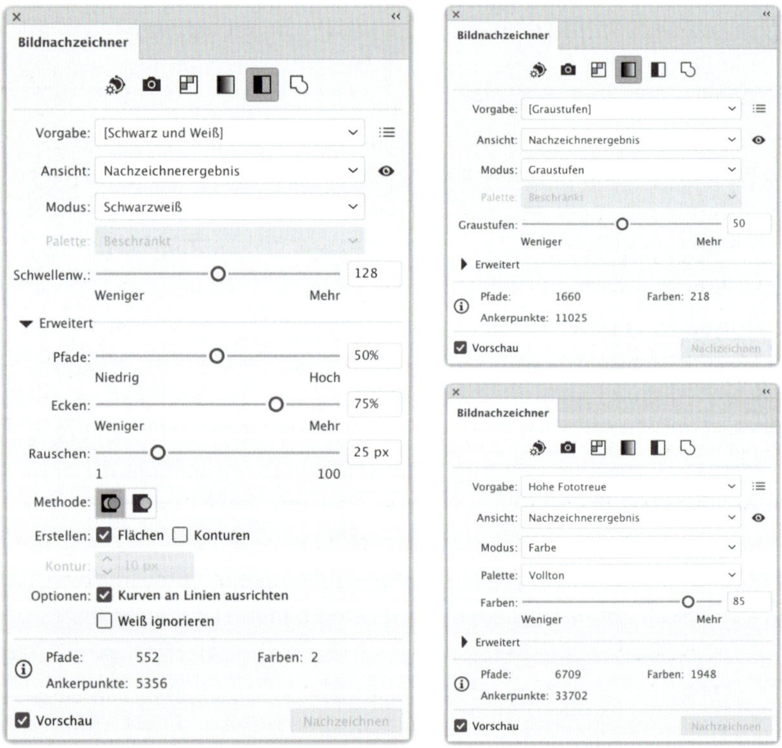

Buttons	Menü
Hohe Farbtiefe	Hohe Fototreue
Geringe Farbtiefe	Geringe Fototreue (abweichende Methode)
Pfadansicht	Strichgrafik

▲ **Tabelle 19.1**
Diese Vorgaben der Buttons und im Menü sind identisch, trotz unterschiedlicher Namen.

Allgemeine Einstellungen | In der Standardansicht bietet der Bildnachzeichner nur wenige Optionen und soll Ihnen die Arbeit beim Vektorisieren dadurch erleichtern, dass vieles, was Sie früher selbst einstellen mussten, nun vom Algorithmus automatisch erkannt und ausgeführt wird. Die Optionen für die meisten alltäglichen Vorlagen finden Sie in der reduzierten Darstellung des Bedienfeldes:

- VORGABE: Wenn es ganz schnell gehen soll, finden Sie einige sehr allgemeine, aber für einen Großteil der Vorlagen brauchbare Vorgaben als Buttons am oberen Rand des Bedienfeldes. Weitere, etwas genauer spezifizierte Vorgaben finden Sie im Menü. Darin werden auch Ihre eigenen Vorgaben aufgelistet. Zwei besondere Vorgaben:
  - AUTO-FARBE: Diese Standardvorgabe ist für unterschiedlichstes Quellmaterial ausgelegt, funktioniert jedoch nur gut, wenn die Vorlage eine mindestens durchschnittliche Qualität besitzt, also nicht zu klein, zu unscharf oder zu pixelig ist. Die Vorgabe versucht, die Anzahl der Pfade und Farben im Ergebnis möglichst niedrig zu halten. Falls Sie ein Motiv von seinem weißen oder transparenten Hintergrund freistellen wollen, müssen Sie die Option WEISS IGNORIEREN zusätzlich aktivieren.
  - SCHWARZWEISS: Diese Vorgabe entspricht [SCHWARZ UND WEISS] aus dem Menü, und sie wird auch verwendet, wenn Sie den Button BILDNACHZEICHNER im Steuerungsbedienfeld anklicken.

▲ **Abbildung 19.54**
Aquarell sieht gar nicht schlecht aus (oben), aber in der Pfadansicht zeigt sich das Problem (unten).

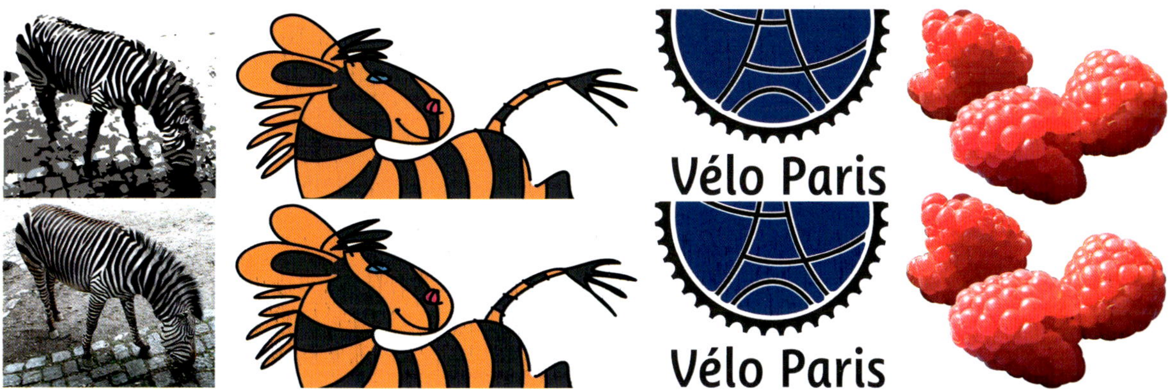

▲ **Abbildung 19.55**
Die Vorgabe [AUTO-FARBE] ist auf eine Reduzierung ausgerichtet (links) und arbeitet daher besonders gut an sauberen Vorlagen von Comic-Zeichnungen (2. von links) oder Logos (2. von rechts). Aber auch fotorealistische Vektorisierungen mit Tausenden Farben sind möglich (rechts); Pixelvorlagen jeweils unten

- MODUS: Der Farbmodus bestimmt die Farben des Ergebnisses sowie die zur Verfügung stehenden Einstellungsparameter. Der gewählte Modus muss nicht dem Farbmodus der Vorlage entsprechen – Sie können ihn frei wählen.
  - SCHWARZWEISS: Verwenden Sie diesen Modus für technische Zeichnungen, Skizzen, Letterings, Logos oder Comic-Inkings. Sie erhalten eine Umsetzung in schwarzen und weißen Flächen bzw. schwarzen Konturen oder einer Kombination aus Konturen und Flächen. Nur im Schwarz-Weiß-Modus besteht die Möglichkeit, Ihre Vorlage in Konturen umzusetzen. Nur im Schwarzweiß-Modus stellen Sie

▲ **Abbildung 19.56**
Abhängig vom Motiv kann mit Palette Automatisch (links) eventuell eine bessere Posterisierung (hier: 12 Farben) erfolgen als mit Palette Beschränkt (rechts). Die Anzahl der Farben ist dabei aber nur mittelbar zu kontrollieren.

Einstellungen wiederaufrufen

Achtung: Wenn Sie ein noch nicht umgewandeltes nachgezeichnetes Bild erneut anklicken, entspricht der Status des Reglers Farbe in den meisten Fällen nicht der Einstellung, mit der das Bild vektorisiert wurde!

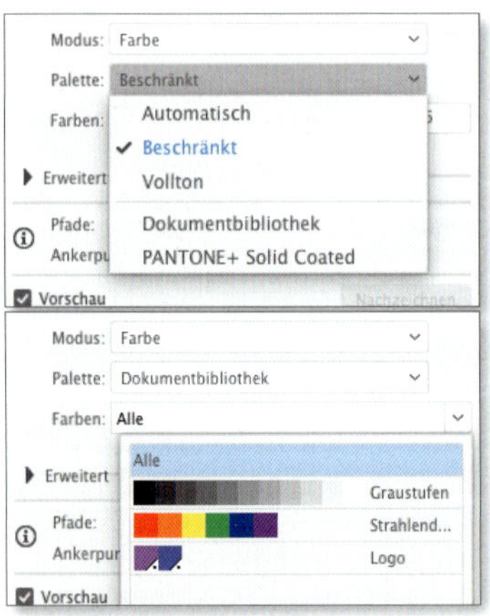

▲ **Abbildung 19.57**
Auswahl einer Farbfeldbibliothek (oben) und einer Farbgruppe (unten) als Basis für die Vektorisierung

sicher, dass an Kanten keine Antialiasing-Artefakte entstehen. Falls Ihre Vorlage farbig war, stellen Sie das anschließend wieder her.

- Graustufen: Im Graustufenmodus setzt sich das Ergebnis aus Tonwerten von Schwarz zusammen.
- Farbe: Im Modus Farbe können Sie Ihre Vorlage mit praktisch unbegrenzter Anzahl an Farben umsetzen.

- Palette (nur im Modus Farbe): Hier wählen Sie den Farbumfang des Ergebnisses aus, falls dieser von der Vorgabe abweichen soll:
  - Automatisch: Der Algorithmus entscheidet anhand der Vorlage über die Anzahl der Farben. Bestimmen Sie mit dem Regler Farben durch einen Wert von 0 bis 100, wie genau sich die Ergebnisfarben an der Vorlage orientieren sollen. Achtung! Die Werte repräsentieren nicht die absolute Anzahl der Farben!
  - Beschränkt: Wählen Sie diese Option, und bestimmen Sie anschließend mit dem Regler Farben die absolute maximale Anzahl der Farben im Ergebnis. Sie können einen Wert bis 30 eingeben.
  - Vollton: Die Bezeichnung dieser Option ist sehr irreführend – es handelt sich nicht um Schmuckfarben, sondern um einen großen Tonumfang. Wählen Sie diese Option, und bestimmen Sie mit dem Regler Farben, wie genau die Farben in der Vorlage in der Nachzeichnung umgesetzt werden sollen. Achtung! Die Werte repräsentieren nicht die absolute Anzahl der Farben!
  - Dokumentbibliothek: Wenn die Nachzeichnung in den Farben einer vorher angelegten Farbgruppe erfolgen soll, dann aktivieren Sie diese Option und wählen anschließend aus dem Menü Farben die gewünschte Farbgruppe aus. Ist eine Farbfeldbibliothek geöffnet, lässt sich diese auch direkt im Menü selektieren. So können Sie z. B. Schmuckfarben in der Vektorisierung verwenden.
- Schwellenwert (nur im Modus Schwarzweiss): Der Schwellenwert ist die Helligkeitsstufe im Originalbild, an der unterschieden wird, ob schwarze oder weiße Flächen entstehen. Flächen, die heller sind als der Schwellenwert, werden weiß gefüllt, dunklere Flächen schwarz. Schieben Sie den Regler nach rechts, um Elemente in sehr hellen Vorlagen für die Vektorisierung zu erfassen.
- Graustufen (nur im Modus Graustufen): Bestimmen Sie mit dem Regler Graustufen mit einem Wert von 0 bis 100, wie genau die bis zu 256 Graustufen im Ergebnis den Tonwertumfang der Vorlage umsetzen sollen. Achtung! Die Werte repräsentieren nicht die absolute Anzahl der Graustufen!
- Vorschau: Aktivieren Sie diese Option, damit jede Änderung eines Parameters am Objekt auf der Zeichenfläche dargestellt wird. Je nach Komplexität Ihrer Bilddatei, den verwendeten Einstellungen und der

Rechenleistung Ihres Computers kann die Vorschau Ihre Geduld mehr oder weniger strapazieren. Es kann sinnvoll sein, ohne aktivierte Vorschau zu arbeiten; klicken Sie stattdessen auf den Button NACHZEICHNEN, wenn Sie die Auswirkungen Ihrer Änderungen sehen wollen. Im Menü ANSICHT (s. Seite 679) stellen Sie ein, wie die Vorlage und die Nachzeichnung am Bildschirm dargestellt werden.

- INFORMATIONEN ⓘ: Unten in der Dialogbox führt Illustrator in einer Statistik auf, wie viele Pfade, Ankerpunkte und Farben mit den vorgenommenen Einstellungen entstehen würden.

▲ **Abbildung 19.58**
Feine Linien in Schwarz-Weiß-Vorlagen (unten: Umsetzung mit Illustrator 2020; oben: CS5) beherrscht der Bildnachzeichner nicht. Sie werden entweder zu ungenau oder stufig.

Erweitert | Mit diesen Optionen können Sie die Vorgaben auf Ihre Bedürfnisse anpassen. Sie werden sichtbar, wenn Sie auf das kleine Dreieck neben ERWEITERT klicken (s. Abbildung 19.53). Das einmal erweiterte Bedienfeld wird in diesem Zustand auch in Arbeitsbereiche gespeichert, sodass Sie es nicht jedes Mal neu erweitern müssen.

- PFADE: Mit einem Wert von 0 bis 100 geben Sie an, wie genau die Vorlage nachgezeichnet werden soll. Ein hoher Wert ergibt eine genauere Vektorisierung. Je nach Vorlagenart kann dies durch unterschiedliche Maßnahmen erreicht werden: In manchen Fällen werden mehr Punkte gesetzt, die mehr Kurven an Objektkanten erzeugen. In anderen Fällen werden noch mehr Pfade gzeichnet, um eigene Objekte für weitere Zwischentöne zu erstellen.

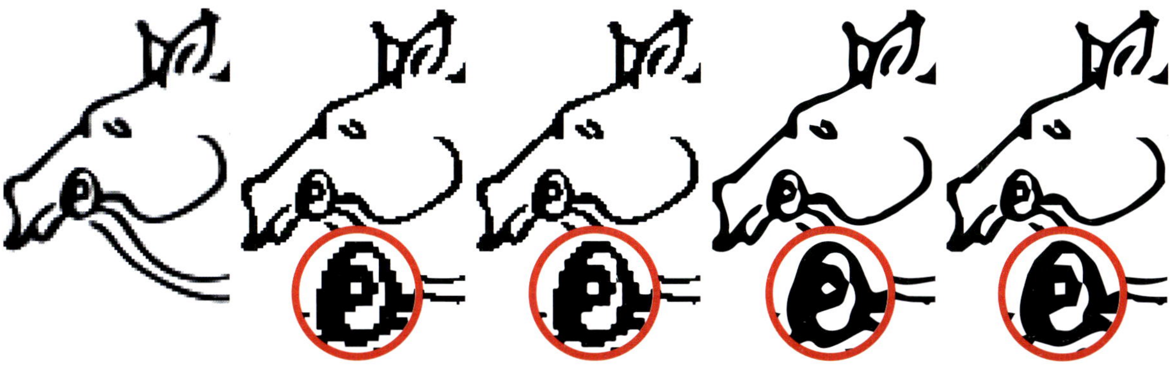

▲ **Abbildung 19.59**
Nachzeichnen einer niedrig aufgelösten Vorlage (links) mit den Einstellungen PFADE 100/ECKEN 100, PFADE 100/ECKEN 0, PFADE 44/ECKEN 0, PFADE 44/ECKEN 100

- ECKEN: Geben Sie hier mit einem Wert von 0 bis 100 ein, wie »eckig« ein Pfad werden soll. Mit einem hohen Wert wird ein Pfad eher mit Eckpunkten und geraden Pfadsegmenten umgesetzt. Niedrigere Werte erzeugen Kurven. Achtung! Der Wert entspricht nicht dem Eckwinkel!
- RAUSCHEN: Geben Sie einen Wert von 0 bis 100 ein, um das kleinste zu erzeugende Bildelement zu definieren. Der Wert gibt die Anzahl an Pixeln an, die eine Fläche im Bild haben muss, damit Illustrator daraus eine Form generiert. Die Einstellung ist unabhängig von der Bildauflösung und bezieht sich auf die reinen Pixelmaße.

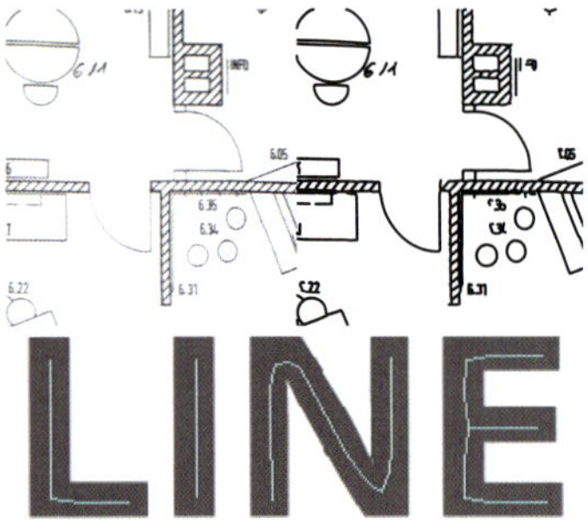

▲ **Abbildung 19.60**
Die Vektorisierung von Konturen ist vor allem für Pläne gedacht (oben) – für die Mittellinien-Vektorisierung von Texten (unten) ist es leider kaum geeignet.

Geben Sie z. B. »4« ein, dann werden nur Flächen nachgezeichnet, in denen mindestens vier Pixel direkt aneinanderstoßen.

▲ **Abbildung 19.61**
Ein niedriger Rauschen-Wert (Mitte: 1) setzt mehr Details der Vorlage (links) um als ein höherer (rechts: 25).

- Methode: Ein Farbbereich, der einen oder mehrere andere Bereiche komplett umschließt, kann so erzeugt werden, dass die anderen Objekte gestapelt daraufliegen und keine Löcher gestanzt werden. Sind Bereiche nicht komplett eingeschlossen, entstehen Unterfüllungen. Dies steuern Sie durch die Option Methode mit den Einstellungen Angrenzend oder Überlappend.

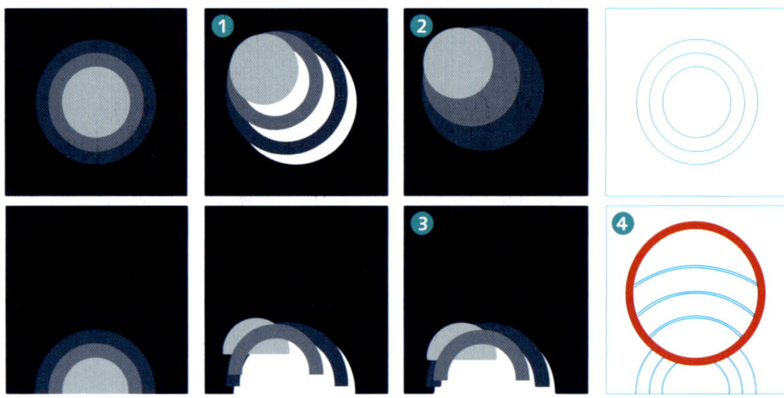

Abbildung 19.62 ▶
Normalerweise werden beim Nachzeichnen Objekte nebeneinandergelegt ①, mit der Option Überlappend können jedoch komplett eingeschlossene Bereiche gestapelt werden ②. Sind Objekte nicht komplett eingeschlossen, werden sie auch nicht gestapelt ③. Es werden jedoch Unterfüllungen erstellt ④. Damit entfallen u. a. die hässlichen weißen Randsäume nach dem Umwandeln einer Nachzeichnung.

- Erstellen: Flächen/Konturen (nur im Modus Schwarzweiss): Bei manchen Vorlagen – z. B. Konstruktionszeichnungen – ist es nicht erwünscht, Linien als Flächen erstellen zu lassen.
  Daher können Sie bei einer Schwarzweißumsetzung auswählen, ob Sie diese in Konturen oder Flächen ausführen lassen möchten. Vektorisiert werden die Mittellinien, alle erkannten Pfade werden einheitlich mit Konturen in einer Stärke von 2 Punkt versehen (s. Abbildung 19.60). Eine Kombination der Optionen Konturen und Flächen bringt nur wenig sinnvolle Ergebnisse.
  - Kontur (nur Konturen): Mit diesem Grenzwert legen Sie fest, ab welcher Stärke der Linien in der Vorlage Illustrator eine Kontur erzeugen soll. Der Höchstwert beträgt 100 px. Stärkere Linien können nicht als Konturen umgesetzt werden.

▲ **Abbildung 19.63**
In Ebenen angelegte Vorlagen können ebenenweise vektorisiert werden, um die Zeichnung später mit Überdruckeneffekten umzusetzen.

- Kurven an Linien ausrichten: Es kommt vor, dass die Vektorisierung kurvige anstatt erwarteter gerader Pfade ergibt. Diese Option soll das korrigieren, die Verbesserung ist allerdings marginal.
- Weiss ignorieren: Weiße oder transparente Bereiche in einer Vorlage werden normalerweise als Vektorobjekte generiert. Dies können Sie durch Aktivieren der Option Weiss ignorieren unterbinden und sich so das nachträgliche Löschen ersparen. Das Motiv wird freigestellt (s. Abbildung 19.64). Achtung! Weiss ignorieren kollidiert mit der Methode Überlappend, da diese überlappende Bereiche und Unterfüllungen erzeugt – daher lassen sich beide Optionen auch nicht kombinieren. Auch, wenn Sie innen liegende weiße Objekte nach dem Umwandeln der Nachzeichnung manuell entfernen wollen, ist Überlappend nicht zu empfehlen, denn es spart die weißen Elemente nicht aus den anderen Flächen aus.

▲ **Abbildung 19.64**
Soll ein nachgezeichnetes Motiv später freigestellt auf einem Hintergrund stehen (wie die Bäume hier), dann aktivieren Sie Weiss ignorieren.

Ansicht | Richten Sie sich in diesem Menü die Bildschirmanzeige ein. Dies hilft Ihnen, die Vorlage mit dem Ergebnis des Bildnachzeichners zu vergleichen. Die angezeigten Pfade werden erst entstehen, wenn das nachgezeichnete Bild umgewandelt wird.

- Nachzeichnerergebnis: Die Standardeinstellung zeigt nur die vektorisierte Version des Bildes an.
- Nachzeichnerergebnis mit Konturen: Mit dieser Option wird die Nachzeichnung ein wenig abgedimmt, und darüber werden die entstehenden Vektorpfade angezeigt. Das ist interessant, um eine Umsetzung mit der Option Erstellen: Konturen zu überprüfen.
- Konturen: Diese Einstellung blendet das Nachzeichnerergebnis aus und zeigt nur die Pfade an. Gut geeignet, um hineinzuzoomen und im Detail zu überprüfen, ob Pfade gerade sind oder z. B. an Kanten überflüssige Objekte gebildet wurden (s. Abbildung 19.65).
- Konturen mit Quellbild: Leicht abgedimmt wird das Pixelbild angezeigt, darüber die Pfade eingeblendet. Das ist eine gute Möglichkeit, die Genauigkeit der Nachzeichnung zu überprüfen (s. Abbildung 19.66).
- Quellbild: Die Nachzeichnung wird komplett ausgeblendet und nur das Ausgangsbild angezeigt.
- Button Quellbild anzeigen : Unabhängig von den Einstellungen im Menü wird das Quellbild angezeigt, solange Sie diesen Button gedrückt halten. Ohne mühsame Menüaufrufe können Sie damit in einer Art Blink-Test schnell das Ergebnis mit dem Ausgangsbild vergleichen. Dabei ist immer ein kleiner Versatz zwischen Nachzeichnung und Quellbild sichtbar – er ist durch die Funktion bedingt.

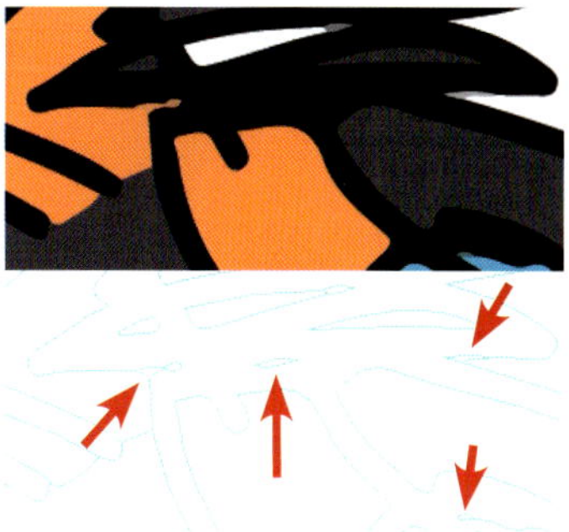

▲ **Abbildung 19.65**
In der Konturen-Ansicht werden auch die überflüssigen Objekte deutlich sichtbar, die im Nachzeichnerergebnis nicht gut zu erkennen waren.

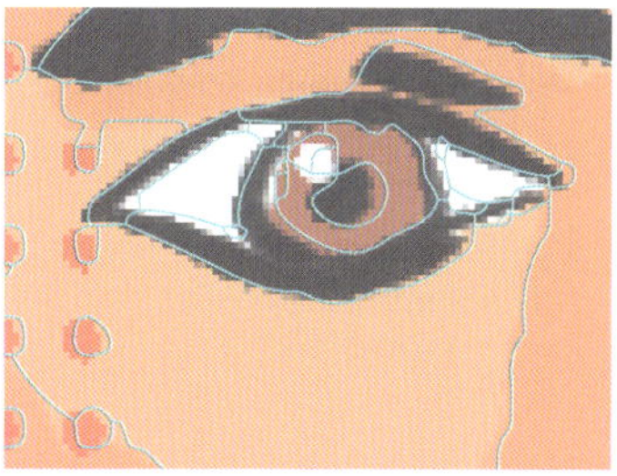

▲ **Abbildung 19.66**
Konturen mit Quellbild – auch hier ist der Versatz zwischen Vorlage und Nachzeichnung zu erkennen.

19.5.4 Einstellungen als Nachzeichnervorgabe speichern

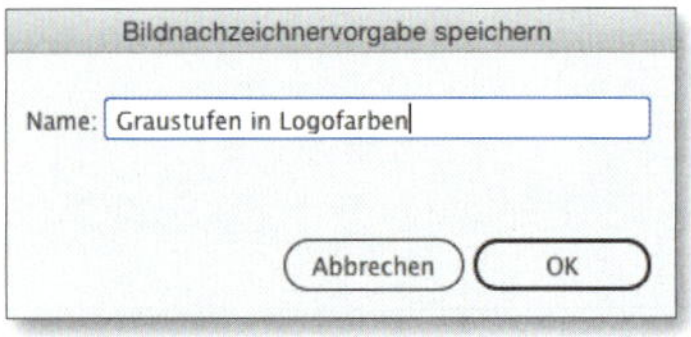

▲ **Abbildung 19.67**
Speichern einer Nachzeichnervorgabe

Ihre Einstellungen können Sie als Vorgabe speichern, um sie anschließend aus dem Aufklappmenü einfacher aufzurufen. Rufen Sie mit dem Button Vorgaben verwalten das Bedienfeldmenü auf, und wählen Sie Als neue Vorgabe speichern. Anschließend tragen Sie einen Namen für die Vorgabe ein. Ihre Vorgabe steht programmweit zur Verfügung.

Ist eine der Vorgaben ausgewählt, rufen Sie Löschen aus dem Menü Vorgaben verwalten auf, um die betreffende Vorgabe (selbst erstellt oder Standardvorgabe) ohne weitere Warnung zu entfernen.

Mit dem Befehl Umbenennen können Sie der ausgewählten Vorgabe einen anderen Namen geben.

Die Vorgaben können nicht exportiert werden, Sie finden sie jedoch in der Textdatei Vektorisierungsvorgaben im Preferences-Ordner Ihrer Illustrator-Version.

Automatisiert nachzeichnen
Wenn Illustrator geöffnet ist, lässt sich das Nachzeichnen mithilfe von Adobe Bridge automatisieren. Aktivieren Sie die Bilder in Bridge, und wählen Sie Werkzeuge • Illustrator • Bildnachzeichner.

19.5.5 Nachzeichnerobjekt bearbeiten

Das Nachzeichnerobjekt bleibt auch nach dem Speichern der Datei so lange »live«, bis Sie es gezielt umwandeln.

Bildkanten
Saubere Kanten an den Außenrändern der nachgezeichneten Bilder generiert der Bildnachzeichner nicht. Falls Sie dies benötigen, legen Sie nachträglich eine Schnittmaske an.

Original bearbeiten | Im Bildnachzeichner-Bedienfeld können Sie keine Kontrastveränderungen vornehmen oder nur einen bestimmten Bereich der Vorlage editieren. Für diese Operationen müssen Sie das Bild in einem Bildbearbeitungsprogramm öffnen.

Ist das Nachzeichnerobjekt aus einem verknüpften Bild erstellt worden, verwenden Sie den Button Original bearbeiten im Verknüpfungen-Bedienfeld, um die Quelldatei in Photoshop oder einem anderen Programm zu öffnen. Führen Sie Ihre Änderungen durch, speichern und schließen Sie die Datei. Beim Wechseln zu Illustrator aktualisieren Sie die Verknüpfung, dann erfolgt auch ein Update des Nachzeichnerobjekts. Auch wenn Sie einem Nachzeichnerobjekt über das Verknüpfungen-Bedienfeld ein anderes Bild zuweisen, wird die Vektorumsetzung neu berechnet.

Bearbeiten mit …?
Anders als InDesign kann Illustrator nur das Erstellungsprogramm verwenden und das Bild nicht an ein beliebiges Programm weiterreichen. Das gewünschte Programm müssen Sie also auf Betriebssystemebene zuweisen.

Wenn Sie ein geändertes Bild nicht in Illustrator aktualisieren, wird der alte Dateistatus für das Nachzeichnerobjekt verwendet, das trotzdem »umgewandelt« werden kann.

Umwandeln – Live-Verknüpfung lösen | Ein Nachzeichnerobjekt ermöglicht Ihnen zwar, jederzeit durch Änderungen an den Optionen das Ergebnis zu beeinflussen, es lassen sich jedoch nicht die Pfade bearbeiten. Wenn Sie detailliert einzelne Pfade oder Flächen bearbeiten möchten, müssen Sie das Nachzeichnerobjekt in Vektorobjekte umwandeln:

Dabei geht die »Live«-Eigenschaft verloren – das Pixelbild wird aus Ihrer Illustrator-Datei gelöscht, und nur die Vektorobjekte bleiben erhalten. Falls Sie das Pixelbild eingebettet haben, prüfen Sie gegebenenfalls vor dem Umwandeln, ob die Originaldatei noch besteht. Um ein Nachzeichnerobjekt umzuwandeln, aktivieren Sie es und klicken auf den Button Umwandeln im Steuerungsbedienfeld. Alle Flächen werden als geschlossene bzw. offene Pfade oder zusammengesetzte Pfade erstellt. Die Objekte sind gruppiert.

Möchten Sie »in einem Rutsch« ein Bild mit der Standardeinstellung abpausen und umwandeln, wählen Sie den Befehl Objekt • Bildnachzeichner • Erstellen und umwandeln oder drücken die Taste ⌥/Alt, während Sie auf den Button Nachzeichnen klicken oder eine der Nachzeichnervoreinstellungen aus dem Menü auswählen.

▲ **Abbildung 19.68**
Nach dem Umwandeln: Mit diesen Objekten müssen Sie vorsichtig umgehen und vor allem als Erstes nicht benötigte Objekte (z. B. Weiß) löschen.

Weiterbearbeitung der umgewandelten Objekte | Ist die Option Weiss ignorieren nicht aktiviert und haben Sie die Methode Angrenzend gewählt, kann es passieren, dass mehrere identische Pfade übereinanderliegen. Dies führt häufig zu Irritationen, wenn Sie zunächst vorhandene zusammengesetzte Pfade zurückwandeln und gleich anschließend wieder aus allen Objekten erstellen. Verwenden Sie unbedingt das Ebenen-Bedienfeld, um Ihre Objekte zu analysieren.

Falls Sie zu spät bemerken, dass Sie weiße Objekte nachgezeichnet und bereits umgewandelt haben, können Sie sie mit dem Zauberstab-Werkzeug (s. Abschnitt 8.5.1) auswählen und dann löschen.

Zurückwandeln | Wenn Sie das nachgezeichnete Bild – solange es noch »live« ist – in die Pixelvorlage zurückverwandeln wollen, wählen Sie Objekt • Bildnachzeichner • Zurückwandeln.

Umwandeln mit fehlendem Bild

Fehlt ein verknüpftes Bild, dann kann die Vektorisierung nicht umgewandelt werden. In diesem Fall probieren Sie, die AI-Datei in eine neue Datei zu platzieren. Dabei importieren Sie den PDF-Zweig der Datei, der die umgewandelte Nachzeichnung bereits enthält.

Schritt für Schritt
Signet nachzeichnen und nacharbeiten

In diesem Workshop lernen Sie anhand des Wellensignets die Vorteile und Schwächen des Bildnachzeichners kennen. So sehen Sie, auf welche Details Sie beim Nachzeichnen achten müssen.

1 Bild platzieren

Erstellen Sie eine neue Datei im Farbmodus CMYK, und platzieren Sie das Bild »Welle.png«. Diese Vorlage ist bereits optimiert – bei Ihren Projekten sollten Sie darauf achten, dass die Vorlage in Photoshop in die Waagerechte gedreht und gesäubert wurde.

▲ **Abbildung 19.69**
Dieses Quellbild wird vektorisiert.

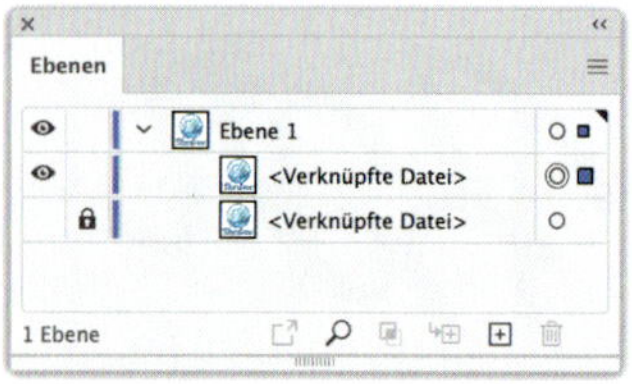

▲ **Abbildung 19.70**
Da Illustrator beim Umwandeln das Quellbild nicht erhalten kann, müssen Sie vorher ein Duplikat erstellen.

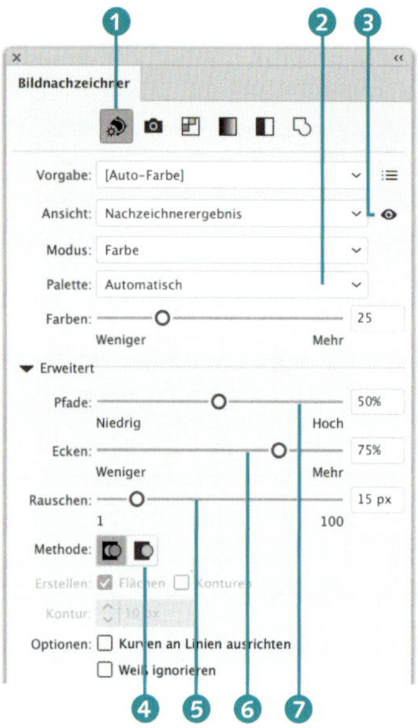

▲ **Abbildung 19.71**
Das Bildnachzeichner-Bedienfeld

Erzeugen Sie ein Duplikat der Vorlage, das exakt an derselben Stelle liegt. Das untere der beiden Bilder blenden Sie aus – Sie benötigen es später als Vorlage zum Ausbessern der Nachzeichnung.

Sehen Sie sich das Quellbild an: Zählen Sie, wie viele Farben es enthalten sollte, damit Sie die Anzahl der errechneten Farben vergleichen können (Weiß muss mitgezählt werden). Suchen Sie potenziell problematische Bereiche, z. B. Störungen, Details, zu ähnliche Farben. Alle diese Problemzonen müssen Sie später genau unter die Lupe nehmen.

2 Nachzeichnen

Rufen Sie das Bildnachzeichner-Bedienfeld auf. Zu Beginn probieren Sie die Vorgabe [Auto-Farbe] ❶, sie liefert häufig sehr gute Ergebnisse. Vergleichen Sie das Nachzeichnerergebnis mit dem Original, indem Sie den Button Quellbild anzeigen ❸ gedrückt halten. Solange Sie den Button drücken, wird die Vorlage angezeigt.

Das Ergebnis ist jedoch nicht zufriedenstellend, daher müssen Sie nun die einzelnen Optionen nachjustieren.

Beim Optimieren der Nachzeichnungsvariablen lassen Sie die Schrift außen vor. Es ist immer noch am besten, die Schriftart zu identifizieren und den Text nachzusetzen.

3 Optimieren: Anzahl der Farben

Im ersten Schritt sehen Sie sich nun an, wie viele Farben Illustrator im Bild erkannt und umgesetzt hat, und vergleichen dies mit dem ausgezählten Wert. Sehen Sie sich aber auch an, ob alle unterschiedlichen Farbflächen korrekt erkannt wurden.

Jetzt probieren Sie mit dem Regler Farben ❷, die Anzahl zu optimieren. Ziel sollte sein, dass möglichst alle Farbflächen, aber nicht zu viele unterschiedliche Farben erkannt werden. Sie werden dabei oft feststellen, dass sowohl zu niedrige als auch zu hohe Werte Fehler nach sich ziehen und Farbunterschiede nicht korrekt erkannt werden. In diesem Fall werden wir uns dennoch für die Einstellung »100 %« entscheiden, denn mit dieser Einstellung ist das Nacharbeiten am unaufwendigsten.

Abbildung 19.72 ▶
In der Originaleinstellung werden zu viele Flächen als gleiche Farben zusammengefügt (links); mit einer Einstellung von etwa 70 % unter Farben wird zwar die Gischtkante korrekt als gleiche Farbe erkannt, die Oberkante der Welle ist jedoch noch nicht als Fläche vorhanden (Mitte); mit 100 wird die Oberkante erkannt, die Gischtkante besitzt jedoch zwei verschiedene Farben (rechts).

4 Optimieren: Pfade

Nun kommt die Einstellung PFADE 7 an die Reihe. Ist sie zu hoch, erhalten Sie zwar eine genaue Nachzeichnung, die ist jedoch in der Regel sehr »wellig« bzw. sogar »pixelig«, da Illustrator jeden einzelnen (quadratischen) Pixel zeichnet. Mit niedrigeren Werten werden die Pfade runder, aber etwas ungenauer.

Achten Sie darauf, dass Details gut herausgearbeitet werden und die Pfade dennoch glatt sind.

▲ **Abbildung 19.73**
Mit der Einstellung »100 %« unter PFADE erhalten Sie einen interessanten, aber hier nicht gewollten »zittrigen« Look (links); mit »0 %« werden einige Details ausgelassen (Mitte); letztendlich landen wir doch wieder bei »50 %« (rechts).

5 Optimieren: Ecken

Bei den Ecken entscheiden Sie, wie scharf eine Kurve sein darf, damit sie noch als Kurve und nicht als Ecke gezeichnet wird. Vor allem im unteren Bereich des Signets gibt es einige problematische Stellen mit sehr engen Kurven. Stellen Sie den Regler ECKEN 6 so ein, dass auch die engen Kurven noch als Kurven umgesetzt werden.

▲ **Abbildung 19.74**
Mit 100 % werden viele Rundungen eckig (links); mit 0 % viele Ecken gerundet (Mitte); bei etwa 55 % erhalten wir einen guten Kompromiss (rechts).

6 Optimieren: Störungen

Probieren Sie, ob Sie die kleinen, überflüssigen Flächen vielleicht unterdrücken können, indem Sie den Wert für RAUSCHEN 5 erhöhen. Suchen Sie sich einige beispielhafte Bereiche aus, und verschieben Sie den Regler nach rechts.

▲ **Abbildung 19.75**
Diese Störungen verschwinden mit einem Wert von 27 % für RAUSCHEN.

7 Optimieren: Methode

Da Sie die Grafik überarbeiten müssen, sollten Sie die Methode ÜBERLAPPEND (ERSTELLT STAPELPFADE) ④ (s. Abbildung 19.71) auswählen. Dadurch wird es nicht nur einfacher, den Hintergrund durch einen konstruierten Kreis zu ersetzen, sondern alle Pfade werden ein wenig unterfüllt. Änderungen am Pfadverlauf werden damit wesentlich einfacher. Mit dieser Option lässt sich die Einstellung WEISS IGNORIEREN nicht kombinieren.

8 Umwandeln und erste Bereinigung

Wenn Sie mit dem Ergebnis zufrieden sind, wählen Sie OBJEKT • BILDNACHZEICHNER • UMWANDELN. Heben Sie die Gruppierung der Pfade auf. Im nächsten Schritt löschen Sie das nicht benötigte weiße Hintergrundrechteck und die Schrift.

9 Verbesseren: Pfade

Nach dem Umwandeln blenden Sie die zweite Vorlage ein. Diese verwenden Sie nun, um die Grafik zu optimieren. Leider wird die Nachzeichnung immer etwas zum Original versetzt, sodass Sie alles aktivieren und neu am Pixelbild ausrichten müssen – verwenden Sie am besten den Kreis als Referenz.

Den größten Optimierungsbedarf gibt es bei den generierten Pfaden. An etlichen Stellen sind kleine Artefakte zu sehen, die Sie löschen sollten. Darüber hinaus muss ein Farbbereich noch getrennt werden. Ziehen Sie die Trennungslinie, schneiden Sie sie aus, und fügen Sie sie direkt vor der zu trennenden Fläche ein – dann färben Sie die beiden Teilbereiche mit der Funktion INTERAKTIV MALEN. Anschließend lassen sich die Formen leicht voneinander trennen.

Ebenen-Bedienfeld

Beim Umwandeln überprüfen Sie den Aufbau der Nachzeichnung mit dem Ebenen-Bedienfeld, falls etwas nicht so funktioniert, wie Sie es erwarten. Anstatt die Gruppierung aufzuheben, können Sie die umgewandelte Nachzeichnung natürlich auch im Isolationsmodus bearbeiten.

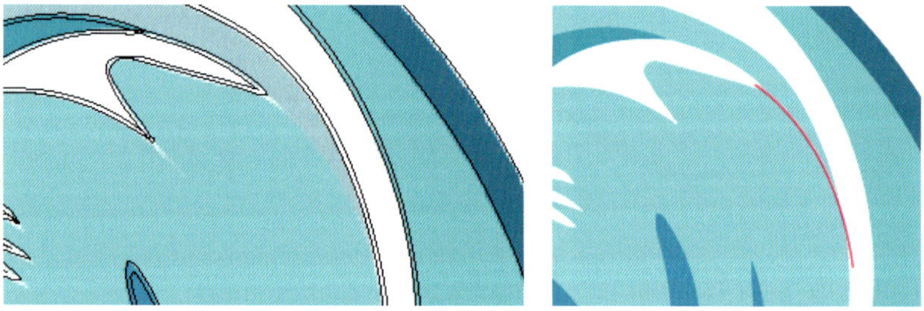

▲ **Abbildung 19.76**
An dieser Stelle wurden die Farbbereiche nicht korrekt erkannt, daher ziehen Sie nachträglich die Linie und wenden INTERAKTIV MALEN an.

Überprüfen Sie dann die Details in der Pfadansicht, und korrigieren Sie, wo nötig, die Pfade mit Zeichenstift und Co.

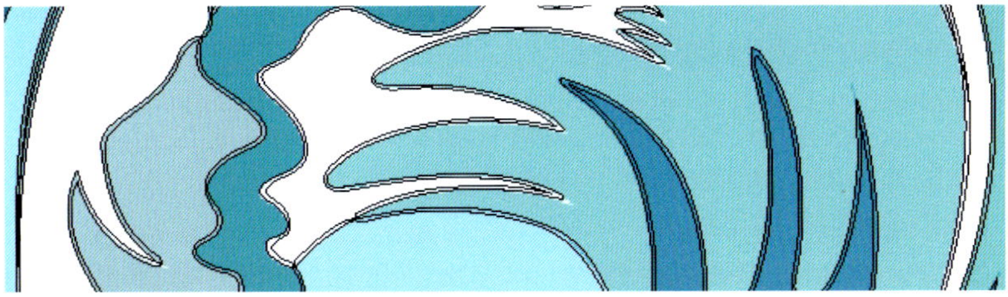

◀ **Abbildung 19.77**
Unterfüllungen erleichtern das Korrigieren der Pfade.

10 Verbessern: Farben

Die erkannten Farbwerte sind alle »krumm«. Sie sollten sie überprüfen, minimale Anteile der nicht passenden Farben herausnehmen und die anderen Werte gegebenenfalls anhand eines Farbwertebuchs überprüfen und nachjustieren. Messen Sie in der Vorlage, welche Bereiche identische Farben besitzen, und gleichen Sie dies ebenfalls an.

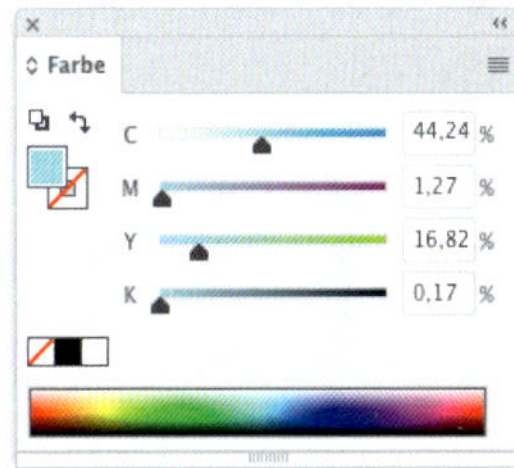

▲ **Abbildung 19.78**
Krumme Farbwerte wie diese und störende niedrigprozentige Beimischungen sollten Sie korrigieren.

11 Verbessern: Schrift

Um die Schrift zu identifizieren, können Sie Dienste wie *www.whatthefont.com* oder *www.whatfontis.com* verwenden. Falls Sie dort kein Ergebnis finden, fragen Sie Kollegen oder in Onlineforen. Die Schrift erwerben Sie und setzen den Text nach. In unserem Beispiel handelt es sich um die Schrift Lobster, die bei *www.fontsquirrel.com* kostenlos erhältlich ist. Das »d« ist leicht modifiziert: Mit einem Kreis um die Mitte des Signets wurde es oben abgeschnitten.

12 Verbessern: Geometrische Formen

Autotrace-Algorithmen haben in der Regel noch Schwierigkeiten, geometrische Formen korrekt zu erkennen und vor allem zu erzeugen – obwohl der Kreis in unserem Beispiel ziemlich gut geworden ist, wie Sie unschwer erkennen können, wenn Sie das Ergebnis mit einem konstruierten Kreis vergleichen.

▲ **Abbildung 19.79**
Mit Satzschrift und einem Kreis zur Konstruktion des angeschnittenen »d«

13 Fazit

Sie haben gesehen, dass Sie vor allem bei sehr ähnlichen Farben in der Vorlage kein optimales Ergebnis erzielen können. In diesem Fall gestaltet es sich schwierig, aber bei manchen Vorlagen lässt sich der Kontrast in der Vorlage erhöhen. Das Umfärben der Nachzeichnung stellt dann ein kleineres Problem dar als das Verbessern von Pfaden.

Unter Umständen ist das Nachzeichnen inklusive Nachbesserungen aufwendiger, als wenn Sie die Grafik direkt manuell vektorisieren würden.

▲ **Abbildung 19.80**
Viele Objekte lassen sich besser konstruieren, wenn Sie sie zu diesem Zweck drehen.

▲ **Abbildung 19.81**
Das Logo (links) ist aus wenigen Grundformen konstruiert.

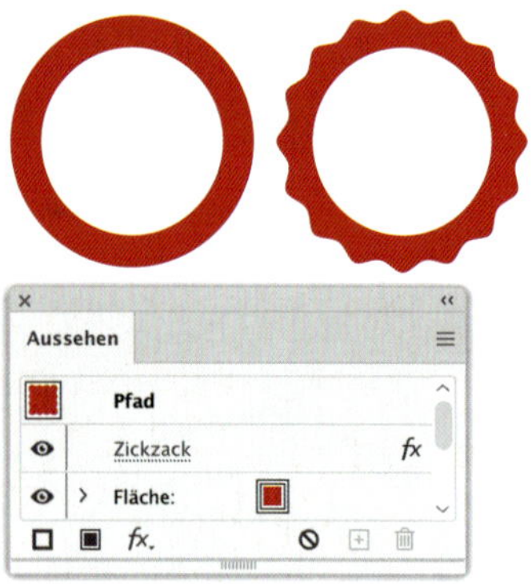

▲ **Abbildung 19.82**
Besonders Wellen- oder Zickzacklinien entlang eines gekrümmten Pfades sind mithilfe von Effekten einfach erstellt.

▲ **Abbildung 19.83**
Fügen Sie die Einzelteile mit Konstruktionsfunktionen (s. Kapitel 10) zusammen.

Checkliste: (Logo-)Vektorisierung

Vorbereitung | Wenden Sie auf Fotovorlagen in Photoshop den Befehl TONTRENNUNG an, um die Farbflächen besser identifizieren zu können. Drehen Sie Vorlagen so zurecht, wie sie sich am besten konstruieren lassen.

Grundformen | Identifizieren Sie regelmäßige geometrische Objekte (Kreise, Polygone, Sterne etc.), und konstruieren Sie diese mit den Formwerkzeugen (Formwerkzeuge s. Abschnitt 4.1).

Schriftelemente | Identifizieren Sie die verwendeten Schriften, und setzen Sie typografische Elemente nach (Schrift s. Kapitel 14).

Spiegelachsen | Ermitteln Sie Spiegelachsen der Vorlage, und markieren Sie sie mit Hilfslinien. Konstruieren Sie anschließend nur die Hälfte der Grafik, und erzeugen Sie die andere Hälfte durch Spiegeln.

Transformationsachsen | Verfahren Sie entsprechend mit Objekten, die durch Verschieben, Drehen oder eine andere Art der Transformation erstellt wurden.

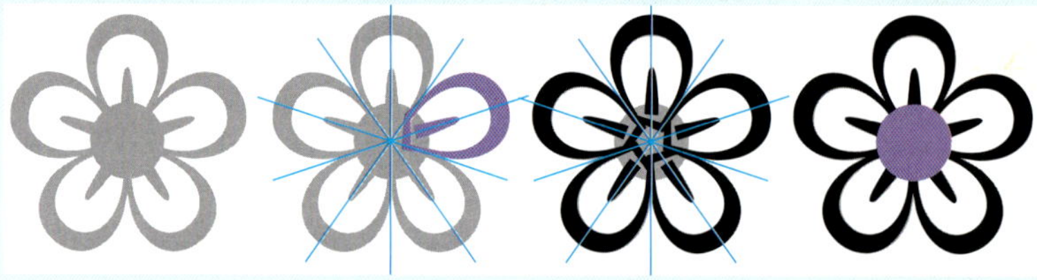

Linien | Konstruieren Sie Linien mit Pfaden in einer entsprechenden Konturstärke – vor allem, wenn es sich um kurvige Linien handelt. Wandeln Sie diese erst abschließend in Flächen um.

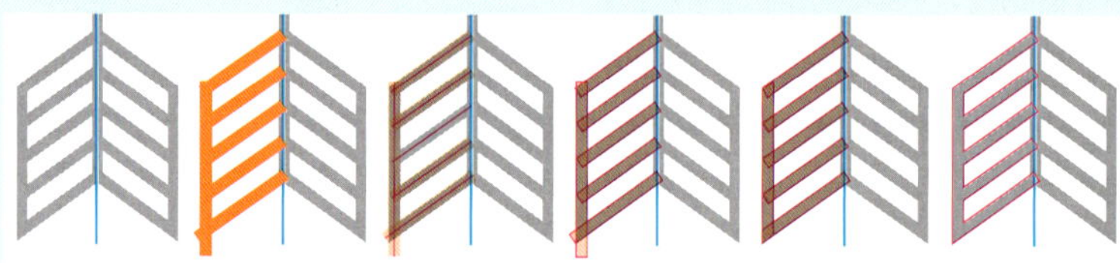

Weisen Sie beim Konstruieren den Konturen die Füllmethode MULTIPLIZIEREN zu, dann können Sie besser vergleichen (Füllmethoden s. Abschnitt 12.1.2).

Effekte | Vereinfachen Sie sich die Arbeit durch die Nutzung von Filtern und Effekten. Eine Zickzack- oder Wellenlinie lässt sich z. B. sehr komfortabel mithilfe des Zickzack-Effekts erzeugen (s. Abschnitt 13.3.2). Eine andere Möglichkeit ist die Nutzung von Musterpinseln (s. Abschnitt 8.4.6).

Natürliche Formen | Vektorisieren Sie unregelmäßige – z. B. handgezeichnete – Formen mit der Funktion BILDNACHZEICHNER. Falls nötig, bereinigen Sie die entstandenen Pfade manuell oder mit der Funktion VEREINFACHEN (s. Abschnitt 6.4.2).

Kombinieren | Wo angebracht (z. B. bei Logos und Symbolen), fügen Sie die Einzelteile mithilfe von Konstruktionsfunktionen wie INTERAKTIV MALEN, dem Formerstellungswerkzeug oder Pathfinder-Funktionen zusammen (Kombinieren von Objekten s. Kapitel 10).

TEIL V

Ausgabe und Optimierung

Kapitel 20

Austausch, Weiterverarbeitung, Druck

Kein Programm ist eine Insel. Die meisten mit Grafiksoftware erstellten Arbeiten werden in anderen Programmen weiterverarbeitet, vor allem in Layoutsoftware. Da Vektorpfade universell einsetzbar sind, werden sie aber auch in der Bildbearbeitung, im CAD- bzw. 3D-Bereich sowie in Bildschirmmedien weiterverwendet (s. Kapitel 21).

20.1 Export für Layout und Bildbearbeitung

Die Im- und Exportmöglichkeiten potenzieller Austauschprogramme unterscheiden sich aufgrund ihrer Art – Vektorgrafik, Bildbearbeitung, Layout –, aber selbst gleiche Funktionen werden auf andere Art programmiert und entstehende Formen gegebenenfalls anders gespeichert.

Wenn Sie auf den Austausch zwischen Programmen angewiesen sind, ist es sinnvoll, die Möglichkeiten der Programme genau zu kennen. So lassen sich Probleme z. B. dadurch vermeiden, dass Sie bestimmte Objekte vor dem Exportieren umwandeln.

▼ Abbildung 20.1
Photoshop-Illustration (rechts) und Vektorgrafik-Vorarbeit (links)

Layoutprogramme | Die klassische Weiterverarbeitung von Illustrator-Grafik geschieht in Layoutsoftware, z. B. für die Zeitschriftenproduktion. Illustrationen werden üblicherweise nicht mehr nachbearbeitet, sondern im Layout platziert. Das gängige Austauschformat ist das Illustrator-Format (als PDF-kompatible Datei) bzw. ein reines PDF innerhalb der Creative Cloud, der Affinity-Produkte, QuarkXPress ab Version 8 (in aktuellen Versionen von Quark XPress lassen sich PDFs editierbar öffnen).

EPS veraltet

Da PostScript u. a. keine Transparenz und keine ICC-Farbprofile unterstützt, ist EPS faktisch veraltet. Als »kleinster gemeinsamer Nenner« ist es im Repertoire der Austauschformate z. B. eines Corporate Designs immer noch gefragt, vor allem, wenn konkrete Empfänger und Einsatzbereiche der Datei nicht von vornherein bekannt sind. Wenn Sie Ihre Datei als EPS speichern, dann immer nur zusätzlich zum AI-Format.

Bildbearbeitung/Photoshop | Aufgrund der objektorientierten Arbeitsweise eignet sich Illustrator gut für die Vorbereitung umfangreicher Illustrationen, selbst wenn deren Ausarbeitung pixelbasiert in der Bildbearbeitung erfolgt. Die Möglichkeiten von Photoshop bei der direkten Bearbeitung von Vektorpfaden wurden mit jeder Version optimiert. Noch wichtiger ist aber die Verbesserung des Imports von Vektorgrafik. Smart-Objekte ermöglichen es, Vektorgrafik nativ in Photoshop-Dateien zu speichern.

▲ **Abbildung 20.2**
Grafik mit Schlagschatten auf einer farbigen Fläche im Layout platziert: als EPS (oben) und als PDF-kompatibel gespeicherte AI-Datei (unten)

20.1.1 Exportieren und Speichern einzelner Zeichenflächen

Illustrator kann mehrere Zeichenflächen anlegen, die meisten Austauschformate sind jedoch einseitig. Beim Speichern und Exportieren vieler Formate besteht die Möglichkeit, eine oder mehrere Zeichenflächen dafür auszuwählen. In der jeweiligen Dialogbox werden die entsprechenden Optionen angezeigt.

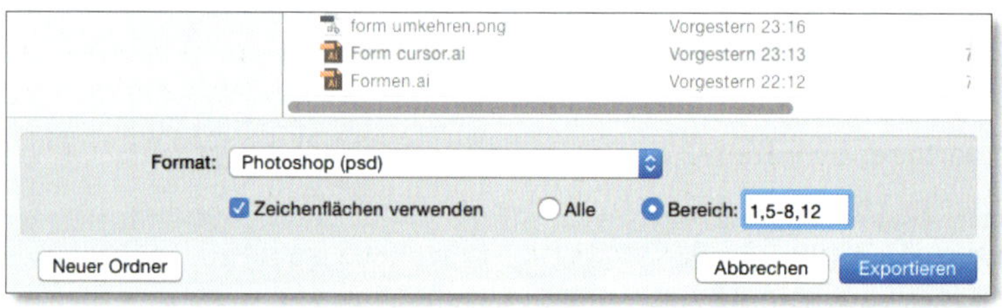

▲ **Abbildung 20.3**
Auswahl der Zeichenflächen beim Exportieren einer PSD-Datei

APPE (Adobe PDF Print Engine)

2006 stellte Adobe die PDF-Print-Engine als Nachfolger von PostScript vor. Sie ist in alle modernen Drucker, Belichter und RIPs integriert. Ein großer Vorteil der APPE gegenüber PostScript besteht darin, dass die APPE Transparenzen nativ verarbeiten kann.

Zeichenflächen verwenden | Aktivieren Sie diese Option, damit das Auswählen von Seitenbereichen ermöglicht wird. Ist die Option nicht gesetzt, entspricht das Format des exportierten Dokuments der durch Objekte bedeckten Fläche der Illustrator-Datei.

Zeichenflächen auswählen | Tragen Sie die Nummer einer Zeichenfläche oder einen Bereich aus mehreren Zeichenflächen – getrennt durch Kommas oder mit Bindestrich – ein.

▲ **Abbildung 20.4**
Messestanddesign mit fünf Zeichenflächen, einige Objekte liegen außerhalb ❶; Export der Layoutansicht für den Kunden ohne die Option Zeichenflächen verwenden ❷; Export von Ausschnitten für Testausdrucke in 1:1 ❸, Export der einzelnen Panels zum Druck ❹

20.1.2 Speichern als EPS

Ein immer noch weitverbreitetes (wenn auch inzwischen veraltetes und für einen Großteil der Anwendungszwecke nicht mehr zu empfehlendes) Publishing-Austauschformat ist EPS – Encapsulated PostScript. Dieses Format wird von allen wichtigen Layout- und Vektorgrafikprogrammen sowie von Photoshop unterstützt.

Speichern | Um eine EPS-Datei zu erstellen, rufen Sie Datei • Speichern unter auf – ⌘/Strg+⇧+S – und wählen im Menü Format bzw. unter Windows Dateityp • Illustrator EPS. Bestimmen Sie auch die zu exportierenden Zeichenflächen. Nach der Bestätigung mit OK bzw. Speichern geben Sie die Optionen in eine zweite Dialogbox ein:

- Version: Wählen Sie eine Version größer oder gleich 10, werden eigentlich zwei Dateien in einer gespeichert: ein EPS (Version 3), in dem alle Objekte umgewandelt sind (s. Abschnitt 3.7.1), und eine AI-Datei. Wählen Sie in diesem Menü, mit welcher Illustrator-Version dieser Datei-Part editierbar sein soll (das hat keinen Einfluss auf den EPS-Part der Datei). Bearbeiten Sie den EPS-Part mit einer anderen Vektorsoftware, kann es inhaltlich zu Versionskonflikten kommen, da der native AI-Part nicht entsprechend aktualisiert wird. Ab dem Illustrator-10-Format bleiben fast alle Illustrator-Objekte jeweils mindestens mit der Version editierbar, ab der sie unterstützt werden. Textobjekte werden jedoch in Legacy-Text umgewandelt, und Sie müssen platzierte Photoshop-Dateien auf eine Ebene reduzieren. Das Warn-Icon ⓘ zeigt potenzielle Probleme an.

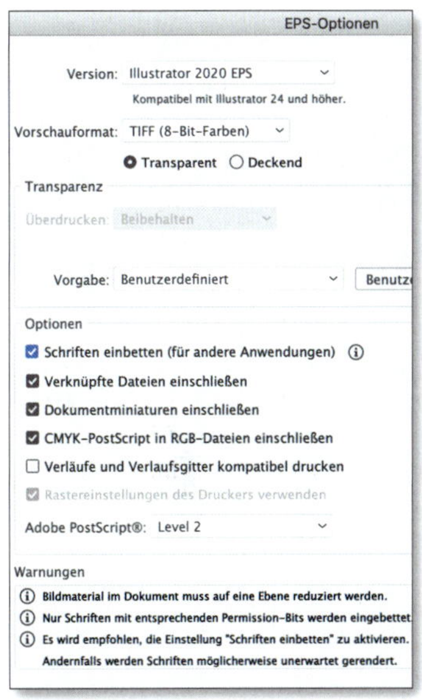

▲ **Abbildung 20.5**
EPS-Optionen

EPS für den Export?

Für moderne Vektorprogramme speichern Sie ein PDF. CorelDRAW kann sogar AI-Dateien nativ öffnen. FreeHand kann kein EPS mit eingebettetem AI öffnen, hier speichern Sie lieber EPS 3.

▲ **Abbildung 20.6**
Transparente und deckende EPS-Vorschau

EPS und Transparenz

EPS-Dateien mit gerasterter Transparenz sind im Layout nicht beliebig skalierbar.

Schriften einbetten

Schrifthersteller können das Einbetten von TrueType-Schriften unterbinden, indem sie im Font eine entsprechende Option aktivieren.

▲ **Abbildung 20.7**
Icons kennzeichnen die EPS-Version der Datei (von links: 10, CS, 2020).

Verläufe kompatibel drucken

Die JPEG-Verläufe verlangsamen die Ausgabe der Datei auf aktuellen Druckern. Verwenden Sie diese Option also nur, wenn Sie sie brauchen.

- Vorschau: Damit Sie das Layout auch in Programmen beurteilen können, die EPS nicht darstellen, lässt sich ein Vorschaubild in der Datei speichern. Wählen Sie hier das Format aus. Falls Sie 8-Bit-TIFF auswählen, müssen Sie außerdem angeben, ob das Vorschaubild deckend sein soll. Wählen Sie Deckend, wenn Sie das EPS in Microsoft Office verwenden.
- Transparenz: Mit den Optionen in diesem Bereich definieren Sie, wie transparente und überdruckende Objekte beim Export behandelt werden sollen. Je nach gewählter EPS-Version stehen Ihnen unterschiedliche Einstelloptionen zur Verfügung:
  - Version 3 oder 8: Sie haben die Wahl, das Aussehen von Transparenzen und überdruckenden Objekten oder die Pfade ohne Transparenz beizubehalten. Erhalten Sie die Transparenzen, müssen Sie die Reduzierungsoptionen einstellen.
  - Version 10 und höher: Wählen Sie die Transparenzreduzierungsoptionen (s. Abschnitt 12.4).
- Schriften einbetten: Ab Version 8 lassen sich Schriften in EPS-Dateien einbetten. Das bedeutet, dass die richtige Schrift beim Platzieren der Datei in anderen Anwendungen angezeigt wird. Öffnen Sie die Datei in Illustrator, muss die Schrift trotz Einbettung auf Ihrem Computer installiert sein.
- Verknüpfte Dateien einschliessen: Im EPS-Zweig der Datei werden verknüpfte Bilder immer eingebettet, wenn die Version höher als Illustrator EPS 3 ist. Mit dieser Option bestimmen Sie, ob die Bilder auch in den AI-Part eingebettet werden.
- Dokumentminiaturen einschliessen: Wenn Sie in Öffnen- und Platzieren-Dialogen und im Windows-Explorer eine Vorschau der Datei anzeigen lassen wollen, aktivieren Sie die Miniaturen.
- CMYK-PostScript in RGB-Dateien einschliessen: Diese Option bewirkt, dass der EPS-Part der Datei und alle enthaltenen Objekte in CMYK konvertiert werden. Die Farben im AI-Part bleiben im Farbmodus RGB.
- Verläufe und Verlaufsgitter kompatibel drucken: Alte Drucker können Verläufe und Verlaufsgitter nicht immer problemlos ausgeben. Aktivieren Sie diese Option, um eine JPEG-Version der Verläufe in der Datei zu speichern.
- Adobe PostScript: Wählen Sie die PostScript-Version für das EPS. Level 3 bietet mehr Optionen, z. B. können Sie damit Verlaufsgitterobjekte ohne vorherige Umwandlung in Bitmaps auf PostScript-3-fähigen Druckern ausgeben. Darüber hinaus lässt sich damit die Option Smooth Shades bei der Ausgabe verwenden.

20.1.3 Nach InDesign per Copy & Paste

Pfade und zusammengesetzte Pfade mit Farbfüllungen und -konturen können Sie aus Illustrator in die Zwischenablage kopieren und in InDesign einfügen. Musterfüllungen werden dabei allerdings in Vektorpfade umgewandelt.

Damit Sie einzelne Vektorpfade aus Illustrator als Rahmen in InDesign verwenden können, muss in VOREINSTELLUNGEN • DATEIEN VERARBEITEN UND ZWISCHENABLAGE unter ZWISCHENABLAGE BEIM BEENDEN die Option AICB (Adobe Illustrator ClipBoard) aktiviert sein.

Übernehmen Sie Objekte aus InDesign in Ihr Illustrator-Dokument über die Zwischenablage, dann beachten Sie, dass diese mit der Eigenschaft ÜBERDRUCKEN versehen sein können.

Vektorpfade in InDesign

Möchten Sie Vektorpfade aus Illustrator in InDesign direkt weiterbearbeiten (z. B. als Grafikrahmen verwenden), kopieren Sie das Objekt aus Illustrator und fügen es in InDesign ein. Für die Übertragung auf diesem Weg besteht eine Obergrenze von 500 Objekten – falls Sie mehr Objekte in InDesign einfügen wollen, wird aus diesen ein EPS erstellt und eingebettet. Bedenken Sie außerdem, dass InDesign durch viele Pfade in einer Datei erheblich ausgebremst werden kann.

20.1.4 Export nach Photoshop

Copy & Paste | Die einfachste Form der Übergabe von Illustrator-Elementen an Photoshop-Dateien besteht im Transport über die Zwischenablage. Kopieren Sie die Illustrator-Objekte, wechseln Sie zu Photoshop, und fügen Sie die Elemente in Ihre Datei ein: BEARBEITEN • EINFÜGEN – [⌘]/[Strg]+[V]. Eine Dialogbox fragt anschließend, wie Sie den Inhalt der Zwischenablage einfügen möchten:

- Mit der Option SMART OBJEKT bleiben die Vektoreigenschaft sowie alle Illustrator-Bearbeitungsmöglichkeiten erhalten, in Photoshop können Sie Smart-Objekte nur insgesamt transformieren oder mit Smart-Filtern bearbeiten. Weitere Informationen zu Smart-Objekten finden Sie in der Photoshop-Hilfe. Wenn Sie ein Smart-Objekt platzieren, können Sie es optional zu Ihrer aktuellen CC-Bibliothek hinzufügen.
- Die Einstellung PIXEL rastert die Illustrator-Objekte, dafür können Sie alle Photoshop-Funktionen anwenden.
- PFAD bzw. FORMEBENE übernimmt nur die Vektorform, diese können Sie jedoch ebenfalls mit allen entsprechenden Photoshop-Optionen bearbeiten.

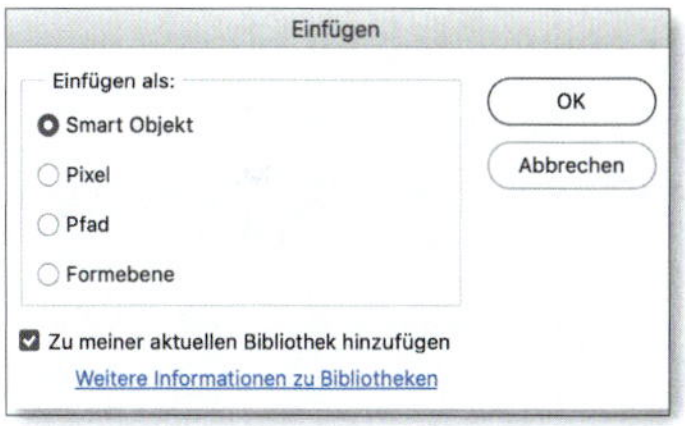

▲ **Abbildung 20.8**
Einfügen-Optionen in Photoshop

Farbeinstellungen angleichen

Achten Sie beim Wechsel zwischen Illustrator und Photoshop darauf, dass in beiden Programmen und in den jeweils bearbeiteten Dateien identische Farbeinstellungen vorhanden sind. Anderenfalls werden Farben umgewandelt.

Über das PSD-Format | Wenn Sie Ihre Dateien als PDF oder EPS speichern, ist es nur möglich, sie beim Öffnen in Photoshop rastern zu lassen, also als Pixelgrafik zu öffnen. Über die Zwischenablage haben Sie die Wahl, ob Sie Pixel oder Pfade in Photoshop einfügen. Möchten Sie in einer Datei jedoch einen Teil der Objekte rastern und einen anderen Teil als Pfade für Photoshop speichern, verwenden Sie den PSD-Export von Illustrator unter DATEI • EXPORTIEREN • EXPORTIEREN ALS.

Zusammengesetzte Form aus einzelnem Pfad?

Wenn Sie einen einzelnen Pfad innerhalb einer Datei als Formebene speichern möchten, wählen Sie ZUSAMMENGESETZTE FORM ERSTELLEN aus dem Menü des Pathfinder-Bedienfeldes.

▲ **Abbildung 20.9**
Zusammengesetzte Formen erstellen Sie mit den Formmodi-Buttons des Pathfinder-Bedienfeldes.

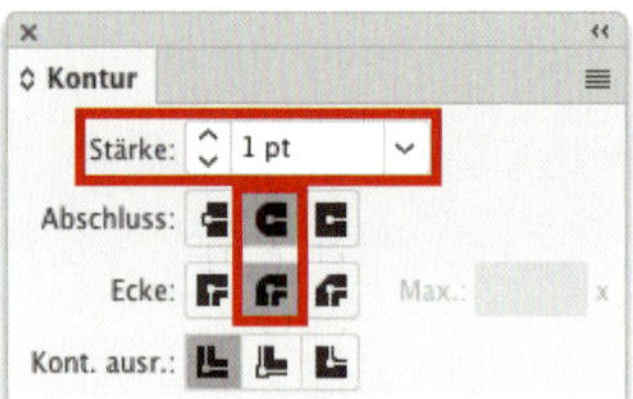

▲ **Abbildung 20.10**
Nötige Einstellungen für Konturen

PSD und Volltonfarben

Volltonfarben werden beim PSD-Export auf jeden Fall in den Zielfarbraum konvertiert und können nicht erhalten bleiben.

▲ **Abbildung 20.11**
Optionen beim Export von Photoshop-Dateien

Textobjekte bleiben erhalten

Auch Pfadtexte und nicht rechteckige Flächentexte bleiben in Photoshop editierbar erhalten.

Optional bleibt die Ebenenstruktur erhalten – möchten Sie Formen in der Photoshop-Datei auf unterschiedlichen Ebenen speichern, müssen Sie sie aber bereits in Illustrator auf diese Ebenen verteilen.

Objekte, die als Vektorformen übertragen werden sollen, müssen in einer genau definierten Weise erstellt werden. Nur zusammengesetzte Formen, die Sie mithilfe der oberen Button-Reihe des Pathfinder-Bedienfeldes oder über den Befehl in dessen Bedienfeldmenü erstellen, werden in der PSD-Datei als Formebenen gespeichert, wenn sie sich in der obersten Hierarchiestufe des Dokuments befinden – also in Ebenen, nicht in Unterebenen. Falls Sie die zusammengesetzten Formen mit einer Kontur versehen, muss diese in einem geraden Wert in der Einheit Punkt definiert sein und die runde Eckenform verwenden (s. Abbildung 20.10). Verwenden Sie keine Muster- oder Verlaufsfüllungen.

PSD-Exportoptionen | Wählen Sie in der Dialogbox PSD als Exportformat, geben Sie der Datei einen Namen, und bestimmen Sie die zu exportierenden Zeichenflächen und den Speicherort. Nachdem Sie mit OK bestätigt haben, legen Sie die Optionen fest:

- Farbmodell: Sie haben die Wahl, Ihre Dateien im RGB-, CMYK- oder Graustufen-Farbraum zu speichern. Voreingestellt ist der Dokumentfarbraum, und nur in diesem Farbraum ist es auch möglich, die maximale Bearbeitbarkeit der Objekte zu erreichen.
- Auflösung: Da Sie eine Rasterdatei erzeugen, müssen Sie hier deren Auflösung bestimmen – wählen Sie sie nach dem Bestimmungszweck der Grafik. Drei gebräuchliche Werte können Sie anklicken oder einen abweichenden Wert unter Andere eingeben. Die Bildgröße richtet sich nach den Maßen der Zeichenfläche, wenn die Option Zeichenflächen verwenden aktiviert wurde. Anderenfalls wird eine Fläche exportiert, die alle Objekte umfasst.
- Reduziertes Bild: Mit dieser Option werden alle Objekte auf eine Bildebene reduziert. Bei sehr komplexen Dateien oder wenn Sie eine hohe Auflösung eingestellt haben, ist es häufig nötig, diese Option zu verwenden, um die Datei überhaupt exportieren zu können.
- Ebenen mit exportieren: Aktivieren Sie diese Option, um in Illustrator eingerichtete Ebenen zu erhalten. Setzen Sie zusätzlich die Option Textbearbeitbarkeit beibehalten, um Textobjekte in Photoshop-Textebenen zu konvertieren. Die Option Maximale Bearbeitbarkeit erhält nach Möglichkeit auch die ersten Unterebenen und dient dazu, zusammengesetzte Formen in Formebenen umzuwandeln. Sind die PSD-Dateien für eine alte Photoshop-Version bestimmt (unter CS), rastern Sie die Textebenen.

- GLÄTTEN: Wählen Sie aus dem Menü die Methode des Anti-Aliasings oder OHNE, um die Glättung zu deaktivieren. Die Methode BILDMATERIAL OPTIMIERT (SUPERSAMPLING) kann Stitching-Artefakte in Mustern in manchen Fällen beim Rastern vermeiden.
- ICC-PROFIL EINBETTEN: Wenn Sie in einem Farbmanagement-Workflow arbeiten, aktivieren Sie diese Option, um das eingestellte Farbprofil in die Datei einzubetten.

▲ **Abbildung 20.12**
Ohne (links) und mit (rechts) GLÄTTEN (Darstellung vergrößert)

20.1.5 Export als TIFF (Tagged Image File Format)

Das TIFF-Pixelformat wird von allen in der Druckvorstufe verbreiteten Programmen unterstützt. Die von Illustrator erstellten TIFF-Dateien sind auf eine Bildebene reduziert.

Neben der AUFLÖSUNG und der Farbprofileinstellung können Sie unterschiedliche Arten des Glättens wählen (SUPERSAMPLING und HINTED s. Abschnitt 14.9.2), und es lässt sich als spezifische Option die LZW-KOMPRIMIERUNG (eine verlustfreie Datenreduzierung) aktivieren.

▲ **Abbildung 20.13**
TIFF-Optionen

20.1.6 AutoCAD DXF/DWG exportieren

Die beiden Formate DXF und DWG werden üblicherweise beim Austausch von Vektorgrafiken und Zeichnungen in CAD- und 3D-Programmen sowie für die Weitergabe von Daten in der Maschinensteuerung – z. B. Laserschneider – verwendet. Der Datenaustausch über diese Formate erfordert gegebenenfalls umfangreiche Tests und Absprachen.

Für den Export in DXF/DWG ist bereits eine geeignete Objekthierarchie innerhalb der Datei wichtig. Verwenden Sie Ebenen und Gruppen sinnvoll – sie bleiben beim Export erhalten. Achtung! Die voreingestellte Option MAXIMALE BEARBEITBARKEIT löscht alle bis auf die jeweils zuletzt bearbeiteten Aussehen-Eigenschaften der Objekte und wandelt sie um.

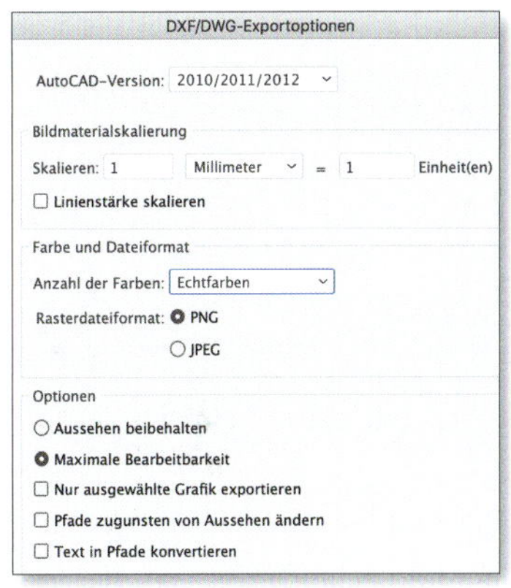

▲ **Abbildung 20.14**
DWG/DXF-Exportoptionen

20.1.7 WMF/EMF exportieren

Beim Windows-Metafile- und Enhanced-Metafile-Format handelt es sich um native Windows-Grafikformate. Sie lassen sich auf dem Mac nicht sinnvoll exportieren oder platzieren. Metafile-Grafikformate sind eigentlich eine Sammlung von Befehlen an das Graphic Device Interface des betreffenden Betriebssystems – also in diesem Fall von Windows –, das diese Befehle zum Zeichnen der Grafikobjekte auf dem Monitor und zum Drucken auf Nicht-PostScript-Geräten benutzt. In einer reinen Windows-Umgebung können beide Formate zum Austausch von Vektorgrafik mit Office-Programmen verwendet werden.

Illustrator und Office am Mac

Am Mac können Sie PDF zum Platzieren in Microsoft-Office-Dokumenten verwenden. Die Office-Dateien können unter Windows weiterverwendet werden.

20.1.8 Sonstige Formate exportieren

Spezialobjekte konvertieren

Wenn sich Spezialobjekte wie Verzerrungshüllen oder Überblendungen nicht von einem in ein anderes Programm übertragen lassen, haben Sie zwei Möglichkeiten: in normale Vektorobjekte umwandeln oder in die Ursprungsformen zurückwandeln und im Zielprogramm aus den Originalobjekten ein vergleichbares Objekt erstellen.

CorelDraw | Illustrator kann keine CDR-Dateien exportieren. Sie können jedoch Illustrator-Dateien bis zur Version 7 sowie EPS oder PDF in CorelDRAW öffnen – CorelDRAW ab X5 kann Illustrator-Dateien bis CS4 und CorelDRAW 2019 kann CC 2019 öffnen (auch ohne eingebettetes PDF). Beim Interpretieren der Objekte und Umwandeln in entsprechende eigene Elemente erhalten Sie sehr gute Ergebnisse, z. B. mit Schlagschatten oder Transparenz und sogar einfachen Verlaufsgittern. Es lässt sich aber nicht alles voll bearbeitbar konvertieren, und Text umbricht anders.

BMP | Das Bitmap-Format ist ein Windows-Standardpixelformat. Beim Export dieses Formats werden alle Ebenen und Objekte auf die Hintergrundebene reduziert – bei der Rasterung der Füllmethoden können Fehler entstehen.

▲ **Abbildung 20.15**
Pixelbasierte Dateiformate erkennen Sie am Icon.

Macintosh PICT | PICT ist das Mac-OS-Gegenstück zu WMF/EMF, also ebenfalls ein Metaformat. Es nutzt die QuickDraw-Routinen des Macs, um Grafik am Monitor oder auf einem Drucker auszugeben. Da beim Konvertieren einer Grafik ins PICT-Format eine schlechtere Farbqualität entsteht und Vektorkurven ungenauer berechnet werden, sollten Sie dieses Format vermeiden.

Affinity Designer

Für Affinity Designer speichern Sie eine PDF-kompatible AI-Datei (ohne das PDF funktioniert der Austausch nicht). Hauptebenen und viele Transparenz-Eigenschaften bleiben beim Import in Designer erhalten, Text umbricht neu.

TARGA | TARGA ist ein von der Firma Truevision für ihre Grafikkarten entwickeltes Pixelformat, das nur die Farbmodelle RGB und Graustufen unterstützt. Alle Ebenen und Objekte werden beim Export auf die Hintergrundebene reduziert.

Microsoft Office | Die Funktion Für Microsoft Office speichern ist ein um die Formatoptionen reduzierter PNG-Export. PNG ist nicht das einzige zum Import in Office geeignete Format, das Illustrator unterstützt.

▲ **Abbildung 20.16**
Export-Optionen für das TXT-Format

TXT | In Illustrator gesetzte Texte lassen sich als ASCII-Text exportieren. Dabei haben Sie die Wahl, den Text für die Windows- oder Mac-Plattform in Unicode oder in der für den Arbeitsrechner eingestellten Kodierung zu speichern.

Aktivieren Sie Texte mit dem Textcursor oder den Textrahmen mit dem Auswahl-Werkzeug, um nur diese Inhalte in der Textdatei zu speichern. Ist kein Text oder Rahmen ausgewählt, werden alle Textrahmen in der Stapelreihenfolge exportiert. Der im Stapel untenliegende Rahmen steht am Beginn der Textdatei.

20.2 Ausgabe als PDF

Das Portable Document Format ist ein offenes Austauschformat. In PDF-Dateien bleiben die Präsentationselemente des Ursprungsdokuments – Layout, Schrift, Bilder – erhalten und können mit dem Acrobat Reader betrachtet werden, unabhängig davon, welche Anwendung auf welcher Plattform zur Erstellung der Datei eingesetzt wurde.

Aus der Druckvorstufe ist das PDF-Format inzwischen nicht mehr wegzudenken.

PDF-Dateien können Sie aus Illustrator auf zwei Arten erstellen: Zum einen lässt sich ein PDF über den **Drucken-Dialog** erzeugen mit Adobe PDF als Druckertreiber. Auf diesem Weg muss jedoch eventuell vorhandene Transparenz reduziert werden. Der bevorzugte und empfohlene Weg führt über das **Speichern**.

20.2.1 PDF speichern

Wählen Sie Datei • Speichern unter, und geben Sie den Speicherort und Namen der Datei sowie das Speicherformat Adobe PDF (PDF) ein. Bei mehreren Zeichenflächen wählen Sie außerdem diejenigen aus, die gespeichert werden sollen. Es entsteht eine mehrseitige PDF-Datei, deren Seiten unterschiedliche Formate besitzen können.

Anschließend stellen Sie die Optionen für die Erzeugung der PDF-Datei ein. Sie haben die Möglichkeit, einen der voreingestellten Einstellungssätze auszuwählen oder die Optionsbereiche aus der Liste aufzurufen und Ihre eigenen Einstellungen vorzunehmen:

- Adobe PDF-Vorgabe: In diesem Menü finden Sie die mitgelieferten Einstellungen sowie Optionssets, die Sie selbst speichern. Wählen Sie Illustrator-Standard, um möglichst wenige Inhalte zu verflachen und die Illustrator-Bearbeitbarkeit zu erhalten – die Einstellung ist für die Druckerei gegebenenfalls nicht optimal. Die drei PDF/X-Einstellungen erzeugen jeweils standardkonforme PDFs; mit dieser Option ist aber die Einstellung Illustrator-Bearbeitungsfunktionen beibehalten nicht möglich. Mit der Option Kleinste Dateigrösse speichern Sie weboptimierte Dateien.
- Standard: Wählen Sie die angestrebte PDF/X-Version oder Ohne aus, um Ihre Einstellungen auf Standardkonformität hin überprüfen zu lassen.
- Kompatibilität: In diesem Menü stellen Sie ein, mit welcher Acrobat-Version Ihre Datei kompatibel sein soll. Mit dieser Option wird außerdem die PDF-Version festgelegt. Mit der Einstellung Acrobat 4 (PDF

PDF in Illustrator bearbeiten?

Auch wenn Illustrator PDF öffnen kann – es sollte die Ausnahme bleiben. Vor allem Prepress-PDFs enthalten viele Informationen, die beim Öffnen in Illustrator verloren gehen. Verwenden Sie PDF, wenn keine andere Möglichkeit des Austauschs besteht oder wenn das PDF die einzige Datei ist, die Sie bekommen können. Versuchen Sie nach Möglichkeit, die Originaldatei im Erstellungsprogramm zu bearbeiten.

PDF-Voreinstellungen

Unter Bearbeiten • Adobe PDF-Vorgaben verwalten Sie die PDF-Voreinstellungen. Dort können Sie neue Voreinstellungen anlegen oder Joboptions-Dateien als Voreinstellungen importieren.

Alles auf einer Seite

Möchten Sie die Elemente aller Zeichenflächen auf einer Seite im PDF zusammenfassen, müssen Sie zunächst eine Zeichenfläche über alle Objekte anlegen.

PDFs zum Platzieren

Vor allem, wenn Ihre PDF-Dateien in InDesign platziert werden, sollten Sie die Transparenz nicht beim Export aus Illustrator reduzieren und eine höhere PDF-Version als 1.3 wählen.

Rücksprache mit Dienstleister

Gerade wenn Sie PDF-Dateien für die Druckvorstufe erstellen, sollten Sie sich vorher bei Ihrem Dienstleister nach den benötigten Einstellungen erkundigen.

1.3) wird Transparenz reduziert. Bei einer Verwendung im Web oder wenn Sie die Datei nicht direkt drucken, ist dies meist nicht sinnvoll.

Allgemein | Die Optionen dieser Gruppe betreffen Illustrator-Features.

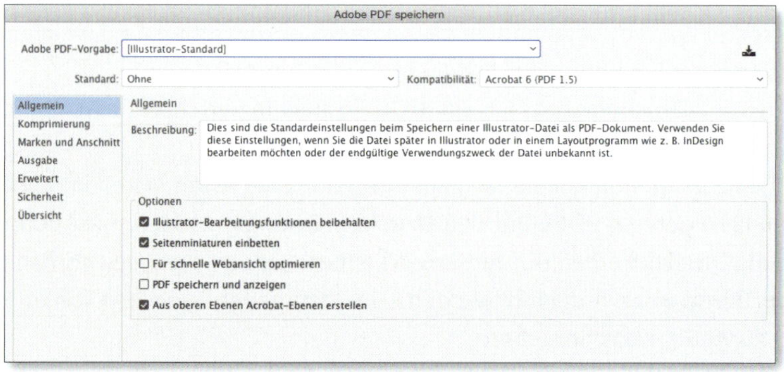

Abbildung 20.17 ▸
Die Dialogbox Adobe PDF speichern

- Illustrator-Bearbeitungsfunktionen beibehalten: Möchten Sie das PDF später erneut in Illustrator editieren, wählen Sie diese Option. Damit wird Ihre Illustrator-Datei in das PDF eingebettet (s. Abschnitt 3.7.1). Immer wenn Sie das PDF in Illustrator öffnen, wird eigentlich dieser AI-Part geöffnet, nicht das PDF. Diese Möglichkeit ist nicht konform zu PDF/X.
- Seitenminiaturen einbetten: Seitenminiaturen dienen der Vorschau einzelner Seiten in Öffnen-Dialogen.
- Für schnelle Webansicht optimieren: Das PDF wird so strukturiert, dass es seitenweise vom Server geladen werden kann. Außerdem werden wiederholt vorkommende Bildinhalte nur noch per Verweis auf das erste Vorkommen gespeichert (dies gilt nicht für Vektordaten).
- Aus oberen Ebenen Acrobat-Ebenen erstellen: Diese Option steht nur ab Acrobat 6 (PDF 1.5 bis 1.7) zur Verfügung. Ebenen der obersten Hierarchiestufe bleiben im PDF als Ebenen erhalten. PDF-Ebenen sind mit Illustrator-Ebenen nicht vergleichbar, sie sind eher eine Art gespeicherte Objektauswahl.

Komprimierung | Pixelbilder in PDF-Dateien können komprimiert werden. Beim Speichern haben Sie außerdem die Möglichkeit, dokumentweit die Auflösung der Bilder zu verringern – per Downsampling. Dabei werden Bilder nach den Farbmodi Farbbilder, Graustufenbilder und monochrome Bilder (1-Bit-Bilder) unterschieden. Für jede dieser drei Gruppen können Sie individuelle Methoden des Downsamplings sowie Komprimierungsoptionen definieren.

Bearbeitungsfunktionen beibehalten?

Illustrator-Bearbeitungsfunktionen beibehalten ist kontraproduktiv, wenn Sie eine starke Komprimierung erreichen wollen, da die gesamte Illustrator-Datei noch einmal ins PDF eingebettet wird. Darüber hinaus kann es zu inhaltlichen Versionskonflikten kommen, wenn Sie den Standard-PDF-Part einer solchen Datei mit geeigneter Software (wie z. B. Enfocus PitStop) editieren, da in diesem Fall der Private-Data-Part nicht aktualisiert wird.

PDF-Ebenen in Illustrator

Wird ein PDF ohne Illustrator-Bearbeitungsfunktionen, aber mit Ebenen gespeichert, stehen die Ebenen nach dem erneuten Öffnen in Illustrator nicht zur Verfügung, da PDF-Ebenen nicht kompatibel mit Illustrator-Ebenen sind.

Private Data? AI-Part?

Ein wenig Begriffsverwirrung herrscht bei der im PDF eingebetteten AI-Datei. Je nach Sprecher wird sie mal als »Private Data«, als »AI-Fork«, »AI-Zweig« oder »AI-Part« bezeichnet.

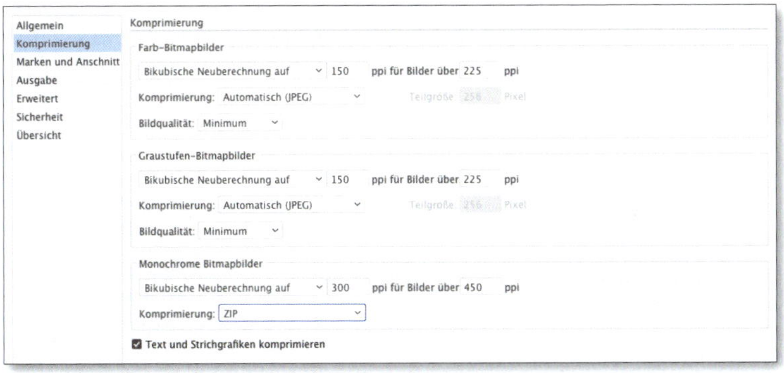

◀ **Abbildung 20.18**
PDF-Optionen Komprimierung

- Neuberechnung (Downsampling): Wählen Sie aus dem Aufklappmenü, mit welcher Methode die Bildauflösung angepasst werden soll. Mit der Option Bikubische Neuberechnung erreichen Sie die weichsten Übergänge, die Berechnung dauert aber auch am längsten.
- Komprimierung: Die Komprimierungsmethode und deren Stärke sind für die Darstellungsqualität der platzierten Bilder verantwortlich.
  - Ohne: Es findet keine Komprimierung statt. Wählen Sie diese Option nur, wenn die Komprimierung sichtbare Artefakte erzeugt. Die Dateien werden sehr groß.
  - ZIP: ZIP eignet sich am besten für flächige, grafische Bilder. Mit der Bildqualität-Einstellung 8 Bit arbeitet ZIP verlustfrei. Wählen Sie jedoch die 4-Bit-Kompression, wird bei jedem Bild zunächst die Anzahl der Farben pro Kanal auf 16 reduziert und erst dann verlustfrei komprimiert.
  - JPEG: Wählen Sie JPEG für fotografische Motive. Die Stärke der Komprimierung stellen Sie mit dem Menü Bildqualität ein. Mit der Option Maximum fällt die Komprimierung praktisch nicht auf.
  - JPEG2000: JPEG2000 ist ein internationaler Standard, der viele Verbesserungen gegenüber JPEG bietet. Zusätzlich zur Bildqualität bestimmen Sie hier mit dem Regler Teilgrösse Optionen für die progressive Anzeige der Bilder, d. h., die Bildanzeige baut sich in mehreren Durchgängen auf. Dieses Verfahren können Sie nur bei einer Kompatibilität-Einstellung ab Acrobat 6 (PDF 1.5) auswählen.
  - CCITT: Dieses Verfahren stammt aus der Faxübertragung. Sie können die Option nur für monochrome Bilder auswählen.
  - Run-Length: Auch Run-Length steht nur bei monochromen Bildern zur Verfügung. Es eignet sich eher für Motive mit großen einheitlichen Flächen.
- Text und Strichgrafiken komprimieren: Diese Option bewirkt eine ZIP-Komprimierung, die die Dateigröße noch ein wenig reduziert.

Downsampling einstellen?

Da Downsampling immer eine Weichzeichnung verursacht, sollten Sie Ihre Bilder im Bildbearbeitungsprogramm auf die richtige Größe skalieren und anschließend schärfen.
Verwenden Sie Downsampling ausschließlich, um Dateien für das Web zu erstellen.

Vektordaten komprimieren?

Vektorgrafiken lassen sich nicht weiter komprimieren. Sehr komplexe Vektorillustrationen führen daher häufig zu sehr großen PDF-Dokumenten.

▲ **Abbildung 20.19**
Anwendungsbeispiele für LZW, JPEG, CCITT, Run-Length

Marken und Anschnitt | Die Optionen in diesem Bereich entsprechen den gleichlautenden Optionen im Dialog Drucken (s. Abschnitt 20.4).

Ausgabe | In diesem Bereich nehmen Sie die Einstellungen für das Farbmanagement vor.

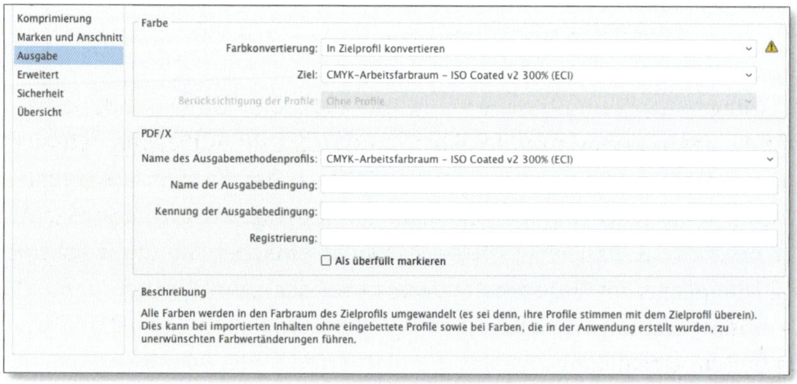

Abbildung 20.20 ▶
PDF-Optionen Ausgabe

Ein Zielprofil können Sie auswählen, sobald Sie eine Farbkonvertierung selektiert haben – das Warn-Icon wird angezeigt, wenn Farbnummern konvertiert werden. Die Gruppe der PDF/X-Optionen ist erst verfügbar, wenn Sie eines der PDF/X-Formate als Ausgabeformat einstellen.

Wählen Sie einen Menüpunkt aus, und bewegen Sie anschließend den Cursor darüber, um Informationen zu erhalten, was mit den im Dokument verwendeten Farben und den Farben in platzierten Bildern geschieht.

Erweitert | Hier entscheiden Sie, ob der gesamte Zeichensatz einer Schrift oder nur Untergruppen in Ihr Dokument eingebettet werden. Untergruppen bildet Illustrator dann, wenn der Anteil verwendeter Zeichen kleiner ist als der im Feld eingegebene Wert. Wenn Sie möchten, dass eine Schrift komplett eingebettet wird, geben Sie »0« ein.

Die Optionen Überdrucken und Transparenzreduzierung entsprechen denen im Dialog Drucken bzw. der Menüoption Transparenz reduzieren (zur Transparenz s. Kapitel 12).

Keine Druckermarken?

Vor allem, wenn in Sammelformen gedruckt wird (wie bei den »Online-Druckereien«), sollten Sie diese Druckermarken nicht anlegen. Die Informationen sind im PDF enthalten, und Druckermarken werden in diesem Fall für den gesamten Bogen generiert.

CMYK-zu-CMYK-Konvertierung

Mit ungeeigneten Einstellungen in dieser Dialogbox findet eine Konvertierung von einem in einen anderen CMYK-Farbraum statt. Dabei entsteht u.a. buntes Schwarz.

OpenType und Dateigröße

Beachten Sie bei der Verwendung von OpenType-Schriften, dass diese sehr viele Zeichen enthalten können, sodass die Dateigröße nicht unerheblich steigt.

20.3 Grafiken für den Druck vorbereiten

Bei der Erstellung von Grafik für den Druck sind einige spezielle Gegebenheiten des Verarbeitungsprozesses bei der Übersetzung digitaler Daten in die analoge Darstellung und die verwendeten Bedruckstoffe zu beachten.

20.3.1 Bildauflösung

Die Auflösung eines Bildes gibt die Anzahl der Pixel bezogen auf eine Längeneinheit an. Solange Sie in Illustrator nur mit Vektorformen arbeiten, müssen Sie sich um die Auflösung nur wenige Gedanken machen. Achten müssen Sie aber auf Linienstärken. Eine Linie unter 0,25 Punkt Stärke wird unter Umständen nicht sauber gedruckt. Bedenken Sie, dass Konturen beim Verkleinern einer Grafik im Layoutprogramm ebenfalls dünner werden.

Integrieren Sie Halbtonbilder in Ihre Illustrator-Dateien oder arbeiten Sie mit pixelbasierten Effekten, müssen Sie die Auflösung natürlich beachten. Das geht bequemer, wenn Sie Ihre Datei in den endgültigen Maßen anlegen. In den entsprechenden Dialogboxen – für Transparenzreduzierung (s. Abschnitt 12.4), Dokument-Rastereffekt-Einstellungen (s. Abschnitt 13.4.1) und In Pixelbild umwandeln (s. Abschnitt 13.4.3) – müssen Sie die korrekte Auflösung für die jeweils beabsichtigte Ausgabeform einstellen.

Auch eine zu hohe Rastereffektauflösung kann zu Problemen bei der Verarbeitung platzierter AI-Dateien in InDesign führen, wenn diese außerdem im Layout verkleinert wurden – diese zu hohe Auflösung bemerken Sie nur, wenn Sie in InDesign ein entsprechendes Preflightprofil eingerichtet haben.

Linienstärke auf Laserdruckern

Viele Laserdrucker haben eine weit geringere Auflösung als Belichter. Sie stellen also Linien nur in der für sie kleinstmöglichen Auflösung dar. Ein Laserbelichter verwendet jedoch die eingestellte Linienstärke, die dann bei der Ausgabe auf einer Druckmaschine »abreißt«.

Bildauflösung

Die Bildauflösung sollte das 1,5- bis 2-Fache der verwendeten Rasterweite betragen – diese Zugabe wird »Qualitätsfaktor« genannt. Für ein 60er-Raster (150 lpi) bedeutet dies eine Auflösung von mindestens 225 ppi, besser sind 300 ppi. Abhängig vom Motiv können auch geringere Auflösungen ausreichen – um das beurteilen zu können, ist Erfahrung notwendig.

20.3.2 Komplexität

Eine hohe Komplexität Ihrer Grafik führt möglicherweise zu Problemen beim Ausdrucken. Diese können von erhöhtem Zeitaufwand – und damit höheren Kosten beim Dienstleister – bis hin zu Fehlern reichen. Typisch ist die »Limitcheck«-Fehlermeldung von PostScript-Geräten, z. B. bei komplexen Pfaden, die aufgrund ihrer Länge oder Form zu viele Punkte aufweisen. Halten Sie die Anzahl der Punkte auf einem Pfad gering. Vereinfachen Sie Pfade, wenn möglich (s. Abschnitt 6.4.2). Eine Alternative ist das Aufteilen von Formen auf mehrere Pfade, wenn es zu Problemen kommt. Speichern Sie aber eine Kopie der ursprünglichen Form. Sehr viele kurze Pfade – wie sie typischerweise bei importierten CAD-Daten auftreten – können jedoch auch ein Problem darstellen. Diese sollten Sie daher zusammenfügen (s. Abschnitt 5.7.8). Löschen Sie Elemente, die in der Vorschau von anderen Objekten verdeckt sind. Beim Ausdrucken oder Belichten werden alle Elemente verarbeitet, auch wenn sie letztendlich nicht sichtbar sind.

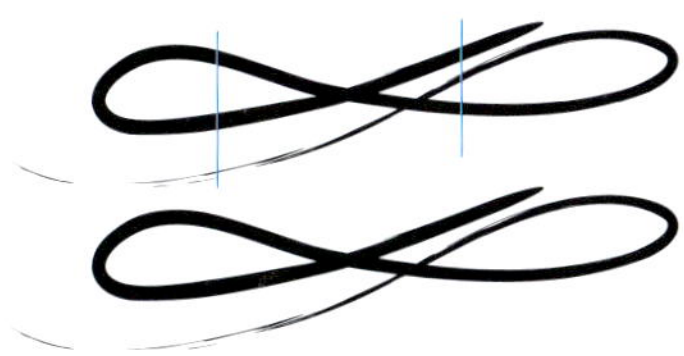

▲ **Abbildung 20.21**
Aufteilen von Formen mit Objekt • Pfad • Darunter aufteilen

▲ **Abbildung 20.22**
Verdeckte Elemente löschen

Der Raster-Image-Prozessor (RIP) wandelt Vektorpfade in einer Kurvennäherung für die Ausgabe auf einem PostScript-Gerät in Polygone mit vielen kurzen geraden Segmenten um. Die Anzahl der Geraden, aus denen eine Kurve besteht, bestimmt über die »Rundheit« der Kurve (engl. »Flatness«). Je mehr Geraden aber für die Umsetzung eines Kurvenverlaufs eingesetzt werden müssen, desto länger dauert der Druckprozess und desto mehr Speicher benötigt das Ausgabegerät für die Verarbeitung der Datei (s. Abschnitt 20.4).

Beschränken Sie die Anzahl der verwendeten Schriftarten und -schnitte. Davon profitiert Ihr Layout insgesamt.

▲ **Abbildung 20.23**
Detailansicht einer Bilddatei

20.3.3 Registerungenauigkeit/Passerungenauigkeit

Beim mechanischen Vorgang des Druckens können, während das Papier die Druckmaschine durchläuft, kleinste Ungenauigkeiten auftreten, die dafür verantwortlich sind, dass die Druckfarben nicht exakt übereinanderdrucken (s. Abbildung 20.24). Ungenauigkeiten sind zum einen durch den mechanischen Vorgang, zum anderen durch das Material bedingt, das sich z. B. ausdehnt, wenn es durch den Farbauftrag feucht wird.

▲ **Abbildung 20.24**
Passerungenauigkeit (übertriebene Darstellung)

Pixelgrafik | Die Farbe der einzelnen Bildpunkte wird aus der Mischung der Primärfarben erzielt. Daher bestehen im gesamten Bild gemeinsame Farben. Haben Sie sich ein Halbtonbild – also ein pixelbasiertes Bild – einmal in hoher Vergrößerung angesehen, ist Ihnen darüber hinaus sicher aufgefallen, dass keine scharf abgegrenzten Flächen darin vorkommen. Durch die in Halbtonbildern vorhandene Unschärfe entstehen an den Begrenzungen von Farbflächen Mischtöne. Sowohl die gemeinsamen Farben des Bildes als auch die Mischtöne an Rändern bedingen, dass kleine Passerungenauigkeiten nicht auffallen.

Vektorgrafik | In Vektorgrafikdateien sind Objektkanten scharf abgegrenzt. Kommt dann erschwerend hinzu, dass benachbarte Flächen keine gemeinsamen Druckfarben enthalten, sind schon bei kleinen Registerungenauigkeiten »Blitzer« zu sehen: unbedruckte Stellen.

▲ **Abbildung 20.25**
Gemeinsame Druckfarben (links nicht ausreichend, rechts ausreichend)

Lösungsansätze | Mit unterschiedlichen Maßnahmen können Sie erreichen, dass keine »Blitzer« entstehen:

- **Gemeinsame Druckfarben**: Der einfachste Weg, das Problem zu lösen, ist, dafür zu sorgen, dass aneinandergrenzende Flächen ausreichend gemeinsame Druckfarben besitzen – in einem Anteil von mindestens 5 %. So erreichen Sie, dass sich die bei Ungenauigkeiten entstehenden Mischfarben nicht auffällig von den Objektfarben unterscheiden.
- **Überdrucken**: Besonders kritisch ist die Passerungenauigkeit für Texte, die in kleinen Punktgrößen gesetzt sind, und feine Umrandungen.

Gäbe es an derartigen Formen Blitzer beim Drucken, wären die meisten Texte nur noch mit Mühe lesbar.

Um Probleme mit diesen Objekten zu vermeiden, verwendet man für schwarzen Text und schwarze Umrandungen die Option ÜBERDRUCKEN, d. h., in der darunterliegenden Fläche wird die betroffene Form nicht ausgespart.

- **Umrisslinien**: Überdruckende schwarze Konturen an den Objektgrenzen – wie z. B. in Comics – lassen sich auch verwenden, um Ungenauigkeiten zu überdecken.
- **In Pixelbild umwandeln**: Es gibt natürlich auch die Möglichkeit, die Vektorgrafik vor dem Drucken zu rastern, also in ein Halbtonbild zu konvertieren. Dafür können Sie die Funktionen von Illustrator oder den Export als PSD benutzen. Achtung! Sie müssen die exakte Größe und die benötigte Auflösung einstellen und natürlich die Anti-Aliasing-Option aktivieren.

▲ **Abbildung 20.27**
Vektorgrafik-Original (links), in Illustrator gerastert (rechts): Die Vergrößerung zeigt die Mischtöne, die beim Rastern mit aktiviertem Anti-Aliasing entstehen. Vektorformen weisen dagegen immer hart abgegrenzte Kanten auf.

- **Über- und Unterfüllen/Trapping**: Beim Über- und Unterfüllen erzeugt man an den Objektgrenzen Überlappungen, sodass keine Blitzer mehr auftreten können. Da der sichtbare Rand zwischen zwei Objekten meist durch die dunklere der beiden Flächen bestimmt ist, geht man so vor, dass die hellere Fläche erweitert wird, während die dunklere ihre Form behält. Mit den Bezeichnungen »Über«- und »Unterfüllen« unterscheidet man, ob ein helles Objekt seinen dunklen Hintergrund überlappt oder ein heller Hintergrund unter ein dunkles Objekt ragt.

Überdrucken | Um die Füllung und/oder Kontur eines aktivierten Objekts zu überdrucken, rufen Sie zunächst FENSTER • ATTRIBUTE auf – [⌘]/[Strg]+[F11], im Dock ◘. Aktivieren Sie anschließend die gewünschte Option FLÄCHE ÜBERDRUCKEN oder KONTUR ÜBERDRUCKEN. Für eine mehr-

Überdrucken von Text

In höheren Schriftgraden wird Text in der Regel nicht überdruckt, da das Überdrucken auch dazu führt, dass Schwarz Farbstiche erhält, die eventuell nicht erwünscht sind. Halten Sie Rücksprache mit Ihrem Dienstleister, ob es eventuell besser ist, den Text zu überfüllen. Dies gilt ebenfalls für grauen Text.

▲ **Abbildung 20.26**
Sollten Passerungenauigkeiten (z. B. zwischen Gelb und Cyan) auftreten, würde die schwarze Kontur diese überdecken.

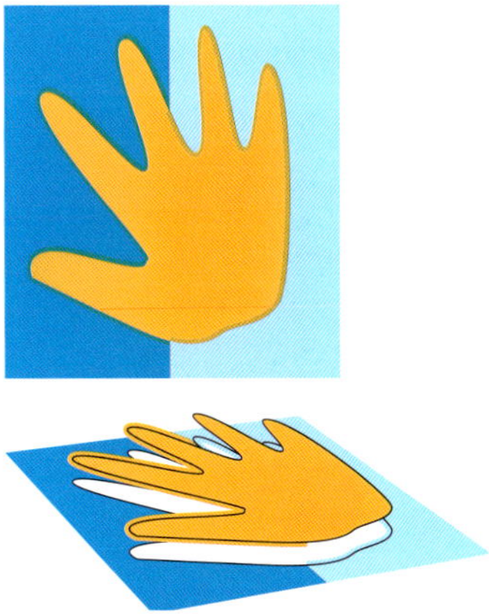

▲ **Abbildung 20.28**
Überfüllung (links, dunkelblau) und Unterfüllung (rechts)

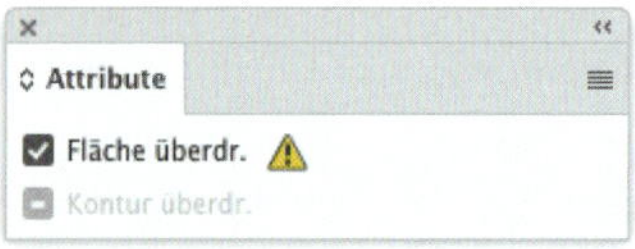

▲ **Abbildung 20.29**
Attribute-Bedienfeld: Ein Warndreieck wird angezeigt, wenn Sie eine weiße Fläche oder Kontur überdrucken.

▲ **Abbildung 20.30**
Ausgespart (links), Überdrucken (rechts): ❶ C70, ❷ M20/Y70, ❸ M50/Y50, ❹ C40/M20/Y70, ❺ M20/Y70

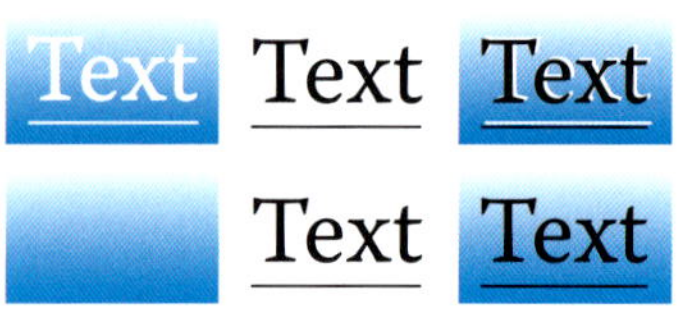

▲ **Abbildung 20.31**
Schwarz ausgespart (oben), Schwarz überdruckt (unten)

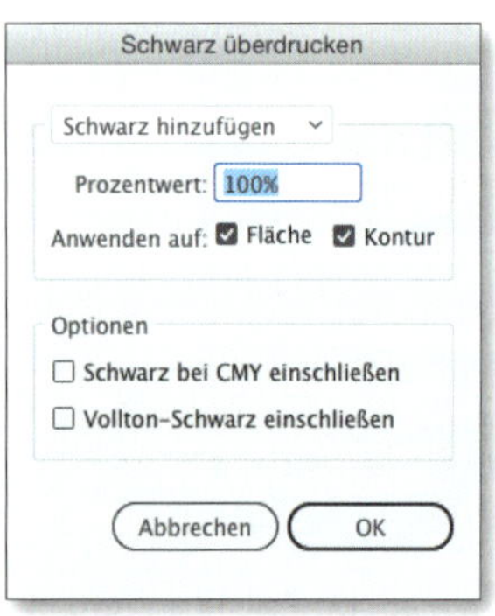

▲ **Abbildung 20.32**
Der Filter Schwarz überdrucken

farbige Bild-, Spezial- oder Musterpinselkontur können Sie die Option Kontur überdrucken zwar aktivieren, sie hat jedoch eventuell nicht die gewünschten Auswirkungen beim Druck.

Farben überdrucken | Überdrucken Sie zwei verschiedene Druckfarben, setzt sich die Farbe der Schnittfläche aus den addierten Farbwerten der übereinanderliegenden Objekte zusammen. Beim Überdrucken zweier gleicher Druckfarben bestimmt die überdruckende Farbe das Ergebnis. Dies sollten Sie beachten, wenn Sie ein helleres Objekt eine dunklere Fläche überdrucken lassen (s. Abbildung 20.30).

Im Vorschaumodus ist die Auswirkung Ihrer Einstellung nicht sichtbar. Wählen Sie Ansicht • Überdruckenvorschau – ⌘+⌥+⇧+Y bzw. Strg+Alt+⇧+Y –, um die Farbwirkung dieser Einstellung am Bildschirm zu sehen.

Drucken-Option »Schwarz überdrucken« | Beim Drucken von Separationen – nicht beim Drucken als Composite – haben Sie in den Drucken-Optionen eine Einstellmöglichkeit, Elemente in der Farbe 100 % Schwarz generell zu überdrucken.

Wenn Sie in einer Datei nachträglich für bestimmte oder alle schwarzen Objekte das Überdrucken aktivieren wollen, verwenden Sie den Befehl Bearbeiten • Farben bearbeiten • Schwarz überdrucken, um die Eigenschaft für mehrere Objekte gleichzeitig zu definieren.

Schwarz-überdrucken-Funktion | Wenn Sie nur einzelne schwarze Objekte bzw. deren Konturen oder Füllungen überdrucken möchten, hilft Ihnen diese Funktion, die Überdrucken-Eigenschaft für Objekte abhängig von deren Schwarzanteil zu setzen. Gehen Sie wie folgt vor, um mit dem Befehl bestimmte Objekte zu überdrucken:

1. Aktivieren Sie die Objekte, aus denen die überdruckenden Elemente ausgewählt werden sollen – gegebenenfalls sind das alle in Ihrem Dokument enthaltenen Objekte.
2. Wählen Sie Bearbeiten • Farben bearbeiten • Schwarz überdrucken.
3. Im Aufklappmenü selektieren Sie Schwarz hinzufügen. Geben Sie den Prozentanteil Schwarz ein, den zu überfüllende Objekte enthalten sollen. Der Filter sucht leider nicht nach dem Kriterium »mindestens«, sondern exakt nach dem eingegebenen Prozentwert.
   - Wählen Sie unter Anwenden auf, ob Konturen und/oder Füllungen überdrucken sollen.
   - Möchten Sie auch Objekte überdrucken, die – neben anderen Farben – einen Schwarzanteil enthalten, aktivieren Sie Schwarz bei CMY einschliessen.

- Sollen Volltonfarben überdrucken, deren CMYK-Definition einen bestimmten Schwarzanteil enthält, wählen Sie VOLLTON-SCHWARZ EINSCHLIESSEN.

4. Klicken Sie auf OK.

Weiß überdrucken entfernen | In Illustrator ist es viel zu einfach, in Prozessweiß eingefärbte Elemente überdruckend anzulegen. Zumindest kann dieser Fehler nun bei der Ausgabe von Dateien (Drucken sowie Speichern als PDF, EPS und im PDF-Zweig einer AI-Datei) automatisch beseitigt werden. Dazu müssen Sie gar nichts tun, denn die entsprechende Option WEISS ÜBERDRUCKEN IN AUSGABE AUSBLENDEN ist unter DATEI • DOKUMENT EINRICHTEN voreingestellt. Wenn Sie alte Dokumente in Illustrator öffnen, wird die Option ebenfalls automatisch gesetzt. Falls Sie überdruckendes Prozessweiß benötigen, müssen Sie die Option deaktivieren.

Überfüllungen anlegen | Verschiedene Druckverfahren verlangen nach unterschiedlichen Stärken, Formen und Lage der Überfüllungen. Daher sollte das Überfüllen unmittelbar vor der Ausgabe – der Belichtung des Films oder der Druckplatte – erfolgen. **Bevor Sie also manuell überfüllen, sprechen Sie mit Ihren Dienstleistern!**

Überfüllungen lassen sich auf mehrere Arten erzeugen. Sie können Überfüllungen mithilfe von Konturen anlegen. Eine andere Möglichkeit ist die Verwendung der Überfüllen-Funktion. Eine Spezialbehandlung erfordert die Überfüllung von Verlaufsflächen und Konturen.

- **Überfüllen mit einer Kontur:** Legen Sie eine Kontur um die zu überfüllende Fläche in der Stärke der Überfüllung an, und richten Sie diese Kontur nach außen aus (Kontur-Bedienfeld). Verwenden Sie die Farbe des Objekts für die Kontur.
  Rufen Sie das Grafikattribute-Bedienfeld auf, und aktivieren Sie die Option KONTUR ÜBERDRUCKEN – achten Sie darauf, dass FLÄCHE ÜBERDRUCKEN nicht aktiviert ist.
- **Unterfüllen mit einer Kontur:** Beim Unterfüllen verwenden Sie für die Kontur statt der Objekt- die Hintergrundfarbe und richten die Kontur nach innen aus. Aktivieren Sie für diese Kontur ebenfalls die Überdrucken-Option im Grafikattribute-Bedienfeld.

Verläufe überfüllen | Konturen können zwar auch mit Verläufen versehen werden, das Anpassen des Konturverlaufs an den Verlauf der Fläche kann jedoch kompliziert werden, da in Konturen das Verlauf-Werkzeug nicht benutzt werden kann.

Weiß überdrucken entfernen

Wählen Sie dazu in der SCHWARZ-ÜBERDRUCKEN-Funktion aus dem Aufklappmenü SCHWARZ ENTFERNEN. Wenn Sie die Überdrucken-Eigenschaft für Weiß entfernen wollen, geben Sie für den Prozentwert »0« ein.

▲ **Abbildung 20.33**
Weiß überdrucken: Eine Grafik verschwindet. Weiß überdruckende Elemente lassen sich nur in der Überdrucken- oder der Separationenvorschau aufspüren.

Text überfüllen?

Beim Überfüllen von Text – vor allem kleiner Schriftgrade – ist Vorsicht geboten, da dieser durch die Veränderung der Form schwer lesbar werden kann.

Überfüllen und Skalierung im Layoutprogramm

Eine Grafik, die mit Überfüllungen einer der in diesem Abschnitt vorgestellten Art versehen ist, darf nicht mehr im Layoutprogramm skaliert werden, da die Größenveränderung auch die Überfüllung betrifft.

▲ **Abbildung 20.34**
Über- und Unterfüllen mit einer Kontur

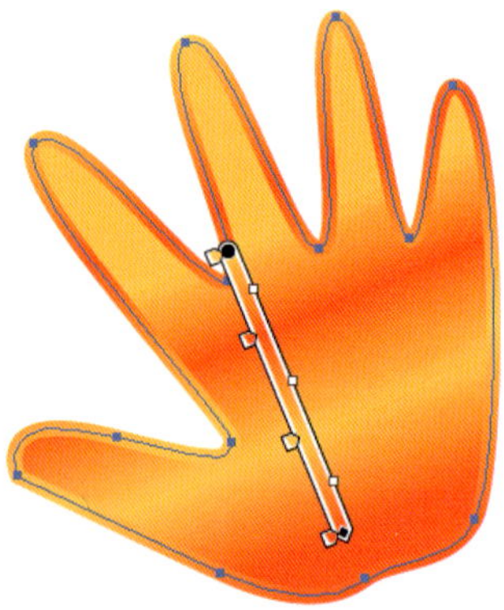

▲ **Abbildung 20.35**
Ohne Verlaufsoptimierer ist die Anpassung des Verlaufs in der Kontur an den Verlauf in der Fläche sehr schwierig.

Daher kann es immer noch sinnvoll sein, beim Überfüllen von Verläufen zunächst den Zwischenschritt zu gehen, eine Kontur in eine Fläche umzuwandeln:

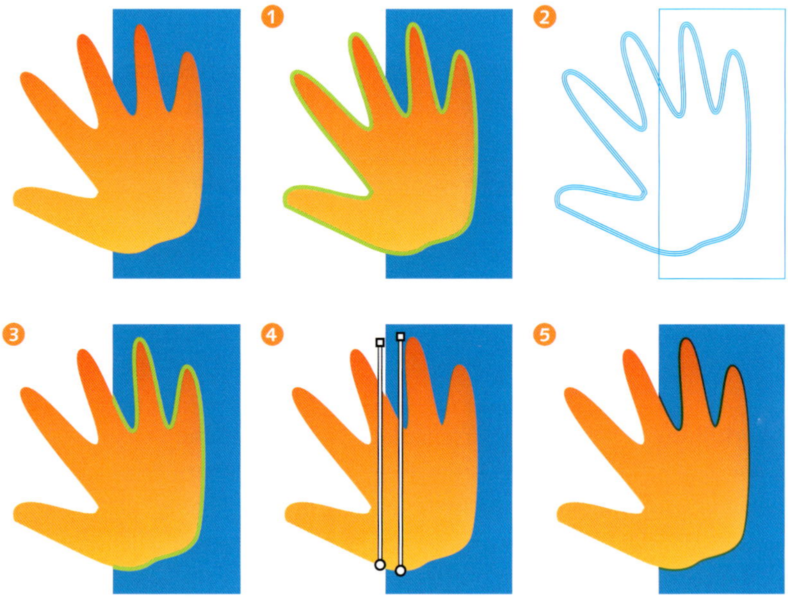

▲ **Abbildung 20.36**
Verlauf überfüllen: Schritt ❸ ist nur nötig, wenn die Überfüllung auf die Größe der angrenzenden Farbfläche zugeschnitten werden muss.

1. Erstellen Sie zunächst eine Kontur in der Stärke der Überfüllung für das Verlaufsobjekt ❶.
2. Wandeln Sie anschließend die Kontur in eine Fläche um (OBJEKT • AUSSEHEN UMWANDELN). Wandeln Sie nur die Kontur, nicht die Fläche um – Pfadansicht: ❷. Die bei der Umwandlung entstandenen Objekte sind gruppiert; lösen Sie die Gruppierung.
3. Die Kontur ist in eine Fläche umgewandelt worden. Verwenden Sie die Pathfinder-Funktionen, um die Teile der Fläche zu entfernen, die nicht zum Überfüllen benötigt werden ❸.
4. Erstellen Sie einen Grafikstil aus dem bestehenden Verlauf in der Fläche. In einem Grafikstil werden auch Winkel und Position des Verlaufs im Objekt gespeichert.
5. Füllen Sie die aus der Kontur erstellte Fläche mit dem Grafikstil ❹. Mithilfe des Verlaufsoptimierers passen Sie die Länge des Verlaufs an den Verlauf in der Fläche an.
6. Rufen Sie das Grafikattribute-Bedienfeld auf, und aktivieren Sie die Option FLÄCHE ÜBERDRUCKEN ❺ für die Kontur.

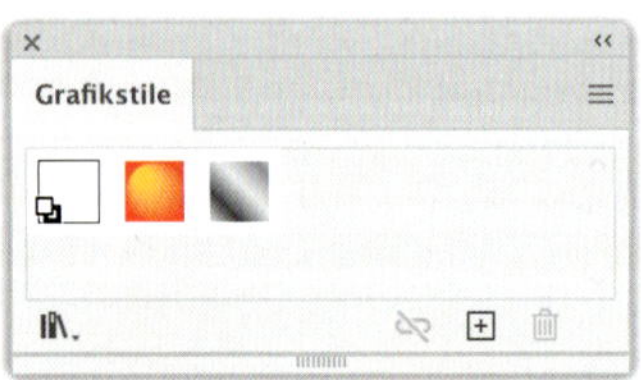

▲ **Abbildung 20.37**
Position und Winkel von Verläufen in Grafikstilen

Überfüllen-Effekt | Einfach gefüllte Flächen lassen sich in Illustrator mit einem Befehl im Pathfinder-Bedienfeld oder dem Überfüllen-Effekt versehen. Letzterer hat wie alle Effekte den Vorteil, dass er erst bei der Ausgabe angewendet wird und Sie die Einstellungen daher jederzeit editieren können. Die Optionen für beide sind identisch.

Der Effekt lässt sich nur auf Gruppen anwenden. Gruppieren Sie daher zunächst die zu überfüllenden Objekte. Wählen Sie anschließend Effekt • Pathfinder • Überfüllen.

- Stärke: Geben Sie in diesem Feld die Breite der Überfüllung an. Sie ist abhängig vom Druckprozess und von der Genauigkeit der Druckmaschine.
- Höhe/Breite: Normalerweise (mit der Einstellung 100) erstellt Illustrator für horizontale und vertikale Linien eine identische Überfüllung. Sie können mit der Eingabe eines Wertes in diesem Feld die Balance steuern und damit unregelmäßige Abweichungen ausgleichen. Erfragen Sie diesen Wert von Ihrer Druckerei.
  Für vertikale Linien wird eine Überfüllung in der von Ihnen angegebenen Stärke erstellt. Die Überfüllung horizontaler Linien wird schmaler, wenn Sie einen Wert unter 100, und breiter, wenn Sie einen Wert über 100 verwenden.
- Farbtöne verringern: Mit dieser Einstellung nehmen Sie Einfluss auf die Farbwerte der Überfüllungsfläche, indem Sie den Tonwert der helleren Farbe abschwächen. Beim Überfüllen können ohne das Abschwächen unerwünschte dunkle Kanten entstehen. Der Mindestwert für Ihre Eingabe ist abhängig von den betroffenen Farben – der Höchstwert ist 100.
- Überfüllen mit CMYK: Ist mindestens eine der betroffenen Farben eine Volltonfarbe, können Sie mit dieser Option die Überfüllung in CMYK-Farben anlegen. Ist die Option nicht aktiviert, erstellt Illustrator eine überdruckende Volltonfläche in der helleren der beiden Farben.
- Überfüllungen umkehren: Illustrator ermittelt anhand der Farbwerte, welches die hellere Farbe ist. Falls Ihnen das Ergebnis nicht zusagt, verwenden Sie diese Option, um die Überfüllung umgekehrt anzuwenden.
- Genauigkeit: Mit diesem Wert steuern Sie die Exaktheit der Berechnung der Überfüllungsfläche. Ein höherer Wert verursacht nicht nur eine exaktere Ausführung, sondern auch mehr Zeitaufwand bei der Erstellung und Verarbeitung der Form.
- Überflüssige Ankerpunkte entfernen: Punkte, die den Pfadverlauf der Überfüllungsform nicht beeinflussen, werden gelöscht.

Überfüllen und Farbmodus

Ihr Dokument muss bei der Anwendung der Überfüllen-Funktion oder des -Effekts im CMYK-Modus vorliegen. Sie erhalten nur dann das gewünschte Ergebnis, wenn die beteiligten Objekte keine gemeinsame Druckfarbe enthalten.

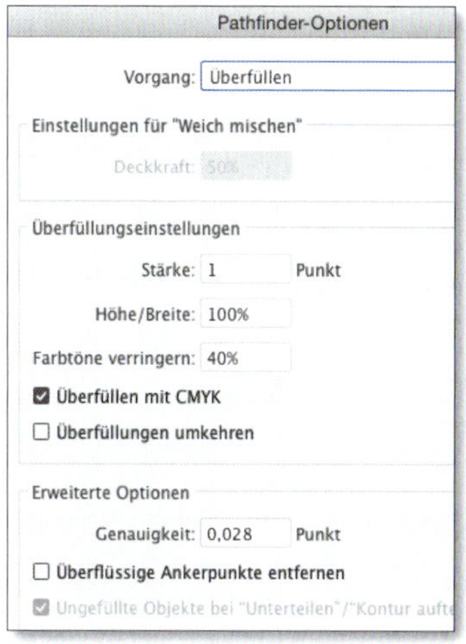

▲ **Abbildung 20.38**
Die Optionen des Überfüllen-Effekts

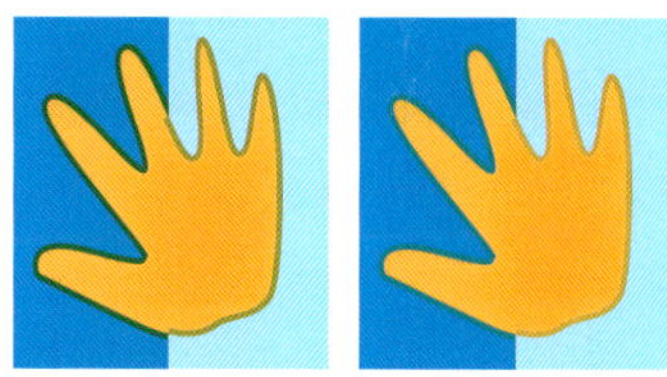

▲ **Abbildung 20.39**
Farbtöne verringern, 100 und 40 %

Genauigkeit und Rechenzeit

Achten Sie darauf, die Genauigkeit möglichst niedrig einzustellen, um Rechenzeit zu sparen. Höhere Genauigkeit erzeugt Pfade mit mehr Ankerpunkten. Sprechen Sie den optimalen Wert mit Ihrer Druckerei ab.

▲ **Abbildung 20.40**
Rechte Seite: Beschnitt und Abstände passend eingerichtet

20.3.4 Beschnittzugabe/Druckerweiterung

Falls Ihre Grafik bis an den Rand der Papierfläche gedruckt werden soll, müssen Sie eine Beschnittzugabe anlegen. Dieser zusätzlich bedruckte Bereich wird beim Beschneiden der Druckbogen benötigt, um ein »Hervorblitzen« des Bedruckstoffs an der Schnittkante zu vermeiden. Den benötigten Toleranzbereich erfragen Sie bei Ihrem Dienstleister – üblicherweise sind es Werte um 2 bis 3 mm. Geben Sie die Beschnittzugabe in den Dialogboxen NEUES DOKUMENT bzw. DOKUMENT EINRICHTEN unter der Option ANSCHNITT ein. Natürlich kann die Ungenauigkeit beim Schneiden in beide Richtungen auftreten – halten Sie daher in Ihrem Layout auch einen Abstand zum Rand ein, sodass nicht etwa ein wichtiger Bestandteil nach dem Schneiden fehlt. Und achten Sie darauf, dass Elemente so positioniert sind, dass es »gewollt« aussieht, wenn sie beschnitten sind.

Platzieren einer Datei mit Anschnitt

Wenn Sie eine Datei mit definierter Beschnittzugabe in InDesign platzieren, aktivieren Sie im Platzieren-Dialog das Optionskästchen IMPORTOPTIONEN ANZEIGEN.
In den Importoptionen wählen Sie aus dem Menü BESCHNEIDEN AUF den gewünschten Rahmen aus. Die Miniatur auf der linken Seite zeigt Ihnen mit dem gestrichelten Rahmen an, wie die Grafik mit der gewählten Option zugeschnitten wird.

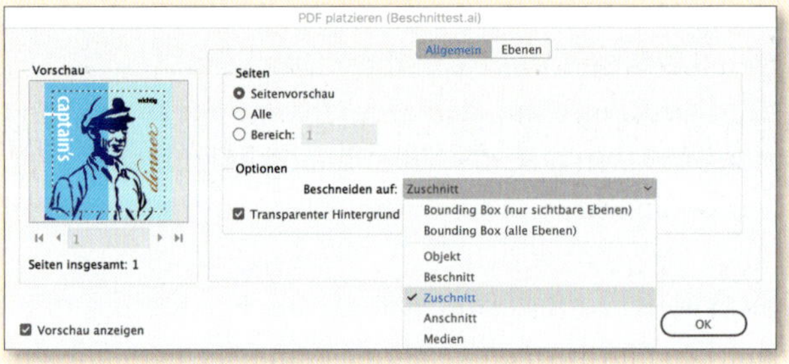

▲ **Abbildung 20.41**
Schwarz und Tiefschwarz – um Registerproblemen zu begegnen, werden die CMY-Anteile nicht bis zum Rand der Fläche angelegt. Sprechen Sie mit der Druckerei, ob dies im RIP umgesetzt werden kann oder ob Sie die Daten so aufbereiten müssen.

20.3.5 Tiefschwarz

Größere schwarze Flächen sollten Sie als »Tiefschwarz« – auch »fettes Schwarz« genannt – anlegen, da schwarze Druckfarbe allein nicht ausreichend deckt und daher nur dunkelgrau wirkt. »Tiefschwarz« ist 100 % Schwarz mit CMY-Beimischungen. Je nachdem, welche Farben Sie zugeben, wirkt Tiefschwarz eher kalt, warm oder neutral. Unterschiedliche Dienstleister geben dazu verschiedene Empfehlungen, gebräuchlich für ein kaltes gesättigtes Schwarz ist eine Zugabe von ca. 60 % Cyan.

Aussehen von Schwarz | Bei der Bildschirmdarstellung von Schwarztönen unter VOREINSTELLUNGEN • AUSSEHEN VON SCHWARZ haben Sie die Möglichkeit, normales Schwarz und Tiefschwarz am Monitor entweder identisch oder unterschiedlich darzustellen – damit Sie die Verwendung unterschiedlicher Schwarztöne in Ihrem Dokument besser kontrollieren können. Wählen Sie im Ausklappmenü unter AM BILDSCHIRM die gewünschte Einstellung:

- ALLE SCHWARZTÖNE GENAU ANZEIGEN: Der Unterschied zwischen Schwarz und Tiefschwarz wird deutlich – mit dieser Option berechnet Illustrator die RGB-Werte der Farben aus den CMYK-Werten, stellt also 100 % Schwarz als dunkles Grau und Tiefschwarz je nach Mischungsanteilen dunkler dar.

- ALLE SCHWARZTÖNE ALS TIEFSCHWARZ ANZEIGEN: Hier entspricht die Anzeige von 100 % Schwarz sowie aller Farbmischungen, die einen 100 %-Schwarzanteil enthalten, der dunkelstmöglichen Schwarzanzeige – also RGB 0/0/0.

Tiefschwarz ausgeben | Hier steuern Sie ebenfalls, wie Schwarz ausgegeben werden soll. Dies ist für den Export von RGB-Bilddaten aus CMYK-Dokumenten oder für den Druck auf Bürodruckern interessant.

- ALLE SCHWARZTÖNE GENAU AUSGEBEN: Mit dieser Option bleiben beim Export eines CMYK-Dokuments in RGB-Bilddaten die Farbwerte erhalten und werden nur entsprechend den Farbprofilen in RGB-Werte konvertiert.
- ALLE SCHWARZTÖNE ALS TIEFSCHWARZ AUSGEBEN: Wählen Sie diese Option, um beim Export von RGB-Daten 100 % Schwarz bzw. alle Farbmischungen, die einen Anteil von 100 % Schwarz enthalten, in RGB 0/0/0 umzuwandeln.

Tiefschwarz und Pixelbildexport

Tiefschwarz kann neben Problemen mit bestimmten Füllmethoden (s. Abschnitt 12.1.4) auch ein weiteres Problem lösen. Beim Export als Photoshop-Datei (oder in andere Rasterformate) entstehen an den Kanten reiner Schwarzflächen immer weiße Randsäume. Dies hängt mit der Berechnung von 100-K-Schwarz zusammen und lässt sich im CMYK-Modus nur durch die Verwendung von Tiefschwarz umgehen.

Gesamtfarbauftrag | Den Gesamtfarbauftrag an einer bestimmten Stelle Ihres Dokuments erhalten Sie, wenn Sie die einzelnen Farbwerte zusammenzählen – für den Wert CMYK 40/30/100/10 erhalten Sie also einen Gesamtfarbauftrag von 180 %. Je nach Druckprozess und verwendetem Papier sollten Sie einen bestimmten Höchstwert nicht überschreiten (meist zwischen 250 und 330 %), da ansonsten die Gefahr besteht, dass sich das Papier zu stark dehnt, aufwirft oder reißt. Darüber hinaus kann es beim Drucken leichter zu Farbverschiebungen und Registerungenauigkeiten kommen: Die Farbe schmiert, schlägt sich an der Rückseite des folgenden Bogens ab, und der Trocknungsprozess dauert länger.

Tiefschwarz für Texte

Verwenden Sie Tiefschwarz nie für Texte in kleinen Punktgrößen. Fragen Sie Ihren Druckdienstleister nach der optimalen Tiefschwarzmischung für das eingesetzte Papier.

Tiefschwarz-Voreinstellungen

Keine der Tiefschwarz-Voreinstellungen ändert die Farbwerte in der Illustrator-Datei.

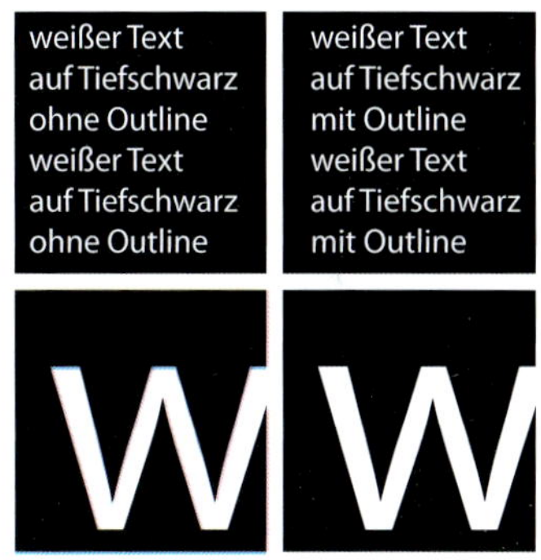

▲ **Abbildung 20.42**
Weißer Text auf Tiefschwarz sollte mit einer rein schwarzen Outline konturiert werden, um bunte Farbsäume an den Texträndern zu vermeiden, die nicht nur unsauber aussehen, sondern auch das Lesen erschweren – auch dies sollte bei der Verarbeitung des PDFs geschehen (sprechen Sie mit der Druckerei). Falls Sie dies in den Daten vorbereiten müssen, legen Sie die Kontur hinter der Fläche des Textobjekts an (s. Abschnitt 14.8.2).

Gesamtfarbauftrag beachten

Wenn Sie Grafik oder Anzeigen für Magazine oder Zeitungen gestalten, erkundigen Sie sich vorher nach dem maximalen Gesamtfarbauftrag. Normalerweise können Sie ihn auch den Media-Unterlagen entnehmen.

20.3.6 Druckdatencheck am Bildschirm

Gerade bei hochwertigen Produktionen ist ein Proofdruck unumgänglich, um das Ergebnis Ihrer Arbeit beurteilen zu können. Vorher können Sie jedoch bereits etliche Fehlerquellen ausschließen.

Soft-Proof | In alltäglichen Arbeiten oder den frühen Phasen wichtiger Projekte ist ein Soft-Proof, also eine mithilfe des Farbmanagements simulierte Vorschau des Druckergebnisses am Monitor, eine schnelle und kostengünstige Möglichkeit, Veränderungen der Farbe beurteilen zu können. Arbeiten Sie in Ihrer Datei mit gemischten Inhalten – z. B. mit RGB-Bildern in einem CMYK-Dokument –, ist der Soft-Proof mit großer Vorsicht zu betrachten.

In Illustrator wählen Sie zunächst Ansicht • Proof einrichten und die gewünschte Menüoption oder den Eintrag Anpassen, um eine Einstellung zu konfigurieren. Möchten Sie den Soft-Proof mit der normalen Ansicht vergleichen, rufen Sie Ihre Datei mit dem Befehl Fenster • Neues Fenster in einem zweiten Fenster auf. Aktivieren Sie anschließend für eines der beiden Fenster Ansicht • Farbproof.

Eine besondere Möglichkeit des Farbproofs besteht in der Simulation von Farbenblindheit (s. Abschnitt 7.7.2).

Überdruckenvorschau | Verwenden Sie in Ihrem Dokument Schmuckfarben oder die Überdrucken-Eigenschaft für einzelne Objekte, wählen Sie zusätzlich Ansicht • Überdruckenvorschau – ⌘+⌥+⇧+Y bzw. Strg+Alt+⇧+Y.

Zur Darstellung von Buchfarben (s. Abschnitt 7.6.3) verwendet die Überdruckenvorschau die hinterlegten Lab-Werte, egal, welche Volltonfarbenoptionen im Farbfelder-Bedienfeld eingestellt sind.

Die Überdruckenvorschau kostet Zeit, wenn die Ansicht neu generiert werden muss, z. B. beim Scrollen im Dokument. Deaktivieren Sie sie also, wenn Sie sie nicht benötigen.

Separationenvorschau | Viele der vorher aufgeführten potenziellen Fehlerquellen können Sie direkt in Illustrator mit der Separationenvorschau überprüfen. Rufen Sie dieses Bedienfeld mit Fenster • Separationenvorschau auf – es funktioniert jedoch nur im Dokumentfarbmodus CMYK. Aktivieren Sie die Option Überdruckenvorschau, damit sich die Farbauszüge auswählen lassen. Die Liste enthält die vier Farben der Euroskala sowie die im Farbfelder-Bedienfeld definierten Volltonfarben.

- **Nur verwendete Volltonfarben anzeigen**: Volltonfarben, die zwar ins Farbfelder-Bedienfeld der Datei gelangen, aber keinen Objekten zugewiesen sind, lassen sich mit dieser Option ausblenden.

Farbwerte anzeigen?

Die Farbwerte werden in Illustrators Separationen-Bedienfeld nicht dargestellt. Wenn Sie diese Anzeige benötigen, müssen Sie nach wie vor ein PDF (oder die Illustrator-Datei) in Adobe Acrobat öffnen und dort im Menü Erweitert • Druckproduktion die Ausgabevorschau öffnen.

Farbauftrag berechnen

Illustrators Separationenvorschau rechnet den Gesamtfarbauftrag nicht aus. Es gibt jedoch Plug-ins, die diese Aufgabe übernehmen, wie z. B. Inkquest.

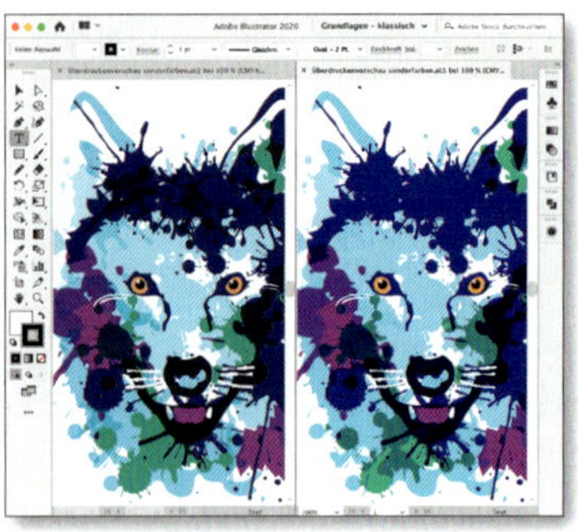

▲ **Abbildung 20.43**
Links ohne, rechts mit Überdruckenvorschau

▲ **Abbildung 20.44**
Das Separationenvorschau-Bedienfeld

- **Auszug deaktivieren**: Mit einem Klick auf das Augensymbol 👁 links vom Farbnamen deaktivieren Sie die Anzeige eines Auszugs. Klicken Sie erneut, um den Auszug wieder anzuzeigen.
- **Modifikationsmöglichkeiten**: Drücken Sie [Alt] beim Anklicken des Augensymbols 👁, um alle anderen Auszüge zu aktivieren bzw. zu deaktivieren. Klicken Sie auf CMYK, um alle vier Standarddruckfarben zu aktivieren oder zu deaktivieren.

Beispieldatei

Die Beispieldatei finden Sie als »Denkmal.ai« im Download.

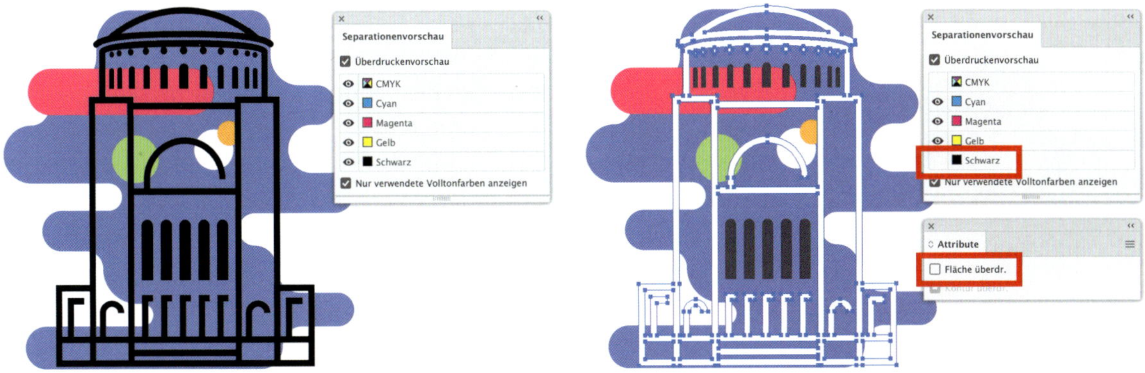

▲ **Abbildung 20.45**
Die Originalgrafik (links) mit ausgeschaltetem Schwarz-Auszug (rechts)

Schwarzdefinitionen korrigieren | Schwarze Elemente sollen bei dem Motiv »Denkmal.ai« überdrucken, um weiße Blitzer zu vermeiden. Außerdem soll in diesem Motiv nach »buntem« Schwarz (Tiefschwarz) gesucht werden.

1. Rufen Sie das Separationen-Bedienfeld auf, und aktivieren Sie ÜBERDRUCKENVORSCHAU.
2. Deaktivieren Sie den Schwarz-Auszug mit einem Klick auf das Augensymbol 👁.
3. Jetzt erkennen Sie die schwarzen aussparenden Objekte. Aktivieren Sie sie (es handelt sich um einen zusammengesetzten Pfad), und rufen Sie das Attribute-Bedienfeld auf.
4. Dort aktivieren Sie die Option FLÄCHE ÜBERDR. für das Gebäude.
5. Anschließend aktivieren Sie die schwarzen Fenster, rufen das Farbe-Bedienfeld auf und entfernen die Buntanteile aus dem Schwarz. Prüfen Sie dann für diese Objekte ebenfalls das Überdrucken-Attribut, und korrigieren Sie es, falls nötig.

Soft-Proof aussagekräftig?

Ein Soft-Proof ist nur auf einem kalibrierten und profilierten Monitor und unter Verwendung der für die Produktion verwendeten Farbprofile sinnvoll.
Noch mehr Nutzen haben Sie von einem Soft-Proof, wenn Sie bereits einige Druckergebnisse mit Soft-Proofs vergleichen konnten und daher die Farbgenauigkeit Ihres Monitors einzuschätzen wissen.

Transparenzen | Live-Transparenz (also reduzierte Deckkrafteinstellungen, Füllmethoden, platzierte auf Bildebenen freigestellte Bilder und die Effekte SCHATTEN, WEICHE KANTE und SCHEIN) muss »reduziert« werden, wenn Sie Dateien drucken möchten, die Transparenz enthalten. Soll die Datei in einem anderen Programm platziert werden, kann Live-

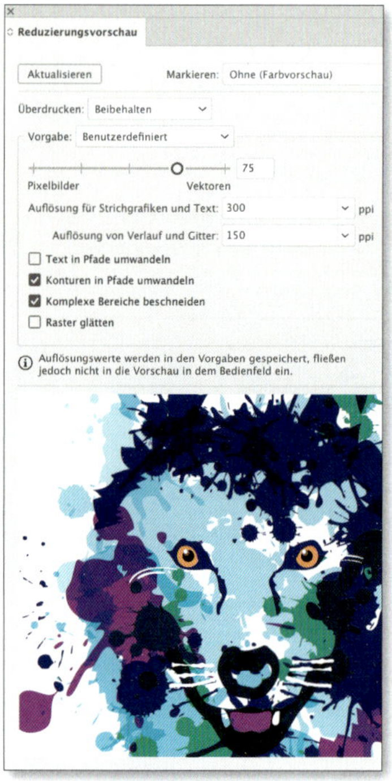

▲ **Abbildung 20.46**
Reduzierungsvorschau

▲ **Abbildung 20.47**
»Banding« – simuliert

Banding und PostScript Level 3
PostScript-Level-3-fähige RIPs verfügen über Algorithmen, die Banding vermeiden können: »Smooth Shades«. Sprechen Sie mit Ihrem Dienstleister den Umgang mit Verläufen ab.

Transparenz erhalten werden, sofern das Programm mindestens PDF 1.4 unterstützt.

Verwenden Sie die Reduzierungsvorschau, um zu überprüfen, ob Ihr Dokument Transparenz enthält (s. Abschnitt 12.4).

Effekte, Filter | Achten Sie bei der Ausgabe von Effekten darauf, dass die Dokument-Rastereffekt-Einstellungen für die im Druck verwendete Rasterweite geeignet sind (s. Abschnitt 13.4.1).

Verläufe | Beim Drucken von Verläufen kann es passieren, dass »Banding« (eine sichtbare Streifenbildung) auftritt. Dies kann mehrere Ursachen haben: Einerseits sind Verläufe mit einer größeren Übergangslänge und Verläufe zwischen dunklen Farben und Weiß anfällig für das Banding.

Andererseits tritt das Problem auch auf, wenn die Druckerauflösung in Verbindung mit der gewählten Rasterweite nicht ausreicht, um die im Verlauf vorhandenen Abstufungen darzustellen.

In der Illustrator-Hilfe finden Sie die Datei »Drucken von Verläufen, Gittern und Farbübergängen« mit einer Übersicht sicherer Kombinationen von Rasterweite und Belichterauflösung unter der Überschrift »Festlegen der geeigneten Rasterweite zum Drucken von Verläufen, Gittern und Farbübergängen«, ebenfalls in dieser Datei finden Sie eine Übersicht zur Berechnung der Übergangslänge: »Berechnen der maximalen Übergangslänge für Verläufe«.

20.3.7 Schnittmarken

Schnittmarken sind Markierungen, die den Begrenzungsrahmen eines Objekts kennzeichnen. Normalerweise werden sie über die Dialoge Drucken oder PDF-Speichern zusammen mit den benötigten Druckermarken, Farbkontrollstreifen etc. an den Begrenzungen der Zeichenflächen generiert. Wenn mehrere Objekte auf der Zeichenfläche Schnittmarken erhalten sollen, verwenden Sie den Effekt.

Schnittmarken erstellen | Aktivieren Sie ein Objekt, und wählen Sie Effekt • Schnittmarken. Da die Anwendung als Effekt erfolgt, sind die Schnittmarken zunächst nicht als Pfade vorhanden. Sie lassen sich jedoch wie alle Effekte mit dem Befehl Objekt • Aussehen umwandeln in »reale« Objekte umwandeln. Dann erhalten Sie Linien in 6 mm Abstand zum Objekt, die mit einer Kontur der Stärke 0,3 Punkt in der Passermarkenfarbe versehen sind.

Den Effekt können Sie nicht nur dem kompletten Objekt, sondern auch seinen einzelnen Flächen oder Konturen zuweisen. Am sinnvollsten dürfte es sein, ein Rechteck in der benötigten Größe zu erstellen, ihm keine Fläche und Kontur zuzuweisen und darauf den Schnittmarken-Effekt anzuwenden.

Schnittmarken

Die mit dem Effekt generierten Schnittmarken haben keine Auswirkung auf Beschnittoptionen des Dokuments.

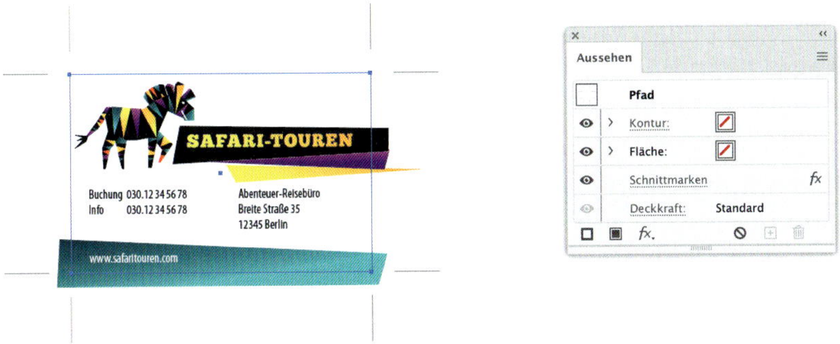

◀ **Abbildung 20.48**
Der Schnittmarken-Effekt an einem »unsichtbaren« Rechteck

20.3.8 In Pfade umwandeln

In einigen Fällen ist das Umwandeln von Text oder Konturen in Pfade sinnvoll oder sogar notwendig. Es kann jedoch auch Probleme verursachen.

Text in Pfade umwandeln | Einige Druckereien bestehen noch immer auf der Umwandlung von Text in Pfade. Schriftdateien enthalten jedoch viele »Hintergrundinformationen«, die für eine optimale Ausgabe wichtig sind. Diese gehen beim Umwandeln verloren. Das auffälligste Merkmal umgewandelter Schriften ist, dass sie fetter ausfallen als die nicht umgewandelte Version. Es kann jedoch vor allem bei feinen oder sehr kleinen Schriften vorkommen, dass Strichstärken einzelner Buchstaben unterschiedlich ausfallen. In einer höheren Zoomstufe ist der Effekt bereits in der Bildschirmdarstellung zu erkennen.

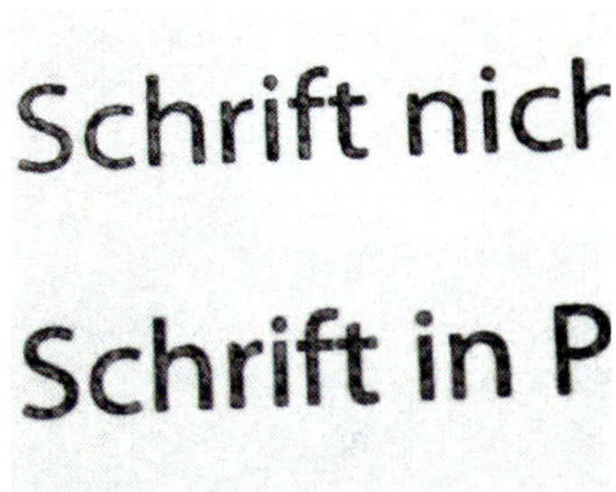

▲ **Abbildung 20.49**
Vergleich: nicht umgewandelte Schrift (oben) und umgewandelte Schrift (unten) auf einem Ausdruck

In PDF-Dateien können Schriften eingebettet werden, sodass die Umwandlung in Pfade unnötig ist. Versuchen Sie, die Weiterverarbeitung so zu organisieren, dass keine Umwandlung stattfindet. Wenn eine Umwandlung von Texten in Pfade trotz allem unumgänglich ist, verwenden Sie dazu den Befehl Objekt • Transparenz reduzieren (s. Abschnitt 12.4). Damit ist eine sichere Umwandlung aller Schriftformatierungen gewährleistet.

Schriften in Logos sollten Sie umwandeln. So ist die Gefahr uneinheitlicher Verwendung verringert, vor allem, wenn Logos an viele unterschiedliche Stellen weitergegeben werden.

▲ **Abbildung 20.50**
In Metallblech gefräste Vektorgrafik. Fräsen erfordert eine andere Vorgehensweise als Plotten, da die Linienstärke durch die Größe des Werkzeugs bedingt ist. Sprechen Sie die Vorgehensweise mit dem Dienstleister ab.

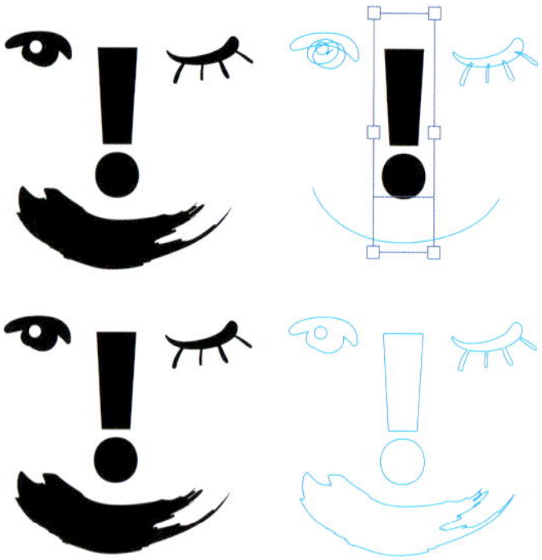

▲ **Abbildung 20.51**
Vektorgrafik ist nicht automatisch auch zum Schneiden geeignet (oben: ungeeignet).

Schneid-Plotten und Gravieren – Pfade in Flächen umwandeln | Das Ausschneiden einer Form aus Klebefolie sowie das Gravieren in Metall und andere Materialien sind gebräuchliche Weiterbearbeitungen für Vektorgrafik, z. B. für die Beschriftung von Schaufenstern, Lkw-Planen, Schildern oder zum Flex-/Flockdruck auf Kleidungsstücken.

Die dafür eingesetzten Geräte – Schneid-Plotter, Fräsen und Laser-Schneider – können jedoch nur den reinen Vektorpfad interpretieren. Damit nicht genug: Plotter schneiden entlang eines jeden in der Datei angelegten Pfades.

Wenn Sie also vorhaben, Ihre Grafiken aus Folie zu schneiden, müssen Sie nicht nur alle Pfade und Schriften in Flächen umwandeln, sondern auch sicherstellen, dass jede Fläche nur durch einen einzigen Pfad definiert ist, damit sie nicht zerschnitten wird (s. »Checkliste: Datei für Folienplot« auf Seite 356).

Während das Umwandeln von Texten in Pfade für den Verwendungszweck »Druck« eher vermieden werden sollte, ist es für das Schneiden notwendig.

20.4 Ausdrucken

Wählen Sie Datei • Drucken – [⌘]/[Strg]+[P] –, um das aktuelle Dokument auszudrucken.

Wechseln Sie im Menü oben links per Klick auf einen Eintrag auf eine andere Seite des auf mehrere Einstellungsseiten aufgeteilten Drucken-Dialogs. Die allgemeinen Einstellungen des Druckers und zu verwendenden Treibers stehen Ihnen auf jeder Seite zur Verfügung. Da Auswahlen, die Sie dort treffen, aber andere Einstellungen beeinflussen können, sollten Sie Drucker und Druckertreiber zu Beginn bestimmen.

Abbildung 20.52 ▶
Übergreifende Einstellungen für Drucker und Druckertreiber im Kopf des Dialogs

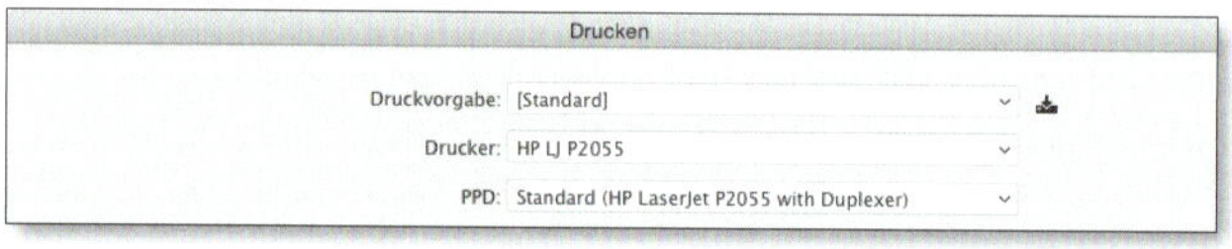

PDF und PS ausdrucken

Ein PDF sollten Sie in aktuellen Workflows nicht über einen Druckertreiber erstellen. Zum einen ist das Speichern sicher, und zum anderen ginge beim Drucken Transparenz verloren. (Gedruckte) PS-Dateien werden nur noch in seltenen Ausnahmen benötigt.

- Druckvorgabe: In diesem Menü listet Illustrator Drucken-Einstellungen auf, die Sie gespeichert haben.
- Drucker/PPD: Wählen Sie im Menü Drucker einen der in Ihrem System angemeldeten Drucker bzw. PDF-Drucker und unter PPD den Druckertreiber aus.
- Vorschaubild: Im Vorschaubild links unten in der Dialogbox stellt Illustrator alle Seiten dar, die sich aus Ihren Optionen ergeben, sowie die Position des im Dokument definierten Druckbereichs auf dem

Ausdruck. So haben Sie vor allem die Kontrolle, ob die Verteilung eines Dokuments auf mehrere gedruckte Seiten korrekt eingestellt ist.

▲ **Abbildung 20.53**
Vorschau einer Seite und mehrerer überlappender Seiten

20.4.1 Allgemein

Auf dieser Seite geben Sie an, welche Bereiche des Dokuments Sie drucken möchten, und ordnen sie auf dem Medienformat an.

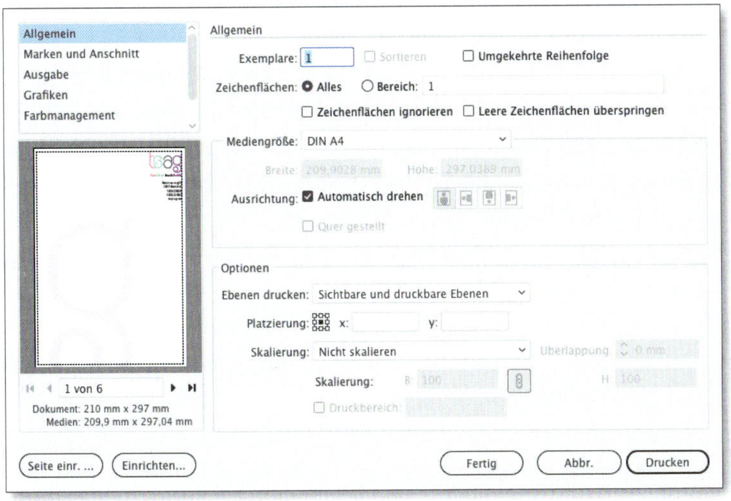

◀ **Abbildung 20.54**
Allgemeine Optionen im Dialog DRUCKEN

Sortieren?

Diese Option ist vor allem dann interessant, wenn Ihr Drucker die gedruckten Exemplare weiterverarbeitet, z. B. heftet.

- ALLGEMEIN: Diese Optionengruppe betrifft die Ausgabe der Zeichenflächen des Dokuments sowie die Anzahl der EXEMPLARE.
  - ALLES/BEREICH: Drucken Sie mit ALLES entweder alle Zeichenflächen, oder geben Sie im Feld BEREICH gezielt bestimmte Zeichenflächen ein. Trennen Sie einzelne Seiten mit einem Komma, und verbinden Sie die erste und letzte Seite eines Bereichs mit einem Bindestrich.
  - UMGEKEHRTE REIHENFOLGE: Hier beginnen Sie den Ausdruck mit der letzten Zeichenfläche.
  - ZEICHENFLÄCHEN IGNORIEREN: Drucken Sie alle Objekte auf eine Seite, so wie sie im Dokument angeordnet sind.
  - LEERE ZEICHENFLÄCHEN ÜBERSPRINGEN: Diese Option unterdrückt die Ausgabe leerer Seiten.
  - SORTIEREN: Diese Option ist nur verfügbar, wenn mehrere Exemplare mit mehreren Seiten gedruckt werden. Anstatt jeweils jede Seite in der geforderten Anzahl zu drucken, werden alle Seiten eines Exemplars hintereinander gedruckt.
- MEDIENGRÖSSE: Wählen Sie die im Drucker verwendete Papiergröße aus dem Aufklappmenü, oder geben Sie sie direkt ein.
- AUSRICHTUNG: Klicken Sie auf einen der Buttons , , , , um den Ausdruck auf dem gewählten Papierformat zu drehen. Wenn Sie ein

▲ **Abbildung 20.55**
Demodatei für diesen Abschnitt

Medien und Druckertreiber

Die Auswahl im Menü MEDIEN richtet sich nach dem gewählten Druckertreiber. Wenn Ihr Drucker mehrere Einzugsschächte besitzt, lesen Sie bitte im Handbuch, wie Sie diese auswählen.

▲ **Abbildung 20.56**
Das Druckaufteilungs-Werkzeug (rechts)

Skalieren und Linienstärken

Beim Skalieren verändern sich Linienstärken. Überprüfen Sie Linienstärken vor allem, bevor Sie die Grafik im Ausdruck verkleinern.

▲ **Abbildung 20.57**
Fläche besteht aus ganzen Seiten (oben), Fläche besteht aus Druckbereichen (unten)

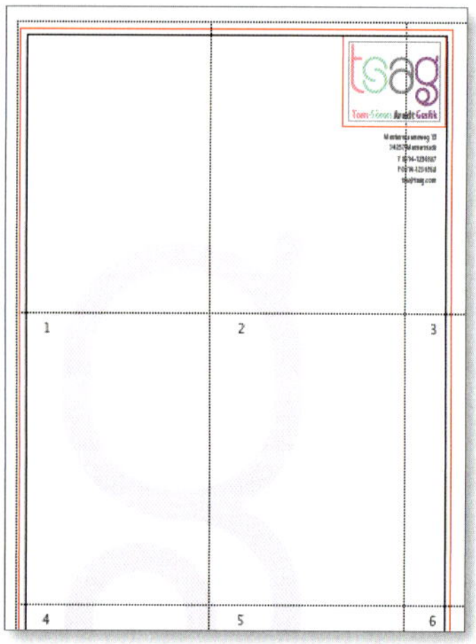

▲ **Abbildung 20.58**
Nummerierte Druckbereiche auf der Zeichenfläche

neues Dokument als Querformat anlegen, passt Illustrator die Formatlage automatisch an. Verändern Sie das Dokumentformat nachträglich, müssen Sie diese Einstellungen im Drucken-Dialog vornehmen.

- Platzierung: Platzieren Sie den Druckbereich auf der Seite, indem Sie im Vorschaubild links unten im Drucken-Dialogfenster klicken und ziehen.
  - Per Eingabe: Klicken Sie im Ursprungs-Symbol auf den Bezugspunkt für Ihre Positionsangabe. Anschließend tragen Sie die gewünschten Werte in die Eingabefelder ein.
  - Auf der Zeichenfläche: Wählen Sie das Druckaufteilungs-Werkzeug, und klicken und ziehen Sie damit die Position des druckbaren Bereichs. Das Werkzeug repräsentiert die linke untere Ecke der Papierfläche. Mit einem Doppelklick auf das Werkzeug im Werkzeugbedienfeld setzen Sie die Einstellung zurück.
- Skalierung: Mit diesen Optionen können Sie das Dokumentformat an das Papierformat anpassen. Wählen Sie Nicht skalieren, um Ihre Grafik 1:1 auszudrucken. Je nach gewählter Einstellung werden in diesem Fall Teile, die über das Papierformat reichen, abgeschnitten oder auf mehrere Seiten gedruckt.
  Einen an das Papierformat angepassten Ausdruck erhalten Sie mit An Seite anpassen. Beachten Sie, dass dabei nicht nur große Formate verkleinert, sondern ebenso kleine Formate vergrößert werden.
  Wählen Sie Benutzerdefinierte Skalierung, um Werte frei einzugeben. Eine asymmetrische Skalierung erreichen Sie, indem Sie auf das Kettensymbol klicken – der Button wird mit hellem Hintergrund dargestellt.
- Seite auf mehrere Druckseiten aufteilen: Da die wenigsten Drucker ein Blatt bis zum Rand bedrucken können, haben Sie (ebenfalls im Menü Skalierung) die Wahl, ob die Verteilung nach dem druckbaren Bereich oder allein nach dem Papierformat vorgenommen wird (s. den Hinweis links).
  - Fläche besteht aus ganzen Seiten: Die Verteilung erfolgt auf Basis des Papierformats. Sie können jedoch durch Angabe eines Wertes im Eingabefeld Überlappung die nicht bedruckbaren Greifränder kompensieren.
  - Fläche besteht aus Druckbereichen: Der bedruckbare Bereich einer Seite ist die Grundlage der Verteilung.
- Überlappung: Haben Sie ganze Seiten ausgewählt, geben Sie hier einen Wert ein, um den sich benachbarte Seiten überdecken sollen.
- Druckbereich: Bestimmen Sie hier noch, welche Bereiche der Aufteilung gedruckt werden. Die Nummerierung wird angezeigt, wenn Sie Druckaufteilung einblenden im Menü Ansicht wählen.

- Ebenen drucken: Wählen Sie je nach Sichtbarkeit der Ebenen aus, ob diese ausgegeben werden.

20.4.2 Marken und Anschnitt/Beschnittzugabe

Auf dieser Seite erzeugen Sie die für den Druck benötigten Schnitt- und Passermarken.

◀ **Abbildung 20.59**
Optionen Marken und Anschnitt im Drucken-Dialog

Aufteilen funktioniert nicht?

Die Optionen für das Aufteilen der Seite sind nur verfügbar, wenn Sie entweder die Option Zeichenflächen ignorieren gewählt oder bei Bereich nur eine Zeichenfläche eingetragen haben.

- Schnittmarken: Diese Marken ❶ kennzeichnen die Außengrenze der zu bedruckenden Fläche und dienen in den meisten Fällen auch dem Zuschneiden. Haben Sie im Dokument andere Schnittmarken oder eine eigene Stanzform erstellt, z. B. für ein Packungsdesign, benötigen Sie die Marken nicht.
- Passermarken: Mithilfe der Passermarken ❸ können die Auszüge exakt übereinander ausgerichtet und gedruckt werden.
- Farbkontrollstreifen: In diesen Streifen ❹ sind Standardfarben definiert, anhand derer der Drucker einen Farbabgleich vornehmen und danach die Menge der Farbe in der Druckmaschine korrigieren kann.
- Seiteninformationen: Mit dieser Option wird auf jeden Farbauszug eine Zeile ❷ mit dem Datei- und Auszugsnamen sowie der Nummer der Zeichenfläche platziert, außerdem Datum und Uhrzeit.
- Druckmarkentyp: andere Länder, andere Sitten. Wählen Sie aus dem Menü lateinische oder japanische Schriften und Objektschnittmarken aus.
- Stärke der Schnittmarke: Bestimmen Sie durch Auswahl aus dem Aufklappmenü die Konturstärke der Schnittmarken – stimmen Sie den Wert mit Ihrem Druckdienstleister ab.
- Versatz: In diesem Eingabefeld bestimmen Sie den Abstand der Druckermarken zum Motiv. Normalerweise sollten Sie vermeiden, dass die Marken in eine Beschnittzugabe hineinreichen: Erhöhen Sie in diesem Fall den Abstand. Sie können den Wert jedoch nicht beliebig erhöhen, da die Marken auf die bedruckbare Papierfläche passen müssen.

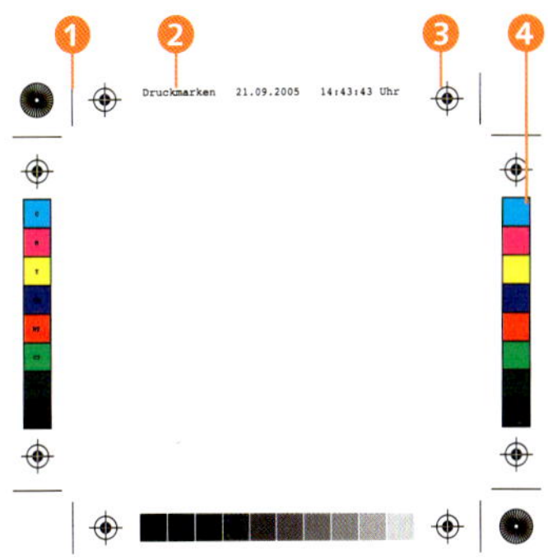

▲ **Abbildung 20.60**
Alle Druckermarken – Druckmarkentyp »Roman«

Druckermarken und Papierformat

Druckermarken addieren sich zum Dokumentformat, sodass die druckende Fläche unter Umständen nicht mehr auf das gewählte Papierformat passt.

Position der Druckmarken

Anders als in InDesign lässt sich die Position der Elemente nicht durch eine ».mrk«-Datei bestimmen.

- Beschnittzugaben: Verwenden Sie entweder den für das Dokument definierten Anschnitt, oder legen Sie in diesen Feldern die Beschnittzugabe global oder für alle Seiten individuell fest.

20.4.3 Ausgabe

Auf der Seite Ausgabe stellen Sie ein, wie im Dokument verwendete Druckfarben verarbeitet werden.

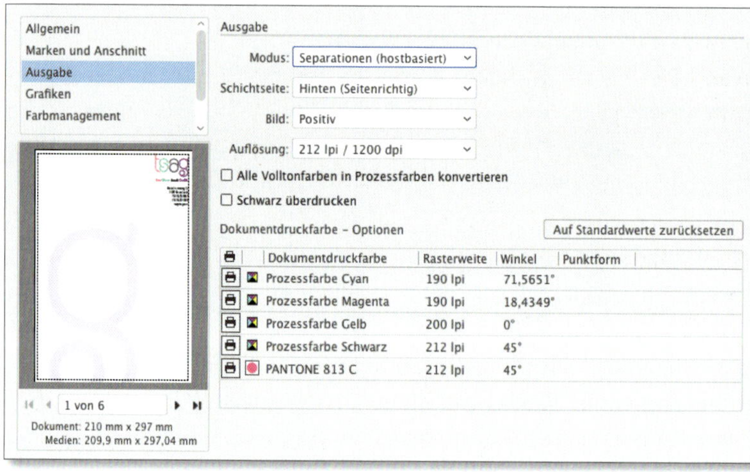

Abbildung 20.61 ▶
Ausgabe-Optionen im Drucken-Dialog

Rücksprache bei PS-Datei

Falls Sie eine PostScript-Datei erzeugen, sprechen Sie mit Ihrem Dienstleister die Verwendung von In-RIP-Separationen sowie die dafür benötigten Einstellungen in allen Bereichen des Drucken-Dialogs ab.

Rücksprache bei Belichtung

Die Einstellungen unter Schichtseite, Bild und Auflösung sind vom Druckverfahren und von dem bedruckten Material abhängig. Falls Sie Ihre Dateien selbst belichten oder die Belichtung beauftragen, fragen Sie Ihren Drucker nach den benötigten Einstellungen.

- Modus: Wählen Sie, ob alle Druckfarben zusammen auf einer Seite (wählen Sie dafür Composite) oder die Farbauszüge jeweils auf einer Seite ausgegeben werden sollen (Separationen). Separationen können Sie entweder von Illustrator oder von einem PostScript-RIP vornehmen lassen (wählen Sie dafür In-RIP-Separationen). Die Option ist allerdings nur verfügbar, wenn Sie einen PostScript-Level-3-Drucker verwenden, dessen Druckertreiber In-RIP-Separationen unterstützt.
- Schichtseite: Abhängig vom Druckverfahren benötigen Sie unterschiedliche Kombinationen dieser Einstellungsarten. Die Bezeichnung der Schichtseite-Optionen bezieht sich auf die Belichtung von Film: Vorne ist die Trägerschicht – Hinten bezeichnet die lichtempfindliche Schicht, also die Seite, auf der »gedruckt« wird. Während Sie mit Hinten (seitenrichtig) einen auf Papier seitenrichtigen Ausdruck erzeugen, bewirkt Vorne (seitenrichtig), von der Trägerschicht aus betrachtet, eine seitenrichtige Ausgabe, ist also auf Papier seitenverkehrt gedruckt.
- Bild: Das Aufklappmenü ist nur aktiv, wenn Sie Separationen ausgeben. Composite-Druck erfolgt immer positiv.
- Auflösung: Die in diesem Menü enthaltenen Werte gibt der Druckertreiber vor. Der dpi-Wert bestimmt die Druckerauflösung, und mit dem lpi-Wert geben Sie an, welche Rasterweite gedruckt werden soll.

- Alle Volltonfarben in Prozessfarben konvertieren: Sie können mit dieser Option alle Volltonfarben in Prozessfarben umwandeln. Um dies für jede Volltonfarbe einzeln festzulegen, siehe unter Dokumentdruckfarbe – Optionen.
- Schwarz überdrucken (nur bei Separationen aktiv): Möchten Sie generell Schwarz überdrucken, aktivieren Sie diese Option. Es werden jedoch nicht generell alle Schwarzanteile, sondern nur Objekte mit 100 % Schwarzdeckung überdruckt. Die Einstellung betrifft auch nicht die Objekte, die aufgrund einer Füllmethode oder eines Grafikstils schwarz sind oder erscheinen.
  Wenn Sie das Überdrucken von Schwarz mit dieser Option anstatt der Überdrucken-Eigenschaft (s. Abschnitt 20.3.6) durchführen und Ihr Dokument zur Belichtung an einen Dienstleister geben, denken Sie daran, in Ihrem Auftrag entsprechende Vorgaben zu definieren.
- Dokumentdruckfarbe – Optionen (nur bei hostbasierter oder In-RIP-Separation aktiv): In der Liste sehen Sie alle im Dokument verwendeten Druckfarben und können für jede dieser Farben individuelle Einstellungen vornehmen.

Das Druckersymbol kennzeichnet die Farben, für die ein Auszug gedruckt wird. Klicken Sie auf das Symbol (das Feld wird leer dargestellt), wenn Sie für die Farbe keinen Auszug erstellen möchten.

Das Farbsymbol zeigt den Modus an, in dem eine im Dokument angelegte Volltonfarbe verarbeitet wird. Das Volltonfarben-Symbol ist voreingestellt – Illustrator druckt einen Auszug für diese Farbe. Klicken Sie darauf, um die Farbe auf Basis der Farbmanagementeinstellungen (s. Abschnitt 20.4.5) zu separieren – dies zeigt das Vierfarb-Symbol an. Klicken Sie erneut, um den Ursprungszustand wiederherzustellen.

Klicken Sie auf einen Eintrag unter Rasterweite oder Winkel, um andere Werte einzugeben (s. Abbildung 20.63). Klicken Sie auf einen Eintrag unter Punktform, um ein Aufklappmenü anzuzeigen, aus dem Sie eine alternative Punktform wählen (s. Abbildung 20.64). Sprechen Sie die notwendigen Einstellungen auf jeden Fall mit Ihrer Druckerei ab. Verwenden Sie den Button Auf Standardwerte zurücksetzen, um Ihre Änderungen zu widerrufen.

20.4.4 Grafiken

In dieser Gruppe von Einstellungen steuern Sie viele Faktoren, die die Geschwindigkeit des Ausdrucks beeinflussen.

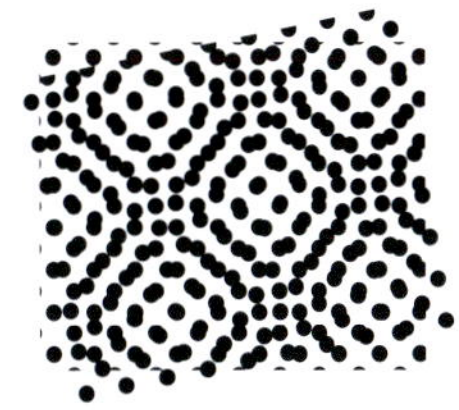

▲ **Abbildung 20.62**
Die Rasterwinkelungen der einzelnen Druckfarben sind sehr genau aufeinander abgestimmt. Kleinste Abweichungen vom Idealwert können zur Bildung von Moiré führen (monochrome Darstellung zur Verdeutlichung des Effekts).

ruckfarbe	Rasterweite	Winkel	Punk
Cyan	190 lpi	71,5651	
Magenta	190 lpi	18,4349°	
Gelb	200 lpi	0°	
Schwarz	212 lpi	45°	

▲ **Abbildung 20.63**
Die Winkeleinstellung sollten Sie nicht ohne Grund und nicht ohne Rücksprache mit Ihrer Druckerei ändern.

▲ **Abbildung 20.64**
Punktformen Cross, Ellipse und Line – Punktform und Winkeleinstellung sind voneinander abhängig.

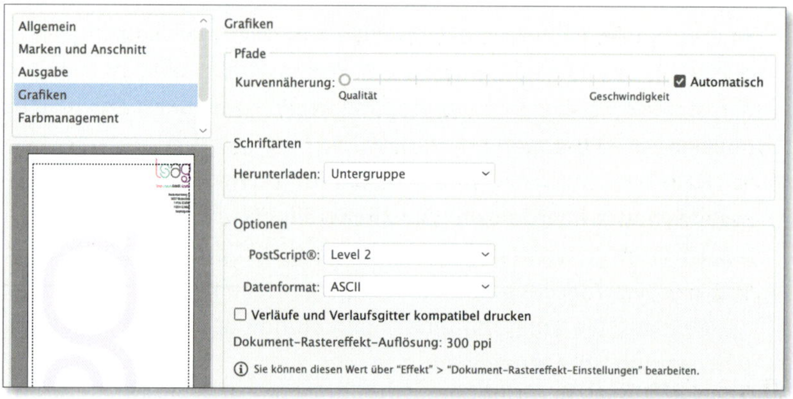

Abbildung 20.65 ▶
Grafiken-Optionen im Drucken-Dialog

▲ Abbildung 20.66
Kurvennäherung: Automatisch (links), maximale Geschwindigkeit (rechts) – Letzteres ist für viele Zwecke ausreichend.

Schriften teilweise einbetten?

Das teilweise Einbetten von Schriften schränkt die Bearbeitbarkeit eines PDFs ein – in der Druckvorstufe hat sich daher die vollständige Einbettung etabliert. Falls Sie jedoch ein PDF für das Web über den Drucken-Dialog erzeugen, können Sie durch die Verwendung der Option Untergruppen bei der Schrifteneinbettung noch etwas Dateigröße sparen.

Druckerresidente Fonts

Eine Liste der druckerresidenten Fonts können Sie von Ihrem Drucker ausgeben lassen. Lesen Sie im Handbuch nach, wie das bei Ihrem Gerät funktioniert.

Untergruppen?

Mit der Option Untergruppen wird das Ausgabegerät gezwungen, den eingebetteten Font zu verwenden, selbst wenn der verwendete Font installiert ist.

- Pfade: Mit dem Kurvennäherungsregler steuern Sie die Umsetzung von Kurven in gerade Segmente. Falls es Probleme bei der Ausgabe gibt (und der Drucker etwa den PostScript-Fehler »Limitcheck« meldet), deaktivieren Sie die Option Automatisch und stellen mit dem Regler einen Wert ein. Bewegen Sie den Regler nach rechts für eine sicherere Verarbeitung – aber auch gegebenenfalls deutliche Eckenbildung – oder nach links für eine höhere Genauigkeit in der Kurvennäherung.
- Schriftarten: Einige druckereigene (oder druckerresidente) Schriften sind auf PostScript-Druckern installiert. Meist verwenden Sie wahrscheinlich andere Schriften in Ihrem Dokument. Darüber hinaus können sich auch Schriften mit gleichem Namen in wichtigen Details voneinander unterscheiden – z. B. in der Laufweite. Daher ist es nötig, Schriften an den Drucker zu senden (oder in eine »gedruckte« PostScript- oder PDF-Datei einzubetten). Mit dem Menü Herunterladen bestimmen Sie, wie Schriften an den Drucker gesendet werden.
  - Ohne: Wählen Sie diese Option, wenn die verwendete Schrift auf dem Drucker gespeichert ist. Meiden Sie die Option, falls Sie mit TrueType-Schriften gearbeitet haben – diese können nicht auf Druckern installiert sein.
  - Untergruppe: Für Dokumente mit wenig Text empfiehlt sich diese Option. Es werden für jede Seite des Dokuments nur die jeweils vorkommenden Zeichen der eingesetzten Schriften im PDF gespeichert bzw. an den Drucker gesendet.
  - Vollständig: Wählen Sie diese Option, werden alle Schriftzeichen der verwendeten Schriftdateien in die PostScript- oder PDF-Datei eingebettet. Beim Ausdrucken erhält der Drucker am Beginn des Dokuments alle Schriften.
- Optionen: Normalerweise bestimmt der Druckertreiber hier die richtigen Einstellungen. Falls Sie die Einstellungen ändern, achten Sie darauf, dass der PostScript-Level von Ihrem Gerät unterstützt wird.

Für die Erstellung einer PostScript-Datei ist die Option DATENFORMAT wichtig. Sie bestimmt das PostScript-Format. Die Option BINÄR erzeugt sehr kompakte Dateien, die aber nicht immer mit älteren Geräten und Netzwerken kompatibel sind – wählen Sie in diesen Situationen ASCII.

- VERLÄUFE UND VERLAUFSGITTER KOMPATIBEL DRUCKEN: Entsprechende Objekte werden in ein JPEG umgewandelt, bevor Illustrator sie an den Drucker sendet. Diese Einstellung ist nur sinnvoll, wenn Probleme mit Verläufen und Gittern aufgetreten sind.

Nicht vorhandene Drucker

Einstellungen des Dialogs DRUCKEN inklusive der Information über den verwendeten Drucker werden in der Datei gespeichert. Beim Öffnen und Schließen der Datei versucht Illustrator, den Drucker zu erreichen. Ist er nicht erreichbar, kann dies zu Verzögerungen und Fehlern beim Öffnen, Speichern und Schließen von Dateien bis hin zu Abstürzen führen. Sie sollten immer einen Standarddrucker eingerichtet haben – auch Drucker-Warteschlangen (Queues) können problematisch sein.

20.4.5 Farbmanagement

Das Dokumentprofil beschreibt, für welche Ausgabesituation die Farben im Dokument optimiert wurden. Mit Einstellungen dieser Gruppe lässt sich diese Ausgabesituation auf einem Proof simulieren oder für eine alternative Umgebung umsetzen.

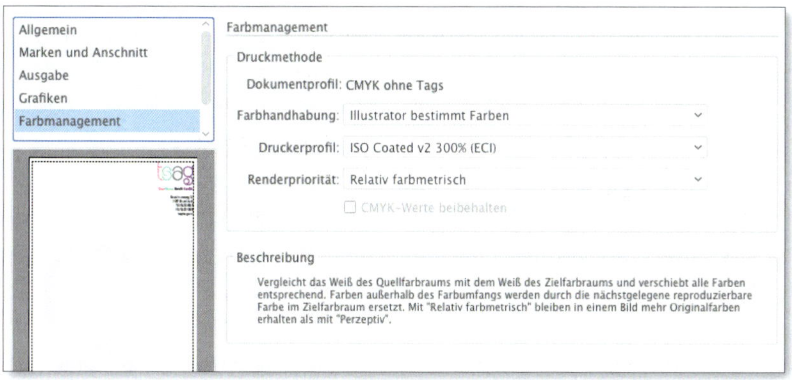

▲ **Abbildung 20.67**
Farbmanagement-Optionen im Drucken-Dialog

- FARBHANDHABUNG: Wählen Sie hier, ob Illustrator oder der Raster-Image-Prozessor des PostScript-Geräts das Farbmanagement vornehmen soll.
  - ILLUSTRATOR BESTIMMT FARBEN: Illustrator konvertiert die im Dokument eingesetzten Farben unter Berücksichtigung der Farbprofile und nach der ausgewählten Rendermethode in die Farben des angegebenen Druckerprofils.
  - POSTSCRIPT-DRUCKER BESTIMMT FARBEN: Die Daten werden mit den zur Konvertierung notwendigen Informationen an das Ausgabegerät gesendet. Nutzen Sie diese Option nicht, wenn Sie Transparenzen verwenden.
- DRUCKERPROFIL: Wenn Sie das Farbmanagement in Illustrator durchführen, wählen Sie hier das Farbprofil des Druckers.

Farbhandhabung und Farbmanagement im Druckertreiber

Beachten Sie, dass Sie bei Verwendung der Option ILLUSTRATOR BESTIMMT FARBEN das Farbmanagement in Ihrem Druckertreiber ausschalten müssen. Umgekehrt müssen Sie es aktivieren und einrichten, wenn Sie das Farbmanagement im Drucker vornehmen lassen.

Wiedergabeabsicht?

Alternativ zum Begriff »Renderpriorität« ist die Bezeichnung »Wiedergabeabsicht« gebräuchlich, die sich vom englischen »Rendering Intent« herleitet.

- RENDERPRIORITÄT: Die Rendermethode bestimmt, auf welche Art die Farbpositionen in unterschiedlichen Farbräumen ineinander umgerechnet werden.
  - PERZEPTIV: Farben werden so im Zielfarbraum abgebildet, dass das Verhältnis der Abstände der Farben zueinander erhalten bleibt. Die absoluten Farben können sich dabei verändern. Diese Wiedergabeabsicht eignet sich gut, wenn viele Farben signifikant außerhalb des Zielfarbraums liegen.
  - SÄTTIGUNG: Die Sättigung der Farben bleibt erhalten, die Farbtöne können sich ändern. Die Methode ist vor allem für Geschäftsgrafiken (PowerPoint) gedacht, nicht für die Druckvorstufe.
  - RELATIV FARBMETRISCH: Der Bezugspunkt für die Verschiebung der Farben vom Quell- in den Zielfarbraum ist der Weißpunkt des jeweiligen Farbraums. Farben, die außerhalb des Zielfarbraums liegen, werden auf den nächstreproduzierbaren Buntton abgebildet.
  - ABSOLUT FARBMETRISCH: Die Ausgabe verhält sich wie mit der Option RELATIV FARBMETRISCH. Es wird aber der Weißpunkt des Quellfarbraums erhalten. Diese Wiedergabeabsicht eignet sich ausschließlich für das Proofen.
- CMYK-/RGB-WERTE BEIBEHALTEN: Unterscheiden sich Dokument- und Druckerprofil, entscheiden Sie mit dieser Option, ob die Definition von Farben, denen kein Profil zugewiesen ist, erhalten bleibt oder konvertiert wird. In den meisten Fällen sollten Sie CMYK-Werte beibehalten – eine Transformation zwischen zwei CMYK-Farbprofilen ist besonders kritisch für die Farbe Schwarz. Darüber hinaus werden Farben in Vektorillustrationen in der Regel bereits nach Farbfächern und Farbmusterbüchern im Hinblick auf den Druckprozess und das verwendete Papier ausgesucht.

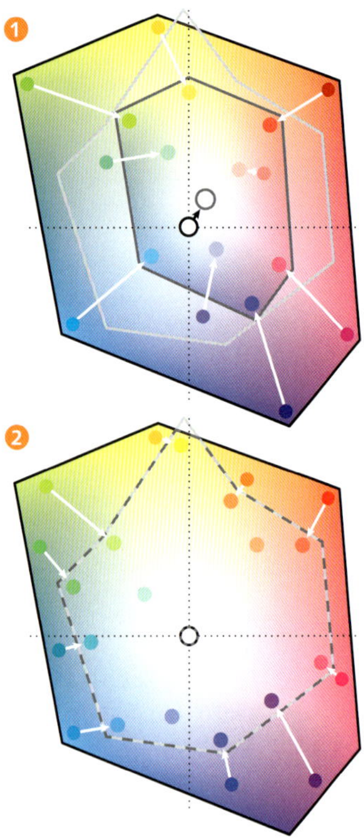

▲ **Abbildung 20.68**
Vergleich zwischen den Arbeitsweisen der Renderprioritäten PERZEPTIV ① und RELATIV FARBMETRISCH ②; Pfeile stellen die Verschiebung einzelner Beispielfarben dar.

— Ursprungsfarbraum des Bildes
— Zielfarbraum
○ Weißpunkt des Bildes
○ Weißpunkt des Zielfarbraums

20.4.6 Erweitert

Live-Transparenzen können Sie nicht an Drucker weitergeben, sondern müssen sie vor dem Ausdruck »reduzieren«.

Des Weiteren stellen Sie hier ein, wie Überdrucken-Einstellungen behandelt werden sollen.

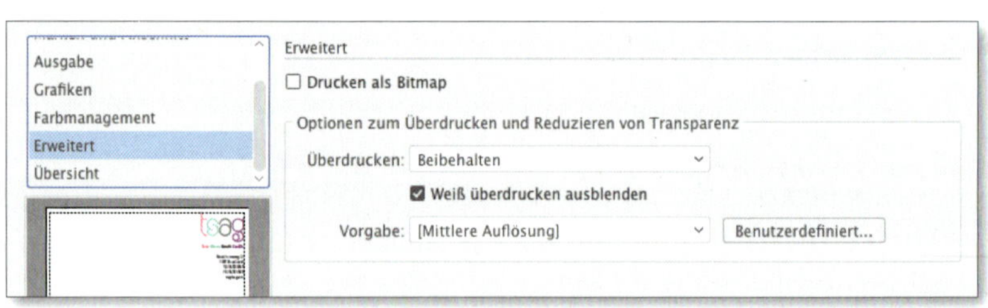

Abbildung 20.69 ▶
Erweitert-Optionen im Drucken-Dialog

- Überdrucken: Wählen Sie aus dem Aufklappmenü, wie die Überdrucken-Eigenschaft beim Ausdruck behandelt werden soll:
  - Beibehalten: Die Farben werden wie eingestellt überdruckt. Die Überdrucken-Eigenschaft kann jedoch nur von PostScript-fähigen Geräten ausgegeben werden.
  - Löschen: Die Grafik wird ausgegeben, ohne Objekte zu überdrucken.
  - Simulieren: Die Überdrucken-Eigenschaft wird in CMYK umgerechnet und mit den Möglichkeiten des angeschlossenen Druckers dargestellt. Für Proofausdrucke ist diese Option zuweilen unumgänglich, für die Produktion dagegen nicht zu empfehlen, da Schmuckfarben in CMYK umgerechnet werden. Für die Umwandlung von Buchfarben in CMYK wird mit Simulieren die Lab-Definition verwendet.
- Weiss überdrucken ausblenden: Aktivieren Sie diese Option, um das Überdrucken von Prozessweiß zu unterbinden.

Rastereffektauflösung

Achten Sie darauf, die richtige Auflösung in den Dokument-Rastereffekt-Einstellungen einzurichten.

Wählen Sie eine Transparenzreduzierungsvorgabe aus dem Menü Vorgabe, oder klicken Sie auf den Button Benutzerdefiniert..., und stellen Sie die Optionen direkt ein (s. Abschnitt 12.4). Voreingestellt ist hier die dem Dokument zugewiesene Reduzierungsvorgabe.

▲ **Abbildung 20.70**
Überdrucken: Löschen (oben) und Beibehalten (unten): Je nach konkretem Einzelfall kann beides problematisch sein. Falls Überfüllungen automatisch angelegt wurden, beinhalten diese auch immer überdruckende Elemente. Die Gefahr von überraschenden Farbüberlagerungen schließen Sie jedoch aus, wenn Sie das Überdrucken generell unterdrücken.

20.4.7 Übersicht

Auf der Seite Übersicht stellt Illustrator noch einmal alle Ihre gewählten Optionen zusammen. Hier erscheinen auch Warnungen, falls das Programm Fehlerquellen entdeckt hat.

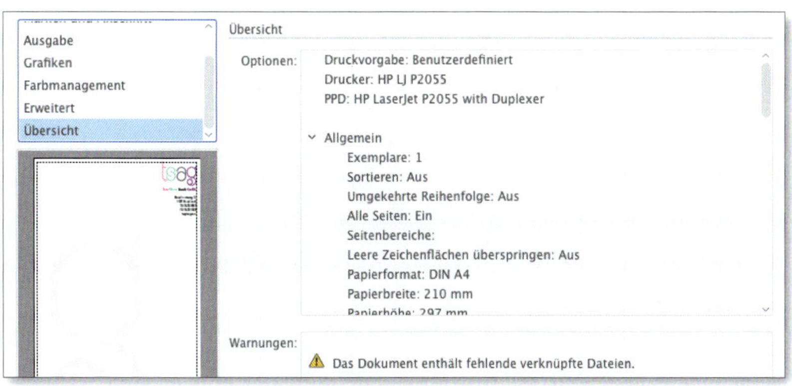

◀ **Abbildung 20.71**
Übersicht im Drucken-Dialog

20.4.8 Druckvorgaben speichern

Falls Sie wiederholt identische Einstellungen benötigen, können Sie diese speichern. Klicken Sie den Button mit dem Speichern-Symbol in der

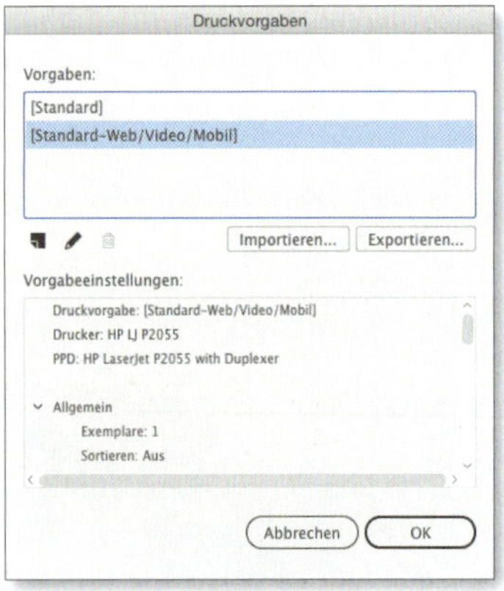

▲ **Abbildung 20.72**
Druckvorgaben bearbeiten

Drucken-Dialogbox an, und geben Sie einen Namen für die Einstellung ein. Die Einstellung wird in der Illustrator-Voreinstellungsdatei gespeichert.

- **Vorgaben aufrufen**: Ihre Vorgaben werden im Menü Druckvorgabe ganz oben im Drucken-Dialog aufgelistet.
- **Vorgaben editieren**: Möchten Sie Ihre Vorgaben bearbeiten, wählen Sie Bearbeiten • Druckvorgaben. Aktivieren Sie eine der Vorgaben in der Liste, und klicken Sie auf den Button Bearbeiten ✎.
- **Vorgaben exportieren**: Eine aktivierte Vorgabe lässt sich als Textdatei außerhalb der allgemeinen Voreinstellungsdatei speichern. So haben Sie eine Sicherungskopie, falls Sie die Illustrator-Voreinstellungen einmal löschen müssen. Außerdem lässt sich die Textdatei an Kollegen weitergeben.
- **Einstellungen im aktuellen Dokument speichern**: Die Einstellungen im Drucken-Dialog speichert Illustrator, wenn Sie das Dokument drucken. Möchten Sie die Einstellungen im Dokument speichern, ohne gleich zu drucken, klicken Sie auf den Button Fertig. Um die Einstellungen dauerhaft im Dokument zu behalten, müssen Sie es nach dem Drucken bzw. dem Einstellen der Optionen noch einmal speichern.

20.4.9 Problemanalyse

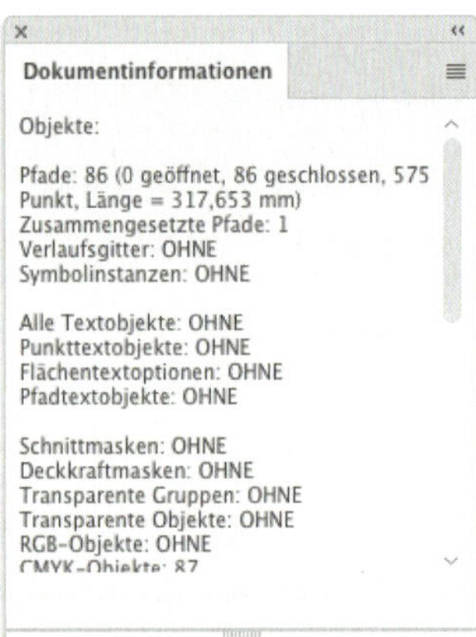

▲ **Abbildung 20.73**
Details zu einem Objekt im Dokumentinformationen-Bedienfeld

Stoßen Sie beim Drucken auf Probleme, gilt es, diese zu analysieren. Dafür können Sie die Bedienfelder von Illustrator einsetzen. Viele Schwierigkeiten rühren von fehlenden oder nicht auf dem letzten Stand befindlichen Bilddateien her – der Analyse dient Ihnen das Verknüpfungen-Bedienfeld (s. Abschnitt 19.2.2).

Überprüfen Sie die Anzahl und Verschachtelungstiefe der Ebenen mithilfe des Ebenen-Bedienfeldes.

Ein Universalbedienfeld listet viele Dokument- und Objekt-Eigenschaften gemeinsam auf: das Bedienfeld Dokumentinformationen. Rufen Sie es aus dem Menü Fenster auf. In der Standardansicht des Dokumentinformationen-Bedienfeldes finden Sie die Statistik zum Dokument. Im Bedienfeldmenü selektieren Sie, welche Informationen Sie im Bedienfeld anzeigen möchten. Möchten Sie z. B. die Anzahl der Punkte eines Pfades wissen, wählen Sie Objekte aus dem Bedienfeldmenü und aktivieren das betreffende Objekt.

Falls Schriften im Dokument fehlen, ist die Funktion Schrift • Fehlende Schriftarten auflösen aktiv, mit der Sie jedoch nur Schriften aus Adobe Fonts direkt aktivieren können.

20.5 Mit Verknüpfungen und Fonts verpacken

Bei der Weitergabe eines Projekts an die Druckerei wird überwiegend das PDF-Format eingesetzt. Um Dateien jedoch in größeren Arbeitsgruppen weiterzureichen, ist die Funktion VERPACKEN (auch bekannt als »Für Ausgabe sammeln«) jedoch recht nützlich, denn sie ermöglicht das Zusammenführen aller verknüpften Dateien und der Schriften in einem Ordner. Sie müssen alle Änderungen gespeichert haben, wenn Sie die Funktion aufrufen. Falls Sie eine alte Datei verpacken, speichern Sie sie mit SPEICHERN UNTER zunächst in die aktuelle Version, bevor Sie sie verpacken.

Außer CJK?

Chinesische, japanische oder koreanische Fonts werden aus urheberrechtlichen Gründen nie kopiert.

Dateien verpacken | Wählen Sie DATEI • VERPACKEN – ⌘+⌥+⇧+P bzw. Strg+Alt+⇧+P –, und bestimmen Sie im Verpacken-Dialog, welche Bestandteile der Datei gesammelt werden sollen.

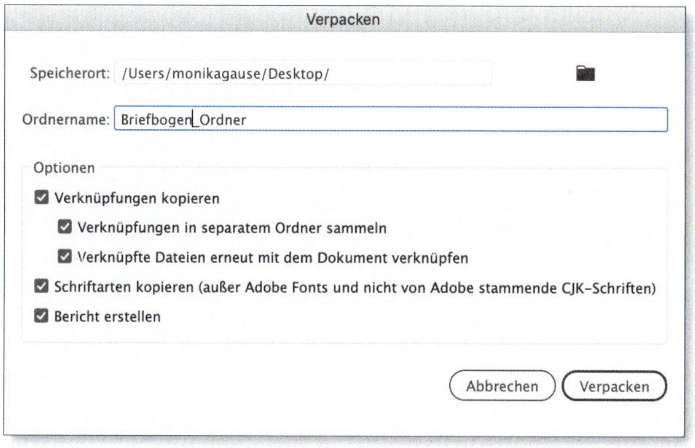

◀ **Abbildung 20.74**
Dialogbox VERPACKEN

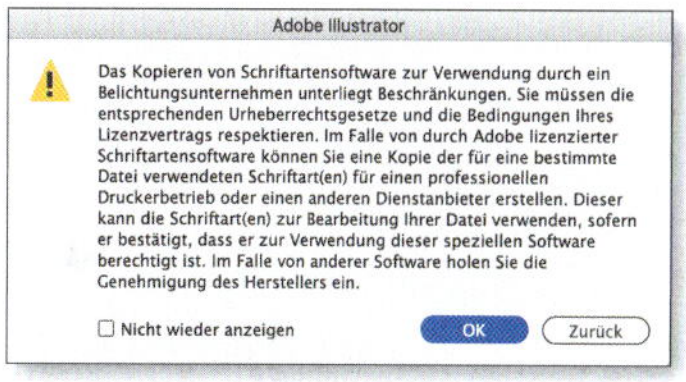

▲ **Abbildung 20.75**
Hinweis auf Lizenzbestimmungen für Fonts

Mit einem Klick auf den Button SPEICHERORT FÜR DEN VERPACKUNGSORDNER WÄHLEN 📁 rufen Sie eine Dialogbox auf, in der Sie den Zielordner festlegen können.

Falls Sie Fonts sammeln lassen, erscheint eine Meldung, die Sie auf die Lizenzrechte für Fonts hinweist. Nach dem Bestätigen dieser Meldung werden Fonts jedoch gespeichert.

Anders als in InDesign können Sie keine Anweisungen-Datei mit individuellen Inhalten generieren. Der REPORT enthält stattdessen Informationen über den Inhalt Ihrer Datei, wie verwendete Volltonfarben, über die verknüpften Dateien und über Probleme, wie nicht vorhandene Fonts. Sie sollten sich diese Datei daher ansehen.

Im Zielordner finden Sie anschließend einen Ordner mit der Illustrator-Datei und den zugehörigen Dateien, den Sie an Kollegen oder Dienstleister weitergeben können.

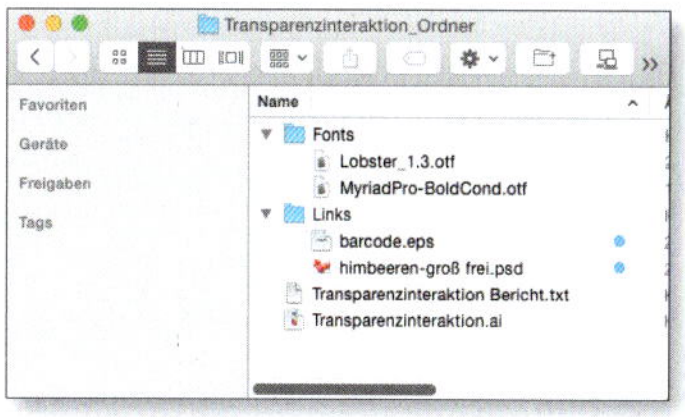

▲ **Abbildung 20.76**
Ordner mit den gesammelten Dateien

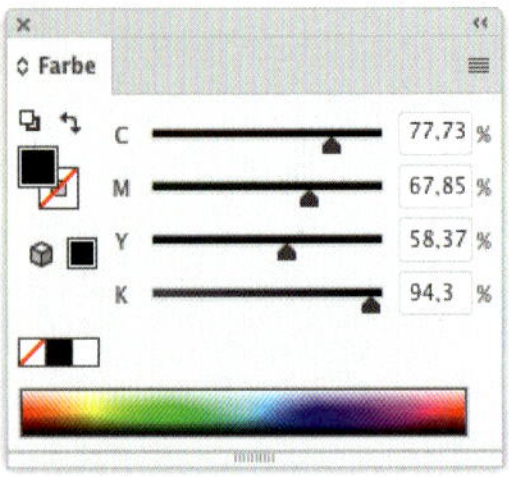

▲ **Abbildung 20.77**
Ist Ihr Dokument im RGB-Modus angelegt, wird Schwarz beim Druck zu »buntem« Schwarz.

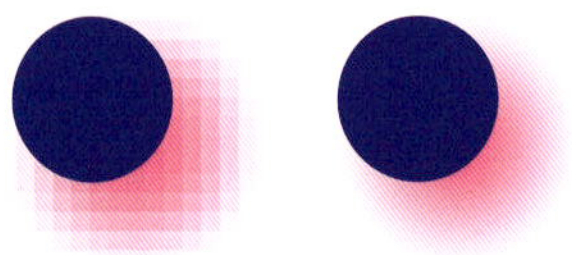

▲ **Abbildung 20.78**
Dokument-Rastereffekt-Auflösung zu gering (links), ausreichend (rechts)

▲ **Abbildung 20.79**
Geben Sie nur die Elemente weiter, die gedruckt werden sollen.

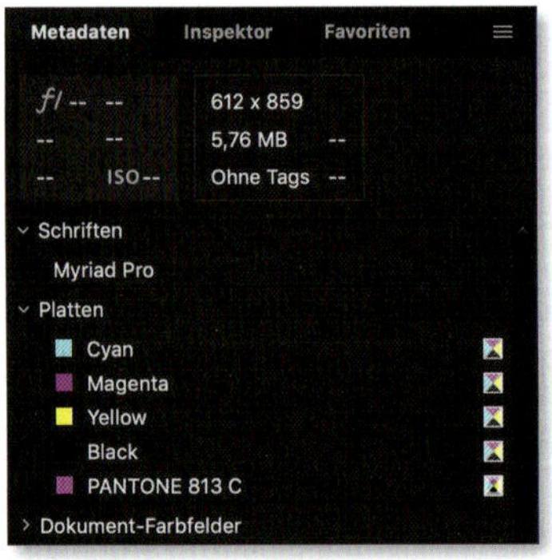

▲ **Abbildung 20.80**
Eine Übersicht der Druckfarben von Illustrator-Dateien in Adobe Bridge

Checkliste: Im Layout platzieren und drucken

Rücksprachen | Klären Sie alle Fragen mit Dienstleistern bzw. den Kollegen, die Ihre Grafik weiterverarbeiten.

Dokumentfarbmodus | Ihr Dokument sollte für den Druck von Anfang an im Dokumentfarbmodus CMYK angelegt sein. Verwenden Sie RGB, wenn Sie auf die Wirkung bestimmter Füllmethoden angewiesen sind und für Bildschirmmedien.

Farbprofil | Speichern Sie die Datei entweder mit einem genau passenden oder keinem Farbprofil. RGB-Dateien sollten ein Farbprofil erhalten.

Konturstärken | Beachten Sie die minimale Linienstärke, die im gewünschten Druckverfahren dargestellt werden kann. Im Offsetdruck sind dies etwa 0,25 Punkt für positive Linien und 0,5 Punkt für negative Linien. Denken Sie daran, dass Ihre Grafik im Layout eventuell verkleinert wird.

Schatten, Schein und Weiche Kante | Definieren Sie eine ausreichende Auflösung für die Berechnung pixelbasierter Effekte in den Dokument-Rastereffekt-Einstellungen.

Transparenzreduzierung | Stellen Sie je nach den Inhalten Ihrer Datei geeignete Optionen für die Verflachung der Live-Transparenz ein.

Bildauflösungen | Achten Sie darauf, dass platzierte Bilder in ausreichender Auflösung vorliegen, und skalieren Sie sie möglichst nicht innerhalb von Illustrator.

Angleichungsstufen | Achten Sie darauf, die Anzahl der Stufen bei Angleichungen nicht zu gering zu wählen, um weiche Übergänge zu erreichen. Definieren Sie andererseits auch nicht zu viele Schritte, um Verarbeitungszeiten zu optimieren.

Nicht sichtbare/nicht druckende Ebenen oder Objekte | Um Unklarheiten gar nicht erst entstehen zu lassen, löschen Sie alle Ebenen und Elemente, die nicht gedruckt werden sollen – jedenfalls in der Version des Dokuments, die Sie weitergeben.

Schriften einbetten | In PDFs werden Schriften üblicherweise eingebettet. Diese Möglichkeit besteht jedoch auch in EPS- und AI-Dokumenten für den Zweck der Platzierung im Layout. Eine Umwandlung der Schriften in Pfade sollten Sie möglichst ebenso vermeiden wie ein widerrechtliches Weitergeben der Fonts.

Schmuckfarben | Prüfen Sie, ob Schmuckfarben als Volltonfarben definiert wurden, und umgekehrt, ob alle Skalenfarben auch in CMYK vorliegen. Für eine schnelle Prüfung reicht das Separationen-Bedienfeld in Illustrator. Eine genauere Analyse erlaubt die Separationsvorschau in Acrobat.

Seitengröße | Falls Sie mit deaktivierter Anzeige der Zeichenflächen arbeiten, überprüfen Sie, ob alle zu druckenden Elemente innerhalb der definierten Zeichenflächen liegen.

Beschnittzugabe | Definieren Sie eine Beschnittzugabe, falls das Dokument randabfallende Elemente enthält.

Nicht benötigte Elemente | Löschen Sie nicht verwendete Pinsel, Symbole, Farbfelder und Grafikstile.

Dateiformat | Sprechen Sie das zu liefernde Dateiformat und gegebenenfalls einzustellende Optionen ab. Fragen Sie nach Druckertreibern und Joboptions für die Produktion von PDFs.

Kapitel 21
Web- und Bildschirmgrafik

Auch wenn Illustrator ursprünglich einmal entwickelt wurde, um das Erstellen von PostScript-Grafik zu vereinfachen, ist es heute auch aus dem Web- und Videobereich nicht mehr wegzudenken – und ist dank CC-Bibliotheken und Asset Export auch gut angebunden.

21.1 Screendesign mit Illustrator

Illustrator wird sowohl für Design und Konzeption von Icons und Webdesign-Elementen als auch im Produktionsprozess von Animationen und Applikationen eingesetzt. Illustrator unterstützt die Ausgabe von Cascading Style Sheets (CSS), das Kopieren von Grafik als SVG-Code zum direkten Einfügen in Webseiten sowie als Assets in Animationen oder Interface-Design-Umgebungen.

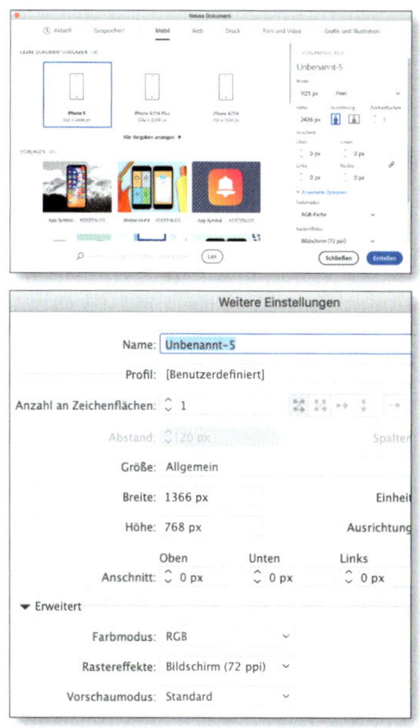

▲ **Abbildung 21.1**
Vorgaben im Bereich MOBIL der neuen Dialogbox DATEI NEU (oben) und das Dokumentprofil WEB in der Dialogbox NEUES DOKUMENT (unten)

21.1.1 Datei einrichten

Um neue Dateien für diese Einsatzgebiete zu erstellen, nutzen Sie eine der vielen Standardvorlagen, oder geben Sie eigene Optionen ein.

Standardvorlagen | Sowohl für das Webdesign als auch für mobile Geräte bietet Illustrator Standardvorlagen in typischen Größen, in denen wichtige Einstellungen wie der Dokumentfarbmodus RGB und die Rastereffektauflösung von 72 ppi bereits vorgenommen sind. Detaillierte Optionen haben Sie, wenn Sie auf WEITERE EINSTELLUNGEN klicken.

21.1.2 Pixelvorschau und Ausrichten

Die Pixelvorschau dient dazu, Ihre Grafik so anzuzeigen, wie sie beim Exportieren in rasterbasierte Formate und bei der Darstellung auf einem

Schriftdarstellung optimieren

Für Texte haben Sie die Wahl zwischen vier Glättungsoptionen, die Sie je nach Schriftgröße, Schriftart oder Anwendungszweck einsetzen können (s. Abschnitt 14.9.2). In den Exportoptionen für die jeweiligen Dateiformate müssen Sie außerdem die Option SCHRIFT OPTIMIERT auswählen.

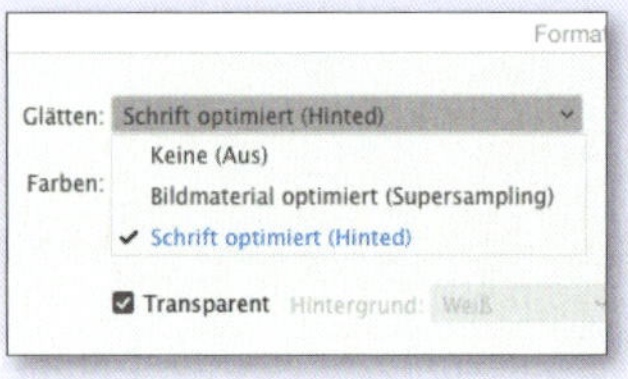

Monitor umgerechnet würde. Die Pixelvorschau aktivieren Sie entweder in der Dialogbox NEUES DOKUMENT oder mit ANSICHT • PIXELVORSCHAU – ⌘+⌥+Y bzw. Strg+Alt+Y. Vermeiden Sie spätere Verschiebungen des Linealnullpunkts (s. Abschnitt 3.4.4).

Per Voreinstellung mit der Pixelvorschau verbunden ist die Einstellung AN PIXEL AUSRICHTEN. Sie finden diese Option im Menü ANSICHT.

An Pixel ausrichten | Diese Ausrichtung bewirkt, dass Sie beim intuitiven Transformieren von Objekten deren Begrenzungsrahmen nur exakt im Pixelraster positionieren können. So werden horizontale und vertikale Objektkanten zumindest von rechteckigen Rahmen immer in optimaler Schärfe generiert. Konturen werden dabei jedoch nicht berücksichtigt und müssten umgewandelt werden, um sie exakt zu positionieren. Besitzt eine Form noch weitere Kanten innerhalb ihres Begrenzungsrahmens, dann reicht das Ausrichten am Pixel nicht.

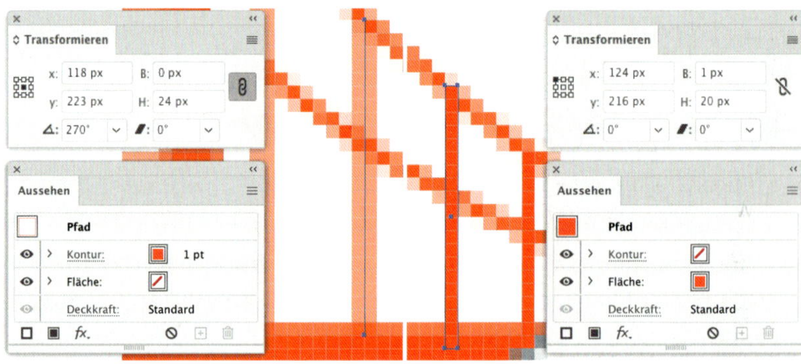

Abbildung 21.2 ►
Pfade werden immer zwischen zwei Pixeln angelegt. Besitzen sie eine ungerade Konturstärke (wie 1 Px), dann werden sie weichgezeichnet (links). Für Formen (ohne Konturen) ist die Ausrichtung dagegen ideal: sie sind immer randscharf (rechts).

Konturen | Wenn Sie Screendesigns erstellen, sind Konturstärken unterhalb der kleinsten darstellbaren Einheit, 1 Pixel, in der Regel ungünstig. Lediglich Konturen, die nicht horizontal oder vertikal ausgerichtet sind, können davon profitieren.

Damit 1-Pixel-Linien sauber dargestellt werden, müssen sie auf einem ganzen Pixel liegen. Problematisch ist hier jedoch die Eigenart von PostScript, die Linienstärke jeweils von der Mitte des Pfades aus zu berechnen.

Wenn Sie beim Webdesign mit aktivierter Pixelvorschau und der Einstellung AN PIXEL AUSRICHTEN arbeiten – was ratsam ist –, liegt der Pfad immer auf der Grenze zwischen zwei Pixeln. Eine nachträglich zugewiesene 1-Pixel-Kontur erstellt Illustrator also einen halben Pixel zur einen und einen halben zur anderen Seite, und damit wird die Kontur beim Export in Rasterformate unscharf und zu breit. Dieses Manko korrigiert die Ausrichtung am Pixelraster.

▲ Abbildung 21.3
Verglichen mit den senkrechten 1-Pixel-Linien sind die Kurven oben zu fett. Unten sind die Kurven leichter, dafür etwas dunkler und passen in der Stärke besser.

Zeichenfläche | Soll der Inhalt der ganzen Zeichenfläche randscharf für das Web gespeichert werden, dann ist die Basisvoraussetzung eine exakte Ausrichtung der Zeichenfläche im Pixelraster. Prüfen Sie die Position der Zeichenfläche und korrigieren Sie sie falls nötig.

▲ **Abbildung 21.4**
Das Problem: Eine Vektorgrafik ist in jeder Vergrößerungsstufe scharf (links). Wird sie gerastert, dann ergibt sich oft ein unscharfes Bild (2. v. links). Sie muss optimiert werden (2. v. rechts). Bei kleinerer Darstellung müssen auch noch Konturstärken und Objekte manuell angepasst werden (rechts).

Im Pixelraster arbeiten | Für eine bessere Ausrichtung aller Formen an Pixeln aktivieren Sie die Ausrichtung am Pixelraster. Sie können dokumentbezogen generell alle neuen Objekte mit dieser Einstellung versehen und sie für einzelne Objekte aktivieren, die aus anderen Dokumenten eingefügt wurden. Mit Optionen können Sie detailliert festlegen, wie sich die Objekte verhalten. In neuen Dokumenten aus dem Bereich Mobil und Web ist die Einstellung voreingestellt. Um sie zu aktivieren, wählen Sie Ansicht • An Pixel ausrichten oder klicken auf den Button Bildmaterial beim Erstellen und Transformieren an Pixelraster ausrichten (ganz rechts im Steuerungsbedienfeld bzw. im Ausrichten-Bereich des Eigenschaften-Bedienfelds). Um einzelne Objekte an Pixeln auszurichten, verwenden Sie Ausgewählte Zeichnung an Pixelraster ausrichten (diese Optionen finden Sie nur im Steuerungsbedienfeld).

In den Optionen zum Ausrichten an Pixeln können Sie anschließend einstellen, wie die Ausrichtung erfolgen soll. Rufen Sie die Optionen mit einem Klick auf den Pfeil auf:

- Beim Zeichnen an Pixeln ausrichten: Basierend auf den eingestellten Kontur- und Fülloptionen werden mit den Form-Werkzeugen oder dem Zeichenstift erstellte Pfade so eingerastet, dass sie exakt im Pixelraster liegen, d.h., dass Ankerpunkte bei einer Konturstärke von 1 Px auf halben und bei einer Konturstärke von 2 Px auf ganzen Pixeln liegen.
- Beim Bewegen an Pixeln ausrichten: Diese Optionen sind dafür gedacht, dass am Pixelraster ausgerichtete Objekte randscharf bleiben, wenn Sie sie verschieben. Sie können dieses Verhalten für das Bewegen des gesamten Pfades, einzelner Pfadsegmente oder der Griffe individuell aktivieren. Wenn Sie es lediglich für Pfadsegemente aktivieren,

▲ **Abbildung 21.5**
Dialogbox Optionen zum Ausrichten an Pixeln

▲ **Abbildung 21.6**
Skalieren einer komplexen, am Pixelraster ausgerichteten Zeichnung: Die Objekte sind anschließend nicht mehr pixelgenau.

Maßeinheit umstellen

Die Maßeinheit des Dokuments lässt sich umstellen, indem Sie mit einem Rechtsklick (oder Mac: ctrl-Klick) auf eines der Lineale das Kontextmenü aufrufen und dann die gewünschte Maßeinheit aus dem Menü wählen.

wirkt diese Einstellung auch nur, wenn Sie das Pfadsegment direkt greifen und verschieben.

- Beim Skalieren an Pixeln ausrichten: Mit dieser Option bleibt die Ausrichtung an Pixeln auch beim Skalieren von Pfaden erhalten. Dies funktioniert mit Gruppen, komplexen Zeichnungen oder beim proportionalen Skalieren nur in Ausnahmefällen. Sind Konturen beteiligt, deaktivieren Sie die Voreinstellung Konturen und Effekte skalieren.

Objekte, die nicht pixelgenau dargestellt werden können | Besitzt ein Objekt keine horizontalen oder vertikalen Pfadsegmente, kann es nicht pixelgenau dargestellt werden. Entsprechend blendet Illustrator eine Fehlermeldung ein, wenn Sie versuchen, das Objekt pixelgenau auszurichten.

Objekte unabhängig vom Pixelraster bewegen | Wenn Sie Objekte unabhängig vom Pixelraster bewegen wollen, deaktivieren Sie die pixelgenaue Ausrichtung in der Datei. Nach einer Transformation ist die pixelgenaue Ausrichtung für das betreffende Objekt deaktiviert.

21.1.3 Barrierefreiheit

Eine wichtige Bedingung für die Barrierefreiheit von Webseiten und anderen Dokumenten besteht darin, dass mit Farbe dargestellte Informationen auch ohne Farbe verfügbar sind, z. B. auf Schwarz-Weiß-Geräten oder bei Farbfehlsichtigkeit. Mit dem Softproof auf Farbenblindheit (s. Abschnitt 7.7.2) können Sie Ihre Entwürfe testen.

21.1.4 Stile und Klassennamen

Damit Sie die Formatierungsoptionen Ihres Designs als CSS (Cascading Style Sheet) zur Weitergabe an einen Webdesigner exportieren können (s. Abschnitt 21.2.4), müssen Sie die Datei vorbereiten. Elemente, deren Eigenschaften eingeschlossen werden sollen, müssen im Ebenen-Bedienfeld mit den entsprechenden Klassennamen benannt werden, und alle Schriftformatierungen müssen als Zeichenformat angelegt sein. Grafikstile für häufig benötigte Eigenschaften können Ihnen Arbeit ersparen und sind wichtig für den Export Ihrer Grafik als SVG.

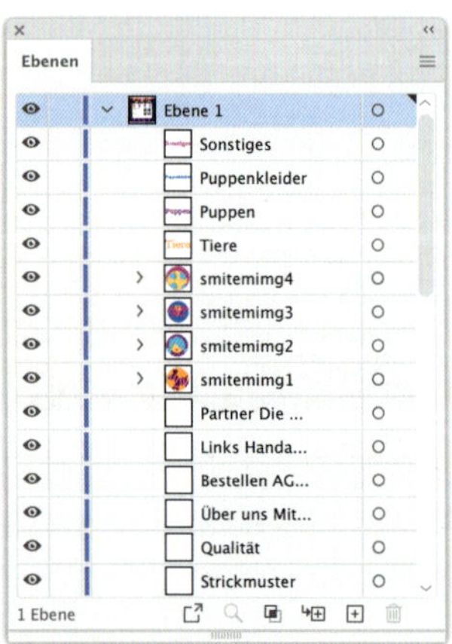

▲ **Abbildung 21.7**
Benennen von Buttons im Ebenen-Bedienfeld

21.1.5 Slices

Slices definieren in einer Grafik einzelne Bereiche, denen Sie beim Export als Webgrafik individuelle Exportoptionen zuweisen können. Slices sind selbstverständlich nur virtuelle Schnitte, die Ihre Vektorobjekte völlig intakt lassen. Slices lassen sich auf zwei Arten erstellen – mit dem Slice-Werkzeug und über das Menü OBJEKT.

Achtung! Da Illustrator nur noch mit einem kleinen Trick HTML generieren kann, sind viele Optionen der Slices – z. B. das Angeben einer URL oder das Anlegen eines HTML-Text-Slice – vergebliche Mühe.

Anzeige | Die Optionen für die Anzeige der Slices definieren Sie unter VOREINSTELLUNGEN • SLICES. Stellen Sie eine LINIENFARBE ein, und aktivieren Sie die Anzeige der Slice-Nummerierung. Um Slices ein- oder auszublenden, wählen Sie die entsprechende Option im Menü ANSICHT.

Dort können Sie auch mit dem Menüpunkt SLICES FIXIEREN die von Ihnen definierten Slices vor unbeabsichtigtem Verändern schützen.

Mit dem Slice-Werkzeug erstellen | Um ein Slice mit dem Werkzeug anzulegen, wählen Sie es aus dem Werkzeugbedienfeld – Shortcut ⇧+K – und klicken und ziehen ein Rechteck auf, das Ihr Slice definiert. Auf diese Art erzeugte Slices sind auf ihre Position auf der Zeichenfläche festgelegt und verändern sich nicht, wenn Sie Objekte verschieben.

Über das Menü erstellen | Aktivieren Sie ein Objekt, über dem Sie ein Slice anlegen möchten, und wählen Sie OBJEKT • SLICE • ERSTELLEN oder – falls Sie ein Slice um mehrere aktivierte Objekte bilden möchten – OBJEKT • SLICE • AUS AUSWAHL ERSTELLEN. Mit dem Befehl AUS HILFSLINIEN ERSTELLEN werden in der Datei angelegte Hilfslinien als Basis verwendet.

Ein aus einem einzelnen Objekt definiertes Slice ist an das Objekt gebunden, bewegt sich mit ihm und wird entfernt, sobald Sie das Objekt löschen. Diese Befehle sind nur aktiv, wenn Slices nicht fixiert sind.

Auto-Slices | Illustrator ergänzt immer automatische Slices ❺, sodass sich insgesamt eine Rechteckfläche ergibt, die alle Objekte in der Datei umfasst. Bewegen oder verändern Sie Slices, aktualisiert Illustrator die Auto-Slices. Auto-Slices sind durch eine hellere Farbe gekennzeichnet.

Unter-Slices | Falls Sie ein Slice definieren, das ein anderes überlappt, muss das untere Slice aufgeteilt werden, da Slices nur nebeneinanderliegend generiert werden. Die dabei entstehenden Unter-Slices ❹ sind nicht eigenständig zu aktivieren oder zu bearbeiten. Welche Slices entstehen, wird durch die Stapelreihenfolge der Slices beeinflusst.

Auf Zeichenfläche beschränken | Normalerweise ergänzt Illustrator Auto-Slices so, dass alle Objekte in der Datei eingeschlossen sind. Möchten

HTML generieren lassen

Mit einem kleinen Trick können Sie Illustrator immer noch dazu bringen, HTML zu generieren (s. Seite 735). Von dieser Vorgehensweise ist jedoch abzuraten, da das von Illustrator generierte HTML mit moderner Webentwicklung nichts zu tun hat.

▲ **Abbildung 21.8**
Voreinstellungen für Slices

▲ **Abbildung 21.9**
Slice-Werkzeuge

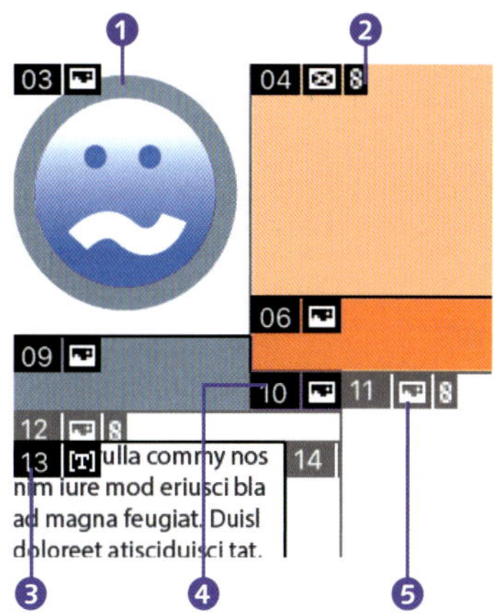

▲ **Abbildung 21.10**
Slice-Typen: BILD ❶, KEIN BILD ❷, HTML-TEXT ❸, Slice mit Unter-Slice ❹, Auto-Slice ❺

Slices und Zeichenflächen

Wenn Sie Objekt • Slice • Ganze Zeichenfläche exportieren aktivieren, können Sie für jede Zeichenfläche einen unabhängigen Satz Slices anlegen.
Mit Objekt • Zeichenflächen • In Zeichenflächen konvertieren können Sie ein aktiviertes Slice in eine Zeichenfläche umwandeln.

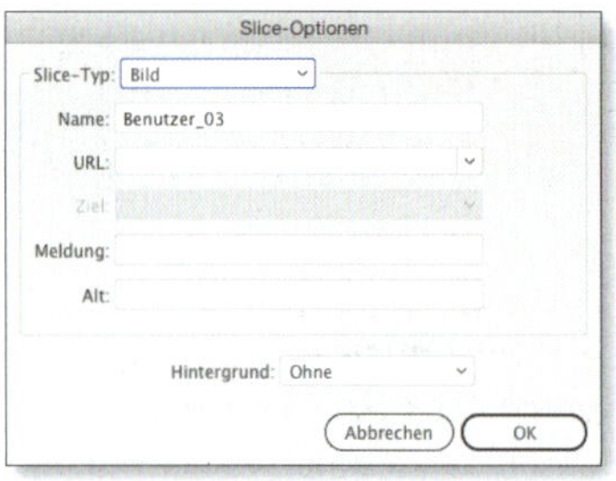

▲ **Abbildung 21.11**
Optionen für ein Bild-Slice

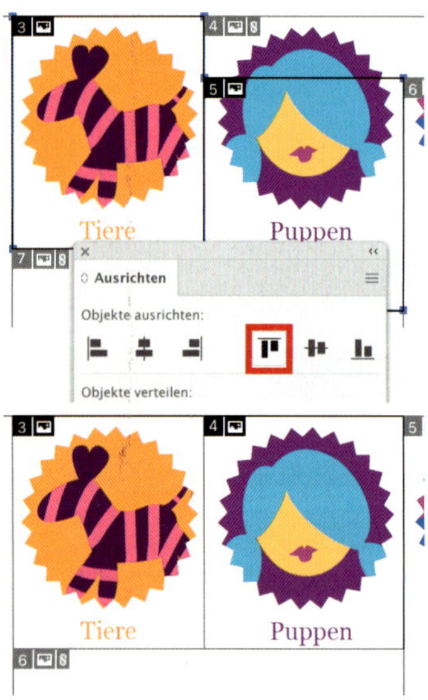

▲ **Abbildung 21.12**
Slices mit dem Ausrichten-Bedienfeld exakt positionieren

Sie die Definition von Slices auf die Zeichenfläche beschränken, wählen Sie Objekt • Slice • Ganze Zeichenfläche exportieren.

Slices auswählen | Mit dem Slice-Auswahl-Werkzeug aktivieren Sie Slices, um sie zu bearbeiten. Mit ⇧ fügen Sie weitere Slices zur Auswahl hinzu. Mit dem Menü Objekt erzeugte Slices wählen Sie aus, indem Sie das zugehörige Objekt auswählen. Alternativ wählen Sie Slices über das Ebenen-Bedienfeld aus. Auto-Slices können Sie nicht auswählen.

Slice-Optionen | Aktivieren Sie ein Slice, und wählen Sie Objekt • Slice • Slice-Optionen..., um den Slice-Typ festzulegen und weitere Einstellungen vorzunehmen. Drei Slice-Typen stehen zur Auswahl: Bild, Kein Bild und HTML-Text – das Anlegen der letzten beiden Typen hat keine Bedeutung für den Export. Den Typ zeigt Illustrator auf der Zeichenfläche mit dem abgebildeten Symbol an:

- Bild: Mit diesem Typ wird eine Bilddatei erzeugt. Im Feld Name können Sie einen Namen für die beim Speichern erzeugte Datei definieren. Die Eingabe einer URL können Sie sich sparen, da sie nur für die HTML-Ausgabe interessant wäre.
  Die Komprimierungsoptionen legen Sie in der Dialogbox Für Web speichern (Legacy) fest (s. Abschnitt 21.2.2).

Begrenzungen anpassen | Klicken und ziehen Sie Slices mit dem Slice-Auswahl-Werkzeug an die gewünschte Position. Mit ⇧ schränken Sie die Bewegung auf 45°-Schritte ein. Klicken und ziehen Sie eine Seite oder Ecke seines Begrenzungsrahmens, um die Größe zu verändern. Um Slices aneinander auszurichten oder zu verteilen, verwenden Sie die Funktionen des Ausrichten-Bedienfeldes (s. Abschnitt 4.8).

Die Stapelreihenfolge von Slices verändern Sie mithilfe des Ebenen-Bedienfeldes – diese Option ist wichtig für die Erstellung von Unter-Slices (s. Abschnitt 11.1).

Möchten Sie ein mit dem Slice-Werkzeug angelegtes Slice aufteilen, aktivieren Sie es und wählen Objekt • Slice • Slices unterteilen. Umgekehrt lassen sich mit Objekt • Slice • Slices kombinieren mehrere Slices zu einem zusammenfügen.

Slices löschen | Mit dem Werkzeug erstellte Slices aktivieren Sie und drücken die Löschtaste. Haben Sie ein Slice über das Menü Objekt generiert, aktivieren Sie es und wählen Objekt • Slice • Zurückwandeln. Beim Entfernen mit der Löschtaste würde in diesem Fall auch das Vektorobjekt gelöscht. Um alle Slices zu löschen, wählen Sie Objekt • Slice • Alle löschen.

21.2 Webformate aus Illustrator speichern

Für Web-Workflows bietet Illustrator drei Exportmöglichkeiten an: das Speichern von Bilddateien aus Objekten mit der Funktion FÜR BILDSCHIRME EXPORTIEREN bzw. dem Export-von-Element-Bedienfeld, das Speichern aus Slices mit FÜR WEB SPEICHERN (LEGACY) und den Export von CSS-Dateien und Bildern über das CSS-Eigenschaften-Bedienfeld.

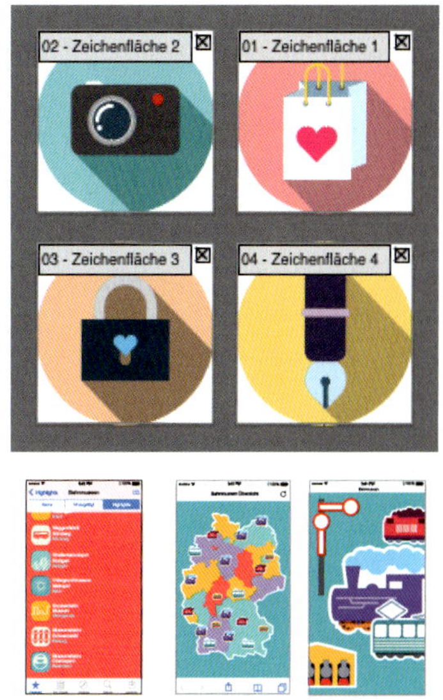

▲ **Abbildung 21.13**
In einigen Fällen enthalten Dokumente lediglich die Icons auf eigenen Zeichenflächen, in anderen Fällen wird das gesamte Interface in Illustrator entwickelt, und eine Zeichenfläche enthält dann die gesamte Seite mit mehreren zu exportierenden Elementen.

21.2.1 »Für Bildschirme exportieren«/»Export von Element«

Um viele Grafikbestandteile (Assets) einer Website oder einer App gemeinsam und gegebenenfalls für unterschiedliche Größen zu exportieren, verwenden Sie dieses Funktionenpaar.

Zeichenflächen exportieren | Sind Ihre Elemente auf einzelnen Zeichenflächen erstellt, rufen Sie DATEI • EXPORTIEREN • FÜR BILDSCHIRME EXPORTIEREN auf.

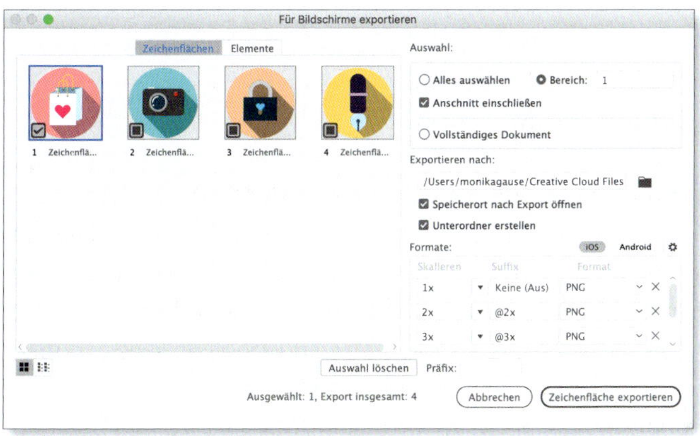

◀ **Abbildung 21.14**
Die Funktion FÜR BILDSCHIRME EXPORTIEREN verwenden Sie, wenn Sie einzelne Elemente auf individuellen Zeichenflächen angelegt haben.

- Zeichenflächen auswählen: Die Dialogbox listet automatisch alle Zeichenflächen des Dokuments und aktiviert sie für den Export. Sie können mit einem Klick auf das Häkchen ☑ im Icon einzelne Zeichenflächen vom Export ausschließen. Unter AUSWAHL können Sie alternativ mit ALLES AUSWÄHLEN alle Zeichenflächen aktivieren, unter BEREICH die Nummern der Zeichenflächen numerisch eingeben oder mit VOLLSTÄNDIGES DOKUMENT alle Objekte im Dokument als eine Grafik ausgeben.
- FORMATEINSTELLUNGEN: Sie können PNG, JPG, SVG und PDF mit der Funktion exportieren. Die Einstellungen für die Formate rufen Sie mit einem Klick auf das Zahnrad-Symbol ⚙ auf. Wählen Sie in der linken Spalte nacheinander die gewünschten Dateiformate aus, und bestimmen Sie deren jeweilige Optionen. Detaillierte Beschreibungen

Design mit Zeichenflächen

Falls Sie Icons auf eigenen Zeichenflächen anlegen, benennen Sie die Zeichenflächen. Die Funktion FÜR BILDSCHIRME EXPORTIEREN verwendet den Namen der Zeichenfläche als Bestandteil des Dateinamens.

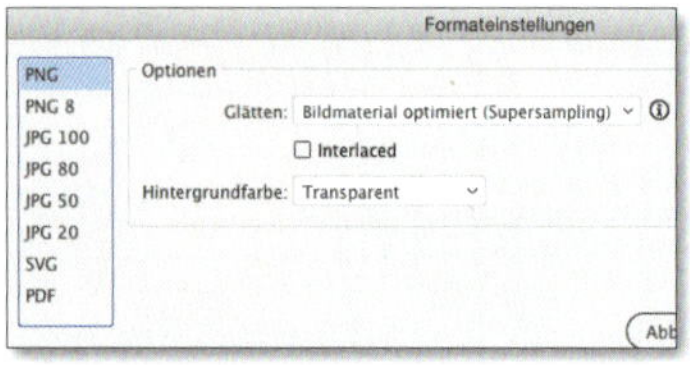

▲ **Abbildung 21.15**
Dialogbox Formateinstellungen

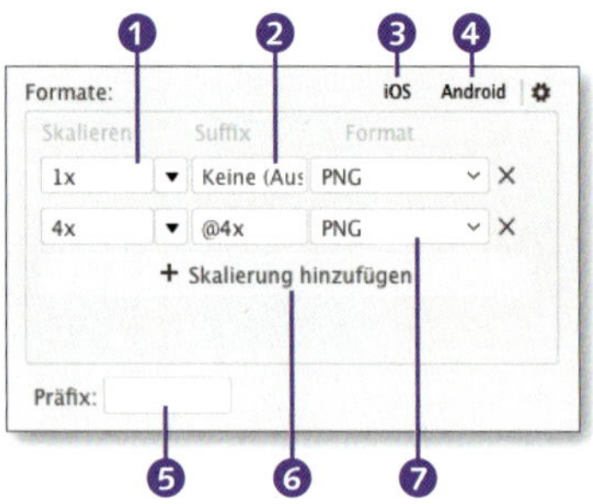

▲ **Abbildung 21.16**
Konfigurieren der Exportformate und Dateinamen

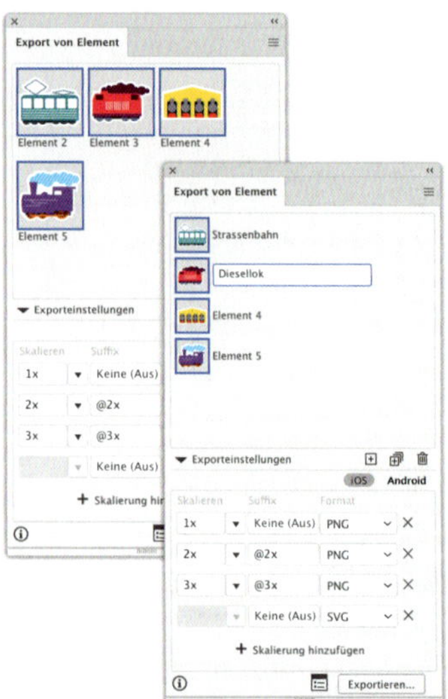

▲ **Abbildung 21.17**
Das Export-von-Element-Bedienfeld in der Rasteransicht (links) und der Listenansicht (rechts); die Umstellung erfolgt über das Bedienfeldmenü.

der Optionen finden Sie in Abschnitt 21.3, 21.4 und 20.2. Bestätigen Sie mit Einstellungen speichern.

- Formate: Unter Formate geben Sie die Skalierungen ein, die Sie exportieren möchten, und konfigurieren die Dateinamen. Alle Formate in der Liste werden für alle aktivierten Zeichenflächen generiert. Für Apps werden Icons in vielen unterschiedlichen Größen benötigt; auch auf responsiven Web-Seiten werden noch Icons in unterschiedlichen Größen eingesetzt. Wählen Sie einen Skalierungsfaktor aus dem Menü unter Skalieren ❶, oder geben Sie ihn numerisch ein. Das Dateiformat bestimmen Sie unter Format ❼. Mit einem Klick auf Skalierung hinzufügen ❻ erzeugen Sie ein weiteres Format. Die typischen Größen für iOS ❸ und Android ❹ aktivieren Sie mit einem Klick auf den jeweiligen Button.
- Präfix: Der Dateiname setzt sich aus einem Präfix, dem Namen der Zeichenfläche und einem Suffix zusammen. Das Suffix ❷ geben Sie bei der jeweiligen Größe ein, das Präfix im gleichnamigen Feld ❺.
- Exportieren nach: Wählen Sie einen Ordner für die exportierten Dateien mit einem Klick auf das Ordnersymbol. Illustrator sortiert die Dateien nach Skalierungsfaktor in Unterordner, falls Sie die Option Unterordner erstellen aktivieren.

Einzelne Objekte exportieren | Wenn die Objekte nicht auf Zeichenflächen separiert sind, rufen Sie das Bedienfeld mit Fenster • Export von Element auf – im Dock besitzt es das Symbol. Ziehen Sie die betreffenden Elemente ins Export-von-Element-Bedienfeld. Falls Sie mehrere Objekte gemeinsam ins Bedienfeld ziehen, wird für jedes ein eigenes Element angelegt. Falls mehrere Objekte zu einem Asset werden sollen, drücken Sie ⌥/Alt, während Sie die Objekte ins Bedienfeld ziehen. Alternativ aktivieren Sie das Objekt oder die Gruppe und klicken auf den Button Einzelnes Element bzw. Mehrere Elemente aus Auswahl erzeugen. Um ein Element wieder vom Export auszuschließen, aktivieren Sie es und klicken auf den Löschen-Button.

Mit einem Doppelklick aktivieren Sie den Elementnamen, um ihn zu bearbeiten. Er wird zum Teil des Dateinamens der exportierten Grafikdateien. Die Dateiformateinstellungen erreichen Sie über Formateinstellungen im Bedienfeldmenü. Die Konfiguration der Größen und Dateinamen erfolgt wie beim Export der Zeichenflächen. Um den Export auszulösen, aktivieren Sie die gewünschten Icons in der Dialogbox und klicken auf Exportieren.

Einstellungen speichern | Die Zusammenstellung der zu exportierenden Zeichenflächen bzw. Elemente wird in der Datei gespeichert. Für den Export von Zeichenflächen werden auch die Größeneinstellungen gespeichert. Die im Export-von-Element-Bedienfeld eingestellten Größen für die Elemente werden leider nicht gesichert – hier merkt sich Illustrator lediglich die in der letzten bearbeiteten Datei vorgenommenen Einstellungen.

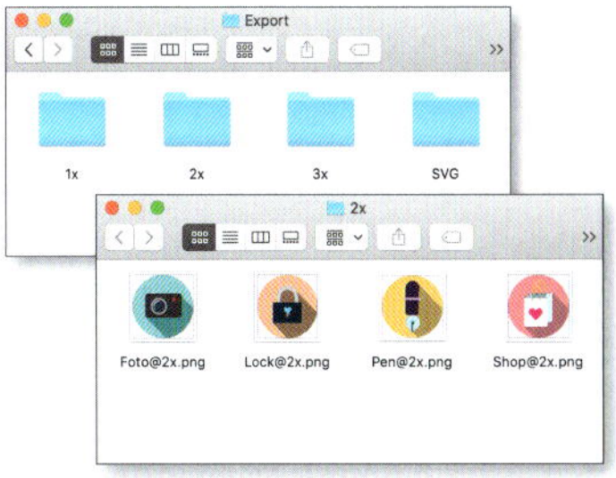

▲ **Abbildung 21.18**
Durch die Exportfunktion generierte Icons

21.2.2 Für Web speichern (Legacy)

Wählen Sie Datei • Exportieren • Für Web speichern (Legacy), um Ihre Grafik in GIF, JPEG oder PNG zu exportieren. Die Funktion hat zwei besondere Merkmale: Sie erhalten eine Vorschau der komprimierten Grafik, und Sie können feste Pixeldimensionen für die exportierte Datei angeben.

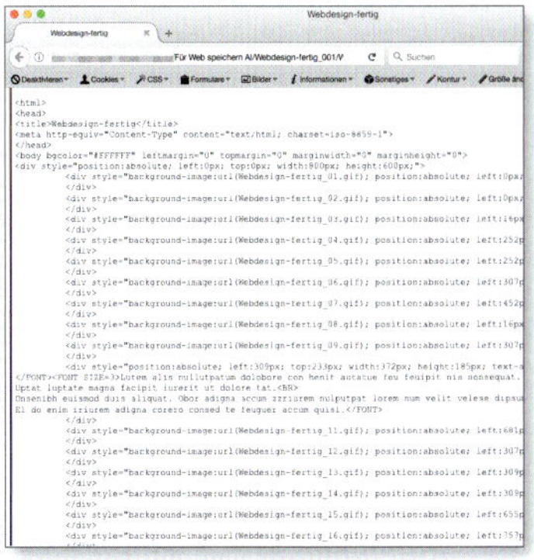

▲ **Abbildung 21.19**
So bekommt man Illustrator dazu, HTML zu generieren: Ein Klick auf den Vorschau-Button genügt. Die HTML-Ausgabe ist aber nicht konfigurierbar und der Code erfüllt nicht die aktuellen Ansprüche.

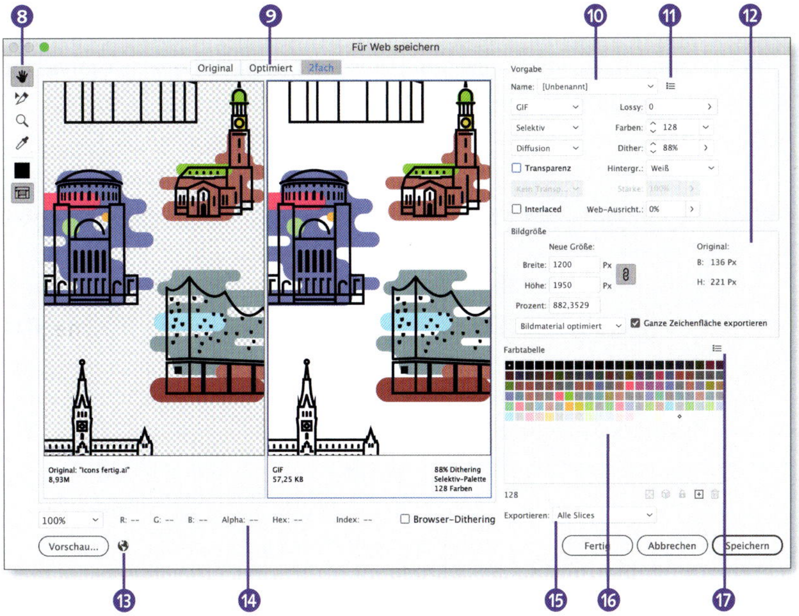

▲ **Abbildung 21.20**
Für Web speichern mit den Optionen für das GIF-Format

Die Werkzeug-Buttons ❽ dienen der Navigation in den Vorschaubildern: Mit dem Hand-Werkzeug verschieben Sie die Ansicht im Fenster. Verwenden Sie das Slice-Auswahl-Werkzeug, um einzelne oder mehrere Slices auszuwählen. Das Zoom-Werkzeug skaliert die Ansicht der Grafik, und mit dem Pipette-Werkzeug nehmen Sie Farben aus den Vorschaubildern auf. Klicken Sie auf den Slices-einblenden/ausblenden-Button, um die Anzeige der Slices zu steuern.

Mit den Reitern ❾ stellen Sie die Anzeige der Vorschau ein. Sie können sich nur die Originalgrafik, nur die optimierte Version oder eine

Dialogbox beenden

Die Dialogbox können Sie auf drei Arten beenden:
Speichern generiert die Dateien basierend auf Ihren Einstellungen.
Fertig speichert Ihre Einstellungen, generiert jedoch keine Dateien.
Abbrechen verwirft Ihre Einstellungen und generiert keine Dateien.

▲ **Abbildung 21.21**
Die »typischen« Musterartefakte lassen sich meistens mit der Methode BILDMATERIAL OPTIMIERT in der Ausgabe beseitigen.

▲ **Abbildung 21.22**
Hier lässt sich eine Liste von Browsern als Menü einrichten.

▲ **Abbildung 21.23**
Diese AI-Datei kann nun in Xd weiterbearbeitet und z. B. mit Interaktionen versehen werden.

[Cascading Style Sheets]
Um inhaltliche Struktur und Layout auf einer Webseite konsequent trennen zu können, werden Formatierungsanweisungen wie Schriftgrößen, Rahmen oder Farben in Style Sheets (CSS) ausgelagert. Der HTML-Code gliedert nur den Inhalt mit Strukturanweisungen wie Liste, Absatz oder Überschriften unterschiedlicher Ordnung.

Gegenüberstellung von Original und optimierter Version anzeigen lassen. Einstellungen, die Sie vornehmen, werden auf das Vorschaufenster angewendet.

Einige mitgelieferte sowie eigene Komprimierungseinstellungen, die Sie speichern, wählen Sie im Menü VORGABEN ⑩ aus.

Im MENÜ ›OPTIMIERT‹ ≡ ⑪ finden Sie verschiedene Befehle, die Grundeinstellungen oder den Umgang mit Slices betreffen. Mit dem oben aufgeführten Befehl lassen sich z. B. Ihre Einstellungen speichern, sodass sie im Menü VORGABEN angezeigt werden.

Im Bereich BILDGRÖSSE ⑫ lässt sich die Grafik noch skalieren, und Sie wählen hier auch die Anti-Aliasing-Methode aus. Mit der Methode BILDMATERIAL OPTIMIERT können Sie häufig sowohl die hellen Linien innerhalb von Mustern als auch Artefakte in 3D-Objekten in den exportierten Bildern noch unterdrücken.

Im Browsermenü ⑬ können Sie Links zu den auf Ihrem Computer installierten Browsern einrichten. Bei dieser Vorschau wird veralteter HTML-Code generiert und im ausgewählten Browser angezeigt.

Die Statusleiste ⑭ zeigt die RGB- und HEX-Werte des unter dem Cursor befindlichen Pixels sowie dessen Position in der Farbpalette (für GIF und PNG-8).

Im Menü EXPORTIEREN ⑮ wählen Sie aus, welche Slices exportiert werden sollen: ALLE SLICES, nur die von Ihnen angelegten (BENUTZER-SLICES) oder alle in der Dialogbox ausgewählten Slices.

Zur Optimierung der Farbpalette von GIF und PNG-8 finden Sie unter der Paletten-Anzeige eine Buttonleiste ⑯. Weitere Funktionen und Sortierungsoptionen bietet das Menü ⑰.

21.2.3 Übergabe an Adobe Xd

Web- und Screendesign-Protoypen lassen sich in Xd einfacher und mit mehr Funktionen erstellen als in Illustrator. Illustrator-Dateien müssen nicht exportiert werden, sondern Sie können sie in Xd öffnen und dabei importieren oder einzelne Objekte über die Zwischenablage kopieren und in Xd einfügen.

21.2.4 Übergabe an Photoshop

Alternativ zum direkten Speichern in Webformate können Sie die Grafik auch an Photoshop übergeben und mit den anderen, teilweise besseren Algorithmen speichern. Dazu laden Sie die Grafik als Smart-Objekt in Photoshop oder fügen über die Zwischenablage Formen oder Smart-Objekte ein.

21.2.5 CSS-Eigenschaften exportieren

Pixelgenau aufgebaute Websites können moderne Anforderungen wie die Tauglichkeit für unterschiedliche Geräte nicht erfüllen und wurden komplett von standardkonformen, responsiven HTML5-, CSS- und JavaScript-basierten Websites abgelöst. Das hat zur Folge, dass Weblayouts nicht mehr einfach aus Designsoftware exportiert werden können, sondern in Web-Editoren erstellt werden müssen. Das Auslesen der einzelnen Formatierungen wie Farben, Schriften, Linienstärken, Schatten, Verläufe oder gerundeten Ecken aus einem Illustrator-Entwurf wäre dabei jedoch sehr mühsam und zeitaufwendig. Um diesem Problem zu begegnen, können Sie Layout-Eigenschaften zusammen mit Grafiken »in einem Rutsch« in eine CSS-Datei exportieren.

Export von Spezifikationen

Prototyping-Software wie Xd erlaubt den Export umfangreicher Styleguides, die alle Beteiligten für die Webentwicklung verwenden können.

Von Illustrator in CSS | CSS-Eigenschaften werden HTML-Elementen (wie z.B. <P> oder <H2>) oder individuell definierten Klassen (wie z.B. <DIV CLASS="TITEL">) zugewiesen. Von all den Möglichkeiten, die die CSS-Spezifikation eigentlich bietet, beherrscht Illustrator jedoch nur den Export von Klassen. Die HTML-Dateien werden so komplizierter, umfangreicher und größer als erforderlich und entsprechen in vielen Bereichen nicht den »Standards« des Aufbaus von Webseiten.

```
<!doctype html>
<html>
<head>
<title>HTML-CSS</title>
<style type="text/css">
h1 {
    color:#F00;
}
p {
    color:#000;
}
</style>
</head>
<body>
<h1>Überschrift</h1>
<p>Hier kommt ein Absatztext.</p>
</body>
</html>
```

```
<!doctype html>
<html>
<head>
<title>Illustrator-Stile</title>
<style type="text/css">
.h1 {
    color:#F00;
}
.p {
    color:#000;
}
</style>
</head>
<body>
<h1 class="h1">Überschrift</h1>
<p class="p">Hier kommt ein Absatztext.</p>
</body>
</html>
```

◀ **Abbildung 21.24**
Effizientes Styling von HTML-Elementen mit CSS-Stilen (links) im Vergleich zum Aufbau mit Klassen, wie für die aus Illustrator exportierten CSS-Dateien erforderlich (rechts); je komplexer das Layout, desto mehr derartige Umwege wären erforderlich.

Der Export der CSS-Eigenschaften aus Illustrator ist daher zwar eine gute Möglichkeit, Formatierungen effizient aus der Datei zu extrahieren, und erlaubt eine schnelle Umsetzung von Funktionsdemos, sollte jedoch nicht ohne Überarbeitung in einer Live-Website eingesetzt werden. Sprechen Sie Klassennamen und den Aufbau mit den Webentwicklern ab.

Export vorbereiten | Um den CSS-Export optimal nutzen zu können, müssen Sie strukturiert arbeiten. Illustrator verwendet Zeichenformate und die Namen der Objekte im Ebenen-Bedienfeld, um die CSS-Eigenschaften zusammenzustellen.

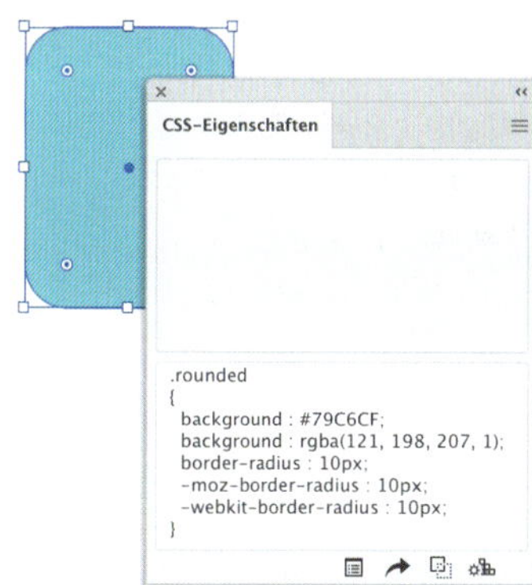

▲ **Abbildung 21.25**
CSS-abgerundete Ecken werden aus abgerundeten Rechtecken generiert.

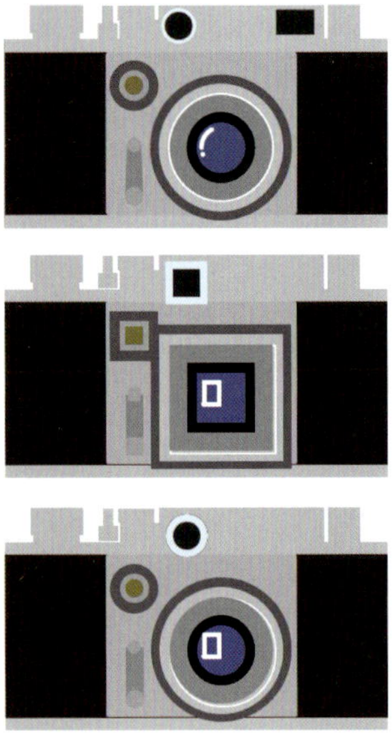

▲ **Abbildung 21.26**
Eine Grafik wie in der Abbildung oben sollten Sie lieber gruppieren, dann wird sie in ein Pixelbild umgewandelt. Ist sie jedoch nicht gruppiert, dann erzeugt Illustrator das CSS für die Version in der Mitte. Fügt man manuell noch einen passenden BORDER-RADIUS hinzu, ergibt sich die Version unten.

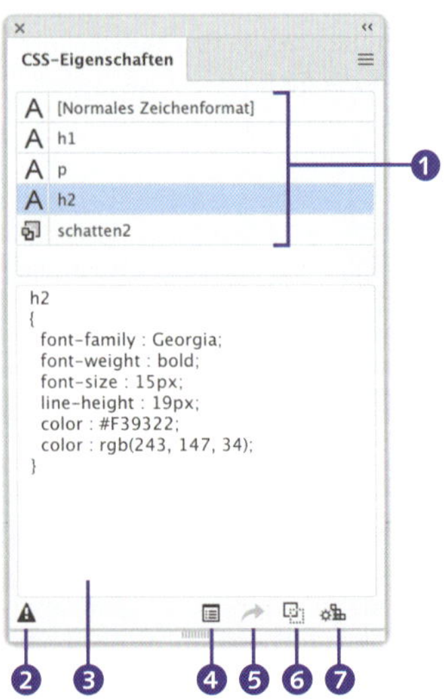

▲ **Abbildung 21.27**
CSS-Eigenschaften-Bedienfeld

- Zeichenformate: Schriftformatierungen müssen Sie als Zeichenformat erstellen und den Texten zuweisen. Aus den Zeichenformaten generiert Illustrator die CSS-Stile, die Namen der Zeichenformate werden als Klassennamen übernommen. Bezeichnen Sie Ihre Textformate mit »h1« bis »h6« oder »p«, werden diese als Elemente ins CSS übernommen.
- Grafikelemente: Benennen Sie alle Objekte (Einzelpfade oder Gruppen), deren Eigenschaften in die CSS-Datei aufgenommen werden sollen, im Ebenen-Bedienfeld. Einfache Pfade werden per CSS zu Boxen auf der Webseite. Illustrator legt Rechtecke in den Ausmaßen des Begrenzungsrechtecks an und versieht sie mit den Eigenschaften des Objekts, soweit dies möglich ist.
- Abgerundete Ecken: Anders als erwartet, erzeugt Illustrator die CSS-Border-Radius-Eigenschaft nicht aus dem Ecken-abrunden-Effekt, sondern aus abgerundeten Rechtecken.
- Muster: Aus zugewiesenen Mustern kann Illustrator eine Kachel generieren und für die Webseite exportieren. Für einen sauberen Export ist es wichtig, dass das Musterelement exakt am Pixelraster ausgerichtet ist. Kontrollieren und korrigieren Sie dies im Musterbearbeitungsmodus in der Pixelvorschau.

CSS-Eigenschaften-Bedienfeld | Um das CSS und gegebenenfalls die abhängigen Rasterdateien zu generieren, verwenden Sie das CSS-Eigenschaften-Bedienfeld – im Dock besitzt es das Symbol .

Das Bedienfeld zeigt im oberen Teil ❶ die Zeichenformate und Grafikstile an, die Sie in der Datei definiert haben. Am unteren Rand finden Sie die Buttons, mit denen Sie die CSS-Exportoptionen festlegen ❹ und CSS-Code für ausgewählte Objekte generieren ❼. Generiertes CSS ausgewählter Objekte wird im unteren Bereich des Bedienfeldes angezeigt ❸. Dort können Sie den Code aktivieren und dann exportieren ❺ oder kopieren ❻. Konnten Eigenschaften nicht als CSS-Code erzeugt werden, erscheint ein Warnsymbol unten links im Bedienfeld ❷. Weitere Befehle finden Sie im Bedienfeldmenü.

Gehen Sie wie folgt vor, um CSS-Code zu generieren:

1. Benennen Sie die Elemente im Ebenen-Bedienfeld. Richten Sie Zeichenformate ein (keine Absatzformate), und weisen Sie diese den Textobjekten zu. Es ist wichtig, dass alle Textobjekte mit Zeichenformaten versehen sind, da es anderenfalls zu Fehlern beim Zusammenstellen der CSS-Eigenschaften kommen kann.
2. Bestimmen Sie die Vorgaben in den CSS-EXPORTOPTIONEN (s. unten).
3. Aktivieren Sie die Objekte, aus denen Sie CSS-Eigenschaften generieren lassen wollen, und klicken Sie im CSS-Eigenschaften-Bedienfeld auf den Button CSS GENERIEREN .

4. Das CSS wird direkt im Bedienfeld angezeigt. Sie können es komplett oder Teile daraus kopieren und in andere Dateien übernehmen. Wenn Sie auch Pixelbilder exportieren wollen, rufen Sie stattdessen Ausgewählte CSS exportieren oder Alle exportieren aus dem Bedienfeldmenü auf. Die CSS-Exportoptionen werden aufgerufen.
5. Überprüfen Sie noch einmal die Optionen, und klicken Sie auf OK.

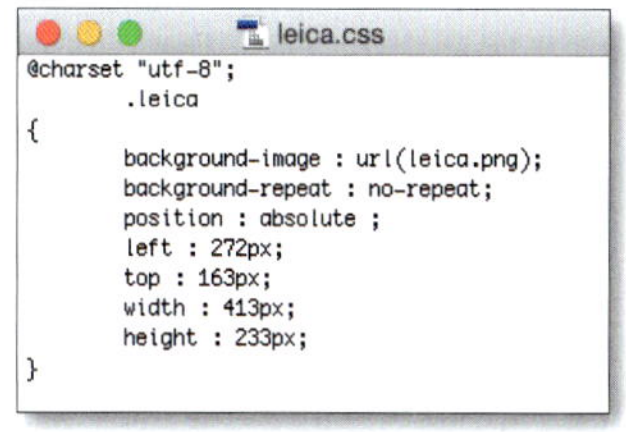

▲ **Abbildung 21.28**
Ist die Kamera aus Abbildung 21.26 gruppiert, dann wird nicht unterstütztes Bildmaterial in ein Pixelbild umgewandelt und als Background-Image in einer Box verwendet.

◀ **Abbildung 21.29**
Dialogbox CSS-Exportoptionen

Ordner anlegen

Legen Sie einen Ordner für den CSS-Export an, da Illustrator dies nicht automatisch vornimmt.

- CSS-Einheiten: Mit dieser Option bestimmen Sie die in der CSS-Datei verwendeten Einheiten. Es handelt sich jedoch bei beiden um absolute Maßeinheiten. Illustrator beherrscht die Ausgabe von em oder % in CSS-Dateien nicht.
- Objektaussehen: Hier kreuzen Sie an, welche Eigenschaften des Objekts in der CSS-Datei berücksichtigt werden sollen.
- Position und Grösse: Auch mit CSS ist es möglich, ein Layout sehr weitgehend pixelgenau zu fixieren, indem Größen und Positionen absolut angegeben werden. Da diese Vorgehensweise dem Bestreben, responsive Designs zu erstellen, entgegensteht und zu Problemen führen kann, wenn Benutzer die Website unter anderen Bedingungen betrachten, sollten Sie zumindest die Absolute Position vermeiden.
- CSS für unbenannte Objekte generieren: Da eine Datei sehr viele Objekte enthalten kann, deren Stile nicht benötigt werden, werden voreingestellt nur benannte Objekte berücksichtigt. Mit dieser Option erfassen Sie alle Objekte. In der CSS-Datei selbst ist jedoch nicht auf Anhieb ersichtlich, welcher Stil zu welchem Element gehört.
- Voreinstellungen des Herstellers einschliessen (Vendor-Präfixe): Die Unterstützung der Browser für viele CSS-Eigenschaften ist un-

Positionen

Die Positionierung von Elementen im Webdesigns erfolgt zum Teil durch deren Reihenfolge und das »Fließen«, durch das Angeben von Abständen oder durch relative Maße wie % oder em.

Nachteile der Vendor-Präfixe

Vendor-Präfixe blähen ein CSS nicht unerheblich auf, um gegebenenfalls marginale Eigenschaften darzustellen. Da die Entwicklung in diesem Bereich sehr schnell vonstattengeht, sind die Präfixe eventuell schnell überholt und nicht mehr nötig. Wenn Sie die Vendor-Präfixe in Live-Websites einsetzen, ist es zu empfehlen, die Entwicklung zu verfolgen und Ihre CSS-Dateien regelmäßig zu überarbeiten.

Klassennamen

Achten Sie bei der Benennung der Objekte darauf, keine Zeichen zu verwenden, die innerhalb der CSS-Spezifikation mit anderer Bedeutung belegt sind. Diese sind in Klassennamen nicht erlaubt.

terschiedlich. Darüber hinaus probieren die Hersteller immer neue Eigenschaften aus, um sie dann als Standard vorzuschlagen. Früher wurde mit Hacks im CSS-Code um Fehler und Schwächen der Browser herumgearbeitet. Mit den Vendor-Präfixen können Browser gezielt und sauber angesprochen werden, und alle erhalten die jeweiligen Eigenschaften in einer Form, die sie darstellen können.

- NICHT UNTERSTÜTZTES BILDMATERIAL IN PIXELBILD UMWANDELN: CSS ist in seiner Fähigkeit, Grafik darzustellen, auf eher einfache Formen beschränkt. Mit dieser Option bestimmen Sie, dass komplexere Formen in PNG-24 konvertiert werden. Damit keine unerwünschten Randpixel (vor allem bei Fotos) generiert werden, achten Sie darauf, dass diese exakt am Pixelraster ausgerichtet sind.
- AUFLÖSUNG: Hier bestimmen Sie die Auflösung der generierten Bilder, voreingestellt ist die Dokument-Rastereffekt-Auflösung. Üblicherweise beträgt diese in Screendesigns 72 ppi. Wenn Sie in den CSS-Exportoptionen eine andere Auflösung als 72 ppi verwenden, werden zwar die Größenangaben im generierten CSS nicht verändert, die generierten Pixelbilder werden jedoch skaliert.

Auflösung im Webdesign

Einem Browser ist die Bildauflösung egal. Die 100%-Darstellung bedeutet, dass ein Bildpixel auf einem Monitorpixel dargestellt wird. Die Wiedergabegeräte besitzen sehr unterschiedliche Auflösungen. Je nachdem, wie die Grafikkarte eingestellt ist, werden z. B. 1.200 Pixel mal auf 19" und mal auf 20" Bildschirmgröße dargestellt. Leider kann Illustrator diese Variable des Betriebssystems nicht verwerten, und es kann auch keine individuelle Auflösung eingegeben werden, und so rechnet Illustrator mit einer festen Bildschirmauflösung von 72 ppi. Arbeiten Sie daher beim Webdesign mit Illustrator immer in Pixelmaßen, und geben Sie die entsprechenden Dateien mit einer Auflösung von 72 ppi aus, damit diese exakten Pixelmaße beibehalten werden. Sollte es erforderlich sein, einer Datei eine abweichende Auflösung zuzuweisen, dann müssen Sie dies in einer Bildbearbeitung vornehmen.

Schritt für Schritt: CSS-Eigenschaften eines Weblayouts exportieren

In dieser Übung bereiten Sie eine Illustrator-Datei für den CSS-Export vor, stellen die Optionen ein und exportieren das CSS.

1 Absprachen mit dem HTML-Coder

Besprechen Sie die Struktur des HTML-Dokuments und welche Stile benötigt werden. In diesem Fall ist die HTML-Datei bereits vorbereitet. Notieren Sie die Namen derjenigen CSS-Klassen, die Sie mit den in der Illustrator-Datei angelegten Eigenschaften versehen wollen. Die Datei »Klassennamen.ai« enthält eine Übersicht der Namen.

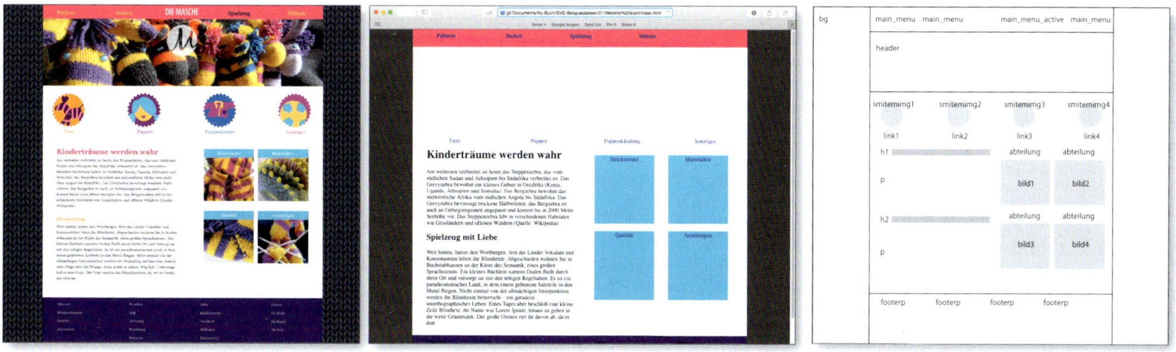

▲ **Abbildung 21.30**
Übungsdateien: das Webdesign in Illustrator (links); die HTML-Datei (Mitte); die Zuordnung der Klassennamen zu Texten und Objekten (rechts)

2 Benennen der Elemente

Benennen Sie Einzelpfade und Gruppen mit den Namen, so wie sie in der Übersichtsdatei notiert sind. Achten Sie dabei auf Groß- und Kleinschreibung sowie auf Sonderzeichen. Dazu doppelklicken Sie im Ebenen-Bedienfeld auf den bestehenden Namen und geben den gewünschten Klassennamen (ohne den führenden Punkt, wie er in einer CSS-Datei notiert würde) ein. Illustrator kann nicht alle Zeichen sinnvoll ersetzen, halten Sie sich daher exakt an die Vorgaben.

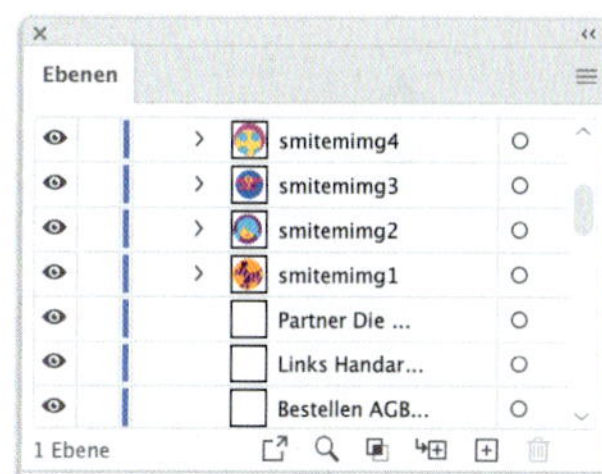

▲ **Abbildung 21.31**
Einige der benannten Elemente im Ebenen-Bedienfeld – die Namen von Textobjekten im Ebenen-Bedienfeld müssen Sie nicht bearbeiten.

3 Überprüfen des Musters

Die Musterfeldbegrenzung muss am Pixelraster ausgerichtet sein, andernfalls ergeben sich später Lücken auf der HTML-Seite. Doppelklicken Sie das Muster im Farbfelder-Bedienfeld, um in den Musterbearbeitungsmodus zu gehen, und rufen Sie die Pixelvorschau auf. Das Anpassen des Musterelements an das Pixelraster funktioniert am besten, wenn das Musterelement dem Musterfeld entspricht. Versetzte Muster sind eventuell sehr schwierig anzupassen. In diesem Fall haben Sie jedoch nur ein einfaches Kachelmuster vorliegen.

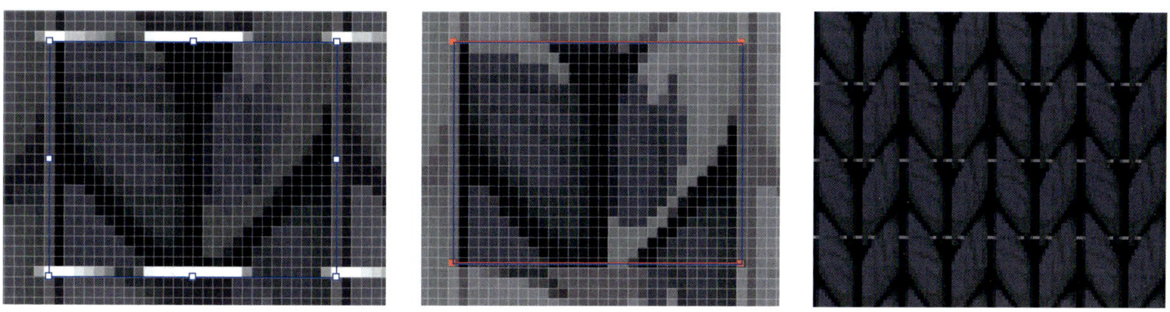

▲ **Abbildung 21.32**
Anpassen des Musterfeldes: Erst mit der um einen halben Pixel verkleinerten Version (Mitte) ergab sich ein korrektes Ergebnis. Dies sollten Sie testen, um ganz sicherzugehen. Mit einem ungenauen Musterfeld (links) könnte das Ergebnis entsprechend ausfallen (rechts).

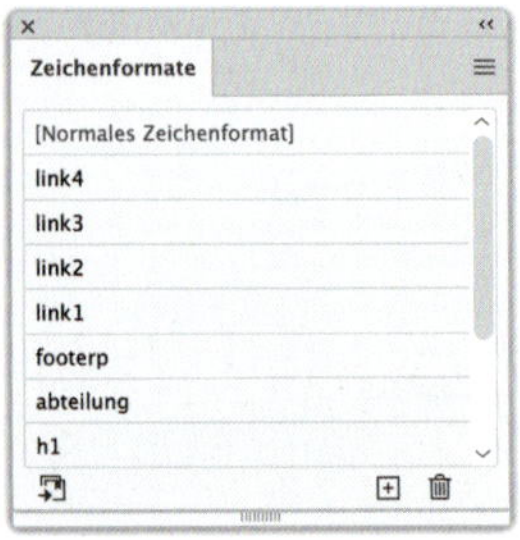

▲ **Abbildung 21.33**
Zeichenformate können Sie aus den bereits in der Datei vorhandenen Schriftformatierungen gewinnen. Überprüfen Sie jedoch, ob alle wichtigen Formatierungen ins Format übernommen wurden.

4 Schriftformate anlegen und zuweisen

Legen Sie alle Textformatierungen als Zeichenformate (keine Absatzformate) an, und weisen Sie diese Formate den Textobjekten zu. Die Namen der Klassen entnimmt Illustrator dem Namen des jeweiligen Zeichenformats. Achten Sie darauf, dass allen Textobjekten in der Datei ein Zeichenformat zugewiesen ist.

5 CSS generieren

Öffnen Sie das CSS-Eigenschaften-Bedienfeld, und rufen Sie darin die Exportoptionen auf. Achten Sie hier darauf, dass unter Einheiten Pixel ausgewählt ist. Unter Objektaussehen wählen Sie nur die Option Fläche einschliessen, und deaktivieren Sie Absolute Position einschliessen unter Position und Grösse. Aktivieren Sie dann alle Objekte, und klicken Sie auf CSS generieren.

6 Dateien erstellen

Das CSS wird im CSS-Eigenschaften-Bedienfeld angezeigt, und Sie können es sich ansehen. Überprüfen Sie, ob die Schriftformate plausibel sind. Falls Sie Fehler bemerken und Texte z. B. eine falsche Größe haben, haben Sie wahrscheinlich nicht allen Texten ein Zeichenformat zugewiesen. Dies können Sie nun noch überprüfen. Wenn alles in Ordnung ist, speichern Sie CSS und Bilder, indem Sie Alle exportieren aus dem Bedienfeldmenü wählen. Nur dann werden auch die Bilddateien generiert. Als Zielordner wählen Sie den Ordner, der die HTML-Datei enthält. Die CSS-Datei erhält den Namen »style.css« (Groß- und Kleinschreibung beachten).

Ordner für CSS-Dateien

Speichern Sie das CSS auf jeden Fall entweder in einen bereits angelegten Zielordner, oder legen Sie einen neuen Ordner dafür an, denn alle Bilddateien werden auf dieselbe Ebene wie das CSS gelegt, und es können sehr viele Bilddateien entstehen.

7 SVG-Grafik kopieren

Greifen wir ein wenig vor. Sie müssen nun noch das Logo aus der Illustrator-Datei in die HTML-Datei einfügen; dies werden Sie über die Zwischenablage erledigen. Aktivieren Sie zunächst den Schriftzug oben im Balken, und kopieren Sie ihn. Dann öffnen Sie die HTML-Datei in einem Web- oder einem Text-Editor. Scrollen Sie im HTML-Code bis zum Kommentar <!-- Hier Logonamen einfügen -->. Setzen Sie den Cursor entweder vor die öffnende oder nach der schließenden spitzen Klammer. Dann fügen Sie den Inhalt der Zwischenablage ein. Die Logografik fügen Sie beim Kommentar <!-- Hier Logografik einfügen --> ein.

SVG einbinden

SVG-Daten können auf unterschiedliche Arten in HTML-Code eingebunden werden – je nachdem, was mit diesen Daten geschehen soll. Daten, die wie hier in den HTML-Code eingefügt werden, vergrößern die Datenmenge wesentlich. Daher werden auch SVG-Dateien meistens verlinkt. Das Einfügen in den Code ist nur selten erforderlich.

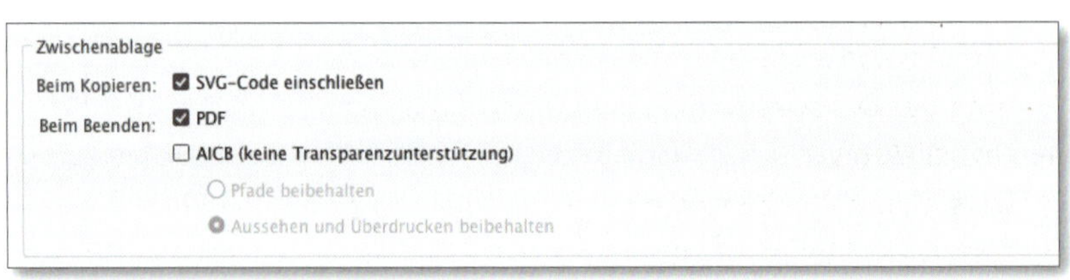

Abbildung 21.34 ▶
Damit das Kopieren und Einfügen des Logos als SVG funktioniert, muss in Voreinstellungen • Dateien verarbeiten und Zwischenablage die Option SVG-Code einschliessen aktiv sein.

◄ **Abbildung 21.35**
An diese Stellen werden Schriftzug und Grafik eingefügt (links); nach dem Einfügen des Schriftzugs (rechts).

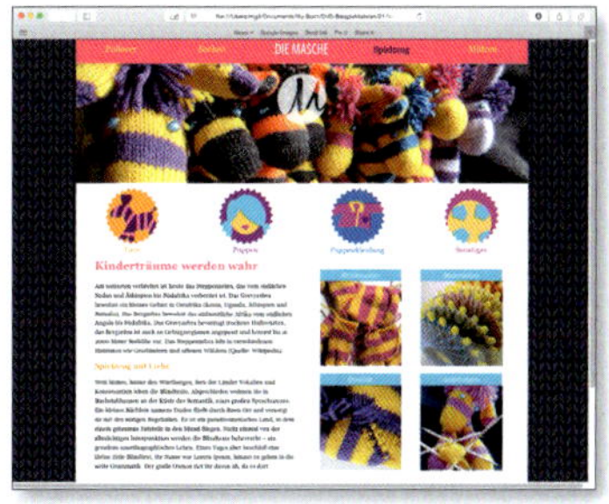

▲ **Abbildung 21.36**
Die fertiggestellte Website in Safari

8 CSS-Datei in HTML einbinden

In unserer kleinen Übung ist keine weitere Einbindung erforderlich, denn der Aufruf der CSS-Datei befindet sich bereits in der HTML-Datei.In anderen Fällen müssen Sie dies nun vornehmen oder die CSS-Befehle aus der generierten Datei in ein anderes CSS kopieren. Rufen Sie die HTML-Datei in einem aktuellen Browser auf, um sich das Ergebnis anzusehen.

> **PNG-8 mit Alpha-Transparenz**
>
> Über Für Bildschirme exportieren können Sie PNG-8 mit Alpha-Transparenz exportieren. Diese Methode ergibt bessere Resultate als der Export eines GIF.

21.3 Bildformate: GIF, JPEG und PNG

Aus Illustrator können Sie die im Web gebräuchlichsten Rasterformate direkt speichern. Sie haben in Illustrator zwar dieselben Optionen wie in Photoshop für die Optimierung der Datei, die Rasterung von Vektorpfaden kann jedoch in einigen Fällen in Photoshop besser sein.

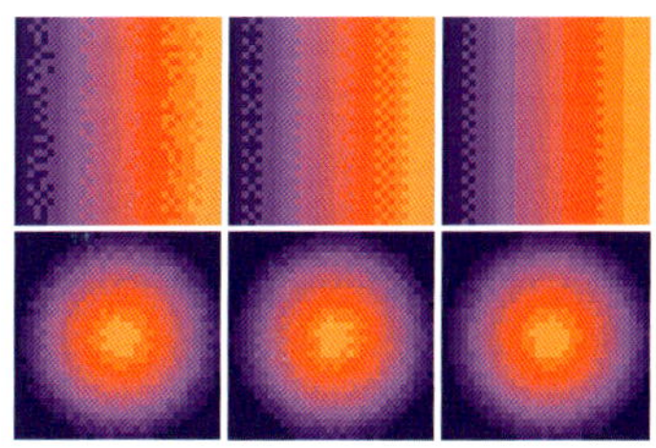

▲ **Abbildung 21.37**
Vergleich Rauschen-, Muster-, Diffusion-Dither

21.3.1 GIF – Graphics Interchange Format

Bei flächiger Grafik mit wenigen Farben entfaltet das GIF-Format seine volle Wirksamkeit. Die Kompression geschieht mithilfe des verlustfreien LZW-Algorithmus und aufgrund einer reduzierten Farbpalette. Im GIF-Format lassen sich durchsichtige Bereiche definieren.

Optionen | GIF

- Farbreduktionsalgorithmus: Die Auswahl der Farben für die Farbpalette der GIF-Datei erfolgt nach unterschiedlichen Methoden, die Sie aus dem Menü Farbreduktionsalgorithmus wählen.
- Farben ❶: Bestimmen Sie, wie viele Farben die Palette des Bildes maximal enthalten darf.
  Die Eingabe anderer als der aufgelisteten Werte bewirkt keine Änderung der Dateigröße im Vergleich zum nächsthöheren Menüeintrag.
- Dither-Algorithmus ❷: Wählen Sie eine Rasterungsmethode für die Darstellung von Zwischentönen aus dem Menü Dither-Algorithmus festlegen. Stellen Sie die Stärke des Diffusions-Ditherings durch die

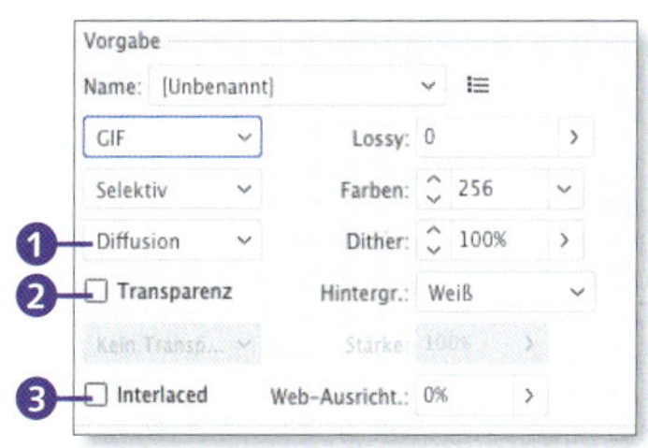

▲ **Abbildung 21.38**
Speicheroptionen für PNG-8 und GIF in Für Web speichern (Legacy)

▲ **Abbildung 21.39**
Rechts und links: GIF mit an die Seite angepasster Hintergrundfarbe, Mitte: falsche Hintergrundfarbe des GIFs

▲ **Abbildung 21.40**
TRANSPARENZ-DITHER (rechts: Ergebnis)

GIF oder PNG?

Für die meisten Zwecke ist PNG die bessere Wahl, Sie sollten es jedoch über FÜR BILDSCHIRME EXPORTIEREN speichern.

Zu große Zeichenfläche

Illustrator warnt nicht, wenn die Grafik oder die Zeichenfläche zu groß ist, sondern probiert den Speichervorgang und stürzt dabei eventuell ab. Achten Sie daher darauf, dass die Option OBJEKT • SLICE • GANZE ZEICHENFLÄCHE EXPORTIEREN passend eingestellt ist. Bei einer sehr großen Zeichenfläche mit einem kleinen Objekt sollte sie deaktiviert sein.

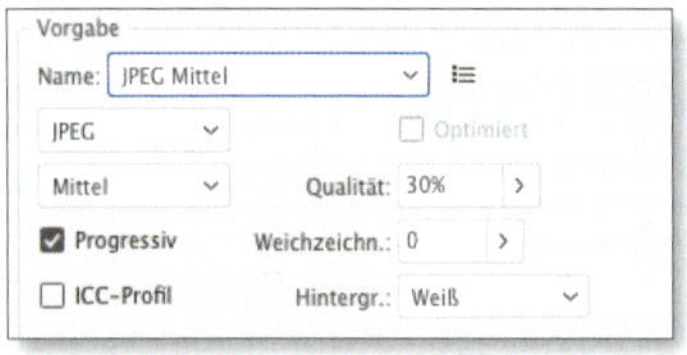

▲ **Abbildung 21.41**
Speicheroptionen für JPEG

Eingabe eines Wertes zwischen 0 und 100% unter DITHER ein. Ein höherer Wert vermeidet sichtbare Stufen in Verläufen und erzeugt bessere Zwischentöne, führt aber auch zu größeren Dateien.

- WEB-AUSRICHTUNG: Stellen Sie einen Schwellenwert für die Veränderung der Farbdefinition in Richtung der (obsoleten) Websafe-Palette ein. Ein höherer Wert verändert mehr Farben.
- LOSSY: Die LOSSY-Funktion optimiert das Pixelmuster der Grafik, um die Datei besser komprimieren zu können. Höhere Werte erzeugen eine stärkere Komprimierung, aber auch deutliche Störungen in der Grafik. LOSSY lässt sich nur mit dem Diffusions-Dithering verwenden.
- TRANSPARENZ: Im GIF-Format wird Transparenz dadurch hergestellt, dass die Anzeige bestimmter Farben durch einen entsprechenden Eintrag in der Farbpalette des Bildes unterdrückt ist.
  Wählen Sie im Menü HINTERGRUND die Farbe der Webseite aus, auf der Sie das Bild einsetzen wollen. Illustrator erzeugt an den Rändern des Motivs die passenden Übergänge.
- TRANSPARENZ-DITHER ❸: Es ist nicht möglich, im GIF reduzierte Deckkraft herzustellen. Daher bedient man sich eines Tricks, indem ein Raster aus transparenten und nicht transparenten Pixeln angelegt wird. Analog zum Farb-Dithering bestimmen Sie unter ALGORITHMUS FÜR TRANSPARENZ-DITHER FESTLEGEN eine Methode, nach der das Transparenzraster erstellt wird. Wählen Sie die Stärke des Diffusions-Ditherings durch eine Eingabe unter STÄRKE.
- INTERLACED: Aktivieren Sie diese Option, um das Bild in mehreren Schritten immer detaillierter auf der Webseite anzuzeigen – diese Option erhöht die Dateigröße.

21.3.2 JPG/JPEG – Joint Photographic Experts Group

Dieses Bildformat wurde im Hinblick auf die Speicherung von Fotos entwickelt. Die Datenreduktion beruht auf einer verlustbehafteten Kompression. Für flächig angelegte Grafik ohne Verläufe oder Muster – also für einen Großteil der »typischen« Vektorgrafiken wie Logos, Diagramme und Infografik – ist das JPG-Format nicht geeignet – die Komprimierung verursacht sogar Änderungen von Farbwerten.

Optionen | JPEG

- QUALITÄT: Wählen Sie eine voreingestellte Stufe im Aufklappmenü KOMPRIMIERUNGSQUALITÄT, oder definieren Sie einen Wert von 1 bis 100 im Eingabefeld. Der Wert bestimmt die Stärke der Kompression: Ein höherer Wert erzeugt eine größere Datei in besserer Darstellungsqualität.

- Progressiv (früher Mehrere Durchgänge): Aktivieren Sie diese Option, um das Bild in mehreren Schritten immer detaillierter auf der Webseite anzuzeigen.
- Weichzeichnen: Geben Sie einen Wert zwischen 0 und 2 ein, um die Grafik weichzuzeichnen – dies ermöglicht eine bessere Wirksamkeit der Komprimierung.
- ICC-Profil: Mit dieser Option betten Sie das in den Farbeinstellungen definierte RGB-Farbprofil in die JPEG-Datei ein.
- Hintergrund: Definieren Sie eine Farbe, die Illustrator in nicht deckende Bereiche der Grafik rechnen soll.
- Optimiert: Mit dieser Option erzeugen Sie eine Baseline-optimierte JPEG-Datei. Sehr alte Browser unterstützen dieses Format nicht.

▲ **Abbildung 21.42**
Mit der Option Hintergrund versehen Sie eine transparente Grafik (links) nur für den Export mit einem farbigen Hintergrund (rechts).

▲ **Abbildung 21.43**
Das PNG-Format erlaubt die Definition von Transparenz mit Alpha-Kanälen auch in der Webgrafik.

21.3.3 PNG – Portable Network Graphics

PNG ist ein verlustfreies Grafikformat, das als Nachfolger des GIF-Formats entwickelt wurde. In diesem Format können Sie Bilder mit bis zu 16 Bit Farbtiefe pro Farbkanal speichern. Transparenzen lassen sich entweder für einzelne Farben einer Farbpalette (wie beim GIF-Format) oder als Alpha-Kanal im Bild anlegen. Die Funktionen Für Web speichern (Legacy) und Für Bildschirme exportieren arbeiten unterschiedlich beim Export eines PNG-8.

Kein Farbprofil im PNG

Illustrator speichert keine Farbprofile in PNG-Dateien. Wenn Ihr RGB-Arbeitsprofil von sRGB abweicht, kann es daher vorkommen, dass der Farbeindruck des PNG im Browser von der Darstellung in Illustrator abweicht.

Optionen | PNG

Die Optionen des 8-Bit-PNG entsprechen denen des GIF-Formats. Beim Speichern eines 24-Bit-PNG haben Sie die Wahl, in transparente Bereiche der Grafik eine Hintergrundfarbe hineinrechnen oder einen Alpha-Kanal in der Datei speichern zu lassen.

- Transparenz: Aktivieren Sie diese Option, dann speichert Illustrator einen Alpha-Kanal in der Datei (s. Abbildung 21.45). Alle Bereiche der Grafik, die nicht von Objekten bedeckt sind oder an denen die Deckkraft reduziert ist, sind damit ganz oder teilweise durchscheinend. Andere Füllmethoden als Normal werden aber nicht unterstützt und entsprechend nicht so in Pixel umgerechnet wie erwartet. Dies sollten Sie vor allem beim Anlegen von Effekten wie Schlagschatten und Schein berücksichtigen. Soll ein PNG-8 mit Alpha-Transparenz gespeichert werden, dann verwenden Sie die Funktion Für Bildschirme exportieren.
- Hintergrund: Wenn die Option Transparenz deaktiviert ist, wählen Sie mithilfe des Aufklappmenüs eine Farbe aus. Illustrator rechnet diese in den Hintergrund der Grafik – Sie müssen daher nicht erst ein Objekt in der gewünschten Farbe im Hintergrund erzeugen.

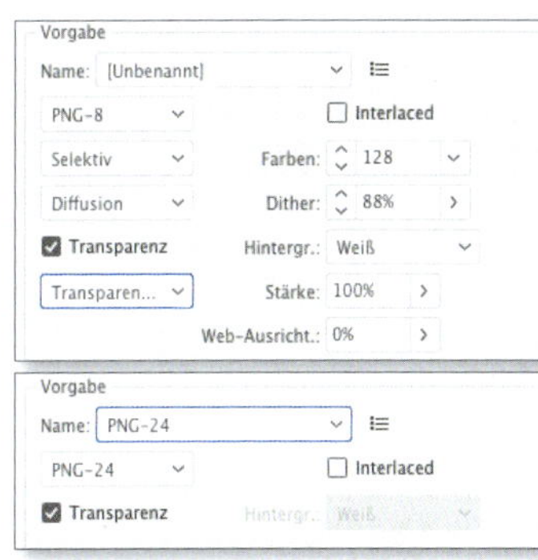

▲ **Abbildung 21.44**
Optionen für PNG-8 und PNG-24

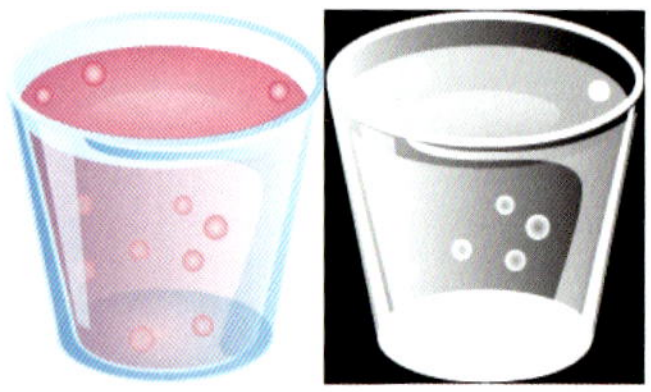

▲ **Abbildung 21.45**
PNG mit Alpha-Kanal

PNG Quant exportieren | In der Funktion Für Bildschirme exportieren unterstützt Illustrator den PNG-Quant-Algorithmus, der Alpha-Transparenz bietet und mit einer 8-Bit-Farbpalette annähernd die Qualität von PNG-24 erreicht. Die Dateigröße wird dabei nur wenig größer als bei einem einfachen PNG-8. PNG-Quant-optimierte Dateien können von allen modernen Browsern dargestellt werden. Um PNG Quant zu verwenden, aktivieren Sie in den Formateinstellungen des Exports für Bildschirme die Option Transparenz im Bereich PNG 8.

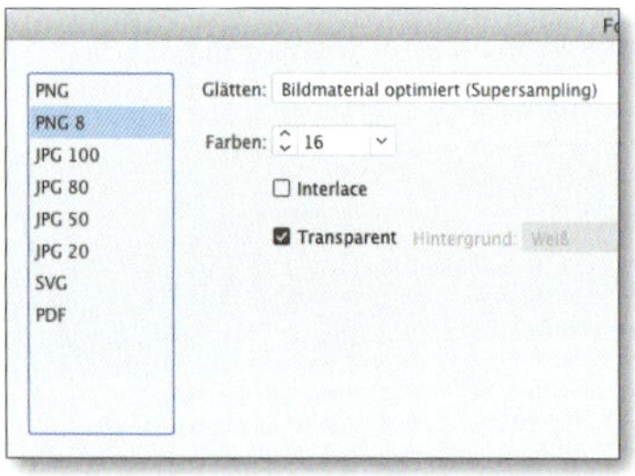

▲ **Abbildung 21.46**
PNG-8-Optionen in der Funktion Für Bildschirme exportieren: Aktivieren Sie Transparent, um den PNG-Quant-Algorithmus zu laden.

21.3.4 Imagemaps

Mithilfe einer Imagemap ist es möglich, in einer Bilddatei auf einer Webseite Hotspots zu definieren, an denen durch Benutzereingabe eine Aktion ausgelöst wird – meist der Aufruf einer anderen Webseite. Die Bilddatei muss nicht zerschnitten werden, damit einzelne Bereiche anklickbar sind, die URLs werden im Attribute-Bedienfeld hinterlegt. Die Imagemap können Sie nur noch mithilfe des Browservorschautricks als HTML-Code gewinnen, daher sollten Sie statt Illustrator besser einen HTML-Editor zum Erstellen von Imagemaps verwenden.

21.4 SVG

Die auf XML basierende Sprache SVG (Scalable Vector Graphics) beinhaltet weitere Standards wie Cascading Style Sheets, das DOM (Document Object Model) und SMIL, die Synchronous Multimedia Integration Language (für SVG-Animationen). SVG können drei Arten grafischer Objekte beinhalten: Vektorformen, Pixelgrafik und Schriften. In SVG-Dateien können dynamische und interaktive Elemente integriert und Verbindungen zu anderen XML-Elementen hergestellt werden, z. B. zur Bereitstellung von geografischen Informationssystemen (GIS).

Die Mobiltelefon-Industrie hat für sehr frühe Smartphone-Generationen zwei Unterstandards entwickelt: SVG Tiny (SVG-t) und SVG Basic (SVG-b), deren Unterstützung jedoch uneinheitlich ist.

Aktuelle Webbrowser unterstützen SVG – Sie sollten dennoch die Unterstützung besonderer Eigenschaften jeweils prüfen, bevor Sie sie einsetzen. Eine Übersicht erhalten Sie unter *http://caniuse.com*.

Illustrator gehörte zu den ersten Programmen, die das SVG-Format unterstützten – es ist möglich, nicht bewegte Grafik mit einfachen Interaktionen und Variablen für die Anbindung an Datenbanken zu erstellen. SVG-Dateien sind wie auch HTML les- und editierbare Textdateien.

SVGZ?

In Illustrator können Sie SVG oder mit dem nicht-proprietären Standard GZIP komprimierte SVG speichern. Letztere haben eine um 50 bis 80 % kleinere Dateigröße, lassen sich aber nicht mehr mit einem Text-Editor bearbeiten. Wenn Ihre SVG-Dateien nicht direkt ins Web gestellt, sondern weiterbearbeitet (z. B. programmiert) werden, sollten Sie daher die unkomprimierte Variante wählen.
Illustrator schreibt SVG-Dateien darüber hinaus umständlicher als vielleicht erwünscht. Es gibt jedoch Softwarelösungen, die SVG-Daten automatisch optimieren, z. B. das Online-Tool »SVGOMG«: *http://jakearchibald.github.io/svgomg*.

21.4.1 SVG importieren

Beim Öffnen (eigentlich Importieren, denn es ist kein natives Illustrator-Format) eines SVG bleibt die Objekteigenschaft AM PIXELRASTER AUSRICHTEN erhalten, d.h., wenn Sie ein Objekt bei der Erstellung der Datei am Pixelraster ausgerichtet haben, ist es auch beim erneuten Öffnen der Datei am Pixelraster ausgerichtet, die Pixelausrichtung der gesamten SVG-Datei muss jedoch gegebenenfalls aktiviert werden, falls Sie eine Bearbeitung planen.

Illustrator ist bekannt dafür, SVG nicht besonders gut importieren zu können. Dies kann von einigen fehlenden oder verschobenen Elementen bis hin zu einem kompletten Versagen beim Öffnen reichen. In einem solchen Fall probieren Sie, das SVG im Open-Source-SVG-Editor Inkscape zu öffnen und es von dort in ein geeigneteres Format (wie PDF oder EPS) zu konvertieren.

▲ **Abbildung 21.47**
Das SVG-Logo (links); Icon für Illustrator-SVG-Dateien (rechts)

Dateistruktur erzeugen
Die Strukturierung einer Datei erzeugen Sie durch die sinnvolle Verteilung der Objekte auf Ebenen und Gruppen.

21.4.2 Datei einrichten

Achten Sie beim Anlegen Ihrer Illustrator-Datei darauf, diese in der endgültigen Größe und im RGB-Farbmodus anzulegen – zu empfehlen ist die Auswahl des Arbeitsfarbraums sRGB in den Farbeinstellungen. Arbeiten Sie mit der Maßeinheit Pixel.

Wenn der Code Ihrer Datei zu einem späteren Zeitpunkt nachbearbeitet werden muss, z.B. um Interaktivität oder dynamische Elemente zu programmieren, ist es wichtig, dass die Elemente gut **strukturiert** und mit aussagekräftigen Namen versehen sind.

Objekte, die Sie wiederholt in Ihrer Datei verwenden, speichern Sie als **Symbole**, um Bandbreite zu sparen (zu Symbolen s. Kapitel 17).

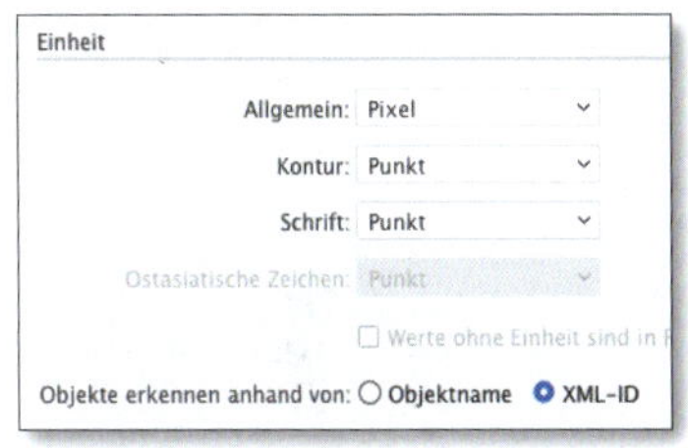

▲ **Abbildung 21.48**
Die Voreinstellung XML-ID

Objekt-ID | Jedes Objekt in Ihrer Grafik – Pfade, Gruppen, Ebenen – muss eindeutig durch einen Namen identifizierbar sein. Aktivieren Sie unter VOREINSTELLUNGEN • EINHEIT die Option OBJEKTE ERKENNEN ANHAND VON XML-ID. Nach Einrichtung dieser Option ist es nicht mehr möglich, gleiche oder ungültige Namen für Objekte zu vergeben. Möchten Sie Ebenen als hierarchische Elemente exportieren, dann müssen Sie sie als Unterebenen unter der Hauptebene anlegen.

Namen für Objekte geben Sie im Ebenen-Bedienfeld direkt ein. Sprechen Sie Namenskonventionen mit Kooperationspartnern ab.

Eigenschaften als class-Attribut
Wenn Sie Eigenschaften als Grafikstil definieren und das SVG mit der Stil-Option INTERNE CSS exportieren, werden die Namen der Grafikstile als class-Namen verwendet.

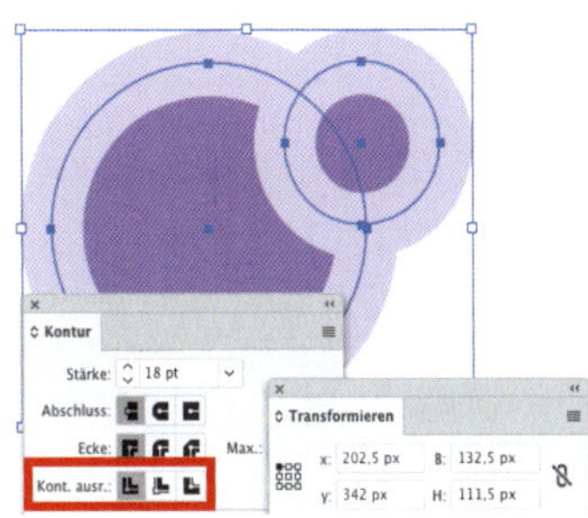

▲ **Abbildung 21.49**
Zentrierte Kontur (links); mit aktivierten Vorschaubegrenzungen enthalten die Objektdimensionen Konturen und Effekte (rechts).

Konturen auf Mitte | SVG unterstützt lediglich Konturen, die zentriert auf dem Pfad ausgerichtet sind. Wenn die exportierte Datei nicht-umgewandelte Konturen enthalten soll, dürfen Sie also eine Konturausrichtung nach innen oder außen nicht verwenden. Achten Sie außerdem darauf,

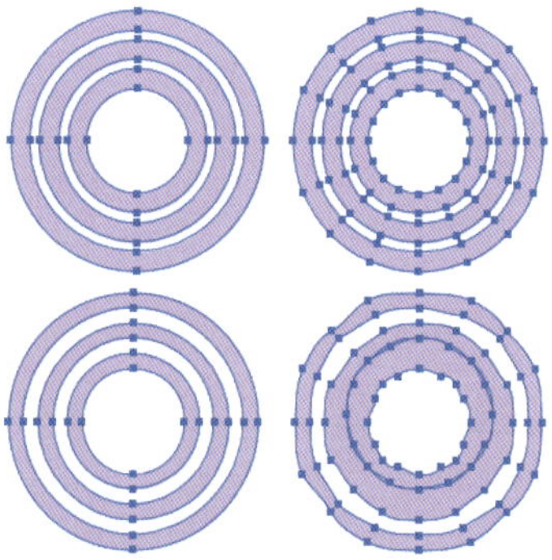

▲ **Abbildung 21.50**
Beim Reduzieren der Dezimalstellen werden vor allem kleine Objekte deutlich verformt, umso mehr, je mehr (überflüssige) Ankerpunkte sie besitzen.

▲ **Abbildung 21.51**
Passen Sie die Größe der Zeichenfläche an die Grafik an (links).

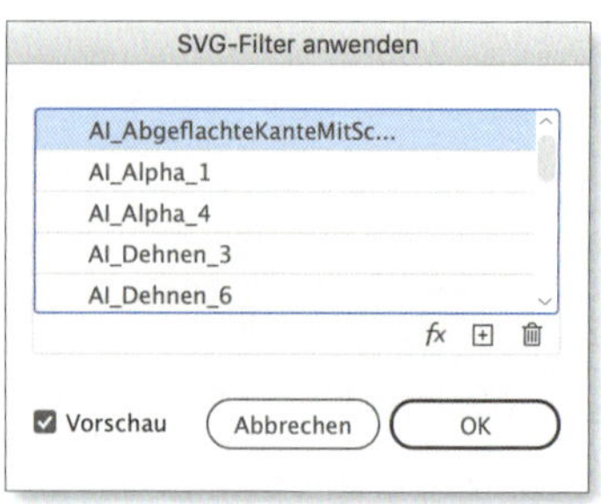

▲ **Abbildung 21.52**
SVG-FILTER ANWENDEN

Weitere Informationen

In Abschnitt 13.5.3 finden Sie weitere Anmerkungen zu SVG-Filtern.

dass Konturen keine Pinsel zugewiesen sind, selbst wenn die Konturstärke 0 beträgt. Die Pinseleigenschaft alleine bewirkt, dass eine überzählige Gruppe gebildet wird.

Vorschaubegrenzungen verwenden | Damit in Illustrator die Positions- und Größenangaben Ihrer Objekte einschließlich Konturstärken angezeigt werden, arbeiten Sie mit der Option VORSCHAUBEGRENZUNGEN VERWENDEN, die Sie unter VOREINSTELLUNGEN • ALLGEMEIN einrichten können.

Vereinfachen | Legen Sie Ihre Grafik so an, dass sie möglichst wenige Ankerpunkte besitzt, um die Dateigröße zu reduzieren und um möglichen, durch die Reduzierung der Nachkommastellen bedingten Verlusten vorzubeugen. Wenn Sie mit mehreren Formen konstruieren, kombinieren Sie diese möglichst (mit Pathfinder- oder anderen Funktionen, s. Kapitel 10). Falls mit den SVG-Dateien jedoch animiert werden soll, sprechen Sie Kombinationen mit den Entwicklern ab.

Zeichenflächen | Reduzieren Sie die Größen der Zeichenflächen, sodass kein unnötiger Weißraum um die Grafiken entsteht.

Transparenz, Filter, Effekte | Legen Sie Deckkrafteinstellungen für Objekte, nicht für Ebenen an. Viele Illustrator-Effekte und einige Objekte, wie z. B. Verlaufsgitter, werden beim Speichern als SVG-Grafik in Pixelbilder umgewandelt. Diese sind nicht mehr skalierbar und benötigen mehr Speicherplatz. Vermeiden Sie daher die Verwendung dieser Funktionen. Setzen Sie stattdessen die SVG-Filter ein. Diese Filter sind XML-Anweisungen, die auflösungsunabhängig arbeiten.

SVG-Filter anwenden | Aktivieren Sie ein Objekt, und wählen Sie einen SVG-Filter direkt aus dem Menü EFFEKT • SVG-FILTER aus, oder wählen Sie, falls Sie die Wirkung erst in einer Vorschau sehen möchten, EFFEKT • SVG-FILTER • SVG-FILTER ANWENDEN. In der Liste finden Sie alle Filter aus dem Menü. SVG-Filter müssen im Aussehen-Bedienfeld an letzter Stelle (über dem Eintrag DECKKRAFT) stehen, anderenfalls wird das Objekt gerastert.

21.4.3 Interaktivität

Die Elemente in SVG-Grafiken können auf Benutzereingaben reagieren. Diese Interaktionen legen Sie als Imagemap oder in Form von JavaScript an – Imagemaps sind wenig sinnvoll, da der Code nicht funktioniert, wenn Sie das SVG über FÜR BILDSCHIRME EXPORTIEREN erzeugen.

Hyperlinks | Als Hyperlink lassen sich einzelne Vektorpfade oder zusammengesetzte Pfade verwenden, keine Gruppen. Um einen Hyperlink zu erstellen, gehen Sie wie folgt vor:

1. Rufen Sie das Attribute-Bedienfeld auf (⌘/Strg+F11); im Dock hat das Bedienfeld das Symbol .
2. Aktivieren Sie den Pfad, dem Sie einen Link zuweisen möchten.
3. Wählen Sie im Attribute-Bedienfeld im Auswahlmenü Imagemap die Form des Hotspots.
   - Rechteck: Der Hotspot hat die Form des Begrenzungsrahmens – für zusammengesetzte Pfade ist nur diese Form möglich.
   - Polygon: Die Fläche des Hotspots wird so genau wie möglich an den Objektkanten entlanggeführt – diese Form kann sehr komplex werden. Die Genauigkeit können Sie nicht heruntersetzen.
4. Geben Sie unter URL einen Link oder einen Skriptaufruf ein. Falls Sie bereits Einträge an anderer Stelle vorgenommen haben, wählen Sie sie zur erneuten Anwendung aus dem Menü. Wiederholen Sie die Schritte 1 bis 4 für alle Objekte, denen Sie Links zuweisen möchten.
5. Die Datei müssen Sie über Speichern unter als SVG speichern, damit die Hyperlinks enthalten sind.

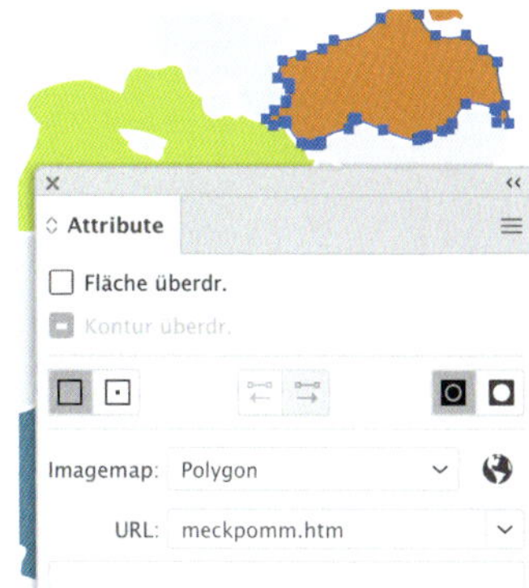

▲ **Abbildung 21.53**
Hyperlink-Attribute einrichten

JavaScript | Um Skripte zu erstellen, benötigen Sie das Bedienfeld SVG-Interaktivität. Mit Skripten können Sie komplexe Interaktionen mit Objekten innerhalb eines Dokuments und dokumentübergreifend erstellen. Rufen Sie das Bedienfeld mit dem Befehl Fenster • SVG-Interaktivität – im Dock – auf.

Umfangreiche JavaScript-Funktionen sollten Sie in externe Dateien auslagern und an die SVG-Datei anbinden. Wählen Sie JavaScript-Dateien… aus dem Menü des SVG-Interaktivität-Bedienfeldes, und klicken Sie auf Hinzufügen. Befinden sich die Skriptdateien nicht im selben Ordner wie die SVG-Datei, müssen Sie einen relativen Pfad angeben.

Um einen JavaScript-Befehl oder einen Funktionsaufruf anzulegen, aktivieren Sie das Objekt, das auf die Benutzeraktion reagieren soll, und wählen einen »Event« aus dem Menü Ereignis. Geben Sie anschließend den Befehl in das Eingabefeld JavaScript ein, und bestätigen Sie mit ↵.

Auch interaktive SVG-Dateien müssen Sie über Speichern unter erzeugen, anderenfalls funktionieren die Skripte nicht.

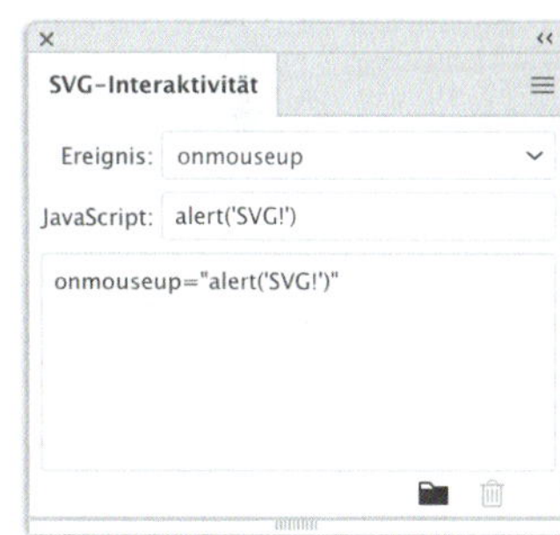

▲ **Abbildung 21.54**
Das JavaScript erzeugt eine Warnung.

Eigene SVGs öffnen

Illustrator produziert sogar Fehler beim Öffnen selbst erstellter SVG-Dateien. Nicht nur deswegen ist das Format SVG nicht als Dateiformat für die Arbeitsdatei geeignet. Speichern Sie Arbeitsdateien immer als AI. Erst die finale Datei wird als SVG gespeichert. Nachdem die SVG-Datei in Webdeveloper-Software bearbeitet wurde, können Sie sie nicht mehr in Illustrator öffnen, ohne diese Bearbeitungen zu verlieren.

21.4.4 SVG-Code in die Zwischenablage kopieren

Das Verlinken oder Einbetten einer SVG-Datei sind nur zwei von mehreren Möglichkeiten, eine SVG-Grafik in eine HTML-Seite einzubinden. Eine weitere besteht darin, den SVG-Code direkt in den HTML-Code einzufügen. Dies wird z. B. gebraucht, wenn Sie mit JavaScript-Befehlen die Grafik interaktiv verändern möchten.

Illustrator unterstützt diese Vorgehensweise, indem es erlaubt, die Grafik auf der Zeichenfläche zu aktivieren, mit ⌘/Strg+C in die Zwischenablage zu kopieren und anschließend in eine Text- oder eine HTML-Datei einzufügen. Ein Beispiel dafür sehen Sie in der Schritt-für-Schritt-Anleitung »CSS-Eigenschaften eines Web-Layouts exportieren« auf Seite 740.

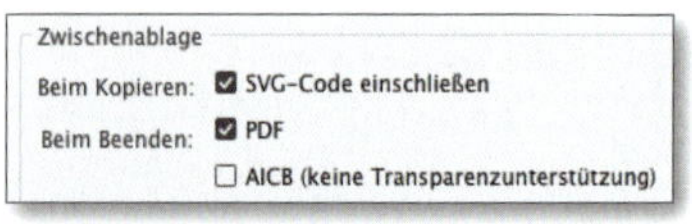

▲ **Abbildung 21.55**
Neue Zwischenablageoption SVG-CODE EINSCHLIESSEN

Die Option SVG-CODE EINSCHLIESSEN ist unter VOREINSTELLUNGEN • DATEIEN VERARBEITEN UND ZWISCHENABLAGE voreingestellt. Sie müssen sie bei Bedarf deaktivieren, denn nicht alle Applikationen sind in der Lage, aus den unterschiedlichen Inhalten in der Zwischenablage – gegebenenfalls ist derselbe Inhalt sowohl als AICB, PDF als auch als SVG-Code vorhanden – das für den aktuellen Zweck Gewünschte herauszuholen.

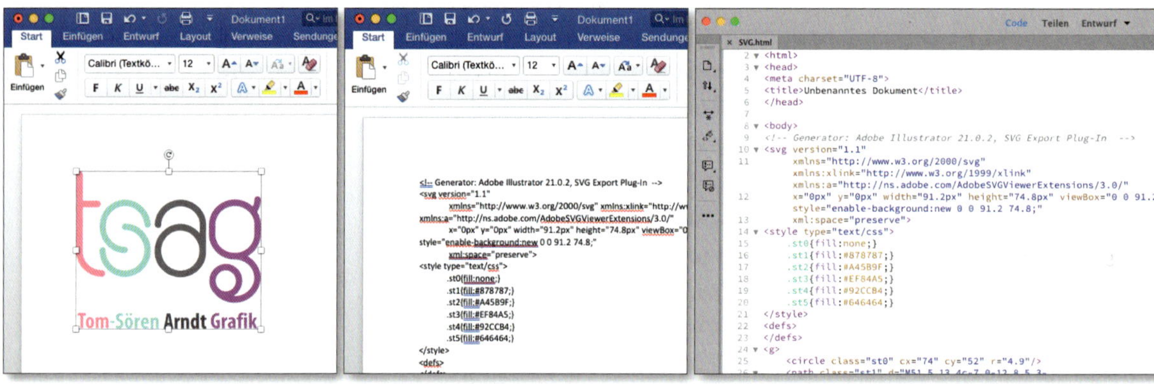

▲ **Abbildung 21.56**
Word 2015 kann eine Vektorgrafik aus der Zwischenablage übernehmen (links). Wurde jedoch SVG-Code kopiert, dann fügt Word Code ein (Mitte). In Dreamweaver ist das Einfügen von Code erwünscht (rechts).

Informationen zu SVG

Weiterführende Informationen zum Standard SVG:
www.w3.org/standards/techs/svg#w3c_all
Demos der Möglichkeiten:
www.svg-wow.org
SVG-Tutorial:
http://apike.ca/prog_svg.html
Weblog der Frontend-Entwicklerin Sara Soueidan:
https://www.sarasoueidan.com/tags/svg/

21.4.5 Exportieren und Speichern

Um eine SVG-Datei zu speichern, verwenden Sie am besten DATEI • EXPORTIEREN • FÜR BILDSCHIRME EXPORTIEREN (s. Abschnitt 21.2.1). Darüber lassen sich einzelne Objekte oder ganze Zeichenflächen exportieren. Die SVG-Optionen finden Sie unter dem Zahnrad-Symbol ⚙.

Die zweite – nicht mehr zu empfehlende – Möglichkeit besteht darin, die Datei zu speichern (die SPEICHERN-Funktion erzeugt veralteten Code). Aktivieren Sie die Zeichenfläche, die Sie speichern möchten, und rufen Sie DATEI • SPEICHERN UNTER... auf. Wählen Sie die Option SVG KOMPRIMIERT (SVGZ) oder SVG (SVG). Anschließend setzen Sie die SVG-OPTIONEN:

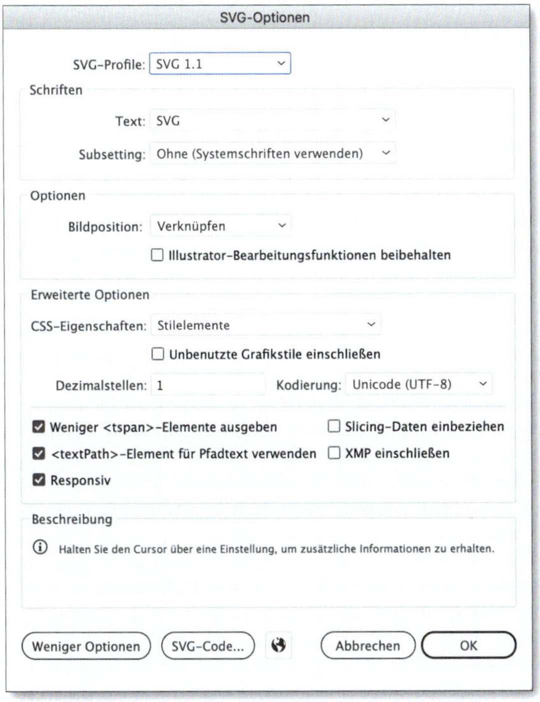

◀ **Abbildung 21.57**
Die Dialogbox SVG-Optionen – Anzeige aller Optionen nach einem Klick auf den Button Mehr Optionen

- SVG-Profile: Hier bestimmen Sie die Dokumenttypdefinition (DTD), nach deren Regeln die Struktur der Datei deklariert wird. Die DTD bestimmt darüber, mit welchen »Clients« (empfangenden Geräten und Programmen) das Dokument kompatibel ist. Verwenden Sie hier SVG 1.1.
- Text: In diesem Bereich spezifizieren Sie, wie mit den verwendeten Textobjekten umgegangen wird. Sie können diese In Konturen umwandeln (also in Pfade umwandeln). Damit sind kleine Schriften eventuell schlechter lesbar, und Textinhalte lassen sich nicht mehr ändern. Zu empfehlen ist diese Methode lediglich für kurze Texte wie z. B. in Logos oder Beschriftungen für Buttons.
  Darüber hinaus können Sie Schriften mit der im SVG-Standard beschriebenen Einbettungsmethode in die Datei einbetten, die von fast allen Clients unterstützt wird.
  Wählen Sie unter Subsetting die Option Ohne, bleibt Text als Text erhalten, und zur Darstellung werden Systemschriften verwendet.
- Subsetting: Wenn Schriften in die Datei eingebettet werden, bestimmen Sie hier den Umfang des eingebetteten Zeichensatzes. Sie haben die Wahl, nur die im Dokument verwendeten Zeichen, bestimmte Standardzeichen oder den kompletten Zeichensatz in das SVG-Dokument einzubetten. Wenn sich der Textinhalt dynamisch ändern soll, ist das Einbetten eines umfangreicheren Zeichensatzes oder die Verwendung von Systemschriften erforderlich.

Mehr Optionen

Die Dialogbox wird mit einem reduzierten Satz an Einstellungen aufgerufen. Klicken Sie daher auf den Button Mehr Optionen, um die hier abgebildete Anzeige zu erhalten.

Illustrator-Bearbeitungsfunktionen

Wie bei allen nativen Dateiformaten können Sie auch in SVG-Dateien eine AI-Datei einbetten, die vollständig editierbar ist. Dies verdoppelt die Dateigröße und ist daher kontraproduktiv. Speichern Sie stattdessen eine AI-Datei als Arbeitsdatei und ein SVG für die Weiterverwendung im Web. Illustrator gibt keine Warnung aus, wenn Sie die Bearbeitungsfunktionen nicht aktivieren.

Text in Pfade umwandeln

Wenn Sie den Text beim Export oder Speichern in Pfade umwandeln, erhalten Sie in der Arbeitsdatei den editierbaren Text. Das ist ein Vorteil. Allerdings haben Sie keine Kontrolle über die entstehenden Ankerpunkte – vor allem bei Headline-Schriften oder bei Schriften geringer Qualität können es zu große Mengen sein. Testen Sie die Umwandlung gegebenenfalls in der Datei an einem Probetext: Falls die Umwandlung ungünstig verläuft, müssen Sie sie doch manuell durchführen und anschließend optimieren.

CSS-Formatierungen

Wenn Sie eine Option wählen und den Cursor darüber bewegen, dann werden weitere Erläuterungen zu der Option unten in der Dialogbox angezeigt. Dies gilt für alle Optionen.

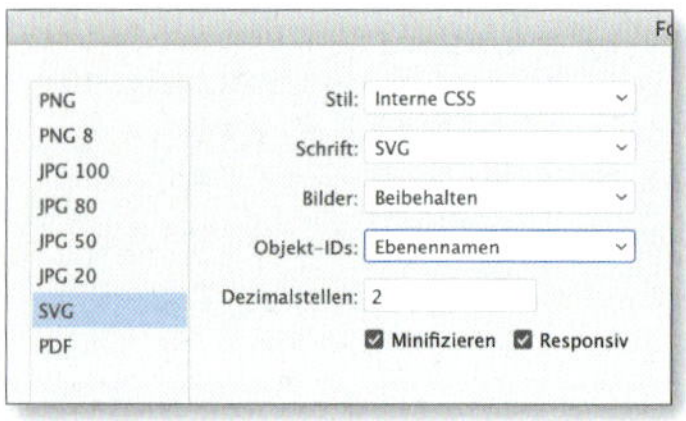

▲ **Abbildung 21.58**
SVG-Optionen in Für Bildschirme exportieren

```
<g id="Pen"><path class="cls-1"
d="M24.94,49.89A24.94,24.94,0,1,0,0,2
class="cls-2" d="M49.8,26.77,29,5.93,

<path class="a" d="M24.94,49.89A24.94
><path class="b" d="M49.8,26.77,29,5.
><path class="c" d="M25.3,43.09a5.67,

<g id="979cf4dc-c23f-40aa-b2b0-0a9bf2
class="fe1de0d5-7342-412b-9c6f-94c0c0
d="M24.94,49.89A24.94,24.94,0,1,0,0,2
```

▲ **Abbildung 21.59**
Objekt-ID (von oben nach unten): Ebenennamen, Minimal, Eindeutig

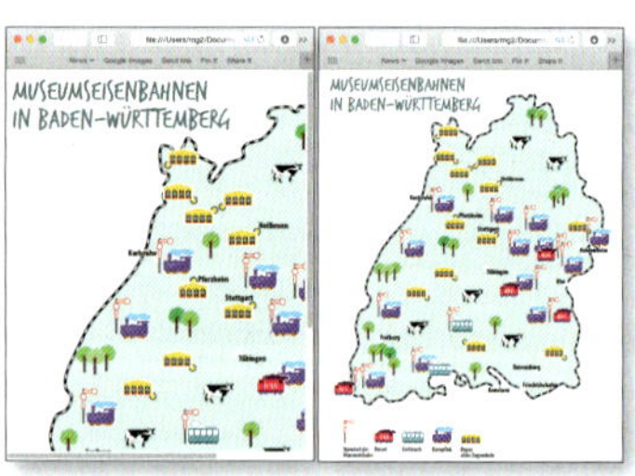

▲ **Abbildung 21.60**
SVG ohne (links) und mit (rechts) der Option Flexibel bzw. Interaktiv (dargestellt im Browser) – ein SVG kann auch mit HTML-Code responsiv gemacht werden, daher raten Webentwickler meist davon ab, diese Option zu verwenden.

- Bildposition: Pixeldaten können entweder in die SVG-Datei eingebettet oder verknüpft werden. Letztere Option ist vorzuziehen, wenn mehrere SVG-Dateien auf dieselben Pixeldaten verweisen.
- CSS-Eigenschaften: Wählen Sie im Menü aus, wie die Formatierung im CSS-Code untergebracht werden soll. Die gewählte Option hat Auswirkungen auf die Performance, die Dateigröße und die Weiterbearbeitungsmöglichkeiten. Sprechen Sie daher unbedingt mit Ihren Kunden oder Kooperationspartnern ab, welche Option hier gewählt werden soll. Die Voreinstellung Interne CSS im Export für Bildschirme ist eine für die meisten Zwecke geeignete Option.
- Objekt-IDs (nur in Für Bildschirme exportieren): Bestimmen Sie, wie Objekte in der Datei identifiziert werden. Mit Ebenennamen werden die Bezeichnungen aus dem Ebenen-Bedienfeld übernommen, Minimal vergibt automatisch einzelne Buchstaben, und Eindeutig generiert eine 16-stellige Zeichenkette.
- Dezimalstellen: Mit einem Wert von 1 bis 7 steuern Sie die Genauigkeit der Darstellung. Höhere Werte erzeugen eine genauere Darstellung, aber auch eine größere Datei. Vor allem sehr kleine Objekte können bei geringen Werten sichtbar deformiert werden (s. Abbildung 21.50).
- Kodierung: Hier bestimmen Sie, wie in der Datei enthaltener Text kodiert wird. Hier sollten Sie die UTF-Kodierung verwenden – für westeuropäische Sprachen reicht UTF-8. Bei den Kodierungen ISO 8859-1 und UTF-16 können Metadaten nicht erhalten werden.
- Slicing-Daten einbeziehen: Mit dieser Option werden XML-Daten in die Datei geschrieben, die Sie für das Scripting der Datei und für das spätere Öffnen dieser Datei in Illustrator benötigen (SVG als Arbeitsdatei ist jedoch ohnehin nicht zu empfehlen).
- XMP einschliessen: Mit dieser Option werden die Dateiinformationen in die SVG-Datei eingebettet.
- Weniger <tspan>-Elemente ausgeben: Mit dieser Option werden Kerning-Informationen ignoriert, die Zugänglichkeit der Texte für Geräte und JavaScripts wird erheblich verbessert. Die Datei wird kleiner, aber es können Verschiebungen beim Text auftreten.
- <textPath>-Element für Pfadtext verwenden: Diese Option sorgt dafür, dass Text tatsächlich entlang eines Pfades gesetzt wird. Ohne die Option wird der Text einfach gedreht. Ist der Text entlang eines gebogenen Pfades gesetzt, dann müssen Sie die Option aktivieren.
- Responsiv: Diese Option erzeugt ein Responsive SVG, das sich dem Viewport anpasst. Die Option ist inkompatibel mit einigen Plottertreibern – wenn Sie ein SVG für ein Silhouette- oder ein ähnliches Gerät erstellen, deaktivieren Sie sie.

- Minifizieren (nur in Für Bildschirme exportieren): Bewirkt, dass der generierte Code durch Entfernen jeglicher Gliederung kleiner, aber schlechter lesbar ist. Wenn Sie den Code nicht bearbeiten müssen, wählen Sie diese Option.

▲ **Abbildung 21.61**
Adobe-Animate-Icon

21.5 Animate (Flash)

Nachdem der Flash-Player seit 2020 nicht mehr weiterentwickelt wird, ist das SWF-Dateiformat nur noch als Austauschformat für Animationen oder den Export für Animate relevant. Adobe Animate mit seiner Skriptsprache ActionScript ermöglicht über das Erstellen von Animationen hinaus interaktive Elemente oder die Abfrage von Datenbanken. Mit Adobe Animate werden inzwischen auch Panoramen sowie HTML5/Canvas-basierte Inhalte erstellt. Obwohl Animate über eigene Vektor-Werkzeuge verfügt, verwenden viele Entwickler zusätzlich Illustrator für die Grafik.

Animieren in Illustrator?

Das Erstellen von Animationen mit Illustrator ist ein interessantes Experiment. Allerdings ist es nicht sinnvoll, so zu arbeiten. Die Animationen sind nicht optimiert, und Sie haben in Animate viel ausgefeiltere Möglichkeiten, Geschwindigkeiten zu steuern (Ease-In und Ease-Out). Es ist gar nicht so schwierig, Projekte in Animate aufzusetzen, probieren Sie es aus!

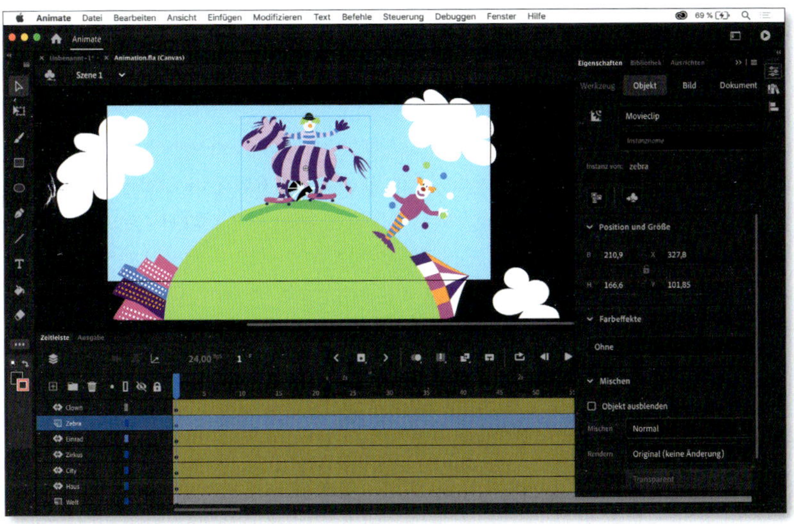

◀ **Abbildung 21.62**
Pinselbibliothek in Adobe Animate

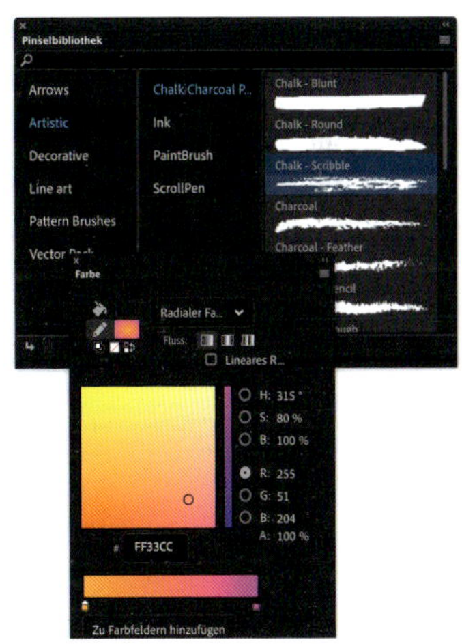

▲ **Abbildung 21.63**
Obwohl Animate vergleichbare Möglichkeiten bietet wie Illustrator, kann man nicht alle so erstellten Objekte auch problemlos importieren.

21.5.1 Datei einrichten

Sie sollten bereits bei der Erstellung Ihrer Illustrator-Objekte darauf achten, Formen zu verwenden, die Animate auch beherrscht und die daher beim Importieren in Animate nicht in Pixel-Elemente konvertiert werden müssen.

Einfache, gefüllte oder konturierte Vektorpfade können problemlos übernommen werden. Wenn Sie besondere **Kontureigenschaften** einsetzen möchten, nehmen Sie die Einstellungen lieber in Animate vor. Sie können darin auch **Pinsel** einsetzen. Obwohl Animate Bild- und Musterpinsel einsetzt, wie sie Illustrator besitzt, werden mit Bildpinseln versehene Objekte beim Import umgewandelt. Es ist auch leider nicht möglich, Pinsel aus Illustrator in Animate zu übernehmen, allerdings können Sie mit der App Adobe Capture Pinsel für Animate erstellen.

Animate kann sowohl lineare als auch kreisförmige, aber keine Freihand-**Verläufe** interpretieren. Auch komplexe Verläufe bleiben editierbar, werden jedoch manchmal auf mehrere Objekte aufgeteilt.

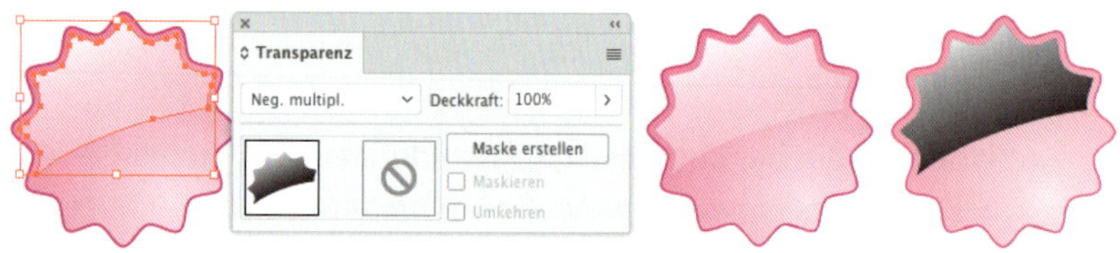

Abbildung 21.64 ▶
Eine Grafik mit der Füllmethode Negativ multiplizieren; in Animate importiert als AI-Datei (2. von rechts) und als SWF-Datei (rechts)

Animate beherrscht die meisten der **Füllmethoden** von Illustrator ebenfalls – lediglich Farbig nachbelichten, Farbig abwedeln und Weiches Licht stehen nicht zur Verfügung. Geeignete Füllmethoden bleiben beim Importieren einer Illustrator-Datei oder beim Einfügen erhalten, jedoch nicht beim SWF-Export. **Deckkrafteinstellungen** übernimmt Flash als »Alpha«-Einstellung für Symbolinstanzen.

▲ **Abbildung 21.65**
In der traditionellen Animationstechnik erstellen Zeichner jeden Frame auf einer Folie, dem »Cel«.

Wenn Sie in Illustrator **Live-Objekte**, wie Schnittmasken, Verzerrungshüllen, interaktive Malgruppen oder Bildnachzeichner-Objekte oder besondere Funktionen wie Verlaufsgitter verwenden wollen, sollten Sie vorher umfangreich testen, wie Animate damit umgeht und welche Folgen dies für Ihren Workflow hat.

Exportieren Sie AI-Ebenen in SWF-Frames, dann lassen sich die einzelnen Stufen einer **Angleichung** automatisch in einzelne Frames einer Animation exportieren (Angleichungen s. Abschnitt 10.7). Bilden Sie z. B. eine Angleichung zwischen Objekten, die mit unterschiedlichen Einstellungen eines 3D-Effekts versehen sind, so können Sie einfache 3D-Animationen mit Illustrator herstellen.

Beim Exportieren eines SWFs haben Sie die Option, **Ebenen** der obersten Hierarchiestufe in einzelne Frames einer Animation umzuwandeln. Verwenden Sie Ebenen daher wie »Cels« in der traditionellen Animationstechnik.

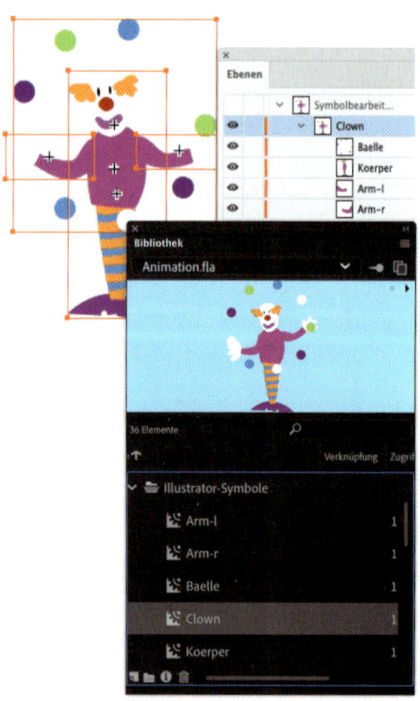

▲ **Abbildung 21.66**
Illustrator-Symbole werden in Animate übernommen.

Im Menü des Ebenen-Bedienfeldes finden Sie zwei Befehle, um auch nachträglich automatisch mehrere Objekte auf einzelne Ebenen verteilen zu lassen (s. Abschnitt 11.2.6). Möchten Sie Illustrator-Ebenen als Animate-Ebenen erhalten, speichern Sie Ihre Datei im Illustrator-Format und importieren dieses in Animate.

Wenn Sie eine **Symbolinstanz** platzieren, können Sie dieser bereits in Illustrator einen Namen geben, der in Animate verwendet werden kann (s. Abbildung 21.66). Beim Austausch über die Bibliotheken bleibt der Name erhalten.

21.5.2 Symbole

Animate kann die Illustrator-Symbole übernehmen. Vor allem für die Bandbreiten-Optimierung Ihrer Dateien sind Symbole sehr wichtig. Erstellen Sie daher Symbole von allen Elementen, die Sie in Ihrer Animation einzeln bewegen oder mit ActionScript referenzieren möchten.

Im Hinblick auf die bessere Kooperation bestehen zusätzliche Symboloptionen, die dabei helfen, den Import in die Animate-Datei vorzubereiten. Die Einstellungen lassen sich auch in Animate vornehmen oder ändern.

Wandeln Sie ein Objekt in ein Symbol um, indem Sie es aktivieren und F8 drücken – die Dialogbox SYMBOLOPTIONEN erscheint. Im Symbole-Bedienfeld aktivieren Sie ein Symbol und klicken auf den Button SYMBOLOPTIONEN.

- ART: Als Symbolart stehen GRAFIK und FILMCLIP zur Verfügung. Welche Auswahl Sie treffen, hat große Auswirkungen auf die Scripting-Möglichkeiten in Animate. Sprechen Sie die ART daher mit dem Programmierer ab.
- REGISTRIERUNG: Hier setzen Sie den Registrierungspunkt des Objekts für Illustrator und für Animate.
- HILFSLINIEN FÜR DIE 9-SLICE-SKALIERUNG AKTIVIEREN: Die 9-Slice-Skalierung steht in Animate nur für den Typ FILMCLIP zur Verfügung und kann in HTML-Canvas-Dateien nicht verwendet werden. Aktivieren Sie die Nutzung der 9-Slice-Skalierung in dieser Dialogbox, bevor Sie die Hilfslinien in einem weiteren Schritt einrichten (s. Abschnitt 17.5.2).

Die Verwendung der Symbol-Werkzeuge ist bis auf das Symbol-färben- und das Symbol-gestalten-Werkzeug unproblematisch. Die Anwendung dieser beiden Werkzeuge erhöht die Datenmenge jedoch beträchtlich. Falls Sie in Illustrator dynamische Symbole verwendet und einzelne Instanzen individuell umgefärbt haben, werden diese Änderungen beim Import in Animate entfernt (Symbole s. Kapitel 17).

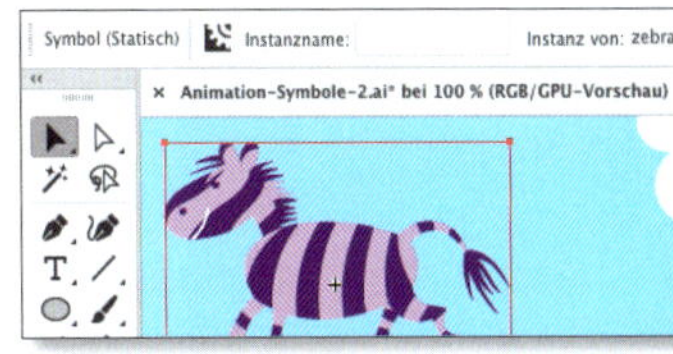

▲ **Abbildung 21.67**
Instanzen von Filmclips können Sie im Steuerungsbedienfeld einen Instanznamen geben. Mit diesem werden die Elemente in ActionScript referenziert. Sprechen Sie das Namensschema mit Ihren Kooperationspartnern ab.

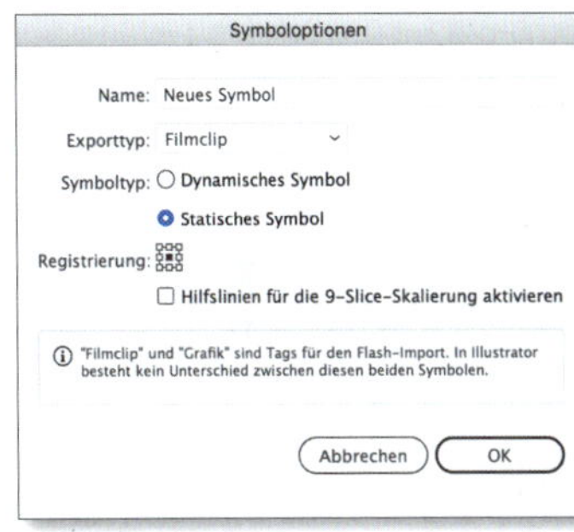

▲ **Abbildung 21.68**
Die Dialogbox SYMBOLOPTIONEN: Für Animate erstellen Sie statische Symbole; die Vorteile dynamischer Symbole gehen beim Import verloren.

9-Slice-Hilfslinien

Mehr zum Einrichten von 9-Slice-Hilfslinien erfahren Sie in Kapitel 17.

21.5.3 Austausch über die Bibliotheken

Neben dem Austausch mittels SWF-Datei und dem Import einer AI-Datei stehen Ihnen die CC-Bibliotheken für den Austausch Ihrer Dateien mit Animate zur Verfügung. Auch beim Import von Assets aus einer Bibliothek wird der AI-Import-Dialog geöffnet, daher ist die Entscheidung für eine der Möglichkeiten eher eine Frage des Workflows und der Größe und Verteilung Ihrer Kooperationspartner. Animate-Animationen können ebenfalls in einer Bibliothek gespeichert, aber nicht wieder in Illustrator geöffnet werden.

Kooperationen und Bibliotheken

Bibliotheken können mit Kooperationspartnern geteilt werden. Sie können anderen lediglich Leserechte oder Lese- und Schreibrechte an einzelnen Bibliotheken zuweisen (s. Abschnitt 1.3).

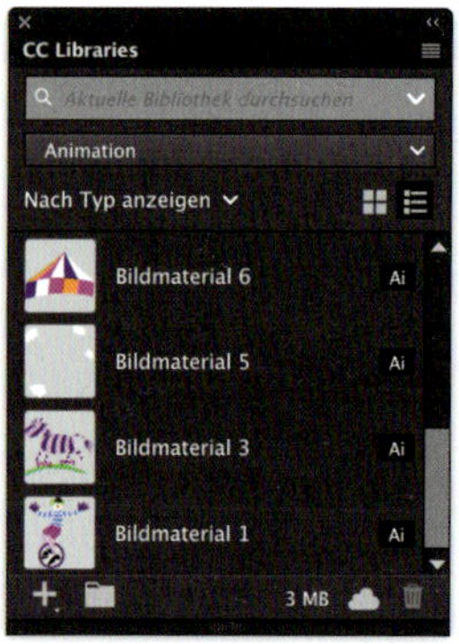

▲ **Abbildung 21.69**
Das CC-Bibliotheken-Bedienfeld heißt auch in der deutschen Version CC LIBRARIES.

Wählen Sie im Bibliotheken-Bedienfeld die Bibliothek aus, in der Sie die Objekte für das Projekt verwalten möchten, und ziehen Sie dann ein oder mehrere Objekte in das Bibliotheken-Fenster, um sie als Element zu speichern. In Animate ziehen Sie das gewünschte Element aus der Bibliothek in Ihr Dokument (zu Bibliotheken s. Abschnitt 1.3).

21.5.4 SWF speichern

Um eine SWF-Datei aus einem Illustrator-Dokument zu erstellen, wählen Sie zunächst die zu exportierende Zeichenfläche aus und rufen dann DATEI • EXPORTIEREN • EXPORTIEREN ALS... auf. In der Dialogbox EXPORTIEREN ALS aktivieren Sie noch **nicht** die Option ZEICHENFLÄCHEN VERWENDEN.

In der Dialogbox SWF-OPTIONEN setzen Sie anschließend die gewünschten Einstellungen für das SWF-Dokument.

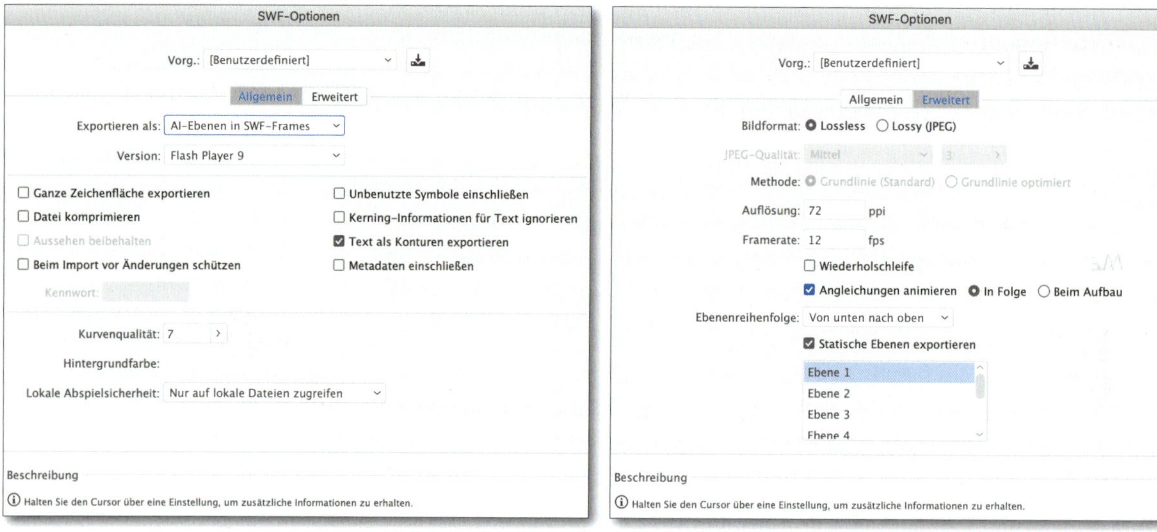

▲ **Abbildung 21.70**
SWF-Format-Optionen: ALLGEMEIN (links) und ERWEITERT (rechts)

- EXPORTIEREN ALS: Die Bezeichnungen sind selbsterklärend. Die Option AI-DATEI IN SWF-DATEI müssen Sie verwenden, um Schnittmasken zu erhalten. Möchten Sie eine Animation erstellen, müssen Sie AI-EBENEN IN SWF-FRAMES exportieren.
- VERSION: Wählen Sie hier eine mit Ihrer Animate-Version kompatible Option.
- GANZE ZEICHENFLÄCHE EXPORTIEREN: Das SWF hat die Maße der Zeichenfläche. Objekte, die teilweise über den Rand hinausragen, sind jedoch komplett in der Datei enthalten, und Sie können in Animate darauf zugreifen.
- DATEI KOMPRIMIEREN: Diese Option bewirkt eine Verringerung der Dateigröße.

▲ **Abbildung 21.71**
Die Datei »Biene.ai« finden Sie als Beispiel im Download.

- AUSSEHEN BEIBEHALTEN: Vor dem Export werden alle Objekte – auch Text – umgewandelt und auf eine Ebene reduziert. Transparenz, wie z. B. bei Füllmethoden, wird reduziert, soweit Animate sie nicht nativ unterstützt.
- BEIM IMPORT VOR ÄNDERUNGEN SCHÜTZEN: Mit dieser Option generierte SWF sind vor einer Weiterbearbeitung gesichert. Diese und die folgende Option sollten Sie nicht verwenden, wenn die SWF-Datei von Projektpartnern weiterbearbeitet werden soll.
- KENNWORT: Bestimmen Sie ein Passwort, mit dem eine geschützte SWF-Datei in Animate importiert und bearbeitet werden kann.
- UNBENUTZTE SYMBOLE EINSCHLIESSEN: Es werden alle im Symbole-Bedienfeld als Filmclip definierten Symbole in die SWF-Datei exportiert, nicht nur die in Symbolinstanzen verwendeten.
- KERNING-INFORMATIONEN FÜR TEXT IGNORIEREN: Ist ein Text mit manuellem Kerning versehen, wird er beim Standardexport in einzelne Textfragmente aufgeteilt, um den optischen Eindruck zu erhalten. Damit ist er jedoch nicht mehr editierbar. Wählen Sie diese Option, um die Kerning-Informationen zu entfernen und Textobjekte jeweils komplett zu erhalten.
- TEXT ALS KONTUREN EXPORTIEREN: Texte werden beim Export in Pfade umgewandelt.
- METADATEN EINSCHLIESSEN: In den Dateiinformationen eingegebene textuelle Metadaten werden in das SWF eingebettet.
- KURVENQUALITÄT: Bestimmen Sie mit dem Regler die Genauigkeit der Kurven in Schritten von 0 bis 10. Sie erreichen eine effektive Optimierung der Dateigröße bei relativ geringen Qualitätseinbußen, die sich aber vor allem bei besonders regelmäßigen Objekten auswirken, z. B. Kreisen (s. Abbildung 21.73).
- HINTERGRUNDFARBE: Bestimmen Sie eine Hintergrundfarbe, die nur im Flash Player angezeigt wird. Beim Import in Animate kommt die Hintergrundfarbe des Flash-Dokuments zum Tragen. Möchten Sie einen Hintergrund aus Illustrator ins Flash-Dokument übernehmen, benutzen Sie dazu die Option STATISCHE EBENEN EXPORTIEREN (s. u.).
- LOKALE ABSPIELSICHERHEIT: SWF-Dateien, die lokal auf einem Computer abgespielt werden, können entweder auf lokale oder auf netzwerkbasierte Dateien zugreifen. In Illustrator können Sie keine SWF-Dateien erstellen, die externe Ressourcen einbinden.

▲ **Abbildung 21.72**
Behandlung von Textobjekten mit Kerning (von oben): Text in Illustrator, ohne besondere Optionen, Aussehen beibehalten bzw. Text als Konturen, Kerning-Informationen ignorieren

▲ **Abbildung 21.73**
Regelmäßige Objekte sind besonders von niedrigen Qualitätsstufen (hier: 1) betroffen.

Erweiterte Optionen | Mit dem Button ERWEITERT erreichen Sie die folgenden Optionen:

- BILDFORMAT: Bestimmen Sie die Qualitätsstufe der JPEG-Kompression platzierter Pixelbilder (s. Abschnitt 21.3.2). Falls Sie Ihr SWF in Ani-

Bildauflösung

Es ist **nicht** zu empfehlen, die Auflösung der Bilder durch die Exportfunktion umrechnen und schon gar nicht erhöhen zu lassen. Verwenden Sie am besten von vornherein Bilder in einer Auflösung von 72 ppi, und optimieren Sie sie in einem Bildbearbeitungsprogramm, bevor Sie sie in Illustrator platzieren.
Eine höhere Bildauflösung benötigen Sie nur dann, wenn Sie vorhaben, in Animate in Bilder »hineinzuzoomen«.

Stufen der Angleichung

Überprüfen Sie vor dem Export die Anzahl der Stufen bei allen Angleichungen, und richten Sie gegebenenfalls eine feste Anzahl an Stufen in den Angleichung-Optionen ein.

mate weiterbearbeiten, wählen Sie Lossless, da Animate ebenfalls Bilder komprimieren kann.

- JPEG-Qualität: Bestimmen Sie die Stärke der JPEG-Komprimierung.
- Methode: Die Einstellung Grundlinie optimiert entspricht der Option Optimiert beim Speichern von JPEGs.
- Auflösung: Geben Sie hier an, in welcher Auflösung Pixelbilder exportiert werden sollen – die Einstellung gilt für *alle* Bilder im Dokument (s. Kasten »Bildauflösung« rechts).
- Framerate (nur bei AI-Ebenen in SWF-Frames): Hier geben Sie die Abspielgeschwindigkeit Ihres SWF-Dokuments in Bildern pro Sekunde vor.
- Wiederholschleife (nur bei AI-Ebenen in SWF-Frames): Aktivieren Sie diese Option, um einen Loop in der SWF-Datei zu erzeugen. Sie benötigen diese Option nicht, wenn Sie Ihr SWF in ein Animate-Projekt integrieren.
- Angleichungen animieren (nur bei AI-Ebenen in SWF-Frames): Aktivieren Sie diese Option, um die Stufen aller Angleichungen als Frames einer Animation auszugeben.
  Sie haben die Möglichkeit, die Angleichungsstufen in den Frames nacheinander anzuzeigen (Option In Folge) oder in jedem Frame eine Stufe hinzuzufügen (Option Beim Aufbau).
- Ebenenreihenfolge (nur bei AI-Ebenen in SWF-Frames): Hier legen Sie fest, mit welcher Ebene Illustrator die Animation beginnen soll.
- Statische Ebenen exportieren (nur bei AI-Ebenen in SWF-Frames): Wählen Sie eine oder mehrere Ebenen im Dialogfeld aus, die als statischer Hintergrund hinter jedem Frame liegen.

21.5.5 Copy & Paste

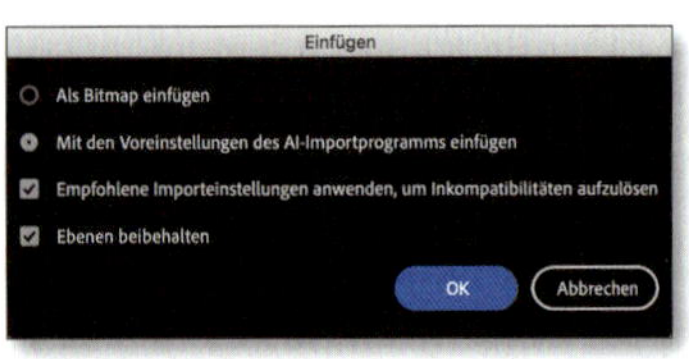

▲ **Abbildung 21.74**
Einfügen-Optionen in Animate

Sie müssen nicht erst ein Dokument speichern und in Animate importieren – Sie können stattdessen auch Copy & Paste verwenden, um Ihre Illustrator-Objekte in den Animate-Film zu bringen. Wählen Sie in Animate in den Einfügen-Optionen, ob das Objekt als Pixelgrafik eingesetzt oder ob die aktuellen Import-Einstellungen benutzt werden sollen. Beim Kopieren und Einfügen bleiben die Optionen erhalten, die Sie für Symbole oder Texte eingestellt haben.

Damit der Austausch über die Zwischenablage gelingt, stellen Sie in Voreinstellungen • Dateien verarbeiten und Zwischenablage das Zwischenablageformat PDF ein, nicht AICB – das ist die Standardeinstellung.

21.5.6 AI- und SWF-Dateien in Animate importieren

Erstellen Sie ein neues Dokument in Animate, und importieren Sie entweder das Illustrator-Dokument direkt oder die aus Illustrator exportierte SWF-Datei, indem Sie Datei • Importieren • In Bühne importieren bzw. In Bibliothek importieren aufrufen.

AI | Wählen Sie eine Illustrator-Datei für den Import aus. Im folgenden Dialog bestimmen Sie die Zeichenfläche, die Sie importieren möchten. Anschließend setzen Sie in der Dialogbox in Bühne importieren bzw. In Bibliothek importieren die Optionen für die Behandlung der einzelnen Objekte. Für jedes einzelne Objekt setzen Sie ein Häkchen, um es zu importieren. Dann klicken Sie auf das Objekt und bestimmen im Bereich auf der rechten Seite die Importoptionen. Die Optionen unterscheiden sich je nach Objektart.

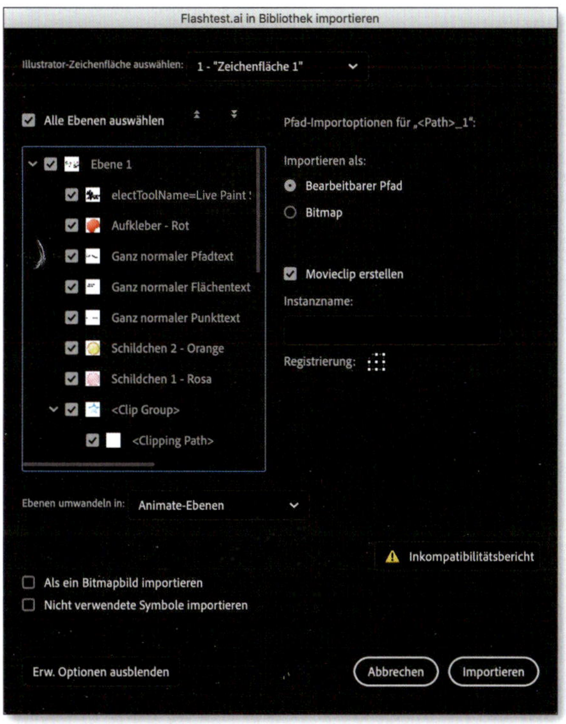

◄ **Abbildung 21.75**
Import einer Illustrator-Datei in ein Animate-Projekt

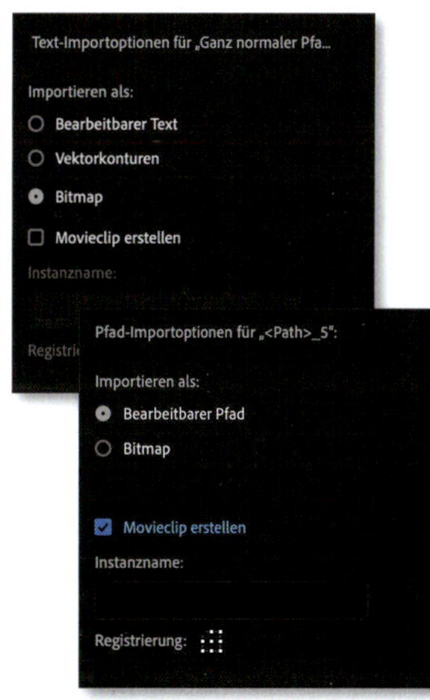

▲ **Abbildung 21.76**
Importoptionen für Text (oben) und Grafikelemente (unten)

SWF | SWF-Dateien werden ohne weitere Abfrage von Optionen importiert. Wenn Sie die Datei in die Bühne importieren, finden Sie enthaltene Symbole in der Bibliothek des Animate-Dokuments. Andere Objekte werden als Gruppen im ersten Frame platziert. Falls Sie beim Export Frames erzeugt haben, befinden sich die Objekte darin. Wenn Sie Ihr SWF-Dokument in die Bibliothek Ihrer Animate-Datei importieren lassen, liegt es automatisch als Symbol vor.

▲ **Abbildung 21.77**
Die Icons von After Effects und Premiere

21.6 Video und Film

Auch im Video- und Filmbereich gibt es viele Einsatzgebiete für Illustrator: bei der Gestaltung von Eröffnungen, dem Character Design und deren Illustration, der Integration von Logos und Typografie oder in der Infografik. Die Zusammenarbeit zwischen Illustrator und After Effects sowie Premiere ist dabei komfortabel.

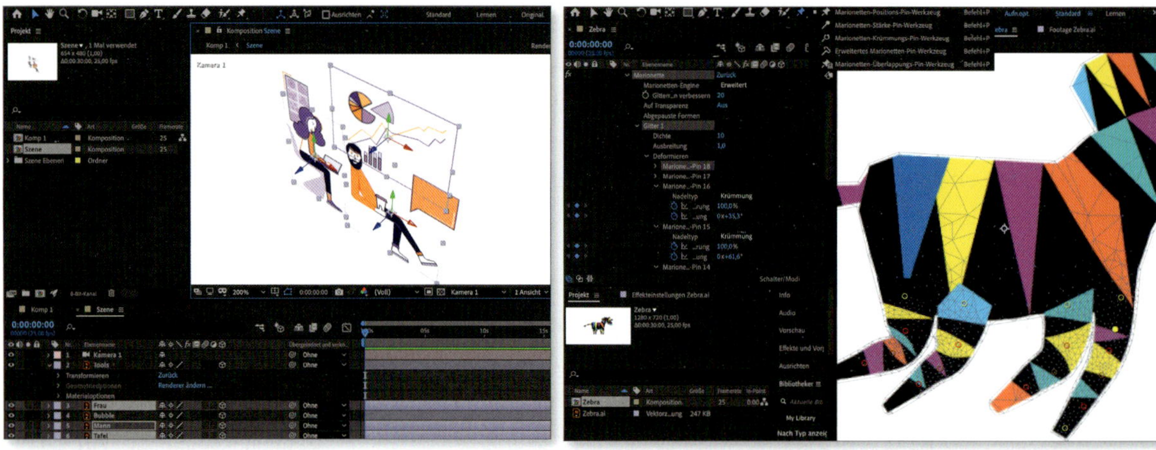

▲ **Abbildung 21.78**
Illustrator-Ebenen können in After Effects auf der Z-Achse verschoben werden (links) und es gibt in After Effects ein Marionetten-Werkzeug, das die Vorlage für Illustrators Formgitter ist (rechts).

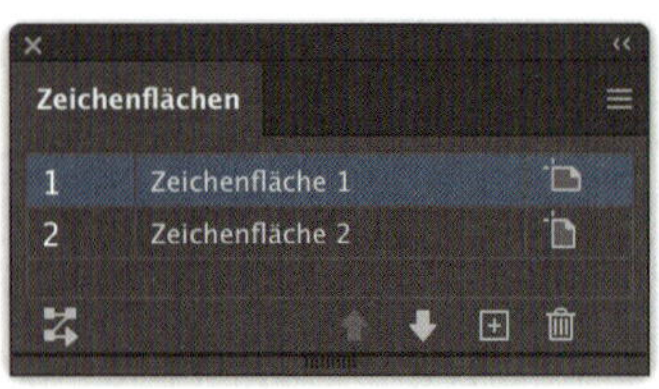

▲ **Abbildung 21.79**
Aufbau der Film-und-Video-Dokumentprofile mit den beiden Zeichenflächen

21.6.1 Wichtige Einstellungen in Illustrator

Damit die Arbeit in After Effects und Premiere reibungslos funktioniert, müssen Sie bereits in Illustrator auf einige Dinge achten.

Videovorlagen| Beim Erstellen einer neuen Datei greifen Sie auf die Dokumentprofile Film und Video zurück, in denen die immer wiederkehrenden Einstellungen für den Videobereich bereits vorgenommen sind, wie Farbraum, Auflösung und Bildschirmvorschau. Standarddokumentmaße für den Videobereich wählen Sie bequem aus einer Liste aus oder geben eigene ein.

Illustrator-Dokumentprofile für den Videobereich sind mit zwei Zeichenflächen angelegt: Zeichenfläche 1 in den Dimensionen, die Sie unter Neues Dokument eingeben, und Zeichenfläche 2 in der Größe 14.400 × 14.400 Pixel. Diese zweite Zeichenfläche sorgt dafür, dass Grafik, die die Dokumentdimensionen überragt, beim Import nicht abgeschnitten wird, damit Sie damit animieren können. Löschen Sie diese zweite Zeichenflä-

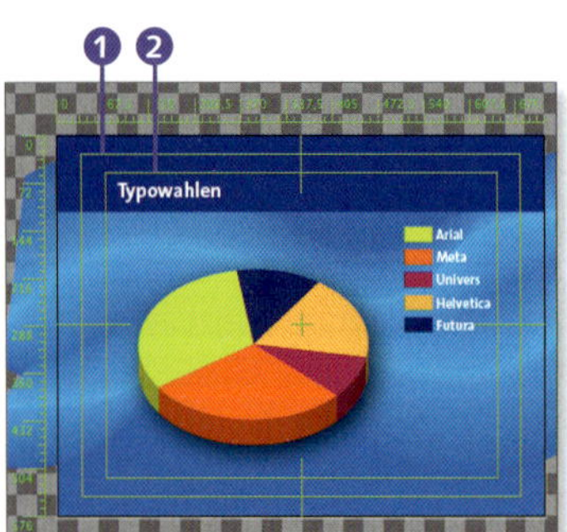

▲ **Abbildung 21.80**
❶ Aktions- und ❷ titelsicherer Bereich in Illustrator

che nicht, und ändern Sie auch nicht die Reihenfolge der Zeichenflächen, denn Sie können beim Import keine Zeichenfläche auswählen.

Video-safe Areas | Für die Aufteilung Ihres Designs nicht unerheblich sind technische Rahmenbedingungen. Die Schutzbereiche sorgen dafür, dass beim Abspielen Ihrer Inhalte auf bestimmten Fernsehgeräten keine wichtigen Elemente (Aktion bzw. Titel/Textinformation oder das Senderlogo) aufgrund von Ungenauigkeiten in der technischen Funktionsweise abgeschnitten werden.

In den ZEICHENFLÄCHENOPTIONEN, die Sie mit einem Doppelklick auf das Zeichenflächen-Werkzeug erreichen, haben Sie die Möglichkeit, unter ANZEIGEKOMPATIBLE BEREICHE EINBLENDEN die aktions- und titelsicheren Bereiche am Bildschirm anzuzeigen. In den Dokumentprofilen und Vorlagendateien für den Videobereich ist die Anzeige der Safe Areas standardmäßig aktiviert.

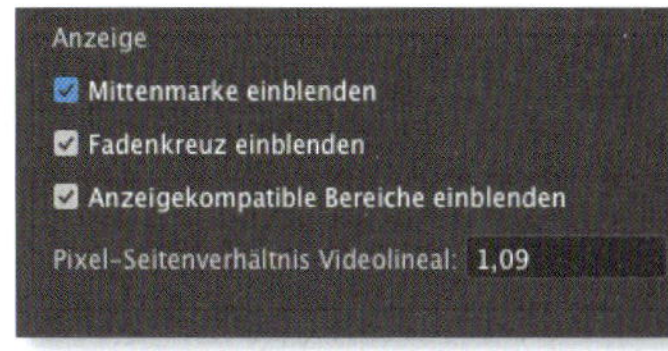

▲ **Abbildung 21.81**
Einstellung des Pixel-Seitenverhältnisses in den Zeichenflächenoptionen

Pixel-Seitenverhältnis (Pixel Aspect Ratio, PAR) | Illustrator arbeitet mit quadratischen Pixeln, Sie können jedoch in den Optionen des Schnittbereich-Werkzeugs ein Seitenverhältnis eingeben. Das eingegebene Seitenverhältnis ändert weder etwas an der Darstellung noch an der Speicherung der Datei, die Angabe dient lediglich der Berechnung der Einheiten an den Zeichenflächenlinealen. Blenden Sie diese mit ANSICHT • ZEICHENFLÄCHENLINEALE EINBLENDEN ein oder mit ⌘+⌥+R bzw. Strg+Alt+R.

Damit keine Verzerrungen auftreten, müssen Sie in After Effects das importierte Material korrekt interpretieren (s. Abschnitt 21.6.6).

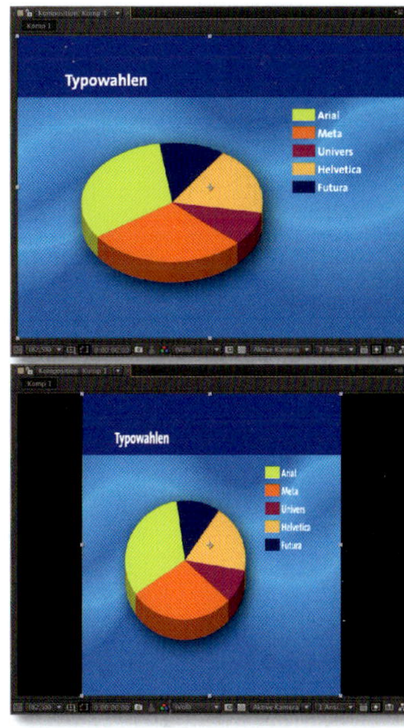

▲ **Abbildung 21.82**
Einstellung eines falschen Seitenverhältnisses in After Effects (unten)

21.6.2 Dateien für Video vorbereiten

Einige Bedingungen für die Weiterverarbeitung sollten Sie bereits beim Erstellen Ihrer Dateien beachten.

Zeichenfläche | Um die Bearbeitung zu beschleunigen, sollten Sie Ihre Dateien auf die notwendigen Objekte beschneiden. Dies betrifft natürlich nicht die Objekte, die animiert werden sollen. Dazu verwenden Sie die Größe der ZEICHENFLÄCHE 1.

After Effects arbeitet nur mit ganzen Pixelgrößen. Legen Sie die Größe der Zeichenfläche in Illustrator bereits in ganzen Pixeln an. Anderenfalls fügt After Effects beim Import einen schwarzen Rand hinzu, wenn es auf ganze Pixel aufrundet.

Wenn Sie Karten oder ähnliche Grafik aufbauen, legen Sie sie größer als benötigt an, um Kamerafahrten zu ermöglichen.

Dateien in Illustrator platzieren?

After Effects kann Illustrator-Dateien mitsamt platzierten Dateien korrekt importieren. Besser ist es jedoch, wenn diese Teile des Projekts getrennt angeliefert und erst in After Effects zusammengeführt werden.

Im Projekt verwendete Dateien

Bearbeiten Sie ohne Rücksprache keine Dateien, die bereits im After Effects-Projekt verwendet werden.

Farbraum | Wenn Sie Ihre Dateien auf den Video- und Filmvorlagen aufbauen, wird der Farbraum automatisch korrekt gewählt. Falls Sie eigene Vorgaben einrichten, achten Sie darauf, Ihre Datei im Farbmodus RGB anzulegen. After Effects kann zwar den Farbraum CMYK in RGB konvertieren, Sie haben jedoch eine bessere Kontrolle, wenn Sie gleich den korrekten Farbraum verwenden.

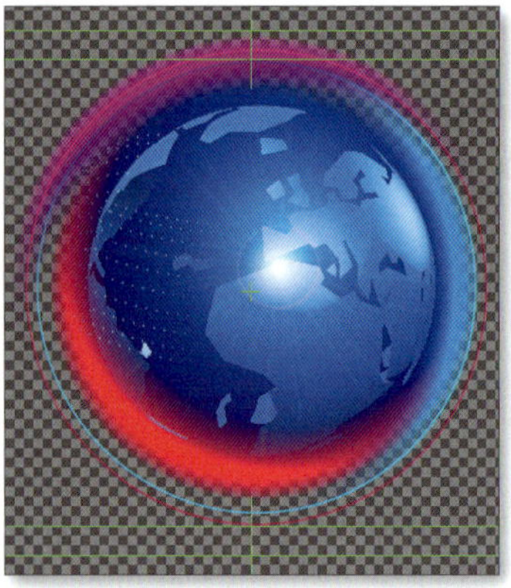

▲ **Abbildung 21.83**
Transparenzraster in Illustrator

Horizontale Linien | Vermeiden Sie auf jeden Fall horizontale Linien unter 2 Pixel Stärke – besser, Sie verwenden noch stärkere Linien. Dünne horizontale Linien flackern aufgrund des zeilenweisen Aufbaus eines Videobildes (Interlacing). Vermeiden Sie ebenfalls zu feine Linien in Schriften, z. B. Serifen.

Text | Text in Illustrator-Dateien lässt sich in After Effects nicht in bearbeitbaren Text konvertieren. Falls die Illustrator-Dateien vor dem Import noch von Kooperationspartnern bearbeitet werden, kann es sinnvoll sein, Text in Pfade umzuwandeln, um Problemen mit nicht vorhandenen Schriften vorzubeugen. After Effects selbst interpretiert jedoch die im PDF-Part der Datei eingebetteten Fonts.

Transparenz | Bereiche, die keine Objekte enthalten, sind in After Effects und Premiere transparent. Wenn Sie Schnittmasken zum Freistellen in Ihren Dateien einsetzen, wird eine solche Konstruktion korrekt importiert. Bei der Verwendung einer Videodokumentvorgabe wird standardmäßig das Transparenzraster eingeblendet, sodass Sie einschätzen können, welche Bereiche Ihrer Grafik transparent sind.

Eine reduzierte Deckkrafteinstellung der Objekte bewirkt auch in den beiden Videoprogrammen, dass darunterliegende Ebenen durch die Objekte hindurchscheinen. Füllmethoden haben jedoch nur Auswirkungen innerhalb der Objekte der Illustrator-Datei.

Stellen Sie Objekte mit Deckkraftmasken frei, wird die Alpha-Transparenz in After Effects und Premiere korrekt importiert, die Deckkraftmaske können Sie jedoch dort nicht mehr bearbeiten.

Pixelbasierte Effekte

Denken Sie daran, dass Sie beim Einsatz pixelbasierter Effekte aufgrund der Rastereffektauflösung hinsichtlich eventueller Skalierungen eingeschränkt sind.

Effekte | Live-Effekte werden korrekt interpretiert, sind aber nach dem Import nicht editierbar. Schlagschatten besitzen Alpha-Transparenz. After Effects bietet selbst eine riesige Bandbreite an Effekten. Es ist daher günstiger, Effekte direkt in After Effects anzulegen. Das hat den Zusatznutzen, dass diese Effekte animiert werden können.

Ebenen | Alle Elemente, die Sie in After Effects unabhängig von anderen animieren möchten, müssen auf eigenen Hauptebenen liegen. Soll ein Character animiert werden, bedeutet dies, dass seine Gliedmaßen entsprechend auf Ebenen aufgeteilt werden müssen. Benennen Sie alle Ebenen. Verwenden Sie den Befehl Ebenen für Objekte erstellen aus dem Bedienfeldmenü des Ebenen-Bedienfeldes, um Objekte auf eigene Ebenen zu verteilen (mehr zu Ebenen finden Sie in Abschnitt 11.1). Die Datei müssen Sie in After Effects als Komposition importieren.

▼ **Abbildung 21.84**
Elemente, die in Illustrator auf Hauptebenen liegen (links), sind auch in After Effects unabhängig voneinander zu bearbeiten (rechts; Rigging mit Duik Bassel).

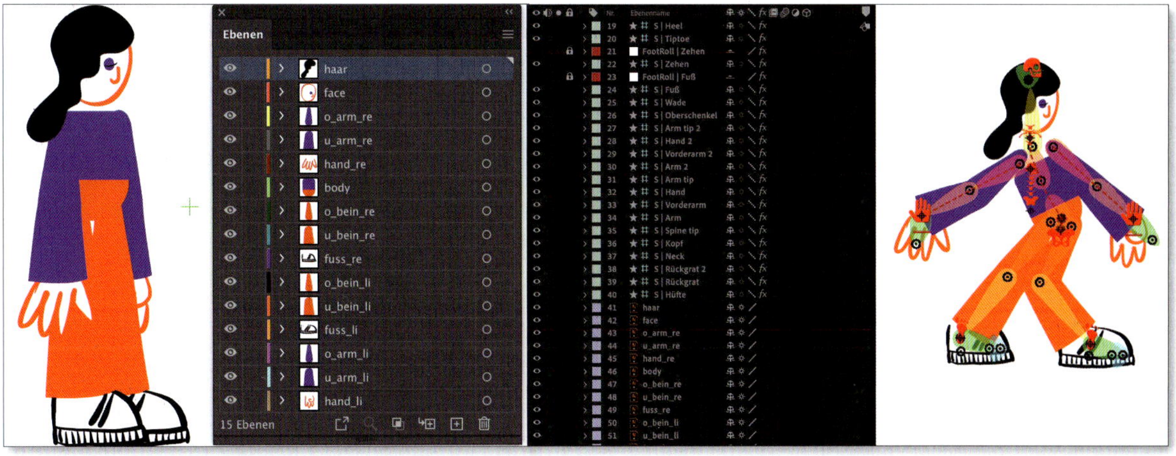

Premiere importiert Illustrator-Dateien mit mehreren Ebenen immer auf eine Ebene reduziert, Sie können jedoch aus Premiere heraus das Original in Illustrator bearbeiten.

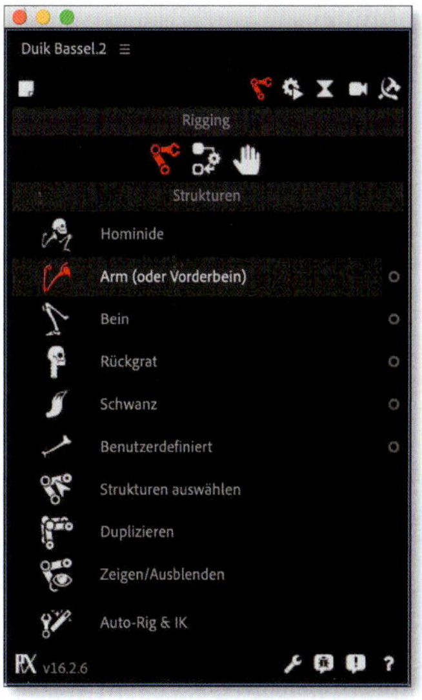

▲ **Abbildung 21.85**
Die Erweiterung Duik Bassel vereinfacht den Rigging-Prozess beim Animieren.

21.6.3 Für After Effects und Premiere speichern

After Effects kann Illustrator-Dateien öffnen, jedoch nur, wenn die Dokumente PDF-kompatibel abgespeichert wurden. In die Datei eingebettete Farbprofile werden beim Import ignoriert.

After Effects und Premiere können Sequenzen von Dateien importieren. Dazu ist es nötig, dass sich alle Dateien in einem Ordner befinden und ein gemeinsames Namensschema nutzen, wie z. B. »Datei0001.ai«, »Datei0002.ai«, »Datei0003.ai«.

Während die Erzeugung von Dateisequenzen eher eine Aufgabe für Stapelverarbeitung und Scripting-Lösungen ist, können Sie Animationen auch als SWF exportieren und in beiden Videoprogrammen importieren.

21.6.4 Illustrator-Dateien in Videoprojekte importieren

In Premiere importieren Sie Ihre Illustrator-Dateien ohne weitere Einstellmöglichkeiten.

CC-Bibliotheken

Auch über die Bibliotheken können Sie Material in After Effects importieren. Sie haben jedoch keinen Zugriff auf einzelne Objekte oder Ebenen.

In After Effects wählen Sie für den Import einzelner Dateien ABLAGE • IMPORTIEREN • DATEI... Dann stehen Ihnen folgende Optionen zur Verfügung:

- KOMPOSITION: Beim Import als Komposition bleiben Hauptebenen unabhängig voneinander erhalten. Alle Ebenen haben die Größe der Zeichenfläche. So ist es z. B. einfacher, die Ebenen absolut zu positionieren und im Verhältnis zueinander proportional zu transformieren.
- KOMPOSITION – EBENENGRÖSSE BEIBEHALTEN: Mit dieser Option bleiben ebenfalls die Hauptebenen unabhängig voneinander erhalten. Ihre Größen entsprechen jedoch den Begrenzungsrahmen der jeweiligen Objekte. Mit dieser Option ist es einfacher, Figuren aufzubauen, ihre Gliedmaßen zusammenzusetzen und Objekte zu positionieren.
- FOOTAGE: Beim Import als Footage wird die Datei auf das Endformat beschnitten, und alle Ebenen werden zusammengerechnet.

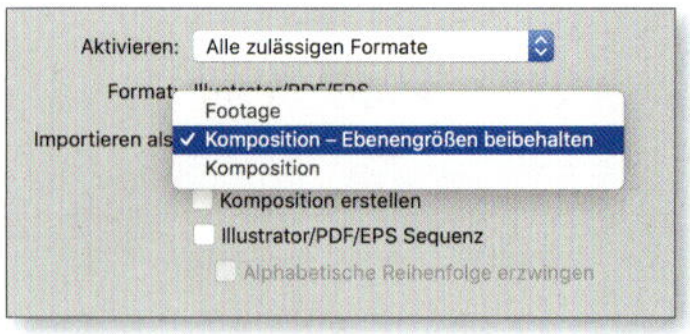

▲ **Abbildung 21.86**
Importoptionen in After Effects

Nach dem Import platzieren Sie die Ebenen mit einem Doppelklick auf das Kompositionssymbol in der Dateiliste des Projekt-Bedienfeldes.

21.6.5 Wichtige Einstellungen in After Effects

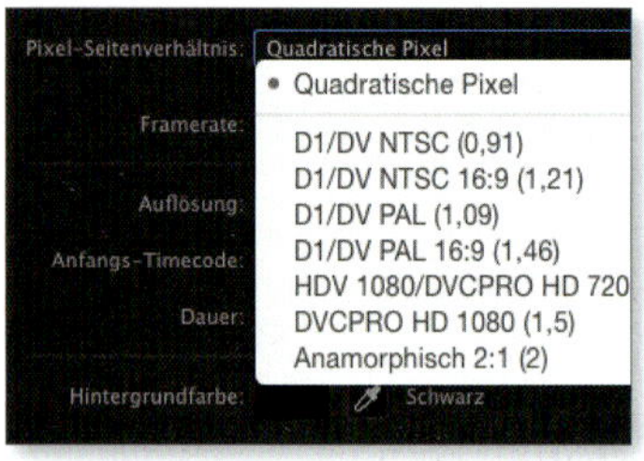

▲ **Abbildung 21.87**
Einstellung des Seitenverhältnisses

Damit Ihre Vektorgrafik optimal dargestellt wird, sind vor allem die Einstellungen für das Rastern und das Pixel-Seitenverhältnis wichtig.

Pixel Aspect Ratio | Das Pixel-Seitenverhältnis wird normalerweise von After Effects beim Import des Dokuments richtig eingestellt. Sollte das einmal nicht der Fall sein, finden Sie diese Einstellung unter KOMPOSITION • KOMPOSITIONSEINSTELLUNGEN. Setzen Sie die Option PIXEL-SEITENVERHÄLTNIS auf QUADRATISCHE PIXEL.

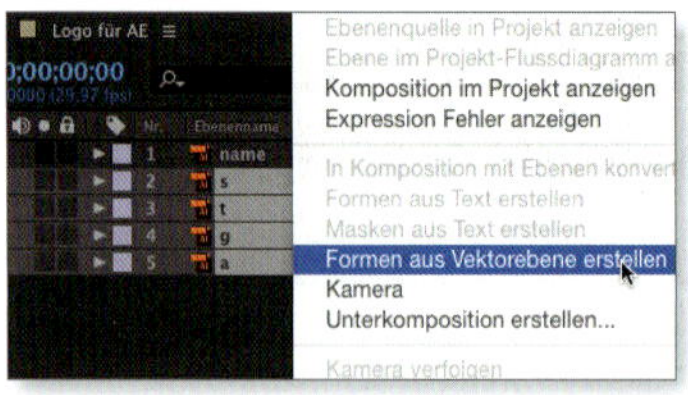

▲ **Abbildung 21.88**
Umwandeln von Vektorebenen in Formen

Vektorebene in Formen umwandeln | Einfache Formen können Sie in After Effects als Vektorpfade bearbeiten. In der Illustrator-Datei teilen Sie die Formen so auf Ebenen auf, wie Sie sie in After Effects benötigen. Nach dem Import in die Zeitleiste rufen Sie mit einem Rechtsklick auf eine Ebene das Kontextmenü auf und wählen FORMEN AUS VEKTOREBENEN ERSTELLEN. Sie können dies für mehrere Ebenen gemeinsam vornehmen. Die Vektorformen können Sie anschließend ebenfalls über das Kontextmenü in 3D-Ebenen umwandeln.

Kontinuierlich rastern | Illustrator-Dateien sind – außer wenn pixelbasierte Effekte eingesetzt wurden – in After Effects problemlos skalierbar. Sie müssen jedoch darauf achten, die Ebene zu OPTIMIEREN. Die entsprechende Einstellung finden Sie in der Zeitleiste.

▲ **Abbildung 21.89**
Skalierte Illustrator-Grafik in After Effects ohne (Mitte) und mit (rechts) der Option Optimieren, Zeitleiste mit dem Button Optimieren (links)

3D-Renderer | Mit After Effects wird Cinema 4D Lite installiert. Dadurch haben Sie die Möglichkeit, in After Effects die Renderengine von Cinema 4D zu verwenden. Aktivieren Sie sie unter Komposition • Kompositionseinstellungen im Reiter 3D-Renderer.

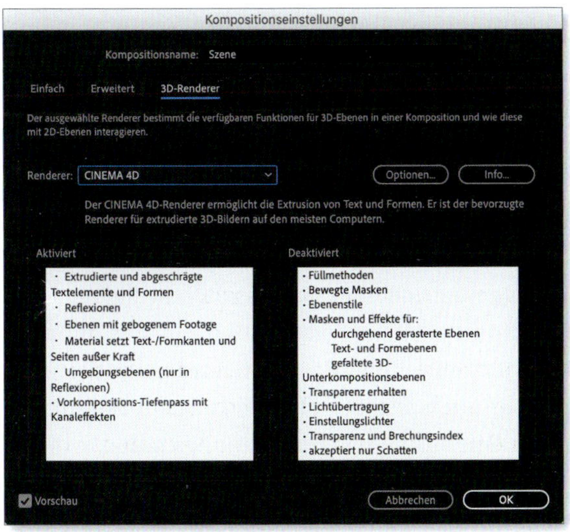

◀ **Abbildung 21.90**
After Effects Kompositionseinstellungen

> **Cinema 4D-Dateien**
>
> Sie können in After Effects auch Cinema 4D-Dateien erstellen und so mit den reduzierten Möglichkeiten der Lite-Version konstruieren. Die Dateien sind kompatibel mit der Vollversion.

21.6.6 Pfade kopieren und einfügen

Vor allem in After Effects lassen sich an vielen Stellen Vektorpfade verwenden, z. B. um Texte oder Glitzereffekte entlang eines Pfades zu animieren, Clips freizustellen oder 3D-Extrusionen zu konstruieren. Diese Pfade können Sie in Illustrator erstellen und dann über die Zwischenablage in After Effects einfügen.

Um Pfade aus Illustrator in After Effects einfügen zu können, achten Sie darauf, dass unter Voreinstellungen • Dateien verarbeiten und Zwischenablage die Optionen AICB und Pfade beibehalten aktiviert sind.

1. In After Effects legen Sie dann über Ebene • Neu • Formebene eine neue Formebene an.
2. Mit dem Zeichenstift-Werkzeug setzen Sie einen Punkt in die Ebene.

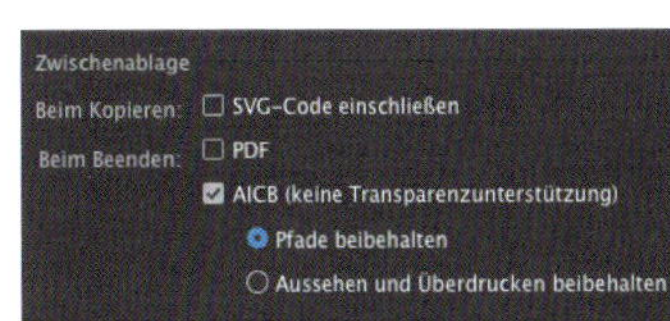

▲ **Abbildung 21.91**
Zwischenablageoptionen in Illustrator

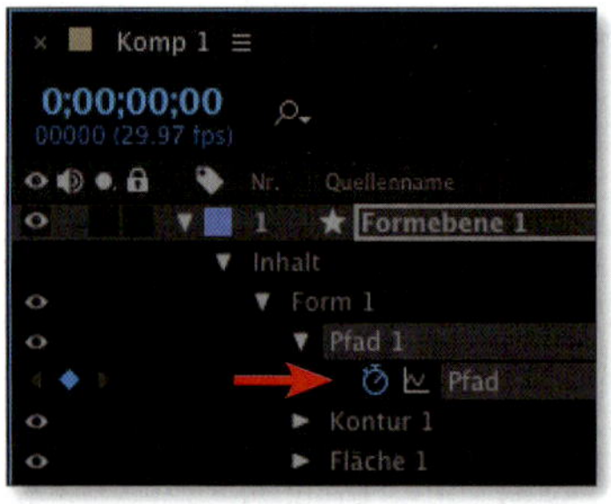

▲ **Abbildung 21.92**
Aktivieren eines bestehenden Pfades in After Effects

3. Dann klappen Sie im Kompositions-Bedienfeld den Inhalt der Formebene so weit auf, bis Sie den Pfad sehen. Klicken Sie auf das Stoppuhrsymbol, um den Ankerpunkt zu aktivieren. Dann fügen Sie den Inhalt der Zwischenablage ein.
   Wenn nichts oder nur eine Ebene aktiviert ist, würde After Effects stattdessen den Pfad als Maske einfügen.

21.7 Character Animator

Character Animator erlaubt das einfache Animieren von sprechenden Charakteren. Die Software wurde z. B. eingesetzt, um die Simpsons im Fernsehen live in einer Interview-Sendung zum Sprechen zu bringen. Dabei analysiert das Programm die gesprochene Sprache und zeigt automatisch die entsprechenden vorbereiteten Mundstellungen an. In weiteren Kanälen erfolgt eine Analyse der Augen- und Kopfstellung, es können Animationsphasen per Shortcut aufgerufen und Teile der Marionetten mit der Maus bewegt werden. Die aktuelle Version unterstützt Keyframes und Livestreaming für jedermann (entsprechende – kostenlose – Software vorausgesetzt). Die Marionetten können Sie auch in Illustrator erstellen.

Voraussetzung: Webcam
Um Character Animator nutzen zu können, benötigen Sie eine Webcam. Den Ton können Sie selbst sprechen oder fertige Sprachaufnahmen importieren.

Der Aufbau einer Marionette basiert auf einer fest definierten Ebenen-Hierarchie. Die meisten Namen und Namensbestandteile haben eine Bedeutung für die Animation der Marionette, sodass Sie sich an diese Konventionen halten müssen, damit die Marionette später sofort funktioniert. Es lassen sich aber auch alle per Ebenennamen einstellbaren Optionen in der intuitiven Oberfläche von Character Animator konfigurieren. Zum Einstieg bietet Character Animator Beispielprojekte, nach denen Sie Ihre eigenen Charaktere aufbauen können.

▲ **Abbildung 21.93**
Einsatz eines Characters in einem Videotutorial

21.7.1 Dokument einrichten, Ebenen

Beginnen Sie Ihr Projekt in Character Animator, indem Sie auf dem Startbildschirm die Beispielmarionetten durchscrollen. Gehen Sie mit dem Cursor über die Abbildungen, um eine Kurzbeschreibung der Features zu lesen und zu erfahren, ob eine Illustrator-Beispieldatei existiert. Character-Animator-Marionetten können sehr komplexe Funktionalitäten besitzen – die Sie in der Regel nicht alle benötigen, daher wählen Sie ein Illustrator-Beispiel, das die Features besitzt, die Sie brauchen. Mit einem Klick auf den Beispielnamen erstellen Sie ein neues Projekt mit diesem Character. Gehen Sie dann auf Bearbeiten • Original bearbeiten, um die Marionette in Illustrator zu öffnen, und sehen Sie sich den Dokumentaufbau an.

Komplexere Puppen
Wenn Sie sich Beispieldateien für komplexere Animationen ansehen wollen, gehen Sie auf die Projektseite *https://character.adobelanding.com/puppets/*. Dort finden Sie auch Links zur Dokumentation.

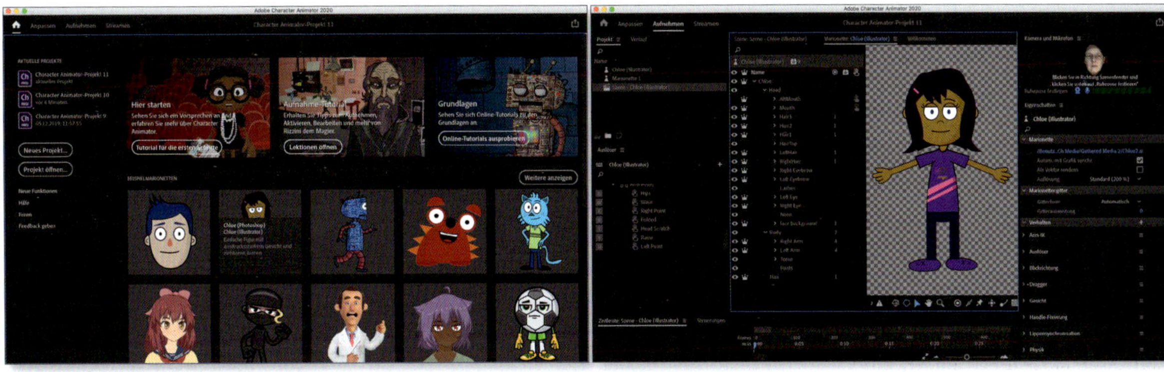

▲ **Abbildung 21.94**
Startbildschirm von Character Animator (links); Beispielmarionette Chloe (rechts)

Sehen Sie sich den Aufbau der Marionette im Ebenen-Bedienfeld an, bevor Sie Ihre erste eigene Puppe erstellen. Setzen Sie dann Ihre Ideen so um, dass sie sich in diese Hierachie integrieren lassen.

Sie können dann Ihre fertiggestellten Figuren in die entsprechenden Ebenen kopieren, oder Sie richten in Ihrer Datei dieselbe Ebenenstruktur ein. Änderungen, die Sie in der bereits in Character Animator importierten AI-Datei speichern, werden automatisch in das Projekt übernommen, und Sie können damit in Character Animator experimentieren.

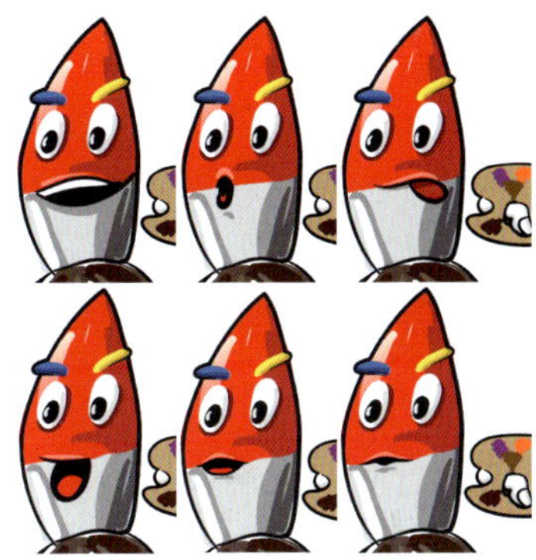

▲ **Abbildung 21.95**
Unterschiedliche Mundstellungen des Characters

Gesicht | Besonders wichtig ist eine überzeugende Animation des Gesichts. Character Animator kann Augenbewegungen und Blinzeln mit der Webcam erfassen und in der Figur animieren. Die Pupillen und Augenlider für die Umsetzung legen Sie in den entsprechenden Ebenen an. Für die Phoneme gibt es im Web Vorlagen in großer Zahl, nach denen Sie zu Ihrer Figur passende Mundstellungen zeichnen können. Setzen Sie sie in die vorhandene Ebenenstruktur. Wichtig ist, dass Sie die Hierarchie und die Namen der vorhandenen Ebenen nicht ändern.

In Character Animator können Sie bis zu sieben Ansichten Ihrer Figur hinterlegen, sodass diese auch durch das Bild laufen und dabei sprechen kann.

Sie können zusätzlich auch noch eigene Details hinzufügen, die dann nicht aus der Sprache ausgelesen oder mit der Kamera gesteuert, sondern mit Tastaturbefehlen ausgelöst werden, z. B. Handstellungen und sogar Animationen.

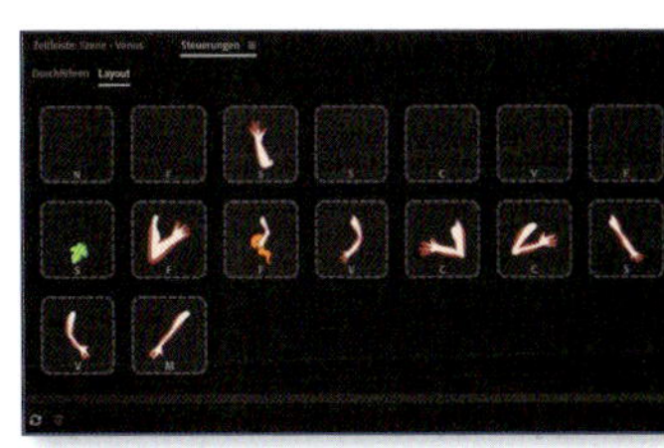

▲ **Abbildung 21.96**
Bildliche Darstellung der Steuerungen

Neue Marionetten in Character Animator importieren | Sie können in Projekte weitere Marionetten importieren. Dazu gehen Sie auf Datei • Importieren. Um die Marionette zu »riggen«, doppelklicken Sie den Dateinamen im Projekt-Bedienfeld des Projekts. Character Animator erkennt die speziellen Befehle, die Ebenennamen zugewiesen wurden, und erstellt bereits daraus eine Struktur der Marionette. Darüber hinaus aktivieren Sie einzelne Ebenen in der Auflistung und verwenden das Eigenschaften-Bedienfeld rechts, um die Optionen einzustellen.

Abbildung 21.97 ▶
Benutzeroberfläche von Character Animator

Verformen und Animieren | In Character Animator können Sie auch Hüllengitter verwenden, um Marionetten organisch zu bewegen. Mit Versteifungen können Knochen und Gelenke simuliert werden, sodass Sie nicht darauf angewiesen sind, alle möglichen Bewegungen durch Animationen vorzuproduzieren. In den Eigenschaften stehen Physik-Simulationen wie Wind und Schwerkraft zur Verfügung, um Haare zu animieren oder Requisiten mit besonderen Features wie Partikelemissionen zu versehen.

▲ Abbildung 21.98
Mit Hüllengitter und Versteifungen versehene Marionette

21.7.2 Projektexport

Mit Dynamic Link können Sie Ihre Szenen in After-Effects- oder Premiere-Projekte integrieren. So muss die Szene nicht erst gerendert werden, was Änderungen erschweren würde. Falls Sie das Projekt aber in Videoformate ausgeben möchten, existiert eine Anbindung an den Adobe Media Encoder.
Die fertig geriggten Marionetten lassen sich ebenfalls für Kooperationspartner oder Kunden exportieren.

Kapitel 22
Personalisieren und erweitern

Um Ihre Arbeitseffizienz zu steigern, sollten Sie Illustrator an Ihre Bedürfnisse anpassen. Vor allem regelmäßig vorkommende Abläufe können Sie vielleicht als Vorgaben speichern oder automatisieren. Wenn Illustrator eine Funktion nicht selbst bietet, lässt es sich an vielen Stellen durch Skripte ergänzen.

22.1 Einstellungen anpassen

Wie in allen Programmen enthalten die Voreinstellungen die wichtigsten Optionen, um Illustrator an den Einsatzzweck anzupassen. Dazu zählen Maßeinheiten, Sprache, Raster und Werkzeuggrundeinstellungen. Sie können Illustrator aber mit weitergehenden Einstellungen noch besser an Ihren Workflow anpassen.

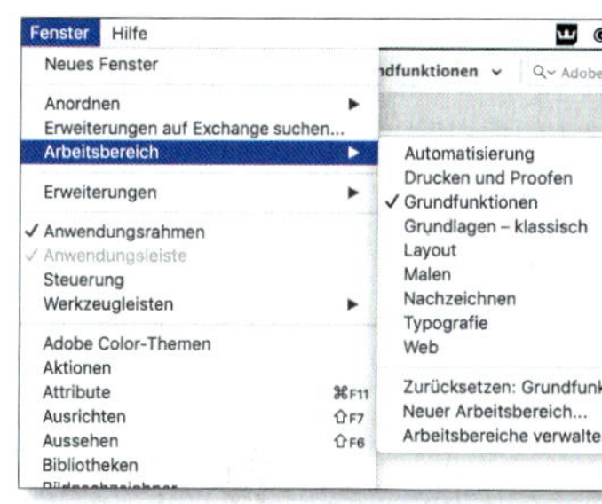

▲ **Abbildung 22.1**
Gespeicherte Arbeitsbereiche

22.1.1 Benutzerdefinierte Arbeitsbereiche

Das »Layout« der Bedienfelder auf Ihrem Bildschirm sowie die Zusammenstellung und Anzeigeart der Bedienfelder im Dock lässt sich als »Arbeitsbereich« speichern und über das Menü oder über den Button in der Anwendungsleiste (Mac) bzw. im Kopfbereich des Anwendungsrahmens (Windows) wieder aufrufen.

Das ist praktisch, wenn Sie einen Arbeitsplatz mit Kollegen teilen, aber auch, wenn Sie selbst für verschiedene Aufgaben – Illustration, Konstruktion oder Typografie – andere Bedienfelder oder unterschiedliche Anordnungen der Bedienfelder benötigen.

Abgerissene Werkzeugbedienfelder

Die Zusammensetzung des Werkzeugbedienfeldes und die Position »abgerissener« Werkzeugbedienfelder werden ebenfalls im Arbeitsbereich gespeichert.

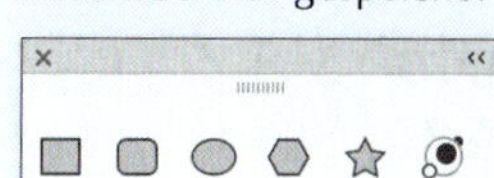

Arbeitsbereich speichern | Richten Sie die Position der Bedienfelder wie gewünscht ein. Rufen Sie anschließend Fenster • Arbeitsbereich • Neuer Arbeitsbereich auf, und geben Sie dem Bildschirmlayout einen passenden Namen. Die Option Anwendungsrahmen (nur Mac), die Anordnung von

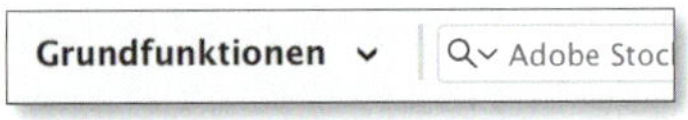

▲ **Abbildung 22.2**
Menü Arbeitsbereiche

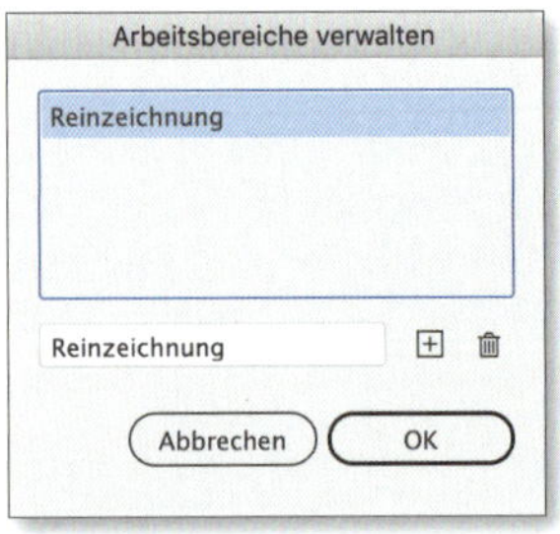

▲ **Abbildung 22.3**
Die Dialogbox Arbeitsbereiche verwalten

▲ **Abbildung 22.4**
Der Touch-Arbeitsbereich (s. Kapitel 1)

▲ **Abbildung 22.5**
Datei-Icon der Vorlagendatei

Zoomstufen als Ansichten

Speichern Sie verschiedene häufig benötigte Zoomstufen als Ansichten in den jeweiligen Dokumenten. Dabei lässt sich auch die Sichtbarkeit verschiedener Ebenen sichern.

Fenstern (Überlappend, Nebeneinander) sowie ihre Verschiebbarkeit werden nicht gespeichert (Anordnen von Fenstern s. Abschnitt 1.1.3). Auch den Touch-Arbeitsbereich (nur auf Touch-fähigen Windows-Systemen) können Sie nicht konfigurieren.

Arbeitsbereich aufrufen | Um einen gespeicherten Arbeitsbereich aufzurufen, wählen Sie den Namen des Bildschirmlayouts aus dem Untermenü von Fenster • Arbeitsbereich oder stellen ihn mit dem Button in der Anwendungsleiste ein.

Arbeitsbereich zurücksetzen | Änderungen, die Sie in Ihrem Arbeitsbereich vornehmen, z. B. das Abreißen oder Ändern der Optionen von Bedienfeldern, werden gespeichert – wenn Sie zwischen Arbeitsbereichen wechseln, finden Sie also immer den zuletzt verwendeten Zustand vor. Um die Arbeitsbereiche wieder in den Ursprungszustand zu versetzen, reicht es daher nicht, sie einfach neu aufzurufen. Stattdessen verwenden Sie den Befehl Zurücksetzen: [Name des Arbeitsbereichs] im Menü Fenster • Arbeitsbereich.

Arbeitsbereiche verwalten | Möchten Sie gespeicherte Arbeitsbereiche umbenennen, duplizieren oder löschen, rufen Sie Fenster • Arbeitsbereich • Arbeitsbereiche verwalten auf (s. Abbildung 22.3).

- Umbenennen: Aktivieren Sie einen der Einträge in der Liste, und tragen Sie den neuen Namen in das Eingabefeld ein. Bestätigen Sie mit OK.
- Duplizieren: Wählen Sie einen Eintrag aus, und klicken Sie auf den Button Neuer Arbeitsbereich ⊞.
- Löschen: Aktivieren Sie den Eintrag, und klicken Sie auf den Button Arbeitsbereich löschen 🗑.

22.1.2 Vorlagen

Vorlagendateien sind wie ein Zeichenblock, von dem Sie ein Blatt abreißen. Falls Sie häufig mit wiederkehrenden Dokumentformaten, Farben, Mustern, Formen oder Druckeinstellungen arbeiten müssen, können Sie die benötigten Vorgaben in einer Vorlagendatei speichern und für ein neues Projekt von dieser Datei »ein Blatt abreißen«, um sich die gleichzeitig langweilige und aufwendige Arbeit des Einrichtens der benötigten Grundlagen zu ersparen. Wenn Sie z. B. regelmäßig CD-Cover für ein bestimmtes Label entwerfen, erstellen Sie eine Vorlage im benötigten Farbmodus und mit den entsprechenden Spezifikationen, Logos, Farbfeldern und Druckvorgaben. Für einen neuen Entwurf legen Sie keine neue Datei an, sondern verwenden die Vorlage »CD-Cover«.

Vorlagen erstellen | Beginnen Sie mit einem neuen Dokument, oder öffnen Sie ein vorhandenes Dokument, das bereits einige der benötigten Elemente enthält. Richten Sie die gewünschten Optionen ein:

- Dokument einrichten: Definieren Sie die Anzahl und Maße der Zeichenflächen, Maßeinheiten und Transparenzeinstellungen.
- Ansicht: Legen Sie z. B. den Linealnullpunkt, die Zoomstufe, Hilfslinien und die Bildschirmansicht fest.
- Stile, Formate: Definieren Sie Grafikstile sowie Zeichen- und Absatzformate. In Zeichenformaten legen Sie die Sprache fest.
- Farbfelder, Pinsel, Symbole: Löschen Sie alle nicht benötigten Farbfelder, Stile, Pinsel, Symbole etc., und richten Sie neue ein, z. B. Corporate-Design-Elemente.
- Diagrammdesigns: Fügen Sie Balken- und Punktedesigns der Dialogbox OBJEKT • DIAGRAMM • DESIGNS hinzu.
- Druckvorgaben: Definieren Sie die Optionen für den Ausdruck des Dokuments im Drucken-Dialog.
- Objekte: Legen Sie Stanzkonturen, benötigte Texte oder Bildelemente in der Datei an.

Metadaten

Auf Basis der Dokumentprofile werden Metadaten in Ihr Illustrator-Dokument geschrieben (das Dokumentprofil können Sie einsehen unter DATEI • DATEIINFORMATIONEN). Erstellen Sie Ihre eigenen Dokumentprofile daher auf einem für den Anwendungszweck passenden bestehenden Dokumentprofil.

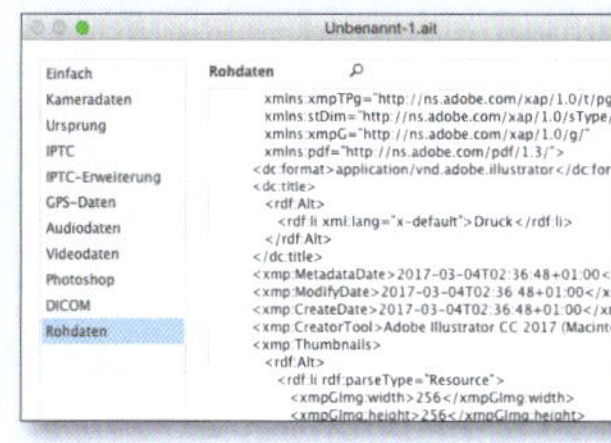

Vorlagen speichern | Rufen Sie nach dem Einrichten der Vorlage den Befehl DATEI • ALS VORLAGE SPEICHERN… auf. Wählen Sie im Dateibrowser den Speicherort, und klicken Sie auf SPEICHERN. Vorlagendateien können keine Farbprofile enthalten.

Verschieden große Zeichenflächen in der Vorlage

Benötigen Sie Vorlagen mit Zeichenflächen in unterschiedlichen Größen, dann müssen Sie diese in einer Vorlagendatei anlegen.
In einem neuen Dokumentprofil können Sie nur mehrere Zeichenflächen speichern, die über die Dialogbox NEUES DOKUMENT angelegt wurden.

Vorlagen öffnen | Möchten Sie eine neue Datei auf Basis einer selbst erstellten Vorlage erstellen, wählen Sie DATEI • NEU AUS VORLAGE – Shortcut ⌘/Strg+⇧+N. Illustrator öffnet den Vorlagenordner im Dateibrowser. Die Datei muss zu diesem Zweck übrigens nicht als Vorlagendatei gespeichert worden sein. Sie können über diese Dialogbox jede Illustrator-Datei öffnen, und es wird automatisch eine Kopie erzeugt.

Um eine Datei auf Basis von Vorlagen aus Adobe Stock zu erstellen, verwenden Sie die überarbeitete Dialogbox DATEI • NEU. Darin finden Sie unter den jeweiligen Dokumenttypen MOBIL, WEB, DRUCK etc. eine Reihe von sowohl kostenlosen als auch kostenpflichtigen Vorlagendesigns.

22.1.3 Dokumentprofile

Ein neues Dokument, das Sie mit dem Befehl DATEI • NEU erstellen, basiert auf einem von fünf Dokumentprofilen (engl. »New Document Profile«). Wählen Sie aus Profilen für die Bereiche MOBIL, WEB, DRUCK, FILM UND VIDEO sowie GRAFIK UND ILLUSTRATION.

Menü »Größe«

Die Einträge im Menü GRÖSSE der Dialogbox NEUES DOKUMENT lassen sich in keiner zugänglichen Einstellungsdatei editieren oder ergänzen.

Farbprofile?

In Dokumentprofilen sollten Sie keine Farbprofile speichern. Bei ungünstigen Farbmanagement-Einstellungen kann es sonst passieren, dass ohne Warnung eine CMYK-zu-CMYK-Konvertierung mit den bekannten Folgen stattfindet (s. Abschnitt 7.2.3).

In den Dokumentprofilen sind die üblichen Einstellungen für Rastereffektauflösung oder Bildschirmansicht bereits vorgenommen. Im Dokumentprofil auf der Zeichenfläche platzierte Elemente werden beim Anlegen eines neuen Dokuments ignoriert.

Dokumentprofile anpassen | Die Dokumentprofile können Sie nach Ihren Wünschen anpassen oder auf Basis der vorhandenen zusätzliche Profile erstellen. Sie finden die Dateien unter Users/(User)/Library/Application Support/Adobe/Adobe Illustrator [Version]/[Sprache] /New Document Profiles (Mac) bzw. Users\(User)\AppData\Roaming\Adobe\Adobe Illustrator [Version] Settings\[Sprache]\New Document Profiles (Windows 10).

Editieren Sie darin die gewünschten Farbfelder, Diagrammdesigns, Grafikstile, Zeichen- und Absatzformate, Pinsel, Symbole, Ansichtsoptionen, den Linealnullpunkt, die Anzahl der Zeichenflächen und die Drucken-Optionen. Mehrere Ebenen oder geänderte Ebenenfarben gehen verloren. Das angepasste Dokumentprofil speichern Sie anschließend wieder in diesen Ordner – falls das Betriebssystem kein direktes Speichern zulässt, verschieben Sie die Datei von einem anderen Speicherort dorthin.

Beim Anlegen einer neuen Datei finden Sie angepasste Dokumentprofile in der neuen Dialogbox Neues Dokument, wenn Sie den entsprechenden Bereich (Mobil, Web etc.) unter dem Titelbalken der Dialogbox anklicken und darin ein wenig scrollen. Gegebenenfalls müssen Sie auf Alle Vorgaben anzeigen klicken, um zu Ihren eigenen Dokumentprofilen zu kommen.

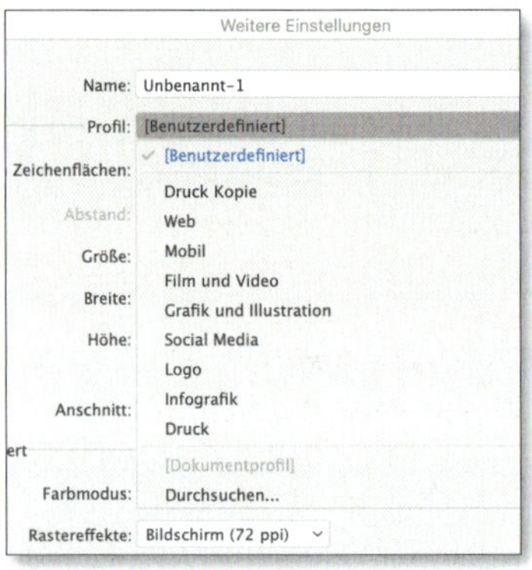

▲ **Abbildung 22.6**
Wählen Sie in der Dialogbox Neues Dokument den Eintrag Durchsuchen, um den Ordner der NDP in Ihrem Betriebssystem aufzurufen.

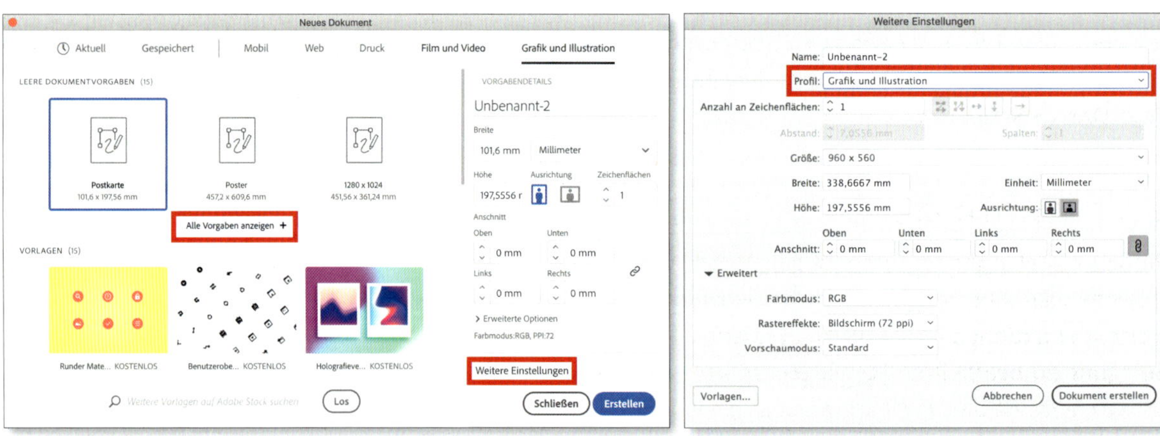

▲ **Abbildung 22.7**
Neue Dokumentprofile im neuen (links) und »gewohnten« (rechts) Dialog Neues Dokument

Einfacher geht es in der »gewohnten Benutzeroberfläche«: Hier wählen Sie Ihr Dokumentprofil aus dem Menü Profil. Die »gewohnte Benutzeroberfläche« erreichen Sie entweder über die neue Dialogbox, indem Sie auf Weitere Einstellungen klicken, oder Sie aktivieren unter Vor-

Einstellungen • Allgemein die Option Gewohnte Benutzeroberfläche »Datei Neu« verwenden, dann wird immer die alte Dialogbox angezeigt.

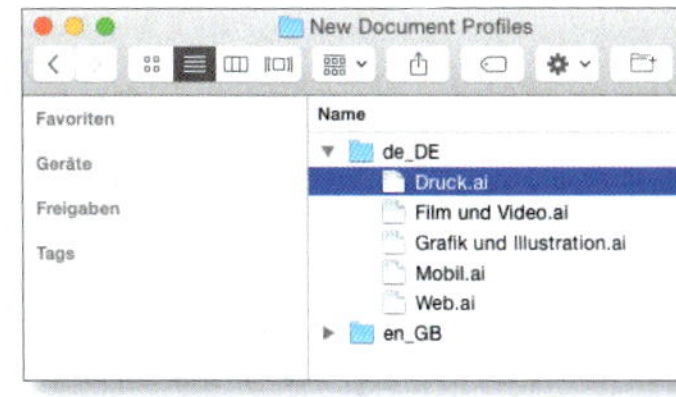

▲ **Abbildung 22.8**
Neue Dokumentprofile für CMYK- (blau markiert) und RGB-Dokumente

22.1.4 Bibliotheken

Eigene Farbfelder, Symbole, Pinsel und Grafikstile können Sie als Bibliotheken speichern (zu Bibliotheken s. Abschnitt 1.3). Selbst erstellte Bibliothekendokumente sind wie die meisten vorinstallierten Bibliotheken ganz normale Illustrator-Dateien (lediglich bestimmte Farbfelder bilden eine Ausnahme). Wenn Sie eine Bibliothek ändern oder ergänzen möchten, öffnen Sie einfach die entsprechende Illustrator-Datei von Ihrer Festplatte – voreingestellt werden Bibliotheken in Users/(User)/Library/Application Support/Adobe/Adobe Illustrator [Version]/[Sprache]/ (Mac) bzw. Users\(User)\AppData\Roaming\Adobe\Adobe Illustrator [Version] Settings\[Sprache]\ (Windows) in entsprechend benannte Unterordner gespeichert. In der jeweiligen Illustrator-Datei legen Sie das Farbfeld, das Symbol, den Pinsel oder den Grafikstil an und speichern sie.

Um die Bibliothek weiterzugeben, kopieren Sie die Datei. Ein in einem Illustrator-Dokument verwendetes Element aus einer Bibliothek besitzt jedoch keine Verbindung zur Bibliothek, sodass bei Änderungen in der Bibliothek keine automatischen Aktualisierungen in anderen Dokumenten stattfinden.

Jede Datei ist eine Bibliothek

Über den Dialog Bibliothek öffnen • Andere Bibliothek können Sie die Farbfelder, Pinsel, Symbole und Grafikstile jeder beliebigen Illustrator-Datei wie eine Bibliothek öffnen, indem Sie dort einfach die betreffende Illustrator-Datei auswählen.

Bibliotheken bearbeiten und ergänzen | Um einer Bibliothek weitere Elemente hinzuzufügen, öffnen Sie die betreffende Datei über Datei • Öffnen. Fügen Sie Objekte in die Datei ein, die die gewünschten Eigenschaften enthalten, und definieren Sie dann nach Bedarf neue Farbfelder, Grafikstile, Symbole oder Pinsel. Anschließend speichern Sie die Datei über Datei • Speichern.

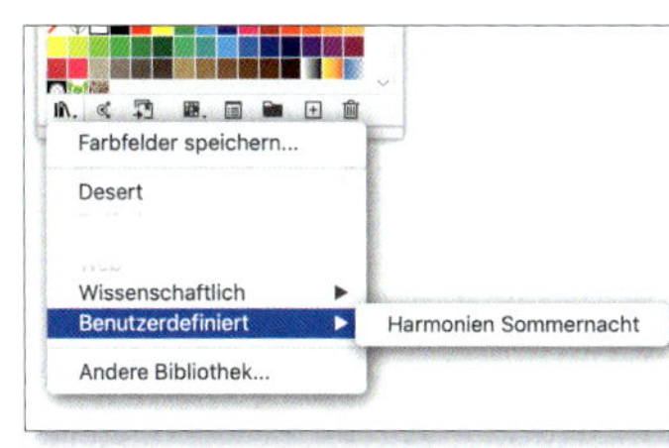

▲ **Abbildung 22.9**
Benutzerdefinierte Farbfeld-Bibliothek

22.1.5 Tastaturbefehle

Per Voreinstellung sind viele Funktionen mit Tastaturbefehlen – Shortcuts – belegt. Falls Ihnen die verwendeten Befehle nicht zusagen oder Sie gern weitere Funktionen mit Shortcuts versehen würden, ist es möglich, die Belegung zu bearbeiten. So wie Sie unterschiedliche Bildschirmlayouts abspeichern, ist dies auch mit Belegungssätzen möglich. Damit können Sie zwischen unterschiedlichen Sätzen von Tastatur-Shortcuts umschalten.

Um die Tastaturbelegungen zu bearbeiten, rufen Sie Bearbeiten • Tastaturbefehle auf – Shortcut ⌘+⌥+⇧+K bzw. Strg+Alt+⇧+K. Die Tastatur-Shortcuts für Werkzeuge und Menübefehle bearbeiten Sie getrennt.

▲ **Abbildung 22.10**
Icon einer Shortcut-Datei

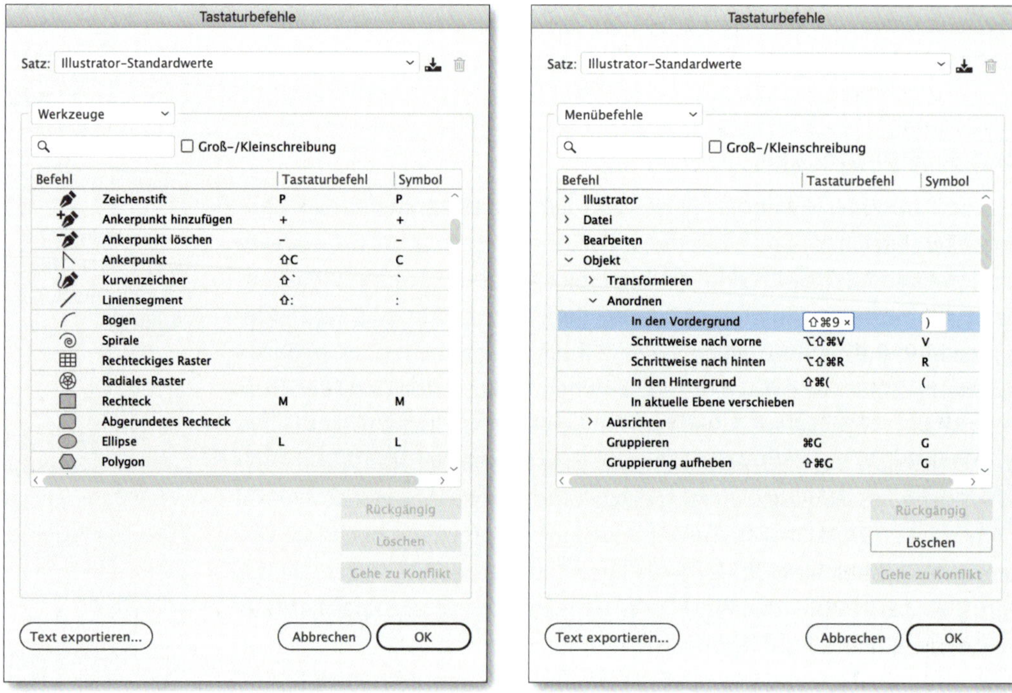

Abbildung 22.11 ▲
Die Tastaturbefehle-Dialogbox: Editieren der Kurzbefehle für WERKZEUGE (links) und MENÜBEFEHLE (rechts)

- Befehlssatz auswählen: Wählen Sie den Belegungssatz aus dem Aufklappmenü SATZ, und klicken Sie auf OK, um ihn anzuwenden.
- Befehlssatz löschen: Um einen Satz Tastaturbefehle zu löschen, wählen Sie ihn im Aufklappmenü SATZ aus und klicken auf den Button LÖSCHEN 🗑 (rechts neben dem Menü, s. auch Abbildung 22.12).
- Als Text exportieren: Eine Liste aller Werkzeuge und Menüeinträge sowie der zugewiesenen Kurzbefehle können Sie als Textdatei exportieren, indem Sie auf den Button TEXT EXPORTIEREN klicken.

▲ Abbildung 22.12
Der Dialog TASTATURBEFEHLE enthält zwei Buttons zum Löschen: Mit diesem Button löschen Sie nur den aktivierten Shortcut.

Nicht erlaubte Zeichen

Einige Zeichen lassen sich in einem eigenen Tastaturbefehl nicht verwenden bzw. werden nicht richtig erkannt.

Befehlssatz ändern | Gehen Sie wie folgt vor, um einen Befehlssatz zu ändern (Änderungen am Standardbefehlssatz können Sie nur als neuen Satz abspeichern – s. Schritt 6):

1. Wählen Sie einen Belegungssatz aus dem Menü SATZ und die Tastaturbefehlsart aus dem Aufklappmenü darunter – WERKZEUGE oder MENÜBEFEHLE.
2. Aktivieren Sie einen der Einträge, und klicken Sie in die Spalte unter TASTATURBEFEHL. Ein Rahmen hebt ein Eingabefeld hervor. Geben Sie in dieses Feld den gewünschten Befehl samt Modifizierungstasten ein. Sobald Sie den ersten Befehl editiert haben, ändert sich der Name des Satzes im Menü in [BENUTZERDEFINIERT], oder er wird mit einem Asterisk * ergänzt.

3. Ist der eingegebene neue Befehl bereits vergeben, wird das Tastaturkürzel an der ursprünglichen Stelle entfernt – Illustrator zeigt eine entsprechende Warnung (s. Abbildung 22.13). Sie haben zwei Möglichkeiten:
   - Widerrufen Sie die letzte Zuweisung, und stellen Sie die vorherige Belegung wieder her, indem Sie auf den Button Rückgängig oder auf das kleine Kreuz neben dem Eingabefeld klicken.
   - Rufen Sie den Befehl auf, dessen Tastaturbelegung geändert wurde, und weisen Sie diesem einen anderen Shortcut zu. Klicken Sie dafür auf den Button Gehe zu Konflikt.

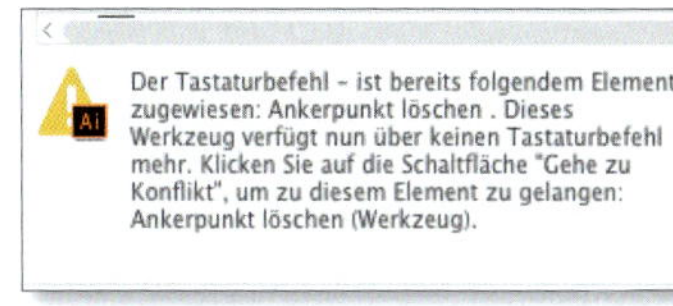

▲ **Abbildung 22.13**
Warnung bei Doppelbelegung

4. Haben Sie einen Shortcut zugewiesen, können Sie außerdem den Eintrag bestimmen, der hinter dem Menübefehl angezeigt wird. Automatisch werden an der Stelle das eingegebene Zeichen und gegebenenfalls die Modifizierungstasten angezeigt. Sie können jedoch auch ein anderes Zeichen bestimmen. Passen Sie gegebenenfalls die Spalten der Dialogbox an, um die Spalte Symbol anzuzeigen.

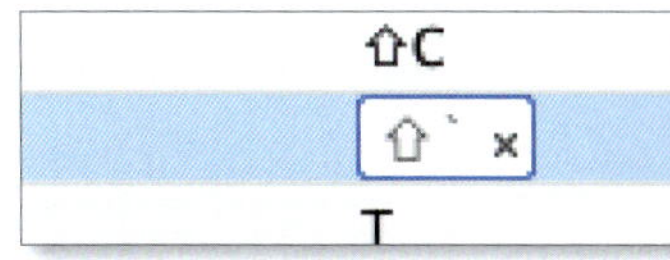

▲ **Abbildung 22.14**
Ein Klick auf das Kreuzchen entfernt den Shortcut.

5. Um einen Shortcut von einem Befehl zu entfernen, aktivieren Sie den Eintrag und klicken auf das Kreuzchen oder auf den Button Löschen (s. Abbildung 22.12 und Abbildung 22.14).
6. Haben Sie alle gewünschten Befehle eingetragen, bestätigen Sie den Dialog mit OK.

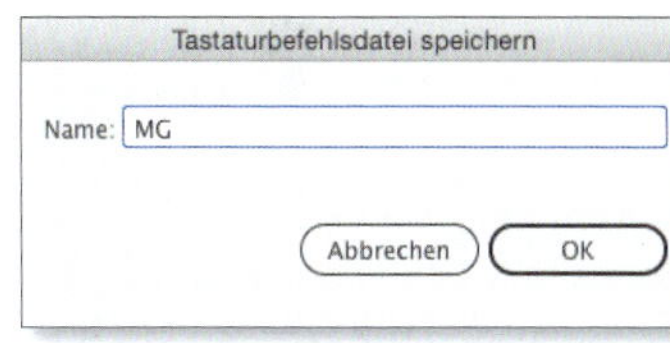

▲ **Abbildung 22.15**
Belegung speichern

Falls Sie die Änderungen am Standardbelegungssatz durchgeführt haben, werden Sie aufgefordert, die Änderungen als einen neuen Satz zu speichern. Handelte es sich um einen bereits gespeicherten Satz, fragt Illustrator, ob Sie diesen überschreiben möchten.

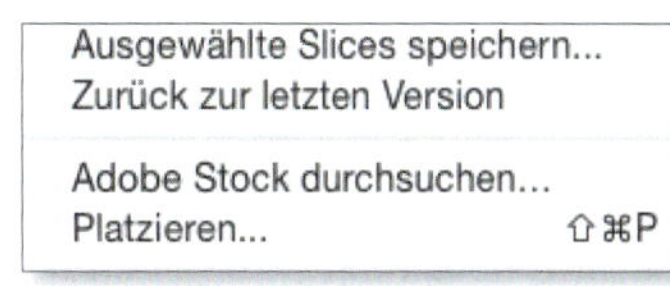

▲ **Abbildung 22.16**
Das Entfernen des Kurzbefehls für Zurück zur letzten Version kann Ihnen viel Kopfzerbrechen ersparen.

22.1.6 Voreinstellungen auf ein anderes System übertragen oder mit anderen Nutzern austauschen

Die Befehle zum Ex- oder Import von Voreinstellungen können Sie auch ohne geöffnetes Dokument aufrufen. Der Austausch von Voreinstellungen funktioniert nur zwischen Illustrator-Installationen derselben Sprachversion. Bestimmte Einstellungen, wie z. B. die Tastaturbefehle, können nur zwischen denselben Betriebssystemen ausgetauscht werden.

Voreinstellungen exportieren | Um die Voreinstellungen zu exportieren, wählen Sie Bearbeiten • Meine Einstellungen • Einstellungen exportieren. Geben Sie einen Speicherort und einen Namen ein – voreingestellt wird die Datei mit Datum und Uhrzeit versehen. Die Datei besitzt keine Endung, es handelt sich jedoch um eine ZIP.

Variable Breitenprofile

Variable Breitenprofile werden in einer Text-Datei gespeichert. Sie finden sie unter Benutzer/[Name]/Library/Preferences/Adobe Illustrator [Version] Settings/[Sprache]/ (Mac) bzw. Users\[User Name]\AppData/Roaming\Adobe\Adobe Illustrator [Version] Settings\[Sprache]\AIPrefs (Windows 10).

Gespeichert werden die von Ihnen im Benutzerordner angelegten Bibliotheken, die Neuen Dokumentprofile, Breitenprofile, Arbeitsbereiche, Farbeinstellungen, Tastaturbefehle, User Dictionaries (Ausnahmen für Worttrenunngen), PDF-Export-Einstellungen und die Voreinstellungsdatei. Hängen Sie die Endung .ZIP an den Dateinamen, dann können Sie die Datei mit einem Entpacker öffnen und den Inhalt ansehen.

Dateien aus dem Programmordner, also z.B. Skripte, die Abgeflachte-Kanten-Datei oder die Pfeilspitzen-Datei, werden nicht exportiert.

Checkliste: Programmvorgaben anpassen

Voreinstellungen editieren | Studieren Sie die Voreinstellungen, und richten Sie diese passend ein. Es ist übrigens nicht ungewöhnlich, die Voreinstellungen während der Arbeit nach Bedarf zu ändern.

Standardschrift ändern | Um die Schriftart zu ändern, in der Illustrator neue Texte erstellt, rufen Sie das betreffende Dokumentprofil auf und ändern dort die Schriftart im Zeichenformat Normales Zeichenformat.

Vorlage oder Dokumentprofil | Ob Sie häufig gebrauchte Einstellungen als Dokumentprofil speichern oder eine Vorlagendatei erstellen, hängt davon ab, wie individuell Sie die Musterdatei auf eine bestimmte Aufgabe zuschneiden möchten und wie häufig Sie diese Datei benötigen. Sehr individuelle Vorgaben und Einstellungen werden Sie eher als Vorlagen-Datei speichern und allgemeinere, regelmäßig benötigte Einstellungen dagegen als Dokumentprofil. Nur in Vorlagendokumenten ist es möglich, Elemente bereits auf der Zeichenfläche zu platzieren.

Bibliotheken | Ihre eigenen Pinsel, Symbole, Grafikstile, Muster- und Farbfelder können Sie in Bibliotheken sammeln. Speichern Sie die Bibliothek an dem im jeweiligen Dialog vorausgewählten Ort, dann stehen die Bibliotheken direkt im Menü Fenster bzw. in den Bibliotheksmenüs der jeweiligen Bedienfelder zur Verfügung. Um Bibliotheken zu ergänzen oder einzelne Elemente zu ändern, öffnen Sie die Bibliotheksdatei direkt in Illustrator – es ist eine ganz normale .AI-Datei.

CC-Bibliotheken | Sollen Grafikelemente, Textformate oder Farbfelder mit vernetzten Arbeitsgruppen geteilt werden, probieren Sie CC-Bibliotheken.

Diagrammbalkendesigns | Balken- und Punktedesigns können Sie im Dokumentprofil oder einer Vorlagendatei ablegen. Oder legen Sie alle Balkendesigns in einer »Sammeldatei« ab. Wann immer Sie in Ihrem aktuellen Dokument ein Balkendesign benötigen, öffnen Sie diese Sammeldatei. Sie können dann aus allen geöffneten Dokumenten im Dialog Objekt • Diagramm • Designs auf die enthaltenen Balkendesigns zugreifen.

Preferences-Datei editieren (nur für Fortgeschrittene!) | In der Voreinstellungsdatei können Sie z.B. die Anzahl der »letzten Dateien« einstellen. Kopieren Sie bitte immer die Originaldatei an einen sicheren Ort, bevor Sie etwas ändern, damit Sie sie notfalls wiederherstellen können. Zum Ändern verwenden Sie einen Texteditor.

Synchronisieren | Die meisten Benutzereinstellungen können Sie über die Funktionen Bearbeiten • Meine Einstellungen • Einstellungen exportieren bzw. Einstellungen importieren zwischen verschiedenen Arbeitsplätzen synchronisieren.

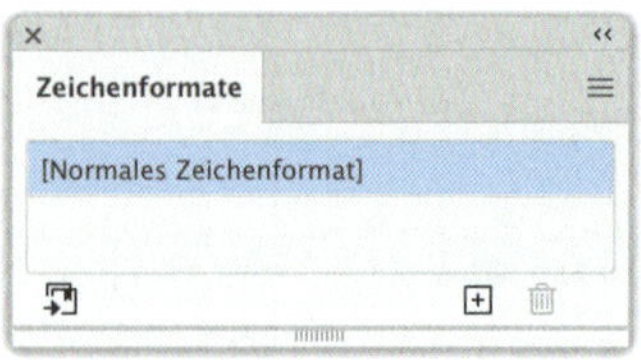

▲ **Abbildung 22.17**
In diesem Zeichenformat ändern Sie die Standardschrift.

Dateigrößen-Menü

Das Menü mit voreingestellten Größen in der Dialogbox Neues Dokument lässt sich nicht bearbeiten. Falls Sie bestimmte, von den Standards abweichende Größen regelmäßig benötigen, legen Sie sie in einem neuen Dokumentprofil an.

Voreinstellungen/Preferences

Sie finden die Voreinstellungen unter Benutzer/Library/Preferences/Adobe Illustrator [Version] Settings/Adobe Illustrator Prefs bzw. auf Windows 10 unter Users\[user name]\AppData\Roaming\Adobe\Adobe Illustrator [Version] Settings\Adobe Illustrator Prefs.

Voreinstellungen importieren | Mit BEARBEITEN • MEINE EINSTELLUNGEN • EINSTELLUNGEN IMPORTIEREN laden Sie die von einem anderen Rechner gespeicherten Einstellungen. Dabei werden vorhandene Einstellungen ohne Warnung überschrieben.

22.2 Automatisieren mit Aktionen

▲ **Abbildung 22.18**
Datei-Icon für gespeicherte Aktionen

Als Aktionen können Sie Befehlsabfolgen speichern, die Sie wiederholt an Objekten oder Dokumenten anwenden müssen. Das Erstellen einer Aktion ist so einfach wie das Aufnehmen mit dem Videorekorder: Sie drücken eine Taste, um die Aufzeichnung zu beginnen, führen alle Arbeitsschritte aus und drücken einen anderen Button, um die Aufzeichnung zu stoppen. Aktionen lassen sich auch in einer Stapelverarbeitung automatisch auf mehrere Dokumente in Folge anwenden. Da Sätze von Aktionen als Textdateien gespeichert werden können, finden Sie an manchen Stellen Aktionen zum Download.

22.2.1 Aktionen-Bedienfeld

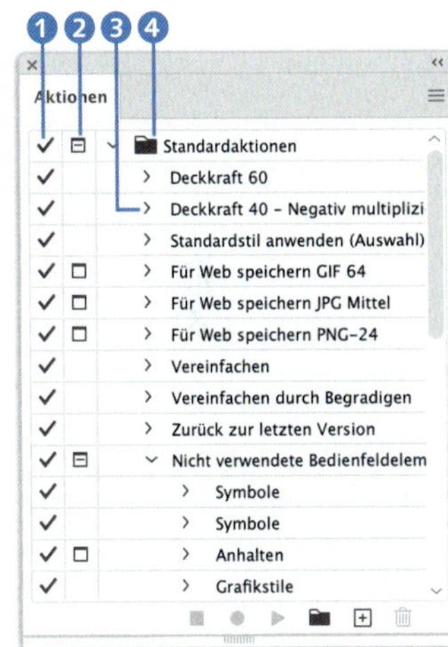

▲ **Abbildung 22.19**
Aktionen-Bedienfeld in der Listendarstellung

Die Erstellung, Anwendung und Verwaltung von Aktionen nehmen Sie mithilfe des Aktionen-Bedienfeldes vor. Wählen Sie FENSTER • AKTIONEN – im Dock ▶ –, um das Bedienfeld aufzurufen.

Anzeige | Wie alle Bedienfelder hat auch dieses ein Menü, das Sie mit dem Button ≡ aufrufen – in diesem Bedienfeldmenü finden Sie u. a. die Stapelverarbeitung.

Aktionen sind in Sätzen ❹ zusammengestellt, zu erkennen an dem Ordnersymbol. Nur Sätze lassen sich als externe Datei speichern. Klicken Sie auf den Pfeil ›, um die zu einem Satz gehörenden Aktionen anzuzeigen. Die einzelnen Aktionen ❸ bestehen aus einer Abfolge von »Aufgaben«. Zeigen Sie die Aufgaben der Aktionen an, indem Sie auf den Pfeil › links neben dem Namen der Aktion klicken. Die Aufgaben tragen den Namen des Illustrator-Befehls. Auch den Eintrag vieler Aufgaben können Sie öffnen, um die in Dialogboxen eingegebenen Parameter einzusehen. Ändern lassen sich die Parameter allerdings in dieser Auflistung nicht.

Wird beim Abspielen der Aktion eine Dialogbox geöffnet ❷, zeigt das Aktionen-Bedienfeld dies mit dem entsprechenden Symbol ☐ an. Klicken Sie auf das Symbol, um das Öffnen der Dialogbox zu unterdrücken und die Aufgabe stattdessen mit den aufgezeichneten Werten auszuführen.

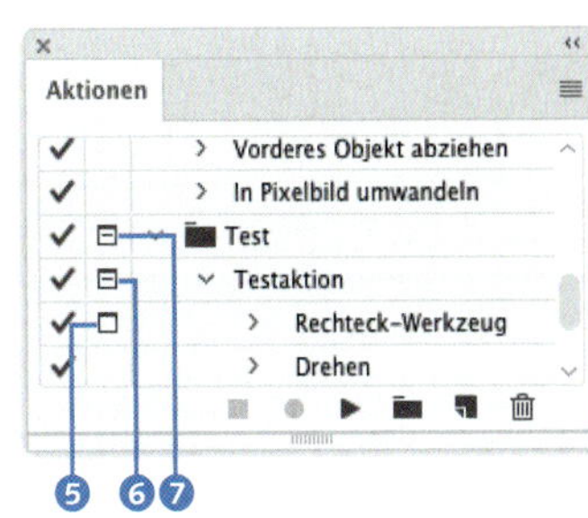

▲ **Abbildung 22.20**
Zum Aktivieren oder Deaktivieren der Modalsteuerung klicken Sie für eine einzelne Aufgabe ❺, für eine Aktion ❻ und für einen Satz ❼.

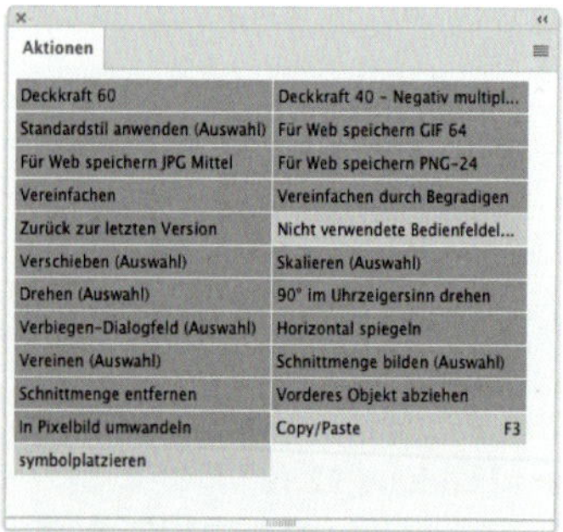

▲ **Abbildung 22.21**
Das Aktionen-Bedienfeld in der Schaltflächendarstellung

Das Häkchen ① zeigt an, ob ein Schritt ausgeführt wird. Möchten Sie die Ausführung eines einzelnen Befehls oder aller Befehle innerhalb einer Aktion unterdrücken, deaktivieren Sie den Schritt, indem Sie das Häkchen ✔ vor dem Eintrag der Aufgabe bzw. der Aktion anklicken.

Mit den Buttons am unteren Rand des Bedienfeldes steuern Sie das Abspielen und Aufzeichnen von Aktionen sowie deren Verwaltung.

Bedienfeldmodus | Wählen Sie SCHALTFLÄCHENMODUS aus dem Bedienfeldmenü, um die Aktionen statt in Listendarstellung als einzelne Buttons anzuzeigen. Die Größe des Bedienfeldes und damit die Anzahl der Button-Spalten können Sie frei einstellen.

Aktionen abspielen | Beim Abspielen einer Aktion werden die enthaltenen Befehle von Illustrator an Ihren Objekten ausgeführt. Wenn Sie eine Aktion das erste Mal ausprobieren, sollten Sie zunächst eine Kopie Ihrer Datei erstellen, um vor unangenehmen Überraschungen sicher zu sein, dies vor allem, wenn Sie die Aktion in einer Stapelverarbeitung verwenden möchten.

Falls eine Aktion ein Skript aufruft, muss es im Programmordner installiert sein (zu Skripten s. Abschnitt 22.3).

Zum Abspielen eines Satzes, einer Aktion oder eines Teils einer Aktion aktivieren Sie den Eintrag im Aktionen-Bedienfeld, ab dem Sie die Befehle ausführen möchten, und wählen ABSPIELEN aus dem Bedienfeldmenü oder klicken auf den Button AKTUELLE AUSWAHL ABSPIELEN ▶. Die Aktion spielt bis zum Schluss.

Je nach Einstellung werden während des Abspielens Dialogboxen geöffnet, in denen Sie Optionen eingeben müssen. Stehen in der Aktion enthaltene Befehle nicht zur Verfügung, weil eine vom Ersteller der Aktion angenommene Bedingung nicht eingetreten ist, erhalten Sie eine entsprechende Warnung und können die Ausführung der Aktion an dieser Stelle abbrechen.

Möchten Sie die Wiedergabe vor dem Durchlaufen aller Aufgaben beenden, klicken Sie auf den Button WIEDERGABE BEENDEN ■. In der normalen Abspielgeschwindigkeit läuft eine Aktion jedoch in der Regel so schnell ab, dass eine Unterbrechung unmöglich ist.

Schließen Sie einzelne Aufgaben aus einer Aktion aus, indem Sie das Häkchen ✔ neben dem Namen der Aktion deaktivieren.

Abspieloptionen | Zur Fehlersuche kann es nötig sein, die Abspielgeschwindigkeit zu regulieren. Sie haben folgende Möglichkeiten:

1. BESCHLEUNIGT: Dies ist die Standardeinstellung – die Befehle werden so schnell wie möglich abgespielt.

Voreinstellungen beim Abspielen

Denken Sie daran, die Voreinstellungen wie bei der Aufnahme zu konfigurieren.
Verwenden Sie Aktionen aus dem amerikanischen Raum, müssen Sie gegebenenfalls im Dokument mit anderen Maßeinheiten arbeiten, um die gewünschten Ergebnisse zu erhalten.

Können Aktionen schaden?

Aktionen haben nur Zugriff auf Funktionen des Programms (und auch nur auf einen Teil davon). Daher können sie zwar dem Dokument, nicht aber dem System schaden. Wird innerhalb einer Aktion ein Skript aufgerufen, kann dieses jedoch schon ins System eingreifen.

2. Schrittweise: Nach dem Ausführen eines Befehls wird die Bildschirmdarstellung aktualisiert, bevor die Aktion den nächsten Schritt startet.
3. Anhalten für: Wählen Sie diese Option, um die Aktion für einen festgelegten Zeitraum nach dem Ausführen jedes Schritts anzuhalten.

▲ **Abbildung 22.22**
Die Dialogbox Abspieloptionen

Aktion aufzeichnen | In einer Aktion lassen sich fast alle Menübefehle, Bedienfeldoptionen und Werkzeugfunktionen aufzeichnen – einige Befehle können Sie zwar nicht aufzeichnen, aber mithilfe von Befehlen des Bedienfeldmenüs in eine Aktion einfügen.

Die Aufzeichnung einer Aktion sollten Sie in einer Kopie Ihrer Datei vornehmen. Gehen Sie bei der Aufzeichnung wie folgt vor:

1. Erstellen Sie eine neue Aktion, indem Sie den Button Neue Aktion erstellen anklicken. In der Dialogbox Aktionsoptionen geben Sie der Aktion einen Namen. Sie können Ihre Einstellungen zu einem späteren Zeitpunkt editieren.
2. Klicken Sie auf den Button Aufzeichnung beginnen. Der Button zeigt durch die rote Farbe die Aufzeichnung an.
3. Führen Sie die gewünschten Aufgaben aus – Sie können sich dabei Zeit lassen, die Abspielgeschwindigkeit ist unabhängig von der Aufnahmegeschwindigkeit.
4. Haben Sie die gewünschten Befehle ausgeführt, stoppen Sie die Aufzeichnung, indem Sie auf den Button Aufzeichnung beenden klicken. Die Aktion wird automatisch in der Voreinstellungsdatei gespeichert. Da diese Datei beschädigt werden kann, sollten Sie Aktionen dauerhaft speichern (s. den Abschnitt »Aktionen verwalten« auf Seite 782).

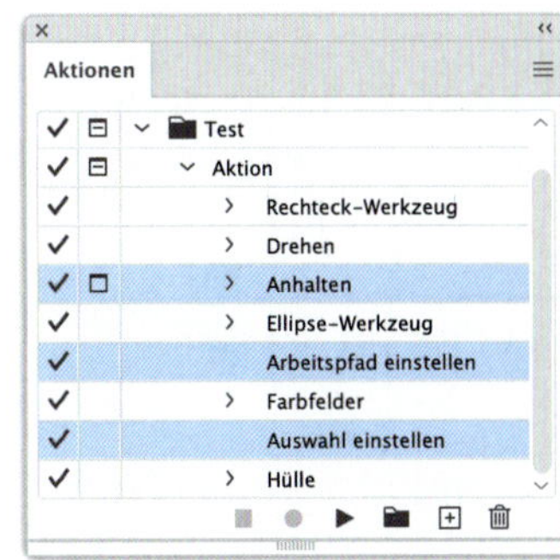

▲ **Abbildung 22.23**
Einige Aufgaben können Sie nicht unmittelbar aufzeichnen. Sie müssen daher mit speziellen Menübefehlen in die Aktion eingefügt werden (s. Seite 780): Unterbrechung, Pfad einfügen, Objekt auswählen (von oben).

Aktionen editieren | Um Aktionen zu editieren, schalten Sie das Bedienfeld in die Listendarstellung.

- **Dialogfeld aktivieren/deaktivieren**: Für die Ausführung von Aktionen verwendet Illustrator Ihre bei der Aufzeichnung eingegebenen Werte. Möchten Sie die Optionen einzelner Befehle individuell bei jedem Abspielen definieren, aktivieren Sie die Dialogboxen (im Handbuch werden sie als »modale Steuerelemente« bezeichnet), indem Sie bei dem betreffenden Befehl die Anzeige des Dialogsymbols aktivieren.
- **Optionen eines Schritts editieren**: Möchten Sie nur die Optionen eines einzelnen Befehls ändern, aktivieren Sie – falls dies zur Ausführung des Schritts erforderlich ist – ein passendes Objekt auf der Zeichenfläche, und doppelklicken Sie auf den zu ändernden Eintrag im Aktionen-Bedienfeld.

Nicht aufnehmbare Befehle

Beobachten Sie das Aktionen-Bedienfeld beim Aufzeichnen der Aktion – falls ein Befehl dort nicht sofort nach der Ausführung aufgelistet wird, ist er nicht »live« aufzunehmen.

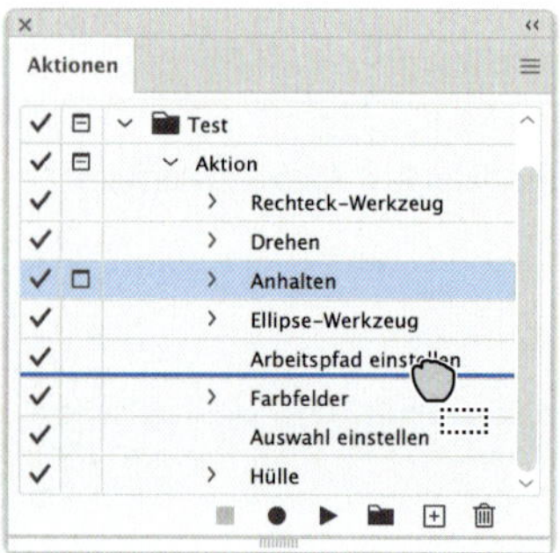

▲ **Abbildung 22.24**
Verändern der Reihenfolge von Aufgaben durch Verschieben

- **Optionen in einer Aktion editieren**: Möchten Sie den Ablauf einer Aktion erhalten, aber Einstellungen und Optionen neu einrichten, aktivieren Sie die Aktion und wählen Erneut aufzeichnen... aus dem Bedienfeldmenü. Das Abspielen der Aktion wird sofort gestartet. Geben Sie an den gewünschten Stellen die Änderungen in die Dialogboxen ein, und bestätigen Sie diese.
- **Abfolge ändern**: Möchten Sie einen Befehl an einer anderen Stelle in der Abfolge einordnen, klicken und ziehen Sie den Eintrag an den gewünschten Platz (die Trennlinie zwischen den bestehenden Befehlen wird hervorgehoben) und lassen die Maustaste los.
- **Befehle einfügen**: Um weitere Befehle in eine Aktion einzufügen, aktivieren Sie den Schritt, dem die zusätzlichen Aufgaben folgen sollen, und wählen Aufzeichnung beginnen aus dem Bedienfeldmenü oder klicken auf den Button ●. Führen Sie die Schritte aus, und beenden Sie die Aufzeichnung.
- **Eintrag duplizieren**: Eine Aufgabe, eine Aktion oder einen Satz duplizieren Sie, indem Sie den Eintrag aktivieren und Duplizieren aus dem Bedienfeldmenü wählen. Alternativ ziehen Sie den Eintrag einer Aufgabe oder einer Aktion über den Button Neue Aktion erstellen ⊞. Den Eintrag eines Satzes ziehen Sie über den Button Neuen Satz erstellen.
- **Eintrag löschen**: Wenn Sie einen Schritt, eine Aktion oder einen Satz löschen möchten, aktivieren Sie den Eintrag im Aktionen-Bedienfeld und klicken auf den Button Auswahl löschen oder ziehen den Eintrag auf diesen Button.

Aufgaben per Menü hinzufügen | Einige Aufgaben lassen sich nicht »live« aufzeichnen, Sie können diese Schritte nur mithilfe von Befehlen aus dem Menü des Aktionen-Bedienfeldes in eine Aktion integrieren.

Die betreffenden Aufgaben – z. B. die Auswahl eines bestimmten Pfades, das Verwenden der Freihand-Werkzeuge Pinsel, Buntstift, Schere oder Verlauf, das Zuweisen von Effekten und das Einstellen der Ansicht – können Sie mithilfe des Menüs des Aktionen-Bedienfeldes während der Live-Aufzeichnung in die Aktion integrieren oder beim späteren Bearbeiten einer Aktion hinzufügen.

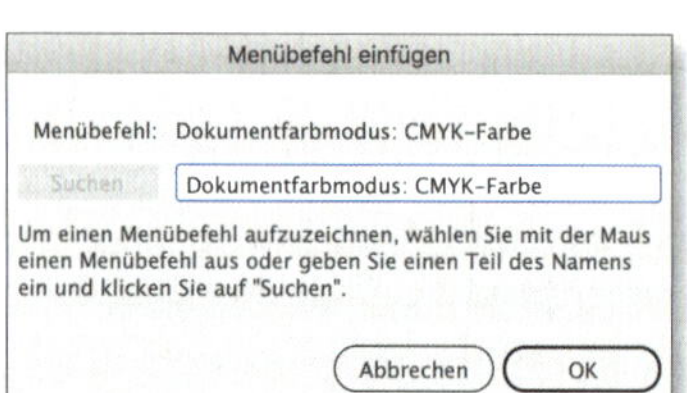

▲ **Abbildung 22.25**
Menübefehl einfügen

- **Menübefehl, der nicht aufgezeichnet werden kann**: Um einen Menübefehl einzufügen, der nicht aufgezeichnet werden kann, wählen Sie Menübefehl einfügen aus dem Bedienfeldmenü. Den Befehl können Sie anschließend entweder direkt aus dem Menü aufrufen oder in der Dialogbox danach suchen lassen, indem Sie die Anfangsbuchstaben eingeben.

- **Unterbrechung**: Möchten Sie an einem Punkt im Ablauf der Aktion eine Dialogbox mit einem Hinweis anzeigen oder eine individuelle Benutzereingabe zulassen, wählen Sie Unterbrechung einfügen aus dem Bedienfeldmenü.
  Geben Sie den gewünschten Hinweistext in die Dialogbox ein. Soll der Text vom Benutzer nur zur Kenntnis genommen werden, aktivieren Sie die Option Fortfahren zulassen.
  Falls ein Eingreifen des Benutzers – z. B. das Zeichnen mit einem Werkzeug – erforderlich ist, darf das Fortfahren nicht zugelassen werden. Nach Durchführung der erforderlichen Eingabe muss der Benutzer das Weiterspielen der Aktion über das Aktionen-Bedienfeld manuell veranlassen.
- **Einen Pfad einfügen**: Benötigen Sie im Ablauf der Aktion einen oder mehrere Pfade, erzeugen Sie diese an der gewünschten Position auf der Zeichenfläche. Dies können Sie während der Aufzeichnung der Aktion vornehmen, da die Benutzung des Zeichenstift-, Pinsel- oder Buntstift-Werkzeugs nicht aufgezeichnet wird. Haben Sie den Pfad erstellt, aktivieren Sie ihn und wählen Pfadauswahl einfügen aus dem Bedienfeldmenü.
  Es ist möglich, offene oder geschlossene Pfade innerhalb einer Aktion in das Dokument einzufügen. Alle Pfade können nur eine gemeinsame Kontur und Füllung erhalten. Es werden die Farben verwendet, die zum Zeitpunkt des Einfügens in der Aktion eingestellt sind.
- **Ein Objekt auswählen**: Ein bestimmtes Objekt kann innerhalb einer Aktion nur dann ausgewählt werden, wenn es eine Bezeichnung besitzt. Wird das Objekt in der Abfolge der Aktion erstellt, müssen Sie also sofort nach der Erzeugung des Elements eine Bezeichnung in das Notizfeld des Grafikattribute-Bedienfeldes eintragen.
  Ein mit dem Notiz-Attribut versehenes Objekt können Sie anschließend jederzeit wieder auswählen. Wählen Sie Objekt auswählen aus dem Bedienfeldmenü, um den Auswahlschritt in die Aktion einzufügen. Geben Sie die Objektbezeichnung in die Dialogbox ein.

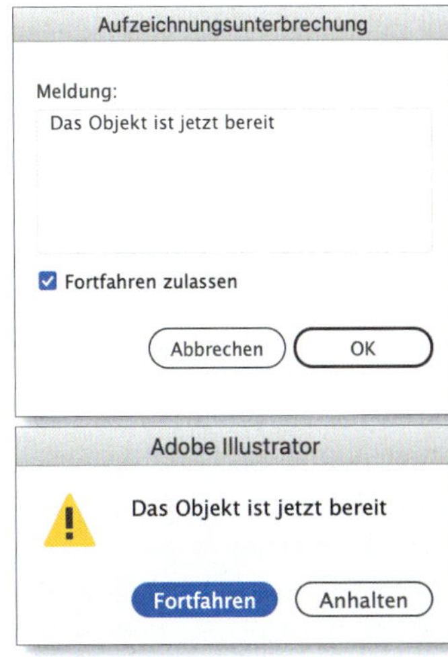

▲ **Abbildung 22.26**
Die Dialogbox Aufzeichnungsunterbrechung (oben), Hinweisbox (unten)

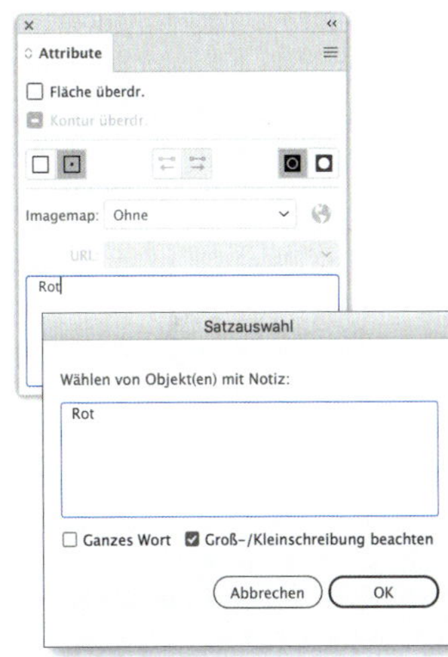

▲ **Abbildung 22.27**
Notiz im Attribute-Bedienfeld (oben) und die Dialogbox Objekt auswählen (unten)

Aktionsoptionen | Möchten Sie den Namen einer Aktion ändern oder der Aktion einen Kurzbefehl zuweisen, rufen Sie die Aktionsoptionen entweder mit einem Doppelklick auf den Namen der Aktion im Bedienfeld auf, oder Sie aktivieren die Aktion und wählen Aktionsoptionen... aus dem Bedienfeldmenü:

- Satz: Das Aufklappmenü listet die vorhandenen Aktionssätze auf. Wählen Sie aus dem Menü, welchem Satz Sie die Aktion zuweisen möchten.

▲ **Abbildung 22.28**
Die Dialogbox Aktionsoptionen

- Funktionstaste: Den Aktionen können Sie Tastaturkombinationen aus einer Funktionstaste F1 bis F15 und den Tasten ⌘/Strg und ⇧ zuweisen. Innerhalb der Aktionen ist es nicht möglich, Shortcuts doppelt zu vergeben. Falls Sie aber eine Aktion mit einem Kurzbefehl versehen, der bereits für einen Menübefehl Verwendung findet, hat die Ausführung der Aktion Vorrang vor dem Menü.
- Farbe: Wählen Sie eine Farbe für die Darstellung des Aktionsbuttons im Schaltflächenmodus des Aktionen-Bedienfeldes.

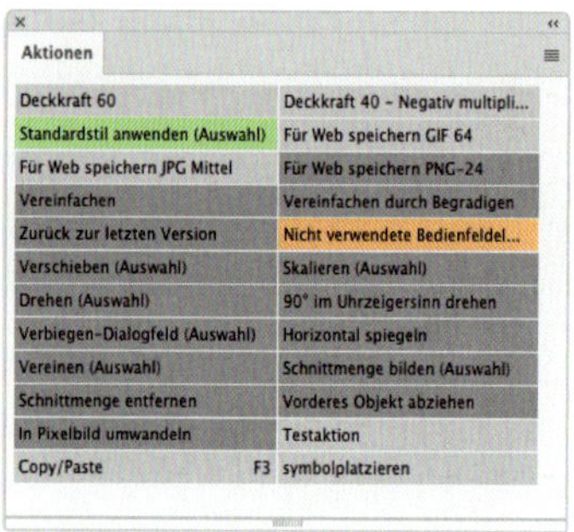

▲ **Abbildung 22.29**
Farbige Darstellung der Aktionsbuttons im Schaltflächenmodus

Aktionen verwalten | Nicht nur die einzelnen Aufgaben einer Aktion lassen sich später ändern, auch die Aktionen selbst sowie Aktionssätze können Sie bearbeiten:

- Neuer Satz: Erstellen Sie einen neuen Satz, indem Sie diesen Befehl aus dem Bedienfeldmenü wählen.
- Satzoptionen: Möchten Sie den Namen eines Satzes von Aktionen editieren, doppelklicken Sie auf seinen Eintrag oder wählen Satzoptionen aus dem Bedienfeldmenü.
- Aktionen laden: Aktionen, die als externe Dateien auf Ihrem Computer gespeichert sind, müssen in Illustrator geladen werden, damit sie zur Verfügung stehen. Wählen Sie aus dem Menü des Aktionen-Bedienfeldes den Eintrag Aktionen laden, und wählen Sie die Aktion im Dateibrowser aus. Falls die Aktion nicht sichtbar ist, überprüfen Sie, ob die korrekte Dateiendung ».aia« vorhanden ist.
  Die Verbindung zur Aktions-Datei bleibt nicht bestehen. Wenn Sie die geladene Aktion ändern, werden diese Änderungen nicht in der Datei gespeichert, und Sie können die Aktion jederzeit neu laden, um den Originalzustand wiederherzustellen.
- Aktionen zurücksetzen: Möchten Sie die Standardaktionen von Illustrator erneut laden, wählen Sie Aktionen zurücksetzen aus dem Bedienfeldmenü. In der Dialogbox wählen Sie eine von zwei Möglichkeiten:
  - Ersetzen: Klicken Sie auf OK, um die aktuell im Bedienfeld angezeigten Aktionen durch die Standardaktionen zu ersetzen.
  - Anfügen: Wählen Sie Anfügen, um den Satz der Standardaktionen zusätzlich zu allen vorhandenen Aktionen zu laden. Er wird als letzter Eintrag im Bedienfeld angezeigt.
- Aktionen ersetzen: Um alle im Bedienfeld geladenen Aktionen durch einen auf Ihrem Computer gespeicherten Satz zu ersetzen, wählen Sie Aktionen ersetzen aus dem Bedienfeldmenü und öffnen die Datei im Dateibrowser.
  Ihre vorhandenen Aktionen werden ohne weitere Nachfrage ersetzt – Sie können diesen Schritt jedoch mit ⌘/Strg+Z widerrufen.

Apple Slim Keyboard

Die Funktionstasten F13 – F15 dieser Tastatur lassen sich zwar mit Aktionen belegen, diese werden beim Betätigen der Taste aber nicht abgespielt. Außerdem müssen Sie in Systemsteuerung • Tastatur die Option Die Tasten F1, F2 als Standard-Funktionstasten verwenden aktivieren.

▲ **Abbildung 22.30**
Aktionen zurücksetzen

Speichern Sie die vorhandenen Aktionen vorher, falls Sie sie später wieder benötigen.

- Aktionen speichern: Einzelne Aktionen lassen sich nicht speichern – mit diesem Befehl aus dem Bedienfeldmenü können Sie jedoch einen Satz speichern. Aktivieren Sie den gewünschten Satz, und rufen Sie den Befehl auf. Aktionen, die nicht explizit gespeichert wurden, sind nur in der Preferences-Datei vorhanden, die jedoch manchmal neu angelegt werden muss. Das Neuanlegen der Preferences löscht alle selbst aufgenommenen Aktionen.
- Aktionen löschen: Um alle Aktionen zu löschen, wählen Sie Aktionen löschen aus dem Bedienfeldmenü. Sicherheitshalber fragt Illustrator nach, ob Sie das wirklich möchten. Bestätigen Sie mit Ja.

▲ **Abbildung 22.31**
Aktionen löschen

22.2.2 Stapelverarbeitung

In der Stapelverarbeitung – auch »Batch« genannt – können Sie eine Aktion auf ein komplettes Verzeichnis von Illustrator-Dokumenten anwenden und so z. B. alle Dateien eines Ordners in ein bestimmtes Format exportieren.

Wählen Sie Stapelverarbeitung aus dem Menü des Aktionen-Bedienfeldes, um die Batch-Optionen einzurichten. Diesen Befehl können Sie auch dann wählen, wenn keine Datei geöffnet ist.

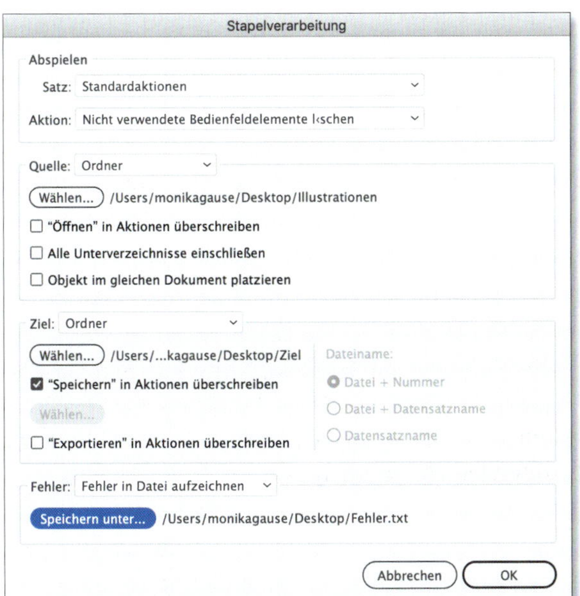

◄ **Abbildung 22.32**
Die Dialogbox Stapelverarbeitung

- Abspielen: Wählen Sie den Satz und die Aktion, die Sie auf die Dateien anwenden möchten.

Alias in der Stapelverarbeitung

Legen Sie Alias-Dateien bzw. Verknüpfungen mit Verzeichnissen in den zu bearbeitenden Ordner, um Verzeichnisse einzuschließen, die an anderen Orten gespeichert sind.

- Quelle: Als Quelle können Sie entweder ein Verzeichnis mit Illustrator-Dokumenten oder Datensätze wählen, die Sie für dynamische Objekte im aktuellen Dokument angelegt haben (zu Variablen s. Abschnitt 22.4).
- »Öffnen« in Aktionen überschreiben: Setzen Sie diese Option, falls in der Aktion Öffnen-Befehle aufgenommen wurden. Das Überschreiben bewirkt, dass Illustrator das in der Stapelverarbeitung angegebene Verzeichnis als Quelle verwendet.
- Alle Unterverzeichnisse einschliessen: Wählen Sie diese Einstellung, um auch die Dateien in Unterverzeichnissen zu bearbeiten.
- Ziel: Wählen Sie ein Verzeichnis, in das die geänderten Dokumente abgelegt werden.
- »Speichern«/»Exportieren« in Aktionen überschreiben: Sind in der Aktion Speicher- oder Exportbefehle vorhanden, aktivieren Sie diese Option, um den in der Stapelverarbeitung definierten Zielordner zu verwenden.
- Dateiname: Die Optionen stehen Ihnen bei der Verarbeitung von Datensätzen zur Verfügung. Sie bestimmen darin, wie sich der Name der generierten Dateien zusammensetzt.
- Fehler: Legen Sie hier fest, wie die Fehlerbehandlung erfolgen soll. Falls Sie beabsichtigen, die Stapelverarbeitung während Ihrer Abwesenheit durchführen zu lassen, sollten Sie Fehler in eine Datei speichern. Bestimmen Sie in diesem Fall einen Speicherort und einen Dateinamen.

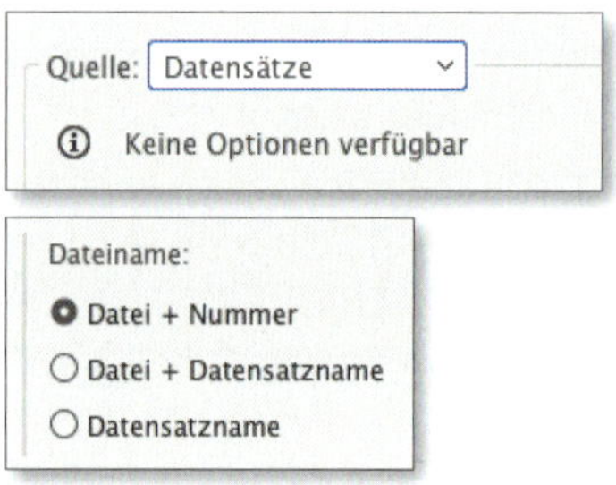

▲ **Abbildung 22.33**
Die Dateiname-Optionen werden erst aktiv, wenn als Quelle Datensätze ausgewählt ist.

Schritt für Schritt
Aktion und Stapelverarbeitung zum Umfärben von Objekten

Beim Konvertieren eines Dokuments vom Farbmodus RGB in den Modus CMYK entstehen »krumme« Farbwerte. Außerdem wird Schwarz immer aus allen Buntfarben zusammengesetzt. Sie entwickeln hier eine Aktion, mit der Sie Farbfelder anlegen und kritische Farbwerte in mehreren Dateien korrigieren können.

▼ **Abbildung 22.34**
Beim Umwandeln des Farbmodus einer Datei entstehen »krumme« Farbwerte und ein bunter Schwarzaufbau ❶. Dies wird korrigiert ❷, und es werden Farbfelder erzeugt ❸.

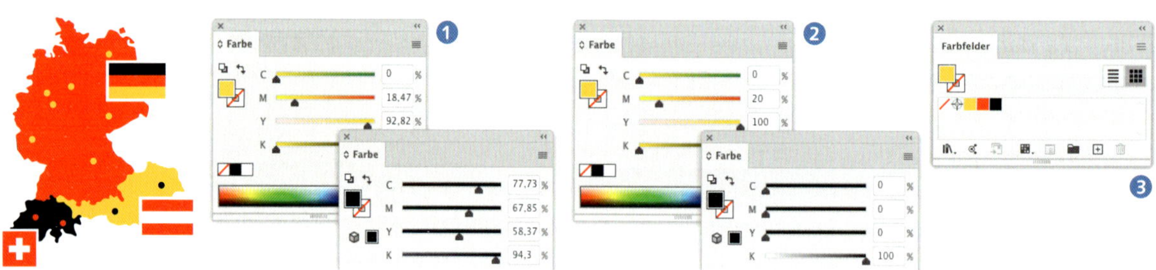

1 Vorbereitungen

Eine Aktion sollten Sie zumindest grob planen, bevor Sie mit der Aufzeichnung beginnen. Bei der Planung ist es wichtig, dass Sie Arbeitsschritte wählen, die allgemein für alle Dateien zutreffen.

Bei der Planung Ihrer Aktion ergibt sich auch die Verwendung verschiedener Bedienfelder. Rufen Sie diese auf, und platzieren Sie sie so auf dem Bildschirm, dass Sie den Überblick behalten.

Für unsere Aktion benötigen Sie das Farbe-, das Farbfelder- und das Attribute-Bedienfeld.

Da die Umwandlung je nach Farbeinstellungen andere Farbwerte ergibt, beginnen Sie mit einem Test. Öffnen Sie eines der Dokumente, und wandeln Sie seinen Farbmodus um: DATEI • DOKUMENTFARBMODUS • CMYK-FARBE. Aktivieren Sie jetzt nacheinander die Objekte (mit dem Direktauswahl-Werkzeug, da sie gruppiert sind), und notieren Sie sich die exakten CMYK-Farbwerte der Objekte, die Sie ändern möchten. Dann wählen Sie DATEI • ZURÜCK ZUR LETZTEN VERSION, um das Dokument in seinen Originalzustand zu versetzen und die Aktionsschritte darin aufzunehmen. Den Öffnen-Befehl lassen Sie später über die Stapelverarbeitung durchführen, er muss also nicht aufgezeichnet werden.

2 Aktion erstellen und starten

Rufen Sie das Aktionen-Bedienfeld auf, und richten Sie einen neuen Satz ein, indem Sie auf den Button NEUEN SATZ ERSTELLEN klicken. Geben Sie dem Satz einen Namen.

Legen Sie innerhalb des eben erzeugten Satzes eine neue Aktion an, indem Sie den entsprechenden Button verwenden. Sobald Sie der Aktion einen Namen gegeben und die Dialogbox geschlossen haben, startet Illustrator die Aufzeichnung. Setzen Sie im Werkzeugbedienfeld das Kontur-Feld auf OHNE. Anschließend holen Sie wieder das Fläche-Feld in den Fokus.

3 Menübefehl einfügen: Konvertieren

Im ersten Schritt wird der Dokumentfarbmodus konvertiert. Dieser Befehl wird nicht aufgezeichnet, wenn Sie ihn einfach auswählen. Stattdessen rufen Sie im Menü des Aktionen-Bedienfeldes MENÜBEFEHL EINFÜGEN auf. Wählen Sie dann den Befehl einfach aus dem Menü. Das ist möglich, obwohl die modale Dialogbox offen ist. Bestätigen Sie mit OK.

4 Hilfsobjekt erzeugen

Um alle Objekte einer bestimmten Farbe aufrufen zu können, benötigen Sie Hilfsobjekte. Zeichnen Sie einen Kreis mit dem Ellipse-Werkzeug, und geben Sie diesem mithilfe des Farbe-Bedienfeldes eine der Farben, die Sie

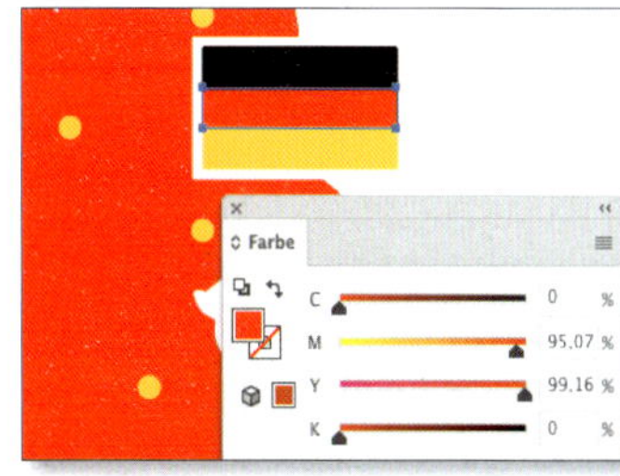

▲ **Abbildung 22.35**
Aktivieren Sie die Objekte, und notieren Sie sich die CMYK-Werte.

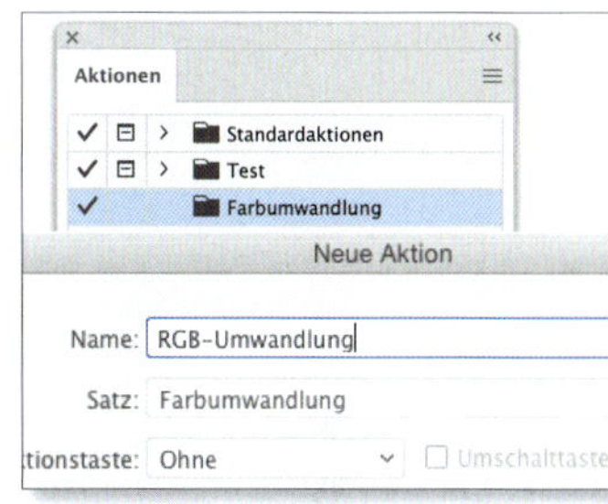

▲ **Abbildung 22.36**
Erstellen Sie eine neue Aktion.

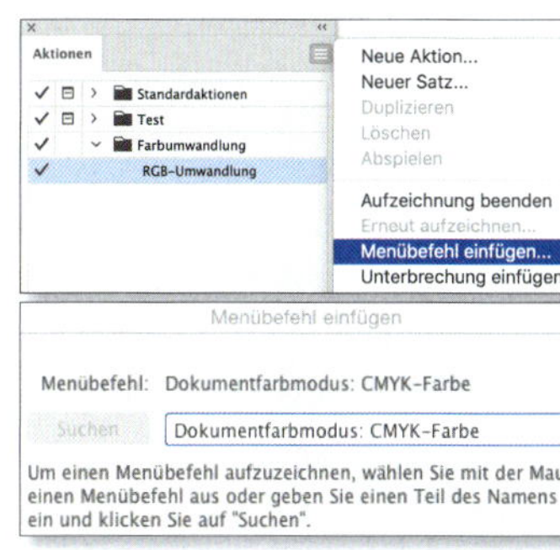

▲ **Abbildung 22.37**
Die Modusumwandlung muss über das Bedienfeldmenü eingefügt werden.

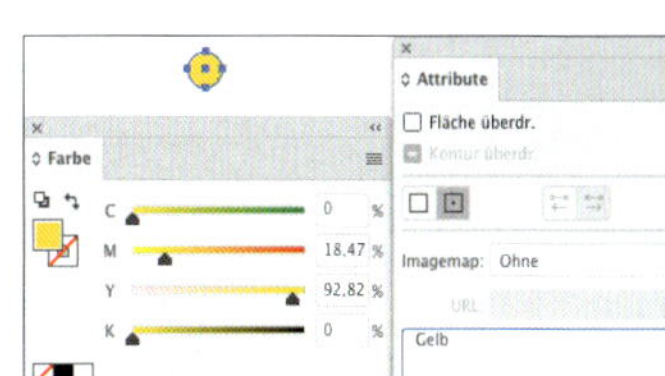

▲ **Abbildung 22.38**
Der Kreis erhält die gesuchte Farbe und einen Namen.

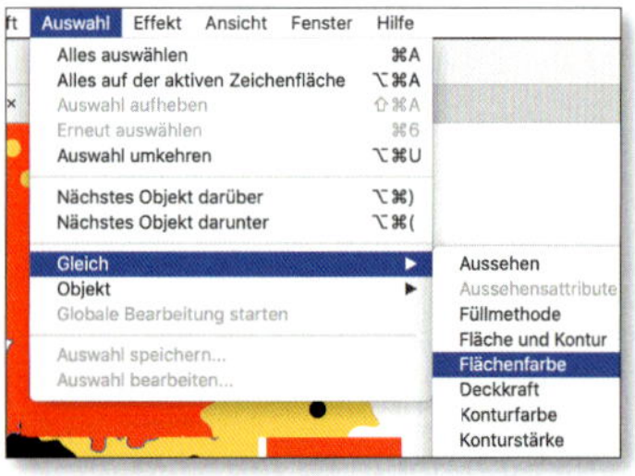

▲ **Abbildung 22.39**
Wählen Sie die Objekte mit identischer Flächenfarbe aus.

sich in Schritt 1 notiert haben. Dann rufen Sie das Attribute-Bedienfeld auf und tragen einen Namen in das Notizfeld ein. Bestätigen Sie mit `Enter` – achten Sie im Aktionen-Bedienfeld darauf, dass dieser Schritt eingetragen wird. Den Namen notieren Sie sich.

5 Gleiche Objekte auswählen und umfärben

Wählen Sie jetzt alle Objekte aus, die diese Farbe als Fläche besitzen, indem Sie AUSWAHL • GLEICH • FLÄCHENFARBE aufrufen. Gehen Sie in das Farbe-Bedienfeld, und ändern Sie dort die Farbdefinition auf die gewünschten Werte. Achtung! Sie müssen unter Umständen einige Werte mehrmals eintragen oder mit den Reglern einstellen, da die Anzeigen zurückspringen.

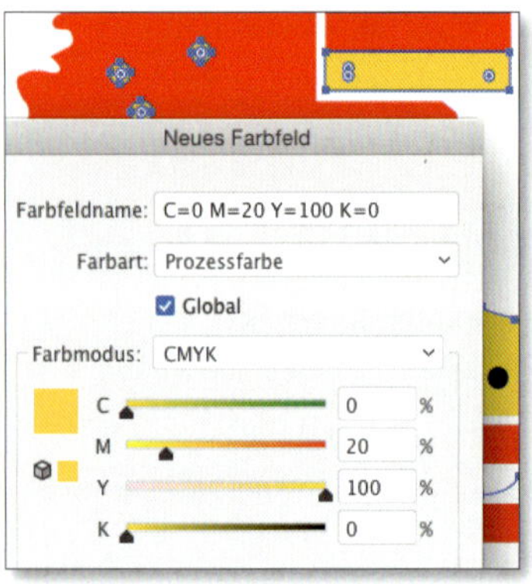

▲ **Abbildung 22.40**
Erzeugen eines Farbfeldes

6 Farbfeld erzeugen

Während die Objekte noch aktiviert sind, klicken Sie im Farbfelder-Bedienfeld auf den Button NEUES FARBFELD ⊞. Die eben eingegebene Farbdefinition ist eingefügt. Bestätigen Sie das Farbfeld. Die Objekte können Sie nun deaktivieren, z. B. indem Sie mit dem Auswahl-Werkzeug auf die Zeichenfläche klicken. Die Option GLOBAL können Sie in der Aktion setzen, sie wird jedoch beim Abspielen der Aktion oder in einer Stapelverarbeitung nicht ausgeführt.

7 Weitere Farben nacheinander ändern

Wenn Sie weitere Farben ändern wollen, führen Sie die Schritte 4 bis 6 jeweils mit diesen Farben durch.

8 Objekt auswählen: Hilfsobjekte löschen

Jetzt werden die Hilfsobjekte gelöscht. Dazu müssen Sie diese zunächst auswählen. Rufen Sie OBJEKT AUSWÄHLEN aus dem Menü des Aktionen-Bedienfeldes auf, und tragen Sie den Namen aus Schritt 4 in das Eingabefeld ein. Anschließend entfernen Sie das Objekt mit der Löschtaste. Wiederholen Sie diesen Schritt mit den anderen Hilfsobjekten.

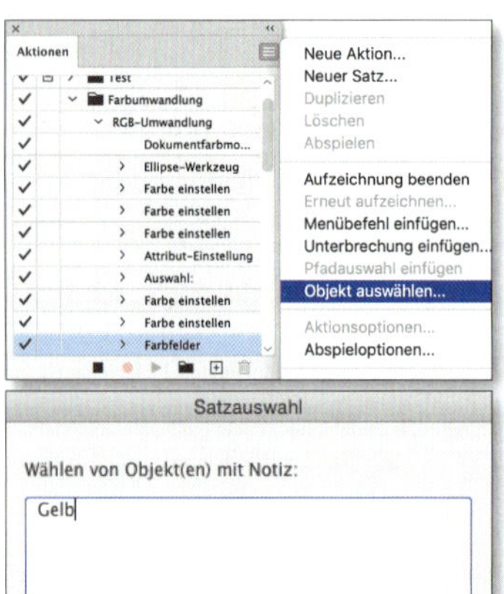

▲ **Abbildung 22.41**
Objekt auswählen

9 Speichern und schließen

Abschließend speichern Sie das Dokument als AI. Wählen Sie DATEI • SPEICHERN. Schließen Sie die Datei.

Beenden Sie die Aufzeichnung mit einem Klick auf AUFZEICHNUNG BEENDEN ■ im Aktionen-Bedienfeld.

10 Stapelverarbeitung

Kopieren Sie die Demodaten in ein Verzeichnis auf Ihrer Festplatte.

Anschließend rufen Sie STAPELVERARBEITUNG aus dem Menü des Aktionen-Bedienfeldes auf – diesen Befehl können Sie ohne ein geöffnetes Illustrator-Dokument ausführen.

Wählen Sie den neu erstellten Satz und die darin abgelegte Aktion aus. Als Quelle bestimmen Sie den eben erstellten Ordner mit den Kopien der Dokumente.

Die Aktion enthält keinen Öffnen-Befehl, daher bleibt die Option ÖFFNEN IN AKTIONEN ÜBERSCHREIBEN deaktiviert.

Als Ziel wählen Sie SPEICHERN UND SCHLIESSEN.

Fehler sollten Sie in eine Datei schreiben lassen, da es anderenfalls nicht möglich ist, die Aktion unbeaufsichtigt ablaufen zu lassen. Bestimmen Sie einen Speicherort und Namen für die Fehlerdatei.

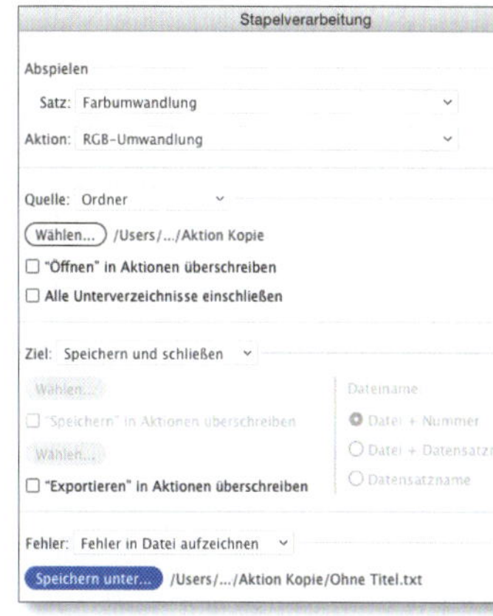

▲ **Abbildung 22.42**
Optionen für die STAPELVERARBEITUNG

22.3 JavaScript & Co.

Mit AppleScript bzw. VBScript (Visual Basic Script) oder mit JavaScript können Sie Illustrator darüber hinaus programmieren. Die Skriptfähigkeit bietet nicht nur Automatisierungspotenzial, sondern auch Möglichkeiten für den kreativen Einsatz.

▲ **Abbildung 22.43**
Datei-Icons AppleScript, ExtendScript

Skripte bieten Ihnen wie Aktionen eine Möglichkeit, wiederkehrende Aufgaben zu automatisieren. Sie stellen Ihnen jedoch erweiterte Funktionen zur Verfügung, denn anders als bei Aktionen sind Sie nicht nur auf die Optionen angewiesen, die Ihnen die Benutzeroberfläche mit ihren Werkzeugen, Menüs und Dialogboxen bietet.

Skripte können Informationen und Zustände direkt aus dem Programm und dem Dokument abfragen und damit anhand von Bedingungen Befehle auf eine bestimmte Art ausführen.

◄ **Abbildung 22.44**
Zufallsbasierte Skripte generieren Bäume oder Tänzer, nummerieren Objekte, füllen Formen mit Punkten und weisen den erzeugten Punkten Farbfelder zu (Skripte von Sato Hiroyuki, Theunis de Jong, John Wundes).

Da Skripte nicht über den Umweg der Benutzeroberfläche abgespielt werden, sind sie schneller auszuführen als Aktionen, und mithilfe von Skripten sind Sie in der Lage, die Funktionalität anderer Programme in die Abläufe einzubinden, z. B. Inhalte aus Datenbanken abzufragen und in Textobjekten einzusetzen.

Um Skripte in den Sprachen AppleScript, VBScript und JavaScript zu schreiben, müssen Sie kein Informatiker sein – etwas Einarbeitung ist natürlich trotz allem nötig.

Benötigte Software

Für die Anwendung von Skripten müssen in Ihrem Betriebssystem die entsprechenden »Engines« installiert sein.
Möchten Sie selbst Skripte in den Sprachen VBScript und Apple-Script programmieren, benötigen Sie darüber hinaus einen entsprechenden Editor sowie gegebenenfalls einen Debugger, falls Sie Skripte schreiben, die komplexere Bedingungen auswerten.

JavaScript/ExtendScript | Die wegen ihrer Plattformunabhängigkeit am weitesten verbreitete Skriptsprache für Illustrator ist JavaScript. Das in Adobe-Software implementierte JavaScript – genannt »ExtendScript« – besitzt einen erweiterten Sprachumfang sowie zusätzliche Funktionen und Dienste. Zum Entwickeln von ExtendScript können Sie Software wie Sublime Text oder Visual Studio Code verwenden, zum Debuggen oder Code-Highlighting benötigen Sie jedoch Plug-ins – eines wird derzeit für VS Code entwickelt. JavaScripts können jedoch auch mit einem einfachen Texteditor erstellt, bearbeitet und gespeichert werden. JavaScripts für Illustrator sollten mit der Endung .jsx gespeichert werden – diese Dateiendung kennzeichnet ExtendScripts.

ExtendScript Toolkit

Das ExtendScript Toolkit (ESTK) wird nicht mehr weiterentwickelt, Sie müssen daher auf andere Programme ausweichen. Das Plug-in für VS Code finden Sie unter: *marketplace.visualstudio.com/items?itemName=Adobe.extendscript-debug*.

Sicherheit | JavaScript kann – ebenso wie AppleScript oder VBScript – Dokumente im Dateisystem Ihres Computers erstellen, öffnen oder löschen. Wenn Sie auf einer Website JavaScripts bewusst oder unbewusst durch den Browser ausführen lassen, geschieht dies in einer Sandbox, d. h., der Browser gewährt dem Code nur Zugriff auf die Objekte innerhalb des Browsers. Dies ist in Illustrator nicht der Fall – häufig ist das Lesen und Schreiben von Dateien durch Skripte ja ausdrücklich erwünscht. Es bedeutet jedoch, dass Sie Skripte aus nicht vertrauenswürdigen Quellen mit Vorsicht behandeln sollten.

▲ **Abbildung 22.45**
Bearbeiten der Schriftgröße (Skript von John Wundes)

▲ **Abbildung 22.46**
Mithilfe von Skripten können Pfade durch andere Objekte (in diesem Fall einfache farbige geometrische Formen) ersetzt werden (Skript von Nathaniel Kelso).

22.3.1 JavaScripts laden, installieren und anwenden

Einige Beispielskripte – getrennt nach den Skriptsprachen JavaScript und AppleScript bzw. VBScript – finden Sie im Illustrator-Programmordner im Verzeichnis SCRIPTING. Weitere können Sie bei GitHub herunterladen, über das inzwischen viele Autoren ihre Entwicklungen verwalten. Einige Autoren betreiben auch eigene Websites, auf denen sie ihre Skripte meist kostenlos zum Download bereitstellen.

Auch in Online-Foren, wie z. B. dem Adobe-User-to-User-Forum, werden häufig komplette Skripte oder Skript-Snippets angeboten. Diese liegen in der Regel als Text auf einer Webseite. Den entsprechenden Text kopieren Sie und fügen ihn entweder in einer neuen Datei in ihrem Code-Editor oder in einem Texteditor wie Notepad oder Textedit ein. Diese Datei muss dann gespeichert werden – im Texteditor achten Sie darauf, dass Sie reinen Text mit der Dateiendung .jsx speichern.

Scripting-Handbücher

Die Handbücher zum Skripten von Illustrator sowie die Referenz der Sprachelemente finden Sie für alle drei Skriptsprachen unter *www.adobe.com/devnet/illustrator/scripting.html*.

User-to-User-Forum

Das allgemeine Illustrator-Forum finden Sie unter *https://community.adobe.com*.

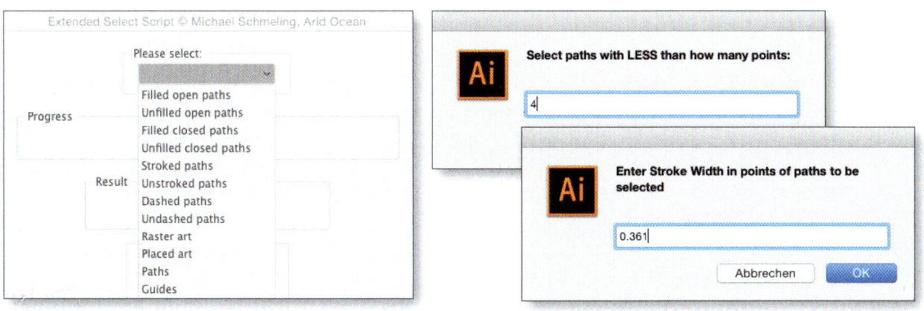

◂ **Abbildung 22.47**
Skripte erweitern die Auswahlmöglichkeiten

Sinnvolle Skripte | Wie sinnvoll ein Skript ist, bestimmt Ihr spezieller Workflow. Einige Bereiche von Illustrator besitzen jedoch programmseitig einige Schwächen, sodass ihr Ausbau durch Skripte generell sinnvoll ist.

- **Text**: Verschiedene Skripte fügen viele Punkttextobjekte zusammen oder wechseln deren Textausrichtung, ohne die Position zu verschieben.
- **Geometrie**: Skripte helfen, bestimmte geometrische Formen zu erstellen (z. B. archimedische Spiralen, Metaballs, Umkreise, Kreise mit einer definierten Anzahl von Punkten) oder führen bestimmte geometrische Funktionen besser aus, wie etwa das Halbieren von Pfadsegmenten.
- **Ersetzen**: Skripte können Objekte durch andere Objekte ersetzen.
- **Auswählen**: Auch das Auswählen von Objekten kann durch Skripte um einige Kriterien erweitert werden, z. B. offene Pfade, gestrichelte Pfade, Textobjekte nach Inhalt.
- **Zufallsfunktionen**: Da Skripte Berechnungen durchführen können, sind verschiedene auf Zufall beruhende Operationen möglich: Zuweisen von Farbfeldern, Transformationen, Füllen von Flächen mit Punkten unterschiedlicher Größe oder generatives Wachstum.

Ich kann aber nicht skripten!

Links zu nützlichen Skripten finden Sie unter *www.vektorgarten.de/tipps-illustrator-scripting.html*.

Skripte in Aktionen

Skriptaufrufe in Aktionen bleiben nach einem Programmneustart erhalten.

Skripte installieren | Legen Sie die Skriptdateien jeweils in den Ordner ADOBE ILLUSTRATOR [VERSION]\VORGABEN\SKRIPTEN. Im Skripten-Ordner können Sie bis zu 50 weitere Unterordner anlegen, um Ihre Skripte zu kategorisieren. Im Skripten-Ordner gespeicherte Skripte rufen Sie aus dem Untermenü von DATEI • SKRIPTEN auf.

Nur in diesem Ordner installierte Skripte können in Aktionen eingebunden werden. So lassen sich zum einen komplexere Operationen auf Basis von Skripten aufbauen und zum anderen Kurzbefehle für Skripte einrichten.

Skripte, die nicht in den Vorgabenordner installiert wurden, können Sie über den Befehl DATEI • SKRIPTEN • ANDERES SKRIPT – [⌘]/[Strg]+[F12] – aufrufen. Dank des Kurzbefehls ist es manchmal sogar praktischer, Skripte über ANDERES SKRIPT aufzurufen, als sie im Menü zu suchen.

In welchem Zusammenhang und unter welchen Bedingungen das jeweilige Skript aufgerufen werden kann, sollten Sie der Dokumentation entnehmen.

Checkliste: Entscheidungsfindung in Sachen Skripte

Der Einsatz von Skripten lohnt nicht immer, und ihre Erstellung kann sehr aufwendig sein. Manche Aufgaben lösen Sie schneller und einfacher auf andere Art.

Einmalige Aufgaben | Ist eine Aufgabe zwar langweilig, aber nur einmalig auszuführen, und ist es außerdem möglich, sie mit Illustrators Funktionen zu erledigen, führen Sie diese einfach aus.

Stapelverarbeitungen | Viele Routineaufgaben können Sie mit Aktionen und der Stapelverarbeitung automatisieren. Für diese Fälle müssen Sie ebenfalls nicht skripten.

Daten einlesen | Für das Einlesen von Werten aus Datenbanken ist eigentlich die Variablenfunktion gedacht. Sie ist jedoch umständlich. Daher überlegen Sie den Einsatz der Funktion DATENZUSAMMENFÜHRUNG in InDesign zu diesem Zweck, und platzieren Sie die Illustrator-Datei darin.

Skripte | Skripte sind nötig, wenn sich Aufgaben nicht mit Illustrator-Funktionen automatisieren lassen, wenn neue Objekte erzeugt, Werte (für Transformationen und andere Eingaben) berechnet oder aufgrund von Bedingungen gesetzt werden sollen.

Skripte finden | Im Programmordner finden Sie einige Beispielskripte sowie Skripte für typische Aufgaben, die in Illustrator mit eigenen Mitteln nicht zu lösen sind. Viele weitere Skripte finden Sie im Web, z. B. bei Adobe Exchange.

Skripte selbst schreiben | Hier ist die wichtigste Entscheidung die der verwendeten Sprache. Da JavaScript plattformübergreifend ist, finden Sie in dieser Sprache sowohl die meisten Beispiele als auch die umfangreichere Unterstützung durch Dokumentation, Tutorials und Ratschläge in Onlineforen.

Skripte und Aktionen | Skripte lassen sich auch in Aktionen einbinden und so innerhalb von komplexeren Abläufen verwenden.

22.3.2 Creative Cloud Extensions

Die Creative Cloud besitzt mit Adobe Add-ons eine Infrastruktur für Erweiterungen. Extensions für die Creative Cloud basieren auf HTML5. Diese Erweiterungen erhalten Sie sowohl über die Kanäle der jeweiligen Hersteller als auch über den Add-ons-Marktplatz. Geladene Erweiterungen rufen Sie im Menü unter FENSTER • ERWEITERUNGEN auf.

22.4 Variablen

Textinhalte, Diagrammdaten, Bildverknüpfungen sowie die Eigenschaft »Sichtbarkeit« lassen sich mit Datentabellen verknüpfen und von diesen steuern.

Illustrator verwendet sowohl XML als auch CSV als Basis für die Variablenbibliotheken. So können Sie eine Anbindung an viele Datenbanken realisieren, und die Datenquellen lassen sich mit jeweils geeigneten Text- oder Datenbankeditoren öffnen und bearbeiten.

22.4.1 Datentabellen anlegen

Dank der CSV-Kompatibilität ist die Anbindung von Variablen einfacher geworden. Deutschsprachige Mac-Anwender haben dennoch Probleme mit den Trennzeichen.

CSV | Illustrator importiert nur kommagetrennte CSV-Dateien. Aus Excel (Windows) exportieren Sie .CSV (kommagetrennt) oder .CSV (MS-DOS). Die unterschiedlichen Variablen werden in der Tabelle in Spalten angelegt. Den Variablennamen tragen Sie im Kopf der Spalte ein – es dürfen keine leeren Spalten oder Spaltenköpfe enthalten sein. Einige Variablennamen müssen Sie besonders kennzeichnen:

- Verknüpfte Bilder: Tragen Sie ein @ vor dem Variablennamen ein. Als Werte verwenden Sie die Dateipfade. Dateipfade dürfen wie die Variablennamen keine Leerzeichen enthalten.
- Sichtbarkeit: Sichtbarkeitsvariablen kennzeichnen Sie mit #. Der Wert ist entweder »true« (sichtbar) oder »false« (ausgeblendet).
- Verknüpfte Diagramme: Kennzeichnen Sie Diagramme mit %, und verwenden Sie ebenfalls den Dateipfad als Wert.

XML | Illustrator verwendet ein individuell formatiertes XML. Sie können Ihren Datenbankexport entsprechend anpassen oder Konvertierungsdienste bemühen.

▲ **Abbildung 22.48**
Variablen-Bedienfeld: ❶ Aus den eingerichteten Variablen einen Datensatz erstellen, ❷ Datensatz aus der geladenen Tabelle auswählen, ❸ durch Datensätze navigieren, ❹ Variablentyp, ❺ Inhalt

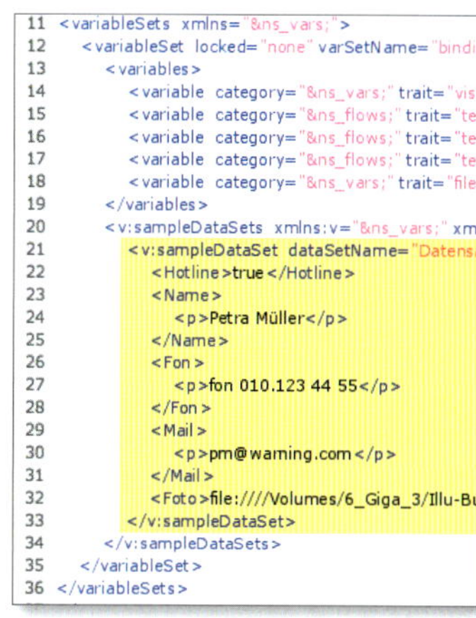

▲ **Abbildung 22.49**
Illustrator-Datensatz in einer XML-Datei

Export aus Apple Numbers

Auf einem englischen System können Sie aus Apple Numbers CSV mit UTF-8-Kodierung exportieren. Macintosh CSV wird nicht importiert. Wenn Sie sich nicht mit dem Debuggen der CSV-Dateien herumschlagen wollen, verwenden Sie gleich das Skript Variable Importer.

▲ **Abbildung 22.50**
Importieren einer Datenquelle

22.4.2 Datentabelle importieren

Klicken Sie im Variablen-Bedienfeld auf IMPORTIEREN, um Ihre Datenquelle zu laden. Wenn die Datei exakt nach Illustrators Vorgaben formatiert ist, wird sie wie erwartet importiert, und die definierten Variablen erscheinen im Bedienfeld. Der Versuch, eine Datenquelle zu debuggen, ist jedoch sehr aufwendig.

Mit dem Skript »Variable Importer« laden | Eine robustere Methode, die sehr viel toleranter gegenüber unterschiedlichen Kodierungen und Formatierungen ist, bietet das Skript »Variable Importer«, das Sie auf GitHub bekommen: *https://github.com/Silly-V/Adobe-Illustrator/tree/master/Variable%20Importer.* Das Skript importiert nicht nur die Datenquelle, sondern verknüpft dabei auch gleich die Objekte mit den Variablen. Daher sollten Sie alle Objekte vorbereiten und eindeutig benennen, bevor Sie den Datenimport mit dem Skript starten.

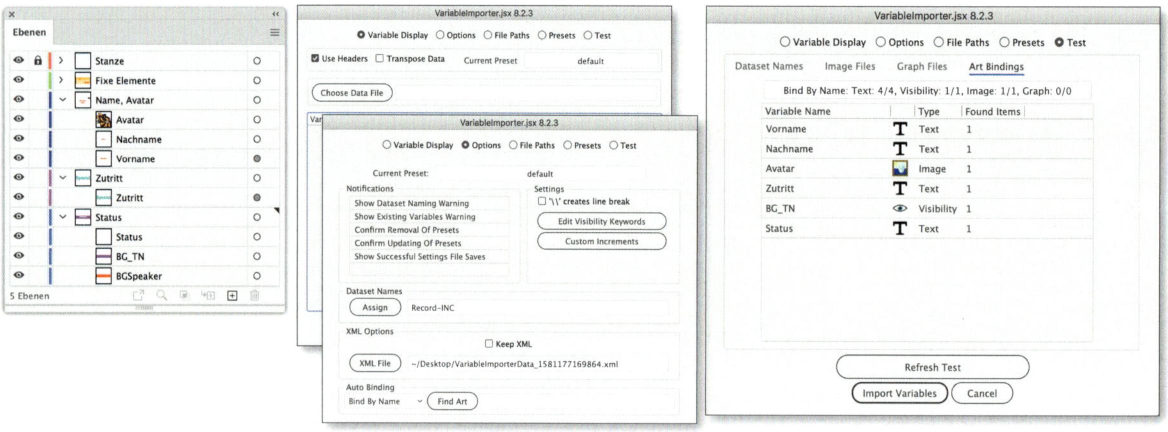

▲ **Abbildung 22.51**
Die Elemente werden im Ebenen-Bedienfeld wie die Variablen benannt (links). Dann wird Variable Importer gestartet und die Datenquelle in CHOOSE DATA FILE ausgewählt. In OPTIONS setzen Sie AUTO BINDING auf BIND BY NAME (Mitte). Variable Importer verknüpft die Datenquelle mit den Objekten. Das können Sie im Skript auch noch testen und dann mit IMPORT VARIABLES den Import starten (rechts).

22.4.3 Variablen mit dem Bedienfeld verwalten

Um die Variablen zu verwalten und z. B. nachträglich Veränderungen an den Variablen oder ihrer Zuweisung zu den Objekten vorzunehmen, verwenden Sie das Variablen-Bedienfeld. Das Bedienfeld rufen Sie unter FENSTER • VARIABLEN auf, im Dock besitzt es das Symbol .

Variablen anlegen | Sie haben zwei Möglichkeiten, Variablen anzulegen: aus bestehenden Objekten oder ohne Objektbezug:

- Variablen aus bestehenden Objekten: Aktivieren Sie ein Objekt, und wählen Sie aus dem Menü des Variablen-Bedienfeldes OBJEKT, TEXT, DIAGRAMM oder VERKNÜPFTE DATEI bzw. SICHTBARKEIT DYNAMISCH MACHEN.

- Variable ohne Objektbezug: Um eine Variable ohne Objektbezug anzulegen, wählen Sie den Eintrag NEUE VARIABLE aus dem Bedienfeldmenü. Sie können in der Dialogbox VARIABLENOPTIONEN einen Typ angeben oder die Option (KEIN TYP) bestehen lassen. In diesem Fall wird der Typ der Variable durch das erste Objekt bestimmt, mit dem Sie die Variable verknüpfen.
  In der Variablenliste wird eine unbestimmte Variable durch das Symbol ∅ gekennzeichnet.

▲ **Abbildung 22.52**
Wenn Sie den Befehl NEUE VARIABLE aus dem Bedienfeldmenü aufrufen, erscheint die Dialogbox VARIABLENOPTIONEN.

Variable verknüpfen | Um eine bestehende, z. B. aus einer Datenquelle importierte Variable mit einem Objekt zu verknüpfen, aktivieren Sie die Variable in der Liste des Bedienfeldes sowie das Objekt auf der Zeichenfläche und wählen OBJEKT, TEXT, DIAGRAMM, VERKNÜPFTE DATEI bzw. SICHTBARKEIT DYNAMISCH MACHEN aus dem Bedienfeldmenü oder klicken auf den entsprechenden Button. Ein Objekt kann mit mehreren Variablen verknüpft sein.

So können Sie z. B. den Text eines Objekts durch eine Text-Variable und seine Sichtbarkeit durch eine Sichtbarkeits-Variable steuern.

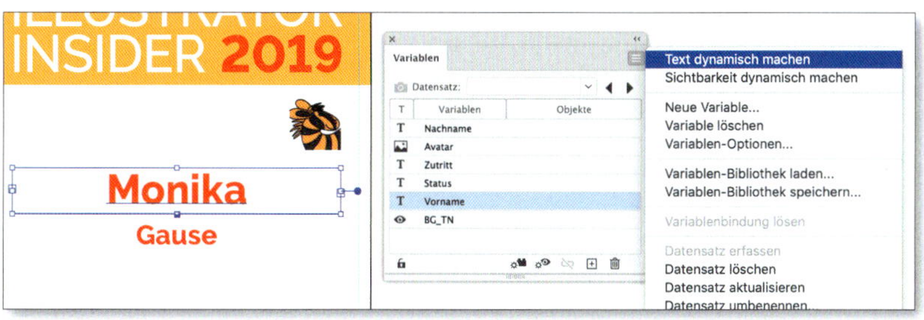

◀ **Abbildung 22.53**
Eine Variable mit einem Objekt verknüpfen

Variablentyp ändern | Der Variablentyp wird in der Liste der Variablen durch Symbole gekennzeichnet. Um den Typ im Nachhinein zu ändern, doppelklicken Sie auf den Eintrag der betreffenden Variable und wählen einen anderen Typ aus dem Aufklappmenü in der Dialogbox VARIABLENOPTIONEN. Ist ein Objekt mit der Variable verknüpft, wird diese Verbindung gekappt.

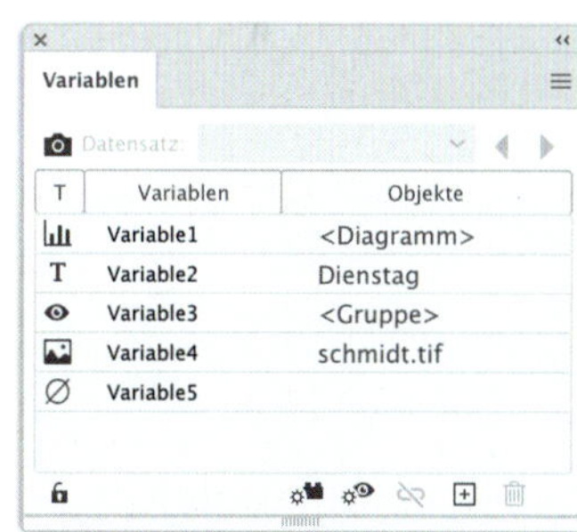

▲ **Abbildung 22.54**
Variablentypen (von oben): DIAGRAMMDATEN, TEXTSTRING, SICHTBARKEIT, VERKNÜPFTE DATEI, (KEIN TYP)

Verknüpfte Objekte finden | Wenn Sie herausfinden möchten, welches Objekt einer bestimmten Variable zugeordnet ist, aktivieren Sie die Variable in der Liste und wählen den Befehl GEBUNDENES OBJEKT AUSWÄHLEN. Schneller geht es, wenn Sie mit gedrückter ⌥/Alt-Taste auf den Eintrag im Variablen-Bedienfeld klicken.

Um zu sehen, welche Objekte überhaupt dynamisch gesteuert werden, aktivieren Sie eine oder mehrere Variablen in der Liste und wählen den Befehl ALLE GEBUNDENEN OBJEKTE AUSWÄHLEN aus dem Bedienfeldmenü.

Variable löschen | Um eine Variable zu löschen, aktivieren Sie ihren Eintrag in der Liste und klicken den Löschen-Button an oder wählen Variable löschen aus dem Bedienfeldmenü. War die Variable an ein Objekt gebunden, ist das Objekt anschließend statisch.

Verknüpfung aufheben | Soll ein Objekt nicht mehr dynamisch sein, die Variable aber bestehen bleiben, wählen Sie entweder das Objekt auf der Zeichenfläche oder die Variable aus und rufen den Befehl Variablenbindung lösen auf.

22.4.4 Datensatz erfassen

Ein Datensatz ist eine Zusammenstellung aller definierten Variablen und der darin enthaltenen Daten, die den Status der dynamischen Objekte auf der Zeichenfläche zum Zeitpunkt der Erfassung repräsentieren.

Den Datensatz erfassen Sie mit dem gleichnamigen Befehl aus dem Bedienfeldmenü oder durch einen Klick auf den Kamera-Button . Der Datensatz wird im Aufklappmenü des Variablen-Bedienfeldes aufgeführt – die Bezeichnung erfolgt automatisch in der Form Datensatz [Nummer]. Um dem angezeigten Datensatz einen anderen Namen zu geben, rufen Sie den Befehl Datensatz umbenennen auf.

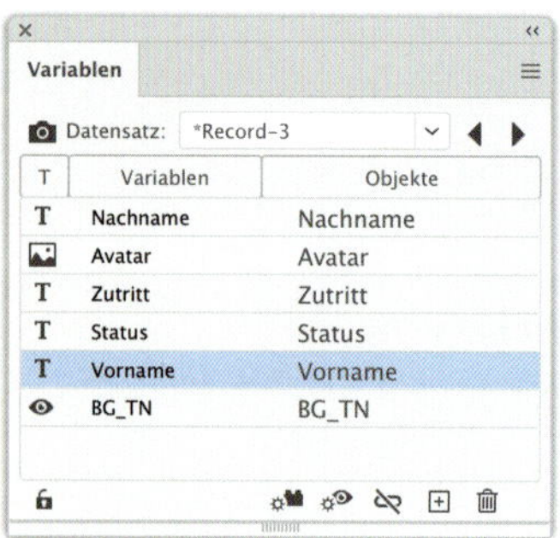

▲ **Abbildung 22.55**
Geänderter Datensatz

Datensatz aktualisieren | Nach dem Erstellen des Datensatzes können Sie auf der Zeichenfläche bzw. mit dem Ebenen- oder dem Verknüpfungen-Bedienfeld Änderungen an dynamischen Objekten durchführen. Wenn sich der Zustand dynamischer Objekte auf der Zeichenfläche von dem im Datensatz gespeicherten Status unterscheidet, wird vor dem Namen des Datensatzes im Bedienfeld ein Asterisk * eingeblendet.

Anschließend können Sie den Datensatz aktualisieren, um die Änderungen darin aufzunehmen. Alternativ erstellen Sie einen neuen Datensatz mit dem Befehl Datensatz erfassen. Diese Methode der aufeinanderfolgenden »Momentaufnahmen« ist eine Alternative zum Editieren der XML- oder CSV-Datei.

Zwischen mehreren Datensätzen wechseln Sie, indem Sie den gewünschten Datensatz aus dem Menü im Variablen-Bedienfeld aufrufen. Die Textinhalte werden in die Textvariablen eingefügt, die Sichtbarkeit der Elemente wird umgestellt, und die passenden verknüpften Dokumente werden geladen.

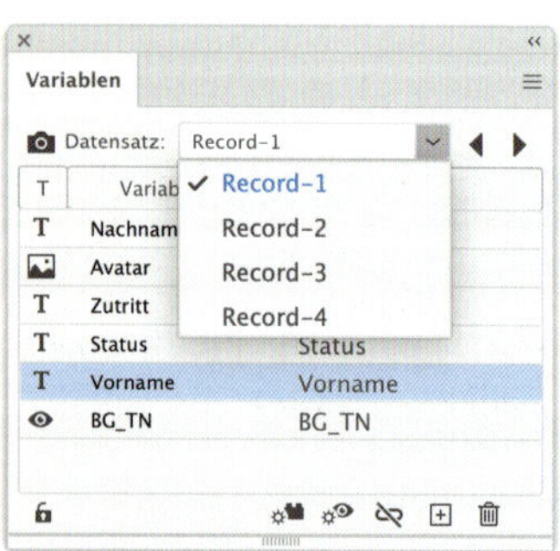

▲ **Abbildung 22.56**
Datensatz auswählen (hier aufgrund des englischsprachigen Skripts als »Record« bezeichnet)

Datensatz speichern | Wenn Sie die Datensätze in einer Datenbank weiterbearbeiten möchten, müssen Sie eine XML-Datei exportieren. Wählen Sie Variablen-Bibliothek speichern… aus dem Bedienfeldmenü. Auf der

Festplatte gespeicherte XML-Dokumente können Sie natürlich auch wieder in die Illustrator-Datei laden; wählen Sie VARIABLEN-BIBLIOTHEK LADEN.

Datensatz löschen | Soll ein kompletter Datensatz gelöscht werden, wählen Sie ihn im Datensatz-Aufklappmenü aus und rufen DATENSATZ LÖSCHEN aus dem Bedienfeldmenü auf.

22.4.5 Variablen sperren/entsperren

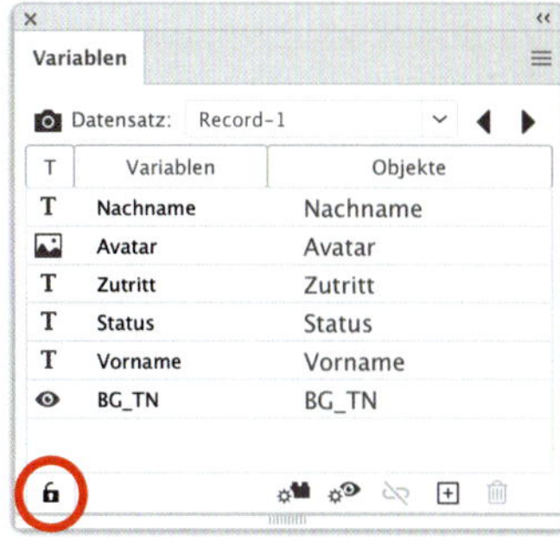

▲ **Abbildung 22.57**
Mit einem Klick auf das Schloss lassen sich die Variablen fixieren.

Änderungen an den Variablen können Sie verhindern, indem Sie sie durch einen Klick auf das Schlosssymbol sperren. Damit können Sie keine Variablen mehr hinzufügen oder löschen, und auch das Bearbeiten des Variablennamens oder des Typs ist nicht möglich. Dies ist z. B. dann praktisch, wenn Ihre Kollegen bereits an der Datenbankstruktur zur Erstellung der Variableninhalte arbeiten, während Sie noch parallel das Layout feinjustieren. Von der Fixierung nicht beeinflusst wird aber die Möglichkeit, dynamische Objekte zu editieren, Datensätze zu bearbeiten sowie Objekte mit Variablen zu verknüpfen.

Möchten Sie die Fixierung wieder lösen, klicken Sie erneut auf das Schlosssymbol.

22.5 Erweitern

▲ **Abbildung 22.58**
Datei-Icon Plug-in

Für Illustrator wird von verschiedenen Herstellern eine ganze Reihe von Plug-ins angeboten. Neben etlichen praktischen Ergänzungen gibt es auch Lösungen für Spezialanwendungen (einige Plug-ins werden in Kapitel 23 vorgestellt).

22.5.1 Plug-ins installieren

Viele Plug-ins werden mit einem Installer ausgeliefert. Zeigen Sie diesem den Programm- oder Plug-in-Ordner, erfolgt die Installation aller benötigten Module automatisch.

Bei einer manuellen Installation halten Sie sich an die Anleitung des Herstellers. Existiert diese nicht, kopieren oder verschieben Sie die Plug-ins sowie notwendige Setup-Dateien in den Ordner ADOBE ILLUSTRATOR [VERSION]\ZUSATZMODULE.

Wo sind die Plug-ins?

Plug-ins können in alle Bereiche integriert werden: Werkzeuge, eigene Bedienfelder, das Menü EFFEKT. Sie finden aber auch viele Einträge an anderer Stelle und selbstverständlich auch in Untermenüs. Einige Plug-ins lassen sich sowohl als Effekt als auch destruktiv auf Objekte anwenden, Sie finden diese dann unter OBJEKT • FILTER.

Mit Adobe Exchange installieren | Viele freie und kostenpflichtige Ressourcen stehen im Portal Adobe Exchange zur Verfügung. Installiert werden sie über den Bereich Add-ons der Creative Cloud, den Sie mit FENSTER • ERWEITERUNGEN AUF EXCHANGE SUCHEN erreichen.

22.5.2 Plug-ins programmieren

Plug-ins werden in höheren Programmiersprachen für eine bestimmte Plattform als in sich abgeschlossener Code geschrieben, der von Illustrator aufgerufen wird.

Möchten Sie selbst Zusatzmodule programmieren, um Illustrators Funktionalität zu erweitern, so benötigen Sie Adobes Software Development Kits (SDK), die Sie samt Dokumentation auf der Adobe-Website unter *www.adobe.com/devnet/illustrator.html* herunterladen können.

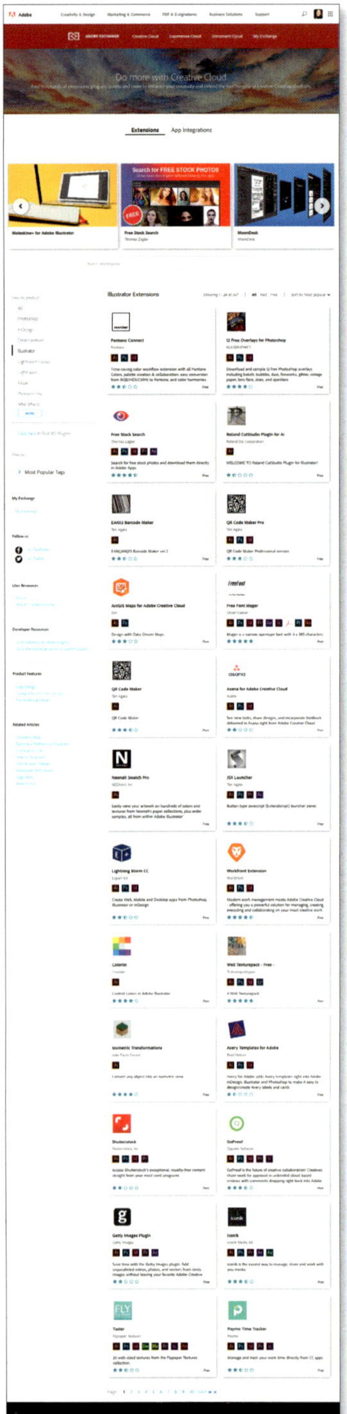

▲ **Abbildung 22.59**
Die Adobe-Exchange-Website

Checkliste: Entscheidungsfindung in Sachen Plug-ins

Nur die wenigsten Plug-ins sind kostenlos. Ob Sie die zusätzlichen Mittel für ein Plug-in investieren, können Sie u.a. anhand der folgenden Kriterien entscheiden.

Nutzengewinn | Die meisten Plug-ins können Sie in einem überschaubaren Zeitraum testen und dabei prüfen, ob Ihnen die Funktionen einen Gewinn an Effizienz oder kreativen Möglichkeiten geben. Testen Sie Plug-ins möglichst in Ihrem Workflow, aber an Kopien Ihrer Daten.

Entbehrlichkeit | Manche Plug-ins erhöhen nur die Werkzeugvielfalt, nach dem Bearbeiten der Objekte sind es jedoch weiterhin normale Pfade. Andere Plug-ins erzeugen Live-Eigenschaften, die beim erneuten Öffnen der Datei aber nur bearbeitet werden können, wenn das Plug-in weiterhin vorhanden ist. Dies hat Folgen für Kooperationen mit Anwendern, die das Plug-in nicht einsetzen, oder im Fall von Programmupdates, denn Sie müssen immer auf das Plug-in warten. Achten Sie darauf, was mit den bearbeiteten Objekten geschieht, wenn das Plug-in nicht vorhanden ist: Werden sie umgewandelt, sind sie weiterhin sinnvoll nutzbar, spielt es für Ihren Workflow eine Rolle, ob die Objekte umgewandelt werden, sind andere Elemente in der Datei ohne Plug-in nutzbar?

Alternativen | Recherchieren Sie alternative Arbeitsweisen und alternative Plug-ins, und werten Sie diese ebenfalls aus.

Support | Kommen Sie mit dem Plug-in gut zurecht, und wie ist der Support, wenn es Probleme gibt?

Nachhaltigkeit | Natürlich kann von heute auf morgen sehr viel passieren, und selbst große Firmen können aufhören zu existieren, oder Produkte können eingestellt werden. Aber je höher die Investitionskosten für ein Plug-in sind, je wichtiger sein Fortbestand für Ihre Arbeit ist und je mehr Alternativen es gibt, desto eher spielt auch die Überlegung eine Rolle, wie es wohl in der Zukunft mit Updates und Support aussieht.

Kapitel 23

Plug-ins für Illustrator

Illustrators Funktionsumfang lässt sich durch Plug-ins erweitern. Neben den sehr teuren spezialisierten Plug-ins von ESKO für die Verpackungs-Druckvorstufe und von Avenza für die Kartografie gibt es zahlreiche universell einsetzbare Angebote, die Ihre Arbeit erheblich vereinfachen können. Einige interessante Plug-ins möchte ich Ihnen hier vorstellen.

Demoversionen der meisten Plug-ins bzw. Versionen mit einer Rückgabemöglichkeit können Sie direkt bei den Herstellern unter den jeweils angegebenen URLs erhalten. Dort finden Sie auch weiterführende Informationen. Alle Plug-ins liegen in englischer Sprache vor. Falls nicht anders erwähnt, sind die Plug-ins für Mac und Windows erhältlich.

Autosaviour | Mit diesem Plug-in werden automatisch in definierbaren Zeitabständen Sicherungskopien geöffneter Dateien erstellt. Anders als Illustrators Wiederherstellungsfunktion schreibt Autosaviour AI-Dateien. Mit der Free-Version kann jeweils eine Sicherungskopie erzeugt werden, die Pro-Version kann weitere Kopien mitführen, sodass Sie auch auf frühere Dateiversionen zurückgreifen können.
www.astutegraphics.com

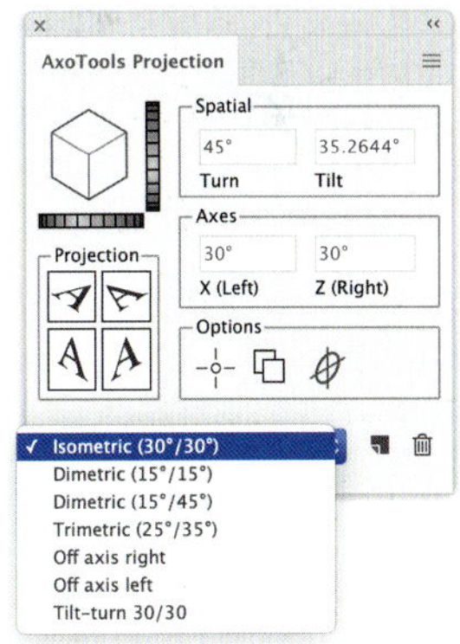

▲ **Abbildung 23.1**
AxoTools-Bedienfeld

AxoTools | AxoTools vereinfacht das Anlegen isometrischer Illustrationen, indem man darin die Winkel für die Transformation aller Achsen frei definieren und dann jeweils mit einem Klick die Transformation anwenden kann.
www.rj-graffix.com

CADtools | Anders als der Name suggeriert, ist CADtools mit seinen 92 Werkzeugen nicht nur für Ingenieure interessant. Es bietet Werkzeuge für viele wichtige geometrische Formen (z. B. Kreisbögen, Tangenten,

Pfadversatz), für die Bearbeitung von Pfaden (wie das Gestalten von Ecken oder das Beschneiden nach der Pfadlänge), für Isometrien, intelligente Bemaßungen (z. B. automatisch zählende Nummerierungen) sowie für die Konstruktion von Gebäudegrundrissen.
www.hotdoor.com/cadtools

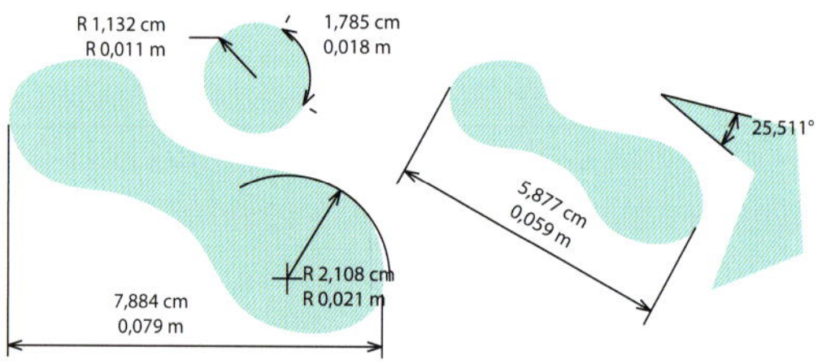

◄ **Abbildung 23.2**
Vermaßung mit CADtools

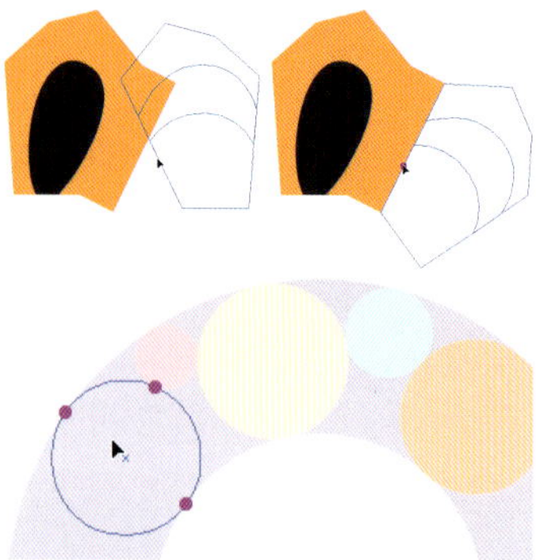

▲ **Abbildung 23.3**
ColliderScribe: Drehen von Objekten passend zu einem Pfadsegment mit dem Rotate-at-Collision-Tool (oben); Ausrichten von Pfaden aneinander mit dem Snap-to-Collisions-Tool (unten)

ColliderScribe | Die Werkzeuge erlauben das Ausrichten von Pfaden an anderen Pfaden mit frei einstellbarem Abstand sowie das Drehen von Objekten, sodass sie tangential an Pfadsegmenten ausgerichtet sind. Mit dem SuperMarquee-Tool erhalten Sie weitere Auswahl-Optionen, z. B. kreisförmige Auswahlen oder Auswahlen, die nur komplett im Auswahlrahmen eingeschlossene Objekte enthalten.
www.astutegraphics.com

Copy Flow Gold | Copy Flow Gold erlaubt den Ex- und Import von Texten, z. B. zum Zweck der Übersetzung via XML-Formate, die vor allem für die Bearbeitung mit Übersetzungsprogrammen geeignet sind. Die Texte werden wieder in ihre ursprünglichen Textobjekte importiert.
www.napsys.com

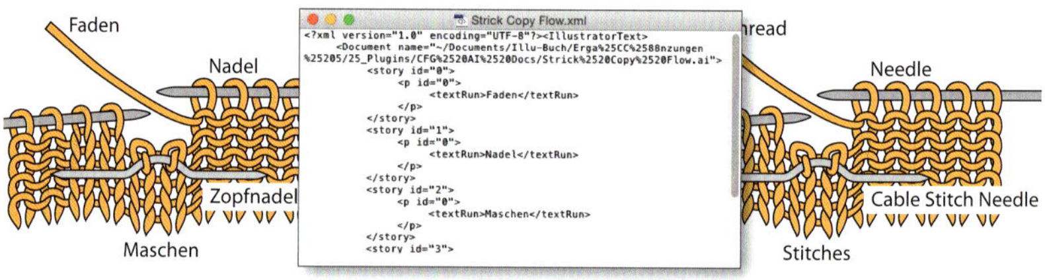

▲ **Abbildung 23.4**
Übersetzung mit Copy Flow Gold

Datylon Graph | Mit diesem Plug-in können Sie neben den üblichen Verdächtigen auch bisher nicht vorhandene Diagrammarten, wie z. B. Heat Maps, Benchmarks oder Kacheldiagramme in Illustrator erstellen und direkt über die Benutzeroberfläche mit detaillierten Optionen formatieren.
www.datylon.com

▲ **Abbildung 23.5**
Von Datylon Graph generierter Scatter Graph

Dynamic Sketch | Mit dem Dynamic Sketch-Tool können Sie gestenunterstützt zeichnen. Das Werkzeug erzeugt auch variable Konturstärken auf Basis der Eingabe mit einem Grafiktablett (z. B. Druck, Stiftneigung oder Zeichengeschwindigkeit).
www.astutegraphics.com

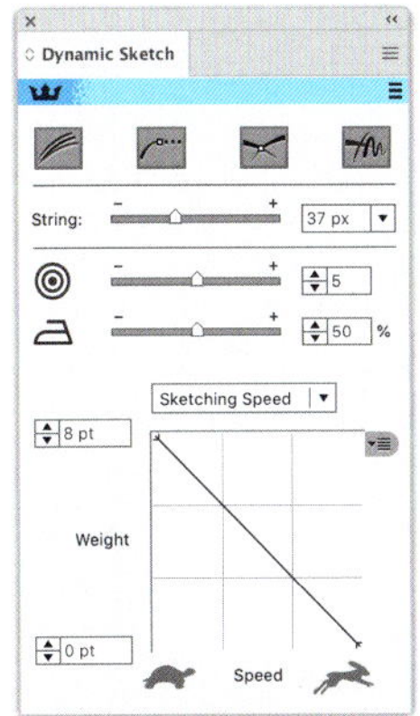

▲ **Abbildung 23.6**
Dynamic-Sketch-Bedienfeld

EXDXF Pro | Dieses Plug-in bietet einen erweiterten Im- und Export von CAD-Daten, die Unterstützung aktuellerer Dateiformate und mehr Optionen.
www.baby-universe.co.jp/en/plug-in/exdxf-pro4/

FilterIT | Bietet verschiedene Werkzeuge, mit denen Objekte ähnlich wie mit Hüllen verformt werden können. FilterIT ermöglicht jedoch eine wesentlich kontrolliertere Verformung mit exakten Ergebnissen und sehr sauberen Pfaden. Ein MetaBrush-Werkzeug verstreut Objekte nach definierbaren Kriterien entlang des Werkzeugpfads, und Lens-Effekte können Skalierungs-, Wirbel- oder Fish-Eye-Verkrümmungen erzeugen.
www.cvalley.com

◀ **Abbildung 23.7**
Warp- und Lens-Funktionen von FilterIT sowie mit dem MetaBrush-Tool gezeichnete Sterne (links)

FindReplace | Mit FindReplace können Sie Objekte sehr spezifisch nach definierbaren Kriterien suchen, und mehrere Kriterien lassen sich kombinieren. Die Objekte kann man lediglich auswählen oder gleich gegen andere austauschen.
www.astutegraphics.com

FontSelf Maker | Das FontSelf-Maker-Bedienfeld erlaubt Ihnen, direkt innerhalb von Illustrator aus Ihren Formen intuitiv Fonts im Format OTF – auch SVG-Farbfonts – zu erstellen und die selbst erstellten Fonts später wieder zu öffnen und zu bearbeiten. Die Möglichkeiten lassen sich nicht mit professionellen Font-Editoren vergleichen, Sie können jedoch einige Fontmetriken, Vor- und Nachbreiten sowie Kerningpaare bestimmen sowie Fonts in Familien kombinieren.
www.fontself.com

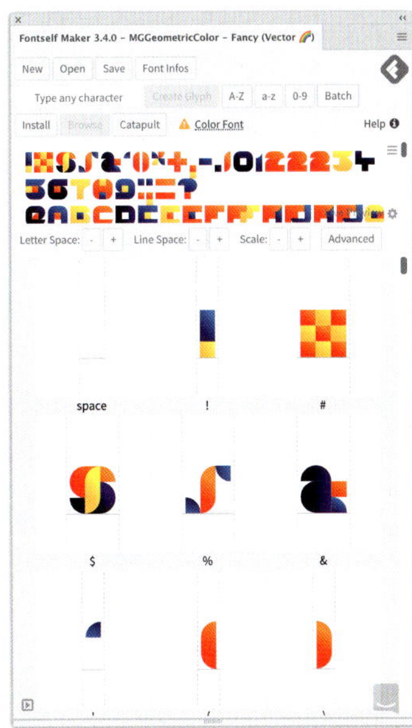

▲ **Abbildung 23.8**
FontSelf-Maker-Bedienfeld

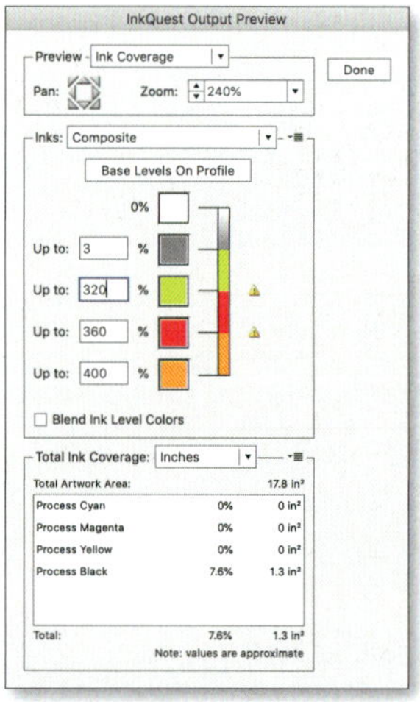

▲ **Abbildung 23.9**
InkQuest Farbdeckungsvorschau

InkQuest | InkQuest besitzt leistungsfähige Vorstufenfunktionen. Sie können das Dokument mit unterschiedlichen Ausgabevorschaumodi (u.a. einer Farbdeckungsvorschau) überprüfen und Farbkanäle nachbearbeiten, d.h. unterdrücken oder austauschen. Separationen können mit diesem Plug-in nicht nur angesehen, sondern auch generiert werden.
www.astutegraphics.com

InkScribe | InkScribe ist ein Ersatz für Illustrators Zeichenstift-Werkzeug. Ohne Werkzeugwechsel können Sie Pfade zeichnen und direkt bearbeiten. Interessant ist, dass Sie damit Konnektorpunkte – also Punkte, die eine Kurve und eine Gerade glatt verbinden – setzen und diese auch weiterbearbeiten können.
www.astutegraphics.com

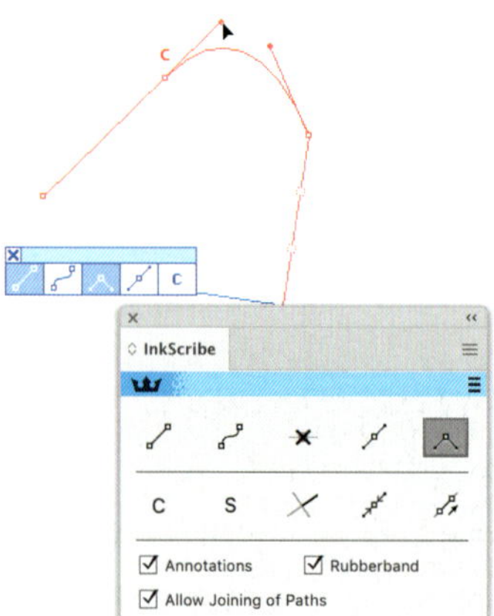

▲ **Abbildung 23.10**
Konnektorpunkt (oben); InkScribe-Bedienfeld (unten)

Logo Package Express | Logo Package Express erstellt automatisch die Dateien, die üblicherweise zu einem Logo gehören – Sonderfarben, Graustufen- und Schwarzweiß-Versionen –, und exportiert diverse Dateiformate. Die Konvertierung basiert auf den Farbmanagementeinstellungen.
www.thelogopackage.com

MeshTormentor | Das Bedienfeld des Plug-ins MeshTormentor stellt eine Reihe von äußerst nützlichen Spezialfunktionen zur Bearbeitung von Verlaufsgittern und Verzerrungshüllen bereit. Die Funktionen erlauben z.B. das Umwandeln der unberechenbaren Knoten in problemlos editierbare Vertexpunkte, das Verschieben der Farben entlang der Gitterlinien, das Verbinden oder Aufteilen von Gittern sowie das automatische Einfärben eines Gitters auf Basis einer Pixelvorlage.
www.meshtormentor.com

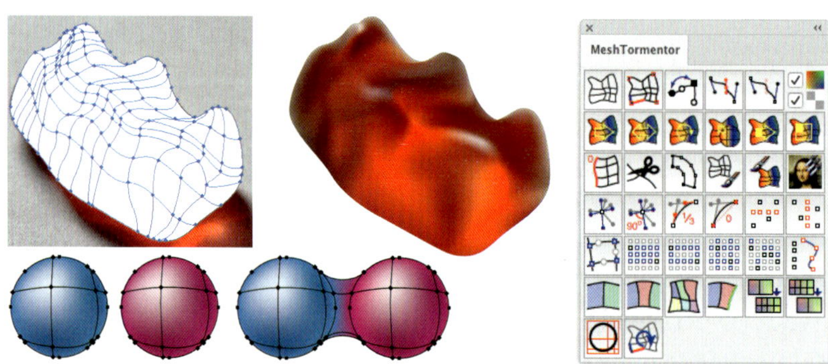

Abbildung 23.11 ▶
Automatisches Einfärben eines Gitters anhand einer Vorlage; Verbinden zweier Verlaufsgitter; MeshTormentor-Bedienfeld

MirrorMe | MirrorMe unterstützt Sie beim Arbeiten mit Symmetrien. Vektorobjekte und Rasterbilder können um bis zu 72 Symmetrieachsen frei gespiegelt werden. Die Achsen werden entweder direkt mit dem

MirrorMe-Werkzeug auf ausgewählte Objekte angewandt oder einer Ebene dauerhaft zugewiesen.
www.astutegraphics.com

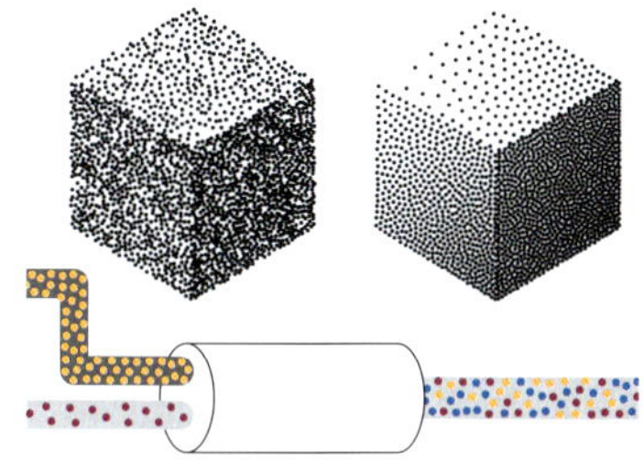

▲ **Abbildung 23.12**
Stipplism-Punktstich (oben), Füllung mit Symbolen (unten)

Phantasm | Die aus Photoshop bekannten Farbkorrekturwerkzeuge (Tonwertkorrektur, Gradationskurven, Farbton/Sättigung und andere) können Sie mit diesem Plug-in wahlweise als Filter oder als Live-Effekte auf Vektorobjekte anwenden. Darüber hinaus lassen sich mit Phantasm vektorbasierte Halbtonraster aus Vektorgrafiken oder platzierten Rasterbildern generieren.
www.astutegraphics.com

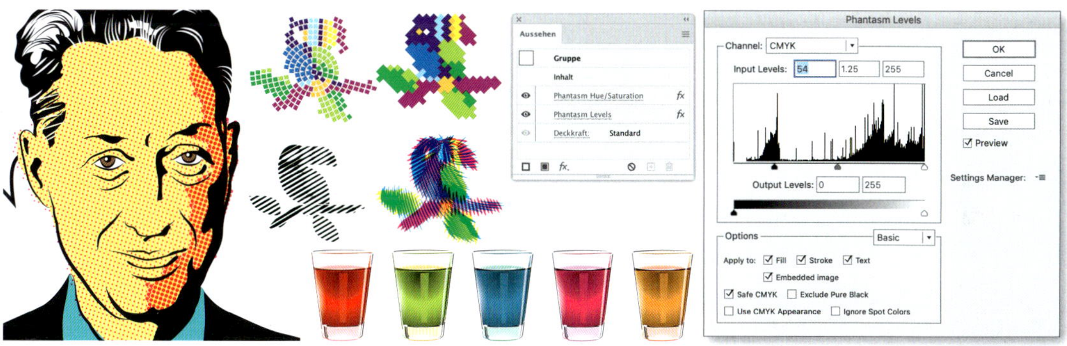

▲ **Abbildung 23.13**
Phantasm-Halbton-Effekt (links); Tonwertkorrektur (rechts)

ScribeDOOR | Dieses Plug-in erlaubt das Schreiben und Bearbeiten von Text auf Arabisch, Hebräisch sowie in einigen nicht nativ unterstützten indischen und fernöstlichen Sprachen.
www.winsoft-international.com/product/scribedoor-adobe-illustrator-cc/

▲ **Abbildung 23.14**
MirrorMe ermöglicht die einfache Konstruktion von Spiegelungen.

Select Menu | Das kostenlose Select Menu erweitert das Auswahl-Menü um viele Optionen, z. B. die Auswahl von offenen Pfaden, gestrichelten Konturen oder Gruppen.
www.rj-graffix.com

Stipplism | Mithilfe von Stipplism können Objekte mit anderen Objekten gefüllt werden. Sie können auch einfache Punktfüllungen wie im Punktstich (englisch »Stippling«) erzeugen oder Objekte entlang von Pfaden anordnen.
www.astutegraphics.com

SubScribe | Mit den 12 Werkzeugen von SubScribe können Sie schwierige Konstruktionen einfach erstellen. Sie können Kreise aus zwei oder

drei Punkten zeichnen, Tangenten zwischen beliebigen Kreisen ziehen, Objekte senkrecht ausrichten, Kreise tangential an Pfaden konstruieren oder offene Pfade mit passenden Kurven verbinden.
www.astutegraphics.com

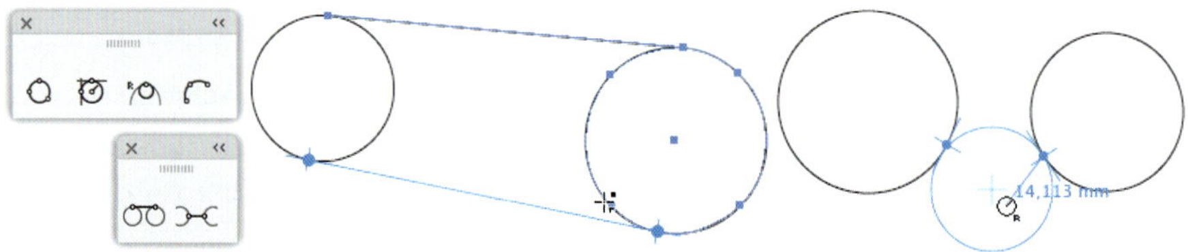

Abbildung 23.15 ▶
Einige SubScribe-Werkzeuge; Verbinden zweier Kreise mit Tangenten; Zeichnen eines Kreises tangential zu zwei weiteren Kreisen

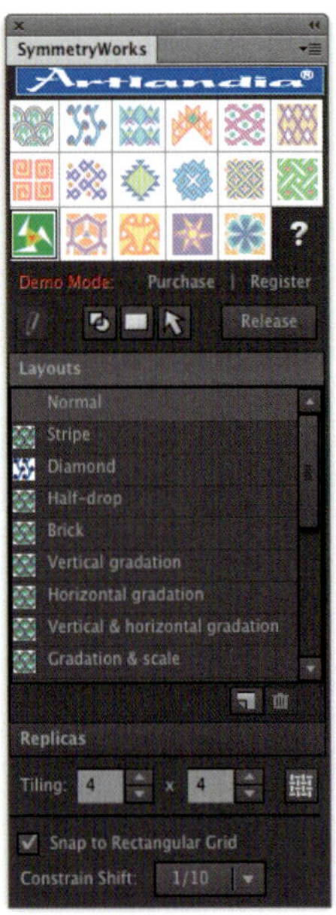

▲ Abbildung 23.16
SymmetryWorks-Bedienfeld

SymmetryWorks | Mit diesem Plug-in können Sie Muster aus einfachen Grundobjekten nach allen 17 Regeln der Mustertheorie erstellen. Auf der Website finden Sie umfangreiche Dokumentationen zu SymmetryWorks und zur Erstellung von Mustern.
www.artlandia.com/products/SymmetryWorks/

TextOverflow Alert | Beim Öffnen von Dateien oder ausgelöst durch einen Menübefehl prüft dieses Plug-in das Dokument auf Übersatztext.
www.worker72a.com (nur Mac)

Texturino | Mit Texturino lassen sich Vektorobjekten Pixelbilder als Strukturen zuweisen, die auch mit Füllmethoden verrechnet werden können. Darüber hinaus können Sie damit Deckkraftmasken direkt auf Objekte malen, was die Erstellung weicher Maskierungen sehr viel intuitiver gestaltet als mit Illustrators eigenen Funktionen.
www.astutegraphics.com

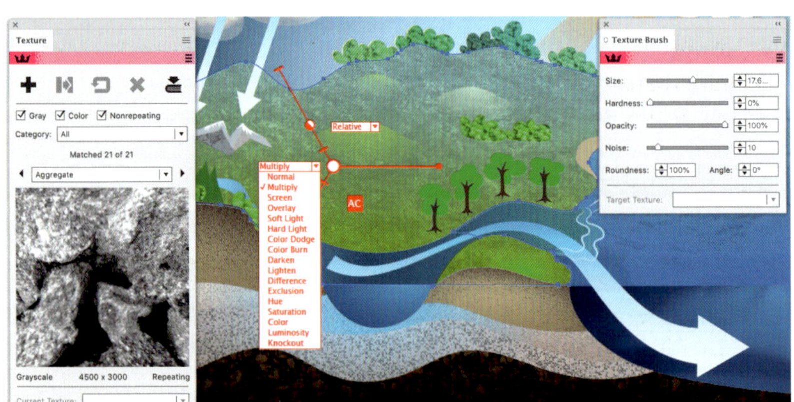

Abbildung 23.17 ▶
Texturino: Optionen für das Texture-Tool (links), Widget für zugewiesene Textur (Mitte), Optionen für das Texture-Brush-Tool (rechts)

ToolShed | Im »Werkzeugschuppen« finden Sie nützliche kleine Helfer wie das Erhöhen der Konturstärke beliebiger Pfade auf einen Mindest-

wert, das Generieren paralleler Pfade, Skalieren von Konturstärken oder das proportionale Skalieren auf einen bestimmten Wert.
www.rj-graffix.com

VectorFirstAid | Mit VectorFirstAid können viele Fehler korrigiert werden, die typischerweise beim Datenaustausch mit Office-, CAD- oder anderen Vektorprogrammen entstehen, wie einzelne Pfadsegmente, zu viele Ankerpunkte, überflüssige Schnittmasken, leichte Abweichungen von senkrechten und waagerechten Winkeln oder Textfragmente. Ist die Schriftart vorhanden, kann es Pfade in Text zurückkonvertieren.
www.astutegraphics.com

▼ **Abbildung 23.18**
Konfiguration unterschiedlicher Routinen für das automatische Bereinigen verschiedener Arten von Dateien (links), VectorFirstAid-Voreinstellungen (rechts)

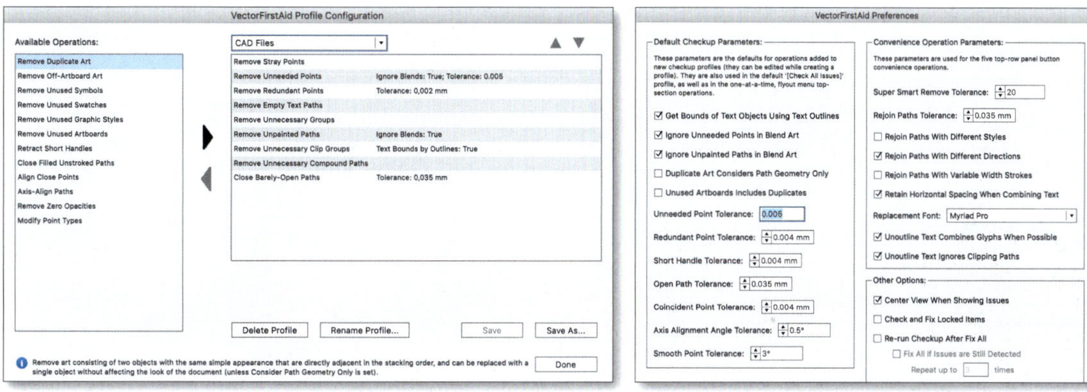

VectorScribe | Obwohl Illustrator inzwischen einige Funktionen von VectorScribe erhalten hat, bleibt es interessant dank seiner zusätzlichen Werkzeuge, z. B. editierbarer Sterne, und sehr detailliert einstellbaren Optionen, z. B. der numerischen Positionierung von Griffen. Mit dem Smart-Remove-Brush-Tool können überflüssige Punkte exakt und effizient gelöscht werden. Ein exaktes, einrastendes Mess-Werkzeug mit konfigurierbarem Maßstab ist ebenfalls vorhanden.
www.astutegraphics.com

▼ **Abbildung 23.19**
Dynamic-Measure-Bedienfeld (links); Smart-Remove-Brush-Tool (Mitte); PathScribe-Bedienfeld (rechts)

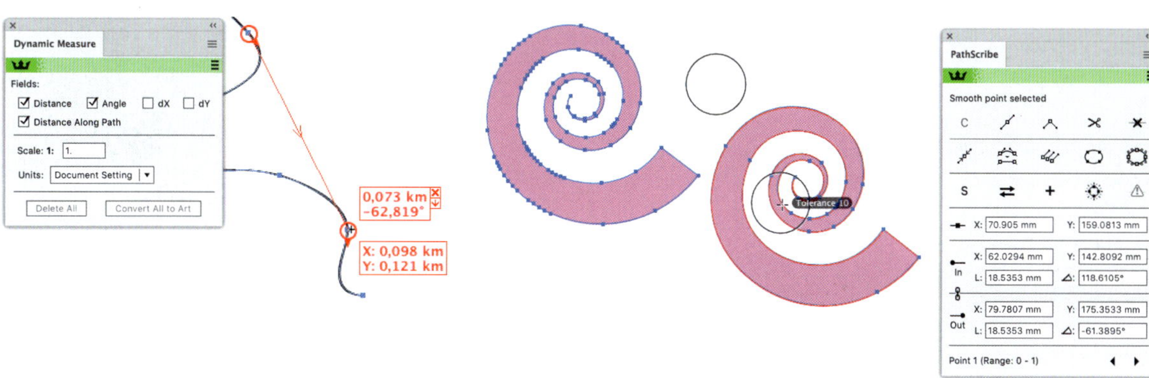

WhiteOPDetector | Illustrator entfernt die Überdrucken-Eigenschaft von weißen Objekten nur bei der Ausgabe, weist jedoch nicht explizit auf diesen Fehler hin und korrigiert ihn auch nicht im AI-Dokument. WhiteOPDetector sucht überdruckende weiße Objekte.
www.worker72a.com (nur Mac)

WidthScribe | Mit den WidthScribe-Werkzeugen werden variable Konturstärken angelegt und bearbeitet. Mit dem Plug-in können die Breiten mehrerer Pfade synchron bearbeitet werden. Während das Width-Brush-Tool die Breiten intuitiv verändert, ermöglicht das Width-Gradient-Tool eine kontrollierte Bearbeitung. Unter Objekt • Pfad können die Breitenpunkte auch noch optimiert werden.
www.astutegraphics.com

▼ Abbildung 23.20
WidthScribes zufällige Breitenpunkte (links); Width-Gradient-Tool (Mitte); Width-Brush-Tool (rechts)

Xtream Path | Eine Sammlung von Pfadbearbeitungsfunktionen und Werkzeugen, z. B. zum direkten Manipulieren von Pfadsegmenten, Anlegen von Rundungen, Drehen von Pfadsegmenten in definierten Winkeln, Parallelisieren von Pfadsegmenten oder Generieren von Symmetriegruppen periodischer Muster.
www.cvalley.com

▼ Abbildung 23.21
Intelligentes Abrunden von Ecken (links); Xtream-Path-Werkzeuge (Mitte oben); Parallelisieren von Segmenten (Mitte unten); Runden von Pfadsegmenten (rechts oben) und Winkelung von Pfadsegmenten (rechts unten)

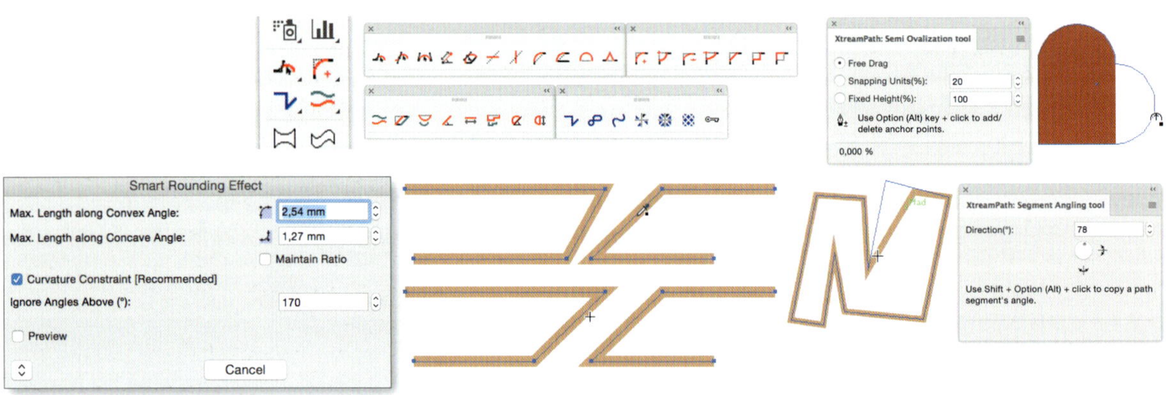

Index

B

C

D

E

F

G

H

I

J

K

L

M

Q

R

S

T

U

V

W

X

Z

Wir hoffen, dass Sie Freude an diesem Buch haben und sich Ihre Erwartungen erfüllen. Ihre Anregungen und Kommentare sind uns jederzeit willkommen. Bitte bewerten Sie doch das Buch auf unserer Website unter **www.rheinwerk-verlag.de/feedback**.

An diesem Buch haben viele mitgewirkt, insbesondere:

Lektorat Ruth Lahres
Korrektorat Petra Bromand, Düsseldorf
Herstellung Denis Schaal
Typografie und Layout Maxi Beithe, Vera Brauner
Einbandgestaltung Mai Loan Nguyen Duy
Satz Monika Gause
Druck und Bindung Firmengruppe Appl, Wemding

Dieses Buch wurde gesetzt aus der Linotype Syntax (9,5 pt/13 pt) in Adobe InDesign.
Gedruckt wurde es auf matt gestrichenem Bilderdruckpapier (115 g/m^2).
Hergestellt in Deutschland.

Bibliografische Information der Deutschen Nationalbibliothek:
Die Deutsche Nationalbibliothek verzeichnet diese Publikation in der Deutschen Nationalbibliografie; detaillierte bibliografische Daten sind im Internet über *http://dnb.d-nb.de* abrufbar.

ISBN 978-3-8362-7292-6

8., aktualisierte und überarbeitete Auflage 2020

Informationen zu unserem Verlag und Kontaktmöglichkeiten finden Sie auf unserer Verlagswebsite **www.rheinwerk-verlag.de**. Dort können Sie sich auch umfassend über unser aktuelles Programm informieren und unsere Bücher und E-Books bestellen.